기초한자 인수분해 수업

조찬식 지음

基礎漢字

기초한자
인수분해 수업

조찬식 지음

因數分解

달아실

저자의 말

한자는 분명 익히기 어려운 글자입니다. 글자가 발달하는 과정상 상형 문자는 초기 형태이고 우리의 한글 같은 소리글자가 분명 진보된 글자입니다. 우리는 정말 자랑스러운 글자를 가지고 있어 문자와 언어생활에 불편함이 전혀 없습니다. 한글이 얼마나 과학적이고 익히기 쉬운지 요즈음 어린이들은 유치원 과정에서 한글을 다 읽고 씁니다.

한글만으로도 충분한데 왜 한자를 배우려합니까? 우선은 우리글이 생긴 지가 오래되지 않아 상당 부분 한자로 언어생활을 해온 까닭이 크겠습니다. 한자어도 기원을 따지면 분명 외국에서 온 외래어이지만, 우리 누구나 외래어라는 낯선 느낌이 들지 않습니다. 그것은 오랜 세월 한자를 써오면서 그것이 완전히 우리 언어의 일부를 이루고 있기 때문입니다.

또 하나 한자는 상형 문자라서 익히기 어려운 점이 있지만, 거꾸로 글자 한 자 한 자마다 역사가 있고 숨어 있는 이야기가 있습니다. 그 속에는 중국인들이나 우리 선조들의 생활이 녹아 있고, 지혜가 들어 있으며 삶의 각종 감정도 담겨 있습니다. 따라서 우리가 지금부터 배우려는 기초한자 1,800개는 1,800개의 이야기입니다. 이야기이기 때문에 얼마든지 다른 이야기가 있을 수 있고, 다른 설명도 있을 수 있습니다. 지면의 제약이 있어 가능한 한 간단히 설명하겠지만, 필자는 이 책을 통해 여러분이 그 하나하나의 이야기를 즐길 수 있기 바랍니다. 그럼으로써 그 속에 들어 있는 역사, 문화, 예술 등을 통해 옛 사람들의 생각과 지혜를 배울 수 있으면 합니다. 다른 책도 많이 읽고 참고해 다른 이야기에 다른 설명도 보고 듣기를 바랍니다.

그래서 이 책을 통해 한자는 물론이고 국학에 대한 이해의 폭, 더 나아가서는 언어 자체에 대한 이해의 폭과 깊이를 더하기 바랍니다. 그런 것을 주안점으로 생각해 썼습니다.

이 글을 쓰게 된 직접적인 동기는 뜻밖에도 수학의 인수분해였습니다. 수학에서 소수(素數, prime number)는 1과 자신 이외에는 약수가 없는 수입니다. 다른 인수의 곱의 형태로 표현할 수 없는 숫자입니다.

한자에서는 그런 글자를 문(文)이라고 했습니다. 혼자 설 수 있기 때문에 독체자(獨體字)라고도 합니다. 기원을 따지면 독체자는 어떤 의미를 나타내는 하나의 그림이었습니다. 그러니 더 이상 나뉘지 않습니다. 거기에 비해 자(字)는 두 개 이상의 다른 글자가 모여 합성된 글자를 가리키며 합체자(合體字)라고 합니다. 이것은 두 개 이상의 그림, 즉 독체자를 결합하는 방식입니다. 그렇게 결합하여 만들어진 합체자를 문(文)의 형태까지 나누어 분석해보면 학습에 도움이 되지 않을까 하는 것이 출발점이었습니다.

육서로 치면 상형자와 지사자입니다. 하지만 지사자는 하나를 나타내는 일(一) 등 몇 글자를 제외하면, 여전히 뭔가를 바탕으로 거기에 점이나 선을 더해 의미를 부여하는 것이니 궁극적으로는 상형자로 이루어진 문(文)과 이들 문(文)이 결합해 자(字)를 이뤄나가는 원리나 법칙 같은 것을 밝히는 것이겠습니다. 따라서 이 책은 그런 것들을 밝혀보고자 한 노력의 결과입니다.

물론 어떤 일을 열심히 한다는 것과 잘한다는 것은 다릅니다. 기초한자를 부수는 물론 자소까지 철저히 분석해보겠다고 데이터베이스를 구축하는 데에 6개월, 초고를 쓰는 데에만 6개월 이상이 걸렸습니다. 매일 이 일에만 전념하며 학생이나 직장인들이 공부를 하거나 일을 하는 시간 이상 이 일에 매달렸으니 분명 열심히는 했습니다.

하지만 이것은 필자의 사정이고, 독자에게 도움이 되는 글, 필요한 글을 썼는지는 여러분의 판단입니다.

문득 공자님의 말씀이 떠오릅니다. "아는 사람은 좋아하는 사람만 못하고, 좋아하는 사람은 즐기는 사람만 못하다[知之者는 不如好之者요, 好之者는 不如樂之者라]." 거듭 여러분이 애써 배우고 익히려기보다는 여기에 나오는 이야기들을 즐길 수 있기 바랍니다. 그러다 보면 여러분의 한자 실력이 자신도 모르게 엄청난 발전을 이루리라 확신합니다.

살다보면 뜻하지 않게 도움을 받기도 하고 신세를 지기도 합니다. 뒤늦게 유학길에 올랐을 때 친구 김광표가 그랬습니다. 10대 후반 불과 4~5년 만났던 친구로, 진작 미국에 정착했는데 유학 간 지 얼마 되지 않은 어느 날 갑자기 탁송차 기사가 나를 찾았습니다. 이 친구 송료만 100만 원이 훨씬 넘는데 "공부하러 와서 무슨 돈이 있겠냐"며 닛산 쿠페를 하나 보냈습니다. "너 있는 데에서는 한국인도 별로 없고 한국 양념이나 음식 구하기 어려울 것"이라며 트렁크에는 바리바리 몇 개월 먹을 양념과 식료품이 들어 있었습니다.

또 한 명 창의개발연구소의 이해곤 소장입니다. 평생 그야말로 물심양면으로 나를 크게 도와준 친구입니다. 생각도 늘 참신해 함께 이야기를 나누다보면 지금껏 내가 생각지 못한 새로운 지평이 열리곤 합니다.

나는 이 두 사람에게 뭐 하나 해준 것이 없습니다. 그리고 앞으로도 뭔가 물질적인 것으로 이 친구들에게 보답할 수 있을지 모르겠습니다. 공교롭게도 한 친구는 나보다 다섯 살 위이고 또 한 친구는 나보다 다섯 살 아래입니다. 글 몇 줄로 감사한 마음을 표현할 수도, 대신할 수도 물론 없지만 마음만은 꼭 전하고 싶습니다.

지친 줄을 어찌 그리 잘 아는지 그때마다 나를 찾아서 격려해주는 이문상 님에게도 고맙습니다. 서법에 대한 문의에 늘 좋은 가르침을 주시는 〈봉의서예학원〉 이현순 님에게도 감사드립니다.

달아실출판사의 김현식 대표님, 박제영 편집장님과의 우연한 만남이 계기가 되어 이 책이 빛을 보게 되었습니다. 책을 낼 수 있는 기회를 주신 두 분에게 감사합니다. 아울러 책을 보기 편하고 아름답게 만들어준 달아실출판사 편집부 여러분들도 고맙습니다. A4 용지로 1,500쪽이 넘는 두꺼운 책이라서 얇게 해보려고 종이를 구하는 데에도 특별히 신경을 쓴 것으로 압니다. 그래서 이 책을 내는 데에 "다른 책 스무 권정도 만드는 땀과 품이 들었다"라는 박제영 편집장님의 애정 어린 푸념이 더없이 무겁기만 합니다.

이제는 두 분 모두 고인이 되셨지만 지치지 않은 호기심을 물려주신 아버님, 또 필자의 오늘이 있을 수 있도록 모든 어려움을 당신이 감당하셨던 어머님께는 늘 갚을 길 없는 빚만 남았습니다.

훌륭한 독자로서 늘 새로운 문제를 제기해주는 용후, 린에게 감사하고, 그 어느 한 가지 마음에 드는 일도 할 줄 모르는 필자를 묵묵히 지켜보며 지지해주는 아내 이경순에게 고마워합니다.

필자의 발상이 과연 도움이 되는지는 전적으로 독자 여러분의 판단입니다. 과분한 욕심이겠지만 열심히 한 작업이고 잘한 작업이었기를 바랍니다. 무엇보다 여러분에게 도움이 되었으면 합니다. 이 책을 통해 여러분이 한자는 물론이고 우리말에 대해 관심과 애정을 조금이라도 더 갖게 되었다면 필자에게는 큰 보람입니다.

2020년 1월 24일
(음 2019년 섣달 그믐)

조찬식

사전 학습,
한자 공부의 ABC

여러분을 만나 뵙게 되어 반갑습니다. 이 수업은 한문 교육을 위한 기초한자, 그러니까 우리 중·고등학교 한문 시간에 배우는 1,800자를 대상으로 합니다. 우리가 한자를 배우는 것도 흔히 한문을 배운다고 합니다만, 한문은 한자로 쓰인 문장이 대상입니다. 본서에서는 일단 한문이 아니고 한자를 배우게 됩니다. 글자이니까 그게 나중에 한문을 배우는 바탕이 되리라는 것은 너무나 당연한 일이지요. 그것을 어떻게 하면 쉽고 체계적으로 배울 수 있는가 하는 점이 관건입니다.

본격적인 한자 수업에 앞서 한자가 발전해온 과정을 한자를 익히는 데 도움이 되는 정도까지만 잠깐 살펴보려 합니다. 이 내용은 구체적으로 한자 한 자 한 자를 익히는 데에 도움이 되지는 않지만, 여러분이 한자 전체의 구성과 만들어진 내력을 이해하는 데에 도움이 됩니다. 주제부터 이야기하고 진행하겠습니다. 먼저 한자가 어떤 원리에 의해 만들어졌는가 하는 〈육서(六書)〉를 살펴보고 이어서 한자의 글자 모양은 어떻게 변해왔는가 하는 〈서체(書體) 발달사〉, 그리고 한 자 한 자의 한자 낱자는 어떻게 이루어져 있는가 하는 〈한자 구성 원리〉에 대해 알아보겠습니다.

육서는 무엇인가

육서(六書)부터 시작합니다. 앞에 앉은 학생, 문자가 뭡니까? 어렵게 생각할 것 없습니다. 틀려도 상관없습니다. 나는 모르거나 틀리는 것은 용서할 수 있습니다. 우리 모두 배우지 않으면 모릅니다. 어머니 뱃속에서 이 세상일 모두 다 알고 나오는 사람 하나도 없습니다. 그러니 자연 틀릴 수도 있습니다. 하지만 모르는데 아는 척하는 것, 모르는데 알아보려는 것조차 하지 않는 태도는 용서가 안 됩니다. 저 뒤에 앉아계신 할머님, 그 연세에도 불구하고 뭔가 새로 배우고 알아보려고 오늘 이 자리에 나오셨을 겁니다. 저는 저런 할머님 같으신 분의 태도를 중시합니다. 하나 더 알고 모르고가 중요한 것이 아니라, 뭔가 모르면 알려고 노력하는 자세, 배우려는 태도가 중요하고 오랜 시간이 지나면 그런 사람과 그렇지 않은 사람 사이에는 큰 차이가 나기 마련입니다.

잠깐 얘기가 곁가지로 흘렀는데, 문자는 우리가 주고받는 말을 기록으로 나타내 주는 수단입니다. 좀 더 전문적으로 표현한다면 '언어를 적는 데에 사용하는 기호 체계'인데 우리의 느낌이나 생각을 다른 사람에게 전달하기 위해 기호를 써서 적는 것입니다. 문자를 흔히 '표의 문자(表意文字)'와 '표음 문자(表音文字)'로 나누는데 전자는 글자가 뜻을 나타내는 것이고, 후자는 소리를 그대로 적는 것입니다. 여러분이 앞으로 배우려는 한자는 표의 문자고 한글은 소리를 적은 표음 문자입니다.

육서(六書)는 한자(漢字)의 구조 및 사용에 관한 여섯 가지의 원리인데, 이 육서를 살피면 한자라는 문자가 발달해온 과정을 알 수 있습니다. 한 번 살펴보도록 하겠습니다.

여러분이 외국인을 만나 말을 한 마리 구하고 싶습니다. 그런데 그 외국어 단어가 떠오르지 않습니다. 어떻게 합니까? 일단 내 재주껏 그려볼 것입니다. 이렇게 그려보는 것이 **상형(象形)**입니다. 옆에 보이는 것이 바로 갑골문의 '말' 마(馬) 자입니다. 갑골문은 기원전 14세기부터 기원전 11세기에 주로 쓰인 글자로 한자의 초기 형태를 보여주는 가장 오래된 글자입니다. 갑골 그러니까 거북이의 등딱지나 소의 어깨뼈죠. 거기에 쓴 글씨로 주로 점을 치는 데에 사용한 것으로 알려져 있습니다. 1899년에 처음 발견돼 지금까지 연구가 계속되고 있는데, 5천 자 가운데 2천 자 가량은 어떤 글자인지 밝혀졌지만 나머지는, 중국 정부에서 이 갑골문 해독에 큰돈을 상금으로 내놓고 있지만 아직 해독하지 못하고 있습니다.

글자가 서 있어서 잘못하면 여러분들 목이 비뚤어질까봐 글자를 눕혀봤습니다. 말과 비슷합니까? 큰 눈에, 쫑긋 선 귀, 목덜미에 갈기가 선명하게 나타나 있습니다. 누가 보더라도 '옆에서 본 말'의 모양이라고 짐작할 수 있을 겁니다. 한 자만 더 보도록 하겠습니다.

지금 보는 것은 어떤 글자 같습니까? 상상에 따라서 여러 가지 설명이 나올 수 있겠는데 '앞에서 본 양'의 모습입니다. '양' 양(羊) 자입니다. 양의 가장 큰 특징은 뭡니까? 뭐니 뭐니 해도 뿔일 것입니다. 그 특징을 앞에서 본 모양으로 그린 것입니다.

글자가 처음 나오는 단계에서는 달리 방법이 없었을 겁니다. 자신의 생각을 그림으로 그려보는 것입니다. 말이나 양은 모두 우리 주변에서 쉽게 볼 수 있는 것이고 그림으로 나타내기에도 어렵지 않습니다. 마(馬)나 양(羊)은 대표적인 상형자(象形字)들입니다. 상형(象形)은 그러니까 형상을 본뜬 것이고 그렇게 만들어진 글자가 상형자입니다. 우리 모두 잘 알고 있는 '날' 일(日)은 해의 모양을 본뜬 상형자이고, '달' 월(月)은 초승달의 모양을 본뜬 상형자입니다.

그런데, 구체적인 물건은 그나마 그리기가 쉬운데 문제는 '위'와 '아래' 같은 추상적인 단어들입니다. 여기 위나 아래를 모르는 분 있습니까? 그렇습니다. 우리 모두 잘 압니다. 하지만 위나 아래를 그려보라고 하면 아마 사람마다 다 다르지 않을까 합니다. 누구는 하늘을 그릴 수 있고, 어떤 사람은 높은 빌딩을 그릴지도 모릅니다. 자기보다 커서 위에 있다 생각하고 엄마나 아빠 모습을 그리는 어린이도 있을 수 있습니다.

이런 경우 한자를 만드는 데에는 '어떤 기준'을 생각했습니다.

위는 어떤 기준보다 높이 있는 것입니다. 그래서 기준이 되는 선[一]보다 위에 있다[丨]고 나타낸 것이 바로 '위' 상(上) 자입니다. 본래는 '丄' 모양으로 썼는데 워낙 오랜 세월에 걸쳐 글자 모양이 조금씩 달라져 오늘에 이른 겁니다. 당연히 아래를 가리키는 '하(下)' 자는 '丅'였고, 오늘날은 下로 씁니다. 그러면 다음의 한자 '旦'은 어떤 글자이겠습니까? 네, 해가 땅 위로 솟아오르는 것을 나타낸 '아침' 단 자이죠.

이렇게 글자를 만드는 것이 **지사(指事)**입니다. 지사의 뜻은 글자 그대로 '사물을 가리켜 보이는 것'입니다. 그러니까 지사는 추상적인 개념을 본떠 글자를 만드는 방법으로, 글자의 모양이 어떤 사물의 위치나 수량 따위를 가리키게 됩니다.

사물을 그려내는 상형과 추상적인 개념을 가리키는 지사를 이용해 적지 않은 글자를 만들 수 있고 실제 중국인들은 적지 않은 글자를 만들었습니다.

지사자(指事字)는 '사물을 가리켜 보이는 것'이라 했습니다. 그림을 그려 있는 그대로 보여주는 상형자보다, '추상적인 개념'을 나타낼 수 있게 됩니다. 그런데 지사자를 좀 더 깊이 생각해보면, 뭔가 밑그림이 있고 거기에 표시를 해 개념을 나타내게 됨을 알 수 있습니다. 본서에서, 설명 시 필요한 경우 그 밑그림에 해당되는 것은 지사자의 바탕이 된다는 뜻으로 **'지사 본체(指事 本體)'**라고 하고, 본체에 '여기야!'라고 표시를 해주는 부분은 **'지사 표지(指事 標識)'**라는 용어를 쓰도록 하겠습니다. 표에서는 각각 **'지본'**, **'지표'**로만 씁니다.

여러분, '犬' 이것은 무슨 자입니까? '개 견'이라고요. 모두 잘 아시니 한자를 더 배울 필요가 없을 것 같습니다. 그렇습니다. '개' 견(犬) 자입니다. 그러면 '犬'은 무슨 자일까요? 개가 두 마리 있는 것은 분명한데 무슨 뜻이겠습니까? 조금 전에 양 이야기가 나왔는데 양은 기본적으로 무리를 이루는 짐승입니다. 떼를 이뤄 다닙니다. 생물학적으로는 이렇게 무리를 이뤄 다니는 것이 자신들을 보호하는 데에 도움이 된다는 설명도 있습니다.

하지만 개는 무리를 이루는 동물이 아닙니다. 개는 습성이 달라 기본적으로 단독 활동을 합니다. 그러니 두 마리가 있으면 어떻게 되겠습니까? 물고 싸웁니다. 옆에 나와 있는 글자는 '개' 견의 갑골문입니다. 가장 특징 있는 곳은 어느 부위입니까, 입이지요. 개는 잘 뭅니다. 그래서 견(犬) 자가 두 개 모인 것은 '개가 서로 물다'는 뜻의 '은(犾)' 자입니다. '개 서로 물' 은(犾).

獄? 어디서 많이 본 것 같은 글자이지요! 네, 그렇습니다. 감옥 할 때 '옥(獄)' 자입니다. 왼쪽에 있는 '犭'는 '개사슴록변'이라고 하는데 개 견(犬) 자가 다른 글자 앞에 붙어 셋방살이를 할 때 모양이 조금 변한 것입니다. 셋방살이를 하니까 기를 다 못 폅니다. 그러니까 옥(獄)은 '개 서로 물' 은(犾) 자 중간에 말씀 언(言) 자가 들어간 글자입니다.

감옥이 어떤 곳입니까? 가기 전에 어떤 일이 벌어집니까? 개가 서로 물어뜯듯 원고와 피고가 상대방과 싸운 뒤에 잘못한 것으로 판단되는 사람이 가는 곳입니다. 형사소송이니 정확히 말씀드리면 현재의 법체계로 검사가 원고가 됩니다.

이 두 글자[狀, 獄]의 특징은 무엇입니까? 그 뜻을 합쳐본 것이지요. 이게 바로 **회의(會意)**입니다. 낱자들이 지닌 의미 부분을 합쳐 새로운 글자를 만드는 것입니다. 조금 어려운 예가 됐으니 쉬운 것으로 예를 한둘 더 들어보겠습니다. 밭농사를 하려면 힘이 있어야 합니다. '밭' 전(田) 아래에 '힘' 력(力)을 붙이면 무슨 글자가 됩니까? 네, 아시다시피 '사내' 남(男)입니다. 해[日]와 달[月]을 합치면…… '밝을' 명(明)입니다. 이렇게 만드는 방법을 무엇이라 한다? 제가 답을 기다릴 정도가 되면 안 됩니다. 바로 튀어 나와야 합니다. 회의! 이거다 저거다 회의할 것 없습니다. '회의'입니다.

그 다음은 **형성(形聲)**인데, 형성에 대한 설명에 앞서 잠깐 문자(文字)라는 말부터 한번 짚고 넘어가겠습니다. 앞에서 문자는 언어를 기록해 나타내기 위한 시각적 기호라고 했습니다만, 본래 **문(文)**과 **자(字)**는 서로 다른 의미입니다.

문(文)은 상형이나 지사로 만들어진 독립적인 글자를 말합니다. 앞에서 말한 '한' 일(一)이나 '아침' 단(旦)은 문(文)입니다. 반면 **자(字)**는 낱자가 결합해 만들어진 글자입니다. 회의에 의해 만들어진 글자나 지금부터 설명하는 형성에 의해 만들어진 글자를 자(字)라고 합니다. 그러니까 한자에 있어서 문자는 '낱자로 독립된 글자'와, '두 개 이상의 글자가 모여 만들어진 글자' 이 두 가지를 이르는 것입니다. 중국어에서는 이것을 각각 **독체자(獨體字), 합체자(合體字)**라고 합니다만, 우리말에는 딱히 맞아떨어지는 단어가 없어서 길게 설명을 하게 됐습니다. 이 책에서는 설명을 간단히 하기 위해서 더러 독체자, 합체자라는 말을 쓰겠습니다.

형성(形聲)은 뜻과 소리를 함께 연결해 새로운 글자를 만들어내는 방법입니다. 형성의 글자 그대로 뜻은 '모양[形]과 소리[聲]'인데, 육서에서 형성은 새로운 글자를 만들 때 한 부분은 모양[形符], 즉 꼴로 뜻을 나타내고 나머지 부분은 소리[聲符]를 나타내도록 결합해 만드는 방법입니다. 표의 문자인 한자를 표음 문자처럼 만들어주는 역할을 합니다.

통계마다 조금씩 다르기는 하지만 현재 쓰고 있는 한자 가운데 90% 가량이 '형성자(形聲字)'라고 하는 설명이나 주장도 있습니다. 한자를 배우는 사람으로서는 여간 다행스러운 일이 아닐 수 없고, 앞으로 우리가 한자를 익힐 때 가장 주목해야 할 부분이기도 합니다. 한자의 부수는 형성자 가운데 형(形), 즉 모양에 관한 부분으로 한자를 분류해놓은 것입니다. 모양은 무엇을 나타낸다고 했습니까? 그렇습니다. 뜻을 나타냅니다. **『강희자전(康熙字典)』**은 뜻을 나타내는 부분 214개의 부수로 5만에 가까운 한자를 나누어 엮은 것입니다.

이 부수도 시대마다 다르긴 했습니다. 부수를 처음 쓴 동한의 **허신(許愼)**이라는 사람은 서기 121년에 발행한 『설문해자(說文解字)』라는 책에서 부수를 540개로 나누었습니다. 명나라 때 매응조(梅膺祚)라는 사람이 『자휘(字彙)』라는 자전을 편찬하며 214부를 처음 세웠고, 『강희자전』에서 그 체계를 이어 받아 214부로 고정되었습니다. 『강희자전』은 중국 청나라의 강희(康熙) 황제 55년인 1716년에 나온 자전으로 모두 47,035자가 실려 있다고 하지요. 우리나라에서 발행되고 있는 대부분의 자전이 그 체계를 따르고 있고 일본과 대만도 마찬가지입니다. 중국은 현재 간체자라고 해서 글자의 획수를 상당히 줄여 쓰고 있어서 사정이 조금 다릅니다. 현재 중국에서는 국가에서 기본 부수도 더 줄여서 201개로 공식화하고 있습니다.

올림픽에서 최고의 영예는 물론 금(金)메달을 수상하는 것입니다. 다음은 은(銀)과 동(銅)이지요. 금(金) 자 가운데에는 '흙' 토(土)가 있습니다. 그리고 그 위로 점이 두 개[ˇ]있지요. 이 부분은 뜻을 나타냅니다. 즉, 금속이 땅속에 있는 것입니다. 그리고 남은 부분은 '이제' 금(今)으로 소리를 나타냅니다. 이것이 바로 '쇠' 금(金)입니다. 은(銀)과 동(銅)을 볼까요? 은과 동의 왼쪽에 모두 '쇠' 금(金)이 붙어 있습니다. 바로 형(形), 즉 모양으로 뜻을 나타내는 부분입니다. 아, 이 두 글자는 금속, 쇠붙이이구나 하는 생각이 들어야 합니다. 나머지는 소리 부분입니다. '어긋날' 간(艮)과 '같을' 동(同)이지요. 동은 소리가 똑같아 문제가 없는데 은(銀)과 간(艮)은 소리가 전혀 다르니 앞에서 한쪽은 소리를 나타낸다고 한 설명이 이상하게 느껴질 것입니다.

그런데 소리를 나타낸다는 것은 그 소리가 똑같이 발음한다는 뜻이 아닙니다. 유사한 소리가 된다는 의미로 받아들여야 합니다. 그리고 기본적으로 소리는 중국어 발음에서의 문제입니다. 중국어에서는 소리를 제대로 나타내는 경우도 있지만 한자가 만들어진 지가 워낙 오래되어 그동안 발음도 많이 바뀌었기 때문에 다른 경우도 적지 않습니다. 하지만 형성자를 오래 접하다보면 분명 발음의 단서가 되고 유사한 소리가 된다는 사실을 느낄 수 있습니다.

대표적으로 드는 예를 그대로 인용해보겠습니다. **하(河)**와 **강(江)**입니다. 두 글자 모두 '물' 수(水, 氵)가 들어가 있으니 물이나 내와 관련이 있습니다. 하(河)의 나머지 부분은 '옳을' 가(可)이고, 강(江)의 나머지 부분은 '장인' 공(工)입니다. 각각 소리를 나타내는 부분입니다. 하(河)는 본래 황하를 나타내는 고유 명사이고, 강(江)은 양자강을 나타내는 고유 명사였는데 시간이 흐르면서 일반 강이나 내를 나타내는 보통 명사로 쓰이게 되었습니다.

육서(六書) 가운데 이제 남은 것은 '전주(轉注)'와 '가차(假借)'입니다. 한자를 만든 원리를 육서라 하고, 전주와 가차는 그 육서 가운데 들어 있어 한자를 만든 원리로 생각할 수 있는데, 이것은 만드는 원리가 아닙니다. 기왕에 있는 한자를 사용하는 방법의 문제입니다. 우리말 고문에서 '훈민정음'을 배우다보면 '용자례(用字例)'가 있습니다. 어떻게 사용하는가 하는 점에 대한 설명입니다. 전주나 가차는 바로 그런 용자례에 속하는 것들입니다.

전주(轉注)는 우리 『국립국어원 표준국어대사전』에서 "이미 있는 한자의 뜻을 확대·발전시켜 다른 뜻으로 쓰는 방법"이라고 설명하고 있습니다. 육서를 처음으로 정의한 허신은 "육서는 (의미가 유사한 것으로) 부수를 하나 세워 같은 뜻을 주고받는 것으로 고(考, 살필 고)와 노(老, 늙을 로)가 그런 예이다"라고 설명했습니다. 그러나 이 설명 자체도 모호하고 아직까지도 명확하지 않습니다. 도대체 어떤 것이 전주자(轉注字)인지 중국 학자들 사이에 지금까지도 논쟁이 그치지 않습니다.

가차(假借)는 '임시로 빌리다'라는 뜻입니다. 그러니까 어떤 사물을 가리키는 한자가 없는 경우에 소리가 같은 다른 한자를 빌려 적는 방법입니다. 앞에 나온 허신이 예로 든 글자는 '하여금' 영(令)과, '긴' 장(長) 두 자인데, 영(令)은 본래 '호령하다'는 뜻인데 현의 우두머리인 현령에도 씁니다. 길다는 뜻의 장(長)도 어떤 부서에서 직책이 가장 높은 사람을 가리킬 때에 씁니다. 본래는 그런 글자가 없는데 소리가 같은 글자를 대신 쓴 것이고 이것이 가차라고 설명합니다. 우리 고대 국어에서 한자의 음만 빌려 쓰는 방식으로 '이두'나 '향찰'이 있는데 이런 것도 가차(假借)의 예라고 할 수 있겠습니다.

우리가 한자를 오래 써오긴 했지만, 글로만 사용해왔을 뿐이고 우리의 일상 언어도 아니니 어떤 글자가 가차자(假借字)인지 아닌지를 알기는 쉽지 않습니다. 어떤 글자가 가차자라는 설명이 있으면 아, 이 글자가 가차자이구나 하는 정도로만 기억하고 있으면 됩니다.

한 가지 육서와 관련해 말해둘 것이 있습니다. 육서는 어느 시대의 어떤 서체를 대상으로 분석했는가에 따라, 또 같은 글자를 두고도 그 글자를 어떤 모양으로 보는가에 따라 학자들마다 의견이 많이 갈립니다. 가장 오래된 갑골문을 대상으로 분석하는 것이 가장 좋겠지만, 지금까지 발견된 갑골문은 대략 5천 자가량입니다. 그 가운데 해독된 것은 2천 자가량에 불과합니다. 그러니 주장이 다양합니다. 예를 들어 '가운데' 중(中)의 경우 『설문해자』의 저자인 허신은 지사라고 합니다. 그러나 최근의 학자들의 연구 결과는 상형자라고 합니다. 그러니 육서 분류에서는 명확하게 밝혀진 것을 제외하고는 '이것이 정설이다'라고 주장하기가 어렵다는 점입니다. 그러니 무슨 수학 문제처럼 정답이 왜 하나가 아니고 여럿이냐 따질 바가 아닙니다.

오늘 첫 시간으로 내용이 좀 많았습니다. 거듭 말하지만 오늘 이 부분을 잘 이해하고 넘어가야 앞으로 부수별 한자를 공부하는 바탕이 됩니다.

요점만 다시 한 번 정리해볼까요. 한자를 만드는 원리는 뭐다? 육서에는 뭐가 있다? '상형, 지사, 회의, 형성, 전주, 가차'가 있다. 그 가운데 실제 한자를 만드는 데 쓰이는 것은 '상형, 지사, 회의, 형성'의 네 가지이고 '전주와 가차'는 사용하는 방법에 관한 설명이다 정도가 되겠습니다.

육서에 대한 이야기가 좀 길었습니다. 거꾸로 그만큼 중요하다는 이야기이기도 합니다. 지금까지 설명한 부분에서 이해되지 않는 부분이 있습니까? 모르는 부분이 있습니까? 수업을 직접 진행하는 것이 아니니 방법이 없습니다. 이해될 때까지 여러 번 꼼꼼히 읽어보기 바랍니다.

서체 발달사

　다음은 무엇에 대한 이야기를 한다고 했습니까? 글자의 모양, 즉 꼴이 어떻게 바뀌어 왔는지 서체 발달사에 대한 설명을 한다고 했습니다. 한자 공부도 어려운데 왜 글자 모양까지 살펴본다고 하는지 이해가 안 되거나, 속으로 '하고 싶지 않다'고 반발하는 학생도 분명 있을 것입니다. 서체 발달사라고 했지만 한자를 배우는 데 필요한 내용을 최소한으로 할 겁니다. 지난 시간에 한자는 어떤 문자라고 했습니까? 상형 문자지요. 그림에서 출발을 했습니다. 그러니까 그림에서 출발해 오늘의 문자가 되기까지 어떻게 변화했는지를 간략하게 알아보는 것입니다.

　오늘날 한자의 기원은 **갑골문(甲骨文)**으로 잡습니다. 상고 시대 창힐(倉頡)이 만들었다는 전설적인 설명도 있지만 우리는 공부를 하는 것이니 학문적으로 검증된 내용을 배워야 합니다. 오늘의 한자는 갑골, 그러니까 거북이의 등딱지와 소의 어깨뼈에 쓴 글자죠, 거기에서 시작합니다. 대략 3,300년 전, 기원 14세기 정도로 거슬러 올라갑니다. 갑골문은 1899년 중국의 은허(殷墟)라는 곳에서 처음 발견되어 지금까지 100년 이상 그에 대한 연구가 진행되어오고 있습니다. 사실은 그 이전에도 현지인들은 이상한 그림 같은 것이 새겨 있는 거북딱지를 알았습니다. 그런데 이게 글자라는 데에는 생각이 미치지 못하고 용골(龍骨)이라고 해서 한방의 약재로 썼다고 합니다. 결국은 그것을 알아볼 수 있는 사람과 시대를 이때 만난 셈입니다.

　갑골문을 썼던 시기는 청동기 시대입니다. 붓이나 종이는 물론 아직 나오지 않았습니다. 등딱지나 뼈에 글씨를 쓰려면 청동기를 이용하거나 아니면 그보다 더 단단한 암석의 파편을 썼을지 모릅니다. 그러니 자연 획도 일일이 그려야 했겠고, 동그라미 같은 곡선은 표현하기가 어려웠을 겁니다. 글씨를 쓴다기보다 그림을 그린다거나 글씨를 새긴다는 표현이 더 정확한 것이 갑골문입니다. 주로 점을 치는 데에 썼던 것으로 알려져 있습니다.

　옆에 보이는 것은 **갑골문**의 글자입니다. 무슨 글자일지 짐작할 수 있겠습니까? 무슨 글자인지는 모르지만 거북이 같아 보이기는 합니다. 갑골문의 '거북' 귀(龜) 자입니다. 지금 세워놓은 모양이라서 그런데 잠깐 책을 90도 회전시켜놓고 보십시오. 혹 개미라고 주장할 학생도 있을지 모르겠는데 개미를 나타냈다면 아무래도 개미의 특징인 머리 부분의 촉수(더듬이)가 그려져 있었을 겁니다.

다음은 **금문(金文)**입니다. 주로 청동으로 만든 솥에서 많이 볼 수 있기 때문에 **정문(鼎文)**이라고도 합니다. 돌비석에서 나오는 것도 아울러 **금석문(金石文)**이라고도 하는데, 금석문은 시대 구분 없이 쓰기 때문에 조금 혼동의 우려도 있습니다. 말 그대로 쇠붙이나 돌에 새긴 글자입니다. 중국의 상나라나 하나라 때 쓰인 문자입니다.

방금 글자를 새겼다고 했는데, 새기는 경우도 있고 주조한 경우도 있겠습니다. 청동으로 솥을 만들려면 미리 거푸집으로 모양을 만들고 청동을 녹인 쇳물을 거기에 쏟아 붓습니다. 이런 방법은 새긴다고 하지 않고 주조한다고 합니다. 그러니 우선 글씨가 제법 큽니다. 오늘날 우리는 기술이 발달해서 갑골문이나 정문을 모두 비슷한 크기로 보고 있는데 실제는 그렇지 않습니다. 정문의 경우는 쇠를 녹여서 만드니 작게 만들면 정밀한 획을 주조해낼 수가 없습니다. 따라서 대부분 글씨가 아주 큽니다.

지금 보는 것은 똑같은 '거북' 귀(龜) 자의 **금문(金文)**입니다. 앞에서 본 갑골문의 귀 자가 거북이의 측면도라면 이것은 누가 보아도 위에서 본 정면도입니다. 쇠붙이나 돌에 새겨 있는 글자이니 실제는 보기보다 훨씬 더 큽니다. 정문(鼎文)은 위로는 서주 초기부터 아래로는 진나라가 천하를 통일할 때까지 800여 년간 사용된 것으로 알려져 있습니다.

다음은 **전문(篆文)**입니다. 진시황(秦始皇, BC 259~210)은 모든 사상 서적을 불태우고 자신의 정책에 반대하는 유학자들을 죽인 분서갱유(焚書坑儒)를 비롯해 폭군으로 알려져 있습니다만, 그가 남긴 업적도 많습니다. 기원전 221년 여러 나라로 나뉘어 있던 중국을 통일합니다. 이어서 도량형을 통일시키고 지역마다 달랐던 문자도 통일했습니다. 당시까지 쓰이던 문자를 전문(篆文)이라고 하는데 학자들을 시켜 각 지역에서 쓰던 문자를 통일시킵니다. 통일 이후에 나온 것도 전문(篆文)인데 구별을 할 때에는 문자 통일 이전까지 쓰던 것은 '**대전(大篆)**'이라 하고, 통일된 문자로 쓰게 된 것은 '**소전(小篆)**'이라고 합니다. 육서의 체계를 세우고 부수를 처음 만든 동한의 허신은 전문, 그 가운데 주로 소전을 바탕으로 문자를 분석했습니다. 지금은 신분을 나타낼 때 대부분 사인으로 대체합니다만 일부 공문서를 작성할 때에는 인감(印鑑)을 쓰는 일이 있습니다. 인감에 많이 쓰이는 한자 서체가 바로 전문입니다. 서체의 하나라서 전서(篆書)라고도 하지요.

 옆에 보이는 것은 전문(篆文)의 '거북' 귀(龜) 자입니다. 앞의 갑골문과 금문(金文)은 글씨라기보다는 그림에 가까운 느낌이 들지만 전문(篆文)에 이르면 글자 즉, 기호라는 생각이 듭니다. 상형, 그러니까 말그대로 그림 문자에서 오랜 시간을 거치면서 기호성이 점점 강화됩니다. 그만큼 본래의 그림과는 거리가 생기게 되고 추상성을 띠게 됩니다.

다음은 **예서(隸書)**입니다. 예서는 전서를 바탕으로 간략화한 글자체입니다. 서예 전시회에 가면 예서로 쓴 작품을 많이 볼 수 있습니다. 다른 글자체보다 알아보기가 쉽습니다.

옆에 보이는 것은 예서체의 '거북' 귀(龜)인데 현재 우리가 쓰고 있는 한자와 비슷합니다. 대체로 가로획이 길고 세로획이 짧은 것이 특징인데 장중한 느낌을 주죠. 예서에 이르러 한자는 상형성을 벗어나 추상적인 부호로 확립됐다고 합니다. 이후 **해서(楷書)**를 거쳐 오늘날 우리가 쓰는 한자로 정착됩니다.

본서에서는 부수자의 경우 '갑골문(胛骨文), 금문(金文), 소전(小篆), 해서(楷書)' 이렇게 네 가지 서체를 보여드리려고 합니다. 예서(隸書)는 오늘날 우리가 쓰고 있는 글자와 거의 다르지 않으니 생략합니다. 지금까지 서체별로 보여 준 '거북' 귀(龜) 자는 모두 그림 파일입니다. 일일이 그림을 확보하고 제 위치에 삽입해 크기를 조절해야 합니다. 이렇게 번거로운데도 여러분들에게 그것을 보여주고자 하는 것은 그런 변화 과정을 봐야 한자를 제대로 이해하고 정확히 알 수 있다고 믿기 때문입니다. 그러니 부수자에 제시되는 각 서체별 글씨는 꼼꼼히 살펴보기 바랍니다. 물론 그것을 그대로 따라 그리거나 쓸 바는 아닙니다. '아, 처음에 이런 데에서 이렇게 발전해왔구나'하는 정도로 느낄 수 있으면 됩니다. 그게 밑거름이 되어 여러분의 한자 실력이 쑥쑥 늘어날 것이라고 믿습니다.

아, 하나 더! 부수자를 제시하는 공간이 듬성듬성 비어 있는 경우가 있습니다. 글자가 없기 때문일 수도 있고, 책을 만든 과정에서 그런 그림 파일을 확보하지 못해 빈 공간이 된 경우도 있습니다. 그러니 혹시 빈칸을 보고, 물론 그런 경우도 있을 수 있지만, 이 글자는 그때까지 나오지 않았던 것이라고 단정하면 안 됩니다. 예를 들어 갑골문과 전문은 제시되고 금문이 빠져 있다면, 이 글자는 당연히 갑골문부터 쓰였고, 지금까지 금문이 발견되지 않았거나 필자가 구하지 못한 것입니다. 갑골, 금문은 비어 있고, 전문에서 글자가 나타날 때, 이것을 보고 '아, 이 글자는 후기에 태어났구나'라고 그 글자의 출생연도를 단정하면 안 된다는 이야기입니다. 그때 태어났을 수도 있지만, 갑골문이나 금문이 아직까지 발견되지 않았을 확률이 더 크다고 볼 수 있기 때문입니다. 그러니 글자의 출생연월일에는 너무 매달리지 말기 바랍니다.

한자 구성 원리

이제 서론부의 마지막 주제입니다. 한자의 구성 원리에 관한 이야기입니다. 앞에서 **합체자**라는 말을 잠깐 했는데, 여러 개의 글자들이 모여 하나의 새로운 글자를 만들 때 어떻게 서로 연결되는가 하는 점에 대한 이야기입니다. 잠깐 한 번 복습을 하고 가겠습니다. 한자를 처음 만든 원리는 육서 가운데 무엇이었습니까? 사물의 모양을 특징이 잘 드러나도록 본뜬 상형, 그리고 추상적인 개념을 나타내기 위한 지사였습니다.

회의와 형성도 분명 한자를 만드는 방법의 하나이지만 이것은 상형이나 지사로 만들어진 글자들 그러니까 독체자이죠, 그걸 다시 결합해서 만듭니다. 두 자 이상의 글자가 모여 만드니까 뭐라고 했습니까? 합체자입니다. 그러니까 합체자에는 '회의 합체자'와 '형성 합체자'가 있을 수 있겠지요. 거듭 말하지만 육서 가운데 전주와 가차는 문자를 만드는 원리가 아니라, 문자를 사용하는 방법이라고 했습니다.

많은 글자가 만들어지고 나니 이제는 분류 방법이 문제입니다. 한자는 뜻글자라서 분류하기가 만만치 않습니다. 그런데 여러 글자를 자세히 보면 유사성이나 공통성이 발견됩니다. 예를 들어 풀을 나타내는 글자는 '초 두[艹]'가 들어가고, 사람과 관련된 글자에는 '사람인변[亻]'이 들어가는 겁니다. 여기에 착안한 것이 동한의 허신이라는 사람입니다.

허신의 『설문해자』가 부수에 관한 최초의 책입니다. 현재 우리는 『강희자전』의 분류에 따라 214개 부수를 쓰고 있는데 그것은 허신이 이용한 방법을 간단하게 한 것입니다.

부수는 무엇입니까? **부수(部首)**는 한자를 모양의 공통성에 따라 나눌 때 기본이 되는 글자입니다. 모양은 그림에서 나온 것이고 그 그림은 본래 뜻을 나타내는 것이니 '**부수는 모양으로 뜻을 나타내주는 부분**'입니다. 물론 뜻이 아니고 소리를 나타내주는 일부 예외도 있지만 숫자가 많지 않으니 여기서는 논외로 하고 그런 부분은 관련된 한자가 나올 때 설명하겠습니다. 하여튼 그렇게 나눈 하나의 부류가 부(部)이고 그 부의 책임자나 인솔자 아니면 우두머리라고 할까요? 그 글자를 부수자(部首字)라고 합니다.

부수가 무엇인지 알았다면 이번에는 **결구법(結構法)**을 알아야 합니다. 다른 글자와 결합할 때 서로 간의 상대적인 위치에 대한 설명은 한두 가지가 아닙니다. 설명에 따라 쓰는 말도 다릅니다. 한자를 결합할 때 쉽게 생각하면 한 글자의 왼쪽에 붙을 수도 있고 오른쪽에 붙을 수도 있겠습니다. 위나 아래에 올 수도 있고, 다른 글자를 둘러 쌀 수도 있습니다. 여기서는 여러분들이 한자를 배우는 데 필요한 최소한의 설명만 하려고 합니다.

방금 사람인(人, 亻)변 이야기를 했는데 그 부수에 속하는 글자에는 모두 사람 인(人, 亻)이 들어갑니다. '亻'은 사람 인(人) 자가 다른 글자의 왼편에 들어갈 때의 형태입니다. 이것은 글씨를 쓸 때 간편하도록 하고 모양도 고려한 것이 아닐까 합니다. 다른 글자의 왼편에 붙은 것을 **변(邊)**이라고 하기 때문에 부수로 말할 때는 "사람인변"이라고 합니다. 왼쪽에 붙었으니 오른쪽에도 붙을 수 있습니다. 그럴 때는 **방(旁)**이라고 합니다. '곁' 방이니까 곁에 붙었다는 말입니다. 여러분들이 많이 들어본 부수가 좌부변[阝], 우부방[阝]이 아닐까 싶은데 생김새는 똑같지만 왼쪽에 붙은 것은 좌부변, 오른쪽에 붙은 것은 우부방이라고 합니다.

이 경우에는 생김새가 똑같으니 뜻도 같아야겠지만 전혀 그렇지 않습니다. 좌부변[阝]은 '언덕' 부(阜)를 나타내고 우부방[阝]은 '고을' 읍(邑)을 나타내니 착오하는 일이 없어야겠습니다. '고을' 읍(邑) 자가 그대로 붙는다면 '고을 읍' 부라고 하겠지만 오른편에 붙을 때는 '언덕' 부(阜)에서 온 좌부변[阝]과 생김새가 같으니 그것과 구별하기 위해 오른쪽에 붙는다는 것을 나타내기 위해 '우부방'이 되었습니다. '고을' 읍(邑) 자로 보면 이름을 빼앗긴 셈입니다. 한자의 왼쪽과 오른쪽을 통틀어 이르는 말로 '변방(邊旁)'이라고 하는데, 편방(偏旁)이라고도 합니다.

위, 그러니까 머리 부분에 오는 것은 **관(冠)**이라고 합니다. '갓 관'입니다. 모자입니다. 그래서 우리말로 '갓머리[⼧]'라고 하지요. '갓머리'에 또 하나가 더 있습니다. 위에 점이 없는 '민갓머리(⼍)'입니다. 여기 쓰인 우리말의 '민'은 무슨 뜻입니까? 요즈음 많이 쓰는 것 같은데 민낯이라는 말 들어봤지요? '화장을 하지 않은 얼굴'이 민낯입니다. 민짜라는 말도 있습니다. 아무것도 꾸미지 않은 물건입니다. 그러니까 우리말에서 '민'은 꾸미거나 장식하지 않은 것을 가리킨다는 것을 알 수 있습니다. 민갓머리는 장식, 즉 점[丶]이 붙지 않은 갓머리라는 뜻입니다.

이번에는 다른 글자를 둘러싸는 경우입니다. 이때는 **구(構)**라고 합니다. '에운담'이 그런 경우입니다. '입' 구(口)와 모양은 똑같은데 에운담[囗]이 훨씬 더 큽니다. '에우다'라는 것은 '사방을 빙 둘러싸는 것입니다'. 그러니까 '에운담'은 담으로 빙 둘러쌌다는 뜻입니다. '문' 문(門) 자도 같은 예입니다.

다음은 아래에 있는 경우로 **각(脚)**입니다. '다리 각' 자인데, 부수와 관련해서는 '발'이라고 합니다. '불' 화(火)가 '없을' 무(無) 자에서처럼 다른 글자를 아래에서 받쳐줄 때 쓰는 '연화발[灬]'과, '공손할' 공(恭)의 아래 부분에 '마음' 심(心)이 살짝 모양을 바꾼 '심(⺗)'이 예가 되겠습니다. 연화발의 연화는 '제비' 연(燕)에 들어 있는 '불' 화(火)입니다. 그것이 아래, 즉 발의 위치에 쓰이기 때문에[灬] '연화발'입니다.

오랜 시간 어렵더라도 이제 거의 끝났으니 조금만 더 참고 들어봅시다. 심리학자들은 우리 인간의 관심이 3분 이상 지속되지 않는다고 합니다. 제 생각에는 이것을 가장 잘 이용하는 것이 영화를 만드는 사람들이 아닌가 합니다. 흥미를 잃고 관심이 흐트러지기 전에 상황이 바뀌고 새로운 자극을 줍니다. 할리우드에는 실제 영화 대본에서 이런 면만 연구해 대본에 재미를 더하는 사람들도 있습니다. 그러니 지루하다는 생각이 들어 관심이 떨어지고 몸을 가만히 둘 수 없다면 그건 필자의 책임입니다. 강의가 재미가 없기 때문입니다.

마지막은 왼쪽에서 시작해 아래를 받쳐주는 경우로 **요(繞)**입니다. '두를 요', '둘러쌀 요' 자이니, 다른 글자를 둘러싸는 글자입니다. 책받침[辶]이 대표적인 경우가 되겠습니다. 책받침에는 또 민책받침이 있습니다. 민갓머리에서 보았듯이 '민' 자가 붙어 있으니 점[ヽ]이 하나 없는 것[乚]입니다.

일러두기

이상으로 한자 공부를 위한 사전 학습을 마쳤습니다만, 끝으로 이 책의 공부 방법을 소개해야겠습니다.

무엇보다 **"씹을 수 있는 만큼 깨물기(Do not bite off more than you can chew)"** 바랍니다. 이것은 지금 우리가 시작하는 한자만의 문제가 아닙니다. 이해도 못 하는 원서 들고 다닐 바가 아닙니다. 모르면 알파벳, 인수분해, 오선 보표부터 시작하는 것이 맞습니다. 필자는 여러분이 본서를 정말 재미있는 이야기나 소설책처럼 읽기 바랍니다. 이해 안 되는 부분은 그냥 넘어가고 되풀이해 읽어보기 바랍니다. 그래야 공력이 쌓이며 실력이 붙습니다. 혹시라도 나는 왜 이럴까, 나는 뭔가 배우는 것이나 공부와는 상관이 없고, 소질도 없다고 자책하지 말기 바랍니다.

정 이해되지 않으면 필자에게 실컷 욕이라도 하기 바랍니다. 필자가 제대로 알지 못하고, 이해하지 못해 어렵게 썼기 때문입니다.

먼저 각 부수자에는 서체별로 글자를 보여줍니다. 모양이 어떻게 바뀌어왔는지 꼭 살펴보기 바랍니다. 특히 상형자나 지사자의 경우에는 오래된 글자일수록 그림에 가까워 무엇을 어떻게 나타내려고 했는지 엿볼 수 있고, 그 변화를 통해 오늘날의 글자로 정착된 과정도 이해할 수 있습니다.

중학	부수	획수	형자	회자	새김	발음
仁	人	4	人	人二	어질	인

다음에 위에서 볼 수 있는 것과 같은 도표가 나옵니다. 도표 가운데 '중학'이라고 쓰여 있는 것은 '한문 교육용 기초한자' 1,800자 가운데 중학교 과정에서 배우게 되어 있는 900자가 대상입니다. 그 가운데 해당 부수에 나오는 글자입니다. '고교'는 고등학교에서 배우는 900자 가운데 나오는 것입니다. '중외'나 '고외'라고 쓰인 부분은 실제 그

부수에 해당되지는 않지만, 글자 내에 그 부수자가 들어 있는 자를 나열한 것입니다. 이 부분에 신경을 많이 쓰면 한자를 쉽게 익힐 수 있을 것으로 확신합니다.

'새김'은 뜻풀이 부분이고 그 밖에 획수와 함께 자소자(字素字)가 제시되어 있습니다. 상형자와 지사자는 독체자라서 자소(字素)가 있을 수 없는데, 지사자의 경우에는 지사에 쓰인 본체와 지표를 제시하고 있습니다. 그러니 자소가 안 보이면 상형자이고 나머지 지사자, 형성자, 회의자는 도표만 보아도 알 수 있습니다. 그래서 육서는 따로 밝히지 않는데, 상형자이자 지사자 같은 경우에는 상형자임이 드러나지 않습니다. 그런 경우에는 본문에서 따로 설명을 추가합니다. 부수외자의 경우에는 참고가 되도록 부수를 일일이 밝힙니다.

도표 안에서는 새김에 따옴표를 이용하지 않지만 본문에서 한자를 설명할 때 일일이 새김을 작은따옴표(' ') 안에 넣었습니다. 이것은 여러분들이 글을 읽으며 자연스럽게 새김을 익힐 수 있도록 하기 위한 것입니다.

중학	부수	획수	새김	발음
不	一	4	아닐/아닌가, 성부/클	불/부/비

다음은 한 글자가 여러 가지 소리를 내는 다음자(多音字)에 대한 설명입니다. '不' 자는 우리가 통상 '아니' 불로 새기고 읽지만 실제 '아니' 불(不)은 도표에서 보는 것처럼 여러 가지로 읽으며 그에 따라 뜻도 달라집니다. 뜻에 따라 소리가 달라지는 경우 새김과 발음에서 각각 빗금[/]으로 구분합니다. 그러니까 '아닐' 불은 '아닌가' 부나 '성부' 부, '클' 비로도 읽는다는 것을 보여줍니다.

위에 나와 있는 불(不)의 경우 부수는 '한' 일(一)에 속합니다. 육서는 형성 자소나 회의 자소가 없으니 상형이나 지사자인데, 그 내용은 본문에서 설명합니다. 획수는 4획입니다. 획수는 여러분이 한자를 정확히 배우고 익혔는지를 확인할 수 있는 부분이니 한자를 쓸 때 한 번씩 확인해보면 도움이 됩니다.

한 부수에서 글자의 **배열**은 **육서(상형→지사→형성→회의), 획수** 그리고 **발음순**입니

다. 육서의 경우 회의가 형성보다 앞서는 것입니다만, 본서에서는 학습의 편의를 위해
형성자가 회의자보다 앞서 배열되어 있습니다.

그 외 본서에서 많이 쓰는 두어 가지 개념을 설명하고자 합니다. 앞서 언급하긴 했습니다만, **독체자**는 그 자체로 독립된 글자입니다. 상형자나 지사자는 직접 그림에서 발전해 나온 것으로 더 작은 단위로 나뉘지 않고 독립되어 사용할 수 있습니다. 그런 독체자를 바탕으로 합쳐 만들어진 글자는 **합체자**라고 합니다. 회의자와 형성자가 그런 예가 되는데, 이들 글자는 구성 요소로 나눌 수 있습니다. 옛날에는 독체자를 문(文)이라 하고, 합체자를 자(字)라고 했습니다. '문자(文字)'라는 말에 여러 가지 뜻이 있지만, 본래는 독체자와 합체자를 가리켰습니다. 독체자, 합체자라는 말은 『표준』에도 실려 있지 않습니다만, 본서에서는 설명을 간단히 하기 위해 그대로 씁니다. 합체자를 나누는 경우 2개 이상의 독체자로 나뉘기도 하지만, 글자보다 더 작은 단위가 남는 경우가 있습니다. 아래에서 설명할 자소입니다.

학계의 육서 분류가 다 일치하지 않으니 분류 방식에 따라 차이가 있겠습니다만, 필자의 분석 결과 기초한자 1,800자 가운데에는 상형자 352자에 지사자 53자로 405자입니다. 그런데 그 가운데 23자가 겹쳐서 실제 상형·지사자는 모두 382자입니다.

학습에 부담입니다만 **382자는 외워야 한다는 말입니다.** 여기에는 바로 서체의 변화를 이해하는 것이 도움이 됩니다. 그림에서 글자로 정착되어가는 과정을 이해하면, "아! 어떤 것을 나타내는 그림이 이 글자로 바뀌었구나"를 더 쉽게 떠올릴 수 있고, 이해도 쉽기 때문입니다.

자소(字素)를 『표준』에서는 "한 언어의 문자 체계에서 음소를 표시하는 최소의 변별적 단위로서의 문자 혹은 문자 결합"이라고 설명합니다. 음소(音素)는 '더 이상 작게 나눌 수 없는 음운론상의 최소 단위'입니다.

소(素)는 색소(色素), 수학에서 쓰는 소인수(素因數), 원소(元素) 등에서 볼 수 있는 것처럼, 사물을 구성하는 요소로 더 이상 나누어지지 않는 것을 말합니다. 위 『표준』의 정의를 풀어 설명하면 글자를 이루는 최소 단위라는 뜻인데, 이때 중요한 것은 변별력이 있다는 것입니다. 다른 것과 다르다는 것을 나타낼 수 있다는 뜻입니다.

위에서 말한 독체자의 경우 자소가 되지만, 자소는 독체자보다 더 작은 경우도 있습

니다. 예를 들어 '물' 수(水)는 더 이상 나눌 수 없는 독체자입니다. 그러나 '삼수 변[氵]'이 되어 다른 글자와 결합하며 '물'의 뜻을 나타내기도 하는 경우입니다. 글씨를 쓰는 것으로 생각하면 하나하나의 획과 부수를 포함하는 그 사이의 단위라고 할 수 있습니다. 그리고 이런 자소들이 결합해 새로운 글자를 만들어낼 때에 좌우로 배치한다든지, 위아래로 놓는다든지 하는 것이 결구(結句)입니다.

본서에서는 '자소'와 '자소자'를 특별히 구별해야 하는 경우가 아니면 섞어 씁니다. 현재 중국에서 이런 의미로 가장 많이 쓰는 말은 '부품'이나 '구성 부분'이라는 뜻의 부건(部件)입니다만 『표준』에 한자어로 올라 있지 않습니다. 그래서 '자소'나 '자소자'라는 용어를 사용합니다.

인신(引申, extension), 인신의(引申義), 파생(派生, derivation)

인신(引申)은 말의 의미가 확장된다는 점에서 우리말의 파생(派生)과 비슷합니다. 그러나 이 두 가지를 똑같이 볼 수만은 없습니다. 결론부터 말하면 기왕에 있던 것을 연장·확대하는 것은 인신(引申)이고, 기왕에 있던 것을 바탕으로 새로운 것이 생겨나는 것은 **파생(派生)**입니다.

중국어에서 인신은 '파생의(派生義)를 만드는 과정'입니다. 새로운 단어를 만드는 것이 아니라 기왕에 있는 말의 의미가 확대되는 것입니다. 그렇게 해서 생겨난 뜻이 **인신의(引申義)**입니다. 『표준』에서는 파생을 "실질 형태소에 접사가 결합하여 하나의 단어를 만듦. 또는 그런 일"이라고 설명합니다. 그러니까 우리말에서는 뭔가를 덧붙여서 새로운 말, 단어를 만드는 것입니다. 기왕에 있던 말의 의미가 확장되기는 하지만 접사를 붙여 새로운 말이 생겨나는 것입니다. 한자에서 인신이 본래 글자의 의미가 변하는 것과는 다릅니다.

본래의 뜻에서 다른 뜻으로 바뀌는 것이나, 바뀐 뜻을 나타내는 것이니 **전의(轉義)**입니다만 흔히 쓰는 말은 아니고, 이 말이 바뀌는 과정과 그 결과를 모두 나타내기 때문에 모호한 면이 있습니다. **파생의(派生義)**라고 할 만하고 실제 그렇게 쓰는 경우도 눈에 뜨입니다만, 『표준』에는 실려 있지 않습니다.

『표준』에는 인신이 "잡아당겨지거나 펴져서 늘어나다"라고 올라 있습니다. 이 뜻은 물체나 물질처럼 구체적인 것의 물리적 팽창에만 국한되어 보입니다. 그래서 한자에서 보이는 추상적인 의미의 변화에는 적용되지 않는 듯합니다.

본서에서 파생이라는 말을 쓰지 않고, 좀 낯설어 보이는 인신이나 인신의라는 용어를 사용하는 까닭입니다.

　책 이름의 약칭입니다. 본서에서 어의(語義)는『국립국어원 표준국어대사전』을 따릅니다.『표준』으로 약칭합니다. 허신(許愼)의『설문해자(說文解字)』와 단옥재(段玉裁)의『설문해자주(說文解字注)』는 각각『설문』,『단주』로 약칭합니다. 필요한 경우 한자를 섞어 쓰기도 합니다.

　첫 쪽에서 여기까지는 본서를 읽는 길잡이 역할을 하는 부분입니다. 이해가 안 되면 그저 틈날 때마다 여러 번 읽어, 내 것으로 만들어주기 바랍니다. 이제 수술 가운(gown)을 갖춰 입었습니다. 메스(mes), 아니 메스는 네델란드에서 왔다니 수술칼(scalpel)을 제대로 잡아봅시다. "시작!"입니다.

R001

한 일(一) 부

갑골	금문	전문	해서
一	﹅	一	一

'한' 일(一)은 단 하나의 획으로 한자 가운데 가장 간단한 글자입니다. 서예에서 글자를 쓸 때에는 '가로획'이라고 합니다. 일(一)에 가로획을 하나씩 더 겹치면 이(二)가 되고 삼(三)이 됩니다. 그런데 삼(三)은 일(一)의 부수에 속해 있지만, 이(二)는 따로 독립된 부수로 사용되고 있습니다. 실제 최근 중국에서 나오는 자전에는 이(二)도 아예 일(一) 부수에 통합하고 있기도 합니다. 칠(七)의 원래 모양은 십(十)과 같았는데 두 글자를 구별하기 위해 십(十) 자의 아래 부분을 구부린 것이라 합니다.

'형성 자소'나 '회의 자소' 표시란이 없거나, 그 난이 비어 있는 것은 상형자입니다.

중학	획수	새김	발음
丁	2	고무래, 장정, 넷째 천간	정

정(丁)은 고무래 모양을 닮아서 고무래 정이라 하고, 천간에서는 병(丙) 다음입니다. '장정' 정(丁)은 본래 옆에서 본 못(nail)의 모양을 그린 것이라고도 하지요. 그래서 '못' 정이라고 하기도 합니다.

정남(丁男)은 장정을 말합니다. 정부(征夫)도 비슷한 뜻으로 한창 나이의 장정인 남자입니다. 우리 속담에서는 "낫 놓고 기역자도 모른다"라고 합니다만, 중국어에서는 "눈으로(뜨고) 정(丁) 자도 모른다[目不識丁(목불식정)]"라고 합니다.

중학	획수	새김	발음
不	4	아닐/아닌가/클	불/부/비

불(不)은 우선 'ㄷ'이나 'ㅈ'으로 시작하는 단어와 연결될 때는 '부'로 읽습니다. 『설문(說文)』에서는 "새가 하늘로 올라가 내려오지 않는 것이다"라고 합니다. 위의 일(一)을 하늘로 보고, 아래 부분은 새가 위로 날아 올라가는 모양으로 본 것입니다. 고문 연구에서는 꽃받침이 아래로 드리워진 모양을 그린 것으로 보아 '꽃받침, 줌통' 부(柎)의 본자라고도 합니다. 현재는 부정을 나타내는 데에 쓰입니다.

부득요령(不得要領)은 주로 요령부득(要領不得)으로 쓰는데, 말이나 글 따위의 요령을 잡을 수가 없는 것을 나타냅니다. 불가사의(不可思議)는 사람의 생각으로는 미루어 헤아릴 수 없이 이상하고 야릇한 것을 말합니다. 불가승수(不可勝數)는 너무 많아 셀 수가 없는 것입니다. 불공대천(不共戴天)은 하늘을 함께 이지 못한다는 뜻으로 이 세상에서 같이 살 수 없을 만큼 큰 원한을 가짐을 비유적으로 이르는 말입니다. 불치하문(不恥下問)은 손아랫사람이나 지위나 학식이 자기만 못한 사람에게 모르는 것을 묻는 일을 부끄러워하지 않는 것으로 공부하는 사람들이 갖춰야 할 기본적인 자세라고 할 수 있습니다. 불혹지년(不惑之年)은 불혹의 나이라는 뜻으로 '마흔 살'을 이릅니다.

중학	획수	새김	발음
丑	4	둘째 지지, 소/못생긴	축/추

축(丑)을 『설문』에서는 끈[紐(뉴)]으로 풉니다. 농업이 주가 되었던 고대 사회에서 축

시(丑時, 오전 1~3시)에는 하루를 시작하며 손을 움직일 준비, 즉 일을 하기 시작할 준비를 해야 하는 시간을 나타내는 것으로 보기도 합니다.

고문 분석에서는 손[又]으로 뭔가를 움켜쥐는 것으로 봅니다. 즉 '묶을, 잡을' 뉴(扭)의 본자로 보는 것입니다.

중학	획수	새김	발음
丙	5	남녘	병

병(丙)을 '남녘'으로 새기는 것은 『설문』의 설명에 따른 것입니다. 『설문』에서는 "병(丙)은 남방에 자리해 만물이 성장해 밝다. 음의 기운이 처음으로 생겨나 양기는 장차 사위게된다. 일(一)이 경(冂) 속으로 들어가는[入] 것이다"라고 설명합니다. 음양오행설로 풀이했는데, 고문 연구에서는 떡 같은 것을 굽는 번철의 모양을 본뜬 것이라고 합니다. 뭔가 부치거나 지질 때 솥뚜껑을 뒤집어서 쓰는 경우가 있는데 거기에 발이 세 개 달린 그릇으로 생각하면 됩니다. 어떤 설명이든 불이라는 뜨거운 기운과 연결이 되는 것은 확실합니다.

중학	획수	새김	발음
且	5	또	차

'또' 차(且)입니다. 고문 분석에서는 남성의 생식기라고 합니다. 거기에서 인신되어 제사에 쓰이는 예기를 나타내게 되고, 부사로서는 또, 혹은 등의 뜻도 갖습니다.

차치(且置)는 내버려두고 문제 삼지 않는 것입니다. 차문차답(且問且答)은 한편으로 물으면서 한편으로 대답하는 것을 말합니다.

중학	획수	지표	새김	발음
一	1	一橫	한	일
七	2	一棍棒	일곱	칠
三	3	三	석	삼

획을 하나 그어 '한' 일(一)을 나타낸다는 것을 상상하기는 어렵지 않습니다. 지사입니다. 두 개로 **이**(二), 세 개로 **삼**(三)이 되는데, 이(二)는 별도의 부수자로 독립했습니다. 칠(七)은 원래 십(十)과 자형이 비슷했는데, 구분하기 위해 아래를 구부린 것이라고 합니다.

중학	획수	지표	새김	발음
上	3	長橫 上短橫	위	상
下	3	長橫 下短橫	아래	하

똑같은 가로획이지만 **상**(上)과 **하**(下)에서는 숫자의 의미를 띠는 것이 아니라 기준의 역할을 합니다. 기준이 되는 선[一]보다 위에 있는 것[上]이 상(上)이고, 아래에 있는 것[下]이 하(下)입니다. '上'과 '下'로 쓰거나 기준이 되는 선[一]의 위아래로 점[ㆍ]을 찍어서 나타내기도 했는데, 자형이 바뀌어 현재의 모양이 되었습니다. 도표대로 설명을 하면 긴 가로획[一]의 위아래에 짧은 가로획을 그리면 각각 상[二], 하[二]가 된다는 뜻입니다. 고문에서는 실제 그렇게 썼는데 지금의 자형으로 바뀐 것입니다.

중학	획수	회자	새김	발음
世	5	十 十 十	인간	세

도표에서 볼 수 있는 것처럼 일(一) 부수에 속한 글자들은 대부분 상형과 지사자인데 '인간' 세(世)만 회의자로 되어 있습니다. '인간' 세(世)는 열 십(十)을 세 개 합친 것입니다. 실제 한 세대를 삼십 년으로 칩니다. 회의의 글자 그대로 의미는 '뜻을 합쳤다'인데 육서에서는 두 개 이상의 글자를 결합시켜 새로운 뜻을 나타내는 글자를 가리키는 용어로 우리 모두 알고 있는 내용입니다. 십(十)을 세 개 합친 글자는 또 있습니다. 삼십을 나타내는 '서른' 삽(卅)으로 세(世)에서는 마지막 획을 꺾은 것이 다릅니다.

세대(世代)는 어린아이가 성장하여 부모 일을 계승할 때까지의 30년 정도 되는 기간을 말합니다. 세대서향(世代書香)은 대를 이은 학자 집안을 말합니다.

여러분, 말이 전혀 통하지 않는 외국인을 만났다고 가정해봅시다. 그때 자기 의사를 어떻게 표현하겠습니까? 십중팔구 상대방에게 그림을 그려 보여줄 것입니다. 그게 바로 상형자를 만든 원리입니다. 우리의 눈에 보이는 사물의 구체적인 특징을 잘 드러내 다른 사람도 알아보기 쉽게 그리는 것입니다. 말 그대로 그림 문자인데 현재 한자 가운데 상형자가 차지하는 비율은 아주 낮습니다. 하지만 이것은 비율의 문제이고, 기초한자에는 정말 기초적인 글자가 많아 상형자가 많습니다. 382자입니다.

그런데 구체적인 사물이 아닌 경우는 어떻게 하겠습니까? 똑같이 그림을 그려도 방식이 달라져야 할 것입니다. 추상적인 개념을 나타낼 때 사용한 방식이 지사로, 기초한자에 53자가 있습니다.

상형자는 원래 그림이었다가 글자로 정착한 것이고, 지사자는 추상적인 개념을 나타내는 글자를 만들기 위해 쓰인 방법입니다. 상형자나 지사자는 기본적으로 의사소통을 위해 그린 그림에서 출발한 글자들이니 자주 보면서 익히는 수밖에 없습니다. 상형 · 지사는 405자입니다.

한일 부수에 속하지는 않지만, '한' 일을 포함하고 있는 글자도 여럿 있습니다. 이 책에서는 간편하게 '부수외자'라고 부르려고 합니다. '중외'와 '고외'는 부수로 쓰이지 않았지만 각각 중학 과정과 고등학교 과정 기초한자 글자 가운데 나타나는 것을 가리킵니다. 부수외자의 자의(字義)나 용례 등은 해당 부수에서 설명되기 때문에, 부수외자 설명에서는 다른 추가적인 정보를 제공하고자 합니다. 자소자가 기초한자 범위에 속하지 않는 글자를 중심으로 선택적으로 소개·설명해, 학습의 심도를 높이고자 합니다.

부수외자는 다른 부수에 포함되어 있기 때문에 해당 부수를 따로 표시해놓았습니다. 궁금한 사항이 있으면 그때그때 해당 부수의 설명을 참고하거나, 자전을 찾아보며 더 깊이 공부하는 데에 도움이 됩니다.

한 가지 주의할 것은 지사자에 나타나는 각종 표지는 아래 설명을 통해 알 수 있는 것처럼 글자처럼 보일지라도 그 글자의 의미를 나타내지 않는다는 점입니다.

회의자나 형성자는 구성 자소들이 독립된 글자이지만, 지사에서는 표지까지 붙어서 하나의 독립된 글자입니다. 따라서 두 개의 글자로 나눌 수 없다는 점이 다릅니다.

증외	부수	획수	지표	새김	발음
本	木	5	木一	근본	본

도표에 있는 '근본' **본(本)**을 예로 들어 설명해보겠습니다. 본(本)은 '나무' 목(木)에서 왔습니다. 그런데 나무의 아래 부분인 밑동을 가리키려면 우선 '나무' 목(木)을 씁니다. 그리고 "다른 데가 아니고, 바로 이 부분이야!"라며 그 부위에 점을 찍거나, 가로획을 긋거나 아니면 누군가는 작은 동그라미를 치거나, 오늘날 문장 부호로 치면 틱(tick ✓)으로 표시할 수도 있습니다. 실제 본(本) 자의 경우, 초기 글자의 형태는 아래 부분에 조금 두꺼운 동그라미 표시를 했었습니다.

그러니 비록 현재는 지사 표지가 자형상 가로획인 '한' 일(一)처럼 보이지만, 본래 글자의 뜻을 갖는 것이 아니라는 것입니다. 어떤 글자에서는 점[`]이 될 수도 있고, 또 삐침[ノ]이 되는 경우도 있습니다. 어느 부분인지, 무엇인지를 가리키기 위해 사용되는 부호이므로 여기에는 그 이상의 의미를 부여할 수는 없습니다.

증외	부수	획수	새김	발음
寸	寸	3	마디	촌

'마디' **촌(寸)**은 손[又]과 그 아래 맥박이 뛰는 곳, 즉 촌구(寸口) 부분에 표지[一]를 붙여 거기까지의 거리를 나타냅니다. 우리말의 치[寸]인데 우리의 전통적인 도량형법인 척관법에서 한 자[尺]는 열 치로 30.3cm이니 거리가 약 3cm 떨어진 곳입니다. 도표에는 나와 있지 않지만, '칼날' 인(刃)의 경우 지사자인데 점으로 나타납니다. "다른 부분이 아니고 칼[刀]의 이 부분이야, 이 부분[刃]"하며 누군가 소리를 지르는 듯합니다.

증외	부수	획수	새김	발음
天	大	4	하늘	천

'하늘' **천(天)**은 상형자로 보기도 합니다만, 대부분은 지사자로 분류합니다. 양팔을

벌린 사람(大)의 위에 "여기야, 여기!"를 외치며 가로획[一]을 붙입니다. 머리보다 위, 즉 하늘이라는 뜻입니다.

중학	부수	획수	회자	새김	발음
立	立	5	大一	설	립

이번에는 그 사람[大]이 지면을 나타내는 가로획[一]에 서 있습니다. '설' 립(立)입니다.

중외	부수	획수	형자	회자	새김	발음
兩	入	8	㒳	一㒳	두	량

'두' 량(兩)의 경우, 형성·회의 자소가 모두 있으니 형성·회의자입니다. 도표를 보면 육서는 자연 알 수 있기 때문에 육서는 따로 소개하지 않습니다.

앞서 얘기한 바 있지만, 자소인 량(㒳)과 같이 별색(파란색)으로 표시된 글자들은 기초한자 범위에 속하지 않음을 나타냅니다. 본래 량(㒳)은 숫자 '둘'을 나타내는 글자이고, 량(兩)은 무게를 나타내는 단위로, 지금도 무게의 단위로 쓰입니다. 그런데 량(㒳)은 쓰이지 않게 되고 그 뜻은 량(兩)에 통합되어, 량(兩)이 수와 무게를 아울러 나타내게 되었습니다.

도량형에서 도(度)는 길이를, 량(量)은 부피를 형(衡)은 무게를 나타내는데, 미터법에서는 미터(m), 리터(ℓ), 킬로그램(kg)을 쓰고, 우리의 전통 척관법(尺貫法)에서는 자[尺], 되[升], 관[貫]을 씁니다. 자는 약 30.3cm, 되는 약 1.8ℓ, 관은 3.75kg입니다.

중외	부수	획수	회자	새김	발음
正	止	5	一止	바를	정

'바를' 정(正)은 가르침이나 도가 한 가지[一]에 머무는 것[止]이라고 설명하기도 합니다만, 다른 설명도 있습니다.

증외	부수	획수	회자	새김	발음
戌	戈	6	戊一	개	술

술(戌)은 자형에 유의해야 하는 글자입니다. 무(戊)에서 획이 바뀌어 '도끼' 월(戉), 늘어나며 '열한째 지지' 술(戌), '수자리' 수(戍)에 '오랑캐' 융(戎)이 되는데 비슷해 착각하기 쉽습니다. 월(戉)은 큰도끼라고 하는데 '갈고리표' 궐(ㄥ)이 소리를 나타내는 형성자이고, 술(戌)은 '열한째 지지'로 새겼습니다만, 고문 분석에서는 날이 넓은 도끼로 봅니다. 술(戍)은 사람[人]과 창[戈]이 결합되어 지킨다는 뜻을 나타내며, 융(戎)은 양손에 무기를 든 모양을 나타내어 무사를 본뜬 것으로 봅니다.

증외	부수	획수	회자	새김	발음
或	戈	8	戈口一	혹	혹

혹(或)의 고문에는 가로획[一]이 없습니다. 창[戈]을 들고, 성 혹은 나라[口]를 지키는 것으로 봅니다. 나중에 붙은 가로획[一]은 경계선을 나타내는 것으로 봅니다. 이 글자는 '에울' 위(囗)로도 새기는 다음자입니다. 나중에 가차해 어떤, 누구, 혹은 등의 뜻으로 쓰이게 되었습니다.

증외	부수	획수	회자	새김	발음
音	音	9	言一	소리	음

고문에서 '말씀' 언(言)은 '소리' 음(音)과 비슷합니다. 그 언의 아랫부분이 '입' 구(口)자 모양인데, 거기에 가로획[一]을 더해 입에 악기를 문 모양을 나타내어 '소리' 음(音)이 되었습니다.

고교	획수	새김	발음
丘	5	언덕	구

구(丘)는 우선 자소가 없으니 상형자입니다. 『설문』에서는 "높은 흙 산"이라고 하는데, 자연적으로 높이 솟아오른 땅입니다. 우리는 통상 '언덕' 구로 새깁니다. 하지만 고문 분석에서는 설명이 다릅니다. 옛날 사람들은 주거 공간으로 높은 곳에 흙을 파내 움집을 지었는데, 그것이 폐허가 된 것을 나타내는 글자라는 것입니다. 그래서 폐허의 뜻을 나타내기도 합니다. '큰 산' 악(嶽)에서는 자소자입니다.

언덕은 구릉(丘陵)이라고도 하고, 구목(丘木)은 무덤가에 난 나무입니다.

고교	획수	회자	새김	발음
丈	3	棍棒一橫	어른	장

장(丈)은 『설문』에서 "'열' 십(十) 아래 손[又] 모양을 쓴 글자로 열 자[尺]"라고 설명합니다. 『단주』에서는 "주나라 제도로 8치[寸]가 한 자[尺]이고 10자가 일 장(丈)이다. 사람이 크면 8자가 되기 때문에 장부(丈夫)라고 한다"라고 설명합니다. 현재는 노인에 대한 경칭으로도 씁니다.

『표준』에서는 주척(周尺) 한 자를 23.1cm로 설명하고 있습니다. 이 수치를 쓰면, 장부의 키가 약 185cm라는 계산이 나오는데 옛날 사람들의 평균 신장이 그 정도였을지는 상당히 의심스럽습니다. 주척의 구체적인 길이에 대해서는 의견이 분분한데 일부 일본 사전에는 18.18cm 혹은 23.03cm라는 설명이 있고, 중국 사전에서는 수치를 밝히지 않고 있습니다. 현재 일 장(丈)은 약 3.3m입니다.

고문에는 곤(丨)과 손을 나타내는 우(又)가 결합된 데에서 '손에 쥐다, 들다'를 본뜻으로 봅니다. 장(丈)에 편방을 더하며 '기댈' 장(仗), '지팡이' 장(杖)이 됩니다.

장량(丈量)은 토지의 면적을 측량하여 조사하는 것이고, 장인(丈人)은 아내의 아버지입니다.

고외	부수	획수	회자	새김	발음
屯	屮	4	屮一	진칠/준괘	둔/준

'진칠' 둔(屯)입니다. 자소자는 '싹틀' 철(屮)과 땅을 나타내는 가로획[一]이 결합된 글자입니다. 무슨 뜻일지 곰곰이 생각해 보고 해당 부수의 설명을 읽어보기 바랍니다.

고외	부수	획수	회자	새김	발음
葬	艸	13	茻死一	장사지낼	장

두 글자의 의미를 조합해 새로운 의미를 만들어내는 것은 '장사지낼' 장(葬) 역시 마찬가지입니다. 장(葬)은 '풀 우거질' 망(茻), '죽을' 사(死), 가로획[一]이 결합되어 있습니다. 여기서 '一'을 '가로획'이라고 쓰는 것은 이것이 글자로 쓰인 것이 아니라 하나의 표지처럼 쓰였기 때문입니다. 오랜 옛날 사람이 죽으면[死] 자리[一]에 눕혀놓고 풀로 덮었던 데[茻]에서 이 글자가 나왔습니다. 그러니 '一'는 깔개나 자리를 나타내는 것이지 숫자 일(一)의 개념으로 쓰인 것은 아닙니다. 여기서는 분명 독립된 글자들로 나닙니다.

장신어복(葬身魚腹)은 물고기 배에 장사를 지냈다는 뜻으로 물에 빠져 죽는 것입니다.

본서에서 분석 대상으로 삼는 것은 기초한자 1,800자입니다. 가능한 한 용례에 나오는 한자도 〈한국한자능력검정회〉의 1급에 해당하는 3,500자 이내에서 맞추고자 합니다. 필자가 데이터베이스를 구축 분석한 결과 한국한자능력검정회의 〈1급 한자〉에는 기초한자 다섯 글자가 포함되어 있지 않습니다. 그래서 현실적으로는 이 두 가지를 합한 3,505자가 대상입니다. 군데군데 별색(파란색)의 글씨체로 표시된 글자는 기초한자 1,800자를 넘는 글자들입니다.

현재 한자 능력 시험 〈1급 한자〉에는 교육용 기초한자로 다음 도표에 나오는 두 글자 [조, 죠]가 포함됩니다.

1급	획수	형자	새김	발음
丕	5	不	클, 받들	비

1급	획수	회자	새김	발음
丞	6	一卪	정승/구할	승/증

본서는 기초한자의 어원 풀이에 초점이 맞춰져 있고, 또 책의 분량도 관계가 있어, 〈1급 한자〉 1,700자는 현재 집필 중인 본서의 후속서에서 계속됩니다.

R002

뚫을 곤(丨) 부

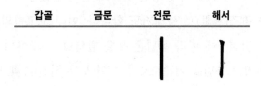

갑골	금문	전문	해서
		丨	丨

곤(丨)은 막대기가 선 모양으로 상형자입니다. 짤막하게 만든 몽둥이인 '곤봉'을 가리킨다고 합니다. 그러니까 '곤장' 곤(棍)의 본자입니다.

格物 001. 올챙이 글자, 과두문자(蝌蚪文字)

곤(丨) 자의 경우 『설문』에서는 아래에서 올려 쓰는 획과, 위에서 내려 쓰는 획을 구분합니다. 외견상 똑같이 하나의 획인데, 내려 쓰는 경우와 올려 쓰는 경우를 다른 글자로 보는 것입니다.

허신의 『설문』에서는 이렇게 설명합니다. "'丨'은 위아래로 통하는 것이다. 끌어서 위로 가는 것은 신(囟)으로 읽으며, 끌어서 아래로 향하는 것은 퇴(遐, 退)로 읽는다."

지금 우리가 생각하면 올려 쓰든 내려 쓰든 하나의 세로획으로 구별이 되지 않습니다. 변별력이 없는 것입니다. 필자는 도대체 이런 설명이 어떻게 나오게 되었을까 하는 생각을 오래했는데, 혹시라도 이것은 필기구의 차이에서 나온 설명이 아닐까 합니다.

현재의 필기구로 쓰는 글자는 올려 쓰는 획이나 내려 쓰는 획을 분간할 수는 없습니다. 굵기가 일정하기 때문입니다. 하지만 붓이 지금의 형태보다 발전하기 이전, 그리고 더 올라가 막대기 정도에 물감을 묻혀 쓰는 경우에는 처음 댄 곳은 굵어지고, 끝부분은 자연 가늘어지게 됩니다.

올챙이 모양을 한 과두문자(蝌蚪文字)야말로, 그런 특징을 가장 잘 드러내는 경우가 아닐까 합니다. 대나무에 옻을 묻혀 글자를 쓰니 시작하는 첫 부분은 물감이 울컥 많이 나오게 되어 굵어질 수밖에 없습니다. 이런 경우에는 올려 쓰는 획과 내려 쓰는 획이 달라져 분간할 수 있고, 별도의 글자가 될 수도 있겠습니다.

붓은 몽념(蒙恬, BC 259~210)이 발명한 것으로 알려져 있습니다. 그래서 몽념은 '붓의 아버지'라고 하는 필조(筆祖)로 불리기도 합니다. 현대 고고학의 성과를 통해 그 이전에도 붓을 쓴 것이 밝혀짐에 따라 몽념은 붓을 발명한 것이 아니라 개량했을 것이라고 합니다. 그래도 어쨌든 몽념을 기준으로 본다면 붓은 허신(許愼, 58?~149)보다 3백 년가량 앞서 세상에 나왔겠습니다만, 붓의 발달과 깊은 연관이 있을 서예는 완숙도를 높여가며 4세기 왕희지(王羲之, 303~361/321~379)에 이르러 절정을 맞이합니다. 이것은 거꾸로 그동안 붓도 끊임없이 발전해왔다는 반증이 될 것입니다.

『설문』을 살펴보면 율(聿)과 필(筆)이 당시 주 필기구였겠는데 필(筆)에는 죽(竹)이 붙어 있습니다. 이런 여러 가지 사정을 고려할 때 허신이 『설문』을 쓰던 2세기 초에도 필기구는 크게 발전하지 않아 내려 쓰는 획과 올려 쓰는 획을 분간할 수 있었다는 것이 필자의 추측입니다.

중학	획수	지표	새김	발음
中	4	口丨	가운데	중

'뚫을' 곤(丨)에 속하는 글자는 '가운데' 중(中) 자 하나뿐입니다. 허신은 『설문』에서 곤(丨)은 "위아래로 통하다"라는 뜻을 가지고 있다고 합니다. '口'와 '丨'으로 구성된 지사자로 보아 '丨'이 '口'를 꿰뚫는 것으로 파악하고 있다는 것을 알 수 있습니다. 고문 분석에서는 갑골문에서 현재 중(中) 자의 위아래로 바람에 펄럭이는 모양이 붙어 있는 데에 착안해 기에 달던 긴 띠인 기드림으로 보고, 가운데 '口'는 중심으로 기를 세울 때

중심이 되는 부위라고 합니다. 그래서 '가운데, 안, 등급' 등을 나타내고, 어느 쪽으로 치우치지 않은 것, 그래서 타당하다는 의미도 갖습니다. '뜻밖에 해를 입다'라는 의미도 있습니다.

중견(中堅)은 어떤 단체나 사회에서 중심이 되는 사람 또는 지위와 규모는 그다지 높거나 크지 아니하나 중심적 역할을 하거나 확실한 업적을 올리고 있는 사람이나 단체를 말합니다. 중독(中毒), 중상(中傷), 중풍(中風)에서는 '해를 입다, 당하다, 맞다'라는 뜻이겠습니다. "중풍을 맞다" 또는 "풍 맞다"는 말을 하는데, 여기서 "맞다"가 바로 중이 아닐까 합니다. 그런데 중상(中傷)은 『표준』에서 "근거 없는 말로 남을 헐뜯어 명예나 지위를 손상시킴"이라고 정의하고 있습니다. 신체 부위에 상처가 생기는 것을 가리키는 데 쓰이는 것이 아니고 마음속에 상처가 생기는 것을 나타내는 것입니다. 중도이폐(中途而廢)는 일을 하다가 중도에서 그치는 것으로 반도이폐(半途而廢)로도 씁니다. "가다가 중지하면 아니 감만 못 하니라"입니다. 중용지도(中庸之道)는 어느 한쪽에 치우치지 아니하고 평범함 속에서 찾는 진실한 도리를 말합니다.

중외	부수	획수	회자	새김	발음
引	弓	4	弓丨	끌, 당길	인

부수외자로는 '활' 궁'(弓) 부에 속하는 글자입니다. '끌, 당길' 인(引)이 들어 있습니다. 활을 당기거나 쏘는 것인데, 'ㅣ'을 고문 분석에서는 화살이라고 하고, 『단주』에서는 "위로 당기다"라는 뜻이라고 합니다. 여기서 위로 당긴다는 것은 물건을 말하는 것이 아니라 글씨를 쓰는 방향을 말합니다.

1급	부수	획수	지표	새김	발음
串	ㅣ	7	口(象)ㅣ	꿸/꼬치/익을/곶	천/찬/관/곶

〈1급 한자〉 가운데에 한 글자를 추천합니다. 다음자이니 새김을 살펴보기 바랍니다. 그 가운데 '곶'이라는 우리만의 새김이 있습니다. 곶은 육지가 바다로 뾰족하게 튀어 나온 부분으로 북한의 장산곶, 경상북도 포항의 호미곶이 그런 지형으로 유명한 곳입니다.

R003

점 주(`丶`) 부

갑골	금문	전문	해서
		丨	丶

‘심지’ 주 또는 ‘점’ 주(丶)라고 합니다. 본래는 도표의 전문에서 볼 수 있는 것처럼 등잔불 위의 불꽃 모양이라고 합니다. 심지는 기름이 올라가 불이 꺼지지 않고 계속 탈 수 있도록 실을 꼬거나 헝겊으로 만든 것입니다. ‘점’ 주라는 설명은 책을 읽을 때 중간에 쉬는 곳에 점을 찍는 데에서 왔습니다. 오늘날의 문장 부호로 치면 쉼표 역할을 하는 것이죠. 한문에서는 띄어쓰기를 하지 않기 때문에 어디에 점을 찍는가 하는 것이 아주 중요하고, 실제 한문 실력이라는 것도 바로 이런 구두점을 정확하게 찍을 수 있는 것과 관련이 있습니다. 사람들이 그런 표시를 하기 위해 쓴 것이 이 점이기도 합니다.

중학 기초한자 두 자 주(主)와 단(丹)은 상형자로 되어 있습니다만, 단(丹)은 지사자로도 봅니다. 상형자는 그림이니 자주 보고 따라 써보면서 익히는 수밖에 없습니다.

중학	획수	새김	발음
主	5	임금, 주인	주

주(主) 위의 점[丶]은 등불을 나타내고 아래는 등잔대를 나타내는데, 이것은 설명의 편의를 위한 것이고 전체가 하나로 상형자입니다.

주객(主客)은 주인과 손님을 아울러 이르는 말입니다. 주견(主見)은 자기의 주장이 있는 의견이고, 주력(主力)은 중심 세력입니다. 주객전도(主客顚倒)는 주인과 손님의 위치가 서로 뒤바뀐다는 뜻으로 사물의 경중 · 선후 · 완급 따위가 서로 뒤바뀜을 이릅니다.

중학	획수	지표	새김	발음
丹	4	井丶	붉을	단

단(丹)은 우물[井] 가운데 광물 중 단사를 나타내는 것[丶]이라고 합니다. '붉다'에서 붉은 마음 즉, 충성을 나타내기도 합니다. 단사(丹沙, 丹砂)는 진사(辰沙, 辰砂)라고도 하는데, 수은으로 이루어진 황화 광물로서 육방 정계에 속하며 진한 붉은색을 띠고 다이아몬드 광택이 납니다.

정성스러운 마음은 단심(丹心)이고, 곱게 꾸며 단장(丹粧)입니다. 단청(丹靑)은 옛날식 집의 벽, 기둥, 천장 따위에 여러 가지 빛깔로 그림이나 무늬를 그리는 것 또는 그 그림이나 무늬라는 뜻 외에 채색(彩色) 즉, 여러 가지의 고운 빛깔을 나타내기도 합니다.

중외	부수	획수	지표	새김	발음
亦	亠	6	大(人) 兩點(腋)	또	역

'또' 역(亦)이 여기 포함되는 것이 이상할 수도 있습니다. 그것은 역(亦)이 본래 사람을 나타내는 대(大) 자 양옆에 점[丶]을 찍어 겨드랑이를 나타내기 때문입니다. '겨드랑이' 액(腋)의 본자이기 때문입니다. 나중에 가차해 현재의 뜻으로 쓰이게 되었습니다.

고교	획수	회자	새김	발음
丸	3	乙匕	둥글	환

환(丸)은 상형자로 보기도 합니다. 『설문』에서는 표에 나와 있는 것처럼 회의자로 보고 "둥근 것으로 기울면 구른다"라고 설명합니다. 둥근 것을 뜻하는데, 전문 분석에서는 손 안에서 물건을 주무르는 것이라고 설명하기도 합니다.

둥글게 빚은 약이라서 환약(丸藥)입니다. 환니봉관(丸泥封關)은 진흙 덩어리 하나로 관(關)을 막을 수 있다는 뜻으로 지세가 험해 소규모 병력으로 지켜낼 수 있다는 뜻입니다.

R004

삐침 별(丿) 부

갑골	금문	전문	해서
		丿	丿

삐침은 오른쪽 위에서 왼쪽 아래로 내려 긋는 획입니다. 획의 이름이 '삐침'이고 한 자로는 별(撇)이라고 합니다. 부수로 쓰여, '벨' 예(乂), '여덟' 팔(八), '오랠' 구(久), '점 괘' 효(爻) 등에서 볼 수 있듯이, 뭔가를 끌어당기는 것을 나타내거나 부호로도 쓰입니다. 아주 드물게 독립해 쓰는 경우도 있습니다. 서예의 영자팔법(永字八法)에서는 삐침을 략(掠)이라고 합니다.

같은 부수에 별(丿)을 좌우로 뒤집은 '파임' 불(乀)이 있습니다. 파임은 왼쪽에서 오른 쪽 아래로 기울여 쓰는 획을 말합니다. 불(乀)은 현재 독립된 글자로 쓰이지 않으며, 불 (乀)에서 뜻을 취하는 글자들은 별(丿)과 마찬가지로 '끌어당기다'라는 뜻과 관련됩니다. 서예의 영자팔법(永字八法)으로는 책(磔)이라고 합니다.

중학	획수	새김	발음
乃	2	이에	내

내(乃)는 『설문』에서 "말이 잘 나오지 않은 것"이라고 합니다. 심리적인 것이 아니라 말을 내뱉기가 어렵다는 뜻입니다. 상형자인데 가차해 현재 쓰는 '곧, 이에' 등의 뜻을 나타내게 되었습니다. 고문 분석에서는 아기를 안고 젖을 먹이는 모양이 생략된 형태로 젖꼭지를 가리킨다고 합니다. 그래서 젖을 먹이는 것을 본뜻으로 보고 다른 뜻은 거기에서 가차되거나 인신되어 나온 것이라고 합니다.

내공(乃公)은 윗사람이 아랫사람을 상대하여 자기를 이르는 일인칭 대명사입니다. 주로 임금이 신하를 또는 아버지가 아들을 상대하여 자기를 이를 때 씁니다. 내지(乃至)는 (수량을 나타내는 말들 사이에 쓰여) '얼마에서 얼마까지'의 뜻을 나타냅니다. 내무내문(乃武乃文)은 문무(文武)를 아울러 갖추었다는 뜻으로 임금의 높은 덕을 기려 이르는 말입니다.

중학	획수	지표		새김	발음
之	4	屮	一	갈	지
乎	5	兮	丿	어조사	호

지(之) 자가 지사라는 사실은 이상할지 모릅니다. 그것은 이 글자가 발을 나타내는 '그칠' 지(止)를 『설문』에서 땅[一]에서 싹이 터[屮, '싹틀' 철] 줄기와 가지가 점점 커지는 것으로 보기 때문입니다. 고문 분석에서는 경계선, 혹은 출발선[一] 위에 발을 나타내는 지(止)를 더해 간다는 의미를 나타내는 것으로 봅니다. '가다'라는 뜻과 '~의'라는 뜻의 소유격 조사 역할을 하고, '그'에 해당하는 삼인칭 대명사 역할도 합니다.

갈지자걸음(-之字--)은 보통 몸이 좌우로 쓰러질 듯 비틀대며 걷는 걸음으로만 알고 있는데, 발을 좌우로 내디디며 의젓한 척 걷는 걸음의 뜻도 있습니다. 지동지서(之東之西)는 동쪽으로도 가고 서쪽으로도 간다는 뜻으로, 뚜렷한 목적 없이 이리저리 갈팡질팡함을 이릅니다.

'어조사' 호(乎)를 『설문』에서는 "말의 여운이 소리처럼 위로 올라가는 것"을 나타낸다고 하는데, 고문 분석에서는 악기에서 나는 소리로 여운이 끊이지 않고 은은한 것이라고 합니다. 거기에서 인신되어 의문의 어기를 나타냅니다. 주로 문법적인 기능을 맡기 때문에 호(乎)로 시작하는 단어는 없습니다.

중학	획수	회자	새김	발음
久	3	人乀	오랠	구

'오랠' 구(久)입니다.『설문』에서는 "뒤에서 막는 것으로, 사람의 두 발[인]을 뒤에서 막는 것[乀]을 본뜬 것"이라고 합니다. 달리, 엉덩이에 뜸을 붙이는 것을 나타내는 상형자라고도 합니다. 인신되어 '오래다'라는 뜻을 나타냅니다.

구원(久遠)은 아득하게 멀고 오래된 것이고, 구회(久懷)는 오랜 회포입니다. 구병성의(久病成醫)는 오래 앓으면 의사가 된다는 뜻으로 오랜 시간 경험하면서 전문가처럼 되는 것을 말합니다. 우리말에도 반의사라든지 반풍수라는 말을 비슷한 상황에서 씁니다만, 구병성의는 긍정적인 의미로 쓰고 우리말은 부정적인 의미를 내포하는 점이 달라 보입니다.

자소자는 '파임' 불(乀)입니다. 파임은 왼쪽에서 오른쪽 아래로 기울여 쓰는 획으로, 삐침 별(丿)을 좌우로 뒤집어 표시한 것입니다. 현재 독립된 글자로 쓰이지 않으며, 불(乀)에서 뜻을 취하는 글자들은, '벨' 예(乂), '여덟' 팔(八), '오랠' 구(久), '점괘' 효(爻) 등에서 볼 수 있듯이 '끌어당기다'라는 뜻과 관련됩니다.

중학	획수	회자	새김	발음
乘	10	大舛木	탈	승

'탈' 승(乘)은 '큰' 대(大)에 '어그러질' 천(舛)과 '나무' 목(木)이 결합된 회의자입니다. 이 글자를 꼼꼼히 살펴보십시오. 천(舛)은 부수자라서 나중에 다시 한 번 설명할 기회가 있겠지만, 두 발이 서로 반대 방향을 향하는 것입니다. 간단히 말하면 사람[大]이 나무[木]에 올라가 두 발을 벌린 형상[舛]입니다. 여기서 '올라가다, 타다'라는 뜻이 나오게 되었습니다.

승취(乘醉)는 술에 취한 기회를 타거나 또는 취흥을 띠는 것을 말하고, 승야(乘夜)는 '밤중을 틈타서'라는 뜻입니다. 승거대립(乘車戴笠)은 한 사람은 수레를 타고 또 한 사람은 삿갓을 썼다는 뜻으로 두 사람의 귀천이 완전히 다른 것을 이릅니다. 그렇게 귀천이 확연히 다른데도 우정이 두터워 변치 않은 것을 가리킬 때 씁니다. 승기불비(乘其不備)의 축자의(逐字義)는 그가 준비되지 않은 기회를 탄다가 되겠는데, 상대가 준비되지 않은 상황을 이용해 습격하거나 침범하는 것입니다. 다른 사람의 위급한 상황을 이용한다는 뜻의 승인지급(乘人之急) 혹은 승인지위(乘人之危)와 비슷한 말입니다. 승승장구(乘勝長驅)는 싸움에 이긴 형세를 타고 계속 몰아치는 것입니다. 승풍파랑(乘風破浪)은 바람을 타고 파도를 헤쳐 나간다는 뜻으로 원대한 뜻을 가지고 있음을 말합니다. 여기에서 승(乘)은 이용한다는 뜻이 됩니다. 우리말에서도 마찬가지이니 의미가 인신·확장되는 과정을 한번 곰곰이 생각해보기 바랍니다. 승용가서(乘龍佳婿)는 용을 탄 예쁜 사위라는 뜻으로 장인과 장모의 마음에 꼭 드는 사위를 말합니다. 승용쾌서(乘龍快婿)로도 씁니다. 승인지위(乘人之危)는 다른 사람이 위급한 상황에 처했을 때 공격을 하거나 해를 끼치는 것처럼 그런 기회를 이용하는 것입니다.

증외	부수	획수	형자	새김	발음
少	小	4	丿	적을	소

부수외자입니다. 소(少)는 상형자로 보기도 하고 표에 나타난 것처럼 별(丿)이 소리를 나타내는 형성자로 보기도 합니다. 고음(古音)은 어땠는지 모르겠지만, 현재 별(丿)과 소(少)에서 소리의 어떤 공통성을 찾기는 어려워 보입니다.

증외	부수	획수	지표	형자	새김	발음
尤	尢	4	又(手)丿	又	더욱	우

'더욱' 우(尤)는 갑골문에서 손을 나타내는 '또' 우(又) 자에 삐침 같은 획[丿]을 하나 그어 손가락에 이상이 있음을 나타내는 글자입니다. 그래서 허물이라는 뜻을 나타내게 되고, 혹이나 사마귀 같은 우리 몸의 군더더기라고 할 수 있습니다. 특이한 것을 나타내며 '더욱이'라는 뜻도 갖습니다. 여기에서 쓰인 삐침 획은 표지로 쓰인 것입니다.

증외	부수	획수	회자	새김	발음
爭	爪	8	爪丿又	다툴	쟁

'다툴' 쟁(爭)은 '삐침' 획으로 시작하기는 하지만 '손톱' 조(爪) 부에 속합니다. 위도 손[爪], 아래도 손[又]으로 가운데 뭔가[丿]를 서로 당기는 것입니다.

R005

새 을(乙) 부

갑골	금문	전문	해서
乁	乚	⺄	乙

　'새' 을(乙)을 『설문』에서는 "봄에 초목이 구부려져 나오는 것을 본뜻 것으로, 음기가 여전히 강해 나오는 모양이 힘 드는 것이다. '위아래로 통할' 곤(丨)과 같은 의미이다. (천간으로는) 갑(甲)에 이어지며, 사람의 목을 본뜬 것이다"라고 합니다. 고문 분석에서도 "구부려져 나오는 식물의 새싹"이라고 합니다. 새싹이 본뜻으로, 가차해 천간의 두 번째나 순서에 있어서 두 번째를 나타냅니다. '제비'로도 새기는데, 이 글자는 나중에 의부(意符)로 '새' 조(鳥)를 덧붙여 '제비' 을(鳦)이라는 별도의 글자가 됩니다. 우리가 '새' 조로 새기는 것은 바로 그런 훈(訓)에서 나온 것이겠습니다.

　갑골문 등의 고문 분석에서는 전혀 다르게 설명합니다. 움직이는 뱀[蛇]의 모양을 본뜬 글자라고 합니다. '뱀' 타(它)나 '오랑캐' 이(㐌)와 기원이 같은 글자인데, 타(它)가 계속 가차되어 다른 뜻으로 쓰이자 뱀을 나타내기 위해서 '벌레' 훼(虫)를 붙여 '뱀' 사(蛇)가 되고, '손' 수(扌, 手)를 붙여 '끌' 타(拖)가 되었다고 합니다. 끈다는 것[拖]은 뱀이 움직일 때 꼬리에 미치는 동작입니다. 그래서 야(也), 이(㐌), 타(它)가 자소로 쓰일 때는 뱀이 꼬리를 끄는 것과 같은 동작을 나타내는 것으로 봅니다.

도표에 아무런 자소가 제시되어 있지 않은 것은 상형자입니다. 거꾸로 말하면 공통성이 없는 그림을 함께 묶어놓은 것입니다. 자연 이들 글자의 공통되는 특징을 말하기는 쉽지 않습니다. 여러분들이 여기에 나와 있는 글자들을 보며 "아, 이런 글자들이 여기에 속해 있구나!"하고 느끼는 것이 빠를 겁니다.

중학	획수	새김	발음
乙	1	새, 둘째 천간	내

을야(乙夜)는 밤 9시~11시까지인데, 오야(五夜)는 하룻밤을 다섯 개로 나누어 갑(甲), 을(乙), 병(丙), 정(丁), 무(戊)로 순서를 매긴 것이고, 오경(五更)은 2시간씩 밤 시간을 재는 단위인 경(更)에 일(一), 이(二), 삼(三), 사(四), 오(五)로 순서를 나타낸 것입니다. 을람(乙覽)은 을야지람(乙夜之覽)의 준말로 임금이 밤에 독서하는 것을 말합니다. 임금이 낮에는 정사를 보고 자기 전인 을야(乙夜)에 책을 읽는다고 하여 나온 말입니다.

중학	획수	새김	발음
也	3	잇기, 어조사	야

야(也)를 『설문』에서는 "여성의 생식기"라고 합니다. 『단주』에서도 이를 뒷받침하고 있습니다. "전문의 이 글자는 여성의 생식기가 본뜻이다. 가차해 어기사가 된다. 본래 의심할 바가 없는데, 잘 모르는 사람이 망령되게 의심한다. 허신 당시에는 반드시 근거가 있었다. 자주 보지 못한다고 해서 이상하게 여기고 마음대로 추측해보는 것은 용납할 수 없다"라고 합니다. 여기서 "어기사가 된다"라는 말은 쉽게 말해 우리말의 '~이다'라는 의미를 전달한다는 뜻으로 서술형 종결 어미임을 말합니다.

중학	획수	지표	새김	발음
九	2	尾 丿	아홉	구

'아홉' 구(九)를 『설문』에서는 상형으로 봅니다. "양(陽)이 변한 것이다. 구부러질 대로 구부러진 것이다"라고 하는데, 선뜻 이해하기 어렵습니다. 『단주』의 설명을 살펴봐도 "다하는 것이다"라는 말밖에 없습니다. 다른 주석을 보면 "구(九)는 양(陽)이 오래된 것으로 수의 끝이다. 수가 다하면 변하게 된다"라고 해 추상적이기는 마찬가지입니다. 숫자를 셀 때 일에서 구까지 세고 나면 열이 되고 열하나, 열둘로 되풀이됩니다. 혹시 그런 변화를 말하는 것일까 하고 추측해볼 뿐입니다.

갑골문을 바탕으로 한 고문 분석의 경우에는 지사자로 봅니다. 짐승의 꼬리가 붙어 있는 꽁무니 부분에 지사 표지로 별(丿)을 붙여 꽁무니를 나타내는 글자라는 것입니다. 그래서 '꽁무니' 고(尻)의 본자로 봅니다. 그런데 가차해서 숫자 9를 나타내게 되었다고 합니다. 9는 숫자로서 정점이라 할 수 있기 때문에 '많다, 최고'의 뜻도 갖습니다.

우리나라 조선 시대의 구경(九卿)은 삼정승에 다음 가는 아홉 고관직[의정부의 좌우참찬(左右參贊), 육조판서(六曹判書), 한성부판윤(漢城府判尹)]을 이릅니다만, 오랜 역사를 통해서는 변화가 많아 일률적으로 말하기 어렵습니다. 삼공구경(三公九卿)은 구경(九卿)에 그 위로 최고위직 행정 관료인 삼공(三公) 셋을 더하는 것입니다. 이렇게 설명하는 것은 명칭이 시대나 왕조마다 달라지기 때문입니다. 구사일생(九死一生)은 아홉 번 죽을 뻔하다 한 번 살아난다는 뜻으로 죽을 고비를 여러 차례 넘기고 겨우 살아남음을 이릅니다. 구오지존(九五之尊)이나 구오지위(九五之位)는 주역의 이치에 따라 임금의 지위를 이르는 말이고, 구우일모(九牛一毛)는 아홉 마리의 소 가운데 박힌 하나의 털이란 뜻으로 매우 많은 것 가운데 극히 적은 수를 이릅니다. 구절양장(九折羊腸)은 아홉 번 꼬부라진 양의 창자라는 뜻으로 꼬불꼬불하며 험한 산길을 말합니다. 여기에 쓰이는 구(九)는 구체적인 숫자 9를 가리키는 것이 아니라 모두 '많다'는 뜻으로 쓰인 경우입니다.

중학	획수	형자	회자	새김	발음
乾	11	倝	倝乙	하늘, 마를	건

'하늘' 건(乾)은 '빛날' 간(倝)과 을(乙)이 결합된 회의자입니다. '卓' 자와 '빌' 걸(乞)이 결합한 것으로 생각해도 기억하는 데에 도움이 될 것입니다. 卓자는 실제 독립된 글자가 아니라서 따로 새김과 발음이 없습니다만 '아침, 조정' 조(朝)나 우리나라의 국호

인 대한민국의 한(韓) 자 등을 비롯해 많이 쓰이기 때문인지 현재 중국 자전에서는 이 글자를 부수로 세워서 찾기 쉽도록 하고 있습니다.

건곤(乾坤)은 하늘과 땅을 말합니다. 건공(乾空)은 땅으로부터 그리 높지 않은 허공, 즉 반공중을 가리킵니다. 예전에는 법에 어긋난 물건을 관가에서 빼앗는 것을 건몰(乾沒)이라고 했습니다. 건배(乾杯)는 술잔의 술을 다 마셔 비우는 것인데, 대부분은 잔을 들어 축하하거나 건강 또는 행운을 비는 뜻으로 씁니다. 건곤일척(乾坤一擲)은 주사위를 던져 승패를 건다는 뜻으로 운명을 걸고 단판걸이로 승부를 겨룸을 이릅니다.

증외	부수	획수	지표	형자	새김	발음
曰	曰	4	口一	乙	가로	왈

'가로' 왈(曰)은 그 자체로 상형자로 보거나 입[口]에서 기운이 나오는 것[一]을 가리킨다 해 지사자라는 주장도 있고,『설문』에서는 을(乙)이 소리를 나타내는 형성자라고 합니다.

증외	부수	획수	형자	회자	새김	발음
失	大	5	乙	手物	잃을	실

'잃을' 실(失)도 육서 분류가 상형, 지사, 형성 등 여러 가지로 복잡합니다. 허신은 『설문』에서 이 글자를 '손' 수(手)와 '새' 을(乙)이 결합된 형성자로 보았습니다. 상형자라는 설명도 있습니다. 최근 중국에서는 고문 분석을 통해 회의자라고 설명합니다. 손에 있던 물건이 미끄러져 떨어지는 것을 나타내는 것으로 거기에서 '잃어버리다'라는 뜻을 나타낸다는 것입니다.

고교	획수	새김	발음
乞	3	빌(beg)/줄	걸/기

'빌' 걸(乞)은 지금까지 '기운' 기(气)를 빌려 '갈망하다'라는 뜻을 나타내는 것으로 설명했습니다. 그래서 가차입니다만 최근에는 '기운' 기(气)와 구별하기 위해 가운데의 획 하나를 뺀 상형자라는 설명도 있습니다.

걸신(乞神)은 '빌어먹은 귀신'이 본뜻입니다만 염치없이 지나치게 탐하는 마음을 비유적으로 나타내기도 하는 말입니다. 걸식(乞食)은 물론 음식을 얻어먹는 것입니다. 걸장득주(乞漿得酒)는 미음을 구걸하다 술을 얻는다는 뜻으로 구하려던 것보다 훨씬 더 좋은 것을 얻게 되는 것을 말합니다. 횡재하다 정도가 어울리는 말이 아닐까 합니다. 이집 저집 돌아다니면서 얻어먹는 것을 흔히 문전걸식(門前乞食)이라고 합니다.

고교	획수	형자	회자	새김	발음
亂	13	𤔔	𤔔乙	어지러울	란

형성자인 '어지러울' 란(亂)을 보겠습니다. 이 글자는 새 을(乙)에 '다스릴' 란(𤔔)이 결합된 것으로 란(𤔔)이 소리를 나타냅니다. '다스릴' 란 자체는 교육한자에 들어 있지 않습니다. 기초한자 가운데 '말씀' 사(辭)에도 란(𤔔) 자가 들어갑니다.

난국(亂局), 난립(亂立), 난시(亂時)에서 난(亂)은 모두 '어지럽다'라는 뜻을 나타냅니다. 난신적자(亂臣賊子)는 나라를 어지럽히는 불충한 무리라는 뜻입니다.

중학	획수	회자	새김	발음
乳	8	孚乙	젖	유

'젖' 유(乳) 자입니다. 지금까지 이 글자는 '손톱' 조(爪), '아들' 자(子), '새' 을(乙)이 결합된 회의자로 설명했습니다. 그러니까 "새[乙]가 새끼[子]를 품어 안고[爪] 있다. 즉 젖을 먹인다"라고 이해했습니다. 그런데 갑골문 연구 결과 상형자라는 것이 현재의 설입니다. 갑골문의 '젖' 유(乳)를 보면 어머니가 아이를 앉고 젖을 먹이는 모양입니다.

유두(乳頭)는 젖꼭지이고, 유아(乳兒)는 젖먹이 어린아이입니다. 유치(乳齒)는 젖니로 초등학교 들어갈 때쯤에 빠져 영구치(永久齒)로 바뀝니다. 유취(乳臭)는 젖냄새인데 흔히 말이나 행동이 유치한 것을 가리킵니다. 유취미건(乳臭未乾)은 아직 젖냄새가 마르지도 않았다는 뜻으로 "입에서 젖내가 난다"라는 우리 속담과 같은 뜻입니다.

고외	부수	획수	회자	새김	발음
丸	丶	3	乙匕	둥글, 알	환

'둥글' 환(丸)은 "손에 뭔가를 쥐고 주무르는 모양"을 본뜬 상형자라는 설과 "둥근 것이 면이 기울면 구른다"라는 뜻을 나타내는 회의자라는 설명이 있습니다.

약재를 가루로 만들어 둥글게 빚은 것이 환약(丸藥)입니다. 둥근 것이든 납작한 것이든 먹기에 불편한 약재는 당의정(糖衣錠, sugar-coated tablet)이라고 해 더러 설탕 옷을 입히기도 합니다. 이제는 과학기술이 발달해 당의정만 나오는 것도 아닙니다. 아주 얇은 피막을 입힌 것도 있고[film-coated], 위의 강한 산성에는 녹지 않고 산성을 띠지 않는 소장이나 대장에 들어가야 비로소 녹아 약의 효능을 발휘하는[enteric-coating] 포장법도 있습니다. 장에서 녹는 장용환제(腸溶丸劑)입니다.

고외	부수	획수	회자	새김	발음
孔	子	4	子乙	구멍	공

'구멍' 공(孔)의 자소자는 '외로울' 혈(子)입니다. 『설문』의 소전 자형은 현재의 치침이 오른쪽까지 가로지르지 않고 가운데에서 끝납니다. "오른팔이 없는 것이다"라고 설명합니다. 거기에서 단출하고 외롭다는 뜻의 고단(孤單)하다는 뜻이 인신됩니다.

혈혈단신(子子單身)은 의지할 곳이 없는 외로운 홀몸을 가리킵니다. 같은 뜻입니다만, 중국에서는 혈연일신(子然一身)으로 씁니다.

R006

갈고리 궐(亅) 부

갑골	금문	전문	해서
亅	ʃ	亅	亅

전문을 보면 누가 뭐래도 갈고리입니다. 낚시를 보면 끝부분에 미늘이라고 해서 물고기가 한 번 물면 빠져나가지 못하도록 하는 작은 갈고리가 달려 있습니다. 본래는 미늘이라는 뜻이라고 하죠. 이 자는 한자를 구성하는 하나의 획이고 부수자로 쓰일 뿐 독립해 쓰이지는 않습니다.

중학	획수	형자	회자	새김	발음
事	8	之省	又 獵 叉	일	사

'일' 사(事)는 상형, 회의, 형성자로 분류합니다. 우리 자전에는 대부분 상형으로 되어 있고, 『설문』에서는 지(之)가 소리를 나타내는 형성자로 봅니다. 최근에는 갑골문 분석 결과 '일' 사(事)는 손[又]에 삼지창 같은 것을 들고 사냥을 하는 것을 나타내는 회의자라고 설명하고 있습니다. 옛날 사냥은 식량을 해결한다는 점에서 중요한 '일'이 아닐 수

없었습니다. '일' 사(事)의 아랫부분에 있는 '彐' 모양은 '또' 우(又) 자와 마찬가지로 손을 뜻하는 경우가 많습니다. 그러니까 윗부분은 창의 날 같은 부분이고, 부수로 쓰인 가운데의 궐(亅)은 자루, 그리고 아래는 그 자루를 손으로 잡고 있는 것으로 보는 것입니다.

사건(事件), 사실(事實)에 쓰입니다. 사배공반(事倍功半)은 힘은 배로 들이고 효과는 아주 적은 것을 이릅니다. 모든 일은 반드시 바른길로 돌아간다는 사필귀정(事必歸正)이라는 성어도 있습니다.

고교	획수	회자	새김	발음
了	2	小兒 襁褓收束	마칠	료
予	4	兩個梭子	(북), 나	여

'마칠' 료(了)는 아이[子]를 포대기에 싸서 양 어깨가 보이지 않는 모양이라고 합니다. 그래서 '아들' 자(子)의 가운데 획이 없습니다. 그런 모양으로 볼 때에는 상형자가 되고, 그렇게 싸는 동작을 마치는 것으로 볼 때에는 회의자가 되겠습니다. 오른쪽 팔만 보이는 것은 '외로울' 혈(孑)입니다.

깨달아 알아낸다는 뜻으로 요득(了得), 요해(了解)가 있는데, 우리는 거의 쓰지 않지만 북한과 중국어에서 많이 쓰입니다.

'나' 여(予)는 '줄' 여가 본래의 뜻입니다. 여취여구(予取予求)는 다른 사람이 내게서 얻고 구한다는 뜻으로 내 것을 자기 마음대로 가져가거나 빼앗는 것을 이릅니다.

R007

두 이(二) 부

갑골	금문	전문	해서

이제 2획 부수자입니다.

첫 번째 부수는 '두' **이**(二)죠. 일(一) 부에서 설명했듯이 일(一)을 두 개 겹친 것이 이(二)입니다. 글자를 만든 원리로 보면 일(一) 부에 넣어도 되는데, 현대 중국 자전에서는 실제 부수를 일(一)에 통합시키고 있습니다.

고문에서는 위아래 획의 길이가 같은 것은 이(二), 위 획이 짧고 아래 획이 긴 것은 상(二), 위 획이 길고 아래 획이 짧은 것은 하(二)로 자칫 혼동하기 쉽습니다. 그냥 한 번 읽고 지나가면 됩니다.

중학	획수	새김	발음
云	4	이를	운

'이를' 운(云)은 구름이 겹쳐진 모양을 본뜬 글자로 원래 '구름' 운(雲) 자인데, 이 글자를 '이를' 운(云)으로 많이 쓰게 되면서 '구름' 운(雲) 자는 그 위에 '비' 우(雨) 자를 더해 뜻을 더 명확하게 했습니다.

운운(云云)은 글이나 말을 인용하거나 생략할 때에 '이러이러하다'고 말함의 뜻으로 쓰는 말이고, 운위(云謂)은 일러 말하는 것입니다.

중학	획수	새김	발음
井	4	우물	정

'우물' 정(井)은 귀틀의 모양입니다. 지금은 보기 어려운데, 예전에 우물에는 나무를 마치 우물 정 자 모양으로 짜놓아 우물에 오물이 들어가지 않도록 하고 사람들이 빠지지 않도록 막아주는 역할도 했습니다. 그것을 우물귀틀이라고 하는데 그 모양을 본뜬 것입니다. 통나무를 '우물' 정(井) 자 모양으로 쌓고, 틈을 흙으로 메운 집은 귀틀집입니다.

우리나라 이름이 뭡니까? 대한민국이지요. 간단히 한국이라고도 합니다. 한국의 한(韓)은 나라 이름이니까 '나라 이름' 한이라고 새깁니다만, 이 글자에는 우물귀틀의 뜻도 있습니다.

우물 정 자와 관련된 기억이 있습니다. 그야말로 한자라고는 그저 서너 자 알 정도였던 어렸을 때, 친구들끼리 '丼'이 무슨 글자인지 수수께끼 놀이를 하곤 했습니다. 정(丼)은 '우물' 정(井)의 고문입니다. 하지만 당시 우리 꼬맹이들의 답은 '퐁당' 퐁이었습니다. 우물[井] 속에 뭔가[丶]가 빠지는 것이니 '퐁당' 소리가 날 것이라는 생각이었습니다.

물론 재미로 하는 이야기였는데, 나중에 보니 터무니없는 추측만은 아녔습니다. 중국어에서도 실제 우물에 뭔가 빠지는 소리를 나타내는 것으로 되어 있습니다. 단 이때는 발음이 '딴(dǎn)'입니다. 우리는 그 소리를 '퐁당'이나 '텀벙' 정도라고 여기는데, 중국인들에게는 '딴'이라고 들리는 모양입니다. 한국 고양이는 '야옹, 냐옹'하고 울지만 미국 고양이는 '미아우(miau)'하며 우는 차이가 되겠습니다.

일본에 가면 실제로 정(丼) 자를 많이 볼 수 있습니다. 돔부리(どんぶり)라고 해 일본식 덮밥을 나타냅니다. 하지만 흔히 알고 있는 것처럼 일본 글자(?)는 아닙니다. 일본에서 글자를 새로 만든 것이 아니라 새 뜻을 추가해 쓰는 것입니다.

중학	획수	지표	새김	발음
于	3	丂(樂器) 一(樂聲)	어조사	우

'어조사' **우(于)**는 상형자로 "악기에서 소리가 나오는 모양을 본뜬 것"으로 되어 있습니다.

'지금까지'라는 뜻의 우금(于今)과 전통 혼례에서 신부가 처음으로 시집에 들어가는 것을 이르는 우귀(于歸)라는 말이 있기는 합니다만 주로 책을 통해 보게 되는 서면어(書面語)에 속합니다.

중학	획수	지표	새김	발음
五	4	二 乂	다섯	오

'다섯' **오(五)**는 '두' 이(二) 자 가운데에 乂 자 모양을 써서 교차하는 모습입니다. 실제 乂 자는 고문의 오(五)이기도 합니다. 상형·지사자로 분류하는데, 중국 자전에서는 상형으로 보는 경우가 많고 국내 자전에는 대부분 지사라고 밝히고 있습니다.

오륜(五倫)은 사람이 지켜야 할 다섯 가지 도리로 부자간에는 친애가 있어야 한다는 부자유친(父子有親), 임금과 신하 사이에는 의로움이 있어야 한다는 군신유의(君臣有義), 부부간에는 구별되는 것이 있어야 한다는 부부유별(夫婦有別), 형제지간에는 위아래로 차례가 있어야 한다는 장유유서(長幼有序), 친구지간에는 믿음이 있어야 함을 뜻하는 붕우유신(朋友有信)을 이릅니다. 왕조 시대에는 군신유의를 두 번째로 꼽았지만, 지금 보면 가족 윤리의 확대라는 점에서 가장 뒤에 갈 것이 아닌가 합니다. 본질적인 차이가 없는 것을 오십보백보(五十步百步)라고 하는데 전쟁에서 오십 보 후퇴한 사람이 백 보 후퇴한 사람을 비웃는다는 중국의 고사[以五十步笑百步]에서 나온 고사성어입니다.

증외	부수	획수	형자	회자	새김	발음
仁	人	4	人	人二	어질	인

다행인지 불행인지 '두' 이(二) 자가 들어간 한자는 많지 않습니다.

'어질' 인(仁)은 두[二] 사람[人]이 서로 친한 것을 나타냅니다. 즉, 인간관계의 내용을 가리키는 글자입니다. 자세한 내용은 해당 부수의 설명을 참고하기 바랍니다.

증외	부수	획수	형자	회자	새김	발음
太	大	4	大	大二	클	태

'클' 태(太)에 '두' 이(二)가 들어간다는 것은 얼핏 이해가 가지 않을 텐데요, 고문에서 이 글자는 '큰' 대(大) 아래에 '두' 이(二)가 들어간 글자[𡗛]로 썼기 때문입니다. '클, 심할, 콩' 태로 새기는데, '콩'으로 새기는 것은 우리나라만의 새김입니다. '큰' 대(大)가 소리를 나타내는 형성자입니다.

증외	부수	획수	형자	회자	새김	발음
次	欠	6	二	二欠	버금	차

'버금' 차(次)의 자소는 '하품' 흠(欠)입니다. 지금 자형에서는 알아볼 수 없지만, 갑골문에서는 하품하는 모양을 그리고 있습니다.

'버금'은 무슨 뜻입니까? 여러분들 음악 시간에 버금딸림화음이라고 들어본 적이 있을 겁니다. 버금은 으뜸의 아래, 그러니까 두 번째라는 뜻입니다. 더 구체적으로 이야기하면 어떤 음계의 기본음에서 완전 4도 올라간 음, 즉 파 음에 장3도와 단3도의 음을 더한 화음입니다. 즉 '파라도'죠. 단조는 라 음에서 시작하니까 '레파라'가 됩니다.

"네, 할 말이 있는 학생은 손을 들고 말해주기 바랍니다. 뭐라고요? 한문 시간이니 한문 공부나 하자고요. 맞는 말입니다. 하지만 입학시험과 상관없다고 음악 공부는 아예 쳐다보지도 않은 것은 잘못된 것입니다. 음악 공부도 하고 더러 좋은 음악도 듣고 그러십시다."

계속하죠. 두 번째가 된다는 뜻으로 '버금가다'라는 말을 하지요. 영어를 잘하는 학생을 가리켜 "그의 영어 실력은 원어민에 버금간다"고 할 수 있습니다.

증외	부수	획수	형자	회자	새김	발음
恒	心	9	亙	心二舟	항상	항

'항상' 항(恒)의 자소자는 '걸칠' 긍(亙)입니다. 『설문』의 자형은 '亙'으로 양 언덕[二] 사이에 배[舟]가 있는 모양입니다. '건널' 긍(樋)의 고자(古字)이며 '소용돌이' 선(漩)의 초자라고 합니다. 배가 양 언덕 사이에 있으니 자연스럽게 '걸치다, 건너다'라는 뜻을 떠올릴 수 있습니다. 자형이 다른 갑골문 분석에서는 양 언덕 사이에 물이 도는 것[回]이라고 합니다. 『강희』에서 '亙'는 이(二)와 '돌아올' 회(回)에서 뜻을 취한 글자인데, 회(回)는 회(回)로 바뀌었고, '亙'는 '날' 일(日)을 취해 긍(亘) 자가 되었다고 합니다.

요약하면, 가운데 배[舟]가 들어 있는 긍(亙)은 걸치거나 건너는 것이고, 회(回)는 '돌' 회(回)가 되었고, '날' 일(日)로 바뀌어 긍(亘)이 되었다는 것입니다. 긍(亘)은 다음자로 '구할' 선, '굳셀' 환의 새김도 있습니다.

하지만 우리의 마음[忄, 心]이 배[舟]를 타고 끊임없이 움직이는 것을 나타내는 '항상' 항(恒)에서 볼 수 있는 것처럼 항(恒)도 본래는 항(恆)으로 써야겠습니다만, 섞어 쓰이기도 합니다.

증외	부수	획수	회자	새김	발음
凡	几	3	二丿	무릇	범

'무릇' 범(凡)은 짝을 나타내는 이(二)와 '미칠' 급(丿)이 결합된 글자로 보기도 하고, 고문 연구에서는 굽이 높은 그릇을 가리키는 글자로 상형자라고도 합니다.

증외	부수	획수	회자	새김	발음
再	冂	6	二魚	두	재

재(再)는 상형자로 봅니다. 여러 가지 설명이 있지만, '두' 이(二) 가운데에 '물고기' 어(魚) 자를 단순화시킨 형태가 들어간 것으로 보는 것이 설득력이 있어 보입니다. 두 개나 두 번째를 나타냅니다. 자세한 설명은 해당 부수의 설명을 참고하기 바랍니다.

고교	획수	새김	발음
互	4	서로, 어긋매길	호

호(互)는『설문』에 '𦥑'로 올라 있고, 현재의 자형[互], 혹체(或體)라고 하여 이체자라고 합니다만, 글자 발달 과정 등을 볼 때 호(互)를 본자로 봅니다. 새끼를 감는 틀로, 가운데 부분은 손으로 밀고 쥐는 부분이라고 합니다. 거기에서 '어긋나다, 어긋매끼다, 서로' 등의 뜻이 인신되어 나왔습니다. 우리말이긴 하지만 '어긋매끼다'를 모르는 학생들이 많지 않을까 싶은데 "한쪽으로 치우치지 아니하도록 서로 어긋나게 걸치거나 맞추다"라는 뜻입니다.

호류(互流)는 서로 바꾸거나 교류하는 것입니다. 호생(互生)은 잎이 어긋나는 것으로 '어긋나기'로 순화하고 있습니다. 호선(互選)은 어떤 조직의 구성원들이 서로 투표하여 그 조직 구성원 가운데에서 어떠한 사람을 뽑거나 또는 그런 선거를 말합니다.

고교	획수	새김	발음
亞	8	버금/누를	아/압

'버금' 아(亞)는 상형자이니 글자를 외우는 수밖에 없습니다만 쓸 때 획순에 주의해야 합니다. 곱사등이처럼 추하다는 것이 본뜻입니다. 고문 분석에서는 사람들이 모여 사는 건축물의 평면도라고 합니다. 이 책의 표에는 한자 옆으로 획수가 나와 있는데 뻔해 보이는 획수를 일일이 써놓은 것은 여러분들이 한자를 배울 때에 쓰는 순서와 획수를 정

확히 익히도록 하기 위해서입니다. 더러 자신이 없는 글자를 쓸 때에는 획수를 보고 맞게 쓰고 있는지 확인하고 필순이 어려울 때에는 다른 책에서 찾아보거나 주변에 아는 분들에게 꼭 확인하기 바랍니다.

아류(亞流)는 둘째가는 사물이나 사람을 가리키는 것이 본뜻입니다만, 창조성 없이 다른 사람의 작품 등을 모방한다는 의미도 많이 쓰입니다. 단어 자체에 부정적인 색채가 들어 있습니다. 아성(亞聖)은 성인에 다음가는 사람이라는 뜻으로 유교에서 맹자(孟子)를 이르는 말입니다.

R008

돼지해머리 두(亠) 부

갑골	금문	전문	해서
			亠

　‘돼지’ 해(亥)의 머리 부분이 쓰인 글자라고 해서 ‘돼지해머리’라고 하는데, 음은 ‘두’입니다. 어떤 뜻을 가지고 있는지 알려지지 않은 것을 보면 글자를 분류하기 위해 세운 획이 아닌가 생각됩니다. 『강희』에서는 『자휘(字彙)』를 인용해 "도구(徒鉤)의 반절로, 음은 두(頭)이다. 뜻은 빠져 있다[《字彙》徒鉤切 音頭 義闕]"라고 설명합니다. 『자휘』는 앞에서 잠깐 설명한 214부를 처음 세운 명나라 때의 매응조가 편찬한 책입니다. 왕력(王力)의 『왕력고한어자전(王力古漢語字典)』에 "편해(라는 책)에서 부수로 처음 사용했다[篇海始用作部首]"라고 나오는데 더 이상은 확인이 안 됩니다. 이 글자는 부수로서 역할을 할 뿐 단독 글자로는 쓰이지 않습니다.

중학	획수	새김	발음
交	6	사귈	교

교(交)는 사람의 양발이 교차되어 있는 모습을 본뜬 글자입니다. 대(大)에서 뜻을 취하는데, 이것은 대(大) 자가 양팔을 크게 벌린 사람의 모양이기 때문입니다. 거기에 발이 교차되어 꼬인 것입니다. 쉽게 양다리를 꼬고 앉은 모양으로 생각하면 됩니다.

교대(交代)는 어떤 일을 여럿이 나누어서 차례에 따라 맡아 하는 것이고, 교제(交際)는 서로 사귀어 가까이 지내는 것입니다. 서로 엇갈리거나 마주치는 것은 교차(交叉)입니다. 교천언심(交淺言深)은 사귐은 깊지 않은데 속말을 한다는 뜻으로 왕래를 자주하지 않는 사람에게 속마음을 털어놓는 것을 말합니다. 대개 부정적인 의미로 쓰입니다.

중학	획수	새김	발음
亥	6	돼지, 열둘째 지지	해

亥(해)는 '돼지' 해, '열둘째 지지' 해로 새깁니다만, 갑골문 연구에서는 털을 없애고 머리와 발굽을 자른 돼지의 모양으로 추정합니다. 그래서 '새길' 각(刻)의 본자로 봅니다.『설문』의 설명은 고대 중국인들의 사고를 엿볼 수 있어 소개합니다.

"해(亥)는 풀뿌리[荄(해)]이다. (주나라 달력으로) 10월로 양기가 미세하게 일어나 성(盛)한 음기를 잇게 된다. 상(二)을 따르는데, 상(二)은 고문의 상(上)이다. 한 사람은 남자이고, 한 사람은 여자이다. 을(乙)을 따르는데, 뱃속의 아이 손이 굽은 모양을 본떴다.『춘추좌전(春秋左傳)』에서 '해(亥) 자 위의 두 획은 머리이고, 아래의 여섯 획은 몸이라고 한다.' 𣳾는 고문의 시(豕) 자로 시(豕)와 같다. (지지가 다해) 해(亥)에 이르면 다시 자(子)가 생겨나 처음[一]부터 다시 시작하게 된다."

남녀의 양기와 음기가 만나 아기가 생긴 것과 십이지지가 해(亥)에서 마친 뒤 다시 자(子)부터 시작하는 것에 대한 설명입니다.

중학	획수	새김	발음
亨	7	형통할/드릴/삶을	형/향/팽
享	8	누릴	향

형(亨)과 향(享)은 근원이 같은 글자입니다. 두 글자의 윗부분, '돼지해머리' 두(亠) 아

래 '입' 구(口)가 붙은 형태의 ''는 독립된 글자가 아니고, '높을' 고(高) 자가 생략된 형태로 봅니다. 두 글자 모두 조상에게 제사를 드리는 높은 전당과 관련이 있습니다. 제사를 드리면[亨] 조상의 신들이 그것을 누릴[享] 수 있습니다. '형통할' 형(亨)은 '누릴' 향(享)과 '삶을' 팽(烹)과도 통용되어 다음자입니다. 통용된다는 것은 그 글자 대신으로 쓰여, 그 글자의 새김과 발음도 나타낸다는 의미입니다.

형통(亨通)은 모든 일이 뜻과 같이 잘되는 것입니다. 그래서 흔히 모든 일이 잘 되길 바라며 만사형통(萬事亨通)이라고 합니다. 향년(享年)은 한평생 살아 누린 나이, 죽을 때의 나이를 말할 때 씁니다. 향락(享樂)은 쾌락을 누리는 것입니다.

중학	획수	새김	발음
京	8	서울	경

京(경)은 사람이 만든 아주 높은 언덕입니다. 커다란 도시를 만들려면 이런 인위적인 노력이 들어가지 않을 수 없고, 그래서 건설된 도시는 수도가 됩니다. 그래서 경(京) 자는 높다는 의미와 연결됩니다. 흙으로 높이 기단을 쌓고 그 위에 높은 건물을 지은 것을 그린 글자입니다. 그런 곳이 서울입니다.

경조(京兆)는 본래 서안(西安) 관할 범위의 옛 이름인데, 우리는 서울의 뜻으로 쓰기도 합니다. 경향(京鄕)은 서울과 시골을 아울러 이르는 말로 "경향각지(京鄕各地)에서 손님이 구름처럼 밀려들었다"라는 식으로 씁니다. 경화자제(京華子弟)는 번화한 서울에서 곱게 자란 젊은이라는 뜻으로 주로 부잣집 자녀들을 이릅니다.

중학	획수	지표	새김	발음
亦	6	大(人) 兩點(腋)	또	역

역(亦)은 사람[大]에 지사 표지로 점 두 개를 더해 겨드랑이를 가리키는 지사자입니다. 그런데 이 글자를 가차해 '또한, 역시, ~도'의 뜻으로 쓰이면서 겨드랑이를 가리키는 액(腋) 자가 따로 생겼습니다. 비유해 말하면 셋방살이를 들어온 사람이 주인을 내

쫓는 격인데 한자 가운데에는 이런 경우가 종종 있습니다.

역시(亦是)는 '또한'의 뜻이고, 역연(亦然)은 '또한 그렇다'는 뜻입니다. 역보역추(亦步亦趨)는 남이 걸으면 나도 걷고 남이 달리면 나도 달린다는 뜻으로 주견이나 창조성 없이 사사건건 다른 사람을 따라하는 것입니다. 부정적인 의미입니다.

중학	획수	형자	회자	새김	발음
亭	9	几	高省丁	정자	정

'정자' 정(亭)은 높은 건물로 '장정' 정(丁)은 소리를 나타냅니다.

정자(亭子)는 정각(亭閣)이라고도 하는데 경치가 좋은 곳에 놀거나 쉬기 위하여 지은 집으로 벽이 없이 기둥과 지붕만 있습니다. 정정(亭亭)한 것은 연세에 비해 몸이 굳세고 건강하다는 뜻으로 나무 따위가 높이 솟아 우뚝한 것을 가리키기도 합니다. 정정옥립(亭亭玉立)은 여자의 몸매가 늘씬한 것이나 꽃이나 나무가 우뚝 솟은 것을 말합니다.

중학	획수		회자	새김	발음
亡	3		入乚	망할/없을	망/무

'망할' 망(亡)은 상형자로 볼 때에는 안구가 뽑힌 눈 모양으로 눈이 먼 사람을 가리킵니다. 거기에서 '잃다, 없다'는 뜻이 나옵니다. 회의자로 보는 경우에는 '숨을' 은(乚)과 '들' 입(入)이 결합된 것으로 봅니다. 달아나 보이지 않는 곳에 숨는 것입니다.

망국지한(亡國之恨)은 나라가 망하여 없어진 것에 대한 한이고, 망명도생(亡命圖生)은 망명해서 삶을 꾀하는 것입니다. '없을' 무로 쓰이기도 합니다.

R009

사람 인(人, 亻) 부

갑골	금문	전문	해서

갑골문이나 금문의 모양을 보면 더 설명할 필요가 없을 듯합니다. 이 부수자는 사람이나 사람의 행위와 관련이 있음을 나타냅니다. "사람이 옆으로 선 모습을 그린 것"이라고 설명하기도 하는데, 필자는 그 말이 잘 이해되지 않습니다. 그보다는 "사람이 선 모습을 옆에서 본 것"이라고 해야 하지 않을까 합니다. 좀 구부정한 모양인데, 전문으로 내려오면 그 정도가 더 심합니다.

부수자로서 '사람' 인은 두 가지 형태가 있는데, 온전해 보이는 글자[人]는 '사람' 인(人)으로 쓰거나 아니면 다른 자소 위에 올 때의 형태입니다. 변(邊)은 앞에서 설명한 바가 있습니다. 사람 인(人)이 변, 즉 다른 글자와 결합할 때 왼쪽에 오기 때문에 '사람인변'이라고 하는데, 이때는 자형이 '亻'로 바뀝니다. 위에 올 때는 '𠂉'이나 '𠆢' 꼴로 바뀌는 경우도 있습니다. 별도의 부수로 독립해 있기는 합니다만, 아래에 올 때는 '어진사람인발'이라고 해 '儿' 형태로 자형이 바뀝니다.

역시 이 세상에서는 뭐니 뭐니 해도 사람이 중요하죠. '사람' 인(人) 부에 속한 글자는 중학 과정이 42자, 고교 과정이 46자로 모두 88자나 됩니다. 그밖에 '사람' 인(人) 부에 속하지는 않지만 '사람' 인(人)을 포함하는 부수외자가 또 23자이니 모두 111자로 기초한자의 6%가 조금 넘습니다. 우선 중학 과정 42자입니다.

중학	획수	새김	발음
人	2	사람	인

사람으로서 마땅히 지켜야 할 도리는 인륜(人倫)이고, 인아(人我)는 남과 나를 아울러 이르는 말입니다. 인면수심(人面獸心)은 사람의 얼굴을 하고 있으나 마음은 짐승과 같다는 뜻으로 마음이나 행동이 몹시 흉악함을 이르는 말이고, 인명재천(人名在天)은 사람의 목숨은 하늘에 달려 있다는 뜻으로 목숨의 길고 짧음은 사람의 힘으로 어쩔 수 없음을 이릅니다. 인사유명(人死留名)은 사람은 죽어서 이름을 남긴다는 뜻으로 사람의 삶이 헛되지 아니하면 그 이름이 길이 남음을 이릅니다. 우리는 보통 "호랑이는 죽어서 가죽을 남긴다[虎死留皮]"와 함께 쓰는 경우가 많은데, 중국에서는 표사유피(豹死留皮)로 많이 쓰는 듯합니다. 인산인해(人山人海)는 사람이 산을 이루고 바다를 이루었다는 뜻으로 사람이 수없이 많이 모인 상태를 이르는 말이고, 사람이라면 누구나 가지는 보통의 마음은 인지상정(人之常情)입니다.

중학	획수	새김	발음
來	8	올	래

'올' 래(來)는 보리 이삭 모양을 본뜬 것으로 본래 보리를 가리키는 글자였습니다. 그런데 이 글자가 계속 왕래(往來)에서와 같이 '오가다'라는 뜻으로 쓰이게 되자 보리를 가리키는 글자는 결국 '보리' 맥(麥)을 다시 만들어 쓰게 되었습니다.

내두(來頭)는 다가오게 될 앞날로 전두(前頭)로 쓰기도 합니다. 전두(前頭)는 앞 또는 앞쪽의 공간을 나타내기도 하는데, 현대 중국어에서의 쓰임과 같습니다. 내력(來歷)은 지금까지 지내온 경로나 경력이고, 오가는 것은 내왕(來往)입니다. 내자불거(來者不拒)

는 『맹자(孟子)』의 「진심장구하(盡心章句下)」에 나오는 말로 왕자불추(往者不追)에 이어집니다. "가는 사람 잡지 않고, 오는 사람 막지 않는다"라는 뜻인데, 맹자가 정말로 배우고자 하는 마음을 품고 온 사람만 받아들였음을 나타냅니다. 지금은 오는 사람이나 선물을 가리지 않고 받는 것을 가리킵니다.

중학	획수	형자	새김	발음
代	5	弋	대신할	대

대(代)를 『설문』에서는 대신하는 것[㬪, 更]이라고 합니다. 이것과 저것을 바꾸는 것입니다. 대(代)는 교체를 뜻하며 시기를 구분하는 데에도 쓰입니다. '대신할' 대(代)에 붙어 있는 글자는 어떤 자입니까? 형성자로 '주살' 익(弋)이 음부입니다. 부수자이기 때문에 자세한 설명은 해당 부수에서 하기로 하고 '주살' 익(弋)이라고 합니다.

주살이 뭐냐고 물었습니까? 모르면 찾아봐야지 왜 그걸 내게 묻습니까? 종이 사전까지야 바라지도 않지만 요즈음 핸드폰 없는 학생 없지요! 부모님들께서 비싼 전화요금까지 대어주시면 게임이다, SNS다 그런 것들만 하지 말고 더러 사전도 찾아보세요. '엄지족'이라고 해서 나는 무슨 동화책 이름인 줄 알았는데 여러분들 다 '엄지족' 아닙니까. 꼭 지금 배우는 한자만이 아닙니다. 영어 단어, 그리고 자칫 소홀히 하기 쉬운데 우리말도 새로운 단어를 자주 찾아 영어 단어 외우는 노력의 1/10이라도 기울여야 우리말 표현력이 좋아지고 글도 잘 쓰게 됩니다.

주살은 줄을 매어 쏜 뒤에 당길 수 있게 만든 화살입니다. 현대적인 표현을 쓴다면 회수용 화살이 될지 모르겠습니다. 주로 새를 잡을 때 쓰는 화살인데, 활쏘기 연습에도 썼다고 하지요. 쉽게 상상이 안 되면, 원리는 같으니 포경선에서 고래를 잡을 때 쓰는 큰 작살을 떠올리면 되겠습니다.

우리 옛글에는 "줄을 맨 화살"이란 뜻의 '줄살'이라고 써서 유래를 더 정확히 알 수도 있습니다. 기왕에 말이 나왔으니 '죽살이'란 말도 있습니다. "주살에 새의 죽살이가 달렸다"고 할 수 있겠는데, 이 정도면 짐작이 됩니까? 안 되면? "찾아보시라니까요!"

여러 대에 걸쳐 오래도록 내려오는 것은 대대손손(代代孫孫)이라고 하고, 남을 대신하여 일을 처리하는 것은 대리(代理)입니다. 어떤 사람이나 단체를 대신하여 의견이나 태도를 나타내는 것은 대변(代辯)이고, 남을 대신하여 갚아주는 것은 대상(代償)입니다.

중학	획수	형자	새김	발음
他	5	它	다를	타

타(他)는 『설문』에 '佗'로 실려 있고, 짐을 진다는 뜻을 나타냈습니다. 전문에서 타(佗)로 썼고, 그래서 형성 자소가 타(它)입니다. 예서(隷書)에서는 '다를' 타(佗)와 '그' 타(他)로 나누어지게 됩니다. '그, 그것'을 가리키는 것은 가차해서 쓰는 뜻입니다. 현대 중국어에서는 구별해 쓰고 있지만, 고문에서 이 글자는 사람은 물론 물건을 나타내기도 합니다.

자소자로 쓰인 타(它)는 현대 중국어에서 성(性)을 가리지 않는 그것[it]을 나타냅니다만, 본래는 뱀을 가리키는 글자였습니다. '뱀' 사(蛇)의 본자입니다. 옛날에는 주거 형태가 외부에서 뭔가 들어오는 것을 차단하기가 쉽지 않았고 게다가 뱀이 많아 "뱀[그것] 없어?"가 안부를 묻는 인사였다고 합니다. "안녕하세요?" "별일 없으세요?" 정도의 인사였던 셈입니다.

타관(他官)은 타향(他鄕)과 같은 뜻으로 자기 고향이 아닌 고장입니다. 타년(他年)은 다른 해, 타일(他日)은 다른 날입니다. 타산지석(他山之石)은 다른 산의 나쁜 돌이라도 자신의 산의 옥돌을 가는 데에 쓸 수 있다는 뜻으로 본이 되지 않은 남의 말이나 행동도 자신의 지식과 인격을 수양하는 데에 도움이 될 수 있음을 비유적으로 이르는 말입니다.

중학	획수	형자	새김	발음
佛	7	弗	부처	불
余	7	舍省	나	여

불(佛)은 보기에 명확하지 않은 것이 본뜻입니다. 방불(彷佛)하다에는 비슷하다는 뜻도 있지만, 흐릿하거나 어렴풋하다는 뜻도 있습니다. 산스크리트어 붓다(Buddha)를 불타(佛陀)로 음역하면서 부처나 불교를 가리키기도 합니다.

형성 자소인 불(弗)은『설문』에서는 "활[弓]을 바로잡는 것"이라고 합니다. 인신되어 '바르지 않다, 서로 어긋나다'라는 뜻을 갖고, 부정의 뜻도 나타냅니다. 불(弗)이 주로 부사로 쓰이면서 '어긋나다'라는 뜻은 '손' 수(扌, 手)를 붙여 '떨칠' 불(拂)로 쓰게 됩니다.

불도(佛徒)는 불교도이고, 불사(佛寺)는 절입니다. 불타(佛陀)는 범어 'Buddha'를 음역한 말로 '깨달은 사람'이라는 뜻이며 부처입니다. 불구사심(佛口蛇心)은 말은 부처님처럼 하지만 마음이 뱀과 같아서 악독한 것을 말합니다.

'나' **여(余)**입니다.『설문』에서는 형성자로 보고 있지만, 상형자로 보는 것이 타당해 보입니다. 원시 시대 나무를 얽어 새집처럼 만든 주거 형태를 본뜬 것입니다. 그래서 띠집을 본뜻으로 보고, 가차해 '나'라는 인칭 대명사로 쓰이게 된 것으로 봅니다. 여(余)는 자소자로 많이 쓰입니다. '길' 도(途), '비낄' 사(斜), '집' 사(舍), '펼' 서(敍), '천천할' 서(徐), '남을' 여(餘), '덜' 제(除)에서 만날 수 있습니다.

여등(余等)은 오등(吾等)과 같은 뜻으로 '우리'라는 의미인데, 문어적인 표현입니다.

중학	획수	형자	새김	발음
住	7	主	살	주
俗	9	谷	풍속	속

주(住)의 본뜻은 멈추거나 머무는 것입니다. 거기서 '살다'라는 뜻도 나왔습니다. 나중에 생긴 글씨인지『설문』에는 실려 있지 않습니다. 현재 쓰이고 있는 의미로 생각하면 사람[人]이 살고 있는, 주[主]가 되는 공간으로 이해할 수 있습니다. 자칫 '갈' 왕(往)과 헷갈리기 쉽습니다. 중인변이라고 하는 척(彳)은 보폭이 짧고 천천히 가는 것을 나타냅니다. 그러니까 왕(往)은 움직임을 나타내는 것이라고 기억하면 혼동을 피할 수 있습니다.

사람이 사는 곳은 주소(住所)이고, 일정 지역에 사는 사람은 주민(住民)입니다.

속(俗)은 사람[人]들이 오래 살면서 생긴 사회의 관습으로 많은 사람들이 따라 하는 것입니다. 지금처럼 교통수단이 발달하지 않고 왕래가 적었던 옛날에 그런 관습은 골

[谷]마다 달랐을 것입니다. '속(俗)되다'는 질이 조금 떨어지거나 저급하다는 의미로 나타냅니다.

속된 무리는 속류(俗流)이고, 세상이나 세상의 일반적인 풍속은 세속(世俗)입니다.

중학	획수	형자	새김	발음
借	10	昔	빌, 빌릴	차
個	10	固	낱, 한쪽, 强意	개

차(借)입니다. 다른 사람의 물건을 일정 기간 빌려 쓴 뒤에 반환하는 것입니다.

외국의 공적 기관으로부터 돈을 빌려 오는 것은 차관(借款)이고, 돈이나 물건을 빌려 쓰는 것은 차용(借用)으로 그때 빌린 내용을 써주는 증서는 차용증(借用證)입니다. 차입(借入)은 돈이나 물건을 꾸어 들이는 것입니다. 차도살인(借刀殺人)은 남의 칼을 빌려 사람을 죽인다는 뜻으로 음험한 수단을 씀을 이릅니다. 차화헌불(借花獻佛)은 다른 사람의 꽃을 빌려 부처님께 공양한다는 뜻으로 다른 사람 물건으로 인정을 베푸는 것을 말합니다. 남의 물건으로 생색은 내가 내는 것입니다.

개(個)는 처음에는 개(箇)로 썼습니다. 대나무를 세는 데에 씁니다. 의미는 '낱'으로 개(個)와 같습니다.

개인마다 다른 특성은 개성(個性)이고, 낱낱의 사람은 개인(個人)입니다.

중학	획수	형자	새김	발음
假	11	叚	거짓/멀/이를	가/하/격
偉	10	韋	클	위

가(假)는 진짜가 아닌 것입니다. 여기에서 가짜라는 뜻이 나왔습니다.

자소로 쓰인 가(叚) 역시 빌린다는 뜻인데, 본뜻은 손을 잡아 서로 부축하며 산을 오른다는 뜻입니다. 다른 사람의 힘을 빌리는 것이니 자신의 것이 아닙니다. 이 자소는 틈을 뜻하는 '겨를' 가(暇)에도 들어가 있습니다.

임시로 설치하거나 없는 것을 있는 것으로 치는 것은 가설(假設)이고, 이론을 도출해 내기 위해 설정하는 가정은 가설(假說)입니다.

'클, 뛰어날' **위(偉)**입니다.

형성 자소는 '다룸가죽' 위(韋)입니다. 부수자입니다. 가죽을 나타내는 부수로 '가죽' 피(皮)와 '가죽' 혁(革)이 더 있습니다. 부수자의 내용이 궁금하면 어떻게 합니까? 해당 부수에 설명이 있으니 해당 쪽을 펼쳐보면 됩니다.

뛰어나고 훌륭한 것이 위대(偉大)한 것입니다.

중학	획수	형자	새김	발음
備	12	䔖	갖출	비

자소자 비(䔖)는 『설문』이나 『강희』에 모두 '쓸' 용(用) 부수에 속한 글자로 수록자 자체도 많지 않습니다. 화살을 담아두는 통인 전동(箭筒)에 화살이 가득 꽂힌 모양을 본떠 만든 글자로 '갖출' 비(備)와 같은 뜻입니다. 『설문』에 비(備) 자가 따로 있는데 삼간다[愼]는 뜻입니다. 어떤 경우든 장래 일을 두고 마음가짐을 다지거나, 삼가고 경계하며 준비한다, 온전하도록 갖춘다는 의미가 있습니다.

비망록(備忘錄)은 잊지 않으려고 골자를 새겨두는 것이고, 비치(備置)는 부족하지 않도록 마련해 갖추어두는 것입니다.

중학	획수	형자	회자	새김	발음
仁	4	人	人二	어질	인

'어질' **인(仁)**은 회의자로 보기도 합니다만, 형성자로 볼 때에는 '사람' 인(人)이 소리를 나타냅니다. 두[二] 사람[人]의 관계가 친밀함을 나타냅니다. 친밀함은 사랑이나 배려, 호의 등등 여러 가지 긍정적인 가치를 담고 있는데, 그래서 한 마디로 설명하기가 어렵습니다. 인(仁) 자는 그 글자가 중요한 것이 아니라 그 글자가 뜻하는 내용이 아주 중

요합니다. 인류의 사대 성인이라면 석가, 공자, 예수에 소크라테스 아니면 무함마드를 꼽습니다. 석가가 개조인 불교에서는 자비를 최고의 덕목으로 꼽습니다. 예수가 개조인 기독교에서는 사랑을 꼽죠. 공자가 개조인 유교에서는 바로 인(仁)을 최고의 덕목으로 꼽습니다. 공자는 인(仁)이 무엇이냐는 질문에 "자기 자신을 이기고 예를 회복하는 것[克己復禮爲仁(극기복례위인)]"이라고 답했습니다. "자기 자신의 삿된 마음을 없애고 예로 돌아가는 것" 정도의 의미겠는데 자세한 내용은 이 책의 범위 밖입니다.

인술(仁術)은 사람을 살리는 어진 기술이라는 뜻으로, '의술(醫術)'을 이르는 말입니다. 마음이 어질어 인자(仁者)이고, 어질고 자애로워 인자(仁慈)한 것입니다. 인자무적(仁者無敵)이라고 합니다. 어진 사람은 남에게 덕을 베풀어 모든 사람의 사랑을 받기에 세상에 적이 없는 것입니다.

중학	획수	형자	회자	새김	발음
仕	5	士	人士	섬길	사
仙	5	䙴	人山	신선	선

사(仕)는 정사(政事)를 배우는 사람입니다. 요즈음의 인턴(intern) 사원과 비슷하게 현장에서 정무를 배우는 것입니다. 그런 일을 담당하는 사람은 물론 선비[士]였습니다.

쓰임이 드물기는 하지만 사도(仕途)는 벼슬길이라는 뜻이고, 사진(仕進)은 벼슬아치가 규정된 시간에 근무지로 출근함을 이릅니다. 다른 사람을 위해 자신을 희생하며 애쓰는 것은 봉사(奉仕)입니다. 같은 발음의 봉사(奉事)가 있는데 이 단어는 웃어른을 섬기는 것을 뜻합니다.

'신선' **선(仙)**은 '僊'으로도 씁니다. "오래 살아도 늙지 않고 하늘로 올라가는 것"입니다. 『단주』에서는 "늙어도 죽지 않는 것을 선(僊)이라 한다. 선(僊)은 옮기는 것이다. 장소를 바꿔 산으로 들어가는 것이다. 그래서 사람 인(人)에 메 산(山)을 쓴다. 오늘날에 선(仙)은 쓰는데 선(僊)은 쓰지 않는다"라고 설명합니다.

현재 자형에서는 안 나타나지만 형성 자소는 '오를' 선(䙴)으로 '옮길' 천(遷)에도 쓰입니다.

선경(仙境)은 신선이 산다는 곳이기도 하고, 경치가 신비스럽고 그윽한 곳을 비유적으로 이르기도 합니다. 선풍도골(仙風道骨)은 신선의 풍채와 도인의 골격이란 뜻으로 남달리 뛰어나고 고아(高雅)한 풍채를 이릅니다.

중학	획수	형자	회자	새김	발음
仰	6	卬	人卬	우러를	앙
但	7	旦	人旦	다만	단

'우러를' **앙(仰)**은 '나, 오를' 앙(卬)의 편방에 인(人)을 더해 만들어진 글자입니다. 머리를 든다는 것이 본뜻입니다.

자소자 앙(卬)은 '밝을, 들, 높을' 앙(昂)에서도 자소자로 쓰입니다.

자기의 요구나 희망이 실현되기를 우러러 바라는 것이 앙망(仰望)입니다. 우러러 그리워하는 것은 앙모(仰慕)이고, 하늘을 우러러보는 것은 앙천(仰天)입니다. 신앙(信仰)의 글자 그대로의 뜻, 즉 믿고 받드는 것입니다.

단(但)은 옷의 솔기가 터지는 것[裼, '솔기 터질' 탄, '웃통 벗을' 단]이 본뜻으로, '단지'나 '다만'으로 쓰는 것은 가차의(假借義)입니다. 가정을 뜻하기도 합니다.

본문 다음에 그에 대한 어떤 조건이나 예외 따위를 나타내는 글은 단서(但書)입니다. 다만의 뜻을 나타내는 것은 단지(但只)입니다.

중학	획수	형자	회자	새김	발음
作	7	乍	卜刀	지을	작
低	7	氐	人氐	낮을	저

작(作)은 '짓다, 만들다'의 뜻을 나타냅니다. 『설문』에서는 형성자로 분석하고 있는데, 갑골문 연구에서는 사(乍)가 본자로 '점' 복(卜)과 '칼' 도(刀)가 결합된 글자로 설명합니다. 점치는 사람이 칼로 거북딱지에 금을 새기는 것이라고 합니다. 그런 뒤에 구워 나타나는 무늬로 점을 칩니다. 여기에서 '만들다, 짓다, 되다'라는 뜻이 생겨나게 되었습니다.

'잠깐' 사(乍)는 단독으로 쓰이는 경우는 물론이고 다른 글자와 함께 단어로 쓰이는 경우도 흔치 않습니다. 다만 다른 글자와 결합해 새로운 글자를 만드는 데에 쓰이는 경우가 있습니다. '어제' 작(昨), '속일' 사(詐)의 자소자이기도 합니다.

글을 짓는 것은 작문(作文)이고, 글을 쓰는 사람은 작가(作家)입니다. 작란(作亂)은 난리를 일으키는 것인데, 여기에서 어린아이들이 하는 짓궂은 짓을 가리키는 장난이 나온 것이 아닐까 합니다. 작고(作故)는 고인이 되었다는 뜻으로 사람의 죽음을 높여 이르는 말입니다. 작당(作黨)은 떼를 짓는 것인데, 보통 부정적인 의미로 많이 쓰입니다.

저(低)는 '머리를 떨구다'라는 것이 본뜻입니다.

자소자인 저(氐)는 갑골문에서 긴 뿌리의 끝을 가리키는 글자로 자소로 쓰여 '밑' 저(底), '막을' 저(抵), '낮을' 저(低)에 쓰이고 있습니다.

저능(低能)은 지능이 보통보다 썩 낮은 것이고, 품위가 낮고 속되어 저속(低俗)입니다. 저조(低調)는 가락이 낮은 것인데, 활동이나 감정이 왕성하지 못하고 침체한 것을 이르기도 합니다. 저수하심(低首下心)은 머리를 떨구고 마음을 낮춘다는 뜻으로 다른 사람에게 굴복하는 것을 이릅니다.

중학	획수	형자	회자	새김	발음
何	7	可	人可	어찌	하
佳	8	圭	人圭	아름다울	가

하(何)는 본래 어깨에 메는 것이 본뜻인데, 가차해 의문 대명사로 쓰이게 되었습니다.

하고(何故)는 '무슨 연고로, 무슨 까닭으로'의 뜻이며, 하여(何如)는 '어떻게, 어찌'라는 한문 투의 단어입니다. 하대명년(何待明年)은 '어떻게 명년을 기다리냐'라는 뜻으로 기다리기가 몹시 지루함을 이르고, 하후하박(何厚何薄)은 누구에게는 후하고 누구에게는 박하다는 뜻으로, 차별하여 대우함을 이르는 말입니다. "이런들 엇더하며 져런들 엇더하료, 만수산(萬壽山) 드렁츩이 얼거진들 엇더하리, 우리도 이가치 얼거져 백년(百年)까지 누리리라." 여말 이방원이 충신 정몽주를 회유하기 위해 지었다는 「하여가(何如歌)」죠. 이에 대한 답은 「단심가(丹心歌)」로 알려져 있습니다. "이 몸이 죽고 죽어 일백 번 고쳐 죽어, 백골이 진토되어 넋이라도 있고 없고, 님 향한 일편단심이야 가실 줄이 있으랴."

가(佳)는 '아름답다'는 뜻입니다.

자소자는 '홀' 규(圭)로 옛날에 벼슬아치가 임금을 만날 때 손에 쥐던 물건입니다. 품계에 따라 옥이나 상아, 대나무 등을 썼는데 간단한 기록을 하기도 했다고 합니다.

아름다운 경치는 가경(佳境), 아름다운 사람은 가인(佳人), 아름다운 약속은 가약(佳約)인데 부부가 되자는 약속을 이르기도 합니다. 가인박명(佳人薄命)은 흔히 미인박명(美人薄命)으로 쓰고, 더러는 홍안박명(紅顔薄命)으로 쓰기도 하는데, 미인은 불행하거나 병약하여 요절하는 일이 많다는 말입니다. 백년가약(百年佳約)은 부부로 평생을 함께 지내자는 아름다운 약속입니다.

중학	획수	형자	회자	새김	발음
例	8	列	人列	법식	례
使	8	吏	人吏	하여금, 부릴	사

례(例)는 비슷한 것끼리 배열을 해놓는 것입니다. 그 가운데 대표적인 것이 예가 됩니다.

기준을 보이기 위해 정한 규칙은 예규(例規), 예를 들어 보이는 것은 예시(例示), 실례를 들어 증명하는 것은 예증(例證)입니다.

사(使)의 본뜻은 수렵 도구를 손에 들고 짐승을 잡는 것입니다. '아전' 리(吏)와 근원이 같은데 나중에 '사람' 인(人) 변이 붙어 '일을 하다, 시키다'라는 뜻으로 확대되었습니다.

맡겨진 임무는 사명(使命)이고, 임무를 띠고 외국에 나가는 신하는 사신(使臣)입니다. 사양장랑(使羊將狼)은 양을 이리의 장수로 삼는다는 뜻으로 유약한 사람이 사납고 무서운 사람을 통솔하게 되는 것을 비유하는 말입니다.

중학	획수	형자	회자	새김	발음
依	8	衣	人衣	의지할	의
保	9	呆	人呆	지킬	보

갑골문 속의 **의(依)**는 사람이 옷 속에 완전히 들어가 있는 모양입니다. 옷[衣]은 추위나 더위를 막고, 우리 몸을 보호해줍니다. 그러니 기대고 의지하는 것입니다. 여기에서 '의지하다, 기대다'라는 뜻이 나왔습니다.

다른 사람에게 부탁하는 것은 의뢰(依賴), 다른 것에 의지하여 존재하는 것은 의존(依存), 다른 것에 기대는 것은 의지(依支)입니다. 의의불사(依依不舍)에서 의의(依依)는 헤어지기 서운해하는 것이고, 불사(不舍)는 떨치거나 버리지 못하는 것입니다. 서운해 헤어지기 어려워하는 것을 이릅니다.

'지킬' **보(保)**는 사람[人]이 아이[呆]를 등에 업는 모양으로, 『설문』에서는 '기르다'로 풀이합니다. 등에 업는 것을 본뜻으로, 거기에서 '기르다, 양육하다, 보호하다'라는 뜻이 갈려 나온 것으로 봅니다.

자소자 '어리석을' 매/태(呆)의 口 자 모양은 아이의 머리에 해당하고, 아래의 십(十) 자는 몸체와 포대기 밖으로 나온 아이의 두 팔입니다. 그 아래 '여덟' 팔(八) 자는 아이의 양발일 수도 있고 아니면 아이를 추스르기 위해 뒤로 뻗은 어머니의 팔일 수도 있습니다. 매(呆)가 들어간 단어로 더러 듣는 것이 있지요. 그렇습니다. 치매(癡呆)라고 할 때의 매(呆) 자입니다. 아이니까 아는 것이 없습니다. '어리석다'라는 뜻이 파생되어 나옵니다. 치(癡) 또한 어리석다는 뜻입니다. '병질' 녁(疒)에 '의심할' 의(疑)가 붙어 있으니 "뭔가에 대해 의심하며 확신을 갖지 못하는 것"을 나타냅니다. '어리석을' 치(癡)를 현재 중국과 일본에서는 새김과 발음이 똑같은 '痴'로 쓰는데 자소로 생각해본다면 '아는 것에 병이 걸린 것'이니 그럴 법합니다. 치매는 사람이 살아가며 겪는 하나의 과정이라고 할 수 있습니다. 결코 그분들의 본래 능력과 상관없는 일입니다. 주변에 이런 분들이 계시면 이렇게 이해하며 작은 일이라도 도움을 드릴 수 있어야겠습니다.

보국(保國)은 나라를 보호하는 것이고, 보국(報國)은 나라의 은혜를 갚는 것이며, 보국(輔國)은 나랏일을 돕는 것입니다. 보건(保健)은 건강을, 보신(保身)은 몸을 지키는 것입니다. 보위(保衛)는 보호하고 방위하는 것을 이릅니다. 보험(保險)은 손해를 물어준다거나 일이 확실하게 이루어진다는 보증으로 한마디로 위험에 대한 안전 대책을 보증하는 것입니다.

중학	획수	형자	회자	새김	발음
信	9	辛	人言	믿을	신
倫	10	侖	人侖	인륜	륜

신(信)은 사람[人]의 말[言]이 진실해야 한다는 뜻을 내포하고 있습니다.

형성 자소에 '매울' 신(辛)이 들어가 있는 것은 언(言)의 옛 글자 형태가 신(辛) 아래에 '입' 구(口)를 썼기 때문입니다.

신서(信書)는 편지를 이르는 말이고, 신실(信實)은 믿음직하고 착실한 것입니다. 신구자황(信口雌黃)의 자황(雌黃)은 한방의 약재인데, 노란색 물감으로도 쓸 수 있습니다. 옛날에 노란 종이에 글씨를 쓰고 잘못 쓰면 자황을 바른 뒤 고쳐 썼다고 합니다. 그래서 사실은 생각지도 않으며 입에서 나오는 대로 말을 하는 것을 이릅니다. 공이 있는 자에게는 확실히[信] 상을 주고, 죄가 있는 사람에게는 반드시[必] 벌을 내리는 것이 신상필벌(信賞必罰)입니다. 『한비자(韓非子)』에 나오는 말인데, 이어서 그런 방법으로 전쟁을 독려한다는 글귀가 있습니다.

인륜의 **륜(倫)**은 무엇입니까? 사람[人]이 생각할[侖] 도리입니다. 지켜야 할 도리로 『설문』에서도 륜(倫)을 도리라고 설명합니다. 사람으로서 마땅히 행하거나 지켜야 하는 도리가 윤리(倫理)입니다.

중학	획수	형자	회자	새김	발음
修	10	攸	彡攸	닦을	수
停	11	亭	人亭	머무를	정

수(修)는 꾸미고[彡] 정돈하는 것[攸]이 본뜻입니다. 미관을 살리는 것입니다. 사람의 인격이나 학문과 관련해 생각하면 그것은 수행을 하는 것이 됩니다. 하지만 이 글자를 '바' 유(攸)와 '터럭' 삼(彡)으로 나누어보기는 쉽지 않습니다.

겉모양을 꾸민다는 뜻의 수식(修飾)은 본뜻으로 사용된 경우이고, 수료(修了), 수행(修行)에서는 본뜻에서 파생되어 나온 '행하다, 닦다'의 의미로 쓰는 경우입니다. 몸과 마음을 닦아 수양하고 집안을 다스린다는 수신제가(修身齊家)는 『대학(大學)』에 나오는 말로 보통 나라를 잘 다스리고 세상을 편안하게 한다는 치국평천하(治國平天下)와 함께 쓰입니다.

정(停)은 머무는 것으로 어떤 것에 멈춰 움직이지 않는 것입니다. 이 글자는 회의자로 보기도 합니다. 사람[人]이 정자[亭]에 있으니 머문다든지 쉰다는 뜻을 나타내기 때문입니다.
차가 멈추거나 서는 것은 정차(停車), 전기가 끊어지는 것은 정전(停電)인데, 수돗물이 끊어지는 것은 단수(斷水)입니다. 징계의 하나로 일정 기간 동안 직무를 하지 못하도록 하는 조치는 정직(停職)입니다.

중학	획수	형자	회자	새김	발음
傷	13	㿝	人㿝	다칠	상
傳	13	專	人專	전할	전

상(傷)과 상(㿝)은 똑같이 상처나 상처를 입는 것을 가리키지만, '화살' 시(矢)가 들어간 상(㿝)은 특별히 화살을 맞아 생긴 상처를 가리킵니다.
눈을 아프게 하는 것이나 어떤 일에 슬픔을 느끼는 것은 상목(傷目)이라 하고, 가난에 쪼들려 마음이 상하는 것은 상빈(傷貧), 한방에서 좋지 않은 기운으로 몸이 상하는 것은 상한(傷寒)이라고 합니다.

전(傳)은 공문서 등을 전달할 때 말을 갈아타기도 하고, 휴식을 취하기도 하는 역참이 본뜻입니다. 역에서 역을 통해 전달됩니다.
뭔가를 알리기 위한 쪽지는 전단(傳單)이고, 다른 사람을 통하여 전하여 듣는 것은 전문(傳聞)이며, 병이 다른 사람에게 옮겨지는 것은 전염(傳染)입니다.

중학	획수	형자	회자	새김	발음
價	15	賈	賈人	값	가
億	15	薏	人意	억	억

가(價)는 물건의 가치, 즉 값입니다.

자소자는 '장사, 저자' 고(賈)로 물건을 사고파는 행위를 나타냅니다. 사고팔 때 지표가 되는 것이 가격입니다. 성(姓)으로 쓰일 때에는 '가'로 읽습니다.

가격(價格), 가금(價金), 가문(價文)은 비슷한 말로 물건 값을 뜻합니다. 가액(價額)은 물건의 가치에 상당한 금액을 이릅니다. 가절전문(價折錢文)은 값으로 책정해 놓은 액수를 이르던 말입니다.

억(億)의 『설문』 자형은 '億'으로 복잡합니다. 본뜻은 '편안한 것'으로 고문에서는 그런 뜻으로 쓰이는 경우가 있습니다. 현재는 주로 숫자로 쓰는데 이것은 가차를 한 것입니다. 큰 숫자입니다.

자소자는 '찰(be full of)' 억(意)입니다. 글자를 알아보기 어려운데 '설' 립(立) 아래 '가운데' 중(中)을 쓰고, 그 아래에 '입' 구(口)를 더한 모양입니다. '뜻' 의(意)의 가차자입니다.

중학	획수	회자	새김	발음
今	4	스一	이제	금

'이제' 금(今)은 육서를 상형·지사·회의로 분류합니다. 허신은 이 글자를 회의자로 봅니다. 그는 이 글자가 "세 가지를 합하다"라는 뜻의 '삼합' 집(스)과 '미칠' 급(及) 자의 고문(古文)인 '一'(현재 독립된 글자로 쓰이지 않으며 새김도 발음도 없음)이 결합한 것이라고 설명합니다.

우리나라와 일본의 자전에는 지사로 올라 있는 경우가 많습니다. '사람' 인(人) 자를 "어떤 것을 덮어 싸서 보호하는 모양"으로 봅니다. 최근 중국에서는 상형이라고 합니다. 갑골문 연구 결과 이 글자는 "술 단지에 입을 대고 혀를 내밀며 술을 마시고 있는 사람"을 본뜬 것이라고 합니다. '마실' 음(飮) 자와 기원이 같은 것으로 파악합니다. 필자의 판단으로는 최근 중국 측의 설명이 설득력이 더 있어 보입니다.

이렇게 한 글자를 두고도 '상형이다, 지사다, 회의다'라며 설명이 다른 것은 분석 대상으로 삼은 글자의 모양이나 그 글자가 나온 시대가 다르기 때문입니다. 이 글자는 우리나라와 중국, 일본 모두 갑골문을 분석하고 있는데 그 갑골문의 모양이 서로 달라 빚어진 일이라고 볼 수도 있습니다.

'삼합' 집(스) 자 자체는 '들' 입(入) 부수에 속합니다.

금반(今般)과 금번(今番)은 '이번'이라는 뜻입니다. 금명간(今明間)은 금일(今日)과 명일(明日) 즉, 오늘이나 내일 사이입니다. 금석지감(今昔之感)은 지금과 옛날의 차이가 너무 심하여 생기는 느낌입니다. 금석하석(今夕何夕)은 『시경(詩經)』에 나오는 말로 "오늘 저녁이야말로 어찌된 저녁인가"라는 뜻입니다. 기쁜 마음에 시간 가는 것을 모르는 상황으로 아름다워 잊기 어려운 밤을 가리킵니다.

중학	획수	회자	새김	발음
以	5	胎兒人	써	이

'써' **이(以)**는 고문에서 왼쪽 자소가 '뱀' 사(巳)를 거꾸로 뒤집은 자로 어머니의 배 속에 머리를 아래로 하고 있는 아이의 모양이라고 합니다. 상형자로 분류하지만, 뒤집힌 아이의 머리가 아래로 향한 모양을 나타내는 '뱀' 사(巳,)와 '사람' 인(人)이 결합한 회의자로 보기도 합니다. '써'는 기구격 조사라는 말을 하는데, '뭔가를 가지고, 또는 이용해서'라는 뜻으로 영어의 'with' 역할을 하고, 이에 반해 '~로서'는 자격격 조사로 'as'의 뜻으로 쓰입니다.

북한을 흔히 이북(以北)이라고도 하는데, 이것은 38선이나 휴전선 등을 기준으로 하여 북쪽이라는 뜻입니다. 한국전쟁이 끝난 현재의 상태로 보면 휴전선이 기준이 됩니다. 이란격석(以卵擊石)은 우리 속담의 "계란으로 바위 치기"입니다. 이실직고(以實直告)는 사실 그대로 고하는 것이고, 이식위천(以食爲天)은 사람이 살아가는 데 먹는 것이 가장 중요함을 이르는 말입니다. 이유제강(以柔制剛)은 온화하고 부드러운 수단으로 굳세고 강한 것을 제압하는 것이며, 이이제이(以夷制夷)는 오랑캐로 오랑캐를 무찌른다는 뜻으로 한 세력을 이용하여 다른 세력을 제어함을 이릅니다.

중학	획수	회자	새김	발음
令	5	亼卩	하여금	령

'하여금' **령(令)**입니다. 령(令)은 '이제' 금(今)과 기원이 같은 것으로 설명하기도 합니다. 위에 있는 '삼합' 집(亼)은 목탁이나 방울을 나타내며 아래에 있는 '卩'는 꿇어앉아 있는 사람의 모양으로 방울을 울리며 호령을 발동한다는 뜻이라고 합니다. '하여금'이 무슨 뜻입니까? 다른 사람이 어떤 일을 하도록 시키는 것입니다. 영어의 'make, let, bid' 등과 같습니다. 사역을 나타냅니다. '하여금'이라는 말은 대화체라기보다 글에서 쓰는 문어체이고, 현대 말이라기보다 좀 예스러운 분위기를 나타냅니다.

자소로 쓰인 '병부' 절(卩)은 부수자이니, 해당란을 참고하기 바랍니다.

영기(令旗)는 군령(軍令)을 전하는 데 쓰던 기입니다. 영명(令名)은 좋은 명성이나 명예를 가리키기도 하고, 남의 이름을 높여 부를 때 쓰기도 합니다. 영존(令尊)은 춘부장(椿府丈)과 같은 뜻으로 남의 아버지를 높여 이르는 말입니다. 영인발지(令人髮指)는 사람의 머리칼이 서게 한다는 뜻으로 극히 분노해 머리칼이 곤두서게 하는 것입니다.

중학	획수	회자	새김	발음
伐	6	人戈	칠	벌
伏	6	人犬	엎드릴	복

벌(伐)은 창[戈]을 다른 사람[人]의 목에 들이민 형상입니다. 죽인다는 뜻을 내포할 수 있는데, 여기에서 '베다, 치다, 공격하다'라는 뜻을 갖게 됩니다.

자소인 '창' 과(戈)는 부수자 설명을 참고하기 바랍니다.

나무를 베는 것은 벌목(伐木), 풀을 베는 것은 벌초(伐草), 적을 무력으로 치는 것은 정벌(征伐)입니다. 벌공긍능(伐功矜能)은 자기의 공을 떠벌리고 재능을 자랑한다는 뜻입니다.

복(伏)의 본뜻은 개[犬]가 사람[人] 앞에 엎드린 모양입니다. 하지만 거기에서 그치지 않고, 기회를 엿보는 것입니다. 『설문』에서는 "엿보다"라고 설명합니다. 거기에서 '굴복하다, 순종하다'라는 뜻이 파생되어 나왔습니다. 마음으로 순종하지 않고, 물리적인 힘에 의해서 굴복하거나 순종하는 경우에는 늘 반전의 기회를 엿보게 됩니다.

적을 기습하기 위해 군사를 숨겨놓는 것은 복병(伏兵)이고, 만일의 경우에 대비하여 남모르게 미리 꾸며놓은 일은 복선(伏線)입니다. 복지부동(伏地不動)은 땅에 엎드려 움직이지 아니한다는 뜻으로 주어진 일이나 업무를 처리하는 데 몸을 사리는 것을 비유적으로 이릅니다.

중학	획수	회자	새김	발음
休	6	人木	쉴	휴
便	9	人更	편할/변	편/변

휴(休)는 사람[人]이 나무[木] 그늘 아래에 있으니 쉬는 것이라고 짐작할 수 있습니다.

휴가(休暇)는 일정한 기간 동안 쉬거나 또는 그런 겨를을 말하고, 휴게(休憩)는 어떤 일을 하다가 잠깐 동안 쉬는 것입니다. 휴양(休養)은 편안히 쉬면서 몸과 마음을 보양하는 것을 이릅니다. 휴우방마(休牛放馬)는 전쟁에 쓸 일이 없어 소나 말을 풀어놓는 것으로 전쟁이 다시 일어나지 않는 것을 이릅니다.

'편할' **편(便)**이 획수가 많은데도 앞에 온 것이 조금 이상할 수 있겠습니다. 그것은 이 글자가 상형자로도 분류되기 때문입니다.

자소자 更은 '다시' 갱, '고칠' 경으로 읽는 다음자입니다. 허신은 『설문』에서 이 글자를 "사람이 뭔가 불편한 것이 있으면 바꾸기" 때문이라고 다소 애매한 설명을 하고 있는데, 최근에는 '更' 자는 "돌기가 붙어 있는 채찍 같은 물건"으로 이걸 등에 붙이면 편안하기 때문이라고 합니다. 어르신들이 쓰시는 안마봉 같은 것을 생각하면 되겠습니다. 경(更)을 갑골문 분석에서는 번철 위에서 떡 같은 것을 구우며 뒤집는 것이라고 설명합니다. 거기에서 '바꾸다'라는 뜻이 나온 것으로 추론합니다.

편리(便利)는 편하고 이로우며 이용하기 쉬운 것입니다. 편의(便宜)는 형편이나 조건 따위가 편하고 좋은 것을 말합니다. 하지만 다음자라서 대변(大便), 변소(便所), 소변(小便)에서는 발음이 '변'입니다.

중학	획수	지표	회자	새김	발음
位	7	立(人)一(地上)	人立	자리	위

위(位)는 갑골문에서는 사람이 서[立] 있는 모양입니다. 서 있는 것이나 서 있는 곳을 나타냅니다. 전문에 이르러 의부(意符)로 인(人)을 더해 사람이 서 있는 곳, 즉 위치를 나타내는 데에만 쓰게 되었습니다.

조정에서 신하들이 품계에 따라 서 있는 자리가 바로 위(位)입니다. 아무렇게나 서 있는 것이 아니고 품계에 따라 일정한 질서를 유지하고 있습니다. 그렇게 지위나 계층에 따라 다른 등급이 위계(位階)이고, 자리를 차지하고 있는 곳은 위치(位置)입니다. 위비언고(位卑言高)는 지위는 낮은데 고관들이 주관하는 일을 논하는 것입니다. 어르신들 보면 신문이나 뉴스를 보면서 왈가왈부 하시는 말씀이 많습니다. 어쨌든 지금은 언론의 자유도 있고, 표현의 자유도 있어 너무나 당연한 일인데 맹자는 죄라고 합니다.

중외	부수	획수	형자	회자	새김	발음
年	干	6	千	人禾	해	년

'해' 년(年)의 갑골문은 사람[人]이 벼[禾]를 등에 메고 있는 모양입니다. 그런데 화(禾)가 그만 '일천' 천(千)으로 변했습니다. 년(年)이 형성자라고 하는 것은 바로 이 자형에서 천(千)이 발음을 나타낸다고 여겨서입니다. 여기에서 다시 지금의 년(年) 자가 되었습니다. 서예전에 가보면 더러 '秊' 모양으로 쓰인 '해' 년(年)을 볼 수 있습니다. 벼는 1년에 한 번 거두어들이니 그로써 한 해를 나타낸 것이겠습니다.

중외	부수	획수	형자	회자	새김	발음
到	刀	8	刀	人至	이를	도
重	里	9	東	人東(竹籠)	무거울	중

'이를' 도(到)도 처음에는 사람 인(人)을 썼는데, 이게 그만 '칼' 도(刀)로 바뀐 경우입

니다. 목적지에 도착하는 것입니다.

　'무거울' **중(重)**도 회의·형성자로 봅니다. 지금 우리가 '동녘' 동(東)으로 쓰고 있는 글자는 본래 자루 같은 것에 물건을 넣고 위아래를 묶은 것이라고 합니다. 이 글자 모양을 보면 위아래로 끈을 동여맨 것처럼 보이기도 합니다. 거기에 사람[人]이 결합된 것입니다. 그렇게 배가 불룩하게 나온 짐을 들거나 지는 사람이 느끼는 감각이 바로 무거운 것[重]입니다.

증외	부수	획수	회자	새김	발음
千	十	3	人十	일천	천
及	又	4	人又	미칠	급

　사람[人]과 열[十]에서 '일천' 천(千)이 나오는 셈법은 선뜻 이해되지 않을 수도 있습니다만, 수명을 백 년으로 치고, 열 명이면 천이 된다는 의미입니다. 서예전 같은 데에 가보면 '사람' 인(人)을 구부려 쓴 아래 '열' 십(十)을 쓴 자형을 볼 수도 있습니다.

　'또' 우(又)는 본래 손[手]을 나타내고, 다른 글자와 결합할 때에도 대체로 손의 뜻으로 쓰입니다. **급(及)**은 다른 사람[人]을 뒤에서 손[又]으로 잡는 것을 나타내며 거기에서 '미치다'라는 뜻을 갖게 되었습니다.

증외	부수	획수	회자	새김	발음
化	匕	4	人匕(匕)	될	화
北	匕	5	人人	북녘/저버릴	북/배

　'될' **화(化)**는 바로 된 사람의 모습과 위아래로 뒤집은 사람의 모양[匕, 匕]을 써서 변화나 바꾸는 것을 나타냅니다. 여기서 한 가지, '될' 화(匕)는 '비수' 비(匕)와 다른 글자로 '될' 화(化)의 고자(古字)라는 점입니다. 자소로 쓰이면 변화를 나타냅니다.

북(北)은 등을 맞댄 두 사람의 모양으로 '등질, 저버릴' 배(北)의 뜻이 있습니다. 생물은 대체로 해를 향하는 것이 본성입니다. 남쪽의 해를 향할 때 등지는 방향이 바로 북쪽입니다.

증외	부수	획수	회자	새김	발음
色	色	6	人卩	빛	색
死	歹	6	歹人	죽을	사

'빛' **색(色)**은 한 사람은 서 있고 한 사람은 꿇어앉은 모양을 그리고 있습니다. 서 있는 사람이 꿇어앉은 사람에게 훈계를 하는 모양입니다. 그의 얼굴에는 자연 화가 난 표정이 담기게 되고, 이렇게 나타나는 얼굴빛이 색(色)입니다. 여기에서 더 나아가 색(color) 일반을 나타냅니다.

'병부' 절(卩)은 다른 글자와 결합할 때 '꿇어앉은 사람'의 뜻으로 쓰입니다. 자세한 내용은 부수자 해설을 참고하기 바랍니다.

'죽을' **사(死)**의 자소는 '잔골, 앙상한 뼈' 알(歹)과 '사람' 인(人)이 결합된 글자로 죽음을 나타냅니다. '歺'로도 쓰는데, 이것은 『설문』에 나와 있는 자형입니다.

증외	부수	획수	회자	새김	발음
久	丿	3	人乀	(막을), 오랠	구

'오랠' **구(久)**는 상형자로 보기도 하고, 회의자라고 하는 경우도 있습니다. 엉덩이에 뜸을 뜨는 모양이라고 합니다. 그 모양을 그린 하나의 그림으로 생각하는 경우에는 상형이고, 사람과 엉덩이에 뜸을 대는 모양을 두 개의 나누어진 그림이 합성된 것으로 보면 회의가 됩니다. 지금 뜸은 '뜸' 구(灸) 자를 씁니다. 원래는 '오랠' 구(久)가 그 뜻을 나타냈지만, 다른 뜻으로 쓰이니까 본래 뜻을 분명히 나타내기 위해 뜨거운 것[火]을 부착하는 것임을 더 분명히 해준 것입니다.

회의 자소에 나온 글자는 '삐칠' 불(乀)로 왼쪽 위에서 오른쪽 아래로 삐치는 획입니다. 서법에서는 파임이라고 합니다. 이와 반대로 오른쪽 위에서 왼쪽 아래로 삐치는 것은 별(丿, 撇)입니다.

증외	부수	획수	회자	새김	발음
永	水	5	人水流	길	영
坐	土	7	人人土	앉을	좌

'길' **영(永)**은 물 가운데에서 헤엄을 치는 사람의 모양을 본뜬 글자라고 합니다. 그래서 상형으로 보기도 하는데, 이와 달리 사람과 물줄기라는 두 개념을 나타내는 것으로 보아 회의자로 설명하기도 합니다.

시간상 무한히 오래인 것은 영구(永久)나 영원(永遠), 영원히 이어지는 것은 영속(永續)입니다.

좌(坐)는 땅[土] 위에 두 사람[人]이 있는 모양인데, 고문 해석에서는 토지 신에게 곡직을 가려보려는 형상이라고 합니다. 그저 두 사람이 땅 위에 널브러지게 앉아 있는 것으로 기억하면 쉽게 익힐 수 있겠습니다. 집[广] 안에 앉아 있음[坐]을 나타내는 '자리' 좌(座)는 앉을 때 쓰는 도구입니다. 땅 위에 앉는 것[坐]은 동사이고, 앉을 때 의지하는 것 즉, 자리[座]는 명사입니다. 그래서 앉을 수 있게 마련된 자리는 좌석(座席)입니다.

증외	부수	획수	회자	새김	발음
臥	臣	8	臣人	누울	와
寒	宀	12	宀茻人	찰	한

'누울' **와(臥)**의 자소자 '신하' 신(臣)은 여기서 눈(eye)을 가리킵니다. 머리를 아래로 떨구고 내려볼 때의 눈 모양으로 가로가 아니고 세로로 세워진 모양입니다. 여기에서 '눕다'라는 뜻이 나온 것으로 봅니다.

'찰' **한(寒)**은 방[宀] 안에 온갖 잡풀[茻]이 있고, 아래에는 얼음[冫]이 있습니다. 이부

자리가 시원찮았던 옛날에 풀을 덮고 지내야 했던 모습을 떠올릴 수 있습니다. 거기에 얼음까지 있어 추운 것을 더 실감나게 합니다.

고교	획수	새김	발음
倉	10	곳집	창

고교 기본한자입니다. **창(倉)**은 새김이 '곳집'으로 되어 있어 조금 낯선 느낌이 들지도 모르겠습니다. 곳간으로 쓰려고 지은 집입니다. 곡식 창고입니다. 자소자가 주어지지 않았으니 상형자이겠구나 하고 짐작할 수 있으리라 믿습니다.

여기에서 '사람' 인(人)은 실제 사람을 가리키는 것이 아니라 창고의 지붕 모양을 그린 것입니다. 우연히 그 모양이 비슷해 창고가 '사람' 인(人) 부수 안에 들어오게 된 것입니다.

고교	획수	형자	새김	발음
倒	10	到	넘어질	도
傍	12	旁	곁	방

도(倒)는 넘어지는 것입니다. 사람[人]의 몸이 가로로 땅에 닿는 것[到]입니다.

과학 시간에 더러 도립실상(倒立實像), 도립허상(倒立虛像) 등이 나오는데, 도립은 거꾸로 선 것입니다. 도착(倒錯)은 심리적인 이상 상태에서 어그러진 행동이 나오는 것을 이릅니다. 도사이영(倒屣而迎)은 신발을 거꾸로 신고 손님을 맞는다는 뜻으로 정황이 급해 신을 제대로 신을 겨를도 없이 손님을 열렬하게 맞는다는 뜻을 나타냅니다. 우리말에서 "고무신 거꾸로 신다"라는 말은 여자 편에서 일방적으로 남자와 헤어지는 것을 가리킵니다만, 버선발은 손님을 매우 반길 때 씁니다. 오랜만에 집을 찾으면 우리 어머님들은 그야말로 '버선발로 맞아 주십니다.' 바로 그런 뜻입니다.

'곁' **방(傍)**은 자소자가 방(旁)으로 '두루'라는 뜻과 '곁'이라는 뜻이 있습니다. 비단 이 글자뿐만이 아니라 다른 글자에서도 뜻이 같은 자형을 종종 보게 되는데 여기에는 이유가 있습니다. 처음에는 방(旁)이 '곁'의 뜻으로 쓰였습니다. 그런데, 이 글자가 다른 글자의 자소로 쓰이면서 혼동하기 쉬우니까, 거기에 의미를 확실하게 해주는 자소 즉, 의부(意符)를 다시 붙인 것입니다. 그래서 같은 뜻을 나타내는 글자가 다시 생겨나게 됩니다. 이렇게 나중에 생겨나는 글자를 후기자(後起字)라고 합니다.

방관(傍觀)은 어떤 일에 직접 나서서 관여하지 않고 곁에서 보기만 하는 것을 이릅니다. 방계(傍系)는 시조(始祖)가 같은 혈족 가운데 직계에서 갈라져 나온 친계(親系)를 말합니다. 방약무인(傍若無人)은 곁에 사람이 없는 것처럼 아무 거리낌 없이 함부로 말하고 행동하는 태도를 보이는 것입니다.

고교	획수	형자	새김	발음
僅	13	堇	겨우	근

'겨우' 근(僅)의 자소는 역시 근(堇)으로 '흙' 토(土) 부에 속하며, 『설문』에서는 '진흙'이라고 설명합니다. 그런데 '풀' 초(艹) 부에 자형이 똑같아 보이는 글자가 또 있습니다. '제비꽃' 근(菫)입니다. 오두(烏頭) 즉, 바꽃(바곳)으로 투구꽃 종류의 독초입니다. 대개 각 자전의 내용 설명은 일치하는데, 자형과 발음은 다릅니다. 중국 최대 자전인 『한어대자전(汉语大字典)』에서는 근(堇)은 다음자로서 '친(qín)'은 '진흙'을 뜻하고 '진(jǐn)'은 풀이름으로 설명하고 있습니다. 또한 이 자전에서 '菫'을 찾아보면 근(堇)과 같은 글자로 정의하고 있습니다. 근(菫)을 확인해보면, 근(堇)과 근(菫)을 같은 글자라고 하며 끓여 나물로 먹을 수 있는 풀이라고 합니다.

고문 연구에서는 근(堇)의 기원에 대한 설명이 전혀 다릅니다. 사람을 불에 태워 희생으로 바치며 드리는 기우제라고 합니다. '진흙' 근(堇)과 '제비꽃' 근(菫)은 같은 기원에서 분화된 글자로 봅니다. 그런데 후대에 속체에서 '제비꽃' 근(菫)을 '진흙' 근(堇)으로 쓰기도 했다는 것입니다. 중국의 대자전은 물론, 우리 자전에도 이 두 글자는 뒤섞여 있는 경우가 많습니다. 하지만 기원을 생각할 때는 고문 연구 결과가 신빙성이 있어 보입니다. 근(堇)이 자소로 쓰이는 기초한자로는 '부지런할' 근(勤), '어려울' 난(難)과 '탄식할' 탄(歎)이 있습니다.

시험에 턱걸이로 합격했다는 것처럼 어떤 수준에 겨우 미치는 것을 턱걸이라고 하는 경우가 있는데 근(僅)의 뜻이 그와 같지 않을까 합니다. 얼마 되지 않을 정도로 아주 적은 것은 근소(僅少)입니다. 시험의 당락을 포함해 인생길에는 근소한 차이로 갈림길에서 다른 길로 들어서는 경우가 없지 않습니다.

고교	획수	형자	새김	발음
傲	13	敖	거만할	오

거만할 **오(傲)**의 자소자는 '놀다, 거만하다'라는 뜻을 가진 '놀' 오(敖)입니다. 현재 자형은 왼쪽 위가 '흙' 토(土)로 되어 있는데, 옛 글자는 '나아갈' 출(出)로 되어 있어 밖에 나가 방자(放恣)하게 노는 것을 가리켰습니다. 방자하게 자기 멋대로 하니 자연 거만할 수밖에 없습니다.

오설기상(傲雪欺霜)은 눈을 깔보고 서리를 업신여긴다는 뜻으로 추위를 두려워하지 않고 추울수록 정신을 차리는 것을 말합니다. 냉혹한 어려움을 두려워하지 않는 것을 비유적으로 이르기도 합니다.

고교	획수	형자	새김	발음
催	13	崔	재촉할	최
僧	14	曾	중	승

'재촉할' **최(催)**는 다른 사람이 어떤 일을 빨리 하도록 다그치는 것이죠. 베푼다는 뜻도 있습니다.

자소는 '높을' 최(崔)입니다. 새[隹]나 올라갈 수 있는 산(山)으로 크고 높다는 뜻을 나타냅니다. 성으로 쓰이는 경우가 가장 많지 않을까 합니다.

최고(催告)는 법률에서 많이 쓰이는 용어로 상대편에게 일정한 행위를 하도록 독촉하는 통지를 하는 일을 말합니다. 최루(催淚)는 눈물을 재촉해 눈물을 흘리게 하고, 최면(催眠)은 잠을 재촉해 잠이 들게 합니다. 최미절요(摧尾折腰)는 머리를 구부리고 허리를 굽힌다는 뜻으로 공손하게 복종하는 모양을 말합니다.

'중' **승(僧)**은 승단을 나타내는 산스크리트어 'Samgha'를 중국어 승가(僧伽)로 음역하는 과정에서 그것을 줄여서 쓰게 된 말입니다. 불교에서 수련을 하는 남자 승려를 가리킵니다. 스님을 나타내는 말로 석(釋)이 있습니다. 해당 글자란을 확인해 보기 바랍니다.

승방(僧房)은 쓰임에 주의를 요합니다. 『표준』에 이사(尼寺)와 같은 말로 "여승들이 사는 절"로 정의하고 있습니다. 승려가 불상을 모시고 불도(佛道)를 닦으며 교법을 펴는 집이라는 뜻은 승방(僧坊)으로 한자가 다릅니다. 요사(寮舍)나 요사채(寮舍-)는 절에 있는 승려들이 거처하는 집입니다. 승다죽소(僧多粥少)는 죽소승다(粥少僧多)로 쓰기도 하는데, 스님은 많고 죽은 적다는 뜻으로 분명 죽도 묽은 죽이겠습니다. 원하는 만큼 나누어줄 수가 없어서 어려운 상황을 말합니다.

고교	획수	형자	새김	발음
儉	15	僉	검소할	검
償	17	賞	갚을	상

'검소할' 검(儉)의 본뜻은 자신의 생각과 행동을 절제할 수 있는 것을 가리킵니다. 검(儉)은 생각이나 행동에서 자기 자신의 관리를 잘 하는 것입니다. 그런 사람은 사치하거나 호화롭게 꾸미지 않습니다. 여기에서 검소하다는 뜻을 갖게 되었습니다.

자소자는 '다' 첨(僉)입니다. '삼합' 집(亼) 아래로, '부르짖을' 훤(吅)에 두 사람이 앞뒤로 가는 모양을 그리고 있는 '좇을' 종(从)이 모여 만들어진 글자입니다. 여러 사람이 함께 말한다는 것이 첨(僉)의 본뜻이고 '모두, 다'의 뜻을 나타냅니다. 자소자 '다' 첨(僉)은 여러 글자에 쓰이고 있습니다. '검사할' 검(檢), '칼' 검(劍), '시험' 험(驗), '험할' 험(險) 등입니다.

사치하지 않고 수수한 것은 검소(儉素)한 것이고, 아껴 쓰는 것은 검약(儉約)하는 것입니다.

'갚을' 상(償)은 뭔가 받은 것이 전제되어 있습니다. 그것에 대해 돌려준다는 것이 본뜻입니다.

자소자는 '상 줄' 상(賞)입니다. 갑골문에서는 술그릇 모양을 하고 있는데, 이것은 상은 공이 있는 사람에게 주고, 옛날에 상을 줄 때는 술잔치를 벌였기 때문인 것으로 설명됩니다.

상명(償命)은 살인한 사람을 죽이는 것이고, 상환(償還)은 갚거나 돌려주는 것입니다. 대신 갚아주는 것은 대상(代償)이고, 빚을 갚는 것, 무엇에 대한 대가로 갚는 것은 보상(補償)입니다.

고교	획수	형자	회자	새김	발음
企	6	止	人止	꾀할	기

기(企)는 발[止]을 들고, 즉 까치발을 하고 멀리 내다보는 것을 본뜻으로 봅니다. 여기에서 '바라다, 꾀하다'라는 뜻을 갖게 됩니다.

자소자 지(止)는 '그치다'는 뜻입니다만, 다른 글자의 자소로 쓰일 때에는 대부분 '다리(leg)'의 뜻을 갖습니다.

기도(企圖)는 어떤 일을 이루려고 꾀하는 것입니다. 기업(企業)은 재화나 용역을 생산하고 판매하는 조직체로서 영리를 꾀하는 집단입니다. 기획(企劃)은 일을 꾀하여 계획하는 것입니다. 이 모든 단어에는 까치발을 하고 그 일이 이루어지기를 바라는 간절한 마음이 들어 있을 겁니다. 중국어에서 펭귄을 기아(企鵝)라고 하는데, 까치발을 하며 걷는 펭귄의 특징을 잘 드러내는 단어입니다. 영어 펭귄(penguin)의 기원은 '머리가 흰'데에서 온 것으로 추정합니다만, 펭귄의 머리 전체가 흰색도 아닌 듯하고 중국어의 기아(企鵝)만큼 특징을 잘 드러내지는 못하는 듯합니다.

고교	획수	형자	회자	새김	발음
任	6	壬	人壬	맡길	임

'맡길' 임(任)의 본뜻은 가슴에 품는 것입니다. 자소자인 임(壬)은 받아들인다는 뜻으로 자소만으로 풀이하면 다른 사람[人]이 준 것을 가슴에 끌어안는 것입니다. 받아들인다는 것은 주는 사람의 입장에서 보면 맡기는 것입니다.

자소자 임(壬)은 '아홉째 천간' 임으로 잘 알고 있으리라 믿습니다. 다만, 자형이 비슷한 글자가 있기 때문에 주의해야 합니다. '착할' 정(壬)인데 '증명할' 제로도 새기는 다음자입니다. 임(壬)은 삐침[丿] 아래에 '선비' 사(士)를 쓰고, 정(壬)은 '흙' 토(土)를 씁니다. 결국 가운데 획이 길고 짧은 차이가 있는데, 지금 대부분은 구분하지 않고 쓰는 듯합니다. '들을' 청(聽)과 '부를' 징(徵)에는 정(壬)이 들어가 있는 것으로 아는 것이 정확하지 않을까 합니다.

　기준이나 원칙 없이 하고 싶은 대로 하는 것이 임의(任意)입니다. 자기 뜻에 따라서 마음대로 한다는 의미의 수의(隨意)와 비슷한 의미가 됩니다. 임무(任務)는 맡은 일이고, 임편(任便)은 편할 대로 하는 것을 말합니다. 임인유현(任人唯賢)은 도덕과 재능을 겸비한 현사만 임용한다는 뜻으로 어진 이를 임용하고 재능 있는 사람을 부린다는 뜻의 임현사능(任賢使能)과 비슷합니다. 등소평(鄧小平, 1904~1997)은 중국 군부 내에서 자기와 친한 사람만 인용하는 폐단, 즉 임인유친(任人唯親)의 풍조가 있다고 비판한 바 있습니다. 그 뜻을 확인하며 일종의 비애감이 듭니다. 중국 사전에는 이 성어가 등소평의 「군대정돈의 임무(军队整顿的任务)」라는 글에서 나온 것으로 출전을 밝히고 있는데, 대만 사전에는 출전을 밝히지 않습니다. 분단의 갈등이 여전한 우리 속내를 그대로 보는 듯합니다.

고교	획수	형자	회자	새김	발음
仲	6	中	人中	버금	중

　'버금' 중(仲)은 당연히 '가운데' 중(中)에서 나온 글자입니다. 사람[人]들 가운데[中]라는 뜻입니다. 형제들의 순서를 이르는 말입니다. 위로부터 백중숙계(伯仲叔季)입니다. 거기에서 중재하다는 뜻을 갖습니다.

　중개(仲介)는 제삼자로서 두 당사자 사이에 서서 일을 주선하는 것이고, 중매(仲媒)는 결혼이 이루어지도록 중간에서 소개하는 것입니다. 중재(仲裁)는 분쟁에 끼어들어 쌍방을 화해시키는 것입니다. 다른 사람의 형님과 동생을 높여서 백씨(伯氏), 계씨(季氏)라고 합니다.

　공자의 자(字)는 중니(仲尼)입니다. 공자의 부친인 숙량흘(叔梁紇)은 결혼해 딸만 아홉 명을 낳았습니다. 결국 첩을 얻어 아들을 낳았는데, 맹피(孟皮)로 자가 백니(伯尼)입니다. 큰아들이란 뜻입니다. 그런데 다리에 병이 있어 당시 풍속으로는 대를 잇기에 적당하지 않았습니다. 다시 세 번째 부인으로 안징재(顔徵在)와 만나 공자(孔子, BC

551~479)를 낳게 됩니다. 그 어머니가 이구산(尼丘山)에서 기도를 해 낳은 아들이라고 하여 이름은 니(尼)이고 자(字)는 중니(仲尼)입니다. 둘째 아들입니다.

고교	획수	형자	회자	새김	발음
伴	7	半	人半	짝	반

'짝' 반(伴)입니다. 배우자를 흔히 '나의 반쪽(other half)'이라고도 합니다. 나의 반(半)이 되는 사람[人]이 짝[伴]입니다. 반(半)은 '여덟' 팔(八)과 '소' 우(牛)가 결합되어 물건을 둘로 '가르다, 나누다, 쪼개다'라는 뜻을 나타냅니다.

인생을 살아가는 데에는 나의 반쪽인 배우자는 물론이고, 짝이 되는 동무, 즉 반려(伴侶)가 있어야 합니다. 반주(伴奏)는 노래나 기악의 연주를 도와주기 위하여 옆에서 다른 악기를 연주하는 것을 이르고, 반주(伴走)는 달리기에서 경주자가 아닌 사람이 경주자의 옆에서 함께 달리거나 또는 그렇게 하는 사람을 말합니다. "빨리 가려면 혼자 가고, 멀리 가려면 함께 가라"고 하는데, 돌이켜보면 짧은 것이 인생이기도 하지만, 그 과정을 겪는 순간에는 결코 짧지 않은 것이 또 인생이기도 합니다.

고교	획수	형자	회자	새김	발음
伯	7	白	人白	맏	백
伸	7	申	人申	펼	신

'맏' 백(伯)은 '버금' 중(仲)에서 설명한 바 있습니다. 형제들 가운데 가장 위인 '맏이'인데, 이런 의미에서는 '맏' 맹(孟)과 뜻이 같습니다.

백부(伯父)는 큰아버지이고, 백씨(伯氏)는 남의 맏형을 높여 이르는 말입니다. 백중(伯仲)은 맏이와 둘째를 이르는 말이기도 하지만, 재주나 실력, 기술 따위가 서로 비슷하여 낫고 못함이 없음을 뜻하기도 합니다. 어금지금한 것입니다.

'펼' 신(伸)에서 자소자 신(申)은 현재는 아홉째 지지를 나타냅니다만, 원래 번개를 가리키는 글자였습니다. 번개가 치는 것을 펼쳐지는 것으로 생각할 수 있고 사람[人]이 몸을 펼치는 것[申]으로 뜻을 유추해볼 수 있습니다.

신장(伸張)은 세력 등이 늘어나거나 또는 늘어나게 하는 것이고, 신지(伸志)는 뜻을 펴는 것입니다.

고교	획수	형자	회자	새김	발음
似	7	以	人以	닮을	사
佐	7	左	人左	도울	좌

'닮을' 사(似)는 두 사물이 비슷한 것을 이릅니다. 비슷하지만 같지는 않습니다.

겉은 비슷한데 속이 완전히 다른 것은 사이비(似而非)이고, 서로 비슷한 것은 상사(相似)입니다. 사동비동(似懂非懂)은 알 듯 말 듯 하다는 뜻입니다. 알 듯 말 듯과 딱 맞아떨어지는 느낌입니다. 누군가 만났을 때, 혹은 뭔가를 보았을 때 꼭 예전에 어디선가 본 듯한 경우가 있습니다. 심리학 쪽에서는 기시감(旣視感)이라는 말을 쓰는데 데자뷔(Déjà vue, already seen)의 역어입니다. 사증상식(似曾相識)은 바로 그런 뜻을 나타냅니다. "일찍이 서로 아는 듯하다"라는 뜻입니다. 그런데 사람이 아니라 사물에 쓰는 점이 다릅니다.

'도울' 좌(佐)는 말 그대로 돕는 것입니다. 자소자인 '왼' 좌(左)는 '왼' 좌(ナ)에 땅을 다지는 데에 쓰는 달구[工]가 결합된 글자로, 본래 담을 쌓는데 손에 달구를 들고 돕는다는 뜻이 있었습니다. 그런데 이 글자가 다른 글자의 자소, 즉 편방으로 쓰이면서 본래 뜻을 분명히 나타내기 위해 다시 뜻을 나타내는 부분 즉, 의부(意符)로 '사람' 인(人)을 더하게 된 것입니다.

윗사람을 도와 일을 처리하는 것은 보좌(輔佐)입니다.

고교	획수	형자	회자	새김	발음
供	8	共	人共	이바지할	공
侍	8	寺	人寺	모실	시

'이바지할' **공(供)**의 자소 '함께' 공(共)은 두 손[廾]으로 그릇[皿]을 드는 모양입니다. 공(供)의 본뜻은 벌여놓는 것, 늘어놓는 것입니다. 두 손으로 그릇을 받쳐 들고 조심스럽게 진설합니다. 여기에서 이바지하다는 뜻이 생겼습니다. 다른 사람이 필요로 하는 물자나 재물을 대어주는 것입니다.

공급(供給)은 요구나 필요에 따라 물품 따위를 제공하는 것입니다. 공람(供覽)은 여러 사람이 보게 하거나, 보는 것을 말합니다. 공용(供用)은 준비하여 두었다가 쓰는 것을 이릅니다. 공양(供養)은 웃어른을 모시어 음식 이바지를 하는 것입니다.

'모실' **시(侍)**는 받드는 것입니다. 자소자 사(寺)는 현재 절의 뜻으로 쓰고 있습니다만, 본래 일을 처리하는 관청을 가리키는 말이었습니다. 거기에서 다른 사람을 위해 뭔가 하는 것, 즉 모신다는 뜻으로 파생되었습니다.

시봉(侍奉)은 모시어 받드는 것입니다. 시위(侍衛)는 임금이나 어떤 모임의 우두머리를 모시어 호위하거나 그런 사람을 가리킵니다. 시종(侍從)은 임금을 곁에서 모시는 신하입니다.

고교	획수	형자	회자	새김	발음
係	9	系	人系	맬	계
侮	9	每	人每	업신여길	모

계(係)에 '매다'의 뜻이 있고, 계(繫)에도 '매다'는 뜻이 있습니다. 고문을 보면 계(系)는 실 두 개[絲]를 손[手]으로 묶어주는 형태입니다. 이것이 현재의 형태로 줄어들었습니다. 여기에 '사람' 인(人)이 붙어 사람의 목을 묶는다는 뜻이 '맬' 계(係)이고, '부딪칠, 맬' 격(毄)을 붙인 것이 '맬' 계(繫)입니다. 계(繫)에는 솜을 두드린다[毄]는 뜻이 들어 있습니다. 헌솜을 타는 것입니다. 요즈음은 보기가 쉽지 않지만, 솜틀집에서 오래된 헌 솜을 두드려서 다시 깨끗하게 합니다. 솜을 타는 것입니다. '맬' 계(係)는 '사람인변 [亻]'이 붙어 사람들 사이의 관계라든지 추상적인 것을 나타내고, '이을' 계(系)는 실을 잇는다든지 하는 것처럼 좀 구체적인 사물을 나타내는 것으로 이해하면 되겠습니다만, 뜻이 명확히 구분되지 않아 섞어 쓰는 경우도 있습니다.

우선 계(係)는 사무나 작업 분담의 작은 갈래로, 그 부서의 장은 계장(係長)입니다. 과

(課)의 아래 단위입니다. 계루(係累, 繫累)는 다른 일이나 사물에 얽매이는 것입니다. 계착(係着)은 마음에 늘 걸려 있거나 마음에 새겨두고 잊지 않음을 이릅니다.

'업신여길' 모(侮)의 갑골문은 오른쪽에 '어미' 모(母)를 쓰는 '侮'입니다. '가볍게 여기다, 남을 하찮게 여기다'라는 뜻입니다. 이 글자가 왜 이런 뜻을 갖게 되었을까 아무리 생각해도 그럴 법한 내용이 떠오르지 않는데, 혹시라도 다른 사람[人]을 대하는 태도가 어머니[母] 같기 때문이 아닐까 합니다. 아흔 살이 넘은 노모에게 아들은 환갑이 지나도 늘 아이입니다. 내 자식이면 모르겠지만 다른 사람을 아이 취급하면, 경시하게 되고 얕잡아 보는 것이 됩니다. 혹 그런 데에서 나온 뜻이 아닐까 합니다. 이것은 필자의 개인적인 설명입니다.

깔보고 욕되게 하는 것은 모욕(侮辱)이고, 업신여기고 얕잡아 보는 것은 모멸(侮蔑)입니다.

고교	획수	형자	회자	새김	발음
俊	9	夋	人夋	준걸	준
促	9	足	人足	재촉할	촉

준(俊)은 재주와 슬기가 뛰어나거나 그런 사람입니다. 준걸(俊傑)을 가리킵니다. 준(夋)은 '슬슬 갈' 준으로 새기는데, 고문에서는 오랑우탄의 행동을 그린 것으로 파악합니다. 그 걸음걸이는 느립니다. 그래서 '슬슬 간다'는 뜻을 나타내는데, 달리 오랑우탄은 키가 크고 힘이 셉니다. 그래서 높고 크다는 뜻도 나타냅니다. 여기서는 바로 그런 뜻으로 재주가 높고 커 다른 사람을 뛰어넘는 것을 나타냅니다. 생각이 크고 높은 사람은 거만할 수도 있고, 아니면 거만한 사람은 걸음걸이부터 서두르지 않고 천천히[슬슬] 가는 것으로 기억해도 좋겠습니다. 허신은 "재능이 천 명 가운데 한 명 정도로 훌륭한 사람"을 준(俊)이라 풀이했습니다.

준걸(俊傑)은 재주와 슬기가 매우 뛰어나거나 또는 그런 사람을 이릅니다. 명사로만 알고 있는데 '하다'를 붙여 형용사로 쓸 수도 있습니다. 준덕(俊德)은 크고 높은 인덕이고, 준수(俊秀)는 재주와 슬기, 풍채가 빼어난 것을 말합니다.

촉(促)은 시간이 없이 급박한 상황으로 뭔가를 재촉하는 것입니다. 다른 사람[人]에게 발걸음[足]을 빨리 하라고 성급하게 구는 것입니다.

매우 급한 것은 촉급(促急)이고, 기한이 다가와 가까운 것은 촉박(促迫), 다그쳐 빨리 나아가게 하는 것은 촉진(促進)입니다.

고교	획수	형자	회자	새김	발음
俱	10	具	人具	함께	구
倣	10	放	人放	본뜰	방

구(俱)는 '함께'라는 뜻입니다. 더러 옛글에 "부모 구존(俱存)하시고……"라는 구절이 나오는데, 어머님, 아버님 두 분 모두 생존해 계신 것을 말합니다.

부모님 두 분이 다 돌아가신 것은 구몰(俱沒)입니다. 구전(俱全)한 것은 부족한 것 없이 넉넉한 것입니다.

"모방(模倣)은 창조의 어머니"라고 합니다. 흉내 내고 본뜨는 것입니다. '본뜨다'라는 말을 하는데, '본' 즉 모범(模範)이 될 만한 것을 놓고 그대로 그려보는 것입니다. 무슨 일이든 시작 단계에서는 기왕에 나와 있는 것들을 많이 보고, 그것을 흉내 내보는 모방의 과정이 있어야 합니다. 방(倣)은 그렇게 본뜨는 것입니다.

방고(倣古)는 옛것을 모방하는 것입니다. 방사(倣似)한 것은 다른 어떤 것과 매우 비슷한 것입니다. 방차(倣此)는 이것을 본뜬다는 뜻입니다.

고교	획수	형자	회자	새김	발음
倍	10	音	人音	곱	배
値	10	直	人直	값, 가치가 있는, 만날, 당할	치

배(倍)는 '곱'의 뜻입니다. 『설문』에서는 '위반하다'라고 설명합니다. 거스르거나 배반한다는 뜻입니다. 『단주』를 보면 '위반하다'에서 인신하여 '외우다'의 뜻을 갖고, 책 같은 것이 하나는 앞면이고 거기에 뒷면이 있어 양면이 되는 데에서 또 다시 인신하여

'곱, 배'의 뜻을 갖게 되었다고 합니다.

자소 투(㑊)는 뜻이 좋지 않습니다. '침 뱉을' 투, 부로 '否(투)'와 같은 글자입니다. 뭔가를 부정하며 얼굴을 돌리는 것을 본뜬 것입니다. 그러니까 등을 돌린다는 것이 본뜻입니다. 여기에서 '곱'이 어떻게 나오게 되었는지 궁금했는데, 위에서는 '양면'으로 설명을 했습니다만, 다른 책에서는 옛날 용병술에서 온 것으로 설명하고 있습니다. 적과 싸울 때 아군이 적군의 열 배가 되면 에워싸고, 다섯 배가 되면 공격하며, 배가 되면 싸우라 합니다. 그러면 적이 흩어진다는 것입니다. 얼굴을 돌리며 도망가는 것이지요. 그럴 법하기는 한데 얼마나 신뢰할 수 있는지는 잘 모르겠습니다. '침 뱉을' 투, 부(㑊)는 '북돋을' 배(培)에도 나옵니다.

배가(倍加)는 갑절이나 몇 배로 늘어나는 것입니다. 배구(倍舊)는 먼저보다 갑절이나 더하다는 뜻입니다.

'값' 치(値)는 사물의 용도를 금전으로 환산한 가치(價値) 즉, 가격입니다. 현대 중국에서는 '~할 만한(가치가 있는)'의 뜻으로 쓰여 영어의 'be worthy of'의 용법과 아주 흡사합니다.

'만나다'라는 뜻도 있어서 치우(値遇)는 '마침 만나다'라는 의미를 갖습니다.

고교	획수	형자	회자	새김	발음
候	10	矦	人矦	기후, 물을, 기다릴, 염탐할	후

'기후' 후(候)는 '사포' 후(矦)에서 알 수 있는 것처럼 사포(射布) 즉, 활을 쏠 때 쓰는 무명 과녁과 관련이 있습니다. 순우리말로는 '솔'이라고 합니다. 활을 쏜 뒤에는 제대로 맞았는지 살펴보게 됩니다. 그래서 후(候)는 '살펴보다, 정탐하다'를 본뜻으로 합니다. 기후와 관련된 의미로 쓰이게 된 것은 이 글자가 날씨의 변화와도 관련되어 있기 때문입니다. 옛날 기상 변화의 기본 단위는 닷새였다고 합니다. 이것을 후(候)라고 했습니다. 후(候)가 셋이면 15일이 되어, 하나의 절기에 해당됩니다. 바로 여기에서 기후를 가리키게 되었습니다.

물후(物候)는 철이나 기후에 따라 변화하는 만물의 상태를 가리키는데, 중국의 옛 농서 가운데에는 닷새 단위로 기상 등 자연 변화와 함께 식물이 자라나 변하는 모양을 기록한 것이 있습니다. 후병(候兵)은 척후병(斥候兵)과 같은 말로 적의 형편이나 지형 따위를 정찰하고 탐색하는 병사입니다. 후조(候鳥)는 철새입니다. 후보(候補)는 어떤 직위나 신분을 얻으려고 일정한 자격을 갖추어 나서거나 또는 그런 사람입니다. 자칫 '제후' 후(侯)와 혼동하기 쉬운데, '기후' 후(候)에는 '제후' 후(侯) 자 가운데 세로획[ㅣ]이 더 있습니다.

고교	획수	형자	회자	새김	발음
健	11	建	人建	굳셀	건

'굳셀' 건(健)은 힘이 센 것을 나타냅니다.

정신적으로나 육체적으로 튼튼하면 건강(健康)한 것이고, 건망(健忘)은 잘 잊는 것입니다. 강건(强健)한 것은 몸이나 기력이 실하고 튼튼한 것입니다.

고교	획수	형자	회자	새김	발음
偶	11	禺	人禺	짝	우

'짝' 우(偶)는 본래 점토나 나무로 만든 인형을 가리키는 글자입니다. 그런 인형은 사람의 모양을 본떠 만들기 때문에 쌍이라든지, 짝의 뜻을 갖게 됩니다. 인신하여 우연이라든지, 일상적으로 일어나지 않은 것을 뜻하기도 합니다.

형성 자소는 '긴 꼬리 원숭이, 가름' 우(禺)입니다. 오가다[辶] '만날' 우(遇), 마음[心]에 들어와 '어리석을' 우(愚)에도 쓰입니다.

우상(偶像)은 신불(神佛)이나 사람의 형상이라는 뜻인데, 숭배의 대상을 가리키기도 합니다. 우연(偶然)은 아무런 인과 관계가 없이 뜻하지 아니하게 일어난 일입니다. 우수(偶數)는 짝을 이루는 수 즉, 짝수입니다. 우어(偶語)는 두 사람이 마주 대하여 이야기를 하는 것입니다. 배우자(配偶者)는 부부의 한쪽에서 본 다른 쪽입니다. 우어기시(偶語棄市)는 옛날 포악한 정치를 할 때, 사람들이 모여 소곤거리거나 비밀 이야기를 하면 사람들이 많이 모인 곳에서 죄인의 목을 베고 그 시체를 길거리에 버리는 형벌에 처하던 것을 말합니다.

고교	획수	형자	회자	새김	발음
側	11	則	人則	곁, 기울	측

'곁' 측(側)은 본래 몸이 반듯하지 않고 한쪽으로 기운 것을 가리키는 글자입니다. 거기에서 인신되어 곁을 가리키게 되었습니다.

곁에서 가까이 모시는 것이 측근(側近)이고, 옆면은 측면(側面)입니다. 측목(側目)은 곁눈질을 하거나, 무섭고 두려워 바로 보지 못하는 것을 이릅니다. 『전국책(戰國策)』에 측목이시(側目而視)라는 말이 나오는데, 곁눈질하며 본다는 뜻입니다. 단 여기서는 두려운 것은 물론 불만이 있어 그렇게 보는 것도 나타냅니다.

고교	획수	형자	회자	새김	발음
偏	11	扁	人扁	치우칠	편
傑	12	桀	人桀	준걸, 뛰어날	걸

'치우칠' 편(偏)입니다.

자소자인 '납작할, 현판' 편(扁)은 '지게' 호(戶) 아래에 '책' 책(冊)이 붙어 문 위에 걸린 현판을 가리키는 글자입니다. 본래 관청 정문에 붙어 있는 편액(扁額)을 가리키는 글자입니다. '사람' 인(人)이 변에 더해지면서[偏] '치우치다'라는 뜻을 나타냅니다. 편(扁)은 다른 글자의 자소로도 많이 쓰입니다. 이리저리 오가니[辶] '두루' 편(遍), 실[糸]로 엮어 '엮을' 편(編), 죽간[竹]에 쓰니 '책' 편(篇)이 기초한자입니다.

치우친 생각은 편견(偏見), 치우쳐 사랑하는 것은 편애(偏愛), 치우치는 것은 편중(偏重), 치우쳐 공정하지 못한 것은 편파(偏頗)입니다. 편청편신(偏聽偏信)은 한쪽 말만 듣고 한쪽 말만 믿는 것인데, 『표준』에는 편청(偏聽)에 그 뜻이 모두 들어 있는 것으로 설명합니다. 편신(偏信)도 독립된 표제어로 올라 있습니다.

'준걸' 걸(傑)에는 웬 '홰' 걸(桀)이 들어 있습니까? '홰'가 뭐냐고요! 새나 닭이 올라앉을 수 있도록 가로질러놓은 나무 아닙니까. 걸(桀)은 나무[木] 위에 올라선 사람의 두 발이 서로 어긋나게 갈라져 있는 모양[舛]을 본뜬 것으로 '오를' 승(乘)과 같은 글자에서 분화해 나온 것으로 알려져 있습니다. 걸(傑)은 흔히 '호걸' 걸로 새기는데 '높이 솟은 것, 특이한 것, 일반적인 것을 뛰어 넘는 것'을 가리킵니다.

걸작(傑作)은 매우 훌륭한 작품이고, 걸출(傑出)은 남보다 훨씬 뛰어난 것입니다. 준걸(俊傑)은 재주와 슬기가 뛰어난 사람입니다.

고교	획수	형자	회자	새김	발음
傾	13	頃	人頃	기울	경
債	13	責	人責	빚	채

'기울' 경(傾)입니다. 사람[人]의 머리가 비뚤어진 것[頃]이 본뜻입니다. 거기에서 '기울다, 기대다' 등의 뜻이 인신되어 나왔습니다.

경국(傾國)은 나라를 기울게 하는 것, 즉 위태롭게 하는 것이고, 경사(傾斜)는 기울어진 것이며, 경청(傾聽)은 귀를 기울여 듣는 것입니다. 경가탕산(傾家蕩産)은 집을 망하게 하고 재산을 탕진하는 것입니다. 경국지색(傾國之色)은 경국(傾國), 경성(傾城), 경성지색(傾城之色)으로 쓰기도 하는데, 임금이 혹하여 나라가 기울어져도 모를 정도의 미인을 이릅니다. 비가 많이 올 때 "쏟아붓듯 내린다"는 말을 하는데, 경분대우(傾盆大雨)가 바로 그런 성어입니다. 동이로 물을 쏟아붓는 듯 큰비가 세차게 내리는 것을 형용하는 말입니다.

'빚' 채(債)입니다. 다른 사람[人]에게 금전을 구하는 것[責]입니다.

자소자 책(責)은 '꾸짖다'라는 뜻으로 책임이나 의무를 나타냅니다. 고문 연구에서는 책(責)이 '가시' 자(束)와 '조개' 패(貝)가 결합된 모양으로 뾰족한 나무[束] 등으로 조갯살을 빼어 먹는 것을 뜻하는 글자라고 합니다. 거기에서 '구하거나 찾아 얻다'라는 뜻으로 인신되고 더 나아가 '요구하다, 꾸짖다'로 확대된 것으로 설명합니다.

채권(債權)은 다른 사람에게 어떤 행위를 청구할 수 있는 권리이고, 채무(債務)는 어떤 행위를 하여야 하는 의무를 말합니다. 남에게 돈을 빌려준 사람은 채주(債主)라 하고, 빌려 쓰는 사람은 차용인(借用人)입니다.

고교	획수	형자	회자	새김	발음
僚	14	尞	人尞	동료, 동관	료
像	14	象	人象	모양	상

'동료' 료(僚)의 본뜻은 한 관아에서 일하는 같은 등급의 관리나 벼슬아치입니다. 동관(同官)이라고 합니다. 거기에서 관리나 벗을 뜻하게 되었습니다.

자소자인 '횃불' 료(尞)는 료(燎)와 같은 글자로 '화톳불' 료라고도 합니다. 화톳불이 놀이용 딱지인 화투와 비슷해 자칫 화투를 하며 피우는 불로 생각하기 쉬운데 그게 아니라 한데 즉, 집채의 밖에서 피우는 불을 가리킵니다.

요속(僚屬)은 계급으로 보아 아래에 딸린 동료를 말하고, 요배(僚輩)나 요우(僚友)는 같은 일자리에서 일하는 같은 계급의 벗입니다.

'모양' 상(像)은 모양이 같거나 비슷한 것, 혹은 모양 자체를 나타냅니다. '코끼리' 상(象), '서로' 상(相)도 모양을 뜻하기 때문에 구별해 쓰기가 쉽지 않습니다. 상(象)은 기상(氣象), 인상(印象), 현상(現象), 형상(形象)처럼 자연이나 사람, 사물의 형태, 모양을 나타내고, '모양' 상(像)은 도상(圖像), 초상(肖像), 화상(畵像)처럼 비교나 모방을 통해 만들어진 사람이나 사물의 형태를 나타냅니다. '서로' 상(相)은 진상(眞相)에서 볼 수 있는 것처럼 외관상의 형태나 사물에 내재하는 관계를 나타낸다는 점에서 다른 것으로 이해할 수 있습니다. 하지만 서로 섞여 쓰이는 경우도 있어 한 단어 한 단어 확인하며 익혀야 합니다.

고교	획수	형자	회자	새김	발음
僞	14	爲	人爲	거짓	위
儀	15	義	人義	거동	의

'거짓' 위(僞)입니다. 사람[人]이 하는 것[爲]입니다. 그런데 마음 없이 하는 것이니 좋지 않은 의도가 숨어 있습니다. 거짓입니다.

위계(僞計)는 거짓으로 계책을 꾸미거나 또는 그 계책이고, 위선(僞善)은 다른 사람에게 착한 것처럼 보이기 위해 하는 행동이며, 위증(僞證)은 허위 즉, 거짓으로 하는 증언입니다.

'거동' 의(儀)는 몸의 움직임, 또는 그런 짓이나 태도를 가리키는 글자입니다. 겉으로 드러나는 모양을 이릅니다. 거동(擧動)에서 나온 말로 거둥이 있는데, 이 말은 임금의 나들이를 가리켜 신분 차이에 따라 말을 구별해 쓰려 했던 것이 아닌가 생각합니다.

의례(儀禮)나 의식(儀式)은 행사를 치르는 일정한 법식을 이릅니다. 의태만방(儀態萬方)은 용모나 자태가 아주 아름다운 것을 이르는데, 주로 여성에게 쓰는 표현입니다. 조선 세종 때 간행된 『국조오례의(國朝五禮儀)』는 길례, 가례, 빈례, 군례, 흉례의 오례 관련 내용을 도식으로 엮은 책입니다.

고교	획수	형자	회자	새김	발음
儒	16	需	人需	선비	유
優	17	憂	人憂	넉넉할	우

'선비' 유(儒)는 요즘 말로는 '교양인'이겠는데, 춘추 시대(BC 770~476/453/403)의 유학자를 특별히 이르는 경우도 있습니다. 그들은 시서예악(詩書禮樂)에 밝았으며 그를 바탕으로 귀족들 밑에서 봉사를 했습니다. 공자의 학설을 가리키기도 해서 유가(儒家)는 그런 학자나 학파를 가리키고, 유학(儒學)은 바로 그 학문입니다.

'넉넉할' 우(優)를 『설문』에서는 "배가 부르다"라는 뜻과 함께 '광대'라고 설명하고 있습니다. 광대는 옛날의 연예인이겠습니다. 고문 연구에서는 광대가 본뜻으로 '배가 부르다'라든지 '넉넉하다, 여유가 있다'는 것은 인신의로 봅니다.

자소자는 '근심' 우(憂)인데, '적을' 과(寡)와 〈1급 한자〉의 '어지러울' 요(擾)에도 쓰입니다.

배우(俳優)에서는 광대라는 의미로 쓰이고, 성적이 우수하다는 뜻의 우등(優等)에서는 넉넉하다는 뜻이 담겨 있습니다. 우대(優待)는 특별히 잘 대우하는 것입니다. 우량(優良)은 물건의 품질이나 상태가 좋은 것입니다. 우승열패(優勝劣敗)는 나은 자는 이기고 못한 자는 패함을 뜻하거나 또는 강한 자는 번성하고 약한 자는 쇠멸함을 이릅니다.

우유부단(優柔不斷)은 어물어물 망설이기만 하고 결단성이 없음을 가리킵니다.

고교	획수	회자	새김	발음
介	4	人四短竪	낄	개

'낄' 개(介)는 갑옷을 입은 사람의 모양이라고 합니다. 갑골문에서는 사람 인(人) 좌우에 두 개씩 네 개의 짧은 세로획이 있습니다. 그것을 조각조각 이은 갑옷으로 보는 것인데, 사람이 그런 갑옷을 입는 것으로 해석해 회의자로 봅니다. 갑옷을 입은 모양 자체를 나타낸다고 하여 상형자로도 취급합니다. '끼다, 굳다, 좋다'라는 뜻도 가지고 있습니다.

개갑(介甲)은 갑옷을 말합니다. 개결(介潔)은 성품이 굳고 깨끗한 것입니다. 어떤 일 따위를 마음에 두고 생각하거나 신경을 쓰는 것은 개의(介意)이고, 어떤 것들 사이에 끼여 있는 것은 개재(介在)입니다.

고교	획수	회자	새김	발음
付	5	人寸	줄, 부탁할	부
件	6	人牛	물건	건

'줄' 부(付)는 '사람' 인(人)과 '마디' 촌(寸)으로 구성되어 있습니다. '마디' 촌(寸), '손톱' 조(爪), '또' 우(又)는 다른 글자와 결합할 때 대부분 손(hand)의 뜻을 갖습니다. 그러니까 손[寸]에 든 것을 다른 사람[人]에게 준다는 것이 부(付)의 본뜻입니다. 인신되어 '붙이다'라는 뜻도 있습니다.

종이를 여러 겹으로 붙인 것을 부지(付紙)라고 합니다만, 쓰임은 아주 드뭅니다. 부송(付送)이나 송부(送付)는 물건 따위를 부치는 것입니다. 부지일거(付之一炬)는 횃불에 던져버린다는 뜻으로 다 태우는 것입니다. 부지일소(付之一笑)도 구조가 같습니다. 일소에 붙인다는 뜻입니다. 생각해볼 가치도 없어서 가볍게 보고 웃는 것입니다.

'물건' 건(件)은 사람[人]이 소[牛]를 잡아 토막을 내는 것이 본뜻으로, 한 토막 한 토막이 물건이 된다는 데에서 물건을 가리키게 되었습니다. 토막은 좀 큰 덩어리이고, 도막은 작은 덩어리입니다.

건명(件名)은 일이나 물건 따위의 이름, 혹은 서류의 제목을 말합니다. 관습적으로 '껀명'으로 읽는데, 『표준』에서는 표준 발음으로 인정하지 않습니다. 이 말 자체가 불완전 명사 같은 면이 있어, 사건(事件), 안건(案件) 등에서 볼 수 있는 것처럼 뒤에 붙어서 단어를 만듭니다.

고교	획수	회자	새김	발음
侵	9	人又帚	침노할	침

'침노할' 침(侵)의 오른편 자소자 '䖒'은 독립된 글자로 쓰이지 않으며 별도의 새김이나 발음이 없습니다. '적실' 침(浸)에서 볼 수 있는 것처럼, 다른 글자의 자소로 쓰여 성부(聲符)를 이룹니다. '䖒'은 '비' 추(帚) 자가 생략된 형태 아래에 손[又]이 있어 손에 빗자루를 든 모양을 나타냅니다. 소를 키우는 곳에서 티끌이나 검불이 붙었을 때 쓸어주는 것을 볼 수 있습니다. 조금씩 쓸어나가는 것처럼 야금야금 먹어 들어가는 것으로 이해할 수 있겠습니다.

침공(侵攻)은 다른 나라를 침범하여 공격하는 것입니다. 침노(侵擄)는 남의 나라를 불법으로 쳐들어가는 것입니다. 침략(侵略)은 남의 나라를 불법으로 쳐들어가서 약탈하는 것을 말합니다. 『설문』을 읽다보면 추생(帚省)이라고 하는 것처럼 '?省'이라는 글귀가 나옵니다. 그것은 '?'에 해당하는 글자가 생략된 형태로 쓰였다는 뜻입니다. 여기서는 '비' 추(帚)가 일부 생략되고 우(又)가 쓰여 손에 비를 든 것[䖒]을 나타낸다는 뜻입니다. 그것이 본뜻이라고 합니다. 그러니까 차례차례 쓸어준다는 데에서 침노하다는 뜻으로까지 확장된 것으로 보입니다. 䖒은 '잠길' 침(浸)에서도 자소자로 쓰입니다.

고교	획수	회자	새김	발음
侯	9	人厂矢	제후, 사포	후

후(矦) 자는 '제후' 후(侯)의 본자로 활을 쏠 때 쓰는 무명으로 된 과녁인 '솔'을 뜻합

니다. 화살[矢]을 쏜 뒤 사람[人]이 맞았는지 안 맞았는지 확인하는 장막[厂]으로 생각할 수 있습니다. 솔의 한자어가 사포(射布)이고, 후(疾)와 후(侯)의 본뜻입니다. 상형자로 분류하기도 합니다. 한 가지 주의할 것은, '제후' 후(侯)는 사포가 본뜻이고 '기후' 후(候)는 살펴본다는 것이 본뜻으로 한 가운데 세로획[丨]이 더 들어갑니다.

후작(侯爵)은 다섯 등급으로 나눈 귀족의 작위 가운데 둘째 작위나 또는 그 작위에 있는 사람을 말합니다. 공작(公爵) 다음으로 백작(伯爵), 자작(子爵), 남작(男爵)이 이어집니다.

고외	부수	획수	형자	회자	새김	발음
叛	又	9	半	半反	배반할	반
雁	隹	12	厂	人隹	기러기	안

'배반할' 반(叛)은 갈라져(半) 돌아서는 것[反]입니다. 등을 돌리는 것입니다.

'기러기' 안(雁)은 잠깐 복습한다면, '사람' 인(人) 자 모양의 대오를 이루며 나는 새[隹]입니다. '언덕' 한(厂)과 '새' 추(隹)는 부수자입니다. 해당 부수란을 참고하기 바랍니다.

고외	부수	획수	형자	회자	새김	발음
禽	禸	13	今	人禸内	새	금
飾	食	14	食	食人巾	꾸밀	식

'새, 날짐승' 금(禽)은 본래 새를 잡는 그물 모양을 본뜬 글자라고 합니다. 그래서 상형자로 보기도 합니다. 회의나 형성자로 보기도 하는 것은, 나중에 사람들이 이 글자를 의미 있게 나누어본 결과가 아닐까 합니다.

자소자는 '흉할' 흉(凶)과 짐승의 발자국이라는 뜻의 '자귀' 유(内)입니다. 흉(凶)은 흉(凶)과 같은 글자로 『설문』에도 '흉(凶)'으로 실려 있습니다. 땅에 구덩이[凵, 감]를 파놓았는데, 거기에 이것저것[乂]이 빠진 모양으로 험악함을 나타내는 글자입니다. 자소로 더러 나오는 '정수리' 신(囟)과 자형이 비슷해 혼동할 수 있습니다.

'꾸밀' 식(飾)은 사람[人]이 밥[食]을 먹은 뒤, 수건[巾]으로 입을 훔치는 것을 나타냅니다. 음식을 먹은 뒤 입가에 묻은 것을 말끔하게 닦아내는 것입니다. 지금도 마찬가지입니다. 여기에서 꾸민다는 뜻이 나왔습니다.

어려운 단어인데 식비(飾非)는 교묘한 말이나 수단으로 잘못을 얼버무리는 것을 말하고, 식서(飾緒)는 천의 가장자리가 풀리지 않게 짠 것으로 변폭(邊幅)이라고도 합니다.

고외	부수	획수	회자	새김	발음
弔	弓	4	弓人	조상할	조

'조상할' 조(弔)는 옛날 초상을 치를 때 시신을 풀로 덮어놓고 짐승이 대들지 못하도록 활을 들고 지킨 데에서 나온 것이라고 합니다. 이것은 『설문』의 설명입니다. 고문 연구에서는 활[弓]에 끈을 맨 화살[丨] 즉, 주살을 매겨 새를 잡는 것으로 봅니다.

고외	부수	획수	회자	새김	발음
囚	囗	5	囗人	가둘	수
負	貝	9	人貝	질	부

'가둘' 수(囚)는 글자만 봐도 뜻을 짐작할 수 있습니다. 사람[人]이 사방이 막힌 곳[囗]에 갇혀 있는 것을 그대로 보여주기 때문입니다.

수인(囚人)은 옥에 갇힌 사람입니다.

'사람' 인(人)이 다른 글자의 위로 갈 때는 종종 'ᄼ' 꼴로도 쓰입니다. '질' 부(負) 자 위에 보이는 모양입니다. '칼' 도(刀) 자도 같은 자형으로 바뀔 때가 있어 꼼꼼히 살펴봐야 합니다. 옛날에 조개[貝]는 화폐였습니다. 돈[貝]을 짊어진 사람[人]이니 마음이 든든했을 수 있습니다. '믿는다'는 것이 본뜻입니다.

고외	부수	획수	회자	새김	발음
監	皿	14	臣人皿	볼	감
賓	貝	14	宀人止	손	빈

'볼' 감(監)은 물[一]이 담긴 그릇[皿]에 몸을 기울이고 자신의 모양을 비추어 보는 것으로 '와(臥)'는 기울인 사람[卜, 人]의 눈을 나타냅니다. '사람' 인(人)의 자형이 여기서도, 다른 것에 걸려서 그런지 '卜' 모양으로 바뀌고 있습니다.

'손' 빈(賓)은 옛날에 '조개' 패(貝) 대신 '그칠' 지(止)를 썼습니다. 지(止)는 발을 나타냅니다. 그러니 내 집[宀]에 와서 머무는[止] 사람입니다. 손님입니다. 나중에 패(貝)로 바꾸었는데, 손님이 올 때 뭔가 예물을 가져오기 때문입니다.

위에서 배운 글자들을 바탕으로 짤막한 예문을 읽어보겠습니다.

전투에서 지는 것은 敗北(패배)라고 합니다. "앉아도 자리가 편하지 않다"는 뜻의 坐不安席(좌불안석)은 어떤 일이 염려스러워 안절부절못하는 것입니다. 안절부절은 '안절부절하다'가 아니라 '안절부절못하다'로 써야 합니다. 臥薪嘗膽(와신상담)은 '섶에 누어서 쓸개 맛을 본다'는 문자 그대로의 뜻입니다. 원수를 갚거나 마음먹은 일을 이루기 위해 온갖 어려움을 겪는 것을 이릅니다. 공부를 할 때에는 와신상담의 결기가 있어야 합니다. 囚人(수인)은 어떤 테두리[口] 안에 갇힌 사람으로 죄인입니다. 이기고 지는 것을 勝負(승부)라고 하지요. 다른 사람과 주먹다짐을 하면서 싸우는 것에 勝負를 걸어서는 안 됩니다. 그건 禽獸(금수)나 할 짓입니다. 뭔가 마음을 먹었으면 꼭 해내겠다고 自身(자신)과의 싸움에 勝負를 걸어야 합니다. 손님[賓]을 맞을 때는 화려하게 꾸미지는[飾] 않더라도 거울을 보며[監] 자기의 모습이 흐트러지지는 않았는지 살펴봐야 합니다.

R010

어진사람 인(儿) 부

갑골	금문	전문	해서
		川	儿

 '어진사람' 인(儿)은 '사람' 인(人)과 같은 글자입니다. 인(人)이 다른 글자 아래에 올 때의 형태로 오른쪽이 조금 구부러진 모양입니다. 다른 글자의 아래에 오기 때문에 "어진사람인발"이라고도 합니다. 전문에 이르러 형태가 '사람' 인(人)과 '어진사람' 인(儿)으로 분화된 것으로 보는데, 이 부수자는 사람이나 사람의 행위와 관련이 있음을 나타냅니다.

중학	획수	새김	발음
元	4	으뜸	원

 '으뜸' 원(元)은 머리와 관련이 있는 글자입니다. 원(元)의 아래는 '우뚝 설' 올(兀)로

역시 머리를 가리킵니다. 거기에 가로획[一]을 하나 더해서 머리를 깎은 부분을 가리키며 나아가 머리 자체를 가리킵니다. 그래서 원(元)은 상형자로 보기도 하고, 지사자로 취급하기도 합니다. 머리니까 중요한 것일 수 있고 으뜸이기도 합니다.

원공(元功)은 으뜸이 되는 공을 말합니다. 원기(元氣)는 마음과 몸의 활동력을 말하며, 원단(元旦)은 설날 아침입니다. 원조(元祖)는 첫 대의 조상이나 어떤 일을 처음 시작한 사람을 가리킵니다. 상권 다툼이 치열해지면서 족발에 닭갈비, 냉면 집들이 서로 자기네가 원조라고 원조 다툼이 심심찮게 일어납니다.

중학	획수	새김	발음
兆	6	만억, 점, 조짐	조

'만억' 조(兆)는 거북 껍데기를 구워 점을 칠 때 나타나는 무늬를 본뜬 상형자입니다. 그래서 점이나 조짐이라는 뜻을 갖습니다. 숫자 만억 즉, '조'로 쓰는 것은 가차해 쓰는 것입니다.

조점(兆占)은 점을 치는 것이나 점을 쳐서 나온 점괘를 이릅니다. 조짐(兆朕)은 좋거나 나쁜 일이 생길 기미가 보이는 현상입니다.

중학	획수	새김	발음
兒	8	아이	아

'아이' 아(兒)는 위가 터진 '절구' 구(臼)를 이고 있습니다. 아이[儿]들이 태어나서 어느 정도 시간이 지나기까지는 머리 윗부분인 정수리[臼]가 말랑말랑하고 아직 굳어져 있지 않습니다. 숫구멍 또는 숨구멍이라고 하지요. 호흡을 할 때마다 발딱발딱 뛰는데 그 부분이 아직 아물지 않은 것을 가리킨다고 합니다. 그래서 아이입니다.

아녀(兒女)는 아녀자(兒女子)와 같은 뜻으로 쓰는데, 여자를 낮잡아 이르는 말이기도 하고, 어린이와 여자를 아울러 이르는 말이기도 합니다. 아이를 한자어로는 아자(兒子)라고도 합니다.

중학	획수	회자	새김	발음
充	6	育省	채울	충

'채울' 충(充)을 『설문』에서는 '길다, 높다'라는 뜻으로 설명합니다. 『단주』에서 '아름답다, 막히다, 가다, 가득 차다'라는 뜻을 보충합니다. 형성자로 보는 것인데, '기를' 육(育)이 소리를 나타내는 것으로 봅니다. 성성이(猩猩-) 즉, 오랑우탄(orangutan)의 모양을 본뜬 상형자로 보기도 하는데, 이 말은 말레이시아, 인도네시아 말에서 온 것으로 알려져 있습니다. 사람을 뜻하는 오랑(orang)과 황무지나 정글을 뜻하는 우탄(hutan)이 결합되어 '산사람, 숲에 사는 사람'이라는 뜻이라고 합니다. 한자에서는 그 특징을 반영해 크거나 살이 쪘다든지, 힘이 세다든지, 둔하다든지, 아니면 무섭다는 뜻을 나타내는 경우가 있습니다. 충(充)에는 몸집이 크다든지, 살이 쪘다는 뜻이 있습니다.

충당(充當)은 모자라는 것을 채워 메우는 것이고, 충실(充實)은 내용이 알차고 단단한 것이며, 충족(充足)은 넉넉해 모자람이 없는 것입니다. 충이불문(充耳不聞)은 귀를 틀어막고 다른 사람의 말을 듣지 않는다는 뜻으로, 다른 사람의 의견을 받아들이지 않는 것을 이릅니다.

중학	획수	회자	새김	발음
兄	5	口儿	형	형
光	6	火儿	빛	광

형(兄)은 '빌' 축(祝)과 기원이 같은 글자로, 축(祝)은 제대[示] 앞에 꿇어앉아 빌며[口] 복을 구하는 사람[儿]이란 뜻을 나타냅니다. 형(兄)은 '빌' 축(祝)의 초문(初文)으로 제사를 주관하는 것은 형이기 때문에 형의 뜻을 나타낸다고 합니다.

형장(兄丈)은 나이가 엇비슷한 친구 사이에서, 상대편을 높여 이르는 이인칭 대명사입니다. 형우제공(兄友弟恭)은 형은 아우를 사랑하고 동생은 형을 공경한다는 뜻으로 형제간에 서로 우애 깊게 지냄을 이릅니다.

'빛' 광(光)은 사람[儿] 위에 불[火]이 있어 밝음을 나타냅니다. '불' 화(火) 자 가운데의 '사람' 인(人) 자를 바닥에 대고 누른 모양입니다.

　광경(光景)은 일이 벌어진 모양과 형편입니다. 광명(光明)은 밝고 환한 것이며, 광선(光線)은 빛의 줄기 즉, 빛살입니다. 광영(光榮)은 영광(榮光)으로도 쓰는데, 빛나고 아름다운 명예를 말합니다. 광명정대(光明正大)는 말이나 행실이 떳떳하고 정당함을 말합니다. 광음여전(光陰如箭)은 세월이 쏜 화살과 같아서 한 번 지나면 되돌아오지 않음을 비유적으로 이르는 말입니다. 임염(荏苒)은 차츰차츰 세월이 지나가거나 일이 되어간다는 뜻으로 광음임염(光陰荏苒)은 알지도 못하는 사이에 세월이 지나감을 가리키는 말입니다. 광풍제월(光風霽月)은 비가 지나간 뒤의 맑게 부는 바람과 밝은 달이라는 뜻인데, 아무 거리낌이 없는 인품을 이르기도 합니다.

중학	획수	회자	새김	발음
先	6	之儿	먼저	선

　선(先)은 다른 사람[人]보다 앞에 가는 것[之]입니다.

　선행(先行)은 앞서 가는 것인데, 행(行)에 어떤 일을 한다는 의미가 있어, 어떤 일을 딴 일에 앞서 한다는 의미도 있습니다. 우리 학생들 무엇보다 선행학습(先行學習) 때문에 몸도 마음도 시달리는 것은 아닌지 모르겠습니다. 선각(先覺)은 남보다 먼저 사물이나 세상일에 대하여 깨닫는 것이고, 그런 사람은 선각자(先覺者)입니다. 선배(先輩)는 같은 분야에서, 지위나 나이·학예 따위가 자기보다 많거나 앞선 사람을 말합니다. 선진(先進)은 어느 한 분야에서 연령, 지위, 기량 따위가 앞서거나 또는 그런 사람을 말합니다. 선견지명(先見之明)은 어떤 일이 일어나기 전에 미리 앞을 내다보고 아는 지혜입니다. 선공후사(先公後私)는 공적인 일을 먼저 하고 사사로운 일은 뒤로 미루는 것으로 공무를 담당하는 사람은 물론 일반 직장인들도 직업윤리로 잘 지켜야 할 사항입니다. 선인후기(先人後己)는 어떤 일을 당했을 때 다른 사람의 이익을 앞세우고 그런 다음에 자기 입장을 고려하는 것입니다. 어떤 점에서는 선공후사(先公後私)와 비슷하다고 할 수 있습니다. 선참후주(先斬後奏)는 먼저 죄를 물어 목을 벤 뒤 나중에 황제에게 보고한다는 뜻입니다. 지금은 사정을 일단 처리해 기정사실로 만든 뒤 상급자에게 보고하는 것을 이릅니다.

중학	획수	회자	새김	발음
免	7	儿	면할	면

면(免)은 상을 당하면 평상시 쓰던 관을 벗고 두건을 쓴 뒤 몸을 굽혀 조문하는 형상을 그린 자라고 하죠. 그러니까 '벗는다'에서 '면하다'라는 뜻이 나온 것으로 이해합니다. 『설문』에는 수록되어 있지 않습니다.

면제(免除)는 책임이나 의무 따위를 면해주는 것입니다. 면책(免責)은 책임이나 책망을 면하는 것입니다. 면책(免責)은 책임을 면한다는 뜻이 좀 더 명확히 드러나는 듯하지만, 면제(免除) 또한 그런 책임을 전제하고 있기 때문에 이 두 단어는 개념상 분명히 구별하기가 쉽지 않습니다.

고대 중국에서는 상이 나면 머리에 흰 띠를 매었다고 합니다. 우리도 수십 년 전까지, 집안에 상이 났을 때 아녀자들은 광목이나 옥양목으로 된 흰 보자기 같은 것을 머리에 둘렀습니다. 그리고 흰색의 소복(素服) 차림을 합니다. 이것은 지금도 마찬가지입니다. 자연계의 순환으로 볼 때 해가 지는 서쪽은 어둠이고, 곧 죽음의 방향이었겠습니다. 불교에서 정토가 서방에 있는 것[西方淨土]도 이와 결코 무관하지 않을 것입니다. 또 오행으로 서쪽을 나타내는 색은 흰색입니다. 이런 모든 것이 사람이 죽으면 흰색을 쓰게 된 계기가 아닐까 추측해봅니다.

중외	부수	획수	회자	새김	발음
見	見	7	目儿	볼/나타날	견/현

'볼' **견(見)**은 사람[儿]의 눈[目]만 유독 강조해 '본다'는 뜻을 나타내는데, 부수자이니 자세한 내용은 해당 부수란의 설명을 참고하기 바랍니다. 도표에는 회의자로만 되어 있습니다만, 상형으로 보는 경우도 있습니다.

증의	부수	획수	회자	새김	발음
虎	虍	8	虍儿	범	호
祝	示	10	示口儿	빌	축

호(虎)는 통상 '범' 호로 새기는데, 여기서 '범'은 호랑이를 가리키는 옛말입니다. '범'이라고 해서 자칫 표범(leopard) 정도로 생각할 수도 있겠는데 아닙니다. 똑같이 고양잇과의 육식 동물이기는 하지만, 표범은 동그란 무늬가 있고, 호랑이는 줄무늬를 하고 있습니다. 암말과 수탕나귀 사이에 태어난 새끼를 노새라고 하는데, 호랑이와 범, 사자는 모두 고양잇과로 종이 같아서 그런지 라이거(liger)와 타이곤(tigon)이라는 영어 단어가 있습니다. 교배종인데 보통은 생식 능력이 없는 것으로 알려져 있습니다.

허신은 '어진사람' 인(儿)이 호랑이의 발을 본뜻 것이라고 합니다. 그럴듯합니다. 산짐승의 우두머리이기도 하고, 더러 호랑이를 어진 동물로 여기기도 하니까 '어진사람' 인(儿)을 붙여 대접해준 것은 아닐까요?

'빌' 축(祝)은 바로 앞의 형(兄) 자에서 설명했듯이, 제대[示] 앞에 꿇어앉아[儿] 비는 [口] 것입니다. 조상들께서 차려올린 제물을 잘 드시고, 후손들에게 복을 내려 주십사 하는 것입니다.

고교	획수	새김	발음
克	7	이길	극

고교 과정에는 '이길' 극(克) 한 자뿐입니다. 투구를 쓰고 창을 든 병사[儿]의 모양을 본떠 전쟁에서 이긴다는 뜻을 나타냅니다.

나 자신을 이기는 것은 극기(克己), 속속들이 또렷하게 밝히는 것은 극명(克明)입니다. 어려움을 이겨내는 것은 극복(克服)인데, 같은 발음의 극복(克復)은 난관을 이겨내고 본래의 상태로 돌아가는 것입니다. 극기봉공(克己奉公)은 자신의 사욕을 이기고 공사를 귀중하게 여기는 것입니다. 극기복례(克己復禮)는 자기의 욕심을 누르고 예의범절을 따르는 것을 말합니다.

고외	부수	획수	회자	새김	발음
竟	立	11	音儿	마칠	경

고문에서 **경(竟)**의 윗부분은 관악기 모양입니다. 그래서 악곡이 끝난다는 것을 본뜻으로 봅니다. 거기에서 인신되어 무릇 무엇이 끝나는 것을 가리킵니다.

R011

들 입(入) 부

갑골	금문	전문	해서

'들' 입(入) 부는 몇 자 되지 않습니다. 허신은 '들' 입(入)을 "들어가는 것이다. 위에서 내려오는 것을 본뜬 것"이라고 설명합니다. '入'자 모양이 "움집의 입구를 나타내며 들어갈 수 있음을 표시한다"라는 고문 연구의 설명이 더 설득력이 있어 보입니다.

중학	획수	새김	발음
入	2	들	입

입력(入力)을 『표준』에서는 "문자나 숫자를 컴퓨터가 기억하게 하는 일"이라고 정의합니다. 뭔가 부족한 느낌이 듭니다. "정보 처리를 위해 주변 기기를 통해 컴퓨터에 자료를 넣는 것" 정도는 어떨까 합니다. 입상(入賞)은 상을 탈 수 있는 등수 안에 드는 것

이고, 입항(入港)을 『표준』에서 "배가 항구에 들어오거나 들어감"이라고 설명하는데, 배가 항구에서 나가는 출항(出港)이라는 단어가 따로 있으니 "배가 항구에 들어옴"이 되어야 하지 않을까 합니다.

입경문속(入境問俗)은 다른 고장에 가면 그곳의 풍속을 묻는다는 뜻으로, 금기 같은 것이 있는지를 살펴 뭔가 저촉되는 일이 없도록 하는 것입니다. 입목삼분(入木三分)은 왕희지(王羲之)와 관련되어 나온 말입니다. 그가 글씨를 쓰면 나무에 먹물이 세 치나 스며들었다고 합니다. 서예에서 필력이 아주 힘찬 것을 가리키는 말이었는데, 이제는 생각이나 분석이 아주 깊은 것을 가리키는 데에 씁니다. 입실조과(入室操戈)는 (내) 집에 들어와서 (내) 창을 집어 든다는 뜻으로, 상대의 논리나 관점에서 상대를 비판하고 논박하는 것을 말합니다. 입향수속(入鄕隨俗)은 어떤 고장에 가면 그 고장의 풍속을 따른다는 뜻입니다. "로마에 가면 로마법을 따르라(When in Rome, do as the Romans do)"와 같습니다. 입경문속해서 뭔가 다른 것이나 지켜야 할 것, 해서는 안 되는 것이 있으면 입향수속하는 것입니다.

중학	획수	형자	회자	새김	발음
兩	8	㒳	一 㒳	두	량

'두' 량(兩)은 형성 · 회의자로 봅니다. 양(兩)은 아래에 일 전(錢)짜리 화폐 두 개가 나란히 있고, 위에 가로획[一]이 있는 모양입니다. 두[㒳] 전(錢)이 한 냥(兩)에 해당된다는 뜻이라고 하죠. 량(兩)은 본래 무게의 단위고, 자소자인 량(㒳)은 수(數)를 나타냈는데, 량(㒳)을 안 쓰면서 그 뜻이 량(兩)에 합쳐져 무게와 수를 다 나타냅니다.

양난(兩難)은 이러기도 어렵고 저러기도 어려운 것이고, 양립(兩立)은 둘이 서로 굽힘 없이 맞서는 것입니다. 양반(兩班)은 역사상 고려 · 조선 시대에 지배층을 이루던 신분으로 원래 관료 체제를 이루는 동반 즉, 문반과 서반(무반)을 일렀으나 점차 그 가족이나 후손까지 포괄하여 이르게 된 말입니다. 흉배(胸背)에 문반은 학을 수놓아 학반(鶴班), 무반은 호랑이를 수놓아 호반(虎班)이라고도 했습니다. 용호상박(龍虎相搏)은 용과 호랑이가 서로 싸운다는 뜻으로, 강자끼리 서로 싸움을 이릅니다. 중국 책에는 더러 양호상쟁(兩虎相爭), 양호상투(兩虎相鬪)로 쓰는 경우도 있는데 같은 뜻입니다.

중학	획수	회자	새김	발음
內	4	冂入	안	내

'안' 내(內)는 일정한 범위[冂] 안에 들어가는 것[入]을 나타냅니다. 자소자는 '멀' 경(冂)으로 교외에 설정한 일정 구역을 나타내기도 합니다.

내간(內簡)은 부녀자가 쓰는 편지로, 안편지라고도 합니다. 내방(內房)은 안방입니다. 내외(內外)는 물론 안과 밖입니다. 남녀를 가리키기도 하는데, 남녀 사이에 얼굴을 마주하지 않고 피하는 것을 내외(內外)한다고 합니다. 내시반청(內視反聽)은 안으로 자기를 살피고 몸을 돌려 다른 사람의 말을 듣는다는 뜻으로 남을 꾸짖기보다 자신을 돌이켜 보고 반성하는 것을 이릅니다. 내우외환(內憂外患)은 나라 안팎의 여러 가지 어려움입니다.

중학	획수	회자	새김	발음
全	6	入王	온전	전

'온전' 전(全)은 하나의 완전한 옥 장식을 본뜬 글자라고 합니다. 위를 '사람' 인(人)이나 '여덟' 팔(八)로 쓰지 않도록 주의해야 합니다.

전멸(全滅)은 모조리 죽거나 망하거나 하여 없어지는 것입니다. 전성(全盛)은 형세나 세력 따위가 한창 왕성한 것입니다. 전인(全人)은 지·정·의(知情意)를 모두 갖춘 사람을 말합니다. 교육의 목적이 사람다운 사람을 양성해내는 것이니 배우는 사람 모두가 전인이 될 수 있도록 해야겠습니다.

중외	부수	획수	형자	회자	새김	발음
南	十	9	羊	屮入凡	남녘	남

갑골문 분석에서 '남녘' 남(南)은 악기 모양을 본뜬 상형자로 보기도 합니다. 이 악기는 남방의 묘족(苗族)이 쓰는 동고(銅鼓)인데, 그 악기를 지금도 남임(南任)이라고 합니

다. 나중에 그 소리를 빌려 남쪽을 나타내게 되었다는 설명도 있습니다. 똑같이 갑골문을 분석했는데도 우리 자전에서는 회의자로 보아 '싹틀' 철(屮), '들' 입(入)에 '무릇' 범(凡)이 결합한 것이라고 하는데, 그래서 어떤 뜻이 되는지에 대해서는 설명이 없습니다.

중외	부수	획수	회자	새김	발음
亡	亠	3	入乚	망할/없을	망/무
六	八	4	入八	여섯	륙

망(亾)은 '망할' 망(亡)의 이체자입니다. 이체자는 모양만 다르고, 뜻과 발음은 같은 글자를 말합니다. 숨어[乚, '숨을' 은] 들어가는 것[入], 즉 도망하는 것이 망(亾)의 본뜻입니다.

'여섯' **륙**(六)은 본래 띠집을 나타내는 글자입니다. 륙(六)은 '오두막집' 려(廬)의 본자인데, 발음이 비슷해 숫자를 나타내는 데에 쓰이게 되었습니다. 바로 다음 부수인 '여덟' 팔(八)에서 또 한 번 더 보겠습니다.

R012

여덟 팔(八, `´) 부

갑골	금문	전문	해서

)(八)(八

　팔(八)은 7에 1을 더한 숫자입니다만, 원뜻은 "하나의 물건이 갈라져 서로 등지는 것" 입니다. 실제 부수자로서 역할도 숫자로서 의미가 아니라 '나뉘다, 갈라지다'라는 뜻을 나타내는 경우가 대부분입니다. 상형·지사자로 봅니다. 그러나 부수 전체에 통일된 의미는 없고 글자를 분류하기 위해 편의상 세운 것으로 여겨집니다. 중국과 일본에서는 결합 자소로 쓸 때 팔(八)을 '`´'의 형태로 씁니다. 실제 우리나라에서도 손 글씨로 쓸 때에는 그 형태로 쓰는 경우가 많기도 합니다.

중학	획수	새김	발음
其	8	그	기

'그' 기(其)는 곡식을 까부를 때 쓰는 키의 상형자라고 하는데 보면 볼수록 그렇게 보입니다. 기(其)가 계속 다른 뜻으로 쓰이면서 본래 키를 가리켰던 글자는 다시 의부(意符)로 '대' 죽(竹)을 더해 '키' 기(箕)로 쓰게 됩니다.

기간(其間)은 어느 때부터 다른 어느 때까지의 동안이라는 뜻인데, 기간(期間)도 어느 일정한 시기부터 다른 어느 일정한 시기까지의 사이로 비슷한 뜻입니다. 자의(字義)를 고려하면 기간(其間)은 '그 사이'라는 뜻으로 기(其)가 지시의 의미를 더 강조하는 것으로 보입니다. 저간(這間)이 요즈음이라는 뜻인데 비슷한 예가 되겠습니다. 여기서도 저(這)는 '이'의 뜻으로 다른 때가 아니라 이 즈음, 즉 요즈음임을 강조했던 것으로 보입니다. 기실(其實)은 '실제에 있어서'라는 뜻입니다.

중학	획수	새김	발음
八	2	여덟	팔

'여덟' 팔(八)입니다. 팔구(八區)는 여덟 방위의 구역이라는 뜻으로 온 천하를 이릅니다. 팔방(八方)은 동·서·남·북의 사방(四方)과 남동, 남서, 북서, 북동의 사우(四隅)를 함께 이르는 말입니다. 민속에서는 북서의 건(乾), 정북의 감(坎), 북동의 간(艮), 정동의 진(震), 남동의 손(巽), 정남의 이(離), 남서의 곤(坤), 정서의 태(兌)의 여덟 방향을 말합니다. 팔방이니 각각 45도의 범위인데, 15도씩 나누는 이십사방위는 자연 다릅니다. 팔황(八荒)은 팔굉(八紘)으로 쓰기도 하는데, 여덟 방위의 멀고 너른 범위라는 뜻으로, 역시 온 세상을 말합니다. 팔두지재(八斗之才)에서 팔두(八斗)는 많다는 뜻으로 재주가 아주 많은 것을 가리킵니다. 팔면영롱(八面玲瓏)은 어느 면으로 보나 아름답게 빛나고 환하게 맑은 것을 이릅니다.

중학	획수	회자	새김	발음
公	4	八口厶	공평할, 귀	공

여러분 '귀' 공(公)은 무슨 말인가 싶죠. '귀'에는 여러 가지 뜻이 있습니다. 우선 상대편이나 상대편이 속한 단체를 높일 때에 씁니다. 상대가 다니는 회사를 높여 '귀사(貴

社)'라로 하지요. 귀공자, 귀금속이라는 말에서 볼 수 있는 것처럼 존귀하거나 희귀한 것을 가리키기도 합니다. 공(公)을 '공변되다'로도 새기는데 이 말도 조금 어렵습니다. "한쪽으로 치우치지 않고 공평하다"는 뜻입니다. 원래 공(公) 자 아래에 있는 것은 흔히 '마늘' 모(厶)라고 하는데, '사사로울' 사(厶)가 아니고 '입' 구(口)로 그릇을 가리킨다고 합니다. 그러니까 공(公)은 그릇[口]에 들어있는 것을 똑같이 공평하게 나누는 것[八]입니다. 한비자는 "사사로움[厶]을 등지는 것을 공"이라고 했는데 '사사로움[厶]'을 '깨뜨린다[八]'로 파자한 것이겠습니다.

귀공(貴公)이라는 말도 있습니다. 이것은 상대편을 높여 부르는 호칭입니다. 대화체라기보다는 글에서 쓰는 문어체의 이인칭 대명사입니다. 너, 자네, 당신, 선생님, 사장님 등등 우리가 이인칭 대명사로 쓰는 말이 적지 않은데 이 가운데에서는 자네나 선생님의 사이 정도가 귀공과 격이 비슷하지 않을까 싶은데 그렇다고 모든 상황에서 다 바꾸어 쓸 수 있을 정도로 완전히 같지는 않습니다. 공인(公認)은 국가나 공공 단체 또는 사회 단체 등이 어느 행위나 물건에 대하여 인정하는 것입니다. 요즈음 유행하는 각종 자격증 제도에서 많이 듣고 보는 말입니다. 공덕(公德)은 공중도덕(公衆道德)으로 공중의 복리를 위하여 여러 사람이 지켜야 할 도덕을 말합니다. 동음이의어 공덕(功德)은 착한 일을 하여 쌓은 업적과 어진 덕입니다. 공자왕손(公子王孫)은 공(公)과 같이 높은 지위에 있는 사람의 자손과 왕의 자손이라는 뜻으로, 이제는 지체 높은 집안의 자손을 이릅니다. 공정무사(公正無私)는 공정해 사사로움이 없는 것입니다.

파자(破字)란 말이 나왔는데 글자 그대로 글자 자체를 깨뜨려보는 것이죠. 자획을 풀어 나눠보는 것입니다. 우리 역사에 고려 시대 말 십팔자위왕(十八子爲王)설이라든지 목자득국(木子得國)설 같은 도참설이 유행했다고 하는데 십팔자(十八子)나 목자(木子)는 모두 '오얏' 이(李)를 파자한 것으로 결국 이씨가 나라를 얻는다는 말입니다. 하여튼 한비자의 설명이 정확한 자형 분석은 아닐지라도 공(公)에 대한 설명으로는 훌륭한 듯합니다.

실제 한자 공부를 하면서 자기 나름대로 파자를 해보는 것도 하나의 학습 요령입니다. '사사롭다'는 "공적이 아니고 개인적인 성질을 갖고 있다"는 뜻이죠. 2017년에 있었던 대통령 탄핵 사건과 거기 연루된 사람들이 줄줄이 처벌받는 것을 보면 공사를 제대로 가리는 것이 결코 쉬운 일이 아닌 듯합니다.

중학	획수	회자	새김	발음
兵	7	斤廾	병사	병

병(兵)은 두 손[廾]으로 도끼[斤]를 들고 있는 모양으로 병사임을 나타냅니다. 공(廾)은 두 손으로 마주 드는 것을 뜻합니다.

병력(兵力)은 군대의 인원이나 힘입니다. 병역(兵役)은 국민으로서 수행하여야 하는 국가에 대한 군사적 의무 즉, 국토방위의 의무입니다. 병귀신속(兵貴神速)은 군사를 지휘함에는 귀신같이 빠름을 귀히 여긴다는 뜻으로, 군사 행동은 언제나 신속하여야 함을 이릅니다. 병림성하(兵臨城下)는 적국이 성 아래 이르렀다는 뜻으로 위급한 상황을 말합니다. 병정양족(兵精糧足)은 병사는 정예하고 군량도 넉넉한 것입니다. 전쟁을 치를 충분한 준비가 된 것입니다. 병불혈인(兵不血刃)은 병사가 칼에 피를 묻히지 아니하였다는 뜻으로, 피를 흘릴 만한 싸움도 하지 아니하고 쉽게 이김을 비유적으로 이르는 말입니다.

'받들' 공(廾)은 전문에서 '廾'로 씁니다. 글자가 또렷하지 않는데 가운데는 떨어져 있고 좌우가 대칭인 형태로 바로 두 손의 모양입니다. 일부러 보여드리는 것은 이 글자가 다른 글자와 결합할 때 보통 손의 뜻으로 쓰이기 때문입니다. 어떤 물건의 밑을 '받쳐 올리다'라는 뜻의 '받들다'는 두 손을 쓰는 동작이기도 합니다.

병(兵)은 두 손에 도끼 그러니까 무기를 든 것입니다. 그게 병졸, 군인, 군사가 아니고 무엇이겠습니까!

중학	획수	회자	새김	발음
典	8	冊丌	법	전

'법' 전(典)에는 책(冊)이 들어 있습니다. 그 아래 있는 것은 책상, 밥상, 걸상 하는 '상' 기(丌) 자입니다. 아래에 다리가 달려 있고 위는 평면인 상의 측면도입니다. 그러니 '상 위에 책을 올려놓는 것'으로 신령에게 제사를 드리는 엄숙한 의식을 가리킵니다.

전거(典據)는 말이나 문장의 근거가 되는 문헌상의 출처입니다. 전당(典當)은 기한 내에 돈을 갚지 못하면 맡긴 물건 따위를 마음대로 처분하여도 좋다는 조건하에 돈을 빌리는 일을 말합니다. 전례(典例)는 전거가 되는 선례이고, 전례(典禮)는 나라에서 치르는 의식입니다. 전아(典雅)는 법도에 맞고 아담한 것입니다.

중학	획수	회자	새김	발음
六	4	入八	여섯	륙

획수가 적은 **륙(六)**이 뒤에 나온 것은 륙(六)이 상형·회의자이기 때문입니다. 『설문』에서 "륙(六)은 『주역(周易)』의 숫자로 음(陰)의 변수이며, 팔(八)은 음(陰)의 정수(正數)이다. 입(入)과 팔(八)에서 뜻을 취하는 회의이다"라고 설명합니다. 고문 분석에서는 둥그렇게 생긴 간단한 띠집을 본뜬 상형자로 봅니다. 오두막집인 려(廬)를 나타내는데, 숫자로 쓰이게 된 것은 발음이 육(六)과 비슷해 빌려 쓰게 된 것이라고 합니다.

육물(六物)은 승려가 평소에 지니고 다니는 여섯 가지 용구(用具)로 복의, 상의, 내의, 녹수낭, 바리때, 좌구를 이르는데, 죽을 때는 간병인에게 준다고 합니다. 비구육물로 개인이 소유하는 것이고 나머지는 공동으로 씁니다. 이것은 남방불교에서의 관습이고, 북방불교에서는 삼의일발(三衣一鉢)이라고 해 스님들이 대의(大衣), 칠조(七條), 오조(五條)의 세 가지 가사와 한 개의 바리때를 소지합니다. 출가사문의 무소유의 삶을 형용하는 말입니다. 육장(六場)은 한 달에 여섯 번 서는 장을 가리키는데, '한 번도 빼지 않고 늘'이라는 뜻으로도 쓰입니다. 육척지고(六尺之孤)는 15세 정도의 고아입니다. 주(周)나라의 척도에 1척(尺)은 두 살 반(二歲半) 나이의 아이 키를 의미한다고 합니다. 삼척동자(三尺童子)라는 말도 쓰입니다. 육친(六親)은 부모, 형제, 처자를 말합니다. 육합(六合)은 천지에 동서남북의 사방을 통틀어 이르는 말입니다. 육도삼략(六韜三略)은 중국의 오래된 병서(兵書)인 『육도(六韜)』와 『삼략(三略)』을 아울러 이르는 말입니다.

중학	획수	지표	회자	새김	발음
共	6	口廾	口(器皿) 廾(雙手)	한 가지, 함께	공

'한 가지' **공(共)**은 두 손[廾]으로 그릇을 받쳐 든 모양을 본떠 '받들다'가 원뜻이며 거기에서 '함께'라는 뜻이 나온 것으로 설명합니다. 자소는 똑같은데 그것을 지사로 보

기도 하고, 회의로 보기도 해 육서로는 지사·회의자가 됩니다.

공감(共感)은 남의 감정, 의견, 주장 따위에 대하여 자기도 그렇다고 느끼거나 또는 그렇게 느끼는 기분입니다. 공동(共同)은 둘 이상의 사람이나 단체가 함께 일을 하거나, 같은 자격으로 관계를 갖는 것입니다.

증외	부수	획수	형자	회자	새김	발음
必	心	5	弋	八弋	반드시	필

'반드시' 필(必)은 좀 뜻밖일지 모르겠습니다. 『설문』에서는 '나누는 기준'이라고 합니다. '주살' 익(弋)에는 '말뚝'의 뜻도 있는데 본뜻이 말뚝[弋, '주살' 익]으로 경계를 나누거나[八], 경계를 이루는 것입니다. '여덟' 팔(八)과 '주살' 익(弋)이 결합된 회의·형성자로 봅니다. 말뚝은 위치가 고정되어 있기 때문에 인신되어 '확실하다'든지, '반드시, 꼭'이라는 뜻을 갖게 되었습니다.

필연(必然)은 꼭 그렇게 되는 것이고, 개연(蓋然)은 대개 그런 것입니다. 확률로 친다면 필연은 100%, 개연은 그에 미치지 못하는 정도입니다.

증외	부수	획수	회자	새김	발음
分	刀	4	刀八	나눌	반
半	十	5	八牛	반	반

'나눌' 분(分)은 회의 자소만 보면 바로 알 수 있습니다. 칼[刀]로 가르는 것[八]입니다.

'반' 반(半)은 소[牛]를 갈라서[八] 반[半]이 되는 것을 나타냅니다.

증외	부수	획수	회자	새김	발음
尙	小	8	八向	오히려	상
曾	日	12	八田曰	일찍	증

'오히려' **상(尙)**은 갑골문에서 술그릇을 나타내는 글자로 '헤아릴' 상(商), '상 줄' 상(賞)과 기원이 같은 글자로 봅니다. 거기에서 존중한다든지, 어떤 것을 뛰어넘는다는 뜻이 나왔습니다. 인신되어 부사로 정도가 그다지 높지 않은 것을 나타내기도 하고, 아주 높은 것을 나타내기도 합니다.

'일찍' **증(曾)**은 본래 시루에 얹는 대나무 찜통을 가리키는 글자였습니다. 시루에서 뜨거운 김을 올려 찜통 안에 있는 음식물을 쪄냅니다. 직접 찌는 것이 아니라 대나무판 하나를 거칩니다. 그래서 증(曾)은 증조(曾祖), 증손(曾孫)에서 볼 수 있는 것처럼 세대를 건너뛰는 것을 나타내고, 부사로는 '일찍이'라는 뜻을 가지고 있습니다.

중외	부수	획수	회자	새김	발음
平	干	5	亏八	평평할	평

'평평할' **평(平)**의 자소자는 '어조사' 우(亏)로 악기의 소리가 막히지 않고 순탄한 것을 말합니다. 그러니까 악기의 소리가 부드럽게 갈라지는 것[八]이 평(平)입니다.

고교	획수	형자	새김	발음
具	8	廾	갖출	구

'갖출' **구(具)**는 본래 솥[鼎]을 두 손[廾]으로 받쳐 든 데에서 나왔습니다. 먹을 것이나 술 등을 차려놓는 것입니다. 거기에서 '준비하다, 갖추다'라는 뜻이 인신되어 나왔습니다.

격식을 갖춰 구격(具格), 빠짐없이 다 갖춰 구비(具備)입니다. 구상(具象)은 사물, 특히 예술 작품 따위가 직접 경험하거나 지각할 수 있도록 일정한 형태와 성질을 갖춘 것을 이릅니다. 구안(具眼)은 사물의 시비를 판단하는 식견과 안목을 갖추고 있는 것입니다. 구족(具足)이나 구존(具存)은 빠짐없이 골고루 갖추어져 있는 것을 이릅니다.

고교	획수	회자	새김	발음
兮	4	八丂	어조사	혜
兼	10	八秝	겸할	겸

'어조사' **혜(兮)**입니다. 『설문』에서는 "어기(語氣)가 잠시 멈추는 것"이라고 합니다. 문장의 가운데나 끝에 쓰여 말을 하다 잠깐 멈칫하고 쉬는 것입니다.

'겸할' **겸(兼)**을 『설문』에서는 '벼 포기 사이 고를' 력(秝) 부수에 넣고 있는데, 그런 분류가 타당하다고 봅니다. '여덟' 팔(八)보다는 '벼' 화(禾)와 더 관련이 있기 때문입니다. 벼 두 포기[秝]를 손[又]으로 잡은 모양을 뜻하는 글자로 두 포기를 겹쳐 잡은 것입니다.

겸무(兼務)는 본 직무 이외에 다른 직무를 아울러 맡아보는 것이고, 겸비(兼備)는 두 가지 이상을 아울러 갖추는 것입니다. 겸상(兼床)은 둘 또는 그 이상의 사람이 함께 음식을 먹을 수 있도록 차린 상을 말하고, 독상(獨床)은 혼자서 먹도록 차린 음식상입니다. 겸약공매(兼弱攻昧)는 약소국가를 병탄하고 혼란한 나라를 공격해 취하는 것입니다.

고외	부수	획수	형자	새김	발음
穴	穴	5	八	구멍, 굴	혈

'구멍, 굴' **혈(穴)**은 고대 사람들이 살던 반지하의 움집을 그린 상형자로 봅니다. 허신은 『설문』에서 움집[宀]에서 팔(八)이 소리를 나타내는 형성자로 보았습니다.

R013

멀 경(冂) 부

갑골	금문	전문	해서

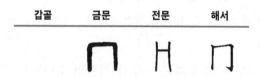

이 부수 역시 문자의 정리상 편의적으로 세운 것입니다. 이 부수에 속하는 글자 가운데 '멀다'는 뜻과 직접적으로 연결되는 글자는 없다는 뜻입니다. 허신은 『설문』 해당 조에서 "읍(邑)의 밖을 교(郊)라 하고, 교의 밖을 들[野]이라 하며, 들의 밖을 숲[林]이라 하고 숲의 밖을 '멀' 경(冂)이라 한다"라고 설명합니다. 책에 따라서는 교(郊)와 야(野) 사이에 목(牧)을 넣기도 합니다. 그런 경우에는 "교(郊)의 밖을 목(牧)이라 하고, 목(牧)의 밖을 야(野)라 한다……"로 계속됩니다. 설명을 들으면 도시 주변 지역을 교외(郊外)라고 하는 말이 분명히 이해됩니다.

중학	획수	새김	발음
册	5	책	책

책(冊)은 『설문』에서 "임금의 명령이다. 제후가 조정에 나가 임금으로부터 받는 간책(簡冊)이다. 간찰(簡札)의 길고 짧은 모양을 본뜻 것이다. 가운데(가로획 2개)는 죽간을 뚫어 묶은 끈을 나타낸다"라고 합니다. 간책(簡冊)은 대쪽을 엮어서 만든 책이고, 간찰(簡札)은 죽간(竹簡)과 목찰(木札)로 글씨를 쓰는 대쪽이나 나무패를 말합니다. 고문 분석에서는 죽간 자체로 봅니다. 흔히 책(冊)으로 쓰기도 하는데, 기초한자에 오른 표준 자형은 책(冊)입니다.

책권(冊卷)은 책의 권이라는 뜻으로 구체적인 책 하나하나를 이르는데, 어느 정도 되는 양의 책이라는 뜻도 있습니다. 책립(冊立)은 황태자나 황후를 황제의 명령으로 봉하여 세우는 것입니다. 책봉(冊封)은 왕세자, 왕세손, 왕후, 비(妃), 빈(嬪), 부마 등을 봉작(封爵)하던 일입니다.

중학	획수	회자	새김	발음
再	6	二魚	두	재

재(再)를 『설문』에서는 "재(再)는 일(一)을 들어 중복시키는 것이다. 일(一)과 '짤' 구(冓) 자가 생략된 형을 따른다"라며 회의자로 설명합니다. 고문 분석에서는 물고기 두 마리를 나란히 엮어 든 모양의 상형자로 '두 번'이나 '두 번째'를 본뜻으로 봅니다. 국내 자전에는 상형으로 올라 있습니다. 재(再)는 '두 번째(second time)'의 뜻이지, '두 번(two times)'의 의미가 아닙니다. 차례수 즉, 서수(序數)라는 뜻입니다. 차례수에 상대가 되는 말은 개수를 세는 것으로 기수(基數)입니다.

재건(再建)은 허물어진 건물이나 조직 따위를 다시 일으켜 세우는 것이고, 재고(再考)는 다시 생각하는 것입니다. 재기(再起)는 역량이나 능력 따위를 모아서 다시 일어서는 것입니다. 재삼재사(再三再四)는 '여러 번 되풀이하여'의 뜻입니다. 재생(再生)은 죽게 되었다가 다시 살아난다는 뜻으로 못 쓰게 된 물건을 가공해 다시 쓰게 한다는 뜻으로 많이 씁니다. 재조지은(再造之恩)은 거의 망하게 된 것을 구원하여 도와준 은혜를 가리킵니다.

증외	부수	획수	형자	새김	발음
學	子	16	爻	배울	학

'배울' **학(學)**입니다. 학은 그 상대되는 행위 즉, '가르칠' 교(敎)와 기원이 같은 것으로 봅니다. 교(敎)는 산가지[爻]를 펼쳐놓고 아이[子]에게 수를 가르치는 것을 나타내는데, 요즘은 체벌이 금지되고 있지만 옛날에는 배우는 태도가 불량하면 지도하고 독려하는 데에 따끔한 매질[攵]도 있었음을 보여줍니다. 여기서 '爻'는 산가지 모양을 보여주는 상형적 요소이지만, 독립된 글자로는 '점괘, 사귈' 효(爻)입니다. 학(學)은 교(敎)에 산가지를 조작하는 두 손의 모양을 나타내는 '절구' 구(臼)를 더한 글자입니다. 실제는 '절구' 구(臼)가 아니고, '깍지 낄' 국(臼)으로 보는 것이 정확하지 않을까 합니다. 국(臼)은 '절구' 구(臼)의 아랫부분 가로획이 둘로 나뉘어 획수가 하나 더 많은 글자로, 깍지를 낀다든지 두 손으로 물건을 받든다는 뜻을 나타냅니다. 하지만 자형이 워낙 비슷해서 두 글자가 섞여 쓰인 경우가 많습니다.

증외	부수	획수	형자	회자	새김	발음
市	巾	5	㞢	冂之	저자	시

'저자' **시(市)**의 '저자'는 시장을 예스럽게 이르는 말입니다. 잘 기억이 안 나면 해당 부수에 가면 설명이 있으니, 참고하기 바랍니다. 형성 자소[㞢]는 전문의 '갈' 지(之) 자입니다. 자형상 주의해야 할 글자가 있습니다. 얼핏 보기에 市와 똑같이 생긴 '슬갑' 불(巿)이라는 글자입니다. 획수가 4획으로 한 획 적어 '한' 일(一)에 '멀' 경(冂)을 쓴 뒤에 세로로 한 획[丨]을 내려 긋는 글자입니다. '슬갑'은 '추위를 막기 위해 옷 위에 허리에서 무릎까지 내려오게 끼어 입는 옷'입니다. 요즘 날씨가 추우면 무릎담요를 걸치는 경우를 보는데 그걸 입거나 걸치게 되어 있는 것으로 알면 되겠습니다.

증외	부수	획수	회자	새김	발음
內	入	4	冂入	안	내

내(內) 자도 '들' 입(入) 부에서 공부한 지가 얼마 안 됩니다. 여기서 '멀' 경(冂)은 일정한 범위 그러니까 집이나 방을 가리키는 게 되겠지요. 여기까지 들었는데도 생각이 안 난다? 그러면 방법이 없습니다. 해당 쪽을 열어 설명을 두서너 번 더 읽으십시오.

고교	획수	형자	회자	새김	발음
冒	9	冃	冃目	무릅쓸/선우이름	모/묵

'무릅쓸' **모(冒)**의 자소는 '쓰개' 모(冃)입니다. '쓰개'는 머리에 쓰는 것 모두를 가리키는 통칭이죠. 눈[目] 위 즉, 머리에 모자를 쓰는 것이나 머리에 쓴 모자를 가리킵니다. 눈[目]을 가리니[冃] 간이 부어 보이는 것이 없습니다. '감히 어떤 일을 하다', '무릅쓰다'라는 뜻이 나올 법도 합니다.

모독(冒瀆)은 치욕스러운 일을 저질러 다른 사람을 욕되게 하는 것이고, 추위를 무릅쓰면 모한(冒寒), 위험을 무릅쓰면 모험(冒險)입니다.

R014

민갓머리 부, 덮을 멱(冖)

갑골	금문	전문	해서

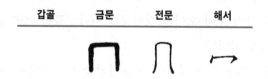

멱(冖)을 『설문』에서는 "덮은 것이다. '冖'이 아래로 드리워진 모양을 따른다"라고 합니다. 여기서 '冖'은 '한' 일(一)의 뜻이 아니고, 덮개입니다. 보자기 같은 것으로 물건을 덮으면 양쪽 옆으로 내려옵니다. 그것을 측면에서 그린 것입니다. 실제 금문 자형만 보면 바로 앞의 '멀' 경(冂)과 전혀 분간이 안 됩니다. 이것은 인쇄술의 발달 덕분(?)이 아닐까 합니다. 실제 금문 글자는 글자의 크기가 달라 한 눈에 차이가 드러났을 텐데, 지금은 글자 크기를 마음대로 조정할 수 있으니 비슷하거나 완전히 같아 보이게 됩니다. 당연히 경(冂)보다는 세로획의 길이가 짧았겠습니다.

'민'은 민낯이라는 말에서도 볼 수 있듯이 뭔가 꾸미지 않은 것, 장식하지 않은 것을 가리킵니다. 갓머리인데 꾸미지 않은 것, 장식하지 않은 것입니다. 바로 위에 점[丶]이 없는 갓머리입니다. 그래서 민갓머리입니다.

이것은 부수를 관습적으로 이르는 말이고, 실제 공부할 때에는 '덮을' 멱으로 익혀야 합니다. 다른 부수도 마찬가지입니다. 그래야 새김과 발음을 정확히 알 수 있고, 그 부수에 속한 글자들의 뜻을 짐작해볼 수도 있습니다.

멱(冖)은 자형이 '멀' 경(冂)과 비슷한데, 우선 내리긋는 세로획이 좀 짧습니다. 그리고 두 번째 획이 횡절구입니다. 횡절구(橫折鉤)는 서예에서 쓰는 용어로 가로[橫]로 글씨를 쓰다가 꺾어[折] 내린 후 갈고리[鉤] 모양으로 끌어올리는 획을 말합니다.

고교	획수	형자	새김	발음
冠	9	元	갓	관

'갓' 관(冠)은 손[寸]으로 머리[元]에 쓰개[冖]를 얹은 것입니다. 그게 관(冠)입니다.

관동(冠童)은 관례를 올린 사람과 올리지 않은 사람, 즉 남자, 어른, 아이를 모두 이르는 말입니다. 관개(冠蓋)는 높은 벼슬아치가 머리에 쓰던 관과 해를 가리던 일산(日傘)을 통틀어 이르던 말로 관리를 뜻하기도 합니다. 예전에, 남자가 성년에 이르면 어른이 된다는 의미로 상투를 틀고 갓을 쓰게 하던 의례(儀禮)는 관례(冠禮)입니다. 유교에서는 스무 살에 관례를 행했는데, 현재 우리 민법에서는 "사람은 19세로 성년에 이르게 된다"라고 규정해 19세에 성년이 됩니다. 관자(冠者)는 관례를 치른 남자로 정년에 이른 남자를 말합니다. 관절(冠絶)은 쓰임은 적습니다만, 무리 가운데 가장 뛰어난 것을 이릅니다. 관개상망(冠蓋相望)은 수레가 서로 바라볼 수 있는 거리를 두고 잇따라 간다는 뜻으로 사신의 왕래가 끊이지 아니함을 이릅니다. 관개여운(官蓋如雲)에서 관개(冠蓋)가 관리의 뜻으로 쓰여 관리가 구름처럼 운집한 것을 이릅니다. 시대가 바뀌면 풍물이나 풍습도 바뀌니 앞으로 이런 성어를 쓸 일이 있을까 하는 생각은 듭니다. 고문헌에서나 보게 될 단어가 아닐까 합니다.

고교	획수	형자	회자	새김	발음
冥	10	冖	冖日六	어두울	명

'어두울' 명(冥)의 아래 부분 육(六) 자는 공(廾)이 변한 것으로 두 손을 가리킵니다. 천 등을 펴서[廾] 해[日] 가리개[冖]가 되면 어두워집니다. 허신은 뭐라고 했는지 『설

문』을 한 번 확인해보겠습니다. "명(冥)은 그윽하고 침침한 것이다. (음력) 16일이면 달이 기울어 어두워지기 시작한다"라고 합니다. 육(六)은 날짜를 가리킨다고 합니다. 육으로 엿새, 열엿새, 스무엿새의 세 개를 생각할 수 있지만, 달이 기울어지기 시작하는 날이니 열엿새밖에 없어 혼동될 까닭도 없습니다.

명계(冥界)나 명도(冥途), 명부(冥府)는 사람이 죽은 뒤에 간다는 영혼의 세계인데, 명부(冥府)는 특별히 사람이 죽은 뒤에 심판을 받는 곳을 뜻하기도 합니다. 명귀(冥鬼)는 저승에 있다고 하는 귀신입니다. 명상(冥想)은 고요히 눈을 감고 깊이 생각하는 것이고, 명조(冥助)는 모르는 사이에 입는 신불(神佛)의 도움을 말합니다.

고외	부수	획수	형자	회자	새김	발음
牽	牛	11	玄	牛冖	?	견

牽 자입니다. 여러분 '견우와 직녀' 잘 알고 있죠. 견우의 직업은 무엇입니까? 견우는 소를 끄는 사람이니 소몰이꾼, 목동입니다. 그러면 직녀의 직업은? '짤' 직(織)에 '계집' 녀(女)이니 베 짜는 아가씨입니다.

아! 거기 손든 여학생, 무슨 말을 하려는지 나도 압니다. 금방 내가 '계집' 녀라고 했는데 그게 여성을 얕잡아보는 차별적인 말이라는 것이죠. 추호도 그런 뜻이 아닙니다. 관습적인 새김을 따랐을 뿐인데 앞으로는 고쳐지면 좋겠습니다.

계속하겠습니다. 견우와 직녀 얘기였죠. 독일의 문호 괴테의 『파우스트』에 '실 잣는 그레트헨'이 나옵니다. "임이 안 계시면 어디나 다 무덤 터. 세상이 온통 내게는 쓰디쓸 뿐." 슈베르트의 가곡으로도 유명하죠. 사람이니 동서양이 다를 바 없습니다. 자, 그러면 무슨 견 자입니까? 회의 자소 멱(冖)은 여기서 덮는다는 뜻이 아니고 끄는 것을 나타내는 것으로 봅니다. 고삐를 잡고 앞으로 당기는 것으로 생각하면 됩니다. 그래 새김이 뭡니까? 뭐요? '몰' 견? 완전히 틀렸다고 하기는 그렇고, 그렇다고 맞았다고 하기도 애매합니다. 자, 어떻게 합니까? 모르면 찾는다. 아니면 해당 부수의 설명을 읽어본다.

R015

이수변 부, 얼음 빙(冫)

갑골	금문	전문	해서
∧̇	∧̇	ㅅ̇	冫

전문을 보면 'ㅅ' 자 모양으로 가운데가 봉긋 솟아 있습니다. 그릇 속의 얼음이 얼면 부피가 늘어나 가운데가 솟아오르는 모양을 본뜬 것이라고 합니다. 그러니까 빙(冫)은 물이 얼어서 된 고체인 얼음을 나타내는데 현재 독립되어 사용하지는 않습니다. 빙(冫)은 '얼음' 빙(氷)의 초기 자형입니다. 그런데 정작 '얼음' 빙(氷) 자는 이 부수에 포함되어 있지 않고, '물' 수(水) 부에 포함되어 있다는 점입니다. 이 부수는 당연히 얼음이나 춥고 차가운 것과 관련이 있음을 나타냅니다. 이수변[冫] 부라는 명칭은, '물' 수(水)를 변에 쓸 때 '삼' 수(氵)라고 하는데, 점이 두 개라는 뜻입니다.

중학	획수	형자	새김	발음
冷	7	令	찰	랭

'찰' 랭(冷)은 온도가 낮은 것입니다. 이제는 난방 방식이 바뀌어 좀처럼 쓰지 않는 말이 되었지만, 예전에는 방고래가 막히거나 잘못 놓인 경우 구들이 적당하지 않거나 잘못 놓이면 냉골(冷-)이 있었습니다. 아랫목은 따뜻한데 윗목 한쪽으로는 불기운이 전혀 닿지 않아 발이 시렸습니다.

냉각(冷却)은 식어서 차게 되거나 또는 식혀서 차게 하는 것입니다. 동정심이 없이 차가운 태도는 냉담(冷淡)한 것입니다.

중학	획수	형자	새김	발음
凉	10	京	서늘할	량

우선 자형입니다. '서늘할' 량(凉)의 『설문』 자형은 '삼수변[氵]'을 쓰는 '涼'으로 되어 있습니다. 속자에서 '凉'으로 썼는데, 기초한자에서는 '凉'을 표준 자형으로 올리고 있습니다. 자전에도 '물' 수(水) 부에 '서늘할' 량(凉)으로 올라 있는 경우가 많습니다. 량(凉)의 본뜻은 술이 묽은 것입니다. 묽으니 농도가 낮습니다. 온도가 낮은 것과 연결될 수 있으니 서늘한 것이 되었겠는데, 형성 자소로 '서울' 경(京)이 있어 자칫 발음에 착오를 일으킬 수 있습니다.

날씨가 서늘한 것을 양천(凉天)이라 하고, 바람이 서늘해 양풍(凉風)입니다.

중학	획수	형자	새김	발음
冬	5	夂冫	겨울	동

'겨울' 동(冬)의 윗부분은 '뒤져올' 치(夂)인데 고문에서 '마칠' 종(終)이라고 합니다. 일 년을 마치는 계절, 게다가 얼음[冫]이 어는 계절로 겨울입니다. 『단주』에서는 "처음 엉기는 것을 빙(冫)이라 하며, 이어서 어는 것을 동(凍)이라 한다. 물에 [물이 어는 것에] 대해서는 빙(冰)이라 하고, 다른 것이 어는 것은 동(凍)이라 한다"라고 설명합니다.

格物 002. 허신의 『설문해자』, 단옥재의 『설문해자주』

한자의 부수나 언어학적인 측면을 설명할 때 대부분 인용하는 것이 허신의 『설문해자(說文解字)』라는 책입니다. 이 책은 동한 즉, 후한 때인 100년에 집필을 시작해 121년에 완성되었습니다. 독체자인 문(文)을 설명[說]하고, 두 개 이상의 독체자가 합쳐져 만들어진 합체자[字]를 해설[解]한다는 뜻입니다. 문자학의 기본적인 고전의 하나로, 한자 9,353자를 수집하여 540부(部)로 분류하고 육서(六書)에 따라 글자의 모양을 분석·해설하고 있습니다.

그런데 『설문해자』는 설명도 소략하고, 워낙 오래전에 쓰인 책이라서 읽기가 쉽지 않습니다. 청나라 때의 단옥재(段玉裁, 1735~1815)라는 사람은 그 『설문해자』의 각 글자를 이해하는 데에 도움을 주는 『설문해자주(說文解字注)』라는 책을 썼습니다. 1780년부터 쓰기 시작해 1808년 완성을 보았습니다.

두 명의 당대 최고 학자가 20년 이상씩 걸려서 쓴 저서인데, 한자의 분석과 자의(字義) 파악 등과 관련해 가장 많이 참고·인용되는 서적입니다. 가히 한자학의 바이블이라고 할 만한 저서로 필자도 주로 그 두 책을 바탕으로 지금 이 글을 쓰고 있습니다. 짐작하고 있겠습니다만 본서에서 『설문해자(說文解字)』는 『설문(說文)』, 『설문해자주(說文解字注)』는 『단주(段注)』라고 약칭하고 있습니다. 우리말 사전인 『국립국어원 표준국어대사전』은 『표준』으로 줄여 씁니다.

증외	부수	획수	새김	발음
於	方	8	어조사/오홉다 할	어/오

'어조사/오홉다 할' 어/오(於)는 '까마귀' 오(烏)의 고자(古字)라고 합니다. 그런데 어조사로 역할이 바뀌었습니다. '오홉다 할'이 무슨 뜻인지 궁금하지요? 『표준』에서는 '오홉다'를 "감탄하여 찬미할 때 내는 소리"라고 설명하고 있습니다. 필자는 혹시라도 '오홉다'라는 말이 슬프거나 탄식할 때 내는 소리인 오호(嗚呼)에 용언을 만드는 '~하다'를 붙여 오호하다가 되고, 다시 그것이 축약되어 오홉다가 된 것이 아닌가 추측해봅니다. 견강부회일 수 있으니 그저 기억하는 데에만 도움이 되었으면 합니다. 기초한자에 오른 대표음은 '어'입니다.

어언(於焉), 어언간(於焉間)은 '어느새'의 뜻입니다. 어복점(於腹點)은 천원(天元)이라고도 하는데, 바둑판 한가운데의 점을 말합니다. 순우리말로 배꼽점입니다. 어시호(於是乎)는 '이 즈음' 또는 '이에 있어서'의 뜻을 나타냅니다.

중외	부수	획수	형자	새김	발음
氷	水	5	冫	얼음	빙

'얼음' **빙(氷)**을 중국에서는 빙(冰)으로 쓰는데 이 자형이 물[水]이 얼은 것[冫]이라는 뜻을 잘 드러내 보입니다.

빙고(氷庫)는 얼음 창고인데, 서울의 서빙고동(西氷庫洞)은 조선 시대 서쪽의 얼음 창고가 있었던 곳이라서 그렇게 불립니다. 동쪽의 얼음 창고인 동빙고(東氷庫)는 성동구 옥수동 한강변에 있었습니다. 빙석(氷釋)은 얼음이 녹듯이 의심이나 의혹 따위가 풀리는 것을 말합니다. 빙탄(氷炭)은 얼음과 숯이라는 뜻으로 서로 정반대가 되어 용납하지 못하는 관계를 이릅니다. 빙기옥골(氷肌玉骨)은 살결이 맑고 깨끗한 미인을 비유적으로 이르는 말이고, 빙소와해(氷消瓦解)는 얼음이 녹고 기와가 산산조각이 난다는 뜻으로 자취도 없이 사라짐을 이르는 말이며, 빙천설지(氷天雪地)는 얼어붙은 하늘과 눈으로 덮인 땅이라는 뜻으로 얼음과 눈으로 뒤덮여 있는 곳을 이르는 말입니다. 빙청옥결(氷淸玉潔)은 얼음같이 맑고 옥같이 깨끗한 심성을 비유적으로 이르는 말입니다. 빙탄불상용(氷炭不相容)은 얼음과 숯의 성질이 정반대이어서 서로 용납하지 못한다는 뜻으로 사물이 서로 화합하기 어려움을 말합니다.

고교	획수	형자	새김	발음
凍	10	東	얼	동

위에서 이미 언급한 바 있습니다만 『단주』에서 "처음 (물이) 엉기는 것을 빙(冫)이라 하며, 이어서 어는 것을 **동(凍)**이라 한다. 물에 [물이 어는 것에] 대해서는 빙(冰)이라 하고, 다른 것이 어는 것은 동(凍)이라 한다"라고 설명합니다. 물이 엉기는 상황에서는 그것을 액체라고 해야 할지 아니면 고체라고 해야 할지 애매할 수 있습니다.

얼어붙어 동결(凍結), 추위 때문에 살갗이 얼어서 조직이 상하는 일은 동상(凍傷), 생선이나 육류 따위를 신선하게 보관하기 위해 얼리는 것은 냉동(冷凍)입니다.

고교	획수	형자	회자	새김	발음
凝	16	疑	冫 疑	엉길	응

'엉길' 응(凝)은 고체[冫]인지 아니면 액체[水]인지 의심스러운[疑] 상태를 나타내는 것으로 이해해도 좋을 듯합니다. 현대 과학에서는 액체와 고체의 중간 상태를 겔(Gel) 또는 젤(gel)이라고 하는데, 이 용어를 독일어에서 받아들여 처음에는 독일어 식으로 '겔'이라 했다가 나중에는 영어의 영향을 받은 젤을 많이 쓰는 것이겠습니다. 과육을 꾸덕꾸덕할 정도로 말린 것을 젤리(jelly)라고 하는데 '얼다'라는 뜻의 라틴어 젤로(gelo)에서 왔다고 합니다. 투명한 젤리 속에 과육이 들어 있는 젤로(Jello)라는 상품도 있습니다.

응고(凝固)는 엉겨서 뭉쳐 딱딱하게 굳어지는 것이고, 응결(凝結)은 한 데 엉기어 뭉치는 것입니다. 응시(凝視)는 눈길을 모아 한 곳을 똑바로 바라보는 것으로 눈길이 한 곳에만 엉겨 주시하는 것이겠습니다.

R016

안석 궤(几) 부

갑골	금문	전문	해서
𣎆		几	几

　'안석(案席)'을 『표준』에서는 "벽에 세워놓고 앉을 때 몸을 기대는 방석"이라고 설명합니다. 이 설명은 조금 부족합니다. 여기서 말하는 안석은 위는 보통 곡선을 이루며 좁고 아래에 다리가 달려 있어 홀로 설 수 있는 것입니다. 아주 작은 탁자 정도로 생각하면 됩니다. 바닥에 자리를 펴고 앉을 때 연세 드신 분들이 거기에 기댈 수 있게 되어 있습니다.

　그래서 궤(几)가 부수로 쓰일 때 책상을 뜻하는 경우가 있습니다. 기초한자 범위 밖이지만, '기댈' 빙(凭)이나 걸상과 같은 뜻인 등자(凳子)에 쓰는 '걸상' 등(凳)이 그런 예입니다.

중학	부수	획수	형자	새김	발음
凡	几	3	二 彐(及)	무릇	범

'안석' 궤(几) 부수에 속하는 기초한자는 '무릇' **범(凡)** 자 하나뿐입니다. 이 글자는 굽이 높은 접시나 돛의 모양을 본뜬 것으로 상형자라고 합니다. 접시에는 이것저것 담을 수 있다는 데에서 '대저, 무릇'이라는 뜻을 갖게 된 것으로 설명합니다.『설문』에서는 '많다'는 뜻을 나타내는 이(二)와 모아 묶는다는 뜻의 급(彐, 及의 고문)이 결합된 회의자로 설명합니다. 모아 묶는다는 뜻으로 보는데, 거기에서도 '대저, 무릇'의 뜻을 유추할 수 있습니다.

　　범백(凡百)은 갖가지의 모든 것을 이르는 말입니다. 범부(凡夫)는 평범한 사내입니다. 범상(凡常)은 중요하게 여길 만하지 아니하고 예사로운 것입니다. 범인(凡人)은 평범한 사람입니다.

　　'무릇' 범(凡)이 자소자로 쓰이는 글자는 '같을' 동(同), '바람' 풍(風), '새' 봉(鳳) 등이 있습니다. '바람' 풍(風)은 본래 봉새[봉황, 鳳]를 가리키는 글자였습니다. 바람같이 눈에 보이지 않는 추상적인 개념을 상형자로 나타내기에는 어려움이 있습니다. 그래서 처음에는 '봉새'를 나타내는 풍(風) 자를 빌려 바람을 나타냈다고 합니다. 풍(風)이 바람의 뜻으로 쓰이면서 봉새는 그 안에 '새' 조(鳥)를 넣은 글자[鳳]를 다시 만들어 쓰게 됩니다. 풍(風) 안에 '벌레' 훼(虫)가 들어간 것에 대해『설문』은 "바람이 불면 벌레가 생겨나고, 8일이면 부화한다"라고 설명합니다.

　　뜻밖에도 '봉새' 황(凰)은 궤(几) 부수에 속해 있는데 그것은 아마도 '봉새' 황(凰)의 자형이 궤(几) 자와 아주 흡사한 '几'(자소로만 쓰일 뿐 새김과 발음 없음)이 들어가 있기 때문이 아닐까 합니다. 황(凰)은 봉황의 암컷을 가리키는 글자인데,『설문』에는 수록되어 있지 않습니다. 지금은 주로 봉황(鳳凰)이라는 단어로 쓰입니다.

증외	부수	획수	형자	회자	새김	발음
居	尸	8	古	尸几	살	거

　　'살' **거(居)**를 회의자로 보는 것은 옛 자형 때문입니다. 사람[尸]이 안석[几], 혹은 거상(踞床)에 기대어 쉰다는 것이 본뜻입니다. 거상은 등받이가 없이 가로로 길게 생겨 여러 사람이 늘어앉을 수 있는 걸상을 말합니다.

고외	부수	획수	형자	회자	새김	발음
飢	食	11	几	食几	주릴	기

　형성·회의자이니까 '주릴' 기(飢)에서는 '밥' 식(食)이 의부(意符) 즉, 의미와 연관되고, 궤(几)는 성부(聲符) 즉, 소리를 나타내 주는 역할을 합니다. 굶주리는 것입니다.

R017

위 터진 입구 부, 입 벌릴 감(凵)

갑골	금문	전문	해서

凵 凵

'위 터진 입구'는 부수 이름이고, 글자로는 '입 벌릴' 감(凵)입니다. 두 가지를 다 외우면 더 좋고, 나는 조금이라도 더 많이 익히는 것은 죽어도 싫다 하는 사람은 '입 벌릴' 감(凵)으로 알고 있어야 공부에 도움이 됩니다. 땅에 판 구덩이 모양이라고 하죠. 비슷한 말로 웅덩이가 있는데 웅덩이는 구덩이에 물이 괸 것입니다.

허신은 이 글자를 "입을 벌리다"로 풀이했는데 아마도 그래서 부수 이름이 '입 벌릴' 감으로 굳어진 것이 아닐까 합니다. 부수에 쓰일 뿐 실제 독립적으로 쓰이는 경우는 없습니다.

다음으로 설명할 두 글자[凶, 出]는 모두 상형자로 보기도 합니다.

중학	획수	형자	새김	발음
凶	4	凶 X	흉할	흉

'흉할' 흉(凶)은 구덩이에 빠진 것을 나타낸다고도 하고, 성성이의 무서운 모양을 본 뜬 상형자로 흉악하다는 뜻을 나타낸다고도 합니다. 성성이가 뭐냐고요? 그만큼 이야 기를 했는데도 그러네. 모르면 찾아보라니까요. 성성이는 오랑우탄(oranutan)입니다. 현재 멸종 위기 종으로 보호를 받고 있는데 농작물에 피해를 많이 끼쳐 말레이시아나 인도네시아의 현지 농부들이 아주 싫어한다고 합니다. 우리의 멧돼지에 의한 농작물 피 해를 떠올리게 합니다.

지사 표지인 오(乂)는 고문의 오(五) 자라고도 합니다만, 여기서는 숫자가 아니라 빠 져 있는 뭔가를 나타내는 지사 표지로 쓰인 것입니다.

성질이 악하고 모진 것이 흉악(凶惡)한 것인데, 날이 갈수록 흉악범(凶惡犯)들이 늘고 있어 걱정입니다. 흉기(凶器, 凶器)는 사람을 죽이거나 해치는 데 쓰는 도구입니다. 흉어 (凶漁)는 다른 때에 비하여 물고기가 매우 적게 잡히는 것을 이릅니다.

중학	획수	회자	새김	발음
出	5	止(脚) 凵(門口)	날	출

몇 가지 설명이 있습니다만 '날' 출(出)의 갑골문은 '멈출' 지(止)와 '입 벌릴' 감(凵) 으로 되어 있는데 지(止)는 발을 나타내며, 감(凵)은 움푹 들어간 혈거, 즉 움막집으로 거기[凵]에서 나온다[止]는 설명이 타당해 보입니다.

출국(出國), 출세(出世)는 잘 아는 단어겠지만, 도망하여 달아난다는 뜻의 출분(出奔) 은 보기도 듣기도 어려운 단어가 아닐까 합니다. 출기불이(出其不意)는 일이 뜻밖에 일 어나거나 뜻밖에 나서는 것을 말합니다. 출기제승(出奇制勝)은 기묘한 계략(計略)을 써 서 승리하는 것입니다. 출이반이(出爾反爾)는 너에게서 나와서 너에게로 돌아간다는 뜻 으로 행불행과 좋은 일 나쁜 일이 결국은 모두 자기 자신에 의하여 초래됨을 비유적으 로 이르는 말입니다. 『맹자』의 "네게서 나오는 것은 네게로 돌아간다[出乎爾者 反乎爾者 也(출호이자 반호이자야)]"에서 온 말입니다. 『성경』의 "뿌린 대로 거두리라(You reap what you sow)"라는 말씀이나 인과응보(因果應報)도 같은 내용이라고 할 수 있습니다. 출장입상(出將入相)은 나가서는 장수가 되고 들어와서는 재상이 된다는 뜻으로 문무를 다 갖추어 장상(將相)의 벼슬을 모두 지냄을 이르는 말입니다. 출어니이불염(出淤泥而不 染)은 "진흙 속에서 나왔지만 물들지 않고, 맑고 출렁이는 물에 씻겼으나 요염하지 않다(出淤泥而不染 濯淸漣而不妖)"의 일부로 송나라 때 주돈이(周敦頤, 1017~1073)라는 사람의 「애련설(愛蓮說)」에 나옵니다. 불교를 비롯해 워낙 여러 부분에서 많이 인용되는 글이라서 소개했습니다.

R018

칼 도(刀) 부, 선칼도방[刂]

갑골	금문	전문	해서
𝄮	𝄮	𝄮	刀

　기초한자에 칼이 26자루나 들어 있습니다. 부수외자 8자까지 합치면 모두 34자루나 되니 여차하면 사고도 날 수 있고 예삿일이 아닙니다. 하지만 누가 칼을 가지고 있는가에 따라 사정이 다릅니다. 누구에게는 흉기가 되겠지만 이 책을 읽는 학생 모두에게는 보검이 돼서 유용하게 쓰는 것은 물론이고 앞으로 나라를 지키는 일에도 쓸 수 있을 겁니다.

　'칼' 도(刀)는 당연히 칼의 모양을 본뜬 것이죠. 옛날이나 지금이나 무기입니다. 글자의 생김새 자체가 연나라에서 썼다는 명도전(明刀錢)과 아주 흡사합니다. 다른 글자와 결합해 합체자가 될 때에는 ' 刂'의 형태로 바뀌며 선칼도방이라고 하는데, 방(旁)은 다른 자소의 오른쪽에 붙는 것을 이르는 이름입니다. 칼이니 '날붙이'나 '베다'라는 뜻을 나타냅니다. 〈총포 · 도검 · 화약류 등의 안전 관리에 관한 법률〉을 보면 날 길이 5.5cm 이상 되는 경우에는 관련 법규의 제재를 받을 수 있습니다.

중학	획수	새김	발음
刀	2	칼	도

도검(刀劍)은 칼이나 검을 말합니다. 도(刀)는 한쪽에만 날이 붙어 있고, 검(劍)은 양 날이라는 점이 다릅니다. 도창(刀創)은 칼에 다친 상처입니다. 도폐(刀布)는 중국 주나라 때에 화폐로 쓰던 도전(刀錢)과 포폐(布幣)를 아울러 이르는 말입니다. 포폐(布幣)는 화폐로 사용하던 베나 무명 따위의 천을 가리킵니다. 도광검영(刀光劍影)은 칼 빛과 그림자라는 뜻으로 살기가 등등하거나 싸움이 치열한 것을 이릅니다. 더러 무협지에서 보는 말입니다. 도산검수(刀山劍水)는 칼을 심어놓은 것 같은 산수라는 뜻으로 몹시 험하고 위험한 지경을 이르거나 가혹한 형벌이라는 뜻으로 쓰입니다.

중학	획수	형자	회자	새김	발음
列	6	𡿪	歺刀	벌릴	렬

'벌릴' 렬(列)입니다. 자소자는 '흐를' 열(𡿪)로 나뉘거나 갈라진다는 뜻을 나타냅니다. 현재 자형의 왼쪽 자소는 '죽을 사 부'의 부수자인 '앙상한 뼈' 알(歺)입니다. '나쁠' 대로도 새깁니다. 살을 발라낸 뼈입니다. 좀 끔찍한 글자이긴 하지만 뼈를 발라내려면 해당 부위를 벌려야 합니다. 그러니까 렬(列)의 본뜻은 칼[刀]로 갈라놓는[𡿪] 것으로 여기서 '벌리다'라는 뜻이 인신되어 나왔습니다. 우리말에서 '벌이다'와 '벌리다'는 자칫 혼동하기 쉬운 단어입니다. 벌이다는 어떤 판을 차려놓는 것이고, 벌리다는 둘 사이의 간격을 넓히는 것입니다.

열거(列擧)는 여러 가지 예나 사실을 낱낱이 죽 늘어놓는 것입니다. 열립(列立)은 죽 벌려 서는 것이고, 열위(列位)는 제위(諸位)와 같은 뜻으로 '여러분'을 문어적으로 이르는 말입니다. 죽 벌여놓은 것이 나열(羅列)입니다. 열정이식(列鼎而食)이라는 성어가 있습니다. 어떤 뜻일까요? 그렇습니다. 솥[鼎]을 늘어놓고[列] 먹는 것[食]입니다. 이렇게 풀어보았다면 잘 한 것입니다. 이게 글자 그대로의 뜻, 즉 축자역(逐字譯)입니다. 이런 본뜻을 바탕으로 한 걸음 더 나아가 비유적으로 쓰게 됩니다. 이런 경향은 한자만의 문제가 아니라 모든 언어가 그렇습니다. 열정이식은 생활이 호화롭고 사치스럽거나 뭔가를 아주 성대히 차린 것을 가리킵니다. 열정중인(列鼎重裀)은 솥을 늘어놓고 요를 겹으로 깔았다는 뜻으로 먹는 것이 호화롭고 자는 것이 아주 편안한 것입니다. 귀족들의 호화로운 생활이나 고관 귀족 자체를 가리키는 말로 쓰였습니다.

중학	획수	형자	회자	새김	발음
刑	6	幵	幵刀	형벌	형

'형벌' **형(刑)**의 갑골문은 '우물' 정(井) 자 안에 '사람' 인(人)이 있는 모양[𠛎]입니다. 사람이 우리에 갇힌 것이니 형벌입니다. 그 모양이 변해 지금은 '평평할' 견(幵)에 '칼' 도(刀)가 붙은 모양이 됐습니다.

범죄와 형벌에 관한 법률 체계는 형법(刑法)입니다. 형기(刑期)는 형벌의 집행 기간이고, 형벌(刑罰)은 범죄에 대한 법률의 효과로서 국가 따위가 범죄자에게 제재를 가하거나 또는 그 제재입니다. 형장(刑場)은 사형장(死刑場)으로 사형을 집행하는 곳입니다.

중학	획수	형자	회자	새김	발음
判	7	半	半刀	판단할	판
到	8	刀	至刀	이를	도

칼[刀]을 써서 반[半]으로 나누는 것은 말할 것도 없이 '가르다'입니다. 어떤 일이든 가르고 나눠봐야 판단할 수 있습니다. 판단할 **판(判)**입니다.

판단(判斷)은 논리나 기준에 따라 판정하는 것입니다. 그러려면 복잡한 내용을 여러 가지로 나누고 갈라봐야 합니다. 판약운니(判若雲泥)는 운니(雲泥)만 써도 됩니다. 구름과 진흙이라는 뜻으로 차이가 매우 심함을 이릅니다.

'이를' **도(到)**는 처음에 '사람' 인(人)을 써서 '사람이 오다, 이르다'라는 뜻을 나타냈는데, 중간에 자형을 혼동해 그만 '칼' 도(刀, 刂)로 바뀌었습니다.

도달(到達), 도착(到着)은 모두 '어느 곳에 이르다, 도착하다'라는 뜻을 나타냅니다. 도임(到任)은 지방의 관리가 근무지에 도착하는 것입니다. 도저히(到底-)는 부정하는 말과 함께 쓰여 '아무리 하여도'의 뜻을 나타내며 부사입니다. 그런데 형용사 도저하다 (到底--)는 학식이나 생각, 기술 따위가 아주 깊음을 나타내거나 행동이나 몸가짐이 빗나가지 않고 곧아서 훌륭한 것을 나타냅니다. '가는 곳마다'는 도처(到處)라서 여기저기의 뜻을 나타냅니다.

중학	획수	형자	회자	새김	발음
前	9	芾	芾刀	앞	전

'앞' 전(前) 자를 허신은 "가지런히 베다"라고 설명합니다. 어떤 물건을 가지런히 벨 수 있는 것은 가위입니다. 그러니까 '앞' 전(前)은 '가위' 전(剪)의 본자였습니다. 소리를 나타내는 부분, 즉 성부(聲符)에는 '芾' 자가 나와 있습니다. 가만히 들여다보면 구성이 재미있죠. 배[舟]를 타고 있으면 가만히 멈춰[止] 있어도 앞으로 갑니다. 그래서 '앞'이라는 뜻이고, 이 글자가 바로 '앞' 전의 본자입니다. 그런데 사람들이 '앞'이란 뜻으로 '前'을 많이 쓰면서 '앞' 전(前)은 터줏대감으로 주저앉고, 가위는 결국 '칼'[刂, 刀]을 치렁치렁 두 개나 붙인 꼴[剪]로 쫓겨나게 되었습니다. 하긴 날이 두 개 있으니 생각하기에 따라 가위에는 칼[刀]이 두 개 들어가는 것이 맞다고 볼 수도 있겠습니다. 영어에서 가위를 'scissors'라 하고, 바지를 'pants'나 'trousers'라고 복수로 쓰는 것과 같은 발상이겠습니다.

전철(前轍)은 앞에 지나간 수레바퀴의 자국이라는 뜻으로 이전 사람의 그릇된 일이나 행동의 자취를 이르는 말입니다. 전후(前後)는 앞과 뒤로 공간상의 상대적인 위치를 나타내기도 하고, 먼저와 나중으로 시간상의 선후 관계를 나타내기도 합니다. 전대미문 (前代未聞)은 이제까지 본 적이 없는 것을 말합니다. 전무후무(前無後無)는 이전에도 없었고 앞으로도 없을 것이라는 뜻으로 공전절후(空前絶後)와 같은 뜻입니다. 전인후과 (前因後果)는 전에 원인이 있으면 후에 그에 따른 결과가 온다는 뜻입니다.

중학	획수	회자	새김	발음
分	4	八刀	나눌	분
利	7	禾刀	이로울	리

'나눌' 분(分)에 나오는 팔(八)에는 '나누다, 가르다'라는 뜻이 있다고 설명했으니 여러분들이 생각해보기 바랍니다.

일 등을 나누어 맡는 것은 분담(分擔)이고, 분열(分列)은 각각 갈라져서 늘어서는 것입니다. 분열(分裂)은 찢어져 나뉘는 것입니다. 분외(分外)는 '제 분수 이상'의 뜻입니다. 분향매리(分香賣履)는 '향은 부인들에게 나눠주고 첩으로 할 일 없는 사람은 짚신 짜는 것을 배워 팔도록 하라'는 뜻인데, 조조(曹操, 155~220)가 남긴 유언에서 나온 성어입니다. 죽음을 앞두고 아내를 잊지 못한다는 뜻을 담고 있습니다.

'이로울' 리(利)는 '벼' 화(禾)에 '칼' 도(刀)가 붙어 벼를 베다가 원뜻이고, 거기에서 날카롭다는 뜻이 나옵니다.

끝이 뾰족하거나 날이 선 상태는 예리(銳利)한 것으로 본뜻에 가깝게 쓰인 것이고, 이익(利益)과 이해(利害)에서는 인신되어 물질적이나 정신적으로 도움이 된다는 뜻으로 쓰인 것입니다. 날카로워 잘 드는 칼은 이검(利劍)이라 하고, 자기 자신의 이익만을 꾀하는 것은 이기(利己)입니다. 이령지혼(利令智昏)은 이익을 탐하면 지혜가 어두워진다는 뜻으로 이성을 잃어 시비를 제대로 가리지 못하게 됨을 이릅니다. 이용후생(利用厚生)은 물자를 이용해 백성의 생활을 부유하게 하는 것으로 국사에서 실학(實學)과 관련되어 자주 나오는 단어이기도 합니다. 이해득실(利害得失)은 '이로움과 해로움' '얻음과 잃음'을 아울러 이르는 말입니다.

중학	획수	회자	새김	발음
別	7	呙刀	다를	별

'다를' 별(別)을 찾아보면 위아래로 '여덟' 팔(八) 자 두 개를 쓴 별(씨)이 나옵니다. 옛날에 쓰던 글자 그러니까 고자(古字)입니다. '가르다, 나누다'라는 뜻을 가진 팔(八)을 두 개나 썼으니 당연히 가르는 것이고, 갈라놓고 보면 다릅니다. 지금의 자형은 '칼' 도(刀)에 '입 비뚤어질' 와, 괘(呙, 咼와 동자)가 붙어 있습니다. 글자 모양이 워낙 비슷해 혼동을 일으키기 쉽기 때문에 부연 설명을 조금 하겠습니다. '다를' 별(別)에 쓰인 것은 와, 괘(呙)인데 아래에 '칼' 도(刀)가 붙은 것은 '가를' 과(剮)이고, '힘' 력(力)이 붙은 것은 '가를' 령(劦)입니다. 통상 많이 쓰고 있는 '別' 자형은 속자입니다.

서로 갈라져 떨어지는 이별(離別)은 별리(別離)라고도 합니다. 그때 슬퍼서 흘리는 눈물은 별루(別淚)입니다. 별도(別途)는 원래의 것에 덧붙여서 추가한 것을 말합니다. 별유천지(別有天地)는 이백(李白)의 「산중문답(山中問答)」이라는 시에 나옵니다. 별세계라는 뜻으로 우리가 살고 있는 세상 밖의 다른 세상이나 특별히 경치가 좋거나 분위기가 좋은 곳을 이릅니다.

중학	획수	회자	새김	발음
初	7	衣刀	처음	초

'처음' 초(初)에는 '옷' 의(衣)가 들어 있습니다. 옷을 지으려면 옷감[衣]을 입는 사람의 치수에 맞게 잘라야[刀] 합니다. 즉, 옷감을 칼로 잘라내어 마르는 것이니 처음으로 하는 작업입니다.

초간(初刊)은 원간(原刊)이라고도 하는데, 여러 차례 간행된 간행물의 최초 간행을 이릅니다. 초면(初面)은 처음으로 대하는 얼굴이나 또는 처음 만나는 처지입니다. 처음에 먹은 마음은 초심(初心)이고, 처음에 품은 뜻은 초지(初志)입니다. 초출모려(初出茅廬)는 초가집에서 처음 나온다는 뜻으로 제갈량(諸葛亮, 181~234)과 관련된 고사에서 나왔습니다. 유비(劉備, 160~223)의 삼고초려(三顧草廬)에 제갈량은 은둔 생활을 접고 유비 진영에 합류해 조조 군대와 싸워 첫 승리를 거두고 돌아옵니다. 여기서 지금은 젊은이들이 사회에 막 진출하는 것을 가리킵니다. 초년생이라서 아직 성숙한 단계는 아닙니다. 초생지독불외호(初生之犢不畏虎)에서 '두려워할' 외(畏)를 '두려워할' 파(怕)로 쓰기도 하는데, 갓 태어난 송아지는 호랑이가 무서운 것을 모른다는 뜻입니다. 바로 "하룻 강아지 범 무서운 줄 모른다"라는 우리 속담과 같습니다.

중학	획수	회자	새김	발음
則	9	貝刀	법칙/곧	칙/즉

'법칙' 칙(則)에 지금은 '조개' 패(貝)가 붙어 있습니다만, 금문에는 '솥' 정(鼎)으로 되어 있습니다. 사람들이 본 글자를 잘못 보거나 잘못 알아 바뀐 것입니다. 솥 속에 들

어 있는 고기를 나눈다[刀]는 뜻인데 나누려면 일정한 원칙이나 규칙, 법칙이 있어야 합니다. 이 글자는 첫머리에는 잘 오지 않고 규칙(規則), 세칙(細則), 수칙(守則) 등에 쓰입니다. '곧' 즉으로도 읽는 다음자인데, '~하면 곧(if ~then)'의 형식으로 쓰입니다.

중외	부수	획수	형자	회자	새김	발음
作	人	7	乍	卜刀	지을	작
絶	糸	12	卪	糸刀卪	끊을	절

'지을' 작(作)은 무언가를 하는 것, 만들어내는 것입니다. 갑골문에서는 '점' 복(卜)과 '칼' 도(刀)가 결합된 '잠깐' 사(乍)로 썼습니다. 점을 치기 위해 거북 껍데기에 칼자국을 내는 것입니다. 여기에서 '시작하다, 어떤 일을 하다, 만들다'라는 뜻을 갖습니다.

절(絶)은 칼[刀]로 실[絲]을 끊는 것입니다. 그래서 지사자나 회의자로 분류하기도 합니다. 전문에 이르러 '병부' 절(卪)을 더해 소리를 나타내는 형성자가 되었습니다.

중외	부수	획수	회자	새김	발음
解	角	13	角刀牛	풀	해

'풀' 해(解)의 갑골문은 두 손으로 소[牛]의 뿔[角]을 쥐고 소를 잡는 모양입니다. 그런데 나중에 손이 '칼' 도(刀)로 바뀌었습니다. 어찌됐든 쇠뿔을 쥐고 소를 잡는 형상입니다. 잡는 것은 가르고 나누는 것입니다. 여기에서 '풀다'라는 의미도 인신되어 나오게 되었습니다.

고교	획수	형자	새김	발음
刊	5	干	새길	간

'새길' 간(刊)은 칼[刀]로 자르거나 깎는 것이 본뜻입니다. 옛날에는 우선 목판에 글자

를 새긴 뒤 종이에 찍어 책을 만들었습니다. 이런 경우 한쪽 면에만 인쇄하게 되고, 인쇄면을 밖으로 하여 묶는 자루매기를 합니다. '책 펴낼' 간으로도 새깁니다.

책을 인쇄하여 만들어내는 것이 간행(刊行)이고, 처음 나온 판은 초간(初刊)입니다. 간경도감(刊經都監)은 조선 시대에 불경의 번역 및 간행을 맡아보던 임시 관아로 수많은 불경을 언해해 간행했습니다. 도감(都監)은 나라에 일이 있을 때 임시로 세우는 관아를 말합니다.

고교	획수	형자	새김	발음
刻	8	亥	새길	각

새김은 똑같이 '새길'로 되어 있습니다만, 각(刻)은 비중이 '새긴다는 동작' 자체에 놓인 글자입니다. 그러니까 간(刊)은 책을 만들기 위해 새기는 것이고, 각(刻)은 그런 행위 자체를 가리키는 것입니다.

각고(刻苦)는 어떤 일을 이루기 위하여 어려움을 견디며 몸과 마음을 다하여 무척 애를 쓰는 것이고, 각골(刻骨)은 뼈에 새긴다는 뜻으로 마음속에 깊이 새기는 것을 이릅니다. 각인(刻印)은 도장을 새기는 것이나 머릿속에 새겨 넣듯 깊이 기억되는 것을 말합니다. 오리나 거위 등의 일부 조류는 부화한 뒤 어느 특정 시점에 가장 먼저 눈에 들어오는 것을 어미로 여긴다고 합니다. 그때 보이는 모습이 각인(imprinting)되는 것인데 그 시기를 결정적 시기(critical period)라고 합니다. 사람을 유독 따라다니는 오리의 행동도 이런 기제로 설명합니다. 각골난망(刻骨難忘)은 남에게 입은 은혜가 뼈에 새길 만큼 커서 잊히지 않는 것이며, 각골명심(刻骨銘心)은 어떤 일을 뼈에 새길 정도로 마음속 깊이 새겨두고 잊지 않는 것입니다. 각주구검(刻舟求劍)은 융통성 없이 현실에 맞지 않는 낡은 생각을 고집하는 어리석음을 이르는 말입니다. 초나라 사람이 배에서 칼을 물속에 떨어뜨리고 그 위치를 뱃전에 표시하였다가 나중에 배가 움직인 것을 생각하지 않고 칼을 찾았다는 데서 유래하였습니다. 『여씨춘추』의 〈찰금편(察今篇)〉에 나오는 말입니다.

고교	획수	형자	새김	발음
削	9	肖	깎을/채지/칼집	삭/소/초

'깎을' 삭(削)의 형성 자소는 '닮을' 초(肖)입니다. 본뜻은 자소에서도 볼 수 있는 것처럼 조그만[小] 고기[肉] 조각인데, 물체의 표면을 작은 고기 조각처럼 깎아내는 것[刀]을 가리킵니다.

삭감(削減)은 깎아 줄이는 것이며, 삭제(削除)는 깎아 없애거나 지워버리는 것입니다. 삭탈(削奪)은 삭탈관직(削奪官職)의 준말로 죄를 지은 자의 벼슬과 품계를 빼앗고 벼슬아치의 명부에서 그 이름을 지우던 것입니다. 삭족적리(削足適履)는 발을 깎아 신에 맞춘다는 뜻으로, 뭔가를 억지로 맞춰보려는 것을 말합니다.

고교	획수	형자	새김	발음
創	12	倉	비롯할	창
劍	15	僉	칼	검

'비롯할' 창(創)은 '곳집' 창(倉)이 소리를 나타내는 형성자입니다만 상형자라는 주장도 있습니다. 칼로 쪼개고 자른다는 것이 본뜻입니다.

창조(創造), 창세기(創世記) 등에 쓰입니다. 그런데 창상(創傷)이라고 할 때는 칼이나 창, 총검에 의한 상처를 뜻합니다. 창안(創案)은 어떤 방안, 물건 따위를 처음으로 생각하여 내거나 또는 그런 생각이나 방안을 말합니다. 창의(創意)는 새로운 의견을 생각하여 내거나 또는 그 의견을 말합니다. 창업수통(創業垂統)은 공적을 세워 자손들에게 물려주는 것입니다.

'칼' 검(劍)의 형성 자소는 '다' 첨(僉)으로 발음을 나타냅니다. 첨(僉)은 여러 사람이 이구동성으로 한 소리를 내는 것을 가리키는 것에서 '다, 모두'의 뜻을 나타냅니다.

검객(劍客)이나 검사(劍士)는 칼 쓰기 기술 즉, 검술(劍術)에 능한 사람이며, 검협(劍俠)은 검술에 능한 협객입니다. 검발노장(劍拔弩張)은 칼을 뽑고 쇠뇌를 당겼다는 뜻으로 일촉즉발의 위기 상황을 이릅니다.

고교	획수	형자	회자	새김	발음
切	4	七	七刀	끊을/온통	절/체

'끊을' 절(切)은 막대기나 몽둥이[一]를 칼[刀]로 자르는 것입니다. 칠(七)은 소리도 나타내는데, 중국어 속어에서 칠(七)은 절(切)과 같은 발음이라고 합니다. 인신되어 '간절하다, 정도가 심하다'는 뜻도 나타냅니다.

절감(切感), 절금(切禁), 절망(切望)에서는 정도가 심한 것을 나타냅니다. 절단(切斷)은 잘라 끊는 것입니다. '一切'은 '모든 것'이라는 명사로 쓰일 때에는 '일체'로 읽고, '모든 것을 다'라는 뜻의 부사로 쓸 때에는 '일절'로 읽습니다. 일절에는 '아주, 전혀, 절대로'의 뜻이 있습니다. 절차탁마(切磋琢磨)는 옥이나 돌 따위를 갈고 닦아서 빛을 낸다는 뜻으로 부지런히 학문과 덕행을 닦음을 이르며 『시경·위풍(衛風)』의 〈기오편(淇澳篇)〉과 『논어』의 〈학이편(學而篇)〉에 나오는 말입니다. 절차탁마(切磋琢磨)를 한 글자씩 새겨보면 절(切)은 뼈를, 차(磋)는 상아를, 탁(琢)은 옥을, 그리고 마(磨)는 돌을 가공해 기물을 만드는 것을 이릅니다.

고교	획수	형자	회자	새김	발음
券	8	桊	丿刀	암쪽, 문서	권

'주먹밥 쥘' 권(桊)은 '암쪽 권(券)'의 소리를 나타낸다고는 합니다만, 현재 자형에서 그 모양을 찾아보기가 힘듭니다. 회의 자소로 쓰인 '丿'은 유일하게 『송본광운(宋本廣韻)』에 "권(桊)을 줄여 쓰는 형태"라는 설명이 있을 뿐, 대부분 자전에는 새김과 발음이 올라 있지 않습니다. 하지만 '주먹' 권(拳), '책' 권(卷), '암쪽' 권(券)에서 볼 수 있는 것처럼 분명 자소로서 역할을 하고 있습니다.

암쪽은 어음과 관련된 말입니다. 어음은 잘 아시듯, 채무자가 채권자에게 지급을 약속한 표시입니다. 내용과 날짜와 채무자의 이름을 적은 다음 수결이나 도장을 지르고 두 쪽으로 나눕니다. 왼쪽이 암쪽인데 채무자가 갖고, 오른쪽은 당연히 수쪽이겠지요. 채권자가 지니는 부분입니다. 나중에 서로를 맞춰서 서류가 확실한 것을 입증하기 위한 수단으로 삼는 것입니다.

권두언(卷頭言)은 책의 머리말입니다. 권설(卷舌)은 '혀를 말다'라는 뜻으로 감탄하거나 경탄함을 이르고, 줄자(tape measure)를 한자어로는 권척(卷尺)이라고 합니다. 권토중래(捲土重來)는 땅을 말아 일으킬 것 같은 기세로 다시 온다는 뜻으로 한 번 실패하였으나 힘을 회복하여 다시 쳐들어옴을 이릅니다. 중국 당나라 두목의 「오강정시(烏

江亭詩)」에 나오는 말로 항우가 유방과의 결전에서 패하여 오강(烏江) 근처에서 자결한 것을 탄식한 말에서 유래되었습니다.

고교	획수	형자	회자	새김	발음
刷	8	㕞省	㕞省刀	인쇄할	쇄

'인쇄할' 쇄(刷)는 칼[刀]로 파내는 것, 즉 새기는 것이 본뜻입니다. '씻다, 솔질하다' 라는 뜻을 갖고 있는데 이것은 옛날 인쇄 방식이 종이를 목판에 대고 솔질을 했던 것과 관련이 있겠습니다.

자소자는 '닦을' 쇄(㕞)입니다. 손[又]에 수건[巾]을 들고 몸[尸]에 붙은 먼지 등을 털어낸다는 것이 본뜻으로 닦는다는 뜻을 나타냅니다. '㕞'의 발음을 '설'로 올리고 있는 사전도 있습니다만『설문』에서 이 두 글자의 발음은 같은 것[所劣切]으로 나와 있어 '쇄'가 맞는 발음이 아닐까 합니다.

쇄소(刷掃)는 쓸고 닦아 깨끗이 하는 것입니다. 쇄신(刷新)은 그릇된 것이나 묵은 것을 버리고 새롭게 하는 것입니다.

格物 003. 금속 활자(金屬活字)와 인쇄술(印刷術)

인쇄는 사실 도장 파는 것의 확장으로 생각해볼 수도 있겠습니다. 여러 개의 나무 도장을 하나의 판에 새긴 것은 목판이고, 금속에 새긴 것은 금속판입니다. 소량 인쇄의 경우에는 이런 판본을 제작하는 것이 비효율적일 수 있습니다. 이때는 활자를 하나하나 새겨놓은 뒤에 책의 내용에 맞춰 글자를 뽑아 쓰게 되는데, 이것을 문선(文選)이라고 합니다. 활판에 한 글자 한 글자 심습니다. 식자(植字)라고 합니다. 다음에는 이 활판에 물감을 바르고 종이를 댄 뒤 찍어냅니다. 이제는 전산화가 되어 있어 이런 과정 자체가 유물이 된 느낌입니다만, 철저히 수작업이었습니다.

금속 활자는 중국이 다른 주장을 하고 있기는 하지만, 우리 선조들의 발상이고 창조물로 알려져 있습니다. 그래서 더러 금속 인쇄술도 우리의 업적인 것으로 주장하는데, 필자 개인적인 판단은 온전히 구텐베르그(Gutenberg)의 업적이라고 생각합니다.

실제 서구에서 최근에 나온 학술서에는 구텐베르그가 고려에서 인쇄된 금속 활자본을 보았을 것이라고 추정하고도 있습니다. 당시 원의 지배하에 있었고, 원은 대제국이어서 지금보다 훨씬 더 국제간의 교류나 왕래가 자유로워 책이 오갔을 것이라고 합니다. 문제는 활판에 있습니다. 위에서 말한 것처럼 우리나라나 중국에서 책을 찍어내는 것은 완전한 수작업이었습니다. 판에 물감을 바르고 종이를 댄 뒤 물감이 제대로 묻어나도록 비나 천으로 문질러주는데, 인쇄(印刷)에서 쇄(刷)는 바로 그렇게 솔질하는 것을 나타내는 글자입니다. 마지막으로, 글자가 박힌 종이를 떼어내 책으로 제본합니다. 이런 인쇄 방법을 쓰면 양면이 아니고 단면만을 쓰게 됩니다. 그래서 인쇄된 면이 밖으로 드러나도록 자루매기를 합니다.

그런데 구텐베르그는 이 활판 자체가 움직이는 방법을 고안해냈습니다. 그가 이용한 것은 포도를 으깨내는 압착기(press)였습니다. 중세 유럽에서는 포도주를 많이 만들었습니다. 이때 압착기를 이용해 짜냈는데, 구텐베르그는 이 압착기로 활판을 고정시키는 방법을 생각해낸 것입니다. 이제 활판(活版)은 말 그대로 살아 있는 판이 되어 움직일 수 있게 되었습니다. 이후 이 활판 인쇄에 적합한 잉크의 비약적인 발전도 가져오게 됩니다.

고교	획수	형자	회자	새김	발음
刺	8	朿	朿刀	찌를	자
剛	10	岡	岡刀	굳셀	강

'찌를' 자(刺)는 '가시' 자(朿)와 '칼' 도(刀)로 이루어진 글자입니다. 날카롭고 뾰족한 것으로 찌른다는 뜻을 나타냅니다.

자객(刺客)은 사람을 몰래 죽이는 일을 전문으로 하는 사람을 말하고, 칼 같은 뾰족한 기물에 찔려 생긴 상처가 자상(刺傷)입니다. 자자(刺字)는 얼굴이나 팔뚝의 살을 따고 홈을 내어 먹물로 죄명을 찍어 넣던 벌입니다.

강(岡)은 산등성이를 가리킵니다. '굳셀' 강(剛)의 고문(古文)은 산등성이 강(岡)이 아니라 '그물' 망(网)을 써 칼로 그물을 자르는 것으로 굳세다는 것을 나타냈는데 자형이 변한 것입니다. 물체가 굳고 단단한 것을 강(剛)하다고 합니다.

강단(剛斷)은 굳세고 꿋꿋하게 견디어내는 힘이나 어떤 일을 야무지게 결정하고 처리하는 힘을 말합니다. 강직(剛直)한 것은 마음이 꿋꿋하고 곧은 것입니다. 강퍅(剛愎)은 성격이 까다롭고 고집이 센 것을 말합니다. 강의목눌(剛毅木訥)은 『논어』의 〈자로(子路)〉에 나오는 말입니다. 강직하고 과감하고 질박하고 말이 무디다는 뜻인데, 그러면 인(仁)에 가깝다고 합니다.

고교	획수	형자	회자	새김	발음
副	11	畐	畐刀	버금	부

고문에서 **부(副)**는 술이 가득한 술 단지를 두 개로 가르는 형상[畐]을 하고 있습니다. 갈라 나누는 것이 본뜻입니다. 갈라진 것 사이에는 일정한 관계가 있기 마련입니다. 여기에서 버금의 뜻으로 인신됩니다.

'버금' 부(副)의 자소자는 '나비' 복(畐)입니다. 나비는 피륙, 종이 따위의 너비를 말합니다. 고양이를 이르는 말도 나비이고, 꽃을 찾는 곤충도 나비죠. 더러는 원숭이 즉, 잔나비를 줄여서 나비라고도 합니다.

부관(副官)은 부대장이나 지휘관의 명령을 받아 작전 명령 이외의 모든 명령의 처리와 각종 행정 업무를 맡아보는 참모 장교입니다. 부본(副本)은 원본과 동일한 내용의 문서로 원본의 훼손에 대비하여 예비로 보관하거나 사무에 사용하기 위하여 만듭니다. 원본을 부본과 상대해 이를 때에는 정본(正本)이라고 합니다. 부응(副應)은 어떤 요구나 기대 따위에 좇아서 응하는 것입니다.

고교	획수	형자	회자	새김	발음
割	12	害	害刀	벨	할

'벨' 할(割)은 칼이나 뾰족한 것으로 물체를 베거나 자르는 것을 나타냅니다. 해(害)는 발음은 물론 나눈다는 뜻도 나타냅니다.

할거(割據)는 땅을 나누어 차지하고 굳게 지키는 것이고, 할당(割當)은 몫을 갈라 나누는 것입니다. 할애(割愛)는 소중한 시간, 돈, 공간 따위를 아깝게 여기지 아니하고 선뜻 내어주는 것을 이릅니다. 베거나 잘라서 나누는 것이 분할(分割)입니다. 할비지맹(割臂之盟)은 팔을 베어 나오는 피로 맹세를 한다는 뜻으로 남녀가 사랑해 남몰래 결혼 약속을 하는 것을 이릅니다. 할석분좌(割席分坐)는 자리를 갈라서 따로 앉는다는 뜻으로 교제를 끊고 같은 자리에 앉지 아니함을 비유적으로 이릅니다. 할은단정(割恩斷情)은 애틋한 사랑을 끊는 것입니다. 할계언용우도(割鷄焉用牛刀)는 '닭 잡는 데 어찌 소 잡는 칼을 쓰랴'라는 뜻으로 작은 일에는 큰 역량이 필요하지 않음을 이릅니다. "호랑이 잡을 칼로 개를 잡는 것 같다"라는 우리 속담은 칼의 날이 들지 않는 것을 이르는 말로 전혀 다른 의미입니다.

고교	획수	형자	회자	새김	발음
劃	14	畫	畫刀	그을, 쪼갤	획
劇	15	豦	豦刀	심할	극

베거나 물체의 표면에 획을 긋는 것이 **획(劃)**입니다. 서예에서는 보통 붓을 대어 한 번에 쓰는 부분을 획이라고 합니다만, 초서 등에서는 여러 획으로 된 글자를 한 번에 쓰기도 하기 때문에 일률적으로 말하기는 어렵습니다.

획기적(劃期的)은 어떤 과정이나 분야에서 전혀 새로운 시기를 열어놓을 만큼 뚜렷이 구분되거나 또는 그런 것입니다. 획일(劃一)한 것은 모두가 한결같아서 변함이 없거나, 줄을 친 듯 가지런한 것을 말합니다.

'심할' **극(劇)**자는 사실 연극(演劇)이나 극장(劇場) 등의 단어에서 볼 뿐 심하다는 의미로 쓰이는 예가 많지 않습니다. 하지만 자소자[豦]를 보면 짐작을 할 수 있습니다. 호랑이[虎]와 돼지[豕]가 대치하고 있습니다. '맞붙어 떨어지지 않을' 거(豦)로 사생결단을 내야 할 형국임을 알려주는 글자입니다.

정도가 아주 심한 것을 극심(極甚)하다고 하는데 극심(劇甚)으로도 씁니다. 극약(劇藥)은 독약보다는 약하나 적은 분량으로 사람이나 동물에게 위험을 줄 수 있는 약품입니다. 극작(劇作)은 연극의 각본을 쓰는 것을 이릅니다.

고교	획수	회자	새김	발음
制	8	**刀未**	지을, 법	제

갑골문의 '지을' 제(制)는 '나무' 목(木)에 '칼' 도(刂)가 결합된 형태입니다. 칼로 나무를 깎는 것이 본뜻이고, 그것은 바로 무언가를 만드는 것, 짓는 것입니다.

추상적인 것, 생각으로 만들어내는 것에는 제작(制作)을 많이 쓰고, 물건 등 구체적인 것을 만들어내는 데에는 제작(製作)을 많이 씁니다. 제도(制度)는 관습이나 도덕, 법률 따위의 규범이나 사회 구조의 체계입니다. 제어(制御)는 상대편을 억눌러서 제 마음대로 다루거나, 기계나 설비 또는 화학 반응 따위가 목적에 알맞은 작용을 하도록 조절하는 것입니다. '나무' 목(木)에서 분화되어 나온 '아닐' 미(未)의 현재 글자 모양은 금문에서 나왔습니다.

고외	부수	획수	형자	회자	새김	발음
召	**口**	5	**刀**	**刀口**	부를	소
契	**大**	9	**大**	**㓞大**	맺을/근고할/부족이름/사람이름	계/결/글/설

'부를' 소(召)는 본 부수인 '입' 구(口) 부에 나오는 설명을 참고하기 바랍니다. 간단히 설명하면 여기에 있는 '칼' 도(刀)는 칼이 아니고 숟가락입니다. 숟가락으로 술을 떠 마시면서[口], 다른 사람도 와서 마시라고 부르는 것입니다. 누군가에게 오라고 입[口]으로 부르는 것은 소(召)이고, 손짓[手]으로 부르는 것은 초(招)입니다.

'맺을' 계(契)는 계약(契約)에 쓰는 글자인데, 다음자로 새김과 발음이 여러 가지입니다. 삶을 위하여 애쓰고 고생한다는 뜻의 '契闊'은 '결활'로 읽습니다. 거란족을 나타낼 때에는 글안(契丹)으로 읽습니다. 은 왕조의 시조를 나타낼 때에는 '설'로 읽습니다.

자소자 '㓞'는 나무에 새겨 사실을 적는 것을 본뜻으로 봅니다. '잘게 썰' 갈, '맺을' 계로 새기는 다음자입니다.

고외	부수	획수	형자	회자	새김	발음
辨	辛	16	辡	辡刀	분별할	변

'분별할' 변(辨)의 자소자는 '죄인 서로 송사할' 변(辡)입니다. 내가 아니라 상대방의 잘못이라고 따지는 것입니다. 그러면 잘잘못을 칼[刀]로 자르듯 나누어 가려내야 합니다. 분별하는 것입니다.

옳고 그름이나 좋고 나쁨을 가리는 것이 변별(辨別)입니다.

고외	부수	획수	회자	새김	발음
班	玉	10	珏刀	나눌	반
罰	网	14	詈刀	벌할	벌

중국에서는 옥(玉)을 아주 귀하고 상서로운 것으로 여겼습니다. 그래서 신표(信標)로 쓰기도 했는데, 옥을 둘로 나누어 각자 하나씩 갖고 나중에 그것을 맞춰서 틀림없음을 확인하기도 했습니다. 반(班)은 바로 그런 뜻을 나타냅니다. 옛날에 패옥을 찰 때에는 5개씩 한 줄에 꿰어 두 줄을 찼다고 합니다. 옥 두 줄을 가리키는 글자가 자소인 '쌍옥' 각(珏)입니다.

벌(罰)은 '그물' 망(网), '말씀' 언(言)에 '칼' 도(刀)로 나누기도 합니다. 말[言]이 법망[网]에 거슬리는 경우 가벼운 형벌[刀]을 받아야 함을 나타냅니다. 詈는 '꾸짖을, 욕할' 리이니 법망(法網)에 걸린 사람을 꾸짖고 욕하는 것으로 이해할 수도 있겠습니다.

벌금(罰金), 벌주(罰酒), 벌칙(罰則) 등에 쓰입니다. 벌불책중(罰不責衆)은 여러 사람이 불법을 저지르는 경우에는 처벌하기가 어렵다는 뜻입니다. 한 사회의 관습처럼 굳어버리기 때문입니다. 일벌백계(一罰百戒)는 한 사람을 벌주어 백 사람을 경계한다는 뜻으로 다른 사람들에게 경각심을 불러일으키기 위하여 본보기로 한 사람에게 엄한 처벌을 하는 일을 이릅니다. 예전에는 군대에서 '시범 케이스'라는 말로 이렇게 처리하는 경우가 종종 있었는데, 처벌을 받는 당사자로서는 억울한 면도 없지 않습니다. 하지만 이제 구타와 기합이 없어졌다니 옛말입니다.

R019

힘 력(力) 부

	갑골	금문	전문	해서

갑골문의 '힘' **력(力)**은 팔뚝이 굽은 모양을 본떴습니다. 거기에서 힘이 숨어 있음을 나타냅니다. 부수로 쓰여 '힘이 있다', '힘을 들이다'는 뜻을 나타냅니다. '힘' 력(力)은 땅을 가는 쟁기 모양을 본뜬 것이라고 설명하기도 합니다. 필자가 보기에는 팔뚝보다는 쟁기에 더 가까운 모양으로 보이긴 합니다. 상형자로 분류됩니다.

중학	획수	새김	발음
力	2	힘	력

역공(力攻)은 힘을 다하여 공격하는 것이고, 역농(力農)은 힘써 농사를 짓는 것입니다. 역량(力量)은 어떤 일을 해낼 수 있는 힘을 말합니다. 역불종심(力不從心)은 마음은

어떤 일을 할 수 있을 것 같은데 역량이 따라주지 않는 것을 이릅니다. 흔히 노인들이 "몸이 예전 같지 않아"라는 말씀을 하시는데, 바로 그런 경우에 해당됩니다. 역투지배 (力透紙背)는 필력이 종이 뒷면까지 뚫고 나간다는 뜻으로 서예에서 힘 있는 글씨를 가리키던 말입니다. 지금은 시문의 의미가 깊고 심오한 것을 이릅니다. '힘' 력(力)과 관해 서는 아무래도 항우(項羽)의 글이 떠오르지 않을까 합니다.

格物 004. 항우(項羽, BC 232~202)의 해하가(垓下歌)

『사기(史記)』의 〈항우본기(項羽本紀)〉에 나오는 글로 중국 초나라 항우가 지은 노래 입니다. 해하(垓下)에서 한(漢)나라 고조에게 포위되었을 때 형세가 이미 기울어져 앞날 이 다한 것을 슬퍼하는 내용입니다.

> 역발산혜기개세 시불리혜추불서 추불서혜가내하 우혜우혜내약하
> [力拔山兮氣蓋世 時不利兮騅不逝 騅不逝兮可奈何 虞兮虞兮奈若何]

> 힘은 산을 뽑고 기개는 세상을 덮을 수 있지만, 때 불리하니 오추마 나아가지 않는구나. 오추마 나아가지 않으니 어이 할꼬, 우희야, 우희야! 너를 어이할꼬.

여기서 오추마(烏騅馬)는 검은 털에 흰 털이 섞인 말로, 항우가 타던 말입니다. 우(虞) 는 애비(愛妃)였던 우희(虞姬)인데, 전설에 따르면 그녀는 초나라 군영에서 자결했다고 하고, 항우는 오강(烏江)에서 유방의 군대와 끝까지 싸우다 자결합니다. 이 슬프고도 아 름다운 사랑은 문학이나 예술 작품의 소재가 됩니다. 패왕별희(覇王別姬)인데, 이 말은 성어로도 쓰여 대중과는 떨어져 독단을 하다가 끝내 무너져 망하는 것을 가리킵니다.

중학	획수	형자	새김	발음
勉	9	免	힘쓸	면

'힘쓸' **면(勉)**의 전문은 아기를 낳은 형상을 그리고 있습니다. 아기를 낳을 때처럼 힘을 다한다는 뜻입니다.

자소자는 '면할' 면(免)인데, 옛날 상이 나면 관을 벗고 흰색 천으로 머리를 감쌌는데, 그 모양을 그리는 글자로 알려져 있습니다.

면강(勉强)은 억지로 하거나 시키는 것입니다. 일본어에서는 같은 한자를 쓰지만 '공부하다'라는 뜻으로 다른 의미를 갖습니다. 면려(勉勵)는 스스로 애써 노력하거나 힘을 쓰는 것을 나타내기도 하고, 다른 사람을 고무하여 힘쓰게 한다는 뜻도 있습니다. 면종(勉從)은 마지못하여 복종하거나 무슨 일을 힘써 행하는 것이고, 면학(勉學)은 학문에 힘쓰는 것입니다.

중학	획수	형자	새김	발음
勸	20	雚	권할	권

'권할' 권(勸)은 다른 사람에게 뭔가를 하도록 장려하는 것입니다. 좋은 일만 가리키고, 나쁜 일을 하도록 부추기거나 그런 데에는 쓰지 않습니다.

자소자 '雚'은 우리 자전에서 '황새' 관, '박주가리, 물억새' 환으로 올라 있습니다. 부엉이, 올빼미라고 설명하는 경우도 있습니다. 묘두응(猫頭鷹) 즉, '고양이 대가리 모양을 한 매'라는 뜻입니다. 새의 대가리에 길고 더부룩하게 난 털을 '도가머리'라고 하는데, 그것이 꼭 고양이의 귀가 쫑긋 선 것처럼 보입니다. 이 글자가 식물도 되고 동물도 되는 것은 위에 있는 자형에서 혼동을 일으켰기 때문으로 보입니다. '부엉이' 환(雈)은 『설문』에서는 독립된 부수로 위가 붙어 있지 않습니다. '풀' 초(艹)가 아니라 '총각' 관(卝)입니다. 『단주』에서 광물의 원석이 관(卝)의 본뜻이라 했고 여기서 인신되어 '총각'을 뜻하게 되었다고 합니다. 새[隹]의 도가머리[卝]가 머리를 땋아 묶은 총각과 같은 모양임을 보여주는 것입니다. 그런데 환(雈)의 자형이 비슷해 세속에서 '풀' 초(艹)로 쓰면서 '물억새' 환(萑), '익모초' 추(萑)가 되어 동물도 되고 식물도 되었습니다. 본래 환(雈)과 추(萑)로 서로 다른 글자입니다만 오랫동안 언중이 그렇게 써왔기 때문에 지금 바로잡는 방법은 없습니다. 혹 뭔가 궁금한 학생들의 학문적인 호기심을 해결해주기 위한 설명입니다. 지금 고양이나 새에 대가리라는 말을 쓰면서, 동물의 머리는 대가리가 맞는데도 조금 이상한 느낌이 듭니다. 요즘은 동물의 경우도 대부분 머리라고 쓰기 때문입니다. 말도 살아 있는 생물이어서 그 쓰임이 끊임없이 변합니다.

권하며 격려해 힘쓰게 하면 권면(勸勉), 장려하면 권장(勸奬), 달래면 권유(勸誘)입니다. 권선징악(勸善懲惡)은 착한 일을 권장하고 악한 일을 징계하는 것입니다.

중학	획수	형자	회자	새김	발음
功	5	工	工力	공	공

힘[力]을 들여 집을 짓는 등 각종 일[工]을 하는 것이 **공(功)**입니다.

공과(功過)는 공로와 과실을 아울러 이르는 말이고, 공로(功勞)는 일을 마치거나 목적을 이루는 데 들인 노력과 수고 혹은 그를 통해 이룬 결과로서의 공적입니다. 공리(功利)는 공로와 이익을 아울러 이르는 말이며, 공명(功名)은 공을 세워서 자기의 이름을 널리 드러내는 것이나 또는 그 이름을 말합니다. 공성명수(功成名遂)는 공을 이루어 이름을 크게 떨치는 것이며, 공명부귀(功名富貴)는 보통 부귀공명(富貴功名)으로 쓰는데, 재산이 많고 지위가 높으며 공을 세워 이름을 떨치는 것입니다. 공성신퇴(功成身退)는 공을 세워서 이룬 뒤에 그 자리에서 물러나는 것입니다. 공휴일궤(功虧一簣)라는 말이 있습니다. 산을 쌓아 올리는 데 한 삼태기의 흙을 게을리하여 완성을 보지 못한다는 뜻으로 거의 이루어진 일을 중지하여 오랜 노력이 아무 보람도 없게 됨을 비유적으로 이르는 말입니다.

중학	획수	형자	회자	새김	발음
助	7	且	且力	도울	조

'도울' **조(助)**에 대한 설명은 여러 가지가 있습니다만, '또' 차(且)는 남성의 생식기를 가리키며 조상이 같은 사람들을 나타낸다는 것입니다. 그러니까 한 가족의 구성원들이 힘[力]을 더하는 것입니다.

힘을 써 도와주는 것이 조력(助力)이고, 어떤 말과 다른 말과의 문법적 관계를 표시하거나 그 말의 뜻을 도와주는 품사는 조사(助詞)입니다. 조아장목(助我張目)은 내 눈이 뜨이게 도와준다는 뜻으로 다른 사람의 도움이나 찬조를 받아 자신의 기세를 드높이는 것입니다. 조주위학(助紂爲虐)은 학정을 일삼은 주나라의 마지막 왕 주왕(紂王)을 도와 나쁜 짓을 한다는 뜻으로 나쁜 사람을 도와 나쁜 짓을 하는 것을 이릅니다.

중학	획수	형자	회자	새김	발음
勇	9	甬	甬力	날랠	용
動	11	重	重力	움직일	동

'날랠' 용(勇)에서는 자형이 바뀌는 것에 유념하십시오. 자소자인 '길' 용(甬)의 '길'은 양쪽이 담으로 둘러싸인 길입니다. 고문 연구에서는 쇠북꼭지라거나, 손에 들게 되어 있는 쇠북, 종 윗부분에 돌기 모양으로 튀어나온 것을 가리킨다고도 합니다. 돌기가 튀어나온 것처럼 힘차게[力] 튀어나오는 것[甬]을 가리키는 것으로 보입니다.

용감(勇敢)한 것은 용기가 있으며 씩씩하고 기운찬 것입니다. 용감하고 사나워 용맹(勇猛)이고, 용왕(勇往)은 용진(勇進)과 같은 뜻으로 용감하게 나아가는 것입니다. 용맹정진(勇猛精進)은 본래 불교에서 해탈을 위해 힘써 수행하는 것을 이릅니다만, 지금은 부단히 노력해 앞으로 나아가는 것을 가리키기도 합니다. 용왕직전(勇往直前)은 용왕매진(勇往邁進)과 같은 뜻으로, 거리낌 없이 용감하고 씩씩하게 나아가는 것을 이릅니다.

동(動)은 무거운 물건[重]에 힘[力]을 쓰는 것에서 '움직이다'라는 뜻이 나왔습니다.

동맥(動脈)은 심장에서 피를 신체 각 부분에 보내는 혈관입니다. 동정(動靜)은 물질의 운동과 정지 혹은 사람이 일상적으로 하는 일체의 행위를 말합니다. 동첩득방(動輒得謗)은 무슨 일이든지 해보려고 움직이기만 하면 번번이 남에게 꾸지람을 듣는 것을 말합니다. 여기서 '득방'을 『표준』에서는 '뜩빵'으로 읽는다고 나옵니다. 동첩득구(動輒得咎)도 같은 뜻입니다.

중학	획수	형자	회자	새김	발음
務	11	敄	力敄	힘쓸	무

'힘쓸' 무(敄)에 '힘' 력(力)을 더한 것도 '힘쓸' 무(務)로 새김이 같습니다. 무(敄)의

본뜻은 창[矛]으로 힘차게 공격한다[攵]는 뜻이고, 무(務)는 '힘' 력(力)을 더해 뜻을 강화한 글자입니다.

무망(務望)은 힘써 바란다는 뜻이고, 무실(務實)은 참되고 실속 있도록 힘쓰는 것입니다.

중학	획수	형자	회자	새김	발음
勞	12	熒省	熒省力	일할	로

'일할' 로(勞)에 대한 설명은 두 가지가 있습니다. 하나는 윗부분이 술잔을 나타내며 힘들게 일한 사람에게 위문을 하는 것이라고 합니다. 자형은 몰라보게 변했습니다. 또 한 가지 설명은 화톳불이 밤새 꺼지지 않으려면 장작을 쪼개어 넣어야 하는데 거기서 힘쓰고 고생한다는 뜻이 나왔다고 합니다. 두 가지 설명을 첨부하는 이유는 한자의 유래를 설명하는 데에 딱히 이것만이 맞는 설명이라고 하기가 어려움을 보여주기 위해서입니다. 몇천 년을 두고 변해온 글자이니, 앞에서도 여러 번 설명했듯 어느 시기 어떤 자형을 분석의 대상으로 삼는가에 따라 설명이 달라지기 때문입니다. 그러니 여러분은 정설처럼 확실히 정해진 것을 빼놓고는 한자를 기억하고 익히기 쉬운 설명을 택하는 것도 요령이 되겠습니다.

자소자인 '등불' 형(熒)은 '빛날' 형으로 새기기도 하지요. 아래의 '불' 화(火)를 '벌레' 충(虫)으로 바꾸면 형설지공(螢雪之功)의 '반딧불이' 형(螢) 즉, '개똥벌레' 형이 됩니다.

노곤(勞困)한 것은 나른하고 피로한 것입니다. 노동(勞動)은 몸을 움직여 일을 하는 것입니다. 노임(勞賃)은 '노동임금(勞動賃金)'을 줄여 이르는 말로 품삯입니다. 노민상재(勞民傷財)는 백성을 힘들게 하고 재물까지 낭비하는 것입니다. 노심초사(勞心焦思)는 몹시 마음을 쓰며 애를 태우는 것이며, 노연분비(勞燕分飛)는 때까치와 제비가 서로 나뉘어 날아간다는 뜻으로 사람들 사이의 이별을 비유적으로 이르는 말입니다. 여기서 로(勞)는 백로조(伯勞鳥)라고 하여 때까치를 나타냅니다. 노이무공(勞而無功)은 애는 썼으나 보람이 없는 것입니다.

중학	획수	형자	회자	새김	발음
勝	12	朕	朕力	이길	승

'이길' 승(勝)은 '나' 짐(朕)에 '힘' 력(力)이 결합된 글자로 어떤 일을 맡을 수 있다는 것이 본뜻입니다. 거기에서 인신되어 '이기다, 무엇을 능가하다, 뛰어넘다'라는 뜻도 나타냅니다.

자소자인 '나' 짐(朕)은 일인칭 대명사이지만 아무나 쓰는 것은 아니고 천자가 자신을 가리킬 때에 쓰는 말입니다. 진시황 때부터 이렇게 쓴 것으로 알려져 있습니다. 덕이 부족한 사람이라는 뜻의 과인(寡人)과 쓰임이 같습니다. 그런데 재미있는 것은 '나' 짐(朕) 자의 본래 자형은 '배' 주(舟) 자에 두 손에 노를 든 모양을 더하고 있다는 사실입니다. 즉, 노를 잡고 목적지를 향해 나가는 것입니다. 당연히 힘[力]이 들어가게 되고 힘을 주는 쪽이 이기게 됩니다.

승부(勝負)는 이기고 지는 것이며, 승산(勝算)은 이길 수 있는 가능성을 말합니다. 싸움에서 이겨서 승전(勝戰)이고, 승지(勝地)나 경승지(景勝地)는 경치가 좋은 곳입니다. 승패병가(지)상사(勝敗兵家(之)常事)는 싸움에서 이기기도 하고 지기도 하는 것처럼 일에도 성공(成功)과 실패(失敗)가 있다는 뜻입니다.

중학	획수	형자	회자	새김	발음
勤	13	堇	堇力	부지런할	근

'부지런할' 근(勤)은 고문에서 지금처럼 '힘' 력(力)을 쓰지 않고 '불' 화(火)를 썼습니다. 어렵게 힘쓰며 일한다는 데에서 부지런하다는 뜻이 나온 것으로 봅니다.

자소자 근(堇)은 보통 '진흙' 근으로 새깁니다. 『설문』에서는 독립된 부수로 점토라고 설명하고 있습니다. 최근 중국에서 나오는 자전에는 이 글자는 옛날, 사람을 희생으로 바치며 비가 오도록 기우제를 지내는 것이라고 설명하기도 합니다. 이 글자도 자칫하면 '제비꽃' 근(菫)과 헷갈리기 쉽습니다. '제비꽃' 근(菫)은 '진흙' 근(堇) 위에 초두[艹]를 붙이는 것이 정자입니다. 그런데 속자로 '진흙' 근(堇)을 써서 혼동이 생기게 되었습니다. 결국은 '진흙' 근(堇)이 제비꽃 즉, 오랑캐꽃까지 나타내는 상황이 되었습니다.

근검(勤儉)은 부지런하고 검소한 것입니다. 근면(勤勉)은 부지런히 일하며 힘쓰는 것이고, 근로(勤勞)는 부지런히 일하는 것입니다. 근근간간(勤勤懇懇)한 것은 매우 부지런하고 정성스러운 것을 말합니다.

중학	획수	형자	회자	새김	발음
勢	13	埶	埶力	형세	세

'형세' 세(勢)는 힘[力]을 쏟는 것[埶]으로 왕성하게 자란다는 것이 본뜻입니다.

세력(勢力)은 권력이나 기세의 힘이고, 세리(勢利)는 세력과 권리를 아울러 이르는 말입니다. 세균역적(勢均力敵)은 세력이 서로 균등하여 힘이 엇비슷함을 말하고, 세불양립(勢不兩立) 또한 비슷한 의미로 서로 엇비슷한 힘을 지닌 두 세력이 함께 존재할 수 없다는 뜻으로 한 세력권 안에서 권력을 나눌 수 없거나 우두머리가 둘일 수 없음을 뜻합니다. 埶는 '심을' 예(藝)의 고자(古字)입니다.

중학	획수	회자	새김	발음
加	5	力口	더할	가

'더할' 가(加)는 다른 사람을 속이고 모함한다는 것이 본뜻입니다. 『논어(論語)』의 "나는 다른 사람이 나를 업신여기는 것[속이고 모함하는 것]을 원치 않으며, 나 또한 다른 사람을 업신여기지 않으려 한다[我不欲人之加諸我也 吾亦欲無加諸人]"에 나오는 것이 바로 이런 용법이라고 하는데, 실제 다른 예를 찾기는 쉽지 않은 듯합니다. 더한다는 뜻은 인신의입니다.

가감(加減)은 더하거나 빼는 것이며, 가호(加護)는 보호하여주는 것입니다.

중외	부수	획수	형자	회자	새김	발음
幼	幺	5	幺	幺力	어릴	유

'힘' 력(力)이 부수자 이외에 쓰인 글자입니다. 글자에 대한 설명은 기본적으로 해당 부수에 나오니 이 부분은 복습하는 부분으로 삼으면 됩니다. '어릴' 유(幼)에 형성 자소로 쓰인 글자는 '작을' 요(幺)입니다. 어리면 힘이 자연 약할 수밖에 없습니다.

중외	획수	형자	회자	새김	발음
男	**田**	7	**田力**	사내	남

힘[力]써 밭[田] 갈이를 하는 것은 남자의 일이기도 하고, 남자가 해야 하는 일이기도 합니다. '사내' **남(男)**입니다.

고교	획수	형자	새김	발음
努	7	**奴**	힘쓸	노
募	13	**莫**	모을, 뽑을	모

'종' 노(奴)의 '또' 우(又)는 손을 가리킵니다. 손으로 다른 사람을 안마해주는 여자라는 뜻입니다. 그런 노동을 하는 사람이 종이고, 종은 그런 일을 하려니 자연 힘을 쓸 수밖에 없습니다. '힘쓸' **노(努)**입니다.

목적을 이루기 위해 몸과 마음을 다해 애쓰는 것이 노력(努力)입니다. 우리 피부가 계속 다른 물체와 마찰하면 굳은살이 박입니다. 힘을 써서 생기는 살이라는 뜻으로 노육(努肉)이라고 합니다.

'모을' **모(募)**는 널리 구하는 것입니다. 단순히 수동적으로 구하는 것이 아니고, 누구인지 어떤 사람인지 알아보고, 소문도 들으며 뽑는 것입니다.

병정을 모집하는 것은 모병(募兵)이고, 돈을 여러 사람에게서 거두어 모으는 것은 모재(募財)라 하며, 일정한 조건 하에 널리 알려 뽑는 것은 모집(募集)입니다.

고교	획수	형자	회자	새김	발음
劣	6	少	少力	못할, 용렬할	렬
勵	17	厲	厲力	힘쓸	려

힘[力]이 약하고 적으면[少] 뭐든 제대로 할 수가 없습니다. '못할' 렬(劣)입니다. 용렬한 것은 사람이 변변치 못하고 졸렬한 것입니다.

열등(劣等)은 보통의 수준이나 등급보다 낮은 것이고, 열세(劣勢)는 상대편보다 힘이나 세력이 약한 것입니다. 나음과 못함을 함께 말하면 우열(優劣)인데, 시합 등을 통해 우열을 가리게 됩니다.

'갈' 려(厲)는 '숫돌' 려(礪)의 본자입니다. 숫돌이니 당연히 간다는 뜻도 들어 있습니다. '힘'[力]들여 칼의 날을 세우는 것[厲]이 '힘쓸' 려(勵)입니다.

여정(勵精)은 마음을 가다듬고 성의껏 힘쓰는 것이고, 여지(勵志)는 마음을 가다듬어 뜻을 굳히는 것이며, 여행(勵行)은 역행(力行)과 같은 뜻으로 힘써 행하는 것입니다. 여정도치(勵精圖治)는 온 힘을 다하여 정치에 힘쓰는 것을 일컫습니다.

R020

쌀 포(勹) 부

갑골	금문	전문	해서
〈		⼱	勹

　'쌀' 포(勹)는 갑골문에서는 팔을 굽혀 뭔가를 감싸는 모양이고, 전문에 이르러서는 사람이 상체를 몸으로 감싸는 모양이 되었습니다. 단독으로 쓰이지는 않고 부수로서 '안다, 싸다'의 뜻을 나타냅니다.

중학	획수	새김	발음
勿	4	말	물

　'말' 물(勿)은 상형자로 구름 사이로 햇살이 비치는 모양을 나타냅니다. 허신『설문』의 설명은 조금 다릅니다. "물(勿)은 대부나 선비[士]가 세우는 기이다. 자루와 세 개의 기드림을 본떴다. 기드림의 색깔은 섞여서 한 가지가 아니다. 위쪽 반이 붉은 색이거나

흰색으로 서로 다르다. 백성들이 빨리 모이도록 재촉하는 데에 쓴다. 그래서 급하다는 뜻을 나타내는 경우도 있다. 급한 것을 달리 물물(勿勿)이라고도 한다." 허신은 물(勿)을 기로 설명하고 있습니다. 고문 분석에서는 구름의 빛깔이라고 합니다.

구름은 떠다니며 일정한 곳에 머물지 않기 때문에 물물(勿勿)은 급함을 나타낸다고 합니다. 가차해 금지의 뜻을 나타냅니다. 물론(勿論)은 말할 것도 없다는 뜻입니다. 물경(勿驚)은 '놀라지 마라' 또는 '놀랍게도'의 뜻으로 엄청난 것을 말할 때에 미리 내세우는 말입니다. 물입(勿入)은 들어가거나 들어오지 말라는 뜻을 나타냅니다.

고교	획수	형자	회자	새김	발음
包	5	勹	勹巳	쌀	포

'쌀' 포(包)는 어머니의 태보[勹] 안에 들어 있는 아이[巳]의 모양입니다. 상형자로 분류하기도 합니다.

포섭(包攝)은 상대편을 자기편으로 감싸 끌어들이는 것이고, 포용(包容)은 남을 너그럽게 감싸주거나 받아들이는 것입니다. 물건을 싸거나 꾸미는 것은 포장(包裝)이고, 어떤 사물이나 현상 가운데 함께 들어 있거나 함께 넣은 것이 포함(包含)입니다. 포장화심(包藏禍心)은 남을 해칠 마음을 품는 것을 말합니다.

고외	부수	획수	형자	회자	새김	발음
旬	日	6	勻省	日勹	열흘	순

순(旬)은 열흘을 나타냅니다. 옛날 날짜를 기록할 때 열흘 단위로 순환했기 때문에 열흘을 나타내게 되었습니다. 지사자로 보는 경우입니다.

자소인 '고를, 적을' 균(勻)을 『설문』에서는 포(勹)와 이(二)가 결합된 것으로 보아 물건이 둘[二]로 나뉘는 것을 뜻하며, 나뉘기 때문에 '작다'라는 뜻을 나타낸다고 합니다.

순(旬)과 '뼈 앙상할' 알(歹)을 결합하면 '따라죽을' 순(殉)이 됩니다.

R021

비수 비(匕) 부

갑골	금문	전문	해서

비(匕)는 상형자로서 꿇어앉아 절을 하는 사람의 모양을 본떴다고도 하고, 음식을 떠 먹는 숟가락 모양이라고도 해 딱히 뭐라고 정해지진 않은 글자입니다. '숟가락' 비, '살 촉' 비로 새깁니다. 부수로 쓰일 때는 주로 음식을 떠먹는 것과 상관이 있음을 나타냅니다. 모양이 비슷해 주의해야 할 글자가 있습니다. 화(化)입니다. 비수 비(匕) 자와는 달 리 삐침이 다른 획과 교차되는 점이 다릅니다. '될' 화(化)의 고자(古字)인데, 자소로 쓰 이면 변화를 나타냅니다. 고문서에 더러 나올 뿐 실제 쓰임은 거의 없습니다. '비수' 비 (匕)는 기초한자에 포함되어 있지 않습니다.

중학	획수	회자	새김	발음
化	4	人匕(化)	될	화

'될' 화(化)의 '비수' 비(匕)는 정확히 쓰면 화(匕)로 '될' 화(化)의 고자(古字)입니다. 변화를 나타냅니다.

화생(化生)은 생물의 몸이나 그 조직의 일부가 형태와 기능이 현저하게 변화하는 일을 뜻하는데, 불교에서는 극락왕생하는 방식의 하나를 이릅니다. 불교 벽화에 연꽃 속에서 생명이 태어나는 연화화생(蓮花化生)을 볼 수 있습니다. 화석연료(化石燃料)는 지질 시대에 생물이 땅속에 묻히어 화석같이 굳어져 오늘날 연료로 이용하는 물질입니다. 석탄 따위가 이에 속하는데 매연 문제가 심각한 상황입니다.

중학	획수	회자	새김	발음
北	5	人人	북녘/저버릴	북/배

'북녘' 북(北)은 '사람' 인(人) 자 두 개가 서로 등을 대고 있는 모양으로 말 그대로 등지는 것을 나타냅니다. 그래서 달아난다는 뜻도 지니게 됩니다. '달아날' 배(北)로도 읽는 다음자입니다.

북면(北面)은 북쪽으로 향한다는 뜻으로 신하의 좌위(座位)나 신하로서 임금을 섬기는 것을 나타내기도 합니다. 남면(南面)은 남쪽으로 향하는 것으로 임금이 앉던 자리의 방향을 뜻하기도 합니다. 임금이 남쪽을 향해 앉으니 신하는 자연 북면을 하게 됩니다. 북쪽의 임금을 보며 신하를 칭하는 것이 북면칭신(北面稱臣)입니다. 싸움에 져서 달아나는 것이 패배(敗北)로 패주(敗走)와 같은 뜻입니다.

중외	부수	획수	회자	새김	발음
比	比	4	匕匕	견줄	비
此	止	6	止匕	이	차

부수외자는 기왕에 배운 글자를 다시 한 번 더 살펴본다는 복습과 사고를 연장해 보는 기회가 됩니다. 짤막하게 설명합니다.

'견줄' 비(比)는 '비수' 비(匕) 두 개로 이루어져 별도의 부수를 세우지 않아도 될 것 같은데 부수로 세우고 있습니다.

'이' **차(此)**는 발[止]로 다른 사람[匕]을 밟는 모양을 그린 글자인데, 인신되어 '이것, 여기' 등을 가리키는 뜻으로 쓰이게 되었습니다.

증외	부수	획수	회자	새김	발음
甚	甘	9	甘匕	심할	심
眞	目	10	匕鼎	참	진

'심할' **심(甚)**은 '달' 감(甘) 아래 '숟가락' 비(匕)를 써서 맛있는 것을 입에 넣는 것으로 이상할 정도로 안락한 것을 나타내는 글자였습니다. 나중에 아래 부분이 필(匹)로 바뀌었습니다. '과분하다, 심하다'의 뜻을 나타냅니다.

'참' **진(眞)**의 본 글자는 '솥' 정(鼎) 위에 '비수' 비(匕)가 있는 모양으로 솥에서 맛있는 음식을 떠먹는 것을 나타냅니다. 그런데 오랜 시간이 지나면서 '솥' 정(鼎)이 '조개' 패(貝)로 변했습니다. 그러니까 솥에서 음식을 떠먹는 것이 아니라 조개를 떠먹는 글자로 변한 것입니다. 산해진미(山海珍味)에 나오는 '보배' 진(珍)의 본자라고 합니다. 중국에서는 산해진미라고 하지 않고 산진해미(山珍海味)로 씁니다. 『설문』에서는 "신선이 모양을 바꾸고 하늘로 올라가다"로 설명하는데 이것은 나중에 나온 글자 모양을 분석한 것으로 여겨집니다.

고외	부수	획수	형자	회자	새김	발음
疑	疋	14	矢	匕矢子止	의심할	의

자형이 많이 변해 현재 자형에서는 알아보기가 어렵습니다만, '의심할' **의(疑)**는 갈림길에서 어느 쪽으로 가야 하는지 몰라 망설이며 좌우를 쳐다보는 모양입니다.

고외	부수	획수	회자	새김	발음
丸	丶	3	乙匕	둥글	환
卓	十	8	匕早	높을	탁
頃	頁	11	匕頁	이랑, 잠깐/반걸음	경/규

'둥글' 환(丸)은 상형자로 보기도 합니다. 둥글게 빚는 알약이 환약(丸藥)입니다.

'높을' 탁(卓)은 『설문』에 따른 새김입니다. 고문 연구에서는 탁(卓)은 새잡이 그물을 뜻하는 글자이며, 그 그물은 높이 들어야 하기 때문에 높다는 뜻이 인신되어 나온 것으로 봅니다.

'이랑' 경(頃)은 본래 머리[頁]가 비뚤어진 것을 나타내는 글자입니다. 가차해 이랑의 뜻으로 쓰기도 합니다.

R022

터진 입구 부, 상자 방(匚)

갑골	금문	전문	해서
⊐	⊐	⊏	ㄴ

부수의 이름이 '터진 입구'이고 글자로는 '상자' 방(匚)이라고 합니다. 실제 갑이나 바구니 같은 것을 옆으로 세워놓은 모양입니다. 부수로 쓰여 물건을 담는 용기 등을 나타냅니다. 한 가지 주의할 것은 자형이 다음에 나오는 부수자 '터진 에운담[匸]'과 아주 유사하다는 점입니다. '터진 입구'는 아래의 꺾이는 부분이 직각이고, '터진 에운담' 즉, '감출' 혜는 각지지 않은 형태라는 점이 다릅니다. 현대 중국 자전에서는 다음에 나오는 부수자인 '터진 에운담'과 완전히 통일했고, 일본 자전에서는 대부분이 통일하고 있습니다.

"터진 입구"에 속하는 기초한자는 한 자도 없습니다만 다음의 넉 자는 익혀두기 바랍니다.

한자	획수	형자	새김	발음
匡	6	坒	바를, 도울/앉은뱅이	광/왕

'바를' 광(匡)은 '바로잡아 고치다'는 뜻의 광정(匡正)이라는 단어가 있습니다만 본뜻은 밥을 담는 네모난 대그릇입니다. 자소자는 '무성할' 왕(坒)으로 소리를 나타냅니다.

한자	획수	형자	회자	새김	발음
匣	7	甲	匚甲	갑	갑
匪	10	非	匚非	비적	비

'갑' 갑(匣)은 요즈음 우리가 케이스(case)로 많이 쓰는 의미입니다. 성냥갑, 담뱃갑 할 때의 갑이 바로 이 글자입니다. 작은 상자입니다.

비(匪)는 네모 모양이 아닌 대그릇이었습니다. 반듯하지 않다는 데에서 부정하다는 뜻을 나타내게 되고, 계속 인신되어 재산을 빼앗고 인명을 해치는 도둑을 가리키게 되었습니다. 그런데 광(匡), 갑(匣), 비(匪) 석자가 계속 전용된 다른 뜻으로 쓰이게 되자 본뜻을 나타내기 위해 모두 '대' 죽(竹)을 붙이게 됩니다. '광주리' 광(筐), 갑(篋)은 대나무 이름이기도 하고, 갑(匣)과 같은 뜻으로 쓰이기도 합니다. '광주리' 비(篚)가 됩니다.
비적(匪賊)은 '무장을 하고 다니며 사람을 해치는 도둑'입니다.

한자	획수	회자	새김	발음
匠	6	匚斤	장인	장

'장인' 장(匠)은 상자[匚] 안에 연장[斤]을 넣어놓고 있는 글자로 본뜻은 목공입니다.
장인(匠人)은 장색(匠色)과 같은 뜻으로 손수 물건을 만드는 일을 직업으로 하는 사람입니다. 두루 예술가를 가리키기도 합니다.

R023

터진 에운담 부, 감출 혜(匚)

갑골	금문	전문	해서

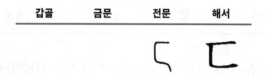

'에우다'는 '물체를 빙 둘러싸다'는 뜻입니다. 따라서 '에운담'은 '빙 둘러싼 담'입니다. 『표준』에는 '엔담'이 표제어로 올라 있습니다. '에운담'도 표제어로 올라 있는데 설명은 '큰입구몸'이라고 나옵니다.

口은 '나라' 국(國)의 고자(古字)라고 되어 있는데 실제 이 글자는 '에울' 위(口)로 쓰이고 특히 부수를 이룰 때에는 '에우다'로 새겨야 글자를 제대로 설명할 수 있습니다. 하지만 왜 그런지 〈아래한글〉이나 〈워드〉 그 어디에서도 '에울' 위로는 나오지 않는다는 점입니다. '터진 에운담[匚]'은 엔담의 한쪽이 터졌다는 뜻입니다. 글자의 형태를 특징으로 삼아 붙인 부수 이름일 뿐, '감출' 혜(匚)로 새겨 읽어야 합니다. 실제 니은 자 형태의 'ㄴ'은 '숨길' 은입니다. 물건을 넣고 뚜껑[一]을 덮어 가리거나 숨기는 것입니다.

중학	획수	새김	발음
匹	4	짝, 필/집오리	필/목

필(匹)은 피륙의 길이를 나타내는 단위입니다. 고서에는 넉 장(丈)으로 5자씩 여덟 번 접은 것 즉, 40자[尺]가 한 필이라고 하고 있는데, 피륙을 다루는 분들에게 확인해보아도 피륙의 종류나 본래 너비 등에 따라 일정하지 않습니다. 『표준』에는 이 단위로 필(疋)만 올라 있는데 필(匹)로도 씁니다. 말이나 소를 세는 단위이기도 합니다. '짝' 필로도 새겨, 배우자 또는 짝이라는 뜻의 배필(配匹)이라는 단어에 쓰입니다.

필마단기(匹馬單騎)는 혼자 한 필의 말을 타거나 또는 그렇게 하는 사람입니다. 필부필부(匹夫匹婦)는 평범한 남녀로 갑남을녀(甲男乙女)와 같은 뜻입니다.

고교	획수	회자	새김	발음
區	11	匸品	구분할, 지경	구

'지경' **구(區)**의 본뜻은 물건[品]을 숨기는 것[匸]입니다. 숨기는 장소라는 뜻에서 일정한 구역의 뜻으로 인신되어 현재는 보통 '지경' 구로 새깁니다. '지경'은 말 그대로 땅의 경계입니다.

구간(區間)은 어떤 지점과 다른 지점과의 사이입니다. 구구(區區)한 것은 잘고 많아서 일일이 언급하기가 구차스러운 것입니다. 구별(區別)은 성질이나 종류에 따라 차이가 나는 것이며, 구역(區域)은 갈라놓은 지역의 뜻입니다.

R024

열 십(十) 부

갑골	금문	전문	해서
ㅣ	ㅣ	十	十

본래는 자형이 '뚫을' 곤(ㅣ)과 같았다고 합니다. 글자가 변하면서 가운데 매듭 모양이 생겼고 나중에는 이것이 가로획으로 변해 지금의 **십(十)** 자 모양이 됩니다.

허신은『설문』에서 "수를 완전히 갖춘 것이다. 가로획은 동서를 표시하고, 세로획은 남북을 표시해 사방과 중앙을 모두 갖추었다"라고 설명합니다. 십은 숫자로 10을 나타내는 것은 물론 완전한 것, 완전히 갖춘 것을 나타내기도 합니다.

자전에 '十'의 발음은 '십'만 올라 있습니다만, 달을 나타내는 경우 '시'로 읽어야 합니다. '十月'은 '시월'이고, '六月'도 마찬가지로, '유월'입니다.

중학	획수	새김	발음
午	4	낮	오

'낮' 오(午)는 '공이' 저(杵)의 본자라고 합니다. 쌀을 찧는 절굿공이의 모양을 본뜬 것으로 상형자입니다. 『설문』에서는 '거스를' 오로 새겼습니다. "오월이면 음기가 양기를 거슬러 땅을 뚫고 나온다"라고 설명합니다.

오월(午月)은 음력 오월(五月)의 딴 이름입니다. 오정(午正)은 오시(午時, 오전 11시~오후 1시)의 한가운데로 정오입니다. 오몽(午夢)은 낮잠을 자면서 꾸는 꿈이고, 오수(午睡)는 낮잠입니다.

중학	획수	지표	새김	발음
十	2	ㅣ 、	열	십

십년지계(十年之計)는 앞으로 십 년을 내다보고 세우는 계획을 말하며, 십목소시(十目所視)는 여러 사람이 다 보고 있다는 뜻으로 세상 사람을 속일 수 없음을 비유적으로 이릅니다. 흔히 뒤에 '여러 사람이 손가락질을 한다'는 뜻의 십수소지(十手所指)를 덧붙여 쓰기도 합니다. 『대학(大學)』에 나오는 말입니다. 십실구공(十室九空)은 열 집 중 아홉 집이 텅 비었다는 뜻으로 전쟁이나 병 따위의 재난으로 흩어지거나 죽어 없어진 사람이 많음을 이르는 말입니다. 십양구목(十羊九牧)은 양 열 마리에 목자가 아홉이라는 뜻으로 백성에 비해 벼슬아치가 많음을 이릅니다. 십인십색(十人十色)은 열 사람의 열 가지 색이라는 뜻으로 사람의 모습이나 생각이 저마다 다름을 이르는 말입니다. 각인각색(各人各色)이나 각인각양(各人各樣)으로 쓸 수도 있습니다. 십행구하(十行俱下)는 열 줄의 글을 단번에 읽어 내려간다는 뜻으로 책 읽는 속도가 매우 빠름을 이르는 말입니다. 십지연심(十指連心)은 열 손가락 모두 마음에 연결되어 있다는 뜻으로 어느 것이든 다치면 아프지 않은 것이 없음을 나타냅니다. "열 손가락 깨물어 안 아픈 손가락이 없다"라는 우리 속담은 혈육이 소중함을 나타내줍니다만, 십지연심은 관계가 아주 가까움을 나타낸다는 점에 차이가 있습니다.

중학	획수	형자	회자	새김	발음
協	8	劦	十劦	화할	협

'화할' 협(協)은 여러 사람[十]이 한 소리를 내며 힘을 합치는 것[劦]입니다. 화합입니다. '힘' 력(力) 세 개가 모인 자소자는 '합할' 협(劦)입니다. '으를' 협(脅)의 자소자로 쓰이기도 합니다.

협동(協同)은 서로 마음과 힘을 하나로 합하는 것이고, 협력(協力)은 힘을 합하여 서로 돕는 것입니다. 협의(協議)는 두 사람 이상이 서로 협력하여 의논하는 것입니다. 협력동심(協力同心)은 동심협력(同心協力)으로도 쓰며, 마음을 같이하여 서로 돕는 것입니다.

중학	획수	형자	회자	새김	발음
南	9	羊	屮入凡	남녘	남

'남녘' 남(南)에 대한 설명도 "남쪽을 향한 언덕의 풀이 땅을 뚫고 길게 나온 것으로부터 남쪽을 가리킨다"라든가 "타악기를 걸어놓은 모양을 본뜬 것으로 남쪽에서 쓰는 악기"라는 설명도 있어 각양각색입니다. 이런 설명은 그저 참고로 한 번 읽어보고, 기억하기 쉬운 쪽을 택하면 됩니다. 상형자로 취급하기도 합니다.

자소자는 좀처럼 보기 어려운데, '찌를' 임(羊)과 '싹틀' 철(屮)입니다.

남면(南面)은 임금이 앉는 위치이고, 북면(北面)은 신하가 임금을 뵙는 위치입니다. 남중(南中)은 천체가 자오선을 통과하는 것입니다. 이때의 시각이 남중시(南中時)인데, 지역마다 다릅니다. 그래서 일정한 구역을 하나의 시간대로 묶는 표준시를 사용합니다. 표준시는 철도가 출현하면서 나온 것으로 영국이 가장 먼저 사용했고, 지역이 광대한 미국에서 크게 발달했습니다. 남가일몽(南柯一夢)은 꿈과 같이 헛된 한때의 부귀영화를 이르는 말로 중국 당나라의 순우분(淳于棼)이 술에 취하여 홰나무의 남쪽으로 뻗은 가지 밑에서 잠이 들었는데 괴안국(槐安國)의 부마가 되어 남가군(南柯郡)을 다스리며 20년 동안 영화를 누리는 꿈을 꾸었다는 데서 유래합니다. 남귤북지(南橘北枳)는 강남의 귤을 강북에 심으면 탱자가 된다는 뜻으로 사람은 사는 곳의 환경에 따라 착하게도 되고 악하게도 됨을 비유적으로 이릅니다. 이 말은 『안자춘추(晏子春秋)』에 나옵니다. 제나라의 안자가 초나라에 사신으로 갔는데, 초왕이 안자를 시험해보고자 신하들과 꾸며 제나라 사람이라며 죄인을 한 명 묶어옵니다. 그리고 초왕이 "제나라 사람은 도둑질을 잘하는가?"하고 묻습니다. 남귤북지는 이에 대한 안자의 답변에서 나온 말입니다.

제가 듣기로 귤은 회수(淮水) 이남에서 나면 귤이 되는데, 회수 이북에서 나면 탱자가 된다고 합니다. 잎은 서로 비슷한데 그 열매의 맛은 같지 않습니다. 그 까닭은 무엇이겠습니까? 물과 땅이 다르기 때문입니다. 지금 그 사람(죄인으로 끌려 온 사람)이 제나라에서 나고 자랄 때에는 도둑질을 하지 않았는데, 초나라에 들어와 도둑이 되었습니다. 초나라의 물과 땅이 그 사람으로 하여금 도둑질을 잘 하게 만든 것이 아니겠습니까?

[嬰聞之 橘生淮南則為橘 生于淮北則為枳 葉徒相似 其實味不同 所以然者何 水土異也 今民生長於齊不盜 入楚則盜 得無楚之水土使民善盜耶]

필자는 이 성어를 볼 때마다, 귤나무와 탱자나무가 과연 같은 나무인지 궁금합니다. 귤나무에는 가시가 없고, 탱자나무는 가시투성이입니다. 이런 사실만 생각했어도 초왕은 "귤과 탱자는 원래가 다른 나무"라고 한 마디쯤 반박했을 법하기 때문입니다. 어찌 됐든 안자의 지혜가 돋보이는 것은 확실합니다.

남기북두(南箕北斗)는 남쪽 하늘의 키[南箕]와 북쪽 하늘의 말(곡식, 가루 따위의 분량을 되는 데 쓰는 그릇)[北斗]이라는 뜻으로, 남쪽의 기성(箕星)은 그 이름에 쌀을 까부는 '키'를 뜻하는 '기(箕)' 자가 있지만 쌀을 까불지 못하고, 북두성(北斗星)은 그 이름에 쌀을 되는 '말'을 뜻하는 '斗' 자가 있지만 쌀을 되지 못하는 것처럼 이름뿐이고 아무 쓸모가 없음을 비유적으로 이르는 말입니다. 남선북마(南船北馬)는 중국의 남쪽은 강이 많아서 배를 이용하고 북쪽은 산과 사막이 많아서 말을 이용한다는 뜻으로 늘 쉬지 않고 여기저기 여행을 하거나 돌아다님을 이르는 말입니다. 남원북철(南轅北轍)은 수레 끌채는 남쪽을 향하고 바퀴는 북쪽으로 간다는 뜻으로 목적과 행동이 상반되는 것을 이릅니다. 남정북벌(南征北伐)은 남쪽을 정복하고 북쪽을 토벌함을 이릅니다. 남풍불경(南風不競)은 남쪽 지방의 노래가 활기가 없다는 뜻으로 남쪽 지방의 세력이 부진함을 이르는 말입니다.

중학	획수	회자	새김	발음
千	3	人十	일천	천

'일천' 천(千)에 대한 설명은 재미있습니다. 이 글자는 본래 '사람' 인(人) 아래에 '열'

십(十)으로 되어 있는데, 백 년을 살 수 있는 사람이 열이라서 천을 나타냅니다.

천고(千古)는 아주 먼 옛적입니다. 천재(千載)는 '천 년이나 되는 세월'이라는 뜻으로 오랜 세월을 이릅니다. 천군만마(千軍萬馬)는 '천 명의 군사와 만 마리의 군마'라는 뜻으로 아주 많은 수의 군사와 군마를 이릅니다. 천려일득(千慮一得)은 천 번을 생각하면 한 번 얻는 것이 있다는 뜻으로 많이 생각할수록 좋은 것을 얻음을 말합니다. 천려일실(千慮一失)은 천 가지 생각 가운데 한 가지 실책(失策)이란 뜻으로 지혜(智慧·知慧)로운 사람도 많은 생각을 하다보면 하나쯤은 실수(失手)가 있을 수 있음을 나타내기도 하고, 여러 번 생각하여 신중(愼重)하고 조심스럽게 한 일에도 때로는 실수(失手)가 있음을 가리키기도 합니다. 천리지제 괴어의혈(千里之堤壞於蟻穴)은 천리나 되는 제방도 개미구멍으로 무너진다는 뜻으로, "개미구멍 하나가 큰 제방 둑을 무너뜨린다"라는 우리 속담과 같은 뜻입니다. 천리지행 시어족하(千里之行始於足下)는 우리 속담의 "천 리 길도 한 걸음부터"입니다. 천문만호(千門萬戶)는 수많은 백성들의 집입니다. 천방백계(千方百計)는 천 가지 방책과 백 가지 계략이라는 뜻으로 온갖 꾀를 이릅니다. 천변만화(千變萬化)는 끝없이 변화하는 것입니다. 천수만한(千愁萬恨)은 이것저것 슬퍼하고 원망하거나 또는 그런 슬픔과 한입니다. 천신만고(千辛萬苦)는 '천 가지 매운 것과 만 가지 쓴 것'이라는 뜻으로 온갖 어려운 고비를 다 겪으며 심하게 고생함을 이릅니다. 천암만학(千巖萬壑)은 '수많은 바위와 골짜기'라는 뜻으로 깊은 산속의 경치를 이르는 말입니다. 천재일우(千載一遇)는 천 년 동안 단 한 번 만난다는 뜻으로 좀처럼 만나기 어려운 좋은 기회를 이릅니다. 천차만별(千差萬別)은 여러 가지 사물이 모두 차이가 있고 구별이 있음을 나타냅니다. 천청만촉(千請萬囑)은 수없이 여러 번 부탁하거나 또는 그런 부탁을 말합니다.

중학	획수	회자	새김	발음
半	3	八牛	반	반

'반' 반(半)은 '여덟' 팔(八) 아래에 '소' 우(牛) 자가 들어 있습니다. 팔(八)에는 '나누다, 가르다'라는 뜻이 있으니, 소를 둘로 가르는 것입니다. 둘로 가른 한쪽은 당연히 반입니다.

반감(半減)은 절반으로 줄거나 줄이는 것입니다. 반쯤 열려 반개(半開), 삼 면이 바다로 둘러싸이고 한 면은 육지에 이어진 땅은 반도(半島), 한 걸음의 절반이라 반보(半步), 온몸의 절반이라 반신(半身)입니다. 반도이폐(半途而廢)는 일을 하다가 중도에서 그치는 것으로 중도이폐(中途而廢)라고도 합니다. 반벽강산(半壁江山)을 『표준』에서는 "절벽에 둘러싸인 산수"라고 정의하고 있습니다만, 중국의 성어 사전에서는 침략을 당한 뒤의 빼앗기지 않은 부분이나 빼앗긴 부분의 국토를 뜻한다고 합니다. 쓰임이 전혀 달라 보입니다. 반신반의(半信半疑)는 얼마쯤 믿으면서도 한편으로는 의심하는 것입니다. 기연가미연가(己然가未然가)는 그러한가 그렇지 않은가로 '긴가민가'의 본말입니다.

중학	획수	지표	회자	새김	발음
卒	8	衣 乂(標記)	乂(標記) 十	마칠, 군사	졸

'마칠' 졸(卒)의 원래 글자는 '옷' 의(衣) 가운데 '乂' 자 모양을 넣은 것으로, 고대 종들에게 입혀 표가 나도록 했던 것이라고 합니다. 요즈음으로 치면 유니폼을 입히거나 아니면 옷에 특별한 표시를 해서 얼른 알아볼 수 있도록 한 것이라 할 수 있겠습니다. 그래서 지사자로 분류하기도 합니다. 낱자로 '乂'는 '다섯' 오(五)의 고자(古字)입니다만, 여기서는 물론 지사 표지로 쓰인 것이고 '다섯'의 뜻으로 쓰인 것은 아닙니다. 똑같은 내용을 회의로 생각할 수도 있기 때문에 회의자로도 취급됩니다. 하인이나 군사의 뜻이 있고, '마치다, 죽다'라는 뜻도 나타냅니다.

졸년(卒年)은 어떤 사람이 죽은 해를 말합니다. 졸도(卒倒)는 갑자기 정신을 잃고 쓰러지는 것이고, 졸업(卒業)은 소정의 교과 과정을 마치는 것입니다.

부수외자의 새김과 발음을 간략히 살펴보겠습니다.

중외	부수	획수	형자	새김	발음
針	金	10	十	바늘	침

침(針)은 바늘(needle)보다 침이 본뜻입니다. 처음에는 대나무를 썼는지 '대' 죽(竹)을 변으로 썼는데 나중에 '쇠' 금(金)으로 바뀌었습니다.

증외	부수	획수	형자	회자	새김	발음
世	一	5	卅	十十十	인간	세

　'인간' 세(世)는 한 세대가 30년임을 나타내기 위해 '열' 십(十)을 세 개 쓴 회의자입니다. 십(十)을 세 개 겹친 형성 자소는 '서른' 삽(卅)입니다.

증외	부수	획수	회자	새김	발음
古	口	5	口十	예	고
直	目	8	ㄴ十目	곧을	직

　'예' 고(古)는 본래 상자 속에 옛 분들이 전해주신 갑옷과 투구가 들어 있는 것을 나타내는 글자였는데, 시대가 지나며 글자가 잘못 바뀌어 지금의 형태가 되었습니다. 열 사람[十]의 입[口]을 통해 전해지는 것으로 연대가 오래된 것, 즉 '예'를 가리킵니다.

　'곧을' 직(直)은 본뜻이 바로 보는 것입니다. 그래서 곧고 반듯하다는 뜻을 갖습니다. 상형자로 분류하기도 합니다.

증외	부수	획수	회자	새김	발음
計	言	9	言十	셀	계
章	立	11	音十	글	장

　'셀' 계(計)입니다. 말[言]로 숫자[十]를 헤아림을 가리킵니다.

　'글' 장(章)은 "음악[音]을 마치는 것[十]"이라는 설명도 있고, "가운데 구멍이 있는 둥근 옥[璧]에 무늬를 새기는 것"이라는 설명에, "죄인을 한 줄로 묶은 것에서 법규라는 뜻을 갖게 되었다"라는 설명도 있습니다. 현재 가장 많이 쓰이는 의미는 '글'이 아닐까 합니다.

고교	획수	형자	회자	새김	발음
博	12	尃	十尃	넓을	박

고교 기초자입니다. '넓을' **박(博)**에는 '펼' 부(尃) 자가 들어 있습니다. 묘포[甫]에 모종을 심는 것[手]이 부(尃)의 본뜻인데 인신되어 '두루, 널리'의 뜻을 나타내기도 합니다. 이때는 발음이 '포'입니다. '넓을' 박(博)은 그런 지혜나 경험이 여러 방면[十]에 있음을 뜻합니다.

박식(博識)은 지식이 넓고 아는 것이 많은 것이며, 박애(博愛)는 모든 사람을 평등하게 사랑하는 것입니다. 박람강기(博覽强記)는 여러 가지의 책을 널리 많이 읽고 기억을 잘하는 것을 이릅니다. 박물흡문(博物洽聞)은 지식이 넓고 본 것이 많은 것을 말하며, 박학다문(博學多聞)은 학식과 견문이 매우 넓은 것입니다. 박학다재(博學多才)는 학식이 넓고 재주가 많은 것입니다.

고교	획수	형자	새김	발음
卓	8	匕早	높을	탁
卑	8	甲(酒器) ナ(左手)	낮을	비

'높을' **탁(卓)**의 '비수' 비(匕)는 '견줄' 비(比)로 풀이하기도 합니다. 물건을 서로 비교하면 큰 것, 높은 것이 눈에 쉽게 뜨입니다. 고문 연구에서 탁(卓)은 새잡이 그물을 뜻하는 글자이며, 그 그물은 높이 들어야 하기 때문에 높다는 뜻이 인신되어 나온 것으로 봅니다.

탁견(卓見)은 탁식(卓識)과 같은 뜻으로 두드러진 의견이나 견해를 이릅니다. 탁론(卓論) 또한 비슷한 의미로 뛰어난 이론이나 견해를 말합니다.

'낮을' **비(卑)**는 왼 손[ナ]에 술그릇을 들고 주인 곁에서 시중을 드는 집사(執事)를 가리키는 글자입니다. 다른 사람의 시중을 드는 것이니 그 지위는 낮을 수밖에 없습니다.

비근(卑近)한 것은 흔히 주위에서 보고 들을 수 있을 만큼 알기 쉽고 실생활에 가까운 것이며, 비천(卑賤)한 것은 지위나 신분이 낮고 천한 것입니다. 비하(卑下)는 자기 자신을 낮추는 것입니다. 비이자목(卑以自牧)은 겸허한 태도로 자신의 심신을 수양하는 것을 말합니다.

R025

점 복(卜) 부

갑골	금문	전문	해서
ㅏ	ㅏ	ㅏ	ㅏ

　사람들은 어려움이 닥치면 초자연적인 것에 기대는 습성이 있습니다. 귀신의 힘을 빌려 문제를 해결해보려고 하지요. '점' **복(卜)**은 옛날 사람들이 큰일이 있을 때 거북의 등딱지나 소의 어깨뼈를 태워 생겨나는 금으로 점을 친 것에서 유래한 글자입니다. 부수로서 점의 뜻을 포함합니다.

중외	부수	획수	형자	새김	발음
朴	木	6	卜	성, 순박할	박

　'성' **박(朴)**은 원래 나무껍질을 가리킵니다. 나무껍질은 가공을 하지 않은 그대로의 형태이기 때문에 순박하다는 뜻을 나타내게 됩니다. 오른편에 '번거로울' 복(業)을 쓰는 글자도 '순박할' 박(樸)으로 새김이 같은데 본뜻은 가공하지 않은 통나무입니다.

증외	부수	획수	형자	회자	새김	발음
皮	皮	5	卜	皮鑵	가죽	피
外	夕	5	夕(月)	夕(月)卜	바깥	외

'가죽' **피(皮)**는 짐승의 가죽입니다. 짐승의 가죽을 벗겨낸 것으로 털이 붙어 있는 것입니다. 고문에서는 손에 가죽을 벗기기 위한 칼 같은 것을 들고 있는 모양입니다. 여기에서 인신되어 식물의 껍질을 나타내기도 합니다.

옛날 사람들은 점을 새벽에 쳤다고 합니다. 그러니 저녁[夕]에 점[卜]을 치는 것은 예외적인 일이고, 거기에서 **외(外)**는 밖을 가리키는 데에도 쓰이게 되었습니다.

증외	부수	획수	형자	회자	새김	발음
作	人	7	乍	卜刀	지을	작
貞	貝	9	貝(鼎)	卜貝(鼎)	곧을	정

'지을' **작(作)**은 '사람' 인(人) 부에서 설명한 바와 같이 본래 고문에서는 '잠깐' 사(乍)를 썼습니다. 사(乍)는 '점' 복(卜)과 '칼' 도(刀)가 결합된 글자로 점을 치기 위해 거북 껍데기를 손질하는 것을 가리켰습니다. 거기에 의부(意符)로 '사람' 인(人)을 더해 '하다, 짓다, 만들다'의 뜻을 나타냅니다.

'곧을' **정(貞)**은 본래 '솥' 정(鼎)이었는데 자형이 비슷한 '조개' 패(貝)로 바뀌었습니다. 거기에 다시 뜻을 나타내는 의부(意符)로 복(卜)을 더해 어떤 일이 좋은지 나쁜지 점을 쳐서 묻는 것을 가리키는 글자입니다. 거기에서 곧다는 뜻이 인신되어 나왔습니다. 달리, 상형자로 보기도 합니다.

증외	부수	획수	회자	새김	발음
用	用	5	卜冊(骨板)	쓸	용

'쓸' 용(用)도 점과 관련된 글자입니다. 골판에 점을 칠 수 있는 조짐[무늬]이 나타나 쓸 수 있다는 의미를 나타냅니다. 그래서 '쓰다, 사용하다'라는 의미를 갖습니다.

고교	획수	새김	발음
卜	2	점	복

복거(卜居)나 복지(卜地)는 살 만한 곳을 가려서 정하는 것입니다. 복술(卜術)은 점을 치는 방법이나 기술을 말하며, 복일(卜日)은 '점쳐서 좋은 날을 가리는 것'입니다.

고교	획수	회자	새김	발음
占	5	卜口	점령할, 점칠	점

점(占)은 불에 지진 귀갑(거북 등딱지)이 갈라진 모양을 보고 길흉을 점치는 것입니다. 그래서 '살펴보다, 추측하다'라는 뜻을 갖고, 인신하여 어떤 자리나 위치를 차지하는 것도 나타냅니다.

점령(占領)은 어떤 장소를 차지하여 자리를 잡는 것입니다. 점몽(占夢)은 꿈의 길흉을 점치는 것이며, 점유(占有)는 물건이나 영역, 지위 따위를 차지하는 것입니다.

고외	부수	획수	형자	새김	발음
赴	走	9	卜	다다를, 갈	부

'다다를' 부(赴)는 단순히 가는 것이 아니고, 위험한 곳이나 위급한 상황이 발생한 곳으로 급히 가는 것입니다.

임명이나 발령을 받아 근무할 곳으로 가는 것이 부임(赴任)입니다. 해마다 학기 초면 새로운 선생님들이 부임해 오십니다.

R026

병부 절(卩, 巳) 부

갑골	금문	전문	해서

절(卩)은 손을 무릎 앞에 대고 꿇어앉아 있는 사람의 모양을 본뜬 글자입니다. 병부(兵符)는 믿음의 증표로 나누어 갖는 신표(信標) 즉, 부절(符節)의 하나입니다. 구리나 옥, 돌 또는 나뭇조각으로 만드는데 호랑이 모양입니다. 그래서 호부(虎符)라고도 했습니다. 그것을 둘로 갈라서 하나는 임금이 갖고 다른 하나는 신하가 갖습니다. 전쟁이 나서 군대를 동원할 때 교지와 병부를 함께 주고 그것을 서로 맞춰본 뒤 맞으면 군대를 동원할 수 있었습니다.

그래서 절(卩)이 부수로 쓰이면 무릎을 꿇는다든지 신표와 관련 있는 뜻을 나타내게 됩니다. 다른 글자의 아래에 올 때에는 "巳"의 형태로 씁니다.

중학	획수	새김	발음
卯	5	토끼, 넷째 지지	묘

'토끼' 묘(卯)는 물건의 한가운데를 자르는 것입니다. 상형자입니다. 『설문』에서는 "무릅쓰다. 2월로 만물이 땅을 뚫고 나온다. 문 여는 모양을 본떴다"라고 설명하고 있습니다. 지지로는 네 번째로 토끼를 가리키기 때문에 '토끼' 묘라고 새기기도 합니다.

묘시(卯時)는 오전 5시~7시입니다. 그래서 묘반(卯飯)은 아침밥이고, 묘주(卯酒)는 아침에 마시는 술입니다.

중학	획수	새김	발음
卵	7	알	란

'알' 란(卵)은 수초의 줄기와 잎에 물고기 알이 붙어 있는 모양을 나타냅니다.

난백(卵白)은 달걀의 흰자, 난황(卵黃)은 노른자입니다. 난생(卵生)은 알이 어미 몸 밖으로 배출되어 알 속의 영양만으로 발육하여 새로운 개체가 되는 것으로 모체 안에서 어느 정도의 발육을 한 후에 태어나는 태생(胎生)과 대비되는데, 태생은 포유류에서만 볼 수 있습니다. 난육(卵育)은 어미 닭이 알을 품듯, 품에 안아서 고이 기르는 것을 비유적으로 이릅니다.

중학	획수	형자	회자	새김	발음
危	6	厄	厃 卩	위태할	위

'위태할' 위(危)는 "가파른 벼랑[厂]에서 사람[人]이 뛰어내리는 것을 형상한 것이라서 위험하다는 뜻이다"라는 설명이 있고, 『설문』에서는 "사람[卩, 巳]이 높은 곳[厃]에 있어서 무서운 것을 나타낸다"라고 설명합니다. 달리, 앉는 자세로 설명하는 경우도 있습니다. 옛날 중국 사람들은 평상시 엉덩이를 발끝에 붙이고 꿇어앉았습니다. 이러면 상체가 앞으로 약간 굽게 되는데, 이것을 궤좌(跪坐)라 했습니다. 그런데 신분이 높은 사람에게 존경을 나타내기 위해서는 허리를 곧추 세운 자세로 바꿉니다. 이것은 위좌(危坐)라고 합니다. 그러니까 바른 자세로 앉는 것인데, 그러면 몸도 자연 높아지게 됩니다. 그래서 '단정하다, 높다'라는 뜻을 갖게 된 것이라고 합니다.

자소자 厃은 '우러러볼, 위태로울' 첨인데, 현재 낱자로 사용되는 경우는 없습니다.

위경(危徑)은 위험한 좁은 길이고, 위기(危機)는 위험한 고비나 시기입니다. 위험(危險)은 해로움이나 손실이 생길 우려가 있는 것을 말합니다. 위기일발(危機一髮)은 여유가 조금도 없이 몹시 절박한 순간입니다. 위기사복(危機四伏)은 위험한 화근이 도처에 숨어 있음을 뜻합니다. 위약조로(危若朝露)는 위태롭기가 마치 아침 이슬과 같다는 뜻으로, 운명의 위태로움 또는 인생의 무상함을 비유적으로 이릅니다.

중학	획수	형자	회자	새김	발음
卷	8	龹, 𢍏	龹卩	책	권

'책' 권(卷)은 본래 무릎 안쪽이 굽은 것을 나타내는 글자인데, 책이라는 뜻을 갖는 '쇠뇌' 환, 권(卷)과 통용되어 책의 뜻으로도 쓰이게 되었다고 합니다.

자소자 '龹'은 다른 곳에서도 설명했습니다만, 새김과 발음이 없습니다. 중국어에서는 부건(部件)이라고 하는데, 본서에서 말하는 자소(字素)입니다. 『송본광운(宋本廣韻)』에서는 "'주먹밥 쥘' 권(𢍏)을 예서에서는 생략해 '龹'으로 쓴다"라고 설명합니다.

권두언(卷頭言)은 책의 머리말입니다. 석권(席卷, 席捲)은 돗자리를 만다는 뜻으로 빠른 기세로 영토를 휩쓸거나 세력 범위를 넓힘을 이릅니다.

중학	획수	형자	회자	새김	발음
卽	9	卩	皀卩	곧	즉

'향기로울' 급(皀)은 밥이 그릇에 가득 담긴 모양을 나타내고, 절(卩)은 사람을 뜻합니다. 그래서 즉(卽)은 사람이 막 밥을 먹으려고 하는 모양을 그리는 글자입니다. '밥을 먹다'를 본뜻으로 보고 거기에서 '가깝다, 이르다'로 인신되었습니다. '곧'의 뜻도 나타냅니다.

즉각(卽刻)은 '당장에 곧'의 뜻이고, 즉결(卽決)은 그 자리에서 곧 결정하는 것이며, 즉단(卽斷)은 그 자리에서 당장 단정하거나 결정하는 것입니다. 즉흥(卽興)은 그 자리에서 바로 일어나는 감흥이나 그런 기분을 이릅니다.

중학	획수	회자	새김	발음
印	6	爪卩	도장	인

'도장' **인(印)**은 '손[爪]으로 다른 사람[卩]을 눌러 꿇어앉히다'가 본뜻으로 '누를' 억(抑)과 '누를' 은(撎)의 본자로 봅니다. 누른다는 데에서 눌러 찍는 도장을 가리키는 뜻이 파생되어 나왔습니다.

인각(印刻)은 도장을 새기는 것입니다. 인감(印鑑)은 당사자의 동일성 여부를 확인하기 위하여 관공서 또는 거래처 등에 미리 제출해두는 특정한 인발을 말하는데, 현재는 대부분의 서류에 서명으로 대신할 수 있습니다. 어떤 대상에 대하여 마음속에 새겨지는 느낌은 인상(印象)입니다. 인루수약(印累綬若)은 관리가 여러 가지 직책을 맡고 있어 명성과 위세가 높이 드러나는 것을 이릅니다.

중외	부수	획수	형자	회자	새김	발음
絶	糸	12	卩	糸刀卩	끊을	절

실[糸]을 칼[刀]로 끊는 것이 **절(絶)**입니다. 절(卩)은 소리를 나타냅니다. 갑골문을 대상으로 분석할 때에는 '실' 사(絲)에 칼을 나타내는 가로획[一]이 있어 지사자로 보기도 합니다.

중외	부수	획수	회자	새김	발음
令	人	5	亼卩	하여금	령
邑	邑	7	口卩	고을	읍
承	手	8	卩廾手	이을	승

'하여금' **령(令)**에 있는 회의 자소는 '모을' 집(亼)입니다. 여기서는 뜻으로 쓰인 것이 아니고, 꿇어앉은 사람의 머리 위에서 목탁 같은 것을 흔들어 명령을 내리는 것을 뜻합니다. 그래서 다른 사람에게 뭔가를 하도록 하는 '하여금'의 뜻을 나타냅니다.

'고을' **읍(邑)**의 위는 '입' 구(口)가 아니라 일정한 범위를 나타내는 '에울' 위(囗)입니다. 절(卪)은 꿇어앉은 사람으로, 사람이 사는 일정한 범위를 뜻하며 그것이 '고을' 읍(邑)입니다.

지금 자형에서는 알아보기가 어렵습니다만, '이을' **승(承)**은 두 손[廾]으로 꿇어앉은 사람[卪]을 받쳐 드는 것을 나타내 '받들다'라는 뜻인데, 나중에 손 수(手)가 하나 더 붙게 되었습니다. 인신되어 '받아들이다, 잇다, 계승하다'의 뜻을 갖습니다.

고교	획수	회자	새김	발음
却	7	去	물리칠	각

'물리칠' **각(却)**의 본뜻은 '발, 다리'입니다. 인신되어 '물러나다'라는 뜻을 갖습니다. '물리치다'라는 것은 욕심을 떨치는 것입니다.

법률 용어로 각설(却說)은 말이나 글 따위에서, 이제까지 다루던 내용을 그만두고 화제를 다른 쪽으로 돌리는 것이며, 각하(却下)는 행정 신청을 배척하거나 소송을 종료하는 것입니다. 각지불공(却之不恭)은 '남이 주는 것을 거절하여 물리치는 일은 공손하지 못하다'라는 뜻으로 『맹자』의 〈만장하(萬章下)〉에 나오는 말입니다. 하지만 이제는 시대가 바뀌고 관습도 바뀌어 부당한 것을 받아서는 안 됩니다.

고교	획수	형자	회자	새김	발음
卿	12	皀	皀 二人	벼슬	경

'벼슬' **경(卿)**은 밥 그릇[皀]을 사이에 두고 주인과 손님이 마주 앉은 형상입니다. '병부' 주(卪)는 『설문』에 새김이 빠져있는데 후세 학자들은 '병부' 절(卪)을 좌우로 뒤집은 글자로 부절(符節)의 왼쪽 절반을 가리키는 것으로 설명합니다. 하지만 절(卪)이 자소로 쓰일 때 대개 꿇어앉은 사람을 나타낸다는 점에 착안하면 반대편에 앉은 사람이라고 추측해볼 수도 있겠습니다. 인신되어 관리를 나타내는 글자가 되었습니다. 경(卿)은 공(公)과 대부(大夫) 사이로 높은 벼슬입니다. 다른 사람에 대한 존칭으로 쓰기도 하

고, 옛날 임금이 신하를 부를 때 쓰는 말이기도 합니다.

경상(卿相)은 육조의 판서인 육경(六卿)과 영의정, 좌의정, 우의정의 삼상(三相)을 아울러 이르고, 경자(卿子)는 듣는 이를 문어적으로 높여 이르는 이인칭 대명사입니다.

고외	부수	획수	형자	회자	새김	발음
券	刀	8	劵	釆卩	암쪽, 문서	권
御	彳	11	午	彳卩	거느릴	어

'암쪽' 권(券)은 '칼' 도(刀) 부의 내용을 참고하기 바랍니다. 어음을 쓴 종이를 '엄지'라 하고, 그것을 갈라 채권자와 채무자가 갖는 반쪽을 각각 '수쪽, 암쪽'이라고 합니다. 더러 '엄쪽'이라는 말을 쓰기도 하는데『표준』에 실려 있지는 않습니다. 형성 자소인 '주먹밥 쥘' 권(劵)은 '책' 권(卷)에서도 나온 바 있는데, '말다'라는 뜻을 가지고 있습니다. 그러니 책은 죽간을 마는 것[卩]이고, 권(券)은 죽간을 자르는 것[刀]이라고 이해할 수 있습니다.

'거느릴' 어(御)의 자소는 '풀' 사(卸)입니다. 옷을 벗는다든지 수레에 묶인 말을 푸는 것을 가리킵니다. 중국 민속에 사악한 것을 쫓고 병이 나지 않기를 바라며 청동이나 강철로 만든 사각형 혹은 삼각형의 단면을 지닌 타격 무기 즉, 간(鐧)을 걸어 놓고 제사를 올린다고 하는데, 거기에서 막는다든지 방어한다는 뜻을 나타내게 되었다고 합니다. 금지하거나 거느린다는 뜻이 인신되었습니다.

R027

민엄호 부, 언덕 한, 석굴 한(厂)

갑골	금문	전문	해서
厂	厂	厂	厂

엄호[广]는 집 엄(广)으로 벼랑에 잇대어 지은 집을 이릅니다. 민엄호[厂]는 위에 점이 없기 때문에 붙은 이름인데, 일부 자전에는 민엄호를 '기슭' 엄, '기슭' 한으로 새긴 경우도 있습니다. 부수로서 '벼랑, 돌' 등의 뜻을 포함합니다.

중학	획수	형자	회자	새김	발음
厚	9	㫗	厂㫗	두터울	후

'두터울' 후(厚)는 산이나 언덕이 높고 큰 것입니다. 거기에서 '두껍다, 깊다, 재물이 풍부하다'라는 뜻을 나타내게 되었습니다.

회의 자소도 '두터울' 후(㫗)로 새기는데 원뜻은 '술이 진하고 맛이 깊은 것'이라고 합니다.

후덕(厚德)은 덕이 후한 것이며, 후박(厚薄)은 두꺼움과 얇음을 뜻합니다. 후덕재물(厚德載物)은 '덕이 후한 사람은 중대한 임무를 맡을 수 있다'라는 뜻이며, 후안무치(厚顏無恥)는 얼굴이 두껍고 염치가 없다는 뜻으로 뻔뻔스러워 부끄러움이 없는 것입니다. 후차박피(厚此薄彼)는 '이것에는 후하고 저것에는 박하다'라는 뜻으로 사람이나 일을 공평하게 대하지 않음을 이릅니다.

중학	획수	회자	새김	발음
原	10	厂泉	근원, 들	원

'근원' 원(原)은 벼랑[厂] 아래에 샘[泉]이 들어 있어 수원임을 나타내며 들(field)을 가리키기도 합니다.

원가(原價)는 상품의 제조, 판매, 배급 따위에 든 재화와 용역을 단위에 따라 계산한 가격을 말합니다. 원고(原告)는 민사 소송을 제기한 사람이고, 동음이의어인 원고(原稿)는 인쇄하거나 발표하기 위하여 쓴 글이나 그림 따위입니다. 원면(原綿)은 아직 가공하지 않은 솜입니다. 원본부동(原本不動)은 아직 개봉도 하지 않아 본래 모습이 그대로 있는 것을 말합니다.

고교	획수	형자	회자	새김	발음
厥	12	欮	厂欮	그	궐

'그' 궐(厥)의 본뜻은 '돌을 던지다'인데, 삼인칭 대명사인 '그'의 뜻으로 빌려 쓰는 것입니다.

궐녀(厥女)는 '그 여자'라는 뜻이고, 궐명(厥明)은 '다음 날 날이 밝을 무렵'이란 뜻입니다. 궐자(厥者)는 '그'라는 뜻인데, 낮잡아 이르는 말이며, 궐초(厥初)는 '그 처음'이고, 궐후(厥後)는 '그 뒤' 또는 '그 이후'를 나타냅니다.

고교	획수	회자	새김	발음
厄	4	厂卩	재앙, 멍에	액

'재앙' 액(厄)은 소의 목에 씌우는 멍에입니다. 소 등의 동물을 구속한다는 의미에서 재앙이 아닐 수 없습니다.

액년(厄年)은 운수가 사나운 해를 이릅니다. 액운(厄運)은 액을 당할 운수입니다. 액(厄) 위에 사람 인(人)을 더하면 '위태할' 위(危)입니다.

고외	부수	획수	형자	회자	새김	발음
雁	隹	12	厂	人隹	기러기	안

'기러기' 안(雁)입니다. 기러기는 춘분이면 북쪽으로 날아가고 추분에 남쪽으로 날아오는 철새를 가리킵니다. '언덕' 한(厂)은 형성 자소로 소리를 나타내고, '사람' 인(人)이 들어가 있는 것은 기러기가 날 때 '사람' 인(人) 자 모양의 대오를 이루며 날기 때문입니다. 아마도 그래서 길조로 여기고 옛날 혼례를 올릴 때 기러기 모양의 목안(木雁)을 쓴 것이 아닐까 합니다.

고외	부수	획수	회자	새김	발음
侯	人	9	人厂矢	제후, 사포	후

'제후, 사포' 후(侯)의 사포는 '활을 쏠 때 쓰는 무명 과녁'입니다. 순우리말로는 '솔'이라고 합니다. 그래서 '과녁' 후라고도 합니다. 도표에는 회의자로만 나와 있습니다만 상형자로 취급하기도 합니다. 옛날에 여럿이 함께 사는 데에서는 해로운 짐승을 잡아 해를 막는 사람을 우두머리로 쳤습니다. 거기서 인신하여 작위로서 두 번째에 해당하는 '후작'을 가리키고 나아가서 '제후'를 가리키게 되었습니다.

R028

마늘모 부, 사사 사(厶)

갑골	금문	전문	해서
▽	♂	厶	

글자 모양 때문에 마늘모라고 합니다만 '사사' 사(厶)입니다. 사사(私私)는 '공적이 아니고 개인적인 성질을 갖고 있는 것'을 이릅니다. '사사롭다'입니다. 한비자는 "자기 스스로를 위하는 것을 사(厶)라 하고, 사(厶)를 등지는 것을 공(公)이라 한다"라고 했습니다. 부수로 쓰일 때 바르지 못하다든지, 자기 자신을 위한다는 뜻을 나타냅니다.

중학	획수	형자	새김	발음
參	11	參	참여할/석	참/삼

'참여할' 참(參)은 사람의 머리 위로 별이 세 개 있는 모양입니다[曑]. 별자리 28수 가운데 하나인 삼성(參星, 오리온 자리에 있는 세 개의 별)을 가리키며, 상형자로 분류하

는 경우도 있습니다. 금문 가운데에는 가차해 '석' 삼으로 쓴 경우가 많은데, 기초한자의 대표음은 '참'입니다.

자소자는 '머리숱 많을' 진(鬒)으로, '보배' 진(珍)에도 쓰입니다.

모임이나 단체 또는 일에 관계하여 들어가는 것은 참가(參加)이고, 살펴서 생각하는 것은 참고(參考)이며, 어떤 일에 끼어들어 관계하는 것은 참여(參與)입니다.

중학	획수	회자	새김	발음
去	5	大口	갈	거

'갈' 거(去)는 갑골문에서 사람[大]이 움집 입구[口]에서 나오는 것을 그리고 있는 글자입니다. 그런데 사람 모양은 '흙' 토(土)가 되고, '입' 구(口)는 '사사' 사(厶)로 자형이 바뀌어 본래의 모양을 알아볼 수 없게 되었습니다. '가다, 버리다'의 뜻을 나타냅니다.

찬 기운을 없앨 정도로만 조금 데우는 것은 거냉(去冷)이라고 하며, 거래(去來)는 주고받거나 사고파는 것이며, 거번(去番)은 '지난번'이란 뜻입니다. 거취(去就)는 사람이 어디로 가거나 다니거나 하는 움직임을 말합니다. 거말귀본(去末歸本)은 농업이 주였던 옛날, '상공업을 버리고 농업으로 돌아가는 것'을 이르던 말입니다. 거위취안(居危就安)은 위험을 멀리하고 안전을 가까이하는 것입니다.

중외	부수	획수	형자	새김	발음
私	禾	7	厶	사사	사

'사사' 사(私)는 사적으로[厶] 처분할 수 있는 곡식[禾]에서 '사사롭다'라는 뜻을 지니게 됩니다.

중외	부수	획수	회자	새김	발음
公	八	4	八口厶	공평할, 공변될	공

'공평할, 공변될' **공(公)**은 사사로움[厶]을 깨는 것[八], 등지는 것입니다. '공변되다'라는 것은 행동이나 일 처리가 사사롭거나 한쪽으로 치우치지 않고 공평(公平)한 것입니다.

고외	부수	획수	형자	회자	새김	발음
弘	弓	5	厶	弓厶	클, 넓을	홍

'클' **홍(弘)**은 활을 쏠 때 시위가 움직이며 나는 큰 소리가 본뜻으로 거기에서 '크다, 넓다'라는 뜻이 파생되어 나왔습니다. 형성·회의자 외에 지사자로 분류하는 경우도 있습니다.

R029

또 우(又) 부

갑골	금문	전문	해서

'또' **우(又)**는 오른손 모양[又]을 본뜬 상형자입니다. 손가락을 생략해 세 개만 그렸습니다. 편방으로 쓰일 때는 자형이 '왼(손)' 좌(ナ)나 '돼지머리' 계(彐)의 가운데 획이 긴 형태로 나타나기도 합니다. '손' 수(手)는 물론입니다만, '또' 우(又)도 자소로 쓰여, 대부분 손의 동작과 관련되는 뜻이나 같은 동작을 되풀이 반복하는 것을 나타냅니다.

중학	획수	새김	발음
又	2	또	우

우황(又況)은 '그도 그러한데, 더욱이'의 뜻으로, 앞의 사실이 그러하다면 뒤의 사실은 말할 것도 없다는 뜻의 접속 부사입니다. '하물며'로 기억하면 되겠습니다.

중학	획수	형자	회자	새김	발음
友	4	又	又(手) 又(手)	벗	우

'벗' **우(友)**의 갑골문은 위아래로 손[又]이 두 개 겹친 모양입니다. 말 그대로 '손에 손 잡고(hand in hand)'입니다. 옛말에 "뜻을 함께하는 것이 벗"이라고 했습니다. 뜻을 함께하고 가는 길이 서로 합치하는[志同道合] 사람입니다.

우군(友軍)은 자기와 같은 편인 군대입니다. 우애(友愛)는 형제간 또는 친구 간의 사랑이나 정분을 가리키며, 우호(友好)는 서로 사이가 좋은 것입니다.

중학	획수	형자	회자	새김	발음
受	8	舟	爪 又	받을	수

'받을' **수(受)**의 갑골문은 '떨어질' 표(受)입니다. 회의 자소인 '손톱' 조(爪)와 '또' 우(又)를 합친 글자입니다. 그런데 이 글자를 잘 보면 위[爪]와 아래[又]가 모두 손입니다. 두 사람이 물건을 주고받는 것입니다. 본래 가운데에 접시모양[皿]이 들어 있었는데 그게 잘못 바뀌어 지금의 글자 형태가 되었습니다. 한 손은 내어주고, 한 손은 받아들이는 것을 나타내는 것이겠습니다.

물품을 주고받는 것은 수수(授受)입니다. 견디기 어려운 일을 당해 수난(受難), 기술이나 학업의 가르침을 받아 수업(受業)인데, 동음이의어인 수업(授業)은 교사가 학생에게 가르쳐주는 것을 말합니다. 학문을 배우거나 수업을 받는 것은 수학(受學)이고, 학문을 닦는 것은 수학(修學)이며 수에 관한 학문은 수학(數學)입니다.

중학	획수	형자	회자	새김	발음
叔	8	未	未 又	아재비	숙

'아재비' **숙(叔)**의 형성 자소는 똑같이 '콩, 아재비'로 새기는 숙(未)입니다. 이 글자의 본뜻은 토란과 같은 식물의 땅속줄기를 캐어내는 것이라고 합니다. 여기에서 '알줄기'

라는 뜻이 생겨났고, 나중에는 콩도 가리키게 되었습니다. '아재비'로 쓰는 것은 가차한 것입니다.

숙모(叔母)는 아버지 동생의 아내를 이르는 말이고, 숙질(叔姪)은 아저씨와 조카를 아울러 이르는 말입니다. 숙항(叔行)은 '아저씨뻘이 되는 항렬'이라는 뜻입니다.

중학	획수	회자	새김	발음
及	4	人又	미칠	급

'미칠' 급(及)은 다른 사람[人]을 쫓아가 잡는[又] 모양입니다. 그래서 '미치다'는 뜻이 됩니다.

'마지막에 가서는'의 뜻으로 급기야(及其也)가 있습니다. 이 단어는 한자어이기는 하지만 중국이나 일본 사전에서 찾을 수가 없습니다. 우리나라에서만 쓰는 한자어가 아닐까 싶습니다. 중국어에서 급기(及其)는 '앞에 나오는 내용에 더해' 정도의 의미로 쓰입니다. 급제급락(及第及落)은 급제와 낙제를 아울러 이르는 말이며, 급제(及第)는 시험이나 검사 따위에 합격하는 것입니다. 급과이대(及瓜而代)는 고사에서 나온 말로 "내년 오이가 다시 익을 때 교체한다"라는 뜻입니다. 『표준』에는 급과(及瓜)로 실려 있는데, "오이가 익을 때 부임하여 이듬해 오이가 다시 익을 때 교체한다는 뜻으로 임기가 다 찼음을 이르는 말"이라고 설명하고 있습니다.

중학	획수	회자	새김	발음
反	4	厂又	돌이킬/뒤집을/팔	반/번/판

'돌이킬' 반(反)은 벼랑[厂] 위에 있는 돌을 손[又]으로 밀어 굴리는 것입니다. 거기에서 '뒤집다'라는 뜻이 나오게 되었고, '돌아오다, 돌이키다'라는 뜻도 갖습니다. 다음자로서 다른 새김과 발음이 있습니다만, 기초한자의 범위를 벗어나는 내용입니다.

반구(反求)는 어떤 일의 원인 따위를 자신에게서 찾는 것인데, 『맹자』〈이루상(離婁上)〉에 나오는 반구저기(反求諸己)의 뜻이기도 합니다. 서로 등지거나 맞서는 것은 반대(反對)이고, 반성(反省)은 자신의 언행에 대하여 잘못이나 부족함이 없는지 돌이켜보는 것이며, 반응(反應)은 자극에 대응하여 어떤 현상이 일어나는 것입니다. 어떤 일이 영향을 미치어 일어나는 반응은 반향(反響)입니다. 소리가 방애물에 부딪쳐서 반사되어 다시 돌아오는 것도 같은 반향입니다. 반복무상(反覆無常)은 언행이 이랬다저랬다 일정하지 않은 것입니다. 반구부추(反裘負芻)는 '갖옷을 입고 꼴을 졌다'는 말로 어리석거나 본말이 전도된 것을 뜻합니다. "갓 쓰고 자전거 타기"라는 우리 속담과 비슷해 보입니다.

중학	획수	회자	새김	발음
取	8	耳又	가질, 취할	취

'가질' 취(取)는 고대의 전쟁의 참상을 담고 있는 글자입니다. 전쟁에서 전공(戰功)을 따지기 위해 사살한 적군의 왼쪽 귀[耳]를 떼어내는 것[又]에서 나온 글자입니다. 일본 쿄토시에 귀무덤 즉, 이총(耳塚)이 있습니다. 임진왜란과 정유재란 때 전공이랍시고 베어갔다고 하는 우리 조상들의 귀무덤입니다. 일본인들은 귀뿐만 아니라 코까지 베어가서 코무덤[鼻塚]이라고도 합니다. 일본인들의 이런 야만적인 행동과 우리 조상들이 당했던 슬픔과 모욕을 결코 잊어서는 안 됩니다.

취득(取得)은 자기 것으로 만들어 갖는 것입니다. 취사(取捨)는 쓸 것은 쓰고 버릴 것은 버리는 것이고, 취소(取消)는 발표한 의사를 거두어들이거나 예정된 일을 없애버리는 것입니다. 취장보단(取長補短)은 다른 사람의 장점을 취해 자신의 단점을 보충한다는 뜻입니다.

부수외자입니다. 부수외자를 소개하는 것은 여러분이 기초한자를 되풀이해 익히라는 취지이니까 자세한 설명은 꼭 해당 부수를 참고하기 바랍니다. 자소자로 쓰인 글자만 간단히 소개합니다.

중외	부수	획수	지표	형자	새김	발음
尤	尢	4	又(手)丿	又	더욱, 허물, 망설일	우

'더욱' **우(尤)**는 '절름발이' 왕(尢) 부수에 들어 있습니다. 왕(尢)에 지사 표시로 점 [丶]을 찍어 '손에 혹 같은 것이 나 있는 것'을 나타냅니다. 설상가상으로 상황이 더욱 더 나쁜 것입니다.

증외	부수	획수	형자	회자	새김	발음
皮	皮	5	卜	皮鐘	가죽	피
右	口	5	又	𠂇口	오를, 오른	우

고문 분석에서 '가죽' **피(皮)**는 가죽을 벗기는 데에 쓰는 대팻날 같은 도구를 손[又]에 쥔 모양을 하고 있어서 '짐승의 가죽을 벗기는 것'으로 봅니다. 그래서 가죽이라는 뜻을 나타냅니다.

'오른' **우(右)**는 '도울' 우(祐)의 본자로서 본뜻은 손[又]으로 돕고, 입[口]으로 돕는 것입니다. 그런데 이 글자가 오른쪽을 가리키는 데에 많이 쓰이자 '보호하고 도와준다' 라는 보우(保佑)의 뜻은 '보일' 시(示)를 더해 '도울, 복' 우(祐)로 쓰게 되고, '돕는다'라 는 뜻은 '사람' 인(人)을 더해 '도울' 우(佑)를 쓰게 되었습니다. 똑같이 도와주는 것이 지만, 우(祐)는 위에서 아래로 즉, 신령이 도와주는 것을 나타냅니다.

증외	부수	획수	형자	회자	새김	발음
有	月	6	又	又肉	있을	유
敢	攴	12	干	又干豕	감히, 구태여	감

'있을' **유(有)**는 손[𠂇, 手]에 고깃점[月=肉]을 들고 있는 것에서, '가지고 있다, 있다, 소유하고 있다'라는 것을 나타냅니다.

'감히' **감(敢)**은 손[又]에 사냥용 창[干]을 들고 산돼지[豕]를 찌르는 것을 나타냅니 다. 지금은 자형이 많이 바뀌어서 알아볼 수가 없습니다만 거기에서 용감(勇敢)하다는 뜻이 나왔습니다. '감(敢)히'는 두려움이나 송구함을 무릅쓴다는 뜻입니다.

증외	부수	획수	회자	새김	발음
支	支	4	竹半又	지탱할	지
史	口	5	中又	역사, 사기	사

'지탱할' **지(支)**는 '대' 죽(竹)의 반을 손[又]에 들고 있는 형상으로 '가지' 지(枝)의 본
자로 봅니다. 가지가 지탱하는 역할을 하는 데에서 '지탱하다, 버티다'라는 뜻을 나타냅
니다.

'역사' **사(史)**는 '아전' 리(吏), '일' 사(事)와 기원이 같은 것으로 봅니다. 고문에서 이
세 글자는 모두 '손에 사냥용 창을 든 것'으로 나타납니다. 고대에 수렵은 그야말로 '큰
일'이었으며 모두 '일을 하다'라는 뜻이 들어 있습니다. 사(史)는 일을 한다는 것이 본
뜻으로 조정에서 역사적인 사건을 기록하는 관리를 가리키기도 합니다. '아전' 리(吏)
또한 조정에서 일을 하는 벼슬아치입니다. '일' 사(事)는 말 그대로 일을 하는 것입니다.

증외	부수	획수	회자	새김	발음
爭	爪	8	爪丿又	다툴	쟁
妻	女	8	屮又女	아내	처

'다툴' **쟁(爭)**의 윗부분은 '손톱' 조(爪)이고, 아래에도 손[又]이 있습니다. 두 사람이
물건을 놓고 서로 자기편으로 당기는 것입니다. 다투는 것입니다.

'아내' **처(妻)**의 회의 자소 '풀, 싹틀' 철(屮)은 나무나 풀이 자라는 것처럼 지아비와
함께 힘을 더하는[又] 여자[女]임을 나타냅니다. 갑골문 분석에서는 여자가 머리를 다
듬는 것을 나타내는 글자로 '머리를 틀어 올리고 결혼해 아내[妻]가 되는 것'을 나타내
는 것으로 추정합니다. 자형상 주의해야 할 점이 있습니다. '풀, 싹틀' 철(屮)은 가운데
가 위에서 아래로 똑바로 긋는 세로획입니다. 가운데 획을 삐침으로 쓰면[屮] '왼손' 좌
(屮)로 좌(左)의 본자인데, 더러 구별하지 않고 쓰는 경우도 눈에 띕니다.

중외	부수	획수	회자	새김	발음
對	寸	14	丵口又	대할	대

'대할' **대(對)**에 '풀 무성할' 착(丵) 외에 '입' 구(口)가 들어 있는 것은 전문의 자형을 분석했기 때문입니다. 현재 자형에 나타나 있는 '마디' 촌(寸)도 손과 관련이 있는 글자입니다.

정리하면, 부수자 가운데 '우(又), 촌(寸), 수(手)'는 모두 손과 관련이 있고, 좌(左)는 왼손으로 오른손을 도와 공이[工]를 잡는 것을 나타내며, 우(右)는 손과 입으로 돕는 것입니다. 그런데 좌우(左右)가 계속 방향을 나타내는 뜻으로 쓰이게 되자, '사람' 인(人)을 붙여 '도울' 좌(佐), '도울' 우(佑)가 되고, 신령이 돕는 것은 '보일' 시(示)를 붙여 '도울, 복' 우(祐)로 확대됩니다.

고교	획수	형자	회자	새김	발음
叛	9	半	人半	배반할	반

'배반할' **반(叛)**에 대해서는 소리를 나타내는 부분이 '반' 반(半)이라는 주장과 '돌이킬' 반(反)이라는 주장으로 갈립니다. 어찌됐든 갈리어[半] 돌아서는 것[反]임에는 틀림이 없습니다. 등지고, 배반하는 것입니다.

반도(叛徒)는 반란을 꾀하거나 그에 가담한 무리입니다. 반란(叛亂, 反亂)은 정부나 지도자 따위에 반대하여 내란을 일으키는 것이며, 반역(叛逆, 反逆)은 나라와 겨레를 배반하는 것입니다. 반적(叛賊)은 자기 나라를 배반한 역적을 말합니다.

고외	부수	획수	형자	새김	발음
怪	心	8	又	괴이할	괴

부수외자입니다. '괴이할' **괴(怪)**의 오른쪽은 '힘써 밭 갈' 골(圣)입니다. 위는 손[又]

이고 아래는 흙[土]이니 '흙에 손을 더한다, 정성을 드린다' 정도로 짐작해볼 수도 있겠습니다. '성인' 성(聖)과 '물줄기' 경(巠)의 속자로 쓰이기도 합니다.

고외	부수	획수	회자	새김	발음
奴	女	5	女又	종	노
侵	人	9	人又帚	침노할	침

'종' 노(奴)는 힘을 들여 노동을 담당하는 가내 노비입니다. 옛날에는 전쟁에서 포로로 잡히면 종으로 삼았고, 매매를 통해 종을 사고팔기도 했습니다. 종을 사고파는 것은 꼭 아프리카 원주민들의 미국 이주사에서만 나오는 이야기가 아닙니다.

'침노할' 침(侵)의 오른편 자소자 룻은 별도의 글자로 쓰이지 않으며 새김이나 발음이 따로 없습니다. '비' 추(帚) 자의 생략형 아래에 손[又]이 있어 손에 빗자루를 든 모양을 나타냅니다. 짐승의 몸에 티끌이나 검불이 붙었을 때 쓸어주는 뜻이라고 합니다. 조금씩 조금씩 쓸어나가는 것처럼 야금야금 먹어들어 가는 것으로 이해할 수 있겠습니다.

고외	부수	획수	회자	새김	발음
雙	隹	18	雔又	두, 쌍	쌍

'쌍' 쌍(雙)의 자소자는 '새 한쌍' 수(雔)입니다. '새' 추(隹)가 있고, '새' 조(鳥) 자가 있습니다. 쌍(雙)은 손[又] 위에 새 두 마리를 올려놓고 있는 형상입니다. 바로 한 쌍입니다. 허신은 꽁지가 짧은 새는 추(隹), 꽁지가 긴 새는 조(鳥)라고 설명을 하기도 했습니다만, 실제 글자를 보면 꼭 그렇지만은 않습니다.

이로써 2획 부수에 속한 글자를 마칩니다. 이제 3획 부수자로 갑니다.

R030

입 구(口) 부

갑골	금문	전문	해서
ㅂ	ㅂ	ㅂ	口

'입' 구(口)는 벌린 입 모양을 본뜬 상형자입니다. 부수로 쓰여 음식이라든지 사물이 드나드는 입구 등 입과 관련된 뜻을 나타냅니다. 기초한자 가운데 '입' 구(口) 부수에 속하는 글자는 모두 52자이고, 입구부에 속하지는 않지만 '입' 구(口)를 포함하고 있는 부수외 글자가 24자로 모두 76자나 됩니다.

중학	획수	새김	발음
口	3	입	구

구각(口角)은 입의 양쪽 구석 즉, 입꼬리입니다. 구강(口腔)은 입에서 목구멍에 이르는 빈 곳으로 강(腔)은 속이 비었다는 뜻입니다. 비강(鼻腔), 복강(腹腔)에도 쓰입니다.

구설(口舌)은 입과 혀라는 뜻으로, 시비하거나 헐뜯는 말입니다. 입으로 말하는 것은 구술(口述)이고, 말로 전해 내려오는 것은 구전(口傳)입니다. 구두선(口頭禪)은 실행이 따르지 않는 실속이 없는 말입니다. 구설수(口舌數)는 남과 시비하거나 남에게서 헐뜯는 말을 듣게 될 운수인데, 구설복(口舌福)이라고도 합니다.

구이지학(口耳之學)은 들은 것을 자기 생각 없이 그대로 남에게 전하는 것이 고작인 학문입니다. 더러 "입이 마르고 혀가 탄다"라는 말을 합니다. 한자로는 구건설조(口乾舌燥)입니다. 그런데 쓰임은 다릅니다. 우리는 긴장하거나 애가 타는 경우를 나타내는 데 반해, 구건설조는 말이 많은 것을 가리킵니다. 구무택언(口無擇言)은 하는 말에 가려 버릴 것이 없다는 뜻으로, 자칫하면 쓸 말이 없다고 생각하기 쉽습니다. 『표준』에서는 "한 마디도 가려서 버릴 것이 없는 좋은 말"이라고 설명합니다. 중국어 사전에서는 "하는 말이 정확한 것"이라고 설명하고 있어, 뉘앙스가 조금 다릅니다. 구밀복검(口蜜腹劍)은 입에는 꿀이 있고 배 속에는 칼이 있다는 말로, '말로는 친한 듯하나 속으로는 해칠 생각이 있음'을 이릅니다. 구상유취(口尙乳臭)는 입에서 아직 젖내가 난다는 말로, '말이나 행동이 유치함'을 이르는 말입니다. 흔히 쓰는 '젖비린내가 난다'는 말과 같은 뜻입니다. 구시심비(口是心非)는 말로는 옳다 하면서 마음속으로는 그르게 여기는 것입니다. 『표준』에는 동사 "구시심비(口是心非)하다"가 표제어로 올라 있습니다. 구혈미건(口血未乾)은 서로 피를 마시며 맹세할 때 입에 묻은 피가 아직 마르지 않았다는 뜻으로, 맹세한 지가 오래되지 않음을 이릅니다. 맹약을 바로 저버리는 경우에 쓰기도 합니다.

중학	획수	지표	새김	발음
只	5	口八	다만	지

'다만' 지(只)는 지사자입니다. 어기(語氣)가 멈추거나 끝나는 것을 나타냅니다. 필자의 경험으로 어기라는 말을 제대로 이해하기가 어려웠는데, 말을 하는 기세입니다. 쉽게 '소리가 나올 때의 기운'으로 생각하면 됩니다. 그 기운이 멈칫하거나 멈추는 것입니다. 『설문』에서는 "팔(八)은 기세가 아래로 떨어지는 것을 본뜬 것"이라고 합니다. 성부(聲符)나 의부(意符)로 쓰인 것이 아니라, 지사임을 나타내는 지사 표지로 쓰인 것입니다.

지금(只今)은 '말하는 바로 이때'를 가리킵니다. 지자부제(只字不提)는 어떤 일에 대해 한 마디도 하지 않는 것입니다. 뭔가 불만이 있을 때 "입도 벙긋하지 않는다"라는 말을 하는데 그런 뜻도 있고, '두 말할 나위 없이'의 뜻으로 쓰이기도 합니다.

중학	획수	형자	새김	발음
吾	7	五	나/친하지 않을/땅이름	오/어/아

'나' 오(吾)에서는 '다섯' 오(五)가 소리를 나타냅니다. 그런데 이 글자는 쓰임이 조금 독특합니다. 주어나 수식어로는 쓰지만 목적어로 쓰지는 않습니다. 그러니까 "나를"이라는 뜻에서는 이 오(吾) 자를 쓰지 않는다는 것입니다.

오당(吾黨)은 우리 당, 오등(吾等)은 '우리'를 문어적으로 이르는 말입니다. 오문(吾門)은 '우리 문중'이라는 뜻입니다. 오불관언(吾不關焉)은 '나는 그 일에 상관하지 않는다'는 것을 나타냅니다.

〈기미독립선언서〉에 "吾等(오등)은 玆(자)에 我(아) 朝鮮(조선)의 獨立國(독립국)임과 朝鮮人(조선인)의 自主民(자주민)임을 宣言(선언)하노라"라는 내용이 있습니다. 오등(吾等)은 '우리'이고 '자(玆)'에는 '이에'의 뜻입니다. 끝부분에는 "千百世(천백세) 祖靈(조령)이 吾等(오등)을 陰佑(음우)하며 全世界(전세계) 氣運(기운)이 吾等(오등)을 外護(외호)하나니, 着手(착수)가 곧 成功(성공)이라. 다만, 前頭(전두)의 光明(광명)으로 驀進(맥진)할 따름인뎌"로 오등(吾等)이 목적격으로 쓰인 예가 나옵니다. 이것은 완전한 한문이 아니고, 국한문 혼용체로서 우리말 조사가 첨부되었기 때문이 아닐까 합니다. 맥진(驀進)은 힘차게 앞으로 나아가는 것입니다. 중학 과정에 소개하기는 어려운 예문인데, 언제가 됐든 읽고 익혀야 하는 문장이라서 짧게 그 뜻을 소개합니다.

"수많은 세대 조상의 영혼이 우리를 은밀히 도와주며, 전 세계 기운이 우리를 밖에서 보호하나니 손만 대면 곧 성공이라. 다만 앞의 광명으로 힘차게 나아가야 할 따름이도다."

중학	획수	형자	새김	발음
哀	9	衣	슬플	애

'슬플' 애(哀)는 다른 사람에게 연민을 느끼는 것으로, 연민을 느끼니 슬픈 감정이 일어나게 됩니다. "옷[衣] 얘기만 하는 사람, 아니면 옷이 없다는 말[口]만 하는 사람을 나타내며 그래서 슬프다는 뜻을 갖는다"라는 설명도 있는데, 고증이 되지는 않았습니다. 그래도 혹 글자를 익히는 데에는 도움이 되는 파자법이 아닐까 합니다.

애상(哀傷)은 슬퍼하거나 가슴 아파하는 것이며, 동음인 애상(哀想)은 슬픈 생각입니다. 애석(哀惜)은 슬프고 아까운 것인데, 소중히 여기고 아낀다는 애석(愛惜)과 발음이 같아 자칫 혼동할 수 있습니다. 애처롭게 사정하여 간절히 바라는 것은 애원(哀願)이고, 슬프게 원망하는 애원(哀怨)과 같은 발음입니다. 애사호죽(哀絲豪竹)에서 사(絲)는 현악기이고, 죽(竹)은 관악기를 가리킵니다. 그래서 애사호죽은 비장하여 마음을 울리는 음악을 이릅니다. 애이불상(哀而不傷)은 『논어』〈팔일(八佾)〉에 나오는 말로 「관저(關雎)」라는 시에 대한 평입니다. 슬퍼하되 정도를 넘지 않는다는 뜻입니다. 애훼골립(哀毀骨立)은 '슬픔으로 건강을 해쳐 뼈만 서 있다'는 뜻으로, 본래는 부모의 죽음을 슬퍼하여 몸이 몹시 여윈 것을 나타냈습니다만, 지금은 지나치게 슬퍼해 건강을 해치는 것을 나타내기도 합니다.

중학	획수	형자	새김	발음
問	11	門	물을	문

'물을' 문(問)에서는 '문' 문(門)이 소리를 나타냅니다. 문(門) 속에 입[口]이 있으면 '물을' 문(問), 귀[耳]가 있으면 '들을' 문(聞), 말(馬)이 있으면 '쑥 내밀, 엿볼' 틈(闖)입니다.

문답(問答)은 묻고 대답하는 것이며, 문병(問病)은 앓는 사람을 찾아가 위로하는 것입니다. 문의(問議)는 물어 의논하는 것이고, 문책(問責)은 잘못을 캐묻고 꾸짖는 것입니다. 문도어맹(問道於盲)은 장님에게 길을 묻는다는 말로 아무것도 알지 못하는 사람에게 가르침을 청하는 것을 이릅니다. 문류심화(問柳尋花)는 직역하면 '버드나무에 대해 묻고 꽃을 찾는다'이지만 봄의 경치를 감상함을 비유적으로 이르는 말이고, 화류계에서 노는 것을 비유적으로 이르는 말이기도 합니다. 문일답십(問一答十)은 하나를 물으면 열 가지 답변을 한다는 말로, 아는 것이 많음을 이릅니다.

중학	획수	형자	새김	발음
商	11	章省	장사	상
唱	11	昌	부를	창

상(商)은 본래 술잔의 하나입니다. 그런데 술잔에 눈금이 있어 양을 헤아릴 수 있었습니다. 그래서 상(商)에는 '헤아리다'라는 뜻도 있습니다.

헤아려 잘 생각하는 것을 상량(商量)이라고 하는데, 여기에는 그런 뜻이 살아 있습니다. 지금은 상술(商術), 상업(商業), 상인(商人), 상점(商店) 등 주로 장사와 관련된 단어에 많이 쓰이고 있습니다.

'부를' **창(唱)**은 노래를 단순히 부르는 것만을 가리키는 것이 아니고, 제창이나 합창을 할 때 한 사람이나 여러 명이 먼저 부르는 것입니다. 말 그대로 노래를 이끌며 선창(先唱)을 하는 것입니다.

창가(唱歌)는 갑오개혁 이후에 발생한 근대 음악 형식의 하나로 서양 악곡의 형식을 빌려 지은 간단한 노래며, 창극(唱劇)은 전통적인 판소리나 그 형식을 빌려 만든 가극(歌劇)입니다. 창도(唱導)는 앞장서서 외치거나 또는 솔선하여 말하거나 주장하는 것이며, 창명(唱名)은 이름을 부르는 것입니다.

중학	획수	형자	새김	발음
單	12	吅	홀	단

'홀' **단(單)**은 어렸을 때 많이 가지고 노는 Y 모양의 새총처럼 가장귀진 나무로 수렵이나 전투에 쓰던 것을 가리킨다고 합니다. '하나'나 '홀'은 인신된 뜻입니다. 두 개가 한 짝이 되는 쌍(雙)과 상대되는 글자입니다. 『설문』에서는 "큰 소리를 치다"라고 설명하고 있습니다. 상형자로 취급하는 경우도 있습니다.

자소자 훤(吅)은 부르짖는다는 뜻입니다.

단가(單價)는 물건 한 단위의 가격입니다. 단신(單身)은 배우자나 형제가 없는 사람이나 혼자의 몸을 말합니다. 단자(單子)는 부조나 선물 따위의 내용을 적은 종이로 돈의 액수나 선물의 품목, 수량, 보내는 사람의 이름 따위를 써서 물건과 함께 보내는 것입니다. 단도직입(單刀直入)은 혼자서 칼 한 자루를 들고 적진으로 곧장 쳐들어간다는 말로, 여러 말을 늘어놓지 아니하고 바로 요점이나 본문제를 중심적으로 말함을 뜻합니다. 단사불선(單絲不線)은 한 올로는 실이 될 수 없다는 말로, 개인의 역량이 미약함을 나타냅니다. 『표준』에는 단사불성선(單絲不成線)으로 올라 있고, "외가닥 실 하나만으로는 선을 이루지 못한다는 뜻으로, 홀로는 아무 소용이 없음을 이르는 말"이라고 정의하고 있습니다. 단창필마(單槍匹馬)는 창 한 자루 든 채 말을 타고 적진에 뛰어든다는 뜻으로 도움이 없이 단독 행동을 하는 것을 말합니다. 혈혈단신(孑孑單身)은 의지할 곳이 없는 외로운 홀몸을 말합니다.

중학	획수	형자	회자	새김	발음
可	5	丂	丂口	옳을/오랑캐 임금 이름	가/극

'옳을' 가(可)를 고문 분석에서는 노동을 하는데 흥을 돋우는 노래로 '노래' 가(歌)의 초문이라고 합니다. '찬성하다, 동의하다, 허락하다'의 뜻이 있고, '적합하다, 옳다'라는 의미도 나타냅니다. 달리, 살펴본[丂] 뒤에 허락[口]하는 것이라는 설명도 있습니다.

자소자는 '기 뻗으려하다 막힐' 고(丂)인데, '살필' 고(考), '공교할' 교(巧)의 자소이기도 하고, 고문에서는 '살필' 고(考), '공교할' 교(巧) , '어조사' 우(于)와 통용해 쓰기도 합니다. 기초한자 가운데 '편안' 녕(寧), '어조사' 혜(兮)에서도 자소자로 쓰이고 있는 것을 볼 수 있습니다.

가결(可決)은 의안을 합당하다고 결정하는 것이며, 가부(可否)는 옳고 그름, 혹은 찬성과 반대를 아울러 이릅니다. 가망(可望)은 될 만하거나 가능성이 있는 희망입니다. 가견일반(可見一斑)은 대롱을 통해 표범을 보아도 얼룩무늬 하나는 볼 수 있다는 뜻으로 한 가지에서 전모를 추측해볼 수 있음을 비유적으로 이르는 말입니다. 가승지기(可乘之機)는 이용할 만한 기회를 말합니다. 가유가무(可有可無)는 있을 수도 있고 없을 수도 있다는 뜻인데, 우리말의 "있어도 그만, 없어도 그만"이 정확한 역어가 아닐까 합니다.

중학	획수	형자	회자	새김	발음
句	5	丩	口丩	글귀, 굽을, 당길	구
右	5	又	ナ口	오를, 오른	우

'글귀' 구(句)는 어조[口]가 꺾이는 것[丩]을 나타냅니다. 문장 가운데에 잠깐 쉬거나, 문장이 끝날 때에는 어조 즉, 가락이 바뀝니다. 거꾸로 가락이 바뀌는 것이 문장의 한 단위로 구(句)이기도 합니다.

자소자는 '얽힐' 구, 교(丩)인데, 현재 낱자로는 쓰이지 않습니다. '거둘' 수(收), '부르짖을' 규(叫), '꼴, 얽힐' 규(糾)에서 자소자로 쓰이고 있습니다.

구두(句讀)는 글을 쓸 때 문장 부호를 쓰는 방법으로 구두법(句讀法)이라는 말을 많이 씁니다. 구법(句法)은 시문(詩文) 따위의 구절을 만들거나 배열하는 방법을 말합니다.

'오른' 우(右)는 '도울, 복' 우(祐)의 본자로 우(祐)는 위에서 신령이 도와주는 것입니다. 그래서 복(福)으로 새기기도 합니다. '오른' 우(右)의 자형을 보면 손[又]과 입[口]으로 서로 돕는 것입니다. 손으로 도우니 일을 돕는 것이고 입 즉, 말로도 돕는 것입니다. 본래 글자 모양을 보면 사람[口]이 제물을 차려놓고[又] 신에게 도움을 구하는 모양입니다. 그래서 '도울' 우(祐)의 본자로 봅니다.

우익(羽翼)은 새나 비행기 따위의 오른쪽 날개이고, 우편(右便)은 오른쪽입니다. 우익수(右翼手)는 야구에서 오른쪽을 지키는 수비수입니다.

중학	획수	형자	회자	새김	발음
君	7	尹	尹口	임금	군

'임금' 군(君)은 다스리는 일[尹]을 맡아 명령하는[口] 사람입니다. 인신되어 '주재자'라는 뜻 혹은 손아랫사람에 대한 존칭으로 '자네' 정도의 뜻을 나타내기도 합니다. '고을' 군(郡), '무리' 군(群)에서 자소자로도 쓰이기도 하고, 기초한자 외에 '막힐' 군(窘), '치마' 군(裙)에서도 볼 수 있습니다.

자소자는 '다스릴' 윤(尹)입니다.

군자(君子)는 행실이 점잖고 어질며 덕과 학식이 높은 사람을 이르는 말이며, 세습적으로 나라를 다스리는 최고 지위에 있는 사람은 군주(君主)입니다. 군신(君臣)은 임금과 신하입니다. 군신좌사(君臣佐使)는 본래 임금과 문무관원의 신하, 요좌(僚佐)라고 하여 장관에게 속한 관원과 사자(使者) 등 네 개의 직분을 가리키는 것으로 이들은 나라 안에서 서로 다른 작용을 합니다. 훗날 한방에서 한약 처방을 할 때 구성 약재의 작용에 따라 네 가지로 갈라놓은 것을 통틀어 이르는 말로 쓰이게 되었습니다. 가장 주된 약을 군약(君藥)이라 하고 보조약을 신약(臣藥), 좌약(佐藥), 사약(使藥)으로 구분합니다. 군자지교담여수(君子之交淡如水)는 『예기(禮記)』〈표기(表記)〉에 나오는 말로 "군자의 사귐은 맑기가 물과 같다"는 뜻입니다.

중학	획수	형자	회자	새김	발음
否	7	不	口不	아닐	부

'아닐' 부(否)는 '아니다[不]라고 말하는 것[口]'으로 이해할 수 있습니다. 올바르지 않아 부정(不正), 정해지지 않아 부정(不定), 그렇지 않다고 반대하는 것은 부정(否定)입니다. 부인(否認)은 어떤 내용이나 사실을 옳거나 그러하다고 인정하지 않는 것입니다.

중학	획수	형자	회자	새김	발음
吟	7	今	口今	읊을	음

'읊을' 음(吟)에서 '이제' 금(今)은 혀를 아래로 내민 형상으로 읊조린다는 뜻을 나타냅니다.

시가를 읊조리며 그 맛을 감상하는 것은 음미(吟味)이고, 읊는 것 자체는 음영(吟詠)입니다. 음송(吟誦) 또한 비슷한 의미로 시가(詩歌) 따위를 소리 높여 읊거나 또는 소리를 내어 책을 읽는 것입니다. 음풍농월(吟風弄月)은 맑은 바람과 밝은 달을 대상으로 시를 짓고 흥취를 자아내어 즐겁게 노는 것입니다.

중학	획수	형자	회자	새김	발음
味	8	未	口未	맛	미

'맛' 미(味)는 입[口]에서 느끼는 음식의 감각 즉, 맛입니다.『설문』에서는 자미(滋味) 라고 풀이합니다만, '자양분이 많고 맛도 좋거나 또는 그런 음식'이란 뜻으로 우리가 쓰는 자미(滋味)와는 조금 차이가 있습니다. 우리말의 자미(滋味)는 긍정적이거나 좋은 내용이 들어 있습니다. 이런 뜻을 포의(褒義)라고 합니다. 그러나 무뢰한(無賴漢) 같은 경우에는 부정적이거나 좋지 않은 뜻이 담겨 있는데, 폄의(貶義)라고 합니다. 포폄(褒貶)은 옳고 그름이나 선하고 악함을 판단하여 결정하는 것인데, 글자 그대로의 뜻은 무엇을 기리거나 폄하하는 것입니다. 이런 가치 판단이 들어가 있지 않은 단어는 중성어라고 합니다. 우리나라에서 자미(滋味)는 포의인데, 중국어에서는 중성어입니다. 맛이나 생각을 나타냅니다. 미(味)에는 혀로 느끼는 감각은 물론이고, 코로 맡는 냄새도 들어갑니다.

미각(味覺)은 맛을 느끼는 감각인데, 맛이 없어 무미(無味)입니다. 미동작랍(味同嚼蠟)은 맛이 초를 씹는 것과 같다는 뜻으로 말이나 글이 무미건조한 것을 말합니다.

중학	획수	형자	회자	새김	발음
呼	8	乎	口乎	부를	호

'부를' 호(呼)는 본뜻이 숨을 내쉬는 것으로 들이쉬는 흡(吸)과 상대가 됩니다. '부르다, 부르짖다'라는 뜻을 나타냅니다.

물건의 값을 부르는 것은 호가(呼價), 이름을 부르는 것은 호명(呼名)입니다. 호흡(呼吸)은 물론 숨을 쉬는 것입니다만 날숨과 들숨 모두를 가리킵니다. 호지욕출(呼之欲出)은 부르면 튀어나올 것 같다는 뜻으로 그림이 진짜와 아주 흡사함을 나타냅니다. 문학 작품의 인물 묘사가 생동감이 넘치는 것을 말하기도 합니다. 호천창지(呼天搶地)는 큰 소리로 하늘을 향해 부르짖고 머리로 땅을 친다는 뜻으로 아주 슬픈 모습을 나타냅니다. 호풍환우(呼風喚雨)는 비바람을 부른다는 뜻으로 요술로 바람과 비를 불러일으키는 것을 이릅니다.

중학	획수	형자	회자	새김	발음
和	8	禾	口禾	화할	화

갑골문과 금문 등 고문에서는 **화(和)**를 화(龢)로 썼습니다. 피리를 여러 개 묶은 팬플루트로 보는데, 악기[龠]의 소리와 목소리가 조화를 이루는 것입니다. 『설문』에 있는 자형은 '咊'로 지금 우리가 쓰고 있는 글자와 좌우가 바뀌어 있습니다. 화(禾)는 물론 벼를 가리킵니다만 조화의 뜻도 있습니다.

화기(和氣)는 화목한 분위기나 따스하고 화창한 기온을 뜻합니다. 화평하고 즐거워 화락(和樂), 날씨나 바람이 온화하고 맑아 화창(和暢), 마음 깊이 화목해 화충(和衷), 안 좋은 감정을 풀어 없애 화해(和解)입니다. 화광동진(和光同塵)은 빛을 감추고 티끌 속에 섞여 있다는 뜻으로 자기의 뛰어난 지덕(智德)을 나타내지 않고 세속을 따름을 이르는 말입니다. 노자(老子)의 『도덕경(道德經)』에 나옵니다. 화이부동(和而不同)은 『논어(論語)』〈자로(子路)〉에 나오는 말로 남과 사이좋게 지내기는 하나 무턱대고 어울리지는 않음을 이릅니다. 자기 나름의 주견이 뚜렷한 것으로 바로 군자의 태도입니다. 이에 반해 소인은 동이불화(同而不和) 즉, 어울리기는 하지만 화합할 줄 모릅니다. 다른 사람과 행동이 일치하는 듯하지만 주견이 없이 따라 해서 진정한 화합을 이뤄내지 못한다는 의미입니다. 화충공제(和衷共濟)는 마음이 하나 되어 함께 물을 건넌다는 뜻으로 여러 사람이 합심 · 협력함을 이릅니다. 마음을 같이하여 서로 돕는다는 뜻의 동심협력(同心協力)과 비슷한 뜻입니다.

중학	획수	형자	회자	새김	발음
哉	9	𢦏	口	어조사	재

'어조사' **재(哉)**는 본래 '다칠' 재(𢦏)를 쓰다가 나중에 '입' 구(口)를 더해 지금의 자형이 되었습니다. 『설문』에서는 강렬한 감탄을 나타냅니다.

형성 자소는 '다칠' 재(𢦏)로 '𢦏'로 쓰는 경우도 있고, '𢦏'로 쓰는 경우도 있어 자형이 두 가지입니다. 군대가 정렬한 것처럼 정리된 논밭을 가리키며 '입' 구(口)와 결합해 군대에서 집단으로 감탄하는 소리를 내는 것이라고 설명하기도 합니다. '마를' 재(裁),

'실을' 재(載), '심을' 재(栽)에서도 자소자로 쓰입니다.

애재(哀哉)는 '슬프도다'라는 뜻의 감탄사이고, 쾌재(快哉)는 일 따위가 마음먹은 대로 잘되어 만족스럽게 여기거나 또는 그럴 때 내는 소리입니다.

중학	획수	형자	회자	새김	발음
唯	11	隹	口隹	오직	유

'오직' 유(唯)는 새[隹]가 재잘거리듯[口] "네, 네, 네" 아니면 "그렇습죠" 정도로 상대의 말에 대답이나 대꾸를 하는 것입니다. 부사로 쓰일 때는 '오직, 다만'의 뜻을 나타냅니다.

오직 하나밖에 없는 것은 유일(唯一)한 것입니다. 유물론(唯物論)은 만물의 근원을 물질로 보고 모든 정신 현상도 물질의 작용이나 그 산물이라고 주장하는 이론입니다. 유명시종(唯命是從)은 명령만 있으면 즉시 복종한다는 뜻으로 명령에 절대 복종하는 것을 말합니다. 유아독존(唯我獨尊)은 세상에서 자기 혼자 잘났다고 뽐내는 태도인데 본래는 석가모니가 태어나서 한 말[獅子吼(사자후)]이라는 "천생천하유아독존(天生天下唯我獨尊)"에서 나온 것입니다. 이 세상에 나 혼자만 있다는 뜻으로 우주 가운데 자기보다 더 존귀한 이는 없음을 이릅니다. 여기서 아(我)는 나로 한정하기보다 모든 중생을 뜻하는 것으로 설명합니다.

중학	획수	형자	회자	새김	발음
喪	12	亾	亡哭	잃을	상

지금 쓰는 **상(喪)** 자에는 '입' 구(口)가 두 개뿐입니다만, 갑골문의 상(喪) 자에는 뽕나무(桑) 아래에 '입' 구가 네 개[㗊, '뭇입' 즙, 급] 있습니다. 여러 사람이 뽕나무 아래에서 곡을 하는 것입니다. 고대 중국에서는 상사가 나면 뽕나무를 써서 표시를 했다고 합니다. 뽕나무 상(桑)과 상사(喪事)의 상(喪)이 서로 발음이 같기 때문일 듯합니다. 나무를 심는 데에도 금기가 있습니다. 집 앞에는 뽕나무를 심지 않고 집 뒤에는 버드나무를 심지 않습니다. 집 앞에 뽕나무를 심으면 상사(喪事)가 나기 때문이라고 하고, 버드나무

를 심지 않는 것은 버드나무의 씨가 없어 그 집안에 남자가 태어나지 않아 대를 이을 수 없기 때문이라고 합니다. 하지만 보기에 작아서 그렇지 버드나무 씨는, 버드나무 꽃인 버들개지 속에 있고 바람을 타고 번식합니다.

상례(喪禮)는 상사에 관한 의례입니다. 상장(喪杖)은 상제가 상례나 제사 때 짚는 지팡이입니다. 상배(喪配)는 상처(喪妻)를 점잖게 이르는 말입니다. 상가지구(喪家之拘)는 "초상집의 개 같다"는 우리 속담과 같은 뜻으로 먹을 것이 없어서 이 집 저 집 돌아다니며 빌어먹는 사람이나 궁상이 끼고 초췌한 꼴을 한 사람을 비유적으로 이르는 말입니다. 이 말은 뜻밖에도 공자의 모습을 그린 데에서 나왔습니다. 공자가 정(鄭)나라에 가 제자들과 헤어져서 서로 찾는데, 정나라 사람이 자공(子貢)에게 동문(東門)에 초상집의 개 형색을 한 사람이 있다고 한 데에서 나왔습니다. 바로 공자의 모습입니다.

格物 005. 상장(喪杖)

상장은 상제가 상례나 제사 때에 짚는 지팡이입니다. 아버님이 돌아가셨을 때에는 대나무 지팡이를, 어머님이 돌아가셨을 때에는 오동나무 지팡이를 짚습니다. 이것을 각각 저장(苴杖), 삭장(削杖)이라고 합니다. 이런 제례는 『예기(禮記)』에 기록되어 있는데, '하늘은 둥글고, 땅은 네모나다'라는 고대 사상에서 나온 것으로 봅니다. 아버님은 하늘이기 때문에 둥그런 대나무를 쓰는데 아버님 돌아가신 것이 대나무가 더위와 추위를 가리지 않고 푸른 것처럼 일 년 내내 고통스럽다는 뜻을 담고 있습니다. 어머님은 땅입니다. 오동나무 지팡이는 아래를 네모나게 깎습니다. 그래서 삭장인데, 오동나무를 쓰는 것은 '오동나무' 동(桐)이 '같을' 동(同)과 발음이 같은 점을 이용해 어머님 돌아가신 슬픔이 아버님 돌아가신 것과 같다는 뜻을 나타냅니다.

'뽕나무' 상(桑)으로 '상사' 상(喪)을 나타낸다든지 '오동나무' 동(桐)으로 같음[同]을 표현하는 것처럼 발음이 같거나 비슷한 것을 이용해 다른 것을 나타내는 것을 중국어에서 해음(諧音)이라고 하는데, 종종 이용됩니다.

중학	획수	형자	회자	새김	발음
嚴	20	厰	吅厰	엄할	엄

'엄할' **엄(嚴)**은 하달하는 명령[吅, '부르짖을' 훤]이 긴급하고 엄숙해[厰, '험할' 감, 음, 담] 감히 위반할 수 없음을 이릅니다.

　　엄금(嚴禁)은 엄하게 금지하는 것이고, 엄숙(嚴肅)은 위엄이 있고 정중한 것이며, 엄책(嚴責)은 엄하게 꾸짖는 것입니다. 엄형준법(嚴刑峻法)은 엄혹한 형법을 말합니다.

중학	획수	회자	새김	발음
古	5	口十	예	고

　　'예' **고(古)**는 여러[十] 사람의 입(口)을 통해 옛날 일이 전해 내려오는 것입니다. 그래서 '예'의 뜻을 갖습니다.

　　고금(古今)은 예전과 지금을 아울러 이르는 말이고, 고담(古談)은 예전부터 전해져 내려오는 이야기입니다. 고희(古稀)는 두보(杜甫)의 시 「곡강이수(曲江二首)」에 나오는데, '예로부터 사람이 칠십을 살기는 드문 일이다'는 뜻의 "인생칠십고래희(人生七十古來稀)"에서 온 말입니다. 고왕금래(古往今來)는 『표준』에서 "예전과 지금을 아울러 이르는 말"로 설명합니다. 고금(古今)과 같은 의미입니다. 그러나 한자성어로는 예전부터 지금까지의 의미를 나타내 미묘한 차이가 있습니다.

중학	획수	회자	새김	발음
史	5	中又	역사, 사기	사

　　'역사' **사(史)**를 허신의 『설문』에서는 "사건을 기록하는 사람으로 손에 중(中)을 쥔 형상이다. 중(中)은 바른 것이다"라고 설명합니다. 그러니까 역사를 기록할 때는 어느 쪽으로도 치우치지 않아 중용을 유지할 수 있는 자세를 지녀야 한다는 설명이겠습니다. 그러나 이것은 전문을 바탕으로 한 해석이고, 갑골문에서는 사냥용 창을 쥔 모양을 본떠 '일을 하다'라는 뜻을 나타내게 되었다고 합니다. 그래서 '아전' 리(吏)나 '일' 사(事)와 기원이 같은 것으로 설명합니다. 이 세 글자는 모두 손[又]에 사냥용 창을 잡은 모양을 나타냅니다.

　　사극(史劇)은 역사에 있었던 사실을 바탕으로 하여 만든 연극이나 희곡입니다. 사료(史料)는 역사 연구에 필요한 각종 자료입니다. 역사적 사실을 기록한 책은 사서(史書),

역사에 실제로 있었던 사실은 사실(史實)이며, 실제로 있었던 일이나 현재에 있는 일은 사실(事實)로 두 단어 모두 장음입니다. 사필(史筆)은 사관이 적던 필법을 말합니다. 사부절서(史不絶書)는 사서에 기록이 끊이지 않는다는 뜻으로 역사상 비슷한 사실이 자주 일어나는 것을 이르는 말입니다.

중학	획수	회자	새김	발음
各	6	夂口	각각	각

'각각' 각(各)의 자소 '뒤져올' 치(夂)는 '누구는 가라고 하고, 누구는 멈추라고 해 서로 말을 듣지 않는 것'이라고 설명합니다. 그러니까 행동이 각기 다른 것입니다. 갑골문을 분석하는 사람들은 바로 움집의 입구[口]에 누군가 찾아온 것[夂]이라고 합니다. 그러니까 발걸음[夂]이 거기까지 미친 것으로 본 것입니다. 여러 사람 가운데 서로 다른 각각의 하나를 가리킵니다.

각계(各界)는 사회의 각 분야를 말합니다. 각립(各立)은 따로따로 나뉘어 서는 것입니다. 각산(各産)은 한 가족이면서 각기 따로 살림을 차리거나 또는 그 살림을 말하는데, 각살림이라는 말을 더 많이 씁니다. 각개격파(各個擊破)는 적을 하나하나 나누어 무찌르는 것입니다. 각양각색(各樣各色)은 각기 다른 여러 가지 모양과 빛깔을 말합니다. 각유소장(各有所長)은 사람마다 각기 장점이나 장기를 지니고 있음을 말합니다. 각자위정(各自爲政)은 각자 자기의 주장에 따라 일을 처리하는 것으로, 전체와 조화를 이루거나 타인과 협력하지 않고는 어려움을 잘 해결하기가 어려움을 나타내주는 말입니다. 각진소능(各盡所能)은 사람마다 자신의 재능을 충분히 발휘하는 것을 이릅니다. 청년 실업이 하루이틀이 아니라 상존하는 문제인데, 하루 빨리 우리의 젊은이들이 자신의 재능과 기량을 충분히 발휘할 수 있는 날이 와야 하겠습니다.

중학	획수	회자	새김	발음
吉	6	士口	길할	길

보통 '길할' 길(吉)은 '선비' 사(士)에 '입' 구(口)를 더한 회의자로 설명하는데, 선비

와 입이 어떻게 연결되는지 결합해 어떤 뜻을 갖게 되는지 설명을 찾아보기는 어렵습니다. 최근 중국에서는 사(土)를 남성의 생식기를 나타내는 것으로 설명하는 경우도 있습니다. 구(口)도 입을 나타내는 것이 아니라 생식기 모양의 옥기를 담은 그릇입니다. 그러니까 길(吉)은 그릇에 생식기 모양의 옥기를 담아놓고 복을 구하는 제사를 드리는 것을 나타냅니다. 거기에서 '길하다, 좋다'라는 뜻을 나타내게 된 것입니다. '마땅' 의(宜) 설명에 링감(lingam)이라고 해 남성 생식기 숭배에 대한 설명이 있으니 함께 읽어보기 바랍니다.

운수가 좋을 조짐이라서 길상(吉祥), 좋은 일이 있을 조짐이라서 길조(吉兆)입니다.

중학	획수	회자	새김	발음
名	6	口夕	이름	명

군대에서 많이 쓰는 말로 수하(誰何)가 있습니다. "누구냐, 무엇이냐?"라는 뜻인데, 어두워서 상대편의 정체를 식별하기 어려울 때 경계하는 자세로 상대편의 정체나 아군끼리 약속한 암호를 확인하는 것을 이릅니다. **명(名)**은 바로 그런 상황에 맞아 떨어지는 글자입니다. 저녁[夕]이 되어 어두워져 잘 보이지 않을 때, 이름을 말해[口] 신원을 밝히는 것입니다. 이름이야말로 확실한 신원입니다. 나는 누구인데, 너는 누구냐를 묻는 것이고, 그에 대한 답은 "김철수"라든지 "이영희"라든지 하는 이름[名]이 됩니다.

명성이나 명예가 헛되이 퍼진 것이 아니라는 뜻이라서 명불허전(名不虛傳)이니 쉽게 이름값을 하는 것으로 생각할 수 있습니다. 이름과 실상이 서로 꼭 맞아 명실상부(名實相符)입니다.

중학	획수	회자	새김	발음
合	6	스口	합할	합

'합할' **합(合)**의 자소는 '모을' 집(스)에 '입' 구(口)인데, 구(口)는 그릇을 나타냅니다. 그릇의 뚜껑과 본체를 꽉 맞게 닫는 것입니다. 아가리를 맞추는 것이기도 합니다.

합격(合格)은 일정한 자격에 부합해 자격이나 지위 따위를 얻는 것입니다. 힘을 합쳐 합력(合力), 한 자리에 모여 의논해 합의(合議)로 그때 의견이 일치하면 합의(合意)된 것입니다. 합자(合資)는 기업을 경영하기 위하여 두 사람 이상이 자본을 한 데 모으거나 또는 그런 기업 형태를 말합니다. 합종연횡(合從連橫)은 중국 전국 시대 소진(蘇秦, ?~BC 284)의 합종설과 장의(張儀, ?~BC 309)의 연횡설을 아울러 이르는 말입니다. 합종설(合從說)은 서쪽의 강국 진(秦)나라에 대항하기 위하여 남북으로 위치한 한·위·조·연·제·초의 여섯 나라가 동맹하자는 주장이고, 연횡설(連衡說)은 진나라가 이들 여섯 나라와 횡(橫)으로 각각 동맹을 맺어 화친해야 한다는 주장입니다.

중학	획수	회자	새김	발음
告	7	牛口	고할/청할/조사할	고/곡/국

『설문』에서는 '고할' 고(告)를 "소가 들이받기 때문에 소의 뿔에 가로목을 대어 사람들에게 알리는 것"이라고 설명합니다. 이와 달리 소(牛)나 양을 희생으로 바치고 신에게 기도로 고하며 복을 구하는 것이라고도 합니다.

고백(告白)은 마음속에 생각하고 있는 것이나 감추어둔 것을 사실대로 숨김없이 말하는 것입니다. 여기서 백(白)은 안내판 끝에 '주인 백(白)'이라고 쓰는 것처럼 사뢴다는 뜻입니다. 작별을 알려서 고별(告別), 글을 써 게시하여 널리 알려 고시(告示)인데, 고시는 주로 행정 기관에서 일반 국민들을 대상으로 어떤 내용을 알리는 경우를 이릅니다. 고소(告訴)는 고하여 하소연하는 것으로 법률 용어로서는 고소권자가 범죄 사실을 수사 기관에 신고하고 기소를 요구하는 것을 가리킵니다. 고대무문(告貸無門)에서 고대는 돈을 빌리는 것으로, 돈을 빌릴 곳조차 없다는 뜻입니다. 생활이 아주 궁핍한 것을 나타냅니다. 고로환향(告老還鄉)은 늙어서 퇴직하고 고향으로 돌아가는 것입니다.

중학	획수	회자	새김	발음
吹	7	口欠	불	취

취(吹)는 부는 것입니다. 『단주』에서는 재채기를 해 공기가 나오는 것이라고 설명합니다. '불다'라는 뜻을 나타내는데, 우리말 속어에서 '나발을 불다'가 과장을 나타내는 것

처럼 취(吹) 자는 흰소리하는 것을 나타내기도 합니다.

취모(吹毛)는 털을 분다는 뜻으로, 아주 쉬운 일을 비유적으로 이르는 말입니다. 취타(吹打)는 불고 치는 것이니 관악기와 타악기를 연주하는 것입니다. 취모구자(吹毛求疵)는 털을 불어 헤쳐 상처를 찾는다는 뜻으로 억지로 남의 작은 허물을 들추어냄을 비유적으로 이릅니다. '구할' 구(求) 대신 '찾을' 멱(覓)을 써서 취모멱자(吹毛覓疵)라고도 쓰기도 하고, '옥티' 하(瑕)를 써서 취모구하(吹毛求瑕)로 쓰기도 하는데, 취모(吹毛)로 줄여 쓰기도 합니다.

중학	획수	회자	새김	발음
命	8	口令	목숨	명
品	9	口口口	물건	품

'명령할, 목숨' 명(命)은 어떤 일을 하도록[令] 말하는 것[口] 즉, 시키는 것입니다. 명령(命令)입니다.

명맥(命脈)은 맥이나 목숨이 유지되는 근본을 말합니다. 명약현사(命若懸絲)는 목숨이 가는 실 한 올에 걸렸다는 뜻으로, 생명이 위험한 것을 가리킵니다.

'물건' 품(品)에는 '입' 구(口)가 세 개나 있습니다. 여러 사람이 이 말 저 말을 하는 것입니다. 그래서 '많다'라는 뜻이 되기도 하고 사물의 종류를 가리키게 됩니다.

품격(品格)은 사람 된 바탕과 타고난 성품을 이릅니다. 품수(品數)는 잘 쓰지는 않는 말입니다만 벼슬 등급의 차례입니다. 품위(品位)는 직품과 직위를 가리키기도 하고 사람이 갖추어야 할 위엄이나 기품을 뜻하기도 합니다. 품질(品質)은 물건의 성질과 바탕입니다. 품학겸우(品學兼優)는 인품과 학문이 모두 뛰어남을 말합니다.

중학	획수	회자	새김	발음
善	12	羊口	착할	선

『설문』에 '착할' 선(善)은 '양' 양(羊) 아래 '다투어 말할' 경, 탐(誩)을 더한 '譱'으로

올라 있습니다. '맛이 좋다'든지 '아름답다'는 뜻입니다. 예나 지금이나 사람들의 양(羊)에 대한 이미지가 좋아서 그런지 '양' 양(羊) 자와 결합하는 글자들은 대체로 좋은 의미를 가지고 있습니다.

친절하게 잘 대접하는 것은 선대(善待)라 하고, 올바르고 좋은 길로 이끄는 것은 선도(善導)이며, 착한 행실은 선행(善行)입니다. 선가이고(善賈而沽)는 '善價而沽'로 쓰기도 하는데, 『논어(論語)』〈자한(子罕)〉에 나오는 말입니다. '좋은 값을 기다렸다가 판다'는 뜻으로 재주 있는 사람이 기회를 기다렸다가 관리가 되어 자신의 재능을 펼쳐 보임을 말합니다. '賈'는 흔히 '저자, 팔' 고로 새기지만, 여기서는 '값' 가(價)의 뜻으로 쓰였으니 '가'로 읽어야 합니다. 선남선녀(善男善女)는 성품이 착한 남자와 여자란 뜻으로 착하고 어진 사람들을 이르는 말입니다. 선시선종(善始善終)은 처음부터 끝까지 한결같이 잘하는 것입니다. 선위설사(善爲說辭)는 말을 재치 있게 잘하는 것입니다.

중학	획수	회자	새김	발음
喜	12	壴口	기쁠	희

'기쁠' 희(喜)는 북을 치며 기뻐서 웃는[口] 것을 나타내는 것으로 봅니다.

기쁜 기별이나 소식이라서 희보(喜報), 기뻐하는 얼굴빛이라서 희색(喜色)입니다. 희로애락(喜怒哀樂)은 기쁨과 노여움과 슬픔과 즐거움을 아울러 이르는 말입니다. 희불자승(喜不自勝)은 어찌할 바를 모를 만큼 매우 기쁜 것입니다. 더할 나위 없이 기쁜 것입니다. 희출망외(喜出望外)는 기대하지 아니하던 기쁜 일이 뜻밖에 생기는 것이고, 아주 기뻐하고 즐거워하는 것이 희희낙락(喜喜樂樂)입니다. '희희낙락(喜喜樂樂)거리다, 희희낙락(喜喜樂樂)대다'는 상황에 따라서는 조금 부정적인 의미를 내포하는 경우가 있습니다. 우리말 표기에 주의하기 바랍니다.

자소자인 주(壴)는 고문 분석에서 한쪽만 가죽을 메운 북[鼓]이나, 늘어놓은 악기 머리 모양으로 봅니다. '북' 고(鼓) 자에도 쓰입니다.

중학	획수	회자	새김	발음
同	6	冂口	한 가지, 같을	동

'한 가지' **동(同)**을 『설문』에서는 '덮을' 모, 무(冂)와 '입' 구(口)가 결합된 것으로 설명합니다. 여기서 구(口)는 물건을 나타내어 물건을 덮으면 위아래가 하나가 됨을 나타냅니다. '같을' 동을 '한 가지' 동으로 새기는 이유이기도 합니다. 또 다른 설명은 동(同)자가 '일으킬' 흥(興)과 기원이 같은 글자로 두 사람이 우물귀틀을 맞잡고 우물 위에 올려놓는 것을 나타내는 글자라고 합니다. 그런데 동(同) 자는 귀틀을 잡은 좌우와 아래의 손을 나타내는 글자가 생략된 것으로 여러 사람의 힘을 합친다는 뜻이라고 합니다. 상형자로 보기도 합니다.

한 부모 아래 같은 기운을 받고 태어나 동기(同氣)인데, 동기 형제와 자매, 남매를 통틀어 이릅니다. 동포(同胞)는 태보(胎褓)가 같으니 한 부모에게서 태어난 형제자매입니다. 같은 나라 또는 같은 민족의 사람을 다정하게 이르는 말로 쓰이기도 합니다. 동감공고(同甘共苦)는 단것 즉, 행복을 함께 누리고 어려움을 함께 감당한다는 뜻으로 기쁨과 환난을 함께 나눔을 뜻합니다. 동기연지(同氣連枝)는 같은 부모에게 태어난 형제자매를 이릅니다. 동병상련(同病相憐)은 같은 병을 앓는 사람끼리 서로 가엾게 여긴다는 뜻으로 어려운 처지에 있는 사람끼리 서로 가엾게 여김을 이릅니다. 동상이몽(同床異夢)은 같은 자리에 자면서 다른 꿈을 꾼다는 뜻으로 겉으로는 같이 행동하면서도 속으로는 각각 딴생각을 하고 있음을 가리킵니다. 동생공사(同生共死)는 서로 같이 살고 같이 죽는 것입니다. 공생공사(共生共死)도 같은 뜻입니다. 동실조과(同室操戈)는 동실 즉, 한 방에서 함께 사는 사람 즉, 같은 식구에게 창을 겨룬다는 뜻으로 형제지간이나 내부의 다툼을 이릅니다. 동심협력(同心協力)은 마음을 같이하여 서로 돕는 것입니다. 동주공제(同舟共濟)는 같은 배를 타고 함께 물을 건넌다는 뜻으로 한 마음으로 협력해 고난을 극복한다는 뜻입니다.

중학	획수	회자	새김	발음
向	6	宀口	향할/땅이름	향/상

향(向)은 '집' 면(宀) 아래에 '입' 구(口)를 더해 집의 벽에 난 창을 가리킵니다. 북쪽으로 난 창이 원뜻이고, 거기에서 '어디를 향하다'라는 뜻이 파생되어 나온 것으로 풀이됩니다. 상형자로 취급하기도 합니다.

향상(向上)은 실력이나 기술 따위가 나아지는 것이고, 향시(向時)는 오래지 아니한 과 거의 어느 때를 이르는 말로 '접때'입니다. 향일(向日)도 비슷한 의미로 말할 때 이전의 지나간 차례나 때로 '지난번'의 뜻입니다. 향학(向學)은 배움에 뜻을 두어 그 길로 나아가는 것입니다. 향일화(向日花)는 해를 향하는 꽃 즉, 해바라기의 한자어입니다.

중외	부수	획수	지표	새김	발음
中	|	4	口|	가운데	중
甘	甘	5	口一(一橫)	달	감

'가운데' 중(中)을 『설문』에서는 '안'이라고 설명합니다. 고문 분석에서는 위아래는 '기드림'이고 가운데의 '에울' 위(囗)는 기를 세울 때 가운데가 되는 부분이라고 합니다.

'달' 감(甘)은 입[口]에 맛있는 것[一]을 문 것으로 단것을 나타내는 지사자입니다.

중외	부수	획수	지표	형자	새김	발음
曰	曰	4	口一(橫)	乙	가로	왈

'가로' 왈(曰)은 '날' 일(日)과 헷갈리기 쉽습니다. 입[口]에서 말이 나오는 것[一]을 가리키는 지사자입니다. 『설문』에서는 형성자라고 하는데, 오늘날 이 주장은 대부분 인정하지 않습니다. 우리 자전 가운데에는 상형자로 취급하는 경우가 많은데, 부수자 설명을 확인하기 바랍니다.

중외	부수	획수	형자	회자	새김	발음
舌	舌	6	干	干口	혀/입 막을	설/활

설(舌)은 혀를 내밀고 뭔가를 핥는 모양을 그려 '혀'를 나타냅니다. 그래서 상형자로 보기도 합니다. 『단주』에서는 간(干)을 범(犯)으로 새겨 입을 거쳐 나오는 것은 말[言]이고, 입을 거쳐 들어가는 것은 식(食)이라고 설명합니다. 혀[舌]는 입 안에서 맛을 보는

기관입니다.

증외	부수	획수	형자	회자	새김	발음
谷	谷	7	口	仌(畫)口	골	곡
言	言	7	辛	辛口	말씀	언

'골' 곡(谷)의 자소자는 '나눌' 별(仌)인데, '점' 조로도 새깁니다. 여기서는 그런 뜻을 나타내는 것이 아니라 물줄기를 그린 것입니다. 산골 사이를 흐르는 산골 물입니다. 거기에서 골짜기 일대 즉, 골을 가리키게 되었습니다. 부수자입니다.

'말씀' 언(言)은 갑골문에서 '소리' 음(音)과 기원이 같습니다. 모두 악기를 부는 모양에서 나온 글자입니다. 두 글자 모두 부수자이니 자세한 내용은 해당 부수란을 참고하기 바랍니다. '소리' 음(音)은 '말씀' 언(言)과 같이 악기를 부는 모양을 나타낸다고 했습니다. 그래서 회의 자소가 같습니다. 처음에는 같은 글자를 쓰다가 나중에 분화된 것입니다. 소리 음(音) 아래의 '날' 일(日) 모양은 입[口]에 악기를 물고 있는 것을 나타내기 위해 더한 가로획입니다.

증외	부수	획수	형자	회자	새김	발음
害	宀	10	丯	宀口	해할/막을	해/할
聖	耳	13	呈	口耳壬	성인	성

'해할' 해(害)는 다른 사람을 다치게 하는 말[口]이 바로 집[宀] 안에서 생겨난다는 것을 말해줍니다. 가운데 쓰인 자소는 '풀 어지럽게 날' 개(丯)로 새기는데, 고문 연구에서는 계약서를 작성한 뒤 두 쪽으로 가를 때 생기는 톱니 모양의 눈금을 그린 것으로 계약의 뜻이라고 합니다.

'성인' 성(聖)은 귀를 기울여 잘 듣는 것을 말합니다. 내 말을 하는 것이 아니라 상대의 말을 잘 듣는 것인데 어찌 생각하면 그것이야말로 성인의 자질이 아닐까 싶기도 합니다. 형성 자소는 '드릴' 정(呈)입니다.

지금은 그렇게 자세히 구별해 쓰지 않아 별 문제는 되지 않지만, 한 가지 주의해야 할 것은 있습니다. '드릴' 정(呈)이나 '성인' 성(聖) 아래의 글자는 '선비' 사(士)가 아니라 '흙' 토(土)를 쓴다는 사실입니다. 대부분 '선비' 사(士)가 들어 있는 '북방' 임(壬)으로 쓰는데, 본래는 가운데 획이 짧은 즉, '흙' 토(土)를 쓰는 '착할' 정(壬)입니다. 워낙 오래 구별하지 않고 써서 지금은 대부분 임(壬) 자를 쓰고 있습니다.

증외	부수	획수	회자	새김	발음
公	八	4	八口厶	공평할	공
兄	儿	5	口儿	형	형

앞서 몇 번 언급한 바 있습니다. '공평할, 공변될' **공(公)**의 '공변되다'는 사사롭거나 한쪽으로 치우치지 않고 공평함을 뜻합니다. 사사로움[厶]을 깨는 것[八], 등지는 것입니다.

형(兄)은 제사와 관련된 글자라는 설명을 한 바 있습니다. 제사를 드리는 데 제사를 주관하는 사람이 서열이 위라서 형을 나타낸다고 했습니다.

증외	부수	획수	회자	새김	발음
去	厶	5	大口	갈	거
加	力	5	力口	더할	가

'갈' **거(去)**는 사람(大)이 움집[口] 입구에서 나오는 모양을 그린 글자라고 했는데, 기억이 나는지 모르겠습니다.

'더할' **가(加)**의 본뜻은 서로 중상, 비방하는 것입니다. 비방은 일단 시작하면 양측이 점점 가열되는 양상을 띄웁니다. 그래서 '더하다, 늘어나다, 증가하다'라는 뜻도 나타냅니다.

증외	부수	획수	회자	새김	발음
足	足	7	口止	발/지날, 보랠, 돋을	족/주
知	矢	8	矢口	알	지

'발' 족(足)의 경우 상형으로 설명하기도 하고, 구(口)와 '그칠' 지(止)로 나누어 보기도 하는데, 여기에는 설명이 나뉩니다. 우리 자전에서는 구(口)가 몸통을 나타내며 지사자라 하고, 중국 자전에서는 구(口)가 무릎뼈를 나타내는 상형자라고 합니다.

'알' 지(知)의 설명이 재미있으니 한 번 이야기해보겠습니다. 입을 벌려 말을 토해 내는데[口] 빠르기가 화살[矢] 같다는 것입니다. 당연히 뭔가를 잘 알고 있을 때 나올 수 있는 상황입니다. 본래 '지혜로울' 지(智)와 같은 글자였다가 나중에 분화되어 서로 다른 글자가 되었습니다. 다른 이야기입니다만 『논어(論語)』에서는 지(知) 한 글자로 지(知)와 지(智) 두 가지를 모두 나타냅니다. 읽을 때 꼼꼼히 살펴봐야 합니다. 지(知)는 아는 것 즉, 지식과 관련되고 지(智)는 지혜 즉, 슬기로운 것과 관련됩니다.

증외	부수	획수	회자	새김	발음
祝	示	10	示口儿	빌	축
量	里	12	東口	헤아릴	량

'빌' 축(祝)은 사람[儿]이 제대[示] 앞에서 기도를 올리며 복을 구하는[口] 것을 나타냅니다. '복을 주십사'하고 비는 것입니다.

다른 사람의 좋은 일을 기뻐하고 즐거워한다는 뜻으로 인사하는 것이 축하(祝賀)입니다.

'헤아릴' 량(量)은 물건을 넣을 수 있는 그릇[東, 물건을 넣고 위아래를 묶은 모양] 위에 '입' 구(口)를 더해 물건을 넣을 수 있음을 확실히 한 글자입니다. 상형자로 파악하는 경우입니다. 물건을 넣고 양을 젤 수 있기 때문에 '헤아리다'라는 뜻을 갖습니다.

증외	부수	획수	회자	새김	발음
對	寸	14	丵口又	대할	대
鳴	鳥	14	口鳥	울	명

'대할' 대(對)에는 글자에 없는 '입' 구(口) 자가 회의 자소로 나오는데 그것은 본래 글자에는 '풀 무성할' 착(丵) 아래에 구(口) 자가 있었기 때문입니다. 갑골문에는 톱니 모양의 의장[丵]을 손[又]에 든 형태로 '높이 들어 알리다'라는 의미를 나타내는 것으로 봅니다. 의장은 짝을 이루기 때문에 짝이라는 의미를 갖고, '대하다'라는 뜻으로 인신되었습니다.

'울' 명(鳴)은 '입' 구(口)와 '새' 조(鳥)가 결합되어 있어 쉽게 뜻을 짐작할 수 있습니다. 고운 소리로 우는 새는 명금(鳴禽)이라 하고, 크게 울리어 흔들리는 것은 명동(鳴動)이라고 합니다.

고교	부수	획수	지표	새김	발음
周	口	8	口(鐘, 箱) 雕刻	두루	주

『설문』에서는 '두루' 주(周)를 빽빽한 것, 조밀한 것이라고 설명합니다. 고문 연구에서는 주(周)는 '새길' 조(彫)의 본자로 종이나 상자 등에 무늬를 촘촘하고 빽빽하게 새겨 넣는 것이라고 합니다. 상형·지사자로 분류합니다. 거기에서 '완전하다'라는 뜻이 나오고 인신하여 '두루'라는 뜻을 나타냅니다.

주밀(周密)한 것은 허술한 구석이 없고 세밀한 것이며, 주위(周圍)는 어떤 것의 바깥 둘레를 말합니다. 주유(周遊)는 두루 돌아다니면서 구경하며 노는 것을 말합니다. 주도면밀(周到綿密)은 주의가 두루 미쳐 자세하고 빈틈이 없다는 뜻입니다. 주이불비(周而不比)는 『논어(論語)』에 나오는 말로 다른 사람과 친하게 지내기는 하지만 붕당을 이루지는 않는다는 뜻입니다. 이해관계 등으로 패거리를 이루지 않는 것입니다. 소인은 반대입니다. 붕당을 이루기는 하지만 친하게 지내지는 못합니다[比而不周]. 군대에서 흔히 쓰는 사주경계(四周警戒)는 사방을 두루 경계하는 것입니다.

고교	획수	형자	새김	발음
叫	5	丩	부르짖을	규
吸	7	及	마실	흡

'얽힐' 규(丩)는 칡덩굴이나 오이, 박 등의 줄기가 얽힌 모양을 본뜬 글자입니다. 단독으로 쓰이는 경우는 거의 없고, '부르짖을' 규(叫), '글귀' 구(句), '거둘' 수(收), '꼴' 규(糾) 등의 글자에 들어가 있는 것을 볼 수 있습니다. '글귀' 구(句)에 규(丩)가 들어가는 것은 옛날 사람들은 글을 읽을 때 문장 속에 갈고리[鉤]를 써서 어조가 꺾이거나 잠깐 멈추거나 끝나는 것을 표시했기 때문입니다.

규탄(糾彈)은 잘못이나 옳지 못한 일을 잡아내어 따지고 나무라는 것이며, 규환(叫喚)은 큰 소리로 부르짖는 것입니다. 아비규환(阿鼻叫喚)은 불교에서 온 말로 아비지옥과 규환지옥을 아울러 이르는 말인데, 여러 사람이 비참한 지경에 빠져 울부짖는 참상을 비유적으로 이르기도 합니다.

흡(吸)은 들숨입니다. 날숨은 호(呼)로 둘이 합쳐 완전한 숨인 호흡(呼吸)이 됩니다.

흡수(吸水)는 물을 빨아들이는 것이고, 흡수(吸收)는 빨아서 거두어들이는 것입니다. 피를 빨아들이는 귀신이라서 흡혈귀(吸血鬼)입니다.

고교	획수	형자	새김	발음
啓	11	户	열	계

'열' 계(啓)는 가르쳐 이끌어주는 것입니다. 자소자 户는 『강희자전』에 발음만 구(救)라고 올라 있을 뿐 새김이 없습니다. 민중서림의 『엣센스한자사전』에는 '열' 계(啓)와 같은 글자라고 설명합니다. 상형자로 취급하는 경우도 있습니다.

계도(啓導)는 남을 깨치어 이끌어주는 것입니다. 계몽(啓蒙)은 지식수준이 낮거나 인습에 젖은 사람을 가르쳐서 깨우치는 것을 말하며, 계발(啓發)은 슬기나 재능, 사상 따위를 일깨워주는 것입니다.

고교	획수	형자	새김	발음
嗚	13	烏	오호라, 탄식할	오
嘗	14	尙	맛볼	상

'입' 구(口)에 '까마귀' 오(烏)가 붙으면 '탄식할' 오(嗚)입니다. '새' 조(鳥)가 붙으면 '울' 명(鳴)이라고 했습니다.

오호(嗚呼)는 감탄을 나타내는데 지인이 죽었을 때처럼 지극히 슬픈 경우에 많이 쓰입니다. 슬픔 속에 한숨을 내쉬는 것이 탄식입니다. 오호애재(嗚呼哀哉)는 '아, 슬프도다'라는 뜻으로 슬플 때나 탄식할 때 하는 말입니다.

'맛볼' 상(嘗)은 '오히려' 상(尙)이 소리를 나타내고 아래의 '맛' 지(旨)가 뜻을 나타냅니다. 입으로 맛을 보는 것입니다.

상담(嘗膽)은 쓸개를 맛본다는 뜻으로 원수를 갚거나 마음먹은 일을 이루기 위하여 괴로움을 참고 견딤을 비유적으로 이르는 말입니다. 중국 춘추 시대 오나라의 왕 부차(夫差)에게 패한 월나라의 왕 구천이 쓸개를 핥으면서 복수를 다짐한 데서 유래합니다. 와신상담(臥薪嘗膽)의 준말입니다. 상미(嘗味)는 맛을 보는 것입니다. 우리는 음식물의 경우 '유효기간(有效期間)'을 주로 쓰는데, 일본과 중국에서는 상미기간(嘗味期間)으로 쓰는 경우가 많습니다. 상정일련(嘗鼎一臠)은 솥에서 고기 한 점을 맛본다는 뜻으로 한 부분을 미루어 전체를 알 수 있는 것을 비유적으로 나타내 주는 말입니다.

고교	획수	형자	회자	새김	발음
召	5	刀	刀口	부를	소

현재 '부를' 소(召) 자는 '칼' 도(刀)와 '입' 구(口)로만 되어 있습니다만, 갑골문에는 손이 네 개나 있는 형상입니다. 아래쪽 두 손은 술동이를 들고 있고 위는 두 손에 숟가락을 들고 술맛을 보며 함께 마시자고 다른 사람을 부르는 모양입니다. '부르다'가 원뜻입니다. 그런데 중간에 글자 모양이 본래 모양과는 완전히 달라졌습니다. 여기에서 '칼' 도(刀)는 숟가락입니다. 문득 이백의 「장진주」가 떠오릅니다.

그대는 황하의 물이 하늘에서 내려와 바다로 달려간 뒤 돌아오지 않는 것을 보지 못했는가! 그대는 방 안의 거울에 비친 머리칼이 아침에는 푸른 실과 같더니 저녁에는 눈처럼 백발이 된 것을 보지 못했는가… 오화마(五花馬, 오색 갈기의 말)와 천금 갖옷(가죽 옷) 가지고 나와 좋은 술과 바꾸어 그대와 함께 만고의 근심을 녹이리

우리 가사 문학의 대가로 꼽히는 정철의 「장진주사」도 시의 정취가 같습니다.

"한 잔 먹세 그려. 또 한 잔 먹세 그려. 꽃 꺾어 산가지 놓고 무진무진 먹세 그려…"

한자로는 '將進酒'로 쓰죠. 여기서 장(將)은 '원하다, 청하다'의 뜻이고 진주(進酒)는 술을 따르고 상대에게 마시기를 권한다는 뜻입니다. 현대 중국어에서는 경주(敬酒)라는 말을 씁니다. '술 한 잔 따라 그대에게 권하니 마시기를 바란다' 정도로 풀이할 수 있습니다. 술을 권하는 권주가(勸酒歌)로서 워낙 유명한 작품들입니다. 그러고 보니 여러분들은 아직 술을 마시며 이런 흥취에 젖을 나이가 아니니 작품으로 감상만 해야겠습니다.

소명(召命)은 임금이 신하를 부르는 명령입니다. 불러서 모으는 것은 소집(召集)이고, 법원이 지정한 장소에 나올 것을 명령하는 일은 소환(召喚)인데, 동음이의어인 소환(召還)은 임기가 끝나기 전에 불러들이거나 파면하는 것입니다.

고교	획수	형자	회자	새김	발음
吏	6	史	獵叉 又(手)	벼슬아치, 관리	리

『설문』에서는 리(吏)를 '다스리는 사람'으로 풀이합니다. 아전, 벼슬아치입니다. 고문분석에서는 여러 번 설명한 바와 같이, '아전' 리(吏)는 '역사' 사(史), '일' 사(事)와 기원이 같은 글자로 사냥용 창을 손에 잡은 모양을 본떠 기본 뜻이 일과 관련된 글자들입니다. 그래서 상형자로 취급하기도 합니다.

이두(吏讀, 吏頭)는 한자의 음과 뜻을 빌려 우리말을 적은 표기법입니다. 일반적으로는 한자를 국어의 문장 구성법에 따라 고치고 이에 토를 붙인 것을 이릅니다. 이속(吏屬)은 고려 · 조선 시대에, 각 관아에 둔 구실아치를 말합니다. 구실아치는 조선 시대에 각 관아의 벼슬아치 밑에서 일을 보던 사람을 말합니다. 벼슬아치는 관청에 나가서 나랏일을 맡아보는 사람입니다. '~아치'는 어떤 일에 종사하는 사람을 뜻하는 접미사입니다. 이역(吏役)은 이속(吏屬)의 임무를 말합니다.

고교	획수	형자	회자	새김	발음
吐	6	土	口土	토할	토
含	7	今	今口	머금을	함

'토할' 토(吐)는 입으로 게워내는 것입니다. 『설문』에서는 '흙' 토(土)를 "생물을 토해내는 것"으로 설명합니다.

먹은 음식을 토하는 것이 구토(嘔吐)인데, 구(嘔)는 게우는 것을 가리킵니다. 토기(吐氣)는 토할 듯 메스꺼운 느낌으로 토역(吐逆)과 같은 뜻입니다. 욕지기가 나는 것입니다. 토로(吐露)는 마음에 있는 것을 죄다 드러내어서 말하는 것이고, 토파(吐破)도 비슷한 뜻으로 마음에 품고 있던 사실을 다 털어내어 말하는 것을 이릅니다. 일상생활에서 더러 듣는 말이 토사(吐瀉)와 곽란(霍亂, 癨亂)인데, 토사는 위로는 토하고 아래로는 설사하는 것을 말하고, 곽란은 토하고 설사하는 급성 위장병입니다. 토사자박(吐絲自縛)은 누에가 실을 토해 자신을 묶는다는 뜻으로 자기의 말이나 행동이 자신을 옭아매게 되는 것을 비유적으로 이릅니다. 자승자박(自繩自縛)과 같은 의미입니다.

함(含)의 자소인 '이제' 금(今)은 '마시다'라는 뜻을 가지고 있습니다. 일단 입[口]안으로 들이마시지만[今] 삼키지도 않고 토해내지도 않는 것으로 입안에 머금고 있는 것입니다. 인신되어 '포함하다, 포용하다, 감내하다' 등의 뜻을 갖습니다.

눈물을 머금어 함루(含淚), 분을 품어 함분(含憤), 웃음을 머금어 함소(含笑)입니다. 함분축원(含憤蓄怨)은 분한 마음을 품고 원한을 쌓는 것입니다.

고교	획수	형자	회자	새김	발음
哭	10	口	口犬	울	곡
哲	10	折	折口	밝을	철

　곡(哭)은 '죽을, 상사' 상(喪)과 기원이 같다고 설명한 바 있습니다. 고대에 사람이 죽으면 뽕나무[桑] 가지로 표시를 했다고 합니다. 이것은 '죽을' 상(喪)과 '뽕나무' 상(桑)의 발음이 같기 때문인데, 이렇게 발음이 같거나 비슷한 것으로 본래의 글자를 대신하는 것을 '해음(諧音)'이라 한다는 것도 설명한 바 있습니다. 어찌됐든 그래서 '죽을' 상의 갑골문은 뽕나무 가지 사이에 네 개의 '입' 구(口)를 쓰고 있습니다['뭇입' 집(㗊), 민중서림 자전에는 '즙']. 곡(哭)은 바로 갑골문의 '상' 자가 줄어서 만들어진 글자라고 합니다. 상갓집이니 자연 울음소리가 날 것입니다. '울' 곡(哭)입니다. '울다'라는 뜻으로 읍(泣)이 있는데, 곡(哭)은 소리를 내어 우는 것이고 읍(泣)은 눈물[氵, 水]은 흘리지만 소리를 내지 않는 것입니다.
　곡반(哭班)은 국상(國喪) 때 곡을 하던 벼슬아치의 반열인데 시대가 바뀌면서 이제는 보지 못하는 풍습이 되었습니다. 곡읍(哭泣)은 소리를 내어 슬피 우는 것입니다.

　'밝을' 철(哲)이 지금은 '꺾을' 절(折) 아래 '입' 구(口)로 되어 있습니다만, 금문에서는 '눈' 목(目)과 '도끼' 근(斤)을 나란히 쓴 아래에 '마음' 심(心)을 썼습니다. 눈으로 밝게 보고 마음속에서는 분명하게 결단을 한다는 뜻입니다.
　철리(哲理)는 아주 깊고 오묘한 이치입니다. 철인(哲人)은 어질고 사리에 밝은 사람이며, 철학(哲學)은 인간과 세계에 대한 근본 원리와 삶의 본질 따위를 연구하는 학문입니다.

고교	획수	회자	새김	발음
司	5	コ口	맡을	사
咸	9	口戌	다/덜	함/감

　'맡을' 사(司)의 갑골문은 숟가락을 거꾸로 세운 모양 아래 '입' 구(口)를 쓰고 있습니다. 숟가락으로 입안에 음식을 떠 넣는다는 것이 본뜻입니다. '먹일' 사(飼)의 본자로 봄

니다. 씨족 사회에서는 음식물을 공동 분배했으며 그것을 나누는 일을 담당하는 사람을 사(司)라고 했습니다. 여기에서 '관장하다, 맡다'라는 뜻이 나왔습니다. 『설문』에서는 "조정 밖에서 일을 처리하는 관리"라고 설명합니다.

자소자는 '조두' 조(刁)입니다. 조두(刁斗)는 옛날에, 군에서 냄비와 징의 겸용으로 쓰던 기구로 낮에는 취사하는 데, 밤에는 진지의 경계를 위하여 두드리는 데 썼습니다.

사령(司令)은 군대나 함대 따위를 지휘하고 감독하는 일이며, 사회(司會)는 회의나 예식 따위를 진행하는 것이고, 사법(司法)은 법을 맡아 집행하는 것입니다.

'다' 함(咸)은 전쟁 시 여러 사람이 함께 "죽여라!" 하는 소리를 지르며 위세를 높이는 것입니다. '소리칠' 함(喊)의 본자로 봅니다. 술(戌)은 긴 자루가 달린 도끼이고 口는 사람의 머리 모양으로 도끼로 사람의 머리를 자르는 것 즉, 죽이는 것이라는 설명도 있습니다. 『설문』에서는 술(戌)을 '다, 모두'의 뜻으로 설명합니다.

함고(咸告)는 빠짐없이 모두 일러바치는 것입니다. 함씨(咸氏)는 상대편의 조카를 높여 이르는 말로 '조카님'이 됩니다. 함지(咸池)는 해가 진다고 하는 서쪽의 큰 못입니다. 해가 뜨는 곳은 양곡(暘谷)이라고 하며, 부상(扶桑)은 해가 뜨는 동쪽 바다나 그 바닷속에 있다고 하는 상상의 나무를 말합니다.

고교	획수	회자	새김	발음
唐	10	庚省口	당나라, 황당할	당
員	10	口貝	인원	원

'당나라' 당(唐)의 자소 '일곱째 천간' 경(庚)은 종이나 방울 종류의 악기이며 '사람이 하는 말이 종이나 방울에서 나는 것처럼 크다'라는 뜻입니다. 그래서 흰소리나 황당함을 나타냅니다. 처음에는 나라를 가리키는 말이었으나 특별히 당나라(618~907)를 가리키는 말로도 쓰이게 되었습니다.

당돌(唐突)한 것은 꺼리거나 어려워하는 마음이 조금도 없이 올차고 다부진 것입니다. 당사(唐絲)는 예전 중국에서 들여온 명주실을 이르던 말이고, 당재(唐材)는 예전 중국에서 나는 약재를 이르던 말입니다.

'수효, 인원' **원(員)**의 갑골문은 솥 정(鼎) 위에 동그라미를 그려 동그란 것을 나타내는 지사자입니다. '둥글' 원(圓)의 본자입니다. 그런데 나중에 위의 동그라미는 없어지고 아래는 비슷한 모양의 '조개' 패(貝)로 바뀌게 되었습니다. 『설문』에서는 물건의 개수를 나타내는 '수효' 원으로 설명합니다.

원수(員數)는 사람의 수효로 인원수입니다. 원외(員外)는 정원(定員)의 밖이나 일정한 수의 밖을 뜻합니다.

고교	획수	회자	새김	발음
器	16	㗊犬	그릇	기

허신은 '그릇' **기(器)**에 대해 "그릇의 아가리 모양[口]을 본떴으며 개[犬]가 지키는 것"이라고 풀이했습니다. 갑골문을 분석한 학자는 기(器)가 앞에서 설명한 '죽을' 상(喪)과 기원이 같다고 합니다. 즉, '뭇입' 집(㗊, 혹은 즙) 가운데 '뽕나무' 상(桑)을 쓰던 것이 나중에 '개' 견(犬)으로 변했다는 것입니다. 본뜻은 슬퍼서 소리조차 나오지 않는 것[哭]을 가리키는데 나중에 가차해서 그릇으로 쓰이게 됐다고 합니다.

기계(器械)는 연장, 연모, 그릇, 기구 따위를 통틀어 이르는 말로, 동력을 써서 움직이거나 일을 하는 장치를 뜻하는 기계(機械)와 음이 같습니다. 사람의 재능과 도량을 아울러 이를 때에는 기량(器量)이라고 합니다.

고외	부수	획수	형자	새김	발음
繫	糸	19	毄	맬	계

'맬' **계(繫)**에 '입' 구(口) 자는 보이지 않는데도 '입' 구(口)가 들어간 글자로 소개하는 것은 형성 자소인 '부딪칠' 격(毄)의 본자가 '毄'으로 '입' 구(口)가 들어 있기 때문입니다. 격(毄)은 '굴대 끝'[軎, 軎, 裏, 예]이 부딪치는 것[殳]으로 생각해볼 수 있습니다. '칠' 격(擊)도 마찬가지입니다.

고외	부수	획수	형자	회자	새김	발음
局	尸	7	句省	尺口	판, 직무	국
詠	言	12	永	口永	읊을	영

'판' **국(局)**입니다. 『설문』에서 '자' 척(尺)과 '입' 구(口)의 회의자로 설명하는데, 후세 학자들은 '자' 척(尺)이 아니라 사람을 뜻하는 '주검' 시(尸)와 '쌀' 포(勹), '입' 구(口)로 구성된 글자로 다른 사람에게 제어당해 움츠려드는 상황을 나타낸다고 합니다.

'읊을' **영(詠)**은 말 혹은 소리[言]를 길게[永] 빼어 노래하듯이 하는 것입니다. 목소리를 길게 뽑아 깊은 정회(情懷)를 읊는 것이 영탄(詠歎)입니다.

고외	부수	획수	형자	회자	새김	발음
尋	寸	12	彡	又工口寸	찾을	심

'찾을' **심(尋)**은 양팔로 길이를 재는 것을 본뜻으로 봅니다. 바로 "한 발, 두 발"하며 새끼 등의 길이를 잴 때의 '발'입니다. 형성 자소가 삼(彡)으로 되어 있는 것은 『설문』에 실려 있는 자형이 '𡬶'이기 때문입니다. '재다'에서 '탐구하다, 찾다' 등의 뜻을 갖게 됩니다.

고외	부수	획수	형자	회자	새김	발음
擊	手	17	毄	手毄	칠	격

'칠' **격(擊)**은 가볍게 치는 것과 세게 치는 것을 아울러 이른다고 설명한 바 있습니다. 생각이 안 날 때에는 어떻게 한다? 해당 부수의 설명란을 확인합니다. '손' 수(手) 부의 격(擊)을 확인해보시기 바랍니다.

고외	부수	획수	회자	새김	발음
占	卜	5	卜口	점령할, 점칠	점

점(占)은 구운 거북 껍데기에 나타난 무늬[卜]를 보고 길흉을 말하는 것[口] 즉, 점을 치는 것이 본뜻입니다.

R031

큰입구 부, 에울 위(口)

갑골	금문	전문	해서

우리 『표준』을 보면 '에운담'을 '큰입구몸'이라고도 합니다. '큰입구몸'을 찾아보면 비슷한 말로 '에운담'과 '엔담'이 올라 있는데, 막상 '엔담'에는 "사방으로 빙 둘러쌓은 담"이라는 설명밖에 없습니다.

'에운담'이나 '큰입구'는 분명 글자의 모양에서 온 이름입니다. 담을 에운 것 같은 모양이고, 입 구(口)와 같은 모양이지만 그보다 큽니다. 자형이 비슷해서 혼동하기 쉬운 것으로는 '날' 일(日)과 '가로' 왈(曰)이 있고, 앞으로 나올 '뒤져올' 치(夂)와 '천천히 걸을' 쇠(夊) 등이 있습니다.

에운담이나 큰입구는 모두 글자의 생김새를 특징으로 삼은 부수자의 이름이고, 실제 글자의 새김과 발음은 '에울' 위(口)입니다. 위(口)는 고자(古字)로 위(口)가 편방으로 쓰이면서 '위(圍)' 자가 새로 생겨났습니다. 현재는 고자(古字)는 안 쓰고 나중에 생긴 위(圍)만 씁니다. 본뜻은 성읍을 둘러싼 모양을 가리킵니다. 그래서 부수로 쓰일 때에 '둘러싸다, 두르다'라는 뜻을 나타냅니다. '나라' 국(國)의 고자(古字)이기도 해서 '국'으로 읽는 경우도 있습니다.

중학	획수	새김	발음
回	6	돌아올	회

'돌아올' **회(回)**의 가운데 있는 '입' 구(口) 모양은 더러 '여섯째 지지' 사(巳)로 쓰는 경우도 있습니다. 소용돌이치는 물 모양을 본뜬 상형자입니다.

안동에 하회(河回)가 전통 민속 마을로 유명하죠. 하회는 '물이 돌다'라는 뜻인데, 실제 그곳 지형을 보면 내가 마을을 감싸고 휘돌아 나갑니다. 회고(回顧)는 뒤를 돌아다보는 것이고, 회귀(回歸)는 제자리로 돌아오거나 돌아가는 것입니다. 회답을 하는 것은 회신(回信), 마음을 돌이켜 먹는 것은 회심(回心), 물체 자체가 빙빙 도는 것은 회전(回轉)입니다. 회천지력(回天之力)은 천자(天子)나 제왕의 마음을 바른길로 돌아서게 하는 힘입니다.

중학	획수	지표	새김	발음
四	5	三(籌碼), 口, 八(四分)	넉	사

갑골문의 넉 **사(四)**는 가로획 네 개를 그어서[三] 산가지를 나타냅니다. 누가 보아도 넷임을 알 수 있습니다. 금문에서 '넉' 사(四)는 입 위에 콧구멍이 있는 것을 가리키는 지사자라고 합니다. 그것을 빌려 숫자 4를 가리키게 되었습니다. 『설문』에서는 "음수로 사방[口]으로 나뉜 것[八]을 본떴다"라고 설명하고 있습니다. 상형·지사자로 봅니다.

사고(四顧)는 사방을 둘러보는 것입니다. 사주(四柱)는 사람이 태어난 연월일시를 말하는데, 이를 근거로 그 사람의 길흉화복을 알아보는 점을 이르기도 합니다. 사면수적(四面受敵)은 사방으로부터 적의 공격을 받는 것입니다. 사면초가(四面楚歌)는 아무에게도 도움을 받지 못하는 외롭고 곤란한 지경에 빠진 형편을 이르는 말로 초나라 항우가 사면을 둘러싼 한나라 군사 쪽에서 들려오는 초나라의 노랫소리를 듣고 초나라 군사가 이미 항복한 줄 알고 놀랐다는 데서 나왔습니다. 사분오열(四分五裂)은 여러 갈래로 갈기갈기 찢어지는 것입니다. 사통팔달(四通八達)은 도로나 교통망, 통신망 따위가 이리저리 사방으로 통하는 것인데, 사통오달(四通五達)로 쓰기도 합니다. 사해(四海)는 흔히 전 중국을 말합니다. 옛날 중국 사람들은 중국이 네 개의 바다로 둘러싸여 있다고 생각했기 때문입니다. 사해일가(四海一家)는 전 중국인이 마치 한 집안 식구 같다는 뜻으로 천하가 통일되는 것을 비유적으로 나타내기도 합니다.

중학	획수	형자	새김	발음
園	13	袁	동산	원

원(園)의 새김은 동산입니다. 동산은 과일나무나 화초, 채소 등을 심는 곳입니다. 자소자는 '옷이 긴' 원(袁)으로, '멀' 원(遠), '원숭이' 원(猿)에서도 볼 수 있습니다. '옷이 긴' 원으로 새기는 것은 허신의 설을 따른 것입니다만, 원(袁)은 옷 위 가슴 가까이에 둥근 벽옥을 찬 것을 가리킨다는 설명도 있습니다. 벽옥을 가리키는데 옷에서 뜻을 취했기 때문에 '옷이 긴' 원으로 뜻이 파생되었다고 합니다.

원릉(園陵)은 왕이나 왕비의 무덤인 능(陵)과 왕세자나 왕세자빈 같은 왕족의 무덤인 원(園)을 통틀어 이르는 말입니다. 원예(園藝)는 채소, 과일, 화초 따위를 심어서 가꾸는 일이나 기술을 말합니다.

중학	획수	형자	회자	새김	발음
固	8	古	口古	굳을	고
圓	13	員	口員	둥글	원

'굳을' **고(固)**는 사방의 지세가 험난한 것이라고 합니다. 거기서 '굳다, 단단하다'라는 뜻이 나오게 되었습니다. 거기에서 인신되어 '견실하다, 굳다'라는 뜻을 갖게 되었습니다.

고수(固守)는 굳게 지키는 것이며, 고유(固有)는 본래부터 가지고 있는 특유한 것이고, 고체(固體)는 일정한 모양과 부피가 있으며 쉽게 변형되지 않는 물질의 상태를 말합니다. 고약금탕(固若金湯)은 쇠로 만들어 견고하고 주위를 열탕으로 둘러서 접근하기 어려운 성입니다. 방비가 아주 엄밀한 것을 이릅니다.

『설문』에서 '둥글' 원(圓)은 '완전하다'로 풀이합니다. 수학에서 원은 "한 점에서 일정한 거리에 있는 점의 집합"으로 설명합니다. 그 거리가 완전히 같은 것입니다. 현대 수학의 정의와 그 표현은 조금 다르지만, 사고방식은 일치하는 듯합니다.

원만(圓滿)한 것은 성격이 모난 데가 없이 부드럽고 너그러운 것입니다. 원무(圓舞)는 원을 그리며 추는 춤입니다. 원숙(圓熟)한 것은 매우 익숙한 것이고, 원전(圓轉)은 둥글게 빙빙 도는 것입니다.

중학	획수	회자	새김	발음
因	6	囗大	인할	인

갑골문의 '인할' 인(因)은 위에 꽃무늬를 놓은 방석의 모양이라고 합니다. 그러니까 '자리' 인(茵)의 본자로 보는 것인데 이 경우에는 상형자입니다. 허신은 이것을 '에울' 위(囗)와 '큰' 대(大)로 보고 '의지하다'라는 뜻을 갖는 것으로 풀이했습니다. 상형자로 보는 경우에는 방석이니까 깔고 앉게 되며 거기에서 '의지하다'라는 뜻이 파생되어 나오는 것으로 풀이합니다.

인과(因果)는 원인과 결과를 아울러 이르는 말입니다. 인연(因緣)은 사람들 사이에 맺어지는 관계를 말합니다. 인과응보(因果應報)는 불교에서 많이 쓰는 말로 현세에서의 선악의 결과에 따라 내세에서 행과 불행이 있는 일을 가리킵니다. 선업을 쌓으면 좋은 과보가 따르고[善因善果(선인선과)], 나쁜 일을 하면 나쁜 결과가 따르는 것[惡因惡果(악인악과)]이 그 결과이겠습니다. 인인성사(因人成事)는 어떤 일을 자기 혼자의 힘으로 이루지 못하고 남의 힘을 얻어 이루는 것입니다.

중학	획수	회자	새김	발음
困	7	囗木	곤할	곤

'곤할' 곤(困)은 문지방을 가리킵니다. 문지방은 문이 움직이지 않도록 제한합니다. 나무[木]가 사방이 가로막혀[囗] 자라기가 힘들기 때문에 '곤란하다, 힘들다'라는 뜻을

갖게 되었다는 설명도 있습니다. 이렇게 전용된 글자로 쓰이면 본래 그 뜻으로 쓰던 글자는 새로운 편방을 붙여 이사를 갑니다. 결국 '나무' 목(木)을 붙여 '문지방' 곤(梱)으로 쓰게 됩니다.

　곤궁(困窮)은 가난하여 살림이 구차한 것입니다. 곤란(困難)은 사정이 딱하고 어려운 것입니다. 여기서 '어려울' 난(難)은 '란'으로 쓰고 읽어야 합니다. 나례(儺禮)는 민가와 궁중에서 음력 섣달 그믐날에 묵은해의 마귀와 사신을 쫓아내려고 베풀던 의식을 말하는데 이것은 중국의 새해에 악귀를 쫓는 의식인 추나(追儺)에서 온 것으로 알려져 있습니다. 난(難)은 나(儺)와 통용되어 '추나' 나로도 읽습니다. '추나(追儺)'는『표준』에 올라 있지 않습니다. 곤욕(困辱)은 심한 모욕입니다. 곤지면행(困知勉行)은 어려움을 겪으며 지식을 얻고 힘써 행한다는 뜻으로 지식은 어려움을 극복해야 얻을 수 있고, 일은 힘써야 성공할 수 있음을 나타내 주는 성어입니다.

중학	획수	회자	새김	발음
國	11	口或	나라	국

　'나라' 국(國)은 창[戈]으로 수비를 하는 성[口]을 가리키며, 성을 중심으로 한 주변 지역이 한 나라가 됩니다. 그 안에 경계를 또 한 번 그림으로써[口, 一] 뜻을 더 명확히 했습니다. 『설문』에서는 '나라' 국(國)을 "일정한 지역[或]을 둘러싼 것[口]"으로 풀이합니다. 고대 국가 가운데에는 지금 우리가 생각하는 나라보다 훨씬 더 작아 그야말로 하나의 성을 중심으로 한 작은 지역이 하나의 나라를 이루기도 했습니다.

　국난(國難)은 나라가 존립하기 어려울 정도로 위태로운 나라 전체의 어려움을 이릅니다. 국시(國是)는 국민의 지지도가 높은 국가 이념이나 국가 정책의 기본 방침을 말합니다. 어렸을 때 기억으로 '대한민국의 국시는 반공'이라고 했다가 나중에는 '반공'이 아닌 '승공'으로 듣기도 했던 것 같습니다. 반공이나 승공은 우리 사회의 존속을 위한 기본적 전제이겠지만 평화 공존을 모색하는 마당에 뭔가 더 숭고한 가치나 이념이 국시가 되어야 하지 않을까 하는 생각도 듭니다. 국색천향(國色天香)은 모습은 한 나라에서 가장 아름답고 천연의 향기가 있다는 뜻으로 모란(牡丹)을 가리키는 말이었습니다만 후에는 여자의 용모가 아름다움을 나타내는 말로 많이 쓰이고 있습니다. 국태민안(國泰民安)은 나라가 태평하고 백성이 편안한 것입니다.

중학	획수	회자	새김	발음
圖	14	口啚	그림	도

'그림' **도(圖)**는 나라의 경계[口]와 주변의 마을[啚]로 이루어져 지도나 판도를 뜻합니다. 거기에서 '그리다, 꾀하다'라는 뜻이 파생되어 나옵니다.

자소자는 '아낄' 비(啚)입니다. '다라울' 비로 새기기도 하는데, '다랍다'는 '조금 지저분하다, 인색하다'라는 뜻입니다. 아끼는 것이 정도가 지나쳐 인색한 지경에 이른 것입니다.

도모(圖謀)는 어떤 일을 이루기 위하여 대책과 방법을 세우는 것이며, 도안(圖案)은 그림으로 설계하여 나타낸 것입니다. 도서(圖書)는 사상, 감정, 지식 따위를 글이나 그림으로 표현하여 적거나 인쇄하여 묶어놓은 것을 말합니다. 도궁비현(圖窮匕見)은 그림에서 끝내 비수가 나왔다는 뜻으로 진시황을 암살하려던 형가(荊軻)의 고사에서 온 말입니다. 형가는 연나라의 지도를 바친다고 했었습니다. 여기서 사태가 진전해 어느 시점에 이르러서 진상이 드러남을 뜻하게 됩니다.

중외	부수	획수	회자	새김	발음
邑	邑	7	口卩	고을	읍
或	或	8	戈口一	혹	혹

'고을' **읍(邑)**은 별도의 부수자입니다. '에울' 위(口) 아래 무릎을 꿇은 사람[卩]을 더해 사람이 사는 범위나 장소를 나타내는 것으로 봅니다.

'혹' **혹(或)**입니다. 혹은 창[戈]을 들고 성지(城池)[口]를 수비하는 것을 나타내는 글자입니다. 아래의 가로획[一]은 경계선을 나타내는 것으로 봅니다. 성지(城池)는 성과 그 주변에 방어용으로 두른 못인 해자(垓子)를 아울러 이르는데 넓게는 하나의 도시 전체를 가리키기도 합니다. 부사로 쓰여 '아마도, 혹'의 뜻을 나타냅니다. 혹(或)은 성지를 중심으로 그 주변에 이르는 작은 나라를 나타내는 것이 본뜻인데, 이 글자가 전용된 뜻으로 계속 쓰이면서 의미를 나타내는 '에울' 위(口)를 더해 '나라' 국(國)을 따로 쓰게 되었습니다.

중외	부수	획수	회자	새김	발음
寅	宀	11	矢口	범, 동방	인
畵	田	12	聿田口	그림/꾀할	화/획

'동방' **인(寅)**은 화살집에서 화살을 꺼내달라고 부탁하는 것을 나타낸다고 설명한 바 있습니다. 그래서 본뜻은 '공경하다'인데, 지금은 인신된 다른 뜻으로 많이 쓰입니다. 상형자로 분류하기도 합니다.

하루를 십이시로 나눌 때 인시(寅時)는 오전 3시에서 5시입니다. 인방(寅方)은 이십 사방위로 나눌 때 동북방을 나타냅니다.

'그림' **화(畵)**는 붓[聿]으로 밭[田]의 사방 경계[口]를 그리는 것입니다. 가장 아래 부분을 '입 벌릴' 감(凵)의 형태로 쓰기도 하고, 가로획[一]으로만 쓰는 경우도 있습니다.

고교	획수	형자	회자	새김	발음
圍	12	韋	囗韋	에워쌀	위

'에워쌀' **위(圍)**는 위(囗) 자에서 설명을 했습니다.

형성 자소는 '다룸가죽' 위(韋)로 부수자이니 해당 부수의 설명을 참고하기 바랍니다. 다룸가죽은 매만져서 부드럽게 한 가죽입니다. 부수자로 가죽과 관련된 것이 석 자 있지요. '가죽' 피(皮)는 동물의 가죽을 벗겨내기만 한 것입니다. 털이 그대로 있는 상태의 가죽입니다. '가죽' 혁(革)은 가죽을 벗긴 뒤에 털을 제거한 상태이고, 다룸가죽은 거기에서 한 걸음 더 나아가 부드럽게 손질을 한 것입니다. 가공 정도에 따른 분류라고 생각하면 되겠습니다.

위립(圍立)은 빙 둘러서거나 세우는 것입니다. 위요(圍繞)는 좀 어려운 한자어로 어떤 지역이나 현상을 둘러싸는 것입니다. 위위구조(圍魏救趙)는 위(魏)나라를 둘러싸 조(趙)나라를 구한다는 뜻으로 중국 전국 시대(戰國時代, BC 475~221)의 역사에서 온 고사입니다. 적의 후방을 공격하여 진공하는 적을 철회하도록 하는 전술을 말합니다.

고교	획수	형자	회자	새김	발음
團	14	專	□專	둥글, 모일	단

'둥글' **단(團)**은 둘러싸 돌아가는 것으로 원형(圓形)을 가리키며 함께 모인다는 뜻도 있습니다.

참쌀가루를 쪄서 공 모양으로 만든 떡을 단자(團養)라고 하는데 단자는 동그란 인절미라는 뜻입니다. 단원(團員)은 어떤 단체에 속한 사람을 말하고, 발음이 같은 단원(團圓)은 결말이나 끝을 가리키지만, 달리 '단원(團圓)하다'의 형태로 '모가 나지 않고 둥글다, 가정이 원만하다'라는 뜻으로도 씁니다. 중국어에서는 쓰임이 조금 다른데 오랜만에 가족이 모두 모이는 것을 단원(團圓)이라고 합니다. 추석인 중추절이나 우리의 설인 춘절에 가장 많이 쓰는 말입니다.

고교	획수	회자	새김	발음
囚	5	□人	가둘	수

'가둘' **수(囚)**는 글자 모양만 보아도 뜻을 짐작할 수 있습니다. 사람[人]이 우리[口] 안에 갇혀 있는 모양으로 감금하는 것입니다.

수인(囚人)은 옥에 갇힌 사람이고, 수역(囚役)은 죄수에게 시키는 노동입니다. 수수구면(囚首垢面)은 죄수처럼 헝클어진 머리에 꾀죄죄하게 때묻은 얼굴이라는 뜻으로 외양을 중시하지 않는 것을 나타냅니다. 봉두구면(蓬頭垢面)도 같은 의미입니다.

고외	부수	획수	회자	새김	발음
束	木	7	□	묶을	속

부수외자로 '묶을' **속(束)**입니다. 섶이나 목간[木]을 묶어 다발[囗]을 만드는 것으로 이해할 수 있습니다. 정리하거나 수습한다는 뜻이 될 수도 있습니다.

R032

흙 토(土) 부

갑골 금문 전문 해서

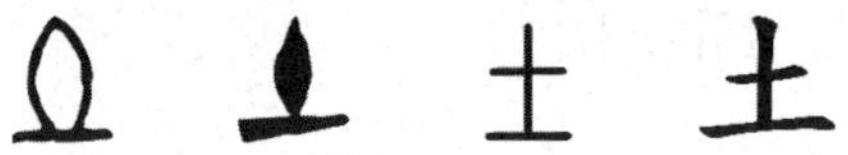

‘흙’ **토(土)**는 땅 위로 솟아오른 흙무더기로 토지의 신에게 제사를 지내는 형상을 가리킵니다. ‘토지신’ 사(社)의 본자이기도 합니다.

『설문』에서는 토(土)를 “땅이 만물을 토해내는 것이다. ‘二’는 땅속을 본뜬 것이며 ‘丨’은 만물이 땅속에서 자라나는 것을 본뜬 것”이라고 설명합니다. 부수로 쓰여 흙과 관련된 것을 나타냅니다. ‘흙’ 토(土) 부에 속하는 상형자는 ‘흙’ 토(土) 한 자 뿐입니다.

중학	획수	새김	발음
土	3	흙	토

토산(土産) 혹은 토산물(土産物)은 어느 지방에서 특유하게 나는 물건을 이릅니다. 토양(土壤)은 지구의 표면을 덮고 있는, 바위가 부스러져 생긴 가루인 무기물과 동식물에서 생긴 유기물이 섞여 이루어진 물질입니다. 양(壤)은 부드러운 흙, 즉 입자가 고운 흙

을 말합니다. 양토(壤土)는 점토가 25~37.5% 함유된 흙으로 배수(排水), 보수력, 통기성이 적당하여 모든 작물 재배에 알맞습니다. 토목형해(土木形骸)는 '흙과 나무로 된 뼈대'라는 뜻으로 외형을 장식하거나 덧붙이지 아니한 상태를 이르는 말이며, 토붕와해(土崩瓦解)는 흙이 무너지고 기와가 깨진다는 뜻으로 어떤 조직이나 사물이 손을 쓸 수 없을 정도로 무너져 버림을 이릅니다. 토우목마(土牛木馬)는 '점토로 만든 소와 나무로 만든 말'이라는 뜻으로 이름만 있을 뿐 실용적이지 못한 물건을 가리킵니다.

格物 006. 한자와 오일러(Leonhard Euler, 1707~1783)의 한붓그리기

늘 이야기합니다만, 자소 글자가 주어지면 거기에 부수가 어디에 어떻게 붙겠는지 뜻은 어떻게 되겠는지 상상해봐야 합니다. 그게 공부입니다. '재주' 재(才)와 '흙' 토(土)가 각각 어떻게 연결되는지 생각해내기가 어렵지 않을까 합니다.

필자는 한자를 볼 때마다 '쾨니히스베르그의 다리'가 떠오릅니다. 프레겔 강의 하중도에 놓인 일곱 개의 다리를 임의의 장소에서 출발해 한 번씩만 건너서 제자리로 돌아올 수 있는가 하는 것이 문제로 한붓그리기의 유명한 소재입니다. 오일러라는 스위스 학자가 수학적으로 불가능하다는 것을 입증했습니다. 이 이야기를 하는 것은 한붓그리기 때문입니다. 한붓그리기에서 길이나 방향 같은 것은 중요하지 않습니다. 옆이나 위아래로 그 어디로든 늘이거나 줄여볼 수 있습니다. 중요한 것은 '어디에서 교차하는가'입니다.

한자도 마찬가지입니다. 글자가 결합될 때 늘여도 보고 줄여도 보고 찌그려도 보고 눌러도 보고 그러다 보면 문득 아 이렇게 결합되는구나 하는 생각이 들 때가 있습니다. 글자를 볼 때는 늘여도 보고, 위아래로 줄여도 보고 하여튼 여러 가지로 궁리해보기 바랍니다. 그러다 보면 '아! 그렇구나' 하는 생각이 듭니다. 이렇게 늘였구나, 줄였구나, 아니 이 획을 조금 움직여놓았구나 하는 느낌이 듭니다. 정확하게 설명할 수는 없지만 이런 느낌이 중요합니다. 하지만 안타깝게도 이것은 상당한 노력과 경험이 축적되어야 합니다. 외국어를 배울 때 흔히 '어감이 좋다 나쁘다'라는 말을 하는데, 이것이야말로 한자에 대한 감각을 향상시키는 방법이기도 합니다.

아르키메데스(Archimedes, BC 287~212)는 비중의 원리를 발견했습니다. '유레카(Eureka)'는 그가 목욕탕에서 비중의 원리를 발견하면서 외쳤던 말로 알려져 있습니다.

'찾았다'라는 뜻이라고 하죠. 모쪼록 여러분들도 끊임없이 관심을 갖고 노력해 하루 빨리 유레카를 외칠 수 있기 바랍니다. 우리 선조들은 책을 읽는 것과 관련해 문리(文理)가 트인다는 말을 많이 하셨는데 그것도 마찬가지가 아닐까 합니다.

중학	획수	형자	새김	발음
場	12	昜	마당	장

'마당' 장(場)은 고대 신에게 제사를 올릴 때 쓰는 평평한 땅을 가리킵니다. 평평하게 다져서 씨앗을 뿌리지 않는 땅이라는 설명도 있습니다. 농작물을 거두어들여서 말리는 평평하고 넓은 공간을 가리키는 데에서 인신되어 '일정한 공간'을 가리키게 되었습니다.

자소자는 '볕' 양(昜)으로 기원에 대한 설명이 다양합니다. 『설문』에서는 일(日), 일(一), 물(勿)을 따르는 회의자로 '열리다, 날아가다, 자라다'의 뜻을 나타내는 것으로 설명합니다. 음양(陰陽)에서 양(陽)의 정자(正字)라고도 합니다. 고문 설명에서는 양(昜)의 아랫부분은 구름[一] 사이로 햇빛이 비치는 모양[勿]이라고 합니다. 그래서 구름이 걷히고 해가 나오는 것을 가리키는 것으로 설명합니다. 이 글자는 현재 단독으로 쓰이지 않고 편방으로만 쓰입니다. 기초한자 가운데, 손이 붙어 '날릴' 양(揚), 언덕에 올라 '볕' 양(陽), 공간이나 흙에 붙어 '마당' 장(場), 나무에 붙으면 '버들' 양(楊), 살에 붙어 '창자' 장(腸), 물과 만나 '끓을' 탕(湯)이 됩니다.

장소(場所)는 어떤 일이 이루어지는 곳이며, 장면(場面)은 어떤 장소에서 겉으로 드러난 면이나 벌어진 광경입니다.

중학	획수	형자	회자	새김	발음
在	6	才	才土	있을	재

'있을' 재(在)는 갑골문에서 '재주' 재(才)와 같은 꼴인데 초목이 처음으로 생겨남을 표시합니다. 처음 생겨나니까 '존재하는 것, 있게 되는 것'입니다. 중국어에서 '재주' 재(才)에는 '이제서야, 비로소'라는 뜻이 있는데 '비로소[才] 땅[土]에 생겨 있게 되는 것'

정도로 생각하면 기억에 도움이 되지 않을까 합니다.

　재고(在庫)는 창고에 쌓여 있는 것입니다. 재위(在位)는 임금의 자리에 있거나 또는 그런 기간을 말합니다. 재관언관(在官言官)에서 관(官)은 고대 호적과 지도, 문서 보관소입니다. 임금이 명하면 그 책임을 맡은 사람은 그에 관한 일을 말한다는 뜻으로 각자 자기의 위치에서 의견을 개진함을 말합니다. 『예기』〈곡례하(曲禮下)〉에 나오는 말입니다. 중구난방으로 각자 떠든다는 의미가 아니라 긍정적인 뜻을 나타냅니다.

중학	획수	형자	회자	새김	발음
地	6	也	土也	땅	지

　'땅' 지(地)의 금문은 "돼지가 높은 벼랑에서 떨어지는 모양을 그린 것"이라고 합니다. 금문에서는 '떼' 대(隊)와 기원이 같습니다. 대(隊)는 돼지[豕]가 벼랑[阝]에서 떨어지는 것을 나타내는 글자였습니다만, 계속 '떼'나 '대대'라는 뜻으로 쓰이게 되자 '흙' 토(土)를 더해 '떨어질' 추(墜) 자를 다시 만들어 쓰게 되었습니다. 아마도 떨어지는 바닥이 땅[地]임을 나타내는 것이 아닌가 싶습니다. 『설문』에서는 '땅' 지(地)에 대해 "원기가 처음으로 나뉘어 가볍고 맑은 것은 양으로 하늘이 된다. 무겁고 탁한 것은 음으로 땅이 되어 만물을 벌여놓는다"라고 설명합니다. '대지, 육지, 땅'이라는 뜻입니다. 『설문』에서 '어조사' 야(也)를 여성의 생식기라고 설명하는데, 흙[土]은 만물을 생성해내는 어머니의 역할[也]을 하기 때문으로 허신이 그렇게 설명한 것이 아닐까 합니다.

　지리(地利)는 땅의 형세에 따라 얻는 이로움이나 편리함으로 병법에서 강조되는 말입니다. 동음이의어인 지리(地理)는 어떤 곳의 지형이나 길 따위의 형편입니다. 지위(地位)는 개인의 사회적 신분에 따르는 위치나 자리를 말합니다. 지광인희(地廣人稀)는 땅은 넓으나 사람 수가 적은 것입니다.

중학	획수	형자	회자	새김	발음
均	7	勻	土勻	고를	균
城	10	成	土成	재	성

'고를' **균(均)**은 땅이 평평한 것입니다. 땅이 고른 것을 나타내는 것이 '고를' 균(均)입니다. 자소자는 균(勻)인데, 『설문』에서는 "물건이 나뉘어[二] 작은 것"이라고 설명합니다. '고를' 균으로도 새깁니다.

'재' **성(城)**의 토(土)는 망루를 나타냅니다. 본래 성의 담장 즉, 성장(城墻)은 흙[土]으로 쌓았습니다. 여기서 '재'는 성의 옛말입니다. 『천자문』에선 '잣'으로 새긴 경우도 눈에 띕니다. 성은 망루를 지어 외부로부터 침입에 대비하고 성벽을 쌓아 그 안에 사람이 살게 한 곳입니다.

성곽(城郭)은 내성과 외성을 통틀어 이르는 말입니다. 성시(城市)는 성으로 둘러싸인 시가이며, 성황당(城隍堂)은 서낭신을 모신 집인 서낭당의 원말입니다. 성하지맹(城下之盟)은 성 밑까지 쳐들어온 적군과 맺는 맹약이라는 뜻으로 항복한 나라가 적국과 맺는 굴욕적인 맹약을 이릅니다. 병자호란이 끝난 뒤 인조는 삼전도에서 청 태종에게 항복하고 군신 관계를 맺었습니다. 굴욕적인 성하지맹이 아닐 수 없습니다. 성호사서(城狐社鼠)는 성 안에 사는 여우와 사당에 사는 쥐라는 뜻으로 임금의 곁에 있는 간신의 무리나 관청의 세력에 기대어 사는 무리를 이릅니다. 성문실화앙급지어(城門失火殃及池魚)는 성문에 불이 붙으면 성지(城池)의 물로 불을 끄기 때문에 재앙이 물고기에 미친다는 뜻으로 관계도 없는 일로 연루되어 화를 입는 것을 말합니다.

중학	획수	형자	회자	새김	발음
堅	11	臤	臤土	굳을	견

'굳을' **견(堅)**은 땅[土]이 굳어[臤] 딱딱한 것입니다. '굳을' 간(臤)은 유래가 참혹합니다. 고대에 전쟁에서 포로를 잡으면 손[又]으로 찔러 한쪽 눈[臣]을 멀게 했습니다. 애꾸눈을 만든 것입니다. 외눈으로 아래를 내려다보는 모양이 '신하' 신(臣)입니다. 그래서 '굳을' 간(臤)의 본뜻은 포로를 많이 잡는 것으로 봅니다. 거기에서 '능력이 있다'라는 뜻이 나오고 이 의미는 나중에 아래에 '조개' 패(貝)를 더해 '어질' 현(賢)이 됩니다.

견강(堅剛, 牽強)은 성질 따위가 굳세고 단단한 것이며, 견고(堅固)는 굳고 단단한 것입니다. 견인(堅忍)은 굳게 참고 견디는 것입니다. 견갑이병(堅甲利兵)은 튼튼한 갑옷과 날카로운 무기를 갖춘 군사를 말합니다. 견여반석(堅如盤石)은 기초가 반석처럼 튼튼함을 이르며, 견인불발(堅忍不拔)은 굳게 참고 견디어 마음이 흔들리지 않는 것입니다.

중학	획수	형자	회자	새김	발음
基	11	其	其土	터	기

'터' 기(基)는 상 모양[丌, '상' 기]의 시렁 위에 기(其)를 올려놓은 모양으로 기(其)는 키[箕(기)]의 모양을 나타냅니다. 담을 쌓을 때 바탕이 되는 부분을 가리킵니다. 보통 돌을 넣고 다져 기반을 튼튼하게 한 뒤에 그 위로 담을 올립니다.

기간(基幹)은 어떤 분야나 부문에서 가장 으뜸이 되거나 중심이 되는 부분입니다. 기본(基本)은 사물의 바탕이며, 기인(基因)은 근본이 되는 원인입니다. 사물이나 일의 기본이 되는 토대는 기초(基礎)입니다.

중학	획수	형자	회자	새김	발음
堂	11	尙	土尙	집	당

'집' 당(堂)은 새김만 봐서는 특징을 알기 어렵습니다. 흙[土]으로 대를 높이[尙] 세우고 그 위에 높고 크게 지은 집입니다. 상형자로 보기도 합니다. 집의 뜻으로 처음에는 '당(堂)'을 쓰다가 나중에 '전(殿)'을 쓰기도 하는데, 전(殿)은 규모가 큰 집입니다.

당내(堂內)는 같은 성(姓)을 가진 팔촌 안에 드는 일가로 집안에 초상이 나면 상복을 입게 되는 가까운 친척을 이릅니다. 같은 고조할아버지의 자손들로서 유복지친(有服之親)이라고도 합니다. 흔히 "동고조 8촌, 4대 봉사"라는 말을 합니다. 8촌이 되는 같은 고조할아버지의 자손들이 모여 아버지, 할아버지, 증조할아버지, 고조할아버지의 4대 제사를 모시는 것을 이릅니다. 당당(堂堂)은 남 앞에서 내세울 만큼 떳떳한 모습이나 태도를 말합니다. 정정당당(正正堂堂)은 태도나 수단이 정당하고 떳떳한 것을 이르는데, 당당정정(堂堂正正)으로도 씁니다.

중학	획수	형자	회자	새김	발음
執	11	卒	卒(手鋯) 丮(跪人)	잡을	집

'잡을' 집(執)의 현재 자형은 '다행' 행(幸)과 '알' 환(丸)이 결합되어 있는데 갑골문에서는 쇠고랑을 가리키는 '놀랠' 녑(卒)에 꿇어앉은 사람의 모양을 가리키는 '잡을' 극(丮)이 좌우로 붙어 있습니다. 죄인을 잡는다는 것이 본뜻입니다.

권력이나 정권을 잡는 것은 집권(執權), 어떤 것에 마음이 쏠려 매달리는 것은 집착(執着)입니다. 같은 발음으로 집착(執捉)은 죄인을 붙잡는 것입니다. 집법여산(執法如山)은 법 집행을 굳게 결정해 산과 같이 동요됨이 없이 전혀 바꾸지 않는 것입니다. 집양용중(執兩用中)은 지나치거나 미치지 못하는 양단을 파악해 그 가운데를 쓰는 것을 이릅니다. 곧고 올바른 중정(中正)을 준수하는 것입니다. 그러니 어느 쪽으로도 치우치지 않아 불편불의(不偏不倚)하게 되고, 과불급(過不及)이 없게 됩니다.

중학	획수	형자	회자	새김	발음
墨	15	黑	黑土	먹	묵

'먹' 묵(墨)은 광석[土]에서 나오는 검은색[黑] 염료입니다. 필사도구의 발전으로 보면, 처음 갑골문에는 날붙이를 이용해 글을 새겼습니다. 아니 그렸다는 표현이 더 알맞을지도 모르겠습니다. 다음에는 옻나무에서 나오는 옻을 이용해 죽간에 글씨를 썼습니다. 다음에 쓴 것이 광물질에서 나오는 검은 염료였습니다. 이어서 나무나 기름을 태운 검댕을 이용하게 됩니다.

'칠흑(漆黑)같이 어두운 밤'이라는 말을 하는데, 칠흑은 옻칠처럼 검고 광택이 있는 것을 이릅니다. 옻은 처음 한두 번을 칠하면 옅은 갈색입니다. 이것을 여러 번 칠하면 짙은 갈색이 되었다가 나중에 검은색처럼 보입니다. 예전 밥상을 비롯한 각종 상에 칠하는 것이 옻이었습니다. 묵객(墨客)은 먹을 가지고 글씨를 쓰거나 그림을 그리는 사람을 말합니다. 흔히 시인묵객(詩人墨客)으로 글을 쓰는 시인과 아울러 이르기도 합니다. 묵수(墨守)는 제 의견이나 생각, 또는 옛날 습관 따위를 굳게 지킴을 이르는 말로 중국 춘추 시대 송나라의 묵자(墨子)가 성을 잘 지켜 초나라의 공격을 아홉 번이나 물리쳤다는 데서 나왔습니다. 묵적(墨跡)은 먹으로 쓴 흔적이라는 뜻으로 작품을 이르기도 합니다. 묵돌불검(墨突不黔)에서 돌(突)은 연기가 새어나오는 연창(煙窓)입니다. 묵자(墨子)와 얽힌 고사로 묵자가 세상일에 관심이 많아 분주하게 사방을 돌아다녔는데, 이르는 곳마다 연창이 검게 되기도 전에 떠났다는 데에서 나온 말입니다. 일로 바빠 사방을 분주하게 오가는 것을 이릅니다. 묵묵무언(默默無言)은 입을 다문 채 말이 없는 것으로 묵묵부답(默默不答)과 비슷한 의미인데, 묵묵부답은 잠자코 아무 대답도 하지 않는 것입니다.

중학	획수	형자	회자	새김	발음
增	15	曾	土曾	더할	증

'더할' 증(增)입니다. '거듭' 증(曾)은 본래 '시루' 증(甑)의 본자입니다. 시루는 질그릇 찜통이라 할 수 있겠는데, 그 안에 채반을 놓거나 베 같은 천을 깐 뒤에 찔 음식을 올려놓습니다. 중국에서 보면 만두 같은 것을 쪄낼 때 찜통을 사람 키보다도 훨씬 더 높게 쌓아놓기도 합니다. 증(曾)에는 '겹치다, 포개다'라는 뜻이 있습니다.

자소자를 분석해보면 '더할' 증(增)은 흙[土]을 겹겹이 쌓는 것으로 이해할 수 있습니다.

양이나 수치가 느는 것은 증가(增加), 양이 늘거나 규모가 커지는 것은 증대(增大)입니다. 증설(增設)은 더 늘려 설치하는 것입니다.

중학	획수	회자	새김	발음
坐	7	人人土	앉을	좌

'앉을' 좌(坐)는 두 사람[人]이 토지신을 모신 제단[土]을 사이에 두고 앉아 옳고 그름을 따지는 형상입니다. '앉다, 정좌하다'라는 뜻입니다. 옛 책에 더러 궤좌(跪坐)와 위좌(危坐)라는 말이 나옵니다. 궤좌는 보통 우리가 무릎을 꿇고 앉는 것을 가리킵니다. 위좌(危坐)는 단좌(端坐)를 말합니다. 하나가 더 있습니다. 이좌(夷坐)로 엉덩이를 바닥에 대고 앉는 자세입니다. '오랑캐' 이(夷)를 붙인 것을 보면 중국 주변의 각 민족들이 그렇

게 앉은 것을 가리킨 것이 아닌가 싶은데, 자기들이 앉는 자세와 다르고 그래서 예법에 어긋나는 자세라고 여겨서가 아닐까 합니다.

좌선(坐禪)은 고요히 앉아서 참선하는 것입니다. 좌시(坐視)는 참견하지 아니하고 앉아서 보기만 하는 것이며, 좌식(坐食)은 일을 하지 않고 놀고먹는 것입니다. 좌불안석(坐不安席)은 앉아도 자리가 편안하지 않다는 뜻으로 마음이 불안하거나 걱정스러워서 한군데에 가만히 앉아 있지 못하고 안절부절못하는 모양을 이르는 말입니다. 좌이대단(坐以待旦)은 앉아서 날 밝기를 기다린다는 뜻으로 아주 부지런히 일을 하거나 마음이 초조해 잠을 이루지 못하는 것을 나타냅니다. 좌정관천(坐井觀天)은 우물 속에 앉아서 하늘을 본다는 뜻으로 사람의 견문(見聞)이 매우 좁음을 이릅니다.

중학	획수	회자	새김	발음
坤	8	土 申	땅	곤

'땅' 곤(坤)입니다. 『설문』에서는 "곤(坤)은 땅이다. 『주역』의 괘이기도 하다. '흙' 토(土)와 '아홉째 지지' 신(申)을 따르는 회의자인데, 그것은 곤(坤)의 위치가 서남방 신(申)에 해당되기 때문이다"라고 『주역』에 근거해 풀이하고 있습니다. 곤(坤) 괘는 팔괘에서 점 두 개가 세 개로 겹친 형상[☷]이고 64괘에서는 그 모양을 위아래로 겹친 것입니다. 땅이나 여자를 상징합니다. 24방위의 하나인 신방(申方)은 정서(正西)에서 남쪽으로 15도를 중심으로 한 15도 구간입니다. 곤(坤)은 땅을 가리키고, 건(乾)은 하늘을 가리킵니다. 그래서 건곤(乾坤)은 천지를 뜻하며, 음양을 가리키기도 합니다.

건곤일척(乾坤一擲)은 운명을 걸고 단판승부를 하는 것을 이릅니다. 곤덕(坤德)은 황후나 왕후의 덕을 이릅니다.

중학	획수	회자	새김	발음
報	12	幸(刑具) 艮	갚을, 알릴	보

'갚을' 보(報)는 앞에서 설명한 '잡을' 집(執)과 기원이 비슷합니다. 왼쪽은 형구를 나타내고 오른쪽은 손[手]으로 사람[죄인]을 잡고 또 다른 형구를 씌우는 모양입니다. 사람의

죄를 다스리는 것으로 죗값을 갚게 하는 것입니다. 달리 형구[幸]를 씌우고 죄를 다스리는 것[攴, '다스릴' 복]으로 이해할 수도 있습니다. 인신하여 '알리다'의 뜻도 있습니다.

보도(報道)는 대중 전달 매체를 통하여 일반 사람들에게 새로운 소식을 알리는 것입니다. 보본(報本)은 생겨나거나 자라난 근본을 잊지 아니하고 그 은혜를 갚는 것이며, 보은(報恩)은 은혜를 갚는 것입니다. 보구설치(報仇雪恥)는 원수를 갚고 치욕을 씻는 것입니다. 원수를 갚고 원한을 씻는다는 뜻의 보구설한(報仇雪恨)과 비슷한 의미입니다.

중외	부수	획수	형자	회자	새김	발음
金	金	8	今	今ˇ土	쇠	금
徒	彳	10	土	辵土	무리	도

'쇠' 금(金)은 부수자 설명을 참고하기 바랍니다.

'무리' 도(徒)에 쓰인 것은 '조금 걸을' 척(彳)입니다. 그러니까 땅[土] 위를 걷는 것인데, 오른쪽 아래는 '멈출' 지(止)로 발을 나타냅니다. 걷는다는 데에서 보병이라는 뜻도 생겨났고, 아마도 거기에서 무리라는 뜻도 파생되어 나온 것이 아닐까 합니다. 『설문』에 실린 자형은 '辻'라서 '쉬엄쉬엄 갈' 착(辵)과 '흙' 토(土)로 해자하고 있습니다. 거꾸로 착(辵)은 '조금 걷다[彳]가 쉬는[止] 것'이라고 생각할 수 있으며, 실제 그것이 착(辵)의 뜻이기도 합니다.

중외	부수	획수	형자	회자	새김	발음
野	里	11	予	林土	들	야

'들' 야(野)는 갑골문과 금문에서 '수풀' 림(林) 자 가운데에 '흙' 토(土)를 썼습니다. 초목이 왕성하게 자란 땅을 가리키는 글자였습니다. 사람들이 사는 교(郊) 지역을 벗어난 곳입니다. 주나라 때에는 왕이 친히 다스리는 지역인 기(畿) 내에 읍(邑)의 밖을 교(郊), 교의 밖은 목(牧), 목의 밖을 야(野)라 했습니다. 현대적인 표현을 빌리자면 인구밀도는 점점 떨어지며 개발은 그만큼 되지 않은 지역입니다.

중외	부수	획수	회자	새김	발음
里	里	12	田土	마을	리

'마을' **리(里)**는 부수자 설명을 참고하기 바랍니다.

고교	획수	회자	새김	발음
垂	8	巫	드리울	수

수(巫)는 '드리울' **수(垂)**의 고자(古字)로 초목이 자라나 꽃과 잎이 무성하게 드리워진 모양을 그린 것입니다. 상형자로 보기도 합니다. 허신의 『설문』에서는 수(巫)가 소리를 나타내는 형성자로 보고 있습니다.

수교(垂敎)는 가르침을 주거나 받는 것을 이르며, 수렴(垂簾)은 발을 드리우거나 또는 그 발을 말합니다. 수양(垂楊)은 버드나뭇과의 낙엽 활엽 소교목입니다. 그 이름에서 가지가 늘어지는 것[垂]을 짐작할 수 있습니다. 수두상기(垂頭喪氣)는 근심 걱정으로 고개가 숙여지고 맥이 풀리는 것입니다. 수렴청정(垂簾聽政)은 임금이 어린 나이로 즉위하였을 때 왕대비나 대왕대비가 이를 도와 정사를 돌보던 일로 왕대비가 신하를 접견할 때 그 앞에 발을 늘인 데서 나온 말입니다.

고교	획수	회자	새김	발음
培	11	音	북돋울	배

'침/침 뱉을' 부/투(音)는 '곱' 배(倍), '북돋울' **배(培)**, '거느릴' 부(部)에서 자소자로 쓰이고 있습니다. '북주다, 북을 돋우다'에서 '북'은 뿌리 주위에 붙어 있는 흙입니다. 북을 주는 것은 뿌리 주변에 흙을 돋워 영양분을 많이 흡수할 수 있게 해주는 것입니다.

배식(培植)은 식물을 가꾸고 심는 것이며, 배양(培養)은 북돋아 기르는 것이니 잘 자라날 수 있도록 가르치고 키우는 일이 선행되어야 합니다.

고교	획수	형자	새김	발음
域	11	或	지경	역
堤	12	是	둑	제

자소자인 '혹' 혹(或)은 창[戈]을 들고 나라[口]를 지키는 것입니다. 가로획[一]은 그 경계를 나타내는 것이라고 설명한 바 있습니다. 그래서 본래는 '지경 **역(域)**과 같은 글 자였습니다. 그런데 의미가 분화되면서 '흙' 토(土)를 붙여 '지경' 역(域)이 되고, '에울' 위(口)를 더해 '나라' 국(國)이 되었습니다.

혹시(或時)는 '어쩌다가'의 뜻이고, 혹시(或是)는 '그러할 리는 없지만 만일에'의 뜻을 나타냅니다. 혹자(或者)는 '어떤 사람'입니다. 혹시혹비(或是或非)는 옳기도 하고 그르기도 하여 옳고 그름이 잘 분간되지 아니함을 말합니다.

'둑' 제(堤)의 본뜻은 막는 것입니다. '흙'으로 구조물을 만들어 물의 흐름을 막아 가두어두는 것입니다. 자소자인 '옳을' 시(是)가 자소로 쓰이는 경우는 이 밖에도 '끌' 제(提), '제목' 제(題)가 있습니다.

제방(堤防)은 물가에 쌓은 둑입니다.

고교	획수	형자	새김	발음
塗	13	涂	칠할	도

'칠할' **도(塗)**는 본래 진흙을 가리킵니다. 진흙은 벽돌을 만들거나 판축의 재료로 쓰이거나 오늘날의 도장재처럼 나중에 표면에 칠을 해 마감재로서의 역할을 합니다. 명사로서는 진흙을 가리키고, 동사로서 '칠하다, 바르다'의 뜻을 나타냅니다.

자소자 도(涂)는 본래 현재 운남성에 있는 우란강(牛欄江)입니다. 물길로 많이 이용된다고 합니다. '길' 도(途)와 통용되며 길의 뜻을 나타냅니다. '밭도랑을 따라 난 길'이라는 풀이도 있습니다.

도료(塗料)는 칠에 쓰이는 재료입니다. 도탄(塗炭)은 진구렁에 빠지고 숯불에 탄다는 뜻으로 몹시 곤궁하여 고통스러운 지경을 이릅니다. 도지말분(塗脂抹粉)은 연지와 분을 바른다는 뜻입니다. 요즈음 말로 설명하면 크림과 파우더(face powder)를 바르는 것이겠습니다. 외모를 아름답게 꾸미거나 가짜를 진짜처럼 만드는 것을 이릅니다.

고교	획수	형자	새김	발음
塔	13	荅	탑	탑

'탑' **탑(塔)**은 물론 석탑입니다. 불교가 인도에서 중국으로 전해지면서 산스크리트어 스투파(stupa)를 번역한 말이기도 합니다. 부도(浮屠)라는 말을 쓰기도 합니다. 둘 다 부처의 사리를 모시는 곳으로 되어 있습니다만, 보통은 석탑에는 부처의 진신사리를 봉함하고 부도에는 다비한 스님들의 유골을 수습합니다. 실제 사찰에 가보면 석탑은 경내에 있고, 부도는 사찰 경내를 벗어난 한쪽 구석에 있습니다. 규모도 석탑과는 비교가 안되게 작습니다.

다비(茶毘, jhāpita)가 뭐냐고요? 찾아보시라니까! 다비는 팔리어에서 온 것으로 되어 있는데 '불에 태우다'라는 뜻으로 '시체를 화장하는 것'을 이릅니다. 불교에서 스님이 돌아가셨을 때 많이 쓰는 말입니다.

고교	획수	형자	새김	발음
壇	16	亶	제터	단

고대에 제사를 지내거나 회맹을 할 때 흙으로 높고 크게 쌓은 제단이 **단(壇)**입니다. 나중에는 계단을 두고 단 위에는 전당을 세웠습니다. 북경의 천단(天壇)이 그런 예가 되겠습니다. 천단은 천자가 하늘에 제사를 지내는 제단인데 네모난 기단에 원형 건물입니다. 이것은 하늘은 동그랗고 땅은 네모나다는 천원지방(天圓地方) 사상을 반영한 것입니다. 강단(講壇), 문단(文壇), 시단(詩壇) 등에 쓰입니다.

자소자를 보면 '미쁨' 단(亶)입니다. '박달나무' 단(檀), '제터' 단(壇)에 쓰이고 있습니다. 윗부분의 자소는 '곳집' 름(靣)으로 창고에 곡식이 꽉 들어차 있는 것을 가리킵니다. 미쁨은 '믿음직하게 여기는 마음'입니다. 예나 지금이나 창고에 곡식이 가득한 것처럼 어느 정도는 경제적인 바탕이 있어야 믿음직한 마음이 생기는 모양입니다.

고교	획수	형자	새김	발음
壁	16	辟	벽	벽

벽하면 우리는 보통 바람벽으로 받아들입니다. 집이나 방 사이를 막아주는 구조물이니 바람벽에만 한정되지는 않습니다. 『설문』의 벽(壁)에 대한 설명은 담[垣, 담장 '원']으로 되어 있습니다.

자소자 '임금' 벽(辟)의 본자는 형벌용 칼[辛]로 꿇어앉은 사람[卩, 돼지 돈(豚)의 속자]의 살을 도려내는 것입니다. 그런 형벌을 집행할 수 있는 권리를 가지고 있는 사람이 임금이기 때문에 '임금'의 뜻도 지니게 된 것이 아닐까 합니다. 살점을 도려낸다니 능지처참(陵遲處斬)이라는 말이 떠오릅니다. 『표준』에서는 능지처참을 "대역죄를 범한 자에게 과하던 극형. 죄인을 죽인 뒤 시신의 머리, 몸, 팔, 다리를 토막 쳐서 각지에 돌려 보이는 형벌이다"라고 설명합니다. 필자의 소견으로는 뭔가 빠지고 부족한 설명 같아 보입니다. 능지(陵遲)는 '언덕의 경사가 완만한 것'입니다. 거기에서 '조금씩'이라는 뜻이 파생되어 나왔습니다. 그러니까 능지처참은 살점을 조금씩 조금씩 베어내 죄인이 아주 오랫동안 고통을 느끼며 죽게 하는 형벌 중 가장 잔인한 형벌입니다.

벽루(壁壘)는 성벽(城壁)과 성루(城壘)를 아울러 이르는 말입니다. 성루(城壘)는 성 둘레에 쌓은 토담입니다. 벽보(壁報)는 벽이나 게시판에 붙여 널리 알리는 글입니다. 벽에 바르는 종이라서 벽지(壁紙), 벽에 그린 그림이라서 벽화(壁畵)입니다.

고교	획수	형자	새김	발음
壞	19	襄	무너질	괴

'품을' 회(襄)는 옷[衣] 속에 '눈으로 뒤쫓을' 답(罒) 자가 들어 있습니다. 옷 속 그러니까 가슴속이나 마음속에 담아두는 것, 또는 그 속에 넣어두는 것입니다. '마음' 심(心)을 더해 뜻이 더 분명해진 것이 '품을' 회(懷)이고, '흙' 토(土)를 더해서는 '무너질' 괴(壞)가 됩니다.

괴란(壞亂)은 풍속 따위를 무너뜨리고 어지럽게 하는 것이며, 괴멸(壞滅)은 모조리 파괴되어 멸망하는 것입니다. 괴패(壞敗)는 흩어져 패하는 것을 말합니다.

고교	획수	형자	회자	새김	발음
埋	10	貍	土貍省	묻을	매

'묻을' 매(埋)입니다. 옛날 중국에서 산림(山林)에 제사를 지낼 때에는 땅에 구덩이를 파고 희생을 그냥 묻었다고 합니다. 매제(埋祭)라고 했습니다. 나중에는 '삵' 리(貍)를 '빌어 묻는다'는 뜻으로 나타내다가, 이 글자가 편방에 쓰이면서 분간하기 위해 위에 초두[艹]를 붙여 매(薶)로 쓰게 되었습니다. 이런 유래 때문에 매(薶)에는 '묻는다'라는 뜻 외에 '지신제(地神祭)'의 뜻이 있습니다. 그런데 자형이 너무 복잡해 세간에서 잘 안 쓰고 현재의 매(埋)를 만들어 쓰게 되었습니다.

뼈를 땅에 묻어서 매골(埋骨), 파묻히거나 파묻어 매몰(埋沒), 상대편의 동태를 살피거나 불시에 공격하려고 일정한 곳에 몰래 숨어 있어 매복(埋伏), 시체나 유골을 땅속에 묻어 매장(埋葬)입니다.

고교	획수	형자	회자	새김	발음
塞	13	宲	宲土	변방/막을	새/색

塞의 본뜻은 양손에 공이 같은 것을 들고 벽을 만들어 지붕에 난 창을 막는 것입니다. 이때는 '막을' 색으로 새겨야 하겠습니다. 『시경(詩經)』〈빈풍(豳風)〉 7월조에 "(시월이 되면) 북으로 난 창을 막고, 문에는 흙을 바르네[塞向墐戶]"라고 나옵니다. 추운 겨울에 웃풍을 막기 위해 문풍지를 바르던 우리의 풍속과도 비슷해 보입니다.

자소인 宲는 이체자이고, 새(宲)는 『강희자전』에서는 지금은 새(塞)로 쓴다고 설명합니다. 기초한자의 대표음은 '변방' 새입니다.

새옹지마(塞翁之馬)는 '변방 늙은이의 말'이라는 뜻입니다. 옛날에 변방의 노인이 기르던 말이 오랑캐 땅으로 달아나서 노인이 낙심하였는데, 그 후에 달아났던 말이 준마를 한 필 끌고 와서 그 덕분에 훌륭한 말을 얻게 되었으나 아들이 그 준마를 타다가 떨어져서 다리가 부러졌으므로 노인이 다시 낙심하였는데, 그로 인하여 아들이 전쟁에 끌려 나가지 아니하고 죽음을 면할 수 있었다는 이야기에서 유래되었습니다. 인생의 길흉화복은 변화가 많아서 예측하기 어렵다는 말입니다. 새옹득실(塞翁得失), 새옹화복(塞翁

禍福)도 비슷한 의미를 담고 있습니다. 색책(塞責)은 쓰임이 아주 드문 한자어인데, 책임을 면하기 위하여 겉으로만 둘러대어 꾸미는 것입니다.

고교	획수	형자	회자	새김	발음
塊	13	鬼	土鬼	흙덩이	괴

'흙덩이' 괴(塊)에서 귀(鬼)는 덩어리를 가리킵니다.

괴석(塊石)은 돌덩이보다 작은 돌, 즉 돌멩이입니다. 광산에서 석탄을 캐어낼 때 덩어리 형태로 나오는 탄을 괴탄(塊炭)이라 하는데 화력이 좋습니다. 괴탄을 지핀 데에 쇠를 넣었다가 벌겋게 달아오르면 벼리어 연장의 날을 세웁니다. 가루 형태로 나오는 것은 분탄(粉炭)이라고 합니다.

고교	획수	형자	회자	새김	발음
墓	14	莫	莫土	무덤	묘

'무덤' 묘(墓)는 '없을' 막(莫)에 '흙' 토(土)로 되어 있는데 이것이 본뜻과 가깝습니다. 본래 봉분이 있는 것은 분(墳)이라 하고, 봉분이 없는 것을 묘(墓)라 했습니다. 그러니까 묘(墓)는 평지와 구분이 되지 않았습니다. 이렇게 봉분을 만들지 않고 평평하게 매장하는 것을 평장(平葬), 토장(土葬)이라고 합니다. 그러다 보니 초원 지대 같은 곳에서는 얼마 지나지 않으면 묘를 찾을 수 없게 돼 식별하는 표시로 나무를 심게 되었다고 합니다. 분(墳)은 자소자가 '꾸밀' 분(賁)이니 묘(墓)에 흙[土]으로 봉분을 꾸미는 것[賁]으로 기억해도 되겠습니다.

묘에 있는 비석은 묘비(墓碑), 묘가 있는 곳은 묘소(墓所), 송장이나 유골을 땅에 묻어놓은 곳은 묘지(墓地)입니다. 묘목이공(墓木已拱)은 묘에 심은 나무가 이미 두 손으로 잡아야 할 정도로 굵어졌다는 뜻으로 세월이 빨리 흘러 세상을 떠난 지가 오래 되었음을 개탄하는 말입니다.

고교	획수	형자	회자	새김	발음
境	14	竟	土竟	지경	경

'지경' **경(境)**은 땅의 경계를 나타냅니다. '음악이 끝나다'라는 것이 '마칠' 경(竟)의 본뜻인데, 경계는 어떤 지역이 끝나 새로운 지역과 이어지기 때문에 지경의 뜻을 나타냅니다. 『단주』에서는 "악곡이 끝나는 것이다. 인신하여 무릇 일이 끝나는 것, 토지가 끝나는 것(경계를 이루는 것)을 모두 경(竟)이라 한다. 『모전(毛傳)』에 '지경' 강(疆)을 경(竟)이라 한다. 세간에 경(境) 자를 따로 만들었는데 옳지 않다"라고 지적하고, 경(境) 조에서는 "경전에서 경(竟)과 통용한다"라고 설명합니다. 하지만 말이나 글이라는 것이 언중의 쓰임을 따르기 마련이고 현재는 두 개의 독립된 글자로 쓰고 있습니다.

경계(境界)는 어떠한 기준에 의하여 분간되는 한계이며, 경내(境內)는 일정한 지역의 안을 이릅니다. 경우(境遇)는 놓여 있는 조건이나 놓이게 된 형편이나 사정입니다.

고교	획수	형자	회자	새김	발음
墳	15	賁	土賁	무덤	분
墮	15	隋	隋土	떨어질/무너뜨릴	타/휴

'무덤' **분(墳)**은 봉분이 있는 무덤을 가리키고, 묘(墓)는 봉분이 없는 무덤을 가리킨다고 했습니다. 앞서 얘기한 묘(墓) 난을 참고하기 바랍니다.

『설문』에서는 '떨어질' **타(墮)**를 "성벽이 무너져 내리는 것"이라고 설명합니다. 떨어져 내리는 것입니다.

자소자인 '둥글길죽할' 타(隋)의 본뜻은 제육을 찢어 땅에 던지면서 제사를 올리는 것이라고 합니다. 우리의 민속에도 음식 같은 것을 미리 조금 바치는 '고수레'가 있는데 비슷해 보입니다. '남은 제물'이라는 뜻이 있고, 제사 고기를 찢어 던진다는 데에서 '떨어지다'라는 뜻도 생겼습니다. 둥글길죽한 원 즉, 타원(楕圓)이라는 단어에서 볼 수 있습니다.

타락(墮落)은 잘못된 길로 빠지는 일이며, 타루(墮淚)나 낙루(落淚)는 눈물을 흘리는 것입니다.

고교	획수	형자	회자	새김	발음
壓	17	厭	厭土	누를/싫어할	압, 녑/염

'누를' 압(壓)은 자소자인 '싫어할' 염/'누를' 엽(厭)과 크게 다르지 않습니다. '흙' 토(土)를 더해 흙으로 덮는다든지, 바닥인 흙에 떨어진다는 뜻을 더 분명히 한 것으로 보입니다.

자소자인 '누를' 염(厭, '싫어할/빠질' 염/암)은 벼랑[厂]이 무너져 아래에 있는 것을 덮어 누르는 것입니다. 파생되어 여러 가지 뜻이 생겨나는데 주의해야 할 것은 '좋아하다'라는 뜻도 있는 반면 음식 등을 너무 많이 섭취해서 '물리다, 싫증이 나다'라는 상반되는 뜻도 가지고 있다는 점입니다. 염오(厭惡)는 싫어하고 미워하는 것입니다. 학이불염(學而不厭)은 '배우는데 만족하지 않는다' 그러니까 늘 부족함을 느끼고 더 배우기를 바라는 것입니다. 이렇게 서로 상반되는 뜻을 가지고 있는 점에 유의해야 합니다.

누르는 힘은 압력(壓力)이고, 강한 힘으로 누르는 것은 압박(壓迫)입니다. 압도원백(壓倒元白)에서 원백(元白)은 당나라 때의 유명 시인인 원진(元稹)과 백거이(白居易)를 가리킵니다. 시문이 원진과 백거이를 압도한다는 뜻으로 동시대 유명 작가의 작품보다 뛰어남을 비유적으로 이르는 말입니다.

고교	획수	형자	회자	새김	발음
壤	20	襄	土襄	흙덩이	양

'흙덩이' 양(壤)은 곱고 부드러워 작물 재배에 좋은 흙을 가리킵니다.

자소자인 '오를' 양(襄)의 본뜻은 상을 마친 뒤 옷[衣]을 갈아입고 다시 밭을 가는 것이라고 합니다. 거기에서 '오르다, 돕다' 등의 뜻이 파생되어 나온 것으로 풀이합니다. '사양할' 양(讓), '아가씨' 양(孃)에도 자소자로 쓰입니다.

양토(壤土)는 점토가 25~37.5% 함유된 흙으로 배수(排水), 보수력, 통기성이 적당하여 모든 작물 재배에 알맞습니다. 토양(土壤)에는 단순히 흙이라는 뜻 외에, '식물에 영양을 공급해 자라게 할 수 있는 흙'이란 뜻도 있습니다.

고교	획수	회자	새김	발음
墙	16	土嗇	담	장

'담' 장(墙)의 원자는 '조각' 장(爿)이 붙은 '담' 장(牆)입니다. 판자를 이용해 판축하여 만든 담으로 이해할 수 있겠는데 나중에 재료인 흙을 나타내는 '흙' 토(土)로 바뀌었습니다. 두 글자 모두 씁니다.

회의 자소로 쓰인 '인색할' 색(嗇)은 '올' 래(來) 아래 '곳집' 름(㐭)을 쓴 자로, '올' 래(來)는 '보리' 래로도 새기고 실제 '보리' 맥(麥)의 원자입니다. 그러니 색(嗇)의 본뜻은 곡식 창고입니다.

장옥(牆屋, 墙屋)은 집이나 일정한 공간을 둘러막기 위하여 흙, 돌, 벽돌 따위로 쌓아 올린 것을 말합니다. 담입니다. 장외(牆外, 墙外)는 담 바깥입니다. 장벽무의(牆壁無依)는 전혀 의지할 곳이 없음을 이릅니다.

다음은 부수외자입니다. 우선 형성 자소의 새김과 발음은 어떻게 되는지 큰 소리를 내어 말해보십시오.

고외	부수	획수	형자	새김	발음
吐	口	6	土	토할	토

'토할' 토(吐)는 '입' 구(口)에서 설명한 바 있습니다. 게워내는 것입니다. 먹은 음식을 토하는 것이 구토(嘔吐)인데, 구(嘔)는 게우는 것을 가리킵니다.

고외	부수	획수	형자	회자	새김	발음
怪	心	8	圣,又	心圣	괴이할	괴

'괴이할' 괴(怪)는 형성자로 분류하는 것은 같은데, 민중서림 자전에는 우(又)를 형성 자소라 하고, 중국의 자전은 골(圣)을 형성 자소로 삼고 있어 조금 다릅니다. 골(圣)은

'성인' 성(聖)의 약자로 많이 씁니다만, 낱자로는 '힘써 밭 갈' 골(㐀)입니다. 회의자로 보는 경우에는 열심히 밭을 갈고 농사를 지어 수확이 많이 나와 기이하게 여길 정도임을 가리킨다고 합니다. 형성 · 회의자입니다.

고외	부수	획수	형자	새김	발음
社	示	8	示土	땅귀신, 모일	사

사(社)는 땅귀신, 즉 토지신을 가리키는 글자입니다. 상형자로 취급하기도 합니다. 왕조 시대에는 사직단(社稷壇)을 만들고 토지신인 사(社)와 곡식의 신인 직(稷)에 제사를 올렸습니다. 서울의 사직공원은 바로 사직단이 있던 자리입니다.

R033

선비 사(士) 부

갑골	금문	전문	해서

土　土　士

'선비' **사(士)**에 대한 설명은 여러 가지로 아직 정설이 없습니다. 사람을 가리키는 '큰' 대(大) 아래에 가로획이 있는 자형이 변화, 발전되어 왔다는 설이 있고, 남성의 생식기를 가리킨다는 설명도 있습니다. 이 경우에는 상형자로 보는 것입니다.

『설문』에서는 "사(士)는 일을 처리하는 것이다. 숫자는 일(一)에서 시작해 십(十)에서 마친다. 일(一)과 십(十)을 따르는 회의자이다. 많은 사물[十]을 연역, 귀납해 하나의 간단한 도리를 추론해낼 수 있는 사람이 사(士)이다"라고 풀이합니다.

사(士)는 선비라는 하나의 집단인데 요즈음 말로 식자 계층이나 지식 계급이 되겠습니다. 맹자는 선비에 대해 아주 높게 평가한 사람입니다. "선비는 끝까지 의(義)를 잃지 않으며, 도에서 떠나지 않는다"라든지 "일정한 재산이 없어도 늘 꿋꿋한 마음을 지니고 있는 것은 선비뿐이다"라고 극찬하기도 했습니다. 지조가 있는 도덕군자라고 할 수 있겠습니다. 부수로 쓰일 때에는 뭔가를 지향하는 뜻이 있다든지 이름을 드러내는 것과 관련이 있습니다.

중학	획수	새김	발음
士	3	선비	사

사기(士氣)는 굽힐 줄 모르는 기개입니다. 사림(士林)은 유학을 신봉하는 무리를 이르는 말입니다. 사사지기(士死知己)는 선비는 자기를 알아주는 사람을 위해 목숨을 바친다는 뜻입니다. 사가살불가욕(士可殺不可辱)은 선비는 죽일 수는 있을지언정 욕을 보일 수는 없다는 뜻입니다. 모욕을 당하느니 차라리 목숨을 버린다는 선비의 기개를 보여주는 말입니다.

중학	획수	새김	발음
壬	4	아홉째 천간, 북방	임

갑골문에서 '아홉째 천간, 북방' **임(壬)**은 사람이 흙무더기 위에 똑바로 서 있는 모양입니다. '똑바로 서다'라는 뜻을 나타냅니다. 상형자입니다. 그런데 임(壬)이 편방으로 쓰이면서 '똑바로 서다'라는 뜻은 '빼낼' 정(挺) 자를 따로 쓰게 되었습니다. 자형상 주의를 요하는 글자가 있습니다. '착할' 정(壬)입니다. '북방' 임(壬)은 '선비' 사(士)를 쓰고, '착할' 정(壬)은 '흙' 토(土)를 씁니다. 이 두 글자가 다른 글자의 자소로 쓰이는 경우에는 실제 섞여 쓰는 경우도 많습니다. 임(壬)은 천간으로는 아홉 번째가 되는데, 연도로 치면 끝자리가 2인 해가 됩니다. 우리 역사에서 일본과 제물포 조약을 맺게 되는 계기가 임오군란(壬午軍亂)이죠. 구식 군대와 신식 군대인 별기군의 차별에 대한 불만으로 군제 개혁에 반대해 일으킨 난리입니다. 1882년, 끝자리가 2입니다. 임진왜란은 1592년 역시 2로 끝납니다. 임인(壬人)은 간사하고 아첨 잘하는 소인을 말합니다.

중학	획수	형자	회자	새김	발음
壯	7	爿	爿 士	장할	장

'장할' **장(壯)**에서 '조각' 장(爿)은 판축에 쓰이는 판자를 가리킵니다. 판축은 양쪽에 판자를 세우고 그 안에 흙을 넣은 뒤 공이로 다져 구조물을 만드는 방법입니다. 토담을 세울 때 많이 씁니다. 사(士)는 남성의 생식기를 나타내는 글자라고 했으니 남자를 가리킵니다. 취합해보면 담을 세울 수 있을 정도로 큰 성인 남자가 되고 거기에서 '씩씩하다, 장하다'라는 뜻이 나옵니다.

장관(壯觀)은 훌륭하고 장대한 광경입니다. 장년(壯年)은 한창 기운이 왕성하고 활동이 활발한 서른에서 마흔 안팎의 나이나 그런 나이가 된 사람을 이릅니다. 장도(壯途)는 중대한 사명이나 장한 뜻을 품고 떠나는 길을 말합니다.

중학	획수	형자	회자	새김	발음
壽	14	𠷎	老省 𠷎	목숨	수

'목숨' **수(壽)**는 '장수' 수로도 새기며 오래 사는 것입니다. 금문의 '목숨' 수(壽)는 '늙을' 로(老)의 생략형에 '밭' 수, 주(𤰚) 자가 결합되어 있습니다. 글자가 워낙 작아 잘 안 보이는데 '활' 궁(弓)의 위아래 파인 곳에 '장인' 공(工) 자가 하나씩 들어 있는 글자입니다. 밭을 갈면 무늬가 나타나는데 그것이 노인 얼굴에 생긴 주름과 같다는 데에서 오래 살았다, 즉 장수했다는 뜻이 나옵니다.

수복(壽福)은 오래 살고 복을 누리는 것입니다. 수연(壽宴)은 장수를 축하하는 잔치인데 보통 환갑잔치를 이릅니다. 하지만 현재는 65세 이상 되어야 노인으로 치고, 그것도 상향하려고 하는 추세이니 한 80세 이상이 되어야 '수연'이라는 말을 쓸 수 있지 않을까 합니다. 수종정침(壽終正寢)은 요사나 횡사 또는 객사하지 않고 자기 집에서 목숨을 다해 죽는 것을 말합니다.

어렸을 때 '목숨' 수(壽) 자를 익히느라 "사일공일촌구(士一工一寸口)"라고 중얼거렸던 기억이 납니다. 위에서부터 아래로 파자를 한 것인데, 왜 끝부분에 '구촌(口寸)'이라고 하지 않는지 늘 궁금했습니다. 아마도 촌구(寸口)가 우리 손바닥 끝에 맥이 팔딱팔딱 뛰는 곳이라서 뜻이 조금이나마 통할 수 있도록 파자를 한 것이 아니었나 싶습니다. 사실 두 번째 획은 일(一)도 아닙니다. 'ㄱ'은 독립된 글자로 쓰이지 않는데 중국의 온라인 사전 〈zdic.net〉에서는 '둘째 천간' 을(乙)과 같은 글자라고 설명하고 있습니다. 중국에서는 이렇게 생긴 획을 가로획이 갈고리 모양으로 꺾였다고 해서 '횡구(橫鉤)'라고 합니다만, 이것은 글자의 새김이나 발음이 아니고 획에 붙인 명칭일 뿐입니다.

증외	부수	획수	형자	회자	새김	발음
仕	人	5	士	人士	섬길	사
志	心	7	士	士心	뜻	지

'섬길' **사(仕)**는 '벼슬'로도 새깁니다. 본뜻은 정사(政事)를 배우는 것이라고 합니다. 요즈음 말로 치면 인턴(intern)이나 수습을 하는 정도가 되겠습니다. 벼슬살이를 하는 것을 사환(仕宦)이라고 합니다.

'뜻' **지(志)**는 고문에서 '悆'로 썼습니다. 위가 '갈' 지(之)로 '마음이 가는 바'를 말합니다. 훨씬 더 뜻을 이해하기 쉬운데 이제는 선비[士]의 마음[心]이 되었습니다. 기개나 지조 등 훨씬 더 도덕률을 요구하는 듯한 글자로 변한 것입니다.

증외	부수	획수	형자	회자	새김	발음
賣	貝	15	買	士買	팔	매

필자는 왜 '팔' **매(賣)**에 뭔가 사고파는 일은 하지 않을 것 같은 '선비' 사(士)가 붙어 있는지 늘 궁금했습니다. 그런데 나중에 전문을 보니 이게 '선비' 사(士)가 아니고 '날' 출(出)입니다. 중간에 자형이 바뀐 것입니다. 다른 사람이 사라고[買] 물건을 내어놓은 [出] 것입니다. 즉, 파는 것인데 달리 생각하면 물건을 주고 돈을 사는 것입니다.

우리말 가운데 "쌀을 사다"라고 할 때와 어딘지 비슷한 일면이 있어 보입니다. 우리 학생들은 아마도 "쌀을 사다"라고 하면 돈을 주고 쌀을 사는 것만 생각할 것입니다. 그런데 옛날 어르신들 하시는 말씀을 들어보면 '쌀을 사다'는 '쌀을 주고 돈을 산다'는 뜻으로 쓰는 경우가 종종 있습니다. 쌀을 돈으로 바꾸었다, 즉 쌀을 팔았다는 뜻입니다.

증외	부수	획수	회자	새김	발음
吉	口	6	士 口	길할	길

길(吉)을 마음대로 파자하면 선비[士]가 하는 말[口]이라고 할 수도 있겠습니다. 제대로 된 선비라면 그의 입에서 나오는 말은 좋은 내용이어야 합니다. 이것은 견강부회로 파자를 해본 것이고, 사(士)는 '남성의 생식기'를 가리킨다고 했습니다. 그런 모양의 옥을 놓고 제사를 지내며 복을 구하는 것입니다. 그래서 좋다는 뜻을 가지고 있습니다.

R034

뒤져올 치(夊) 부

갑골	금문	전문	해서
朱			夊

　여기에 나오는 '뒤져올' 치(夊)와 다음에 나오는 부수 '천천히 걸을' 쇠(夊)는 기원이 같습니다. 갑골문을 보면 아래로 향한 사람의 발 모양을 본뜬 것인데, 치(夊)는 오른발의 모양이고, 쇠(夊)는 왼발의 모양입니다. 움직임이나 이동을 나타낸다는 점에서 뜻도 비슷합니다. 단 다른 글자와 결합할 때 치(夊)는 대체로 위 즉, 머리에 오고, 쇠(夊)는 아래 즉, 발의 위치에 옵니다.

　허신은 『설문』에서 이 글자들을 두 개의 부수로 세웠고 지금까지 그 전통이 이어지고 있다고 볼 수 있습니다. 현대 중국어 자전에서는 완전히 하나의 부수로 통일했고, 일본 자전에서도 대부분 하나의 부수로 씁니다. 『설문』에서는 치(夊)를 "뒤져서 오다"로 풀이하고 있습니다.

　기초한자 가운데 '뒤져올' 치(夊) 부수에 속하는 글자는 하나도 없습니다. 부수외자만 석 자입니다.

증외	부수	획수	회자	새김	발음
冬	冫	5	夂冫	겨울	동

'겨울' **동(冬)**은 고문에서 '마칠' 종(終)의 뜻으로 썼습니다. 겨울은 사계절을 마치는 것입니다. 다른 계절에 뒤져서 오며[夂], 얼음[冫]이 어는 계절입니다. 다른 설명도 있습니다만, 이 정도로 익혀도 충분하리라 믿습니다.

증외	부수	획수	회자	새김	발음
各	口	6	夂口	각각	각

'각각' **각(各)**은 집의 입구[口]에 누군가가 온다는 것이 본뜻입니다. 가차해서 '각각'의 뜻을 나타내게 되었습니다.

고외	부수	획수	회자	새김	발음
履	尸	15	尸彳夂舟	밟을	리

'밟을' **리(履)**는 구성이 조금 복잡합니다. 사람[尸]이 신[舟]을 신고 길[彳]을 가는 것[夂]입니다. 여기선 주(舟)는 배가 아니라 중국의 평저선처럼 밑바닥이 평평한 신발을 나타냅니다. 신을 신고 가다에서 '밟다'라든지, '신고 있는 신발'을 가리키게 되었습니다. 앞서 치(夂) 자는 대체로 다른 글자의 머리에 온다고 했습니다만, '밟을' 리(履)에서는 아래에 온 것을 기억해두기 바랍니다.

R035

천천히 걸을 쇠(夊) 부

갑골	금문	전문	해서
		�3	夊

치(夂) 부에서 설명한 바와 같이 쇠(夊)는 사람의 왼발이 아래로 향한 모양을 본뜬 글자입니다. 천천히, 어슬렁어슬렁, 느릿느릿 발을 끌면서 걷는 모양입니다. 자형이 '뒤져올' 치(夂)와 흡사한데, 쇠(夊)의 마지막 획인 파임(乀)이 왼쪽 위에서 다른 획과 교차하는 점만 다릅니다.

중학	획수	회자	새김	발음
夏	10	頁臼(雙手)夊	여름	하

이 부수에 속하는 글자는 '여름' 하(夏) 딱 한 글자입니다. 상형자로 보는 것은 갑골문의 분석이고, 회의자로 보는 것은 허신의 『설문』에 나오는 견해입니다.

갑골문의 '여름' 하(夏) 자는 한 손에 도끼를 들고 있는 장대하고 위엄이 있는 무사의 모양입니다. 『설문』 자형은 '夒' 형태로 위에 두 손을 나타내는 '깍지 낄' 국(臼) 가운데에 '머리' 혈(頁)을 쓰고 아래에 '천천히 갈' 쇠(夊)를 쓰고 있습니다. 국(臼)은 자칫 '절구' 구(臼)와 혼동하기 쉬운데 아래 가로획이 한 획이 아니고 가운데가 끊어져 두 획입니다. 표에 나와 있는 회의 자소들이 모인 글자입니다.

『설문』에서 하(夒)는 "중국 사람이다"라고 설명합니다. 달리 "국(臼)과 쇠(夊)는 춤추는 사람의 손발 모양"이라는 설명도 있습니다. 현재 자형은 국(臼)과 '머리' 혈(頁) 아래의 '어진사람' 인(儿)은 없어지고 '머리' 수(百) 아래 '천천히 갈' 쇠(夊)만 쓰는 간편한 모양으로 바뀌었습니다. 百는 '머리' 수(首) 혹은 '일백' 백(百)의 이체자라고 하니 어찌 보면 '깍지 낄' 국(臼)만 빠진 셈이기도 합니다.

하나라[夏, BC 2070~1600] 사람이 중국인이라는 설명이 되겠습니다. 『단주』를 보면 여기서 중국인은 사방의 오랑캐 즉, 다른 종족들과 구별되는 주체로서의 중국인을 가리키고 있음을 알 수 있습니다. 또한 여기서 중국은 물론 오늘날 중국을 가리키는 것이 아니고 황화유역 일대를 이릅니다.

'중국인'에서 어떻게 '여름'이라는 새김이 나오는가 하는 설명을 찾아보기 어려운데, 『한자자원(漢字資源)』에서는 "하나라 사람들은 하(夏)를 자기 나라 이름으로 삼았으며 강대한 국가였다. 여름은 식물이 왕성하게 자라나는 계절이다"라고 설명합니다. 또한 "왕성한 나라처럼 식물이 왕성하게 자라나는 계절을 여름[夏]이라고 하였다"라며 부연 설명합니다.

여름에 입는 옷은 하복(夏服), 여름에 오는 비는 하우(夏雨), 여름철의 구름은 하운(夏雲)입니다. 하일가외(夏日可畏)는 '여름의 태양이 두렵다'라는 뜻으로 사람이 엄격해 두렵고 가까이하기 어려운 것을 비유적으로 이릅니다. 하충조균(夏蟲朝菌)은 여름 벌레와 아침의 곰팡이라는 뜻입니다. 여름 벌레는 겨울까지 살지 못하고 아침의 곰팡이는 저녁이면 죽는 데에서 '목숨이 아주 짧은 것'을 이릅니다. 하충불가어빙(夏蟲不可語氷)은 『장자(莊子)』에 나옵니다. 여름 벌레는 얼음에 대해 말할 수 없다는 뜻으로 뜻이 좁고 식견이 짧으며 대도를 모르는 소인을 비유하는 말입니다.

증외	부수	획수	형자	회자	새김	발음
愛	心	13	㤅	㤅 夂	사랑	애
憂	心	15	夂	㥑 夂	근심	우

'사랑' 애(愛)는 『설문』에 '㤅'로 올라 있습니다. '사랑' 애(㤅) 자 아래에 '천천히 걸을' 쇠(夊)를 쓰는 글자로 '걷는 모양'이라고 설명합니다. 주석을 보면 옛날에는 애(㤅)가 사랑의 뜻을 나타냈고, 애(愛)는 걷는 모양을 나타내는 글자였다고 합니다. 이 주석이 맞는 것이라면 그 후에 쓰임이 바뀐 것이겠습니다.

'근심' 우(憂)는 본래 성성이류의 '굼뜨고 느린 동작'을 가리키는 글자라고 합니다. 사람의 심사(心思)가 편안하지 않으면 정상적인 행동도 느리게만 느껴져 걱정되고 불안하며, 근심스럽게 여깁니다. '마음' 심(心)을 더해도 우(懮) 자인데, '느리다'라는 뜻과 '근심' 두 가지 의미를 모두 갖고 있습니다.

중외	부수	획수	회자	새김	발음
後	彳	9	彳幺夊	뒤	후
麥	麥	11	來夊	보리	맥

'뒤' 후(後)의 본뜻은 '행동이 더디다, 느리다'입니다. 자소자 '조금 걸을' 척(彳)과 '천천히 걸을' 쇠(夊)는 둘 다 걸음걸이가 느린 것으로 '행동이 더딘 것'을 나타내며 요(幺)는 '작은 것'을 나타내니 그야말로 엎친 데 덮친 격입니다. 요(幺)를 줄로 보아 다리를 묶는 줄 같은 것이 있어 행동이 더딘 것으로도 설명하기도 합니다. 행동이 더디면 뒤로 처지기 마련입니다.

맥(麥)에 대한 상세한 설명은 부수자인 '보리' 맥(麥)에서 하겠습니다. 다만, '올' 래(來)는 본래 '보리'를 가리키는 글자였습니다. 상형자로 보기도 합니다.

중외	부수	획수	회자	새김	발음
慶	心	15	心鹿夊	경사	경

'경사' 경(慶)은 상형자로 취급하기도 하는데, 자소자가 낯섭니다. '해태' 치(廌) 혹은 '사슴' 록(鹿)이 생략된 형태라고 합니다. 서울 광화문 앞 좌우에 얼핏 보면 사자 같아

보이는 동물이 있는데 이것이 바로 해태입니다. '해치'라고도 합니다. 상상 속의 신령한 동물로 사람의 말을 알아듣고 옳고 그름을 잘 가려서 죄가 있는 사람을 알아보고 들이 받는다고 합니다. 그래서 법을 해석해 판단하는 사법의 상징입니다. 중국의 해태를 보면 일각수처럼 뿔이 나 있는데, 우리 광화문의 해태를 보면 뿔이라고 하기는 그렇고 머리 위에 혹처럼 약간 솟아오른 부분이 있어 좀 달라 보입니다.

R036

저녁 석(夕) 부

갑골	금문	전문	해서
☽	☽	☽	夕

 '저녁' 석(夕)은 초승달 모양을 본뜬 것입니다. 갑골문으로 쓰인『은허복사(殷墟卜辭)』에는 '달' 월(月)과 같이 쓰이기도 했습니다.『설문』에서는 '저녁' 석(夕)을 "날이 저무는 것이다. 달이 반쯤 나온 것을 따른다"라고 설명합니다. 부수로 쓰여 밤과 관련된 뜻을 나타냅니다.

중학	획수	새김	발음
夕	3	저녁	석

신문이 저녁에 발행되어 석간(夕刊), 저녁때의 햇빛이라서 석양(夕陽)입니다.

중학	획수	형자	새김	발음
夜	8	亦	밤	야

'밤' **야(夜)**는 '또' 역(亦)과 '저녁' 석(夕)이 결합된 글자로 역(亦)은 소리를 나타냅니다.『설문』에서는 "쉬는 것이다. 천하가 쉬는 시간이다"라고 설명합니다.

야간(夜間)은 해가 진 뒤부터 먼동이 트기 전까지의 동안으로 밤입니다. 야습(夜襲)은 밤에 적을 갑자기 덮쳐 공격하는 것입니다. 야불폐호(夜不閉戶)는 밤에도 문을 닫지 않는다는 뜻으로 사회가 안정된 것을 나타냅니다. 야행피수(夜行被繡)는 수놓은 좋은 옷을 입고 밤길을 간다는 뜻으로 공명이 세상에 알려지지 않아 아무 보람도 없음을 이릅니다.

중학	획수	형자	회자	새김	발음
外	5	夕(月)	夕(月)卜	바깥	외

'바깥' **외(外)**의 설명입니다. 옛날에는 점을 아침에 쳤다고 합니다. 그래서 저녁[夕]에 점[卜]을 치는 것은 예외적인 일을 가리키게 되었습니다. 달리 '저녁' 석(夕)을 달로 보아 '달이 비추는 곳을 가리킨다'라는 설명도 있습니다. 실내는 달이 비추지 못합니다. 밖에서나 달이 비추기 마련이지요. 그래서 '바깥, 밖'이라는 뜻이 되었다고 합니다.

외대(外待)는 정성을 들이지 않고 아무렇게나 하는 대접이니 푸대접입니다. 외우내지(外愚內智)는 겉으로는 어리석어 보이지만 속은 지혜로운 것입니다. 외유내강(外柔內剛)은 겉으로는 부드럽고 순하게 보이나 속은 곧고 굳센 것이며, 외친내소(外親內疏)는 겉으로는 친한 체하면서 속으로는 멀리하는 것입니다.

중학	획수	회자	새김	발음
多	6	夕夕	많을	다

갑골문에서 '많을' **다(多)**는 고기[肉]를 두 덩이 겹쳐놓은 모양입니다. 고대에 제사를 지내면 고기를 나누었는데 두 덩어리로만 나누면 자연 다른 사람들보다 많게 된다는 데에서 '많다'는 뜻이 나왔다고 합니다.『설문』에서는 실을 뽑는 것으로 설명합니다. 실은 끊임없이 뽑아낼 수 있기 때문에 '겹친다, 많다'라는 뜻을 나타낸다는 것입니다.

수량이 많고 적어 다과(多寡), 복이 많아 다복(多福), 한이 많아 다한(多恨)입니다. 많으면 많을수록 더욱 좋아 다다익선(多多益善)입니다. 다사다난(多事多難)은 여러 가지

일도 많고 어려움이나 탈도 많은 것입니다. 다여우모(多如牛毛)는 쇠털처럼 아주 많은 것을 이릅니다. 이 성어를 그대로 쓰는 경우는 드물지만 "쇠털같이 많은 날들"로 쓰는 것을 보면 생각하고 비유하는 것이 비슷하다는 생각이 듭니다. 다재다난(多災多難)은 심각한 재난이 자주 일어나는 것입니다. 다사다난보다 일어나는 일이 더 심한 경우이겠습니다.

중외	부수	획수	회자	새김	발음
名	口	6	口夕	이름	명

'이름' 명(名)의 설명은 재미있습니다. 저녁[夕]이 되면 어두워져 길을 다닐 때 누가 누구인지 알 수가 없습니다. 그래서 이름을 외친다[口]는 것입니다. 아니면 "누구냐?" 정도의 말을 건네는 것인지 모릅니다. 군대에서 어두워서 상대의 정체를 식별하기 어려울 때, 경계 자세로 상대편의 정체나 아군끼리 약속한 암호를 확인하는 것을 수하(誰何)한다고 하는데 그것과 똑같습니다. 수하는 '누구, 무엇'의 뜻입니다.

고교	부수	획수	형자	회자	새김	발음
夢	夕	14	瞢省	瞢省夕	꿈	몽

'꿈' 몽(夢)입니다. 갑골문에서는 침대에 누운 사람의 눈에 눈곱[眵, '눈곱' 치]이 낀 모양으로 '자면서 꿈을 꾸는 것'을 나타냅니다. 형성 자소는 '어두울' 몽(瞢)입니다. 꿈을 꾸는 것은 혼미해 분명하지 않기 때문에 몽(夢)에는 그런 뜻도 들어 있습니다.

몽상(夢想)은 꿈속의 생각이나 헛된 생각을 말합니다. 몽환(夢幻)은 꿈과 환상이라는 뜻으로 허황된 생각을 이릅니다. 몽매이구(夢寐以求)는 잠자며 꿈을 꿀 때에도 구한다는 뜻으로 간절히 바라는 것입니다. 몽상부도(夢想不到)는 꿈에도 생각할 수 없는 것입니다. 몽중설몽(夢中說夢)은 꿈속에서 꿈 이야기를 한다는 뜻으로 무엇을 말하는지 종잡을 수 없음을 이릅니다.

R037

큰 대(大) 부

갑골	금문	전문	해서
夨	夨	夨	大

　'큰' 대(大)는 사지를 크게 벌린 사람의 모양입니다. 두 팔과 양다리를 편 모양을 하고 있습니다. 상형자로 '크다'는 뜻을 나타냅니다. 부수로 쓰여 크다는 뜻을 나타내기도 하지만 다른 글자 안에 들어가면 사람을 가리키는 경우가 많습니다.

중학	획수	새김	발음
大	3	큰	대

　대가(大家)는 규모가 큰 집을 나타내기도 하고, 번창하는 집안을 뜻하기도 하며, 어떤 분야에서 권위를 인정받는 사람을 일컫기도 합니다. 희망이 커서 대망(大望), 더위가 심해 대서(大暑)인데 절기로는 소서와 입추 사이로 7월 24일경이 됩니다. 대경실색(大驚

失色)은 몹시 놀라 얼굴빛이 하얗게 질리는 것입니다. 대기만성(大器晩成)은 큰 그릇을 만드는 데는 시간이 오래 걸린다는 뜻으로 크게 될 사람은 늦게 이루어짐을 이릅니다. 대공무사(大公無私)한 것은 매우 공평하고 사사로움이 없는 것입니다. 대교약졸(大巧若拙)은 매우 공교한 솜씨는 서투른 것같이 보인다는 뜻으로 진정으로 총명한 사람은 뽐내거나 과장하지 아니하므로 도리어 어리석은 것처럼 보인다는 뜻입니다. 대동소이(大同小異)는 큰 차이 없이 거의 같음을 이릅니다. 대변약눌(大辯若訥)은 말을 아주 잘하는 사람은 말더듬이처럼 보인다는 뜻으로 큰 재주는 서툰 듯하고 재능이 느껴지지 않을 정도로 자연스러움을 이릅니다. 노자(老子)의 『도덕경(道德經)』에 나오는 말입니다. 대역부도(大逆不道)는 임금이나 나라에 큰 죄를 지어 도리에 크게 어긋나 있는 것입니다. 대자대비(大慈大悲)는 넓고 커서 끝이 없는 부처와 보살의 자비로 특히 관세음보살의 마음을 말합니다. 대천세계(大千世界)는 불교 용어로 중천세계를 천 배 합한 세계입니다. 대해노침(大海撈針)은 큰 바다에서 바늘을 찾는다는 뜻으로 아주 찾기 어려워 헛수고만 하는 것을 나타냅니다. 바다에서 바늘 찾기입니다. 대한망운예(大旱望雲霓)는 『맹자』에 나옵니다. 큰 가뭄에 비 오기를 기다린다는 뜻으로 곤경을 벗어나기를 갈망하는 것입니다.

중학	획수	지표	새김	발음
夫	4	大一	지아비	부

'지아비' **부(夫)**입니다. '지아비'는 남편을 예스럽게 이르는 말이죠. 대(大)는 사람이고, 가로획[一]은 비녀를 꽂은 모양입니다. 상형·지사자로 봅니다. 옛날에는 스무 살이 되면 관례를 올리고 머리를 끌어 올려 정수리에 상투를 틀고 비녀를 꽂았습니다. 성인 남자라는 뜻입니다.

부부(夫婦)는 지아비와 지어미 즉, 남편과 아내를 아울러 이릅니다. 부인(夫人)은 남의 아내를 높여 이르는 말입니다. 결혼한 여자를 가리키는 부인(婦人)과 발음이 같습니다. 부귀처영(夫貴妻榮)은 남편의 지위가 높으면 아내 또한 영화롭다는 뜻으로 전통 사회의 남존여비 관습 하에 나올 수 있는 말이겠습니다. 부창부수(夫唱婦隨)는 남편이 주장하고 아내가 이에 잘 따르는 것을 이릅니다.

중학	획수	지표	새김	발음
天	4	大一	하늘	천

갑골문의 **천(天)**은 '큰소리칠' 화(吳) 자 모양입니다. 사람의 사지 위에 머리를 네모 모양으로 크게 그렸습니다. 머리의 가장 꼭대기 정수리를 가리킵니다. 『설문』에서는 "천(天)은 사람의 정수리이다. 지극히 높아 (그 이상) 위가 없다. 일(一)과 대(大)를 따른다"라고 설명합니다. 천(天) 역시 상형·지사로 취급합니다.

천기(天機)는 하늘의 기밀 또는 조화의 신비를 이릅니다. 천연(天然)은 사람의 힘을 가하지 않은 상태입니다. 천고마비(天高馬肥)는 하늘이 높고 말이 살찐다는 뜻으로 하늘이 맑아 높푸르게 보이고 온갖 곡식이 익는 가을철을 말합니다. 천년불수(天年不遂)는 하늘이 준 나이를 다 이루지 못했다는 뜻으로 일찍 죽는 것을 이릅니다. 천라지망(天羅地網)은 하늘에는 새 그물, 땅에는 고기 그물이라는 뜻으로 아무리 하여도 벗어나기 어려운 경계망이나 피할 수 없는 재액을 이릅니다. 천무이일(天無二日)은 하늘에는 해가 둘이 있을 수 없다는 뜻으로 한 나라에 두 임금이 있을 수 없음을 비유적으로 이르는 말입니다. 천방지축(天方地軸)은 허둥지둥 함부로 날뛰는 것이며, 천번지복(天飜地覆)은 하늘과 땅이 뒤집힌다는 뜻으로 천지(天地)에 큰 변동이 일어나 질서가 어지러움을 이릅니다. 천부지재(天覆地載)는 하늘이 덮어주고 땅이 실어준다는 뜻으로 본래는 사람에 대한 천지의 혜택을 가리키는 말이었습니다만 흔히 제왕의 은혜가 널리 미친다는 것을 나타내기도 합니다. 천양지차(天壤之差)는 하늘과 땅 사이와 같이 엄청난 차이를 말합니다. 중국어에서는 천양지별(天壤之別)을 많이 쓰는 듯합니다. 천의무봉(天衣無縫)은 천사의 옷은 꿰맨 흔적이 없다는 뜻으로 일부러 꾸민 데 없이 자연스럽고 아름다우면서 완전함을 이릅니다. 천인공노(天人共怒)는 하늘과 사람이 함께 노한다는 뜻으로 누구나 분노할 만큼 증오스럽거나 도저히 용납할 수 없는 것입니다. 천장지구(天長地久)는 하늘과 땅이 영원하다는 뜻입니다. 천재지변(天災地變)은 지진, 홍수, 태풍 따위의 자연 현상으로 인한 재앙입니다. 천주지멸(天誅地滅)은 하늘이 죽이고 땅이 멸망시킨다는 뜻으로 죄악이 너무 커서 하늘과 땅이 용납하지 않음을 이릅니다. 천진난만(天眞爛漫)은 말이나 행동에 아무런 꾸밈이 없이 그대로 나타날 만큼 순진함과 천진함이 넘치는 것입니다. 천하무쌍(天下無雙)이나 천하무적(天下無敵)은 세상에 겨룰 만한 적수가 없는 것입니다. 천하태평(天下泰平)은 정치가 잘 되어 온 세상이 평화로운 것입니다. 천향국색(天

香國色)은 천하에서 제일가는 향기와 빛깔이라는 뜻으로 '모란꽃'을 달리 이르는 말인데, 아름다운 여자를 비유적으로 이르는 말이기도 합니다. 앞서 이야기한 바 있는 국색천향(國色天香)과 같은 표현입니다.

중학	획수	형자	회자	새김	발음
太	4	大	大二	클, 콩(한)	태
失	5	乙	手有物	잃을	실

'클' 태(太)는 고문에서 '미끄러울' 태, '클' 태(夳) 자로 썼는데, 여기서 이(二)는 중복을 나타내는 것으로 봅니다. 대(大) 자가 두 개 중복되는 것이니 '크디크다' 정도로 새길 수 있겠습니다. '콩'이라는 새김은 우리말 한자어에서의 쓰임입니다.

태과(太過)는 아주 지나친 것입니다. 태극(太極)은 하늘과 땅이 분리되기 이전 세상 만물의 원시 상태를 가리킵니다. 중국 철학에서는 우주 만물의 근원이 되는 실체를 이릅니다. 아무런 근심이나 걱정이 없는 것은 태평(太平)입니다. 두태(豆太)는 콩과 팥을 아울러 이르는 말입니다. 태평성세(太平聖歲)는 어진 임금이 잘 다스리어 태평한 세상이나 시대를 말합니다.

'잃을' 실(失)은 금문에서 '손' 수(手)를 따르며, "손에서 미끄러져 떨어지는 것"을 나타냅니다. 그래서 '잃다'라는 뜻을 갖게 됩니다.

실명(失明)은 시력을 잃어 앞을 못 보게 되는 것입니다. 실수(失手)의 축자의는 손을 잘못 놀리는 것입니다. 그래서 물건 같은 것을 떨어뜨리는 것으로, 파생되어 '잘못하는 것'을 나타냅니다. 실수로 불을 내서 실화(失火)인데, 방화(放火)는 일부러 불을 지르는 것입니다.

중학	획수	형자	회자	새김	발음
奉	8	丰	禾麥廾	받들	봉

'받들' 봉(奉)의 갑골문을 보면 양손으로 벼나 보리 같은 것을 받들고 있는 모양입니

다. 조상신에게 곡식을 바치며 풍년을 기원하는 것입니다. 거기에서 '바치다, 받들다'라는 뜻이 인신되어 나왔습니다.

형성 자소는 '어여쁠, 우거질' 봉(丰)으로 '풍년' 풍(豐), '나라' 방(邦)의 자소이기도 합니다. 회의 자소자인 '받들' 공(廾)은 다른 글자와 결합할 때, 양손이나 양손으로 하는 행동을 나타냅니다. 봉(丰)은 자형이 '풀 어지럽게 날' 개(丯)와 비슷한데, 현재는 개(丯)를 대부분 봉(丰)의 형태로 쓰고 있습니다. '맺을' 계(契)에도 유사한 자소가 보이는데, 이것은 개(丯)로 보는 것이 타당하겠습니다. 『설문』에서 '잘게 썰' 갈(㓞)은 독립된 하나의 부수자이고, 개(丯)가 소리를 나타내는 형성자로 취급하고 있습니다.

봉견(奉見)은 받들어 본다는 뜻이고, 봉공(奉公)은 나라나 사회를 위하여 힘써 일하는 것입니다. 봉사(奉仕)는 남을 위해 힘을 바쳐 애쓰는 것입니다. 봉솔(奉率)은 위로 부모님을 모시고 아래로 처자식을 거느리는 것입니다. 봉공수법(奉公守法)은 사적인 것을 배제하여 공무를 처리하고 법을 지키는 것을 말합니다. 봉행고사(奉行故事)는 선례나 옛날의 제도에 따라 일을 처리하는 것을 말합니다.

증외	부수	획수	지표	새김	발음
亦	亠	6	大(人) 兩點(腋)	또	역

'또' 역(亦)은 사람[大]의 양옆에 점을 찍어 겨드랑이를 나타낸 글자였습니다. 그런데 나중에 이 글자를 가차해 '또한'의 뜻으로 전용하게 되자 겨드랑이는 액(掖, 腋) 자를 따로 만들어 쓰게 됩니다.

증외	부수	획수	형자	회자	새김	발음
泰	水	10	大	大 廾 水	클	태
達	辵	13	奎	大 辵	통달할	달

'클' 태(泰)의 윗부분 夳은 독립되어 쓰이는 글자는 아닙니다만, 인터넷 자전 사이트 〈www.guoxuedashi.com〉에서는 봉(奉)의 고자(古字)인 '夁'과 같은 글자라는 설명이 있습니다. 자형상 '사람' 인(人)과 '손' 수(手)가 결합된 모양으로 풀이하기도 합니다.

이렇게 보면 태(泰)는 사람[人]이 손[手]으로 자기 몸에 물[氺]을 끼얹으며 씻는 것입니다. 전쟁에서 돌아온 개선 병사들에게 물을 끼얹어 먼지를 씻어주는 것이라는 설명도 있습니다. 여기에서 전쟁이 끝나고 생활이 안정된다는 뜻을 가리키게 되었다고 합니다. '나라가 태평하고 백성이 편안한 것'을 가리키는 국태민안(國泰民安)에 딱 들어맞는 설명입니다.

'통달할' **달(達)**을 『설문』에서는 길이 어긋나는 것이며, '새끼 양' 달(夲)이 소리를 나타내는 성부(聲符)라고 합니다. 본뜻은 행동이 가볍고 민첩하며, 막힘이 없는 것으로 봅니다.

중외	부수	획수	회자	새김	발음
去	厶	5	大口	갈	거
立	立	5	大一	설	립

'갈' **거(去)**는 사람[大]이 움집 입구[口]에서 나와 떠나는 모양을 나타냅니다.

'설' **립(立)**은 '큰' 대(大) 아래 '한' 일(一)로 대(大)는 양팔을 벌린 사람의 정면 모양이고, 일(一)은 땅입니다. 사람이 땅 위에 서서 움직이지 않는 것입니다. 지사자로도 보는데, 더 자세한 설명은 부수자 해설을 참고하기 바랍니다.

중외	부수	획수	회자	새김	발음
因	囗	6	囗大	인할	인
赤	赤	7	大火	붉을	적

'인할' **인(因)**은 '자리' 인(茵)의 본자라고 설명을 드린 바 있습니다. 고운 무늬를 짠 방석입니다. 상형자입니다. 방석은 기대거나 깔고 앉으니 '의지하다, 인하다'라는 뜻으로도 쓰이게 되는데, 그러자 방석을 나타내는 글자는 위에 초두[艹]를 덧붙여 '자리' 인(茵)을 쓰게 되었습니다.

'붉을' 적(赤)은 '큰 불[大火]'이니 뜻을 미루어 짐작하기가 어렵지 않습니다.

중외	부수	획수	회자	새김	발음
美	羊	9	羊大	아름다울	미
乘	丿	10	大舛木	탈	승

'아름다울' 미(美)의 갑골문은 양의 머리장식이 아름다운 것을 가리켰습니다만(상형자), 편방이 바뀌며 지금은 큰 양[羊大]이 되었습니다. 큰 양이 맛이 좋은 것[美]을 나타냅니다. 우리는 맛에 미(美)를 쓰지 않지만, 한문에서는 맛이 좋은 것을 미(美)로도 나타냅니다.

'탈' 승(乘)은 사람[大]이 두 발을 벌려서[舛] 나무[木]에 올라가는 것을 나타냅니다. 자소자는 '어그러질' 천(舛)입니다. '올라간다, 탄다'라는 뜻을 나타냅니다.

고교	획수	형자	회자	새김	발음
奇	8	可	大可	기이할	기

'기이할' 기(奇)의 자소로 '옳을' 가(可)가 쓰였는데 이것은 '기막힐' 고(丂)의 뜻으로 풀어 '손이나 발에 병이 있음'을 나타냅니다. 즉, 사람[大]이 발에 장애가 있어 몽둥이 같은 것을 짚고 한 발로 선 모양입니다. 거기에서 '하나의'라든지, 다른 사람과 다르다는 데에서 '기이(奇異)하다'라는 뜻이 파생되어 나옵니다.

기괴(奇怪)한 것은 외관이나 분위기가 괴상하고 기이한 것입니다. 기모(奇謀)는 기묘한 꾀이고, 기묘(奇妙)한 것은 생김새 따위가 이상하고 묘한 것입니다. 기담괴론(奇談怪論)은 기이하고 사리에 맞지 않은 말입니다. 기상천외(奇想天外)는 착상이나 생각 따위가 쉽게 짐작할 수 없을 정도로 기발하고 엉뚱한 것을 이릅니다. 기형괴상(奇形怪狀)은 기이하고 괴상한 형상입니다. 기화이초(奇花異草)는 진귀한 꽃과 풀을 이릅니다.

고교	획수	형자	회자	새김	발음
契	9	大	㓞大	맺을/근고할/부족 이름/사람 이름	계/결/글/설

'맺을' **계(契)**의 자소자는 '잘게 썰' 갈(㓞)입니다. 『설문』에서는 독립된 부수자입니다. 다음자이니 다른 새김과 발음도 익혀야 합니다.

계약(契約)은 어떤 내용을 지키겠다는 약속입니다. 금전의 경우 어음 등을 발행하는데, 내용을 쓴 뒤 가운데를 자르면 자른 부분이 톱니 모양으로 들쑥날쑥하게 됩니다. 그 한쪽을 '암쪽'이라고 해 채무자가 갖고, 반대편은 '수쪽'이라고 해 채권자가 가지고 있다가 변제할 때 맞춰보며 틀림없음을 확인합니다. 계기(契機)는 어떤 일이 일어나거나 변화하도록 만드는 결정적인 원인이나 기회를 말합니다. 계약금란(契若金蘭)은 친구 간에 의기투합함을 이릅니다. 금란(金蘭)은 쇠보다 견고하고 난초보다 향기롭다는 뜻으로 두터운 우정을 비유적으로 이르는 말입니다.

고교	획수	형자	회자	새김	발음
奚	10	㣚	爪幺大	어찌	해
奬	15	將	將大(犬)	장려할	장

'어찌' **해(奚)**는 손[爪]에 줄[幺]을 쥐고 죄인[大]을 묶는 것을 나타내는 글자입니다. 그래서 종을 뜻하는 노복이 원뜻입니다만, 가차해 주로 '무엇, 어떤 것'을 뜻하는 대명사나 의문사, 그리고 '어찌'라는 뜻의 부사로 많이 쓰이고 있습니다. 그러자 '묶다'라는 본뜻은 다시 인(人)을 더해 '묶을' 혜(傒)로 쓰게 됩니다.

형성 자소로 나와 있는 것은 '맬' 계(㣚)로 '이을' 계(系)의 주문입니다. 사람[大]을 매는 것[㣚]이니 설명은 같습니다. 『설문』에서는 해(奚)를 '큰 배' 또는 '배가 불룩하다'로 풀이하고 있습니다.

해가(奚暇)는 '어느 겨를'이라는 뜻이고, 해특(奚特)은 '어찌 특별히, 어찌 유독'이라는 뜻입니다.

'장려할' **장(奬)**의 아래에는 본래 '개' 견(犬)을 썼습니다. 사람이 말을 하면서 개[犬]

에게 어떤 행동을 하도록 장려하는 것, 즉 시키는 것입니다. 그런데 '개' 견(犬) 자가 잘못되어 '큰' 대(大)로 바뀌었습니다. 실제 『강희자전』을 찾아보면 '개' 견(犬)을 아래에 쓴 장(獎)이 같은 글자라고 나와 있습니다. 기초한자에 표준자형으로 올라 있는 것은 아래에 '큰' 대(大)로 되어 있고 자전에도 그렇게 올라 있습니다.

파자를 해보면 기억에 도움이 되지 않을까 합니다. 개[犬]에게 뭔가를 시키려면 더러 고기[月, 肉] 조각[爿]이라도 건네줘야[寸] 합니다. 쓰는 순서대로 정리해보면, 더러 조각 고기라도 건네줘야 개가 말을 듣습니다. 견강부회 파자인 점을 기억하십시오.

장려(獎勵)는 좋은 일에 힘쓰도록 북돋아주는 것이며, 장학(獎學)은 공부나 학문을 장려하는 것입니다.

고교	획수	회자	새김	발음
央	5	大(人)枷	가운데	앙
夷	6	大弓	오랑캐	이

'가운데' 앙(央)은 사람[大]의 목에 칼[冂]을 씌운 형상입니다. 여기서 칼은 뭔가를 자르는 데 쓰는 도구[knife]가 아니라 죄인의 목에 씌우던 형벌 기구인 '칼' 가(枷)입니다. 재앙이 본뜻으로 '재앙' 앙(殃)의 본자이기도 합니다. 상형자로 보는 경우입니다. 『설문』에서는 사람[人]이 경(冂) 자 가운데 들어 있기 때문에 가운데를 뜻한다고 합니다.

동이(東夷)라면 물론 중국을 중심으로 동쪽에 사는 오랑캐라는 뜻입니다. 주변 다른 나라 사람들을 낮잡아 부르던 호칭입니다. 어찌됐든 옛날 중국을 중심으로 보면 만주족이나 우리, 일본 등은 동이에 속합니다. '오랑캐' 이(夷) 자를 큰[大] 활[弓]로 새겨 큰 활을 들고 다니는 사람들 아니면 활을 잘 쏘는 사람들로 새기기도 했습니다. 『설문』에서는 이(夷)를 "평정한다는 뜻이다. 대(大)와 궁(弓)을 따르며 동방 사람들이다"라고 풀이합니다. 주석을 좀 더 살펴보면 "활을 쥐고 이민족을 평정하는 것이다"라고 되어 있습니다. 우리의 선조들이 활을 잘 쏜 것은 맞는 모양입니다. 달리 갑골문을 분석한 학자는 사람이 몸을 웅크리고 앉은 모양이라고도 합니다. 예를 들어 중국의 동쪽 산동 사람들은 쭈그리고 앉는 것을 좋아한다고 합니다. 그래서 동쪽에 사는 사람을 가리키게 되었다고도 합니다. 상형자로 분류하는 경우입니다. 평탄하다는 뜻도 있습니다. 이험(夷險)

은 평탄함과 험한 것입니다.

고교	획수	회자	새김	발음
奈	8	大示	어찌	내

　갑골문의 '어찌' 내(奈)는 왼편의 '나무' 목(木) 아래 '보일' 시(示)가 있고 오른편에는 손을 나타내는 우(又) 자가 있습니다. 손을 나타내는 오른편의 '또' 우(又)를 빼면 '능금' 내(柰)인데 『설문』에서 '과일'이라고 설명하며, '어찌'의 뜻으로 쓰이는 것은 가차해 쓰는 것이라고 합니다. 고문 분석에서는 "손에 섶을 들고 제단 앞에 불사르며 하늘에 제사를 드리는 것"으로 봅니다. 지금도 제사를 지낼 때에 향을 피우는데 그것은 이런 고대의 유풍이라고 합니다.

　내하(奈何)는 '어떠함'의 뜻을 나타냅니다. 전혀 다른 이야기인데, 불교의 신 가운데 향(香)만 먹고 산다는 건달바(乾達婆)가 있습니다. 고대 인도어인 산스크리트어 간다르바(Gandharva)의 음역입니다. 우리말 건달의 기원이라고도 하죠. 향만 먹고 산다는 데에서 하는 일 없이 빈둥빈둥 놀거나 게으름을 피우는 것으로 생각했기 때문이 아닐까 합니다.

고교	획수	회자	새김	발음
奔	8	大卉	달릴	분

　금문에서 '달릴' 분(奔)의 위쪽 '큰' 대(大)는 사람이 팔을 크게 휘두르며 달리는 모양입니다. 그 아래에 '멈출' 지(止)를 세 개 써서 발을 나타냈습니다. 그런데 나중에 '풀' 훼(卉)로 바뀌었습니다. 쉽게 풀밭 위에서 팔을 휘두르며 질주하는 것으로 기억하면 될 듯합니다. 자소자는 '풀' 훼(卉)입니다.

　물줄기가 세차게 흐르는 것은 분류(奔流)이고, 매우 바쁜 것은 분망(奔忙), 몹시 바쁘게 뛰어다니는 것은 분주(奔走)한 것입니다. 분주여시(奔走如市)는 분주하게 뛰어다니는 사람들의 모습이 장에 가는 것과 같다는 뜻으로 어떤 목적을 위해 뛰는 사람이 많음을 나타냅니다.

고교	획수	회자	새김	발음
奏	9	夲 收 屮	아뢸	주

앞에서 夵를 '사람' 인(人)과 '손' 수(手)가 결합된 형태라는 설명을 한 바 있습니다. '아뢸' 주(奏)의 머리 부분이기도 한데요, 여기서도 마찬가지입니다. 두 손에 벼나 보리를 들고 조상신들이 맛볼 수 있도록 제물을 바치며 풍년이 되기를 비는 것입니다. 당연히 아뢰는 것입니다. 회의 자소 세 개가 나와 있는 것은 허신의 『설문』에 따른 경우입니다. "나아가서[夲, '나아갈' 도] 두 손[收]으로 바친다[屮]"라고 풀이합니다. '거둘' 수(收)는 다른 글자의 자소로 쓰일 때 종종 두 손을 나타냅니다. '풀, 싹틀' 철(屮)은 초목이 처음 나오는 것 즉, 싹트는 것을 나타냅니다. 독립된 하나의 부수자로 '풀철 · 왼손좌부'라고 하는데, '왼손' 좌(屮)는 삐침으로 쓰는 점이 다릅니다.

주(奏)는 풍류를 나타내기도 해 주악(奏樂)은 음악을 연주하는 것이고, 관악기를 부는 것은 취주(吹奏), 노래나 기악 연주를 도와주는 것은 반주(伴奏)입니다. 주공(奏功)은 뜻을 짐작해보기가 어렵지만 공들인 보람이 나타나는 것인데, 주(奏)의 의미가 효력이 나타난다는 뜻의 주효(奏效)하다에서와 같습니다. 임금에게 아뢰는 것을 주상(奏上)이라고 하는데 이것은 본뜻으로 쓰인 경우입니다.

고교	획수	회자	새김	발음
奪	14	奞 又(寸)	빼앗을	탈

'빼앗을' 탈(奪)은 잡힌 새[隹]가 날개를 크게[大] 펴고 사람의 수중[寸]에서 날아가고 싶은 것, 즉 벗어나고 싶은 것이라고 합니다. 『설문』에서는 자소를 '날갯짓할' 순(奞)과 손[寸]의 두 자소로 보고 있는데 풀이는 역시 마찬가지입니다. 인신하여 '탈락하다'라는 뜻을 갖고, 가차해 '빼앗다'라는 뜻을 나타냅니다.

탈기(奪氣)는 놀라거나 겁에 질려 기운이 다 빠지는 것이고, 탈략(奪掠)은 약탈(掠奪)과 마찬가지로 폭력을 써서 남의 것을 억지로 빼앗는 것입니다. 탈취(奪取)가 바로 그런 뜻입니다. 쟁탈(爭奪)은 서로 다투어 빼앗는 것이니 빼앗는 자와 빼앗기는 자 사이에 난투극이 벌어지는 상황입니다. 빼앗아 자기 것으로 하는 것은 탈취(奪取), 노략질해 빼앗는 것은 약탈(掠奪), 싸우며 빼앗는 것은 쟁탈(爭奪)로 뜻을 구분해볼 수 있습니다. 탈태(奪胎)는 뼈대를 바꾸어 끼고 태를 바꾸어 쓴다는 뜻으로 고인의 시문의 형식을 바꾸어서 그 짜임새와 수법이 먼저 것보다 잘 되게 함을 이르는 말인데, 사람이 보다 나은 방향으로 변하여 전혀 딴사람처럼 되는 것을 이르기도 합니다.

고교	획수	회자	새김	발음
奮	16	奞田	떨칠	분

'떨칠' **분(奮)**의 풀이도 마찬가지입니다. 새가 밭[田]에서 날개를 펴고 날아오르는 것[奞]을 나타냅니다.

마음과 힘을 다해 떨쳐 일어나는 것은 분발(奮發)이고, 있는 힘을 다해 싸우거나 노력하는 것은 분투(奮鬪)입니다. 분메이기(奮袂而起)는 소매를 떨치고 일어난다는 뜻으로, 아주 화가 나거나 감정이 격앙된 것을 나타냅니다.

고외	부수	획수	형자	회자	새김	발음
衡	行	16	行	行角大	저울대/가로	형/횡

소는 무언가를 잘 들이받는 습성을 가지고 있습니다. 그래서인지 '소가 뿔로 물건을 닥치는 대로 들이받는 짓'을 가리키는 '뜸베질'이라는 말도 있습니다. '저울대' **형(衡)**은 바로 뜸베질로 사람[大]을 받지 못하도록 소의 뿔[角]에 가로 대는 막대가 원뜻입니다. 가로 대기 때문에 '가로' 횡으로도 새깁니다. '무게를 달다, 재다'라는 뜻도 나타냅니다.

형도(衡度)는 저울과 자를 아울러 이르는 말입니다. 형평(衡平)은 균형이 맞는 것입니다. 대저울은 저울대가 평형을 이룰 때 물건의 무게를 나타내 줍니다. 그렇게 균형(均衡)을 이루는 것이 형평입니다.

고외	부수	획수	회자	새김	발음
尖	小	6	小大	뾰족할	첨

'뾰족할' **첨(尖)** 자는 글자를 보는 순간 뜻이 전해집니다. 큰[大] 데에서부터 점점 작아지기[小] 때문입니다. 뭉툭한 데에서 점점 뾰족해지는 것입니다.

R038

계집 녀(女) 부

갑골	금문	전문	해서
𡙇	𡚸	𡜺	女

갑골문에서 '계집' **녀(女)**는 손을 얌전히 포개고 꿇어앉아 있는 여인의 모습입니다. '계집'이 여자나 아내를 낮잡아 이르는 말이니 쓰지 않는 것이 좋겠습니다만, 관습적인 새김을 따른 것이니 이해해주길 바랍니다. 부수로 쓰여 친족 관계, 지위, 혼인, 용모, 덕행 등 여성과 관련된 각종 뜻을 나타냅니다.

중학	획수	새김	발음
女	3	계집	녀

여식(女息)은 여자로 태어난 자식을 말합니다. 여필종부(女必從夫)는 아내는 반드시 남편을 따라야 한다는 말입니다. 삼종지덕(三從之德) 또는 삼종지도(三從之道)라고 하

는데 『예기』에 나오는 말로 여자는 어려서는 부모를 따르고, 결혼해서는 남편을 따르며, 남편이 죽은 후에는 자식을 따라야 한다는 말입니다. 물론 전통 사회의 윤리입니다. 여직남경(女織男耕)은 여자는 길쌈을 하고 남자는 밭을 간다는 뜻으로 부지런히 일을 하는 것을 나타내기도 하고 소박한 전원생활을 뜻하기도 합니다. 남경여직(男耕女織)으로 쓰기도 합니다.

중학	획수	형자	새김	발음
如	6	女	같을	여

'같을' **여(如)**입니다. 이 글자는 다른 사람이 시키는 말[口]을 따르는 것 즉, 순종을 뜻한다고 설명합니다. 필자는 다른 설명을 해보고 싶습니다. 영어권에서 나온 연구를 보면 여성들은 남성들보다 언어를 더 정확히 사용하고 표준어를 더 많이 쓴다고 합니다. 남자보다는 여자들이 표현력이나 묘사력이 더 좋다는 이야기입니다. 따라서 여자[女]의 입[口]을 통해 나오는 말은 사실에 더 가깝거나 같은 것이 아닐까 하는 생각을 해보게 됩니다.

여하(如何)는 그 형편이나 정도가 어떠한가의 뜻을 나타내는 말입니다. 여반장(如反掌)은 손바닥을 뒤집는 것 같다는 뜻으로 일이 매우 쉬움을 이릅니다. 여리박빙(如履薄氷)은 살얼음을 밟는 것과 같다는 뜻으로 아슬아슬하고 위험한 일을 비유적으로 이르는 말입니다. 깊은 못에 임한 것 같다는 뜻으로 아슬아슬하고 위험한 일이나 상황을 말하는 여림심연(如臨深淵)과 비슷한 뜻입니다. 여몽초성(如夢初醒)은 꿈에서 막 깨어난 것 같다는 뜻으로 잘못을 깨닫고 사물의 진상을 알게 되는 것을 이릅니다. 여비사지(如臂使指)는 팔이 손가락을 부리는 듯하다는 뜻으로 견제를 받지 않고 마음대로 지휘하는 것을 이릅니다. 여어득수(如魚得水)는 물고기가 물을 얻음과 같다는 뜻으로 본래의 영역으로 다시 돌아와 크게 활약할 수 있게 됨을 이릅니다. 여영수형(如影隨形)은 그림자가 물체를 따르는 것과 같다는 뜻으로 관계가 아주 밀접해 서로 따르며 떨어지지 않는 것입니다. 여일중천(如日中天)은 해가 하늘 한가운데에 뜬 것과 같다는 뜻으로 사물이 가장 왕성한 단계에 이른 것을 가리킵니다. 여출일구(如出一口)는 한 입에서 나오는 것처럼 여러 사람의 말이 같음을 말합니다. 여출일철(如出一轍)은 하나의 수레에서 나오는 바퀴 자국과 같다는 뜻으로 아주 비슷하거나 완전히 같은 것입니다. 여풍과이(如風

過耳)는 바람이 귀를 스쳐 지나가는 듯 여긴다는 뜻으로 남의 말을 귀담아듣지 않는 태도를 이릅니다.

중학	획수	형자	새김	발음
妹	8	未	누이	매
姉	8	帚	손윗누이	자

'계집' 녀(女)에 '아닐' 미(未)를 붙이면 **매(妹)**로 '손아랫누이' 즉, 누이동생을 가리킵니다.

매가(妹家)는 시집간 누이가 사는 집을 말합니다. 『표준』에서 매부(妹夫)는 "손위나 손아래 누이의 남편을 이르거나 부르는 말"이고, 매형(妹兄)과 자형(姉兄)은 "손윗누이의 남편을 이르거나 부르는 말"이라고 설명합니다. 누이동생의 남편을 이르거나 부르는 말은 매제(妹弟)입니다. 매씨(妹氏)나 영매(令妹)는 남의 누이동생을 높여 이르는 말이고, 자씨(姉氏)나 영자(令姉)는 남의 손윗누이를 높여 이르는 말입니다.

'손윗누이' **자(姉)**의 오른쪽에 쓰인 자소자는 '저자' 시(市)입니다만, '그칠' 지(帚)로도 씁니다. 지(帚)의 뜻은 무성히 자라는 초목[朮, '우거질' 발, 패]의 위를 덮어[一] 자라지 못하게 하는 것입니다. 여기서는 소리를 나타냅니다.

자매(姉妹)는 언니와 여동생입니다.

중학	획수	형자	회자	새김	발음
妙	7	少	女少	묘할	묘
姓	8	生	女生	성	성

'묘할' **묘(妙)**는 글자 그대로 나이가 적은[少] 그래서 작은 여자[女] 즉, 소녀입니다. 어린 여자아이들을 보면 잘생기고 못생기고, 예쁘고 예쁘지 않고를 떠나 묘하고 귀엽다는 느낌이 듭니다.

묘기(妙技)는 교묘한 기술과 재주입니다. 여성이 묘하게 보이는 것은 스물 안팎일 때

일까요? 묘령(妙齡)은 여자의 나이 스물 안팎을 말합니다.

 '성' 성(姓)은 모계 사회의 전통이 반영된 글자로 설명합니다. 모계 사회에서 태어난 자식은 어머니의 성을 따랐기 때문에 성을 나타내게 되었습니다. 비슷한 말로 '성' 씨(氏)가 있습니다. 성은 한 족속에 붙은 것으로 어머니의 성을 따르는 것입니다. 태어나자마자 받게 되며 바꿀 수 없습니다. 여기에 비해 씨(氏)는 성에서 갈려 나온 분파로 자기 스스로 새로 세울 수도 있고, 바꿀 수도 있었습니다. 그런데 시간이 가면서 이 두 가지의 구별이 점차 없어지고 하나로 되었습니다. 그래서 "태어나자마자 주는 것은 성이고, 땅을 주며 붙이는 것은 씨이다"라는 말이 생겨났습니다.

중학	획수	형자	회자	새김	발음
始	8	台	女台	비로소	시

 '비로소' 시(始)는 여자가 아이를 갖는 것[胎]입니다. 아이는 장차 크게 되니 비로소 한 생명이 시작(始作)됩니다.

 자소자는 '별' 태(台)입니다. 태(台)는 다음자입니다. 기초한자에 속하지는 않습니다만 기왕에 나왔으니 '나, 이'로도 새긴다는 것 기억해두기 바랍니다. 『설문』에서는 '기쁘다'라고 풀고 있습니다. 고문 분석에서는 사(厶)는 머리를 거꾸로 하고 있는 태아를 가리키는 것이며, 아래의 위(口)는 아이를 둘러싸고 있는 태반으로 두 개가 합쳐져 '아이를 갖다'라는 뜻이라고 합니다. 이 글자는 나중에 '아이 밸' 태(胎)로 완전히 분화됩니다. 아이를 갖는 것은 기쁜 일이기 때문에 '기쁘다'는 뜻이 있고 가차해 '나'라는 일인칭 대명사로도 쓰이게 되었습니다. '비로소' 시(始), '다스릴' 치(治), '게으를' 태(怠), '위태할' 태(殆)에서 자소자로 쓰이고 있습니다.

 처음과 끝을 아우르는 말로 시말(始末)과 시종(始終)이 있습니다. 시말은 일의 전개에 비중이 놓여 있고, 시종은 시간의 경과에 비중이 놓인 것으로 보입니다. 그래서 처음부터 끝까지 자초지종을 적은 문서는 시말서(始末書)입니다. 시발(始發)은 차 따위가 맨 처음 떠나는 것입니다. 시초(始初)는 어떤 일의 첫 단계라는 의미의 맨 처음입니다. 태초(太初)도 처음이긴 합니다만, 하늘과 땅이 생겨난 처음을 가리킵니다. 시료불급(始料不及)은 처음에 생각이 미치지 못한 것입니다. 뭔가 계획을 세울 때 종종 느끼는 일입니다. 처음에는 생각지도 못했던 일이 나중에는 필요하거나 꼭 있어야 할 것으로 판명됩니다. 그러면 본래의 계획을 수정하거나 아니면 처음부터 다시 시작해야 합니다. 생각이 짧아서 그런 경우도 있고, 아니면 나중에 더 좋은 방법이 떠오르기 때문이기도 합니다. 시종불투(始終不渝)는 처음부터 끝까지 바꾸지 않는 것, 변경하지 않는 것을 말합니다. 시종여일(始終如一)은 처음부터 끝까지 변함없이 한결같은 것이고, 시종일관(始終一貫)도 비슷한 뜻으로 일 따위를 처음부터 끝까지 한결같이 하는 것을 이릅니다.

중학	획수	형자	회자	새김	발음
婚	11	昏	女昏	혼인할	혼

'계집' 녀(女)에 '어두울' 혼(昏)을 붙이면 '혼인할' **혼(婚)**입니다. '어두울' 혼(昏)을 붙이는 것은 고대에 결혼은 황혼 무렵에 했기 때문이라고 합니다. 달리, 고대에 신부 측의 아버지는 혼(婚)이라 하고 신랑 측의 아버지는 인(姻)이라고 했다니 양가가 새로운 관계를 맺는 것을 혼인(婚姻)이라 이해해도 되겠습니다.

혼인하기에 알맞은 나이라서 혼기(婚期), 혼인에 대해 오가는 말이라서 혼담(婚談), 남녀가 부부가 되는 일은 혼인(婚姻)입니다.

중학	획수	회자	새김	발음
好	6	女子	좋을	호

필자가 어렸을 때의 기억입니다. 어른들께서 **호(好)**는 "여자[女, 어머니]가 아들[子]을 안고 있어 '좋다'라는 뜻"이라고 말씀을 하시곤 했습니다. 책을 찾아보면 혹 우리식의 파자가 아니었을까 생각됩니다. '좋을' 호(好)는 '여자의 얼굴 모양이 좋다, 곱다, 아름답다'라는 뜻입니다.

좋게 여기는 감정은 호감(好感), 성품이 좋은 사람이라서 호인(好人)입니다. 호기심(好奇心)은 새롭고 신기한 것을 좋아하거나 모르는 것을 알고 싶어 하는 마음입니다. 호사다마(好事多魔)는 좋은 일에는 흔히 방해되는 일이 많음을 나타냅니다.

중학	획수	회자	새김	발음
妻	8	屮又女	아내	처

'아내' 처(妻)입니다. 『설문』에서는 "부인으로 남편과 하나가 되는 사람이다. '계집' 녀(女)를 따르며 '싹틀' 철(屮)을 따르고 '또' 우(又)를 따른다. 우(又, 손을 뜻함)는 일을 주관하는 것으로 아내[妻]의 직분이다"라고 설명합니다. 달리, 갑골문 분석에서는 "처(妻) 자는 여자가 손으로 머리를 다듬어 올리는 모양으로 결혼해 아내[妻]가 된다"라는 뜻이라고 합니다. '머리를 다듬어 올리는 것'을 한자로 상두(上頭)라고 하는데, 우리말에서 '머리를 올리다, 머리를 얹다'가 결혼을 상징하는 것과 같은 발상이 아닌가 합니다. 상두는 우리말 상투의 원말로 되어 있습니다. 하지만 상투는 남자의 머리 모양만 가리킵니다. "상투 틀고 쪽 짓다"라는 말이 있는데, 이것은 남자가 머리를 끌어올려 정수리 위에서 감아 매고, 여자가 머리를 뒤통수에 땋아 올리고 비녀를 꽂은 것을 가리킵니다.

처당(妻黨)은 아내의 친족 즉, 처족(妻族)을 말합니다.

중학	획수	회자	새김	발음
威	9	戌女	위엄	위

'위엄' 위(威)는 여자[女]가 도끼와 같은 모양의 무기[戌]를 들고 있는 모양으로 권위를 지닌 여인을 나타냅니다. 즉, 남편의 어머니 바로 시어머니입니다. 전통 사회에서 특히 며느리에게 시어머니는 그야말로 생사여탈권을 가진 '권위의 상징'이었을 겁니다. 거기에서 '역량이나 권세가 강하다, 두려워하다' 등의 뜻을 나타내게 되었습니다.

위력(威力)은 상대를 압도할 만큼 강력하거나 또는 그럼 힘을 나타냅니다. 위신(威信)은 위엄과 신망을 아울러 이르는 말이며, 위엄(威嚴)은 존경할 만한 위세가 있어 점잖고 엄숙한 것입니다. 위협(威脅)은 힘으로 으르고 협박하는 것입니다. 위의당당(威儀堂堂)은 위엄 있고 엄숙한 태도가 훌륭하다는 뜻입니다. 풍채나 기세가 위엄 있고 떳떳한 것은 위풍당당(威風堂堂)한 것입니다.

중학	획수	회자	새김	발음
婦	11	女帚	며느리, 지어미	부

'며느리' 부(婦)는 빗자루[帚]를 들고 쓸며, 집안일을 보는 여자[女]입니다. 아내의 역할을 가사노동으로 아예 국한해버린 듯한 글자입니다.

자소자인 '비' 추(帚)가 들어간 글자로는 비[帚]를 들고[手] '쓸' 소(掃), 비질하듯 야금야금 먹어 들어가는 '침노할' 침(侵), 키질과 비질을 할 여자가 오는 '돌아갈' 귀(歸)가 있습니다. 귀(歸)는 여자가 시집을 온다는 것이 본뜻입니다.

부덕(婦德)은 부녀자의 아름다운 덕행이고, 부도(婦道)는 여자가 마땅히 지켜야 할 도리입니다. 두 단어 모두 남존여비 사상이 지배했던 전통 사회의 가치관이 반영된 말입니다. 부고발계(婦姑勃谿)는 며느리와 시어머니가 다투는 것을 나타내는데, 일상의 아주 사소한 일로 다투는 것을 말합니다. 부인지인(婦人之仁)은 여자가 지니는 좁은 소견의 인정이라는 뜻인데, 남자도 소견이 좁은 사람이 한둘이 아닙니다. 성차별적인 어휘입니다.

중외	부수	획수	형자	새김	발음
汝	水	6	女	너	여

'너' 여(汝)는 본래 물 이름입니다. 가차해 이인칭 대명사로 씁니다.

중외	부수	획수	회자	새김	발음
安	宀	6	宀女	편안	안
要	襾	9	襾女	요긴할	요

'편안' 안(安)은 여자[女]가 방[宀] 안에 앉아 있는 모습을 그려, 고요하고 편안함을 나타냅니다. 아무런 탈 없이 평안한 모습입니다.

'요긴할' 요(要)가 지금은 '덮을' 아(襾)를 쓰고 있습니다만, 원자는 위가 '절구' 구

(臼)였습니다. 여기서 구(臼)는 양손을 가리킵니다. 여자가 양팔을 펴 양손을 허리에 대고 있는 모습에서 허리를 뜻하게 됐습니다. '구하거나 바라다'라는 뜻은 인신되어 나온 것입니다. 우리말에 '양팔을 펴고 양손을 허리에 대고 있는 모습'을 뜻하는 단어가 있는지는 확신하지 못하겠습니다만, 영어에는 웬일인지 바로 이런 자세를 가리키는 단어가 있습니다. 'Akimbo'입니다.

고교	획수	형자	새김	발음
妨	7	方	방해할	방

'방해할' **방(妨)**은 해를 끼치거나 다치게 하는 것입니다. '막다, 중지하다'의 뜻도 나타냅니다.

방해(妨害)는 남의 일을 간섭하고 막아 해를 끼치는 것입니다. 헤살을 놓는 것입니다. 극화되어 더 크게 보이는 면도 있겠지만, 사극을 보면 구중심처(九重深處)에서도 비빈(妃嬪) 사이에 각종 암투가 펼쳐지고 이게 현실 정치에 영향을 미칩니다. 중국이나 우리나라나 워낙 남성 중심의 전통이 강해서, 어떤 일을 하는데 장애가 되거나 해를 끼치는 사람이 여자(女子)라고 생각해 나온 글자가 아닐까 합니다. 거꾸로 여성의 입장에서 보면 남자가 방해가 될 수도 있어 혹시 '남(男)'에 방(方)'을 더한 글자는 없을까 확인해보았는데 아직까지 그런 글자는 없는 듯합니다.

고교	획수	형자	새김	발음
姿	9	次	모양, 맵시	자
姪	9	至	조카	질

'모양' **자(姿)**는 맵시를 나타냅니다.

자색(姿色)은 여자의 고운 얼굴이나 모습을 말합니다. 자세(姿勢)는 몸을 움직이거나 가누는 모양이며, 자태(姿態)는 주로 여성의 고운 맵시나 태도에 대하여 이르며 남성에게 자태라는 말은 쓰지 않습니다. 신체 전체가 보여주는 모양입니다.

'조카' **질(姪)**은 뜻이 확장된 단어입니다.

질(姪)은 고대에 여자가 남자 형제의 딸 즉, 조카딸을 가리키는 말이었다고 합니다. 남자는 형제의 자식을 종자(從子)라고 했습니다. 그래서 모계 사회의 전통이 반영된 글자로 보기도 합니다만 이제는 이런 구분은 없어졌습니다. 우리말에서는 보통 남자는 조카로, 여자는 조카딸로 구분해 쓰고 있습니다. 질부(姪婦)는 조카의 아내를 이르거나 부르는 말입니다. 호칭으로도 쓴다는 뜻입니다. 질항(姪行)은 항렬을 따질 때 조카가 되는 관계를 말합니다.

고교	획수	형자	새김	발음
媒	12	某	중매	매

'중매' **매(媒)**를 『설문』에서는 "꾀하다. 두 성(姓)을 합치는 것을 꾀하는 것이다"라고 설명합니다. 성이 다른 사람들이 만나 결혼을 하도록 주선하는 것이 중매이니 그럴듯한 설명입니다.

매개(媒介)는 둘 사이에서 양편의 관계를 맺어주는 것입니다. 매합(媒合)은 혼인에 중매를 들거나 남녀 간에 관계를 갖도록 다리를 놓아줌을 이릅니다. 중매를 하는 것은 마찬가지인데, 대상이 혼인에 한정되는 셈입니다. 매작지언(媒妁之言)은 '중매쟁이의 말'이라는 뜻으로 중매인의 소개를 뜻합니다. 매작(媒妁)에서 매(媒)는 남자 측 중매인을, 작(妁)은 여자 측 중매인을 뜻하는 말이었습니다. 매작(媒妁)은 당연히 중매인입니다. 요즈음은 중매라든지 중매인이라는 말을 많이 씁니다만, 예전에는 산전수전 다 겪어 경험이 많고 양쪽 집안을 잘 아는 할머니 정도가 적당했는지 매파(媒婆)라는 말을 많이 썼습니다. '할미' 온(媼)을 써서 매온(媒媼)이라고도 합니다. 영어에서 비슷한 느낌을 주는 단어는 'go-between'이 아닐까 합니다. 이 단어는 '중개' 정도로 번역하니, 결혼을 주선하는 것을 나타내는 중매보다는 사용 범위가 넓다고 할 수 있겠습니다. 하지만 양측을 오가야 한다는 점에서는 같습니다. 굳이 이런 예를 드는 것은 민족이나 언어에 따라 사물을 보고 생각하는 방식이 어떻게 같고 다른지 보여주기 위해서입니다. 한자의 매(媒)가 새로운 관계의 설정에 초점이 맞춰 있다면 영어의 중개는 이쪽저쪽을 오가야 하는 중개 당사자의 입장이 반영되어 있다고 하겠습니다.

고교	획수	형자	회자	새김	발음
妃	6	己	女己	왕비	비
妄	6	亡	亡女	망령될	망

비(妃)는 결혼해 짝을 이루고 아이[己]를 낳는 것이 본뜻입니다. 『설문』에서는 배우자, 즉 짝이라고 설명합니다. 처음에는 구별이 없었는데, 나중에는 신분이 높은 임금이나 황태자의 아내를 가리키는 데에 썼습니다.

비빈(妃嬪)은 비와 빈(嬪)으로, 빈(嬪)은 후궁에게 내리던 정일품 내명부의 품계입니다.

'망령될' **망(妄)**의 망(亡)은 '장님' 맹(盲)의 뜻입니다. 눈이 멀어 어떤 것을 보지도 못한 채 마음대로 추측한다는 뜻입니다. 제멋대로이고 황당할 수밖에 없습니다.

분별없이 망령되이 행동해 망동(妄動), 이치나 사리에 맞지 아니하고 망령되게 말해 망언(妄言)입니다. 망신(妄信)은 말이나 행동을 잘못해 자기의 지위, 명예, 체면 따위를 손상하는 것입니다. 망자존대(妄自尊大)는 앞뒤 아무런 생각도 없이 함부로 잘난 체하는 것입니다. 자존망대(自尊妄大)로 쓰기도 합니다.

고교	획수	형자	회자	새김	발음
姑	8	古	女古	시어미	고

'시어미' **고(姑)**는 물론 남편의 어머니입니다. 시간이 오래되어[古] 한 세대를 더 산 여자[女]는 시어머니가 될 수 있다는 뜻입니다. 아버지의 여자형제 즉, '고모(姑母)'를 가리키기도 하고, '잠깐'의 뜻도 있습니다.

고식(姑息)은 잠시 숨을 쉰다는 뜻으로, 우선 당장에는 탈이 없고 편안하게 지냄을 비유적으로 이르는 말입니다. 고부(姑婦)는 시어머니와 며느리를 아울러 이르는 말입니다. 고식지계(姑息之計)는 우선 당장 편한 것만을 택하는 꾀나 방법으로 한때의 안정을 얻기 위하여 임시로 둘러맞추어 처리하거나 이리저리 주선하여 꾸며내는 계책을 이릅니다. 고식책(姑息策)이라고도 합니다.

잠깐 '시집' 시(媤)를 살펴보겠습니다. 『한어대자전(汉语大字典)』에서는 시(媤)를 "여자의 이름에 쓰는 글자"라고 설명합니다. 시부모(媤父母)라고 할 때 시(媤)는 분명 남편의 집 즉, 시집의 뜻으로 쓰이는데, 하지만 이것은 우리나라에서만 통용되는 용법이 아닌가 합니다. 중국의 『신화자전(新华字典)』에는 '한국의 사용례'로 밝히고 있기도 합니다. 일본의 일부 자전에서는 '인명에 쓰지 않는 글자'라고 밝히고 있습니다. 혹시라도 우리나라에서 사용하면서 더 강화된 유교 사상의 영향으로 '시집을 간 뒤 여자[女]가 생각해야 하는 것[思]은 친가가 아니라 시가'라는 생각이 반영되어 이렇게 사용되는 것이 아닐까 짐작해봅니다.

고교	획수	형자	회자	새김	발음
姻	9	因	女因	혼인	인

'혼인' 인(姻)은 결혼하는 여자[女]에 의해[因] 새로운 인간관계, 즉 인척(姻戚)이 생겨남을 가리킵니다. 친척(親戚)은 친족과 외척(外戚)을 가리킵니다. 아버지 계열의 혈연관계가 친족이고, 어머니 계열의 관계는 외척입니다. 인척은 결혼 당사자 즉, 부부에 의해 생겨나는 관계입니다. 바로 앞에서 설명했듯이 고대에 인(姻)은 신랑의 아버지를 가리키는 말로도 쓰였습니다.

인아(姻婭)는 사위 쪽의 사돈과 사위 상호 간, 곧 동서 측의 사돈을 아울러 이르는 말인데, 구색을 맞추느라 소개합니다만 쓰임은 거의 없습니다. 여자를 중심으로 생기는 인척 관계를 나타내는 말입니다. 중국어와 일본어에서의 쓰임도 같습니다. 나를 중심으로 볼 때 여자는 딸자식과 위아래 여자형제들입니다. 딸의 시부모 즉, 사돈과 여자형제들의 남편 사이 즉, 동서 관계를 아울러 이르는 말입니다. 『표준』에서는 "사위 쪽의 사돈과 사위 상호 간, 곧 동서 측의 사돈을 아울러 이르는 말. 사위의 아버지를 '인(姻)'이라고 하고 사위끼리를 '아(婭)'라고 한다"라고 나와 있습니다. 인제(姻弟)는 편지글에서, 처남이 매부에게 또는 매부가 처남에게 자기를 낮추어 이르는 일인칭 대명사입니다.

고교	획수	형자	회자	새김	발음
娘	10	良	女良	계집	낭, 랑
娛	10	吳	女吳	즐길	오

낭자(娘子)는 이제 소설이나 사극 같은 데에서나 들어볼 수 있는 말이 되었습니다. '아가씨, 처녀'의 뜻이지요. 속어라고는 합니다만 현대 중국어에서 **낭(娘)**은 '어머니'의 뜻으로 쓰입니다. 낭랑(娘娘)은 왕비나 귀족의 아내를 높여 이르는 말입니다.

'즐길' **오(娛)**는 요즈음으로 치면 성차별적인 글자가 아닐까 합니다. 자소자인 '나라' 오(吳)는 『설문』에서 "성(姓)이다. 또한 군(郡)이기도 하다. 혹은 흰소리라고도 한다"라고 설명하는데, 본래는 '머리 기울' 측(夨) 위에 '입' 구(口)를 쓴 글자로 '노래하며 춤추는 것' 즉, 오락(娛樂)을 나타내는 글자입니다.

고교	획수	형자	회자	새김	발음
婢	11	卑	女卑	계집종	비

비(婢)는 신분이 낮은[卑] 여자[女], 즉 여종입니다. 비(卑)는 열 십(十) 부에서 설명했듯이 '주인 곁에서 시중을 드는 집사'입니다. 시중을 드는 여자로 온갖 허드렛일을 도맡아 하는 사람입니다. 고대에 죄인의 권속들은 관청에 소속을 두어 일을 하게 했는데 이런 사람들이 바로 비(婢)입니다.

비녀(婢女)는 종살이하는 여자이고, 비부(婢夫)는 계집종의 남편입니다. 비첩(婢妾)은 여자 종으로서 첩이 된 사람을 이릅니다.

고교	획수	형자	회자	새김	발음
嫌	13	兼	女兼	싫어할	혐

'싫어할' **혐(嫌)**은 미워하는 생각이 있어 마음이 평안하고 고요하지 못한 것입니다.

'다른 생각을 겸하고[兼] 있는 것'으로도 풀이합니다. 딴마음, 딴생각이 있는 것입니다. 그러니 만족스러울 수가 없고 의심이 생길 수도 있습니다.

자소자인 '겸할' 겸(兼)은 손을 나타내는 '또' 우(又)와 '벼' 화(禾) 자가 두 개 겹친 것입니다. '벼 포기 알맞게 늘어설' 력(秝)으로 벼 두 포기를 손[又]에 쥔 형상으로 '겹치다'라는 뜻을 나타냈습니다. '벼' 화(禾) 자 하나에 '또' 우(又)를 쓴 것은 벼를 한 포기 잡는 뜻이 되겠는데 그게 바로 '잡을' 병(秉) 자입니다.

혐기(嫌忌)는 싫어하고 꺼리는 것이며, 미워하고 꺼리는 것이 혐오(嫌惡)입니다. 혐오는 싫어하여 미워한다는 염오(厭惡)와 뜻이 가깝습니다. 혐빈애부(嫌貧愛富)는 가난한 것을 싫어하고 부유한 것을 좋아한다는 뜻이니 인지상정이라고 할 수 있습니다. 하지만 가난함과 부유함으로 사람을 가린다는 뜻이라서 부정적인 뜻을 내포하고 있습니다.

고교	획수	회자	새김	발음
奴	5	女又	종	노

'종' 노(奴)는 손[又]으로 힘을 써서 집안일을 처리하는 가내 노비입니다. '또' 우(又)는 한자 가운데 제법 많이 나오는데 손을 나타내는 것으로 기억해두십시오.

노비(奴婢)는 사내종과 계집종을 아울러 이르는 말입니다. 노안비슬(奴顔婢膝)은 남자 종의 아첨하는 얼굴과 여자 종의 무릎걸음이라는 뜻으로 하인처럼 굽실거리는 얼굴로 비굴하게 알랑대는 태도를 비유적으로 이르는 말입니다.

고교	획수	회자	새김	발음
妥	7	爪女	온당할	타

'온당할' 타(妥)는 '손톱' 조(爪) 부수에 속합니다. '계집' 녀(女)가 들어 있는데 본뜻은 안좌(安坐)입니다. 옛날 사람들이 앉는 자세로 안좌(安坐), 위좌(危坐), 이좌(夷坐)가 있는데 발을 깔고 앉는 것이 안좌, 무릎을 바닥에 대고 몸을 곧추 세워 앉는 것은 위좌, 이좌(夷坐)는 엉덩이를 바닥에 대고 앉는 자세입니다. 앞서 얘기한 바 있지만 '오랑캐' 이(夷)를 붙인 것을 보면 중국 주변의 민족들이 그렇게 앉은 면도 있겠지만, 자기들이

앉는 자세와 다르고 그래서 예법에 어긋나는 자세라고 여겨서가 아닐까 합니다. 타(妥)는 '어디 어디에 적합하다, 타당하다'라는 뜻도 가지고 있습니다.

타결(妥結)은 의견이 대립된 양편에서 서로 양보하여 일을 마무르는 것입니다. 타당(妥當)한 것은 일의 이치로 보아 옳은 것입니다. 타협(妥協)은 어떤 일을 서로 양보하여 협의하는 것입니다.

고교	획수	회자	새김	발음
妾	8	女辛	첩	첩

'첩' 첩(妾)의 갑골문은 '매울' 신(辛) 아래 '계집' 녀(女)를 써서 '죄를 지은 여자'를 가리키는 글자입니다.

자소자인 '매울' 신(辛)은 다른 자와 결합할 때 죄를 나타내는 경우가 많습니다. 옛날에는 죄를 짓거나 포로로 잡은 여자는 종으로 삼았습니다. 그래서 첩(妾)은 종이나 본부인 이외에 다시 얻는 여자를 가리키기도 합니다.

첩실(妾室)은 첩을 점잖게 이르는 말입니다. 첩을 더러 측실(側室)이라고도 하는데, 이것은 옛날 처(妻)는 정실(正室)을 쓰고 첩(妾)은 그 곁에 딸린 방 즉, 측실(側室)을 쓴 데에서 유래한 말입니다.

고교	획수	회자	새김	발음
委	8	禾女	맡길	위

'맡길' 위(委)는 추수할 때 여자가 벼[禾]를 베어 쌓아두는 것을 나타냅니다. 남자들이 해야 하는 일 같은데 왜 '계집' 녀(女)를 붙였는지 궁금합니다. 아주 오래전에 나온 글자라서, 남자들은 주로 사냥을 하고, 여자들은 가사노동과 집 주변의 일을 맡았던 시대상을 반영하는 것일까 하는 상상도 해보게 됩니다. 곡식을 땅 위에 그냥 베어 두면 점점 마르는 데에서 '쌓아두다, 맡기다, 두다'라는 뜻이 파생되었습니다.

위곡(委曲)은 자세한 사정이나 곡절을 말합니다. 목숨을 맡겨 위명(委命), 임무 즉, 일을 맡겨 위임(委任), 남에게 사물이나 사람의 책임을 맡겨 위탁(委託)입니다.

고교	획수	회자	새김	발음
姦	9	女女女	간사할	간

'계집' 녀(女)가 셋 모인 '간사할' **간(姦)**은 다른 사람에게는 밝힐 수 없는[陰私] 것, 글자 그대로 '은밀하고 사사로운' 것입니다. 한때 여성계 쪽에서 여(女) 자를 세 개 써서 '간사할' 간으로 쓰는 것은 성차별이라고 반발했던 기억이 있습니다. 혹 다른 부수를 써서 같은 뜻을 나타낼 수 있으면 그것도 좋은 방법이 되겠습니다만, 말이나 글이 관습적인 면이 많아서 쉽게 바뀔지는 예측하기 어렵습니다. 발음이 같은 간(奸)이 있는데, 이것은 남녀가 간음하는 것을 가리킵니다. 우리말에서도 두 글자가 섞여 쓰는 경우가 종종 있고, 현대 중국어에서는 간(姦)과 간(奸)을 모두 간(奸)으로 씁니다.

R039

아들 자(子) 부

갑골	금문	전문	해서

갑골문에서 '아들' **자(子)**는 머리털과 정수리, 몸을 그려 갓 태어난 아기의 형상을 보여줍니다. 상형자입니다. 포대기에 싸인 아이의 모습인 것으로 파악하기도 합니다. 가운데 가로획이 포대기 밖으로 나온 아이의 팔을 가리키는 것으로 보는 것입니다. '아이'이니 아들 · 딸을 가리키는데 특별히 남자아이만을 가리키기도 합니다.

『설문』에서는 "(음력) 11월이면 양기가 움직여 만물이 불어나기 때문에 사람들이 그렇게 칭한다. 상형이다"라고 설명하고 있습니다. 이것은 자연계의 순환과 관련된 설명으로 보입니다. 잘 알듯이 태양은 동지 때에 지구와 가장 가까운 근일점(近日點)에 있습니다. 이때 해는 남위 23.5도 그러니까 남회귀선의 정상에 있습니다. 여기에 지구의 자전축이 23.5도 기울어져 햇빛을 받는 조사각(照射角)이 가장 낮고, 단위 면적당 받을 수 있는 태양열이 가장 적습니다. 그런데 가장 추운 것은 이보다 한 달 가량 뒤인 다음 해의 1월 중순경입니다. 이것은 지구 자체가 가열되는 데에 시간이 걸리기 때문으로 하지

(夏至) 때도 마찬가지입니다. 낮의 길이가 가장 긴 것이 하지이지만, 가장 더운 것은 한 달 가량 뒤인 7월 중순입니다. 어쨌든 이날부터 태양의 고도가 높아지기 시작합니다. 하나의 변곡점을 이루는 것입니다. 이것을 음과 양으로 설명해본 것이 『설문』의 설명이 겠습니다. 새로 따뜻한 기운[陽]이 올라오기 시작하는 것입니다.

중학	획수	새김	발음
子	3	아들, 첫째 지지	자

자(子)는 공자(孔子), 맹자(孟子)에서 볼 수 있듯이 남자를 가리키는 존칭이기도 하고, 귀족의 등급을 나타낼 때에는 공후백자남(公侯伯子男)으로 네 번째 가는 작위이기도 합니다. 가차해 '지지(地支)'를 나타내기도 하는데 자(子)는 십이지지의 첫 번째로 쥐를 나타냅니다. 부수로 쓰여 아이와 관련된 문자, '낳다, 늘다'의 뜻을 포함하는 글자를 만듭니다. 기초한자에 속하지는 않지만 자형이 비슷해 유의해야 하는 글자가 있습니다. '외로울' 혈(孑) 자입니다. '그 어디 한 곳 의지할 데 없이 외로운 홀몸'을 '혈혈단신(孑孑單身)'이라고 합니다.

중학	획수	형자	새김	발음
學	16	爻	배울	학

'배울' 학(學)은 두 손[臼]으로 산가지[爻]를 놓으며 계산을 배우는 모양입니다. 여기에 손[又]에 막대기[卜]를 든 것을 나타내는 '칠' 복(攴)을 더한 것이 가르칠 교(敎)입니다. 그러니 교(敎)는 학습 현장에서 감독을 하는 것으로 학(學)과 기원이 같습니다.

자소자는 '점괘' 효(爻)입니다. 역(易)의 괘(卦)를 나타내는 가로획입니다. 갑골문에서는 효(爻)가 시초(蓍草)를 늘어놓고 점을 치거나, 산가지로 수를 계산하는 것을 보여줍니다. 시초는 '톱' 거(鋸)를 써서 거초(鋸草)라고도 하는데, 잎이 들쑥날쑥 난 모양이 톱 모양 같기 때문에 붙은 이름입니다. 우리말도 톱풀인데, 생김새 때문에 이름이 같게 된 것이 아닐까 합니다.

이제는 옛말이 되었습니다만 서당에서 글을 배우는 어린이는 학동(學童)이고, 그처럼 배워 익히는 것은 학습(學習)입니다. 어떤 분야를 체계적으로 익히거나 그런 지식은 학문(學問)입니다.

중학	획수	형자	회자	새김	발음
字	6	子	宀子	글자	자
存	9	子	才子	있을	존

'글자' **자(字)**는 '집' 면(宀) 안에 '아들' 자(子)가 들어가 집 안에서 아이를 키운다는 의미입니다. 부모가 방[宀] 안에서 아이의 이름을 부르는 데에서 파생되어 문자를 가리키게 되었다는 설명도 있습니다. 본래 한자는 상형으로 만들어낸 독체자를 바탕으로 합체가가 만들어지는데, 그 과정이 새끼가 불어나는 것과 같아서 글자를 가리키게 된 것이 아닐까 합니다.

'있을' **존(存)**의 자(子)는 갓 낳은 아이를, '재주' 재(才)는 초목이 처음 나오는 것을 가리킵니다. 그래서 '살아 있다' 또는 '존재하다'의 뜻이 됩니다. '흙' 토(土) 부의 '있을' 재(在)도 유래가 비슷하니 다시 한 번 확인해보기 바랍니다.

현실에 실제로 있는 것이 존재(存在)이고, 존속과 멸망 또는 생존과 사망을 아울러 이르는 것은 존망(存亡)입니다.

중학	획수	회자	새김	발음
孝	7	老省子	효도	효

'효도' **효(孝)**는 '늙을' 로(老)의 생략형에 '아들' 자(子)가 결합되어 아이가 노인을 부축해주는 모양을 본떴습니다. 『설문』에서는 "부모를 잘 섬기는 것이다"라고 풀이하고 있습니다. 효(孝)는 분명 우리 문화에 살아 있는 귀한 가치이고, 우리가 그런 면에서 외국인들을 훨씬 앞선다고 여깁니다. 하지만 필자가 아는 영어권의 사람 몇몇은 이런 점에서 우리보다 훨씬 더 효성스러워 보입니다. 영어에서 효나 효도를 'filial duty'라고 하는데, 자식으로서의 의무라는 뜻입니다. 효(孝)는 아마도 영원히 지속될 인류 보편의 가

치가 아닐까 합니다.

중학	획수	회자	새김	발음
季	8	稚省子	계절	계
孫	10	子系	손자	손

'계절' 계(季)는 '마지막, 막내'로도 새기는데, '어릴' 치(稚)의 생략형이 '아들' 자(子)와 결합한 것으로 어쩌면 볏모 정도가 될지도 모르겠습니다만, '어린 벼'가 원뜻입니다. 거기에서 '작다, 적다, 유치하다' 등의 뜻이 파생되어 나왔습니다. 형제의 순서를 나타낼 때 백중숙계(伯仲叔季)를 쓰는데 거기에서 마지막 째입니다.

갑골문의 손(孫)은 '아들' 자(子) 옆으로 '가는 실' 멱(糸)이 붙어 있는 자형입니다. 아들에서 아들로 이어진다는 뜻으로 손자가 됩니다. 『설문』에서는 전문의 자형을 분석해 '이을' 계(系)가 붙은 것으로 설명하는데 의미는 같습니다.

부수외자를 보겠습니다.

중외	부수	획수	형자	회자	새김	발음
李	木	7	子	木子	오얏, 성	리
敎	攴	11	孝	攴子爻	가르칠	교

리(李)는 관습적으로 '오얏'으로 새겼는데 옛말이고, 자두입니다. 해당 부수에 각 글자에 대한 자세한 설명이 있습니다.

'가르칠' 교(敎)는 산가지를 놓고 셈을 배우고 가르치는 것으로 '배울' 학(學)과 기원이 같다고 설명한 바 있습니다. 요즈음은 체벌이 커다란 사회 문제가 되고 있습니다만, 예전에는 사정이 달라 가르치는 데에 '칠' 복(攴)으로 매가 들어갔습니다. 잘못하면 더러 혼내기도 하고, 회초리를 들 수도 있는 것으로 여긴 것입니다.

중외	부수	획수	회자	새김	발음
好	女	6	女子	좋을	호

'좋을' 호(好)의 본뜻은 '여자의 미모가 아름다운 것'을 나타내는 것으로 봅니다.

고교	획수	형자		새김	발음
孤	8	瓜		외로울	고

'외로울' 고(孤)는 어려서 아버지를 잃은 아이를 가리킵니다. 아이[子]가 오이[瓜]처럼 땅바닥에 누워 있는데도 나무라는 사람, 즉 아버지가 없는 것을 뜻한다고 설명하기도 합니다.

예로부터 환과고독(鰥寡孤獨)이라고 해서 홀아비, 과부, 고아, 자식 없는 사람을 외롭고 의지할 데 없이 어려운 경우로 여겼습니다. 고독(孤獨)은 외롭고 쓸쓸함을 나타내는 데 쓰는 말이지만, 본래는 부모 없는 아이와, 자식 없는 늙은이로 그들의 처지에서 느끼는 감정을 가리키는 것이겠습니다.

고교	획수	형자	회자	새김	발음
孟	8	皿	子皿	맏	맹

'맏' 맹(孟)은 그릇[皿] 안에서 아기[子]를 씻는 모양으로 추정합니다. 형제자매 가운데 가장 먼저 태어난 사람, 즉 맏이입니다.

앞서 백중숙계(伯仲叔季)를 얘기했는데, 맹중계(孟仲季)로 형제들 간의 순서를 나타내기도 하고, 각 계절에 속하는 달의 순서를 나타내기도 합니다. 일 년 사시에 '맹, 중, 계'를 붙여 3개월씩 나누어지는 각 계절의 첫 달, 둘째 달, 마지막 달을 나타냅니다. 맹춘(孟春), 중춘(仲春), 계춘(季春) 식입니다. 다른 계절도 이런 식으로 씁니다. 맹춘(孟春)은 음력 1월이고, 맹동(孟冬)은 음력 10월입니다.

고교	획수	회자	새김	발음
孔	4	子乙	구멍	공

'구멍' 공(孔)은 본래 아이를 껴안고 젖을 먹이는 모양입니다. 젖꼭지에 구멍이 있어 파생해 구멍을 뜻하게 되었습니다. 다른 주장도 있습니다. 자소자인 '새' 을(乙)은 탯줄을 가리키며 그래서 전체가 아이[子]와 탯줄[乙]이 나온 곳을 가리킨다는 것입니다. 여성의 생식 통로인 질(膣)이 본뜻이고, 거기에서 작은 구멍이라는 뜻이 인신되어 나왔다고도 합니다. 상형자로 분류하기도 합니다.

허신은 『설문』에서 "공(孔)은 '새' 을(乙)을 따르고, '아들' 자(子)를 따른다. 제비[乙]는 아들 낳기를 기원하는 철새이다. 제비가 오면 자식을 얻을 수 있으니 사람의 생활을 아름답게 한다. 그래서 옛사람이 이름을 가(嘉)라 짓고, 자(字)는 자공(子孔)이라고 불렀다"라고 설명하고 있습니다. 정도가 심한 것을 나타내기도 합니다. 여기서 자공(子孔)은 초나라의 대부인 성가(成嘉, ?~BC 613)로 그의 이름이 가(嘉)이고 자(字)가 자공(子孔)이었습니다.

공극(孔劇)은 심하고 지독한 것입니다. 공명(孔明)은 제갈량의 자(字)로만 알고 있습니다만, 아주 밝다는 뜻을 나타내는 단어이기도 합니다. 공맹지도(孔孟之道)는 공자와 맹자가 주장한 인의의 도를 말합니다. 공석불난(孔席不暖)은 공자가 자기주장을 펼치기 위해 어느 곳에 갔다가 자리가 채 따뜻해지기도 전에 다른 곳으로 떠났다는 것인데, 세상일에 바빠 여기저기 분주하게 오가는 것을 가리킵니다.

공(孔)은 우리 문학사와 관련해서도 기억해둘 글자입니다. 고려 시대 임춘의 가전체 의인화 소설의 제목이 '공방전(孔方傳)'입니다. 여기서 공방은 외형은 둥그렇고 가운데는 네모난 구멍[方孔]이 뚫렸다는 의미로 돈을 가리킵니다. 외형이 구멍처럼[孔] 둥그렇고 네모난 구멍[方]이 뚫렸다고 풀기도 합니다. 이 밖에도 돈을 가리키는 말로 아도(阿堵) 또는 아도물(阿堵物)이라는 말이 있는데, 아도(阿堵)는 '이것'이라는 뜻입니다. 돈이라는 말을 직접 입에 올리는 것이 품위가 없다고 생각해 쓴 말입니다.

고교	획수	회자	새김	발음
孰	11	享丸	누구	숙

갑골문의 '누구' 숙(孰)은 종묘에 제물을 바치는 모양으로 그 음식을 볶고 끓이고 익히는 것입니다. '익힐' 숙(熟)의 본자로 보기도 합니다. '누구, 어느' 등의 대명사로도 쓰입니다.

숙능어지(孰能禦之)는 누가 감히 막을 수 있겠느냐는 뜻으로 능히 막기 어려움을 이릅니다. 숙시숙비(孰是孰非)는 누가 옳고 누가 그른가 또는 그것을 가리는 것인데, 『표준』에는 숙시숙비(熟是熟非)로 올라 있었습니다. 필자의 지적으로 현재 온라인판은 숙시숙비(孰是孰非)로 바로잡고 있습니다(온라인가나다 161627).

고외	부수	획수	형자	회자	새김	발음
疑	疋	14	矢	匕矢子	의심할	의

해서(楷書)를 바탕으로 한 현재 자형에서는 알아보기가 어렵습니다만, 허신의 『설문』 소전(小篆)에는 의(疑) 자 오른쪽을 '아들' 자(子) 아래에 '그칠' 지(止)로 쓰고 있습니다. '비수' 비(匕)의 부수외자에서 소개한 것처럼 사람이 갈림길에서 어느 쪽으로 가야 할지 몰라 갈팡질팡한다는 것이 본뜻입니다.

R040

갓머리 부, 집 면(宀)

갑골	금문	전문	해서
∧		∩	宀

　부수 이름은 갓머리이고, 글자로는 '집' 면(宀)입니다. 지붕이 팔자[八] 형으로 마주보는 맞배지붕의 모양입니다. 현재 '집' 면(宀)은 독립된 글자로 쓰이지 않고 다른 글자와 결합한 형태로 쓰입니다. 집이나 그와 관련된 뜻을 나타냅니다.

중학	획수	형자	새김	발음
宇	6	于	집	우

　'집' 우(宇)의 본뜻은 처마라고 합니다. 인신되어 집의 뜻을 나타냅니다. "위와 아래에 사방을 일러 우(宇)라 하고, 옛날과 지금을 주(宙)라 한다"라는 말이 있는데, 이에 따르면 우(宇)는 공간이고, 주는(宙)는 시간 개념입니다.

우내(字內)는 하늘 아래 온 세상 즉, 천하를 말합니다. 현재 우리가 '공간의 총체'라는 뜻으로 사용하고 있는 우주(宇宙)에는 시간 개념은 없고, 공간만을 나타냅니다만, 본래는 시간 개념도 포함되어 있었던 것으로 보입니다.

중학	획수	형자	새김	발음
完	7	元	완전할	완

'완전할' 완(完)은 집이 정리가 잘 되고 아름다워 흠이라고는 없는 것을 나타냅니다. 인신되어 있어야 할 것은 모두 갖추고 있는 것, 즉 완비(完備)를 뜻합니다. 전혀 다른 설명도 있습니다. 원(元)에는 주인이라는 뜻이 있는데, 완(完)은 주인[元]이 집[宀]에 돌아왔음을 나타낸다는 것입니다. 주인이 집에 돌아오는 것은 일이 끝났음을 뜻하기 때문에 완전하다는 뜻을 나타내게 된다고 합니다.

완벽(完璧)은 흠이 없는 구슬이라는 뜻으로 결함이 없이 완전함을 이르고, 완전(完全)은 모두 갖춰 모자람이 없는 것입니다. 완벽귀조(完璧歸趙)는 빌린 물건을 정중히 돌려보내는 것인데, 『표준』의 설명입니다. 자세한 내용은 〈格物 094〉를 참고하기 바랍니다. 중국 전국 시대 조나라의 인상여가 진(秦)나라의 소양왕이 열다섯 성(城)과 화씨(和氏)의 벽(璧)을 바꾸자고 하여 진나라에 갔으나 소양왕이 거짓말을 하고 있다는 것을 알고, 목숨을 걸고 그 벽을 고스란히 도로 찾아왔다는 데서 나온 말입니다. 완벽(完璧)으로 쓰기도 합니다. 고사 내용을 살펴보면 빌린 물건을 정중히 돌려보낸다기보다는 탈없이 찾아오는 것이긴 합니다.

중학	획수	형자	새김	발음
定	8	正	정할	정
宙	8	由	집	주

'정할' 정(定)은 집[宀]에 들어와[疋] 쉰다는 뜻을 가지고 있습니다. 정(疋)은 정(正)의 옛글자라고 하는데, 위가 가로획[一]으로 '발' 소(疋)와는 다릅니다만 섞여 쓰기도 했습니다. 그러면 마음이 진정되고 편안해 안정될 수 있습니다. 그런 상태에서 모든 것이 명확해

지면, 다시는 바꾸지 않습니다. 그래서 '규정하다, 약정하다'라는 뜻으로 인신됩니다.

어떤 곳에 머물러 산다는 뜻의 정착(定着)은 어느 곳으로 정해 그곳에 붙어사는 것이니까 파생된 뜻으로 보입니다. 정어일존(定於一尊)은 최고의 권위를 지닌 사람이나 학설을 판단의 유일한 표준으로 삼는다는 뜻입니다.

'집' 주(宙)의 본뜻은 대들보입니다. 그러나 앞서 우(宇)에서 설명한 바와 같이 시간상의 개념을 나타내기도 합니다.

창덕궁 안에 주합루(宙合樓)라는 누각의 주합(宙合)은 상하고금(上下古今)의 도를 담고 있는, 아니면 천하 정도의 뜻입니다.

중학	획수	형자	새김	발음
宿	11	佰	잘/성수	숙/수

'잘' 숙(宿)은 집[宀] 안에서 사람[亻]이 자리[因] 위에 누워 있는 것입니다. 『설문』에서는 '머무르다'로 풀고 있습니다. 자소자 因은 보통 '혀 모양, 핥을' 첨(因)으로만 나오는데, 『설문』을 보면 대자리의 뜻도 가지고 있습니다. '자리' 인(茵)의 고자(古字)이기도 한 셈입니다.

형성 자소인 '佰'은 『강희자전』에서 '일찍' 숙(夙)의 고자(古字)라고 합니다만, 최근 연구에서는 사람[人]이 자리[因]에 누운 것을 나타내는 글자로 '잘' 숙(宿)의 초문(初文)이라고 합니다. 초문(初文)은 어떤 글자를 쓴 가장 초기 형태를 말합니다.

잠을 자고 머무는 것은 숙박(宿泊)이고, 숙소(宿所)는 바로 그런 장소입니다. 직장에서 밤에 교대로 잠을 자면서 지키는 일이나 또는 그런 사람을 가리켜서는 숙직(宿直)이라고 합니다. 별자리의 별을 가리킬 때에는 '수'로 읽어 성수(星宿)입니다. 성수(星宿)는 28수 가운데 25번째 별자리를 가리키기도 합니다. 숙장구졸(宿將舊卒)은 늙은 장수와 오래된 병졸이라는 뜻으로 경험이 많은 장수와 병졸을 이릅니다. 숙학구유(宿學舊儒)는 오래 학문에 힘써 명망이 높은 학자와 선비를 말합니다.

중학	획수	형자	회자	새김	발음
宅	6	乇	宀乇	집/댁	택/댁
客	9	各	宀各	손	객

'집' **택(宅)**입니다. 자소자 '풀잎' 탁(乇)의 현재 글꼴은 전문의 자형입니다. 위의 '삐침' 별(丿)은 잎새의 모양이고, 가운데 가로획[一]은 땅을 가리키는 지표면이며, ㄴ 자 모양의 가운데 획은 위로 줄기와 아래의 뿌리를 가리킵니다. 풀이 땅을 의탁해 살기 때문에 '의지하다, 의탁하다'라는 뜻이 파생되어 나왔습니다. 의지하는[乇] 곳[宀]이 '집'[宅]입니다.

택지(宅地)는 집을 지을 땅입니다. 다른 사람의 집이나 남의 아내를 가리킬 때에는 '댁'으로 읽는 다음자입니다.

'손' **객(客)**은 내 집[宀]에 온 사람[各]으로 손님입니다. '각각' 각(各)을 자소로 더 나누어보면 누군가가 내 집 앞[口, 움집의 입구를 나타냄]에 온[夊] 것이 됩니다. 각(各)의 자소자는 '뒤져올' 치(夊)입니다.

객꾼(客-)은 뜻밖에 찾아온 사람을 낮잡아 이르는 말이고, 객관(客觀)은 내가 아닌 손의 입장 즉, 제삼자의 입장에서 사물을 보거나 생각하는 것입니다. 객지에서 느끼는 쓸쓸함이나 시름은 객수(客愁)입니다. 끼니때 이외에 마시는 물을 군물이라고 하는데, 한자로는 객수(客水)라고 합니다. 잠자리에서 마시기 위해 머리맡에 준비해 두는 물은 자리끼입니다.

중학	획수	형자	회자	새김	발음
室	9	至	宀至	집	실

'집' **실(室)**을 『설문』에서는 채우는 것이라고 풀이합니다. 옛날에 건물은 보통 앞뒤 두 채로 되었는데, 뒤채를 실(室)이라 했고, 실(室)은 사람이나 물건으로 채운다고 본 것입니다. 더 정확하게는 뒤채의 가운데를 실(室)이라 하고 동서의 곁방은 방(房)이라고 했습니다.

방이나 건물의 안을 실내(室內)라고 하는데, 남의 아내를 점잖게 이르는 말이기도 합니다. 정실(正室)은 본실(本室)이라고도 하며 중심이 되는 방이고, 측실(側室)은 그 곁에 딸린 곁방입니다. 정실에는 본처가 살았고, 첩(妾)은 측실에 살았습니다. 그래서 정실과 측실은 본부인과 첩을 가리키는 말이기도 합니다.

실노시색(室怒市色)은 집안에서 화난 것을 시장에서 낯빛에 드러낸다는 뜻으로 상관도 없는 엉뚱한 사람에게 화풀이하는 것을 이릅니다. "종로에서 뺨 맞고 한강에서 눈 흘긴다"라는 우리 속담과 똑같은 내용입니다. 실이인원(室邇人遠)은 집은 가까운데 사람은 멀리 있다는 뜻으로 남녀가 가까이는 있지만 만나지 못하고 그리워하는 것입니다. 지금은 가까운 사람이나 죽은 사람을 그리워할 때 많이 씁니다.

중학	획수	형자	회자	새김	발음
家	10	豭	宀豕	집	가

'집' 가(家)는 돼지[豕] 집[宀] 즉, 돼지우리가 본뜻입니다. 가차해서 사람이 사는 집이 되었으니 격이 아주 상승된 한자입니다. 더러 제주도의 흑돼지 사육 방법과 같은 데에서 나온 글자라는 설명을 하기도 합니다만, 문헌에서 확인하지는 못했습니다. 방 안 청소나 정리를 안 해 아주 지저분할 때 '돼지우리' 같다는 말을 하는데 뭔가가 사는 공간이라는 점에서는 크게 다른 것이 없겠다는 생각도 듭니다.

형성 자소는 보통 '큰곰' 가(豭)로 새기는데, 큰 원숭이라는 설명도 있고, 혹은 수돼지라는 설명도 있습니다.

한 집안 살림의 수입과 지출 상태는 가계(家計)이고, 사람이 사는 집은 가옥(家屋)입니다. 가가호호(家家戶戶)는 한 집 한 집의 뜻이고, 가급인족(家給人足)은 집집마다 먹고 사는 것에 부족함이 없이 넉넉함을 이릅니다. 가도사벽(家徒四壁)은 집에 있는 것이라고는 벽 네 개뿐이라는 뜻으로 아주 빈곤한 것을 나타냅니다. 가적난방(家賊難防)은 집안에 있는 도둑은 막기가 어렵다는 뜻으로 내부에 있는 나쁜 사람은 막기가 쉽지 않다는 뜻입니다. 옥상가옥(屋上架屋)은 지붕 위에 또 지붕을 얹는다는 뜻으로 어떤 일을 부질없이 거듭하는 것을 이릅니다. 자칫 '더할' 가(加)를 쓰기 쉬운데, 여기서는 구조물을 만든다는 뜻으로 '시렁' 가(架)를 쓴다는 점에 유의해야합니다. 보통 옥상옥(屋上屋)으로 줄여 씁니다. 가화만사성(家和萬事成)은 자주 보고 만나는 글귀입니다. 집안이 화목하면 모든 일이 잘 이루어진다는 뜻이죠. 최근 사회학이나 심리학 쪽의 연구는 집안이 화목하면 사람의 성격 형성에도 아주 좋고 큰 영향을 미친다고 보고합니다.

중학	획수	형자	회자	새김	발음
容	10	谷	宀容	얼굴	용

'얼굴' 용(容)입니다. 방[宀]이나 골짜기[谷]처럼 물건을 거두어들일 수 있다는 뜻과 얼굴의 생김새라는 뜻도 있습니다.

너그러운 마음으로 남의 말이나 행동을 받아들이는 것은 용납(容納)입니다. 용모(容貌)는 사람의 얼굴 모양을 말하며, 다른 사람의 잘못을 덮어주는 것은 용서(容恕)입니다. 용신(容身)은 장소가 비좁아 겨우 무릎이나 움직일 수 있는 것으로 용슬(容膝)이라고도 합니다. 용태(容態)는 얼굴 모양과 몸맵시입니다.

중학	획수	형자	회자	새김	발음
害	10	丰	宀口	해할/막을	해/할

'해할' 해(害) 자의 자소 '풀 어지럽게 날' 개(丰)는 상처를 뜻합니다. 집[宀]에서 생긴 상처[丰]를 이릅니다[口]. 어음 같은 것을 쓰고 가운데를 찢으면 톱니 모양으로 들쑥날쑥하게 되는데 그렇게 해서 생긴 문서를 가리킨다고도 합니다. 몇 번 설명을 했습니다만 어음을 쓴 종이를 '엄지'라고 하는데, 가운데를 갈라 '암쪽'과 '수쪽'이라고 하고 채무자와 채권자가 갖습니다. 엄지는 양쪽으로 자르다보니 암쪽, 수쪽이 톱니처럼 들쑥날쑥한 모양이 됩니다. 『표준』에 엄지의 발음은 '엄:찌'로 나와 있습니다.

좀 어렵고 잘 쓰지 않는 한자어이긴 합니다만 해공(害工)은 애써 하는 일을 방해하는 것입니다. 해독(害毒)은 좋고 바른 것을 망치거나 손해를 끼치는 것이고, 또 다른 해독(解毒)은 독성 물질의 작용을 없애는 것입니다. 해악(害惡)은 해가 되는 나쁜 일입니다. 해군지마(害群之馬)는 무리 전체에 해를 끼치는 말이라는 뜻으로 집단에 해가 되는 사람을 비유적으로 이르는 말입니다.

중학	획수	형자	회자	새김	발음
密	11	宓	宀山	빽빽할	밀

'빽빽할' **밀(密)**은 '메' 산(山)이 붙어 본뜻은 "본채 가운데의 주로 응접실로 쓰는 방 [堂屋]같이 생긴 산"이라고 하는데, '방[室]같이 생긴 산'이라는 설명만으로는 어떻게 생긴 산인지 짐작하기가 어렵습니다. 실(室)이 사람이나 물건으로 가득하다는 뜻을 나타내는 데에서 무엇인가로 가득한 상태를 나타내는 것으로 추정해봅니다. '닫다, 가두다'라는 뜻이 있고, 닫히거나 가두어진 상태에서는 밖의 사람은 알지 못하기 때문에, '비공개적이다, 비밀스럽다'라는 뜻도 나타냅니다.『단주』에 "(지금은) 가차해 정밀하다는 뜻으로 쓰고 본뜻은 쓰지 않는다"라고 설명하고 있습니다.

자소자는 '편안할' 밀(宓)로, '꿀' 밀(蜜)의 자소자로 쓰이기도 합니다.

밀도(密度)는 빽빽이 들어선 정도이고, 비밀(秘密)은 숨겨서 다른 사람에게 드러내지 않는 것입니다.

중학	획수	형자	회자	새김	발음
富	12	畐	宀畐	부자	부
察	14	宀	宀祭	살필	찰

'부자' **부(富)**는 집[宀]에 재물이 가득 차서[畐] 있어야 할 것은 모두 있는 것입니다. '찰' 복(富, 畐)은 여러 번 나와서 이젠 익숙한 글자가 아닐까 합니다. '부자' 부(富)를 비롯해 '버금' 부(副), '폭' 폭(幅), '복' 복(福) 등의 글자에 자소자 역할을 합니다.

연휴풍속으로 휴양지에서 차례를 올리는 모습이 더러 소개됩니다. 사람이 하는 일이고 바뀌는 것이 세태이니 그런가보다 하기는 하지만, 썩 마음에 들지는 않습니다. 우리의 전통 의례 가운데 상례나 제례는 아주 복잡했습니다. 부모님이 돌아가시면 삼년상을 지냈는데, 이것은 사람이 태어나면 3년 동안 부모의 품을 벗어나지 못하기 때문에 그에 대해 감사하는 마음을 담는 것입니다. 지금 필자가 그런 옛 풍습을 지켜야 한다는 주장을 하는 것이 아닙니다. 그런 정신을 조금을 살펴봐야 하지 않을까 하는 이야기를 하는 것입니다.

'살필' **찰(察)**은 '집' 면(宀) 아래에 '제사' 제(祭)를 쓰고 있습니다. 집 안에서, 아니면 사당에서 조상의 제사를 지내는 것입니다. 그러려면 신주부터 시작해 제사 음식도 장만해야 하고 살펴야 할 것이 한두 가지가 아닙니다. 그래서 이 글자는 자세히, 꼼꼼하게 살핀다는 뜻을 나타냅니다.

어렵고 잘 안 쓰는 한자어이기는 하지만 자세히 살펴보기 때문에 찰람(察覽)이고, 얼굴빛을 살펴봐서 찰색(察色)입니다.

중학	획수	회자	새김	발음
守	6	宀 寸	지킬	수

'지킬' **수(守)**에서 '집' 면(宀)은 관청을 나타내고, 촌(寸)은 법도를 나타냅니다. 관에서 법을 지키며 일을 집행하는 것을 나타냅니다. 우리말의 '지키다'에는 여러 가지 뜻이 있는데, 이 경우는 규정 등을 어기지 않고 그대로 실행하는 것(abide by the rules)을 말합니다. 거기에서 더 나아가 어떤 상태를 그대로 유지하는 것(keep)이나, 생명, 재산, 이익 등이 침해당하지 않도록 보호한다(protect)는 뜻도 있습니다. 한자에서도 우리말과 똑같이 인신되어 여러 가지 의미를 갖습니다.

준수(遵守)는 규칙 등을 지키는 것입니다. 수성(守成)은 조상들이 이루어놓은 일을 이어서 지키는 것입니다. 현상의 유지입니다. 수비(守備)는 외부의 침략이나 공격을 막아 지키는 것입니다. 수주대토(守株待兔)는 한 가지 일에만 얽매여 발전을 모르는 어리석은 사람을 비유적으로 이르는 말로 『한비자』에 나옵니다. 송나라의 한 농부가 그루터기에 토끼가 부딪혀 죽은 것을 잡았는데 그 뒤에는 그렇게 토끼를 잡을 수 있을까 싶어 일도 하지 않고 그루터기만 지키고 있었다는 데에서 유래되었습니다.

중학	획수	회자	새김	발음
安	6	宀 女	편안	안

'편안' **안(安)**은 '여자[女]'가 방[宀] 안에 앉아 있는 형상을 그린 것으로 '고요하다'가

본뜻입니다.

안가(安價)는 값이 싼 것입니다. 안가(安家)는 첩보 영화나 유신 시절 자주 듣던 말로, 특수 정보기관 따위가 비밀 유지를 위하여 이용하는 일반 집을 말합니다. 바꾸지 않고 일정한 상태를 유지하는 것이 안정(安定)입니다.

안거낙업(安居樂業)은 편안하게 살면서 즐거이 일하는 것을 말합니다. 안내양외(安內攘外)는 안을 안정시키고 밖으로 물리친다는 뜻으로 본래는 모든 약을 조화시키며 그 독을 해소시킨다는 감초(甘草)의 약효를 나타내는 말이었습니다. 나중에는 내부를 안정시키고 밖으로 외환을 물리친다는 글자 그대로의 뜻으로 많이 쓰이게 되었습니다. 역사상으로는 국민당 정권의 장제스가 제창한 '중국 국내의 공산당을 일소한 다음 일본의 침략을 막겠다'는 정책을 가리키기도 합니다. 일제의 만주 사변 따위로 중국 내에서 항일 운동이 일어났지만 장제스는 공산당 토벌을 우선시하고 일본군과의 충돌을 피했습니다. 이러한 정책은 중국의 학생이나 지식인 등 많은 국민들에게 외면당하게 되었고, 항일을 주장한 공산당이 국민들의 지지를 받게 되는 결과를 가져왔습니다. 안분지족(安分知足)은 편안한 마음으로 제 분수를 지키며 만족할 줄을 아는 것입니다. 안불망위(安不忘危)는 편안한 가운데서도 위태로움을 잊지 아니한다는 뜻으로 항상 마음을 놓지 않고 스스로를 경계함을 이르는 말입니다. 안빈낙도(安貧樂道)는 가난한 생활을 하면서도 편안한 마음으로 도를 즐겨 지키는 것입니다. 안신입명(安身立命)은 불교에서 쓰는 말로 자신의 불성(佛性)을 깨닫고 삶과 죽음을 초월함으로써 마음의 편안함을 얻는 것을 이릅니다. 안여반석(安如磐石, 安如盤石)은 마음이 너럭바위같이 끄떡없고 든든한 것으로 안여태산(安如泰山)과 같은 의미입니다. 『표준』에서는 두 성어 모두 "마음이 태산같이 끄떡없고 든든함"이라고 설명합니다. 안토중천(安土重遷)은 고향에서 떠나기를 좋아하지 않는 것입니다.

중학	획수	회자	새김	발음
官	8	宀𠂤	벼슬	관

'벼슬' 관(官)은 『설문』에서 "벼슬아치가 임금을 섬기는 것"이라고 설명합니다. 갑골문 등의 자형 분석으로는 '방[宀]' 안에 활[𠂤]이 있어 군대를 나타내며 군대가 임시 주둔하는 병영이라고 합니다. 관청에서 그런 직위를 맡은 사람 즉, 벼슬아치를 가리키기

도 합니다. 자소자는 '작은 산' 퇴[自]이나 여기에서는 활의 상형으로 봅니다.

관계(官界)는 국가의 각 기관이나 그 관리들의 활동 분야입니다. 관직(官職)은 직무의 일반적 종류를 뜻하는 관(官)과 구체적 범위를 뜻하는 직(職)을 통틀어 이르는 말이기도 하고, 공무원 또는 관리가 국가로부터 위임받은 일정한 직무나 직(職)을 통틀어 이르는 말입니다. 관관상호(官官相護)는 관이 관을 서로 보호한다, 끼고 돈다는 뜻으로 요즈음 말로 한다면 공무원이 공무원을 서로 보호한다, 끼고 돈다는 뜻이 되겠습니다. 공무원의 본분은 국민에 대한 봉사이니 관료주의의 병폐가 아닐 수 없습니다.

중학	획수	회자	새김	발음
宗	8	宀 示	마루	종

'마루' 종(宗)은 신주[示]를 세우고 조상을 모시는 방[宀]으로 사당입니다. 주의할 것은 여기에서 말하는 마루는 '집채 안에 널빤지를 깔아놓은 곳'이 아니라는 점입니다. 여기의 '마루'는 '어떤 사물의 첫째, 또는 어떤 일의 기준'으로 존경하고 받드는 대상을 말합니다.

종가(宗家)는 한 문중에서 맏이로만 이어온 큰집을 말하고, 종묘(宗廟)는 왕실의 사당입니다. 종씨(宗氏)는 같은 성으로서 촌수를 따질 정도가 못 되는 사람들 사이에서 서로 부르는 말입니다.

중학	획수	회자	새김	발음
寅	11	矢 口	범, 동방, 셋째 지지	인

갑골문에서 인(寅)은 상대에게 화살함[통]에서 화살을 먼저 꺼내길 권하는 모양입니다. 그래서 상형자로 취급하기도 합니다. 『설문』에서는 "인(寅)은 물리치고 배척하는 것이다. 정월을 대표하며, 이때 양기가 움직이기 시작해 땅속 황천에서 올라오려고 하는데 음의 기운이 여전히 강해 지붕 덮인 깊은 방 속에 있는 것처럼 덮고 있어 (양기가) 통할 수 없게 하고 인(寅)을 물리치고 배척해 땅속에 그대로 있게 한다"라고 설명합니다. 정월이니 양력으로는 대체로 2월경입니다. 이때는 여전히 날씨가 추우니 땅속의 식물

이 싹을 틔우며 올라오기가 어려운 것을 설명한 것으로 계절의 순환에 대한 설명으로 이해하면 됩니다. 가차해 세 번째 지지로 간지 동물은 호랑이입니다. 그래서 '범' 인(寅)으로도 새깁니다. 자시(子時)가 밤 열한 시부터 오전 한 시까지이니, 축시(丑時)를 지나 인시(寅時)는 새벽 3시부터 5시까지입니다.

인흘묘량(寅吃卯糧)은 호랑이해에 토끼해 식량을 먹는다는 뜻으로 올해에 내년 식량을 먹는다는 뜻입니다. 수입이 지출을 감당하지 못해 꾸어 지출하는 것을 말합니다.

중학	획수	회자	새김	발음
寒	12	宀茻人	찰	한

'찰' 한(寒)은 집[宀] 안에서 사람[人]이 풀[茻]을 깔고 덮은 형상입니다. 아래에는 얼음[冫]이 있습니다. 날씨가 아주 찬 것, 추운 것을 나타냅니다.

한대(寒帶)는 기온에 의해 분류한 기후대의 하나로 남북위 각각 66도 33분인 곳에서 남북 양극까지 지역을 말합니다. 한가(寒家)는 추운 집이 아니라 가난한 집입니다. 하긴 가난한 집은 추운 집이기도 하겠습니다. 한심(寒心)한 것은 정도에 너무 지나치거나 모자라서 딱하거나 기막힌 것입니다. 한경열운(寒耕熱耘)은 추운 겨울에 밭을 갈고 더운 날 김을 맨다는 뜻으로 농사일의 어려움을 가리키는 말입니다. 한천지사(寒泉之思)의 한천(寒泉)은 찬물이 솟는 샘이기도 하지만 『시경(詩經)』에 나오는 말로 맑은 샘물을 뜻하며 어머님의 은혜를 가리키는 말입니다. 그래서 한천지사는 어머님에 대한 효심이나 그리움을 나타내는 말입니다.

중학	획수	회자	새김	발음
實	14	宀貫	열매	실

'열매' 실(實)은 방[宀] 안에 돈[貝] 꾸러미[毌]가 빈틈없이 채워져 가득한 것입니다. 여기에서 '차다, 채우다, 충만하다'라는 뜻이 나오고 인신되어 '사실'을 뜻하기도 합니다. 과일이 여물 때에는 배불리 먹을 수 있다는 데에서 '과일'을 가리키는 뜻도 파생되었습니다.

충실(充實)의 글자 그대로의 의미, 즉 축자의는 빈틈없이 가득 채우는 것입니다. 여기에서 내용이 알차고 단단하다는 뜻을 나타냅니다. 이런 것도 의미가 인신되는, 즉 파생되는 하나의 사례가 됩니다. 사실을 있는 그대로 적었다고 해 실록(實錄)입니다. 실과(實果)는 나무 따위를 가꾸어 얻는, 사람이 먹을 수 있는 열매입니다. 실시(實施)는 실제로 시행하는 것입니다. 실사구시(實事求是)는 사실에 토대를 두어 진리를 탐구하는 일입니다.

여기서 잠깐! 잔소리를 하고 가겠습니다. 한자를 익히는 데 시간을 내어 책상 앞에 앉아 공부를 하는 것도 좋습니다만 과목이 많아 한자 공부에 시간을 배정하기 어려울지 모릅니다. 그러면 잠깐 잠깐 자투리 시간이 있을 때마다 조금씩 보고 큰 소리를 내어 읽고, 외워보십시오. 등굣길 버스 안이라면 머릿속으로 외웁니다. 단어장 이런 데에 적어놓고 자소자를 많이 익히는 것이 좋습니다. 부품이기 때문입니다. 어느 정도 익숙해지면 어떤 부수자와 결합하는지, 뜻은 무엇인지 상상도 해봅니다. 티끌 모아 태산입니다.

증외	부수	획수	형자	회자	새김	발음
字	子	6	子	宀子	글자	자

'글자' 자(字)는 앞서 '아들' 자(子) 부수에서 설명했듯이 집[宀] 안에서 아이[子]를 키운다는 것이 본뜻입니다. 더 자세한 내용은 해당부수를 찾아 꼭 확인하기 바랍니다.

증외	부수	획수	회자	새김	발음
向	口	6	宀口	향할/땅이름	향/상

'향할' 향(向)의 본뜻은 북쪽으로 낸 창문인데, 가차해서 '향하다'라는 뜻을 나타냅니다.
전라남도 여수의 향일암(向日庵)은 신라의 원효 대사가 세운 것으로 알려져 있는데, 해를 바라보는 경치가 빼어난 곳입니다. 식물의 줄기, 가지, 잎이 햇볕이 강한 쪽을 향하여 자라는 성질은 향일성(向日性)입니다.

고교	획수	형자	새김	발음
寂	11	叔	고요할	적

'고요할' 적(寂)의 본뜻은 소리가 없는 것입니다. 해서에서 본래 소리를 나타내기 위해 '입' 구(口)가 들어간 '諔' 자형을 쓰기도 했는데 속간에서 현재의 자형을 쓴 것이 고정되었습니다.

자소자인 '아재비' 숙(叔)의 본뜻은 상상 밖일 겁니다. 이삭 같은 것을 줍는 것[又]이 본뜻이라고 합니다. 이삭을 줍는다든지 하는 조금 사소한 일은 아들이나 아재비 정도가 하기 때문에 가차하여 아재비의 뜻으로 쓰이게 된 것으로 추정합니다. 콩[尗]을 손[又]으로 따는 모습을 생각하면 기억하기에는 쉬울 듯합니다. 그런데 다시 숙(尗)을 확인해 보면 『설문』에서는 "콩이다. 콩이 자라는 모양을 본뜬 것이다"라고 합니다. 『단주』에서는 "콩을 나타내는 숙(尗)과 두(豆)는 옛날 말과 요즈음 말의 차이"라고 합니다. 숙(尗)은 옛날 말에 옛글자이고, 요즈음은 두(豆)를 쓴다는 것입니다. 고문 분석에서는 땅속에서 토란 같은 것의 구근을 캐어내는 것이라고 설명합니다.

적막강산(寂寞江山)은 아주 적적하고 쓸쓸한 풍경을 이릅니다. 적멸보궁(寂滅寶宮)은 부처의 진신사리를 모신 법당입니다. 법당 내에 불상을 모시지 않고 법당 바깥쪽에 사리탑을 세우거나 계단을 만들기도 합니다. 경남 양산 통도사의 적멸보궁, 강원도 오대산 상원사의 적멸보궁, 강원도 설악산 봉정암의 적멸보궁, 강원도 영월 사자산 법흥사의 적멸보궁, 강원도 정선 태백산 정암사의 적멸보궁을 우리나라의 오대 적멸보궁이라고 하는데, 모두 유학승 자장(慈藏, 590~658) 율사가 당나라에서 귀국할 때 모셔온 석가모니의 사리와 정골을 모신 곳으로 알려져 있습니다.

고교	획수	형자	새김	발음
寫	15	舄	베낄, 쏟을, 덜	사

'베낄' 사(寫)는 '물건을 저쪽에서 이쪽 방[宀] 안으로 옮겨놓다'가 본뜻입니다. '베끼는 것'은 붓을 들고 써서 남기는 것인데, 달리 이쪽에 쓰인 글을 저쪽으로 써서 옮겨놓는 것으로 이해할 수 있습니다. 그래서 '쏟다, 본뜨다'라는 뜻도 나타냅니다.

자소자는 '까치' 작(舃)인데, 까치는 길조로 여깁니다. 아침에 까치가 울면 반가운 소식이 온다고 하는데, 까치는 울 때 계속 날갯짓을 한다고 합니다. 마치 반가운 표정을 짓는 것 같아 보이는 것입니다. 사실을 확인하지 못했지만 옛날 사람들의 관찰력이 대단하다는 생각이 듭니다. '신' 석으로도 새기는데, '까치' 작(舃)이 주로 '신발'의 뜻으로만 쓰이게 되자 결국 '까치'를 뜻하는 글자는 다시 '까치' 작(鵲) 자를 만들어 쓰게 됩니다.

　사본(寫本)은 원본을 그대로 베끼거나 또는 '베낀 것'입니다. 사실(寫實)은 사물을 있는 그대로 그려내는 것이며, 사진(寫眞)은 물체를 있는 모양 그대로 그려내거나 또는 그렇게 그려낸 형상입니다.

고교	획수	형자	회자	새김	발음
宣	9	亘	宀亘	베풀	선

　'베풀' 선(宣)을 『설문』에서는 선실(宣室)이라고 합니다. 선실은 황제가 거처하는 정실이라고도 하고 황제의 집무실이라는 설명도 있습니다. 거기에서 '베풀다, 선포하다'라는 뜻이 나옵니다. 물이 소용돌이치는[亘] 듯한 무늬가 있는, 높고 큰 방[宀]입니다.

　자소자인 '걸칠' 궁(亘)은 '두' 이(二) 부수에 속하는 글자입니다. 이외에도 '구할' 선, '굳셀' 환의 새김이 있는 다음자입니다만, 본뜻은 냇물이 소용돌이치는 것으로 봅니다. 『설문』에서는 "무엇을 찾느라 위아래로 돌아서다"라고 풀이합니다. 이(二)가 위아래를 나타내며 사람이 그 사이를 오가며 물건을 찾는 것입니다.

　선언하여 알리는 것은 선고(宣告), 알고 이해하도록 잘 설명하여 알리는 것은 선전(宣傳), 세상에 널리 알리는 것은 선포(宣布)입니다.

고교	획수	형자	회자	새김	발음
宮	10	呂	宀呂	집	궁

　'집' 궁(宮)을 『설문』에서는 "방이다. '집' 면(宀)을 따르며 '몸' 궁(躳) 자가 생략된 것이 소리를 나타낸다"라고 설명합니다. 『단주』를 보면, "궁(宮)은 밖의 둘러싼 모양을 가리키며, 방[室]은 안을 말하는 것이기 때문에 나누어 말하면 다르지만, 아울러 말하면

다르지 않다"라고 합니다. 이 설명에 따르면 형성자인데, 상형자라는 설명도 있습니다.

궁궐(宮闕)과 궁정(宮庭)은 임금이 거처하는 집을 나타냅니다. 궁죄(宮罪)는 궁형에 해당되는 죄인데, 궁형(宮刑)은 옛날 형벌의 하나로 생식기를 없애는 것입니다. 부형(腐刑)이라고도 합니다. 궁중(宮中)은 대궐 안입니다.

格物 007. 사마천(司馬遷, BC 145~?)

『사기(史記)』의 저자인 사마천은 북방 이민족인 흉노를 정벌하고 서역 경영에 온 힘을 쏟았던 한 무제(武帝) 때 사람입니다. 이릉(李陵)이라는 장군이 흉노와의 싸움에서 패전하고 투항했는데, 사마천은 그를 옹호하다 한 무제의 노여움을 사 궁형을 당했습니다. 역사서를 자세히 살펴보면 흉노 정벌에도 황실의 권력 다툼이 그대로 반영되어, 이릉은 지원을 받지 못한 채 고군분투했고, 그런 상황을 잘 아는 사마천은 패장을 변론한 것입니다.

어찌됐든 궁형은 더없이 수치스러운 형벌인데, 단 하나 사가로서 책임과 의무를 다하겠다는 신념으로 『사기』를 써서 이후 역사서의 표본이 됩니다.

사마천처럼 생식기를 제거당하는 경우는 서양에도 있습니다. 남성 소프라노를 '카스트라토(castrato)'라고 합니다. 변성기 이전에 거세를 시켜 높은 소프라노 영역의 소리를 유지시킵니다. 영어의 'castrate'는 거세하다는 뜻입니다. 집안 형편이 어려운 경우, 먹고살기 위해 아이가 어렸을 때 거세시켜 궁중이나 필요로 하는 곳에 노래를 불러 먹고 살도록 하기 위해서였다고 하는데, 그런 경우가 적지 않았다고 합니다. 그래서 오페라 가운데에 남성 소프라노 역이 나오기도 하는데, 현대에 이르러서는 그런 배역을 맡을 성악가를 구하기 어렵게 되었습니다. 여성이 대신하거나, 아니면 이상할 정도로 음역이 높은 남성 성악가가 대신하는데, 그런 성악가를 구하기 쉽지 않다는 이야기도 있습니다. 남성의 음역이 높은 것을 가리키는 말로 '팔세토(falsetto)'가 있는데, 이것은 성대를 조절해 나오는 가성을 말합니다.

고교	획수	형자	회자	새김	발음
宴	10	妟	宀妟	잔치	연

'잔치' **연(宴)**은 안락하고 편안하게 지내는 것입니다. 인신되어 잔치라는 뜻의 연찬(宴饌)을 뜻하게 되었습니다.

자소자인 안(妟)은 '편안할' 안으로 새깁니다만, 일상에서 거의 쓰이지 않는 글자입니다. 중국의 최근 학자들 가운데에는 "달이 어둡고 바람이 세게 불면 부녀자들을 겁탈하는 일이 일어나곤 하는데, 날이 밝으면 그렇지 않아 여자들이 안심할 수 있음"을 나타내는 것이라고 설명하기도 합니다.

잔치를 베푸는 자리는 연석(宴席)이고, 여러 사람이 모여 베푸는 잔치는 연회(宴會)입니다. 연안짐독(宴安鴆毒)에서 짐독은 전설상의 새인 짐새의 깃에 있는 맹렬한 독으로 그것을 담근 술을 마시면 사람이 즉사한다고 합니다. 안일과 향락에 빠지면 독주를 마시고 자살하는 것처럼 치명적이고 해롭다는 뜻입니다.

고교	획수	형자	회자	새김	발음
寄	11	奇	宀奇	부칠	기

'부칠' **기(寄)**를 『설문』에서는 '맡기는 것'이라고 합니다. 다른 사람에게 몸을 맡기고 사는 것, 붙어사는 것을 가리키기도 하고 인신하여 '보내다, 주다'라는 뜻을 나타내기도 합니다.

기류(寄留)는 다른 지방이나 남의 집에 일시적으로 머물러 사는 것입니다. 기생(寄生)은 다른 사람을 의지하여 붙어사는 것입니다. 기인리하(寄人籬下)는 다른 사람의 울타리 아래 붙어산다는 뜻으로 다른 사람에게 기대어 살거나 문장이나 저술에 창조성이 없는 것을 가리킵니다.

고교	획수	형자	회자	새김	발음
寢	14	侵省	宀爿帚	잘	침

'잘' **침(寢)**을 집[宀]에서 잠자리[爿]에 들기 전에 비[帚]를 손[又]에 들고 재나 먼지를 털어내는 것에서 나온 것이라고 설명하는 학자도 있습니다만, 다수설은 아닌 듯합니다. 누워서 쉰다는 것을 본뜻으로 봅니다.

잠자는 데에 쓰이는 물건은 침구(寢具)이고, 잠자는 방은 침실(寢室)입니다. 걱정이 많아 잠을 편히 자지 못하는 것은 침불안석(寢不安席)이라고 하는데, 좌불안석(坐不安席)과 비슷한 뜻입니다. 축자의는 '자는 데[寢]에 자리[席]가 편안하지 않다[不安]'입니다.

고교	획수	형자	회자	새김	발음
寬	15	莧	宀莧	너그러울	관

'너그러울' 관(寬)을 『설문』에서는 "집이 넓고 큰 것"이라고 합니다. 거기에서 '가로의 길이가 길다, 면적이 크다'라는 뜻을 갖고, 사람의 성품이 너그러운 것을 나타내기도 합니다.

자소자는 '산양' 환(莧)으로 뿔이 가늘고 몸이 큰 산양이라고 합니다. 산양이 큰 것처럼 집이 큰 것을 나타내는 것으로 짐작은 합니다만 확실하지는 않습니다. 환(莧)은 다시 '사팔뜨기' 말(䀏)과 '사람' 인(儿) 오른편에 점[丶]을 찍은 부분으로 나누어지고, 말(䀏)은 다시 '양뿔' 개(丷)와 '눈' 목(目)으로 나누어지는데 눈이 양의 뿔처럼 밖으로 향한 것 즉, 사팔뜨기를 나타냅니다. 『설문』에서 이 석자는 모두 독립된 부수를 이루는 부수자입니다.

한 가지 알아둘 점은 지금은 '초두' 변[艹]과 구별을 하지 않으며 쓰고 있는데, 본래는 '총각' 관(丱)으로 자형이 다르다는 점입니다. 총각은 옛날에 관례를 치르지 않은 남자들이 머리를 땋아 위로 묶는 것을 가리켰는데 그 모양이 마치 뿔처럼 보였습니다. 여기에서 결혼하지 않은 성년 남자를 가리키게 된 것으로 봅니다. '총각' 관(丱)을 『설문』에서는 (광물의) 원석이라고 해, '돌' 석(石) 부에 속해 있습니다만, 현재 본뜻은 어린아이들이 머리를 뿔처럼 땋아 묶은 것으로 봅니다.

마음이 넓고 큰 것은 관대(寬大)한 것이고, 너그럽게 받아들이고 용서하는 것은 관용(寬容)입니다. 관맹상제(寬猛相濟)는 너그러움과 엄함이 서로 돕는다는 뜻으로 정치를 할 때에는 관용과 엄벌을 적절히 사용해야 함을 이르는 말입니다.

고교	획수	형자	회자	새김	발음
寶	20	缶	宀王缶貝	보배	보

'보배' **보(寶)**는 방[宀] 안에 옥(玉)과 금전[貝], 그릇[缶] 등 값진 것이 많은 것입니다. 보배입니다. 귀하고 소중한 물건을 보배라고 하는데, 이것은 보패(寶貝)에서 유래된 것으로 봅니다. 조개[貝]는 옛날에 화폐로 값진 것이었습니다.

자소자인 '장군' 부(缶)는 부수자 해설을 참고하기 바랍니다.

썩 드물고 귀한 가치가 있는 물건이 보물(寶物)입니다. 보도불로(寶刀不老)를 우리말로 옮길 때에는 아무래도 '보도 또는 잘 만든 칼은 녹슬지 않는다'로 해야 하지 않을까 합니다. 사람이 비록 늙었지만 능력이나 기예는 전혀 감퇴하지 않은 것을 이릅니다. 보마향거(寶馬香車)는 좋은 말과 훌륭한 수레인데, 부귀한 사람들이 밖에 나갈 때 거마의 호화로움을 나타내는 말입니다. 지금은 동력이 엔진으로 차와 일체가 되었으니 어쩌면 페라리(Ferrari) 정도의 호화로운 고급 승용차 정도가 되지 않을까 합니다.

고교	획수	회자	새김	발음
宜	8	宀多	마땅	의

갑골문의 '마땅' **의(宜)**는 남성의 생식기를 뜻하는 '또' 차(且)와 '고기' 육(肉)이 결합된 모양으로 남성의 생식기 모양 앞에 고기를 놓고 제사를 지내는 것으로 추정합니다. 제사를 지내는 것이니 마땅히, 당연히 해야 되는 일이고 그런 뜻을 지니게 됩니다. 힌두교에서는 '링감(lingam)'이라고 해 남근을 시바의 상징으로 숭배하는데, 똑같이 고대 중국의 남근 숭배 사상이 숨어 있는 글자이겠습니다. 우리 민속에서 아들 낳기를 기원하는 기자석(祈子石)도 고대의 남근 숭배 사상이 숨어 있는 것으로 봅니다.

의당(宜當)은 '사물의 이치에 따라 마땅히'의 뜻입니다. 의호(宜乎)는 옛 한문 투의 말로 역시 '마땅하게'의 의미입니다.

고교	획수	회자	새김	발음
宰	10	宀辛	재상	재

'재상' **재(宰)**의 본뜻은 죄인[辛]이 집안[宀]에서 일을 하는 것입니다. 희생인 짐승을 잡아 제사를 준비합니다. 그래서 재(宰)에는 '짐승을 잡다'라는 뜻과 아울러 어떤 일을 주관하다는 의미도 있습니다. 가신이나 재상이라는 뜻은 파생되어 나온 것입니다.

재상(宰相)은 모든 관원을 지휘, 감독하는 고위 관료입니다만, 어찌됐든 그 바탕에는 재상도 황제나 임금에게는 종이라는 생각이 깔려 있습니다. 일을 맡아 중심이 되어 처리하는 것은 주재(主宰)입니다.

고교	획수	회자	새김	발음
寡	14	宀憂	적을	과

'적을' **과(寡)**를 한 번 살펴보겠습니다. 우리 자전 중에는 "집안[宀]에서 근심하는[憂] 사람의 모양으로 과부를 나타낸다"라고 설명합니다. 이것은 전문을 분석 대상으로 한 경우입니다.

일본 자전에는 '집' 면(宀), '머리' 혈(頁), '사람' 인(人) 세 개의 자소로 분석합니다. "과(寡)는 머리[頁]에 거상 중임을 나타내기 위한 표인 상장을 단 사람[人]이 사당 안에서 신령을 우러러보며 한탄하고 있는 모습을 옆에서 본 것"이라고 설명합니다. 뜻은 미망인 즉 과부로 같습니다.

중국 측 자료를 보겠습니다. 우선 『설문』에서는 "과(寡)는 적은 것이다. 면(宀)과 '나눌' 반(頒)을 따른다[회의자]. 반(頒)은 [집을] 나누어 주는 것이며 그래서 적다"라고 풉니다. 금문을 대상으로 한 해석에는 "집 안에 단 한 사람만 있는 것을 나타내기 때문에 적다라는 뜻을 가질 수 있게 된다"라고 합니다. 여기서 과부는 파생의입니다. 부부는 한 쌍으로 두 사람인데 거기에서 과부는 한 사람이 적은 상태라서 과부를 가리키게 되지 않았을까 합니다.

필자는 이 가운데 어떤 설명은 맞고 어떤 풀이는 틀리다고 생각하지 않습니다. 기본적으로 추상화되고 단순화되어 작아진 그림 글자를 설명하는 것이니 이렇게 볼 수도 있고 저렇게 볼 수도 있습니다. 문제는 다른 단어나 문장 속에서도 같은 뜻이나 유사한 의미로 쓰인 사례가 있는가 하는 점입니다. 설명을 한 뒤 그런 사례를 찾아서 자신의 주장이 옳다는 것을 입증하는 것, 즉 고증이 훈고학의 가장 기본적인 자세입니다.

본서의 설명은 이런 고증을 거쳐 공인된 것을 따르고 있습니다. 더러 필자의 견해를 밝히는 경우에는 필자의 견해임을 밝힙니다.

말이 적고 침착해 과묵(寡默)이고, 욕심이 적어 과욕(寡慾)인데 욕심이 많은 것도 과욕(過慾)입니다. 과작(寡作)은 작품 따위를 적게 짓는 것입니다. 과인(寡人)은 덕이 적은 사람이라는 뜻으로 임금이 자기를 낮추어 이르던 일인칭 대명사입니다. 과견선문(寡見鮮聞)은 본 것도 들은 것도 적다는 뜻으로 학식이 낮고 견문이 좁은 것을 말합니다. 과렴선치(寡廉鮮恥)는 성실하지 않고 염치가 없는 것입니다. 과부적중(寡不敵衆)은 적은 수효로 많은 수효를 대적하지 못함을 이르는데, 중과부적(衆寡不敵)으로 쓰기도 합니다.

고교	획수	회자	새김	발음
寧	14	宀 皿 丂	편안	녕

갑골문의 '편안' 녕(寧)은 지금의 자형에서 '마음' 심(心)이 없는 형태로 방 안에 먹을 것을 놓아둔 것을 나타내는 것으로 추정합니다. 금문에서 뜻을 나타내는 '마음' 심(心)을 더했는데 이것은 '편안' 녕[寍, 寧의 고자(古字)]이 편방으로 쓰일 때의 형태라고 합니다.

자소자는 '기 뻗으려하다 막힐' 고(丂)인데 고문에서는 '상고할' 고(考)나 '어조사' 우(亏), '공교로울' 교(巧)로 쓰기도 했습니다.

영세(寧歲)는 곡식이 잘 자라고 잘 여물어 평년보다 수확이 많은 해 즉, 풍년입니다. 영일(寧日)은 일이 없이 평화스러운 날입니다. 옛날 베갯모를 보면 오래 살고 복을 누리며 건강하고 평안하라는 뜻으로 '수복강녕(壽福康寧)' 넉 자를 수놓았습니다. 남자의 베갯모는 네모나고, 여자 것은 둥근 모양입니다. 천원지방(天圓地方)을 따르면 남자는 하늘로 둥글고, 여자는 땅으로 각져야 하니 남자의 베갯모가 둥글어야 할 듯한데 이것은 거꾸로입니다. 혹 잠잘 때는 죽은 것으로도 생각할 수 있으니 바뀌는 것인가 싶기도 한데 확인할 수는 없습니다.

영사불굴(寧死不屈)은 차라리 죽을지언정 굽히지는 않겠다는 뜻으로, 옛날 우리 선비들의 자세이기도 했습니다. '영위계구 무위우후(寧爲鷄口 無爲牛後)'는 차라리 닭의 주둥이가 될망정 소의 꽁무니가 되지 말라는 뜻으로 "닭의 대가리가 소꼬리보다 낫다"라는 우리 속담과 똑같은 뜻으로 크고 훌륭한 자의 뒤를 쫓아다니는 것보다는 차라리 작고 보잘것없는 일을 할지라도 남의 우두머리가 되는 것이 낫다는 말입니다. '영위옥쇄 불위와전(寧爲玉碎 不爲瓦全)'은 옥기(玉器)로서 부서질망정 와기 즉, 질그릇으로 목숨을 보전하지는 않겠다는 뜻입니다. 앞의 영사불굴과 같은 기개를 나타냅니다. 영절불만(寧折不彎)도 차라리 꺾일망정 굽히지는 않겠다는 뜻으로 비슷한 내용입니다.

고교	획수	회자	새김	발음
審	15	宀釆	살필	심

'살필' 심(審)입니다. 방[宀] 안에서 뭔가를 자세히 살펴보고 상세히[釆] 묻는다[口]는 뜻입니다. 금문에서는 '입' 구(口)를 썼는데 나중에 두 글자가 합쳐져 '차례' 번(番)이 되었습니다. 의미는 갖습니다.

심문(審問)은 자세히 따져 묻는 것이고, 심사(審査)는 자세히 조사하여 등급이나 당락을 결정하는 것이며, 심판(審判)은 잘잘못을 가려 결정을 내리는 것입니다. 심기탁인(審己度人)은 자기 자신을 살핀 뒤 다른 사람을 헤아린다는 뜻입니다. 위나라 문제(文帝) 즉, 조비(曹丕, 187~226)가 한 말로 알려져 있습니다. 강한 자존심에서 나오는 것일 수도 있지만, 문인들은 흔히 다른 사람을 낮잡아 보는 경향이 있습니다. 그런데 대해 경계한 말입니다. 다른 사람을 낮잡아 보기 전에 먼저 자기를 돌아보라는 뜻입니다. 『논어(論語)』에 나오는 추기급인(推己及人)도 비슷한 의미가 되겠는데, 역지사지(易地思之)처럼 다른 사람의 입장에서 생각해보는 것에 비중이 놓여 쓰임은 다릅니다.

고외	부수	획수	형자	회자	새김	발음
憲	心	16	害省	目害	법	헌

금문에서 '법' 헌(憲)은 '눈' 목(目) 아래에 '마음' 심(心)을 썼습니다. 마음[心]과 눈[目]이 밝은 것입니다. 그러면 사물을 제대로 헤아려볼 수 있습니다. 총명하다가 본뜻입

니다. 여기에서 '명시하다, 알리다'라는 뜻이 나오고 법도 가리키게 되었습니다. '집' 면 (宀)의 부수외자로 나온 것은 '집' 면(宀)이 해(害)의 자소이기 때문입니다.

고외	부수	획수	회자	새김	발음
索	糸	10	宀 艹 糸	찾을/노	색/삭
賓	貝	14	宀 人 止	손	빈

'찾을' 색(索)은 실[糸]을 꼰 것 즉, '노'가 본뜻입니다. 이때는 '노' 삭(索)으로 읽습니다. '노'나 '바'는 모두 섬유를 꼰 줄이라는 점에서는 마찬가지이지만, 바는 굵은 것을 가리킵니다. 새끼도 물론 줄이지만 짚을 사용한 것입니다. '찾다'라는 새김은 파생된 뜻입니다. 새끼나 줄을 꼬다보면 한쪽 줄이 떨어집니다. 그러면 가닥을 찾아 짚이나 실을 대어줘야 하는 데에서 혹시 '찾다'라는 의미가 파생된 것은 아닐까 짐작해봅니다. 다른 자소자는 모두 부수자이니 해당 부수란의 설명을 참고하기 바랍니다.

'손' 빈(賓)은 내 집[宀]에 예물[貝]을 가지고 온[止] 사람입니다. '손'을 가리키는 말로 객(客)이 있는데 빈(賓)은 귀한 손님을 가리키고, 객(客)은 문객(門客)을 비롯해 손님 일반을 가리킨다는 점에서 사용 범위가 더 넓은 글자입니다.

R041

마디 촌(寸) 부

갑골	금문	전문	해서
		⼨	寸

　'마디' 촌(寸)은 손을 나타내는 '또' 우(又)와 가로획[一]으로 이루어진 지사자입니다. 여기서 가로획은 손바닥 아래에서 한 치 되는 곳의 맥박이 뛰는 촌구(寸口) 부분을 가리킵니다. 촌은 순우리말로 '치'라고 하며 길이의 단위이기도 합니다. 한 자[尺]의 1/10로 3.03cm입니다. 부수로 쓰여 손이나 기준, 법도 등과 관련된 뜻을 나타냅니다. 치를 3.03cm라고 했습니다만, 정확히 말하면 이 단위는 명치유신 이후 일본이 척관법을 미터법으로 바꾸면서 한 자[尺]를 10/33m로 규정한 것을 받아들인 것입니다. 토목공사에 많이 쓴 우리의 영조척(營造尺)은 30.65cm, 악기의 소리를 바탕으로 만든 황종척(黃鍾尺)은 34.72cm라고 하는데, 이설도 없지 않습니다.

중학	획수	새김	발음
寸	3	마디	촌

촌가(寸暇)는 얼마 안 되는 짧은 겨를이고, 촌보(寸步)는 몇 발자국 안 되는 걸음을 말합니다. '(상대의) 마음을 헤아리다'라는 뜻으로 『표준』에서는 촌탁(忖度)만 쓰고 있습니다만, 한문 가운데에선 촌탁(寸度)이 심심치 않게 나옵니다. 여기서 촌(寸)은 '생각하다, 헤아리다'라는 뜻인데, 길[道]을 헤아려[寸] 다른 사람들을 이끄는 것으로 기억해도 될 듯합니다.

촌철살인(寸鐵殺人)은 한 치의 쇠붙이로도 사람을 죽일 수 있다는 뜻으로 간단한 말로도 남을 감동하게 하거나 남의 약점을 찌를 수 있음을 이릅니다. 촌보불리(寸步不離)는 한 발자국도 떨어질 수 없다는 뜻으로 관계가 밀접해 붙어 다니는 것입니다. 촌초춘휘(寸草春暉)는 맹교(孟郊, 751~814)라는 당나라 시인의 「유자음(游子吟)」이라는 시에서 나온 말입니다. 촌초는 작은 풀 아니면 새싹 정도로 생각할 수 있고, 춘휘는 봄의 따뜻한 햇빛으로 부모님의 은혜를 비유해 말합니다. 그래서 촌초춘휘는 자식이 부모님의 은혜에 보답하기 어려움을 가리킵니다. 촌금난매촌광음(寸金難買寸光陰)은 한 치 금으로 아주 짧은 시간조차 사기 어렵다는 뜻으로 시간의 귀중함을 이르는 말입니다. 여기서 촌금(寸金)이 구체적으로 얼마인지는 확실하지 않습니다. 누구는 한 치 길이의 금이라고도 하는데, 두께와 높이가 얼마인지는 모릅니다. 또 누구는 가로, 세로, 높이가 각각 한 치인 금이라며 계산치를 제시하기도 합니다. 촌(寸)은 무게의 단위가 아니고, 길이의 단위입니다. 그래서 필자는 그저 '어느 정도의 금'을 말하는 것이지 무게가 얼마나가는 금을 말하는 것은 아닌 것으로 판단합니다. 촌음(寸陰)은 그림자가 한 치 움직이는 데에 걸리는 시간입니다. 그래서 짧은 시간입니다.

중학	획수	형자	새김	발음
寺	6	屮	절/내시, 모실	사/시

'절' 사(寺)의 위 자소는 본래는 지금의 '흙' 토(土)가 아니고 '멈출' 지(止)로 발을 나타내고 아래의 '마디' 촌(寸)은 손을 나타냈습니다. 어디에 멈춰 서서 심부름이나 잡무를 하라는 명령을 기다리는 것입니다. '처리하다'가 본뜻입니다. 관청이나 절의 뜻으로도 쓰이죠. 절의 뜻으로 쓰이게 된 데에는 유래가 있습니다. 중국 고대의 사(寺)는 손님을 접대하는 관청이었는데, 서역(西域)에서 승려가 오면 잠시 이곳에 머물렀다고 합니다. 거기에서 사찰(寺刹)이나 스님들이 수도하는 장소를 나타내게 된 것입니다.

사원(寺院)은 절이고, 사전(寺田)은 절이 소유하고 있는 밭입니다. 다음어(多音語)로서 시인(寺人)은 내시(內寺) 즉, 남성을 상실한 환관(宦官)을 가리키는 말입니다. 고려시대에 내시서기(內寺書記)라는 관직이 있었습니다. 늘 왕의 곁에서 잡일을 맡아하는 직책입니다. '寺'를 '모실' 시로도 쓰니 가까이 안에서 (임금을) 모시는 것이라고 생각할 수 있습니다. 환관은 따로 있었으며 이때 내시는 정상적인 남성이었습니다. 그런데 고려 말 내시부(內侍府)라는 환관을 관리하는 관청이 새로 생기면서 환관과 같은 뜻으로 쓰이게 된 것으로 봅니다.

중학	획수	형자	회자	새김	발음
將	11	爿	肉寸	장수	장

'장수' 장(將)의 갑골문을 보면 '마디' 촌(寸)이 아니고 '솥' 정(鼎) 자를 쓰고 있습니다. '솥[鼎]'에서 고기[月, 肉]를 (손으로) 꺼내[寸] 제사를 지낸다'라는 뜻으로 추정합니다. '조각' 장(爿)은 소리를 나타냅니다. '장수(將帥)'나 '바야흐로'의 뜻으로 쓰는 것은 인신된 것입니다.

장수와 재상을 아울러 이를 때는 장상(將相)입니다. 장재(將材)는 장수가 될 만한 훌륭한 인재를 가리킵니다. 장차(將次)는 앞으로의 어느 때를 나타냅니다. 장공보과(將功補過)는 공을 세워 자신의 허물이나 잘못을 갚는다는 뜻입니다. 장공속죄(將功贖罪)는 죄지은 사람이 공을 세워 그 대가로 죄를 면하는 것을 이릅니다. 장신장의(將信將疑)에서 장(將)은 '또한, 한편으로는'의 뜻으로 또한 믿기도 하고 또한 의심스럽게 여기기도 하는 것입니다. 긴가민가하는 것입니다. 긴가민가는 기연가미연가(其然가未然가)에서 온 말이라 했습니다. 즉, 이미 그러한 것과 아직 그렇지 않은 것 사이에서 헷갈리는 것입니다. 반신반의(半信半疑)와 비슷한 의미입니다. 장문출장(將門出將)은 장수 집안에서 장수가 나온다는 뜻입니다.

중학	획수	회자	새김	발음
射	10	身寸	쏠/율 이름	사/역

갑골문과 금문의 '쏠' 사(射)는 완전히 활을 당겨 쏘는 모습의 그림입니다만 그 이후에 자형이 바뀌었습니다. 『설문』에서는 "(내) 몸에서 쏘아 멀리 가는 것"이라고 설명합니다. 표에는 공간을 줄여 쓰려고 표시를 하지 않았습니다만 '쏠' 사(射)는 다음자라서 다른 새김도 익혀둬야 합니다. '벼슬 이름' 야, '맞힐' 석에 '율 이름' 역으로 새깁니다. '다리미' 울(尉)과 통용되기도 합니다.

사격(射擊)은 활이나 총을 쏘는 것이며, 사리(射利)는 수단을 가리지 않고 이익을 얻으려 하는 것입니다. 무예 수련을 위해 활터에 세운 정자는 사정(射亭)입니다. 꼭 기억해두었으면 하는 것은 우리 음악에서의 '무역(無射)'이라는 음이름입니다. '무사'가 아닙니다. '무역'입니다.

중학	획수	회자	새김	발음
尊	12	酋寸	높을	존

'높을' 존(尊)은 술그릇[酋]을 손[寸]에 들고 건배를 제의하거나 술을 따르고 제사를 지내는 것으로 추정합니다. 여기에서 '존경하다, 높다'라는 뜻이 파생되어 나왔습니다. 『설문』에서는 '술잔의 하나'라고 설명합니다.

자소자는 '두목' 추(酋)인데, 술이 오래된 것을 나타내기도 합니다.

존경하여 대하거나 대접하는 것은 존대(尊待)이고, 존속(尊屬)은 부모 또는 그와 같은 항렬 이상에 속하는 친족으로 상대가 되는 말은 비속(卑屬)입니다. 상대방을 높여 부르는 것은 존칭(尊稱)입니다. 존함(尊銜)은 남의 이름을 높여 이르는 말로 존명(尊名)이라고 합니다. 그래서 격식을 갖춰 상대방의 이름을 물을 때에는 "존함이 어떻게 되십니까?"라고 합니다. 존고비금(尊古卑今)은 옛날을 높이 여기고 현대는 가볍게 생각한다는 뜻입니다. 존사중도(尊師重道)는 스승을 존경하고 그 가르침을 중시하는 것입니다. 존현사능(尊賢使能)은 어진 이를 존경하고 능력 있는 사람을 부린다는 뜻입니다. 그런 풍토가 무르익을 때 한 나라의 정치는 물론이고 사회도 정상적이고 상식적인 길을 걷는 것이 아닐까 합니다.

중학	획수	회자	새김	발음
對	14	丵口又	대할	대

'대할' **대(對)**의 '풀 성할' 착(丵)은 '술이 들쑥날쑥한 의장'의 하나로 '높이 들어드러낸다'는 뜻을 나타냅니다. 글자에 없는 '입' 구(口) 자가 회의 자소로 나오는 것은 본래 글자에는 '풀 성할' 착(丵) 아래에 구(口) 자가 있었기 때문입니다. '입' 구(口)가 붙어 '대답하다'는 뜻으로 쓰게 되었습니다. 지금은 '입' 구(口)가 아니고 '흙'토(土)를 씁니다.

대객(對客)은 손님을 마주 대하는 것입니다. 대등(對等)은 높고 낮음이 없이 비슷한 것을 이릅니다. 대우탄금(對牛彈琴)은 소를 마주 대하고 거문고를 탄다는 뜻으로 어리석은 사람에게는 깊은 이치를 말해주어도 알아듣지 못하므로 아무 소용이 없음을 이르는 말입니다. 대증하약(對症下藥)은 병의 증세에 따라 약을 처방한다는 뜻으로 구체적인 상황이나 문제에 따라 해결 방법을 찾는 것을 비유적으로 나타내주는 말입니다.

중외	부수	획수	형자	회자	새김	발음
村	木	7	寸	木寸	마을	촌

'마을' **촌(村)**은 자형이 조금 바뀌었습니다. 전문에서는 '나무' 목(木)이 아니고 '진칠' 둔(屯)에 '마디' 촌(寸)을 쓰는 촌(邨)으로 썼습니다. 둔(屯)은 '모이다'라는 뜻입니다. 시골에서 농민들이 모여 사는 곳이 바로 마을입니다.

촌락(村落)은 주로 시골에서 여러 사람이 모여 사는 곳을 말하고, 촌민(村民)은 시골에 사는 백성입니다.

중외	부수	획수	회자	새김	발음
守	宀	6	宀寸	지킬	수

'지킬' **수(守)**의 자소자 '집' 면(宀)은 관아를, '마디' 촌(寸)은 분수나 법도를 나타냅

니다. 그래서 전체적으로 관아에서 법을 지키며 일을 처리한다는 뜻입니다.

고교	획수	형자	회자	새김	발음
尋	12	彡	又工口寸	찾을	심

'찾을' 심(尋)의 위아래 자소는 손을 가리킵니다. 양팔을 펴서 길이가 얼마나 되는지 재어보는 것을 나타냅니다. 거기에 길이를 재는 공구인 자[尺]를 뜻하는 '장인' 공(工)이 붙고, '입' 구(口)가 붙었습니다. 양팔[又, 寸]을 자[工]로 삼아 재고 길이가 얼마라고 말하는 것[口]으로 파자해볼 수 있을 듯합니다.

『설문』에 나오는 자형은 '터럭' 삼(彡)이 붙은 '彑'입니다. "심(彑)은 실마리를 찾아서 정리하는 것이다. 공(工)을 따르고, 구(口)를 따르며, 우(又)를 따르고 촌(寸)을 따른다. 공(工)과 구(口)는 뒤엉켜 문란한 것이며, 우(又)와 촌(寸)은 가닥을 찾는 것이다. 삼(彡)은 소리를 나타낸다"라고 설명합니다. 현재 자형에서는 '터럭' 삼(彡)이 쓰이지 않아, 형성자로 볼 수는 없지만 참고로 밝혀놓은 것입니다.

심방(尋訪)은 방문하여 찾아보는 것인데 교회에서 많이 쓰는 말입니다. 심근구저(尋根究底)라는 말이 있는데, 축자의는 '뿌리를 찾고 바닥을 헤아려보는 것'으로 일이 생겨난 원인을 철저히 밝히는 것입니다. 비단 일뿐만 아니라 공부를 하는 데에 가장 필요한 자세가 아닐까 싶기도 합니다. 심장적구(尋章摘句)는 다른 사람의 글귀를 따서 글을 짓는 것입니다.

길이의 단위로 심(尋)은 8자입니다. 우리 속담에 "열 길 물속은 알아도 한 치 사람 속은 모른다"고 하는데 여기서 말하는 '길'이 심입니다. '길'은 여덟 자를 가리키기도 하고, 사람 키 정도의 길이를 가리키기도 합니다. 예전에 새끼 같은 것의 길이를 잴 때에는 '발'이라는 단어를 많이 사용했습니다. 양팔을 폈을 때 끝에서 끝까지의 길이인데, '발'은 대체로 '길'과 길이가 같습니다. 자기의 키 정도 길이입니다.

고교	획수	형자	회자	새김	발음
導	16	道	道寸	인도할	도

'인도할, 이끌' **도(導)**는 자형이 많이 바뀐 글자입니다. 본래 글자는 사람이 길[街]에서 머리[首] 앞으로 손[寸]을 내밀고 뭔가를 끌고 나가는 모양입니다. 소 같은 동물을 앞에서 끌고 가는 모습을 상상하면 이해하기가 더 쉽겠습니다.

도입(導入)은 기술, 방법, 물자 따위를 끌어들이는 것입니다. 도화선(導火線)은 폭약이 터지도록 불을 붙이는 심지인데, 심지의 길이로 폭발 시간을 조절합니다. 다이너마이트(dynamite)의 경우 심지를 뇌관에 연결하고 그것을 속어로 '떡'이라고 하는 니트로글리세린으로 된 폭발약 안에 끼워 넣습니다. 심지에 불을 붙이면 그 불이 타들어가 뇌관을 치고 이어서 폭발이 일어나게 됩니다.

고교	획수	회자	새김	발음
封	9	圭寸	봉할	봉

갑골문의 '봉할' **봉(封)**은 흙무더기 위에 나무를 심는 모양입니다. 나무를 심어 경계를 나타냅니다. 『설문』에서는 봉(封)을 "작위에 따라 제후에게 주는 땅이다. 지(止), 토(土), 촌(寸)을 따른다[회의자]. 촌(寸)은 분봉 제도를 따른다는 것을 나타낸다. 공작과 후작은 사방 백 리, 백작은 사방 칠십 리, 자작과 남작은 사방 오십 리의 땅을 준다"라고 설명합니다. 어원에 대한 설명보다 역사상 나타난 제도를 이해하는 데에 도움이 될까 해 그 내용을 소개합니다.

봉건(封建)은 천자가 나라의 토지를 나누어주고 제후로 봉하여 나라를 세우게 하는 일입니다. 그렇게 해서 받은 땅은 봉지(封地)입니다. 봉쇄(封鎖)는 막거나 잠그는 것입니다. 봉인(封印)은 밀봉한 자리에 도장을 찍는 것을 가리킵니다. 촛농 같은 것을 떨어뜨린 뒤에 도장을 찍어 문서를 함부로 개봉하는 것을 막는 방법입니다. 봉시장사(封豕長蛇)는 큰 돼지와 긴 구렁이라는 뜻으로 먹기를 탐내는 사람을 비유적으로 이르는 말입니다. 중국어에서는 탐욕스럽고 포악한 사람을 비유적으로 이르는 말이라고 설명하고 있어 우리말에서와는 쓰임이 달라 보입니다. 봉처음자(奉妻蔭子)는 봉건 시대 공신의 처는 봉호(封號)를 받고 자식들은 기존의 이익을 세습해 받았던 것을 이르는 말입니다. 음자(蔭子)는 조상의 공덕으로 벼슬을 얻은 사람을 이르는데, 음서(蔭敍)에 의해 관리가 된 경우입니다. 음서는 역사상 공신이나 전·현직 고관의 자제를 과거에 의하지 않고 관리로 채용하던 일을 말합니다.

고교	획수	회자	새김	발음
專	11	叀寸	오로지	전

'오로지' 전(專)을 『설문』에서는 "6치짜리 홀(笏)이다. 촌(寸)을 따르고, '삼갈' 전(叀)이 소리를 나타낸다. 달리, 전(專)은 방전(紡專)이라고도 한다"라고 합니다. 홀은 옛날에 '벼슬아치가 임금을 만날 때 손에 쥐던 물건'입니다. 임금의 말을 듣고 잊지 않도록 거기에 간단히 메모를 하는 용도로 썼습니다.

방전(紡專)은 방추입니다. 순우리말로 가락이라고 하는데 기다란 쇠꼬챙이입니다. 실을 만들 때 섬유뭉치에서 가닥을 뽑은 뒤 쇠꼬챙이가 돌아가는 것을 이용해 꼬아 줍니다. 이때 쇠꼬챙이가 잘 돌아가도록 회전력을 증가시켜주는 것이 방추차(紡錘車)인데 모양은 아주 큰 단추를 떠올리면 됩니다. 돌이나 도기로 만들며 가운데 구멍이 뚫려 있어 그 구멍에 방추를 넣고 돌리면 잘 돌아가 실을 잘 꼴 수 있습니다. 여기서 '돌다'라는 뜻이 나오고, 물체가 돌면 중심축이 고정되기 마련입니다. 그래서 '하나의, 오로지' 같은 뜻이 파생되어 나옵니다. 마음과 힘을 오직 한 곳에만 쓰는 것은 전일(專一)이라고 하고, 권세를 혼자 쥐고 제 마음대로 하는 것은 전횡(專橫)이라고 합니다. 전심치지(專心致之)는 오직 한마음을 가지고 한길로만 나아가는 것이며 같은 발음의 전심치지(專心致志)는 오직 한 가지 일에만 마음을 쏟아 뜻한 바를 이루는 것입니다.

고외	부수	획수	형자	새김	발음
冠	冖	9	元	갓	관

'갓' 관(冠)은 모자[冖]를 손[寸]에 들고 머리[元]에 쓰는 것입니다. 그래서 모자를 나타내는데, 모자라고는 해도 시기와 지역에 따라 모양이 다르기 때문에 한 마디로 관(冠)은 이런 것이라고 말하기는 어렵습니다.

고외	부수	획수	형자	회자	새김	발음
耐	而	9	而	而寸	견딜	내
討	言	10	肘省	言寸	칠	토

'견딜' 내(耐)를 『설문』에서는 "죄가 머리를 깎는[髡(곤)] 데까지 미치지 않는 것"이라고 합니다. 턱수염[而]을 손[寸]으로 깎는 것으로 가벼운 형벌입니다. 예전에는 부모에게서 받은 것이라고 몸을 워낙 소중히 여겼기 때문에 머리털이나 턱수염을 깎는 것은 큰 모욕이었던 모양입니다. 조금 가벼운 형벌이니 견딜 만한 것입니다.

'칠' 토(討)는 말[言]로 법이나 기준 혹은 정의[寸]를 가르치며 다스리는 것입니다. 일단은 훈계하고, 바뀌지 않으면 무력에 호소해 치게 됩니다. 자소자는 '팔꿈치' 주(肘)입니다.

토론(討論)은 각자의 의견을 밝히고 논하는 것입니다. 토벌(討伐)은 무력으로 쳐서 없애는 것입니다.

고외	부수	획수	회자	새김	발음
付	人	5	人寸	줄	부
辱	辰	10	辰寸	욕될	욕
奪	大	14	衣雀寸	빼앗을	탈

'줄' 부(付)는 손[寸]에 뭔가를 들어 다른 사람[人]에게 주거나 건네주는 것입니다. '붙이다'라는 뜻도 갖습니다.

복습 겸해 욕(辱) 자를 살펴보겠습니다. '욕될' 욕(辱)은 '김맬' 누(耨) 자로 보기도 합니다. 옛날에는 쇠 등의 금속이 없어 날카롭게 간 조개[蜃] 껍질을 손[寸]에 쥐고 해충을 없앴기 때문에, 제 때에 해충을 없애지 못하면 욕되고 부끄러운 일이라는 데어서 나온 글자입니다.

'빼앗을' 탈(奪)입니다. 『설문』에서는 이 글자를 '날갯짓할' 순(雀)과 '또' 우(又, 손)로 나눕니다. 손에 잡힌 새가 날아가고 싶어 하는 것입니다. 현재 자형은 아래에 우(又)를 쓰지 않고 촌(寸)을 쓰는데 역시 손[手]을 가리키는 글자입니다.

R042

작을 소(小) 부

갑골	금문	전문	해서
⺌	八	川	小

'작을' 소(小)는 티끌이나 모래의 작은 모양을 본뜬 상형자입니다. 고문 분석의 설명인데, 『설문』의 "팔(八)을 따라 물건이 나뉘어 작은 것이 나타나는 것[ㅣ]"이라는 설명도 귀담아 둘 만합니다. 부수로 '작다, 적다'라는 뜻을 나타내고 '시간 등이 짧다, 시야 등이 좁다'라는 뜻을 나타내기도 합니다.

'작다'와 '적다'는 자칫 혼동하기 쉽습니다. 작다는 대소(大小) 관계를 나타내고, '적을' 소(少)의 적다는 수량이 많고 적음[多少]을 나타냅니다.

중학	획수	새김	발음
小	3	작을	소

임금 앞에 신하가 스스로를 낮춰 부르는 것은 소신(小臣)이고, 조심성이 지나치게 많은 것은 소심(小心)한 것입니다. 소인(小人)은 신분이 낮은 사람이 자기보다 신분이 높은 사람을 상대하여 자기를 낮추어 이르던 일인칭 대명사로 쓰입니다. 소기이영(小器易盈)은 작은 그릇은 채우기 쉽다는 뜻으로 기량(器量)이 작은 사람은 자만하기 쉽다는 뜻입니다. 소극침주(小隙沈舟)는 조그만 틈으로 물이 새어 들어 배가 가라앉는다는 뜻으로 작은 일을 게을리하면 큰 재앙이 닥치게 됨을 이르는 말입니다.

중학	획수	형자	새김	발음
少	4	丿	적을	소

'적을' 소(少)는 '작을' 소(小)에서 분화한 글자로 작고 가는 모래 알갱이를 가리키는데, 적다는 뜻으로 전용해 씁니다.

소시(少時)는 젊은 때입니다. 젊고 기운찬 것은 소장(少壯)으로 군대 장성 계급의 하나인 소장(少將)과 발음이 같습니다. 아주 적은 것은 근소(僅少)한 것입니다. 소견다괴(少見多怪)는 본 것이 적어 흔한 일상사도 신기하게 여기고 놀라는 것을 말합니다. 소불경사(少不更事)는 나이가 어려 아무런 일도 겪어보지 못했음을 이르는 말입니다.

중학	획수	회자	새김	발음
尙	8	八 向	오히려	상

상(尙)은 '더하다, 가깝다, 바라다'로 풀이합니다. 본뜻은 술그릇 혹은 술잔이라고 하는데, 술을 마실 때에는 잔을 들고 서로 경의를 표하는 데에서 '존경하다, 받들다'라는 뜻이 인신되어 나왔습니다.

무(武)를 높이 여겨 받드는 것이 상무(尙武), 문예를 높이 여겨 받드는 것은 상문(尙文)입니다. 상존(尙存)은 아직 그대로 존재하는 것이고, 상존(常存)은 늘 존재하는 것입니다. 상방보검(尙方寶劍)에서 상방(尙方)은 임금의 의복과 궁내의 일용품, 보물 따위의 관리를 맡아보던 관아입니다. 상방보검은 上方寶劍으로 쓰기도 하는데, 황제가 쓰는 보검으로 이것을 받은 신하는 사람을 먼저 죽인 뒤 나중에 상주할 수 있는 권리가 있었습니다. 나중에는 고급 관리의 문제 처리에 대한 지시나 특권 등을 가리키는 데에 비유적으로 썼습니다. 무협소설이나 중국 드라마에 심심찮게 나오는 말입니다.

고교	획수	회자	새김	발음
尖	6	小大	뾰족할	첨

'뾰족할' 첨(尖)은 큰[大] 데에서 점점 작아지는[小] 것이니 뜻을 쉽게 짐작할 수 있습니다.

물체의 뾰족한 끝이나 유행 등에서 가장 앞서는 것은 첨단(尖端)이고, 날카롭고 뾰족하거나 사태 따위가 날카롭고 격한 것은 첨예(尖銳)한 것입니다.

고외	부수	획수	형자	새김	발음
肖	肉	7	小	닮을, 같을	초

부수외자로 '닮을' 초(肖)가 있는데 형체나 용모가 서로 닮았다는 뜻입니다. 한문 투의 편지에 불초(不肖)라는 말을 쓰는데 이것은 자신이 아버지를 닮지[肖] 않았다[不]는 것으로 못난 자식이라는 뜻입니다. 그래서 불초자(不肖子)로도 씁니다.

R043

절름발이 왕(尢, 兀, 允) 부

갑골	금문	전문	해서

'절름발이' 왕(尢)은 한쪽 다리가 굽은 것을 가리킵니다. 변으로 쓰일 때 자형이 왕(尢)의 이체자인 '兀'이나 '允'으로 바뀌는 경우도 있습니다. 현재 단독으로 쓰이지는 않는 글자입니다. 이체자 가운데 兀은 '어진사람' 인(儿) 부에 '우뚝할' 올(兀)과 자형이 똑같습니다. 부수로 쓰여 발이나 걸음이 정상이 아님을 나타내줍니다.

중학	획수	지표	형자	새김	발음
尤	4	又(手) 丿	又	더욱, 허물, 망설일	우

'더욱' 우(尤)는 '또' 우(又) 부에서 부수외자로 설명한 것처럼 왕(尢)에 지사 표시로 점[丶]을 찍어 손에 혹 같은 것이 나 있는 것을 나타냅니다. 설상가상으로 상황이 더욱

더 나쁜 것입니다. 우(又)가 소리를 나타내는 형성자이기도 합니다.

중학	획수	회자	새김	발음
就	12	京尤	나아갈	취

'나아갈' **취(就)**에서 '서울' 경(京)은 높은 곳을 뜻하며 그런 곳에 나아가서 사는 것을 가리킨다고 합니다. 옛날에는 홍수가 자주 나서 재해를 피할 수 있는 높은 곳은 그렇지 않은 여느 곳과는 사뭇 다른 생활공간이었습니다.

취업(就業)이나 취직(就職)은 일자리를 잡아 직장에 나가는 것인데, 하늘의 별을 따는 것만큼이나 높이 올라가야 하는 것이 현실입니다.

R044

주검 시(尸) 부

갑골	금문	전문	해서
ᄀ	ᄀ	尸	尸

'주검' 시(尸)는 무릎을 굽히고 앉아 있는 사람의 모양을 본뜬 글자로 옛날 제사를 지낼 때 죽은 사람을 대신해 앉혀놓고 제사를 받게 하는 사람을 가리키는 글자입니다. 보통 죽은 자의 신하나 후배 가운데에 한 사람이 이런 임무를 맡았다고 하는데 언제부터인지 어린아이로 바뀌었습니다. 시동(尸童)입니다. 문자로서 시체를 의미합니다만, 부수로 쓰여서는 주로 인체를 나타내는 경우가 많습니다.

중학	획수	지표	새김	발음
尺	4	尸、	자	척

우리의 팔은 회전축 역할을 하는 팔꿈치를 중심으로 위팔과 아래팔로 나뉩니다.

아래팔은 위아래 두 개의 뼈로 되어 있는데 안쪽 뼈는 척골(尺骨)로, 순우리말로 자뼈입니다. 길이는 팔꿈치에서 맥박이 뛰는 촌구(寸口)까지로 그것이 한 자[尺]라는 설명입니다. 상형자로 분류하는 경우도 있습니다. 지금은 척관법을 쓰지 않고 있습니다만, 한 자[尺]는 30.3cm로 칩니다. 하기는 30.3cm 한 자는 일본이 명치유신 이후 미터법을 받아들이면서 1m를 3.3자로 규정한 데에서 온 것입니다. 당연히 우리의 재래 척과도 다릅니다. 어찌됐든 한 자는 열 치[寸]이고 한 치는 열 푼(分)입니다. 그러나 고정불변의 단위는 아니고 왕조가 바뀔 때마다 많이 달라졌습니다. 『표준』에서는 주척(周尺) 한 자[尺]는 23.1cm라고 설명하고 있습니다.

척도(尺度)는 자로 재는 길이의 표준을 말합니다. 척토(尺土)는 사방 한 자 땅뙈기이니 얼마 되지 않는 좁은 논밭입니다. 척촌지공(尺寸之功)은 얼마 되지 않는 약간의 공로입니다. 척단촌장(尺短寸長)은 상황에 따라 한 자가 짧은 때가 있고 한 치가 긴 때가 있다는 뜻으로 사람이나 사물마다 장단점이 있음을 비유해 가리키는 말입니다. 척폭천리(尺幅千里)는 한 자 폭의 그림에 천리가 넘는 풍경을 담을 수 있다는 뜻으로 그림의 폭이나 글의 길이가 짧지만 내용이 아주 풍부한 것을 가리킵니다.

중학	획수	형자	회자	새김	발음
居	8	古	尸几	살	거

'살' 거(居)의 본뜻은 웅크려 앉는 것으로 이때 엉덩이는 땅에 닿지 않습니다. 쪼그려 앉는 자세입니다. '옛' 고(古)가 들어간 것은 이런 자세로 앉는 것이 예로부터 전해진 오래된 습속임을 나타낸다고 합니다. 웅크리고 앉는 것이 아니라 두 다리를 펴고 앉는 자세라는 설명도 있습니다. 그런데 그 모양이 마치 곡식을 까부르는 키와 같다고 해서 기거(箕踞)라고 합니다. 기거(箕踞)는 예절을 모르는 오만불손한 자세로 여깁니다.

일정한 곳에서 먹고 자고 생활하는 것은 같은 발음의 기거(起居)입니다. 앉아 있다가 손님을 맞으려고 일어서는 것을 가리키기도 합니다. 거갑(居甲)은 으뜸가는 자리를 차지하거나 또는 그런 사람입니다. 거류(居留)는 어떤 곳에 임시로 머물러 사는 것이고, 거주(居住)는 일정한 곳에 머물러 사는 것입니다. 거고임하(居高臨下)는 높은 곳에서 낮은 곳을 내려본다는 뜻으로 유리한 지위에 있는 것을 이릅니다. 거공자오(居功自傲)는 어떤 일이 이루어진 것이 자기의 공로 때문이라고 여겨 자만하는 것입니다. 거안사위

(居安思危)는 안정된 상황에 있을 때 위난을 생각해야 한다는 뜻입니다.

중학	획수	형자	회자	새김	발음
展	10	㐱省	尸㐱省	펼	전

'펼' 전(展)의 전문은 '展'입니다. '장인' 공(工)을 네 개 겹쳐 쓴 '살필' 전, 선(㐱)이 중간에 들어간 자형입니다. 지금도 마찬가지이긴 합니다만, 옛날에는 꿇어앉았기[尸] 때문에 옷[衣]이 접히지 않도록 옷자락을 펼치고[㐱] 앉았다고 합니다. 거기에서 '펴다'라는 뜻을 나타내게 되었습니다. 『단주』에서 전(展)을 '정성'이나 '진실로'의 뜻으로 새기는 것은 이 글자가 '참' 진(眞)과 발음이 비슷해 가차해 쓴 데에서 온 것이라고 설명합니다.

현재 전(展) 자의 자소자로 나와 있는 '붉은 저사(紵紗) 옷' 전(㐱)에도 '옷' 의(衣) 안에 '장인' 공(工)이 네 개 들어 있습니다. 저사(紵紗)를 『표준』에서는 "중국에서 생산되는 사(紗)의 하나. 흔히 사모(紗帽)를 만드는 데 쓴다"라고 설명하고 있는데, 생사로 짠 얇은 비단으로 여름옷을 만들 때 많이 씁니다.

내용을 펼쳐나가는 것이 전개(展開)입니다. 전람(展覽)은 펴서 보거나 소개, 교육, 선전 따위를 목적으로 필요한 물품을 일정한 장소에 모아 진열해놓고 여러 사람에게 보이는 것을 이릅니다. 전안서미(展眼舒眉)는 눈을 크게 뜨고 눈살을 편다는 뜻으로, 만족해하는 모양을 이릅니다.

중학	획수	회자	새김	발음
尾	7	尸毛	꼬리	미

'꼬리' 미(尾)를 『설문』에서는 "작은 것[꼬리]이다. 뒤집은 '터럭' 모(毛)가 시(尸) 자 뒤에 붙었다. 옛날 사람들이 장식을 붙인 꼬리인 듯하며, 서남의 오랑캐들은 지금도 그렇게 한다"라고 설명합니다. 여기에서 '꼬리'나 '끝'이라는 뜻이 생겨나왔습니다.

다른 사람에게서 뭔가 증거를 잡기 위해 몰래 뒤따라가는 것이 미행(尾行)입니다. 미대부도(尾大不掉)는 『표준』에서 "꼬리가 커서 흔들기가 어렵다는 뜻으로 일의 끝이 크게 벌어져서 처리하기가 어려움을 이르는 말"이라고 설명합니다. 중국 사전에서는 옛날에는 부하의 세력이 커서 지휘 내용을 듣지 않는 것을 비유해 나타냈으며, 현재는 기구가 방대해 지휘가 잘 먹히지 않는 것을 뜻한다고 합니다. 우리말에서의 쓰임과는 조금 달라 보입니다.

중학	획수	회자	새김	발음
屋	9	尸至	집	옥

옥(屋)에서 시(尸)는 집을 나타내며 사람이 와서[至] 머무는 곳 즉, 사는 곳입니다. '주검' 시(尸)가 집 위를 덮어주는 덮개를 뜻한다는 설명도 있습니다. 그런 구조물 아래에 사람이 산다는 것으로 뜻은 같습니다.

옥사(屋舍)는 집, 같은 발음으로 감옥의 일을 맡아보던 벼슬아치도 옥사(獄司), 감옥살이를 하다 감옥에서 죽는 것도 옥사(獄死), 중대한 범죄를 다스리거나 또는 그 사건도 옥사(獄事)입니다. 옥상가옥(屋上架屋)을 『표준』에서는 "지붕 위에 또 지붕을 만든다는 뜻으로 흔히 물건이나 일을 부질없이 거듭함을 이르는 말"이라고 설명합니다. 그런데 중국 사전에는 다른 사람이 한 것을 되풀이해 창조성이 없는 것을 비유적으로 이르는 말로 설명합니다. 우리말과 쓰임은 조금 달라 보입니다.

고교	획수	형자	회자	새김	발음
局	7	句省	尺口	판	국
屛	11	幷	尸幷	병풍	병

'판' 국(局)에 대한 설명은 여러 가지가 있습니다만, 다른 사람[尸]에 의해 둘러싸이고 [勹], 말[口] 등으로 제어당하는 것으로 장기나 바둑처럼 판을 차려놓고 하는 놀이판에서 둘러싸인 모습이라는 설명이 설득력이 있어 보입니다. 움츠러드니 자신의 뜻도 굽힐 수밖에 없습니다. 『설문』에서도 움츠리는 것으로 설명합니다. 판의 뜻도 있습니다.

국량(局量)은 남의 잘못을 이해하고 감싸주며 일을 능히 처리하는 능력입니다. 국면(局面)은 어떤 일이 벌어진 장면이나 형편을 말하고, 국부(局部)는 전체의 어느 한 부분입니다.

'병풍' **병(屛)**은 '가리는 것'입니다. 뭔가를 가려주고 막아주는 것이 병풍의 기본적인 기능입니다. 여기서 시(尸)는 그 모양이 집을 닮았기 때문이라고 합니다. 자소자는 '어우를' 병(幷)입니다.

병거(屛居)는 세상에서 물러나 집에만 있는 것을 말합니다. 나가서 활동하지 아니하고 집 안에만 틀어박혀 있음을 뜻하는 칩거(蟄居)와 비슷한 뜻입니다.

고교	획수	형자	회자	새김	발음
屢	14	婁	尸婁	여러	루

'여러' **루(屢)**는 여러 층[婁]으로 지은 집[尸]입니다. 『설문해자』에서는 "여러 차례, 수차"라는 뜻으로 설명합니다.

자소자인 루(婁)는 『설문』에서 "물체의 가운데가 빈 것이다. 무중녀(毋中女)를 따른다. 가운데가 비었다는 뜻이다. 달리, 어리석다는 뜻을 나타내기도 한다"라고 설명하고 있습니다. 무중녀(毋中女)를 따른다는 것은 이 글자가 위에서부터 아래로 무중녀(毋中女) 석 자로 되어 있는 것을 나타냅니다. '맬' 루(婁)는 여자[女] 머리에 바구니 같은 물건을 이고 양손으로 받치고 있는 모양입니다. '바구니' 루(簍)의 본자로 보기도 합니다. 물건을 일 때에는 머리에 똬리 같은 것은 받칩니다. 그래서 '겹치다'라는 뜻을 갖습니다. '셈' 수(數), '다락' 루(樓)의 자소자이기도 합니다.

누대(屢代, 累代)는 여러 대, 누월(累月)은 여러 달, 누차(屢次)는 여러 차례입니다. 누견불선(屢見不鮮)은 여러 차례 또는 늘 보아서 신선하거나 신기하지 않은 것입니다.

고교	획수	형자	회자	새김	발음
層	15	曾	尸層	층	층

'층' **층(層)**에서 시(尸)는 집을 가리키고, 증(曾)은 겹친 것을 나타냅니다. 여러 층으로 된 층집입니다.

층 사이를 오르내릴 수 있는 설비는 층계(層階)이고, 여러 층으로 쌓인 층이 층층(層層)입니다. 위로 부모님, 조부모님을 모시고 있는 것은 층층시하(層層侍下)라고 하는데 핵가족이 보편화된 이제는 보기 어려운 상황이 되었습니다.

고교	획수	형자	회자	새김	발음
屬	21	蜀	尾蜀	무리/이을	속/촉

'무리/이을' 속/촉(屬)은 꼬리[尾]가 몸에 붙어 있는 것처럼 이어진다는 의미입니다. 다음자인데 기초한자의 대표음은 '속'입니다. '무리, 살붙이'라는 뜻입니다.

자소자인 '나비 애벌레' 촉(蜀)은 나방류의 애벌레를 나타내는 상형자입니다. 갑골문의 촉(蜀)은 특히 머리 부분이 눈에 띄는 누에가 꿈틀거리는 모양을 그리고 있습니다. 자형이 변하기는 했지만 현재의 촉(蜀)도 위는 눈[目]으로 머리 부분을 나타내고 아래는 굽은 몸통 부분을 나타냅니다. 이 글자가 촉나라를 가리키게 된 것은 원래 양잠이 이 지역을 통해 중국에 보급되었기 때문입니다. 쓰촨(四川) 서쪽 땅에서는 예로부터 누에를 많이 쳐서 명주실이 많이 나왔습니다. 그 지역의 수령을 잠총(蠶叢)이라 했는데 그가 처음으로 왕을 칭했습니다. 오늘날의 쓰촨 청두(四川 成都) 일대입니다. 이로부터 촉(蜀)이 나라 이름으로 쓰이게 되었다고 합니다. 잠총(蠶叢)은 촉도 즉, 오늘날 쓰촨으로 가는 길의 험난함을 읊은 이백의 「촉도난(蜀道難)」의 첫머리에 나오기도 합니다.

아아! 험하고도 높구나! 촉으로 가는 길 험난함은 푸른 하늘 오르기보다 어려워라. 잠총과 어부가 촉나라를 개국한 지 그 얼마나 아득한가.

[噫戯 危乎高哉 蜀道之難 難於上靑天 蠶叢及魚鳧 開國何茫然]

'홀로' 독(獨), '닿을' 촉(觸), '촛불' 촉(燭), '붙일/무리' 촉/속(屬), '흐릴' 탁(濁)의 자소자로 쓰이는데, 연결되는 부수를 생각하고 뜻을 유추해보며 각 글자를 익히기 바랍니다.

속국(屬國)은 다른 나라에 종속된 나라입니다.

고교	획수	회자	새김	발음
屈	8	尸出	굽힐	굴

'굽힐' 굴(屈)은 '옷이 짧아 꼬리가 없는 것 같아 보이는 것'이라고 합니다. 달리, 짐승이 '몸 뒤의 꼬리를 말아 올린 것'이라는 설명도 있습니다. 여기에서 '굽었다'라는 뜻이 나옵니다. 머리를 숙이고 복종하는 것이나 복종시키는 의미도 파생되어 나왔습니다.

이리저리 굽어 꺾여 있는 것은 굴곡(屈曲)이고, 다른 사람에게 억눌려 업신여김을 받는 것은 굴욕(屈辱)입니다. 식물체의 일부가 외부의 자극을 받았을 때 그 자극 방향에 관계되는 쪽으로 굽는 성질은 굴성(屈性)입니다. 굴타성초(屈打成招)는 죄 없는 사람을 고문해[打] 있지도 않은 죄를 인정하게 하는 것입니다. 굴지가수(屈指可數)는 손가락을 꼽으면 셀 수 있다는 뜻으로 수가 많지 않은 것을 이릅니다.

고교	획수	회자	새김	발음
履	15	尸彳夂舟	밟을	리

리(履)는 사람[尸]이 배[舟] 모양으로 앞이 네모난 신을 신고 길거리[彳]를 오가는[夂] 것입니다. 『설문』에서는 "발이 의지하는 것"이라고 설명합니다. 발에 신는 것으로 '신'이라는 뜻입니다.

이력(履歷)은 지금까지 거쳐온 학업, 직업, 경험 등의 내력이고, 이수(履修)는 해당 학과를 순서대로 공부하여 마치는 것이며, 이행(履行)은 실제로 행하는 것입니다. 이상견빙(履霜堅冰)은 서리를 밟고 딱딱한 얼음이 어는 계절이 올 것을 안다는 뜻으로 사물의 징조를 보고 그 결과를 아는 것을 이릅니다. 과전불납리(瓜田不納履)는 오이밭에서는 신을 고쳐 신지 말라는 뜻으로 의심받기 쉬운 행동은 하지 말아야 함을 이르는 말입니다.

R045

왼손 좌(屮) 부, 풀 철(屮)

갑골	금문	전문	해서
Ψ	Ψ	Ψ	屮

　'풀' 철(屮)은 '싹틀' 철로도 새깁니다. 작은 풀이 막 싹을 틔우고 올라오는 것으로 '작은 풀'이 본뜻입니다. 풀이 처음 싹을 틔우고 올라오는 것은 철(屮), 자라나서 여기저기 퍼져 있는 것은 초(艸)입니다. '왼손' 좌(屮)와 자형이 비슷해 '왼손 좌' 부라고도 합니다만 '왼손' 좌(屮)는 마지막 획이 삐침으로 '풀' 철(屮)과는 서로 다른 글자입니다.

　『설문』에서는 "좌(左)는 손으로 돕는 것이다. 좌(ナ)와 공(工)으로 이루어진 회의자이다"라고 합니다.『단주』를 더 살펴보면 "좌(左)는 지금의 '도울' 좌(佐) 자이다.『설문』에는 좌(佐) 자가 없다. 좌(ナ)는 지금의 좌(左) 자이다"라고 하고 있습니다. 여기에서 볼 수 있듯이 철(屮)과 좌(屮, ナ)는 분명 다른 글자입니다만, 자형이 유사하기 때문인지 더러 섞여 쓰이는 경우도 있어 분간해 읽어야 할 때에는 주의를 요합니다. 어찌됐든 지금은 독립된 글자로 사용되지는 않습니다. 다른 글자의 소리를 나타내주는 역할 즉, 성부(聲符)로는 쓰이지 않고, 주로 뜻을 나타내주는 의부(意符)로 쓰입니다.

중외	부수	획수	지표	새김	발음
之	丿	4	屮一	갈	지

'갈' **지(之)**입니다. 『설문』에서는 "싹이 튼 정도를 넘어 줄기와 가지가 나날이 커져 무성한 것[屮]을 본떴으며, 가로획[一]은 땅이다"라고 하여 회의자로 봅니다. 갑골문을 바탕으로 한 고문 연구에서는 발을 나타내는 지(止)와 '여기'를 가리키는 별(丿)이 결합되어 '바로 여기로부터 앞으로 나가는' 뜻을 나타내는 것으로 분석합니다. 지사자로 간주합니다.

중외	부수	획수	형자	회자	새김	발음
每	毋	7	毋	屮母	매양	매

'매양' **매(每)**도 철(屮)과 연관해 설명할 수 있는 글자입니다. 매(每)를 『설문』에서는 "풀이 무성히 자라나는 모양"으로 '어미' 모(母)가 소리를 나타내는 형성자로 설명하고 있습니다. 갑골문이나 금문에서는 '싹틀' 철(屮)과 부녀자를 나타내는 모(母)가 결합한 것으로 봅니다. 그래서 여자의 머리장식이 많고 아름다운 것으로 봅니다. 상형자로 보는 경우입니다. 거기에서 '식물이 무성하다'라는 뜻이 파생되어 나오고, 대명사로 쓰여서는 전체 중의 하나 하나를 가리킵니다.

매양(每樣)은 '번번이'의 뜻입니다.

중외	부수	획수	형자	회자	새김	발음
南	十	9	𢆉	屮入凡	남녘, 풍류이름, 임금, 성	남

'남녘' **남(南)**은 '상형, 회의, 형성' 모두에 속하는 글자로 파악합니다. 위는 악기를 매단 모양이고 아래는 악기의 몸체입니다. 악기를 매단 모양으로 파악하기 때문에 이때는 상형자라고 합니다. 『설문』에서는 "초목의 가지가 남쪽으로 무성한 것이다. 발(�)을 따르고, 임(𢆉)이 소리를 나타낸다"라고 합니다. '우거질' 발, 패(㺇)에 '찌를' 임(𢆉)

입니다. 허신은 형성자로 설명하고 있습니다. 우리 자전에서는 갑골문의 자형을 분석해 철(屮), 입(入), 범(凡)이 결합된 회의자라고 합니다.

중외	부수	획수	회자	새김	발음
妻	**女**	8	屮又女	아내	처

'아내' **처(妻)**는 녀(女) 자 위에 손을 뜻하는 철(屮)과 역시 손을 뜻하는 우(又)가 있어 두 손으로 머리를 가다듬는 것으로 '결혼한 부인'의 뜻을 나타내는 것으로 봅니다. 즉, 남편과 짝이 되는 배우자입니다.

고교	획수	회자	새김	발음
屯	4	屮一	진칠/준괘	둔/준

기초한자 가운데 '풀' 철(屮)에 속하는 글자는 '진칠' **둔(屯)** 한 글자뿐입니다. 갑골문을 보면 둔(屯)은 콩과 식물이 땅[一]을 뚫고[屮] 나오는 모양으로 그것이 어려움을 나타냅니다. 상형자로 보는 경우입니다. 나오기 어려우니 모이게 됩니다. 거기서 다시 파생되어 군대가 어딘가에 주둔하며 지킨다는 뜻이 나왔다고 합니다. 괘의 이름으로 쓰일 때는 '준'으로 읽는 다음자입니다. 중국어의 경우에도 괘 이름으로 읽을 때는 '준(zhūn)'으로 발음이 다르고 일본어에서도 '쥰(チュン)'으로 다릅니다만, '돈(トン)'으로 읽는 경우도 눈에 띕니다. 우리『표준』에는 '둔괘'로만 올라 있습니다. 이와 관련, 필자가 〈국립국어원〉에 질의했던 내용입니다.

'둔괘' 관련해 문의 드립니다. 둔(屯)을 자전에서 찾아보면 '진칠 둔'에 '둔괘 준'으로 나옵니다. 그런데『표준』에는 '둔괘'만 표제어로 올라 있습니다. 중국의 자전을 찾아봐도 '진을 치다'는 의미로는 발음이 'tun'이고, 괘 이름은 'zhun'으로 다르게 나와 있습니다. 일본 자전의 경우 역시 마찬가지로 톤(トン)과 쥰(チュン)으로 다릅니다. 일본어의 경우에는 혼용되는 경우가 많은 듯하기는 합니다. 이런 사정을 감안한다면 괘 이름에 맞게 '둔괘'로만 올리거나 아니면 두 개

를 모두 올려 복수 표준으로 삼아야 하는 것은 아닌지요?

여기에 대해 "언중의 관습화된 발음이 표기에 반영되어 '둔쾌'로 정착한 것이 아닐까 싶습니다"라는 것이 국립국어원의 답변입니다.

고외	부수	획수	회자	새김	발음
毒	毋	9	屮毒	독/거북	독/대
奏	大	9	夲収屮	아뢸	주

'독' 독(毒)은 '풀' 철(屮)과 해친다는 뜻을 나타내는 '음란한 사람' 애(毒)가 결합된 문자입니다. 사람을 해치는 독초가 본뜻입니다. 『설문』에서는 "(독이) 심하다[厚]"라고 풉니다. 애(毒)는 남자[士]가 여자[毋]와 사통하는 것으로 품행이 단정하지 못함을 가리 킵니다.

'아뢸' 주(奏)는 두 손[収]으로 곡식을 받들어 잡고 조상에게 바쳐 맛을 보시도록 하 며, 풍년이 되기를 비는 것입니다. 처음에는 '벼' 화(禾) 자를 썼는데, 이게 그만 잘못되 어 '나아갈' 도(夲)와 '싹틀' 철(屮)로 바뀌었습니다.

R046

메 산(山) 부

갑골	금문	전문	해서
ᴍ	ᴍ	山	山

"그러기 떳ᄂ 박긔 못 보던 뫼 뵈ᄂ고야"

고산 윤선도의 「어부사시사(漁父四時詞)」 중에서 〈추사(秋詞)〉에 나오는 구절입니다. "기러기 떠 있는 밖으로 못 보던 산이 보이는구나"라는 뜻이죠. 뫼나 메는 산(山)의 우리말 고어(古語)입니다. 「두시언해」에도 나옵니다.

"가라미 파라니 새 더욱 희오. 뫼히 퍼러하니 곳 비치 블 븓는 닷도다."

"강물이 파라니 새가 더욱 희게 보이고, 산이 푸르니 꽃 빛이 불붙은 듯하도다." 운율도 좋고 뫼나 가람 같은 우리말이 정말 정겹고 아름다운 느낌이 드는데 한자어에 밀려난 것이 아쉽고 안타깝습니다. 지금 우리가 한자를 배우고 있기는 하지만, 그것은 어디까지나 우리말을 좀 더 정확히 이해하기 위한 수단입니다. 그러니 늘 우리말도 갈고 닦아야 합니다.

'메' **산(山)**은 이어진 산의 모양을 본뜬 상형자로 부수로 쓰여 산과 관련된 내용을 나타냅니다. 흔히 '산수갑산'이라고 잘못 알고 있어 이곳에서 잠깐 설명합니다. 이것은 본래 '삼수갑산(三水甲山)'입니다. 삼수와 갑산은 모두 북한 함경남도에 있는 지명으로 우리나라에서 가장 험한 곳으로 알려져 있고, 조선 시대에는 귀양지이기도 했습니다. 그래서 "삼수갑산을 간다"는 것은 어려운 지경에 이르는 것을 가리키게 되었습니다. 혼동하지 않도록 해야겠습니다.

중학	획수	새김	발음
山	3	메	산

산수(山水)는 산과 물이라는 뜻으로 경치를 이릅니다. 산에서 흐르는 물이기도 합니다. 산정(山頂)은 산꼭대기입니다. 산계무경(山鷄舞鏡)은 꿩이 거울(속의 자기 모습)을 보고 춤을 춘다는 뜻으로 잘난 척한다든지 거울을 보며 자신을 가엾이 여기는 것을 이릅니다. 물속에 비친 자기 모습을 보고 사랑에 빠진 그리스 신화의 나르시스(Narcissus)를 떠올리게 합니다. 산고수장(山高水長)은 산은 높이 솟고 강은 길게 흐른다는 뜻으로 사람의 덕행이 높고 한없이 오래 전하여 내려오는 것을 비유적으로 이르는 말입니다. 산광수색(山光水色)은 산 빛과 물색이란 뜻으로 산수의 경치가 아름다운 것을 나타냅니다. 산궁수진(山窮水盡)은 산이 막히고 물줄기가 끊어져 더 갈 길이 없다는 뜻으로 막다른 경우에 이름을 말합니다. 산명수려(山明水麗)와 산자수려(山紫水麗)는 산수의 경치가 아름다움을 나타내는 말들입니다. 산붕지열(山崩地裂)은 산이 무너지고 땅이 갈라진다는 뜻으로 아주 큰 소리나 비유적으로 중대한 변화를 나타냅니다. 산해진미(山海珍味)는 산과 바다에서 나는 온갖 진귀한 물건으로 차린 음식 즉, 맛이 좋은 음식입니다. 중국어에서는 산진해미(山珍海味)로 씁니다.

중학	획수	형자	새김	발음
巖	23	嚴	바위	암

'바위' **암(巖)**은 산(山)의 가파르고 험한[嚴] 벼랑입니다. 엄(嚴)이 소리를 나타냅니다. 바위가 튀어 나와 만들어진 산봉우리를 가리키기도 합니다.

암벽(巖壁)은 깎아지른 듯 높이 솟은 벽 모양의 바위를 가리킵니다. 암혈(巖穴)은 바위에 뚫린 석굴입니다. 암하노불(巖下老佛)은 바위 아래 오래된 불상인데, 산골에 사는 착하기만 하고 진취성이 없는 강원도 사람을 이르는 말이기도 합니다. 수원 깍쟁이, 충청도 양반, 경상도 문둥이 등등 출신지에 따른 평이 제법 있는데 그 지역 사람들이 모두 그럴 리는 없으니 귀담아 들을 바는 아닙니다.

중학	획수	형자	회자	새김	발음
島	10	鳥	山鳥	섬	도

『설문』에서는 '섬' **도(島)** 자를 '새' 조(鳥) 아래 '메' 산(山)을 붙여 '㠀'로 쓰고 있습니다. 도(島)의 본자인데 "바다 가운데 종종 산이 있어 의지해 쉴 수 있는 곳이다. 산(山)을 따르며 조(鳥)는 소리를 나타낸다"라고 설명합니다. '메' 산을 편방에 쓰는 도(嶋)도 같은 글자입니다. 망망대해를 나는 새[鳥]로서는 산(山)이 하나 나타나면 분명 의지해 쉴 수 있겠습니다.

도국(島國)은 섬나라이고, 도서(島嶼)는 크고 작은 온갖 섬입니다. 서(嶼)는 작은 섬입니다. 도수교한(島瘦郊寒)에서 도(島)는 당나라 시인 '가도(賈島)'를, 교(郊)는 '맹교(孟郊)'를 가리킵니다. 고통스러운 내용이 많은 이들의 시풍을 가리키는데, 그와 비슷한 작풍을 이르기도 합니다.

중학	획수	형자	회자	새김	발음
崇	11	宗	山宗	높을	숭

'높을' **숭(崇)**은 산(山)이 전당처럼 높고 크다[宗]는 뜻입니다. 여기에서 '존경하다, 받들다'라는 뜻이 파생되어 나왔습니다.

숭산(嵩山)은 중국 오악(五嶽)의 하나로 하남성 낙양 근처에 있는데 오악의 가운데 있어서 중악이라고도 불립니다. 오악은 동으로 태산(泰山), 서쪽 서안 근교의 화산(華

山), 북으로 항산(恒山), 남으로 호남성 가운데에 있는 형산(衡山)을 이릅니다. 산동성에 있는 동악 태산은 높지는 않지만 옛날부터 천자가 봉선의식을 거행한 곳으로 역사서에 많이 나옵니다. 봉(封)은 하늘에 지내는 제사이고, 선(禪)은 땅에 지내는 제사입니다.

우리나라의 오악은 동으로 금강산, 서의 묘향산, 북의 백두산, 남으로 지리산을 꼽고 중악은 서울의 삼각산입니다. 강원도 평창 월정사 주위의 오대산은 북으로 두로봉(頭老峰)이 있고, 남서로 내려오면서 상왕봉(上王峰)과 주봉인 비로봉(毘盧峯, 1565.3m)이 있고, 호령봉(虎嶺峰)이 이어집니다. 동쪽으로 동대산(東臺山)에 이들 봉우리 한가운데에 중대(中臺)가 자리하고 있습니다. 중대에는 적멸보궁이 자리하고 있습니다.

중외	부수	획수	형자	회자	새김	발음
仙	人	5	䙴	人山	신선	선
密	宀	11	宓	宀山	빽빽할	밀

부수외자입니다. 선(仙)은 자형이 '춤출, 신선' 선(僊)에서 바뀐 것으로 봅니다. 사람[人]이 하늘에 올라[䙴] 신선이 되는 것을 나타내는데, 지금의 자형은 산(山)에 들어가 신선이 되는 꼴이 되었습니다. 선(䙴)은 '올라가다'라는 뜻입니다.

'빽빽할' 밀(密)은 "본채처럼 생긴 산"이라고 하는데, 정확히 어떤 의미인지 이해하기가 쉽지 않습니다. 나중에는 가차해 '그윽하고 깊다'라는 뜻으로 쓰게 되었습니다. '빽빽하다'라는 뜻은 파생되어 나온 것입니다. '편안할' 밀(宓)은 소리를 나타냅니다.

고교	획수	형자	새김	발음
峯	10	夆	봉우리	봉

봉(峯)은 높고 뾰족한 봉우리를 가리킵니다. 필자는 산(山)의 여러 사면이 만나는[夆] 곳이라서 높고 뾰족한 봉우리가 되는 것이 아닐까 하는 생각을 합니다. '메' 산(山)을 왼쪽에 쓰는 봉(峰)은 발음과 새김이 같고 형태만 다른 이체자인데, 기초한자에서는 '峯'을 표준 자형으로 제시하고 있습니다.

자소자 '끌' 봉(夅)은 '거스르다, 만나다'라는 뜻도 가지고 있습니다. 산봉우리나 꽃 봉오리는 생김새가 비슷해 산이나 꽃에 같은 말을 붙인 것 같은데 산은 '봉우리'이고, 꽃은 '봉오리'입니다. 하긴 우리 모음의 느낌이 봉우리는 큰 듯하고, 봉오리는 작은 느 낌을 주긴 합니다. '만날' 봉(逢), '벌' 봉(蜂)의 자소자이기도 합니다.

봉두(峯頭)는 산봉우리의 맨 꼭대기입니다. 머리털이 마구 흐트러져 어지럽게 된 것, 즉 쑥대머리는 같은 발음이지만 '쑥' 봉(蓬)을 쓰는 봉두(蓬頭)입니다.

고교	획수	형자	회자	새김	발음
岸	8	干	屵干	언덕	안

'언덕' 안(岸)은 '벼랑 높을' 알(屵)과 '방패' 간(干)이 결합된 글자로 물가에 높이 있 는 땅을 가리킵니다. 간(干)은 소리를 나타냅니다. 알(屵)이 들어가는 글자로는 탄(炭) 이 있습니다.

강 언덕에 있는 버드나무는 안류(岸柳)라 하고, 깎아지른 듯이 험한 물가나 배를 대기 에 좋게 쌓은 벽은 안벽(岸壁)이라고 합니다.

고교	획수	형자	회자	새김	발음
崩	11	朋	山朋	무너질	붕

붕(崩)은 산이 무너지는 것인데, 고대에는 제왕이 죽는 것을 가리키는 말이었습니다.

붕어(崩御)는 임금이 세상을 떠난 것입니다. 봉건적인 세상에서 임금이 세상을 떠나 는 것은 산이 무너지는 듯한 충격이었나 봅니다. 똑같이 한 세상을 살다 죽습니다만 신 분에 따라 쓰는 말은 달랐습니다. 임금이 죽는 것은 붕(崩), 제후가 죽는 것은 흥(薨), 대 부가 죽는 것은 졸(卒), 선비[士]가 죽는 것은 '녹(祿)을 타지 않고 죽는다'라는 뜻으로 불록(不祿), 서민은 사(死)라고 했습니다. 더러 서류에 언제부터 언제까지 살았다는 뜻 으로 생몰(生沒)이나 생졸(生卒)이라는 말을 쓰는데 생졸이라는 말은 신분을 가리지 않 고 쓰는 것을 보면 죽어서나마 신분의 차이가 조금이나마 줄어드는 것이 아닌가 합니 다. 붕괴(崩壞)는 무너지고 깨어지는 것이며, 붕락(崩落)은 무너져 떨어지는 것입니다.

사모관대(紗帽冠帶)도 마찬가지입니다. 사모를 쓰고 혁대를 매는 것은 벼슬아치의 차림으로 평상시에 아무나 그렇게 차려입을 수가 없습니다. 하지만 평생 한 번 있는 일이니 누구에게나 허용해 전통 혼례의 빠질 수 없는 차림이 되었습니다.

고교	획수	형자	회자	새김	발음
嶺	17	領	山領	고개	령

'고개' 령(嶺)입니다. 『설문』에서는 '산길'이라고 합니다. 길이 있어 오갈 수 있는 것입니다. 예전에는 보통 '재'로 새겼는데 고개라는 뜻입니다.

관북과 관동의 경계를 이루는 북한의 철령(鐵嶺), 영동과 영서를 잇는 대관령(大關嶺), 경북과 충북을 잇는 죽령(竹嶺), 조령(鳥嶺, 새재), 이화령(梨花嶺), 추풍령(秋風嶺) 등등은 험준한 산길이라서 일단 유사시에는 방어용 요새이기도 했습니다. 대관령이라는 큰 재의 동쪽이어서 영동(嶺東), 그 서쪽이라서 영서(嶺西)입니다. 영남(嶺南)에서 영(嶺)은 조령(鳥嶺), 즉 새재가 기준입니다. 그 남쪽이라서 영남으로 경상남북도를 이릅니다.

고교	획수	회자	새김	발음
岳	8	丘山	큰 산	악

악(岳)은 악(嶽)과 같은 글자인데, 기초한자에서는 '岳'을 표준 자형으로 올리고 있습니다. 높고 큰 산입니다. 상형자로 취급하기도 합니다.

악부(岳父)와 악장(岳丈)은 모두 아내의 아버지 즉, 장인을 이르는 말입니다. 여기에는 재미있는 유래가 있습니다.

고대의 제왕은 명산의 꼭대기에 제단을 설치하고 하늘과 땅, 산천에 제사를 지냈는데, 이것을 봉선(封禪)이라고 합니다. 당나라 태종 이융기(李隆基)가 태산(泰山)에 봉선을 거행하려고 중서령(中書令) 장설(張設)을 봉선사로 임명했습니다. 그런데 장설은 이와 관련하여, 자기의 사위로 품계가 구품인 정일(鄭鎰)을 오품으로 그야말로 벼락 승진시켰습니다. 뒤에 현종이 정일의 승진 건을 묻자 정일은 우물쭈물하며 대답을 하지 못

했습니다. 이때 곁에 있던 황번작(黃幡綽)이라는 사람이 비아냥대는 투로 "이것은 태산
(泰山)의 힘입니다"라고 했습니다. 이에 현종은 일을 사사로이 처리한 것을 알고 정일을
본래의 구품으로 환원시켰습니다. 후에 사람들이 이런 사실을 알면서 처의 아버지를 태
산(泰山)이라 했는데, 태산은 오악의 으뜸인 데에서 악부(岳父)라고 부르게 되었습니다.
장인이 악부이니 장모는 당연히 악모(岳母, 嶽母)입니다.

고외	부수	획수	형자	새김	발음
豈	豆	10	山豆	어찌/개가	기/개

 부수외자입니다. 기초한자에 대표음은 '기'입니다. 새김이 '어찌'입니다. 다음자입니
다. '개가' 개(豈)는 승리하고 돌아온 군인들의 사기를 진작 · 고양시키는 음악입니다.
위에 장식이 달린 북이 받침대 역할을 하는 가자(架子) 위에 놓인 모양을 본뜬 것이라고
합니다. 이 뜻은 나중에 '승전가' 개(凱)를 써서 나타내게 됩니다. 개가(凱歌)는 이기거
나 큰 성과가 있을 때 지르는 함성입니다. 싸움에서 이기고 돌아오는 것은 개선(凱旋)이
고, 그것을 축하하기 위해 부르는 노래는 개선가(凱旋歌)입니다. '어찌' 기로 쓰는 것은
가차한 것입니다. 한문에서 기감(豈敢)은 '어찌 감히'의 뜻입니다.

R047

개미허리 부, 내 천(巛, 川)

갑골	금문	전문	해서
		巛	巛

천(巛)은 굽이굽이 흐르는 내의 모양을 본뜬 상형자입니다. 양쪽의 곡선은 강기슭이고 가운데는 물이 흐르는 모양을 그리고 있습니다. 가운데가 굽어진 천(巛)은 '내' 천(川)의 고자(古字)로 현재 단독으로 쓰이지는 않습니다.

『설문』에서는 천(川)을 "물이 뚫고 나아가 흐르게 하는 것이다. 『우서(虞書)』에 밭의 도랑과 봇도랑을 쳐서 그들이 서로 만나 내를 이루도록 한다"라고 설명합니다. 천(巛)은 가운데가 꺾인 세 개의 획으로 되어 있는데 한 획만 있는 것은 '밭도랑' 견(〈), 두 개가 있는 것은 '봇도랑' 괴(巜)입니다. 획수가 늘어나면서 수량도 많아져 내[巛]를 이룹니다.

'개미허리'라는 명칭이 글자의 생김에서 붙게 된 것인지 아니면 두 자 이상 같은 글자를 되풀이 쓸 때 쓰는 부호[〈]의 명칭이 개미허리이기 때문에 붙은 이름인지는 확인할 수 없습니다. 부수로 쓰여 물이나 내와 관련된 뜻을 나타냅니다.

중학	획수	새김	발음
川	3	내	천

천변(川邊)은 냇물의 주변입니다. 천류불식(川流不息)은 냇물이 쉬지 않고 흐른다는 뜻으로 덕이나 학업을 이루기 위해 끊임없이 정진해야 함을 말합니다. 현대 중국어에서는 오가는 사람이나, 차량, 배의 행렬이 끊이지 않는 것을 나타냅니다.

중외	부수	획수	형자	회자	새김	발음
訓	言	10	巛	言巛	가르칠	훈
順	頁	12	頁	巛頁	순할	순

부수외자입니다. '가르칠' 훈(訓)은 말(口)로 풀어 설명하며 가르치는 것입니다. 『단주』에서는 "말로 풀어 설명하려면 반드시 그 이치를 따라야 한다"라고 합니다. '내' 천(川)을 쓴 것은 받아들이는 사람이 냇물이 흐르는 것처럼 막힘이 없음을 가리킨다고 합니다.

바둑이나 장기에서 구경꾼이 끼어들어 수를 가르쳐 주는 것이 훈수(訓手)인데, 남의 일에 끼어들어 이래라저래라 하는 말입니다.

'순할' 순(順)을 『설문』에서는 천(巛)을 두 발의 상형으로 보고 "머리[頁]를 빗다"라고 풀이합니다. 달리, "사람의 생각[頁]이 물[川] 흐르듯 이어지는 것"이라고도 합니다. 하나의 생각에 또 다른 생각이 이어집니다. 그래서 '따르다'라는 뜻이 됩니다.

군말 없이 순순히 따르는 것은 순종(順從)입니다.

고교	획수	새김	발음
州	6	고을	주

'고을' 주(州)는 자형을 보면 '물 가운데 있는 작은 섬을 본뜬 것'이 맞는 것 같습니다.

『설문』에서는 "물 가운데 살 만한 곳을 주(州)라고 한다. 사방을 물이 둘러싸고 있다. 천(川) 두 개 겹친 것을 따른다. 옛날 요 임금이 홍수를 만났을 때 물 가운데 높은 땅에 살았는데 혹은 구주(九州)라고도 한다"라고 설명합니다. '섬' 주(洲)의 본자로 봅니다. 후에 '고을'이라는 뜻이 파생되어 나왔습니다.

주현(州縣)은 주와 현을 아울러 이르는 말로, 행정 단위입니다.

고교	획수	형자	회자	새김	발음
巡	7	巛	巛辵	돌, 순행할	순

'돌' 순(巡)은 멀리 간다[辵]는 뜻입니다. 하지만 단순히 가는 것이 아니고, 오가며 살펴보는 것입니다.

'쉬엄쉬엄 갈' 착(辵)은 부수자이니 해당 부수란을 참고하십시오.

순례(巡禮)는 종교적인 의미가 있는 곳을 찾아다니며 방문하여 참배하는 것입니다. '임금이 나라 안을 두루 살피며 돌아다니는 것'이 순수(巡狩)인데, 6세기 중엽 신라의 진흥왕이 나라의 이곳저곳을 돌아보며 남긴 순수비(巡狩碑)가 네 군데 있습니다.

고외	부수	획수	형자	회자	새김	발음
災	火	7	巛	巛火	재앙	재

부수외자입니다. '재앙' 재(災)의 형성 자소는 '재앙' 재(巛) 자로 상고 시대 홍수에 의한 수재를 나타냅니다. 내[川]가 막혀[一] 넘치는 것입니다. 현재 쓰고 있는 재(災)의 본자입니다. "화재 뒤에는 남는 것이 있어도, 수재 뒤에는 남는 게 없다"라는 말을 하는데 본자는 물난리 즉, 수재를 나타내고, 현재 쓰고 있는 글자는 물[巛]과 불[火] 즉, 수재와 화재가 겹친 재앙이니 더 심한 재앙인지도 모르겠습니다.

고외	부수	획수	형자	회자	새김	발음
洲	水	9	州	水巛	물가	주

주(洲)는 냇물이나 강 가운데 모래나 진흙이 쌓여 이룬 섬이 본뜻입니다. 본래 주(州)로 썼는데, 주현(州縣)과 구별하기 위해 '물' 수(水)를 더해 현재의 자형이 된 것으로 봅니다.

고외	부수	획수	형자	회자	새김	발음
惱	心	12	𡿺	心𡿺	번뇌할	뇌

'번뇌할' 뇌(惱)는 편방에 '계집' 녀(女)를 썼습니다[㛴]. 여자들이 화를 잘 내기 때문이라고 합니다. 현재의 자형[惱]은 속간에서 쓰는 글자였는데, 어찌됐든 성차별을 없앤 글자가 아닌가 합니다.

뇌(腦)는 『설문』에서 "대뇌에 붙어 있는 머리칼[巛]과 정수리[囟] 모양을 나타내는 것"이라고 합니다. 𡿺는 '뇌' 뇌(腦)의 본자이고, '뇌' 뇌(腦)는 왼쪽에 사람을 뜻하는 '비수' 비(匕)를 썼는데[𦠄], 나중에 '고기'를 뜻하는 육달월(月)로 바뀌었습니다. 의미가 파생되어 생각이나 기억하는 능력을 나타내기도 합니다.

R048

장인 공(工) 부

갑골	금문	전문	해서

곰 工 工 工

　'장인' **공(工)**의 자형은 담을 쌓을 때 쓰는 공이입니다. 돌로 된 공이로 위는 손잡이를 가리킵니다. 집터를 다질 때 쓰는 달구와 같은 역할을 하는 것입니다. 달리, 목공 등의 일을 할 때 쓰는 곱자[曲尺]의 모양을 본뜬 것으로 보기도 하는데 상형자입니다. 손에 들고 측량을 할 수 있는 공구입니다. 『설문』에서는 공(工)을 "꾸미는 것이 교묘한 것이다. 손에 곱자를 들고 있는 모양을 본떴다"라고 설명합니다.

중학	획수	새김	발음
工	3	장인	공

　공역(工役)은 토목이나 건축 따위의 일을 가리킵니다. 공정(工程)은 일이 진척되는 과

정이나 정도입니다. 공력실적(工力悉敵)은 기능이나 역량 모두 필적할 만하다는 뜻으로 쌍방이 막상막하, 고저를 가리기 어려운 것을 이릅니다. 좀 긴 글로 '공욕선기사 필선이기기(工欲善其事 必先利其器)'도 있습니다. 장인이 일을 잘 하려면 먼저 연장을 날카롭게 벼려야 한다는 뜻으로 일을 잘 하려면 준비를 잘 해야 함을 나타냅니다.

중학	획수	새김	발음
巨	5	클	거

'클' 거(巨)는 성인 남자가 한 손에 땅을 다지는 달구를 들고 있는 모양을 본뜬 것으로 봅니다. 다 큰 남자는 힘이나 기운이 세기 때문에 달구를 들고 움직일 수 있어 '크다'는 뜻이 파생되어 나왔습니다. 『설문』에서는 "거(巨), 곱자이다. 곱자를 손에 들고 있는 모양을 본떴다"라고 설명합니다.

물건이 커서 거물(巨物), 재산이 많아서 거부(巨富), 몸집이 큰 사내라서 거한(巨漢)입니다.

중학	획수	회자	새김	발음
左	5	ナ工	왼	좌

'왼' 좌(左)는 고자(古字) '왼' 좌(ナ) 아래 달구나 공이를 나타내는 공(工)을 써서 오른손이 달구를 들고 움직이는 것을 도와준다는 뜻으로 새깁니다. 『설문』에서는 "손으로 힘을 보태거나 돕다"라고 설명합니다. 『단주』에서는 "좌(左)는 오늘날의 '도울' 좌(佐)이다. 『설문』에는 좌(佐) 자가 없다. 좌(ナ)가 현재의 좌(左) 자이다. 좌(ナ)와 공(工)을 따른다. 좌(ナ)는 왼손이다. 공(工)은 곱자를 들고 있다는 뜻이다. 손에 곱자를 들고 있기 때문에 서로 도울 수 있는 것이다"라고 합니다.

좌우(左右)는 왼쪽과 오른쪽을 아울러 이르기도 하고 곁을 뜻하기도 하며 어떤 일에 영향을 주어 지배한다는 의미도 나타냅니다. 좌익(左翼)은 왼쪽 날개의 뜻인데, 군대에서는 대열의 왼쪽을, 야구에서는 외야의 왼쪽 수비 위치를, 정치에서는 급진적이거나 사회주의적·공산주의적 경향을 띠거나 또는 그런 단체를 나타냅니다. 좌고우면(左

顧右眄)은 좌우를 돌아본다는 뜻으로 앞뒤를 재고 망설이는 것입니다. 좌보우필(左輔右弼)은 임금의 좌우에서 정치를 돕는 신하입니다. 좌의우유(左宜右有)는 재덕을 겸비하여 마땅하지 않음이 없고 지니지 않은 것이 없음을 이르는 말입니다. 좌지우지(左之右之)는 이리저리 제 마음대로 휘두르거나 다루는 것입니다.

위에서 손으로 "힘을 보태거나 돕다"라고 했습니다. '보태다'에 해당하는 원문은 보좌(輔佐)입니다. 보좌는 돕는 것이긴 하지만 아랫사람이 윗사람을 돕는 것입니다. 힘이나 능력이 더 나은 무엇인가가 전제되어 있습니다. 여기서는 바로 오른쪽이 되겠습니다. 왼손이 힘이 더 좋은 오른손을 돕는 것입니다.

'오른손이 왼손보다 낫다'라는 생각은 우리나 중국인들만의 생각은 아닌 듯합니다. 영어권에서도 마찬가지로 보입니다. 영어에 노련하다는 뜻의 'adroit'라는 단어가 있지요. 여기서 'droit'는 오른쪽을 가리키는 라틴어에서 왔습니다. 오른손잡이가 노련한 것입니다. 반대되는 뜻의 '서툴다'는 프랑스어에서 온 'gauche'란 단어가 있습니다. '왼손잡이'라는 뜻입니다. 물론 편견입니다. 최근에는 왼손잡이는 오른쪽 뇌가 발달해 직관력이 뛰어나고 운동이나 예술 방면의 자질이 우수하다는 보고도 있습니다.

부수외자를 살펴보도록 하겠습니다. 형성 자소는 모두 '장인' 공(工)이라 생략했습니다.

중외	부수	획수	새김	발음
江	水	6	강	강

강(江)은 본래 양자강을 가리키는 고유 명사였습니다. 우리는 보통 양자강이라고 합니다만 중국에서는 창쟝(長江)이라고 하고, 양자강은 장강의 하류 즉, 남경에서 바다로 빠지는 상해까지의 구간만을 가리킵니다. 지금은 강을 가리키는 보통 명사로 쓰입니다.

중외	부수	획수	새김	발음
式	弋	6	법	식

'법' 식(式)은 '주살' 익(弋)이 소리를 나타낸다고 합니다만 중국어에서도 서로 발음
이 워낙 달라 자소자로 형성자의 발음을 유추해보기는 어렵습니다. 공(工)은 달구나 공
이로 건축을 나타내며 뭔가를 지으려면 법도나 규구가 있어야 한다는 뜻입니다.

증의	부수	획수	새김	발음
紅	糸	9	붉을/윗옷	홍/공

홍(紅)의 본뜻은 '분홍색 비단'인데 지금은 주로 색을 나타내는 데에 쓰고 있습니다.
1970년대 후반 중국의 등소평(鄧少平)이 개방 개혁을 외치면서 나온 말이 '백묘흑묘론
(白猫黑猫論)'입니다. 흰 고양이든 검은 고양이든 쥐만 잘 잡으면 된다는 것입니다. 같은
뜻으로 '홍우흑우 능랍리적 도시호우(紅牛黑牛 能拉犁的 都是好牛)'라는 말이 있습니다.
붉은 소든 검은 소든 쟁기만 잘 끌면 좋은 소라는 뜻입니다. 구어체 백화문이라서 조금
낯선 느낌이 들지 않을까 싶은데, 결과 지상주의라고 할 수 있겠습니다. 어찌됐든 중국
은 개방 개혁의 성공으로 경제 대국이 되어 미국과 힘을 겨루는 데 온갖 힘을 다하고 있
습니다. 그런데 그 폐해 또한 적지 않은 듯합니다. 찬란한 정신문화 유산의 계승·발전
을 소홀히 한 것입니다. 현 중국 정부가 강력히 추진하고 있는 중국몽(中國夢)도 그런
점에 대한 반성이 아닐까 합니다.

증의	부수	획수	회자	새김	발음
功	力	5	工力	공	공
空	穴	8	穴工	빌	공

공(功)의 자소자 공(工)은 달구나 공이를 뜻하며 힘[力]을 내어 일을 하는 것입니다.
『설문』에서는 "힘써 나라를 세우는 것"으로 풀이하고 있습니다.

공(空)의 공(工)에는 '비비고 다진다'는 뜻이 있다고 설명하기도 하는데, 거기에서 어
떻게 '비다'라는 뜻이 나왔는지에 대해서는 설명이 없습니다. 공(空)은 "작업[工]을 통
해 야오동[窯洞, 토굴집]을 만드는 것[穴]"이라는 설명이 제법 설득력이 있어 보이긴 합

니다. 요즈음은 찾아보기가 쉽지 않지만, 야오동은 황토층을 파고 들어가 만든 주거 공간입니다. 그 속이 비어 있기 때문에 '비었다'는 뜻을 갖게 되었다는 설명인데, 여름에는 시원하고 겨울에는 따뜻해 쾌적한 주거 공간입니다. 그러나 바로 이런 주거 공간 때문에 시안(西安) 일대에서 지진이 일어났을 때 땅이 무너지며 사람이 매몰되어 사상자가 많았다는 분석도 있으니 명암이 엇갈리기도 합니다. 『설문』에서는 '구멍'이라고 합니다.

중국의 한가운데에서 조금 북쪽 그러니까 현재 서안 인근 지역은 세계 최대의 황토고원(Loess plateau)입니다. 해발 800미터에서 3,000미터까지로 고도도 만만치 않습니다. 면적은 64만 제곱킬로미터로 남북한을 합친 면적의 세 배가량 됩니다. 이 지역에는 논농사는 거의 없고 밀을 재배해 만두와 면을 주식으로 합니다. 워낙 오랜 세월 주식으로 삼으면서 요리법이 발달해서인지 이 지역의 면은 중국에서도 아주 유명합니다. 황하는 바로 이 황토고원을 감싸고 내려오면서 빛이 누렇게 됩니다.

고교	획수	형자	새김	발음
巧	5	丂	공교할	교

'공교할' 교(巧)의 자소자는 '기 뻗으려 하다 막힐' 고(丂)로 고문의 교(巧) 자라고도 합니다. 자소자 공(工)은 역시 공이를 가리키며 건축을 하는 데에 기교나 재주가 있는 것입니다.

교부(巧婦)는 부녀자로서 해야 할 길쌈이나 바느질 따위에 재주가 있는 부인을 이릅니다. 교졸(巧拙)은 교묘하고 졸렬함 혹은 익숙함과 서투름입니다. 발음 때문에 혼동할 수도 있는데 고졸(古拙)한 것은 기교는 없으나 예스럽고 소박한 멋이 있는 것을 가리킵니다. 교발기중(巧發奇中)은 교묘하게 꺼낸 말이 신기하게 들어맞음을 뜻합니다. 교언영색 선의인(巧言令色 鮮矣仁)이라고 합니다. 그럴듯하게 꾸민 말과 온화하게 보이는 얼굴에는 인(仁)이 적다는 뜻입니다.

고교	획수	형자	회자	새김	발음
差	10	工	來左(羊工)	다를	차

금문에서 **차(差)**는 '보리' 래(來)에 '왼손' 좌(左)를 더한 형태로 보리를 손으로 비비는 모양입니다. 손을 비비는 것은 바람직한 것이 아니라서 '틀렸다, 옳지 않다'라는 뜻을 갖게 되었습니다. 차이를 나타내기도 합니다. 차(差)가 다른 뜻으로 쓰이면서 본뜻은 '손' 수를 붙인 '비빌' 차(搓)를 써서 나타내게 됩니다. 래(來)는 '보리' 맥(麥)의 본자인데, 가차해 '오가다'라는 뜻으로 쓰이게 되자 차(差)와 마찬가지로 보리를 가리키는 글자를 새로 만들어[麥] 쓰게 된 것입니다.

현재 자형에서 래(來)와 좌(左)를 찾아보기는 어렵고 '양' 양(羊)과 '장인' 공(工)이 결합된 글자로 보입니다.

차도(差度, 瘥度)는 병이 조금씩 나아가는 정도입니다. 차등(差等)은 고르거나 가지런하지 않고 차별이 있는 것을 이릅니다. '차지호리 유이천리(差之毫厘 謬以千里)'라는 말은 아주 작은 차이가 (나중에) 천리만큼이나 벌어지는 잘못이 될 수 있다는 뜻입니다. 예전에 금성사의 "순간의 선택이 10년을 좌우합니다"라는 유명한 카피(copy, 광고 문안)가 있었습니다. 전자 제품은 10년이라고 해도 인생에서는 순간의 선택이 평생을 좌우하는 경우가 적지 않습니다.

고외	부수	획수	형자	새김	발음
鴻	鳥	17	工	기러기	홍

홍(鴻)은 큰 기러기입니다. 종종 미인을 나타내기도 합니다. 홍업(鴻業)은 나라를 세우는 큰 사업을 말합니다.

고외	부수	획수	형자	회자	새김	발음
攻	攴	7	工	工攴	칠	공
貢	貝	10	貝	工貝	바칠	공

'칠' **공(攻)**은 손에 몽둥이를 든 모양인 '칠' 복(攴)과 공이를 나타내는 공(工)이 결합되어 만들어진 글자입니다. 뭔가를 찧어서 딱딱하게 다지는 것이 본뜻입니다. 파생되어 '치다'의 뜻을 나타냅니다. 자소자 '칠' 복(攴)은 부수자란을 참고하기 바랍니다.

공성약지(攻城略地)와 공성탈지(攻城奪地)는 성이나 요새를 공격하여 땅을 빼앗는 것을 가리킵니다.

'바칠' 공(貢)의 본뜻은 옛날 속국에서 종주국에 바치던 조공물품(朝貢物品)입니다.

공물(貢物)은 옛날 중앙 관서와 궁중의 수요를 충당하기 위하여 여러 군현에 부과하여 상납하게 한 특산물을 말합니다.

고외	부수	획수	형자	회자	새김	발음
項	頁	12	工	工頁	목, 항목	항
尋	寸	12	彡	又工口寸	찾을	심

흔히 '목' 항(項)이라고 합니다만, 정확히 항(項)은 목의 뒷부분 즉, 목덜미를 말합니다. 인신되어 '사물의 종류나 항목, 조항' 등을 나타냅니다.

항배상망(項背相望)은 목과 등이 마주 바라본다는 뜻으로 왕래가 잦음을 이르기도 하고, 뒤를 이을 사람이 많음을 뜻하기도 합니다.

심(尋)은 본래 길이의 단위로 한 길을 말합니다. 길이를 재는 데에서 '찾다, 탐구하다'라는 뜻이 인신되어 나왔습니다.

심방(尋訪)은 방문하여 찾아보는 것입니다. 심상(尋常)한 것은 예사로운 것입니다.

R049

몸 기(己) 부

갑골	금문	전문	해서
己	己	己	己

　'몸' 기(己)는 실이 이리저리 굽은 모양을 가리키는 상형자입니다. 잇거나 묶는 데에 쓰는 끈이 본뜻입니다. 자기 자신을 나타내거나 천간의 여섯 번째를 나타내는 것은 모두 음을 차용해 쓰는 것입니다.『설문』에서는 "기(己)는 바로 한가운데 자리 잡는 것이다. 만물이 일어나 흙을 뚫고 나오려고 구부린 모양을 본떴다. 기(己)는 무(戊) 다음에 오며 사람의 배를 상징한다"라고 설명합니다.

　『단주』기(己)의 해당 부분을 조금 소개합니다. "무기는 모두 한가운데 자리한다. 그래서 한가운데의 토(土)라고 한다. 날짜로는 무기(戊己)이다. 주에 '기(己)의 뜻은 일어나는 것'이라고 한다.『율력지』에서는 '이(理)는 기(己)에서 다스려진다'고 한다.『석명』에서는 '기(己)는 정해진 형태가 있어 기록할 수 있다'고 한다. 뜻이 파생되어 사람인 '자기'를 뜻하게 되었다. 기(己)라고 말해 다른 사람과 구별한다. 나[己]는 가운데에 있고 다른 사람들은 밖에 있기 때문에 기록할 수 있다.『논어』에서 '자기 자신을 이겨 예를 회복하는 것이 인이다[克己復禮爲仁]'라고 하는데 극기는 자기 자신을 이기는 것이다. 만물이 일어나 땅을 헤치고 나오려고 굽힌 모양을 본떴다."

글자의 유래라기보다는 뜻에 대한 설명을 깊이 있게 소개하고 있습니다. 굳이 이해하기도 어려운 내용을 소개하는 것은 중국인들의 사고방식이나 사유 체계가 조금이나마 드러난다고 믿기 때문입니다. 한 번 읽어 이해하기는 어렵습니다. 여러 번 읽고 관련된 부분들을 아울러 읽다보면 중국 사상을 이해하는 데에 도움이 될 것입니다.

고문 분석에서는 설명이 다릅니다. 기(己)는 실 등이 얽히지 않도록 발 모양으로 짜는 데 쓰는 줄의 모양이라고 합니다. 그래서 '벼리' 기(紀)의 본자로 봅니다.

중학	획수	새김	발음
己	3	몸	기

우리 역사에 기사사화(己巳士禍)가 있습니다. 보통 기사환국(己巳換局)이라고 하는데, 조선 숙종 15년(1689) 기사년(己巳年)에 소의 장씨 소생의 아들을 원자로 정하는 문제로 정권이 서인에서 남인으로 바뀐 일인데, 이에 반대한 서인이 지지 세력인 남인에 의하여 패배하고 송시열은 제주도로 유배된 후 사사된 사건입니다.

기유(己有)는 자기의 소유 또는 자기가 소유한 물건을 말합니다. 기출(己出)은 자기가 낳은 자식을 이릅니다. 기소불욕물시어인(己所不欲勿施於人)은 『논어(論語)』 「위령공(衛靈公)」편에 자로(子路)가 서(恕)가 무엇인가에 대해 묻자 공자가 얘기한 답변입니다. '자기가 원하지 않는 것을 다른 사람에게 하지 마라'는 뜻입니다.

중학	획수	새김	발음
已	3	이미	이
巳	3	뱀	사

'몸' 기(己)와 '이미' 이(已), '뱀' 사(巳), 이 세 글자는 모두 상형자로 자형이 비슷해 잘 익혀둬야 합니다. 글자 왼쪽이 뚫리고 막힌 차이인데, '기(己), 이(已), 사(巳)'의 순서로 막힙니다.

'이미' **이(已)**는 '여섯째 지지' 사(巳)와 같은 글자였습니다. 구별을 하기 위해 나중에 위로 틈을 조금 벌려놓은 것이라고 합니다. 본 글자는 모두 사(巳)를 뒤집은 형태로 머리를 아래로 향하고 있는 형상입니다. 임신 상태가 끝나고 뱃속의 아이가 다 커서 막 태어나려는 상태입니다. 여기에서 파생돼 '멈추다, 완결되다'의 뜻을 갖고, 사태가 지금보다 전에[이미] 발생했음을 나타내게 되었습니다.

방금 설명한 것처럼 **사(巳)**는 이(巳)와 기원이 같고 뱃속의 태아를 가리킵니다. 나중에 차용해 '여섯째 지지' 사(巳)로도 씁니다.

중외	부수	획수	형자	회자	새김	발음
改	攴	7	己	己攴	고칠	개

부수외자는 모두 형성 · 회의자입니다. '고칠' **개(改)**를 『설문』에서는 "바꾸다, 자신[己]을 때린다[攴]는 데에서 뜻을 취한다"라고 합니다. 뭔가 잘못을 고치려면 때리는 정도까지는 아니더라도 자신을 책하는 자세는 있어야 합니다. 선인들은 자기 자신을 이기는 것 즉, 극기(克己)를 아주 중요하게 여겼는데, 이것도 같은 발상이겠습니다.

개과자신(改過自新)의 축자의는 허물을 고쳐 자신을 새롭게 한다는 뜻이고, 개과천선(改過遷善)의 축자의는 허물을 고쳐 착하게 된다는 말인데, 같은 의미로 씁니다.

중외	부수	획수	형자	회자	새김	발음
記	言	10	己	言己	기록할	기
起	走	10	己	走己	일어날	기

'기록할' **기(記)**는 듣거나 일어난 일을 적는 것입니다. 기사(記事)는 사실을 적는 것이고, 기재(記載)는 문서 따위에 기록하여 올리는 것입니다.

'일어날' **기(起)**입니다. 『단주』에서는 기(起)의 본뜻이 '발걸음을 떼는 것'이라고 합니다. 거기에서 인신되어 '서다'라는 뜻을 나타내고, 또 다시 인신되어 '일을 시작한다'는 의미를 갖는다고 합니다. 기사회생(起死回生)은 거의 죽을 뻔하다가 살아나는 것입니다.

고교	획수	형자	회자	새김	발음
巷	9	共	共己	거리	항

'거리' **항(巷)**은 좁은 길, 즉 골목길을 뜻합니다.

자소자인 '한 가지' 공(共)은 '이바지할' 공(供), '공손할' 공(恭), '넓을' 홍(洪)에서도 자소자로 쓰이고 있습니다.

항가(巷歌)는 거리에서 노래를 하거나 그런 노래를 말하고, 항간(巷間)은 일반 사람들 사이를 가리킵니다.

고외	부수	획수	형자	새김	발음
忌	心	7	己	꺼릴	기

'꺼릴' **기(忌)**의 본뜻은 미워하는 것입니다. 미워하면 꺼리게 됩니다. 기휘(忌諱)는 꺼리고 싫어하는 것 혹은 꺼리거나 두려워 피하는 것을 이릅니다.

고외	부수	획수	형자	회자	새김	발음
妃	女	6	己	女己	왕비	비
紀	糸	9	己	糸己	벼리	기

비(妃)는 배우자 즉, 아내를 가리키는 글자입니다만, 후세에 이르러 특별히 천자의 아내를 가리키는 말로 쓰이게 되었습니다. 그래서 결혼한 배우자의 뜻으로는 '짝' 배(配)를 쓰게 되었습니다.

'벼리' **기(紀)**에서 벼리는 그물의 위쪽 코를 꿰어놓은 줄로, 잡아당겨 그물을 오므렸다 폈다 할 수 있게 되어 있습니다. 여기에서 일이나 글의 뼈대가 되는 줄거리의 뜻을 갖게 되었을 것입니다. 자소자는 '가는 실, 실' 멱/사(糸)입니다.

R050

수건 건(巾) 부

갑골	금문	전문	해서
巾	巾	巾	巾

건(巾)의 본뜻은 허리에 차는 수건입니다. 즉, 패건(佩巾)으로 그것이 아래로 드리워진 모양을 본뜬 상형자입니다. 허리춤에 차고 그때그때 꺼내 물건을 닦습니다. 물건을 덮고 닦는 데에도 썼다고도 합니다. 후에는 머리에 쓰기도 했고 두건(頭巾)이라고 합니다. 『설문』에서는 "차는 수건이다. 수건의 형상인 '멀' 경(冂)을 따르고, '뚫을' 곤(丨)은 매어 차는 줄을 본뜬 것이다"라고 설명합니다. 여기서 경(冂)은 모양을 본뜬 것이지 그 의미를 나타내는 것은 아닙니다. 부수로 쓰여 수건이나 천과 관련된 뜻을 나타냅니다.

지금도 힘이 많이 드는 막일을 하시는 분들이 허리춤에 수건을 차는 모습을 쉽게 볼 수 있습니다. 패건은 우리 사전에는 올림말로 올라 있지 않은데 차는 수건이라는 뜻입니다. 패(佩)는 '차다'라는 뜻으로 차는 장식물을 가리키는 패식(佩飾)이라는 단어에서 볼 수 있습니다. 『표준』에는 패식을 '드리개'라고 하고, 드리개 조(條)에서는 "매달아서 길게 늘이는 물건"으로 확대해놓아서 꾸미개라든지 장식이라는 뜻은 전혀 들어 있지 않습니다. 이 설명만 보면 추같이 무거운 것을 달아서 물건을 반듯이 펴거나 늘이는 데 쓰는 것처럼 보입니다. '꾸미다'라는 본질적인 뜻이 빠져 설명이 뭔가 부족하다는 느낌을 떨칠 수 없습니다. 차는 부위에 따라 위로부터 머리장식[頭飾], 귀걸이, 목걸이, 팔찌, 가슴 부위의 노리개, 허리 장식[腰飾]에 발찌 등을 통틀어 '패식(佩飾)'이라고 하는 것을 보면 더더욱 그렇습니다. 패물(佩物) 조에서는 바로 이런 의미로 설명하고 있습니다만, 패식(佩飾)도 '매달거나 차는 꾸미개' 아니면 '꾸미는 데에 쓰는 드리개' 정도로 정의하는 것이 맞지 않을까 합니다. 현재 패식은 주로 장식용입니다만, 옛날에는 장식은 물론 종교적인 의식에 많이 쓰였습니다.

역사상 수건과 관련된 사건이 있습니다. 서기 184년 중국 동한 말기 대규모 농민 반란이 일어나죠. 장각(張角)이 수령으로 형제인 장량(張梁), 장보(張寶)와 함께 반란을 이끌었습니다. 태평도(太平道)라고 도교에 기반을 둔 민간 종교를 창시하고 그를 세력의 바탕으로 삼았는데 노란 수건을 머리에 둘렀다고 해 '황건적의 난'이라고 하지요. 황건적이라고 하면 이름 자체가 도적의 무리이니 폄하하는 뜻이 있는데 현대 중국에서는 '황건기의(黃巾起義)' 즉, 황건 무리가 의병을 일으켰다고 해 평가 자체가 다릅니다.

기초한자 중 '수건' 건(巾) 부에 속하는 글자는 모두 13자로 적지 않은 편입니다만, 막상 '수건' 건(巾)은 빠져 있습니다.

중학	획수	형자	새김	발음
布	5	夫	베, 펼	포

포(布)의 금문은 '아비' 부(父) 아래 '수건' 건(巾)을 쓰는 형성자였습니다. 허신도 금문을 대상으로 삼았는지 『설문』에서 포(布)를 "삼[枲]을 짠 것이다. 건(巾)을 따르고 부(父)가 소리를 나타낸다"라고 설명합니다. 삼베입니다. 삼의 한자어는 대마(大麻)입니다. 원문에 나온 시(枲)를 국내 자전에서는 '모시풀'로 새긴 경우가 대부분입니다만, 관련 자료를 더 찾아보면 삼은 암수딴그루로서 꽃만 피고 열매는 맺지 않는 수그루를 시(枲)라고 한다는 내용을 확인할 수 있습니다. '펴다, 펼치다'의 뜻도 나타납니다.

포교(布敎)는 종교를 널리 펴는 것입니다. 포의(布衣)는 베로 지은 옷으로 벼슬이 없는 선비를 비유적으로 이르는 말이기도 합니다. 포백숙속(布帛菽粟)은 축자의로 '베, 비단, 콩, 조'라는 뜻인데, 옷과 곡식입니다. 빠뜨릴 수 없이 꼭 필요한 것을 가리킵니다. 포의검수(布衣黔首)에서 포의는 일반 백성입니다. 검수는 전국 시대와 진(秦)나라 때 역시 일반 백성의 호칭이었습니다. 그래서 포의검수는 평민 백성을 뜻합니다. 포의소식(布衣蔬食)은 베옷에 거친 밥이라는 뜻으로 생활이 검소함을 이릅니다. 포의지교(布衣之交)는 베옷을 입고 다닐 때의 사귐이라는 뜻으로 벼슬을 하기 전 선비 시절에 사귀거나 또는 그렇게 사귄 벗을 말합니다.

중학	획수	형자	새김	발음
帝	9	丄	임금	제

'임금' 제(帝)를 『설문』에서는 '위' 상(丄)[上의 고자(古字)]과 '가시' 자(朿)가 결합된 형성자로 봅니다만 보통은 상형자로 봅니다. 제(帝)는 풀을 묶어 신(神)의 형상을 만든 뒤 태우면서 천신에게 제사를 올리는 모양을 본뜬 것이라고 합니다. 제왕이 하늘에 지내는 큰 제사인 체(禘)의 본자라고 합니다. 이런 제사는 제왕만이 지낼 수 있기 때문에 인신하여 '제왕'의 뜻이 되었습니다.

제국(帝國)은 황제가 다스리는 나라입니다. 제왕(帝王)은 황제와 왕을 아울러 이르는 말입니다. 제왕장상(帝王將相)은 황제와 왕후, 무장과 문신을 아울러 이르는 말로 옛날 상위 지배층을 가리킵니다.

중학	획수	형자	새김	발음
常	11	尙	떳떳할	상

상(常)은 아랫도리 즉, 치마로 '치마' 상(裳)의 본자입니다. 생활을 하며 늘 입고 있는 데에서 인신하여 '평시의, 일반적인, 늘, 고정되어 바뀌지 않는' 등의 뜻을 갖게 되었습니다.

상례(常例)는 보통 있는 일이고, 상비(常備)는 늘 갖추어두는 것입니다. 상록수(常綠樹)는 늘 푸른 나무입니다. 상무이사(常務理事)는 재단이나 회사 따위의 이사 가운데 보통의 업무를 집행하는 기관, 또는 그 사람을 가리키는데 보통은 줄여서 상무(常務)로 씁니다. 상장유일사무일 막도무시상유시(常將有日思無日 莫到無時想有時). 어디 한번 해석해볼 만합니까? "있을 때 없을 날을 생각해두면, (가지고) 있었던 적을 생각할 때(없는 상황)까지 이르지 않는다"라는 뜻입니다. 유비무환(有備無患)의 정신입니다.

중학	획수	형자	회자	새김	발음
市	5	㞢	冂之	저자	시

'저자' 시(市)의 '저자'는 시장을 예스럽게 이르는 말입니다. '저자' 시(市)를 『설문』에서는 "사고팔 때 가는 곳이다. 시장에는 담이 있어 '멀' 경(冂)을 따른다. 급(丂)도 따르는데 '丂'은 고문의 급(及) 자이다. 물건이 이어서 (시장으로 들어) 온다는 것을 상징한다"라고 설명합니다. 갑골문을 분석하는 경우에는 지(㞢)와 경(冂)으로 되어 (매매가 이루어지는) 일정한 범위[장소]에 가는 것으로 풀이합니다.

시정(市井)은 인가가 모인 곳으로 중국 상대(上代)에 우물이 있는 곳에 사람이 모여 살았다는 데서 유래한 것으로 알려져 있습니다. 시정잡배(市井雜輩)는 편둥펀둥 놀면서 방탕한 생활을 하며 시중에 떠돌아다니는 점잖지 못한 무리를 가리키는 말입니다.

중학	획수	형자	회자	새김	발음
師	10	辛省	㠯帀	스승	사

금문에서 **사(師)**는 활을 나타내는 '작은 산' 퇴(㠯)와 '두를' 잡(帀)으로 이루어져 있습니다. 잡(帀)은 '갈' 지(㞢)[之의 고자(古字)]를 뒤집은 형태로 (가지 않고) '멈추다, 머물다'라는 뜻을 나타냅니다. 전체적으로 군대가 야영을 하며 머문다는 뜻입니다. 『설문』에서는 "사(師), 이천 오백 명이 사(師)이다"라고 설명합니다. 군대의 편제를 가리키는 경우입니다. 현재 군대의 직제는 군단, 사단, 연대, 대대, 중대, 소대, 분대 순으로 규모가 작아집니다. 인신되어 '스승'을 나타냅니다.

사범(師範)은 남의 스승이 될 만한 모범이나 본보기 혹은 유도, 검도, 바둑 따위의 기술을 가르치는 사람을 이릅니다. 사표(師表)는 학식과 덕행이 높아 남의 모범이 될 만한 인물을 말합니다. 사출무명(師出無名)은 출병을 하는 데에 정당한 이유가 없는 것이고, 사출유명(師出有名)은 그 반대로 명분 즉, 정당한 이유가 있는 것을 말합니다.

중학	획수	회자	새김	발음
希	7	爻巾	바랄	희

'바랄' 희(希)는 구멍이 숭숭 난 울타리처럼 성글게 짠[爻] 삼베[巾]를 가리킨다고 합니다. 여기에서 '조밀하지 못하다, 많이 볼 수 없다'라는 뜻이 파생되었습니다. 드물게 보는 물건은 사람들이 원하고 바라는 데에서 다시 바란다는 뜻이 인신됩니다.

자소자 '점괘' 효(爻)는 뜻을 나타내는 것이 아니라, 짠 모양입니다.

희구(希求)는 바라고 구하는 것이며, 희망(希望)과 희원(希願)은 『표준』에서 "어떤 일을 이루거나 하기를 바람"으로 똑같이 설명하고 있습니다. 정의가 같으니 글 안에서 모두 바꾸어 써도 되겠는데, 실제 그럴 수 있는지는 조금 의심스럽습니다.

중학	획수	회자	새김	발음
席	10	庶省巾	자리	석

'자리' 석(席)의 자리는 '앉거나 누울 수 있도록 바닥에 까는 물건으로 왕골·부들·갈대 따위로 짜서 만들며 주로 직사각형으로 되어 있는 물건'입니다. 이런 의미에서는 방석(方席)도 자리의 하나입니다만 앉을 때만 쓰는 깔개라서 용도가 더 제한적이라는 점과 크기에서 다릅니다. 방석은 당연히 귀퉁이가 각진[方], 즉 네모난 것을 특징으로 삼아 만들어진 말이겠습니다만 요즈음은 둥그런 것도 있고 형태가 다양합니다. 『설문』에서는 "석(席)은 자리이다. 천자나 제후가 쓰는 자리로 가장자리에 도끼 모양의 도안을 수놓는다"라고 설명해 옛날의 문물이나 제도를 알 수 있는 단서를 제공합니다.

석(席) 자를 통해서 의미가 확장되어가는 과정을 한 번 살펴보도록 하겠습니다. 거듭 말하거니와 석(席)은 본뜻이 '깔 자리, 깔개'입니다. 그런 깔개가 있는 자기 자리에 나오는 것은 출석(出席)이고, 그 자리가 비면 결석(缺席), 그 자리를 비우고 떠나면 이석(離席)입니다. 석차(席次)의 원뜻은 깔개에 앉는 순서입니다. 여기서 성적의 순서를 가리킵니다. 의미가 확장되어 나갑니다. 석권(席卷)이 있습니다. '깔개를 말다'라는 것이 원뜻으로 자리를 말아서 거두니 다른 사람의 자리가 없어 발붙일 틈이 없어졌습니다. 여기서 세력 범위를 넓히는 것을 가리킵니다. 우리말에서 말의 의미가 파생되는 것도 마찬가지입니다. 한자 공부를 하면서 아울러 우리말에 대해서도 깊이 생각해보는 계기가 되었으면 하여 예를 들어 봤습니다.

석불가난(席不暇暖)은 앉은 자리가 따뜻할 겨를이 없다는 뜻으로 자리나 주소를 자주 옮기거나 매우 바쁘게 돌아다님을 이르는 말입니다. 공(孔) 자 조에서 소개한 공석불난(孔席不暖)과 같은 뜻인데, 이 말은 묵자(墨子)를 가리켜서 한 말이었습니다. 석지이좌(席地而坐)는 깔개 없이 그냥 땅바닥에 앉는 것입니다.

고교	획수	새김	발음
帶	11	띠	대

고교 기초한자입니다. 대(帶)는 허리띠, 즉 요대(腰帶)입니다. 상형자라서 자소자가 없습니다. 『설문』을 보면 남자는 큰 띠를 매고, 여자는 끈을 맨 것으로 나옵니다. 지금도 남자는 바지에 혁대를 차고, 여자는 치마에 허리띠를 매니 『설문』에 나오는 풍습은 2천 년 가까이 지난 지금까지도 이어지는 셈입니다.

대구(帶鉤)는 허리띠 따위를 죄어 고정하는 장치가 되어 있는 장식물입니다. 대동(帶同)은 어떤 모임이나 행사에 거느려 함께하는 것입니다. 대전(帶電)은 어떤 물체가 전기를 띠는 것을 말합니다.

고교	획수	형자	새김	발음
幅	12	畐	폭, 너비/붙일	폭/핍
幣	15	敝	화폐	폐

'폭' 폭(幅)의 형성 자소는 '찰' 복(畐)으로 소리를 나타냅니다. 삼베나 비단 같은 피륙의 너비를 말합니다. 사용 빈도는 아주 떨어지는 듯합니다만, 폭원(幅員)은 땅이나 지역의 넓이를 말합니다.

폐(幣)는 고대에 선물로 다른 사람에게 보내는 비단을 일컬었습니다.

선사하는 물건은 폐물(幣物)이라 하고, 결혼식에 신랑 측에서 신부 측으로 예물을 보내는 것은 폐백(幣帛)이라고 하지요. 이게 바로 그런 뜻입니다. 납폐(納幣)는 정혼이 이루어진 증거로 신랑 집에서 신부 집으로 예물을 보내는 것이나 또는 그 예물을 말합니다. 보통 푸른 비단과 붉은 비단을 혼서와 함께 함에 넣어 신부 집으로 보냅니다.

고교	획수	형자	회자	새김	발음
帥	9	𠂤	𠂤巾	장수/거느릴	수/솔
帳	11	長	巾長	장막	장

'장수' 수(帥)를 『설문』에서는 '차는 수건'이라고 해서 '수건' 건(巾)의 설명과 같습니다. 갑골문을 분석해 수건을 바치는 모양으로도 설명합니다. 차용해 군대 최고의 지휘관을 가리키게 되었습니다. '거느릴' 솔로도 새깁니다.

자소자는 '작은 산' 퇴(𠂤)인데 여기서는 그런 뜻으로 쓰인 것이 아니고 두 손의 모양을 나타내는 상형의 역할을 하고 있습니다.

통수(統帥)는 통솔(統率)과 같은 뜻으로 무리를 거느려 다스리는 것입니다.

'장막' 장(帳)의 본뜻은 침상 위에 치는 막입니다. 중국 사극을 보면 더러 볼 수 있습니다. 선뜻 이해되지 않으면 침대 주위에 치는 모기장 정도로 생각하면 됩니다. 실제 중국에서 이런 장막을 많이 썼던 이유도 방충용이었습니다. 당나라 때 유우석(劉禹錫, 772~842)의 「취문요(聚蚊謠)」라는 시 가운데 "어둠 속에 모기 나는 소리가 천둥소리만 같네[飛蚊伺暗聲如雷]"라는 구절이 나옵니다. 한여름 극성을 부리는 모기를 실감나게 표현하고 있는데, 실제는 당시 정치판을 빗댄 풍자시로 알려져 있습니다. 장(帳)에는 '물건이나 논밭 따위를 팔고 사는 데에 관한 품명이나 값 따위를 적어놓은 글'인 장기(帳記, 掌記)의 뜻도 있는데, 이것은 중국에서 옛날에 장기(帳記)를 베나 비단에 써서 걸어 보존한 데에서 나오게 된 말이라고 합니다. 장부(帳簿)는 물건의 출납이나 돈의 수지(收支) 계산을 적어두는 책입니다.

고교	획수	형자	회자	새김	발음
幕	14	莫	莫巾	장막	막

막(幕)의 자소자 막(莫)은 덮는다는 뜻도 나타내고 소리도 나타냅니다. 『설문』에서는 "윗부분을 가려 덮는 것을 막(幕)이라 한다. 밥상을 가리는 것, 즉 밥상보도 막(幕)이라 한다"라고 합니다.

막료(幕僚)는 지휘관이나 책임자의 일을 돕는 사람으로 참모 정도가 되겠습니다. 막하(幕下)도 비슷한 의미인데, 막사(幕舍)에서 일을 함께 도모하는 데에서 나온 말이겠습니다. 막부(幕府)는 대장군의 본영을 가리키는데, 일본사(日本史)에서는 장군이 천황을 능가하는 정치권력을 휘둘렀던 정부 기구를 가리킵니다. 막천석지(幕天席地)는 『표준』에서 "하늘을 장막으로 삼고 땅을 자리로 삼는다"라는 뜻으로 지기(志氣)가 웅대함을 이르는 말로 설명하고 있는데, 중국 사전에서는 본뜻은 같지만 현재는 야외에서 생활하는 것을 가리킨다고 해 쓰임이 조금 달라진 듯합니다.

고외	부수	획수	형자	회자	새김	발음
飾	食	14	食	食人巾	꾸밀	식

부수외자입니다. 이 글자를 보면 도대체 먹는 것[食]과 꾸미는 것이 무슨 상관이 있을까 하는 궁금증이 있어야 합니다. 식(食)은 소리이고, 뜻은 자소자 '사람' 인(人)과 '수건' 건(巾)에 있습니다. **식(飾)**은 닦는 것입니다. 『단주』에 "물건의 먼지나 때를 없애면[닦으면] 광채가 더 난다. 닦는다는 것이 식(飾)의 본뜻이다. 일을 이어받아 더 좋게 하는 것도 식(飾)이라 하는데 이것은 인신의이다"라고 합니다. 먹고[食] 난 뒤 사람[人]이 수건[巾]으로 입을 훔치는 것으로 생각하면 금방 기억할 수 있습니다.

R051

방패 간(干) 부

갑골	금문	전문	해서
¥	¥	¥	干

　'방패' **간(干)**은 Y자형 새총 모양의 가장귀입니다. 단 새총처럼 작은 것이 아니라 아주 큽니다. 끝이 Y자 형으로 갈라진 긴 작대기로 생각하거나 아니면 빨랫줄을 받치는 데에 쓰는 바지랑대를 떠올리면 됩니다. 옛날에 수렵 도구로 썼습니다.

　『설문』에서는 단순히 '범하다'라고 설명하고 있는데 간(干)이 부수로 쓰일 때 나타내는 뜻이기도 합니다. 방금 말한 긴 작대기는 창에 가까운 공격용 무기겠는데, 가차해 '방패'라는 뜻을 갖게 되었습니다. 공격용 무기가 방어용으로 바뀐 셈입니다.

중학	획수	새김	발음
干	3	방패	간

간과(干戈)는 방패와 창이라는 뜻으로 전쟁에 쓰는 병기를 통틀어 이릅니다. 간범(干犯)은 남의 일에 간섭하여 권리를 침범하는 것이며, 간섭(干涉)은 직접 관계가 없는 남의 일에 부당하게 참견하는 것입니다. 간운폐일(干雲蔽日)은 『표준』에서 "구름을 범하고 해를 가린다는 뜻으로 나무가 높이 솟아 있음을 이르는 말"이라고 설명합니다. 중국 사전에서는 나무는 물론 건물이 높이 솟은 것도 가리키는 것으로 설명합니다. 우리는 고어로서 잘 사용하지 않고 중국에서는 계속 사용하면서 의미가 확장된 것이 아닐까 합니다.

중학	획수	형자	회자	새김	발음
年	6	千	人禾	해	년

갑골문의 '해' 년(秊) 자는 '벼' 화(禾) 아래에 '사람' 인(人)이 들어간 '벼 여물' 임(秂)의 자형을 하고 있습니다. 여문다는 것은 알이 들어 열매가 단단해지는 것입니다. 사람이 벼를 지고 있는 모양으로 곡식이 익어 추수하는 것을 가리킵니다. 전문에 이르러서 '사람' 인(人)이 그만 '일 천' 천(千)으로 잘못 바뀌었습니다[秊]. 『설문』에서는 "'벼' 화(禾) 부수에 속하고, 곡식이 익다"라고 같은 설명을 합니다. 일 년의 수확을 한다는 데에서 시간의 단위인 '한 해'를 가리키게 되었습니다.

연고덕소(年高德邵)는 나이도 많고 덕도 높음을 이릅니다. 사람이 나이만큼 덕도 높아진다면 얼마나 좋은 일이겠습니까!

중학	획수	회자	새김	발음
平	5	亐八	평평할	평

평(平)을 『설문』에서는 "어기가 평탄하고 곧바르게 펼쳐지는 것이다. 우(亐)와 팔(八)을 따른다. 팔(八)은 고르게 나누는 것이다. 원례(爰禮)라는 사람의 설명이다"라고 풀이합니다. 상형자로 취급하기도 합니다. 노래가 평온하고 속도가 느릿느릿한 것을 가리킨다고도 합니다. 여기에서 '안정됐다'든지, 경사가 지지 않고 '평탄하다'라는 뜻이 인신되어 나왔습니다.

여러 사물의 질이나 양 따위를 통일적으로 고르게 한 것은 평균(平均)이고, 뛰어난 특색이 없이 보통인 것은 평범(平凡)한 것입니다. 평기평좌(平起平坐)는 옛날 지위가 같은 사람이 동시에 일어나고 동시에 앉는 것을 가리키는 말로 두 사람의 지위와 권세가 같은 것을 뜻합니다. 평지풍파(平地風波)는 평온한 자리에서 일어나는 풍파라는 뜻으로 뜻밖에 분쟁이 일어남을 비유적으로 이르는 말입니다.

중학	획수	회자	새김	발음
幸	8	夭屰	다행	행

'다행' 행(幸)의 전문은 '일찍 죽을' 요(夭)와 '거스릴' 역(屰)이 결합된 형태입니다. 여기에서 요(夭)를 머리가 굽은 것으로 보고, 그것을 뒤집는[屰] 것이니 '요행'으로 풀이하기도 하고 『설문』에서는 "길해서 재앙을 피한 것이다"라고 설명하고 있습니다. 일찍 죽는 것[夭]에 반해 일찍 죽지 않았기 때문에 재앙을 피한 것[屰]이고, 그게 바로 행(幸)이라고 생각하는 것입니다. 상형으로 보기도 합니다.

행복(幸福)은 복된 좋은 운수인데, 살면서 모든 사람이 추구하는 궁극적인 가치가 아닐까 합니다. 행신(幸臣)은 임금의 총애를 받는 신하입니다. 행심(幸甚)은 매우 다행한 것을 이릅니다. 뜻밖에 얻는 행운이 요행(僥倖)입니다. 행재낙화(幸災樂禍)는 다른 사람의 재난을 다행으로 여기고 화를 즐거워한다는 뜻입니다. 다른 사람이 잘못되는 것을 즐기는 못된 심사를 가리킵니다. 사촌이 땅을 사면 배가 아픈 심사입니다. 놀부 심보가 아닐 수 없습니다. 여기서 심보는 '심뽀'로 발음합니다.

중외	부수	획수	형자	회자	새김	발음
舌	舌	6	干	干口	혀/입 막을	설/활
敢	攴	12	干	又干豕	감히, 구태여	감

설(舌)은 상형자로 보기도 합니다. 현재 위의 자소로 '일 천' 천(千)을 쓰고 있습니다만, 본래는 '방패' 간(干)입니다. 입[口]에 간섭해[干] 말을 한다든지, 맛을 보는 기관입니다.

'굳셀' **감(敢)**은 바지랑대[干] 같은 것을 손[又]에 들고 멧돼지[豖]를 세게 찌르는 모양입니다. 자형이 바뀌어서 현재 글자에서는 알아보기가 어렵습니다. 거기에서 '용기가 있다'든지, '담이 크다'든지 하는 뜻이 인신되어 나오는 것은 아주 자연스럽습니다.

　불감청고소원(不敢請固所願)은 '감히 바랄 수는 없지만 진정 원하는 바입니다'라는 뜻으로 상대방에게 뭔가를 청할 때에 쓰는 표현입니다.

고교	획수	형자	회자	새김	발음
幹	13	倝	干木	줄기	간

　간(幹)은 줄기 또는 기둥으로도 풉니다. 옛날 담을 세울 때 판자를 양쪽에 세우고 그 안에 흙을 넣고 다지는데 양쪽에 기둥을 세워 판자를 고정시킵니다. 깃대[倝] 모양으로 고정시키는 기둥의 뜻으로 봅니다. 기둥으로 쓰려면 가지 정도로는 안 되고 굵은 줄기여야 하는 데에서 '줄기'라는 뜻이 인신되어 나온 것이 아닐까 합니다. 천간과 지지가 짝을 이루는 것이, 나무의 줄기와 가지가 짝을 이루는 것과 같다는 데에서 천간(天干)의 뜻으로 쓰이기도 하는데, 워낙 옛날부터 간(干)을 빌려 썼기 때문에 지금은 간(干)을 많이 씁니다. 형성 자소는 '빛날' 간(倝)입니다.

　간선도로(幹線道路)는 나무의 줄기처럼 원줄기가 되는 주요한 도로를 말합니다.

고외	부수	획수	형자	새김	발음
刊	刀	5	干	새길	간
汗	水	6	干	땀	한
肝	肉	7	干	간	간

　'새길' **간(刊)**의 본뜻은 '없애는 것, 제거하는 것'입니다. '새긴다'는 뜻은 인신되어 나온 것입니다.

　'땀' **한(汗)**입니다. 중국 북방 소수 민족의 족장이나 임금을 뜻하기도 합니다. 영어의 칸(Khan)인데, 이 말은 중앙아시아에서 왔을 것으로 추정합니다. 중국어에서도 똑같이 그 음을 적어서 뜻을 나타낸 경우이겠습니다.

간(肝)은 우리 몸속의 장기로 탄수화물을 저장하고, 단백질이나 당 대사를 조절하며 해독 작용을 하는 기관입니다.

고외	부수	획수	형자	회자	새김	발음
旱	日	7	干	日干	가물	한
岸	山	8	干	厂干	언덕	안
軒	車	10	干	車干	집, 추녀, 처마	헌

'가물' 한(旱)은 자소가 같아 '해질' 간(旰)과 혼동하기 쉽습니다.

'언덕' 안(岸)의 자소자는 '벼랑 높을' 알(厂)로 고문에서는 안(岸)과 같은 글자입니다. '숯' 탄(炭)에서도 찾아볼 수 있습니다. 관련된 단어로 안류(岸柳)와 안벽(岸壁)을 설명했었는데 어떤 뜻인지 기억을 되살려보기 바랍니다.

'집' 헌(軒)입니다. 본뜻은 높은 천정에 두꺼운 휘장을 두른 수레입니다. 그래서 수레의 뜻으로 쓰이기도 하고 높다는 뜻도 있습니다. 실내가 조금 넓고 밝은 작은 집을 가리키기도 합니다.

R052

작을 요(幺) 부

갑골	금문	전문	해서
8	8	含	幺

　반짇고리에 실패가 있습니다. 편편한 판자 같은 것에 실을 감아놓아 그때그때 쉽게 쓸 수 있도록 해놓은 것입니다. 역시 실을 감아놓은 것으로 실꾸리가 있고 실타래가 있는데 실꾸리는 작은 막대나 구멍이 뚫린 물건에 감아놓은 것입니다. 재봉질을 하는 데에서 많이 볼 수 있습니다. 타래는 좀 크고 여유 있게 말아놓은 것으로 실을 사고팔 때 쓰는 단위이기도 합니다.

　'작을' 요(幺)는 바로 실타래 모양을 본뜬 상형자입니다. 『설문』에서는 "작다. 아이가 갓 태어난 모양을 본떴다"라고 설명합니다. 여기에서 '가늘고 작다, 어리다' 등의 뜻이 인신되어 나왔습니다.

중학	획수	형자	새김	발음
幼	5	幺	어릴	유

유(幼)는 작다는 뜻입니다. 어려서[幺] 작고 힘[力]도 약한 것을 나타냅니다.

나이가 어린 것은 유년(幼年)이고, 어리고 약한 것은 유약(幼弱)한 것이고, 수준이 낮거나 미숙한 것은 유치(幼稚)한 것입니다. 유학장행(幼學壯行)은 어려서는 열심히 배우고 장년이 되어서는 그것으로 자신의 포부를 펼친다는 뜻입니다.

중학	획수	회자	새김	발음
幾	12	丝戍	기미	기

'기미' 기(幾)는 '기미'나 '위태롭다'는 뜻을 나타냅니다. 기미는 낌새이니 예민한 사람이 아니면 알아차릴 수도 없이 미소하고 작은 것입니다.

회의 자소 유(丝)는 '작을' 요(幺)를 두 개 겹쳐 '가늘고 작은 것, 작디작은 것'을 나타냅니다. 수(戍)는 지키는 것입니다. 국경을 지키던 일을 수자리(戍--)라고 했습니다.

기하(幾何)는 '얼마'라는 뜻 외에 기하학(幾何學)을 가리키기도 합니다. 도형과 공간의 성질에 대하여 연구하는 학문입니다. 거의 죽을 지경에 이르는 것은 기지사경(幾至死境)이라 합니다.

중외	부수	획수	회자	새김	발음
後	彳	9	彳幺夂	뒤	후

'뒤' 후(後)의 본뜻은 행동이 '더디다, 느리다'입니다. 자소자 '조금 걸을' 척(彳)과 '천천히 걸을' 쇠(夂)는 둘 다 걸음걸이가 느린 것으로 행동이 더딘 것을 나타내며, 요(幺)는 작은 것을 나타내니 그야말로 엎친 데 덮친 격입니다. 요(幺)를 줄로 보아 다리에 묶는 줄 같은 것이 있어 행동이 더딘 것으로도 설명합니다. 행동이 더디면 뒤로 처지기 마련입니다.

고교	획수	형자	회자	새김	발음
幽	9	丝	幺幺	그윽할	유

유(幽)는 갑골문에서 유(丝) 자 아래에 '불' 화(火)를 썼는데 전문부터 '메' 산(山)으로 바뀌었습니다. '감추어 드러나지 않는' 것입니다. 산(山) 가운데 그윽하고 어두운[丝] 곳입니다. 자소자는 '작을' 유(丝)입니다. '기미' 기(幾), '이을' 계(繼), '경기' 기(畿) 등에도 쓰이고 있습니다.

유곡(幽谷)은 깊은 산골짜기이고, 유령(幽靈)은 죽은 사람의 영혼입니다. 유폐(幽閉)는 아주 깊숙이 가두어두는 것입니다.

R053

엄호 부, 집 엄(广)

갑골	금문	전문	해서

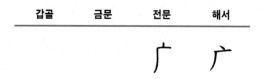

'집' 엄(广)은 바위 벼랑에 의지해 지은 집을 본뜬 상형자입니다. 오늘날의 집처럼 사방이 막힌 것이 아니라 짐승의 우리처럼 앞이 트인 집입니다. 엄호(广户) 또는 엄호밑이라고 하는데, 밑은 다른 자소들이 그 아래에 온다는 뜻입니다. 부수로 쓰여 집과 관련된 뜻을 나타냅니다. 현대 중국어에서는 '넓을' 광(廣)의 간체자로 쓰입니다.

중학	획수	새김	발음
庚	8	별, 일곱째 천간	경

'일곱째 천간' 경(庚)의 갑골문은 위쪽 손잡이에 끈이 달린 종으로 흔들면 안에 있는 추가 종벽을 치며 소리를 내는 일종의 악기를 가리킵니다. 『설문』에서는 "가을에 만물이 단단한 열매를 맺는 모양을 그린 것"이라고 합니다. 상형자입니다.

경복(庚伏)은 삼복(三伏)을 달리 이르는 말로, 하지 다음 셋째 경일부터 시작하기 때문에 붙은 이름입니다. 경염(庚炎)이나 경열(庚熱)은 삼복더위를 이릅니다.

중학	획수	형자	새김	발음
序	7	予	차례	서

'차례' **서(序)**의 본뜻은 전혀 상상 밖으로 '동서로 난 담'이라고 합니다. '곁채'라는 뜻도 있습니다. 건물을 지을 때 본채와 곁채는 순서에 따라 배열한다는 데에서 인신돼 '순서'를 가리키게 된 것으로 파악합니다.

서론(序論)은 말이나 글 따위에서 본격적인 논의를 하기 위한 실마리가 되는 부분으로 머리말입니다. 서열(序列)은 일정한 기준에 따라 순서대로 늘어서거나 또는 그 순서를 말합니다.

중학	획수	형자	새김	발음
店	8	占	가게	점

옛날에 방 안에다 흙으로 대를 만들고 그 위에 각종 물건을 올려놓았다고 합니다. 그것을 '잔대' 점(坫)이라 했습니다. 주나라 때 제후들이 만나 술을 마시며 빈 잔을 흙으로 만든 대 위에 올려놓았다고 하는데 바로 그 잔대입니다. 그런데 상점에서도 똑같이 물건을 그런 대 위에 올려놓고 사고파는 데에서 인신되어 '가게' **점(店)**이 되었습니다. 필자가 어린 시절 가게에 가면 상품을 이런 대 위에 올려놓기도 했습니다. 요즈음으로 생각하면 상품의 진열대나 전시대 정도가 되겠습니다.

점두(店頭)는 점포의 앞쪽이고, 점포(店鋪)는 물건을 늘어놓고 파는 곳입니다.

중학	획수	형자	새김	발음
度	9	庶省	법도/잴, 헤아릴	도/탁

도(度)는 법제나 법도입니다. 『단주』에 길이에 관해 참고할 만한 내용이 있어 소개해 봅니다.

"도(度)… 우(又)를 따른다. 주나라의 (길이를 재는) 단위인 촌(寸), 척(尺), 지(咫), 심(尋), 상(常), 인(仞)은 모두 사람의 몸을 표준으로 삼은 것이다. 촌(寸)은 사람 손의 촌구(한의가 진맥을 할 때 짚어보는 맥박이 뛰는 곳)를 따른 것이며, 지(咫)는 부인의 손 길이가 여덟 치라는 것을 따랐다. 인(仞)은 양팔을 편 길이 심(尋)을 따랐으니 모두 손에서 표준을 취한 것이다. 그래서 우(又, 오른손을 가리킴)를 따른다[周制 寸尺咫尋常仞 皆以人之體爲法 寸法人手之寸口 咫法中婦人手長八寸 仞法伸臂一尋 皆於手取法 故從又]."

척(尺), 심(尋)과 상(常)에 대해서는 설명이 없는데 척(尺)은 한 자, 두 자 할 때의 자이고, 심(尋)은 양팔을 펴서 길이를 잰다는 뜻으로 여덟 자, 상(常)은 심의 두 배로 되어 있습니다. 여기에는 나와 있지 않지만 분(分) 역시 길이의 단위인데 촌(寸)의 1/10입니다. 단 여기에서 말하는 자[尺]는 주나라 때의 자인 주척(周尺)으로 23.1cm라고 하는데 확정된 길이는 아니고 여전히 의견이 분분합니다.

우리의 단위도 마찬가지입니다. 분(分)은 푼, 촌(寸)은 치, 척(尺)은 자, 심(尋)은 발, 인(仞)은 길이라는 우리말이 같은 단위를 나타냅니다. 발은 새끼줄의 길이를 잴 때 많이 쓰죠. 양팔을 폈다 오므렸다 하면서 '한 발, 두 발' 하면서 잽니다. 길은 사람의 키 정도 되는 길이입니다. "열 길 물속은 알아도 한 길 사람의 속은 모른다"라는 속담에 나오는 '길'이 바로 사람이 딱 파묻히는 정도의 길이입니다. 한자에서 심(尋)과 인(仞)의 길이는 각각 8자로 같습니다. 여기서 한 자는 지금의 30cm 가량이 아니고, 주척(周尺)으로 23cm 가량입니다. 통상 한 발과 한 길은 길이가 같은 것으로 칩니다.

중학	획수	형자	새김	발음
庭	10	廷	뜰	정
廣	15	黃	넓을	광

'뜰' **정(庭)**은 "집의 가운데이다"라고 설명합니다. 중국 북경의 전통 가옥으로 '사합원(四合院)'이라는 것이 있습니다. 뜰[庭院]을 가운데로 하고 사방을 집이 둘러싼 '口' 자형으로 전체가 이어진 폐쇄형 구조입니다. 그런 구조를 떠올리면 "집의 가운데이다"라는 말을 쉽게 이해할 수 있겠습니다. 자소자는 '조정' 정(廷)입니다.

집안에 있는 뜰이나 꽃밭이 정원(庭園)입니다. 가정에서의 가르침은 정훈(庭訓)이라고 합니다.

'넓을' 광(廣)은 "네 벽이 없는 집"입니다. 인신하여 '크다, 멀고 크다'라는 뜻을 갖게 되었습니다. 자소인 황(黃)에는 사람의 뜻이 들어 있어 집[广]에 사람이 가득 찬 것으로 보기도 합니다. 사람이 모이는 회의장이라는 뜻으로 여기에서 '넓고 크다'는 뜻이 나왔다고 합니다. 상형자로 취급하기도 합니다.

세상에 널리 알리는 것은 광고(廣告)이고, 여러 사람이 모일 수 있는 넓은 빈터는 광장(廣場)입니다.

고교	획수	형자	새김	발음
座	10	坐	자리	좌

좌(坐)는 앉는 것이고, **좌(座)**는 앉을 때 쓰는 자리입니다. 그러니까 좌(坐)는 앉고 일어서는 '동작'을 나타내며, 좌(座)는 '명사'입니다.

좌정(坐定)은 자리를 잡고 좌구(座具)에 앉는 것입니다. 좌불안석(坐不安席)은 앉아도 자리가 편안하지 않다는 뜻으로, 마음이 불안하거나 걱정스러워서 한군데에 가만히 앉아 있지 못하고 안절부절못하는 모양을 이릅니다. 침불안석(寢不安席)도 있으니 어떤 의미인지 꼭 해당란에서 확인해보기 바랍니다.

고교	획수	형자	새김	발음
康	11	隶	편안	강
廢	15	發	폐할, 버릴	폐

'편안' 강(康)을 『설문』에서는 곡식의 껍질을 나타내는 형성자로 봅니다만, 한편으로 강(康)은 요령[庚]과 아래의 점으로 거기에서 나는 소리를 가리키는 지사자라고도 합니다. '작은 종을 연주하는 것'이 본뜻으로 거기에서 '안락하다, 편안하다'라는 뜻이 인신된 것으로 봅니다. 자소자는 '미칠(reach)' 이(隶)로 부수자입니다.

예전에 베갯모에 흔히 수복강령(壽福康寧)이라는 글귀를 수놓아 붙였습니다. '오래 살고 복을 누리며, 건강하고 편안하라'는 뜻입니다. 하늘은 둥그렇고 땅은 모가 났다고 하는 천원지방(天圓地方) 사상에 입각하면 남자의 베갯모가 둥글어야 할 것 같은데 실제는 남성용 베갯모는 네모나고, 여성용 베갯모는 둥급니다.

'폐할' **폐(廢)**는 집이 무너지는 것입니다. 거기에서 '훼손하다, 멸망하다' 등의 뜻이 인신되어 나왔습니다.

버려두어 낡아빠진 집은 폐가(廢家)이고, 왕이나 왕비의 자리를 폐하는 것은 폐위(廢位), 못 쓰게 되어버린 물품은 폐품(廢品)입니다.

고교	획수	형자	회자	새김	발음
床	7	爿	广木	평상	상

'평상' **상(床)**은 앉거나 누울 때 쓰는 자리입니다. 이동식 마루라고 할 수 있는 평상이나 침대입니다. 침구의 일종으로 보통은 탁자의 뜻으로는 쓰지 않는데, 『표준』에서는 임금의 음식을 차려 놓는 상은 어상(御床)이라고 해 이 글자를 씁니다. 중국어에서는 어상(御床)을 황제용의 좌구나 침구라고 설명하고, 일본어에서도 상(床)을 음식을 차려놓는 식사용 탁자(dining table)의 뜻으로 쓰지 않는 점을 고려하면 혹 상(床)을 식사용 탁자로 쓰는 것은 우리나라만의 용법이 아닐까 합니다.

형성 자소로 '조각' 장(爿)이 들어간 것은 『설문』 자형을 분석한 경우입니다. 『설문』에는 '평상' 상(床)이 '조각' 장(爿)을 쓰는 상(牀)으로 실려 있습니다. 같은 뜻인데, 기초한자에는 상(床)이 올라 있습니다. 장(爿)은 부수자로 부수 이름으로는 '장수장변'이라고 하지요. '장수' 장(將) 자의 변 즉, 왼쪽에 쓰이는 글자라는 뜻입니다.

고교	획수	형자	회자	새김	발음
府	8	付	广付	마을, 곳집	부

'마을' **부(府)**의 금문은 '줄' 부(付) 사이에 '조개' 패(貝)가 들어 있습니다. 즉, 귀한 물

건[貝]을 내어주는[付] 집[广]으로 옛날에 관청에서 재물이나 문서를 보관하는 곳이었습니다. 거기에서 인신되어 '관원'이나 '관청'을 뜻하기도 합니다.

자소자인 '줄' 부(付)는 물건을 손[寸]에 들고 다른 사람[亻]에게 주는 것입니다. 부지일소(付之一笑)는 웃음에 붙인다는 뜻으로 가볍게 한 번 웃고 넘기는 것을 가리킵니다.

부병(府兵)은 옛날 도성이나 국경의 경비를 맡았던 군사이고, 부사(府使)는 벼슬자리의 이름입니다.

고교	획수	형자	회자	새김	발음
底	8	氐	广氐	밑	저
庫	10	車	广車	곳집	고

'근본' 저(氐)를 살펴보겠습니다. 갑골문에서 '성' 씨(氏)와 '근본' 저(氐)는 한 글자로 씨앗에서 나오는 새싹이 긴 모양을 본뜬 글자라고 합니다. 인신하여서 성씨를 나타내는 데에 쓰게 되었고, 그와 구별하기 위해 아래에 지사로 점을 하나 더 붙인 것이 '근본' 저(氐)가 되었습니다. 본뜻은 나무의 뿌리입니다.

'밑' 저(底)는 집[广]과 나무의 뿌리를 뜻하는 저(氐)로 구성되어 집의 가장 아래 부분을 가리킵니다. 그래서 물체의 가장 아래 부분을 나타냅니다. 바닥입니다.

'낮을' 저(低)가 있습니다. 저(低)는 사람[亻]이 물건을 땅 위, 즉 바닥[底]에 내려놓는 것입니다. 물건을 내려놓으려면 몸을 굽혀야 합니다. 굽히면 서 있는 것보다 작아집니다. 그래서 '굽히다, 낮다'라는 뜻이 됩니다.

'막을' 저(抵)가 있습니다. 이것은 나무뿌리[氐]가 땅을 밀어내고 나오듯 손[手]으로 밀어내는 것입니다. 옆으로 밀쳐놓은 것입니다. 밀쳐놓고 거리를 두는 것입니다. 곁을 주지 않는 것입니다. 여기에서 '던지다, 치다'라는 뜻이 나왔습니다.

름(廩)이나 창(倉) 등과 마찬가지로 똑같이 '곳집'으로 새기긴 했습니다만, '곳집' 고(庫)에는 무엇이 들어 있습니까? 수레가 들어 있습니다. 요즈음으로 말하면 주차 공간, 즉 차고 정도를 뜻하는 글자입니다. 옛날에는 당연히 수레와 병기, 갑옷 등을 넣어놓았습니다.

고교	획수	형자	회자	새김	발음
庸	11	用	庚用	떳떳할	용
廉	13	兼	广兼	청렴할	렴

'떳떳할' 용(庸)은 고대 악기 중 하나로 대종(大鐘)을 본뜻으로 봅니다. 『설문』에서는 '법을 바꾸다, 변경하다'라는 뜻을 나타내는 경(庚)과 용(用)이 결합되어 시행하는 것이라고 설명합니다.

재주가 평범하고 졸렬한 것은 용재(庸才)라 하고, 평범한 사람은 용인(庸人)이라고 합니다.

『설문』과 『단주』의 설명에 따르면 '청렴할' 렴(廉)은 좁은 집[广]에서 검소[兼]하게 사는 것입니다. 청렴한 사람이 사는 생활이겠습니다. '겸할' 겸(兼)의 본뜻은 무엇이었습니까? 그렇습니다. 벼 두 포기를 잡은 것은 '겸할' 겸(兼), 한 포기를 잡은 것은 '잡을' 병(秉)이라고 했습니다. 잘 기억이 나지 않으면 해당 쪽을 다시 한 번 더 확인해보기 바랍니다.

값이 아주 싼 것은 염가(廉價)이고, 체면을 차리며 부끄러움을 아는 것은 염치(廉恥)입니다. 염탐(廉探)에서는 몰래 살피고 조사한다는 뜻을 나타냅니다.

고교	획수	형자	회자	새김	발음
廊	13	郎	广郎	행랑	랑
廟	15	朝	广朝	사당	묘

'행랑' 랑(廊)은 본래 '동서로 난 담'을 가리키다가 인신되어 본채를 중심으로 동서에 지은 딴채를 가리키게 된 글자입니다. 본채가 남쪽을 향하고 있으니, 딴채는 동서로 자리하게 됩니다.

자소자는 '사내' 랑(郎)입니다. 『설문』에서는 "랑(郎)은 노(魯)나라의 정(亭)이다"라고 설명합니다. 정(亭)은 향(鄕) 아래의 행정 조직으로 노나라에는 두 개의 정(亭)이 있었다고 합니다.

조정의 정무를 돌보던 궁전을 낭묘(廊廟)라 하고, 예전에 대문 안에 죽 벌여서 지어 주로 하인이 거처하던 방은 행랑(行廊)입니다.

'사당' 묘(廟)의 사당은 조상의 신주를 모셔놓는 집입니다. 왕가의 조상들을 모신다는 점에서 종묘(宗廟)도 분명 사당입니다만, 왕가이니 결국 한 나라의 일이 되기 때문에 중요하고 으뜸간다는 뜻으로 종묘라고 씁니다.

고교	획수	형자	회자	새김	발음
廳	25	聽	广聽	관청	청

청사(聽事)의 글자 그대로의 뜻은 사정이나 상황이 어떠한지 들어보는 것이겠습니다. 여기에서 파생해 정사(政事)를 처리하는 것을 가리킵니다. 관청을 뜻하는 청사(廳事)는 그처럼 일에 대해 듣고 처리하는 곳[广]이 되겠습니다. 현대식으로 표현하면 백성의 소리인 민원을 끊임없이 듣는[聽] 곳[广]이 '관청' 청(廳)입니다. 일의 처리에 중점을 둔 것은 청사(廳事)이고, 일이 이루어지는 공간을 말할 때는 청사(廳舍)입니다.

고교	획수	회자	새김	발음
庶	11	广炗	여러, 무리	서

'여러' 서(庶)에 쓴 회의 자소 광(炗)은 '빛' 광(光)의 고자(古字)입니다. 집 안[广]에 빛[炗]이 가득하다는 뜻에서 인신되어 '사람이 많다'는 뜻을 나타냅니다.

서기(庶幾)는 부사로 '거의'라는 뜻입니다. 서얼(庶孽)에서는 전혀 다른 의미를 나타냅니다. 서자(庶子)는 양반과 양민 여성 사이에서 낳은 아들이고 얼자(孽子)는 양반과 천민 여성 사이에서 낳은 아들이라는 뜻입니다.

고외	부수	획수	회자	새김	발음
麻	麻	11	广林	삼	마

'삼' 마(麻)는 부수자이니 해당 부수를 참고하기 바랍니다. 금문에서는 '언덕' 한(厂) 아래에 써서 마를 벗겨 햇볕에 말리는 것을 나타냈는데, 중간에 '집' 엄(广)으로 자형이 바뀌었습니다. 한 가지 주의할 것은 안에 들어 있는 글자는 '수풀' 림(林)이 아니고, '삼' 패(林)라는 점입니다. 그러나 현재는 통상 구분을 하지 않고 쓰기 때문에 일상에서는 별문제가 없습니다만, 글자를 분석할 때에는 가려 쓸 수 있어야 합니다.

R054

민책받침 부, 길게 걸을 인(廴)

갑골	금문	전문	해서
		廴	廴

　대부분 국내 자전에서 '길게 걸을' 인(廴)으로 새기는데 필자는 '길게 걷는다'가 보폭이 크다는 말인지 아니면 오래 멀리까지 걷는다는 뜻인지 헷갈리곤 했는데, 멀리까지 간다는 뜻입니다. 『설문』에서는 "인(廴), 멀리 가다. 척(彳) 자 늘인 것을 따른다[長行也 从彳引之 凡廴之屬皆从廴]"라고 설명합니다. 부수로 쓰여 '멀리 가다, 진행하다'라는 뜻을 나타냅니다. 책받침[辶]['쉬엄쉬엄 갈' 착(辵)이 받침으로 쓰일 때의 형태]에 위의 점이 빠져서 '민책받침'이라고 합니다.

중학	획수	회자	새김	발음
建	9	聿廴	세울	건

　갑골문의 **건(建)**은 사람이 뱃머리에 서서 상앗대를 잡고 배를 젓는 모양을 본떴습니

다. 그러니까 자소자인 '붓' 율(聿)은 여기서 본뜻으로 쓰인 것이 아니라 상앗대를 잡고 있는 모양을 나타내는 것입니다. 동요 「반달」에 나오는 "삿대도 없이 가기도 잘도 간다 서쪽 나라로"에 나오는 삿대는 상앗대의 준말입니다. 삿대로 배를 모는 것이 본뜻입니다. 삿대는 물이 얕은 곳에서 물밑의 땅을 짚고 밀어 배가 앞으로 나아가게 하는 긴 막대로 물을 헤쳐 나가는 노와는 다릅니다. 전문에서는 자형이 몰라볼 정도로 많이 바뀌었는데 『설문』은 전문을 분석해 "건(建), 조정의 법률을 세우다"라고 풀이합니다.

군대를 창건하는 것은 건군(建軍), 나라를 세우면 건국(建國), 의견이나 희망을 내어 놓는 것은 건의(建議), 건물을 세우는 것은 건축(建築)입니다.

다음의 두 글자 정(廷)과 연(延)은 혼동하기 쉬우니 잘 익혀둬야 합니다.

고교	획수	형자	새김	발음
廷	7	壬	조정	정

정(廷)은 임금이 신하들과 정사를 의논하는 장소입니다. 『단주(段注)』에 주목할 만한 내용이 나옵니다. 『단주』에서는 정(廷)을 "조중(朝中)이라고 하는 것은 조정의 가운데에 있기 때문이다. 옛날에 외조(外朝), 치조(治朝), 연조(燕朝)는 모두 실내에 있지 않고 뜰[廷]에 있었다"라고 합니다. 여기에서 외조(外朝)는 문무백관이 위주로 된 논의 기구, 치조(治朝)는 임금과 신하가 함께 논의하는 곳, 연조(燕朝)는 천자가 휴식을 취하는 공간이라고 합니다. 금문을 분석한 경우에는 사람이 뜰 안 계단 앞에 서 있는 모양으로 '정원'이 본뜻이라고 합니다.

한 가지 주의할 것은 형성 자소입니다. 자형이 비슷해 자칫 '북방' 임(壬)으로 생각하기 쉬운데 '착할' 정(壬)으로 삐침 아래 '흙' 토(土)를 씁니다. 그래야 형성자로서 발음을 나타내게 되기도 합니다. 하지만 통상은 그렇게 정확하게 구분하지 않고 쓰고 있습니다.

궁정(宮廷)은 궁궐(宮闕)과 같은 뜻으로 임금이 거처하는 곳입니다.

고교	획수	회자	새김	발음
延	7	㢟 正	늘일, 끌	연

연(延)은 '먼 길을 가다'라는 본뜻에서 '길다, 끌다, 늘이다'라는 뜻이 인신돼 나온 것으로 봅니다.

연명(延命)은 목숨을 겨우 이어 살아가는 것이고, 연성(延性)은 물질이 탄성 한계 이상의 힘을 받아도 부서지지 아니하고 가늘고 길게 늘어나는 성질입니다. 연소(延燒)는 불이 번지는 것이고, 같은 발음의 연소(燃燒)는 물질이 산소와 화합할 때 빛과 열을 내는 현상 즉, 타는 것을 가리킵니다.

R055

밑스물 입(卄) 부, 들 공(廾)

갑골	금문	전문	해서
卄	卄	卄	廾

'밑스물 입'이라는 명칭은 글자의 생김새에서 나온 것입니다. '스물' 입(卄)이 '들' 공 (廾)과 모양이 비슷하고 아래에 쓰이기 때문에 '밑'을 붙인 것입니다. 하지만 전혀 다른 두 개의 글자입니다. 십(十)에 세로획을 하나씩 더해 '스물' 입(卄), '서른' 삽(卅), '마흔' 십(卌)이 됩니다. '들' 공(廾)은 왼손과 오른손 두 손으로 물건을 받쳐 드는 것입니다. 부수로 쓰여 손이나 손과 관련된 내용을 나타냅니다.

다음은 중학과정 부수외자입니다.

중외	부수	획수	형자	회자	새김	발음
奉	大	8	丰	禾麥 廾	받들	봉

'받들' **봉(奉)**의 갑골문을 보면 양손으로 벼나 보리 같은 것[禾麥]을 받들고 있는 모양 [廾]입니다. 조상신에게 곡식을 바치며 풍년을 기원하는 것입니다.

중외	부수	획수	회자	새김	발음
兵	八	7	斤廾	병사	병

병(兵)은 두 손[廾]에 날붙이[斤, '도끼' 근]를 들었으니 병졸입니다. 병졸이 쓰는 무기도 병(兵)이라고 합니다. 바로 병기입니다.

병부혈인(兵不血刃)이라는 성어가 있습니다. 병졸이 칼날에 피를 묻히지 않는다는 뜻인데, 교전을 하지 않고 승리를 거두는 것을 이릅니다.

중외	부수	획수	회자	새김	발음
承	手	8	卩廾手	이을	승

갑골문과 금문에서 '이을' **승(承)**은 꿇어앉은(卩) 사람을 아래에서 두 손으로 받치고 있는[廾] 모양입니다. 여기에서 '받다, 잇다'라는 뜻이 인신되어 나왔습니다.

승지(承志)는 뜻을 이어받는 것인데, 『표준』에서는 역사상 나오는 벼슬자리로만 설명하고 있습니다. 청을 들어주는 것은 승낙(承諾), 납득하여 따르는 것은 승복(承服)입니다.

중외	부수	획수	회자	새김	발음
暴	日	15	日 出 廾 추	사나울/햇빛 쬘	폭, 포/폭

폭(暴)은 해[日]가 나면[出] 나아가[추] 두 손[廾]으로 (적을) 공격하는 것이라고 합니다. 여기에서 '사납다'는 뜻이 인신되어 나왔습니다. 해가 나면 두 손에 벼를 들고 말리는 것이라는 설명도 있습니다. 필자는 가뭄[日]과 홍수[水]가 함께 오는 것[共], 즉 일종의 재앙으로 파자를 해봅니다. 그 결과가 무섭고 사나울 수 있습니다.

포악무도(暴惡無道)는 도리도 없이 포악하다는 뜻으로 사납고 악착하기가 이를 데 없는 것입니다. 폭리(暴利)는 이익을 지나치게 많이 남기는 것이며, 폭동(暴動)은 폭력 행위를 일으키는 것이고, 물건값이 갑자기 큰 폭으로 떨어지는 것은 폭락(暴落)입니다.

고교	획수	형자	새김	발음
弊	16	敝	해질, 폐단	폐

'넘어질' 폐(斃)는 큰절을 하듯이 넘어지는 것이라고 합니다. '해질' 폐(弊)는 '넘어질' 폐(斃)에서 나중에 분화돼 나온 것으로 봅니다. '해질' 폐(弊)도 '넘어지다'가 본뜻으로 여기에서 '죽다, 멈추다, 색이 바래고 낡다' 등의 뜻이 인신되었습니다.

자소자로 나온 글자도 역시 '해질' 폐(敝)입니다. 『설문』에서는 "폐(敝), 수건이다. 달리 해진 옷을 말한다"라고 설명하고 있습니다. 이 글자들은 모두 '수건' 건(巾) 부의 '해진 옷' 폐(㡀)를 공통 자소로 하고 있는데, 이 글자의 점은 옷이 낡아 해어진 모양을 나타냅니다.

고교	획수	회자	새김	발음
弄	7	王廾	희롱할	롱

다음 글자는 어떤 뜻일지 잠깐 생각해보십시오. 그렇습니다. 롱(弄)은 두 손[廾]으로 구슬[王]을 가지고 노는 것입니다. 거기에서 '희롱하다'라는 뜻이 인신되어 나왔습니다.

장난으로 하는 우스갯소리는 농담(弄談)이고, 음풍농월(吟風弄月)은 맑은 바람과 밝은 달을 대상으로 시를 짓고 흥취를 자아내어 즐겁게 노는 것입니다. 농와지경(弄瓦之慶)을 『표준』에서 "딸을 낳은 즐거움으로 옛날 중국에서 딸을 낳으면 흙으로 만든 실패를 장난감으로 주었다는 데서 유래한다"라고 합니다. 남자를 낳은 경사는 농장지경(弄璋之慶)이라고 하는데, "규옥(圭玉)으로 된 구슬의 덕을 본받으라는 뜻으로 구슬을 장난감으로 주었다는 데서 유래한다"라고 나와 있습니다.

다음은 부수외자이니 자소자를 중심으로 설명합니다.

고외	부수	획수	형자	새김	발음
具	八	8	廾	갖출	구

구(具)를 『설문』에서는 조개[貝]를 바치며 펼쳐놓는 것이라고 합니다만, 고문 분석에 서는 솥[鼎]을 두 손으로 받들고[廾] 술과 밥을 차려놓는 것, 갖춰놓는 것으로 봅니다. 술상이니 밥상을 차리며 빠진 것은 없는지 여러 가지 음식을 갖춰놓는 것으로 볼 수 있습니다. 그런데 정(鼎) 자가 금문에서는 패(貝)로 바뀌고 전문에서 다시 '눈' 목(目)으로 바뀌며 현재의 자형이 된 것으로 분석합니다.

고외	부수	획수	회자	새김	발음
戒	戈	7	戈廾	경계할	계
索	糸	10	宀廾糸	찾을/노	색/삭

'경계할' **계(戒)**는 두 손[廾]에 창[戈]을 들고 있어 경계를 서는 병사의 특징을 잘 나타냅니다.

'노' **삭(索)**은 새끼 또는 새끼를 꼬는 것이 본뜻입니다. 풀이 우거지면[朮] 그 줄기나 가지를 꼬아 새끼[糸]를 만들 수 있습니다. 다음자인데 기초한자에는 '찾을' 색을 대표음으로 올리고 있습니다. 지금은 '가는 실' 멱(糸) 부에 들어 있습니다만, 『설문』에서는 '우거질' 발, 패(朮) 부수에 속하는 글자입니다.

고외	부수	획수	회자	새김	발음
棄	木	12	㐬(倒子) 華廾	버릴	기

'버릴' **기(棄)**에 나온 글자는 '(아이가) 갑자기 튀어나올' 돌(㐬)에 '넉가래' 필, 반(華)입

니다. 넉가래는 곡식이나 눈을 한곳으로 밀어두는 데에 쓰는 기구입니다. '버릴' 기(棄)는 넉가래[甶]를 손[廾]에 잡고 밀어서 (치워) 버리는 것이 본뜻입니다. '버릴' 기(棄)의 갑골문을 분석한 경우에는 갓 나온 아이를 키에 받아서 버리는 것으로 설명합니다.

R056

주살 익(弋) 부

갑골	금문	전문	해서
⊥	十	𢎛	弋

주살은 오늬와 시위를 잡아매고 쏘는 화살입니다. 줄을 달았으니 당연히 회수할 수 있었습니다. 주살이 아니라 땅에 두드려 박는 말뚝이라는 설명도 있습니다.

중학	획수	형자	새김	발음
式	6	工	법	식

'주살' 익(弋) 부에 속하는 기초한자는 단 한 글자 '법' 식(式)뿐입니다. '장인' 공(工) 부의 부수외자에서 설명한 바 있듯이 익(弋)은 소리를 나타내고 공(工)은 담을 쌓는 데 쓰는 공이로 건축을 하는 데에는 일정한 법도가 있어야 함을 나타냅니다.

중외	부수	획수	형자	새김	발음
代	人	5	弋	대신할	대

『한자자원(汉字字源)』이라는 책에 대(代)에 대한 설명이 재미있어 소개합니다. 주나라 상나라 때 짐승을 기르는 부족들은 반정착 생활을 했다고 합니다. 천막을 치고 사는데, 한 번 말뚝[弋]으로 천막을 고정시키면 그곳에서 상당 기간을 살았기 때문에 그때 태어난 사람[人]을 가리킨다는 것입니다. 장소를 옮기면 새로운 곳에 천막을 치고 말뚝을 박는데, 거기에서도 사람이 새로 태어납니다. 여기에서 한 세대 한 세대가 대신한다는 뜻을 나타내게 되었다고 합니다.

중외	부수	획수	형자	회자	새김	발음
必	心	5	弋	八弋	반드시	필

'반드시' 필(必)의 금문은 '여덟' 팔(八)과 '주살' 익(弋)이 결합된 형상입니다. 여기서 익(弋)은 말뚝을 나타내어 말뚝을 세워 경계를 나눈다[八]는 뜻입니다. 익(弋)은 소리도 나타내는 것으로 되어 있어, 필(必)은 형성·회의자입니다. 상세한 설명은 '마음' 심(心) 부수의 해당자 설명란을 참고하기 바랍니다.

중외	부수	획수	회자	새김	발음
弟	弓	7	弋繒繳纏繞	아우	제

'아우' 제(弟)는 본래 '주살[弋]에 실을 감은 형상'을 나타냈습니다. 주살을 쏠 때 잘 풀리려면 실을 아무렇게나 감으면 안 되고 일정한 순서에 따라 감아야 합니다. 그래서 차례를 나타냅니다. '차례' 제(第)의 본자로 봅니다. 같은 부모에게서 태어나지만 형제는 순서가 있고, 순서가 늦은 아우를 나타내게 되었습니다.

R057

활 궁(弓) 부

갑골	금문	전문	해서
)	)	弓	弓

'활' 궁(弓)은 활의 모양을 본떠 만든 상형자입니다. 부수로 쓰여 활과 관련된 것, 활에 관한 동작 등을 나타냅니다. 『설문』의 내용은 다음과 같습니다.

"궁(弓), 가까이에서 쏘아 멀리 간다. 상형이다. 옛날 휘(揮)가 활을 만들었다. 『주례』에 여섯 가지 활이 나온다. 왕궁(王弓)과 호궁(胡弓)은 두꺼운 갑혁을 쏜다. 협궁(夾弓)과 유궁(庾弓)은 개가죽 과녁이나 조수를 쏜다. 당궁(唐弓)과 대궁(大弓)은 활쏘기를 배우고 가르치는 데에 쓴다."

중학	획수	새김	발음
弓	3	활	궁

궁마지간(弓馬之間)은 활 쏘고 말 달리는 곳이라는 뜻으로 '싸움터'를 이르며, 궁절시진(弓折矢盡)은 활은 부러지고 화살은 다 없어졌다는 뜻으로 힘이 다하여 어찌할 도리가 없음을 이릅니다.

중학	획수	형자	새김	발음
強	12	弘	강할	강

강(強)은 본뜻이 좀 뜻밖인 글자입니다. 바구미라고 합니다. 쌀벌레입니다. 아니 막상 말을 하고 보니 정확한가 하는 의문이 듭니다. 쌀벌레는 당연히 쌀에 생기는 벌레입니다만, 쌀에 생기는 모든 벌레를 가리키는 말 같기도 해 그게 꼭 바구미 한 종류만 있는지 모르겠습니다.

자형과 관련해 참고할 사항이 있습니다. 교육용 기초한자에서 제시하는 표준 자형은 강(強)입니다. 그런데 〈어문회〉에서는 형성 자소 홍(弘)을 강조하기 위해서인지 강(強)을 표준 자형으로 제시해 〈어문회〉에서는 강(強)이 특2급의 대상 한자로 되어 있습니다. 이런 글자가 모두 다섯 글자가 있는데, 이런 점은 관계 당국에서 통일을 꾀해야 하지 않을까 합니다.

굽히지 않고 굳센 것은 강경(強硬)한 것이고, 원하지 않는 일을 억지로 시키는 것은 강제(強制)입니다. 송나라 소식(蘇軾, 1037~1101)의 글에 "강장수하무약병(強將手下無弱兵)"이라는 구절이 있습니다. "강한 장수 아래에는 연약한 병사가 없다"라는 뜻입니다. "강한 장수 밑에는 약한 군사가 없다"라는 우리 속담과 똑같은 표현입니다.

중학	획수	회자	새김	발음
引	4	弓		끌	인

인(引)은 활(弓)을 당기는 것입니다. 끌어서 위로 당기는 것이 곤(丨)입니다. 지금은 획을 아래에서 위로 쓴다든지, 오른쪽에서 왼쪽으로 쓰는 경우가 없습니다만, '뚫을' 곤(丨)은 아래에서 위로 쓰는 글자로 되어 있습니다. 땅을 뚫고 나오는 것과 같은 이치입니다. 질량을 가지고 있는 모든 물체가 서로 잡아당기는 힘은 만유인력(萬有引力)입니다.

중학	획수	회자	새김	발음
弟	7	弋繒繳纏繞	아우	제

제(弟)를 『설문』에서는 "소가죽 끈으로 묶는 순서"라고 합니다. 주석을 살펴보면 소가죽 끈으로 물건을 묶는 것을 '다룸가죽' 위(韋)라 하며, 엎었다 뒤집었다 둘러싸면 모양이 나선처럼 되는 데에서 '순서'라는 뜻이 생겨났다고 합니다. 달리, 주살에 끈을 차례대로 감는 것을 나타낸다고도 합니다. 순서를 가리키는 데에서, 같은 부모 밑에서 태어난 '손아래 동생'을 가리키는 뜻으로 인신되었습니다. 동생은 형에게 공손해야 하고 공경해야 하기 때문에 '공손하다, 공경하다'는 뜻도 나타냅니다. 이때는 '공경할' 제(悌)의 뜻입니다.

"능히 부모를 섬길 수 있는 것을 효라 하며, 형을 섬길 수 있는 것을 제라 하고, 윗사람을 섬길 수 있는 것을 순이라 하며, 아랫사람을 부릴 수 있는 것을 군이라 한다[能以事親謂孝 能以事兄謂弟 能以事上謂順 能以使下謂君]"라고 합니다.

남동생과 여동생을 아울러 이르는 말은 제매(弟妹)이고, 스승으로부터 가르침을 받는 사람은 제자(弟子)입니다.

중학	획수	회자	새김	발음
弱	10	弓弓	약할	약

약(弱)은 약한 것을 가리킵니다. 위의 '활' 궁(弓)은 굽은 모양을 본뜬 것이고, (소전자형의) '터럭' 삼(彡)은 털이 부드럽고 약한 것을 가리킵니다. 유약한 것이 두 개 나란히 있기 때문에 약(弱) 자는 두 개의 '꼴' 규(彑)로 되어 있는데, 규(紸)와 같은 글자라고 설명하기도 합니다.

약관(弱冠)은 남자 나이 스무 살을 가리키는데, 조금 넓게는 젊은 남자를 지칭하기도 합니다. 관을 써서 성인이 되기는 했지만 아직은 어리고 미숙하기 때문에 약(弱)을 쓰고 있습니다. 약육강식(弱肉强食)은 약한 자가 강한 자에게 먹힌다는 뜻으로 강한 자가 약한 자를 희생시켜서 번영하거나, 약한 자가 강한 자에게 끝내는 멸망됨을 이르는 말입니다.

중외	부수	획수	형자	새김	발음
發	癶	12	癹	필	발

부수외자입니다. '필' **발(發)**은 화살[弓]을 쏘는 것이 본뜻입니다. 자세한 설명은 해당 부수의 설명을 참고하기 바랍니다.

형성 자소는 '짓밟을' 발(癹)인데, 황무지에 난 풀 등을 짓밟고 두드려 개간을 하는 것입니다.

발사(發射)는 당연히 활을 쏘는 것에서 나왔겠지만 이제는 활뿐만 아니라 총, 포, 로 켓이나 음파를 쏘는 것도 가리킵니다. 발분망식(發憤忘食)은 끼니까지도 잊을 정도로 어떤 일에 열중하여 노력하는 것입니다.

고교	획수	형자	새김	발음
張	11	長	베풀	장

장(張)은 시위를 활대에 거는 것이고, 시위를 당기는 것이기도 합니다.

장본(張本)은 장본인(張本人)과 같은 말로서 어떤 일을 꾀하여 일으킨 바로 그 사람을 말합니다. 중국어에서 장본(張本)은 '사전에 준비하다, 미리 방안을 세우다'라는 뜻으로 우리 한자어의 쓰임과는 전혀 다릅니다. 일본어에서 장본(張本)은 주로 하리모토(はりもと)라는 이름으로 쓰이고, 장본인(張本人)은 우리말에서와 같은 뜻을 나타냅니다.

고교	획수	형자	회자	새김	발음
弘	5	厶	弓厶	클	홍
彈	15	單	弓單	탄알	탄

홍(弘)은 활을 쏠 때 시위가 진동하면서 나는 큰 소리입니다. 거기에서 '크다'라는 뜻이 인신되어 나왔습니다. 자소자는 '사사' 사(厶)로 부수자입니다.

홍대(弘大)한 것은 넓고 큰 것이고, 홍량(弘量)은 도량이 넓은 것입니다. 홍익인간(弘

益人間)은 널리 인간을 이롭게 한다는 뜻인데,『삼국유사』에 실린 단군의 건국이념이기도 합니다.

　탄(彈)은 화살이 아니라 돌 등 다른 공격용 무기를 활로 쏠 때 바로 그 공격용 무기입니다. 둥근 모양(丸)입니다.『설문』을 보면 그래서 환은 '둥글' 환(丸)이 들어 있는 환(弾)으로도 썼다는 것을 알 수 있습니다.

　탄알(彈-), 탄자(彈子), 탄환(彈丸)은 같은 뜻으로 목표물을 향해 쏘아 보내는 물건입니다.

고교	획수	회자	새김	발음
弔	4	弓人	조상할	조

　조(弔)는 조문을 하는 것입니다. 옛날에는 초장(草葬)을 했습니다. 시체를 풀로 싸서 밖에 두었습니다. 자연 짐승들이 달려들 위험이 있고 그래서 사람들[人]이 활[弓]을 들고 그런 것을 막았습니다. 그런 옛날의 풍속을 반영하고 있는 글자입니다. 갑골문 분석에서는 주살로 높이 나는 새를 쏘는 것을 본뜬 글자로 봅니다.

　조문(弔文)은 죽은 사람의 생전의 공덕을 기리고 그의 명복을 비는 글이고, 조문(弔問)은 남의 죽음에 대하여 슬퍼하는 뜻을 드러내어 상주(喪主)를 위문하는 것입니다.

R058

터진 가로 왈 부,
돼지머리 계(彐·彑)

갑골	금문	전문	해서
		彑	彐

터진 가로 왈[彐]은 글자의 생김에서 이르는 부수의 명칭이고 새김은 '돼지머리' 계입니다. 『설문』에서는 "계(彐)는 돼지의 머리이다. 주둥이가 길고 뾰족한 것을 본뜬 것으로 (彑 자) 윗부분의 ㄥ 획에서 이런 특징이 나타나는 것을 볼 수 있다"라고 합니다. 고문에서 계(彐)의 본자는 희생으로 바치는 짐승을 잡아 통째로 걸어놓은 모양이었습니다. 나중에 머리 부분만 나타내게 되었는데, 바로 고사를 지낼 때 제사상에 올려놓은 돼지머리의 모양입니다. 독립된 글자로 쓰이지는 않습니다.

이 부수에 속하는 기초한자는 한 글자도 없습니다만, 두 자 정도는 알아두는 것이 좋겠습니다. '비' 혜(彗)와 '고슴도치' 휘(彙)입니다.

혜(彗)는 '살별'이라는 뜻도 있어 혜성(彗星)이라는 단어에 쓰는데, 혜성은 꼬리가 길어 꼬리별이라고도 합니다.

휘(彙)에는 '모으다'라는 뜻이 있어 어휘(語彙)에서 볼 수 있습니다.

R059

삐친석삼 부,
터럭 삼(彡)

갑골	금문	전문	해서
彡	彡	彡	彡

삼(彡)은 수염의 모양을 본떠 만든 글자로 상형자입니다. 달리 북소리를 가리키는 글자라고도 합니다. 옛날에 북을 치며 지내는 제사를 융(肜)이라고 했는데, 이 글자에서 삼(彡)은 북소리를 상징하는 기호라는 설명입니다.

『설문』의 설명은 다릅니다. "삼(彡)은 모발, 색을 넣어 꾸미는 것, 글씨, 문양[毛飾畵文]이다"라고 합니다. 주석을 살펴보면 모식화문(毛飾畵文)은 모식(毛飾)과 화문(畵文) 두 개의 단어로 떼어 읽으면 안 되고, 한 자 한 자 떼어 새겨야 한다고 합니다. 그러니까 '터럭' 삼(彡)은 털[毛髮], 아름다운 빛깔을 칠하여 꾸미는 것[綵飾], 붓으로 그리는 것[筆畵], 무늬[花紋] 등 네 가지 서로 다른 의미를 나타낸다는 뜻입니다. '삐친석삼'은 분명 '석' 삼(三)의 가로획이 삐침[丿] 형태로 기운 데에서 나온 이름이겠습니다.

중학	획수	형자	새김	발음
形	7	幵	모양, 형상	형

형(形)은 상형입니다. 말 그대로 물체의 형상을 그려내는 것입니다. 형성 자소 '평평할' 견(幵)의 현대 중국어 발음은 지엔(jiān)이니, 형(形. xíng)과 유사성이 없습니다. 그러나 형(形)의 고자는 '우물' 정(井)을 쓰는 형(荆)이었습니다. 정(井)은 발음이 징(jǐng)으로 씽(xíng)과 중성과 종성이 같아 발음을 나타냄을 알 수 있습니다.

자소자 '평평할' 견(幵)의 옛날 자형은 '우물' 정(井)입니다. 견(幵)이 들어가는 글자로는 '열' 개(開), '갈' 연(研), '형벌' 형(刑)이 있습니다.

형모(形貌)는 생긴 모양이고, 형용(形容)은 사물이 생긴 모양으로, 그것을 그려 말로 나타내는 것은 형언(形言)입니다. 형태(形態) 또한 비슷한 의미로 사물의 생김새나 모양을 가리킵니다. 형형색색(形形色色)은 형상과 빛깔 따위가 서로 다른 여러 가지를 뜻합니다. 형영불리(形影不離)는 몸체와 그림자가 서로 떨어지지 않는 것처럼 늘 붙어 있는 것으로, 몸체와 그림자가 서로 따른다는 형영상수(形影相隨)와 비슷해 한시도 떨어지지 않는 것을 말합니다. 사람 사이의 관계를 나타낼 때 쓰이며 한시도 떨어지지 않고 늘 붙어다니는 것을 가리킵니다.

중외	부수	획수	형자	새김	발음
修	人	10	攸	닦을	수

수(修)의 본뜻은 꾸미는 것으로 글로 꾸미는 것이 원뜻입니다. 자소자 '바' 유(攸)는 '고치는 것'입니다. 그러니 고치고 꾸미는 것이 수(修)입니다. 고치고 꾸미는 것은 완전해지기 위한 것입니다. 그래서 '닦다'라는 뜻을 갖게 됩니다.

자소자 '바' 유(攸)는 어조사로 쓰입니다만 본래는 '물이 느릿느릿 멀리 흘러가는 모양'을 가리킵니다. 다른 설명도 있습니다. 옛날 사람들은 봄, 가을에 날씨가 좋은 날 물가에서 목욕을 함으로써 상서롭지 못한 것을 몰아낸다고 생각했습니다. 주변도 한 번 정리를 합니다. 이렇게 목욕도 하고 몸가짐을 가다듬는 것이 유(攸)의 뜻이라고도 합니다.

모양을 꾸민다는 뜻의 수식(修飾)은 본뜻으로 쓰인 경우입니다. 도를 닦는다는 뜻의 수도(修道)나 학문을 닦아서 단련하는 수련(修鍊)에서는 인신된 뜻인 '닦다'의 의미로 쓰이고 있습니다.

중외	부수	획수	회자	새김	발음
須	頁	12	彡頁	모름지기	수

수(須)는 얼굴[頁]에 난 털[彡] 즉, 수염이 원뜻입니다. '꼭, 반드시, 모름지기'라는 뜻은 인신된 것인데 수(須)가 이렇게 인신된 뜻으로 쓰이게 되자 수염을 가리키는 글자는 '머리털 늘어질' 표(髟)를 붙인 수(鬚)로 쓰게 되었습니다.

입 주변이나 턱, 뺨에 나는 털이 수염(鬚髥)입니다.

고교	획수	형자	새김	발음
彩	11	采	채색	채

채(彩)는 여러 가지 색깔로 이루어진 꽃무늬입니다. 명사이자 동사로 쓰이기도 해 여러 가지 색깔로 색을 칠하는 것을 가리키기도 합니다. 자소자는 '캘' 채(采)입니다.

색깔이 고운 옷은 채복(彩服)이라 하고, 여러 빛깔로 아롱진 고운 구름은 채운(彩雲), 색을 칠하여 그린 그림은 채화(彩畵) 또는 채색화(彩色畵)입니다. 성어로는 채운이산(彩雲易散)이 있습니다. 아름다운 구름은 쉽게 흩어진다는 뜻으로 아름다운 광경이나 상황이 오래가지 못함을 이릅니다. 본래 당나라의 시인 백거이(白居易, 772~846)의 시 「간간음(簡簡吟)」의 마지막 구절인데, 바로 앞에는 "좋은 물건은 대개 견고하지 못하고[大都好物不堅牢]"라는 글이 있습니다.

고교	획수	형자	새김	발음
影	15	景	그림자	영

영(影)은 그림자입니다. 필자의 파자이긴 합니다만, 빛[景] 때문에 나타나는 무늬[彡]라고 생각하면 기억하는 데에 도움이 되지 않을까 합니다.

　　영상(影像)은 영상(映像)으로 쓰기도 하는데, 빛의 굴절, 반사로 생기는 물체의 상입니다. 그림자를 한자어로는 영자(影子)라 하고, 효과나 작용이 다른 것에 미치는 것은 영향(影響)입니다. 그림자[影]나 잔향(殘響)처럼 다른 것에 뭔가 남기는 것이 있음을 나타냅니다. 성어로는 형(形) 자 난에 형영불리(形影不離)와 형영상수(形影相隨)가 있으니 꼭 읽고 확인해보기 바랍니다.

고외	부수	획수	형자	회자	새김	발음
尋	寸	12	彡	又工口寸	찾을	심

　　부수외자입니다. 해당 부수에서 설명한 바처럼 **심(尋)**의 본뜻은 양팔을 펴 길이를 재보는 것입니다. 새끼 같은 것의 길이를 잴 때 "한 발, 두 발⋯⋯"하는 발이죠. 재어보는 것을 분명히 나타내기 위해 자를 뜻하는 공(工)이 들어가고, 잴 때는 말도 하니까 입[口]도 들어갔습니다. '재보다, 헤아리다'에서 '찾다'라는 뜻이 인신되어 나왔습니다.

두인변, 중인변 부, 조금 걸을 척(彳)

갑골	금문	전문	해서
		彳	彳

척(彳)은 '다닐' 행(行)의 오른쪽을 생략한 모양이라고 합니다. 이 설명은 근·현대 중국 갑골문 연구의 대가인 나진옥(羅振玉, 1866~1940)의 주장입니다. 그는 옛날 사람들은 '다닐' 행(行)의 오른쪽을 생략하기도 하고[彳], 왼쪽을 생략하기도 하면서[亍] 한쪽만 쓰기도 했는데, 베껴 쓰는 과정에서 글자의 본디 모습이 사라져 허신이 두 글자로 잘못 안 것이라고 합니다. 어쨌든 왼쪽이 생략된 것은 '자축거릴' 촉(亍)으로 새깁니다. 자축거리는 것은 다리를 가볍게 절며 걷는 것입니다. 행(行)을 '사거리'로 보고, 그것이 반으로 나뉜 형태의 길로 보기도 합니다.

『설문』에서는 "척(彳), 소보(少步)이다. (소전 자형이) 사람 하체의 넓적다리, 종아리, 발 세 부분이 서로 이어진 모양을 본떴다"라고 합니다.

위에서 소보(小步)라고 쓰고 원문을 새기지 않은 것은 의문이 있어서입니다. 대부분 국내 자전에서 이 단어를 '조금 걷다'라고 새기고 있습니다. 걷는 거리가 얼마 안 된다는 뜻입니다. 하지만 관련 내용을 좀 더 살펴보면 걷는 거리가 아니고 보폭이 작은 것을 나타내는 듯합니다. 다리를 정상적으로 벌려서 걷는 것은 온 걸음일 수 있겠습니다. 제자리 서서 걷는 제자리걸음이 있고 그 사이에 반걸음이 있습니다. 척(彳)은 반걸음을 뜻한다는 것이 필자의 견해입니다.

고문 분석에서는 길을 나타내는 것으로 봅니다. 이 부수에는 기초한자가 모두 19자나 들어 있습니다.

중학	획수	형자	새김	발음
彼	8	皮	저	피

『설문』에서는 "피(彼), 가서 도움 되는 바가 있는 것이다[往有所加]"라고 설명합니다. 누군가에게 덕을 베푼다고 할 때 그 덕은 누군가에게 가서 그 사람에게 도움이 됩니다. 『단주』에 이 부분을 해석하는 데에 고민이 잘 드러나는 구절이 있습니다. "여러 번 읽었는데, 왕균(王筠)이라는 사람이 읽었던 대로 왕(往) 다음에 띄워 읽어 두 구절로 읽어야 한다"라는 것입니다. 중국에서는 옛날의 한문은 물론이고 지금도 띄어쓰기를 하지 않습니다. 지금은 쉼표 등 문장 부호를 사용해서 그나마 나아졌지만 어렵기는 마찬가지이고, 제대로 띄어 읽을 줄 아는 것이 실력이라고도 합니다. 한 시대의 대가들, 그것도 모국어인 사람들이 이렇게 어려워하고 있을 정도이니 한자나 한문 공부의 어려움을 짐작하고도 남습니다.

피아(彼我)는 그와 나, 또는 저편과 이편을 뜻하고, 피안(彼岸)은 현실 밖의 세계라는 뜻으로 불교에서는 깨달음의 세계를 말합니다. 피안에 상대가 되는 말은 차안(此岸)입니다. 피차(彼此)는 저것과 이것, 혹은 이쪽과 저쪽의 양쪽을 이릅니다.

중학	획수	형자	새김	발음
復	12	复	회복할/다시	복/부

복(復)은 갔다가 다시 오는 것, 돌아오는 것입니다. 새 길이 아니고, 예전에 다녔던 길입니다. 동작이 되풀이되는 것이기 때문에 '되풀이하다'는 등의 뜻으로 인신되어나갑

니다. 기초한자의 대표음은 '회복할' 복입니다. '다시' 부로도 새기는 다음자입니다.

자소자 복(夏)은 '찰' 복(畐)의 생략형과 '천천히 걸을' 쇠(夂)가 결합된 글자로 옛날에 갔던 길을 다시 가는 것을 뜻합니다.

왕복(往復)은 갔다가 돌아오는 것입니다. 다시 일어나는 것은 부흥(復興)이고, 다시 살아나는 것은 부활(復活)입니다. 손실 이전 상태로 회복하는 것은 복구(復舊)이며, 원상태를 회복하는 것은 복원(復元)입니다.

중학	획수	형자	회자	새김	발음
待	9	寺	彳寺	기다릴	대
徒	10	土	辵土	무리	도

대(待)는 물론 기다리는 것입니다. 사(寺)는 소리와 함께 시립(侍立)한다는 뜻도 더해 줍니다. 다른 사람 옆에 서서 기다리며 도와주는 것입니다.

사극 같은 데에서 흔히 "대령하였사옵니다"라는 말이 나오는데 대령(待令)은 지시나 명령을 기다리는 것입니다. 예를 갖추어 대하는 것은 대우(待遇)이고, 사람을 기다리는 것은 대인(待人)입니다.

'무리' 도(徒)는 '조금 걸을' 척(彳)과 '달릴' 주(走)가 결합된 모양인데, 금문 자형을 분석해 척(彳)과 '그칠' 지(止)가 결합된 '쉬엄쉬엄 갈' 착(辵) 옆에 '흙' 토(土)가 결합된 것으로 봅니다. 걷는 것이 본뜻으로 '보병'을 나타내기도 합니다. 거기에서 인신되어 '함께하는 무리'라는 뜻을 갖습니다.

헛되이 수고하는 것은 도로(徒勞)이고, 탈것을 타지 않고 걸어가는 것은 도보(徒步)입니다. 도당(徒黨)은 무리이긴 합니다만 불순한 사람들의 집단입니다. 도비순설(徒費脣舌)은 입술과 혀를 헛되게 쓴다는 뜻으로 아무런 보람 없이 말만 늘어놓음을 이릅니다.

중학	획수	형자	회자	새김	발음
得	11	尋	彳尋	얻을	득
從	11	从	辵从	좇을	종

『설문』에서는 **득(得)**을 "가서[彳] 얻는 것[룡]이다"라고 합니다. 갑골문은 '조개' 패(貝)와 '또' 우(又, 오른손을 나타냄)로 되어 있어 손에 조개를 쥔 것처럼 뭔가를 얻는 것이라고 설명합니다. 자소자인 '막을' 애(룡)는 다음·다의자입니다.『한어대자전(汉语大字典)』에서 '얻을' 득(得)과 같은 글자, '막을' 애(礙)와 같은 글자라고 설명합니다.

득의양양(得意揚揚)은 뜻한 바를 이루어 우쭐거리며 뽐내는 것입니다.

종(從)은 바로 위에서 설명한 바가 있습니다. '사람' 인(人)을 두 개 겹쳐 쓴 종(씨)은 한 사람이 앞이고 또 한 사람은 뒤에 있는 모양입니다. 따라가는 것입니다. 금문 이후에는 '쉬엄쉬엄 갈' 착(辵, 辶)을 더해[從] '간다'는 뜻을 좀 더 분명히 했습니다. 이 글자에서 착(辵)은 왼쪽과 오른쪽 아래로 나뉘어 있어 꼼꼼히 봐야 알 수 있습니다. 자연 다른 사람의 말을 받아들이고 따른다는 뜻으로 인신됩니다.

종군(種群)은 군대를 따라 전쟁터로 나가는 것이고, 종군기자(從軍記者)는 군대를 따라 전쟁터에 나가 전투 상황을 보도하는 기자를 이릅니다. 종속(從屬)은 주가 되는 것에 딸려 붙은 것입니다.

중학	획수	형자	회자	새김	발음
德	15	悳	彳直心	큰, 덕	덕

덕(德)은 자소자 덕(悳)과 기원이 같은 글자입니다. 나중에 분화될 때 '조금 걸을' 척(彳)이 붙었습니다.『설문』에서는 "올라가다"라고 설명합니다. 덕(悳)을『설문』에서는 "밖으로 다른 사람도 얻도록 하고, 안으로 자기 자신도 얻는 것"이라고 합니다. 마음씨[心]가 바르고 곧아[直] 다른 사람과 따져도 스스로에게 부끄럽지 않고, 참되고 정성스러워 표리가 일치하는 것입니다. 덕(德)에 대한 풀이는 많지만, 설문의 설명은 귀담아둘 만합니다. 뭔가를 베풀어 얻는 것입니다. 고문 분석에서는 본래 바로 보고[直] 곧게 가는 것[彳]인데, 금문에서 '마음' 심(心)을 붙여 마음이 정직한 뜻을 나타내게 되었다고 합니다.『설문』의 설명이든 고문의 설명이든 그런 사람이 덕(德)을 베풀 수 있는 것만은 확실합니다.

덕행(德行)은 어질고 너그러운 행실입니다. 덕유여모(德輶如毛)는 덕을 실행하는 것이 털처럼 가볍다 즉, 용이한 일이라는 뜻입니다. 결국 마음먹기에 달린 것이 되겠는데,

필자 같은 보통 사람으로서는 역시 녹록지 않을 일입니다.

중학	획수	형자	새김	발음
往	8	彳坒	갈	왕
律	9	彳聿	법률	률

갑골문의 **왕(往)**은 '갈' 지(之)에 '임금' 왕(王)을 쓴 형성자입니다. 『설문』에서는 '무성할' 왕(坒)이 소리를 나타내는 형성자로 봅니다. 이것이 '임금' 주(主)로 모양이 바뀌고 다시 척(彳)이 더해졌습니다.

왕고(往古)는 지나간 옛날의 뜻입니다. 왕래(往來)는 오가는 것이며, 왕복(往復)은 갔다가 돌아오는 것입니다. 『논어(論語)』에 "왕자불가간 내자유가추(往者不可諫 來者猶可追)"라는 글이 있습니다. "지나간 잘못은 바로잡을 수 없지만 다가오는 것은 보완할 수 있다"라는 뜻입니다.

률(律)은 널리 보편적으로 시행되는 것입니다. 배와 관련되어 나왔다는 설명도 있습니다. 오른쪽 '붓' 율(聿) 자의 윗부분은 손을 나타냅니다. 상앗대를 손[又]에 들고 배를 밀고 나갑니다[彳]. 상앗대를 밀어 배를 앞으로 가게 했다가 다시 들어올리는 동작은 아주 규칙적입니다. 그래서 '규칙적인 것'을 가리키게 되었고 나아가 '법'도 가리키게 되었다고 합니다.

자신을 단속하는 것은 율기(律己)라 하고, 율령(律令)은 형률과 법령을 아울러 이르는 말입니다.

중학	획수	회자	새김	발음
後	9	彳幺夊	뒤	후

후(後)는 행동이 느린 것입니다. 그러니 뒤지게 됩니다. 필자의 파자입니다만, 어린이[幺]는 보폭을 작게 걷고[彳], 게다가 천천히 걸으니[夊], 처질 수밖에 없고 뒤질 수밖에 없습니다. 고문 분석에서는 여러 가지 설명이 있습니다만, 발[夊]을 끈[幺] 같은 것으로

묶어 길[彳]을 가는 것이 더딘 것이라고 설명하는 경우도 있습니다. 더디니 뒤지고, 뒤지니 뒤에 있게 됩니다.

후생가외(後生可畏)는 젊은 후학들을 두려워할 만하다는 뜻으로 후진들이 선배들보다 젊고 기력이 좋아 학문을 닦음에 따라 큰 인물이 될 수 있으므로 가히 두렵다는 뜻입니다. 공자님 말씀으로 보통 이 부분만 많이 씁니다만, 뒷부분도 한번 읽어봐야 하지 않을까 합니다. "후학을 두려워할 만하니 후학들이 지금(우리 배운 사람들)만 못하다고 어찌 알겠는가? (그러나) 사십, 오십이 되어도 (후학들의 이름에 대한) 소문이 없으면 이 또한 두려워할 바가 아니다[後生可畏 焉知來者之不如今也 四十 五十而無聞焉 斯亦不足畏也已]"입니다. 그러니 후학으로서는 사, 오십에는 이름이 날 정도로 열심히 노력해야 합니다. 후회막급(後悔莫及)은 이미 잘못된 뒤에 아무리 후회하여도 다시 어찌할 수가 없음을 이릅니다.

중외	부수	획수	회자	새김	발음
行	行	6	彳丁	다닐	행

'다닐' **행(行)**은 부수자에서 자세히 설명합니다. 고문 분석에서는 십자로[사거리]를 뜻하는 상형자로 보고, 『설문』에서는 회의자로 봅니다. 자소자인 '조금 걸을' 척(彳)도 부수자입니다. 『설문』에서는 척(彳)을 '넓적다리와 정강이, 발'을 나타내는 것으로 '조금 걷는 것'이라고 설명합니다. 현재 척(彳)과 '멈출' 촉(丁)은 낱자로 쓰이지는 않는데, 천천히 걷거나 쉬엄쉬엄 걷는 것, 혹은 배회하다는 뜻의 척촉(彳丁)이라는 단어에는 원뜻이 살아 있습니다. 척촉(彳丁)은 고문에서나 볼 수 있는 낱말입니다. 중국어에서는 지금도 사용합니다.

고교	획수	형자	새김	발음
徐	10	余	천천할	서

서(徐)는 서두르지 않고 느릿느릿 가는 것입니다. 아마도 중국인들은 이 글자를 보면 발음이 여유(餘裕)의 '남을' 여(餘)와 비슷해 바로 여유 있게[余] 가는 것[彳]이라고 알

듯한데 우리로서는 한 자 한 자 익히는 수밖에 달리 방법이 없습니다.

제차서행(諸車徐行)이라는 도로 표지판이 있습니다. 모든 차량은 천천히 가라는 뜻이죠. 서서히(徐徐-)는 '천천히'의 뜻입니다.

고교	획수	형자	새김	발음
御	11	午	거느릴	어

어(御)는 말이나 수레를 모는 것입니다. 어거(馭車)한다는 말을 쓰기도 하는데, 말을 부리거나 수레를 몬다는 뜻의 한자어입니다. 임금과 관련된 것을 가리키기도 합니다.

자소자는 '풀' 사(卸)로 수레에 맨 말을 풀거나, 말의 안장을 벗기는 것입니다. 말에 수레를 메우거나 풀어서 가게 하는 등의 일은 윗사람을 모시는 데에 필요한 일입니다.

임금의 명령은 어명(御命)이고, 임금의 음식을 차려놓은 상은 어상(御床)입니다. 어용(御用)은 임금이 쓰는 것을 이르는 말이기도 하지만, 자신의 이익을 위하여 권력자나 권력 기관에 영합하여 줏대 없이 행동하는 것을 낮잡아 이르는 데에 많이 씁니다. 세종어제훈민정음(世宗御製訓民正音)은 '세종 임금께서 친히 만드신 백성을 가르치는 바른 소리'라는 뜻입니다. 어가(御駕)는 임금이 타는 수레를 가리킵니다. 그래서 어가친정(御駕親征)은 임금이 친히 정벌에 나서는 것을 말합니다.

고교	획수	형자	새김	발음
循	12	盾	돌	순

'돌' 순(循)은 순서에 맞춰 차례를 쫓아서 가는 것입니다. 그래서 '순시하다'라는 뜻도 있고, '돈다'라는 뜻도 나타냅니다.

자소자는 방패 순(盾)으로 방패는 우리 몸을 막아주고 눈을 가려주는 무기입니다. 위의 厂 모양은 방패의 옆모습입니다. 십(十) 자는 손잡이이고 눈[目]을 가려줍니다. 상형자입니다.

순례(循例)는 관례나 전례를 따르는 것이고, 순사(循私)는 사사로운 일이나 감정 때문에 공도(公道)를 돌아보지 아니함을 이릅니다. 순환(循環)은 주기적으로 자꾸 되풀이

하여 도는 것입니다. 순서점진(循序漸進)의 축자의는 순서에 따라 점점 앞으로 나간다는 뜻이겠는데, 학문의 기초를 다져 보통 깊고 높은 단계로 나가는 것을 가리킵니다. 누구도 하루아침에 문득 높은 경지에 이를 수는 없습니다. 계속 노력하다보면 그런 경지에 이르게 됩니다.

고교	획수	형자	회자	새김	발음
征	8	正	彳正	칠	정

정(征)은 가는 것입니다. 한[一] 발[止]을 길[彳] 위에 내디딘 모양입니다. 무작정 가는 것이 아니고 목적이 있어서 가는 것입니다. 필자의 파자입니다만, 싸우는 경우 나는 옳다[正]라는 대의명분을 내세우고, 불의의 적, 사악한 악의 축을 치러 나서는[彳] 것입니다. '칠' 정으로도 새깁니다.

정도(征途)는 정벌에 나서는 길이자 여행하는 길을 뜻하기도 합니다. 정부(征夫)는 전쟁터로 나가는 군사입니다. 정벌(征伐)은 적이나 죄 있는 무리를 무력으로 치는 것이며, 정복(征服)은 정벌하여 복종시키는 것입니다.

고교	획수	형자	회자	새김	발음
徑	10	巠	彳巠	지름길, 길	경

경(徑)은 길입니다. 작은 길입니다. 『단주』에 "사람이나 소, 말은 다닐 수 있지만 수레는 다닐 수 없다"라고 설명하고 있습니다. 자소자 경(巠)이 날줄을 가리키기도 하지요. 따라서 날줄처럼 직선으로 나서 빨리 갈 수 있는 길, 즉 지름길을 가리키기도 합니다.

경정직행(徑情直行)은 예절이나 법식 따위에 얽매이지 않고, 마음 내키는 대로 곧이곧대로 행동하는 것을 말합니다.

格物 008. 씨줄과 날줄

'물줄기' 경(巠)은 지하수를 뜻합니다. "땅[一] 아래에 흐르는 물[巛]로서 '착할' 정(壬)이 생략된 것이 소리를 나타낸다"라고 하는 것이『설문』의 설명입니다. 현대판『설문』해석서에 "'북방' 임(壬) 생략된 것이 소리를 나타낸다"라고 설명하는 경우가 종종 있는데 이것은 정(壬)과 임(壬)의 자형을 착각해서 나온 설명이 아닐까 합니다. 발음을 생각할 때 정(壬)의 생략형이라고 하는 것이 맞고, 실제『설문』원문을 살펴봐도 그렇습니다. 달리 금문을 분석해, 이 글자에 베틀의 바디 모양이기도 한 정(壬) 자 위로 여러 올의 실 같은 것이 보이는데 바로 날실[經絲]이라고 하는 세로줄입니다. 그래서 '날' 경(經)의 본자라고 합니다.

베틀을 보면 가장 뒷부분에 날실을 감아놓는 도투마리가 있습니다. 도투마리에 감긴 실을 풀어 잉앗대를 거쳐 올올이 참빗 모양의 바디 구멍에 매깁니다. 잉앗대는 날실을 한 올 건너 한 올씩 두 부분으로 나눠줘 그 사이에 북이 오갈 틈을 만들어줍니다. 씨줄[緯絲] 즉, 가로줄을 먹인 뒤 바디로 치면서 날줄을 고르게 해 베나 모시 등을 짭니다. 가마니를 짜는 가마니틀이나 현대의 방직기도 원리는 마찬가지죠. 경사(經絲), 위사(緯絲), 경선(徑線), 위선(緯線), 경도(經度), 위도(緯度)는 다 여기에서 나온 말들입니다.

고교	획수	형자	회자	새김	발음
微	13	散	彳散	작을	미
徵	15	壬	微省	부를/음률이름	징/치

미(微)는 다른 사람의 눈에 띄지 않게 몰래[散] 가는[彳] 것입니다.

자소자 미(散)는 '작다'는 뜻입니다. '사람' 인(人)을 따르고, '칠' 복(攴)을 따르며 '어찌' 기(豈) 자가 생략된 부분이 소리를 나타낸다고 합니다.『한어대자전(汉语大字典)』을 살펴보면 남의 행동을 엿보아 살핀다는 사찰(伺察)의 뜻도 가지고 있음을 확인할 수 있습니다. 그러니 미(微)는 몰래[散] 가는[彳] 것입니다.

미행(微行) 또는 미복잠행(微服潛行)은 지위가 높은 사람이 무엇을 살펴보기 위해 남루한 차림으로 옷을 갈아 입고[微服], 몰래 가는 것(潛行)입니다.

징(徵)을 '부를' 징으로 새깁니다만 어떤 일이 일어나려고 할 때의 기미나 낌새가 본 뜻입니다. 가차해 궁상각치우의 오음 가운데 치(徵) 음을 나타내기도 합니다.

국가가 물품을 강제로 거두어들이는 것은 징발(徵發)이고, 징집하여 병역에 복무시키는 것은 징병(徵兵)입니다. 어떤 일의 기미나 낌새는 징후(徵候)입니다.

고교	획수	회자	새김	발음
役	7	彳殳	부릴	역
徹	15	彳育攵	통할	철

'부릴' 역(役)입니다. 갑골문에서는 사람인변[亻]으로 팔모죽창[殳]을 들고 병역을 수행한다는 뜻을 나타냈는데, 전문에서 척(彳)으로 바뀌었습니다. 변경에서 수자리를 서는 것입니다. 병기[殳]를 들고 일정한 지역에서 오가는[彳] 임무를 수행하는 것으로 이해할 수 있습니다.

일정 부문에서 중요한 역할을 하는 일꾼은 역군(役軍)이고, 임원은 역원(役員)이라고도 합니다.

'통할' 철(徹)의 갑골문은 '솥' 력(鬲) 옆에 손[又] 모양을 쓴 자형으로, 본뜻은 밥을 먹은 뒤에 그릇을 치우는 것이라고 합니다. '통하다'라는 것은 인신되어 나온 뜻입니다.

철두철미(徹頭徹尾)는 처음부터 끝까지 철저한 것입니다. 철야(徹夜)는 밤을 새우는 것입니다.

고외	부수	획수	회자	새김	발음
履	尸	5	彳舟攵	신, 밟을	리

履에서 부수자 '주검' 시(尸)는 소리를 나타낸다고 했습니다. 해당 부수에 설명이 있습니다만, 그것을 보기 전에 회의 자소를 이용해 뜻을 한 번 유추해보시기 바랍니다. 한 가지 힌트를 드리면, 여기서 주(舟)는 배가 아니고, 앞이 뭉툭하고 밑바닥이 평평한 평저선 같이 생긴 신발입니다.

3획이 끝나고 이제 4획 부수자로 넘어갑니다.

R061

마음 심(心, 忄 , 灬) 부

갑골	금문	전문	해서

'마음' 심(心) 자를 보면 절로 상형자라는 생각이 듭니다. 위로 심방에 아래에 심실을 갖추고 있어 이 글자를 만들 때에는 이미 상당한 수준의 해부학적인 지식이 축적되어 있었던 것이 아닌가 하는 생각을 해보게 됩니다. '마음'이 대표적인 새김입니다만, 본뜻은 심장입니다.

『설문』에는 "심(心), 사람의 심장으로 (오행으로는) 토(土)에 속하는 장기이며, 몸의 가운데에 있다. 상형자이다. 박사들의 말로는 (심장은) 화(火)에 속한다고 한다"라고 나옵니다. 이와 관련 여러 학자들이 설명을 붙인 주석에는 심장이 토(土)에 속하는가 아닌가 하는 점에 대해 서로 다른 주장이 나옵니다. 오늘날 중의학에서는 대체로 심장(心臟)은 화(火)에 속하는 장기로 봅니다. 비장(脾臟, 지라)은 토(土), 폐장(肺臟, 폐)은 금(金), 신장(腎臟, 콩팥)은 수(水), 간장(肝臟, 간)은 목(木)에 해당합니다. 여기서 말하는 박사는 연구와 후진 양성을 하는 관직의 하나입니다.

옛날 사람들은 흔히 심장이 생각을 하는 기관으로 여겼습니다. 그래서 마음을 뜻하게 되었고, 우리 몸의 한가운데 있는 데에 착안해 중심을 가리키기도 합니다.

심(心)이 다른 글자와 결합할 때 왼쪽에 오면 '심방변'이라고 해 '忄'의 형태가 되고, 아래에 올 때는 '⺗'의 형태가 됩니다. 기초한자 가운데 '마음' 심(心)에 속하는 글자는 중학과정 35자, 고교 41자로 모두 76자나 됩니다. 독립심이 강한지 다른 글자의 자소로 쓰이는 경우는 '큰' 덕(德) 한 글자뿐입니다. 죽어도 셋방살이는 하지 않겠다는 글자인데, 형성자가 대부분이고 회의자는 얼마 안 됩니다.

중학	획수	새김	발음
心	4	마음	심

심복(心腹)은 가슴과 배를 아울러 이르는 말이기도 하고, 마음 놓고 부리거나 일을 맡길 수 있는 사람을 일컫기도 합니다. 심기일전(心機一轉)은 어떤 동기가 있어 이제까지 가졌던 마음가짐을 버리고 완전히 달라지는 것입니다. 심복지환(心腹之患)은 심복이 앓는 병이 아니고, 쉽게 고치기 어려운 병을 이릅니다. 심여구위(心與口違)는 마음에 생각하는 바와 입으로 말하는 바가 다른 것입니다. 심욕언구불체(心欲言口不逮)는 마음먹은 대로 말이 나오지 않는 것인데, 혹시라도 노화의 특징이 아닐까 합니다. 생각은 있는데도 말이 잘 나오지 않습니다.

중학	획수	형자	새김	발음
忙	7	亡	바쁠	망
忘	7	亡	잊을	망

'바쁠' **망(忙)**은 마음이 다급하고 뭔가에 쫓겨 겨를이 없는 것입니다. 마음속으로 황급하고 불안한 것입니다.

정신을 차릴 수 없이 바쁜 것을 망쇄(忙殺)하다고 합니다. 어렵고 거의 쓰지 않는 한자어인데, '망살'이라고 하지 않습니다. 망중한(忙中閑)은 바쁜 가운데 잠깐 얻어낸 틈입니다. 망리투한(忙裏偸閒)이라는 성어가 있는데, 바쁜 가운데 틈을 내는 것을 이릅니다. 망중한과 비슷합니다.

'잊을' **망(忘)**은 마음 쓰는 것[心]을 잊어서[亡] 알지 못하는 것, 기억하지 못하는 것입니다. 자소자는 '바쁠' 망(忙)이나 마찬가지입니다만 좌우결구와 상하결구로 결구방식만 다릅니다. 결구는 얼개를 짜는 것입니다. 그러니까 여기서 결구(結構)는 자소자를 배치해 또 다른 하나의 글자를 만드는 방식으로, 쉽게 말하면 자소자를 어디에 어떻게 늘어놓는가 하는 방식입니다.

망각(忘却)은 어떤 사실을 잊어버리는 것이고, 망아(忘我)는 어떤 사물에 마음을 빼앗겨 자기 자신을 잊는 것입니다. 건망증(健忘症)은 경험한 일을 전혀 기억하지 못하는 기억 장애입니다. 알츠하이머병은 통상 노인성 치매라고 하는데 기억력이 심하게 감퇴되는 질병입니다. 그런 증상을 찾아낸 독일의 의사 알츠하이머(Alzheimer, 1864~1915)의 이름을 딴 것입니다.

중학	획수	형자	새김	발음
快	7	夬	쾌할	쾌
忠	8	中	충성	충

쾌(快)를 『설문』에서는 그저 "기쁜 것이다"라고만 풀고 있습니다. 자소자 쾌(夬)는 활을 쏘는 것입니다. 그러니 활을 쏘고 난 뒤의 느낌[心]이 쾌(快)로 시원하고 상쾌한 느낌이 아닐까 합니다. 인신하여 '빠르다'라는 뜻도 갖게 되었습니다.

'터놓을' 쾌(夬)는 다음자입니다. 『설문』의 자형은 叏입니다. "쾌(叏), 깨어지다. 우(又)를 따르며, 윗부분은 깨진 모양을 본뜬 것"이라고 합니다. 주석에서는 '깨어진 그릇'이라고 합니다. 갑골문을 분석한 다른 설명도 있습니다. 활에 시위를 매는 부분인 활고자를 당겨서 활 쏘는 것을 가리킨다는 것입니다. 이 글자를 활시위를 당길 때 엄지손가락에 끼는 뿔로 된 '(활)깍지' 결로 새기기도 하는데 본래 활 쏘는 것과 연관된 글자이기 때문이겠습니다. 기초한자 가운데에서는 '결단할' 결(決), '쾌할' 쾌(快), '이지러질' 결(缺)의 자소자로 쓰이고 있습니다.

충(忠)은 삼가 존경하는 것입니다. 마음과 뜻을 다하는 것입니다. 마음과 뜻을 다하니 삼가지 않을 수 없고, 존경하지 않을 수가 없습니다.

다른 사람의 잘못을 진심으로 타이르는 것은 충고(忠告)입니다. 충직하고 성실한 것은 충실(忠實)한 것입니다. 주자(朱子, 1130~1200)는 "자기의 마음을 다하는 것이 충[盡其之心謂忠]"이라고 했습니다. 마음을 다하는 자세는 꼭 나라만 대상이 되는 것이 아닙니다. 우리가 목표로 하는 모든 것에 대한 자세일 수 있고, 자세이어야 합니다.

중학	획수	형자	새김	발음
怒	9	奴	성낼	노
悟	10	吾	깨달을	오

노(怒)는 '성을 내는 것'입니다. 『설문』에 보면 노(怒)는 '성낼' 에(恚)라 하고, 또 에(恚)를 찾아보면 노(怒)라고 정의합니다. 이렇게 비슷한 뜻으로 짝을 이루는 두 글자를 서로 상대편 글자로 풀이하는 것을 호훈(互訓)이라고 하는데, 특히 모국어가 아닌 사람들로서는 이해하기가 어려운 부분입니다.

노목(怒目)은 노기가 서렸거나 성난 눈입니다. 노발대발(怒發大發)은 몹시 노하여 펄펄 뛰며 성을 내는 것입니다. 노기(怒氣)가 충천(衝天)했다든지 탱천(撑天)했다는 말을 하는데, 이것은 노기가 하늘을 찌를 듯 솟아오름을 가리킵니다.

대오각성(大悟覺醒)은 '크게 깨달아서 번뇌(煩惱)나 의혹(疑惑)을 다 떨치는 것'입니다. 불교에서 많이 쓰는데, 대오와 각성 두 단어로 따로 쓰기도 합니다. 각성(覺醒)은 본래 잠에서 깨어나는 것입니다. 꿈속에 있는 것처럼 몽롱하기만 했던 것들이 제자리를 잡고 질서를 유지하는 상태로 되는 것입니다. 자기 자신(吾)을 아는 것[心]이 오(悟)로 '깨닫는 것'입니다.

중학	획수	형자	새김	발음
惜	11	昔	아낄	석

석(惜)을 『설문』에서는 "(마음이) 슬프고 아픈 것이다"라고 합니다. 아끼는 것에 대한 설명이 아니라 우리가 뭔가 아끼던 것을 잃었을 때 느끼는 감정을 표현하고 있습니다.

자소자는 '옛' 석(昔)입니다. 『설문』에서는 "말린 고기이다. 남은 고기[전문에 보이는 소 자 부분으로 '고기' 육(肉)에서 '멀' 경(冂)을 제외한 부분]를 따르며 햇볕에 말린 것이다. '적대' 조(俎)와 뜻이 같다"라고 합니다. 적대는 적틀이라고도 하며 제향 때 산적을 올려놓는 굽이 높은 그릇입니다. 고문의 자형 윗부분이 물결 모양인 것에 착안해 홍수가 많았던 옛날을 뜻하는 것이라고도 설명합니다. '빌릴' 차(借), '아낄' 석(惜), '섞일' 착(錯), '빌릴' 적(藉) 등에 자소로 들어가 있습니다.

슬프고 아까운 것은 애석(哀惜)이고, 헤어지는 것이 슬프고 가슴 아픈 것은 석별(惜別)입니다.

중학	획수	형자	새김	발음
情	11	靑	뜻	정

정(情)은 '뜻'입니다. 느끼어 일어나는 마음입니다. 정(情)은 동양 철학 특히 유학에서는 아주 중요한 개념입니다. 『설문』에서는 "정(情)은 사람이 얻고자 하는 것으로 심기(心氣)의 음(陰)에 속한다"라고 합니다.

자소자 청(靑)은 식물이 싹틀 때[生]의 색 즉, 단(丹)을 나타내는데 부수자입니다. 자세한 설명은 해당 부수자를 확인하면 됩니다.

그러면 구체적으로 무엇이 정(情)인가? 『예기』에서 답을 찾아볼 수 있습니다. "기뻐하고, 노하고, 슬퍼하고, 두려워하며, 좋아하고, 미워하며, 바라는 것[喜怒哀懼愛惡欲]의 일곱 가지로 배우지 않고도 할 수 있는 것"이라고 합니다. 이것을 '칠정(七情)'이라고 하는데 보는 이에 따라 조금 다르기도 하고, 불교에서는 또 다릅니다. 그야 어쨌든 사람의 모든 감정과 정서를 가리키는 것은 마찬가지입니다.

양기(陽氣)에서 나온 것은 인(仁)으로 어진 마음입니다. 그에 반해 정(情)은 음기에서 나오는 것으로 뭔가를 탐(貪)하는 것입니다. 그래서 특히 유가에서는 정(情)에는 사사로운 이익을 탐하는 생각이 들어 있고, 생득적(生得的)인 성(性)에는 어진 마음[仁]이 들어 있는 것으로 파악합니다.

중학	획수	형자	새김	발음
惡	12	亞	악할/미워할	악/오
慈	13	玆	사랑	자

『설문』에서는 **악(惡)**을 '죄과(罪科)'라고 합니다. 잘못이나 허물입니다. 잘못이나 허물이 있으면 미워하게 되는데 동사로 쓸 때는 '미워할 오'로 새깁니다. 사람에게 허물이 있는 것을 악(惡)이라 하고, 허물이 있어 그 사람을 미워하는 것을 오(惡)라 합니다.

악감정(惡感情)은 남에게 품는 나쁜 감정이고, 다른 사람을 비방하거나 잘못되도록 저주하는 말은 악담(惡談)입니다. 사무치게 미워하는 것은 증오(憎惡)이고, 몸이 오슬오슬 춥고 떨리는 증상은 오한(惡寒)입니다. 악인악과(惡因惡果)라 했습니다. 나쁜 일을 하면 반드시 나쁜 결과가 따릅니다. 이와 상대가 되는 말은 선인선과(善因善果)로 좋은 일을 하면 반드시 좋은 과보가 따른다는 뜻입니다.

자(慈)도 사랑입니다만 방향성이 있다는 점에서 애(愛)와 다릅니다. 자(慈)는 보통 윗사람이 아랫사람을, 어른이 아이를 사랑하는 것을 가리킵니다.

다른 사람의 어머니를 높여 부를 때는 자당(慈堂)이라 하고, 다른 사람에게 내 어머니를 높여 이르는 말은 자친(慈親)입니다. 자비(慈悲)는 남을 깊이 사랑하고 가엾게 여기는 것인데 사람으로서는 아마도 어머니에게서나 기대할 수 있는 덕목이 아닌가 합니다. 그 밖에는 절대자입니다. 그래서 우리는 신 앞에 자비를 구합니다. 자미선목(慈眉善目)이라는 말이 있습니다. 자비로운 눈썹에 착해 보이는 눈이라는 뜻으로 보통은 연세가 드신 분들의 모습을 말할 때에 씁니다.

중학	획수	형자	회자	새김	발음
必	5	弋	八弋	반드시	필

'주살' 익(弋) 부에서도 설명했습니다만 '반드시' **필(必)**의 금문은 '여덟' 팔(八)과 '주살' 익(弋)이 결합된 글자인데, 익(弋)이 소리를 나타내는 회의 · 형성자로 봅니다. 『설문』에서는 "나누는 기준"이라고 합니다. '주살' 익(弋)은 말뚝을 나타내어 말뚝을 세워

경계를 나눈다[八]는 뜻입니다. 그래서 '표준'이라는 뜻이 있고, 인신되어 '반드시, 꼭'
의 뜻도 갖게 되었습니다.

꼭 있어야 하거나 해야 하는 것은 필수(必須)이고, 꼭 그렇게 될 수밖에 없는 것은 필
연(必然), 대개 그럴 것으로 예상되는 것은 개연(蓋然)입니다. 확률의 문제입니다. 미연
(未然)은 아직 그렇게 되지 않은 것이고 이연(已然)은 이미 그렇게 되어버린 것을 말합
니다. 이것은 상황을 시간과 관련해 파악하는 것입니다.

중학	획수	형자	회자	새김	발음
忍	7	刃	刃心	참을	인

'칼날' 인(刃)은 칼[刀]에 점[丶]을 하나 찍어 칼등이 아닌 날이 있는 쪽을 가리키는
지사자입니다. 칼[刃]을 들이대도 참고 받아들일 수 있는 마음[心]이 인(忍)입니다.

고통을 참는 것은 인고(忍苦), 배고픔을 참는 것은 인기(忍飢), 괴로움이나 어려움을
참고 견뎌내는 것은 인내(忍耐), 참고 따르는 것은 인종(忍從)입니다. 필자는 '참을' 인
(忍) 자를 볼 때마다 안중근 의사가 떠오릅니다.

格物 009. 안중근(安重根, 1879~1910) 의사

안중근 의사의 "백 번 참는 집에는 큰 평화가 있다[百忍堂中有泰和]"라는 유묵이 있습
니다. 한쪽 곁에 "경술년 1910년 여순감옥에서 대한국인 안중근 쓰다"라는 글귀와 함
께 아래에는 안 의사의 특허품 같기도 한 손바닥 도장[掌印(장인)]이 찍혀 있습니다.

필자의 개인적인 생각입니다만 죽음 앞에 가장 당당했고 두려워하지 않았던 분이 안
중근 의사가 아닌가 합니다. 안중근 의사의 유묵 앞에 서면 죽음을 두려워하지 않고 민
족과 국가를 위해 망설임 없이 죽었으며 죽어서 우리 마음속에 영원히 살아 계신 분이
라는 생각에 늘 마음이 숙연해집니다.

"네가 나라를 위해 이에 이른즉 딴 맘 먹지 말고 죽으라. 옳은 일을 하고 받는 형이니
비겁하게 삶을 구하지 말고 대의에 죽는 것이 어미에 대한 효도이다."

안중근 의사의 어머님이신 조마리아 여사가 보냈다는 편지 또한 감동적이고 보는 이

에게 대의가 무엇인지를 생각게 합니다.

2014년 중국 하얼빈 역사에 안중근 의사 기념관이 세워졌습니다. 들어가는 입구 위쪽에 시계가 '9시 30분'을 가리킵니다. 바로 안 의사가 이등박문(伊藤博文)을 저격한 시각입니다. 밖으로 플랫폼이 보이는데 거기에는 안 의사가 이등박문을 저격한 위치가 표시되어 있습니다.

기념관 소개 글에 틀린 부분이 워낙 많아 필자도 들를 때마다 몇 번 정정을 요청했었는데, 관리를 중국 측에서 맡고 있어서 그런지 2016년 한국에 돌아올 때까지 고쳐진 모습을 보지 못했습니다. 하얼빈 역사를 고쳐 지으면서 안중근 의사 기념관을 옮겨 2017년 3월 19일 다시 개관한다는 기사를 읽은 적은 있습니다만 옮긴 뒤에는 이런 것들을 똑바로 고쳐서 안 의사의 얼을 제대로 선양하고 있는지 궁금하고 염려스럽습니다.

안 의사의 유묵에 있는 글은 집안의 기둥에 많이 쓰는 주련(柱聯)인데, 태(泰) 자는 같은 뜻의 '클' 태(太)로 쓰기도 합니다. 이 부분은 뒷부분인 하련(下聯)으로 앞부분의 "한결같이 부지런하면 세상에 어려운 일이 없다[一勤天下無難事]"라는 상련(上聯)과 짝을 이룹니다. 중국의 장(張)씨 선조가 이 글을 쓰고 집 안에 백인당(百忍堂)이라는 사당을 세웠다는 이야기가 전해지고 있습니다만 확실하지는 않습니다.

중학	획수	형자	회자	새김	발음
志	7	士	士心	뜻	지
念	8	今	今心	생각	념

지(志)는 '뜻'입니다. 마음[心]이 가는[之] 곳입니다. 실제 고문에는 위에 '갈' 지(之)를 쓴 경우도 있습니다. 현재 자형을 바탕으로 선비[士]의 마음[心]으로 기억해도 좋을 듯합니다.

지기(志氣)는 의지와 기개를 아울러 이르는 말이고, 지조(志操)는 신념을 굽히지 아니하고 끝까지 지켜나가는 꿋꿋한 의지입니다. 지학(志學)은 학문에 뜻을 두는 것으로 공자가 열다섯에 학문에 뜻을 두었다는 데에서 열다섯 살을 이르는 말이기도 합니다. 지고기양(志高氣揚)은 의기가 고양되어 양양한 것입니다. 『표준』에서는 지고기양(趾高氣揚)이 실려 있고 발을 높이 올리며 힘차게 걷는다는 뜻으로 의기양양하게 거만을 떨며 뽐냄을 이르는 말이라고 설명합니다. 나타내는 뜻은 비슷해 보입니다.

념(念)은 오래 생각하는 것입니다. 위의 '모을' 집(亼)을 입 모양으로 보고, 마음속으로는 생각하고 입으로는 끊임없이 말을 하는 것이라고 설명하기도 합니다.

염려(念慮)는 앞일에 대하여 여러 가지로 마음을 써서 걱정하는 것이고, 염원(念願)은 간절히 생각하고 기원하는 것입니다. 염일(念日)을 『표준』에서 스무날이라고 설명하고 있는데, 이것은 염(念)을 '스물' 입(廿)의 갖은자로 쓰기 때문이겠습니다. 염념불망(念念不忘)은 자꾸 생각이 나서 잊지 못하는 것을 이릅니다.

중학	획수	형자	회자	새김	발음
性	8	生	心生	성품	성
急	9	及	心及	급할	급

성(性)은 태어날 때[生] 받고 나오는 마음[心]입니다. 본성입니다. 유가에서는 태어날 때 착한 마음을 갖고 나온다고 여기는데 바로 성선설(性善說)입니다. 성격(性格)은 개인이 가지고 있는 고유의 성질이나 품성이고, 성정(性情)은 성질과 심정, 또는 타고난 본성을 말합니다. 성(性)과 정(情)은 우리 전통 사상에서는 중요한 글자들이니 꼭 정(情)자 란도 확인해 내용을 잘 기억해두기 바랍니다.

급(急)은 본래 '옷이 작은 것'이라고 합니다. '끼는 것'입니다. 마음이 좁아 여유가 없는 것입니다. 그래서 '초조하고 불안하다, 급하다'라는 뜻을 갖습니다.

빨리 처리해야 하는 일은 급무(急務), 무엇보다도 더 서둘러야 하는 일은 급선무(急先務)입니다. 갑작스레 늘어나는 것은 급증(急增)이고, 급히 가는 것은 급행(急行)입니다. 그러나 "바늘허리에 못 매어 쓴다"고 어떤 일이든 서둔다고 해서 해결되는 것은 아닙니다. 느리고 빠름 즉, 완급(緩急)을 조절해야 합니다. 급류용퇴(急流勇退)라는 말은 급한 물살 속에서 제때 과감하게 벗어난다는 뜻인데, 벼슬자리에서 기회를 보아 제때에 용기 있게 물러나는 것을 가리킵니다. 적시에 나가고 물러서는 것은 쉬운 일은 아니지만 예나 지금이나 '제때'는 아주 중요합니다.

중학	획수	형자	회자	새김	발음
思	9	囟	囟心	생각	사

　사(思)는 본래 '정수리' 신(囟)과 '마음' 심(心)이 결합된 글자로 봅니다. 생각을 하는 두뇌와 마음이 결합된 글자입니다. (생각이 만물을) 받아들이는 것입니다. 용납하는 것입니다.

　생각하고 궁리하는 것은 사고(思考), 생각하고 그리워하는 것은 사모(思慕), 대상을 두루 생각하는 것은 사유(思惟)입니다. 사상(思想)은 어떤 사물에 대하여 가지고 있는 구체적인 사고나 생각을 나타냅니다. 더러 생각이 샘물처럼 솟는다는 말을 하는데 똑같은 뜻의 성어가 있습니다. 사여용천(思如涌泉)인데, 재치 있는 생각이 넘치는 것을 말합니다.

중학	획수	형자	회자	새김	발음
怨	9	夗	夗心	원망할	원

　원망하는 것은 '내 탓이 아니라, 네 탓'으로 생각하는 것입니다. 못 다한 이야기가 있고, 원망스러운 마음에 원한이 있습니다. 원(夗)은 몸을 둥글려 옆으로 눕는 것을 가리킵니다. 달이라도 휘영청 밝은 밤[夕]이면 생각이 이래저래 많습니다. 이리 뒤척, 저리 뒤척 잠 못 이루는 사람[卩]의 모습을 떠올리게 됩니다. 자전에서 '누워 뒹굴' 원으로 새겨, 한갓지게 노는 듯한 느낌을 주는데 번민이 많아 잠 못 이루며 뒤척이는 모습입니다. '원망할' 원(怨)에 자소자로 들어가 있는데 역시 아무 생각 없이 누워 뒹구는 것이 아닙니다. 누워서 몸을 이리저리 뒤척이며 잠을 이루지 못해 전전반측(輾轉反側)하는 상황입니다. 전전반측의 축자의는 몸을 굴렸다가 뒤집었다가 기울였다가 하는 것입니다. 몸을 굴리며 잠을 이루지 못한다는 뜻의 전전불매(輾轉不寐)와 같습니다.

중학	획수	형자	회자	새김	발음
恨	9	艮	心艮	한	한

'한' **한(恨)**은 상대편의 마음[心]과 내 마음 사이에 기대 수준이 어긋나는 것[艮]으로 새겨볼 수 있을 듯합니다.

『설문』에 '머무를' 간(艮)은 𠬝으로 올라 있습니다. 이 글자가 본자로, 머리를 뒤로 돌리고 유심히 보는 것이 본뜻이라고 합니다. 마음[心]속에 뭔가 뒤돌아보아야 하는[𠬝] 것이 있다는 것은 아쉽거나 안타까움일 수 있으며, 이루지 못해 한스러운 것일 수 있습니다. '머무를' 간(艮)은 6획의 부수자입니다. 자세한 내용은 해당 부수의 설명을 참고하십시오.

중학	획수	형자	회자	새김	발음
恒	9	亙	心二舟	항상	항

항(恒)은 '늘, 항상'의 뜻입니다. 전문에서 항(恒)의 자형은 이[二] 자 안에 '마음' 심(心)과, '배' 주(舟)가 함께 들어 있습니다. 사람의 생각[心, 마음]이 천지[二], 아니면 양쪽 강 언덕 사이를 배처럼 끊임없이 오감을 나타냅니다. 갑골문이나 금문을 연구한 사람들은 배가 아닌 초승달로, 달은 차고 이울며 영원히 뜨고 지기 때문에 '늘'이라는 뜻을 나타낸다고 합니다. 어떤 설명이든 우리의 마음이 끊임없이 바뀌고 변하는 것을 잘 나타내줍니다.

자소자를 살펴보겠습니다. '건널' 긍(亙)은 자형이 '구할' 선(亘)과 비슷해 혼동하기 쉬운데, 선(亘)과 긍(亙)을 혼용하는 경우가 있어 더 그렇습니다. 현재 중국에서는 선(亘)과 긍(亙)을 선(亘)으로 통일해 쓰고 있습니다.

긍(亙)은 반달이라고 합니다. 이(二) 자는 이쪽 끝과 저쪽 끝을 나타내고 가운데에 있는 것을 '배' 주(舟)로 보아, 동쪽 하늘가에서 서쪽 하늘 끝까지 배처럼 건너는 것을 나타내는 것으로 해석하기도 합니다.

자형이 비슷한 선(亘)은 '구하다'라는 뜻인데『설문』을 보면 물건을 어디에 둔지 몰라 위아래로 빙빙 돌며 찾는 것이라고 합니다. 그러니까 처음에는 '찾는다'의 뜻이었는데 '구하다'로 의미가 확장된 것이 아닐까 하는 것이 필자의 견해입니다. 기초한자에는 '베풀' 선(宣)에 이 글자가 들어가 있습니다.

변하지 않고 오래가는 것은 항구(恒久)한 것이며, 항다반(恒茶飯)은 항상 있는 차와 밥이라는 뜻으로 항상 있어 이상하거나 신통할 것이 없음을 이릅니다. 항다반사(恒茶飯

事)는 다반사(茶飯事)라고도 하는데, 차를 마시고 밥을 먹는 일이라는 뜻으로 보통 있는 예사로운 일을 가리킵니다. 항산(恒産)은 살아갈 수 있는 일정한 재산이나 생업을 가리키며, 항심(恒心)은 늘 지니고 있는 떳떳한 마음입니다. 『맹자』에 "유항산유항심(有恒産有恒心)"이라는 말이 나옵니다. 일정한 재산이나 생업이 있어야 늘 마음을 떳떳하게 가질 수 있다는 뜻입니다. 살아가는 데에 경제적 기초나 바탕도 중요함을 말합니다.

格物 010. 동요 「반달」

항(恒), 긍(亙), 선(亘) 자를 보면 「반달」이라는 우리 동요가 떠오릅니다.

> 푸른 하늘 은하수 하얀 쪽배에, 계수나무 한 나무 토끼 한 마리
> 돛대도 아니 달고 삿대도 없이, 가기도 잘도 간다 서쪽 나라로
> 은하수를 건너서 구름 나라로, 구름 나라 지나선 어디로 가나
> 멀리서 반짝반짝 비치이는 건, 샛별이 등대란다 길을 찾아라

윤극영(190~1988) 선생이 시를 쓰고 작곡해 1924년 발표한 작품입니다. 우리나라 창작 동요의 효시로 꼽히죠. 이 동요는 중국 초등학교 5학년 교과서에 「소백선(小白船)」이란 제목으로 실려 있는데, 작은 배 즉, 쪽배란 뜻입니다. 중국어 가사를 소개합니다. 간체자로 되어 있는 것을 우리가 쓰고 있는 번체자로 고쳤습니다.

> 藍藍的天空銀河里 有隻小白船 船上有棵桂花樹 白兔在游玩
> 槳儿槳儿看不見 船上也沒帆 飄呀飄呀飄向西天
> 渡過那條銀河水 走向雲彩國 走過那個雲彩國 再向哪儿去
> 在那遙遠的地方 閃着金光 晨星是燈塔 照呀照得亮 晨星是燈塔 照呀照得亮

여러분들이 읽고 이해하기는 어렵겠지만, 우리 노랫말을 생각하며 중국어 가사를 보면 조금이나마 짐작할 수 있지 않을까 합니다. 이것을 소개하는 것은 예술이나 문화의 전달, 전파력이 얼마나 대단한가를 보여주기 위해서입니다. 한류(韓流)라는 말은 나중에 나왔지만 한류의 선구자 역할을 한 작품이라고 할 수도 있겠습니다.

우리 각자 가진 재능과 재주로 대한민국을 널리 알리는 데에 기여할 수 있다면 얼마나 보람된 일이겠습니까!

중학	획수	형자	회자	새김	발음
悅	10	兌	心兌	기쁠	열

『설문』에 '기쁠' 열(悅)은 나오지 않습니다. 『단주』에 보면 설(說)과 '기쁠' 열(悅)은 고금자(古今字) 관계라고 합니다. 설(說)은 다음자입니다. '말씀' 설로도 새기고 '기쁠' 열로도 새깁니다. '기쁘다'라는 뜻으로 새길 때에는 물론 열(說)로 읽어야 합니다.

　　배우고 때로 익히면 즐겁지 아니한가, 벗이 있어 멀리서 찾아오면 즐겁지 아니한가, 사람들이 (나를) 몰라주더라도 화를 내지 않는다면 이 또한 군자가 아니겠는가?

[學而時習之 不亦說乎 有朋自遠方來 不亦樂乎 人不知而不慍 不亦君子乎]

여기서 說은 '열'로 읽어야 합니다. 여러분 모두 잘 알고 있는 내용으로, 『논어(論語)』 〈학이〉편에 나옵니다.

자소자는 '바꿀' 태(兌)로 태환(兌換)은 금본위제에서 소지자가 요구하면 지폐를 동일한 교환가치를 갖는 금이나 은으로 바꾸어주던 것을 말합니다.

중학	획수	형자	회자	새김	발음
恩	10	因	因心	은혜	은

구하는 것을 얻거나 성공한 데에는 원인이나 이유[因]가 있습니다. 다른 사람의 도움, 즉 은혜를 많이 입은 것입니다. 그것을 마음[心]에 새겨야 한다는 데에서 '은혜' 은(恩)이 나왔다고 설명하기도 하고, 인(因)이 '자리' 인(茵)의 본자라는 점에 착안해 방석에 기대어 앉는 것처럼 기댈 자리가 되어 준 사람에게 마음[心]을 써야 한다는 데에서 나온 것이라는 설명도 있습니다. 어떤 경우가 됐든 은혜를 잊어서는 안 되는 것은 마찬가지

입니다.

은혜(恩惠)는 고맙게 베풀어주는 신세나 혜택입니다. 결초보은(結草報恩)이라는 고사성어는 죽은 뒤에라도 은혜를 잊지 않고 갚음을 이르는 말로 중국 춘추 시대에 진나라의 위과(魏顆)가 아버지가 세상을 떠난 후에 서모를 개가시켜 순사(殉死)하지 않게 하였더니 그 뒤 싸움터에서 그 서모 아버지의 혼이 적군의 앞길에 풀을 묶어 적을 넘어뜨려 위과가 공을 세울 수 있도록 하였다는 고사에서 유래되었다고 합니다.

중학	획수	형자	회자	새김	발음
患	11	串	串心	근심	환

꿰미[串]로 심장[心]을 꿰는 듯한 것이 '근심' 환(患)입니다. 걱정하고 염려하는 것입니다.

자소자인 천(串)은 '뚫을' 곤(丨) 부에 들어 있는데, 고깃점 두 개[吕]를 꿰미[丨]로 꿴 것으로 생각하면 쉽게 기억할 수 있지 않을까 합니다. '꿰미' 천(串)은 다음자입니다. '꼬챙이' 찬, '익을' 관으로도 새기고 우리나라만의 용법인데 바다로 툭 튀어나온 육지를 가리키는 '곶'으로 새기기도 합니다. 북한 황해도의 바다를 향해 툭 튀어나온 곳은 장산곶(長山串)이고, 우리나라 내륙에서 해가 가장 먼저 뜨는 곳은 포항 영일만의 호미곶입니다. 기왕에 말이 나왔으니 우리나라에서 해가 가장 먼저 뜨는 곳은 당연히 독도입니다. 좁은 섬이긴 하지만 그 가운데에서도 동쪽인 동도의 망양대가 해가 가장 먼저 뜹니다. 더 정확히 말하면 망양대는 독도 동도의 남쪽 끝이라서 망양대보다 몇 백 미터 동북쪽 끝이 해가 가장 먼저 뜨는 곳이긴 합니다.

환난상구(患難相救) 혹은 환난상휼(患難相恤)은 어려운 일이 생겼을 때 서로 돕는 것으로 향약의 4대 덕목 가운데 하나입니다. 이 밖에 선행을 권장하고 잘못은 고쳐주는 덕업상권(德業相勸), 나쁜 행실은 서로 규제하는 과실상규(過失相規), 서로 예의를 지키며 사귀는 예속상교(禮俗相交)가 있습니다.

중학	획수	형자	회자	새김	발음
悲	12	非	心非(違背)	슬플	비

'슬플' **비(悲)**는 내 뜻[心]과 어긋나는[非] 것입니다. 그럴 때, 우리는 좌절해 아파하고 슬퍼합니다.

비감(悲感)은 슬픈 느낌이고, 비수(悲愁)는 슬픔과 근심이며, 비통(悲痛)은 몹시 슬퍼 마음이 아픈 것입니다.

중학	획수	형자	회자	새김	발음
感	13	咸	咸心	느낄	감
想	13	相	相心	생각	상

감(感)은 다른 사람의 마음을 움직이는 것입니다. 달리 '다' 함(咸)을 '고함칠' 함(喊)으로 보고 전장에서 "죽여라!"하는 소리가 진동하는 것처럼 마음이 크게 울리는 것을 뜻한다는 설명도 있습니다.

감개무량(感慨無量)은 마음속에서 느끼는 감동이나 느낌이 헤아릴 수 없는 것, 즉 끝이 없는 것입니다. 감상(感想)은 마음속에서 일어나는 느낌이나 생각을 말하는데, 뭔가 느낀 뒤의 생각이겠습니다. 그러니까 외부의 자극을 느낄 때 일어나는 것입니다. 감천동지(感天動地)는 하늘과 땅도 감동한다는 뜻으로 사람을 아주 감동시키는 것입니다.

'생각' **상(想)**은 그저 단순히 생각하는 것이 아닙니다. 무엇인가 얻기를 원하며 생각하는 것입니다. 희망하는 뜻을 담고 있습니다.

상기(想起)는 마음속에서 일어나는 느낌이나 생각을 말합니다. 옛날 국민[초등]학생들은 가슴 앞에 리본(ribbon)을 많이 달고 다녔습니다. 아니, 리본은 너무 세련된 말이고 '리봉'이었습니다. 제비꼬리 모양의 투명 비닐 안에는 빨간색이나 파란색으로 여러 종류의 표어가 쓰여 있는데, 그때그때 기념일에 맞게 바꿉니다. 거기서 얼른 떠오르는 것이 "상기하자 6·25! 무찌르자 공산당!"입니다. 그 외에도 "산림녹화" "자나 깨나 불조심" "꺼진 불도 다시 보자" "재건합시다" 그리고 썩 교육적이지 않았던 것 같은 "쥐를 잡자" 같은 표어도 있었던 듯합니다. 남북이 상생의 길을 모색하는 지금 "무찌르자 공산당"이라는 표어는 여전히 유효한 것인지 금석지감이 듭니다. 상념(想念)은 마음속에 품고 있는 여러 가지 생각입니다.

중학	획수	형자	회자	새김	발음
愁	13	秋	秋心	근심	수
愛	13	㤅	㤅夊	사랑	애

흔히 "봄은 여자의 계절, 가을은 남자의 계절"이라는 말을 합니다. 최근에는 우울증을 자극하는 호르몬의 분비가 남녀에 따라 달라서 그렇다는 설명도 나오고 있습니다. 과학적으로 실제 입증이 된 것인지는 확인할 수 없지만 그럴 수도 있겠다는 생각은 듭니다. 중국어에서 추심(秋心)은 비애를 뜻합니다. 외로움으로 시름을 떨치지 못하는 것입니다. 가을[秋]에 느끼는 감정[心], 바로 '근심' **수(愁)**입니다.

『설문』에 '사랑' **애(愛)**는 지금과 자형이 다른 '애(㤅)'로 올라 있고 뜻도 '가는 모양'이라고 설명합니다. 아래에 있는 자소 '천천히 걸을' 쇠(夊)에서 뜻을 취한 듯합니다. 무엇인가가 마음에 걸려 왔다갔다한다는 뜻입니다. 무언가 또는 누군가를 사랑하면 그 주위를 맴도는 모습을 떠올리게 됩니다. 위의 자소자 역시 발음은 '애(㤅)'로 뜻은 '은혜' 혜(惠)로 새기는데 어진 마음으로 사랑한다는 뜻입니다.

필자는 "누군가의 마음[心]을 사로잡아[爪] 독차지 하려고[冖, '덮을' 멱] 상대편 주변을 왔다갔다하는[夊] 것"이 사랑[愛]이 아닌가 하는 생각을 더러 하곤 하는데 억지 춘향격의 파자이겠습니다. 하지만 기억에는 도움이 되리라 믿습니다.

중국의 간체자에서는 '사랑' 애(愛) 자 가운데의 '마음' 심(心)을 '벗' 우(友)로 바꿔 애(爱)가 되었는데, 인터넷상에는 더러 사랑을 우정으로 바꿔놓은 어리석은 짓이라는 볼멘소리가 눈에 뜨이기도 합니다.

중학	획수	형자	회자	새김	발음
意	13	音	音心	뜻	의
憂	15	夊	㥃夊	근심	우

의(意)를 『설문』에서는 "뜻[志]이다. 마음으로 (다른 사람의) 말을 살펴서 뜻을 안다"라고 합니다. 하고자 하는 것, 마음이 향하는 곳입니다. 마음[心]의 소리[音] 즉, 본심을

알 수 있는 것으로 이해해도 되겠습니다. '뜻' 의(意)가 자소로 쓰이는 글자로는 억(憶)이 또 있습니다.

기세가 좋은 적극적인 마음은 의기(意氣)로 마음과 뜻이 서로 잘 맞는 것을 의기투합(意氣投合)이라고 합니다. 무엇을 하고자 하는 생각은 의도(意圖)이며, 하고자 하는 욕망은 의욕(意欲)입니다.

우(憂)의 뜻은 '느긋이 가다'라고 하는데 뜻밖이 아닐까 싶습니다. 무언가에 쫓기지 않고 편안하게 가는 것입니다. 『설문』에는 지금 우리가 알고 있는 '근심'의 뜻으로 우(慐) 자가 올라 있습니다. 바로 '근심' 우입니다. 머리[頁]와 가슴[心] 속에 번민이 가득 찬 것으로 생각해볼 수 있습니다. 달리, 이 글자는 성성이 종류의 유인원을 가리키는 것으로 행동이 굼뜬 것을 나타낸다는 설명도 있습니다. 거기에서 쉽게 결정하지 못하고 망설이는 것을 나타내며 '근심하다, 걱정하다'라는 뜻이 인신되어 나왔다고 합니다.

우국지사(憂國之士)는 나랏일을 걱정하고 염려하는 사람입니다. 근심과 걱정은 우려(憂慮)이며, 집안에 복잡한 일이나 환자가 생겨서 하게 되는 걱정이나 근심은 우환(憂患)입니다.

증학	획수	형자	회자	새김	발음
憶	16	意	心意	생각할	억
應	17	雁	雁心	응할	응

'생각할' **억(憶)**은 안락한 것이 본뜻입니다.

억석당년(憶昔當年)은 옛날 그 해를 생각한다는 것이 축자의로 오래전에 지나간 일을 돌이켜 생각하는 것을 말하고, 추억(追憶)은 돌이켜 생각하는 것입니다.

응(應)은 이치가 그러한 것, 즉 마땅한 것입니다. 인신되어 달리 반응하는 것도 나타냅니다. 소리가 물체에 부딪히면 메아리로 반사되어 나오는 것과 같습니다. 팔 위에 가마우지[雁, '매' 응]를 올려놓고 마음에 들어 하는 것이라는 고문 분석도 있습니다. 가마우지가 물고기를 잡아올 것이라고 마음에 들어 하는 것이겠습니다. 마음에 응하는 것이겠는데, 본뜻에 뭔가 '새' 추(隹)와 관련된 뜻이 있을 것이라고 생각하는 경우에는 타당해 보이는 설명이기도 합니다.

급한 대로 우선 처리하거나 급한 정황에 대처하는 것은 응급(應急)이고, 상대의 요청에 응하여 승낙하는 것은 응낙(應諾), 곁에서 성원하거나 호응해주는 것은 응원(應援)입니다.

중학	획수	회자	새김	발음
惠	12	心專	은혜	혜
慶	15	心鹿夂	경사	경

혜(惠)는 어진 사랑입니다. 뭔가를 어진 자세로 사랑하려면 마음[心]을 오롯이[叀, '삼갈' 전] 그것에 쏟아야 합니다.

혜택(惠澤)은 자연이나 문명이나 단체 등이 사람에게 베푸는 이로움이나 이익이고, 혜량(惠諒)은 살펴서 이해함의 뜻으로 흔히 편지에서 쓰는 겸손한 표현입니다. 혜존(惠存)은 자기의 저서나 작품을 남에게 드릴 때, '받아 간직해달라'는 뜻으로 쓰는 말입니다.

경(慶)을 『설문』에서는 "다른 사람에게 축하하기 위해 가는 것이다. 심(心)과 쇠(夂)를 따른다. 길례(吉禮)에서는 폐백으로 사슴 가죽[鹿皮]을 썼기 때문에 록(鹿) 자의 생략된 형태를 따른다"라고 합니다. 사슴[鹿]에 축하하는 마음[心]을 담아 가는 것[夂]이겠습니다. 달리 경(慶)이 '기린' 린(麟)의 본자라고 하는 주장도 있습니다. 기린은 귀한 동물이고 그 가죽은 아주 값진 선물이 될 수 있기 때문에 인신하여서 '축하한다'는 뜻을 갖게 되었다고 합니다.

여기서 사슴 가죽은 '녹피'가 아니고, '녹비'로 읽습니다. 주견 없이 생각이 이랬다저랬다 바뀌는 것을 "녹비(鹿皮)에 가로 왈(曰)" 격이라고 하지요.

중학	부수	획수	형자	회자	새김	발음
德	彳	15	悳	彳直心	큰, 덕	덕

부수외자입니다. 본래 **덕(德)**의 갑골문은 오른쪽 아래에 '마음' 심(心)이 없는 글자로 표지 막대 같은 것을 '바로 보고[直], 곧게 간다[彳]'라는 뜻을 나타냈는데, 전문에 이르러 '마음' 심(心)을 더해 의미를 더 분명하게 했습니다.

덕불고필유린(德不孤必有隣)이라고 했습니다. 덕이 있으면 외롭지 않으며 반드시 이웃이 있다는 뜻입니다.

고교	획수	형자	새김	발음
忌	7	己	꺼릴	기
怠	9	台	게으를	태

기(忌)는 증오하는 것입니다. 원망하고 미워하는 것입니다. 기탄(忌憚)은 '어렵게 여겨 꺼리는 것'입니다. "기탄없이 말해라"라는 말은 '어렵게 여겨 꺼리지 말고 말하라'는 뜻이죠.

태(怠)는 게으른 것, 태만(怠慢)한 것입니다. 본뜻은 교만하여 다른 사람을 하찮게 여기는 것이라고 합니다. 게으름을 나타내는 한자어는 태만(怠慢), 나태(懶怠), 해태(懈怠) 등이 있는데 태만은 뭔가 해야 할 일을 하지 않는 게으름, 나태는 천성적인 또는 성격이 굼뜬 게으름, 해태는 주로 법률 용어로 쓰여 일정한 기일까지 해야 하는 일을 하지 않는 게으름을 나타내 쓰임이 조금씩 다릅니다.

고교	획수	형자	새김	발음
悔	10	每	뉘우칠	회
惟	11	隹	생각할	유

회한(悔恨)은 뉘우치고 한탄하는 것입니다. 더러 자동차 뒷 유리에 "내 탓이로소이다"라고 쓴 스티커를 붙이고 다니는 사람들이 있는데 이렇게 내 탓으로 돌리는 것이 '뉘우칠' **회(悔)**입니다. 자신의 과오를 돌아보는 것입니다. 이에 반해 한(恨)은 "네 탓이다"라고 원망하는 것입니다. 살면서 내 탓을 먼저 살필 수 있으면 좋을 텐데 그저 남 탓

만 찾고 있으니 티격태격 말다툼이 싸움으로 번지고 드디어는 재판정에까지 가서 싸웁니다. 두 글자가 합쳐진 회한(悔恨)은 뉘우치고 한탄하는 것입니다.

유(惟)의 본뜻은 '생각'입니다. 범위를 나타내는 부수로도 쓰여 '오직'의 뜻을 나타냅니다.

낡은 제도를 고쳐 새롭게 하는 것이 유신(維新)이니 좋게 받아들일 수 있는 단어입니다. 하지만 명치유신(明治維新)으로 일찍 개화한 일본이 우리를 식민 지배했고, 1972년부터 1981년까지 유신헌법으로 유지되어온 독재 정권에 민주주의가 시달려온 역사 때문에 유신이라는 말의 이미지는 그다지 긍정적이지 않은 것이 우리의 현실이 아닐까 합니다.

고교	획수	형자	새김	발음
惑	12	或	미혹할	혹
愧	13	鬼	부끄러울	괴

혹(惑)은 혼미하고 어지러운 것입니다. 공자는 "사십이불혹(四十而不惑)"이라는 말을 했는데, 나이 마흔이 되니 어지럽던 세상사가 정리가 되어 혼미스럽지 않았다는 뜻이겠습니다. 그래서 나이 사십을 가리켜 불혹(不惑)이라고도 합니다. "나는 열다섯에 학문에 뜻을 두었고, 서른에는 혼자 섰다[吾十有五志于學 三十而立]"는 데에서 지학(志學)은 열다섯 살, 이립(而立)은 서른 살을 가리킵니다. 이 책의 독자들은 홀로 서기 전에 열심히 공부해야 할 때가 아닌가 합니다.

자소자인 '혹' 혹(或)을 『설문』에서는 "혹(或)은 나라이다. '에울' 위(囗)를 따르고 과(戈)를 따른다. 창으로 일(一)을 지키는 것이다. 일(一)은 땅이다"라고 합니다. '혹' 혹(或)이 들어가는 기초한자는 이외에도 국(國), 역(域), 혹(惑) 등이 있습니다.

'부끄러울' **괴(愧)**입니다. 『설문』에는 편방에 '계집' 녀(女) 쓰는 괴(媿)로 올라 있고, '마음' 심(心)을 쓰는 괴(愧)는 혹체라고 해서 이체자의 하나로 올라 있습니다. 부끄러운 것입니다.

괴구(愧懼)나 괴송(愧悚)은 부끄러워하고 두려워하는 것이고, 괴수(愧羞)와 괴치(愧

恥)는 부끄러워하는 것입니다. 괴한(愧汗)은 부끄러워 흘리는 땀입니다.

고교	획수	형자	새김	발음
愈	13	俞	나을	유
慨	14	旣	분개할	개

'나을' 유(愈)는 병의 상태가 좋아지는 것, 호전되는 것을 말합니다. '나을' 유(愈)는 상하결구인데, '즐거울' 유(愉) 자는 자소는 같지만 좌우결구로 결구방식만 달라지면서 뜻도 완전히 다른 점에 유의해야 합니다. 이렇게 자소는 똑같지만 결구방식에 따라 음훈이 달라지는 글자들이 몇 자 있고, 유의해야 합니다.

『설문』에 "유(俞)는 속이 빈 나무로 만든 배이다"라고 합니다. 대나무 배라는 말은 없는데 주석 가운데에 윗부분의 집(스)은 재료를 모은 것을 나타낸다고 한 것을 보면 대나무 같은 것을 여러 개 엮어서 만든 것이 아닌가 싶습니다. 『단주』에는 "처음에는 속이 빈 나무로 배를 만들었으나 나중에는 나무를 파서 배를 만들었다"고 나옵니다. 통나무를 파서 만드는 배는 '마상이'입니다. 배를 젓는 것이라는 주장도 있습니다. 그러니 '나을' 유(愈)는 배가 나가듯이 병세가 좋지 않은 상황에서 좋은 상태로 바뀌어가는 것으로 이해할 수 있겠습니다.

유(俞)가 사람의 성씨로 쓰이는 경우에는 흔히 인월도(人月刀) 유(俞)로 파자해, 묘금도(卯金刀) 류(劉)와 구분하기도 합니다.

『설문』에서 "개(慨)는 의기가 북받쳐 원통하고 슬픈 것으로 선비가 뜻을 얻지 못한 것이다"라고 합니다. 자신의 뜻이나 포부를 펼치지 못할 때 누구나 격분합니다. 그런 감정 상태를 가리키는 말입니다.

개세(慨世)는 세상 형편을 개탄하는 것이고, 개연(慨然)은 억울하고 원통해 몹시 분해하는 것이고, 개탄(慨嘆)은 분하거나 못마땅하게 여겨 한탄하는 것입니다.

고교	획수	형자	새김	발음
慢	14	曼	거만할	만
慘	14	參	참혹할	참

만(慢)은 게으른 것입니다. 달리 (교만해서) 두려워하지 않는 것이라고도 합니다. 비슷한 의미겠습니다만 마음에 두지 않는 것을 뜻하기도 합니다.

자소자는 '끌' 만(曼)인데, 글자 그대로 끄는 것, 끌어서 길게 늘이는 것입니다.『설문』에서는 손을 나타내는 우(又) 부에 속해 있는데『강희자전』에서는 '가로' 왈(曰) 부로 옮겨졌습니다. 사실 이것은 '가로' 왈(曰)이 아니고 '쓰개' 모(冃) 자의 모양이 바뀐 것인데, 본래 갑골문에서는 두 손으로 눈을 크게 벌리는 모양을 나타내고 있는 글자입니다. 본뜻은 눈을 크게 벌리고 보는 것이나 돌려보는 것이라고 합니다. 인신하여 '시간이 오래됨'을 나타냅니다. '흩어질' 만(漫), '덩굴' 만(蔓)에도 쓰입니다.

병이 급하거나 심하지도 아니하면서 쉽게 낫지도 않는 것이 만성(慢性)이고, 증세가 갑자기 나타나고 빠르게 진행되는 것은 급성(急性)입니다. 만장회도(慢藏誨盜)는 곳간 문을 잘 단속하지 아니하는 것은 도둑에게 도둑질을 가르치는 것과 같다는 뜻입니다. 물론 물건을 훔치는 것이 잘못이지만 그런 일이 발생하지 않도록 사전에 단속하고 대비하는 자세도 필요하다 하겠습니다.

참(慘)을『설문』에서는 "해로운 것이다"라고 풀이합니다. '흉악하다'는 뜻이라고 주장하는 경우도 있습니다. 여기에서 정도가 심한 것, 비참한 것을 가리키게 되었습니다.

끔찍하고 비참한 광경은 참경(慘景), 끔찍한 사건을 비유적으로 이르는 말은 참극(慘劇), 비참하고 끔찍한 것은 참혹(慘酷)한 것입니다.

고교	획수	형자	새김	발음
慮	15	虍	생각할	려

려(慮)는 생각입니다. 단순한 생각이 아니고 뭔가를 도모하고 꾀하는 생각입니다. 실에 가닥 즉, 올이 있어서 (그것을 짜) 무늬를 이룰 수 있는 것처럼 생각[思]을 깊이 하여

호랑이 무늬[虍] 같은 모습을 보이는 것입니다. 『단주』에서는 "계획이 빠짐이 없이 조밀한 것으로 조밀하지 않으면 려(慮)가 아니다"라고 합니다. 뭐 하나 빠지는 것이 없는 조밀한 생각입니다.

『강희자전』에서 로(𥁁)는 로(𥃷)와 같은 글자라고 합니다. 로(𥃷)를 찾으면 "밥그릇이다"라는 설명과 함께 "『설문』의 부(甐)이다"라고 합니다. 일단 로(𥃷)는 밥그릇의 뜻을 가지고 있는 것으로 확인이 된 셈입니다. 부(甐)를 확인해봅니다. '부' 부(甐)는 다시 고문의 부(缶)와 같다고 합니다. 『강희자전』과 『설문해자』를 오가며 확인하는 것입니다. 로(𥃷)는 '독' 로, '주발' 로로 설명하는 자전도 있습니다. 부(缶)는 부수자를 참고하기 바랍니다.

여외(慮外)는 생각 밖, 즉 뜻밖이라는 의미를 나타냅니다.

고교	획수	형자	새김	발음
憐	15	㷠	불쌍히 여길	련

련(憐)은 애처롭고 가엾게 여기는 것입니다. 그래서 동정하는 것입니다. 중국의 간체자에서는 련(憐)과 '영리할' 령(怜)을 모두 령(怜) 자로 쓰는데 발음만 다릅니다.

자소자는 '도깨비불' 린(㷠)입니다. 『설문』에서는 "병졸이 죽거나 소나 말이 죽어 흘린 피가 린(㷠)이 된다"라고 설명합니다. 좀 현대적으로 설명한다면 도깨비불은 죽은 동물의 뼈에서 나오는 인(燐, phosphorus)이 만들어내는 불꽃입니다. 까닭 없이 저절로 일어나는 불을 가리키기도 합니다. 한자어로는 귀화(鬼火) 또는 신화(神火)라고도 하는데, 그 원인을 설명할 수 없기에 붙은 명칭이 아닐까 합니다.

'언덕' 부(阜, 阝)가 붙은 것은 '이웃' 린(隣), '사슴' 록(鹿)에 '기린' 린(麟), '불' 화(火)로 '도깨비불' 린(燐), '물고기' 어(魚)면 '비늘' 린(鱗)이 됩니다.

불쌍하고 가련하게 여기는 것이 연민(憐憫)입니다.

고교	획수	형자	새김	발음
慕	15	莫	그리워할	모

사랑[愛]은 마음속에 있는 것이고 **모(慕)**는 밖으로 드러나는 것입니다. 모(慕)는 본받거나 따른다는 뜻의 '법' 모(模)와 같은 뜻으로 익히는 것입니다. 뭔가를 좋아해서 익히고 따라 하는 것입니다. 흔히 "창조는 모방에서 비롯된다"라는 말을 하는데 뭔가를 내 것으로 만들어내기 위해서는 먼저 그것을 좋아하고 따라 해보아서 충분히 익혀야 합니다.

자소자 '없을' 막(莫)은 다른 글자의 자소로도 많이 쓰입니다. 해[日)] 기울어 없어지니[莫] '저물' 모(暮), '수건' 건(巾)에 '장막' 막(幕), 물[水, 氵]이 없어 '사막' 막(漠), '힘' 력(力)으로 '모을' 모(募), '나무' 목(木)에 '본뜰' 모(模), '흙' 토(土)로 '무덤' 묘(墓), '손' 수(手)에 '더듬을' 모(摸), '말씀' 언(言)에 '꾀' 모(謨)가 됩니다.

애틋하게 생각하고 그리워하는 것은 사모(思慕), 사랑하며 그리워하는 것은 애모(愛慕), 죽은 사람을 그리며 생각하는 것은 추모(追慕)입니다.

고교	획수	형자	새김	발음
憤	15	賁	분할	분

'결내다'는 '골내다, 성내다'와 비슷한 말입니다. 분노하는 마음으로 꽉 차 있는 것이 **분(憤)**입니다.

자소자는 '꾸밀' 분(賁)으로 다음자입니다. 본뜻은 글을 많이 꾸미는 것을 이르는데, '꾸밀' 비로도 새깁니다. 분(賁) 자체를 다시 자소자로 나눠보면 '풀' 훼(卉)와 '조개' 패(貝)로 풀[卉]이 무성한 것처럼 꾸미거나 장식한다[貝]는 뜻을 나타냅니다. 땅이름으로 '賁渾'은 분혼이나 비혼이 아니고 '육혼'으로 읽습니다. 지금의 하남성(河南省) 낙양시(洛陽市)의 동남, 숭현(嵩縣)의 동북 땅에 설치되었던 현(縣)의 이름입니다. 현대 중국 사전에서는 발음을 '번훈(bēnhún)'이라고 밝히고 있어 그에 따르면 '분훈'으로 읽을 수 있겠는데, 옛 발음이 '륙혼'이라고 설명합니다. '무덤' 분(墳)에서도 자소자로 쓰입니다.

분개하여 내는 성은 분노(憤怒), 분하여 마음이 쓰리고 아픈 것은 분통(憤痛), 이길 수 있었던 것을 분하게 지는 것은 분패(憤敗)입니다.

고교	획수	형자	새김	발음
慾	15	欲	욕심	욕
憎	15	曾	미울	증

『설문』에는 '욕심' 욕(慾)이 실려 있지 않습니다. 자소자인 '하고자 할' 욕(欲)과 같은 글자로 봅니다. "말 타면 종 두고 싶다"라는 속담이 있습니다. "말 타면 경마 잡히고 싶다"라고도 합니다. 여기서 경마는 남이 탄 말의 고삐를 잡고 말을 모는 일, 또는 그 고삐를 가리키는데, 말을 끈다는 견마(牽馬)에서 온 것으로 봅니다. 어찌됐든 사람의 욕심은 끝이 없습니다.

욕(欲)은 빈 골짜기[谷]를 가득 채울 수 있으면 하는 정도의 욕심이자 탐욕을 나타냅니다. 거기에 다시 뜻을 나타내는 의부(意符)로서 '마음' 심(心)을 더한 욕(慾)으로 써서 뜻을 더 분명히 하고 있습니다.

무엇을 얻고자 하는 것은 욕구(欲求, 慾求)이고, 부족하다고 느껴 무엇을 갖고자 탐하는 것은 욕망(欲望, 慾望)입니다. 각 단어에서 욕(欲)과 욕(慾)을 가리지 않고 쓰고 있는 것은 본래 같은 글자로 보기 때문이 아닐까 합니다.

증(憎)은 싫어하여 미워하는 염오(厭惡)나 사무치게 미워하는 증오(憎惡)를 뜻합니다. 미워해 배척하는 것은 증척(憎斥)이라고 합니다.

자소자로 쓰인 '거듭' 증(曾) 자가 들어가는 글자들을 잠깐 복습해보겠습니다. '흙' 토(土)가 붙으면 '더할' 증(增), '사람' 인(人)으로 '중' 승(僧), '조개' 패(貝)에 '줄' 증(贈), '주검' 시(尸)로 '층' 층(層)이 됩니다.

고교	획수	형자	새김	발음
慙	15	斬	부끄러울	참
慧	15	彗	슬기로울	혜

참(慙)은 부끄러움이고 수치이고 모욕입니다. 마음속의 부끄럽고 불안한 마음입니다. 부끄러워 마음[心]이 베어내는 것[斬]처럼 아픈 것으로 생각할 수 있습니다.

자소자는 '벨' 참(斬)으로 본뜻은 나무를 베어[斤] 수레[車]를 만드는 것이라고 합니다. 『설문』에는 사람의 팔과 다리를 각각 다른 수레에 묶고 찢어 죽이는 거열형(車裂刑)으로 설명합니다. 참초제근(斬草除根)은 풀을 베고 뿌리를 뽑아버린다는 뜻으로 우환이 될 만한 일은 뿌리째 뽑아야 한다는 말입니다.

몹시 부끄러운 것은 참괴(慙愧)이고, 치욕을 견디기 어려워 죽으려고 하는 것은 참사(慙死), 얼굴에 나타나는 부끄러운 기색은 참색(慙色)입니다.

'슬기로울' 혜(慧)를 『설문』에서는 "총명하다"로 풀이합니다. 다른 부분에서도 한 번 설명을 했습니다만 윗부분 자소자는 '비' 혜(彗)입니다. 풀로 비를 만드는 것을 마음속에서 지혜로운 것으로 여기는 데에서 지혜를 나타낸다고도 합니다. 본래 '눈' 설(雪)에도 '비' 혜(彗)가 들어가 霏로 썼었습니다. '빗자루[彗, broomstick]로 쓸 수 있는 비[雨]가 눈[雪]'임을 나타냈는데, 나중에 혜(彗) 자가 생략되어 현재 우리가 사용하고 있는 설(雪)의 자형을 갖게 되었습니다.

고교	획수	형자	새김	발음
懲	19	徵	징계할	징

징(懲)은 '바로잡아 고치는 것'입니다. 내 스스로를 바로잡는 것은 반성이지만, 이것은 기본적으로 내가 아니고 제3자가 잘못을 바로잡도록 나무라는 것입니다. 지난 잘못을 거울삼아 다시는 잘못을 하지 않도록 하는 본보기라는 설명도 있습니다. 군대 용어로 시범 케이스라는 말처럼 본때를 보여주는 것이겠는데 그 본때에 해당되겠습니다.

징(徵)은 부르는 것입니다만, "다른 사람들의 눈을 피해 밖에 있는 사람이 들을 수 있도록 살그머니[微] 부르는 것"이라고 합니다. 사물이 막 생겨날 때의 단초, 실마리를 가리키기도 합니다. 기미나 징후가 되겠습니다. 우리 전통의 오음 음계 즉, '궁상각치우(宮商角徵羽)'에서는 '치'로 읽는다는 점을 다시 한 번 더 환기토록 합니다.

허물이나 잘못을 뉘우치도록 나무라며 경계하는 것은 징계(懲戒)이고, 죄를 지은 데 대하여 벌을 주는 것은 징벌(懲罰), 징계하여 다스리는 것은 징치(懲治)라고 합니다.

고교	획수	형자		새김	발음
戀	23	䜌省		그리워할	련

『설문』에는 '그리워할' 련(戀)의 아래 자소가 '계집' 녀(女)로 올라 있습니다[孌]. 하나는 옛날에 쓰던 자형이고, 하나는 그 이후의 자형입니다. 사랑하고 사모해 헤어질 수 없는 감정으로 두 글자 물론 같은 뜻입니다. 글자 자체의 뜻으로 보면 훨씬 더 폭넓게 쓸 수 있을 듯하고, 실제 중국에서는 그렇기도 합니다만 우리는 주로 남녀 사이의 사랑하는 감정에 많이 쓰는 글자입니다.

거꾸로 그런 관계에서 원하는 것을 얻지 못했을 때, 즉 실연(失戀)했을 때의 감정이 뇌(惱)이겠습니다. 이 글자도 전문에서는 '계집' 녀(女)를 썼습니다[嫐]. 남자에 비해 여자들이 화를 더 잘 내기 때문이라고 하는데, 하여튼 현재의 자형으로 바뀌었으니 다행스러운 일입니다. 『설문』의 뜻풀이는 "원망하고 미워하는 것"입니다. 실연을 하면 그야말로 이 세상 모든 것이 다 원망스럽고 미워서 극단적인 선택을 하는 경우도 있습니다.

독일의 문호 괴테의 『젊은 베르테르의 슬픔』, 여러분 읽어보셨지요? 사랑의 노래인 연가(戀歌)이자 슬픈 노래인 비가(悲歌)입니다. 이게 외국 어느 나라에선가는 출판이 금지된 적도 있었다고 합니다. 모방 자살하는 경우가 많아서가 이유였습니다. 자살은 물론 어리석은 일입니다.

자소자인 '걸릴' 련(䜌)은 "물건을 손으로 옮기기가 쉽지 않을 때 새끼로 묶어서 들고 가는 것"으로 매거나 묶는 뜻을 나타냅니다. 련(䜌)의 자소자는 '어지러울' 련(絲)입니다. '변할' 변(變)의 자소자로 쓰이고 있습니다.

고교	획수	형자	회자	새김	발음
忽	8	勿	勿心	갑자기	홀
怪	8	𡉈	心𡉈	괴이할	괴

홀(忽)은 잊는 것입니다. 마음[心]에 없으니[勿] 기억할 수가 없습니다. 그러니 소홀히 하게 됩니다.

자소자 물(勿)은 구름 사이로 비치는 햇빛을 가리키는 것으로 그것이 끊임없이 변하는 것처럼 마음이 자꾸 바뀌어 안정되지 못하는 것이라고 설명하기도 합니다.

소홀히 대접하는 것은 홀대(忽待)로 푸대접입니다. 얕잡아 보는 것은 홀시(忽視)이고, 뜻하지 않게 갑자기는 홀연(忽然)으로 문득과 비슷한 뜻입니다.

괴(怪)는 흔히 보지 못하는 것, 일반적인 것과 상황이 다른 것으로 이상한 것, 괴이한 것입니다. 잘 알지 못하겠고 이해가 안 되는 것입니다.

자소자는 '힘쓸' 골(圣)입니다.

괴상하고 기이한 것은 괴기(怪奇)이고, 괴상할 정도로 뛰어나게 센 힘은 괴력(怪力), 원인을 알 수 없는 질병은 괴질(怪疾)입니다. 괴질은 콜레라를 속되게 이르는 말이기도 합니다.

고교	획수	형자	회자	새김	발음
恐	10	巩	巩心	두려울	공

'두려울' 공(恐)입니다. 몹시 두려운 것은 공구(恐懼)이고, 위험한 말로 두려워하게 하는 것은 공동(恐動)이라 하며, 두려워 몸을 움츠리는 것은 공축(恐縮)입니다. 공후쟁선(恐後爭先)은 쟁선공후(爭先恐後)라고도 하는데, 뒤처질까 두려워 앞을 다투는 것입니다. 어떤 일이든 이런 자세가 필요하다고 할 수 있겠는데, 한편 경쟁심만 무한히 조장하는 것이 과연 옳은 것일까 하는 의구심도 떨칠 수는 없습니다.

格物 011. 송구공황(悚懼恐惶)

『천자문(千字文)』에 '송구공황(悚懼恐惶)'이라는 구절이 나옵니다. 『표준』에는 두 개의 단어로 나옵니다. 송구(悚懼)는 "두려워서 마음이 거북스러움", 공황(恐惶)은 "두려워서 어찌할 바를 모름"입니다. 이 설명만 보면 공황이 정도가 더 심해 보입니다.

『천자문』의 새김을 보면 한결같이 '두려울' 송, '두려울' 구, '두려울' 공, '두려울' 황으로 되어 있습니다. 도대체 서로 어떻게 다른 것인지 분간이 되지 않습니다. 책을 뒤져봐도 시원치 않고, 여러 사람에게 물어도 마찬가지입니다. 심지어는 중국의 상당한 지식인들에게 물어도 쓰임의 차이를 조금 설명할 정도이고 뜻의 차이를 밝혀 설명하기는 쉽지 않은 듯합니다. 우연히 유꿔의(劉玄毅)의 『천자문강기(千字文講記)』라는 책을 보고 해답을 얻었습니다. 이렇게 설명할 수 있는 것은 아마도 그가 중의학을 전공한 의사이기 때문이 아닐까 합니다.

송(悚)은 온몸이 떨리고 땀이 나고 털이 곤두선다. 소름이 돋아 예를 들면 모골이 송연한 것이다.

구(懼)는 두려움이 조금 가벼운 것이다. 마음이 조금 불안한 것이다. 사람의 장기로는 심장에 해당되어 심장에서 나온다.

공(恐)은 심히 두려운 것으로 신장[콩팥]에서 표시가 나온다. 사람이 아주 두려우면 대소변을 실금하는데 두려움[恐]이 신장을 해치기 때문이다. 예로 사람이 놀라 방귀가 나오고 오줌을 싸는 경우이다. 구(懼)와 공(恐)은 하나는 심장을 해치고, 하나는 신장을 해치는 것으로 경중의 차이도 있다. 현대 중국어에서는 공구(恐懼)로 붙여 쓰지만, 고문에서는 구별해야 한다.

황(惶)은 당황해 어쩔 줄을 모르는 것으로, 가슴이 두근거려 안절부절못하는 것이다.

두려운 정도로 보면 [구(懼) 〈 송(悚) 〈 공(恐)]인 듯하고 황(惶)은 두려움에 사로잡혀 일어나는 결과인 듯합니다. 적당한 우리말을 찾지 못해 설명이 길어졌습니다만, 서로 어떻게 다른지 이해하는 데에 조금이라도 도움이 되었으면 합니다.

고교	획수	형자	회자	새김	발음
恭	10	共	共心	공손할	공

'마음' 심(心)이 다른 글자의 아래에 올 때에는 글자 모양이 바뀝니다[⺗]. 공(恭)은 삼가고 존경하는 것입니다. 갑골문의 공(恭)은 용을 두 손으로 받들고 있는 형태였다고 합니다. 이것이 전문 이후에 현재의 모양으로 바뀌었습니다. 위의 자소자 '함께' 공(共)은 두 손을 나타냅니다. 필자의 해석입니다만, 손[共]과 마음[心]으로 뭔가를 받들 때의 마음가짐이 바로 공손함[恭]이 아닐까 합니다.

공손하고 검소한 것은 공검(恭儉)한 것이고, 공손히 받들어 모시는 것은 공경(恭敬)하는 것이며, 상대에게 말을 높이는 것은 공대(恭待)라고 합니다. 거꾸로 낮은 말을 쓰는 것은 하대(下待)라고 합니다. 공경하여 축하하는 것은 공하(恭賀)로 경하(敬賀)와 같은 뜻을 나타냅니다.

고교	획수	형자	회자	새김	발음
恕	10	如	如心	용서할	서

『설문』에서 "서(恕)는 인(仁)이다"라고 풀이합니다. 어진 것입니다. '어질다'를 『표준』에서는 "마음이 너그럽고 착하며 슬기롭고 덕행이 높다"라고 설명합니다.

사정을 헤아려 용서하는 것은 서량(恕諒)이고, 죄나 허물을 용서하고 벌을 면해주는 것은 서면(恕免)입니다. 서기급인(恕己及人)은 자기 자신을 용서하는 정도가 다른 사람에게도 미치도록 해야 함을 말해 줍니다. 우리는 보통 자신의 잘못이나 허물에 대해서는 관대하지만, 다른 사람에게는 그렇지 않은 경우가 많습니다. 그런 점에 대해 경계해야 함을 일깨워주는 말입니다.

格物 012. 용서(容恕)

『논어(論語)』〈위령공편(衛靈公篇)〉을 보면, 자공이 공자에게 "평생 지켜나갈 만한 한마디 말이 있습니까?"라고 묻습니다. 공자는 이에 "그것은 서(恕)이다. 자기가 원하지 않은 것을 다른 사람에게 베풀지 않는 것이다[其恕乎 己所不欲勿施於人]"라고 답합니다.

『맹자』에도 비슷한 말이 나옵니다. 〈이루(離婁)〉 하편입니다. "우임금이나 후직, 안자도 위치를 바꾸었다면 모두 그러했을 것이다[禹 稷 顔子 易地則皆然]." 즉, 상대편도 그런 행동을 해야 했던 피치 못할 이유가 있었다는 뜻입니다. "처지를 바꾸어 생각해본다"라는 역지사지(易地思之)는 여기에서 나온 것으로 여깁니다. 우(禹)와 직(稷)은 각각 하나라와 주나라를 개국한 임금들입니다. 『대학(大學)』을 한 번 보겠습니다.

이른바 천하를 평정해 나라를 다스리는 사람은 위로 노인을 노인으로 대접하면 백성들이 효순하게 되며, 윗사람을 윗사람으로 대접하면 백성이 공손해지고,

외로운 이들을 구휼하면 백성이 등지지 않으니 군자에게는 그래서 혈구지도가
있는 것이다.

[所谓平天下在治其国者 上老老而民興孝 上長長而民興弟 上恤孤而 民不倍 是
以君子有絜矩之道也]

혈구지도(絜矩之道)의 혈(絜)은 줄로 길이를 재는 것입니다. 구(矩)는 곱자로 직각을
이루는지 각도를 재고 사선을 그을 수 있게 해줍니다. 그래서 규범을 가리키며, 혈구지
도(絜矩之道)는 도덕상의 기준이 되는 규범입니다. 더러 사전이나 자전 가운데 혈구지
도를 역지사지와 같은 말로 풀이하는 것이 눈에 띄는데, 혈구지도는 그런 도덕적인 기
준이나 규범을 말합니다. 그에 맞춰 행동을 하면 역지사지의 결과가 나올 수는 있겠지
만 서로 같은 뜻으로 쓰일 수 있는 말은 아닙니다. 지나치게 확대 해석한 것이 아닌가
합니다.

고교	획수	형자	회자	새김	발음
息	10	自	心自	숨쉴	식
恣	10	次	次心	마음대로	자

식(息)은 숨을 쉬는 것입니다. 자(自)는 본래 코를 가리키는 글자였습니다. 옛날 사람
들은 심장과 폐가 통한다고 생각해 심장의 기운[공기]이 서로 나왔다 들어갔다 하는 것
으로 생각했기 때문입니다. 이 외에 '번식하다'라는 뜻이 있고, 여기서 자녀 그 가운데
에서도 특히 아들을 가리키는 뜻으로도 인신되어 쓰이고 있습니다. 숨을 가리키는 말에
는 '숨찰' 천(喘) 자도 있는데 천식(喘息)이라는 말에서 볼 수 있는 것처럼 숨이 가쁜 것
입니다. 거기에 기침이 나고 가래도 심합니다.

자(恣)는 방자(放恣), 방종(放縱)함을 나타냅니다. 스스로를 구속하지 않아, 거리낌이
없이 자기 마음대로 하는 것입니다. 자기 이외 다른 모든 사람을 존중하지 않고 버금가
는 것[次]으로 여기는 생각이나 마음[心]을 가진 것으로 이해하면 기억에도 도움이 될
듯합니다.

자의(恣意)는 제멋대로 하는 생각이고, 자행(恣行)은 삼가는 태도가 없이 건방지게 행

동하는 것입니다.

고교	획수	형자	회자	새김	발음
恥	10	耳	耳心	부끄러울	치

치(恥)는 욕되고 부끄러운 것입니다. 부끄러운 일이 있을 때 "귀가 빨개졌다"라는 말을 하는데 부끄러운 감정[心]으로 귀[耳]가 빨개지는 것이겠습니다. 얼굴도 빨개지지만 혹시라도 그게 가장 잘 드러나기 때문에 귀[耳]를 쓴 것이 아닐까 싶습니다. 추울 때도 귀가 빨개집니다. 이것은 외부의 자극을 견디거나 이겨내기 위해 심장에서 귀로 산소가 포함된 혈액을 많이 공급하기 때문입니다. 이뿐 아닙니다. 다른 사람에게까지 드러나지는 않지만 혈액을 많이 공급하려니 심장의 고동도 빨라집니다. 거짓말을 하는 경우 관련된 질문을 하면 대답이 정상적인 경우보다 약간 빠르거나 늦어진다고 합니다. 어쩌면 그 순간 "어떻게 해야 하나?"하고 망설이거나, 아니면 무의식 속에서 "망설이면 이상하게 보일 테니 얼른 대답해야지" 하는지도 모르겠습니다. 약간의 땀도 나고 심장도 빨리 뜁니다. 그런 현상을 이용한 것이 거짓말 탐지기인데, 신뢰 수준 95%라고 하니까 완전한 증거 능력으로 인정하는 데에는 한계가 있어 보입니다.

치사(恥事)는 행동이나 말 따위가 쩨쩨하고 남부끄러운 것이고, 치욕(恥辱)은 수치와 모욕을 아울러 이르는 말입니다.

고교	획수	형자	회자	새김	발음
悠	11	攸	攸心	멀	유
惱	12	甾	心甾(巛囟)	번뇌할	뇌

유(悠)는 근심입니다. 그런 근심스러운 생각이 오래가는 것입니다. 가차해 '멀다, 더욱'의 뜻으로도 씁니다.

자소자는 '바' 유(攸)로 '바' 소(所)와 같이 동사와 결합해 명사를 만들어줍니다. 가운데 세로획[丨]은 '물' 수(水) 자가 단순화된 것으로 물을 끼얹어[攴] 몸을 깨끗이 하는 것이 본뜻이라고 합니다. 봄가을 날씨가 좋은 날 냇가에서 목욕을 하며 상서롭지 못한 것을 씻어내어 몸과 마음을 닦는 것입니다. 그런데 유(攸)가 계속 가차된 뜻으로 쓰이게 되자 닦거나 수련한다는 뜻은 '닦을' 수(修)를 쓰게 되고, 목욕을 한다는 뜻은 '씻을' 척(滌)을 따로 쓰게 되었습니다.

유심(愈甚)은 더욱 심한 것이고, 유출유괴(愈出愈怪)한 것은 갈수록 더 괴상해지는 것입니다.

뇌(惱)는 함께 설명하느라고 앞의 련(戀) 항목에서 설명한 바 있습니다만 다시 한 번더 확인해보도록 하겠습니다. 뇌(𡿺)가 뇌(腦)의 본자라고 하는데 독립된 글자로는 확인하기가 어렵습니다. 위는 '내' 천(巛) 모양인데 뜻을 나타내는 것이 아니라 머리털의 모양을 가리킵니다. 아래는 '큰 입구'[囗]의 '정수리' 신(囟)입니다. 털이 붙어 있는 머리를 나타내고 있는 것만은 확실합니다. 신(囟)은 자형이 '흉할' 흉(凶)과 아주 비슷한데, 흉(凶)은 두 번째 획이 가로획입니다.

뇌고(惱苦)는 고뇌(苦惱)와 같은 뜻으로 괴로워하고 번뇌하는 것입니다. 뇌살(惱殺)은 『표준』에서 "뇌쇄(惱殺)의 원말"이라고 해 '뇌쇄'를 표준으로 삼고 있습니다. 뇌쇄는 애가 타도록 몹시 괴로워하거나 또는 그렇게 괴롭히는 것으로 특히 여자의 아름다움이 남자를 매혹하여 애가 타게 함을 이릅니다. 정신을 어지럽히고 괴롭히는 것은 뇌신(惱神)이라고 합니다.

고교	획수	형자	회자	새김	발음
愼	13	眞	心眞	삼갈	신
愚	13	禺	禺心	어리석을	우

신(愼)은 삼가는 것입니다. 몸가짐이나 언행을 조심하는 것입니다. 『설문』에서는 신(愼)을 근(謹)이라 하고, 또 근(謹)을 신(愼)이라고 하는데, 신중(愼重)한 것은 바로 삼가는 것입니다. 뭔가를 삼갈 때 드러나는 태도가 신중입니다.

근신(勤愼)이라면 우선 직장 내에서 가벼운 잘못으로 받는 징계의 하나를 떠올리겠습니다만, 원뜻은 말이나 행동을 삼가고 조심하는 것입니다. 『단주』에 "성실하지 않고 근신할 수 있는 사람이 없다"라는 말이 나오는데 새겨들을 만합니다.

우(愚)를 『설문』에서는 "어리석다. 우(禺)는 원숭이의 한 종류로 야수 중에서 어리석은 것이다"라고 설명하고 있습니다. 지적 능력[心]이 원숭이[禺] 정도인 것으로 생각하면 쉽게 기억할 수 있지 않을까 싶습니다만, 하필 동물 가운데에서 그래도 지능이 높은 것으로 알려진 원숭이를 어리석음의 대명사로 삼았는지는 의문입니다.

우(禺)는 긴꼬리원숭이로 머리가 귀신같다고 합니다. '일만' 만(萬), '만날' 우(遇), '짝' 우(偶), '어리석을' 우(愚)에서 자소자로 쓰이고 있습니다.

고교	획수	형자	회자	새김	발음
態	14	能	能心	모습	태
慣	14	貫	心貫	익숙할	관

태(態)는 겉으로 드러나는 표정이나 태도입니다. 마음속에 있는 생각은 얼굴과 태도를 통해 나타나기 마련입니다. 어떤 일이나 상황 따위를 대하는 마음가짐은 태도(態度)이고, 어떤 일이나 상황을 앞둔 태도나 자세는 태세(態勢)입니다.

『설문』의 관은 재방변으로 된 관(擐)입니다. 습관입니다. 지금 우리는 심방변의 **관(慣)**을 쓰는데, 습관이라는 것이 무엇과 상관이 있는 것인가에 대한 차이인 듯합니다. 손버릇이라는 말에서처럼 습관이 손[手]에 익은 것이라고 볼 수도 있고 아니면 우리의 심리적인 면[心]에서 비롯되는 것으로 볼 수도 있기 때문입니다.

고교	획수	형자	회자	새김	발음
憫	15	閔	心閔	민망할	민

민(憫)은 『설문』에 실려 있지 않습니다. 같은 뜻으로 '근심할' 민(愍)이 있는데 민(憫)은 민(愍)의 이체자라고 합니다. 민(愍)은 비통한 것, 슬픈 것을 나타냅니다. 인신되어 걱정을 하거나 애련하게 여기는 뜻으로 쓰입니다. 자소자인 '강인할' 민(旼)은 억세고 질기다는 뜻입니다.

자소자인 '위문할' 민(閔)은 조문하는 사람이 문 입구에 있는 것을 나타냅니다. 조문하며 상주들에게 위로의 말을 전합니다. 여기에서 '가엾게 여기다, 근심하다'라는 뜻을 갖게 됩니다.

민망(憫惘)한 것은 낯을 들고 대하기가 부끄러운 것이고, 민박(憫迫)한 것은 애가 탈 정도로 걱정스러운 것이며, 어리석음을 비웃는 것은 민소(憫笑)이고, 민연(憫然)한 것은 민망과 같은 뜻입니다.

필자의 파자입니다. 백성[民]을 쥐어짜고 괴롭히니[攴] 겉으로 보기에는 강인할 수 있습니다[政]. 그러나 속으로 백성의 마음은 비통하고 슬플 수밖에 없습니다[愍, 憐].

고교	획수	형자	회자	새김	발음
慰	15	尉	尉心	위로할	위

다른 사람을 편안하게 해주는 것이 **위(慰)**의 뜻입니다. 다른 사람이 힘들어하는 것을 달래주는 것이 위로(慰勞)이고, 별일이 없는지 묻거나 찾는 것이 위문(慰問)입니다. 뜻 밖의 의미로 쓰이는 경우도 있습니다. "재물을 탐해 병을 얻다[貪財而取慰]"에서는 '병'의 뜻으로 쓰입니다.

위(尉)를『설문』에서는 '다리미'라고 설명합니다. 자형도 㞋 아래에 '불' 화(火)가 들어가 조금 다릅니다[㷉]. '다리미' 울(熨)의 본자로 본 것입니다. "위(尉)는 위에서 아래로 누르는 것이다. 㞋를 따르고, 불이 담겨 있다. 비단을 편다"라고 설명합니다. 㞋는 '어질' 인(仁) 혹은 '오랑캐' 이(夷)의 고자(古字)라고 하는데 여기서는 모양을 나타냅니다. '다리미' 울(尉)의 고자(古字)입니다. 달리, 뜨겁게 달군 물건을 환부에 올려놓고 치료하는 것을 나타낸다고도 합니다. 지금이야 달라졌지만, 돌, 특히 옥(玉)을 뜨겁게 달궈 아픈 부위에 올려 치료를 하는 방법은 우리뿐만 아니라 남아메리카 원주민들도 마찬가지였습니다. 지금 물리치료에 쓰이는 핫팩(hot pack)도 같은 원리이겠습니다. 그러면 몸이 편해집니다. 관리의 직분은 백성을 편하게 하는 것이기 때문에 인신하여서 관직이나 벼슬을 나타내게 되었습니다.

『단주』에는 재미있는 말이 실려 있습니다. "소리 속에 뜻이 담겨 있음을 알 수 있다 [可見聲中有義]"라는 말입니다. 중국어가 모국어인 사람들은 어떤 소리를 들으면 그 소리가 나타내는 여러 글자를 떠올리고 의미와 연결해볼 수 있습니다. 그러나 우리로서는 여전히 낯선 부분이고 하나하나 따로 익히지 않으면 안 됩니다. 비단 한자만이 아닙니다. 영어도 마찬가지입니다. 그 문화 속에서 생활하고 있지 않기 때문에 문화적인 배경이 없고, 역사나 다른 모든 면이 마찬가지입니다. 워낙 오랜 세월 한자나 한문을 써왔고 그래서 우리의 일부분이 되기도 했지만 여전히 다른 외국인들보다 더 친한 정도라고 생각하며 한자를 공부하는 것이 올바른 자세이겠습니다.

고교	획수	형자	회자	새김	발음
憲	16	害聲	目害	법	헌
懇	17	狠	狠心	간절할	간

'법' 헌(憲)의 본뜻은 마음[心]이 총명하고, 눈[目]이 밝은 것입니다. '해할' 해(害)의 생략형은 소리를 나타냅니다. 거기에서 인신되어 '명시하다, 공포하다'라는 의미를 갖고 법을 뜻하게 되었습니다.

한 나라 최고 기본법은 헌법(憲法)이고, 어떤 사실에 대하여 약속을 이행하기 위하여 정한 규범은 헌장(憲章)입니다. 군사 경찰의 구실을 하는 군인은 헌병(憲兵)이죠.

간(懇)은 정성스러운 것이라고 합니다. 거짓이 없는 참된 정성입니다.『설문』에 올라 있는 간은 '발 없는 벌레' 치(豸)가 아닌 '돼지' 시(豕)를 편방으로 쓴 '깨물' 간(狠) 자입니다. 狠, 狠 두 글자는 비슷해 옛글에서는 서로 많이 바꾸어 쓰기도 했다고 합니다. '돼지가 무는 것'입니다. 이 글자는 고대에 거짓이 없이 진솔한 뜻으로도 쓰였습니다. 간절한 태도입니다.

고교	획수	형자	회자	새김	발음
懷	19	襄	心襄	품을	회
懸	20	縣	縣心	매달	현

회(懷)를『단주』에서는 "잊지 못하는 생각"이라고 합니다. 금문에서는 회(襄)로 썼는데 그 후에 분화되면서 '마음' 심(心)이 붙게 되었습니다. 가슴[心]에 품어[襄] 오래 지

니고 있는 생각입니다.

회(褱)는 '품는 것'으로 물건을 몸속에 넣어두는 것을 나타냅니다. 『단주』에서는 "물건을 훔쳐서 품속에 넣다"로 풀이합니다. 아이를 갖는다는 뜻도 있습니다.

옛 자취를 돌이켜 생각하는 것은 회고(懷古)이고, 어루만지고 잘 달래어 시키는 말을 듣도록 하는 것은 회유(懷柔)입니다.

본래 '고을' 현(縣)은 죄인의 머리를 베어 거꾸로 매달아 사람들에게 경각심을 불러일으키는 뜻을 가진 글자입니다. 그래서 '머리' 수(首)를 뒤집은 '목 베어 달' 교(縣)에 '실' 멱(糸)을 썼습니다. 그런데 이게 계속 행정 단위의 하나인 현(縣)의 뜻으로 쓰이게 되자 '마음' 심(心)을 더해 '매달' **현(懸)**으로 씁니다. 기원이 같은 글자입니다.

무엇을 모집하거나 구하거나 사람을 찾는 일 따위에 내건 돈은 현상금(懸賞金)입니다. 아직 해결되지 않은 채 남아 있는 문제나 의안은 현안(懸案), 급한 경사를 세게 흐르는 하천은 현하(懸河)라고 합니다.

고교	획수	형자	회자	새김	발음
懼	21	瞿	心瞿	두려워할	구

놀라면[瞿] 두려워[忄] 좌우로 두리번거리며 주위를 살펴보게 됩니다[眴]. '두려워할' 구(懼)입니다. 앞의 〈格物 011. 송구공황(悚懼恐惶)〉에서 이 글자들의 의미가 어떻게 다른지 자세히 설명하고 있으니 한 번 더 확인해보기 바랍니다.

자소자인 구(瞿)는 "매나 송골매가 놀라서 보는 것"이라고 합니다. 쉽게 생각해도 됩니다. 새[隹]가 두 눈[眴]을 휘둥그렇게 뜬 것으로 기억하면 되겠습니다. '눈' 목(目)이 두 개 있는 글자는 '좌우로 볼' 구(眴) 또는 '두리번거릴' 구로 새기는데 글자를 새기는 데에 필요해서 쓴 것이고, 일상에서는 볼 일도 쓸 일도 거의 없는 글자입니다.

놀라움이나 두려움은 알지 못하는 데에서 오는 경우가 많습니다. 깜깜한 곳에서는 아무것도 보이지 않습니다. 어디가 어딘지 알 수가 없습니다. 그 자체로 놀라거나 두려운 대상이 됩니다. "아는 사람은 미혹되지 않고, 어진 이는 근심이 없으며, 용감한 사람은 두려울 것이 없다[知者不惑仁者不憂勇者不懼]." 새겨둘 만한 글입니다.

모두 76자나 되는 심방변이 끝났습니다. 필자는 물론이고 여러분들도 숨이 가쁘고 기침이 나지 않을까 합니다. 여러분, 기지개도 한 번 활짝 켜고 잠깐 쉬었다가 계속합시다.

R062

창 과(戈) 부

갑골	금문	전문	해서
𠄌	𢦏	𢦏	戈

　'창' 과(戈)는 무기의 모양을 본뜬 상형자입니다. 긴 자루 끝에 날이 붙어 있습니다. 자루가 아주 긴 낫이라고 생각하면 되는데 반대편으로는 조금 짧은 날이 붙어 있거나 돌출부가 있습니다. 『설문』에서는 "위로 뾰족한 칼날이 없는 극(戟) 종류의 병기이다. '주살' 익(弋)을 따르고 일(一)이 가로지른다"라고 설명해 상형자로 보고 있습니다. 극(戟)은 끝이 뾰족하고 양옆에 반달형의 날이 달려 있습니다. 현대 올림픽이나 각종 운동 경기의 창던지기(javelin throw)에서 쓰는 창은 끝이 뾰족하게 되어 있어 여기서 말하는 창과는 모양이 다릅니다. 넓게는 병기나, 전쟁 등을 가리키는 뜻으로도 쓰입니다.

중학	획수	새김	발음
戊	5	다섯째 천간	무

'다섯째 천간' **무(戊)**입니다. 『설문』에서 "무(戊)는 중앙이다. 육갑 가운데 다섯 마리 (황, 백, 흑, 청, 적) 용이 서로 연결되어 있는 모양을 상징한다. 무(戊)는 정(丁)에 이어지며 사람의 가슴과 옆구리[胸脅]를 나타낸다"라고 합니다. 이어서 『설문』 주석에서는 무(戊)는 "무성한 것을 이르는 말로 만물의 가지와 잎이 무성한 것"이라고 합니다. 이것은 오행 사상에 입각한 설명으로 본래 글자의 뜻은 아닙니다. 무(戊)는 도끼 종류의 무기입니다. 자형이 비슷해 '다섯째 천간' 무(戊) 외에 다음에 나오는 '열한째 지지' 술(戌), 그 외 기초한자 범위 밖입니다만 '도끼' 월(戉)과 '수자리' 수(戍) 넉 자는 주의해야 합니다. '다섯째 천간' 무(戊) 자의 두 번째 획 삐침을 오른쪽으로 구부리면 월(戉), 안에 가로획[一]을 그으면 술(戌), 점을 찍으면 수(戍)입니다.

오경(五更)은 하룻밤을 다섯으로 나눈 시각을 통틀어 이르는 말로, '일경, 이경, 삼경, 사경, 오경'으로 나눕니다. 단 일경은 초경(初更)이라고도 합니다. '밤' 야(夜)를 쓰기도 해 '오야(五夜)'라고도 하고 이때는 '갑야, 을야, 병야, 정야, 무야'라고 하는데, 무야(戊夜)는 새벽 3시부터 5시를 가리킵니다. 초경이나 갑야는 저녁 7시부터 9시까지입니다.

중학	획수	새김	발음
戌	6	개	술

『설문』에서 "**술(戌)**은 소멸하는 것이다. 9월을 나타낸다. 이때에는 양기가 미약하고, 만물은 이미 다 자라 양기는 땅속으로 들어간다. (금목수화토) 다섯 종류의 물질 가운데 토(土)는 중앙의 무(戊) 방위에서 (만물을) 만들어내며, (지지가 술에 해당하는) 술월(戌月) 즉, 구월에 기세가 가장 왕성하다. 무(戊)를 따르며 일(一)을 넣어 표시한다"라고 합니다. 이 또한 자연의 순환과 오행에 기초한 설명입니다. 여기서 말하는 9월은 음력이니 양력으로는 10월입니다. 어렵게 생각하지 말고 추수를 하며 거두어들이는 것으로 이해하면 됩니다. 즉, 양의 기운으로 성장한 것들이 그 정점에 이른 것이며 이후 추운 음의 기운이 점점 더 강해지게 됩니다. 책 이곳저곳에 필요한 내용을 소개하고 있으니 여러 번 읽다보면 자연스럽게 이해될 것입니다. 혹, 끝내 이해가 되지 않아도 너무 실망할 것은 아닙니다.

갑골문 연구 결과는 날이 넓고 몸체가 밋밋하며 모양은 큰 도끼를 본뜬 것이라고 합니다. 후에 가차해 '지지'의 뜻으로도 쓰이게 되었습니다.

格物 013. 십이지와 이십사시

하루를 열둘로 나누어 '십이지(十二支)'를 붙여 이르는 시간이 '십이시'입니다. 시계를 생각하면 30도씩 나뉩니다. 밤 11시부터 시작하는 자(子)시에서 해(亥)시까지 이어지는데, 당연히 두 시간 간격입니다. 더 세분화할 때는 '초(初), 정(正), 말(末)'로 각 시간대의 시작, 한가운데, 끝 부분을 가리킵니다. 그래서 자정은 밤 11시부터 새벽 1시까지의 한가운데인 밤 12가 되고, 오정(午正)은 낮 12시가 됩니다. 자초는 밤 11시경, 자말은 새벽 1시경이고, 다른 시간대도 마찬가지로 셈하면 됩니다. 이제는 옛날 얘기가 되었습니다만 몇십 년 전만 해도 한낮에 관공서에서 사이렌을 울려 오정, 즉 정오를 알려 주기도 했습니다. 그걸 가리켜 '오정 분다'고 했는데 사전에서 확인하기는 어렵습니다. 대포를 쏘아 오정을 알리던 것은 오포(午砲)라 했고, 『표준』에도 실려 있습니다. 『표준』의 '오포' 난에 "오포 분 지도 한참 전이어서 시간은 낮 한 시를 넘기고 있었고…"라고 김원일의 『불의 제전』에 나오는 문장이 예문으로 실려 있는데, 오포를 쏜다고 하지 않고 분다고 한 것은 혹시라도 '오정 분다'는 말에 익숙했기 때문이 아닐까 하고 짐작해 봅니다.

'이십사시'는 당연히 하루를 스물넷으로 나눈 것입니다. 이십사방위명을 붙입니다. 24방위이니 각각 15도 구간으로 나뉩니다. 밤 11시 반부터 오전 영시 반까지의 자(子)시부터 시작해 계(癸)·축(丑)·간(艮)·인(寅)·갑(甲)·묘(卯)·을(乙)·진(辰)·손(巽)·사(巳)·병(丙)·오(午)·정(丁)·미(未)·곤(坤)·신(申)·경(庚)·유(酉)·신(辛)·술(戌)·건(乾)·해(亥)·임(壬)시로 나눕니다. 이것은 그대로 이십사방위에도 쓰입니다. 정북의 자방(子方)부터 시간과 마찬가지로 시계 방향으로 나누면 됩니다. 지관이나 풍수를 하는 사람들이 사용하는 나침반을 패철(佩鐵) 또는 윤도(輪圖)라고 하는데, 거기에 보면 24방위명이 써 있습니다. 그것을 만드는 장인은 윤도장(輪圖匠)이라고 합니다.

중학	획수	새김	발음
我	7	나	아

아(我)는 자기 자신을 부를 때 쓰는 명칭입니다. '드리울' 수(垂) 혹은 '죽일' 살(殺)의

고문이라고도 합니다. 갑골문을 대상으로 한 경우에는, 형벌이나 가축을 잡는 데에 썼던 도거(刀鋸)를 본뜬 것이라고 합니다. 도거(刀鋸)는 칼과 톱을 아울러 이르기도 하고, 이가 달린 칼을 뜻하기도 합니다. 그래서 아(我)에는 '죽이다'라는 뜻이 있고, '나(I)'라는 뜻은 나중에 인신하여 나온 것으로 봅니다.

나를 고집하는 그릇된 견해는 아견(我見)이고, 자기 생각에 집착하여 자기만 내세우는 것은 아집(我執)입니다.

중학	획수	형자	새김	발음
成	7	丁	이룰	성

'이룰' 성(成)은 성숙하는 것을 나타냅니다. 자라서 완전하게 되는 것입니다. 갑골문은 도끼로 물건을 쪼개는 형태로, 물건을 갈라 맹세하는 것을 나타냈습니다.

성립(成立)은 일이나 관계가 제대로 이루어지는 것이고, 성인(成人)은 자라서 어른이 된 사람입니다. 성장(成長)은 자라서 점점 커지는 것이며, 성취(成就)는 뜻하는 바를 이루는 것입니다. 성인지미(成人之美)는 자칫 어른의 아름다움으로 생각할 수 있는데, 남의 훌륭한 점을 도와 더욱 완전하게 하는 것을 일컫습니다. 아니 어른의 아름다움으로도 쓸 수 있겠습니다. 성인(成人)을 하나의 단어로 보면 어른의 아름다움이 되겠고, 성(成)을 동사로 파악하면 인지미(人之美)가 빈어(賓語)가 되어 다른 사람의 아름다움을 이뤄준다고 해석됩니다. 한문이나 중국어에서 빈어(賓語)는 간단히 말하면 목적어인데, 우리말의 목적어와 정확히 일치하지는 않습니다. "성즉위왕 패즉위구(成則爲王 敗則爲寇)"는 짐작해볼 만하리라 믿습니다. '이기면 왕이요, 지면 도둑'이라는 뜻인데, 우리 속담에 "이기면 충신이요, 지면 역적이라"와 같은 뜻입니다.

중학	획수	형자	회자	새김	발음
戰	16	單	戈單	싸움	전

전(戰)은 전투입니다. 싸우는 것입니다. 전문에서는 왼편에 '짐짐승' 휴(嘼)가 쓰이는데 이것을 바탕으로 창으로 야수를 몰아치는 것을 나타내는 글자라고 설명하기도

합니다. '싸우다, 전쟁하다'로 역시 같은 뜻을 나타냅니다.

전쟁이 벌어진 때는 전시(戰時)이고, 전쟁(戰爭)은 국가와 국가 또는 교전 단체 사이에 무력을 사용하여 싸우는 것이며, 전투(戰鬪)는 두 편의 군대가 조직적으로 무장하여 싸우는 것입니다. 전전긍긍(戰戰兢兢)에서 전전은 머리칼이 일어서게 무서운 것을 나타내고, 긍긍은 삼가고 두려워하는 것입니다. 합쳐서 몹시 두려워서 벌벌 떨며 조심하는 것을 말합니다. 몹시 무섭거나 두려워 몸이 벌벌 떨리는 것을 나타내는 전율(戰慄)과 뜻이 비슷합니다.

중학	획수	회자	새김	발음
或	8	戈口一	혹	혹

혹(或)은 창[戈]을 들고 성곽[口] 주위를 지킨다는 뜻입니다. 일(一)은 땅으로 주변의 경계선을 나타냅니다. 옛날 제후들이 다스리던 영토는 성과 그 주변의 땅으로 그다지 넓지 않아 간단한 경계를 나타낸 것이라고 합니다. 그래서 혹(或)과 '지경' 역(域)은 한 글자로 보기도 하며, '나라' 국(國)의 본자라고도 합니다. '혹시, 혹'이라는 뜻은 나중에 가차해서 쓰게 된 뜻입니다.

중외	부수	획수	회자	새김	발음
伐	人	6	人戈	칠	벌

부수외자입니다. **벌(伐)**은 치는 것입니다만, 사람[人]이 창[戈]을 들고 있으니 창으로 치는 것입니다. 『설문』에서는 "창으로 쳐 죽이는 것 즉, 격살이며 달리 '패배하다'라는 뜻도 있다"라고 합니다. 정도가 조금 약화되어 '베다, 자르다'의 뜻도 나타냅니다.

나무를 베는 것은 벌목(伐木), 풀을 베는 것은 벌초(伐草)입니다만, 무덤의 풀을 베는 것을 말합니다. 풀을 베는 기계는 벌초기라도 합니다만 『표준』에 올림말은 예초기(刈草機)입니다.

증외	부수	획수	회자	새김	발음
武	止	8	止 戈	호반	무

'호반' **무(武)**를 『설문』에서는 "초 장왕(莊王)이 가로되, '대저 무(武)는 공을 정하고 전쟁을 끝내는 것이다.' 그래서 '그칠' 지(止)와 '창' 과(戈)를 모아 무(武) 자가 된다(楚莊王曰 : 夫武, 定功戢兵. 故止戈爲武)"라고 합니다. 아마 무(武) 자와 관련해 가장 많이 알려지고 인용되기도 하는 글이 아닐까 합니다. 평화를 바라는 사람들의 마음과 맞아 떨어져 호응을 받을 수 있는 것이겠습니다. 병력이라는 것이 공격과 침략의 수단이고 역사를 통해 그런 사례도 많지만, 결국은 평화를 지키는 것을 목표로 해야 하기 때문입니다. 본뜻은 이와 반대로 창을 들고 행진하는 것이라고 합니다. 열병을 하거나 시위를 하는 것입니다.

格物 014. 일명경인(一鳴驚人)

초 장왕(莊王, ?~BC 591)은 춘추 시대 초(楚)나라 왕으로 춘추 오패에 속합니다. 초 장왕과 관련해서는 '한 번 시작하면 사람을 놀랠 정도의 대사업을 이룩한다'는 뜻을 나타내는 '일명경인(一鳴驚人)'이 알려져 있습니다.

사마천의 『사기(史記)』에 나옵니다. "이 새는 날지 않으면 그뿐인데, 한 번 날면 하늘 높이 치솟고, 울지 않으면 그뿐인데 일단 울면 사람을 놀라게 한다[此鳥不飛則已 一飛沖天 不鳴則已 一鳴驚人]." 이 말 자체는 전국 시대 제나라의 위왕(威王, BC 378~320)에 대한 평가입니다. 음주가무에 빠져 정사를 돌보지 않는 위왕에게 순우곤(淳于髡)이라는 신하가 새에 빗대어 간언을 올린 것입니다. 이 말에 크게 깨우친 위왕은 이후 분발해 큰 업적을 남깁니다.

초 장왕도 상황이 비슷합니다. 그는 집권 초기 정사에 대해서는 나 몰라라 했습니다. 그런데 3년이 지난 후 정권을 완전히 장악해 놀랄 만한 결과를 이뤄냅니다. 『한비자』에 초 장왕에 대해 비슷한 평가가 있어 일명경인(一鳴驚人)은 초 장왕과 관련된 말로도 여겨집니다.

누가 주인공이 됐든, 여러분 모두 자신이 갖고 있는 자질을 갈고 닦아 언제든 일명경인(一鳴驚人)의 주인공이 되어야 하지 않겠습니까!

고교	획수	형자		새김	발음
戚	11	尗		친척, 겨레	척

척(戚)은 도끼처럼 생긴 병기입니다. 무기를 몸에 지니면 자신을 지킬 수 있다는 데에서 '친하다'는 뜻과 '가까운 사람들'을 나타내게 되었습니다.

자소자는 '콩' 숙(尗)인데, 고문 분석에서는 뾰족한 것으로 토란 같은 구근을 캐어내는 것을 나타내는 것으로 추정합니다. 그런데 이 숙(尗) 자가 다른 글자의 편방으로 쓰이게 되면서 손을 뜻하는 우(又)를 더해 '줍다'라는 뜻으로 '아재비' 숙(叔)을 쓰고, 콩을 나타내는 글자는 제기(祭器)인 두(豆)를 빌려 쓰게 되었습니다. 그런데 숙(叔)이 다시 '아재비'의 뜻으로 쓰이게 되자, 이번에는 '풀'이라는 것을 나타내는 초두[艹]를 더해 '콩' 숙(菽)이 나오게 됩니다. 가히 '콩[尗]의 이민사'라고 할 만합니다.

척족(戚族)은 성이 다른 일가로 내척(內戚)과 외척(外戚)을 이릅니다. 내척은 아버지쪽, 외척은 어머니 쪽입니다. 인척(姻戚)은 혼인관계로 생겨나는 친척입니다.

고교	획수	형자	회자	새김	발음
戲	17	虘	虘戈	놀, 희롱할	희

'놀' 희(戲)는 자소자를 조금 더 설명하고 가겠습니다. 희(虘)가 '옛 오지그릇'이라는 설명은 『설문』에 따른 것이고, 두 사람이 호랑이[虍] 모양의 가면을 쓰고, 북[豆] 소리에 맞춰 힘을 겨루는 모양을 본떴다는 것입니다. 그렇게 힘을 겨루는 것을 각력(角力)이라고 합니다. 희(戲)에도 그런 뜻이 살아 있습니다. 북소리에 맞춰 병기[戈]를 들고 무력을 겨루는 것이라고 합니다. '창' 과(戈)가 들어가면서 단순한 힘겨루기에서 병기를 들고 벌이는 무력 시합이 된 것입니다. 그래서 시합이라든지, 놀이라는 뜻을 갖습니다.

각력(角力)은 다른 어떤 무기도 이용하지 않고 사람의 몸만 이용해 힘을 겨루는 것입니다. 『표준』에서는 힘겨루기나 씨름의 뜻으로 설명하고 있습니다. 중국에서는 씨름, 특히 레슬링을 가리킵니다. 일본 씨름인 스모는 보통 상박(相撲)이라고 씁니다만, 각력(角力)이라는 표기도 나옵니다. 어떤 글자나 단어가 다른 나라에 들어가면 그 나라의 풍습이나, 제도, 문화 등등…… 피치 못하게 그런 데에 맞춰 뜻이 조금 바뀌거나 새로운 뜻을 갖게 되기도 합니다. 그런 예가 되는 말이라서 꺼낸 이야기입니다.

『설문』에서는 "희(戱)는 삼군의 지원 부대이다. 달리, 병기라고도 한다"라고 합니다. 군대의 배치와 관련된 글자입니다. 삼군은 보통은 '상군, 중군, 하군'을 가리키는데 주력 부대인 중군을 좌우의 부대가 돕습니다. 좌익은 왼쪽에 있는 군대를, 우익은 오른쪽에 있는 군대를 가리키며 이들 지원 부대는 주력 부대의 전투를 돕는 것입니다. 야구에서 쓰는 좌익수나 우익수는 분명 여기에서 비롯된 말이겠습니다. 이외에도 군대의 정기(旌旗)를 가리키는 것이라든지, 대장기를 뜻한다든지 설명이 다양합니다.

공연을 목적으로 하는 연극의 대본이 희곡(戱曲)이고, 실없이 익살을 부려 관객을 웃기는 장면이 많은 연극은 희극(戱劇)입니다. 웃음을 주조로 하여 인간과 사회의 문제점을 경쾌하고 흥미 있게 다룬 연극이나 극 형식은 같은 발음의 희극(喜劇)으로 코미디입니다.

고교	획수	형자	새김	발음
戒	7	戈廾	경계할	계

설명에 앞서 지금쯤은 여러분들 스스로 '경계할' **계(戒)** 자를 보며 '아, 두 손[廾]에 창[戈]을 들었네. 아무래도 무기로 뭔가 하려나 보다'하는 정도의 생각이 들었으면 좋겠습니다. 계(戒)는 경계하는 것입니다. 손에 창을 들고 생각지 못한 일에 대해 경계하는 것입니다.

계고(戒告)는 서면으로 경계하며 재촉하는 것이고, 계신(戒身)은 몸가짐을 삼가고 조심하는 것이며, 계엄(戒嚴)은 '경계하다'라는 뜻으로 비상사태에 대비하는 비상조치입니다. 계엄령(戒嚴令)은 대통령이 계엄의 실시를 선포하는 명령인데, 우리 현대사에 오용된 사례가 없지 않았고 그에 대한 저항 과정은 곧바로 우리나라가 민주화되는 길이기도 했습니다. 미국 건국의 아버지라고 하는 초대 대통령 토머스 제퍼슨(Thomas Jefferson, 1743~1826)의 말을 떠올리게 됩니다.

"자유라는 나무는 더러 애국자들과 독재자들의 피로 생기를 돋아줘야 한다. 피는 천연 비료이다[The tree of liberty must be refreshed from time to time with the blood of patriots and tyrants. It is its natural manure]."

고외	부수	획수	형자	새김	발음
賊	貝	13	則戈	도적	적

도적(盜賊)하면 이제는 조금 생뚱맞은 느낌이 듭니다. 어른들이나 쓰는 조금은 옛말 같은 느낌도 듭니다. 아무래도 도둑이 익숙하죠. 어쨌든 도(盜)와 적(賊)은 다릅니다. 단순히 다른 사람의 물건을 훔치는 것은 도(盜)이고, 창[戈]을 들었으니 어떻게 하겠습니까? 다른 사람을 위협해 빼앗는 것은 **적(賊)**입니다. 적(賊)은 요즈음 형법으로 설명하면 단순 절도와 특수 절도 중 특수 절도에 해당합니다. 가중 처벌을 받습니다. 적(賊)을 『설문』에서는 "해치는 것"이라고 설명합니다.

적도(賊徒)나 적당(賊黨)은 도둑의 무리입니다. 도둑이나 적의 군대는 적병(賊兵), 불충하거나 불효한 사람은 도둑놈과 같다고 해 적자(賊子)라고 합니다. 적반하장(賊反荷杖)은 도둑이 도리어 매를 든다는 뜻으로 잘못한 사람이 아무 잘못도 없는 사람을 나무라는 것을 이릅니다. 그런데 이 말은 "도둑이 매를 든다"라는 우리 속담을 한자로 옮긴 듯합니다. 중국어에 적함착적(賊喊捉賊)이라는 성어가 있는데, 도둑이 잡히지 않으려고 엉뚱한 사람을 도둑이라고 소리쳐 잡히게 한다는 뜻입니다. 두 성어는 내용도 쓰임도 조금 다른 듯합니다. 적반하장은 그런 행동을 비난하는 데 쓰이는데 적함착적(賊喊捉賊)은 고문에서 위기를 벗어난 것에 초점이 맞춰져 있습니다.

R063

지게 호(戶) 부

갑골	금문	전문	해서
日	日	尸	戶

우선 여기서 말하는 지게는 짐 등을 나르는 운반 기구가 아닙니다. 외짝으로 난 외문(지게문)을 말합니다. 여기에 비해, 나중에 나올 부수자인 문(門)은 좌우로 한 짝을 이룹니다.

'지게' 호(戶) 부수에 속하는 기초한자는 부수자를 포함해 모두 석 자입니다.

중학	획수	새김	발음
戶	4	지게, 집	호

중국에서는 이미 춘추 시대에 "사(社)의 호적에 기록한다"라고 해 호적에 관한 기록이 나옵니다. 25가구를 사(社)라고 했습니다. 전국 시대의 지방 관리는 매년 관내의 호

구(戶口)를 조사해 보고했습니다. 과세의 대상이었습니다. 호구(戶口)에서 호(戶)는 지게문의 수준을 넘어 그런 지게문을 달고 있는 하나하나의 집이고, 구(口)는 거기에 딸린 식구입니다. 진나라가 중국을 통일한 이후에는 군사상의 역할까지 겸해, 다섯 가구를 보(保)라 하고, 10가구를 연(連)이라 해 연좌제를 시행했습니다. 공동으로 연대해 책임을 묻는 것입니다.

중학	획수	형자	회자	새김	발음
房	8	方	戶方	방	방

『설문』에서 "방[室]은 곁에 있는 것이다"라고 합니다. 정실(正室)의 곁입니다. 정실은 지금 대부분 본처를 가리키는 말로 쓰고 있습니다만, 본처가 정실에 거주했기 때문에 정실이라 부르게 된 것입니다. 첩(妾)의 뜻으로 쓰이는 측실(側室)도 마찬가지입니다. 당(堂)의 가운데 방인 정실에 살지 못하고 곁방 즉, 측실(側室)에 거주함을 나타내는 말입니다. **방(房)** 자에서 '모' 방(方)은 형성 자소로 소리를 나타냅니다.

집의 배치나 건축법이 중국과 달라 우리나라에도 일률적으로 적용하기가 어려운 부분도 없지 않습니다만 참고로 주석 내용을 조금 소개하겠습니다. "옛날 궁실의 제도에 앞에는 당(堂)을 두고, 뒤에는 실(室)을 두었다. 앞의 당(堂) 양쪽에는 협실(夾室)을 두고, 뒤편 실(室) 양측에는 동서로 방이 있다"라고 합니다. 우리는 안방마님이 지내는 안방과 그에 딸린 윗방, 아랫방이 있고, 딴채에는 바깥주인이 거주하는 사랑이 있는 구조인데 비슷하기는 해도 완전히 일치하지는 않습니다.

승당입실(升堂入室)을 『표준』에서는 "마루에 오른 다음 방으로 들어간다는 뜻으로, 일에는 차례가 있음을 이르는 말 또는 학문이 점점 깊어짐을 비유적으로 이르는 말"이라고 설명합니다. 이 말은 본래 『논어(論語)』에서, "자로는 당(堂)에는 올랐으나, 아직 방[室]에는 들어가지 못했다[由也 升堂矣 未入于室也]"라며 공자가 자로(子路)를 평하는 데에 나오는 말입니다. 여기에서 보듯이 본뜻은 학문의 수준이 아직 일가를 이룰 정도가 못 됨을 나타냈는데, 후에는 학문의 경지가 높거나 높아지는 것을 말하게 되었습니다. 한 가지, 당(堂)은 마루라기보다 크고 높은 앞채로 새기는 것이 정확하지 않을까 합니다.

중학	획수	형자	회자	새김	발음
所	8	戶	戶斤	바	소

'바' **소(所)**는 '나무를 베는 소리'라고 합니다. 장소를 나타낸다든지, 불완전 명사인 바의 뜻으로 쓰는 것은 가차해 사용하는 것입니다.

소득(所得), 소속(所屬), 소용(所用) 등은 간단히 얻은 것, 속하는 것, 쓰는 것 등으로 풀이할 수 있습니다. 소위(所謂)는 말하는 것, 이르는 것으로 '이른바'입니다.

고외	부수	획수	회자	새김	발음
肩	肉	8	戶肉	어깨	견

부수외자로 '어깨' **견(肩)**이 있습니다. 『설문』에는 "팔의 위이다"로 설명이 간단합니다. 필자의 파자입니다만, 살[肉]로 된 몸통을 문과 같은 골격 구조[戶]로 감싸고 있는 것이 어깨가 아닌가 합니다.

어깨뼈가 있는 자리는 견갑(肩胛)이고, 어깨뼈는 견골(肩骨)입니다. 제복의 어깨에 붙이는, 직위나 계급을 밝히는 표장은 견장(肩章)이라고 합니다.

R064

손 수(手, 才) 부, 재방변[扌]

갑골	금문	전문	해서
	⅄	⅄	手

　고문의 '손' **수(手)**는 다섯 손가락을 모두 펴고 있습니다. 사람의 손을 아주 사실적으로 그린 것입니다. 부수로 쓰여 손의 각 부분 명칭이나 손의 동작과 관련된 내용을 나타냅니다. 다른 글자의 왼쪽에 올 때에는 모양을 조금 바꿔 '扌'로 쓰는데 '재방변(才傍邊)'이라고 합니다. 자형이 '재주' 재(才)와 같아 붙인 이름이겠습니다. 더러 다른 글자의 오른쪽에 가는 경우에는 '재주' 재(才) 모양을 취하고, 위에 쓰일 때는 '볼' 간(看) 자에서 볼 수 있는 것처럼 세로 고리로 된 획을 삐침으로 바꿔 씁니다. 중학 과정 20자, 고교 과정 46자로 모두 66자에 부수외자가 4자 더 있습니다.

중학	획수	새김	발음
才	3	재주	재
手	4	손	수

자소자가 주어지지 않았으니 상형 아니면 지사자라고 짐작했으리라 믿습니다. 두 글자 모두 상형자입니다.

'재주' 재(才)는 초목이 나오는 모양을 본뜬 것이라고 합니다. 『설문』에서는 "재(才)는 아래에서 위로 쓰는 획으로 알려진 '뚫을' 곤(丨)을 따라 위로 일(一)을 꿰뚫어 장차 가지와 잎이 나온다는 것을 나타낸다. 일(一)은 땅을 뜻한다"라고 설명합니다. 거기에서 인신하여 자질이나 재주를 나타내게 되었습니다.

재주와 능력을 아울러 재능(才能)이라 하고, 재주와 덕행을 아울러 재덕(才德)이라 하며, 재주와 기질은 재질(才質)입니다. 재덕겸비(才德兼備)는 재주와 덕행을 함께 갖춘 것을 가리키는데 우리 모두 바라는 바가 아닐까 합니다. 재자가인(才子佳人)은 재주 있는 남자와 아름다운 여자를 아울러 이릅니다.

중학	획수	형자	새김	발음
技	7	支	재주	기

기(技)는 기교로 손재주입니다. 재능이나 기량을 뜻합니다. 기술이나 솜씨가 아주 교묘한 것은 기교(技巧)이고, 육체적, 정신적 작업을 정확하고 손쉽게 해주는 기술상의 재능은 기능(技能)이며, 기술과 예술을 아울러 이르는 말은 기예(技藝)입니다.

중학	획수	형자	새김	발음
指	9	旨	가리킬	지

지(指)는 손[手]으로 가리키는 것입니다. 주석에는 손가락 이름이 나옵니다. '무지(拇指), 식지(食指), 중지(中指), 무명지(無名指), 소지(小指)'인데 우리도 한자어로 쓰는 말들입니다. 순서대로 엄지, 검지[집게손가락], 가운뎃손가락, 약손가락, 새끼손가락이죠. '첫째, 둘째……' 순서로도 나타냅니다.

이제는 사인(sign)으로 많이 대체됐지만 신분증을 발급받거나 진술서를 쓰면 무인(拇印)을 찍으라고 합니다. 엄지손가락 도장입니다. 이 밖에도 엄지는 크다는 뜻으로 한중일 삼국 모두 대지(大指), 거지(巨指)를 씁니다. '엄지손가락' 벽(擘)을 쓰는 벽지(擘指)

도 있습니다. 단 현대적인 용법은 아니고 옛날 서적에서 보게 되는 단어들입니다.

중국 문헌에 둘째손가락은 소금 맛을 보는 손가락이라는 뜻으로 잡염지(喋鹽指)라고 썼던 것이 기억나 혹시나 확인해보니 우리『표준』에도 올라 있습니다. 단 앞의 '삼킬' 잡(喋)을 뺀 염지(鹽指)입니다. 소금손가락 정도가 되겠는데 이 말은 올라 있지 않습니다. 어디선가 고대 그리스인들은 넷째 손가락이 심장과 연결된다고 믿어 약을 젓거나 맛을 볼 때 넷째 손가락을 썼고, 결혼반지도 그래서 넷째 손가락에 끼게 되었다는 내용을 읽은 기억이 있는데 글쎄 의학적인 근거나 타당성이 있는지는 잘 모르겠습니다. 그러고 보니 넷째 손가락이 약과 연관되는 것은 동서양이 마찬가지인 모양입니다.

중학	획수	형자	새김	발음
接	11	妾	이을	접

접(接)은 손[手]을 잡고[交] 서로 끄는 것입니다. 손을 대며 만나는 것입니다. '나무' 목(木)을 쓰는 접(椄)이 있는데 이것은 서로 다른 두 나무가 만나게 하는 것, 즉 품질이 좋은 과일이 열리는 나무의 순을 다른 나무에 붙이는 것, 즉 접붙이는 것입니다. '나무' 목(木)이 붙은 글자를 쓰는 것은 본뜻을 살린 것이겠고, 재방변[扌]을 쓰는 것은 '잇다, 연결하다'라는 뜻을 살린 것이겠는데 현재는 두 글자를 모두 다 씁니다.

중학	획수	형자	새김	발음
推	11	隹	밀	추

추(推)는 미는 것입니다. 무엇보다 글을 고치고 가다듬는 퇴고(推敲)라는 말이 먼저 떠오르지 않을까 합니다. 〈格物 015〉를 참고하시기 바랍니다.

格物 015. 가도(賈島)와 한유(韓愈)의 퇴고(推敲)

퇴고(推敲)는 당나라의 시인 가도(賈島)와 당송 팔대가의 한 사람이죠, 한유(韓愈)에 얽힌 고사로 여러분 모두 잘 알고 있을 겁니다.

가도라는 선비가 길을 가며 '새는 못가 나무에 잠들고, 달빛 아래 스님은 문을 미네[推]라고 해야 할지 두드리네[敲]라고 해야 할지' 망설이며 시구를 짓는데 골몰하고 있다가 그만 고위 관리인 한유의 행차를 방해하고 말았습니다.

지금도 고위 공무원에게는 경호 행렬이 앞장서지만 옛날에도 마찬가지였습니다. 사극에서 더러 볼 수 있는 것처럼 "길 비켜라!"라고 하면 일반 백성들은 길 가장자리로 물러나 고급 관리들의 행차에 방해가 되지 않도록 했습니다. 이를 청도(淸道)라고 합니다. 가도가 끌려가 치도곤을 당할 판인데 한유에게 사정을 설명하니 한유가 "미네[推]보다는 두드리네[敲]가 낫겠다"라고 한 데에서 나온 말입니다. 가도의 시는 그래서 "鳥宿池邊樹 僧敲月下門(조숙지변수 승고월하문)"이 되었습니다.

한유 역시 대학자에 문인인지라 행차에 청도를 하지 않은 가도를 괘씸히 여기지 않고 한참 얘기를 하며 동행했다고 전합니다.

'치도곤을 놓다, 안기다, 먹이다'라고 하는데 치도곤(治盜棍)은 말 그대로 도둑을 다스리던 곤장입니다. 도둑의 볼기를 치는 형구였습니다.

'밀' 추(推)는 다음자로 推敲는 '퇴고'로 읽습니다.

중학	획수	형자	회자	새김	발음
打	5	丁	手丁	칠	타
扶	7	夫	手夫(人)	도울	부

'칠' **타(打)**입니다. 자소자인 정(丁)은 '넷째 천간'과 '장정'의 뜻을 가지고 있는데 못(nail)의 상형입니다. 타(打)는 손[手]으로 못[丁]을 치는 것으로 거기에서 '때리다, 치다'라는 뜻도 나타내게 됩니다.

어렵거나 막힌 일을 잘 처리하여 해결의 길을 여는 것은 타개(打開)이고, 어떤 대상이나 세력을 쳐서 거꾸러뜨리는 것은 타도(打倒)이며, 때리고 치는 것은 타격(打擊)입니다. 성어에 타퇴당고(打退堂鼓)라는 말이 있습니다. 퇴당(退堂)은 관청에서 근무를 마치고 퇴근하는 것을 이릅니다. 우리는 퇴당은 쓰지 않고 퇴청(退廳)을 씁니다. 그러니까 타퇴당고(打退堂鼓)는 퇴근을 알리는 북을 친다는 뜻입니다. 이것은 중국의 관습인데, 우리나라에서도 그렇게 했는지는 확인하지 못했습니다. 본뜻은 그렇습니다만 '하던 일을 중도에서 그만두는 것'을 나타냅니다. 중도이폐(中途而廢)나 반도이폐(半途而廢)와 같은 뜻으로 쓰입니다.

부(扶)는 손[手]으로 다른 사람[夫]을 부축하는 것을 가리키는 글자로 보기도 합니다. 부축하는 것은 돕는 것이니 '돕다'라는 뜻이 나왔습니다.

잔칫집이나 상가에 갈 때 부조(扶助)를 한다고 하는 것이 그런 뜻입니다. 초목의 뿌리를 박아 심는 것을 부식(扶植)이라 하고, 같은 발음의 부식(腐蝕)은 썩어 문드러진다는 뜻입니다. 생활 능력이 없는 사람의 생활을 돌보는 것은 부양(扶養)으로 부모 자식 간에는 부양 의무가 있습니다. 부로휴유(扶老携幼)는 노인은 부축하고 어린이는 이끈다는 뜻으로 늙은이를 도와 보호하고 어린이를 보살펴주는 것을 이르며, 부정거사(扶正祛邪)는 바른 것은 도와주고 사악한 것은 떨쳐버리는 것을 말합니다.

중학	획수	형자	회자	새김	발음
投	7	殳	手殳	던질	투

투(投)는 던지는 것입니다. '擲' 자도 같이 '던질' 척으로 새기는데 『설문』에는 올라 있지 않고, 역시 같은 뜻을 갖는 척(擿)이 올라 있습니다. 『설문』에서는 "척(擿), 긁다"로 나옵니다. 『단주』에는 "적(擿)을 오늘날에는 척(擲)으로 쓴다"라고 나옵니다. 어쩌면 척(擲) 자는 허신이 『설문』을 쓴 이후에 나온 글자가 아닌가 하는 생각도 해보게 됩니다.

'던지다'라는 뜻의 투척(投擲)과 윷놀이를 뜻하는 척사(擲柶) 외에 척(擲) 자를 따로 보게 되는 경우가 거의 없는데 황진이(黃眞伊, 생몰연대 미상, 중종조 16세기 초 활약)가 반달을 노래한 시 「詠半月(영반월)」에 척(擲) 자가 나와 오래 기억에 남습니다.

誰斷崑崙玉(수단곤륜옥) 누가 곤륜옥을 잘라내어서
裁成織女梳(재성직녀소) 직녀의 머리빗을 만들었을까
牽牛一去後(견우일거후) 견우가 훌쩍 떠나간 뒤에
愁擲碧空虛(수척벽공허) 시름겨워 허공에 던져버렸네

반달을 직녀가 버린 빗에 비유한 시입니다. 황진이는 화담 서경덕(徐敬德,

1489~1546), 박연폭포와 함께 송도삼절(松島三絶)로 불렸습니다. 송도의 유명한 것 세 가지 가운데 하나로 꼽았던 것입니다.

중학	획수	형자	회자	새김	발음
招	8	召	手召	부를/들/별이름	초/교/소
抱	8	包	手包	안을	포

초(招)는 손[手]으로 다른 사람을 부르는 것[召]입니다. 주석에는 손으로 부르는 것은 초(招), 말[口]로 부르는 것은 소(召)라고 해서 두 글자의 차이점을 말해줍니다. 다음자로 '부를' 소(召)에 편방을 더해 분화된 글자로 봅니다.

모임에 참가해줄 것을 청하는 것은 초대(招待)이고, 어떠한 결과를 가져오게 하는 것은 초래(招來), 예를 갖춰 불러 맞아들이는 것은 초빙(招聘), 사람을 부르는 신호로 울리는 종은 초인종(招人鐘), 죽은 이의 넋을 부르는 것은 초혼(招魂)입니다.

『설문』에서 '안을' 포(抱)는 지금 쓰는 글자와 자형이 다른 '거둘, 움켜쥘' 부(捊)가 표제어로 올라 있고, 포(抱)와 같은 뜻으로 설명합니다. 포(抱)는 손[手]으로 감싸는 것[包] 즉, 껴안는 것입니다. 포옹(抱擁)하는 것입니다.

사실 우리 전통에서 다른 사람을 잡는다든지, 껴안는 것은 익숙하지 않습니다. 몇 년 전 프리 허그(free hug)가 유행했는데, 심리학 쪽에서도 가벼운 신체 접촉과 이렇게 껴안아주는 것이 안정에 큰 도움이 된다니 반갑고 바람직한 일이 아닌가 합니다. 이 캠페인은 런던에 살다 절망에 빠져 귀국한 오스트레일리아인 후안 만(Juan Mann)의 실화에서 나왔다고 합니다. 그가 시드니에 돌아왔는데 반겨주는 사람이 없었습니다. 그래서 누군가 날 안아주면 힘이 되겠다 싶어 공항에서 '프리 허그'라고 작은 팻말을 만들어 시작한 것이 계기가 되었다고 합니다.

중학	획수	형자	회자	새김	발음
拾	9	合	手合	주울/열/오를/번갈아	습/십/섭/겁
持	9	寺	手寺	가질	지

필자의 생각입니다만, 손[手]으로 주워 자기 소유물에 더하는 것[合]이 **습(拾)**이 아닌가 합니다. 물론 자기 물건이 아니니 마땅히 돌려주어야 하고 발각된 경우에는 점유 이탈물 횡령죄로 처벌을 받습니다. 누군가 땅 위에 흘린 물건을 줍는 것이 습(拾)의 본뜻이고, 그래서 주워서 얻는 것이 습득(拾得)입니다. '모으다, 정리하다'라는 뜻도 인신되어 나온 것입니다. 다음자인데 '주울' 습과 '열' 십의 새김은 익혀야 합니다.

'가질' **지(持)**입니다. 들고 있는 것, 손에 쥐고 있는 것이 본뜻입니다. 자소자는 '절' 사(寺)입니다만, 사(寺)는 옛날에 대외 관계나 접객 등을 맡은 관청이었습니다. 외국에서 오는 스님을 맡은 부서이기도 해서 나중에는 절을 가리키게 되었습니다.

지구력(持久力)은 오래 버티는 힘이고, 지설(持說)은 지론(持論)과 같은 뜻으로 늘 가지고 있는 생각을 말합니다.

중학	획수	형자	회자	새김	발음
授	11	受	手受	줄	수
採	11	采	手采	캘	채

'줄' **수(授)**를 보면 사람은 아무래도 주는 것보다는 받는 것이 더 좋은 모양입니다. 글자 구성으로 보면 '받을' 수(受) 자가 나온 뒤 편방으로 '손' 수(手)를 붙인 '줄' 수(授)가 분화되어 나왔을 것이기 때문입니다. '받을' 수(受)에 '손' 수(手)를 더해 '주다'인데, 지식도 주는 것으로 여기는 데에서 가르친다는 뜻도 있습니다.

수수(授受)는 주고받는 것입니다. 수상(授賞)은 상을 주는 것이고, 수상(受賞)은 상을 타는 것입니다. 수업(授業)은 교사가 가르치는 것이며, 수업(受業)은 그런 가르침을 받는 것입니다. 실제 많이 쓰이는 단어인 데다, 발음까지 같아서 자칫 혼동하기 쉽습니다.

'캘' **채(採)**의 자소자 역시 '캘' 채(采)입니다. 가만히 보면 나무[木] 위에 손[爪]이 있습니다. 이것이 원자로 나무에서 (과일을) 따는 뜻이라는 것을 쉽게 유추할 수 있습니다. 그러니 재방변[扌]이 붙어 있는 것은 나중에 생긴 글자이겠습니다. 이런 상황을 반영하는 듯이 『설문』에는 실제 채(採)는 올라 있지 않고, 채(采)가 올라 있습니다. 이 글자는 기초한자 범위 밖입니다만 자소자로 '캘' 채(採), '나물' 채(菜), '채색' 채(彩)에 들어 있습니다. 똑같이 캐거나 따는 것인데 그저 단순히 따는[扌] 것은 채(採)이고 풀[艸]이 들어가 있으니 나물이고, 무늬[彡]가 들어가 있으니 채색[彩]인 것으로 생각하면 됩니다.

수입과 지출을 맞추어 계산해보는 것은 채산(採算), 사람을 골라서 쓰는 것은 채용(採用), 점수를 매기는 것은 채점(採點), 널리 찾아서 얻거나 캐거나 잡아 모으는 일은 채집(採集), 풀이나 나무를 베어 얻는 것은 채취(採取)입니다.

중학	획수	형자	회자	새김	발음
探	11	罙	手罙	찾을	탐

탐(探)의 『설문』 원문은 "멀리서 얻는 것"이라고 합니다. 무슨 말인지 이해하기 어렵습니다. 현대어로 옮겨 "(팔을) 깊이 넣고 더듬어 얻는 것"이라고 합니다. 역시 조금 애매한데 새알 훔치는 것을 떠올리면 됩니다. 나무 꼭대기 새집 있는 데까지 올라갑니다. 거기서 팔을 쭉 뻗어 새집을 더듬으며 알을 꺼냅니다. 바로 이런 데에서 보이는 동작이 탐(探)의 본뜻입니다.

자소자 '깊을' 심(罙)의 설명을 보면 아주 명확해질 것입니다. 심(罙) 자는 '무릅쓸' 미(罙)로도 새깁니다. 심(罙)은 횃불을 들고 동굴에 들어가는 모양이라고 했습니다. 어두우니 팔[手]을 뻗고 여기저기 더듬지[罙] 않을 수 없습니다. 동굴이 깊은 데에서 '깊다'라는 뜻이, 뭐가 있는지 살펴본다는 데에서 '찾다'라는 뜻이, 위험이 있을 수도 있으니 '무릅쓰다'라는 뜻이 파생되어 나올 수 있습니다. 실제 쓰임을 살펴보면 그런 내용이 확인됩니다. 기초한자 가운데 '깊을' 심(深), '찾을' 탐(探)의 자소자로 쓰이는 이유입니다. 이런 것을 보면 자소로 쓰이는 글자들을 잘 익혀야 하는 이유가 명백해집니다.

중학	획수	형자	회자	새김	발음
揚	12	昜	手昜	날릴	양

양(揚)을 『설문』에서는 "날다, 오르다"라고 하는데 후세 학자들 가운데에는 '날다'는 가차의(假借義)로 본뜻이 아니라고도 합니다. 고문을 연구한 사람들은 이것은 양(昜)

자를 잘못 본 해석이라고 합니다. 양(昜)은 본래 가운데 구멍이 뚫린 큰 옥인 벽(璧)을 들어올려 다른 사람들에게 보여주는 모양을 나타내는 상형자라는 것입니다. 자형이 비슷해 양(昜)으로 본 것이라는 지적입니다. 어쨌든 좋은 옥이니 자연 사람들이 칭찬하게 됩니다.

양(昜)을 우리는 흔히 '볕'이나 '양기(陽氣)'로 새깁니다. 『설문』에는 "양(昜)은 밝은 것이다. 일(日)과 일(一), 물(勿)을 따르는 회의자이다. 달리 바람을 타고 높이 솟아오르는 것이라고도 한다. 생장하는 것이라고도 한다. 강하고 큰 것이 많은 모양이라고도 한다"라 하고, 주석에는 "기(깃발)가 햇빛을 받으며 펄럭이는 모양"이라고도 합니다. 물(勿)을 구름층으로 보아 구름이 걷히고 해가 나오는 것이라는 설명도 있습니다. 현재의 쓰임으로 보면 해가 나온다는 뜻이 가장 가까울 듯합니다.

양(昜)은 현재 낱자로 쓰이지는 않고 '오를' 양(揚)에서 볼 수 있는 것처럼 다른 글자의 편방에 자소로 쓰입니다. '오를' 양(揚), '볕' 양(陽), '버들' 양(楊), '마당' 장(場), '창자' 장(腸), '화창할' 창(暢), '끓을' 탕(湯) 등 기초한자에 모두 일곱 자가 들어 있습니다.

배에 실린 짐을 뭍으로 운반하는 것은 양륙(揚陸), 출세하여 이름을 세상에 떨치는 것은 입신양명(立身揚名), 물을 퍼 올리는 기계는 양수기(揚水機)인데 순우리말로는 '무자위'라고 합니다. 음운 변화 과정을 정확히 설명할 수는 없지만, 무자위는 아마도 실을 뽑아내듯 물을 낮은 데에서 높은 데로 빨아올리는 '잣다'와 '물'이 결합해 생겨난 말이 아닐까 합니다. 뜻한 바를 이룬 만족한 빛을 얼굴과 행동에 나타내는 것은 양양(揚揚)하다고 하고, 득의양양(得意揚揚)은 뜻한 바를 이루어 우쭐거리며 뽐내는 것입니다. 공공연히 소리 높여 하는 말은 양언(揚言)이라고 합니다.

중학	획수	형자	회자	새김	발음
擧	18	與	與手	들	거

거(擧)는 두 손을 드는 것입니다. 두 손[手]을 마주해[與] 들거나 들어올리는 것입니다. 그래서 의병을 일으키는 거의(擧義), 군사를 일으키는 거병(擧兵)에서처럼 '어떤 것을 일으키다'라는 뜻도 갖습니다. '올리다'는 구체적이고 물리적인 동작이 추상적인 것으로 의미가 확대된 것입니다.

중학	획수	회자	새김	발음
承	8	卩廾手	이을	승

'이을' **승(承)**에는 '드리다'와 '받다'라는 서로 상반된 뜻풀이가 있습니다. 무릎을 꿇고 앉아 있는 사람을 두 손으로 받치고 있는 고문의 자형을 분석하면 '드리는 것'이 됩니다. 『설문』에서와 같이 '받을' 수(收)가 들어간 글자로 보면 '받는 것'이 됩니다. 분석 대상으로 삼은 글자가 시대와 자형이 달라지며 생긴 해석의 차이입니다. 받는 행위에는 주는 사람과 받는 사람이 전제됩니다. 그래서 '이어지다'라는 뜻도 생기게 됩니다.

승계(承繼)는 계승(繼承)과 같은 뜻으로 조상의 전통이나 문화유산, 업적 따위를 물려받아 이어나가는 것을 이릅니다. 청하는 바를 들어주는 것은 승낙(承諾), 납득하여 따르는 것은 승복(承服)입니다.

중학	획수	회자	새김	발음
拜	9	手手丅	절	배

'절' **배(拜)**입니다. 절은 예의를 표시하는 방법의 하나이니 자세히 알아보겠습니다. 『설문』에는 지금 쓰고 있는 배(拜)가 아니고 좀 복잡한 자형이 올라 있습니다. "배(撐)는 두 손이 땅에 닿는 것이다. 수(手)와 '빠를' 홀(𡍮)을 따르는 회의자이다. 홀(𡍮)의 음은 홀(忽)이다. 양웅(楊雄)은 (拜는) 수(手) 자 두 개와 하(下) 자를 따르는 회의자라고 한다." 여기서 '홀(𡍮)'의 음은 홀(忽)'이라는 부분이 선뜻 이해되지 않을지 모르겠는데, 두 글자 모두 중국어 발음은 후(hū)로 같습니다.

주석입니다. "옛날 사람들은 (땅)바닥에 자리를 깔고 앉아, 무릎 아래는 뒤로 구부려 엉덩이를 발꿈치에 대고 앉아 몸을 뒤로 기댔다. 그래서 존경하는 마음을 나타내려면 허리와 팔을 반듯이 펴고 무릎을 가렸는데 이것을 궤(跪)라 한다. 꿇어앉은 상태에서 머리를 들어 허리와 나란히 하고, 몸은 경쇠처럼 구부리기 때문에 머리는 땅에 닿지 않고 두 손이 땅에 닿은 것이다. 이것은 옛날의 절하는 방식이다." 설명이 좀 깁니다만 오늘날 남자들이 땅에 손을 집고 하는 큰절입니다.

고문 연구 결과는 전혀 다릅니다. 배(拜)는 벼나 보리를 두 손으로 뽑아 조상신에게 바치고 풍년을 기원하는 제사를 올리는 것을 나타내는 글자라고 합니다. 옛날 절을 할 때는 손을 모으고 허리를 굽혔고[揖(읍)], 손을 땅에 대고 하는 지금 우리의 큰절 방식은 그 이후에 나온 것이라고 합니다.

格物 016. 병자호란(丙子胡亂)과 인조의 삼궤구고(三跪九叩)

절에 고두(叩頭)라는 것이 있습니다. 고(叩)는 '두드리다, 조아리다'라는 뜻으로 머리를 땅에 닿게 하는 절입니다. 이 단어는 'kowtow'로 중국어 발음 그대로 영어 사전에도 실려 있습니다. 황제 앞에서는 세 번 엎드리고 아홉 번 머리를 땅에 대는 삼궤구고(三跪九叩)를 행했습니다. 하는 사람의 입장에서 보면 가장 치욕적인 절인데, 병자호란(1636) 때 인조(1595~1649, 재위 1623~2649)가 청의 태종에게 신하의 예로서 삼궤구고를 한 내용이 『왕조실록』에 실려 있습니다.

> 멀리 바라보니 한(汗)이 황옥(黃屋)을 펼치고 앉아 있고 갑옷과 투구 차림에 활과 칼을 휴대한 자가 방진(方陣)을 치고 좌우에 옹립(擁立)하였으며, 악기를 진열하여 연주했는데, 대략 중국 제도를 모방한 것이었다. 상이 걸어서 진(陣) 앞에 이르고, 용골대 등이 상을 진문(陣門) 동쪽에 머물게 하였다. 용골대가 들어가 보고하고 나와 한의 말을 전하기를, "지난날의 일을 말하려 하면 길다. 이제 용단을 내려 왔으니 매우 다행스럽고 기쁘다" 하자, 상이 대답하기를, "천은(天恩)이 망극합니다" 하였다. 용골대 등이 인도하여 들어가 단(壇) 아래에 북쪽을 향해 자리를 마련하고 상에게 자리로 나가기를 청하였는데, 청나라 사람을 시켜 여창(臚唱)하게 하였다. 상이 세 번 절하고 아홉 번 머리를 조아리는 예를 행하였다.
>
> —『인조실록』(인조 15년(1637) 1월 30일), 국사편찬위원회역

여기서 한(汗)은 '칸(khan)'의 음역으로 임금이나 군주를 뜻하며, 청나라 태종을 가리킵니다. 여창(臚唱)은 과거를 본 뒤 급제한 사람들이 임금을 알현할 때 이름을 부르는 것입니다. 시종이 이름을 부르면 임금 앞에 나아가 알현합니다. 쉽게 말해 시종이 청 태종 앞에 인조의 관등성명을 밝히고 난 뒤 만나서 뭔가 이야기를 하는 것입니다. 그 내용

이 나와 있지는 않지만 "천고의 죄인 조선 국왕 이 종(倧)은⋯⋯" 정도로 말문을 트지 않았을까 합니다.

패전 후 조선은 침략한 청나라 임금의 공덕을 찬양하는 대청황제공덕비(大淸皇帝功德碑)까지 세워야 했으니 기가 막힐 노릇입니다. 이 비는 세워진 곳의 이름을 따 '삼전도(三田渡) 비'라고 더 많이 알려져 있는데 삼전도는 서울의 송파 나루입니다. 여기저기 왔다갔다하며 우여곡절을 겪다가 이제는 서울 송파구 석촌 호숫가에 자리를 잡았습니다.

유태인들이 학살당했던 폴란드 아우슈비츠(Auswitz) 수용소에는 "우리 그들을 용서합시다. 그러나 결코 잊지는 맙시다"라는 말이 쓰여 있다고 합니다. 존 에프 케네디(1917~1963) 미국 대통령도 같은 뜻의 말을 한 바 있습니다.

"우리의 적이 한 짓들은 용서해줍시다. 그러나 그들이 누구인지는 잊지 맙시다
[forgive your enemies but never forget their names]."

축자역이 아니고 우리말다운 의역입니다. 치욕으로 숨기고 싶은 역사이지만 위로 중국과 아래로 일본에 시달렸던 우리로서는 결코 잊어서는 안 되는 역사라는 생각에 이야기가 장황해졌습니다.

증외	부수	획수	형자	회자	새김	발음
失	大	5	乙	手乙	잃을	실

실(失)은 손[手]에 있던 물건이 빠져 나가는 것[乙]을 뜻하는 데에서 '잃다'라는 의미를 갖는 글자입니다.

실패(失敗)는 일을 성공하지 못하고 망한 것입니다. '실패는 성공의 어머니'라는 말처럼 여러분은 실패를 두려워해서는 안 되겠습니다. 실종(失踪)은 소재나 행방, 생사 여부를 알 수 없게 된 것입니다.

중외	부수	획수	회자	새김	발음
看	目	9	手目	볼	간

간(看)은 바라보는 것입니다. 햇빛이 강할 때는 손[手]으로 눈[目]을 가려 빛을 제대로 차단해야 잘 보입니다. 간(看)은 바로 그런 모양을 하고 멀리 보는 것이 본뜻입니다.

간과(看過)는 대강 보아 넘기는 것이고, 간병(看病)은 아픈 사람 곁에서 돌보고 시중을 드는 것입니다. 간판(看板)은 상품이나 업소명 등이 눈에 잘 뜨이도록 걸거나 붙이는 표지입니다. 간풍사타(看風使舵)는 바람을 보아가며 키를 부린다는 말입니다. 처세가 원활하고 임기응변을 잘 하는 것을 가리킵니다. 간풍사선(看風使船)은 바람을 보아가며 배를 부리는 것, 즉 모는 것이니 같은 뜻입니다. 상황파악, 시쳇말로 눈치코치가 빨라 분위기 파악을 잘 하는 것입니다.

고교	획수	형자	새김	발음
托	6	乇	맡길, 밀	탁
批	7	比	비평할	비

고교 기초한자입니다. 먼저 '풀잎' 탁(乇)입니다. '부탁할' 탁(託)으로도 쓰입니다. 탁(乇)은 싹[丿]이 땅[一]을 뚫고 나오는 모양[乚]을 그린 것으로 '乚'은 줄기와 아래의 뿌리를 나타냅니다. 기조한자에는 '집' 택(宅)과, '맡길' 탁(托)의 자소자로 쓰이고 있습니다.

어떤 것에 몸이나 마음을 의지하여 맡기는 것이 의탁(依托)인데, 실제는 의탁(依託)으로 많이 씁니다. 탁란(托卵)은 뻐꾸기 같은 새가 다른 새의 집에 알을 낳아 대신 품어 기르도록 하는 것을 이릅니다. 쓰임으로 보면 '부탁할' 탁(託)이 훨씬 많은데 왜 이 글자를 기초한자에 포함시켰는지 궁금합니다.

『설문』에서 비(批)는 다른 자형으로 올라 있습니다. "비(捭), 손을 뒤집어 치다"라고 합니다. 그야말로 손바닥으로 올려 치는 것입니다. 아래 사람의 글에 의견을 다는 데에서 다른 사람의 글을 '비평하다'는 뜻도 갖게 되었습니다.

비답(批答)은 임금이 상주문의 말미에 적는 가부의 대답입니다. 시가나 문장 따위를 비평하여 아주 잘된 곳에 찍는 둥근 점은 비점(批點)이라 하고, 옳고 그름을 판단하여 밝히는 것은 비판(批判)입니다.

고교	획수	형자	새김	발음
抑	7	卬	누를	억
抄	7	少	뽑을, 베낄	초

'누를' **억(抑)**의 고문 자형은 '손톱' 조(爪)와 꿇어앉은 사람의 모양으로 보는 '병부' 절(卩)로 되어, 손[爪]으로 다른 사람을 꿇어앉게[卩] 하는 글자라고 합니다. 나중에 자형이 바뀌면서 '도장' 인(印)을 쓰게 되었습니다. 인(印)을 보면 "정무를 집행하는 사람이 신표로 지니는 인장이다"라고 합니다. 새(璽)도 역시 인장입니다만, 왕들이 쓰는 것을 가리킵니다. 억(抑)은 『설문』에 '도장' 인(印)을 뒤집은 글자로 올라 있습니다. "억(归), 누르다. 인(印)자를 좌우로 뒤집은 것을 따른다"라고 해서 인(印)에서 분화된 글자로 봅니다.

강한 자를 억누르고 약한 자를 도와주는 것을 억강부약(抑强扶弱)이라 하고, 억지로 억누르는 것은 억압(抑壓)이고, 억눌러 못 하게 하는 것은 억지(抑止)입니다. 잘 안될 일을 무리하게 기어이 해내려는 고집을 뜻하는 '억지'는 발음만 같을 뿐 한자어가 아닙니다. 억양(抑揚)은 음의 상대적인 높이를 조절하는 것입니다.

'베낄' **초(抄)**입니다. 본뜻은 손[手]으로 숟가락과 젓가락을 쥐고 음식을 뜨는 것입니다. 수저로 뜨는 음식물은 양이 많지 않기 때문에 '적을' 소(少)가 들어가 뜻과 함께 소리를 나타냅니다. 본뜻에서 '노략질하다'라는 뜻이 나오고, 가차로 '베끼다'라는 뜻을 나타냅니다.

초략(抄掠)은 폭력을 써 강제로 빼앗는 것입니다. 필요한 부분만 뽑아서 적은 것은 초록(抄錄), 초본(抄本)은 원본에서 필요한 부분만 뽑아서 베낀 책이나 문서를 말합니다. 예전에는 호적등본, 호적초본을 많이 쓰기도 해서 아주 익숙한 공문서인데, 이제는 등본은 가족관계증명서라 하고, 초본은 기본증명서라고 하는 듯합니다.

고교	획수	형자	새김	발음
把	7	巴	잡을	파
抗	7	亢	겨룰, 막을	항

'땅 이름' 파(巴)는 '뱀'으로도 새깁니다. 『설문』에서는 "동물[蟲]이다. 코끼리를 먹는 뱀이라고도 한다"라고 합니다. 이런 이야기는 중국 고대 전설에 나오는 것이라고 하는데, 그런 사정이야 어떻든 생텍쥐페리(Saint-Exupéry, 1900~1944)의 소설 『어린왕자』에 나오는 보아(boa)뱀을 떠올리게 합니다. 바로 보아뱀이 코끼리를 삼키고 있는 모양인데요, 혹시 작가가 중국책을 읽다가 상상력을 얻게 되었던 것이 아닐까 하는 추측도 해보게 됩니다. 여기서 충(蟲)을 벌레가 아니고 동물로 옮긴 것은 벌레가 코끼리를 삼키기에는 역부족(?)일 듯하고 충(蟲)은 꿈틀거리는 것, 즉 파충류처럼 기어다니는 동물을 가리키기 때문입니다. '살찔' 비(肥), '잡을' 파(把)에 자소자로 나옵니다.

파수(把手)는 손을 잡는 것이나 손잡이를 말하고, 파수(把守)는 동음이의어로 경계하여 지키는 것입니다. "파수를 서다"로 많이 쓰고 "파수를 보다"로도 씁니다. 동사로 '파수하다'와 같은 의미가 되겠습니다. 파악(把握)은 손으로 잡아 쥔다는 것이 본뜻인데, 여기에서 파생[인신]되어 어떤 대상의 내용이나 본질을 확실하게 이해하여 아는 것을 가리키기도 합니다.

항(抗)은 막는 것, 방위하는 것입니다. 항(亢)이 들어가는 기초한자로는 '배' 항(航)이 또 있습니다. '목' 항(亢)입니다. '정도가 지나치다, 극진하다, 겨루다, 굳세다' 등등 여러 가지 뜻을 가지고 있는 글자입니다. 『설문』에는 "항(亢)은 사람의 목이다. 대(大)가 생략된 것[巿]을 따르며 목동맥의 모양을 본뜬 것이다"라고 합니다. 아래에 있는 궤(几) 자의 양옆을 반듯이 펴면(冂) 위로 머리에 아래로 목 부분 같은 느낌이 듭니다. 고문 연구 결과는 좀 다릅니다. 사람을 나타내는 '큰' 대(大) 자 아래 가로획[一]을 그은 것은 다리 양쪽에 채우는 형구, 즉 차꼬이며 차꼬가 본뜻이라는 것입니다. 차꼬에 다리를 넣으면 몸을 바로 펼 수밖에 없기 때문에 '높다'라는 뜻이 나오고, '강경하다'라는 의미도 나온 것이라고 합니다. '겨룰' 항(抗)과 통하기 때문에 '대항하다, 저항하다'의 뜻도 갖게 되었다고 합니다.

맞서서 반항하는 것은 항거(抗拒), 저항하는 힘은 항력(抗力), 대항하여 변론하는 것은 항변(抗辯), 맞서 싸우는 것은 항쟁(抗爭)입니다.

고교	획수	형자	새김	발음
拒	8	巨	막을/방진	거/구
拍	8	白	칠	박

거(拒)는 『설문』에 '그칠' 지(止) 변의 거(岠)로 올라 있는데, "거(岠)는 (서로 대항하다) 멈추다. 달리 지탱하는 것이라고 한다. 또 달리, 도약하는 것이라고도 한다"라고 설명하고 있습니다. 지탱(支撐)은 앙버티고 배겨내는 것입니다.

요구나 제의 등을 받아들이지 않고 물리치는 것은 거부(拒否)로 거절(拒絶)과 비슷한 의미입니다. 윗사람의 뜻이나 지시 따위를 따르지 않고 거스르는 것은 거역(拒逆)입니다.

박(拍)은 『설문』에 오른쪽 자형이 '일백' 백(百)으로 올라 있습니다. 박(拍)은 손으로 무엇의 윗부분을 치는 것입니다.

손뼉을 마주치는 것은 박수(拍手)이고, 박자(拍子)는 음악이 진행될 때 시간을 헤아리는 단위입니다. 박장대소(拍掌大笑)는 손뼉을 치며 크게 웃는 것입니다.

고교	획수	형자	새김	발음
拔	8	犮	뺄/성할	발/패
押	8	甲	누를/단속할	압/갑

발(拔)은 뽑는 것으로 뿌리까지 함께 뽑는 것입니다. 자소자는 '개 달리는 모양' 발(犮)입니다. '뺄' 발(拔) 외에 '터럭' 발(髮)에도 쓰입니다.

발본색원(拔本塞源)은 뿌리를 뽑고 원인을 찾는 것으로 좋지 않은 일의 근본 원인을 완전히 없애는 것입니다. 선발(選拔)처럼 여럿 가운데 골라 뽑는 것을 나타내기도 합니다.

압(押)은 본래 신표로 공문에 글자를 쓰거나 부호를 그려 넣은 것으로 그런 글자나 부호를 가리키기도 합니다. 여기서 약속이라든지 보호의 뜻이 생겨났고, 더 나아가 '거느리다, 압박하다'의 뜻도 갖게 되었습니다.

압서(押署)는 도장을 찍고 서명하는 것으로 요즈음은 기명날인(記名捺印)이라는 말을 많이 씁니다. 대가리가 크고 촉이 짧아서 흔히 손가락으로 눌러 박는 쇠못은 압정(押釘) 또는 압핀(押pin)인데, 순화해서 '누름 못'이나 '누름 핀'으로 씁니다. 예전에는 '오시삔'이라는 말을 쓰기도 했는데 이것은 압핀의 일본어 발음입니다. 혹시 영어의 'pushpin'이나 'thumbtack'이 일본을 거쳐 들어오면서 따라 들어왔던 말이 아닐까 합니다.

고교	획수	형자	새김	발음
拙	8	出	졸(拙)할	졸
拓	8	石	넓힐/박을	척/탁

'졸할' 졸(拙)의 '졸하다'는 그 의미가 선뜻 와닿지 않을지 모르겠습니다. 손재주가 초목이 땅에서 나와 자라는 것[出]처럼 들쑥날쑥해 가지런하지 않은 것을 나타냅니다. '재주나 재능이 없다, 솜씨가 서툴다, 주변이 없고 옹졸하다'라는 뜻입니다.

옹졸하고 천하여 서투른 것은 졸렬(拙劣)한 것입니다. 어설프고 빠른 것은 졸속(拙速)한 것이고, 글씨나 글이 보잘것없는 것은 졸필(拙筆)이라고 하는데 자기가 쓴 글씨를 겸손하게 이르는 말이기도 합니다.

척(拓)을 『설문』에서는 "주워 얻는 것"이라고 합니다. '확대하다'든지, '개척하다'는 뜻은 나중에 나온 뜻으로 설명합니다. 다음자로 '박을' 탁으로도 새기는데, 탁본(拓本)은 비석, 기와, 기물 따위에 새겨진 글씨나 무늬를 종이에 그대로 떠내는 것입니다. 탁본은 역사를 연구하거나 서예 공부를 할 때 많이 씁니다.

개척(開拓)은 불모지를 쓸모 있는 땅으로 바꾸는 것이고, 거기에서 뜻이 확장되어 진로를 처음으로 열어나가는 것을 뜻합니다. 어느 분야든 개척 정신은 특히 젊은이들에게 크게 요구되는 자질입니다. 척식(拓殖)은 국외의 영토나 미개지를 개척하여 자국민의 이주와 정착을 정책적으로 촉진하는 것으로 1908년 생긴 일제의 동양척식주식회사(東洋拓殖株式會社)는 일본이 우리나라의 경제를 수탈한 대표적인 기관이었습니다.

고교	획수	형자	새김	발음
抽	8	由	뽑을	추
挑	9	兆	돋울	도

추(抽)는 『설문』의 자형이 '손' 수(手) 옆에 '머무를' 류(畱)[留의 본자]를 쓴 자형[擂]으로 지금과는 다릅니다. "추(擂)는 끌어당기다. 추(抽)는 혹체(或體)이다"라고 합니다. 『설문』에서 '혹체'라고 하는 것은 이체자라는 뜻입니다. 뜻과 발음은 같은데 글의 모양만 다른 것입니다. '끄집어내거나 당겨내는 것'입니다.

골라 추려내는 것은 추발(抽拔)이라고 하고, 추상(抽象)은 여러 가지 사물이나 개념에서 공통되는 특성이나 속성 따위를 추출하여 파악하는 작용입니다.

도(挑)는 도발(挑發)하는 것입니다. 다른 사람을 건드려 성을 돋워 일이 벌어지게 만드는 것입니다. 분단된 상황에서 늘 북한의 도발이 문제가 되는데, 언제나 통일이 될까 하는 생각에 안타깝습니다. '반드러울' 도(挑)에서 파생된 글자로 보기도 합니다. 반드러운 것은 깔깔하지 아니하고 윤기가 나도록 매끄러운 것입니다. 하지만 도(挑)의 본뜻은 야채[屮]를 손[又]으로 뜯는 것이라고 합니다. 야채를 뜯으려면 이리저리 왔다갔다 해야 하는 데에서 '오가며 보다'라는 뜻을 갖게 되고, '행동이 조금 달뜬 것'을 가리킵니다. '달뜨다'는 '들뜨다'와 마찬가지로 조금 흥분된 상태를 가리킵니다. 그러니까 도(挑)를 이리저리 오가는 것으로 보는 것입니다.

자소자 '조짐' 조(兆)는 '나무' 목(木)이 붙어 '복숭아' 도(桃), 발[足]이 붙어 '뛸' 도(跳), '쉬엄쉬엄 갈' 착(辵, 辶)이 붙어 '도망할' 도(逃)가 됩니다.

도등(挑燈)은 등잔의 심지를 돋우는 것입니다. 자연 불이 더 밝아집니다. 도전(挑戰)은 싸움을 거는 것입니다만 지금은 어려운 사업이나 기록 경신 따위에 맞서는 것을 이르는 경우가 많습니다. 응전(應戰)은 상대편의 공격에 맞서서 싸우는 것입니다. 영국의 사학자이자 철학자인 아놀드 토인비(Arnold J. Toynbee, 1889~1975)는 역사를 도전과 응전(challenge and response)으로 설명하고, 새로운 도전에 제대로 대처하는 즉, 응전을 잘 하는 문명이 살아남은 것으로 갈파했습니다.

고교	획수	형자	새김	발음
捉	10	足	잡을	착
捕	10	甫	잡을	포

착(捉)은 다가가서 잡는 것입니다. '체포하다'라는 뜻으로도 쓰입니다. 다가가[足] 잡는다[手]로 파자해볼 수 있겠는데 족(足)은 소리도 나타냅니다.

사람을 잡아가면 착거(捉去), 잡아 오는 것은 착래(捉來), 잡아 보내는 것은 착송(捉送)하는 것입니다.

앞서 착(捉)의 새김이 '잡다'였는데 **포(捕)**의 새김도 마찬가지로 '잡다'입니다. 착(捉)은 기본적으로 손에 무엇을 '쥐다(grab, grasp)'는 뜻의 '잡다'이고, 포(捕)는 '체포하다(capture, seize)'는 뜻의 '잡다'입니다.

자소자 보(甫)는 남자의 미칭(美稱)으로 쓰이는 글자입니다. '아비' 부(父)도 같은 뜻으로 쓰였습니다. 나이가 비슷하거나 아래 사람을 부를 때 썼는데, 이름이나 성 뒤에 붙여 "홍길동 보, 홍 보야"하는 식으로 불렀습니다. 고문 분석에서는 보(甫)가 밭의 채소 싹이 긴 모양을 본뜬 것이라고 합니다. 모밭 즉, 모포(苗圃)가 본뜻이고 이게 나중에 '채마밭' 포(圃)가 된 것이라고 합니다. 자소자로 옷[衣]을 입고 '도울' 보(補), 손[手]으로 잡아 '잡을' 포(捕), 물[水]과 만나 바닷물 들어오는 '개' 포(浦) 자에서 볼 수 있습니다. 포도대장(捕盜大將)은 도적을 잡는 대장이고, 포졸(捕卒)은 그에 딸린 하급 관리인 군졸입니다.

고교	획수	형자	새김	발음
掛	11	卦	걸	괘
掠	11	京	노략질할	략, 약

『설문』의 **괘(掛)**는 오른쪽에 '점' 복(卜)이 없는 자형[挂]이 실려 있는데 같은 글자입니다. "괘(挂), 그리다"라고 설명하는데 주석을 보면 "서로 다른 것을 그림으로 그려내는 것" 또는 "경계를 그리는 것"이라고 합니다. 차이가 선명히 드러날 수 있도록 그림으로 그리는 것이 아닌가 합니다. '걸다'라는 뜻은 나중에 생긴 것입니다.

괘념(掛念)은 마음에 두고 걱정하거나 잊지 않은 것입니다. 걸그림은 괘도(掛圖)이고, 벽에 걸려 있는 시계는 괘종시계(掛鐘時計)입니다. 보통 시간마다 종이 울립니다.

략(掠)은 빼앗는 것입니다. 약탈하는 것입니다.

노략질(擄掠-)에 쓰는데 노략질은 재물을 폭력을 써서 강제로 빼앗는 짓거리입니다. 약탈(掠奪)은 폭력을 써서 남의 것을 억지로 빼앗는 것으로 창탈(搶奪)과 같은 뜻입니다.

고교	획수	형자	새김	발음
捨	11	舍	버릴	사
掌	12	尙	손바닥	장

사(捨)는 본래 '쉬다'라는 뜻에서 인신되어 내려놓은 것, 제쳐두는 것도 나타내게 되었습니다.

자소자는 '집' 사(舍)입니다. '집' 사(舍)는 고문 분석에서 '나' 여(余)와 기원이 같은 것으로 봅니다. 여(余)는 임시로 지은 띠집[茅屋]을 나타내며, 사(舍)는 아래에 기초[口]를 다지고 높이 세운 고급 집이라고 합니다. 객관(客館)이 본뜻입니다. 그래서 관부나 관청의 창고를 가리키기도 합니다.

사신(捨身)은 불사(佛事) 또는 불도의 수행을 위하여 자기의 몸과 목숨을 버리는 것입니다. 취사선택(取捨選擇)은 쓸 것은 쓰고 버릴 것은 버리는 것이고, 희사(喜捨)는 어떤 목적을 위하여 기꺼이 돈이나 물건을 내놓는 것입니다.

손을 편 것은 '손바닥' **장(掌)**이고 손가락을 말아 쥔 것은 '주먹' 권(拳)입니다.

손바닥을 뒤집는 것처럼 쉬운 일은 여반장(如反掌)이고, 손바닥이나 발바닥의 한가운데를 장심(掌心)이라고 합니다. 주먹을 쥐고 하는 것이라서 권투(拳鬪)겠죠.

고교	획수	형자	새김	발음
提	12	是	끌	제
換	12	奐	바꿀	환

'끌' 제(提)에는 '제기하다, 예정된 시간을 앞당기다'는 뜻도 있습니다.

제공(提供)은 무엇을 내주거나 갖다 바치는 것이고, 제시(提示)는 드러내 보이는 것입니다. 제요(提要)한다는 것은 요점만 추려 제시하는 것입니다. '옳을' 시(是)가 들어가는 글자로는 '둑' 제(堤)에, '제목' 제(題)가 있습니다.

자소자 환(奐)을 『설문』에서는 "바꾸다. 달리 크다는 뜻도 있다"라고 합니다. 실제 '바꿀' 환(換)으로 쓰입니다. 물건을 주고 다른 물건을 바꾸는 것은 물물교환입니다. 『단주』에서는 "들어본 적이 없다[未聞]"라고 잘라 말하고 있어서 『설문』의 설명이 과연 합당한 것인가 하는 의문을 떨칠 수는 없습니다만, 글자를 익히는 데 참고는 될 수 있습니다.

공기를 바꾸어주는 것은 환기(換氣), 이 단위에서 저 단위로 고쳐서 헤아려보는 것은 환산(換算), 표를 바꾸는 것은 환표(換票)입니다.

고교	획수	형자	새김	발음
揮	12	軍	휘두를	휘
携	13	雟	이끌	휴

휘(揮)는 뿌리는 것입니다. 손으로 가리키는 것이라고도 합니다. 지휘하는 것입니다. 능력이나 재능을 떨치어 나타낸다는 뜻의 발휘(發揮)에 쓰이는데, 발(發)은 화살을 쏘아 전쟁의 개시를 알리고 휘(揮)는 기를 흔들어 군을 움직이게 하는 방법이라고 합니다. 명적(鳴鏑)이라고 해 화살촉 부분에 빈 깍지를 달아놓은 화살이 있는데, 이 화살은 깍지에 난 구멍으로 공기가 통과하면서 소리를 냅니다. 순우리말은 '우는살'입니다.

어떤 사물이나 현상이 시작되어 나온 맨 처음을 비유적으로 일러 효시(嚆矢)라고 하는데, 『장자(莊子)』의 〈재유편(在宥篇)〉에 나오는 말로 전쟁을 시작할 때 우는살을 먼저 쏘았다는 데에서 유래합니다.

『설문』에 '이끌' 휴(携)는 본자[攜]로 올라 있습니다. 이끌고 가는 것입니다. 자소자 그대로 풀면 활[弓]로 새[隹]를 잡아들고[手] 가는 것으로 기억하면 됩니다. 제휴(提携)의 글자 그대로의 뜻, 즉 축자의는 '도와서 끄는 것'입니다.

자소자 전(雟)의 본래 자형은 전(雟)으로 아래는 활[弓]입니다. 짐작이 가지 않습니까? 그렇습니다. 새[隹]를 활[弓]로 쏘는 것이 본뜻이고 여기에서 살지고 맛있는 새고기라는 뜻이 나오게 되었습니다. '살진 고기' 전(雋)인데, 다음자라서 '영특할' 준으로도 새깁니다. '준걸' 준(俊)과 통해 재주가 보통 사람보다 뛰어난 사람을 가리키기도 합니다. 본래는 누워 있는 활의 모양이 조금 바뀐 꼴입니다.

고교	획수	형자	새김	발음
摘	14	商	딸	적
據	16	豦	근거, 웅거할	거

적(摘)은 나무[商]에서 무언가를 따는 것[手]입니다. 나무의 뜻으로 목(木)이나 수(樹)가 있지만, '밑동' 적(商)을 쓴 것은 발음이 유사하기 때문이고, 그것이 형성의 묘미이겠는데 모국어가 아닌 우리로서는 역시 어려울 수밖에 없습니다.

적(商)은 『설문』에서는 나무의 밑동을 나타내는 글자라고 하고, 고문자 분석에서는 '임금' 제(帝) 아래에 '입' 구(口)를 쓰는 글자로 밑동이나 큰 소리를 뜻한다고 합니다. 때리고 치니[攴] '원수' 적(敵), 책받침에 '갈' 적(適), 재방변에 '딸' 적(摘), 삼수[氵] 만나 '물방울' 적(滴)입니다.

'큰 멧돼지' 거(豦)의 『설문』입니다. "거(豦)는 호랑이[虍]와 멧돼지[豕]가 치고 싸우며 오랫동안 떨어지지 않는 것이다. 사마상여(司馬相如)는 거(豦)를 큰 멧돼지의 한 종류라 한다. 이와 달리 거(豦)는 호랑이가 네 발을 높이 치켜든 것이라고도 한다." 이 글자는 낱자로 쓰이는 경우는 드물고, '웅거할' **거(據)**, '심할' 극(劇)의 자소로 쓰이는데 웅거(雄據)가 "일정한 지역을 차지하고 굳게 막아 지킨다"라는 뜻이라는 점을 생각하면 멧돼지와 호랑이가 싸우는 용맹스러운 모습이 잘 드러나 보이는 글자들입니다.

고교	획수	형자	새김	발음
擔	16	詹	멜	담

담(擔)은 담(儋)의 이체자, 즉 뜻은 같고 모양만 다른 글자라고 합니다. 그래서 자연스

럽게 '멜' 담의 뜻을 갖게 된 듯합니다. 『설문』에 **담(擔)**은 사람인변[亻]을 하고 있습니다[儋]. 담(儋)은 어깨에 메는 것입니다. 어떤 일을 '맡다'라는 뜻도 있습니다. 담(擔)은 나오지 않는데 다른 자료를 찾아보면 (과일을) 따는 것이라고 합니다. 주석에는 각종 과일을 따는데 붙인 이름이 나옵니다만 너무 세세한 사항이라서 생략합니다. 그런데 우리말에서도 마찬가지입니다. 일괄적으로 말할 때는 과일을 딴다고 합니다만, 좀 더 나눠 생각해보면 과일에 따라 조금씩 다릅니다. 사과나 복숭아, 배는 땁니다. 밤이나 호두는 턴다고 합니다. 감은 아귀를 낸 바지랑대 끝에 끼워 꺾어서 땁니다. 그래야 다음 해에 새순이 나고 과일이 많이 달린다고 합니다.

첨(詹)은 말이 많은 것입니다. 수다스러운 것입니다. '이르다(reach), 보다'의 뜻도 있습니다. 기초한자 외 '담박할' 담(澹)의 자소자로 쓰이기도 합니다.

담당(擔當)은 일을 맡는 것입니다. 『표준』에는 올라 있지 않지만 담지자(擔持者)라는 말이 있습니다. 인류학에서 쓰는 말로 문화적 가치와 특성을 전달하고 확산시키는 사람을 말합니다. 본래 독일어 '트레거(Träger)'가 많이 쓰였는데 영어로 '베어러(bearer)'라고 합니다. 트레거는 무엇을 전하거나 나르는 사람이기도 합니다.

중국이나 동남아에 가면 일자형 막대기나 대나무 양끝에 갈고랑이를 달아 과일 바구니나 무거운 짐을 메고 다니는 모습이 눈에 많이 뜨입니다. 그렇게 짐을 멜 수 있는 장치랄까 도구랄까 그것을 삐엔딴[편담(扁擔)] 또는 딴즈[담자(擔子)]라고 합니다. 그리고 그런 일이나 하역 등과 같이 힘든 노동을 하는 미숙련 육체노동자를 영어에서 쿨리(coolie)라고 하는데, 중국어에서는 어렵게 힘쓴다는 뜻으로 고력(苦力)으로 쓰고 발음은 쿨리(kǔli)입니다. 영어의 쿨리(coolie)는 고용을 뜻하는 스리랑카 공용어의 하나인 타밀어에서 왔다고 하는데, 중국어 쿨리(苦力)가 일의 특징을 훨씬 더 정확하게 나타내주는 듯합니다.

고교	획수	형자	새김	발음
操	16	喿	잡을	조
攝	21	聶	다스릴, 잡을	섭

조(操)는 움켜쥐는 것입니다. 실수하지 않도록 마음을 움켜쥐는 것이 조심(操心)

입니다.

자소자 소(喿)는 나무[木] 위에 새[口]가 세 마리 앉아 있는 모양이라고 했습니다. 나무 위에 있는 새의 주둥이만 그린 것으로 이 새, 저 새 생각만 해도 소리가 들리는 듯합니다. '시끄러울' 소입니다. '불' 화(火)가 붙어 '마를' 조(燥)가 됩니다.

'다스릴' 섭(攝)의 자소자는 '소곤거릴' 섭(聶)입니다. 귀를 서로 맞대고 있는 것을 보면 분명 작은 소리로 이야기하는 것이겠습니다. 입[口]까지 더하면 뜻이 더 분명해질 것 같은 생각이 들지 않습니까? 사람이 생각하고 사는 이치가 마찬가지라서 그런지 그런 글자도 있습니다. 역시 '소곤거릴' 섭(囁)입니다. '발' 족(足)이 붙은 것[躡]도 있는데, 이것은 짐작하기가 쉽지 않습니다. '밟을, 디딜' 섭(躡)입니다. 섭(攝)은 당겨 잡는 것입니다. 소곤거리려면[聶] 누군가를 끌어당겨야[手] 합니다.

당겨서 먹으니 섭취(攝取), 군주가 처리해야 할 일을 내 앞으로 당겨서 처리하니 정치를 대리하는 섭정(攝政)입니다.

고교	획수	형자	회자	새김	발음
拘	8	句	手句	잡을	구
拂	8	弗	手弗	떨칠/도울	불/필

구(拘)는 손[手]으로 제지하는 것이 본뜻입니다.

구금(拘禁)은 잡아 가두는 것이며, 구류(拘留)는 일종의 형벌로 1일 이상 30일 미만 일정 시설에 가두는 것입니다. 구속(拘束)은 행동이나 의사의 자유를 제한하거나 속박하는 것이고, 구인(拘引)은 사람을 강제로 잡아서 끌고 가는 것입니다.

사법 경찰 등이 이런 절차를 집행하는 데에는 반드시 법원이 발부한 영장을 제시하여야 합니다. 아울러 피의자에게 변호사 선임권 등을 포함해 권리를 보장받을 수 있다는 미란다(Miranda) 원칙을 고지해야 합니다. 적법하지 않은 인신의 구속 행위는 거부할 수 있으며, 그것은 민주 시민의 당연한 권리이기도 합니다.

불(拂)은 치는 것입니다. '가볍게 치다, 털다'의 뜻으로 쓰입니다.

자소자 '아닐' 불(弗)의 세로획 두 개는 화살로 봅니다. 여기서 '활' 궁(弓) 자는 활이 아니고 구부러진 화살을 반듯이 바로잡기 위해 묶은 끈의 모양입니다. 즉, 비뚤어진 화살을 바로잡는 것이 원뜻으로 교정(矯正)입니다. '부처' 불(佛), '털' 불(拂), '쓸' 비(費)에서 볼 수 있습니다. 활을 바로잡는 틀을 '도지개'라고 합니다. "도지개를 틀다"라는 말은 얌전히 앉아 있지 못하고 몸을 이리저리 꼬며 움직이는 것을 뜻합니다.

털이개 즉, 먼지떨이를 불자(拂子)라고 합니다. 절의 스님들이 쓰는 것도 불자(拂子)인데, 이것은 먼지를 터는 것이 아니고 번뇌와 어리석음을 물리치는 표지로 쓰입니다. 돈을 내는 것을 불입(拂入)이라 하고, 관청에서 재산을 개인에게 파는 것을 불하(拂下)라고 하는데 이때는 지불하거나 팔아서 그와 관련된 일들을 깨끗이 털어버린다는 의미를 나타내는 듯합니다.

고교	획수	형자	회자	새김	발음
抵	8	氐	手 氐	막을/칠	저/지
拳	10	𢍏	𠔥 手	주먹	권

'막을' 저(抵)의 『설문』입니다. "저(氐)는 다다르다. 씨(氏) 아래 가로획[一] 붙인 것을 따르는 회의자이다. 가로획[一]은 땅을 나타낸다"라고 합니다. 달리, 씨(氏)와 저(氐)는 본래 한 글자였다고도 합니다. 씨앗이 싹트고 뿌리가 긴 모양을 본뜬 것이라고 합니다. 그런데 씨(氏)가 성씨(姓氏)를 나타내는 뜻으로 전용되자 그와 구분하기 위해 점[丶]을 하나 찍은 것으로 지사자라고 합니다. 그래서 근본이 본뜻이라는 것입니다. '낮을' 저(低), '바닥' 저(底)에 쓰이고 있음을 볼 수 있습니다. '막을' 저(抵)는 '닥뜨릴' 저로도 새기는데, 닥뜨린다는 것은 닥쳐오는 사물에 부딪는 것입니다.

저촉(抵觸)은 법률에 위반되거나 어긋나는 것이고, 저항(抵抗)은 적과 맞서서 대항하는 것입니다. 저사위한(抵死爲限)은 죽기를 각오하고 굳세게 저항하는 것입니다.

우리말로 줌은 주먹입니다. 말아 쥔 손을 가리키기도 하고 손을 말아 쥐는 정도에 들어가는 분량을 가리키기도 합니다. 움큼은 손을 움켜쥘 만한 분량을 가리키니 비슷한 말입니다. 권(拳)은 장(掌)에서 말했듯이 주먹입니다.

형성 자소는 '주먹밥 쥘' 권(𢍏)입니다. 회의 자소로 쓰인 '𠔥'은 음훈이 없고 독립된 글자로 쓰이지 않습니다만 '关'이 이체자로 나오고 다시 '쏙'은 '关'의 이체자임을 확인할 수 있습니다. 여기에서 유추한다면 결국 '쏙'은 권(券)과 같은 글자라고 볼 수 있지 않을까 합니다. 『설문』에서는 하나의 소전자입니다만 해석은 책마다 달라 어떤 책에서는 권(券)이라 하고, 또 어떤 책에서는 '쏙'으로 쓰고 있기도 합니다. '책' 권(券), '암쪽' 권(卷)에도 나타납니다.

참된 마음으로 정성스럽게 지키는 모양은 권권(拳拳)이라고 합니다. 한 손에 쥐는 총, 한 손으로 다룰 수 있는 총이 권총(拳銃)입니다.

고교	획수	형자	회자	새김	발음
振	10	辰	手辰	떨칠	진
排	11	非	手非	밀칠	배

진(振)을 『설문』에서는 "진(振), 구조하다. 달리 분기(奮起)하는 것"이라고 합니다. 주석을 보면 "흉년이 들었을 때 어려운 백성에게 나라의 곡식을 꾸어주는 진대법(賑貸法)을 옛 전적에서는 진대(振貸)로 썼는데 이제는 진대(賑貸)로 쓰고 있다"라고 지적합니다. 『표준』에도 진대(賑貸), 진휼(賑恤) 모두 '조개' 패(貝) 변으로 실려 있습니다.

물체가 흔들려 움직이는 것은 진동(振動)이고, 적국에 가서 위세를 떨치고 군대를 거두어 개선하는 것은 진려(振旅)하는 것이며, 떨쳐 일으키는 것은 진작(振作)입니다. 진비일호(振臂一呼)는 팔을 휘두르며 한 번 외친다는 뜻으로 사기를 진작시키기 위하여 크게 외치는 모습을 이릅니다.

배(排)는 손으로 물건을 밀어서 간격이 생기게 하는 것입니다. 물리치는 것입니다. 군대에서 대오를 맞출 때의 줄을 나타내기도 합니다.

무엇을 물리치는 것은 배격(排擊)이고, 물을 다른 곳으로 내보내는 것은 배수(排水), 일정한 차례나 간격에 따라 벌여놓는 것은 배열(排列) 혹은 배열(配列) 또는 배치(排置)입니다. 더 상세히 나누어 설명한다면 배열은 줄(line)에 중점이 놓이고, 배치(排置)는 공간(space)에 중점이 놓이는 말이겠습니다.

고교	획수	형자	회자	새김	발음
掃	11	帚	手帚	쓸	소
搜	12	叜	手叜	찾을	수

비[帚]를 손[手]에 들었으니 '쓸' 소(掃)입니다. 빗자루로 먼지나 더러운 것을 쓸어 없애는 것입니다.

자소자 추(帚)는 고문에서 큰 빗자루의 모양입니다만 지금의 자형은 위가 손[又]으로 바뀌고, 아래는 수건[巾]으로 바뀌어서 알아보기가 어렵게 되었습니다. 손[手]에 잡으면 '쓸' 소(掃), 여(女) 자가 붙어 '며느리' 부(婦), 손(님) 간 뒤에 쓸고 닦고 '돌아갈' 귀(歸)입니다. 이것은 학술상의 어원과 상관없이 필자가 기억하기 좋도록 파자해본 것입니다.

소만(掃萬)은 잘 쓰지 않는 한자어이긴 합니다만, 모든 일을 제쳐놓는다는 뜻입니다. '만사(萬事) 제치(除置)하고'나 '만사 제쳐 두고'와 같은 뜻입니다. 연세 드신 분 가운데에는 청소(淸掃)를 소제(掃除)라고도 하시는데 '깨끗이 쓰는 것'은 청소로, '쓸어 없앤다'는 소제와 같은 뜻입니다.

'찾을' 수(搜)의 자소자는 '늙은이' 수(叜)입니다. 고문에서 수(叜)는 손[又]에 불[火]을 들고 방[宀] 안에서 무언가를 찾고 있는 형상입니다[叜]. 그래서 본뜻은 찾는 것으로 봅니다. 즉, '찾을' 수(搜)의 본자로 봅니다. 집에서 불을 관리하는 것은 중요한 일이었고, 자연 나이가 든 사람이 그 일을 맡게 된 데에서 노인이라는 뜻이 나왔다고 합니다.

자소자의 뜻을 생각해볼 때 '찾을' 수(搜)는 손[手]으로 더듬는 동작을 떠올리게 됩니다. 좀 어두운 공간이나 보이지 않는 곳에서 뭔가를 찾을 때 흔히 하게 되는 동작입니다. 수사(搜査)는 찾아 조사하는 것이고, 수색(搜索)은 구석구석 뒤지어 찾는 것입니다.

고교	획수	형자	회자	새김	발음
援	12	爰	手爰	도울	원

『설문』에서 "원(爰), 당기다. '떨어질' 표(妥)를 따르고, 우(于)를 따른다. 주문에서는 가차해 수레 끌채의 뜻으로 쓴다"라고 합니다. 고문에서는 한 사람이 막대기나 줄을 다

른 사람에게 건네주는 형상이라고 합니다. 즉, 한쪽에서 당기는 듯한 모양입니다. '따뜻할' 난(暖), '느릴' 완(緩), '도울' **원(援)**에 쓰이고 있음을 볼 수 있습니다.

원(援)은 대표 훈을 써서 '도울' 원으로 새깁니다만 본뜻은 당기는 것입니다. 자기의 주장이나 학설을 세우기 위하여 문헌이나 관례 따위를 끌어다 쓰는 것을 원용(援用)이라고 하는데 여기에는 본뜻이 살아 있다고 하겠습니다. 원조(援助)나 원호(援護)에서는 돕는다는 인신의가 쓰이고 있습니다.

고교	획수	형자	회자	새김	발음
搖	13	䍃	手䍃	흔들	요

요(搖)는 흔들림입니다. 이것은 기점이나 축이 있어 어느 정도의 범위 안에서의 움직이는 것입니다. 요동(搖動)이 그렇고 요람(搖籃)도 그렇습니다.

부수자인 '질그릇' 요(䍃)는 '장군' 부(缶)에 속하는 글자입니다. 질그릇이니 소성 온도가 낮고 품질이 좋지는 않지요. 술이나 간장을 담는 데 쓴다고 하는데 우리나라에서 가장 많이 쓰였던 것은 오줌장군이 아닌가 합니다. 오줌을 담아 나르는 데에 썼습니다. 신분을 격하당한 것이죠.

격상되는 경우도 있나 봅니다. 미군이 우리나라에 주둔하던 초기의 이야기입니다. 그래도 한국 문화에 관심이 있었던 사람들이겠지만 요강이 신기하고 좋아 보였는지 더러는 이것을 사서 식기로 썼다는 믿지 못할 이야기도 있습니다. 요강을 중국에서는 설기(褻器)라든지 야호(夜壺)라고 쓰는데, 설기는 더러운 것을 담는 그릇이니 그나마 좀 품위가 있는 말이고 야호는 밤에 쓰는 병이라는 뜻으로 속어입니다. 우리도 한자어로 받아들였었는지 『표준』에서 확인할 수 있는 단어들입니다.

『설문』에는 "요(䍃)는 질그릇이다. 부(缶)를 따르고 육(肉)이 소리를 나타낸다[瓦器也 从缶肉聲]"라고 되어 있어 '䍃'로 쓰는 것이 맞겠는데, 육달월(月)을 눕혀 쓰니 '손톱' 조(⺥, 爪) 자와 비슷하게 됩니다. 한 가지 더 이야기할 것이 있습니다. '질그릇' 요(䍃)의 자형입니다. 위에 육달월(月)을 쓰는 것[䍃]은 한국과 일본에서만 쓰는 자형인 듯합니다. 중국에서는 '손톱' 조(爪)를 씁니다[䍃]. 그런데 중국에서는 조(爪)를 다른 글자의 자소로 쓸 때 마지막 획을 파임이 아니라 삐침의 형태로 써 안쪽을 향합니다. 그 삐침을 길게 쓰면 육달월(月)을 눕힌 글자와 모양이 아주 비슷해지고, 그래서 중국에서는 '䍃'

로 쓰게 된 것이 아닌가 추측해봅니다. 거꾸로 우리나라에서는 컴퓨터로 畾자를 제대로 쓸 수가 없습니다. 지금 보이는 것은 그림 파일입니다. 인터넷에서 중국 자료를 검색할 때에 참고하기 바랍니다.

고교	획수	형자	회자	새김	발음
損	13	圓	手圓	덜	손
播	15	番	手番	뿌릴	파

손(損)은 주는 것, 감소하는 것입니다. 여기에서 '잃다, 다치다' 등의 뜻이 인신되어 나왔습니다. 잃어서 손실(損失), 상처 입어 손상(損傷), 잃고 얻는 손익(損益), 해를 입어 손해(損害)입니다.

고문 자형 분석에서는 '차례' 번(番)의 위 자소 '분별할' 변(釆)을 짐승의 발자국, 즉 자귀로 봅니다. 그런데 이것이 부수자로 쓰이게 되니까 '밭' 전(田)을 붙이게 된 것이 '차례' 번(番)입니다. 실제 『설문』에서 "번(番)은 짐승의 발자국이다"라고 설명합니다. 자귀는 여기저기 흩어져 있기 마련이고 '뿌릴' **파(播)**는 종자를 그런 모양[番]으로 뿌리는 것[手]으로 이해할 수 있습니다.

종자(種子) 즉, 씨앗을 뿌리는 것은 파종(播種)이고, 그렇게 씨앗을 뿌려 심는 것은 파식(播植)이라고 합니다. 파천(播遷)은 임금이 도성을 떠나 다른 곳으로 피란하는 것인데 우리 역사상 아관파천(俄館播遷)이 있었습니다. 1896년부터 1년이 조금 넘게 고종과 세자가 러시아 공관에 머물렀던 사건입니다. 우리의 경제 규모가 세계적으로도 손을 꼽을 정도가 되었습니다만 우리가 당면하고 있는 남북 관계 해결이라는 점을 국제 정치 차원에서 바라볼 때 과연 우리의 주권도 그 정도로 확보되었는지 의구심을 떨칠 수 없습니다.

고교	획수	형자	회자	새김	발음
擁	16	雍	手雍	안을, 낄	옹
擇	16	睪	水睪	가릴	택

'안을' 옹(擁)입니다. 『설문』에 오른 옹은 자형이 조금 다릅니다[攤]. '안다'라는 뜻입니다.

자소자는 옹(雝)으로 할미새[雝鶹(옹거)]라고 합니다. 다른 설명도 있습니다. '할미새' 옹(雝)의 자소자인 옹(邕)은 사방이 물로 싸여 못을 이룬 곳입니다. 옹(雝)은 할미새[隹]의 물 흐르듯[邕] 화락한 울음소리를 나타낸다는 것입니다. 지금 쓰는 글자 '안을' 옹(擁)은 속체였는데 나중에 정자로 자리를 잡은 것입니다.

임금을 받들어 모시는 것은 옹립(擁立), 무릎을 두 팔로 껴안고 깊이 생각하는 것은 옹슬(擁膝)이라고 하는데, 시(詩)를 지을 때 고심하는 모양을 이르며 '옹슬하다'라는 동사로 씁니다. 두둔하고 편들어 지키는 것은 옹호(擁護)입니다.

'가릴' 택(擇)입니다. 자소자인 '엿볼' 역(睪)에서 '눈' 목(目)을 알아보기는 어렵습니다. 기울여놓았기 때문에 '그물' 망(罒, 网)처럼 보입니다. 『설문』에는 "역(睪), 살펴보다. 가로로 눕힌 목(目)을 따르고, 행(幸)[幸의 고자(古字)]을 따르는 회의자이다. 서리가 밀정을 데리고 가 죄인을 잡도록 한다"라고 나옵니다. 주석을 보면 행(幸)은 여기서 죄(罪)의 뜻이라고 합니다. "서리가 (죄인을) 잡으러 나갈 때에는 곧 두 명을 데리고 간다. 한 명은 정보에 능한 사람으로 선(線)이라 하고, 또 한 명은 알아볼 수 있는 사람으로 안(眼)이라 한다"라고 하는데 "이것은 한나라 때의 제도로 설명하는 것이다"라고 합니다. 그래서 안선(眼線)은 '감시자, 밀정, 스파이'를 나타내는데 현대 중국어에서는 글자 그대로 여성들이 눈썹을 그릴 때에 쓰는 아이라이너(eyeliner)의 뜻으로도 쓰입니다. 역(睪)은 주로 자소자로 쓰입니다. 기초한자에 분별[采]해서 '풀' 석(釋)이고, 말[言]에 붙어 '번역할' 역(譯), 말[馬]을 타니 '역참' 역(驛)이요, 손[手]을 대니 '가릴' 택(擇), 물[水]을 만나 '못' 택(澤)으로 모두 다섯 자가 있습니다. 통변(通辯)은 통역의 뜻입니다.

벗을 가려 사귀는 것은 택교(擇交), 좋은 날을 가리는 것은 택길(擇吉) 혹은 택일(擇日), 배우자를 고르는 것은 택우(擇偶), 좋은 땅을 고르는 것은 택지(擇地)입니다.

고교	획수	형자	회자	새김	발음
擊	17	毄	手毄	칠	격
擴	18	廣	手廣	넓힐	확

격(擊)은 치는 것입니다. 『단주』를 보면 "복(攴) 조에 복(攴)은 가볍게 치는 것이라 한다. 복(攴)을 가볍게 치는 것으로 새긴 것이다. 격(擊)은 가볍게 치는 것과 세게 치는 것을 아울러 말하는 것이다. (본조에서) 치다[攴]라고만 한 것은 복(攴) 조에서 밝혔기 때문이며 격(擊) 조항에서는 섞어서 말한 것으로 서로 (설명에) 도움이 된다"라고 합니다.

적을 쳐서 없애는 것은 격멸(擊滅), 배를 공격하여 가라앉히는 것은 격침(擊沈)입니다. 서로 맞붙어 치고받으며 싸우는 것을 '격투'라고 하는데 이때 한자는 格鬪로 씁니다. 이것은 '격식' 격(格)에 '치다, 겨루다'는 뜻이 있기 때문으로 주의해야 합니다.

격(轂)은 서로 부딪치는 것입니다. 예를 들어 수레나 말의 통행이 혼잡해 바퀴통이 부딪쳐 다치는 것입니다. 자소자는 '굴대머리' 예(轊, 혹은 '세')로 차축인 굴대가 바퀴통 밖으로 삐져나온 부분입니다. 굴대두겁을 씌우기도 합니다. 창[殳]이 부딪치듯, 굴대 끝[轊]이 서로 부딪친다는 것을 나타내기 위해 글자를 이렇게 결합시킨 것이겠습니다. '맬' 계(繫)에서도 볼 수 있습니다.

확(擴)은 작은 것을 크게[廣] 만드는 것[手]입니다.

널리 퍼져서 확산(擴散), 늘여서 확장(擴張)이고, 크게 해서 확대(擴大), 늘리고 충실하게 만들어서 확충(擴充)이 됩니다.

고교	획수	회자	새김	발음
折	7	手斤	꺾을	절

『설문』에서는 "절(折), 자르다. 근(斤)을 따르며 풀을 베는 것이다"라고 합니다. 근(斤)은 도끼이니 도끼로 풀을 벤다는 게 이치에 맞지 않습니다. 여기서 근(斤)은 '칼날이 있는 날붙이'라는 뜻으로 나무를 깎거나 베는 것입니다.

값을 깎는 것은 절가(折價), 나뭇가지를 꺾는 것은 절지(折枝), 상대와 교섭하거나 담판하는 것은 절충(折衝)입니다. 절충(折衝)의 충(衝)은 전차의 일종으로 적의 전차를 물리치고 승리를 거두는 것을 말했습니다만 거기에서 파생되어 현재 담판하는 것을 나타내게 되었습니다. 동음이의어인 절충(折衷)은 서로 다른 사물이나 의견, 관점 따위를 알맞게 조절하여 서로 잘 어울리게 하는 것입니다.

R065

지탱할 지(支) 부

갑골	금문	전문	해서
		숙	支

　지(支)를 『설문』에서는 "대나무에서 떼어낸 가지이다. 손(又)에 죽(竹) 자 반(半)을 든 것을 따른다"라고 합니다. 주석을 좀 더 살펴보겠습니다. "죽(竹)의 반을 생략해 ケ이면 되는데, '수건' 건(巾)과 비슷해 우(又)를 더해 자형을 정한 것이다"라고 합니다. 회의자 인데, 일부 자전에 상형으로 올라 있는 경우도 눈에 뜨입니다. '가지' 지(枝)의 본자로 봅니다. 가지라는 뜻에서 갈래를 가리키고, '갈려나가다, 나뉘다'의 뜻에 '버티다, 지탱하다'의 뜻도 있습니다.

　이 부수는 글자가 많지 않습니다. 기초한자에 속하는 글자는 '지탱할' 지(支) 단 한 자뿐입니다.

중학	획수	회자	새김	발음
支	4	半竹又	지탱할, 버틸	지

갈라진 물줄기는 지류(支流), 본부 아래 갈라진 기관은 지부(支部), 내 돈이 갈라져 나가니 지출(支出), 버티고 배겨내는 것은 지탱(支撑)입니다.

다음은 부수외자입니다.

중외	부수	획수	형자	새김	발음
技	手	7	支	재주	기
枝	木	8	支	가지	지

기(技)는 기교(技巧)입니다. 어떤 방면[支]에서 손재주[手]가 아주 교묘한 것입니다.

지(枝)는 부수자 설명에서 본 바와 같이 줄기[木]에서 갈라져 나온 것[支]입니다. 기초 한자 밖입니다만, 몸통[肉]에서 갈려 나간[支] '사지' 지(肢)도 글자 구성 방법이 똑같으니 익혀두기 바랍니다.

고외	부수	획수	형자	새김	발음
鼓	鼓	13	壴支	북	고

'북' **고(鼓)**에도 '지탱할' 지(支)가 들어갑니다만, 별도의 부수자이니 해당 부수를 참고하면 됩니다. '북' 고(鼓) 부수에서 자세히 설명하겠지만, 사실 '북' 고(鼓)에는 편방에 '칠' 복(攴)을 쓰는 자형[鼓]이 하나 더 있습니다. 북이 치는 악기라는 것을 생각하면 복(攴)을 쓰는 것이 더 설득력이 있어 보입니다. 『설문』을 보면 고(鼓)는 북을 가리키는 명사이고, 또 다른 고(鼓)는 '북을 두드리다'는 동사임을 짐작할 수 있습니다만, 현재는 그리 엄격히 분간하지 않고 '북' 고(鼓) 한 자로 쓰고 있습니다.

R066

둥글월문 부, 칠 복(攴, 攵)

갑골	금문	전문	해서

복(攴)은 가볍게 치는 것입니다. 격(擊) 자 설명에서도 말한 바와 같이 '격'은 (가볍든 세든) 치는 행위 일반을 가리키고, '복'은 그 가운데 가벼운 것입니다. 부수 이름으로 '글월' 문(文)과 비슷하게[等] 생겼기 때문에 '둥글월문'이라고 하는 듯한데, 추정일 뿐 공인되거나 확정된 설명은 없습니다. 낱자로 쓰이는 경우는 거의 없으며, 복(攴) 자 자체도 기초한자 이외의 글자입니다. 다른 글자에 붙어 '치다, 강제하다, 특정의 어떤 행동을 하게 하다' 등의 뜻을 나타냅니다. 오른편의 방에서 쓰일 때에는 '攵' 형태, 바로 둥글월문으로 씁니다.

중학	획수	형자	새김	발음
救	11	求	구원할	구

구(救)는 '막다, 제지하다'가 원뜻입니다. 막거나 제지하는 것은, 위험이나 재난을 피하게 해주거나 막아주는 경우처럼 그 내용에 따라서는 돕는 것이 될 수 있기 때문에 인신하여 '돕다, 구원하다'의 뜻이 됩니다.

위급한 상황에서 구해내는 것은 구급(救急)으로 구급약(救急藥), 구급차(救急車)에 쓰입니다. 구제(救濟)는 구하고 건져주는 것으로 어려운 처지에 있는 사람을 도와주는 것이고, 목숨을 구해주면 구명(救命), 세상 사람들을 불행과 고통에서 구해주는 것은 구세(救世)로, 그런 사람이나 신은 구세주(救世主)입니다.

중학	획수	형자	회자	새김	발음
收	6	니	니 攴	거둘	수

수(收)는 죄인을 체포하는 것이 본뜻입니다. 죄인이 저항하는 경우에는 치고[攴]받고, 옭아매기도['얽힐' 구, 교(니)] 해야 할 것입니다. 지금은 주로 인신된 '거두다'의 뜻으로 쓰이고 있습니다.

구치소나 감옥에 가두어 넣은 것은 수감(收監)이고, 물건을 거두어 정돈하는 것은 수습(收拾)이며, 모아서 기록하는 것은 수록(收錄)인데, 동음이의어인 수록(蒐錄)은 모아서 기록하는 것은 같지만 찾는다는 행위가 조금 더 강조된 말입니다. 잃었던 땅이나 권리를 다시 찾는 것은 수복(修復)이고, 수지(收支)는 거두어들인 것과 나간 것 즉, 수입과 지출을 아울러 이르는 말입니다.

중학	획수	형자	회자	새김	발음
改	7	己	己 攴	고칠	개

개(改)는 고치는 것, 변경하는 것입니다. 다른 설명이 눈길을 끕니다. 개(改)와 자형이 아주 흡사한 '주술 지팡이' 이(攺)는 기원이 같다고 합니다. 이 설명에서는 기(己)를 뱀으로 보고, 오른쪽의 복(攴)은 나무 막대기[卜]를 손[又]에 쥔 것으로 봅니다. 뱀을 막대기로 밀어내는 모양입니다. 여기에서 두 글자가 분화되었다는 것입니다. 귀신을 쫓아내는 것을 상징하는 것은 '주술 지팡이' 이, 시(攺)로 쓰고, 개(改)는 오가며 뭔가를 기록

하는 것을 가리킨다고 합니다. 오가며 기록하니 바뀔 수밖에 없고, '고치다'라는 의미를 띄게 되었다는 것입니다.

허물을 고치는 것은 개과(改過), 마음을 고쳐먹은 것은 개심(改心), 좋게 고치는 것은 개선(改善)인데 개량(改良)과 비슷한 의미이고, 나쁘게 고치는 것은 개악(改惡)입니다.

중학	획수	형자	회자	새김	발음
放	8	方	方 攴	놓을	방

'놓을' **방(放)**입니다. 방(放)은 버려두거나 죄 지은 사람을 멀리[方] 쫓아내는 것입니다. 구속을 풀어 자유롭게 해주는 뜻도 있습니다.

하루의 학과가 끝나는 것은 방과(放課), 이리저리 떠돌아다니는 것은 방랑(放浪), 마음을 다잡지 않고 풀어놓는 것은 방심(放心), 조심하지 않고 무례한 것은 방자(放恣)한 것이고, 학기나 학년이 끝나고 맞아서 방학(放學)입니다. 방임(放任)은 간섭하지 않고 제멋대로 내버려두는 것입니다.

자유방임주의를 '레세페르(laissez faire)'라고 합니다. 이것은 프랑스어에서 온 말로 "하도록 해라, 하도록 내버려 둬라[allow someone to do, let someone do something]"의 뜻인데, 이인칭에 맞게 활용된 명령문입니다. 더러 사전에서도 발음이 같기 때문인지 'laisser faire'로 동사 원형을 그대로 쓴 것을 보게 되는데 'laissez faire'가 맞습니다.

중학	획수	형자	회자	새김	발음
故	9	古	古 攴	연고	고
政	9	正	正 攴	정사	정

고(故)는 일이 그렇게 되는 모양, 이유, 원인, 까닭입니다. 일을 하는데 그렇게 하지 않으면 안 되게 만드는 어떤 것입니다. 연고(緣故)입니다.

본뜻은 (다른 사람에게 일을 하도록) 시키는 것이라고 합니다. 그렇게 해낸 일을 가리키고, 더 나아가서 뜻밖이거나 불행한 일을 가리키기도 합니다. 그래서 무고(無故)는 두 가지 뜻을 갖습니다. 첫째 '아무런 까닭이 없이'라는 뜻이고, 둘째는 '사고가 없이 평안하게'의 뜻입니다.

정(政)은 바로잡는 것입니다. 공자는 계강자(季康子)와 문답에서 "정사는 발라야 한다. 네가 솔선해 바르다면 누가 감히 바르지 않겠느냐[政者正也 子率以正 孰敢不正]"라고 했습니다. 유가적인 관점에서 본다면 정(政), 즉 정치는 바르지 않은 것을 바르게 바로잡는 것입니다. 그야말로 천고, 만고불변의 진리인데 당리, 당략만 앞세우는 세태는 여전히 뿌리 뽑히지 않는 고질병이 아닌가 합니다.

중학	획수	형자	회자	새김	발음
效	10	交	交 攴	본받을	효

효(效)는 본받는 것입니다. 따라서 모방하는 것입니다. 인신하여 어떤 것에서 나오는 결과를 가리키게 되었습니다. 효험입니다.

본받아 법으로 삼는 것은 효칙(效則)이고, 어떤 행위로 드러나는 보람이나 좋은 결과는 효과(效果)입니다. '눈살 찌푸리는 것을 본뜬다'라는 뜻의 효빈(效嚬)이 있습니다. 효빈(效嚬)은 중국 고사에 나온 말로 출전은 『장자(莊子)』입니다. "미인인 서시(西施)가 속병으로 눈살을 찌푸리니 동쪽에 사는 동시(東施)라는 추녀가 그게 아름답게 보이는 것으로 알고 따라 했다"라는 이야기로 함부로 남의 흉내를 내는 것을 이릅니다. 어떤 사람이 한단이란 도시에 가서 그곳의 걸음걸이를 배우려다 미처 배우지 못하고 본래의 걸음걸이도 잊어버려 기어서 돌아왔다는 데에서 유래한 성어는 한단지보(邯鄲之步)입니다. 자신의 본분을 잃는다는 점에서 두 말이 비슷한 뜻인데 이 두 가지를 합쳐 효빈학보(效嚬學步)로 쓰기도 합니다. 축자의는 찡그리는 것을 흉내 내고 걸음걸이를 배운다는 것으로 무턱대고 다른 사람을 흉내 내다 자신의 본분을 잃는 것을 일컫습니다. 결과는 "게도 구럭도 다 잃었다"라는 우리 속담과 같습니다. 구럭이 뭐냐구요? 왜 나한테 묻습니까? 찾아보세요!

중학	획수	형자	회자	새김	발음
教	11	孝	爻 子 攴	가르칠	교

'가르칠' 교(敎)는 본받는 것이 그 뜻입니다.『설문』에서 "교(敎)는 윗사람이 가르치는 것을 아랫사람이 모방하는 행위이다"라고 합니다.

교육에는 '지식의 전달'과 '인격의 함양'이라는 두 가지 중요한 측면이 있습니다. 옛날의 교육은 인격 함양에 큰 비중을 두었습니다. 무엇보다 먼저 사람이 되어야 한다고 여겼습니다. 교(敎) 자는 '효도' 효(孝) 자와 '칠' 복(攴)으로 구성되어 있습니다. 효(孝)에는 '따르다'라는 뜻이 들어 있습니다. 따르도록 하고, 아니면 매질[攴]을 통해 그렇게 하도록 시킵니다. 따르도록[爻] 아이[子]에게 매[攴]를 들고 가르치는 것으로 설명하기도 합니다.

자형을 '敎, 教' 두 가지로 쓰고 있는데, 우리는 敎를 표준 자형으로 삼고 있습니다. 기초한자에도 '敎'를 싣고 있고,『표준』에도 교(敎)로 올라 있습니다. 교(教)는 중국의 간체자이자 일본어의 신자체(新字體)입니다. 신자체는 일본의 상용한자에서 새로운 표준으로 삼은 자체를 말합니다.

단원 김홍도(1745~1806?)의「서당도」를 보면 훈장님 옆에 회초리가 놓여 있고, 그 앞으로 서동(書童)이 훌쩍거리는 모습이 담겨 있습니다. 뭔가를 잘못해 훈장님으로부터 회초리를 몇 대 맞은 게 분명해 보이는데 주변에는 다른 서동들의 웃는 모습과 조금 겁먹은 표정 등 다양합니다.

언제 한 번 우리나라에서 아주 유명한 교육학자를 뵐 기회가 있어, 자녀분들에게 평생 매질을 한 번이라도 하신 적이 있는지 여쭤보았습니다. 한 번도 없다는 답변이었습니다. 체벌은 당연히 금지해야 합니다. 요즈음 교육은 지식 전달의 비중이 워낙 큽니다. 하지만 어떤 경우든 지식 전달과 인격 함양, 이 두 가지가 잘 조화를 이루어야 하는 것만은 분명합니다.

중학	획수	형자	회자	새김	발음
敗	11	貝	貝 攴	패할	패

패(敗)는 헐어 무너지는 것입니다. 갑골문에서는 '솥' 정(鼎) 옆에 '칠' 복(卜)을 쓰다가, 후에 '조개' 패(貝)로 바뀌어 현재의 자형이 된 글자입니다. 솥[鼎]을 손에 든 막대기[攴, 위는 막대기 모양이고 아래는 손(又) 모양]로 치는 모양으로 '훼손하다'의 뜻이 됩니다. 여기에서 인신되어 '전쟁에서 지다, 패배하다'라는 뜻을 갖게 되었습니다.

재산을 다 써버려 집안을 망치는 것은 패가(敗家), 싸움에 지는 것은 패배(敗北)인데, '북녘' 북(北)이 다음자임에 유의해야 합니다. 싸움에 져서 세력이 꺾인 나머지는 패잔(敗殘)입니다.

슈만(Robert Schumann, 1810~1856)의 「두 사람의 척탄병(Die Beiden Grenadiere)」이라는 작품이 있습니다. 하이네(Heinrich Heine, 1797 ~1856)의 시에 곡을 붙인 것입니다. 척탄병(擲彈兵)은 폭탄을 던지는 병사로 러시아와의 전투에 패배하고 프랑스로 돌아가는 패잔병입니다. 곡의 끝부분에 프랑스 국가인 라 마르세예즈(La Marseillaise)의 선율이 들어 있습니다. 이 곡은 프랑스를 비웃은 것이라는 평과 프랑스 혁명을 찬양한 것이라는 평이 있어 호평과 악평이 선명하게 갈립니다.

라 마르세예즈는 아주 호전적인 내용을 담고 있는데, 사람마다 다르긴 하겠지만 필자는 더러 미레유 마티외(Mireille Mathieu)가 부른 곡을 듣곤 합니다. 노래를 부르는 열정이 노랫말과 잘 어울리는 듯합니다. 인터넷에 노랫말 원문, 번역본, 노래 등등 다 나옵니다.

중학	획수	형자	회자	새김	발음
敢	12	干	又干豕	감히, 구태여	감
敬	13	苟	苟攴	공경	경

『설문』에 **감(敢)**은 다른 자형[𢽎]으로 올라 있습니다. 나아가는 것이라고 합니다. 그와 달리 바지랑대[干] 같은 것을 손[又]에 들고 멧돼지[豕]를 세게 찌르는 모양으로 보기도 합니다. 거기에서 '용기가 있다, 담이 크다'라는 뜻이 인신되어 나왔다고 합니다.

죽기를 두려워하지 않는 것은 감사(敢死)하는 것이고, 과감하고 용감한 것은 감연(敢然)한 것이며, 죽을 각오로 싸우는 것은 감전(敢戰)하는 것입니다.

경(敬)은 엄숙한 것입니다. 일을 처리하는 데 엄숙하고 공손하며 삼가는 것입니다. 원자형은 '삼갈' 극(苟)에 '칠' 복(攵, 攴)을 더한 글자입니다. 그래서 고문 분석에서는 목동들이 큰 소리를 지르며 양을 아주 성실히 모는 것을 나타내는 것으로 봅니다. 여기서 복(攴)은 채찍이고, 지금 초두[艹]로 바뀐 부분은 양의 뿔[♉]로 봅니다. 거기에서 인신돼 예절 바르게 대한다든지, 정중함을 나타냅니다.

공경하며 삼가고 엄숙한 것은 경건(敬虔), 노인을 공경하는 것은 경로(敬老), 존경하여 공손히 절을 하는 것은 경배(敬拜), 공경하는 마음으로 듣는 것은 경청(敬聽)입니다. 동음이의어인 경청(傾聽)은 귀를 기울여 듣는 것입니다.

중학	획수	형자	회자	새김	발음
數	15	婁	婁攴	셈	수
敵	15	啇	啇攴	대적할	적

수(數)는 수를 세는 것입니다. 옛날에 점치는 법을 뜻하기도 해 '운명'이라는 뜻으로도 쓰입니다.

자소자는 '맬' 루(婁)입니다. 『설문』에서는 "무(毋), 중(中), 녀(女)를 따르는 글자로 속이 비었다는 뜻"이라고 합니다. 달리 "누무(累務) 즉, 바보스러운 것이라고도 한다"라고도 합니다. 고문 연구에서는, 이 글자는 여인이 머리에 물건을 인 것을 가리키는 것이라고 합니다. '대 채롱' 루(簍)의 본자로 봅니다. 거기에서 '속이 비었다, 몸이 약하다' 등의 뜻이 나옵니다. 별자리로는 28수 가운데 서쪽의 두 번째 별자리입니다. '여러' 루(屢), '다락' 루(樓)의 자소자이기도 합니다.

수량(數量)은 수효와 분량을 이르는 말이며, 수액(數厄)은 운수에 관한 재액입니다.

적(敵)은 원수입니다. 이해관계가 충돌해 서로 용납할 수 없는 상대입니다.

자소자 '밑동' 적(啇)은 適, 摘, 滴에 들어간다고 소개한 바가 있어 익숙한 글자라 믿습니다. 잘 생각이 나지 않으면 먼저 어떤 부수에 속할지 생각하며, 뜻을 짐작해 봅니다. 꼭 확인하면서 복습하기 바랍니다.

적으로 대하는 것은 적대(敵對), 서로 적대되는 성질은 적성(敵性), 재주나 힘이 서로 비슷해서 상대가 되는 사람은 적수(敵手), 적이 침입하는 것은 적침(敵侵)입니다.

중학	획수	회자	새김	발음
散	12	㪔攴	흩어질	산

아주 생소하겠지만 '흩어질' 산(散)의 자소자는 '수풀' 림(林)이 아니고 '삼' 패(朩)입니다. 『설문』에서는 산(散)을 "잘게 썬 고기"라고 합니다. 잘게 써니 자연 흩어집니다. 달리, 『설문』의 산(㪔) 조항 내용이 '흩어질' 산(散)과 잘 맞습니다. "산(㪔), (삼 껍질을) 벗기다. 복(攴)과 '삼' 패(朩)를 따른다. 패(朩)는 벗긴다는 뜻이다"라고 합니다. 『단주』에는 "이제 산(散)은 쓰고, 산(㪔)은 쓰지 않는다"라고 해 이 두 글자가 같은 글자임을 알 수 있습니다. 주석에는 "가볍게 두들겨서 벗긴다"라고 나옵니다. 실제 삼은 삼굿('삼가마'라고도 합니다)에 찌고 가볍게 두들기며 벗겨냅니다. 필자의 어렸을 때 기억으로 불이 직접 닿는 아랫부분은 철판을 썼을 것 같은데 확실한 기억은 없고, 윗부분은 집의 각종 문을 뜯어다 사각형을 만든 뒤 틈새는 황토로 메웁니다. 거기에 물과 삼을 넣고 찐 뒤 벗겨냅니다.

산개(散開)는 흩어져 벌어지는 것인데 군대에서 넓게 벌리거나 해산한다는 뜻으로 많이 씁니다. 산란(散亂)은 어지럽게 흩어지는 것이고, 산발(散髮)은 머리를 풀어헤치는 것입니다.

증외	부수	획수	형자	새김	발음
致	至	9	攴	이를	치

치(致)는 보내는 것, 드리는 것입니다. 보내니 목적지에 이르게 됩니다. '얻다, 이루다'는 뜻도 나타냅니다.

치사(致死)는 죽음에 이르거나 죽게 하는 것입니다. 동음이의어인 치사(致謝)는 감사함을 표시하는 것이고, 또 다른 치사(致詞)는 칭찬하는 말입니다.

『대학(大學)』에서 "뜻을 성스럽게 하고자 하는 자는 먼저 그 앎을 지극히 해야 한다. 앎을 지극히 하는 것은 사물의 이치를 연구하여 끝까지 따지고 파고들어 궁극에 도달하는 데에 있다[欲誠其意者 先致其知 致知在格物]"라고 합니다. 본서의 중간 중간 짧은 코너 이름에 '격물(格物)'을 쓴 것도 바로 여기에서 빌려온 것입니다.

증외	부수	획수	회자	새김	발음
變	言	23	䜌攴	변할	변
更	曰	7	丙攴	다시/고칠	갱/경

변(變)은 바뀌는 것, 변하는 것입니다.

변개(變改)나 변경(變更)은 바꾸고 고치는 것이고, 모양이 바뀌는 것은 변모(變貌), 색이 바뀌는 것은 변색(變色)입니다. 변보(變報)는 변이 일어난 것을 알리는 보고입니다. 목소리가 바뀌는 것이 변성(變聲)인데, 그런 기간이 변성기(變聲期)로 지금 바로 중학생 여러분들이 변성기에 해당되어 목소리가 바뀌는 시기입니다.

경(更) 또한 다시 바꾸는 것입니다. 경(更)은 다음자로 '다시'의 뜻으로 새길 때에는 발음이 '갱'입니다. 정치적·사회적으로 묵은 제도를 개혁하여 새롭게 하는 것이 경장(更張)인데, 갑오경장(甲午更張)은 1894년 갑오년에 시작된 개혁 운동이었습니다. 이제는 갑오개혁(甲午改革)이라고 하는지 모르겠습니다. 이미 있던 것을 고쳐 새롭게 한다든지 종전의 기록을 깨뜨린다는 뜻의 '更新'은 '갱신, 경신' 두 가지 독음을 모두 사용하고 있습니다. 이것은 '다시 고쳐 새롭게 한다'에서 어디에 비중을 두는가의 차이가 아닌가 합니다. '다시'에 비중을 두면 '갱신'이겠고, '고쳐'에 비중을 두면 '경신'이라서 두 가지 독음이 쓰이고 있는 것으로 추정해봅니다.

고교	획수	형자	회자	새김	발음
攻	7	工	工 攴	칠	공
敏	11	每	每 攴	민첩할	민

'칠' **공(攻)**부터 시작합니다. 공의 본뜻은 '치다(hit)'입니다. 공격이 아니라 '때리다'라는 의미의 '치다'입니다. 복(攴)이 손[又]에 나뭇가지 등 뭔가[卜]를 쥐고 있는 형상인 점에 착안해 절구 공이[工]를 손에 잡고 땅을 다져서 굳게 하는 것이라고 설명하기도 합니다. 여기에서 '진격하다, 공격하다'라는 의미가 인신되어 나옵니다.

나아가 적을 치는 것은 공격(攻擊), 학문이나 예술 따위를 힘써 연구하는 것은 공구(攻究)하는 것이며, 공격하는 태세는 공세(攻勢)입니다. 공옥(攻玉)은 선뜻 짐작이 가지 않을 수 있는데 옥을 쪼고 갈아 그릇을 만드는 것입니다. 옥을 다듬는 것입니다. 『표준』에서는 "옥을 갊"이라고 간단히 설명합니다. 공성탈지(攻城奪地)는 성이나 요새를 공격해 땅을 빼앗는 것을 이르는데 공성약지(攻城略地)라고도 합니다.

민(敏)은 속도가 빠른 것입니다. 고문의 자형에 '매양' 매(每)가 머리에 장식을 많이 한 여인의 모습이라는 점에서 바느질하는 솜씨가 빠른 것을 나타낸다고 합니다. 빠르다는 데에서 '근면하다, 노력하다'의 의미도 갖습니다.

감각이 예민한 것은 민감(敏感)한 것이고, 행동이나 일 처리가 빠른 것은 민속(敏速)한 것이며, 날쌔고 활발한 것은 민활(敏活)한 것입니다.

고교	획수	형자	회자	새김	발음
敍	11	余	余攴	펼	서

서(敍)는 차례입니다. 해당 조항을 보면 나진옥(羅振玉)이라는 청나라 때 갑골문 연구가의 설명이 있는데 전문에서 복(攴) 자가 나오는 글자는 그 이전의 갑골문이나 금문 즉, 고문에서 대부분 손을 나타내는 우(又) 자가 나온다고 합니다. 결국 손과 관련된 글자라는 뜻입니다.

자소자 여(余)는 띠집을 나타내며 띠를 추려 집을 짓는 것이라고도 합니다. 띠를 추리려면 순서가 있어야 하기 때문에 순서나 차례를 나타내게 되었다는 것입니다. 밭[田]에 난 짐승의 발자국 즉, 자귀[釆]에서 '차례' 번(番) 자를 만든 것과 비슷한 발상이라는 생각도 듭니다. 어쨌든 글을 쓰는 데에도 순서가 있습니다. 그래서 '서술하다'의 의미도 갖게 됩니다.

서경(敍景)은 자연의 경치에 대한 소감을 글로 나타내는 것이고, 서사(敍事)는 사실을 있는 그대로 적는 것이며, 서정(敍情)은 자신의 정서나 감정을 그려내는 것입니다.

고교	획수	형자	회자	새김	발음
敦	12	臺	享攴	도타울	돈

'도타울' **돈(敦)**은 성을 내는 것입니다. 나무라거나 큰소리로 꾸짖는 것이라고 합니다. 달리, 수하(誰何)라고도 하는데, 군대 갔다 온 사람은 많이 들어본 말이겠습니다. 그렇습니다. 야간에 경계를 설 때 누군가 나타나면 "누구냐? 암호는?"하며 상대의 신분을 확인하는 것을 수하라고 합니다. 그런데 이 말은 말을 하는 사람의 감정 상태나 억양에

따라 상당히 다른 의미를 띨 수 있습니다. 화가 나서 큰 소리로 "너, 도대체 누구야? 뭐야!"라고 하면 신분을 묻는 게 아닙니다. 꾸짖고 힐난하는 뜻입니다. 물론 '누구'의 뜻으로도 쓰입니다. 여기에서 일을 '독촉하다'라는 뜻이 나옵니다. 한 번 질책을 받은 사람은 정상적이라면 태도가 달라집니다. 좀 더 부지런해지고, 성실해지고, 절박해집니다. 우리가 많이 쓰는 의미입니다.

「삼강행실도」는 세종조 1434년에 편찬된 책인데, 여기에 도탑다[敦]라는 말이 많이 나옵니다.『표준』에서는 '도탑다'를 "서로 관계에 사랑이나 인정이 많고 깊다"라고 설명합니다. 왠지 설명이 좀 부족한 듯하고, 위에 나온 설명 가운데 긍정적인 자질 모든 것을 포함하는 것으로 이해해야 하는 것이 아닐까 싶습니다.

자소자인 '잘 끓일' 순(䠂)은 글씨가 작아 알아보기가 어렵습니다. 그릇에 양고기[羊]를 채우고[畐] 오래 끓이는 것이 아닐까 합니다. 그래서인지 죽(粥)의 뜻도 있습니다. 이 글자가 다른 글자의 자소로 쓰일 때는 향(享)의 형태를 취합니다. 기초한자에서는 '외성' 곽(郭), '도타울' 돈(敦), '누구' 숙(孰)에 쓰이고 있습니다. 순(䠂)의 자소자는 '찰' 복(畐)과 '양 울' 미(䒑) 입니다. 미(䒑)는 '양' 양(羊)의 이체자라는 설명도 있는데,『설문』에서는 "양이 우는 것"이라고 합니다.

돈독(敦篤)한 것은 도탑고 성실한 것입니다. 정이 두텁고 화목한 것은 돈목(敦睦)이고, 인정이 많고 성실한 것은 돈실(敦實)한 것이며, 인정이 두텁고 후한 것은 돈후(敦厚)한 것입니다.

고교	획수	형자	회자	새김	발음
整	16	正	攴 束	가지런할	정

정(整)은 가지런히 하는 것입니다. 손으로 가볍게 쳐서[攵, 攴] 묶거나 다발[束]로 만들어 바르게[正] 하는 것입니다. 그러니 질서가 잡히고, 단정하게 됩니다.

가지런히 줄지어 늘어서거나 늘어세우는 것은 정렬(整列), 혼란스러운 상태에 있는 것을 한 데 모으거나 치워서 질서 있는 상태가 되게 하는 것은 정리(整理), 정돈하여 가지런히 하는 것은 정제(整齊)입니다.

고외	부수	획수	회자	새김	발음
牧	牛	8	牛攵	칠	목

　목(牧)은 소[牛]를 치는 일이나 사람입니다. 소를 치려면 더러 막대기로 치기도[攵] 해야 합니다. 잠깐, 양치기라는 말은 있는데 소치기라는 말은 왜 없을까 궁금할 때가 있습니다. 돼지를 기른다는 뜻의 양돈(養豚)은 많이 쓰는데 소를 기른다는 의미의 양우(養牛)는 사전에 분명 표제어로 올라 있긴 하지만 실제 양우라는 말을 쓰는 사람은 거의 없습니다. 말이라는 것이 참 묘한 구석이 있습니다. 말은 팔짝팔짝 뛰는 생선과 같습니다. 각광을 받아 급부상하는 말이 있고, 물색이 변해 금방 사라지기도 합니다.

　전원의 한가로운 목자나 농부의 생활을 주제로 한 서정적이고 소박한 시가는 목가(牧歌), 가축을 치는 아이는 목동(牧童)이고, 임금이나 원이 백성을 다스려 기르는 것은 목민(牧民)입니다. 『목민심서(牧民心書)』는 조선 순조 때 정약용(丁若鏞, 1762~1836)이 지은 책으로 옛 지방 관리들의 잘못된 사례를 들어 백성들을 다스리는 도리를 설명하고 있습니다. 백성을 다스리는 벼슬아치 즉, 목민관(牧民官)들의 필독서였습니다.

고외	부수	획수	회자	새김	발음
徹	彳	15	彳育攵	뚫을	철

　철(徹)은 꿰뚫어서 통하는 것입니다. 고문 연구 결과는 좀 다릅니다. 고문의 철(撤)은 '솥' 정(鼎)에 손을 뜻하는 우(又)가 붙어 있는 형태인데, 식사 후에 그릇을 치우는 것으로 봅니다. 여기에서 '없애다, 배척하다'라는 뜻이 나왔습니다. 후에 길을 뜻하는 '조금 걸을' 척(彳)이 붙게 되며 길이 막히지 않고 뚫린다는 뜻도 나타내게 되었습니다.

　철두철미(徹頭徹尾)는 머리부터 발끝까지 즉, 처음부터 끝까지 철저하게라는 뜻입니다. 영어의 "from A to Z"나 "(from) top to bottom"도 비슷한 발상에서 나와 비슷한 의미를 나타내지 않나 합니다. 철야(徹夜)는 밤을 새우는 것입니다.

R067

글월 문(文) 부

갑골	금문	전문	해서

문(文)은 앞가슴에 문신을 한 사람이 정면을 보고 선 모습을 그린 상형자로 봅니다. 『설문』에서는 "문(文)은 엇갈리게 그린 것이다. 교차하는 무늬를 본떴다"라고 합니다. 즉, 문신을 가리키는 글자입니다. 『예기』〈왕제(王制)〉에 "동방의 오랑캐는 머리를 풀고 문신을 한다"라고 나오는데 문신(文身)은 단청으로 글이나 그림을 몸에 새겨 넣는 것입니다.

문(文) 부수에 속하는 글자는 많지 않고, 기초한자로는 '글월' 문(文) 한 글자뿐입니다.

중학	획수	새김	발음
文	4	글월	문

글을 읽거나 쓰지 못하는 것은 문맹(文盲)이고, 그와 상대되는 말 즉, 글을 읽고 이해하는 것은 문해(文解)라고 합니다. 유네스코 세종대왕 문해상(UNESCO King Sejong Literacy Prize)은 전 세계의 문맹 퇴치에 기여하는 기관이나 개인에게 수여하는 상입니다. 완결된 내용을 나타내는 글은 문장(文章), 글을 짓거나 글씨를 쓰는 일은 문필(文筆)입니다.

기왕에 이 부수를 공부하고 있으니 문(文), 무(武)를 겸한 글자 하나는 더 알아두었으면 합니다. '빛날' 빈(斌)입니다.

글자[文]를 아는 벌레[虫]도 있다는 것 아십니까? 아니면 짐작해볼 수 있습니까? 네, 그렇습니다. '모기'로 발음은 문(蚊)입니다. 당나라 때 유우석의 「취문요(聚蚊謠)」라는 시에 "어둠을 타고 모기 나는 소리가 천둥소리 같다[飛蚊伺暗聲如雷]"라는 구절이 있습니다. 불과 몇십 년 전만 해도 우리 누구나 실감할 수 있는 말인데, 지금은 주거환경이 좋아져서 학생들이 실감하기는 좀 어렵지 않을까 합니다. 취문요(聚蚊謠)는 '모기떼의 노래'라는 뜻입니다.

기왕에 얘기가 나왔으니 의로운[義] 벌레[虫]는? 네, 개미입니다. 발음은 의(蟻)입니다. 실제 개미가 일하는 것을 보면 정말 의로운 벌레 같아 보입니다.

R068

말 두(斗) 부

갑골	금문	전문	해서
𬺯	𬺯	𬺯	斗

『설문』에서 "말은 열 되이다"라고 합니다. 미터법 시행 이후 쓰임이 많이 줄어들기는 했습니다만, 곡식을 사고파는 데에는 더러 말과 되를 씁니다. 되는 정육면체이고, 말은 원통형입니다. 되로 헤아리는 것은 되질이라고 합니다만, 말[斗]로 세어보는 것은 말질이라고 하지 않고 'ㄹ'을 탈락시켜 '마질'이라고 합니다. 말질은 말[言語]로 하는 짓거리로 얕잡아 하는 말입니다.

그런데 본래 '말' 두(斗)의 뜻은 '구기'라고 해서 술을 푸는 기구였습니다. 오늘날은 쓰는 일도 보기도 어려워졌으니 그냥 국자 정도로 생각하면 됩니다. 곡식의 양을 잴 수 있어 양을 재는 기구의 의미로도 쓰입니다. 현대 중국어에서는 '싸울' 투(鬪)의 간체자로도 쓰입니다.

중학	획수	새김	발음
斗	4	말	두

두(斗) 자와 관련된 단어 몇 개 추천합니다. 두공(斗拱)과 두남(斗南)으로 모두 쉽지 않은 단어들입니다. 두공은 기둥 위에 지붕을 받치며 차례로 짜 올린 구조인데, 우리 한옥이나 전통미술에서 많이 쓰이는 단어입니다. 두남은 북두칠성의 남쪽이라는 뜻으로 온 천하를 이르는 말입니다. 그러니 두남일인(斗南一人)은 천하에 으뜸가는 훌륭한 인물입니다. 태두(泰斗)는 태산과 북두칠성을 아울러 이르는 말로 어떤 분야에서 가장 권위가 있는 사람을 비유적으로 이르는 말입니다.

중학	획수	회자	새김	발음
料	10	米斗	되질할, 녹, (한)요금	료

료(料)는 헤아리는 것입니다. 곡식[米]이 얼마나 되는지 되질을 하고 마질[斗]을 합니다. 앞서 이야기한 것처럼 말[斗]로 헤아리는 것은 말질이 아니라 마질입니다. 옛날 관리의 급료는 쌀, 보리, 명주 등 현물로 지급을 많이 해서 녹, 즉 녹봉(祿俸)을 뜻하기도 합니다.

요금(料金)은 우리나라와 일본에서만 쓰는 것이 아닌가 합니다. 중국어에서는 전화요금(電話費), 수도요금(水費)하는 것처럼 무슨무슨 비(費) 식으로 씁니다. 요외(料外)는 요량이나 생각 밖의 뜻입니다.

중외	부수	획수	형자	새김	발음
科	禾	9	斗	품등	과

품등(品等)은 품질과 등급을 아울러 이르는 말입니다. '품등' **과(科)**도 료(料)와 비슷합니다. 마질[斗]로 곡식[禾]이 얼마나 되는지 헤아리는 것이 본뜻으로 거기에서 품질과 등급을 매기게 됩니다.

고교	획수	형자	새김	발음
斜	11	余	비낄	사

　사(斜)는 떠내는 것입니다. 구기로 액체를 퍼내거나 아니면 용기를 기울여 따르는 것입니다. 자연 '기울이다'라는 뜻을 갖게 됩니다. 사시(斜視)는 눈을 모로 뜨거나 곁눈질을 하는 것이고, 횡사(橫斜)는 가로나 모로 기울어지는 것입니다.

R069

날 근 부, 도끼 근(斤)

갑골	금문	전문	해서
勺	勹	斤	斤

　근(斤)은 베거나 깎을 때에 쓰는 도끼 모양을 본뜬 상형자입니다. 갑골문에서는 위가 날이고 아래로 자루가 달려 있는 모양을 그리고 있습니다. '도끼'로 새기는 글자에 '부(斧)'가 더 있어 도대체 어떤 차이가 있는지 궁금합니다.

　『설문』의 주석을 확인해보면 근(斤)은 날이 가로로 나 있고 크기가 작은 것으로 되어 있습니다. 나무를 깎는 데 씁니다. 여기에 비해 부(斧)는 날이 세로로 되어 있어 자루와 평행을 이룹니다. 크기도 큽니다. 나무를 베는 데 씁니다. 목수들이 나무를 다듬을 때 서서 쓰는 자귀가 있습니다. 큰자귀라고 합니다. 서서 쓰기 때문에 선자귀라고도 하는데 『설문』의 설명에 따르면 이것을 근(斤)으로 보고 도끼 모양은 부(斧)로 새기는 것이 맞을 듯합니다. 척관법에서는 중량 단위로 600g을 가리킵니다.

　'날 근'은 부수의 이름이고, 새김은 '도끼' 근입니다. 관용적으로 사용한 새김이니 일단은 그것을 따릅니다. 부수자로 쓰여 도끼와 관련된 내용을 나타내거나 '베다'라는 뜻으로 쓰입니다.

중학	획수	형자	회자	새김	발음
新	13	辛	木 斤(斧)	새	신

　　신(新)은 "나무[木]를 베다[斤]"가 본뜻입니다. 나무[木]를 벤다[斤]는 의미와 소리가 신(辛)임을 나타내주는 형성·회의자입니다. 흰 나무의 속살이 새롭게 드러나기 때문에 '새' 신이라는 설명도 있습니다. 하여튼 나무를 베니 새로 나온 것이고, 써보지 않은 새 것이라는 의미를 갖게 되리라는 것을 쉽게 유추할 수 있습니다. '섶' 신(薪)의 본자라고도 합니다. 섶은 땔나무를 통틀어 이르는 말입니다.

중외	부수	획수	형자	새김	발음
近	辶	8	斤	가까울	근

　　근(近)은 '부근'입니다. 가까운 곳입니다. 고문에서는 '그칠' 지(止) 아래에 '도끼' 근(斤)을 쓴 자형[岊]으로 나오는데, 혹시라도 옛날 사람들이 누군가 가까이 오면 도끼[斤]를 쓰거나, 가지고 있어서는 안 된다[止]고 생각했던 것은 아닐까 하는 생각이 듭니다. 달리, 누가 가까이 오면[辶] 도끼를 쓰지 말라[止]고 생각해도 기억에 도움이 될 듯합니다. 물론 누군가 가까이 오면 신변의 보호를 위해 도끼를 들고 있으려고 거꾸로 생각할 수도 있습니다.

　　근주자적 근묵자흑(近朱子赤 近墨者黑)이라는 성어가 있습니다. 주사를 가까이 하면 붉게 되고 먹을 가까이 하면 검게 된다는 뜻으로 환경의 중요성을 강조하는 말입니다. 보통은 근묵자흑(近墨者黑)만 쓰기도 합니다. 여기에 주사(朱沙, 硃砂)는 진사(辰沙, 辰砂)라고도 하는데, 붉은색 안료입니다. 조선 후기에 진사백자(辰砂白瓷)가 많이 나오는데 산화동(CuO) 즉, 진사를 써서 붉게 발색된 자기입니다.

중외	부수	획수	형자	회자	새김	발음
所	戶	8	戶	戶斤	바	소

소(所)는 벌목할 때, 즉 나무를 벨 때 나는 소리라고 합니다. 의성어라는 설명입니다. 우리는 '쓱싹쓱싹'이라고 하는데 중국인들은 아마도 '쑤어쑤어(suosuo)'로 듣는 모양입니다. 주석에 보면 옛날 시까지 인용해 '쑤어쑤어'가 아니고 '쉬쉬(許許, xuxu)'라고 합니다. 왜 우리 고양이는 '야옹'하고 우는데, 물 건너에서는 '미아우(meow)'하고 우느냐고, 우리 수탉은 '꼬끼오'하고 우는데, 왜 네 집 수탉은 '카커두들두(cock-a-doodle-doo)'하고 우느냐고, 그럴 리가 없다고 따지는 것 같습니다.

자음과 모음이 분리되지 않은 하나의 음향을 받아 적은 의성어이니 자연 사람마다 지역마다 나라마다 다를 수밖에 없습니다. 이런 것을 보아도 우리 인간이 자음과 모음을 구별하는 능력을 지녔다는 것은 여간 큰 축복이 아닙니다. 그래야만 단어도 생길 수 있고, 언어 소통도 가능하기 때문입니다.

장소를 나타내거나, 불완전 명사인 '바'의 뜻으로 쓰는 것은 가차해 사용하는 것입니다. 소이연(所以然)은 '그러한 바'라는 뜻으로 그러한 까닭을 말합니다.

증외	부수	획수	회자	새김	발음
兵	八	7	斤廾	군사	병

병(兵)은 두 손[廾]에 도끼[斤]를 잡고 있는 모양으로 병기, 병장기를 나타냅니다. 그것을 쓰는 사람도 병(兵)이라고 합니다. 군인이나 전쟁의 뜻도 있습니다.

자소자 '받들' 공(廾)은 자주 나오는데 양손 모양으로, 양손으로 받드는 것을 나타냅니다. 공(収)이 본자라고 하는데, 왼편과 오른편의 각 자소가 왼손과 오른손을 가리킵니다. 기초한자 범위 밖의 글자이지만, 꼭 알아둬야 하는 글자입니다. 기초한자 가운데 '奉, 承, 泰, 暴, 戒, 具, 弄, 索, 弊, 弁'에는 모두 '받들' 공(廾)이 들어가는 글자들인데, 어떤 것은 보기만 하면 곧 알 수 있고 어떤 글자는 현재 자형에서는 알아보기 어려운 것도 있습니다. 각각 어떤 글자들인지 한번 복습해보기 바랍니다.

고교	획수	새김	발음
斤	4	도끼	근

부수자입니다. 부수자 해설을 참고하기 바랍니다.

고교	획수	형자	새김	발음
斥	5	屰	물리칠	척

척(斥)은 『설문』에 '척(㡿)'으로 올라 있습니다. 본뜻은 집을 넓게 새로 고치는 것입니다. 일부를 터서 밖으로 넓히는 것입니다. 그래서 '밀어내다, 물리치다'라는 뜻도 갖게 되었습니다.

형성 자소에 있는 글자는 '거스릴' 역(屰)으로 역(逆)의 본자입니다. 그런데 역(屰)이 계속 다른 글자의 편방에 자소로 쓰이게 되자 '쉬엄쉬엄 갈' 착(辵, 辶)을 더해 글자를 새로 만들어 쓰게 되었습니다. 현재 역(屰)은 편방에만 쓰입니다. 회의 자소 '다행' 행(幸), '초하루' 삭(朔)에서도 볼 수 있습니다.

헐값으로 마구 파는 것은 척매(斥賣)라고 하고, 화친을 배척하는 것은 척화(斥和)이며, 적의 형편이나 지형 따위를 정찰하고 탐색하는 것은 척후(斥候)입니다. 척화비(斥和碑)는 흥선 대원군이 외세의 침략을 경계하기 위해 세운 비석입니다.

格物 017. 비석(碑石)

각 지역마다 공원 같은 곳에 가면 한쪽 구석에 비석을 모아놓은 것을 흔히 볼 수 있습니다. 사찰 경내에 있는 탑과 부도는 성격이 다르니 논외로 하고, 흔히 볼 수 있는 비석으로는 다음과 같은 것을 들 수 있습니다. 관심을 가지고 찾아보면 여행의 재미도 더해 줍니다.

하마비(下馬碑)는 조선 시대에, 누구든지 그 앞을 지날 때는 말에서 내리라는 뜻을 새기어 궁가, 종묘, 문묘 따위의 앞에 세웠던 비석입니다. 향교 앞에 가면 많이 볼 수 있습니다. 비문의 내용은 "대소인원개하마(大小人員皆下馬)"가 많은데, 문구가 조금씩 다른 경우도 있습니다. "크든 작든 사람은 모두 말에서 내려라"가 축자의가 되겠습니다. 인(人)은 벼슬이 없는 사람을, 원(員)은 벼슬이 있는 사람을 가리킨다고 하니 크든 작든,

벼슬이 없는 사람이든 있는 사람이든 모두 말에서 내리라는 것입니다.

선정비(善政碑)는 예전에, 백성을 어질게 다스린 벼슬아치를 표창하고 기리기 위해 세운 비석입니다. 개인의 업적을 찬양하는 글이기 때문에 이것은 비석마다 내용이 다를 수밖에 없고, 치적을 찬양하다보니 어떤 인물에 대한 객관적인 평가하고는 거리가 있는 경우도 종종 있습니다.

척화비(斥和碑)는 1871년(고종 8) 흥선 대원군이 서양 제국주의 세력의 침략을 경계하기 위해 전국 각지에 세운 비석입니다. 한문으로 쓰인 비문의 내용은 "양이침범 비전즉화 주화매국(洋夷侵犯 非戰則和 主和賣國)"으로 "서양 오랑캐가 침범하는데 싸우지 않는다면 화친하는 것이다. 화친을 주장하는 것은 나라를 파는 것이다"입니다.

고교	획수	회자	새김	발음
斯	12	其斤	이, 찍을	사

사(斯)는 '나무를 쪼개다, 패다'가 본뜻입니다. 대명사로 '이'의 뜻이 있고, '이것저것'의 '이'의 뜻으로 쓰입니다.

사문난적(斯文亂賊)은 '우리 문파를 어지럽히는 도적'이라는 뜻인데 성리학에서 교리를 어지럽히고 사상에 어긋나는 언행을 하는 사람을 이르는 말입니다. 사문(斯文)은 '이 학문, 이 도(道)'라는 뜻으로 유학의 도의나 문화를 이릅니다. 이 말 자체가 편을 가르는 면이 없지 않습니다. 여기에 동조하지 않는 것, 여기에 어긋나는 것은 어지럽히는 도둑이라는 것이니 아주 배타적인 생각이 아닐 수 없습니다. 결과적으로 사상의 자유를 많이 제약하는 역할을 했습니다.

고교	획수	형자	새김	발음
斷	18	㡭斤	끊을	단

단(斷)은 끊는 것입니다. 『설문』에 실린 자형은 㡭입니다. 가운데에 요(幺)가 위아래로

두 쌍이 있는데 이것은 '실'입니다. 실을 날붙이[斤]로 절단[㡭]한 모양을 나타냅니다. 단절되니 '금하다'는 뜻도 갖게 되고, 결연히 하는 것처럼 '확고한 태도'를 뜻하기도 합니다. 절(㡭)은 '끊을' 절(絶)의 고자입니다.

단기지계(斷機之戒)라는 성어가 있습니다.『후한서(後漢書)』〈열녀전(列女傳)〉에 나오는 것으로 맹자가 수학(修學) 도중에 집에 돌아오자 그의 어머니가 짜던 베를 끊어 그를 훈계하였다는 데서 나왔습니다. 학문을 중도에서 그만두면 짜던 베의 날을 끊는 것처럼 아무 쓸모없음을 경계하는 것입니다. 맹자 어머니가 짜던 베를 끊었다는 데에서 맹모단기(孟母斷機)라고도 하고, 그 가르침을 강조해 맹모단기지교(孟母斷機之敎)를 쓰기도 합니다. 간단히 단기(斷機)로만 쓰는 경우도 있습니다.

조선 최고의 명필로 알려진 한호(韓濩, 1543~1605) 석봉(石峯)의 어머니가 자신의 떡 썰기와 석봉의 글자 쓰기를 비교해 아들을 크게 훈계했다는 일화도 비슷한 사례입니다.

고외	부수	획수	형자	새김	발음
祈	示	9	斤	빌	기

기(祈)는 신령에게 일이나 원하는 것을 알리고 복을 구하는 것입니다. 비는 것입니다. 지금 자형은 워낙 많이 변해서 알아볼 수 없습니다만, 고문에는 도끼[斤]와 다른 무기가 그려져 있는 것도 있고 거기에 깃발이 있는 것도 보여 전쟁 시 깃발 아래에서 맹세를 하며 비는 것으로 보기도 합니다. 빌거나 바라는 것이라서 희망을 뜻하기도 합니다.

고외	부수	획수	회자	새김	발음
折	手	7	手 斤	꺾을	절
析	木	8	木 斤	가를	석

'꺾을' 절(折)의『설문』자형은 조금 다릅니다. "절(斳)은 베는 것이다. 날붙이로 풀을 베는 것을 따른다고 하는데 이것은 담장(譚長)의 말이다. 주문의 절(折)은 풀이 얼음 속에 있는 모양이다. 얼음이 차기 때문에 꺾이는(부러지는) 것이다"라고 합니다.

절요오두(折腰五斗)라는 성어가 있습니다. 쌀 닷 말에 허리를 굽힐 수 없다는 뜻으로

도연명(陶淵明, ca. 365~427)이 잠깐 벼슬살이를 하다가 자신의 생각과 맞지 않자 그만둔 데에서 나온 말입니다. 나중에 먹고 살기 위해 겪는 굴욕 등을 나타내게 되었습니다. 여기서 '오두'는 본래 관리의 녹봉을 가리킵니다.

석(析)은 나무를 쪼개는 것, 가르는 것입니다. 장작 같은 경우에는 '패다'라고 합니다. 주석에 세로로 쪼개는 것은 '석(析)'이라 하고 가로로 쪼개는 것은 '절(折)'이라고 나와 있습니다. 장작을 만들 때는 세로 방향으로 놓고 결에 따라서 패게 됩니다. 여기에서 무엇을 '분해하다, 해석하다'라는 뜻이 나옵니다.

R070

모 방(方) 부

갑골	금문	전문	해서
屮	才	岁	方

방(方)과 관련해서는 여러 가지 설명과 주장이 있습니다. 갑골문은 논밭을 가는 '따비[耒]'의 모양을 본뜬 것이라고 합니다. 춘향이의 목에 씌웠던 형구인 '칼[枷]'이라고도 합니다. 『설문』은 또 다릅니다. "방(方)은 배 두 개를 나란히 해 하나로 한 것[倂船]이다. (아래는) 주(舟) 자 두 개를 생략하고 나란히 해 한 척의 모양으로 만든 것이고, (위는) 두 척의 뱃머리를 줄로 묶어 하나로 한 형상을 본떴다."

다른 설명도 있습니다. 땅을 파는 가래 모양이라고도 합니다. 땅의 흙을 파내고 만든 구덩이를 '방(方)'이라고 하는데 육 면 모두가 정사각형입니다. 여기에서 정사각형을 뜻하게 되고, 지방 행정 단위로 쓰이면서 다시 인신돼 '방향'을 가리키게 되었다고 합니다.

한 가지 주의할 것은 자형이 비슷해 '모' 방(方) 부에 들어 있는 '깃발 펄럭일' 언(㫃)입니다. 자형이 언(㫃)과 연관되는 경우에는 방(方)과는 전혀 상관이 없고 깃발과 관련된 의미를 나타냅니다. 『설문』에서는 서로 다른 부수인데 『강희자전』에서 하나의 부수로 통합되었습니다.

중학	획수	새김	발음
方	4	모	방

　방물(方物)은 옛날 관찰사나 수령이 임금에게 바치던 그 고장의 특산물을 말합니다. 방위(方位)는 기준 방향에 대해 나타내는 위치이고, 방촌(方寸)은 사방 한 치라는 뜻인데, 마음이나 아주 좁은 면적을 가리키기도 합니다. 방향(方向)은 어떤 방위를 향한 쪽을 뜻합니다.

중학	획수	새김	발음
於	8	어조사/오홉다 할	어/오

　오(烏)는 까마귀입니다. 자소가 없는 것을 보고 상형자라는 것을 알 수 있습니다. '어조사/오홉다 할' **어/오(於)**는 '까마귀' 오(烏)의 고자(古字)라고 앞서 얘기한 바 있습니다.
　『설문』에는 "오(烏)는 효성이 있고 유순한 새이다[孝鳥(효조)]. 공자가 '오 오호 [烏盱呼也]'라고 한 것은 '오' 소리를 내고 숨을 고르며 혼잣말을 한 것이다. 새소리 같은 소리를 내면서 어기를 도운 것이다. 그래서 오(烏) 자를 빌려 오호(烏呼)의 오(烏) 자로 쓴 것이다"라고 합니다.
　내용이 어렵습니다. 우선 효조(孝鳥)는 까마귀를 가리키는 말입니다. 반포조(反哺鳥)의 반포(反哺)는 순우리말로 '안갚음'이라고 합니다. '갚지 않는다'라는 뜻이 아니고 '까마귀 새끼가 자라서 늙은 어미에게 먹이를 물어다 주는 것'을 나타내는 말입니다. 그래서 동사로 쓸 때에는 '안갚음하다'입니다. 전설적인 이야기이지만 까마귀 새끼는 자라서 그렇게 한다고 합니다. 세상에는 필자를 포함해 까마귀만도 못한 사람들이 적지 않습니다. 『단주』에 보면 "조(鳥)에는 점[丶]으로 눈동자가 분명한데 오(烏)에는 없다. 그것은 (까마귀의 눈이) 완전히 검은색으로 눈동자가 보이지 않기 때문이다"라고 합니다. 맞고 틀리고를 떠나 작은 것 하나에 이르기까지 관심을 놓치지 않는 관찰력이 감탄스럽습니다.

계속됩니다. "우호(吁呼)는 우호(亏呼)로 쓰며 우(亏) 자는 우(于)이다. 숨이 편안한 것을 나타낸다. 호(呼)는 숨을 편안히 하고 잘 울기 때문에 이 새를 오(鳥)라고 하는 것이다"라고 합니다.

여기에 나오는 위호(于呼)나 오호(嗚呼)는 모두 감탄사로 한문에 더러 나옵니다. 새김에 있는 '오홉다 할'에서 '오홉다'를 『표준』에서는 "감탄하여 찬미할 때 내는 소리"라고 정의합니다. 『표준』에는 '於홉다'라는 한자 표기가 없는데 필자는 오호(嗚呼)에서 온 것이 아닐까 합니다.

중학	획수	형자	새김	발음
施	9	也	베풀	시

시(施)입니다. 이 글자에는 부수자에서 설명한 '깃발 펄럭일' 언(㫃)이 들어 있습니다. 깃발과 관련된 의미를 띠는 것입니다. 『설문』입니다. "시(施)는 깃발이 펄럭이는 모양이다. 제나라 란시(欒施)의 자가 자기(子旗)였는데 (그는) 깃발(신호 방법 등 운용)을 잘 알았다"라고 합니다.

자소로 쓰인 '어조사' 야(也)를 뱀으로 보고 깃발이 뱀이 꿈틀대듯 나부끼는 것을 가리키는 글자라고 설명하기도 합니다. 나중에 '베풀' 시(貤) 자 대신 많이 쓰이면서 '베풀다, 설치하다, 시행하다'라는 뜻을 나타내게 되었다고 합니다.

공사를 시행하는 것은 시공(施工), 거름을 주는 것은 시비(施肥), 도구나 장치 따위를 베풀어 설비하는 것은 시설(施設), 실지로 행하는 것은 시행(施行)입니다.

중학	획수	회자	새김	발음
旅	10	㫃 从	나그네, 군대	려

려(旅)는 군대의 편제와 관련되는 글자입니다. 본자는 언(㫃) 아래에, 사람이 많은 것을 나타내는 '좇을' 종(从)이 있는 모양이었습니다. 깃발[㫃] 아래 많은 사람[从]이 모여 있는 군대 조직으로 500명을 려(旅)라 합니다. 지금 군대의 편제상 여단(旅團)이 있

는데, 분대, 소대, 중대, 대대, 연대, 여단, 사단 순으로 규모가 커지니까 인원으로 비교할 바는 아닙니다. 군대는 행군으로 이동도 하고 다른 곳에서 전투도 합니다. 그래서 '밖에 나가다, 여행을 하다'라는 뜻도 나타냅니다.

여행을 하는 사람은 여객(旅客)이고, 그런 나그네가 묵는 집은 여관(旅館)입니다.

중학	획수	회자	새김	발음
族	11	㫃矢	겨레/풍류가락	족/주

족(族)은 화살[矢]의 앞부분 즉, 화살촉입니다. 옛날에는 화살 50개를 한 다발씩 묶은 모양입니다. 갑골문 분석으로는 화살[矢]은 전쟁에서 사람을 죽이는 것이며 언(㫃)은 많은 사람을 나타냄으로 분명 군대의 조직이었을 것이라고 합니다. 좀 더 폭넓은 가능성을 제시하는 경우도 있습니다. 첫째, 깃발 아래 사람들이 모인 것이니 한 종족을 나타내거나 둘째, 전투에서는 화살이 필요하기 때문에 화살을 가리킬 수 있고 셋째, 전투에는 많은 사람과 화살이 필요해 '모이다'라는 뜻일 수도 있다는 해석입니다.

글자의 기원을 해석하는 것이 수학 문제처럼 단 하나의 정답만 있는 것이 아니니 이것이 그르네 저것이 옳네 할 바는 아니겠습니다. 우리는 다른 사람들이 생각하는 방법을 보고 그 방법을 배우면 됩니다.

족(族)이 계속 종족 등을 나타내는데 쓰이게 되자, 살촉은 '쇠' 금(金)을 더해 '살촉' 족(鏃)으로 제금나게[분가하게] 되고, '모이다'라는 뜻은 '대' 죽(竹)을 더해 '조릿대' 족(簇)으로 딴살림을 차리게 됩니다. '조릿대' 족(簇)에는 여전히 '모이다'와 '화살촉'의 뜻이 있습니다.

족당(族黨)과 족속(族屬)은 같은 문중이나 계통에 속하는 겨레붙이를 이르는 말이며, 족보(族譜)는 한 가문의 계통과 혈통 관계를 적어 기록한 책입니다. 족친(族親)은 유복친 안에 들지 않는 일가붙이를 말합니다. 유복친(有服親)은 상사가 났을 때 상복을 입어야 하는 가까운 친척을 이르는데, 보통은 동고조팔촌(同高祖八寸)이라고 해서 같은 고조할아버지 아래 자손들을 말합니다. 나로부터 4대를 올라간 고조할아버지, 아래로는 촌수가 팔촌까지 갈리게 됩니다. 당내(堂內)라고도 하는데, 이것은 옛날 대가족 제도하에서 고조할아버지 이하 모든 식구들이 한 집에서 살았던 관습에서 나온 말이 아닐까 합니다.

증외	부수	획수	회자	새김	발음
防	阜	7	方	막을	방

방(防)은 둑으로 제방입니다. 물을 가두는 곳입니다. 그래서 '막다, 보호하다, 방지하다'라는 등의 뜻이 자연스럽게 인신되어 나옵니다.

공산주의를 막아내는 것은 방공(防共), 공중으로 들어오는 적을 막는 것은 방공(防空), 파도를 막기 위해 쌓은 둑은 방파제(防波堤), 추위를 막기 위해 쓰는 모자는 방한모(防寒帽)입니다. "방민지구심우방천(防民之口甚于防川)"이라는 말이 있습니다. 백성의 입을 막는 것은 내를 막는 것보다도 어렵다는 뜻입니다. 백성의 입을 막으면 그 재앙이 엄청나다는 것인데, 역사를 통해 독재자들이 한결같이 해온 짓은 백성의 입을 막는 것이었습니다. 그 결과 엄청난 재앙이 들이닥쳤던 것 또한 역사가 증언합니다.

증외	부수	획수	형자	회자	새김	발음
放	攴	8	方	方攴	놓을	방
房	戶	8	方	戶方	방	방

방(放)은 매[攴]를 들고 죄인을 멀리[方] 쫓아내는 뜻을 나타냅니다. 관리가 외지로 '발령나다'라는 뜻도 있고, '방치하거나 방기하다'라는 뜻도 담고 있습니다.

방호귀산(放虎歸山)은 호랑이를 놓아주어 산으로 돌려보낸다는 뜻입니다. 적을 놓아주어서 후환을 남기는 것을 이릅니다.

방(房)은 정실(正室)의 양옆[旁, '곁' 방]에 있는 방(房)입니다. '지게' 호(戶) 부에 상세한 내용이 있습니다.

증외	부수	획수	형자	회자	새김	발음
訪	言	11	方	言方	찾을	방

『설문』에서 **"방(訪)**은 널리 물어 의견을 구하는 것이다. 언(言)을 따르고, 방(方)은 소리를 나타낸다[汎謀曰訪 从言 方聲]"라고 합니다. 주석에는 "소리 가운데 뜻이 있다[聲中有義]"라고 나옵니다. 이어지는『단주』에는 '어떤 의미'인지가 실려 있습니다. "범(汎)과 방(訪)은 쌍성이다. 방(方)과 방(訪)은 옛날에 서로 통용되었다. 넓다는 뜻이다[汎與訪雙聲 方與旁古通用 溥也]"라고 합니다.

쌍성은 초성의 발음이 같은 글자입니다. 중국인들은 이 설명 내용을 보면 소리가 비슷한 것을 떠올리고 옛날 글자를 좀 알면 뜻도 미루어 짐작할 수 있다는 것을 알 수 있습니다. 한자가 모국어가 아니고 모국 문자가 아닌 우리로서는 일일이 익히는 수밖에 없습니다. 여러분이 보기에 분명 쉽지 않을 텐데도 원문을 첨부한 것은 본문의 정확한 이해를 위해서입니다.

고교	획수	형자	새김	발음
旗	14	其	기	기

기(旗)의 형성 자소로 '그' 기(其)만 있는 것은 이 글자가 '모' 방(方)과 결합된 것이 아니고, '깃발 나부낄' 언(㫃)과 결합되었기 때문입니다. 기(旗)는 물론 군대에서 많이 쓰였습니다. 용맹함을 나타내기 위해 호랑이와 곰을 그렸습니다.

『설문』에서는 "기(旗)는 곰을 그린 깃발로 기드림을 여섯 개 달아 벌성(罰星)을 상징한다. 병사들은 웅기(雄旗) 게양하는 것을 집합 시간으로 안다"라고 합니다. 기의 신호로 소집 시간을 알리는 듯합니다. 여기서 '기드림'은 기 위에 다는 좁고 긴 띠입니다. 주석을 보면 벌성(罰星)은 벌성(伐星)이라고 합니다. 옛날 중국인들은 하늘의 별자리를 모두 28개로 나누었는데 동서남북으로 각각 7개씩입니다. 그 하나하나를 '별자리' 수(宿)라 하는데 동의 청룡, 서의 백호, 남의 주작, 북의 현무는 각 방위 7개의 별자리 전체를 이르는 말로도 쓰입니다. 벌성(伐星)은 서북쪽 끝에 있는 삼수(參宿)에 들어 있는 별입니다.

기치선명(旗幟鮮明)은 본래 고대 전쟁 시 군대의 대오가 엄정하고 기치의 빛깔이 선명한 것을 가리켰습니다. 거기에서 나와 보통은 '태도나 언행이 뚜렷한 것'을 가리킵니다.

고교	획수	회자	새김	발음
旋	11	㫃疋	돌	선

선(旋) 또한 기[㫃]와 관련된 글자로 짐작할 수 있으리라 믿습니다. 『설문』에 "선(旋) 은 도는 것이다. 정기(旌旗)의 지휘에 따라 돈다"라고 합니다. "우향 앞으로 갓!" "좌향 앞으로 갓!"까지 있었는지는 모르겠지만 "앞으로 갓!" "뒤로 돌아 갓!"하는 방향 전환 입니다.

주석에 정기에 대한 설명이 나옵니다. "정기(旌旗)는 사람들을 구하기 위한 것이다. 들고 지휘하면 병사들이 보고 전진하거나 후퇴한다"라고 합니다. 쓰임에 대한 설명입 니다.

생김새를 살펴보면 정(旌)은 깃대 끝에 얼룩소 꼬리만 쓰거나 아니면 오색 새털을 더 하기도 한 장식을 붙인 기입니다. 오랜 역사를 두고 바뀌어서 딱 '이런 것이다'라고 잘 라 말하기는 어렵습니다만 정(旌)은 하급 부대에서 쓰고 기(旗)는 상급 부대에서 사용 했다고 합니다.

제식 훈련 받느라 수고 많았습니다. 제식 훈련은 기본입니다. 이 훈련을 잘 받아야 공 부하는 데에도 절도와 규율이 생깁니다.

고외	부수	획수	형자	새김	발음
妨	女	7	方	방해할	방
芳	艹	8	方	꽃다울	방

방(妨)은 '손해를 입다'라는 것이 원뜻입니다. 어떤 일에 장애가 되는 것입니다. 혹 여 기에 '계집' 녀(女)가 들어갔다고 성차별이라고 항의가 들어올지도 모르겠습니다. 제가 만든 글자가 아니니 이것은 필자도 방법이 없습니다. 필자가 '계집'으로 새기는 것이 문 제될 수도 있는데 단지 관습에 따라 익숙해졌기 때문이고 묘한 차이지만 우리말의 억양 이 '여자' 녀, '여인' 녀보다 조금 더 어울리는 듯한 면도 있기 때문입니다.

방(芳)은 풀 향기입니다. 향기하고는 조금 거리가 있는 듯하지만 꽃 같은 아름다움을 지니고 있다는 '꽃답다'는 말은 얼마나 곱고 아름다운 말인가 하는 생각이 듭니다.

　방향제(芳香劑)는 꽃다운 향기를 가지고 있는 약제입니다. 방년(芳年)은 꽃다운 나이입니다. 가인(佳人)은 아름다운 미인입니다. 그런데 아름다움은 아무래도 여성의 전유물인지 이 단어들은 남성에게는 쓰지 않습니다. 그나저나 유방백세(流芳百世)라고 여러분 모두 꽃다운 이름을 후세에 남길 수 있어야 하겠습니다.

R071

이미기방 부, 없을 무(无),
목멜 기(旡)

갑골	금문	전문	해서
		禿	无

　무(无)는 『설문』에 현재 우리가 많이 쓰고 있는 '없을' 무(無) 자로 실려 있습니다. "무(無)는 없다는 뜻이다. 망(亡)을 따르고 무(無)가 소리를 나타낸다. 무(无)는 무(無)의 기자(奇字)로 소전(小篆) 원(元) 자의 삐침[丿]이 위를 뚫고 나간 결과이다. 왕육(王育)은 하늘이 서북쪽으로 기운 것을 무(無)라고 한다." 기자(奇字)는 『설문』 〈서〉에서 "이(二)를 기자(奇字)라고 하는데, 고문으로 (자형이) 다른 것이다"라고 합니다.

　달리 무(無)는 무구(舞具)를 들고 춤을 추는 사람의 모습을 본뜬 것이라고도 합니다. 즉, '춤출' 무(舞)와 통하고 무(無)의 본뜻은 춤추는 것으로 봅니다.

　'없을' 무(无) 부라고 하는데 실제 이 부수에 속해 있는 글자는 모두 '목멜' 기(旡)를 씁니다. '이미기방'이라고 하는 것은 '목멜' 기(旡)와 '이미' 기(旣) 오른쪽 자소자가 같기 때문입니다.

중학	획수	형자	새김	발음
既	11	旡	이미	기

이 부수에 속하는 글자는 다 해도 열자 미만입니다. 기초한자 가운데에는 '이미' **기 (既)** 한 글자가 속해 있습니다.

기(既)를 『설문』에서는 "먹을 것이 조금 밖에 없다"라고 설명하는데, 오늘날 대부분은 이 설명이 타당하지 않은 것으로 받아들이는 듯합니다. 갑골문은 고봉(高捧)으로 밥이 담긴 그릇 앞에 사람이 앉아 있는 모양입니다. 고봉은 수북하게 담는 것입니다. 이런 자형에서 '밥을 먹고 나서 트림[旡]을 하는 것'으로 추정합니다.

현재 자형에서도 비슷하게 유추해볼 수 있습니다. 기(既)의 왼쪽 자소자는 '향기로울, 낟알' 급(皀)입니다. 향기가 좋은 밥[皀] 앞에서 목이 메이는 것[旡]입니다. 밥을 먹고 났으니 이미 있었던 일입니다. 끝났고 마친 일입니다. 바로 기(既)의 뜻입니다.

이미 결정된 것은 기결(既決), 아직 결정되거나 해결되지 않은 것은 미결(未決)입니다. 서류 분류함에 이렇게 써놓은 것을 볼 수 있습니다. 죄인을 가리키는 수(囚)를 붙이면 기결수(既決囚)와 미결수(未決囚)인데 판결 여부를 근거로 나눈 것입니다. 이미 결혼을 한 기혼(既婚), 아직 결혼을 하지 않은 미혼(未婚)도 같은 식의 조어법이 되겠습니다. 기망(既望)은 이미[既] 보름[望]이 지난 것으로 음력 16일을 가리킵니다. 나중에 배우겠지만, 송나라 때 문인 소식의 「전적벽부(前赤壁賦)」 시작 부분에 나옵니다.

> 임술년 가을 칠월 열엿새 날 소식은 손님들과 적벽 아래에 배를 띄우고 놀았다. 맑은 바람이 천천히 불어오는데 물결은 일지 않았다. 술잔을 들어 손에게 권하고 『시경』의 월출(月出) 시를 외우며, 요조지장을 불렀다.
> [壬戌之秋 七月既望 蘇子與客泛舟游於赤壁之下 淸風徐來 水波不興 擧酒屬客 誦明月之詩 歌窈窕之章]

어렵고 이해가 안 되는 경우에는 그저 번역 부분만 읽으면 됩니다. 다른 부분도 마찬가지로 여러 번 읽으며 이해의 폭과 깊이를 더해가는 것이 공부의 방법입니다.

R072

날 일(日) 부

갑골	금문	전문	해서
⊖	⊙	日	日

'날' 일(日), '달' 월(月), '내' 천(川)은 상형자의 예로 드는 대표적인 글자들입니다. 고문에서는 지금보다 해 모양에 더욱 가깝게 둥그런 형태였는데 오랜 변화 과정을 거치며 모양이 바뀌었습니다. 해가 뜨면 낮이니 낮의 뜻도 나타내고, 그림자가 생겨 그 그림자로 시간도 관측했습니다. 부수로 쓰여 해와 관련된 것, 명암, 시간 등을 나타냅니다.

현대 중국어 자전에는 자형을 바탕으로 '가로' 왈(曰)과 '쓰개' 모(冃)를 '날' 일(日)에 통합했는데, 사용의 편의상 모(冃)는 분리시켜 일(日)의 바로 뒤에서 찾아볼 수 있게 하고 있습니다.

중학	획수	새김	발음
日	4	날	일

날마다 발행해서 일간(日刊), 아침부터 저녁까지, 혹은 며칠 안이라서 일간(日間)입니다. 해의 빛이니 일광(日光)이고, 햇빛을 목욕하듯 쬐니 일광욕(日光浴)입니다. 해가 지니 일몰(日沒)이고, 떠서 일출(日出)입니다.

증학	획수	형자	새김	발음
星	9	生	별	성

『설문』에 실린 **성(星)**은 지금보다 '날' 일(日)이 두 개나 더 있습니다[曐]. "성(曐)은 만물의 정화가 하늘에서 많은 별이 된 것이다"라고 합니다. 달리, "정(晶)은 (많은 별 모양을) 본뜬 것이다. 구(口)를 따르는데 옛날에는 그 가운데에 점을 찍어 일(日)과 같은 모양이 되었다. 성(曐)은 고문의 성(星) 자이다. 성(星)은 성(曐)의 혹체로서 성(曐)을 생략한 것이다"라고 합니다. 혹체는 뜻과 발음은 같으나 글자의 모양이 다른 것으로 『설문』에서 특별히 이체자 가운데 한 종류를 이르는 이름입니다. 별입니다.

성군(星群)이나 성단(星團)은 항성의 집단 즉, 별무리를 말하며, 성상(星霜)은 한 해 동안의 세월을 가리킵니다. 성상이 이렇게 시간 단위를 가리키게 된 것은 '별은 일 년에 한 바퀴를 돌고 서리는 매해 추우면 내린다'는 데에서 비롯된 것입니다.

증학	획수	형자	새김	발음
昨	9	乍	어제	작

작(昨)을 『설문』에서는 "날이 쌓인 것이다"라고 합니다. 어제는 이제 막 지나서 과거 저편에 쌓이는 시간으로 이해할 수 있겠습니다. '과거, 어제'의 뜻입니다.

자소자는 '잠깐' 사(乍)입니다. 사(乍)는 '제지하거나 도망하다'라는 것이 본뜻입니다. 『단주』에는 "사람이 도망가는데 가로[一] 막는 것이 사(乍)의 뜻이다. 도망하거나 막는 것은 모두 급한 일[倉猝(창졸)]이기 때문에 인신하여 '창졸'을 일컫는 말이 되었다"라고 합니다. 『표준』에는 창졸(倉猝)이 창졸(倉卒)로 실려 있는데, 미처 어찌할 사이 없이 매우 급작스러움을 가리킵니다. 보통 '창졸간에'의 형태로 많이 쓰입니다.

고문 연구에서는 다른 해석을 제시합니다. 고문에서 사(乍) 자는 '점' 복(卜) 아래

'칼' 도(刀)로 되어 있어, 점을 치는 사람이 점을 치기에 앞서 칼로 거북 껍데기에 흠집을 내는 것이라고 합니다. 이것을 구워서 점을 치게 됩니다. 그래서 '만들다'든지 '시작하다'라는 뜻을 갖는다는 것입니다. '잠깐'은 인신된 뜻입니다.

중학	획수	형자	새김	발음
景	12	京	볕	경

경(景)은 햇빛입니다. '빛'으로도 새기고 '볕'으로도 새기는데 빛은 광선이고 볕은 거기에서 느끼는 따스한 기운이라서 뜻이 다르긴 합니다만, 겹치는 부분도 있어서 더러 구별하지 않고 쓰는 경우가 있는 듯합니다. 경(景)에는 햇볕의 뜻도 있습니다.

경개(景槪)나 경치(景致)는 자연이나 지역의 모습을 말하며, 호황·불황 등 경제 활동 상태는 경기(景氣)입니다. 경모(景慕)는 우러러 사모하는 것이며, 경앙(景仰)은 덕망이나 인품을 사모하여 우러러본다는 뜻입니다.

格物 018. 경앙(景仰)

본래 이 말은 『시경(詩經)』〈소아(小雅)〉의 「수레 굴대빗장[車舝]」이라는 시에 나옵니다. "높은 산은 우러러보고, 한길은 (사람이 많이) 다니네[高山仰止 景行行止(고산앙지 경행행지)]"라는 글귀에서 따온 것입니다. 조금 긴 시인데, 해당 부분만 소개합니다.

> 높은 산은 우러러보고, 한길은 (사람이 많이) 다니네
> [高山仰止 景行行止]
> 네 마리 말은 터벅터벅, 여섯 줄 고삐는 가야금줄 같아라
> [四牡騑騑 六轡如琴]
> 그대 만나 신혼으로 내 마음 즐겁도다
> [覯爾新婚 以慰我心]

갓 결혼한 사람이 신혼의 즐거움을 노래한 시입니다. 후에 사마천은 공자를 찬미하

는 데에 이 내용을 인용한 뒤 "비록 거기에 이르지는 못하더라도 마음은 그곳을 향한다"라고 덧붙였습니다.

사실 이 글귀에 대한 해석은 여러 가지로 나뉩니다. "옛날 사람들은 도덕이 높은 사람을 앙모하고, 행동이 바른 사람을 따라 한다"라고 하여 경행(景行)을 광명정대한 행위로 풀기도 하고, 송나라 때의 주희(朱熹, 1130~1200)는 "앙(仰)은 높은 데를 바라보는 것이며, 경행(景行)은 대도(大道)"라고 설명합니다. 주희의 설명에 따르면 이 구절은 "높은 산을 바라보며 대도를 행한다" 정도가 되지 않을까 합니다.

중학	획수	형자	새김	발음
暗	13	音	어두울	암

'어두울' 암(暗)입니다. 광선이 없거나 부족한 상태입니다.

넌지시 알려주는 것은 암시(暗示), 정체를 숨기고 돌아다니는 것은 암행(暗行)이고, 암흑(暗黑)은 어둡고 캄캄한 것입니다. 암중모색(暗中摸索)은 어둠 속에서 더듬어 찾는 것으로 은밀한 가운데 일의 실마리나 해결책을 찾아내려고 하는 것입니다.

중학	획수	형자	회자	새김	발음
春	9	屯	日 艸	봄	춘

『설문』에 수록된 '봄' 춘(春)은, '춘(萅)' 자형을 하고 있습니다. 부수도 '풀' 초(艸)에 속합니다. "춘(萅)은 밀어내는 것이다. 풀은 봄에 나온다"라고 합니다. 햇살[日]이 따뜻해지면서 풀[艸]의 싹[屯]을 밀어내는 계절입니다.

춘광(春光)은 봄볕이나 봄철의 경치를 말합니다. 봄과 가을을 함께 묶은 성어가 많은데 몇 가지만 들어보겠습니다. 춘풍추우(春風秋雨)는 봄바람과 가을비라는 뜻으로 '지나간 세월'을 이릅니다. 춘화추월(春花秋月)은 봄꽃과 가을달이라는 뜻으로 '아름다운 시절'을 말합니다. 춘로추상(春露秋霜)도 있습니다. 봄 이슬과 가을 서리를 가리키는데 다른 사람이 베풀어준 은혜를 가리킬 때에 많이 씁니다. 춘인추사(春蚓秋蛇)도 있습니다. 봄의 지렁이와 가을의 뱀이라는 뜻으로 글씨 쓴 것이 비뚤어지고 힘이 없는 것을 말합니다. 춘추필법(春秋筆法)은 공자가 편찬한 사서 『춘추(春秋)』와 같이 비판적이고 엄정한 필법을 말합니다. 춘한(春寒)은 봄추위의 뜻입니다.

중학	획수	형자	회자	새김	발음
時	10	寺	日寺	때	시

시(時)는 봄, 여름, 가을, 겨울의 사시(四時), 사철, 즉 계절입니다. 인신하여 '해, 달, 일, 각(刻, 15분)'의 뜻도 나타냅니다. '현재의, 일시적인'의 뜻도 있습니다.

시류(時流)는 시대의 흐름이고, 그 당시에 일어난 여러 가지 사회적 사건은 시사(時事)이며, 시운(時運)은 시대나 그때의 운수를 이릅니다. 시불가실(時不可失)은 때를 놓쳐서는 안 된다는 것이고, 시불재래(時不再來)는 때는 한 번 가면 다시 돌아오지 않는다는 뜻입니다. 시화세풍(時和歲豊)은 시화연풍(時和年豊)으로 쓰기도 하는데, 나라가 태평하고 풍년이 드는 것을 이릅니다.

중학	획수	형자	회자	새김	발음
晚	11	免	日免	늦을	만
晴	12	靑	日靑	갤	청

만(晚)은 해거름입니다. '정해진 시간이 다가오는 것, 나중' 등의 뜻을 담고 있습니다. '이르고 늦은 것의 사이로 머잖아'는 조만간(早晚間), 나이 들어 만년(晚年), 늦은 시간인 저녁에 먹으니 만찬(晚餐)입니다.

청(晴)은 『설문』에 다른 자형[姓]으로 올라 있습니다. "밤에 비가 그치고 별이 뜨는 것"이라고 합니다. 인신하여 구름이 완전히 걷히거나 조금밖에 없는 것, 맑은 하늘을 가리킵니다.

청우(晴雨)는 날이 개는 것과 비가 오는 것을 아울러 이릅니다. 청랑(晴朗)은 맑고 명랑한 것이고, 청천(晴天)은 '맑게 갠 하늘'입니다. "청천 하늘에 날벼락"이라는 우리 속담이 있는데 이 말은 역전앞(驛前-)이라고 하는 것처럼 쓸데없는 단어가 중첩된 것이 아닌가 합니다.

비가 갠 뒤 맑게 부는 바람과 밝은 달을 광풍제월(光風霽月)이라고 하는데, '갤' 청(晴) 자의 설명과 일치하는 것 같아 떠오르는 성어입니다. 위의 설명은 광풍제월의 축자 의이고 지금은 마음이 넓고 쾌활하여 아무 거리낌이 없는 인품을 비유적으로 이르는 데 많이 쓰기도 합니다.

중학	획수	형자	회자	새김	발음
暖	13	爰	日爰	따뜻할	난
暑	13	者	日者	더울	서

'따뜻할' 난(暖)은『설문』에 '불화변[火]'으로 올라 있습니다[煖]. 너무 차지도 덥지도 않은 것입니다. 따뜻해지려면 에너지원이 있어야 하는데, '날' 일(日)이든 '불' 화(火)든 모두 에너지원으로 손색이 없으니 근본적인 의미 차이는 없습니다.

난기(暖氣)나 온기(溫氣)는 따뜻한 기운으로 한기(寒氣)나 냉기(冷氣)와 상대되는 말입니다. 지구의 기후대에서 열대(熱帶)와 온대(溫帶)의 중간 지역은 난대(暖帶)로 아열대(亞熱帶)라고도 합니다.

서(暑)는 무더운 것입니다. 덥다는 뜻의 열(熱)이 있는데 서(暑)는 습하고 더운 것 즉, 무더운(sultry) 것이고 열(熱)은 습하지 않고 그냥 덥기만(hot) 하다는 점에서 차이가 있습니다.

무더운 찜통더위를 피하는 것이라서 피서(避暑)입니다.『표준』에는 실려 있지 않지만 고문에는 피열(避熱)이라는 말도 나오는데 납량(納凉)의 뜻입니다. 납량은 여름철 더위를 피해 시원함을 느끼는 것인데, 방송에서 흔히 '납량특집'이라는 말을 씁니다. '나량'으로 읽은 경우가 종종 있는데 정확한 발음은 '남냥'입니다. 고온을 견디게 하는 옷이라서 방열복(防熱服)입니다. 문어(文語)이긴 합니다만 서염(暑炎)은 몹시 심한 더위이고, 서중(暑中)은 여름의 더운 때를 이릅니다.

중학	획수	형자	회자	새김	발음
暮	15	莫	日茻	저물	모

모(暮)는『설문』에 실려 있지 않습니다. '아닐' 막(莫)에서 분화되어 나온 것으로 봅니다. '아닐' 막(莫)은 본래 해거름, 즉 일모(日暮)를 뜻하는 글자였습니다만, 계속 다른 뜻으로 쓰이게 되자 분간을 하기 위해 아래에 '날' 일(日)을 붙여 '저물' 모(暮)를 따로 만들어 쓰게 된 것입니다. 자세한 내용은 해당 부수에 있습니다. 바로 위에서 만(晩)도 해거름이라고 했는데 모(暮)는 저녁때쯤이라는 특정의 시간대를 가리키고, 만(晩)은 어떤 일이 이른지 빠른지에 중점이 놓이는 글자로 이해할 수 있습니다.

중학	획수	회자	새김	발음
早	6	日甲	이를	조

조(早)는 새벽 또는 아침입니다. 일(日)과 갑(甲)이 결합된 것으로 봅니다.『설문』주석에 "갑(甲)은 투구이다. 갑(甲)을 따른다는 것은 머리[首]를 따르는 것과 같다. 머리를 들고 해를 보는 때가 조(早)이다"라고 합니다. 이 설명을 보니 그럴듯합니다. 한낮에 해를 보는 경우는 드뭅니다. 아침에 일어나면 해가 떴는지 아닌지 자꾸 기웃거리게 됩니다. 그때, 아직 해가 뜨지 않았으면 새벽이고 떴으면 아침입니다.

다른 설명도 있습니다. '이를' 조(早)와 '하인' 조(皂)는 기원이 같은 글자로서 '아직 제대로 여물지 않은 상수리'라고 합니다. 위『설문』의 설명은 나중에 가차하여 그런 뜻으로 쓰이게 된 것[早]으로, 조(早)는 그 뜻을 그대로 지니고 있다는 설명입니다. 상수리로 즙을 내어 염색을 하면 검은색이 되는 데에서 '검은색'도 나타내게 됩니다. 早는 본래 '하인' 조(皂)의 속자였으나 현재는 표준 자형입니다. '낟알' 급(皀)은 조(皂)와 자형이 흡사해 주의를 요합니다. 급(皀)은 다음자로서 '향기로울' 급으로도 읽고, 같은 뜻으로 '핍, 벽, 향'으로 음만 달리 읽기도 합니다. 그런데 정작 문제는 급(皀)을 더러 '하인' 조(皂) 대신 쓰기도 한다는 점입니다.

그러고 보니 어렸을 때 상수리를 가지고 놀던 기억이 납니다. 던지기도 하고 깨기도 하며 한참을 놀다보면 손톱 밑은 새까맣고 난닝구(분명 그때는 난닝구였습니다.) 여기저기 갈색물이 짙게 들곤 했습니다.

일본에서 외피만 영어인 러닝셔츠(running shirts)라는 말이 만들어져 '라닝구'가 되고 우리나라에 들어오면서 두음법칙에 걸려 이리 구불 저리 구불 '난닝구'가 되지 않았을까 합니다. 난닝구 이후 얼마 되지 않아 우리는 메리야스(medias)를 입게 됐습니다. 이건 또 스페인에서 왔다고 하던가요? 스페인어를 확인해보면 '양말'이라고 나옵니다. 천을 짤 때는 씨실과 날실, 두 종류를 쓰는데 메리야스는 한 올의 실로 짜는 천이라는 설명도 있습니다. 뜨개질하는 것처럼 짜는 것을 연상하면 이해할 수 있습니다. 그런 편직물이 양말에 쓰인 모양입니다. 스페인에서는 양말로 신고 우리는 그걸 입은 셈입니다. 그런데 웬걸 이제는 러닝셔츠를 입습니다. 앞으로는 또 무엇을 어떻게 입을지 모르겠습니다. 미국 영어에서는 언더셔츠(undershirt)라고 하는 듯합니다.

또 있습니다. 가을이면 너나없이 코스모스를 따서 친구 등짝을 몰래 갈깁니다. 등짝은 얼얼하지만 난닝구 여기 저기, 눈부신 가을 햇살에 피어나는 코스모스는 아픔보다 훨씬 더 찬란합니다. 요즈음 유행하는 천연 염색 아닙니까! 그러고 보니 코스모스에서 물감을 내어 물을 들이는 것이 아니니 염색은 아닙니다. 그렇다고 얼마 전부터 유행하는 압화(壓花, pressed flower)도 아니고 뭐라고 해야 할지 모르겠습니다. 흐릿한 기억으로는 코스모스 도장을 찍는다고 했던 것 같기도 합니다.

중학	획수	회자	새김	발음
明	8	日月	밝을	명

"'날' 일(日)과 '달' 월(月)은 해와 달의 모양을 그대로 그린 상형자이다. 그런데 이렇게 일(日)과 월(月)을 결합해 각 문자들의 의미를 바탕으로 새로운 의미를 갖는 글자를 만드는 것을 회의라고 한다"라는 것은 이제 귀가 마르고 닳도록 들었을 테니 여기까지만 합니다. '밝을' **명(明)**입니다.

의심할 바 없이 아주 뚜렷한 것은 명백(明白)한 것이고, 똑똑히 살피는 것은 명찰(明察)입니다. 명암(明暗)은 밝음과 어두움을 통틀어 이르는 말입니다. 희비나 행·불행을 이르기도 합니다. 명모호치(明眸皓齒)는 맑은 눈동자와 흰 이라는 뜻으로 미인의 모습을 이르는 말이고, 단순호치(丹脣皓齒)는 붉은 입술에 흰 이라는 뜻으로 아름다운 여자를 이릅니다.

중학	획수	회자	새김	발음
昔	8	龹日	옛	석

'옛' **석(昔)**의 『설문』 자형은 '昝'입니다. 허신은 이 글자를 "말린 고기이다. 남은 고기 [㐹]를 따르며, 햇볕에 말린 것이다"라고 설명합니다. 건육(乾肉) 즉, 말린 고기입니다.

현재 자형 '옛' 석(昔)에 쓰이는 자소 '㐹'는 사실 이름도 성도 없는 자소인데, 『설문』의 설명과 연관 지어보면, '고기를 말려서 울퉁불퉁한 모양[㐹]을 나타내는 것'으로 추론할 수 있을 듯합니다. '㐹'는 독립된 글자로 사용할 때는 '염려할, 나라 이름' 우(虞)의 고자(古字)라고 합니다만, 여기서는 글자가 아니라 햇볕에 말려 쭈그러진 고기 모양을 나타내는 것입니다. 상형적 특성을 나타내는 것입니다. 똑같은 자형을 놓고 고문 분석을 하는 학자들은 지구에 홍수가 아주 심했던 오랜 옛날을 나타내는 것으로 추정합니다. '㐹'는 글자를 만드는 데에는 쓰이지만 그 자신이 독립된 글자는 아닙니다. '함께' 공(共), '누를' 황(黃) 등에서도 볼 수 있습니다.

석일(昔日), 석자(昔者)는 옛적을 가리키는 말입니다.

중학	획수	희자	새김	발음
易	8	容器	바꿀/쉬울	역/이

다음자로 '쉬울' 이, '바꿀' 역의 음훈을 갖습니다만, 기초한자에서는 바꿀 '역'을 대표음으로 삼고 있습니다. **이(易)**를 『설문』에서는 도마뱀으로 봅니다. "이(易)는 도마뱀[蜥易(석이)]이다. 언정(蝘蜓), 수궁(守宮)이라고도 한다. 상형자이다. 비서(秘書)에 일(日)과 월(月) 두 글자가 합쳐져 역(易)이 되며 음양의 변화를 상징한다고 한다. 달리, 역(易)은 기물(旗勿)의 물(勿)을 따른다고도 한다." 원문과 주석에 석이(蜥易)와 석척(蜥蜴)이 섞여 쓰이고 있는데 현대 중국어에서는 석척(蜥蜴)을 씁니다. 비서(秘書)는 책이름이 아닙니다. '세상에 나오지 않았거나 개인이 은밀히 소장하고 있는 책'이라는 뜻입니다. 물(勿)은 급한 일이 있을 때 대부나 선비[士]들이 세워 백성들을 모으는 기입니다. 자세한 내용은 '쌀' 포(勹) 부, 물(勿) 조항을 참고하기 바랍니다.

역성혁명(易姓革命)은 성(姓)이 바뀌는 혁명이라는 뜻으로 왕조가 바뀌는 것을 나타냅니다. 역지사지(易地思之)는 처지를 바꾸어 생각하는 것입니다. 처한 사정이나 형편, 즉 처한 곳이 처지(處地)이고 그 처지를 바꾸어 생각한다는 뜻입니다. 자칫 역지(易之)로 쓰기 쉬우니 조심해야 합니다. 또 하나, 자형 때문에 '볕' 양(陽)의 고자(古字) '昜'과 헷갈리기 쉬운 점도 기억해두십시오.

중학	획수	회자	새김	발음
昌	8	日曰	창성할	창

창(昌)은 『설문』에서 "창(昌)은 아름다운 말이다. 일(日)을 따르고 왈(曰)을 따른다. 달리, 해가 밝은 것이라고도 한다. 『시경』에서 '동쪽이 밝아졌다'고 한다[東方昌矣]"라고 합니다. '아름다운 말'이라는 것은 '말이 해처럼 밝다'는 뜻이겠습니다. '의미가 확실함'을 가리킬 수도 있습니다. 주석에서는 『시경』 인용이 정확하지 않음을 지적합니다. 『시경(詩經)』 〈제풍(齊風)〉의 '닭이 우네요'라는 뜻의 「계명(鷄鳴)」이라는 시인데, 원문은 "동녘이 밝았네요, 조정에는 벌써 (신하들이) 많이 있겠어요, 환하고 찬란하겠어요 [東方明矣 朝旣昌矣]"입니다.

자소자는 일(日)과 왈(曰)로 똑같지만 '광명정대해 좋은 말, 유익한 말'로 설명하기도 합니다. 여기에서 '좋다, 창성하다'라는 뜻이 인신되어 나왔습니다. 우리나라와 일본에서는 대체로 상형자로, 중국에서는 회의자로 보아 육서 분류가 다릅니다.

탁 트여 운수가 좋은 것을 창운(昌運)이라고 합니다.

중학	획수	회자	새김	발음
是	9	日正	옳을	시

시(是)의 본래 자형은 '날' 일(日) 아래 '바를' 정(正)입니다[昰]. 정(昰)은 곧고 바른 것입니다. 『단주』를 보면 "해로 바름[표준]을 삼는 것을 시(是)라고 한다. 일(日)과 정(正)을 따르는 회의자이다. 천하에 해보다 더 바른 것이 없다"라고 합니다. 구름 사이로 비치는 햇살을 보면 실감할 수 있는 설명입니다. '곧고 바르다'에서 '옳다'가 인신되는 것은 너무나도 당연한 일입니다.

옳고 그름을 따지며 다투는 것은 시시비비(是是非非)인데, 시비(是非)로 쓰기도 합니다. 옳다고 인정하는 것은 시인(是認)입니다.

格物 019. 장지연의 시일야방성대곡(是日也放聲大哭)

이 글은 을사조약의 부당성을 비판한 장지연(張志淵, 1864~1921)의 논설입니다. 1905년 11월 20일 황성신문(皇城新聞)에 실렸습니다. 원문을 다 읽어보지 못했다 해도 각종 역사서에 소개되어 많이 알려져 있습니다. 이 글은 지금 다시 읽어도 독자를 비분강개하게 합니다.

한 가지 아쉬운 것은 필자인 장지연이 1914년부터 1918년까지 조선총독부의 기관지 구실을 한 매일신보에 고정 필진으로 참여했다는 점입니다. 이때 친일(親日) 경향의 시와 산문을 발표하여 일본 제국주의의 지배에 순응하여 협력했다는 비판이 없지 않습니다.

曩日 伊藤侯가 韓國에 來홈이 愚我人民이 逐逐相謂曰 侯ᄂᆞ 平日東洋三國의 鼎足 安寧을 自擔周旋ᄒᆞ던 人이라 今日 來韓홈이 必也我國獨立을 鞏固히 扶植할 方略을 勸告ᄒᆞ리라 ᄒᆞ야 自港至京에 官民上下가 歡迎홈을 不勝ᄒᆞ얏더니 天下事가 難測者ㅣ多ᄒᆞ도다 千萬夢外에 五條件이 何로 自ᄒᆞ야 提出ᄒᆞ얏ᄂᆞ고 此條件은 非但我韓이라 東洋三國의 分裂ᄒᆞᄂᆞ 兆漸을 醸出홈인즉 伊藤侯의 原初主意가 何에 在ᄒᆞ고

雖然이나 我
大皇帝陛下의 强硬ᄒᆞ신 聖意로 拒絕홈을 不己ᄒᆞ셧스니 該約의 不成立홈은 想像컨딕 伊藤侯의 自知自破홀 바어ᄂᆞᆯ 噫 彼豚犬不若ᄒᆞ 所謂 我政府大臣者가 營利를 希覬ᄒᆞ고 假嚇를 恇㤼ᄒᆞ야 逡巡然觳觫然 賣國의 賊을 甘作ᄒᆞ야 四千年 疆土와 五百年 宗社를 他人에게 奉獻ᄒᆞ고 二千萬 生靈으로 他人의 奴隷를 敺作ᄒᆞ니 彼等 豚犬不若ᄒᆞ 外大 朴齊純及 各大臣은 足히 深責홀 것이 無ᄒᆞ거니와 名爲參政 大臣者ᄂᆞ 政府의 首揆라 但以否字로 塞責ᄒᆞ야 要名의 資를 圖ᄒᆞ얏던가 金淸陰의 裂書哭도 不能ᄒᆞ고 鄭桐溪의 刃割腹도 不能ᄒᆞ고 偃然生 存ᄒᆞ야 世上에 更立ᄒᆞ니 何面目으로 强硬ᄒᆞ신 皇上陛下를 更對ᄒᆞ며 何面目으로 二千萬同胞를 更對ᄒᆞ리오

嗚乎痛矣며 嗚乎憤矣라 我二千萬爲人奴隷之同胞여 生乎아 死乎아 檀箕以來四千年 國民精神이 一夜之間에 猝然滅凸而止乎아 痛哉痛哉라 同胞아 同胞아同胞아 同胞아.

지난 번 이등(伊藤) 후작이 내한했을 때에 어리석은 우리 인민들은 서로 말하기를, "후작은 평소 동양 삼국의 정족(鼎足) 안녕을 스스로 맡아 주선하던 사람인지라 오늘 내한함이 필경 우리나라의 독립을 공고히 부식(扶植)케 할 방책을 권고키 위한 것이리라."하여 인천항에서 서울에 이르기까지 관민상하가 환영하여 마지않았다. 그러나 천하 일 가운데 예측하기 어려운 일도 많도다. 천만 꿈밖에 5조약이 어디에서 비롯되어 제출되었는가. 이 조약은 비단 우리 한국뿐만 아니라 동양 삼국의 분열을 빚어낼 조짐인즉, 그렇다면 이등후작의 본뜻이 어디에 있었던가?

그것은 그렇다 하더라도 우리 대황제 폐하의 성의(聖意)가 강경하여 거절하기를 마다하지 않았으니 조약이 성립되지 않은 것인 줄 이등후작 스스로도 잘 알았을 것이다. 그러나 슬프도다. 저 개돼지만도 못한 소위 우리 정부의 대신이란 자들은 자기 일신의 영달과 이익이나 바라면서 위협에 겁먹어 머뭇대거나 벌벌 떨며 나라를 팔아먹는 도적이 되기를 감수했던 것이다.

아, 4천년의 강토와 5백년의 사직을 남에게 들어 바치고, 2천만 생령들로 하여금 남의 노예가 되게 하였으니, 저 개돼지보다 못한 외무대신 박제순과 각 대신들이야 깊이 꾸짖을 것도 없다. 하지만 명색이 참정(參政)대신이란 자는 정부의 수석임에도 단지 부(否) 자로써 책임을 면하여 이름거리나 장만하려 했더란 말이냐. 김청음(金淸陰)처럼 통곡하여 문서를 찢지도 못했고, 정동계(鄭桐溪)처럼 배를 가르지도 못해 그저 살아남고자 했으니 그 무슨 면목으로 강경하신 황제 폐하를 뵈올 것이며, 그 무슨 면목으로 2천만 동포와 얼굴을 맞댈 것인가.

아! 원통한지고, 아! 분한지고. 우리 2천만 동포여, 노예된 동포여! 살았는가, 죽었는가? 단군·기자 이래 4천년 국민정신이 하룻밤 사이에 홀연 망하고 말 것인가.

원통하고 원통하다. 동포여! 동포여!

낭일(曩日)은 지난번이라는 말입니다. 정족(鼎足)에서 '솥' 정(鼎)은 세 발이 달린 솥입니다. 솥발처럼 세 사람 또는 세 세력이 솥발과 같이 벌려 서는 것을 말합니다. 부식(扶植)은 초목의 뿌리를 박아 심는 것으로 이 글에서의 문맥의는 사상이나 세력이 뿌리박게 한다는 것입니다. 여고(勵告)는 힘써 권고하는 것이고, 희기(希覬)는 분수에 넘치게 야심을 품고 기회를 노리는 것입니다. 가하(假嚇)는 으르거나 위협하는 척하는 것이겠는데, 위협이나 협박 정도의 뜻이 되겠습니다. 광겁(恇劫)은 겁을 내는 것이고, 준순(逡巡)은 어떤 일을 단행하지 못하고 우물쭈물하거나 또는 뒤로 멈칫멈칫 물러나는 것입니다. 곡속(觳觫)은 죽기를 두려워하거나, 두려워 부들부들 떠는 것입니다. 수규(首揆)는 영의정이고, 색책(塞責)은 책임을 면하기 위하여 겉으로만 둘러대어 꾸미는 것을 가리킵니다. 요명(要名)은 명예를 구하는 것입니다. 언연(偃然)은 거드름을 피우며 거만한 것을 나타냅니다.

중학	획수	회자	새김	발음
晝	11	晝省日	낮	주
暴	15	日 出 廾 夲	사나울/햇빛 쬘	폭, 포/폭

주(晝)는 해가 뜨고 지는 것입니다. 밤과 경계를 이룹니다. '그림' 화(畫)에서 '밭' 전(田)을 생략한 것과 '날' 일(日)을 따르는 회의자입니다. 밤과 낮[日]의 경계[一]를 이루는 것을 그리는 것[聿]으로 추정하기도 합니다.

낮과 밤은 주야(晝夜)이고, 백주(白晝)는 대낮입니다. 주경야독(晝耕夜讀)은 낮에는 밭을 갈고 밤에는 글을 읽는다는 뜻으로 어려운 여건 속에서도 꿋꿋이 공부하는 것을 말합니다. 주사야탁(晝思夜度)이라는 말도 있는데, 낮에도 생각하고 밤에도 헤아린다는 뜻으로 깊이 생각하고 헤아리는 것을 이릅니다.

폭(暴)은 전문에 자형이 다른 두 글자가 있어 각기 해석이 다릅니다. 하나는 해[日]가 뜨면[出] 두 손[廾]에 쌀[米]을 들고 나가는 것입니다. 해가 나면 농구를 들고 나아가 쌀을 말리는 것입니다. 여기에서 '드러나다, 드러내다'라는 뜻이 생겼습니다. 폭(暴)을 '쐬다'라고 설명하는 『설문』의 설명과 같습니다. 또 하나는 해[日]가 뜨면[出] 두 손[廾]을 들고 '나아가는' 것[夲]입니다. 누군가를 한 번 손을 봐주려고 사납고 맹렬한 기세로 육탄 돌격[暴]합니다. 현재 폭(暴)에는 이 두 가지 뜻이 모두 들어 있습니다. 다음자입니다. '사납다'는 뜻으로 쓰일 때는 음이 '포'입니다.

감춰져 있던 사실을 드러내는 것은 폭로(暴露)이고, 사납고 악해 포악(暴惡)이고, 포악한 정치가 폭정(暴政)입니다. 자포자기(自暴自棄)는 절망에 빠져 자신을 스스로 포기하고 돌아보지 않는 것입니다.

증외	부수	획수	회자	새김	발음
東	木	8	木日	동녘	동

동(東)은 해[日]가 나뭇가지[木] 사이에 걸린 것으로 동쪽을 나타냅니다. 자세한 내용은 해당 부수에서 확인하기 바랍니다. 특히 동(東)에는 관련된 내용이 많으니 빠짐없이 읽어보기 바랍니다.

동분서주(東奔西走)는 동쪽으로 뛰고 서쪽으로 뛴다는 뜻으로 사방으로 바쁘게 돌아다니는 것을 이릅니다. 동충서돌(東衝西突)은 동에서 쳐부수고 서에서 돌격한다는 뜻으로 용감한 것을 나타냅니다. 동시효빈(東施效顰)은 동쪽 동네에 사는 동시가 서시의 얼굴 찡그리는 것을 본뜬다는 뜻으로 다른 사람을 맹목적으로 흉내 냈다가 효과가 거꾸로 나타나는 것을 이릅니다. '본받을' 효(效) 조에 자세한 내용이 있습니다.

증외	부수	획수	회자	새김	발음
莫	艸	11	艸日	없을/저물	막/모
間	門	14	門日	사이	간

막(莫)은 초원의 풀[艸] 아래로 해가 지는 것, 즉 '해거름'을 나타냅니다. 지금은 '아니다, 할 수 없다' 등의 부정을 나타내는 말로 많이 쓰입니다. 우리나라 사람에게 해가 지는 것을 나타내라고 하면 대부분은 '바다' 해(海)와 '날' 일(日)을 결합해 뭔가를 만들어내지 않을까 싶은데, 옛날 중국에서 바다를 볼 수 있는 사람들은 많지 않았을 겁니다. 그저 해는 저 멀리 풀밭 아래로 지는 것으로 생각할 수밖에 없었을 테니 글자 하나에서도 지리상의 자연환경이 은연중에 드러나는 셈입니다.

더할 수 없이 센 것은 막강(莫强)한 것이고, 더할 수 없이 중한 것은 막중(莫重)한 것입니다. 막상막하(莫上莫下)는 더 낫고 더 못함의 차이가 거의 없는 것을 이릅니다.

간(間)은 문(門) 틈으로 햇살[日]이 들어오는 것입니다. 그래서 벌어진 간격을 뜻하는

'사이'가 되고, 공간상의 사이가 시간으로도 확장되어 '기간'을 가리키게 됩니다. 『설문』에 실제 올라 있는 글자는 '달' 월(月)을 씁니다[閒]. 문틈으로 햇빛이 들어오든 달빛이 들어오든 사이나 틈을 나타내려는 뜻에는 변함이 없습니다. 단, 시간적 여유 즉, 겨를이나 한가한 것을 나타낼 때에는 '한가할' 한(閒)으로 새깁니다.

고교	획수	새김	발음
旦	5	아침	단

『설문』의 **단(旦)**입니다. "단(旦)은 밝는 것이다. 해가 '一' 위로 보이는 것을 따른다. '一'은 땅이다"라고 합니다. 즉, 해가 지평선 위에 뜨는 모양을 그려 그때를 나타냅니다. 상형으로 구체적인 사물을 표현할 수 있지만 '위아래, 수량' 등 추상적인 것을 나타내는 데에는 한계가 있습니다. 이때 이용되는 것이 지사(指事)입니다. 단(旦)은 해가 뜨는 때 바로 '아침'입니다.

고교	획수	형자	새김	발음
昭	9	召	밝을	소
映	9	央	비칠	영

『설문』에서 **소(昭)**는 "해가 밝은 것"이라고 합니다. 특수한 의미로 소목(昭穆)이 있습니다. 이것은 종묘나 사당에서 신위를 모시는 순서입니다. 시조를 가운데로 하고 2, 4, 6, 8…… 짝수는 왼쪽에 모시고, 3, 5, 7, 9…… 홀수는 오른쪽에 모시는데 이것을 각각 소(昭), 목(穆)이라 합니다.

영(映)은 비치는 것입니다. 필름의 화상을 비춰내는 영사기(映寫機), 브라운관에 비치는 화상인 영상(映像)이 예가 되겠습니다.

고교	획수	형자	새김	발음
暇	13	叚	겨를, 틈	가

　가(假)의 자소자는 새김이 같은 '겨를' 가(叚)입니다. 한자에 이렇게 새김이 같은 글자들이 생기는 것은 처음에 어떤 글자를 만든 뒤 뜻을 더 세분하기 위해 편방을 더하기 때문입니다. '겨를' 가(叚)의 본뜻은 '빌릴' 가입니다. 그런데 이것을 다른 의미로 쓰게 되자 거기에 의미를 나타내는 의부(意符)를 더해 뜻을 세분화합니다. 그러니 본 글자와 새로 나온 글자의 뜻에는 같은 부분이 있게 됩니다. 글자는 대체로 점점 더 쓰기에 편리해지고 간단해지는 것이 원칙이지만 이런 경우에는 의미의 세분화를 위해 편방을 붙임으로써 글자는 더 복잡해져 일반적인 상황에는 역행하는 셈입니다.

　'거짓' 가(假), '겨를' 가(暇)에서 볼 수 있습니다. 가(暇)는 '틈, 겨를, 여가(餘暇)'입니다. 일이 없어 여가(餘暇), 겨를이 생긴 한가(閑暇)에서 볼 수 있습니다.

고교	획수	형자	새김	발음
暫	15	斬	잠깐	잠

　잠(暫)은 '머지않아, 잠깐 동안'이라는 뜻으로 '짧은 시간'을 가리킵니다. 하루라는 시간[日]을 토막낸[斬] 것으로 기억하면 되겠습니다. 하루를 여러 토막으로 나누니 '잠깐'입니다.

　잠깐 동안이 잠시(暫時)고, 완전히 결정하지 않고 잠깐 그렇게 하기로 하는 것이 잠정(暫定)입니다. 잠시와 같은 뜻으로 삽시(霎時)를 쓰기도 합니다. '가랑비' 삽(霎)을 쓰니, 가랑비가 오는 동안이 되겠습니다. 그 시간이야말로 잠시이고 잠깐입니다.

고교	획수	형자	회자	새김	발음
旬	6	勻省	日勹	열흘	순

　순(旬)은 도는 것입니다. 열흘이 일 순(旬)입니다. 『단주』에 "날짜를 세는 수로 10이

다. 갑(甲)에서 계(癸)까지가 한 바퀴이다"라고 합니다. 즉, 옛날에는 천간을 이용해 갑(甲), 을(乙), 병(丙), 정(丁), 무(戊), 기(己), 경(庚), 신(申), 임(壬), 계(癸)로 날짜를 계산했는데 한 바퀴 돌아 다시 갑으로부터 시작하는 것입니다. 그 주기가 열흘입니다.

신문 등을 매일 발행하는 것은 일간(日刊), 한 주에 한 번 발행하는 것은 주간(週刊), 열흘에 한 번은 순간(旬刊), 이 주에 한 번은 격주간(隔週刊), 한 달에 한 번은 월간(月刊), 분기에 한 번은 계절마다 한 번이니 계간(季刊), 일 년에 한 번은 연간(年刊)입니다.

고교	획수	형자	회자	새김	발음
旱	7	干	日干	가물	한

한(旱)은 비가 내리지 않는 것입니다. 해[日]를 가린 것[干]으로 새겨볼 수 있습니다. 구름이 해를 가려야 비가 내리게 되는데 오랫동안 하늘이 맑고 비가 오지 않는 것입니다. 가뭄입니다.

한발(旱魃)은 본래 가뭄을 맡고 있는 귀신인데, 본뜻으로 쓰이는 경우는 없고 '심한 가뭄'을 나타냅니다. 농업이 근간을 이룬 고대 사회에서 농사는 여간 중요한 것이 아니었습니다. 농사를 망치는 것이 크게 두 가지인데, 하나는 제때에 비가 오지 않는 것으로 한발이고, 또 하나는 벌레에 의한 피해 즉, 충해(蟲害)입니다. 황충(蝗蟲)이라고 하여 메뚜기류의 곤충이 들판을 한 번 휩쓸고 나면 먹을거리가 없어집니다. 한발위학(旱魃爲虐)은 가뭄, 즉 한발이 재난이라는 뜻으로 가뭄 피해가 아주 심각한 것을 이릅니다. 『맹자』에 '한묘득우(汗苗得雨)'라는 말이 있습니다. 가뭄에 시달린 싹이 비를 만난다는 뜻으로 곤란한 상황에서 도움을 받는 것을 이릅니다.

고교	획수	형자	회자	새김	발음
昇	8	升	日升	오를	승
晨	11	辰	日辰	새벽	신

승(昇)은 해[日]가 뜨는 것, 올라오는 것[升]입니다. 자소자가 '오를' 승(升)인데, 해[日]를 더해 해가 뜬다는 의미를 더 확실히 나타낸 글자입니다. '뜨다, 오르다'에서 '지

위가 올라가다, 높아지다'라는 뜻으로 인신됩니다.

승강기(昇降機)는 오르고 내리는 기계입니다. 영어의 힘이 더 강한지 요즈음은 거의 엘리베이터(elevator)라는 외래어를 쓰고 있는 듯합니다. 승천입지(昇天入地)는 하늘로 오르고 땅속에 들어간다는 뜻으로 자취를 감추고 없어지는 것을 이릅니다.

신(晨)은 새벽입니다. 날이 막 밝으려고 할 때입니다. 금문 신(晨) 자형에서 위의 '절구' 구(臼)를 양손으로 보는 해석이 있습니다. 아래는 해충이라는 것입니다. 그러니까 '양손으로 해충을 잡는 것'을 나타내며 이것이 '농사' 농(農)의 본자라고도 합니다. 옛날 사람들은 해가 뜨면 일을 시작했습니다. 여기서 새벽[晨]이라는 뜻이 나오고 아울러 농사를 뜻합니다. 이렇게 보면 새벽은 본뜻이 아니고 파생된 인신의가 됩니다. 신(晨)이 계속 새벽의 뜻으로 쓰이자 구별을 위해 농(農)을 지금의 글자 모양으로 바꾸게 되었습니다.

신종(晨鐘)은 새벽에 치는 종으로 신종모고(晨鐘暮鼓)는 옛날 절에서 새벽에는 종을 치고 해 저물 때에는 북을 쳐서 시간을 알리는 것을 말합니다. 여기서 스님들의 단조롭고 적막한 생활을 가리키기도 합니다. 혼정신성(昏定晨省)은 밤에는 부모의 잠자리를 보아드리고 이른 아침에는 부모의 밤새 안부를 묻는다는 뜻으로 부모를 잘 섬기고 효성을 다함을 이르는 말입니다.

고교	획수	형자	회자	새김	발음
普	12	並	並日	넓을	보

보(普)의 자소자는 '나란히 설' 병(並)으로 병(竝)과 같은 글자입니다. 햇빛[日]은 사람이 어디에 서 있든지[竝] 같다는 뜻입니다. 『단주』에서는 "보편적이라는 뜻으로는 본래 박(薄)을 썼다. 그런데 보(普)와 소리가 같아 통용하게 되었다. 오래되고 본의가 무엇인지 잘 모르게 되면서 가차한 것만 쓰게 되었다"라고 합니다.

햇빛이 장소와 때를 가리지 않고 비치듯 장소와 때를 가리지 않고 어디서나 동일한 것이 보편성(普遍性)입니다. 영향력이 미치는 범위가 넓다고 할 때의 '두루'의 뜻도 나타냅니다. 골고루 미치게 하는 것이 보급(普及), 보천(普天)은 두루 하늘까지라는 뜻이겠는데 '천하'를 말합니다. 보통(普通)은 어디에서나 통하는 흔하고 일반적인 것을 가리키며, 보편(普遍)은 두루 널리 미치거나 모든 것에 공통되거나 들어맞는 것을 이릅니다.

고교	획수	형자	회자	새김	발음
智	12	知	知 日	지혜, 슬기	지

'지혜' **지(智)**는 '알' 지(知)와 기원이 같은 것으로 봅니다. 고문은 말소리의 기운을 나타내는 우(于)에 입[口]이 중간 아래로 있고 오른쪽에 '화살' 시(矢)가 있는 자형입니다. 말을 하는 것이 화살처럼 민첩한 것으로 해석합니다. 이 글자가 나중에 '지혜' 지(智)와 '알' 지(知)로 분화되었습니다.

지혜(智慧)는 총명하고 재주가 있는 것입니다. 반면, 지(知)는 아는 것입니다. 지식입니다. 해결 대책을 능숙하게 세우는 뛰어난 슬기와 계략은 지략(智略), 슬기로운 꾀는 지모(智謀), 슬기로운 생각은 지려(智慮)입니다. 천려일실(千慮一失)은 '천 번 생각에 한 번의 실수'라는 뜻입니다만 슬기로운 사람이라도 여러 가지 생각 가운데에는 잘못되는 것이 있을 수 있음을 이르는 말이고, 거꾸로 천려일득(千慮一得)은 '천 번을 생각하여 하나를 얻는다'라는 뜻으로 어리석은 사람이라도 많은 생각을 하면 그 과정에서 한 가지쯤은 좋은 것이 나올 수 있음을 이릅니다. 이 말은 본래『사기(史記)』에 나오는 말입니다. "지혜로운 사람이 천 번을 생각해도, 반드시 한 가지 실수가 있다[智者千慮 必有一失(지자천려 필유일실)]." 지(知)와 지(智) 가운데 꼭 하나만 선택해야 한다면 슬기로움을 선택하는 것이 바람직할 듯합니다.

고교	획수	형자	회자	새김	발음
暢	14	昜	申 昜	화창할	창

『설문』에 **창(暢)**은 실려 있지 않습니다. 변에 '밭' 전(田)을 써 지금 쓰는 글자와 모양도 다르고[畼], 뜻도 다릅니다. "창(畼)은 (초목이 무성해) 오곡이 나오지 않는 것이다"라고 합니다. 주석에 "지금은 창(暢)으로 쓴다"라는 것을 근거로 창(暢)에 대한 설명으로 여기는데 아무래도 맞지 않는 듯합니다. 햇빛[昜]이 펼쳐지는 것[申]처럼 막힘이 없이 어디나 통하여 화창한 것으로 기억하면 되겠습니다. **창(暢)**은 '이르다, 통하다'라는

뜻입니다. 막히는 것이 없습니다. 인신되어 '의사를 나타내다, 채우다'라는 뜻을 나타냅니다.

의견, 주장, 견해 따위를 거리낌이나 막힘이 없이 자유롭게 표현하고 전달하는 것은 창달(暢達)입니다. 창통무조(暢通無阻)는 시원하게 뚫려 막힘이 없는 것입니다.

고교	획수	형자	회자	새김	발음
曆	16	厤	日厤	책력	력

력(曆)은 『설문』에 아래에 '그칠' 지(止)를 쓰는 글자[歷]로 올라 있습니다. '지나다, 경과하다'라는 뜻입니다. 력(歷) 자를 자소로 나눠봅니다. '벼' 화(禾)가 두 개 모이면 '벼 포기 사이 고를, 성길' 력(秝)입니다. 력(秝) 아래 발[止]을 붙인 것이 갑골문의 자형인데 쓰지 않는 글자라서 보여드릴 수가 없습니다. 거기에 민엄호[厂]를 씌운 것은 나중 금문에 이르러서입니다. 그래서 이 글자는 벼가 잘 자라는지 이상은 없는지 살펴보는 것을 나타내는 글자라고 합니다. 장난삼아 우리말로 옮겨본다면 '논 둘러볼' 력 정도가 되지 않을까 합니다. 여기에서 '지나다, 경과하다'라는 뜻이 나왔다고 합니다. 력(秝)에 민엄호[厂]를 씌워 '다스릴' 력(厤), 다시 '날' 일(日)을 붙여 달력을 뜻하는 '책력' 력(曆)입니다.

천체의 주기적 현상을 기준으로 하여 세시(歲時)를 정하는 방법은 역법(曆法)이고, 자연히 돌아오는 운수는 역수(曆數)입니다. 자형이나 의미 때문에 '지낼' 역(歷)과 자칫 혼동하기 쉽습니다. 역(曆)은 달력과 관련되고, 역(歷)은 겪은 일, 즉 경험과 관련됩니다. 경험의 시간이 더 확대되면 역사입니다.

고교	획수	형자	회자	새김	발음
曉	16	堯	日堯	새벽	효

효(曉)는 날이 밝아지는 때, 즉 새벽입니다. 동이 트기 전입니다. 맹호연(孟浩然, 689~740)의 "봄잠에 새벽 오는 줄 몰랐더니 곳곳에 새소리로고[春眠不覺曉 處處聞啼鳥]"라는 시 「춘효(春曉)」가 떠오릅니다. 어두운 데에서 날이 밝는 것처럼 알지 못하는

상태에서 아는 상태로 바뀌는 것 즉, '알게 되는 것, 깨닫는 것'을 뜻하기도 합니다.

깨달아 아는 것을 효득(曉得)이라 하고, 새벽에 치는 종은 효종(曉鐘)이라고 합니다. 잔월효성(殘月曉星)은 새벽녘의 달과 별을 말합니다. 잔월(殘月)은 새벽까지 지지 않고 남아 있는 달입니다.

고교	획수	회자	새김	발음
昏	8	氐日	어두울	혼

혼(昏)은 해가 질 때 즉, 황혼입니다. 순우리말로는 해거름입니다. 일(日)과 저(氐) 자가 생략된 형태가 결합된 것으로 봅니다. 해[日]가 떨어지는[氐] 것입니다. 자형의 분석이 달라서겠는데 한국과 일본은 약속이나 한 듯이 지사로 보고, 중국에서는 대부분 회의자로 봅니다.

정신이 흐릿하고 고달픈 것은 혼곤(昏困)이고, 정신없이 잠이 드는 것은 혼수(昏睡)입니다. 혼정신성(昏定晨省)은 밤에는 부모의 잠자리를 보아드리고 이른 아침에는 부모의 밤새 안부를 묻는다는 뜻으로 부모를 잘 섬기고 효성을 다함을 이르는 말입니다.

고외	부수	획수	형자	새김	발음
冥	冖	10	六	어두울	명

부수외자입니다. 어둠을 나타낼 때 그것을 사르는 빛, 즉 광원이 먼저인지 아니면 그것을 가려주는 차폐물이 먼저인지 하는 궁금증을 갖습니다. 부수 분류에서 당연히 그 부수에 속하겠다 싶은 것이 많지만 더러는 뜻을 알아도 어느 부수에 속하는지 망설여지기도 합니다. 이것은 부수 분류에 필연적인 것도 있지만 개연적인 것, 임의적인 것 또한 없지 않기 때문입니다. 개연성에는 선택의 여지가 있어 이렇게 할까 저렇게 할까 망설이게 됩니다.

명(冥)은 『설문』에서 540개 부수 가운데 하나의 독립된 부수인데 『강희자전』을 편찬하는 사람들은 명(冥)을 분류할 때 광원[日] 쪽보다 차폐물[冖]에 비중을 더 두었는지 민갓머리[冖]에 넣었습니다. 『강희자전』에는 부수를 214 글자로 썼으니 그런 선택은 분명 부지기수였겠습니다. 명(冥)에 대한 자세한 설명은 해당 부수란에서 확인하기 바랍니다.

R073

가로 왈(曰) 부

갑골	금문	전문	해서
曰	曰	曰	曰

　혹시 한문을 배우며 가장 많이 보고 듣는 글자가 '가로' **왈**(曰)이 아닐까 합니다. 흔히 '가로되, 가론' 꼴인데 '가라사대'로 더 높이는 경우도 있습니다. '가로다'라는 동사는 활용에 제약이 있는 동사라서 달리 활용된 경우는 눈에 띄지 않습니다. 어느 유명한 소설가의 글에 '가라사되'로 쓴 경우를 보았는데 올림말은 '가라사대'입니다. 각각 '말하되, 말하기를, 말씀하시기를' 정도의 뜻입니다.

　고문의 왈(曰)은 위가 막혀 있지 않고 짧은 일(一) 자 형태로 가운데에 떠 있거나 아니면 'ㄴ' 자 형태로 붙어 있습니다. 나머지 부분은 입[口]입니다. 그래서 입을 벌려 바람을 내보내며 말을 하는 것으로 풉니다. 물론 여기에서 바람은 단순히 입에서 나오는 바람만 가리키는 것은 아닙니다. 폐에서 나오는 바람은 성대에서 발성을 일으킨 뒤 입이나 코 안에서 각종 제약을 받거나 변화를 겪은 뒤 언어 소통에 도움이 되는 소리가 되는데, 이 소리가 바람이겠습니다.

『설문』을 보겠습니다. "왈(曰)은 어조사이다. 구(口)를 따르며 을(乙)이 소리를 나타 낸다[형성]. 바람이 나오는 것을 본떴다." 형성자로 보고 있는데 아래 주석에는 "형성이 아니라 지사이다"라고 지적합니다. 중국에서는 대부분 지사자로 보고 더러 상형자로 보는 경우도 있습니다.

우리나라와 일본은 상형으로 취급합니다. 더러 육서가 궁금한 한자를 찾아보면 학자 들의 연구 성향이 비슷하고 대상으로 삼는 글자까지 같은지 한국과 일본은 육서 분류 가 같은 경우가 대부분인 듯합니다. 한·중·일의 육서 분류도 좋은 연구 과제가 되겠 습니다. 무엇보다 자형이 일(日) 자와 비슷해 혼동하지 않아야 하고, 쓸 때는 가로로 조 금 벌려 여유 있게 써야 합니다.

중학	획수	새김	발음
曲	6	굽을	곡

『설문』에 "**곡(曲)**은 그릇의 가운데가 둥그렇게 구부러져 물건을 담을 수 있는 모양을 그린 것이다. 혹은 곡(曲)이 잠박(蠶薄)이라고도 한다"라고 나옵니다. 상형자라서 자소 자가 없습니다. 잠박(蠶薄)은 누에를 키울 때 쓰는 채반입니다. 대나무를 얇게 쪼개 직 사각형 모양으로 얽어놓은 것입니다. 누에가 어릴 때에는 그 위에 뽕을 썰어주고, 다 큰 다음에는 잠박 위에 볏짚을 짧게 썰어 엮은 섶에 올려 집을 짓게 합니다. 현재 우리가 쓰는 한자어는 잠박(蠶箔)으로 '대' 죽(竹)이 붙어 있는데 혹시 처음에는 풀[艸]로 만들 었던 것을 나중에는 대나무[竹]로 만들게 되었기 때문이 아닐까 짐작해볼 뿐입니다. 달 리 나무나 대나무로 엮은 광주리의 한쪽만을 그린 것이라고도 합니다.

格物 020. 굴원, 중국 최대의 애국 시인, 쫑즈

곡(曲)하면 떠오르는 것은 뭐니뭐니해도 전국 시대 초나라의 문인 굴원(屈原, ca. BC 340~278)이겠습니다. 진나라의 장군 백기(白起, ?~BC 257)가 쳐들어온 뒤 나라의 운 명을 비통해하며 멱라(汨羅)강에 투신합니다. 역사의 평가가 무엇인지, 진나라의 장군 백기는 용맹을 떨친 장군으로 『천자문』에도 나옵니다.

더러 멱(汨)을 '골'로 읽는 경우를 보는데, '다스릴' 골이지만, 강 이름으로는 '멱라(汨羅)'로 읽습니다. 더 조심해야 하는 것은 오른쪽에 '가로' 왈(曰)을 쓰는 '물 흐를' 율(汩)입니다. 자형이 똑같은데 앉은키가 조금 작고 비만형이라 옆으로 더 퍼졌습니다. 하지만 다행인 것은 한자나 한문을 전공으로 깊이 공부하지 않는 한 '율(汩)'은 만날 일이 거의 없다는 점입니다.

굴원은 글로 한 시대를 풍미했고, 나라를 위해 목숨을 초개(草芥)처럼 버렸습니다. 현재 중국인들은 전혀 주저하지 않고 그의 이름에 '중국 최고 애국 시인'이라는 찬사를 붙여줍니다.

초나라 무왕(武王)은 아들인 굴하(屈瑕)를 굴(屈) 땅에 분봉했습니다. 바로 굴원의 선조입니다. 지금 굴하(屈瑕)라고 하고 있습니다만, 그의 가계를 꼼꼼히 살펴보면, 미(芈, '양 울음' 미)가 성(姓)이고, 웅(雄)이 씨(氏)이며, 이름이 하(瑕)입니다. 그런데 분봉을 받은 굴(屈) 땅[현 호북성 의창시(湖北省宜昌市)]의 굴(屈)을 씨(氏)로 삼으면서 미(芈)도 웅(雄)도 아닌 굴(屈)이 씨(氏)가 됩니다. 오늘 우리의 기준으로는 성(姓)입니다.

요즈음 더러 어머니, 아버지 성을 함께 쓰는 분들이 있는데, 처음에는 성과 씨를 함께 썼다가 점차 씨(氏)만 쓰게 되면서 모계 혈통을 나타내던 성(姓)은 사라지고 부계 혈통을 나타내는 씨(氏)가 오늘날 우리가 쓰는 성(姓)이 된 것으로 이해할 수 있겠습니다. 우리『표준』에서는 '성씨'를 "성을 높여 이르는 말"로 설명합니다. 그러니 성과 씨는 같은 것으로 전혀 구분이 되지 않습니다.

족보에 대해 공부하는 것을 보학(譜學)이라고 하는데, 예전에 보학에 능하신 분들을 만나면 더러 "성씨가 어떻게 되시는고?"하고 물으셨습니다. 여기에 대한 대답은 보통 "남양 홍씨입니다"라고 하는 것처럼 본관을 밝혀서 합니다. 홍씨에도 남양, 풍산, 부계… 등 본관이 10여 개 되는데, 자기는 그 가운데 어디에 속한다고 밝히는 것입니다. 이런 현실에서의 쓰임을 생각하면 혹시라도 성씨(姓氏)라고 하는 경우에는 본관을 밝혀 부계 혈통을 좀 더 확실히 하는 것이 아닌가 하는 짐작을 해보게 됩니다만, 문헌상 확인된 바는 아닙니다.

중국에서 단오 때 먹는 절기 음식으로 쫑즈(粽子, 粽籺)라는 것이 있습니다. 널찍한 댓잎이나 갈잎, 옥수수 잎에 싼 밥입니다. 풀잎에 싼 주먹밥으로 생각하면 되겠는데, 한 가지 쫑즈는 쪄서 덥힐 수 있지만 껍질은 먹을 수 없어 김밥과는 조금 다릅니다.

어쨌든 여기에는 굴원과 관련된 전설이 있습니다. 굴원이 투신한 뒤 혹시라도 물고기가 그의 시신을 손상시킬까 걱정돼 백성들이 생각해낸 것이 쫑즈라는 것입니다. 쫑즈를 줄 테니 이것이나 실컷 먹고 굴원의 시신은 제발 온전하게 놔두라는 바람이었겠습니다. 粉은 '싸라기' 혈, '쌀가루' 홀로 한자로 읽으면 종자(粽子), 종홀(粽粉)이 되어 서로 다릅니다만 중국어에서는 같은 발음입니다. 지금 쫑즈는 절기 음식이 아니고 우리 김밥처럼 24/7(twenty-four seven) 상품이 돼 하루 24시간 1주일 내내, 연중무휴 판매 상품입니다.

7이라는 수치가 나오니 7/11(seven eleven)도 떠오릅니다. 우연히 유통 업체에 같은 이름이 있을 뿐 절대 선전하는 것이 아닙니다. 이것은 서양에서 집을 지을 때 목수들이 쓰는 수치이기도 합니다. 계단의 폭과 높이인데, 폭이 11인치, 높이가 7인치인 경우에 계단이 가장 편하고 안전하다는 것입니다. 삼각 함수로 계산하면 32도에서 33도 정도의 기울기를 이룹니다. 미터법 시행 이후 수치가 당연히 조금 조정될 수밖에 없습니다. 우리의 주택법상 건물의 용도에 따라 계단의 높이와 너비에 대한 규정이 다르긴 한데 현재 계단의 높이는 대체로 15cm입니다. 계단을 오를 때 더러 생각이 나서 계산을 해보곤 했는데 여전히 그 정도의 기울기인 듯합니다.

중학	획수	형자	새김	발음
曰	4	乙	가로	왈

부수자입니다. 부수 설명으로 대신합니다.

중학	획수	형자	회자	새김	발음
書	10	者	聿 者	글	서

서(書)입니다. 『설문』에서는 "서(書)는 대나무나 비단에 쓰는 것이다"라고 합니다. 고문 연구에서는 글자를 새기는 데에 썼던 칼[刀筆(도필)]을 잡고 물체에 뭔가를 새기는 것으로 봅니다. 쓴다는 뜻은 마찬가지입니다. 한 가지, 허신은 쓴다는 동작을 중시했는지 '붓' 율(聿) 부에 넣었고, 『강희자전』 편찬자들은 글보다 말[曰]이 먼저고, 그것을 글자로 옮기는 것은 다음이라고 생각했는지 '가로' 왈(曰) 부에 넣었다는 점입니다. 자소자는 '붓' 율(聿)로 별도의 부수자입니다만 〈1급 한자〉에도 속하지 않습니다.

책을 얹어놓을 수 있는 시렁은 서가(書架)로 책시렁입니다. 편지는 서간(書簡)이라고도 하는데, 이것은 옛날에 대쪽[簡]을 이용한 데에서 나온 말입니다. 서부진언(書不盡言)은 글로는 생각을 충분히 다 표현할 수 없음을 이릅니다. 여기서는 표현할 능력이 없는 것을 가리킵니다만, 실제 그런 경우도 있고 말은 할 수 있지만 글로 쓰기에는 부적당한 경우도 없지 않습니다.

중학	획수	형자	회자	새김	발음
最	12	取	冃(冒犯敵人) 取	가장	최

최(最)는 죄를 지어 잡는다는 뜻입니다. 주석에 보면 전투에서 세운 공로는 상등을 최(最)라 하고 하등을 전(殿)이라 한다는 설명이 나옵니다. 여기에 직접적인 언급은 없지만 죄인을 잡는 것은 물론이고 전투에서 적을 잡는 것도 아울러 일렀던 말인 듯합니다. 옛날 전쟁에서는 적의 왼쪽 귀를 자른 것을 증거로 삼아 전공을 판단했습니다. 이미 설명했듯이 '취할' 취(取)는 손[又]에 귀[耳]를 든 모양입니다. 전공이 가장 뛰어난 것을 최(最)라 했으니 당연히 가장 높다든지 최고의 뜻을 갖게 됩니다. 최고(最古), 최고(最高), 최량(最良), 최신(最新), 최적(最適) 등 많은 단어를 만듭니다.

중학	획수	회자	새김	발음
更	7	丙攴	다시/고칠	갱/경

『설문』에서는 "경(更), 바꾸다[變]. 변(變), 바꾸다[更]"로 되어 있어 글자의 기원이나 뜻을 알아보기가 어렵습니다. 달리 경(更)은 손[又]에 뒤집개를 들고 프라이팬[丙] 같은 솥 위에서 전병류를 계속 뒤집는 것이라고도 합니다. 거기에서 '바꾸다, 대신하다'라는 뜻이 나오고 '다시[更(갱)]'라는 뜻도 인신되었다고 봅니다. 다음자이니 새김과 발음에 유의해야 하는데, 기초한자의 대표음은 갱(更)입니다.

更新은 '경신'으로도 읽고 '갱신'으로도 읽습니다. 경신은 이미 있던 것을 고쳐 새롭게 한다는 뜻으로 기록을 새롭게 하는 기록 경신에 쓰입니다. 이런 의미에서 경신은 갱신으로도 씁니다. 다만 법률관계의 존속 기간이 끝났을 때 그 기간을 연장하는 일에는 갱신만 쓸 수 있습니다. 경장(更張)은 고쳐서 확장하는 것이고, 갱생(更生)은 다시 살아나는 것입니다.

중학	획수	회자	새김	발음
曾	12	八田曰	일찍	증

증(曾)을 『설문』에서는 "허사 가운데 어기를 편안하게 해주는 것을 나타내는 조사이다"라고 합니다. 허사(虛辭)는 그 자체의 뜻은 없고 문법적 기능을 수행하는 말입니다. 언어학에서 '형식 형태소'라고 하는데 말 사이의 관계를 나타냅니다. 그 자체로 뜻을 갖는 실사(實辭)와 상대가 되는 말입니다.

"영희는 피아노를 치고 있다"라는 문장에서 '는, 를'은 그 자체의 뜻은 없지만 하나는 주어를 만들고 하나는 목적어를 만듭니다. 이렇게 문법적 기능만을 수행하는 것이 허사입니다. 어기(語氣)는 말을 하는 기세입니다. 말을 할 때 빠르고 느릴 수도 있고 힘이 들어갈 수도 있고 그렇지 않을 수도 있습니다. 멈칫하며 얘기하거나 잠깐 쉬면서 이어가기도 합니다. 이런 것들은 말을 할 때 나타나는 힘이나 기운으로 어기입니다. 높낮이가 규칙적으로 바뀌면 가락이 생겨나는데 그것은 어조(語調)입니다. 설명은 이렇게 합니다만 어기와 어조의 뜻이 겹치는 부분이 많아서 이해하기가 쉽지 않습니다. 필자도 이 두 단어를 얼마나 되풀이해서 찾아보았던지 기억이 없을 정도입니다. 혹 쉽게 이해되지 않으면 마음에 걸려하지 말고 그냥 넘어가기 바랍니다.

증(曾)에 대해 다른 설도 있습니다. '시루' 증(甑)의 본자로 보는 것입니다. 시루는 그 안에 발을 받쳐놓고, 찜솥에는 석쇠 같은 것으로 아래를 고인 뒤 음식을 얹습니다. 끓이는 것이 아니라 김만 이용해서 음식을 가열하기 때문입니다. 본래 시루를 가리키는 것이고 『설문』의 설명은 가차의(假借義)라고 합니다. 이렇게 중간에 뭔가가 들어 있거나 끼어 있다는 데에서 증할아버지라든지 증손자의 증(曾)의 뜻으로 쓰이게 되었습니다. 나와 증할아버지, 증손자 사이에는 아버지와 할아버지, 아들과 손자가 끼어 있습니다. 겹을 나타내는 층(層)과 의미가 통하기 때문에 '거듭, 다시'라는 뜻도 나타냅니다.

미증유(未曾有)는 지금까지 한 번도 있어본 적이 없는 것을 나타냅니다. 증삼살인(曾參殺人)은 『전국책(戰國策)』〈진책이(秦策二)〉에 나오는 이야기입니다. 증삼(曾參)은 효성이 지극하고 어질기로 이름이 난 공자의 제자입니다. 증삼과 이름이 같은 사람이 살인을 했는데 어떤 사람이 증삼의 어머니에게 "증삼이 사람을 죽였다"고 했습니다. 증삼의 어머니는 증삼이 그럴 리 없다고 태연히 베를 짰습니다. 그런데 잠시 후 다시 두 명이 와서 "증삼이 사람을 죽였다"고 했습니다. 그러자 증삼의 어머니는 두려워 짜던 베를 팽개치고 담을 넘어 도망갔다는 고사입니다. 유언비어나 거짓말이 얼마나 무서운 결과를 가져올 수 있는지 알려주는 이야기입니다. 세 사람이 짜면 거리에 범이 나왔다는 거짓말도 꾸밀 수 있다는 뜻으로 근거 없는 말이라도 여러 사람이 말하면 곧이듣게 됨을 이르는 삼인성호(三人成虎)와 비슷한 의미입니다.

중학	획수	회자	새김	발음
會	13	亼曾省	모일	회

　회(會) 자의 육서 분류도 한국과 일본은 공통으로 상형자, 중국은 회의자로 봅니다. 『설문』에서는 "회(會), 만나다. 집(亼)을 따르고, 증(曾)을 따른다. 증(曾)은 더하여 늘이는 것이다"라고 합니다. 고문 연구 결과는 곡식 창고입니다. 지금 자형에서는 알아보기가 좀 어렵습니다만, 위는 지붕이고 아래는 창고의 본체이며 가운데는 안에 있는 곡식을 볼 수 있는 문이라고 합니다. 거기에서 인신하여 '뚜껑'이라는 뜻이 생기고 '모이다, 모으다'라는 뜻이 생긴 것으로 봅니다. 또한 여기에서 '보다, 만나다'라는 뜻이 나오리라는 것도 쉽게 유추할 수 있습니다.

　마음에 들어맞는 것은 회심(會心)으로 마음을 '고쳐먹다, 돌리다'라는 뜻은 동음이의어로 회심(回心)입니다. 모여서 의논하는 것은 회의(會議), 여럿이 모이는 일은 회합(會合)입니다. 회의나 회합에 모인 많은 사람들은 회중(會衆)입니다.

중외	부수	획수	회자	새김	발음
昌	日	8	日曰	창성할	창

　'창성할' 창(昌)의 본뜻은 아름다운 말, 혹은 햇빛이라고 합니다. 거기에서 인신되어 '흥성하다, 분명하다' 등의 뜻이 나왔습니다.

　창성(昌盛)은 기세가 크게 일어나 잘 뻗어 나가는 것입니다. 창언(昌言)은 사리에 맞는 훌륭한 말입니다.

고교	획수	회자	새김	발음
替	12	曰扶	바꿀, 폐할	체

체(替)가 지금은 위의 자소자로 '나란히 갈' 반(扶)을 쓰고 있습니다만, 『설문』에는 '나란히' 병(竝) 아래 '흰' 백(白)을 씁니다[朁]. "체(朁)는 버리다. (두 사람이 서 있는데) 한 사람을 버린다"라고 합니다. 뜻이 좀 막연한데 주석을 보면 관직과 관련된 상황이라는 것을 알게 됩니다. 두 사람이 있는데 한 사람을 버리고[파면하고] 제삼자로 바꾼다는 이야기입니다. 적격자 한 명은 남기고 부적격자는 파면시키고 다른 사람으로 대체하는 것입니다.

고문 해석에서는 윗부분을 제사에 바칠 희생 두 마리가 있는 것으로 봅니다. 그 아래에 있는 것은 그것을 담을 용기입니다. 용기에는 이미 희생이 있어 버린다는 뜻이라고 합니다. 버리거나 바꾸는 것입니다.

체대(替貸)는 대신 꾸어주는 것이고, 체대(替代)는 어떤 일을 서로 번갈아가며 대신하는 것입니다. 체송(替送)이나 대송(代送)은 대신 보내는 것이고, 체환(替換)은 대신하여 갈아 바꾸는 것입니다. 유대교인들이 속죄일에 제물로 바치는 양이나 염소를 속죄양(贖罪羊, scapegoat)이라고 합니다만, 중국어에서는 체죄양(替罪羊)이라고 합니다. 지금은 주로 비유적인 의미로 남의 죄를 대신 지는 사람을 이르는 데에 씁니다.

R074

달 월(月) 부

갑골	금문	전문	해서
☽	☽	☽	月

'달' **월(月)**은 달의 모양을 본뜬 상형자입니다. 자형 변화를 보면 왼쪽이 이지러진 것도 있고 오른쪽이 이지러진 것도 있어, 보름달은 아니고 상현이나 하현달을 보고 만든 글자이겠습니다. 현재 우리가 쓰고 있는 글자는 왼쪽이 비어 있는 상현달을 본뜬 모양입니다.

달은 서쪽부터 차오릅니다. 보는 사람의 오른쪽부터인데 상현(上弦), 하현(下弦) 하는 것은 이것을 위와 아래로 나타낸 것입니다. 학창 시절 필자도 시계 방향, 좌우, 상하라는 말에 도대체 기준이 어디인지 헷갈려 했던 기억이 있습니다.

날짜를 계산할 장비가 없는 경우, 해를 통해 하루 중의 시간을 알아보기는 쉽지만, 며칠이나 되었는지 날짜를 알기는 어렵습니다. 그러나 달은 날짜에 따라 모양이 변하기 때문에 달의 모양을 보면 날짜를 알 수 있습니다. 그래서 옛날 사람들이 달을 기준으로 한 달력을 먼저 만들게 된 것이 아닐까 합니다.

『설문』에서는 "월(月)은 이지러지는 것이다. 태음(太陰)의 정화이다. 상형(자)이다"라고 설명합니다. 태음은 태양(太陽)과 상대해 달을 가리키기도 하지만, 여기서는 음(陰)의 기운이 온전히 뭉친 골자로 보는 것입니다.

월(月) 부에는 '나' 짐(朕)에서 볼 수 있는 것처럼 '배' 주(舟)가 모양이 바뀌어 들어온 것도 있습니다. 중국과 일본에서는 '고기' 육(肉)이 변에 올 때 자형인 육달월(月)도 모두 여기에 포함시킵니다.

중학	획수	새김	발음
月	4	달	월

매달 발행해서 월간(月刊), 한 달 동안이라서 월간(月間)입니다. 월계(月桂)는 달에 있다는 계수나무를 가리키기도 하고, 월계수(月桂樹)를 뜻하기도 합니다. 그 가지와 잎으로 만든 관은 월계관(月桂冠)으로 고대 그리스에서 경기의 우승자에게 씌워주었던 관으로 지금은 우승의 명예를 가리키기도 합니다. 월식(月蝕)은 달이 지구의 그림자에 가려 일부나 전부가 가려 보이지 않는 것입니다. 고서에 월지(月氏)라는 말이 더러 나오는데, 중국의 전국 시대에서 한대에 걸쳐 중앙아시아에서 활약하던 터키계의 민족을 가리키는 말입니다. 이때는 '씨'로 읽지 않고 지(氏)로 읽는 데에 유의해야 합니다. 월하노인(月下老人)은 부부의 인연을 맺어준다는 전설상의 늙은이를 가리키는데 고사에서 유래된 말입니다.

중학	획수	새김	발음
朋	8	벗	붕

『설문』에 '벗' 붕(朋)은 올라 있지 않습니다. 고문에 붕(朋)은 양쪽에 조개껍질을 꿰어 묶은 꿰미 모양을 하고 있습니다. 상형자입니다.

다섯 개를 묶어 한 꿰미[串(천)]라 하고 두 꿰미가 한 붕(朋)입니다. 혹은 조개 20개를 묶은 것이 일 붕(朋)이라고도 합니다. 고대에 조개는 바로 화폐였습니다. 고문에서는 '봉황' 봉(鳳)을 빌려 이 뜻을 나타냈다고 합니다. 벗이라는 뜻은 인신하여 나온 것입니다. 필자는 이 글자를 볼 때마다 "아! 친구가 오면 돈도 많이 쓰며 대접을 극진히 해야 하는구나"하는 생각을 합니다. 우(友)도 벗으로 새기는데 우(友)는 뜻을 같이 하는 친구이고, 붕(朋)은 같은 스승 아래에서 배운 친구입니다. 봉(鳳)은 그 상징이 중요하니 우리 문화의 이해를 위해서도 꼭 해당란을 찾아 읽어보기 바랍니다.

붕우(朋友)는 벗을 이르는 한자어입니다. 조선 시대에 이념과 이해에 따라 이루어진 사람의 집단을 이르던 말은 붕당(朋黨)입니다. 중국에서도 정치적인 당파를 붕당(朋黨)이라고 했는데, 자신들의 이익만을 추구하는 면이 있어 대체로 부정적인 색채를 갖는 어휘입니다.

중학	획수	형자	새김	발음
期	12	其	기약할	기

기(期)는 만나기로 하는 것입니다. 미리 정한 시간에 만나는 것입니다. '바라다'라는 뜻도 나타냅니다.

어느 때부터 어느 때까지의 동안은 기간(期間)이고, 일이 이루어지기를 바라며 기다리는 것은 기대(期待)입니다. 기이지수(期頤之壽)는 기이(期頤)만으로 쓰기도 하는데 백 살의 나이나 또는 그 나이의 사람을 가리키는 말입니다. 여기서 기(期)는 '기대하다'라는 뜻이고, 이(頤)는 공양을 나타냅니다. 사람의 나이 백 세가 되면 스스로 부양을 할 수 없어 부양을 기대하는 나이라는 뜻입니다.

중학	획수	형자	회자	새김	발음
有	6	又	又肉	있을	유

지금 **유(有)**는 달월 부에 속합니다만 『설문』에서는 독립된 부수였습니다. "유(有)는 있어서는 안 되는 것이 있는 것이다. 『춘추좌전』에 '해와 달에 일식과 월식이 있다'고 한다." 『단주』를 보면 옛날에 일식과 월식을 불길한 징조로 여겨 "있어서는 안 되는 것이 있는 것"으로 설명했다고 합니다. 현재 정설처럼 되어 있는 것은 손[又]에 고기[月, 肉]를 쥐고 있는 모양이라는 금문 분석입니다.

공로가 있는 것은 유공(有功), 있음과 없음을 아울러 이르는 말은 유무(有無)입니다. 유구난언(有口難言)은 입은 있지만 말하기가 어렵다는 뜻으로 어떤 이유에서 마음속 이야기를 털어놓을 수 없는 것을 말합니다. 유구무언(有口無言)은 입은 있으나 말이 없다는 뜻으로 변명할 말이 없는 것이고, 유명무실(有名無實)은 이름만 그럴듯하고 실속은 없음을 가리킵니다. 우리 속담의 "속빈 강정"과 같은 뜻입니다. 유비무환(有備無患)은 미리 준비가 되어 있으면 걱정할 것이 없다는 뜻으로 『서경(書經)』의 〈열명편(說命篇)〉에 나오는 말입니다. '유복동향 유난동당(有福同享 有難同當)'은 복이 있으면 함께 누리고 어려움이 있으면 함께 감당한다는 뜻입니다. 유종지미(有終之美)는 한 번 시작한 일의 끝맺음이 좋은 것입니다. 유진무퇴(有進無退)는 앞으로 나아가기만 하고 뒤로 물러나지 않는 것입니다. 유해무익(有害無益)은 해롭기만 하고 이로움이 없는 것입니다. 중국에서는 유해무이(有害無利)를 많이 쓰는 듯합니다.

중학	획수	형자	회자	새김	발음
服	8	𠬝	舟 𠬝	옷, 약의 분량	복

『설문』복(服)입니다. "복(服), 사용하는 것이다. 달리, 수레의 오른쪽 곁마를 가리키며 오른쪽으로 돌 때 쓴다"라고 합니다. 네 필의 말이 끄는 수레 즉, 사마(駟馬)를 기준으로 가운데 끌채에 직접 매는 말을 복(服)이라 합니다. 사마(駟馬)는 수레를 끄는 네 필의 말을 가리키기도 해, 양쪽 바깥에 있는 말은 참마(驂馬) 즉, 곁마입니다. 끌채는 말의 동력을 수레에 연결하는 긴 나무 막대기입니다. 자동차로 치면 동력 전달부입니다. 오른쪽의 자소자는 '다스릴' 복(𠬝)으로 새기는데, 다른 사람을 복종시키는 것입니다. 그러니까 사역의 뜻을 갖고 있습니다. '갚을' 보(報), '옷' 복(服)에 보입니다.

고문 연구는 또 내용이 다릅니다. 왼쪽의 '달' 월(月)이 갑골문에서는 접시 모양이며 오른쪽은 사람[卪]이 손[又]으로 그릇을 들고 일을 하는 뜻이라고 합니다. 그런데 나중에 배[舟] 모양으로 바뀌었다가 그 모양이 '달' 월(月)과 같아 결국 지금의 모양으로 바뀌었다는 것입니다. 그래서 '일을 하다, 어떤 일에 종사하다'의 뜻을 가지게 되었다고 합니다. 또한 옷의 뜻으로도 쓰입니다.

직무에 힘쓰는 것은 복무(服務), 약을 먹는 것은 복용(服用), 명령에 따르는 것은 복종(服從)인데, 이 단어들에는 모두 자소자인 복(𠬝)의 뜻이 들어 있습니다. 복장(服裝)은 옷차림으로 여기에서는 옷의 뜻으로 쓰이고 있습니다.

중학	획수	회자	새김	발음
望	11	臣 壬 月	바랄	망

『설문』의 **망(望)**은 "(죄를 짓거나 어떤 일로) 도망쳐 밖에서 떠돌아 집에서 그가 돌아오기를 기다리는 것"입니다. 갑골문에는 사람이 흙무더기 같은 곳에 올라가 멀리 높은 곳을 바라보는 모양인데 금문에 들어서 '달' 월(月)이 붙게 됩니다. 그래서 멀리 보는 것이 본뜻이고, 거기에 달(月)을 덧붙여 보름[望月(망월)]을 나타내는 것으로 봅니다. 망월(望月)은 글자 그대로 달을 바라본다는 뜻으로도 쓰입니다. 멀리 높은 곳을 바라본다는 데에서 '우러러보다, 기대하다, 바라다'라는 뜻을 갖게 됩니다.

자소자입니다. 다른 곳에서도 강조한 바 있습니다만, '착할' 정(壬)으로 '아홉째 천간' 임(壬)과는 다른 글자입니다.

망륙(望六)은 예순을 바라본다는 뜻에서 '쉰한 살'을 이르고, 망일(望日)은 보름입니다. 망매해갈(望梅解渴)은 삼국 시대 조조와 관련된 고사성어로 알려져 있습니다. 조조의 군대가 오랜 기간 먼 거리를 행군하면서 모두 목이 말랐습니다. 그러자 조조가 "저 앞에 큰 매실 밭이 있는데 매실이 아주 달고 시어서 갈증을 달랠 수 있다"고 했습니다. 그러자 병사들은 생각만으로 군침이 돌아 갈증을 달랬다는 것입니다.

『표준』에서는 "매실은 보기만 하여도 침이 돌아 목마름이 해소된다는 뜻으로 매실의 맛이 아주 심을 이르는 말"이라고 설명합니다. 『표준』에 따르면 매실이 신 것을 형용하는 말인데, 정확하지 않아 보입니다. 중국에서는 망매지갈(望梅止渴)로 쓰고 축자 풀이도 같습니다. 하지만 쓰임에 대한 설명은 다릅니다. 상상을 불러일으켜 자기와 다른 사람에게 위안을 주는 것이라고 합니다.

중학	획수	회자	새김	발음
朝	12	卓 月	아침	조

조(朝)는 『설문』에 '빛날' 간(倝)의 오른쪽 아래에 '배' 주(舟) 자를 결합한 형태[朝]

로 실려 있습니다. '아침' 조(朝)의 본자입니다. 고문 연구에서는 숲 사이로 해가 떴는데[草] 아직 달이 지지 않은 때를 가리킨다고 설명합니다. 옛날 정치를 하는데 신하들은 아침에 임금을 찾아뵈었기 때문에 '임금을 찾아뵙다'라든지 '정치를 하는 장소'의 뜻으로도 쓰입니다.

자소자 '草'는 새김도 발음도 없는 자소인데, 이 자소를 쓰는 글자가 많아 중국에서는 현재 별도의 부수로 세우고 있습니다. 바로 대한민국(大韓民國)의 '한(韓)' 자가 이 부수에 들어 있습니다.

조반(朝飯)은 아침밥이고, 조찬(朝餐)은 손님을 초대하여 함께 먹는 아침 식사입니다. 조령모개(朝令暮改)는 아침에 명령을 내렸다가 저녁에 다시 고친다는 뜻으로 법령을 자꾸 고쳐서 갈피를 잡기가 어려움을 이르는 말로 조령석개(朝令夕改)라고도 합니다. 조삼모사(朝三暮四)는 간사한 꾀로 남을 속여 희롱함을 이르는 말로 중국 송나라의 저공(狙公)의 고사입니다. 원숭이들이 먹이를 아침에 세 개, 저녁에 네 개씩 주겠다는 말에는 적다고 화를 내더니 아침에 네 개, 저녁에 세 개씩 주겠다는 말에는 좋아하였다는 데서 유래된 고사성어입니다.

중외	부수	획수	회자	새김	발음
明	日	8	日 月	밝을	명

명(明)은 해[日]와 달[月]이 만나서 밝은 것이라고 합니다. 과연 그렇게 파자를 하는 것이 맞는지 해당 부수에서 확인하기 바랍니다.

명경고현(明鏡高懸)은 밝은 거울이 높이 매달려 있다는 뜻으로 관리가 억울한 일이 없도록 업무 처리하는 것을 말합니다. 중국 사극을 보면 더러 관부 현판에 이 글귀가 쓰여 있는 것이 나오기도 합니다. 명모호치(明眸皓齒)는 맑은 눈동자와 흰 이라는 뜻으로 미인(美人)의 모습을 이르는 말이고, 명철보신(明哲保身)은 사리에 밝은 사람은 자기 자신을 보전할 수 있다는 것이 원뜻인데, 지금은 다투는 것을 피해 자신의 이익을 챙기는 것을 가리키는 데 많이 씁니다. 명지고문(明知故問)은 분명히 알면서도 고의로 물어보는 것입니다. 떠보는 것이겠습니다.

고교	획수	형자	새김	발음
朔	10	屰	초하루	삭

앞에서 망(望)에는 보름이라는 뜻이 있다고 설명했습니다. **삭(朔)**은 달이 해와 지구 사이에 있어서 보이지 않는 때, 즉 초하루입니다. 『설문』에서는 "초하루면 달이 다시 살아나기 시작하기 때문에 삭(朔)이라고 한다"라고 합니다. '거스릴' 역(屰)을 머리부터 나오는 아기의 모양으로 여겨, 달이 바뀌며 새로 나오는 때(초하루)로도 설명합니다.

삭망(朔望)은 초하루와 보름을 함께 이르는 말인데, 예전에는 상중(喪中)일 때 초하루와 보름에 제사를 올렸습니다. 그래서 초하루와 보름에 올리는 제사를 삭망이라고도 하는데, 갖춘 이름은 삭망전(朔望奠)입니다. 기왕에 초하루, 보름이 나왔으니 기초한자 범위 밖이긴 합니다만 그믐도 알아두는 것이 좋겠습니다. '날' 일(日)에 '매양' 매(每)를 써서 '그믐' 회(晦)입니다. '초하루' 삭(朔)에 부수자 '쉬엄쉬엄 갈' 착(辵)을 붙이면 '거스릴' 소(遡)가 됩니다. 물을 거슬러 올라가는 것입니다. 소강(遡江)은 강을 거슬러 올라가는 것입니다.

당송 팔대가의 한 사람인 소식의 「적벽부(赤壁賦)」는 "임술년 칠월 열엿새에[壬戌之秋 七月旣望]"로 시작하는데 여기서 기망(旣望)은 보름[望]이 이미[旣] 지난 날, 즉 열엿새를 가리킵니다.

R075

나무 목(木) 부

갑골	금문	전문	해서
术	术	术	木

『설문』입니다. "**목(木)**은 무릅쓰는 것이다. 덮고 있는 땅을 뚫고 나와 자란다. (오행으로는) 동방을 대표하는 물질이다. '싹틀' 철(屮)을 따르고 아래는 뿌리를 본떴다." 이 설명처럼 '나무' 목(木)은 가지 가운데에 줄기가 있고 아래에는 뿌리가 있는 한 그루 나무의 형상을 본뜬 상형자입니다. 부수로 쓰여 나무의 종류나 그것의 일부, 나무로 만들어진 것이나 상태 등을 나타냅니다.

다음의 네 글자[木, 未, 果, 樂]는 모두 상형자입니다.

중학	획수	새김	발음
木	4	나무	목

목공(木工)은 나무를 다루어서 물건을 만드는 일이나 그런 사람을 가리킵니다. 소나무를 목공(木公)이라고도 하는데 이는 '소나무' 송(松)을 파자한 것입니다. 목리(木理)는 나무를 가로로 잘랐을 때 나타나는 둥근 테로 나이테입니다. 발음이 같은 몽니는 대우를 받지 못할 때 내는 심술로 "몽니를 부리다"라는 형태로 많이 씁니다. 목성(木星)은 쥬피터(Jupiter) 정도로만 설명하겠습니다. 목어(木魚)는 절에 가면 볼 수 있는 물고기 모양의 불구로 파낸 속을 쳐서 소리를 냅니다. 물고기가 눈을 감지 않는 데에서 수행자가 졸거나 자지 말고 부지런히 수행하라는 의미가 담겼다고 하기도 하고, 제도(濟度)와 관련한 설명도 있습니다. 목탁(木鐸) 또한 불구로 불공을 할 때나 사람들을 모이게 할 때 두드려 소리를 내는 기구인데, 세상 사람을 깨우쳐 바르게 인도할 만한 사람이나 기관을 비유적으로 이르기도 합니다. 『표준』에는 본뜻만 실려 있어 두 번째 의미도 보충되어야 하지 않을까 합니다.

중학	획수	새김	발음
未	5	아닐	미

　미(未)를 『설문』에서는 "미(未)는 맛이다. 미(未)는 6월을 대표하며 6월에는 (만물이 자라) 맛이 있게 된다. 오행(금, 목, 수, 화, 토)의 물질로 목(木)은 6월[未月]이면 성숙한다. 미(未)는 나무에 가지와 잎이 겹친 것을 본뜬 것이다"라고 합니다. 자형이 비슷한 '끝' 말(末)과 혼동하지 않아야 합니다. 고문 연구에서는 나무의 가지와 줄기가 무성한 모양으로 보고, 맛은 가차해 쓰는 것으로 봅니다. 나무가 무성하며 가려서 그늘이 지어 어둡게 됩니다. 그래서 '없다, 아니다'라는 부정의 뜻도 갖게 되었습니다. 12간지로는 양(羊)에 해당합니다.

　미(未)는 자소자로도 쓰여 '누이' 매(妹), '맛' 미(味)에서도 볼 수 있습니다.

　미달(未達)은 어떤 한도에 이르거나 미치지 못하는 것입니다. 미연(未然)은 아직 그렇게 되지 않은 때나 상황 혹은 앞일이 정해지지 않은 것을 이르고, 이연(已然)은 이미 그렇게 되어 버린 상황을 이릅니다. 미증유(未曾有)는 지금까지 한 번도 있어본 적이 없는 것입니다. 미풍선우(未風先雨)라는 말이 있습니다. 바람은 불지 않는데 비부터 내린다는 뜻으로 일은 진척되지 않는데 이렇다 저렇다 온갖 억측만 무성한 것을 말합니다.

중학	획수	새김	발음
果	8	열매/강신제	과/관

과(果)는 나무의 열매입니다. 열매[田]가 나무에 달린 모양을 본뜬 상형자입니다. '정말로, 드디어는, 도대체' 등의 부사로도 쓰입니다.

과단성 있고 용감한 것은 과감(果敢)한 것이고, 일을 딱 잘라서 결정하는 것은 과단성(果斷性)이 있는 것입니다. 과연(果然)은 정말로 그러한 것입니다.

중학	획수	새김	발음
樂	15	즐길/풍류/좋아할	락/악/요

'즐길' **락(樂)**입니다. 음을 '락'부터 올리는 것은 다음자의 경우 대표음만 올리기 때문입니다. 락(樂)은 '풍류' 악으로도 새기는데, 본래 현악기를 나타내는 상형자입니다. 악기는 사람을 즐겁게 해줍니다. 그래서 '즐길' 락으로도 쓰입니다. '요'로 읽을 때에는 '좋아하다'라는 뜻입니다.

인생이나 사물을 밝고 희망적인 것으로 보는 것은 낙관적(樂觀的)인 태도입니다. 악곡(樂曲)은 음악의 곡조를 나타내고, 악성(樂聖)은 성인이라고 이를 정도로 뛰어난 음악가를 말합니다. "지혜로운 사람은 물을 좋아하고, 어진 사람은 산을 좋아한다 [智者樂水仁者樂山(지자요수 인자요산)]"라고 하는데, 이때는 '요'로 읽어야 합니다.

중학	획수	새김	발음
末	5	끝	말
本	5	근본	본
朱	6	붉을	주

이번에는 지사자입니다. 가로획[一]을 나무[木] 위에 붙여 가지 끝을 나타내는 '끝' **말(末)**, 아래 밑동 부분에 붙여 근본을 나타내는 '근본' **본(本)**이 되었다는 설명은 익숙하

리라 믿습니다. 주(朱)는 속이 붉은 나무[赤心木(적심목)]라고 합니다. 가로획[一]은 그 속을 가리킵니다. 『설문』을 통해 한 글자씩 살펴보겠습니다.

　　말(末)은 "나무의 끝이다. 목(木)을 따르며 가로획[一]이 그 위에 있다"라고 하고, 본 (本)은 "나무의 아래를 본(本)이라 한다. 목(木)을 따르며 가로획[一]이 그 아래에 있다" 라고 하여 평상시 우리가 듣는 말 그대로입니다. '붉을' 주(朱)입니다. 지금 보는 글자의 전문은 '末, 朱, 本'으로 차례대로 말(末), 주(朱), 본(本)입니다. 즉, 가로획[一]이 위에 붙 은 것은 '끝' 말, 아래에 붙은 것은 '근본' 본, 그리고 줄기 가운데에 붙은 것은 '붉을' 주 (朱)였습니다. 본뜻은 '그루'로 '그루' 주(株)의 본자로 봅니다. 그런데 주(朱)가 계속 붉 다는 뜻으로 쓰이게 되자 정작 그루에는 '나무' 목(木)을 더해 분가를 시킨 셈입니다.

　　본말(本末)은 사물이나 일의 중요한 부분과 중요하지 않은 부분을 일컫습니다. 역사 서술 체제의 하나로 기사본말체(紀事本末體)가 있습니다. 사건(事)의 자초지종(自初至 終)을 기록하는 방법으로 연대나 인물이 아니고 사건에 중점을 두어 기술합니다. 붉은 입술과 하얀 치아라는 뜻으로 아름다운 여자를 이르는 단순호치(丹脣皓齒)는 주순호치 (朱脣皓齒)로 쓰기도 합니다. 주자난별(朱紫難別)은 붉은 색과 자주색은 가려보기가 어 렵다는 뜻으로 좋고 나쁨이나 선악을 구별하기가 쉽지 않은 것을 비유해 이르는 말입 니다.

중학	획수	형자	새김	발음
朴	6	卜	성	박

　　박(朴)은 나무껍질이 본뜻입니다. 『단주』를 보면 "오늘날 약재에 후박(厚朴)이 있는데 후피(厚皮)라고도 하며, 나무의 껍질이다. 옛날에 '질박하다'라는 뜻으로는 박(樸) 자를 많이 썼다"라고 합니다. 후박은 약재 이름이기도 하지만 '인정이 두텁고 거짓이 없다' 는 뜻으로 많이 쓰입니다. 후박은 『표준』에서는 후박나무의 껍질이라 설명하고 중국 측 자료에는 개암나무(榛) 껍질이라고 설명하고 있는데 어느 것이 맞는지 더 이상 확인은 안 됩니다. 어쨌든 나무껍질은 꾸밈없이 있는 그대로의 모습을 보여줍니다.

　　꾸밈이나 거짓이 없고 수수한 것은 소박(素朴)한 것이고, 질박(質朴)도 비슷한 뜻입 니다. 질박의 글자 그대로 뜻은 바탕 그대로의 나무껍질입니다. 꾸민 데가 없이 수수한 것입니다.

중학	획수	형자	새김	발음
材	7	才	재목	재

재(材)는 나무의 줄기입니다. 아무 줄기나 다 재(材)가 아니고, 충분히 커서 기둥과 들보[棟梁(동량)]로 쓸 수 있는 재목을 가리킵니다. 재목이니 재료도 됩니다. 동량(棟梁) 또는 동량지재(棟梁之材)는 큰일을 맡을 만한 사람을 가리키는데 본래 기둥과 들보로 쓰일 만한 재목이라는 뜻입니다. 필자의 파자입니다만 손[手]을 대면, 즉 가공하면 쓸 만한 나무[木]로 기억해도 될 듯합니다.

중학	획수	형자	새김	발음
杯	8	不	잔	배

'잔' 배(杯)는 『설문』에 배(桮)의 자형으로 올라 있습니다. 주석을 보면 작은 술잔으로 되어 있습니다. 『표준』에는 실려 있지 않고 〈우리말샘〉에 최근 올라와 있기는 한데, 시문에 더러 '마상배(馬上杯)'가 나옵니다. 굽이 높은 잔이라서 고족배(高足杯) 또는 접시처럼 보이기도 하기 때문에 고족완(高足碗)이라고도 합니다. 마상배라는 이름이 붙은 것은 말을 탄 채로 술잔을 잡고 마실 수 있기 때문입니다. 처음에는 잡기 편하고 안전하도록 아래 발 부분에 대나무 마디와 같은 돌기를 몇 개 넣었습니다. 그런데 나중에는 이런 돌기가 없어지고 밋밋하게 됩니다. 이 마상배는 유목 문화와 관련된 유품으로 여겨집니다.

중학	획수	형자	새김	발음
松	8	公	소나무	송

송(松)은 소나무입니다. 우리 민족이 사랑하고 아끼는 나무입니다. 자소로 '공평할'

공(公)이 쓰이기 때문에 품격이 높은[公] 나무[木]라고 파자하는 경우도 있습니다. 금강송, 적송, 금송 등등 이름도 품종도 많습니다. 강원도 원주시 치악산 구룡사 입구에는 황장금표(黃腸禁標)가 있습니다. 황장목(黃腸木)은 질이 좋은 소나무로 임금의 관을 만드는 데 썼다고 하는데, 그 나무를 함부로 베지 못하도록 설치한 표지판입니다.

세한삼우(歲寒三友)는 추운 겨울철의 세 벗이라는 뜻으로, 추위에 잘 견디는 소나무 · 대나무 · 매화나무를 통틀어 이르는 말입니다. 송죽매(松竹梅)로 문인화에 많이 쓰이는 소재입니다. 『논어(論語)』에 "날이 추워진 연후에야 소나무와 잣나무가 나중에 시든다는 것을 안다[歲寒然後知松柏之後凋也(세한연후지송백지후조야)]"라는 구절이 있습니다. 나중에 시든다고 해야 할지 시들지 않는다고 해야 할지 좀 애매하긴 하지만, 사람을 알아보는 데에는 참고가 되는 말입니다. 온갖 어려움을 겪고 나야만 어떤 사람의 참모습을 볼 수 있기 때문입니다.

상록수(evergreen tree)는 흔히 잎이 지지 않는 것으로 아는데, 사실은 잎이 지며 새순이 끊임없이 돋아나 늘 푸르게 보이는 나무입니다. 소나무 아래의 솔가리는 솔잎이 낙엽이 되어 떨어진 것입니다. 모든 생명에는 일정한 기한이 있기 마련이고, 상록(常綠)일 수만은 없는 것이 자연의 이치입니다.

백두대간을 긴 언저리에서 자라는 소나무가 단연 으뜸이니 남한으로만 친다면 태백산 일대로 춘양목(春陽木)을 빼어놓을 수 없습니다. 경북 봉화군 춘양 일대에서 나는 소나무입니다. 일제가 춘양의 소나무를 반출하기 위해 춘양역을 개통했다는 이야기도 있는데, 일본이 영주와 춘양을 잇는 공사를 착수하기는 했지만 이뤄지지 못했습니다. 이 구간은 해방 이후인 1955년 영주에서 강원도 태백의 철암까지 연장, 개통되었는데 우리 기술로 건설한 최초의 철도로 알려져 있습니다. 강원도 삼척시 미로면의 준경묘에 가면 아름다운 소나무 숲을 볼 수 있습니다. 준경묘는 조선 왕조 시조 이성계의 조상을 모신 묘역입니다.

중학	획수	형자	새김	발음
柳	9	卯	버들	류

류(柳)는 버드나무입니다. 『설문』입니다. "류(柳)는 작은 버드나무이다"라고 합니다. 『단주』에 "버드나무 가운데 줄기가 가느다랗고 잎이 작은 것을 류(柳)라 한다"라고 나

옵니다. 이것을 보면 버드나무의 한 종류입니다.

『본초강목(本草綱目)』에서는 "양(楊)은 가지가 단단하고 위로 올라가기 때문에 양(楊)이라 하며, 류(柳)는 가지가 약하고 늘어지기 때문에 류(柳)라 한다"라고 설명합니다. 이 설명을 보면 류(柳)는 버드나무 가운데 수양버들을 가리키는 것이겠습니다. 양(楊)의 자소인 양(昜)에는 '날아오르다'는 뜻이 있습니다. "천안삼거리 흥, 능수야 버들은 흥, 제멋에 겨워서 축 늘어졌구나" 우리 민요 「천안삼거리」인데 여기 나오는 능수버들은 분명 양(楊)이 아니고 류(柳)입니다. '양류(楊柳)'를 우리는 버드나무의 한자어로만 알고 있습니다만, 자세히 보면 이렇게 두 가지 나무가 섞여 있는 것을 알게 됩니다.

절류(折柳)는 버드나무 가지를 꺾는다는 뜻으로 옛날 중국 사람들은 버드나무 가지를 꺾어주면서 재회를 기약했다고 합니다. 그래서인지 버드나무는 문학 작품에 많이 나옵니다. 계절로는 물론 봄을 나타냅니다.

중학	획수	형자	새김	발음
根	10	艮	뿌리	근

근(根)은 나무의 밑동[株]입니다. 『설문』에서는 주(株)를 "나무의 뿌리[根]이다"라고 하고 있는데, 주석에 땅속에 들어간 부분은 뿌리[根]이고, 땅 위에 있는 부분은 주(株)라고 한다는 설명이 있습니다. '그루' 주(株)의 그루는 그루터기의 줄임말로 풀이나 나무 따위의 아랫동아리나 그것들을 베고 남은 아랫동아리를 이릅니다.

'어긋날' 간(艮)은 부수자이니 해당 부수를 참고하기 바랍니다.

근간(根幹)은 '뿌리와 줄기'로 중요한 기본을 말하기도 합니다. 근본이 되는 거점은 근거(根據), 뿌리를 내린 터전은 근기(根基), 사물의 근본이나 본바탕은 근본(根本), 근본이나 그 원인을 가리켜서는 근원(根源)입니다. 밑바탕이 되는 기초는 근저(根底)입니다. 뿌리째 뽑는 것은 근절(根絶)인데, 뿌리가 있는 채로 뽑는다고 해도 될 듯합니다. '째'와 '채'는 자칫 혼동하기 쉬운데, '째'는 접사라서 명사 뒤에 붙어 '있는 그대로'의 뜻이고, '채'는 그 자체가 불완전 명사라서 관형격 수식어의 꾸밈을 받고 띄어 써야 합니다. 아주 오래된 기억입니다만 작문 시간의 "띄어쓰기는 붙여 쓰고, 붙여 쓰기는 띄어 써야 한다"라는 말이 떠오릅니다.

근심엽무(根深葉茂)는 '뿌리 깊은 나무의 잎이 무성하다'는 뜻으로 사물의 기초가 튼튼해야 발전할 수 있음을 말합니다. 『용비어천가(龍飛御天歌)』 제2장의 내용이기도 한데, 우리 만 원권 지폐를 자세히 보면 이 내용이 들어 있습니다.

불휘 기픈 남ᄀᆞᆫ ᄇᆞᄅᆞ매 아니 뮐ᄊᆡ
곶 됴코 여름 하ᄂᆞ니
ᄉᆡ미 기픈 므른 ᄀᆞ모래 아니 그츨ᄊᆡ
내히 이러 바ᄅᆞ래 가ᄂᆞ니

현대어 역은 생략합니다. 외울 정도로 여러 번 읽다보면 뜻도 짐작이 됩니다.

중학	획수	형자	새김	발음
案	10	安	책상	안

안(案)은 상의 하나입니다. 밥상입니다. 『단주』를 보면 발이 붙어 있는 것은 안(案)이고, 발이 없는 것은 반(槃)이라고 합니다. 각각 밥상과 쟁반입니다.

"밥상을 눈썹과 가지런하도록 받쳐 든다"라는 뜻의 거안제미(擧案齊眉)라는 고사성어에서는 바로 이런 뜻으로 쓰였습니다. 남편을 깍듯이 공경함을 이릅니다. 하지만 지금은 안(案)의 뜻이 밥상이 아니라 책상에서 처리하는 일을 가리키기도 해 뜻이 많이 확장되었습니다.

안석(案席)을 『표준』에서는 "벽에 세워놓고 앉을 때 몸을 기대는 방석"이라고 설명하고 있습니다. 중국어의 경우 『한어대사전(汉语大词典)』에도 안석(案席)은 표제어로 올라 있지 않습니다. 혹시 입식 생활을 하는 중국에서는 이런 말이 특별히 필요하지 않았지만 좌식 생활을 하는 우리에게는 필요해 생겨난 우리만의 어휘가 아닌가 추정을 해봅니다만 사전에 실리지 않았다고 그 말이 없는 것은 아니니 단언할 수는 없습니다.

중학	획수	형자	새김	발음
栽	10	㦚	심을	재

재(栽)의 『설문』 설명입니다. "재(栽)는 담을 세울 때 쓰는 긴 널빤지이다. 목(木)을 따르고 '다칠' 재(𢦏)가 소리를 나타낸다[형성자]. 『춘추좌전』에 초나라가 채(蔡)나라를 포위했는데 채나라에서는 일 리(里)마다 판축으로 보루를 만들어놓았다"라고 합니다. 『단주』를 살펴봅니다. "옛날에 담을 쌓을 때에는 먼저 새끼줄로 방향을 반듯하게 잡았다. 새끼줄이 팽팽해지면 양편에 기둥[楨榦(정간)]을 세웠다. 머리맡을 정(楨)이라 하는데 긴 말뚝을 거기에 박고, 양쪽에 세우는 것은 간(榦)이라고 해서 긴 말뚝을 옆에 박는다. 박는 것을 재(栽)라 하니 재(栽)의 뜻은 세우는 것이다. 다음에 양쪽 말뚝[榦]을 묶고 가로로 댄 판 안에 흙을 채우며 쌓아간다. 한 판이 완성되면 층을 높여 올려간다. 그렇다면 재(栽)는 머리맡 말뚝[楨]과 양옆 말뚝[幹]의 판(版)을 아울러 말하는 것이다. 허신이 재(栽)를 담을 세울 때 쓰는 긴 널빤지라고 했는데, '널조각' 판(版)에는 당연히 '기둥' 정(楨)과 '줄기' 간(幹)을 포함시켜야 한다."

실제 토담을 쌓을 때는, 부엌문 같은 것을 떼어 양편에 고정시킨 뒤 그 안에 황토에 짚을 썰어 넣은 것을 이겨 넣습니다. 그런 널빤지가 되겠습니다. 말뚝을 박아 고정시키는 데에서 '심다'라는 뜻이 나오는 것은 당연한 일입니다.

'다칠' 재(𢦏)는 '창' 과(戈)와 '손' 수(才, 手)가 결합된 글자로 가로획[一]이 하나 더 있습니다만[𢦏], 지금의 형태로도 씁니다. 날붙이[戈]에 다치는 것입니다. 비슷한 자형으로 '끊을' 첨(𢦏)이 있습니다. 이 글자는 '쟁기' 첨으로도 새기는데, 여인의 고운 손을 가리키는 섬섬옥수(纖纖玉手)의 본자라고도 하고, 고문 연구가는 '모조리 무찔러 멸망시키다'라는 뜻의 섬멸(殲滅)에서 볼 수 있는 것처럼 여러 사람[厸]을 죽이는[戈] 섬(殲)의 본자라고도 합니다. 재(𢦏)는 '마를' 재(裁), '심을' 재(栽), '실을' 재(載), '어조사' 재(哉), '쇠' 철(鐵) 등 여러 글자의 자소자로 쓰입니다.

실제 의미를 고려하면 자르거나 손을 대서 결과물을 만든다든지 그런 행동의 대상을 나타낸다는 생각도 듭니다. 여러분이 기억하기 쉽도록 한 번 운을 붙여보았습니다. 천[衣]을 잘라 '마를' 재(裁), 나무 목(木)에 '심을' 재(栽), 수레[車]가 붙어 '실을' 재(載), 입[口]이 도와 '어조사' 재(哉), 쇠[金]가 붙어 '쇠' 철(鐵)… 모쪼록 도움이 되기 바랍니다.

식물을 심어 가꾸는 것은 재배(栽培)이고, 심는 것은 재식(栽植)입니다.

중학	획수	형자	새김	발음
權	22	雚	권세	권

권(權)은 『설문』에서 "황화목(黃華木)이다. 혹은 이치에 어긋나는 것[反常]을 이른다"라고 합니다. 뒷부분부터 설명합니다. 『단주전(段注箋)』에서 『공양전(公羊傳)』의 글을 인용해 "권(權)은 지극히 당연해 변하지 않는 도리에 어긋나는 것이다"라고 설명합니다. 우리의 현대사와 정치를 보면 이 말이 실감납니다. 그래도 우리 사회가 오늘보다 나은 내일, 상식이 통하는 사회를 향해 가고 있는 것은 반갑고 다행스러운 일입니다. 달리 저울추를 이르기도 합니다. '재다, 꾀하다'라는 뜻이 있고, 권력이나 권세를 가리키기도 합니다.

황화목(黃華木)은 그 열매도 황화목(黃華木)이라고 하여 약재로 쓰이고, 질이 아주 좋은 나무로 향까지 있어 황실의 가구를 만드는 데에 썼다고도 합니다. 관목입니다. 권(權)을 무궁화라고도 하는데 확실하지 않습니다.

저울이나 저울추, 다림추 등의 뜻은 가차해 쓰는 것이고, 권력이나 권세 등의 의미는 인신되어 나온 것입니다. 다림은 수평이나 수직을 헤아리는 것인데, 다림추는 수직을 볼 때 줄이 수직을 이루도록 매다는 추입니다.

자소자는 '황새' 관(雚)입니다. 그런데 『단주』에는 "관(雚)은 지금은 학(鶴)으로 쓴다"라고 나옵니다. 학은 두루미입니다. 현대 중국 자전에는 "옛날에는 (雚과 鶴이) 같은 글자였다"라는 설명만 나옵니다. 두루미인지 황새인지 확실하지 않은데, 중국의 시나 문학 작품을 옮긴 데에는 황새로 나옵니다. '황새' 관(雚)은 눈이 커서 '볼' 관(觀), 나무에 올라 '권세' 권(權), 힘을 주어 '권할' 권(勸), 입을 벌려 '기쁠' 환(歡)이 됩니다.

목적 달성을 위하여 그때그때의 형편에 따라 임기응변으로 일을 처리하는 방도는 권도(權道)라 하고, 권력을 가지고 있는 자리는 권좌(權座)입니다. 권세는 십 년을 가지 못한다는 뜻으로 아무리 높은 권세라도 오래가지 못함을 이르는 말은 권불십년(權不十年)입니다. 열흘 동안 붉은 꽃은 없다는 뜻으로 한 번 성한 것이 얼마 못 가서 반드시 쇠하여짐을 비유적으로 이르는 말로 화무십일홍(花無十日紅)도 발상은 동일하지 않은가 합니다. 중국 책에는 화무백일홍(花無百日紅)으로 나오는 경우가 많은데, 의미는 같습니다.

格物 021. 도가머리

새의 머리에 길고 더부룩하게 난 털을 도가머리라고 합니다. 한자어로는 관모(冠毛), 관우(冠羽) 또는 우관(羽冠)이 있습니다. 『설문』에는 모각(毛角)이라고 나오는데 '털뿔'

이니 그럴듯하고 적절한 설명이 아닌가 합니다. 모각(毛角)은 『표준』에는 실려 있지 않고 중국어에서는 '털과 뿔'이라거나 '짐승을 가리키는 말'로 설명하고 있어 아주 옛날에나 '털뿔'이라는 뜻으로 쓴 것이 아닐까 합니다.

공작 등의 머리 위에 있는 것도 도가머리이지만, 쉽게 생각할 수 있는 것은 부엉이류의 맹금류 머리에 난 털뿔입니다.

부엉이를 뜻하는 한자로 환(萑)이 있습니다. 새이니 '새' 추(隹) 부에 들어 있습니다. 위의 자소자가 '풀' 초(艹) 같아 보이지만 아닙니다. 가운데가 떨어져 있는 '총각' 관(卝) 자입니다. 『설문』을 찾아보면 좀 분명해집니다.

"환(萑)은 부엉이(혹은 솔개) 무리이다. 추(隹)를 따르고 개(卝)를 따르며, 도가머리가 있다. 우는 곳에는 백성들에게 재앙이 생긴다 [从隹从卝 有毛角 所鳴 其民有旤 凡萑之屬皆从萑]"라고 합니다. 개(卝)는 '양 뿔'의 뜻입니다. 그러니까 머리에 양 뿔 같은 것이나 있다는 뜻으로 도가머리입니다. 개(卝) 자를 꼼꼼히 들여다보면 앞에서 본 염소나 양의 모양처럼 보이기도 합니다.

'卝'을 『설문』에서는 '동이나 철의 원석'을 나타내는 광(鑛)의 고문이라고 합니다. 그런데 『단주』에서는 본래 『설문』에 없던 글자를 후세 사람들이 잘못 덧붙인 것이라고 합니다. 총각(總角)이라면 결혼을 하지 않은 성년 남자를 가리키는 말입니다만, 머리를 땋아 묶은 것 즉, 총각(總角)에서 나온 것으로 봅니다. 성년이 되지 않았거나 결혼을 하지 않아 상투를 틀지 않은 것입니다. 그 모양이 바로 '卝'입니다. '부엉이' 환(萑)은 총각 [卝] 같은 도가머리를 한 새[隹]를 가리키는 것입니다.

이와 자형이 비슷한 글자가 '물억새' 환(萑)입니다. 이 글자는 다음자라서 '익모초' 추로도 새깁니다만, 식물인 풀이고 따라서 윗부분이 초두[艹]입니다. 문제를 더 복잡하게 하는 것은 옛날에는 '황새' 관(鸛)을 '학' 학(鶴)이나 '물억새' 환(萑) 대신 쓰기도 했습니다. 그래서 '황새' 관(鸛)에는 '박주가리' 환이나 '물억새' 환이라는 새김도 있습니다. 새도 되고 풀도 되는 기막힌 상황입니다. 세 글자가 얽히고설킨 것입니다.

현재 '부엉이' 환(萑)과 '물억새' 환(萑) 두 글자는 제대로 분간을 하지 않고 '물억새' 환(萑)으로 쓰는 경우가 많습니다. 현대 중국어에서는 '물억새' 환(萑) 한 글자로 통일된 상황이라 더 난맥상을 이룹니다. 자전도 더러 이 두 글자를 분간하지 않은 경우가 있어 헷갈리기 쉽고, 실제 컴퓨터 입력에도 불편한 점이 없지 않습니다. 여기에 바로 위에서 자소자 설명을 한 '황새' 관(鸛)도 끼어들어 문제를 더 복잡하게 한 것입니다.

지금 필자가 쓰고 있는 이 글에서도 위에 초두[艹]로 쓰고 있는데, 문제는 컴퓨터에서 제대로 된 글자를 쓸 수 없기 때문입니다. 본래는 '총각' 관(丱)을 쓰는데 혼용하고 있는 것입니다. 언중(言衆)이 오랜 기간 그렇게 써왔으니 이제는 그게 표준자형이라고 할 수도 있겠습니다만 분명히 알고는 넘어가야 하겠습니다.

이 모두 도가머리[丱]와 초두[艹]의 자형이 비슷해 생긴 문제인데, 제대로 된 사전이나 자전 하나를 만든다는 것이 여간 어려운 일이 아님을 실감합니다. 하기는 사전의 수준을 보면 그 나라의 국력을 가늠할 수도 있습니다.

중학	획수	형자	회자	새김	발음
李	7	子	木子	오얏, 성	리

『설문』에서는 "리(李)는 과일나무 이름이다. 목(木)을 따르고, 자(子)가 소리를 나타낸다[李果也 从木子聲][형성자]"라고 설명합니다. 중국인들은 "목(木)을 따르고, 자(子)가 소리를 나타낸다"에서 글자를 이해하는 큰 단서를 얻을 수 있겠지만, 모국어가 아닌 우리로서는 어려운 부분입니다. 흔히 형성자가 쉽다는 말을 하는데, 뜻을 짐작하기는 어렵다는 것을 보여주기 위해 일부러 전체 내용을 소개했습니다. 이 글자는 '오얏' 리로 새기는데, 자두(plum)입니다. 동음이의어로 'plumb'은 '파헤치다, 배수관을 연결하다, 다림줄' 등 전혀 다른 뜻으로 주의해야 합니다. 자두 껍질을 자세히 보면 희끗희끗한 반점 같은 것이 보이는데 천연 효모라고 합니다. 자두는 너무 깨끗이 씻어 먹는 것이 아니라는 내용을 본 적이 있습니다만, 과학적인 근거가 있는지 확인하기는 어렵습니다. 자연 여러분에게 권장은 하지 못하겠는데 하여튼 필자는 특히 자두는 대충 씻어 먹습니다.

格物 022. 파자(破字), 목자득국

『고려사(高麗史)』에 '목자득국(木子得國)' 즉, 이(李)씨 성을 가진 자가 나라를 얻게 된다는 기록이 있는데 도참사상과 연결되어 병폐가 컸습니다만, 어찌됐든 민초들의 눈에 보이는 세상 모습을 반영한 말임에는 틀림이 없습니다. '십팔자위왕(十八子爲王)'도 같은 맥락입니다만, 이것은 일찍이 중국의 남북조 시기(420~589) 당나라의 건국과 관련돼 나온 말입니다. 십팔자(十八子) 즉, 이(李)씨 성을 가진 사람이 왕이 된다는 것입니다. 당나라(618~907)는 이연(李淵)이 개국했습니다.

글자의 자획을 이렇게 나누어 풀어보는 것을 파자(破字)라고 합니다. 중국인들은 특별히 오얏을 좋아하는 모양인데, 우선 시고 달아서 아이를 가진 여인들이 특히 좋아합니다. '오얏' 리(李)는 십팔자(十八子)로 파자할 수 있습니다. 집안에 아들[子]이 열여덟[十八] 태어나는 것으로 생각하는 것입니다. 그래서 오얏을 '아들 낳은 것을 축하한다'는 뜻으로 '가경자(嘉慶子)'라고도 합니다. 가경자(嘉慶子)는 『표준』에도 올라 있으니 중국어일 뿐만 아니라 우리의 한자어이기도 합니다.

우리나라에서 파자의 대가는 아무래도 김병연(金炳淵, 1807~1863)이 아닐까 합니다. 홍경래의 난(1811~1812)에 투항한 김익순을 비판하는 글로 과거에 급제했습니다. 나중에 김익순이 자신의 조부라는 것을 알고는 벼슬을 내려놓고 그 후로는 방랑 시인으로 평생 전국을 떠돌아 다녔습니다. 자신은 하늘을 볼 수 없는 사람이라 삿갓을 썼다고 하는데 그래서 김삿갓으로 널리 알려져 있고, 한자로 김립(金笠)으로 적기도 합니다.

그가 어느 서당엔가를 갔는데, 본척만척 무시하는 꼴이 눈꼴사나워 지었다는 시입니다. "서당인 것 진작 아니, 방에는 귀한 것들만 있구나. 생도는 채 열이 안 되는데, 코빼기도 비치지 않네 [書堂乃早知 房中皆尊物 生徒諸未十 先生來不謁]." 발음이 워낙 욕설에 가까워 독음은 따로 달지 않습니다. 고급 언어의 유희이니 뜻을 생각하며 읽어보기 바랍니다.

중학	획수	형자	회자	새김	발음
村	7	寸	木寸	마을	촌

촌(村)은 『설문』에 '邨'으로 올라 있습니다. 지명이라고 설명하고 있는데 구체적으로 어디인지는 나와 있지 않습니다. 물론 같은 글자입니다. '진칠' 둔(屯)은 사람들이 모이는 것을 가리킵니다. 모여서 동네[阝, 邑]를 이룬 것입니다. 그런데 자형이 전혀 다르게 바뀐 것이 유감입니다.

시골의 작은 마을은 촌락(村落), 거기에 사는 주민은 촌민(村民), 그 가운데 늙은이는 촌옹(村翁)이 됩니다.

중학	획수	형자	회자	새김	발음
枝	8	支	木 支	가지	지

지(枝)는 나무[木]의 줄기에서 갈라져 나온[支] 것, 즉 가지입니다. '지탱할' 지(支)도 가지를 가리키는 말이었는데 분간할 필요가 있어 '나무' 목(木)을 더해 '가지' 지(枝)가 되었습니다.

지엽(枝葉)은 가지와 줄기를 이르는데, 중요하지 않은 부차적인 것을 이르기도 합니다. 지(枝)는 다음자라서 '육손이' 기로도 읽습니다. 기지(枝指)는 손가락이 가지를 쳐서 하나 더 붙어 있는 육손이를 가리킵니다.

중학	획수	형자	회자	새김	발음
柔	9	矛	矛 木	부드러울	유

유(柔)는 나무를 굽힐 수도 있고, 반듯이 바로잡을 수도 있는 것을 나타내는 글자입니다. 부드럽기 때문입니다. 바로 유연성(柔軟性)입니다. 창[矛] 자루[木]는 질기기도 해야 하지만 유연해 휘기도 하고 반듯이 펴지기도 해야 합니다. 부드러운 것입니다.

유약(柔弱)은 부드럽고 약한 것입니다. 유능제강(柔能制剛)은 부드러운 것이 오히려 능히 굳센 것을 제압하는 것을 일컫습니다. 굳센 것을 이긴다는 뜻으로 유능승강(柔能勝剛)으로 쓰기도 하는데, 두 성어의 뜻은 같습니다.

중학	획수	형자	회자	새김	발음
校	10	交	木 交	학교	교

교(校)는 나무로 된 칼을 가리킵니다. 칼은 나무에 구멍을 내어 죄인의 목에 두르는 형구입니다. 이러면 학교에 갈 맛이 나겠습니까! 다행히 다른 뜻도 있습니다. 옛날에 활쏘기를 겨루는 것을 교사(校射)라고 했습니다. 그런 장소나 가르치는 사람을 모두 교(校)

라고 한 데에서 가르치는 기구나 장소를 교(校)라 한 것입니다.

미국 학생들이 이런 뜻을 먼저 알았는지 교내 총기 사고가 큰 사회 문제가 되고 있지요. 활쏘기를 배우는 것도 인격 함양의 일부라는 본뜻은 배우지 못한 모양입니다. 이제, 학교에 갈 맛 납니까?

1999년 4월 미국 콜로라도주 콜롬바인 고등학교에서 두 명의 학생이 사전에 치밀한 준비를 한 뒤 총기 사고를 일으켜 12명의 학생이 죽고, 선생님도 한 분 목숨을 잃었으며 몇십 명이 부상을 당했습니다. 이 사건은 당시 전 세계적인 뉴스였고, 미국 내에서는 총기 규제를 사회 문제로 부상시키는 데에 큰 역할을 했습니다. 이후로도 교내 총기 사고가 날 때마다 규제 문제가 나오곤 하는데, 총기 제조업자들의 로비 또한 만만치 않아서 아직까지도 소지 절차만 강화할 뿐 규제에는 이르지 못하고 있는 실정입니다.

중학	획수	형자	회자	새김	발음
極	12	亟	木亟	다할, 길마	극

극(極)은 집 한가운데의 가장 높은 곳이라고 합니다. 마룻대입니다.『단주』에는 인신하여 "가장 높고 가장 먼 곳을 극(極)이라 한다"라고 되어 있습니다. 여기에서 정점을 나타내게 되고 지구의 양끝, 자기나 전원의 양극도 나타내게 되었습니다. 달리 나귀의 등에 짐을 실을 때 쓰는 '길마'라고도 합니다. 길마 밑에는 배기지 않도록 헝겊으로 된 방석이나 담요를 깔아주는데 '언치'라고 합니다.

자소자인 극(亟)은 본래 이(二) 자 안에 인(人)이 들어간 모양이었습니다만, 나중에 여기에 입[口]과 손[又]을 더하게 되었습니다. 천지지간[二]에 사람[人]이 입[口]과 손[手]을 이용해 일을 빨리, 민첩하게 처리한다는 뜻입니다. '긴급하다, 급박하다'라는 뜻입니다. 이것이 계속 '급하게, 빨리' 등 부사로 쓰이자 '나무' 목(木)을 더한 '다할' 극(極)이 다시 생겨나게 되었습니다.

중학	획수	형자	회자	새김	발음
植	12	直	木直	심을	식

식(植)은 대문을 밖에서 잠글 때 쓰는 곧은[直] 나무[木]입니다[戶植(호식)]. 옛날 중국에서는 거기에 걸쇠를 달고 자물쇠를 채워 문을 잠갔다고 합니다. 제주도에 '정낭'이라고 외출 시 대문에 나무 막대기를 걸어놓는 풍습이 있습니다. 비슷한 발상인 듯하기는 하지만 중국은 다른 사람이 접근하거나 들어가는 것을 차단하는 것이고, 제주도의 정낭은 찾는 이에게 외출한 것을 알린다든지 하는 등 불편을 주지 않으려는 배려라는 점에서 달라 보입니다. '심다, 자라다, 식물' 등을 나타내는 뜻으로 쓰입니다.

4월 5일은 식목일(植木日)입니다. 음력 절기로는 한식, 청명 때인데 이때는 부지깽이를 꽂아도 산다고 합니다. 비도 적당히 내리고 나무를 심기에 좋을 때입니다. 똑같이 나무를 심는데 뭔가 기념해서 심을 때는 기념식수(記念植樹)라고 하지 기념식목이라고는 하지 않습니다. 말의 쓰임이라는 것이 참 묘한 것입니다.

식목일을 중국에서는 식수절(植樹節)이라고 하는데 3월 12일입니다. 북쪽에서는 언 땅을 파기도 어려운 때이고 억지로 나무를 심어도 다 얼어 죽을 때라서 이해가 안 됐습니다. 본래는 중국도 식수절이 청명 때로 4월 5일 전후인데 1928년 국부인 손문(1866~1925) 선생의 서거 3주년 때부터 이 날로 바꾸었다고 합니다.

중학	획수	형자	회자	새김	발음
榮	14	熒	木 熒省	영화	영

영(榮)을 『설문』에서는 "오동나무이다. 양쪽 끝이 높이 들린 처마[飛檐(비첨)]를 가리키기도 한다"라고 설명합니다. 다른 설명에서는 금문의 영(榮) 자는 활짝 핀 꽃가지가 서로 교차하는 모양이라고 합니다. 그 모양이 마치 횃불 두 개를 교차하고 있는 것 같아 전문에서는 '나무' 목(木)에 '등불' 형(熒)을 생략한 영(榮)을 써서 불처럼 빨간 꽃을 나타내게 되었다는 것입니다. 거기에서 '번성하다, 영화롭다'는 뜻이 나오게 되었습니다.

영고(榮枯)는 번영함과 쇠퇴함으로, 성하고 쇠퇴한다는 뜻의 성쇠(盛衰)와 비슷한데 합쳐서 영고성쇠(榮枯盛衰)로도 씁니다. 빛나고 아름다운 영예는 영광(榮光)이고, 영전(榮轉)은 전보다 더 좋은 자리로 옮기는 것을 말합니다. 부귀영화(富貴榮華)는 재산이 많고 지위가 높으며 귀하게 되어서 세상에 드러나 온갖 영광을 누린다는 뜻입니다.

중학	획수	형자	회자	새김	발음
橋	16	喬	木喬	다리	교

교(橋)는 물 위에 놓은 교량, 다리입니다. 도랑같이 좁은 곳에서는 이것저것 따질 것 없이 나무 한 그루를 베어 척 걸쳐놓으면 됩니다. 외나무다리입니다[杠, '깃대, 다리' 강]. 물의 폭이 좀 넓어지면 외나무다리로는 안전도 그렇고 어렵습니다. 그래서 통나무를 양쪽으로 걸쳐놓는 다리가 교(橋)입니다. 당연히 좀 넓습니다만 자연 지형을 그대로 두고 다리를 놓으니 양쪽의 고도가 같지 않아 경사를 이루게 됩니다.

이와 달리, 두레박틀[桔槹(길고)]의 가로대가 본뜻이라는 주장도 있습니다. 두레박틀은 긴 나무 한가운데를 고정시킨 뒤 한쪽에는 두레박을 달고 다른 한쪽에는 돌이나 무거운 물건을 매달아 물을 푸는 장치입니다. 지렛대 원리를 이용해 힘을 덜 들이게 되어 있습니다. 한동안 왜 편리한데 우리는 이용도가 떨어질까 아쉽게 생각했었는데, 우리는 각종 샘에 양질의 물이 나오고, 깊이 파지 않아도 쉽게 지하수를 얻을 수 있기 때문인 것으로 혼자 결론을 냈습니다. 생수가 지천이니까 그렇게까지 애쓰며 물을 긷지 않아도 됩니다. 애써 그렇게 끓여 마실 필요도 없습니다. 중국의 차는 정말 생활화되어 있다는 생각이 드는데, 지역에 따라서는 수질이 끓여 마시지 않으면 안 되는 경우도 적지 않습니다. 그러니 물은 끓여야 되고, 음식은 대부분 기름에 튀겨야 합니다. 이런 점은 자연환경과 밀접한 관계가 있겠고, 처음에는 개인 차원의 습관이 되고 나중에는 한 사회의 관습을 이루며 문화로 발전한 것이 아닐까 합니다.

영어에도 두레박틀을 뜻하는 'shadoof'라는 단어가 있습니다. 이집트나 근동(近東) 그러니까 오늘날 아랍 지역에서 쓴다는 단서가 있기는 합니다만 동서를 불문하고 사람이 생각하는 것이 비슷한 모양입니다.

'높을'교(喬)는 높은 데 위가 구부러진 것을 가리킵니다. 교목(喬木)은 큰 나무이고, 관목(灌木)은 개나리, 무궁화, 진달래처럼 줄기와 가지가 잘 분간되지 않고 덤불을 이루는 작은 나무입니다. 달리, 장대다리춤을 가리킨다는 설명도 있습니다. 긴 장대 중턱에 발판을 하나씩 만들고 거기에 양발을 짚고서 추는 춤입니다. 이름은 기억이 없지만 어렸을 때는 지게 작대기 두어 개 가지고 이런 놀이를 많이 하기도 했습니다. 용수철은 없습니다만, 아이들이 즐겨 노는 스카이콩콩(pogo stick) 두 대를 양발에 하나씩 짚고 추는 춤이라고 생각하면 되겠습니다. 대막대기 하나를 말이라고 양발 사이에 끼고 노는 대말 즉, 죽마(竹馬)와는 다릅니다. 기초한자에 '바로잡을' 교(矯), '다리' 교(橋)에 쓰입니다.

중학	획수	형자	회자	새김	발음
樹	16	尌	木尌	나무	수

수(樹)는 생물 가운데 반듯이 서 있는 것을 아울러 이르는 말입니다. 생물학 쪽의 용어를 빌린다면 목본 식물의 총칭이 되겠습니다. 자소자가 '세울' 수(尌)라는 것을 생각하면 쉽게 이해할 수 있습니다. 수(尌)의 자형은 북[鼓]을 손[寸]으로 잡고 있는 모양입니다. 그래서 '세우다'가 본뜻인데, 발음은 자전에 따라 '주'로 올라 있는 경우도 있고, '수'로 올라 있는 경우도 있습니다. '하인' 주로 새기기도 합니다. 중국 자료를 보면 이 글자가 옛날에는 '나무' 수(樹)나, '세울' 수(豎)가 사내아이 종인 동복(童僕)이나 성(姓)의 뜻으로 쓸 때 같은 글자로 발음이 수(shù)라고 합니다. '말 머물' 주(駐)와도 같이 썼는데 이때는 발음이 주(zhù)입니다. 일본 자전에는 '악기 머리 보일' 슈(シュ), '세울' 츄(チュ)로 싣고 있습니다.

수(尌)의 자소자인 주(豈)는 '선비' 사(士) 부수에 속하는 글자로 악기를 세워 진열했을 때 머리장식이 보이는 것을 가리킵니다. 고문 연구에서는 주(豈)를 '북' 고(鼓)의 본자로 봅니다. '나무' 수(樹)와 '싸울' 투(鬪)에서 이 글자를 볼 수 있습니다.

국가나 제도 따위를 이룩해 세우는 것은 수립(樹立)인데, 동음이의어인 수립(竪立)은 곧추 세우는 것을 말합니다. 수목(樹木)은 나무이지만 살아 있는 나무를 일컫습니다. 수대초풍(樹大招風)은 나무가 크면 바람을 끌어들인다는 뜻으로 사람의 명성이 크면 번거로운 일도 쉽게 생기고 질투나 미움도 받게 된다는 것을 나타냅니다. "가지 많은 나무에 바람 잘 날 없다"라는 우리 속담과 본뜻은 흡사한데, 이 속담은 자식을 많이 둔 부모는 걱정을 놓을 날이 없다는 뜻으로 쓰이니 비유하는 내용은 달라 보입니다. "나무는 고요하고자 하나 바람이 그치지 않고, 자식은 봉양하고자 하나 부모는 기다리지 않는다[樹欲靜而風不止 子欲養而親不待(수욕정이풍부지 자욕양이친부대)]." 상황에 따라 서로 다른 의미로 쓰일 수 있는데, 무엇보다 효도를 하는 데에는 때가 있습니다. 흔한 말로 돌아가신 뒤에 후회해야 소용없으니, 살아 계실 때에 잘 모셔야 합니다.

중학	획수	회자	새김	발음
東	8	木日	동녘	동

동(東)은 나무[木] 가지 사이에 해[日]가 걸린 것으로 아침을 나타낸다는 설명을 여러 차례 한 바 있습니다. 방위나 자연 현상을 오행(五行)으로 설명하곤 하는 허신은 『설문』에서 "동(東)은 움직이는 것이다. 목(木)을 따른다. 관부(官溥)는 해[日]가 나무[木] 가운데 있는 것을 따른다고 한다"라고 설명합니다. 이걸 보면 "나뭇가지에 해가 걸렸다"라는 말은 이천 년 이상 된 이야기입니다.

"동(東)은 동(動)이다[움직이는 것이다]"라고 하는 것은 소리가 같은 것으로 뜻을 풀이한 것인데, 이런 것을 성훈(聲訓)이라고 합니다. 단음절어가 많지 않은 우리말로 예를 들기가 쉽지 않습니다만, 예를 들어 "발(foot)은 발(국수 등의 가늘고 긴 물체의 가락)이다"라고 설명하는 식입니다. 그러면 "발(foot)은 발(strand)처럼 몸통에서 뻗어 나온 가늘고 긴 부분이다"라고 생각할 수 있습니다.

영어에서는 국수 가닥을 'strand'라고 하는 듯합니다. 기왕에 면발 이야기가 나왔으니, 아마도 이 책을 읽는 우리 젊은이들 모두 이탈리아 음식인 스파게티를 좋아하지 않을까 합니다. 그런데 이탈리아어로 스파게티(spaghetti)는 복수라고 합니다. 단수는 스파게토(spaghetto)라고 한다네요. 국수 가닥 가운데 구멍이 숭숭 뚫린 것도 있죠. 부카티니(Bucatini)입니다. 만두처럼 소를 넣은 것도 있습니다. 달걀 지진 것처럼 평퍼짐하고 조금 큰 것은 토르텔리니(tortellini), 작고 납작한 네모 모양에 가장자리에는 수를 놓은 듯 장식한 것은 라비올리(ravioli)입니다. 그런데 이들 모두 끝의 'i'를 'o'로 바꾸면 단수가 된다고 합니다. 단수와 복수라는 수의 개념이 그다지 발달하지 않은 우리로 보면 국수 '가닥'을 먹으면 어떻고 '가닥들'을 먹으면 어떤가 하는 생각은 듭니다.

면발이라는 말 때문에 엉뚱한 생각이 떠올랐는데 이런 종류의 면은 『동방견문록』의 저자인 마르코 폴로(Marco Polo, 1254~1324)가 당시 원(元)나라였던 중국에서 가져간 것으로 전해집니다. 지구를 한 바퀴 돌며 모양도 고명도 바뀌어 치장된 것을 지금 우리가 즐기고 있습니다. 고명이 뭐냐고요? 핸드폰은 뒀다 뭐합니까? 한번 찾아보시라니까요! 그게 공부입니다.

다시 본론으로 돌아갑니다. 동(東)의 고문은 자루 안에 뭔가를 넣고 위아래를 동여매 배가 볼록 튀어나온 모양으로 보이기도 합니다. 고문 연구가들은 그래서 동(東)이 등롱

(燈籠)을 뜻하는 롱(籠)의 초기 형태 글자라고 합니다. 우리 결혼식에 보는 청사초롱은 각이 지어 있지만 '대바구니' 롱(籠)은 동그란 공 모양이고, 지금도 중국의 등롱은 둥그렇습니다. 등롱에 불 밝힌 것을 보면 붉게 타오르는 해를 연상하게 돼 동쪽을 나타내게 되었다는 설명입니다.

중학	획수	회자	새김	발음
林	8	木木	수풀	림

회의자입니다. 평지에 나무가 모여 있는 것을 **림(林)**이라고 합니다. 평지가 많지 않은 우리로서는, 그러면 우리나라에는 숲이 없는 것일까 하고 의아하게 생각할지도 모르겠습니다. 중국은 땅이 넓어 상황이 우리와 다릅니다. 평야나 초원 지역에서는 산에 묘를 하나 쓰려고 해도 몇 십 리씩을 가야 하는 곳이 부지기수입니다. 미국 영화에도 보면 마찬가지입니다. 지형의 차이에서 설명이 조금 달라진 것뿐입니다. 물론 나무가 두 그루만 있는 것도 아니고, 그 나무들이 끝없이 이어지면서 펼쳐지는 곳입니다.

임천(林泉)은 숲과 샘, 혹은 숲속의 샘이고, 임야(林野)는 숲과 들입니다.

중학	획수	회자	새김	발음
業	13	丵巾(木)	종 다는 널, 업	업

업(業), 『설문』 내용입니다. "업(業)은 (가자 횡목 상의) 큰 널조각이다. 장식을 해서 종이나 북을 매단다. 들쑥날쑥 늘어선 것이 톱날 같은데 흰색을 칠한다." 가자(架子)는 악기를 달아놓는 틀입니다. 횡목(橫木)은 가로로 댄 나무입니다. 『설문』에서는 '풀 성할' 착(丵)과 '수건' 건(巾)이 결합된 것으로 분석하고 있습니다만, 현재의 자형을 보면 '나무' 목(木)이 결합된 것으로 볼 수도 있겠습니다. 풀이 무성한 것처럼 장식이 많은 널조각[木]이기 때문입니다. 고대에 위아래로 덧대어 책을 싸는 나무인 협판(夾板)을 나타내기도 했고, 거기에서 배우는 내용이나 과정을 나타내기도 하며, 더 나아가 하는 일의 뜻도 갖습니다. 몸과 입과 마음으로 짓는 선악의 소행이라는 뜻으로 쓰기도 하는데, 이것은 산스크리트어 'Karma'를 업(業)으로 한역하면서 생겨난 뜻이 되겠습니다.

업계(業界), 업무(業務), 업적(業績), 업종(業種)은 모두 하는 일이나 직업과 관련된 단어입니다. 선악의 행업으로 말미암은 과보인 업보(業報)나 동작 또는 마음으로 지은 악업에 의한 장애를 나타내는 업장(業障)은 산스크리트어 역어에서 온 뜻을 담고 있습니다.

중학	부수	획수	형자	회자	새김	발음
新	斤	13	辛	辛 木 斤(斧)	새	신

신(新)은 나무를 베는 것이 본뜻입니다. 그래서 '섶' 신(薪)의 본자로 봅니다.

신진대사(新陳代謝)는 생물체가 몸 밖으로부터 섭취한 영양 물질을 몸 안에서 분해하고 합성하여 생체 성분이나 생명 활동에 쓰는 물질이나 에너지를 생성하고 필요하지 않은 물질을 몸 밖으로 내보내는 작용으로 물질대사(物質代謝)라고도 합니다. 이것은 현대적인 해석이고 글자 그대로의 뜻은 새것과 묵은 것이 바뀌는 것입니다. 그 과정에서 우리 몸에 필요한 물질을 흡수하는 것이겠습니다. 한자로 쓸 때 자칫 틀리기 쉬운 단어라서 설명합니다.

중외	부수	획수	회자	새김	발음
休	人	6	人 木	쉴	휴
困	囗	7	囗 木	곤할	곤

휴(休)는 사람[人]이 나무[木] 그늘에 의지해 쉬는 것을 나타냅니다.

곤(困)을 『설문』에서는 "헐어 무너진 집"이라고 합니다. 주석에 "용마루가 꺾이고 서까래가 부러져 그 안이 황폐한 것이다"라고 하는데 선뜻 이해되지 않습니다.

『단주』에 도움이 되는 내용이 있어 소개합니다. "곤(困)은 옛날 집[廬, '오두막집' 려]이다. 려(廬)는 2무(畝) 반으로 한 집이 사는 곳이다. 사는 데에는 반드시 나무가 있어야 하는데, 담 아래에 뽕나무를 심는 것이 그것이다. 그래서 이 글자는 위(囗)와 목(木)을 따른다. 곤(困)이라는 것은 소광이 말하듯 '자손들이 옛집과 밭에 힘을 쏟게 하는 것'이다. 곤(困)의 본뜻은 그만두는 것이다. 인신하여 '극진(極盡)하다'의 뜻이 된다.『논어(論語)』에 '천하의 백성이 곤궁해지면 하늘의 복이 영영 끝난다'고 한다. 이것은 임금의 덕이 온 세상을 가로막는 것을 말하는 것이다. 대략 사방을 덮는다는 것과 같은 뜻이다. 포주(苞注)에서는 '정치를 말하는 데에는 믿음을 중시하면 온 세상을 다 다스릴 수 있고, 하늘이 내리는 복이 오래 간다'고 한다. 곤면(困勉)이나 곤고(困苦)는 모두 극진(極盡)하다는 뜻이다."

　'이랑' 묘, 무(畝)는 면적 단위로 중국에서는 약 667제곱미터를 나타냅니다. 우리가 관습적으로 쓰고 있는 평으로 치면 200평으로 논 한 마지기입니다.『표준』에서는 묘(畝)를 "1묘는 한 단(段)의 10분의 1, 곧 30평으로 약 99.174㎡에 해당한다"라고 설명해 크기가 서로 다릅니다. 마지기는 '볍씨 한 말의 모를 내는 넓이'로 지역에 따라 다르긴 합니다. 대체로 북부 지방에서는 모를 촘촘히 심어 150평가량으로 조금 작고, 중부 지역에서는 200평, 또 남쪽으로는 그보다 더 많은 평수를 가리키기도 합니다.

　곤(困)을 '문지방' 곤(梱)의 본자로 보는 견해도 있습니다. 문지방은 문의 움직임을 제한하기 때문에 '어렵다, 곤하다'의 뜻이 파생되어 나옵니다.

　자소자인 '口'는 부수 이름으로는 흔히 '큰입구'라고 합니다. '에워쌀' 위(圍)의 고자(古字)이기도 하고, '나라' 국(口)의 고자(古字)이기도 한데다 더러 '나라' 국(國)의 약자로 쓰기도 해 '나라' 국으로 새기는 경우가 많습니다. 하지만 한자를 새길 때에는 꼭 '에울' 위로 기억하기 바랍니다. 한자를 선정하는 과정에서 뭐가 잘못되었는지 발음이 '위'로는 올라 있지 않은 경우가 대부분이라서 컴퓨터로 작업을 할 때 불편한 점도 없지 않습니다.

　곤지면행(困知勉行)은 어려움이 닥치면 알려 하고, 힘써 행한다는 뜻입니다. 학업이든 사업이든 힘써 노력해야 뭔가 결실을 거둘 수 있습니다.

중외	부수	획수	회자	새김	발음
相	目	9	木 目	서로	상

　상(相)은 살펴보는 것입니다.『단주』〈전〉에 "나무일을 하는 사람[工師(공사)]은 반드시 나무의 길고 짧음, 휘어지고 반듯함, 음양, 단단하고 부드러움이 쓰기에 적당한지 살펴서 헤아려보아야 한다"라고 합니다.『역경』에는 "지상에 볼 만한 것으로 나무만 한

것이 없다"라고 합니다. 여기에서 용모나 자태 등 사물의 외관을 나타내는 뜻이 생겨나고, 부사로 '서로'의 뜻도 나왔습니다.

格物 023. 조식의 칠보시

조식(曹植, 192~232)은 조조(曹操)의 둘째 아들입니다. 어려서부터 총명하고 글이 뛰어났습니다. 위로 형이 조비(曹丕)인데 동생을 시기하고 미워해 작은 일로 트집을 잡아 죽이려고 했습니다. 그런데 어머니인 변태후가 말리기도 하고 죽일 만한 명분도 부족해서 내세운 것이 일곱 걸음을 떼는 동안 시를 지으라는 칠보시(七步詩)였습니다. 그러면 죽을죄를 벗겨주겠다는 말이었습니다. 한 걸음, 두 걸음…… 조식의 칠보시입니다.

콩을 쪄 국 끓이고, 장 걸러 즙 만들려니
콩대 솥 아래 타고, 솥 안의 콩 울고 있네
본디 한 뿌리에서 난 걸, 달이기를 어찌 이리 서두르는고

원문입니다.

煮豆持作羹 漉豉以爲汁(자두지작갱 녹시이위즙)
其在釜底燃 豆在釜中泣(기재부저연 두재부중읍)
本是同根生 相煎何太急(본시동근생 상전하태급)

형인 조비는 가책을 느끼지 않을 수 없었고 이로써 조식은 일단 죽음은 면했습니다. 하지만 조비의 경계심과 미워하는 마음은 끊어지지 않았고, 조식은 결국 젊은 나이에 울화병으로 죽습니다.

이 고사에서 나온 것이 상전하급(相煎何急)입니다. 시 가운데 "달이기를 어찌 이리 서두르는고[相煎何太急]"에서 따온 것으로 형제간이나 집단의 내부에서 서로 핍박하거나 죽이는 것을 이릅니다.

증외	부수	획수	회자	새김	발음
乘	ノ	10	大舛木	탈	승

승(乘)은 올라타는 것입니다. 자세한 내용은 해당 부수에서 확인하기 바랍니다. 자형을 보면 사람[大]이 두 발을 벌리고[舛] 나무[木]에 오른 모양을 그린 글자입니다.

자소자는 '홰' 걸(桀)입니다. 홰[桀]는 나무[木] 위에서 두 발을 벌린 모양[舛]으로, 닭장 안에 닭이 앉을 수 있도록 가로질러 놓은 나무막대입니다.『설문』에서는 '들' 입(入)과 '홰' 걸(桀)이 결합된 것으로 설명하는데, '홰에 오르다' 정도로 풀 수 있으니 뜻은 마찬가지입니다.

증외	부수	획수	회자	새김	발음
集	隹	12	隹木	모을	집

집(集)은 나무[木] 위에 새[隹]가 앉아 있는 형상입니다. 본래는 세 마리가 앉아 있는 형상[雧]이라고 했습니다. 궁금하면 해당 부수를 찾아보면 됩니다.

집사광익(集思廣益)은 생각을 모아 이로운 점을 더 확대한다는 뜻으로 한 사람이 생각을 집중하는 것을 가리키는 것이 아니라 여러 사람의 생각과 지혜를 모으는 것을 말합니다. 그로써 더 좋은 효과를 거두는 것입니다. 제갈량의 말입니다. 요즈음 더러 듣는 말이 집단지성(集團知性, Collective Intelligence)인데, 그러고 보면 동양에서는 거의 2천 년 전쯤에 그것을 활용할 줄 아는 지혜가 있었습니다. 집단지성은 개미 연구에서 나온 말입니다.

증외	부수	획수	회자	새김	발음
閑	門	12	門木	한가할	한

한(閑)은 대문 아래에 덧대어 아이들이나 동물들이 집 안으로 함부로 들어오는 것을 막는 가로목으로 일종의 난간입니다. 한자로는 책란(柵欄)이라고 하는데 선뜻 이해되

지 않으면 요즈음 건물 내 공간을 분할할 때 많이 쓰는 칸막이를 생각하면 됩니다. 똑같은 사물입니다만 우리는 '막는다'는 점에 치중하고, 한자 책란은 명칭이고 영어로는 디바이더(divider)이니 '분할하다'라는 점에 중점을 두는 것 같아 사고방식의 한 면이 보이는 듯하기도 합니다. 어쨌든 다른 사람들이 들어오지 못하니 '비어 있다, 한가하다'라는 의미를 띠게 됩니다.

한언쇄어(閑言碎語)라는 말이 있습니다. 한언(閑言)은 한담(閑談)과 같은 의미로 한가할 때 나누는 이야기이고 쇄어(碎語)는 부스러진 말이니 자질구레한 말입니다. 두 단어가 합쳐져 뒷전에서 해대는 불만스러운 말을 가리킵니다. 이러쿵저러쿵 구시렁대는 것입니다.

고교	획수	형자	새김	발음
板	8	反	널	판
架	9	加	시렁	가

판(板)은 『설문』에 '조각' 편(片)을 쓰는 글자(版)로 올라 있습니다. 쪼개거나 가른 나무, 즉 널빤지입니다. 뜻이 확대되어 널찍하게 평면을 이루는 것을 가리키기도 합니다. 검은색이나 녹색 칠을 한 칠판(漆板) 등의 단어에 쓰입니다.

시렁은 물건을 얹어놓기 위하여 방이나 마루 벽에 두 개의 긴 나무를 가로질러 선반처럼 만든 것입니다. 보통 양쪽에 힘을 받도록 까치발을 댑니다. 요즘 말로 하면 수납공간을 더 확보하기 위한 장치입니다. **가(架)**는 '부축하다, 지탱하다'라는 뜻도 갖습니다. 시렁의 한자어는 가자(架子)인데 편종이나 편경 같은 악기를 달아놓는 틀을 말하기도 합니다.

고교	획수	형자	새김	발음
桂	10	圭	계수나무	계

계(桂)는 나무 이름입니다. "강남에서 나는 나무로 모든 약재 가운데 으뜸이다"라

고 합니다. 계수나무 껍질은 약재로 계피(桂皮)라고 합니다.『설문해자금석(說文解字今釋)』에서는 "당나라 이후에 계화(桂花)라는 이름이 처음 생겼다. 그 껍질은 얇은데 맵지 않고, 자극적이지 않아 약재에 들어간다. 당(唐) 이전의 계(桂)라고 하는 것은 전혀 다른 것이다"라고 기술하고 있습니다. 약재뿐이 아닙니다. 향신료로 쓰임 또한 적지 않습니다. 우리의 전통 음료인 수정과는 생강과 계피로 그 맛을 냅니다. 영어로는 시너먼 (cinnamon)으로 빵에 맛을 내는 데에도 쓰입니다. 월계수를 가리키고, 달에 계수나무가 있다고 해 달에 있다는 궁전 즉, 월궁(月宮)을 가리키기도 합니다.

중국 전설에서 월궁의 주인은 상아(嫦娥)라는 여인입니다. 남편의 불사약을 훔쳐 먹고 달나라로 도망가 광한궁(廣寒宮)에 산다고 합니다. 상아의 본명은 항아(姮娥)인데 한나라 문제(文帝)의 이름이 유항(劉恒)이라서 그 발음을 피해[忌諱(기휘)] 상아가 되었습니다. 이 이야기는 판본에 따라 내용이 조금씩 다릅니다.

상아의 남편은 활을 잘 쏘는 후예(后羿)입니다. 옛날에 태양이 열 개 있어 이들이 모두 한꺼번에 뜨면 백성들이 뜨거워 살 수가 없었는데 그가 아홉 개의 태양을 쏘아 떨어뜨렸다는 신화[后羿射日(후예사일)]가 전해집니다. 중국이 달 탐사 위성에 상아라는 이름을 붙인 것은 분명 이런 유래 때문이겠습니다. 중국어 발음은 창어(cháng é)인데, 중국 뉴스에서 더러 들을 수 있습니다.

계림일지(桂林一枝)는 계수나무 숲의 가지 하나라는 뜻으로 본래는 자신의 재능을 겸손하게 이르는 말이었습니다. 현재는 사람됨이 출중하면서도 청빈하고 겸손함을 이르는 데에 씁니다.

홀은 벼슬아치가 임금을 만날 때에 손에 쥐던 물건으로 상아나 나무로 만들었습니다. 위는 둥그렇고 아래는 각이 져 있습니다. '홀' 규(圭)는 기초한자 범위 밖입니다만, 옛날의 문물이나 제도를 알 수 있는 글자이기 때문에 상세히 설명하도록 하겠습니다.『설문』입니다. "규(圭)는 증거로 삼는 옥이다. 위는 둥그렇고 아래는 네모나다. 공작은 기둥 모양 두 개를 새긴 규를 쥐는데 길이는 아홉 치이다. 후작은 몸을 편 형상을 새긴 규를 쥐고, 백작은 몸을 굽힌 모양을 새긴 규를 쥐는데 길이는 모두 일곱 치이다. 자작은 곡식 모양을 새긴 벽(璧)으로 된 규를 쥐고, 남작은 부들 모양을 새긴 벽으로 된 규를 쥐는데 직경은 모두 다섯 치이다. 천자가 제후를 봉하면서 준다. 토(土) 자를 두 개 겹친 회의(자)이다. 초나라의 작위에는 규(圭)를 쥐는 데에 이런 등급이 있었다." 신표이기도 하고, 동시에 엄격한 기준이 있었음을 알 수 있습니다. 벽(璧)은 원반 모양으로 가운데 구멍이 뚫린 옥을 가리킵니다만, 여기에서는 옥의 한 종류입니다.

고교	획수	형자	새김	발음
桃	10	兆	복숭아	도

도(桃)는 복숭아나무입니다. 복사나무로 만든 부적[桃符(도부)]을 가리키기도 합니다. 복숭아나무로 부적을 만드는 데에는 유래가 있습니다. 중국 전설에 동해에 도삭산(度朔山)이 있는데 그 산꼭대기에 큰 복사나무가 있습니다. 그 가지 사이 동북쪽의 귀문(鬼門)에는 온갖 귀신이 드나듭니다. 그 위에 신서(神荼), 욱루(郁壘)라는 두 신선이 있어 모든 귀신을 관장합니다. 나쁜 귀신이 오면 갈대 새끼로 묶어 호랑이에게 먹입니다. 그래서 문에 신서, 욱루와 호랑이를 그려 붙입니다. 후에 이 두 신선은 문을 지키는 신[門神]이 되었습니다. 이어 사람들이 이 두 문의 신을 복숭아 널빤지에 그려 귀신을 쫓는 부적으로 삼는 데에서 도부(桃符)가 나오게 되었다고 합니다. 우리 민속에도 복숭아나무는 귀신을 쫓는다고 하는데 연관성이 있어 보입니다.

도인(桃仁)은 약재로서 복숭아씨를 말합니다. 이처럼 '어질' 인(仁)은 나무 이름과 결합해 씨를 나타내기도 하는데, 행인(杏仁)은 한방에서 살구씨를 이르는 이름입니다. 색감에서 나온 듯합니다만 도색(桃色)이라는 말처럼 남녀 사이의 색정적인 일을 나타내기도 합니다. 도원경(桃源境)은 이 세상이 아닌 무릉도원처럼 아름다운 경지를 가리키는 말로 이상향을 나타내기도 합니다. 우리나라의 오복동(五福洞), 히말라야에 있다는 샹그릴라(Shangri-La), 영어의 유토피아(Utopia)는 대표적인 이상향입니다. 샹그릴라는 티벳어에서 온 것으로 추정하는데, '샹 산 고개(Shang Mountain Pass)'라는 뜻이라고 합니다. 중국 측에서도 샹그릴라는 티벳어에서 왔다고 하는데 '마음속의 해와 달'이라는 뜻이라고 해 설명이 조금 다릅니다. '香格里拉'로 쓰는데, 병음은 샹거릴라(xiānggélǐlā)로 성조를 붙이면 실제 발음은 영어와 흡사합니다. 아예 샹그릴라(Shangri-la)로 쓰는 경우도 많습니다. 운남 장족 자치구에 속해 있는데 세계자연유산으로 정해질 정도로 경관이 아름다운 곳입니다. 삼강병류(三江幷流)라고 해서 금사강(金沙江), 난창강(瀾滄江), 노강(怒江) 유역입니다. 아무래도 지명은 영국 작가 제임스 힐턴(James Hilton, 1900~1954)의 『잃어버린 지평선(Lost Horizon)』을 통해 샹그릴라라는 이상향이 유명해진 뒤에 관광객 유치 등을 겸해 붙인 것이 아닌가 싶은데, 확인하기는 어렵습니다. 어쨌든 중국 운남의 샹그릴라는 이상향과 연관시킨 관광 상품 개발로 찾는 사람들이 적지 않습니다. 통계로는 중국에서 두 번째로 인기가 있는 곳이라고도 합니다.

고교	획수	형자	새김	발음
核	10	亥	씨	핵

『설문』에서는 "**핵(核)**은 오랑캐들이 나무껍질로 만든 상자로 거울 갑이나 관상(冠箱, 모자 보관함)처럼 생겼다"라고 합니다. 『단주』에서는 "이제 이 글자는 과일의 가운데를 가리켜 핵(核)이라 하며 본뜻은 쓰지 않는다"라고 합니다. 달리, 이 글자는 (어떤 나무인지는 나와 있지 않지만) 껍질로 상자를 만들 수 있는 나무를 가리킨다고도 합니다. 인신하여 '씨'를 가리키게 되었으며 거기에서 '물체의 중심'을 가리키게도 되었습니다.

핵과(核果)는 복숭아, 살구 등처럼 단단한 씨가 들어 있고 즙이 많은 과일입니다. 핵심(核心)은 물론 사물의 가장 중심이 되는 부분입니다. 그런데 중국에서는 이 말이 모택동(毛澤東, 1893~1976)에게서 나왔다고 설명하고 있습니다[Baidu百科]. 하지만 일본 사전에 1908년에 이미 핵심(核心)이라는 말을 사용한 문장이 나오니 중국의 설명은 희망사항이거나 확인 및 연구가 미진한 결과가 아닐까 합니다.

고교	획수	형자	새김	발음
梨	11	利	배	리

리(梨)는 배나무 또는 배나무의 과실을 가리킵니다. 한국 최초의 여학교이죠. 이화학당의 이화(梨花)가 배꽃인데 고종 황제가 내려준 이름으로 되어 있습니다.

이원제자(梨園弟子)라는 말이 있습니다. 『표준』에서는 "기생 학교의 학생"이라고 설명하고 있습니다. 이 말은 풍류를 즐겼던 당나라 현종과 관련이 있습니다. 당시 가무를 가르치는 곳을 이원(梨園)이라 했고, 이원제자는 요즈음 말로 한다면 궁중예술단원이나 궁중가무단원입니다. 나중에는 연예인을 가리키게 되었습니다. 현종과 관련된 말이 또 있습니다. 말을 알아듣는 꽃이라는 뜻의 해어화(解語花)인데 본래는 현종이 양귀비를 가리키는 명칭이었다고 합니다. 이것도 현재는 기생을 가리키는 말입니다.

고교	획수	형자	새김	발음
楊	13	昜	버들	양

『본초강목(本草綱目)』에서 "**양(楊)**은 가지가 단단하고 위로 올라가기 때문에 양(楊)이라 하며, 류(柳)는 가지가 약하고 늘어지기 때문에 류(柳)라 한다"라고 설명합니다. 더 자세한 것은 '버들' 류(柳) 조항을 참고하면 됩니다.

자소자 '볕' 양(昜)에 대한 설명은 '오를' 양(揚)에 있는데 자소자로 쓰인 것을 다시 한 번 더 복습합니다. 손[手]으로 '오를' 양(揚), 언덕[阜]에는 '볕'날 양(陽), 나무[木]로는 '버들' 양(楊), 땅[土]에 붙어 '마당' 장(場), 살[肉] 속에는 '창자' 장(腸), 마음을 펴니[申] '화창할' 창(暢), 물[水]을 넣어 '끓을' 탕(湯) 등입니다.

양지(楊枝)는 버들가지입니다만 냇버들 가지로 만든 이쑤시개를 뜻하기도 합니다. 더러 요지라는 말을 듣기도 하는데, 이것은 양지의 일본어 발음[楊枝, ようじ]입니다. 그야말로 옛날의 칫솔이라고 할 수도 있겠는데 본래 인도에서 중국을 통해 들어왔다는 설명도 있습니다.

고교	획수	형자	새김	발음
槪	15	旣	대개	개

개(槪)의『설문』자형은 지금과 모양이 조금 다릅니다[槩]. 지금 방(旁)에 쓰는 '이미' 기(旣)가 머리에 있습니다. '평미레'가 본뜻입니다. 생소한 단어가 아닐까 싶은데 말이나 되로 곡식을 잴 때 가득 담은 뒤 위로 올라온 부분을 밀어 평평하게 하는 방망이 모양의 기구입니다. 곡식이나 소금 등의 품질을 확인할 때 쓰는 것도 있습니다. '색대' 또는 '간색대'라고 하는데 대나무 한쪽을 비스듬히 깎거나 쇠로 그런 모양을 만들어 가마니에 찔러 넣어 조금 꺼낸 뒤 품질을 확인합니다. 개(槪)는 인신하여 '대개, 개략적으로'라는 뜻을 나타냅니다.

개념(槪念)은 그야말로 공부의 성패가 달려 있는 단어입니다. 개념을 제대로 이해하는 것이 공부 방법입니다. 개념은 어떤 사물이나 현상에 대한 일반적인 지식을 가리키기도 하고, 철학에서는 여러 관념 속에서 공통된 요소를 뽑아내어 종합하여서 얻은 하나의 보편적인 관념을 이릅니다. 여기서 공통된 요소를 뽑아내는 것은 추상(抽象)입니다. 사물을 볼 때 무엇이 같은지, 다른지 그런 요소들을 뽑아 보편적인, 그러니까 특수한 경우만이 아니라 두루 적용되는 일반 원리나 원칙 등을 만들어 가는 것입니다.

고교	획수	형자	새김	발음
模	15	莫	본뜰	모

모(模)는 법도와 양식을 아울러 이르는 말입니다. 주석에 도움이 될 만한 설명이 있습니다. 표준이나 기준으로 삼을 만한 것으로 "물은 법(法)이라 하고, 나무는 거푸집널[模, '본' 모]이라 하며, 흙으로는 틀[型]이고, 쇠로는 거푸집[鎔, '녹일, 거푸집' 용], 대나무는 골[笵, '법, 틀' 범]이라 한다"라는 내용입니다. 용도는 같지만 소재에 따라 말을 구별해 쓴다는 것을 알 수 있습니다. '골'은 모양을 잡거나 뒤틀린 모양을 바로잡는 데 쓰는 틀입니다. 소재가 무엇이든 틀을 만들어놓으면 그게 기준이 될 수 있고, 규격이 같은 것을 만들 수 있습니다.

모방(模倣)은 다른 것을 본뜨거나 본받는 것이고, 본보기는 모범(模範), 베껴 쓰거나 원본을 본떠서 똑같이 그리는 것은 모사(模寫), 실제의 것을 흉내 내어 그대로 해보는 것은 모의(模擬)입니다. 모의고사(模擬考査)는 실제 시험을 본뜬 그야말로 실전대비 시험입니다. 본떠서 만드는 것은 모조(模造)입니다. 모방은 학습 과정일 수 있는데, 모조는 뭔가를 만드는 것이라서 원작을 허가 없이 영리를 목적으로 만들거나 파는 경우 자칫 범죄가 될 수도 있습니다.

고교	획수	형자	새김	발음
樣	15	羕	모양/상수리	양/상

양(樣)은 상수리가 본뜻으로 '상'으로 읽습니다만, 기초한자에서는 '모양' 양으로만 익히면 됩니다. 『정자통(正字通)』이라는 책에는 "상(橡)은 상(樣)과 같은 글자이다. 상수리[櫟] 나무의 한 종류이다. 열매를 맺는 것을 허(栩)라 하고, 이 열매는 상(橡)이라 한다[橡同樣 櫟木一種 結實子名栩 基實爲橡]"라고 합니다. 일정한 모양이나 형식은 양식

(樣式)이고, 얼굴 생긴 모양은 양자(樣子)라고 하는데, 이 말은 쓰임은 아주 적습니다만 중국어에서는 모양이나 추세의 뜻을 나타내며 우리말에서보다는 쓰임이 훨씬 더 넓습니다.

어쨌든 이것을 근거로 본다면 상(樣, 橡)은 나무의 한 종류이고, 그 가운데 열매가 열리는 것[나무]은 허(栩)라 하고, 열매 자체[상수리]는 상(橡)이라고 하는 것이 됩니다. 상수리나무를 참나무라고도 하는데, 비슷하게 생긴 열매를 맺는 나무로 갈참나무, 졸참나무 등등 참나무라고 이름을 붙인 것이 많은데 그 열매는 모두 도토리라고 합니다. 상수리는 조금 크고 구형에 가까우며, 도토리는 조금 작고 약간 길쭉해 모양이 다릅니다. 상수리나무는 키가 큰 교목(喬木)이고, 도토리가 열리는 나무는 키가 작은 관목(灌木)입니다. 관목은 현재 '떨기나무'로 순화했는데, 여전히 관목이란 말이 많이 쓰이는 듯합니다.

그런 나무 모두를 통틀어 이르는 말은 력(櫟)이고, 그 아래 나무별로 나누었을 때 상수리, 갈참나무, 졸참나무가 되겠습니다. 생물학적 분류를 이용해 설명하면 참나무과의 나무를 력(櫟)이라 하고 그 아래 속(屬)에서 서로 나누었을 때 열매를 맺지 않는 상(橡, 樣)이나 열매를 맺는 허(栩)로 나뉘고, 그 열매 또한 상(橡, 樣)이라는 얘기가 되겠습니다. 우리 자전을 보면 력(櫟), 상(橡), 허(栩)가 모두 상수리나무로 설명되어 있어 도대체 어떻게 다른지 궁금해 살펴보았습니다만, 도움이 되었는지 모르겠습니다. 중요한 내용은 아니니 그냥 한 번 읽고 지나치면 됩니다.

자소자인 양(羕)은 '물' 수(水)와 '양' 양(羊)이 결합된 글자로 '물의 흐름이 길다'는 뜻입니다. '물 길' 양으로 새깁니다만, 독립된 글자로 사용되는 경우는 없고, 다른 글자의 자소자로 쓰입니다.

格物 024. 생물학적 분류(分類)

'계문강목과속종(界門綱目科屬種)'은 생물 분류에 쓰이는 용어로 스웨덴의 식물학자 칼 폰 린네(Carl von Linné, 1707~1778)가 제안한 것입니다. 그 뒤 여기에 '생물(life)'과 우리말로 역(域)이나 계(界) 정도로 옮길 'Domain', 이 두 가지가 더해졌는데, 워낙 뻔한 내용이기도 하고 용어도 중첩되는 면이 있어 잘 쓰지 않는 듯합니다.

참고로 사람은 "동물계 〉 척삭동물문(척추동물아문) 〉 포유강(포유류) 〉 영장목 〉 유인원과 〉 호모(homo) 속 〉 사피언스(sapiens) 종(아종명 사피언스)"입니다.

고교	획수	형자	새김	발음
橫	16	黃	가로	횡

횡(橫)을 『설문』에서 "문을 막는 나무"라고 합니다. 요즈음 차의 진입을 막는다든지 그런데 쓰는 차단봉 정도가 아닐까 합니다. 왕래 자체를 완전히 차단하는 것보다 일단 격리시키는 역할을 해 집의 보안을 높이기 때문입니다. 남북으로 향한 것은 종(縱)인데 횡(橫)은 동서나 좌우로 향한 것을 가리킵니다. 그래서 종횡(縱橫)은 세로와 가로를 아울러 이릅니다. 한걸음 더 나아가 이리저리 마구 다니는 것을 가리키기도 합니다.

횡단(橫斷)은 가로지르는 것입니다만, 글자 그대로 가로로 끊거나 자르는 것을 가리키기도 합니다. 뜻밖에 당하는 재앙은 횡재(橫災)인데, 동음이의어 횡재(橫財)는 뜻밖에 얻는 재물입니다. 횡재(橫災)는 피하고, 횡재(橫材)를 하고 싶은 것은 인지상정입니다.

고교	획수	형자	새김	발음
檢	17	僉	검사할, 봉할	검

'검사할, 봉할' 검(檢)은 옛날에 편지를 보내는 데에 쓰인 말입니다. 우선 편지를 쓰고 나무 상자 등에 넣습니다. 그 위에 제첨(題簽)이라 하여, 함부로 개봉하는 일이 없도록 간단한 글을 써 넣기도 합니다. 제첨은 표지에 직접 쓰지 않고 다른 종이쪽지에 써서 앞 표지에 붙인 외제(外題)로 한적(漢籍)에서 많이 볼 수 있습니다. 인장을 찍어서 개봉을 막는 것과 같습니다. 제첨은 책에서도 쓰이는데, 여기에서 '제한하다, 검사하다' 등의 뜻이 인신되어 나왔습니다.

자소자 '다' 첨(僉)은 '모일' 집(亼) 아래 사람이 두 명이 있는 형상입니다. 둘은 많다는 것을 상징적으로 나타내어 '다'의 뜻을 나타냅니다. 기초한자에도 첨(僉) 자가 자소로 들어 있는 글자가 많습니다. 사람인변[亻]의 '검소할' 검(儉), 칼도방[刂]의 '칼' 검(劍), 몽둥이[木] 들고 '조사할' 검(檢), 언덕[阝, 阜]에 오르다 보니 '험할' 험(險), 말[馬]을 타고 '시험할' 험(驗)이 있습니다.

범죄 용의자를 일시적으로 억류하는 것은 검거(檢擧)이고, 사실이나 일의 상태 또는 물질의 구성 성분 따위를 조사하여 옳고 그름과 낫고 못함을 판단하는 일은 검사(檢査)입니다. 동음이의어 검사(檢事)는 공소를 제기하며 재판을 진행하는 사법관입니다. 검사(檢事)에 자칫 '선비' 사(士)를 쓰기 쉬운데, '일' 사(事)를 쓴다는 점에 유의하기 바랍니다. 이것은 그런 일을 맡는 사람보다 그 일 자체에 비중을 두었기 때문으로 판단됩니다. 옛날에 책은 선장(線裝)이라고 해서 실로 묶었습니다. 책의 제목은 다른 종이나 비단에 써서 표지에 붙였는데, 그것이 바로 제첨입니다.

고교	획수	형자	새김	발음
檀	17	亶	박달나무	단

단군 신화에서 신단수(神檀樹)는 환웅이 처음 하늘에서 그 밑으로 내려왔다는 신성한 나무입니다. 『표준』에는 '제단' 단(壇)을 쓰는 신단수(神壇樹)로 실려 있는데, 이것은 승 일연(1206~1289)의 『삼국유사(三國遺事)』에 따른 것입니다. '박달나무' 단(檀)을 쓰는 것은 이승휴의 『제왕운기(帝王韻紀)』에 따른 것으로 현재 학계의 다수설은 『제왕운기』에 나온 신단수(神檀樹)인 것으로 압니다.

박달나무입니다. 한자어로는 단목(檀木)이라고 합니다. 현대 중국 측 자료를 보면 단(檀)을 청단(青檀), 단향(檀香), 자단(紫檀)의 세 가지로 분류합니다. 이 가운데 청단만 낙엽 교목이고, 단향과 자단은 상록 교목으로 아열대 지역이 서식지라는 사실을 고려하면, 박달나무는 청단(青檀)인 것으로 보입니다. 자단은 아주 고급 가구재인데, 그동안 벌채를 많이 해서 구하기가 어려운 목재입니다.

『표준』에 단가(檀家)가 표제어로 올라 있고 "절에 시주하는 사람의 집"이라고 설명합니다. 단월(檀越)은 시주이고, 단나(檀那)는 시주나 보시의 뜻이라고 되어 있습니다. 이 말은 보시를 뜻하는 산스크리트어 '다나(dāna)'와 보시를 행하는 사람 즉, 시주를 뜻하는 '다나파티(danapati)'를 음역한 것으로 '박달나무' 단(檀)과 의미상 연관성은 없는 단어들이겠습니다.

일본에서는 에도 막부(江戶幕府, 1603~1865)가 종교를 제약하면서 사찰에서 상례(喪禮)를 맡고, 신도들은 시주를 하는 제도가 정착했는데 이를 '단가제도(檀家制度)'라 합니다. 이를 보면 단순히 믿는 사람으로 사찰에 가서 시주를 하는 정도가 아니고, 서로 이해관계를 바탕으로 맺어진 관계라는 것을 확인할 수 있습니다. 물론 우리도 불교를 믿는 분들은 사찰에 가서 사십구일재나 천도재를 올리기도 합니다만, 일본처럼 제도로까지 정립된 것 같지는 않습니다. 일본은 아직도 이런 전통이 짙습니다.

자소자 단(亶)은 '곳집' 름(㐭)과 '아침' 단(旦)으로 이루어진 글자입니다. 여기서 곳집은 곡식 창고이고 단(旦)은 소리를 나타냅니다. '미쁨' 단으로 새기는데, 미쁨은 믿음직하게 여기는 마음입니다. 우리 속담에 "광(쌀독/곳간)에서 인심난다"라고 합니다. "먹고 사는 데 지장이 없어야 예절을 안다[衣食足而知禮節]"라는 말도 있습니다. 경제적으로 어느 정도 안정이 되어야 다른 사람에 대한 배려를 할 수 있다는 현실적인 이야기겠습니다. 이 글자는 제사 지내는 터를 뜻하는 '단' 단(壇)과 '박달나무' 단(檀)에서 볼 수 있습니다.

格物 025. 백단(白檀), 자단(紫檀), 흑단(黑檀)

단(檀) 자가 들어간 나무는 우리나라에서 나지는 않지만 아주 귀하고 비싼 나무들입니다. 우선 백단은 백단향(白檀香)의 향료에 쓰입니다. 자단(紫檀)은 5년에 나이테가 하나 생기는데 최소한 800년 이상은 돼야 목재로 쓸 만하다고 합니다. 비중이 물과 비슷해 뜨는 것도 있고 가라앉는 것도 있습니다.

중국에는 "자단(紫檀) 한 치에 금이 한 푼 [一寸紫檀一寸金]"이라는 말이 있습니다. 여기 '일촌금(一寸金)'에 대해서는 그냥 아주 비싸다는 것을 상징적으로 나타내는 것이라는 설명에서부터 입방(立方) 한 치[寸]의 금이라는 주장도 있습니다.

치는 서주 시대에는 2.31cm였다고 하고, 미터법 채용 이전에 쓴 중국의 재래식 계량 단위에서는 석 자가 1m라서 3.33cm가 되는 등 변화가 많은 단위입니다. 도대체 어느 정도나 되는지 어림셈으로 2.5cm 입방으로 계산하면 15.625㎤이 나옵니다. 금은 비중은 19.32이니 약 300g이 됩니다. g당 4만 원만 쳐도 1,200만 원이라는 계산이 나옵니다. 물론 여기서는 비싸다는 얘기를 강조해 표현이 그렇게 된 것이라 믿습니다. 재미삼아 해본 것이지만 자단이 얼마나 귀하고 비싼 나무인지는 충분히 알았으리라 믿습니다.

고교	획수	형자	회자	새김	발음
枕	8	冘	木冘	베개	침

'베개' **침(枕)**입니다. 먼저 '머뭇거릴' 유(冘)를 살펴보겠습니다. 이 글자는 '멀' 경(冂)에 '사람' 인(人)이 결합된 것입니다. 먼 길을 가야 하는데 목적이 명확하지 않습니다. 가야 하는지 말아야 하는지 망설이고 머뭇거리는 것입니다. '베개' 침(枕), '잠길' 침(沈)에서 볼 수 있습니다.

선로 아래에 까는 나무나 콘크리트로 된 토막은 침목(枕木)입니다. 침과상담(枕戈嘗膽)이라는 성어가 있습니다. 왠지 낯익은 느낌이 들지 않습니까? 창을 베고 자고 쓴 쓸개를 맛본다는 뜻인데, 그렇습니다. 와신상담(臥薪嘗膽)과 뒷부분이 같습니다. 의미도 비슷합니다. 원수를 갚기 위해 발분하는 것입니다.

고교	획수	형자	새김	발음
査	9	且	조사할, 사실할	사

'사실(査實)하다'는 좀 낯설지 모르겠습니다. '사실을 조사하여 알아보다'는 뜻입니다. '조사할' **사(査)**는 『설문』에는 사(柤)로 올라 있습니다. 나무 난간이라고 합니다. 그래서 '막다'라는 뜻을 갖습니다. 앞에서 한(閑)의 본뜻이 문에 덧대는 나무로 난간이라고 설명했는데, 사(査)는 특별히 문과 연결되지는 않습니다. 난간에서는 '막고 살피다'는 뜻이 나옵니다. 달리, 베어낸 뒤 남은 나무의 밑동 즉, '등걸'이 본뜻이라고도 합니다. 그래서 '나머지, 찌꺼기'를 뜻하고, 말이 들어오지 못하도록 막거나, 물을 막는 '울짱'을 나타내게 되었습니다.

사정(査定)은 조사하거나 심사해 결정하는 것입니다. 동음이의어 사정(事情)은 어떤 일의 형편이나 까닭을 남에게 말하고 무엇을 간청한다는 뜻입니다.

고교	획수	형자	회자	새김	발음
枯	9	古	木古	마를	고

고(枯)를 『설문』에서는 '마르다'라는 설명 외에 '나무의 한 종류'라고도 합니다. 식물이 수분을 잃어 시들고 마르는 것입니다. 최근에는 백 년 이상 된 노목을 가리킨다고도 합니다.

물이 말라 없어지는 것은 고갈(枯渴)인데 물자, 소재, 인력 따위가 다하여 없어지는 데에 많이 씁니다. 말라 죽은 나무는 고목(枯木), 오래된 나무도 고목(古木), 키가 큰 나무도 고목(高木)입니다. 고목생화(枯木生花)는 말라 죽은 나무에서 꽃이 핀다는 뜻으로 곤궁한 처지에 빠졌던 사람이 행운을 만나서 잘됨을 비유적으로 이르는 말인데, 늘그막에 아기를 낳거나 대가 끊길 지경에 대를 이을 아들을 낳는 것을 말하기도 합니다.

格物 026. 식물의 흡수, 삼투압(滲透壓, osmotic pressure)

세계에서 가장 큰 나무는 미국 삼나무(redwood)로 알려져 있습니다. 캘리포니아 레드우드 국립공원에 있는 히페리온(Hyperion)이 세계에서 가장 높은 나무로 알려져 있는데 2006년에 수고(樹高)가 115.7m인 것으로 밝혀졌습니다.

히페리온은 그리스 신화에 나오는 몸집이 큰 신으로 태양신인 헬리오스(Helios), 달의 여신인 셀레네(Selene), 새벽의 여신인 에오스(Eos)의 아버지입니다. 갑자기 신화를 얘기하는 것은 이 신들의 이름이 영어의 어원이 되기 때문입니다. 'heli(o)'는 태양을 가리켜서 헬리콥터(helicopter)에서 볼 수 있습니다. 전문 용어이긴 하지만 'seleno'도 그렇습니다. 에오스는 바람둥이 여신인데 여러 사람과 바람을 피워 남풍, 서풍, 미풍 등등 각종 바람을 낳습니다. 시간 여유가 있을 때에는 꼭 한번 그리스·로마 신화를 펼쳐보기 바랍니다.

식물은 삼투압을 이용해 수분을 가지 끝까지 밀어 올리는 것으로 알려져 있습니다. 삼투는 농도 차에 의한 확산입니다. 액체의 농도가 진한 쪽에서 옅은 쪽으로 이동해 나중에 균일한 농도를 이루게 되는 것입니다. 삼투압으로 올라갈 수 있는 최고 높이는 140m라는 생물학 쪽의 연구 결과를 본 적이 있는데 이 수치를 믿는다면 캘리포니아의 히페리온은 앞으로도 한 20m 이상은 더 클 수도 있겠습니다.

네? 거기 학생 뭐라고 했습니까? 네, 맞습니다. 이 시간은 한자 공부 시간입니다. 여러분이 여러 분야에 관심을 가졌으면 하는 바람에 쓸데없이 이런저런 이야기도 하게 됩니다. 얼른 본론으로 돌아갑시다.

고교	획수	형자	회자	새김	발음
柱	9	主	木 主	기둥	주
格	10	各	木 各	격식/가지, 그칠	격/각

주(柱)는 기둥입니다. 건물의 하중을 받쳐주는 수직 구조물인데, 나무[木]로 되어 건물의 주(主)가 되는 요소입니다. 기둥으로 새기는 글자에 영(楹)이 있어 어떻게 서로 다른지 헷갈립니다. 『설문』의 영(楹) 조항에는 "노나라 환공의 사당 기둥에 붉은 칠을 했다"라고 나옵니다. 영(楹)을 막연히 둥그렇고 큰 기둥이라고 하는데, 물론 크기도 하지만 건물의 앞부분에 세우는 기둥을 이릅니다. 붉은색 칠을 하는 것은 주칠(朱漆)이라고 하는데, 옛날에는 일종의 사치 금지법이라고 할까 민가에서는 함부로 주칠을 할 수 없었습니다. 사찰에만 주칠이 허용돼 전통 건물 가운데에는 궁전과 사찰이 붉은색을 띱니다.

기둥 밑에 대는 돌은 주초(柱礎)인데, 비유적으로 일의 바탕을 뜻합니다.

격(格)은 나무가 긴 모양이라고 설명합니다. 고문 연구에서는 나무의 가지가 서로 맞닿아 부딪히는 모양을 나타낸다고 합니다. 그물을 치는 데에 쓰는 울짱이나 물건을 올려놓는 시렁의 뜻으로도 쓰고 여기서 다시 인신되어 규칙이나 표준, 법률을 나타내게 되고, '바로잡다'라는 의미도 갖게 되었습니다.

격에 맞는 일정한 방식은 격식(格式)이고, 사람의 품격과 취향은 격조(格調)라고 합니다. 본서의 코너 이름에 붙인 격물(格物)은 사물의 이치를 연구하여 끝까지 따지고 파고들어 궁극에 도달함을 이릅니다.

고교	획수	형자	회자	새김	발음
株	10	朱	木 朱	그루	주
械	11	戒	木 戒	기계	계

앞의 근(根)에서 설명한 바와 같이 땅속에 들어간 부분은 뿌리[根]이고, 땅 위에 있는 부분은 **주(株)**입니다. '그루' 주로 새깁니다. 인신하여 나무 전체를 가리키기도 합니다.

주수(株守)는 그루터기를 지킨다는 뜻으로 짐작하듯이 수주대토(守株待兔)를 줄여서 하는 말입니다. 변통할 줄 모르고 지키기만 하는 것을 이릅니다.

계(械)를 『설문』에서는 "손·발에 채우는 나무로 된 형구이다. 그릇의 총칭이라고도 하고, 달리 다스리는 것이라고도 한다. 그릇을 채운 것을 계(械)라 하고 빈 것은 기(器)라고도 한다"라고 풀이합니다. 우리말에 형구로 손에 채우는 것은 수갑, 발에 채우는 것은 차꼬, 목에 채우는 것은 칼이라고 합니다.

'경계할' 계(戒)가 두 손[廾]으로 창[戈]을 잡고 있는 글자라는 점에 착안해 나무[木]로 된 병장기[戈]를 두 손[廾]에 채우는 것이라고 억지춘향격의 짐작을 해볼 수 있습니다. 정밀한 용구나 기구를 가리키고, 실제 무기라는 뜻도 있습니다.

고교	획수	형자	회자	새김	발음
梁	11	刅	水刅木	들보	량

량(梁)은 다리가 본뜻입니다. 교량입니다. '들보'는 다리와 같습니다. 기둥과 기둥을 다리처럼 연결해 집의 평면 구조를 만들어냅니다. 대들보는 들보 가운데 큰 것으로 다른 들보의 하중을 받습니다.

양상군자(梁上君子)는 들보 위의 군자라는 뜻으로 도둑을 완곡하게 이르는 말입니다. 가해금량(架海金梁)은 바다 위에 놓은 금으로 된 다리라는 뜻인데 중임을 맡은 인재를 가리킵니다. 줄여서 금량(金梁)이라고도 하는데 한문 가운데에서나 더러 볼 수 있는 성어입니다. 동량(棟梁)이나 동량지재(棟梁之材)와 같은 뜻으로 쓸 수 있습니다. 앞에서 금량(金梁)의 양(梁)은 다리이고, 동량(棟梁)의 양(梁)은 들보입니다.

고교	획수	형자	회자	새김	발음
梅	11	每	木每	매화나무	매

매(梅)는 『설문』에 뜻밖에도 녹나무로 나옵니다. 장뇌수(樟腦樹)입니다. 목질이 단단하고 땅속에 묻어도 썩지 않기 때문에 중국에서는 황제의 관을 만드는 데에 썼다고 합

니다. 특유한 향으로 벌레가 슬지 않아 고급 가구나 염주를 만들 때에도 씁니다. 장뇌수를 증류해 나오는 것이 장뇌인데 방충제로 쓰입니다. 천연으로 채취가 어렵고 값도 비싸 나온 대용품이 나프탈렌(naphthalene)입니다. 옷장에 넣는 좀약입니다. 정작 매(梅)의 뜻으로 올라 있는 글자는 '아무' 모(某)입니다. "신 과일이다"라고만 나옵니다. 주석을 보면 "모(某) 자는 신 과일로 오늘날의 매(梅) 자이다. 가차(假借)해 '아무'라는 뜻을 갖고 그 의미로만 쓰이게 되어 드디어는 매(梅)로 쓰게 되었다"라고 합니다. 가차가 어떤 뜻인지 명확히 이해할 수 있는 계기가 되리라 믿습니다.

'매란국죽(梅蘭菊竹)'은 매화, 난초, 국화, 대나무로 동양화에서 말하는 사군자입니다. 매우(梅雨)는 매실이 익을 무렵에 내리는 비라는 뜻으로 해마다 초여름인 유월 상순부터 칠월 상순에 걸쳐 계속되는 장마를 말합니다. 우리나라에서는 잘 안 쓰지만 지리적 특성 때문인지 일본에서는 많이 씁니다.

고교	획수	형자	회자	새김	발음
條	11	攸	攸木	가지	조

조(條)는 잔가지입니다. 자소자인 유(攸)에는 '길다'는 뜻이 있습니다. 가늘고 긴[攸] 가지[木]입니다. 지(枝)도 가지라고 하는데, 지(枝)는 줄기에서 직접 나온 것으로 좀 굵다는 점에서 구분됩니다.

'바' 유(攸)에 대한 자세한 설명은 '멀' 유(悠)를 참고하기 바랍니다. 자소자로서 '닦을' 수(修), '멀' 유(悠), '가지' 조(條)에서 찾을 수 있는데, 왼쪽과 오른쪽 위에 걸쳐 있는 결구라서 꼼꼼히 보지 않으면 찾기가 어렵습니다.

어떤 일을 이루게 하거나 이루지 못하게 하기 위하여 갖추어야 할 상태나 요소는 조건(條件), 조목조목 적어놓은 규칙이나 명령은 조례(條例), 국가 간의 권리와 의무를 국가 간의 합의에 따라 법적 구속을 받도록 규정하는 행위나 그런 조문은 조약(條約)입니다.

고교	획수	형자	회자	새김	발음
構	14	冓	木 冓	얽을	구

구(構)는 서로 교차해 얽는 것입니다. 짜는 것입니다. '조성하다, 만들다, 결성하다'의 뜻을 나타냅니다.

자소 역시 '짤' 구(冓)입니다. 이렇게 훈(訓)이 비슷하거나 같은 글자가 자주 나타나는 것은 본 글자가 주로 자소로 쓰이는 경우입니다. 그러면 혼동이 올 수 있기 때문에 본뜻을 갖는 글자의 편방에 의부(意符)나 성부(聲符)를 붙여 새로운 글자를 만들어내기 때문입니다. 고문 분석에서는 갑골문의 물고기 두 마리가 아래위에서 입을 맞추고 있는 것을 바탕으로 『설문』과 달리 구(冓)의 본뜻은 물고기가 서로 만나는 것이며, 『설문』의 '어긋매껴 짤' 구라는 해석은 나중에 전문을 보고 한 인신의라고 합니다. 실제 구(冓)는 '만나다, 접촉하다'라는 뜻으로도 쓰였습니다.

그런데 문제는 이 구(冓) 자가 계속 다른 글자의 자소로만 쓰이니 이제는 뭔가 분간할 필요가 생겨나게 됩니다. 그래서 '만나다'라는 뜻은 '쉬엄쉬엄 갈' 착(辶, 辵)을 더해 구(遘)로 쓰게 되고, '나무' 목(木)을 더해 '얽을' 구(構)로 쓰게 됩니다. 남녀가 만나는 것은 '계집' 녀(女)를 더해 구(媾)가 되는데, '화친할' 구로 새깁니다.

어쨌든 구(冓)의 위 자소는 '우물' 정(井) 자 모양으로 재목을 가로세로로 쌓아놓은 형상입니다. 그렇게 쌓은 것을 '어긋매끼다'라고 합니다. 아래는 '(수염) 늘어질' 염(冉)입니다. 그러니 나무를 늘어지게[冉] 어긋매껴[井] 쌓아놓는 것입니다. 이것은 여러분이 기억하기 좋도록 필자가 파자를 한 것입니다. 『설문』에서도 재목을 어긋매껴 쌓아놓은 모양이라는 설명은 같은데, 상형자로 보고 있으니 '어긋매껴 쌓아놓은 나무를 그린 것'으로 파악하는 것입니다. 고문 연구에서는 회의자로 봅니다. 갑골문에서 이 글자는 물고기 두 마리가 위아래에서 입을 맞대고 빠끔거리는 모양입니다. 그래서 물고기 두 마리가 만난다는 것이 본뜻으로 '만날' 구(遘)의 본자라고 합니다. 자소자로 '익힐' 강(講), '얽을' 구(構)에 쓰이고 있습니다.

'빠끔거리다'는 말에 상유이말(相濡以沫)이라는 성어가 생각납니다. 글자 그대로 풀면 서로 침으로 적셔준다는 뜻인데, 『장자(莊子)』〈대종사(大宗師)〉에 나오는 이야기입니다. 샘물이 말라 물고기가 땅바닥에 드러나게 되었습니다. 이때 서로 자기의 침으로 상대의 몸을 적셔준다는 것입니다. 사전에서는 어려운 처지에 있는 사람들끼리 서로 도와준다고 풀이하고 있습니다만, 실제 중국 사람들은 부부 관계를 나타낼 때 많이 쓴다고 합니다. 누군가를 도와준다는 것은 아름다운 일입니다. 큰 희생을 무릅쓰는 것을 보면 숭고하다는 생각도 듭니다.

格物 027. 한옥의 구조

한옥의 기본 구조는 나무를 짜맞추는 것입니다. 가장 간단한 맞배지붕 집을 예로 골격만 살펴보겠습니다. 집을 세우려면 우선 '지경다지기'라고 해서 집터를 다집니다. 다음에 초석을 놓고 기둥[柱]을 세운 뒤 들보로 기둥과 기둥을 연결합니다. 이로써 건물의 높이와 깊이가 결정됩니다. 여기에 가로 기둥 즉, 창방을 기둥과 기둥 사이에 연결합니다. 그러면 건물의 폭이 결정됩니다. 이번에는 지붕을 얹어야 하는 순서입니다. 건물의 가로 방향으로 도리를 걸고 그 위에 서까래를 얹습니다. 서까래의 가장 윗부분 즉, 집의 가장 꼭대기 부분은 마룻대에 걸어줍니다. 그 위에 용마루가 들어서면 집의 골격이 완성됩니다. 큰 건물 등에서 하중을 많이 받을 때에는 창방 위에 평방이라고 해서 목재를 덧대기도 합니다. 문이나 창을 내거나 벽면을 튼튼하게 하려면 다시 기둥과 기둥 사이를 연결해줘야 하는데 바로 인방(引枋)입니다. 위에 있어서 상인방(上引枋), 아래에 있어서 하인방(下引枋)입니다. 칸[間]은 기둥과 기둥으로 만들어지는 공간입니다. 정해진 길이는 없습니다만 목재의 길이에 의한 제약이 생기기 때문에 8자에서 12자가량으로 봅니다. 그래서 한옥의 크기를 헤아릴 때 '정면 몇 칸, 측면 몇 칸' 하는 방식을 씁니다. 본래는 가로는 가(架)로, 세로는 칸[間]으로 나누어 쓰고 그래서 한옥의 평면도도 간가도(間架圖)라고 했습니다만 지금은 모두 칸으로 쓰고 있습니다.

고교	획수	형자	회자	새김	발음
樓	15	婁	木 婁	다락	루
標	15	票	木 票	표할	표

'다락' 루(樓)에는 '셀' 수(數)와 같은 자소가 들어 있습니다. 자소자 설명은 '셀' 수(數) 조항에서 확인하기 바랍니다.

누각(樓閣)은 사방을 바라볼 수 있도록 문과 벽이 없이 다락처럼 높게 지은 집입니다. 누대(樓臺)는 높은 건물입니다.

'표할' 표(標)의 '표하다'는 의견을 나타낸다는 뜻이 아니고, 뭔가 알아볼 수 있도록 표시한다는 뜻입니다. 표는 나무의 가지 끝입니다. 그래서 표(標)는 사물의 본질적이지 않은 부분을 가리킵니다. 인신하여 사물을 판단하는 기준이 되었고, 뭔가를 이뤄내기 위해 요구되는 것을 가리킵니다. 가차되어 '표하다'라는 뜻으로 사용합니다.

표가 되게 기록하는 것은 표기(標記)이고, 표적(標的)은 목표가 되는 물건입니다. 어떤 사물을 다른 것과 구별되게 하거나 또는 그 표시나 특징은 표지(標識)인데, 이때에는 지(識)의 발음에 유의해야 합니다. '識'은 다음자로 '알' 식 외에 '표할' 지, '깃발' 치의 새김이 있습니다.

고교	획수	형자	회자	새김	발음
機	16	幾	木幾	틀	기

기(機)는 움직임을 맡는 부분입니다. 고대 궁노(弓弩)의 화살을 발사하는 장치를 가리킨다고 합니다. 베틀을 가리키기도 하고 움직일 수 있도록 만든 기계 등을 가리키기도 합니다. 동력을 발생시키는 부분으로서 '틀' 기로 새기는 경우도 많습니다.

기갑(機甲)은 전차, 장갑차 따위와 같이 기동력과 기계력을 갖춘 병기로 무장하거나 또는 그런 병과(兵科)를 가리킵니다. 동력을 써서 움직이거나 일을 하는 장치는 기계(機械)이고, 낌새를 뜻하는 기미(幾微)는 기미(機微)로도 씁니다. 눈치가 빠르고 동작이 날쌘 것은 기민(機敏)한 것입니다. 단기(斷機) 또는 단기지계(斷機之戒)는 맹자의 어머니에서 비롯된 고사라고 했는데, 어떤 의미였는지 생각납니까? 아니면 찾아보시라니까요. 어디에서 찾아야 하냐고요? 본서에서 단어든 성어든 첫 글자 중심으로 배열하고 있으니 '끊을' 단(斷)으로 가봐야 하지 않겠습니까.

고교	획수	형자	회자	새김	발음
欄	21	闌	木闌	난간	란

『설문』에 '난간' **란(欄)** 자는 수록되어 있지 않습니다. 대신 같은 뜻으로 쓰는 '가로막을' 란(闌) 자가 올라 있습니다. 책란(柵欄)이라고 해서 문 앞에 설치하는 일종의 차단 장치입니다. 가로로 된 긴 막대로 자동차의 진입을 막는 차단기 정도로 생각하면 됩니다. 요즘 더러 '볼라드(bollard)'라는 말을 듣고 보게 되는데, 이것은 기둥 형태로 땅에

박아 진입을 막는 것입니다. 볼라드의 본뜻은 부두에 배를 묶어놓기 위해 설치한 계선주(繫船柱)인데, 아마도 거기에서 의미가 확장되어 차량의 진입을 막는 데에도 쓰게 된 것이 아닐까 합니다. '난간' 란(欄)은 인쇄된 글의 세로 단을 뜻하는 '칼럼(column)'의 뜻으로도 쓰입니다. 난외(欄外)는 본문 가장자리를 둘러싼 줄의 바깥쪽을 일컫습니다.

란(闌)의 자소자인 '가릴' 간(柬)은 실[糸]을 누이려니 '익힐' 련(練), 쇠[金]를 단단하게 '쇠 불릴' 련(鍊)에 나옵니다. '누이다'는 눕다가 기본형으로 천을 잿물로 삶아 희고 부드럽게 하는 것이고, 쇠를 불린다는 것은 불에 달구어 단단하게 하는 것입니다. '가로막을' 란(闌)도 자소자로 쓰입니다. 나무[木]로 가로막으니[闌] '난간' 란(欄), 초두[艹] 밑에 '난초' 란(蘭)입니다.

고교	획수	회자	새김	발음
束	7	木 口	묶을	속
析	8	木 斤	쪼갤	석

'묶을' **속(束)**을 보면 발음은 몰라도 "아! 나무[木]를 묶어놓았구나[口]" 하는 생각이 들지 않습니까? 한 아름까지는 아니더라도 '뭇'이나 '단' 정도로는 묶어놓은 것처럼 보입니다. 본뜻은 묶는 것입니다. 다발의 뜻도 있고, 묶는 것이니 '정리하다'라는 뜻도 있습니다.

도끼[斤]로 나무[木]를 쪼개거나 자르는 것이 **석(析)**입니다. 나무가 아닌 경우에도 마찬가지입니다. 설명하고 해석하려면 일단 대상을 가르고 쪼개야 합니다. 분석(分析)입니다. 석출(析出)은 분석해내거나, 화합물을 분리해내는 것입니다.

고교	획수	회자	새김	발음
某	9	甘(日) 木	아무	모
染	9	水 九 木	물들	염

'아무' **모(某)**를 『설문』에서는 '매화나무' 매(梅)의 본자로 봅니다. "모(某)는 신 과일

이다. 목(木)을 따르며 '달' 감(甘)을 따른다 [酸果也 从木从甘 闕]."『설문』원문 끝의 '궐(闕)'은 내용이 비어 있다는 뜻입니다. 주석에는 이 글자가 '누구'의 뜻으로 가차해 그 뜻으로만 쓰였기 때문에 결국 '매화나무' 매(梅)를 따로 만들어 쓰게 되었다는 설명이 있습니다.『단주』에는 궐(闕)로 되어 있는 부분의 뜻을 '시다'고 풀어, 단 것은 곧잘 신 것으로 바뀐다고 설명합니다. 궐(闕)은 글자의 자형에는 '달' 감(甘)을 쓰고 있어 설명을 할 수 없기 때문이라고 밝히고 있습니다.

모(某)는 '아무, 어떤'의 뜻으로 쓰여 모인(某人)은 어떤 사람, 모종(某種)은 어떤 종류입니다.

염(染)은 천에 물을 들이는 것입니다. 치자나 꼭두서니 등을 이용합니다. '물들이다'의 뜻은 '감염시키다, 영향을 미치다'의 뜻으로 확장됩니다.『단주』에 상세한 설명이 나와 있습니다. 치자나무[木]나 꼭두서니 같은 데에서 염료를 얻어 아홉 번[九] 물을 들이는 것[水]이라고 합니다. 실제 천에 물을 짙게 제대로 들이려면 물들이는 과정을 여러 번 되풀이합니다. 치자나무에서는 주홍색 물감이 나오고 꼭두서니에서는 빨강계통의 물감이 나옵니다.

수(水)와 구(九)가 결합된 氿는 다음자입니다. '샘/물가' 궤/구로 새깁니다.『설문』에서는 "물가의 마른 땅이다. 수(水)를 따르며 구(九)가 소리를 나타낸다.『이아(爾雅)』에서는 물이 끝나는 곳을 구(氿)라고 한다"라고 설명합니다.

고교	획수	회자	새김	발음
桑	10	叒木	뽕나무	상

뽕나무 **상(桑)**입니다. 자소자 약(叒)은 부상(扶桑)입니다. 부상(扶桑)은 해가 뜨는 동쪽 바다나 그곳에 있는 나무를 가리킵니다. 이 글자와 관련된 내용은 알아두어야 할 필요가 있습니다.『설문』에 "약(叒), 해가 처음 동쪽의 탕곡(湯谷)에서 떠 부상(榑桑) 나무로 올라오는데 약목(叒木)이다"라고 합니다.『설문』에서는 부상(榑桑)으로 쓰고 있습니다만 부상(扶桑)을 많이 씁니다.『표준』에도 부상(扶桑)으로 실려 있습니다. 주해를 살펴봅니다. "약목(若木)이라고도 한다. 탕곡(湯谷)은 뜨겁기가 끓는 물 같아서 탕곡이라고 하는데 양곡(暘谷)이라고도 한다. 부상(榑桑)은 서로 돕는 모양을 본떴기 때문에 우

(又)를 세 개 쓴 것으로 뽕나무의 아름다운 자태를 나타낸다."

종합해 정리해보면 부상(榑桑)은 부상(扶桑)으로도 쓰는데 약목(叒木)이라고 합니다. 그런데 약(叒)은 약(若)의 고자라서 다시 약목(若木)으로도 씁니다. 책에 따라서는 약목(若木)은 해가 지는 곳 또는 그곳에 있는 나무라고 해서 주장이 서로 엇갈리기도 합니다. 고문 연구에서 약(叒)은 두 손으로 머리를 다듬는 모양을 본뜬 글자로 '같을' 약(若)의 원자로 봅니다. 그래서 '순종하다'든지 '따르다'는 뜻을 나타내는데, 뽕나무로 잘못 알아 거기에서 부상이나 다른 뜻들이 생겨나오게 되었습니다.

상(桑)은 분명 나무이긴 합니다만 『설문』에서는 특별 대접을 받아 '나무' 목(木) 부에 속하지 않고, '부상' 약(叒) 부에 들어 있습니다. 『단주』에서 부상(榑桑)은 뽕나무[桑]가 큰 것이기 때문에 약(叒)을 따른다고 설명합니다.

상년(桑年)은 사십팔 세를 말합니다. 상(桑)의 속자 '상(桒)'이 '열' 십(十) 네 개와 '여덟' 팔(八)로 파자되는 데에서 생겨난 말입니다. 뽕밭이 푸른 바다로 바뀌는 상전벽해(桑田碧海)도 빼어놓을 수 없습니다. 세상일의 변천이 심함을 비유적으로 이릅니다.

고교	획수	회자	새김	발음
棄	12	厶(逆子) 兩點 廾(雙手)	버릴	기

기(棄)는 '버리다'라는 뜻입니다. 『설문』입니다. "기(棄)는 버리는 것이다. 수(收)를 따르며 (두 손에) 키를 잡고 (아이를 그 위에 얹어놓고) 치워버리는 것이다. 또한 돌(厶)을 따르는데 불효한 자식이다"라고 합니다. 돌(厶)은 아이가 갑자기 튀어나오는 것을 가리키는 글자입니다. 어쨌든 이렇게 아이를 버리는 것은 요즈음으로 치면 영·유아 살해죄로 큰 범죄이겠는데 중국에서는 드물지 않은 일이었고, 전설에도 많이 나오는 이야기라고 합니다. '버리다'에서 '배반하다'라는 뜻도 갖습니다.

기각(棄却)은 물품을 내버리거나 소송을 수리한 법원이 그 내용이 실체적으로 이유가 없다고 판단하여 소송을 종료하는 일을 가리킵니다. 아이를 버려서 기아(棄兒)입니다. 내다버리는 것은 유기(遺棄)입니다.

고외	부수	획수	형자	회자	새김	발음
床	广	7	爿	广木	평상	상

　상(床)은『설문』에 상(牀)으로 올라 있습니다. 몸을 편안히 하는 좌구(坐具)라고 설명하는데, 앉을 수도 있고 누울 수도 있는 것입니다. 더운 여름에 밖에 내어놓고 앉거나 눕기도 하는 평상 정도로 생각할 수 있습니다. 평상[牀, '평상' 상]은 옛날에 주로 앉는 용도로 썼는데 양쪽에 널빤지를 대고 그 안에 풀을 채워 만들었다고 합니다. 그런데 주로 실내에서 쓰기 때문에 자형이 나중에 상(床)으로 바뀌었다는 설명입니다. 하천의 바닥을 하상(河床)이라고 하는 것은 그 모양이 바로 상(床)을 닮았기 때문입니다.

　동상(東床)은 동쪽에 있는 평상이라는 뜻으로 사위를 이르는 말인데, 서성(書聖)으로 불리는 진(晉)나라의 왕희지와 얽힌 고사에서 나왔습니다. 중국 진(晉)나라의 극감(郗鑒)이 사위를 고르려고 왕도(王導)의 집에 사람을 보내 아들들을 살펴보라고 했습니다. 그 사람이 돌아와 극감에게 아들들이 다 훌륭한데 그 가운데 이상하게 한 명은 동쪽 평상 위에서 배를 드러내고 누워서 거들떠보지도 않았다고 하니 극감이 아주 기뻐해 웃으며 "바로 그가 훌륭한 사윗감이다"라며 왕희지를 골랐다고 합니다. 전해들은 이야기만으로 이렇게 사람을 고를 줄 아니, 보는 눈이 대단했구나 하는 생각이 듭니다.

　이 고사 내용은 서화의 소재로도 많이 쓰여 중국 그림 가운데 배를 내놓고 평상에 누워 있는 왕희지의 모습을 심심찮게 만나볼 수 있습니다. 동음이의어 동상(同牀)은 동침(同寢)과 같은 뜻으로 잠자리를 함께하는 것이며, 동상이몽(同床異夢)은 같은 자리에 자면서 다른 꿈을 꾼다는 뜻으로 겉으로는 같이 행동하면서도 속으로는 각각 딴생각을 하고 있음을 이르는 말입니다.

고외	부수	획수	형자	회자	새김	발음
陳	阜	11	申	阜木申	베풀	진

　여기 설명은 일부러 비워 둡니다. 자세한 내용이 궁금하면 〈格物 046〉을 한번 읽어보거나 아니면 더 뒤쪽 '언덕' 부(阜)에 있는 진(陳) 자에 대한 설명을 참고할 수 있습니다.

고외	부수	획수	형자	회자	새김	발음
幹	干	13	倝	干木	줄기	간

간(幹)은 담을 쌓을 때 양쪽의 널빤지를 고정시키는 기둥입니다. '심을' 재(栽)에 상세히 설명되어 있습니다.

형성 자소자는 '빛날' 간(倝)입니다. 앞에서 한 번 나온 내용인데 되풀이합니다. '빛날' 간(倝)으로 새깁니다만 '기둥'으로 풉니다. 옛날 담을 세울 때 판자를 양쪽에 세운 뒤 그 안에 흙을 넣고 다집니다. 그때 판자는 양쪽에 기둥을 세워 고정시키는데, 그 기둥을 간(倝)으로 봅니다. 간(幹)은 고정시키는[倝] 가지가 아닌 줄기[干]로서 기둥의 뜻입니다.

간(倝)은 '하늘' 건(乾), '나라' 한(韓), '줄기' 간(幹)의 자소자로 쓰이고 있습니다. 현재 한(韓) 자에서는 간(倝) 자형을 찾아보기 어려운데, 이것은 전문의 '韓'이 분석 대상이 되었기 때문으로 실제 『설문』에 실려 있는 자형이기도 합니다.

고외	부수	획수	형자	회자	새김	발음
築	竹	16	筑	筑木	쌓을	축

축(築)은 다지는 것입니다. 건물을 지을 때 기초를 튼튼히 하기 위해 흙을 다집니다. 주석에 보면 다지는 기구도 축이라고 합니다. 악기인 축(筑)에 편방을 더한 글자로 봅니다.

자소자는 '악기 이름' 축(筑)입니다. 죽척(竹尺)이라는 채로 쳐서 소리를 내는 다섯 줄짜리 현악기라고 합니다. 다른 기록에는 거문고와 비슷한데 13줄이라고 소개하고 있습니다. 송대(960~1279) 이후 완전히 사라졌는데, 1993년 호남성 장사 서쪽에서 서한(BC 202~AD 8) 시기 장사국(長沙國) 왕후의 어양묘(漁陽墓)에서 실물이 나와 중대한 발견으로 여겨지고 있다고 합니다.

축실도모(築室道謀)라는 말이 있습니다. 집 짓는데 어떻게 지어야 하는지 길거리에서 물어본다는 뜻으로 주견도 계획도 없어 이 말 들었다가 저 말 들었다가 하며 결국 뭐 하나 이루지 못하는 것을 이릅니다.

고외	부수	획수	회자	새김	발음
縣	糸	16	目 木 糸	고을	현

현(縣)은 사람의 머리를 잘라 거꾸로 매단 것이라고 설명을 한 바 있습니다. 그런데 계속 '고을' 현으로 쓰니까 '매달' 현(懸)은 결국 분가해 '마음' 심(心) 문패를 걸고 딴살림을 차리게 되었습니다.

현량자고(懸梁刺股)는 공부하는 데에 방해가 될까봐 머리털은 들보에 묶고 송곳으로 넓적다리를 찌른다는 뜻으로 부지런히 배우는 것을 말합니다.

'나무' 목(木)에는 기초한자로 중학 과정이 29자, 고교 과정이 35자로 모두 64자, 거기에 부수외자가 각각 7자, 5자로 12자, 모두 76자나 되는데 공부하느라 수고했습니다.

R076

하품 흠(欠) 부

갑골	금문	전문	해서

갑골문의 하품 흠(欠)은 입을 벌리고 하품하는 모양을 그린 상형자입니다. 글자를 만들었을 때에는 산소라는 말 자체가 없었겠지만 산소가 부족한 것입니다. 부수로 쓰여 호흡과 관련된 것, 기분의 상태 등을 나타내는데 주로 입을 움직이는 동작과 연결되는 경우가 많습니다. 막상 '하품' 흠(欠)은 기초한자에 속하지 않습니다.

중학	획수	형자	새김	발음
歡	22	雚	기쁠	환

환(歡)은 기쁘고 즐거워하는 것입니다. 지금 희락(喜樂)이라는 단어는 그다지 쓰지 않지만 희희낙락(喜喜樂樂)은 그래도 많이 씁니다. 희희낙락하는 것입니다. '~대다'나 '~

거리다'라는 말이 부정적이고 깎아내리는 느낌이 있어 '희희낙락대다, 희희낙락거리다'
는 부정적인 의미를 전합니다. 낙락(樂樂)으로 겹쳐 쓰는 경우에는 우리말 발음과 표기
에 유의해야 합니다.

'황새' 관(雚)은 여러 번 나와서 익숙하지 않을까 합니다. 이 글자가 나오는 글자들을
한 번 복습하겠습니다. '觀, 勸, 權, 歡' 넉 자인데 모두 새길 수 있습니까? '볼' 관, '권할'
권, '권세' 권, '기쁠' 환입니다.

서로 즐겁게 이야기하는 것은 환담(歡談), 기쁘고 즐거워하는 마음은 환심(歡心), 오
는 사람을 기쁘고 반갑게 맞는 것은 환영(歡迎)입니다. 환호작약(歡呼雀躍)은 소리를 지
르고 뛰며 기뻐하는 것이고, 환천희지(歡天喜地)는 하늘도 즐거워하고 땅도 기뻐한다는
뜻으로, 아주 즐거워하고 기뻐함을 이릅니다.

중학	획수	형자	회자	새김	발음
次	6	二	二欠	버금	차

버금은 으뜸의 바로 아래로 두 번째입니다. 음악에서 버금딸림음은 으뜸음 위 완전 4
도 거리에 있는 음으로 완전 5도 위의 딸림음에 다음가는 중요한 음입니다. 차(次)이고
비슷한 뜻으로 아(亞)가 있습니다. '버금' 차(次)는 앞줄이 아닌 것입니다. 엄격하게 가
려 뽑는 것을 통과하지 못한 것입니다. 자소자인 흠(欠) 자체가 부족한 것을 나타냅니
다. 고문 분석에서는 재채기를 계속하는 모양으로 봅니다. 순서의 두 번째를 나타냅니
다. 아(亞)는 본뜻이 추악한 것을 가리킵니다. 상상하기 쉽지 않은데, 『설문』에서 "사람
의 등이 굽고 닭 가슴을 한 모양을 본뜬 것이다"라고 합니다. 고문 분석에서는 옛날 가
족이 함께 모여 사는 대형 건축의 평면도라고 합니다. 인신하여서 '가깝다, 다음이다'의
뜻이 나온 것으로 설명합니다.

차기(次期)는 다음 시기의 뜻이고, 차석(次席)은 수석에 다음가는 자리입니다.

중국 민간 설화에 나오는 짤막한 이야기입니다. 어떤 사람이 은 삼백 냥을 땅속에 묻
고 "여기에 은 삼백 량 없음[此地無銀三百兩]"이라고 써놓았습니다. 이웃에 사는 아이(阿
二)가 그걸 훔쳤습니다. 그리고 "이웃집 아이(阿二)는 훔치지 않았음[隔壁阿二不曾偸]"
이라고 써놓았습니다. 본래 감추고 싶은 것을 결과적으로는 드러내는 것을 나타냅니다.
아이(阿二)는 중국 민간 설화 중에 스스로는 똑똑한 줄 아는 바보를 뜻합니다.

중학	획수	형자	회자	새김	발음
欲	11	谷	谷欠	하고자 할	욕

욕(欲)은 얻으려고 탐욕을 부리는 것입니다. 『단주』에서는 흠(欠)을 따르는 것은 얻으려고 침을 흘리는 모양을 나타내고, 곡(谷)을 따르는 것은 얻지만 마음에 차지 않은 것을 나타낸다고 합니다. 바라는 것이 골짜기[谷]를 채울 정도로 많고 큰데 부족한 것[欠]입니다.

무엇을 얻고자 하거나 무슨 일을 하고자 바라는 것은 욕구(欲求)입니다. 욕구(慾求)로도 씁니다. 부족을 느껴 무엇을 가지거나 누리고자 탐하는 것은 욕망(欲望)입니다. 인간의 욕망이나 욕구는 경제 활동의 근간이 됩니다. 인간의 욕구나 욕망을 만족시켜주는 것으로 경제적 가치가 있는 것이 재화(goods)인데, 획득에 대가가 필요하지 않은 것은 자유재(free goods)입니다.

중학	획수	형자	회자	새김	발음
歌	14	哥	哥欠	노래	가

가(歌)는 (선율에 따라) 읊조리는 것입니다. 곡조에 따라 노래를 부르는 것입니다. 가(哥)는 노랫소리입니다. 한대(漢代)에는 가(哥)를 가(歌) 대신 많이 썼다고 합니다. 현대 중국어에서는 형(兄)을 나타내기도 합니다.

가곡(歌曲), 가요(歌謠)처럼 쓰입니다. 가곡이나 가요나 모두 노래이긴 마찬가지인데, 가곡은 예술성이 강조되고 가요는 대중성이 강조된다는 점이 다르겠습니다. 가공송덕(歌功頌德)은 『사기(史記)』에 나오는 말로 백성들이 임금의 공적을 노래하고 덕행을 칭송했다는 뜻입니다.

중외	부수	획수	형자	새김	발음
飲	食	13	欠	마실	음

『설문』에 **음(飮)**은 자형이 다른 글자로 올라 있습니다. 음(歠)입니다.『단주』에 "물이 입으로 흘러들어가는 것을 음(飮)이라 한다. 마실 것도 음(飮)이라 한다"라고 설명합니다. 의미가 확장돼 음식 일반을 가리키기도 합니다.

음료(飮料)는 마실 수 있는 액체를 통틀어 이릅니다. 그런데 식료(食料)는 먹을 수 있는 것을 통틀어 이르지 않고 식재료를 뜻합니다. 식료품입니다. 그런데 식재료라는 말은 나온 지가 오래되지 않아서 그런지『표준』에는 올림말로 실려 있지 않고, 누락된 내용을 보충하고 있는〈우리말샘〉에 올라 있습니다. 작품을 많이 써서 알려진 사람을 문호(文豪)라고 하니 주호(酒豪)는 술을 잘 마셔서 알려진 사람이 되어야 할 것 같은데, 그저 술을 잘 마시는 사람을 이릅니다. 글을 잘 쓰면 이름이 나지만 술을 잘 마셔서 이름을 드러내기는 어려운가 봅니다.

지난 1990년대 중반 대만에서〈음식남녀(飮食男女)〉라는 영화가 나왔습니다. 유명 주방장인 주사부와 세 딸 사이의 세대차(generation gap)를 음식을 통해 그린 작품입니다. 우리는 '음식남녀'로 소개했는데, 사실 우리말로 짧게 소개하기가 좀 어렵지 않을까 합니다. 이 말은『예기』에 나옵니다. "음식 남녀에 사람들은 큰 욕심이 있는데 죽고 가난하고 어려운 것은 아주 싫어한다." 본래 음식은 식욕을 가리키고, 남녀는 성욕을 가리켜 사람의 본성을 가리키는 말입니다.

중외	부수	획수	회자	새김	발음
吹	口	7	口 欠	불	취

취(吹)는 부는 것입니다. 입술을 모아 공기를 급히 불어내는 것을 가리킵니다. 우리도 속어에서 "나발을 불다"라고 하면 과장하는 것을 가리키는데, 취(吹) 자도 마찬가지로 흰소리하는 것을 나타내기도 합니다.

고교	획수	형자	새김	발음
欺	12	其	속일	기

기(欺)는 속이는 것입니다. 사기 치는 것입니다. 송대(宋代) 이후 중국에서는 이 뜻으

로 '속일' 편(騙)을 쓰고 있습니다.

기군망상(欺君罔上)은 임금을 속이는 것입니다. 기군(欺君)이나 망상(罔上) 모두 임금을 속이는 것이니 같은 뜻의 낱말을 중첩해 쓰는 경우입니다. 기롱(欺弄)은 다른 사람을 속이거나 비웃으며 놀리는 것이고, 기세(欺世)는 스케일이 커져서 세상을 속이는 것입니다.

고교	획수	형자	새김	발음
歎	15	鸛省	탄식할	탄

탄(歎)은 두 글자와 관련해 생각해보겠습니다. 하나는 '읊을' 탄(歎)으로 자소자인 '새 이름' 난(鸛) 옆에 '하품' 흠(欠)을 쓰는 글자로 나중에 가운데 '새' 조(鳥)가 빠지고 '읊을' 탄(歎)이 됩니다. 지금 새[鳥]는 없어졌습니다만, 읊는 것은 새[鸛]가 우는 것과도 비슷한 것으로 생각할 수 있습니다. 또 하나는 전문에서 온 글자로 '입' 구(口) 오른쪽에 '진흙' 근(菫, 堇)이 있는 '탄식할' 탄(嘆)입니다. 본래 근(菫, 堇)은 사람을 희생으로 바쳐 태우면서 올리는 기우제라고 하니, 그를 보고 탄식하는 것[口]으로 볼 수 있습니다.

格物 028. 꽃이 흙이 되고, 흙이 꽃이 되는 기막힌 변신, 진흙과 제비꽃

'진흙' 근(堇)의 본뜻은 '사람을 태워 희생으로 바치며 비가 내리기를 기원하는 기우제를 올리는 것'이라니 자연 탄식이 나올 수밖에 없습니다. '진흙' 근(堇)은 다른 면에서도 탄식을 자아내게 합니다. 최근 버전에는 정정이 되었는지 모르겠는데 〈워드 2013〉 버전에는 '堇, 菫' 두 자가 모두 '진흙' 근으로 훈음이 같이 올라 있습니다. 또 〈한글 2010〉 버전에는 '진흙' 근(堇)은 실려 있지 않고 '제비꽃' 근(菫) 본자[菫]의 훈이 '오랑캐꽃'으로만 실려 있어 이름만 다를 뿐 같은 꽃인데 자칫 다른 종류의 꽃으로 알 위험이 있습니다. 제비가 돌아온다는 삼월 삼짇날 핀다고 해서 제비꽃이라는 설명이 있는데 귀담아둘 만한 말입니다.

『강희자전』을 보면 '진흙' 근(堇)은 부수가 '흙' 토(土)에 실려 있고, '제비꽃' 근(菫)

은 '풀' 초(艸) 부수에 속해 있어 논리적으로 맞습니다. 그런데 모국어를 쓰는 중국의 인터넷상에서도 이 두 글자를 같은 글자로 취급해 검색 결과는 한결같이 '제비꽃' 근으로 나오는 경우가 대부분입니다.

자형을 꼼꼼히 확인하면 '진흙' 근(堇)은 위가 '스물' 입(廿) 모양이고, '제비꽃' 근(菫)은 초두[艹] 아래가 가로획[一]으로 깁니다. '제비꽃' 근은 초두[艹] 아래에 '진흙' 근(堇)을 쓰는 근(菫)이 본자입니다. 제비꽃[菫]은 진 땅[堇]에 나는 풀[艹, 艸]이라고 생각할 수 있습니다. 필자의 기억으로 제비꽃은 실제 조금 습한 곳에서 잘 자라지 않나 합니다.

그런데 사람들이 위의 초두[艹]를 떼어내고 생략해 쓰면서 문제가 생겼습니다. 위 가로획이 길고 짧은 차이가 있다고 주장할 수도 있지만 분간하기도 어렵고, 일반 언중이 그걸 구별해 쓰기도 어려우니 자연 같은 글씨가 되는 것입니다. 흙이 꽃이 되고 꽃이 흙이 되는 기막힌 변신이 백출합니다.

필자도 오랫동안 헷갈려하면서 정말 많은 시간을 들여 겨우 확인한 사실입니다.

R077

그칠 지(止) 부

갑골	금문	전문	해서

갑골문의 '그칠' **지(止)**는 왼발 모양을 본뜬 상형자로 알려져 있습니다. 『설문』에서는 "지(止)는 아래 부분의 기초이다. 나무나 풀이 자라날 때 뿌리와 줄기에 터가 있는 것을 본뜬 것이다. 그래서 지(止)로 발을 나타낸다"라고 합니다. 발이 움직이지 않는 것에서 '그치다, 정지하다, 위치' 등을 나타냅니다.

부수로 쓰여 '걷다, 서다' 등 발의 움직임이나 시간의 경과 등을 표시합니다. 다른 글자 속에 자소로 쓰일 때에는 '그치다'가 아니라 일단 '발'로 생각하기 바랍니다. 더 분간해야 하는 경우 왼발입니다. 발은 멈출 수도 있고 움직여 어디를 갈 수도 있습니다.

중학	획수	새김	발음
止	4	그칠	지

지어지선(止於至善)은 지극한 선(善)에 머물러 움직이지 않는다는 뜻으로 사람은 최고의 선(善)에 도달하여 그 상태를 유지하는 것을 이상(理想)으로 삼아야 함을 가르친 말입니다. 至善(지선)이라는 말은 『大學(대학)』 첫머리에 나오는 말입니다. 최선을 다한다는 말로 지어지선(至於至善)을 쓰기도 합니다.

중학	획수	형자	회자	새김	발음
歲	13	戉	戉步	해	세

세(歲)는 거두어들이는 것이 본뜻입니다. 한 해 농사를 짓고 수확을 하는 것입니다. 이것은 '도끼' 월(戉)과 '걸음' 보(步)로 이루어진 갑골문을 분석한 설명입니다. 천천히 나가면서[步] 곡식을 베어[戉] 거두어들이는 것으로 봅니다. 그래서 '일 년'을 나타내고 '나이'의 뜻도 있습니다. 별로는 목성이 1년을 가늠하는 기준이 된다고 해서 세성(歲星)이라고 하는데 『설문』 설명의 근거가 됩니다.

세모(歲暮)는 한 해가 저무는 때로 섣달 그믐께를 이릅니다. 세밑(歲밑)으로 쓰기도 합니다. 한 해에 쓰는 돈이나 지급하는 돈은 세비(歲費), 한 해 또는 한 회계연도에 들어오는 수입은 세입(歲入)입니다. 세한(歲寒)을 『표준』에서는 "설 전후의 추위라는 뜻으로 매우 심한 한겨울의 추위를 이르는 말"로 설명합니다. 그러나 한문에서 세한(歲寒)은 기본 뜻은 마찬가지이지만 어려움을 헤쳐 나가는 불굴의 정신이나 꺾이지 않은 지조를 나타내기도 하고, 우정이 오래가는 것을 뜻하기도 해 사용 범위가 조금 더 넓습니다. 세한삼우(歲寒三友)는 누구누구입니까? 아니면 무엇무엇입니까? 송죽매(松竹梅)입니다. 『논어(論語)』에 "날이 추워진 다음에야 소나무와 잣나무가 나중에 시든다는 것을 안다 [歲寒然後知宋栢之後凋也(세한연후지송백지후조야)]"라는 글귀가 있습니다. 순결한 사람이나 군자는 엄격한 시험을 거쳐야만 알아볼 수 있다는 비유적인 의미로 많이 쓰입니다.

格物 029. 세성(歲星), 목성(木星)

태양계는 태양을 중심으로 한 천체입니다. 그동안 태양계의 행성은 모두 아홉 개로 알려져 왔습니다만, 2006년 국제천문연맹의 분류에 따라 명왕성(pluto)이 행성의 지위를 잃고 왜소행성(dwarf planet)에 속하게 되었습니다. 최근 명왕성을 다시 행성에 복귀시켜야 한다는 주장도 나오고 있습니다.

현재 태양계에는 여러분이 잘 알고 있듯이 '수성, 금성, 지구, 화성, 목성, 토성, 천왕성, 해왕성'의 8개 행성과 소행성, 왜소행성, 혜성 등이 있습니다. 지구를 중심으로 그 안쪽에서 태양에 더 가까이 회전하는 별들은 내행성이라 하고, 지구 밖의 궤도를 도는 별들은 외행성이라고 합니다. 이 모든 행성은 스스로 돌며[자전], 태양을 중심으로 회전[공전]합니다. 항성(恒星)이 아니라 행성(行星)입니다. 항성은 스스로 빛을 발하는 별로 발광체이고, 행성은 빛을 내지는 못하는 반사체입니다.

측정 기기가 아무것도 없는 상황에서 우리의 감각과 사고만으로 시간과 날짜, 계절과 한 해의 변화를 알아내야 한다고 한 번 가정해봅시다. 낮 시간은 태양으로 짐작할 수 있습니다. 밤에는 달로 가늠해볼 수 있습니다. 그런데 태양은 매일의 시간을 알아보는 단서는 되지만 날짜가 가는 것을 측정하는 데에는 한계가 있습니다. 오늘이 며칠인가를 알아보는 데에는 차고 기우는 달이 태양보다 훨씬 더 낫습니다.

그런데 춥고 덥고, 비가 오고 눈이 내리는 등 기상의 변화를 상당 기간 기록으로 축적해두지 않는 한, 해와 달로 계절과 한 해를 헤아리는 데에는 한계가 있습니다. 여기에 해[歲]를 헤아리는 지표 역할을 하는 것이 목성(木星)입니다.

『설문』에는 이렇게 설명합니다. "세(歲)는 목성이다. 28개 별자리를 지나 음양 12지를 한 바퀴 돌며 12개월에 궤도의 일부분을 돈다. 보(步)를 따르고, 술(戌)이 소리를 나타낸다. 『한서(漢書)』〈율력지(律歷志)〉에 (금목수화토) 다섯 개의 별을 오보(五步)라고 한다."

여기서 "보(步)를 따르고, 술(戌)이 소리를 나타낸다"라는 구절은 목성이 운행[步]하면서, 수자리[戌]를 하듯 일정 지역에 있거나 그 지역을 지키는 것으로 이해해도 본뜻에 크게 어긋나지 않을 것입니다. 결국 목성의 공간 좌표는 어느 해인지를 읽어낼 수 있는 단서가 된다는 말입니다. 여기서 별자리는 하나하나의 별이 아니고 오늘날 큰곰자리, 오리온자리 등의 서양 별자리처럼 몇 개의 별이 모여 군집을 이룬 것을 이릅니다.

주석의 내용입니다. "고대에 해와 달이 지나는 천구[황도]의 항성을 28개의 별자리로 나누어 28수(宿)라고 했다. 각 방위마다 7개씩 있는데 동쪽은 각항저방심미기(角亢氐房心尾箕), 북방은 두우여허위실벽(斗牛女虛危室壁), 서방은 규루위묘필자삼(奎婁胃昴畢觜參), 남방은 정귀유성장익진(井鬼柳星張翼軫)이다. 12지에서 자축인묘진사(子丑寅

卯辰巳)는 양(陽)이고, 오미신유술해(午未申酉戌亥)는 음(陰)이다. 세성(歲星)은 약 12년에 하늘을 한 바퀴 돌기 때문에 옛날 사람들은 황도 부근에 12개의 표준점을 설정해서 관찰하고 12간지로 표시했다[辰]. 목성이 하나의 진(辰)을 이동하면 한 해가 되기 때문에 세성이 진을 하나씩 지나가는 것을 연세(年歲)의 세(歲)로 친다. 자월(子月)에서 시작해 해월(亥月)에서 마치면(12달이 지나면) 세성은 하나의 궁을 지나게 되며, 12년에 하늘을 한 바퀴 돌게 된다.『한서(漢書)』〈율력지(律歷志)〉의 오성(五星)에서 수(水)는 진성(辰星), 금(金)은 태백(太白), 화(火)는 형혹(熒惑), 목(木)은 세성(歲星), 토(土)는 전성(塡星)이다."

목성의 공전 주기는 11.862년입니다. 약 12년에 천체를 한 바퀴 도는 것입니다. 1/12 즉, 목성이 천체에서 30도를 이동하면 한 해가 됩니다. 그래서 황도를 12등분한 뒤 각 지점을 12지지(地支)로 정하면 목성의 위치에 따라서 어느 해인지 분간할 수 있게 됩니다. 그래서 목성을 해(year)를 알려주는 별이란 뜻으로 세성(歲星)이라고 합니다.

농업 국가에서 천문 관측은 아주 중요한 요소입니다. 중국이나 우리나라에서는 아주 일찍부터 조정에 천문 관측관을 두고 하늘을 관찰했습니다. 그래서 동양의 천문학은 일찍부터 크게 발달했지만 근대 이후 과학적인 방법의 도입, 운용을 제대로 하지 못해 서양에 뒤지게 되었다가 이제 다시 정상을 회복하고 있습니다.

여기에서 왜 연(年)을 안 쓰고 세(歲)를 썼는지 궁금한 학생이 있다면 그 학생은 분명 공부를 잘 하는 학생입니다. 공부를 잘 한다는 것은 질문을 잘 할 수 있다는 것입니다. '잘'은 빈도(frequency)가 아니라 질(quality)입니다.

세(歲)와 연(年)은 똑같이 한 해를 나타내기는 하지만 조금 다른 개념입니다. 세(歲)는 올 해의 어느 절기부터 다음해의 어느 절기까지를 말합니다. 올 입춘부터 내년 입춘까지는 세(歲)입니다. 이에 반해 해는 올해 정월 초하루부터 연말까지의 기간입니다. 본뜻은 그렇습니다만, 지금은 이렇게까지 구분해 쓰지 않고 대체로 같은 뜻으로 씁니다.

이 이상 깊은 이야기는 역법(曆法)과 관련된 복잡한 문제로 별도의 연구나 공부를 해야 합니다.

중학	획수	형자	회자	새김	발음
歷	16	厤	厤 止	지날	력

『설문』에 따르면 **력(歷)**은 지나는 것입니다. 어떤 일을 겪는 것입니다. 고문 연구 결과에서는 이 뜻은 인신의이며, 본뜻은 논의 여기저기를 다니며[止] 벼를 살펴보는 것[秝]이라고 합니다. 여기에서 '겪다'라는 뜻이 나오고, '살피다, 어떤 일과 마주치다' 등의 뜻을 갖게 된 것으로 봅니다.

지(止)는 발을 나타내고 자소자는 '다스릴' 력(厤)입니다. 력(厤)의 자소자는 력(秝)으로 벼 포기 사이가 고른 것을 나타내는 것이라고 합니다.

대대로 이어온 여러 대를 가리키는 말은 역대(歷代)이고, 변천과 흥망 과정이나 또는 그 기록은 역사(歷史)입니다. 여러 직위를 두루 거치는 것은 역임(歷任)이라고 합니다.

중학	획수	형자	회자	새김	발음
歸	18	㠯	㠯止帚	돌아갈	귀

귀(歸)는 여자가 출가하는 것입니다. 지금까지 부모와 한 가정을 이뤘지만 결혼해 남편과 한 집을 이루는 것입니다. 전문 분석에서는 집에 청소를 하는 빗자루[帚(추)]와 곡식을 까부르는 키[箕(기)]를 든 사람이 오는 것을 나타내는 것으로 추정합니다. 비와 키는 가사노동을 전담하는 것을 나타내고 그래서 여자가 시집가는 것을 뜻한다고 봅니다. 전문의 귀(歸)는 요즈음 말로 성차별적인 조어법에 속하는 글자로 보입니다.

자소자는 '작은 산' 퇴(㠯)입니다. '비' 추(帚)도 여러 번 나온 글자입니다. 복습입니다. 歸, 婦, 掃를 한 번 새겨보십시오. 언덕[㠯]에 멈춰서[止] (친정 쪽을 한 번 돌아본 뒤에 시댁으로) '돌아갈' 귀(歸)이고, 비[帚]를 든 여인[女]은 '며느리' 부(婦)이고, 손[手]에 비[帚]를 잡았으니 청소하는 것이지요, '쓸' 소(掃)입니다.

쓰임이 아주 드물지만 친정으로 돌아가는 뜻을 나타내기도 합니다. 귀녕(歸寧)은 근친(覲親)과 같은 뜻으로 시집간 딸이 친정에 가서 부모를 뵙는 것을 말합니다.

格物 030. 신사임당, 대관령 사친시

'돌아갈' 귀(歸) 자를 보면 신사임당의 '사친시(思親詩)'가 떠오릅니다. 친정에 갔다가 시댁인 서울로 돌아오는 길에 대관령을 넘으면서 쓴 시입니다. 앞에서 귀(歸)의 본뜻은 시집가는 것이라고 했는데, 시댁으로 들어가는 것입니다. 이제는 결혼해 시댁으로 돌아가며 친정의 부모를 그리는 애틋하고 아픈 마음이 진하게 와닿습니다. 신사임당(申師任堂, 1504~1551)이 38세 때 쓴 것으로 알려진 이 '사친시'는 현재 대관령에 〈신사임당사친시비(申師任堂思親詩碑)〉로 세워져 있습니다.

> 踰大關嶺望親庭(유대관령망친정) 대관령 넘으며 친정을 바라보고
> 申師任堂(신사임당)
>
> 慈親鶴髮在臨瀛(자친학발재임영) 늙으신 어머님을 고향에 두고
> 身向長安獨去情(신향장안독거정) 외로이 서울 길로 가는 이 마음
> 回首北村時一望(회수북촌시일망) 돌아보니 북촌은 아득도 한데
> 白雲飛下暮山靑(백운비하모산청) 흰 구름만 저문 산을 날아 내리네

다음은 필자가 다시 번역한 것입니다.

> 학 머리 어머님은 임영 계시고
> 이 몸이 서울 향해 홀로 가는 맘
> 돌아보니 북촌은 아득도 한데
> 흰 구름 저문 산을 날아 내리네

한자 원문을 새겨보며 읽어보기를 바라는 마음에 원문 어휘를 그대로 썼습니다. 한 가지 아쉬운 것은 원시의 끝 자인 청(靑)의 뜻을 살려내지 못한 점입니다. 이것은 시비에 쓰인 번역에서도 마찬가지인 듯합니다.

공간상 백운(白雲)은 위에 있고 그 아래 모산(暮山)이 펼쳐집니다. 흰 구름은 나무로 덮여 푸른 기운이 있는 저문 산을 날아 내리는 것입니다. 그러니 흰색과 푸른색은 색의 대비를 이룹니다. 저문 산이니 여기의 푸른색은 밝은 빛이 아니고, 제법 회색에 가까운 검푸른 색일 수 있겠습니다. "흰 구름 검푸른 저문 산을 날아 내리네" 정도가 될지 모르겠는데 그러면 음률이 맞지 않습니다.

필자의 재주로는 이런 내용을 도저히 7 5조 한 줄에 담을 수 없으니 여러분들이 좋은 글 많이 읽고 공부도 많이 하고 고민도 많이 해 좋은 번역을 해보기 바랍니다.

학발(鶴髮)은 두루미의 깃털로 하얗게 센 머리를 가리킵니다. 임영(臨瀛)은 강릉의 옛 이름인데, 영(瀛)은 본래 물 이름이나 바다의 뜻입니다. 바다[瀛]에 가깝거나 닿은 곳[臨]이라는 지리적인 특성을 지명으로 쓴 것이겠습니다. 한양(漢陽)도 마찬가지입니다. 양(陽)은 앞에 물이 있고, 뒤로 북쪽에 산이 있는 곳입니다. 남쪽을 정면으로 하는 배산임수의 지형입니다. 한강을 앞으로 하고, 북한산을 뒤로 하는 곳이기에 한양입니다. 중국에서도 양(陽) 자가 붙은 지명은 대체로 앞의 남쪽으로 강이 흐르고, 뒤에는 산이 있는 곳이 많습니다. 이에 반해 음(陰)이 붙은 지명은 산의 북쪽이고 강의 남쪽으로 햇볕이 잘 들지 않는 곳입니다.

중학	획수	회자	새김	발음
正	5	一 止	바를	정

정(正)은 올바른 것입니다. 『설문』입니다. "일(一)은 바르고 곧아 치우치지 않는 것이다. 지(止)를 따르며 일(一)을 그 위에 놓는다." 갑골문은 '에울' 위(囗) 아래에 '그칠' 지(止)가 있는 모양으로 성읍(城邑)으로 가는 것을 본뜻으로 봅니다. 거기에서 '알맞다, 기준이나 법칙에 부합하다' 등의 뜻이 나오게 되었습니다.

정식으로 된 규정이나 규범은 정규(正規)라 하고, 올바른 길이나 정당한 도리는 정도(正道)이고, 올바른 도리는 정의(定義)입니다. 철학에서는 개인 간의 올바른 도리, 또는 사회를 구성하고 유지하는 공정한 도리를 말하는데, 특히 분배와 관련해 문제가 됩니다.

格物 031. 이하부정관(李下不整冠)

"오얏나무 아래에서 갓을 고쳐 쓰지 말고, 외밭에서 신발을 고쳐 신지 말라"는 격언이 있습니다. 흔히 "이하부정관 과전불납리(李下不整冠 瓜田不納履)"의 한자어로 쓰기도 합니다. 원전은 『악부시집(樂府詩集)』의 「군자행(君子行)」이라는 시입니다.

군자는 일이 일어나기 전에 방지하고, 의심스러운 곳에 처하지 않으니
외밭에서 신을 고쳐 신지 않고, 오얏나무 아래에서 갓을 고쳐 쓰지 않는다네.

형수와 시아주버니는 손수 주고받지 않으며, 어른과 아이는 어깨를 나란히 걷지 않는다네.
겸손에 힘써 그 본령을 얻어, 세상에 어울리기는 유독 어렵네.
주공은 초라한 집에 살면서도, 손님을 맞느라 음식을 토해내며 식사를 제대로 못했네.
머리 한 번 감는 데도 세 번이나 머리칼을 쥐고 나와 손을 맞아서, 후세에 성현이라 칭송한다네.

필자의 시어 선택 능력이 떨어져 읽기에 운치도 없고 불편한 글이 되었습니다만, 대체적인 의미 파악에는 도움이 되리라 믿습니다. 아래는 원문입니다.

君子防未然 不處嫌疑间(군자방미연 불처혐의간)
瓜田不纳履 李下不整冠(과전불납리 이하부정관)
嫂叔不親授 長幼不比肩(수숙불친수 장유불비견)
勞謙得其柄 和光甚獨難(노겸득기병 화광심독난)
周公下白屋 吐哺不及餐(주공하백옥 토포불급식)
一沐三握髮 後世稱聖賢(일목삼악발 후세칭성현)

셋째 행 이하는 옛날의 제도나 고사를 알고 있지 않으면 이해하기 어려워 소개합니다. 수숙불친수(嫂叔不親授)의 수숙불친(嫂叔不親)입니다. 우선 불친(不親)은 고대 예법상 남녀가 직접 손으로 물건을 주고받지 않는 것입니다. 문제는 수숙(嫂叔)입니다. 수숙(嫂叔)의 '형수' 수(嫂)는 위아래의 남자 형제와 결혼한 여자를 말하고, '아재비' 숙(叔)은 아버지의 형제를 가리키기도 하고 남편의 남자 형제를 가리키기도 해 범위가 넓습니다. 더 이상 단서가 주어지지 않으면 딱히 하나로 고정하기가 어렵습니다. 기왕의 번역을 살펴봐도 그래서인지 내용이 서로 다른 경우가 많습니다. 그러니 자구에 너무 얽매이지 말고 남녀 관계를 조심하라는 뜻으로 받아들이면 됩니다.

네 번째 행은 해석이 정말 분분합니다. 중국에서도 마찬가지인데 그래도 그럴듯하게 받아들여지는 해석은 "부지런히 일하고 사람들을 겸손하게 대하는 데도 다른 사람들이 수군댈 수 있는데 그러면 다른 사람들이 다 볼 수 있도록 백일하에 혼자서 일을 해야 한다"인 듯합니다. 필자는 축자역으로 해보았는데, 여러분들이 나중에 공부 많이 해서 달리 해석도 해보고 다른 해석도 살펴보기 바랍니다.

마지막 두 행은 주나라 정치가였던 주공 단(周公 旦, 생몰연도 미상)과 관련된 고사에서 나온 것입니다. 백옥(白屋)은 초라한 초가집이라고도 하고, 백모(白茅) 즉, 띠로 이엉을 얹은 집이라고도 합니다. 어떤 경우든 서민이 사는 초라한 집입니다. 그런데 주공은 이런 집에 살면서 현인을 모시려고 늘 마음이 급해 밥을 먹다가도 누군가 찾아오면 토해내고 나가서 맞았고, 머리를 감다가도 손님이 찾아오면 머리칼을 쥐고 나가 맞았다는 이야기입니다. 여기에서 민심을 수람하고 정무를 보살피기에 잠시도 편안함이 없음을 이르게 되었습니다. 수람(收攬)은 좀 어려운 한자어인데, 거두어 잡는다는 뜻입니다.

格物 032. 토포악발(吐哺握髮)

위 주공의 이야기와 관련되어 나온 성어가, 먹던 것을 토해내고 감던 머리를 쥐고 나온다는 '토포악발(吐哺握髮)'입니다. 중국에서는 어순을 바꿔 보통 '악발토포(握髮吐哺)'로 많이 씁니다. 삼토삼악(三吐三握)으로 쓴 경우도 눈에 뜨입니다.

특별히 작자에 대한 언급은 없는데 중국의 온라인 백과사전[百度百科]에서는 고사 두 가지를 소개하고 있습니다.

먼저 '과전불납리'와 관련된 내용입니다. 북제(北齊, 550~577) 시기 원율수(袁聿修)라는 사람이 한 지방의 태수가 되었습니다. 한 번은 외지에 시찰을 나갔는데, 지나가는 길에 그곳의 태수인 오랜 친구가 지역 특산물인 비단을 선물로 보내왔습니다. 청렴했던 원율수는 지방 관원들이 혹시라도 오얏나무 아래에서 갓 고쳐 쓰는 격으로 의심의 눈초리로 보지 않을까 해서 받지 않았다고 합니다.

이어서 전체를 아우르는 내용입니다. 이것은 당나라 문종 때 유공권(柳公權, 778~865)과 관련된 내용이니 시대가 훨씬 뒤집니다. 그의 벼슬은 태자를 가르치는 일로 거의 평생을 궁에서 지내며 모두 일곱 명의 황제를 모셨다고 합니다. 서예에 관심이 있는 사람은 유공권이라는 이름을 잘 압니다. 당대(唐代)의 구양순(歐陽詢), 안진경(安眞卿), 후기 원대(元代)의 조맹부(趙孟頫)와 함께 '해서(楷書) 4대가'로 불리기 때문입니다.

곽녕(郭寧)이라는 직급이 낮은 지방관이 딸을 입궁시킨 뒤 벼슬자리가 조금 높아졌습니다. 이에 세간에 말이 많았습니다. 그러자 황제인 문종이 이 문제에 대해 당시 공부

시랑이었던 유공권에게 묻습니다.

> **문종** 곽녕은 태황태후의 계부(繼父)로 대장군에 봉한 뒤 관리로 실수도 없
> 었고, 현재 작디작은 우녕(郵寧)의 지방관을 맡고 있는데 타당치 않은
> 바가 있소?
>
> **공권** 사람들 얘기는 모두 곽녕이 딸 둘을 입궁시켜서 그 자리를 얻었다고
> 합니다.
>
> **문종** 곽녕의 두 딸은 입궁해 태후에 봉해진 것이며, 과인에게 바친 것도 아
> 닙니다.
>
> **공권** 오얏나무 아래에서 관을 고쳐 쓰고 오이밭에서 신을 고쳐 신어서 생긴
> [瓜田李下] 의혹이 아니겠습니까? 사람들이 어찌 모든 일을 뚜렷이 분
> 별할 수 있겠습니까?

중학	획수	회자	새김	발음
此	6	止匕	이, 이것	차

차(此)는 멈추는 것입니다. 발[止]을 나란히[匕] 늘어놓는 것이라서 '멈추다, 정지하다'의 뜻을 나타내는 것이라고 합니다. 고문 연구에서는 비(匕)를 오른쪽으로 구부정하게 구부린 사람으로 보아 사람을 발로 차는 것을 나타내는 것으로 봅니다. '차다'라는 뜻에서 가까운 것을 가리키게 되었다는 것입니다. 가까운 것을 가리켜 '이것, 여기' 등의 뜻을 나타냅니다.

차세(此世)는 이승입니다. 『표준』을 보면 '이생(生)'은 이승을 달리 이르는 말로 나와 있습니다. 차후(此後)는 지금 이후의 뜻입니다. 차일피일(此日彼日)은 이날저날의 뜻으로 자꾸 기한을 미루는 모양을 말합니다.

중학	획수	회자	새김	발음
步	7	止止	걸음	보

『설문』에서 "보(步)는 가는 것이다. 지(止)와 달(屮)이 서로 등진 것을 따른다[회의]"라고 합니다. 주석을 보면 천천히 가는[걷는] 것이 보(步)이며, 지(止)와 달(屮)이 서로 등진 것을 따른다는 것은 한 발은 멈추고, 한 발은 내딛는 것을 뜻한다고 합니다.

달(屮)은 '밟다'라는 뜻으로 지(止)를 좌우로 뒤집은 것을 따른다고 합니다. 현재의 자형에서는 좌우로 뒤집은 것이 드러나지 않는데, 전문에서는 각각 '止, 屮'로 쉽게 알아볼 수 있습니다. 갑골문에서 왼발과 오른발이 위아래로 있는 형태인 점을 바탕으로 '가다'를 본뜻으로 봅니다. 자소자로 '해' 세(歲), '자주' 빈(頻), '건널' 섭(涉)에서 볼 수 있습니다.

보행자(步行者)는 보도(步道)를 보행(步行)하는 사람입니다. 보월(步月)은 시어의 느낌이 나는 말로 '달밤에 거니는 것'입니다. 달빛 아래 거니는 것으로 설명하면 더 운치가 있을 듯하기도 합니다.

중학	획수	회자	새김	발음
武	8	止 戈	호반	무

『설문』에서는 초 장왕의 말을 인용해 **무(武)**를 설명합니다. "무(武)는 전공을 정하고 전쟁을 끝내는 것이다. 그래서 지(止)와 과(戈) 두 글자를 합쳐 무(武)가 된다[楚莊王曰 夫武 定功戢兵 故止戈爲武]." 창[戈]으로 싸우는 즉, 전쟁을 멈추게 하는 것[止]이 무(武)라는 것입니다. 글자의 기원이나 유래에 대한 설명이라기보다는 무(武)가 최종적으로 지향하는 바를 잘 꿰뚫은 파자이겠는데, 많이 인용되는 유명한 말입니다.

고문 연구 결과는 반대입니다. 지(止)는 발을 나타내고 과(戈)는 무기를 나타내어 무기를 들고 시위를 하는 모양이라고 합니다. 과(戈)는 삐침[丿]이 위로 올라간 이체자 형태를 취했습니다. 군대와 관련이 있는 뜻을 나타냅니다. 병기를 뜻하기도 하고 무인들의 강건함이나 위엄 있는 기세를 뜻합니다.

전쟁이나 싸움에 쓰는 기구는 무기(武器)입니다. 무력이나 억압을 써서 강제로 행하는 것은 무단(武斷)한 것이고, 날쌔고 용맹스러운 것은 무용(武勇)입니다.

중외	부수	획수	새김	발음
之	丿	4	갈	지
足	足	7	발/지날	족/주

'갈' 지(之)는 지사자인데, 어느 부수에 속하는지 짐작하기가 쉽지 않습니다. 삐침[丿] 부수에 속하고, 삐침을 한자로는 별(撇)이라고 합니다. 서예에서는 많은 연습을 요하는 기본 획(劃)입니다.

'발' 족(足)은 부수자입니다. 상세한 내용은 부수란을 확인하기 바랍니다.

중외	부수	획수	형자	새김	발음
齒	齒	15	止	이	치

'이' 치(齒)도 부수자로 해당 부수란에서 상세히 설명하고 있습니다.

중외	부수	획수	회자	새김	발음
走	走	7	夭 止	달릴	주

'달릴' 주(走)도 부수자로 상세 설명은 해당 부수란을 참고하기 바랍니다.

회의 자소에 나온 글자는 '일찍 죽을, 어릴' 요(夭)입니다. 고문 분석에서는 춤을 추는 모양으로 풀이합니다. 그래서 아리따운 태도를 나타내고, 초목의 어린 싹이 부드럽고 예쁜 모양을 나타냅니다. 나아가 어려서 죽은 것도 뜻하게 되었습니다. 요사(夭死)는 요절(夭折)과 같은 뜻으로 젊은 나이에 죽은 것을 말합니다. 다른 곳에서도 한 번 설명했 듯이 '다행' 행(幸)을 '젊어서 죽지[夭] 않는 것[屰]'으로 풀이하는 경우도 있습니다.

고외	부수	획수	회자	새김	발음
企	人	6	人 止	꾀할	기

기(企)는 발꿈치를 드는 것입니다. 까치발을 하는 것입니다. 뭔가 손에 닿지 않을 때나 더 멀리 잘 보려고 할 때 까치발을 합니다. 한자에서도 마찬가지입니다. '꾀하다'라는 뜻을 가집니다.

기족교수(企足矯首)라는 성어가 있습니다. 발을 들고 목[머리]을 뺀다는 뜻으로 간절히 기다리는 것을 이릅니다. '바로잡을' 교(矯)는 본뜻이 화살 등을 바로잡는 것을 뜻하지만 여기서는 머리를 반듯하게 하는 것 즉, '치켜들다'라는 뜻입니다. 학수고대(鶴首苦待)는 학처럼 목을 빼고 기다린다는 뜻인데, 기족교수는 거기서 한 걸음 더 나아가 발까지 든 것입니다. 같은 뜻입니다. 필자는 이상하게 기(企) 자를 볼 때마다 펭귄을 떠올리는데, 연상 방법의 하나로 고착된 것이 아닌가 합니다.

고외	부수	획수	회자	새김	발음
肯	肉	8	止 肉	즐길	긍

고기를 먹다 보면 뼈와 뼈가 맞닿은 관절 부위는 잘 씹히지 않습니다. 질긴 근육이 붙어 있어 뜯어 먹기가 어렵습니다. 갈빗집에 가면, 품위를 잃지 않으려는 듯 젓가락으로만 처리하는 사람, 한 손이 부족해 두 손을 들이대고 해부를 하는 사람, 숟가락으로 근육과 갈비 사이를 헤집는 사람 등등 갈비를 뜯는 모습이 천태만상입니다. 긍(肯)의 본뜻은 관절 부위의 질긴 근육살입니다. '허가하다'든지 '찬성하다, 긍정하다'라는 뜻은 글자를 빌려서 쓰게 된 가차의(假借義)입니다. 씹다가 단단해 멈칫하는[止] 근육[肉]으로 생각하면 기억하기가 쉽지 않을까 합니다.

그래도 사용례를 들어보려고 한참을 확인하는데, 긍(肯)으로 시작하는 성어는 긍당긍구(肯堂肯構)가 나옵니다. 출전은 『서경(書經)』입니다. 여러분과 함께 공부하며 필자도 배웁니다. 여기서 긍(肯)은 '원하다, 바라다'라는 뜻이고 당(堂)은 집의 기초라고 합니다. '얽을' 구(構)는 집의 얼개입니다. 그러니 이 성어의 자의(字義)는 집의 기초를 닦고 얼개 세우기를 바란다는 것이겠습니다. 비유적으로 아버지의 사업을 아들이 계승해 이루는 데에 쓰입니다.

고외	부수	획수	회자	새김	발음
賓	貝	14	宀 人 止	손	빈

빈(賓)을 『설문』에서는 "공경하고 소중히 여겨야 하는 사람"이라고 합니다. 주석에서는 손님을 맞는 예절[賓禮(빈례)]에는 예물이 있어야 하기 때문에 패(貝)를 쓴다고 합니다. 고문 연구에서는 선물[貝]을 가지고 내 집[宀]에 온 사람을 가리키는 것으로 분석합니다.

『표준』에도 실려 있지는 않습니다만 성어 하나만 소개합니다. 빈지여귀(賓至如歸)입니다. 우선 한 번 해석을 해봅시다. '손님이 이르면'이니 '내 집에 오면'이라는 뜻이 되겠습니다. '가는 것처럼[如歸] 해라' 이 부분이 아무래도 이상합니다. 해석은 맞습니다만 조금 보충해야 합니다. 그 손님이 '자기 집에 가 있는 것처럼 하라'는 뜻입니다. 자기 집에 가면 뭐 하나 불편한 것이 없습니다. 손님을 접대하는 데에는 그 손님이 자기 집에 돌아간 것처럼 그래서 뭐 하나 불편한 것이 없도록 주도면밀하게 대접하는 것입니다.

고외	부수	획수	회자	새김	발음
疑	疋	14	匕 子 止	의심할	의

의(疑)는 육서 분류에 이견이 많습니다. 일단 상형자로 보는 견해가 있습니다. 『설문』에서는 '화살' 시(矢)가 소리를 나타내는 형성자로 봅니다. 이것인지 저것인지 헷갈리는 것입니다. 자세한 내용은 해당 부수에서 확인하기 바라고, 시 한편 읽고 가겠습니다.

格物 033. 이백(李白, 701~762)의 「정야사(靜夜思)」

床前明月光(상전명월광) 침상머리 밝은 달빛
疑是地上霜(의시지상상) 땅에 내린 서리련가

擧頭望明月(거두망명월) 머리 들어 달 보다가
低頭思故鄕(저두사고향) 고개 숙어 고향 생각

시제인 '정야사(靜夜思)'는 '고요한 밤에 생각하다' 정도이겠는데, 제목이라는 점을 생각해 '고요한 밤의 생각'처럼 명사로 처리하는 것도 좋겠습니다. 이 시와 관련하여 두어 가지 말씀을 드리고 싶은 것이 있습니다.

첫째, 지금 여러분 정도 나이의 젊은 학창 시절에 외워 기억하면 평생을 간다는 점입니다. 필자 기억에 이 시를 외웠던 것은 고등학교 시절입니다. 그런데 지금도 입에서 자연스럽게 나옵니다. 그러니 여러분도 학창 시절에 좋은 글 많이 읽고 외우는 것이 좋습니다. 그런데, 웬일인지 필자는 세 번째 구를 '거두망산월(擧頭望山月)'로 기억하는데, 확인하니 판본에 따라 그렇게 쓰인 것도 있다고 합니다.

둘째, 시어의 선택과 관련된 점입니다. "저두사고향"에서 저두(低頭)를 '고개 숙여'로 번역한 경우가 적지 않습니다. 실제 구문을 파악해볼 때 저두(低頭)는 술목관계로 목적어이니 맞는 번역입니다. 그런데도 필자는 뭔가 아쉽습니다. 밝은 달을 보다보니 고향 생각이 나고, 수심이 드리워 머리가 자연히 숙여지는 것으로 여겨지기 때문입니다. 타동사가 아닌 자동사로 표현되어야 시상이 제대로 살아나는 것 같다는 생각입니다. 인터넷을 통해 확인한 것입니다만 『한시작가작품사전』에는 이 부분을 "고향 생각에 고개 숙여지네"라고 번역하고 있습니다. 이 어휘가 그래도 마음에 드는데 여전히 뭔가 아쉽습니다.

이 부분은 전적으로 필자의 주관적인 생각이고 판단입니다. 아무튼 필자는 "고개 숙어 고향 생각"으로 해보았습니다만 이렇게 쓰는 경우가 많지 않아 낯설고, 농익지 않아 서걱서걱한 느낌을 떨칠 수 없습니다. 글도 어렵지만 시어의 선택은 보통 사람의 능력 밖입니다.

이 시에서 의(疑)는 물론 의심스럽다는 뜻입니다. 그러나 분명히 그렇지 않다는 확신이 아니라 잠결 몽롱한 상태에서 그렇지 않을까 하고 생각하는 정도의 의심입니다. 강한 의심이 아니라 가벼운 궁금증이나 자신의 판단에 확신이 서지 않는 상황을 나타내는 것입니다.

R078

죽을 사 부, 뼈 앙상할 알(歺, 歹)

갑골	금문	전문	해서
𡰤		𡰤	歹

　죽을 사(死) 부라고 합니다만, 왼쪽 자소자가 이 부수의 형태로 되어 있기 때문에 부르는 이름일 뿐입니다. 실제 이 글자는 '뼈 앙상할' 알(歹), '나쁠' 대로 새깁니다. 뼈에 붙어 있는 근육을 바르고 남은 뼈가 본뜻입니다. 이런 뼈를 다른 사람에게 줘봤자 그 누구 한 사람 좋아하지 않습니다. 이때는 '나쁠' 대로 음이 달라집니다.

　『설문』에는 '歺'이 독립된 부수입니다. 『강희자전』에서는 '歺'이 '歹'과 같은 글자라 하고, '歹'도 '歹'과 같은 글자라고 합니다. 결국 세 글자가 같다는 뜻입니다. 본서에서는 분석 등에 현재 많이 쓰고 있는 '歹' 자형을 씁니다. 자소자로 쓰일 때에는 거의 예외 없이 歹 형으로 쓰이며, 주로 죽음과 관련된 내용을 나타냅니다.

중학	획수	회자	새김	발음
死	6	歹人	죽을	사

『설문』에서 "사(死)는 (정기가) 다하는 것이다. 사람의 형체와 혼백(魂魄)이 분리되는 것을 이른다"라고 합니다. 사람[人]이 앙상한 뼈[歹]로 돌아가는 것입니다. 죽음이나 죽은 사람, 또는 어떤 일에 죽을 각오로 임하는 것을 가리키기도 합니다.

죽음과 삶은 사생(死生)입니다. 사활(死活)은 죽기와 살기로 비슷한데 쓰임은 구별됩니다. 사생결단(死生決斷)은 죽고 사는 것을 돌보지 않고 끝장을 내려고 하는 것이니, 사활(死活)을 건 심각한 문제로 사투(死鬪)하는 것입니다. 사생결단은 동사로도 쓰이는데 반해, 사활은 명사로만 쓰입니다.

증외	부수	획수	회자	새김	발음
列	刀	6	歹刀	벌릴	렬

렬(列)은 가르거나 바르는 것입니다. 칼[刀]을 넣어 뼈를 발라내는 것[歹]입니다. 여기서 '벌리다, 늘어놓다, 줄을 이루다' 등의 뜻이 인신되어 나왔습니다.

이 글자는 자소자로도 많이 쓰입니다. 烈, 裂, 例. 새겨볼 만합니까? 불[火]이 붙어 '세찰' 렬(烈), 옷[衣]을 잡고 '찢을' 렬(裂), 사람[人]이 만들어 '법식' 례(例)입니다.

고교	획수	형자	새김	발음
殆	9	台	위태할, 가까울	태

태(殆)는 위험한 것입니다. 손자병법에 나오는 말이라고 하죠. "나를 알고 적을 알면 백 번 싸워도 지지 않는다[知己知彼 百戰不敗(지기지피백전불패)]." 원문은 "지기지피 백전불태(知己知彼 百戰不殆)"라고 합니다. 백번을 싸워도 위험하지 않다는 뜻입니다. 무엇무엇에 가깝다는 뜻이 되어 '거의'의 뜻을 나타냅니다.

자소자는 '별' 태(台)인데, '돈대' 대(臺)의 약자로 쓰는 경우가 많습니다. 그래서 정자 대만(臺灣)을 약자로 대만(台灣)으로 쓰는 경우가 적지 않습니다. 대만(台灣)으로 쓰는 것은 간체자를 쓰는 중국의 표기 방식이기도 해서, 혹 대만 사람들이 보면 불쾌한 표기 방법이 아닐까 하는 생각이 들기도 합니다. 대만의 국호는 중화민국(Republic of China)입니다만 중화인민공화국(People's Republic of China) 즉, 중국과의 갈등으로 올림픽이나 국제 대회에는 'Chinese Taipei'로 표기하는 경우가 많습니다.

거의 절반은 태반(殆半)이고, 거의 없는 것은 태무(殆無)한 것입니다. 이 설명 방식을 눈여겨보기 바랍니다. '태반이고'와 '태무하다'의 형태로 쓴다는 뜻입니다. 즉, 태반은 명사로 사용되기 때문에 뒤에 서술격조사 '~이다'를 더해 쓰고, '태무하다'는 형용사로 쓰이기 때문에 그대로 활용해서 쓸 수 있다는 뜻입니다.

고교	획수	형자	새김	발음
殊	10	朱	다를	수

수(殊)의 『설문』 풀이입니다. "수(殊)는 죽이는 것이다. 알(歹)을 따르고, 주(朱)가 소리를 나타낸다. 한령(漢令)에 오랑캐의 두목은 죄가 있으면 당연히 사형에 처한다고 한다." 주석을 보면 목을 베어 죽이는 것이라고 합니다. 목을 베어 죽이면 머리와 몸이 따로 떨어지기 때문에 인신되어 '다르다'는 뜻이 나왔다고 합니다. 알고 보면 잔인하고 끔찍한 글자입니다.

모양이 여느 것과 다른 것은 수상(殊狀)한 것이고, 특별한 공로는 수훈(殊勳)입니다. 훈장을 받는 수훈(受勳), 후세에 남기는 가르침의 수훈(垂訓), 첫째가는 공훈의 수훈(首勳), 공을 세우는 수훈(樹勳)은 모두 동음이의어가 되겠습니다.

고교	획수	형자	새김	발음
殉	10	旬	따라 죽을	순

'따라 죽을' **순(殉)**은 실제로는 따라 죽은 것이 아니라 따라 죽이는 것이었습니다. 타의입니다. 이 세상에서 시중을 들 듯, 저 세상에 가서도 시중을 잘 들라고 희생으로 바치는 것으로 순사(殉死)와 순장(殉葬)은 강요된 죽음이고, 장례였습니다.

格物 034. 순국(殉國)과 순사(殉死)

나라가 망하면 운명을 같이하는 사람들이 있습니다. 한말의 민영환(閔泳煥, 1861~1905)이나 조병세(趙秉世, 1827~1905)가 그랬습니다. 중국의 굴원도 초나라가 멸망하자 멱라강(汨羅江)에 몸을 던졌습니다. 나라를 따라 죽는 것입니다. 우리는 이런 분들의 순국(殉國) 정신을 높이 사고 그 얼을 기립니다. 망해가는 나라의 모습을 보며 비분강개해 자의적으로 목숨을 버리는 것입니다.

영어에서는 순사(殉死)를 'Suttee'로 씁니다. 인도에서 온 말로 되어 있는데 장례 방법이 달라 인도에서는 남편의 시신과 함께 화장을 시켰다고 합니다. 'Sati'로도 씁니다. 'Sati'는 옛날 인도에서 쓰던 산스크리트어[梵語(범어)]라고 하는데 그 말뜻이 더 기가 막힙니다. '덕이 있는 여인'이라고 합니다. 남편에게 헌신한 여인이라는 뜻이겠는데, (덕이 없어) 남편을 따라 죽지 못한 아내라는 뜻의 미망인(未亡人)과 똑같은 발상에서 나온 단어로 보입니다. 덕(德)이 사람을 잡습니다. 아니 잡는 정도가 아니라 사람을 죽입니다. 인도에서도 순사를 불법화, 금지한 지가 오래됩니다.

자신이 섬기던 사람을 따라 죽은 경우도 있습니다. 중국 심양 고궁의 대정전 한쪽에 환관이 자기가 모시던 황제가 붕어하자 순장(殉葬)을 원해 함께 묻혔으며 그의 뜻을 기려 세웠다는 비석을 보았던 기억이 있습니다. 누구였는지 이름까지는 생각나지 않습니다.

역사를 통해 실제 본인이 순장을 원해 죽은 남편을 따라간 경우도 없지 않고, 순장까지는 아니더라도 배우자가 세상을 떠난 뒤 불과 며칠 안에 다른 배우자가 운명을 달리하는 경우도 드물지 않습니다. 하지만 어떤 경우이든 순사나 순장은 역사상 비인간적이고 비인도적인 악습이 아닐 수 없습니다.

고교	획수	형자	회자	새김	발음
殃	9	央	歹央	재앙	앙

앙(殃)은 재앙입니다. 태(殆)나 앙(殃) 모두 위험해 피하고 싶은 것들입니다. 태(殆)는 사람 사이에 빚어지는 갈등에서 오는 위험이라 상대가 있습니다. 그러나 앙(殃)은 불가항력적이고 하늘이 내리는 심판이라는 점에서 다릅니다.

어떤 일로 생기는 재난은 앙화(殃禍)입니다. 어렸을 때 친구들이 못살게 굴면 흔히 "앙알이나 맞아라"라는 말을 했는데, 대충 무슨 뜻인지 짐작은 되지만 사전에서도 확인할 수 없었습니다. 말에 관심을 가지며 확인해보니 '앙얼(殃孼)'이 맞습니다. '지은 죄의 앙갚음으로 받는 재앙'이라는 뜻입니다. '서자' 얼(孼)에는 재앙이라는 뜻도 있습니다. 앙화와 같은 뜻입니다.

고교	획수	형자	회자	새김	발음
殘	12	戔	歹 戔	잔인할, 해칠	잔

잔(殘)은 부상을 입히는 것입니다. 다른 사람을 해쳐 다치게 하는 것입니다. 다른 사람을 해치는 것은 흉악한 일입니다. '망가뜨리다, 흉악하다'라는 뜻이 있습니다.

잔의 자소자는 '해칠' 잔(戔)입니다. 창[戈]을 두 자루나 들고 있으니 일어날 수 있는 일입니다. 자소자로 많이 쓰이는데 한 번 살펴보겠습니다. 쇠가 붙어 '돈' 錢, 물 붙으면 '얕을' 淺, 앙상하게 '잔인할' 殘, 조개 패에 '천할' 賤, 발이 붙어 '밟을' 踐입니다. 물론 기초한자에 속하는 글자들입니다. 일부러 독음을 달지 않았는데 다 새겨 읽을 수 있겠지요.

잔차잉반(殘茶剩飯)이라는 성어를 한 번 새겨보겠습니다. 마시다 남은 차[찻물]와 먹다 남은 밥으로 새겼다면 성공입니다. 그저 간단히 남은 음식으로 한끼 때울 때 쓸 수 있는 말입니다. 우리로 치면 찬밥을 물에 말아 먹는 정도로 끼니를 때우는 것이겠습니다. 음식점에서 식사를 하는 경우, 이제는 우리도 남은 음식을 싸오는 경우가 많은데 중국에서는 아주 보편화되어 있습니다. 따빠오(打包)라고 합니다. 필자는 상당 기간 품위없는 것으로 여겼는데, 음식물을 아끼고 쓰레기도 줄인다는 차원에서 지금은 오히려 권장해야 하는 사항이 아닌가 합니다.

R079

갖은등글월문 부,
날 없는 창 수(殳)

갑골	금문	전문	해서

이 부수자는 국내 자전에도 '몽둥이' 수, '날 없는 창' 수 등 설명이 분분합니다. 『설문』부터 한 번 살펴보겠습니다. "수(殳)는 창[杸]을 써서 떨어지게[적이 대들지 못하게] 하는 것이다. 『주례(周禮)』에 수(殳)는 대나무를 합쳐 만들며 팔모에, 길이는 한 장(丈) 두 척(尺)이며 병거에 세우고 수레에 있는 선봉대가 그것을 들고 앞에서 달린다." 주석에서는 대나무를 쪼개서 만들며 날이 없다고 합니다. 여기에 나오는 척(尺)이 정확히 어느 정도의 길이인지 알 수는 없지만 일반적으로 한 장(丈)은 3m가량으로 잡습니다. 이 글에 따르면 수(殳)는 3.6m가량의 팔모 죽창이 되겠습니다.

고문 분석에서는 자형을 긴 자루에 끝이 둥그런 병기로 치는 모양을 그린 것으로 보아 던진다거나 던지는 병기를 본뜻으로 봅니다.

중학	획수	형자	회자	새김	발음
殺	11	杀	杀殳	죽일/빠를	살/쇄

살(殺)의 회의 자소도 '죽일' 살(杀)입니다. 고문에서 살(杀)은 꼬리가 긴 짐승을 때려 잡은 뒤 걸어놓은 모양으로 봅니다. 쳐죽이는 것입니다. 살(殺)은 뜻을 강조하기 위해 '몽둥이' 수(殳)를 붙여 분화된 글자로 봅니다.

똑같이 죽이는데 균이라서 살균(殺菌), 사람은 살인(殺人), 벌레는 살충(殺蟲)입니다. 죽이거나 다치게 하는 것은 살상(殺傷)입니다. 한 가지, 한 곳으로 세차게 몰려드는 것은 '살도'가 아닌 쇄도(殺到)입니다. '주문쇄도'는 광고 문안에서 많이 보이는 문구입니다.

이솝 우화에 금 달걀을 낳는 닭 이야기가 나옵니다. 알을 많이 얻으려고 잡아버리죠. 그걸 바탕으로 나온 성어이니 오래된 것은 아니겠습니다. 살계취란(殺鷄取卵)이라고 합니다. 닭을 잡아서 알을 얻는다는 뜻으로 물론 어리석은 짓을 가리킵니다. 사람의 목숨이 귀하니 꼭 버려야 하는 경우에는 살신성인(殺身成仁)해야 합니다. 죽어서 인(仁)을 이룬다면 그래도 이름값을 한 것이겠고, 살신보국(殺身報國)은 죽어서 나라의 은혜에 보답하는 것이니 이 또한 마찬가지입니다.

중외	부수	획수	형자	새김	발음
投	手	7	殳	던질	투

투(投)는 던지는 것입니다. '보내다, 의지하다'의 뜻도 있습니다.

야구에서 공을 던지는 동작은 투구(投球), 던지는 사람은 투수(投手)입니다. 이것은 본뜻이 쓰인 경우이고, 숙박 시설에 들러 묵는다는 뜻의 투숙(投宿), 약을 쓴다는 뜻의 투약(投藥), 투표용지에 의사 표시를 해 투표함에 넣는 행위인 투표(投票)에서는 인신된 의미가 사용된 경우이겠습니다.

중외	부수	획수	회자	새김	발음
設	言	11	言殳	베풀	설

설(設)은 펼쳐서 차려놓는 것입니다. 『설문』 주석에서는 언(言)은 말로 부리는 것이고, 수(殳)는 손으로 부리는 것이라고 합니다. 각자 어떤 일을 하도록 주선하는 것이라고 할 수도 있겠습니다.

설신처지(設身處地)를 주어진 한자만으로 새긴다면 (자신의) 몸을 (어떤) 처지(상황)에 놓아본다는 말이 되겠습니다. 다른 사람의 처지가 되어 생각해보는 것입니다. 역지사지(易地思之)와 흡사합니다. 역지사지를 한자로 쓰는 경우, 앞뒤의 '지' 자가 자칫 틀리기 쉽습니다. 처지(處地)를 바꾸어[易] 그것[之]을 생각하는[思] 것입니다. 그러니까 지(之)는 대명사인데 문맥을 통해 그것이 무엇인지는 알 수 있으니 특별히 새기지 않는 것입니다. 이런 구문이 고문에는 종종 나옵니다.

고교	획수	형자	새김	발음
毀	13	毇省	헐	훼

훼(毀)는 『설문』을 보면 그릇의 이가 빠지는 것 같은데, 『단주』에서는 "그릇이 깨어지는 것이다"라고 설명하고 있습니다. 깨어지는 경우도 박살이 나는 경우와 이가 빠지는 정도로 나누어 생각할 수 있겠는데, 보통은 다시는 못 쓰게 되는 정도가 아닐까 합니다. 고문 연구에서는 (뭔가를) 땅 위에서 밟아 망가뜨리는 것으로 해석합니다. 그래서 '부족하다'라는 뜻으로도 쓰이고 가차해 '비방하다'는 뜻도 나타냅니다.

헐거나 깨뜨려버리는 것은 훼기(毀棄), 헐거나 깨뜨려 망가뜨리는 것은 훼손(毀損), 절개나 지조를 깨뜨리는 것은 훼절(毀節)입니다.

'헐' **훼(毀)** 자의 자소자가 막힌다고요? '쌀 쓿을' 훼(毇)입니다. 『설문』에서는 "훼(毇), 열 말[斛, '휘' 곡]을 찧으면 (쌀이) (여덟) 아홉 말이 된다"라고 합니다. 원문에는 여덟로 되어 있는데 『단주』에서 아홉으로 고쳤습니다. 벼를 찧으면 쌀은 부피로 70~80% 가량이 나옵니다. 벼 열 말을 찧으면 쌀이 일고여덟 말이 나오는 것입니다.

요즈음 학생들은 아마 '쌀을 쓿다'는 말 자체를 들어본 적이 없을지도 모르겠습니다.

'곡식을 찧어 속꺼풀을 벗기고 깨끗하게 하는 것'을 '쓿다'라고 합니다. '대끼다'라는 말이 비슷한 의미인데, 대끼는 것은 '애벌 찧은 수수나 보리에 물을 부어가며 마지막으로 깨끗이 찧는 것'입니다. 쌀을 찧는 도정 자체가 기계화, 자동화되어 앞으로 이런 말은 사라져버리거나, 도정업자들 사이에 은어처럼 되는 것은 아닐지 염려스럽습니다.

이 글자는 어려워 보이지만 기억하기는 쉽습니다. 벼[米]를 절구[臼]에 넣고 절굿공이[殳]로 찧는 것입니다.

格物 035. 벼의 도정과 용량

'(쌀) 쓿을' 훼(毇)라고 새기는데 '쓿는다'는 것은 애벌 찧은 곡식을 더 찧어 속꺼풀을 벗기고 깨끗이 하는 것입니다. 벼를 애벌 찧으면 겉겨인 왕겨와 쌀이 나옵니다. 이것은 겉껍질을 벗겨낸 것으로 현미(玄米)입니다. 색이 누르스름합니다.

매조미쌀(-糙米-)이라는 말이 있는데 이것은 매로 갈아, 즉 매갈이를 해 겉껍질을 벗겨낸 것으로 역시 현미입니다. 한자어 조미(糙米)는 현미라는 뜻입니다. 어떻게 보면 매조미쌀은 역전앞과 같이 '쌀'이 군더더기로 한 번 더 붙은 말이겠는데, '매조미'라고만 하는 경우, 언뜻 쌀로 알아듣기가 어려우니 상황은 조금 다르다고도 할 수 있겠습니다. 매조미쌀 즉, 현미를 쓿어서, 즉 다시 한 번 더 찧어서 나오는 것이 백미(白米) 즉, 흰쌀입니다. 쌀은 찰진 정도에 따라 멥쌀과 찹쌀로 나눕니다.

지금은 보기 어렵지만 옛날에 벼를 보관하는 데에는 볏짚으로 좀 성기게 짠 섬[石]을 썼습니다. 섬은 부피 단위로 열 말, 즉 180리터입니다. 180리터라고 하는 것은 통상적으로 쓸 때의 이야기이고 실제 섬은 주로 보관용으로 썼기 때문에 지방마다 다르고, 심하게 말하면 집집마다 달랐습니다. 크기도 하고 작기도 하고 편한 대로 짜서 썼기 때문입니다. 정해진 표준 규격이 없어 실제 섬에 관한 자료를 찾아보면 이것 다르고 저것 다르고 난맥상을 보입니다. 쌀은 섬보다는 훨씬 더 촘촘하게 짠 가마니에 담았습니다.

일본의 수탈 정책 당시에 나온 것이 가마니라고 하는데, 그래서인지 가마니는 그나마 조금 더 규격이 통일되어 있습니다. 두 가마니가 한 섬입니다. 벼나 쌀을 담거나 잴 때는 보통 말을 썼습니다. 고봉으로 가득 채운 뒤 나무 막대기로 평평하게 밀어냅니다. 그 나무 막대기를 '평미레'라고 합니다. 공출이나 수매에도 가마니를 썼습니다. 품질 검사를 위해 벼나 쌀을 꺼내볼 때는 대나무를 비스듬히 깎거나 쇠를 그런 모양으로 만든 것을 썼는데 '간색대(看色-)' 또는 '색대'라고 합니다. 품질이 좋은지 나쁜지 색(色)을 보는[看] 대입니다. 공출이나 수매에 쓰니 분명 중량이 규정되고 어느 정도 규격화, 표준화되어야 합니다. 벼는 한 가마니를 60kg으로 치고, 쌀은 한 가마니가 80kg입니다.

흔히 "벼 한 섬 찧어야 쌀 한 가마니 나온다"는 말을 합니다. 벼를 찧어서 백미가 나오는 비율을 도정수율(搗精收率)이라고 하는데, 벼를 찧어서[搗精] (쌀로) 거두어들이는[收] 비율(比率)로 현재 국내 도정수율은 70~72% 가량입니다. 벼 110kg가량을 찧어야 80kg짜리 쌀 한 가마니가 나온다는 이야기입니다. 벼 한 섬이면 120kg입니다. 정확히 계산하면 벼 한 섬 방아를 찧으면 쌀이 84~86.4kg 나온다는 계산이 되는데 이건 현재의 상황입니다. 그동안 품종도 많이 개량되었고, 제때에 비료나 농약을 쓰는 영농법도 개선되어 도정수율은 분명 올랐거나 적어도 떨어지지는 않았을 것입니다. 그러니 벼 한 섬 찧어야 쌀 한 가마니 나온다는 말은 정확한 말이라 할 수 있겠습니다.

방아를 다 찧어서 쌀이 한 가마니 나왔습니다. 10말이니 180리터이고 중량은 80kg 입니다. 그런데 여기에도 문제가 있습니다. 대부분 열 말 80kg으로 알고 있는데, 닷 말이라고 하는 사람도 있습니다. 말도 더 나눠서 말할 때는 대두와 소두가 있습니다. 18리터 한 말을 대두(大斗) 한 말이라고 하고 그 반은 소두 한 말입니다. 설상가상 척관법의 말도 미터법의 영향으로 한 말을 18리터가 아닌 20리터를 쓰기도 했습니다. 20리터한 말을 대두 한 말로 치면 소두 한 말은 10리터입니다. 즉, 소두 열 말입니다. 쌀 한 가마니가 열 말이라고 하는 것은 소두로 계산한 것입니다.

소두와 대두는 지금까지도 술병에 자취를 남기고 있습니다. 대두 한 되가 들어가는 병이 '되들잇병'이고 줄어서 '됫병'입니다. 한자어로 대두병(大斗瓶)으로 1.8리터입니다. 지금 음료수 병으로 큰 병의 용량은 대부분 1.8리터입니다. 필자는 다 이런 데에서 비롯된 것으로 봅니다.

이상하게도 소주는 늘 '댓병'으로 나팔을 붑니다. 됫병이나 대두병이라는 말의 어원을 잘 모르거나 정확히 생각하지 않고 쓰니 큰 병 즉, 대병(大瓶)인가보다 해 댓병이 되지 않았을까 하는 것이 필자의 추측입니다. 옛날에는 술집에서 부엌 한 켠에 술항아리를 묻어놓고 되로 팔았습니다. 됫술인데 그때 쓰는 단위는 대두 한 되의 반인 소두 한 되로 0.9리터입니다. 작은 막사발로 석 잔 정도 나옵니다.

말이나 되의 용량은 얽히고설켜 복잡하기도 하고 통일된 의견을 찾기가 어렵습니다. 국립농산물품질관리원 고시에 따르면 쌀의 등급은 리터당 중량이 특은 810g, 상은 800g, 보통은 780g 이상으로 되어 있습니다. 미국의 농산물 관련 기관에서 발표하는 자료를 보면 벼는 비중이 0.577이고 쌀은 0.753이라고 나옵니다. 외국의 수치로 현미인지 백미인지 확인이 안 되고 국내 기준치와 차이도 있습니다만, 수치에 차이가 나는 것은 수분 함량 즉, 건조도를 어느 정도로 규정하는가에서 비롯되는 문제로 보입니다. 어림셈이라도 해볼 수 있는 기준치는 되리라 믿습니다.

쌀 한 가마니가 열 말이라고 할 때 우리는 우리도 모르게 한 되를 일 리터로 치고 있는 것입니다. 입방으로 10cm 규격 즉, 1,000cc를 한 되로 계산합니다. 척관법에서 한 되는 1.8리터입니다. 척관법에서 미터법이나 방금 설명한 소두 단위로 슬그머니 전환이 되면 80kg짜리 한 가마니가 열 말이 됩니다. 우리 머릿속 그 안 어디엔가 척관법이 남아 그를 바탕으로 하면 닷 말입니다. 그러니 쌀 한 가마니는 닷 말이 되기도 하고, 열 말이 되기도 합니다. 참고로 보리는 비중이 0.609, 밀은 0.769, 콩은 0.702라고 합니다.

논의 넓이를 재는 단위로 마지기가 있습니다. 볍씨를 한 말 뿌려서 낼 수 있는 정도의 면적이라고 합니다. 그래서 '말+짓기'에서 온 것이 아닌가 추정을 해봅니다. 북쪽으로 올라갈수록 벼를 배게 심습니다. 그래서 강원도 산간 지역에서는 논 150평을 한 마지기로 칩니다. 남쪽 평야로 내려가면 벼를 좀 성기게 심습니다. 200평을 한 마지기로 칩니다.

'쓿을' 훼(殿)와 관련된 이번 격물은 국내외 각종 사이트를 검색해보고, 쌀집과 농협에 묻고 확인을 하였는데 의견이 조금씩 달랐습니다. 말이라는 부피 단위가 규격화, 표준화가 덜 돼서 비롯된 문제이겠습니다.

필자 나름대로 '말'에 드러나는 혼맥상을 합리적으로 설명할 수 있으면 해서 시작했는데 여러분들이 이해하는 데에 조금이나마 도움이 되었으면 합니다. 규격화, 표준화가 덜 된 것에 대한 설명이라서 필자가 제시한 설명 또한 제약이 있을 수밖에 없음을 아울러 말씀드립니다.

고교	획수	형자	회자	새김	발음
殿	13	𡱳	𡱳 殳	전각	전

전(殿)을 『설문』에서는 뭔가를 치는 소리라고 합니다. 볼기[𡱳]를 치는[殳] 소리일 것으로 추측합니다. 행군할 때 가장 후미에 있는 것을 가리키고, 거기에서 등급이 처지는 것을 나타내고, 또 다시 인신되어 높고 큰 집을 가리킵니다. 그래서 '대궐' 전으로도 새

깁니다.

둔(屍)은 '볼기' 둔입니다. '전각' 전(殿)에 들어 있고, '볼기' 둔(臀)에도 들어 있습니다. 둔부(臀部)는 엉덩이입니다.

전각(殿閣)은 궁정이나 관아를 일컫습니다. 그래서 전중(殿中)은 궁중(宮中)입니다. 높고 크게 지은 집은 전당(殿堂)인데, 그런 건물에는 큰 단체가 입주하기 마련입니다. 그래서 학문, 예술, 과학, 기술, 교육 따위의 분야에서 가장 권위 있는 연구 기관을 비유적으로 이르기도 합니다.

고교	획수	회자	새김	발음
段	9	段(左) 殳	층계	단

단(段)은 몽둥이로 친다는 뜻입니다. 고문 분석에서는 마치[殳]를 들고 벼랑 아래에서 돌을 걷어 모으는 것으로 봅니다. 그래서 마치로 치는 것이 본뜻이라고 합니다. 그래서 '자르다, 조각' 등의 뜻에, 사물이나 시간의 (잘라진) 일부분을 나타내기도 합니다. 긴 길을 나눌 때, 하나의 짧은 토막은 단락(段落)입니다.

고외	부수	획수	회자	새김	발음
役	彳	7	彳 殳	부릴	역
般	舟	10	舟 殳	돌릴, 일반	반

역(役)은 변경에서 수자리를 서는 것입니다. 순찰하며 국경을 지키는 것입니다.

반(般)은 도는 것입니다. 배가 도는 것과 같아 배[舟]를 따르고, 수(殳)는 배의 방향을 돌려주는 상앗대 같은 것이라고 합니다.

반야(般若)는 대승 불교에서, 만물의 참다운 실상을 깨닫고 불법을 꿰뚫는 지혜를 이르는데 산스크리트어 프라쥬나(Prajñā)를 음역한 것이라서 반(般)의 새김과는 관련이 없습니다. 반야탕(般若湯)은 무슨 한약이나 국이 아니고 스님들이 술을 이르는 은어라고 하는데, 절에서는 술을 곡차(穀차)라고도 합니다.

R080

말 무(毋) 부

갑골	금문	전문	해서
			毋

　갑골문을 보면, '어미' 모(母)는 가슴 양측 부위에 점이 두 개 있어 젖을 먹일 수 있는 부인의 모습을 나타냅니다. 본래 '말' 무(毋)는 '어미' 모(母)와 같은 글자였는데 구별할 필요가 생겨 두 개의 점을 하나의 세로획으로 쓰면서 '금지'를 나타내는 뜻으로 전용하게 되었습니다. '금지'와 '없다'는 뜻을 나타내는데 보통 '말' 무로 새깁니다.

　『설문』에서는 "무(毋)는 금하는 것이다. 여(女)를 따르며 가로획[一]은 여자와 간음한 사람이 있음을 나타낸다"라고 설명하고 있습니다. 상형자입니다. 고문 분석에서는 조개를 줄이나 막대기로 꿴 것으로 보아 꿰는 것을 본뜻으로 봅니다.

　막상 '말' 무(毋) 자 자체는 기초한자 범위 밖입니다. 형상이 '어미' 모(母)와 유사한데, 아울러 기초한자 외의 글자이긴 합니다만 '꿸' 관(毌)과는 혼동하기 쉽습니다. 유의해야 합니다.

중학	획수		새김	발음
母	5		어미	모

『설문』입니다. "**모(母)**는 기르는 것이다. 여(女)를 따르며, 아이를 안고 있는 모양을 본
떴다. 달리, 어린아이를 본뜬 것이라고도 한다[牧也 从女 象裹子形 一曰象乳 子也].[지사
자, 상형자]" 목(牧)은 양을 키우는 사람입니다. 어린아이를 양에 비유해서 설명한 것입
니다. 어린아이나 사람을 양에 비유하는 표현은 성경 속에서도 자주 볼 수 있습니다. 아
이를 키우는 어머니입니다.

　독일의 문호 괴테(1749~1832)는 『파우스트(Faust)』에서 "영원하고 여성적인 것이
우리를 끌어 올린다[Das Ewig-Weibliche zieht uns hinan]"라고 말한 바 있습니
다. 사람마다 해석이 다를 수 있겠지만 이것이 모성이 아닌가 합니다. 여성이 어머니로
서 가지는 정신적·육체적 성질이나 그런 본능이 모성(母性)인데, 어머니는 단순한 여
성이 아닙니다. 하다못해 짐승을 봐도 어미는 자식을 아끼고 사랑하는 자세가 확연히
다릅니다. 자신이 태어난 나라는 모국(母國)이고, 자라면서 배운 말은 모어(母語)입니
다. 어떠한 것이 갈려 나오거나 생겨난 근본이 되는 것을 비유적으로 이르는 말은 모체
(母體)입니다.

중학	획수	형자	새김	발음
每	7	母	매양	매

　매(每)를 『설문』에서는 "나무나 풀이 무성하게 위로 자라나는 모양이다"라고 합니다.
고문 연구에서는 머리장식이 풍성하고 아름다운 모양을 가리키는 것이며, 풀이 무성하
다는 의미는 인신의라고 합니다. 가차해 전체 가운데 한 사람을 가리키기도 합니다.

　동작이 되풀이될 때 그 하나하나를 나타내 '번번이'라는 뜻의 매양(每樣)이 됩니다.
매사(每事)는 모든 일입니다만 하나하나의 일이 합쳐져 모든 일입니다. 매인(每人), 매
일(每日), 매호(每戶)에서는 '~마다(per)'의 뜻을 나타냅니다.

고교	획수	회자	새김	발음
毒	8	屮 毒	독/거북	독/대

독(毒)의 『설문』 내용입니다. "독(毒)은 심하다[厚]. 사람을 해치는 풀이다. 무성히 자라난다." 독초라는 뜻에서 독이나 해로운 것을 가리키며, 미워하는 것도 나타냅니다.

자소자는 '싹틀' 철(屮)과 '음란할' 애(毒)입니다.

지독한 감기는 독감(毒感), 독이 있는 뱀은 독사(毒蛇), 독으로 죽으면 동음이의어인 독사(毒死), 독으로 죽이면 독살(毒殺)입니다. 毒에 '거북' 대라는 새김이 있는데 바다거북을 가리키는 대모(毒冒)라는 단어에 나옵니다. 대모는 보통 玳瑁나 瑇瑁로 많이 쓰는데, 毒冒로 쓰는 경우는 아주 드뭅니다. 발음은 모두 '대모'입니다.

格物 036. 로애와 라스푸틴

시기가 근현대사로 가까워서 그런지 러시아의 요승 라스푸틴(Rasputin, ?1869~1916)은 잘 알려져 있습니다만, 로애(嫪毒, ?~BC 238)는 그렇지 않은 듯합니다. 한 사람은 중국 진나라의 정치를, 또 한 사람은 러시아 로마노프 왕조(1613~1917)의 말년을 좌지우지하며 권력을 휘둘렀습니다.

로애(嫪毒)는 거짓 부형(腐刑)을 받은 뒤 환관으로 입궁해 진시황의 어머니 조태후와 사통 행위를 벌인 사람입니다. 진시황은 아직 어리고, 여불위와 조태후가 정치 실권을 장악하고 있던 상황이라서 로애는 장신후(長信侯)라는 높은 벼슬자리까지 받고 입지가 커졌으며 정치에 영향력을 미칩니다.

조태후는 로애의 아이 둘을 낳았고, 로애는 공공연히 자기가 진시황의 의부라고 떠들고 다녔습니다. 이런 사실이 나중에 발각되자 로애는 반란을 일으켰는데, 진시황이 진압하여 로애를 수레에 달아 찢어 죽이는 거열형(車裂刑)에 처했고, 이성동복의 형제 둘은 모두 마대에 담아 때려 죽였습니다. 조태후는 그래도 친모라서 어쩌지 못했는지, 모자 관계를 끊는다고 공포하고 함양의 공양궁(貢陽宮)에 유폐시킨 뒤 한 번도 보지 않았다고 합니다.

라스푸틴은 배운 것도 별로 없는 농부 출신으로 글도 제대로 몰랐다고 합니다. 생활은 방탕했고 그래서 '방탕한 사람'이라는 뜻의 로스푸틴이라는 성을 갖게 되었다고 합니다. 그런데 예언 능력이 있는 것으로 행세하며 우연히 황실과 연결이 돼 막강한 영향력을 발휘했습니다. 염문 또한 그치지 않아 평판도 좋지 않고, 왕조에 끼친 폐해가 너무 커 몇 차례 암살 시도가 있은 뒤 결국은 1916년 살해당합니다. 그가 살해당한 지 얼마 지나지 않아 로마노프 왕조도 멸망합니다.

* 로애(嫪毐)는 우리말 표기법에 따르면 '노애'로 적어야 할 것이나, 인명이라서 '로애'로 적었습니다.

고외	부수	획수	형자	새김	발음
貫	貝	11	毌	꿸/당길	관/만

관(貫)은 돈이나 조개껍질[貝]을 꿰는[毌] 노나 새끼입니다. 사실 '꿸' 관(貫)의 윗부분 자소자 역시 '꿸' 관(毌)으로 '말' 무(毋)와 다르고, 부수외자로 소개할 바는 아닙니다. 하지만 자소자를 혼동하지 않도록 소개하는 것입니다. 관은 꿰는 것을 나타내기도 하고, 화살이 과녁을 맞추거나 과녁을 뚫고 지나가는 것도 뜻합니다.

R081

견줄 비(比) 부

갑골	금문	전문	해서
			比

비(比)는 어깨를 나란히 하고 있는 두 사람의 모양을 본뜬 상형자입니다.『설문』에서는 "비(比)는 친밀한 것이다. 인(人) 자 두 개가 서로를 따르는 것이 '좇을' 종(从)이다. 종(从) 자를 뒤집어 비(比)가 된다"라고 합니다.

 갑골문의 자형은 여자 두 명이 무릎을 꿇고 절을 하는 모양이라서 고문 분석에서는 어깨를 나란히 한 부부의 모양으로 친한 것을 나타내는 것으로 추측합니다. 그래서 '나란히 늘어놓다, 친하다, 비교하다'라는 뜻을 나타냅니다. 이 부수에 속하는 글자가 많지 않고 기초한자로는 비(比) 자 한 글자만 들어 있습니다.

중학	획수	회자	새김	발음
比	4	匕匕	견줄	비

비유(比喩)는 어떠한 현상이나 사물의 설명에 있어서 그와 비슷한 다른 성질을 가진 현상이나 사물을 빌어, 뜻을 명확히 나타내는 일입니다. 이에 비해 비교(比較)는 둘 이상의 것을 견주어 차이(差異)·우열(優劣)·공통점(共通點) 등을 살피는 것입니다. 비익조(比翼鳥)라는 전설상의 새가 있습니다. 암컷과 수컷이 눈과 날개가 하나씩이라서 짝을 짓지 않으면 날지 못하는 새입니다. 흔히 남녀 사이 혹은 부부애(夫婦愛)가 두터움을 이르는 말입니다.

증외	부수	획수	회자	새김	발음
皆	白	9	比白	다	개

개(皆)는 갖추고 있음을 뜻하는 글자[詞]입니다. 『단주』에서는 사(詞)를 "안에 있는 뜻을 밖으로 말하는 것"이라고 합니다. 개(皆)의 뜻은 갖추고 있는 것이고, 밖으로 말을 할 때는 모두라고 한다는 설명입니다. 뜻은 같은 것이 되지만, 고문의 분석은 조금 다릅니다. 본래 자형은 아래에 '가로' 왈(曰)을 쓰는데 두 사람이 동시에 말을 하는 것으로 여기에서 '모두, 다'라는 뜻이 나온 것이라고 합니다.

개대환희(皆大歡喜)는 구마라습(鳩摩羅什)이 번역한 『금강경(金剛經)』에 나오는 말이라고 하는데, 모두가 크게 기뻐하고 만족해하는 것입니다. 글자 그대로 해석하면 됩니다.

고외	부수	획수	형자	새김	발음
批	手	7	比	칠	비

비(批)와 『설문』에 올라 있는 비(捭)는 자형이 조금 다릅니다. 손을 뒤집어 손바닥으로 치는 것입니다. 따귀를 갈긴다고 할 때 이런 동작이 나오지 않을까 합니다. 이런 물리적인 동작에서 다른 사람의 글에 대해 비평을 하는 것도 가리키게 되었습니다.

비항도허(批亢搗虛)라는 성어가 있습니다. 『손자병법(孫子兵法)』을 지은 손무(孫武, BC 545~470)의 누대 후손으로 손빈(孫臏) 역시 병법가였습니다. 생몰연대는 알려져 있지 않은데 기원전 4세기에 활동했습니다. 그가 당시 다른 나라와 전쟁을 앞두고 한 말로 알려져 있습니다.

　　대저 어지럽게 얽힌 실은 억지로 당겨서는 안 됩니다. 싸우려는 자는 무기만
휘두를 것이 아니라 목[급소]을 치고 허점을 공격하면 적은 형세가 제한돼 (위
급한 상황이) 저절로 풀릴 것입니다.
　　[夫解雜亂紛糾者不控拳 救鬪者不搏撠 批亢搗虛 形格勢禁 則自爲解耳]

　　손빈(孫臏)의 본명은 백령(伯靈)이었습니다. 빈(臏)이라는 이름으로 알려져 있는데,
'종지뼈' 빈입니다. 그는 실제 종지뼈가 잘리는 형을 받았습니다. 동문수학한 방연(龐
涓)이 손빈의 재주를 시기하고 탐내 꾸민 모략 때문이라고 합니다. 자신이 이름을 바꾸
었을 수도 있겠지만, 아무래도 빈(臏)이라는 이름은 후세 사람들이 그런 역사적인 사건
을 기억해 붙이게 된 것이 아닐까 추측해봅니다.

R082

터럭 모(毛) 부

갑골	금문	전문	해서
¥	毛	毛	毛

　모(毛)는 짐승의 더부룩한 털 모양을 본뜬 상형자입니다. 눈썹이나 수염도 나타냅니다. 부수로 쓰여 식물이나 사물의 표면에 털 모양을 하고 있는 것을 가리키고, 작다는 뜻도 있습니다. 터럭도 털이지만 사람이나 길짐승에 난 굵고 긴 털을 나타냅니다.

　부수자로 '터럭'이 붙은 것이 셋이나 됩니다. '터럭' 삼(彡)에 '터럭' 모(毛), '터럭발밑[髟]'인데, '터럭발밑'은 속칭이고 '머리털 늘어질' 표입니다. 표(髟)는 머리털이 어떤 모양을 하고 있는지 설명하고 있으니, 적어도 명사가 아니고 서술어로 쓰이는구나라고 판단할 수 있고 쓰임이 구분이 됩니다. 하지만 삼(彡)과 모(毛)는 도대체 어떻게 다른 것인지 궁금하지 않을 수 없습니다.

　고문 연구에서 삼(彡)은 북을 울리며 지내는 융(肜) 제사에서 울리는 북소리를 상징하는 것으로 분석합니다. 그래서 삐침이 셋[彡] 있는 것은 물론이고, 다섯 개가 있는 자형으로도 나타난다고 합니다. 이것이 인신되면서 터럭도 가리키게 되었습니다. 아니 정확하게는 잔가지처럼 부드러운 데다 길고 가는 것을 뜻하는데 거기에 터럭도 속한 것이 되겠습니다. 두 부수가 어떻게 다른지 이해되리라 믿습니다.

중학	획수	새김	발음
毛	4	터럭	모

중학 과정에는 '터럭' 모(毛) 한 글자만 들어 있습니다. 눈썹이나 수염은 머리칼보다 굵습니다.

모발(毛髮)은 머리털이나 우리 몸에 난 털 모두를 가리키기도 합니다. 털로 짠 요는 모포(毛布), 털로 만든 붓이라서 모필(毛筆)입니다. 모골송연(毛骨悚然)은 『표준』에 두 개의 단어로 올라 있는데 왜 하나의 단어로 올라 있지 않을까 하는 생각이 듭니다. 모골(毛骨)은 털과 뼈를 아우르는 말입니다. 송연(悚然)은 두려워 몸을 옹송그릴 정도로 오싹 소름이 끼치는 듯한 것을 이릅니다. 옹송그리는 것은 몸이 움츠러드는 것입니다. 아주 무서운 경우 머리칼이 곤두선다는 말을 합니다. 그뿐이 아닙니다. 마치 추운 것처럼 뼈가 흔들릴 정도로 떨립니다. 모골송연은 머리칼이 곤두서고 뼈가 흔들려 떨릴 정도로 무서운 것을 말합니다. 출전은 나관중(羅貫中, ca. 1330~ca. 1400)의 『삼국지연의(三國志演義)』로 되어 있습니다.

중외	부수	획수	회자	새김	발음
尾	尸	7	尸毛	꼬리	미

미(尾)를 『설문』에서는 "작고 가는 것이다. 뒤집어진 모(毛) 자를 '주검' 시(尸)에 붙인 것이다. 옛날 사람들은 엉덩이에 꼬리를 붙이기도 했고, 서남쪽의 오랑캐들도 그렇다"라고 합니다. 허신이 『설문』을 완성한 것이 서기 121년이니 이것은 물론 오래전의 이야기인데, 아직도 중국 서남쪽 소수 민족들에게는 이런 민속이 남아 있다고 합니다. 그래서 고문 분석에서는 옛날 사람들이 엉덩이 끝에 장식으로 달았던 털로 된 꼬리를 나타내는 글자로 봅니다. 물체의 끝부분을 뜻하기도 합니다.

말미(末尾)는 사물의 맨 끄트머리를 가리킵니다. 다른 사람을 몰래 뒤밟는 것은 미행

(尾行)으로, 다른 사람의 꼬리[尾]를 쫓아가는[行] 것입니다. 미대불도(尾大不掉)는 꼬리가 커서 흔들 수 없다는 뜻으로 본래는 부하의 세력이 막강해 지휘 내용을 잘 듣지 않은 것을 뜻했습니다. 지금은 조직이 커서 제대로 지휘하기 어려운 것을 가리킵니다. 우리도 더러 쓰는 "꼬리가 몸통을 흔든다"라는 말은 이보다도 더 심한 경우이겠습니다. 사람 사는 세상, 살아가는 이치가 비슷한지 영어에도 같은 표현이 있습니다. "The tail wagging the dog"은 바로 꼬리가 몸통을 흔드는 것입니다.

중외	부수	획수	회자	새김	발음
表	衣	8	衣毛	겉	표

표(表)는 구[求, '갖옷' 구(裘)의 본자]와 기원이 같은 것으로 봅니다. 짐승의 털로 옷을 만들 때 털이 밖으로 나오게 만들었기 때문에 표(表)는 거죽 즉, 겉을 나타냅니다. 구(求)는 본래 갖옷을 나타냈는데 나중에 의(衣)를 덧붙여 의미를 분명히 한 '갖옷' 구(裘)가 됩니다.

표리부동(表裏不同)은 문자 그대로 겉과 속이 다른 것입니다. 출전을 한 번 확인해보려다 뜻밖의 상황을 만났습니다. 한자어로 의미도 명확해 보이고, 중국에서도 당연히 그대로 쓰는 줄로 짐작했는데 중국어에서는 표리불일(表裏不一)로 나옵니다. 물론 글을 보면 표리부동과 같은 뜻으로 이해는 됩니다. 『표준』에는 수록되어 있지 않습니다만, 겉과 속이 같다는 뜻의 성어도 있어 표리여일(表裏如一)로 확인됩니다. 하긴 한 두 글자가 바뀐다든지 어순이 바뀌는 경우는 더러 있습니다. 우리는 산해진미(山海珍味)이지만 중국에서는 산진해미(山珍海味)입니다.

고교	획수	형자	새김	발음
毫	11	高省	터럭, 가는 털	호

'터럭' **호(毫)**입니다. 이 글자는 『설문』에 수록되어 있지 않다는 학자도 있고, 『설문』의 '호걸' 호(豪) 자라는 주장도 있습니다. 한 글자라도 더 읽어보는 계기가 되니, 『설문』의 호(豪)라는 주장을 따라 설명해봅니다. 『설문』에는 "호(豪)는 털이 긴 짐승이다.

달리 하내(河內)에서는 시(豕)라고 한다"라고 합니다.『단주』에는 "호(豪)의 갈기털은 붓대와 같다"라고 합니다. 굵고 억세다는 뜻이겠습니다. 호(毫)는 보통 가는 털을 가리키는데, 설명이 다른 부분을 어떻게 받아들여야 할지 모르겠습니다.

하내(河內)는 한나라 때의 군 이름으로 지금의 황하 북쪽으로 북경에서 한구(漢口)까지 가는 경한철도 서쪽의 지역이라고 합니다.

베트남은 우리와 같은 한자 문화권으로 한자를 좀 개량해 사용했었습니다. 그러나 지금은 예수회 교단의 피나(Francisco de Pina)라는 포르투갈 신부와 같은 예수회 소속으로 프랑스 출신인 로드(Alexandre de Rhodes, 1591~1660) 신부가 라틴문자를 바탕으로 만든 글자를 쓰고 있습니다. 수도 하노이라는 지명은 강으로 둘러싸인 곳, 즉 하내(河內)의 베트남 발음입니다. 월남 참전 용사들의 이야기를 들으면, 1960년대 당시 월남의 지식층 가운데에는 한자를 통해 필담을 할 수 있는 경우가 있었다고 합니다.

매우 적은 것을 가리켜 추호(秋毫) 같다는 말을 하는데, 가을에 나는 털이 추호입니다. 가을에 나는 털[秋毫]은 겨울을 나기 위해서인지 가늘다고 합니다. 거기에서 파생된 뜻입니다. 붓의 끝은 호단(毫端)입니다. 호말(毫末)도 붓의 끝일 것 같은데, 털의 끝을 뜻하고 거기에서 아주 작은 일이나 적은 양을 비유적으로 이르는 데에도 씁니다. 호리천리(毫釐千里)는 처음에는 근소한 차이 같지만 나중에는 아주 큰 차이가 되는 것을 말합니다. 여기서 리(釐)는 길이의 단위입니다. 0.3mm가량입니다. 글자 그대로 새기면, "(처음에는) 터럭같이 얇은[짧은] (차이가 나중에는) 천리(가 되게 벌어진다, 또는 차이가 난다)"가 되겠습니다. 늘 본뜻을 궁금해하고, 확인해보기 바랍니다.

R083

각시씨 부, 성 씨(氏)

갑골	금문	전문	해서

씨(氏) 자의 기원에 대해서는 설명이 분분합니다. 나무뿌리에서 갈라져 나온 잔뿌리라는 설명이 있습니다.『설문』입니다. "씨(氏)는, 파(巴)와 촉(蜀) 땅에 산의 벼랑 옆에 붙어 곧 떨어질 듯한 바위를 씨(氏)라고 한다. 씨(氏)가 떨어지면 수백 리 밖에서도 들을 수 있다."

고문의 자형 분석에서는 씨앗이 막 싹터서 뿌리와 싹이 하나씩 난 모양을 본뜬 것으로 봅니다. 고대 사회에서 성(姓)은 한 씨족을 가리키는 명칭이고, 씨(氏)는 그 분파를 가리키는 명칭이었습니다.『표준』에서는 씨(氏)를 "같은 성(姓)의 계통을 표시하는 말"이라고 정의하면서 "씨는 김이고, 본관은 김해이다"라는 예문을 제시하고 있습니다.

중국 역사에서 씨의 유래를 보면 씨(氏)는 성(姓)에서 갈려나온 하나의 분파이나 아무나 씨를 가질 수 있었던 것은 아니었습니다. 제후국의 국왕이나 그 가족 등이 봉읍이나 관직에 따라 받는 것입니다. 그래서 봉읍이나 관직이 바뀌면 한 사람이 여러 개의 씨

(氏)를 갖게 되고, 성(姓)이 다른 사람들이 씨(氏)가 같은 경우도 많은 것으로 나옵니다. 역사에 대월지(大月氏)국이 있는데 이때에는 씨가 아니라 '지'로 읽습니다.

부수 이름으로 '각시씨'라 불리고, 『표준』에서는 성씨(姓氏)와 비슷한 뜻으로 보고 성씨(姓氏)를 '한자 부수의 하나'로 설명해 각시씨와 같은 말로 다루고 있습니다. 새김은 '성' 씨(氏)로 기억하기 바랍니다.

중학	획수	새김	발음
氏	4	성, 각시	씨

씨명(氏名)은 성과 이름을 아울러 이르니 성명(姓名)과 같은 말이고, 씨족(氏族)은 공동의 조상을 가진 혈연 공동체를 말합니다. 보통 족외혼을 합니다.

중학	획수	새김	발음
民	5	백성	민

민(民)은 뭇 사람들의 어둡고 무지한 모양을 나타낸다고 합니다. 온 나라를 개인 재산으로 생각하고, 뭇 백성을 신하나 종쯤으로 여기던 시대적인 제약에서 나온 생각이 아닐까 합니다. 하긴 국민 주권과 민주 의식이 팽배한 이 시대에도 공무원이 "민중은 개돼지"라 발언해 떠들썩하기도 했으니 허신만 나무랄 바도 아닙니다.

고문 분석에서는 예리한 것에 눈을 찔린 것으로 풀이합니다. 고대에 포로로 잡히면 왼쪽 눈을 멀게 해 노예로 삼았다고 합니다. 아는 것도 없고 사리에 어두운 그야말로 무지몽매(無知蒙昧)한 사람들, 그래서 가르치고 깨우쳐야 하는 계몽(啓蒙)의 대상이 민(民)으로 뭇 백성이었습니다. 이런 것을 보면 똑같은 사람입니다만, 왕조 시대의 백성과 지금 한 나라의 국민인 것 사이에는 엄청난 차이가 있습니다.

중외	부수	획수	형자	새김	발음
紙	糸	10	氏	종이	지

지(紙)를 『설문』에서는 "(행군 후) 네모난 대발 위에 붙여놓은 실이나 솜의 찌꺼기"라고 설명합니다. 종이는 잘 알듯이 후한의 채륜(蔡倫, ?~121)이 발명해 처음에 '채후지(蔡侯紙)'라고 했습니다. 허신이 『설문』을 완성한 것이 121년이니 두 사람은 동시대를 살았습니다. 종이를 처음 만드는 모습을 설명하고 있습니다.

우리나라에 제지술이 전해진 것은 정확치 않습니다만, 『일본서기(日本書紀)』에 담징이 610년경 오경과, 채서, 종이 등의 만드는 법을 전해주었다는 것을 바탕으로 그 이전으로 추정합니다.

종이와 붓과 먹을 아울러 이르는 말은 지필묵(紙筆墨)인데, 여기에 벼루[硯(연)]를 더하면 문방사우가 됩니다. 종이돈은 지화(紙貨) 또는 지폐(紙幣)인데, 상대가 되는 말은 금속으로 만든 돈을 뜻하는 경화(硬貨)입니다. 금화(金貨)를 쇠로 만든 돈이라고 새길 수도 있겠지만 금으로 만든 돈의 뜻으로 사용하고 있습니다.

고외	부수	획수	회자	새김	발음
昏	日	8	氏 日	어두울	혼

혼(昏)은 해[日]가 질[氏] 때입니다. 해가 막 지면서 어두워지기 시작할 때입니다. 인식이 또렷하지 않은 것을 가리키고, 지각을 잃는 것을 나타냅니다.

혼정신성(昏定晨省)은 많이 쓰는 말은 아니지만, 여러분이 알아두었으면 해서 설명합니다. 밤에는 부모의 잠자리를 보아드리고 이른 아침에는 부모의 밤새 안부를 묻는다는 뜻으로 부모를 잘 섬기고 효성을 다 함을 이르는 말인데, 줄여서 정성(定省)만으로 쓰기도 합니다. 시대가 달라져 생활 방식이 바뀌기는 했지만, 마음속에서나마 부모님에 대해 그런 자세를 가지고는 있어야 합니다. 정성(定省)에 정성(精誠)을 다 하지는 않더라도 그것이 나를 낳아주신 부모님에 대한 도리이겠습니다.

R084

기운 기(气) 부

갑골	금문	전문	해서
三	三	气	气

기(气)는 구름이 떠돌아다니는 것을 본뜬 상형자입니다. 갑골문에서는 삼(三) 자와 같은 자형이었는데 혼동을 피하기 위해 위아래 획에 변화를 주었습니다. 구름이나 공기, 기체를 나타내고, 길흉 등을 미리 알려주는 기상 현상을 뜻하기도 합니다. 부수로 쓰여 구름, 수증기, 숨, 입김 등의 뜻을 나타냅니다.

현대 중국어에서는 물리·화학에서 쓰는 기체 원소를 여기에 넣고 새로운 글자를 만들어 '수소' 경(氫), '헬륨' 양(氦), '질소' 담(氮), '산소' 양(氧) 등 낯선 글자들도 눈에 띕니다. 물론 이런 글자들을 애써 기억할 필요는 없습니다. 중국인들이 새로운 문물을 받아들이기 위해 글자를 이렇게 활용하고 있구나 하는 정도만 알고 넘어가면 됩니다.

중학	획수	형자	새김	발음
氣	10	气	기운	기

이 부수에 속하는 기초한자는 '기운' **기(氣)** 한 글자뿐입니다. 『설문』에는 "기(氣)는 손님에게 사료와 식량을 주는 것이다. 미(米)를 따르고, 기(气)가 소리를 나타낸다. 『춘추좌전』에 제나라 사람이 와서 제후국 군대에 사료와 식량을 주었다고 한다"라고 설명합니다. 기(气)가 다른 글자의 편방으로 쓰이면서 기(气)의 본뜻은 기(氣)로 대신하게 되었고, 『설문』에서 설명하는 기(氣)의 뜻은 나중에 '주릴' 기(餼) 자를 따로 만들어 쓰게 됩니다. '주릴' 기(飢)가 또 있습니다. '주리다'로 새김이 같은데 본래 기(飢)는 밥을 먹지 못해 주리는 것이고, 기(饑)는 곡식이 제대로 여물지 않은 것을 가리켰습니다. 흉년입니다. 먹을 것이 없으니 결과는 주리는 것으로 마찬가지가 됩니다.

사람의 몸으로 활동할 수 있는 정신과 육체의 힘은 기력(氣力)입니다. 씩씩한 기상과 굳은 절개는 기개(氣槪)입니다.

R085

물 수(水, 氵, 氺) 부

갑골	금문	전문	해서
氷	水	川	水

'물' **수(水)**는 굽이굽이 흘러내리는 물의 모양을 본뜬 상형자입니다. 물의 흐름을 나타 냅니다. 『설문』의 설명입니다. "수(水)는 평평한 것(기준)이다. 오행으로는 북방에 속한 다. 물줄기가 나란히 흐르는 것을 본떴다. 가운데(획)에 양의 기운이 미약하게 드러난다."

주석을 살펴보겠습니다. "세상에 물보다 더 평평한 것이 없다. 북방은 음(陰)이 극에 이르러 한기(寒氣)가 생겨나며, 한기에서 물이 나온다." 음양오행설로 물을 설명하고 있 는데, 물[水]이라는 글자의 유래나 기원을 밝히는 것은 아니지만 중국인들과 우리 전통 사상에 숨어 있는 오행의 이해에 도움이 되지 않을까 해 소개합니다.

물은 색도 맛도 없습니다. 그래서 '담백하다'는 뜻을 갖습니다. 물은 머물지 않고 끊 임없이 움직입니다. 그래서 '유동성'을 나타내고, 모든 사람에게 물처럼 공평해야 한다 는 의미에서 '법(法)'이라는 글자에도 쓰입니다. 부수로 쓰여 그런 의미를 나타내줍니 다. 변에 쓰일 때에는 삼수변[氵]의 형태를 취하고, 다른 글자의 아래에 쓰일 때는 '氺'

의 형태가 됩니다.

이 부수에 속하는 글자는 중학 과정 40자, 고교 과정 49자로 모두 89자나 됩니다. 단일 부수로 가장 많은 숫자입니다. 부수외자 3자까지 합치면 모두 92자입니다. 1,800자 가운데 20분의 1이나 되니 물 많이 먹어야 합니다. 물[水] 마시다, 물 먹으면 안 됩니다.

중학	획수	새김	발음
水	4	물	수

수리(水利)는 물을 이용하는 일입니다. 물을 마귀에 비유해 수마(水魔), 불을 마귀에 비유해 화마(火魔)인데 큰 재앙으로 피해가 큽니다. 수운(水運)은 강이나 바다를 이용하여 사람이나 물건을 배로 실어 나르는 것입니다. 수묵화(水墨畵)는 먹의 농담을 이용하여 한 가지 색으로 그린 그림을 말합니다. 수어지교(水魚之交)는 물고기와 물의 관계라는 뜻으로 아주 친밀하여 떨어질 수 없는 사이를 비유적으로 이릅니다. 임금과 신하 또는 부부 사이가 아주 친밀함을 뜻하기도 합니다. 수적석천(水滴石穿)은 물방울이 모여 돌을 뚫는다는 뜻으로 꾸준히 노력하면 큰일을 이룰 수 있음을 이릅니다. 수천일벽(水天一碧)과 수천일색(水天一色)은 바다와 하늘이 맞닿아 그 경계를 알 수 없을 만큼 한 가지로 푸른 것입니다.

중학	획수	새김	발음
求	7	구할	구

구(求)는 본뜻이 가죽옷, 즉 갖옷으로 '갖옷' 구(裘)의 고문입니다. 구(求)가 옷이라는 것을 명확히 하기 위해 '옷' 의(衣)를 더한 것입니다. 고문 연구에서는 이 글자가 짐승의 가죽으로 주둥이와 두 귀, 그 아래 네 다리를 그린 것으로 봅니다. 글자를 꼼꼼히 들여다보면 그렇게 보이기도 합니다.

『설문』에도 '갖옷' 구(裘)로 올라 있는 것을 보면 구(求)가 '갖옷'의 뜻으로 쓰인 것은 그보다도 훨씬 더 이전의 상황으로 보입니다. 짐승 가죽은 옷이 될 수 있습니다. 그래서 누구나 얻고 싶어 하는 것입니다. 여기에서 '얻다, 구하다, 요구하다'라는 뜻이 인신되어 나왔습니다.

깨달음의 경지 즉, 도를 구하는 것은 구도(求道), 부처의 진리를 구하는 것은 구법(求法), 그런 길에 나선 승려는 구법승(求法僧)입니다. 원운동을 하는 물체나 입자에 작용하는 중심을 향하는 힘은 구심력(求心力)이고, 회전하는 물체가 밖으로 나가려는 원심력(遠心力)과 상대되는 힘입니다.

格物 037. 도덕경, 상선약수

노자의 『도덕경(道德經)』은 『성경(The Bible)』 다음으로 많은 언어로 번역·출판된 저작물로 알려져 있습니다. 전체가 겨우 5,162자의 짧은 글입니다만, 1973년 장사 마왕퇴 한묘(長沙馬王堆漢墓)에서 발견된 백서(帛書)본에는 갑본(甲本)이 5,344자, 을본이 5,342자라고도 합니다. 그래서 '오천언(五千言)'이라고도 하고, 또는 '노자오천문(老子五千文)'이라고도 합니다. 어쨌든 오랜 세월 많은 사람들에게 영향을 미쳐온 것은 확실합니다. 그 가운데 많이 인용되는 구절이 제8장의 '상선약수(上善若水)'가 아닐까 합니다.

물은 만물을 아주 이롭게 하나 다투지 않으며, 여러 사람들이 싫어하는 곳에 머물기 때문에 도에 가깝다.
다른 사람과 잘 어울리고, 마음은 평정하며, 사람을 사귈 때에는 진실되게 서로 사랑하며, 말은 믿을 수 있게 하고, 다스릴 때에는 백성이 편안하도록 하며, 일을 처리함에는 잘 할 수 있는 것에 최선을 다하고, 행동은 상황에 맞게 하면 다투지 않게 되니 허물이 없게 된다.
사람은 (생로병사 때문에) 항상 있는 것도 아니고, (오욕칠정 때문에) 늘 너그럽지 만도 않다. 상선약수(上善若水)를 인도(人道)로 마음속에 둔다면 마음은 물처럼 고요하다.

[水善利萬物而不爭 處衆人之所惡 故幾于道(수선리만물이부정 처중인지소오 고기우도)]

[居善地 心善淵 與善仁 言善信 政善治 事善能 動善時 夫唯不爭 故無尤(거선지 심선연 여선인 언선신 정선치 사선능 동선시 부유부정 고무우)]

[人無常在 心無常寬 上善若水 在乎人道之心境 即心如止水(인무상재 심무상관 상선약수 재호인도지심경 즉심여지수)]

사실 『도덕경』의 글은 아주 어렵습니다. 그래서 해설이나 번역도 다른 경우가 많으니, 참고만 하기 바랍니다. 그리고 아주 어려우면 우리말 번역 내용만 읽으면 됩니다. 노자(老子)의 이름은 이(耳)이고 자는 담(聃)입니다. 속설에 귓불이 늘어지면 장수한다고 하는데 바로 노자의 자 담(聃)은 '귓바퀴 없을' 담인데, 자소자는 '귀'[耳]에 '늘어질' 염(冉) 자입니다. 생몰연대가 정확하지 않은데, 200세까지 살았다는 전설도 있습니다.

중학	획수	새김	발음
泉	9	샘	천

천(泉)은 물의 근원입니다. 물이 흘러나와 내를 이루는 모양을 본뜬 글자입니다. 본 글자 모양은 'T' 자 모양으로, 샘구멍에서 물이 흘러나오는 모양이라서 본뜻을 잘 나타내 줍니다만, 자형이 바뀌면서 알아보기가 어렵게 되었습니다. 지하수를 가리키기도 하고, 사람이 죽어서 가는 곳[黃泉]을 뜻하기도 합니다.

천석(泉石)은 물과 돌로 이루어진 자연의 경치를 나타냅니다. 천석고황(泉石膏肓)에서 고황(膏肓)은 심장과 횡격막 사이를 가리키는데, 이 부분에 병이 들면 낫기가 어렵다고 합니다. 천석고황은 자연[泉石]에 병[膏肓]이 들었다는 뜻으로 자연의 경치를 즐기는 것이 지극하여 마치 불치의 깊은 병에 걸린 것같이 되었음을 이릅니다. 안개와 노을을 뜻하는 연하(煙霞)에 고치기 어려운 병을 뜻하는 고질(痼疾)을 붙여 연하고질(煙霞痼疾)이라는 말이 있는데 같은 뜻입니다.

중학	획수	형자	새김	발음
江	6	工	강	강

강(江)은 다른 데에서도 설명을 했습니다만, 하(河)가 황하(黃河)를 가리키는 고유 명사이듯, 장강(長江)을 가리키는 고유 명사였습니다. 그런데 이제는 강 일반을 가리키는 보통 명사가 된 것입니다. '강산이개 본성난이(江山易改 本性難移)'라는 말이 있습니다. 강과 산은 쉽게 바꿀 수 있지만(바뀌지만) 본성은 바꾸기 어렵다는 뜻입니다. 우리 자신의 성격이나 습관을 바꾸기가 그토록 어렵습니다.

『표준』에서는 '창장[長江]강(江)'을 '양쯔[揚子]강(江)'의 다른 이름이라고 설명합니다. 하지만 이 설명은 맞기도 하고 틀리기도 합니다. 양자강은 옛날에 양자진(揚子津)이라는 나루가 있어서 붙은 이름으로 알려져 있는데, 남경(南京)에서 바다로 빠지는 상해까지 435km 구간으로 장강(長江)의 일부입니다. 이런 점에서 보면 내용이 틀린 것입니다. 하지만 외국에 알려진 것은 양쯔강(Yangtze River)이니 이런 점에서는 맞다고 볼 수 있습니다. 어쩌면 서구인들이 중국에 내왕하며 주로 다녔던 구간이라서 이렇게 알려지게 된 것이 아닐까 싶습니다. 장강의 길이는 6,380km로 아시아에서 가장 길고 세계에서는 세 번째입니다. 단 한 나라를 통과하는 강으로서는 세계 1위이기도 합니다. 중국인들은 '어머니의 강[母親河]'으로 여기기도 합니다.

格物 038. 기녀 출신 성악가 왕수복의 그리운 강남

어린 시절 불렀던 동요로 여학생들은 이 노래에 맞춰 고무줄놀이도 많이 했었습니다. 제목은 '그리운 강남'인데 김석송 작사, 안기영 작곡으로 되어 있습니다.

정이월 다 가고 삼월이라네.
강남 갔던 제비가 돌아오면은
이 땅에도 또 다시 봄이 온다네.
아리랑 아리랑 아라리요
아리랑 강남에 어서 가세.

여기서 강남은 바로 양자강의 남쪽을 말합니다. 학군이 좋다고 인기가 많은 서울의 강남이 아닙니다. 방금 동요라고 했는데 실은 1930년에 왕수복(王壽福, 1917~2003)이라는 여가수가 불러 공전의 히트를 기록한 대중가요였습니다. 1945년에는 『임시 중등 음악교본』에도 실렸다고 하는데, '반공'이나 '승공'이 국시가 되면서 금지곡이 되기도 해 우리의 분단사를 반영하는 노래이기도 합니다.

가수 왕수복은 평양 출신의 기녀인데 나중에 일본에 유학해 성악을 전공했습니다. 유학 생활을 마치고 1938년 동경 공연에서 부른 「아리랑」은 우리 민요를 성악 발성으로 부른 최초의 시도라고도 합니다.

귀국해 「메밀꽃 필 무렵」의 작가 이효석과의 열애로 세간을 떠들썩하게 하기도 했는데, 얼마 되지 않아 이효석은 세상을 떠납니다. 북한에 자리 잡은 그녀는 북한 예술계에서 나이가 꽤 들었을 때까지 활동을 한 것으로 전해집니다. 우리의 근현대사와 관련된 이야깃거리가 많으니 인터넷에서 검색하여 찾아 읽어보는 것도 좋겠습니다.

중학	획수	형자	새김	발음
汝	6	女	너	여

여(汝)입니다. 여(汝)도 본래는 강 이름이었습니다. 하남성 회하(淮河)의 지류입니다. 이 강 유역에 있는 도시의 지명으로도 쓰이고, 가차해 '너'의 뜻을 나타내게 되었습니다. 기미독립선언서에 나오죠, 오등(吾等)은 '우리'입니다. 이에 반해 여등(汝等)은 '너희'입니다. 여배(汝輩)라고도 합니다.

여장절각(汝牆折角)은 너의 집 담 때문에 (우리 집 소의) 뿔이 부러졌다는 뜻으로, 남에게 책임을 지우려고 억지를 쓰는 말입니다. '담장' 장(牆)만 고유어[한글] '담'으로 써서 여담절각(汝담折角)으로 쓰기도 합니다. 아무래도 우리나라에서 만들어진 성어로 보입니다. 중국어와 일본어에서는 확인이 어렵습니다.

중학	획수	형자	새김	발음
油	8	由	기름	유

유(油)도 물 이름으로 설명합니다. 호북성에 있는 물줄기인데 장강에 합류합니다. 달리, 삼씨기름을 가리키기도 하는데 여기서 뜻이 확대되어 식물의 기름을 가리킵니다. 식물에서 나오는 기름은 상온에서 액체입니다. 여기에 비해 동물성 지방(脂肪)은 상온에서 고체 상태인데 온도를 가해야 액체가 됩니다. 그래서 굳은 기름 즉, 굳기름입니다.

옛날에 부인들은 아주까리[피마자(蓖麻子)] 기름을 발라 머리를 차분하게 손질했습니다. 이렇게 기름을 바른 머리를 유두(油頭)라고 합니다. 유지(油脂)는 사실 두 가지 기름을 말합니다. 상온에서 액체인 식물성 기름과 고체인 굳기름을 아울러 이르는 말로 기름 전체를 가리킵니다. 유연(油然)은 구름이 뭉게뭉게 피어나고 있는 상태나 생각 따위가 저절로 왕성하게 일어나는 것을 가리킵니다.

유염장초(油鹽醬醋)는… (사자성어의 경우 쓰임은 다음 문제고 일단 한 번 해석을 해보기 바랍니다. 해석이 제대로 되면 쓰임은 짐작하기도 어렵지 않고, 기억하기도 쉽습니다.) 그렇습니다. '기름, 소금, 장, 식초'입니다. 식생활에 하루도 거를 수 없는 것들인데, 여기에서 일상의 자질구레한 일을 가리키게 되었습니다. 뭔가 빠뜨릴 수 없는 것, 또는 필요한 것으로 생각할 수도 있지만, 용례는 사람들이 실제 어떻게 쓰는가의 문제이기 때문에 짐작이나 상상만으로 해결할 수는 없습니다.

유취활설(油嘴滑舌)은… 취(嘴)는 '새의 부리'라는 뜻인데 현대문에서는 '사람의 입'입니다. 기름 같은 입에 미끄러운 혓바닥입니다. 이 정도면 짐작할 수 있으리라 믿습니다. 우리도 더러 입에 기름을 바른 것 같다든지 혀가 미끄럽다든지 하는 말을 합니다. 말만 잘하고 실속이 없는 것을 가리킵니다. 입만 살아 있다든지 입만 놀린다는 뜻으로 씁니다.

중학	획수	형자	새김	발음
治	8	台	다스릴	치

'다스릴' 치(治)도 본래 산동성에 있는 하천의 이름입니다. 대고하(大沽河)와 그 지류인 소고하(小沽河)를 가리킵니다. 다스리는 것은 물을 관리하는 것도 이롭니다. 물길의 바닥이 멘 것을 파내기도 하고, 정리해 물이 막히지 않고 잘 흐르도록 하는 것입니다. 그래서 '관리하다, 수양하다, 닦다, 주관하다' 등의 뜻을 갖습니다.

필자의 개인적인 경험으로 '다스릴' 치(治)와 '다스릴' 리(理)는 정말 어려운 글자입니다. 문장 안에서 이 두 글자를 제대로 새기기 어려운 경우가 아주 많습니다.

집안일을 보살펴 처리하는 것은 치가(治家), 병을 다스리는 것은 치병(治病), 잘 다스려지지 않고 고치기 어려운 병은 난치병(難治病), 어지러운 세상을 다스리는 것은 치란(治亂)입니다. 정치가들의 최우선 목표이자 최종 목표는 나라를 잘 다스리고 백성을 평안하게 하는 치국안민(治國安民)이어야 합니다. 그렇지 않으면 자신만의 이익을 꾀하는 모리배(謀利輩)가 아닐 수 없습니다. 치병구인(治病救人)은 치국안민과 구조가 같습니다. 병을 치료해 다른 사람을 구하는 것입니다. 그 뜻으로 쓸 수도 있고, 다른 사람의 잘못을 바로잡도록 성실하게 도와준다는 뜻으로도 사용할 수 있습니다.

위의 세 글자[汝, 油, 治]를 보면서 문득 어려서『천자문(千字文)』을 읽을 때가 기억이 납니다. 위에서 보는 것처럼 '강 이름' '물 이름' '땅 이름' '나라 이름'하는 식으로 왜 그리 '무슨무슨 이름'으로 새기는 글자들이 많은지 어리둥절했었습니다. 그것이 다 고유 명사라는 것을 그때는 알지 못해 그랬던 것 같습니다. 따라서 '뭐뭐 이름'으로 되어 있는 고유 명사는 그런 것이 있나 보다 정도로 익히면 되고 그보다는 '보통 명사로의 새김'을 제대로 알아두어야 합니다.

중학	획수	형자	새김	발음
河	8	可	물	하

앞서 얘기한 그 '이름'이 또 나왔습니다. **하(河)**는 앞서 강(江) 조항에서 설명한 바와 같이 황하(黃河)를 일컫는 고유 명사였는데 나중에 보통 명사가 되어 물의 흐름이나 물줄기를 가리키고, 은하(銀河)라는 단어에서 볼 수 있는 것처럼 하늘에 물줄기처럼 보이는 것도 나타내게 됩니다.

『설문』입니다. "하(河)는 물 이름이다. 돈황(敦煌) 변경 밖의 곤륜산에서 발원해 바다로 흘러든다." 황하는 중간에 황토고원을 거치며 황토층을 침식해 물빛이 누렇습니다. 산동반도에서 발해만의 바다로 들어갑니다. 5,464km로 장강에 이어 중국에서 두 번째로 긴 강입니다.

백년하청(百年河淸)은 '중국의 황하강(黃河江)이 늘 흐려 맑을 때가 없다'는 뜻으로 아무리 오랜 시일이 지나도 어떤 일이 이루어지기 어려움을 이르는 말입니다.『표준』의 설명인데, 황하강(黃河江)으로 표기하는 것이 꼭 '역전앞'이라고 하는 것만 같아 왠지 이상하고 서먹서먹합니다. 역시『표준』에서 "창장[長江]강(江)은 양쯔강의 다른 이름"으로 설명하고 있는데, 마찬가지입니다.

은하(銀河)는 문학에서 다른 이름으로도 많이 나오니 알아 두는 것이 좋겠습니다. 천하(天河), 성하(星河)라고도 하고 운한(雲漢), 은한(銀漢)이라고도 합니다. 여기서 한(漢) 역시 강으로 실제 황하의 최대 지류입니다. 그러니 하(河)가 붙으나 한(漢)이 붙으나 '하늘에 있는 은빛 내'라는 사실에는 변함이 없습니다. 영어에서는 'milky way'죠. 이것은 '은빛 길' 정도로 보는 것이겠는데, 우리가 쓰는 말이 더 문학적인 감수성이 많은 단어가 아닐까 하는 생각이 듭니다.

현재 한수(漢水)는 한강(漢江)으로 더 많이 불리는 듯 해, 서울을 감싸 안고 흐르는 한강과 같은 이름이 되었습니다.

格物 039. 냇물에 웬 돼지? 하돈과 기포어

하돈(河豚)은 '복어'를 이르는 말입니다. 맛이 담백해 즐기는 사람도 많고 특히 임진강 하구의 황복을 최고로 칩니다. 그런데 테트로도톡신(tetrodotoxin)이라던가요, 신경계에 작용하는 맹독으로 해마다 목숨을 잃는 사고가 일어나곤 해 안타깝습니다. 하돈(河豚)이라면 '냇물의 돼지'라서 이름이 이상하다는 느낌이 드는데, 그것은 복어가 잡혀 물 밖으로 나올 때 꿀꿀거리는 것인지 돼지 소리를 내기 때문이라고 합니다.

달리, 기포어(氣包魚)라는 단어가 있는데 『표준』에는 '검복'으로 나옵니다. 그러니까 복어 가운데 특정 종류만 가리키는 것으로 보입니다. 중국어에서는 기포어(氣泡魚)라고도 합니다. 가운데 한 글자만 다른 것을 보면 혹시 받아들이는 과정에서 달라진 것이 아닌가 하는 생각이 드는데 어찌됐든 공기를 빨아들여 배를 불룩하게 하는 물고기라는 짐작을 할 수 있습니다. 배불뚝이 물고기입니다. 실제 복어는 공격을 받으면 공기를 들이마셔 배가 공처럼 됩니다.

기왕에 말이 나왔으니 영어로 복어는 'puffer fish'입니다. 'puff'는 숨을 헉헉거리거나, 담배 연기 같은 것을 내뿜은 것을 뜻하기도 하고, 불룩하게 하는 것을 말하기도 합니다. 그러니까 영어에서도 배가 불룩해지는 것을 특징으로 삼아 이름을 붙인 것입니다.

일본어에서는 같은 한자 하돈(河豚)을 쓰고 '후구(フグ)'라고 읽는 것이 일반적인 것으로 보입니다. 그러고 보니 일본어에서는 복어를 '鰒'으로 쓰기도 하는데, 전복을 뜻하기도 합니다. 우리는 복(鰒)을 '전복(abalone)'으로 새기는데, 일본어에서는 우리보다 쓰임이 좀 더 확장된 셈입니다. 영어 'abalone'은 발음이 자칫하면 틀리기 쉬우니 꼭 확인해 정확한 발음을 익히도록 하십시오. 동서양이 생각하는 방식이 비슷하다는 이야기를 하려다보니 말이 길어졌습니다. 참, 전복 껍데기는 가구 장식에 자개로 쓰고 큰 껍데기는 옛날부터 비눗갑으로 그만입니다. 돌기 부분을 문질러 구멍 두어 개만 내면 비누가 불지 않고 늘 뽀송뽀송합니다. 그런데 이제는 아쉽게도 보기가 어렵습니다.

Puffer fish 잘못 드시고 숨을 puff 하시면 큰일 납니다. 꼭 허가받은 집에서 드십시오. 회는 회대로 담백하고, 복지리는 시원합니다. 아! 그런데 복지리는 일본어에서 국물을 뜻하는 즙(汁)에서 온 말이라고 하니 정정해야겠습니다. '복 성건탕'입니다.

중학	획수	형자	새김	발음
洞	9	同	골/꿰뚫을	동/통

동(洞)은 물이 빠르게 흐르는 것입니다. 그래서 '통하다, 그윽하고 깊다'라는 뜻으로 인신되었습니다. 우리는 '고을' 동으로 새겨서 자연 부락이나 도시 지역의 행정 단위를 가리키는 데에도 쓰고 있는데, 이것은 우리만의 용법으로 보입니다. 본래 '골' 동으로 골짜기를 가리키던 것이 '고을'의 준말로 받아들여져 의미가 확대된 것이 아닐까 추측해봅니다. 고을살이는 어떤 고을의 수령으로 지내는 것을 일컫습니다. '꿰뚫을' 통으로도 새기는 다음자입니다.

예리한 관찰력으로 사물을 꿰뚫어보는 것은 통찰(洞察)이고, 윗사람이 아랫사람의 사정이나 형편 따위를 깊이 헤아려 살피는 것은 통촉(洞燭)으로 읽습니다. 동방(洞房)은 깊숙한 내실이나 신혼부부의 침실을 뜻합니다. 동방화촉(洞房華燭)은 신혼부부의 침실에 비치는 환한 불빛이라는 뜻으로 신랑 신부가 첫날밤을 치르는 의식을 가리킵니다. 같은 방에 들어간다고 생각해 자칫 동방(同房)으로 쓰기 쉬운데 동방(同房)은 그저 '같은 방'이라는 뜻입니다.

중학	획수	형자	새김	발음
活	9	昏(舌)	살	활

활(活)은 『설문』에서 물이 흐르는 소리라고 설명합니다. 물 흐르는 소리 '活活'은 '궈궈(guǒ guǒ)'로 읽어야 한다고 하는데 우리말로 바꾸면 콸콸 정도가 되지 않을까 합니다. 이렇게 생동감 있는 모습에서 '살아 있다'라는 뜻이 나오는 것은 당연한 일이겠습니다.

어려움을 헤치고 살아나갈 수 있는 길은 활로(活路), 무슨 약 선전인 듯한 느낌을 떨칠 수는 없습니다만 한자어 활명(活命)은 목숨을 구하거나 살리는 것입니다. 『표준』에는 올라 있지 않습니다. 그러니 활명수(活命水)의 말 그대로의 뜻은 사람의 목숨을 구해주는 물입니다. 생명을 살리는 물이란 뜻의 생명수(生命水)와 같은 의미인데, 대신 생명수는 종교적인 의미로도 쓰입니다. 무엇을 충분히 잘 이용하는 것은 활용(活用)입니다. 문법에서는 용언 가운데 특히 동사가 인칭과 시제에 따라 변화하는 것을 활용(conjugation)이라고 합니다. 이에 반해 명사나 대명사 같은 체언이 변하는 것은 곡용(曲用, declension)이라고 합니다.

중학	획수	형자	새김	발음
浴	10	谷	목욕할	욕

　욕(浴)은 몸을 씻는 것입니다. 갑골문 연구에서는 욕조에 물을 넣고 사람이 그 안에 들어간 모양을 본뜬 것이라고 합니다. 골짜기[谷]에서 목욕하는 것처럼 욕조를 만들고 물[水]로 씻는 것입니다. 목욕을 하면 온몸이 젖는 것처럼 은혜에 젖는 것, 그런 은혜를 받는 것을 가리키기도 합니다.

　욕객(浴客)은 물론 목욕하러 오는 손님입니다. 욕화(浴化)는 덕행의 감화를 입거나 입히는 것을 뜻하는데, 사용 빈도는 아주 낮은 단어입니다.

중학	획수	형자	새김	발음
海	10	每	바다	해

　『설문』에서는 **해(海)**를 "천연적인 못이다. 모든 냇물을 받아들인다[天池也 以納百川者]"라고 합니다. 해(海)는 육지에서 가까운 바다이고, 먼 곳은 대양(大洋)입니다. 바다가 넓은 데에서 인신하여 수량이나 범위가 큰 것을 나타냅니다. 인산인해(人山人海)에서 볼 수 있습니다.

　해동(海東)은 발해의 동쪽이라는 뜻으로 우리나라를 가리키는 말입니다. 단 중국을 기준으로 나온 말이겠습니다. 매의 한 종류로 해동청(海東靑)이 있습니다. 작은 새를 잡아먹고 사냥용으로 사육되기도 하며, 우리나라의 해안이나 섬 절벽에 서식하는 것으로 되어 있습니다. 중국 측 자료를 보면 해동청은 세상에서 가장 높이, 빨리 나는 새로 만주족 최고의 토템(totem)이라고 합니다. 실제 가장 높이, 빨리 나는 새는 아닙니다만 당시 사람들이 보기에는 그렇게 보였겠습니다. 만주어 발음이 숑쿨루(雄庫魯, xióngkùlǔ)라고 하는데, 왠지 송골매(松鶻매)의 송골처럼 들립니다. 송골매를 확인해 보니 몽고어 'šonqor'이 기원으로 되어 있습니다. 앞서『설문』의 설명이 바탕이 되겠습니다만『표준』에는 실려 있지 않는데, 해납백천(海納百川)이라는 말이 있습니다. 바다는 모든 냇물을 받아들인다는 뜻인데 포용력이 아주 큰 것을 이릅니다. 해불양파(海不揚波)는 바다에 파도가 일지 않는다는 뜻으로 임금의 선정(善政)으로 백성이 편안함을 이릅니다.

중학	획수	형자	새김	발음
淑	11	叔	맑을	숙

물이 맑고 깊은 것이 **숙(淑)**입니다. 거기에서 인신되어 '아름답다, 착하다, 좋다'라는 뜻을 내포합니다.『시경(詩經)』에 "아름답고 정숙한 여인은 군자의 좋은 배필일세[(窈窕淑女 君子好逑(요조숙녀 군자호구)]"라는 구절이 있어 많이 인용됩니다.

숙녀(淑女)는 보통 여자를 대접하여 이르거나 교양과 예의와 품격을 갖춘 현숙한 여자를 말합니다. 숙덕(淑德)은 착하고 아름다운 덕행이라는 뜻으로 쓰이기도 하고, 여성의 정숙하고 단아한 덕행을 나타내기도 합니다.

중학	획수	형자	새김	발음
淺	11	戔	얕을	천

천(淺)은 물이 깊지 않은 것입니다. 인신하여 시간이나 거리가 짧은 것을 나타냅니다. 더 나아가 학문이나 식견이 깊지 않다는 뜻도 있습니다.

얕은 견문이나 견해는 천견(淺見)인데, 자기 의견을 겸손하게 이를 때에도 씁니다. 천려(淺慮)는 얕은 생각, 천려(千慮)는 여러 가지 생각이나 여러모로 마음을 쓰는 일이고, 천박(淺薄)은 생각 등이 얕거나 행동이 상스러운 것입니다. 천학(淺學)은 학식이 얕은 것인데, 천학비재(淺學菲才)는 학문이 얕고 재주가 변변치 않다는 뜻으로, 학문을 하거나 글을 쓰는 사람들이 자기 학식을 겸손하게 이르는 말입니다. 비(菲)는 '엷다, 박하다, 우거지다'는 뜻 외에 채소 이름, 향초의 뜻이 있는데, 초두[艹]에 쓰는 것을 생각하면 본래는 채소 이름이었을 것입니다. 비(菲)를 『설문』에서는 물(芴)이라 합니다. 바로 아래에 물(芴) 자가 나오는데 '비이다(菲也)'로 끝납니다. 『단주』를 살펴보면 비(菲)를 식채(蒠菜)라고 합니다. 먹는 채소이니 나물이라는 설명입니다. 더 이상 확인할 방법이 없습니다. 다시 식(蒠)을 찾아보는데 『설문』에는 실려 있지 않습니다. 현대 사전에서는 순무로 설명합니다.

格物 040. 사전은 국력이다

사전은 분명 언어생활에 유용한 도구입니다. 하지만 글자 사전이 갖는 한계 또한 없지 않습니다. 필자의 지적 수준 한계의 문제이기도 하겠지만, 특히 사전에 나오는 정의나 설명만 읽고 식물을 알아보기는 더더욱 어렵습니다. 아마도 그래서 한자에 나오는 식물 이름 상당 부분이 '풀이름이다'로 올라 있는지 모릅니다.

어쨌든 조금 더 자세히 알아보려고 사진이나 세밀화가 곁들인 사전을 참고하게 됩니다. 그런데도 역시 어렵기는 마찬가지입니다. 더러 길가에 핀 야생화를 보며 도대체 저 꽃은 무슨 이름을 하고 있을까 해서 뒤적여봐도 사진이나 그림 속의 그 꽃이 실물과 일치하는 것인지 확신을 할 수 없습니다.

식(蒠)을 한 번 확인해봅니다. 『현대한어사전(現代汉语词典)』의 설명입니다. "일년생 초본 식물이다. 초여름에 연보라 꽃이 핀다. 관상에 쓰이기도 하고, 어린잎과 줄기는 채소가 되며 씨앗은 기름을 짜서 먹을 수 있다. 비(菲)라고도 한다 [一年生草本植物 初夏開淡紫色花 可供觀賞 嫩葉莖可作蔬菜 種子榨油 供食用 又名 菲]." 이 식물의 특성과 쓰임은 알 수 있지만, 이 내용만으로 '무엇이다'라고 단정하기는 어렵습니다.

일본어 자전에는 '순무의 일종'이라고 설명합니다. 고려대 『중한사전』에는 식(蒠)은 식채(蒠菜)로 나오고, 개갓냉이로 올라 있습니다. 개갓냉이 조항입니다. "5~6월에 작은 노란색 꽃이 줄기 끝에 총상 꽃차례로 핀다"로 설명하고 있는데 『현대한어사전』의 "연보라 꽃이 핀다"라는 내용과 달라 과연 같은 식물을 이르는 것인지 의심을 갖게 합니다. 다른 일반 자전에는 '순무'라고 나온 것도 있고, '순무와 비슷하다'라고 나온 것도 있습니다. 『표준』에 나오는 순무입니다. "십자화과의 한해살이풀 또는 두해살이풀. 무의 하나로 뿌리가 통통하며 물이 많고 흰색, 붉은색, 자주색을 띤다. 봄에 노란 꽃이 총상(總狀) 화서로 피고 뿌리와 잎은 비타민을 많이 함유한 채소이다. 유럽이 원산지로 중국을 통해 우리나라에 들어왔다."

우선 꽃 색깔은 일치하는 듯해, 순무인가 하는데 이번에는 유럽이 원산이라는 말이 마음에 걸립니다. 우리가 순무를 먹기 시작한 것이 그렇게 오래되지 않은 것 같은데, 그러면 도대체 언제 유럽에서 중국을 거쳐 우리나라까지 오게 된 것일까? 물론 식(蒠)이 원래 다른 식물을 가리키는데, 생김새가 비슷하다든지 그래서 나중에 순무를 나타내는 데에도 쓰이게 되었는지 모릅니다.

여전히 궁금증은 풀리지 않습니다. 다른 항목에서 '무슨무슨 이름'에 대해 얘기한 적이 있습니다. '나라 이름 무엇', '물 이름 무엇', '산 이름 무엇' 등은 고유 명사이니 달리 설명할 방법이 없습니다. 그 고유 명사가 갖는 의미는 더 알아보고 확인해야 합니다.

하지만 이제 학문의 수준도 높아졌고, 교통、통신의 발달로 예전과는 상황이 달라졌습니다. 고유 명사를 제외하고 '무슨무슨 이름'하는 식 설명은 이제 그 내용을 밝혀 분명하게 정의하고 설명해야 하지 않을까 하는 아쉬움과 안타까움을 떨칠 수 없습니다. 사전이나 자전을 이용하는 사람들이 궁금증을 해결하려고 소비하는 시간까지 생각해 좀 과장하자면, 이런 사소한 것들이 표도 안 나게 인력을 낭비하고 국력을 좀먹는다는 생각까지 듭니다.

중학	획수	형자	새김	발음
減	12	咸	덜	감

감(減)은 덜어지는 것, 줄어드는 것, 감소하는 것입니다. 수(水)가 의미부이고 '다' 함(咸)이 소리부입니다. 손실이 발생하는 것입니다. 그래서 '쇠퇴하다'라는 뜻이 됩니다. 물[水]이 다[咸] 없어지는 것으로 생각합시다.

덜어버리는 것은 감각(減却), 속도를 줄이면 감속(減速), 형기를 줄이는 것은 감형(減刑)입니다.

중학	획수	형자	새김	발음
湖	12	胡	호수	호

호(湖)는 호수입니다. 『설문』입니다. "호(湖)는 큰 못이다. 물 수(水)가 의미부이고, 호(胡)가 소리부이다. 양주(揚州)의 침(浸)에 오호(五湖)가 있어 하천이나 못에 관개를 할 수 있다." 침(浸)은 물 이름이고, 오호라고 한 것은 이 호수에 모여드는 물줄기가 다섯 개 있기 때문입니다. 『설문』에 침(浸)은 다른 자형[寖]으로 올라 있습니다.

옛날 문학 작품의 대상으로는 강릉의 경포호(鏡浦湖)와 중국의 동정호가 많이 나옵니다. 요즈음은 누구나 경포호라고 합니다만 『표준』에는 경호(鏡湖)와 경포(鏡浦)만 같은 뜻의 표제어로 올라 있을 뿐, 경포호는 없습니다. 큰 것으로는 아무래도 인위적으로 만든 다목적댐이 되겠는데, 춘천의 소양호와 청주의 대청호가 큽니다. 그런데 이것은 다목적이라는 쓰임에 비중을 둔 탓인지 『표준』에는 소양댐, 대청댐으로만 실려 있고 소양호, 대청호는 없습니다.

독서당(讀書堂)은 물론 책을 읽는 곳입니다. 호당(湖堂)이라고도 하는데, 관리들이 연구할 수 있도록 휴가를 주어 책을 읽던 곳입니다. 호당이 당시 어디에 있었는지는 모르겠지만 책을 읽는 데에는 역시 호숫가에 지은 집이 좋겠구나 하는 생각은 듭니다.

중학	획수	형자	새김	발음
溪	13	奚	시내	계

계(溪)는 시내입니다. 산 속에 통하는[물 빠질] 곳이 없는 도랑입니다. 이론적으로 생각할 때, 유입량과 증발량이 같으면 고인 상태에서 평형을 유지하겠고, 증발량이 많으면 아프리카나 중동 사막 지대의 와디(wadi)와 같이 우기에 잠깐 흘렀다가 마를 수도 있습니다. 하여튼 이 설명만 따른다면 통하는 곳이 없어 자연 호수가 될 것 같은데, 더 이상 설명은 없습니다.

『단주』에서는 천경피(千頃陂)라고 설명합니다. 글자 그대로의 뜻은 이랑이 천 개나 되는 연못으로, 제법 넓은 것을 가리킨다는 것을 알 수 있습니다. 피(陂)는 본뜻이 비탈을 나타냅니다만, 여기서는 연못의 뜻을 나타냅니다.

계학무염(溪壑無厭)은 시내와 골짜기는 만족할 줄을 모른다는 뜻으로 사람의 탐욕이 아주 커서 만족하기가 어려운 것을 이르는 말입니다.

중학	획수	형자	새김	발음
滿	14	㒼	찰	만

만(滿)은 가득 차서 넘치는 것입니다. 물[水]이 틈이 없이[㒼] 가득 찬 것으로 이해하면 됩니다. 마음속으로 충분하다고 생각하는 것을 나타냅니다. 일정한 한도에 달했다든지, 전부나 전체를 나타내기도 합니다.

만(㒼)은 모양이 반반한 것입니다. 고문 분석에서는 누에가 고치를 짓는 모양을 나타내는 것으로 봅니다. 그래서 틈이 없이 막는다는 뜻을 가지며 거기에서 인신되어 '상당하다, 비슷하다'라는 뜻을 나타내는 것으로 봅니다.

꽃이 활짝 피는 것은 만개(滿開), 정한 기한이 다 차는 것은 만기(滿期), 밀물이 해면 가장 높이까지 들어오는 것은 만조(滿潮)입니다.

중학	획수	형자	새김	발음
漁	14	魚	고기 잡을	어

『설문』에 '고기 잡을' **어(漁)**는 물고기가 두 마리 있는 자형[鱻]으로 지금 글자와 조금 다릅니다. 물[水]에 고기가 많은 것[鱻]을 보여주고, 그를 통해 물고기를 잡는 것을 나타냅니다.

물고기를 잡는 것이 직업인 사람은 어부(漁夫)이고, 그런 직업 자체는 어업(漁業)입니다. 우리 고전에 나오는 어부가(漁夫歌)는 당연히 어부의 노래로 그런 생활이 담겨 있습니다.

중학	획수	형자	새김	발음
漢	14	堇(𦰩)	한수, 한나라	한

한(漢)은 본래 강 이름입니다. 장강의 최대 지류입니다. 보통 한수(漢水)라고 하는데, 중국 현대 지리학에서는 발원을 세 곳으로 삼습니다. 북으로 저수(沮水), 가운데로 양수(漾水), 남으로 옥대하(玉帶河)가 흘러드는데 모두 섬서성에 있습니다. 이 세 줄기가 모여 한수가 됩니다. 문학 작품에 더러 나오는 창랑수(滄浪水)는 한수의 지류입니다. 더 밝혀보면 창랑수(滄浪水)는 다시 창수(滄水)와 랑수(浪水)가 아우러져 이루는 내인데 물이 푸르고 맑다고 합니다.

창랑수는 『맹자』〈이루〉편에 공자가 아이들이 하는 노래를 듣는 내용에 나옵니다. "창랑의 물이 맑으면 내 갓끈을 씻고, 창랑의 물이 탁하면 발을 씻으리라 [滄浪之水清兮 可以濯我纓 滄浪之水濁兮 可以濯我足(창랑지수청혜 가이탁아영 창랑지수탁혜 가이탁아족)]." 이 내용은 나중에 굴원이 다시 「어부사(漁夫辭)」에 인용하면서 더 유명해졌고 자주 인용되기도 합니다.

『한어대자전(汉语大字典)』에서 근(菫)은 근(堇)과 같은 글자라고 합니다. '진흙' 근입니다. '제비꽃' 근(堇)과 자형이 아주 흡사하여 혼동하기 쉬운데, 가운데 가로획을 제대로 그은 것이 '제비꽃' 근(堇)입니다.

은한(銀漢)은 은하수를 가리키기도 하고, 역사상 왕조의 이름이기도 합니다. 어떤 분야에 대해 지식이 없는 사람을 가리키는 문외한(門外漢)에서는 사람의 뜻으로 쓰이고 있습니다.

중학	획수	형자	새김	발음
潔	15	絜	깨끗할	결

결(潔)은 깨끗한 것, 청결한 것인데 또한 강의 이름이기도 합니다. 깨끗하고 흰 것[潔白(결백)]을 나타내기도 합니다. 자소자 혈, 결(絜)은 삼 한 단 즉, '한 묶음', '다발'이라고 합니다. 『단주』에는 "단(耑)이라고 하는 것은 묶으려면 그 머리[뿌리 부분]를 가지런히 해야 하기 때문"이라고 합니다. 묶으려면 둘러싸야 하기 때문에 인신하여 '재다'라는 뜻의 '잴' 혈(絜)이 되며, 묶으면 산만하지 않기 때문에 '깨끗할' 결(絜)이 된다고 합니다. 다음자입니다.

자기 몸을 깨끗이 하는 것은 결기(潔己)인데, 결연히 일어난다는 뜻의 결기(決起), 못마땅한 것을 참지 못하는 성미를 가리키는 결기(-氣)와 동음이의어라서 주의를 요합니다.

중학	획수	형자	회자	새김	발음
氷	5	冫	冫水	얼음	빙

빙(氷)은 『설문』이나 『강희자전』에 이수변[冫, 冫]으로 올라 있습니다[冰]. "얼음이다. 물이 엉긴 모양을 본떴다"라고 합니다. 주석에서는 얼음에 나타나는 무늬라고 설명합니다.

빙고(氷庫)는 얼음을 넣어두는 창고입니다. 서울의 동빙고(東氷庫), 서빙고동(西氷庫洞)은 조선 시대 바로 얼음과 관련된 관아가 있어서 유래된 지명입니다. 빙석(氷釋)은 얼음이 녹듯이 의심이나 의혹이 풀리는 것을 말합니다. 얼음같이 맑고 깨끗한 마음은 빙심(氷心)인데, 세 단어 모두 활용도는 떨어지는 듯해 보입니다. 빙탄(氷炭)은 얼음과 숯이라는 뜻으로 서로 용납하지 못하는 관계를 이릅니다. 빙소와해(氷消瓦解)는 얼음이 녹고 기와가 깨어진다는 뜻으로 자취도 없이 사라짐을 이릅니다. 빙탄불상용(氷炭不相容)은 얼음과 숯이 서로 용납하지 못하는 데에서 서로 화합하기 어려움을 말합니다.

格物 041. 응고와 음펨바 효과

액체가 고체로 바뀔 때 방출되는 에너지를 응고열이라고 하죠. 물이 응고되려면 1g당 80cal, 즉 335.2줄(Joule, 4.19J/c)의 에너지가 필요합니다. 0℃의 물이 0℃의 얼음으로 바뀌려면 80cal의 열, 즉 0℃의 물을 80도까지 덥힐 수 있는 많은 에너지가 필요합니다. 그러니 온도는 같아도 얼음과 물 사이에는 에너지로 보면 큰 차이가 있습니다.

이글루 안의 얼음에 물을 뿌리면 실내 기온이 올라가 따뜻해진다고 합니다. 물이 응고되면서 열을 방출하기 때문입니다. 냉동을 시킬 때에는 이상하게도 뜨거운 것이 차가운 것보다 먼저 어는 현상이 발견되기도 했는데, 이런 현상을 발견자의 이름을 따서 음펨바(Mpemba) 효과라고 부릅니다. 그런데 항상 발생하는 것은 아니고 일정한 조건에서만 발생하는 것으로 알려져 있습니다.

중학	획수	형자	회자	새김	발음
決	7	夬	水夬	결단할	결

결(決)은 물길을 터서[夬] 물[水]이 흐르도록 하는 것입니다. 안휘성 서쪽 회하(淮河)의 지류를 '려강(廬江)'이라고 했습니다. 지금은 '사하(史河)'라고 부르고, 다시 그 지류를 '결수(決水)'라고 부른다고 합니다. 이것은 고유 명사로의 쓰임인데, 『표준』에는 결수(決水)를 "둑이나 수문 따위가 물에 밀려 터져 무너지거나 이를 터서 물을 넘쳐흐르게 함 또는 그 물"이라고 하여 보통 명사로서의 쓰임을 설명하고 있습니다. 『단주』에는 "결수(決水)는 인신하여 결단(決斷)의 뜻으로 쓰인다"라고 합니다. 물길을 내려면 가리는 것은 치우고 막힌 것은 뚫어야 합니다. 거기에서 '끊다, 결정하다'라는 뜻이 생겨났습니다.

자소자는 '쾌쾌' 쾌(夬)입니다. '터놓을' 쾌, '깍지' 결로도 새깁니다. 결단을 내리는 것으로, 최후의 결정을 뜻하기도 합니다. '쾌할' 쾌(快), '이즈러질' 결(缺)에도 쓰입니다.

중학	획수	형자	회자	새김	발음
泣	8	立	水立	울	읍

읍(泣)은 눈물만 흘리며 소리 없이 우는 것입니다. 주석에는 곡(哭)도 소리를 내지 않고 우는 것이지만, 읍(泣)은 곡(哭)보다 약한 것이라고 합니다. 하지만 현재 우리의 쓰임은 곡은 소리를 내어 우는 것입니다. 눈물을 가리키기도 합니다.

눈물을 흘리며 간절히 하소연하는 것은 읍소(泣訴)이고, 읍혈(泣血)은 피눈물을 흘리며 슬프게 우는 것입니다. 성어로는 읍참마속(泣斬馬謖)이 있습니다. 큰 목적을 위하여 자기가 아끼는 사람을 버림을 이르는 말로 『삼국지』〈마속전(馬謖傳)〉에 나오는 말입니다. 중국 촉나라 제갈량이 군령을 어기어 가정(街亭) 싸움에서 패한 마속을 눈물을 머금고 참형에 처하였다는 데서 유래되었습니다. 중국어에서도 그대로 쓸 것 같아 확인해보았는데, 사자성어로는 안 나옵니다. "눈물을 흘리며 마속을 베다 [揮淚斬馬謖(휘루참마속)]"로 나옵니다. 앞에 제갈량(諸葛亮)이라는 주어가 생략된 형태입니다. 교양 있는 중국인과 소통한다면 마속(馬謖)이라는 말만 나와도 무슨 이야기를 하고 싶은지 짐작하고 필담을 곁들인다면 전혀 문제가 없겠지만 그래도 중국에서는 어떻게 쓰고 있다는 것을 알면 나중에 중국어 공부할 때에도 도움이 되겠습니다.

중학	획수	형자	회자	새김	발음
注	8	主	水 主	부을	주
波	8	皮	水 皮	물결	파

주(注)는 물을 대는 것으로 흘려보내는 것입니다. 그래서 '모으다, 집중하다'라는 뜻을 갖습니다. 글이나 말의 어떤 부분에 대하여 그 뜻을 자세히 풀어주거나 보충 설명을 더하는 글이나 말을 주라고 하는데, '주를 달다'라는 형식으로 씁니다. 한 걸음 더 나아가 설명하는 것도 가리킵니다.

힘을 쏟아붓는 것은 주력(注力), 약물을 조직이나 혈관 속에 넣는 것은 주사(注射), 주의력을 쏟아붓는 것, 즉 집중하여 보는 것은 주시(注視)입니다.

물이 솟구치며 흐를 때 겉으로 드러나는 물결의 모양이 **파(波)**입니다. 그래서 '움직이다, 급히 달리다' 등의 뜻을 나타냅니다.

어떤 일의 여파나 영향이 차차 다른 데로 미치는 것은 파급(波及)이고, 물결이 움직이는 것은 파동(波動)입니다. 물리에서는 공간의 한 점에 생긴 물리적인 상태의 변화가 차츰 둘레에 퍼져 가는 현상을 말합니다. 파랑(波浪)은 물결이고, 파시(波市)는 고기가 한창 잡힐 때에 바다 위에서 열리는 생선 시장을 가리킵니다. 매매를 중지하는 것을 파시(罷市)라고 해 동음이의어인데, 이 말은 중국 진(晉)나라의 양호(羊祜)가 형주(荊州) 도독으로 재임하던 중 사망하자 백성들이 그를 추모하여 시장을 열지 않았다는 고사에서 유래한다고 합니다. 가게를 닫고 매매를 하지 않는 것입니다.

중학	획수	형자	회자	새김	발음
洗	9	先	水 先	씻을/깨끗할	세/선

세(洗)는 발을 씻는 것이라고 합니다. 깨끗이 하는 것을 가리킵니다. 씻는 것이 때나

먼지를 없애는 것이라는 데에서 '없애다, 제거하다'라는 뜻도 갖습니다.

세련(洗鍊)은 서투르거나 어색한 데가 없이 능숙하고 미끈하게 갈고 닦은 것을 말합니다. 세수(洗手)는 손을 씻는 것에서 확장돼 손이나 얼굴을 씻는 것을 이릅니다. 눈을 씻는 것은 세안(洗眼)인데, 얼굴을 씻는 것도 세안(洗顔)입니다. 옷이나 피륙을 빠는 것은 세탁(洗濯)인데, 주로 기계가 하는 것을 가리킵니다. 많이 쓰이는 성어는 아닙니다만 쉬워서 소개합니다. 세심혁면(洗心革面)인데, 세심(洗心)이니 마음을 씻는 것이고, 혁면(革面)은 면모를 바꾸는 것입니다. 잘못을 후회하며 철저히 바뀌는 것을 이릅니다. 환골탈태(換骨奪胎)와 비슷한 뜻이 됩니다.

중학	획수	형자	회자	새김	발음
洋	9	羊	水羊	큰 바다	양

『설문』에 양(洋)은 물 이름으로 되어 있습니다. 내나 강에 붙은 이름인 것입니다. '큰 바다' 양으로 새기는 것은 항해술이 발달해 바다에 대한 인식이 어느 정도 확립된 뒤에 생긴 새김이 아닐까 합니다. 그런 큰 바다를 건너 서쪽이라는 뜻에서 서양을 가리킬 때 많이 쓰기도 합니다. '바다' 해(海)가 육지에 인접한 수계인데 비해, 양(洋)은 망망대해 그 어디를 둘러보아도 바다뿐인 큰 바다입니다.

바다가 한없이 넓은 것은 양양(洋洋)한 것입니다. 서양의 음식이라 양식(洋食), 서양의 양식이라 양식(洋式), 서양의 그림이라 양화(洋畫), 서양 신발 즉, 구두도 양화(洋靴) 등에서는 모두 서양을 나타냅니다. '큰 바다[洋]를 건너 서쪽'과 관계있는 것들입니다. 뜻을 이루어 뽐내며 꺼드럭거리거나 또는 그런 태도를 양양자득(洋洋自得)이라고 하는데, 양양자득(揚揚自得)으로도 씁니다.『표준』에는 양양자득(揚揚自得)만 실려 있습니다. 중국에서는 양양자득(洋洋自得)을 많이 쓰는 듯합니다.

중학	획수	형자	회자	새김	발음
浪	10	良	水良	물결	랑

『설문』에서는 랑(浪)을 고유 명사로 설명합니다. 창랑수(滄浪水)인데 앞서 얘기했지

요, 남쪽으로 흘러 장강(長江)에 합류하는 하나의 물줄기로 한수(漢水)의 하류입니다. 더 자세한 내용은 창(滄) 조항에서 확인하기 바랍니다. 그러나 이것은 가차의(假借義)로 본뜻은 '큰 물결, 큰 파도'입니다. 파랑이 끊임없이 이는 데에서, 스스로를 절제하지 않고 마음대로 행동하는 것을 가리키기도 합니다. 여기에서 한 걸음 더 나아가 음탕함도 나타냅니다.

시간이나 재물을 헛되이 헤프게 쓰는 것은 낭비(浪費)이고, 터무니없는 헛소리는 낭설(浪說), 현실에 매이지 않고 감상적이고 이상적으로 사물을 대하는 태도나 심리는 낭만(浪漫)입니다.

중학	획수	형자	회자	새김	발음
浮	10	孚	水 孚	뜰	부

부(浮)는 물 위에 뜨는 것입니다. '미쁠' 부(孚)에 '물' 수(水)를 더해 분화된 글자로 봅니다. 『설문』에서는 알에서 깨는 것, 또는 성실하고 믿음이 있는 것으로 설명합니다만, '미쁠' 부(孚)는 자형을 보면 아이[子]를 안고[爪] 있습니다. 아이를 안고 젖을 먹이는 것을 본뜻으로 봅니다. '뜰' 부(浮)와 '젖' 유(乳)에 자소로 쓰이고 있습니다. 미쁜 것은 믿음직한 것으로 믿음이 가는 것입니다.

부동(浮動)은 물이나 공기 중에 떠서 움직이는 것이고, 부동(不動)은 움직이지 않는 것입니다. 부생(浮生)은 덧없는 인생을 이릅니다. 부가범택(浮家泛宅)은 물에 떠다니는 배에서 하는 살림살이를 말합니다. 부석침목(浮石沈木)은 돌은 물 위에 뜨고 나무는 물 밑에 가라앉는다는 뜻으로 옳고 그름이 바뀐 되지도 않은 말로 다른 사람을 속이는 것을 이릅니다. 부운부귀(浮雲富貴)는 뜬구름같이 덧없는 부귀라는 뜻으로 옳지 못한 방법으로 얻은 부귀를 가리킵니다. 부운조로(浮雲朝露)는 뜬구름과 아침이슬이라는 뜻이니 인생의 덧없음을 말합니다. 부운폐일(浮雲蔽日)은 뜬구름이 해를 가린다는 뜻으로 주위의 간신들이 임금이 상황을 제대로 보지 못하게 하는 것을 뜻합니다.

중학	획수	형자	회자	새김	발음
消	10	肖	水 肖	사라질	소

소(消)는 다하는 것입니다. 소진되는 것입니다. 본뜻은 얼음이나 눈이 녹는 것으로 봅니다. 점점 감소해 더 이상 존재하지 않게 됩니다. 자소자 '닮을' 초(肖)는 아버지를 닮지 않았다는 뜻 외에 작다는 뜻도 있습니다. 얼은 물[水]이 작아지는 것, 즉 잘게 부서지는 것이며 그것은 바로 녹은 것입니다.

소독(消毒), 소멸(消滅), 소화(消火)에는 모두 '없애다'라는 뜻이 들어 있습니다. 소침(消沈)은 의기나 기세 따위가 사그라지고 까라진다는 뜻인데, 역시 '다하다, 없어지다'라는 의미를 담고 있습니다. 궁금한 것은 소식(消息)이 어떻게 멀리 떨어져 있는 사람의 사정을 알리는 말이나 글의 의미를 갖게 되었나 하는 점인데, 소식이 시운(時運)이 끊임없이 변화하고 순환하는 것을 나타내기도 하는 데에서 뭔가 변한 것이 있으면 알린다 해서 그렇게 쓰게 된 것이 아닐까 짐작해봅니다. 견강부회인지 모르지만, 사라졌는지[消], 숨은 쉬고 있는지[息]를 알리는 것이라고 추정할 수도 있습니다.

중학	획수	형자	회자	새김	발음
泰	10	大	大廾水	클	태

태(泰)에서는 '물' 수(水)가 다른 글자의 아래에 오면서 모양이 바뀌었습니다. (물체의 표면이) 미끄러운 것입니다. 두 손[収, 글자의 윗부분]에 물[水]을 담으면 미끄러워 모두 빠져나갑니다. 고문 분석에서는 이 글자의 윗부분을 '큰' 대(大)로 보아 사람이라고 합니다. 나머지는 점인데 목욕을 하며 튄 물방울로 봅니다. 그래서 '목욕하다'가 원뜻이라고 설명합니다. 목욕을 하면 피부가 반드럽습니다. 편안합니다. 더 나아가 '사치하다, 지나치다, 크다'라는 뜻으로 인신되었습니다.

태두(泰斗)는 태산북두(泰山北斗)가 준 말로서 태산과 북두칠성을 아울러 이르는 말입니다. 세상 사람들의 존경을 받는 사람을 비유적으로 이르기도 합니다. 태산(泰山)은 고유 명사로는 중국에 있는 산으로 오악 가운데 하나인 동악(東嶽)입니다. 산동성 태안에 있는데, 그다지 높지는 않은 산입니다만 예부터 천제를 지내는 곳이기도 해 아주 중요시 되어왔던 산입니다.

格物 042. 오악, 오대, 적멸보궁

지리를 파악할 때 동서남북과 가운데 즉, 중앙으로 나누는 것은 아주 자연스러운 발상입니다. 오악(五嶽)과 오대(五臺)도 그런 예가 되겠습니다.

중국의 오악은 동으로 태산, 서쪽으로 섬서의 화악(華嶽), 남으로 호남(湖南)의 형산(衡山), 북으로 산서(山西)의 항산(恒山), 가운데가 하남(河南)의 숭산(嵩山)입니다. 우리나라의 오악은 동의 금강산, 서의 묘향산, 남의 지리산, 북의 백두산, 중앙의 삼각산입니다. 설악이 빠진 것은 금강에 비해 멋이나 품격이 다소 떨어지기 때문이 아니었나 싶습니다. 실제 옛 사람들의 설악산에 대한 평가는 그리 좋은 편이 아니었습니다. 제주 한라산이 빠진 것은 분명 역사상 제주도의 비중이 그다지 크지 않았기 때문이 아닐까 합니다.

오악과 비슷한 발상으로 지리를 파악하는 것이 오대(五臺)입니다. 오악은 한 나라에서 이름난 다섯 개의 큰 산을 말하고, 오대는 다섯 개의 높은 봉우리가 감싸고 있는 지형입니다. 중국에도 우리나라에도 오대산이 있습니다. 우리나라는 오대산 월정사가 예가 됩니다. 오대산의 가운데에 해당하는 중대에는 적멸보궁(寂滅寶宮)이 자리하고 있습니다. 적멸보궁에는 부처의 진신사리를 모십니다. 그래서 불상이 없습니다. 이 밖에 설악산 봉정암, 영월 사자산 법흥사, 강원도 정선 정암사, 경남 양산 통도사에 우리나라 오대 적멸보궁이 있습니다. 마음에 번뇌가 없고, 몸의 괴로움이 사라진 해탈·열반의 경지에 이른 즉, 적멸(寂滅)에 이른 보배로운 궁전이 적멸보궁입니다.

1990년대 초반으로 기억됩니다. 설악산 봉정암에 들른 적이 있는데, 하얀 모시 저고리에 흰 고무신을 신으신 팔순 가량의 경상도 할머님이 쌀을 말가웃 가량 이고 올라오신 것을 보았습니다. 무엇이 맨몸으로 올라오기조차 힘든 이 길을 무거운 짐을 지면서까지 올라오게 하는지 놀라기도 했지만, 숙연한 느낌이 들었습니다.

믿음이겠습니다. 저런 분들의 정신이나 자세가 바로 불교든 기독교든 자신의 믿음을 위해 목숨까지 미련 없이 바치는 순교자의 모습이겠구나 싶었습니다. 얼굴 모습은 희미하지만, 하얀 모시 저고리에 쌀을 이고 있던 모습은 늘 존경스러움으로 남아 있습니다.

웬일인지 당시 봉점암에 계시던 스님이 최인호(1945~2013)의 『가지 않는 길』을 보내주셨는데 두 권이었는지 세 권이었는지 아무튼 단권은 아니었습니다. 책을 받아 읽으며 뜻밖으로 생각되던 것이 두어 가지 떠오릅니다. 하나는 어찌 스님이 독실한 가톨릭 신자로 알려진 작가의 책을 보내셨을까 하는 점이고 또 하나는 작가의 불교에 대한 이해도입니다. 경허 스님 행장이었던 것으로 기억되는데, 독실한 가톨릭 신자로 알려진 최인호 작가는 어쩌면 불교에 대한 조예가 이렇게 깊을까 하는 점이었습니다. 소재를 배우고 익혀서 쓸 수 있는 것이 아니고, 그것이 생활이었을 때 나올 수 있는 글이 아닌가 놀랐던 생각이 납니다. 그래서 언제가 됐든 작가가 '절살이'를 했든지 아니면 늘 가까이 할 수 있는 환경에 있었을 거라고 지레짐작했던 기억도 있습니다. 일독을 권합니다.

당시 쌀을 이고 올라오신 할머님은 분명 극락왕생하셨을 겁니다. 봉점암에 계시던 스님은 이제 한국 불교계의 큰스님이 되시어 지면이나 보도를 통해 근황을 확인하곤 합니다.

중학	획수	형자	회자	새김	발음
深	11	罙	水罙	깊을	심

'깊을, 무릅쓸' 심/미(罙)는 자형 분석으로 횃불을 들고 깊은 동굴에 들어가는 모습으로 봅니다. 『설문』에서의 자형은 '突'으로 '구멍' 혈(穴), '불' 화(火)에 '구할' 구(求)가 생략된 것을 따른다고 설명합니다. 동굴이 깊다는 점과 그런 동굴에 들어가려면 무서움이나 두려움을 무릅써야 한다는 데에서 '무릅쓰다'의 뜻도 있습니다. '깊을' 심(深), '찾을' 탐(探)의 자소로 쓰이는데 동굴에 들어간다는 것을 생각하면 두 글자를 쉽게 기억할 수 있겠습니다. 심(深)은 횃불을 들고 동굴에 들어가는데 그 동굴이 깊은 것입니다. '찾을' 탐(探)이니 더듬는 손[手]이 들어갑니다.

어떤 사실이나 소식 따위를 알아내기 위하여 사람이나 장소를 찾아가는 것은 탐방(探訪)이고, 찾아내거나 밝히기 위하여 살피어 찾는 것은 탐색(探索)입니다. 경치 좋은 곳을 찾아다니는 것을 탐승(探勝)이라 하며, 그런 사람은 탐승객(探勝客)입니다. 위험을 무릅쓰고 어떤 곳을 찾아가서 살펴보고 조사하는 것은 탐험(探險)입니다. 탐낭취물(探囊取物)은 주머니 속에서 물건을 꺼낸다는 뜻으로 아주 손쉽게 얻을 수 있음을 이릅니다. 탐려득주(探驪得珠)는 흑룡[驪]의 턱 밑에서 구슬을 얻는다는 뜻으로 본래는 아주 큰 위험을 무릅쓰고 큰 이익을 얻는다는 뜻이었습니다만 지금은 원뜻과 상관없이 문장이 핵심을 잘 드러내는 것을 비유하는 고사성어로 쓰고 있습니다.

중학	획수	형자	회자	새김	발음
淨	11	爭	水 爭	깨끗할	정

정(淨)을『설문』에서는 "노나라 북성 문 밖의 (성을 보호하는) 내이다"라고 설명합니다. 그 물이 유난히도 깨끗했는지 정은 물에 잡티, 즉 불순물이 없는 것입니다. 깨끗하거나 깨끗하게 하는 것입니다. 인신하여 '단순하다'라는 의미로 쓰입니다. 불교 용어로는 정욕을 떨쳐버리고 어느 한 곳도 오염되지 않은 것을 가리킵니다.

아주 깔끔하고 깨끗한 것은 정결(淨潔)한 것입니다. 글씨를 깨끗이 쓰는 것을 정서(淨書)라 하고, 신불(神佛)을 섬기거나 남을 도와주기 위하여 깨끗하게 쓰는 재물은 정재(淨財)라고 합니다.

중학	획수	형자	회자	새김	발음
淸	11	靑	水 靑	맑을	청

청(淸)은 물이 투명한 것입니다. 물 위에 떠 있는 부유물이나 물속의 먼지 등이 가라앉아 맑은 것입니다. 깨끗하고 순결한 것을 나타내며, 단순하고 복잡하지 않은 것을 가리키기도 합니다. 인품이 고상한 것을 뜻하고 나아가 공정한 것을 나타냅니다. 청(靑)은 소리를 나타냅니다만, 물[水]이 푸르니[靑] 맑은 것으로 기억하면 됩니다.

성품과 행실이 높고 맑으며 탐욕이 없는 것은 청렴(淸廉)한 것입니다. 청빈(淸貧)은 성품이 깨끗하고 재물에 대한 욕심이 없어 가난한 것을 이릅니다. 맑음과 흐림을 아울러 이를 때에는 청탁(淸濁)입니다. 청하여 남에게 부탁하는 것은 청탁(請託)으로 씁니다.

중학	획수	형자	회자	새김	발음
混	11	昆	水 昆	섞을	혼

혼(混)은 물이 풍부하게 흐르는 것입니다. 큰물은 여러 개로 나뉘지 않고 하나로 흐르는 데에서 모양이 같아 구분되지 않는 것을 가리킵니다. 그래서 '섞이다'라는 뜻을

나타내게 됩니다. 중국 고대 서쪽 지역의 오랑캐를 가리킬 때에는 '곤'으로 읽어 '곤이 (混夷)'가 됩니다. Baidu 사전을 보면 분간하지 않고 '혼' 발음을 쓰고 있는데, 『한어대 자전(汉语大字典)』에는 분명 '곤이'로 올라 있습니다. 사전에 잘못된 내용이 실리면 많은 사람들이 그것을 바른 것으로 받아들여 나중에는 쓰임이 굳는 경우도 있는데, 혹시 그런 사례가 되지 않을까 싶습니다. 더러 악화가 양화를 구축하는 경우 [bad money will drive good money out of circulation]가 있습니다.

『설문』에서는 곤(昆)을 '같은 것'이라고 풀이합니다. 고문 분석에서는 두 사람[比]이 해[日] 아래 나란히 있는 모습에서 '해를 모든 사람이 공동으로 향유할 수 있다'라는 의미를 나타내는 것으로 봅니다. '같다'나 '공동'의 뜻으로 풉니다.

구별하지 못하고 뒤섞어서 생각하는 것은 혼동(混同)입니다. 어지럽고 질서가 없는 것은 혼란(混亂)한 것이고, 서로 섞여서 이루어지는 것은 혼성(混成)입니다. 남성 목소리와 여성 목소리가 서로 합해지는 것은 동음이의어인 혼성(混聲)입니다.

중학	획수	형자	회자	새김	발음
渴	12	曷	水 㫃	목마를	갈

갈(渴)은 물이 떨어지는 것, 마르는 것입니다. 또한 '물을 마시고 싶다, 목이 마르다'라는 뜻을 나타냅니다. 물[水]이 다하는 것, 그치는 것[曷]으로 기억해도 됩니다.

자소자 갈(曷)은 '어찌, 왜'의 뜻입니다. 무엇을 하지 못하도록 큰 소리로 꾸짖는 것입니다. 자형상 무엇을 해달라고[匃] 입을 벌려 말을 하는 것[曰]으로 풀 수 있습니다. '어찌, 왜'라는 뜻은 나중에 인신되어 나온 것입니다. 그런데 계속 인신된 뜻으로 쓰이게 되자, 결국 본뜻은 '입' 구(口)를 더해 '꾸짖을' 갈(喝)을 쓰게 됩니다. 대갈일성(大喝一聲)은 큰 소리로 외쳐서 꾸짖는 것입니다. 불교 선원에서 위엄 있게 꾸짖을 때 '할!'이라는 소리를 내어 학인(學人)의 어리석음을 깨우치는 것으로 알려져 있는데 한자로는 '갈(喝)'을 씁니다. 갈(曷)의 자소자인 '빌' 개(匃)는 개(匄)로도 쓰는데, 현재 자형은 '쌀' 포(勹)로 되어 있지만 본래는 '사람' 인(人)이며 가운데는 '없을' 망(亡)입니다[匃]. 가진 것이 없는[亡] 사람[人]은 다른 사람에게 구해야 함을 나타냅니다.

목이 마른 듯 간절히 구하는 것은 갈구(渴求), 목이 말라 물을 마시고 싶은 느낌은 갈증(渴症)입니다. 갈민대우(渴民待雨)는 목마른 백성이 비를 기다린다는 뜻으로 아주 간절한 기다림을 이룹니다.

중학	획수	형자	회자	새김	발음
溫	13	昷	水昷	따뜻할	온

온(溫)은 '어질' 온(昷)에 편방을 더해 분화된 글자로 봅니다. 따뜻하고 뜨거운 정도를 나타내는 단어, 온도(溫度)에도 쓰입니다. 복습한다든지 어떤 일을 하면서 깨닫는다는 예상 밖의 뜻도 있어서 기억해두어야 합니다.

자소자 온(昷)은 온화하고 인자한 것입니다. 밥그릇[皿]을 옥에 갇힌 수인(囚人)에게 넘겨주어 먹게 하는 뜻이 담겨 있습니다. 『설문』이나 『강희자전』에는 윗부분 자소자가 수(囚)로 올라 있는데 지금은 '날' 일(日)로 쓰는 경우[昷]도 있어 본래의 뜻을 알아보기가 어렵습니다.

따뜻함과 차가움을 함께 이르면 온랭(溫冷)입니다. 온도(溫度)는 따뜻함과 차가움의 정도입니다. 논리적으로 생각하면 추운 정도의 뜻으로 한도(寒度)를 써도 될 것 같지만 언어가 어떤 면에서는 선택적입니다. 그렇게 쓰지는 않습니다. 온상(溫床)은 인공으로 따뜻하게 하여 식물을 키우는 설비인데, '범죄의 온상'이라고 하는 것처럼 어떤 현상이나 사상, 세력 따위가 자라나는 바탕을 비유적으로 이를 때에 많이 쓰입니다. 따뜻한 사랑이나 인정은 온정(溫情)인데, 연말연시에나 베푸는 것으로 생각해서는 안 됩니다. 동음이의어로 온정(溫淸)은 동온하정(冬溫夏淸)의 준말로 부모님의 잠자리를 겨울에는 따뜻하게 여름에는 서늘하게 한다는 뜻입니다. 부모를 잘 섬기어 효도함을 이릅니다. '서늘할' 정(淸)이 본음 '청'으로만 실려 있는 경우도 있습니다.

중학	획수	회자	새김	발음
永	5	人水流	길	영

'길' 영(永)은 물이 길게 흐르는 것입니다. 물줄기와 그 위에 생기는 무늬의 모양을 본뜬 것으로 보면 상형자가 됩니다. 고문 연구에서는 헤엄치는 것, 즉 수영(水泳)하는 것을 나타내는 것으로 봅니다. 실제 갑골문은 사람이 물줄기 가운데 있는 모양이 잘 드러

납니다. 그래서 '헤엄칠' 영(泳)의 본자로 봅니다. 인신하여 강이 긴 것을 나타내고 시간이 긴 것도 뜻하게 되었습니다.

서예에서는 영자팔법(永字八法)이라고 해, 영(永) 자의 점이나 획을 긋는 방법에 한자의 기본적인 필획법이 모두 들어 있다고 해 중시하고 해서와 행서의 기본이 된다고 합니다. 영면(永眠)은 영원히 잠든다는 뜻이니 죽음을 이릅니다. 영원(永遠)은 어떤 상태가 시간상 끝없이 이어지는 것이죠. 영수불후(永垂不朽)를 아는 대로 새겨봅시다. 영수(永垂)는 '영원히 드리워진다'이니 영원히 전해지는 것입니다. 불후(不朽)는 불후의 명작에서 볼 수 있는 것처럼 썩지 않는다는 뜻으로 영원히 변하지 않거나 없어지지 않는 것입니다. 그러니 영수불후는 업적이나 정신이 사라지거나 없어지지 않고 영원히 전해지는 것으로 생각할 수 있습니다.

이렇게 생각하고 새겨보는 것이 훈련입니다. 이런 훈련이 반복 되풀이되어 쌓이면, 이제는 한자뿐만 아니라 여러분의 한문 실력이 눈에 띄게 향상될 것입니다. 유방백세(流芳百世)는 꽃다운 이름이 후세에 길이 전해지는 것입니다.

바이두(百度)에서 본 예문인데 좋은 글이라서 소개합니다.

"天不說明自己的高度 它永遠是至高無上 地不說明自己的厚度 它永遠是厚德載物
海不說明自己的深度 它永遠是容納百川."

한 번 읽고 스스로 해석해보기 바랍니다. 그것이 공부입니다. 혹 막히면 그 부분만 참고한 뒤, 다시 한 번 더 해석을 해보십시오. 문장 구조가 같아서 쉽습니다.

"하늘은 자기가 얼마나 높은지 말하지 않지만, 영원히 가장 높아 위가 없고, 땅은 자기가 얼마나 두터운지 말하지 않지만, 후한 덕으로 만물을 받쳐준다. 바다는 자기가 얼마나 깊은지 말하지 않지만, 영원히 모든 내를 수용한다."

본서에서 필자는 직역을 위주로 하고 있습니다. 직역이라서 어딘지 서걱거리는 느낌이 없지 않으리라 생각됩니다. 하지만 윤문은 나중에 하면 됩니다. 그러니 독자 여러분도 어떤 글귀가 나오면 습관적으로 먼저 문자 그대로의 뜻을 이해하는 것부터 연습해

보기 바랍니다.

중학	획수	회자	새김	발음
法	8	水去	법	법

법(法)은 형법입니다. 『설문』의 내용입니다. "법(灋)은 형법이다. 평평하기가 물과 같아 수(水)를 따른다. 해태[廌]는 정직하지 않은 사람을 들이받는 신수로서 정직하지 않은 사람을 보낸다. 그래서 치거(廌去)를 따른다"라고 합니다. 자형이 복잡한데 여기에서 '해태' 치(廌)가 빠진 것이 현재의 법(法) 자입니다. 고문 분석에서는 사람이 소나 양을 데리고 물과 풀이 있는 곳에서 허술한 집을 짓고 산다는 의미를 나타내는 것으로 봅니다. 물과 풀을 따라다니며 사는 것을 본뜻으로 보는 것입니다. 유목입니다. 유목 생활을 하니 풀이 떨어지면 모든 것을 버리고 다른 곳으로 이동해야 합니다. 그래서 '버리다'라는 뜻을 나타냅니다. 하지만 그런 생활은 주기적으로 돌아가고 규칙이 있기 때문에 규칙이나 법을 가리키게 되었다고 합니다.

법령(法令)은 법률과 명령을 아울러 이르는 말입니다. 법률(法律)은 국회의 의결을 거쳐 대통령이 서명하고 공포함으로써 성립하는 국법입니다. 법원(法院)은 사법권을 행사하는 국가 기관이고, 동음이의어인 법원(法源)은 법이 생기게 하는 근거, 또는 존재 형식을 말합니다. 법고창신(法古創新)은 옛것을 본받아 새로운 것을 창조(創造)한다는 뜻으로 옛것에 토대(土臺)를 두되 그것을 변화(變化)시킬 줄 알고 새것을 만들어가되 근본(根本)을 잃지 않아야 한다는 뜻입니다. 법불아귀(法不阿貴)는 법은 귀한 사람이라고 해서 아부하지 않는다는 뜻으로 법은 공정하고 만민에 평등함을 나타냅니다. 보통 법불아귀(法不阿貴) 뒤에 승불요곡(繩不撓曲)이 이어지는데, 먹줄은 나무가 굽었다고 해도 휘지 않는다는 뜻입니다. 법이 공정해서 어느 쪽으로도 치우치지 않음을 이르는데, 법가 사상을 대표하는 한비자(韓非子, BC 280~233)의 말로 알려져 있습니다.

중학	획수	회자	새김	발음
流	10	水㐬	흐를	류

『설문』에 수록되어 있는 글자는 류(流)의 오른쪽에 '물' 수(水)가 더 붙어 있는 글자입니다[㳅]. 물이 흐르는 것입니다. 갑자기 튀어나온다는 류(㐬) 자의 의미도 들어 있어 물이 솟구치며 급하게 흐르는 것을 나타냅니다. 끊임없이 움직이거나 변화하는 것을 나타냅니다.

류(㐬)는 '갑자기 튀어나올' 돌(㐬)과 기원이 같은 글자로 봅니다. 돌(㐬)의 고문 자형은 '아들' 자(子)를 위아래로 뒤집은 모양으로 아이가 갑자기 나온다는 뜻이라고 합니다. 『설문』에서는 "돌(㐬)은 불효하게도 아이가 갑자기 나오는 것이다. 자(子) 자를 뒤집은 것이 의미부이다. 『역경』에서 갑자기 왔다고 하는데 불효자가 갑자기 나오는 것으로 어미 뱃속에서 받아들일 수가 없는 것이다"라고 합니다. 주로 편방으로 쓰여, '흐를' 류(流), '거칠' 황(荒)에서 볼 수 있는 자소자입니다.

흘러 움직이는 것은 유동(流動)입니다. "지적 호기심은 우리 인간이 갖는 자연적인 감정의 유로라고 할 수 있다"라는 문장에서 볼 수 있는 것처럼 감정이 어떤 상태로 나타나는 것을 유로(流露)라고 하는데, 쓰임은 적은 말입니다. 유산(流産)은 태아가 달이 차기 전에 죽어서 나오는 것을 이릅니다. 흘러 통하거나 세상에 널리 쓰이는 것은 유통(流通)입니다. 꽃다운 이름이 후세에 길이 전해지는 것은 유방백세(流芳百世), 떠도는 말은 근거가 없는 경우가 적지 않은데 그런 소문은 유언비어(流言蜚語)입니다.

증외	부수	획수	형자	회자	새김	발음
酒	酉	10	酉	水酉	술	주

'술' 주(酒)의 자세한 설명은 해당 부수란을 참고하기 바랍니다.

술은 분명 수많은 시인묵객들의 시심을 자아내 좋은 글을 남겨주는 계기가 되기도 했지만, 최근 문제가 되는 것은 단연 음주 운전입니다. 영어로 'drunk driving'인데 'DUI'로도 나옵니다. DUI는 'driving under the influence'의 약자이니 (술의) 영향하에 술에 취해 운전하는 것입니다. 그런데 DUI는 마약 등에 중독되어 운전하는 것도 포함이 되니, 정확히 구분하면 'drunk driving'보다 범위가 넓다고 할 수도 있습니다.

미국 쪽의 법리를 보면 사유지 안에서 음주 운전은 합법이라고 합니다. 사유지에서 무면허 운전도 마찬가지입니다. 그런데 시동을 걸지 않은 채 운전석에 앉아 있는 것은 경범죄(misdemeanor)에 해당한다는 설명이 있습니다. 물론 사유지가 아닌 공유지에서의 문제라고 생각되기는 하지만, 술을 깨보려고 앉아 있는 경우 여차하면 처벌을 받을 수도 있다는 이야기가 되니 선뜻 이해되지는 않습니다.

주지육림(酒池肉林)은 술 채운 연못에 숲을 이룬 고기라는 뜻으로, 호사스러운 술잔치를 이릅니다. 주대반낭(酒袋飯囊)은 술 담는 부대와 밥 담는 주머니라는 뜻으로 술과 음식을 축내며 일을 하지 않는 사람을 가리킵니다. 밥벌레라는 뜻의 식충이(食蟲-)와 비슷한 말입니다. 중국에서는 보통 주낭반대(酒囊飯袋)로 많이 쓰는 듯합니다. 주색재기(酒色財氣)는 술과 여자, 재물과 혈기로 옛날 사람들이 살아가면서 경계해야 할 네 가지로 꼽는 것입니다. 여기서 혈기(血氣)는 기세를 부리는 것을 말합니다. 덩치에 비해 밥을 많이 먹거나 술을 많이 마시는 경우 "밥주머니 따로 있다"라든지 "술 주머니 따로 있다"라는 말을 하는데, '술 주머니 따로 있다'에 해당되는 말은 주유별장(酒有別腸)입니다. 위 세 개의 고사성어는 술의 부정적인 측면에 중점이 놓인 경우겠습니다만, 긍정적인 말로 주봉지기(酒逢知己)가 있습니다. 지기는 지기지우(知己之友)의 준말로 나를 참되게 알아주는 친구죠. 술로 지우를 만난다는 뜻으로, 친구와 의기투합하는 것을 이릅니다. 뒤에 '천 잔도 부족하다[千杯少]'를 붙여 사용하기도 합니다. 주봉지기천배소(酒逢知己千杯少)는 친한 친구를 만나면 술이 천 잔도 부족하다는 뜻인데, 음주기마(飲酒騎馬)가 되기는 하겠지만 만남의 감흥을 잘 전해주는 표현이다 싶습니다. 기왕에 술 이야기가 나왔으니 한 마디 더 하겠습니다. 옛 문헌에 보면 천배(千杯)니 두주불사(斗酒不辭)니 해서 주량이 대단했던 것으로 짐작할 수 있습니다. 그런데 자연 발효에 의해 술을 만드는 경우 알코올 농도는 14도가 넘지 않는다고 합니다. 연구 결과에 따르면 당나라 때에 이르러 증류에 의해 술의 농도가 높아졌다고 합니다. 그러니 지금보다는 당연히 더 많이 마셨을 수도 있습니다. 하지만 천배니 두주불사니 하는 것은 어떤 경우라도 심한 과장으로 보입니다.

고교	획수	형자	새김	발음
汚	6	亏	더러울	오

'더러울' 오(汚)입니다. 우(亏)는 '어조사' 우(于)의 고자(古字)입니다. 공기가 코나 입을 통해 편하고 곧게 나오는 것을 나타냅니다. 고문 분석에서는 피리[竽] 소리가 순탄하고 편안한 것을 나타낸다고 합니다. 『설문』에는 오(洿)로 올라 있는데 오(洿)를 "탁한

물이 흐르지 않는 것이다. 달리, 움푹 파인 곳이다"라고 합니다. 주석을 보면 "못[池]과 같은데 맑고 탁한 것으로 나눈 것"이라고 합니다. 그러니까 웅덩이에 고인 물이 맑은 것은 못이고, 흐린 것은 오(洿)라는 설명입니다. 탁한 물이 흐르지 않으면 썩습니다. 그래서 '깨끗하지 않다, 더럽다'라는 뜻을 갖게 됩니다.

이름이나 명예가 더럽혀지는 것은 오명(汚名), 더럽히고 손상하는 것은 오손(汚損), 더럽게 물드는 것은 오염(汚染), 명예를 더럽히고 욕되게 하는 것은 오욕(汚辱)입니다. 오니탁수(汚泥濁水)는 더러운 진흙과 탁한 물이라는 뜻으로 부패하고 낙후된 것, 더러운 것 등을 비유적으로 이르기도 합니다. 오언예어(汚言穢語)는 비슷한 단어를 중첩시킨 말로 더러운 말이나 욕설입니다.

고교	획수	형자	새김	발음
池	6	也	못	지

지(池)는 물이 괸 구덩이 즉, 못입니다. 성 주변에 성을 보호하기 위해 만든 내를 가리키기도 합니다. 성 주변을 둘러 못을 파 수비를 강화하기도 하는데, 이것을 해자(垓子)라고 합니다. 중국과 일본의 성에는 해자가 눈에 많이 띄는데, 우리나라에는 드문 듯합니다.

지당(池塘)은 못을 가리키는데, 더러 시를 읽다보면 나오곤 합니다. 지어지앙(池魚之殃)은 연못에 사는 물고기의 재앙이라는 뜻인데, 재앙이 물고기에 미친다는 뜻의 앙급지어(殃及池魚)로 쓰기도 합니다. 『여씨춘추(呂氏春秋)』에 나옵니다. 송(宋)나라의 환사마(桓司馬)가 보배로운 구슬을 가지고 있었는데 죄로 처벌받게 되자 도주했습니다. 그러자 왕이 사람을 시켜 그 보물이 어디에 있는지 물었고, 환사마는 "연못에 던졌다"라고 답했습니다. 그래서 연못물을 모두 퍼내고 찾았는데 보물은 나오지 않고 엉뚱하게 물고기만 다 죽었습니다. 제삼자가 엉뚱하게 재난을 당하는 것을 이릅니다. 학철부어(涸轍鮒魚)는 수레바퀴 자국으로 괸 물에 있는 붕어라는 뜻으로 매우 위급한 처지에 있거나 몹시 고단하고 옹색한 사람을 이르는데, 물고기가 처한 상황은 비슷합니다.

고교	획수	형자	새김	발음
汗	6	干	땀	한

한(汗)은 『설문』에서 "사람의 (몸에서 나오는) 액체"라고 합니다. 땀이라고 하면 될 것을 『설문』을 그대로 인용하는 것은 사물에 대한 설명이나 정의를 어떻게 하고 있는가를 보여주기 위해서입니다. 더러 다른 사람의 설명이나 정의를 듣다보면, 생각지도 않은 방법이나 상상조차 하지 못했던 각도에서 접근하고 있는 것을 볼 수 있습니다. 그런 것을 통해 우리는 사물을 보는 방법과 각도를 넓힐 수 있습니다. 땀은 수분을 배출시키지만 기화되면서 주변의 열을 앗아가기 때문에 체온 조절 기능이 있습니다. 몽골이나 위구르의 추장을 가한(可汗)이라고 하는데, 이것은 칸(khan)의 소리를 옮긴 것으로 알려져 있습니다.

한안(汗顔)은 땀을 흘리는 얼굴이나 부끄러워하는 얼굴입니다. 목욕탕에 가면 더러 들어가는 한증막(汗蒸幕)은 온도를 높여 몸에서 땀이 나게 하는 시설입니다. 한우충동(汗牛充棟)은 많이 들어본 성어가 아닐까 합니다. (책이 많아 수레에 실으면) 소가 땀을 흘리고, (방을) 채우면 대들보까지 찬다는 뜻으로, 책이 많은 것을 가리킵니다. 오거서(五車書)는 당나라 때 두보의 시에 나오는 말입니다.

"부귀는 부지런하고 애를 써야만 얻을 수 있고, 남자는 다섯 수레 분량의 책을 읽어야 한다[富貴必從勤苦得 男儿須讀五車書]."

우리말에서 "땀이 비 오는 듯하다"라고 하는데 똑같은 말이 있습니다. 한여우하(汗如雨下)로 힘든 일을 할 때에 쓸 수 있는 말입니다. 영어에서는 사고방식이 다른지 'sweat bullets'라고 합니다. 총알 같은 땀을 흘린다는 말도 역시 쏟아붓는 듯한 느낌은 듭니다. '피땀을 흘리다'는 영어에서도 똑같이 'sweat blood'입니다. 뭔가를 이루기 위해 애쓴다는 뜻이니 그 내용도 마찬가지입니다. 단 영어에서는 걱정한다는 뜻도 있는데, 우리도 피땀을 더러 이런 의미로 쓰기도 합니다.

고교	획수	형자	새김	발음
泊	8	白	머무를, 배 댈	박
況	8	兄	상황	황

『설문』에 실려 있는 **박(泊)**은 오른쪽 자소가 '일백' 백(百)입니다[洦]. 두 글자는 고금자 관계라고 합니다. 즉, 하나는 옛날 자형이고 하나는 현재 쓰는 자형이라는 뜻입니다. 박(洦)은 물이 낮거나 낮은 모양이라고 합니다. 물이 얕은 곳이니 배를 세우기가 좋고 배를 대게 됩니다. 그래서 '멈추다, 머물다'라는 뜻으로도 쓰입니다.

박지(泊地)는 정박지(碇泊地)로 많이 쓰며 배가 머물 수 있는 해안 지역입니다.

황(況)은 차가운 물이라고 합니다. 부사로서 '정도가 심한 것, 하물며'를 뜻합니다. 우리는 이수변[冫]의 '상황' 황(況)을 속자로 봅니다만, 중국에서는 이 글자가 표준 자체입니다. 황차(況且)는 '하물며'라는 뜻입니다.

고교	획수	형자	새김	발음
浩	10	告	넓을	호

호(浩)는 큰물, 홍수입니다. 물의 기운이 거센 것을 나타냅니다. 여기에서 '넓고 멀다, 크다'라는 뜻을 갖게 되며 '많다, 쓰고 남아 여유가 있다'라는 뜻도 있습니다.

좀 어려운 단어이긴 하지만 호탕(浩蕩)은 물이 끝없이 넓다는 뜻에서 '세차게 내달리는 듯한 힘이 있다'의 뜻으로도 쓰이고, 호박(浩博)하다는 크고 넓다는 뜻입니다. 거침없이 넓고 큰 기개라는 뜻으로 호연지기(浩然之氣)를 많이 쓰는데, 이 말은『맹자』에 나옵니다. 호연은 넓고 크다는 뜻의 형용사 '호연(浩然)하다'로 쓰이기도 합니다.

고교	획수	형자	새김	발음
淡	11	炎	맑을	담

담(淡)은 맛이 옅은 것입니다. 농도가 진하지 않아 담박한 것입니다. 여기서 '드물다, 희박하다'라는 뜻을 나타내게 되고 염분을 조금 포함하고 있는 것도 가리킵니다.

담박(淡泊)한 것은 맛이 싱거운 것입니다. 담수(淡水)는 민물이고, 해수(海水)는 짠물입니다. 담수에 상대가 되는 한자어는 '소금물'이라는 뜻의 염수(鹽水)이겠는데, 염수나 소금물은 '짠물'은 물론 '짜게 만든 물'도 가리킵니다.

고교	획수	형자	새김	발음
添	11	忝	더할	첨

첨(添)은 『설문』에 '적실' 첨(沾)으로 올라 있습니다. 물 이름이라고 합니다. 달리, '물이 불어나는 것'이라고도 하는데 『단주』에는 "첨(添)이 생기면서 첨(沾)의 본뜻은 쓰지 않게 되었다"라고 합니다. 沾, 添 두 글자는 고금자의 관계로 하나는 옛 글자이고, 하나는 지금 쓰는 글자입니다.

첨(忝)은 '더럽히다'라는 뜻입니다. 『설문』에는 '하늘' 천(天) 아래 '마음' 심(心)을 쓰는 자형[忝]이 올라 있습니다. 첨(忝)의 본자입니다.

안건이나 문서 따위를 덧붙이는 것은 첨부(添附), 글의 내용 일부를 보태거나 삭제해 고치는 것은 첨삭(添削)입니다. 제사 때에 종헌으로 드린 잔에 다른 제관이 다시 술을 가득히 채워 붓는 것을 첨작(添酌)이라고 하는데, 보통은 술을 마시면서 상대편이 완전히 비우지 않은 잔에 술을 붓는 것을 말하기도 합니다. 첨전가와(添磚加瓦)는 집을 짓는데 벽돌과 기와를 몇 장 더한다 즉, 내어준다는 뜻입니다. '도움을 주는 것이 적다'가 아니라 '조금이나마 공헌하다'라는 긍정적인 뜻으로 쓰입니다.

고교	획수	형자	새김	발음
測	12	則	헤아릴	측

깊이를 재는 것을 측심(測深)이라고 합니다. 요즈음은 과학이 발달해 소리나 전파를 이용해 되돌아오는 시간으로 측정을 합니다만, 예전에는 납추에 눈금을 매긴 줄을 늘어뜨려서 쟀습니다. 그 추를 측심연(測深鉛, sounding lead)이라고 하는데 수심이 낮은 곳

에서는 여전히 쓰는 방법입니다. 영어의 'sound'가 동사로 쓰일 때 수심 등을 측정한다는 뜻이 있습니다. **측(測)**은 헤아리는 것, 재는 것입니다. 닿은 데까지 깊이를 재는 것입니다.

측량(測量)은 기기로 물건을 재는 것입니다. 측우기(測雨器)는 비가 내린 양을 재는 기구로, 조선 세종 23년(1441)에 만든 것이 세계 최초로 알려져 있습니다. 기상 상태를 관측하는 것은 측후(測候)이고 거기에 필요한 장비 등을 갖추고 관측하는 곳은 측후소(測候所)입니다. 기상 관측을 담당하는 곳은 관상대, 측후소 등의 명칭을 사용하다가 이제는 기상대로 쓰고 있습니다.

고교	획수	형자	새김	발음
漫	14	曼	(질펀할), 흩어질	만

만(漫)은 '퍼질' 만입니다. 『설문』에는 실려 있지 않습니다. 홍수로 물이 흘러 넘쳐 끝이 없는 모양입니다. '멀다, 충만하다, 넘치다'라는 뜻을 나타냅니다.

만담(漫談)은 재미있고 익살스럽게 세상이나 인정을 비판·풍자하는 이야기입니다. 예전에는 라디오나 텔레비전에 만담 프로그램이 있었고, 사람들이 많이 즐기기도 했습니다만 지금은 자취를 많이 감춘 듯합니다. 한가롭게 슬슬 걷는 걸음은 만보(漫步)입니다. 만산편야(漫山遍野)의 축자의는 물이 산(비탈)을 흘러 넘쳐 널리 들을 채우는 것이겠습니다. 여기에서 산과 들에 가득하다거나 사람이 많은 것을 비유적으로 이르게 되었습니다. 만산편야(滿山遍野)로도 씁니다. 『표준』에는 만산편야(滿山遍野)로 올라 있고, 편산만야(遍山萬野)로 쓰기도 하는 것으로 되어 있을 뿐, 만산편야(漫山遍野)는 없습니다. 나관중(羅貫中)의 『삼국지연의(三國志演義)』가 출전인데 만산편야(漫山遍野)보다는 만산편야(滿山遍野)가 의미를 더 쉽게 전달하기 때문에 더 많이 쓰게 된 것이 아닐까 합니다.

'길게 끌' 만(曼)은 당겨 길게 하는 것, 즉 늘이는 것입니다. 고문에서는 위아래로 손을 나타내는 글자 사이에 눈[目]이 있어, 눈을 굴리며 뭔가를 보는 것이라고 합니다. 마음[心]이 늘어져 '게으를' 만(慢), 물[水]이 늘어나 '흩어질' 만(漫)으로 기억하십시다.

기왕에 자소자 만(曼)을 설명하고 있으니 하나만 더 하겠습니다. 긴[曼] 물고기[鰻]는 어떤 물고기일까요? 뭐라고요, 좀 큰 소리로 말해주십시오. 아, 갈치라고요. 추리는 그럴 법한데 아닙니다. '아나고'요? 그건 일본말이고 우리말은 붕장어입니다. 아나고는 습성이 구멍을 파고 사는지 일본어에서는 '구멍' 혈(穴)에 '아들' 자(子)를 더해 '혈자(穴子)'로 씁니다. '바다' 해(海)에 '장어' 만(鰻)을 써 '해만(海鰻)'으로 쓰기도 하니 아무튼 가까워졌습니다. 해만은 우리 사전에도 표제어로 올라 있습니다. 장어요? 네, 맞습니다. 긴 물고기, '뱀장어' 만(鰻) 자입니다. 기왕에 나온 것이니 좀 부연하면 갈치는 한자로 도어(刀魚)입니다. 갈치는 전체적인 생김새가 칼 같기도 하고, 또 몸을 세워 헤엄치는 모양을 보면 정말 칼 같아 보입니다.

영어로 갈치는 'hairtail'이죠. 꼬리(tail)가 머리칼(hair)처럼 길어서 붙인 이름이 아닐까 추측해봅니다. 갈치를 달리 'cutlass fish'라고도 하는데, 여기서 'cutlass'는 선원들이 쓰던 칼입니다. 결국 'cutlass fish'는 갈치 즉, 도어(刀魚)입니다. 기왕에 물고기가 나왔으니 우리가 많이 먹는 멸치도 알아봅시다. 영어로는 'anchovy'입니다. 이 말은 작은 물고기라는 뜻의 그리스어에서 온 것으로 봅니다. 젓갈은 적어도 동양권의 특산물이 아닐까 했는데, 서양에도 멸치젓 비슷한 것이 있습니다. 멸치를 기름에 재운 것인데, 피자에 토핑(topping)으로 얹어서 먹기도 합니다.

고교	획수	형자	새김	발음
滴	14	啇	물방울	적

적(滴)은 물방울입니다. 방울방울 떨어져 내리는 액체를 가리키고, 그렇게 떨어지는 것을 가리키기도 합니다.

적(啇)은 '뿐(only)' 시(啻)와 한 글자였는데 나중에 세 글자로 분화했다고 합니다. '밑동' 적(啇)과 '뿐' 시(啻), '울' 제(啼)입니다. 뒤 두 글자는 낱자로 쓰이는데 '밑동' 적(啇)은 주로 다른 글자의 자소자로 쓰입니다.

기초한자 가운데 이 글자가 자소로 들어간 것을 살펴보겠습니다. 適, 摘, 滴, 敵, 발음은 모두 적인데, 어떤 뜻인지 한 번 새겨보기 바랍니다. 먼저 부수를 보고 추측해보기 바랍니다. 한 가지 더 힌트를 드린다면 새김의 가나다순으로 배열되어 있습니다.

고교	획수	형자	새김	발음
漸	14	斬	점점/험할	점/참

점(漸)은『설문』에서는 강 이름으로 설명합니다. 한 걸음 한 걸음 발전하는 것을 가리
킵니다. 산의 바위가 높고 험하다는 뜻도 있는데, 이때는 '참'으로 읽습니다.

참(斬)은 '벨' 참으로 새깁니다만 본뜻은 거열형(車裂刑)으로 참혹한 형벌입니다. 사
지를 수레에 묶고 찢어 죽이는 것입니다.『단주』에 설명이 나옵니다. 옛날에는 수레를
썼는데 나중에는 그 뜻만 살리고 부월(鈇鉞) 즉, 칼이나 도끼로 집행했다고 합니다. 복
습입니다. '날' 일(日)이 아래 붙어 '○○' 잠(暫), 물[水]이 들어오니 '○○' 점(漸), 마음
[心]을 베는 듯 '○○○' 참(慙). 됐습니까?

점이(漸移)는 다른 곳으로 자리를 잡아 가거나, 불이나 질병 따위가 퍼져가는 것을 이
릅니다. 점차(漸次)는 '차례를 따라 조금씩'의 뜻입니다. 점입가경(漸入佳境)은 들어갈
수록 경치가 아름답다는 뜻인데, 점점 재미있는 것을 이르기도 하고, 부정적인 의미로
시간이 지날수록 하는 짓이 꼴불견인 것을 가리키기도 합니다.

고교	획수	형자	새김	발음
激	16	敫	격할	격

격(激)은 물길이 막혀 옆으로 흐르는데 빠르고 사나운 파도를 일으키는 것입니다. 달
리, 반쯤 막은 것을 이른다고도 합니다. '막다, 물의 흐름이 빠르다, 격렬하다, 심하다'
라는 뜻을 나타냅니다. 의미가 확장되어 감정이 격하거나 과격하게 된다는 의미도 갖
습니다.

자소자 敫은 다음자입니다. '해 그림자가 옮겨 갈' 교, 약으로 새기기도 하고, '삼갈'
격으로 읽기도 합니다. 본뜻은 번쩍거리며 빛나는 것으로 봅니다. 그런데 이 글자가 주
로 편방으로 쓰이게 되자, 이 뜻을 나타내는 글자로 '흴, 밝을' 교(皦)를 따로 만들어 쓰
게 되었습니다.『설문』에서는 옥돌의 깨끗한 흰색을 가리킨다고 합니다. 나중에는 다시
간단한 자형인 '달빛' 교(皎)를 쓰게 되었습니다. 흰 달빛을 나타냅니다. '달빛' 교(皎)
에도 희다든지 햇빛을 가리키는 원뜻을 담고 있습니다. 교교(皎皎)한 것은 달이 아주 맑

고 밝은 것입니다.

격감(激減), 격노(激怒), 격정(激情)에서 격(激)은 모두 정도가 심한 것을 나타냅니다. 격탁양청(激濁揚淸)은 탁한 물은 내보내고[激濁] 맑은 물은 끌어들인다[揚淸]는 뜻으로 일을 잘못하는 것은 말이나 글로 공격하고, 일을 잘하는 것은 칭찬하고 장려하는 것입니다. 결과는 신상필벌(信賞必罰)과 같겠습니다.

고교	획수	형자	새김	발음
濁	16	蜀	흐릴	탁

탁(濁)을 『설문』에서는 물 이름으로 설명합니다. 혹시 그 물빛이 탁해서 맑지 않고 탁한 것이라는 뜻을 갖게 된 것이 아닐까 짐작해 봅니다. 공기가 투명하지 않고 탁한 것을 가리키기도 합니다. 뒤섞여 어지러운 상태나 오염되어 탁한 것을 가리킵니다.

촉(蜀)은 나비 애벌레를 가리키는 글자입니다. 『설문』에서는 "뽕나무에 생기는 누에에 비슷한 해충"이라고 하는데, 최근 연구 결과에서는 누에를 가리킨다고 합니다. 위는 머리 부분에 큰 눈[目]이 특색이고, 중간의 몸통이 구부러진 모양[勹]을 한 벌레[虫] 즉, 누에입니다. 『삼국지』에 나오는 나라 이름이기도 합니다. 촉규화(蜀葵花)라고 꽃 이름도 있습니다. 글자 뜻으로 본다면 '촉나라의 해바라기'이겠는데 중국이 원산으로 되어 있습니다. 중국의 촉나라 그러니까 지금의 사천 지방이 아녔을까 하는 추측을 해보게 합니다. 필자가 어렸을 때 이 꽃을 '체켸화'라고 했습니다. 확인할 방법이 없었습니다. 분명 촉규화가 어원을 정확히 알지 못한 채 전해지면서 새로 생겨나 정착한(?) 단어가 아니었을까 싶은데, 지금은 대부분 접시꽃이라고 하는 듯합니다.

흘러가는 흐린 물은 탁류(濁流), 도덕이나 풍속이 어지럽고 더러운 세상은 탁세(濁世), 발음할 때 목청이 떨려 울리는 소리는 탁음(濁音)입니다.

고교	획수	형자	새김	발음
澤	16	睪	못	택

택(澤)은 빛이 나며 윤기가 있는 것입니다. 지대가 낮고 물이 있는 곳이라고도 하는데

물이나 수초가 모여 있는 웅덩이를 가리키며 이것을 본뜻으로 보아 '못' 택으로 새깁니다. 은혜나 은덕의 뜻을 나타내기도 합니다.

역(睪)은 '눈' 목(目)이 가로 누워 있어서 무슨 뜻인지 짐작하기가 쉽지 않습니다. '엿볼' 역입니다. 『설문』입니다. "역(睪)은 살펴보는 것이다. 아전이 밀정을 대동하고 가 죄인을 잡는 것이다." 단순히 보는 것이 아니라 자세히 관찰하며 동태를 살피는 것입니다. 역(睪)은 자소자로 많이 쓰입니다. '손'[扌, 手]으로 '가릴' 택(擇), '물[水]'이 붙어 '못' 택(澤), '분별할' 변(釆)에 '풀' 석(釋), '말씀' 언(言)으로 '번역할' 역(譯), 말[馬]이 붙어 '역참' 역(驛)이 됩니다.

택란(澤蘭)은 '쉽싸리'입니다. 『표준』의 정의입니다. "꿀풀과의 여러해살이풀. 높이는 1미터 정도이며 잎은 마주나고 피침 모양이다. 6~8월에 흰색의 단성화가 잎겨드랑이에서 피고 열매는 수과(瘦果)이다. 연한 부분은 나물로 식용하고 다 자란 것은 약용한다. 물가에 살며 아시아 동부에서 북아메리카에 걸쳐 분포한다." 택란을 구태여 소개하는 것은 다른 사연이 있기 때문입니다. 결론부터 말하면, 오늘날 우리가 알고 있는 난초가 사실은 '택란'이라는 사실입니다. 자세한 내용은 격물란을 참고하기 바랍니다.

고교	획수	형자	새김	발음
濟	17	齊	건널	제

제(濟)를 『설문』에서는 물 이름이라고 합니다. '건너다'라는 뜻을 나타내며, 거기에서 '구조하다, 돕다'라는 의미로 인신되었습니다. 일을 이루거나 성공하는 것에도 쓰입니다.

생사만을 되풀이하는 중생을 건져내어 생사 없는 열반의 언덕에 이르게 하는 것은 제도(濟度)입니다. 목숨을 구제하는 것은 제생(濟生)입니다. "상구보리 하화중생(上求菩提下化衆生)"은 위로 깨달음을 얻기 위해 노력하고 아래로는 중생을 제도하는 것을 이르는 말로 대승불교의 큰 지향점이며, 보살(菩薩)의 수행목표입니다. 상구보리는 자신을 이롭게 하는 자리(自利)이고, 하화중생은 다른 사람에게 도움을 주는 이타(利他)입니다.

고교	획수	형자	회자	새김	발음
沒	7	殳	水殳	빠질, 잠길	몰

가라앉는 것, 침몰하는 것이 몰(沒)입니다. 옛날 경전에서는 자형이 조금 다른 몰(没)을 썼다는 설명이 있습니다. 자소자 몰(殳)을 보면 알 수 있듯이 그저 물속에 들어가는 것이 아니라 들어가서 뭔가를 잡거나 채취하는 것입니다. '물속에 들어가다'에서 '빠지다, 무엇을 잃다, 죽다'라는 등의 뜻을 갖게 됩니다. 우리는 沒을 표준 자형으로 삼고 있습니다만, 중국에서는 没이 표준 자형입니다. 현대 중국어에서는 '가라앉다, 감추다'는 뜻 외에 부정 표현으로 많이 쓰이는 글자입니다만 자칫 혼동하기 쉽습니다.

몰, 말(殳)은 빠지는 것입니다. 『설문』에서는 물속에 들어가 뭔가 보고 취하는 것이라고 합니다. 무엇을 잡거나 채취하는 것으로 보입니다.

아주 없애거나 무시하는 것은 몰각(沒却)인데, 깨달아 인식하지 못하는 것도 몰각(沒覺)입니다. 죽은 해나 죽은 때의 나이는 몰년(沒年), 상식이 없어 몰상식(沒常識), 지각이 없어 몰지각(沒知覺), 자신을 잊고 있는 상태는 몰아(沒我)입니다. 몰치불망(沒齒不忘)에서 몰치(沒齒)는 이가 다 빠진다는 뜻으로 일생을 마침 또는 한평생을 이릅니다. 그러니 평생 잊지 못하는 것입니다. 『대학(大學)』에 몰세불망(沒世不忘)이 나오는데 세상을 마치도록 잊지 못한다는 뜻으로 몰치불망과 같은 뜻입니다. 더러 몰세난망(沒世難忘)으로 쓰는 경우도 있습니다.

고교	획수	형자	회자	새김	발음
沈	7	冘	水冘	잠길/성씨	침/심

침/심(沈)은 언덕 위 우묵한 곳에 장마로 빗물이 고인 것이라고 합니다. 달리, 더럽고 탁한 물의 찌꺼기라고도 합니다. 고문 분석에서는 소가 물에 빠진 모양이라고 하는데, 고대에 물의 신에게 제사를 지내는 것으로 봅니다.

지금은 떴다 가라앉았다 하는 것을 부침(浮沈)이라고 하는데 옛날에는 수신에게 지내는 제사를 가리켰다고 합니다. 『한어대자전(汉语大字典)』에서는 부침(浮沈)을 "제물을 물에 던져 넣는 데에서 비롯된 이름"이라고 설명합니다. '잠기다'라는 뜻도 나타냅니다.

유(尤)는 망설이는 것입니다. 결정을 못해 머뭇거리는 것을 나타냅니다. 『설문』 주석에서는 먼 길을 나설 때 멈칫거리며 가는 모양이라고 합니다. 금문 분석에서는 죄수들이 목에 칼 같은 형구를 차고 멀고 황량한 곳으로 가는 것을 나타내는 것으로 봅니다. 이때 죄수들의 동작 자체가 망설이고, 멈칫거릴 것은 쉽게 짐작되는 일입니다. '잠길' 침(沈), '베개' 침(枕)의 자소자로 쓰입니다.

格物 043. 수망굿, 천제

우리 민속에도 물귀신과 관련된 제사가 있습니다. 사람이 물에 빠져 죽으면 제사를 지내 극락왕생을 빕니다. 죽은 사람의 넋을 위로하여 극락왕생하기를 비는 굿을 '오구굿' 또는 '오구새남'이라고 하는데 그런 오구굿의 하나로 '수망굿'은 바로 물에 빠져 죽은 사람의 혼을 건져 극락으로 천도시켜주는 굿입니다.

하천뿐만 아니라 큰 산, 바다 등에 나라에서도 제사를 올렸습니다. 조선 태종 14년(1414) 『왕조실록』의 기록입니다.

> 예조에서 산천(山川)의 사전(祀典) 제도를 올렸다. "삼가 『당서(唐書)』 『예악지(禮樂志)』를 보니, 악(嶽)·진(鎭)·해(海)·독(瀆)은 중사(中祀)로 하였고, 산(山)·임(林)·천(川)·택(澤)은 소사(小祀)로 하였고, 『문헌통고(文獻通考)』의 송(宋)나라 제도에서도 또한 악(嶽)·진(鎭)·해(海)·독(瀆)은 중사(中祀)로 하였습니다. 본조(本朝)에서는 전조(前朝)의 제도를 이어받아 산천(山川)의 제사는 등제(等第)를 나누지 않았는데, 경내(境內)의 명산대천(名山大川)과 여러 산천(山川)을 빌건대, 고제(古制)에 의하여 등제(等第)를 나누소서." 임금이 그대로 따라서 악(嶽)·해(海)·독(瀆)은 중사(中祀)로 삼고, 여러 산천(山川)은 소사(小祀)로 삼았다.
>
> — 국사편찬위원회, 『조선왕조실록』

여기에서 말하는 중사나 소사는 제사 등급의 차이겠는데 제물의 종류나 범위, 참여 인원 등 규모가 다르지 않았을까 합니다. 『예기』에 "왕이 군성(群姓)을 위해 세운 사(社)를 태사(太社)라 하고, 왕이 스스로를 위해 세운 사를 왕사(王社)라 하며, 제후가 백성(百姓)을 위해 세운 사를 국사(國社)라 하고, 제후가 스스로를 위해 세운 사를 후사(侯

社)라 하며, 대부 이하가 무리를 지어 세운 사를 치사(置社)라 한다"라는 내용이 있습니다. 제사의 주체와 목적을 설명해줍니다. 이런 의례에 따르면 하늘과 땅에 제사를 지내는 것은 천자의 일이고, 산천에 제사를 드리는 것은 제후의 소관 사항입니다.

우리나라도 태백산 정상과 강화도 마니산에 천제단이 있습니다. 그러나 우리는 명(明)나라와의 사대 관계를 중시해서인지, 임금이 직접 천제를 지내지 않고 지방의 관원과 백성들이 주관해서 제사를 올린 듯합니다. 서울 사직공원의 사직단은 토지지신과 곡물지신에게 제사를 지냈던 곳입니다.

고교	획수	형자	회자	새김	발음
泥	8	尼	水 尼	진흙	니

니(泥)를 『설문』에서 물 이름이라고 해 고유 명사로 취급합니다. 경수(經水)의 지류라고 합니다. 경수는 다시 위수(渭水)에 합류해 서안시 북쪽에서 황하로 들어갑니다. 위수는 지금의 서안과 함양 사이를 흐르는 강입니다.

니(尼)를 『설문』에서는 "뒤에서 다가오다"로 풀이합니다. '신중'으로 새기기도 하는데, 이것은 여승이라는 뜻의 산스크리트어 'Bhiksuni'를 번역하는 데에서 온 뜻이겠습니다. '신중'은 여승을 일컫는 말입니다.

주석을 보면 '뒤에서 다가온다'는 것은 자형을 푼 것이라고 합니다. 시(尸)는 사람이 누운 것이고, 비(匕)는 '사람' 인(人)을 뒤집은 것입니다. 비(匕)는 비교하는 것입니다. 사람을 비교하려면 사람이 서로 가까이 있어야 합니다. 니(尼)는 사람[尸] 아래에 사람[匕]이 있는 것이라서 '뒤에서 다가오다'라는 뜻이 된다고 설명합니다.

이금(泥金)은 금박 가루를 아교에 갠 것으로 그림이나 글씨에 이용합니다. 전통 불화 가운데 이금을 쓴 것들이 있습니다. 금니(金泥)라고도 하고, 고유어로는 금물입니다. 진흙이 굳어 만들어진 돌은 이암(泥巖) 즉, 뻘돌이고, 이토(泥土)는 진흙입니다. 술에 곤드레만드레 취하는 것은 이취(泥醉)라고 합니다. 이전투구(泥田鬪狗)는 진흙 밭에서 싸우는 개라는 뜻으로 함경도 사람들의 강인한 성격을 나타내기도 하고, 자기 이익을 위해 비열하게 다투는 것을 일컫기도 합니다. 그런데 이전투구는 중국어와 일본어에서 확인하기가 어려운 것을 보면 우리나라에서 만들어진 성어인 듯합니다. 이우입해(泥牛入海)라는 말도 있습니다. 진흙으로 만든 소가 바다에 들어가니 어떻게 됩니까? 다 풀어져서 없어집니다. 그래서 한 번 가서 깜깜 무소식인 것을 일컫기도 합니다. 함흥차사(咸興差使)와 비슷한 말입니다.

格物 044. 경위분명(涇渭分名)

당나라의 수도가 장안 즉, 서안이라서 위수(渭水)는 시문에 많이 등장하고, 경수(經水)도 더러 나옵니다. 경수는 중국 북서부의 높은 황토 지대인 황토고원을 거쳐 남쪽으로 흘러내리는데 황토가 많이 침식되어 물빛이 누렇습니다. 위수는 맑습니다. 그래서 경위분명(涇渭分名)이라는 성어가 나왔는데, 경계나 시비가 분명한 것, 하나의 사항에 대해 확연히 다른 두 가지 의견 등을 가리킵니다.

경수는 위수에 합쳐져 동으로 흐르다가 내몽골 쪽에서 정남으로 내려오다 직각으로 동으로 방향을 바꾸는 황하와 섬서성 위남시 동관현(渭南市潼關縣)에서 만납니다. 오악 중 서악인 화산(華山, 2154.9m)이 바로 이곳에 있습니다.

이 정도 크기는 아니지만 소양강 상류인 인제의 합강, 화천에서 흘러내려오는 모진강과 소양강 그리고 춘천 시내에서 흘러나오는 공지천까지 세 물줄기가 만나는 춘천 삼천동(三川洞) 일대의 신연강, 남한강 줄기인 강원도 정선의 아우라지는 모두 두물머리입니다. 남한강과 북한강이 드디어 만나는 경기도 양평의 양수리같이 두 줄기 물이 만나는 곳에서 내려다보면 물빛이 다른 것이 보입니다.

두물머리는 현재 많이 쓰고 있는데 『표준』의 올림말에 실려 있지 않습니다. 두물머리, 아우라지, 합강(合江), 양수(兩水)는 모두 물줄기가 아우러진다, 어우러진다는 뜻을 나타내는데 『표준』에는 아우라지, 합수머리(合水--), 합수목(合水-)이 올라 있습니다. 두물머리도 조만간 『표준』의 올림말이 되기 바랍니다.

고교	획수	형자	회자	새김	발음
沿	8	㕣	水㕣	물 따라갈, 따를	연
泳	8	永	水永	헤엄칠	영

연(沿)은 물이 흐르는 방향으로 가는 것입니다.

자소자 연(沿)은 산속에 있는 수렁을 뜻합니다. 늪과 비슷한데 수렁은 땅이 진흙으로 곤죽이 되어 푹푹 빠집니다. '납' 연(鉛)의 자소자이기도 합니다. 그러고 보니 납은 쇠[金] 가운데 강도가 낮아, 조금만 주무르면 푹푹 빠지듯이[沿] 모양이 달라집니다.

연도(沿道)를 메운 인파에서 볼 수 있는 것처럼 연도는 길 좌우에 연하여 있는 곳이고, 연선(沿線)은 선로를 따라 있는 땅이나 물가를 뜻합니다. 연안(沿岸)은 물과 맞닿은 육지, 연해(沿海)는 육지와 맞닿은 바다입니다. 연습(沿襲)은 전례를 따라 하는 것이고, 연혁(沿革)은 연습(沿襲)과 변혁(變革)으로 변천해온 과정을 말합니다.

영(泳)을 『설문』에서는 "물속에서 앞으로 가는 것이다"라고 합니다. 이 설명만으로 본다면 무자맥질이나 잠영(潛泳)에 가까운 것 같은데, 지금은 '헤엄치다'로 씁니다. 『설문』 주석에는 영(泳)이 물을 건너는 것이라는 설명도 있습니다.

고교	획수	형자	회자	새김	발음
洲	9	州	水 巛	물가	주

주(洲)는 『설문』에 '고을' 주(州)로 올라 있습니다. "물 가운데 살 만한 곳이다. 그 곁에 사방이 물로 둘러싸여 있기 때문에 천(川)을 두 개 겹쳐 쓴다"라고 설명합니다. 주(州)가 본자로 거기에 편방을 붙여서 주(洲)가 나온 것으로 봅니다. 큰 바다 즉, 해양에 둘러싸인 것도 주(洲)입니다. 모래톱은 모래벌판 즉, 모래사장입니다.

바닷가에 생기는 모래사장은 사주(沙洲)인데, 파도나 조류의 작용으로 강이나 해안의 수면 위에 둑 모양으로 이루어집니다. 『표준』에서는 사주(沙洲)를 순우리말로 '모래섬'과 같은 것으로 취급하는데, 사주의 형태는 주로 둑 모양으로 가늘고 길다는 점에서 설명이 조금 부족한 것이 아닌가 하는 생각도 듭니다.

고교	획수	형자	회자	새김	발음
派	9	㕅	水 㕅	갈래	파

파(派)는 물이 굽어 나오는 지류라고 합니다. 『단주』에서는 "파(派)와 파(㕅)가 발음

도 뜻도 모두 같다"라고 합니다. 물줄기를 가리키고, 전체 가운데 한 갈래를 뜻하기도 합니다. 인신하여 '나누다, 보내다' 등의 의미도 있습니다.

　파견(派遣), 파병(派兵), 파출(派出)에서는 '보내다'라는 뜻을 나타내니, 우리 집 옆의 파출소(派出所)는 경찰서에서 경찰을 파견하여 사무를 보는 곳입니다. 파당(派黨)에서는 '갈라져 나온 한 갈래'의 뜻을 나타냅니다. 파생(派生)도 역시 갈려 나와서 생기는 것입니다.

고교	획수	형자	회자	새김	발음
洪	9	共	水共	넓을	홍

　홍(洪)은 물[水]이 함께 모이는[共] 것입니다. 큰물이 나는 것입니다. 인신되어 '크다'는 뜻을 나타냅니다. 『성경』에 대홍수(Deluge)로 노아(Noah)의 방주 이야기가 나옵니다. 영어에서는 대문자로 쓰면 바로 창세기에 나오는 대홍수입니다. 중국에서도 요(堯, BC 2377~2259) 임금 때 홍수와 관련된 전설이 많은데, 그때의 대홍수를 나타내는 글자로 연관시키기도 합니다.

　넓고 큰 계획은 홍도(洪圖)라고 하는데, 홍도(鴻圖)로 쓰기도 합니다. 넓고 큰 아량은 홍량(洪量)입니다.

고교	획수	형자	회자	새김	발음
浸	10	𡷖	水 𡷖	잠길	침

　침(浸)의 갑골문은 '물' 수(水) 오른쪽에 위아래로 '집' 면(宀)과 '비' 추(帚)를 씁니다. 그 후 자형이 바뀌었는데, 물로 집을 청소하는 것으로 판단하고 물이 차츰 스며드는 것을 나타낸다고 합니다. 나아가 물에 담그는 것을 뜻하게 되었습니다.

　𡷖은 뜻이나 발음이 확인되지 않습니다. 독립된 글자로 쓰이지 않고 다른 글자의 자소자로 쓰입니다. 자형이 위도 손[彐, 又]을 나타내고 아래도 손[又]을 나타내서 손에 무엇을 쥐는 것으로 풀이하는 경우가 있고, '손[又]에 비[帚]를 든 것'을 나타내는 것으로 보기도 합니다. 구성이 위에도 손[爪]이 있고, 아래에도 손[又]이 있는 '떨어질' 표(受)

와 비슷합니다. 위에서 손[爪]에 든 물건을 놓고 아래에서 손[又]으로 받는 것을 표시해 떨어진다는 동작을 나타내는 것이 아닐까 짐작해봅니다. 어쨌든 '彐' 자형을 기억해두면 다른 글자를 이해하고 기억하는 데에는 도움이 됩니다. '침노할' 침(侵), '잠잘' 침(寢), '담글' 침(浸)에서 볼 수 있습니다.

고교	획수	형자	회자	새김	발음
浦	10	甫	水 甫	개	포

포(浦)는 물가입니다. 물줄기가 강이나 바다로 들어가는 어구, 즉 '개'나 '항구'를 가리키기도 합니다. 배가 드나드는 '개'의 어귀는 포구(浦口), 갯가에 사는 백성은 포민(浦民), 갯마을은 포촌(浦村)입니다.

'클, 사나이' 보(甫)는 남자를 가리키는 미칭(美稱)으로 쓰인다고 설명한 바가 있습니다. 고문 분석에서는 밭에 채소의 싹이 있는 것을 나타낸다고 보아 '채마밭' 포(圃)의 본자로 봅니다. '어린 싹'이라는 뜻에서 '시작하다'라는 뜻도 나타냅니다. '기울' 보(補), '잡을' 포(捕)의 자소자로 쓰이기도 합니다.

고교	획수	형자	회자	새김	발음
淚	11	戾	水 戾	눈물	루

루(淚)는 눈물입니다. 한나라 이전에는 눈물을 체(涕)라 하여, 『설문』에는 체(涕)를 눈물이라고 설명합니다. 루(泪)는 루(淚)의 간체로 현재 중국에서 사용하는 자형입니다. 집[戶]에서 개구멍으로 개[犬]가 기어 나오듯, 눈에서 물[水]이 흘러나오는 것을 가리키는 것이겠습니다. 개구멍받이는 개구멍을 통해 받아 기르는 아이이고, 개구멍바지는 밑을 가리는 데에 편하도록 아래에 구멍을 낸 어린아이의 바지입니다. "밑을 가린다"라고 했는데, 대소변을 가리는 것입니다. 여기서는 '밑'이 분명 대소변의 뜻인데, 『표준』에는 그런 설명이 없습니다. 혹 필자가 어려서부터 쓰는 사투리인지도 모르겠습니다.

자소자 려(戾)는 개[犬]가 문[戶]에서 (아래로 기어) 나오는 것입니다. 기어 나오려니 몸을 굽혀야 합니다. 그래서 본뜻은 굽히는 것인데, 지금은 '어그러지다'는 뜻으로 많이 씁니다.『설문』주석에 보면 옛날 중국의 호남 풍습에 대문 옆의 벽에 구멍을 내어 개가 드나들 수 있도록 했다고 합니다. 그야말로 개구멍입니다. 개가 그 구멍을 통해 드나들 려면 몸뚱이를 구부려야 합니다.

누선(淚腺)은 눈물샘이고, 누수(淚水)는 눈물입니다. 누선의 선(腺)은 기초한자는 아 닙니다만, '샘'이라는 뜻입니다. 근대 일본에서 만든 글자로 알려져 있는데, 우리나라와 중국에서도 쓰고 있습니다. 일본이 서구의 근대 생물학이나 의학, 해부학 등을 받아들 이며 적절한 글자가 없어 만들게 되지 않았을까 하는 짐작을 하게 합니다.

살[肉] 즉, 몸속에 있는 샘[泉]이니 글자가 어떤 뜻을 나타내는지 쉽게 짐작할 수 있 습니다. 몸속에서 물질을 분비·배설하는 기능을 하는 세포들이 유기적으로 얽혀 있는 것을 뜻합니다. 땀샘[汗腺]과 젖샘은 수분이나 영양분을 밖으로 내보내기 때문에 외분 비선(外分泌腺)이라 하고, 갑상선, 생식샘 등은 내분비샘이라고 합니다. 선(腺, gland)이 선(線, thread or line)과 발음이 같아서 밋밋한 줄 정도로 생각하기 쉬운데, 선(腺)은 특 정 기능을 수행하는 기관이라서 대개 돌기나 마디 같은 형상을 하고 있습니다.

고교	획수	형자	회자	새김	발음
涯	11	厓	水厓	물가	애
淫	11	㸒	水㸒	음란할	음

애(涯)는 물가를 뜻합니다. 산(山)에 있는 언덕[厓]은 '벼랑' 애(崖), 물[水] 가에 있는 언덕[厓]은 '물가' 애(涯)로 기억하면 되겠습니다. '물가' 애(涯)만 기초한자에 속합니 다.

애(厓)는 언덕입니다.『설문』에서는 "산의 가장자리"라고 설명하고 있습니다. 인신 하여 물가도 가리킵니다. 현재 낱자로는 잘 쓰이지 않고 다른 글자의 자소로 쓰입니다. '물가' 애(涯), '벼랑' 애(崖)에서 볼 수 있습니다.

애각(涯角)은 멀리 떨어져 있어 외지고 먼 땅을 가리키고, 같은 발음의 애각(崖脚)은 낭떠러지의 아래 끝부분을 가리키는 말입니다. 사용하는 경우가 거의 없으니 그저 한 번 읽고 지나가면 됩니다.

음(淫)은 비가 오래 내리는 것이 본뜻인데 '점점 들어가다'라는 뜻으로 쓰이게 되면서 뜻이 그렇게 굳어진 글자입니다. '음탕하다'라고 새기는데, 부도덕한 남녀 관계를 의미하는 음(婬)에 가까운 뜻이 되었습니다.

자소자 㸒은 '다가가 바랄' 음, 임입니다. '탐하다'라는 뜻도 됩니다. 요행히[壬] 얻기[爪]를 바란다는 뜻입니다.

음란하고 방탕한 여자는 음녀(淫女), 그치지 않고 자꾸 흐르는 눈물은 음루(淫淚), 오래 내리는 궂은비는 음우(陰雨)입니다.

고교	획수	형자	회자	새김	발음
渡	12	度	水 度	건널	도

도(渡)는 내를 건너는 것입니다. 도(度)에 편방[氵, 水]을 더해서 분화된 글자입니다. 도(度)는 '양팔을 편 길이'라고 하니 흔히 새끼 같은 것으로 길이를 잴 때 쓰는 '발'이겠는데 대략 6자로 잡습니다. 도(度)에도 '건너다'라는 뜻이 있습니다. 두 글자의 차이를 보면, 도(度)는 '시간의 경과'와 관계되고, 도(渡)는 '물을 건너다'라는 뜻으로 쓰입니다.

물을 건너오거나, 외부에서 전해져 들어오는 것은 도래(渡來), 물을 건너는 것은 도섭(渡涉), 세상을 살아가는 것은 도세(渡世), 배를 타고 바다를 건너는 것은 도항(渡航)으로 명사인데 '하다'를 붙여 모두 동사로 쓸 수 있습니다.

고교	획수	형자	회자	새김	발음
湯	12	昜	水 昜	끓을	탕

탕(湯)은 뜨거운 물, 끓인 물입니다. 온천을 가리키기도 하고, 식물을 끓여서 나오는 국물을 이르기도 합니다. 한약을 달인 것을 가리키기도 합니다.

자소자 양(昜)은 구면이라서 낯이 익으리라 여깁니다. 볕입니다. 『설문』입니다. "양(昜)은 밝은 것이다. 날아오르는 것이다. 자라는 것이다. 강한 것이 많이 모여 있는 모양이다"라고 여러 가지 설명이 있습니다. 고문 연구에서는 해가 솟는 것으로 봅니다. '오를' 양, '볕' 양, '마당' 장, '버들' 양, '창자' 장, '화창할' 창, '끓을' 탕 자에 자소자로 들어가는데 어떤 부수를 넣으면 될지 여러분이 한 번 곰곰이 생각해보기 바랍니다. 그러면 일곱 글자를 익히게 됩니다.

장국밥의 한자어는 탕반(湯飯)이고, 끓는 물의 한자어는 탕수(湯水)입니다. 끓는 물에 '백비탕'이라는 말이 갑자기 떠오릅니다. 어렸을 때 어른들께서 "백비탕 한 그릇 가져오너라"라는 말씀을 하시곤 했는데, 백비탕(白沸湯)은 아무것도 넣지 않고[白] 끓인[沸] 물[湯]입니다.

고교	획수	형자	회자	새김	발음
港	12	巷	水 巷	항구	항

항(港)은 물줄기[지류]입니다. 강이나 호수 등으로 통하는 작은 물줄기를 가리킵니다. 거기에서 인신되어 배를 댈 수 있는 항구를 뜻하게 되었습니다.

자소자 '거리' 항(巷)의 본자는 '𨞠'입니다. 아래 부분의 '고을' 읍(邑)이 현재 형태로 바뀌었습니다. 길은 나 혼자만 사용하는 것이 아닙니다. 항(巷)은 동네[邑]에서 여러 사람이 함께 공유(共有)하는 길로 작은 골목길을 뜻합니다.

배가 안전하게 드나들도록 강가나 바닷가에 부두 따위를 설비한 곳은 항구(港口), 항구에 건설된 도시는 항도(港都)입니다.

고교	획수	형자	회자	새김	발음
滅	13	威	水 威	꺼질, 멸할	멸

멸(滅)은 다하는 것입니다. 죄다 없어지는 것입니다. 멸(滅)은 혈/멸(威)에 편방을 더해 만든 글자입니다.

혈/멸(威)은 창[戈]이든 뭐든 장비를 들고 불[火]을 끄는 것을 나타내며, '멸할' 멸(滅)의 본자로 봅니다. 『설문』의 설명은 글자 자체에 대한 이해에는 도움이 되지 않습니다만, 오행에 대해 생각할 계기가 되어 소개합니다. "멸(威)은 화(火)의 기운이 다하는 것이다. 화(火), 술(戌)을 따른다. 화(火)의 기운은 술(戌)에서 사라진다. 양기는 술(戌)에 이르면 다하게 된다. 『시경』에서 '빛나던 주나라를 포사(褒似)가 멸망시켰네'라고 한다."

주석을 보면 "화(火)의 기운은 인월(寅月, 정월)에서 생겨나, 오월(午月, 5월)에 장성하며 술월(戌月) 즉, 9월이 되면 양기가 다하기 때문에 사라진다"라고 합니다. 이 부분은 쉽게 자연의 순환으로 생각해도 됩니다.

당시 음력을 썼으니 대충 2월에 불의 기운이 생기고 6월이면 장성하며 10월이면 사라진다는 이야기이겠습니다. 2월 4일경은 입춘입니다. 봄이 옵니다. 10월 말경에는 상강(霜降)으로 서리가 내리기 시작합니다. 낮은 길었다가 6월의 하지(夏至)를 정점으로 다시 짧아집니다. 쉽게 농사로 생각하면 됩니다. 2~3월이면 준비를 하고, 6월이면 곡식이 왕성히 자라고 10월이면 거두어들이게 됩니다. 이런 자연계의 순환 현상을 오행으로 연계시킨 것으로 생각하면 이해하기가 쉽습니다.

格物 045. 포사와 중국 역대 미녀

포사(褒姒)는 '포(褒)나라의 사(姒)씨 성을 가진 여인'이라는 뜻입니다. 주나라 유왕(幽王, ?~BC 771, 재위 BC 781~771)이 포나라를 공격하고 얻은 여인인데 총애가 지나쳐 정사를 거들떠보지도 않게 되어 결국 서주는 멸망합니다. 이후 낙양으로 도읍을 옮겨 동주(東周, BC 770~256) 시대가 열리게 됩니다.

포사는 잘 웃지를 않았다고 합니다. 포사에게 안달이 난 유왕은 그녀를 웃기는 사람에게 큰 상을 내린다고 포고했습니다. 그래서 나온 계책이 '봉화로 제후들 골려주기 [烽火戲諸侯]'였습니다. 일단 봉화가 올라오면 제후들은 자기가 거느린 군대를 인솔해 천자를 도와야 합니다. 그래서 봉화를 올리니 당연히 제후들이 출병했는데 와 보니 장난이었습니다. 이때 포사가 웃었다고 합니다. 거기에 재미를 붙인 유왕은 이후에도 여러 차례 봉화놀이로 제후들을 골려주고 포사를 웃겼습니다. 기원전 771년 서쪽의 견융(犬戎)이 쳐들어와 봉화를 올렸는데 이번에도 장난인 줄 알고 제후들은 한 명도 출병하지 않았습니다. 결국 주나라는 망하게 되었습니다.

마치 이솝 우화에서 늑대가 나타났다고 거짓말을 하는 '양치기 소년'과 똑같은 이야기입니다. 반박도 있습니다. 우선 봉화에 문제가 있다는 것입니다. 봉화 제도는 주나라 말기에도 나온다고 합니다만 전국 시대에 웬만큼 자리를 잡았고, 진나라 때에 이르러 완성되었습니다. 그러니 서주 시대에는 봉화를 이렇게 쓸 수 없었을 것이라고 합니다. 또 하나 주나라에서 가장 가까운 제후국은 정(鄭)나라인데 300리가량 떨어져 있다고 합니다.

그래서 봉화가 전달되었다고 하더라도 막상 군대를 인솔하고 오기까지는 상당한 시간이 걸렸을 것이고, 주의 멸망을 막지는 못했을 것이라고 합니다. 역사적인 사실성도 중요하겠지만, 이 이야기는 하나의 교훈을 전하는 것으로 받아들이면 되지 않을까 합니다.

여인의 미모와 관련된 성어로 '침어낙안(沈魚落雁)'이라는 말이 있는데 하도 예뻐서 물고기는 숨고, 기러기가 (그 모습을 보느라고) 떨어진다는 뜻입니다. 『장자』에 나옵니다. 달이 얼굴을 가리고, 꽃이 부끄러워 한다는 '폐월수화(閉月羞花)'도 있습니다. 이 말은 모두 중국 역사상 최고의 미녀로 꼽는 '사대 미인'과 관계된 말입니다.

침어(沈魚)는 효빈(效顰)이라는 말을 생겨나게 한 서시(西施)입니다. 효빈(效顰)은 찡그리는 것을 본뜬다는 의미인데, 서시가 속이 아파 찡그리는 것을 보고 동쪽에 사는 추녀 동시(東施)가 그렇게 하면 예뻐 보이는 줄 알고 따라해 웃음거리가 되었다는 고사에서 나왔습니다. 낙안(落雁)은 흉노와의 친화 정책으로 희생양이 되었던 왕소군(王昭君)을 가리킵니다. 후에 이백을 비롯해 많은 시인묵객들의 글에 등장합니다. 폐월(閉月)은 『삼국지』에 나오는 초선(貂蟬)입니다. 왕륜이 동탁과 여포를 이간질시키려고 썼던 미인계의 주인공이죠. 수화(羞花)는 양귀비를 가리킵니다. 다른 곳에서도 한 번 이야기를 했습니다만, 양귀비는 말을 알아듣는 꽃이라는 뜻의 해어화(解語花)라는 호칭도 있습니다. 당나라 현종이 양귀비를 이르던 말이라고 하는데, 지금은 기생을 달리 이르는 말로 쓰이고 있습니다.

고교	획수	형자	회자	새김	발음
源	13	原	水原	근원	원

원(源)은 물이 나오는 수원입니다. 『설문』에 있는 글자의 자형은 灥입니다. 글자가 워낙 작아 식별하기가 어려울 듯해 풀어 말씀을 드리면 '근원' 원(原) 자 아래에 '샘' 천(泉) 자가 좌우로 두 개 있습니다. 아니면 '언덕' 한(厂) 아래 '샘' 천(泉)이 세 개 있는 것으로 볼 수도 있습니다. 벼랑[厂] 아래 샘구멍이 여러 개[泉泉] 있는 것을 나타냅니다. 본래 원(原)이었습니다만, 원(源)과 새김이 같습니다. 게다가 원(原)이 다른 뜻으로 전용되면서 '물' 수(水)를 더한 글자[源]를 다시 만들어 쓰게 된 것입니다.

'근원' 원(原)은 벼랑[厂] 아래 샘[泉] 자 하나를 써서 물이 나오는 수원을 뜻합니다. '근원' 원(源), '원할' 원(願)에서 자소자로 쓰입니다.

고교	획수	형자	회자	새김	발음
準	13	隼	水 隼(鷹)	준할, 평평할	준

준(準)은 평평한 것입니다. 물이 평평한 것을 기준으로 삼습니다. 수평기(水平器) 또는 수준기(水準器)는 물이 평평한 원리를 이용해 면이 평평한지 여부를 잽니다. 그래서 정확하다는 의미도 갖습니다.

준(隼)은 송골매라고 합니다. 십자매라는 작은 매가 있습니다. 뜻밖에도 한자로 '十姊妹'를 씁니다. 송골매를 쉽게 십[十] 자 매[隼]로 기억하면 어떨까 합니다. 십자매(十姊妹)는 야생종이 아닌 사육종이라고 하는데, 혹시라도 번식력이 아주 좋아 새끼를 많이 낳기 때문에 자매(姊妹)가 많다[十]는 뜻으로 그리 불리게 된 것이 아닐까 하는 엉뚱한 짐작을 해봅니다.

格物 046. 수준과 시간대(time zone)

현대 과학의 수준에서 본다면 물이 평평하다는 것도 상대적이기는 합니다. 지구를 완전한 구체로 가정하는 경우 지표면의 동서 또는 남북 방향으로 직선으로 1km를 가면 약 8cm가량의 낙차가 생긴다고 합니다. 원에 관한 간단한 수식을 이용하면 수평선까지의 거리를 계산할 수 있는데, 100m 높이에서 볼 수 있는 수평선까지의 거리는 대략 40km입니다.

지금처럼 각종 전자 장비를 이용해 항해를 하지 않았던 옛날에는 경도와 위도 측정이 아주 중요했습니다. 항해 시 필요한 것은 정확한 경도 측정으로 시간을 정확하게 아는 것인데, 영국에서 그런 시계가 나온 것은 결코 우연이 아닙니다. 그런 내용을 여기서 다 소개할 바는 아니라서 줄입니다만, 시간과 관련해 재미있는 것들도 많으니 한 번 관심을 가지고 그런 쪽의 책도 읽어보기 바랍니다.

잠깐, 표준시(standard time)는 1847년 영국의 철도에서 비롯된 제도입니다. 어느 곳이든 태양이 남중할 때가 12시로, 이것을 지방시 또는 남중시(南中時)라고도 합니다. 하지만 남중시는 심하게 이야기하면 동서로 한 발자국만 움직여도 달라집니다. 그러니 어느 역에 기차가 몇 시에 도착하고 출발하는 시각을 남중시로 쓸 수는 없습니다. 그래서 동서로 일정 구간을 하나의 시간대로 묶게 된 것입니다. 영국은 큰 나라가 아니고 동서로 길이가 길지 않으니 그나마 큰 문제가 아니었지만, 문제는 미국에 철도가 놓였을 때였습니다. 미국은 본토만 해도 4개의 시간대로 나뉘어 3시간 차이가 납니다. 자연 철도 운행에 문제가 발생하였고 시간의 표준화가 급선무가 되었습니다.

동서로 가장 긴 나라는 러시아인데, 러시아에는 GMT에 12시간 앞서는 캄차카 반도부터 3시간 앞서는 모스크바, 2시간 앞서는 칼리닌그라드까지 11개 시간대가 있습니다. 하나로 이어진 땅에서는 가장 넓은 시간대입니다. 물론 바다를 건너는 속령까지 치면 프랑스가 12개 시간대를 갖고 있어 최고입니다.

格物 047. 산진이 수진이 송골매 보라매

매 가운데 십자매는 몸집이 작은 것으로 새장에 넣어서 관상용으로 많이 기릅니다. 송골매가 매사냥에 썼던 매라고 하고, 해동청(海東靑)은 송골매와 같은 것이라고 되어 있는 것을 보면 한자어로 옮긴 것인가 하는 생각을 하게 됩니다.

『한국민족문화대백과』(한국학중앙연구소)에서 소개하는 「오주연문장전산고(五洲衍文長箋散稿)」를 재인용합니다. "매가 그 해에 나서 길들여진 것을 보라매라 하는데, 보라라는 것은 방언으로 담홍이며 그 털빛이 얕음을 말한다. 산에 있으면서 여러 해 된 것을 산진(山陳)이라 한다. 집에 있으면서 여러 해 된 것은 수진(手陳)이라 하는데, 매 중에서 가장 재주가 뛰어나며 흰 것을 송골(松鶻), 청색인 것을 해동청이라 한다."

이 내용을 따르면 송골매와 해동청은 색이 다른 것이 되는데, 같은 품종으로 색깔만 다른 것인지 품종 자체가 다른 것인지는 확인이 안 됩니다. 이 매는 작자 미상의 우리 사설시조에도 나옵니다.

바람도 쉬어 넘는 고개 구름이라도 쉬어 넘는 고개
산진(山眞)이, 수진(水眞)이, 송골매, 보라매라도 다 쉬어 넘는 고봉 장성령(高峯 長城嶺) 고개
그 너머에 님이 왔다 하면 나는 아니 한 번도 쉬어 넘어가리라

임을 향한 간절한 마음이 잘 드러나는 시조입니다. 산진이, 수진이도 물론 다 매 이름입니다. 한자 표기가 '참' 진(眞)을 써서 위의 『한국민족문화대백과』와 다른데, 필자의 소견으로는 '베풀' 진(陳)이 맞지 않을까 합니다. '베풀' 진(陳)에는 '묵다(stay)'라는 뜻도 있으니 산(山)에 묵어서[오래 살아서, 陳] 산진(山陣), 사람의 손[手]에 묵어서[커서, 陳] 수진[手陳]으로 생각하는 것이 합리적이기 때문입니다.

원 지배하의 고려 시대에 응방(鷹坊)을 설치하고 원나라에 매를 바쳤다니 혹시 그런 기록상 필요해서 나온 것이 아닌가 싶기도 합니다. 아, 보라매를 빼먹으면 안 되겠지요. 보라매는 새끼 때 길들여 사냥에 쓰는 매를 가리킨다고 합니다.

매와 관련해 빼놓을 수 없는 것이 '시치미'입니다. 시치미는 소유자의 인적 사항을 적어 매의 꽁지에 매어두는 뿔이라고 하는데 그것을 떼어버리는 것입니다. 증거를 인멸하고 매 주인의 소유권을 인정하지 않는 것입니다. 알면서도 모르는 척, 무슨 일을 했으면서도 하지 않은 척할 때 씁니다. "일응이마삼첩(一鷹二馬三妾)"이라는 말이 있습니다. 첫째가는 재미가 매사냥, 다음은 말 타기, 셋째가 첩을 두는 재미라는 뜻인데 매사냥이 과연 재미있기로 으뜸인 모양입니다.

고교	획수	형자	회자	새김	발음
漏	14	水	水屚	샐	루
漠	14	莫	水莫	사막, 넓을	막

누수(漏水), 누옥(漏屋), 누전(漏電)에서 루(漏)는 모두 새는 것을 나타냅니다. 물시계를 누각(漏刻)이라고 하는데, 이것은 물그릇[漏壺(누호)] 안에 눈금을 새긴 화살[漏箭(누전)]을 넣어 물이 새어나간 양을 확인해 시간을 알아보기 때문에 붙은 이름입니다.

자소자 루(屚)에서 위의 자소 시(尸)는 주검이나 시체가 아니고 집을 나타냅니다. 지붕[尸]에 비[雨]가 새는 것입니다. 나중에 '물' 수(水)를 더해 뜻을 더 분명히 한 '샐' 루(漏)가 되었습니다.

막(漠)은 쉽게 물[水]이 없는[莫] 곳이라고 생각하면 됩니다. 『설문』에서는 "북방에 바람으로 모래가 날리는 곳"이라고 설명합니다. 현재 중국의 북서쪽으로 주로 회족 자치주나 내몽골 자치주를 이루고 있는 곳입니다. 달리, '맑고 고요하다'라는 뜻이라고도 합니다. '냉정하다'라는 뜻도 있습니다.

기왕에 사막(沙漠, 砂漠) 이야기가 나왔으니 한마디하고 지나가겠습니다. 앞에 쓴 것처럼 사막의 한자 표기는 두 가지입니다. 하나는 물[水]에 씻긴 작은[少] 모래이고, 하나는 돌[石]이 닳아 작아진[少] 것으로 암석이 주변 자연환경에 영향을 받아 자갈이나 조약돌이 된 것이겠습니다. 현재 중국의 내몽골과 몽골 사이에 걸쳐 있는 고비사막은 한자로 '과벽(戈壁, gēbì)'인데, 본래는 '자갈'이나 '사막'을 뜻하는 몽골어에서 온 것으로 알려져 있습니다. 그러니 이 사막은 모래로 된 사막(沙漠)이 아니고 자갈로 된 사막(砂漠)입니다.

고교	획수	형자	회자	새김	발음
演	14	寅	水寅	펼	연
滯	14	帶	水帶	막힐	체

연(演)은 물이 멀리 흐르는 것입니다. 물줄기가 길게 퍼지는 것입니다. 여기에서 '천천히 가다, 확대되다, 끊임없이 변화 발전하다'라는 뜻을 지니게 되었습니다. 연극 등에서 역할을 맡아 어떤 행위를 하는 것도 나타냅니다.

연기(演技)는 기예를 나타내 보이는 것으로, 배우가 배역의 인물, 성격, 행동 따위를 표현해내는 것입니다. 연사가 올라서는 단은 연단(演壇), 거기에 올라서서 여러 사람 앞에서 하는 주의나 주장은 연설(演說)입니다. 연무수문(演武修文)은 군사를 훈련시키고 글을 닦는다는 뜻으로 문무를 똑같이 중시하는 것을 말합니다.

체(滯)는 막히는 것입니다. 『설문』 주석에서는 "물이 엉기면[얼면] 소통이 되지 않기 때문에 인신하여 막히는 것을 가리킨다"라고 합니다. 물이 얼면서 움직이지 않는 것이 본뜻입니다. '막히다, 쌓이다, 오래되다'라는 뜻으로 인신되었습니다.

기초한자에 '띨' 대(帶)가 들어가는 글자는 대(帶)와 체(滯) 두 자입니다.

세금 따위를 제때 내지 못해 밀리는 것은 체납(滯納), 객지에 나가 머무는 것은 체류(滯留) 혹은 체재(滯在)입니다. 체적(滯積)은 식적(食積)이라고도 하는데 음식이 잘 소화되지 아니하고 뭉쳐 생기는 병입니다. 체증(滯症)은 체적(滯積)과 비슷한 말로 먹은 음식이 잘 소화되지 않는 증상인데, 길이 막히는 것을 나타내기도 합니다. 체증이 영어로는 'indigestion'이겠는데 이 말은 소화불량입니다. 같은 증상을 가리키면서 우리는 음식물이 어딘가를 가로막아 내려가지 않는 듯한 느낌에 중점을 두고, 영어에서는 소화라는 기능에 비중을 두니 사고방식의 차이이겠습니다.

고교	획수	형자	회자	새김	발음
漆	14	桼	水桼	옻	칠

칠(漆)을 『설문』에서는 물 이름으로 설명합니다. 본서는 지리학 책이 아니라서 이런 고유 명사는 따로 소개하지 않는 것을 원칙으로 합니다. 당연히 칠(桼)이라는 글자에 편방을 더해 나온 글자이겠습니다. 옻이나 옻나무를 가리킵니다. 지금은 안료가 발달해 사정이 조금 달라졌을지도 모르겠지만, 상에 칠하는 것이 옻이었습니다. 처음에 칠하면 붉은색인데 여러 번 되풀이해서 칠하면 검은색에 가까워집니다. 옻칠을 하면 벌레가 먹지 않는 것으로 알려져 있습니다. 그래서 옛날 사람을 묻는 데에 쓰는 고급 관에는 옻칠을 했습니다.

칠(桼)은 옻나무의 즙입니다. 옻나무[木]에 칼집[八]을 내면 나무의 즙[水]이 방울방울 떨어지는데 그것을 모아 옻칠에 씁니다. 칼집은 사람이 내기 마련이니, 혹 '사람'인(人)으로 볼 수도 있을 듯합니다. 어쨌든 옻 방울이 떨어지는 모양을 그린 상형자입니다. 『설문』 주석에 도끼나 칼로 옻나무의 껍질을 벗기고 대롱을 이어놓으면 방울이 통속으로 떨어져 옻이 된다고 설명합니다. 최근 건강에 좋다고 봄에 고로쇠나무 수액을 채취하는데 그것과 같은 방법입니다. 고로쇠는 단풍나무과로 수액에 당분이 들어 있는 것으로 알려져 있습니다. 팬케이크나 와플에는 보통 메이플 시럽(maple syrup)을 발라 먹는데, 이것은 캐나다 단풍나무에서 채취해 만드는 것입니다.

옻칠한 그릇은 칠기(漆器), 옻의 독은 칠독(漆毒)입니다. 칠야(漆夜)나 칠흑(漆黑)에서는 '옻처럼 검은' 것을 나타냅니다.

고교	획수	형자	회자	새김	발음
漂	14	票	水票	떠다닐	표
潤	15	閏	閏	윤택할	윤

표(漂)는 뜨는 것, 물 위에 떠다니는 것입니다. '떠다니다'에서 '유랑하다'는 뜻이 나옵니다. 빨거나 헹구는 것을 가리키기도 해, 표백(漂白)은 피륙을 탈색시켜 희게 하는 것입니다.

자소자는 '표' 표(票), 쪽지입니다. 불똥이나 불똥이 튀는 것이 본뜻임을 생각하면 '떠다닐' 표(漂)의 뜻을 쉽게 익힐 수 있습니다. 물[水]이 불똥이 이리저리 날리는 것처럼 떠다니는 것입니다.

표모(漂母)는 빨래하는 나이든 여자를 가리키는데, 글이든 말이든 만날 확률이 아주 낮은 단어입니다. 표류(漂流)는 물 위에 떠서 정처 없이 흘러가는 것이고, 표박(漂泊)은 정처 없이 떠도는 것입니다. 물결에 떠돌아다니다가 어떤 뭍에 닿는 것은 표착(漂着)입니다. 표모진반(漂母進飯)은 빨래하는 아주머니가 밥을 내준다는 뜻인데, 보답을 바라지 않고 은혜를 베푸는 것을 나타냅니다. 『사기(史記)』의 고사에서 나온 성어로, 한신(韓信)과 관련된 내용입니다. 여러분이 한문을 웬만큼 읽을 수 있게 되면, 이런 원전을 한번 읽어보기 바랍니다.

물의 특징은 만물을 적셔주고 아래로 흘러내리는 것입니다. 윤(潤)은 마르지 않도록 기름이나 물을 더해주는 것을 이르기도 해서, '목을 적시다'라는 뜻으로도 쓰입니다. 더 나아가 글을 꾸며서 문채가 나도록 한다는 의미도 있습니다.

마찰 부위에 넣어서 기계가 부드럽게 돌아가도록 하는 윤활유(潤滑油), 글을 윤색하면 윤문(潤文), 윤이 나도록 매만져 곱게 하는 윤색(潤色), 광택에 윤기가 있는 윤택(潤澤) 등의 단어에서 쓰이고 있습니다.

고교	획수	형자	회자	새김	발음
潛	15	朁	水朁	잠길	잠

잠(潛)은 『설문』에서는 "물을 건너는 것이다. 숨는 것이라고도 한다. 한수(漢水)의 일정 구간을 잠수(潛水)라고 한다"라고 합니다. 본뜻은 물속에서 앞으로 나아가거나 이동하는 것입니다. '깊다, 깊은 곳'을 가리키기도 합니다.

참(朁)은 '일찍이'라는 뜻입니다. 달리, 비녀[簪]를 꽂듯이 사람을 찌르는 말[曰]을 하는 것 즉, '참언(讒言)하다'가 본뜻이라고 설명하기도 합니다. 나중에 가차해 짐작과 다르게 벌어지는 것을 가리켜 '일찍이, 드디어, 이에' 하는 등의 뜻을 나타내게 되었습니다. 낱자로는 잘 쓰이지 않고 다른 글자의 자소로 많이 쓰입니다만, 기초한자 가운데에는 '잠길' 잠(潛)만 들어 있습니다. 많이 쓰이는 글자 한 자만 더 예로 든다면 '참월'이 있겠습니다. 『표준』에는 참월(僭越)을 "분수에 넘어 지나치다"라고 설명하고 있는데, 자기의 본분을 넘어서 어떤 일을 처리하는 것입니다. 직분을 넘고 월권하는 것인데 사서에 보면 참월한 행동으로 중형을 받는 사례가 많이 나옵니다. 자형이 자칫 '바꿀' 체(替)와 혼동하기 쉬우니 주의해야 합니다.

　드러나지 않게 숨는 것은 잠복(潛伏), 물속에 잠겨 들어가는 것은 잠수(潛水), 속에 잠겨 있거나 숨어 있는 것은 잠재(潛在), 자취를 아주 감추는 것은 잠적(潛跡)입니다. 잠룡물용(潛龍勿用)의 잠룡(潛龍)은 왕위를 잠시 피해 있는 임금이나, 기회를 아직 얻지 못하고 묻혀 있는 영웅을 비유적으로 이르는 말입니다. 그런 잠용을 쓰지 않는다[勿用]는 뜻으로 인재가 중용되지 못함을 가리킵니다.

고교	획수	형자	회자	새김	발음
潮	15	朝	水朝	밀물, 조수	조

　조(潮)의 『설문』 설명입니다. "마치 제후가 조정에서 천자를 알현하듯이 물줄기가 큰 바다를 향해 달려가는 것이다"라고 합니다. 쉽게 생각해봅시다. 아침[朝]에 움직이는 물[水]이 조수(潮水)입니다. 그렇다면 저녁[夕]에 움직이는 물도 있어야 합니다. 바로 '조수' 석(汐)입니다. 그러니 조석(潮汐)은 바닷물이 아침, 저녁에 주기적으로 높아졌다가 낮아지는 현상을 가리킵니다. 지구의 자전, 태양과 달의 위치 등 영향을 미치는 요소가 많아서 시간은 그때그때 조금씩 달라집니다. 조석(潮汐)에서 물[水]을 빼면 아침, 저녁을 아울러 이르는 조석(朝夕)입니다.

　밀물과 썰물 때문에 일어나는 바닷물의 흐름이나, 시대 흐름의 경향 혹은 동향을 가리키는 말은 조류(潮流)입니다. 바다에서 조수가 빠져나가 해수면이 가장 낮아진 상태는 간조(干潮)이고, 밀물이 가장 높은 해면까지 꽉 차게 들어오는 현상이나 또는 그런 때는 만조(滿潮)입니다.

　우리나라의 기상에 영향을 많이 미치는 해류로 흑조(黑潮)가 있는데, 필리핀 쪽에서 동북상하는 이 해류는 난류성으로 물빛은 산소나 영양 염류가 적기 때문에 미생물이 적어 청흑색을 나타내는데 그래서 붙은 이름입니다. 일본 발음인 '구로시오(Kuroshio)'로 널리 알려져 있습니다. '쿠로시오'로 표기해야 하는 것이 아닌가 싶은데 『표준』에 '구로시오'로 나옵니다.

고교	획수	형자	회자	새김	발음
濫	17	監	水 監	넘칠	람

『설문』의 **람(濫)**입니다. "람(濫)은 큰물이 널리 질펀하게 퍼지는 것이다. 달리, 위가 젖으면서 아래로 젖어 내려오는 것이라고도 한다. 『시경』에 '샘물이 솟아오른다[觱沸濫泉]'라고 나온다. 달리, 맑은 것이라고도 한다." 샘물이 솟아나온다는 것이 본뜻입니다. 여기에서 '퍼지다, 파급되다'라는 뜻을 나타내게 되었습니다.

필불람천(觱沸濫泉)은 『시경(詩經)』에 나오는 것은 맞습니다만, 원문은 필불함천(觱沸檻泉)입니다. 필불(觱沸)의 필(觱)은 '혹' 혹(或) 아래에 혹(或)을 뒤집은, 즉 종이를 거꾸로 놓고 정자로 '혹(或)' 자를 하나 더 쓴 뒤 아래에는 '뿔' 각(角)을 쓰는 글자입니다. '다' 함(咸) 아래에 '뿔' 각(角)을 쓰는 필(觱)의 본자라고 합니다. 이것은 본래 강족(羌族)의 악기로 피리인데, '(바람이) 쌀쌀하다, 용솟음치다'라는 뜻을 나타내며 필불(觱沸, 觱沸)은 샘물이 용솟음치는 모양을 나타냅니다. 필불람천(觱沸濫泉)과 필불함천(觱沸檻泉)과 같은 뜻으로 샘물이 솟구쳐 사방으로 흐르는 것을 말합니다. 한 가지, 필불람천(觱沸濫泉)은 한 단어로 보면 '필불람천'으로 읽어야 하고, 두 단어로 보면 우리말의 두음법칙 때문에 '필불 남천'으로 읽어야 할 듯합니다. '끓을' 비(沸)는 '용솟음할' 불로도 새기는 다음자입니다.

법령이나 지폐, 증서 따위를 마구 공포하거나 발행하는 것은 남발(濫發)입니다. 물이 흘러넘치듯 찍어내는 것입니다. 가리지 않고 함부로 먹는 것은 남식(濫食), 한도를 넘어서 함부로 쓰는 것은 남용(濫用)입니다. 남우충수(濫竽充數)는 여분의 피리로 머릿수를 채운다는 뜻으로, 실력이 없는 사람이 실력 있는 사람을 대신하거나, 나쁜 것이 좋은 것을 대신하는 경우를 이릅니다. 자신을 낮출 때 쓰기도 합니다. "저는 실력도 안 되는데 머릿수만 채웠습니다"라는 말과 딱 맞아 떨어지는 표현입니다.

고교	획수	형자	회자	새김	발음
濯	17	翟	水翟	씻을	탁

탁(濯)은 씻는 것입니다. 고문 분석에서는 새[隹]가 물[水]에서 몸[羽]을 씻는 것을 가리키는 것으로 봅니다. 그래서 '씻다'라는 뜻을 갖고, 씻고 나서 더러워진 물을 가리키기도 합니다. 나아가 '성대하다'라는 뜻도 있습니다.

적(翟)은 꼬리가 긴 꿩입니다. 꼬리가 짧은 새라는 '새' 추(隹)의 설명에는 어긋납니다만, 일단 깃털[羽]이 아름다운 새[隹]로 생각하면 되겠습니다. 꿩이나 공작 둘 다 아름다운 것으로 치는데, 여기서는 '꿩'입니다. 암컷인 까투리보다는 수꿩인 장끼의 깃이 아름다워 기의 장식에도 썼습니다. 장목은 꿩의 꽁지깃인데, 그 깃을 묶어 깃대 끝에 꽂는 장식으로 쓰기도 했습니다. 장목기입니다. '뛸' 약(躍)의 자소자이기도 합니다.

탁족(濯足)은 세족(洗足)이라고도 하는데, 발을 씻는 것입니다. 탁족회(濯足會)는 여름에 산수(山水) 좋은 곳을 찾아 발을 씻으며 노는 모임을 가리키는데, 실제로는 발을 씻는다기보다 발을 담그면서 피로도 푸는 것이 아닌가 합니다. 동탁(童濯)은 씻은 듯이 깨끗하다든지, 산에 나무나 풀이 없는 것을 가리키는데, 이것은 '아이' 동(童)에 '대머리'나 '헐벗다'는 뜻이 있어 나온 의미이겠습니다. 그래서 동산(童山)은 아이 같은 산이나 아이들이 노는 산이 아니고, 초목이 없는 황폐한 산입니다. 같은 의미로 독산(禿山)이 있습니다. 서울에 독산동이 있는데, 분명 이곳 산에 나무가 없어 생겨난 지명이겠습니다.

고교	획수	회자	새김	발음
沙	7	水少	모래	사

사(沙)는 물속에 부서져 고운 가루처럼 된 돌의 알갱이입니다. 물가의 모래밭을 나타내기도 합니다. 같은 뜻으로 '돌' 석(石)을 변으로 쓰는 사(砂)가 있습니다. 쓰임에 조금 차이가 있는데 변을 생각하면 됩니다. '물' 수(水)의 사(沙)는 돌이 물속에서 부딪히고 씻기며 생긴 것이겠고, '돌' 석(石)의 사(砂)는 암석의 풍화 작용으로 생긴 것이기 때문입니다. 의미로는 차이를 구별할 수 있는데, 지금은 달리 가려 쓰지 않습니다.

사막(沙漠, 砂漠)을 『표준』에서 "강수량이 적어서 식생이 보이지 않거나 적고, 인간의 활동도 제약되는 지역"이라고 설명해 '모래'를 찾아볼 수 없습니다. 이것은 사막이 꼭 모래로만 이루어진 것이 아니기 때문이겠습니다. 막(漠) 조항에서 잠깐 설명했듯이 고비 즉, 자갈로 된 사막도 있습니다.

지질학에서는 0.0625mm~2mm 크기를 모래(sand), 2mm 이상 64mm 미만은 자갈(gravel)이라고 합니다만, 지리학에서는 기준이 또 다릅니다. 지름이 2mm 이하인 것은 세사(細沙, silt)입니다. 입자 크기로 생각해보면 진흙, 세사, 모래, 왕모래, 조약돌, 자갈 등이 되겠습니다.

뭐 하나 걸리는 것이 없이 매끈한 것은 진흙으로, 촉감은 맨발로 논에 들어갔을 때 발가락 사이로 간질간질하며 올라오는 흙이 주는 느낌과 같습니다. 기회가 되면 봄에 써레질을 마친 논이나 가을걷이가 끝난 수렁논에 들어가 그런 촉감을 직접 한번 느껴보기 바랍니다.

고교	획수	회자	새김	발음
涉	10	水 步	건널	섭

『설문』에 실린 **섭(涉)**의 자형은 㳍입니다. 잘 안 보일지 모르겠는데 양쪽의 물 수[㳘] 사이에 '걸음' 보(步)가 들어 있는 글자입니다. 보(步)는 잘 알다시피 두 발을 나타냅니다. 그러니 물 가운데를 두 발로 걷는 것입니다. 건너는 것입니다. 어디에 '진입하다, 통과하다'라는 뜻도 나타냅니다.

섭렵(涉獵)은 물을 건너며 찾아다닌다는 뜻으로, 많은 책을 널리 읽거나 여기저기 찾아다니며 경험함을 이릅니다. 연락을 취하며 의논하는 것은 섭외(涉外)입니다. 영화의 끝부분을 보면 그 작품에 도움을 준 사람들의 이름이 올라갑니다. 크레딧이라고 하는데 영어에서는 보통 복수형(credits)을 씁니다. 그 부분을 눈여겨보면 캐스팅(casting)이라고 나오는 부분이 있습니다. 이것은 주로 배우들을 섭외해서 그 작품에 출연하도록 하는 섭외 담당자를 가리킵니다. 섭험(涉險)은 사용 빈도가 아주 낮은 단어이기는 합니다만 위험을 무릅쓰는 것을 말합니다. 모험(冒險)과 비슷합니다. 섭필성취(涉筆成趣)는 붓을 한 번 움직이면 풍치가 난다는 뜻으로 글 솜씨가 훌륭한 것을 이릅니다. "책을 만 권 읽으면 어떤 글이든 신이 있는 듯하다[讀書破萬卷下筆如有神]"라고 하는 당나라의 시성 두보의 말이 있기는 합니다만, 책 만 권을 읽기도 어렵고 섭필성취할 정도로 글을 잘 쓰기는 더더욱 어려운 일입니다.

고교	획수	회자	새김	발음
濕	17	水 㬎	젖을	습

『설문』에 실린 **습(濕)**은 자형이 조금 다른데[溼], 물 이름으로 설명합니다. 이 글자는 처음에 溼 자의 오른 쪽 아래 '흙' 토(土)가 없는 형태로 실타래를 걸어놓고 햇볕에 말리는 모양입니다. 왼쪽에는 물이 떨어지는 모양입니다. 햇빛 아래에서 실을 뚜렷이 볼 수 있음을 나타냅니다. 그런데 나중에 여기에 '흙' 토(土)를 더하게 되면서[溼] '젖다, 축축하다'라는 의미도 더해졌습니다. 글자가 변화하는 과정에서 두 글자의 뜻을 담게 된 것입니다.

현(㬎)은 먼저 『설문』 내용을 소개합니다. 설명이 여러 가지입니다. "현(㬎)은 많은 것이 가늘고 작은 것이다. 해[日]에 실[絲]을 비춰보는 모양에서 뜻을 취했다. 고문에서는 이 글자를 빌려 현(顯, '나타날')으로 쓴다. 누구는 입이 많은 모양으로, '입 다물' 금(唫)처럼 읽는다고 한다. 또 누구는 고치[繭(견)]라고 한다. 여기서 견(繭)은 실이 작게 맺힌 것이다." 고문 분석에서는 자형이 햇빛 아래 실을 말리는 모양인 점에서 실을 올올이 볼 수 있도록 밝다는 뜻을 나타내는 것으로 분석합니다. 다음자로서 '현, 압, 금'의 발음이 있습니다. 쉽게 해가 떠 있을 때[日] 실[絲]을 줄에 널어놓은 것으로 기억하면 될 듯합니다.

축축한 기운은 습기(濕氣), 습기가 많은 느낌은 습윤(濕潤)이고, 여러 가지 자극물로 인하여 피부에 일어나는 염증은 습진(濕疹)입니다.

고외	부수	획수	형자	새김	발음
鴻	鳥	17	江	큰기러기	홍

홍(鴻)은 '큰기러기'입니다. '큰 기러기'가 아닙니다. 이 말은 '큰기러기'가 큰 것도 큰 것이지만, 그 자체로 하나의 '종(種)'이라는 뜻입니다. 『설문』에서는 홍곡(鴻鵠)이라고

합니다. 큰기러기와 고니 즉, 백조인데, 포부가 원대하고 큰 인물을 이르기도 합니다. '크다'는 뜻도 나타냅니다. 홍업(鴻業)은 나라를 세우는 큰 사업을 말합니다.

영어로는 큰기러기를 'been goose'라고 하는 모양인데, 거위와 비슷하게 생긴 새로 인식했기 때문이겠습니다. 남부 유럽에 겨울에 날아드는데 주로 콩밭이었던 곳에 내려 앉아서 붙게 된 이름이라고 합니다.

고외	부수	획수	형자	회자	새김	발음
梁	木	11	刅	水 刅 木	들보, 돌다리	량

량(梁)은 들보입니다. 『설문』에서는 다리라고 합니다. 물을 건너는 다리입니다. 통나무 하나로 된 외나무다리는 강(杠), 통나무 두 개를 놓은 다리는 교(橋)인데, 량(梁)에는 그런 설명이 없는 것을 보면 다리 일반을 가리키는 것 같아 보이기도 합니다. 더 자세한 내용은 해당 부수를 참고하기 바랍니다.

양상군자(梁上君子)는 들보 위의 군자라는 뜻으로 도둑을 완곡하게 이르는 말입니다. 동한(東漢, 25~220) 시대, 진식이라는 사람이 있었는데, 아주 성실하고 다른 사람에게 모범이 되었습니다. 어느 날 밤 진식의 집에 도둑이 들어 대들보 위에 숨었습니다. 진식은 그것을 알고 양상군자라 부르면서 사정이 어려워 도둑질을 하러 왔을 터이니, 도둑에게 몇 푼의 돈을 더 주고 잘 타일러 보냈습니다. 여기에서 양상군자가 도둑을 가리키게 되었습니다.

고외	부수	획수	형자	회자	새김	발음
茫	艹	10	芒	水 芒	아득할	망

망(茫)의 본뜻은 수면이 넓어서 가없는 것입니다. 뜻으로 본다면 풀과 관련이 전혀 없어 '물' 수(水) 부에 속해야 할 것 같은데, '풀' 초(艹)에 들어 있습니다. 그러니까 '풀' 초(艹) 밑에 '황급할' 망(汒)을 써서 풀을 나타낸 것이 아니고, '물' 수(水) 옆에 '까끄라기' 망(芒)을 써서 물이 넓다는 것을 나타낸 것으로 보입니다. 그럼에도 불구하고 『강희자전』에서 이 글자를 '풀' 초(艹) 부수에 넣은 것은 글자 가운데 '풀' 초(艹)가 먼저 눈

에 들어오기 때문이 아닐까 합니다.

끝없이 넓은 바다는 망양(茫洋)이라 합니다. 망망대해(茫茫大海)는 한없이 크고 넓은 바다이고, 망연자실(茫然自失)은 뭔가를 잃어버린 것처럼 멍하니 정신을 잃는 것입니다.

고외	부수	획수	회자	새김	발음
畓	田	9	水 田	논	답

답(畓)은 논입니다. 우리나라에서 만든 한자입니다. 중국과 일본에서는 수전(水田)이라고 하는데, 우리는 한 글자로 만들어서 쓰는 것입니다. 한말 신돌석(申乭石, 1878~1908) 의병장의 이름에서 볼 수 있는 돌(乭) 자도 우리의 국자입니다. 돌을 뜻하는 '석' 자 아래에 '을'을 붙여 '돌'로 새긴 것이죠. 우리가 쓰는 한자 가운데 많지 않은데, 이런 것을 국자(國字)라고 합니다. 우리는 전(田)은 밭이고 답(畓)은 논인데, 일본어에서는 전(田)은 보통 논을 가리키고, 밭은 하타게[畑]라고 하는데, 일본에서 만든 일본 국자입니다. 우리는 이 글자를 '화전' 전(畑)이라고 새기는데, 불을 지른 뒤[火] 농사를 짓는 땅[田]으로 생각할 수 있습니다.

고외	부수	획수	회자	새김	발음
染	木	9	水 九 木	물들	염

'물들' **염(染)**입니다. 치자[梔] 열매는 노란 물을 들이는데 쓰고, 꼭두서니[茜] 뿌리는 빨간 물을 들입니다. 그러니까 풀이나 나무[木]를 이용해 아홉 번[九] 물[水]을 들이는 것입니다. 요즈음 화학 염료는 염색 과정이 간단해졌지만, 천연 염료로 짙게 물을 들이려면 실제 아홉 번의 과정을 거쳤다고 합니다.

천 등에 물을 들이는 것은 염색(染色), 세속에 물드는 것은 염속(染俗)이라고 합니다. 『천자문(千字文)』에 묵비사염(墨悲絲染)이라는 글귀가 나옵니다. 묵자(墨子, 전국 시대 초)가 실이 물드는 것을 보고 슬퍼했다는 뜻인데, 한 번 물이 들게 되면 되돌릴 수 없게 됩니다. 사람이 성장해나가는 데에 교육이나 환경이 중요하다는 것을 말할 때 자주 인용되기도 합니다.

R086

불 화(火, 灬) 부

갑골	금문	전문	해서
🔥		火	火

    화(火)는 솟아오르는 불꽃을 그린 상형자입니다. 『설문』에는 "화(火)를 (제나라 사람들은) 훼(燬)라고 한다. 오행으로는 남방에 속한다. 불꽃이 되어 위로 올라간다"라고 합니다. 은, 주나라 시기에는 세상의 구성을 오행으로 해석하곤 했습니다. 남쪽에서는 양(陽)이 극을 이루며 열이 나고 열에서 불이 일어나게 됩니다. 인신하여 전쟁을 가리키고, 화를 내거나 급한 것을 뜻하기도 합니다. 불은 빛을 줍니다. 불은 따뜻하게 해주어 몸을 편안하게 합니다. 어둠을 살라주니 두려움과 무서움에서 벗어나 심리적인 안정감을 주기도 합니다.

    다른 글자 아래에 올 때는 '灬'의 형태를 취하고 '연화발(燕火-)'이라고 합니다. '제비' 연(燕) 자처럼 발[아래]의 위치에 쓰이는 화(火)의 뜻이겠습니다.

    중국 전설에서는 수인(燧人)씨가 나무를 비벼 불을 일으키는 방법을 발명했다고 합니다. 그리스 신화에서는 프로메테우스(Prometheus)가 신들의 소유인 불을 훔쳐 인간에게 준 것으로 나옵니다. 그 대가로 프로메테우스는 코카서스의 바위에 묶여 독수리에게 간을 쪼아 먹히는 징벌을 받습니다. 오늘날 쓰이는 대량살상 무기도 불의 연장선상에 있는 것들인데, 그리스 신화는 불 관리의 중요함을 상징적으로 보여주는 것이 아닌가 싶기도 합니다.

중학	획수	새김	발음
火	4	불	화

불과 같이 매우 급한 것은 화급(火急)한 것이고, 불이 탈 때 내는 열의 힘은 화력(火力)입니다. 화마(火魔)는 불을 인격화해 마귀에 비유한 것으로, 불이 재앙을 일으킬 때 씁니다. 화모삼장(火冒三丈)에서 모(冒)는 불길이 솟아오른다는 것인데, 불길이 세 길[三丈]이나 솟아오른다는 뜻입니다. 아주 심하게 분노하거나 화가 난 것을 이릅니다. 중국 현대어에서 많이 쓰입니다. 화상요유(火上澆油)와 화상가유(火上加油)는 불에 기름을 붙는다는 뜻으로 쓰임도 우리말과 같습니다. 화가 난 사람을 더 화가 나게 하든지 사태를 악화시키는 것을 말합니다. 화소미모(火燒眉毛)는 불이 눈썹을 태우는 것이니 상황이 아주 급박함을 이릅니다.

중학	획수	새김	발음
烏	10	까마귀	오

오(烏)는 까마귀입니다. 까마귀만큼 푸대접을 받는 새도 없지 싶습니다. 동서양을 불문하고 사람들의 까마귀에 대한 인상이 좋지 않습니다. 별 특징도 없고, 까만색인 데다 울음소리도 그다지 좋지 않아서가 아닐까 합니다. 주는 것도 없이 싫어합니다. 글자로 보면 분명 새인데 새 대접도 못 받고, '불' 화[火] 부에 속합니다. 그나마 다행인 것은 그 내용이 좋다는 것입니다. 『설문』입니다. "오(烏)는 효성스러운 새이다. 공자는 '오(烏), 숨 돌렸네'라고 했는데 오(烏) 하는 소리를 내며 어기를 도운 것이다. 그래서 오(烏)를 빌려 오호(烏呼)의 오(烏)자로 쓰는 것이다." 효조(孝鳥)라는 것은 까마귀가 자라서 어미에게 먹이를 물어다 준다는 데에서 나온 말입니다. 반포지효(反哺之孝)라고 하지요.

혹시라도 '불' 화(火) 옆에 '까마귀' 오(烏)를 붙인 글자 '오(熓)'가 삼족오(三足烏)와 관련이 있는 것이 아닐까 추측해보는데, 웬걸 '삶을' 오입니다. 삼족오는 태양 속에 산다는 발이 셋 달린 까마귀로 우리 고구려 시대 고분의 벽화에도 나옵니다. 금오(金烏) 또는 적오(赤烏)라고도 합니다. 오(烏)는 태양의 뜻으로도 쓰입니다. 당연히 검다는 뜻도 나타냅니다.

2014년 뉴욕 타임즈(New York Times)에서 까마귀의 지능과 관련된 실험을 한 적이 있습니다. 우선 까마귀는 빨대를 이용할 줄 알았습니다. 물이 조금 밖에 없는 물병에 돌을 계속 집어넣어 물이 올라오게 한 뒤 마실 줄도 알았다고 합니다. 단편적이긴 하겠지만 사람의 나이 5살 정도가 되어야 할 수 있는 행동이라고 합니다.

중학	획수	새김	발음
無	12	없을	무

『설문』의 내용입니다. "무(無)는 없다는 뜻이다. 무(无)는 기자(奇字) 즉, 이체자로 원(元)과 통한다. 왕육(王育)은 하늘이 서북쪽으로 기우는 것을 무(无)라고 한다." 원(元)과 통한다는 말은 원(元) 자의 세 번째 획 삐침을 위까지 올리면 무(无) 자가 된다는 뜻입니다. 고문 분석에서는 처음에는 무구(舞具)를 들고 춤추는 모습을 나타냈는데 '없을' 무(無)와 '없을' 무(无) 그리고 '춤출' 무(舞)로 분화되었다는 것입니다. 이렇게 보면 상형자인데, 『설문』에서는 형성자로 분석하고 또 가차해서 쓰는 것이라는 설명도 있습니다.

'橆'를 무(無)로 보기도 하는데, 『설문』에서는 '橆'를 다음과 같이 설명합니다.

"풍성한 것이다. 림(林)과 '법' 모(爽)를 따르며, 혹은 규모(規模)의 모(模) 자라고도 한다. 수가 누적되는 것이다. 림(林)은 나무가 많은 것이다. 무(橆)는 서(庶)와 같은 뜻이다. 『商書』에도 '온갖 풀이 무성하다'고 나온다."

현재 무(無)는 '불' 화(火) 부수에 속해 있습니다만, 이체자로서 같은 글자인 무(无)는 별도의 부수를 구성하고 있습니다. 무(无)는 실제 무(無)의 약자로서 많이 쓰는데, 이 부수에 속한 글자는 몇 자 되지 않습니다. 기초한자로는 '이미' 기(既) 한 글자뿐이지만 한자 공부에 필요하니 '목멜' 기(旡) 자 하나 정도는 더 알아 두기 바랍니다.

무궁동(無窮動)은 다함이 없이 움직인다는 뜻으로, 음악에서 길이가 같은 음표로 구성된 빠른 악곡을 말합니다. 늘 움직인다고 해 상동곡(常動曲)이라고도 합니다. 영어에서는 라틴어를 써서 'Perpetuum mobile' 혹은 이탈리아어를 써서 'moto perpetuo'라고 하는 듯합니다. 무시(無視)와 좌시(坐視)는 어떤 일에 관여하지 않는다는 점에서는 의미가 비슷한데, 좌시는 그냥 앉아서 보기만 하는 것이니 정도가 무시보다 조금 약한 듯한 느낌이 듭니다. 좌시할 수 없어 무시할 수 있겠습니다.

무가내하(無可奈何)는 막무가내(莫無可奈)와 같은 의미로 달리 어찌할 수 없다는 뜻입니다. 무지자용(無地自容)은 나를 받아줄 곳이 어디에도 없다는 뜻으로 심히 부끄러운 것을 이릅니다. 후안무치(厚顔無恥)와 반대되는 뜻입니다.

중학	획수	형자	새김	발음
炎	8	火	불꽃	염

염(炎)은 불꽃입니다. 불빛이 위로 올라가는 것입니다. '불꽃' 염(焰)의 본자입니다. '타다, 극렬하다, 왕성하다' 등의 뜻을 갖습니다.

아주 더운 날씨를 가리켜 염천(炎天)이라고 하는데, 염천(炎天)은 팔방(八方)에 중앙을 합친 구천(九天)의 하나로 남쪽 하늘을 가리키는 말이기도 합니다. 팔방은 동서남북의 사방(四方)과 동남, 동북, 서남, 서북의 사우(四隅)를 말합니다. 사우는 정남으로 앉은 방의 네 모퉁이 방위입니다. 염제(炎帝)는 여름을 맡은 신이고, 더위와 서늘함을 아울러 염량(炎凉)이라고 합니다.

중학	획수	형자	새김	발음
烈	10	列	매울	렬

렬(烈)은 불길이 맹렬하고 세찬 것입니다. 여기서 태우다, 기세가 강하다, 밝게 빛나다, 업적이 뛰어난 것 등을 가리키게 되었습니다.

어떤 일에 대한 애정이나 태도가 맹렬한 것은 열렬(烈烈)한 것인데, 열렬(熱烈)로 쓰기도 합니다. 나라를 위하여 절의를 굳게 지키며 충성을 다하여 싸운 사람은 열사(烈士)이고, 정절이 곧은 여자는 열녀(烈女)입니다. 여름에 뜨겁게 내리쬐는 태양을 열일(烈

日)이라고 합니다만 잘 쓰이지는 않고, 열화(烈火)는 맹렬히 타는 불을 이릅니다. '열화와 같은 성원'에서 열화는 '더울' 열(熱)을 쓰는 열화(熱火)입니다.

중학	획수	형자	새김	발음
然	12	肉 犬 火	그러할	연

연(然)의 본뜻은 타는 것 즉, 연소하는 것입니다. 하지만 현재 이 뜻으로는 '탈' 연(燃)을 씁니다. 자형으로 보면 개[犬] 고기[肉]를 불[火]에 굽는 것인데, 이로써 탄다는 뜻을 나타낸 것으로 봅니다. 개[犬]와 고기[肉]를 붙인 글자도 있습니다. '개고기' 연(肰)입니다. 『설문』에서는 연(然)을 연(肰)이 소리를 나타내는 형성자로 봅니다. 혐오식품 이야기 그만하라고요. 네, 알았습니다. 연(然)의 현재 의미는 '명백하다, 옳다'인데, 동의하는 뜻으로 '그러하다'라는 의미도 나타냅니다.

연부(然否)는 어떤 일이 그러함과 그렇지 않음을 이루는 말이고, 연즉(然則)은 '그러면, 그런 즉'의 뜻입니다. 연후(然後)는 '그런 뒤에는'이란 뜻입니다.

중학	획수	형자	새김	발음
煙	13	垔	연기	연

연(煙)은 연기입니다. 물건이 탈 때 나오는 기체 상태의 물질입니다. 연기와 비슷한 것을 이르기도 합니다.

연경(煙景)은 아름다운 봄의 경치를 말하는데, 연기가 낀 경치라기보다는 아지랑이, 구름 등이 피어오르는 모양이 아름다워 붙인 이름이겠습니다. 연막(煙幕)은 연기를 피워 아군의 군사 행동을 감추는 것이고, 연호(煙戶)는 연기가 나는 집이니까 결국 사람이 사는 집을 말합니다.

인/수/두(垔)는 막는 것입니다. '막다'라는 하나의 의미에 발음은 세 가지입니다. 『설문』에 "인(垔)은 막는 것이다. 『상서』에 곤(鯀)이 홍수를 막았다"라고 나옵니다. 주석에는 "인(垔)은 본래 '陻'으로 써야 한다"라는 지적과 함께 곤(鯀)은 우왕의 아버지라는 설명이 있습니다.

중학	획수	형자	새김	발음
熱	15	火	더울	열

열(熱)은 고문에서는 횃불을 든 사람의 모양입니다. 그래서 횃불에 불을 붙이는 것을 본뜻으로 봅니다. 그런데 글자 모양이 바뀌는 과정에서 횃불 모양을 '심을' 예(埶)로 보고 아래에 '불' 화(火)를 붙인 것입니다. '횃불에 불을 붙이다'에서 온도가 높다, 뜨겁다, 가열하다 등의 의미가 인신되어 나왔습니다.

마음속 깊이 사무쳐 흐르는 뜨거운 눈물은 열루(熱淚), 열렬하게 바라는 것은 열망(熱望)입니다. 부중지어(釜中之魚)는 이제 불만 때면 죽을 운명에 처한 솥 안의 고기와 같은 신세라는 뜻인데, 결과가 뚜렷해진 경우를 이르는 말로 "솥 안에 든 고기"라는 속담이 있습니다. 사람들이 더러 쓰는데, 『표준』에는 북한 속담으로 올라 있습니다. 비슷한 의미의 한자성어로 열과상마의(熱鍋上螞蟻)라는 말이 있는데, 마의(螞蟻)는 개미로, 뜨거운 솥 안의 개미[熱鍋上螞蟻]라는 뜻입니다. 왜 하필 개미일까 하는 점이 궁금한데, 여하튼 개미에 대한 생각도 민족이나 나라마다 다른 것은 확실한 듯합니다. 개미는 약재로 쓰이는 것은 물론입니다만, 중국에서는 요리법까지 소개하고 있는 것을 보면 식용이기도 한 모양입니다. 이것은 비교적 최근이라고 할 청나라 때에 나온 말로 알려져 있습니다.

마의상수(螞蟻上樹)라는 사천요리가 있는데, "개미가 나무에 올라갔다"라는 말입니다. 각종 채소와 당면에 다진 고기를 넣어 튀긴 음식인데 모양이 마치 개미가 나무에 올라간 것 같아 보여서 붙은 이름입니다. 물론 식재료에 실제 개미는 없습니다. 붕어 없는 붕어빵과 마찬가지입니다.

중학	획수	형자	새김	발음
燈	16	登	등잔	등

등(燈)은 등잔입니다. 기름을 태워 불을 밝히는 기구입니다. 중국 민속에서는 정월 대보름날 매다는 등을 표시하기도 하고, 불교에서는 길을 잃은 중생들에게 길을 밝혀 준다는 의미에서 불법(佛法)을 가리키기도 합니다.

등불과 촛불을 아우르면 등촉(燈燭)이고, 등불은 등화(燈火)라고도 합니다. 등하불명(燈下不明)은 등잔 밑이 어둡다는 뜻으로, 가까이에 있는 물건이나 사람을 잘 찾지 못함을 이릅니다.

중외	부수	획수	회자	새김	발음
光	儿	6	火儿	빛	광
赤	赤	7	大火	붉을	적

부수외자이니 복습을 해보겠습니다. 빛 **광(光)**. 사람[儿] 위에 불[火]이 있어 빛을 비쳐줍니다. 광명정대(光明正大)는 말이나 행실이 떳떳하고 정당한 것이고, 광풍제월(光風霽月)은 비가 갠 뒤의 맑게 부는 바람과 밝은 달을 가리킵니다.

붉을 **적(赤)**. 큰[大] 불[火]이 벌겋게 타오릅니다. 적지천리(赤地千里)는 천리의 넓은 논밭이 다 적지(赤地)가 된다는 말인데, 적지는 흉년이 들어 거둘 만한 농작물이 하나도 없게 된 땅입니다. 적수공권(赤手空拳)은 맨손에 맨주먹이라는 뜻으로 아무것도 가진 것이 없음을 이릅니다. 적자지심(赤子之心)은 죄악에 물들지 아니하고 순수하며 거짓이 없는 마음을 이르는데, 적자(赤子)는 갓난아이를 말합니다. 갓난아이처럼 순수하고 거짓이 없다는 뜻입니다.

중외	부수	획수	회자	새김	발음
秋	禾	9	禾火	가을	추

가을 **추(秋)**. 벼[禾]에 불[火]이 붙은 듯한 계절은 가을입니다. 잘 모르겠으면 해당 부수의 설명을 다시 읽어 확실히 익혀두기 바랍니다. 천고마비(天高馬肥)는 추고마비(秋高馬肥)라고도 하는데, 하늘이 높고 말이 살찐다는 뜻으로 하늘이 맑아 높푸르게 보이고 온갖 곡식이 익는 가을철을 이릅니다. 중국에서는 대개 추고마비(秋高馬肥)를 쓰는 듯합니다. 추풍낙엽(秋風落葉)은 가을바람에 낙엽이라는 뜻으로 어떤 형세나 세력이 갑자기 기울어지거나 헤어져 흩어지는 모양을 비유적으로 이르는 말입니다. 추풍단선(秋風

團扇)은 가을바람에 둥글부채라는 뜻이니 쓸모가 없음을 나타내는 것이라고 짐작할 수 있습니다. 나이 들어 남자의 총애를 잃은 여인을 가리킵니다만, 남성 중심의 전통 사회에서나 나올 수 있는 말입니다.

고교	획수	새김	발음
焉	11	어찌	언

언(焉)을 『설문』에서는 새라고 합니다. "언(焉)은 언조(焉鳥)이다. 황색으로 장강이나 회수(淮水) 일대에 나온다. 상형(자)이다. 크게 묶어본다면 붕(朋)이 새무리로 까마귀는 해 가운데 있는 짐승이고, 까치는 태세(太歲)를 알고, 제비는 장차 아들을 낳을 징조를 나타내주는 새이며, 흙을 물어 집을 짓는데 무기(戊己) 날은 피한다. 이런 새들은 사람들이 중하게 여기는데 모두 상형이다. 언조(焉鳥)도 그런 종류의 하나이다."

『단주』에도 설명하고 있듯이 언조(焉鳥)가 어떤 새인지는 알 수 없습니다. 고문 연구에서는 자형을 보고, 머리에 길고 더부룩하게 털이 난 즉, 도가머리를 한 새를 가리킨다고 하는데 역시 어떤 새라고 밝히지는 못하고 있습니다. 결국 본뜻을 잃은 글자가 되겠습니다. 가차해 3인칭 대명사 '그'의 뜻으로 쓰기도 하고, '이에, 여기, 어찌' 등의 뜻을 갖습니다.

언감생심(焉敢生心)은 어찌 감히 그런 마음을 품을 수 있겠냐는 뜻으로, 전혀 그런 마음이 없었음을 이르는 말로 안감생심(安敢生心)으로도 씁니다. 여기서 언감이나 안감은 '어찌 감히'의 뜻입니다.

고교	획수	새김	발음
燕	16	제비	연

연(燕)은 제비입니다. 옛날에 '잔치' 연(宴) 대신 많이 써서 잔치를 나타내기도 합니다. 가깝다는 뜻도 나타냅니다. "강남 갔던 제비가 돌아오면 이 땅에도 봄이 온다네"라는 동요에서처럼 제비는 봄이 되면 돌아옵니다. 음력 삼월 삼진날 돌아온다고 하니 양력으로 4월 초입니다. 벚꽃, 개나리, 진달래는 모두 봄의 전령사라 하겠습니다. 제비가

돌아올 때 핀다는 제비꽃도 당연히 봄꽃입니다.

지명으로는 북경을 연경(燕京)이라고 하는데, 이것은 주나라 때 제후국인 연(燕, BC 1044~222)의 도읍이 연도(燕都)로 지금의 북경이라서 붙은 이름입니다. 한가하게 집에 있는 것을 연거(燕居)라고 하는데, 한거(閑居)와 같은 뜻입니다. 귀리는 한자어로 연맥(燕麥)이라고 합니다. 제비의 꼬리처럼 보이는 남자용 서양 예복은 연미복(燕尾服)이라고 하는데, 'swallow-tailed coat'를 번역한 말이겠습니다. 제비의 한자어는 연자(燕子)입니다.

'연작안지홍곡지지(燕雀安知鴻鵠之志)'는 '제비나 참새가 어찌 고니의 뜻을 알겠는 가?'라는 뜻으로 평범한 사람은 큰 뜻을 품은 사람의 마음을 헤아릴 수 없다는 의미로 쓰입니다.

고교	획수	형자	새김	발음
燃	16	然	탈	연
營	16	熒省	경영할	영

연(燃)은 『설문』에 실려 있지 않습니다. '그러할' 연(然)에 편방을 붙여 나중에 나온 글자입니다. 불을 붙여 불꽃이 올라오게 하는 것입니다. 타거나 태우는 것입니다.

연등놀이를 할 때 밝히는 등불은 연등(燃燈)이고, 땔감은 연료(燃料)입니다. 연등놀이는 음력 4월 초파일에 등불을 켜고 노는 놀이를 말합니다. 연미지급(燃眉之急)은 눈썹에 불이 붙은 정도로 다급하다는 뜻으로, 상황이 아주 급박함을 나타냅니다.

영(營)은 둘러싸고 사는 것입니다. 인신하여 꾀하다, 군대가 주둔하는 곳, 군대의 편제 단위 등으로 쓰이게 되었습니다.

자소자는 불[火]이 위에 두 개나 있고 아래에도 하나가 있습니다. '등불' 형(熒)입니다. 집 안의 등잔이나 촛불의 빛입니다. 고문 분석에서는 움집 위에 횃불이 두 개 교차하고 있는 모양에서 밝은 것으로 봅니다. 횃불이라고 하지만 조명의 발전 정도를 생각하면 관솔 같은 데에 불을 붙여 썼을 수도 있습니다. 형(熒)의 가장 아래 '불' 화(火)가 '벌레' 훼, 충(虫)으로 바뀌면 '반딧불이' 형(螢)이 됩니다.

재산상의 이익을 꾀하는 것은 영리(營利)입니다. 병영의 문은 영문(營門)이라고 합니다.

고교	획수	형자	새김	발음
燥	17	喿	마를	조

조(燥)는 말리는 것, 즉 건조하는 것을 가리키고 '조급하다'라는 뜻도 있습니다.

조갈(燥渴)은 입술이나 입안, 목 따위가 타는 듯이 몹시 마르는 것입니다. 그런 증세를 조갈증(燥渴症)이라고 합니다. 조습(燥濕)은 바싹 마르는 것과 축축이 젖는 것을 이릅니다.

자소자는 나무 위에 새가 세 마리 앉아 있는 형상[喿]입니다. 무슨 글자일까요? 나중에 새가 한 마리로 줄어듭니다[集]. 아직도 기억이 안 납니까? '시끄러울' 소(喿)도 글자를 만든 방법이 동일합니다. 나무[木] 위에 새가 세 마리[品] 앉아서 지저귑니다. 당연히 시끄럽습니다. 『설문』의 설명은 "소(喿), 새 떼가 운다. 목(木) 위에 품(品)이 있는 것에서 뜻을 취했다"라고 나옵니다. 위에서 설명한 것도 같은 뜻입니다. 단, "목(木) 위에 품(品)이 있는 것에서" 부분은 "나무 위에 새가 세 마리 있는 것에서"로 새겨야 뜻이 제대로 통합니다.

고교	획수	형자	새김	발음
燭	17	蜀	촛불	촉

촉(燭)은 촛불입니다. 『설문』입니다. "촉(燭)은 문안 정원에 꽂아놓은 횃불이다. 문밖에 꽂아두는 횃불도 가리킨다."

주석을 보면 대문 밖에 세워두는 것은 대촉(大燭)이라 하고 문안 정원에 꽂아두는 것은 정료(庭燎)라고 한다는 것을 알 수 있습니다. 촉(燭)의 대표 훈이 촛불이고 관습적으로 그렇게 새기기도 합니다. 그런데 지금 우리가 쓰고 있는 초는 당나라 이후에 나왔다고 합니다. 이 글자가 중요한 사례가 되지는 않겠습니다만, 우리가 옛글을 읽을 때 자칫 잘못하면 오늘날의 상식과 생각으로 옛날에도 그랬거니 하는 우를 범할 수 있습니다.

촉(蜀)은 '흐릴' 탁(濁)의 자소자 설명을 참고하기 바랍니다. 누에를 가리킵니다. 복습을 하겠습니다. 촉(蜀)이 들어간 다섯 글자를 한 번 새겨보기 바랍니다. 獨, 屬, 燭, 觸, 濁.

촉광(燭光)은 촛불의 빛을 가리키기도 하고, 현재는 빛의 세기를 나타내는 단위이기도 합니다. 칸델라(candela)라고 하는데, 물론 초(candle)에서 나온 말입니다. 흔히 쓰는 밀랍초의 밝기는 대략 1칸델라입니다. 광산의 갱(坑) 안에서 불을 켜 들고 다니는 카바이드등이 있습니다. 물통의 윗마개를 조절해 아래 카바이드 통에 물이 내려가는 양을 조절합니다. 물을 많이 내리면 가스가 많이 발생해 불은 촛불과는 비교도 되지 않게 밝습니다. 이것을 간드레라고 합니다. 전기 사정이 좋지 않았던 옛날에는 노점상들이 많이 사용하기도 했습니다. 이 말 역시 영어의 candle에서 온 것입니다.

고교	획수	형자	새김	발음
爐	20	盧	화로	로

　로(爐)는 화로입니다. 동선하로(冬扇夏爐) 즉, 겨울의 부채와 여름의 화로[난로]라는 말이니 제철이 지나 격에 맞지 않은 것을 가리킵니다. 하로동선(夏爐冬扇)으로도 씁니다.
　로(盧)는 밥그릇입니다. 고문 분석에서는 '화로' 로(爐)의 초문(初文)으로 봅니다. 인신하여 검은 것을 나타내기도 합니다.

고교	획수	형자	회자	새김	발음
災	7	巛	巛 火	재앙	재

　'재앙' 재(災)를 『설문』에서는 재(巛)로 썼습니다만, 이 글자가 편방에 쓰이면서 다시 '불' 화(火)를 붙여 만들어진 글자입니다. 글자에서 볼 수 있듯이 물[巛]과 불[火]에 의한 재앙, 즉 수재와 화재를 나타냅니다.
　재(災)와 재앙이라는 새김은 같지만, 재(烖)는 자연 발생적으로 일어나는 즉, 도깨비불(wildfire)에 의한 재난입니다. 물로 생기는 재앙[巛]에 불로 생기는 재앙[烖]이 하나로 모인 것이 현재 쓰고 있는 재(災)인 셈입니다.
　재(巛)는 (수)해입니다. 『설문』에서는 "재(巛)는 가로획[一]이 내[巛, 천] 한가운데를 막는 데에서 뜻을 취하며 회의(자)이다. 『춘추좌전』에 '물이 흐르다 막혀 못이 되는데 이것은 불길한 징조이다'라고 한다"라고 합니다. 물의 관리라는 차원에서 보면 한 곳에 많이 고인 물은 나중에 큰 재앙을 초래할 수 있습니다.

고교	획수	형자	회자	새김	발음
炭	9	岸	岸火	숯	탄

　탄(炭)을 『설문』에서는 "나무를 태워 남은 부분"이라고 합니다. 숯은 나무를 태워 탄화시키는 것인데 백탄과 흑탄 두 가지가 있습니다. 백탄은 태운 뒤 모래를 덮어 식힌 것으로 표면이 하얗고 화력이 좋습니다. 흑탄은 그대로 재 속에 묻어두었다가 완전히 식은 뒤에 꺼낸 것으로 화력은 좀 떨어집니다. 경기민요 「사발가(沙鉢歌)」에 "석탄 백탄(白炭) 타는데 연기만 펄펄 나구요. 내 가슴 타는데 연기도 김도 없구나"라는 구절이 나옵니다.

　자소자는 다음자로 '벼랑 높을/우러를' 알, 얼/언(岸)입니다. 민엄호[厂] 부수에 속하는 글자입니다. 산(山)의 벼랑[厂]이 높은 것으로 기억하면 되겠습니다. 이 글자와 '언덕' 안(岸), '언덕' 애(厓), '벼랑' 애(崖)는 모두 '언덕' 한(厂)에서 나온 글자들로 기원이 같은 것으로 봅니다.

　탄전(炭田)은 석탄이 묻혀 있는 땅이고, 탄화(炭火)는 숯불을 말합니다. 동음이의어인 탄화(炭化)는 유기화합물이 탄소로 변하는 것을 이릅니다.

고교	획수	형자	회자	새김	발음
照	13	昭	昭火	비칠	조
熟	15	孰	孰火	익을	숙

　조(照)는 빛이 비치는 것입니다. 광선이 물체를 비추는 것이 본뜻입니다. 그래서 '밝다'라는 뜻을 나타내고, 살펴본다는 뜻도 있습니다.

　조량(照諒)은 형편이나 사정을 살펴서 밝게 아는 것이고, 조림(照臨)은 해나 달 등이 위에서 비치는 것 혹은 신불(神佛)이 세상을 굽어보는 것을 이르는데, 주체가 상대적으로 높고 귀한 느낌을 전합니다. 두 단어 모두 어려운 한자어이고 많이 쓰이지는 않습니다. 조명(照明)은 불을 비추어 밝게 하는 것입니다. 조연약게(照然若揭)는 높이 들어올린 것처럼 환히 비친다는 뜻으로 진상이 모두 드러난 것을 이릅니다.

숙(熟)은 음식물을 삶아 익히는 것입니다. 익숙하다는 뜻도 나타냅니다.

곰곰이 잘 생각하는 것은 숙고(熟考), 익숙하게 통달한 것은 숙달(熟達), 능숙하게 익히는 것은 숙련(熟練), 깊이 든 잠은 숙면(熟眠)이고, 눈여겨 자세히 들여다보는 것은 숙시(熟視)입니다.

고교	획수	형자	회자	새김	발음
燒	16	堯	火 堯	사를	소

소(燒)는 불사르는 것입니다. 불을 붙이는 것입니다. 불에 다치거나 타 죽는 것을 가리키기도 합니다. 증류해 술을 만드는 뜻도 있습니다.

소주(燒酒)는 본래 증류를 해서 만드는 술로 중국의 곡주는 대부분 글자 그대로의 소주인 경우가 많습니다. 우리나라의 소주는 주정을 묽게 해서 만드는 희석식 소주가 대부분입니다. 집에서 빚는 가양주(家釀酒)의 경우 소줏고리를 이용해서 소주를 내립니다. 소줏고리는 질그릇으로 좀 투박해 보이기는 하지만 과학 시간에 보는 증류 장치(distiller)와 원리나 구조가 거의 같습니다.

자소자 요(堯)는 관습적으로 '요임금' 요로 새깁니다. 이것은 아마도 유교가 정착되면서 주나라나 그 이전의 요임금과 순임금이 통치하던 시대를 이상으로 삼았기 때문이 아닐까 합니다. 높다는 뜻이 있습니다. '우뚝할' 올(兀) 위에 '흙 높을' 요(垚)를 더해 그야말로 높디높은 것을 나타냅니다. 고문을 바탕으로 '도기를 굽는 가마[窯]'를 뜻하는 글자'라는 설명도 있습니다. 기초한자 가운데에는 '새벽' 효(曉)의 자소자이기도 합니다.

고교	획수	형자	회자	새김	발음
爆	19	暴	火 暴	터질	폭

폭(爆)은 폭발하는 것입니다. 불꽃이 날아 화상을 입기도 합니다. 맹렬하게 터지는 일 등을 나타내기도 합니다.

자소자 暴는 다음자입니다. '사나울' 폭, '사나울' 포, '쬘' 폭의 새김이 있습니다. 『설문』에 실린 자형은 '曓'으로, '日, 出, 収'와 米가 결합된 글자로 봅니다. 현재 자형으로는 가뭄[日]과 수해[水] 두 가지가 모두[共] 사나운 것으로 기억하면 되겠습니다.

폭격(爆擊)은 폭탄을 떨어뜨려 적의 군대나 시설물, 또는 국토를 파괴하는 것이고, 폭발(爆發)은 불이 일어나며 갑작스럽게 터지는 것입니다. 동음이의어인 폭발(暴發)과 혼동하기 쉬운데, 폭발(爆發)은 포탄이 터지는 것이고 폭발(暴發)은 분노의 폭발, 인기 폭발 등에서 볼 수 있는 것처럼 감정이나 힘 등이 갑자기 세찬 기세로 나오는 것입니다. 그런데 갑자기 터져 나오는 웃음인 폭소는 '爆笑'로 씁니다. 폭탄(爆彈)은 인명 살상이나 구조물 파괴를 위해 쓰는 폭발물입니다.

고교	획수	회자	새김	발음
煩	13	火 頁	번거로울	번

번(煩)은 머리[頁]에 불[火]이 난 것 즉, 두통으로 머리가 아픈 것이 본뜻입니다.

혈(頁)도 기초한자 범위 밖의 글자이긴 합니다만, 부수자이니 해당 부수의 설명을 참고하기 바랍니다.

번뇌(煩惱)는 마음이 시달려 괴로워하는 것이고, 번거롭게 많은 것은 번다(煩多)한 것입니다. 몸에 열이 몹시 나고 가슴속이 답답하여 괴로운 증상은 번열증(煩熱症)이고, 번거롭게 뒤섞여 어수선한 것은 번잡(煩雜)한 것입니다. 번언쇄어(煩言碎語)는 번잡하고 자질구레한 말을 이릅니다.

R087

손톱 조(爪) 부

갑골	금문	전문	해서
㇆		爪	爪

'손톱' 조(爪)는 새의 발톱 모양을 본뜬 상형자입니다. 『설문』에서는 "손으로 쥐는 것이다. 또한 손을 덮은 것을 조(爪)라고도 한다"라고 합니다. '긁을' 조(抓)의 본자로 봅니다. 그러나 조(爪)와 결합한 글자들의 뜻을 보면 사람의 손을 나타내는 경우가 많습니다. 맹금류가 먹잇감을 발톱으로 움켜쥐는 것으로 생각하는 것이 타당해 보입니다. 이 부수에 속하는 글자는 많지 않습니다.

중학	획수	회자	새김	발음
爭	8	爪丿又	다툴	쟁

쟁(爭)은 서로 빼앗으려고 다투는 것입니다. 하나의 물건[丨]을 놓고 위[爪]와 아래[又, 손을 나타냄]에서 두 사람이 서로 빼앗으려고 하는 것입니다.『단주』에는 "말다툼을 하는 사람이 모두 자기에게 돌아오도록 끌어당기는 것"이라고 합니다. 그래서 얻으려고 애쓰다, 다투다, 말다툼을 하다 등의 뜻을 나타냅니다.

'삐침' 별(丿)은 부수자입니다. 낱자로 쓰이지는 않습니다. 쟁(爭) 자에 쓰인 별(丿)은 삐침의 뜻으로 쓰인 것이 아니고, 두 사람이 서로 빼앗으려고 하는 대상물을 나타냅니다. 쟁(爭)과 같은 자소로 만들어진 글자로 '떨어질' 표(爫)가 있습니다. '떨어지다, 위 아래서 주고받다'라는 뜻인데,『강희자전』에서는 '또' 우(又) 부에 속해 있지만『설문』에서는 표(爫)가 독립된 부수자였습니다. 이 부수[爫]에 속하는 글자 가운데 현재 자소로 많이 쓰이는 글자를 몇 개 소개합니다. '당길, 이에' 원(爰), '취할' 률(爭), '잡을' 렬(爫), '다스릴' 란(爵), '기댈' 은(爯)인데,『강희자전』에서 률(爭)은 '마디' 촌(寸) 부로 시집을 갔습니다. 수(受)와 쟁(爭)도 본래 표(爫) 부에 속하는 글자입니다. 그 뜻을 가만히 생각해보면 모두 손의 동작과 연관됨을 알 수 있습니다.

서로 앞서려고 다투는 것은 쟁선(爭先)이라 하고, 자기 의견을 주장하며 다투는 것은 쟁의(爭議)인데, 근래에는 사용자와 근로자 사이에서 일어나는 분쟁을 나타내는 데에 많이 쓰입니다. 서로 다투는 중심이 되는 점은 쟁점(爭點)입니다.

중학	획수	회자	새김	발음
爲	12	爪 象	할	위

위(爲)의 『설문』 내용입니다. "위(爲)는 원숭이이다. 원숭이는 달리는 짐승으로 손톱을 잘 쓴다. 조(爪) 자는 원숭이의 상징이다. 아래는 원숭이의 모양이다. 왕육(王育)은 조(爪)를 상형이라고 한다."

허신의 이 설명은 전문을 대상으로 하여 잘못된 분석이라고 하는데, 지금은 갑골문 분석이 바른 것으로 여깁니다. 손[爪]으로 코끼리를 몰아서 일을 돕도록 하는 것이라고 합니다. 여기에서 '일을 하다'라는 뜻이 나왔고, '꾀하다, 공부하다' 등등 많은 뜻이 인신되어 나온 것으로 봅니다. 위(爲)의 쓰임은 하도 많아서 한 자리에 다 설명하기는 어렵고 그때그때 상황별로 익히는 것이 순서이겠습니다. 우리말의 '하다' 영어의 'do' 등은 기본 동사라고 해야 할까, 의미도 많고 쓰임도 많습니다. 중국어의 경우 '爲'가 거기에 해당되는데 사정은 마찬가지입니다.

위선(爲先)은 '어떤 일에 앞서서'의 뜻으로 우선과 같은 말입니다. 위선(僞善)은 겉으로만 착한 체하는 것입니다. 『표준』의 올림말은 아니지만 위선(爲善)으로 쓴다면 선을 행하는 것이겠습니다.

중외	부수	획수	형자	새김	발음
受	又	8	舟	받을	수

중학 부수외자입니다. '받을' 수(受)는 그냥 받는 게 아니라 본래는 주고받는 것입니다. 두 가지의 동작이 아니고, 한 사람은 주고 한 사람이 받는 동시적 상황입니다. '다툴' 쟁(爭)과 마찬가지로 두 손[爪]을 볼 수 있습니다. 『설문』에서는 '배' 주(舟)의 생략형이 소리를 나타낸다고 하는데, 이것은 자형을 잘못 분석한 것으로 봅니다. 갑골문 분석에서는 두 사람이 손에서 손으로 접시[冖]를 주고받는 모습으로 봅니다. 주고받는 것을 한쪽만 생각해서 표현하면 주는 것, 또는 받는 것입니다.

어려운 일을 당하는 것은 수난(受難)이고, 학문을 배우거나 수업을 받는 것은 수학(受學)입니다. 동음이의어인 수학(修學)은 학문을 닦는 것이고, 수학(數學)은 수량과 공간의 성질에 관하여 연구하는 학문입니다.

중외	부수	획수	회자	새김	발음
印	卩	6	爪 卩	도장	인

인(印)은 정사를 보는 사람이 지니는 신표라고 합니다. 인장입니다. 갑골문 분석에서는 손[爪]으로 눌러 다른 사람을 꿇어앉게[卩] 하는 것으로 봅니다. 그래서 '누를' 억(抑)의 본자로 봅니다. 인장을 찍을 때에도 누르고 압력을 주어야 합니다. 그래서 인장의 뜻으로 인신되었습니다.

자소자는 '병부' 절(卩)입니다. 병부는 발병부(發兵符) 즉, 군대를 동원할 때 증표로 쓰는 나무패입니다.

도장이나 그림을 새기는 것은 인각(印刻)이라 하고, 당사자의 여부를 확인하기 위하여 관공서 또는 거래처 등에 미리 제출해 두는 특정한 인발은 인감(印鑑)입니다. 인발은 도장을 찍은 형적을 말합니다. 인쇄(印刷)는 잉크를 사용하여 판면에 그려져 있는 글이나 그림 따위를 종이, 천 따위에 박아내는 것인데, 컴퓨터의 발달로 인쇄환경도 많이 달라졌습니다. '도장' 인(印)에 '솔질할' 쇄(刷)는 인쇄의 초기 형태를 짐작하게 해줍니다. 도장을 새기듯 글자나 그림 등을 새겨 넣은 판에 종이를 대고 솔로 문지르는 것입니다. 그것을 한 장 한 장 떼어내 묶어 책을 만듭니다. 한지의 특성이 양면 인쇄가 어렵기 때문에 한 면에 인쇄를 한 뒤 가운데를 접어 두 면을 만들어 묶는 방식이 '자루매기'입니다.

고교	획수	새김	발음
爵	18	벼슬	작

작(爵)은 술잔입니다. 『설문』을 살펴보겠습니다. "작(爵)은 의례용 술잔이다. 작(爵)의 모양을 본떴다. 안에 울창주를 담고 손에 들고 마신다. 참새 모양을 본떠 술을 따를 때에도 '쩩쩩쩩쩩' 하는 소리가 난다." '쩩쩩쩩쩩'은 중국어의 의성어를 필자가 임의로 옮긴 것이라서 원문과는 다릅니다. 원문의 소리는 '졔졔주주[節節足足, jiejiezuzu, 절절족족]입니다.

작(爵)은 위에 부리 같은 주둥이가 양쪽에 달려 있고 발이 셋인 술잔입니다. 위에 좀 둥근 부리 같은 주둥이 끝에 작은 칼자루 같은 것이 양쪽에 달려 있는데 이쪽이 입을 대는 쪽입니다. 술잔에서 술을 가리키고, 옛날에 이런 술잔에 술을 마실 수 있는 사람은 작위가 높은 관료뿐이었습니다. 그래서 작위를 나타내기도 합니다. 벼슬입니다.

작록(爵祿)은 관작과 녹봉을 이릅니다. 관작(官爵)은 관직과 작위를 뜻하고, 녹봉(祿俸)은 벼슬아치들이 일 년 또는 계절 단위로 나누어 받던 금품을 통틀어 이르는 말입니다. 작품(爵品)은 직품(職品)이라고도 하는데 벼슬의 품계 즉, 등급을 말합니다. 작호(爵號)는 작위의 칭호로 공작, 후작, 백작, 자작, 남작 등입니다.

고외	부수	획수	형자	회자			새김	발음
奚	大	10	孫	爪	幺(繩)	大(人)	어찌	해

해(奚)입니다. 『설문』에서는 '이을' 계[繫, 系의 주문(籒文)]를 소리를 나타내는 형성자로 분석하고, 배(abdomen)가 큰 것[大腹]으로 설명하고 있습니다. 하지만 본뜻을 나타내고 있지 않은 것으로 봅니다. 갑골문 분석에서는 손에 줄을 들고 죄인을 묶는 것을 그린 것으로 노복(老僕, 늙은 사내종)을 뜻한다고 합니다. '노복'이라는 뜻과 '어찌'라는 의미로 쓰입니다.

해가(奚暇)는 주로 '해가에'의 형태로 쓰여 '어느 겨를에'라는 뜻을 나타내고, 해특(奚特)은 '어찌 특별히', 또는 '어찌 유독'의 뜻입니다. 이 두 단어는 쓰이는 경우가 아주 드뭅니다.

고외	부수	획수	회자	새김	발음
妥	女	7	爪女	온당할	타

타(妥)는 『단주』에 따르면 편안한 것이라고 합니다. '안정되다, 적당하다, 적합하다'라는 뜻을 나타냅니다. 대립된 양편에서 서로 양보하여 일을 마무르는 것은 타결(妥結)이고, 이치를 볼 때 옳은 것은 타당(妥當)한 것입니다. 어떤 일을 서로 양보하여 협의하는 것은 타협(妥協)입니다.

R088

아비 부(父) 부

갑골	금문	전문	해서
			父

부(父)의 고문은 손에 돌도끼를 든 형상입니다. 그래서 이 글자를 '도끼' 부(斧)의 본자로 보기도 합니다. 석기 시대 도끼를 든 사람은 남자였고 그래서 남자를 가리키며 나중에는 부모 가운데 아버지만 가리키는 글자로 쓰이게 되었습니다.

『설문』에서는 "아버지는 법도를 유지하는 사람이다. 가장으로 자녀들의 교육을 이끌어 나가는 사람이다"라고 합니다. 고문 분석에서는 손에 쥐는 돌도끼로 파악합니다. 그래서 권위의 상징이고, 나이가 든 노인을 가리키기도 합니다. 어부(漁父)에서 볼 수 있는 것처럼 어떤 일에 종사하는 사람을 뜻하기도 합니다. 이 부수에 속하는 글자 자체도 적고 기초한자로서는 '아비' 부(父) 한 글자뿐입니다.

중학	획수	새김	발음
父	4	아비	부

　아버지와 어머니를 아울러 일러 부모(父母)입니다. 부생모육지은(父生母育之恩)은 아버님 날 낳으시고 어머님 날 길러주신 은혜입니다. 송강 정철(鄭澈, 1536~1593)의 「훈민가(訓民歌)」 가운데에 "아버님 날 낳으시고 어머님 날 기르시니 두 분 곳 아니시면 이 몸이 살았을까 하늘같은 가없는 은덕을 어디에 다 갚사오리"라고 나옵니다. 글 가운데 '곳'은 앞말을 강조하는 뜻을 나타냅니다. 「훈민가」는 백성들이 경계하도록 한다는 뜻으로 '경민가(警民歌)'라고도 하고 또는 백성들에게 권한다는 뜻에서 '권민가(勸民歌)'라고도 합니다. 부전자전(父傳子傳)은 아들의 성격이나 생활 습관 따위가 아버지로부터 대물림된 것처럼 같거나 비슷한 것을 이릅니다. 일상에서 '그 아버지 그 아들'이라는 말을 더러 하는데, 같은 의미가 되겠습니다.

R089

점괘 효(爻) 부

갑골	금문	전문	해서
爻	爻	爻	爻

효(爻)는 자형에서도 잘 드러나듯이 서로 엇갈리는 것, 교차하는 것을 본뜬 상형자입니다.

『설문』입니다. "효(爻)는 교차하는 것이다. 『역』에서 괘(卦)의 여섯 개 효(爻)가 서로 겹치는 것을 본떴다"라고 합니다. 고문 분석에서는 점 칠 때 쓰는 시초(蓍草)나 산가지가 교차하는 모양으로 그것을 보고 점을 친다고 합니다. 시초의 순우리말은 톱풀입니다.

이 부수에도 글자 수가 아주 적으며, 기초한자에는 부수자를 포함해 한 글자도 들어있지 않습니다. 현재 중국에서는 이 부수는 폐지해 없고, 이 부수에 속했던 기존의 글자들은 여기저기 분산되어 있습니다. 기초한자 범위 밖이긴 합니다만, '시원할' 상(爽)과 '너' 이(爾) 두 글자는 익혀두었으면 합니다.

상(爽)은 '큰' 대(大)에 '사귈, 밝을' 리(爻)를 더한 회의자입니다. 사람[大]이 문[爻, 문창살] 앞에 있어 '밝다'라는 것이 본뜻입니다. 인신되어 상쾌함을 나타내기도 합니다.

'상연(爽然)하다'는 잘 쓰지는 않습니다만, 매우 시원하고 상쾌하다는 뜻입니다. 상쾌(爽快)한 것은 느낌이 시원하고 산뜻한 것입니다. 상연약실(爽然若失)에서 '상연(爽然)'은 어찌할 바를 모르는 것으로 전혀 다른 의미를 나타냅니다. 믿거나 의지할 것을 잃어서 어찌할 바를 모르는 것입니다. 어딘가 허전한 구석이 있음을 나타냅니다.

'너' 이(爾)를 『설문』에서는 창살 사이가 뚫려서 밝은 것이라고 설명합니다. 고문 분석에서는 누에가 고치를 처음 만드는 것을 나타내는 글자로 이때는 고치가 성기기 때문에 밝다는 뜻을 나타낸다고 설명합니다. 나중에 가차해 이인칭 대명사로 쓰이게 되었습니다.

장수장변(爿, [丬]) 부

갑골	금문	전문	해서
匚		爿	爿

통상 '장수장변'이라고 하는데 장수와는 전혀 상관이 없습니다. '장수' 장(將)의 왼쪽에 있는 변[爿]이라는 뜻입니다. '조각' 장, 또는 '침상' 장이라고 새깁니다.

갑골문에서 이 글자는 평상을 세워놓은 것 같이 생겼다는 데에서 평상[牀]의 뜻으로 보는데, 달리 나무의 조각으로 보아 '조각' 장이라고도 합니다. 『설문』에는 실려 있지 않습니다.

갑골문의 모양을 보고 판축으로 담을 쌓을 때 기둥과 널빤지를 댄 모양이라고 하는 설명도 있습니다. 그래서 '담' 장(牆) 자의 초기 글자 형태 즉, 초문(初文)이라고 합니다. '나무' 목(木) 한가운데를 자른 것이라고도 합니다. 왼쪽 반은 '조각' 장(爿)이고, 오른쪽 반은 다음에 나오는 부수자이기도 한 '조각' 편(片)이라고 합니다.

이 부수에 속하는 기초한자는 한 자도 없습니다. 부수외자를 살펴보겠습니다.

증외	부수	획수	형자	새김	발음
壯	士	7	爿	씩씩할	장

장(壯)은 크다는 뜻입니다. 다른 설명도 있습니다. 판축 일[爿]을 할 수 있을 정도로 큰 남자[士]를 가리킨다는 것입니다. 여기서 '크다'든지 '강건하다, 왕성하다, 씩씩하다'라는 뜻이 나왔다고 합니다.

증외	부수	획수	형자	새김	발음
將	寸	11	爿	장수	장

장(將)은 장수입니다. 『단주』에서 촌(寸)은 "법도가 있은 다음에야 주관을 할 수 있고, 앞서서 할 수 있기 때문이다"라고 설명합니다. 지휘관인 장수도 독단적으로 결정을 내리는 것이 아니라, 관련된 법의 규정을 따른다든지 하는 내용을 짐작하게 합니다. 갑골문의 '고기' 육(肉)과 '솥' 정(鼎)이 들어 있는 자형에 주목해, 고문 분석에서는 솥 안의 고기를 꺼내 제사를 드리는 것으로 분석합니다. 봉헌(奉獻)이나 제향(祭享)의 뜻을 나타낸다는 설명입니다. 널리 장수를 이르는 데에도 씁니다.

고외	부수	획수	형자	새김	발음
床	广	7	爿	평상	상

『설문』에 '평상' **상(床)**은 '牀'으로 올라 있습니다. 상(床)은 속자라고 하는데, 기초한자에는 이 자형을 표준으로 올려놓았습니다. 현재 중국에서도 상(床)을 표준 자형으로 삼고 있습니다.

고외	부수	획수	형자	새김	발음
狀	犬	8	爿	형상/문서	상/장
寢	宀	14	侵省	잠잘	침

상(狀)은 모양, 정황이나 상황을 나타냅니다. 윗사람에게 올리는 사건 보고서 같은 '문서'라는 뜻도 있습니다. 자세한 내용은 해당 부수의 설명을 참고하기 바랍니다.

침(寢)의 『설문』 자형은 조금 다릅니다[寑]. 눕는 것입니다. '누어서 쉬다, 자다'라는 뜻을 나타냅니다.

침불안석(寢不安席)은 자는데 자리가 편치 않다는 뜻으로, 걱정이 많아서 잠을 편히 자지 못하는 것을 말합니다. 좌불안석(坐不安席)은 앉는데 자리가 편치 않은 것으로 마음이 불안하거나 걱정스러워서 한군데에 가만히 앉아 있지 못하고 안절부절못하는 모양을 이릅니다.

R091

조각 편(片) 부

갑골	금문	전문	해서
片		片	片

앞서 '조각' 장(爿) 부에서 설명했듯이 **편(片)**은 '나무' 목(木)의 한가운데를 자른 오른쪽이라고도 합니다. 지사자입니다. 왼쪽 반은 '조각' 장(爿)입니다.

갑골문의 모양을 보고 판축으로 담을 쌓을 때 기둥과 널빤지를 댄 모양이라고 설명하기도 하는데, 갑골문에서는 글자를 좌우로 바꿔 쓰기도 해서 장(爿)과 편(片)은 한 글자라고 합니다. 다른 자소에 맞춰 편한 대로 썼다는 설명입니다.

중학	획수	새김	발음
片	4	조각	편

한쪽 면을 편면(片面)이라 하고, 편시(片時)는 잠시라는 뜻입니다. 한마디 말이나 간

단한 말은 편언(片言)이라고 하는데, 한쪽 사람이 하는 말이라는 뜻도 있습니다. 편지(片志)는 자그마한 뜻이라는 의미로 촌지(寸志)와 같습니다만, 진정 감사하는 작은 정성이 아니고 자기 일을 잘 봐달라고 부탁하는 뇌물의 성격이 강해서 문제가 되곤 합니다. 정말 감사하는 마음의 촌지는 필요한 것이라고 생각합니다.

고교	획수	형자	새김	발음
版	8	反	판목	판

 판(版)을 『설문』에서는 "가르는 것[判]"이라고 합니다. 편(片)에서 분화된 글자입니다. 담을 쌓는 판축에 쓰는 널빤지라는 설명도 있습니다. 글씨를 쓰는 목판이나 인쇄용 목판을 가리키기도 합니다. 성을 재는 계량 단위이기도 했다고 합니다. 한 판(版)은 길이가 일 장(丈) 혹은 8자나 6자에 높이가 2자를 가리킨다고 합니다. 혹 토성을 쌓을 때, 이 정도의 널빤지를 대고 쌓아 올라가며 작업을 되풀이해 한 번에 하는 작업량이 아닐까 하는 짐작을 해보게 됩니다.

R092

어금니 아(牙) 부

갑골	금문	전문	해서
⼝	長	牙	

아(牙)는 이빨이 서로 맞물리는 모양을 본뜬 상형자입니다. 『설문』에서는 큰 이빨이라고 합니다. 『단주』에서는 원문의 모치(牡齒)는 잘못된 것이라며, 큰 이빨[壯齒(장치)]로 바로잡습니다. 최근 복단대학(復旦大學) 고문자연구소에서는 이것은 한·당(漢唐) 시기에 모(牡) 자와 장(壯) 자의 속자가 같은 데에서 비롯된 문제라고 밝히고 있습니다. 결론은 『단주』의 설명이 맞다는 것입니다.

입술에 닿는 이빨은 치(齒)이고, 턱뼈의 잇몸에 있는 이빨이 아(牙)라고 합니다. 어금니입니다. 또는 상아라든지, 식물의 어린 싹 등 그런 모양을 한 것을 가리킵니다. 이 부수에 속하는 글자는 아주 적습니다. 기초한자로는 부수자인 아(牙)뿐입니다.

고교	획수	새김	발음
牙	4	어금니	아

아기(牙旗)는 임금이나 대장이 거처하는 곳에 세우던 기로 깃대 끝을 상아로 장식해서 붙인 이름입니다. 아성(牙城)은 아기(牙旗)를 세운 성이라는 뜻으로 주장(主將)이 거처하는 성을 이릅니다. 또한 중요한 근거지를 비유적으로 이르기도 합니다.

格物 048. 순망치한, 보거상의

이[齒]와 관련된 고사성어가 두 개 있습니다. 순망치한(脣亡齒寒)은 입술이 없으면 이가 시리다는 말로 이해관계가 밀접한 사이에 어느 한쪽이 망하면 다른 한쪽도 그 영향을 받아 온전하기가 힘들다는 뜻으로 쓰입니다. 이와 함께 나오는 것이 보거상의(輔車相依)입니다. 『표준』에서는 "수레에서 덧방나무와 바퀴처럼 뗄 수 없다는 뜻으로 긴밀한 관계를 맺으면서 서로 돕고 의지함을 이르는 말"이라고 정의합니다.

이 말은 『춘추』〈좌씨전(左氏傳)〉에 나옵니다. "속언에서 보거상의와 순망치한이라고 하는 것은 우나라와 괵나라를 이르는 것이다 [諺所謂 輔車相依 脣亡齒寒 其虞 虢之谓也]." 진나라 헌공(?~BC 651)이 좀 떨어진 괵나라를 치려합니다. 괵나라를 치려면 바로 이웃한 우나라를 거쳐 가야합니다. 이때 순식(荀息)이라는 자가 우나라의 우공은 뇌물을 좋아하니 좋은 옥과 말을 주면 괵나라를 치러가는 길을 빌려줄 것이라는 묘책을 냅니다. 우나라에는 궁지기(宮之奇)라는 충신이 있어 길을 빌려주면 안 된다고 간언을 합니다. 궁지기의 간언 중에 나오는 말이 '보거상의 순망치한(輔車相依 脣亡齒寒)'입니다.

필자는 이 고사를 대할 때마다 이상한 생각이 듭니다. 보(輔)는 수레의 바퀴를 튼튼하게 해주느라 대는 덧방나무이기도 하지만 광대뼈라는 뜻도 있습니다. 거(車)는 물론 수레이지만, 아상(牙床)이라고 해서 잇몸의 뜻이 있습니다. 그러니까 광대뼈 또는 턱뼈와 잇몸이 서로 의지하는 것과 같다는 뜻도 됩니다. 같은 원문을 인용하지만 실제 중국이나 대만, 일본 대부분의 자전에서도 턱뼈와 잇몸의 관계로 설명하는 경우가 대부분입니다. 우리 『표준』도 이런 뜻을 아울러 실어놓아야 하지 않을까 하는 아쉬움이 듭니다.

『천자문』에도 "길을 빌려 괵나라를 멸망시키고 [假途滅虢(가도멸괵)]"라는 구절이 있습니다. 일본이 임진왜란을 일으킨 공식적인 이유는 '정명가도(征明假道)'였습니다. 명나라를 치려고 하니 길을 빌려달라는 것입니다. 역사는 되풀이됩니다. 당장의 이익에 눈이 먼 우왕이 아니고, 미래를 내다보는 궁지기 같은 혜안을 가져야 한다는 사실을 배우게 됩니다.

고외	부수	획수	형자	새김	발음
邪	邑	7	邑	간사할/그런가/나머지/느릴	사/야/여/서

사(邪)는 『설문』에서 랑야(琅邪)라는 지명으로 설명합니다. 현재 산동성 제성현(諸城縣)이라고 합니다. 『단주』에서는 허신이 한나라의 제도를 따랐기 때문에 이렇게 설명하는 것이라고 합니다. 고대 옷의 겉자락을 빗겨 여미게 되어 있는 것을 가리킨다는 설명도 있습니다. 그래서 '경사지다, 바르지 않다, 간사하다, 기이하다' 등의 뜻이 나온 것이라고 합니다. 고문에서 사(邪)는 야(耶)와 한 글자로 처음에는 사(邪)를 썼다고 합니다. 나중에 야(耶)가 분화되어 두 글자가 된 것입니다.

사견(邪見)은 요사스러운 생각이나 의견이고, 사념(邪念)은 올바르지 못한 그릇된 생각입니다. 사도(邪道)는 올바르지 못한 길이나 사악한 도리이며, 사악(邪惡)한 것은 간사하고 악한 것입니다. 요사스럽고 간특한 것은 사특(邪慝)한 것인데, 간특(奸慝)은 간사하고 악독한 것입니다. 사마외도(邪魔外道)는 수행에 방해가 되는 사악한 마귀와 불교 이외의 사교(邪敎)의 무리를 말합니다. 유교에서 교리를 어지럽히고 사상에 어긋나는 언행을 하는 사람을 이르는 사문난적(斯文亂賊)과 궤를 같이 하는 말이 아닌가 합니다.

고외	부수	획수	형자	새김	발음
芽	艸	8	牙	싹	아

아(芽)는 쉽게 풀[艸]이 이빨[牙] 정도 크기로 솟아 나왔다고 생각하면 되겠습니다. 새 싹입니다. 『단주』를 보면 옛날에는 '싹' 아(芽) 대신 '어금니' 아(牙) 자를 많이 썼다고 합니다. 아(牙)에 싹의 뜻을 나타내는 초(艸)를 더해 나중에 나온 것이 '싹' 아(芽)라는 이야기입니다. 아접(芽接)은 나무에 눈을 접붙이는 것입니다.

고외	부수	획수	형자	새김	발음
耶	耳	9	牙[篆]	어조사	야

'어조사' **야(耶)**는 현재 자형으로 보면 아(牙)와 관련이 없습니다만, 바로 위 사(邪)에서 설명했듯이 옛날에는 야(耶)를 사(邪)로 썼기 때문입니다.

예수님의 예수를 한자로는 야소(耶蘇)로 쓰고, 그 가르침은 야소교(耶蘇敎)라고 합니다. 물론 기독(基督)과 기독교(基督敎)를 쓰기도 합니다. 야소(耶蘇)는 라틴어 'Jesu'의 번역이고, 기독(基督)은 그리스어 'Christo'의 번역으로 알려져 있습니다. '기름 부음을 받은 자'라는 뜻으로 왕을 나타낸 경칭입니다.

고외	부수	획수	형자	새김	발음
雅	隹	12	牙	바를	아

『설문』에서는 "**아(雅)**는 초나라의 까마귀이다. '까치' 학(鷽)이라고도 하며, 비거(卑居)라고도 한다. 진(秦)나라에서는 아(雅)라고 한다"라고 설명합니다. 지리상 중국의 동남쪽에서는 아(雅)라 하는데, 북서쪽에서는 위와 같이 여러 가지 명칭을 쓴다는 지적이겠습니다. 가차해 고대 악기의 하나로 그 연주를 가리키기도 합니다. 그 연주에 맞춰 노래를 부르는 것도 아(雅)인데 『시경(詩經)』에 나옵니다. 아울러 '정통의, 고상하고 고결한, 아름다운' 등의 의미를 지니게 되었습니다.

R093

소 우(牛) 부

갑골	금문	전문	해서
¥	(금문 자형)	¥	牛

'소' 우(牛)는 머리에 있는 두 뿔이 특징으로 그 특징을 본떠서 만든 상형자입니다. 『설문』에서는 "큰 가축이다. 우(牛)는 건(件)을 뜻하며, 건(件)은 사리(事理)이다. 뿔과 머리로 세 개에 어깨뼈가 솟아오른 것과 꼬리 모양을 본떴다"라고 설명합니다. 설명 가운데 사리(事理)는 일의 이치입니다. 중국에는 황소, 물소, 들소[牦牛(모우), wild yak] 등 다양한 소가 있습니다만, 우리나라에는 황소 종류만 있습니다. 고집이 있다, 능력이 있다 등등 소가 갖는 특성에서 여러 가지 뜻이 나옵니다.

중학	획수	새김	발음
牛	4	소	우

우락(牛酪)은 우유의 지방을 분리하여 응고시킨 것으로 버터를 말합니다. 일상생활에서 우락이라는 말을 쓸 기회는 전혀 없습니다만, 고문헌에서는 더러 만나게 됩니다. 타락(駝酪)은 낙타가 아니라 소에서 나오는 우유입니다. 중국에서는 잘 안 쓰는 듯하고 우리 고문헌에는 더러 나오는 말입니다. 타락(駝酪)이 본래는 몽고 등의 유목 민족이 낙타의 젖을 쓴 것인데, 우리나라에 전해지면서 소에서 나는 젖으로 대체된 것이 아닐까 짐작해보는데 확인할 수는 없습니다. 조선 시대에는 낙산(駱山)에 목장이 있어 거기에서 소의 젖을 짜 궁궐에 바쳤다고 합니다. 낙산은 서울 서쪽의 인왕산과 마주보는 동쪽의 산으로 동대문에서 북쪽을 향해 달리다 북서쪽으로 방향이 굽습니다. 우도할계(牛刀割鷄)는 소 잡는 칼로 닭을 잡는다는 뜻으로 작은 일에 어울리지 아니하게 큰 도구를 씀을 이릅니다. 우모인각(牛毛麟角)은 배우는 사람은 쇠털처럼 많지만 성공하는 사람은 기린의 뿔처럼 드문 것을 뜻합니다. 비단 배우는 것뿐만이 아닙니다. 어떤 분야이든 대가로 성공하기는 결코 쉽지 않습니다. 우수마발(牛溲馬勃)도 있습니다. 소의 오줌과 말의 똥이라는 뜻으로 가치 없는 말이나 글 또는 품질이 나빠 쓸 수 없는 약재 따위를 이릅니다. 우이독경(牛耳讀經)은 쇠귀에 경 읽기입니다.

중학	획수	형자	새김	발음
特	10	寺	특별할	특

특(特)은 본래 수소를 가리키는 말입니다. 거세하지 않은 수소입니다. 여기에서 '걸출하다, 특별하다, 재주와 지혜가 뛰어난 영걸' 등을 가리키게 되었습니다.

특별한 권리는 특권(特權), 특별한 기술이나 재능은 특기(特技), 특별히 다루어 기록하는 것도 특기(特記), 특별히 다른 것은 특수(特殊), 특별히 눈에 뜨이는 점은 특징(特徵)입니다. 세속에 따르지 않고 스스로 믿는 바를 행하는 것은 특립독행(特立獨行)이라고 합니다. 황소처럼 서서 홀로 간다는 축자의에서 그 뜻을 짐작해볼 수 있습니다.

중학	획수	형자	회자	새김	발음
物	8	勿	牛勿	물건	물

물(物)은 먼저『설문』을 읽어보겠습니다. "우(牛)는 만물이다. 소는 만물 가운데 큰 것이다. 천지지간의 모든 것[名相]은 소를 끌고 밭을 가는 데에서 비롯된다. 그래서 물(物)은 우(牛)를 따르는 것이다"라고 합니다. 명상(名相)은 이름난 재상이라는 뜻도 있습니다만, 불교에서 쓰임은 전혀 다릅니다. 불교 용어로 명상(名相)은 "귀로 듣는 것을 명(名)이라 하고, 눈으로 보는 것을 상(相)이라 한다[耳可聞曰名 眼可見者曰相]"에서 볼 수 있는 것처럼 보고 듣는 모든 것입니다.

물(物)은 '말' 물(勿)에서 분화되어 나왔다는 분석도 있습니다. 물(勿)에는 금지를 나타내는 뜻 외에 몇 가지 색이 섞인 깃발을 나타내기도 합니다. 그래서 물(物)은 색이 섞인 소 즉, 얼룩소를 가리키는 것이라고 합니다. 일단 소를 가리키는 글자이니, 다른 뜻이 파생되는 것은 설문에서와 마찬가지입니다.

물건의 가격은 물가(物價), 여러 사람이 우러러보는 명망은 물망(物望)입니다.

증외	부수	획수	회자	새김	발음
半	十	5	八 牛	반	반

반(半)은 물건의 가운데를 가르는 것입니다. 소[牛]는 크기 때문에 가를 수[八] 있어 이 두 글자에서 뜻을 취했습니다. 가르는 것뿐만 아니라 갈려 나온 조각, 즉 반조각도 가리킵니다. 부분을 나타내고, 그래서 불완전하다는 뜻도 지닙니다.

증외	부수	획수	회자	새김	발음
告	口	7	牛 口	아뢸/말미/국문할	고/곡/국

고(告)는『설문』부터 살펴보겠습니다. "고(告)는 소가 들이받는 것이다. 뿔에 가로목을 대서 사람들에게 알린다. 구(口)와 우(牛)에서 뜻을 취한다.『역경』에 송아지 뿔에 가로목을 댄다고 한다." 갑골문 분석에서는 소나 양을 제물로 바치며 복을 구하는 제사를 올리는 것이라고 합니다. 제사를 올리려면 당연히 신에게 뭔가를 고하게 됩니다. 여기에서 '고하다, 구하다'라는 뜻이 나온 것으로 해석합니다.

중외	부수	획수	회자	새김	발음
解	角	13	角刀牛	풀	해

해(解)는 『설문』에서는 전서를 대상으로 해 칼[刀]로 소[牛]의 뿔[角]을 갈라내는 것으로 봅니다. 갑골문에는 '칼' 도(刀)가 아니고 두 손[手]이 들어가 있습니다. 그래서 양손으로 소의 뿔을 뽑는 것으로 봅니다. 전서가 대상이든, 갑골문이 대상이든 모두 소를 잡는 것입니다. 거기에서 가르다, 찢다, 나누다, 문제를 분석하다, 풀다 등등의 뜻이 나왔습니다.

고교	획수	형자	새김	발음
牽	11	玄	끌	견

견(牽)은 앞으로 끄는 것입니다. 소[牛]에서 뜻을 취하고, 소를 끄는 고삐 모양을 본떴다고 합니다.

견우(牽牛)는 소 끄는 사람, 소몰이, 한자어로 바꾸면 목동(牧童)이겠습니다. 견강부회(牽強附會)는 이치에 맞지 않는 말을 억지로 끌어 붙여 자기에게 유리하게 하는 것입니다.

고교	획수	회자	새김	발음
牧	8	牛 攴	칠	목

소[牛]나 짐승을 몰 때 말을 잘 안 들으면 고삐나 기다란 막대기 같은 것으로 후려칩니다[攴]. 바로 **목(牧)** 자입니다. 목(牧)은 짐승을 치는 것, 기르는 것입니다. 짐승을 치는 사람은 목동(牧童), 치는 곳은 목지(牧地)나 목장(牧場)입니다. 짐승을 기르니 관리하고, 살펴도 보아야 합니다. 그래서 '관리하다, 살펴보다'라는 뜻도 있습니다.

목민(牧民)은 옛날에 임금이나 원이 백성을 다스려 기르는 것을 나타내며, 정약용의 『목민심서(牧民心書)』는 옛 지방 관리들의 잘못된 사례를 들어 백성들을 다스리는 도리

를 설명한 책입니다. 목자(牧者)는 목축을 직업으로 하는 사람 특히 양을 치는 사람을
이르는데, 기독교에서는 신자를 양(羊)에 비유하여, 신자의 신앙생활을 보살피는 성직
자를 이르는 말이기도 합니다.

고외	부수	획수	회자	새김	발음
件	人	6	人牛	물건	건

　　건(件)은 물건을 갈라 나누는 것입니다. 소[牛]를 갈라 부분으로 나누는 것으로 뜻을
나타낸 글자입니다. 물건이나 문서 등을 세는 단위로도 쓰입니다.

R094

개 견(犬, 犭) 부

갑골	금문	전문	해서
𤜌	𤝆	𤝜	犬

견(犬)은 귀를 세우고 있는 개의 모양을 본뜬 상형자입니다. 『설문』에서는 "개 가운데 밤눈[縣蹏]이 붙어 있는 것이다"라고 합니다.

밤눈[縣蹏]은 '말이나 개의 앞다리 무릎 안쪽에 두두룩하게 붙은 군살'입니다. 밤에 어떤 것을 볼 수 있는 시력도 밤눈, 밤에 내리는 눈도 밤눈인데 이 두 단어는 단음이고, 여기서 말하는 밤눈은 '밤: 눈'으로 장음입니다.

옛날에는 큰 개는 견(犬)이라 하고 강아지는 구(狗)라 했다고 합니다. 현재 중국에서는 통칭으로 구(狗)를 씁니다. 다른 사람 앞에서 자식을 낮춰 부를 때 견(犬)을 쓴다고 합니다만, 이것은 중국만의 용법인 듯합니다. 하긴 연세가 드신 어머님들 가운데에는 아들을 가키려 "우리 강아지"라고 말씀하시는 것을 들은 기억은 있습니다. 다른 사람을 멸시해서 부를 때 견(犬)을 쓰는 것은 중국도 마찬가지인 듯합니다. 다른 글자와 결합할 때는 자형이 '犭'으로 바뀌어 '개사슴록변'이라고 하는데 이름의 유래는 확실하지 않습니다.

중학	획수		새김	발음
犬	4		개	견

　견마(犬馬)는 물론 개와 말입니다만, 자신을 겸손하게 이를 때에 쓰는 말이기도 합니다. 그래서 견마지로(犬馬之勞)는 개나 말 정도의 하찮은 힘이라는 뜻으로 윗사람에게 충성을 다하는 자신의 노력을 낮추어 이릅니다. 견마지심(犬馬之心)은 개나 말이 주인을 위하는 마음이라는 뜻으로 신하나 백성이 임금이나 나라에 충성하는 마음을 낮추어 이르는 말입니다. 이 두 성어에서는 견마(犬馬)가 모두 충성심을 나타냅니다만, 견마지양(犬馬之養)에서는 사정이 다릅니다. 어버이를 개나 말처럼 부양만 할 뿐이고 공경심이 없음을 이릅니다. 『논어(論語)』〈위정(爲政)〉에 나옵니다. "오늘날 효도는 부양할 수 있는 것을 말하는데, 개나 말이라도 다 부양을 할 수 있다. 공경하지 않는다면 그 무엇이 다르겠는가[今之孝者 是謂能養 至于犬馬 皆能有養 不敬 何以別乎]?" 부모님을 좋은 요양원에 모시는 것도 물론 효도입니다만, 더 중요한 것은 공경심입니다.

중학	획수	회자	새김	발음
猶	12	酋	오히려, 같을, 원숭이/움직일	유/요

　유(猶)를 『설문』에서는 원숭이의 한 종류라고 합니다. 달리, 개가 짖는 소리라고도 합니다. '같다, 닮다'라는 뜻을 나타냅니다. '무엇무엇 때문에, 만약에'의 의미도 있습니다.
　자소자인 추(酋)는 묵은 술이라고 합니다. 술이 오래된 것입니다. 그래서 '오랫동안 익다, 이루어지다'라는 뜻을 나타냅니다. 『예기』에 대추(大酋)라는 말이 나오는데 술을 관장하는 관리라고 합니다. 술을 관장하는 여자 노예라는 뜻에서 한 부락의 수령이라는 뜻도 나왔습니다. 추장(酋長)입니다.
　유부유자(猶父猶子)는 아재비와 조카를 아울러 이르는 말입니다. 아버지와 같으니 삼촌이고, 아들과 같으니 조카입니다. 일을 결행하지 않거나 시간을 미루는 것은 유예(猶豫)입니다. 유위부족(猶爲不足)은 오히려 부족하다는 뜻입니다. 유어득수(猶魚得水)는 여어득수(如魚得水)로 쓰기도 하는데, 물고기가 물을 만났다는 뜻으로 자기와 의기투합하는 사람이나 자신에게 적절한 환경을 얻게 되는 것을 이릅니다.

중학	획수	형자	새김	발음
獨	16	蜀	홀로	독

독(獨)은 개가 만나면 서로 싸우는 습성을 나타냅니다. 개는 홀로 지내고 양은 무리를 이룹니다. 혼자인 것을 나타냅니다. 늙어서 자식이 없는 사람을 가리키는 말이기도 합니다.

촉(蜀)은 여러 번 나오는데 '흐릴' 탁(濁)의 자소자 설명을 참고하기 바랍니다.

혼자 사는 것은 독거(獨居)인데, 요즈음 독거노인들이 사회 문제가 되고 있습니다. 혼자서 판단하거나 결정하는 것은 독단(獨斷)인데, 다른 사람의 의견을 반영하지 않는다는 의미로 쓸 때에는 부정적인 색채를 띱니다. 모든 권력을 차지해 모든 일을 독단으로 처리하는 것은 독재(獨裁)이고, 새로운 것을 처음으로 만들어내거나 생각해내는 것은 독창(獨創)입니다. 성악에서 혼자서 부르는 노래는 동음이의어인 독창(獨唱)입니다. 독선기신(獨善其身)의 본뜻은 자신의 덕을 높이려고 수행하는 것을 가리켰습니다만, 지금은 남은 돌보지 아니하고 자기 한 몸의 처신만을 온전하게 하는 것을 이릅니다. 독수공방(獨守空房)은 빈 방을 혼자 지킨다는 뜻으로 아내가 남편 없이 혼자 지내는 것을 말합니다. 환과고독(鰥寡孤獨)이라는 말에도 씁니다. "늙어서 아내 없는 사람, 늙어서 남편 없는 사람, 어려서 어버이 없는 사람, 늙어서 자식 없는 사람을 아울러 이르는 말"입니다. 사방 어디를 둘러봐도 의지할 만한 사람이 없는 사고무친(四顧無親)입니다. 왕후(王侯)가 스스로를 낮춰 부르는 호칭이기도 합니다.

중외	부수	획수	형자	회자	새김	발음
然	火	12	肰	肉犬火	그러할	연

연(然)은 개고기[肰(연)]를 불[火] 위에 올려놓은 형상으로 개고기를 굽는 것으로 태우는 것을 나타낸다고 설명한 바 있습니다. 해당 부수의 설명을 참고하기 바랍니다.

한 가지, 자형이 유기화합물인 '펩타이드(peptide)' 태(肽) 자와 혼동하기 쉽습니다. 태(肽)는 『강희자전』에 실려 있지 않은 것을 보면 근대에 들어와 서양 과학을 받아들이며 만들어 쓰게 된 것이 아닌가 합니다. 중국의 『현대한어사전(现代汉语词典)』에서는

"태(肽)는 펩타이드로 예전에는 '개기름 냄새' 성(脞)이라고 했다"라고 설명합니다. 이 설명은 성(脞)이 태(肽)의 특성을 나타낸다는 점에서는 타당하겠지만, 펩타이드가 성(脞)인 것처럼 해석이 되기도 해 조금 애매합니다. 두 글자를 같은 글자로 취급하는 경우가 대부분인데, 근대 과학의 발견을 통해 나온 내용이 옛 글자 속에 있었다는 것은 이치에 맞지 않는다는 것이 필자의 판단입니다.

증외	부수	획수	회자	새김	발음
伏	人	6	人犬	엎드릴	복

복(伏)은 살펴보는 것입니다. 사(司)에서 분화된 글자로 봅니다. 개가 엎드려 기회를 보아 사람을 공격하려는 것을 나타낸다고도 합니다. 숨다, 엎드리다, 굴복하다 등의 뜻을 나타냅니다.

고교	획수	형자	새김	발음
犯	5	㔾	범할	범

범(犯)은 침범하는 것입니다. 본래는 개[犬, 犭]와 관련된 것인데 인신되어 사람에게 쓰이게 되었다고 합니다. 『설문』에서는 "사(㔾)가 소리를 나타낸다"라고 되어 있습니다만 『단주』에서 절(㔾)이 성부(聲符)로 음은 '범'이라고 바로 잡습니다. 정해진 것에 어긋나는 일을 하는 것입니다. 어떤 행동에 대한 부정적인 평가를 나타내는 '저지르다'와 딱 맞는 한자가 아닌가 합니다.

금하는 것을 범하는 것, 즉 저지르는 것은 범금(犯禁)이고, 법을 어겨 위법적인 행동을 저지르는 것은 범법(犯法)이며, 아랫사람이 윗사람에게 해서는 안 될 짓을 저지르는 것은 범상(犯上)입니다. 『표준』에는 범안(犯顔)이 "임금이 싫은 안색을 하는데도 관계하지 아니하고 바른말로 간하는 것"으로 설명되어 있습니다. 본래 범안극간(犯顔極諫)이라는 사자성어인데, 우리는 줄여서 쓴 것이 아닌가 합니다.

고교	획수	형자	새김	발음
狀	8	爿	형상/문서	상/장

상/장(狀)은『설문』에서 "개의 형태이다"라고 합니다.『단주』를 보면 "인신하여 같은 종류를 나타낸다"라고 합니다. 형태를 가리키는 데에서 모양이나 상황을 가리키게 됩니다. 공적이나 표현이 좋은 것을 가리키기도 하는데 대부분 부정어와 함께 쓰입니다. 윗사람에게 올리는 사건 보고서 같은 문서의 뜻도 있습니다.

사물의 모양이나 형편은 상태(狀態)이고, 신하가 중요한 일을 왕에게 보고하던 일이나 문서를 말할 때는 '문서' 장으로 새겨서 장계(狀啓)라고 합니다.

고교	획수	형자	새김	발음
猛	11	孟	사나울	맹

맹(猛)은 건장한[孟] 개[犬]입니다. 튼튼하고 기운이 세다는 말인데 덩치 또한 큰 개이겠습니다. 가차해 '건강하다, 흉악하다, 용맹스럽다'라는 뜻으로 쓰입니다.

기세가 사납고 세찬 것은 맹렬(猛烈)한 것입니다. 매우 깊이 반성하는 것은 맹성(猛省), 맹렬한 습격은 맹습(猛襲), 세차게 때리거나 공격하는 것은 맹타(猛打)입니다.

고교	획수	형자	새김	발음
獵	18	巤	사냥할	렵

렵(獵)은 짐승을 쫓아가 사냥하는 것입니다. 개[犬]를 풀어 짐승을 쫓게 합니다. 엽사(獵師)가 엽견(獵犬)을 데리고 엽총(獵銃)으로 사냥을 합니다.

렵(巤)은 목덜미에 난 긴 털 즉, 갈기입니다. 자형 분석으로는 짐승이 아니고 포대기에 싼 어린 아이의 숫구멍 위에 난 머리털이라고 합니다. 아랫부분은 포대기인데 모양이 변한 것입니다. 위의 '내' 천(巛)은 머리칼이고, 가운데는 '정수리' 신(囟)입니다. 이렇게 자소별로 나누어 기억하면 나중에 쓰기가 쉽지 않을까 합니다. 자형이 비슷한 '쥐'

서(鼠) 자와 비교하면서 익혀도 좋겠습니다. '목 갈기' 렵(鬣)에는 털[巛]과 쥐[鼠]가 결합된 것으로 보아 실제 '쥐털'이라는 새김도 있습니다.

고교	획수	형자	새김	발음
獻	20	鬳	바칠	헌

헌(獻)의 『설문』 내용을 살펴보겠습니다. "헌(獻), 종묘의 제사용으로 쓰는 개고기를 갱헌(羹獻)이라고 한다. 살찐 개를 바쳤다." 따라서 본뜻은 조상들에게 제사를 드릴 때 희생으로 바치던 개로 봅니다. '바치다, 손님에게 술을 권하다' 등의 뜻을 갖습니다. 솥[鬲]에 개[犬]를 넣고 삶아 바치는 것입니다. 이런 내용은 『예기』에 나오는데 종묘 제사에도 바치는 것으로 나옵니다.

한 가지 이상한 것은 유교 문화의 정수를 중시한 우리가 왜 제사상에 개고기를 부정한 것으로 여겨 올리지 않는가 하는 점인데, 아직 합리적인 설명을 찾지는 못했습니다. 다만 중국 인터넷에 "중국에서 개고기는 상(商, ca. BC 1600~ca. 1046) 나라 때까지는 제상에 올렸는데, 북방의 유목 민족들이 침입해 들어오면서 차차 사라지게 되었다"라는 설명이 나옵니다. 설득력은 있어 보이는데, 공신력이 있는 이야기인지 확신할 수는 없습니다.

권(鬳)은 솥입니다. 솥의 한 종류라고 합니다. '범' 호(虍) 아래 '솥' 력(鬲)을 쓰고 있는 점에 착안해 '호랑이 무늬를 새긴 솥'이라고 설명하는 경우가 있는데, 공인된 바는 아닙니다.

돈을 바치는 것은 헌금(獻金), 돈이나 물건을 바치는 것은 헌납(獻納), 시를 지어 바치는 것은 헌시(獻詩), 몸을 바쳐 있는 힘을 다하는 것은 헌신(獻身)입니다.

고교	획수	형자	회자	새김	발음
狂	7	王	犬 王	미칠	광

광(狂)은 미친개입니다. 인신하여서 사람이 제 정신이 아닌 것을 가리킵니다. 흉악하고 포악함을 나타냅니다.

광견병(狂犬病, rabies)은 미친개[狂犬]에서 나타나는 바이러스성 질환입니다. 미친개에 물리면 감염되기도 하는데 특히 물을 마시거나 보기만 하여도 공포를 느끼고 목에 경련을 일으키는 것으로 알려져 있습니다. 물을 무서워한다고 해 공수병(恐水病)이라고도 합니다. 미친 듯이 어지럽게 날뛰는 것은 광란(狂亂)인데, 동음이의어인 광란(狂瀾)은 미친 듯이 날뛰는 사나운 물결을 가리킵니다. 미친 듯이 날뛰는 것은 광분(狂奔), 신앙이나 사상 따위에 대하여 이성을 잃고 무비판적으로 믿는 것은 광신(狂信)입니다.

고교	획수	형자	회자	새김	발음
狗	8	句	犬句	개	구

구(狗)는 개입니다. 부수자 해설에서 설명한 바와 같이, 옛날에는 큰 개를 견(犬)이라 하고 강아지를 구(狗)라 했다고 합니다. 현재 중국에서는 통칭으로 구(狗)를 쓰고, 견(犬)은 문어에서 쓰고 있는 듯합니다.

구도(狗盜)는 좀도둑을 가리키는데『사기(史記)』의 '계명구도(鷄鳴狗盜)'에서 나온 말입니다. 제(齊)나라의 맹상군(孟嘗君)이 사신으로 진(秦)나라에 갔을 때 소왕(昭王)에게 억류를 당했습니다. 맹상군의 식객 가운데 개 흉내를 내는 잔재주가 있는 사람이 진나라 진영에 들어가 여우털 흰 갖옷을 훔쳐 소왕의 첩에게 뇌물로 주어 맹상군이 풀려났습니다. 맹상군이 도망쳐 함곡관(函谷關)에 이르렀을 때 소왕이 그를 체포하도록 명령을 내렸습니다. 이번에는 맹상군의 식객 가운데 닭 울음소리를 잘 내는 사람이 닭이 우는 소리를 내자 주변의 다른 닭들이 모두 따라 울어 성문이 열렸고 맹상군은 성문을 나와 제나라로 무사히 돌아갔다는 고사에서 나왔습니다. 계명구도(鷄鳴狗盜)는 비굴하게 남을 속이는 하찮은 재주 또는 그런 재주를 가진 사람을 이르는 말로 쓰입니다만, 이 말이 나온 고사 자체를 생각하면 과연 비굴한 것인지는 의문스럽습니다.

고교	획수	형자	회자	새김	발음
獲	17	蒦	犬蒦	얻을	획

획(獲)은 사냥에서 얻은 것 즉, 사냥으로 잡은 것입니다. 인신하여 포로를 뜻하고 '잡

다, 모욕을 당하다' 등의 뜻도 나타냅니다.

얻어 가져서 획득(獲得), 이익을 얻어 획리(獲利), 죄를 지어서 획죄(獲罪)입니다.

확(蒦)은 '꾀하다, 헤아리다'라는 뜻입니다. 『설문』에서는 "확(蒦)은 생각하는 것이다. 부엉이[萑]를 손[又]에 들고 있는 것에서 뜻을 취한다. 달리, 급히 서두르는 모양이라고 한다. 또한 규범이 되는 법도라고도 한다"라고 설명합니다.

여기서 한 가지 확실히 알아두기 바라는 것이 있습니다. 환(萑) 자의 윗부분을 초두머리[艹]로 쓰기도 하지만 본래는 초두머리가 아니고 '총각' 관(卝)이라는 점입니다. 물론 여기서 총각은 성년 남자를 가리키는 것이 아니고, '머리를 땋아 묶은 것'을 가리킵니다. 머리를 땋아 묶은 것 같은 모양[卝]을 하고 있는 새[隹]를 말하는 것입니다. 실제 『설문』에서는 환(萑)은 독립된 부수를 이루며, '양뿔' 개, 괴, 과(卝)와 '새' 추(隹)가 결합된 회의자로 설명합니다. 추(隹)와 관(卝)이 결합된 글자는 본래 이런 뜻을 나타내는데 현재는 보통 초두머리[艹]로 씁니다.

부엉이나 올빼미 같은 새의 머리에는 털이 뿔 모양으로 부풀어 오른 부분이 있습니다. '도가머리'라고 하는데, 한자어로는 모각(毛角)입니다. 글자 그대로 '털뿔'입니다. 그러니까 환(萑)은 도가머리가 있는 새 즉, 부엉이 또는 올빼미입니다.

확(蒦)의 본뜻은 잡는 것으로 '도울' 호(護), '거둘' 확(穫), '얻을' 획(獲)의 자소자로 쓰이고 있습니다.

고교	획수	회자	새김	발음
獄	14	狀 言	감옥	옥
獸	19	嘼 犬	짐승	수

양은 서로 만나면 무리를 이루고, 혼자 지내는 것을 좋아하는 개는 만나면 싸웁니다. 개 두 마리가 만났습니다[狀]. 그러니 '개 서로 물, 개 서로 짖을' 은(狀)입니다. 그 사이에 사람[言]이 끼어 있습니다. **옥(獄)**은 감옥입니다. 두 마리의 개가 지키고 있습니다.

옥중(獄中)에서 옥문(獄門)을 나오지도 못하고 죽는 것은 옥사(獄死)입니다.

축, 휴(嘼)는 집짐승을 가리킵니다. 귀와 머리, 발로 땅을 딛고 있는 모양을 본떴다고 합니다. 다음자로 '집짐승'으로 새기는 경우도 사전에 따라 발음이 '축'으로 나오는 경우도 있고, '휴'로 올린 경우도 있습니다. '짐승' **수(獸)**와 기원이 같은 것으로 보아 '짐승' 수로 새기는 경우도 있습니다.

갑골문 분석에서는 가장귀가 달린 나무를 들고 개를 몰며 사냥하는 것을 나타내는 글자[獸]라고 합니다. 수(獸)에는 오른쪽의 견(犬)을 생략한 단순 자형[嘼]도 있는데 사실 두 글자는 기원이 같은 글자라고 합니다. '가축' 축(畜)의 본자로 봅니다.

고외	부수	획수	형자	새김	발음
默	黑	16	墨	잠잠할	묵

묵(默)은 개가 슬그머니 사람을 쫓는 것입니다. 『설문』 주석을 보면 슬그머니[潛]가 아니고, 갑자기[暫]라고 합니다. 갑자기 사람을 쫓는 것이라고 합니다.

묵묵무언(默默無言)은 입을 다문 채 말이 없는 것이고, 묵묵부답(默默不答)은 아무런 대답도 하지 않는 것입니다. 여기서 묵묵(默默)은 말없이 잠잠한 것입니다.

고외	부수	획수	형자	회자	새김	발음
哭	口	10	口	口犬	울	곡

곡(哭)은 슬픈 소리입니다. 슬퍼 소리 내어 우는 것입니다. 소리를 내지 않고 눈물만 흘리며 우는 것은 읍(泣)입니다. 몇 번 얘기한 바 있습니다. 갑골문 분석에서는 '죽을' 상(喪)을 간략화한 글자로 봅니다. '그릇' 기(器)와 기원이 같은데 원래는 '그릇' 기(器)가 '슬피 울다'라는 뜻이었습니다. 그런데 그릇의 뜻으로 전용하게 되자 '울다'라는 뜻은 지금의 자형으로 나타내게 되었습니다. '죽을' 상(喪)에 자세한 내용이 있으니 꼭 확인해보기 바랍니다.

곡소부득(哭笑不得)은 울 수도 없고 웃을 수도 없는 난감한 상황을 이릅니다. '진퇴양난이라 곡소부득'이라는 형태로 쓸 수 있겠는데, 쓰는 경우가 많지 않아 우리의 사자성어라기보다는 중국어에 가깝습니다.

고외	부수	획수	형자	회자	새김	발음
獎	大	15	將	將大(犬)	장려할	장

　장(獎)은 개를 부추기는 것입니다. 소리를 내어 개에게 어떤 짓을 하라고 독려하는 것입니다. 여기에서 '권면하다, 장려하다'라는 뜻이 나왔습니다.『설문』자형은 '㹠'입니다. 본래 '개' 견(犬) 부수에 속했는데, 중간에 그만 '큰' 대(大)로 잘못 바뀌었습니다. 개[犬]에게 고기[肉] 조각[爿]을 던져주고 어떤 짓을 하라고 올러대는 것으로 생각해볼 수 있습니다.

　좋은 일에 힘쓰도록 북돋아주는 것은 장려(獎勵)이고, 공부나 학문을 장려하는 것은 장학(獎學)입니다.

고외	부수	획수	형자	회자	새김	발음
類	頁	19	頪	米犬頁	무리	류

　『설문』의 **류(類)** 항목입니다. "류(類)는 종류가 비슷한 것이다. 유독 개에서 가장 분명하게 나타난다"라고 합니다. 실감이 나는 말입니다. 사람은 피부색에 따라 황인종, 백인종, 흑인종 정도는 분간이 되는데 같은 황인종 안에서도 한국 사람, 중국 사람, 일본 사람을 구별하기가 만만치 않습니다. 더욱이 서양인은 영국인인지, 미국인인지, 독일인인지 구별하기가 더 어렵습니다. 그렇지만 개는 종이 다르면 모양이 분명히 나뉩니다. 종류나 형상 등을 나타냅니다.

　자소자는 '비슷할' 뢰(頪)입니다. 여러분 머리[頁]를 숙여 쌀[米] 낟알을 한 번 봅시다. 이놈 저놈 구분이 잘 됩니까? 워낙 비슷해 그놈이 그놈이고 분간이 되지 않습니다. 뢰(頪)의 본뜻은 이렇게 분간하기 어려운 것을 가리킵니다. 비슷하기 때문입니다. 혈(頁)은 부수자이니 해당 부수의 설명을 참고하기 바랍니다. 이 부수자 자체는 기초한자 범위에 속하지 않습니다.

　서로 비슷한 것은 유사(類似)한 것입니다. 유어(類語) 또는 유의어(類義語)는 뜻이 서로 비슷한 말입니다. 유유상종(類類相從)은 같은 무리끼리 서로 사귀는 것입니다. '類'의 발음이 '류'인 점을 감안하면, 첫소리는 두음법칙에 의해 '유'로 읽고, 다음은 '류'로

읽어 '유류상종'이 아닐까 궁금하다면 공부를 제대로 하는 학생입니다. 한글 맞춤법 제
6절 제13항에 "한 단어 안에서 같은 음절이나 비슷한 음절이 겹쳐 나는 부분은 같은 글
자로 적는다"라는 규정을 따르기 때문에 "유유상종"입니다. 마찬가지로, 누누이(縷縷-)
도 누루이가 아닙니다.

고외	부수	획수	회자	새김	발음
突	穴	9	穴犬	갑자기	돌

돌(突)은 개[犬]가 갑자기 구멍[穴]에서 나오는 모양입니다. 주석에는 "개는 구멍 속
에서 사람을 지켜보다가 갑자기 튀어나온다"라고 설명합니다. '튀어나오다, 습격하다'
등의 뜻을 갖습니다.

군대에서 공격 전투의 마지막 단계에 적진으로 돌진하여 공격하는 것은 돌격(突擊)
입니다. 이제는 바뀌었는지도 모르겠습니다만, 총검술 훈련의 마지막은 "돌격 앞으로!"
였습니다. 착검하고 육탄전 단계에 들어서는 것입니다. 돌연(突然)은 '예기치 못한 사이
에 급히'라는 뜻입니다. 최근 외관상 건강했던 사람이 갑자기 죽는 돌연사(突然死) 문제
가 자주 거론됩니다. 산업 재해나 과로에 의한 내용이 대부분이라서 주변 사람을 안타
깝게 합니다. 젊은이들의 돌연사는 있어서는 안 되는 일이지만, 나이가 들면 주변 사람
들에게 폐 끼치지 않고 돌연사를 할 수 있었으면 하고 바라기도 합니다. 갑자기 쑥 나오
거나 불거지는 것은 돌출(突出)입니다.

고외	부수	획수	회자	새김	발음
臭	自	10	自犬	냄새/맡을	취/후

냄새를 잘 맡는 것으로는 아무래도 개를 꼽지 않을 수 없습니다. 경찰견으로 쓰여 범
인을 쫓고, 각종 마약도 적발해냅니다. 냄새 잘 맡는 사람을 '개코'라고 하는 것도 그런
이치입니다. 취(臭)는 바로 개[犬] 코[自]입니다. 윗부분의 자소자인 자(自)는 본래 코를
가리키는 글자였습니다. 자신을 가리키는 몸짓으로 우리는 대부분 가슴을 가리키거나
가슴을 칩니다. 서양인들은 코를 가리키는 경우가 많은데, 중국인들도 똑같이 코를 가

리키는 경우를 더러 보았습니다. 혹시 자(自) 자와 상관이 있는 것은 아닐까 하는 생각을 해봅니다.

『설문』입니다. "취(臭), 짐승이 달아나면 냄새로 그 자취를 안다. 개이다[犬也]"라고 합니다. 여기에서 '냄새를 맡다' 혹은 '냄새'를 뜻하게 되었습니다. 냄새 가운데 특히 좋지 않은 것을 가리키고 거기에서 '썩다'의 뜻도 갖게 됩니다.

좋지 않은 냄새는 취기(臭氣)라 해서 술에 취해 얼근한 것을 나타내는 취기(醉氣)와 음이 같습니다. 취패(臭敗)는 고약한 냄새가 나도록 썩어 문드러지는 것을 뜻합니다. 취미상투(臭味相投)는 냄새와 맛이 맞아 떨어진다는 뜻으로 성격이나 취미, 생각 등이 서로 맞는 것을 이릅니다. 의기투합(意氣投合)과 비슷한데 부정적인 의미로 씁니다. 유유상종(類類相從)을 부정적인 뜻으로 쓸 때와 같은 의미가 됩니다.

고외	부수	획수	회자	새김	발음
器	口	16	㗊犬	그릇	기

기(器)에 쓰인 집(㗊)은 여러 사람의 입[뭇입]을 가리키는 것이 아니고 그릇 여러 개의 모양을 본뜬 것입니다. 개[犬]가 한가운데에서 지키고 있습니다. 고문 분석에서는 '죽을' 상(喪)과 기원이 같은 것으로 봅니다. 갑골문의 상(喪)은 '뭇입' 집(㗊)과 '뽕나무' 상(桑)이 결합된 모양입니다. 여러 사람이 뽕나무 가지 아래에 모여서 큰 소리로 우는 것을 나타냅니다. 고대에 상사가 나면 뽕나무 가지로 표시를 했다고 합니다. 이것이 간략화된 형태를 띠고 상(喪)과 '그릇' 기(器)로 분화되었다고 합니다. 본래 기(器)는 너무 슬퍼 울음소리조차 나오지 않는 것을 가리켰는데 가차가 되어 그릇을 나타내게 되었다고 합니다.

자소자에는 많은 입이 모여 있습니다. '뭇입' 집, 즙(㗊)입니다. 기왕에 '입' 구(口)가 나왔으니 한 번 살펴보겠습니다. 입이 하나면 '입' 구(口), 두 개가 가로로 붙으면 '부르짖을' 훤(吅), 세로로 붙으면 '음률' 려(呂), 세 개면 '물건' 품(品)입니다.

4획이 끝났습니다. 이제 5획입니다.

R095

검을 현(玄) 부

갑골	금문	전문	해서
		宫	玄

『설문』입니다. "**현(玄)**은 그윽하고 먼 것이다. 검은색으로 붉은 기운을 띤 것을 현(玄)이라고 한다. 그윽이 덮인 모양을 본떴다." 상형자로 봅니다. 고문 분석에서는 '검을' 현(玄), '불을' 자(滋), '이에, 검을' 자(玆), '작을' 유(幺)는 냇물에서 염색한 실을 씻는 것과 관련되어 기원이 같은 것으로 설명합니다. 현(玄)은 염색한 실[幺]을 줄 같은 것에 걸어서 말리는 것으로 봅니다. 현(玄)의 본뜻은 염색을 한 데에서 검은 것을 나타냅니다. 검붉은 색을 나타내기도 하고, 방위로는 북방입니다. 높고 먼 하늘을 나타내며 심오함을 뜻하기도 합니다. 현대 중국 자전에서는 현(玄) 부수는 폐지하고 '돼지해머리[亠]' 등으로 옮겼습니다.

현(玄)은 뜻이 오묘하고 깊어서인지 이 부수에 속하는 글자는 중학 과정에는 없습니다.

고교	획수	새김	발음
率	11	비율/거느릴/우두머리	률/솔/수

솔(率)을 『설문』에서는 "새잡이 그물이다. 가운데 부분은 실로 짠 그물이고 위와 아래는 대와 자루를 나타낸다"라고 합니다. 솔(率)과 같은 다음자의 경우 분류할 때에는 중복 등을 피하기 위해 하나의 대표음으로만 올리는데, 기초한자에 올라 있는 '率'의 대표음은 '률'입니다. 그런데 여기에서 '솔'로 쓴 것은 새잡이 그물이라는 뜻을 나타낼 때 음이 '솔'이기 때문입니다. 갑골문 분석에서는 밧줄을 팽팽히 당긴 모양을 가리키는 것으로 양옆의 점들은 밧줄에 붙은 가는 털이라고 합니다. 그물은 가지고 다녀야 해서 '거느리다'라는 뜻이 나오고, 장수를 나타내며 다시 인신하여 경솔(輕率)에서 볼 수 있는 것처럼 '신중하지 않다'라는 뜻도 나타냅니다.

주어진 시간에 일을 할 수 있는 비율은 능률(能率)이고, 온 집안 식구를 거느리고 가거나 오는 것은 솔가(率家)입니다. 장수(將帥)라는 뜻의 '將率'는 '장수'로 읽어야 합니다만 『표준』에도 실려 있지 않고 쓰임이 아주 드문 단어입니다.

고교	획수	회자	새김	발음
玄	5	幺(絲)、	검을	현

부수자입니다. 깊고 묘한 이치는 현기(玄機)이고, 이치나 기예의 경지가 헤아릴 수 없이 미묘한 것은 현묘(玄妙)한 것입니다. 현미(玄米)는 벼의 껍질만 벗겨낸 쌀입니다. 하얗게 쓿은 것은 백미(白米)인데, 최근에는 현미에 영양이 풍부하다고 해 건강식으로 많이 이용합니다.

고교	획수	회자	새김	발음
玆	10	玄玄	이, 검을	자

자(玆)는 '검을' 현(玄)을 두 개 겹쳐 검은 것을 나타냅니다. 위에서 말한 것처럼 염색

한 실을 물에 씻는 것을 나타내기 때문에 검고 탁한 뜻을 갖는 것입니다. 한 가지 주의할 것이 있습니다. '풀' 초(艸) 부에 있는 '무성할' 자(茲)입니다. 『설문』에서는 "초목이 무성한 것"이라고 합니다. 두 글자 모두 해(year)를 가리키기도 하고, '지금, 이(this)'의 뜻도 있습니다. 두 글자가 워낙 비슷해 혼동을 일으키고 일부 섞여 쓰기도 합니다. 기초한자 표준 자형에는 '검을' 현(玄)을 두 개 겹치는 자(茲)로 올라 있습니다.

금자(今茲)는 올해이고, 내자(來茲)는 올해의 바로 다음 해입니다. 구자(龜茲)는 현재 중국의 신장 위구르 쿠처(庫車) 부근에 있던 고대 국가인데 불교 전래나, 불교 미술과 관련해 더러 나오는 이름입니다. 자산어보(茲山魚譜)는 조선 순조 때(1814년) 정약전이 지은 어류학서입니다.

고외	부수	획수	형자	회자	새김	발음
牽	牛	11	玄	牛 冖	이끌, 끌	견

견(牽)은 소[牛]를 앞으로 끄는 것[冖, 고삐]입니다. 소를 끄는 견우(牽牛), 고장 난 차를 끄는 견인차(牽引車)를 생각해보면 됩니다. 견강부회(牽强附會)는 이치에 맞지 않는 말을 억지로 끌어 붙여 자기에게 유리하게 하는 것으로 줄여서 부회(附會)로 쓰기도 합니다.

고외	부수	획수	형자	회자	새김	발음
絃	糸	11	玄	糸玄	줄	현

『설문』에 실려 있는 '줄' **현(絃)**은 '활' 궁(弓)을 쓰는 글자[弦]입니다. 활줄 즉, (활)시위입니다. 활[弓]에서 뜻을 취하고 실 묶음[몇 겹으로 꼰 실] 즉, 시위를 (활) 고자에 맨 모양을 본뜬 글자입니다. 활시위로는 보통 소의 힘줄을 많이 쓴다고 합니다. 인신되어 악기의 줄을 비롯해 줄 일반을 가리킵니다. 중국에서는 현재 현(弦)으로 통일해 쓰고 있는데, 우리 기초한자에는 현(絃)이 올라 있습니다.

부수자인 糸는 흔히 '실' 사로 새깁니다만 본래 새김은 '가는 실' 멱입니다. 부수자 설명을 읽어보기 바랍니다.

수학에서 직각 삼각형의 직각에 대한 변은 빗변인데, 한자로는 현(絃)입니다. 줄을 매서 소리를 내는 악기는 현악기(絃樂器)입니다. 현외지음(絃外之音)은 여음(餘音)이 본뜻입니다만, 말이나 문장 가운데 밖으로 드러나지 않는 숨은 뜻을 가리킵니다. 현외지의(絃外之意)로 쓰기도 하는데 언외지의(言外之意)와 같은 뜻이 되겠습니다. 속내나 속뜻으로 새길 수도 있겠습니다.

R096

구슬 옥(玉, 王) 부

갑골	금문	전문	해서
丰	王	王	玉

『설문』입니다. "**옥(玉)**은 아름다운 돌이다. 다섯 가지 덕을 갖추고 있다. 윤택이 나고 온화한 것은 인(仁)에 비유할 수 있고, 무늬가 겉으로부터 시작되어 속을 알 수 있는 것은 의(義)에 비유할 수 있다. 소리가 잔잔해 멀리까지 전해져 들을 수 있는 것은 지(智)에 비유할 수 있으며, 굽히지 않고 부러지는 것은 용(勇)에 비유할 수 있다. 날카롭지만 베지 않는 것은 청렴하고 결백한 선비[士]에 비유할 수 있다. 옥 세 개가 이어진 것을 본뜬 것이다. 가운데 세로획은 옥을 꿴 끈이다."

본래 '임금' 왕(王)과 자형이 같았는데 해서에 이르러 분간을 위해 오른쪽 아래에 점[丶]을 찍게 되었습니다. 변에 쓰일 때는 자형을 왕(王)으로 씁니다.

우리는 『강희자전』의 체제를 따라 '구슬' 옥(玉) 부수에 '임금' 왕(王)이 속해 있습니다만, 현대 중국 자전에서는 '임금' 왕(王) 부수에 '구슬' 옥(玉)을 편입시키고 있습니다.

중학	획수	새김	발음
玉	5	구슬	옥

옥(玉)은 옥이나 옥으로 만든 제품을 가리키고, '아름답다, 귀하다'는 뜻으로도 쓰입니다. 옥고(玉稿), 옥안(玉案), 옥체(玉體) 등에서 볼 수 있는 것처럼 상대편과 관련된 것이나 신체 등을 나타낼 때에 존경의 뜻으로 붙이기도 합니다. 사내아이를 귀엽게 이를 때는 옥동자(玉童子)라 하고, 임금의 걸음이나 여자의 아름다운 걸음은 옥보(玉步)라고 합니다. 옥편(玉篇)은 543년 남조 양나라 때 고야왕(顧野王)이 편찬한 부수별 분류 자전입니다. 542개의 부수로 되었는데, 원본은 전하지 않고 현재 나와 있는 것은 송나라 때 증보한 판본입니다. 본래 옥편(玉篇)은 고유 명사였습니다만, 이제는 보통 명사로 자전을 가리킵니다. 옥석혼효(玉石混淆)는 옥과 돌이 뒤섞여 있는 것입니다. 좋은 것과 나쁜 것이 뒤섞인 것을 가리키는데, 고사에서 유래된 말은 아닙니다.

格物 049. 옥(玉)

『예기(禮記)』〈곡례(曲禮)〉에 "임금은 연고가 없는 한 몸에서 옥이 떠나지 않고, 대부는 연고가 없는 한 현을 버리지 않으며, 선비는 연고가 없는 한 거문고를 (손에서) 놓지 않는다[君無故玉不去身 大夫無故不徹縣 士無故不徹琴瑟]"라는 구절이 있습니다. 중국인들이 각종 패옥(佩玉)을 선호하는 이유가 아닐까 합니다.

그런데 언제부터인지 이 말이 임금이 아니라 군자(君子)로 바뀌어 "군자는 특별한 이유가 없는 한 옥이 몸을 떠나지 않는다"로 바뀌었습니다. 옥을 사고파는 사람들이 가장 많이 쓰는 말인 듯합니다. 실제 중국 사람들은 남녀 가릴 것 없이 목에도 차고 팔찌도 하는 경우를 많이 봅니다.

옥과 관련된 고사성어로는 아무래도 화씨지벽(和氏之璧)을 꼽을 수 있겠습니다. 『한비자(韓非子)』에 나옵니다. 변화(卞和)라는 초나라 사람이 산속에서 좋은 옥을 얻었습니다. 그래서 당시 군주인 초 려왕(厲王, ?~BC 741)에게 바쳤습니다. 감정을 했는데 돌이라고 하자 려왕은 군주를 속였다며 변화의 다리를 자르라 했습니다. 려왕이 죽고 무왕(武王, ?~BC 690)이 즉위하자 다시 무왕에게 옥을 바쳤는데 돌이라는 결과는 마찬가지였습니다. 변화는 남은 다리마저 잘렸습니다. 그러자 변화는 옥을 안고 초산(楚山)에 들어가 사흘 밤낮을 통곡하며 울었습니다.

새로 즉위한 문왕(文王, ?~BC 677)이 사람을 보내 까닭을 물으니 변화는 "나는 두 다리를 잘려서 상심한 것이 아니고 보옥이 단지 단단한 돌멩이로 여겨지고 충신이 사기꾼으로 여겨졌기 때문에 상심한 것이다"라고 답합니다. 이에 옥을 가공하여 천하의 보물이 되었고 이것을 일러 '화씨지벽(和氏之璧)'이라고 합니다. 이후 화씨지벽(和氏之璧)은 천하의 명옥을 이르는 말이 되었습니다.

화씨지벽은 이후 사서에도 등장합니다. 완벽귀조(完璧歸趙)입니다. 자세한 연유는 밝혀져 있지 않지만 어찌 된 일인지 화씨지벽이 조나라 혜문왕(惠文王)의 소유가 됩니다. 그런데 이를 탐낸 진(秦)나라의 소양왕(昭襄王, BC 325~251)이 자기가 소유한 열다섯 개의 성(城)과 화씨지벽(和氏之璧)을 맞바꾸자고 제안을 해옵니다. 혜문왕은 화씨지벽을 빼앗으려는 소양왕의 속셈임을 짐작했지만, 제안을 거절하면 강대국인 진나라의 공격을 받을 것이 뻔했습니다. 이러지도 저러지도 못 하는 상황에서 인상여(藺相如, ca. BC 315~260)가 나서서 자신이 화씨지벽(和氏之璧)을 들고 진(秦)나라로 가서 소양왕이 약속을 지키면 내주고, 그렇지 않으면 반드시 '벽옥을 온전히 하여 조나라로 돌아오겠다[完璧歸趙]'고 합니다. 진나라로 건너간 인상여가 소양왕에게 벽옥을 주었지만 소양왕은 약속을 지킬 생각이 없었습니다. 이를 눈치 챈 인상여가 목숨을 걸고 그 벽옥을 고스란히 도로 찾아왔다고 하는 고사입니다. 완벽(完璧)은 흠 하나 없는 구슬을 뜻하기도 하지만 이런 고사가 숨어 있습니다. 우리의 『표준』에는 완벽귀조를 "빌린 물건을 정중히 돌려내는 것"으로 설명하고 있는데 본래 고사를 생각한다면 정중한 것과는 거리가 멉니다.

옥과 관련된 이야기는 아니고 인상여와 관련되어 나온 고사성어가 또 있습니다. 부형청죄(負荊請罪)로 『사기(史記)』에 나옵니다. 부(負) 자 난을 참고하기 바랍니다.

중학	획수	새김	발음
王	4	임금	왕

왕(王)의 『설문』입니다. "왕(王)은 천하가 돌아가는 대상이다. 동중서(董仲舒)는 옛날에 글자를 만든 사람이 세 획(三)에 가운데를 이은 것을 왕(王)이라 했는데, 삼(三)은 하

늘, 땅, 사람으로 (천도, 지도, 인도) 셋을 통하는 사람이 왕이라 했다. 공자는 삼(三)을 하나로 꿴 것이 왕이라 했다." 주석에는 공자가 한 말이 어디에서 나오는지 분명하지 않다고 지적합니다.

고문 분석에서는 위의 가로획[一]은 자루이고 아래는 도끼머리로 큰 도끼를 가리킨다고 설명합니다. 처음에는 '王' 자로 왕과 옥을 같이 쓰다가 구별하기 위해 가운데 획을 위쪽으로 써서 왕으로 쓰기도 했습니다. 하지만 여전히 분간하기 어려웠고 결국 오른쪽 아래에 점을 찍어 지금의 옥(玉)으로 쓰면서, 서로 다른 글자로 정착되었습니다.

格物 050. 십이장복, 구장복

장복(章服)은 고대의 예복입니다. 무늬[章]를 수놓았는데, 무늬 하나가 1장으로 황제가 왕위에 오른다든지 종묘 제례, 정초의 하례식, 비(妃)를 맞을 때에는 십이장복(十二章服)을 입었습니다. 제후·왕은 구장복(九章服)을 입고 그 아래 신하들은 품계에 따라 칠장복, 오장복, 삼장복을 입습니다.

황제의 윗옷에는 해[日], 달[月], 별[星辰], 산(山), 용(龍)에 꿩[(華蟲(화충)]으로 육장(六章), 아랫도리에는 술잔[宗彝(종이)], 마름[藻(조)], 불[火], 쌀[粉米], 도끼 모양의 보(黼), 弓 자를 좌우 대칭으로 쓴 모양을 한 불(黻)로 육장(六章)을 수놓습니다. 12가지에 대해서는 시대마다 학자마다 조금씩 다르기도 합니다만 모두 십이장입니다. 여기에서 도끼 모양의 보(黼)는 사람을 죽일 수 있는 표시로 황제의 권위를 나타냅니다.

조선 시대 임금의 면복은 구장복(九章服)인데 지위가 제후에 해당해 웃옷에는 산(山), 용(龍), 화(火), 화충(華蟲), 종이(宗彝)를 수놓고 상(裳)에는 마름[藻], 분미(粉米), 보(黼), 불(黻) 아홉 가지만 수놓은 것입니다. 그러고 보면 해와 달, 별은 황제만 쓴 무늬입니다. 각 무늬가 상징하는 바가 따로 있으니 관심이 있으면 더 연구해보기 바랍니다.

중학	획수	형자	새김	발음
理	11	里	다스릴	리

리(理)는 옥을 다스리는 것입니다. 옥의 결에 따라 쪼개는 것을 나타냅니다. '옥을

가공하다, 정리하다, 구분하다' 등의 뜻을 갖습니다. '다스릴' 리로 새깁니다. 얼핏 정치만 떠올리기 쉽습니다만 여기서 '다스리다'라는 것은 쓰임이 아주 넓어, 실제 문장에서 새길 때 어려운 경우가 많습니다. 폭넓게 어떤 목적을 이루기 위해 하는 행동이라고 생각하는 것이 적당한 경우가 많습니다.

이법(理法)은 원리와 법칙 혹은 도리와 예법을 아울러 이릅니다. 이성(理性)은 개념적으로 사유하는 능력을 감각적 능력에 상대하여 이르는 말입니다. 이소당연(理所當然)은 이치가 마땅히 그러하다는 뜻입니다.

중학	획수	형자	새김	발음
現	11	見	나타날	현

현(現)은 옥의 광채라고 합니다. 옥(玉)이 모습을 드러내는 것[見]으로 기억할 수 있습니다. '드러나다'라는 뜻을 나타내고, 인신하여 지금의 뜻을 갖게 되었습니다. '나타날/볼' 현/견(見)에는 '지금'이라는 뜻이 있는데 편방을 붙어 현(現)으로 쓰게 되었다고 합니다.

현금(現金), 현찰(現札)은 지금 가지고 있는 돈이나 물건을 사고 팔 때 즉시 치르는 물건값을 말합니다. 즉시 치르는 물건 값의 고유어는 '맞돈'입니다. 실제로 존재하는 사실이나 상태는 현실(現實), 일이 진행되는 곳은 현장(現場), 현재 행하여지고 있는 것은 현행(現行)입니다.

고교	획수	형자	새김	발음
珍	9	㐱	보배	진

진(珍)은 보배입니다. 보배라는 것에서 좀처럼 얻기 힘든 인재나 귀중한 것을 가리키기도 하고, '중시하다'라는 뜻도 나왔습니다.

자소자는 '숱 많을' 진(㐱)입니다. 기초한자 밖의 '그릇될' 류(謬)의 자소자입니다.

귀한 손님은 진객(珍客), 음식의 아주 좋은 맛이나 그런 맛이 나는 음식물은 진미(珍味)입니다. 산해진미(山海珍味)는 산과 바다에서 나는 온갖 진귀한 물건으로 차린 맛이 좋은 음식인데, 중국에서는 산진해미(山珍海味)입니다. 진귀하게 여겨 잘 간직하는 것은 진장(珍藏)이고, 진귀한 물건은 진품(珍品)입니다.

고교	획수	형자	새김	발음
珠	10	朱	구슬	주

주(珠)를 『설문』에서는 "조개의 음기가 모인 정수"라고 합니다. 진주입니다. 옛날 사람들은 진주가 불을 막아준다고 여겼습니다. 진주는 외부에서 이물질이 들어 왔을 때 조개가 자신을 보호하기 위해 분비하는 물질이 굳어서 형성되는 것으로 알려져 있습니다. 진주에겐 상처이고 흉터인 셈인데 우리 인간에게는 보물이 됩니다.

구슬로 꾸민 신발은 주리(珠履)이고, 주산(珠算)은 수판으로 하는 셈 즉, 수판셈입니다. 구슬과 옥을 아울러서 주옥(珠玉)인데, 아름답고 좋은 것을 이르기도 합니다.

고교	획수	형자	새김	발음
球	11	求	공	구

구(球)를 『설문』에서는 옥이 부딪히면 나는 소리라고 합니다. 『단주』에서는 이 내용이 틀렸다고 지적하고 아름다운 옥이라고 합니다. 아름다운 옥이 본뜻이고, 가차로 피구(皮球) 즉, 가죽공을 가리키게 되었습니다. 안에는 털을 넣고 밖은 가죽을 꿰맨 공인데 국(鞠)이라고 했습니다. 축국(蹴鞠)은 바로 그런 공을 차며 하는 놀이입니다. 일정한 구역 안에서 두 편으로 갈라서 한 개의 공으로 상대편을 맞히는 공놀이는 '피할' 피(避)를 쓰는 피구(避球)입니다.

구근(球根)은 둥그렇게 생긴 알뿌리입니다. 공을 사용하는 운동 경기는 구기(球技)이고, 공처럼 둥근 모양은 구형(球形)입니다.

고교	획수	형자	새김	발음
琴	12	今	거문고	금

'거문고' 금(琴)의 『설문』 자형은 조금 다릅니다. 금(珡)입니다. "금(珡)은 금하는 것이다[禁也]. 신농씨(神農氏)가 만들었다. (판에) 소리가 통하는 구멍이 있다[공명통]. 주홍색의 잘 누운 실로 다섯줄을 만드는데, 주나라에서 두 줄을 더했다." 거문고이고, 아울러 거문고를 타는 것을 뜻하기도 합니다. 여기서 '눕다'는 무명이나 모시, 명주 따위를 잿물에 삶아 희고 부드럽게 한다는 뜻입니다.

충주의 탄금대(彈琴臺)가 유명하죠. 신라 진흥왕(眞興王, 534~576) 때 악성 우륵이 이곳에서 가야금을 타서 붙게 된 이름이라고 합니다. 탄금대 뒤쪽으로는 오누이의 전설이 얽힌 달래강[달천]이 흐릅니다. 절벽인데, 임진왜란 때 신립(申砬, 1546~1592) 장군이 이곳에 배수진을 치고 왜군에 항전했던 곳입니다. 왜군과의 싸움에 진 신립 장군은 남한강 상류인 달천에 투신자살합니다.

그러고 보니 진주 남강의 촉석루와 논개가 떠오릅니다. 성은 주씨입니다. 주논개(朱論介, 1574~1593)로 전북 장수 출신입니다.

거룩한 분노는
종교보다도 깊고
불붙는 정열은
사랑보다도 강하다.

변영로 선생의 시 「논개」입니다. 문득 어떻게 살고 죽어야 하는가 하는 생각이 듭니다.

고교	획수	형자	새김	발음
環	17	睘	고리	환

환(環)은 구슬입니다. 둥그런 옥의 가운데 구멍을 호(好)라 하고, 옥으로 된 주변을 육(肉)이라고 하는데, 환(環)은 호와 육의 크기가 같은 옥을 말합니다. 벽(璧)은 육이 호의 두 배가 되는 옥입니다. 그러니까 환(環)이나 벽(璧)이나 다 둥근 옥입니다만, 가운데 구멍의 크기에 차이가 있습니다. 어쨌든 둥그렇게 생긴 모양에서 '두르다'라는 뜻도 나타냅니다.

경(睘)은 눈이 놀래서(놀란 눈으로) 보는 것입니다. '고리' 환(環), '돌아올' 환(還)에서 자소자로 쓰입니다.

환경(環境)은 우리를 둘러싸고 있는 주위의 정황입니다. 환형(環形)은 동그랗게 생긴 형상입니다. 환비연수(環肥燕瘦)를 "고리는 살찌고 제비는 말랐다"라고 해석했다면 훌륭합니다. 하지만 뜻은 통하지 않지요. 여기서 환(環)은 양옥환(楊玉環) 즉, 당나라 현종의 총애를 받았던 양귀비를 말하고, 연(燕)은 한(漢)나라 때 성제(成帝)의 황후 조비연(趙飛燕)을 말합니다. 양귀비는 몸이 통통했던 것으로 알려져 있고, 조비연은 말랐다고 합니다. 두 사람 모두 미인이었는데, 한 사람은 살찌고 한 사람은 말랐다는 뜻입니다. 여기서 예술 작품이 서로 다르긴 하지만 각자 빼어난 점이 있다는 것을 가리키게 되었습니다. 반절이환(反絶以環)은 둥근 옥인 환(環)으로 끊어진 관계를 되돌린다는 뜻인데 자세한 내용은 〈格物 051〉을 참고하기 바랍니다.

格物 051. 반절이환(反絶以環)

『순자(荀子)』〈대략(大略)〉에 옥(玉)을 쓰는 방법에 대한 설명이 나옵니다. "사람을 초빙할 때에는 규(珪)를 쓰며, 고명한 선비를 청할 때에는 벽(璧)을 쓰고, 사람을 부를 때에는 원(瑗)으로 하며, 교제를 끊을 때에는 결(玦)을 쓰고, 단절된 관계를 되돌릴 때에는 환(環)을 쓴다[聘人以珪 問士以璧 召人以瑗 絶人以玦 反絶以環]"

옛날 제도이니 한 번 자세히 살펴보겠습니다만 여기 나와 있는 설명이 천편일률적으로 다 적용되지는 않습니다. 크기나 모양에 차이가 있다는 점도 미리 알아두기 바랍니다. 둥근 모양의 옥에서 가운데 구멍은 호(好)라 하고, 옥 자체는 육(肉)이라고 합니다.

규(珪)는 위는 동그랗고 아래는 각이 진 옥입니다. 고대 제후를 책봉할 때 받았습니다. 규(珪)를 손에 쥐는 것은 나라를 지킨다는 증표였습니다. 우리는 홀이라고 하는데, 옛날 조정에서 조회를 할 때 신하들이 양손으로 잡고 있는 옥입니다. 규(珪)와 귀(貴)의 발음이 같은 데에서 귀함을 나타내는 것으로 여깁니다.

벽(璧)은 육(肉)이 호(好)보다 큰 옥입니다. 하지만 호와 육이 같다든지, 육이 호의 반경과 같은 것이라는 설명도 있습니다. 대부분은 둥근 옥에 가운데 작은 구멍이 뚫린 형상입니다. 군신 간 조회를 하거나 외국의 사신을 맞을 때, 제사나 상사에 썼습니다. 과

시용 장식으로 걸어놓기도 했다고 합니다.

원(瑗)은 가운데 큰 구멍이 있는 벽옥(璧玉)입니다. 호(好)가 육(肉)보다 큰 옥입니다. 구멍이 큰 옥인데 쉽게 큰 고리 모양을 떠올리면 됩니다. 원(瑗)은 사람을 부를 때 썼다고 합니다. 가운데 있는 큰 구멍은 손과 어깨가 큰 사람을 뜻해, 그런 사람이 와서 도와주는 것[援]을 나타냈습니다. 벽(璧)과 다른 것은 가운데 구멍이 벽(璧)보다 훨씬 더 큽니다.

결(玦)은 몸에 차는 옥패를 가리키기도 하고, 활을 쏘는 데에 쓰는 깍지를 뜻하기도 합니다. 모양은 둥그런데 한쪽에 이가 빠진 것처럼 짧게 끊어져 있는 것이라는 설명도 있고, 반원형이라고도 합니다. 절교를 할 때 쓰는데 이것은 결(玦)의 발음이 '끊을' 절(絶)과 같은 것을 이용한 것입니다.

환(環)은 둥그런데 가운데가 비어 있습니다. 육(肉)과 호(好)의 크기가 같은 옥입니다. '돌아올' 환(還)과 발음이 같아 '떠났다가 본래 있던 곳으로 돌아오라'는 것을 상징합니다.

임금이 신하에게 결(玦)을 주면 사이가 끝나는 것입니다. 그 대신 환(環)을 주면 돌아오라는 뜻입니다. 내쳤던 신하에게 환(環)을 주는 것 즉, 사환(賜環)은 그래서 신하를 사면하고 다시 불러들인다는 뜻을 나타냅니다.

어렵게 생각할 것 없습니다. 가운데 구멍의 크기[好]와 옥 자체의 너비[肉]를 기준으로 옥의 너비가 크면 벽(璧), 두 개가 같은 것은 환(環), 너비가 구멍보다 작으면 원(瑗)입니다.

위에서 발음이 같은 것을 이용해 다른 뜻을 나타내는 것을 무엇이라고 하죠? 여러 번 설명한 바 있습니다. '해음(諧音)'입니다, 해음.

고교	획수	회자	새김	발음
班	10	王王	나눌	반

반(班)은 신표인 옥(玉)을 칼[刀]로 나누어 둘로 만드는 것입니다. 여기서 나누다, 주다, 등급으로 나누다 등의 뜻이 나왔습니다.

반사(班師)는 짐작하기 어려운데, 군사를 이끌고 돌아온다는 뜻입니다. 고문에서 반

(班)은 '돌아오다'라는 뜻으로 쓰이기도 했고, 사(師)는 군인 2,500명을 가리키기도 했기 때문입니다. 반열(班列)은 품계나 신분, 등급의 차례를 말합니다. 옛날에 양반들이 많이 사는 동네는 반촌(班村), 양반 집안은 반가(班家)라고 했습니다.

R097

오이 과(瓜) 부

갑골	금문	전문	해서

과(瓜)는 박과의 식물이 열매를 맺은 모양을 본뜬 상형자입니다. 박, 오이, 참외, 수박 등이 박과인데 줄기가 땅 위를 기어서 번식하는 만생(蔓生) 식물입니다. 나무에 열리는 열매는 과(果)이고, 땅 위에 열리는 열매는 과(瓜)라고 하는데, 특징을 잘 드러내는 설명입니다. 이 부수에 속하는 기초한자는 없습니다.

고외	부수	획수	회자	새김	발음
孤	子	8	瓜	외로울	고

고(孤)는 아버지를 일찍 여읜 것이라고 설명한 바 있습니다. 다시 한 번 더 되풀이하면 『맹자』〈양혜왕(梁惠王)〉편에 나옵니다. "늙어 아내가 없는 것을 홀아비라 하고, 늙어

지아비가 없는 것을 과부라 하며, 늙어 자식이 없는 것을 무의탁자라 하고, 어려 부모가 없는 것을 고아라 한다. 이 넷은 천하의 궁한 백성으로 하소연할 수 있는 사람이 없는 자들이다 [老而無妻曰鰥 老而無夫曰寡 老而無子曰獨 幼而無父曰孤 此四者 天下之窮民而無告者(노이무처왈환 노이무부왈과 노이무자왈독 유이무부왈고 차사자 천하지궁민이무고자)]." 독(獨)은 의지할 사람이 없는 것을 가리켜 무의탁자라고 했습니다만, 요즈음 말하는 독거노인이 되겠습니다. 이 넷을 아울러 '환과고독(鰥寡孤獨)'이라고 합니다.

R098

기와 와(瓦) 부

갑골	금문	전문	해서
		〄	瓦

　와(瓦)는 암키와와 수키와가 서로 맞물린 모양을 본뜬 상형자입니다. 『설문』에서는 "와(瓦)는 이미 구워낸 토기의 총칭이다"라고 합니다. 진흙으로 모양을 만들어 구워낸 것을 이르는 말입니다. 질그릇입니다. 이 질그릇에 오지[잿물]를 입혀 구워내면 오지그릇이 됩니다. 질그릇은 투박하고 오지그릇은 표면이 매끈합니다. '기와' 와(瓦)는 현재 5획으로 분류되어 있습니다만, 중국에서는 4획으로 되어 있습니다. 이 부수에 속하는 기초한자는 와(瓦) 한 글자뿐입니다.

　필순과 관련해 『민중』에서는 '기와' 와(瓦)를 가로획, 세로획, 갈고리, 점, 가로획 순으로 설명하는데, 대만과 일본에서는 가로획, 세로획, 가로획, 갈고리, 점으로 규정하고 있습니다. 사실은 각 획마다 이름이 따로 있습니다만, 이해하기 쉬운 이름으로 설명한 것입니다.

중학	획수	새김	발음
瓦	5	기와	와

　와전(瓦全)은 기와가 되어 안전하게 남는다는 뜻으로 아무 하는 것 없이 목숨만 이어 감을 비유적으로 이릅니다. 사실과 다르게 전하는 것은 와전(訛傳)입니다.『표준』에서 "부서져 옥이 된다는 뜻"으로 설명하는데, 부서져 옥이 되기보다 옥으로 부서지길 원하는 것이 아닐까 합니다. 명예나 충절을 위하여 깨끗이 죽는다는 뜻의 옥쇄(玉碎)와 대(對)가 되는 말입니다. 본래『북제서(北齊書)』에 나옵니다. "대장부가 옥쇄를 할망정 기와로 완전히 남을 수는 없다[大丈夫 寧可玉碎 不能瓦全(대장부 영가옥쇄 불능와전)]." 와해(瓦解)는 기와가 깨진다는 뜻으로 조직이나 계획 따위가 산산이 무너지고 흩어지는 것을 이릅니다. 기와를 더러 '개와(蓋瓦)'라고도 하는데, 개와에는 기와라는 뜻 외에 기와로 지붕을 이는 것을 말하기도 합니다. 여기의 '이다'는 기와나 이엉 따위로 지붕을 덮는 것을 말합니다.

R099

달 감(甘) 부

갑골	금문	전문	해서
日	日	日	甘

'달' **감(甘)**은 '입' 구(口)에 가로획[一]을 하나 그어 입 안에 든 음식이 맛이 달다는 것을 나타낸 지사자입니다. '달다'에서 '좋다'는 뜻도 갖게 됩니다.

중학	획수	새김	발음
甘	5	달	감

감미(甘味)는 단맛이고, 단맛을 내기 위한 양념은 감미료(甘味料)입니다. 맛이나 느낌이 달콤하고 좋은 것은 감미(甘美)한 것입니다. 감우(甘雨)는 때를 잘 맞추어 알맞게 내리는 비로 단비입니다. 감언이설(甘言利說)은 귀가 솔깃하도록 남의 비위를 맞추거나 이로운 조건을 내세워 꾀는 말입니다. 감정선갈(甘井先渴)은 물맛이 좋은 우물은 빨리 마른다는 뜻으로 재주가 뛰어난 사람이 일찍 쇠함을 비유적으로 이릅니다.

중학	획수	회자	새김	발음
甚	9	甘匕	심할	심

심(甚)은 아주 편안하고 즐거운 것입니다. 아래를 숟가락[匕]으로 보고 입에 맛있는 것[甘]을 떠 넣는 것이라고 설명합니다. 현재 자형을 볼 때 짝 즉, 배우자[匹]와 함께 있을 때 느끼는 달콤함[甘]으로 기억해도 좋을 듯합니다. 여기에서 '지나치다'라는 뜻이 나오고, '아주, 깊이 빠지다' 등의 뜻이 인신되어 나왔습니다.

정도가 지나친 것은 심(甚)한 것입니다. 매우 어려운 것은 심난(甚難)한 것이고, 심지어(甚至於)는 '지나치다 못해 나중에는'의 뜻입니다. 심란(心亂)이 '심난'으로 발음이 같아 자칫 헷갈릴 수 있는데, 심란은 마음이 어수선한 것입니다. 심효진상(甚囂塵上)은 『좌전(左傳)』에 나오는 말입니다. 초나라가 진나라와 전쟁을 치르는데 초왕이 수레에 올라 적정을 살핀 뒤 시종하는 신하에게 "(진나라 진영이) 아주 시끄럽고 땅에서는 흙먼지가 피어오른다"라고 했습니다. 나중에는 소문이 여기저기 떠돌아다니고 의견이 분분한 것을 나타내다가 현재는 이론이 분분한 것을 비유적으로 이릅니다. 효(囂)는 '들레다'로 새기는데, '들레다'는 야단스럽게 떠드는 것입니다.

중외	부수	획수	회자	새김	발음
香	香	9	黍甘	향기	향

향(香) 자는 현재 쌀[禾] 맛이 되었습니다만, 본래는 기장[黍]의 단맛[甘]이었습니다[𪏰]. 글자가 너무 작아 분별이 어려울 텐데 '기장' 서(黍) 아래 '달' 감(甘)을 쓴 것입니다. 부수자이니 더 자세한 내용은 해당 부수의 설명을 참고하십시오.

향초미인(香草美人)은 자칫 향기로운 풀 같은 미인으로 생각할 수 있는데, 여기서 향초(香草)는 어진 신하를 가리킵니다. 미인(美人)은 뜻밖에도 임금을 나타내는 말입니다. 시문에서 임금에게 충성하고 나라를 사랑하는 것을 나타냅니다. 다시 말하지만 향기로운 풀 같은 여인도, 향초를 들고 서 있는 여인도 아닙니다. 향화형제(香火兄弟)는 의기투합해 향을 사르고 의식을 치르며 형제를 맺는 것을 말합니다.

R100

날 생(生) 부

갑골	금문	전문	해서
坐	坐	坐	生

생(生)은 초목이 땅 위에서 자라 나오는 것을 본뜬 상형자입니다. '낳다'라는 뜻을 나타내고 '키우다, 살아 있다'라는 의미도 지니고 있습니다. 태어날 때부터 가지고 있는 자질을 가리키기도 합니다. 그러나 인신되어 신선하다, 낯설다, 익숙하지 않다, 익지 않았다 등의 상반되는 듯한 뜻도 지니고 있습니다.

중학	획수	새김	발음
生	5	날	생

생광(生光)은 빛이 나거나 체면이 서는 것으로 "참석해주신다면 생광이겠습니다"와 같이 씁니다만, 한자어보다는 고유어가 더 좋아 보입니다. 낯이 선 것은 생소(生疏)한

것입니다. '생이지지(生而知之)'는 태어나 배우지 않고 아는 것입니다. 천부적인 자질을 지닌 사람의 이야기이겠습니다. 삼지(三知)라고 해 알고 깨우치는 것의 등급을 나누기도 하는데, 생이지지 다음은 '학이지지(學而知之)'로 배워서 아는 것입니다. 그 다음은 '곤이지지(困而知之)'로 애써 공부해서 깨닫는 것을 이릅니다. 보통 사람들은 대부분 곤이지지 정도의 재능을 지닌 것이 아닐까 합니다. 그러니 배우는 데 다른 사람들보다 훨씬 더 노력을 기울여야 합니다. 생공설법(生公設法)의 생공은 진(晉)나라 말엽 고승 축도생(竺道生)을 말합니다. 속성(俗姓)은 위(魏)인데 불문에 입적하고 스승의 성을 따라 축(竺)으로 바꾸었습니다. 그야 어떻든 그가 설법을 하도 잘해 돌도 머리를 끄덕였다고 합니다. 도생(道生)의 설법이라는 뜻으로 이치가 분명해 사람들에게 깊은 감명을 주는 것을 가리킵니다.

필자의 기초한자 강의가 생공설법(生公說法) 같으면 얼마나 좋겠습니까! 여러분이 알아듣기도 쉽고, 익히기도 좋을 테니 말입니다. 생리사별(生離死別)은 살아 있을 때에는 멀리 떨어져 있고 죽어서는 영원히 헤어지는 것입니다. 마음대로 살리고 죽이거나, 주고 빼앗는 행위를 하는 것은 생사여탈(生死與奪)입니다. 살아서 존재하는 것과 죽어서 없어지는 것은 생사존망(生死存亡)이고, 생사윤회(生死輪廻)는 삶과 죽음이 돌고 도는 것입니다.

중학	획수	회자	새김	발음
産	11	彦省生	낳을	산

산(産)은 나서 자라는 것입니다. '낳다, 만들어내다'라는 뜻을 가집니다.

회의 자소는 '선비' 언(彦)입니다. 재능과 덕이 뛰어난 사람입니다. '얼굴' 안(顔)에도 쓰입니다.

산고(産故)는 아이를 낳는 일입니다. 동음이의어인 산고(産苦)는 아이를 낳을 때의 고통입니다. 사람이 느끼는 고통 가운데 가장 심한 것이 산고라고 합니다. 우리 모두 어머님들께서 이런 고통을 겪으시며 태어났다는 것을 잊지 말아야겠습니다. 고통의 크기를 계량화하기는 어려운데, 어느 글에선가 산고 다음으로 고통스러운 것이 이빨이 아픈 치통(齒痛)인데, 산고는 치통의 다섯 배가량 더 아프다고 하는 내용을 읽은 기억이 있습니다.

증외	부수	획수	형자		새김	발음
星	日	9	生		별	성

『설문』의 **성(星)**에는 해[日]가 셋[晶]이나 있습니다. 위에 '날' 일(日)이 셋 있는 자형입니다. 성(晶)은 별입니다. 지금은 자형이 단순해졌습니다. 일단 '밤이 되면 생기는[生] 해[日]가 별[星]인데, 해[日]처럼 하나가 아니고 여러 개[晶] 있는 것'으로 생각할 수 있습니다.

성라기포(星羅棋布)는 별이나 바둑돌이 퍼져 있다는 뜻으로 물건이 많이 벌여 있음을 이릅니다.

증외	부수	획수	형자	회자	새김	발음
姓	女	8	生	女生	성	성

성(姓)의 『설문』 설명부터 살펴봅니다. "성(姓)은 사람이 태어나는 집안의 성씨이다. 옛날 신성한 어머니가 하늘의 감동을 받아 아들·딸을 낳아 길렀다. 그래서 천자(天子)라고 한다. 여(女)의 뜻을 취하고, 생(生)의 뜻을 취하는데 생(生)은 소리도 나타낸다. 『춘추전(春秋傳)』에서 천자가 출생한 유래에 따라 제후에게 성씨를 내려준다고 한다."

성(姓)은 원시 모계 사회를 반영하는 글자로 봅니다. 상고 시대에는 성(姓)과 씨(氏)를 썼는데 성(姓)은 한 종족에 붙인 명칭으로 어머니의 성을 따랐으며 바꿀 수 없었습니다. 씨(氏)는 성에서 갈려 나온 것으로 바꿀 수 있습니다. 그런데 전국 시대 이후부터 이 둘이 섞여 쓰이고 드디어는 하나가 되었다고 합니다.

증외	부수	획수	형자	회자	새김	발음
性	心	8	生	心生	성품	성

성(性)은 성품입니다. 『설문』입니다. "성(性)은 사람의 본성으로 착한 것이며 양기(陽氣)에 속한다." 성은 태어날 때 가지고 나오는 본성입니다. 사람뿐만 아니라 사물이 가

지고 있는 본성도 가리킵니다. 사람의 정신이나 생명, 생각이나 감정 등도 나타냅니다. 일단 날 때[生] 가지고 나오는 마음이나 성품[心]으로 기억을 해두는 것도 좋은 방법이 될 듯합니다.

성(性)은 특히 유학에서 기초적이고 중요한 개념입니다. 성(性)의 본성을 어떻게 보느냐에 따라 사람의 본성이 착하다고 보는 성선설(性善說)과 악하다고 보는 성악설(性惡說)로 나뉩니다. 바로 유학과 다른 학파의 사상적인 경향을 나눠보는 하나의 기준이 되기도 하죠.

중외	부수	획수	형자	회자	새김	발음
靑	靑	8	生	生丹	푸를	청

청(靑)의 『설문』 설명입니다. "청(靑)은 동방의 색이다. 목(木)은 화(火)에서 나오기 때문에 (丹과 火는 모두 붉은색임) 생(生)과 단(丹)에서 뜻을 취하며 회의이다. 단청지신(丹靑之信)이라는 말은 꼭 그렇다는 뜻이다."

단청지신(丹靑之信)은 그림에서 단청의 붉은색이 바뀌지 않듯 믿음이 바뀌지 않음을 나타냅니다. 확실한 믿음입니다. 그래서 필연적으로 그렇게 됨을 의미합니다. 식물이 처음 나왔을 때[生]의 짙은 녹색을 가리킨다는 설명도 있습니다. 녹색(green)과 푸른색(blue)은 분명 서로 다른 색이고 한국 사람이든 중국 사람이든 서로 다른 색임을 모르는 것이 아닌데도 실제 사용상으로 보면 경계가 분명하지 않고 종종 넘나듭니다.

格物 052. 과격의 주흥(酒興)

청(靑)이 녹색과 넘나드는 것은 물론이고 남색을 가리키는 경우도 있고 검은색을 가리키는 경우도 있습니다. 이것은 색깔의 진하기가 바뀌면 남색처럼 보이다가 더 진해지면 짙은 회색으로 보이고, 더 나아가 검은색처럼 보이기 때문이겠습니다. 현대 광학이나 미술로 설명한다면 색의 명도가 떨어지면서 옅은 회색에서 짙은 회색으로 바뀌고 나중에는 검정에 가까운 색으로 보이는 현상이겠습니다.

이백(李白)의 「장진주(將進酒)」에 나오는 "아침에는 검은 실 같던 머리가 저녁에는 흰 눈처럼 되었네[朝如靑絲暮成雪(조여청사모성설)]"에서 청(靑)은 분명 검은색을 가리킵니다. 「장진주」 번역에 종종 "푸른 실 같은 머리"라고 하는 것을 보는데 상식에도 맞지 않습니다. 실제 『한어대자전(汉语大字典)』에서는 바로 이 부분을 예로 들어 '청사(靑絲)'는 검은 머리를 비유한 것이라고 합니다.

장진주(將進酒)는 청음주(請飮酒)의 뜻으로 '술 마시기를 청하다'라는 뜻입니다. 술을 권하는 권주가(勸酒歌)인 셈입니다. 길이도 얼마 되지 않고 워낙 좋은 글이니 꼭 한 번 읽어보기 바랍니다. 물론 여러분에게 술을 권하는 것은 아닙니다.

"한잔 먹세 그려 또 한잔 먹세 그려. 꽃 꺾어 산 놓고 무진무진 먹세 그려" 송강 정철의 「장진주사(將進酒辭)」는 실제 이백의 「장진주」에서 영향을 받은 것으로 알려져 있고, 시흥이 비슷합니다. 그저 좋은 글은 자주 읽어 외우는 것만큼 좋은 방법이 없습니다.

필자가 어렸을 때, 선친께서 약주를 드시면 더러 부르시던 노래가 생각납니다. "내가 술을 즐겨 먹나니, 과격인 줄을 알면서도. 오늘도 이 술이 아니면 맘 붙일 곳이 전혀 없네." 노래 잘 하시고, 퉁소 잘 부신다고 소문이 났었는데 아들딸들 앞에서는 그러시면 안 되는 것으로 여기신 것 같습니다. 그래서인지 그 노래 외에는 다른 노래 한 소절, 퉁소 소리 한 가닥 들어본 적은 없습니다.

여기서 아직도 풀리지 않는 말이 '과격'입니다. 『표준』에는 과격(過激)이 올림말로 "지나치게 격렬함"이라고 풀고 있는데 아무래도 이 뜻은 아닌 듯합니다. 분수에 넘게 과분하다든지 격에 넘친다는 뜻으로 '과격(過格)'이 아닌가 싶은데 『표준』에는 올라있지 않습니다. 중국어 온라인 사전에는 필자가 생각하는 설명이 있는데 방언(方言)이라고 나옵니다.

좀 커서 생각해보니 권주가인데 더러 오늘의 음주 문화가 옛 분들의 주흥이나 시흥, 그런 멋을 좀 닮을 수 있으면 얼마나 좋을까 하는 생각을 합니다.

중외	부수	획수	형자	회자	새김	발음
省	目	9	生	少目	살필/줄일	성/생

현재 성(省) 자에서 '날' 생(生) 자는 찾아볼 수 없습니다. 갑골문의 분석입니다. 본뜻은 살펴보는 것입니다. 뭔가를 살펴볼 때 빛이 많이 들어오면 눈[目]을 조그맣게[少] 뜨고 보는 동작을 떠올리면 이해하기 쉽습니다. 다음자로 '덜' 생으로도 새깁니다.

고외	부수	획수	형자	새김	발음
隆	阜	12	降	성할	륭

륭(隆)은 풍만하고 큰 것입니다. '높다, 높은 곳, 성대하다'라는 뜻을 나타냅니다. 크게 번성하는 것을 융성(隆盛)이라고 합니다.

R101

쓸 용(用) 부

갑골	금문	전문	해서
用	用	用	用

『설문』에서는 "**용(用)**은 시행할 수 있는 것이다. 복(卜)에서 뜻을 취하고 중(中)에서 뜻을 취했다. 이것은 위굉(衛宏)의 설이다(회의)"라고 설명합니다.

갑골문 연구에서는 '통' 통(桶) 자의 초기 형태라고도 하고, '점' 복(卜)과 점을 치는 데에 쓰는 골판[ㅂ]을 나타내는 것으로 골판에 이미 점을 칠 수 있는 징조가 나와 있기 때문에 그 징조에 따라 일을 할 수 있다는 것을 나타낸다고도 합니다. 그래서 능력을 발휘해 일을 할 수 있게 한다는 뜻을 나타냅니다. 어떤 일을 시행하는 것입니다. 거기에서 인신되어 사람을 쓰거나 고용하는 것도 나타냅니다. 현대 중국 자전에서는 이 부수는 폐지하고, 기존에 이 부수에 속했던 글자는 '멀' 경(冂) 등에 분산시켜 배치하고 있습니다.

이 부수에 속하는 글자는 많지 않고 기초한자 가운데에는 '쓸' 용(用) 한 글자만 들어 있습니다.

중학	획수	새김	발음
用	5	쓸	용

용도(用度)는 쓰는 정도 즉, 씀씀이입니다. 동음이의어인 용도(用途)는 쓰이는 곳을 나타내고, 용도(用道)는 사람이 다니는 길이라는 뜻입니다. 볼일의 한자어는 용무(用務)이고, 대신하여 다른 것을 쓰는 것은 대용(代用)입니다. 용무지지(用武之地)를 『표준』에서는 "군사를 써서 싸움을 할 만한 곳"이라고 설명하는데, 중국어에서는 자신의 재능을 펼칠 수 있는 곳이나 기회까지 나타내는 것으로 설명합니다. 우리보다 의미를 더 확장해 쓰는 것이겠습니다. 용지불갈(用之不渴)은 아무리 써도 닳거나 말라 없어지지 않은 것을 말합니다. 중국어에서는 '다할' 갈(竭)을 쓰는 용지불갈(用之不竭)로 씁니다.

고외	부수	획수	회자	새김	발음
庸	广	11	用庚	떳떳할	용

부수외자입니다. 용(庸)은 떳떳함을 나타냅니다. 본뜻은 시행하는 것입니다. '쓸' 용(用)과 '일곱째 천간' 경(庚)이 결합된 글자인데 경(庚)에는 '바뀌다, 변경하다'라는 뜻이 있어 일을 시행하는데 뭔가 바뀌고 변경될 수 있음을 암시합니다. 달리, 고대에 악기로 쓰던 큰 종을 가리키는 것이라고 해, '종' 용(鏞)의 초문으로 보기도 합니다. 공로나 노고를 나타내기도 하고, 평범하고 일반적이라는 뜻도 있습니다.

R102

밭 전(田) 부

갑골	금문	전문	해서
田	田	田	田

전(田)은 네모난 밭의 모양을 본뜬 상형자입니다. 가운데 십(十) 자는 밭에 난 길입니다. 『설문』입니다. "전(田)은 (가지런히) 벌려놓는 것이다. 곡식을 심는 곳을 전이라 한다. 위(口)는 사방의 경계를 본뜬 것이다. 십(十)은 동서남북 종횡으로 난 도랑과 길을 나타낸다." 인신되어 농사를 나타내고, 옛날에는 밭이나 들에서 사냥을 했기 때문에 사냥의 뜻도 있습니다. 하긴 중국은 땅이 넓어서 사냥도 밭이나 들이 아니면 할 수 없는 곳도 적지 않습니다.

중학	획수	새김	발음
田	5	밭	전

전가(田家)는 농가를 말하고, 전답(田畓)은 논밭입니다. 전사옹(田舍翁)은 농가[田舍]에 사는 늙은이[翁]라는 뜻으로, 고루한 시골 늙은이를 가리킵니다. 차별하는 색채가 짙습니다. 전원(田園)은 논과 밭이라는 뜻으로, 도시에서 떨어진 시골이나 교외(郊外)를 이릅니다. 전부야로(田夫野老)는 농부와 촌 노인을 아울러 이르는 말입니다.

중학	획수	새김	발음
甲	5	갑옷, 첫째 천간	갑

갑(甲)은 갑옷이나 첫째 천간으로 새깁니다. 자소자가 나와 있지 않으니 상형자나 지사자라는 것을 이제는 잘 알 거라 믿습니다. 상형자입니다.『설문』을 보겠습니다. "갑(甲)은 동쪽에 자리하며 오방(五方)의 시작이다. (木에 속하고 木은 봄을 대표함) 봄에는 양기가 나와 움직이기 시작하며 초목이 (싹터 나오며) 종자의 껍질을 이고 있는 모양을 본뜬 것이다. 달리, 사람의 두개골이라고도 한다. 갑(甲)은 사람의 머리를 본뜬 것이다." 오방은 동서남북과 중앙을 말합니다. 오방색(五方色)은 다섯 방위를 상징하는 색으로 동은 푸른색, 서는 흰색, 남은 붉은색, 북은 검은색 그리고 중앙은 노란색입니다.

고문 분석에서는 과일이 익어 터진 모양을 가리킨다고 합니다. 그래서 처음에는 십(十) 자형이었습니다. 그런데 십(十) 자와 혼동이 되니 주변을 막았습니다[田]. 그런데 이번에는 '밭' 전(田)과 혼동이 되어 가운데 획을 길게 해 구분하게 되었다고 합니다. 여기서 인신되어 동물의 몸을 보호하는 외부의 단단한 껍질을 가리키게 되었고, 손톱이나 발톱의 뜻을 갖게 되었습니다. '보호하다'라는 뜻에서 갑옷을 나타냅니다. 천간의 첫 번째이기도 합니다. 유(由), 갑(甲), 신(申)을 '가로' 왈(曰)과 '뚫을' 곤(丨)을 연관해 생각하면 어떨까 합니다. 곤(丨) 자가 중간까지 오고, 중간에서 시작하고, 끝까지 내려오는 것으로 생각하는 것입니다. 물론 쉽게 기억하기 위한 편법입니다.

갑옷을 입고 말을 탄 군사는 갑기(甲騎)라 하고, 갑부(甲富)는 첫째가는 부자입니다. 가재, 게, 새우처럼 갑옷 같은 단단한 껍데기로 둘려 싸여 있는 동물은 갑각류(甲殼類)이고, 갑충(甲蟲)은 단단한 껍데기를 하고 있지만 풍뎅이나 하늘소 같은 곤충을 가리킵니다.

중학	획수	새김	발음
申	5	펼, 거듭	신

『설문』의 **신(申)**입니다. "신명(神明)이다. 7월을 나타내며 음기가 형성되어 그 형태가 펼쳐지기도 하고 말려 묶이기도 한다. '절구' 구(臼)에서 뜻을 취해 스스로 제어한다는 뜻을 나타낸다. 관리가 신시(申時)에 저녁밥을 먹을 때에 심리하는 것은 아침에 펼쳐놓고 알린 정무를 완성하기 위해서이다." 여기서 구(臼)는 절구를 가리키는 것이 아니고 이 글자가 양손의 모양을 하고 있기 때문에 두 손을 나타냅니다. 신시는 오후 3~5시로 이때 저녁을 먹는다는 것이 좀 이상하게 보입니다.

근거가 확실하지는 않지만 우리나라나 중국에서 14세기를 전후해 하루 세끼를 먹기 시작했다고 하니 이해할 수 있는 일입니다. 유럽인들이 미국에 처음 정착했을 때 그곳의 인디언들은 끼니가 따로 없고 그저 배가 고플 때 먹는다는 기록이 있습니다. 하여튼 신시(申時)는 식사를 하는 시간이라고 해서 포시(晡時)라고도 했습니다. 같은 뜻으로 일포(日晡)라는 단어도 있는데 이것은 매일 먹는다는 규칙성에 비중을 둔 말이 아닐까 합니다. 『표준』에는 '신시' 포(晡)를 쓰는 포시(晡時)로 올라 있는데 마찬가지 뜻입니다.

고문 연구에서는 번개가 치는 모양을 본뜬 글자라고 합니다. 그래서 '펼치다, 연장하다'라는 뜻이 인신되어 나온 것으로 봅니다.

일정한 사실을 진술·보고하는 것은 신고(申告)이고, 단체나 기관에 어떠한 일이나 물건을 알려 청구하는 것은 신청(申請)입니다.

중학	획수	새김	발음
由	5	말미암을	유

『설문』에는 유(由) 자가 수록되어 있지 않은데 '장군' 치(甾)를 같은 글자로 봅니다. "치(甾), 초나라 동쪽에서는 술이나 장을 담는 그릇인 부(缶)를 치라고 한다"라고 설명합니다. 치(甾)는, 대나무나 나무를 이용해 엮어 만든 그릇으로 액체를 걸러내는 데나 소금 등을 담는 데 쓴다고 합니다. 그런데 세속에서 이 글자를 유(由)로 써서 결국은 치(甾)와 유(由) 두 글자로 갈라지게 되었습니다. 인신되어 원인을 나타나게 되고, 기회나

인연을 뜻하게 되었습니다. '말미암을' 유(由)는 '기름' 유(油), '집' 주(宙), '뺄' 추(抽)에 자소자로 쓰입니다. 치(甾)의 본뜻을 생각해 물동이 정도로 생각하고, 물[水]처럼 붓는 것은 '기름' 유[油]요, 손[手]으로 퍼내니 '뺄' 추(抽)로 기억해봅시다.

사물이나 일이 생겨나는 바는 유래(由來)이고, 예로부터 전하여 내려오는 까닭과 내력은 유서(由緖)이고, 유언을 적은 글은 동음이의어로 유서(遺書)입니다.

중학	획수	형자	새김	발음
當	13	尙	마땅할	당

당(當)은 밭[田]이 서로 마주 대하는 것을 가리킵니다. 그래서 '서로 같다, 향하다, 담당하다'라는 뜻을 나타내고 인신하여 '마땅하다'라는 뜻도 가지고 있습니다.

당국(當局)은 어떤 일을 직접 맡아 하는 기관이고, 당사자(當事者)는 어떤 일이나 사건에 직접적인 이해관계가 있는 사람입니다. 바로 그 시대나 그 세상은 당세(當世)라 하고, 마땅히 그러한 것은 당연(當然)한 것입니다. 당세무쌍(當世無雙)은 재능이 당대에 유일무이해 버금가는 사람이 없다는 뜻으로, 재주가 아주 우수한 것을 말합니다. 거세무쌍(擧世無雙)은 전 세계에서 유일무이한 것이니 정도가 좀 더 강화된 말이겠습니다.

중학	획수	형자	회자	새김	발음
界	9	介	田介	지경	계

계(界)는 흔히 '지경(地境)'이라고 하는데, 땅의 경계라는 뜻입니다. 밭의 가장자리 경계입니다. 『설문』에는 畍로 실려 있어 자소는 같지만 결합 방식 즉, 결구가 다릅니다. 계(界)는 상하 결구이고, 계(畍)는 좌우 결구입니다. 밭[田]을 나누는 것[介]으로 이해할 수 있습니다. 생물 분류학상 가장 큰 단위로 식물계(植物界), 동물계(動物界) 등에 쓰입니다. 이처럼 '나누다, 구분하다'라는 뜻으로도 쓰입니다.

괘선을 긋는 데에 쓰는 자를 계척(界尺)이라고 하는데, 많이 쓰지 않아 이 말을 쓰면 오히려 의사소통이 어렵지 않을까 합니다. 특별한 자가 아닙니다. 문방구에 가서 "30cm 자 하나 주세요" 할 때 주고받는 투명 플라스틱에 방안이 그려져 있는 자입니다. 물론 30cm 자만 가리키는 것은 아닙니다. 경계를 나타내는 표지인 경계표(境界標)는 줄여서 계표(界標)라고도 합니다.

중학	획수	형자	회자		새김	발음
留	10	丣	卯 田	[이삭줍기], 머무를		류

류(留)는 머무는 것입니다. 고문 분석에서는 밭[田]에서 거두다 남은 것[丣]으로 해석합니다.『설문』의 일부 판본에서도 거두어들이지 못하고 남은 것으로 해석한 경우가 있습니다. 이삭 등이 남은 것입니다. 그래서 '남아 있다, 남게 하다, 보존하다' 등의 뜻으로 쓰입니다.

유(丣)는 '열째 지지' 유(酉)의 고자(古字)입니다.『설문』의 설명입니다. "유(酉)는 성숙하는 것이다. 8월을 나타낸다. (8월에는) 기장이 여물어 순주(醇酒)를 담을 수 있다. 유(酉)의 고문 모양을 본뜬 것이다. 유(酉)에 속하는 것은 모두 유(酉)를 따른다. 丣는 고문의 유(酉)이다. 묘(卯)에서 뜻을 취하는데 묘(卯)는 봄의 문이 열렸음을 나타내며, 만물은 이미 문안에서 나온 상황이다. 유(酉)는 가을의 문이 닫혔음을 나타내고 만물은 이미 문안으로 들어간 상황이다. 유(酉) 자 위의 가로획은 문이 닫혔음을 상징한다." 순주(醇酒)는 아무것도 섞이지 않은 술을 가리킵니다. 어렵게 생각하지 말고 계절의 순환에 따른 자연 현상의 변화를 설명하는 것으로 읽으면 됩니다.

달리, 고문 분석으로 아래가 뾰족한 술 단지를 가리킨다는 설명도 있습니다. 그래서 술을 가리키고, '성숙하다, 익다'라는 뜻을 가지게 되었다고 합니다. 십이지지 가운데 하나로 닭을 나타냅니다. 그래서 이 글자를 흔히 '닭' 유로 새기기도 합니다.

유불회객(酉不會客)이라는 말이 있는데 유시(酉時) 즉, 오후 5~7시에는 손님을 만나지 않는다는 뜻입니다. 이때에 손님이 오면 날이 곧 어두워지기 때문에 여차하면 하루 묵어야 하니 주인에게 미안하고, 그렇다고 손님이 돌아가면 밤길이라서 손님에게 미안하기 때문이라고 합니다. 생활상이 바뀌며 이제는 시간 관념이 많이 달라지긴 했습니다만, 서로 폐를 끼치지 않겠다는 자세는 예나 지금이나 마찬가지가 아닐까 합니다.

남의 집에서 묵는 것은 유숙(留宿)이고, 마음에 새겨두어 조심하며 관심을 갖는 것은 유의(留意)하는 것이며, 어떤 직위에 계속 머무는 것은 유임(留任)입니다.

중학	획수	형자	회자	새김	발음
番	12	釆	釆 田	[자귀], 차례/땅이름/날랠, 땅이름	번/반/파

번(番)은 짐승의 발을 가리킨다고 합니다. 발바닥입니다. 주석을 보면 '분별할' 변(釆)과 번(番)이 같은 글자라는 설명도 있습니다. 실제 고문 분석에서도 번(番)은 변(釆)에 편방을 더해 생긴 글자로 봅니다. 도표에서 '[ ]'에 들어 있는 것은 그 글자의 본뜻입니다. 번(番)은 짐승의 발자국입니다. 밭[田]에서 짐승의 발자국[釆]을 잘 볼 수 있음을 나타냅니다. 짐승 발자국을 '자귀'라고 하는데 内는 '자귀' 유로 부수자입니다. 인신하여 '번'이나 '횟수'를 나타냅니다. 육서 분류는 학자에 따라 '상형, 회의, 형성자'의 세 가지로 분류하고 있습니다.

변(釆)은 '분별할' 변입니다. 부수자이니 해당 쪽을 참고하면 됩니다.

중학	획수	회자	새김	발음
男	7	田 力	사내	남

남(男)은 장부 즉, 성년 남자를 가리킵니다. 남자가 밭[田]에서 힘[力]쓰는 것을 나타낸다고 하는 설명을 많이 들었을 것입니다. 갑골문 분석에서는 쟁기[犁(리)]와 밭[田]으로 되어 있는데 해석은 같습니다.

남자와 여자는 남녀(男女)이고, 남자들이 입는 옷은 남복(男服)입니다. 남복은 여자가 남자의 옷을 입는 것도 가리킵니다. 남존여비(男尊女卑)는 사회적 지위나 권리에 있어 남자를 여자보다 우대하고 존중하는 것인데, 이제는 이런 성적인 차별이 많이 시정되고 있습니다. 남경여직(男耕女織)은 남자는 밭을 갈고 여자는 길쌈을 한다는 뜻으로 열심히 일을 하거나 순박한 전원생활을 가리키는데, 지금의 시각에서 본다면 성역할을 고정시킨다는 부정적인 측면도 있겠습니다. 남혼여가(男婚女嫁)는 아들은 장가들고 딸은 시집간다는 뜻으로 자녀의 혼인을 이릅니다. 남녀노소(男女老少)는 남자와 여자, 늙은이와 젊은이란 뜻으로 모든 사람을 이르는데, 중국에서는 남녀노유(男女老幼)를 많이 쓰는 듯합니다.

남아 대장부의 큰 포부를 나타내 주는 남이(南怡, 1441~1468) 장군의 시가 있습니다.

白頭山石 磨刀盡(백두산석 마도진) 백두산 돌은 칼 갈아 없애고
豆滿江水 飮馬無(두만강수 음마무) 두만강 물은 말 먹여 없애네
男兒 二十 未平國(남아 이십 미평국) 사나이 스물에 나라를 평정치 못한다면
後世 誰稱 大丈夫(후세 수칭 대장부) 훗날 누가 대장부라 이르리오

남이는 조선의 개국 공신으로 영의정부사를 지낸 남재의 고손자로 할머니는 태종의 넷째 딸인 정선 공주였고, 아버지 남빈은 군수였습니다. 좋은 집안 출신으로 세조 때 공신 권람의 딸과 결혼했는데, 부인은 일찍 죽었습니다.

남이는 이시애의 난을 평정하여 1등 공신이 되었고, 또 서북변의 건주위(建州衛)를 정벌하여 26세에 공조판서와 병조판서를 역임하였습니다. 이 시조는 그가 26세 때 지은 작품으로 알려져 있습니다. 유자광의 모함에 의해 처형되었는데 300여 년이 지나 1818년(순조 18) 관직이 복구됩니다.

그의 묘는 경기도 화성시 비봉면 남전리에 있는데, 강원도 춘천시 남이섬의 묘는 가묘로 알려져 있습니다. 남이 장군이 능지처참을 당해 그의 시신 일부가 이곳에 묻혔다는 전설이 담긴 돌무더기에 봉분을 만들고 치장한 것이라고 하는데, 실제 여부는 확인할 수 없습니다.

어쨌든 남이 장군의 「북정가(北征歌)」를 읽어보면 그의 큰 기개와 포부가 잘 드러납니다. 한 가지, 남이 장군이 정벌한 건주위(建州衛)는 명나라 때 지금 중국 땅인 요동반도 일대 여진족 부락에 설치했던 군사 행정 기구입니다. 이후 청나라가 생기면서 폐지되었습니다. 전투 지점이 확실하지 않아 잘라 말할 수는 없지만, 혹시라도 당시 우리의 국토 개념에 이 지역이 포함되었음을 시사하는 것은 아니었을까 하는 의문을 제기해봅니다.

중학	획수	회자	새김	발음
異	11	收 畀	다를	이

이(異)는 『설문』에서 "이(異)는 가르는 것이다. 수(收)에서 뜻을 취하고 '줄' 비(畀)에서 뜻을 가져왔다. 비(畀)는 주는 것이다"라고 합니다. 수(收)는 글자의 모양이 두 손

을 나타냅니다. 고문 분석에서는 두 손으로 머리에 가면을 붙이는 것을 본뜻으로 봅니다. '일' 대(戴)의 본자로 보는 것입니다. '일' 대(戴)와 '날개' 익(翼), '바랄' 기(冀)는 이(異)에 편방을 붙여 분화된 글자로 봅니다. 가면을 붙이기 때문에 '특별하다, 이상하다'라는 뜻을 나타내고, '같지 않다, 다르다'라는 의미를 갖습니다. 이(異)는 낱자로는 잘 쓰이지 않습니다. 상형자로 보는 경우도 있습니다.

이객(異客)은 낯선 손님이란 정도의 뜻이겠는데 타향살이하는 사람을 말합니다. 생각이 다른 것은 이견(異見)이고, 고향이 아닌 곳 즉, 타향은 이향(異鄕)입니다. 이구동성(異口同聲)은 입은 다르나 목소리는 같다는 뜻으로 여러 사람의 말이 한결같음을 이릅니다.

중학	획수	회자	새김	발음
畫	12	聿 田 囗	그림/가를, 꾀할, 획	화/획

화(畫)는 『설문』에서 "경계선을 나누어 그리는 것이다. 밭과 사방의 경계를 본뜬 것이다. '붓' 율(聿)은 그리는 도구이다"라고 합니다. 그러니까 위는 붓을 잡은 모양이고 아래는 붓으로 밭의 경계 모양을 그려낸 글자입니다. 도형을 그리는 것과 그려낸 도형을 동시에 가리킵니다. 도안으로 장식하는 것도 나타냅니다. 아울러 문자나 서명을 그리는 것, 또는 쓰는 것을 가리킵니다.

직업으로 그림을 그리는 사람은 화가(畫家)입니다. 획일적(劃一的)인 것은 모두가 한결같아서 다름이 없는 것이고, 획기적(劃期的)은 전혀 새로운 시기를 열어놓을 만큼 뚜렷이 구분되는 되는 것을 가리킵니다. 영어의 'epoch-making'이 뜻을 잘 나타내주지 않나 합니다. 화병충기(畫餅充飢)는 떡을 그려 배고픔을 달랜다는 뜻으로, 이름만 그럴싸할 뿐 실속이 없거나 아니면 상상으로 자기 자신을 위안하는 것을 말합니다. 이솝(Aesop) 우화에 여우가 따먹을 수 없는 포도를 마치 마음에도 없는 양 저 포도는 분명 실 거야라고 했다는 신 포도(sour grapes)와 같은 의미로 쓰이는 것이겠습니다. 이 경우 영어에서는 복수형 'grapes'를 씁니다. 화호유구(畫虎類狗)는 호랑이를 그리려다 강아지를 그린다는 뜻으로, 소양이 없는 사람이 호걸인 체하다가 도리어 망신을 당함을 비유적으로 이르는 말입니다. 화룡점정(畫龍點睛)은 용을 그리는데 마지막으로 눈동자를 찍는다는 뜻으로, 어떤 일을 하는 데에 가장 중요한 부분을 완성함을 비유적으로 이릅니다.

여기에는 재미있는 고사가 있습니다. 중국 남조(南朝) 양(梁, 502~557)나라 때 장승요(張僧繇)는 유명한 화가로 그가 금릉(현재의 남경) 안락사(安樂寺)의 벽에 용을 네 마리 그리면서 눈동자를 그리지 않았습니다. 그 이유를 묻자 "점을 찍으면 날아가기 때문이다"라고 했습니다. 사람들이 황당하게 여겨 결국 장승요가 점을 하나 찍었는데 잠시 후 벼락이 벽을 치고 용 한 마리가 하늘로 올라갔습니다. 물론 점을 찍지 않은 용은 모두 남아 있었습니다.

格物 054. 눈동자

화룡점정(畵龍點睛)의 마지막 글자는 '눈동자' 정(睛)인데 자칫 '청'으로 읽기 쉽고, 실제 그런 경우를 많이 봅니다. 필자는 정(睛) 자를 볼 때 왜 눈동자에 '푸를' 청(靑)을 썼을까 하는 쓸데없는 호기심이 일어, 한 번은 혹 '눈' 목(目) 옆에 '검을' 흑(黑)이나 '누를' 황(黃)을 쓰는 글자는 없을까 찾아보기도 했는데 그런 글자는 없는 듯합니다. 그래서 거울로 눈동자를 들여다보기도 했는데, 어떻게 보면 아주 짙은 푸른색으로 보기기도 합니다.

눈동자의 색깔은 물론 멜라닌 색소 때문에 나타납니다. 과학적으로 볼 때 실제 눈동자에 있는 색소는 짙은 갈색에서 검정뿐이라고 합니다. 푸른 눈동자나 갈색 눈동자, 녹색 눈동자는 색소 때문이 아니고, 색소의 농도와 산란 때문이라고 합니다.

『설문』에 '눈동자'를 뜻하는 글자는 진(眹)입니다. '불씨' 선(灷, 关)이 소리를 나타내는 형성자로 되어 있습니다. 이 글자는 "눈 속에 들어 있는 불똥이나 불티"를 가리키니 눈동자와 더 잘 맞는 것 같습니다. 그런데 사람들이 이 글자 대신 정(睛)을 많이 써서 지금은 정(睛)을 쓰고, 결국은 두 개의 글자가 되었습니다.

진(眹)은 눈동자를 나타내기도 하고, 조짐의 뜻도 갖습니다. 중국에서는 조짐의 뜻으로 진조(眹兆)라는 말을 쓰는데, 우리는 쓰지 않습니다.

고교	획수	형자	새김	발음
略	11	各	간략할, 대략	략

략(略)은 토지의 경계를 구별하여 정하는 것입니다. 땅을 관리하는 것입니다. 여기에서 경계를 나타내게 되고, 인신되어 다른 사람의 경계에 들어가 약탈하다는 뜻도 있습니다. '대략, 대개, 간단히' 등의 뜻도 모두 인신되어 나온 것입니다.

간단하게 적은 이력은 약력(略歷)이고, 간단한 설명은 약설(略說), 간략하게 차리거나 베푸는 것은 동음이의어인 약설(略設)입니다. 정식으로 절차를 갖추지 아니하고 간추린 의식이나 양식은 약식(略式)으로 정식(定式)과 상대되는 말입니다. 약지일이(略知一二)는 대략 일(一), 이(二) 정도 글자를 아는 정도라는 뜻으로, 자신의 학식에 대해 겸손하게 말할 때 씁니다.

고교	획수	형자	새김	발음
畢	11	華	마칠	필

'마칠' 필(畢)을 『설문』에서는 "밭에서 사냥할 때 쓰는 그물"이라고 합니다. 『단주』를 보면 토끼를 잡는 작은 그물로 긴 자루가 달려 있다고 합니다. 필, 반(華)은 넉가래입니다. 글자를 보면 어느 부수에 속하는지 짐작하기도 어려운데 '열' 십(十) 부수에 속합니다. 넉가래는 "넓적한 나무 판에 긴 자루를 달아 곡식이나 눈 따위를 한곳으로 밀어 모으는 데 쓰는 기구"입니다. 낱자로 보면 낯설지만, '버릴' 기(棄), '마칠' 필(畢) 자에 들어가 있습니다. 모으는 기구는 뭔가를 치울 수도 있으니 버린다는 뜻과 연결될 수 있겠고, 마치는 것은 마무리해 제쳐두는 것이니 역시 의미상 연결될 수 있습니다.

필경(畢竟)은 '끝장에 가서는'의 뜻입니다. 필납(畢納)은 납세나 납품 따위를 끝내는 것입니다. 필생(畢生)은 생명을 마칠 때까지이니 한평생을 뜻합니다. 학업이나 사업을 마치는 것은 필업(畢業)이고, 필역(畢役)은 공사나 일 따위를 마치는 것입니다.

고교	획수	형자	새김	발음
畿	15	幾	경기	기

기(畿)는 천자의 소관인 사방 천 리의 땅을 일컫습니다. 옛날에 이 땅은 천자의 직할지였습니다. 왕성(王城)에서 가까운 지역입니다.

경기도(京畿道)는 한 나라의 도읍인 국도(國都)와 거기에서 가까운 땅이라는 뜻을 담고 있습니다. 나라의 수도를 중심으로 하여 사방으로 뻗어나간 가까운 행정 구역의 안은 기내(畿內)라고 합니다. 서울에서 가까운 곳은 근기(近畿)라 하고, 우리나라의 서쪽 중앙부를 차지하고 있는 경기도와 황해도 남부 및 충청남도 북부를 기호(畿湖) 지방이라고 합니다.

고교	획수	회자	새김	발음
畓	9	水 田	논	답

답(畓)은 우리나라에서 만든 글자 즉, 국자(國字)입니다. 중국에서는 논을 수전(水田)이라고 합니다. 물[水]을 댄 밭[田]입니다.

답곡(畓穀)은 논곡식으로 벼가 주요 작물입니다. 논농사는 답농(畓農)이라 하고, 논으로 된 땅은 답토(畓土)라고 합니다.

고교	획수	회자	새김	발음
畏	9	甶 虎	두려워할	외

'두려워할' **외(畏)**는 본래 '귀신 머리' 불(甶)에 '범의 문채' 호(虎)를 썼습니다. 귀신이든 호랑이든 무섭기는 마찬가지입니다. 그래서 '두려워할' 외(畏)인데, 지금은 자형이 달라져서 본뜻을 짐작하기가 어렵게 되었습니다.

『설문』에서는 자소자인 '귀신 머리' 불(甶)이 소리를 나타낸다고 설명하는데, 불(甶)은 고문 분석에서 옛날 얼굴에 썼던 가면으로 맹수의 모양을 나타내는 것으로 봅니다. 성성이(猩猩-) 즉, 오랑우탄일 것으로 추측합니다. 오랑우탄의 무서운 모습을 한 가면이나 귀신 머리가 전해주는 의미는 같다고 보아도 좋을 것입니다. 『설문』에는 독립된 부수이며, 이 부수에 '귀신머리' 불(甶), '두려울' 외(畏), '긴꼬리 원숭이' 우(禺) 석 자뿐입니다. 그런데 위의 삐침[丿]이 떨어지면서 밭[田]이 되어 『강희자전』에서는 불(甶)과 외(畏)는 '밭' 전(田) 집으로 이사를 했고, 우(禺)는 '자귀' 유(内) 집으로 이사를 해 이산가족이 되었습니다. 자귀가 뭔지 물어서 필자의 꾸지람, 지청구, 핀잔을 자초하지 말고, 모르면 얼른 찾아보라니까요.

외경(畏敬)은 공경하면서 두려워하는 것으로 경외(敬畏)로도 씁니다. 외우(畏友)는 두려워하며 존경하는 벗의 뜻으로 글에서 많이 쓰고, 외축(畏縮)은 두려워서 몸을 움츠리는 것입니다. 외수외미(畏首畏尾)를 『표준』에서는 "목을 움츠리고 꼬리를 사린다는 뜻으로, 남이 아는 것을 꺼리고 두려워함을 이르는 말"로 설명합니다만, 중국어사전에서는 "앞에서도 두렵고 뒤에서도 두려운 것이다. 담이 작아 많이 의심하고 염려하는 것이다"라고 해 설명이 조금 다릅니다. "남이 아는 것을 꺼리고 두려워하다"로 풀기에는 그럴 만한 단서가 없고 실제 쓰임도 그렇습니다.

고교	획수	회자	새김	발음
畜	10	田 糸	가축, 쌓을	축

축(畜)을 『설문』에서는 "힘을 들여 밭에 씨앗을 뿌려 거둔 것을 쌓아두는 것이다. 『회남자(淮南子)』에서 현(玄)과 전(田)으로 축(畜)이 된다고 한다"라고 설명합니다. 『단주』에서는 현전(玄田)을 습지를 평평하게 일구는 것이라고 풀이합니다. 쉽게 밭[田]을 일구고 가꾸어 검게[玄] 즉, 기름지게 하는 것으로 생각해도 좋을 듯합니다. 본음은 '휵'인데, 그렇게 읽는 경우가 거의 없습니다.

가축을 기르는 건물은 축사(畜舍), 가축을 길러 생활에 유용한 물질을 생산하는 일은 축산(畜産)입니다. 축생(畜生)은 사람이 기르는 온갖 짐승인데, 사람 같지 못한 짓을 하는 사람을 이르는 말이기도 합니다. 지식, 경험, 자금 따위를 모아서 쌓는 축적(蓄積), 첩을 두는 축첩(蓄妾)은 각각 축적(畜積), 축첩(畜妾)으로 쓰기도 하는데, 『표준』에는 축적(蓄積)과 축첩(蓄妾)만 올라 있습니다.

고외	부수	획수	형자	회자	새김	발음
累	糸	11	田(畾)	田 糸	여러, 자주	루

루(累)의 『설문』 자형은 위에 '밭' 전(田)이 세 개[畾] 있는 것[纍]입니다. 여러 가지 설명이 있습니다만, 흙으로 담을 쌓듯이[厽] 실[糸]을 겹쳐놓는 것에서 '여러'라는 뜻

을 갖게 되었다는 것이 설득력도 있고 기억하기에도 좋은 듯합니다. '담 쌓을' 루(厽)는 '밭 사이 땅' 뢰(畾) 대신 쓰기도 합니다.

소계를 합산한 것은 누계(累計)이고, 지위, 등급 따위가 차차 올라가는 것은 누진(累進)입니다. 누진은 가격, 수량 따위가 더하여 감에 따라 상대적으로 그에 대한 비율이 점점 높아지는 것을 가리키기도 하는데, 소득이 커질수록 세율이 더 높아지는 것은 누진세(累進稅)입니다. 누란지세(累卵之勢)는 층층이 쌓아 놓은 알의 형세라는 뜻으로 몹시 위태로운 형세를 비유적으로 이르는 말이고, 누란지위(累卵之危)는 층층이 쌓아놓은 알의 위태로움이라는 뜻으로 몹시 아슬아슬한 위기를 비유적으로 이릅니다. 줄여서 누란(累卵)으로만 쓰기도 합니다. 앞말은 그러한 상황, 형국에 비중이 놓인 단어이고 뒷말은 그러한 상황의 위험함에 비중이 주어진 단어입니다.

고외	부수	획수	회자	새김	발음
苗	艸	9	艸 田	모	묘

묘(苗)는 싹입니다. 풀[艸]이 밭[田]에 났습니다. 모입니다, 싹입니다.『설문』주석에서는 "바로 나온 것은 묘(苗)라 하고, 성숙한 것 즉 여문 것은 화(禾)라 하며, 여문 열매는 속(粟)이라 한다"라고 설명합니다.

초(艸)는 해당 부수자 설명을 참고하십시오.

일의 실마리나 일이 나타날 단서는 묘맥(苗脈)이고, 옮겨 심는 어린나무는 묘목(苗木)입니다. 모종을 키우는 자리나 못자리는 묘상(苗床)이라고 합니다. 묘포(苗圃)는 묘목을 기르는 밭입니다. 묘(苗)와 관련된 성어로는 단연 알묘조장(揠苗助長)이겠습니다. 글자 그대로의 의미는 "싹을 뽑아 크는 것을 도와주다"라는 것인데, 성공을 서두르다 오히려 해를 입는 것을 가리킵니다.『맹자』〈공손추(公孫丑)〉에 나옵니다.

고외	부수	획수	회자	새김	발음
胃	肉	9	田 肉	밥통	위

위(胃)입니다. 위는 소화를 담당하는 기관입니다. 흔히 오장육부(五臟六腑)라는 말을

하는데, 오장은 '간장, 심장, 비장, 폐장, 신장'이고 육부는 '위, 큰창자, 작은창자, 쓸개, 방광, 삼초'입니다. 일단 소화와 관련된 기관이라는 것을 짐작할 수 있습니다. 삼초(三焦, 三膲)에 대해서는 '이런 기관이 있다 없다'에서부터 의견이 분분한데 우리 몸의 수분 조절을 담당하는 기관입니다. 그러니까 육부는 크게 소화와 배설에 관련된 기관이 되겠습니다. 위가 오장육부의 바다라고 해서 설명을 하게 되었습니다.

위장(胃臟)은 위이고, 위장(胃腸)은 위와 창자를 아울러 이르는 말입니다. 위내시경(胃內視鏡)은 끝에 거울을 달아 위장 안을 들여다볼 수 있는 의료 기구입니다. 찬 음식을 많이 먹거나 몸 안에 양기가 부족하여 위가 냉한 증상을 한의학에서 위랭(胃冷)이라고 합니다.

고외	부수	획수	회자		새김	발음
奮	大	16	奞	田	떨칠	분

순(奞)이 어떤 뜻일지 한 번 짐작해보기 바랍니다. 새[隹]가 크거나[大], 아니면 날개를 펴서 커진 것[大] 정도로 추측할 수 있을 것입니다. 새[隹]가 작아[少] 참새[雀]이니 큰 새로 추측할 근거도 있습니다. 그런데 '큰 새' 붕(鵬)이 있으니 날개를 편 것과 상관이 있으리라고 추측해보는 것이 더 좋을 듯합니다. '날갯짓할' 순(奞)입니다.

고문 분석에서는 내용이 다릅니다. 위의 대(大)는 광주리 같은 것으로 새를 가둔 것이라고 합니다. 새가 날아 거기를 벗어나려는 것을 나타낸다고 합니다. 그래서 순(奞)을 **분(奮)**의 본자로 봅니다. '떨칠' 분(奮)과 '빼앗을' 탈(奪)에 그런 의미가 남아 있는 것으로 봅니다.

분기(奮起)는 분발하여 일어나는 것이고, 분발(奮發)은 마음과 힘을 다하여 떨쳐 일어나는 것입니다. 발분(發奮)으로 쓰기도 합니다. 있는 힘을 다하여 싸우거나 노력하는 것은 분투(奮鬪)입니다. 분불고신(奮不顧身)은 『사기(史記)』에 나오는 말로, 일신의 안위를 생각하지 않고 떨쳐 일어나는 것을 말합니다. 나라를 위해 이런 자세를 가지신 분들의 얼은 죽음으로 다시 살아나 오늘을 사는 사람들의 귀감이 됩니다.

R103

필필 부, 발 소(疋, 疋)

갑골	금문	전문	해서

　이 부수를 '필필' 또는 '짝필'이라고 하는데 이것은 피륙의 길이를 나타내는 필이나 짝을 나타내는 필(匹)의 속자로 자형이 비슷한 '짝/발' 필/소(疋)를 썼기 때문입니다. '발' 소(疋)의 소전(小篆) 자형은 위에는 아래쪽이 뚫린 고리모양이고, 아래는 '그칠' 지(止)입니다. 『설문』에서는 "소(疋)는 발이다. 위는 장딴지 모양을 본떴고, 아래는 지(止)에서 뜻을 취한다"라고 합니다. 고문 분석에서는 정강이를 본뜬 것으로 봅니다. 발입니다. 실제 '발' 소(疋)와 '발' 족(足)은 같은 글자였다고 합니다. 발을 뜻합니다만 바로 위에서 말했듯이 '필' 필로도 새깁니다.

　'짝' 필(匹)은 길이의 단위인 것은 분명한데 실제 시장에서 사고파는 것을 보면 소창, 광목, 삼베, 인견, 모시, 비단 등등 천의 종류마다 다릅니다. 정해진 길이가 없습니다. 끗이란 말도 비슷합니다. 한 번 접은 만큼의 길이라고 하는데 일정하지 않습니다. 『설문』에서는 "넉 장(丈)으로 여덟 번 접어서 한 필이 된다"라고 합니다. 주석에서 확인해보면 옛날에 베나 비단은 양쪽 끄트머리에서 접어, 한 필(匹)은 두 개의 두루마리처럼 되기 때문에 양(兩)이라 했으며, 한(漢)나라 때에는 이것을 필(匹)이라 했다고 합니다. 각 끝에서 다섯 자씩 네 번을 접으니 20자가 되고, 양쪽에서 접으니 여덟 번 접는 것이 되어 한 필은 40자라고 합니다. 실제 지금도 한 필을 40자로 치는 경우도 있는데, 지금 피륙마다 다른 것은 거래량이나 가격 등을 감안해서 적당한 정도로 나누어 파는 것과 연관이 있지 않을까 추측해봅니다.

어쨌든 이 부수자는 '발' 소(疋)로 기억하는 것이 좋습니다. 변의 위치에 올 때에는 자형[疋]이 조금 바뀝니다.

고교	획수	형자	새김	발음
疏	12	疋	소통할, 트일	소

소(疏)는 아이가 태어나는 것입니다. 그래서 '열리다, 통하다'라는 뜻을 갖습니다.

막히지 않고 잘 통하는 것은 소통(疏通)입니다. 소홀(疏忽)은 대수롭지 아니하고 예사롭거나 또는 탐탁하지 아니하고 데면데면한 것을 이릅니다. 소불간친(疏不間親)을 『표준』에서는 "친하게 지내지 아니하는 사람이 친하게 지내는 사람들의 사이를 떼어놓지 못함"으로 설명합니다. 중국어 성어사전에서는, "친하게 지내지 않는 사람은 친하게 지내는 사람들의 일에 끼어들 수 없는 것을 가리킨다"라고 해 설명이 조금 다릅니다.

고교	획수	형자	회자	새김	발음
疑	14	矢	匕矢	의심할	의

의(疑)는 이것인지 저것인지 헷갈리는 것입니다. 그래서 미혹해 합니다. 고문 분석에서는 내용이 다릅니다. 글자 모양이 지팡이를 짚은 사람이 갈림길에 서서 좌우를 보는 모습인 것에서 망설임을 나타내는 것으로 설명합니다. 어디로 가야할지[疋] 결정을 하지 못하는 것입니다. 여기에서 '명확하지 않다, 의심스럽다, 이상하다' 등의 뜻을 나타내게 되었습니다. 『설문』에서는 시(矢)가 소리를 나타내는 형성자로 보는데, 고문을 분석한 사람들은 회의자로 보고 있습니다.

의심하며 두려워하는 것은 의구(疑懼)하는 것이고, 의심스럽게 생각하는 것은 의문(疑問)입니다. 의심하여 수상하게 여기는 것은 의혹(疑惑)입니다. 얼마쯤 믿으면서도 한편으로는 의심하는 것은 반신반의(半信半疑)입니다.

고외	부수	획수	회자	새김	발음
旋	方	11	㫃疋	돌	선

선(旋)은 정기(旌旗)의 지휘에 따라 도는 것이라고 합니다. 정기(旌旗)의 정(旌)은 깃털로 장식한 기로 하급 부대에서 사용하고 기(旗)는 천으로 만든 것으로 상급 부대에서 사용하는 기라고 합니다. 여기에서 '돌다'라는 뜻을 갖게 되었습니다.

자소자는 '깃발 나부낄' 언(㫃).『설문』에서는 독립된 부수라서 뜻을 짐작해볼 수 있었는데,『강희자전』에서는 '모' 방(方) 부로 통합되었습니다. '기' 기(旗), '나그네' 려(旅), '돌' 선(旋), '베풀' 시(施), '어조사' 어(於), '겨레' 족(族)에 나옵니다.

선건전곤(旋乾轉坤)은 천지를 뒤집는다는 뜻으로 나라의 난을 평정함을 이르거나, 나라의 나쁜 풍습을 크게 고치는 것을 말합니다.

R104

병질엄 부, 기댈 녁(疒)

갑골	금문	전문	해서

병질엄(病疾疒)은 부수 이름이고, 이 글자의 새김은 '기댈' 녁(疒)입니다. 병이 나서 침상[爿]에 누운 것을 나타냅니다. 금문에는 글자를 세운 형태이긴 합니다만, 왼쪽 침상 위에 오른쪽으로 사람이 누워 있는 모습이 분명히 드러납니다. 자형이 바뀌면서 알아보기가 어렵게 되었습니다.

『설문』에서는 "의지하는 것이다. 사람이 병이 있어 기대고 있는 모양을 본떴다"라고 합니다. 그래서 '병들어 누울' 녁으로 새깁니다. 병(病)의 본자로 보기도 합니다. 병질은 병이 난다는 뜻이 아니고 질병 즉, 온갖 병을 가리킵니다.

병질엄이라는 명칭의 유래는 확실하지 않습니다. 중국에서는 병자방(病字旁)이라 합니다. 우리가 민엄호[厂], 엄호[广], 병질엄[疒]이라고 하는 것을 일본어에서는 모두 무슨무슨 타레(垂, たれ)라고 합니다. '늘어져 있다, 드리워져 있다, 그래서 가려준다' 등의 뜻이 되겠습니다. 한자의 구성상 위쪽에서 왼쪽에 걸쳐 늘어져 있는 것을 '밑'이라고 하는데 그런 뜻으로 쓴 것이 아닐까 합니다. 실제 이 부수 이름을 '병질밑' 또는 '병질

안'이라고도 합니다. 일본은 늘어져 있다는 점에 주목한 것이고, 우리는 혹시 위와 왼쪽을 가려준다는 점에 주목한 것이 아닐까 합니다.

'병질밑'은 다른 자소 글자가 그 아래 들어간다는 말이겠고, '병질안'은 그 안에 들어간다는 뜻이겠습니다. '밑'이나 '안'은 위치에 주목한 명칭이겠고, '엄'은 가려준다는 역할에 주목한 이름으로 보입니다. 『표준』에는 병질엄(病疾广)으로 올라 있습니다. 한자 공부 시에는 '병들어 누울' 녁으로 기억해야 합니다.

중학	획수	형자	새김	발음
病	10	丙	병	병

중학 과정에는 '병' **병(病)** 한 글자뿐입니다. 『설문』에서는 "병이 심해지는 것이다"라고 합니다. 증세가 악화되는 것으로 설명합니다. 질병이나 병이 나는 것을 가리킵니다. 폐단이나 결점, 실패 등의 뜻도 있습니다. 새김이 같은 '병' 질(疾)이 있는데 증세가 심한 것은 병(病), 조금 가벼운 것은 질(疾)입니다. 지금은 질병(疾病) 한 단어로 온갖 병을 나타냅니다.

병의 원인이 되는 균은 병원균(病原菌)인데 줄여서 병균(病菌)이라고도 합니다. 마음의 병이나 근심을 품은 마음은 병심(病心)이고, 병으로 몸이 쇠약한 것은 병약(病弱)한 것입니다. 병환(病患)은 상대방을 높여 그의 병을 이를 때 하는 말입니다. 병종구입(病從口入)은 병은 입으로 들어간다는 뜻으로 음식을 조심하거나 식탐을 내지 말라고 할 때 쓰는 말입니다. 병입고황(病入膏肓)은 병이 고황에 들었다는 뜻으로 병이 고치기 어렵게 몸속 깊이 드는 것을 이릅니다. 고황(膏肓)은 심장과 횡격막의 사이에 있는데, 고는 심장의 아랫부분이고 황은 횡격막의 윗부분으로 이 사이에 병이 생기면 낫기 어렵다고 합니다.

송강 정철의 「관동별곡」입니다. "강호(江湖)에 병이 깁퍼 죽림(竹林)에 누엇더니, 관동(關東) 팔백리에 방면(方面)을 맛디시니, 어와 성은(聖恩)이야 가디록 망극하다." 이렇게 강호에 깊은 병이 드는 것이 천석고황(泉石膏肓)이죠. 연하고질(煙霞痼疾)이라고도 하는데 자연의 아름다운 경치를 몹시 사랑하고 즐기는 성벽을 이릅니다. 고질(痼疾)은 오랫동안 앓고 있어 고치기 어려운 병입니다.

고교	획수	형자	새김	발음
疫	9	役省	염병	역

『설문』에서는 "역(疫), 백성이 모두 병[疾]에 걸리는 것이다"라고 합니다. 현대 의학용어를 빈다면 급성 전염병이겠습니다. 염병(染病)입니다. 염병은 장티프스를 이르는 말이기도 하지만, 전염병을 가리키기도 하는데 요즈음은 욕설처럼 들려 함부로 쓰기 어려운 말이 되었습니다.

민주주의를 이야기할 때 흔히 'Democracy'를 풀어서 이야기합니다. 데모스(Demos)는 그리스어로 '사람'이고 크라티아(Cratia)는 '지배'를 뜻한다고 말이죠. 영어에 유행성 질병을 가리키는 말로 '에피데믹(Epidemic)'과 '팬데믹(Pandemic)'이 있습니다. 사람들[Demos] 사이에 퍼지는 것은 같습니다. 차이는 범위입니다. 한 지역에서 발생하는 것은 에피데믹이고, 한 나라 전체나 세계로 번지는 것은 팬데믹입니다. 세계보건기구(WHO)에서는 질병이 전 세계로 확산된[Pandemic] 상태를 최고 수준인 6단계로 분류해 관리합니다. 교통수단이 발달하고 사람들의 왕래가 잦아지면서 각종 질병이 팬데믹한 상태로 번지곤 합니다.

옛날에는 귀신 즉, 역귀(疫鬼)가 병을 일으킨다고 여겼습니다. 향가 「처용가(處容歌)」에도 역신(疫神)이 나옵니다. 이 역신은 처용의 관대함에 감탄해 문에 처용을 그린 그림을 보면 그 집에는 들어가지 않겠다는 약속을 하지요. 역병(疫病)은 집단적으로 생기는 전염병을 말하고, 역질(疫疾)은 천연두(天然痘, smallpox)를 가리킵니다.

고교	획수	형자	새김	발음
疲	10	皮	피곤할, 가쁠	피

피(疲)는 일로 피곤한 것입니다. 일을 많이 해 피로가 누적된 상태입니다. 나아가 정신 활동이 활발하지 않은 것, 게으르고 태만한 것, 노쇠한 것을 가리킵니다.

'가쁘다'는 힘에 겹다는 뜻입니다. 그래서 숨이 찹니다. 예전에는 이 글자를 보통 '가쁠' 피로 새겼는데, 지금은 그 말 자체를 많이 쓰지 않아서 그런지 '고달플' 피 아니면 '피곤할' 피로 새기는 듯합니다. 말도 살아 있는 생물이라서 끊임없이 바뀌고 변합니다.

현대 의학에서 피로나 스트레스가 만병의 원인이라고 합니다.

몸이나 마음이 지치어 고달픈 것은 피곤(疲困)한 것이고, 정신이나 몸이 지친 상태는 피로(疲勞)한 것입니다. 지치고 쇠약해지는 것은 피폐(疲弊)한 것입니다.

고교	획수	형자	새김	발음
症	10	正	증세	증

증(症)은 『설문』에 수록되어 있지 않습니다. '증거' 증(證)에서 분화된 글자로 봅니다. 증(證)은 말하는 것, 고발하는 것이 원뜻입니다. 병에 걸려 아픈 것을 실제로 겪어본 사람이 말을 하는 것입니다. 증세고 증상입니다. 중국에서는 증(證)을 정(証)으로 쓰는데 정(証)은 바른[正]말을 하는 것[言]으로 간언을 하는 것을 나타냅니다. 옳은 말을 해 바로잡도록 하는 것입니다. 물론 '증거할' 증으로 새기기도 합니다.

증상(症狀)은 증세(症勢)와 같은 뜻으로, 병을 앓을 때 나타나는 여러 가지 상태나 모양입니다.

고교	획수	형자	새김	발음
疾	10	矢	병	질

앞에서 질(疾)이 병(病)보다는 상황이 조금 가벼운 것을 가리킨다는 설명을 한 바 있습니다. 질(疾)이 심해진 것이 병(病)입니다만 지금은 이렇게 나누지 않고 질병(疾病)이라는 한 단어로 쓰고 있습니다. 갑골문의 질(疾)은 겨드랑이에 화살[矢]을 맞은 모양입니다. 겨드랑이니 중요한 부상도 아니고 외상으로 조금 가벼운 것을 나타냅니다. '빠르다, 힘을 다하다'라는 뜻도 있습니다.

빨리 달리는 것은 질주(疾走), 바람이 빠르고 거센 것은 질풍(疾風)입니다. 질환(疾患)은 질병과 같은 뜻으로 온갖 병입니다. 질수(疾首)는 골치를 앓는 것입니다. 질수축액(疾首蹙額)은 골치를 앓고 이마를 찌푸리는 것이니 아주 싫어하고 미워하는 것을 나타냅니다.

고교	획수	형자	새김	발음
痛	12	甬	아플	통

통(痛)은 병이 들어 아픈 것입니다. 질병이나 상처 때문에 느끼는 통증입니다. 여기에서 '슬프다, 가엾다' 등의 뜻도 나타내게 되었습니다. 뜻의 인신 과정은 우리말을 곰곰이 생각해보면 대부분 유추할 수 있습니다. 우리말에서도 '아프다'라는 말은 일차적으로 통증을 나타냅니다. 그러나 더 나아가 다른 사람의 딱한 사정을 보았을 때 우리는 가슴으로 아파하고 슬퍼하고 가엾게 생각합니다. 그러니 한자 공부를 우리말과 전혀 상관없는 것으로 여기지 말고 우리말에 대한 이해를 깊게 하는 계기로 생각하면 좋겠습니다.

자소자 용(甬)입니다. 『설문』에서는 "풀이나 나무의 봉오리가 피려는 모양이다"라고 합니다. 주석을 보면 용(甬)은 물이 솟아나는 것이라고 합니다. 고문 연구 결과는 종(鐘) 모양으로 종(鐘)의 초문(初文)이라고 해 사뭇 다릅니다. 종의 손잡이나 악기로 쓰는 종을 가리킨다고 합니다. 힘[力]을 더해 '날랠' 용(勇), 말[言]이 붙어 '욀' 송(誦), 병[疒]이 나서 '아플' 통(痛), 오고 가니[辶] '통할' 통(通) 자에서 자소자로 쓰이고 있습니다.

뼈에 사무치게 절실한 것은 통절(痛切)한 것이고, 아픈 증세는 통증(痛症)입니다. 통쾌(痛快)에서는 통(痛)이 정도가 심한 것을 나타내, 아주 즐겁고 시원하여 유쾌한 것입니다.

기초한자에 속하지는 않지만 두 글자만 더 설명합니다. 치(癡)입니다. 치(癡)는 지혜롭지 못한 것입니다. 굼뜨고 미련한 것입니다. 이것인지 저것인지 분별하지 못하는[疑] 병[疒]이라고 할 수 있습니다. 치(痴)는 치(癡)의 속자라고 하는데 아는 것에 병이 든 것으로 뜻이 더 잘 드러나 보입니다. 중국과 일본에서는 이 글자가 표준 자형입니다.

R105

필발머리 부, 등질 발(癶)

갑골	금문	전문	해서
		屾	癶

　표에 나와 있지는 않습니다만, 갑골문의 발(癶)은 '그칠' 지(止) 자 두 개를 왼쪽에는 뒤집어서 쓰고, 오른쪽에는 그대로 쓴 모양으로 회의자입니다. 전문에서도 그런 모습을 볼 수 있습니다. 두 발을 나타내며, '걸을' 발, '등질' 발로 새깁니다.

　『설문』에서는 "두 발이 어긋나 순조롭지 못한 것이다"라고 합니다. 지금은 그야말로 옛날 일입니다만 예전에는 겨울에 추위가 심하면 보리가 얼어 죽지 않도록 밟아주었습니다. 양발을 일자로 하고 보폭을 아주 짧게 해 종종걸음을 놓는데, 그런 모습을 떠올리면 되겠습니다. 단 종종걸음은 속도가 빠르지만 여기서는 보리밭을 밟는 것처럼 속도가 느립니다.

　'필발머리'로 부르는 것은 이 부수에 속해 있는 '필' 발(發)의 윗부분 즉, 머리의 자형이라는 뜻입니다. '필발밑'이라고도 하는데, 이 글자를 중심으로 생각하면 머리이고 다른 글자가 이 글자 아래에 오는 것이니 '밑'이 되겠습니다. 이 부수에 속하는 글자는 열

손가락을 꼽을 정도인데, 그 가운데 석 자가 기초한자에 속해 있습니다.

중학	획수	새김	발음
癸	9	열째 천간	계

『설문』을 살펴보겠습니다. "계(癸)는 겨울을 나타내며, 이때는 물과 흙이 평평하게 되어 (땅을) 재어볼 수 있다. 물이 사방에서 땅속으로 흘러들어가는 모양을 본떴다. 계(癸)는 임(壬)에 이어지며 사람의 발을 본뜬 것이다."

오행설에서는 천간의 임계(壬癸)를 겨울로 삼습니다. 겨울에는 물이 마르기 때문에 물과 땅이 다른 계절보다 평평해지기는 하겠지만 그게 다 땅속으로 들어간다는 것은 옳지 않아 보입니다. 주석에 계(癸)를 달리 설명하고 있는 것이 눈에 띕니다. 옛날에 측량을 하는 데에는 걸음[步]으로 하는 경우가 있어 발(癶)을 따르고, 화살[矢]로 하는 경우도 있어 시(矢)를 따른다는 것입니다. 글자 설명에 맞고 안 맞고를 떠나 옛날의 제도를 엿볼 수 있는 단서입니다.

계방(癸方)은 이십사방위에서 정북에서 동으로 15도를 중심으로 15도 각도 안의 방향이고, 계좌(癸坐)는 묏자리나 집터 따위가 계방을 등지고 앉은 자리입니다.

중학	획수	형자	새김	발음
登	12	豆	오를/얻을	등/득

등(登)은 '수레에 타다'라는 것이 본 뜻입니다. 두 발[癶]로 디딜개[豆]를 딛고 수레에 오르는 것입니다. 고문 분석은 전혀 다릅니다. 갑골문에는 등(登) 자 아래에 양손이 그려 있어 그릇을 두 손에 들고 신에게 바치려고 계단을 올라가는 것[癶]이라고 합니다. 그래서 본뜻을 햇곡식을 바치는 것으로 봅니다. '곡물이 여물다, 완성되다, 올라가다, 높다' 등의 뜻으로 인신된 것으로 설명합니다.

학생이 학교에 가는 것은 등교(登校), 등기부에 일정한 권리 관계를 적은 것은 등기(登記), 인재를 뽑아 쓰는 것은 등용(登庸, 登用), 산에 오르는 것은 등산(登山), 어떤 사항을 장부나 대장에 기록해 올리는 것은 등재(登載)입니다. 등용문(登龍門)은 용문(龍

門)에 오른다는 뜻인데, 어려운 관문을 통과하여 크게 출세하는 것을 가리킵니다. 또는 그런 관문을 이르기도 합니다. 잉어가 중국 황하(黃河) 중류의 급류인 용문을 오르면 용이 된다는 전설에서 유래했다고 하는데 용문은 현재 산서성 하진시(山西省 河津市) 서북 12km 지점이라고 합니다.

등고일호(登高一呼)는 높이 올라 소리를 한 번 지른다는 뜻인데, 영향력이 있는 사람이 소리를 한 번 내면 영향력이 아주 클 수 있음을 나타냅니다. 등고자비(登高自卑)는 두 가지로 해석할 수 있습니다. 첫째는 '스스로' 자(自)를 개사[전치사]로 보아 '~로부터(from)'로 새기는 것입니다. "높이 오르려면 낮은 데부터 시작한다"라는 뜻으로 일에는 일정한 순서가 있음을 나타냅니다. "바늘허리 매어 쓰지 못한다"라는 우리 속담과 비슷하겠습니다. 둘째는 '스스로' 자(自)를 인칭 대명사로 보는 경우입니다. "높이 오를수록 자신을 낮춘다"라는 뜻이 됩니다. 등산소노(登山小魯)는 동산(東山)에 오르니 노나라가 작은 것을 안다는 뜻으로 학문의 수준이 높아지면 시야가 넓어져 하나로 관통할 수 있음을 비유해 이르는 말입니다. 『맹자』〈진심상(盡心上)〉에 나오는 말입니다. "공자가 동산에 올라서는 노나라가 작다 여겼고, 태산에 올라서는 천하가 작다 여겼다[孔子登東山而小魯 登太山而小天下]"라고 합니다.

중학	획수	형자	새김	발음
發	12	癹	쏠	발

발(發)은 활[弓]을 쏘는 것입니다. 발(癹)이 소리를 나타냅니다. 여기에서 '보내다, 파견하다, 어떤 일을 일으키다, 만들어내다, 시작하다' 등의 뜻이 인신되어 나왔습니다. 발(發)에는 뜻이 너무 많아 여기에서 모두 소개하기는 어렵고 필요한 경우에는 그때그때 자료를 찾아보기 바랍니다.

발(癹)이 자소자로 들어 있어 결국 이 부수에 속한 글자를 한 자 더 배우게 되었습니다. 자형을 보면 발(癶)과 '몽둥이' 수(殳)로 되어 있습니다. 글자 그대로 새기면 두 발로 친다, 때린다가 되겠는데 짓밟는 것입니다. 『설문』에서는 "발로 밟아 풀을 없애는 것이다"라고 합니다. 고문 분석에서는 우거진 풀을 발[癶]로 밟고 손에 창[殳] 같은 것을 들고 쳐내는 것으로 추정합니다. 황무지를 개척하는 상황입니다.

숨긴 것이 들어나는 것은 발각(發覺), 새로운 일을 꾸며 일으키는 것은 발기(發起), 그외 병이 나는 발병(發病), 전신을 보내는 발신(發信), 세상에 드러내어 알리는 발표(發表)가 있습니다.

R106

흰 백(白) 부

갑골	금문	전문	해서
			白

　백(白)은 사람의 얼굴 모양을 나타내는 글자라고 합니다. 상형자입니다. '희다'라는 것은 가차해서 나온 뜻으로 봅니다. 쌀의 알 모양을 본뜬 것이라는 설명도 있습니다. 『설문』을 살펴보겠습니다. "백(白)은 서방(西方)의 색이다. 어두운 곳에서 일하면 물건의 색이 쉽게 벗겨지고 떨어져 흰색이 되기 쉽다. 자형은 이(二)가 들어 있는 입(入)으로 되어 있다. 이(二)는 음수이다." 이(二)가 들어 있는 입(入)이라면 스 자이겠는데, 스 자는 소리만 질(疾)이라고 나와 있을 뿐 새김은 찾아볼 수 없습니다. 그래서 뜻이 명확하지 않습니다.

　흰쌀로 보는 것은 고문 분석입니다. 가운데 획을 씨눈으로 봅니다. 옛날 조정에서 제사를 지낼 때, 쌀은 백(白)이라 하고, 기장은 흑(黑)이라고 했다고 합니다. 고급 관리 집의 부인이나 여자들이 죄를 범하면, 백찬(白粲)이라고 해서 쌀을 골라내게 했다고 하니 백(白)이 쌀과 연관된 것을 보여주기도 합니다. 그래서 백(白)은 색을 나타내게 되었고,

골라내어 가장 깨끗한 흰쌀의 색을 나타내게 되었다고 합니다.

중학	획수	새김	발음
白	5	흰	백

백기(白旗)는 물론 흰 빛깔의 기입니다. 항복의 표시로 쓰기도 하고, 일기 예보에서는 맑음을 나타냅니다. 하얗게 센 머리는 백발(白髮)이고, 흰옷의 한자어는 백의(白衣)입니다. 백골난망(白骨難忘)은 죽어 백골이 되어도 잊을 수 없다는 뜻으로 남에게 큰 은덕을 입었을 때 고마움의 뜻으로 이르는 말입니다. 백룡어복(白龍魚服)은 흰 용이 물고기 옷을 입었다는 뜻으로 본래는 높은 지위에 있는 사람이 남모르게 나다니다가 뜻하지 않게 욕을 봄을 이르렀는데, 지금은 신분이 높고 귀한 사람이 남 모르게 나다님을 가리킵니다. 글만 읽고 세상일에는 전혀 경험이 없는 사람은 백면서생(白面書生)입니다. 백발홍안(白髮紅顏)은 머리털은 허옇게 세었으나 얼굴은 붉다는 뜻으로 나이는 많은데 매우 젊어 보이는 사람을 이르는 말인데, 백발동안(白髮童顏)으로도 씁니다. 백벽미하(白璧微瑕)는 흰 옥구슬에 있는 작은 흠이라는 뜻으로 거의 완전하지만 아주 작은 결점이 있음을 비유적으로 이릅니다. 백벽무하(白璧無瑕)는 작은 결점조차 없는 완전한 것을 가리킵니다. 우리 보통 사람들로서는 하는 일이 백벽미하(白璧微瑕) 정도에만 이르러도 감지덕지입니다. 백산흑수(白山黑水)는 『표준』에서 "백두산과 흑룡강을 아울러 이르는 말"이라고 설명합니다. 중국어에서도 이 두 곳을 가리키는 것은 마찬가지입니다만, 이 두 곳으로 대표되는 요녕성, 길림성, 흑룡강성 지역을 나타내기도 하는 것으로 설명합니다. 동북삼성(東北三省)이라 하고 우리의 고대사가 펼쳐지던 무대이기도 합니다. 백의민족(白衣民族)은 흰옷을 입는 민족이라는 뜻으로 우리 한민족을 가리킵니다. 백일승천(白日昇天)은 도를 극진히 닦아 육신을 가진 채 신선이 되어 대낮에 하늘로 올라가는 것을 가리킵니다. 백홍관일(白虹貫日)은 흰 무지개가 태양을 뚫고 지나간다는 말인데, 향후 이상한 일이 생길 것이라는 불길의 전조로 쓰이기도 하고 정성이 지극하여 하늘을 감응시키는 것을 뜻하기도 합니다.

중학	획수	형자	새김	발음
的	8	勺	과녁	적

적(的)의 『설문』 자형은 왼편 자소자가 '날' 일(日)로 되어 있습니다[旳]. '밝다'가 본 뜻입니다. 그래서 흰색을 나타내고, 인신되어 과녁의 뜻이 되었습니다. 선명하다, 확실하다 등의 의미도 있습니다.

형성 자소인 작(勺)은 구기입니다. 술이나 기름, 죽 따위를 풀 때에 쓰는 기구인데, 지금은 국자라는 말이 천하를 통일한 듯합니다. 특별히 분간해 쓰는 경우를 거의 보지 못했습니다. '맺을' 약(約), '술 부을' 작(酌)에 자소자로도 쓰입니다.

틀림없이 확실한 것은 적실(的實)한 것이고, 화살이 과녁에 맞는다는 뜻의 적중(的中)은 예상이나 목표 따위에 들어맞는 것을 가리키기도 합니다. 정확하게 맞아 조금도 틀리지 않는 것은 적확(的確)입니다.

중학	획수	형자	새김	발음
皇	9	王	임금	황

『설문』의 **황(皇)**입니다. "황(皇)은 크다는 뜻이다. 자(自)와 왕(王)으로 된 회의자이다. 자(自)는 시작한다는 뜻이다. 처음으로 세상을 통치한 사람은 (수인씨, 복희씨, 선농씨) 삼황으로 위대한 군왕들이다. 자(自)는 비(鼻)처럼 읽는다. 세속에서는 처음으로 난 아이를 비자(鼻子)라고 한다."

고문 분석에서는 기름이 가득 찬 등잔으로 봅니다. 그래서 '눈부시게 빛나다'가 본뜻이라고 합니다. '빛날' 황(煌)의 본자로 봅니다. 여기에서 '아름답다, 위대하다'라는 뜻이 인신되어 나왔습니다.

황제(皇帝)는 왕이나 제후를 거느리고 나라를 통치하는 임금으로 왕이나 제후와 구별하여 이르는 말입니다. 남에게 돌아가신 자기 아버님을 이르는 말은 선고(先考)나 선친(先親)인데, 이를 높여 부르는 말은 황고(皇考)입니다. 황천후토(皇天后土)는 하늘과 땅의 신을 말하는데, 만물을 주재하는 천지 신령입니다.

중학	획수	형자	회자	새김	발음
百	6	白	尺(上) 黍(下)	일백	백

백(百)을 『설문』에서는 "십(十)이 열 개이다. 일(一)과 백(白)을 따른다[회의자]. 백이 열이면 일 관(貫)이 된다. 이렇게 하면 분명해서 어지럽지 않게 된다"라고 합니다. 관(貫)은 동전 천 개를 가리킵니다. 꿰미입니다. 일(一)과 백(白)을 따르면 글자가 백(百)이 되기는 합니다만, 왜 숫자 100을 가리키는지는 명확하지 않습니다.

이보다는 고문 분석이 명확합니다. 갑골문에서 이 글자의 위는 자[尺]이고, 아래는 낟알이라고 합니다. 옛날에 길이를 재는 단위로 기장을 썼습니다. 기장 백 톨을 늘어놓으면 한 자가 된다고 하는데, 기장자라는 뜻의 서척(黍尺)이라고 했습니다. 기장을 가로로 늘어놓은 길이는 횡서척(橫黍尺), 세로로 늘어놓은 것은 종서(縱黍) 또는 종서척(縱黍尺)으로 불렀습니다. 횡서척 한 자는 종서척의 여덟 치 한 푼이라고 합니다. 기장의 가로 세로 비율은 약 4:5인 모양입니다. 기장은 구하기가 쉬웠던 것인지, 아니면 규격이 다른 곡물보다 일정한지 모르겠지만 길이는 물론이고 무게의 단위로도 쓰였습니다. 해당란에서 다시 설명하도록 하겠습니다. 백의 우리말은 '온'입니다. '많다'라든지 '전부'를 가리킬 때에도 씁니다.

여러 가지 꾀나 온갖 계교는 백계(百計)이고, 학문의 모든 분과는 백과(百科)입니다. 백성(百姓)은 국민을 예스럽게 이르는 말입니다. 고대에는 귀족들만 성이 있어서 벼슬을 하는 집안이 백성을 이뤘습니다만 전국 시대 이후 널리 평민을 가리키게 된 것으로 알려져 있습니다. 백가쟁명(百家爭鳴)은 많은 학자나 문화인 등이 자기의 학설이나 주장을 자유롭게 발표하여 논쟁하고 토론하는 것을 가리키는데, 1956년에 중국 공산당이 정치 투쟁을 위하여 내세운 슬로건이기도 합니다. 백공천창(百孔千瘡)은 온통 구멍과 상처투성이라는 뜻으로 온갖 폐단과 결함으로 엉망진창이 된 모양을 비유적으로 이릅니다. 백년대계(百年大計)는 먼 앞날까지 미리 내다보고 세우는 크고 중요한 계획입니다. 백년해로(百年偕老)는 부부가 되어 한평생을 사이좋게 지내고 함께 늙는 것을 말하는데, 중국어에서는 백두해로(白頭偕老)로도 많이 씁니다. 백리지재(百里之才)는 백리쯤 되는 땅을 다스릴 만한 재주라는 뜻으로 사람됨과 수완이 보통 사람보다 크기는 하나 썩 크지는 못함을 이릅니다. 백문불여일견(百聞不如一見)은 백 번 듣는 것이 한 번 보는 것보다 못하다는 뜻인데, 요즈음은 더러 백견불여일행(百見不如一行)이라는 말을 하기도 합니다. 백 번 보는 것이 한 번 해보는 것보다 못하다는 뜻입니다. 특히 봉사 등 실천을 요하는 분야에서는 아무리 보아야 그뿐, 실제 내 몸으로 하는 것이 최선입니다. 백발백중(百發百中)은 백 번 쏘아 백 번 맞힌다는 뜻으로 겨눈 곳에 다 맞음을 이릅니다. 백세지사(百世之師)는 후세까지 모든 사람의 스승으로 존경을 받을 만한 훌륭한 사람입니다. 백화제방(百花齊放)은 많은 꽃이 일제히 핀다는 뜻으로 학문이나 예술, 사상 따위가 함께 성(盛)함을 비유적으로 이릅니다.

중학	획수	회자	새김	발음
皆	9	比 白	다	개

개(皆)는 통괄하는 말이라고 합니다. 한 데 묶어서 말하는 것인데 '모두, 다' 등이 그렇게 통괄하는 말이 되겠습니다. 고문은 '견줄' 비(比) 안에 '가로' 왈(曰)로 두 사람이 말하는 것을 나타냈는데 이후에 자형이 바뀌었습니다. 백(白)에는 '주인장 백'하는 것처럼 '사뢰다, 말씀드리다'의 뜻이 있으니 자소자는 바뀌었지만 뜻 자체가 바뀐 것은 아니겠습니다. '다, 모두'에서 인신되어 '서로 같다'라는 뜻도 나타냅니다.

하루도 빠짐없이 출석하거나 출근하는 것은 개근(皆勤)이고, 모든 사람이 병역 의무를 지는 것은 개병제(皆兵制)입니다. 개제(皆濟)는 빌린 돈이나 물건 등을 다 갚거나 일을 남김없이 정리하여 끝내는 것입니다.

중외	부수	획수	회자	새김	발음
習	羽	11	羽 白	익힐	습

습(習)은 새가 자주 나는 연습을 하는 것을 나타냅니다. 『설문』에서는 회의자로 보고 있고, 주석에서는 백(白)이 소리를 나타내는 형성자로 보고 있습니다. 고문에 습은 아래에 '흰' 백(白)이 아니라 '날' 일(日)을 쓰는 글자였습니다. 새가 매일[日] 날갯짓[羽]을 하는 것처럼 자주 연습을 해 익힌다는 뜻이 되겠습니다. 뜻으로 생각하면 '흰' 백(白)보다는 '날' 일(日)이 더 타당해 보이는데 변하는 과정에 잘못된 것으로 봅니다. 낱자로는 쓰지 않고 다른 글자와 결합해 단어로 쓰입니다.

오랫동안 되풀이하는 과정에서 저절로 익혀진 행동 방식은 습관(習慣)이고, 학문이나 기술 따위를 배워서 자기 것으로 하는 것은 습득(習得)입니다. 글씨 쓰기를 배워 익히는 것으로, 특히 붓글씨를 연습하는 것은 습자(習字)이고, 연습 삼아 짓거나 그려보는 것은 습작(習作)입니다.

고외	부수	획수	형자	새김	발음
泊	水	8	白	머무를, 배 댈	박
拍	手	8	白	칠	박
迫	辵	9	白	핍박할, 닥칠	박

고외	부수	획수	형자	회자	새김	발음
伯	人	7	白	人白	맏	백
碧	石	14	白	王石	푸를	벽

부수자가 아니니 복습입니다. 모두 백(白)이 소리를 나타냅니다. 물[水]을 만나니 '배 댈' 박(泊), 손[手]을 대니 '칠' 박(拍), 쉬엄쉬엄[辵] '닥칠' 박(迫), 머리가 흰[白] '맏[人]' 백(伯), 옥석(玉石)을 만나 '푸를' 벽(碧)입니다. 쉬엄쉬엄 '닥칠' 박은 의미가 제대로 통하지 않습니다만 뜻을 새겨보는 방법은 되지 않을까 합니다. 제 부수에서 각 글자의 설명을 제대로 익히시기 바랍니다.

R107

가죽 피(皮) 부

갑골	금문	전문	해서
𣪊	𣬉	𣪉	皮

짐승의 가죽인데, 짐승의 살에서 벗겨낸 날가죽이 **피(皮)**입니다. 갑골문과 금문에는 각각 칼[刀]과 손[手]이 들어 있었습니다만, 지금처럼 자형이 바뀌면서 알아볼 수 없게 되었습니다. 그래서 '벗길' 박(剝)의 초문(初文)으로 보기도 합니다. 형성·회의자로 분류하는데, 우리 자전에서는 상형자로 취급하는 경우가 많습니다.

가죽으로 만든 옷, 즉 갖옷을 가리키기도 하고 사람이나 동물의 피부를 나타내기도 합니다. 그래서 사물의 표면을 뜻하기도 하고 표면이라는 데에서 인식이 깊지 못한 것 도 나타냅니다.

가죽과 관련된 글자는 부수자로 석 자나 됩니다. '가죽' 피(皮) 외에 '가죽' 혁(革)이 있고, '다룸가죽' 위(韋)가 있는데 셋의 가공 정도가 다릅니다. 혁(革)은 가죽을 벗긴 뒤 털을 없앤 것이고, 위(韋)는 무두질을 해 부드럽게 한 것입니다.

중학	획수	형자	회자	새김	발음
皮	5	卜	皮鑢	가죽	피

피부(皮膚)는 척추동물의 몸을 싸고 있는 조직입니다. 어떤 일이나 현상이 겉으로 나타나 보이는 모양은 피상(皮相)이며, 피상적(皮相的)은 본질적인 현상은 추구하지 아니하고 겉으로 드러나 보이는 현상에만 관계하는 것입니다. 피혁(皮革)은 날가죽과 무두질한 가죽을 아울러 이르는 말입니다. 제품의 원료로 이용되는 경우가 많습니다. 피골상접(皮骨相接)은 살가죽과 뼈가 맞붙을 정도로 몹시 마른 것으로, 살가죽과 뼈가 서로 맞닿았다는 뜻의 피골상련(皮骨相連)으로 쓰기도 합니다.

중외	부수	획수	형자	새김	발음
彼	彳	8	皮	저	피

피(彼)를 『설문』에서는 "피(彼), 왕(往)으로 떠나는 것이다"라고 설명합니다. 가차해 상대방이나 '그'를 나타냅니다. 비교적 먼 시간이나 장소를 가리키기도 합니다.

차일피일(此日彼日)은 이 날 저 날 하면서 자꾸 기한을 미루는 모양을 가리킵니다. 차월피월(此月彼月)도 이 달 저 달 하며 미루는 모양으로 같은 의미입니다. 차탈피탈(此頉彼頉)은 이 탈 저 탈하며 핑계를 대는 것입니다. 탈(頉)은 본래 '기를' 이(頉)입니다. 이것을 '탈날' 탈(頉)로 새기는 것은 우리 한국에서만 쓰이는 새김입니다. 차탈피탈과 다음에 나오는 단어 세 개는 '기를' 이(頉)를 '탈날' 탈(頉)로 새기는 우리만의 쓰임입니다. 탈급(頉給)은 특별한 사정을 헤아려 책임을 면제하여주는 것이며, 탈계(頉啓)는 사고(事故) 때문에 명령을 시행할 수 없다는 뜻을 임금에게 보고하던 일을 말합니다. 탈면(頉免)은 특별한 사정이나 사고가 생겨서 맡았던 일의 책임을 면제받는 것을 말합니다. 중학 과정은 물론이고, 고교 과정에서도 이 단어를 쓸 일은 거의 없을 것입니다. 우연히 관련된 내용이 나와 소개한 것이니, '이런 것이 있구나'라고 알고만 넘어가도 큰 소득입니다.

중외	부수	획수	형자	새김	발음
波	水	8	皮	물결	파

파(波)를 『설문』에서는 "물이 험하게 솟구치며 흐르는 것이다"라고 합니다. '흐르는 것'이라고 하는 말이, 물이 위아래 방향으로 움직이는 것을 파도라고 생각하는 오늘날의 개념과는 좀 어긋난다는 느낌이 있습니다. 물이 위아래로 움직이며 만들어내는 무늬입니다.

파란만장(波瀾萬丈)에서 파란(波瀾)은 파랑(波浪)과 같은 뜻으로 잔물결과 큰 물결을 말합니다. 그런 작은 파도 큰 파도가 만 길이나 된다는 뜻으로 생활이나 일의 진행이 여러 가지 곡절과 시련이 많고 변화가 심한 것을 일컫습니다.

중외	부수	획수	형자	새김	발음
破	石	10	皮	깨뜨릴	파

파(破)는 돌이 깨지는 것, 돌을 깨뜨리는 것입니다. 여기에서 '진상을 드러나게 하다'라는 뜻도 갖게 되며, '망가지다, 좋지 않다' 등의 뜻도 있습니다.

파과지년(破瓜之年)은 과(瓜)를 팔(八) 두 개로 파자해 이팔(二八)은 16이 되기 때문에, 여자 나이 16세를 이릅니다. 팔팔(八八)은 64도 되는데, 남자의 나이 64세를 가리키기도 합니다.

格物 055. 두보, 「춘망」

파(破) 자를 보니 두보(杜甫, 712~770)의 「춘망(春望)」이라는 시가 떠오릅니다.

國破山河在(국파산하재) 나라가 망하니 산과 강만 있고
城春草木深(성춘초목심) 성 안 봄에 풀과 나무만 깊도다

『두시언해(杜詩諺解)』의 번역은 운율도 좋고 감칠맛도 있습니다. 현재 중국에서는 초등학교 과정에 약 90편의 시를 소개하고, 그 가운데 70편은 외워야 하고, 20편은 이해하면 된다고 규정하고 있습니다. 중학교, 고등학교 과정도 마찬가지로 반드시 외워야 하는 시가 있습니다. 최근 우리나라의 초등학교나 중·고등학교 교과 과정을 정확히 알지 못하지만, 우리도 우리의 좋은 글을 많이 소개하고 외우도록 하면 좋겠다는 생각이 듭니다. 어렸을 때 좋은 글을 많이 외우면 평생 갑니다.

고외	부수	획수	형자	새김	발음
頗	頁	14	皮	자못	파

파(頗)는 머리[頁]가 기운 것입니다. 그래서 '반듯하지 않다, 지나치다'라는 뜻을 나타냅니다. 부사로서 '자못' 정도의 쓰임을 제외하고는 다른 글자와 결합되어 단어를 이루는 것도 없어 쓰임은 아주 제한되어 있습니다.

고외	부수	획수	형자	회자	새김	발음
被	衣	10	皮	衣 皮	입을	피
疲	疒	10	皮	疒 皮	피곤할	피

피(被)는 『설문』에서 "잠옷이다. 길이는 몸의 한 배 반이다"라고 합니다. 길이가 사람 몸의 한 배 반이면 오늘날의 상식으로 생각하면 선뜻 이해가 되지 않는데, 더 이상은 설명이 없어 알 수 없습니다. 피(皮)에 편방을 더해 만들어진 글자로 봅니다. 그래서 '표면, 덮다'라는 뜻을 갖습니다. '입다, 당하다'라는 뜻도 인신되어 나왔습니다.

피발좌임(被髮左衽)은 머리를 풀고 옷깃을 왼쪽으로 여민다는 뜻으로, 미개한 나라의 풍습을 이르는 말입니다. 좌임(左衽)은 옷 입는 방식이 오른쪽 섶을 왼쪽 섶 위로 여몄다는 데서 유래하는데, 미개한 종족의 풍습으로 한문에 종종 나옵니다. 옷깃을 반대로 여미는 것은 우임(右衽)입니다.

피(疲)는 제 부수인 병질엄부[R104. 疒]의 설명을 참고하기 바랍니다.

R108

그릇 명(皿) 부

갑골	금문	전문	해서

명(皿)은 굽이 달리고 아가리가 큰 그릇의 모양을 본뜬 상형자입니다. 음식을 담는 그릇입니다. 『설문』에서는 "명(皿)은 음식을 담은 그릇이다. 상형이다. 두(豆)와 뜻이 같다"라고 설명합니다. '그릇' 명(皿) 자체는 기초한자에 속하지 않습니다.

중학	획수	새김	발음
益	10	더할	익

익(益)을 『설문』에서는 "넉넉하고 풍요로워 여유가 있는 것이다. 그릇[皿]에 물[水]이 있는 모양에서 뜻을 취한 회의자로 그릇 가운데 물이 가득 차 흘러넘친다는 뜻이다"라고 합니다. 그래서 '넘칠' 일(溢)의 본자로 봅니다. '붇다, 늘어나다, 좋다' 등의 뜻으로

쓰입니다.

사람에게 직접·간접으로 도움을 주는 새는 익조(益鳥), 그런 벌레는 익충(益蟲)이고 피해를 주는 새는 해조(害鳥), 그런 벌레는 해충(害蟲)입니다. 사회 전체의 이익은 공익(公益), 공동의 이익은 공익(共益)입니다. 이롭거나 도움이 될 만한 것이 있는 것은 유익(有益)한 것입니다.

중학	획수	형자	새김	발음
盛	12	成	성할	성

성(盛)은 제기[皿]에 기장과 피를 가득 채워[成] 제사를 드리는 뜻을 나타냅니다. 그릇에 담는다는 뜻도 있습니다. 제물이 가득한 모습에서 '많다, 풍부하다, 충만하다, 아름답다' 등의 의미도 나타내게 되었습니다.

행사의 규모 따위가 풍성하고 큰 것은 성대(盛大)한 것이고, 매우 성하게 유행하는 것은 성행(盛行)하는 것입니다.

중학	획수	형자	회자	새김	발음
盡	14	聿	聿 皿	다할	진

진(盡)은 『설문』에서 "그릇이 빈 것이다"라고 설명합니다. 고문에서는 솔[聿]을 들고 그릇[皿]을 씻는 것으로 봅니다. 여기에서 '그릇에서 꺼내다, 극한점에 이르다, 전부, 모두' 등을 나타내게 되었습니다.

형성 자소자는 '탄 나머지(깜부기불)' 신(聿)입니다. 회의 자소자인 '붓' 율(聿)은 기초한자 범위 밖의 글자이긴 합니다만 부수자입니다. 해당 부수란을 참고하십시오.

있는 힘을 다하는 것은 진력(盡力), 충성을 다하는 것은 진충(盡忠)입니다. 진선진미(盡善盡美)는 더할 나위 없이 훌륭하고 아름다움, 완전무결함을 말합니다. 마음과 힘을 있는 대로 다하는 것은 진심갈력(盡心竭力)입니다. 진충보국(盡忠報國)은 충성을 다하여 나라의 은혜를 갚는 것으로 갈충보국(竭忠報國)으로도 씁니다.

고교	획수	형자	새김	발음
盟	13	明	맹세	맹

맹(盟)의『설문』에 실린 자형은 조금 다릅니다[盟]. '밝을' 경(囧) 아래, '그릇' 명(皿)인데 본래는 '피' 혈(血)이었습니다. "맹(盟), 뜻이 둘로 [첫째 부정기적인 회맹(會盟)]『주례』에 제후국 간에 의심스러운 것이 있으면 회맹을 한다고 한다. (둘째 정기적인 회맹) 제후들이 두 번 조회를 할 때 한 번 모이는데 12년에 한 번 회맹한다. (회맹 시에는 모두) 북쪽을 향하고 창천의 사신(司慎), 사명(司命) 제신에게 맹약(盟約)을 고한다. 맹약(盟約)에는 신에게 제사를 드리는 데에 쓰는 소, 양, 돼지를 잡고 그 피를 마시며 주홍색 쟁반과 옥으로 만든 돈기(敦器)에 소의 귀를 담아 세워놓는다." 여기에서 하늘을 두고 맹세하는 것이나, 국가나 집단 사이의 연합체를 가리키게 되었습니다.

동맹을 맺은 나라는 맹방(盟邦)이고, 맹휴(盟休)는 동맹휴업(同盟休業)을 줄인 말입니다. 동맹(同盟)은 둘 이상의 개인이나 단체, 또는 국가가 서로의 이익이나 목적을 위하여 동일하게 행동하기로 맹세하여 맺는 약속이나 조직체 혹은 그런 관계를 맺는 것입니다.

格物 056. 盟誓(맹세)

여기서 말하는 맹세는 맹서가 원말입니다만 지금은 맹세로 씁니다. 옛 제도라서 이해하기가 쉽지 않습니다만 제후들이 신 앞에서 피차 약속한 것을 지키겠다고 다짐하는 의식으로 생각하면 됩니다.

회맹(會盟)은 문자 그대로 만나서 맹세를 하는 것입니다. 사신(司慎)과 사명(司命)은 천신(天神)으로 사명은 사람의 목숨을 관장하는 신입니다. 돈(敦)은 놋쇠로 만든 옛날 할머님들 밥그릇인 바리처럼 생긴 그릇입니다. 뚜껑도 있습니다. 그러나 바리보다는 배가 더 불룩하게 나와서 평평한 느낌이고 발이 달려 있습니다.

고대에 맹세를 할 때에는 희생을 잡아 왼쪽 귀를 잘라 옥쟁반 즉, 주반(珠盤)에 담고, 희생의 피는 옥그릇[옥돈(玉敦)]에 담은 뒤 그 피로 맹세하는 글 즉, 맹서(盟書)를 씁니다. 신 앞에서 그 피를 마시고 맹세하는 글을 읽습니다. 나중에 맹서와 희생으로 바친 동물은 땅에 묻는데, 이것은 만약 맹세를 지키지 않으면 희생처럼 땅에 묻힌다는 뜻이 숨어 있습니다.

갑골문의 맹(盟) 자는 쟁반[皿] 위에 소의 귀를 올려놓은 모양을 그리고 있는데 바로 위와 같은 사정이 반영된 것입니다. 서(誓)는 출정을 할 때 경계 삼아 하는 말을 뜻합니다. 이때에는 화살을 꺾어서 그 표시로 삼았다고 합니다.

옛날 제도에 제후들은 3년에 한 번 천자 앞에서 조회합니다. 해마다 사자를 보내 천자를 알현하고, 3년에 한 번씩은 간조(間朝)라 해 제후가 천자를 직접 알현해 예를 익히고[講禮(강례)], 3년 뒤에 다시 조회를 할 때에는 (군사력) 시위(示威)를 하고, 3년 뒤 다시 만나서는 맹약을 다시 확인합니다.

천자와 제후 사이의 관계는 물론이고, 제후들 사이의 관계를 유지하고 관리한다는 차원에서 보면 아주 중요한 의식입니다. 그래서 사서에도 많이 나오는데, 여기 소개한 내용 정도만 알고 있으면 사서의 내용을 이해하는 데에 도움이 될 것입니다.

고교	획수	형자	새김	발음
盤	15	般	소반	반

반(盤)의 『설문』에 올라 있는 글자는 아래에 '나무' 목(木)을 씁니다[槃]. "물건을 담는 접시이다"라고 설명합니다. 여기 나오는 것은 주문의 자형인데 이보다 앞선 고문에서는 '쇠' 금(金)을 썼습니다. 이렇게 쇠붙이[金]에서 나무[木]로 또 명[皿]으로 바뀌는 것은 무엇으로 만들었는가 하는 소재의 변화를 반영한 결과가 아닐까 추측해봅니다. 쟁반 또는 소반입니다.

어떤 집단이 한 지방을 차지하고 세력을 떨치는 것은 반거(盤踞, 蟠踞)라 하며, 서리서리 얽히는 것은 반결(盤結)이라고 합니다. 반석(盤石, 磐石)은 넓고 평평한 큰 돌 즉, 너럭바위를 말합니다. 영어에서 많이 쓰이는 피터(Peter)라는 이름은 본래 바위를 뜻하는 그리스어 페트로스(Petros)에서 온 것으로 알려져 있습니다. 기독교에서 믿음의 반석이 되는 사람이 피터(Peter)인데 우리는 '베드로'로 옮깁니다. 피터(peter)는 동사로 쓰기도 하는데 '가늘어지다, 다하다, 없어지다' 등의 뜻을 나타냅니다. 사전에 역어로 올라 있지는 않지만 필자는 더러 '동나다'로 옮기는 것이 적절하지 않을까 하는 생각을 하곤 합니다. 반근착절(盤根錯節)은 서린 뿌리와 얽크러진 마디라는 뜻으로 처리하기가 매우 어려운 사건을 이릅니다.

고교	획수	회자	새김	발음
盜	12	次 皿	도적	도

『설문』의 **도(盜)**입니다. "도(盜)는 (다른 사람에게 이로운 것을) 사취하는 것이다"라고 합니다. 사취는 사사로운 것이니 공적이 아니라는 뜻이고 정당하지 못한 방법으로 취하는 것입니다. 완곡어법이 아닐까 합니다. 쉽게 말해 훔쳐서 자기 것으로 하는 것입니다. 빼앗는다는 뜻도 나타냅니다. 정당하지 못한 행위를 꾀한다는 의미도 있습니다.

위 왼쪽 자소자는 '침' 연(涎)의 고자(古字)인 연(次)인데, 다른 사람의 그릇[皿]을 보고 그것을 갖고 싶어 침[次]을 흘리는 것을 가리킨다고 합니다. 욕심이 나서 침[水]이 나오고, 입이 벌어지는[欠] 것입니다. 똑같이 우리말에서도 몹시 탐내는 것을 "침을 흘린다"라고 하지요. 자칫 '버금' 차(次)와 혼동할 수 있는데, 연(次)은 삼수변[氵]이고, 차(次)는 이수변[冫]입니다.

몰래 베는 것은 도벌(盜伐), 몰래 쓰는 것은 도용(盜用)입니다. 도적(盜賊)은 훔치거나 빼앗는 짓 혹은 그런 짓을 하는 사람을 이릅니다. 현대 형법으로 말하면 도(盜)는 단순 절도이고 적(賊)은 '흉기를 휴대하거나 2인 이상이 합동하여 타인의 재물을 절취하는' 경우로 특수 절도입니다. 당연히 적(賊)의 죄질이 더 나쁩니다.

도명기세(盜名欺世)는 이름을 훔치고 세상을 속인다는 뜻으로 세상 사람을 속이고 헛된 명예를 탐하는 것을 이릅니다. 기세도명(欺世盜名)으로도 씁니다. 도역유도(盜亦有道)는 도둑에게도 도둑 나름의 도덕이 있음을 이르는데, 요즈음 도둑은 여차하면 돈 몇 푼에 사람을 다치게 하거나 심지어 죽이기까지 하니 도둑 나름의 도덕이 없는 듯합니다. 도역유도(盜亦有道)는 『장자(莊子)』〈거협(胠篋)〉에 나오는데 재미삼아 한번 읽어 볼 만합니다. 아마 여러분도 도척(盜跖)이라는 이름을 들어봤을 겁니다. 중국 춘추 시대의 전설적인 도둑입니다. 공자를 현인이라고 칭찬한 노나라 대부 전금(展禽) 유하혜(柳下惠, BC 720~621)의 동생이니 집안도 좋았습니다. 그의 본명은 하척(下跖) 혹은 전웅(展雄)으로 도둑 9천 명을 거느린 대도(大盜)로 천하를 횡행했다고 합니다. 이야기는 도척 무리가 도척에게 묻는 형식입니다.

도둑(질)에도 도가 있습니까? 도척이 말하길, 어디에 간들 도가 없겠는가? 대개 집안에 감춘 것을 알아맞히는 것은 성(聖)이다. 먼저 들어가는 것은 용(勇)이며, 나중에 나오는 것은 의(義)이고, 훔쳐야 할지 말지를 아는 것은 지(知)이며, 똑같이 나누는 것은 인(仁)이다. 이 다섯 가지를 갖추지 않고 대도(大盜)가 되는 사람은 세상에 없다.

[盜亦有道乎 跖曰 何適而無有道邪 夫妄意室中之藏 聖也 入先 勇也 出後 義也 知可否 知也 分均 仁也 五者不備而能成大盜者 天下未之有也]

비록 형식상 도척의 대화이긴 합니다만, 이것은 장자의 생각을 나타내는 것이겠습니다. "작은 도둑은 금품을 훔치고 큰 도둑은 나라를 훔친다"라는 말을 떠오르게 하는데, 실제 바로 이 앞의 이야기가 그런 내용입니다. 양상군자(梁上君子)는 들보 위의 군자라는 뜻으로 도둑을 완곡하게 이르는 말입니다.

고교	획수	회자	새김	발음
監	14	臣 人 皿	살필	감

감(監)은 위에서 아래를 내려보는 것입니다. 갑골문에서는 대야[皿] 같은 데에 물을 채우고 여인[女]이 자신의 얼굴을 비춰보는 모양입니다. 금문에서 위 왼쪽의 '신하' 신(臣)은 위로 치켜 뜬 눈의 모양으로 용모를 나타내며, 위 오른쪽 여(女) 자는 '사람' 인(人)으로 바뀝니다. 거울이 여자들의 전용물이 아니고 모든 사람이 쓰는 것을 나타내고 싶었는지 모릅니다. 대얏물에 얼굴을 비춰보는 것이 본뜻입니다. 여기에서 '비춰보다, 살펴보다'라는 뜻이 나왔습니다.

감옥(監獄)은 죄인을 가두어두는 곳입니다. 한때 형무소라고 했다가 지금은 교도소라고 합니다. 죄에 대해서는, '이에는 이'라고 함무라비 법전에서 말하는 것처럼 대체로 징벌을 가해야 한다는 것이 일차적인 반응입니다. 응징형입니다. 여기에서 한 걸음 발전한 것이 죄인을 교화해 사회에 복귀시켜야 한다는 교화형으로서의 형벌이고, 감옥의 명칭이 바뀌는 것은 죄에 대한 사회 구성원들의 생각이 바뀐 것을 반영하는 것이겠습니다. 그래도 흉악한 범죄에 대해서는 여전히 응징 측면을 강화해야 한다는 주장이 만만치 않습니다. 군대의 책임을 맡거나 감독하는 일은 감군(監軍)이고, 농사일을 감독하는 것은 감농(監農)이며, 일이 잘못되지 않도록 살피고 단속하는 것은 감독(監督)입니다. 많이 쓰이지는 않지만 감수(監守)는 감독하고 지키는 것입니다.

감수자도(監守自盜)는 지키는 사람이 도둑질을 하는 것을 말합니다. 이것은 특히 공무를 집행하는 경우 문제가 될 수 있습니다. 관물을 관리·감독해야 할 위치에 있는 사람이 물건을 탐내는 것이기 때문입니다. 현재 형법에서는 횡령죄가 되겠는데, 명(明)나라 형법을 보면 조금 심한 경우 교수형에 처했습니다.

이 감(監) 자는 '볼' 람(覽), '거울' 감(鑑), '소금' 염(鹽), '넘칠' 람(濫)에 자소자로 쓰이고 있습니다.

고외	부수	획수	형자	새김	발음
孟	子	8	皿	맏	맹

맹(孟)은 같은 무리 가운데 나이가 많은 사람을 가리킵니다. 달리, 처음 낳은 아이[子]를 그릇[皿] 속에서 목욕시키는 것으로도 설명합니다. 이 경우에는 가장 먼저 태어난 아이를 가리키는 말이 됩니다.

각 계절이 시작하는 첫 달을 가리키기도 합니다. 이때는 맹중계(孟仲季)로 나타내 맹춘(孟春)은 봄이 시작하는 음력 1월, 중하(仲夏)는 한여름인 음력 5월, 계추(季秋)는 가을의 마지막 달인 음력 9월입니다. 맹모삼천(孟母三遷)은 맹모삼천지교(孟母三遷之敎)라고도 하는데, 맹자의 어머니가 아들을 가르치기 위하여 세 번이나 이사를 하였음을 이릅니다. 잘 알려진 이야기로, 맹자가 어렸을 때 묘지 가까이 살았더니 장사 지내는 흉내만 내어 맹자 어머니가 집을 시전 근처로 옮겼는데 이번에는 물건 파는 흉내를 내므로, 다시 글방이 있는 곳으로 옮겨 공부를 시켰다는 내용입니다. 교육 환경을 개선한 것이겠는데, 요즈음 말로 바꾸어 본다면 그 말도 많고 탈도 많은 강남 8학군 정도로 이사를 한 것이겠습니다.

미국에서 선생님한테 뇌물을 주는 것은 한국 어머님들의 극성 향학열 때문에 비롯되었다는 우스갯소리를 들은 적이 있습니다. 그럴 정성을 꼭 내 아이가 아니라 누가 됐든 자라나는 아이들을 위해 쏟는다면 어려운 학생들에게 도움이 되는 것은 물론 교육 환경 개선에도 기여할 수 있으니 얼마나 좋을까 하는 안타까운 생각이 듭니다. 우리도 제도가 개선되어 학교 발전 기금이라든지 공금으로 기부해 쓰일 수 있도록 제도는 만들어졌다고 합니다만, 들리는 말로는 그쪽의 기부 실적은 시원치 않다고 합니다.

교직에서 봉사했던 필자의 지인이 있는데, 이 친구는 학부모님들이 돈이나 학급에 필요한 물품을 주시면 고맙다는 인사와 함께 그다지 망설이지 않고 받았노라고 했습니다. 대신 학급에서 꼭 누가 무엇을 주셨다고 밝힙니다. 학용품이나 교재를 사서 어려운 친구들에게 나누어주기도 하고, 학습에 필요한 것들을 구입하기도 합니다. 그의 인품도 뛰어나지만, 이 말을 듣고 우리 주변에는 여전히 이렇게 훌륭하신 선생님들이 많이 계시는구나, 감탄했던 기억이 새삼스럽습니다.

고외	부수	획수	회자	새김	발음
寧	宀	14	宀 皿 丂	편안할	녕

  녕(寧)을 『설문』에서는 '바라다'라는 뜻으로 설명합니다만 대부분은 안녕이나 편안함을 본뜻으로 봅니다. '차라리'라는 뜻으로도 쓰입니다.

  고(丂)는 '기 뻗으려다 막힐' 고입니다. 기가 올라가려 하다가 장애물[一]에 막혀 고부라진 것으로 설명합니다. '공교할' 교(巧), '상고할' 고(考), '어조사' 혜(兮)에 쓰입니다.

R109

눈 목(目, 罒) 부

갑골	금문	전문	해서
⟨갑골 자형⟩	⟨금문 자형⟩	⟨전문 자형⟩	目

목(目)은 자형이 많이 바뀌었지만 여전히 눈을 떠올리게 합니다. 눈의 모양을 본뜬 상형자입니다.『설문』입니다. "사람의 눈이다. 상형이다. 가운데 두 획은 눈동자를 나타낸다"라고 합니다. '보다'라는 뜻과 '보는 방법'을 나타내기도 하고 '무엇을 중시하다'라는 의미도 있습니다.

현대 의학의 발표에 따르면 우리 기억의 80%가량이 시각 정보에서 온다고 하니 여러 감각 기관 가운데에서도 눈만큼 소중한 것이 없습니다. 이래저래 눈이 보배입니다.

'신하' 신(臣)의 본뜻은 전쟁에서 사로잡힌 포로라고 하는데, 자형은 포로가 머리를 떨구고 눈을 치켜세워 쳐다볼 때의 그 모양을 본뜬 것이라고 합니다. 그래서 신(臣)이 '볼' 감(監)에서 알 수 있듯이 눈[目]을 나타내는 경우도 있습니다.

중학	획수			새김	발음
目	5			눈	목

목격(目擊), 목견(目見), 목도(目睹)는 비슷한 뜻으로 눈으로 직접 보는 것을 이릅니다. 목불식정(目不識丁)은 아주 간단한 글자인 정(丁) 자를 보고도 그것이 고무래인 줄을 알지 못한다는 뜻으로 아주 까막눈임을 이르는 말입니다.『구당서(舊唐書)』에 나오는데 후세 학자들은 "본래는 '낱' 개(个)인데 자형이 비슷해 정(丁) 자로 잘못 쓰게 되었다"라고 주장하기도 했습니다. 목불식일개자(目不識一个字)로 눈으로 (봐도) 글자 하나를 알지 못한다는 의미라는 것이죠. 하지만 목불식정(目不識丁)이 말하고자 하는 바를 더 짧게 더 정확히 나타내주는 것이 아닐까 합니다.

중학	획수	형자	회자	새김	발음
省	9	生	少目	살필/덜	성/생

성(省)의『설문』설명입니다. "성(省)은 살펴보는 것이다. '눈썹' 미(眉)가 생략된 데에서 뜻을 취하고, '싹틀' 철(屮)에서 뜻을 취했다"라고 합니다. 초목이 싹이 트거나 씨앗을 뿌렸을 때에는 자주 살펴봐야 한다는 뜻으로 설명하는 것입니다.

최근 고문 분석에서는 목(目)과 생(生)이 결합된 글자로 봅니다. 살펴보다, 시찰하다, 검사하다 등의 뜻을 나타냅니다. 쉽게 기억하려면 뭔가 살펴볼 때 흔히 눈[目]을 가느다랗게[少] 뜨고 대상에만 집중하는 것으로 생각해도 좋겠습니다. 다음자로서 '덜' 생으로도 새깁니다.

조상의 산소를 찾아 돌보는 것은 성묘(省墓)이고, 자기의 마음을 반성하고 살펴보는 것은 성찰(省察)입니다. 일부를 줄이거나 빼는 것은 '덜다'라는 의미로 생략(省略)이고, 글자나 문구를 생략하는 것은 생문(省文)입니다. 생흘검용(省吃儉用)은 먹을 것을 줄이고 쓰임을 아낀다는 뜻으로 아주 심하게 절약하는 것입니다. 당신들께서 드시고 싶은 것 못 드시고 쓰고 싶으신 것 안 쓰시며 자식들 뒷바라지를 해오신 부모님 세대의 생활상을 그대로 드러내주는 성어가 아닌가 싶어 이 말을 보면 마음이 짠합니다.

중학	획수	형자	회자	새김	발음
眠	10	民	目民	잘	면

면(眠)은 『설문』에는 瞑으로 올라 있습니다. 눈을 감는 것입니다. 눈을 감는 것이니 자는 것입니다. 눈을 감으면 어둡기 때문에 어둡다는 뜻도 있습니다.

먹고 자는 것을 뜻하는 침식(寢食)과 같은 뜻으로 면식(眠食)이란 말이 있긴 합니다만 잘 안 쓰는 말입니다. 숙면(熟眠)은 깊이 푹 자는 것이고 불면증(不眠症)은 잠을 이루지 못하는 증상입니다.

중학	획수	형자	회자	새김	발음
眼	11	艮(艮)	目艮(艮)	눈	안

안(眼)은 눈입니다. 부수자인 목(目)도 새김이 눈인데, 안(眼)은 동사로 보는 것을 뜻하고 명사로는 눈인데 눈동자, 눈자위, 시신경, 시력까지 포함한 안구 전체를 가리킵니다. 여기에 비해 목(目)은 눈의 겉모양을 가리킵니다.

자소자는 '어긋날' 간(艮)으로 艮의 본자라고 합니다. '뿌리' 근(根), '어질' 량(良), '은' 은(銀), '물러날' 퇴(退), '한' 한(恨)에서 볼 수 있습니다. 량(良)은 점[丶]과 간(艮)으로 나누어 분석할 수 있는 글자는 아닙니다만, 현재 자형을 기준으로 기억하기 쉽도록 한 데 묶어본 것입니다.

눈의 정기는 안광(眼光)이고, 눈이 먼 것은 안맹(眼盲)입니다. 눈 아래라는 뜻으로 내려다보이는 곳을 이르는 말은 안하(眼下)입니다. 안고수저(眼高手低)는 안고수비(眼高手卑)라고도 하는데 눈은 높으나 솜씨는 서투르다는 뜻으로 이상만 높고 실천이 따르지 못함을 뜻합니다. 안명수쾌(眼明手快)는 눈이 밝고 손이 빠르다는 뜻으로 눈치가 빠르고 일을 하는 것이 날쌘 것을 말합니다. 안중정육중자(眼中釘肉中刺)는 눈에 못이요 살속에 가시라는 뜻으로 몹시 밉거나 싫어 늘 눈에 거슬리는 사람을 이릅니다. 우리는 안중정(眼中釘)만 써서 눈엣가시의 뜻으로 쓰고 있습니다. 안하무인(眼下無人)은 눈 아래에 사람이 없다는 뜻으로 방자하고 교만하여 다른 사람을 업신여김을 이릅니다. '이아환아 이안환안(以牙還牙 以眼還眼)'은 '이에는 이, 눈에는 눈'으로 같은 형태로 보복하는 것을 가리킵니다.

중학	획수	회자	새김	발음
直	8	ㄴ十目	곧을/값	직/치

직(直)의 『설문』 내용입니다. "직(直)은 바로 보는 것이다"라고 합니다. 『단주』에서는 "열[十] 눈[目]으로 숨은 것[ㄴ, '숨길' 은]을 보니, 숨어서 빠질 것이 없다"라고 합니다. 여러 사람의 눈으로 보니 미세한 것도 보이지 않는 것이 없다는 뜻입니다. 고문 분석에서는 기준이 되는 막대기를 보며 곧바른지 재어보는 것이라고 합니다. 여기서 '굽지 않았다, 곧다, 바르다, 공정하다' 등의 뜻이 인신되어 나왔습니다. '심을' 식(植), '값' 치(値), '둘' 치(置)에서 자소자로 쓰입니다.

대상을 똑바로 보는 것이나 진실을 바로 보는 것은 직시(直視)이고, 생각하는 바를 기탄없이 말하는 것은 직언(直言)입니다. 다음자로 '값' 치로 새겨 자전에는 더러 '값'의 뜻으로 치전(直錢)이라는 말이 올라 있습니다. 『표준』에서는 음을 직전(直錢)으로 달고 "물건을 사고팔 때, 그 자리에서 즉시 치르는 물건값"이라고 설명합니다. 즉, 현찰이나 맞돈의 뜻입니다. 자전의 치전(直錢)은 직(直)을 '값' 치(値)처럼 써서 '값이 나가다, 값어치가 있다'라는 뜻으로 쓰는 경우인데, 쓰임이 영어의 "worthy (of)"와 같습니다. 『표준』에서 직전(直錢)이 거래 현장에서 치른다는 데에 중점이 놓여 직접 건네는 돈임을 나타내는 것에 비해, 치전(直錢)은 그것의 값에 비중이 놓여 있는 단어입니다. 『표준』에 치전(直錢)은 실려 있지 않습니다.

중학	획수	회자	새김	발음
看	9	手目	볼	간

앞에서 눈을 가늘게 뜨고 본다는 말을 했는데, 간(看) 자는 눈[目]을 손[手]으로 가리고 보는 모양입니다. 햇빛이 강하게 비칠 때에 뭔가를 자세히 보기 위해 손으로 햇살을 가리는 동작을 연상하게 합니다. 실제 『설문』 주석의 설명도 똑같습니다. 단 그런 모양으로 멀리 바라보는 것이라고 합니다.

대강 보아 넘기는 것은 간과(看過)하는 것이고, 아픈 사람의 시중을 드는 것은 간병(看病)인데, '보다'라는 우리말도 곰곰이 생각하면 '살피다, 돌보다'라는 뜻이 있습니다. 광고용으로 사람들의 눈에 잘 뜨이게 붙이는 표지는 간판(看板)입니다.

중학	획수	회자	새김	발음
相	9	木 目	서로	상

상(相)은 살펴보는 것이라고 합니다.『설문』에서는 "상(相)은 살펴보는 것이다. 목(目)에서 뜻을 취하고, 나무[木]에서 뜻을 취했다.『역경』에서 땅 위에 볼 만한 것으로 나무만 한 것이 없다고 한다"라고 나옵니다. 주석에서는『역경』에 이런 글귀가 없다며 의문을 제시합니다. 고문 분석에서는 눈[目]으로 어떤 나무[木]인지 살펴보는 것으로 추측합니다. '살펴보다'에서 용모나 자태라는 뜻이 인신되어 나왔고, 판별한다는 데에서 '돕다, 서로' 등의 뜻도 나온 것으로 봅니다.

서로 마주 대하거나 겨루는 대상은 상대(相對)입니다. 모양이 서로 비슷한 것은 상사(相似)한 것이고, 서로 생각하고 그리워하는 것은 상사(相思)인데 흔히 남녀 간의 관계에서 나오는 말입니다. 서로 다투고 싸우는 것은 상잔(相殘)인데 흔히 남북 관계를 동족상잔(同族相殘)으로 표현하곤 합니다. 상유이말(相濡以沫)은『장자(莊子)』에 나오는 말입니다. 샘이 말라 물고기가 땅에 나오게 되었는데 침으로 상대편을 적셔준다는 뜻으로, 어려움 속에서 작은 힘이나마 서로 돕는 것을 이릅니다.

중학	획수	회자	새김	발음
眞	10	匕 鼎	참	진

『설문』입니다. "진(眞)은 신선이 모습을 바꾸고 하늘로 올라가는 것이다. 화(匕)에서 뜻을 취하고 목(目)에서 뜻을 취하며 '숨을' 은(乚)에서 뜻을 취했다. 팔(八)은 바람이나 구름 같은 탈 것이다." 화(匕)는 자칫 '비수' 비(匕)로 보기 쉬운데 '될' 화(化)의 고자(古字)로 '변하다, 바뀌다'의 뜻을 나타냅니다. 주석에서 은(乚)은 하늘로 올라가 숨는 것을 뜻한다고 풀이합니다.

고문 분석에서는 숟가락[匕]을 들고 솥[鼎]에서 맛있는 것을 떠먹는 것으로 봅니다. 그런데 나중에 정(鼎)의 자형이 비슷한 패(貝)로 바뀌어 조개를 먹는 것으로 되었습니다. 그래서 맛 좋은 음식이 본뜻이라고 합니다. 중국에서는 산진해미(山珍海味)라고 하는데 산해진미(山海珍味)의 진(珍) 자의 본자로 봅니다. 그래서 본질이나 본성을 가리키고 객관적 사실과 합치하는 것을 나타냅니다. '확실하다'라는 뜻도 있습니다.

匕는 '될' 화(化)의 고자(古字)이고, '솥' 정(鼎)은 부수자입니다. 설명은 해당 부수를 참고하기 바랍니다.

거짓이 없는 참된 말은 진담(眞談), 참맛은 진미(眞味), 참된 모습은 진상(眞相)입니다. 참과 거짓을 통틀어 일컬으면 진위(眞僞)이고, 본디부터 지니고 있는 그대로의 상태는 진면목(眞面目)입니다.

중학	획수	회자	새김	발음
着	12	羊 目	붙을	착

착(着) 자는 『설문』과 『강희자전』에는 수록되어 있지 않습니다. 『설문』에는 '대' 죽(竹) 아래 쓰는 저(箸)가 올라 있어 젓가락이라고 합니다. 그러나 자(者)가 횃불로 쓰는 섶[나무]이라는 뜻을 가지고 있어, 본뜻은 댓가지 같은 데에 불을 붙여 밝히는 것으로 봅니다. 그래서 착(着)은 저(箸)에서 분화된 글자로 봅니다. '대다, 접촉시키다'라는 뜻을 가지며 '불을 붙이다, 입다' 등의 뜻으로 인신된 것으로 파악합니다.

착(着)은 '나타날' 저(著)의 속자이기도 한데, 우선 기초한자에 '着'은 대표음이 '착'으로 올라 있습니다. '입다, 붙다'의 뜻을 나타냅니다. '著'는 '저'로 올라 있으니 '나타나다'의 뜻으로 새기는 것입니다. 이 글자는 추가적인 설명이 필요합니다. 현재 중국의 『한어대자전(汉语大字典)』이나 『한어대사전(漢語大詞典)』에는 '양' 양(羊) 부에 속해 있습니다. 최근에 나오는 『현대한어사전(现代汉语词典)』에서도 역시 같은 '양' 양(羊) 부수에 넣고 있습니다. 일본 자전에는 '눈' 목(目) 부에 실려 있습니다. 국내 일반 자전에는 '눈' 목(目) 부에 들어 있기도 하고, '양' 양(羊) 부에 들어 있기도 합니다. 그런데 네이버나 다음의 온라인 사전에서는 '눈' 목(目) 부에 속하는 것으로 설명합니다. 종이책을 찾기보다 손쉽게 온라인에서 검색하는 사람들의 습관을 생각하면, 앞으로는 모두 '눈' 목(目) 부에 속하는 것으로 고정되지 않을까 합니다. 『강희자전』에서 착(着)의 본자 저(箸)는 '대' 죽(竹)에서 찾아야 합니다. 착(着)을 저(著)의 속자로 보는 경우에는 '풀' 초(艸)에서 찾아야 합니다.

우리 자전에서 着을 어떤 자전에서는 '붙을' 착으로 새기면서 음이 하나인 것으로 설명하고, 어떤 자전에서는 '붙을' 착, '나타날' 저로 설명해 다음자로 취급하기도 합니다. '나타날' 저로 새기는 것은 이 글자를 '나타날' 저(著)의 속자로 쓰이는 경우까지 포함해 설명한 것이 아닌가 합니다.

이식한 식물이 뿌리를 내리는 것은 착근(着根), 어떤 일에 손을 대는 것, 즉 시작하는 것은 착수(着手), 어떤 일에 마음을 붙이는 것은 착심(着心), 어떤 일을 주의하여 보거나 또는 어떤 문제를 해결하기 위한 실마리를 잡는 것은 착안(着眼)인데, 착목(着目)으로 쓰기도 합니다. 옷을 입거나 신발을 신는 것이 착용(着用)이고, 불이 붙은 것은 착화(着火), 짐이 도착하는 것도 착화(着貨)입니다. 불이 붙어 스스로 타기 시작하는 온도는 착화점(着火點) 또는 발화점(發火点)입니다. 착수성춘(着水成春)은 손을 대면 봄기운이 산뜻하게 살아난다는 뜻으로 글에 대한 칭찬이었는데, 나중에는 의술이 좋은 것을 칭찬하는 데에 쓰게 되었습니다. 침을 놓거나 약을 짓는 등 일단 손만 대면 회춘한다는 뜻으로 해석한 듯합니다.

증외	부수	획수	회자	새김	발음
見	見	7	目 儿	볼/나타날	견/현

'볼' 견(見)은 부수자이니 해당란 설명을 참고하기 바랍니다. 형성자로 보기도 합니다. 회의자로 보기도 하고, 상형자로 보기도 합니다.

견안사마(見鞍思馬)는 말안장을 보니 말 생각이 난다는 뜻으로 고인의 유품을 보거나 다른 사람이 남긴 물건을 보고 그 사람 생각이 떠오르는 것을 이릅니다. 도물사인(睹物思人)으로도 씁니다. 부모님의 유품이나 형제자매, 연인이 준 물건 등은 이런 점에서도 소중합니다.

고교	획수	새김	발음
眉	9	눈썹	미

미(眉)는 눈썹입니다. 삐침 형태는 눈썹 모양이고, 윗부분은 이마에 있는 주름을 본뜬 것이라고 합니다. 물건의 윗부분을 가리키기도 하고, 윗부분에 쓰는 글씨를 가리키기도 합니다.

미간(眉間)은 '양 눈썹 사이'로 '미간을 찌푸리다'처럼 씁니다. 미목(眉目)은 눈썹과 눈을 아울러 이르기도 하고 얼굴 모습을 뜻하기도 합니다. 미수(眉壽)는 눈썹이 세도록 오래 사는 것을 말하는데, 미(米)를 팔십팔(八十八)로 파자해 여든여덟을 가리키는 미수(米壽)와 같은 뜻입니다. 미목여화(眉目如畵)는 눈썹과 눈이 그린 것 같다는 뜻으로 용모가 단정하고 아름다움을 이릅니다.

고교	획수	형자	새김	발음
睦	13	坴	화목할	목

목(睦)은 눈매가 순해 보이는 것입니다. 흔히 눈[目]이 크면[坴] 순해 보인다고 하는데, 그런 생각이 반영된 글자가 아닐까 짐작해봅니다. 달리, 공경하고 양순한 것을 가리킨다고도 합니다. '가깝다, 공경하다, 조화를 이루다'라는 뜻으로 쓰입니다.

자소자 륙(坴)은 땅덩어리가 큰 모양을 나타냅니다. '화목할' 목(睦), '뭍' 륙(陸)에 자소사로 쓰입니다.

목족(睦族)은 동족 또는 친족끼리 화목하게 지내는 것을 이릅니다만, 쓰임은 아주 드문 말입니다.

고교	획수	형자	회자	새김	발음
盲	8	亡	亡目	소경, 눈멀	맹

맹(盲)은 눈[目]이 없으니[亡], 글자를 보면 소경이라는 것을 바로 짐작할 수 있습니다. 『설문』에서는 "눈동자가 없는 것이다"라 설명하고, 주석에서는 눈동자와 흰자위가 분간이 잘 안 되는 것이라고 합니다. 시각 장애인입니다. 보이지 않는다는 데에서 '무엇을 따져보지 않다, 잘 이해하지 못하다'라는 뜻도 나타냅니다.

맹목(盲目)은 먼눈을 가리키기도 하지만, 적절한 분별이나 판단을 못 하는 것을 나타내기도 합니다. 맹신(盲信), 맹종(盲從)에서는 옳고 그름이나 시비를 가리지 않고 덮어 놓고 따르는 행위를 나타냅니다. 맹인모상(盲人摸象)은 장님이 코끼리를 더듬는다는 뜻으로, "장님[소경] 코끼리 만지는 격"이라는 우리 속담과 똑같은 의미입니다. 맹인할마(盲人瞎馬)는 장님이 눈먼 말을 탄다는 뜻으로 아주 위험한 상황을 가리킵니다.

고교	획수	형자	회자	새김	발음
督	13	叔	叔目	감독할	독

독(督)은 살펴보는 것입니다. 달리, 눈이 아픈 것이라고도 합니다. '아재비' 숙(叔)에는 취사(取捨)한다 즉, 취하거나 버린다는 뜻이 있다고 합니다. 눈[目]으로 보고 취해야 할 것인지 버려야 할 것인지 골라내는 것으로 생각할 수 있습니다. 살펴보는 것입니다. '살펴보다'에서 '감독하다'라는 뜻을 나타내고, 제독(提督)에서 볼 수 있는 것처럼 군대에서 감독할 지위에 있는 사람을 가리키기도 합니다. 더 나아가 '바로잡다'는 뜻도 있습니다.

감독하며 격려하는 것은 독려(督勵), 싸움을 감독하고 사기를 북돋워 주는 것은 독전(督戰), 일을 빨리하도록 재촉하는 것은 독촉(督促)입니다.

고교	획수	형자	회자	새김	발음
睡	13	垂	目垂	졸음	수

눈꺼풀[目]이 드리워집니다[垂], 내려옵니다. 졸려서 자야 합니다. **수(睡)**는 자는 것입니다.『설문』에서는 "앉아서 자다"라고 설명하고 있는데, 앉아서 잔다는 것은 잠깐 눈을 붙이거나 조는 것이겠습니다. 여기서 '자다' 더 나아가 '눕다'라는 뜻으로 인신되었습니다. 주석에 "눈꺼풀이 아래로 내려온다"라고 나옵니다. 그러니 글자를 볼 때 사람들의 생각은 대체로 비슷한 것입니다. 모르는 글자가 나오면 각각의 자소자로 나누어보기도 하고, 어떤 뜻을 나타낼지 생각해보기 바랍니다. 물론 사전과 자전을 통해 확인해야 합니다.

잠을 자는 것은 수면(睡眠)입니다. 잠든 동안은 수중(睡中)이고, 꿈나라는 수향(睡鄕)이라고 합니다.

고교	획수	형자	회자	새김	발음
瞬	17	舜	目舜	눈 깜박일	순

순(瞬)은 눈을 깜짝거리는 것입니다.『설문』에 올라 있는 자형은 조금 다른데[瞚], "눈을 여러 차례 감았다 떴다"하는 것이라고 설명합니다. 눈을 감았다 뜨는 것, 그 시간을 가리킵니다. '주시하다'라는 뜻도 있고, 눈짓하는 것을 가리키기도 합니다.

순(舜)은 흔히 '순임금' 순으로 새깁니다만, '뛰어나다'라는 뜻이 있습니다.

순간(瞬間)은 한 번 눈을 깜박이는 시간이니 아주 짧은 시간입니다. 불교에서 온 찰나(刹那)는 산스크리트어 '탘샤나(tatkṣaṇa)'의 음역으로 알려져 있습니다. '바로 그 순간에, 즉시'라는 뜻이라고 하는데 짧은 시간을 가리킬 때 씁니다. 찰나는 손가락을 한 번 튕기는 데에 걸리는 시간인 탄지(彈指)의 1/60이라고 하는데, 자료에 따라 조금 차이는 있습니다.『표준』에서는 탄지를 "순식(瞬息)의 10분의 1이 되는 수. 즉 10^{-17}" 또는 "예전에, 순식의 억분의 1이 되는 수를 이르던 말. 즉, 10^{-80}을 이른다"라고 설명합니다. 현대의 과학적 측정에 따르면 눈을 깜박거리는 데에는 0.1~0.4초가 걸리고, 찰나는 1/75초라고 합니다.

고외	부수	획수	형자	회자	새김	발음
具	八	8	廾	目廾	갖출	구

『설문』에서는 **구(具)**를 '조개' 패(貝)와 '거둘' 수(收)가 결합된 것으로 봅니다. 자형으로 분석할 때 수(收)는 두 손을 가리키는 것으로 봅니다. 옛날에 조개[貝]는 돈으로 쓰였습니다. 그래서 벌려놓으며[收] 주는 것[貝]으로 풀이합니다. 그런데 나중에 패(貝)가 목(目)으로 바뀐 것입니다.

고문 분석을 보면 또 한 차례 우여곡절을 겪습니다. 본래는 패(貝)가 아니라 솥[鼎]인데 고문에서 두 글자가 비슷해 그만 '조개' 패(貝)로 바뀐 것으로 봅니다. 조개가 아니라 솥을 두 손으로 받쳐 들고 있는 것을 나타냅니다. 여기에서 술이나 음식을 차려놓은 것을 뜻하는 것으로 추정합니다. 그런 것을 내어놓은 것이니 '준비하다'라는 뜻과 '있다, 갖추다'라는 뜻을 나타내게 되었습니다.

공(廾)은 '받들' 공입니다. 두 손으로 맞잡는 것입니다. 한자를 새길 때에는 '두 손'으로 생각하는 것이 좋습니다. 부수자이니 자세한 설명은 부수자란을 참고하기 바랍니다. 구체이미(具體而微)는 형체는 갖추었으나 보잘것없고 불완전한 것을 말합니다.

고외	부수	획수	형자	회자	새김	발음
冒	冂	9	冃	冃目	무릅쓸/선우이름	모/묵

모(冒)를 『설문』에서는 "가리고 앞으로 나간다"라고 설명합니다. 얼굴을 가리고 나가는 것을 가리키는 듯합니다. 전쟁 상황이라고 가정하면 이것은 위험을 무릅쓰는 일입니다. 고문 분석에서는 모자를 쓰는 것으로 봅니다. 거기에서 '모자, 쓰다, 가리다' 등의 뜻이 인신되고, 다시 상대방에게 거슬리는 일이나 행동을 하다 즉, '무릅쓰다'라는 뜻이 나온 것으로 설명합니다. '수건' 건이 붙으면 '모자' 모(帽), 아래에 손을 나타내는 우(又)가 붙으면 '끌' 만(曼)이 됩니다.

자소자인 모(冃)는 '쓰개' 모라고 합니다. 쓰개는 머리에 쓰는 물건을 통틀어 이르는 말입니다. '건' 모로 새기는데 『설문』에 "어린아이들이나 오랑캐들이 쓰는 모자이다"라고 나옵니다. '멀' 경(冂) 부에 속하는 글자인데, 여기서는 공간상 멀리 떨어져 있다는 뜻을 나타내는 것이 아니고, 무엇을 덮어 양쪽에 늘어진 모양을 나타냅니다. 즉 상형적인 요소로 쓰인 것입니다. 가로획이 하나 있는 것은 '덮을' 모, 무(冃), 두 개인 것은 '건/덮을' 모/무(冃)입니다.

말이나 행동으로 더럽혀 욕되게 하는 것은 모독(冒瀆), 추위를 무릅쓰는 것은 모한(冒寒), 위험을 무릅쓰는 것은 모험(冒險)입니다. '모천하지대불위(冒天下之大不韙)'는 세상 사람들이 아주 그르다고 반대하는 것을 개의치 않고 나쁜 짓을 하는 것을 말합니다. 위(韙)는 '바르다, 옳다'는 뜻입니다.

고외	부수	획수	형자	회자	새김	발음
憲	心	16	害省	目害	법	헌

헌(憲)입니다. 빠른 것, 민첩한 것을 나타냅니다. 마음으로 잘 알고 눈으로 분간을 잘

하는 것을 가리킵니다. 그래서 '명시하다'라는 뜻을 나타내고 나아가 법을 가리키게 되었습니다. 시호(諡號)를 붙일 때에는 널리 듣고 능력이 많은 사람에게 헌(憲)을 붙이는 것으로 규정하고 있습니다.

고외	부수	획수	회자	새김	발음
縣	糸	16	目 木 糸	고을	현

　현(縣)은 머리를 베어 거꾸로[県] 매단[系] 것을 그린 글자입니다. 즉, 죄인을 효수해 목을 높은 곳에 매달아놓은 것입니다. 여기에서 '걸다, 매달다, 목매달다'라는 뜻이 나왔는데 이 글자가 나중에 행정 단위를 나타내는 데에 전용되자, '매달다'라는 본래의 뜻은 다시 '마음' 심(心)을 더한 현(懸)으로 쓰게 되었습니다.

R110

창 모(矛) 부

갑골	금문	전문	해서

모(矛)는 긴 자루 끝에 날카로운 쇠붙이를 붙인 창 모양을 본뜬 상형자입니다. 『설문』에서는 "긴 창이다. 병거에 세워놓으며 길이가 두 장(丈)이다"라고 합니다. 자[尺]나 장(丈)은 시대에 따라 왕조에 따라 변화가 많았는데 주나라 때에는 여덟 자를 일 장으로 쳤고, 한 자의 길이도 23cm가량이었습니다. 이것으로만 계산해도 3.7m가량이니 긴 것만은 확실합니다. 병기로 적을 찔러 죽이는 데에 씁니다.

'방패' 순(盾)과 함께 모순(矛盾)이라는 말을 많이 쓰는데, 중국 초나라의 상인이 창과 방패를 팔면서 이 창은 어떤 방패로도 막지 못하는 창이라 하고 방패는 어떤 창으로도 뚫지 못하는 방패라 하니, 곁에서 구경하는 사람이 그러면 당신의 창으로 당신의 방패를 찔러보라고 한 데에서 나왔다고 하죠. 앞뒤가 맞지 않은 말을 가리킵니다. 모(矛) 자 자체도 기초한자 범위 밖이고 이 부수에 들어 있는 기초한자는 한 글자도 없습니다.

중외	부수	획수	회자	새김	발음
柔	木	9	矛木	부드러울	유

부수외자입니다. **유(柔)**는 나무[木]를 굽힐 수도 있고 반듯이 바로 잡을 수도 있는 것을 가리킵니다. 부드럽기 때문에 휠 수도 바로 잡을 수도 있습니다.

유능제강(柔能制剛)은 부드러운 것이 오히려 능히 굳센 것을 제압한다는 뜻으로 '이길' 승(勝)을 써 유능승강(柔能勝剛)이라고도 합니다.

R111

화살 시(矢) 부

갑골	금문	전문	해서
⤷	⤷	夫	矢

시(矢)는 화살의 모양을 본뜬 상형자입니다. 위로 촉과 대 그리고 아래에는 활시위에 끼게 되어 있는 오늬의 형상입니다. 『설문』을 살펴보겠습니다. "시(矢)는 활과 '쇠뇌' 노(弩)의 화살이다. 입(入)에서 뜻을 취하며, 촉과 꼬리 오늬의 깃털 모양을 본떴다. 옛날 이모(夷牟)가 처음으로 화살을 만들었다"라고 합니다. 화살이 본뜻이며 여기에서 '바르다, 곧다'라는 뜻도 나타냅니다.

중학	획수	형자	회자	새김	발음
短	12	豆	矢豆	짧을	단

『설문』에 "단(短), 길고 짧은 것을 화살로 바로잡는다"라고만 되어 있어 뜻이 빠져 있

습니다. 짧은 것입니다. 주석에 보면 "옛날에 활은 여섯 자이고, 화살은 석자라서 긴 것은 활로 재고 짧은 것은 화살로 쟀다"라고 합니다. 특히 화살은 길이를 재는 데에 많이 썼습니다. 화살[矢]에 비하면 제기인 두(豆)는 아주 짧습니다. 그래서 '짧다'라는 뜻을 나타내는 것으로 설명하기도 합니다. 짧다는 데에서 시간이 짧은 것도 나타내고, 부족한 것이나 결점도 가리키게 됩니다.

단견(短見), 단명(短命), 단병(短兵), 단침(短針)에서 '단'은 모두 '짧다'라는 뜻을 나타냅니다. 단병상접(短兵相接)은 짧은 무기가 서로 맞닿는다는 뜻으로 피아가 지척 간에 육탄전이 벌어지는 상황을 나타냅니다.

중학	획수	형자	회자	새김	발음
矣	7	㠯	矢㠯	어조사	의

의(矣)는 어조사입니다. 화살[矢]이 이미 땅에 박힌 것을 뜻하는 것으로 추정합니다. 실질적인 의미는 갖지 않는 허사(虛辭)로 말이 끝났음을 나타내줍니다.

의재(矣哉)는 문장의 끝에 쓰여 감탄의 느낌을 나타냅니다. 의(矣)는 그렇다, 그렇겠다 정도의 의미를 나타내고, 재(哉)는 감탄의 어기를 나타내 그렇구나, 그렇겠구나 정도의 의미가 되는데, 문맥을 보며 거기에 맞게 새겨야 합니다.

중학	획수	회자	새김	발음
知	8	矢口	알	지

지(知)입니다. 『설문』에서는 "지(知)는 말[詞]이다"라고 하는데 주석에서는 "아는 것이다[識]로 써야 한다"라고 지적합니다. 아는 것입니다. 시(矢)는 진술하는 것이라고 합니다. 그러니 입[口]으로 진술하는 것[矢]입니다. 필자의 생각입니다만, 아는 것이 많아 입[口]에서 나가는 말이 화살[矢]처럼 빠른 것으로 익혀도 될 듯합니다. 갑골문 자형에서는 입에서 토해내는 말이 화살처럼 빠른 것으로 분석합니다.

배우거나 실천을 통하여 알게 된 명확한 인식이나 이해는 지식(知識)이고, 지혜(智慧, 知慧)는 사물의 이치를 빨리 깨닫고 사물을 정확하게 처리하는 정신적 능력입니다. 지기지우(知己之友)는 속마음을 참되게 알아주는 친구인데, 줄여서 지기(知己)라고도 합니다. 거문고의 명인 백아가 자기의 소리를 잘 이해해준 벗 종자기가 죽자 자신의 거문고 소리를 아는 자가 없다고 하여 거문고 줄을 끊었다는 데서 유래한 지음(知音)은 음악의 곡조를 안다는 뜻 외에, 지기를 가리키기도 합니다.

증외	부수	획수	회자	새김	발음
癸	癶	9	癶矢	북방, 열째 천간	계
寅	宀	11	矢口	범, 동방, 셋째 지지	인

계(癸)는 해당 부수의 자세한 설명을 확인하기 바랍니다.

『설문』에서 "**인(寅)**은 물리치고 배척하는 것이다. 정월을 대표하며, 양기가 움직여 황천(黃泉)을 떠나 올라오려고 하는데 음기가 여전히 강해 집을 덮고 있는 것 같아[宀] 양기가 나올 수 없으며, 양기를 땅속으로 배척하고 물리치는 것이다"라고 합니다. 식물이 싹틀 준비를 하는데 아직 추위 때문에 헤치고 나오지 못하는 것으로 이해하면 됩니다. 고문 분석에서는 화살함에서 화살을 꺼내달라고 부탁하는 것을 나타낸다고 합니다. 여기에서 '공경하다'라는 뜻이 인신되어 나오고, 십이지지 가운데에서는 자(子), 축(丑)에 이어서 세 번째입니다.

인흘묘량(寅吃卯糧)은 간지가 인(寅)인 해에 묘년(卯年)의 양식을 먹는다는 뜻으로, 자축인(子丑寅) 다음에 묘(卯)이니 내년 식량을 올해 먹는 것입니다. 청(淸) 대에 나온 말로 비교적 최근에 나온 성어입니다. 수입이 지출을 감당하지 못해 빚을 내어 생계를 꾸리는 것입니다. 가계 부채가 치솟았다는 이야기가 나올 때마다 인흘묘량하는 우리 서민들의 생활고에 애잔한 마음을 지울 수 없습니다.

증외	부수	획수	회자	새김	발음
族	方	11	㫃矢	겨레/풍류가락	족/주

『설문』에서는 **족(族)**을 "화살촉이다. 한 번 묶어서 모아놓은 것이다"라고 설명합니다.

주석에는 "화살 오십 개를 속(束)이라 한다"라고 나옵니다. 아마도 화살 50개를 묶으면 한 다발이 되는 것이 아닌가 싶습니다. 고문에서 이 글자는 언(㫃) 자 아래 '화살' 시(矢) 두 개로 되어 있어 깃발 아래 화살이 모여 있는 형태인데 세 가지로 분석합니다. 첫째 고대 가족이나 종족은 전투의 단위였기 때문에 가족이나 종족을 나타낸다. 둘째 전쟁에는 화살이 필요하기 때문에 화살을 뜻한다. 셋째 전쟁에는 사람도 모여야 하고 화살도 모아야 해서 모인다는 것을 의미한다는 것입니다. 실제 족(族)에는 이런 의미가 모두 들어 있습니다.

'깃발 나부낄' 언(㫃)은 구면이죠. 벌써 여러 차례 나왔습니다. 자형 때문에 '모' 방(方)에 속해 있지만 의미가 전혀 다른 놈(?)이라고 설명했었습니다. 다시 한 번 더 복습해볼까요? '?' 기(旗), '??' 려(旅), '?' 선(旋), '??' 시(施), '???' 어(於), '??' 족(族)에 나옵니다.

족당(族黨)이나 족속(族屬)은 같은 문중이나 계통에 속하는 겨레붙이를 나타냅니다. 족보(族譜)는 한 가문의 계통과 혈통 관계를 적어 기록한 책입니다. 족친(族親)은 유복친 안에 들지 않는, 같은 성을 가진 일가붙이입니다.

고교	획수	새김	발음
矢	5	화살	시

부수자입니다. 시언(矢言)은 굳게 맹세한 말입니다. 자칫 실수로 말을 잘못하는 실언(失言)과 혼동할 수 있으니 주의해야 합니다. 시불허발(矢不虛發)은 전불어발(箭不虛發)로 쓰기도 하는데, 화살을 쏘아 허탕 치지 않는다는 뜻입니다. 백발백중(百發百中)과 비슷한 뜻입니다.

고교	획수	형자	새김	발음
矯	17	喬	바로잡을	교

교(矯)는 화살을 곧게 펴는 겸자(箝子) 즉, 집게라고 합니다.

자소자 교(喬)는 높고 위가 굽은 것입니다. 고문 분석에서는 긴 목발 위에 올라서서 추는 장대다리춤을 가리키는 것으로 봅니다. 교(喬)는 '다리' 교(橋)의 자소자이기도 합니다.

　교정(矯正)입니다. 문자 그대로 틀어지거나 잘못된 것을 바로잡는 것입니다. 굽은 [喬] 화살대[矢]를 바로잡는 것으로 집게를 물려 반듯하게 펴는 것이겠습니다. 활은 도지개라는 틀을 써서 바로잡습니다. 여기에서 '바로잡다, 억제하다'라는 뜻도 갖습니다. 교속(矯俗)이나 교풍(矯風)은 옳지 못한 풍속을 바로잡는 것입니다. 출판물의 글자 등을 바로잡는 것은 교정(矯正)과 동음이의어인 교정(校正)이고, 출판물의 글자나 글귀를 검토하여 바르게 정하는 것은 교정(校定)이며, 남의 문장 또는 출판물의 잘못된 글자나 글귀 따위를 바르게 고치는 것은 교정(校訂)으로 뜻을 분간해 쓰기가 쉽지 않습니다. 뒤 글자가 중심어가 되니, 각각 바로잡는다[正], 정한다[定], 고친다[訂]로 생각하면 그나마 분간하는 데에 조금이나마 도움이 되지 않을까 싶은데, 문제는 바로잡는 것이나 정하는 것, 고치는 것의 차이점을 명확히 이해하기가 쉽지 않다는 점입니다. 교정진물(矯情鎭物)은 감정을 억제하며 사물을 태연하게 대하는 것을 이르고, 교왕과정(矯枉過正)은 굽은 것을 바로잡으려다 오히려 바른 것에서 더 벗어났다는 뜻입니다. 고쳐서 도리어 나빠지게 한다는 뜻의 개악(改惡)입니다.

고외	부수	획수	형자	회자	새김	발음
疾	疒	10	矢	疒矢	병	질
疑	疋	14	矢	匕子止	의심할	의

　질(疾)은 똑같이 병(病)이지만 병보다는 상태가 조금 가벼운 것이라고 설명한 바 있습니다. 자소자인 '(병들어) 기댈' 녁(疒)은 흔히 '병질엄'이라고 하는데 부수자 설명을 참고하기 바랍니다.

　질병(疾病), 질환(疾患)에 몹시 빠른 바람과 성난 파도를 뜻하는 질풍노도(疾風怒濤)가 있습니다.

　의(疑)는 해당 부수[疋]의 설명을 읽어보시기 바랍니다.

　의신의귀(疑神疑鬼)는 이 귀신도 못 믿고 저 귀신도 의심한다는 뜻으로 의심이 많은 사람을 이릅니다.

고외	부수	획수	회자	새김	발음
侯	人	9	人 厂 矢	제후, 사포	후

후(侯)는 '사포' 후 또는 '제후' 후입니다. 사포(射布)는 활을 쏠 때 쓰는 무명 과녁을 가리킵니다. 순우리말로 '솔'이라고 합니다. 본래 자형은 후(㑺)로 위는 사람[人]이고, 엄/한(厂)은 과녁으로 펼친 포의 모양이며, 아래는 '화살' 시(矢)입니다. 과녁[厂]을 향해 화살[矢]을 쏘는 사람[人]을 나타내는데, 활을 쏠 때 쓰는 과녁이 본뜻입니다. 상형자로 보는 경우도 있습니다.

이 글자는 자칫 '기후' 후(候)와 혼동하기 쉬워 주의해야 합니다. 옛날에는 5일을 일후(一候)라고 해 기상 현상을 측정하는 단위로 썼습니다. 5일을 기준으로 천문과 기후의 변화에 철이나 기후에 따라 변화하는 만물의 상태인 물후(物候)를 살펴본 것입니다. 더러 음력의 절기가 맞지 않는다는 말을 하는데 이것은 아마도 절기(節氣)가 우리보다 남쪽인 황하 지역에서 나온 것이기 때문이 아닐까 합니다. 게다가 지금은 지구 온난화도 영향을 미칩니다.

어쨌든 일후가 5일이니 일 년은 72후가 됩니다. 삼후(三候)가 일 기(一氣)인데 한 달에 절(節)을 한 번 두고, 절과 절 사이에 기(氣)를 한 번 두기 때문에 절과 기는 기본적으로 숫자가 같습니다. 육기(六氣)를 시(時)라 하고, 사시(四時)를 세(歲)라 했습니다. 이 셈법에 따르면 시(時)는 90일이 됩니다. 사시(四時)가 봄, 여름, 가을, 겨울의 사철을 말하는 것은 여기서 유래된 것입니다. 일 년을 대략 90일씩 네 개의 계절로 나누어본 것입니다.

회의 자소는 민엄호로 '언덕' 한(厂)입니다.

R112

돌 석(石) 부

갑골	금문	전문	해서
ㄓ	ㄉ	ㄉ	石

석(石)은 벼랑[厂] 아래 큰 돌덩어리[口]가 있는 것을 본떠 만든 상형자입니다. 암석을 뜻합니다. 돌로 만든 것, 돌에 새긴 것을 나타내기도 하고 '딱딱하다, 견고하다'라는 뜻도 있습니다.

무게와 부피의 단위로 쓰이기도 합니다. 한 석(石)은 한 섬으로 10말이고, 무게는 120근입니다. 부피로는 180 *l* 입니다.

옛날 중국 사람들이 하는 말이라고 하는데 운치가 있어 소개 합니다. "산에 돌이 없으면 기묘하질 않고, 물에 돌이 없으면 맑지 않으며, 정원에 돌이 없으면 빼어나질 못하고, 집에 돌이 없으면 운치가 없다 [山無石不奇 水無石不淸 園無石不秀 室無石不雅]."

중학	획수	새김	발음
石	5	돌	석

석기(石器)는 돌로 만든 여러 가지 생활 도구입니다. 몹시 어리석은 사람의 머리를 낮잡아 이르는 말은 돌대가리인데 한자어로는 석두(石頭)라고 하지요. 돌로 쌓아 만드는 일이나 그렇게 만든 옹벽은 석축(石築)입니다. 석성탕지(石城湯池)는 돌로 쌓은 성과 뜨거운 물이 찬 못이라는 뜻으로 방어 시설이 잘 되어 있는 성을 말합니다. 금성탕지(金城湯池)는 쇠로 된 성이니 더 강화된 의미를 전달하려는 것일 수도 있겠는데 같은 뜻으로 씁니다.

중학	획수	형자	새김	발음
研	11	幵	갈	연

연(研)은 가는 것입니다. 돌을 가는 것이나 돌로 다른 물건을 가는 것 모두 가리킵니다. 본뜻은 맷돌로 가루를 만드는 것이라고 합니다. 연구(研究)나 궁구(窮究)에서 볼 수 있는 것처럼 깊이 연구하는 것을 나타내기도 합니다.

자소자는 '평평할' 견(幵)입니다. 『설문』 주석에서는 간과(干戈) 즉, 방패나 창의 자루라고 하는데, 비녀 두개를 나란히 한 모양이라고 하는 설명도 있습니다. '열' 개(開), '모양' 형(形), '형벌' 형(刑)에 자소자로 쓰입니다.

중학	획수	형자	회자	새김	발음
破	10	皮	石皮	깨뜨릴	파

파(破)는 돌을 깨뜨리는 것입니다. '가르다, 쪼개다'에서 '불완전하다, 진상을 드러내다'라는 뜻도 나타내게 됩니다. 좋지 않다는 의미도 있습니다.

파경(破鏡)은 깨어진 거울이라는 뜻인데, 거울이 부부간의 관계를 나타내기도 하기 때문에 부부가 헤어지는 것을 이르기도 합니다. 격식을 깨뜨리는 것은 파격(破格)이고, 염치를 모르고 뻔뻔스러운 것은 파렴치(破廉恥)한 것입니다. 파훼(破毀)는 깨뜨리어 헐어버리는 것을 말합니다. 파부침주(破釜沈舟)는 솥단지를 깨고 배를 가라앉힌다는 뜻으로 죽기를 각오하고 결심하는 것입니다. 『사기(史記)』 〈항우본기(項羽本紀)〉에 나오는데 죽기를 각오하고 결전 의지를 다지는 상황입니다.

고교	획수	형자	새김	발음
硬	12	更	굳을	경

경(硬)은 『설문』에 실려 있지 않습니다. 수나라 혹은 당나라 때부터 쓰이기 시작한 글자로 봅니다. 본뜻은 돌이 단단한 것입니다. 그래서 강하다, 쉽게 변하지 않는다, 어떤 일을 강제로 진행하다 등의 뜻을 나타냅니다. '연할' 연(軟)과 상대되는 글자입니다.

경결(硬結)은 단단하게 굳는 것이고, 경골(硬骨)은 굳고 단단한 뼈입니다. 경골은 '굳뼈'라는 우리말로 순화하고 있는데, 여전히 생소한 느낌이 들기는 합니다. 경수(硬水)는 비누가 잘 풀리지 않는 센물입니다. 상대가 되는 말은 단물로 한자어로는 연수(軟水)입니다. 단단하게 굳어지는 것은 경화(硬化)이고, 부드럽고 무르게 되는 것은 연화(軟化)입니다.

고교	획수	형자	새김	발음
碑	13	卑	비석	비

비(碑)는 선돌입니다. 글자 그대로 세운 돌이라는 뜻의 선돌을 말합니다. 『설문』 주석에 비의 쓰임을 세 가지로 설명합니다. "궁중에서 비는 해 그림자를 알아보기 위해 쓴다. (종)묘의 비는 희생을 걸어두는 데에 쓴다. 묘의 비는 관을 내리는 데에 쓴다." 그림자로 시간을 알아보는 데에 썼고, 묘에서는 무거운 관을 내리는 데[卑]에 썼다[石]는 설명입니다. 묘에 쓰는 비는 여기에서 비롯되었다고도 합니다.

비석에 글을 새기는 것은 비각(碑刻)인데, 그런 비를 가리키기도 합니다. 동음이의어인 비각(碑閣)은 비바람을 막기 위해 비를 덮어 지은 집이고, 비석(碑石)은 돌로 만든 비, 빗돌입니다.

고교	획수	형자	새김	발음
確	15	隺	굳을	확

확(確)은 단단한 돌이라고 합니다. '단단하다, 굳다'에서 '사실과 부합하다, 확실하다'라는 뜻을 나타내게 됩니다. 현재 중국에서는 '확실할' 학(确)을 표준 자형으로 삼고 있습니다.

자소자 崔은 '높이 날' 학입니다. 새[隹]가 먼 곳[冂, '멀' 경]까지 날아오르는 것입니다. '굳을' 확(確)과 '학' 학(鶴)에서 볼 수 있습니다. 학은 두루미, 선학, 단정학(丹頂鶴)이라고도 하는데, 단정학은 글자 그대로 볏[頂]이 붉은[丹] 학입니다. 겨울 철새이니 높이, 멀리 날아야 할 것입니다. 재미로 찾아보면 지구상에서 가장 멀리 나는 새는 북극 제비갈매기(Arctic tern)이라고 합니다. 북극에서 남극까지 일 년에 4만km가량 여행을 한다고 합니다. 가장 높이 나는 새는 루펠 독수리(Rüppell's Vulture)로 해발 11,300m 고공에서 비행기와 충돌한 적이 있다고 합니다.

태도나 상황 따위가 튼튼하고 굳은 것은 확고(確固)한 것이고, 틀림없이 그러한 것은 확실(確實)한 것입니다. 확실한 대답이 확답(確答)입니다. 그러한가를 알아보거나 인정하는 것은 확인(確認)입니다.

고교	획수	형자	새김	발음
礎	18	楚	주춧돌	초

큰 건물 앞에 가면 많이 보는 글자가 초석(礎石)입니다. 초석은 주춧돌인데 따로 비를 세워 건물을 짓게 된 간단한 유래를 밝혀놓기도 합니다. 초(礎)는 주춧돌입니다.

초윤이우(礎潤而雨)는 '월훈이풍초윤이우(月暈而風礎潤而雨)'의 일부분입니다. 달무리가 끼면 바람이 불고 주춧돌이 축축해지면 비가 내린다는 뜻으로 자연 현상을 나타내는 표현입니다. 비유적으로는 일이 발생하기 전에 조짐이 나타나는 것을 말합니다.

초(楚)는 나라 이름으로 자주 쓰는 글자인데, 기초한자에는 속하지 않습니다. 『설문』에서는 "덤불 나무이다. 혹은 가시나무라고도 한다"라고 설명합니다. 덤불을 이루는 키가 크지 않은 관목이라는 뜻입니다. '매질할' 초로도 새깁니다. 옛날에 볼기를 치는 형구로 쓰여서 '형구'라는 뜻과 '때리다'라는 뜻도 있습니다.

초(楚)의 새김에 '牡荊'이 있습니다. 마편초(馬鞭草)과의 낙엽 관목이라고 설명합니다. 한자를 보고 잎이나 가지가 말의 채찍처럼 생겼을까 짐작해볼 뿐 여전히 이 설명으로 어떤 나무인지 알기는 어렵습니다. 대부분 자전에 발음은 '모형'으로 나오는데 『표준』에는 '목형(-荊)'으로 실려 있습니다. 〈국립국어원〉에 이와 관련 문의한 바 있는데, "현재『표준국어대사전』에 등재된 '목형'은 기존에 국립수목원의 확인을 거친 것으로, 식물 전문어로 'Vitex'에 속하는 것은 '모형'이 아닌 '목형'이라고 한다고 합니다"라는 답변을 받았습니다. 여전히 궁금증을 떨칠 수는 없습니다. 'Vitex'에 속하는 모든 종이 '목형'인지 아니면 종에 따라 이름이 달라 '모형'이라고 하는 것도 있는지 확실하지 않기 때문입니다. 필자가 검색해본 결과로는 'Vitex'에 순비기나무, 좀모형 등 이름을 달리하는 수종이 또 있습니다.

고교	획수	형자	회자	새김	발음
碧	14	白	王石	푸를	벽

벽(碧)은 푸른빛의 아름다운 돌이라고 합니다. 부수 배치만 봐도 옥(玉)에 들어가지 못하고 돌[石]에 들어 있습니다. 색으로는 푸른빛을 나타냅니다.

자소자는 '호박' 박(珀)으로 호박은 식물의 진이 굳어 만들어진 투명하거나 누런색의 광물입니다. 더러 곤충이 들어간 화석도 있습니다. 여성들의 장식품으로 쓰이기도 하고 마고자 단추로 많이 씁니다.

벽계(碧溪)는 물이 맑아 푸른빛이 도는 시내를 말하고 벽계수(碧溪水)는 그런 시냇물인데, 황진이(黃眞伊)의 시조 「청산리 벽계수야」에 나옵니다. 이 시조에서 벽계수는 시내를 가리키기도 하고, 조선시대 왕족인 이종숙(李終叔)이라는 실존 인물을 나타내기도 합니다. 황진이가 벽계수를 유혹하기 위해 쓴 시라는 설명도 있어 시조 자체가 아주 이중적인 의미를 띠고 있습니다. 벽공(碧空), 벽류(碧流), 벽안(碧眼), 벽해(碧海)에서 벽(碧)은 모두 푸르다는 뜻입니다. 벽색(碧色)을 짙푸른색이라고 하는데 '흰' 백(白)이 들어가는 것은 푸른색에 흰색의 기운이 드러나기 때문이라고 합니다. 고집이 세며 완고하고 우둔하여 말이 도무지 통하지 아니하는 무뚝뚝한 사람을 벽창호(碧昌-)라고 하는데 이 말의 원말은 벽창우(碧昌牛)로 알려져 있습니다. 평안북도의 벽동(碧潼)·창성 지방에서 나는 크고 억센 소를 이르는 말로 바로 그런 소와 같은 사람에서 나온 말이겠습니다. 벽수청산(碧水靑山)은 벽록의 물과 푸른 산이라는 뜻으로 산수가 수려한 것입니다.

고교	획수	형자	회자	새김	발음
磨	16	麻	麻石	갈	마

마(磨)도 앞에 나온 연(研)과 마찬가지로 '가는' 것입니다. 그러나 연(研)은 맷돌로 갈아 가루를 만드는 것이 본뜻이라고 설명한 바 있습니다. 『설문』에 올라 있는 자형은 '礳'인데, 그 뒤에 자형이 단순화되었습니다. 갈아 없애는 것을 나타내기도 하고, 단단한 것으로 갈아 물체의 광택을 더하는 것을 나타내기도 합니다.

마도수(磨刀水)는 숫돌에 칼을 간 물입니다. 도대체 이런 말이 왜 나왔을까 확인해보니, 중국에서는 음력 5월 13일에 내리는 비를 마도수(磨刀水)라고 합니다. 양력으로 6월 중순경이 되는데 옛날에는 이날 비가 많이 오면 그해 바람도 알맞게 불고 구름도 적당해 백성이 편안할 것을 나타내주는 것으로 여겼다고 합니다. 숫돌에 칼을 간 물도 마도수인데, 소변이 잘 나오게 하는 작용을 한다고 기록하고 있습니다. 눈이 아플 때 방울을 눈에 떨어뜨리면 낫는다고도 되어 있습니다. 그런 것이 근거가 됐는지 『표준』에서는 각막염에 쓴다고 설명하고 있습니다.

갈아 없애는 것은 마멸(磨滅), 벼루에 먹을 가는 것은 마묵(磨墨)으로 '마묵하다'가 동사입니다. 절차탁마(切磋琢磨)는 "옥이나 돌 따위를 갈고 닦아서 빛을 내다"라는 뜻인데, 부지런히 학문과 덕행을 닦는 것을 이르는 데에 씁니다.

고외	부수	획수	형자	새김	발음
拓	手	8	石	넓힐/박을	척/탁

『설문』에서는 "척(拓)은 줍는다는 뜻이다. 진(陳)나라와 송(宋)나라의 말이다"라고 하는데, 주석에서는 경전에서 이런 사례가 보이지 않으며, 개척(開拓)하다의 뜻으로 쓰고 있다고 지적합니다. 황무지 등을 개간해 사방으로 땅을 넓힌다는 뜻입니다. 일본이 우리 경제를 수탈하기 위해 1908년에 세운 기관이 동양척식주식회사(東洋拓殖株式會社)입니다.

척식(拓殖)은 미개지를 개척하여 자국민의 이주와 정착을 돕는 것입니다. 당연히 일본인의 이주와 정착을 도왔습니다. 비석이나 기와, 기물 등에 새겨진 글씨나 무늬를 종이에 그대로 떠내는 것을 탁본(拓本)이라고 하는데 이때는 발음이 달라집니다. 탁본은 탑본(搨本)이라고도 합니다.

1급	부수	획수	새김	발음
乭	乙	6	이름	돌

1급 한자 가운데 한 글자를 추천합니다. '이름' 돌(乭)인데 『강희자전』에는 올라 있지 않습니다. 이 글자는 우리나라에서 만든 국자(國字)로 봅니다. 우리 국자 가운데 이 돌(乭) 자와 '논' 답(畓)은 기억해두어야 합니다. 사람 이름에 쓰인 예로는 구한말 신돌석(申乭石, 1878~1908) 의병장의 이름이 대표적이겠습니다. 중국어에서는 논을 수전(水田)이라고 합니다. 일본어에는 국자가 제법 많습니다. 특히 물고기 이름에 많아 음식점마다 '고기' 어(魚) 자 붙은 각종 글자가 펄럭이는데 도대체 어떤 물고기일까 궁금하기도 합니다.

R113

보일 시(示, 礻) 부

갑골	금문	전문	해서

示 示 示

시(示)는 제사를 지낼 때 쓰는 신주(神主) 모양을 본떴다고도 하고, 제물을 올려놓는 대를 본뜬 것이라고도 합니다. 상형자입니다. 『설문』입니다. "시(示)는 하늘이 도상을 드리워 길흉을 나타내 사람에게 보여주는 것이다. 二는 하늘을 나타내며 드리워진 세 개의 획은 해, 달, 별을 나타낸다. 사람들은 천문의 도상을 보고 세상의 변화를 살피게 된다. 시(示)는 귀신이 하는 일이다."

본뜻은 위에서 말한 바와 같이 신주나 제대로 봅니다. '땅 귀신'으로 새길 때는 '기'로 발음이 다릅니다. 부수로 쓰여 제사나 신과 관련된 내용을 나타냅니다. 변으로 쓰일 때는 '礻'를 쓰기도 합니다.

중학	획수	새김	발음
示	5	보일/땅귀신	시/기

모범을 보이는 것은 시범(示範), 위력이나 기세를 떨쳐 보이는 것은 시위(示威)입니다. 많은 사람이 공공연하게 의사를 표시하여 집회나 행진을 하며 위력을 나타내는 일은 시위운동(示威運動)인데 줄여서 시위(示威)로도 씁니다. 요즘은 '데모'를 쓰기도 합니다.

중학	획수	형자	회자	새김	발음
神	10	申	示申	귀신	신

신(神)은 천신(天神)으로 만사와 만물을 만들어내는[申] 신입니다. 고문 분석에서는 번개를 나타내는 신(申) 자에 뜻을 나타내는 편방 시(示)를 더한 것입니다. 신(申)과 거기에 '비' 우(雨)를 더한 '우레' 뢰(雷), '보일' 시(示)를 더한 '귀신' 신(神)이 실은 한 글자인데, 후에 편방을 더해 뜻이 분화된 것으로 보는 것입니다. 신이나 신선을 나타내고, 사람이 죽은 뒤의 영혼을 뜻하기도 합니다.

신묘(神妙)는 신통하고 묘한 것이며, 신비(神秘)는 사람의 힘이나 지혜 또는 보통의 이론이나 상식으로는 도저히 헤아릴 수 없을 만큼 신기하고 묘한 것입니다. 신선(神仙)은 도(道)를 닦아 현실의 인간 세계를 떠나 자연과 벗하며 산다는 상상의 사람으로 세속적인 상식에 구애되지 않으며 고통이나 질병도 없으며 죽지 않는다고 하는 존재입니다. 함부로 가까이할 수 없을 만큼 고결하고 거룩한 것은 신성(神聖)한 것입니다. 신부지귀불각(神不知鬼不覺)은 신도 모르고 귀신도 알지 못한다는 뜻으로 어떤 일을 아무도 모르게 처리하는 것을 말합니다. 흔히 쓰는 "쥐도 새도 모르게"와 딱 맞아떨어지는 표현이 아닌가 합니다. 신출귀몰(神出鬼沒)은 귀신같이 나타났다가 사라진다는 뜻으로 그 움직임을 쉽게 알 수 없을 만큼 자유자재로 나타나고 사라짐을 비유적으로 이릅니다.

중학	획수	형자	회자	새김	발음
祖	10	且	示且	할아비	조

조(祖)를 『설문』에서는 "시작이다, 사당이다"라고 설명합니다. 돌아가신 분들에게 제사를 지내는 종묘나 신주를 나타냅니다. 조상을 나타내고, 아버지의 윗대 할아버지 대

를 가리키기도 합니다. 고문 분석에서는 조(祖)의 본자를 남성의 생식기를 나타내는 차(且)로 봅니다. 상형자로 보는 것입니다. 풍요와 번식을 기원하는 의미가 담겨 있는 글자입니다. 남근 숭배 사상을 보여 주는 글자인데 인도의 힌두교에서 '링감(lingam)'이라고 해서 남근을 시바(Shiva) 신의 상징으로 여겨 숭배합니다. 모양은 장식을 한 것도 있고 그렇지 않은 것도 있는데 돌기둥입니다. 우리의 민속에도 아들 낳기를 기원했던 기자석(祈子石)이 있는데 기원이 같다고 하겠습니다. 강원도 삼척시 원덕읍 해신당공원에 가면 남근조각공원이 있습니다.

조국(祖國)은 조상 때부터 대대로 살던 나라인데, 영어에서도 'fatherland'라고 하는 것을 보면 참 발상이 비슷하다는 생각이 듭니다. 조항(祖行)은 할아버지뻘의 항렬이고, 아저씨뻘은 숙항(叔行)이라고 합니다.

중학	획수	형자	회자	새김	발음
禁	13	林	林示	금할	금

금(禁)은 길흉(吉凶)을 피하는 것을 가리킵니다. 물론 귀신의 화 즉, 흉한 일을 피하는 것인데, 나중에 뜻이 확대되어 금하는 것을 나타냅니다. 다른 설명도 있습니다. 림(林)은 나무를 잇대어 만든 목책이라고도 합니다. 그래서 그 안으로 들어오는 것을 막는 데에서 '허락하지 않다, 금하다'라는 뜻을 갖게 되었다고 합니다.

금기(禁忌)는 마음에 꺼려서 하지 않거나 피하는 것입니다. 처음에는 믿음인 종교적인 면에서 출발했겠지만 금기는 문화 전반에 걸쳐 있습니다. 영어는 외래어로 우리도 많이 쓰는 '터부(taboo)'입니다. 어떤 문화든 그 문화만의 금기가 있습니다. 예를 들어 우리는 결혼식 등의 축의금으로 흰 봉투를 씁니다. 하지만 중국인들은 사람이 죽은 경우에 흰 봉투를 쓰고, 축의금은 붉은 봉투에 넣습니다. 개방화된 이후 풍속이 많이 바뀌긴 했지만 처음에는 중국인들에게 시계를 선물하면 안 된다고 했습니다. 시계를 뜻하는 종(鐘)의 발음이 마친다거나 죽는다는 뜻의 종(終)과 발음이 같아 죽음을 의미하기 때문이었습니다. 외국인들과 교제할 때에는 그 언어에 숨어 있는 금기 사항과 문화 전반에 퍼져 있는 금기도 잘 이해해야 합니다.

금단(禁斷)은 어떤 행위를 하지 못하도록 금하는 것입니다. 『성경』은 아담과 하와가 선악과를 따먹어 금단의 벽을 넘음으로써 낙원에서 추방되면서 내용이 펼쳐집니다. 금리(禁裏)는 궁중을 뜻하는 말인데, 함부로 안[裏]에 들어가는 것을 금한다[禁]는 데에서 나온 말이겠습니다. 금욕(禁慾)은 욕구나 욕망을 억제하고 금하는 것이고, 금지(禁止)는 어떤 행위를 하지 못하도록 하는 것입니다. 금망소활(禁網疏闊)은 금지하는 그물 즉, 법망이 허술하고 어설픈 것을 이릅니다. 최근 하루가 다르게 빠른 속도로 발전하고 있는 과학 기술의 경우 적절한 입법이 이루어지지 않아 개발자에게 제약이 되는 경우도 있고, 기업에서는 뭔가를 피해가는 구실이 되기도 하는데 금망소활의 폐해로 생기는 문제이겠습니다.

중학	획수	형자	회자	새김	발음
福	14	畐	示 畐	복	복

복(福)은 돕는 것[祐]입니다. 신이 복을 내려 돕는 것으로 격이 높은 존재나 사람이 아랫사람을 돕는 것을 나타냅니다. 갑골문에서는 술 단지를 두 손에 들고 제대[示] 앞에 바치는 모양이라서 조상에게 제사를 드리며 복을 내려주기를 비는 것으로 분석합니다. 그래서 (조상들이) 도와주는 것을 본뜻으로 봅니다. 오복을 갖춘 것을 복이라고 합니다. 오복은 보통 '수(壽), 부(富), 강녕(康寧), 유호덕(攸好德), 고종명(考終命)'을 이릅니다. 오래 살고, 형편에 여유가 있으며, 몸이 건강하고, 덕을 좋아하고 행하며, 제명대로 살다가 편안히 죽는 것입니다. 유호덕의 축자의는 '좋아하는 바의 덕'입니다. 유호덕과 고종명 대신 귀(貴)함과 자손이 많은 것[衆多]을 꼽기도 합니다.

자소자는 '찰(fill, be filled with)' 복(畐)입니다. '높을' 고(高)가 생략된 데에서 뜻을 취했다고 하며, 높고 두텁다는 뜻입니다. 자소자로 쓰일 때는 보통 위의 점이 없는 '畐' 자형으로 씁니다. 기초한자 가운데 '복' 복(福), '부자' 부(富), '버금' 부(副), '폭' 폭(幅)에서 자소자로 쓰이고 있습니다.

복덕(福德)은 타고난 복과 후한 마음입니다. 복력(福力)은 『표준』에서 "복을 누리는 힘"이라고 설명하는데, '누리는 복의 힘'이 더 적합하지 않을까 합니다. 행복과 이익은 복리(福利)입니다. '복무쌍지화불단행(福無雙至禍不單行)'이라고 합니다. 복은 짝으로 오지 않고, 화는 홀로 다니지 않는다는 뜻입니다. 행복한 일보다 고민과 걱정을 놓을 수 없는 우리 삶의 모습이 아닐까 합니다. 하지만 화복무문(禍福無門)이라고 했습니다. 화복은 운명적인 것이 아니니 착한 일을 하면 복을 받고 악한 일을 하면 화가 닥치기 마련입니다.

중학	획수	형자	회자	새김	발음
禮	18	豊	示豊	예도	례

례(禮)는 이행하는 것이라고 합니다. 시행하는 것입니다. 실제로 해내는 것입니다. 신을 섬겨서 복을 구하는 것입니다. 례(豊)에 편방을 더해 분화된 글자로 봅니다. 그런 의식 속에서 나오게 된 사회 규범을 가리키기도 하고, 다른 사람을 대할 때의 경의를 나타내는 태도를 가리키기도 합니다.

례(豊)는 의식에 쓰는 그릇입니다. 갑골문에서는 '풍성' 풍(豐)과 한 글자였고, 지금도 풍(豐)의 약자로 쓰고 있습니다. 제기인 두(豆)에 제물이나 옥기(玉器)가 가득한 것으로 그렇게 차려놓고 제사를 올린다는 뜻이었습니다. 나중에 뜻이 분화되면서 례(豊)는 제사를 지내는 의식을 나타내게 됩니다. '예도' 례(禮)의 본자입니다. 풍(豐)은 본뜻을 그대로 지녀 가득 채운다는 뜻을 나타냅니다. 그런데 례(豊)가 다른 글자의 자소자로 쓰이게 되자, 다시 뜻을 나타내는 '보일' 시(示)를 더해 '예도' 예(禮) 자가 된 것입니다. 풍(豐) 자 대신 약자로 례(豊) 자를 많이 쓰기도 하는데 기초한자에서는 풍(豐)을 표준 자형으로 삼고 있습니다.

예도(禮度)는 예의와 법도를 일컫습니다. 예물(禮物)은 고마움을 나타내거나 예의를 갖추기 위하여 보내는 돈이나 물건이고, 예방(禮訪)은 예를 갖추는 의미로 인사차 방문하는 것입니다. 예의(禮儀)는 존경의 뜻을 표하기 위해 예로써 나타내는 말투나 몸가짐입니다. 예상왕래(禮尙往來)는 예절은 서로 왕래하여 사귐을 귀하게 여긴다는 뜻입니다. 예의염치(禮義廉恥)는 예절, 의리, 청렴, 부끄러움을 아는 태도입니다.

중학	획수	회자	새김	발음
祝	10	示口儿	빌	축

축(祝)을 『설문』에서는 "제사 시에 신령에게 고하는 것을 주관하는 사람이다"라고 설명합니다. 입[口]으로 신령[示]과 소통하는 사람[儿]입니다. 갑골문 분석에서는 제대[示] 앞에 꿇어앉아 복을 비는 것으로 봅니다. 글자를 자세히 보면 제사[示]를 주관하는 사람이 지차(之次)가 아니라 윗사람인 형(兄)이라는 것을 알게 됩니다. 장자입니다. 제

주(祭主)를 가리키기도 하고, 제사 시에 읽는 글[祝文]을 가리키기도 합니다.

인(儿)은 '어진사람' 인으로 새기는데 '사람' 인(人)과 큰 차이가 없습니다. 다른 글자의 아래에 올 때 쓰는 자형으로 기억하면 됩니다. 기초한자 범위 밖의 글자이긴 합니다만, 부수자이니 해당란을 참고하십시오.

格物 057. 감소고우, 상향

어렸을 때 제사나 시제에 참석했을 때 기억이 생생합니다. 시제는 음력 10월 보름인데, 양력으로는 11월 중·하순이 되니 얼핏 기억에도 눈이 오거나 추운 날이 많았습니다.

먼저 산지기 집에서 음식이 흘러내리거나 쓰러지지 않도록 테두리 달린 교자상 같은데에 제물을 가득 채웁니다. 이 상에는 어깨에 메거나 들을 수 있도록 앞뒤로 제법 두꺼운 각목 자루 같은 것이 길게 나와 있는데 천으로 고를 내어 산지기 집의 장정들이 어깨에 메고 오릅니다. 바리바리 지게에 지고도 올라갑니다. 흐릿한 기억으로 이 제물 가마를 메던 사람을 '교두꾼'이라고 했던 듯한데 확인이 안 되고 교꾼을 잘못 들은 것인지도 모르겠습니다.

맨 먼저 가는 곳은 우리 소종계의 가장 선대이신 '전나무 산소'입니다. 옆에 큰 전나무가 서 있어 우리 꼬맹이들끼리 부른 것이 '전나무 산소'인데 선대 묘로 가장 높으니 발은 눈에 빠지고 숨을 헐떡거리기에 바쁩니다.

상석에 제물을 진설하는 동안 어르신들의 강의가 시작됩니다. 그 묘에 잠드신 선조와 주변 묘에 묻히신 조상들의 찬란한(?) 치적과 업적이 시작되는 역사 시간입니다. 거기에 건좌니 곤좌니 계좌니 무슨 좌향까지 나오기 시작하면 이것은 완전히 외국어입니다.

참 불경스러운 말이지만 우리 꼬맹이들은 젯밥에만 관심이 있어, 어르신들 하시는 말씀은 귀에 들어오지도 않고 산소 앞에 절을 하면서도 몇 대조 할아버지인지도 몰랐습니다. 몇 대라고 말씀하셔도 얼마나 가까운지 먼지 실감이 나지 않았고, 육촌만 해도 먼 것 같았으니 방계라는 말이 나오면 완전히 남입니다.

휘는 무슨 자에 무슨 자를 쓰셨고 어떤 벼슬을 하셨으며…로 계속되는데 얼핏 절충장군(折衝將軍) 소리가 귀에 들어옵니다. 아니 무관은 아예 벼슬자리가 아닌 것처럼 말씀들 하시더니, 그래 그 벼슬도 아닌 무관에 그것도 이것저것 절충(折衷)이나 하는 자질구레한 벼슬을 하셨나 해서 어린 마음에도 자존심이 확 상합니다. 그러니 나머지는 들을 마음도 없고, 더더욱 알아듣지 못하니 모두 공염불입니다.

제사가 시작됩니다. 축문 가운데 우리 꼬맹이들이 잘 알아듣는 것이 두 가지였는데 감소고우(敢昭告于)와 상향(尙饗)입니다. 감소고우 소리가 나면 감과 쇠고기를 올려놓았다는 뜻이라며 킬킬거리다 경망스럽게 군다고 혼나기가 일쑤였고, 상향 소리가 나면 — 그것도 할아버님들께서 음복에 안주로 육포라도 한 점 드신 뒤에나 가능한 일이었지만 — 이제 뭐라도 하나 먹어보나 해 반가웠습니다.

분명 어르신들께서 축문의 뜻을 설명을 해주셨을 텐데, 감소고우(敢昭告于)가 '감히 밝혀 아뢰는 것'이고 상향은 '흠향하옵소서'라는 뜻이라는 것을 알게 된 것은 훨씬 뒤의 일입니다. 그해에 결혼한 사람이 있으면 시제를 주관하는 유사(有司)를 맡았는데, 필자의 경우 객지에 나와 있어 바쁘다는 핑계로 선친께서 대신하셨습니다. 돌이켜 생각하면 일의 완급을 몰랐고, 많은 것을 보고 배울 수 있는 좋은 기회였는데 싶어 아쉽고 후회스럽습니다.

앞에서 전나무라고 했습니다만 이것도 당시 그저 들은풍월로 했던 말이고 실제로는 전나무인지 잣나무인지도 모릅니다. 전나무, 잣나무로 발음이 다른 것을 분간해 들을 수 있을 정도로 아는 것도 없었습니다. 나중에 무덤 주변에는 소나무와 잣나무[松柏]를 심는다는 한적(漢籍)을 보고, 옛 어르신들께서 이런 것을 바탕으로 심으셨을 테니 전나무가 아니고 잣나무이겠다 짐작할 뿐입니다.

지금 그야말로 관심도 없을 남의 집 시사 이야기를 하는 것은 우리의 삶이 말이고 언어라는 생각 때문입니다. 시제와 관련해 많은 단어가 쓰였을 텐데, 관심이 없었으니 지금 교두꾼이었는지 교꾼인지도 확실하지 않습니다. 더욱이 생활 환경이 바뀌면서 여기에 쓰였던 단어들은 벌써 많이 자취를 감추었고, 앞으로 더더욱 그렇게 될 것입니다.

필자는 선친께서 한때 광산을 운영하셔서 어렸을 때 광산과 관련된 말을 많이 듣고 자랐습니다. 언젠가 한 번 강원도 장성탄전에 간 적이 있는데 나도 모르게 튀어 나오는 말에, 그쪽 관련된 분들이 의아해하며 놀라시던 모습이 눈에 선합니다. 까맣게 잊고 지내던 분야이니 그야말로 광산과 관련되어 머릿속에 남은 어휘는 얼마 되지도 않습니다.

어휘가 늘어나는 것은 우리의 삶이 그만큼 확장되는 것입니다. 낯선 일이나 새로운 환경은 이런 점에서 우리의 어휘, 나아가 우리의 삶의 지평을 확장하는 좋은 계기가 됩니다. 그럴 때마다 젯밥에만 관심이 있어 감소고우와 상향만 알아듣던(?) 철없는 필자의 모습이 아니고, 뭔가를 배우고 익히는 좋은 기회가 되었으면 하여 그야말로 남의 집

시제 이야기를 합니다.

중학	획수	회자	새김	발음
祭	11	肉又示	제사	제

제(祭)는 오른손[又]에 고기[肉]를 들고 있는 모양으로 제사[示]를 지내는 것을 나타냅니다. 이것은 『설문』의 설명이고 고문 분석에서는 고기[肉]를 들어[又] 제대[示] 위에 올려놓는 것으로 봅니다. 그래서 상형자로 취급하는 경우가 있습니다만, 어떤 경우이든 내용상 차이는 없습니다. '사이' 제(際), '살필' 찰(察)의 자소자로 쓰이기도 합니다.

신령이나 죽은 사람의 넋에게 음식을 바치어 정성을 나타내는 것은 제사(祭祀)이고, 제사에 드는 여러 가지 재료나 제물은 제수(祭需)라고 합니다. 제사의 의식은 제전(祭典)인데, 문화 예술 체육 따위와 관련하여 성대히 열리는 사회적인 행사도 제전(祭典)입니다. 하늘에 제사를 드리는 것은 제천(祭天)으로 천자만이 할 수 있는 일로 여겼습니다.

고교	획수	형자	새김	발음
祕	9	必	숨길/심오할	비/필

'숨길' 비(祕)입니다. '보일' 시(示)는 기본적으로 귀신이나 신령과 관련된 뜻을 나타냅니다. 귀신이나 신령의 일이니 뭔가 드러나지 않은 것, 숨겨진 것을 가리킵니다.

다른 사람은 잘 모르게 아주 소중하게 보존되어 오는 책은 비급(祕笈)이고, 다른 사람에게 드러나지 않도록 숨기는 것은 비밀(祕密)입니다. 무술이나 어떤 약방(藥方)이 비밀로 전해져 내려오는 것은 비전(祕傳)입니다.

고교	획수	형자	새김	발음
禪	16	單	선	선

봉선(封禪)은 옛날 중국의 천자가 하늘과 산천의 신에게 드리는 제사를 말합니다. 하

늘에 지내는 제사가 봉(封)이고, 산천 즉 땅의 신에게 올리는 제사가 **선(禪)**입니다. 봉 제사는 왕조가 바뀌어도 늘 오악 가운데 으뜸인 태산에서 거행했는데, 선 제사는 그 아래 여기저기 조금 낮은 봉우리에 단을 쌓고 제사를 지냈습니다.

현재 선은 선을 행한다든지, 선불교라는 말에서 볼 수 있는 것처럼 불교의 수행 방법의 하나를 가리키기도 합니다. 이것은 고대 산스크리트어의 dhyana를 음역한 것으로 잡념을 떨치고 선정(禪定)에 들어가는 것을 말합니다. 영어에서는 'Zen'으로 알려져 있는데, 이것은 서양에서 일본을 통해 동양문물을 많이 받아들였고, 그때 일본어 발음을 그대로 적었기 때문입니다. 선불교의 종주국이라고 할 중국에서 보면 조금 억울한 일이기도 하겠습니다.

고교	획수	형자	회자	새김	발음
祀	7	巳	示巳	제사	사

사(祀)는 사(巳)가 발음을 나타내는 형성·회의자로 제사를 가리킵니다. 지금은 제사(祭祀) 한 단어로 구분 없이 씁니다만, 본래 사(祀)는 제물을 차려 놓고 조상들에게 아들을 낳게 해달라고 비는 제사를 가리키는 글자였습니다. 지금은 생각이 많이 바뀌었지만, 옛날에는 아들을 낳지 못해 대가 끊어지는 것은 조상들에게 큰 죄를 짓는 것으로 여겼습니다. 사속(嗣續)을 이을 수 있게 해달라고 조상들의 신령에게 비는 것입니다.

고교	획수	형자	회자	새김	발음
祿	12	彔	示彔	녹, 복	록

록(祿)에도 '보일' 시(示)가 들어가 있으니 귀신이나 신령과 관련된 글자라는 짐작을 해볼 수 있습니다. 자소자인 록(彔)은 보통 '나무에 새길' 록으로 쓰는데, 최근 고문 분석에서는 나무에 도래송곳 같은 다른 물체를 마찰시켜 불을 일으키는 것을 나타내는 것으로 봅니다. 불씨를 간수하는 것이 큰일이었던 옛날에는 분명 이것은 신[示]이 내리는 큰 복으로 여겨졌을 만합니다.

그런데 복은 사람끼리 주고받는 것이 아닙니다. 신[示]이 내리는 것입니다. 그런 복을 받으려면 덕(德)을 많이 쌓아야 하는 것으로 여겼습니다. 쉽게 말해 다른 사람들에게 착한 일, 좋은 일을 하며 베풀고 살아야 합니다.

옛날 벼슬아치들이 월급으로 받는 금품을 녹이라고 하는 데에는, 먼저 뭔가 베풀어야 한다는 생각이 깃들어 있다고 생각해볼 수 있습니다.

고교	획수	형자	회자	새김	발음
禍	12	咼	示 咼	재앙	화

구안와사(口眼喎斜)는 구안괘사라고도 하는데, 안면신경 마비로 입과 눈이 비뚤어지는 질병입니다. 자소자는 '입 비뚤어질' 괘, 와(咼)입니다. 그런데 이 글자[咼]가 다른 글자의 자소로 쓰이게 되자 본뜻은 다시 '입' 구(口)를 더해 괘, 왜(喎)로 쓰게 됩니다. 불교에서 흔히 선업을 쌓으면 좋은 일이 있고, 나쁜 일을 하면 나쁜 결과가 따른다고 해 선인선과 악인악과(善因善果 惡因惡果)라는 말을 하는데, 화(禍)는 우리가 하는 잘못에 대해 귀신이나 신령[示]이 내리는 재앙[咼]입니다.

심리학에서는 화(禍)가 우리 한국인의 비정상적인 정서상태를 나타내는 용어로 국제심리학회에 등록되었다고도 하는데, 우리 어머님들이 속을 많이 끓이시면 삭이셔야 했던 화는 물론 간단히 이 글자 하나만으로 설명할 수 있는 바는 아니겠습니다.

R114

짐승 발자국 유(內) 부

갑골	금문	전문	해서
		内	内

유(內)를 『설문』에서는 "짐승이 땅을 밟은 것"이라고 합니다. 짐승의 발자국 즉, 자귀로 상형자입니다. 금문 분석에서는 파충류가 계속 꿈틀대며 땅을 쳐대는 것으로 보아 '밟다'라는 뜻으로 새기며 '밟을' 유(蹂)의 본자로 봅니다. 낱자로는 쓰지 않습니다. 이 부수에는 글자도 많지 않은데, '새' 금(禽) 한 글자만 기초한자에 속합니다.

현재 중국에서는 이 부수를 폐지하고, 여기에 속해 있던 글자들은 '멀' 경(冂) 등의 다른 부수에 분산시켜 실어놓고 있습니다. 그리고 획수도 우리와 일본에서는 『강희자전』에 따라 5획에 넣고 있는데, 나중에 쓰는 가운데의 삼각형 모양이 삐침[丿]과, 올려 긋는 치침[挑], 점[丶]의 3획입니다. 중국에서는 4획으로 칩니다.

고교	획수	회자	새김	발음
禽	13	人 凶 内	날짐승	금

『설문』입니다. "**금(禽)**은 달리는 짐승의 총칭이다. '발자국' 유(厹)에서 뜻을 취하고 모양을 본뜬 것이며, 금(今)이 소리를 나타낸다. 금(禽)과 '도깨비' 리(离), '외뿔들소' 시(兕)는 머리 모양이 서로 닮았다"라고 합니다. 달리는 짐승이라면 길짐승을 가리키는 것이니 말이 이상한데, 『단주』에 설명이 있습니다. "『이아(爾雅)』〈석조(釋鳥)〉에 두 발에 깃이 있는 것을 날짐승[禽]이라 하고, 네 발에 털이 있는 것을 길짐승[獸]이라 한다. 허신의 설명이 다른 것은 유(厹) 자를 따르기 때문이다. 유(厹)는 길짐승의 발자국으로 새의 발자국을 유(厹)라고 하지는 않는다. 그러니 창힐(倉頡)이 글자를 만든 본뜻은 네 발로 달리는 것임이 확실하다. 털 달린 것의 이름을 깃 달린 것의 이름으로 삼았으니 호칭이 옮겨져 가차된 것이다. 이렇게 된 지가 오래되어 드디어는 깃 달린 무리의 이름이 된 것이다."

유래야 어떻든 금(禽)은 날짐승입니다. 고문 분석에서는 긴 자루가 달린 그물로 새를 잡는 형상을 본떴다고 합니다. 그래서 '잡을' 금(擒)의 본자로 봅니다. '잡을' 금(擒)은 제갈량이 남만의 추장 맹획(孟獲)을 일곱 번 잡았다가 일곱 번 놓아주었다는 고사에 나오죠. 칠종칠금(七縱七擒)입니다.

금수(禽獸)는 날짐승과 길짐승인데, 금수만도 못하다는 말에서 볼 수 있는 것처럼 행실이 아주 더럽고 나쁜 사람을 비유적으로 이르기도 합니다. 금조(禽鳥)는 쓰임이 적기는 합니다만 날짐승을 말합니다.

기초한자는 아니지만 이 부수에 나오는 글자를 두 자만 더 익혔으면 합니다. '하우씨' 우(禹)와 '도깨비' 리(离)입니다. 하우씨(夏禹氏)는 중국 하나라의 우임금을 이르는 말인데, 한문을 읽다보면 많이 나오는 이름입니다. 리(离)는 다른 글자의 자소로 많이 쓰이는데, 기초한자에는 '떠날' 리(離)에서 볼 수 있습니다.

R115

벼 화(禾) 부

갑골	금문	전문	해서

   화(禾)는 잘 여문 벼가 고개를 숙인 모양을 본뜬 상형자입니다. 『설문』의 설명입니다. "화(禾)는 아름답고 좋은 곡식이다. 2월에 처음 나서 8월에 여문다. 사시(四時) 중화의 기운을 얻기 때문에 화(禾)라고 한다. 화(禾)는 (오행으로) 목(木)에 속한다. 목(木)의 기운이 왕성하면 자라고 금(金)의 기운이 왕성하면 죽는다. 목(木)에서 뜻을 취하고, 수(烝)['드리울' 수(垂)의 고자(古字)] 자가 생략된 것으로 구성되었다. 아래로 드리워진 획[丿]은 벼의 이삭을 본뜬 것이다."

   널리 곡식을 가리키고, 그 싹을 나타내기도 합니다. 일 년에 한 번 거두는 데에서 한 해의 뜻도 갖고 있습니다. 화(禾) 부에 속한 글자는 중학 과정에 8자, 고교 과정에 11자로 모두 19자를 익혀야 하는데, 부수외자 4자까지 치면 모두 23자입니다.

중학	획수	형자	새김	발음
私	7	厶	사사로울	사

사(私)를 『설문』에서는 "벼의 이름이다"라고 합니다. 벼의 한 품종을 가리키는 것인데, 어떤 품종인지는 알 수가 없습니다. 사(厶)를 가차해 썼기 때문에 남녀의 생식기를 가리키기도 합니다. 한걸음 더 나가 부당한 남녀 관계를 나타내기도 합니다. 불법적이라는 뜻으로부터 개인에 속한다는 뜻도 있습니다.

사(厶)는 부수 이름으로는 '마늘' 모라고 합니다만, 새김은 '사사로울' 사입니다. 사사로운 것은 일을 처리하는 방식에서 사익(私益)을 앞세우는 태도를 가리키기 때문에 부정적인 의미를 나타냅니다.

개인의 생각이나 의견은 사견(私見)이고, 사사로운 이익은 사리(私利)이며, 사사(私私)롭다는 것은 공적인 것이 아니고 개인적인 것이라는 뜻입니다. 사사로운 것에 상대가 되는 말은 '공변되다'인데 행동이나 일 처리가 사사롭거나 한쪽으로 치우치지 않고 공평한 것을 이릅니다만, 쓰임은 많지 않습니다. 사적인 모임의 자리는 사석(私席)입니다. 사숙(私淑)하는 것은 직접 가르침을 받지는 않았으나 마음속으로 그 사람을 본받아서 도나 학문을 닦는 것입니다. 사리사욕(私利私慾)은 사사로운 이익과 욕심을 말합니다.

중학	획수	형자	새김	발음
科	9	斗	과목	과

과(科)는 곡물[禾]의 등급을 매기는 것입니다. 본뜻은 곡물[禾]의 무게와 부피를 재보는 것[斗]으로 봅니다. 무게와 부피를 알면 등급을 알 수 있습니다. 등급을 나타내고, 문과(文科) 이과(理科)처럼 각각 나눈 과목을 뜻하기도 합니다. 제도로서 과거(科擧)를 나타내기도 합니다.

과료(科料)는 가벼운 죄에 물리며 벌금보다 가벼운 재산형의 하나입니다. 벌금은 과료보다 정도가 높은 것입니다. 과료와 벌금은 형벌입니다. 주관청이 사법 기관입니다. 수사와 연결되는 것입니다. 비슷한 말로 과태료(過怠料)도 있습니다. 의무 이행을 태만히 한 사람에게 벌로 물게 하는 돈인데 이것은 행정 기관에서 처분을 내리기 때문에 행정벌이라고 합니다. 수사와는 전혀 무관합니다.

중학	획수	형자	새김	발음
稅	12	兌	세금	세

　세(稅)는 구실입니다. 경작하는 농토의 크기에 따라 거두어들이는 곡식입니다. 구실은 온갖 세로 납부하는 것을 이르는 말입니다. 중국에서 춘추(春秋) 시대 이전에는 정전제(井田制)를 실시했으며 세금이 없었다고 하고, 노나라(魯, BC 1043~249) 때부터 세금을 거두어들이기 시작했다고 합니다. 하긴 정전제에 세금이 없었다는 말은 조금 어폐가 있습니다. 정(井) 자의 가운데에 해당하는 공전(公田)은 주변의 땅에서 농사를 짓는 사람들이 공동으로 경작하고 그 소득은 나라에게 거두어들였습니다. 세금을 거두어들이는 제도가 없었을 뿐, 거두어들이는 것은 마찬가지였습니다. 다음자로 '추복 입을' 태로 새기기도 하는데, 추복(追服)은 상(喪)을 당한 때에 사정이 있어 입지 못한 상복을 뒷날에 가서 입는 것입니다.

　태(兌)는 '어진사람' 인(儿) 부에 속하며 '기뻐하다, 바꾸다'라는 뜻입니다.

　세금을 매기고 거두어들이는 일에 관한 사무는 세무(稅務)입니다. 그런 일을 맡아보는 관리는 세관(稅官)이나 세리(稅吏)인데 지금은 잘 쓰지 않고 세무(직) 공무원을 씁니다.

중학	획수	형자	새김	발음
種	14	重	씨	종

　『설문』에서 "종(種)은 일찍 뿌리고 늦게 여무는 것[곡식]이다"라고 합니다. 여무는 것으로 말할 때, 일찍 여무는 것은 조생종(早生種)이고 늦게 여무는 것은 만생종(晚生種)입니다. 올벼는 일찍 여무는 벼를 가리킵니다. 『설문』의 같은 부수에 동(種)이 있는데 '씨를 뿌린다'는 뜻을 나타내며 '늦벼'의 뜻도 있습니다. 지금은 이 두 글자가 뒤섞여 쓰이면서 뜻도 뒤섞인 것으로 봅니다. 종(種)은 씨나 씨를 뿌리는 것, 종류 등을 모두 나타냅니다.

종돈(種豚)은 씨돼지를 말하고, 종류(種類)는 사물의 부문을 나누는 갈래입니다. 종자(種子)는 씨나 씨앗이며, 종족(種族)은 성과 본이 같은 겨레붙이를 이릅니다. '종과득과 종두득두(種瓜得瓜種豆得豆)'는 오이를 심으면 오이를 거두고, 콩을 심으면 콩을 거둔다는 뜻으로 "콩 심은 데 콩 나고 팥 심은 데 팥 난다"라는 우리 속담과 똑같습니다.

중학	획수	형자	회자	새김	발음
移	11	多	禾多	옮길	이

이(移)는 『설문』에서 "벼가 출렁이는 것이다. 달리, 벼의 품종을 가리키기도 한다"라고 합니다. 벼가 바람에 흔들리는 모양을 나타냅니다. 여기에서 '유약하다, 흔들리다'를 가리키고 인신하여 '옮겨 심다, 바꾸다'라는 뜻도 나타내게 되었습니다.

움직여 옮기는 것은 이동(移動), 다른 나라로 이주하는 것이나 그런 사람은 이민(移民), 옮겨 심는 것은 이식(移植), 옮겨 심는 것은 마찬가지인데 모내기는 이앙(移秧), 남에게 넘겨주는 것은 이양(移讓), 장소나 주소 따위를 옮기는 것은 이전(移轉)입니다.

중학	획수	형자	회자	새김	발음
穀	15	㱿	禾㱿	곡식	곡

『설문』에서 **"곡(穀)**은 이어지는 것이다. 모든 곡식을 아울러 일컫는 것이다"라고 합니다. 여기서 이어진다는 것은 햇곡식이 묵은 곡식에 이어져 나온다는 의미입니다. 껍질[殼, 㱿]이 있는 곡식[禾]으로 생각하면 되겠습니다. 껍질을 벗긴 쌀의 뜻으로도 씁니다.

자소자인 각(㱿)은 위에서 아래로 내려치는 것입니다. 달리, 속이 빈 딱딱한 껍질이라고도 하며, '껍질' 각(殼)의 본자라고 합니다. 억지로 짜맞춰본다면 장막[靑]이 위에서 아래로 드리워지듯, 내리치는 것[殳]으로 생각해볼 수는 있겠습니다. '바퀴통' 곡(轂)과 '삼 갈' 각(愨)에서 자소를 이루고 있습니다. 각(㱿)의 자소자를 다시 살펴보면 각, 강(靑)은 '장막'입니다. 자형이 달라지긴 했지만, 위[土]는 장막의 장식을 나타내고, 아래[冃]는 장막이 드리워져 가리는 모양을 나타냅니다. 고문 분석에서는 악기를 치는 것으로 설명하기도 합니다.

곡물(穀物)이나 곡식(穀食)은 식량이 되는 식물의 씨를 통틀어 이르는 말입니다. 곡일(穀日)은 음력 정월 초여드레를 이르는 말입니다. 중국에서는 옛날에 이날 날씨가 좋으면 그해 풍년이 들고, 날씨가 나쁘면 흉년이 든다는 이야기가 전해 내려오고, 이날은 삼거나 익은 곡식을 먹지 않았다고 합니다. 농경을 중시하는 문화적인 전통이겠습니다. 『표준』에서는 "이날 곡식 심을 준비를 하면 풍년이 든다고 한다"라는 설명을 곁들이고 있습니다. 곡창(穀倉)은 곡식 창고가 본뜻이겠는데, 곡식이 많이 생산되는 지방을 비유적으로 이르는 말이기도 합니다. 곡천상농(穀賤傷農)은 곡식이 흔하면 농가를 해친다는 뜻으로 풍년이 들어 농산물 수확이 늘어나면 가격이 하락해 농가 수입이 줄고 어렵게 되는 것을 가리킵니다. 이 말이 나온 것은 한나라 소제(昭帝, BC 94~74) 때의 일이니 2,000년이 넘었습니다. 지금은 농산물 가격이 하락하면 국가에서 각종 정책을 펼쳐 농가를 보호하고 있습니다만, 여전히 미흡한 바가 없지 않아 농가에서 고통을 호소하는 경우가 적지 않습니다. 그렇다고 농산물 가격을 마냥 올리면 쌀을 사먹는 서민들의 끼니 또한 걱정입니다. 농산물의 가격 탄력성이 아주 낮기 때문에 빚어지는 문제라고는 합니다만, 딱 떨어지는 해법이 없는 것을 보면 곡천상농은 2천 년을 넘게 고민하고 있는 문제인 듯합니다.

중학	획수	회자	새김	발음
秀	7	禾 乃	(열매)맺을, 빼어날	수

『설문』에 수(秀)는 설명이 빠져 있습니다. "수(秀)는 (붕어하신 황제의 이름이라) 피한다[上諱]"라고 되어 있습니다. 한 광무제(光武帝, BC 5~AD 57)의 이름이 유수(劉秀)라서 쓰지 않는다는 뜻입니다. 돌아가신 분의 이름을 이렇게 쓰지 않는 것을 휘(諱)라고 하는데 고문에는 많이 나옵니다. 『천자문』에는 황제의 이름과 겹친다고 휘를 해서 글자를 바꾸어 쓴 경우가 여럿 있습니다. 수(秀)는 곡식이 이삭을 패고 꽃이 피는 것을 이릅니다. 그래서 '빼어날' 수, 또는 '팰' 수로도 새깁니다.

빼어나게 아름다운 것은 수려(秀麗)한 것이고, 재주가 뛰어나고 민첩한 것은 수민(秀敏)한 것입니다. 머리가 좋고 재주가 뛰어난 사람은 수재(秀才)입니다. 수재인정(秀才人情)은 수재의 따뜻한 마음 정도의 뜻이 되겠습니다. 수재는 가진 것이 없어 인정을 베푼다 해도 시(詩), 서(書)에 문인화(文人畵) 정도입니다. 그래서 미약한 예물을 나타낼 때 쓰는 말이 되었습니다. 예나 지금이나 재주 있는 사람들이 돈과는 좀 거리가 있는 듯합니다. 반항(班行)은 품계나 신분 등급이 같은 위치를 가리키는데, 그래서 수출반항(秀出班行)은 재주가 동급생이나 동년배들보다 월등히 뛰어난 것을 말합니다. 수외혜중(秀外慧中)은 밖으로 뛰어나고 안으로는 지혜롭다는 뜻으로 주로 여자에게 쓰는 표현입니다. 신사임당이나 허난설헌 같은 분들에게 맞는 말이 아닐까 합니다.

중학	획수	회자	새김	발음
秋	9	禾火	가을	추

'가을' 추(秋)입니다.

> 江碧鳥逾白(강벽조유백) 가라미 파라니 새 더욱 해오
> 山青花欲燃(산청화욕연) 뫼히 퍼러하니 곳 비치 블 븥난 닷도다

고향을 생각하며 지은 두보의 오언절구죠. 가을 들판의 벼가 일렁거리는 모양을 볼 때도 똑같은 생각이 듭니다. 벼[禾] 물결이 불붙은 것[火] 같아 보이니 가을[秋]입니다. 온갖 곡식이 여뭅니다. 갑골문 분석에서는 이 글자는 귀뚜라미가 우는 것을 뜻한다고 합니다. 귀뚜라미 울음소리를 빌려 곡식이 여무는 가을을 나타내는 것입니다.

추풍과이(秋風過耳)는 가을바람이 귀를 스쳐 간다는 뜻으로 어떤 말도 귀담아듣지 않음을 이릅니다. 마이동풍(馬耳東風)과 비슷한 말입니다. 천고마비(天高馬肥)는 하늘이 높고 말이 살찐다는 뜻으로 하늘이 맑아 높푸르게 보이고 온갖 곡식이 익는 가을철을 이른다는 것을 모르는 사람이 없을 정도로 많이 쓰는 말입니다. 중국에서는 대개 추고마비(秋高馬肥)로 씁니다. 우리는 이 말에서 가을 하늘과 들판을 떠올립니다만 중국에서는 사정이 조금 다른 듯합니다. 이때가 되면 서북의 새외민족들이 쳐들어오는 경우가 많아서 아름다운 가을 풍경을 떠올리기보다는 침략을 걱정하는 적이 많았던 듯합니다. 중국의 서북방은 대개 유목 민족이어서 자연재해가 닥치면 그들이 삶을 꾸릴 수 있는 유일한 방법은 농경 사회인 중국을 침략해 곡식을 약탈해 겨울을 나는 것이었습니다. 지리적인 환경이나 자연환경이 달라지면서 말의 내포도 달라지니 말이 참 어렵습니다. 추호불범(秋毫不犯)은 『표준』에서 "매우 청렴하여 남의 것을 조금도 건드리지 아니

함을 비유적으로 이르는 말"이라고 설명해 사용 범위가 넓어 보입니다. 중국 사전에는 군대의 기율이 엄격해 국민들에게 전혀 피해를 끼치지 않는 것이라고 해 사용 범위가 우리보다 좁아 보입니다. 추수동장(秋收冬藏)은 『천자문』에도 나옵니다. 가을에 곡식을 거두고 겨울에 갈무리하는 것을 이릅니다. 비유적으로 한 해 농사를 가리키기도 합니다. 추월춘화(秋月春花)는 가을 달과 봄꽃인데, 우리는 춘화추월(春花秋月)로 쓰고 자연의 아름다움을 말합니다.

格物 058. 울음

앞에서 귀뚜라미가 운다고 했습니다. 사람이 기쁨이나 슬픔 따위의 감정을 억제하지 못하거나 아픔을 견디지 못할 때 웁니다. 짐승이나 곤충 등이 소리를 내는 것도 운다고 합니다.

대부분 동물의 경우 성대라는 얇은 막이 빠르게 진동하면서 나오는 소리입니다. 물리적으로만 생각한다면 떨판이 빨리 움직이면서 공기가 진동해 소리가 만들어지는 것입니다. 하지만 일부 곤충의 경우 성대 진동이 아니라 마찰음을 내는 것으로 알려져 있습니다. 귀뚜라미가 그런 예인데 날개나 발을 서로 부딪쳐 소리를 낸다고 합니다. 메뚜기의 수컷도 그렇게 운다고 하는데, 소통의 의미도 있고 짝짓기를 위한 신호라고 설명하기도 합니다.

영어에서는 이렇게 비벼서 마찰음을 내는 것을 '스트리쥴레이션(stridulation)'이라고 하는 모양인데 우리 영어 사전에는 곤충이 우는 것으로 설명합니다. 사실 운다는 말 외에 적당한 말도 없습니다. 하지만 하나는 떨판 즉, 성대가 진동해 소리가 나는 것이고, 마찰음은 뭔가 두 쪽을 부딪치거나 비벼서 내는 소리이니 가려 쓸 법도 합니다.

중외	부수	획수	형자	새김	발음
和	口	8	禾	화할	화

화(和)는 서로 온화하게 호응하는 것입니다. 본뜻은 소리가 반주 등과 잘 어울리는 것입니다.

증외	부수	획수	형자	회자	새김	발음
年	干	6	千	禾	해	년

'해' 년(年)의 『설문』 자형은 '秊'으로 조금 다릅니다. 『설문』에서는 '벼' 화(禾) 부수에 속해 있고, "년(秊)은 오곡이 익는 것이다"라고 설명합니다. 갑골문에서는 사람이 벼를 지고 있는 모양으로 곡식이 여물어 수확할 때가 된 것을 가리키는 것으로 봅니다. 곡식은 일 년에 한 번 수확하니까 한 해를 나타내게 됩니다. 시간의 단위가 되고 수명을 가리키기도 합니다.

연간(年間)은 한 해 동안을 뜻합니다. 연고(年高)와 연로(年老)는 나이가 들어 늙는 것을 말하고, 연만(年滿)은 나이가 아주 많은 것입니다. 연부역강(年富力强)에서 부(富)는 앞으로 나이가 많아질 것이라는 뜻으로 지금은 젊은 것입니다. 나이가 젊고 기력이 왕성한 것을 뜻합니다.

증외	부수	획수	형자	새김	발음
利	刀	7	禾刀	이로울	리

리(利)는 『설문』에서 "날카로운 것"이라고 합니다. 쉽게 낫[刀]으로 벼[禾]를 베는 모양을 생각하면 되겠습니다. 실제 벼를 베는 것이 본뜻입니다. 베려면 날카로워야 합니다. 예리한 것입니다. 인신되어 좋다, 적합하다, 이익이 되다 등의 뜻을 갖습니다.

이용후생(利用厚生)은 기구를 편리하게 쓰고 먹을 것과 입을 것을 넉넉하게 하여 국민의 생활을 나아지게 하는 것이고, 이해득실(利害得失)은 이로움과 해로움, 얻음과 잃음을 아울러 이르는 말입니다.

고교	획수	새김	발음
禾	5	벼	화

부수자입니다. 화서(禾黍)는 벼와 기장을 말하는데, 곡류를 이르기도 합니다. 화수(禾

穗)는 벼의 이삭인데, 자칫 독음이 헷갈리기 쉽습니다. 화훼(禾卉)는 곡식이 나오는 풀이라는 뜻이고, 화훼(花卉)는 관상용이 되는 모든 식물을 이르는 말입니다.

고교	획수	형자	새김	발음
租	10	且	구실	조

조(租)입니다. 밭의 크기에 따라 거두어들이는 곡세(穀稅)입니다. 곡물로 받아들이는 세금이라는 뜻입니다. 통상 '구실' 조로 새기는데, 구실은 예전에 온갖 세납을 통틀어 이르는 말입니다. 옛날에는 현물 납부라서 세금을 곡물로 냈습니다. 일정한 대금을 받고 다른 사람에게 빌려주는 것을 나타내기도 합니다. 이때 주고받는 돈의 액수를 가리키기도 합니다.

조세(租稅)는 국가 또는 지방 공공 단체가 필요한 경비로 사용하기 위하여 국민이나 주민으로부터 강제로 거두어들이는 금전으로 국세와 지방세가 있습니다. 조용조(租庸調)는 중국 당나라 때 정비된 조세 제도로 토지에 부과하는 세, 정남에게 부과하는 노역 의무, 호별로 토산물을 부과하는 것입니다. 우리나라에서는 고려·조선 시대에 실시했습니다. 조차(租借)는 삯을 물기로 하고 집이나 땅 따위를 빌리는 것을 말하는데, 특별한 합의에 따라 한 나라가 다른 나라 영토의 일부를 빌려 일정한 기간 동안 통치하는 것을 가리키기도 합니다. 홍콩이 1842년 아편전쟁 후 영국의 조차지가 되었다가 1997년 중국에 반환되었습니다. 한 번 자유를 맛본 사람들이라서 홍콩 주민들의 민주화 요구는 벌써 여러 해 지속되고 있습니다. 중국도 일국양제(一國兩制)라고 해서, 홍콩의 기본 제도 등을 인정하며 본토와는 상당히 다르게 다루고는 있습니다만 인식의 격차가 작지 않습니다.

고교	획수	형자	새김	발음
秩	10	失	차례	질

'차례' 질(秩)을 『설문』에서는 곡식[禾]을 '쌓는 것'이라고 하는데, 『단주』에서는 '쌓은 모양'으로 바로잡습니다. 쌓는 데에는 일정한 순서가 있어야 하니 인신되어 순서나

차례를 나타냅니다. 옛날 관리의 녹봉은 곡식으로 지급했기 때문에 녹봉의 뜻이 있고, 녹봉에는 벼슬자리에 따른 차등이 있어 품계를 나타내기도 합니다.

질고(秩高)한 것은 관직이나 녹봉이 높은 것이고, 질만(秩滿)은 관직에서 임무를 맡은 기간이 만료됨을 이릅니다. 혼란 없이 순조롭게 이루어지게 하는 사물의 순서나 차례는 질서(秩序)입니다.

고교	획수	형자	새김	발음
程	12	呈	한도, 헤아릴	정

정(程)은 많은 물건에 정도의 등급을 매기는 것입니다. 『설문』입니다. "정(程)은 물건을 재는 것이다. 머리카락 열 개를 정(程)이라 하며, 10정이 한 푼[分]이고, 열 푼이 한 치[寸]이다"라고 합니다. 벼[禾]의 까끄라기에서 그 길이가 드러나기[呈] 때문이 아닐까 합니다. 헤아린다는 뜻도 있습니다.

자소자 정(呈)을 『설문』에서는 "평평한 것이다"라고 하는데, 제대로 된 설명이 아닌 것으로 여겨집니다. '나타나다, 드리다'라는 뜻입니다. 본래 고문에는 '입' 구(口)와 '착할' 정(壬)(王과 다른 글자임)이 결합된 글자로 탁월하게 설명하는 것이라고 합니다. 기초한자에서는 '성인' 성(聖), '한도' 정(程)의 자소자로 쓰입니다.

정도(程度)는 알맞은 한도나 가치를 우열 등으로 보았을 때의 수준을 나타내며, 정식(程式)은 표준이 되는 방식을 말합니다. 정문입설(程門立雪)은 문자 그대로의 뜻은 '정이 집의 문에 눈을 맞고 서 있다'가 되겠습니다. 북송의 대학자인 정이(程頤, 1033~1107)와 관련된 고사에서 나온 말입니다. 양시(楊時)라는 사람이 눈 오는 날 정이를 배알하러 갔는데, 정이는 눈을 감고 앉아 있었습니다. 양시는 정이가 혹시라도 놀랄까봐 가만히 곁에 서서 기다렸습니다. 정이가 눈을 떠보니 문밖에는 눈이 한 자나 쌓여 있었습니다. 공경하는 자세로 가르침을 받는 것으로, 스승과 스승의 가르침을 존중하는 것을 나타냅니다.

고교	획수	형자	새김	발음
積	16	責	쌓을	적

적(積)은 곡물을 쌓는 것입니다.

공을 쌓는 것은 적공(積功), 대상에 대하여 긍정적이고 능동적으로 활동하는 것은 적극적(積極的)인 것이고, 덕을 많이 베풀어 쌓은 것은 적덕(積德)인데 옛 어르신들께서 많이 강조하신 말입니다. 계산 값을 차례로 더해 가는 것은 적산(積算)입니다. 정권이 바뀔 때마다 자주 나오는 말이 적폐(積弊)인데 오랫동안 쌓이고 쌓인 폐단을 말합니다. 적년누월(積年累月)은 해가 쌓이고 달이 겹쳐진다는 뜻으로 오랜 세월의 뜻입니다. 적비성시(積非成是)는 그른 것이나 잘못된 것이 오래 쌓여 옳은 것으로 잘못 알게 되는 것을 말합니다. 자연히 그렇게 된다는 점에서 차이가 있겠습니다만, 세 사람이 짜면 거리에 범이 나왔다는 거짓말도 꾸밀 수 있다는 뜻의 삼인성호(三人成虎)를 떠올리게 합니다. 삼인성호는 근거 없는 말이라도 여러 사람이 말하면 곧이듣게 됨을 이릅니다. 적폐여산(積弊如山)은 적폐가 산더미처럼 쌓였다는 뜻입니다. '적선지가필유여경(積善家必有餘慶)'은 착한 일을 하는 집안에는 반드시 경사가 있다는 뜻입니다. 『역경(易經)』을 해설한 『역전(易傳)』에 나오는데, 착하지 않은 일을 거듭하는 집안에는 반드시 재앙이 있다는 뜻의 '적불선지가필유여앙(積不善之家必有餘殃)'과 짝을 이뤄 쓰이곤 합니다. 앞의 적선지가(積善之家)는 더러 적덕지가(積德之家)로 쓰기도 합니다.

格物 059. 바심, 타작

'바심'은 타작을 이르는 순우리말입니다. 타작(打作)이니 두드리거나 때려서 곡식의 낟알을 거두는 일을 가리킵니다. 지금은 다 기계화 영농이 되어서 벼를 베면서 탈곡에 포장까지 한꺼번에 이뤄집니다만 예전에는 수확하는 과정 하나하나가 손이 가는 일이었습니다.

우선 벼를 한 줌 한 줌 벱니다. 여러 줌을 합쳐 분량이 한 손으로 끌어안을 정도면 묶습니다. 이것을 '뭇'이라고 합니다. 사실 필자의 어렸을 때 기억으로는 '토매'라고 했는데 사전에 올라 있지 않습니다. 방언이더라도 좋은 자료이니 수록되어야 하지 않을까 하는 생각이 듭니다.

이 뭇을 한 곳에 수북이 쌓아둔 것이 '노적가리(露積—)'입니다. 가리가 단으로 묶은 곡식이나 장작 따위를 차곡차곡 쌓은 더미를 가리키니 노적가리는 이슬을 맞는 상태로 쌓아둔[야적(野積)한] 즉, 한 데 쌓아둔 가리라는 뜻이겠습니다.

며칠 마른 뒤에 바심을 합니다. 올벼로 양이 조금이거나 제사가 있어서 미리 필요할 때에는 꼭 큰 빗처럼 생긴 홀태[표준어 벼훑이]로 털어내고, 제대로 바심을 하는 날은 일꾼들이 여러 명 호롱기[탈곡기]를 부산스럽게 밟아댑니다. 일꾼 중 누군가는 주인집 장닭[수탉]을 잡아 목을 질끈 비튼 뒤 벼 토매 사이에 숨겨놓기도 합니다. 나중에 닭이 나오면 "세상에 웬 닭이 벼 토매 속에서 나오냐?"며 시치미를 뗍니다. 누구나 아는 사실이지만 주인집에서도 전혀 몰랐다는 듯이 뭐라고 한 마디 하지 않고 그 닭을 끓여 걸쭉한 농주와 함께 점심이나 새참으로 내어놓습니다. 일꾼들뿐만 아닙니다. 바심을 하는 날에는 주변의 이집 저집 식구들 다 불러서 그야말로 온 동네 사람들이 좌판을 펼칩니다. 땀범벅이 된 일꾼들이나 주인집이나 얼굴에는 웃음으로 함박꽃이 피어납니다. 일일이 다 손으로 해야 하니 힘든 과정인 것은 분명한데 참 흥이 나는 광경이었습니다.

다음에는 햇볕에 잘 말리고 풍구를 돌려 쭉정이를 걸러낸 다음 광에 넣습니다. 왜 그랬는지 쌀을 넣어두는 광은 대개 아래에서 한자로 일(壹)부터 시작해, 이(貳), 삼(參)… 십(拾)…의 갖은자로 숫자를 쓴 판때기(널빤지)를 끼워 닫게 되어 있습니다. 오후가 되면 숫자도 삼(參), 사(肆), 오(伍), 류(陸)으로 올라갑니다.

수확을 하는 과정을 소개하고 싶은 측면도 있습니다만, 그에 못지않게 사어(死語)가 되고 있는 우리말이 안타까워 일부러 적어보았습니다. 김유정 선생이 이런 과정을 한 번 묘사해놓았으면 얼마나 구수하고 감칠맛 나는 글이 되었을까 해 아쉽고 안타깝습니다.

고교	획수	형자	회자	새김	발음
秒	9	少	禾少	분초/까끄라기	초/묘

초(秒)는 벼의 까끄라기입니다. 그래서 아주 미세한 것을 가리킵니다. 길이의 단위로는 치[寸]의 만분의 일을 가리킵니다. 시간의 단위로는 분의 1/60입니다. 길이도 짧고 시간도 짧습니다. 각도의 단위로도 쓰입니다. '도, 분, 초'이니 도의 1/360입니다.

현재 초(秒)의 중국어 발음은 '먀오(miǎo)'이고, 일본어에서는 '뵤우, 묘우(ビョウ, ミョウ)'입니다. 우리는 초성이 전혀 다른 '초'인데, 『설문』에는 발음을 소(少)라고 합니다. 혹시라도 우리는 고대에 받아들인 중국 고어의 발음을 그대로 간직해온 것이 아닌가 합니다.

1초 동안 진행한 거리는 초속(初速)이고, 초를 가리키는 바늘은 초침(秒針)입니다.

고교	획수	형자	회자	새김	발음
稀	12	希	禾希	드물, 성길	희

희(稀)는 드문 것입니다. 희소(稀少)한 것입니다. 『설문』 주석에서는 벼가 성긴 것이라고 합니다. 포기가 너무 떨어져 있는 것입니다. 그래서 '멀다, 성기다, 드물다' 등의 뜻을 나타냅니다. 벼[禾]가 성기니 좀 더 배게 심었으면 하고 바라는 것[希, '바랄' 희]으로 생각하면 되겠습니다.

드물고 귀한 것은 희귀(稀貴), 드물고 적은 것은 희소(稀少)한 것입니다. 희세지보(稀世之寶)는 세상에 보기 드문 보물을 말합니다.

고교	획수	형자	회자	새김	발음
稱	14	爯	禾爯	일컬을	칭

칭(稱)을 『설문』에서는 "칭(稱)은 저울질하는 것이다. 화(禾)에서 뜻을 취하고, 칭(爯)이 음을 나타낸다. 춘분(3월 21일 전후)에 벼가 나온다. 하지가 되면 해 그림자를 재어볼 수 있다. 벼에는 까끄라기가 있는데 추분(9월 23일 전후)이면 모양이 고정된다. 악률(樂律)의 수(12가 기준) 즉, 12개를 늘어놓으면 한 푼[分]이 되고, 열 푼이면 한 치[寸]가 된다. 이것으로 길이와 무게를 잰다. 12알이면 한 푼[分]이고, 12푼이면 한 수(銖)가 된다. 그래서 다음에 나오는 중량을 나타내는 글자는 모두 화(禾)가 뜻을 나타내는 형부(形符)가 된다"라고 합니다.

'악률의 수'에서 악률은 '음을 음률의 높낮이에 따라 이론적으로 정돈한 체계'라는 뜻입니다. 현대 음악 용어로 설명하면 도(Do)에서 위로 그 다음 도(Do)까지 한 옥타브(octave) 안에 12개의 음이 들어가기 때문에 그 수를 12라고 한 것입니다. 잘 알고 있듯이 한 옥타브 안에는 7개의 온음과 5개의 반음이 있습니다. 쉽게 다장조를 예로 든다면 흰 건반을 누르는 7개의 온음과 검은 건반을 누르는 5개의 반음을 말합니다. 음이 한 옥타브 올라가면 진동수는 두 배로 늘어납니다. 진동수가 두 배로 늘어나기 때문에 이 두 음은 잘 어울립니다.

앞의 초(秒) 난에서 길이의 단위로 초는 치[寸]의 만분의 일이라고 설명한 것과 이 조항의 설명은 다른데, 만분의 일이라는 것은 공용으로 규정된 것이고 여기 설명은 허신의 개인적인 관찰로 보입니다. 내용상으로는 허신의 설명이 더 타당해 보입니다. 인신되어 '거행하다, 찬양하다, 부르다' 등의 뜻도 나타냅니다.

칭(再)은 '겹쳐 들다'라는 뜻입니다. '겹치다'는 두 가지 일을 겸해 하는 것입니다. 한 번에 두 가지 이상의 물건을 함께 든다는 의미입니다. '일컬을' 칭(稱)에서 볼 수 있습니다.

格物 060. 도량형, 몸매와 하꾸메

도량형(度量衡)의 각 글자는 차례대로 '길이, 부피, 무게'를 뜻합니다. 전통적으로 써 오던 도량형은 길이의 단위로 자[尺], 양의 단위는 되[升], 무게의 단위는 관(貫)을 써서 척관법(尺貫法)이라고 했습니다. 지금의 미터법은 미터(meter), 킬로그램(kilogram)에 시간의 단위로 초(秒, second)를 쓰는 MKS 단위입니다.

현재 계량 단위로 척관법이 필요하지는 않지만 옛글을 읽다보면 척관법을 조금 이해해두는 것이 좋습니다. 하지만 여러 가지 주장이 있어 여기 소개하는 내용이 절대적인 것은 아니고, 대체로 많이 통용되는 것임을 전제합니다.

길이 즉, 도(度)의 단위는 홀(忽)에서 시작합니다. 누에가 토해낸 실이 홀입니다. 홀이 열 개 모이면 사(絲)인데, 열 개 정도 모아 실이 되는 것으로 이해할 수 있습니다. 실제로는 홀을 다섯 개 모아 실을 만든다는 기록도 있습니다. 사(絲)가 열 개 모이면 호(毫)가 되니 누에고치에서 나오는 실 일백 개가 모이면 짐승 털 정도의 굵기가 되나 보다라고 짐작할 수 있습니다. 10호(毫)면 1리(釐), 10리(釐)는 1푼(分), 10푼이 1치[寸], 다시 10치가 1자가 됩니다.

지금 우리는 한 자를 30.3cm로 치는데, 이것은 일본 자[尺]의 규격이고, 중국에서 전통 도량형에 미터법을 결합한 도량형인 시제(市制)에 따른 시척(市尺)은 1/3m로 33.33cm입니다.

이런 길이의 단위와 관련되어 나온 말들도 있습니다. 일사일호(一絲一毫)는 한 오리의 실과 한 오리의 털이라는 뜻으로 지극히 하잘것없는 것을 이릅니다. '실지호리 유이천리(失之毫釐 謬以千里)'도 있습니다. 처음에 아주 하잘것없는 차이가 나중에는 아주 큰 잘못이 된다는 뜻입니다.

여러분은 아직 실감하지 못하겠지만, 어린 시절 철없어 잘못 내딛은 한 걸음 때문에 정상을 회복하지 못하고 일생을 망친 경우도 더러 보게 됩니다. 부모님들께서 노심초사 걱정하시는 데에 노파심도 없지 않겠지만 그보다는 이런 것들을 현실로 겪어보시기도 하고 주변에서 보시기도 하기 때문입니다. 이 글은 붙여 읽는 경우에는 '류이천리'가 되겠습니다만 이런 경우 우리는 각각 넉 자씩 떼어 읽으니 '유의천리'가 맞을 듯합니다.

호리지차(毫釐之差)도 있습니다. 위에서 보듯 호리는 아주 짧은 거리입니다. 그래서 호리지차는 아주 근소한 차이를 이릅니다.

부피를 나타내는 량(量)은 기장에서 나왔습니다. 『설문』에는 되[升]를 "10약(龠)이다"라고 설명하는데, 『단주』에서는 "약(龠)으로 쓴 것은 틀린 것이다. 이제 바로잡는다"라고 합니다. 이어서 "10홉[合]이 1되[升]이고, 10되가 한 말[斗]이며, 열 말이 1휘[斛]이다"라고 합니다. 『단주』와 다른 주석 내용을 살펴보면 약(龠)은 반 홉으로 2약(龠)이한 홉입니다.

부피에 관한 말에 피리가 나와서 의아할 텐데, 서양 음계의 '가온 다(C4 진동수 261.63Hz)'에 가까운 황종(黃鍾) 음을 내는 피리의 관에 기장이 1,200개 들어간다고 합니다. 이것을 부피와 무게의 단위로 쓰기 때문입니다.

무게에 대해 알아봅니다. 고대에 수(銖), 냥(兩), 근(斤), 균(鈞), 석(石)의 5개의 중량 단위가 있어 이를 오권(五權)이라고 했습니다. 수(銖)보다 작은 단위로 루(絫)와 서(黍)가 있는데, 기장[黍] 열 알이 1루(絫), 10루가 1수(銖)입니다. 그러니까 기장 100개의 무게가 1수(銖)가 됩니다. 24수가 1냥(兩), 16냥이 1근, 30근이 1균(鈞), 4균이 1석(石)으로 120근입니다. 청나라 말기에는 고평량(庫平兩)이라는 단위를 쓰기도 했는데, 이것은 10전(錢)에 해당했습니다. 그러니까 전(錢)은 양의 1/10로 1돈과 같습니다.

이 가운데 수(銖)는 『표준』에도 실려 있지 않고 실제로도 잘 쓰지 않은 듯합니다. 균(鈞)은 실생활에는 잘 안 쓰고, 책에서는 더러 볼 수 있는 글자입니다. 그러니까 예전 우리가 생활에서 많이 쓴 것은 10푼 1돈, 10돈 1냥, 16냥 1근(혹은 10냥 1근), 10근 1관(혹은 6근 4냥 1관)이 됩니다.

영어권 전통 무게 단위에서 가장 적은 것은 낟알을 뜻하는 'grain'입니다. 밀 한 톨의 무게로 0.0648g이라고 합니다. 15~16톨의 밀의 무게가 1g에 해당된다는 계산이 나오는데, 신기한 것은 동양이든 서양이든 곡식 낟알의 무게를 최소 단위로 쓰고 있다는 점입니다. 이를 바탕으로 온스(ounce)가 나오는데 480개의 밀알이 들어갑니다. 위로 파운드(pound) 등등이 있는데 1파운드(pound, 453.6g)는 밀알 7,000개의 무게로 알려져 있습니다. 100g에 밀알이 1,540톨 가량 들어간다는 계산이 나옵니다.

쌀은 1,200톨 가량이 100g이 된다고 하니 밀보다는 조금 더 무거운 셈입니다. 기장은 한 톨에 어느 정도 나가는지 정확히 알 수 없지만 쌀이나 밀 정도로 계산을 해보면 중국의 전통 중량 단위는 사뭇 더 큰 값이 나옵니다.

석(石)은 순우리말에서 '섬'으로 쓰기도 하는데 부피의 단위로 열 말이고 180 *l* 입니다. 하지만 섬은 심하게 말하면 집집마다 달랐습니다. 일정한 규격이 있는 것이 아니라 각 집에서 적당히 짜서 주로 벼를 보관하는 데에 썼기 때문입니다. 일본인들이 들어오면서 공출용으로 만들기 시작했다는 가마니는 제법 규격화가 되었습니다.

근은 16냥으로 600g입니다만, 과일이나 채소 등의 무게를 잴 때는 10냥을 한 근으로 칩니다. 실거래 시에 375g을 다는 것이 정확하지 않을 수도 있고 번거로워서인지 400g을 한 근으로 치는 경우도 종종 있습니다.

중국에서는 강희 황제(康熙皇帝, 1654~1722, 1662년 즉위, 61년 재위) 때 도량형을 바로잡는데 영조척고평제(營造尺庫平制)라 했습니다. 영조(營造)는 집을 짓거나 물건을 만든다는 뜻으로 영조척은 쉽게 말해 목수가 쓰는 자로 길이에 대한 규정입니다. 고평(庫平)은 청나라에서 조세를 거두어들이거나 은을 출납할 때 썼던 무게의 기준으로 고평량(庫平兩)은 37.301g으로 알려져 우리가 흔히 쓰던 37.5g 한 냥과 조금 차이가 있습니다.

미터법이 시행되면서 중국에서 상용하는 한 근은 시근(市斤)이라고 해 500g으로 시장 등에서 거래 시 많이 씁니다. 1,000g(1kg)은 공인된 근이라는 뜻의 공근(公斤)이라고 합니다.

금은방이나 한약방에서 무게를 잴 때 쓰는 돈은 한 푼의 열 배이고, 한 냥의 1/10로 3.75g입니다. 『표준』에서는 "한 관(貫)은 한 근의 열 배로 3.75kg에 해당한다"라고 설명하고 있는데, 어렸을 때 어른들로부터 들었던 "엿 근 넉 냥이 한 관"이라는 말이 귀에 생생합니다. 무게는 같지만 "엿 근 넉 냥 한 관"이라고 해야 할지, "열 근 한 관"이라고 해야 할지 헷갈립니다.

그 아래는 길이의 단위로 쓰이는 사(絲), 호(毫), 리(釐)를 무게에도 씁니다. 사(絲)는 5/1000g인데, 10사(絲)가 1호(毫), 다시 10호가 1리(釐)로, 리(釐)는 0.5g이라는 계산입니다.

　일본에서는 명치 8년(1875)에 〈도량형취체조례(度量衡取締條例)〉가 나왔고 그를 계승한 입법이 1891년 공포되어 1893년부터 시행됩니다. 미터법을 받아들이면서 1자는 10/33m, 1관은 15/4kg, 1돈은 3.75g으로 정했습니다. 실제 당시 한 자[尺]는 30.304cm이고, 한 돈[錢, 匁]은 3.756521g이었는데 미터법과 환산의 편의를 위해 단위를 정리한 것입니다. 척관법(尺貫法)이라는 말 자체를 포함해 각종 도량형 단위는 우리가 혹시 일본으로부터 받아들인 것이 아닌가 하는 것이 필자의 판단입니다.

　우리의 영조척은 30.65cm로 밝혀져 있습니다. 옛 건물을 보수하거나 전통 가옥을 지을 때 자[尺] 때문에 애를 먹는다는 대목들의 말씀을 들은 적이 있는데 아마도 이런 데에서 오는 차이 때문이 아닌가 합니다.

　어렸을 때 무게와 관련해 들은 말로 '몸매'가 있습니다. 예쁜 조롱박 모양의 갑 속에 들어 있는 앙증맞은 금 저울을 쓸 때 '몸매'라는 말이 나오곤 했는데, 왜 무게를 얘기하는데 갑자기 '몸매'가 나오는지 오리무중이었습니다. 작고 예쁜 저울이라서 '몸매'라고 하나보다 했습니다.

　웬걸, '몸매'는 알고 보니 모양새와는 전혀 상관없는 말입니다. '몸메(もんめ)'로 일본어에서 온 단위입니다. 3.75g 한 돈을 일본에서 '匁'로 쓰고, '몸메'로 읽습니다. 일본 국자로 발음은 없고 뜻으로만 읽는 듯합니다. '匁'는 미터법이 시행되고 있는 지금도 진주 거래에 한해 쓰이고 있으며, 영어권에서는 'momme'로 주로 비단 거래에 사용하는 것으로 나와 있습니다.

　또 하나 더 있습니다. '햐꾸메'라는 말입니다. 이것 역시 무슨 뜻인지 알 재간이 없었는데 알고 보니 역시 일본어였습니다. '햐쿠메(百目, ひゃくめ)'로 저울에서 백의 눈금을 가리키는 데에서 비롯된 명칭이겠습니다.

　『표준』에서처럼 "열 냥 한 근"으로 치는 경우, 한 냥은 열 돈이니, 한 근은 백 돈이 됩니다. 작은 금 저울대에 근(斤) 아래로 점이 두 개였던 것 같은 냥 눈금이 있고, 그 사이에는 한 점짜리 돈 눈금이 열 개씩 들어갑니다. '햐쿠메'는 백 돈의 눈금을 일본어로 말한 것이었습니다. 375g입니다. 희미한 기억으로 그걸 "하꾸메 한 근"이라고 했던 듯합니다. 당연히 "햐쿠메 한 근"이 되어야 하니, 우리말도 일본어도 아닙니다.

농산물은 공산품처럼 규격이 일정하지도 않을 뿐만 아니라, 옛날의 측정치는 지금만큼 정확하지 않았을 터이니 이 정도로 이해하고 넘어가는 것이 좋습니다. 더더욱 왕조가 바뀌면 도량형이 바뀌기 일쑤였고 지역에 따라 다르기도 했습니다. 필자는 단위에 관심이 많아 우리나라는 물론 중국, 일본, 영어권 자료를 폭넓게 확인해본다고 확인해보았는데 아퀴가 맞지 않아 딱 떨어지는 결론이 나지 않습니다. 이것은 지금도 마찬가지이지만 정밀 계량이 결코 쉬운 일이 아닌 데에서도 비롯되는 문제가 아닐까 합니다.

서양도 도량형이 복잡하고 같은 단위도 나라마다 값이 다른 경우가 비일비재했습니다. 현재는 미터법 시행으로 거의 온 세계가 통일된 셈인데, 미국만은 유독 인치(inch)에 온스(ounce)를 씁니다. 미국 사람들이 자기들은 머리가 나빠 미터법 단위로 금방 환산을 하지 못하기 때문이라고 자조적인 농담을 하는 것을 들은 적도 있습니다.

고교	획수	형자	회자	새김	발음
稿	15	高	禾高	원고, 볏짚	고

고(稿)는 볏짚입니다. 『설문』에 실려 있는 자형은 '稾'이며, "간(稈)이다"라고 풀이합니다. 간(稈)은 '짚'인데 꼭 벼의 줄기만 가리키는 것은 아니고 곡물의 줄기 일반을 가리킵니다. 볏짚은 미가공 상태입니다. 그래서 인신하여 손을 대야 하는, 즉 수정을 요하는 초고나 초안을 가리킵니다.

고(稿)와 간(稈) 모두 짚을 뜻합니다만 고(稿)는 벼줄기[禾]가 길게 자란 것[高], 간(稈)은 벼줄기[禾]가 마른 것[旱]을 특징으로 삼아서 만든 글자가 아닐까 합니다.

고료(稿料)는 원고료(原稿料)를 줄여서 쓰는 말이고, 고초(藁草)는 볏짚을 말합니다.

고교	획수	형자	회자	새김	발음
稻	15	舀	禾舀	벼	도

도(稻)는 벼입니다. 『설문』 주석에 참고가 될 만한 내용이 있어 소개합니다. "지금 소주의 세속에서는 찰기가 있는 것과 없는 것을 모두 도(稻)라고 한다. 옛날에는 찰기가 있는 것을 도(稻)라 했고, 찰기가 없는 것은 '메벼' 갱(秔)이라 했다. 또한 소주 사람들

은 볏짚에 붙어 있는 낟알을 도(稻)라 하고, 털어낸 낟알은 곡(穀)이라 한다. 왕겨를 벗긴 것을 미(米)라고 하는데 북방에서는 남미(南米) 또는 대미(大米)라고 한다."

옛날에는 찰벼는 도(稻)라고 했고 메벼는 갱(秔)이라는 설명입니다. 실제 어르신들이 멥쌀을 갱미(粳米, 秔米)라고 하는 것을 들어볼 수도 있습니다. 도미(稻米)라는 말도 있는데, 이상하게도 이것은 찹쌀이 아니고 입쌀 즉, 멥쌀을 보리쌀 따위의 잡곡이나 찹쌀에 상대하여 이르는 말로 되어 있습니다. 현재 중국에서는 밀과 보리를 빼고 곡식을 찧어 먹을 수 있는 상태로 만든 것은 모두 미(米) 자를 씁니다. 쌀은 대미(大米), 기장쌀은 황미(黃米), 땅콩알은 화생미(化生米), 수수알은 고량미(高粱米), 좁쌀은 소미(小米), 율무쌀은 의미(薏米)입니다. 보리는 대맥(大麥), 밀은 소맥(小脈)으로 우리도 그대로 쓰는 말입니다.

자소자 요(臽)는 절구[臼]에서 손[爪]으로 퍼내는 것입니다. '퍼낼' 요, 유입니다. '벼' 도(稻)에 자소자로 쓰이고 있습니다. 그러고 보면 '벼' 도(稻)는 절구에서 퍼낼 수 있는 [臽] 곡식[禾], 양식으로 쓰는 곡식으로 기억해도 될 듯합니다.

도묘(稻苗)는 볏모, 도미(稻米)는 위에서 설명한 대로 찹쌀이 아니라 입쌀입니다. 도열병(稻熱病)은 벼의 병해 중에서 가장 흔하고 저온 다습한 해에 많이 발생하는데, 보통 잎에 검은빛을 띤 갈색의 불규칙한 반점이 생기어 퍼지고, 마침내 잎 전체가 갈색이 되어 마르게 됩니다.

고교	획수	형자	회자	새김	발음
穫	19	蒦	禾 蒦	거둘	확

풀[艸] 아래 아니면 속에 새[隹]가 있고 그 아래에 손[又]이 있는 글자[蒦]인데 어떻게 새겨야 할까요? 함께 풀어봅시다. 우선 풀 속에 있는 새를 잡는 것을 떠올릴 수 있습니다. 아니면 풀 속에 있는 새가 사람[又]이 올까 두려워하는 것일 수도 있겠습니다.

『설문』을 보겠습니다. "재다, 두리번거리다"라고 합니다. 재다는 예상 밖이지만, '두리번거리다'는 두 번째 짐작과 비슷해 보입니다. 고문을 분석한 다른 설명도 있습니다. '잴' 확(蒦)은 부엉이과의 새를 나타내는 것으로 '잡다'를 본뜻으로 봅니다. 그러면 자연히 '거두어들이다'라는 뜻도 갖게 됩니다. 갑골문이나 금문을 보지 못하는 우리로서는 상상할 수 없는 내용입니다. 어찌되었든 여러분이 한자 공부를 하면서 자기 나름대로 분석해보라는 예로 든 것입니다.

확(蒦)은 '도울' 호(護), '거둘' 확(穫), '얻을' 획(獲)의 자소자로 쓰이고 있습니다.

'잡다, 거두어들이다'라는 뜻이 있으니 확(穫) 자의 뜻은 쉽게 풀 수 있습니다. 벼[禾]를 거두어들이는 것[蒦], 즉 수확이겠습니다. 『설문』에서는 "확(穫)은 곡식을 베는 것이다"라고 합니다. 베는 것은 수확의 한 과정이니 우리의 유추가 그리 나쁘지 않았습니다. 말[言]로 감독·감시하는 것이 호(護)이고, 개사슴록변[犭, 犬]의 획(獲)은 사냥을 해 잡는다는 것이 본뜻입니다.

고외	부수	획수	회자	새김	발음
委	女	8	女禾	맡길	위

위(委)는 따르는 것입니다. 복종하는 것입니다. 『단주』에 대한 설명인 『단주전(段注箋)』에서는 여자들이 순종적이고 공순하기 때문에 '계집' 녀(女)에서 뜻을 취한 것이라고 합니다. 고문 분석에서는 벤 벼를 쌓아놓는 것이라고 합니다. '따르다, 맡기다'는 인신되어 나온 뜻입니다.

위곡(委曲)을 『표준』에서는 "자세한 사정이나 곡절"이라고 설명하고 있습니다. 위곡은 이 밖에 길이나 냇물이 구비구비 굽은 것을 뜻하기도 합니다. 위곡구전(委曲求全)은 다른 사람에게 몸을 굽혀 복종하면서 일을 성사시키는 것입니다. 죽어도 굽히지 않겠다는 영사불굴(寧死不屈)과 반대되는 뜻을 나타냅니다.

R116

구멍 혈(穴) 부

갑골	금문	전문	해서
		內	穴

혈(穴)은 바위 동굴이나 땅에 판 굴을 본뜬 상형자입니다. 『설문』에서는 "흙으로 된 집이다"라고 설명합니다. 원시 시대 사람들은 천연 동굴을 이용하거나 반지하식의 움집에서 살았던 것으로 알려져 있는데, 그런 상태의 주거 형태를 가리키는 것으로 봅니다.

나쁜 사람들이나 적이 숨은 장소를 가리키기도 하고, 사람이 죽었을 때 시신을 담은 관이 들어가는 자리를 가리키기도 합니다. 한의학에서는 침을 놓거나 뜸을 뜰 수 있는 자리이기도 합니다.

중학	획수	형자	새김	발음
究	7	九	궁구할	구

구(究)는 남김없이 다하는 것입니다. 인신하여 깊이 탐구하고, 명백히 한다는 뜻을 나타냅니다.

필자는 성부(聲符)인 형성 자소 구(九)가 혹시라도 뜻을 나타내는 의부(意符) 역할도 하지 않나 하는 생각을 합니다. 사람이든 동물이든 굴에 들어갈 때는 몸을 구부리게 됩니다. 구멍[穴]에 들어가는 사람이나 동물의 구부린 모양[九]이 아닐까 합니다. 구부린 전신이라는 데에서 '다'라는 뜻이 나왔거나 아니면 구(九)는 큰 숫자이고 거기에서 '완전하다'라는 뜻을 유추할 수 있습니다. 하나의 구멍[분야]을 완전히 파는 것 그래서 탐구하는 뜻을 갖게 되는 것으로 생각할 수도 있습니다. 하지만 어디까지나 필자의 추론임을 밝힙니다.

구극(究極)은 궁극(窮極)과 같은 뜻으로 어떤 과정의 마지막이나 끝입니다. 어떤 과정을 모두 살펴본 뒤의 마지막입니다. 사물의 본질, 원인 따위를 깊이 연구하여 밝히는 것은 구명(究明)인데, 남김없이 다 밝혀보는 것입니다.

중학	획수	형자	새김	발음
空	8	工	빌	공

공(空)은 빈 굴입니다. 인신하여서 무소유를 나타냅니다. 없다, 다하다, 속 내용이 없다는 뜻이 있습니다. 빈손으로 왔다가 빈손으로 가는 것[空手來空手去]이 인생이라고 해 재물에 욕심을 부릴 필요가 없다고 할 때 씁니다. 불교에서 일체가 인연에 따르는 것으로 고정된 본체가 없다는 의미도 지니고 있습니다. 하늘을 가리키기도 합니다.

빈 칸은 공란(空欄), 빈 곳은 공간(空間)입니다. 공곡전성(空谷傳聲)은 『천자문(千字文)』에 "공곡전성 허당습청(空谷傳聲 虛堂習聽)"이라고 나옵니다. 빈 골짜기에도 소리가 전해지고 빈 방에서 소리를 내도 들린다는 뜻인데, 조금 더 보충하면 골짜기에서 소리를 내면 메아리가 되돌아와 들리고 빈방에서 소리를 내면 울려서 여러 번 들린다는 뜻입니다. 앞 문장과의 관계를 고려해보면 덕을 쌓은 사람의 명성이 그처럼 널리 퍼진다고 해석할 수 있습니다. "선을 쌓은 집에는 반드시 경사가 있고, 선을 쌓지 않은 집에는 반드시 재앙이 있다[積善之家必有餘慶 積不善之家必有餘殃]고 하는데, 적선이나 적악 때문에 돌아오는 결과로 생각할 수도 있습니다. 현대 중국 성어사전에서는 공곡전성(空谷傳聲)을 반응이 빠른 것이라고 설명하는데, 이것은 메아리가 치듯 반응이 곧장 돌아온다는 뜻이겠습니다. 공곡족음(空谷足音)은 빈 골짜기에 사람 발자국 소리라는 뜻으로 쓸쓸할 때에 손님이나 기쁜 소식이 오는 것이나 그런 손님을 이릅니다. 공곡공음(空谷跫音)으로도 쓰는데 공(跫)은 '발자국 소리'를 뜻합니다. 그러니 공음(跫音)은 '역전앞'과 같은 말이 되겠습니다. 공전절후(空前絶後)는 전무후무(前無後無)와 같은 뜻으로, 이전에도 없었고 앞으로도 없는 것을 말합니다. 공중누각(空中樓閣)은 공중에 떠 있는 누각입니다. 아무런 근거나 토대가 없는 사물이나 생각을 비유적으로 이르는 말로 사상누각(沙上樓閣)과 비슷한데, 사상누각은 기초가 튼튼하지 못하여 오래 견디지 못할 일이나 물건을 이릅니다.

중학	획수	형자	새김	발음
窓	11	悤	창문	창

'창문' 창(窓)입니다. 통신수단이 발달하면서 드물어진 것이 편지 쓰기인 듯합니다. 성의를 들여 쓴 편지 한 통, 엽서 한 장에는 안부 이상 많은 것이 들어 있습니다. 보낸 이의 모습을 떠올릴 수도 있습니다. 그때 많이 쓰던 단어가 있습니다. 바쁘거나 아니면 더 할 말이 없을 때 "이만, 총총(悤悤)"입니다. 글자 그대로 급하고 바쁘다기보다 맺음 인사말이었습니다. 총(悤)은 바쁘다는 뜻입니다. 총(悤)의 윗부분 자소자는 창(囪)입니다. 창문입니다. 『설문』에 "벽에 낸 것은 유(牖)라 하고 지붕에 낸 것은 창(囪)이라 한다"라고 나옵니다. 지붕에 창을 낸다는 것이 조금 이상하게 보일지 모르지만, 옛날의 움집은 반지하식이라서 지붕에 창을 내야만 했습니다. 요즈음도 더러 채광과 환기를 위해서 지붕에 창을 냅니다.

『강희자전』에서는 창(窓)은 창(窗)의 속자라고 하고 있습니다만, 기초한자에서는 이 자형을 표준으로 삼고 있습니다. 창은 자형이 다른 것이 많습니다. 자형의 변화를 보면 창(囪)이 가장 먼저 나왔겠습니다. 이것은 움집의 지붕 위에 난 창입니다. 여기에 움집[穴]이라는 의미를 붙여서 또 창(窗)입니다. 움집에서는 창이 연기의 통로 역할도 했을 것이며 그래서 굴뚝이라는 뜻도 있습니다. 다시 '마음' 심(心)을 붙여서 창(窻)이 생겼고 그 자형을 조금 간단히 한 것이 우리가 표준으로 삼고 있는 창(窓)입니다.

창구(窓口)는 창을 내거나 뚫어놓은 곳입니다. 창문(窓門)은 공기나 햇빛을 받을 수 있고, 밖을 내다볼 수 있도록 벽이나 지붕에 낸 문입니다. 특별히 구별해 쓸 때에는 지붕에 낸 것을 천창(天窓)이라 할 수 있습니다. 창호(窓戶)는 온갖 창과 문을 통틀어 이르는 말입니다.

고교	획수	새김	발음
穴	5	구멍, 굴	혈

부수자입니다. 혈거(穴居)는 동굴 속에서 사는 것으로, 원시 시대의 주거 형태입니다. 혈거야처(穴居野處)는 흙이나 바위의 굴속이나 한데에서 사는 것을 말합니다.

고교	획수	형자	새김	발음
窮	15	躬	다할	궁

궁(窮)은 『설문』에 자형이 조금 다른 궁(窮)으로 수록되어 있습니다. '몸' 궁(躬)과 마찬가지입니다. 다하는 것, 끝나는 것을 가리킵니다. 사람[躬]이 굴[穴]에 들어가면 얼마 가지 않아 막다른 곳에 이르게 됩니다. 더 이상 나갈 곳이 없어 끝입니다. 그래서 '멈추다, 그치다'라는 뜻도 나타내고 극단의 뜻도 있습니다.

궁(躬)도 『설문』에는 다른 자형[躳]으로 올라 있습니다. 몸이라는 뜻입니다. 려(呂)에서 뜻을 취하는 것은 려(呂)가 '음률'이라는 뜻도 있지만 우리 몸의 기둥이 되는 등뼈이기 때문입니다. 궁(躬)은 혹체라고 해서 이체자라고 합니다만, 지금은 표준 자형이 되었습니다.

궁곡(窮谷)은 유곡(幽谷)과 같은 뜻으로 깊은 골짜기를 가리킵니다. 어떤 과정의 마지막이나 끝은 궁극(窮極)이고, 사물의 이치를 깊이 연구하는 것은 궁리(窮理)입니다. 몹시 가난하여 구차한 것은 궁박(窮迫)한 것이고, 어렵고 궁한 상태는 궁상(窮狀)입니다. 궁조(窮鳥)는 쫓기어 도망할 곳이 없어 곤궁에 빠진 새라는 뜻으로 곤궁에 빠져 헤어날 길이 없는 사람을 이릅니다.

고교	획수	회자	새김	발음
突	9	穴 犬	부딪칠	돌

돌(突)은 굴[穴]에 개[犬]가 있거나 아니면 갑자기 튀어 나오는 것입니다. '갑자기'라든지 '별안간'이라든지 아니면 '놀라다'라는 뜻을 나타낼 수 있겠습니다.『설문』의 설명도 마찬가지로 "개가 굴에서 갑자기 나오다"라고 합니다. 갑자기 나오니까 '튀어나오다, 습격하다'라는 뜻을 갖습니다. 불을 땔 때 연기 통로를 가리키기도 합니다.

우리의 전통적인 난방 방식을 온돌(溫突)이라고 하지요. 문자 그대로의 뜻은 따뜻하게 해주는 연기 통로로, 실제 내용을 봐도 그렇습니다. 우리만큼 발달하지는 않았지만 중국의 북방 지역에도 캉[炕, '구들' 항]이라고 우리 온돌과 비슷한 것이 있습니다. 단 우리처럼 불을 지펴 오래 때며 취사와 난방을 겸하는 것이 아니고, 장작 몇 개비 정도를 때 침상의 냉기를 가시게 해주는 정도처럼 보입니다. 하긴 중국 북방 지역은 고구려를 비롯해 우리 민족이 살아온 곳이니 캉[炕]은 우리 민족의 자취를 지금까지 전해주는 것인지도 모르겠습니다.

전투의 마지막 단계에 적진으로 돌진하여 공격하는 것은 돌격(突擊)입니다. 돌연(突然)은 예기치 못한 사이에 급히라는 뜻으로 보통 '돌연히'로 많이 씁니다. 돌출(突出)은 예기치 못하게 갑자기 쑥 나오거나 불거지는 것입니다. 이제는 군대 문화가 많이 바뀐 것으로 듣고 봅니다만, 예전 군대에서 가장 삼가야 하는 것이 돌출 행동이었습니다. 너무 앞서면 동기들에게 밉보이기도 하고 전우애가 없다고 난데없이 벼락을 맞을 수 있습니다. 그렇다고 너무 뒤지면 또 '고문관' 소리를 듣고 여차하면 기합도 받습니다. 내 잘못이니 나 하나 벌을 받는 것은 괜찮은데, 문제는 애먼 분대원들이 기합을 받는다는 것입니다. 그래서 중간 갈 궁리만 합니다. 하긴 특출난 사람 한둘 있다고 전투력이 향상될수 없고 아주 뒤떨어지는 사람이 있으면 당연히 전투력이 떨어지기 마련일 테니 어떤 병사가 됐든 기준 이상의 전투 체력을 갖추는 것이 최상 아니면 차선일 듯은 합니다. 당시 이런 설명이라도 해주었으면 얼마나 좋았겠습니까.

고교	획수	회자	새김	발음
竊	22	穴 米 廿, 离	훔칠	절

절(竊)의『설문』의 자형은 조금 다릅니다. "절(竊)은 도둑이 안에서부터 나오는 것이다. 혈(穴)과 미(米)에서 뜻을 취하며 '벌레' 설(离)과 '스물' 입(廿)은 소리를 나타낸다. 입(廿)은 고문의 질(疾)이며, 설(卨)은 고문의 '맑을' 설(偰)이다."

뜻을 취한다는 것은 다른 사람의 움집[穴] 안에서 쌀[米]을 가지고 나온다는 뜻입니다. 주석에서는 입(廿)과 설(卨)이 서로 다른 데에 속하기 때문에 두 글자가 소리를 나타낼 수는 없다고 지적합니다. 그런데 틀렸다는 말을 하지 않고 "절(竊) 자의 구성에 대한 연구가 기대된다"라고 합니다. 옛날에 글을 쓰는 분들의 자세가 이랬습니다. 다른 사람의 흠이나 결점에 대해 간접적인 표현을 쓰는 것은 글쓴이를 그만큼 존중하고 배려했기 때문입니다. 완곡 화법인데 그런 언어를 구사하는 것이 교양이기도 합니다.

고문 분석 결과로는 '스물' 입(廿)은 글자가 바뀌는 과정에서 잘못 들어온 것이라고 합니다. 다른 사람의 집[穴]에 가서 쌀[米]을 훔치는 것으로 발음은 설(卨)이니 회의·형성자가 됩니다. 우리 발음은 '절'입니다. 분석이 맞고 안 맞고를 떠나 고문 분석의 내용이 글자를 익히기가 더 쉽지 않을까 합니다. 훔치다가 본뜻이고 불합리하거나 불법적인 방법으로 점거하는 것을 가리키기도 합니다.

입(廿)은 '열' 십(十) 두 개를 나란히 쓴 글자입니다. '스물'입니다. 기왕에 나왔으니 십(十)이 셋이면 '서른' 삽(卅), 넷이면 '마흔' 십(卌)입니다. 애써 외울 필요 없습니다. 그저 한 번 구경이나 하라는 뜻에서 소개하는 것입니다.

설(卨)은 은나라 조상의 이름이기도 하고 벌레 이름이기도 합니다. 하지만 어떤 벌레인지는 확실하지 않습니다. 보통 '사람 이름' 설로 새깁니다. 하지만 설(卨)이 계속 편방에서 다른 글자의 자소자로 쓰이게 되자 은나라 조상의 이름은 설(卨, 契) 자를 따로 쓰게 되었습니다.

물건을 훔치는 절도(竊盜), 훔쳐 갖는다는 절취(竊取)가 있습니다. 『장자(莊子)』에 "절구자주 절국자후(竊鉤者誅 竊國者侯)"라는 말이 나옵니다. 허리띠 고리를 훔친 좀도둑은 죽이고 나라를 훔친 대도는 제후가 된다는 뜻으로 법률 집행의 허구성과 불평등을 꼬집는 말인데, 역사를 보면 실제 그런 사례가 허다합니다.

R117

설 립(立) 부

갑골	금문	전문	해서

'설' **립(立)** 자는 양팔과 양발을 벌린 사람[大]이 땅[一] 위에 서 있는 모양을 그린 회의자입니다. 대(大) 자는 사람의 정면 모양입니다. 똑같이 설명하면서도 지사자로 보기도 합니다.

서다, 서서 움직이지 않다, 만들어내다, 제정하다 등의 뜻이 있습니다. 24절기를 가리킬 때에는 입춘(立春), 입하(立夏), 입추(立秋), 입동(立冬)처럼 각 계절이 시작하는 것을 나타냅니다. 양력으로 계산하면 2월 4일, 5월 5일, 8월 7일, 11월 7일경이 됩니다. 실제 우리가 사계로 알고 있는 것보다 거의 한 달가량 앞서는데, 이것은 24절기가 남쪽으로 우리나라 육지의 남단 정도에 해당하는 황하 중류유역을 중심으로 만들어졌기 때문이라고 합니다.

중학	획수	형자	새김	발음
童	12	里	아이	동

『설문』에는 "**동(童)**, 남자가 죄가 있으면 '종' 노(奴)라 한다. 노(奴)를 동(童)이라 하고 여자는 첩(妾)이라 한다"라고 합니다. 깎인 머리 위에 형도를 씌우고 등에는 바구니 같은 것을 짊어진 글자 모양에서, 고문 분석에서는 동(童)을 죄를 지어 머리를 깎고 노예가 되는 형을 받은 것을 나타내는 것으로 봅니다. 미성년의 노복을 가리키며 '우매하다'라는 뜻을 갖습니다. 산이 헐벗어 민둥산이라는 뜻도 있습니다.

동산(童山)은 초목이 없는 헐벗은 산입니다. 움직여 옮길 수 있는 재산은 동음이의어인 동산(動産)입니다. 어린이를 위한 노래는 동요(童謠), 이야기는 동화(童話), 어린아이의 마음은 동심(童心)입니다. 동탁(童濯)하다는 산에 나무나 풀이 없다거나 씻은 듯이 깨끗한 것을 뜻하는데 쓰임은 거의 없는 한자어입니다. 동안학발(童顔鶴髮)은 얼굴은 아이 같은데 머리털은 하얗게 세었다는 뜻으로 전설 따위에 나오는 신선의 얼굴을 이릅니다. 학발동안(鶴髮童顔)으로 쓰기도 하는데, 『표준』에는 학발동안만 실려 있습니다.

중학	획수	형자	회자	새김	발음
端	14	耑	立耑	끝, 단정할	단

단(端)은 곧은 것입니다. 『설문』 주석에 "사람이 땅에 서는데 식물이 처음 나올 때처럼 반듯한 것이다"라고 합니다. 사람의 자세나 물체가 곧은 것을 가리킵니다. 그래서 품행이 바르다는 의미를 나타냅니다. 사물의 한쪽 방면을 가리키고, 사태의 발단을 뜻하기도 합니다.

자소자 단/전(耑)은 식물이 처음 나올 때 맨 꼭대기를 가리킵니다. 위는 크는 모양이고, 아래는 뿌리를 가리킵니다. 고문 분석에서는 처음 나오는 싹이라고 합니다. '오로지'의 뜻이 있는데 이때는 '전'으로 읽습니다.

일의 실마리를 나타내는 단서(端緒), 몸가짐이 얌전하고 바른 것을 나타내는 단정(端正), 일이 처음 벌어지는 것을 뜻하는 발단(發端) 등의 단어를 만듭니다.

중학	획수	회자	새김	발음
立	5	大 一	설	립

부수자입니다. 입장(立場)은 처한 사정(事情)이나 형편을 말하는데 지위 또는 신분을 가리키기도 합니다. 입석(立席)은 열차, 버스, 극장 등에서 지정된 자리가 없어 서서 타거나 구경하는 자리이고, 입석(立石)은 돌로 만든 비갈(碑碣)이나 이정표 따위를 세움 혹은 그 돌을 말합니다.

중학	획수	회자	새김	발음
章	11	音 十	글	장

더러 한자를 분석하다보면 어디에서 나눠야 하는지 헷갈릴 때가 있습니다. '글' 장(章)의 경우가 그렇습니다. 립(立)과 조(早)로 나눠 '일찍 일어난다는 뜻인가?'라고 생각해볼 수도 있고, 아니면 음(音)과 십(十)으로 나눌 수도 있습니다. 이 경우에는 음(音)과 십(十)으로 나누는데, 거기에 어떤 필연적인 이유가 있는 것은 아닙니다. 무책임한 이야기이지만, 오래 접하다보면 어떤 감 같은 것이 있습니다.

『설문』에서 "장(章)은 음악 한 곡이 끝나는 것을 장이라 한다. 음(音)에서 뜻을 취하고, 십(十)에서 뜻을 취한다. 십(十)은 (십진수의) 마지막 자리이다"라고 합니다. 수가 끝나는 것처럼 악곡이 끝나며, 그것을 장이라고 한다는 설명입니다. 금문 분석에서는 벽옥(璧玉)에 무늬를 새기는 것이라고 합니다. 그래서 무늬를 나타내고, 악곡이나 시문의 한 절을 나타냅니다. 상형자로 봅니다.

옛날 벼슬아치들의 공복(公服)인 관디를 장복(章服)이라고 합니다. 옷에 수를 놓는 것에도 엄격한 제한이 있었는데 천자는 십이장복으로 열두 개의 무늬를 수놓았고 제후는 구장복으로 아홉 개의 무늬를 수놓았습니다. 조선 시대 왕이 구장복을 입은 것은 제후국의 예법에 맞추었기 때문입니다.

중학	획수	회자	새김	발음
競	20	竞竞	다툴	경

경(競)은 격렬하게 말다툼을 하는 것입니다. 달리, 실제 무력을 행사하는 각축(角逐)의 뜻도 있습니다. 고문 분석에서는 '마칠' 경(竟)과 '다툴' 경(競)이 기원이 같은 것으로 봅니다. 두 사람이 나란히 서서 악기를 부는 모양을 하고 있어 누가 더 세게 불 수 있는지 시합을 하는 것으로 분석합니다. 금문에서 자형이 바뀌면서 허신의 『설문』과 같은 해석이 나오는데, 허신은 이 글자를 '말다툼할' 경(誩) 아래 '사람' 인(人)이 두 개 있는 것으로 분석해 '말다툼 하는 것'이라고 합니다. 무력이든 말다툼이든 두 사람이 실력을 다투거나 겨룬다는 점에서 뜻의 변화는 없습니다. 다투는 것도 누가 우수한지 가리는 것이고 시합도 마찬가지입니다. 당연히 논쟁하다는 뜻도 있습니다.

경(竞)은 현재는 간체자에서 '다툴' 경(競)으로 쓰입니다만, 낱자로는 쓰이지 않고 새김이 없습니다. 『설문』에 올라 있는 자형은 '競'입니다.

기술을 겨뤄 경기(競技), 연기를 겨뤄 경연(競演), 달리기를 겨루니 경주(競走)입니다. 이기거나 앞서려고 서로 겨루는 것은 경쟁(競爭)입니다. "길고 짧은 것은 대어보아야 안다"는 우리 속담이 있습니다. 실제로 겨루거나 겪어봐야 안다는 뜻입니다. 누가 실력이 나은지 예단하기 어려움을 나타냅니다. 자의(字義)로 보면 경단쟁장(競短爭長)이 우리 속담과 비슷해 보이는데, 쟁장경단(爭長競短)으로 쓰기도 합니다. 장단이나 시비를 가려보는 데에 초점이 놓입니다. 우열을 가리는 데에 중점을 두는 단어입니다. 자질구레한 일로 네가 옳으니 내가 옳으니 옥신각신 다투는 것을 이릅니다. 『채근담(採根譚)』에 나옵니다. "부싯불 속에서 길고 짧음을 다툰들 그 시간이 얼마나 되며, 달팽이 뿔 위에서 자웅을 겨룬들 그 세계가 얼마나 크겠는가[石火光中 爭長競短 幾何光陰, 蝸牛角上 較雌論雄 許大世界(석화광중 쟁장경단 기하광음, 와우각상 교자논웅 허대세계)]." 석화(石火)는 돌이나 쇠가 서로 부딪칠 때 순간적으로 일어나는 불꽃을 말합니다. 부싯불은 부싯돌을 쇳조각인 부시로 칠 때 반짝하고 일어나는 순간적인 불입니다. 석화라고 할 수 있기 때문에 부싯불로 옮겼는데 얼마나 멋진 비유이고, 아름다운 문장입니까!

증외	부수	획수	형자	회자	새김	발음
泣	水	8	立	水立	울	읍

소리는 내지 않고 눈물만 흘리며 우는 것은 무엇이라고 했습니까? 소리 내어 우는 것은? '울' **읍(泣)**? '울' 곡(哭)? 생각이 나지 않으면 어떻게 한다. 망설이지 않고 해당 부수를 찾아갑니다.

읍혈(泣血)은 눈물을 흘리며 슬프게 우는 것입니다.

증외	부수	획수	회자	새김	발음
位	人	7	人立	자리	위

사람[人]이 서[立] 있는 곳은? 자리입니다. 조정에서 열을 설 때 좌우의 위치가 **위(位)**입니다. 자리 또는 위치입니다. 옛날에 조정은 실내가 아니라서 당(堂)도 계단도 없었다고 합니다. 그래서 조정(朝廷)이라고 지붕[广]이 덮이지 않은 정(廷)을 쓴다고 합니다. 우리나라의 경우 경복궁(景福宮) 근정전(勤政殿)이 공식적인 조정인데 그 앞에 품계석이 있습니다. 그 모습을 떠올리면 되겠습니다.

『맹자』에 다음과 같은 글귀가 나옵니다. "낮은 지위에 있으면서 윗사람(의 정치)을 비평하는 것은 죄이며, 조정에 있으면서 도를 행하지 않는 것은 수치이다[位卑言高罪也 立乎人之本朝 而道不行 恥也]." 위비언고(位卑言高)는 낮은 지위에 있으면서 윗사람의 정치를 큰 소리로 이렇다 저렇다 비평하는 것입니다. 여기서 죄라고 하는 것은 법을 어기는 것이라기보다는 자신의 분수를 모르고 지나친 행동을 한다는 뜻의 참월(僭越)을 이르는 것이 아닌가 합니다.

고교	획수	회자	새김	발음
竝	10	立立	나란히/연할	병/방

서 있는 사람[立] 옆에 다른 사람이 또 서 있습니다[立]. 어깨를 나란히 하고 선 것입

니다. '나란히' **병(竝)**입니다. '아우를' 병으로 새긴 것은 인신된 뜻입니다. 잇닿아 있다는 의미로 새길 때는 발음이 '방'입니다.

병가제구(竝駕齊驅)는 수레를 나란히 하여 달린다는 뜻으로, 능력이나 지위가 같음을 비유적으로 이릅니다. 어깨를 나란히 한다는 뜻의 비견(比肩)과 같은 뜻으로 쓰입니다.

고교	획수	회자	새김	발음
竟	11	音儿	마칠	경

경(竟)은 악곡 전체가 끝나는 것입니다. 바로 앞에서 장(章)은 한 곡이 끝나는 것이라고 했는데, 경(竟)은 악곡 전체가 끝나는 것입니다. 서양 음악으로 치면 장(章)은 하나의 악곡에 들어 있는 하나하나의 소곡이고, 경(竟)은 그런 악곡 자체를 마치는 것입니다. 관현악곡을 연주할 때는 앞에서 지휘하는 사람의 모습을 보게 되는데, 국악에도 지휘자가 있습니다. 명칭이 다를 뿐입니다. 집박(執拍)으로 박(拍)을 잡은 사람입니다. 한번 치면 연주를 시작하고, 중간에는 가만히 있으며 흐트러진 흐름을 바로잡고 마칠 때는 딱! 딱! 딱! 세 번을 칩니다. 연주가 모두 끝났습니다.

'설' 립(立)까지 5획의 마지막 부수가 끝났습니다. 악곡을 끝낸 여러분들에게 박수갈채를 보냅니다.

R118

대 죽(竹, ⺮) 부

갑골	금문	전문	해서
𝐴	𝐴	艸	竹

'대' 죽(竹)은 구태여 고문이 아니라 현재의 글씨 형태를 봐도 대나무를 본떠 만든 글자라는 느낌이 전해집니다. 솟은 줄기 위로 잎새가 펼쳐 있습니다. 『설문』에서는 "겨울을 나도 죽지 않는 나무이다"라고 합니다. 대나무를 쪼개 만든 죽간을 가리키기도 합니다. 국악에서 악기를 분류할 때는 악기를 만든 소재에 따라 팔음(八音)으로 분류하는데, 죽부(竹部)는 대나무로 만든 각종 관악기를 가리킵니다.

대나무는 문인들의 글의 소재는 물론이고 그림의 소재이기도 했습니다. 추운 겨울의 세 친구라는 뜻의 세한삼우(歲寒三友)는 소나무[松], 대나무[竹], 매화[梅]를 가리킵니다. 오우(五友)의 다섯 친구는 식물로 '매화, 난초, 국화, 대나무, 연꽃'을 가리키는 경우도 있고, 자연물로 '물, 돌, 소나무, 대나무, 달'을 가리키는 경우도 있습니다. 고산 윤선도의 「오우가(五友歌)」에서 오우는 후자입니다. 다른 글자와 결합해 자소자로 쓰일 때에는 '⺮'의 형태를 취합니다.

중학	획수	새김	발음
竹	6	대	죽

죽간(竹簡)은 종이가 발명되기 전에 글자를 기록하던 대나무 조각이나 대나무 조각을 엮어서 만든 책입니다. 죽림칠현(竹林七賢)은 중국 진(晉, 266~420)나라 초기에 노자와 장자의 무위 사상을 숭상하여 죽림에 모여 청담으로 세월을 보낸 일곱 명의 선비로 산도(山濤), 왕융(王戎), 유영(劉伶), 완적(阮籍), 완함(阮咸), 혜강(嵆康), 상수(向秀)입니다. 죽마고우(竹馬故友)는 대말을 타고 놀던 벗이라는 뜻으로 어릴 때부터 같이 놀며 자란 벗을 가리킵니다.

格物 061. 죽마고우, 청매죽마

죽마고우(竹馬故友)는 『진서(晉書)』에 나오는 이야기입니다. 출생 연도를 보면 과연 친구였는지 의아하긴 합니다만, 환온(桓溫, 312~373)과 은호(殷浩, 303~356)라는 사람은 어렸을 때 대말을 같이 타며 함께 논 친구였다고 합니다.

은호는 여러 차례 큰 전공을 세워 출세가도에서 승승장구했습니다. 그런데 나중에 견제할 수 없게 될 것을 염려한 조정에서 그의 친구인 환온을 양주자사에 앉혀 그를 감시·견제하게 하면서 두 사람의 관계는 금이 가기 시작합니다. 엎친 데 덮친 격이랄까, 은호의 북정 대패를 빌미로 환온은 상소를 올려 결국 은호는 평민으로 직위를 박탈당하고 일생을 마칩니다. 결국 두 사람은 원수가 되었습니다.

죽마고우라면 우리는 어렸을 때부터 지금까지 계속 친한 친구를 가리킵니다만, 이 고사를 보면 앙숙이 되어 갈라진 사이입니다. 이런 고사야 어쨌든 현재의 쓰임이 중요하니, 어릴 때부터 같이 놀며 자란 벗입니다. 정작 중국에서는 죽마지우(竹馬之友)나 죽마지교(竹馬之交)로 쓰고 있습니다.

이와 비슷한 고사로 또 하나는 이백의 「장간행(長干行)」이라는 악부(樂府)에서 나왔습니다. 장간이라는 한 동네에서 살다가 결혼한 상인의 아내가 자신의 심정을 털어놓는 독백입니다. 그 일부를 소개합니다.

妾髮初覆額(첩발초부액) 내 머리 이마를 막 덮을 적에
折花門前劇(절화문전극) 꽃 꺾으며 문 앞에서 놀았네.
郎騎竹馬來(낭기죽마래) 그대는 대말을 타고 와서는
遶床弄青梅(요상농청매) 우물 돌며 매실로 장난을 쳤지.
同居長干里(동거장간리) 우리 장간 마을 함께 살면서
兩小無嫌猜(양소무혐시) 두 꼬마 사이에 꺼림 없었지.

　상(床)을 침대나 침상으로 번역한 경우가 눈에 많이 뜨이는데, 필자는 우물(귀틀)로 옮겼습니다. 『한어대자전(汉语大字典)』에서 확인해보면 상(床)에는 우물귀틀[井欄]이라는 뜻이 있고, 아이들이 노는 모습을 생각해보면 침대머리에서 논다기보다는 우물가를 돌며 노는 것이 상식적인 것으로 판단해서입니다.

　중국의 각종 시 해설에서도 우물귀틀로 설명합니다. 필자가 '우물'이라고만 한 것은 시의 리듬을 고려해서입니다. 혐시(嫌猜)는 의기(疑忌)라고 합니다. 의심하고 꺼리는 것입니다. 의심하고 시샘하는 것일 수도 있습니다. 하지만 우리말의 시어로 옮기기에 적당하지 않은 듯해 '꺼림'으로 줄였습니다. 아이들 사이의 관계이니 '무람없다'는 고유어도 좋을 듯한데 사용빈도가 떨어지는 듯합니다. 이 두 아이는 나이 들어 결혼을 하고, 여자 아이는 이제 먼 길을 떠난 남편을 그리는 심경을 토로합니다.

　여기에서 청매죽마(青梅竹馬)라는 성어가 나왔습니다. 어렸을 때의 사이가 좋던 친구를 뜻합니다. 청매죽마(青梅竹馬)는 어린 여자아이들이 천진난만하게 노는 모양을 가리키기도 하고, 어린 시절 남녀 간의 친밀했던 정을 나타내기도 합니다. 중국어에서 총각지교(總角之交)는 어려서부터 성장한 지금까지 계속되는 우정을 가리키고, 청매죽마(青梅竹馬)는 남녀 간 어렸을 때의 무람없는 정을 나타내는 것으로, 이 두 단어는 서로 상대가 되는 말이라고 설명합니다. 이런 뜻은 바로 위에서 설명한 환온과 은호 사이의 고사에서 나온 죽마고우(竹馬故友)와 비슷합니다. 여기에서 총각(總角)은 결혼하지 않은 남자로 볼 수도 있겠지만, 그보다는 머리를 땋아 묶던[총각] 어린 시절로 보는 것이 더 타당하지 않을까 합니다.

중학	획수	형자	새김	발음
節	15	卽	마디	절

'마디' 절(節)입니다. 중국의 간체자에서는 '节'로 써서 대[竹]라는 특성이 풀[艹] 속에 묻히고 말았습니다. 대나무의 마디가 본뜻으로 다른 동식물의 비슷한 구조를 이르기도 합니다. 전체의 일부를 나타내기도 하고 절기를 뜻하기도 합니다. 인신되어 '아껴 쓰다'라는 의미도 있습니다.

절개(節槪)는 신념이나 신의 따위를 굽히지 아니하고 굳게 지키는 꿋꿋한 태도입니다. 쌀을 절약하는 것은 절미(節米)입니다. 절약(節約)은 필요한 데에만 써서 아끼는 것입니다. 절지동물(節肢動物)의 절지는 마디로 이루어진 다리를 말합니다. 절의축식(節衣縮食)은 입는 것을 절약하고 먹는 것을 줄인다는 뜻으로 아주 절약하는 것입니다. 입고 싶은 것 다 안 입고, 먹고 싶은 것 다 안 먹는 것이겠는데, 우리 부모님 세대들의 삶이 바로 절의축식하시는 삶이 아녔을까 합니다.

중학	획수	형자	회자	새김	발음
第	11	弟省	竹弟	차례	제

제(第)는 『설문』에 수록되어 있지 않습니다. 본뜻은 대나무나 죽순이 마디를 이루는 순서라고 합니다. 여기에서 차례를 나타내게 되었습니다. 등급을 나타내고, 그러기 위해 평가하는 의미도 있습니다.

여럿 가운데서 첫째가는 제일(第一)을 모르는 사람은 없습니다. 필자가 궁금한 것은 왜 그것을 제일이라고 하는 것인가 하는 점인데, 혹시라도 등급을 매긴다는 등제(等第)에서 오지 않았을까 짐작해봅니다. 등급을 매기는 것인데, 등급을 매겼을 때 1번 즉, 첫 번째에서 나온 것이 아닐까 합니다. 필자의 추측입니다.

중학	획수	형자	회자	새김	발음
答	12	合	竹合	대답할	답

『설문』에 **답(答)**과 비슷한 자형으로 답(畣)이 있는데 '팥'을 가리킨다고 합니다. 실제, 답(答) 자 대신 쓰는 글자이기도 합니다. 다른 자서에서는 답(答)은 "대하는 것이다, 응하는 말이다"라고 합니다. 상대편의 말에 대해 뭐라고 대응을 하거나 대답을 하는 것입니다. 문제에 대한 해답이나 계산의 결과를 가리키기도 합니다.

물음에 대하여 밝혀 대답하는 것은 답변(答辯)이고, 식장에서 환영사나 환송사 따위에 답을 하는 것은 답사(答辭)입니다. 동음이의어인 답사(踏査)는 현장을 밟으면서 조사하는 것입니다.

중학	획수	형자	회자	새김	발음
等	12	寺	竹寺	무리	등

등(等)은 옛날 대나무를 잘라 종이 대신 썼던 죽간이 가지런한 것을 나타냅니다. 사(寺)는 여기에서 관청을 나타냅니다. 관청의 죽간이 길이도 일정하고 정리되어 가지런한 모습을 뜻합니다. 같게 하는 것, 등급을 매기는 것, 종류 등의 뜻이 있습니다.

같은 크기로 나누는 등분(等分), 값이나 가치가 같아서 등가(等價), 차이에 따라 나누는 등급(等級), 실제 사람의 크기와 같아서 등신불(等身佛) 등에서 쓰입니다.

중학	획수	형자	회자	새김	발음
篇	15	扁	竹扁	책	편

편(篇)은 책입니다. 대나무[竹]를 넓적하게[扁] 만든 죽간(竹簡)에 글씨를 써서 묶은 것입니다. 대나무로 된 것은 '편지, 대쪽' 간(簡)이라 했는데 폭이 좁아 보통 한 행을 쓸 수 있었고, 나무로 만든 것은 독(牘)이라 하여 몇 행을 쓸 수 있었다고 합니다. 두 가지를 함께 가리키는 경우에는 간독(簡牘)이라고 합니다.

자소자 편(扁)은 현판의 뜻입니다. 관청 등의 문 위에 써놓은 글씨를 가리킵니다. 편액(扁額)이라는 말도 비슷한 의미입니다. 평평하고 얇다는 뜻도 있습니다.

위편삼절(韋編三絶)이란 말은 잘 알고 있겠지요? 공자가 만년에 『주역(周易)』을 즐겨 읽어 책의 가죽 끈, 바로 죽간을 묶었던 끈이 세 번 끊어졌다는 말로 책을 열심히 읽는 것을 가리킵니다. 이제 핸드폰 세대이니 여러분 가운데 누군가 나중에 큰 인물이 되면, 자료를 하도 많이 찾아서 핸드폰의 다이얼패드가 세 번 망가졌다는 병막삼훼(屛幕三毀) 정도의 고사가 나올지도 모르겠습니다. 병막(屛幕)은 디스플레이(display)의 중국어입니다.

중학	획수	회자	새김	발음
笑	10	竹夭	웃음	소

소(笑)는 『설문』의 설명란이 비어 있습니다. 『단주』에서 보충하고 있는데 "소(笑)는 기쁜 것이다. 죽(竹)과 견(犬)을 따르는데 뜻을 설명한 것이 아니다"라며 의문을 제기합니다. 대나무[竹]가 바람을 만나 구부러지며 흔들리는 모양[夭]이 사람이 웃는 것과 같아 웃는 것을 나타낸다고도 합니다. 이렇게 볼 때는 상형자로 취급합니다.

소납(笑納)은 편지글에서, 보잘것없는 물건이지만 웃으며 받아달라는 뜻으로 겸손하게 이르는 말입니다. 소안(笑顏)이나 소용(笑容)은 웃음 띤 얼굴이고, 우스운 이야기는 소화(笑話)입니다. 소리장도(笑裏藏刀)는 소중도(笑中刀)라고도 하는데, 웃음 속에 칼이 있다는 뜻으로 웃고 있으나 마음속에는 해칠 마음을 품고 있음을 이릅니다. 입에는 꿀이 있고 배 속에는 칼이 있다는 뜻의 구밀복검(口蜜腹劍)과 비슷한 의미입니다.

중학	획수	회자	새김	발음
筆	12	竹聿	붓	필

『설문』에서는 필(筆)을 "진나라에서는 필(筆)이라 한다"라고 설명합니다. 전설적인 이야기이지만 붓은 흉노 정벌로 유명한 진나라의 장수 몽념(蒙恬)이 진중 보고에 필요해 만들었다고도 하고 개량했다고도 하는데 그보다 앞선 시기의 유물로도 나오고 있어 개량한 것이 맞겠습니다. 처음에는 나무를 깎아 쓴 정도였겠고 나중에 털로 만든 붓이 나왔으리라는 것은 쉽게 짐작할 수 있습니다. 과두문자(蝌蚪文字)는 올챙이 글자라고도 하죠. 이것은 깎은 대나무로 옻을 찍어서 쓴 글자입니다. 대나무가 흡수성이 적으니 글씨를 처음 쓰는 부분은 커지고, 획의 끝부분에 가면 금방 가늘어지게 됩니다. 그래서 모

양이 올챙이처럼 되는 것인데, 필자의 판단으로 필기구의 제약 때문에 나오게 된 글자 모양이 아닐까 합니다.

'붓' 율(聿)은 별도의 부수자인데 다시 한 번 더 간단히 소개합니다. 『설문』입니다. "율(聿)은 쓰는 것이다. 초나라에서는 율(聿)이라 하고, 오나라에서는 불율(不聿)이라고 하며, 연나라에서는 불(弗)이라고 한다." 동일한 사물이지만 지역마다 나라마다 명칭이 다른 것으로 나옵니다. 고대 중국은 지금과 판도가 다르긴 하지만 워낙 땅이 넓고 크니 있을 수 있는 일입니다.

중학	획수	회자	새김	발음
算	14	竹 具	셈할	산

산(算)은 세는 것입니다. 산가지를 써서 계산하기 때문에 죽(竹)을 따르고, 아래는 원래 '조개' 패(貝)가 아니라 '갖출' 구(具)인데 수를 뜻한다고 합니다. 계산하다, 양을 재다, 추측하다 등의 뜻을 나타냅니다. 수명을 나타내기도 합니다.

수를 세는 것, 나아가 수의 성질, 셈의 기초, 초보적인 기하 따위를 가르치는 학과목은 산수(算數)입니다. 세어내는 것, 계산해 내는 것은 산출(算出)입니다.

고교	획수	형자	새김	발음
管	14	官	대롱, 주관할	관

'대롱' **관(管)**입니다.

관견(管見)은 대롱 구멍으로 사물을 보는 것으로 좁은 소견이나 자기 소견을 겸손하게 이르는 말입니다. 어떤 사무를 맡아 처리하는 것은 관리(管理)이고, 일을 맡아 주관하는 것은 관장(管掌)입니다. 관규지견(管窺之見)은 관견과 같은 뜻입니다. 관중규표(管中窺豹)는 대롱 구멍으로 표범을 본다는 뜻인데, 그러면 얼룩점 한둘 밖에 보이지 않습니다. 견문과 학식이 좁음을 이릅니다. 관견, 관규지견, 관중규표는 모두 비슷한 의미입니다. 관포지교(管鮑之交)는 관중과 포숙의 사귐이란 뜻으로 우정이 아주 돈독한 친구 관계를 이릅니다. 긴 고사가 얽혀 있으니 한 번 찾아서 속 내용을 알아두기 바랍니다.

고교	획수	형자	새김	발음
範	15	笵	법	범

범(範)의 본뜻은 산행(山行)을 주관하는 신인 발(軷)을 거슬리는 것이라고 합니다. 발(軷)을 요즈음 말로 설명한다면 여행이나 교통안전의 신이 되겠습니다. 길을 나설 때 지내는 거리제의 대상 신인데, 제사를 올린 뒤 제사에 올렸던 희생을 수레바퀴로 깔고 지나감으로써 위험이 없어지길 빌었습니다. 그래서 범(範)은 '범할' 범(犯)과 음, 훈이 같은 것으로 봅니다. 법을 뜻하기도 하고, '어기다'라는 뜻을 갖는 것으로 되어 있는데 지금 어긴다는 뜻으로 쓰이는 경우는 없지 싶습니다.

범(笵)은 법입니다. 옛날에 법은 모두 죽간(竹簡)에 기록했기 때문에 죽(竹)에서 뜻을 취합니다.

본보기가 되는 양식은 범식(範式)이고, 동일한 성질을 가진 부류나 범위는 범주(範疇)입니다.

고교	획수	형자	새김	발음
篤	16	竹	도타울	독

'도타울' 독(篤)은 말이 고개를 땅에 닿을 듯 떨구고 느릿느릿 천천히 가는 것입니다. 여기에서 인신되어 병세가 아주 심하다는 뜻을 나타냅니다. 계속 '깊다, 견실하다'라는 의미로 인신되었습니다. '도탑다'는 서로간의 관계에 인정이나 사랑이 많고 깊다는 뜻입니다.

농사를 열심히 짓는 착실한 사람 또는 그런 집은 독농가(篤農家)입니다. 깊고 확실하게 믿는 것은 독신(篤信), 믿음이 두텁고 성실한 것은 독실(篤實)한 것입니다.

고교	획수	형자	새김	발음
簡	18	閒	대쪽, 간략할	간

간(簡)은 대쪽입니다. 종이를 쓰기 전 옛날에는 대쪽에 글을 썼습니다.『설문』주석을 보면 "대나무는 간(簡)이라 했고, 나무쪽은 첩(牒), 독(牘), 찰(札)이라고 했다"라고 합니다. 재미있는 것은 이 세 글자 모두에 '편지'라는 뜻이 있습니다. 서찰(書札)도 편지이고, 서독(書牘)도 편지입니다. 분명 용도상 가장 많이 쓴 것이 편지이기 때문이겠습니다.

자소자 한(閒)은 틈입니다. 물건이 벌어진 사이입니다. 문(門)의 틈 사이로 달빛[月]이 들어옵니다. 아니면 문틈 사이로 달이 보이는 것으로 생각할 수도 있습니다. '사이' 간(間)의 본자로 보기도 합니다. 문틈을 통해 달을 보든 해를 보든 글자를 만든 원리는 같습니다. 한가하다는 뜻도 나타냅니다.

고교	획수	형자	새김	발음
簿	19	溥	문서/잠박	부/박

부(簿)의 『설문』 자형은 '䉐'로 간책(簡冊)이라고 합니다. 사건 등을 기장하기 위해 죽간을 엮어 만든 책입니다. 그래서 문서를 가리키기도 하고, 주부(主簿)는 그런 문서 관리를 담당하는 직책이었습니다. 옛날 신문지상에「코주부」라는 만화가 인기를 끌었던 적이 있습니다. 코주부는 코가 큰 사람을 놀림조로 이르는 말이기는 하지만, 그때만 해도 주부가 호칭으로 더러 쓰이기도 했습니다.

'잠박' 박(簿)으로 새길 때, 잠박(蠶箔) 은 누에 채반입니다. 지금은 박(簿)을 쓰지 않고 박(箔)을 씁니다.『표준』의 올림말도 잠박(蠶箔)입니다. 누에가 다 커서 고치를 만들 때 대나무로 엮어 만든 직사각형 모양의 잠박 위에 짚을 잘게 썰어 만든 섶을 올리고 누에를 얹어놓습니다. 그러면 집을 집니다. 후에는 섶도 수지가 개발되며 짚을 대체했습니다.

부(溥)는 물(水)이 넓은[專] 것입니다. 그래서 보편적이라는 뜻도 있습니다. '엷을' 박(薄)에 자소로 쓰이고 있습니다.

자산, 자본, 부채의 수지·증감 따위를 밝히는 기장법은 부기(簿記)입니다. 현대적 의미의 부기는 영어의 'bookkeeping'을 일본에서 "장부에 써 넣는다"는 뜻에서 기장(記帳)으로 번역한 말입니다. 그 말을 우리도 들여와 쓰게 된 듯한데, 중국에서는 이 말 자체가 송대(宋代, 960~1279)에 이미 나타난다고 합니다.

고교	획수	형자	회자	새김	발음
符	11	付	竹付	부호	부

　부(符)는 부신(符信)입니다. 『설문』에는 "부(符), 한나라에서는 길이를 6치로 규정했다. 쪼개어 나누었다가 맞춘다"라고 합니다. 부신은 대나무[竹]나 쇠붙이, 옥 등에 글자를 기록하고 두 조각으로 쪼개어 한 조각은 임지로 떠나는 관리나 장수에게 주고 한 조각은 조정에서 보관하고 있다가 유사시에 서로 맞추어[付] 증거로 삼던 물건입니다. 고대에 관문을 출입할 수 있는 증서를 가리키기도 합니다. 그래서 계약이나 법률, 법규의 뜻으로 인신되었습니다.

　잡귀를 쫓고 재앙을 물리치기 위하여 붉은색으로 글씨를 쓰거나 그림을 그려 몸에 지니거나 집에 붙이는 종이는 부적(符籍)이고, 돌이나 대나무, 옥 따위로 만들어 신표로 삼던 물건은 부절(符節)입니다. 부신(符信)과 뜻이 같아 보이는데, 부신은 부절이나 인장 등 신물로 쓰이는 물건의 통칭이라는 점에서 의미가 구분됩니다. 부신(符信)처럼 사물이나 현상이 서로 꼭 들어맞는 것은 부합(符合)이고, 일정한 뜻을 나타내기 위하여 따로 정하여 쓰는 기호는 부호(符號)입니다.

고교	획수	형자	회자	새김	발음
策	12	朿	竹朿	꾀	책

　책(策)은 말채찍입니다. 대나무[竹] 끝에 가시[朿]가 달려 있습니다. 채찍이나 채찍질하는 것을 나타냅니다. 인신하여 '꾀하다'라는 뜻을 나타냅니다. 고대에 글을 쓰기 위한 대나무나 나무 조각을 나타내기도 해서 책(冊)의 뜻이 있고, 황제가 봉토를 주거나 작위를 내리고 관직을 면하게 할 때 내리는 글을 가리키기도 합니다.

　자(朿)는 나무의 가시입니다. 가시나무를 가리킬 때에는 '극'으로 읽습니다. 풀에도 가시 비슷한 까끄라기가 있는데 그것은 망(芒)이라고 합니다. 나무의 좌우에 가시가 달린 모양을 본뜬 상형자입니다. 갑골문 분석에서는 날카로운 나무가 물체를 꿰뚫은 것이라고 합니다. 물체를 찌르는 것입니다. 그래서 '찌를' 자(刺)의 본자로 보고, 가시는 파생된 인신의로 봅니다. '임금' 제(帝), '꾸짖을' 책(責), '찌를' 자(刺), '꾀' 책(策)의 자소자로 쓰입니다. 제(帝)는 '위' 상(上)과 '가시' 자(朿), 책(責)은 '가시' 자(朿)와 '조개' 패(貝) 자가 결합된 글자라고 하는데 현재 자형에서는 알아보기 어렵습니다.

좋지 않은 일을 몰래 꾸미어 시행하는 것은 책동(策動)이고, 계획이나 방책을 세워 결정하는 것은 책정(策定)입니다. 책사(策士)는 꾀를 써서 일이 잘 이루어지게 하는 사람인데 모사(謀士)와 뜻이 같습니다. 사서에 많이 나오는데, 부정적인 색채를 띠는 경우가 적지 않습니다.

고교	획수	형자	회자	새김	발음
築	16	筑	筑 木	쌓을	축

'쌓을' 축(築)의 본뜻은 건물을 지을 때 공이로 흙을 다져 단단하게 하는 것입니다. 거기에서 인신되어 건축물을 가리킵니다.

축(筑)은 고대 악기의 이름입니다. 『설문』에는 5줄이라고 되어 있는데 13줄이라고도 합니다. 왼손은 줄을 누르고 오른손에 대가지[竹尺]을 쥐고[凡] 쳐서 소리를 냅니다. '안을' 공(凡)을 『설문』에서는 '껴안다'라고 합니다. 오른쪽 자소자가 지금은 가운데의 가로획이 하나인 '빨리 날' 신(卂)으로 되어 있는데 본래는 두 개인 '잡을' 극(丮)입니다. 뜻이 상통하는 바가 있습니다. 공이[工]를 두 손에 들고[丮] 담을 쌓는 것을 나타내는 글자라는 설명도 있습니다. 그래서 '안다'라는 뜻이 나오고 판축으로 담을 쌓는데 견고하기 때문에 '튼튼하다'라는 뜻이 나왔다고 합니다.

쌓아 이루는 것은 축성(築成)이고, 성을 쌓는 것은 축성(築城), 항구를 구축하는 것은 축항(築港)입니다. 축실도모(築室道謀)는 집 짓는 것을 길을 지나가는 사람과 상의한다는 뜻으로 주견이 없이 이랬다저랬다 해 이루는 것이 없는 것을 말합니다.

고교	획수	형자	회자	새김	발음
籍	20	耤	竹 耤	문서, 적을, 올릴/온화할	적/자

적(籍)은 문서, 그 가운데에서도 호구책(戶口冊)입니다. 오늘날의 인구 조사서로 세금을 부과하는 바탕이 되는 장부입니다.

적몰(籍沒)은 중죄인(重罪人)의 재산을 몰수하고 가족까지도 처벌하던 일을 말합니다. 등기된[籍] 모든 재산을 몰수하는 것입니다. 적전(籍田)은 임금이 몸소 농민을 두고 농사를 짓던 논밭을 말하는데 그 곡식으로 신에게 제사를 지냈다고 합니다. 서울 동대문구 서울시립대학교 인근은 조선시대 임금이 친경을 하는 땅이 있던 곳입니다. 그래서 지명이 전농동(典農洞)입니다.

고외	부수	획수	형자	새김	발음
踏	足	15	沓	밟을	답

답(踏)은 『설문』에 실려 있지 않습니다. 밟는다는 뜻입니다.

답(沓)은 말이 많고 물 흐르듯 '유창한' 것입니다. 긍정적인 의미가 아니고 쓸데없는 이야기를 계속 늘어놓는다는 부정적인 뜻이 내포되어 있습니다. 그래서 '중복되다, 어지럽게 얽히다'라는 등의 의미를 갖고 있습니다.

답보(踏步)는 제자리걸음이고, 답사(踏査)는 현장을 밟으며 조사하는 것이고, 답습(踏襲)은 예로부터 해 오던 방식이나 수법을 좇아 그대로 행하는 것입니다. 답청(踏靑)은 푸른 풀을 밟으며 걷는 것입니다. 특별히 청명에 야외에 나가 거닐며 즐기는 것을 가리키기도 합니다. 답파(踏破)는 끝까지 걸어서 돌파하는 것입니다.

R119

쌀 미(米) 부

갑골	금문	전문	해서

米 米

미(米)의 갑골문은 빗금 위아래로 점이 세 개씩 있는 모양입니다. 곡식의 낟알이 이삭에 달린 모양을 본뜬 상형자입니다. 글자는 벼의 낟알 모양에서 만들어졌습니다만 실제는 껍질을 벗긴 것을 가리킵니다. 넓게는 껍질을 벗긴 곡식을 가리키고, 그 가운데 특별히 쌀을 나타냅니다. 워낙 작기 때문에 소량이라는 뜻도 있습니다. 중국어에서는 도정해 먹을 수 있도록 만든 곡식의 낟알은 거의 미(米)라고 합니다.

중학	획수	새김	발음
米	6	쌀	미

미곡(米穀)은 쌀만 가리키는 경우도 있고 갖가지 곡식을 모두 이르는 경우도 있습니

다. 쌀과 보리를 아울러 이르면 미맥(米麥)이고, 벼농사는 미작(米作) 혹은 도작(稻作)이라고도 합니다. 어렸을 때 "쌀 한 톨에 농사꾼의 땀 서 말이 들어간다"라고 해 일미삼두(一米三斗)라는 말을 들은 기억이 있습니다. 한자어나 한자성어에는 올라 있지 않습니다. 어쨌든 그래서 한 톨이라도 남기거나 흘리면 야단을 맞기도 했는데 맞는 말씀입니다. 비단 쌀뿐만이 아닙니다. 식량 한 톨이 우리 입에 들어오기까지 많은 분이 땀 흘린 것을 생각하며 고마워할 줄 알아야 합니다.

중학	획수	형자	새김	발음
精	14	靑	정성	정

　정(精)을 『설문』에서는 "쌀을 골라내는 것이다"라고 설명합니다. 지금은 석발기(石拔機)가 있어서 쌀 속에 섞인 돌이나 다른 이물질을 자동으로 걸러냅니다만 예전에는 등겨가 제대로 벗겨지지 않는 뉘나 잡것을 일일이 골라냈습니다. 본뜻은 양질의 깨끗한 쌀입니다. 갓 찧은 쌀을 보면 실제 약간 푸른빛이 돕니다. 여기에서 '좋다'라든지 '정예'의 뜻을 갖게 됩니다.
　정금양옥(精金良玉)과 정금미옥(精金美玉)은 정교하게 다듬은 금과 아름다운 옥이라는 뜻으로 인품이나 시문이 맑고 아름다움을 이릅니다.

중외	부수	획수	형자	새김	발음
氣	气	10	气	기운	기

　'기운' 기(氣)는 손님에게 식량과 (소나 말이 먹을) 꼴을 내어주는 것이라고 합니다. 여기에서 '주다, 빌어먹다[乞]'라는 뜻이 인신되어 나왔습니다. 그런데 기(氣)가 구름이 움직이는 모양을 가리키는 뜻으로 쓰이게 되자, '밥' 식(食)을 더해 '(음식을) 보낼' 희(餼)로 쓰게 되고, '빌어먹다'도 혼동을 피하기 위해 결국은 '빌' 걸(乞)로 독립하게 되었습니다. 기(氣)가 기운을 나타낼 때에는 기(气)와 뜻이 같습니다.
　기(气)는 기초한자 범위 밖인데, 부수자이니 해당 부수란을 참고하기 바랍니다.

중외	부수	획수	회자	새김	발음
料	斗	10	米斗	되질할, 녹, 요금	료

료(料)는 되질을 하는 것입니다. 되질은 되로 퍼서 양을 헤아리는 것입니다. 글자 자체로 보면 말질[斗]로 쌀[米]을 헤아리는 것입니다. 말질은 'ㄹ'이 탈락해서 실제는 '마질'이라고 합니다. 『설문』에서는 무게를 재는 것으로 설명하는데, 무게를 다는 것이나 양을 재는 것이나 결국은 동일한 것입니다.

옛날에는 관리의 급료 일부분을 식량으로 주었기 때문에 녹(祿)이라는 뜻을 가집니다. 요금(料金)의 뜻으로 쓰는 것은 우리나라와 일본에서만의 용법인 듯합니다. 요적여신(料敵如神)이나 요적약신(料敵若神)은 귀신같이 적을 헤아린다는 뜻으로 적의 상황에 대한 판단이나 계획이 정확한 것을 이릅니다. 요사여신(料事如神)도 구조가 같습니다. 일을 헤아리는 것이 귀신같으니 사정을 예측하는 것이 아주 정확한 것입니다.

고교	획수	형자	새김	발음
粧	12	庄	단장할	장

장(粧)은 꾸미고 치장하는 것입니다. 『한어대자전(汉语大字典)』에서는 장(妝)과 같은 글자라고 하는데 기초한자에 장(粧)만 올라 있습니다. 꾸미는 것, 단장입니다. 『설문』에 실린 자형은 장(妝)입니다. '꾸밀' 장(裝)에서 분화되어 나온 것으로 봅니다.

장식(粧飾)과 장식(裝飾)은 쓰임이 다릅니다. 장식(粧飾)은 화장을 하는 것이고, 장식(裝飾)은 다른 물건을 이용해 환경을 미화하는 것입니다. 『강희자전』에서는 "꾸미고 치장하는 것이다[粉飾]"라고 합니다. 장경(粧鏡)은 경대(鏡臺)와 같은 말로 거울을 버티어 세우고 그 아래에 화장품 따위를 넣는 서랍을 갖추어 만든 가구를 말합니다. 주머니 속에 넣거나 옷고름에 늘 차고 다니는 칼집이 있는 작은 칼은 장도(粧刀)인데, 은장도(銀粧刀)는 은으로 만든 장도로 호신 및 노리개의 용도입니다.

고교	획수	형자	새김	발음
糖	16	唐	엿, 설탕	당, 탕

현재 조미료로 많이 쓰고 있는 설탕(雪糖)이 나오기 전 단맛을 내는 재료는 꿀과 엿이었습니다. 꿀은 벌을 통해 얻는 자연 감미료이고, 엿은 사람이 만드니 인공 감미료라고 할 수 있겠습니다. 엿은 찹쌀이나 멥쌀을 물에 불려서 시루에 찐 지에(밥)에 보리를 싹 틔워 말린 엿기름을 넣어 삭힌 뒤 나오는 국물을 조린 것입니다. 엿기름에는 녹말을 당분으로 바꾸어주는 효소가 들어 있습니다. 액체 상태의 묽은 엿을 조청(造淸)이라 하고, 푹 고아 고체 상태가 된 것은 갱엿이라고 하는데 검붉은 색입니다. 이것을 계속 당겨 늘이고 접어주어 바람이 많이 들어가게 하는 것을 '켠다'라고 하는데 켜서 흰색으로 된 것이 상품으로 나오는 엿입니다.

당(糖)은 본래 엿입니다. 그런데 같은 역할을 하는 다른 제품이 나오자 의미가 그것을 가리키는 것까지 확대된 것입니다. 엿은 주로 쌀로 만들기는 하지만 녹말을 분해해 만드는 것이니 감자나 다른 곡물로도 만들 수 있습니다. 당과 관련된 일로 우리 현대사에 사카린 밀수 사건이 있습니다. 1966년 한국비료공업이 일본 미쓰이[三井] 그룹과 공모하여 사카린 2,259포대(약 55톤)을 건설 자재로 꾸며 들여와 판매하려다가 들통이 난 밀수 사건입니다. 정치 자금 헌납용이었다는 이야기를 비롯해 그야말로 설은 무성한데 지금까지 진실은 밝혀진 바 없습니다. 이 사건과 관련해 당시 김두한 국회의원이 국회에서 대정부 질문 시 오물을 투척한 사건이 있어 지금도 심심치 않게 이야깃거리가 되곤 합니다.

당밀(糖蜜)에는 여러 가지 뜻이 있는데, 많이 쓰는 것은 설탕을 녹여 꿀처럼 만든 액을 가리키는 것입니다. 당의정(糖衣錠)은 먹기 편하도록 단맛 나는 옷을 입힌 정제입니다. 불쾌한 맛이나 냄새를 피하고 약물의 변질을 막기 위하여 표면에 당분을 입힌 것입니다. 영어에서도 똑같은 의미로 'sugarcoated pill'이라고 하는 것을 보면 영어를 번역하면서 생겨난 말이 아닐까 합니다. 이 설탕 옷은 약에만 입히는 것이 아닙니다. 초콜릿이나 젤리는 물렁거리는데 여기에 당의를 입혀 딱딱하게 해주기도 합니다.

고교	획수	형자		새김	발음
糧	18	量		양식	량

량(糧)은 곡물, 곡식입니다. 본뜻은 군대에 먹거리로 주던 양식입니다. 제대로 말린 곡물로, 관리들의 월급이나 일반 백성이 세금으로 내던 곡물을 말하기도 합니다.

양식으로 쓰는 곡식은 양곡(糧穀)이고, 일정 기간 동안 먹고 살아갈 양식은 양도(糧道)라고 하는데, 군량을 나르는 길의 뜻도 있습니다. 양식(糧食)은 생존을 위해 필요한 먹거리로 식량(食糧)입니다.

고교	획수	형자	회자	새김	발음
粉	10	分	米 分	가루	분

분(粉)은 얼굴에 바르는 가루입니다. 쌀[米]을 가루로 만든[分] 분말입니다. 옛날에는 실제 쌀[米]을 갈아 얼굴에 바른 뒤 퍼지게 했다고 합니다. 녹말[澱粉(전분)]로 만든 식품을 가리키기도 하고, 가루라는 데에서 밀가루 등의 가루도 함께 이르게 되었습니다. 쌀가루가 희기 때문에 흰색을 나타내기도 합니다.

분말(粉末)은 가루이고, 분면(粉面)은 분 바른 얼굴을 이릅니다. 가루로 잘게 부스러뜨리는 것은 분쇄(粉碎), 가루로 만든 우유는 분유(粉乳)입니다. 분골쇄신(粉骨碎身)은 뼈를 가루로 만들고 몸을 부순다는 뜻으로 정성으로 노력함을 이르는데, 중국에서는 우리가 더러 쓰는 분신쇄골(粉身碎骨)을 주로 씁니다. 분백대흑(粉白黛黑)은 얼굴에 분을 희게 바르고 눈썹을 검게 그린다는 뜻으로 여인이 곱게 화장하는 일이나 곱게 화장한 여인을 이릅니다.

고교	획수	회자		새김	발음
粟	12	卥 米		조	속

『설문』에 실린 **속(粟)**은 자형이 조금 다릅니다[桌]. "좋은 곡식의 씨앗"이라고 합니

다. 주석을 보면 여기서 곡식은 모든 곡식을 가리킨다고 합니다. 『단주』에는 "속(粟)의 껍질을 겨[糠]라 하고, 속(안에 들어 있는 낟알)은 미(米)라고 한다"라고 설명합니다. 쌀입니다. 여기서 쌀은 벼를 찧은 것만 가리키는 것이 아니라 껍질을 벗겨낸 곡물 모두를 이르는 말입니다. 현대 중국어에서 미(米)의 쓰임과 흡사합니다. 조를 가리키기도 하고 양식 일반을 나타내기도 합니다. 모양이 비슷해서 그렇겠지만 소름을 가리키기도 합니다.

길이의 단위이기도 해 12속(粟)이 한 치(寸)이고, 척관법에서 부피의 최소 단위를 나타내기도 합니다. 6속이 1규(圭)이고, 10규가 1촬(撮), 10촬이 1초(抄), 10초가 1작(勺), 10작이 1홉[合]으로 한 되[升]의 1/10입니다. 이것을 바탕으로 계산하면 조 한 알의 길이는 약 2.5mm가량이 됩니다.

조(鹵)는 풀이나 나무의 열매가 아래로 주렁주렁 매달린 것을 나타냅니다. '늘어질' 조로 새기는데, '술통' 유로 다른 새김도 있습니다.

고외	부수	획수	형자	새김	발음
迷	辵	10	米	미혹할	미

미(迷)는 미혹(迷惑)한 것입니다. 어쩔 줄 몰라 갈팡질팡하는 것입니다.

망령되다고 판단되는 신앙이나, 합리적 근거 없이 믿는 것이 미신(迷信)입니다. 미도지반(迷道知返)은 길을 잃었지만 나중에 제 길을 찾아 돌아올 줄 안다는 뜻으로, 뭔가 잘못한 뒤에 바로잡을 줄 아는 것을 이릅니다. 살다보면 누구나 한두 번 실수를 하기 마련입니다. 중요한 것은 바로 그때입니다. 포기하지 말고, 원래 길로 돌아와 제 길을 가야 나중에 인생의 승리자가 될 수 있습니다.

고외	부수	획수	형자	회자	새김	발음
類	頁	19	纇	米犬頁	무리/치우칠	류/뢰

류(類)는 무리입니다. 종류가 서로 비슷한 것끼리 묶은 것인데, 개에서 그런 특징이 가장 잘 나타난다고 설명한 바 있습니다. 회의 자소에서는 석 자로 나눴습니다만, 실제는 '개' 견(犬)과 '비슷할' 뢰(纇)로 나누는 것이 기억하기에 좋을 듯합니다. 개는 같은 품

종은 비슷해 보이지만, 종이 다르면 확연히 구별됩니다.

'머리' 혈(頁)은 부수자이니 해당 부수란을 참고하십시오.

유유상종(類類相從)은 같은 무리끼리 서로 사귀는 것을 말합니다. 유유상종은 두음법칙이 적용되는 첫 번째 음절은 '유'로 쓰더라도 두 번째 음절은 '류'로 써서 '유류상종'이 되어야 할 듯한데 '유유상종'입니다. 〈한글맞춤법〉 제6절 '겹쳐 나는 소리'에 관한 제13조에서 "한 단어 안에서 같은 음절이나 비슷한 음절이 겹쳐 나는 부분은 같은 글자로 적는다"라는 규정 때문입니다. 그래서 '연련불망'이 아니라 '연연불망(戀戀不忘)'이고, '누루이'가 아니고 '누누이(屢屢-)'입니다.

고외	부수	획수	형자	회자	새김	발음
竊	穴	22	离	穴米廿	훔칠	절

절(竊)은 복습 삼아 간단히 상기해보도록 합니다. 다른 사람의 집[宀]에 들어가 쌀[米]을 가지고 나오는 것으로 발음은 설(离)이라고 했습니다. 발음이 '설'이라는 것은 중국 음운 체계 내에서의 설명이고 우리는 그와 비슷한 '절'입니다.

설(离)은 '은나라 조상 이름, 벌레' 설로 본 지가 얼마 되지 않습니다. '구멍' 혈(穴) 부수 '훔칠' 절(竊) 자 난에서 설명을 한 바 있는데, 자세한 내용은 해당 글자를 참고하기 바랍니다.

'절구자주 절국자후(竊鉤者誅竊國者侯)'도 『장자(莊子)』에 나오는 말로 소개한 바 있습니다. 모르면 절(竊) 자 난에서 확인하시라니까요. 우리도 "빽(back) 없는 놈은 영창 가고 크게 해먹은 놈은 떵떵거리며 산다"든지 "좀도둑은 감옥에 가고, 나라를 훔친 놈은 대통령이 된다"라든지 비슷한 이야기를 합니다.

R120

실 사 부, 가는 실 멱($糸$, $糸$, [$纟$])

갑골	금문	전문	해서
𠔁	𠔁	𣄼	糸

'실' 사($糸$)는 실타래 모양을 본뜬 상형자로 알려져 있습니다. 지금도 실 가게에 가면 8자 모양으로 꼬인 실타래를 볼 수 있는데 바로 그런 모양을 한 글자입니다. 가는 실이 라는 뜻입니다. 아주 작은 분량을 나타내기도 합니다.

통상 '실' 사로 새기는데, 사($絲$)로 읽고 새기기도 합니다만 본래는 '가는 실' 멱입니다. 한자 공부를 할 때에는 '가는 실 멱'으로 기억해두는 것이 좋겠습니다. 부수로 쓰여 실이나 끈, 직물, 문양 등과 관련된 뜻을 나타냅니다. 멱($糸$) 자 자체는 기초한자에 속하지 않습니다. 변으로 쓰일 때는 아래에 석 점을 쓰는 경우가 있고, 현재 중국에서는 석 점을 한 획으로 왼쪽 아래서 오른쪽 위로 치쳐 '$纟$' 형태가 됩니다.

格物 062. 누에고치, 실의 굵기

누에가 토해낸 한 올 한 올을 '홀(忽)'이라고 합니다. 다섯 홀이 모인 것이 멱(糸)이고, 멱이 두 개 합쳐진 것이 사(絲)라고 합니다. 『표준』에 "홀(忽)은 사(絲)의 10분의 1이 되는 수 또는 그런 수 즉, 10^{-5}을 이른다"라고 해 숫자로만 정의하고 있습니다. 올은 실이나 줄의 가닥입니다.

누에가 집을 짓는 때 처음에는 얼기설기 아주 성긴 틀 같은 것을 만듭니다. 그리고 그 안에 집을 짓습니다. 집을 만들 수 있는 공간 구조를 만든 뒤에 집을 짓는 것입니다. 한 사흘가량 걸립니다. 토해내는 실은 '피브로인(fibroin)'과 '세리친(sericin)'이라는 단백질인데 세리친은 일종의 코팅제 역할을 합니다. 토해내서 공기와 접촉하게 되면 곧 굳어 한 올이 됩니다.

고치 하나의 무게는 1.5~2.2g가량이고, 번데기 무게가 77g~80g가량입니다. 1kg의 고치에서 대개 160~200g의 생사가 나온다고 합니다. 그런데 코팅제인 세리친을 제거하고 나면 100~130g이 됩니다. 고치 하나에서 나오는 실의 길이는 대략 1,300m가량입니다. 5겹인 멱(糸)으로 치면 260m, 10겹인 사(絲)로 치면 130m의 실이 나오는 것입니다.

이렇게 얇고 가는 실의 두께를 재기는 쉽지 않은 일입니다. 각종 측정계기가 발달한 현대에도 그렇습니다. 그리고 실용성도 없습니다. 그래서 실을 잴 때에는 1,000m라든지, 1,000야드(미터법이 널리 쓰인 뒤로 대부분 900m로 칩니다)의 실이 나올 때 무게를 측정하는 방법을 씁니다.

누에가 집 짓는 것을 보면, 도대체 어디서 누구한테 배워서 저렇게 훌륭한 집을 짓는 것인지 정말 신기합니다. 비단 누에뿐만이 아니고 미물에 불과한 생물이라도 그것을 한참 지켜보노라면 누군가의 말처럼 생명에 대한 외경이 생깁니다.

중학	획수	형자	새김	발음
約	9	勺	맺을	약

약(約)은 얽어 묶는 것입니다. 거기에서 '구속하다, 속박하다'라는 뜻이 인신되었습니다. '많지 않다, 조금'이란 뜻에, 맹세나 미리 정한 일 즉, 약속의 뜻도 갖습니다.

작(勺)은 구기, 즉 술을 푸는 작은 국자입니다. '묶을' 약(約), '과녁' 적(的), '술 부을' 작(酌)에 쓰이고 있습니다. 실[糸]로 함께 '묶을' 약, 흰 천[白]으로 '과녁' 적, 술[酉]을 만나 '따를' 작으로 기억하면 좋을 듯합니다. 옛날 과녁은 솔[射布(사포)]이라 해서 무명천을 썼다고 합니다.

약속하여 정하는 약정(約定), 조건을 붙여 약속하는 약조(約條), 결혼을 약속하는 약혼(約婚) 등이 있습니다. 약법삼장(約法三章)은 중국 한(漢)나라 고조가 진(秦)나라의 가혹한 법을 폐지하고 이를 세 조목으로 줄인 것으로 사람을 살해한 자는 사형에 처하고, 사람을 상해하거나 남의 물건을 훔친 자는 처벌한다는 것입니다. 우리는 역사 속 제도의 하나로만 설명합니다만 중국에서는 현재 사회 구성원이 공동으로 지켜야 할 규정을 가리키기도 합니다.

중학	획수	형자	새김	발음
紅	9	工	붉을/상복이름	홍/공

『설문』에서는 "홍(紅)은 비단의 분홍색이다[赤白色]"라고 합니다. 하얀 빛을 띤 엷은 붉은색입니다. 붉은색 비단이 본뜻으로 붉다는 인신되어 나온 것으로 보기도 합니다. 여자나 미인을 가리키기도 합니다.

대공(大紅)은 굵은베로 지은 상복으로 오복의 하나입니다. 간단히 말하면 사촌 즉, 종형제 그러니까 같은 할아버지의 자손들이 입는 상복입니다. 여기서 홍(紅)은 대공(大功)의 '공(功)' 대신 쓰여 '공'으로 읽습니다만, 현재 대부분은 대공(大功)으로 씁니다. 『표준』에는 대공(大功)만 올라 있는데, 글자 그대로 큰 공적이라는 뜻도 있습니다. 홍안(紅顏)은 붉은 얼굴이라는 뜻으로 젊어서 혈색이 좋은 얼굴을 이릅니다. 벌겋게 달아오른 화로는 홍로(紅爐)라 하고, 붉은 잎이나 붉은 단풍은 홍엽(紅葉)입니다. 홍우(紅雨)는 붉은 꽃잎이 비 오듯 많이 떨어짐을 비유적으로 이르는 말이고, 홍조(紅潮)는 부끄럽거나 취하여 붉어지는 것 또는 그런 빛을 말합니다. 홍안박명(紅顏薄命)은 얼굴이 예쁜 여자는 팔자가 사나운 경우가 많음을 이릅니다. 비슷한 뜻의 미인박명(美人薄命)은 미인은 불행하거나 병약하여 요절하는 일이 많음을 이르는데 가인박명(佳人薄命)으로 쓰기도 합니다.

중학	획수	형자	새김	발음
紙	10	氏	종이	지

지(紙)입니다. 『설문』에서는 "지(紙)는 한 발의 솜이다"라고 설명하는데, 이해하기가 어렵습니다. 처음 종이를 만들 때에는 솜 찌끼, 마, 못 쓰는 그물 등 여러 가지를 섞었다고 합니다. 섬유를 확보하는 것입니다. 이것을 물속에 녹여 대나무 발로 뜬 뒤 말린 것입니다. 위에서 말하는 '발'은 바로 종이를 뜨는 대나무 발을 말합니다. 서신이나 문건의 장수를 세는 데에도 쓰입니다.

지상(紙上)은 신문의 지면을 말합니다. 종이와 붓, 먹을 아울러 이를 때는 지필묵(紙筆墨)이고, 종이돈은 지화(紙貨)입니다. 지상담병(紙上談兵)은 종이 위에서 병법을 말한다는 뜻으로 실제 문제는 해결할 수 없이 이론만 말하는 것을 이릅니다. 탁상공론(卓上空論)과 비슷한 의미입니다.

格物 063. 닥풀, 황촉규, 종이

인쇄술 특히 그 가운데 금속활자 인쇄에 대해서는 우리나라와 다툼이 있습니다만, '종이, 화약, 나침반, 인쇄술'은 중국의 4대 발명으로 일컬어집니다. 종이는 후한의 채륜이 발명한 것으로 되어 있습니다. 채륜은 『설문해자』의 저자인 허신(許愼)과 같은 시대, 같은 나라에서 살았습니다. 그러니 허신은 종이에 대해서 듣고 아는 바가 있었겠고, '발'을 쓴다는 설명도 그 과정을 알고 있기 때문에 할 수 있는 말입니다.

최근 중국 고고학계에서는 기원전 1세기에 만든 섬유 종이가 발견되었다고 보고하고 있습니다. 그러니 채륜이 종이를 하루아침에 발명한 것은 아니고 그때까지 내려오던 방법을 대폭 개선한 것이라고 보는 것이 옳겠습니다. 상징적인 인물인 셈입니다. 어쨌든 종이는 그의 업적과 공로를 인정해 채륜지(蔡倫紙)로도 불렸습니다.

종이를 만들려면 우선 **닥나무**의 껍질을 벗겨냅니다. 겉껍질을 다시 벗겨내고 속껍질만 남긴 **백닥**에서 잡티를 골라내고 삶습니다. 여기에서 나온 것을 묽은 풀의 형태로 풀어준 **닥풀** 속에서 발을 앞뒤, 좌우, 위아래로 움직이며 종이를 뜬 뒤 말립니다. 앞뒤로 흔들 때와 좌우로 흔들 때는 각각 결이 다른 층을 형성하게 되어 지질이 치밀하게 됩니다.

닥풀과 관련된 의문 사항입니다. 닥풀은 백닥을 물에 풀어 풀(paste)처럼 만든 것입니다. 닥으로 만든 풀이라는 뜻이겠습니다. 그런데 우연히도 닥풀이라는 풀이 있습니다.『표준』에 따르면 "아욱과의 한해살이풀로, 높이가 1m 정도이며 …… 뿌리는 종이를 뜨는 데 쓰인다"라고 합니다.

더러 한지를 만드는 현장에서 닥풀을 '황촉규(黃蜀葵)'라고 하는 설명을 보고 듣습니다. 현장에서 쓰는 '닥풀'은 분명 닥나무를 풀처럼 쑨, '닥나무 풀'의 준말이겠습니다. 그런데 이것을 '황촉규'라고 하는 것은 우연히 같은 이름의 '닥풀'이 있고, 그 식물의 한자 이름이 '황촉규'인 것을 갖다 쓴 것이 아닐까 하는 생각이 듭니다. 액상으로 점성을 갖는 풀(paste)은 식물 풀(grass)과는 분명 다른 것입니다.

워낙 특수한 분야에서 쓰는 말이라서 일반 사전에 올라 있지 않을 수 있겠지만, 중국어와 일본어 사전에서 황촉규는 식물로만 설명하고 있습니다. 일본어 사전(広辞苑, 6版)에서 '점제(粘劑)'라고 그나마 관련된 내용을 찾아볼 수 있는데, 종이를 만들 때 끈기가 있고 밀도가 조밀하도록 닥풀[黃蜀葵] 즙을 섞어준다는 것입니다. 일본어 사전의 설명이 맞는 것이라면『표준』에서 "종이를 뜨는 데 쓰인다"라는 말은 원료로 쓰이는 것이 아니고, 끈기와 밀도를 높이기 위해 쓰는 것이 됩니다. 일본어에서는 음독이 아닌 훈독을 해 '네리(ねり)'라고 읽습니다.

필자가 보고 들은 것이 적어 생긴 견강부회일 수도 있습니다. 이 설명에 쓰인 '닥풀'이나 '백닥' 등 몇 단어는 현장에서 사용하는 것들로『표준』에도 올라 있지 않습니다.

중학	획수	형자	새김	발음
細	11	囟	가늘	세

세(細)는 실이 가는 것입니다. 실의 두께가 가는 것에서 거리가 짧은 것을 가리키고, '미세하다, 작다'라는 뜻을 갖습니다. '조밀하다, 촘촘하다'라는 뜻으로도 인신되었습니다.

세밀(細密)은 자세하고 촘촘한 것, 꼼꼼한 것을 가리킵니다. 처음엔 오른쪽에 '정수리' 신(囟)을 썼는데 해서에서부터 '밭' 전(田)을 써서 굳어졌습니다.

신(囟)은 정수리로 숫구멍이 있는 곳입니다.『설문』에서는 독립된 부수자입니다. '생각' 사(思), '가늘' 세(細), '뇌' 뇌(腦)에 쓰이는데 이제는 자형이 '밭' 전(田)으로 바뀌어 그 뜻을 알아보기가 어렵습니다.

중학	획수	형자	새김	발음
結	12	吉	맺을	결

결(結)은 실을 맺는 것입니다. 풀리지 않게 묶는 것입니다. 둥글게 감고 매듭을 짓는 것입니다. 여기에서 '조직하다, 모으다'라는 뜻도 갖게 됩니다.

열매를 맺는 것은 결과(結果), 말이나 글의 끝을 맺는 것은 결론(結論)이며, 마무리 되는 판국이 결국(結局)입니다. 모든 일은 맺은 사람이 풀어야 해 결자해지(結者解之) 입니다.

중학	획수	형자	새김	발음
統	12	充	거느릴	통

통(統)은 실마리입니다. 말 그대로 실의 첫머리를 가리킵니다. 누에고치에서 올을 하나 뽑아 당기면 고치가 다 풀어질 때까지 끊어지지 않고 이어집니다. 고치 전체를 총괄하는 셈입니다. 여기에서 사물이 하나로 끊이지 않고 이어지는 것과 총괄하다, 거느리다, 관리하다의 뜻을 나타내게 됩니다. 『설문』 주석에는 "고치의 본성은 실이 다. 그러나 길쌈하는 여자가 뜨겁게 끓여서 실마리를 뽑아내지 않으면 실이 될 수 없 다"라고 합니다.

무리를 거느리고 이끄는 것은 통솔(統率)이고, 종합하고 통일하는 것은 통합(統合)입 니다. 최근 들어 각종 미디어에 더러 나오는 말로 통섭(統攝)이 있는데, 이것은 전체를 도맡아 거느리는 것 또는 다스리는 것입니다. 이런 말들의 밑바탕에는 누에고치에서 실 이 풀려 나오듯 어떤 통일성이나 규칙 같은 것이 전제되어 있다고 할 수 있습니다.

중학	획수	형자	새김	발음
綠	14	彔	푸를	록

'푸를' 록(綠)은 『설문』에서 "비단의 청황색(靑黃色)이다"라고 합니다. 청황이라는 말이 좀 이상하고 생소하게 들리는데, 청색과 황색을 섞은 색이라는 뜻으로 바로 녹색입니다. 지금은 녹색 신호등이라는 말을 많이 씁니다만, 우리가 일상적으로 쓴 말은 상당 기간 푸른 신호등이었고 지금도 혼용하고 있습니다. 더러 푸른 신호등이라는 말이 잘못된 것이라고도 합니다. 오늘 녹색 신호등이라는 말을 쓰게 된 것도 바로 그런 잘못을 바로잡는다는 면 또한 없지 않습니다. 그렇다면 우리 한국인이 파랑과 녹색을 잘 분간하지 못하는 것일까요? 당연히 그런 것은 아니겠습니다. 색띠(spectrum)를 여러 개로 나누어 이름을 붙이는데 그 나누는 방법 자체가 다르기 때문이겠습니다.

『표준』에서는 '푸르다'를 "맑은 가을 하늘이나 깊은 바다, 풀의 빛깔과 같이 밝고 선명하다"라고 설명합니다. 이것은 우리 한국인의 색감 속에 '푸르다'는 맑은 가을 하늘의 담청(淡靑)에서 깊은 바다의 심청(深靑) 그리고 풀의 빛깔인 녹색(綠色)까지 포함한다는 의미입니다. 구분하는 방법이 다른 것뿐입니다. 지금 필자가 푸른 신호등 복귀론(?)을 주장하는 바가 아닙니다. '다르다'와 '틀리다'가 다르다는 것을 말할 뿐입니다.

록(彔)은 나무에 새기는 것입니다. '초록빛' 록(綠), '녹' 록(祿), '기록할' 록(錄)의 자소자입니다.

格物 064. 삼원색(Three Primary Colors)

삼원색이 있습니다. 빛의 삼원색과 물감 혹은 물체의 삼원색으로 나누는데, 빛은 '빨강(red), 초록(green), 파랑(blue)'이고 물감은 '마젠타(magenta), 시안(cyan), 노랑(yellow)'입니다. 원색은 다른 색을 혼합해 만들 수 없지만, 이들을 결합하면 다른 모든 색을 만들어낼 수 있습니다. 우리가 일상에서 흔히 쓰는 색 이름으로 말하면 마젠타는 분홍이고, 시안은 밝은 청색인데, 『표준』에 따르면 자홍과 청록입니다.

빛은 더할수록 밝아집니다. 명도가 높아지는 것입니다. 빛의 삼원색을 모두 섞으면 흰색이 됩니다. 그래서 가산혼합(additive mixture)이라 하죠. 거꾸로 물감을 섞거나 빛에 필터를 덧대는 경우에는 명도가 떨어지고 탁해집니다. 모두 섞으면 짙은 회색이나 검정이 됩니다. 감산혼합(subtractive mixture)입니다.

원색을 섞어서 나오는 색을 간색(間色) 또는 이차색(二次色, secondary color)이라고 합니다. 색을 보면 아는데, 막상 이름으로 정리해 외우기가 쉽지 않았던 학창 시절의 기억이 있습니다. 오지랖이 넓은 것이긴 하겠습니다만 잠깐 생각을 해보고 갑시다. 색을 외우는 것이 문제인데 영어권의 암기법을 가져왔습니다.

"Better Get Ready When Your Mistress Comes Back!" "주인마님 오시기 전에 준비해두는 게 좋은 걸" 정도의 뜻이겠는데, 각 대문자는 색을 나타냅니다. 앞에는 빛의 삼원색이고, 뒤는 물감의 삼원색입니다. 하나 더, 'When'은 흰색(white)으로 모두 섞으면 흰색이 되는 것을 나타내고, Back은 검정색(black)으로 모두 섞으면 검정이 됨을 나타냅니다. 미국 학생들이 삼원색을 외우기 쉽게 만들어낸 문장입니다. 이것 말고도 여러 가지가 있습니다만, 그 가운데 좋은 것으로 골랐습니다.

더 자세히 살펴봅시다. 빛을 섞어서 나오는 간색(間色, secondary color)은 물감의 삼원색(原色, primary color)이고, 거꾸로 물감의 삼원색을 섞어서 나오는 색은 빛의 삼원색입니다. 빛에서 파랑과 녹색을 섞으면 시안이 나오고, 녹색과 빨강을 섞으면 노랑, 빨강과 파랑을 섞으면 마젠타가 나옵니다. 섞여서 나온 간색 또는 이차색과 섞지 않은 색은 보색 관계가 됩니다. 빛에서는 이 두 색을 섞으면 흰색이 되고, 물감에서는 검정이 됩니다. 예를 들어 파랑과 녹색을 섞어서 나오는 시안은, 섞이지 않은 색 즉, 빨강과 보색 관계가 되며 이 두색을 섞으면 흰색이 된다는 뜻입니다.

물감의 경우도 원리는 똑같은데 모두 섞으면 검정색이 된다는 점만 다릅니다. BGR, YMC에서 차례대로 순서쌍, 즉 B-Y, G-M, R-C는 서로 보색입니다. 이 말은 빛의 삼원색인 파랑에는 노랑이 안 들어가 있으며, 함께 섞으면 흰색이 되는 보색 관계임을 보여준다는 뜻입니다. 경우의 수를 모두 나열할 수는 없으니 나머지는 차분히 읽으면 생각해보기 바랍니다.

컴퓨터의 출력 장치로 빼어놓을 수 없는 것이 프린터입니다. 컬러 프린터의 경우 보통 4가지 물감이 들어갑니다. 바로 물감의 삼원색인 마젠타(magenta), 시안(cyan), 노랑(yellow)에 'K'로 표시되는 검정입니다.

삼원색을 섞으면 모든 색을 만들 수 있기 때문에 삼원색을 쓰는데 검정은 따로 씁니다. 두 가지 이유가 있습니다. 첫째, 삼원색을 섞어 검정을 만들 수 있지만 그렇게 하면 돈이 너무 많이 들어갑니다. 둘째, 아주 순수한 물감을 만들기 어렵기 때문입니다. 삼원색을 섞으면 잘 해야 짙은 회색이 나옵니다. 이래저래 낭비가 되니 검정색은 따로 쓰는 것입니다. 흰색은 어떻게 하냐고요? 우선은 종이에 흰색 물감으로 인쇄를 할 필요가 없고, 써 봐야 잘 보이지도 않고, 꼭 필요하다면 종이의 바탕색을 쓰면 됩니다.

색에 대한 이번 격물 부분을 잘 이해하면 앞으로 미술 시간, 색상환이나 색채 쪽은 무

조건 만점, 그림 공부하는 데에도 큰 도움이 될 것입니다. 큰 소리로 열 번만 외우고 넘어 갑니다.

"Better Get Ready When Your Mistress Comes Back!"
"거기 뒤에 있는 학생, 딴전 피우지 말고 함께 힘껏 따라 하세요. 여럿이 큰 소리로 해야 귀로 듣기도 하면서 잘 외워집니다."

중학	획수	형자	새김	발음
練	15	柬	익힐	련

련(練)은 누인다는 뜻입니다. '눕다'는 무명이나 모시, 명주 따위를 잿물에 삶아 희고 부드럽게 하는 것입니다. '삶을' 련이라고도 합니다. 『설문』 주석에서 "쌀뜨물에 넣고 삶는다"라고 합니다. 그래서 흰색을 나타내기도 하고, 어떤 일을 되풀이하거나 되풀이 학습하는 것을 가리키기도 합니다.

간(柬)은 '가리다'라는 뜻입니다. 서간(書簡, 書柬)에도 쓰여 편지의 뜻도 나타냅니다. '익힐' 련(練), '쇠 불릴' 련(鍊) 자에서 나타납니다.

연마(硏磨, 練磨, 鍊磨)는 고체를 갈고 닦아서 표면을 반질반질하게 하거나, 학문이나 기술 따위를 힘써 배우고 닦는 것을 이릅니다. 학문이나 기예 따위를 익숙하도록 되풀이하여 익히는 것은 연습(練習, 鍊習)입니다. "연습이 대가(大家)를 만든다(Übung macht den Meister.)"라는 독일 속담이 있습니다. "하늘에서 떨어지는 대가는 없다(Es ist noch kein Meister vom Himmel gefallen.)"라는 속담도 있습니다. 우리는 자칫 다른 사람이 이룬 좋은 성과나 훌륭한 업적만 보고 한탄하거나 절망하기 쉬운데, 우리가 정작 배워야 하는 것은 그들이 겪었을 수많은 시행착오와 연습의 과정입니다.

중학	획수	형자	새김	발음
線	15	泉	줄	선

선(線)을 『설문』에서는 간단히 "실이다"라고만 설명합니다. 명주실이나 마로 만든 긴

섬유입니다. 현재 우리가 생각하고 많이 쓰는 선은 그런 실(thread)이라기보다는 그런 실이 만들어내는 도형으로서의 선(line)이겠습니다.

실이 자연스럽게 이뤄내는 도형은 어딘가 굽은 곡선(曲線)입니다. 양끝을 팽팽히 당기면 직선(直線)이 됩니다. 굽지 않고 바른 선인데, 수학적으로 정의하면 "두 점 사이를 잇는 거리가 가장 짧은 선"입니다. 선은 도로나 항로를 나타내기도 합니다. 국경선(國境線), 해안선(海岸線)처럼 다른 것과 경계를 이루는 부분을 뜻하기도 합니다.

중학	획수	형자	새김	발음
續	21	賣	이을	속

속(續)은 잇는 것입니다. 실을 잇는 것이니 원래 있던 실의 끝부분에 잇게 됩니다. 그래서 계속(繼續)이고, 연속(連續)이고 접속(接續)입니다. 책을 낸 뒤에 잇대어 쓰는 것은 속편(續編)입니다.

중학	획수	형자	회자	새김	발음
素	10	畚省	㴱 糸	본디, 흴	소

소(素)의 『설문』 자형은 '드리울' 수(㴱) 아래 '실' 멱(糸)을 쓰는데, 광택 나는 실[糸]이 아래로 늘어진 모양을 나타내는 것으로 봅니다. 소(素)는 흰색으로 촘촘하게 짠 비단입니다. 물들이거나 가공하지 않는 생견입니다. 『표준』에서는 생견(生絹)은 "삶지 아니한 생사(生絲)로 바탕을 조금 거칠게 짠 비단"이라고 설명하고 있어 조금 차이를 보입니다. 물건 본래의 색깔 즉, 본색을 가리키기도 하고 흰색을 뜻하기도 합니다. 본래부터 가지고 있다는 뜻으로 본질이나 본성을 나타냅니다.

석(畚)은 '옛' 석(昔)의 본자입니다. 㴱는 '드리울' 수(垂)인데, 『단주』에서 "지금 垂는 쓰지만 㴱는 쓰지 않는다"라고 하고 있습니다.

본 모양을 꾸미지 않아 소박(素朴)이고, 주로 상복으로 쓰이긴 합니다만 물들이지 않은 흰색 옷이 소복(素服)입니다. 고기반찬이 없는 밥, 즉 채소로 만든 반찬만 딸린 밥이 소식(素食)인데 소밥(素-)이라고도 합니다. 본디부터 가지고 있어 소질(素質)이고, 평상시 하는 행실이 소행(素行)입니다. 소행(所行)은 이미 해놓은 짓이라는 뜻으로 부정적인 의미를 나타내 의미 자체가 다릅니다. 소불상식(素不相識)은 평소 서로 알지 못하는 것을 말합니다.

중학	획수	형자	회자	새김	발음
純	10	屯	糸屯	순수할	순

순(純)은 『설문』에서 "실이다"라고만 하고 있습니다. 명주실 즉, 견사이겠습니다. 한 가지 색, 즉 순색으로 된 천을 나타내고 다시 거기에서 잡것이 섞이지 않았다는 의미를 나타내게 됩니다. 더 나아가 아름답다, 성실하다, 완전하다 등의 뜻으로 확대됩니다.

잡된 것이 섞이지 않고 깨끗한 것은 순결(純潔)한 것이며, 순면(純綿)나 순모(純毛)는 면이나 모로만 되어 있음을 뜻합니다. 다른 것이 전혀 섞이지 않거나 사사로운 욕심 또는 못된 생각이 없는 것은 순수(純粹)한 것입니다. 다른 것이 조금도 섞이지 아니하고 제대로 온전한 것은 순연(純然)하다 또는 순호(純乎)하다고 합니다. 순진무구(純眞無垢)는 티 없이 순진한 것을 이릅니다.

중학	획수	형자	회자	새김	발음
終	11	冬	糸冬	마칠	종

종(終)은 팽팽하게 감은 실이라고 합니다. 실을 자은 뒤 실마리를 매듭 형태로 묶어 놓는 것을 나타내는 것으로 봅니다. 이렇게 보면 상형자입니다. '겨울' 동(冬)을 쓰는 것은 겨울이 마무리로 한 해를 끝내는 것처럼 실 잣는 일이 끝났다는 것을 표시한다고 합니다. 여기에서 팽팽하게 감다, 끝내다, 사람이 죽다, 극진하다 등의 의미로 인신되었습니다.

종신(終身)은 목숨을 다하기까지의 동안으로 평생을 뜻합니다. 종야(終夜)는 하룻밤 동안을 나타내는 명사이기도 하고, '밤이 새도록'이라는 뜻의 부사로도 쓰입니다. 종귀일철(終歸一轍)은 마지막은 모두 서로 같은 데로 귀결함을 이릅니다. 종신대사(終身大事)는 평생에 관계되는 큰일이라는 뜻으로 '결혼'을 뜻합니다. 종천지한(終天之恨)에서 종천(終天)은 세상의 끝이나 세상이 끝난다는 뜻으로 죽을 때까지 잊지 못하는 이 세상에서 더할 수 없이 큰 원한입니다.

중학	획수	형자	회자	새김	발음
給	12	合	糸合	줄	급

급(給)은 서로 이어지는 것을 가리킵니다. 명주실을 만들 때 고치를 뜨거운 물에 넣어 잠깐 불립니다. 그러면 올이 풀리는데, 젓가락이나 꼬챙이를 휘휘 저으면 풀린 실이 걸리고 그것을 물레에 걸고 풀어내어 실타래를 만듭니다. 여러 개의 고치에서 올을 동시에 뽑으면 겹실이 됩니다. 중간에 끊기거나 고치가 다 풀린 경우에는 이어주어야 합니다. 바로 이때 이어주는 것을 가리키는 것이 급(給)의 뜻입니다. 실[糸]을 합치는[合] 것입니다. 고문 분석에서는 풍부하다, 풍족하다가 본뜻이라고 합니다. 동사로 공급(供給)하다는 뜻입니다.

식사를 공급하는 것은 급식(給食), 먹을 것과 입을 것 따위를 대어주며 돌보는 것은 급양(給養), 돈이나 물품을 주는 것은 급여(給與)입니다.

중학	획수	형자	회자	새김	발음
絶	12	卩	糸刀卩	끊을	절

절(絶)은 칼[刀]로 실[糸]을 끊는 것입니다. '끊다'에서 '기를 끊다'로 확대되어 '죽다'라는 뜻이 있고, 거리가 벌어져 있다는 뜻도 나타냅니다. 인신되어 '포기하다, 도뜨다, 좌뜨다' 등의 의미도 지니고 있습니다. '도뜨다, 좌뜨다'는 처음 보고 듣는 말이 아닐까 싶기도 한데, 도뜨다는 '말씨나 행동이 정도가 높다', 좌뜨다는 '생각이 남보다 뛰어나다'라는 말로 정도가 심한 것을 나타냅니다. 갑골문을 분석할 때에는 가로획[一]이 끊는 것을 나타내는 것으로 보아 지사자로 분류하기도 합니다.

절(卩)은 병부를 가리킵니다. 절(卩)의 변형으로 신표로 나누어 가지는 부신(符信)입니다. 자세한 내용은 부수자 해설란을 확인하기 바랍니다.

서로간의 사귐 즉, 교제를 끊는 것은 절교(絶交)이고, 관계를 끊은 것은 절단(絶斷)입니다. 천이나 종이 등을 자르거나 베어서 끊은 것은 절단(切斷)으로 한자가 다릅니다.
절교(絕交)와 절단(絕斷)에서 절(絕)은 '끊다'의 뜻으로 쓰인 것입니다. 절경(絕景), 절
군(絕群), 절규(絕叫), 절대(絕對), 절승(絕勝)에서 절(絕)은 '비할 데가 없이'라는 뜻으로
정도가 최고로 높은 것을 나타냅니다.

중학	획수	형자	회자	새김	발음
經	13	巠	糸巠	지날, 글	경

경(經)을 『설문』에서는 "짜다"라고만 설명하고 있는데 『단주』에서 "짜는 세로줄"이라
고 보충하고 있습니다. 날줄입니다. 삼베나 무명, 비단은 날줄(날실)을 벌려놓고 그 사
이로 씨줄을 넣은 북이 오가며 짜게 됩니다. 이때 날줄이 경(經)이고, 가로로 오가는 씨
줄(씨실)은 위(緯)입니다. 날줄과 씨줄을 한자어로는 각각 경사(經絲), 위사(緯絲)라고
합니다. 그 구조나 원리가 비슷해 경선(經線), 위선(緯線), 경도(經度), 위도(緯度)에도
씁니다.

경(巠)은 『설문』에서 수맥(水脈)이라고 설명합니다. "땅[一] 아래로 물[巛]이 흐르는
것을 나타내며 임(壬) 자가 생략된 것이 소리를 나타낸다"라고 합니다. 형성·회의자로
보는 것입니다. 우리는 '지하수' 경으로 새깁니다. 『단주』에서는 임(壬)이 아니고 '착할'
정(壬) 자가 소리를 나타낸다고 바로잡습니다. 삐침[丿] 아래 '선비' 사(士)를 쓰면 '아
홉째 천간' 임(壬)이고, '흙' 토(土)를 쓰면 '착할' 정(壬)인데 혼동하기 쉽고 지금도 많
이 잘못 섞여 쓰이고 있습니다. 고문 분석에서는 경(巠)을 '날' 경(經)의 본자로 봅니다.
'巛'은 날줄의 모양을 나타내는 것이라고 하니 상형 자소이겠습니다. '지날' 경(經), '가
벼울' 경(輕)의 자소입니다.

경위(經緯)는 날줄과 씨줄을 아울러 이르는 말이기도 하고, 날줄과 씨줄이 얽히며 피
륙이 만들어지듯 일이 진행되어온 과정을 가리키기도 합니다. 경국대업(經國大業)은 나
라를 다스리는 큰일이라는 뜻이고, 경국제세(經國濟世)는 나라를 잘 다스려 세상을 구
제하는 것을 말합니다. 경국지재(經國之才)는 나라의 일을 맡아 다스릴 만한 재주나 또
는 그런 재주를 가진 사람을 가리키는데 경국지사(經國之士)로 쓰기도 합니다. 경천위
지(經天緯地)는 하늘을 날실로 삼고 땅을 씨실로 삼는다는 뜻으로 온 천하를 조직적으
로 잘 계획하여 다스리는 것을 말합니다.

중학	획수	회자	새김	발음
絲	12	糸糸	실	사

　사(絲)입니다. 『설문』에서는 "누에가 토해낸 것이다"라고 합니다. '가는 실' 멱(糸) 두 개로 되어 있습니다. 이것은 아마도 누에가 토해낸 한 올로는 실을 만들기 어려워 여러 개의 올을 겹쳐야 실을 만들 수 있다는 뜻을 암시하고 있지 않나 합니다. 실로 짠 것, 즉 방직물을 나타내기도 합니다. 전통 악기 분류에서는 팔음의 하나인 사부(絲部) 악기 즉, 현악기를 가리킵니다. 누에가 토해낸 한 올을 홀(忽)이라고 하고, 10홀이 1사(絲)라고 몇 번 얘기했습니다. 누에가 토해낸 열 올 정도를 겹쳐야 실[絲]로 쓸 수 있음을 나타낸 것이겠습니다.

　실처럼 가늘게 내리는 비는 사우(絲雨)라 하고, 사죽(絲竹)은 현악기와 관악기를 아울러 이르는 말입니다. 사은발원(絲恩髮怨)은 실 같은 은혜와 머리칼 같은 원한으로 사소한 은원(恩怨)을 이릅니다. 발원(髮怨)에 목숨 거는 사람을 보는데, 잊고 크게 생각하는 것이 상책입니다.

　이제 겨우 중학 과정의 17타래를 만들었습니다. '실 사 부'에 속하는 고교 기초한자는 모두 31자입니다. 아직 많이 남았으니 계속 갑시다.

고교	획수	형자	새김	발음
級	10	及	등급	급

　급(級)은 실의 등급을 매긴 순서입니다. 그래서 관리나 벼슬의 등급을 나타내기도 합니다. 고급(高給), 저급(低級)이라고 하는 것처럼 물건의 등급도 나타냅니다.

　같은 학급에서 함께 공부하는 친구는 급우(級友)이고, 옛날 전쟁에서 벤 적군의 머리는 수급(首級)이라고 했습니다.

고교	획수	형자	새김	발음
組	11	且	짤	조

조(組)는 끈이나 띠를 가리킵니다.『설문』주석에서는 "조(組)는 실을 짠 것으로 무늬가 있으며, 띠나 갓끈에 쓴다. 넓은 것을 조(組)라 하며, 띠가 된다. 좁은 것은 조(條)라 하며 갓끈에 쓴다. 둥근 것은 '끈' 순(紃)이라 하며 가죽신이나 신발을 꿰매는 데에 쓴다"라고 합니다. 인끈은 인수(印綬)라고도 하는데, 옛날에 관인은 주머니에 넣고 끈으로 허리춤에 매어 차고 다녔습니다. 훈장이나 포장을 매는 끈이 수(綬)이기도 합니다. 대수(大綬), 중수(中綬), 소수(小綬)로 나누는데 등급이 높으면 폭이 넓은 대수를 씁니다.

내각을 조직하는 것은 조각(組閣)이고, 짜서 이루거나 얽어서 만드는 것이 조직(組織)의 본뜻이겠는데 지금은 어떤 목적을 달성하기 위하여 여러 개체나 요소를 모아서 체계 있는 집단을 이루거나 또는 그렇게 만들어진 집단을 가리키거나, 동일한 기능과 구조를 가진 세포의 집단을 가리키는 데에 많이 씁니다. 여럿을 한데 모아 한 덩어리로 짜는 것이 조합(組合)인데, 두 사람 이상이 출자하여 공동 사업을 경영하기 위하여 결합한 단체의 뜻으로 많이 씁니다.

고교	획수	형자	새김	발음
絡	12	各	이을, 얽을	락

『설문』에서는 **"락(絡)**은 헌솜이다. 달리, 불리지 않는 삼[麻]이라고도 한다"라고 하고, 주석에서는 "(여기서 말하는) 삼은 불리지 않은 것이다. 생마(生麻)는 불리지 않으면 부드럽지 않아 베를 낳기에 적합하지 않다. 그러나 물건을 묶는 데에는 쓸 수 있기 때문에 락(絡)이라고 한다"라고 합니다. 인신되어 '잇다'라는 뜻을 갖습니다.

실을 감는 데 쓰는 얼레를 낙거(絡車)라고 합니다. 연줄을 감을 때 많이 씁니다. 자새라는 말도 있는데,『표준』에 '작은 얼레'로 나와 있어 얼레와 자새를 의미상 구분하기가 쉽지 않습니다. 실제 다른 사전류에서는 얼레와 자새를 같은 것으로 설명하는 경우가 많습니다. 상대방과 관련을 갖거나, 어떤 사실을 알리는 것이 연락(連絡)입니다.

고교	획수	형자	새김	발음
紫	12	此	자줏빛	자

자(紫)를 『설문』에서는 "비단의 청적색(靑赤色)이다"라고 합니다. 파랑과 빨강이 섞인 색이라는 뜻으로 보라입니다. 주석을 보면 "분홍색에 검은색을 합친 것이다, 검은색에 빨강을 넣은 것이다"라고 하여 조금씩 다릅니다. 색상에 대한 개인차 때문이겠습니다.

우리말에 검푸르다와 검붉다가 있습니다. 파랑과 빨강을 똑같이 섞으면 보라입니다. 그 보라를 푸른 기운이 많은 것으로 볼 때는 검푸르게 볼 수 있고, 붉은 기운이 많은 것으로 보면 검붉게 볼 수도 있습니다. 섞이는 것이 조금만 달라져도 색감이 변하니 이래저래 색을 보는 데에는 개인차도 무시할 수 없습니다. 이 색은 상서로움을 나타냅니다. 그래서 제왕과 관련된 사물을 나타내는 데에도 쓰입니다. 북경의 자금성(紫禁城)이 그런 예입니다. 좀 더 설명하면 자금성의 자(紫)는 자미성(紫微星)을 말합니다. 북극성으로 뭇별의 중심이 되기 때문에 천자를 상징하는 별이라고 합니다. 금(禁)은 관계도 볼일도 없는 사람의 출입을 금한다는 뜻입니다. 철분이 많이 섞인 도자기의 검붉은 빛깔은 자니(紫泥)라 하고, 보라색의 얼룩얼룩한 무늬는 자반(紫斑)입니다. 자기동래(紫氣東來)는 노자(老子)와 관련되어 나온 성어입니다. 함곡관을 지키는 벼슬을 맡았기 때문에 관윤(關尹)이라고도 불리는 윤희(尹喜)가 어느 날 상서로운 기운[紫氣]이 동쪽에서 오는 것을 보고 성인이 지나갈 것을 알았습니다. 과연 노자가 푸른 소를 타고 지나가는 것이었습니다. 여기에서 뭔가 상서로운 일이 일어날 조짐을 말하게 되었습니다. 전설은 여기에서 한 걸음 더 나갑니다. 관윤 윤희는 노자에게 제자로 받아주길 청했고, 노자가 이를 승낙해 윤희가 5천 자 『도덕경(道德經)』과 수련법을 이어받게 되었다고 합니다. 도교에서 윤희는 지위가 아주 높아 노자 곁에 배사(配祀)됩니다.

고교	획수	형자	새김	발음
絹	13	肙	비단	견

견(絹)은 비단입니다. 보릿대처럼 푸른 비단을 가리킵니다. 얇고 질긴 견직물(絹織物)을 가리키기도 합니다.

연(肙)은 장구벌레입니다. 모기의 애벌레죠. 연못 같은 데에서 이놈들을 자세히 들여다보면 살덩어리[肉]에 입[口]만 붙어 있는 것처럼 보여 정말 실감이 나는 글자입니다.

견본(絹本)은 글씨나 그림에 쓰기 위하여 마른 깁이나 그 위에 쓰고 그린 글씨나 그림을 말합니다. 종이를 쓴 지본(紙本)과 상대가 되는 말입니다. 견직물은 명주실로 짠 것을 통틀어 이르는 말이고, 견사(絹絲)는 명주실입니다. 견포(絹布)는 비단을 가리키기도 하고, 비단과 무명을 아울러 이르기도 합니다. '깁'도 비단의 일종이긴 합니다만, 조금 거칠게 짠 것을 이릅니다.

고교	획수	형자	새김	발음
維	14	隹	벼리	유

유(維)는 바(cord, rope)를 가리킵니다. 수레 뚜껑을 매는 줄이라고 합니다. 바는 "삼이나 칡 따위로 세 가닥을 지어 굵다랗게 꼰 줄"입니다. 인신하여 법도를 가리키고, '보존하다, 생각하다' 등의 뜻을 가집니다. 고문에서 흔히 '벼리'로 새기는 경우가 많은데, 벼리는 그물의 위쪽 코를 꿰어놓은 줄입니다. 잡아당겨 그물을 오므렸다 폈다 하는 그물줄이 본뜻이 아닐까 합니다. 일이나 글의 뼈대가 되는 줄거리를 뜻하기도 하는데, 이것은 본뜻에서 나온 파생의이겠습니다.

추(隹)는 새입니다. 꼬리가 짧은 새라는 점에서 조(鳥)와 다른데 정확한 구분은 아닙니다. 더 자세한 내용은 부수자 해설란을 참고하기 바랍니다.

어떤 상태나 상황을 그대로 지탱하는 것은 유지(維持)이고, 낡은 제도를 고쳐 새롭게 하는 것은 유신(維新)입니다.

고교	획수	형자	새김	발음
緖	15	者	실마리	서

서(緖)는 실마리입니다. 『설문』에서는 "실의 (한쪽) 끝이다"라고 합니다. 실을 뽑아내려면 실의 머리[실마리]를 당기면 됩니다. 실을 바늘귀에 꿸 때 넣는 부분을 생각하면 됩니다. 그래서 시작을 뜻하고, 인신되어 전통이나 차례를 가리키기도 합니다.

말이나 글 따위에서 본격적인 논의를 하기 위한 실마리가 되는 부분은 서론(緖論, 序論), 책이 시작되는 부분의 머리말은 서언(緖言)이고, 전쟁이나 시합의 첫 번째 싸움은 서전(緖戰)입니다.

格物 065. 실마리, 파생, 인신

실마리는 실과 머리가 결합되어 만들어진 단어입니다. 실머리는 옛말이고 지금은 실마리로 씁니다. '감겨 있거나 헝클어진 실의 첫머리'입니다. 실의 머리입니다. 그런데 '일이나 사건을 풀어나갈 수 있는 첫머리'를 뜻하기도 합니다. 이것은 사람들이 이 두 가지에서 어떤 공통성이나 유사성을 찾아내 본뜻을 확장해 쓰는 것입니다. 의미가 파생(派生)되어 나온 것이고, 그렇게 파생되어 다른 단어가 만들어지면 파생어가 됩니다.

우리말은 소리글자라서 대체로 소리를 기반으로 의미가 파생되어 나오지만, 한자는 뜻글자라서 음이 같은 것은 물론이고 글자의 모양에서도 유사성이 있을 때 의미가 확장되는 경우가 있습니다. 그래서 우리말에서보다는 범위도 넓고, 과정이 훨씬 더 복잡합니다. 중국어에서는 이것을 인신(引申)이라고 합니다. 우리말에도 인신을 쓰기는 하지만, 『표준』에서 "잡아당기거나 펴서 늘임"이라고 정의하는 것을 보면 물리적인 확장 쪽에만 중점이 주어진 듯합니다. 본서에서도 한 글자가 단순히 의미의 축소, 확대 등 변화만을 보일 때에는 파생이라고 쓰기도 합니다만, 이런 관계를 감안하여 파생이라는 말보다 인신을 그냥 쓰고 있습니다. 선뜻 이 말이 들어오지 않으면 일단 파생이라고 이해하거나, 파생보다 조금 더 폭넓은 변화인가보다 정도로 받아들이면 되겠습니다.

고교	획수	형자	새김	발음
緣	15	彖	인연	연

연(緣)은 옷의 가장자리를 장식하는 것[衣純(의순)]입니다. 『단주』에 보면 "이것(의순)은 옛날 말로 오늘의 뜻을 푼 것이다. 옛날에는 (옷의 가장자리를) 의순(衣純)이라 했고, 요즈음은 의연(衣緣)이라고 한다. 연(緣)이 그 본자이고 순(純)은 가차자이다. 연(緣)은 가장자리를 따라 장식한 것이다"라고 합니다. 글자의 뜻을 생각해보아도, 무늬

등으로 장식하지 않아 아무것도 없는 것이 순(純)일 듯해, 『단주』의 설명이 타당해 보입니다. 인신되어 '가장자리, 인연'의 뜻을 나타냅니다. 무엇을 이유로, 무엇을 따라 등의 뜻을 나타내 원인도 됩니다.

자소자 '판단할' 단(彖)을 『설문』에서는 돼지라고 합니다. 돼지를 잡아서 걸어놓은 모양을 그린 상형자입니다. 『주역』에서 괘의 뜻을 설명한 것을 가리키고, (괘사에 의해) '판단하다'라는 뜻을 갖습니다. 그래서 보통 '판단할' 단으로 새깁니다. 부수는 터진 가로 왈[크, '돼지머리' 계]에 속합니다. 1급 한자에 '부리' 훼(喙)에서도 자소자로 쓰입니다.

물체의 둘레나 테두리는 연변(緣邊)이고, 관계를 맺게 되는 인연은 연분(緣分)입니다. 연분은 하늘이 베푼 인연이나 부부가 되는 인연을 뜻하기도 합니다. 연목구어(緣木求魚)는 나무에 올라가 물고기를 구한다는 뜻으로 도저히 불가능한 일을 굳이 하려 함을 비유적으로 이릅니다. 여기서 연(緣)은 '나무를 따라, 나무로 말미암아'에서 '나무에 올라가'의 뜻으로 쓰인 것이겠습니다.

고교	획수	형자	새김	발음
緯	15	韋	씨줄	위

위(緯)는 씨줄입니다. 피륙을 짤 때 북 속에 넣어 날줄 사이를 오갈 때마다 바디로 한 번씩 쳐주어 가로줄을 이루게 됩니다. 날줄은 경(經)인데 더 자세한 내용은 경(經) 자 조항을 보기 바랍니다.

자소자인 위(韋)는 '다룸가죽' 위입니다. 학습도 반복이니 복습 삼아 더 이야기를 하자면, 한자 부수 가운데 가죽과 관련된 부수가 셋입니다. '가죽' 피(皮), '가죽' 혁(革), 그리고 '다룸가죽' 위(韋)입니다. 갓 벗겨내 털이 있는 것은 피(皮), 그 털을 제거한 것은 혁(革), 털도 벗기고 손질까지 한 것은 위(韋)입니다. 석 자 모두 부수자이니 자세한 내용은 부수자 해설란을 참고하기 바랍니다. 한 번 복습 삼아 위(韋)가 들어가는 글자들을 살펴보겠습니다. 사람[亻]을 만나 '위대할' 위(偉), 우리나라의 나라 한(韓), 에울 위(囗)로 '에워쌀' 위(圍), 실[糸]로는 '씨줄' 위(緯)요, 경계 넘어[辶, 辵] '어길' 위(違)입니다.

위도(緯度), 위선(緯線)에서 위(緯)는 씨줄, 즉 가로줄을 뜻합니다. 가로줄이 기준선과 이루는 각도가 위도, 그 가로줄 자체가 위선입니다.

고교	획수	형자	새김	발음
績	17	責	길쌈	적

  적(績)은 길쌈입니다. 길쌈은 실을 내어 옷감을 짜는 모든 일을 통틀어 이르는 말입니다. 『설문』에서는 "낳은 것이다"라고 합니다. '낳다'는 삼이나 모시, 솜 등으로 실을 만드는 것이나, 그 실로 피륙을 짜는 것을 가리킵니다. 우선 실을 만들 때에는 실 두 올을 무릎 위에 맞대고 손으로 한 번 죽 문지르며 비빕니다. 그러면 두 실이 꼬여 이어집니다. 옛날 베 짜는 할머님들 무릎을 보면 얼마나 비볐는지 무릎이 반들반들한 것을 볼 수 있습니다.

  『단주』에서는 "적(績)의 뜻은 쌓는 것이다"라고 합니다. 실을 만드는 과정도 그렇고, 실로 피륙을 짜는 과정도 모두 한 올 한 올의 실[糸]을 쌓는 것[責]으로 볼 수 있기 때문입니다. 여기에서 인신되어 '이어받다, 승계하다'라는 뜻에 공을 나타내기도 합니다.

  적(績)으로 시작하는 단어는 찾아보기 어렵고 공적(功績), 성적(成績), 업적(業績), 전적(戰績) 등에서 성과나 공의 뜻을 나타냅니다.

  책(責)이 자소자로 들어가는 글자는 볏가리[禾]로 '쌓을' 적(積), 실[糸]을 삼아 '길쌈' 적(績), 남[人]에게 지는 '빚' 채(債)가 있습니다.

고교	획수	형자	새김	발음
總	17	悤	다	총

  총(總)은 모아 묶는 것입니다. 본뜻은 머리를 한 데 모아 끈으로 묶는 것이라고 합니다. 여기에서 '모으다'라는 뜻이 나왔고, 인신되어 총괄하다 즉, 거느린다는 뜻을 갖게 되었습니다.

  총(悤)은 "이만 총총(悤悤)"이라고 편지글을 맺을 때 많이 쓰는데, 바쁘다는 뜻입니다. 아주 바쁜 것입니다. 『단주』에서는 "(벽에) 틈이 많아서 심란한 것"이라고 합니다. 고문 분석으로 본뜻은 심장이 급하게 뛰는 것이라고 합니다.

  총각(總角)은 결혼하지 않은 성년 남자를 가리킵니다. 여러 가지를 한데 묶어서 총괄(總括)이고, 일반적인 이론을 총괄하여 서술한 것이 총론(總論)입니다.

고교	획수	형자	새김	발음
縮	17	宿	줄일	축

축(縮)은 뒤섞여 어지러운 것입니다. 실이 헝클어지면 어지럽습니다. '줄로 묶다'라는 뜻이 있는데, 단단히 묶으면 부피가 줄어듭니다. 그래서 '오그라들다'라는 뜻도 갖습니다.

줄인 그림은 축도(縮圖), 줄여서 작게 하는 것이 축소(縮小)이고, 원형의 크기만 줄여서 인쇄하는 것은 축쇄(縮刷), 줄여 간단하게 하는 것은 축약(縮約)입니다. 축식절의(縮食節衣)는 절의축식(節衣縮食)이라고도 하는데, 먹는 것을 줄이고 입는 것을 아낀다는 뜻으로 절(節) 자 조항에서도 설명했듯이 아주 절약하는 것을 이릅니다.

고교	획수	형자	새김	발음
繫	19	轂	맬	계

계(繫)는 헌솜입니다. 본뜻은 좋지 않은 실이나 솜이라고 합니다. 달리, 굵다란 줄(rope)인 '바'라고도 하고 거기에서 묶는다는 뜻을 나타내기도 합니다.

격(轂)은 서로 부딪히는 것입니다. 수레의 굴대 끝[軎]이 서로 치는[殳] 것입니다. 글자 모양이 경우에 따라 '轂'으로 조금 바뀌기도 하고, 『설문』에 실린 글자도 격(轂)입니다. 자소자인 '굴대 끝' 예(軎)는 軎와 함께 '굴대 끝' 예(軎)의 이체자라고 합니다. '칠' 격(擊), '맬' 계(繫)에서 자소자로 쓰이고 있습니다.

차를 대어놓은 곳은 주차장(駐車場), 배는 묶어두기 때문에 계류장(繫留場), 비행기는 따로 수납해둔다고 해 격납고(格納庫)입니다.

格物 066. 솜틀집

헌솜은 먼지가 많이 달라붙고 때가 타 틀어줘야 합니다. 삼을 삼거나 명주실을 나을 때에도 찌꺼기가 나옵니다. 옛날에 없는 사람들은 이런 것이라도 이용해서 옷을 만들어 입어야 했습니다.

이제는 보기가 어려워졌지만 솜틀집에서는 바로 헌솜에 묻어 있는 먼지나 때를 털어내고 두드려서 뭉친 것을 골고루 펴주었습니다. 솜을 탄다고 하는데, 타고난 솜은 다시 가볍고 따뜻하게 됩니다. 계(繫)라는 글자는 어쩌면 그렇게 가난하고 어려운 사람들의 모습을 반영하는 글자가 아닐까 합니다.

고교	획수	형자	회자	새김	발음
系	7	丿(手, 拉引)	手 二 絲	이어 맬	계
糾	8	니	糸 니	얽힐, 꼴	규

계(系)는 매는 것입니다. 『단주』에 "손등이 위로 오는 것을 조(爪)라 한다. 실을 손바닥에 매고 아래로 드리우는 것이 계(系)의 뜻이다"라고 합니다. 그러니까 손등이 위로 오게 한 채 손바닥에 실을 매달아 늘어뜨린다는 뜻입니다. 그래서 '매다, 묶다'라는 뜻을 나타내고 '잇다, 계승하다'라는 뜻으로 인신되었습니다. 국내 자전에는 상형으로 보는 경우가 많은 듯하고, 중국 자전에서는 회의자로 취급하는 경우가 많습니다.

규(糾)는 방금 위에서 말했듯이 꼰다는 뜻입니다. 실[糸]로 얽는 것[니]입니다. 『설문』에서는 "세 가닥을 꼬는 것이다"라고 합니다. 세 가닥으로 꼰 새끼입니다. 여기서 '얽다, 모으다'라는 뜻이 나옵니다. 인신하여 바로잡다, 즉 교정하다는 뜻을 나타냅니다.

규(니)는 '뚫을' 곤(ㅣ) 부에 속하는 상형자로 '얽힐' 구/교입니다. 서로 얽히는 것입니다. 오이나 박의 넝쿨이 감고 얽히며 올라오는 것을 나타냅니다. '글귀' 구(句), '거둘' 수(收), '부르짖을' 규(叫), '꼴' 규(糾)에서 자소자로 쓰입니다.

흔히 시위를 할 때 규탄(糾彈) 대회 이런 명칭이 많이 보이는데 규탄은 '잘못이나 옳지 못한 일을 잡아내어 따지고 나무라는 것'입니다. 잘못을 바로 잡는 것은 규정(糾正)입니다.

고교	획수	형자	회자	새김	발음
紀	9	己	糸 己	벼리	기
納	10	內	糸 內	들일	납

기(紀)는 벼리입니다. 동아줄이라고도 합니다. 한 번 꼰 줄을 가닥으로 다시 꼰 줄입니다. 그래서 실마리나 일의 시작을 가리킵니다. 인신되어 강령이나 요강, 법도 등을 나타냅니다.

기율(紀律)은 표준이 될 만한 질서를 뜻하고, 기강(紀綱)은 규율과 법도를 아울러 이릅니다. 흔히 자세나 태도를 뜻하기도 하는데, 이것은 규율과 법도가 서 있을 때 나오는 결과물이라고 볼 수 있습니다. 여기서 '몸' 기는 소리를 나타내는 동시에 꼬인다는 뜻도 나타낸다고 합니다.

납(納)은 실이 젖어 축축한 것입니다. 젖은 것은 물을 빨아들인 것입니다. 그래서 '거두어 간직하다'라는 뜻이 있고, '받아들이다, 신다' 등의 뜻이 있습니다. 계속 인신되어 '내다'라는 뜻도 있습니다.

매달 각종 공과금(公課金)을 납부(納付)하면 영수증을 발급해줍니다. 결혼식에 신랑집에서 신부집에 보내는 선물은 납폐(納幣)라고 합니다. 글자 그대로의 의미는 '비단을 보내준다'인데, 여전히 그런 풍속이 살아 있어 혼서(婚書)와 함께 신부의 옷감으로 푸른 비단과 붉은 비단을 넣습니다.

고교	획수	형자	회자	새김	발음
紛	10	分	糸分	어지러울	분

분(紛)은 『설문』에서 말의 꼬리 덮개라고 합니다. 주석을 보면 "말의 꼬리털은 길고 많아서 옛날 사람들이 말을 달릴 때 그 꼬리털이 흩어져 나부끼고, 산골짜기를 지날 때 가시에 얽혀 다니는 데 좋지 않기 때문에 꼭 덮개로 꼬리털을 감쌌다"라고 합니다. 여기에서 '많다, 난잡하다, 어지럽다' 등의 뜻이 나왔습니다.

여기저기서 말썽이 생기는 것은 분기(紛起)이고, 어수선하고 소란스러운 것은 분란(紛亂)이며, 나도 모르게 물건 따위를 잃어버리는 것은 분실(紛失)이고, 시끄럽고 복잡하게 다투는 것이 분쟁(紛爭)입니다. 회사에서 근로자와 사용자 측의 주장이 뒤얽혀 시끄러운 것이 노사분규(勞使紛糾)입니다.

고교	획수	형자	회자	새김	발음
累	11	田(畾)	田糸	여러, 자주/벌거벗을	루/라

『설문』에 실려 있는 **루(累)**의 자형은 조금 다릅니다[絫]. '더하다, 포개어 쌓다, 누적하다'의 뜻입니다. 비단을 짜려면 명주실을 한 올 한 올 쌓아야[짜야] 합니다. 그런 의미의 '더하다, 포개어 쌓다'입니다.

누계(累計)는 소계(小計)를 계속하여 덧붙여 합산한 것이고, 누란(累卵)은 층층이 쌓아 놓은 알이란 뜻으로, 몹시 위태로운 형편을 비유적으로 이르는 말입니다. 누진(累進)은 지위나 등급이 차차 올라가거나 가격이나 수량이 증가함에 따라 그에 대한 비율이 점점 높아지는 것입니다. 누적(累積)은 포개어 쌓는 것입니다. 누란지세(累卵之勢)는 층층이 쌓아놓은 알의 형세라는 뜻으로 몹시 위태로운 형세를 비유적으로 이릅니다. 중국에서는 주로 누란지위(累卵之危)를 씁니다.

고교	획수	형자	회자	새김	발음
絃	11	玄	糸玄	줄	현

『설문』에 **현(絃)**은 '활' 궁(弓) 변을 쓴 '활시위' 현(弦)이 올라 있습니다. 현재 중국에서는 두 글자를 통합해 현(弦)을 표준 자형으로 쓰고 있습니다. 줄입니다. 활을 매는 줄이든, 실[糸]로 된 줄이든 글자를 만든 원리는 같다고 볼 수 있습니다. 현(弦) 자는 활[弓]의 고자에 실[糸] 즉, 활시위를 메우는 것을 나타내줍니다.

그 모양에서 달의 모양이 반달인 것을 뜻해 상현(上弦), 하현(下弦)이라고 합니다. 줄로 이루어진 악기가 현악기(絃樂器)인데, 국악에서는 팔음(八音)이라고 해 악기를 만든 소재로 분류하기 때문에 사부(絲部) 악기입니다. 국악기 중에 줄을 받쳐주는 기러기발[雁足(안족)] 류가 없는 해금이나, 서양 악기에서 프렛(fret)이 없는 바이올린, 비올라 등은 이론적으로 자기 음역에 속하는 모든 소리를 낼 수 있습니다. 집거나 누르는 위치를 무한히 바꿀 수 있고, 위치가 바뀌면 얼마가 되든 음은 높거나 낮아집니다. 따라서 그만큼 표현력이 풍부해집니다.

고교	획수	형자	회자	새김	발음
綱	14	岡	糸岡	벼리	강

강(綱)은 벼리로 새김이 앞의 기(紀)와 같습니다. 『설문』에서는 "(그물의) 굵은 줄이다"라고 합니다. 벼리입니다. 여기에서 사물에서 결정적인 작용을 하는 중요한 부분을 나타내고, 한 나라의 법도를 나타내기도 합니다. 책이나 동식물 분류의 한 등급을 나타내어 문(門)의 아래이고 목(目)의 위가 됩니다.

자소자 강(岡)은 언덕을 가리키며, 『설문』에서는 산의 등마루라고 합니다. 능선을 이루는 부분이며 언덕을 뜻하기도 합니다. '굳셀' 강(剛), '강철' 강(鋼)에 자소로 쓰입니다.

일의 근본이 되는 큰 줄거리는 강령(綱領)이고, 강상(綱常)은 삼강(三綱)과 오상(五常)을 아울러 이르는 말로 사람이 지켜야 할 도리를 말합니다. 강요(綱要)는 일의 으뜸 줄기가 될 만한 요점으로 가장 중요한 부분입니다. 강거목장(綱擧目張)은 그물의 벼리를 치켜들면 그물눈이 펴진다는 뜻으로 대체적인 줄거리를 들면 세부적인 조목(條目)은 저절로 밝혀지는 것을 나타냅니다. 하(下)는 상(上)을, 소(小)는 대(大)를 따르는 것을 이릅니다. 삼강오륜(三綱五倫) 가운데 삼강을 우리말로 새길 때에 "임금은 신하의 벼리가 되며, 아버지는 아들의 벼리가 되고, 지아비는 지어미의 벼리가 된다 [君爲臣綱 父爲子綱 夫爲婦綱]"라고 합니다. 유교를 기반으로 한 전통 사회에서 이 세 가지 인간관계는 분명 주종 관계였습니다. 따라서 주가 되는 사람이 종의 위치에 있는 사람을 마음대로 할 수 있다고 생각할 수도 있고 아니면 버팀줄이 된다는 의미로 받아들일 수도 있겠습니다. 도덕적인 기준이나 표준으로 이해하면 됩니다. 현대 중국 서적에서는 대부분 신하는 임금에게, 아들은 아버지에게, 지어미는 지아비에게 절대복종하는 것으로 설명합니다. 하지만 임금, 아버지, 지아비는 신하, 아들, 지어미에게 모범이 되어야 한다고 보는 것이 시대상을 반영하는 설명이 아닐까 합니다.

格物 067. 벼리

벼리는 「삼강행실도(三綱行實圖)」 등에 많이 나오는 말이죠. 삼강(三綱)은 '임금과 신하, 부모와 자식, 남편과 아내 사이에 마땅히 지켜야 할 도리'로 군위신강(君爲臣綱), 부위자강(父爲子綱), 부위부강(夫爲婦綱)입니다. 사회 구성의 기본적인 관계에 대해 규정하는 것입니다.

현대 중국에서는 삼강은 신하와 아들, 아내는 각각 임금과 아버지, 남편에게 절대복종을 요구하는 것이며, 거꾸로 임금과 아버지, 남편은 각각 신하, 아들, 아내에게 모범이되어야 한다고 설명합니다.

우리는 대체로 삼강을 "임금은 신하의 벼리가 되며, 아버지는 아들의 벼리가 되며, 지아비는 지어미의 벼리가 된다"로 새겨 왔습니다. 절대복종이라는 측면을 강조하기보다임금이나 아버지, 지아비의 역할을 강조해 도덕적인 근간이나 근본이 되어야 한다는 뜻이겠습니다.

벼리는 본래 그물 위쪽에 있는 줄로 그물을 오므렸다 폈다 할 때 쓰는 굵은 줄입니다. 쟁이를 알지 모르겠는데, 고기 잡을 때 던지면 둥그렇게 퍼지는 그물입니다. 바닥에 납추를 달아서 그물이 둥그렇게 퍼지며 가라앉습니다. 이때 잡아당기는 줄이 벼리입니다. "벼리가 된다"라는 말은 그물의 벼리가 그물 전체를 통솔하는 것처럼 임금과 아버지, 지아비가 된 사람은 각각 신하와 아들, 지어미를 통솔해야 한다는 것을 비유해 나타낸것이겠습니다. 대신 통솔에 비중을 두는 것 못지않게 그런 위치에 있는 사람의 도덕적인 의무나 역할 또한 강조합니다.

고교	획수	형자	회자	새김	발음
緊	14	臤	臤糸	팽팽할	긴

긴(緊)은 묶은 끈이 팽팽한 것입니다. 끈을 바싹 당겨 묶은 상태입니다. 줄이 반듯해질때까지 당겨서 묶으면 팽팽해집니다. 인신되어 빠르다, 급하다, 튼튼하다 등의 뜻을 갖습니다.

간/현(臤)은 굳다는 뜻입니다. 견고한 것입니다. 자형은 '신하' 신(臣)과 '또' 우(又)로 되어 있는데, 신(臣) 자는 머리를 숙였을 때의 눈 모양이라고 합니다. 옛날 전쟁에서적군을 포로로 잡으면 한쪽 눈을 멀게 한 뒤 노예로 삼았다고 합니다. 그래서 포로를 많이 잡았다가 본뜻이라고 합니다. 노고를 가리키기도 하고 능력이 있다는 뜻을 나타냅니다만, 낱자로는 쓰이지 않습니다. '굳을' 견(堅), '어질' 현(賢), '팽팽할' 긴(緊)에서 자소자로 쓰이고 있습니다.

군고 단단한 것이 견고(堅固)이고, 생각 등이 굳고 착실한 것은 견실(堅實)한 것입니다.『표준』의 설명을 보면 추상적인 것을 묘사하는 데에 쓰는 것처럼 되어 있는데 한문에서는 몸이 견실(堅實)하다는 것처럼 구체적인 것에도 쓸 수 있습니다.

고교	획수	형자	회자	새김	발음
緩	15	爰	糸爰	느릴	완

완(緩)은 '느릴, 느슨할' 완으로 새깁니다만 옷이 넉넉한 것입니다. 품에 여유가 있어서 넉넉하고, 느슨하고 편안한 것입니다. 여기에서 급하지 않다, 감정이 조화를 이루다 등의 뜻을 나타내게 되고, '미루다, 늦추다'라는 뜻도 갖습니다.

원(爰)은『설문』에서는 당기는 것이라고 합니다. 자형을 보면 위도 손[爪]이고 아래도 손[又]입니다. 가운데 뭔가 있는 것을 아래위로 두 손이 잡고 있는 형태로, 잡아당기는 것을 본뜻으로 봅니다. '도울' 원(援)의 본자라고 하고, '따뜻할' 난(暖), '느릴' 완(緩), '도울' 원(援)의 자소자입니다. 해[日]를 만나니 '따뜻할' 난(暖), 당겨야[爰] 하니 '느릴' 완(緩), 손[手]과 만나면 '도울' 원(援)입니다.

일의 급함과 급하지 않음은 완급(緩急)인데, 일을 추진할 때에는 완급 조절이 아주 중요합니다. 급한 일을 먼저하고, 급하지 않을 일을 나중에 해야 한다는 것은 그야말로 삼척동자도 알 수 있는 말이지만 현실에서 정확히 그런 판단을 내리기는 쉽지 않습니다. 물이 느리게 흐르는 것은 완류(緩流)이고, 천천히 걷는 것은 완보(緩步)이며, 경사가 급하지 않은 것을 완만(緩慢)한 것입니다. 긴장된 상태나 급박한 것을 느슨하게 하는 것은 완화(緩和)입니다.

고교	획수	형자	회자	새김	발음
編	15	扁	糸扁	엮을	편

편(編)은 죽간을 순서대로 배열하는 것입니다. 요즈음 책으로 생각하면 각 쪽을 편차에 맞게 끼워 넣는 것이 되겠습니다. 옛날에는 가죽이나 끈으로 일일이 엮어야 해서 '엮을' 편이라고 합니다.

편(扁)은 현판이나 편액이 본뜻이라고 소개한 바 있습니다. 판판하고 얇은 것을 가리키기도 합니다. '책' 편(篇)에 자세한 내용이 있습니다. 책 편(篇) 외에도 '치우칠' 편(偏), '엮을' 편(編), '두루' 편(遍)이 기초한자에 속합니다.

편집(編輯)을 문자 그대로 설명한다면 일정한 목적에 맞춰 각 부분을 배열하는 것입니다. 일단 각 쪽[扁]을 실[糸]로 묶는 것, 엮는 것으로 기억하면 되겠습니다. 편대(編隊)는 대오를 편성하는 것인데, 비행기 따위가 짝을 지어 대형을 갖추는 것이나 또는 그 대형을 이릅니다. 짜서 이루거나 엮어서 만드는 것은 편성(編成)이고, 이미 짜인 동아리나 대열 따위에 끼어 들어가는 것은 편입(編入)입니다.

고교	획수	형자	회자	새김	발음
繁	17	絲	敏 糸	번성할	번

번(繁)은 여자의 머리꾸미개가 많은 것을 나타냅니다. 여기서 '무성하다, 많다'라는 뜻을 나타내게 되었습니다. 지나치게 많으면 복잡해 '복잡하다'는 의미가 생겨나고, '번식하다'라는 뜻도 있습니다.

반(絲)은 말갈기 꾸미개입니다. 고문분석은 여자의 머리장식이라고 풀이합니다.

많이 퍼져 번식(繁殖)이고, 성하게 퍼져 번성(繁盛)입니다. 번문욕절(繁文縟節)은 번잡한 규정과 복잡한 예절이라는 뜻으로, 지나치게 번쇄해 필요하지도 않은 예절을 말합니다. 이런 데에 사로잡혀 허례허식(虛禮虛飾)이 나올 수 있습니다.

고교	획수	형자	회자	새김	발음
縱	17	從	糸 從	세로, 날실, 경사	종

종(縱)은 느슨한 것, 늘어지는 것입니다. 『설문』 주석에 "실은 당기면(들면) 팽팽해지고, 놓으면 느슨하게 된다. 팽팽해지면 정리가 되는데 느슨해지면 어지럽게 된다(헝클어진다)"라고 합니다. 베를 짤 때 북을 당기기도 하고 바디로 세게 쳐주기도 해야 피륙이 제대로 짜지게 되는데 북이 가는 대로 그냥 두어버리면 천이 제대로 짜이지 않게 됩니다. 느슨하게 됩니다. 여기에서 '풀다, 놓아두다'라는 뜻이 나오고 더 나아가 방임하

거나 방기하다의 뜻을 갖게 됩니다.

종횡(縱橫)은 세로와 가로를 아울러 이르는 말인데, 거침없이 마구 오가거나 이리저리 다니는 것을 나타내기도 합니다. 종횡무진(縱橫無盡)은 자유자재로 행동하여 거침이 없는 상태입니다.

자소자는 '좇을' 종(從)입니다. 종금(從今)은 지금부터 계속의 뜻이고, 종래(從來)는 이전부터 지금까지라는 뜻입니다. 군대를 따라 전쟁터로 나가는 것은 종군(從軍)이며, 주가 되는 것에 딸려 붙어 있는 것은 종속(從屬)된 것입니다. 종정구인(從井救人)은 우물에 뛰어들어 사람을 구한다는 뜻으로, 좋은 일을 하지만 방법이 잘못된 것을 가리킵니다. 현재는 큰 위험을 무릅쓰고 사람을 구한다는 뜻으로 쓰기도 합니다. 제갈량이 맹획을 일곱 번 잡았다 일곱 번 놓아준 고사 '칠종칠금(七縱七擒)'에서 칠종(七縱)은 일곱 번 놓아주는 것입니다. 마음대로 잡았다 놓아주었다 함을 이릅니다.

고교	획수	형자	회자	새김	발음
織	18	戠	糸戠	짤	직

직(織)은 직물을 만들어내는 것입니다. 즉, 짜는 것입니다. 『설문』에서는 "삼베나 비단을 짜는 것의 총칭이다"라고 설명합니다. 우리말에 이런 뜻을 나타내는 것은 길쌈입니다. '길쌈하다'라고 할 수 있겠는데 보통 '짤' 직으로 새깁니다. 전통 사회에서 옷감을 만드는 데 주로 이용한 삼과 모시는 통기성이 좋아 주로 여름에 입는 옷에 쓰였습니다. 삼베와 모시입니다. 목화에서 나오는 것이 무명인데 이것은 사계절 입을 수 있죠. 현재 남녀노소 성별을 가리지 않고 입고 있는 청바지(blue jean)는 무명입니다. 누에고치에서 나오는 비단은 최고의 옷감입니다. 늦가을부터 이른 봄 정도까지 입었습니다.

시/직(戠)입니다. '창' 과(戈) 부수에 속합니다. '찰흙' 시 또는 '찰흙, 모일' 직으로 새깁니다. 『설문』에는 뜻 부분이 빠져 있습니다. 이렇게 내용이 빠진 경우에는 '궐(闕)'이라고 표시합니다.

직물(織物)은 씨실과 날실을 직기에 걸어 짠 물건을 통틀어 이르는 말로, 실에 따라 목화를 쓰는 면직물, 짐승의 털을 쓰는 모직물, 누에고치를 쓰는 견직물이 있습니다. 직조(織造)는 기계나 베틀 등으로 피륙을 짜는 것입니다. 동화에 「견우와 직녀」가 있죠. 직녀(織女)는 옷을 짜는 것이 직업이고, 견우(牽牛)는 소를 끄는 사람이니 목동이 직업이었겠습니다.

고교	획수	회자	새김	발음
索	10	宀 廾 糸	찾을/노	색/삭

삭(索)의 『설문』에는 "삭(索), 풀에는 줄기와 잎이 있어 새끼를 꼴 수 있다"라고 합니다. 이것이 본뜻이고 동아줄을 가리키기도 합니다. 금문(金文)을 보면 집[宀] 안에서 새끼[糸]를 꼬고 있는 모양[廾]이 잘 드러납니다. 생각을 나타내고, 무엇인가를 찾다, 깊이 탐구하다 등의 뜻을 갖습니다. 이때는 '색'으로 발음합니다. 기초한자에 대표음이 '색(索)'으로 올라 있습니다. '찾을' 색(索)을 먼저 익혀야 한다는 뜻이겠습니다. 다음이 '노' 삭(索)입니다.

자소인 '宀, 廾, 糸'는 '갓머리, 밑스물입, 실사'로 모두 부수자입니다. 새김도 다 기억하고 있죠. 차례대로 '집' 면, (두 손으로 마주) '들' 공, '가는 실' 멱입니다. 각 부수자에서 자세한 뜻을 한 번 확인해보기 바랍니다.

배를 묶어두는 데에 쓰는 장비는 삭구(索具)이고, 뭔가를 찾아보기 쉽도록 만들어 놓은 목록은 색인(索引), 무엇을 밝히기 위해 살피고 찾는 것은 탐색(探索)입니다.

고교	획수	회자	새김	발음
綿	14	糸 帛	솜	면

면(綿)은 아주 가늘게 계속 이어지는 것을 가리킵니다. 『설문』에 올라 있는 자형은 좌우가 바뀐 모양[緜]으로 실을 뽑는 것처럼 보입니다. 가느다란 섬유가 끊임없이 딸려 나옵니다. 지금은 '솜' 면으로 많이 씁니다만 명주라는 뜻도 있습니다.

끊임없이 이어 늘이는 것은 면연(綿延)이라 하고, 끊이지 않고 죽 잇따라 있는 것을 면면(綿綿)하다거나 면면히 이어진다고 합니다. 솜에서 자아낸 실은 면사(綿絲)로 고유어는 무명실입니다.

格物 068. 황사영, 백서

자소자 백(帛)을 보면 황사영(黃嗣永, 1775~1801) '백서사건(帛書事件)'이 떠오르지
않을까 합니다. 천주교도였던 황사영이 중국에 머무는 프랑스인 구베아(Gouvea) 주교
에게 프랑스 함대를 보내 조선에 압박을 가해달라고 요청하는 내용인데, 사전에 발각되
어 관련자들은 모두 처벌을 받았고, 이후 천주교 박해가 더 심해지는 계기가 되었습니다.

백(帛)은 비단입니다. 『설문』 주석에 "백(帛)과 소(素)는 명주를 낳았으나 무늬가 없
는 것이다. 누이지 않은 것을 백(帛)이라 하고, 누인 것은 소(素)라 한다. 그 색깔이 희기
때문에 '수건' 건(巾) 자를 더해 고유한 이름으로 삼았다"라고 합니다. 누인다는 것은
잿물에 삶아 희고 부드럽게 한다는 뜻입니다.

이 설명에 따르면 백(帛)은 조금 누런 느낌이 드는 색이겠고, 소(素)는 흰색이겠습니
다. 그런데 『단주』에서는 다른 글을 인용해 백(帛)이 푸른색[璧]이라고 해 조금 차이를
보입니다. 쉽게 백(帛)은 막 짜낸 비단으로 무늬가 없고 색은 약간 누런 것입니다. 백서
(帛書)는 그런 비단에 쓴 글이라는 뜻입니다.

고교	획수	회자	새김	발음
縣	16	目 木 糸	고을	현

현(縣)은 기왕에도 여러 번 설명한 바가 있어 익숙하리라 믿습니다. 나무나 높은 곳에
머리[県]를 거꾸로 매단[系] 것을 나타냈는데, 이 글자가 계속 행정 단위인 현(縣)을 나
타내는 글자로 쓰여, '매달다'는 아래에 '마음' 심(心)을 더해[懸] 본래의 뜻을 나타내게
되었다고 설명한 바 있습니다. 『설문』에서는 '목 베어 달' 교(県)와 '맬' 계(系)가 결합
된 글자로 설명합니다.

조선 시대 작은 현의 수령은 현감(縣監)이라 했습니다. 현령(縣令)도 벼슬 이름인데,
조금 큰 현을 맡아 현감보다는 위계가 하나 위였습니다.

고교	획수	회자	새김	발음
繼	20	糸 㡭	이을	계

실과 연관된 부수라 '계속 잇다, 매다, 끊다' 등이 나옵니다. 실이 갖는 속성 때문이겠습니다. 계(繼) 역시 잇는다는 뜻입니다. 하지만 매는 것은 다른 물체에 고정시키는 것이고, 잇는 것은 같은 실의 길이를 연장하는 것이니 다릅니다. 고문에서는 '䌛'로 썼는데 절(䌝)['끊을' 절(絶)의 고자(古字)] 자를 좌우로 뒤집은 것에서 뜻을 취했다고도 합니다. 전체를 하나로 보아 상형자로 취급하기도 합니다. 글자 모양을 보면 고문 계(䌛)는 실 꾸러미나 실타래를 담아놓은 것 같아 보입니다. 그러니 편법이긴 하겠지만 일단 반짇고리 정도로 생각을 해봅시다. 반짇고리 속의 실 꾸러미에 있는 실과 다른 실[糸]을 잇는 것은 계(繼)이고, 실 꾸러미의 실을 자르는 것[斤]은 끊을 단(斷)으로 기억하면 될 듯합니다.

어떤 일이나 현상이 잇따라 일어나는 것은 계기(繼起)라고 합니다. 끊이지 않고 이어나가는 것은 계속(繼續), 조상의 전통이나 문화유산, 업적 따위를 물려받아 이어나가는 것은 계승(繼承), 이어달리기는 계주(繼走)입니다.

중학 과정 17자, 고교 과정 31자 모두 48자나 배웠습니다. 한자는 한 번 읽고 이해했다고 해서 쉽게 익혀지지 않습니다. 늘 책을 가까이 두고 찾아보고 쓰는 연습도 꾸준히 하면 어느 날 자신의 실력이 부쩍 향상되었다는 것을 알 수 있습니다. 한 숨 돌리며 쉬었다가 장군[缶]과 만납시다.

R121

장군 부(缶) 부

갑골	금문	전문	해서
🝐	🝐	🝐	缶

장군 부(缶)의 유래에는 두어 가지 설이 있습니다. 하나는 고문에서 위는 공이 모양이고, 아래는 도기 모양으로 그릇 만드는 것을 나타내는 상형자라고 합니다. 또 하나는 술단지의 모양을 본뜬 것이라고 합니다.

『설문』에서는 "도기이다. 술이나 장을 담는다. 진나라 사람은 이를 두드려 박자를 맞춘다. 상형이다"라고 설명합니다. 강원도 정선군에 물박장단 놀이가 있는데, 물동이에 띄운 바가지를 치면서 흥을 돋웁니다. 장군을 두드리는 것이나 바가지를 두드리는 것 모두 민초들의 삶의 애환을 담고 있는 가락이 아닐까 싶습니다.

발달 면에서 본다면 도기는 자기보다 전 단계라고 할 수 있으며 소성 온도가 낮고 조직이 치밀하지 않습니다. 질그릇입니다. 장군은 배가 불룩한 항아리로 한쪽 마구리는 평평하고 다른 한쪽은 반구형인데, 작은 아가리가 위쪽에 달려 있습니다. 예전에 오줌 장군이라고 오줌을 받거나 나르는 데에도 썼습니다. 부수자로 쓰여 항아리와 관련된 뜻을 나타냅니다.

고교	획수	형자	새김	발음
缺	10	夬	이지러질	결

결(缺)은 그릇이 깨어지는 것이라고 합니다. 완전히 깨어지는 것이 아니고 이가 빠진 다든지 하는 결점이 생기는 것입니다. 그래서 '부족하다, 완전하지 못하다'라는 뜻을 나타내기도 합니다.

자소자는 '쾌괘' 쾌(夬)입니다.『설문』에서는 "쾌(叏, 夬)는 나누어 결단하는 것이다" 라고 설명합니다.『주역』의 괘 이름은 물론이고, 나누다, 가르다, 터놓다, 나누어 판단하다 등의 뜻을 나타냅니다. 다음자로 '깍지' 결의 새김도 있습니다. 이때는 상형자로 보는 것인데, 깍지는 활을 쏠 때에 시위를 잡아당기기 위하여 엄지손가락의 아랫마디에 끼는 뿔로 만든 기구로 대롱을 엇비스듬하게 자른 모양으로 만듭니다. 각지(角指)에서 나온 말이겠습니다. '패옥' 결(玦)의 본자로 보기도 하는데, 결(玦)에는 활깍지의 뜻도 있습니다. 결(玦)은 가운데 구멍이 있는 둥그런 옥인데, 이가 빠진 것처럼 가운데가 끊어져 좁은 틈이 있습니다. 일을 하는데 결단력을 나타내고, 모든 일이 성하면 쇠하기 마련이고, 달이 차면 이운다는 뜻을 나타내기도 한다고 합니다. 고대에는 패용했는데, 결(玦)을 건네주는 것은 이별을 뜻했습니다. 쾌(夬)가 자소자로 쓰이는 기초한자로는 '결단할' 결(決), '쾌할' 쾌(快), '이지러질' 결(缺)이 있습니다.

자격에 미치지 못해서 결격(缺格), 어느 부분이 없거나 잘못된 것이 결손(缺損), 완전하지 못해 흠이 되는 것이 결함(缺陷)입니다. 결월재원(缺月再圓)은 이지러진 달이 다시 둥그레진다는 뜻으로 부부가 헤어진 뒤 재결합하는 것을 이릅니다.

고외	부수	획수	형자	새김	발음
寶	宀	20	缶	보배	보

부수외자로 보(寶)입니다. 보배입니다. 집[宀] 안의 항아리[缶]에 옥(玉)과 조개[貝]를 담아놓고 있는 글자입니다. 조개는 그 자체로 보물이었고, 옛날에는 화폐로 쓰였습니

다. 그러니 보배입니다.

　보도불로(寶刀不老)는 보배로운 칼은 늙지 않는다는 뜻이겠는데, 우리말로는 아무래도 보배로운 칼은 녹슬지 않는다가 되어야 할 듯합니다. 나이가 들어도 능력이나 재주가 전혀 줄어들지 않는 것을 말합니다. 노익장(老益壯)을 과시하는 것입니다. 노익장은 노당익장(老當益壯)으로도 씁니다.

R122

그물 망(网, 罒, 罒, [冈]) 부

갑골	금문	전문	해서
凶	凶	网	网

　그물은 새나 물고기를 잡는 도구입니다. **망(网)** 자는 그 모양을 본뜬 상형자입니다. 『설문』에서는 "포희(庖犧)가 실을 짜 만든 공구로 물고기를 잡는다. '덮을' 멱(冖)에서 뜻을 취하며, 아래는 그물[网]의 교차하는 무늬를 본뜬 것이다"라고 설명합니다. 그런데 망(网)이 부수자가 되자 '그물'의 뜻으로 망(罔)을 쓰게 되었는데, 망(罔) 또한 주로 다른 글자의 편방에 붙어 자소자로 쓰였습니다. 그래서 결국 '그물' 망(罔)은 다시 뜻을 나타내는 '가는 실' 멱(糸)을 더해 망(網)이 되었습니다. 『설문』에서는 망(網)은 망(网)의 혹체라고 하여 이체자 즉, 모양이 다른 글자라고 하고 있습니다. '가는 실' 멱(糸)이 망(亡) 왼쪽의 안으로 들어가[網]서 자형이 조금 다르기는 합니다.

　민물에서 물고기를 잡을 때 쓰는 그물은 양쪽에 대나무를 댄 족대가 있고, 던지면 그물이 퍼져서 물고기를 가두어 잡게 되는 챙이가 있습니다만 이 글자의 모양을 보면 족대의 형상으로 보입니다. 망(网)은 부수에 쓰여 '그물, 그물로 잡다, 거두어들이다' 등의 뜻을 나타냅니다. 현재 망(网)은 낱자로 쓰이지는 않으며 변으로 쓰일 때는 대부분 '罒'의 형태를 취합니다. 더러 '엿볼' 역(罬)과 같이 '눈' 목(目)을 눕혀 쓴 글자는 형태가 동일해 익힐 때 주의해야 합니다.

중학	획수	형자	새김	발음
罪	13	非	허물	죄

죄(罪)는 물고기를 잡는 대나무 그물이라고 합니다. 하기는 실로 된 그물은 시간이 제법 걸려서야 만들어질 수 있는 산물이기는 하겠습니다. 죄를 본래는 죄(辠)로 썼습니다. 지금의 자형은 '스스로' 자(自) 아래에 '다행' 행(幸)을 씁니다. 『단주』를 보면 "진시황(秦始皇)이 황(皇) 자와 비슷하다 하여 죄(罪)로 고쳤다"라고 나옵니다. 여기에서 법을 어기는 행위나 그런 사람을 가리키게 되었습니다. 잘못이나 범죄를 가리킵니다. 본래 죄의 뜻으로 썼다는 죄(辠) 자는 '스스로' 자(自) 아래 '매울' 신(辛)으로 되어 있는데, 자(自)는 본래 코를 뜻하는 글자이고 신(辛)은 형구를 뜻해 죄(辠)는 죄인의 코를 베어내는 형벌 즉, 의형(劓刑)을 뜻합니다.

물고기를 잡는 그물로 이제는 사람을 잡으니, 그물[网]로 물고기를 잡듯 잘못한[非] 사람을 잡아들이는 것이 죄[罪]라고 파자를 하는 것도 기억에 도움이 되겠습니다.

중외	부수	획수	회자	새김	발음
買	貝	12	貝网	살	매

매(買)는 물건을 사는 것입니다. 『설문』의 설명을 보겠습니다. "매(買), 저자[市]이다. 망(网)과 패(貝)에서 뜻을 취한다. 『맹자』에 '높은 언덕[壟斷(농단)]에 올라가 저자의 이익을 그물로 거두어들이듯 한다'고 한다." 여기서 저자는 시장입니다. 시장은 교역의 장소이니 요즈음 말로 바꾸어 '사다, 구매하다'가 됩니다. 뜻을 취한다는 말은 패(貝) 즉, 돈이나 값진 것을 그물질[网]하는 것처럼 거두어들인다고 볼 수 있겠습니다. 『맹자』〈공손추(公孫丑)〉 장에 나오는 글귀인데, 농단(壟斷)은 언덕의 끄트머리로 높은 곳입니다. 장사꾼이 그런 높은 곳에 올라가 시장을 내려다보며 이익을 독점한다는 뜻입니다.

그래서 '농단'은 주로 경제 행위로 독점하는 것을 나타냅니다. 공손추에 나오는 글자는 축(丑)인데, 본음은 '추'입니다. 여기서는 사람 이름으로 '공손추'로 읽어야 합니다.

매(買)의 본뜻은 그물[网]로 조개[貝]를 잡는 것입니다. 그래서 '구해 얻다'라는 뜻이 있습니다. 인신되어 '초래하다, 불러일으키다, 돈과 물건을 바꾸다, 사다' 등의 뜻을 갖게 되었습니다.

매수(買收)는 물건을 사들이는 것입니다. 금품이나 그 밖의 수단으로 남의 마음을 사서 자기편으로 만드는 것을 가리키기도 합니다. 매점(買占)은 사재기의 한자어인데, 막상 중국어에서는 구매 가치 즉, 상품의 매력 포인트를 뜻해 우리와 의미가 다릅니다. 동음이의어인 매점(賣店)은 어떤 기관이나 단체 안에서 물건을 파는 작은 상점을 말합니다.

格物 069. 매점매석, 돈적거기

매점매석(買占賣惜)은 사들이기만 할 뿐 팔기를 꺼린다는 뜻으로 물건값이 오를 것을 예상하여 한꺼번에 샀다가 팔기를 꺼려 쌓아두는 것을 이릅니다. 용어야 어떻게 됐든 매점매석은 옛날에도 있었으니 어제오늘의 일만은 아닙니다. 『맹자』에 나오는 농단(壟斷)도 분명 매점매석의 일종입니다. 매점매석은 현재 범죄 행위입니다. 〈독점 규제 및 공정 거래에 관한 법률〉 즉, 흔히 말하는 공정 거래법 위반으로 처벌을 받습니다. 경제 정의의 실천이라는 점에서 너무나 당연한 일인데, 대기업이나 다국적기업들의 독점적 지위를 이용한 가격 형성까지 규제가 되는지에 대해서는 의구심이 없지 않습니다.

매점매석은 사자성어는 아니고 두 글자로 된 단어인 매점과 매석을 붙여서 한 단어로 쓰게 된 것이 아닌가 싶습니다. 중국어에서 매점매석이라는 단어를 찾아볼 수 없기 때문입니다. 같은 뜻으로 중국에서 쓰는 말은 돈적거기(囤積居奇)입니다. (물건을) 모아 쌓아놓고, 희귀한 물건을 저장해놓은 채 값이 오르기를 기다린다는 뜻입니다. 이 말은 『사기(史記)』에 나오는데 현대 중국어에서도 씁니다.

일본어에서는 매점(買占)을 '카이시메(買占め)', 매석(賣惜)을 '우리오시미(売[賣]惜しみ)'라고 합니다. 독점적으로 사들이고, 파는 것을 꺼린다는 뜻입니다. 한자로 읽지[音讀(음독)] 않고, 뜻을 새겨 읽는 훈독(訓讀)을 합니다. 일본 고유어, 즉 순 일본말로 읽는다는 뜻입니다. 여기서 한자만 떼어놓으면 매점매석(買占賣惜)입니다.

가능성은 두 가지입니다. 매점매석은 우리가 만들어 쓴 한자어인데 일본 사람들이 가져다 일본어에 맞게 고쳐 썼을 수 있습니다. 아니면 일본어에서 훈독하는 것을 우리가 가져와 한자 부분만 떼어 사용하는 것일 수도 있습니다.

영어에서는 비슷한 의미로 'corner the market'이라는 표현을 쓰는 듯합니다. 물론 공급 독점이나 수요 독점이라는 말로도 표현할 수 있습니다. 어쨌든 시장 점유율이 큰 회사가 가격 결정력을 갖기 때문에 시장을 좌지우지할 수 있다는 뜻을 내포하고 있어 보입니다.

캠브리지 사전(Cambridge Dictionary)에서 예문을 하나 가져왔습니다. "The company quickly cornered the market on desktop software products." '그 회사는 탁상용 소프트웨어 제품 시장을 재빨리 석권했다' 정도가 우리말로 적합하지 않을까 싶은데, 그러고 보면 매점매석의 의미는 숨겨져 드러나지 않습니다. 말이란 묘하기도 하고, 그래서 어렵기도 합니다.

고교	획수	형자	새김	발음
罔	8	亡	그물, 없을	망

망(罔)은 부수자에서 설명했듯이 망(网)의 이체자 즉, 발음과 뜻은 같지만 모양만 다른 글자입니다. 물고기를 잡는 그물입니다. 여기에서 '잡다, 거두어들이다'라는 뜻을 나타내게 됩니다. 망(罔)이 망(亡)에서 소리를 가져왔기 때문에 망(亡) 대신 쓰여 '없다'라는 뜻으로도 쓰입니다. 부사로 '아니다, 필요가 없다'라는 뜻도 나타냅니다. 그물을 나타내는 것은 옛날에 쓰인 글에서의 쓰임이고, 지금 그물의 뜻으로는 대체로 '가는 실' 멱(糸)이 붙은 망(網)을 씁니다.

망극(罔極)은 가없다, 다함이 없다는 뜻인데 『표준』에서는 두 가지로 설명합니다. 첫째, 망극지통(罔極之痛)과 같은 말로 "한이 없는 슬픔. 보통 임금이나 어버이의 상사(喪事)에 쓰는 말이다." 둘째, 망극(罔極)하다의 어근으로 망극하다는 "어버이나 임금에게 상서롭지 못한 일이 생기게 되어 지극히 슬프다"와 "임금이나 어버이의 은혜가 한이 없다"의 두 가지로 풀이합니다. 임금이나 어버이와 관련해 쓰는 말로 되어 있는데, 자세한 내용은 격물을 참고하기 바랍니다.

格物 070. 망극, 부생모육지은(父生母育之恩)

망극(罔極)이 어버이와 관련해 쓰이게 된 것은 『시경(詩經)』〈소아(小雅)〉의 「육아(蓼莪)」라는 시 때문이 아닐까 합니다. 「육아」는 모두 6연으로 되어 있는데, 그 가운데 네 번째 연의 내용은 다음과 같습니다.

> 父兮生我 母兮鞠我(부혜생아 모혜국아) 아버님 날 낳으시고 어머님 날 기르시니
> 拊我畜我 長我育我(부아휵아 장아육아) 쓰다듬어 길러주고 키워주고 감싸주네
> 顧我復我 出入腹我(고아복아 출입복아) 가는 걸음 망설이고 들어서는 안아주니
> 欲報之德 昊天罔極(욕보지덕 호천망극) 그 덕 다 갚으려면 높은 하늘 가이없네

부모님을 추도하는 제가(祭歌)로 추정합니다. 주세붕(周世鵬, 1495~1554)의 「오륜가(五倫歌)」, 송강 정철의 「훈민가(訓民歌)」 가운데 비슷한 시가 있습니다. 주세붕은 부모님의 '덕'이라 하고, 정철은 부모님의 '은혜'라고 합니다.

동요 「어머님 은혜」도 노랫말은 물론 시상도 비슷합니다. 윤춘병 작사, 박재훈 작곡으로 되어 있는데 1절에서는 어머님 은혜를 하늘에 비유해 높은 것을, 2절에서는 바다에 비유해 넓은 것을 노래합니다. 사실 호천망극(昊天罔極)은 높고 넓은 하늘처럼 끝이 없는 것이니 동요에서는 그 뜻을 다 살린 셈입니다.

자식 학대에 부모 살해 등의 소식이 더러 지상에 오르기도 합니다만, 인간답게 살려고 한다면 자식에 대한 자애(慈愛)와 부모님에 대한 효(孝)는 더없이 소중한 가치가 아닐까 합니다. (부모님) 생전에 효자 없고, 사후에 불효자 없다고 합니다. 돌아가시고 나면 그 큰 자리를 절실하게 깨닫기 때문이겠습니다. 그러니 작은 것 하나라도 부모님 살아 계시는 동안 잘 하는 것이 맞습니다.

고교	획수	형자	새김	발음
置	13	直	둘	치

치(置)는 풀어주는 것입니다. 『설문』의 현대어 역을 살펴보면 여기서 직(直)은 정직한 사람을 가리킨다고 합니다. 죄인을 용서하고 풀어주는 것 즉, 사면하는 것, 석방하는 것

입니다. 여기서 '폐기하다, 방기하다'의 뜻을 갖게 됩니다. 인신되어 '놓다, 세우다'의 의미를 갖습니다.

　연세 드신 분들이 치부책(置簿冊)이라는 말을 쓰시는데 이것은 돈이 들어오고 나간 것을 기록해 남겨놓은 책입니다. 치부(置簿)는 마음속으로 그러하다고 보거나 여긴다는 뜻도 있습니다. 어디에 몸을 두는 것은 치신(置身)이고, 어떤 것에 특별히 중점을 두어서 치중(置重)이고, 그냥 내버려두는 것은 치지(置之)라고 합니다. 동음이의어인 치지(致知)는 사물의 도리를 깨닫는 경지에 이르는 것을 이릅니다. 묏자리를 미리 잡고 표적을 묻어 무덤 모양으로 만들어두거나 또는 그 표적은 치표(置標)라고 합니다. 치신(置身)과 관련해 치신무지(置身無地)라는 성어가 있는데 〈格物 071〉을 참고하기 바랍니다.

格物 071. 치신무지, 치신무용, 급인지곤, 용신지처

　치신무지(置身無地)는 몸 둘 데가 없다는 뜻인데, 이 몸을 위탁해도 받아줄 곳이 없다는 뜻의 치신무용(置身無容)으로 쓰기도 합니다. 전국 시대 진(秦)나라 소왕(昭王, BC 325~251)이 조(趙)나라 수도 한단(邯鄲)을 포위하고 다른 제후들이 도와주면 그 제후국을 멸망시키겠다고 위협합니다.

　이때 위(魏)나라 소왕(昭王, ?~BC 277)의 작은 아들이자 소왕을 이은 위안리왕(魏安釐王)의 이복동생인 신릉군(信陵君) 위무기(魏無忌)가 왕의 병부를 훔쳐 조나라를 구해줍니다. 위급한 다른 사람을 도와준 것이라서 급인지곤(急人之困)이라고 합니다.

　이에 조나라는 위무기에게 성을 다섯 개 내어주고 제후에 봉하려고 하고, 위무기는 스스로 그 정도 공이 있다고 자만합니다. 그런데 이에 대해 위무기의 문객이 한마디합니다. "일에는 잊을 수 있는 것이 있고, 잊지 않으면 안 되는 것이 있습니다. 다른 사람이 공자에게 덕을 베풀면 잊으시면 안 됩니다. 공자께서 다른 사람에게 덕을 베푸신 것은 잊으시기 바랍니다. 하물며 안리왕(安釐王)의 명을 사칭해 진비(晉鄙)의 군대를 빼앗아 조(趙)나라를 구했으니, 조나라에는 공이 있는 것이지만 위나라에는 충신이 못 됩니다. 공자께서 자만하며 공으로 여기시는데 받아들이지 마옵소서." 성을 다섯 개 주고 제후로 봉하려는 조나라의 제의를 받아들이지 말라는 충고입니다. 이때 위무기가 한 대답이 "나를 용납해 줄 곳이 없구나[無地自容]"였습니다.

　용신(容身)도 이와 관련이 있는 말이겠는데,『표준』에서는 "이 세상에 겨우 몸을 붙이고 살아감"으로 설명합니다. 용신지처(容身之處)는 바로 그런 장소이겠습니다.

고교	획수	형자	새김	발음
署	14	者	관청, 마을	서

서(署)는 부서(部署)입니다. 부서는 일의 성격에 따라 나누어놓은 부문입니다. 그러니 부서마다 관장하는 업무가 다릅니다. 관청에는 여러 부서가 있기 때문에 흔히 '관청' 서로 새깁니다. 고문 연구에서 본뜻은 그물[网]을 펼쳐놓아 새[者]를 잡는 것이라고 합니다. 여기에서 인신되어 '설치하다, 사무를 처리하는 장소' 등을 나타내게 되었다고 합니다.

조직에서 결원이 생겼을 때, 그 직무를 대리하거나 또는 그런 사람은 서리(署理)인데 법률적으로는 왈가왈부 말이 많지만 총리서리가 있었습니다. 서명은 문서에 자기의 이름을 써넣는 것으로 법률 효과가 발생하게 됩니다. 경찰서장, 세무서장 등의 서장은 서(署)의 우두머리입니다. 치안을 담당하는 경찰서(警察署), 화재를 진압하는 소방서(消防署) 등에 쓰입니다.

고교	획수	회자	새김	발음
罰	14	詈 刀	벌할	벌

벌(罰)은 가벼운 죄입니다. 칼[刀]을 들었지만 다른 사람을 해치지는 않고 욕[詈, '욕할' 리]만 하는 것입니다. 그에 따라 처분하는 것을 나타내기도 합니다. 현행 형법상 협박죄(脅迫罪)에 해당되지 않을까 합니다.

리(詈)는 꾸짖는 것입니다. 『설문』에서는 "욕하다. 망(网)에서 뜻을 취하고, 언(言)에서 뜻을 취한다. 죄인(辠人)을 잡는 것이다"라고 합니다. 죄인을 잡을 때처럼 말을 함부로 해 욕을 한다는 뜻입니다. 기초한자에는 '벌할' 벌(罰)에 자소자로 쓰입니다.

벌금(罰金), 벌주(罰酒), 벌칙(罰則)에서 볼 수 있는 것처럼, 조금은 가벼운 잘못임을 알 수 있습니다.

格物 072. 폭력과 사형(私刑)

현대 국가에서 폭력은 국가가 소유하고 있습니다. 역사상 종종 등장하는 사병혁파(私
兵革罷)나 현대의 불법 무기 소지 금지도 폭력의 국가 독점과 궤를 같이 한다고 볼 수
있습니다. 사병이나 불법 무기는 다른 사람의 안녕을 해치는 요소이기도 하고 체제에
대한 위협이 됩니다. 여차하면 국가를 전복하는 데에 쓰일 수 있기 때문입니다.

미국의 총기 소지가 끊임없이 문제가 되는데, 이것은 1800년대 서부 개척 시의 환경
이 자위(自衛)를 위해 총기를 소지하지 않을 수 없는 상황이었기 때문이고 그런 전통이
이어져오기 때문이겠습니다. 거기에 총기 제조사의 정치권 로비 또한 막강한 영향력을
행사합니다. 어쨌든 자신의 생명을 지키기 위해 긴급한 상황에서의 정당방위를 제외하
고 개인은 폭력을 행사할 수 없습니다. 개인이 폭력을 행사하는 사형(私刑, lynch)은 불
법입니다.

행형 제도에서 형벌은 늘 쟁점이 되어왔습니다. 사람들은 처음에 벌을 동일한 형
태의 보복으로 생각했습니다. "눈에는 눈, 이에는 이"라는 말로 대표되는 함무라비
(Hammurabi, ca. BC 1810~1750) 법전의 정신이기도 합니다. 동일 보복형이라고도 하
고, 본보기로 다른 사람들에게 위협을 준다는 뜻에서 위하형(危嚇刑)이라고도 합니다.
그런데 인지가 발달하며 나중에는 벌의 목적은 죄에 대해 동일한 형태로 처벌만 하는
것이 아니고, 교화를 통해 죄인이 정상인으로 사회에 복귀하게 하는 것이라는 쪽으로
생각이 바뀌게 되었습니다. 교화형입니다.

지금은 거의 모든 나라가 교화형의 이념을 받아들이고 있습니다만, 흉악범이라든지,
패륜적인 범죄와 관련해서는 여전히 논쟁이 그치지 않고 있습니다. 특히 사형 제도와
관련해 의견이 첨예하게 대립되기도 하는데, 철폐를 주장하는 측에서는 오판 가능성을
배제할 수 없는 것을 이유로 들기도 합니다. 세계적인 추세는 사형의 금지입니다.

형벌에 대한 의식의 변화로 용어에도 변화가 왔습니다. 옛날에는 감방이나 감옥, 형
무소(刑務所)라고 했습니다. 형벌과 관련된 업무를 집행하는 곳이라는 뜻입니다. 어떤
말이든 죄인을 가두고 형벌을 집행한다는 데에 초점이 맞춰 있습니다. 그러나 이제는
잘못된 것을 바로 잡고 바른 길로 이끈다는 의미의 교정이나 교도, 교화라는 말을 많이
씁니다. 범인의 인권 보호 측면에서도 당연한 조치입니다. 그러나 피해자 측 관련자의
입장에서 본다면 동일 보복형과 교화형 사이의 갈등은 여전히 적지 않습니다.

고교	획수	회자	새김	발음
罷	15	网能	마칠/고달플	파/피

『설문』의 **파(罷)**를 먼저 살펴보겠습니다. "파(罷)는 죄인을 석방하는 것이다. 망(网)과 능(能)에서 뜻을 취하는데, 어질고 능력[能] 있는 사람이 법망[网]에 걸려들면 그 죄는 사면하고 파면해 쫓아낸다는 뜻이다"라고 합니다. 범인을 아무런 조건 없이 풀어주는 것이 아닙니다. 능력이 있어 뭔가 공헌을 한 경우에 그것을 참작해 자리에서 쫓아내는 것으로 형을 종결시키는 것입니다. 요즈음 법률 용어를 쓴다면 '정상(情狀)'을 참작한 형의 집행 정지나 유예'가 되겠습니다.

본뜻은 자형에서 볼 수 있는 것처럼 "그물[网]로 곰[能, '곰' 웅(熊)의 본자]을 잡는 것"이라고 합니다. 곰을 잡는 일은 힘들고 어렵습니다. 그래서 '힘들다, 고달프다'라는 뜻을 나타냅니다. 곰을 잡았다고 할 때 '잡았다'에 중점을 두면 '마치다, 그치다, 파하다'라는 의미를 갖게 됩니다.

잘못을 저지른 사람에게 직무나 직업을 그만두게 하는 것은 파면(罷免), 시장이 문을 닫고 매매를 중단하는 것은 파시(罷市)입니다. 동음이의어 파시(波市)는 고기가 한창 잡힐 때에 바다 위에서 열리는 생선 시장을 뜻합니다. 하던 일을 중지하는 것은 파업(罷業)인데 지금 파업은 대부분 단체의 조직적인 행동을 가리킵니다.

고교	획수	회자	새김	발음
羅	19	网維	벌일, 그물	라

라(羅)는 『설문』에서 "실그물로 새를 잡는 것이다. 망(网)에서 뜻을 취하고, '바' 유(維)에서 뜻을 취했다. 옛날 망씨(芒氏)가 처음으로 만들었다"라고 합니다. 그물로 새를 잡는다는 것을 본뜻으로 봅니다. 인신하여 '불러들이다, 구하다'라는 뜻이 있고, '벌여 놓다'는 뜻도 나타냅니다. 나열(羅列)입니다.

현대 중국어에서는 라(羅)가 12타[dozen] 즉, 144개를 가리키기도 합니다. 이것은 영어의 'gross'를 번역하는 과정에서 나온 용법이 아닐까 합니다. 'gross'는 보통 '총'의 뜻으로 쓰이지만, 상업 영어에서는 수량을 가리키는 경우가 있어 12타(打, dozen)를 뜻합니다. 우리도 12개 묶은 것을 '다스'라고 하는데, '다스'는 영어의 더즌(dozen)이 일본을 거쳐 우리말에 들어온 것입니다.

여러 사람이 죽 늘어서서 함께 절을 하는 것은 나배(羅拜)입니다. 지남침(指南針)의 뜻으로 나침(羅針)을 쓰는데, 이것은 우리나라와 일본에서의 용법으로 보입니다. 중국어에서는 나경(羅經) 또는 나반(羅盤)이라고 합니다. 나작굴서(羅雀掘鼠)는 그물을 펴 참새를 잡고 굴을 파서 쥐를 잡는다는 뜻으로 식량이 떨어져 참새나 쥐로 허기를 달래야 하는 빈곤한 상황을 말합니다. 후에는 온갖 수단을 다 써서 재물을 마련하는 것을 비유적으로 나타내기도 합니다.

R123

양 양(羊, 羋) 부

갑골	금문	전문	해서
￥	￥	羊	羊

'양' **양(羊)**은 양의 머리와 두 뿔의 모양을 본뜬 상형자입니다. 『설문』에는 "양(羊)은 길상(吉祥)이다. 머리와 뿔, 발과 꼬리를 본뜬 것에서 뜻을 취했다. 공자는 우(牛) 자나 양(羊) 자는 그 모양을 바탕으로 그려낸 것이라고 했다"라고 합니다. 길상(吉祥)은 행운의 뜻으로 특히 미술에서는 행운과 관련된 각종 문양을 가리키기도 합니다. 주석을 보면 "옛날에는 '상서로울' 상(祥) 자가 없어서 그 대신 양(羊) 자를 많이 썼다. 종이나 솥에 쓴 글자[款識(관식)]에는 '대길상(大吉羊)'이라는 글자가 많다"라고 설명하고 있습니다. 양은 개와 달리 본성이 무리를 이루는 동물입니다. 지지가 미(未)인 해의 간지 동물이 양이기도 합니다.

格物 073. 가축(家畜)

소, 돼지, 개, 닭, 말, 양은 인간이 선사 시대부터 가축화해서 키우고 이용해왔던 동물들로 육축(六畜)이라고 합니다. 집에서 기르는 여섯 가지 가축이라는 뜻입니다. 옛날 제사에 바치던 희생도 자연 이 육축 가운데 잡아서 바치는 것이었습니다. 소, 돼지, 양, 그리고 개도 더러 나옵니다.

그런데 우리나라에서 개는 제사상에 잘 올리지 않습니다. 또한 가축으로 이상하게 말과 양을 잘 기르지 않습니다. 제주도에서 일부 말을 키우고 있지만 승마용이나 관광 상품으로 개발된 것이지 가축으로 키우지는 않습니다. 혹 이것은 우리나라의 지형 특성과 관련이 있지 않을까 하는 추측을 해봅니다. 말과 양은 넓은 풀밭이 있어야 합니다. 산악 지형이 많은 우리나라에서는 이런 초지를 확보하기가 어려워 자연 이 두 동물은 잘 기르지 않게 된 것이 아닌가 합니다. 더욱이 양은 한 곳의 풀을 다 먹으면 다른 곳으로 이동해야 합니다. 유목용 동물입니다. 정착 사회인 우리나라에서는 그런 점도 고려의 대상이 되었겠습니다.

동물성 섬유원으로서 누에고치와 양털이 있는데 이런 점에서 우리나라는 비단에만 의존할 수밖에 없었겠고, 아니면 다른 야생 동물의 가죽을 이용하는 방법밖에 없습니다. 유목 생활에는 양젖과 그 털로 만든 직물이 생활의 바탕이 됩니다. 양젖을 식료품으로 이용하는 데에도 제약이 있었던 셈입니다. 물론 타락(駝酪)이라고 해서 우리나라에도 옛날에 우유가 있었고, 타락죽(駝酪粥)이라고 해 우유죽이 있었습니다. 그러나 그것을 먹거나 마신 것은 아주 지체가 높은 집이나 왕실 정도에 불과한 것으로 알려져 있습니다.

중학	획수	새김	발음
羊	6	양	양

양털은 양모(羊毛), 양젖은 양유(羊乳)입니다. 타락(駝酪)도 우유이지만 소의 젖입니다. 타락(駝酪)은 치즈를 뜻하는 몽고어 타락(taraq)에서 온 것으로 알려져 있는데 목축업이 발달하지 않은 우리나라에서 치즈를 만들 수도 없었겠고 우유가 그나마 유일한 유제품이니 우유가 되지 않았을까 짐작해 봅니다. 양두구육(羊頭狗肉)은 "양의 머리를

걸어놓고 개고기를 판다"는 뜻으로 겉보기만 그럴듯하게 보이고 속은 변변하지 아니함을 이릅니다. 중국에서는 보통 말 그대로 "과양두매구육(挂羊頭賣狗肉)"으로 전체를 다 쓰는 듯하고, 우리나라와 일본에서는 "양두구육"으로 씁니다.

格物 074. 양두구육(羊頭狗肉), 물 먹인 쇠고기 파는 가짜 상술?

양두구육(羊頭狗肉)은 출전이 조금 애매한데 일부 일본 책에서는 송나라 때 유백 스님(釋惟白)이 지은 『속전등록』 제31권에 나오는 "양 머리를 걸어놓고 개고기를 파는 것[懸羊頭 賣狗肉 知它有甚憑據]"이라고 하고, 중국에서는 대부분 『안자춘추(晏子春秋)』에 나오는 "문에는 양 머리를 걸어놓고 안에서는 말고기를 판다[懸羊頭於門 而賣馬肉於内]"라는 구절을 기원으로 보는 듯합니다.

보통 책에서 소개하는 부분이 많아야 여기까지입니다. 마치 물 먹인 쇠고기를 파는 부도덕한 정육점에서 벌어지는 일 같습니다. 그런데 알고 보면 전혀 딴판입니다. 감히 (?) 원문을 좀 읽어보려 합니다. 춘추 시대 제(齊)나라 영공(靈公, ?~BC 554, 재위 BC 581~554)과 안자(晏子, ?~BC 500)가 주고받은 이야기 가운데에 나옵니다.

영공이 여자가 남장하는 것을 좋아하니 온 나라[혹은 서울] 사람들이 모두 그를 본받았다. 공이 관리를 시켜 금하도록 하고 "여자가 남장을 하면 그 옷을 찢고, 띠를 자를 것이다"라고 일렀다. 계속해 옷이 찢어지고 띠가 끊어지는데도 (남장은) 끊이질 않았다. 안자가 영공을 뵈니 영공이 "과인이 여자가 남장을 하면 그 옷을 찢고, 띠를 자르도록 했는데, 옷이 찢어지고 띠가 잘리는 일이 계속되는데도 (남장이) 끊이지 않은 것은 무슨 까닭이오?"라 물었다. 안자가 이에 "임금께서 궁 안에서는 남장을 하도록 하시고, 궁 밖에서는 금하신 것은 문에 소머리를 걸어놓고 안에서 말고기를 파는 것과 같습니다. 공께서 어찌 궁내에서 남장을 금하시지 않으십니까? 그러면 궁 밖에서도 감히 그렇게 하지 못할 것입니다"라 대답했다. 공은 "좋다!"고 했다. 이에 궁 안에서도 남장을 못하도록 했고, 한 달이 지나지 않아 나라[서울]에 남장을 하는 사람이 없어졌다.

[靈公好婦人而丈夫飾者 國人盡效之 公使吏禁之曰 "女子而男子飾者 裂其衣 斷其帶" 裂衣斷帶相望而不止 晏子見 公問曰 "寡人使吏禁女子而男子飾者 裂其衣

斷其帶 相望而不止者 何也" 晏子對曰 "君使服之于內而禁之于外 猶懸牛首于門 而求買馬肉也 公何以不使內勿服 則外莫敢爲也" 公曰 "善" 使內勿服 不旋月而國 莫之服也]

우리말 발음은 공간 절약을 위해 생략하니 공부 삼아 한 번 자전을 찾아보며 스스로 해석해보기 바랍니다. 여기서는 영공(靈公)이라고 했는데 더러 경공(景公, ?~BC 554, 재위 BC 581~554) 때의 일로 설명하는 경우도 있습니다. 필자가 확인한 바로는 영공 (靈公) 때의 일이 맞습니다. 영공이 서거한 후 왕위를 이은 것은 장자 광(光)으로 장공(莊 公, ?~BC 548, 재위 BC 553~548)입니다만 신하의 아내와 사통한 것이 화근이 되어 살해당합니다. 이어 대를 이은 것이 장공의 이복동생인 저구(杵臼)로 바로 경공입니다.

여기에서 '우수마육(牛首馬肉)'이라는 성어가 나왔는데, '양두구육(羊頭狗肉)'과 같은 의미입니다. "소머리를 걸어놓고 말의 포를 판다 [懸牛頭 賣馬脯]"는 말도 출전이 같습니다. '속 다르고 겉 다르다, 명(名)과 실(實)이 다르다, 가짜이다'라는 뜻이니 비슷한 뜻입니다. 그런데 이 말의 본의는 좀 다른 면이 있습니다. "현우두 매마포(懸牛頭 賣馬脯)"는 양두구육의 뜻 외에 어떤 일이든 자기 자신이 모범이 되어야 제대로 실시할 수 있다는 것을 나타내는 것으로 보기도 합니다. 자기가 남보다 먼저 실천하여 모범을 보임으로써, 일반 공중이 지켜야 할 법칙이나 준례를 만든다는 '이신작칙(以身作則)'의 뜻입니다. 물론 쓰이는 문장 안에서 문맥의 뜻을 보아 판단해야 할 부분입니다.

이것을 보면 양두구육은 정육점의 부도덕한 상술에서 나온 것이 아니라 유행과 관련되어 나온 말입니다. 유행을 패션(fashion)과 트렌드(trend)로 나누기도 하는데, 트렌드는 잠깐 지속되는 것으로 시간상 짧은 것이라고 설명하기도 합니다. 당시 패션이었을지 트렌드였을지는 궁금한 분들이 한 번 살펴보기 바랍니다.

중학	획수	새김	발음
美	9	아름다울	미

미(美)는 맛이 좋다는 뜻입니다. 양(羊)이 크면[大], 기름지고 맛이 있다고 합니다. 큰 양을 그린 것으로 보아 상형자로 취급하기도 합니다. 양이 크면 맛이 있다는 데에는 조금 의문이 듭니다. 카오췐양(烤全羊)은 양 통구이로 중국 신강이나 내몽골을 대표하는

음식입니다. 물론 몽골을 대표하는 음식이기도 합니다. 이 통구이에는 맛이 좋다고 해서 새끼 양을 쓰는 것으로 알려져 있습니다. 새끼 양이 클 수도 있겠지만, 글쎄(?) 하는 생각은 듭니다. 고문 분석의 결과는 전혀 다릅니다. 사람의 머리 위에 양 모양의 장식을 한 것을 그린 글자로 그것이 보기 좋다는 뜻이라고 합니다. 그래서 '좋다, 아름답다'라는 뜻을 나타내게 되었다고 합니다. 양의 맛에서 시작됐든 머리장식에서 시작됐든 '좋다, 아름답다'라는 것을 나타내는 것은 같습니다.

우리는 미(美)라고 하면 주로 시각과 관련된 것을 연상합니다만, 한자에서는 미각(味覺) 즉, 맛이 좋은 것도 미(美)라고 합니다. 아름답고 희게 해준다는 미백(美白)은 화장품이나 치약 선전에 빠지지 않는 단골 메뉴가 된 지 오랩니다. 아름다운 덕행은 미덕(美德)이고, 경치가 아름다워 미경(美景), 맛이 좋아 미주(美酒), 얼굴이 아름다워 미녀(美女)… 등등 미(美) 자로 이루어진 단어는 꽤 많습니다. 미녀잠화(美女簪花)는 미녀가 머리에 꽃을 꽂았다는 뜻입니다. 문자 그대로 그런 모습을 형용하는 것일 수도 있고, 시나 문장이 빼어나게 아름다운 것을 이르기도 합니다. 미언불신(美言不信)은 노자(老子)의 말씀으로 "믿을 말은 아름답지 않고, 아름다운 말은 믿을 수 없다 [信言不美 美言不信]"에서 나온 것입니다. 아름다운 말은 듣기 좋은 말 정도가 되겠습니다. 공자님 말씀으로 "말을 교묘하게 하고 얼굴빛을 곱게 하는 사람 중에는 어진 이가 드물다 [巧言令色 鮮矣仁]"와 같은 의미를 전해줍니다. 양약은 입에 쓰다 [良藥苦口], 충언은 귀에 거슬린다[忠言逆耳] 등도 같은 뜻을 나타냅니다.

중학	획수	새김	발음
義	13	옳을	의

의(義)는 자신[我]의 장엄한 태도나 행동[羊]이라고 합니다. 주석에 "위엄이 있는 모습이나 태도는 나에게서 나오기 때문에 아(我)를 쓰며, 양(羊)은 아름다운 것으로 길상이다"라고 합니다. 달리 설명하면 아름다운 행동이나 태도는 바로 나 자신에게서 나온다는 말입니다. 고문 분석에서는 소나 양을 잡아 제사를 드리는 것으로 봅니다. 그래서 제사에 바치는 희생의 뜻이 있고, 공정하고 합리적인 일을 가리키기도 합니다. 인신되어 윤리나 도덕에 맞는 원칙을 나타냅니다. 여기서 더 나아가 '착하다, 좋다, 정당하다' 등의 뜻까지 갖게 되었습니다.

정의를 위하여 개인이나 집단이 의로운 일을 도모하는 것은 의거(義擧), 정의감에서 우러나오는 기개(氣槪)는 의기(義氣)이고 의사(義士)는 의로운 지사입니다. 의안(義眼)은 의로워 보이는 눈이 아니고, '만들어 박은 인공적인 눈알'을 말합니다. 더러 의사와 함께 쓰이는 열사(烈士)가 있는데 『표준』에서 열사는 "나라를 위하여 절의를 굳게 지키며 충성을 다하여 싸운 사람"이라고 정의하고 있습니다. 우리의 국권 회복이나 독립운동과 관련해 열사(烈士)는 "죽음으로 정신적인 저항의 위대성을 보인 분들"을 가리키고, 의사(義士)는 "무력으로 행동을 통해서 큰 공적을 세운 분들"로 구분합니다. 유관순 열사와 안중근 의사입니다. 의무반고(義無反顧)는 '의는 뒤를 돌아보지 않는다'라는 뜻으로, 주변을 돌아보지 않고 용맹스럽게 의로운 것을 추진함을 이릅니다. 의불반고(義不反顧)로 쓰기도 합니다.

증외	부수	획수	형자	새김	발음
養	食	15	羊	기를	양

양(養)은 양(羊)에게 먹이[食]를 주는 것입니다. 기르는 것, 돌보는 것입니다. 갑골문에서는 양(羊) 자 오른손[又] 쪽에 채찍[丨]을 들고 있는 모양이라서 방목을 한 뒤 양을 모는 뜻이었습니다만, 자형이 바뀌면서 글자가 포함하는 내용이 조금 달라졌습니다. 하지만 양을 모는 것이나 먹이를 주는 것이나 방법만 다를 뿐 기르고 돌보는 것은 마찬가지입니다. 의미가 확대되어 '주다, 돌보다, 키우다' 등의 뜻을 갖게 됩니다.

돕고 보살피는 것은 부양(扶養)이고, 음식으로 웃어른을 잘 모시거나, 부처님에게 바치는 것은 공양(供養)이며, 보살펴 키우는 것은 양육(養育)입니다. 양아비로(養兒備老)는 아이를 키워 노년에 대비한다는 뜻입니다. 효가 중시되던 전통 사회에서는 부모가 자식을 키운 뒤 노년이 되면 봉양을 받는 것이 당연지사였습니다. 너나 할 것 없이 농사를 지어 먹고 사니, 달리 다른 방법도 없습니다. 하지만 이제는 사회 구조가 달라져 아이를 키우는 것은 부모로서 당연한 의무이지만, 나중에 봉양을 기대하기는 어려운 것이 현실입니다. 아직은 과도기인 듯한데 부모 세대도 미리미리 노년에 대비해 젊은 자식 세대에게 부담이 되지 않도록 해야겠습니다. 양생송사(養生送死)는 부모님 생전에는 잘 봉양하고 사후에는 후하게 장사를 지내는 것을 이릅니다. 양호유환(養虎遺患)은 범을 길러서 화근을 남긴다는 뜻으로 화근이 될 것을 길러서 후환을 당하게 됨을 이릅니다. 여기서

범은 호랑이입니다. 양호후환(養虎後患)으로 쓰기도 합니다.

증외	부수	획수	형자	회자	새김	발음
洋	水	9	羊	水羊	큰 바다	양

양(洋)은 큰 바다입니다. 먼 바다입니다. 굳이 큰 바다라고 하는 것은 해(海)와 구별하기 위해서입니다. 해(海)는 육지에 인접한 가까운 바다이고 양(洋)은 육지에서 멀리 떨어진 먼 바다로 큰 바다입니다. 흔히 오대양 육대주(五大洋 六大洲)라는 말을 합니다. 오대양은 물론 태평양, 대서양, 인도양, 남빙양, 북빙양을 가리킵니다. 남북 양쪽으로는 평상시 얼어 있어서 빙양(氷洋)인데, 남빙양과 북빙양은 남극해, 북극해라고도 합니다. 이들 바다는 상대적으로 삼대양보다는 작기 때문이겠습니다.『설문』에서는 양(洋)을 제나라 임구현(臨朐縣)의 높은 산에서 흘러나오는 물줄기라고 합니다. 다른 자전에서는 물이 많다는 뜻이라고 설명합니다. 물이 많아 넓고 큰 것입니다. 그래서 큰 바다를 가리킵니다. 큰 바다 건너 외국을 나타내기도 합니다. 동양(東洋)과 서양(西洋)입니다.

'양양자득'은 뜻을 이루어 뽐내며 꺼드럭거리는 것을 말합니다.『표준』에는 "양양자득(揚揚自得)"으로 실려 있는데, 중국에서는 양양자득(洋洋自得)으로도 쓰며 같은 뜻입니다. 양양자득(揚揚自得)이 더 오래된 고사에서 나왔는데 재미있는 일화가 깃들어 있습니다.

格物 075. 양양자득, 마부(馬夫) 아내의 형안(炯眼)

양양자득(揚揚自得)은『사기』〈관안열전(管晏列傳)〉에 나옵니다. 여기서 관(管)은 관포지교(管鮑之交)로 알려진 관중과 포숙의 관중이고, 안(晏)은 춘추 시대 제나라의 안자(晏子) 즉, 안영(晏嬰, ?~BC 500)입니다.

안자는 명재상으로 영공(靈公), 장공(莊公), 경공(景公)의 삼대에 걸쳐 사환(仕宦)했습니다. 안자는 공자가 벼슬길에 오르는 것을 반대하기도 했는데, 그럼에도 불구하고 공자가『논어(論語)』에서 그의 사람됨을 높이 칭찬하는 것을 보면 안자는 분명 뛰어난 사람이었겠습니다.

안자가 제나라 재상으로 나가는데[출근], 그 마부의 아내가 문틈으로 남편의 모습을 엿보았다. 남편은 재상을 위해 수레를 모는데, 머리 위에는 수레 덮개를 들고, 사마에 채찍질을 하며 의기양양하고 심지어는 뽐내며 우쭐거리는 듯했다. 남편이 돌아오니 아내가 이혼을 하자고 했다. 남편이 그 까닭을 물으니 그 처는 "안자는 키가 6자가 안 되지만 제나라의 재상이자 이름난 제후입니다. 이제 제가 (안자가) 나가는 모양을 보니 뜻과 생각이 깊고 늘 스스로를 낮추는 분입니다. 그런데 당신은 키는 8자나 되지만 다른 사람의 노복으로 수레나 몰면서 스스로 만족해하니 제가 헤어지길 원하는 것입니다"라고 했다. 그 후 마부가 스스로 겸손해졌다. 안자가 이상하게 여겨 묻자 사실대로 대답했다. 안자가 (마부를) 천거해 대부가 되었다.

[晏子為齊相 出 其御之妻從門閒而闚其夫 其夫為相御 擁大蓋 策駟馬 意氣揚揚 甚自得也 旣而歸 其妻請去 夫問其故 妻曰 "晏子長不滿六尺 身相齊國 名顯諸侯 今者妾觀其出 志念深矣 常有以自下者 今子長八尺 乃為人仆御 然子之意自以為 足 妾是以求去也" 其後夫自抑損 晏子怪而問之 御以實對 晏子薦以為大夫]

고사성어를 보면 더러 안타까움을 느낍니다. 인용을 최소한으로 줄이려면 자칫 양두구육(羊頭狗肉)에서 볼 수 있는 것처럼 전체적인 뜻을 그르치기 쉽습니다. 양양자득(揚揚自得)도 마찬가지입니다. 그래서 원전을 찾아 확인해보게 되는데 뜻밖의 사실에 놀랍기도 하고, 그것을 확인하는 재미 또한 쏠쏠하기도 합니다. 하지만 시간은 정말 많이 걸립니다. 원전을 읽기가 어렵고 바쁘면 우리말 번역 부분만 재미있게 읽으면 됩니다.

증외	부수	획수	회자	새김	발음
善	口	12	羊 口	착할	선

'착할' 선(善)의 본자는 '譱'입니다. 『설문』에서는 길상을 나타내는 말이라고 합니다만 선(善)의 본뜻은 음식이 맛있음을 나타내는 것입니다. '맛있다'에서 '좋다, 아름답다'라는 뜻이 나왔습니다. '정확하다, 어떤 일을 잘 하다'라는 뜻도 나타냅니다.

친절하게 잘 대접하는 것은 선대(善待)하는 것이고, 올바르고 좋은 길로 이끄는 것은 선도(善導)이며, 행실이나 성질이 착한 것은 선량(善良)한 것입니다. 『성경』 속에서 아담과 이브는 선악을 분별할 수 있다는 선악과(善惡果)를 따먹은 죄로 낙원에서 추방당합니다. 선남선녀(善男善女)는 성품이 착한 남자와 여자란 뜻으로 착하고 어진 사람들입니다. 선시선종(善始善終)은 처음부터 끝까지 한결같이 잘하는 것입니다. 무슨 일이든 끝가지 잘 마무리를 해야지 하다가 멈추면[中途而廢(중도이폐)] 아니함만 못합니다.

증외	부수	획수	회자	새김	발음
着	目	12	羊目	붙을	착

착(着) 자는 『설문』과 『강희』에는 수록되어 있지 않습니다. 『설문』에는 '대' 죽(竹) 아래 쓰는 저(箸)가 올라 있어 젓가락이라고 합니다. 그러나 자(者)가 횃불로 쓰는 섶[나무]이라는 뜻을 가지고 있어, 본뜻은 댓가지 같은 데에 불을 붙여 밝히는 것으로 봅니다. 그래서 착(着)은 저(箸)에서 분화된 글자로 봅니다. '대다, 접촉시키다'라는 뜻을 가지며, '불을 붙이다, 입다' 등의 뜻으로 인신된 것으로 파악합니다. 착(着)은 '나타날' 저(著)의 속자이기도 한데, 기초한자에 '着'은 대표음이 '착'으로 올라 있습니다. '입다, 붙다'의 뜻을 나타냅니다. '著'는 '저'로 올라 있으니 '나타나다'의 뜻으로 새기는 것입니다.

증외	부수	획수	회자	새김	발음
鮮	魚	17	魚羊	고울	선

선(鮮)을 『설문』에서는 "물고기 이름이다. 맥국(貊國)에서 나온다"라고 설명합니다. 강원도 춘천을 흔히 '맥국의 고도(古都)'라고 하는데, 춘천에는 겨울철의 빙어 그리고 평상시에는 향어와 송어가 유명한데 이것은 아무래도 최근 이야기이겠고 글쎄 어떤 물고기인지 모르겠습니다. 재미로 하는 이야기이고, 살아 있는 고기를 가리키는 데에서 '신선하다'는 뜻이 있습니다.

중국인들이 이 선(鮮) 자와 관련해 농담처럼 하는 이야기가 있습니다. 중국은 땅이 넓어 내륙에서는 바닷고기[魚]를 구경하기가 어렵고, 또 거꾸로 바닷가에서는 양고기[羊]를 맛보기가 어려웠다고 합니다. 거꾸로 생선과 양고기는 바닷가와 내륙에서 가장 맛있는 음식의 재료였습니다. 실제 선(鮮)에는 여기에서 나올 수 있는 '좋다, 드물다,

새롭다' 등의 뜻이 들어 있습니다. 여러분이 기억하기 좋게 들은 이야기를 전하는 것이지 학문적인 연구에서 나온 근거 있는 이야기는 아닙니다.

고교	획수	형자	새김	발음
群	13	君	무리	군

『설문』의 자형은 '羣'으로 "군(羣)은 무리[輩]이다"라고 합니다. 『단주』에 "군대에서 수레 백 량(兩)을 내는 것을 배(輩)라 한다"라고 합니다. 양은 특성이 무리[群]를 이루고, 개는 혼자[獨] 지냅니다. 떼를 이룬 많은 양입니다. 그래서 모여 사는 것을 가리키기도 하고 집단을 나타내기도 합니다.

무리를 지어 사는 것은 군거(群居), 떼를 지어 모여 있는 많은 사람은 군상(群像), 한 곳에 모인 많은 사람은 군중(群衆), 한 곳에 모여 있거나 모여 사는 무리가 군집(群集)입니다. 군책군력(群策群力)은 많은 사람의 지혜와 능력인데 요즈음 더러 듣게 되는 집단지성(collective intelligence)도 같은 의미가 아닐까 합니다. 집사광익(集思廣益)을 설명하면서 집단지성이 나왔었습니다. 생각이 안 난다고요? 그럼 찾아보시라니까요! 군용무수(群龍無首)는 용은 여럿인데 머리가 없다는 뜻으로 여러 사람이 있지만 그것을 이끌 사람이 없다는 뜻입니다.

고외	부수	획수	형자	새김	발음
詳	言	13	羊	자세할	상

상(詳)은 심의(審議)하는 것입니다. 자세히 살피고 토론을 하는 것입니다. 여기에서 '자세하다, 조밀하다, 꼼꼼하다'라는 뜻이 나왔습니다. 인신되어 분명하고 명백한 것을 가리킵니다.

고외	부수	획수	형자	회자	새김	발음
差	工	10	工	來/𡹪 左, 羊 工	다를/들쑥날쑥할	차/치

'다를' 차(差)는 '양' 양(羊)이 들어간 글자로 분석하지 않습니다만, 현재의 자형을 바탕으로 넣어본 것입니다.

차강인의(差强人意)는 약간 마음을 든든하게 해준다는 뜻입니다. '차지호리 유이천리(差之毫釐 謬以千里)'는 처음에는 아주 미세한 차이일지라도 나중에는 큰 착오가 된다는 뜻입니다. '차지호리 실지천리(差之毫釐 失之千里)'로 쓰기도 합니다. 『한서(漢書)』〈사마천전(司馬遷傳)〉에 "그 까닭을 살펴보면 모두 근본을 잃은 것이다. 그래서 『주역(周易)』에서 터럭 같은 차이가 천리나 되는 잘못이 된다"라고 합니다. 『예기』 주해에서는 "군자는 시작을 삼간다. 터럭 같은 차이가 천리나 되는 잘못이 되기 때문이다 [君子慎始, 差若豪釐, 繆以千里]"라고 합니다.

고외	부수	획수	형자	회자	새김	발음
祥	示	11	羊	示 羊	상서로울	상

상(祥)은 행복입니다. 상서(祥瑞)로운 일입니다. 상서롭다는 것은 복되고 길한 일이 일어날 조짐이 있다는 뜻입니다. 신이 나타내주는 징조이기도 합니다. 여기서 인신되어 '좋다'라는 뜻을 나타내기도 합니다.

상운서기(祥雲瑞氣)에서 상운은 고운 빛깔의 구름인데 옛날에는 이것을 복되고 좋은 일이 있을 조짐으로 보았습니다. 서기는 상서로운 기운이라는 뜻입니다. 그래서 좋은 일이 있을 조짐 즉, 길조(吉兆)로 여겼습니다.

R124

깃 우(羽) 부

갑골	금문	전문	해서
羽	仟	羽	羽

'깃' **우(羽)**는 새가 양쪽 날개를 활짝 편 모양을 본뜬 상형자입니다. 『설문』에서는 "우(羽)는 새의 긴 털이다. 상형이다"라고 합니다. 그래서 '날개' 익(翼)의 본자로 보기도 합니다. 새뿐만 아니라 곤충의 날개를 가리키기도 하며, 음악에서는 궁상각치우(宮商角徵羽)의 음을 나타내기도 합니다.

중학	획수	회자	새김	발음
習	11	羽白	익힐	습

습(習)을 『설문』에서는 "자주 나는 것이다"라고 설명합니다. 갑골문에서는 아래가 '날' 일(日)로 새가 하늘[日]에서 반복해 나는 연습[羽]을 하는 것으로 봅니다. 나중에

'흰' 백(白)으로 바뀌어 지금 우리가 쓰고 있는 자형이 되었습니다. 낱자로는 쓰이지 않고 다른 글자와 결합해 쓰입니다.

어떤 행위를 오랫동안 되풀이하는 과정에서 저절로 익혀진 행동 방식은 습관(習慣)이고, 연습 삼아 짓거나 그려보는 것은 습작(習作)입니다. 학습(學習)은 배워서 익히는 것입니다. 뭔가를 익히려면 되풀이해야 합니다. 배워서 이해했다고 하더라도 예습을 하고 복습을 하며 그것을 되풀이해 익힐 때 내 것이 됩니다. 익힌다는 것은 습관으로 만드는 것이며 내 몸에 자연스럽게 붙도록 하는 과정입니다.

피아노의 대가를 예로 들어봅시다. 그는 평상시에 끊임없이 되풀이하며 잘 안 되는 부분, 자꾸 틀리는 부분을 손이 자연스럽게 그 선율을 연주할 때까지 익힙니다. 나중에는 내 머리에서 어느 건반을 치라고 명령을 내리기 전에 손이 자연스럽게 그 자리에 가게 됩니다. 손끝에 머리가 따로 있는 것 같은 경지가 됩니다. 공부든 음악이든 뭐든 익히는 데에는 이런 과정이 필요하고, 그런 과정이나 어려움을 겪고 극복하고 나서야 어떤 분야든 일가를 이룰 수 있게 됩니다. 습여성성(習與性成)은 습관이 오래되면 마침내 천성이 됨을 말합니다.

고교	획수	새김	발음
羽	6	깃	우

부수자입니다. 우익(羽翼)은 새의 날개인데, 보좌하는 일이나 또는 그런 일을 하는 사람을 일컫기도 합니다. 우화등선(羽化登仙)은 사람의 몸에 날개가 돋아 하늘로 올라가 신선이 된다는 뜻인데, 본래 우화이등선(羽化而登仙)을 우화등선으로 쓰기도 합니다. 날개가 돋는다는 것은 신선이 된다는 비유적인 표현입니다. 도교에서 수련이 아주 높은 경지에 이르렀을 때 이렇게 된다고 하는데, 전설적인 이야기입니다.

고교	획수	형자	새김	발음
翁	10	公	늙은이	옹

옹(翁)은 새의 목털입니다. 목 부분의 짙고 촘촘한 털이라고 합니다. 가차해 아버지의

뜻으로 씁니다. 남편의 아버지나 아내의 아버지 즉, 시아버지나 장인을 가리키는 말이기도 합니다. 여기서 더 나아가 연세가 드신 남자 어르신을 나타냅니다.

옹고(翁姑)는 시아버지와 시어머니 즉, 시부모를 말합니다. 그러고 보니 생각이 나는데 시부모(媤父母)의 시(媤)를 시집으로 새기는 것은 우리나라만의 용법이 아닌가 합니다.『강희자전』에서는 시(媤)가 여자의 이름에 쓰인다는 것 외에 다른 설명은 없습니다. 혹시라도 유교 문화가 강화되면서 출가한 여자[女]가 생각해야 하는 것[思]은 친정이 아니라 시집이라고 생각했던 것은 아닐까 하는 짐작을 해봅니다. 혹시라도 '아들' 자(子) 옆에 '생각' 사(思)가 들어가는 글자는 없을까 확인해보았는데, 아직 그런 글자는 없어 보입니다. 하지만 앞으로 세태를 반영해 남자가 생각해야 하는 것은 처가라고 하여 그런 글자가 나올 법하기도 합니다. 한문에 더러 '사립옹(簑笠翁)'이라는 말이 나오는데, 도롱이 입고 삿갓을 쓴 늙은이의 뜻입니다.

고교	획수	형자	새김	발음
翼	17	異	날개	익

익(翼)은 부수자 설명에서 말한 바와 같이 '깃' 우(羽)에서 분화되어 나온 글자로 봅니다. 날개입니다.『설문』에 실린 자형은 '䎹'으로 위의 '날' 비(飛) 아래 '다를' 이(異)를 씁니다. 좌익(左翼)과 우익(右翼)은 군대에서 작전을 할 때, 또는 야구에서도 씁니다만 대형의 한쪽을 가리키기도 합니다. 그 가운데 좌익은 정치에서 사회주의나 공산주의 성향을 나타내기도 합니다.

R125

늙을 로(老, 耂) 부

갑골	금문	전문	해서
灻	钌	耂	老

'늙을' **로(老)**는 긴 머리의 노인이 허리가 구부정한 채 지팡이를 짚고 있는 모양을 담은 상형자입니다. 『설문』에서는 "로(老)는 노인이다[考]. 70세를 노(老)라고 한다. 인(人), 모(毛), 화(匕)['될' 화(化) 자로 匕와 다름]에서 뜻을 취해, 턱수염과 모발이 하얗게 세었음을 말해준다"라고 합니다. 나이가 많으니 쇠약해질 수밖에 없고 '쇠약하다, 노쇠하다'라는 의미를 갖습니다. 시간이 오래된 것을 나타내기도 합니다.

실제 『설문』에서 로(老)에 대한 설명은 '고(考)' 한 글자입니다. 거꾸로 고(考) 자는 로(老) 자 한 글자로 설명합니다. 나이가 많다는 뜻을 나타냅니다. 뜻이 비슷한 경우에 이렇게 설명하는 방식을 '호훈(互訓)'이라고 합니다.

농업을 기반으로 하던 전통 사회에서 나이는 숱한 경험을 의미했습니다. 그런 경험은 농사를 짓는 데에 큰 도움이 될 수 있었습니다. 늙었다는 것은 그래서 그 자체만으로도 존경을 받았습니다. 사회 구조가 바뀌면서 이제는 젊은이들에게 부양해야 할 인구가 늘어나 부담이 되는 측면이 없지 않습니다.

중학	획수	새김	발음
老	6	늙을	로

노농(老農)은 농사를 짓는 늙은 사람을 가리키기도 하지만, 농사일에 경험이 많은 사람을 이르는 말이기도 합니다. 경험이 많아 익숙하고 능란한 것은 노련(老鍊)입니다. 늙어 시력이 나빠지니 노안(老眼), 노쇠한 얼굴은 노안(老顔)입니다. 노기복력(老驥伏櫪)은 늙은 준마가 헛간의 널빤지 위에서 잠을 잔다는 뜻으로, 빼어난 사람이 늙도록 세상에 뜻을 펴지 못함을 비유적으로 이릅니다. 노당익장(老當益壯)은 노익장(老益壯)과 같은 말로 늙었지만 의욕이나 기력은 점점 좋아지는 것을 이릅니다. 노방생주(老蚌生珠)는 오래된 방합이 진주를 만들어낸다는 뜻으로 노년에 아이를 얻는 것을 이릅니다. 노마식도(老馬識途)는 늙은 말이 길을 안다는 뜻으로 경험 많은 사람이 일의 사정을 잘 앎을 나타냅니다.

格物 076. 노마식도

노마식도(老馬識途)의 출전은 모르더라도 지금까지 어디서 듣거나 한 번쯤은 그 내용을 읽지 않았을까 합니다. 『한비자』에 나오는데, 그 뒤에 딸린 이야기도 재미있습니다. 한 번 소개해봅니다.

관중과 습붕이 환공(桓公, BC 716~643)을 따라 고죽국을 정벌하는데 봄에 출정해 겨울에 돌아오다가 헷갈리어 길을 잃었다. 관중이 "늙은 말의 지혜를 이용할 수 있다"해 늙은 말을 풀어놓고 따라가 드디어 길을 찾았다. 가는 산속에는 물이 없었다. 습붕이 "개미는 겨울에는 산의 남쪽에 살고, 여름에는 산의 북쪽에 산다. 개미집 두께가 한 치니 한 길 아래 물이 있다"고 했다. 그래서 땅을 파 물을 얻었다.
　[管仲 隰朋從於桓公而伐孤竹 春往冬反 迷惑失道 管仲曰 "老馬之智可用也" 乃

放老馬而隨之 遂得道 行山中無水 隰朋曰 "蟻冬居山之陽 夏居山之陰 蟻壤一寸而
仞有水" 乃掘地 遂得水]

여기서 인(仞)은 물론 길이의 단위입니다. '길' 인으로 새기는데 8자[尺]라고 합니다. 사람 키 정도의 길이를 '길'이라고 하는데, 대체로 두 팔을 양옆으로 폈을 때 이 손 끝에서 저 손 끝까지의 길이인 '발'과 같습니다. 이 당시 자는 지금의 30.3cm보다는 훨씬 더 짧아 23cm가량으로 알려져 있으니 대략 180cm 정도가 됩니다. 키가 큰 사람의 한 '길' 가량입니다.

중학	획수	형자	새김	발음
考	6	丂	생각할	고

앞에서 설명한 바와 같이 『설문』에서 고(考)는 로(老)라고 합니다. 노인이라는 뜻입니다. 돌아가신 아버지를 나타냅니다. 제사를 지낼 때 지방에 아버지의 경우 '선고(先考)'라고 시작하는 글귀를 씁니다. 인신되어 '살피다, 조사하다, 검사하다' 등의 뜻을 나타냅니다.

고(丂)는 '기 뻗으려 하다 막힐' 고입니다. 고(丂)가 자소자로 쓰이는 기초한자를 잠깐 살펴보겠습니다. 가(可), 고(考), 교(巧), 녕(寧), 혜(兮)가 있습니다. 새김은 무엇인지 생각해보고, 정 모르겠는 경우에는 해당 글자란에서 꼭 확인해 익혀두기 바랍니다.

생각하고 조사하거나 학생들의 성적을 평가하는 시험은 고사(考査)이고, 근무자의 태도나 능력을 평가해 보고하는 것은 고과(考課)입니다.

중학	획수	형자	회자	새김	발음
者	9	炗(旅)	木柴 火, 小點	놈	자

자(者)를 『설문』에서는 "사물을 구별하는 말이다"라고 합니다. 다른 글자 뒤에 자(者)자를 붙여 하나의 사물을 이르는 것을 말합니다. 요즈음 어휘로 설명한다면, '것, 바'와 같은 불완전 명사로서 다른 말과 결합해 사물을 가리키는 명사 역할을 한다는 내용

이 되겠습니다. 고문 분석에서는 위는 태울 나무의 모양이고 아래는 불을 그리고 있는 점에 착안해 '태우다'가 본뜻이라고 합니다. 인신하여 '분명하다'는 뜻이 되고, 가차로 '사람, 것, 바'의 뜻을 나타내게 되었다고 설명합니다. 상형자로 취급하기도 합니다.

궐자(厥者)는 '그'를 낮잡아 이르는 말입니다. 궐녀(厥女)는 '그녀'에 해당되는 삼인칭 대명사입니다.

R126

말 이을 이(而) 부

갑골	금문	전문	해서
乑	而	帀	而

'말 이을' 이(而)는 남자의 수염을 본뜬 상형자로 알려져 있습니다.『설문』에서는 "이 (而)는 뺨의 털이다"라고 합니다. 아래턱에 난 털은 턱수염이고, 귀에서 턱까지 난 털은 구레나룻입니다. 이인칭 대명사로 쓰여 '너, 자네'의 뜻이 있습니다. '이처럼, 이같이'의 뜻으로도 쓰입니다. 아울러 접속사로 말을 이어주는 역할을 합니다.

중학 과정에는 '말 이을' 이(而) 한 글자가 있습니다.

중학	획수	새김	발음
而	6	말 이을, 너	이

이립(而立)은 『논어(論語)』의 "서른에 홀로 섰다 [三十而立(삼십이립)]"는 데에서 온

말로 서른 살을 말합니다. 여기서 홀로 섰다는 것은 자기 나름대로 뭔가를 이룬 바가 있다는 의미겠는데, 요즈음은 서른이면 사회 초년생을 막 벗어난 정도이니 환경이 많이 달라졌습니다.

고교	획수	형자	새김	발음
耐	9	而	견딜	내

내(耐)의 『설문』입니다. "내(耏)는 죄가 머리털을 깎을 정도에는 이르지 않는 것이다. 이(而)에서 뜻을 취하고, '머리털 드리워질' 표(彡)에서 뜻을 취했다. 회의이다. 내(耐)는 내(耏)의 혹체이다. 촌(寸)을 따른다. 죄명이나 법도를 따르는 글자는 모두 촌(寸)을 따른다." 혹체는 이체자의 하나로, 뜻과 발음은 똑같고 글자의 모양만 다른 글자를 가리키는 말입니다. 나중에 가차로 '견디다, 참다'의 뜻을 나타내게 되었습니다. 『설문』의 내용을 보면 수염을 깎는 형벌이 있고, 죄가 그보다 무거운 경우에는 머리털을 깎았다는 것을 알 수 있습니다. 1895년 서양식으로 머리를 깎으라는 단발령(斷髮令)이 공포되었습니다. 당시 유림들은 이에 "내 머리는 자를 수 있지만, 내 머리칼은 자를 수 없다 [頭可斷髮不斷(두가단발부단)]"며 극렬히 반대했습니다. 물론 "이 몸의 털과 피부는 부모님께서 받은 것이니, 감히 훼상하지 않는 것이 효의 시작이다 [身體髮膚 受之父母 不敢毁傷 孝之始也(신체발부 수지부모 불감훼상 효지시야)]"라는 유교적인 가르침과 전통에서 비롯된 것으로 이해하지만, 왜 목숨까지 거는 것일까 좀 의아스러운 면도 없지 않습니다. 하지만 수염이나 머리칼을 깎는 것이 형벌이라는 내용을 보면 그런 부분이 이해됩니다. 이런 형벌이 언제까지 존속했는지는 확인할 수 없지만, 전통 사회에서 머리를 깎이는 것은 자신의 명예를 크게 해치는 것이라는 생각이 사람들의 머릿속에 잠재의식으로라도 남아 있었겠습니다. 아니 실제 얼마 전까지만 해도 죄수들의 가장 큰 특징이 삭발을 하는 것이었고, 남자들은 군대 가는 경우를 빼어놓고는 대체로 삭발을 하지 않았습니다. 지금 생각하면 일부러 머리를 빡빡 깎는 경우도 있으니 머리 자른다는 것이 뭔 대수인가 싶겠지만 당시로서는 부모님에 대한 불효인 것은 물론이고 자신의 존엄과 자존을 해치는 일이었습니다.

건축에서 내력벽(耐力壁)은 기둥과 함께 건물의 무게를 지탱하도록 설계된 벽입니다. 내성(耐性)은 견디는 성질인데 특별히 항생 물질을 계속 사용하면서 세균 등이 저항력을 갖는 것을 이릅니다. 열을 견디는 것은 내열(耐熱), 추위를 견디는 것은 내한(耐寒)입니다. 내형(耐刑)은 옛날에 수염을 자르는 형벌이었고, 곤형(髡刑)은 머리를 깎는 형벌이었습니다. 내형은 곤형보다 조금 더 가벼운 것이고, 그래서 내형(耐刑)은 견딜 만한 형벌로 인식한 것이 아닌가 합니다.

고외	부수	획수	형자	새김	발음
需	雨	14	雨 而	쓰일, 구할	수

수(需)는 기다리는 것입니다. 비가 내려 나가지 못하고 있던 곳에 머물며 기다리는 것입니다. 갑골문 분석에서는 예(禮)를 주관하는 사람이 그 준비로 사전에 목욕을 하는 것을 나타내는 글자라고 합니다. 거기에서 인신되어 '기다리다'라는 뜻을 갖게 되었다고 합니다. 기다리는 데에는 대상이 있습니다. 그래서 '구하다, 필요하다'라는 뜻을 나타내게 되었습니다. 수요(需要)는 뭔가를 구하려는, 즉 사려는 욕구입니다.

R127

쟁기 뢰(耒) 부

갑골	금문	전문	해서

耒

뢰(耒)는 논밭을 가는 쟁기의 모양을 본뜬 상형자라고 합니다. 보습도 크기도 쟁기보다 작은 것으로 따비가 있는데, 따비는 청동기 시대 유물로도 출토되는 것을 볼 때 농경이 시작되면서 사용했을 것으로 추정하고 있습니다. 따비가 좀 더 원시적인 형태라는 점에서 따비를 가리킬 수도 있겠습니다. 사실 쟁기와 따비는 생김새가 조금 작은 것을 제외하고는 거의 구별이 되지 않을 뿐만 아니라, 역할은 마찬가지입니다.

『설문』의 내용을 한 번 보겠습니다. "뢰(耒)는 사람이 밭을 갈 때 쓰는 굽은 나무이다. 목(木)에서 뜻을 취하며, 풀이 무성한 것을 밀어내는 것이다. 옛날에 수(垂)라는 사람이 따비와 보습을 발명해 널리 백성들을 도와주게 되었다."

사람이 밭을 갈 때[水耕]라는 말은 소를 이용해 밭을 가는 것[牛耕]과 대조를 이루는 말입니다. 주석에 전국 시대에 이르러 소를 이용해 밭을 갈았다고 설명합니다.

중학	획수	형자	새김	발음
耕	10	井	밭 갈	경

이 부수에 속하는 글자는 '밭 갈' **경(耕)** 한 자 뿐입니다. 경(耕)은 밭을 가는 것입니다. 흙을 갈아엎어 부드럽게 하는 것입니다. 농업에 종사하는 것을 나타내기도 합니다. 앞에서 전국 시대에 소를 이용해 쟁기질을 했다고 했는데, 어떤 기록에는 춘추 시대에 이미 우경이 시작됐고, 전국 시대에는 보편화되었다고도 합니다. 최근에는 모르겠지만 얼마 전까지만 해도 강원도 일부 산간 지역의 경사도가 아주 심한 곳에서는 인력으로 밭을 갈기도 했습니다. '인걸개'라고 하는데, 앞에서 한 사람이 따비를 끌고 뒤에선 사람은 따비를 조정해 깊이나 방향 등을 맞춥니다. 밭을 가는데 소 한 마리에 쟁기를 매는 것은 호리라 하고, 두 마리 소에 쟁기를 얹는 것은 겨리라고 합니다.

땅을 갈아서 농사를 짓는 것은 경작(耕作), 논밭을 가는 것은 경전(耕田), 경작하는 토지는 경작지(耕作地) 또는 경지(耕地)라고 합니다. 경자유전(耕者有田)은 농지는 농업인과 농업법인만이 소유할 수 있다는 것을 의미합니다. 상속이라든지 몇 가지 예외가 있기는 하지만, 이것은 우리 헌법과 농지법에서 선언하고 있는 큰 원칙입니다. 중국에서는 경자유기전(耕者有其田)이라고 했는데, 손문(孫文, 1866~1925)이 제창하고 모택동(毛澤東, 1893~1976)이 실시했습니다. 토지의 재분배였습니다. 봉건 사회에서 땅 한 뙈기 없었던 대다수 국민들은 자기 명의의 땅을 갖게 된다는 점에 열광하지 않을 수 없었습니다. 이 제도의 실시는 국민들이 모택동을 지지하는 데에도 크게 기여한 것으로 알려져 있습니다.

R128

귀 이(耳) 부

갑골	금문	전문	해서
⟨	𦥑	耳	耳

‘귀’ **이(耳)**는 사람의 귀 모양을 본뜬 상형자입니다.『설문』에서는 "듣는 것을 주관한다"라고 설명합니다. 청각을 주관하는 기관입니다. ‘듣다’라는 뜻 외에 그릇 등의 양쪽에 귀처럼 튀어나온 것이나 귀처럼 생긴 것을 가리키기도 합니다. 고문에서 어기조사로 쓰여 "~뿐이다"라는 뜻도 나타냅니다.

중학	획수	새김	발음
耳	6	귀	이

이경(耳鏡)은 ‘귀보개’로 이비인후과에 가면 의사들이 귀를 관찰할 때 쓰는 집광장치가 달린 기구입니다. 이명(耳鳴)은 ‘귀울림’입니다. 귀·눈·입·코를 아울러 이르면 이

목구비(耳目口鼻)인데 얼굴 생김새를 말하기도 합니다. 이순(耳順)은 예순 살을 이릅니다. 『논어(論語)』〈위정편(爲政篇)〉에서 공자가 "예순 살부터 생각하는 것이 원만하여 어떤 일을 들으면 곧 이해가 된다"라고 한 데서 나온 말입니다.

중학	획수	형자	회자	새김	발음
聖	13	呈	口 耳 壬	성인	성

『설문』에서는 **성(聖)**을 "귀가 통하는 것"이라고 합니다. 뭔가 듣고 나서 그 의미를 이해해 술술 통하고 막힘이 없다는 뜻이겠습니다. 『논어(論語)』에 어떤 일을 들으면 곧 이해가 된다는 뜻의 '이순(耳順)'이라는 말이 나오는데, 『설문』 주석에는 "이순(耳順)을 성(聖)이라 한다"라고 설명합니다. 인신하여 통하지 않는 것이 없는 것이나, 어떤 일에 아주 정통한 것을 가리키기도 합니다. 청각이 예민한 것을 본뜻으로 보기도 합니다. 그래서 '사리에 밝다, 총명하다, 통하지 않는 것이 없다' 등의 뜻으로 인신되었습니다.

어질고 덕이 뛰어난 임금은 성군(聖君)이고, 지혜와 덕이 매우 뛰어나 길이 우러러 본받을 만한 사람은 성인(聖人)입니다. 기독교에서 성령(聖靈)은 성삼위 중의 하나인 하나님의 영을 이릅니다. 성경현전(聖經賢傳)을 『표준』에서는 "유학의 성현(聖賢)이 남긴 글, 성인(聖人)의 글을 '경(經)'이라고 하고, 현인(賢人)의 글을 '전(傳)'이라고 한다"라고 설명합니다. 현대 중국어에서는 품격이 고상하고, 지혜가 출중한 사람을 가리키기도 합니다.

중학	획수	형자	회자	새김	발음
聞	14	門	門 耳	들을	문

문(聞)은 (소리를 듣고) 아는 것입니다. 고문에서는 귓가에 손을 대고 있는 모양을 하고 있습니다. 소리를 잘 들으려고 할 때 하는 행동입니다. 그래서 단순히 듣는다는 행동을 나타내는 것이 아니라, 듣고 난 후에 아는 것에 초점이 놓인 글자로 봅니다. 그래서 '알다, 들려주다, 보고하다, 명예나 명성' 등을 뜻하기도 합니다. "아침에 도에 대해 들으면 저녁에 죽어도 좋다[朝聞道夕死可矣(조문도석사가의)]"에서 문(聞)은 듣는 것인데,

단순히 듣는데 그치지 않고 한 걸음 더 나아가 그것을 이해하고 내 것으로 만드는 것이겠습니다.

들리는 소리 즉, 소문의 뜻으로도 쓰여, 좋은 소문은 미문(美聞), 좋지 않은 소문은 추문(醜聞)입니다. 이름이 세상에 널리 알려지는 것을 문달(聞達)이라고 합니다. 향내를 맡는 것을 문향(聞香)이라고 하는데, 한자에서는 냄새를 맡는 것도 문(聞)으로 씁니다. 문일지십(聞一知十)은 하나를 듣고 열 가지를 미루어 안다는 뜻으로, 지극히 총명함을 이르는 말로『논어』〈공야장편(公冶長篇)〉에 나옵니다.

공자가 자공에게 물었다. "너와 안회는 누가 더 나으냐?" 자공이 대답하기를 "제가 어찌 감히 안회를 올려볼 수 있겠습니까? 안회는 하나를 들으면 열을 알고, 저는 하나를 들으면 둘을 압니다." 공자 가로되 "그만 못하다! 나나 너나 그만 못하다"라고 하였다.

[子謂子貢曰 "女與回也孰愈" 對曰 "賜也何敢望回 回也聞一以知十 賜也聞一以知二" 子曰 "弗如也 吾與女弗如也"]

여기서 알 수 있는 것처럼 이 말은 안회가 훌륭한 자질을 갖고 있다는 말에서 나왔습니다. 문풍상담(聞風喪膽)은 바람소리만 들어도 간이 떨어진다는 뜻으로, 아주 무섭고 두려운 것을 나타냅니다.

중학	획수	형자	회자	새김	발음
聲	17	殸	耳殸	소리	성

성(聲)은 소리[音]입니다. 악기의 소리를 가리킵니다.『단주』를 보겠습니다. "성을 소리[音]라고 하는 것은 통틀어 말한 것이다. 나누어 말하면 '마음속에서 일어나 (발음 기관의) 조절을 받아 밖으로 나오는 것이 소리이다. 궁(宮), 상(商), 각(角), 치(徵), 우(羽)는 성(聲)이고, 사(絲), 죽(竹), 금(金), 석(石), 포(匏), 토(土), 혁(革), 목(木)은 음(音)이다." 사(絲)에서 목(木)까지 여덟 개는 악기의 분류입니다. 전통 악기는 만든 소재에 따라 분류해서 여덟 가지로 나눕니다. 팔음(八音)이라고 합니다. 사(絲)는 실, 즉 줄로 된 악기로 현악기를 가리킵니다.

경/성(殸)은 쳐서 연주하는 돌로 된 악기입니다. 틀에 옥돌을 달고 뿔 망치로 치는 경쇠입니다. 돌판을 거는 틀의 모양을 본뜬 것이라고 하는데, 지금 자형에서 알아보기는 어렵습니다. 『설문』을 한 번 살펴보겠습니다. "경(殸)은 돌로 된 악기이다. 석(石)과 경(殸)에서 뜻을 취한다. 석경이 걸린 틀 모양을 본떴다. 수(殳)는 치는 것이다. 옛날 무구(毋句)씨가 경을 만들었다." 주석에는 『광아(廣雅)』를 인용해, "무구씨가 만든 경은 16매이다.… 무구씨는 요임금의 신하이다"라는 설명이 나옵니다. 16매라는 설명을 보면 편경이 아닌가 합니다. 편경을 매다는 틀은 가자(架子)라고 하는데, 특별한 의미가 있는 단어는 아니고 틀의 한자어일 뿐입니다. 경(殸)이 경쇠를 나타내는 본자인데 이 글자가 다른 글자의 자소자로 쓰이게 되자 '돌' 석(石)을 붙인 글자를 만들어 '경쇠' 경(磬)으로 쓰게 됩니다.

사람이나 물건 따위에 대하여 세상에 드러난 좋은 평판이나 소문은 성가(聲價)입니다. "성까"로 읽습니다. 발음이 비슷한 성과(成果)는 이루어낸 결실이고, 어떤 일에 대한 자기의 입장이나 견해 또는 방침 따위를 공개적으로 발표하는 것은 성명(聲明)입니다.

중학	획수	형자	회자	새김	발음
聽	22	壬	耳 悳	들을	청

청(聽)은 듣는 것입니다. 『단주』에서는 "귀(耳)에서 얻는 것[悳]이 있는 것이다"라고 설명합니다. '착할' 정(壬)이 소리를 나타냅니다. '소리를 듣다, 받아들이다, 따르다' 등의 뜻을 나타냅니다.

중외	부수	획수	형자	새김	발음
取	又	8	耳 又	취할	취

취(取) 자에 '귀' 이(耳)가 들어간 것은 전쟁의 산물입니다. 옛날 사냥에서 짐승을 잡으면, 큰 짐승은 공용(公用)으로 하고, 작은 짐승은 개인이 가졌다고 합니다. 짐승의 왼쪽 귀를 잘라 공을 가렸습니다. 전쟁에서도 마찬가지였습니다. 적군의 왼쪽 귀를 잘라 전공을 따졌습니다. 귀[耳]를 손[又]으로 떼어내는 것을 뜻합니다. 그래서 '잡다, 포획

하다, 얻다'의 뜻을 나타냅니다.

떼어 낸 귀를 묻은 곳이 이총(耳塚)인데, 코를 벤 경우도 있어 코 무덤 즉, 비총(鼻塚)이라는 말도 있습니다. 일본 쿄토[京都]에 임진왜란 때 조선과 명나라 군대의 귀와 코를 베어다 묻은 이총이 있습니다. 일본 측 자료에 따르면 2만 명의 코와 귀가 묻혀 있다고 합니다. 우리가 늘 일본을 경계하는 이유입니다.

고교	획수	형자	새김	발음
聘	13	甹	부를	빙

빙(聘)은 찾는 것입니다. 방문해 안부를 묻는 것입니다. 예물을 들고 은자나 현인을 부르는 것을 나타내기도 합니다.

병(甹)은 끈다는 뜻입니다. 단순히 끄는 것이 아니라 꾄다는 뜻입니다. 어느 부수에 속하는지 자형을 봐서 선뜻 판단이 서지 않는데, '밭' 전(田)에 속합니다.

예를 갖추어 사람을 맞는 것은 초빙(招聘)이고, 그렇게 해 사람을 쓰는 것은 빙용(聘用)입니다.

고교	획수	형자	회자	새김	발음
耶	9	牙[篆]	耳邑	어조사	야

야(耶)는 『설문』에 수록되어 있지 않습니다. 사(邪)와 기원이 같은 글자라고 합니다. 사(邪)의 왼쪽 아(牙) 자가 전문에서 이(耳)와 비슷해 섞여 쓰다가 나중에 따로 분화한 것이라고 합니다. 의문이나 반문을 나타내는 어기조사로 쓰입니다. 아버지의 뜻으로도 쓰이는데 이 뜻은 나중에 '아비' 야(爺)로 따로 쓰게 됩니다. 예수(Jesus)를 음역해 야소(耶蘇)에도 쓰입니다.

고교	획수	형자	회자	새김	발음
聰	17	悤	耳悤	귀 밝을	총

총(聰)은 살피는 것입니다. 다른 사람의 말을 듣고 진실인지 아닌지 살필 수 있는 것입니다. '듣다, 청각이 예민하다, 지력이 발달한 것' 등을 나타냅니다. 심장이 빨리 뛰는 것을 나타낸다는 총(悤)에서 편방을 더해 분화되어 나온 글자로 봅니다.

총(悤)은 바쁜 것이고, 戠은 '무기 이름, 거둘, 찰흙' 직으로 새기기도 하고, '찰흙' 시로 새기기도 하는 다음자입니다. 『설문』에는 뜻이 빠져 있습니다. 『단주』에서는 발음이 '음(音)'을 따른다고 하는데, 우리 자전(민중)에서는 '과(戈)'를 따른다고 해 이것과도 서로 다릅니다. '실' 사(糸) 부의 '거느릴' 총(總)과 '짤' 직(織)에서 설명한 바 있습니다.

고교	획수	형자	회자	새김	발음
職	18	音,戈	耳 戠	직분	직

직(職)은 미묘한 것을 적어두는 것이라고 합니다. 듣고 적는 것이 본뜻입니다. 인신하여 '맡다, 주재하다'라는 뜻을 나타내고, 맡거나 주재하는 자리를 가리키기도 합니다. 자리나 벼슬입니다.

담당하여 맡은 사무가 직무(職務)이고, 그 자리에서 지는 책임이 직책(職責)입니다. 주요한 자리는 요직(要職)이고, 한가한 자리는 한직(閑職)입니다.

고교	획수	회자	새김	발음
聯	17	耳 絲	연이을	련

련(聯)은 이어지는 것입니다. 실[絲]처럼 이어져 결합되어 끊이지 않는 것을 나타냅니다. 글에서는 서로 짝을 이루는 구가 연입니다.

생각이 꼬리를 무는 것이 연상(聯想)이고, 합쳐서 하나의 조직으로 만드는 것이 연합(聯合), 그렇게 만들어진 군대는 연합군(聯合軍)입니다.

고외	부수	획수	형자	회자	새김	발음
恥	心	10	耳	耳 心	부끄러울	치

치(恥)는 욕된 것입니다. 명예에 금이 가는 일입니다. 달리, 필자는 들었을 때[耳] 생기는 우리 마음[心]의 반응이라고 설명하고 싶습니다. 흔히 "귀밑이 빨개지다"라는 말을 합니다. 마음에 부끄러운 심정이 귀밑에 드러나는 것입니다. 그러면 부끄러움에 낯을 들기가 어려워집니다. 부끄러움은 사람을 사람답게 만드는 것입니다.

부끄러운 것을 아는 것이 염치(廉恥)이니, 그런 것이 없는 파렴치(破廉恥)한 사람은 경계의 대상이 아닐 수 없습니다. 치거인하(恥居人下)는 다른 사람 밑에 있는 것을 부끄럽게 여긴다는 뜻으로 목표하는 바가 아주 높은 것을 이릅니다.

R129

붓 율(聿, 肀, 聿) 부

갑골	금문	전문	해서

　　고문에서 '붓' 율(聿)은 손으로 붓을 잡은 모양을 본뜻 상형자입니다. 고문을 보면 끝이 세 갈래로 갈라진 나뭇가지를 손(又)으로 잡고 있는 형상입니다. 『설문』에서는 "율(聿)은 쓰는 것이다. 초나라에서는 율(聿)이라 하고, 오나라에서는 불율(不律)이라 하고, 연나라에서는 불(弗)이라고 한다. '날렵할' 녑(聿)에서 뜻을 취하고 일(一)이 소리를 나타낸다"라고 합니다. 허신은 이 글자를 형성자로 보고 있습니다만 현재는 상형자로 봅니다. 붓을 나타내고 '빠르다, 경쾌하다'라는 뜻도 있습니다. 다른 글자와 결합해 자소로 쓰일 때에는 자형이 '肀'이나 '聿'의 형태로 조금 바뀌기도 합니다. 부수로 쓰는 것과 관련된 사항을 나타내는데 정작 붓을 대표하는 글자라고 할 수 있는 필(筆)은 '대' 죽(竹) 부에 속해 있습니다.

　　'붓' 율(聿) 부에 속하는 기초한자는 고교 과정에 나오는 '엄숙할' 숙(肅) 한 글자뿐이고 나머지는 다 객식구입니다. 객식구(客食口)는 식구가 아니며 내 집에 머무는 사람입니다. 아니면 율(聿)씨 집안에 딸이 많아서 다른 집으로 시집을 간 것이겠습니다. 사위들을 많이 데리고 왔습니다.

증외	부수	획수	형자	회자	새김	발음
書	曰	10	者	聿 者	글	서

서(書)는 쓰는 것입니다. 대나무쪽[竹簡]이나 비단 등에 글씨를 쓰는 것입니다. '쓰다'에서 문자를 가리키기도 하고, 한자의 자체를 나타내기도 합니다. 『설문』에 실린 자형은 '書'로 '붓' 율(聿) 아래에 '놈' 자(者)를 쓴 글자입니다. 필자의 파자입니다만, 현재 자형을 보면 말하는 것[曰]을 붓으로 적는 것[聿]으로 생각하면 되지 않을까 합니다.

서부진언(書不盡言)은 글로는 생각을 충분히 다 표현할 수 없음을 말합니다. 말이나 글이 우리의 생각을 표현하기 위한 수단이기는 하지만 더러 필설로 그려내기 어렵거나 그럴 수 없는 부분도 없지 않습니다.

증외	부수	획수	형자	회자	새김	발음
盡	皿	14	聿	聿 皿	다할	진

진(盡)은 그릇[皿]이 빈 것입니다. 그릇[皿]에 있는 음식을 다 먹어 빈 그릇을 솔[聿, 붓]로 닦는 것입니다. 여기서 '끝내다, 마치다, 다하다, 한계에 이르다' 등의 뜻을 나타내게 되었습니다. 다한다는 데에서 죽는다는 뜻도 포함하고 있습니다. 자소자는 '깜부기불' 신(聿)으로 '깜부기불'은 불꽃 없이 붙어서 거의 꺼져 가는 불을 말합니다.

진선진미(盡善盡美)는 더할 나위 없이 훌륭하고 아름다움. 완전무결함을 이르는데 진선완미(盡善完美)로도 씁니다. 진심갈력(盡心竭力)은 마음과 힘을 있는 대로 다하는 것입니다. 진충보국(盡忠報國)은 충성을 다하여서 나라의 은혜를 갚은 것입니다. 갈충보국(竭忠報國)으로 쓰기도 합니다. "사람으로서 해야 할 일을 다 하고 천명을 기다린다[盡人事待天命(진인사대천명)]"라는 글귀는 익숙하리라 믿습니다.

증외	부수	획수	회자	새김	발음
建	廴	9	聿廴	세울	건

건(建)은 조정에 법률을 세우는 것이라고 합니다. 법률을 세운다는 표현이 좀 낯설게 들릴 수 있겠는데, 법률을 만들어 시행하고 집행하는 것으로 이해하면 됩니다. 고문 분석에서는 률(律) 자 설명에서 말한 바와 같이 상앗대[聿]를 들고 배를 밀며 나가는 것[廴]이 이 글자의 본뜻이라고 해 상형자로 취급합니다. 거기에서 인신되어 '설치하다, 만들다, 세우다' 등의 뜻을 갖게 되었습니다.

부수자로 척(彳)과 인(廴)은 움직임이나 이동의 같은 의미를 나타냅니다. 지(止), 소(疋), 행(行), 족(足), 착(辵) 등도 움직임, 이동을 나타내는 경우가 많습니다.

세우는 것은 건립(建立), 나라를 세워서 건국(建國)입니다.

증외	부수	획수	회자	새김	발음
律	彳	9	彳聿	법칙	률

률(律)은 법률입니다. 보편적으로 널리 시행하는 것입니다. 『단주』에 "율(律)은 천하에 서로 다른 것에 모범을 세워 하나로 돌아가게 하는 것(통일하는 것)이다"라고 합니다. 고문 분석에서는 '세울' 건(建)과 기원이 같은 것으로 봅니다. 고문 자형에서 상앗대[聿]를 들고 배를 밀며 나가는 것[彳]이 본뜻이라고 합니다. 거기에서 인신되어 규칙이나 법을 나타내게 되었다고 합니다.

율시(律詩)로 시 형식의 하나를 가리키기도 합니다. 12개 음 가운데 양(陽)에 속하는 6개의 음을 율(律)이라 합니다. 음(陰)에 속하는 6개의 음은 려(呂)로 둘을 합쳐 율려(律呂)라고 합니다.

증외	부수	획수	회자	새김	발음
筆	竹	12	竹聿	붓	필

필(筆)입니다. 붓입니다. 부수 율(律) 자 설명에서 말했듯이 "진나라에서는 율(律)을 필(筆)이라고 한다"라는 것이 『설문』의 설명입니다. 붓을 만드는 대나무[竹]에 비중을 두어서 만들어진 글자가 아닐까 추측해봅니다. 그래서 데릴사위로 죽[竹]씨 집안에 들어가게 되었습니다. '쓰다, 기록하다'라는 뜻을 나타내고, 한자의 필획을 의미하기도 합니다.

필력강정(筆力扛鼎)은 글의 힘이 솥을 들어올린다는 뜻으로 문장의 힘이 강건함을 나타냅니다. 필소천군(筆掃千軍)은 필력이 천군만마를 쓸어버린다는 뜻으로 글의 기세가 웅건함을 이릅니다.

格物 077. 필소천군

이 말은 두보의 「취가행(醉歌行)」이라는 시에 나옵니다. 취가행은 '취하여 부른 노래'라는 뜻인데, 이 시에는 "과거에 낙방하여 돌아가는 조카 근을 이별하며[別從姪勤落第歸]"라는 두보 자신의 주가 붙어 있습니다. 두보가 큰아버지였습니다. 이 시의 앞부분은 조카 근(勤)의 글이 뛰어남을 그리고 이어서 그를 위로하며 헤어짐을 안타까워하는 심정을 담고 있습니다. 그러니까 필소천군(筆掃千軍)의 당사자는 두보의 조카인 근(勤)입니다. 해당 부분만 소개합니다.

詞源倒流三峽水(사원도류삼협수) 말의 근원은 삼협의 물을 거꾸로 흐르게 하고
筆陣獨掃千人軍(필진독소천인군) 붓의 진영은 홀로 천군을 쓸어버릴 수 있네
只今年才十六七(지금연재십육칠) 금년 나이 불과 열예닐곱에
射策君門期第一(서책군문기제일) 임금 앞에서 쓴 책문은 일등을 기대했네

이후 조카 근(勤)은 과거에 합격한 것까지는 확인되는데, 큰 벼슬을 하지는 못했는지 더 자세한 행적은 찾아보기가 어렵습니다.

종외	부수	획수	회자	새김	발음
畫	田	12	聿 田 囗	그림/가를	화/획

화(畵)는 '밭' 전(田) 부에서 설명했듯이 『설문』에서 밭의 사방 경계[田]를 그린 것[聿]이라 하고, 고문 분석에서는 도형을 그려낸 것이라고 합니다. 어떤 경우든 그리는 것입니다.

화룡점정(畫龍點睛)은 무슨 일을 하는 데에 가장 중요한 부분을 완성함을 비유적으로 이르는 말입니다. 용을 그리고 난 후에 마지막으로 눈동자를 그려 넣었더니 그 용이 실제 용이 되어 홀연히 구름을 타고 하늘로 날아 올라갔다는 고사에서 유래했다고 말씀드린 바 있습니다. 당나라 때 장언원(張彦遠)이라는 사람의 『역대명화기(歷代名畫記)』에 나오는 말입니다. 화룡점정은 눈동자를 덜 그린 경우인데, 더 그린 경우도 있습니다. 화사첨족(畫蛇添足)입니다. 뱀을 그리는데 다리까지 붙였다는 뜻으로 쓸데없는 군짓을 하여 도리어 잘못되게 함을 이릅니다. 화호유구(畫虎類狗)는 범을 그리려다가 강아지를 그린다는 뜻으로 소양이 없는 사람이 호걸인 체하다가 도리어 망신을 당함을 비유적으로 이릅니다. 호랑이를 그리려다 이루지 못했다는 뜻의 화호불성(畫虎不成)으로 쓰기도 합니다.

고교	획수	회자	새김	발음
肅	13	聿 淵	엄숙할	숙

숙(肅)은 일을 처리하는 데에 마음과 힘을 다하고 공경하는 태도를 보이는 것입니다. 엄숙한 것입니다.『설문』에서는 두려워 떨며 조심하는 모습, 즉 전전긍긍(戰戰兢兢)으로 풀이하고 있습니다. 고문 분석에서는 이 글자가 '세울' 건(建)에서 나온 것으로 봅니다. 건(建)의 본뜻은 삿앗대로 배를 밀고 가는 것이라고 했습니다. 배를 밀고 가는데 아래가 깊은 연못[淵]입니다. 그러니 자연 전전긍긍(戰戰兢兢) 조심하고, 마음이 엄숙해지지 않을 수 없습니다. 그래서 '엄숙하다, 공경하다'라는 뜻을 나타내는 것으로 설명합니다.

연(淵)은 '못' 연(淵)의 옛글자 즉, 고자(古字)인데 낱자로는 잘 쓰이지 않습니다.

숙배(肅拜)는 삼가 정중하게 절한다는 뜻으로 윗사람에게 하는 편지 끝에 씁니다. 고요하고 엄숙한 것은 숙연(肅然)한 것이고, 행동이 단정하고 예의가 바른 것은 숙정(肅靜)한 것입니다. 숙청(肅淸)은 어지러운 상태를 바로잡거나, 반대파를 처단하거나 제거하는 것을 이릅니다.

R130

고기 육(肉) 부, 육달월(月) 변

갑골	금문	전문	해서
刀		肉	肉

'고기' **육(肉)**은 크게 썰어낸 고깃덩어리 모양을 본뜬 상형자입니다. 짐승의 고기입니다. 고문 분석에서도 크게 썰어낸 짐승의 고깃덩어리라고 합니다. 변으로 쓰일 때는 '육달월'이라고 하는데 자형이 '달' 월(月)과 같아서 혼동을 일으키기도 합니다. 부수로 쓰여 신체 각 부분의 명칭이나 그 상태 등을 나타냅니다.

식용에 쓰는 온갖 동물의 살을 고기라고 해서 그런지 더러 짐승의 고기를 '육고기(肉--)'라고 물고기와 구분해 쓰는 것을 듣기도 하는데, 사전에 표제어로 올라 있지는 않습니다.

중학	획수	새김	발음
肉	6	고기	육

육괴(肉塊)는 고깃덩어리, 살덩어리라는 뜻인데, 사람과 관련해 쓰면 비하하는 듯한 어감이 강합니다. 육성(肉聲)은 사람의 입에서 직접 나오는 소리입니다. 육식(肉食)은 음식으로 고기를 먹는 것으로, 채소를 먹는 채식(菜食)과 상대가 됩니다. 육신(肉身)이나 육체(肉體)는 구체적인 물체로서 사람의 몸을 말합니다. 육산주해(肉山酒海)는 고기가 산을 이루고 술이 바다를 이룬다는 뜻으로 고기와 술이 많음을 비유적으로 이릅니다.

중학	획수	형자	새김	발음
脫	11	兌	벗을	탈

탈(脫)은 살이 빠져 마른 것입니다. 수척한 것입니다. 여기서 '떠나다'라는 뜻으로 인신되었습니다. 계속 '버리다, 떨어지다, 벗다' 등의 뜻을 나타내고 매미나 뱀 등의 탈피(脫皮)를 의미하기도 합니다.

태(兌)는 여러 번 설명한 적이 있습니다. '기뻐할, 괘 이름' 태입니다. 이 글자가 자소로 들어가는 글자를 한 번 살펴보겠습니다. 기초한자에 말[言]이 붙어 '말씀' 설(說), 벼[禾]로 내는 '구실' 세(稅), 마음[心]으로 '기쁠' 열(悅), 문[門] 앞에서 '검열할' 열(閱), 쇠[金] 날붙이니 '날카로울' 예(銳)가 있습니다.

껍질을 벗는 것은 탈각(脫殼), 옷을 벗는 것은 탈의(脫衣)입니다. 탈강지마(脫韁之馬)는 고삐를 벗은 말이라는 뜻으로 구속을 받지 않는 사람이나 사물을 말합니다. 우리말로는 "굴레 벗은 말"이 제격이 아닐까 합니다.

중학	획수	형자	새김	발음
能	10	㠯	능할	능

능(能)을 『설문』에서는 "곰의 한 종류이다. 발이 사슴을 닮았다. 육(肉)에서 뜻을 취하고, 이(㠯)가 소리를 나타낸다. 이 짐승은 관절이 튼실해서 인신하여 어질고 능력이 있다는 뜻으로 쓰고, 건강하고 장대한 데서 건강하고 혈기가 아주 왕성한 것[能傑]을 나타낸다"라고 합니다. 계속 인신된 뜻으로 쓰이게 되자 곰이라는 의미는 아래에 '불' 화(火)를 붙인 웅(熊)을 쓰게 되었고, 능(能)은 탁월한 능력을 가리키는 데 쓰이게 되었습

니다. 능력과 관련하여 재주가 천 명 중에 가장 뛰어난 것을 준(俊), 만 명에 한 명 정도로 출중한 것을 걸(傑)이라고 합니다.

중학	획수	형자	회자	새김	발음
胸	10	匈	肉匈	가슴	흉

흉(胸)은 자소자인 흉(匈)에 편방을 더해 분화되어 나온 글자입니다. 속마음을 뜻하기도 합니다.

흉(匈)은 가슴입니다. 『단주』에 보면 "지금은 흉(胸)을 쓰고 흉(匈)은 쓰지 않는다"라고 합니다. 흉(胸)의 본자입니다. 중국 북방의 유목 민족을 가리키기도 합니다. 흉노(匈奴)입니다.

흉금(胸襟)은 가슴 앞의 옷깃입니다. 흉금을 털어놓는다는 것은 속마음을 털어놓는 것을 비유적으로 이르는 말입니다. 흉금(胸琴)은 마음속에 거문고가 있는 것입니다. 심금(心琴)입니다. 그 거문고의 줄이 어떤 이야기를 듣고 공감할 때 공명을 일으킵니다. 그 이야기가 남의 이야기 같지 않고 내 이야기로 들립니다. 그 아픔이 고스란히 내게도 전해져 내 마음속에 있는 악기의 줄을 울리는 것입니다. 누군가의 흉금(胸琴)을 울리려면 우선 흉금(胸襟)을 털어놓아야 합니다.

공감을 영어로는 'empathy'와 'sympathy' 두 단어를 쓰는 듯한데, 'sympathy'는 동정이나 연민의 감정을 느끼는 것이고, 'empathy'는 감정이 이입되어 상대의 입장에서 사물을 바라보며 희로애락을 함께할 수 있는 것이 아닌가 합니다. 그래서 상대의 일을 내 일로 여기고 함께할 수 있는 것은 'sympathy'보다는 'empathy'가 아닌가 합니다. 위로를 받아야 하는 사람에게 동정이나 연민도 물론 중요하겠지만, 그것보다는 일이나 어려움 등 뭔가를 함께 나누는 자세가 절실할 테니, 우리 모두 살면서 'empathy'를 느껴 실천할 수 있으면 좋겠다 싶습니다.

중학	획수	형자	회자	새김	발음
脚	11	却(却)	肉却	다리	각

각(脚)은 다리입니다. '물리칠' 각(卻)에 편방을 더해 분화된 글자로 보며,『설문』에 실려 있는 자형은 각(腳)인데, 각(卻)과 각(却)의 자형이 비슷해 각(脚)으로 쓰게 되었습니다. 기초한자의 표준 자형은 각(脚)입니다.『설문』에서 각(卻)은 절제하는 것이라고 합니다. 그러나 본뜻은 다리로 보고 있습니다. 다리 전체가 아니고 아랫다리 부분이며, 윗다리 즉, 넓적다리는 퇴(腿)입니다. 아랫다리라고 하는 것은 정강이, 종아리, 장딴지를 포함하는 부위이기 때문입니다. 약간 뒤섞여 쓰는 경우도 있습니다. 각(脚)은 다리 전체가 아니고 아랫다리입니다.

각선미(脚線美)라고 하면 보통 치마 아래로 드러나는 부분을 떠올리는데 바로 그 부분으로 생각하면 됩니다. 각선미는 다리의 선이 만들어내는 아름다움입니다. 주로 여성의 다리맵시를 형용할 때 씁니다.

다리를 골격 중심으로 생각해보면, 볼기뼈에 넙다리뼈[대퇴골]가 연결되는 부위 아래입니다. 볼기뼈 끝에는 구멍이 있고, 넙다리뼈 끝은 뼈가 공 모양으로 되어 있어 볼기뼈에 있는 구멍에 들어가 자유자재로 움직입니다. 돌아가는 것이라고 해 전자(轉子, trochanter)라고 합니다만, 전문 용어라서 쓰임은 많지 않습니다. 자동차나 기계에서 볼 수 있는 유니버설 조인트(universal joint)의 원형으로 보면 됩니다. 둥글기 때문에 전후좌우상하 방향의 제한을 받지 않습니다. 여기에서 무릎까지가 넙다리 즉, 대퇴부(大腿部)입니다. 윗부분을 허벅다리하고 하지요. 그 아래로 무릎이고 무릎에서 복사뼈가 있는 관절까지가 한자로는 소퇴(小腿)인데, 우리는 이 말은 쓰지 않습니다. 전체를 이를 때는 무릎을 기준으로 윗다리, 아랫다리니 아랫다리가 되겠습니다. 앞부분은 정강이, 뒷부분은 종아리인데, 그 가운데 살이 불룩한 부분이 장딴지입니다.

"마각(馬脚)을 드러내다"는 본성이나 진실을 드러낸다는 뜻으로 쓰이는데, 부정적인 의미를 나타냅니다.

格物 078. 마각

마각(馬脚)은 물론 말의 다리입니다. 그 유래와 관련된 이야기입니다. 첫째는 당(唐)나라 때 유행한 놀이에서 비롯되었다는 것입니다. 전설상의 상서로운 동물인 기린(麒麟)을 등장시켜 벌이는 놀이인데, 기린 모습을 그리는 데 있어서 문제는 발이었습니다. 분장이 어려워 그대로 두어 말의 다리가 그대로 드러난 상태였습니다. 그래서 기린으로 분장한 말이 발을 감추지 못해 제 모습을 드러내고 만 상황을 마각(馬脚)을 드러냈다고 했다는 것입니다.

둘째는 명(明)나라를 세운 주원장(朱元璋, 1328~1398)의 부인 즉, 마(馬) 황후와 관련된 일화입니다. 주원장은 농민 출신으로 한때는 스님 노릇을 하기도 했습니다. 그러니 결혼 상대자 또한 세도가의 규수를 고를 입장이 못 되었고, 가난한 농촌 출신인 마(馬) 씨를 아내로 맞았습니다. 이 여인은 어렸을 때 집안 형편도 그랬겠고 전족(纏足)을 하지 못해 다른 여인들에 비해 발이 컸던 모양입니다. 아니 정확히는 정상적인 발인데 유행인 전족을 하지 못해 상대적으로 크게 보인 것이겠습니다. 주원장이 황제 자리에 오른 뒤 마 황후가 가마를 타고 궁궐 밖으로 나올 일이 있었는데 갑자기 바람이 불어 가마의 휘장이 걷혔습니다. 그러자 그녀의 큰 발이 사람 눈에 띄게 되었고 이게 계기가 되어 결국 오늘날의 단어로 정착했다고도 합니다.

중학	획수	회자	새김	발음
育	8	㐬 肉	기를	육

육(育)은 아이를 잘 키우는 것입니다. 좋은 사람으로 좋은 일을 하도록 키우는 것입니다. 그래서 가르치는 것 즉, 교육한다는 뜻도 나타냅니다. '기를' 육(毓)은 혹체 즉, 모양만 다른 글자인 이체자라고 합니다만 지금은 구분해 사람 이름에 더러 쓰는 듯합니다. 고문 분석에서는 "돌(㐬), 류(㐬), 육(育), 육(毓)이 여자가 아이 낳는 것을 가리키는 것으로 기원이 같은데, 나중에 분화되어 갈려 나간 것"으로 봅니다. 즉, '아이를 낳다'가 본뜻으로 거기에서 '키우다'라는 뜻이 인신되어 나온 것이라고 합니다.

돌(㐬), 이 글자도 여러 번 나왔습니다. 기억납니까? '아들' 자(子)를 거꾸로 한 글자로 '갑자기 튀어나올' 돌이라고 했습니다. 조산이 아닌가 싶은데, 이렇게 나오는 자식은 불효한 것으로 여긴 듯합니다. 돌(㐬)이 들어가는 글자는 '기를' 육(育)과 기초한자 범위 밖의 㐬가 있습니다. '㐬'를 『강희자전』에서는 '깃발' 류(旒)와 '거칠' 황(荒)과 같은 글자라고 하는데, 이것은 '㐬'를 두 글자 대신 쓰면서 나중에 생긴 새김으로 보입니다. 『설문』에서는 류(㐬)를 돌(㐬)의 혹체 즉, 이체자라고 합니다. '흐를' 류(流), '소통할' 소(疏), '거칠' 황(荒)에 쓰입니다.

나무를 가꾸는 것은 육림(育林), 길러 자라게 하는 것은 육성(育成), 아이를 키우는 것은 육아(育兒)입니다.

증외	부수	획수	형자	회자	새김	발음
有	月	6	又	又肉	있을	유
將	寸	11	爿	肉寸	장수	장

『설문』에서 "유(有)는 있어서는 안 되는 것이 있는 것이다.『춘추전』에 '해와 달에 일식이나 월식이 있다'고 한다"라고 합니다. 옛날에는 일식과 월식을 불길한 징조로 여겼기 때문에 있어서는 안 될 것이 있는 것이라고 설명합니다. 자형이 손[ナ]에 고기[月, 肉]를 들고 있는 것을 나타내며, 가지고 있다, 점유하다, 존재하다, 보존하다 등의 뜻을 갖습니다.

장(將)은 장수입니다. 촌(寸)은 법도를 나타내는데, 법도가 있고 그 다음에 일을 주관할 수 있다는 의미를 나타냅니다.
'조각' 장(爿)은 부수쟈이니, 더 이상 설명은 해당 부수란을 참고하기 바랍니다.

증외	부수	획수	형자	회자	새김	발음
然	火	12	肰	肉犬火	그러할	연

연(然)은 타거나 태우는 것입니다. 그래서 '비치다, 확실하다' 등의 뜻으로 쓰이고 나중에 가차되어 '그렇게, 이처럼' 등의 뜻으로 쓰이게 되었습니다. 본뜻인 '타다'는 '불' 화(火)를 다시 더해 '탈' 연(燃)으로 씁니다.
형성 자소는 '개[犬]고기[肉]' 연(肰)입니다. 개고기가 혐오 식품이 되어 이제는 가타부타 말을 하기가 불편해졌습니다만, 개고기[肰]를 불[火]에 구우니 그럴 법하게 보이는 글자입니다.

증외	부수	획수		회자	새김	발음
骨	骨	10		冎肉	뼈	골

골(骨)은 『설문』에서 "살의 핵심"이라고 합니다. 살의 중심이 되는 부분이라는 뜻입니다. 뼈는 골격으로 신체의 구조를 유지해주고, 안에 있는 장기를 보호해줍니다. 살의 핵심이라든지 중심이라는 설명은 그런 뜻입니다. 뼈나 골격, 나아가 뼈와 같이 뭔가를 지지해주는 것을 나타내기도 합니다. 회의자로 구분하기도 하고, 전체를 하나로 보아 상형자라는 설명도 있습니다.

과(冎)는 '뼈 바를' 과로 새깁니다. 사람의 살을 바르고 뼈만 남기는 것입니다. 고문분석에서는 점치는 데에 쓰는 복골(卜骨)이라고 합니다.

중외	부수	획수	회자	새김	발음
祭	示	11	肉又示	제사	제

제(祭)는 손[又]에 고기[肉]를 들고 제대[示]에 올려놓는 것을 뜻한다고 하여 회의자로 분석합니다만, 상형자로 보기도 합니다. 상형자로 분석하는 경우는 그런 모습 전체를 하나의 그림으로 파악하는 것이겠습니다. 격물란에 향가 한 수를 올립니다.

格物 079. 제망매가

고등학교 과정에서 배우는 것으로 아는데 우리 향가에 「제망매가(祭亡妹歌)」가 있습니다. 신라 경덕왕(景德王, ?~765, 재위 742~765) 때 월명사라는 스님이 쓴 시입니다. 글자 그대로의 뜻은 '죽은 누이에게 제사를 올리는 노래'가 되겠는데, 죽은 누이를 애도하는 작품입니다. 양주동 풀이로 보겠습니다.

죽고 사는 길 예 있으매 저히고
나는 간다 말도 못다 하고 가는가
어느 가을 이른 바람에 이에 저에
떨어질 잎다이 한 가지에 나고 가는 곳 모르누나
아으 미타찰(彌陀刹)에서 만날 내 도 닦아 기다리리다

生死路隱 此矣 有阿米 次肹伊遣

吾隱去內如辭叱都 毛如云遣去內尼叱古

於內秋察早隱風未 此矣彼矣浮良落尸葉如

一等隱枝良出古 去如隱處毛冬乎丁

阿也 彌陀刹良逢乎吾 道修良待是古如

역자에 따라 우리말 옮김이 달라지기도 합니다. 여기서는 '두려워하다'라는 뜻의 '저히다'로 옮겼는데, 김완진은 '머뭇거리고'로 옮깁니다. '잎다이'의 '다이'는 '대로'의 뜻인데, '잎처럼'으로 새겨볼 수 있겠습니다. 미타찰(彌陀刹)은 불교도들의 이상향으로 극락이라 할 수 있습니다.

여기 한자 표기 방식을 보면 한문도 아니고, 그렇다고 우리말의 소리만으로 적은 것만도 아닙니다. 이런 표기 방식을 향찰(鄕札)이라고 하지요. 어떤 것은 뜻[訓]으로 적고, 어떤 부분은 소리로 적어[音] 얼핏 보면 무슨 암호 같기도 한데, 바로 오늘날 일본어의 표기 방식과 유사합니다.

조금 더 설명하면 교착어인 우리말의 조사나 동사 활용 등은 고립어인 중국어의 구조와는 다릅니다. 이런 구조적인 차이를 극복해보고자 하는 것이 향찰이었겠고, 의미를 갖는 실사 부분은 한자의 뜻으로 새기고, 의미가 없이 문법적 기능만 수행하는 부분들 즉, 바로 위에서 말한 조사나 각종 활용 어미 등이 되겠습니다만, 그런 부분은 소리로 적어보는 것입니다. 개략적으로만 설명하는 것이라서 이 설명이 세세한 부분까지 다 맞을 수는 없습니다. 어렸을 때 기억으로 한자 몇 자 알고 난 뒤에 그 발음으로 뜻도 맞지 않는 단어들을 써보기도 하는데 그런 방식이라고 생각하면 됩니다.

우리 향가를 처음 해독한 사람은 오구라 신페이(小倉進平)라는 일본인 학자였습니다. 동경제국대학 출신인 그는 현 서울대학교의 전신인 경성제국대학의 교수로 부임해 우리말을 연구했습니다. 그가 우리 향찰을 해독해낸 데에는 일본어의 표기 방식이 향찰과 흡사한 것이 크게 기여하지 않았을까 하는 짐작을 하게 됩니다.

공자는 『시경(詩經)』에 나오는 「관저(關雎, 물수리)」라는 시에 대해 "즐거우나 음란하지 않고, 슬프나 마음을 상하게 하지 않는다[樂而不淫 哀而不傷(낙이불음 애이불상)]"고 했는데, 필자는 바로 이 향가의 시상이 그렇다는 생각을 합니다.

고교	획수	형자	새김	발음
肝	7	干	간	간

간(肝)은 『설문』에서 "목(木)에 속하는 장기이다"라고 합니다. 오행(五行)으로 설명한 것입니다. 목(木)은 색으로는 청(靑)이고, 계절로는 봄[春]이며 방위로는 동쪽으로 좌청룡(左靑龍)이 여기에 해당됩니다.

간뇌(肝腦)는 간장과 뇌수를 아울러 이르는 말인데, 육체와 정신을 비유적으로 나타내기도 합니다. 매우 요긴한 것은 간요(肝要)한 것입니다. 간유(肝油)는 물고기의 간장에서 뽑아낸 지방유로 한때 비타민 결핍이나 영양 장애에 대비해 학생들이 많이 복용하기도 했습니다. 어찌 학생들에게만 좋은 것이겠습니까만 우리 어머님 아버님들이 당신들 생각은 전혀 하시지 않고 자식 뒷바라지에 온힘을 쏟으셔서 그랬던 것이 아닌가 합니다. 간과 창자를 아울러 이르면 간장(肝腸)입니다. 간뇌도지(肝腦塗地)는 간과 뇌가 땅에 널브러져 있다는 뜻으로 참사의 의미인데, 나라를 위해 목숨을 돌보지 않고 애쓰는 것을 가리킵니다. 간담상조(肝膽相照)는 간과 담을 서로 비춰볼 수 있다는 뜻으로 속마음을 털어놓고 친하게 사귀는 것을 이릅니다.

고교	획수	형자	새김	발음
胞	9	包	세포	포

포(胞)는 태보(胎褓)입니다. 어머니의 배 속에 있는 태아가 생활하고 자라는 공간입니다. 순우리말은 '삼'입니다. 『단주』에서는 "포(包)는 어머니의 배이고, 포(胞)는 (태아를 감싸고 있는) 태의(胎衣)이다"라고 설명합니다.

홀씨는 포자(胞子)라 하고, 아기를 갖는 것은 포태(胞胎)라고 합니다.

고교	획수	형자	새김	발음
胡	9	告	턱밑살, 되(단위), 오랑캐	호

호(胡)는 소의 턱 아래로 늘어진 살이라고 합니다. 그래서 늘어진 살과 입 주변에 늘어진 수염을 가리킵니다. 수염은 오래 자란 것이기 때문에 인신되어 '장수'를 뜻합니다. 고대 중국 북서부의 오랑캐를 가리키기도 하는데, 오랜 세월을 거치며 주변의 이민족은 대부분 중국으로 통합되었기 때문에 소수 민족이라고 표현합니다. 누구든 낯선 것에 대해서는 부정적인 생각을 갖는 경우가 많은데, 실제 호(胡) 자는 '미개하다'든지, '야만적'이라든지 하는 의미를 갖고 있기도 합니다.

중국과 같이 큰 나라 주변에서 우리나라처럼 오랜 역사를 지니고 통일 국가를 유지해온 경우가 없습니다. 실제 서양 친구들 가운데에는 대한민국의 역사 자체가 기적적인 일이라며 감탄하고 그 이유를 묻는 경우도 있었습니다. 안타깝게 지금 두 동강이 나 있습니다만, 오늘의 우리가 있도록 해주신 선조들에게 감사하고, 늘 오늘보다 나은 내일의 대한민국이 될 수 있도록 분발해야 할 것입니다.

호란(胡亂)은 물론 호인들이 일으킨 난리입니다. 여기에는 만주족이라든지 야만인이라는 속뜻이 들어 있습니다. 병자호란이 그런 예입니다. 호지(胡地)는 오랑캐가 사는 땅입니다. 『표준』에서는 "중국 동북 지방을 이른다"라고 설명하는데, 중국인들은 중국의 북서쪽을 호지(胡地)로 생각하니 지리 감각에 차이가 있는 듯합니다. 중국의 역사상으로 보면 동북방은 겨울이 길고 농사가 어려워 늦게 개발된 지역입니다.

고교	획수	형자	새김	발음
脅	10	劦	위협할, 겨드랑이	협

협(脅)을 『설문』에서는 "양쪽 겨드랑이"라고 합니다. 겨드랑이의 갈비뼈가 없는 부분입니다. 그런데 본뜻은 겨드랑이에서 위팔[上髆(상박)]이 갈리는 부분 즉, 옆구리라고 합니다. 그래서 옆을 가리키기도 하고 갈비뼈를 뜻하기도 합니다. 뭔가를 끼려면 옆구리를 쓰기 때문에 인신하여 '핍박하다, 으르다'라는 의미를 갖게 되었습니다.

협(劦)은 여러 사람이 힘을 합하는 것입니다. 갑골문에서는 쟁기 석 대를 그린 모양으로 뜻은 역시 '힘을 합하다, 힘을 합해 밭을 갈다'로 봅니다. '화할' 협(協), '으를' 협(脅)의 자소자로 쓰입니다.

다른 사람을 을러 강제로 어떤 일을 시키는 것은 협박(脅迫)입니다. 다른 사람의 위협을 못 이겨 복종하는 것은 협종(脅從)이고, 협박하여 빼앗는 것은 협탈(脅奪)입니다.

고교	획수	형자	새김	발음
腸	13	昜	창자	장

장(腸)은 대장과 소장을 가리킵니다. 관상(tubular form)으로 앞쪽의 입구는 유문(幽門), 뒤쪽은 항문(肛門)입니다. '장이 뒤틀리다'라는 말은 실제 우리 몸의 장이 꼬이는 것을 나타내기도 하지만 심사가 불편하고 꼬였다는 뜻을 나타내듯 생각이나 감정을 나타내기도 합니다. 비속어라고는 합니다만 창자를 이르는 말로 '배알'과 그 준말로 '밸'이 있습니다. '배알이 꼴리다, 뒤틀리다'는 마음에 거슬려 아니꼬운 것을 가리킵니다. 한자에서의 쓰임과 같습니다.

장선(腸腺)은 창자샘으로 창자액을 분비하는 선(腺)입니다. 여기서 선(腺)은 선(線)과 다름에 유의해야 합니다. 선(腺)은 호르몬이나 소화액 등을 분비하는 샘이고, 선(線)은 줄(line, thread)입니다.

양(昜)은 볕을 나타냅니다. '오를' 양(揚), '볕' 양(陽), '마당' 장(場), '버들' 양(楊), '창자' 장(腸), '화창할' 창(暢), '끓을' 탕(湯)에 쓰이고 있습니다.

格物 080. 들문, 날문, 오장육부

유문(幽門)이라는 말은 평상시에 듣거나 쓸 일은 거의 없지 싶습니다. 그런데 위에 이상이 있는 경우 병원에 가면 '역류성 식도염'이라는 진단을 받는 경우가 있습니다. 의학적인 지식으로 설명은 못하겠지만, 하여튼 뭔가가 잘못되어 위액이 거꾸로 흘러나와서 염증이 생긴다는 말처럼 들립니다. 괄약근(括約筋)은 조이는 역할을 합니다. 요즈음은 우리말로 바꿔서 조임근이라고도 하는 듯합니다.

어찌됐든 괄약근이라면 얼핏 생각나는 것이 항문인데, 유문에도 조임근이 있어 위쪽을 막아줍니다. 그런데 그 기능이 떨어지면 위액이 위로 역류하게 되는 모양이고 그래서 생기는 질병입니다. 유문은 위와 샘창자의 경계를 이루는 부분으로 음식이 나간다고 해 '날문'이라고도 합니다. '날문'이 있으면 '들문'도 있어야 하는 것이 이치입니다. 들문은 식도와 위가 연결되는 부위로 분문(噴門)이라고도 하는데, 같은 발음으로 한자가 분문(糞門)으로 달라지면 역시 항문을 가리키는 말이 됩니다. 소화 기관으로서 위가 중요하기 때문인지, 위를 중심으로 명칭이 만들어진 듯합니다.

오장육부(五臟六腑)의 오장은 '간장, 심장, 비장, 폐장, 신장'이고 육부는 배 속에 있는 여섯 가지 기관으로 '위, 작은창자, 큰창자, 쓸개, 방광, 삼초'인데 소화와 배설을 담당하는 기관입니다. 한의학에서 말하는 '삼초'에 대해서는 실제 기관으로 존재하는가에서부터 학자들 사이에도 이견이 많습니다. 하지만 내장 전체를 이르는 말임에는 틀림이 없습니다.

한의학에서 오장은 우리 몸의 좀 깊은 쪽에 있는 기관으로 음(陰)에 속하고, 육부는 조금 바깥쪽에 있는 기관으로 양(陽)의 성격을 갖는 것으로 이해합니다. 장(腸)은 그 자체가 실(實)한 기관입니다. 즉, 차 있습니다. 그러나 부(腑)는 글자에서도 짐작할 수 있는 것처럼 살[肉]로 된 곳간, 즉 창고[府]입니다. 비어[虛] 있어서 외부에서 음식이 들어가면 채워집니다.

고교	획수	형자	새김	발음
腐	14	府	썩을	부

부(腐)는 썩는 것입니다. 사람마다 다르겠지만 필자는 이상하게 이 글자가 잘 외워지지 않았습니다. 그래서 결국은 고기[肉]를 창고[府]에 오래 두면 썩는다[腐]는 방법으로 기억했었습니다. 보통은 창고가 아니라 광에 보관했겠습니다. 『설문』에서는 "문드러지는 것"이라고 합니다. 이것은 심하게 썩어 고기 안의 섬유질이 다 망가져 나타나는 결과이겠습니다. 안에 있는 조직이 다 파괴되어 힘없이 떨어지는 것입니다. 그런 물건이나 냄새를 가리키기도 합니다.

부패(腐敗)는 바로 썩는 것입니다. 부란(腐爛)은 좀 어려운 말이긴 합니다만, 썩어 문드러지는 것입니다. 절치부심(切齒腐心)은 이를 갈며 마음을 썩이는 것으로 몹시 분해 어쩔 줄 모르는 것입니다.

格物 081. 향신료(香辛料, spices)

중세 유럽에 향신료 문제가 심각했습니다. 인도에서 나오는 후추는 같은 무게의 금값

만큼이나 비쌌다고도 합니다. 이름이야 어떻든 유럽에서도 광 정도에 고기를 보관했을 겁니다. 그런데 냉동, 냉장 시설이 없으니 시간이 지나면 고기가 자연 상하게 됩니다. 그래서 그런 냄새를 없애주기 위해서 특히 향신료가 필요했다고도 합니다. 그래서 향신료는 세계사의 한쪽을 차지하고도 있습니다.

실제 고기는 저온에서 어느 정도 숙성을 시켜야 제 맛이 나는 것으로 알려져 있습니다. 현재 세계 각국의 고급 음식점에서 쓰는 고기는 실제 저온에서 한 달가량 숙성을 시킨다고 하니, 혹 썩는 정도의 문제가 아닐까 하는 생각도 듭니다.

기왕에 부(腐) 자를 설명하고 있으니 한 글자 더 공부를 하도록 하겠습니다. '장부' 부(腑)입니다. 이 글자는 사실 구성이 똑같습니다. 그런데 '고기' 육(肉)이 육달월(月)로 왼편에 붙으면서 장기를 나타내는 뜻으로 쓰입니다. 한 곳에서는 고기가 썩고[腐], 한 곳은 다른 뭔가를 받아들여 소화를 시키는 살로 된 주머니인 부(腑)가 되었습니다.

고교	획수	형자	회자	새김	발음
肖	7	小	小 肉	닮을, 같을	초

『설문』에서 "초(肖)는 뼈와 살이 닮은 것이다. 육(肉)에서 뜻을 취하고, 소(小)는 소리를 나타낸다. 부모를 닮지 못했다고 해 불초(不肖)라고 한다"라고 합니다. 초(肖)는 닮는 것입니다. 자식이 부모만큼 효성스럽지 못하다든지 능력이나 재주가 없다는 뜻으로 불초(不肖)라고 씁니다. 편지글의 끝에 많이 쓰죠. 물론 겸손하게 이르는 말입니다. 요즈음은 의미가 조금 확대되어 다른 사람만 못하다는 뜻으로도 쓰고 있는 듯합니다. 내가 그 사람만 못하다는 뜻보다는 상대방을 존중하는 태도를 나타냅니다. 본뜻은 잘게[小] 썬 고기[肉]라고 합니다. 그래서 초(肖)에는 '작다'라는 뜻이 있고, 작은 것은 서로 비슷해 보이기 때문에 '비슷하다'라는 뜻도 생긴 것으로 추정합니다. 인신되어 재주가 없다는 뜻으로도 사용됩니다.

초상(肖像)은 사진, 그림 따위에 나타낸 사람의 얼굴이나 모습을 말하고, 초상화(肖像畵)는 사람의 얼굴을 중심으로 그린 그림입니다. 초상화는 보통은 다른 사람의 얼굴 그림을 말하고, 자기 초상화는 자화상(自畵像)입니다.

고교	획수	형자	회자	새김	발음
肺	8	市	肉市	허파	폐

폐(肺)의 자소자는 자칫 혼동하기 쉬운데, '저자' 시(市)가 아니고 '슬갑' 불(市)입니다. 슬갑(膝甲)의 글자 그대로의 뜻은 무릎 덮개입니다. 추위를 막기 위하여 바지 위에다 무릎까지 내려오게 껴입는 옷입니다. 요즈음 학생들이 많이 쓰는 무릎 담요와 기능은 같지만 옷으로 입게 되어 있는 것이 다른 셈입니다.

글자 모양이 완전히 같아 보입니다만 시(市)는 위에 점[丶]이고, 불(市)은 세로가 한 획으로 가장 나중에 긋습니다. 그래서 획수로 하나가 적습니다. 폐(肺) 자가 8획인 점을 잊지 말고, 평소 글씨를 정확히 쓰고 익혀야겠습니다. 한 글자가 더 있습니다. '두를' 잡(帀)입니다. 차례대로 보면 잡(帀)은 가로획[一] 아래 '수건' 건(巾)을 쓴 글자로, '둘러싸다(surround)'의 뜻입니다. 세로획을 마지막으로 내려 그은 것은 '슬갑' 불(市), 점을 찍은 뒤 잡(帀)을 쓴 것은 시(市)입니다. 이 석자는 혼동하지 않도록 주의하기 바랍니다.

폐부(肺腑)는 허파인데, 마음의 깊은 속을 가리키기도 합니다. 폐에 생기는 질병으로는 폐렴(肺炎)과 폐결핵(肺結核)이 있습니다. 폐부지언(肺腑之言)은 마음속에서 우러나오는 참된 말입니다.

고교	획수	형자	회자	새김	발음
背	9	北	北肉	등	배

배(背)는 등입니다. 자소자 '달아날' 배(北)는 '등지다'라는 뜻을 가지고 있습니다. 등진 곳에 있는 것입니다. 여기에서 물체의 등진 쪽 즉, 뒤쪽을 나타내게 됩니다. '피하다, 숨기다'의 뜻이 있고, '세상을 떠나다, 등지다'의 의미도 나타냅니다.

누운 자세로 하는 수영은 배영(背泳), 물을 등지고 치는 진은 배수진(背水陣)입니다. 임진왜란 때 신립(申砬, 1546~1592) 장군은 충주 탄금대에 배수진을 치고 북상하는 왜군을 막았습니다만 중과부적으로 패배하고, 이에 그는 탄금대 아래로 흐르는 남한강에 투신자살했습니다. 이 구간의 하천을 달래강이라고 하는데, 오뉘이 간의 슬픈 전설이 전해 내려오기도 합니다. 배은망덕(背恩忘德)은 남에게 입은 은덕을 저버리고 배신하는 태도가 있음을 뜻합니다. 중국에서는 뜻이 조금 다르겠습니다만, 배은망의(背恩忘義)를 많이 쓰는 듯합니다. 배정이향(北井離鄕)은 자기가 살던 동네의 우물을 등지고 고향을 떠난다는 뜻으로 핍박을 받아 멀리 고향을 떠나 살길을 찾는 것을 말합니다.

고교	획수	형자	회자	새김	발음
脈	10	𣲖	肉 𣲖	줄기	맥

맥(脈)은 『설문』에 다른 자형[𧖴]으로 올라 있는데, 맥(𧖴)을 "몸속에 나뉘어 흐르는 피의 무늬"라고 합니다. '피의 무늬'라는 말이 좀 낯섭니다만 실제 피부 가까이에 있는 핏줄은 무늬라고 볼 수 있습니다. 그런 것을 가리키는 것으로 보입니다. 살[肉] 속에서 피가 갈래[𣲖]로 나뉘어 흐르는 것입니다.

자소자인 파(𣲖)는 우선 어느 부수에 속하는지 알아보기가 쉽지 않습니다. '삐침' 별(丿)에 속하며 물의 지류인 갈래를 나타냅니다. 『단주』에서는 파(派)와 뜻과 발음이 같다고 하고 있습니다. '맥' 맥(脈), '물갈래' 파(派)에 쓰입니다. 파벌(派閥)은 이해관계에 따라 갈라진 집단입니다. 파도를 뜻하는 '물결' 파(波)와 혼동하지 않아야 합니다.

맥락(脈絡)은 혈관이 서로 연락(連絡)되어 있는 계통인데, 사물 따위가 서로 이어져 있는 관계나 연관의 뜻으로 많이 씁니다. 맥박이 뛰는 것은 맥동(脈動)입니다.

고교	획수	형자	회자	새김	발음
脣	11	辰	辰 肉	입술	순

순(脣)은 입의 언저리, 즉 입술입니다. 『단주』에는 "지금은 순(唇)으로 쓴다"라고 하고 있습니다만, 기초한자에는 순(脣)을 표준 자형으로 싣고 있습니다. 중국에서는 '입' 구(口)가 들어 있는 순(唇)을 표준 자형으로 삼습니다. '입술' 순(脣)은 '놀랄' 진으로도 새깁니다.

입술의 끝은 순두(脣頭)라 하고, 입술과 이를 함께 아울러서는 순치(脣齒)라고 합니다. 순치(脣齒)는 입술과 이처럼 이해관계가 밀접한 둘 사이를 비유해 이르는 말이기도 합니다. 단순호치(丹脣皓齒) 또는 주순호치(朱脣皓齒)라는 말이 있지요. 붉은 입술에 하얀 치아라는 뜻입니다. 아름다운 여자를 이릅니다.

고교	획수	형자	회자	새김	발음
腦	13	𡿺	肉𡿺	골, 뇌수	뇌

뇌(腦)의 설문 자형은 '𦜝'로 조금 다릅니다. 물론 지금은 안 씁니다. 머릿골 즉, 뇌입니다. 주석에서는 뼈 속에 들어 있는 지방이라고 합니다. 오른쪽의 자소자[𡿺, '머릿골' 뇌의 初字]를 뇌(腦)의 처음 글자 형태로 봅니다. '뇌' 뇌(腦)는 왼쪽에 사람을 뜻하는 '비수' 비(匕)를 썼는데[𦜝] 나중에 '고기' 육(月, 肉)으로 바뀐 것입니다. 의미가 파생되어 생각이나 기억하는 능력을 나타내기도 합니다.

뇌(𡿺)는 '뇌' 뇌(腦)의 본자이며 "뇌수로, 대뇌에 붙어 있는 머리칼[巛]과 정수리[囟] 모양을 나타내는 것"으로 봅니다. 갑골문은 아래에 '어진사람' 인(儿)이 붙어 있는데 생략된 형태입니다. 머리만 유난히 큰 갓난아이의 모양으로 위는 머리칼이고, 아래는 숫구멍이 아직 막히지 않은 것을 나타냅니다. 여기에서 머리칼을 나타내는 부분이 다시 생략된 것이 '정수리' 신(囟)인데, 두 글자 모두 머리와 관련된 뜻을 나타내는 것으로 봅니다. 흉(𠙴, 凶) 자와 자형이 비슷해 혼동을 일으키기 쉽습니다. 뇌(𡿺)는 자소자가 되어 '머릿골' 뇌(腦), '괴로워할' 뇌(惱)에 쓰이고 있습니다.

천(巛)은 자형이 조금 바뀌어서 그런데 '내' 천(川)의 본자입니다. 자소로 쓰일 때 두 가지 자형이 모두 쓰입니다. '순할' 순(順), '가르칠' 훈(訓), '뇌' 뇌(腦), '돌' 순(巡), '재앙' 재(災), '고을' 주(州), '모래톱' 주(洲) 등에서 자소자로 쓰이고 있습니다.

정수리 신(囟) 자는 『설문』에서는 독립된 부수자로 '생각' 사(思), '생각' 려(慮), '갈기' 렵(鬣)이 이 부수에 속했는데, 『강희』에서 밭[田]이 되었습니다. 신(囟) 부수에 속하는 글자는 아니지만, '뇌' 뇌(腦), '가늘' 세(細)에도 들어가 있는데 세(細)는 자형이 완전히 전(田)으로 바뀌어서 얼른 알아보기는 어렵게 되었습니다.

고교	획수	형자	회자	새김	발음
腹	13	复	肉复	배	복

『설문』에서 "복(腹)은 두터운 것[厚]이다"라고 합니다. 복부의 살이 두꺼운 것을 나타냅니다.

자소자 복(复)은 예전에 갔던 길을 되돌아가는 것입니다. 여기에서 '보답하다, 보복하다'라는 뜻도 나타내게 됩니다. '쉬엄쉬엄[彳]' '회복할' 복(復), 살[肉]이 붙어 '배' 복(腹), 옷[衣]을 껴입으니 '겹칠' 복(複)입니다.

복심(腹心)은 배와 가슴을 아울러 이르기도 하지만 속마음을 뜻하기도 합니다. 구밀복검(口蜜腹劍)이라는 말도 있습니다. 입에는 꿀이 있고 배 속에는 칼이 있다는 뜻으로 말로는 친한 듯하나 속으로는 해칠 생각이 있다는 뜻입니다.

고교	획수	형자	회자	새김	발음
腰	13	要	肉要	허리	요

요(腰)는 허리입니다. 『설문』의 자형은 '요긴할' 요(要)로 '허리' 요(腰)의 본자입니다. "요(要)는 몸의 가운데이다. 사람이 두 손을 허리에 대고 있는 모양을 본떴다"라고 합니다. 맨손 체조에서 발 운동을 할 때 양손을 허리에 대고 발꿈치를 드는데 그때의 자세입니다. 필자의 어휘력이 부족해 장황하게 설명하는지도 모르겠습니다. 영어에는 여기에 딱 맞는 단어가 있습니다. 'akimbo'입니다.

근본이 되는 중요한 강령은 요강(要綱), 일을 하는 데 꼭 필요한 묘한 이치는 요령(要領), 요점만 따서 줄이는 것은 요약(要約)입니다. 요새(要塞)는 군사적으로 중요한 곳에 튼튼하게 만들어놓은 방어 시설이나 그런 시설을 한 곳을 이릅니다.

고교	획수	형자	회자	새김	발음
臟	22	藏	肉	오장	장

장(臟)은 몸속[肉]에 감춰져[藏] 있는 여러 기관 즉, 장기로 생각할 수 있습니다. 『설문』에는 실려 있지 않습니다.

내장의 여러 기관은 장기(臟器)입니다. 장부(臟腑)는 오장과 육부라는 뜻으로 내장을 통틀어 이르는 말입니다.

고교	획수	회자	새김	발음
肩	8	戶 肉	어깨	견

견(肩)을 『설문』에서는 "어깨뼈이다. 상형이다"라고 합니다. 어깨뼈와 팔이 이어지는 모양을 본뜬 글자로 보아 상형이라고 했지만, 일반적으로는 회의자로 봅니다. 그래서 '짊어지다, 맡다'라는 뜻을 나타내고, 인신되어 '이기다, 할 수 있다'는 의미를 갖습니다.

견골(肩骨)은 어깨뼈이고, 어깨에 다는 표장이라서 견장(肩章)입니다. 어깨를 나란히 하는 것이 비견(比肩)인데, 정도가 서로 비슷한 것을 이릅니다.

고교	획수	회자	새김	발음
肯	8	止 肉	즐길	긍

긍(肯)은 『설문』에 본자가 '긍(肎)'으로 실려 있습니다. 뼈에 단단히 붙어 있는 살이라고 합니다. 달리, 뼈에는 살이 없다는 뜻을 나타낸다고도 합니다. 해부학적으로 본다면, 뼈에 단단히 붙어 있는 것은 근육입니다. 근육이 뼈에 단단히 붙어 뼈가 움직일 수 있게 해줍니다. '힘줄' 근(筋)이 따로 있어 이렇게 설명합니다만, 이 설명만으로는 힘줄 같아 보입니다. 가차해 '찬동하다, 허락하다, 바라다' 등의 뜻을 나타냅니다.

그렇다고 인정하는 것은 긍정(肯定), 머리를 끄덕여 동의를 나타내는 것은 수긍(首肯)입니다.

고교	획수	회자	새김	발음
肥	8	肉 巴	살찔	비

비(肥)는 살이 많은 것이라고 합니다. 체지방이 많아 살찐 것입니다. 사람뿐만 아니라 살찐 것 전체를 이르기도 합니다. '풍부하다, 가득하다'라는 뜻이 됩니다. 이익이나 좋은 점을 나타내기도 합니다.

이미 얘기한 바 있지요. 자소자 파(巴)를 『설문』에서는 "벌레(蟲)이다. 혹은 코끼리를 먹는 뱀이라고 한다"라고 설명합니다. 여기서 벌레는 지금 우리가 생각하는 곤충만이 아닙니다. 파충류 일반을 가리키는 말입니다. "코끼리를 먹는 뱀"은 코끼리를 삼킨 보아뱀의 그림이 있는 생텍쥐페리의 소설『어린왕자』를 떠올리게 합니다. 파(巴)는 땅 이름으로는 사천성의 중경(重慶) 지방을 나타내고, '뱀' 파, '꼬리' 파로 새깁니다. '살찔' 비(肥), '잡을' 파(把)의 자소자로 쓰입니다.

가축을 살찌게 기르는 것이 비육(肥育)이고, 살이 쪄서 뚱뚱한 것은 비만(肥滿)이며, 식물의 생장을 촉진하는 것, 식물이 살찌게 하는 원료는 비료(肥料)입니다.

비(肥)와 상대가 되는 글자는 '여윌' 수(瘦)이겠는데, 본 자형은 '瘦'로 되어 있습니다. 살이 적은 것인데, 현재의 자형으로 바뀌었습니다. 아마도 옛날 사람들은 살찐 것은 정상이라고 생각했지만 여위거나 파리해 보이는 것은 병의 일종으로 생각한 것이 아닐까 싶습니다. 같은 '고기' 육(肉)에 속하지 못하고, 병질엄[疒]에 들어가 있습니다. 하긴 당나라 때 미인도를 보면 한결같이 풍만한 미를 자랑해 아름다움에 대한 우리의 생각도 고정불변만은 아닌 듯합니다.

경구비마(輕裘肥馬)는 비마경구(肥馬輕裘)로 쓰기도 하는데, 가벼운 가죽옷과 살찐 말이라는 뜻으로 부귀한 사람들의 나들이 차림새를 이릅니다. 비두대이(肥頭大耳)는 큰 머리에 큰 귀라는 뜻인데, 예전에는 이런 모습을 복이 있는 상으로 여겼다고 합니다.

고교	획수	회자	새김	발음
胃	9	肉田	밥통	위

위(胃)는 밥통입니다. "위(胃)는 곡식 창고"라는『설문』의 설명이 재미있습니다. 물론 직역해서 이렇게 됐고, 곡식을 소화하는 장기라는 뜻이겠습니다. 위 자소자가 지금은 '밭' 전(田)이 되었습니다만, 본래는 '囷' 자의 가운데 '쌀' 미를 대각선 방향으로 눕혀 놓은 모양으로 위 속에 음식물이 들어가 있는 것을 나타냈습니다. 위장(胃腸)이고, 28수 별자리의 하나로 서방 백호(白虎)에 속합니다. 글자 전체를 하나로 보아 상형자로 보기도 합니다. "囷"를『강희자전』에서『옥편(玉篇)』을 인용해 "막혜(莫兮)의 반절로 음은 미(迷)이다. 땅이름이다[莫兮切 音迷 地名]"라고 합니다. 막혜의 반절이면 음이 '메'가 되어야 하고, 미(迷)로 음을 밝히고 있느니 '미'로 읽어야 할 듯도 합니다. 지명으로 사용된 예가 없어서 어느 곳을 가리키는지 확실하지 않고, 제법 큰 자전에도 올라 있지 않습니다

다.

고외	부수	획수	회자	새김	발음
豚	豕	11	肉 豕	돼지	돈

　돈(豚)입니다. 고문 자형에는 오른쪽에 손을 나타내는 우(又)가 들어가 있습니다. 작은 돼지를 나타냅니다. 손은 그 고기를 제사에 바칠 수 있다는 것을 나타내는 것으로 봅니다. 새끼 돼지라고도 합니다. 제사에 바치는 젖먹이 새끼 돼지인 것으로 추정합니다. 지금은 특별히 새끼 돼지뿐만 아니라 돼지 전체를 가리키는 글자로 쓰입니다.

　시(豕)는 돼지를 나타냅니다. 하지만 낱자로 쓰이지는 않고, 부수로 쓰입니다. 부수자이니 해당란을 참고하기 바랍니다.

　돼지우리는 돈사(豚舍), 소 우리나 외양간은 우사(牛舍), 닭장은 계사(鷄舍), 말 우리는 마사(馬舍) 또는 마구간(馬廐間)인데 제 집이 싫으면 외양간에서 소나 말과 함께 사는 수밖에 없습니다. 개는 개집, 양 우리는 양사(羊舍)라는 말이 있기는 합니다만, 양은 많이 기르지 않아서 그런지 '양사'라는 말은 좀 낯선 느낌이 듭니다.

R131

신하 신(臣) 부

갑골	금문	전문	해서

🦴 🦴 臣 臣

　'신하' **신(臣)**은 세로로 세운 눈 모양을 본뜬 상형자로 알려져 있습니다. 옛날 전쟁에서 잡힌 포로나 노예를 가리키는 글자로, 이들은 주인을 똑바로 볼 수 없고, 머리를 숙이고 훔쳐보듯 보았기 때문이라고 합니다.

　『설문』입니다. "신(臣)은 견제를 받는 자로, 군왕을 섬기는 자이다. 굴복하는 모양을 본떴다." 주석을 보면 "죄수나 포로의 숫자는 서로 달라서, 이끄는 사람이 줄로 끌기 때문에 그 일은 끄는 것[牽]이라 하고, 끄는 사람은 신(臣)이라 한다"라고 합니다. 본뜻은 전쟁 포로로 봅니다. 남자 노비를 가리키고, 관리를 뜻하기도 합니다. 신하가 스스로를 부르는 호칭이기도 합니다. 부수로 쓰여 눈이나 신하와 관련된 뜻을 나타냅니다.

중학	획수	새김	발음
臣	6	신하	신

신민(臣民)은 군주국에서 관원과 백성을 아울러 이르는 말이고, 신복(臣服)은 신하로서 복종하는 것입니다. 신하(臣下)는 임금을 섬기어 벼슬을 하는 사람입니다.

중학	획수	회자	새김	발음
臥	8	臣人	누울	와

와(臥)를 『설문』에서는 "쉬는 것"이라고 합니다. 평상 같은 데에 엎드리는 것입니다. 고문 분석에서는 머리를 숙이고 올려보는 것이라고 합니다. 머리를 숙이고 눈을 감은 뒤 쉬는 뜻을 나타냅니다. 여기에서 '눕다, 자다'로 인신되었습니다.

와룡(臥龍)은 누워 있는 용으로, 앞으로 큰일을 할 사람을 비유적으로 일컫는 말입니다. 잠룡(潛龍)도 비슷한 뜻으로 쓰입니다. 와설면상(臥雪眠霜)은 눈 위에 눕고 서리 위에서 잠을 잔다는 뜻으로, 먹고살기 위해 동분서주하며 고생하는 것입니다. 바람을 먹고 이슬을 맞으며 잠잔다는 뜻의 풍찬노숙(風餐露宿)과 비슷한 말입니다. 와신상담(臥薪嘗膽)은 땔나무 위에 누워 쓸개를 맛본다는 뜻인데, 오나라 왕 부차(夫差)와 월나라 왕 구천(句踐)에 얽힌 고사에서 나온 말입니다. 원수를 갚거나 마음먹은 일을 이루기 위하여 온갖 어려움과 괴로움을 참고 견디는 것을 비유적으로 이릅니다. 중국 춘추 시대 오나라의 왕 부차는 원수를 갚기 위해 섶에서 잠을 잤으며, 월나라의 구천은 잃어버린 나라를 찾기 위해 쓸개를 곁에 두고 늘 그 맛을 보며 각오를 다진 데에서 나왔다고 합니다. 사서에는 상담(嘗膽)만 나오는데, 섶에서 잔다는 와신(臥薪)은 북송 때 당송 팔대가의 한 사람인 소식이 덧붙인 말이라는 설명도 있습니다. 와호장룡(臥虎藏龍)은 장룡와호(藏龍臥虎)로 쓰기도 합니다. 엎드려 있는 호랑이와 숨어 있는 용이라는 뜻으로 숨어 있는 걸출한 인재를 말합니다. 말의 뜻은 정확히 몰라도 같은 이름의 영화를 본 사람들은 많아서 낯선 단어는 아니지 합니다.

중외	부수	획수	회자	새김	발음
望	月	11	臣壬	바랄	망

『설문』에서는 **망(望)**을 "집을 나가 밖에서 떠돌아 집에서 그가 돌아오기를 바라는 것이다"라고 합니다. 갑골문 분석에서는 눈 모양을 한 신(臣) 자 아래에 발돋움하는 모양의 정(壬)을 쓰고 있어, 높다란 흙무더기 같은 데에 올라가 멀리 바라보는 것이 본뜻이라고 합니다. 여기서 '올려보다, 기대하다, 바라다'라는 뜻을 갖게 되었습니다. 날짜로는 보름을 가리킵니다. 멀리 바라보는 모양을 하나로 보아 상형자로 분류하기도 합니다.

고향을 그리는 것이 망향(望鄉)이고, 널리 먼 곳을 바라보는 것이 전망(展望)입니다. 보름은 망일(望日), 기망(旣望)은 이미 보름[望]이 지난 열엿새를 뜻하고, 삭망(朔望)은 초하루와 보름을 아울러 이릅니다. 삭망전(朔望奠)이라고 해서 예전에 상중인 집안에서는 초하루와 보름에 제사를 드렸습니다.

고교	획수	회자	새김	발음
臨	17	臥品	임할	림

림(臨)은 살펴보는 것입니다. 높은 곳에서 내려보며 살피는 것이라고 합니다. 고문 분석에서는 사람이 몸을 구부리고 머리를 떨군 채 눈물을 흘리는 모양으로 봅니다. 그래서 죽은 사람에게 곡을 하는 것으로 봅니다. 여기에서 인신되어 '내려보다, 도착하다, 도달하다, 가까이 가다' 등의 뜻으로 확대되었습니다.

임시(臨時)는 미리 정하지 아니하고 그때그때 필요에 따라 정하는 것을 말하며, 잠시 동안이라는 뜻도 있습니다. 사태에 맞춰 즉각적으로 처리하는 것은 임기응변(臨機應變)입니다. 신라 시대 화랑의 세속오계 가운데 임전무퇴(臨戰無退)는 전쟁에 나아가 물러서지 않는 것입니다.

고외	부수	획수	회자	새김	발음
監	皿	14	臣人皿	볼	감

감(監)의 『설문』 설명은 바로 위의 림(臨) 자와 비슷합니다. 위에서 보는 것이라고 합니다. 단 살핀다는 의미만 없습니다. 이미 설명한 바 있습니다만, 고문에서는 여인[시]이 대얏물 같은 데[皿]에 자신의 모습을 비춰보는 것[臣]으로 분석합니다. 그래서 나중에는 그런 기구 즉, 거울을 뜻하게 되었습니다. 인신되어 살펴보는 것을 나타내고, 고대 최고의 교육 기관인 국자감을 뜻하기도 합니다.

잘못되지 않도록 살피어 단속하는 것이 감독(監督)이고, 죄인을 가두어 두는 곳이 감옥(監獄)인데 형무소라고 했다가 지금은 교도소라고 합니다. 감수자도(監守自盜)는 관리·감독 책임이 있는 사람이 자기 관리 하에 있는 재물을 훔치는 것입니다.

R132

스스로 자(自) 부

갑골	금문	전문	해서
自	自	自	自

'스스로' **자(自)**는 '코' 비(鼻)의 처음 글자 형태라고 합니다. 상형자입니다. 코라고 하는 것은 『설문』의 설명입니다. 그러니까 비(鼻)의 옛글자 즉, 고자(古字)가 됩니다.

몸짓으로 자기 자신을 가리킬 때 우리는 보통 가슴 쪽을 가리키지 않나 합니다. 중국 사람들은 코를 가리킨다고 합니다. 일부 영어권에서도 마찬가지입니다. 그래서 자신을 나타냅니다. 인신되어 '시작'을 뜻합니다. 나 자신을 나타내는 일인칭 대명사이기도 합니다. 개사(介詞) 즉, 전치사(preposition)로 쓰여 '~로부터'의 뜻을 나타내기도 합니다. 자(自) 자가 계속 다른 뜻을 나타내는 데에 쓰이니까 결국 코는 아래에 '줄' 비(畀)를 더해 따로 쓰게 되었습니다.

중학	획수	새김	발음
自	6	스스로	자

다른 사람의 구속을 받지 않고 스스로 결정할 수 있는 상태는 자유(自由), 스스로 서기 때문에 자립(自立), 품위를 스스로 지켜서 자존(自尊), 저절로 생겨난 존재는 자연(自然) 등등 다른 글자와 결합해 많은 단어를 만듭니다. 자강불식(自強不息)은 스스로 힘써 몸과 마음을 가다듬어 쉬지 않는 것입니다. 자고자대(自高自大)는 자기 스스로를 높고 크다고 여긴다는 뜻으로 잘난 체하고 교만한 것이며, 자기도취(自己陶醉)는 스스로에게 황홀하게 빠지는 일입니다. 자력갱생(自力更生)은 남에게 의지하지 아니하고 자신의 힘만으로 어려운 처지에서 벗어나 새로운 삶을 살아감을 이르며, 자기 혼자의 힘으로 어떤 재주나 기술에 통달하여 따로 일가(一家)를 이루는 것은 자성일가(自成一家)입니다. 자식기과(自食其果)는 자기가 심은 나무의 과일을 자기가 먹는다는 뜻으로 자기가 저지른 잘못으로 나쁜 결과를 받게 되는 것을 이릅니다. 비슷한 말로 자작자수(自作自受)는 자기가 저지른 죄로 자기가 그 악과(惡果)를 받는 것입니다. 자언자어(自言自語)는 자기 자신에게 혼잣말을 하는 것입니다. 자유자재(自由自在)는 거침없이 자기 마음대로 할 수 있는 것을 말하고, 자초지종(自初至終)은 처음부터 끝까지의 과정을 말합니다. 중국어에서는 자시지종(自始至終)으로 쓰는 것을 볼 수 있습니다. "~자(自)~지(至)"는 "~에서~까지(from…to)"의 뜻을 나타냅니다. 자포자기(自暴自棄)는 절망에 빠져 자신을 스스로 포기하고 돌아보지 않는 것입니다.

중외	부수	획수	형자	회자	새김	발음
鼻	鼻	14	畀	自畀	코	비

비(鼻)는 코입니다. 부수자에서 설명했듯이 자(自)가 코를 뜻했는데 그만 밀려났습니다. 더 자세한 내용은 부수자란을 참고하기 바랍니다.

비(畀)는 주는 것입니다. 『설문』에서는 "비(畀)는 물건을 다른 사람에게 내어주는 것이다"라고 합니다. 맡긴다는 뜻도 있습니다. 기초한자에 '다를' 이(異)에 비(畀)가 들어 있는데 자형이 많이 바뀌어 알아보기가 어렵습니다.

비조(鼻祖)는 맨 처음의 조상이라는 뜻인데 의미가 확대되어 어떤 분야를 처음 시작한 사람을 나타냅니다. 많이 쓰지는 않지만 비소(鼻笑)는 코웃음을 치는 것입니다. 비식여뢰(鼻息如雷)는 코 고는 소리가 천둥치는 것 같다는 뜻입니다. 우리도 더러 이런 말을 하는데, 사람이 생각하고 표현하는 것이 비슷한 사례로 들어봤습니다.

고교	획수	회자	새김	발음
臭	10	自 犬	냄새/맡을	취/후

조금 낮잡아 하는 말이긴 하지만 냄새를 잘 맡는 사람을 가리켜 '개코'라고 합니다. 개의 후각이 그만큼 발달되어 있기 때문입니다. **취(臭)**는 바로 개[犬]의 코[自]입니다. 『설문』에서는 "취(臭)는 짐승이 냄새를 알고 그 자취를 쫓아가는 것이다"라고 합니다. 냄새나 냄새를 맡는 것을 나타냅니다. 냄새를 나타내기 때문에 향기는 물론 악취(惡臭)도 뜻합니다. 한자어로 포의(褒義)는 뜻이 좋은 것을 가리키고, 폄의(貶義)는 좋지 않거나 나쁜 의미를 가리키는데 취(臭)는 대부분 '폄의'로 쓰입니다.

취기(臭氣)는 좋지 않은 냄새이고, 동음이의어인 취기(醉氣)는 술기운의 뜻입니다. 취패(臭敗)는 고약한 냄새가 나도록 썩어 문드러지는 것을 일컫습니다. 취명원양(臭名遠揚)은 냄새나는 이름, 즉 악명이 멀리까지 퍼진다는 뜻으로 우리말로는 "악명을 날린다" 정도가 적합하지 않을까 합니다.

고외	부수	획수	형자	회자	새김	발음
息	心	10	自	心 自	숨쉴	식

식(息)은 숨을 쉬는 것입니다. 『단주』에는 "숨을 급하게 쉬는 것은 '헐떡거릴' 천(喘)이라 하고, 편히 쉬는 것을 식(息)이라 한다" 하여 나누어 설명하고 있습니다. 아랫부분은 본래 코[自]에서 김이 나오는 것을 나타낸 것인데, 그만 '마음' 심(心)으로 바뀐 것으로 보고 있습니다. 그래서 내쉬는 숨 즉, 날숨이 본뜻이라고 합니다. 거기에서 인신되어 탄식하는 소리를 나타내기도 하고, 자녀 가운데 특히 아들을 가리키는 데에도 씁니다. 자식(子息)입니다. 다시 인신되어 '쉬다'라는 뜻을 갖게 되었습니다. 휴식(休息)입니다.

한문 투의 어휘입니다만, 식노(息怒)는 노여움을 가라앉히는 것입니다. 사정을 알리는 글이나 말을 소식(消息)이라고 하는데, 왜 그렇게 쓰게 되었는지 궁금합니다. 소식(消息)은 글자의 뜻을 생각하면 사물이 번성했다가 쇠퇴한다든지, 늘어나고 줄어드는 것을 말합니다. 변화를 나타내는 말입니다.『주역(周易)』에서도 그렇게 설명합니다. 필자의 추측입니다만, 관계되는 사람의 신상이 궁금하니까 뭔가 바뀐 것, 변동된 것이 있으면 알리는 것을 뜻하게 된 것이 아닐까 합니다. 한(漢)나라 때에 이미 '사정을 알리는 말이나 글'이라는 현재의 의미로 사용한 예는 나옵니다만, 아직 정확한 근거는 찾지 못했습니다.

R133

이를 지(至) 부

갑골	금문	전문	해서
⽺	⽺	⽺	至

'이를' 지(至)는 땅[一]에 떨어져 꽂힌 화살을 나타내는 지사자입니다. 갑골문은 그런 모양을 잘 보여줍니다. 화살이 내 곁에 와서 꽂힌 것입니다. 그래서 '이르다, 도달하다' 라는 뜻을 나타냅니다. 『설문』에서는 "지(至)는 새가 높은 곳에서 땅으로 내려오는 것이다. 일(一)에서 뜻을 취하며, 땅과 같다. 불(不)은 새가 날아 올라가는 것이며, 지(至) 는 날아 내려오는 것이다"라고 합니다. 본뜻은 화살이 땅에 꽂히는 것으로 봅니다. 거기 에서 인신되어 '다하다, 좋다'라는 뜻까지 나타내게 되었습니다. 어떤 상황이 높은 단계 까지 이르는 것도 나타내어 '지극히'라는 뜻도 갖습니다.

중학	획수	새김	발음
至	6	이를	지

더할 수 없이 극진한 것은 지극(至極), 지극히 어려운 것은 지난(至難)한 것이고, 지극한 정성은 지성(至誠), 더할 수 없이 극진한 정성은 지극정성(至極精誠)입니다. 지사불굴(至死不屈)은 죽을 때까지 항거하여 굽히지 않는 것입니다. 역사상 많은 열사나 의사들의 모습은 우리에게 지사불굴의 자세를 보여줍니다. 지사불오(至死不悟)는 죽을 때까지 깨닫지 못한다는 뜻인데, 생각이 지극히 완고한 것을 가리킵니다. 사실 필자와 같이 평범한 사람들은 죽을 때까지 깨닫지 못하며 살지 않나 합니다. 한 가지 사고에 유연성이 없이 완고한 것은 경계해야 할 바입니다. 지선지미(至善至美)에서 지(至)는 '가장, 최고'의 뜻입니다. 가장 좋고 아름다운 것입니다.

중학	획수	형자	회자	새김	발음
致	10	攵	至 攵(攴)	이를	치

치(致)는 보내는 것입니다. 보내서 도착하는 것을 나타냅니다. '드리다, 보내다'가 본뜻입니다. 인신되어 '얻다'라는 뜻이 됩니다.

복(攴)의 부수 이름은 '등글월문'입니다. 가볍게 친다는 뜻을 가지고 있는데, 자세한 것은 부수자의 내용을 확인하기 바랍니다.

죽음에 이르게 하는 것은 치사(致死), 찬사를 보내는 것은 치사(致詞, 致辭), 감사한 마음을 전달하는 것은 치사(致謝), 비슷한 뜻으로 감사함과 찬사를 보내는 것은 치하(致賀)입니다. 앎 즉, 깨닫는 경지에 이르는 것은 치지(致知)입니다. 치지(致知)하려면 먼저 격물(格物)해야 합니다. 격물은 '사물의 이치를 연구하여 끝까지 따지고 파고들어 궁극에 도달함'을 말합니다. 본서 심화 학습 코너에 격물이라는 이름을 붙인 것은 바로 그런 이유에서였습니다.

중외	부수	획수	형자	회자	새김	발음
到	刀	8	刀	人至	이를	도

도(到)는 이르는 것, 도달하는 것을 가리킵니다. 『설문』 주석을 보면 "지(至)의 뜻이 새가 내려오는 것이기 때문에 그 반대의 뜻을 취한 것이다"라고 합니다. '가다, 이르다'라

는 뜻으로 인신되고, 동작이 어떤 단계에 이르는 것을 가리키기도 합니다.

중외	부수	획수	형자	회자	새김	발음
室	宀	9	至	宀至	집	실

　　실(室)을 『설문』에서는 내실(內室)이라고 합니다. 집이나 가정을 나타내기도 합니다. 우리의 주거 공간으로 생각하면 안방에 해당되겠습니다. 『단주』에서는 앞은 당(堂)이고 뒤는 실(室)이라고 합니다. 고대 건축에서 앞채는 당(堂)이라 했는데, 우리 전통 가옥으로 보면 가장 바깥쪽에 대문과 붙어 행랑채가 있고, 안으로 들어서면 나오는 사랑채 정도에 해당하지 않나 합니다. 뒤채는 실(室)이라고 했습니다. 실(室)의 좌우 공간이 방(房)입니다. 안채, 바깥채라는 말도 있는데, 이것은 기준점이 달라서 나온 말이 아닌가 싶습니다. 집의 밖에서 보면 앞, 뒤이고, 안마당 같은 집의 안에서 보면 안팎이 되기 때문입니다. 집의 안채와 떨어져 있는, 바깥주인이 거처하며 손님을 접대하는 곳을 특별히 사랑채라고 하는데 이것은 앞채 또는 바깥채라고 할 수 있겠습니다.

　　부수로 쓰인 '宀'은 '집' 면입니다. 부수자란을 확인하기 바랍니다.

　　방의 안은 실내(室內), 밖은 실외(室外)입니다. 교실(敎室), 다목적실(多目的室), 실험실(實驗室), 침실(寢室) 하는 것처럼 실(室)은 특정 용도에 쓰이는 공간을 나타내기도 합니다. 본부인은 정실(正室), 첩은 측실(側室)이라고 하는 것은 본부인은 한가운데[正]에 있는 방[室]을 썼고, 첩은 그 곁[側]에 있는 방[室]을 쓴 데에서 나온 말입니다.

중외	부수	획수	회자	새김	발음
屋	尸	9	尸至	집	옥

　　옥(屋)은 사람이 거주하는 곳, 집입니다. 고문 분석에서는 '주검' 시(尸)는 움집을 덮은 형태를 나타내고, 지(至)는 머무르는 것으로 봅니다. 그래서 지붕이 되며, 인신되어 집을 나타내게 된 것으로 봅니다. 지붕 위에 또 지붕을 만든다는 뜻으로 옥상가옥(屋上架屋)이라고 하는데, 흔히 물건이나 일을 부질없이 거듭하는 것을 가리킵니다. 흔히 줄여서 옥상옥(屋上屋)을 많이 쓰는데 『표준』에는 웬일인지 올라 있지 않습니다.

시(尸)는 주검을 가리킵니다. 부수자로서 쓰일 때에는 인체와 관련된 뜻을 나타내는 경우가 많습니다. 더 자세한 내용은 부수자 해설을 참고하기 바랍니다.

고교	획수	형자	새김	발음
臺	14	㞢	돈대	대

대(臺)를 『설문』에서는 "보는 것이다. (대는) 네모나고 땅 위로 높이 솟은 흙으로 된 건축물이다"라고 합니다. 지붕이 없이 높게 세운 건축물입니다. 돈대(墩臺)로 사람들이 올라가 주위를 둘러볼 수 있는 곳입니다. 속간에서는 흔히 '台'로 씁니다.

지(㞢)는 '갈' 지(之)의 본자입니다.

받침돌은 대석(臺石)이라고 합니다. 어떤 근거가 되도록 일정한 양식으로 기록한 장부나 원부를 대장(臺帳)이라고 하는데, 이것은 근거가 되는 장부라는 뜻에서 쓰게 된 말이 아닐까 합니다만 필자의 추측입니다.

고외	부수	획수	형자	새김	발음
姪	女	9	至	조카	질

질(姪)은 형제자매의 아들, 즉 조카입니다. 본뜻은 고모가 자기 형제자매의 딸 즉, 조카딸을 부르는 호칭이라고 합니다. 한자로는 질녀(姪女)입니다. 현대 중국어에서는 혹시라도 성차별에 해당된다고 생각했는지 사람인변[亻]의 질(侄)을 표준 자형으로 삼고 있습니다. 이 글자에도 조카라는 뜻이 있습니다만 '어리석다, 단단하다'라는 뜻도 있습니다.

R134

절구 구(臼) 부

갑골	금문	전문	해서
		臼	臼

    구(臼)는 곡식을 찧거나 빻는 절구의 모양을 본뜬 상형자입니다. 『설문』에서는 "옛날에 땅을 파서 절구로 삼았고, 그 뒤에는 나무나 돌을 파서 만들었다. 상형이다. (가운데 획은) 곡식이다"라고 합니다. 가운데 획은 곡식이 아니라 절구 가운데에 나 있는 돌기라고도 합니다. 뜻이 아니라 형상을 본떠 구(臼)를 쓰는 글자에서는 종종 두 손을 나타냅니다.

    비슷한 자형으로 '깍지 낄, 두 손으로 물건 받들' 국(臼)이 있습니다. 마지막 가로획이 한 획이 아니고 두 획으로 가운데가 갈라진 것이 다릅니다. 글자를 분석할 때 왼손과 오른손 양손을 나타내는 것으로 해석하는데, 국(臼)은 구(臼)와 자형이 비슷해 유의해야 합니다.

중학	획수	형자	새김	발음
與	14	舁	더불, 줄	여

여(與)를 『설문』에서는 '당여(黨與)'라고 합니다. 당여는 벗이라는 뜻입니다. 같은 편에 속하는 사람들입니다. 어떤 명분으로 같이 일어나고 그런 명분을 함께 나누는 사람들입니다. 위의 '마주 들' 여(舁)와 마찬가지로 손으로 보아 악수를 하며 결의를 다지는 것으로 보기도 합니다. 그래서 우방이라는 뜻이 나오게 되고, 같은 무리를 가리키며, 인신되어 '주다, 동의하다, 도와주다' 등의 뜻을 갖게 된 것으로 봅니다.

여(舁)는 '마주 들다'라는 뜻입니다. 앞서 설명한 바와 같이 여(舁)에서 윗부분의 자소자 구(臼)는 절구의 뜻이 아니고 두 손을 가리킵니다. 아래 수(収)도 두 손을 나타냅니다. 결국 네 손 즉, 두 사람이 함께 드는 것, 마주 드는 것입니다. '더불' 여(與), '일으킬' 흥(興), '수레' 여(輿)에서 볼 수 있습니다.

노동의 대가로 받는 돈은 급여(給與), 빌려주는 것은 대여(貸與)입니다.

중학	획수	형자	새김	발음
舊	18	臼	옛	구

구(舊)는 위가 '부엉이' 환(雈)입니다. 『설문』에서는 '새' 추(隹) 다음에 '날갯질할' 순(雈) 부수가 이어지고 그 다음이 '부엉이' 환(雈) 부수로 이 부수에 부수자를 포함해 '잴' 확(蒦), '황새' 관(雚), '옛' 구(舊) 넉 자가 들어 있습니다. 구(舊)는 솔개류의 새이니 분명 허신의 의도는 볏이나 털뿔 즉, 도가머리가 달린 새를 여느 새[隹]와 분리해 따로 분류하려고 했던 듯합니다만, 『강희』에 이르러서 이 넉 자는 '풀' 초(艸)와 '새' 추(隹)로 흩어져 이산가족이 됩니다. 자연 본래의 뜻을 나타내기 어렵게 되었습니다.

관(卝)은 '동이나 철의 원석'이라고도 합니다. '쇳돌' 광(鑛)의 고자(古字)라고도 합니다. 그러면 '광'으로도 읽는다는 뜻입니다. '부엉이' 환(雈)의 윗부분은 '총각/쇳돌' 관/광(卝)으로 가운데가 떨어져 있습니다. 그런데 '풀' 초(艸)를 쓰면 '물억새' 환(萑)으로 다른 글자임에 유의해야 합니다. 『설문』 주석에 환(雈)은 "머리가 고양이 같고 밤에 날아다닌다. 고양이 머리를 한 새이다. 현재는 가차해 신구(新舊)의 구(舊) 자로 쓰인다"

라고 합니다. 구(舊)는 부엉이입니다. 고문에서는 환(雈)과 구(舊)가 같은 글자로 새를 가리키는 글자였습니다. 인신되어 '본래의, 종전의'라는 뜻을 갖게 되었습니다. 문제는 이 두 자형이 구별이 어렵고, 속간에서 섞여 쓰인다는 점입니다.

복구(復舊)는 옛날 즉, 이전 상태로 되돌리는 것이고, 구태의연(舊態依然)은 옛 모습이 여전히 그대로인 것으로 변하거나 발전한 것이 없음을 나타냅니다.

중학	획수	회자	새김	발음
興	15	舁 同	일으킬, 일어날	흥

흥(興)은 일어나는 것입니다.『설문』주석에는 위도 손[臼]이고 아래도 손으로 여러 손이 힘을 하나로 하면 일어설 수 있는 것을 나타낸다고 합니다. 고문 분석에서는 (함께) 들어올린다는 것이 본뜻이라고 추정합니다. '들어올리다'에서 '일어나다, 만들다, 세우다' 등의 뜻으로 인신됩니다.

분한 감정이 북받쳐 일어나는 것이 흥분(興奮)이고, 일어나고 없어지는 것이 흥망(興亡)입니다.

중외	부수	획수	회자	새김	발음
夏	夂	10	頁 臼	여름	하

하(夏)를『설문』에서 '중국 사람'이라고 합니다. 여기서 중국 사람은 오늘날 중국 사람을 가리키는 것은 아니고 옛날 중원 지방에 살았던 사람들을 가리키는 것이겠습니다. 한민족(漢民族)입니다. 주석에 보면 "하나라 때에 이민족이 중국에 들어 왔다"라고 설명합니다. 이민족이 들어오면 자기 자신을 나타내는 말이 필요했겠고, 그런 배경 하에서 나온 글자가 아닌가 합니다. 고문 분석에서는 손에 도끼를 든 무사의 모양을 나타내는 글자라고 합니다[상형자]. 하나라를 가리키고, 인신되어 '크다'는 뜻을 나타냅니다. 일 년 가운데 여름이 가장 무성한 계절이라서 여름을 뜻하기도 합니다.

자소자 '천천히 걸을' 쇠(夂), '머리' 혈(頁)은 부수자입니다.

증외	부수	획수	형자	새김	발음
學	子	16	爻	배울	학

학(學)은 『설문』에서 '깨닫는 것'이라고 합니다. 배우는 것의 본질은 모르는 것을 깨닫는 것입니다. 그러나 자형 분석에서는 위는 두 손으로 산가지를 만지는 모양으로 아이에게 계산하는 것을 가르치는 것이라고 합니다. 가르치는 것을 받아들이는 것이 바로 배우는 것입니다.

자소자는 '점괘' 효(爻)로 부수자입니다.

R135

혀 설(舌) 부

갑골	금문	전문	해서
𡆥	𡆥	舌	舌

설(舌)은 입을 벌리고 혀를 내민 모양을 본뜬 상형자입니다. 『설문』에서는 "입 안에 있다. 말을 하고 맛을 가리는 곳이다"라고 기능을 설명하고 있습니다. 혀처럼 생긴 것이나 말을 가리키기도 합니다. 부수로 쓰여 혀의 기능과 관련된 뜻을 나타내고 자형이 비슷한 '집' 사(舍)도 이 부수에 분류시키고 있습니다. '입 막을' 활로도 새기는데 이것은 활(昏)을 설(舌)로 대신 쓴 경우가 있기 때문입니다. 실제 쓰임은 거의 없습니다.

중학	획수	새김	발음
舌	6	혀/입 막을	설/활

설경(舌耕)은 강연이나 변호 따위와 같이 말을 하는 것을 생업으로 삼는 것을 이릅니

다. 말품을 팔아 먹고사는 것이겠는데 결코 녹록지 않는 일입니다. 말은 늘 조심해야 합니다. 혀를 잘못 놀리면 화를 입으니 설화(舌禍)입니다. 설망우검(舌芒于劍)은 혀는 칼보다 날카롭다는 뜻으로 말솜씨가 좋고 예리함을 이릅니다. 영어를 처음 배울 때 'the+보통명사'는 추상명사의 뜻을 갖는다고 해 "문은 무보다 강하다(The pen is mightier than the sword)"를 예로 많이 드는데, 물론 "펜은 칼보다 강하다"로 옮겨도 될 것입니다. 아니 영어가 모국어인 사람도 일차적으로는 "펜은 칼보다 강하다"로 듣고, 그 글이 갖는 상징적인, 추상적인 의미로 확대해 "문은 무보다 강하다"로 새기지 않을까 합니다. 단어 구성으로 보면 비슷한 의미인데, 비중이 놓이는 것이 달라 쓰임이 달라집니다.

중학	획수	형자	새김	발음
舍	8	余	집	사

사(舍)는 손님이 머무는 집입니다. 『단주』에 "물건을 사고팔러 가는 곳이 아니고, 손님이 가는 곳이다"라고 설명하고 있습니다. 가게나 상점이 아니고 일종의 숙박 시설이라는 설명입니다. 고문 분석에서는 '나' 여(余)와 기원이 같은 것으로 봅니다. 여(余)는 간단한 띠집의 형태이고, 사(舍)는 기단을 쌓고 짓는 고급 형태의 집이라고 합니다. 집을 가리키고, 짐승의 우리를 뜻하는 경우도 있습니다. 나그네가 머무는 객사(客舍)입니다.

중외	부수	획수	회자	새김	발음
活	水	9	舌	살/물 콸콸 흐를	활/괄
話	言	13	徵	말할	화

활(活)을 『설문』에서는 "물이 흐르는 소리"라고 합니다. 흘러 움직이기 때문에 변동할 수 있습니다. 여기에서 인신되어 '살다, 살리다'라는 뜻이 나왔습니다.

화(話)는 만나서 말을 잘하는 것이라고 합니다. 본뜻은 말을 주고받는 것으로 '말할' 화로 새깁니다. 언어나 이야깃거리 즉, 화제를 뜻하기도 합니다.

R136

어그러질 천(舛) 부

갑골	금문	전문	해서
		舛	舛

『설문』에서는 "천(舛)은 마주 눕는 것이다"라고 설명합니다만, 정설로 인정되지는 않습니다. '천천히 걸을' 쇠(夊)[왼발]와 '성큼 걸을' 과(ヰ)[오른발]를 써서 두 발이 서로 반대 방향으로 엇갈린 것을 나타낸다고 합니다. 여기에서 '어긋나다, 틀리다'라는 뜻을 갖게 되었습니다. 본래 이 부수에 속하는 글자는 얼마 되지 않습니다. 중국에서는 현재 이 부수는 폐지하고, '저녁' 석(夕) 등 자형이 유사한 부수에 배치하고 있습니다.

중학	획수	형자	새김	발음
舞	14	無	춤출	무

『설문』에서 "무(舞)는 하나의 음악 형식이다. 발을 서로 어긋나게 하기 때문에 천(舛)

에서 뜻을 취하며, 무(無)는 소리를 나타낸다"라고 합니다. 고문에서는 양손에 쇠꼬리 같은 무용 도구를 들고 춤을 추는 모양을 나타낸 것으로 봅니다. 상형자로 보는 것입니다. '춤을 추다'에서 춤을 가리키고, 인신되어 '날아오르다'라는 뜻도 있습니다. 우리말에서도 바람결에 나뭇잎이 춤을 춘다고도 합니다. 이것은 '날다, 날아오르다' 등의 뜻을 나타내는 것과 마찬가지이겠습니다.

공연을 위해 만들어놓은 단은 무대(舞臺)이고, 음악에 맞추어 율동적인 동작으로 감정과 의지를 표현하는 것은 무용(舞踊)입니다. 무문농묵(舞文弄墨)은 붓을 함부로 놀려 글을 교묘하게 쓰는 것을 이릅니다. 끝 글자만 바꾸어 무문농법(舞文弄法)인데, 이것은 붓을 함부로 놀리어 법을 농락하는 것을 이릅니다. 철학이 없는 사람, 사람답지 못한 사람이 많이 배우면 이런 폐단이 생깁니다. 이런 사람들은 배운 것이 화근이 되어, 사회에 폐가 되고 나라에 해를 끼칩니다.

증외	부수	획수	회자	새김	발음
乘	丿	10	大舛木	탈	승

승(乘)을 고문 분석에서는 '홰' 걸(桀)과 같은 글자에서 갈라져 나온 것으로 봅니다. 양발[舛]로 나무[木]에 오르는 것을 나타낸다고 합니다. 그래서 '오르다, 타다'라는 뜻을 나타내고, 인신하여 '계승하다'라는 의미를 갖는 것으로 분석합니다.

R137

배 주(舟) 부

갑골	금문	전문	해서
夕	抮	月	舟

'배' **주(舟)**는 배의 모양을 본뜬 상형자입니다. 작은 나무배입니다. 『설문』을 한 번 살펴보겠습니다. "주(舟)는 배이다. 옛날 공고(共鼓)와 화적(貨狄) 두 사람이 나무를 파 배를 만들었다. 나무를 깎아 노를 만들어 갈 수 없는 곳을 건널 수 있게 했다. 상형이다." 노를 젓는 작은 배나 통나무를 파서 만든 작은 배를 순우리말로는 마상이라고 합니다.

주석에 보면 "옛날부터 속이 빈 큰 나무로 만든 것은 유(兪)라 했고, 널빤지를 모아 만든 것은 주(舟)라 했으며, 물을 따라 (오)가는 것은 선(船)이라고 했다"라고 합니다. 배를 가리키고, 배로 물건을 나르는 것을 뜻하기도 합니다.

格物 082. 평저선과 유선형 배, 가로돛과 삼각돛

중국의 배는 밑바닥이 평평한 평저선(平底船)이고, 이물 즉, 뱃머리가 뭉툭한 평두선(平頭船)인 것이 특징입니다. 이것은 중국의 배가 주로 내륙 운송을 맡았기 때문으로 추측됩니다. 흘수선이 낮기 때문에 수심이 낮은 내륙의 하천이나 강에서 운행하기에 적합합니다. 바람의 힘을 이용하는 돛도 사각형으로 되어 있어 바람이 불어가는 쪽으로만 갈 수 있습니다.

평두선은 상식적으로 생각해도 물의 저항이 크기 때문에 운항 속도는 느릴 수밖에 없습니다. 이물이 뾰족한 배, 즉 유선형으로 물의 저항을 줄인 배의 속도가 자연 빠릅니다. 이것은 비행기나 자동차에서도 마찬가지입니다. 항해에는 선체를 유선형으로 만들게 됩니다.

또 하나 동력의 이용입니다. 예전에는 자연 풍력을 이용할 수밖에 없었습니다. 바람을 이용할 때 직사각형의 가로돛(square sail)은 역풍 즉, 바람이 불어오는 쪽으로는 나아갈 수 없습니다. 바람이 불어가는 쪽으로 가는 힘만 받을 뿐입니다. 이것을 해결한 것이 삼각돛(jib)인데 아랍인들이 고안한 것으로 알려져 있습니다.

바로 위에서 소개한 내용은 흔히 돛을 설명할 때 나오는 말인데, 지금 생각하니 의문이 들기도 합니다. 물리법칙상 가로돛도 바람과 일정한 각도를 유지할 수 있으면, 바람이 불어오는 쪽으로 나아갈 수 있는 추진력을 얻을 수 있을 것 같기 때문입니다. 아니면 삼각돛이 바람을 더 효율적으로 이용할 수 있거나, 돛을 고정하고 움직이는 데에 필요한 삭구가 덜 필요했다든지 하는, 넓게 말해 삼각돛의 효율성이 높았기 때문일 수도 있겠습니다.

삼각돛은 바람의 힘을 분산시켜 바람이 불어오는 쪽으로 추진력을 얻어 앞으로 나아갈 수 있습니다. 이론적으로 바람이 부는 방향 즉, 역풍을 안고 45도 방향까지 앞으로 갈 수 있고, 영어의 'jibe'는 바로 돛을 좌우로 움직여 배의 진행 방향을 바꾸는 동작을 말합니다.

요트는 바로 이런 데에서 나온 산물인데, 바람 방향으로 전진할 때에는 갈지자형을 이루며 나가게 됩니다. 신대륙 발견 시에는 돛단배 즉, 범선이 주류였으니 아랍 사람들의 공로가 숨어 있습니다.

중학	획수	형자	새김	발음
船	11	㕣	배	선

『설문』에서 선(船)은 배[舟]라 하고, 주(舟)는 선(船)이라고 합니다. 구별이 안 되는데, 『단주』에 "옛날에는 주(舟)라 했고, 지금은 선(船)이라고 한다"라고 해 옛말과 요즈음 말의 차이로 설명합니다.

자소자 연(㕣)은 수렁을 나타냅니다. 산 사이에 있는 수렁을 가리킵니다. '납' 연(鉛), '물 따라 내려갈' 연(沿), '배' 선(船)에 자소자로 쓰입니다.

선박(船舶)은 배, 선유(船遊)는 뱃놀이, 선적(船積)은 배에 짐을 싣는 것입니다. 이번에는 사자성어가 아니라 좀 긴 문장을 하나 소개합니다. "선도교두자회직(船到橋頭自會直)"인데, 배는 다리 있는 곳에 이르면 자연 똑바르게 된다는 뜻입니다. 여전히 무슨 말인가 이해되지 않을지도 모르겠습니다. 배가 다리 아래를 지나가려면 옆으로 가서는 안 되고 앞뒤로 일직선이 되어 똑바로 가야 합니다. 그래서 어렵고 난처한 상황에 빠진 사람에게 마지막에는 뭔가 해결책이 나올 것이라고 위로할 때 쓰는 말이라고 합니다.

중외	부수	획수	형자	회자	새김	발음
服	月	8	𠬝	舟𠬝	옷	복

'옷' 복(服)의 본뜻은 뜻밖에도 『설문』에서 "사용하는 것이다. 혹은 수레의 오른쪽 곁마로 수레를 오른쪽으로 돌릴 때에 쓴다"라고 설명합니다. 또한 "배를 오른쪽으로 돌릴 때에 쓴다"라고 되어 있는데, 『단주』를 따랐습니다. '사용하다, 일을 하다, 맡다'의 뜻으로 쓰고 인신되어 '입다, 쓰다, 옷' 등의 뜻을 나타냅니다.

중외	부수	획수	형자	회자	새김	발음
受	又	8	舟	爪又	받을	수

수(受)의 고문은 배를 사이에 두고 양쪽으로 손이 있는 형태[𠬏]입니다. 서로 주고받

는 것이 본뜻입니다. 여기서 인신되어 '받다'의 뜻만 나타내게 되었습니다. 용량을 나타내기도 해 그릇에 어느 정도의 분량이 들어가는지를 나타내기도 합니다. '받아들이다'의 뜻이 있고, 뭔가를 받아들이면 참아야 하는 부분도 있기 때문에 '참다, 견디다'는 의미도 갖습니다.

회의 자소는 '손톱' 조(爪)인데 부수자 설명을 참고하기 바랍니다.

중외	부수	획수	형자	회자	새김	발음
恒	心	9	亙	心 二 舟	항상	항

'항상' 항(恒)의 『설문』 설명은 아주 문학적이고 운치가 있습니다. 『설문』의 자형은 '恆'인데 심방변[忄]이 '배' 주(舟)와 붙어서 '두' 이(二) 안에 있는 형태입니다. 마음[心]이라는 배[舟]가 천지[二] 사이를 오가는 것을 나타내는데, 그 변화에 초점이 놓이는 것이 아니라, '오가지만 늘 있는 배'에 초점이 맞춰져 '항상'이라는 뜻을 갖는 것으로 설명합니다. 고문 분석에서는 천지[二] 사이에 뜬 상현달로 봅니다. 그런데 중간에 그만 달을 배[舟]로 잘못 바꿔 쓰게 된 것이라고 합니다.

항하(恒河)는 인도의 갠지스(Ganges)강을 이릅니다. 책에 항하사(恒河沙)라는 말이 더러 나오는데, 이것은 갠지스강의 모래처럼 무한히 많은 것을 이릅니다. 10^{52} 혹은 10^{96}이라는 설명이 있으니 얼마나 큰지 어림잡기도 어렵습니다. 무량수는 10^{68} 혹은 10^{128}이라고 해 우리의 수 체계에서는 가장 큰 수였습니다. 이것을 의식했는지 어떤지는 모르겠지만 구골(googol)은 10^{100}이라고 합니다. 한술 더 떠서 구골플렉스(googolplex)는 10의 구골제곱이라고 합니다. 구글(Google)사의 구글은 구골플렉스를 딴 것으로 알려져 있습니다.

고교	획수	새김	발음
舟	3	배	주

부수자입니다. 주교(舟橋)는 작은 배를 한 줄로 여러 척 띄워놓고 그 위에 널판을 가로질러 깐 다리로 배다리입니다. 배를 타고 가는 것은 주행(舟行), 자동차나 열차가 달

리거나 가는 것은 주행(走行)입니다. 각주구검(刻舟求劍)은 잘 알려진 고사성어입니다. 『여씨춘추』〈찰금(察今)〉에 나옵니다.

초나라 사람으로 강을 건너는 자가 있었는데 그 사람의 칼이 배에서 물로 떨어졌다. 배에 급히 새겨놓고 '여기가 내 칼이 떨어진 곳이다'라 했다. 배가 멈추자 새긴 곳에서 물속에 들어가 찾았다. 배는 이미 왔고, 칼은 움직이지 않았으니 이처럼 칼을 찾는 것은 미혹한 것이 아니겠는가?
[楚人涉江者 其劍自舟中墜於水 遽契其舟曰 "是吾劍之所從墜" 舟止 從其所契者入水求之 舟已行矣 而劍不行 求劍若此 不亦惑乎]

융통성 없이 현실에 맞지 않는 낡은 생각을 고집하는 어리석음을 이릅니다. 이 부분은 법이 시대에 따라 변해야 한다는 논지를 펴면서 든 예로 나옵니다. 본문 중 '契'은 '새길' 계/결의 두 가지 음이 있어 책에 따라 '계'로 읽은 경우와 '결'로 읽은 경우가 있기도 합니다.

오월동주(吳越同舟)는 『손자병법(孫子兵法)』〈구지(九地)〉에 나오는 말입니다.

오나라 사람과 월나라 사람이 서로 미워하는데 같은 배를 타고 물을 건너다 풍랑을 만났다. 서로 왼손과 오른손 같이 도왔다
[夫吳人與越人相惡也 當其同舟濟 而遇風 其相救也如左右手
(오인여월인상오야 당기동주제이우풍 기상구야여좌우수)]

적의를 품은 사람들이 한 자리에 있게 된 경우나 서로 협력하여야 하는 상황을 비유적으로 이릅니다.

고교	획수	형자	새김	발음
航	10	亢	배	항

항(航)의 『설문』 자형은 항(𦨵)으로 "배를 나란히 매는 것이다. 방(方)에서 뜻을 취하

고, 항(亢)이 소리를 나타낸다. 의례 규정에 천자는 (물을 건널 때) 맞은편 언덕까지 배를 잇고, 제후는 네 척의 배를 줄로 이으며, 대부는 두 척의 배를 나란히 연결한다. 사(士)는 한 척만 쓴다"라고 설명합니다. 방주(方舟)는 네모난 배를 가리키기도 하고, 위의 설명처럼 두 척을 나란히 묶은 배를 가리키기도 합니다. 하남성 함곡관(函谷關)의 동쪽 지방에서는 배[舟]를 항(航)이라고 했다는 설명도 있습니다. '배나 비행기 등을 몰다, 강 등을 건너다'라는 뜻으로도 쓰입니다.

항(亢)은 목입니다. 고문 분석에서는 사람을 가리키는 대(大) 자 아래에 가로획[一]이 있어 사람에게 차꼬를 채운 것으로 봅니다. 그래서 '차꼬'질(桎)의 처음 글자 형태, 즉 초문(初文)으로 추정합니다. 발에 차꼬를 차면 몸을 반듯이 할 수밖에 없어 조금 커진 것처럼 됩니다. 그래서 '높다'라는 뜻으로 인신되었습니다. 여기에서 '거만하다, 강경하다, 정도에 지나치다' 등의 뜻을 나타냅니다. 기초한자의 '겨룰' 항(抗)에도 들어가 있습니다.

비행기를 몰고 공중을 날아다니는 것은 항공(航空)이고, 항공기를 싣고 다니면서 뜨고 내리게 할 수 있는 설비를 갖춘 큰 군함은 항공모함(航空母艦)인데, 줄여서 항모(航母)라고도 합니다. 항로(航路)는 선박이나 비행기가 지나다니는 길이고, 항행(航行)은 배나 비행기가 그런 궤도를 다니는 것입니다.

고교	획수	회자		새김	발음
般	10	舟	殳	돌릴	반

반(般)은 배[舟]가 도는 것[殳]처럼 피하는 것이라고 합니다.『설문』에서 수(殳)는 배를 돌게 하는 것이라고 설명합니다. 상앗대 같은 몽둥이[殳]로 배를 밀어 뭔가를 피하는 것이겠습니다. 고문 분석에서는 접시를 만들 때 돌려서 모양을 잡는 것이라고 합니다. 그런데 그릇을 나타내는 글자 범(凡)의 고문이 주(舟)와 비슷해 잘못 바뀌었다고 합니다.

수(殳)는 창이라고도 하고 몽둥이라고도 하고 설명이 많습니다.『설문』의 설명은 팔모죽창입니다. 부수자이니 자세한 설명은 해당 부수란에서 확인하기 바랍니다.

고외	부수	획수	회자				새김	발음
履	尸	15	尸	彳	舟	夂	밟을	리

리(履)는 신발입니다. 본 자형은 '履'로, 시(尸) 자 아래 오른쪽 위에 '배' 주(舟) 자를 썼습니다. 그 모양이 앞이 뭉툭한 배 모양을 닮았다는 것을 나타냅니다.

회의 자소로 쓰인 글자는 모두 부수자이기 때문에 새김만 확인합니다. '주검' 시(尸), '조금 걸을' 척(彳), '뒤져올' 치(夊)입니다.

이력(履歷)은 지금까지 거쳐온 학업, 직업, 경험 등의 내력입니다. 즉, 살면서 밟아[履]온 내력(來歷)입니다. 해당 학과를 순서대로 공부하여 마치는 것은 이수(履修), 실제로 행하는 것은 이행(履行)입니다.

R138

머무를 간(艮) 부

갑골	금문	전문	해서

見　艮

　간(艮)은 눈을 크게 뜨고 뒤를 돌아보는 사람의 모습을 본뜬 상형자로 알려져 있습니다. 그래서 '눈' 안(眼)의 처음 글자 형태로 보기도 합니다. 실제 고문의 자형은 '눈' 목(目) 아래에 '사람' 인(人)을 씁니다[艮].

　『설문』입니다. "간(艮)은 미워하는 것이다. 비(匕)와 목(目)에서 뜻을 취하며, 화가 난 눈으로 서로를 쳐다보는 것과 같아 서로 양보하지 않는 것이다. 『역경』에서 '눈빛이 허리 경계선 상에 머문다'고 한다. 비(匕)와 목(目)은 회의로 간(艮)이 되고, 화(匕)와 목(目)은 회의로 진(眞)이 된다." 화(匕)는 자칫 '비수' 비(匕)와 헷갈리기 쉬운데, '사람' 인(人) 자를 위아래로 뒤집은 것이라고 하며 '될' 화(化)의 고자(古字)입니다. 뒤로 돌아보며 눈빛이 머문다는 데에서 '정지하다, 멈추다'라는 뜻을 갖게 되고, 인신되어 '힘들다, 어렵다'라는 뜻도 갖습니다.

　간(艮) 부에는 제 식구로는 량(良)으로 한 명뿐인데, 객식구는 제법 많습니다.

중학	획수	형자	새김	발음
良	7	亡	어질	량

량(良)은 선량(善良)한 것입니다. 『설문』에서는 위는 '찰' 복(畐)의 생략형이고 망(亡)이 소리를 나타내는 형성자로 봅니다. 고문 분석에서는 움집의 양쪽으로 드나들 수 있도록 덧낸 구조물이 높고 밝은 것을 나타내는 상형자라고 합니다. 여기에서 '좋다, 우수하다'라는 뜻을 갖게 되고 계속 인신되어 '어질다, 현명하다'라는 의미를 나타내게 되었습니다.

양민의 집이나, 지체가 있는 좋은 집안은 양가(良家)라 하고, 어질고 순한 것은 양순(良順)한 것입니다.

중외	부수	획수	형자	새김	발음
根	木	10	艮	뿌리	근

근(根)은 나무의 그루터기라고 합니다. 그루터기는 나무를 베고 남은 것이나 아랫동아리 전체를 가리키는 말입니다. 줄기 아랫부분으로 일부가 땅속으로 묻힌 부분입니다. 그래서 근본을 가리키기도 하고, '철저하다'는 뜻을 나타내기도 합니다.

중외	부수	획수	형자	새김	발음
銀	金	14	艮	은	은

은(銀)을 『설문』에서 '백금(白金)'이라고 합니다. 여기서 말하는 백금은 오늘날 우리가 생각하는 백금(白金, platinum)이 아니고 '흰색 금속'이라는 뜻입니다. 금(金)은 금(gold)뿐만 아니라 금속 일반 즉, 쇠붙이 전체를 가리킵니다. 금(gold)을 가리킬 때는 특별히 황금(黃金)이라 합니다.

은한(銀漢)이나 은하(銀河)는 별들이 은빛 냇물처럼 띠를 이룬 것을 가리킵니다. 수많은 천체가 띠 모양의 무리를 이룬 것입니다. 은한(銀漢)이라고 하는 것은 한수(漢水)

에서 온 것으로 추측합니다. 한수는 한강(漢江)이라고도 하는데 장강[양자강]의 최대 지류입니다. 하늘에 한수가 은빛으로 빛난다고 여겨서 붙은 이름이겠습니다.

증외	부수	획수	형자	회자	새김	발음
限	阜	9	艮	阜艮	한할, 한정할	한

한(限)은 『설문』에서 "막는 것이다. 달리, 문함(門檻)이라고도 한다"라고 설명합니다. 문함은 나무나 석재 또는 금속으로 만든 가로목으로 대문에 덧대는 것입니다. 고문 분석에서는 뒤를 돌아보는데[艮] 시선이 산[阝, 阜]에 의해 막히는 것으로 추정합니다. '막다, 차단하다'라는 결과는 마찬가지입니다.

막는 정도, 금지하는 정도가 한도(限度)이고, 그런 범위가 한계(限界)입니다.

증외	부수	획수	형자	회자	새김	발음
恨	心	9	艮	心艮	한할	한
眼	目	11	艮	目艮	눈	안

한(恨)은 원망하는 것입니다. '내 탓이 아니고 네 탓'이라 여기는 것입니다.

원통해서 나오는 한숨이 한탄(恨歎)입니다. 한입골수(恨入骨髓)는 원한이 뼈에 사무치는 것을 말합니다.

안(眼)은 눈입니다. 같은 뜻으로 목(目)이 있습니다만, 이것은 고문헌에서 쓰는 글자이고 지금 눈을 가리키는 것은 안(眼)입니다.

증외	부수	획수	회자	새김	발음
退	辵	10	艮辵	물러날	퇴

퇴(退)는 『설문』에 '復'로 실려 있습니다. 물러나는 것입니다. 느릿느릿 가는 것이라고

도 합니다. 자형은 매일[日] 가고[彳] 또 가는[夊] 형상입니다. 고문에서는 착(辵)을 따른다고 하는데, 이 글자는 옛글자로 돌아간 셈입니다.

착(辵)은 쉬엄쉬엄 가는 것입니다. 잘 알고 있듯이 변에 쓰일 때는 '좌부방'이라 하고 '辶' 모양으로 씁니다. 부수자입니다.

R139

빛 색(色) 부

갑골	금문	전문	해서
		뿅	色

색(色)은 앞의 한 사람은 서 있고, 뒤로 한 사람은 무릎을 꿇고 앉아 있는 모양을 그린 회의자입니다. 고문에서는 앞에 서 있는 사람이 뒤에 꿇어앉은 사람을 꾸짖을 때 표정이 얼굴에 드러난 것을 나타내는 것으로 추정합니다.

안색(顏色) 즉, 낯빛입니다. 기색(氣色)입니다. 우리의 마음이 작용해[氣] 얼굴에 드러나는 것입니다. 화가 난 표정을 비롯해 얼굴에 드러나는 표정을 가리킵니다. 여자의 미모나, 거기에서 더 나아가 정욕을 나타내기도 합니다.

중학	획수	회자	새김	발음
色	6	人卩	빛	색

색을 분별하지 못하는 것이 색맹(色盲), 물체의 색깔이 나타나도록 해주는 성분은 색소(色素), 여러 가지 다양한 색은 색채(色彩)입니다. 색려내임(色厲內荏)은 『논어(論語)』〈양화(陽貨)〉에 나옵니다. "공자 가라사대, 얼굴 표정은 엄숙하지만 안으로 유약한 사람은 소인에 비유하면 벽을 뚫거나 담을 넘어 들어가는 도둑과 같다[子曰 色厲內荏 比諸小人 其猶穿窬之盜也與)]." 내유외강(內柔外剛)과 비슷해 보이는데, 다른 점은 내유외강은 긍정적인 의미를 나타내어 포의(褒義)로 쓰이고, 색려내임은 부정적 의미를 전달하는 즉, 폄의(貶義)로 쓰인다는 점이겠습니다.

R140

풀 초(艸)·초두[艹, 艹] 부

갑골	금문	전문	해서
		屮屮	艸

　초(艸)는 『설문』에서 "온갖 풀이다. 두 개의 철(屮)을 따른다"라고 설명합니다. 회의자로 보고 있는데 상형자로 보는 것이 정설입니다. '싹틀' 철(屮)을 두 개 겹쳐, 풀 두 포기가 솟아난 형상을 그리고 있습니다. 그런데 이 글자가 편방으로 쓰이면서 풀은 초(草)로 쓰게 되었습니다. 낱자로는 쓰이지 않고 다른 글자의 편방으로 쓰입니다. 위에 올 때는 '艹' 모양이 됩니다. 이때는 머리의 위치에 오기 때문에 '초두'라고 합니다. 중국에서는 '艹'를 본 부수로 삼고, 초(艸) 자를 그 안에 넣고 있습니다. 가로획을 하나로 쓰기 때문에 획수도 3획입니다.

중학	획수	새김	발음
若	9	같을	약

약(若)을 『설문』에서는 "나물을 뜯는 것이다. 초(艸)와 우(右)에서 뜻을 취하며 회의이다. 달리, 두약(杜若)이라는 향초라고도 한다"라고 합니다. 고문 분석에서는 두 가지로 설명합니다. 하나는 『설문』의 설명과 같고, 또 하나는 여인이 앉아서 머리를 정리하는 것이고 합니다. 머리를 가지런히 다듬는 것을 본뜻으로 봅니다. 인신되어 '따르다, 순종하다, 같다' 등의 뜻을 갖고, 가정하는 '만일'의 뜻을 나타냅니다. 반야(般若)라고 새기는 경우도 있는데, 반야(般若)는 불교에서 지혜를 나타내는 산스크리트어 '프라쥬나(Prajñā)'를 음으로 옮기면서 나온 새김입니다. 난야(蘭若)도 역시 삼림(森林)을 뜻하는 산스크리트어 '아란야(aranya)'의 음역입니다. 조용한 곳을 나타내는 뜻으로 쓰여 사찰을 가리킵니다.

약간(若干)은 얼마 되지 않는 것을 이릅니다. 약시(若是), 약차(若此)는 둘 다 '~하다'를 붙여 형용사로 쓸 수 있는데, '이렇다'는 뜻입니다. 어근 부분만 쓰여 '이와 같이'의 뜻으로도 씁니다. 약하(若何)는 '어떠하다'의 뜻인데, 여기 나온 단어는 모두 한문 투의 문장이나 한문에서 쓰이는 단어들입니다.

중학	획수	새김	발음
萬	13	일만	만

만(萬)은 풀[艸]과는 상관이 없는 글자입니다. 실제 『설문』에는 짐승 발자국인 '자귀' 유(内) 부수에 속해 있습니다. 본뜻은 전갈입니다. 이때는 상형자입니다. 전갈의 독이 아주 심하기 때문에 가차해 숫자로 '큰' 만을 가리키게 되었습니다. 이때는 가차자가 됩니다. 그래서 '많다, 크다, 절대'의 뜻을 나타냅니다.

만경창파(萬頃蒼波)는 '만 이랑이나 되는 푸른 물결'이라는 뜻으로 넓디넓은 바다를 가리킵니다. '아주 오랜 옛날'이 만고(萬古)이고, '온갖 고초'는 만고(萬苦), '온갖 존재'는 만유(萬有)이고, 만일(萬一)은 '만 번에 한 번이라도'의 뜻으로 뜻밖의 경우를 나타냅니다. 만약(萬若)도 같은 뜻입니다. 만부득이(萬不得已)는 '마지못하여 하는 수 없이'라는 뜻의 '부득이'를 강조하여 이르는 말입니다. 만부부당(萬夫不當)은 수많은 장부(丈夫)도 능히 당할 수 없음을 나타냅니다. 아주 오랜 세월 변하지 않는 것은 만고불변(萬古不變), 아주 오랜 세월 늘 푸른 것은 만고장청(萬古長靑), 오래고 영원한 세월은 만고천추(萬古千秋)입니다. 밤이 깊어 아무 소리 없이 아주 고요해지는 것은 만뢰구적(萬籟

俱寂)입니다. 축자의는 온갖 통소[籟] 소리가 모두 고요해지는 것입니다. 군대가 매우 먼 거리에까지 출동하여 적을 정벌하는 것은 만리장정(萬里長征)입니다. 만무일실(萬無一失)은 실패하거나 실수할 염려가 조금도 없는 것입니다. 만사대길(萬事大吉)은 모든 일이 탈이 없이 순조롭게 잘 진행되는 것으로, 모든 것이 뜻대로 잘 되는 만사형통(萬事亨通)의 결과라고도 할 수 있겠습니다. 모든 일이 뜻과 같은 것은 만사여의(萬事如意)이고, 만수무강(萬壽無疆)은 아무런 탈 없이 아주 오래 사는 것입니다. 실패의 위험이 없는 아주 안전하고 완전한 계책은 만전지책(萬全之策)입니다. 만자천홍(萬紫千紅)은 천자만홍(千紫萬紅)으로 쓰기도 하는데, 울긋불긋한 여러 가지 꽃의 빛깔이나 또는 그런 빛깔의 꽃을 가리킵니다.

중학	획수	형자	새김	발음
花	8	化	꽃	화

화(花)는 꽃입니다. 이 글자는 본래 蕚['빛날' 화(華)]로 썼는데 계속 인신된 뜻으로 쓰이게 되자 새로 만든 글자라고 합니다. 『설문』에는 나오지 않습니다. 화(花)는 특별히 모란[牡丹(목단)]만을 가리키는 경우가 있는데, 이것은 낙양(洛陽) 사람들은 모란만 꽃[花]으로 여겼기 때문이라고 합니다. 낙양은 지금도 모란으로 유명한 도시입니다. "낙양의 모란이 천하제일[洛陽牧丹甲天下]"이라는 말이 허명만은 아닌 모양입니다. 어떤 부분의 정수나, 미모가 출중한 여인을 가리키기도 합니다.

봄이 되면 남쪽에서부터 차례로 올라오는 꽃소식은 화신(花信), 꽃과 새를 소재로 그린 그림은 화조도(花鳥圖)입니다. 하지만 '화무십일홍(花無十日紅)'이라고 합니다. '열흘 동안 붉은 꽃은 없다'는 뜻인데, 무슨 일이든 한 번 성한 것은 얼마 못 가서 쇠하기 마련입니다. 화가유항(花街柳巷)은 예전에, '유곽'을 달리 이르던 말입니다. 화류(花柳)는 '꽃과 버들'을 이르는 말이기도 하지만, 옛날에 화(花)와 유(柳) 자는 기녀를 이르는 말이기도 했습니다. 화조월석(花朝月夕)은 '꽃 피는 아침과 달 밝은 밤'이라는 뜻으로, 경치가 좋은 시절을 이릅니다.

중학	획수	형자	새김	발음
苦	9	古	쓸	고

고(苦)를 『설문』에서는 "대고(大苦)로 영초[荼, 蘦草]라고도 한다"라고 설명합니다. 대고는 약용 식물로 맛이 쓰다고 하는데, 최근 중국 문헌에서는 '쓸' 도(荼)라는 풀로 설명합니다. 맛은 씀바귀나 고들빼기가 쓴데, 도(荼)의 새김에 씀바귀도 있습니다. 그러나 뿌리 부분에 두유가 썩은 냄새가 나서 옛날 사람들은 패장초(敗醬草)라고 했다는 것을 보면 선뜻 씀바귀라고 단정하기는 어려워 보입니다. 뿌리를 말린 것을 고채(苦菜)라고 해 한방의 약재로 흔히 눈에 뜨이는데, 우리말 이름은 나와 있지 않습니다. 패장초의 학명이 'patrinia villosa'라고 해 확인해보면 우리말로 '뚜깔'이라고 나옵니다. 쓰다는 것은 당연한 쓰임이겠고, 거기에서 '어렵다, 빈곤하다, 심하다' 등의 뜻이 인신되었습니다. 사전이나 도감을 보아도 특히 식물은 어떤 것이라고 특정하기가 어렵습니다. 보다 정확한 말은 '동정(同定)하기가 어렵다'이겠는데, '동정(同定)하다'는 생물의 분류학상 소속이나 명칭을 바르게 정하는 것을 말합니다.

몹시 기다리는 것은 고대(苦待)인데, 학처럼 목을 길게 빼고 기다려 학수고대(鶴首苦待)입니다. 어렵고 괴로운 처지나 형편은 고경(苦境), 괴로움과 어려움을 아울러 이르면 고난(苦難), 쓴맛의 한자어는 고미(苦味)입니다. 고진감래(苦盡甘來)는 '쓴 것이 다하면 단 것이 온다'는 뜻으로, 고생 끝에 즐거움이 옴을 이릅니다. 고구역이(苦口逆耳)는 『한비자』〈외저설좌상(外儲說左上)〉에 나옵니다.

좋은 약은 입에 쓰지만 지혜로운 사람은 그걸 권해 마시면 몸에 들어가 병을 그치게 함을 안다. 충언은 귀에 거슬리지만, 훌륭한 군주는 그 말이 공을 이룰 수 있음을 안다.

[夫良藥苦於口 而智者勸而飲之 知其入而已己疾也 忠言拂於耳 而明主 聽之 知其可以致功也]

이 원문에는 '귀에 거슬리다'가 불어이(拂於耳)로 나오는데, 나중에는 역어이(逆於耳)로 많이 써서 '양약고어구 충언역어이(良藥苦於口 忠言逆於耳)'로 알려져 있습니다.

중학	획수	형자	새김	발음
茂	9	戊	무성할	무

무(茂)는 풀이 풍성한 것을 가리킵니다. 무성한 것입니다. 초목이 번성한 것에서 '풍부하다, 우수하다'라는 뜻을 갖게 되었습니다.

나무가 울창하게 우거진 숲은 무림(茂林), 풀이나 나무가 우거진 것이 무성(茂盛)입니다. 왕희지의 『난정집서(蘭亭集序)』에 '무림수죽(茂林脩竹)'이라는 말이 나옵니다. 여기서 수죽(脩竹)은 길게 자란 대로 '무림수죽'은 아름다운 환경을 이릅니다.

중학	획수	형자	새김	발음
英	9	央	꽃부리	영

영(英)을 『설문』에서는 "꽃만 피고, 열매를 맺지 않는 것이다. 달리, 황영(黃英)나무라고도 한다"라고 설명합니다. 황영나무는 어떤 나무인지 확인이 안 됩니다. 꽃을 가리키는 데에서 '아름답다, 재주가 뛰어나다, 사물의 정수' 등을 나타냅니다.

어렸을 때의 기억입니다만, 어르신들이 우리나라 여자들의 이름에 영(英) 자가 많은 것은 "일본인들이 우리나라 여자들이 아이를 낳지 못해 잘못되기를 바라서"라고 하셨던 말씀이 기억이 납니다. 분명 『설문』의 구절에 근거를 두고 하신 말씀이겠다 싶은데, 반일 감정의 표출이기도 했겠습니다. 참, 이 글자의 관습적인 새김은 '꽃부리' 영입니다. 꽃부리는 꽃잎 전체를 이루는 말입니다. 아래로 꽃받침이 있고, 그 위에 꽃부리 그리고 그 안에는 꽃술이 있습니다.

재주가 뛰어난 사람이 영재(英才), 재주도 뛰어나고 용맹스러워 영웅(英雄)입니다. 영걸(英傑)은 영웅호걸을 가리키기도 하지만, 형용사로서 '영특하고 용기와 기상이 뛰어나다'는 뜻을 나타냅니다. 지혜롭고 용기 있는 결단은 영단(英斷), 죽은 사람의 영혼을 높여 이를 때는 영령(英靈)입니다. 영웅본색(英雄本色)은 같은 이름의 영화 때문에 많이 들어본 말이 아닐까 합니다. 물론 '영웅의 본색'이라는 뜻인데, 걸출한 인물은 일반인들의 행동과 뭔가 다르다는 것을 나타내는 말입니다. 본색(本色)은 본디의 빛깔이나 생김새 혹은 본디의 특색이나 정체를 말합니다. 글자 그대로의 본면목이나 진상, 참모습입니다. 이 말 자체는 포의나 폄의를 나타내지 않고 중성적인데, 실제 쓰이는 것을 보면 "본색을 드러내다"에서처럼 부정적인 폄의를 나타내는 경우가 많습니다.

중학	획수	형자	새김	발음
華	11	華	빛날	화

화(華) 자를 보니 방금 영(英) 자에서 말했던 것처럼 어렸을 때 어르신들 말씀이 다시 떠오릅니다. 중국 사람들이 화(華)를 많이 쓰는 것은 열매를 많이 맺듯 자손을 많이 나아서 번성하기를 바라기 때문이라는 말씀이었습니다. 화(華)의 본뜻은 '꽃송이'입니다. 여기에서 '꽃이 피다, 빛나다'라든지 '문채'를 가리키게 되었습니다.

화(華)와 수(垂)는 기원이 같은 글자로 봅니다. 즉, 고문의 수(𡴄)[垂의 고자(古字)]와 화(𠌶)[華의 고자(古字)]는 모두 꽃송이가 아래로 드리워진 것을 나타낸다고 합니다. 그런데 화(𠌶)는 나중에 편방이 되어 다른 글자 속에 자소자로 많이 쓰이게 되었기 때문에 다시 초두[艹]를 더해 화(華)가 되었습니다. 그러니까 어디에 중점을 두는가에 따라 두 글자로 갈린 것입니다. 꽃송이는 화(華), 그 꽃송이가 아래로 드리워진 것을 나타내는 것은 수(垂)입니다.

육십갑자가 다시 돌아오는 환갑(還甲)은 화갑(華甲)이라고도 합니다. 곱고 아름다운 것은 화려(華麗)한 것이고, 혼례에 많이 쓰는 아름답게 물들인 초는 화촉(華燭)입니다. 동방(洞房)이 '신혼부부의 침실'이라는 뜻으로 쓰이게 된 것은 당나라 이후부터라고 하는데, 화촉동방(華燭洞房) 또는 동방화촉(洞房華燭)이라고 씁니다. 첫날밤에 신랑 신부가 자는 방을 가리킵니다.

중학	획수	형자	새김	발음
落	13	洛	떨어질	락

락(落)은 떨어지는 것입니다. 『설문』에서는 "풀이 시들고 마르는 것은 영(零)이라 하고, 나뭇잎이 떨어지는 것은 락(落)이라 한다"라고 설명합니다. '떨어지다'라는 뜻을 나타냅니다. 인신하여 '멈추다, 머물다'라는 뜻을 나타내고, '남기다'라는 의미로도 쓰입니다.

자소자는 낙수(洛水) 락(洛)입니다. 『설문』에서는 물 이름이라고 하며, 위수(渭水)에 합류된다고 하고 있습니다. 처음 한자를 배울 때 어떤 물줄기인지도 모르고 그저 '낙수' 락으로만 외웠던 기억이 납니다. 위수는 위하(渭河)라고도 합니다. 서안 주위를 흐르는데, 내라고 할 수도 있겠고 혹은 강이라고도 할 수 있는 정도의 크기입니다. '위수'나 '낙수'가 한문에 더러 나오는 것은 이 강들이 여러 왕조의 수도였던 서안 주변에 있어 오랜 기간 중국 역사의 무대였기 때문입니다. 그러니 그에 대한 시가 있고, 노래가 있고 그들의 삶이 녹아 있습니다.

옛날 궁궐에서 건물을 새로 지었을 때 거행했던 의식이기도 합니다. 그래서 낙성식(落成式)이라고 합니다. 그러고 보면 '초목의 잎이 시들어 떨어진다'는 뜻의 영락(零落)은 각 글자의 자의(字義)를 생각하면 '풀이 시들고 나뭇잎이 떨어지는 것'이 됩니다. 낙안침어(落雁沈魚)는 날던 기러기가 떨어지고 물고기가 가라앉는다는 뜻으로, 아름다운 여인의 용모를 이르는 말입니다. 더 자세한 내용은 〈格物 047〉을 읽어보기 바랍니다.

중학	획수	형자	새김	발음
藥	19	樂	약	약

약(藥)을 『설문』에서는 "병을 고치는 풀"이라고 합니다. 『광아(廣雅)』라는 책에 "구릿대의 잎을 약(藥)이라고 한다"라는 내용을 근거로 약(藥)은 구릿대[白芷(백지)]를 뜻하는 글자라고 하는 주장도 있습니다. 고대에는 이것을 향초(香草)라 했고 약재라고 합니다. 그래서 이 글자를 약의 뜻으로 나타내게 되었다고 합니다.

약국(藥局)은 한때 약을 제조하기도 했습니다만, 지금은 의료법 개정으로 약국은 기본적으로 처방에 따라 약을 지어주는 곳이 되었습니다. 약석(藥石)은 약과 돌이 아니고 '약과 침'입니다. 여러 가지 약을 통틀어 이르거나 또는 그것으로 치료하는 것을 말합니다. 약의 재료로 쓰는 풀은 약초(藥草)입니다. 약롱중물(藥籠中物)은 '약롱 속의 약품'이라는 뜻으로, 꼭 필요한 사람을 이르고, 약석지언(藥石之言)은 약으로 병을 고치는 것처럼 남의 잘못된 행동을 훈계하여 그것을 고치는 데에 도움이 되는 말입니다.

중학	획수	형자	회자	새김	발음
草	10	早	艸早	풀	초

초(草)는 『설문』에서 상수리라고 합니다. 그런데 초(草) 자가 풀을 나타내는 뜻으로 쓰이게 되자, 상수리는 다시 조(皁) 자를 만들어 쓰게 되었고, 속자는 '조(皂)'입니다. 초(草)는 인신되어 들판이나 산을 나타내기도 합니다. 조악하고 비천한 것을 나타냅니다. 완성도가 떨어지는 것입니다.

상수리를 뜻하는 조(皁)는 아래를 '일곱' 칠(七)로 쓴 '皀'와 같은 글자라고 합니다. '하인, 검을, 상수리, 외양간, 구유' 등 여러 가지 새김을 가지고 있습니다.

풀로 지붕을 이은 집은 초가(草家), 초벌로 써서 제대로 완성이 안 된 원고는 초고(草稿), 서체의 하나로 간략하고 빨리 흘려 쓰는 글씨가 초서(草書)이고, 기안을 할 때 애벌로 안을 잡아 쓴 것은 초안(草案)입니다. 초목개병(草木皆兵)은 적을 두려워한 나머지 '초목이 모두 적군으로 보인다'라는 뜻으로, 몹시 놀라서 두려워하며 의심함을 비유적으로 이르는 말입니다.

중학	획수	형자	회자	새김	발음
莫	11	茻	茻日	없을/저물	막/모

막(莫)은 해가 막 지려고 할 때를 가리킵니다. 그래서 '저물' 모가 본래의 새김입니다. 원자는 '풀 우거질' 망(茻)의 가운데에 '날' 일(日)을 써서 초원에서 해가 지는 것을 나타냈습니다. 그래서 '늦다, 어둡다'라는 뜻도 나타냅니다. 부사로 쓰여 '아니다, 없다, 필요 없다'라는 의미를 갖습니다. 막(莫)이 본래의 뜻[저물다]보다 다른 뜻으로 계속 쓰이게 되자, 본래의 뜻은 다시 '날' 일(日)을 더해 '저물' 모(暮)를 쓰게 되었습니다. 여기서 볼 수 있는 것처럼 막(莫)은 '저물' 모(暮)의 본자입니다.

망(茻)은 그야말로 여기저기 풀입니다. '잡풀 우거질' 망으로 새깁니다. 망(茻)은 '없을' 막(莫), '저물' 모(暮)는 물론 '찰' 한(寒), '장사 지낼' 장(葬)의 자소이기도 한데, 현재 자형에서는 알아보기가 쉽지 않습니다. 하지만 각 글자의 새김을 곰곰이 생각하면 짐작할 수는 있습니다.

더할 수 없이 센 것은 막강(莫强), 허물이 없이 아주 친한 것은 막역(莫逆)한 것입니다. 더할 수 없이 중대한 것은 막중(莫重)한 것이고, 더 이상 위가 없어 막상(莫上), 아래도 없어 막하(幕下)입니다. 그래서 막상막하(莫上莫下)는 낫고 더 못함의 차이가 거의 없음을 나타냅니다. 막역지교(莫逆之交)는 『장자(莊子)』〈대종사(大宗師)〉에 나오는 말입니다. 네 사람이 함께 이야기를 합니다.

> 자사, 자여, 자리, 자래 네 사람이 더불어 말하기를 "누가 무(無)에서 머리를 만들었을까, 생명으로 척추를 만들고, 죽음으로 엉덩이를 만드니, 생사존망이 하나라는 것을 누가 알까, 나는 그와 더불어 벗이 되고 싶다." 네 사람은 서로 보며 웃는데, 마음속에 거스르는 것이 없다. 드디어는 서로 친구가 되었다.
>
> [子祀 子輿 子犁 子來四人相與語曰 "孰能以無爲首 以生爲脊 以死爲尻 孰知生死存亡之一體者 吾與之友矣" 四人相視而笑 莫逆於心 遂相與爲友]

막역지우(莫逆之友)는 '서로 거스름이 없는 친구'라는 뜻으로, 허물이 없이 아주 친한 친구입니다.

중학	획수	형자	회자	새김	발음
菜	12	采	艸采	나물	채

채(菜)를 『설문』에서는 "풀로 먹을 수 있는 것이다"라고 합니다. 나물입니다. 그런데 글자를 만든 원리를 생각하면 '먹을 수 있는' 풀[艸]을 뜯는 것[采]입니다.

채(采)는 캐는 것입니다. 부수가 어디에 속할지 짐작하기가 쉽지 않습니다. '손톱' 조(爪)일까, '나무' 목(木)일까? 아닙니다. '분별할' 변(采)에 들어 있습니다. 손[爪]으로 나무[木] 열매를 따는 것입니다. 나무의 꽃이 피고 열매를 맺으면 사람들이 채취(採取)하기 때문입니다. 본뜻은 따는 것으로 봅니다. 그런데 이 글자가 주로 정신과 풍채를 가리키는 '신채(神采)'라는 뜻으로 쓰이게 되자, 본뜻은 재방변[扌, 手]을 붙인 '캘' 채(採)를 쓰게 되었습니다. 초두[艹]가 붙으면 '나물' 채(菜), '터럭' 삼(彡)이 붙으면 '채색' 채(彩)가 됩니다.

우리가 매일 먹는 푸성귀는 채소(菜蔬), 그것을 써는 칼은 채도(菜刀), 육류는 먹지 않고 채소만 먹는 사람은 채식주의자(菜食主義者, vegetarian)입니다. 채식주의자도 보통 달걀과 유제품은 먹습니다만, 아주 엄격하게 채식만 하고 옷도 동물의 가죽이나 털로 된 것은 입지 않는 사람은 '엄격한 채식주의자'라고 할 수 있겠는데 영어에서는 비건(vegan)이라고 합니다. 심한 경우 비단도 동물에서 나온 것이라고 해 사용하지 않는다고 합니다. 이렇게 채식주의자라는 말은 있는데, 달리 육식주의자라는 말은 왠지 좀 이상하게 들립니다. 이것은 육식(creophagism)의 경우, 고기만 먹고 살 수 있는 사람은 없으니 자연 채소도 따라오기 때문이 아닐까 합니다. 채식과 육식의 경우는 보편적이라서 외국 여행 시에 큰 불편이 없었지만, 특정 종교의 경우 음식에 제약이 없지 않았습니다. 이제는 사전 주문하여 할랄(halal)식 등 자기 종교에 따른 음식을 선택하기도 합니다. 할랄(halal)은 '허용된 것'이라는 뜻이라고 하는데, 이슬람 율법에 의해 무슬림이 먹고 쓸 수 있도록 허용된 제품을 이르는 말입니다.

중학	획수	형자	회자	새김	발음
葉	13	枼	艸 枼	잎	엽

엽(葉)은 풀이나 나무의 잎입니다. 고문 분석은 저(著) 자의 설명과 같습니다. 엽(枼)에 편방을 붙여 지금의 자형이 되었다는 것입니다. 나뭇잎처럼 얇고 평편하게 생긴 것을 나타내기도 합니다. 전체를 하나로 보아 상형자로 취급하는 경우도 있습니다.

엽(枼)은 얇은 나무패입니다. 고문 분석에서는 '잎' 엽의 처음 글자 모양으로 봅니다. 그래서 나뭇잎이나 나뭇잎처럼 얇은 나무패를 가리키는 것이라고 합니다. 그런데 이 글자가 다른 글자의 편방으로 쓰게 되자 초두[艹]를 더해 '잎' 엽(葉)은 뜻을 더 분명하게 했고, '조각' 편[片]을 붙여서 '청널/살평상/대삿자리' 변/편/면(牑) 자를 쓰게 되었다고 합니다. 청널은 마룻바닥에 까는 널조각을 말하고, 살평상은 나무오리나 대나무로 바닥을 깐 평상을 말합니다. 대삿자리는 얇게 쪼갠 대쪽으로 엇갈리게 짠 자리입니다.

엽록소(葉綠素)는 잎 속에 있는 녹색 색소로 광합성 작용을 통해 빛 에너지를 이용해 탄수화물을 만듭니다. 금으로 된 가지에 옥으로 된 잎이니 얼마나 귀하고 소중하겠습니까? 금지옥엽(金枝玉葉)은 임금의 가족을 높여 이르는 말이었다고 합니다만, 지금은 귀한 자손을 이르는 데에 두루 쓰입니다. 나뭇잎은 뿌리에서 나오지만 나중에는 떨어져 다시 뿌리로 돌아가니 엽락귀근(葉落歸根)입니다. 사물이 그 근본으로 돌아가는 것을 이르는데, 보통은 객지에 나가 있는 사람이 고향에 돌아가는 것을 말합니다.

格物 083. 황하(黃河)의 남북 이동

현재 황하는 산동반도의 동영시 은리구 황하구전(山东省 东营市 垦利区 黃河口镇)에서 발해만으로 합류하는데, 옛날에는 이보다 훨씬 남쪽이었다고 합니다.

실제 역사 지리학 관련 서적을 보면 지난 2,000여 년간 황하는 몇 백 년에 한 번씩 오는 대홍수로 물줄기가 남북으로 200km가량을 오르내렸습니다. 이제는 수리 사업을 잘하고 있으니까 물줄기가 크게 바뀔 우려는 없겠습니다. 그래서 고문헌에 '늪'이라고 나오는 곳이 지금은 평지가 되고, 호수나 이런 것도 없어진 경우가 있습니다.

예를 들어 『천자문』에 '거야(鋸野)'라는 지명이 나옵니다. 현재는 거야(巨野)로 씁니다. 거야(鋸野)는 옛날 중국에서 아홉 번째 안에 드는 큰 호수의 하나였습니다. 그런데 홍수로 몇 차례 물길이 바꾸면서 지금은 작은 늪이 남아 있고, 대부분 평원이 되었습니다. 산동반도는 황하의 하류라서 특히 물줄기가 많이 바뀐 곳입니다. 호수나 늪과 관련된 옛 지명이 나올 때에는 주의를 요하는 부분입니다.

중학	획수	형자	회자	새김	발음
著	13	者	艹者	나타날/입을	저/착

저(著)를 전문에서는 '대' 죽 아래 썼습니다[箸]. 『설문』에서는 젓가락이라고 합니다. 고문 분석에서는 불을 붙여 밝히는 데에 쓰는 '대가지'로 봅니다. 그래서 '명확하다, 명백하다, 명백히 하다'라는 뜻을 나타내게 되었고, 말의 내용을 명확히 하기 위해 쓰는 것도 나타내게 되었다고 합니다. 더 나아가 '쓴 작품'도 가리키게 되었습니다.

책이나 작품을 짓는 것은 저작(著作)입니다. 그렇게 나온 결과물은 저작물(著作物)이고 저작권법(著作權法)의 보호를 받습니다. 저명인사(著名人士)는 이름만 대면 누구든 명확히 알 수 있는 사람입니다. 저작등신(著作等神)은 '책을 쓴 것을 쌓으면 키만 하다'라는 뜻으로, 저작한 것이 아주 많음을 이릅니다. 등신(等身)은 '자기 키와 같은 높이'를 말하니, 등신불(等身佛)은 사람의 크기와 같게 만든 불상입니다.

중학	획수	형자	회자	새김	발음
藝	19	埶	芸埶	재주	예

예(藝)는 자소자인 예(埶)에서 함께 설명합니다. 예(埶)는 '심을' 예(藝)의 고자(古字)입니다.『설문』에 실린 자형은 '𡎐'로 '언덕' 륙(坴) 옆에 '잡을' 극(丮)을 써서 조금 다릅니다. 지금 자형에서는 알아볼 수가 없지만 왼쪽은 목(木) 자 아래에 토(土)이고 오른쪽은 사람의 모양으로 나무를 들고 심는 모양을 한 글자입니다. '권세' 세(勢)를 대신해 쓰는 경우도 있어서 다음자입니다. '기세' 세(勢), '더울' 열(熱), '심을' 예(藝)의 자소자로 쓰이고 있습니다.

중외	부수	획수	회자	새김	발음
春	日	9	屯	봄	춘

춘(春)은 잘 알고 있듯이 사계 가운데 첫 번째 계절인 봄입니다. 형성 자소로 '진 칠' 둔(屯)이 나와 있는데 현재 자형에서는 찾을 수가 없습니다. '풀' 초(艸)도 마찬가지입니다. 현재 자형에서는 찾을 수 없지만, 옛날 본자를 대상으로 분석했기 때문에 이런 자소자를 포함한 것으로 보는 것입니다.『설문』의 자형은 초두[艹]아래 '진칠' 둔(屯)을 쓰고 다시 그 아래에 '날' 일(日)을 쓴 글자[萅]입니다. "춘(萅)은 (만물을) 밀어내는 것이다. 풀은 봄에 나온다"라고 설명합니다. 이런 고자형(古字形) 소개는 알면 좋겠지만, 일부러 알려고 애쓸 필요는 없습니다. 글자가 어떻게 바뀌었는지만 이해하면 됩니다.

봄볕은 춘광(春光), 봄비는 춘우(春雨), 봄추위는 춘한(春寒)입니다. 춘생추살(春生秋殺)은 '봄에는 낳게 하고 가을에는 죽인다'라는 뜻으로 때에 따라 사랑하기도 하고 벌하기도 함을 이릅니다. 춘수모운(春樹暮雲)은 '봄철의 나무와 저문 날의 구름'이라는 뜻으로, 먼 곳에 있는 벗을 그리는 마음이 일어나는 것을 비유적으로 이르는 말입니다. 춘인추사(春蚓秋蛇)는 '봄철의 지렁이와 가을철의 뱀'이라는 뜻으로, 글줄이 비뚤어지고 글씨가 가늘어 힘이 없음을 비유적으로 이르는 말입니다. 춘추정성(春秋鼎盛)은 젊고 혈기가 왕성할 때이고, 춘추필법(春秋筆法)은 『춘추』와 같이 비판적이고 엄정한 필법을 이르는 말로 대의명분을 밝히어 세우는 역사 서술 방법을 말합니다. 춘풍득의(春風得

意)는 봄바람이 뜻을 얻었다는 것인데, 옛날 진사 시험에 합격해 득의만만한 것을 가리켰습니다. 현재는 주로 성공하거나 사업이 번창해 아주 만족해하는 모양을 나타내는 데에 씁니다. 춘풍추우(春風秋雨)는 '봄바람과 가을비'라는 뜻으로 지나간 세월을 이릅니다. 춘화추월(春花秋月)은 '봄철의 꽃과 가을철의 달'이라는 뜻으로 자연의 아름다움을 이릅니다.

고교	획수	형자	새김	발음
芳	8	方	꽃다울	방

'꽃다울' **방(芳)**의 '꽃답다'는 꽃과 같은 아름다움이 있다는 뜻입니다. 『설문』에서는 향초(香草)라고 하는데, 『단주』에서는 초향(艸香)으로 써야 한다고 합니다. 향초가 아니라 '풀의 향기'라는 뜻이겠습니다.

향기롭고 꽃다운 풀은 방초(芳草), 이십 세 전후의 한창 젊은 꽃다운 나이는 방년(芳年), 꽃다운 이름이라는 뜻으로, 남의 이름을 높여 부를 때는 방명(芳名)입니다. 어떤 일에 참여하거나 찾아온 사람들을 특별히 기념하기 위하여 그 사람들의 이름을 적어놓는 기록이나 그런 책은 방명록(芳名錄)입니다. 유방백세(流芳百世)는 꽃다운 이름이 후세에 길이 전하는 것입니다.

고교	획수	형자	새김	발음
苟	9	句	진실로, 구차할	구

'진실로' **구(苟)**를 『설문』에서는 풀이름이라고 하는데 어떤 풀인지는 확인할 수 없습니다. 『단주』를 보면 '진실로, 또한, 가짜의'라는 뜻이 있는데 이것은 모두 가차자라고 합니다. 본뜻을 잊어버렸거나 아니면 찾지 못하는 것이 아닐까 합니다.

구(苟)는 자형이 '삼갈' 극(茍)과 비슷해 자칫 혼동하기 쉽습니다. 극(茍)도 '풀' 초(艸) 변에 속해 있습니다만, 이것은 자형이 비슷해 편의상 넣은 것이고, 기원은 풀과는 전혀 상관이 없습니다. 『설문』에서는 '양' 양(羊)의 생략형과 '쌀' 포(包)의 생략형에 '입' 구(口)가 결합된 것으로 파악해, "말을 삼가다"라고 설명합니다.

'올빼미' 환(雈)의 경우도 마찬가지입니다. 환(雈)은 물론 '새' 추(隹)에 들어 있습니다만, 위의 자소는 '초두[艹]'가 아닙니다. 도가머리를 나타내기 때문에 가운데가 분명하게 떨어져 있습니다. 도가머리는 양의 뿔처럼 봉긋 솟아오른 새의 털입니다. '물억새/익모초' 환/추(萑)의 자형이 비슷한데 전혀 다른 글자입니다. 기원이 다른 것을 알면, 적어도 글자가 왜 그런 모양을 하게 됐는지 이해할 수 있습니다. 그런데 문제는 속간에서 이 글자들이 서로 섞여 쓰이기도 한다는 점입니다. 그래서 새가 풀이 되고, 풀이 새가 되기도 합니다.

구차(苟且)는 살림이 몹시 가난한 것을 이르지만, 말이나 행동이 떳떳하거나 버젓하지 못하다는 뜻도 나타냅니다. 구면(苟免)은 위험이나 재난 따위에서 간신히 벗어난다는 뜻입니다.

고교	획수	형자	새김	발음
茶	10	余省	차	다, 차

다(茶)는 비교적 후기에 나온 글자로 알려져 있습니다. 당나라 때부터 쓰인 것으로 봅니다. 그 이전에는 '쓴 풀'이라는 뜻의 도(荼) 자를 썼다고 합니다. '荼'는 다음자로, '씀바귀' 도, '옥이름' 서, '차' 다, '성(surname)' 야의 여러 가지 새김이 있습니다.『설문』에도 '荼'로 실려 있는데 바로 '차'입니다.

기초한자에 '茶'의 대표음은 '다'로 올라 있습니다. 차와 다과를 아울러 이를 때는 다과(茶菓), 찻집이라는 뜻의 다방(茶房)입니다. '喫茶'는 '차를 마시다'라는 뜻인데, '끽차'로도 읽고 '끽다'로도 읽습니다. '茶' 자는 어두에 올 때에는 보통 '다'로 읽고, 다른 글자의 뒤에 와서 단어가 될 때에는 '차'로 읽습니다. 녹차(綠茶), 오룡차(烏龍茶), 홍차(紅茶)가 그렇습니다. 하지만 존경할 만한 사람에게 차를 올리는 의식은 '헌차례'라고 하지 않고 헌다례(獻茶禮)라고 합니다.

格物 084. 차, 육우의 다경, 초의선사의 동다송

현재 쓰고 있는 차(茶) 자는 다성(茶聖)으로 불리고 있는 당나라 때의 육우(陸羽,

733~804)가 처음 쓴 것으로 알려져 있습니다. 그는 세계 최초로 차에 관한 책 『다경(茶經)』을 저술했습니다. 차의 산지별 특성과 제조법, 다기 등등 차에 관한 내용을 상세히 기술하고 있습니다. 차를 좋아하거나 연구하는 사람들에게는 필독서로 되어 있습니다.

중국 서안에서 서쪽 보계(寶鷄)로 가는 중간 부풍현(陝西省 宝鸡市 扶风县)에 법문사(法门寺)가 있습니다. 이곳은 하서회랑(河西回廊)을 통해 서쪽에서 중국 내륙으로 들어오는 길목이라서 불교 전파와도 관계가 깊은 사찰인데, 몇십 년 전 이 절에서 당나라 때 유물이 발굴되었습니다. 당나라 황실에서 이 절에 기증한 각종 다기류와 다구입니다. 차와 관련된 거의 모든 물품들이 나왔습니다. 실제 차를 소개하는 책들에 실린 사진의 상당수가 이 사찰에서 보관하고 있는 유물들입니다.

우리나라에서는 초의(草衣, 1786~1866) 선사의 『동다송(東茶頌)』이 차에 대해 소략하지만 체계적으로 쓴 최초의 책입니다.

한중일 삼국이 아니라 세계적인 차원에서 볼 때, 다도(茶道)라면 중국보다 일본이 원류인 것처럼 알려져 있는데, 이 유물들을 보노라면 비전문가의 눈으로도 당나라의 다도가 그대로 일본에 전해졌고 의상 또한 큰 영향을 미쳤다는 사실을 깨닫게 됩니다. 일본이 그 전통을 더 잘 보관·유지해왔기 때문에 얻게 된 명성이 아닐까 합니다.

문화의 원류에 대해 한중일 3국 사이에는 갈등이 없지 않습니다. 종묘제례악이나 강릉단오제가 유네스코의 인류무형문화유산으로 등록될 때 중국의 반발이 많았습니다. 자기들의 문화를 도용했다는 것입니다. 하지만 중국에서는 그것을 계승하고 발전시키지 않았습니다. 그러니 오늘날까지 그런 전통을 이어서 발전시켜온 우리나라에서 등록한 것이 맞습니다. 중국은 국력이 강해지면서 이제 그런 점에 눈을 돌려 주목하고 있습니다. 4월 5일을 전후한 청명절(淸明節)이나 음력 5월 5일의 단오(端午) 때 공휴일도 늘이고 그와 관련해 전 국민들의 의식을 고양시키는 것도 바로 그런 점에서 오는 것이 아닐까 합니다.

우리 또한 마찬가지입니다. 일본과 관련된 이야기만 나오면 뭐는 누가 전해줬고, 뭐는 누가 가르쳐줬고 그런 식입니다. 그런 식의 말이 아예 입에 붙어 있어 인정을 하지 않습니다. 필자의 견문이 좁아서 그런지 모르겠지만, 서양에서는 이런 원조 다툼이 없거나 최소한 덜하지 않은가 합니다. 서양 문화의 원조나 원류를 논한다면, 그리스, 로마의 문명과 기독교가 될 것입니다. 하지만 그리스나 이탈리아가 우리의 어떤 것을 가져갔다든지, 그것은 우리 것이라든지 하는 주장을 하는 것은 별로 들어보지 못했습니다. 계승, 발전시킨 것을 이해하는 것입니다. 문제는 어떤 문화를 받아들여 얼마나 잘 보존하고 발전시키는가 하는 점입니다. 한중일 3국 사이에도 이런 점에서는 서로 이해하고, 상대를 인정하는 한 차원 높은 단계로의 도약이 필요하지 않을까 합니다.

고교	획수	형자	새김	발음
荷	11	何	멜	하

하(荷)는 연잎입니다. 여기에서 인신되어 연꽃이나 연 전체를 가리키기도 합니다. 가차되어 하(何)로 쓰였기 때문에 '부담하다, 맡다'라는 뜻을 나타내기도 합니다. 짐을 하물(荷物)이라고도 하는 까닭입니다.

하역(荷役)은 그래서 짐을 싣고 내리는 것을 가리키고, 하중(荷重)은 물체의 무게가 됩니다. 연을 한자로는 부거(芙蕖), 부용(芙蓉)이라고도 합니다.

고교	획수	형자	새김	발음
菊	12	匊	국화	국

국(菊)은 국화입니다. 『설문』에서는 "거맥(蘧麥)이라고도 한다"라고 설명합니다.

국(匊)은 쌀[米]을 손에 쥐는 것[勹]입니다. '움킬' 국으로 새기는데, 쌀을 한 줌 쥐는 것으로 생각하면 됩니다. 자소자로 '국화' 국(菊)과 기초한자 범위 밖의 '움킬' 국(掬)에 쓰이고 있습니다.

국월(菊月)은 '국화꽃이 피는 달'이라는 뜻으로, 음력 9월을 달리 이르는 이름입니다. 매란국죽(梅蘭菊竹)은 '매화 · 난초 · 국화 · 대나무'로 사군자(四君子)라 하며, 고결함을 상징하는 문인화의 대표적 소재입니다.

고교	획수	형자	새김	발음
蒼	14	倉	푸를	창

'푸를' **창(蒼)**을 『설문』에서는 '풀색'이라고 하고, 『단주』에서는 인신되어 '청흑색'이

라고 합니다.

창고(蒼古)는 아주 먼 옛 시대를 말하는데, 형용사로는 '오래되어 예스럽다'는 뜻을 나타냅니다. 창공(蒼空)이나 창천(蒼天)은 '맑고 푸른 하늘'을 가리킵니다. 창망(蒼茫, 滄茫)은 '넓고 멀어서 아득한 것'을 이릅니다. 창파(蒼波)는 '푸른 물결'인데, 동음이의어인 창파(滄波)는 '넓고 큰 바다의 맑고 푸른 물결'로 뜻이 구분됩니다.

고교	획수	형자	새김	발음
蓮	15	連	(연밥), 연꽃	련

련(蓮)은 연의 열매 즉, 연밥입니다. 연이나 미인의 걸음걸이를 뜻하기도 합니다. 고대 시화의 소재로 많이 쓰였는데 송나라 주돈이(周敦頤, 1017~1073)의 「애련설(愛蓮設)」이 유명합니다. 그가 연을 좋아하는 이유를 말하는 부분만 짧게 소개합니다.

> 내가 유독 연을 사랑하는 것은 진흙에서 나왔으나 물들지 않고, 맑은 물에 씻겼으나 요염하지 않고, 속은 비었으나 밖은 곧고, 덩굴을 뻗지 않고 가지를 치지 않으며, 향기는 멀리에서도 맑으며, 가지는 꼿꼿하고, 멀리서 볼 수는 있으나 가까이에서 함부로 가지고 놀 수 없기 때문이다.
> [予獨愛蓮之出淤泥而不染 濯清漣而不妖 中通外直 不蔓不枝 香遠益清 亭亭淨植 可遠觀而不可褻玩焉]

연은 불교와 연결되면서 각종 용어와 도상에도 쓰입니다. 연근(蓮根), 연실(蓮實), 연엽(蓮葉), 연화(蓮花)는 각각 연꽃의 뿌리줄기, 연밥, 연잎, 연꽃입니다. 연화좌(蓮花座)는 연꽃 모양으로 만든 불상(佛像)의 자리로, 연화는 진흙 속에서 피어났어도 물들지 않는 덕이 있으므로 불보살이 앉는 자리를 만듭니다.

고교	획수	형자	새김	발음
蔬	16	疏	나물	소

소(蔬)는 채소입니다. 푸성귀라고도 하는데, 푸성귀는 자연에 절로 나는 것도 가리키기 때문에, 재배한 것을 가리키는 것보다 조금 더 넓은 개념이 됩니다.

자소자는 '소통할' 소(疏)로 기초한자입니다.

심어 가꾸는 온갖 푸성귀와 나물을 통틀어 이를 때 소채(蔬菜)라고 하는데, 일상에서는 채소(菜蔬)를 주로 씁니다. 소반(蔬飯)은 '변변하지 않은 음식'을 말합니다.

고교	획수	형자	새김	발음
蔽	16	敝	덮을	폐

폐(蔽)는 『설문』에서 '작은 풀의 모양'이라고 합니다. 풀이 땅을 덮은 것에서 '덮다, 가리다, 숨기다'라는 뜻을 나타내게 됩니다.

폐(敝)는 『설문』에서 "수건이다. 달리, 해진 옷이라고도 한다"고 설명합니다. '해질' 폐로 새깁니다. 구멍이 나고 낡은 것입니다. 자기 회사를 폐사(敝社)라고 하는 것처럼 자기와 관련된 것을 겸손하게 이를 때에도 씁니다. 인신되어 '손해'를 나타내고, '버리다'의 뜻도 있습니다.

'해질' 폐(敝)의 자소자는 '해진 옷' 폐(㡀)입니다. 폐(敝)에 초두[艹]를 더하면 '가릴' 폐(蔽)가 되고, '들' 공(廾)을 더하면 '해질' 폐(弊)가 됩니다.

'폐일언(蔽一言)하다'는 주로 '폐일언하고'의 꼴로 쓰여, '이러니저러니 할 것 없이 한마디로 휩싸서 말하다'라는 뜻을 나타냅니다. 한마디로 그 전체의 뜻을 다 말한다는 뜻의 일언이폐지(一言以蔽之)와 비슷한 면이 있습니다.

고교	획수	형자	새김	발음
蘭	21	闌	난초	란

란(蘭)은 난초입니다. 『설문』에서는 '향초'라고 설명이 간단합니다. 『단주』의 설명을 보충한 현대의 전(箋)을 보면 "경전에서 말하는 난은 대체로 모두 택란(澤蘭) 종류이다. 요즈음 세상 사람들이 난이나 심비디움(cymbidium)을 난으로 여기는데 아주 잘못된 것이다"라고 합니다.

란(闌)은 『단주』에서 '문의 차폐물'이라고 설명합니다. 문 앞에 요즈음 많이 쓰는 펜스 같은 차단물을 두는 것입니다. 여기서 간(柬)은 '흩어진 나무'를 가리키는 것으로 봅니다. 자소로서는 '난간' 난(欄), '난초' 란(蘭)에 쓰입니다. '문' 문(門) 안의 글자는 '가릴' 간(柬)입니다. 여기서 가린다는 보이지 않도록 막는 것이 아니라 '고르다, 선택하다(choose, select)'라는 뜻입니다. '익힐' 련(練), '쇠 불릴' 련(鍊)에 보입니다.

格物 085. 난(蘭)과 쉽싸리

다음 글은 필자가 지난 2015년 4월 국내 한 신문에 기고했던 내용입니다. 난초에 대한 생각이 워낙 굳어지고 오래되어서 지금 문제로 제기하기가 적당하지 않다는 신문사의 판단에 의해 기사화되지는 않았습니다만, 필자는 어떤 경우든 사실은 사실로 밝혀야 한다고 믿습니다.

「언어가 사고를 지배하는가는 별 문제로 치더라도, 어떤 사물이든 이름을 제대로 가지고 있어야 한다는 데에는 이견이 있을 수 없다. 얼마 전 당시(唐詩)를 읽다가 바로 이런 점에서 당혹스러웠다. 옛 시에 나오는 난이 오늘 우리가 알고 있는 난초가 아니고 '택란(澤蘭)'이라는 것이었다. '연못이나 어디 물가에 피는 난초'를 택란이라 하는가보다 하다 아무래도 찜찜해 사전을 찾아보게 됐다. 『표준』은 택란, 즉 '쉽싸리'에 대해 이렇게 설명하고 있다.

"꿀풀과의 여러해살이풀. 높이는 1미터 정도이며 잎은 마주나고 피침 모양이다. 6~8월에 흰색의 단성화가 잎겨드랑이에서 피고 열매는 수과(瘦果)이다. 연한 부분은 나물로 식용하고 다 자란 것은 약용한다. 물가에 살며 아시아 동부에서 북아메리카에 걸쳐 분포한다. ≒택란(澤蘭). (Lycopus lucidus)."

꿀풀과로 난(蘭)과는 과 자체가 다르니 생김새부터 다르다는 설명이다. 중국 식물분류학의 권위자인 왕징우(汪勁武)는 저서 『식물식별(植物识別)』에서 『본초강목』을 바탕으로 공자가 '향초 가운데 으뜸으로 삼았던 것[兰为王者香草]'이나 굴원이 '추란을 꿰어 노리개를 만든다[紉秋兰爲佩]'에 나오는 난은 오늘 우리가 알고 있는 난이 아니고 택란이라고 한다.

책 속의 조그만 상자 안에 "여러분 아십니까?"라는 난을 만들어 이 내용을 소개하고 있는 걸 보면 중국에서도 이런 주장이 나온 게 오래되지 않았음을 짐작하게 한다. 2000년 이후에 나온 『당시식물도감(唐诗植物图鉴)』이나 『성어식물도감(成语植物图鉴)』에서도 같은 맥락에서 설명하고 있으며 기왕에 우리가 난과 관해 잘못 알고 있었던 부분을 보충하고 있다. 난초는 당나라 때가 되어서 비로소 일반에게도 많이 알려진 식물이고 그 전의 문학 작품에 나오는 난은 다른 종류의 향초라는 것이 요지이다.

곡수에 잔 돌리며 시흥을 즐겼던 왕희지의 난정에 대한 감흥은 어떻게 새겨야 하는가? 혹시 싶어 국내의 『두산대백과』를 찾아보니 난초는 "중국에서는 10세기경부터, 한국에서는 고려 말기에 재배하기 시작한 것으로 추정한다"라고 나와 있어 궤를 같이하며, 현재 우리가 난(蘭)으로 알고 있는 식물이 고문헌에 나오는 난(蘭)과 다를 수밖에 없음을 방증해준다.

결국 지금까지 우리가 배우고 알아온 중국 고전 작품의 이해나 해석이 달라져야 한다는 뜻이다. 우리가 하나로 알고 있는 난이 사실은 난과 택란 즉, '쉽싸리'로 두 가지이며, 문학 작품 속에 나오는 난은 대체로 당나라 시대를 전후로 각각 난과 택란으로 다르게 받아들여야 하는 게 된다.

벌써 한 천 년 가깝게 난의 그늘에 가려 얼굴을 드러내지 못했던 동명이인 '택란'이 과연 '쉽싸리' 얼굴을 드러낼 수 있을지는 모르겠다. 하지만 '정명(正名)'이라고 하지 않는가? 뭐든 이름이 제대로 서야 사물이 질서를 바로잡기 마련이니, 이제는 택란이 얼굴을 빼꼼이나마 드러낼 수 있기를 기대해본다. 쉽싸리가 얼굴을 쉽사리 드러낼 수 있을지 모르겠다.」

고교	획수	형자	회자	새김	발음
芽	8	牙	艸牙	싹	아

아(芽)는 싹입니다. 쉽게 이빨[芽]처럼 돋아나오는 풀[艸]이라고 생각할 수 있습니다.

나뭇가지의 중간 부위에 있는 눈을 떼어 접본이 될 가지에 접을 붙이는 것은 아접(芽椄)인데, 순화해 '눈접'을 쓰는 것으로 되어 있습니다. 엿기름의 한자어는 맥아(麥芽)로 보리의 싹입니다. 보리에 물을 부어 싹이 트게 한 다음에 말린 것으로 녹말을 당분으로 바꾸는 효소를 함유하고 있으며, 식혜나 엿을 만드는 데에 쓰입니다.

고교	획수	형자	회자	새김	발음
茫	10	芒	水 芒	아득할/황망할	망/황

망(茫)은 창망(滄茫)한 것, 즉 넓고 멀어서 아득한 것, 끝이 없이 넓은 것입니다.

망(汒)은 총급한 것입니다. 어찌할 바를 모르고 망연한 것을 나타냅니다.

한없이 넓고 커서, 사방 그 어디를 둘러 봐도 바다만 계속 펼쳐져서 망망대해(茫茫大海)입니다.

고교	획수	형자	회자	새김	발음
荒	10	㐬	艸 㐬	거칠	황

황(荒)은 거두지 않고 내버려두어 땅이 매우 거친 것입니다. 풀이 자라 잡초로 뒤덮인 땅을 가리키기도 합니다. 황무지(荒蕪地)의 상태를 나타내는 글자입니다. 그런 땅을 가리키기도 하고, 사람이 없거나 거의 없는 것을 나타내며 '버리다, 폐기하다'라는 뜻도 갖습니다.

류(㐬)는 여러 번 나왔습니다. 깃발을 가리킵니다. 『강희자전』에서는 "'거칠' 황(荒)과 같다. '깃발' 류(旒)와 같다"라고 합니다. 한자에서 소리가 같거나 비슷한 글자로 다른 글자를 나타내는 글자를 '통가자(通假字)'라고 합니다. 이것은 류(㐬)를 황(荒)이나 류(旒) 대신 썼기 때문에 비롯된 것으로 보입니다. '흐를' 류(流), '소통할' 소(疏), '거칠' 황(荒)에서 자소자로 쓰이고 있습니다.

말이나 행동 따위가 참되지 않고 터무니없는 것은 황당(荒唐)한 것이고, 황폐하여 거칠고 쓸쓸한 것은 황량(荒涼)한 것이고, 거칠고 아득하게 넓은 것은 황막(荒漠)한 것입니다. 버려두어 거친 들판은 황야(荒野)며, 집, 토지, 삼림 따위가 거칠어져 못 쓰게 되는 것은 황폐(荒廢)입니다. 말이나 행동 따위가 참되지 않고 터무니없는 것을 황당무계(荒唐無稽)라고 하는데, 황탄무계(荒誕無稽)로도 씁니다. 중국에서는 황탄무계를 주로 쓰는 듯합니다. 황음무도(荒淫無道)는 주색에 빠져 사람으로서 마땅히 해야 할 도리를 돌아보지 않는 면이 있는 것을 말하는데, 중국 성어집에는 황음무도(荒淫無度)로 나옵니다. 주색에 빠져 정도를 가늠해볼 수 없다는 뜻이겠습니다.

고교	획수	형자	회자	새김	발음
莊	11	壯	艸壯	씩씩할	장

장(莊)에 대해『설문』은 "황제의 이름이라 피한다[上諱]"라고 설명을 하고 있습니다. 『단주』에서 "풀이 큰 것이다"라고 보충합니다. 이 글자는 오랜 시간에 걸쳐 서로 다른 글자가 하나로 합쳐지며 각 글자의 뜻이 합쳐진 것으로 분석합니다. 고문에서 이 글자는 '담을 판축하는 것'을 나타내는데 여기에서 '힘쓰다'라는 뜻이 왔습니다. 또 하나의 글자는 제사를 지내는 모습을 그리고 있는데 여기에서는 '엄숙하다, 공경하다'라는 뜻을 나타냅니다. 그리고 세 번째는 장(莊)으로 이 글자는 '풀이 크다, 무성하다'는 것을 나타냅니다. 인신되어 마을이나 장원을 나타냅니다. 결국 이 세 가지의 뜻을 나타내게 되었습니다.

중국에서, 한(漢)나라 이후 근대까지 존속한 궁정·귀족·관료의 사유지는 장원(莊園, manor)입니다. 씩씩하고 웅장하며 위엄 있고 엄숙한 것은 장엄(莊嚴)한 것이고, 장엄하고 무게가 있는 것은 장중(莊重)한 것입니다.

고교	획수	형자	회자	새김	발음
菌	12	囷	艸囷	버섯	균

균(菌)은 버섯입니다. 죽순을 가리키기도 합니다. 지금은 각종 세균을 가리키는 말이 되었습니다. 균(菌) 자 안에는 '벼' 화(禾)가 들어갑니다.

균(囷)은 곳집입니다. 글자가 작아서 알아보기 어려운데 가운데에 '나무' 목(木)이 아니고, '벼' 화(禾)를 씁니다. 곳집은 물건을 간직하기 위해 지은 집입니다. 벼[禾]를 넣어 두는 곳[囗]이니 당연히 창고 아니면 곳집입니다.『설문』을 보면 둥그런 모양의 곳집이라고 합니다. 네모난 모양의 곳집은 '경(京)'이라고 한다고 설명합니다. '모으다'라는 뜻을 갖습니다.

균사(菌絲)는 균류의 몸을 이루는 섬세한 실 모양의 세포나 그런 세포로 된 열(列)을 말하는데, '팡이실'이라는 좋은 우리 고유어가 있습니다. 청국장을 담을 때 콩을 푹 삶아 볏짚[禾]에 올려놓고, 메주는 볏짚으로 묶습니다. 볏짚에 있는 세균 즉, 고초균(枯草

菌, Bacillus subtilis)이 발효를 도와줍니다. 고초균이라는 이름이 붙게 된 것은 이 균이 벼 등과 같이 마른 풀의 표면에서 채취되기 때문이었습니다. 지금은 균을 분리, 배양해 종균이 상품화되고 있지만, 옛날에는 한국이든 중국이든 일본이든 가릴 것 없이 장류 발효에는 볏짚이 많이 이용되었습니다. 현상의 발견과 이용은 빨랐는데, 과학적인 원리를 밝혀 그것을 개발하고 이용하는 데에 늦었던 겁니다.

고교	획수	형자	회자	새김	발음
蓋	14	盍	艸盍	덮을	개

개(蓋)는 덮는 것입니다. 본뜻은 초가집의 지붕을 이는 이엉이라고 합니다. 뚜껑을 가리키기도 하고, 동물 등의 등딱지의 뜻도 있습니다. 부사로 쓰여 '대개, 본래의' 뜻을 나타내고, '그래서, 어찌 아니 하는가'라는 의미를 나타냅니다.

합(盍)의 『설문』 자형은 '합(盇)'입니다. 덮는 것입니다. 고문에서는 위의 대(大)는 뚜껑을 나타내고, 가운데는 가로획으로 그릇 안에 술이나 장이 담긴 것을 나타낸다고 합니다.

개와(蓋瓦)는 기와의 뜻으로 쓰이기도 하지만, 기와로 지붕을 인다는 뜻도 있습니다. 개초(蓋草)도 마찬가지입니다. 덮는 풀이라는 뜻에서 이엉의 의미로 쓰기도 하고, 이엉으로 지붕을 이는 것을 나타내기도 합니다. 결정되어 이미 그러한 것은 기연(己然), 대체로 그런 것은 개연(蓋然), 어떤 일이 아직 그렇게 되지 않는 것은 미연(未然), 꼭 그렇게 되는 것은 필연(必然)입니다. '긴가민가'는 이미 그러한가, 아직 그러하지 않은가를 뜻하는 기연가미연가(己然가未然가)에서 온 것으로 그런지 그렇지 않은지 분명하지 않은 모양을 이릅니다. "힘은 산을 뽑을 만하고 기운은 세상을 덮을 만하다[力拔山氣蓋世(역발산기개세)]"는 항우가 현재의 안휘성 영벽현 동남의 해하(安徽灵壁县东南垓下)에서 유방의 군대에 포위되어 탄식을 하며 한 말입니다. 『사기(史記)』에 나옵니다.

고교	획수	형자	회자	새김	발음
蒙	14	冡	艸冡	어두울	몽

몽(蒙)은 '큰 여라(女蘿)'라고 합니다. 여라는 토사(菟絲)라고도 하는데 우리말로는 '새삼'입니다. 선태식물에 속하는 이끼의 하나라고 합니다. 새삼이 붙은 이름으로 '실새삼, 갯실새삼'이 나오는데, 이름만으로 짐작해보면 하나는 다른 종에 비해 실처럼 가는 것인가 싶고, 갯실새삼은 주로 나는 곳이 갯가일까 싶기는 합니다만, 어느 것인지 확인하는 것은 필자의 능력 밖입니다. 자전에 따라 송라(松蘿) 즉, '소나무 겨우살이'라고 설명하는 경우도 있어 가려보기가 더 더욱 어렵습니다. 한 가지 분명한 것은 기생 식물이라는 점입니다.

몽(冡)은 덮는 것입니다. 이 글자는 고문에서 '덮을' 모, 무(冃) 아래에 눈이 큰 사람의 모습이 들어 있어 '덮다'라는 뜻을 나타냈는데 자형이 '돼지' 시(豕)를 쓰는 것으로 바뀌었습니다. 낱자로는 쓰이지 않고 다른 글자와 결합해 새로운 글자를 만드는 편방으로 쓰입니다.

고교	획수	형자	회자	새김	발음
蒸	14	烝	艹 烝	(겨릅대), 찔	증

증(蒸)은 껍질을 벗겨낸 삼대라고 합니다. 삼을 벗기려면 먼저 쪄냅니다. 찌는 솥을 삼굿이라고 하는데, 바닥에는 아궁이를 만들고 옆에는 대문짝 같은 것을 뜯어 와 만듭니다. 틈은 황토로 봉한 뒤 삼을 넣고 쪄낸 뒤에 벗깁니다. 혹시 쪄내야[烝]하는 풀[艹]이라서 겨릅대를 가리키다가, 나중에는 찐다는 의미로 인신되지 않았을까 하는 추론을 해 봅니다.

증(烝)은 김이 올라가는 것입니다. 고대 사계절에 지내는 제사 중 겨울 제사를 가리키기도 합니다. 여기에서 '바치다'라는 뜻의 진헌하는 것을 나타내게 되었습니다. 김이 많이 올라오는 것에서 '흥하다, 많다'라는 의미도 갖습니다.

증(蒸)에는 증(烝)과 마찬가지로 '많다'는 뜻도 있어, 증민(蒸民)은 백성을 가리킵니다. 증기로 찌는 것을 가리키기도 합니다. 찌는 것은 물속에 직접 넣고 익히는 것과 달라 물에서 조금 띄워줍니다. 떡을 할 때 솥에 시루를 걸고 빈틈은 밀가루를 이긴 것으로 봉해줍니다. 시루에서 쪄내는 떡이 증편(蒸-)입니다. 막걸리를 넣었다고 해 술떡이라고도 하는데, 필자의 고향에서는 기주(떡)라고 했습니다. 기주(起酒)는 반죽에 술을 넣어 부풀리는 것이니 술떡과 같은 뜻이지만, 과정이 조금 더 드러나는 말이겠습니다.

어렸을 때 삼 줄기는 삼대이고, 모시 줄기의 껍질을 벗긴 것은 저릅이라고 했습니다. 저릅의 표준어가 겨릅일 것은 쉽게 짐작할 수 있는데, 겨릅은 삼대를 가리킵니다. 모시를 만드는 데 쓰는 풀이름은 '모시풀'인데, 모싯대라는 비슷한 풀이름이 또 있습니다. 그러니 모시의 줄기를 모싯대라고 할 수도 없고, 제 기억 속의 저릅은 표준어로 말하면 '모시풀대'가 되어야 할 것 같습니다.

고교	획수	형자	회자	새김	발음
蓄	14	畜	艸 畜	쌓을	축

축(蓄)은 쌓는 것입니다. 단순히 쌓는 것이 아니고 미래의 쓰임에 대비해 곡식이나 채소 등을 모아놓는 것입니다. 여기에서 '모으다, 보존하다, 남겨두다' 등의 뜻을 나타내게 됩니다. 새김에 '푸성귀' 훅이 있는데, 『한어대자전(汉语大字典)』에도 '겨울 채소[冬菜]'로만 나올 뿐 용례는 없습니다. 온라인 사전인 〈Baidu汉语〉에서는 "겨울 채소[반찬]로 배추나 겨잣잎을 써서 만드는 나물 채소[반찬]"라고 설명합니다. 겨울과 봄을 나기 위해 말린 채소나 그 채소로 만든 요리입니다.

아껴서 모아두는 것이 저축(貯蓄), 재물을 모아두는 것은 축재(蓄財), 전기를 모아두는 기계는 축전기(蓄電器)입니다.

고교	획수	형자	회자	새김	발음
薄	17	溥	艸 溥	엷을	박

박(薄)은 초목이 빽빽하게 모여 나는 것이라고 합니다. 누에섶을 올리는 '잠박(蠶薄)'이라고도 하는데 지금은 '잠박(蠶箔)'으로 씁니다. 이제는 잠박의 의미로는 안 쓰고 '엷을' 박으로 새깁니다.

부(溥)는 넓다는 뜻입니다. 남자의 미칭인 보(甫)에 '마디' 촌(寸)이 붙으면 '펼' 부(專), 여기에 '열' 십(十)이 붙으면 '넓을' 박(博), '물' 수(水)를 더해 '넓을' 부(溥)입니다.

박빙(薄氷)은 살얼음인데, "박빙의 차이로 이기다"라는 것처럼 근소한 차이를 비유적으로 이르는 데에 많이 씁니다. 박(薄)한 것은 너그럽지 못하고 쌀쌀하거나, 이익이나 소득이 보잘것없이 작다는 뜻입니다. 박리다매(薄利多賣)는 이익을 적게 보고 많이 파는 것이고, 박물세고(薄物細故)는 아주 자질구레하고 변변하지 못한 사물을 이릅니다.

고교	획수	형자	회자	새김	발음
藏	18	臧	艸臧	감출	장

장(藏)은 감추는 것입니다. '지키다, 묻다' 즉, '매장(埋藏)하다'라는 뜻도 있습니다. 매장(埋藏)은 묻어 감추는 것입니다. 시체나 유골을 묻는 매장(埋葬)과는 다릅니다.

초(艸)는 익숙하리라 믿습니다. '풀' 초로 부수자입니다. 다른 글자의 위에 올 때는 초두[艹]로 씁니다. 같은 말을 여기저기서 되풀이하는 것은 여러분이 되풀이 읽으면서 익히기를 바라서입니다. 더 자세한 내용은 어떻게? 알아서 하십시오.

장(臧)은 착하다는 뜻입니다. '죽일' 장(戕)과 '신하' 신(臣)이 결합되어 만들어졌습니다.

장경(藏經)은 불교 경전의 총집을 나타내어 장경각(藏經閣)은 대장경을 보관하는 전각입니다. 장서(藏書)는 책을 간직하여 두거나 또는 그런 책이고, 장판(藏版)은 어떤 곳에 간직하고 있는 책판을 말합니다.

고교	획수	형자	회자	새김	발음
蘇	20	穌	艸穌	되살아날	소

소(蘇)는 다시 살아나는 것, 즉 소생하는 것입니다. 『설문』에서는 계임(桂荏)이라고 합니다. 계임은 소엽(蘇葉)이라고도 하는데 우리말은 '차조기'입니다. 꿀풀과의 한해살이풀로 잎이 들깻잎과 비슷하고 어린잎을 쌈으로도 먹는데, 주변에서 많이 볼 수 있는 식물입니다. 『설문』 주석을 보면 차조기는 시원해 기(氣)와 혈액 순환을 도와준다고 합니다. 그래서 '깨어나다'는 의미의 소(蘇)를 쓰는 것이라고 합니다.

거의 죽어가다가 다시 살아나는 것은 소생(蘇生)이고, 막혔던 숨통이 트이면서 숨을 돌려 쉬는 것은 소식(蘇息)입니다.

소(穌)는 『설문』에서 갈퀴로 볏짚을 긁어모으는 것이라고 합니다. 고문 분석에서는 어(魚)는 소리를 나타내고 땔감으로 풀[禾]을 베는 것이라고 합니다. 두 설명 모두 납득하기가 어려운데, 인터넷 바이두 백과(百科)에 그럴 듯한 설명이 눈에 띕니다. 수확[禾]을 할 때처럼 언 물속에서 언 물고기[魚]를 파내는 것이라고 합니다. 좀 더 설명하면 날씨가 갑자기 추워지면 수심이 얕은 물은 모두 얼게 됩니다. 자연 그 속의 물고기도 얼게 되는데, 이때 얼음을 빨리 깨뜨리고 물고기를 꺼내면 다시 살아나는 경우도 있다고 합니다. 급속 냉동시켜 겨 속에 묻어 이동한 게가 꿈틀꿈틀 다시 살아나는 것을 보면 실감이 나는 말입니다. 여기서 '다시 살아나다' 즉, '소생하다, 깨어나다'라는 뜻을 갖게 된 것이라고 합니다.

중국의 동북 삼성 즉, '요령성, 길림성, 흑룡강성'은 겨울 추위가 매섭습니다. 특히 흑룡강성 북쪽 러시아와 경계를 이루는 지역은 한겨울의 기온이 영하 30도에서 아주 추울 때는 40도까지 떨어집니다. 이런 지방에서는 충분히 있을 수 있는 일이라고 여겨집니다.

고교	획수	회자	새김	발음
苗	9	艸 田	싹, 모	묘

묘(苗)는 모, 즉 싹입니다. 『설문』에서는 "풀이 밭에서 나는 것이다"라고 설명합니다. 밭에 곡식의 싹만 자라는 것이 아니라 온갖 잡초도 다 자라니 이 설명만으로는 좀 부족해 보입니다. 인위적으로 키우는 곡식의 싹이 트는 것이겠습니다. 『단주』를 보면 싹이라는 것을 알 수 있습니다.

옮겨 심는 어린 나무는 묘목(苗木), 모종을 키우는 자리는 묘상(苗床), 묘목을 기르는 밭은 묘포(苗圃)로 고유어는 모밭입니다. 묘이불수(苗而不秀)는 『논어(論語)』에 나오는 말입니다.

싹은 트지만 패지 않는 것도 있고, 패기는 하지만 여물지 않는 것도 있다.
[苗而不秀有矣夫 秀而不實有矣夫]

겉모습은 있는 듯해 보이지만, 실속 혹은 실재가 없는 것을 이릅니다. 이 말은 공자가 일찍 세상을 뜬 제자 안회(顔回, BC 521~481)를 애도해서 한 말이라고도 하고, 그냥 일반적인 말이라는 설명도 있습니다. 안회는 공자가 정말 아끼던 제자였습니다. 안회가 세상을 떠나자 공자는 "하늘이 나를 죽이시는구나"라며 애통해합니다. 묘(苗)와 관련된 사자성어로는 아무래도 알묘조장(揠苗助長)을 빼어놓을 수 없습니다. 『맹자』〈공손추상(公孫醜上)〉에 나옵니다.

송나라에 자기의 싹이 크지 않는 것을 걱정해, 싹을 뽑아 올린 사람이 있었다. 멍하니 돌아와 사람들에게 '내가 오늘 아픈데, 싹이 크도록 도와줬다'고 했다. 그 아들이 달려가보니 싹이 말라 있었다.

[宋人有閔其苗之不長而揠之者 茫茫然歸 謂其人曰 "今日病矣 予助苗長矣" 其子趨而往視之 苗則槁矣]

이 성어는 성공을 서두르다 도리어 해를 보는 것을 비유적으로 이르는 데 씁니다. 여기에서 말하는 송나라(宋, BC 11세기~ BC 286)는 조광윤(趙光胤)이 세운 송나라(宋, 960~1279)가 아닙니다. 수주대토(守株待兎)도 송나라 사람의 일로 나오는데, 대체로 고문헌 속에 이 송나라 사람은 어리석은 것처럼 묘사됩니다. 역사든 일반적인 글이든 자연 승자를 위주로 쓰이기 마련이니, 국력이 약한 나라 백성의 모습은 자연 그렇게 그려진 것이 아닐까 합니다.

고교	부수	획수	회자	새김	발음
葬	艸	13	茻 死 一	장사 지낼	장

'장사 지낼' 장(葬)은 시신[死]을 깔개[一] 위에 올려놓고 위아래를 풀[艸]로 덮은 모양을 나타냅니다. 그것이 옛날 장을 치르던 풍습이었습니다.

장례(葬禮)나 장의(葬儀)는 제사를 지내는 일이나 그런 의식을 가리킵니다. 장사를 지내 죽은 이를 보내는 것은 장송(葬送)입니다. 장신어복(葬身魚腹)은 물고기 배 속에 몸의 장사를 지냈다는 뜻으로 물에 빠져 죽는 것을 말합니다.

고교	부수	획수	회자	새김	발음
薦	艸	17	艸廌	천거할/꽂을	천/진

　천(薦)은 추천하는 것입니다. 천거(薦擧) 역시 같은 뜻인데, 주로 글에서 쓰여서 사용 빈도는 떨어지는 듯합니다. 『설문』입니다. "천(薦)은 짐승이 먹는 풀이다. '해태' 치(廌)에서 뜻을 취하고, 초(艸)에서 뜻을 취한다. 옛날에 신선이 치(廌)라는 동물을 황제(黃帝)에게 바쳤다. 황제가 '무엇을 먹고, 어디에 사는지요?'하고 물었다. 그러자 '치(廌)는 풀을 먹고 사는데, (그 풀은) 여름에는 수택(水澤) 가운데에 있고, 겨울에는 소나무나 잣나무 아래에 있네'라고 했다." 다음자로 '꽂을' 진의 새김도 있는데, 기초한자에서 사용되는 새김은 아닙니다. 수택(水澤)은 물이 질퍽하게 괸 넓은 땅입니다. 여러 마리는 해치(解廌)라 하고, 한 마리는 치(廌)라 한다고 합니다. 물론 해치는 상상의 동물입니다.

　천목(薦目)은 수령의 치적, 학식, 재능, 품행 등 사람을 천거하는 데 필요한 명목을 말합니다. 천신(薦新)은 철 따라 새로 난 과실이나 농산물을 먼저 신위(神位)에 올리는 것을 말합니다.

고외	부수	획수	회자	새김	발음
奏	大	9	㞢 収 屮	아뢸	주

　주(奏)는 아뢰는 것입니다. 임금에게 알리는 것을 상주(上奏)라고 하는 것처럼 아랫사람이 윗사람에게 알리는 것을 뜻합니다. 고문 분석에서는 곡식을 두 손에 받쳐 들고 조상에게 드리는 것으로 추정합니다. 조상들에게 햇곡식을 바치고 풍년을 기원하는 것입니다. 여기에서 '임금에게 아뢰다'라든지 기타 뜻이 인신된 것으로 봅니다. 황제에게 아뢰는 글은 주장(奏章)이라고 합니다.

　회의 자소는 '나갈' 도(㞢)입니다. 자소로 풀이하면 나아가서[㞢] 두 손[収]으로 바치는 것[屮]입니다.

R141

범호엄 부, 범의 문채 호(虍)

갑골	금문	전문	해서
乎		斎	虍

'범의 문채' 호(虍)는 '범' 호(虎)가 생략된 글자로 호랑이의 모양을 그린 상형자입니다. 호랑이인데도 범으로 새기는 것은 우리 고어에서 호랑이를 범이라고 했기 때문입니다. 범(leopard)과 호랑이(tiger)는 물론 다른 동물입니다. 범은 동그란 무늬가 온몸을 덮고 있고, 호랑이는 줄무늬를 이룹니다. 호랑이의 뜻을 갖고 있지만 현재 낱자로는 쓰이지 않고, 다른 글자와 결합하는 편방에 쓰입니다.

범호엄에서 '엄'이 무슨 뜻인지는 사전에도 올라 있지 않고 확인하기가 어렵습니다만, 민엄호[厂]에 엄호[广]가 있고 엄호(广戶)라는 한자에서 볼 수 있는 것처럼 글자의 윗부분과 왼쪽에 써서 가려주는 기능을 하기 때문에 붙은 이름이 아닐까 합니다. '범호밑'이라고도 하는데, 이것은 다른 글자가 이 글자의 아래에 온다는, 글자 상호 간의 위치에 중점을 두었을 때 나온 명칭으로 보입니다. 정확히 확인은 되지 않습니다.

중학	획수	새김	발음
虎	8	범	호

호(虎)는 호랑이입니다. 『설문』에서는 "호(虎)는 산짐승의 임금이다. 호(虍)에서 뜻을 취하며, 호(虎) 자의 발[儿]은 인(人) 자의 발과 닮았다. 상형이다"라고 합니다. 호랑이를 가리키니 당연히 '용맹스럽다'라는 뜻도 갖고, 더 나아가 '사납다, 잔혹하다'라는 뜻도 나타냅니다.

호가호위(狐假虎威)는 여우가 호랑이의 위세를 빌려 호기를 부린다는 뜻인데 『전국책(戰國策)』에 나오는 말로 다른 사람의 권세를 빌려 위세를 부리는 것을 나타냅니다. 호구(虎口)는 호랑이의 아가리이니 당연히 위험한 것을 나타내고 비유적으로는 어수룩해 이용하기 좋은 사람을 가리킵니다. 호시탐탐(虎視眈眈)도 있습니다. 호랑이가 먹이를 엿보는 것처럼 기회를 엿보는 것입니다.

중학	획수	형자	새김	발음
處	11	処	곳	처

『설문』에 실린 **처(處)** 자는 자소자인 처(処) 자입니다. "멈추어 쉬는 것"이라고 합니다. 앉아서 팔을 기대어 몸을 편하게 할 수 있는 궤(几)에 이르러[夊] 쉬는 것입니다. 금문은 호피[虍] 관을 쓰고 궤(几)에 기대고 앉아 있는 사람(人)의 모양을 하고 있습니다. 그래서 어느 곳에 머무르며 쉬는 것을 본뜻으로 봅니다. 여기에서 사는 것이나 사는 곳을 나타내게 되고, 더 나아가 '결단을 내리다, 징벌하다'라는 뜻으로도 확대되었습니다.

현재 일본에서는 '処'를, 중국에서는 '处'를 표준 자형으로 삼고 있습니다.

결정해 조치를 취하는 것은 처결(處決), 살거나 머무는 곳은 처소(處所), 처해 있는 사정이나 형편은 처지(處地)입니다.

중학	획수	형자	새김	발음
虛	12	虍	빌	허

허(虛)는 속이 빈 것입니다. 『설문』입니다. "허(虛)는 큰 언덕이다. 곤륜구(崑崙丘)는 곤륜허(崑崙虛)라고도 한다. 옛날에 9명의 장정이 정(井)이었으며, 4정(井)이 1읍(邑)이고, 4읍(邑)이 1구(丘)가 되었다. 구(丘)는 허(虛)라고도 한다." 『단주』에서는 "허(虛)는 큰 언덕을 말한다. 크면 막힌 데가 없이 넓기 때문에 인신하여서 '공허(空虛)하다'고 한다"라고 설명합니다. 정(井)은 한 가구일 수도 있으니 그렇게 계산하면 1구(丘)는 144가구가 됩니다. 지금이야 핵가족이 기본으로 가구당 4명이지만 옛날에는 한 집에 적어도 7~8명이 살았습니다. 주거지로는 천 명이 넘게 산다는 뜻입니다. 구(丘)를 넓은 언덕으로 봐야 할지 산기슭이나 산자락으로 봐야 할지 아니면 문맥을 고려해 사람들이 사는 행정 단위로서 큰 마을로 보아야 할지 확정하기가 어렵습니다. 자소자 호(虎)는 바로 위에서 설명한 대로입니다.

중학	획수	형자	새김	발음
號	13	号	이름	호

호(號)는 부르는 것입니다. 큰 소리로 부르는 것입니다. 호랑이[虎]가 울부짖듯[号] 큰 소리로 부르는 것으로 생각하면 됩니다. 사람을 부르는 것을 나타냅니다. 명칭, 즉 이름을 뜻하기도 합니다.

큰 소리로 부하에게 명령을 내리고 지휘하는 것은 호령(號令)입니다.

호(号)는 큰 소리로 우는 것이라고 합니다. 대성통곡(大聲痛哭)하는 것입니다. 인신되어 새나 짐승이 우는 것을 가리키고, 호(胡)와 발음이 같은 데에서 '어찌'의 뜻도 나타내게 되었습니다.

고외	부수	획수	회자	새김	발음
畏	田	9	甶虍	두려울	외

외(畏)는 오랑우탄 모양의 무서운 가면을 쓴 모습을 그린 것이라고 설명한 바 있습니다. 두려워하는 것입니다. 더 이상은 해당 부수의 내용을 참고하기 바랍니다.

R142

벌레 훼, 벌레 충(虫) 부

갑골	금문	전문	해서
⟨	⟨	⟨	虫

    충(虫)은 본래 뱀의 모양을 본뜬 상형자입니다. 벌레라는 뜻은 이 충(虫) 자를 세 개 겹친 충(蟲)인데 약자로 이 글자를 많이 쓰기 때문에 '벌레' 충으로도 씁니다. 하지만 '벌레' 훼가 제대로 된 새김입니다.『설문』을 살펴보겠습니다. "훼(虫)는 복훼(蝮虺)라고 도 한다. 너비는 세 치[寸]이고 대가리 크기는 엄지손가락만 하다. 누워 있는 모양을 본 뜬 것이다. 작은 동물로 기는 것도 있고, 털이 난 것도 있고, 알몸인 것도 있고, 딱지가 나거나 비늘이 난 것도 있는데 훼(虫) 자로 나타낸 것이다." 복훼(蝮虺)는 뱀의 일종으 로 독사라고 합니다.

    관습적인 새김이 '벌레' 충(虫)이긴 합니다만, 발음은 '훼'로 기억해두는 것이 좋겠습 니다. 그리고 이 글자가 가리키는 것도 꼭 벌레에만 해당되지 않고 동물을 가리키는 것 으로 생각하는 것이 좋습니다. 본래는 동물 일반을 가리켰고 나중에는 곤충만을 나타내 기도 합니다. 훼(虫)가 벌레나 다른 동물을 나타내는 뜻으로 계속 쓰이게 되자 본뜻인뱀은 '살무사' 훼(虺) 자를 따로 쓰게 되었습니다.

중학	획수	회자	새김	발음
蟲	18	虫 虫 虫	벌레	충

충(蟲)은 '벌레' 훼(虫)가 세 개 모여 이루어진 글자입니다. 『설문』에서는 "충(蟲)은 발이 있는 것을 말한다. 발이 없는 것은 '발 없는 벌레' 치(豸)라고 한다"라고 설명합니다. 주석을 보면 "알몸이거나 털이 난 것, 깃이 난 것, 비늘이 있는 것, 딱지가 난 것의 총칭"이라고 합니다. 『단주』에 "발이 없는 벌레는 등을 굽혔다 폈다 꿈틀대기[豸豸] 때문에 치(豸)라고 이름을 붙이게 되었다"라고 합니다. 오늘날의 분류로 보면 곤충에 짐승, 조류, 어류, 파충류 등이 포함되어 거기에 딱 맞는 하나의 단어는 없어 보입니다. 그래서 널리 동물을 가리키는 것으로 생각하면 됩니다. 그러니까 이 글자는 동물의 총칭이기도 하고 곤충을 나타내기도 합니다. 인신되어 벌레가 끼치는 재해를 가리키기도 합니다.

사서에는 하늘을 뒤덮은 풀무치[蝗蟲(황충)]가 곡식을 먹어 치워서 재난이 들었다는 기록이 자주 나옵니다. 다른 사람을 얕잡아 부를 때 쓰기도 합니다. '벌레 같은 놈' 정도의 뜻이겠습니다. 해충으로 농작물에 피해를 입는 것이 충해(蟲害)입니다.

중외	부수	획수	형자	새김	발음
風	風	9	凡	바람	풍

"누가 바람을 보았는가, 당신도 나도 아녜요. 하지만 매달린 나뭇잎이 흔들릴 때면 바람이 지나가요."

『설문』의 설명입니다. "풍(風)은 팔방(八方)에서 불어오는 바람이다. 동쪽에서 오는 것은 서풍(庶風)이라 하고, 동남쪽에서 오는 것은 청명풍(淸明風)이라 하고 남쪽은 경풍(景風), 서남쪽은 양풍(涼風), 서쪽은 창합풍(閶闔風), 서북쪽은 부조풍(不周風), 북쪽은 광막풍(廣莫風), 동북은 융풍(融風)이라고 한다. 바람이 불면 벌레가 생겨난다. 벌레는 여드레 만에 나온다." 주석에는 "바람은 본뜰 수 있는 형상이 없기 때문에 거기에서 생겨난 것으로 글자를 만들어 훼(虫)에서 뜻을 취한 것이다"라고 설명합니다. 또 하나 눈에 띄는 것은 이 팔풍(八風)에 순서가 있다는 것입니다. 동지에서 45일이 지나면 동풍 즉, 서풍(庶風)이 불기 시작해 45일이 지나면 동남풍 즉, 청명풍(清明風)으로 바뀝니다. 각 바람마다 45일씩 불며 그 다음으로 옮깁니다. 팔풍(八風)이 45일 즉, 한 달 반씩 부니 한 바퀴 돌면 360일 즉, 1년이 됩니다. 봄바람은 동풍입니다. 여름에는 남풍이 붑니다. 가을바람은 서풍이고, 겨울에는 차가운 북풍이 내려옵니다. 이것은 물론 지구가 태양의 주위를 회전하며 조사 각도가 바뀌고 태양 에너지를 받는 양이 달라져 생기는 현상입니다. 궤도를 도는 주기가 일정하니 바람에도 이런 규칙성이 나타나는 것이겠습니다.

　습속(習俗)이나 교화(敎化)의 영향이 바람처럼 널리 미치는 것을 나타내기도 합니다. 학풍(學風)에서 볼 수 있는 것처럼 어떤 일을 처리하는 태도나 경향을 가리키기도 하고, 풍문(風聞)처럼 근거가 없이 떠도는 말을 나타내기도 합니다. 오늘날 그 누구 한 사람 바람에서 벌레가 나온다고 믿지는 않습니다. 벌레가 여드레 만에 나온다는 것도 상당히 사변적인 결과로 나온 수치라서 그대로 받아들일 바는 아닙니다. 우선 누에의 경우를 예로 들면, 부화해서 개미누에가 되기까지 11~14일가량 걸리는 것으로 알려져 있습니다. 하지만 이런 내용이 꼭 틀렸다는 것에만 주목하기보다는 옛날 사람들은 이렇게 생각하고 알고 있었구나 하고 받아들여 그 당시의 삶이나 사고방식을 이해하는 것이 중요하겠습니다.

格物 086. 누가 바람을 보았는가?

　바람과 관련된 이야기가 나오니 중학교 때 영어책으로 기억이 되는데, 영국 출신의 여류 시인 크리스티나 로제티(Christina Rossetti, 1830~1894)의 「누가 바람을 보았는가?」라는 시가 떠오릅니다. 여전히 실려 있는지 모르겠습니다.

　　누가 바람을 보았는가?
　　당신도 나도 보지 못했어요.
　　하지만 나뭇잎이 살랑거릴 때는
　　그 사이로 바람이 지나가고 있지요.

누가 바람을 보았는가?
당신도 나도 보지 못했어요.
하지만 나무가 고개를 숙일 때는
그 곁으로 바람이 지나가고 있지요.

Who has seen the wind?
Neither I nor you:
But when the leaves hang trembling,
The wind is passing through.

Who has seen the wind?
Neither you nor I:
But when the trees bow down their heads,
The wind is passing by.

그 어느 단어 하나 어려운 것이 없지만 막상 우리말로 옮기려면 생각할 것이 많습니다. 어쭙잖은 필자의 번역이 아니라, 원문을 읽고 즐겨보기 바랍니다.

"많이 듣고 의심나는 곳이 있으면 비워둔다[多聞闕疑(다문궐의)]"라는 말은 『논어(論語)』에 나오는 말입니다. 비워둔다는 뜻은 거기에 대해 섣불리 판단하지 않고 그 상태로 그냥 둔다, 유보한다는 말입니다. 물론 그 후에 곰곰이 생각하고 그에 대한 해답을 구해야 할 것입니다. 필자는 모쪼록 이 책의 독자들이 그런 태도를 갖도록 하는 데에 도움이 되었으면 합니다. 이것은 비단 한자 공부에만 필요한 자세가 아니라 공부를 잘 하는 비결입니다.

중외	부수	획수	형자	새김	발음
强	弓	11	彊省	굳셀	강

강(强)은 도마뱀입니다. 전문 분석으로는 쌀벌레 즉, 바구미라고도 합니다. 그런데 이 글자를 빌려 '지경' 강(彊) 대신 쓰는 바람에 활이 아주 단단한 것을 나타내게 되었습니다. 더 이상 자세한 내용은 해당 부수 내용을 확인하기 바랍니다.

강(彊)은 지경(地境)이라 새기는데, 지경은 땅의 경계를 말합니다. 자전을 찾다보면 '지경'이라는 새김이 많이 나오는데 땅을 나누어 구분하는 경계를 가리키는 것으로 이해하면 됩니다. 기왕에 나온 김에 살펴보면 '물 이름, 나라 이름'과 같은 설명도 많습니다. 이런 것은 다 고유 명사입니다. 물줄기, 내, 강 등에 붙은 고유한 이름이고 역사상 있었던 나라의 이름입니다. 예를 들어 계(界)를 '지경'이라고 새기기도 하는데 땅의 경계를 나타내는 것이고, 한(漢)도 '물 이름' 한이라고 새기는 경우가 있는데, '한(漢)'이라는 내 혹은 강을 가리키는구나 하고 이해하면 됩니다. 한(漢)은 한수(漢水)를 가리키는 고유 명사입니다. 한강(漢江)이라고도 합니다.

증외	부수	획수	형자	새김	발음
雖	佳	17	唯	비록	수

수(雖)는 '새' 추(佳)가 들어가 있으니 '새 이름인가 보다'라고 추측해볼 수 있습니다. 그런데 웬걸 『설문』을 보면 "수(雖)는 도마뱀과 같은데 크다"라고 나옵니다. 여기에서 발이 넷 달린 파충류라는 것을 알 수 있습니다. '크다'는 말에 얼핏 생각나는 것이 악어인데, 악어(鰐魚)는 글자가 따로 있습니다. 더 이상 설명이 없으니 그 중간 정도 되는 동물인가보다 합니다. 그런데 가차해 '비록, 다만'의 뜻으로 쓰이고 있습니다.

고교	획수	형자	새김	발음
蛇	11	它	뱀	사

사(蛇)는 뱀입니다. 『설문』에 실려 있는 자형은 타(它)입니다. "타(它)는 동물이다. 훼(虫)에서 뜻을 취하며, 꼬리를 길게 하고 있는 모양으로 되어 있다. 몸이 굽고 꼬리를 세운 모양을 본떴다. 옛날에는 풀 속에 살아서 뱀이 있을까봐 염려했다. 그래서 서로 뱀[它]은 없냐고 물었다"라고 합니다. 옛날에는 주거 환경이 열악해 뱀의 피해가 많았던 모양이고, 그래서 "그것[뱀] 없어요?"가 인사말이었던 모양입니다. "별일 없으시죠?" 정도로 쓰인 말이라고 합니다. 길이가 긴 뱀이고, 뱀처럼 생긴 것을 가리키기도 합니다.

줄을 길게 늘어선 것을 장사진(長蛇陣)이라고 하지요, 그 모양이 뱀 같은 데에서 나온 말이겠습니다. 뱀을 그리는데 있지도 않는 발까지 그리는 것이 화사첨족(畵蛇添足)으로 쓸데없는 군짓을 하여 도리어 잘못되게 하는 것을 가리킵니다. 사족(蛇足)으로 줄여 쓰기도 합니다. 뱀처럼 구불구불 가는 것은 사행(蛇行)입니다.

타(它)는 바로 위에서 설명한 바대로입니다. 본래 뱀을 가리키는 말인데 나중에는 가차로 대명사가 되어 '그것[it]'의 의미로 계속 쓰이고 있습니다. 본뜻은 결국 의미를 나타내는 훼(虫)를 더해 사(蛇)가 되었습니다. 고음(古音)에도 발음은 타(tā, 它)로 되어 있는 것을 보면, 중국어에서도 발음이 써(shé, 蛇)로 변한 것이 아닌가 추정을 해보게 됩니다.

고교	획수	형자	새김	발음
蜂	13	夆	벌	봉

봉(蜂)은 『설문』에 '만날' 봉(逢)아래 '벌레' 곤(虫)을 쓰는 자형[蠭]으로 실려 있습니다. "봉(蠭)은 날벌레로 사람을 쏘는 것"이라고 합니다. 벌입니다. 이제 봉(蠭)은 쓰지 않고 고문헌에서나 볼 수 있는 글자입니다. 꿀벌을 가리키기도 하고, 벌처럼 무리를 이룬 것을 나타내기도 합니다. 벌떼처럼 일어나서 봉기(蜂起)라고 합니다.

봉(夆)은 만나는 것입니다. 『단주』에 "오(午) 부에 '오(悟)는 거슬리는 것이다'라고 나와 있다. 봉(夆)을 오(悟)라고 풀이하는 것은 '만날' 봉(逢), '맞을' 영(迎), '거스릴' 역(逆), '만날' 우(遇), '만날' 오(遻)를 서로 간의 뜻풀이하는 것과 같다"라고 합니다. 자주 만나[夆]는 것을 나타내기 위해 봉(逢) 자가 생겨났다고도 합니다.

고문 분석에서 치(夂)는 아래로 향한 발을 나타내고 봉(丰)은 봉토의 경계상 나무를 심는 것으로 보아, 얼굴을 맞대고 만나는 것을 본뜻으로 추정합니다. 인신되어 '거스르다[迕逆(오역)]'라는 뜻과 '풍부하다'라는 의미를 갖습니다. 현재 낱자로 독립해서는 안 쓰이고, 다른 글자와 결합해 글자를 만들어내는 데에 쓰입니다. '만날' 봉(逢), '봉우리' 봉(峯), '벌' 봉(蜂)에 쓰입니다.

고교	획수	형자	새김	발음
蜜	14	宓	꿀	밀

밀(蜜)은 꿀입니다.『설문』에서는 "벌의 단 엿이다. 달리 명자(蓂子)라고도 한다"라고 설명하고 있습니다. 여기서 '꿀과 같은 것'을 나타내게 되고 '달다'라는 뜻도 갖고 있습니다.

자소자 밀(宓)은 편안한 것, 안정된 것을 나타냅니다. 실내[宀]에 편안하게 있는 것입니다. 혹은 꽉 차있다는 뜻을 나타낸다고도 합니다. 그래서 벌[虫]집에 꿀이 꽉 찬 것을 나타내는 글자로 이해할 수 있습니다. 지금 밀(宓)은 안 쓰고 '빽빽할' 밀(密)을 쓰는데, 이 글자에도 '편안하다'라는 뜻이 있습니다.

꿀처럼 달다고 해서 밀감(蜜柑)이겠고, 벌집에서 꿀을 짜내고 남은 찌꺼기를 끓여 식힌 것은 밀랍(蜜蠟)입니다. 초(candle)를 만드는 데에도 쓰이고, 어렸을 때 기억으로 연줄에 먹이면 실이 튼튼해져서 연싸움하는 데에 아주 좋았습니다. 꿀을 딸 수 있는 곳은 밀원(蜜源)이고, 꿀처럼 달콤한 이야기는 밀어(蜜語)입니다. 꿀같이 달콤한 달은 밀월(蜜月)인데 주로 결혼 직후의 시기를 가리키는 데에 쓰입니다. 영어로는 허니문(honeymoon)이라고 하죠. 이 단어를 볼 때마다 한쪽에서 받아들여 번역을 해서 생긴 단어일까 아니면 사람들이 생각하는 것이 비슷해 우연히 같아진 것일까 하는 의문을 떨칠 수 없습니다.

고교	획수	형자	새김	발음
蝶	15	枼	나비	접

접(蝶)은 나비입니다.『설문』에 올라 있는 자형은 '접(蜨)'이고 협접(蛺蝶)으로 나비를 가리킵니다. 서현(徐鉉, 916~991)의 주석을 보면 속간에서 접(蝶)으로 쓴다고 합니다. 나뭇잎[枼]처럼 편평한 벌레[虫]로 이해할 수 있습니다. 서현은 송나라 때 사람으로 단옥재보다 800년이나 전에『설문해자』에 주석을 단 사람입니다. 또『단주』에 보면 세속에서 호접(胡蝶)이라고 한다고 해, 협접(蛺蝶)은 글에서만 쓰거나 단옥재가 살았던 시기에는 사어가 된 것이 아닐까 하는 짐작을 해보게 됩니다. 언어든 문자든 늘 살아 있어 변합니다.

엽(枼)은 '얇은 나무패'로 이미 설명한 바가 있습니다. 여기서는 자소자로서 쓰이는 경우를 확인하겠습니다. 방금 배운 '나비' 접(蝶)이 있고, '잎' 엽(葉)에도 쓰입니다.

고교	획수	형자	새김	발음
螢	16	熒	반딧불이	형

형(螢)은 반딧불이입니다. 개똥벌레라고도 합니다. 이 글자와 관련해 가장 많이 쓰이는 성어는 형설지공(螢雪之功)이겠습니다. 반딧불·눈과 함께 하는 노력이라는 뜻으로, 고생을 하면서 부지런하고 꾸준하게 공부하는 자세를 이릅니다. 『진서(晉書)』의 〈차윤전(車胤傳)〉·〈손강전(孫康傳)〉에 나오는 말로, 진나라 차윤(車胤)이 반딧불을 모아 그 불빛으로 글을 읽고, 손강(孫康)이 가난하여 겨울밤에는 눈빛에 비추어 글을 읽었다는 고사에서 나온 것으로 되어 있습니다.

형(熒)은 등불입니다. 그러니 등불[熒] 역할을 하거나 등불처럼 밝거나 그것도 아니면 등불처럼 빛나는 벌레[虫]가 반딧불이[螢]입니다. 『설문』에서는 "방안의 등이나 촛불의 빛"이라고 합니다. 현재 촛불로 쓰고 있지만, 사실 초는 당나라 이후에 나온 것으로 알려져 고문헌에 나오는 초[燭]는 조그만 횃불일 것으로 추정합니다.

R143

피 혈(血) 부

갑골	금문	전문	해서

혈(血)은 피입니다. 이 글자는 피가 그릇[皿]에 떨어지는 모양을 본뜬 상형자입니다. 본래 제사에 바칠 희생의 피를 뜻했습니다만, 후에는 사람이나 동물의 피 모두를 가리키게 되었습니다.

『설문』입니다. "혈(血)은 제사 때에 신에게 바치는 가축의 피이다. 기물[皿, '그릇']에서 뜻을 취했으며, 가로획[一]은 피의 모양을 본뜬 것이다." 현재 자형에서는 알아볼 수가 없게 되었지만 갑골문에는 가운데 방울 모양이 있어 피가 그릇 가운데 담겨 있음을 나타냅니다. 피나 혈액, 혈류를 뜻합니다. '피로 물들이다'라는 뜻에서 '더럽히다'라는 의미도 갖습니다. 인신되어 살해하거나 다치게 하는 것도 가리킵니다.

중학	획수	회자	새김	발음
血	6	圓點 皿	피	혈

핏줄에 의해 연결된 인연은 혈연(血緣), 혈판(血判)을 찍어 굳게 맹세하는 것은 혈맹(血盟)입니다. 혈판은 손가락을 잘라 그 피로 손도장을 찍는 것입니다. 혈기지용(血氣之勇)은 혈기에 찬 기운으로 불끈 일어나는 용맹을 말하고, 혈류성하(血流成河)는 피가 흘러 내를 이룬다는 뜻으로, 사상자가 많은 것입니다.

중학	획수	회자	새김	발음
衆	12	血 仈	무리	중

중(衆)은 무리입니다. 그래서 중생(衆生)은 많은 사람입니다. 불교에서 중생은 살아 있는 모든 무리를 뜻합니다. 『설문』에 실려 있는 자형은 '眾'로 보면 알 수 있는 것처럼 아래에 '사람' 인(人)이 세 개나 모여 있습니다. "중(眾)은 많은 것이다. '무리' 중(乑)과 목(目)에서 뜻을 취해 많다는 뜻이다"라고 설명합니다.

중(仈)도 무리를 나타냅니다. '무리/나란히 설' 중/음(乑)의 본자라고 하는데 여러 사람이 서 있는 모양을 본뜬 글자입니다. 중(乑)은 자칫 '돼지' 시(豕)와 혼동하기 쉬운데 우선 획수가 하나 적습니다.

중과(衆寡)는 수효가 많고 적은 것을 나타냅니다. 중구(衆口)는 여러 사람의 입으로 뭇입이고, 중목(衆目)은 여러 사람의 눈입니다. 중과부적(衆寡不敵)은 많은 수효와 적은 수효는 적이 될 수 없다는 뜻으로, 적은 수로 많은 수를 대적하지 못하는 것을 이릅니다. 중구난방(衆口難防)은 여러 사람의 말은 막기가 어렵다는 뜻으로 여럿이 마구 지껄임을 이릅니다. 중구동성(衆口同聲)은 여러 사람이 같은 소리를 낸다는 뜻으로 여러 사람의 말이 한결같음을 이릅니다. 우리는 이구동성(異口同聲)을 쓰는데, 중국에서는 두 개의 성어를 모두 씁니다.

R144

다닐 행(行) 부

갑골	금문	전문	해서
沿	沿	沿	行

행(行)은 본래 네거리를 본떠 만든 글자로 상형자인데, 지금 자형에서는 그 모습을 알아보기가 어렵습니다. 『설문』에서는 "행(行)은 가는 것[步趨]이다. '조금 걸을' 척(彳)에서 뜻을 취하고, '외발로 걸을' 촉(亍)에서 뜻을 취한다(회의)"라고 하고 『단주』에서는 "보(步)는 가는 것이다. 추(趨)는 달리는 것이다. 둘 중 하나는 느리고 하나는 빠른 것으로 모두 가는 것을 말하며, 아울러 말한 것이다"라고 합니다.

허신은 회의자로 취급하고 있는데, 고문 분석에서 네거리를 가리키는 것이라는 설명이 정설처럼 받아들여지고 있습니다. 네거리에서 길을 뜻하게 되고, 인신되어 형제자매의 순서를 가리키며, 직업을 나타내기도 합니다. '다닐' 행과 '항렬' 항으로 서로 다른 발음이 있습니다. 현대 중국 자전에서는 이 부수는 폐지하고 척(彳)에 통합하고 있습니다.

格物 087. 이동표현: 쇠, 치, 척, 지, 소, 천, 행, 착, 주, 족

부수자 가운데에 이동을 나타내는 부수자가 여럿입니다. 여기에 한 번 모아서 설명을 하도록 합니다.

쇠(夊)는 '천천히 걸을' 쇠로 새깁니다만, 질질 끌며 간다는 뜻입니다. 자연 천천히 가게 됩니다.

치(夂)는 '뒤져올' 치입니다. 쇠(夊)와 자형이 아주 흡사한데, 마지막 획인 파임이 왼쪽 위를 뚫고 나간 것과 맞닿은 것의 차이입니다.

척(彳)을 『설문』에서는 "척(彳)은 소보이다[小步也]. 사람의 넓적다리와 아랫다리, 그리고 발이 서로 이어진 모양을 본뜬 것이다"라고 합니다. 여기서 문제는 소보야(小步也)의 해석입니다. 우리나라와 일본의 자전에서는 약속이나 한 듯 '조금 걷는 것'으로 새기고 있습니다. 걷는 거리나 시간이 짧은 것을 나타내는 설명입니다. 여기에 반해서 중국 문헌에서는 보폭이 작은 것으로, 즉 발걸음의 폭이 작은 것으로 설명합니다. 바른걸음이 아닌 반걸음이겠습니다. 보폭이 작은 것이니 잰걸음이 될 수도 있는데, 잰걸음은 보폭은 짧지만 빨리 걷는 것입니다. 군대의 행군 시 "반걸음으로~갓(가)!"하는 구령을 떠올리게 됩니다. 왼발 걸음을 척(彳), 오른발 걸음을 촉(亍)이라고 하며, 이 둘을 합쳐 행(行)이라는 설명도 있습니다. 갑골문 연구에서는 옛날에 행(行) 자는 왼쪽, 오른쪽 중 하나만 쓰거나 다 쓰기도 한 글자라고 합니다. 그런데 글자를 옮겨 쓰면서 원래의 모양을 잃게 되어, 허신이 이것을 두 글자로 잘못 알아 빚어진 일이라는 주장을 내놓고도 있습니다. 그래서 행(行)의 왼쪽 반으로 넓은 길 즉, 가도(街道)를 본뜻으로 봅니다. 결과적으로는 두 가지 뜻을 모두 나타내게 되었습니다. 부수자는 아닙니다만 촉(亍)은 부수자인 행(行)과 자형이나 의미상 깊은 관계가 있어 함께 다룹니다. 촉(亍)은 걸음을 멈추는 것으로 '조금 걸을' 척(彳)을 뒤집은 것에서 뜻을 취한다고 합니다.

지(止)는 『설문』에서 "지(止)는 아래의 기초이다. 초목이 자라나는 데에 뿌리나 줄기 같은 기초가 있는 것을 본떠, 지(止)를 써서 발[足]로 나타낸 것이다"라고 합니다. 고문 분석에서는 왼쪽 발바닥의 윤곽을 그린 것으로 발을 본뜻으로 봅니다. 출발점은 다르지만, 발로 보는 것은 마찬가지입니다.

소(疋)는 다리입니다. 『설문』입니다. "소(疋)는 다리이다. 위는 장딴지를 본뜨고, 아래는 지(止)에서 뜻을 취했다. 『관자(管子)』〈제자직(弟子職)〉에 '발은 어디에 두어야 합니까?'라는 말이 나온다. 고문 『시경(詩經)』〈대아(大雅)〉에서는 아(雅) 자 대신 쓰고 있다[大疋]. 족(足) 대신 소(疋)를 쓰기도 한다. 혹은 서(胥) 자라고도 한다. 달리, 소(疋)는 소기(疏記)라고도 한다." 소(疋)는 '짝' 필(匹)의 뜻으로도 씁니다. 이것은 자형이 비슷해 잘못 쓴 것이라고 하는데, 오래 써왔기 때문에 그런 뜻을 갖게 되었습니다.

천(舛)을 『설문』에서는 "마주 누운 것이다. '천천히 걸을' 쇠(夊)와 '성큼 걸을' 과(㐄)가 서로 등지는 것에서 뜻을 취했다[회의]"라고 합니다. 금문 분석에서는 발끝이 반대 방향을 향하고 있는 두 발을 그리고 있는 모양에서 두 사람이 마주 대하거나, 함께 누운 것을 나타내는 것으로 추정합니다.

행(行)은 부수자 설명으로 대신합니다.

착(辶, 辵)은 쉬엄쉬엄 가는 것입니다. 『설문』에서는 "착(辵)은 잠깐 가다가 잠깐 쉬는 것이다. 척(彳)에서 뜻을 취하고, 지(止)에서 뜻을 취했다"라고 합니다. 갑골문에는 큰 길을 나타내는 행(行) 가운데, 간다는 뜻을 나타내는 지(止)가 있어 쉬엄쉬엄 가는 것이 아니라 가는 것을 본뜻으로 추정합니다. '가다'와 '빨리 가다'라는 뜻을 나타내는데 『설문』의 해석으로 '쉬엄쉬엄 가는 것'도 가리키게 되었습니다.

주(走)는 달리는 것이니 위에 나온 글자들과는 뜻이 구별됩니다만, 모두 발과 관련된 움직임이라는 차원에서 함께 설명합니다. 『설문』입니다. "주(走)는 달리는 것이다. 요(夭)와 지(止)에서 뜻을 취했다. 요지(夭止)는 (빨리 달리기 때문에) 다리가 구부러진다는 뜻이다"라고 합니다. 주석에 "천천히 가는 것을 보(步)라 하고, 달려가는 것을 추(趨)라 하며, 아주 빨리 달리는 것을 주(走)라 한다"라고 설명합니다. '달리다, 나아가다'에서 인신하여 '떠나다, 유행하다, 퍼지다'의 뜻을 나타냅니다. 현대 중국어에서는 달리는 것이 아니고 그냥 걸어가는 것을 나타냅니다.

족(足)입니다. 사람의 발입니다. 『설문』에서는 "사람의 발이다. 아래에 있다"라고 합니다. 서개(徐鍇)는 '口'는 넓적다리와 팔을 그린 것이라는 주석을 달고 있습니다. 다른 글자와 결합해 인체의 부위를 나타내기도 하고, 움직임과 관련된 뜻을 나타내기도 합니다.

중학	획수	형자	새김	발음
街	12	圭	거리	가

가(街)는 거리입니다. 사통팔달하는 큰길입니다. 가도(街道)는 큰 길거리입니다. 가도라면 떠오르는 것이 '아피아 가도(Apian way)'이겠습니다. 로마에서 동남쪽의 브린디시(Brindisi)를 잇는 길로 기원전 3세기 완성을 보았습니다. '아피아'라는 이름이 붙게 된 것은 이 도로 건설의 책임을 맡았던 아피우스(Appius Claudius Caecus, ca. BC 340~273)의 이름을 딴 것입니다. 군부대와 물자 수송을 위한 군사용 도로인데 "모든 길은 로마로 통한다[All roads lead to Rome]"는 말이 이 길 때문에 나온 것으로 알려져 있습니다. 워낙 오랫동안 소통의 중심으로 역할을 해온 까닭에 서양 문학이나 예술 작품에도 종종 등장합니다.

시가지의 넓은 도로는 가로(街路)입니다. 달리, 규칙으로 정해진 것은 아니겠지만, 보통 가(街)와 로(路)는 90도로 교차하는 큰길입니다. 영어의 경우에도 마찬가지여서 'avenue'와 'street'는 90도로 교차하는 큰길입니다. 큰 길거리나 도시와 도시를 잇는 큰길은 가도(街道)라 합니다. 길거리에서 하는 말들 즉, 세상의 평판은 가설(街說)입니다.

우연의 일치겠지만 같은 시기 동양에서는 진시황도 만리장성의 축조와 전국 도로의 확장 등 대규모 토목 사업을 일으켰습니다. 동서양의 역사를 살펴보면 이뿐만 아니라 비슷한 시기에 비슷한 일들이 벌어지는 경우가 많습니다. 일상의 필요나 인지의 발달이 비슷한 것이 아닐까 하는 생각을 갖게 합니다.

자소자 규(圭)는 홀을 나타냅니다. 신표의 하나인 옥입니다. 규(圭)가 자소자로 쓰이는 글자들을 살펴보겠습니다. 사람[人]에 붙어 '아름다울' 가(佳), 다니는[行] 통로는 '거리' 가(街), 나무[木]로는 '계수나무' 계(桂), 손[寸]으로 주니 '봉할' 봉(封)입니다.

중학	획수	회자	새김	발음
行	6	彳 亍	다닐	행

부수자입니다. 어떤 목적을 가지고 여기저기 돌아다니는 것은 행각(行脚)이라고 하는데, 문맥에 따라 부정적으로 쓰이는 경우도 있습니다. 몸을 움직여 동작을 하거나 어떤 일을 하는 것은 행동(行動)입니다. 대문간에 붙어 있는 방은 행랑(行廊)이라고 하는데, 주로 하인들이 거처하던 곳입니다. 길을 가는 것은 행로(行路)입니다. 항오출신(行伍出身)은 미천한 병졸에서 출세하여 벼슬에 오르는 것을 말합니다. 여기서 항오(行伍)는 군대를 편성한 대오를 말합니다. 다섯 명이 오(伍)이고, 다시 오(伍)가 다섯 개 모여 항(行)이 됩니다. 여기서 항오는 사병을 뜻하게 되었습니다. 그러니까 사병에서 출발하여 큰 벼슬에 올랐다는 뜻입니다. 행시주육(行尸走肉)은 '살아 있는 송장이요 걸어 다니는 고깃덩어리'라는 뜻으로, 배운 것이 없어서 아무 쓸모가 없는 사람을 이르는 말입니다. 행유여력(行有餘力)은 일을 다 하고도 오히려 힘이 남아 있음을 말합니다. 행원자이(行遠自邇)는 먼 길을 가려면 가까운 데에서부터 발걸음을 떼야 한다는 뜻으로, 배우거나 일을 처리하는 데에 순서를 밟아 차츰차츰 해나가야 함을 일깨워주는 말입니다. 행운유수(行雲流水)는 떠가는 구름과 흐르는 물을 아울러 이르는데, 일의 처리가 자연스럽고 거침없음을 말합니다.

格物 088. 오행

여기서 잠깐 오행(五行)과 연결되는 내용을 도표로 간단히 설명하고자 합니다. 문학이나 역사를 이해하는 데에 필요하다 여기기 때문입니다.

오행	목(木)	화(火)	토(土)	금(金)	수(水)
천간	갑을(甲乙)	병정(丙丁)	무기(戊己)	경신(庚申)	임계(壬癸)
방위	동	남	중앙	서	북
계절	봄	여름		가을	겨울
색깔	청(靑)	적(赤)	황(黃)	백(白)	흑(黑)
맛	신맛	쓴맛	단맛	매운맛	짠맛
기관	눈	혀	입	코	귀
장기	간(肝)	심(心)	비(脾)	폐(肺)	신(腎)
동물	청룡(靑龍)	주작(朱雀)		백호(白虎)	현무(玄武)

중앙은 황제가 거처하는 곳으로 색은 노랑입니다. 천자의 예복이 노란색인 것은 이런 의미를 담고 있습니다. 그리고 천자는 앉을 때에 항상 북쪽에 자리해 남쪽을 바라봅니다[남면(南面)]. '좌청룡, 우백호'라는 말은 바로 그런 방위 기준에서 본 것입니다. 즉, 남쪽을 향해 섰을 때 왼쪽이 동쪽으로 좌측으로 좌청룡이며, 오른쪽은 서쪽으로 우백호가 됩니다. 다섯 가지 방위의 색을 나타내기 때문에 오방색(五方色)이라고 합니다. 오방색 가운데 적(赤)과 황(黃)은 불꽃[火炎]에서 직접 볼 수 있는 색이고, 백(白)과 흑(黑)도 연소 과정에서 나오는 재나 숯에서 쉽게 만나는 색입니다. 단 하나 청(靑)만 불과 직접적인 연관성을 찾아보기 어려운데, 어쨌든 오방색은 모두 한자의 부수이기도 합니다.

오행은 색깔뿐만 아니라, 우리의 신체, 맛, 방위 등등과도 관련이 있습니다. 표에 관련 내용을 간단히 요약해놓았으니 참고하기 바랍니다.

고교	획수	형자	새김	발음
術	11	朮	재주	술

術(術)은 재주를 나타냅니다만, 본뜻은 '도읍에 난 길'이라고 합니다. 인신되어 '기술, 책략, 방법' 등의 뜻을 갖게 되었습니다.

출(朮)은 차조, 즉 찰기가 있는 조입니다. 차조라면 풀인데 왜 '나무' 목(木) 부수에 들어있는지 궁금한데,『설문』에서는 '벼' 화(禾) 부수에 넣고 있습니다. 아마도『강희자전』을 만들 때 자형의 유사성에 중점을 두어 목(木) 부에 속하게 된 것이 아닐까 합니다. '재주' 술(術)과 '지을' 술(述)에 쓰이고 있습니다.

술수(術數)나 술책(術策)은 어떤 일을 꾸미는 꾀나 방법을 나타내는 점에서 쓰임이 비슷한데 부정적인 색채를 띱니다.

고교	획수	형자	회자	새김	발음
衛	15	韋	韋形	지킬	위

위(衛)는 지키는 것입니다.『설문』입니다. 자형은 조금 다릅니다. "위(衛)는 궁중에서 숙직을 하며 경비를 하는 사람이다. 위(韋)와 '두를' 잡(帀)에서 뜻을 취하고 행(行)에서 뜻을 취한다[회의]. 행(行)은 줄을 이루어 호위한다는 뜻이다." 고문 분석에서는『설문』에서 설명하는 잡(帀)은 '돌다'라는 뜻이 아니고, '창' 즉, 극(戟)을 든 사람의 모양을 나타내던 것이 잘못 바뀐 것이라고 합니다. 그래서 '지키다, 수비하다'가 본뜻이라고 합니다. 자형을 어떻게 파악했든 나타내는 의미는 대동소이합니다.

위(韋)는 다룸가죽입니다. 가죽과 관련된 부수자는 피(皮), 혁(革), 위(韋)가 있는데 가공도가 다르다고 설명한 바 있습니다. 부수자이니 자세한 내용은 해당란을 살펴보고, 여기서는 자소자로 쓰인 글자들을 확인해보겠습니다. '사람[人]이 붙어 '위대할' 위(偉), 대한민국의 '나라' 한(韓), '에울' 위(囗) 안의 '에워쌀' 위(圍), 실[糸]과 만나 '씨줄' 위(緯), 큰 길[行]에서 '지킬' 위(衛), 머뭇거리며[辶] '어길' 위(違)입니다.

건강에 유익하도록 그래서 지킬 수 있도록 하는 것이 위생(衛生)이고, 행성의 주위를 도는 천체는 위성(衛星)입니다. 지구의 위성은 달입니다.

고교	획수	형자	회자	새김	발음
衝	15	重	行重	찌를	충

충(衝)의『설문』자형은 '衝'입니다. "충(衝), 사통팔달하는 도로이다. 행(行)에서 뜻

을 취하고, '아이' 동(童)이 소리를 나타낸다.『춘추전』에 네거리에 나아가 자남(子南)이 창으로 그[子晳(자석)]를 공격했다고 한다." 인신하여 '올라가다'라는 뜻과 '맹렬하게 치는 것, 찌르는 것'을 나타냅니다.

급히 가해지는 힘은 충격(衝擊)이고 서로 맞부딪치거나 맞서는 것은 충돌(衝突)입니다. 순간적으로 어떤 행동을 하고 싶은 욕구를 느끼게 하는 마음속의 자극은 충동(衝動)이고, 분하거나 의로운 기개, 기세 따위가 북받쳐 오르는 것은 충천(衝天)입니다.

고교	획수	형자	회자	새김	발음
衡	16	行	行角大	저울대/가로	형/횡

형(衡)입니다.『설문』에서는 "형(衡), 소가 잘 들이받는다. (그래서 받지 못하도록) 뿔에 큰 나무를 가로로 댄다"고 합니다. 들이받는 것을 막기 위해 뿔에 대는 나무입니다. 수레의 채 끝에 대는 가로대를 가리키기도 합니다. 채는 수레의 양옆에 댄 긴 나무입니다. 소나 말을 이 채 끝에 연결해 끌게 됩니다. 저울과 저울로 다는 것을 나타내고, 거기에서 '기울지 않고 평평하다'라는 뜻이 인신되어 나왔습니다. 계속 '바르다, 치우치지 않다'라는 뜻으로 확대되었습니다. 여기의 저울은 대저울로 대 위에 눈금이 새겨 있고, 추를 매달아 무게를 잽니다.

형도(衡度)는 저울과 자를 아울러 이르는 말이고, 형평(衡平)은 균형이 맞는 것입니다. 사회에서 늘 문제가 되는 것이 분배의 형평성입니다.

R145

옷 의(衣, 衤) 부

갑골	금문	전문	해서
𠔽	仚	仚	衣

'옷' **의(衣)**는 목 주변의 옷깃에 양쪽으로 소매가 달리고 그 끝에 단을 댄 윗옷을 본뜬 상형자입니다. 『설문』에서는 "옷[衣]은 (몸을) 맡기는 것이다. 윗옷은 의(衣)라 하고, 아래옷은 상(裳)이라 한다. 두 사람을 덮은 모양을 본떴다"라고 합니다. 옛날에는 이렇게 윗옷과 아래옷을 나누어 썼습니다만, 지금은 의(衣)가 옷 전체를 나타냅니다. 변에 쓰일 때는 '衤'의 형태가 되는데, 자칫 '보일' 시(示, 礻)와 착각하기 쉬우니 유의하기 바랍니다.

중학	획수	새김	발음
衣	6	옷	의

의관(衣冠)은 옷과 관입니다. 의상(衣裳)의 본뜻은 웃옷과 아래옷입니다만 지금은 그저 옷의 뜻으로 씁니다. 의향(衣香)은 옷의 향기를 가리키기도 하고 옷에 좀이 슬지 않도록 넣어 두는 향을 말하기도 합니다. 다른 사람들을 많이 만나는 사람들은 이런 데에도 신경을 써서 탈취제로 나쁜 냄새는 없애고, 방향제로 의향을 더하기도 합니다. 의가반낭(衣架飯囊)은 옷걸이와 밥주머니라는 말로 아무 쓸모가 없는 사람을 이릅니다. 밥벌레라는 뜻의 식충이(食蟲-)라는 말도 있는데 먹성이 좋은 먹보를 가리키기도 하지만 역시 일을 하지 않고 밥이나 축내는 사람을 빈정대어 이르는 말이기도 합니다. 기왕에 세상에 나와 살다가는 것이니 최소한 밥값은 하고 가야하지 않을까 합니다.

중학	획수	형자	회자	새김	발음
製	14	制	衣 制	지을	제

제(製)는 옷을 마르는 것입니다. 옷[衣]을 지으려면[制] 먼저 치수를 재고 거기에 맞춰 자릅니다. 그게 마르는 것입니다. 그렇게 말라서 나온 가죽옷이나 비옷을 가리키기도 합니다. '만들다'는 뜻으로도 쓰입니다.

자소자인 제(制)도 새김이 같습니다. 『설문』에는 '㓢'로 실려 있는데, 무성한 잎과 가지[未]를 칼[刀]로 다듬는 것이 본뜻이라고 합니다. 관습이나 도덕, 법률 따위의 규범이나 사회 구조의 체계는 제도(制度), 기계나 설비 또는 화학 반응 따위가 목적에 알맞은 작용을 하도록 조절하는 것은 제어(制御)입니다. 일반적인 쓰임상 제(制)는 추상적인 것을 만드는 것에, 제(製)는 구체적이거나 물리적인 것을 만드는 것에 씁니다.

도면이나 도안 등을 그려 만드는 것은 제도(製圖), 풀로 붙이거나 실로 꿰매어 책으로 만드는 것은 제본(製本), 원료에 인공을 가하여 정교한 제품을 만드는 것은 제조(製造), 만들어져 나온 물건은 제품(製品)입니다.

중학	획수	회자	새김	발음
表	8	衣 毛	겉	표

표(表)는 『설문』에 '털' 모(毛)가 '옷' 의(衣) 한가운데에 들어간 자형입니다. "표(裹)

는 윗옷이다. 의(衣)에서 뜻을 취하고 모(毛)에서 뜻을 취했다. 옛날에 갖옷을 입을 때에 털이 겉에 나오도록 했다"라고 합니다. 털이 겉에 나오는 것으로 겉을 나타내게 되었다는 설명입니다. 여기서 옷의 겉 부분이나 겉옷을 나타내게 됩니다. 인신되어 밖을 뜻하고, 사람의 외모도 나타냅니다.

안팎을 통틀어 이르면 표리(表裏), 적어 나타내는 것은 표기(表記), 사물의 가장 바깥쪽이나 가장 윗부분은 표면(表面)이고, 생각이나 느낌을 겉으로 드러내어 보여주는 것은 표현(表現)입니다. 표리부동(表裏不同)은 안팎이 다르다는 뜻으로 겉으로 드러나는 언행과 속으로 가지는 생각이 다른 것을 말합니다. 그와 반대되는 말이 표리여일(表裏如一)로 안팎이 하나같은 것으로 생각과 행동이 일치하는 것을 이릅니다.

증외	부수	획수	형자	새김	발음
哀	口	9	衣	슬플	애

애(哀)는 가련하게 여기는 것[閔]입니다. 『단주』에서는 "민(閔)은 조문하는 사람이 문(門)에 있는 것이다. 인신하여 애도하는 것은 모두 민(閔)이라 한다"라고 설명합니다.

애병필승(哀兵必勝)이라는 말이 있습니다. 『노자(老子)』에 나오는데 역량이 비슷한 군대가 싸울 때에는 슬프고 분한 쪽이 이긴다는 말입니다. 공부하는 사람은 늘 스스로를 억제하고 경계해 그럴 수 있도록 분발해야 합니다.

증외	부수	획수	형자	회자	새김	발음
依	人	8	衣	人衣	의지할	의

의(依) 자는 잘 알고 있으리라 믿습니다.

다른 사람에게 부탁하는 것은 의뢰(依賴)이고, 다른 것에 기대여 존재하는 것은 의존(依存)입니다. 전과 다름이 없는 것은 의연(依然)하다고 합니다. 야은(冶隱) 길재(吉再, 1353~1419)의 시조이죠. "산천은 의구(依舊)하되, 인걸(人傑)은 간 데 없네"에서 의구(依舊)는 옛날 그대로 변함이 없는 것을 말합니다. 의의석별(依依惜別)에서 의의(依依)는 서운한 것으로 의의석별은 헤어지기가 서운한 것입니다. 의의(依依)에는 풀이 무성하여 싱싱하게 푸르다는 뜻도 있습니다.

증외	부수	획수	회자	새김	발음
初	刀	7	衣 刀	처음	초

초(初)는 시작입니다. 앞에서 제(製)는 옷을 마르는 것이라고 했습니다. 그것은 만드는 차원에서 볼 때이고, 그것을 과정으로 보면 옷[衣]을 만들 때 옷감[衣]을 자르는 일[刀]이 가장 먼저 하는 일입니다. 의복을 마르기 시작하는 것입니다. 그래서 처음을 나타냅니다.

우리 속담에 "하룻강아지 범 무서운 줄 모른다"라고 하는데, 나관중(羅貫中)의 『삼국지연의(三國志演義)』에 같은 표현이 있습니다. "갓 태어난 송아지 범 무서운 줄 모른다[初生之犢不惧虎]." 하룻강아지에서 하룻의 어원은 하릅강아지로 한 살 된 강아지라는 뜻입니다. 그런데 이제는 난 지 얼마 되지 않은 하룻강아지가 되었습니다. 하릅은 말이나, 개 소 따위의 한 살을 이릅니다. 한습이라고도 합니다. 두 살은 두습 또는 이듭, 세 살은 사릅 혹은 세습, 네 살은 나릅, 다섯 살은 다습, 여섯 살은 여습, 일곱 살은 이릅입니다. 이것을 보면 '릅(롭)'이나 '습'은 접미사로서 (짐승의) 나이를 가리키는 듯한데, 사전에 올라 있지 않아 확인해볼 수는 없습니다.

고교	획수	새김	발음
衰	10	쇠할/상옷/도롱이	쇠/최/사

쇠(衰)를 『설문』에서는 "풀로 된 비옷이다. 진나라에서는 비(萆)라고 한다"라고 설명합니다. 즉, 도롱이입니다. 한자어로는 녹사의(綠蓑衣)인데, 고전 작품 속에 더러 등장하니 함께 기억해두어야 합니다. 도롱이는 마른 풀을 엮어 만들기 때문에 떨어져 나가기도 하고 약합니다. 그래서 '쇠퇴하는 것'을 나타냅니다.

쇠경(衰境)은 늙어버린 판 즉, 늙바탕을 말합니다. 힘이 점점 없어져 약한 것은 쇠약(衰弱), 힘이 점점 사라져 약해지는 것은 쇠잔(衰殘)입니다. 기세나 상태가 쇠하여 전보다 못하여 가는 것은 쇠퇴(衰退)입니다.

고교	획수	형자	새김	발음
補	12	甫	기울, 도울	보

보(補)는 옷을 깁는 것입니다. 해진 곳이나 떨어진 곳을 기워서 옷을 완전한 상태로 만드는 것입니다. 그래서 수리해 완전하게 만들다, 보충하다는 뜻이 있습니다.

보(甫)도 구면이라서 익숙하리라 믿습니다. '클' 보, '남자의 미칭' 보입니다. 자소로 쓰인 글자들을 살펴보겠습니다. '잡을' 포, '개' 포, '도울' 보가 있습니다. 보(甫)에 부수를 붙여봅니다. 돕거나 잡으려면 손[手]이 있어야 합니다. 개는 강이나 내에 짠물이 들어오는 곳이니 물[水]과 관련됩니다. 이 정도면 훌륭합니다. 단 하나, 돕는 경우 '옷을 깁다'에서 온 '돕다'가 있습니다. 의(衣)를 붙이면 석 자 끝! '잡을' 포(捕), '개' 포(浦), '기울' 보(補).

보결(補缺)은 빈자리를 메우는 것입니다. 보조(補助)는 보태어 도와주는 것이고, 보좌(輔佐)는 아랫사람이 윗사람의 일을 도와주는 것을 말합니다. 어떤 직무의 담당을 명하거나 또는 그 직책은 보직(補職)이라고 합니다. 보혈(補血)은 약을 먹어 조혈 작용을 돕는 일입니다. 망양보뢰(亡羊補牢)는 "양을 잃고 우리를 고친다"라는 뜻으로 본래는 그때에라도 손을 봐서 고치면 나중에 도움이 된다는 뜻입니다. 하지만 지금은 "소 잃고 외양간 고친다"라는 우리 속담과 내용이 똑같습니다.

고교	획수	형자	새김	발음
裝	13	壯	꾸밀	장

장(裝)은 꾸미는 것입니다. 『설문』에서는 "장(裝)은 싸는 것이다"라고 합니다. 싸는 것에서 입는 것을 가리키고, '입다'라는 뜻도 나타냅니다. 거기에서 인신되어 '꾸미다'라는 뜻을 갖고 한걸음 더 나아가 '분장하다, 역할을 맡다'라는 의미도 갖게 됩니다.

갖추어 차리거나 또는 그 장치와 설비는 장비(裝備), 옷이나 장신구로 치장하는 것은 장식(裝飾), 분장(扮裝)은 어떤 역할에 맞게 배우를 꾸미는 것입니다.

고교	획수	형자	새김	발음
裳	14	尙	치마	상

상(裳)은 부수 설명에서 알 수 있는 것처럼 아래옷을 가리킵니다. 아래옷이 『설문』의 설명입니다. '치마' 상으로 새기기도 합니다. 본래는 상(常)과 한 글자였다고 합니다. 『설문』에서는 "상(常)은 아랫도리의 치마[下裙]이다"라고 설명합니다. 더 확장되어 옷의 뜻으로 쓰이는데 낱자로 쓰이지는 않고 의상(衣裳)처럼 다른 글자와 결합해 단어를 이룹니다.

녹의홍상(綠衣紅裳)은 '연두저고리에 다홍치마'라는 뜻인데, 곱게 차려 입은 젊은 여자의 옷차림을 나타냅니다. 현상호의(玄裳縞衣)는 '검은 치마에 흰 저고리'라는 뜻인데 두루미 즉, 학을 비유적으로 이르는 말입니다.

고교	획수	형자	새김	발음
襲	22	龖	엄습할	습

습(襲)은 우선 획수가 많아 거부감이 없지 않습니다. 하지만 '용' 룡(龍) 밑에 '옷' 의(衣)로 일단 기억합니다. 『설문』에서는 "습(襲)은 (죽은 사람이 입는) 옷깃이 섶을 왼쪽으로 여미게 된[左衽] 내의이다"라고 합니다. 좌임(左衽)은 옷을 여미는 방식에 대한 말입니다. 윗옷을 입을 때 보통 왼섶이 오른섶을 덮고 그 위에 고름을 맵니다. 그런데 거꾸로 오른섶이 왼섶으로 오게 여미는 것이 좌임(左衽)입니다. 우임(右衽)이 우리는 물론 중국의 방식이기도 한데, 중국 사람들은 다른 민족들이 거꾸로 매는 것을 보면 자기들과 다르다고 생각한 것이 아니고 이상하다 못해 야만적인 것으로 여겼습니다. 주석을 보면 죽은 사람의 경우 산 사람과 방향을 거꾸로 하고, 끈을 묶지 않는다고 설명하고 있습니다.

답/습(龖)에는 용 두 마리가 버티고 있는데, '나는 용' 답, 습/ '두려워할' 답, 습입니다. 어쩌면 평생 만나지 않을 글자가 아닐까 합니다.

상대편을 갑자기 치는 것은 습격(襲擊)이고, 비행기로 공중에서 습격하는 것은 공습(攻襲)입니다.

고교	획수	형자	회자	새김	발음
被	10	皮	衣皮	입을	피

피(被)는『설문』에서 "이불이다. 길이는 몸의 한 배 반이다"라고 합니다. 옛날에 작은 이불은 피(彼), 큰 이불은 금(衾)이라고 했습니다. 여기에서 표면을 가리키고 '덮다'라는 뜻을 갖게 되었습니다. 인신하여 '받다, 당하다, 입다' 등의 의미도 나타냅니다. '받다'라는 뜻은 현대 문법 용어로 표시하면 수동을 나타내는 것입니다.

자소자인 피(皮)는 가죽인데, 털이 그대로 붙어 있는 것을 가리킵니다. 여기서는 발음을 나타냅니다.

조물주에 의해 만들어진 것이 피조물(被造物)입니다. 해를 입은 사람은 피해자(被害者), 의심을 받은 사람은 피의자(被疑者), 소송을 당한 사람은 피고(被告)입니다. 피일시차일시(彼一時此一時)는 차일시피일시(此一時彼一時)로도 쓰는데, '그때는 그때이고 지금은 지금이다'라는 뜻입니다. 이때 한 일과 저때 한 일이 서로 사정이 다름을 이릅니다.

고교	획수	형자	회자	새김	발음
裂	12	列	列衣	찢어질	렬

렬(裂)은 자투리로 자로 재어 팔거나 재단하다가 남은 천의 조각을 가리킵니다. 인신하여 '마르다, 나누다, 찢다' 등의 뜻을 갖습니다.

갈래갈래 찢어지는 것은 결렬(決裂), 찢어져 나뉘는 것은 분열(分裂)입니다. 완두나 나팔꽃처럼 익으면 껍질이 저절로 벌어져 씨를 뿌리는 열매는 열과(裂果)입니다.

자소자는 '벌릴' 렬(列)입니다. 옷[衣]을 벌리는 것[列], 즉 찢어지는 것으로 기억해도 됩니다.

고교	획수	형자	회자	새김	발음
裁	12	㦢	㦢衣	옷 마를	재

재(裁)는 옷을 마르는 것입니다. 『설문』에서는 "옷을 만드는 것이다. 의(衣)에서 뜻을 취하고, '다칠' 재(𢦏)가 소리를 나타낸다"라고 합니다. 재(𢦏)는 발음뿐만 아니라, 칼이나 가위로 자른다는 의미도 나타냅니다. 옷을 말라 만드는 것에서 '만들다'라는 뜻이 나오고, '재다, 판단하다'라는 의미도 갖게 됩니다.

재(𢦏, 𢦏, 𢦏)는 '다치다, 해를 입다'라는 뜻을 나타냅니다. 두 번째 자형은 왼쪽 위에 '재주' 재(才)를 씁니다. 세 가지 자형이 특별한 구별 없이 쓰이는데 『설문』에 올라 있는 것은 '재주' 재(才)를 쓴 자형 '𢦏'입니다. 다른 글자와 결합할 때에는 '𢦏'를 많이 쓰이는 듯합니다. '어조사' 재(哉), '심을' 재(栽), '마를' 재(裁), '실을' 재(載)에 쓰이고 있습니다.

치수에 맞게 자르는 것이 재단(裁斷)이고, 자기의 생각과 판단에 따라 일을 처리하는 것은 재량(裁量)이며, 옳고 그름을 따져 판단하는 것은 재판(裁判)입니다.

고교	획수	형자	회자	새김	발음
裕	12	谷	衣 谷	넉넉할	유

유(裕)는 입을 것이 풍부하고 남아도는 것입니다. 골짜기[谷]를 채울 수 있을 정도로 옷[衣]이 많은 것으로 기억하면 됩니다. 여기에서 '풍요롭다, 풍족하다'라는 뜻을 갖게 됩니다. '키우다, 확대하다'라는 의미도 있습니다.

복이 있는 것은 유복(有福)이고, 살림이 넉넉한 것은 유복(裕福)입니다. 형편 따위가 넉넉한 것은 유족(裕足)한 것입니다.

고교	획수	형자	회자	새김	발음
裏	13	里	衣 里	속	리

리(裏)는 '속'이나 '안'의 뜻입니다. 『설문』에서는 "의복의 안에 있는 것이다"라고 합니다. 그래서 내의나 옷의 안감을 가리킵니다. 안이라는 뜻도 있습니다. 안은 물건의 안쪽은 물론 어떤 범위 안에 속하는 것도 나타냅니다.

보이지 않는, 드러나지 않는 면이 이면(裏面)입니다. 안과 밖은 표리(表裏)인데, 사람은 안팎이 같아야 합니다.

고교	획수	형자	회자	새김	발음
複	14	复	衣复	겹칠	복

복(複)의『설문』설명입니다. "옷을 끼어 입는 것이다. 의(衣)에서 뜻을 취하고 복(复)은 소리를 나타낸다. 달리, 겹친 안에 입는 면으로 된 옷이라고도 한다." 겹쳐 입는 것이나 겹쳐 입는 옷을 가리킵니다. 겹옷을 뜻하기도 합니다.

복(复)은 전에 왔던 길을 다시 가는 것입니다. 돌아가는 것입니다. 자소자로 복습하겠습니다. '돌아올' 복, '배' 복, '겹칠' 복은 각각 어떤 부수자를 붙여야 합니까? 오가는 것이니 척(彳)이나 착(辶), 배는 살에 속하니 육(肉), 방금 배운 것처럼 겹치는 것은 옷의 문제이니 의(衣)을 붙이면 됩니다. 척(彳)일지 착(辶)일지 아리송한데, 한 번 머릿속에서 글자를 결합시켜봅니다. 척(彳)을 붙이면 어디선가 본 듯한 글자인데 착(辶)을 붙이면 낯섭니다. '회복할' 복(復), '배' 복(腹), '겹칠' 복(複)입니다. 만사 OK!

원본을 베끼거나 복사기로 복제하는 것이 복사(複寫)이고, 여러 가지가 얽혀 있는 것은 복잡(複雜)한 것입니다.

고외	부수	획수	회자	새김	발음
奪	大	14	衣雀寸	빼앗을	탈

탈(奪) 자를『설문』에서는 "손에 쥐고 있던 새를 잃어버리는 것이다"라고 설명합니다. "손에 쥐고 있던 새를 놓치는 것"이 아닐까 합니다.『단주』에서는 "탈(奪)은 인신되어 물건을 잃어버리는 것을 이른다. 수중에 있던 물건을 잃어버렸을 때에는 당연히 이 글자를 써야 한다. 지금 이 글자를 그런 뜻으로 쓰고 있다. 그런데 탈(奪)을 다투어 빼앗는 뜻의 글자[敓, '뺏을' 탈]로 쓴 지가 오래되었다"라고 합니다.『설문』에서는 '날갯질할' 순(萑)이 별도의 부수자입니다. 새[隹]가 날개를 크게[大] 펼치거나 날갯짓을 하는 것입니다. 이 부수에는 '빼앗을' 탈(奪)과 '떨칠' 분(奮) 두 자만 들어 있습니다. 분(奮)은 새[隹]가 밭[田]에서 날개를 크게[大] 펼치는 것으로 훨훨 나는 것이 본뜻인데, 거기에서

'떨치다'라는 뜻이 나올 수 있으리라는 것은 쉽게 짐작할 수 있습니다. 고문 분석의 결과는 다릅니다. 더 자세한 내용은 해당 부수란을 참고하기 바랍니다.

환골탈태(換骨奪胎)는 뼈대를 바꾸어 끼고 태를 바꾸어 쓴다는 뜻입니다. 사람이 보다 나은 방향으로 변하여 전혀 딴사람처럼 되는 것을 가리킵니다. 배운다는 것은 우리가 어느 날 문득 환골탈태하여, 우리 삶의 목표를 소아를 버리고 대아를 위해, 나를 버리고 우리를 위해 사는 것으로 설정하는 것일지도 모르겠습니다.

R146

덮을 아(襾, 覀) 부

갑골	금문	전문	해서
		襾	襾

'덮을' 아(襾)입니다. 『설문』에는 "아(襾)는 덮는 것이다. 경(冂)에서 뜻을 취하며, 위 [冂], 아래[凵]로 서로 덮는 것이다"라고 하고, 고문 분석에서는 술 찌기를 베 보자기로 싼 뒤 술 단지에 넣고 단단히 막아둔 모양을 나타낸 것이라고 합니다. 그래서 본뜻을 '덮다, 싸다'로 추정합니다. 낱자로는 쓰이지 않으며, 다른 글자의 윗부분에 쓰여 글자를 만들어냅니다.

중학	획수	새김	발음
西	6	서녘	서

서(西)는 『설문』에서 "새가 둥지 위에 있는 것이다. 상형이다. 해가 서쪽에 있으면 새

가 (둥지에) 깃들기 때문에, 동서(東西)의 서를 나타낸다"라고 합니다. 동서(東西)의 서 (西) 자처럼 없는 글자를 소리를 바탕으로 다른 글자를 이용해 나타내는 것을 가차(假 借)라고 합니다. 고문 분석에서는 나무나 대나무로 짠 바구니 같은 물건을 나타내는 것 이라고 합니다. 그런데 자형이 비슷한 글자로 와전되어 서쪽을 나타내게 된 것으로 분 석합니다. 중국어에서 동서(東西)에는 두 가지 의미가 있습니다. 글자는 같고 성조만 다 른데, 하나는 우리와 같이 방향을 나타내는 것이고 또 하나는 물건이라는 뜻입니다.

무반(武班)을 달리 서반(西班)이라고 합니다. 궁중의 조회 때에 문관은 동쪽에, 무관 은 서쪽에 벌려 선 데서 나온 말입니다. 문반은 당연히 동반이고, 동반과 서반을 아울러 서 양반(兩班)입니다. 역사상 서역(西域)은 중국의 서쪽에 있던 여러 나라를 이르는데 범위는 시대에 따라 변했습니다. 넓게는 중앙아시아와 서아시아에 인도까지 포함하는 데 문화와 물자의 교역로 상에 자리해 요충지였습니다. 서천(西天)은 서쪽 하늘입니다.

중학	획수	회자	새김	발음
要	9	襾 女	요긴할	요

요(要)의 본뜻은 허리입니다. 설문에서 "요(要)는 신체의 가운데이다. 양손을 허리에 댄 모양을 본떴다"라고 합니다. 이미 설명했던 것이 기억이 나지요. 영어의 'akimbo'가 여기에 딱 들어맞는 자세를 가리킨다고 했었습니다. '허리' 요(腰)의 본자로 봅니다. 인 신되어 '요구하다, 구하다, 중요하다' 등의 뜻을 갖습니다.

근본이 되는 중요한 강령은 요강(要綱), 상대에게 뭔가를 달라고 청하는 것은 요구(要 求), 꼭 필요하고 중요한 것은 요긴(要緊)한 것입니다. 가장 긴요하고 으뜸이 되는 골자 나 줄거리는 요령(要領)인데, 요령은 일을 하는 데 꼭 필요한 묘한 이치라는 뜻으로 많 이 씁니다. 군사적으로 중요한 곳에 튼튼하게 만들어 놓은 방어 시설은 요새(要塞)이고, 말이나 글의 요점을 잡아서 간추리는 것은 요약(要約)입니다.

고교	획수	형자	회자	새김	발음
覆	18	復	襾 復	엎어질/덮을	복/부

복(覆)은 엎어지는 것입니다. 달리, 덮는 것이라고도 합니다. '엎어질' 복, '덮을' 부로 발음이 달라지는 점에 유의해야 합니다.

하천을 덮는 것은 복개(覆蓋)입니다. 물에 밀려 논밭 따위에 덮여 쌓이거나 그렇게 쌓인 모래는 복사(覆沙, 覆砂)라고 합니다. 물을 엎지르거나 엎질러진 물은 복수(覆水)라고 합니다. 복철(覆轍)은 엎어진 수레바퀴라는 뜻으로 앞서 가던 사람이 실패한 자취를 이르는 말입니다. 복거지궤(覆車之軌)는 복철과 비슷한 의미로 엎어진 수레의 자국이라는 뜻입니다. 거기에서 실패에서 얻는 경험이나 교훈을 뜻하게 되었습니다. 복수난수(覆水難收)는 엎어진 물을 거두어들이기는 힘들다는 뜻으로 "엎질러진 물은 주워 담을 수 없다"라는 우리 속담과 같은 뜻을 나타냅니다.

고외	부수	획수	형자	회자	새김	발음
票	示	11	乏	而乏	표	표

표(票)는 불똥[熛]의 뜻입니다. 현재는 쪽지의 뜻으로 많이 쓰여, 차표, 비행기표 등의 증거가 될 만한 쪽지를 가리키기도 합니다. 자세한 내용은 해당 부수에서 꼭 확인하기 바랍니다.

R147

볼 견(見, [见]) 부

갑골	금문	전문	해서

   '볼' **견(見)**은 '나타날' 현으로도 새기는 다음자입니다. '눈' 목(目)과 아래에 '어진사람' 인(儿)이 결합된 회의자인데, 그렇게 보는 모습을 하나로 생각해 상형자로 취급하는 경우도 있습니다. 눈을 크게 뜬 채 정신을 집중하고 보는 모양입니다. 『단주』의 설명이 명쾌해 보입니다. 견(見)은 "보는 것[視]이다. 나누어 말하면 보아도[視] 보지[見] 못하고, 들어도[聽] 듣지[聞] 못하는 것이다. 아울러 말하면 시(視)와 견(見), 청(聽)과 문(聞)은 하나이다. 이(耳) 부에 청(聽)은 '들을' 령(聆)이라 하고, 문(聞)은 듣고 아는 것[知聲]이라고 한다. 이것은 나누어 말한 것이다. 목(目)과 인(儿)에서 뜻을 취한다는 것은 눈을 쓰는 사람이라는 것을 나타낸다. 회의이다."

   영어에서 말하는 'see, hear', 'watch, listen'의 차이입니다. 하나는 그저 우리의 눈에 비치고, 귀에 들어오는 것입니다. 그러나 우리의 의식이 거기에 집중하게 되면 지켜보게 되고, 경청하게 됩니다.

'보다'에서 '만나다, 접촉하다, 이해하다, 예상하다'라는 뜻으로 인신됩니다. 다음자라서 '보이다, 나타나다'의 뜻으로 쓰일 때에는 '현'으로 읽는다는 점에 유의해야 합니다. 중국에서는 간체자[见]를 쓰기 때문에 4획에 배치되어 있습니다.

중학	획수	형자	새김	발음
親	16	亲	친할	친

  친(親)은 아주 가까운 것입니다. 마음을 쓰는 것이나 뜻이 아주 간절한 것입니다. 『단주』를 보면 "부모가 뜻이 가장 간절하기 때문에 부모를 친(親)이라고 한다"라고 설명합니다. 부모를 뜻하고, 친밀한 사람, 혈연관계가 있는 사람을 가리킵니다. '가깝다, 총애하다, 접근하다'라는 의미도 있습니다.
  친(亲)은 개암이라고 합니다. 개암은 개암나무의 열매로 모양은 도토리 비슷하며 껍데기는 노르스름하고 속살은 젖빛입니다. 맛은 밤 맛과 비슷하나 물기가 더 많고 고소합니다.
  친견(親見), 친문(親問), 친문(親聞)에서 친(親)은 '친히(親-), 몸소'의 뜻으로 몸소 보고, 듣고, 묻는 것을 말합니다. 친밀하게 사귀거나 그런 교분은 친교(親交), 친기(親忌)는 부모의 제사입니다. 서로 친하여 화목한 것은 친목(親睦)이고, 부모님의 병환은 친환(親患)입니다. 친여수족(親如手足)은 친하기가 손·발과 같다는 뜻으로 친구 간에 아주 친한 것을 이릅니다. 친소귀천(親疏貴賤)은 관계가 가깝고 먼 것, 지위가 높고 낮은 것을 뜻하며, 지위가 같지 않은 사람들을 비유적으로 일컫는 데에 씁니다. 친통구쾌(親痛仇快)는 친한 사람의 마음은 아프게 하고, 적의 마음은 기쁘게 해준다는 뜻입니다. 동지가 아니면 적이라고 잘라 말하는 격이 될 수도 있겠습니다만, 이적행위도 그런 예가 되겠습니다.
  친(親)과 관련해서는 우리 옛 어른들의 파자법이 좋아 보입니다. 옛 어르신들은 자식이 오는지 나무[木] 위에 올라서서[立] 보시는 것[見]이 부모님의 마음이라서 부모를 나타내는 것이라고 말씀하셨었습니다.

중학	획수	형자	회자	새김	발음
視	12	示	示見	볼	시

시(視)는 부수자 설명에서 이야기한 바와 같이 대상이 우리 눈에 비치는 것입니다. 『설문』에서는 "시(視)는 보는 것[瞻]이다"라고 합니다. 『단주』에서는 "'쳐다볼' 첨(瞻)은 살펴보는 것이다. 보는 것[視]이 모두 살펴보는 것은 아니니 첨(瞻)과 시(視)는 조금 다르다. 섞어서 말한 것이다"라고 설명합니다. '보다'에서 눈빛이나 시선을 뜻하기도 합니다. 살펴보는 것, 관찰하는 의미도 있습니다. 인신되어 '처리하다, 받아들이다'라는 뜻도 나타냅니다. 『단주』에 나온 말은 『예기』〈대학(大學)〉에 나옵니다. "마음이 없으면 보아도 보이지 않고 들어도 들리지 않으며 먹어도 그 맛을 알지 못한다[心不在焉 視而不見 聽而不聞 食而不知其味(심부재언 시이불견 청이불문 식이부지기미)]." 세상 이치가 뭐 하나 다를 것 없이 마찬가지입니다. 그러니 무슨 일이든 할 때에는 마음을 집중해야 합니다. 『예기』〈대학〉이라고 하는 것은 『대학』이 원래 『예기』의 한 편이라서 그렇게 부른 것입니다. 『대학』 혹은 『예기』라고만 해도 됩니다. 『노자』에도 비슷한 말이 있습니다.

시력이 미치는 범위는 시계(視界)입니다. 눈이 가는 길, 즉 눈길은 시선(視線), 시력이 미치는 범위는 시야(視野)입니다. 시민여자(視民如子)는 백성들을 자식처럼 여기는 것을 이릅니다. 전통 사회의 윤리관이라서 현 세태와는 맞지 않는 면이 있지만, 공무를 담당한 사람들이 백성을 위해 일해야 한다는 점에서 근본적인 정신은 같은 것이 아닐까 합니다. 이와 상대되는 말은 시여초개(視如草芥)입니다. 초개(草芥)는 풀과 겨자로 볼 수도 있고, 노변에 이름 없이 마른 풀로 생각할 수도 있습니다. 가치가 없는 것으로 아주 가볍게 여기는 것입니다.

중학	획수	형자	회자	새김	발음
觀	25	雚	雚見	볼	관

관(觀)은 자세히 보는 것입니다. 어떤 목적을 갖고 살펴보는 것입니다.

관(雚)은 '황새' 관이라는 새김 외에 '박주가리' 환이라는 새김이 있습니다. 박주가리는 여러해살이 덩굴풀입니다. 한 글자가 새도 되고 전혀 다른 식물도 가리키는 것을 이상하게 여긴다면 공부하는 자세가 제대로 된 것입니다. 자소자를 살펴보겠습니다. '놀라 부르짖을' 훤(吅)은 성부(聲符)로 소리를 나타내며, '萑'은 '부엉이' 혹은 '올빼미' 환입니다. 환(萑)의 윗부분은 초두[艹]가 아니라, 가로획이 세로획에 막힌 꼴[卝]입니다.

이 글자는 '새' 추(隹) 부에 속합니다. 그런데 '풀' 초(艹) 부에 자형이 정말 흡사한 '물 억새/익모초' 환/추(萑)가 있습니다. 이런 글자가 서로 결합하면서 혼동을 일으켜 한 글자로 쓰게 되어 새도 되고 풀도 되게 되었습니다.

고문 연구에서는 관(雚)이 부엉이[猫頭鷹(묘두응)]를 가리키는 글자라고 합니다. 묘두응의 글자 그대로의 뜻은 '고양이 머리를 한 매'입니다. 부엉이는 도가머리라고 해서 머리 양쪽으로 더부룩하게 난 털이 뿔처럼 보입니다.

공연 등을 보는 사람은 관객(觀客)이고, 뭔가를 자세히 살펴보는 것은 관찰(觀察)입니다. 다음 설명에 나옵니다만, 부엉이[雚]의 눈으로 부엉이처럼 보는 것[見]으로 생각해도 되겠습니다. 관과지인(觀過知仁)은 허물을 보면 그 사람이 어진지 어리석은지 알 수 있다는 뜻으로 어진 사람의 과오는 너무 후한 데서 오고 어질지 않은 사람의 과오는 너무 박한 데서 온다는 뜻입니다. 관자여도(觀者如堵), 관자여시(觀者如市), 관자여운(觀者如雲)은 각각 보는 사람이 '담으로 둘러싼 듯하다, 시장 같다, 구름 같다' 등의 뜻으로 모두 보는 사람이 많음을 이릅니다.

중학	획수	회자	새김	발음
見	7	目 儿	볼/뵈올	견/현

부수자입니다. 어떤 사물이나 현상에 대한 자기의 의견이나 생각은 견해(見解)이고, 귀한 사람을 찾아뵙는 것은 알현(謁見)인데, 현알(見謁)로도 씁니다. '이로운 것을 보면 의리를 먼저 생각하라[見利思義(견리사의)]'는 말은 살면서 늘 곱씹어 볼만한 말입니다. '어진사람' 인(儿)은 해당 부수를 참고하기 바랍니다.

중외	부수	획수	형자	새김	발음
現	玉	11	見	나타날	현

현(現)은 『설문』에는 수록되어 있지 않습니다. '옥의 광채'라고 합니다. 옥(玉)의 빛이 드러나는 것[見]입니다. 그래서 '드러나다, 보여주다'의 뜻을 갖게 됩니다. 지금 눈앞에 드러난다는 데에서 '현재, 지금'의 뜻을 갖게 됩니다.

불교 용어에 현신설법(現身設法)이라는 말이 있습니다. 부처가 여러 가지 모습으로 나타나 중생을 위해 불법을 설파하는 것을 가리킵니다. 교법(敎法)을 받을 수 있는 중생의 능력을 근기(根氣)라고 하는데, 설법을 듣는 사람의 근기에 따라 모습을 달리해서 설법을 하는 것입니다. 방금 "부처가 나타나"라고 했습니다만, 격을 갖춘 옛말을 쓴다면 "부처님이 나투시어"가 되겠습니다. 나투다(나토다)는 '나타내다'의 뜻으로, 고문에서는 자주 만나는 말입니다.

요즈음 말로 하면 학생의 눈높이에 맞춘 가르침이겠습니다. 무엇이든 잘 아는 사람은 상대방의 눈높이에 맞춰서 쉽게 설명할 수 있습니다. 혹시라도 이 책의 설명이 어렵다고 느끼는 경우, 절대 독자 여러분 본인의 능력이 부족한 것으로 생각하지 말기 바랍니다. 이해가 잘 안 된다면 그것은 필자의 능력이 부족해서입니다.

고교	획수	형자	회자	새김	발음
覺	20	學省	學省見	깨달을	각

각(覺)은 깨닫는 것입니다. 『설문』에서는 "잠에서 깨어나는 것[寤]"이라고 하는데, 『단주』에서는 이것은 틀린 것이라고 지적하고 "깨닫는 것[悟]"이라고 정정합니다. 깨닫는 것에서 '느끼다, 외부의 자극을 받아들여 판별하다, 잠에서 깨어나다' 등의 뜻을 갖습니다.

깨어서 정신을 차리는 것이 각성(覺醒)입니다. 약속을 잊지 않고 지키겠다고 쓰는 서류는 각서(覺書), 도리를 깨쳐 아는 것은 각오(覺悟)인데, 앞날에 대비하는 마음자세를 가리키기도 합니다.

고교	획수	형자	회자	새김	발음
覽	21	監	監見	볼	람

람(覽)은 관찰하는 것입니다. 『주석』에서는 견(見)과 감(監)을 함께 써서 가까이서 본다는 뜻을 나타낸다고 합니다.

진열해놓고 보이는 것은 전람(展覽), 여러 사람이 차례로 돌려보는 것은 회람(回覽)입니다.

고교	획수	회자	새김	발음
規	11	夫見	법	규

　규(規)는 『설문』에서 법도가 있는 것이라고 합니다. 옛날 사람들은 결혼을 하지 않은 아가씨는 부인만큼 지혜롭지 못하고, 결혼하지 않은 남자는 결혼한 남자[夫]보다 현명하지 못한 것으로 여겼다고 합니다. 지혜가 생활에서 얻는 것이라고 생각한다면, 아무래도 더 오래 산 사람들이 지혜로울 수는 있겠습니다. 아무튼 그래서 결혼한 남자가 다른 사람들을 이끌게 됩니다. 그러면 법도가 있을 수 있음을 나타냅니다. 법도나 전범, 따르거나 모방한다는 뜻을 나타냅니다.

　규정에 들어맞는 격식은 규격(規格), 인간으로서 마땅히 지켜야 하는 가치 판단의 기준은 규범(規範)입니다. 씀씀이의 계획성이나 일정한 한도는 규모(規模), 여러 사람이 다 같이 지키기로 작정한 법칙은 규칙(規則)입니다. 규구준승(規矩準繩)은 목수가 쓰는 걸음쇠, 곱자, 수준기, 다림줄을 통틀어 이르는 말인데, 일상생활에서 지켜야 할 법도를 이르기도 합니다. 본래는 목수가 쓰는 연장으로 규(規)는 원을 그리는 컴퍼스입니다. 우리말로는 걸음쇠입니다. 구(矩)는 'ㄱ' 자형으로 생긴 곡척(曲尺) 즉, 곱자인데, '기역자'라는 말도 씁니다. 현장에서 일하시는 분들은 '사시가네'라는 말을 쓰는 경우도 있는데, 일본어입니다. 아름답고 좋은 우리말이 있으니 바꿔 쓰는 것이 맞습니다. 준(準)은 수평을 보는 수준기입니다. 마지막으로 승(繩)은 먹줄 혹은 먹통입니다. 선을 그을 때 쓰는 연장입니다. 수직선을 그을 때는 아래에 추를 달아 줄이 수직을 이루도록 합니다. "수평이나 수직을 헤아려보는 것"을 우리말로 '다림'이라고 하는데 "다림을 본다"라고 합니다. 거기에 쓰이는 줄이 '다림줄'입니다.

　6획 부수자가 끝났습니다.

R148

뿔 각(角) 부

갑골	금문	전문	해서
ᄼᄼ	吅	肖	角

'뿔' 각(角)은 짐승의 뿔 모양을 본뜬 상형자입니다. 가운데 있는 획은 그 무늬를 그린 것입니다. 『설문』에서는 "각(角)은 짐승의 뿔이다. 상형이다. 각(角) 자는 도(刀)나 어(魚) 자와 비슷한 면이 있다"라고 합니다. 여기에서 뿔과 비슷하게 생긴 것이나 이마를 가리키기도 합니다. 한 곳에서 갈려나가는 두 개의 직선이 벌어진 정도 즉, 각도를 나타내기도 합니다.

중학	획수	새김	발음
角	7	뿔/사람이름	각/록

소나 양의 뿔로 장식한 활은 각궁(角弓)이고, 서로 이기려 달려드는 것은 각축(角逐)

입니다. 교각살우(矯角殺牛)라는 말이 있습니다. 뿔을 바로 잡으려다 소를 죽인다는 뜻으로 잘못된 것을 고치려다 방법이 잘못되어 일을 그르치는 것을 가리킵니다. 와각지쟁(蝸角之爭)은 달팽이의 더듬이 위에서 싸운다는 뜻으로 하찮은 일로 벌이는 싸움을 비유적으로 이르는 말인데『장자(莊子)』에 나옵니다. '교각살우'든 '와각지쟁'이든 어리석은 짓임에 틀림없습니다. 하지만 늘 실수하며 사는 것이 사람입니다[To err is human]. 살다보면 생각지도 않은 실수도 하기 마련인데, 문제는 그에 어떻게 대처하는가가 아닐까 합니다. 즉각 자신의 실수를 인정하고 고치면 됩니다. 그때 우리는 발전해 나갈 수 있습니다.

중학	획수	회자	새김	발음
解	13	角 刀 牛	풀	해

우리가 현재 쓰고 있는 **해(解)**의 뜻은 대부분 '풀다(solve)'나 그것의 명사형인 '풀이(solution)'인데 자소 글자들을 보면 짐작할 수 있듯이, 해(解)는 소[牛]의 뿔[角]을 잡고 잡는 것 즉, 죽이는 것[刀]입니다.『설문』에서는 "해(解)는 가르는 것이다. 칼[刀]로 소의 뿔[角]을 갈라내는 것이다. 달리, 해치(解廌)라고도 하는데, 짐승이다"라고 합니다. 여기에서 '짐승을 잡는 것, 가르는 것'을 가리키게 됩니다. 깨어지고 분열되는 것을 나타내기도 합니다. '열리다'로 인신되며, 문제를 풀거나 풀리는 것을 뜻하기도 합니다.

해결(解決)은 제기된 문제를 해명하거나 얽힌 일을 잘 처리하는 것입니다. 해부(解剖)는 생물의 조직을 가르고 파헤쳐 연구하는 것이니 구체적인 물리적 동작을 나타냅니다. 그런 점에서는 본뜻과 가깝다고 할 수 있습니다. 해석(解析)은 사물을 자세히 풀어서 논리적으로 밝히는 것이고, 동음이의어인 해석(解釋)은 내용을 이해하고 설명하는 것입니다. 해제(解除)는 계약의 효력을 당사자의 일방적인 의사 표시에 의하여 소급적으로 해소하는 것이고, 해체(解體)는 단체를 흩어지게 하는 것입니다. 해낭상조(解囊相助)는 주머니를 풀어 서로 돕는다는 뜻으로 대범하고 다른 사람 돕는 것을 좋아하는 것을 가리킵니다. 결자해지(結者解之)라는 말이 있습니다. 맺은 사람이 풀어야 한다는 뜻으로 자기가 저지른 일은 자기가 해결하여야 한다는 것을 말합니다.

고교	획수	형자	회자	새김	발음
觸	20	蜀	角蜀	닿을	촉

　촉(觸)은 뿔로 받는 것을 가리킵니다. 고문에는 오른쪽 자소가 '소' 우(牛)라서 소가 뿔로 받는다는 것이 명확히 드러났었는데, 자형이 바뀌어 지금은 알아보기가 어렵게 되었습니다. '받다, 부딪히다'라는 뜻을 나타냅니다. '부딪히다'에서 어떤 일을 '당하다'라는 뜻으로는 쉽게 전이될 수 있습니다. '저지르다, 범하다'라는 의미도 갖습니다.

　촉(蜀)은 나비의 애벌레입니다. 나라 이름으로는 기원전 삼국 시대에 있었던 촉(蜀) 나라를 가리킵니다. '홀로' 독(獨), '무리' 속(屬), '촛불' 촉(燭), '닿을' 촉(觸), '흐릴' 탁(濁)에 자소자로 쓰입니다.

　촉각(觸覺)은 물건이 피부에 닿아서 느껴지는 감각을 말합니다. 촉노(觸怒)는 웃어른의 마음을 거슬러서 성을 내게 하는 것이고, 촉목(觸目)은 어떤 것을 눈여겨보는 것을 말합니다. 법률이나 규칙에 어긋나는 것은 저촉(抵觸)입니다. 촉목경심(觸目驚心)은 무엇을 보고 마음속으로 크게 놀라는 것입니다. 상황이나 문제가 아주 심각한 것을 이릅니다. 촉목상심(觸目傷心)은 눈에 보이는 사물마다 슬픔을 자아내어 마음을 아프게 하는 것을 이릅니다.

고외	부수	획수	형자	회자	새김	발음
衡	行	16	行	行角大	저울대/가로	형/횡

　형(衡)은 저울, 저울대입니다. 더 자세한 내용은 해당 부수에서 확인하고, 여기서는 단어 공부를 해보겠습니다.

　형도(衡度)는 저울과 자를 아울러 이르는 말입니다. 형평(衡平)은 균형이 맞거나 또는 그런 상태를 나타냅니다. 균형(均衡)은 어느 한쪽으로 치우치지 않은 상태입니다. 천칭의 경우에는 좌우의 무게가 같으면 저울대가 수평을 이루고, 대저울에서는 추를 물건의 무게와 같은 눈금에 갖다놓으면 평형(平衡)을 이룹니다. 그러니까 이 두 단어는 저울대가 수평을 이루는 것에서 나온 것으로 볼 수 있습니다. 가운데 있는 글자 '奐'는 '고기' 어와 같은 글자 또는 약자라고 합니다.

R149

말씀 언(言, [讠]) 부

갑골	금문	전문	해서
𑘚	𑘚	𖼀	言

'말씀' 언(言)은 입에서 혀가 나온 모양을 본뜬 상형자라고 설명합니다. 하지만 여러 가지 의견과 설명이 있습니다. 『설문』에서는 "언(言)은 직언(直言)하는 것이며, 논박하는 것은 어(語)라고 한다. 구(口)에서 뜻을 취하고, 평(平)이 소리를 나타낸다"라고 합니다. 다른 말을 인용하거나 비유하지 않고 있는 그대로 말하는 것이라는 설명입니다. 이에 비해 어(語)는 따지는 것이 되겠습니다. 옳고 그름을 가려보려고 하는 것입니다.

고문 분석에서는 입에 피리 같은 관악기를 물고 있는 자형을 근거로 관악기를 부는 것으로 추정합니다. 즉, '입' 구(口) 위에 있는 자소 '허물' 건(辛)을 악기로 간주하는 것입니다. 그래서 고문 분석에서는 '말하다'라는 뜻은 인신된 의미로 봅니다. 여기에서 계속 인신되어 '말하다, 의논하다, 기재하다'라는 뜻도 나타냅니다.

현대 중국어에서는 왼쪽의 변으로 쓸 때는 2획으로 씁니다[讠]. 삼수변[氵]과 자칫 혼동하기 쉬운데, 점[丶] 아래가 한 획으로 이어진 점이 다릅니다.

중학	획수	형자	새김	발음
試	13	式	시험	시

시(試)는 사람을 쓰는 것입니다. 사용하는 것을 나타내는데, 처음으로 사용하는 것을 뜻하기도 합니다. 사람을 쓰려면, 어떤 사람인지 알아보아야 하는 데에서 '시험하다'는 뜻을 나타내기도 합니다.

한자어 시금석(試金石, touchstone)은 우리말로 '충샛돌'이라고도 합니다. 황금의 품질을 '충새'라고 하니 충샛돌은 바로 황금의 품질을 알아보는 돌이 되겠습니다. 귀금속의 순도를 판정하는 데 쓰는 검은색의 현무암이나 규질의 암석, 금이나 은 조각을 충샛돌의 표면에 문질러 나타난 흔적의 빛깔과 표본의 금 빛깔을 비교하여 순도를 시험합니다. 이때 보이는 색을 조흔색(條痕色)이라고 하는데 물체의 표면 색깔과 다른 경우가 종종 있습니다. 시련(試鍊)은 겪기 어려운 단련이나 고비 혹은 의지나 사람됨을 시험하는 것을 이릅니다. 시식(試食)은 음식의 맛이나 요리 솜씨를 보려고 시험 삼아 먹어보는 것입니다. 시험(試驗)은 일정한 절차에 따라 검사하고 평가하는 것입니다.

중학	획수	형자	새김	발음
詩	13	寺	시	시

시(詩)라면 어떤 대상에 대하여 일어나는 감흥과 사상 따위를 함축적이고 운율적인 언어로 표현한 글로 받아들입니다. 물론 이지적인 시도 많습니다만, 시의 바탕을 이루는 것은 정감입니다. 『설문』에서는 조금 다릅니다. "시(詩)는 의지[志]이다"라고 합니다. 언어로 우리의 의지를 표현해내는 일종의 문학 형식으로 보는 것입니다. 『단주』에서는 "시(詩)는 의지[志]가 가는 바이다. 마음속에 있으면 지(志)이고, 말로 나오면 시(詩)이다"라고 합니다.

시상(詩想)은 시적인 생각이나 상념을 말합니다. 시를 짓기 위한 착상이나 구상을 가리키기도 합니다. 시흥(詩興)은 시에 도취되어 일어나는 흥취입니다. 시중유화(詩中有畵)는 시 가운데 그림이 있다는 뜻으로 시를 읽으면 마치 독자가 한 폭의 그림 앞에 있는 듯하고 시상이 아름다운 것을 가리킵니다.

格物 089. 시중유화 화중유시(詩中有畵 畵中有詩)

이 말은 당송 팔대가의 한 명인 소식(蘇軾)이 당나라 때의 시인 왕유(王維, 699/701~761)의 시화를 평한 데에서 나왔습니다. 왕유는 시는 물론 수묵 산수화에도 뛰어나 남종 문인화의 창시자로 알려진 인물입니다. 마힐(摩詰)은 왕유의 자인데 부처님의 속가 제자인 유마힐(vimalakirti)의 이름에서 따온 것입니다. 마힐은 깨끗한 이름[淨名] 혹은 때가 묻지 않고 깨끗한[無垢]이라는 뜻을 가지고 있다고 합니다. 왕유는 만년에 불교에 심취했고 실제 그런 생활을 즐겼던 것으로 알려져 있습니다.

> 마힐의 시를 음미해 보면 시 가운데 그림이 있고, 마힐의 그림을 보면 그림 가운데 시가 있다.
>
> [味摩诘之詩 詩中有畫 觀摩诘之畫 畫中有詩]
>
> — 소식(蘇軾), 「남관연우도(藍關煙雨圖)」, 『東坡題跋』(書摩詰)

이 말은 이후 빼어난 시를 가리키는 데에 쓰이게 되고, 시를 평할 때 자주 인용되기도 합니다. 이 평의 대상이 된 것은 왕유의 「산중(山中)」이라는 시로 알려져 있습니다.

荊溪白石出(형계백석출) 형계에 흰 바위 드러나고
天寒紅葉稀(천한홍엽희) 추운 날씨 낙엽도 드문드문
山路元無雨(산로원무우) 산길에 비는 오지 않건만
空翠濕人衣(공취습인의) 안개비에 하릴없이 옷깃 적시네

여러분의 이해를 돕기 위해 필자가 우리말로 옮겨보았습니다. 그림은 고사하고 시마저 제대로 소개를 못하니 대체적인 뜻을 이해하는 데에 참고하기 바랍니다. 이 내용과 관련된 그림 「남관연우도」는 실전된 것으로 알려져 있습니다. 여기서 말하는 남관(濫關)은 남전(藍田), 혹은 남전관(藍田關)이라고도 하는 관문으로 장안 즉, 현재 서안의 동남쪽에 있던 군사 요충지로 알려져 있습니다.

중학	획수	형자	새김	발음
話	13	舌	말할	화

　화(話)는 말이고, 말을 하는 것입니다. 화(話)는 만나서 말을 잘 하는 것입니다. 본뜻은 이야기를 나누는 것, 말을 주고받는 것입니다. 거기에서 말이나 화제를 뜻하게 되었습니다. 『설문』 자형은 '譮'인데, 오른쪽 자소 '막을' 괄, 활(昏)은 '혀' 설(舌)의 이체자로도 봅니다.

　이야깃거리는 화제(話題)이고, 이야기를 주고받는 것은 담화(談話)입니다. 화중유화(話中有話)는 말 속에 말이 있다는 뜻으로 "말 속에 말 들었다"라는 우리 속담과 같은 뜻이겠습니다. "말 속에 뼈가 있다"와 그 말의 한자 표현인 언중유골(言中有骨)도 비슷한 상황에서 쓰일 수 있는 표현이겠습니다. 명불허전(名不虛傳)은 명성이나 명예가 헛되이 퍼진 것이 아니라는 뜻으로 이름날 만한 까닭이 있다는 것을 나타내는데, 화불허전(話不虛傳)도 있습니다. 떠돌아다니는 말이 사실임을 나타냅니다. "아니 땐 굴뚝에 연기 날까?"라는 우리 속담과 비슷한 의미입니다.

중학	획수	형자	새김	발음
語	14	吾	말씀	어

　어(語)는 언(言) 조항에서 설명한 바와 같이 '논박하는 것'이 『설문』의 설명입니다. 그러나 꼭 논박에 국한되지 않고, 말을 나누는 것을 뜻합니다. 그래서 말이나 이야기를 나타내기도 합니다.

　어기(語氣)는 말을 하는 기세입니다. 자세한 내용은 〈格物 090〉을 참고하기 바랍니다. 어불성설(語不成說)은 말이 말도 안 되는 것으로 사리에 전혀 맞지 않는 말입니다. 이 성어는 중국어와 일본어에서 확인하기가 어려운 것을 보면 우리나라에서 만들어진 것이 아닌가 싶습니다.

어기(語氣)는 말을 하는 기세입니다. 기세(氣勢)는 기운이나 태도를 뜻하니 다시 더 한 번 풀어서 말하면, 어기는 말을 할 때 우리가 쓰게 되는 기운이나 태도입니다. 필자의 경험으로 '어기'라는 말이 문법서나 언어학 쪽에 쓰일 때 그 뜻을 이해하기가 쉽지 않았습니다. 말을 할 때 보통 감정이 실리게 되고, 그에 따라 그 말이 주는 느낌, 혹은 색채가 달라집니다. 하나의 단어에 힘을 주어 말할 수도 있고, 그 반대일 수도 있습니다. 한 문장 전체의 높낮이가 달라지기도 합니다.

예를 들어 "밥 먹었다"라는 문장을 생각해봅시다. 이 말이 전달하는 의미는 밥을 먹는 동작을 마쳤다는 것입니다. 그러나 말을 하기에 따라 전혀 다른 의미를 전달 할 수 있습니다. 예를 들어 밥을 크게 말하면, '다른 것이 아니고 밥'을 먹었다는 의미를 전달하게 됩니다. 거꾸로 '먹었다'를 강조하면 '먹었다'는 동작을 강조하는 것으로 들립니다. 똑같은 말을 경상도 사람, 전라도 사람, 충청도 사람이 하는 경우 이 문장이 가리키는 내용 자체가 바뀌지는 않지만, 말의 색채가 달라집니다. 그러니 어기는 한 단어에 나타나는 강세와 약세일 수도 있고, 문장 전체를 말하는 어조, 즉 말의 가락일 수도 있습니다. 똑같이 "밥 먹었니?"하는 경우 혹시라도 자식이 끼니를 거르지는 않았는지 걱정하는 어머님이 하시는 경우와, 친구 사이에 식사 때쯤 되었을 때 흔히 하는 인사말의 경우는 어조가 많이 다릅니다. 어기가 달라지는 것입니다. 이렇게 보면 어기는 단어나 말이 주는 의미를 확대해서 말에 다른 색채를 띠게 해주고, 표현을 풍부하게 해주는 면도 가지고 있습니다.

중학	획수	형자	새김	발음
誤	14	吳	그르칠	오

오(誤)는 틀린 것, 그릇된 것입니다. '방해하다, 미혹하다'의 뜻도 있습니다.

오(吳)는 나라 이름입니다. 위(魏), 촉(蜀), 오(吳) 세 나라가 대립한 약 60년 동안의 시기를 가리켜 삼국 시대(220~280)라고 하는데 조조, 유비, 손권 세 사람이 펼치는 역사는 책을 통해서 그 어느 시대보다 잘 알려져 있지 싶습니다. 오(吳)에는 또한 큰소리 즉, 흰소리라는 뜻이 있습니다. 그러니 오(誤)는 큰소리[吳]치는 말[言] 즉, 흰소리입니다. 큰소리에는 과장이 들어가기 마련이고 과장에는 필시 틀린 것, 그릇된 것이 들어가지 않을 수 없습니다.

나라를 그르치는 것은 오국(誤國)이라 하고, 그릇되어 이치에 맞지 않는 일은 오류(誤謬)입니다. 잘못 보거나 생각하는 것은 오인(誤認)으로, 오인하게 되면 판단 또한 잘못되기 마련입니다. 오판(誤判)입니다.

중학	획수	형자	새김	발음
認	14	忍	알/적을	인/잉

인(認)은 『설문』에 수록되어 있지 않습니다. 아는 것, 사리를 밝히는 것입니다. '긍정하다, 동의하다'의 뜻을 가집니다. '적을' 잉으로 새기기도 하는데, 기초한자에서 쓰이지는 않습니다.

인가(認可)를 『표준』에서는 "제삼자의 법률 행위를 보충하여 그 효력을 완성하는 일"이라고 정의합니다. 무슨 뜻인지 아리송합니다. 법률에서 인가는 조건과 절차만 갖추어 신고하면 효력이 발생하는 것입니다. 국가 기관에서 인가를 거부할 권리가 없습니다. 여기에 비해서 허가(許可)는 국가 기관에서 그것을 인정하지 않을 수 있습니다. 즉, 일반적으로 금지된 행위에 특정의 요건을 갖추면 그것을 인정해주는 것입니다. 인식(認識)은 분별하고 판단하여 아는 것이고, 그렇다고 여기는 것은 인정(認定)입니다.

중학	획수	형자	새김	발음
課	15	果	공부할, 과정	과

과(課)는 시험하는 것입니다. '독촉하다'는 뜻을 나타내고, 세금을 매기는 뜻도 있습니다. 수업을 할 때의 시간 단위를 나타내기도 합니다.

세금을 매기는 것은 과세(課稅), 꼭 해야 되는 일이나 업무는 과업(課業), 일정한 기간에 교육하거나 학습하여야 할 과목의 내용과 분량은 과정(課程)입니다.

중학	획수	형자	새김	발음
談	15	炎	말씀	담

담(談)은 이야기를 나누는 것입니다. 대화를 하고 담론을 하는 것입니다. 할 말이나 주장을 나타내기도 합니다.

자소자인 '불꽃' 염(炎)이 들어가는 글자를 잠깐 복습해보겠습니다. '말씀' 담, '맑을' 담이 있습니다. '말씀'이니 '말씀 언(言)'이 들어가고, '맑을' 담이니 '물' 수(水)가 들어가는데, 변으로 왼쪽에 붙으니 삼수[氵]가 되어 '淡'으로 쓰게 됩니다.

이야기를 주고받으며 논의하는 것은 담론(談論), 가벼운 분위기 속에 웃고 즐기면서 이야기를 나누는 것은 담소(談笑)입니다. 담소자약(談笑自若)은 근심이나 놀라운 일을 당하였을 때도 보통 때와 같이 웃고 이야기하는 것을 말합니다. 자약(自若)은 큰일을 당해서도 놀라지 아니하고 보통 때처럼 침착한 것을 이릅니다. 담호변색(談虎變色)은 호랑이에게 물린 사람은 호랑이 이야기만 나와도 얼굴빛이 변한다는 뜻으로 무서운 이야기를 하면 긴장하고 무서워하는 것을 뜻합니다. "자라 보고 놀란 가슴, 소댕[솥뚜껑] 보고 놀란다"라는 우리 속담과 비슷합니다.

중학	획수	형자	새김	발음
誰	15	隹	누구	수

수(誰)는 누구 또는 무엇을 가리키는 의문 대명사입니다. 불특정인을 나타내고, '설마, 누구든'의 의미로도 쓰입니다.

자소자는 '새' 추(隹)로 부수자입니다.

수모(誰某)는 아무개를 문어체로 이를 때 쓰는 말입니다. 수하(誰何)는 '누구냐'라는 뜻으로 군대에서 야간 경계를 설 때 상대방이 누구인지 묻는 것을 말합니다. 오지자웅(烏之雌雄)은 까마귀의 암수라는 뜻으로 선악과 시비를 가리기 어려운 경우를 비유적으로 이르는 말입니다. 이 말은 본래『시경(詩經)』〈소아(小雅)〉에 나옵니다. "모두 자기가 성인이라고 하지만, 누가 까마귀의 암수를 알 수 있겠는가[具曰予聖 誰知烏之雌雄(구왈여성 수지오지자웅)]."

중학	획수	형자	새김	발음
調	15	周	고를	조

조(調)입니다. 조는 화합하는 것입니다. 서로 섞이어 화목하게 어울리는 것입니다. 화합하게 하는 것도 나타냅니다.

요리를 만드는 것은 조리(調理)인데, 건강이 회복되도록 몸을 보살피고 병을 다스린다는 뜻도 나타냅니다. 사물의 내용을 명확히 알기 위하여 자세히 살펴보거나 찾아보는 것은 조사(調査), 균형이 맞게 바로잡는 것은 조절(調節), 여러 사람이나 어떤 물건의 구성 요소들이 잘 어울리는 것이 조화(調和)입니다.

중학	획수	형자	새김	발음
請	15	靑	청할	청

청(請)은 아뢰는 것[謁, '아뢸' 알]이라고 합니다. 알현해 아뢰는 것입니다. 인신되어 상대방이 어떤 일을 해주기를 바란다는 뜻을 나타냅니다. '초대하다, 묻다, 말하다'의 뜻도 지니고 있습니다.

다른 사람에게 어떤 일을 해달라고 요구하는 것은 청구(請求), 일이 이루어지도록 청하고 원하는 것이 청원(請願)입니다. 법률적으로는 국민이 법률에 정한 절차에 따라 손해의 구제, 법률·명령·규칙의 개정이나 개폐, 공무원의 파면 따위의 일을 국가 기관에 청구하는 것입니다. 2017년 촛불혁명 이후 각종 청원이 꼬리를 물고 일어나는 것을 보면 우리의 시민의식이 비약적으로 성장했음을 느끼게 됩니다. 청군입옹(請君入甕)은 "그대가 독에 들어가 보시구려"라는 뜻인데, 상대편이 제시한 방법으로 상대편을 다스리는 것을 말합니다. 이 말은 『자치통감(資治通鑑)』에 나옵니다.

중학	획수	형자	새김	발음
讀	22	賣	읽을	독

독(讀)을 『설문』에서는 "책을 낭송하는 것[誦]이다"라고 합니다. 그런데 『단주』에서는 이것[誦]은 "'주문, 읽을' 주(籀)를 잘못 쓴 것이다. 주(籀)는 책을 읽는 것이다. …… (책) 뜻의 실마리를 꺼내어 무한히 거두어두는 것이 읽는 것이다"라고 합니다. 책을 읽는 방법이 되는 것 같아 일부러 소개합니다. 매(賣)가 형성 자소로 되어 있습니다만 발음의 유사성은 전혀 보이지 않습니다. 혹시 고어에서 발음이 달랐는가 하는 짐작을 합니다만 확인할 방법이 없습니다.

책을 읽는 것은 독서(讀書), 다른 사람의 속마음을 읽어내는 기술은 독심술(讀心術), 책을 다 읽는 것은 독파(讀破)입니다. 독서백편의자현(讀書百遍義自見)은 잘 알고 있듯이 '책을 백 번 읽으면 그 뜻이 스스로 분명해진다'라는 뜻입니다. 『삼국지(三國志)』〈위서(魏書)〉에 나오는 말로 원문은 "독서백편 기의자현(讀書百遍 其義自見)"으로 기(其)을 줄이고 한 문장으로 쓰고 있습니다. 독서와 관련해 두보의 문장도 자주 인용되곤 합니다. "책을 만 권 읽으면 어떤 글도 귀신이 쓴 듯하다[讀書破萬卷 何筆如有神(독서파만권 하필여유신)]"로 「봉증위좌승장 이십이운(奉贈韋左丞丈 二十二韵)」이라는 제법 긴 시에 나옵니다. 두보는 13년간이나 낙양과 장안에 머물며 과거를 보았으나 낙방합니다. 그래서 평소 자신을 알아주던 위좌승에게 자신의 재능과 곤궁한 처지에 대해 밝히고, 떠나겠다는 생각을 밝히는 비장한 글입니다. "독서파만권 하필여유신"은 두보 자신에 대한 말입니다. 그런 재주를 가지고 있는데도 과거에 급제를 하지 못하는 자신의 처지에 대한 하소연이기도 합니다.

格物 091. 청군입옹(請君入瓮)

이 말은 사마광(司馬光, 1019~1086)의 『자치통감(資治通鑑)』에 나옵니다. 때는 당나라 측천무후 재위 시절입니다. 측천무후는 반대 세력을 제거하기 위해 아주 못된 관리들을 많이 등용했는데, 그 가운데 주흥(周興)이라는 자와 내준신(來俊臣)이 악독하기로 소문이 자자했습니다. 한번은 측천무후에게 '주흥이 모반을 한다'는 밀고가 들어왔는데, 이것을 내준신에게 심문하도록 영을 내렸습니다. 쉽게 자백하지 않을 것이라고 생각한 내준신은 한참을 고민한 뒤, 주흥을 불러 주연을 베풀었습니다. 술이 몇 순배 돌아가자 내준신은 전혀 상관없는 일인 듯 주흥에게 묻습니다. "죄수가 인정을 하지 않을 때에는 어떤 방법이 있습니까?" 그러자 주흥은 "그것은 아주 쉽네. 큰 독을 가져와 주위에 가까이 숯불을 지펴놓고 그 안에 죄수를 들어가게 하면 무슨 일인들 인정하지 않겠는가?"라고 답했습니다. 그러자 내준신은 주흥이 말한 대로 독을 갖다놓고 숯불을 지폈습니다. 그리고 주흥에게 "궁궐 내에 형씨가 모반을 한다는 밀고가 있으니, 형씨가 독에 들어가시구려"라고 했습니다. 그러자 주흥은 무섭고 두려워 머리를 숙이며 죄를 자백했습니다. 여기에서 청군입옹(請君入瓮)은 상대편이 제시한 방법으로 상대편을 다스리는 것을 뜻하게 되었습니다.

아무리 모반을 꾀했다 하더라도 인권이 발달한 오늘날은 상상조차 하기 어려운 일입니다만, 우리나 외국의 근현대사를 조금 세심히 들춰보면 꼭 옛날이야기만은 아닙니다. 우리는 인권 면에서 괄목할 발전을 보이고 있습니다만, 국가 권력에 의한 불법 고문과 무고한 인명의 살상은 현대라고 해서 사라진 것이 아닙니다.

중학	획수	형자	회자	새김	발음
言	7	辛	辛口	말씀	언

부수자입니다. 언급(言及)은 어떤 문제에 대하여 말하는 것이고, 말과 행동을 아울러서는 언동(言動)이라고 합니다. 언어(言語)는 생각이나 느낌 등을 나타내거나 전달하는 데에 쓰는 음성, 문자 따위의 수단 또는 그 음성이나 문자 따위의 사회 관습적인 체계를 이릅니다. 언불고행(言不顧行)은 말이 행동을 고려하지 않는다는 뜻으로 언행이 일치하지 않음을 이릅니다. 『맹자』〈진심장(盡心章)〉에 나오는 말입니다. "말은 행동을 고려하지 않고 행동은 말을 고려하지 않는다 [言不顧行 行不顧言]." 전체로도 언행이 일치하지 않는 것을 가리킵니다. 언삼어사(言三語四)는 설왕설래(說往說來)와 같은 뜻으로 서로 변론을 주고받으며 옥신각신하거나 또는 말이 오고 가는 것을 말합니다. 언청계종(言聽計從)은 언청계용(言聽計用)으로 쓰기도 하는데, 이야기하면 들어주고 계책을 세우면 쓴다는 뜻으로 매우 신임함을 비유적으로 이르는 말입니다. 언필유거(言必有據)는 하는 말에는 반드시 근거가 있어야 한다는 뜻입니다. 언행일치(言行一致)는 말과 행동이 하나로 들어맞는 것입니다.

중학	획수	형자	회자	새김	발음
記	10	己	言己	기록할	기

　기(記)는 적는 것입니다. 『설문』에서는 "기(記)는 기록하는 것[疏]이다"라고 합니다. 주석에서 '소통할' 소(疏)는 하나하나 나누어 적은 것이라고 하고, 『단주』에서는 "소(疋) 부에 '달리 소(疋)는 기록하는 것[記]이라'라고 하는데 이 소(疏)와 기(記)는 전주(轉注)이다. 소(疋)는 지금 소(疏)로 쓰는데 나누어 적어서 알아보는 것이다"라고 설명합니다. '인상을 머릿속에 담아두다, 쓰다'라는 뜻을 나타내고 부호의 뜻으로도 쓰입니다.

　어떤 사실을 적는 것은 기록(記錄), 사실을 적거나, 어떠한 사실을 알리는 글은 기사(記事)입니다. 이전의 인상이나 경험을 의식 속에 간직하거나 도로 생각해내는 것은 기억(記憶)이고, 기록하여 올리는 것은 기재(記載)입니다. 등기(登記)는 일정한 절차에 따라 권리관계를 공부상에 기록하는 것입니다.

중학	획수	형자	회자	새김	발음
訓	10	巛	言巛	가르칠	훈

　훈(訓)은 (뜻을) 풀어 가르쳐주는 것입니다. 알려주는 것입니다. 생각이 냇물[川]처럼 유창하게 펼쳐질 수 있도록 가르치고 이끌어주는 것을 나타내는 것으로 봅니다. 그래서 알려 깨우치는 것을 가리키고, 추측한다는 뜻을 가지며 문자나 단어의 뜻을 푸는 것을 의미합니다.

　타일러 잘못이 없도록 하는 것은 훈계(訓戒)이고, 자구를 해석하는 것은 훈고(訓詁)인데, 특별히 경서의 고증, 해명, 주석 따위를 통틀어 이르기도 합니다. 훈도(訓導)는 가르쳐 이끄는 것인데 『표준』에는 그런 자의(字義)는 올라 있지 않고, 일제 강점기에, 초등학교의 교원을 이르던 말. 또는 조선 시대에, 한양의 사학(四學)과 지방의 향교에서 교육을 맡아보던 직책으로만 설명하고 있습니다. 훈몽(訓蒙)은 어린아이나 처음 배우는 사람에게 글을 가르치는 것을 이릅니다. 훈화(訓化)는 가르쳐 좋게 되도록 이끄는 것이고, 동음이의어인 훈화(訓話)는 교훈이나 훈시를 하거나 또는 그런 말을 뜻합니다.

중학	획수	형자	회자	새김	발음
訪	11	方	言方	찾을	방

방(訪)은 『설문』에서 "널리 의견을 구하는 것이다"라고 합니다. 여기에서 '조사하다, 찾다, 방문하다, 구하다'라는 뜻을 갖게 됩니다.

어디에 가서 누구를 만나는 것이 방문(訪問)이고, 꽃을 찾는 것 즉, 꽃구경은 방화(訪花)라고 합니다.

중학	획수	형자	회자	새김	발음
許	11	午	言午	허락할	허

허(許)는 말을 듣고 따르는 것입니다. 우리말에서도 다른 사람의 말을 듣는다든지, 따른다고 하는 경우 상황에 따라서는 허락을 나타냅니다. 마찬가지입니다. 한자에서도 말을 들으니 따르고, 나아가서 그 말을 허락하는 뜻을 갖게 됩니다. 따라서 말이 인신되어 나가는 과정은 꼭 한자에서만 볼 수 있는 것이 아니고 어떤 언어에서도 마찬가지입니다. 그러니 이 책에서 한자를 배우며 익히는 과정은 그대로 다른 언어의 습득이나 학습에도 도움이 될 수 있습니다.

고문 분석에서는 오(午)를 공이로 봅니다. 그래서 허(許)는 일을 할 때 흥을 도울 수 있는 일종의 노동요일 것으로 추정합니다. 노래를 할 때는 한 사람이 선창을 하면, 다른 사람들이 따라 부르는 데에서 응답한다는 뜻이 생겨나고 '찬동하다, 인가하다'라는 뜻을 갖게 됩니다.

무엇을 하도록 허용하는 일은 허가(許可)인데, 법률상으로는 일정한 조건을 갖춘 경우 일반적으로 금지된 행위를 할 수 있게 해준다는 뜻을 나타냅니다. 자기와 벗으로 사귀는 것을 허락하고 사귀는 것은 허교(許交)라고 합니다. 다른 사람이 어떤 일을 하도록 해주는 것이 허락(許諾)이고, 혼인을 허락하는 것은 허혼(許婚)입니다.

중학	획수	형자	회자	새김	발음
說	14	兌	言兌	말씀/기쁠/유세할	설/열/세

설(說)은 발음이 네 개나 있는 다음자입니다. 기초한자의 대표음은 '말씀' 설입니다. 이 밖에 '달랠' 세, '기뻐할' 열에 자주 쓰이지는 않지만 '벗을' 탈의 새김도 있습니다. 설(說)은 말하는 것을 나타냅니다. '말하다, 해석하다, 고하다, 권고하다'의 뜻을 갖습니다. 기뻐한다는 뜻이 있습니다. 이때 발음은 '열'입니다. 좋아한다는 뜻도 나타냅니다. '달랠' 세는 자기의 의견이나 주장을 말하며 다니는 유세(遊說)의 뜻입니다. '벗을' 탈(脫)과 통해 그 의미로 쓰일 때는 '탈'로 읽습니다.

태(兌)는 괘의 이름을 뜻하기도 하고, 바꾼다는 의미를 갖고 있기도 합니다. 외국 여행을 갈 때 해당 국가의 돈으로 바꾸는 것은 태환(兌換)입니다. 독립된 글자로 쓰이기도 하고, 다른 글자의 자소자로 쓰이는 경우도 많습니다. '말씀' 설(說), '구실' 세(稅), '기쁠' 열(悅), '벗을' 탈(脫), '검열할' 열(閱), '날카로울' 예(銳)에서 볼 수 있습니다.

설명(說明)은 어떤 일이나 대상의 내용을 상대편이 잘 알 수 있도록 밝혀 말하는 것이고, 설파(說破)는 어떤 내용을 듣는 사람이 납득하도록 분명하게 드러내어 말하는 것 혹은 상대편의 이론을 완전히 깨뜨려 뒤엎는 것을 말합니다.

중학	획수	형자	회자	새김	발음
誠	14	成	言成	정성	성

성(誠)은 『설문』에서 "믿음이다"라고 합니다. 진실하고 성의가 있는 것입니다. 거기에서 '진실하다, 확실하다'라는 뜻을 갖게 됩니다. 자신이 하는 말[言]을 그대로 실천하는 것, 그래서 현실로 만들어내는 것[成]이라고 풀어볼 수도 있습니다.

정성스럽고 참된 것은 성실(誠實)한 것이고, 정성스러운 뜻은 성의(誠意)입니다. 성심성의(誠心誠意)는 참되고 성실한 마음과 뜻을 말합니다.

중학	획수	형자	회자	새김	발음
論	15	侖	言侖	논할/조리	론/륜

론(論)은 의론하는 것입니다. 어떤 사안에 대해 각자의 의견을 제시하는 것입니다. 『단주』에서는 "말이 그 이치를 따라서 옳을 때 론(論)이라 한다"라고 합니다. 의론(議論)은 서로 의견을 제시해 옳고 그름이나 바람직한 견해를 도출해내는 과정일 수 있습니다. 사리를 분석해 설명하는 것입니다. 그래서 무엇을 평가하는 것을 나타내기도 합니다.

자소자는 '둥글, 생각할' 륜(侖)으로 '인륜' 륜(倫), '바퀴' 륜(輪)에서도 볼 수 있습니다.

자기의 주장을 말이나 글로 논하여 다투는 것은 논쟁(論爭)입니다. 사고나 추리 따위를 이치에 맞게 이끌어가는 과정이나 원리는 논리(論理)입니다. 논공행상(論功行賞)은 공을 의론해 상을 주는 것입니다. 역사를 통해 보면 새 왕조가 건립될 때 늘 문제되는 것이 논공행상입니다. 자기가 이룬 업적보다 적게 받았다고 생각해 불만이 쌓이는 것입니다. 건국뿐만 아닙니다. 어느 조직이든 건강하게 돌아가려면 논공행상이 공정하게 이루어져야 합니다.

중학	획수	형자	회자	새김	발음
諸	16	者	言者	모두/김치	제/저

제(諸)는 구별하는 데에 쓰이는 어기 조사입니다. '혹은, 무엇인가' 등의 뜻을 나타내기도 하고 '모든, 각각의, 많다'는 뜻도 나타냅니다.

제군(諸君)은 통솔자나 지도자가 여러 명의 아랫사람을 문어적으로 조금 높여 이르는 이인칭 대명사입니다. 제후(諸侯)는 천자 밑에서 일정한 봉토를 가지고 그 안에서 권력을 행사하던 사람을 가리킵니다. 제설(諸說)은 여러 가지 주장입니다. 제자백가(諸子百家)는 춘추 전국 시대의 여러 학파를 이릅니다. 불교에서 많이 쓰는 제행무상(諸行無常)은 우주의 모든 사물이 늘 돌고 변하여 한 모양에 머물러 있지 않는다는 것을 나타내는 말입니다.

중학	획수	형자	회자	새김	발음
講	17	冓	言 冓	익힐/얽을	강/구

강(講)은 화해하는 것입니다. 좋지 않던 감정을 풀어 없애는 것이 화해입니다. 싸우던 두 편이 싸움을 그치고 평화로운 상태가 되는 강화(講和)를 하는 것입니다. 싸우는 쌍방이 화해하려면 여러 가지를 생각해야 합니다. 그래서 인신되어 생각한다는 뜻도 나타냅니다. '해석하다, 연습하다, 말하다'라는 의미도 있습니다.

구(冓)는 '짤' 구입니다. 재목을 어긋매껴 짜는 것입니다. 어긋매끼는 것은 한쪽으로 치우치지 아니하도록 서로 어긋나게 걸치거나 맞추는 것입니다. 전서를 보면 위아래가 완전 대칭형으로 나무를 쌓은 것 같아 보입니다만, 자형이 변해서 알아보기가 조금 어렵습니다. '익힐' 강(講)과 '얽을' 구(構)에 쓰입니다.

좋은 대책과 방법을 궁리하여 찾아내거나 좋은 대책을 세우는 것은 강구(講究)입니다. 옛글을 강론하여 익히는 것은 강습(講習)이고, 학문이나 기술의 일정한 내용을 체계적으로 설명하여 가르치는 것은 강의(講義)입니다.

중학	획수	형자	회자	새김	발음
謝	17	射	言 射	사례할	사

사(謝)는 받지 않는 것, 떠나는 것이라고 합니다. 본뜻은 관직에서 물러나는 것으로 봅니다. 스스로 잘못했다 생각해 사과하는 것을 나타냅니다. '떠나다'라는 뜻도 갖습니다. 더 나아가 사람이 세상을 떠난 것을 가리키기도 합니다.

고마운 뜻을 나타내는 선물은 사례품(謝禮品), 스승의 은혜에 감사하는 모임은 사은회(謝恩會), 감사하게 여기는 뜻은 사의(謝意)인데, 맡아보던 일자리를 그만두고 물러날 뜻을 나타내는 사의(辭意)와 발음이 같아서 혼동을 일으키는 경우가 있습니다. 요구나 제의를 받아들이지 않고 사양하여 물리치는 것이 사절(謝絶)입니다.

중학	획수	형자	회자	새김	발음
識	19	戠	言戠	알/표할/깃발	식/지/치

　식(識)은 『설문』에서 "상(常)이다. 달리, 아는 것[知]이라고도 한다. 언(言)에서 뜻을 취하고, '찰흙' 시(戠)가 소리를 나타낸다"라고 합니다. 『단주』입니다. "상(常)은 의(意)가 되어야 한다. 글자가 틀린 것이다. 초서에서 상(常)과 의(意)는 서로 닮았다. 육조(222~589) 시대에는 초서를 썼다. 초서에 이르러 (틀린 것이) 진짜가 되었다. 그릇되고 잘못된 것[譌誤(와오)]이 종종 이렇게[진짜가] 된다." 결국 글씨를 써 옮기는 과정에서 잘못된 것으로 식(識)의 뜻은 의(意)라는 것입니다. '아는 것, 이해하는 것, 지식'입니다.

　참고로 다른 설명도 있습니다. '알' 식(識)은 갑골문에서 '무기 이름' 직(戠)으로 썼습니다. 병기[戈] 위에 장식[音]을 단 것으로 봅니다. 여기서 음(音)은 소리나 뜻을 나타내는 것이 아니라 장식의 모양을 본뜬 것입니다. 나중에 뜻을 더 분명히 하기 위해 의미를 나타내는 언(言) 자를 덧붙이게 됩니다. 그런 장식을 달면 알아볼 수 있다는 데에서 '알다'라는 뜻을 나타내게 되었습니다. 치(識)를 기치(旗幟) 즉, 깃발이라고 해석하는 근거입니다. 기상(旗常)이라고 하는데 왕후(王侯)가 세운다고 합니다. 상(常)은 해와 달을 그린 것으로 왕은 대상(大常)을 세우고, 기(旂)는 교룡을 그린 것으로 제후가 세운다고 합니다. 발음도 '기'로 같고 깃발을 가리키는 것도 같지만, 여기에서 쓰는 기(旂)는 기(旗)와 다른 글자입니다. 『설문』의 기(旂)를 보면 방울이 많이 달려 있다고 나옵니다. 다른 문헌에는 바탕이 붉은색이라고 합니다. 종합하면 붉은 바탕에 방울이 많이 달린 것이 기기(旂旗)입니다.

　직(戠)은 '무기 이름' 직, 또는 '찰흙' 시, 직으로 새깁니다. '짤' 직(織)과 '벼슬' 직(職)에 자소자로 쓰이고 있습니다.

　식견(識見)은 학식과 견문이라는 뜻으로 사물을 분별할 수 있는 능력을 이릅니다. 식자(識者)는 학식, 견식, 상식이 있는 사람을 말합니다. 식도노마(識途老馬)는 길을 아는 늙은 말이라는 뜻으로 사정을 잘 알고 경험이 풍부한 사람을 비유적으로 이르는 말입니다. 이 말은 관중(管仲)과 관련된 고사에서 나왔습니다. 식자우환(識字憂患)은 글자를 아는 것이 근심과 걱정이라는 뜻으로 학식이 있는 것이 오히려 근심을 사게 됨을 이릅니다. 뭔가를 정확히 알지 못하고 어설프게 알아서 그런 경우도 있겠고, 사회적인 여건 때문에 피치 못하게 그런 경우도 있겠습니다.

진시황의 분서갱유(焚書坑儒) 때도 분명 식자우환이었을 겁니다. 근현대사에서도 마찬가지입니다. 1917년 혁명 이후 러시아에서는 많은 지식층 즉, 인텔리겐치아들이 박해를 받았고, 1966년부터 1976년까지 10년간 중국에서는 지식층 즉, 지식분자(知識分子)들이 강제 노역에 처해지고 심지어는 목숨을 잃은 경우도 부지기수입니다. 몇십 년 전 우리의 현대사만 해도 크게 예외가 아닙니다.

필자의 지인 가운데에도 대학의 교수였던 그의 아버님이 문화대혁명 시절 제자들에게 비판을 받으며 목숨을 잃어 묘가 어디에 있는지도 모르는 중국인이 있습니다. 지식층은 분명 사회 발전에 더 기여해야 할 책임이 있습니다만 이렇게 그야말로 비명횡사하는 사회는 건전한 사회가 아닙니다.

중학	획수	형자	회자	새김	발음
證	19	登	言正	증거	증

증(證)은 고발하는 것입니다. 고발하려면 뭔가 증거가 있어야 하고 자신의 말을 증명할 수 있어야 합니다. 그래서 '증거, 증명하다'라는 뜻으로 인신됩니다.

증명할 수 있는 근거는 증거(證據), 증거가 되는 문서나 서류는 증권(證券)인데, 지금은 유가 증권을 이르는 경우가 많습니다. 증거 문서는 증서(證書)이고, 증거를 들어 밝히는 것은 증명(證明)입니다. 실지로 사실을 경험하는 것은 증험(證驗)입니다.

중학	획수	형자	회자	새김	발음
議	20	義	言義	의논할	의

의(議)는 『설문』에서 "일이 마땅한지 논하는 것이다"라고 합니다. 일이 옳은지 그른지를 의론하는 것입니다. 『단주』에서는 허신의 이 설명은 충분하지 못하다고 지적하며 "윗글('言' 난)에서는 서로 논박하는 것[論難]을 어(語)라 하고, 또 어(語)는 논(論)이라고 한다. 이것은 논(論), 의(議), 어(語) 석 자가 모두 언(言)에 속하는 것을 이르는 것이다. 허신의 설명이 미진하다. 의(議)는 옳은 것[誼]이다. 의(誼)는 마땅한 것[宜]에 속하

며, 말이 마땅한 것을 의(議)라고 한다"라고 설명합니다. 의(議)는 다른 사람과 이야기를 나누는 것입니다. 여기에서 시비를 따져본다든지, 토론을 한다는 의미를 갖습니다.

의론해 의사를 결정하는 것이 의결(議決)입니다. 어떤 일에 대하여 서로 의견을 주고받는 것은 의논(議論)입니다. 『표준』에 '議論'은 표기가 두 가지입니다. '의논'은 바로 앞에서 설명한 바대로이고 '의론'으로 쓰면 "어떤 사안에 대하여 각자의 의견을 제기함. 또는 그런 의견"이라고 합니다. 의논분분(議論紛紛)은 주고받는 의견이 많아 갈피를 잡을 수 없는 것입니다.

중학	획수	형자	회자	새김	발음
變	23	䜌	䜌 攴	변할	변

변(變)은 바뀌는 것입니다. 성질이나 상태가 변해서 원래의 모습과 달라지는 것을 나타냅니다. '변하다'에서 '움직이다, 이동하다'라는 의미도 갖게 됩니다. 이상하다는 뜻에 더 나아가 기변을 나타내기도 합니다.

두 개의 '가는 실' 멱(糸) 가운데 '말씀' 언(言)을 쓰는 䜌은 '어지러울' 련, 란입니다. 기초한자에는 '변할' 변(變), '사모할' 련(戀)의 자소자이고, 기초한자 외의 '굽을' 만(彎), '물굽이' 만(灣)에서 볼 수 있습니다.

모양이 바뀌는 것은 변모(變貌), 얼굴빛이 바뀌는 것은 변색(變色), 세월의 흐름에 따라 바뀌고 변하는 것은 변천(變遷), 바뀌어 달라지는 것은 변화(變化)입니다. 무쌍(無雙)은 서로 견줄 만한 것이 없을 정도로 뛰어나거나 심한 것을 말합니다. 따라서 변화무쌍(變化無雙)은 변하는 정도가 비할 데 없이 심한 것입니다.

중학	획수	형자	회자	새김	발음
讓	24	襄	言 襄	사양할	양

양(讓)은 서로 상대방을 힐책하는 것입니다. 인신되어 겸손히 '물러나다, 내어주다'라는 뜻을 나타냅니다.

양(襄)은 '오르다, 돕다'라는 뜻입니다. 『설문』에서는 "양(襄), 한나라 율법에 옷을 벗고 밭을 가는 것을 양(襄)이라 한다"라고 설명합니다. 일을 하다 더워서 옷을 벗는다는 뜻이 아닙니다. 초상이 난 뒤 일정 기간이 지난 상복을 벗는다는 의미입니다. 여기에서 계속 인신되어 '이동하다, 완성하다, 들다, 오르다, 돕다' 등의 뜻으로 확대됩니다. '사양할' 양(讓), '고운 흙' 양(壤)에 자소자로 쓰입니다.

양보(讓步)는 다른 사람이 먼저 지나갈 수 있도록 한쪽으로 물러서는 것입니다. 여기서 다른 사람의 의견을 좇는다는 의미로 쓰이게 되고, 다른 사람을 위해 자신의 이익을 희생한다는 의미로도 씁니다. 이것이 인신의 과정입니다. 그러니 거듭 말하거니와 인신 과정을 깊이 배우고 생각하는 것은 한자만의 문제가 아니고, 우리말에 대한 이해를 높이고 나아가 다른 외국어 공부에도 큰 도움이 됩니다. 양도(讓渡)는 재산이나 물건을 남에게 넘겨주는 것입니다. 비슷한 뜻으로 증여(贈與)가 있는데, 보통은 대가가 있으면 양도, 대가가 없으면 증여로 구분됩니다. 양조추리(讓棗推梨)는 왕태(王泰)와 공융(孔融) 두 사람의 고사와 관련된 것으로 봅니다. 『남사(南史)』〈왕태전(王泰傳)〉에 나옵니다.

(왕태가) 몇 살인가 되었을 때 할머니가 손자와 조카들을 모두 모아놓고 상 위에 대추와 밤을 흩어놓았다. 아이들이 서로 덤벼드는데, 왕태 혼자만 집어 들지 않았다. 그 까닭을 물으니 '제가 집을 것이 아니고 (어르신들이) 주시는 것을 받겠습니다'라고 했다.
　　[年數歲時 祖母集諸孫侄 散棗栗於床 群兒競之 泰獨不取 問其故 對曰 不取自當得賜]

여기에서 양조(讓棗) 즉, 대추를 양보한다는 뜻이 나왔습니다. '어리석을' 질(侄)은 '조카'의 뜻을 갖습니다. 그런데 여자들이 자기 형제의 자식을 이르는 말로 속간에서 질(姪) 대신 썼습니다. 대체로 당나라 때까지 그렇게 썼다하고 그 후에는 남녀를 가리지 않고 조카의 뜻으로 쓰게 된 글자입니다. 추리(推梨)는 공융과 관련됩니다. 『후한서(後漢書)』〈공융전(孔融傳)〉에 나옵니다.

(공융이) 네 살 때, 형들과 배를 먹을 때마다 공융은 작은 것을 집어 들었다. 어른이 그 까닭을 묻자 공융은 '저는 어리니 작은 것을 집는 것이 법도입니다'라고 했다.
　　[年四歲時 每與諸兄共食梨 融輒引小者 大人問其故 答曰 我小兒 法當取小者]

이 성어를 우정이나 우애가 돈독한 것을 나타낸다고 설명하는 경우가 많은데, 중국에서는 형제지간의 우애가 돈독한 것에만 쓸 수 있다고 못 박고 있습니다.

중학	획수	회자	새김	발음
計	9	言十	셀	계

계(計)는 계산을 하는 것, 총계를 내는 것입니다. 합쳐 결산을 한다는 데에서 '계산하다, 고려하다, 계획하다, 도모하다'는 뜻을 나타내게 됩니다.

계교(計巧)는 요리조리 헤아려보고 생각해낸 꾀를 말합니다. 계략(計略)은 어떤 일을 이루기 위한 꾀나 수단이고, 계책(計策)은 어떤 일을 이루기 위하여 꾀나 방법을 생각해내거나 또는 그런 꾀나 방법을 말합니다. 이 세 단어는 문맥에 따라 부정적인 어감을 전달하는 경우가 많습니다. 계공행상(計功行賞)은 공을 헤아려 상을 준다는 뜻입니다. 우리는 논공행상(論功行賞)을 쓰는데 비슷한 의미입니다. 계과자송(計過自訟)은 『논어(論語)』〈공야장(公冶長)〉에 나옵니다.

나는 아직 자기의 잘못에 대해 자신을 탓하는 사람을 보지 못했다.
[吾未能見其過而內自訟者也]

잘못을 자기 탓으로 알고 자신을 책망하며 반성하는 것입니다. 계무소출(計無所出)은 생각이나 꾀 또는 계략이 나오는 바가 없다는 뜻으로 백계무책(百計無策)과 같은 의미를 나타냅니다. 어려운 일을 당하여 온갖 계교를 다 써도 해결할 방도를 찾지 못하는 것을 말합니다.

중학	획수	회자	새김	발음
設	11	言殳	베풀	설

설(設)은 진설하는 것, 즉 벌여 차려놓는 것입니다. 여기에서 '설치하다, 세우다, 창립하다'라는 뜻으로 인신됩니다.

수(殳)는 보통 '창' 수로 새기는데, 몽둥이라고 하는 경우도 있습니다. 『설문』의 설명으로는 팔모 죽창입니다.

계획을 세우거나 목적에 따라 실제적인 계획을 세워 도면 따위로 명시하는 일은 설계(設計)입니다. 기관이나 조직체를 만들어 일으키는 것이 설립(設立)이고, 무엇을 베풀어 두는 것이 설치(設置)입니다.

중외	부수	획수	형자	회자	새김	발음
信	人	9	辛	人言	믿을	신

믿을 **신(信)**입니다. 신구(信口)는 말을 할 때에 신중히 생각하지 아니하고 입에서 나오는 대로 함부로 하는 것을 이릅니다. 글자 그대로 입만 믿고 지껄이는 것입니다. 자황(雌黃)은 식물의 수지로 만드는 노란색 물감인데, 옛날에 노란 종이에 글씨를 쓰고 틀리면 자황을 바른 뒤 다시 썼다고 합니다. 그래서 문장을 고치거나 첨삭하는 것을 말합니다. 신구자황(信口雌黃)은 사실과 상관없이 입에서 나오는 대로 함부로 말하는 것을 말합니다.

고교	획수	형자	새김	발음
詐	12	乍	속일	사

사(詐)는 속이는 것입니다. 가장하는 것을 가리키기도 합니다. 적이 오판을 일으키도록 하는 술수나 꾀의 의미도 있습니다.

자소인인 '사(乍)'는 '잠깐'의 뜻입니다. 사(詐) 자 외에, '지을' 작(作), '어제' 작(昨)에서 볼 수 있습니다.

나쁜 꾀로 남을 속이는 것은 사기(詐欺), 꾀병은 사병(詐病)입니다. 병이 있다고 핑계를 대는 것은 칭병(稱病)인데, 옛날에 관리들이 자신이 뜻을 펼 상황이 아니라고 생각하는 경우 조정에서 물러나기를 바랄 때 흔히 병이 있다거나, 부모님을 모셔야 한다고 칭했습니다. 속여서 취하는 것 즉, 빼앗는 것은 사취(詐取), 신분을 속이는 것은 사칭(詐稱)입니다.

고교	획수	형자	새김	발음
訴	12	斥	호소할	소

소(訴)는 무엇에 대해 말을 하는 것입니다. 고(告)하고, 고소하는 것입니다. 알리고 진술하는 것입니다.

자소자는 '물리칠' 척(斥)입니다. 대원군 때 '양이(洋夷)와 화친(和親)할 수 없다'는 뜻을 새겨 세운 비는 척화비(斥和碑)입니다.

소장(訴狀)은 소송을 제기하기 위하여 1심 법원에 제출하는 서류인데 보통 고소장을 가리키기도 합니다. 고소장(告訴狀)은 범죄의 피해자나 다른 고소권자가 범죄 사실을 고소하기 위하여 수사 기관에 제출하는 서류입니다. 지금 고소(告訴)는 주로 법률 용어로 사용되어 수사 기관에 뭔가 신고하는 것만을 떠올리게 되지만, 본래 고소는 '고하여 하소연하다'라는 뜻입니다. 눈물로 호소해서 읍소(泣訴)입니다.

고교	획수	형자	새김	발음
詳	13	羊	자세할	상

상(詳)은 자세히 의논하는 것입니다. 그래서 '조밀하다, 세밀하다'라는 뜻을 나타내고, 그렇게 설명하는 것이나 명백하게 이해하는 것을 나타내기도 합니다.

자세한 보고는 상보(詳報), 자세히 설명하고 말하는 것은 상술(詳述), 자세한 풀이는 상해(詳解)입니다.

고교	획수	형자	새김	발음
該	13	亥	갖출, 마땅	해

해(該)는 군대 내의 계율을 가리킵니다. 계율은 지켜야 하기 때문에 '마땅히, 당연히'라는 뜻을 갖습니다. 인신되어 '갖추다, 완비하다, 충족하다' 등의 뜻이 됩니다. 앞에서 한 번 언급한 사람이나 사물을 나타내기도 하고, '모든'의 뜻도 있습니다.

어떤 것과 관계되는 바로 그것은 해당(該當)이고, 여러 방면의 학식이 높아 해박(該博)입니다. 해지(該地)는 관련이 되는 바로 그 땅, 또는 '그곳'이라는 뜻입니다.

고교	획수	형자	새김	발음
誌	14	志	기록할	지

지(誌)는 '뜻' 지(志)에서 분화된 글자입니다. 지(志)는 본래 위 자소자가 '그칠' 지(止, '가다'의 뜻)로 '마음이 가는 바'를 뜻했습니다. 마음[心]이 움직이는 것, 가는 것[止]을 써서[言] 남기는 것이 지(誌)로 '쓰다, 기록하다'의 뜻입니다. 자형이 바뀌면서 지금은 선비[士]의 마음[心]을 써서[言] 남기는 것이 되었습니다. '기술하다, 기재하다'의 뜻에 '기호'라는 의미도 있습니다.

잡지에서 글이나 사진이 실리는 종이의 면이 지면(誌面)입니다. 동음이의어인 지면(紙面)도 기사나 글이 실리는 인쇄물의 면을 뜻해 의미가 비슷합니다만, 지면(誌面)은 잡지(雜誌)의 면이라는 뜻이 내포되어 있습니다.

고교	획수	형자	새김	발음
諒	15	京	살펴 알, 믿을	량

량(諒)은 믿는 것입니다. '서로 믿다, 고집스럽다'라는 뜻 외에 너그럽게 용서한다는 뜻을 가지고 있습니다.

살펴 아는 것은 양지(諒知)이고, 다른 사람의 사정 따위를 잘 헤아려 살피는 것은 양찰(諒察), 다른 사람의 사정을 잘 헤아려 너그러이 받아들이는 것은 양해(諒解)입니다.

고교	획수	형자	새김	발음
謀	16	某	꾀	모

모(謀)는 『설문』에서 "사정이 어렵고 쉬운 것을 생각하는 것이다"라고 합니다. 그래서

'묻는 것, 생각하는 것'을 가리킵니다. 상의하거나 자세히 살피는 것을 나타내고, 계속 인신되어 '꾀'를 뜻하기도 합니다.

'아무' 모(某)는 '중매할' 매(媒)의 자소자이기도 합니다.

속임수를 써서 다른 사람을 해롭게 하는 것은 모략(謀略)이고, 자신의 이익만을 꾀하는 사람이나 무리는 모리배(謀利輩), 자기 나라를 배반하는 것은 모반(謀叛)입니다. 모사(謀士)는 꾀를 써서 일이 잘 이루어지게 하는 사람을 가리키는데, 부정적인 문맥에서는 모사꾼(謀事-)과 같은 뜻으로 쓰이기도 합니다. 약은 꾀로 일을 꾸미는 사람을 낮잡아 이르는 말입니다. "모사재인 성사재천(謀事在人 成事在天)"이라는 말이 있습니다. 일을 꾀하는 것은 사람에게 달려있지만, 일을 이루는 것은 하늘에 달려 있다는 뜻입니다. 결과는 하늘에 맡기고 일을 힘써 꾀하여야 함을 나타냅니다.

고교	획수	형자	새김	발음
謂	16	胃	이를	위

위(謂)는 평가하고 논하는 것으로 평론(評論)입니다. 어떤 일에 대해 말하는 것입니다. 한마디의 말로 이르자면, 또는 그런 뜻에서 참으로의 의미를 나타내는 가위(可謂), 이른바의 뜻을 나타내는 소위(所謂)가 있는데 특히 가위(可謂)는 구어에서는 거의 쓰이지 않는 듯합니다.

고교	획수	형자	새김	발음
謙	17	兼	겸손할	겸

겸(謙)은 다른 사람을 공경하는 것입니다. 겸손한 것입니다. 자만하지 않고 삼가는 것입니다. '싫어할' 혐(嫌)과 통용하기도 해 '의심하다'라는 뜻으로도 쓰입니다.

겸공(謙恭)은 자기를 낮추고 남을 높이는 태도가 있는 것을 말하는데, 겸허(謙虛)와 공경(恭敬) 두 말이 결합된 것으로 보아도 좋을 듯합니다. 자신의 태도는 겸허하며, 다른 사람을 대할 때에는 공경하는 것입니다. 겸비(謙卑)는 자기 자신을 겸손하게 낮추는 것인데, 발음 때문에 두 가지 이상을 함께 갖추고 있다는 겸비(兼備)와 자칫 혼동하기 쉽습니다. 겸손한 태도로 사양하는 것은 겸양(謙讓)입니다.

고교	획수	형자	새김	발음
譯	20	睪	번역할, 통변할	역

　역(譯)의 새김 '통변(通辯)하다'가 혹 조금 생소할지 모르겠습니다. 고문에서는 소통이 되도록 분석한다든지 그 의미가 조금 다른 점이 있습니다만, 지금 쓰는 의미는 '통역하다'와 같습니다.『설문』에서는 "사방 오랑캐의 말을 해석, 번역하는 것이다"라고 합니다. 번역하는 사람을 가리키기도 하고, '해석하다'는 의미에 '선택하다'라는 뜻도 갖고 있습니다.

　자소자는 '엿볼' 역(睪)으로 위에는 '눈' 목(目) 자를 눕혀 쓴 것입니다. '풀' 석, '통변할' 역, '역참' 역, '가릴' 택, '못' 택에 나옵니다. 어떤 부수를 붙이면 될지 생각해서 써 보기 바랍니다. 다 썼습니까? 풀다(solve)가 조금 애매한데 '분별할' 변(釆), 통변하는 것은 말을 쓰는 것이니 '말씀' 언(言), 역참에는 말이 오가는 곳이니 '말' 마(馬), 가리는 것은 손의 동작이니 '손' 수(手), 못(lake)은 물이 있는 장소이니 '물' 수(水)입니다. 釋, 譯, 驛, 擇, 澤입니다.

　통역을 맡아 보던 관리가 역관(譯官)입니다. 번역한 책은 역본(譯本) 또는 번역본(飜譯本)입니다.

고교	획수	형자	새김	발음
譽	21	與	기릴, 명예	예

　예(譽)는 칭찬하는 것입니다. 그 뜻을 기리는 것입니다. 그래서 명성이나 명예를 가리킵니다.

　자소자인 '줄' 여(與)는 '들' 거(擧)에도 쓰입니다.

　조금 어려운 한자어입니다만, 예망(譽望)은 명예와 인망을 아울러 이르고, 예문(譽聞)은 명예스러운 평판입니다. 영광스러운 명예는 영예(榮譽)입니다.

고교	획수	형자	새김	발음
護	21	蒦	도울, 보호할	호

호(護)는 구호하는 것, 감시하는 것입니다. 그래서 힘을 다해 돌보는 것을 나타냅니다. 한쪽을 두둔하거나, 권세를 이용해 부당한 잘못을 덮어준다는 뜻도 있습니다.

자소자 확(蒦)은 여러 번 나와서 익숙하리라 믿습니다. '거둘' 확(穫), '얻을' 획(獲)에 쓰입니다. 거두는 것은 추수의 문제라서 '벼' 화(禾)를 쓰고, 얻는 것은 사냥에서 온 것이라서 개[犬] 자과 결합되어 있습니다.

자기 몸을 보호하는 것은 호신(護身), 나라를 보호하고 지키는 것은 호국(護國)입니다. 따라다니며 곁에서 보호하고 지키는 것은 호위(護衛)이고, 헌법을 보호하고 지키는 것은 호헌(護憲)입니다. 한쪽을 두둔한다는 뜻으로 편단(偏斷)이라는 말이 있는데, 편단(偏袒)도 한문에서는 같은 뜻으로 쓰이는 경우가 있습니다. 자세한 내용은 격물의 편단(偏袒) 조항을 참고하기 바랍니다.

格物 092. 편단, 통견

편단(偏袒)을 『표준』에서는 "한쪽 소매를 벗음"이라고 설명합니다. 편단우견(偏袒右肩)에서 볼 수 있는 것처럼 불교 예법의 하나로만 사용하는 것입니다. 그러니까 "상대편에게 공경의 뜻을 나타내는 예법의 하나로 왼쪽 어깨에 옷을 걸치고 오른쪽 어깨는 드러내는 것"을 가리킵니다. 그러나 한자 본래 뜻에는 한쪽만 두둔한다는 의미도 있습니다. 한쪽으로 치우쳐서 결정한다는 편단(偏斷)의 뜻도 나타내는 것입니다.

이에 비해 통견(通肩)은 통양견법(通兩肩法)의 약칭으로 불교에서 가사(袈裟) 즉, 삼의(三衣)의 착법 중 한 가지입니다. 가사로 양 어깨를 모두 덮는 차림을 말합니다. 이 차림은 복을 거두는 밭[福田]을 상징해, 스님들이 걸식이나 좌선, 송경 등을 할 때의 차림으로 되어 있습니다.

고교	획수	형자	새김	발음
讚	26	贊	기릴	찬

찬(讚)은 '도울' 찬(贊)에 편방을 더해 분화된 글자로 봅니다. 『설문』에서 찬(贊)은 "보는[만나는] 것이다"라고 합니다. 예물[貝]을 들고 온 손님을 안내해 주인을 만나도록 하는 것입니다. 거기에 '말씀' 언(言)을 더해 '칭찬하다'는 뜻으로 쓰게 되었습니다.

찬양, 찬미의 뜻을 나타내는 노래는 찬가(讚歌), 아름답고 훌륭한 것이나 위대한 것 따위를 기리어 칭송하는 것은 찬미(讚美), 미덕을 기리고 칭찬하거나 노래로 표현하는 것은 찬송(讚頌)입니다.

고교	획수	형자	회자	새김	발음
訂	9	丁	言丁	바로잡을	정

정(訂)을 『설문』에서는 '평의(評議)'라고 합니다. 의론하고 평정하는 것입니다. 평의하면 고칠 의견이 나오기 때문에 '고치다'라는 뜻으로 인신됩니다. 그래서 '생각하고 연구하다, 무엇을 본받다'라는 의미도 갖습니다.

글자나 글의 잘못을 바로잡아 고치는 것은 정정(訂正)입니다. 잘잘못을 의논하여 결정하는 것은 정정(訂定)입니다. 하나는 글자의 문제이고, 또 하나는 시비를 가리는 문제입니다. 정(訂)은 '정할' 정(定)과 기원이 같은 것으로 보는데, 정(定)은 '쉬다, 편안히 지내다'를 본뜻으로 봅니다.

고교	획수	형자	회자	새김	발음
討	10	肘省	言寸	칠	토

토(討)는 말[言]로 바로잡는 것[寸]입니다. 촌(寸)에는 법이나 법칙의 뜻이 있습니다. 그러니까 말[言]을 법도[寸]에 맞게 바로잡는 것이라고 할 수 있습니다. 공개적으로 견책하거나, 정벌하는 것을 뜻합니다.

주(肘)는 팔꿈치입니다. 팔꿈치와 겨드랑이를 가리키는 주액(肘腋)이나 팔꿈치와 팔을 가리키는 주완(肘腕)이라는 한자어가 있기는 하지만, 일상에서 거의 쓰이지 않는 글자입니다.

사물의 이치를 따져가며 연구하는 것은 토구(討究)라 하고, 토의(討議)는 토론하고 상의하는 것이며, 토벌(討伐)은 무력으로 쳐서 없애는 것입니다.

고교	획수	형자	회자	새김	발음
訟	11	公	言公	송사할	송

송(訟)은 다투는 것입니다. 다투어 변론하는 것입니다. 달리, 송가(頌歌)라는 설명도 있습니다. 책임을 묻거나 다투는 것을 나타냅니다.

송사(訟事)는 한문 투의 어휘로 소송(訴訟)을 뜻합니다. 행동이나 일 처리가 사사롭거나 한쪽으로 치우치지 않고 공평한 것을 '공변되다'라고 하는데 서로 자신이 공변되다[公] 말하거나 주장하는 것[言]이라고 풀을 수도 있겠습니다. 송안(訟案)은 송사의 내용과 과정을 적은 기록을 말합니다.

고교	획수	형자	회자	새김	발음
詞	12	司	言司	말씀, 글	사

사(詞)를 『설문』에서는 "사(詞)는 안에 있는 뜻을 말로 밖으로 드러내는 것이다"라고 합니다. 그래서 말을 하는 것, 또는 그런 말을 가리킵니다. 변명이나 이유의 뜻도 있습니다.

자소자는 '맡을' 사(司)입니다.

사형(詞兄)은 벗으로 사귀는 문인이나 학자끼리 서로 높여 부르는 말입니다. 한자만 다른 사형(師兄)은 자기보다 먼저 같은 스승의 제자가 된 사람을 가리킵니다.

고교	획수	형자	회자	새김	발음
詠	12	永	口永	읊을	영

영(詠)은 소리를 길게 빼며 노래로 읊조리는 것입니다. 말[言]을 길게[永] 빼는 것이 특징이겠습니다. 송가나 시를 가리키기도 합니다.

시가를 읊는 것은 영가(詠歌), 눈을 주제로 하여 시를 읊는 것은 영설(詠雪)이라고 합니다. 목소리를 길게 뽑아 깊은 정회(情懷)를 읊은 것은 영탄(詠歎)입니다. 영설지혜(詠雪之慧)는 『진서(晉書)』〈왕응지처사씨(王凝之妻謝氏)〉에 기원을 두고 있습니다. 왕응지(王凝之, 334~399)는 서성(書聖)으로 불리는 왕희지의 차남으로 아버지와 마찬가지로 서예로 이름을 떨친 왕헌지(王獻之)의 형입니다. 왕응지의 아내가 바로 사씨(謝氏)로 사도온(謝道韞)입니다. 그녀는 재상 사안(謝安)의 조카딸이자, 아버지는 안서장군 사혁(謝奕)으로 명문세가 출신이었습니다. 사서를 보면 그녀는 성격이 아주 호탕한 여장부였습니다. 그녀가 어렸을 때의 일입니다. 눈 내리는 어느 날 사안(謝安)이 아들과 조카들을 불러놓고, 눈 내리는 것을 무엇에 비유할 수 있는지 이야기를 나눴습니다. 바로 이때 사도온은 "버들개지가 바람에 날리는 것 같지 않을까요[未若柳絮因風起]?"라고 답했습니다. 이에 사안은 조카딸의 시재를 알아보며 크게 웃었다고 합니다. 이후 영설지재(詠雪之才)는 시를 지을 수 있는 여자를 가리키게 되었습니다.

이것은 교육은 물론 사회 전반이 남성 위주로 이루어졌던 전통 사회에서 여자로서 시를 지을 수 있다는 것이 특별한 경우에 속해 나올 수 있는 말이었겠습니다.

고교	획수	형자	회자	새김	발음
評	12	平	言平	평할	평

평(評)은 『설문』에 실려 있지 않습니다. 일정한 기준에 따라 가늠해보고, 따져보는 것입니다. 의론하고 판정하는 것입니다. 그런 말이나 글이 될 수도 있습니다.

가격이나 가치를 매기는 것은 평가(評價), 사물의 가치, 우열, 선악 따위를 평가하여 논하거나 그에 대해 쓰는 글은 평론(評論), 세상 사람들의 비평은 평판(評判)입니다.

고급 공무원이 바뀔 때 심심찮게 듣는 말로 하마평(下馬評)이 있습니다. 『표준』에서는 하마평을 "관직의 인사 이동이나 관직에 임명될 후보자에 관하여 세상에 떠도는 풍설(風說). 예전에 관리들을 태워가지고 온 마부들이 상전들이 말에서 내려 관아에 들어가 일을 보는 사이에 상전들에 대하여 서로 평하였다는 데서 유래한다"라고 합니다. 어느 것이 먼저인지는 확인할 수 없지만, 사실 이 설명은 일본 사전의 하마평과 똑같습니다. 어쨌든 중국에서는 잘 안 쓰는 듯하고 우리나라와 일본에서 주로 쓰고 있습니다. 하마평을 중국어로 가담항의(街談巷議)로 번역한 경우를 보게 되는데, 거리나 항간에 떠도는 소문이라는 뜻이니 조금 차이는 있겠습니다. 가담항의는 가담항설(街談巷說)이라고도 합니다. 축자의는 거리에서 나누는 이야기나 골목에서 주고받는 말이니 뜬소문입니다.

고교	획수	형자	회자	새김	발음
誇	13	夸	言夸	풍칠	과

과(誇)의 새김인 '풍(風)치다'는 『표준』에 올라 있지 않습니다. 다른 국어사전 가운데에는 올림말로 실린 경우가 있는데 "실제보다 과장하여 실속 없는 말이나 행동을 하다"라고 정의합니다. 있는 것보다 키워서 크게 말하는 것입니다. 허풍을 치는 것입니다.

과(夸)는 기뻐서 큰 소리를 내는 것입니다. 기뻐서 소리를 지르는 데에서 '허풍치다, 과장하다'라는 뜻을 갖게 됩니다.

작은 것을 큰 것처럼 과장하는 것은 과대(誇大)하는 것이고, 자랑해 보이는 것은 과시(誇示), 큰 것처럼 부풀려서 나타내는 것은 과장(誇張), 사실보다 불려서 말하거나 뽐내어 말하는 것은 과칭(誇稱)입니다. 과대망상(誇大妄想)은 사실보다 과장하여 터무니없는 헛된 생각을 하는 증상입니다. 기원으로 보면 자소자와 같은 글자입니다.

고교	획수	형자	회자	새김	발음
誓	14	折	折言	맹세할	서, 세

서(誓)는 약속을 하는 것입니다. 『설문』 주석을 보면 "자기 스스로 말을 하고 식언하지 않은 것을 서(誓)라고 한다"라고 합니다. 옛날 군대가 출정할 때, 병사들을 훈계하고 약속하는 말을 가리켰습니다. 여기에서 맹세하다, 함께 지키기로 한 맹약을 가리키게 되었습니다. '알리다'라는 뜻도 있습니다.

맹세하고 약속하는 것은 서약(誓約)입니다. 한용운(1879~1944) 시인의 「님의 침묵」 가운데 한 구절입니다.

황금(黃金)의 꽃같이 곧고 빛나던 옛 맹세(盟誓)는 차디찬 티끌이 되어서 한 숨의 미풍(微風)에 날아갔습니다.

맹세(盟誓)는 원래 '맹서'입니다만, 지금은 대부분 '맹세'로 읽고, 서맹(誓盟)과 같은 뜻입니다. 서서(誓書)는 서약서(誓約書)를 말합니다.

고교	획수	형자	회자	새김	발음
誦	14	甬	言甬	욀	송

송(誦)은 낭송하는 것입니다. 단순히 읽는 것이 아니라, 작품의 내용과 느낌에 맞게 강약과 완급, 어세를 조절하며 읽는 것입니다. '읽다, 말하다'라는 뜻을 나타냅니다.

자소자는 '솟을' 용(甬)인데, '날랠' 용(勇), '욀' 송(誦), '아플' 통(痛), '통할' 통(通)에서 볼 수 있습니다.

경전을 외는 것은 송경(誦經), 소리 내어 읽은 것은 송독(誦讀), 시가를 외워 읊조리는 것은 송영(誦詠)입니다.

고교	획수	형자	회자	새김	발음
誘	14	秀	言秀	꾈	유

유(誘)는 그럴듯한 말로 상대를 부르는 것, 즉 꼬이는 것입니다만 본뜻은 인도하는 것입니다. 여기에서 어떤 수단을 써서 자기 뜻대로 움직이도록 꼬이는 것을 가리키게 되었습니다.

사람이나 물건을 목적한 장소나 방향으로 이끄는 것은 유도(誘導), 어떤 일이 계기가 되어 다른 일을 일어나게 되는 유발(誘發)은 색채가 중립적입니다. 그런데 주의나 흥미를 일으켜 꾀어내는 유인(誘引)은 부정적인 색채가 가미되어 있습니다.

고교	획수	형자	회자	새김	발음
誕	14	延	言延	낳을, 거짓	탄

탄(誕)은 본뜻이 '허황하다'는 것입니다. 흰소리나 허황된 이야기를 가리킵니다. 인신되어 '황당하다, 허망하다'는 뜻을 나타냅니다. '크다, 성장하다'는 의미도 갖고 있는데, 이 글자를 빌려서 '태어나다'에 쓰기도 합니다. 그래서 생일을 가리키기도 합니다.

'탄망(誕妄)하다'는 말이나 행동이 터무니없고 망령된 것을 가리켜 본뜻으로 쓰는 예가 됩니다만, 요즈음은 거의 쓰지 않는 말입니다. 임금이나 성인이 태어난 날을 탄신(誕辰)이라고 하는 것은 나중에 '태어나다'는 뜻으로 글자를 빌려 쓴 데에서 비롯된 것입니다.

고교	획수	형자	회자	새김	발음
諾	16	若	言若	허락할	낙

낙(諾)은 본래 약(若)이었는데, '말씀' 언(言)을 더해 지금의 자형이 되었습니다. 본뜻은 우리말의 '네, 예'에 해당됩니다. 거기에서 '대답하다, 승낙하다, 따르다'라는 뜻으로 인신되었습니다.

상대가 청하는 바를 들어주는 것은 승낙(承諾), 청하는 바를 하도록 들어주는 허락(許諾)과 비슷합니다. 두 단어의 설명이 비슷한데, 승낙은 요구하는 행위를 화자가 할 수도 있고 청자가 할 수도 있습니다. 그러나 허락의 경우에는 뭔가를 요구하는 화자 스스로가 어떤 행위를 하도록 한다는 점에서 차이가 있습니다.

고교	획수	형자	회자	새김	발음
謁	16	曷	言曷	뵐	알

알(謁)은 아뢰는 것, 사뢰는 것입니다. 아랫사람이 윗사람에게 알리는 것입니다. 알현(謁見)하는 것, 즉 윗사람을 뵙는 것을 뜻하기도 합니다. '청구하다, 고발하다'는 뜻도

있습니다.

자소자는 '어찌' 갈(曷)로 알(謁) 이외에 '목마를' 갈(渴)에 쓰입니다.

알고(謁告)는 휴가를 청하여 고한다는 뜻입니다. 알성(謁聖)은 임금이 성균관 문묘의 공자 신위에 참배하는 것을 가리킵니다. 알성시(謁聖試)는 조선 시대, 임금이 문묘에 참배한 뒤 실시하던 비정규적인 과거 시험입니다. 알성급제(謁聖及第)는 조선 시대에, 임금이 성균관 문묘에 참배한 뒤 보이는 과거 시험에 합격하던 일을 가리키고, 알성장원(謁聖壯元)은 알성 문과의 갑과(甲科) 세 사람 속에 뽑혀 급제하던 일을 말합니다.

고교	획수	형자	회자	새김	발음
謠	17	䍃	言䍃	노래	요

요(謠)는 '질그릇' 요(䍃)에 편방을 더해 분화된 글자로 봅니다. 『설문』에 "요(䍃)는 질그릇이다"라고 합니다. 부(缶)는 공이로 질그릇을 만드는 것으로 보고, 육(月, 肉)은 악기 없이 노래만 하는 것으로 보아 흥얼거리며 질그릇을 만드는 것으로 봅니다. 그래서 질그릇을 가리킵니다. 달리, 요(謠)는 반주가 없는 노래입니다. 민간에서 유행하는 노래로 반주 없이 그저 입으로 부르는 노래입니다. 민간에서 떠도는 말이나 소문은 근거가 없다거나 날조되는 경우도 흔합니다. 그래서 '날조하다, 근거가 없다' 등의 뜻으로도 쓰입니다. 비슷한 자형의 '노래' 요(䚻)가 있는데, 이 글자는 반주 없는 노래를 뜻하고 『설문』 주석에 반주가 있는 노래는 가(歌)라고 한다고 설명합니다. 뜬소문은 요언(謠言)이라고 합니다.

'질그릇' 요의 자형은 『설문』과 『강희자전』에 모두 '육달월(月)' 아래 '장군' 부(缶)를 쓰는 '䍃'로 되어 있습니다만, 현재 중국에서는 '손톱' 조(爪, 爫) 아래 '장군' 부(缶)를 쓰고 있습니다[䍃]. 자료를 검색할 때 참고하기 바랍니다. 질그릇을 굽는 가마는 나중에 '구멍' 혈(穴)을 더해 '가마' 요(窯)가 됩니다.

고교	획수	형자	회자	새김	발음
謹	18	堇	言堇	삼갈	근

근(謹)입니다. 삼가고 신중한 것입니다. '진흙' 근(堇)에 편방을 더해 분화된 글자로 봅니다. 근(堇)은 『설문』에서는 "진흙이다. 토(土)를 따르며, 황(黃)이 생략된 것을 따른다"라고 설명하고 있습니다만, 『단주』에서는 토(土)와 황(黃)을 따르는 것은 황토에 점성이 많기 때문이라고 합니다. (바르는 흙에) 볏짚이 들어간 것을 근(堇)이라고 한다는 설명을 인용하며, 아울러 고문 근(堇)에는 황(黃) 자가 생략되지 않은 형태로 들어 있다고 합니다. 고문 분석에서는 두 팔을 묶고, 목에는 칼을 채운 사람을 희생으로 불에 태우며 기우제를 드리는 것으로 봅니다. 여기에서 '정성을 다해 공경하다'는 뜻을 갖게 됩니다. 근(謹)은 신중한 것, 정성을 다해 공경하는 것을 나타내고 더 나아가 예절을 뜻하기도 합니다.

'진흙' 근(堇)은 '흙' 토(土) 부에 속해 있는 글자인데, 자형 때문에 '풀' 초(艸) 부에 속하는 '제비꽃' 근(菫)과 헷갈리기 쉽습니다. 제비꽃은 오랑캐꽃이라고도 합니다. 실제 일부 자전에서는 이 두 글자를 바꾸어 쓰거나, 같은 글자로 설명한 경우가 있음을 확인할 수 있었습니다. '진흙[堇]' 위에 피어나는 풀[艸]이 제비꽃[菫]이라고 생각하면 기억하는 데에 도움이 되지 않을까 합니다.

말이나 행동을 삼가고 조심하는 것이 근신(勤愼)인데, 직장에서는 처신을 잘못해 받은 가벼운 벌의 뜻으로 쓰이기도 합니다. 점잖고 엄숙한 것은 근엄(謹嚴)한 것입니다. 근언신행(謹言愼行)은 말을 삼가고 행동이나 일을 신중하게 처리하는 것입니다.

고교	획수	형자	회자	새김	발음
譜	19	普	言普	계보	보

보(譜)를 가장 많이 보게 되는 경우는 아마도 족보(族譜)가 아닐까 합니다. 한 집안의 상하좌우 혈연관계를 기록한 계보입니다. '계보' 보로 새깁니다. 일을 처리하는 표준이나, 근거의 뜻으로도 쓰입니다.

족보를 만들기 위해 임시로 설치한 사무소는 보소(譜所) 혹은 보청(譜廳)이라 하며, 악보를 그리기 위해 그은 다섯 줄은 보표(譜表)입니다. 자소자는 '넓을' 보(普)입니다.

고교	획수	형자	회자	새김	발음
警	20	敬	敬言	경계할	경

경(警)은 타일러 훈계하는 것입니다. 인신되어 '지키다'는 뜻이 됩니다. 긴급한 정황이나 소식을 가리키기도 합니다.

자소자는 '공경' 경(敬)인데, 아래에 '말' 마(馬)가 오면 '놀랄' 경(驚)이 됩니다.

옳지 않은 일이나 잘못된 일들을 하지 않도록 타일러서 주의를 시키거나, 예기치 못한 침입을 막기 위하여 주변을 살피면서 지키는 것이 경계(警戒)이고, 조심하거나 삼가도록 미리 주의를 주는 것이 경고(警告)입니다. 진리나 삶에 대한 느낌이나 사상을 간결하고 날카롭게 표현한 말은 경구(警句), 경찰(警察)의 본뜻은 경계하여 살피는 것입니다.

고외	부수	획수	형자	회자	새김	발음
辯	辛	21	辡	辡言	말씀/두루	변/편

『설문』에서는 "변(辯)은 다스리는 것[治]이다"라고 합니다. 설명이 딱 한 글자로 되어 있어 구체적인 내용을 알기가 쉽지 않은데, 『단주』에서는 "옥(獄)을 다스리는 것이다"라고 합니다. 옥을 다스린다는 것은 옥을 관리하는 것이겠습니다. 여기에서 '반박하다, 바로잡다'라는 뜻을 나타내게 됩니다. 인신되어 말을 교묘히 잘 하는 것을 가리키기도 합니다.

변/편(辡)은 '죄인 서로 송사할' 변/편입니다. 부수자인 '매울' 신(辛)은 다른 글자와 결합할 때, 대부분 죄나 죄인을 나타냅니다. 기초한자 가운데 이 자소가 들어가는 글자로는 '분별할' 변(辨)이 또 있습니다.

변론(辯論)은 사리를 밝혀 옳고 그름을 따지는 것인데, 법에서는 소송 당사자나 변호인이 법정에서 주장하거나 진술하는 것, 또는 그런 주장이나 진술을 가리킵니다. 변명(辯明)은 옳고 그름을 가려 사리를 밝힌다는 것이 자의(字義)입니다만, 현재 쓰임은 각종 구실을 대며 자기 자신을 정당화하는 데에만 급급한 것을 나타내는 경우가 많습니다. 말을 잘 하는 능력은 변재(辯才)라고 하는데, 말재주입니다. 변재무애(辯才無碍)는 본래 불교에서 온 말로 불보살이 강(講)을 할 때 무엇 하나 걸리는 것 없이 유창하다는 데에서 막힘이 없이 말을 잘하는 것을 이릅니다.

고외	부수	획수	형자	새김	발음
獄	犬	14	狀言	감옥	옥

옥(獄)을 『설문』에서는 "견고한 감옥이다. 견(犬) 자 두 개는 수비하는 개를 나타낸다"라고 합니다. 옥의 본뜻은 소송으로 다투는 것이라고 합니다. 말[言]로 개 두 마리가 싸우듯 싸워서 발생하는 결과로 가게 되는 곳입니다. 자소자는 '개 서로 물'은 (狀)입니다.

R150

골 곡(谷) 부

갑골	금문	전문	해서
仚	仚	尙	谷

'골' 곡(谷)은 물이 골짜기 입구[口]에서 흘러나오는 모양[仌]을 나타내는 회의자입니다. 본뜻은 산골짜기의 샘물로 봅니다.

『설문』에서는 "곡(谷)은 샘이 흘러나와 내에 이르는 곳이다"라고 합니다. 주석에서는 위는 '물' 수(水) 자가 반쯤 드러난 모양이라고 합니다. 물의 흐름을 뜻하고 산골짜기 사이에서 흐르는 물줄기를 말합니다. 우리말에서 골짜기나 들에 흐르는 작은 물줄기를 개울이라고 하고 개울보다 더 작은 것을 도랑이라 하니, 개울 정도가 흐르는 지형이 되겠습니다. 그런 지형도 가리키니 골짜기가 됩니다. 부수로 쓰여 골짜기나 그와 관련된 상태를 나타내줍니다.

'골' 곡(谷) 부에 속한 기초한자는 부수자 단 한 글자뿐입니다.

중학	획수	형자	회자	새김	발음
谷	7	口	㕣(畫)口	골	곡

곡풍(谷風)은 골바람입니다. 골짜기에서 산꼭대기로 부는 바람을 말합니다.『표준』에는 곡풍에 봄바람이라는 설명도 있는데, 물론 봄철에 부는 바람입니다. 봄바람을 찾아보면 또 동풍과 유사어로 되어 있습니다. 겨울에는 남쪽의 해를 바라보며 섰을 때 바람이 뒤에서 불기 때문에 '뒤바람' 또는 '뒤울이'라고 하는데, 방향으로 나타내면 북풍입니다. 삭풍(朔風)의 삭(朔)도 방위로는 북쪽을 나타냅니다. 계절이 봄으로 바뀌면 동쪽에서 바람이 불어옵니다. 곡풍의 상대가 되는 말은 산바람으로, 이것은 밤에 산꼭대기에서 평지로 부는 바람을 일컫습니다. '재넘이'라고도 하는데, 높은 고개를 넘어오는 것처럼 산에서 불어 내리기 때문에 붙은 명칭이겠습니다.

다음의 글자들[俗, 浴, 容, 欲]은 모두 객식구인 '골' 곡(谷)이 형성 자소로 쓰이고 있습니다. 인간관계에 비유한다면 처갓집에 해당된다고 할 수도 있겠습니다. 처가는 곡(谷)씨 집안이고, 친가가 다르니 서로 동서간인데, 한 번 만나보겠습니다. 부수외자라서 기억에 도움이 되도록 한 번 이야기를 엮어보았는데, 자세한 내용은 해당 부수에서 확인하기 바랍니다.

중외	부수	획수	형자	새김	발음
俗	人	9	谷	풍속	속

인(人)씨 집안 사위인 **속(俗)**은 풍속을 뜻합니다. 사람[人]이 사는 골짜기[谷]에서 왔으니 그럴 법한 일입니다. 교통이나 사람들의 왕래가 불편했던 옛날에는 어쩌면 골짜기마다 습속이 다를 수도 있었겠습니다.

중외	부수	획수	형자	새김	발음
浴	水	10	谷	목욕할	욕

수(水)씨 사위인 '목욕할' 욕(浴)입니다. 이 사위는 골짜기처럼 물을 깊이 받아놓고 목욕을 하는 것이 일상입니다. 한량입니다. 그러나 때가 되면 나라를 위해 '피를 뒤집어쓰고 용감하게 싸우겠다'는 욕혈분전(浴血奮戰)의 기개를 가지고 있습니다.

증외	부수	획수	형자	회자	새김	발음
容	宀	10	谷	宀容	얼굴	용

'집' 면(宀) 씨의 사위 '얼굴' 용(容)입니다. 본래 그릇[口]을 가득 채우는 것[內, 納, '들일' 납]이 자기 집 전통인데, 언제부터지 사람들이 내용은 보지 않고 '얼굴'만 보아 집안[宀]의 체통을 잃었다고 합니다.

증외	부수	획수	형자	회자	새김	발음
欲	欠	11	谷	谷欠	하고자 할	욕

마지막으로 '하품' 흠(欠) 씨 사위 '하고자 할' 욕(欲)입니다. 이 사위는 만족하는 법이 없습니다. 뭐든 늘 부족하다고 생각합니다. 재물이 골짜기[谷]를 가득 채워도 부족하다[欠]고 하는 사람입니다.

욕개미창(欲蓋彌彰)은 나쁜 일의 진상은 덮으면 덮을수록 더 분명하게 드러난다는 뜻입니다. 『춘추좌씨전(春秋左氏傳)』〈소공31년(昭公三十一年)〉의 기록에 나오니 기원전 512년의 일이 되겠습니다. 당시 흑굉(黑肱)이라는 주(邾)나라 대부가 자신의 봉지를 바치며 노(魯)나라로 망명한 행위를 의롭지 못하다고 비판하는 내용입니다. 원문에서는 욕개이명장(欲蓋而名章)으로 되어 있는데, 후세에 들어 욕개미창(欲蓋彌彰)으로 씁니다. 욕속부달(欲速不達)은 일을 빨리하려고 하면 도리어 이루지 못함을 일컫습니다. 욕파불능(欲罷不能)이라는 말이 있습니다. 자의(字義)로 본다면 하고자 하는 것을 버릴 수 없다 정도의 의미인데, 이 말은 『논어(論語)』〈자한(子罕)〉편에 나옵니다. 본뜻과 달리 쓰기가 쉽습니다.

안연이 탄식하며 말했다. … 선생님께서는 차근차근 사람을 잘 인도하시어 학문으로 나의 식견을 넓혀주시고, 예로써 나의 언행을 단속해주신다. 그만두려 해도 그만둘 수 없어 내 재능을 다 해보지만 우뚝 솟으셔서 뒤따르려 해도 뒤따를 수가 없다.

[顏淵喟然歎曰 … 夫子循循然善誘人 博我以文 約我以禮 欲罷不能 旣竭吾才 如有所立卓爾 雖欲從之 末由也已]

이 부분은 제자 안연이 공자의 학문의 높고 깊음에 감탄하며, 그 가르침이 너무 좋아 배우지 않으려고 해도 그럴 수가 없다는 내용을 담고 있습니다. 그러니까 그 가르침이 좋고, 훌륭한 가치를 갖는 것입니다. 그러나 지금은 본뜻과는 달리 부정적인 가치를 떨치지 못하는 데에도 쓰는 듯합니다. 이것은 아마도 사람들이 시간이 지나면서 원래 문맥 속에서의 의미를 알아서 쓰지 않고, 자의(字義)만 생각해 사용하기 때문이 아닐까 합니다.

좀 긴 내용을 소개합니다. 이 말 또한 『춘추좌씨전』에 나오는데, 희공(僖公, BC 659~627) 10년의 일입니다. 진(晉)나라 혜공(惠公, ?~BC 637)은 대신이었던 이극(里克)의 도움으로 왕위에 올랐습니다. 그런데 왕위 쟁탈전에서 이극은 왕을 두 명 죽이고, 대부도 한 명 죽였습니다. 일단 즉위하고 나자, 혜공은 왕과 대부를 죽인 이극을 신하로 둔다는 것이 명분이 서지 않자 이극을 죽입니다. 이때 이극이 한 말입니다.

제가 두 명의 왕을 폐위시키지 않았다면 어찌 임금께서 왕좌에 오르실 수 있었겠습니까? 다른 사람에게 죄를 뒤집어씌우려면 어찌 말 즉, 핑계가 없다고 걱정하겠습니까?

[不有廢也 君何以興 欲加之罪 何患無辭]

이극은 이 말을 마치고 자결합니다. 새를 모조리 잡은 후에는 활이 무기고에 들어가게 된다는 뜻으로 천하를 평정한 뒤에 공신들이 버림받음을 비유적으로 이르는 조진궁장(鳥盡弓藏)이나, 토끼가 죽으면 토끼를 잡던 사냥개도 필요 없게 되어 주인에게 삶아 먹히게 된다는 뜻으로 필요할 때는 쓰고 필요 없을 때는 야박하게 버리는 토사구팽(兎死狗烹)을 떠올리게 하는 고사입니다.

고외	부수	획수	형자	회자	새김	발음
裕	衣	12	谷	衣谷	넉넉할	유

재미삼아 설명한다면, 옷[衣]이 골짜기[谷]를 가득 채울 정도로 많은 것이 **유(裕)**입니다. 그러니 여유가 있고 살림이 넉넉한 것입니다.

R151

콩 두(豆) 부

갑골	금문	전문	해서
묘	효	豆	豆

두(豆)는 옛날에 음식을 담아 먹는 그릇의 모양을 본뜬 상형자입니다. 높은 굽이 달려 있습니다. 『설문』에서는 "두(豆)는 옛날에 고기를 담아 먹던 그릇이다"라고 설명합니다. 갑골문을 보면 마치 요즈음 쓰는 포도주 잔 같아 보입니다. 『이아(爾雅)』〈석기(釋器)〉에서는 "나무로 된 것은 두(豆)라 하고, 대나무로 된 것은 변(籩)이라 하며, 질그릇으로 된 것은 등(㽅)이라 한다"라고 소재에 따라 이름이 다른 것을 알려줍니다. 그릇이고, 인신되어 부피와 중량의 단위로 쓰이기도 했습니다. 이후 이 글자를 빌려 콩의 뜻으로 쓰게 되어 콩도 나타냅니다.

중학	획수	새김	발음
豆	7	콩	두

두부(豆腐)는 채식을 위주로 하는 사람들에게 좋은 단백질 섭취원입니다. 두유(豆乳)는 물에 불린 콩을 간 다음, 물을 붓고 끓여 걸러서 만든 우유 같은 액체를 말합니다. 콩국은 흰콩을 약간 삶아서 맷돌에 갈아 짜낸 물인데 여름철에 국수 따위를 말아서 먹습니다. 콩국수입니다. 만드는 과정이 두유와 같은지는 잘 모르겠지만 우리의 두유 같은 것을 중국에서는 떠우쟝[豆醬, dòujiāng]이라고 합니다. 우리의 한자어 두장(豆醬)은 콩자반을 가리키니 쓰임이 다릅니다. 어쨌든 중국인들은 흔히 떠우쟝과 일자형 꽈배기라고 할 수 있는 요우탸오[油条, yóutiáo]로 아침 식사를 합니다. 최근에는 요우탸오가 기름으로 고온에서 튀겨 건강에 좋지 않다, 오래 먹으면 납중독에 걸릴 수 있다, 영양가가 없고 비만의 원인이 된다 해서 먹어서는 안 된다는 주장도 많이 나오고 있습니다만, 여전히 중국인들이 애용하는 식품입니다. 두태(豆太)를 『표준』에서 "콩과 팥을 아울러 이르는 말"로 설명하는데, 글자로만 보면 팥을 가리키는 글자는 없는 듯한데, 아마도 팥도 같은 콩과 식물이라서 이렇게 쓰게 된 것이 아닐까 추측해봅니다. 두황(豆黃)은 콩가루를 말합니다.

종두득두(種豆得豆)는 '콩 심은 데 콩 난다'는 뜻입니다. 우리 속담에 "콩 심은 데 콩 나고, 팥 심은 데 팥 난다"라고 합니다. 모든 일은 근본에 따라 거기에 걸맞은 결과가 나타나는 것임을 비유적으로 이르는 말입니다. 중국에서 쓰는 표현도 이 부분은 같은데, '팥 심은 데 팥 난다'는 '오이 심은 데 오이 난다'는 뜻의 종과득과(種瓜得瓜)로 씁니다. "외 심은 데 콩 나랴"라는 속담과 같습니다.

중학	획수	형자	새김	발음
豐	18	丰	풍년, 잔대	풍

풍(豐)은 그릇[豆]에 음식을 풍성하게 담은 것을 본떠 만든 상형자입니다. 갑골문 분석에서는 옥(玉)을 가득 담은 것이라고 합니다. 거기에서 '많다, 풍족하다, 풍요롭다'라는 뜻이 인신되어 나왔습니다. 약자로 풍(丰)을 많이 쓰는데 이 글자는 의례 때에 쓰는 제기(祭器)의 하나로 본음이 '례'입니다. 기초한자에서 제시하는 '풍년' 풍의 표준 자형은 '메' 산(山) 안에 좌우로 '예쁠' 봉(丰)을 쓴 '豐'입니다.

자소자는 '예쁠, 우거질' 봉(丰)으로 '받들' 봉(奉)과 '나라' 방(邦)에서 소리를 나타내는 자소로 쓰입니다.

농작물의 수확이 평년을 훨씬 웃도는 해는 풍년(豐年)이고, 그렇게 웃도는 것 자체는 풍작(豐作)입니다. 풍등(豐登)은 농사를 지은 것이 아주 잘되는 것을 이르고, 풍비(豐備)는 풍부하게 갖추는 것입니다. 풍공위적(豐功偉績)은 공적이 위대한 것을 이릅니다. 풍취각여(豐取刻與)는 백성에게서 거두어들이는 것은 많고, 주는 것은 각박한 것을 이릅니다. 풍의족식(豐衣足食)은 입을 것이 풍부하고, 먹을 것이 충족한 것으로 생활이 부유한 것을 말합니다.

증외	부수	획수	형자	새김	발음
登	癶	12	豆	오를/얻을	등/득

『설문』에서는 "등(登)은 수레에 오르는 것이다"라고 합니다. 수레를 타는 것입니다. 고문 분석에서는 윗부분의 발(癶)은 두 발의 모양이며 그릇[豆]에 햇곡식을 담고 계단을 올라가 신에게 바치는 모양으로 봅니다.

증외	부수	획수	형자	새김	발음
頭	頁	16	頁	머리	두

두(頭)로 시작하는 성어는 찾기가 어려운 듯합니다. 거두절미(去頭截尾)는 머리도 꼬리도 떼어내는 것으로 일의 요점만 간단히 말하는 것을 이릅니다. 용두사미(龍頭蛇尾)는 용의 머리에 뱀 꼬리라는 뜻으로 처음은 왕성하나 끝이 부진한 현상을 가리킵니다. 중국에서는 호두사미(虎頭蛇尾)로 씁니다.

증외	부수	획수	회자	새김	발음
短	矢	12	矢豆	짧을	단

『설문』에서는 "단(短)은 측량을 하는 것으로 화살을 표준으로 삼는다"라고 합니다. 주석을 보면 "옛날에 활은 길이가 6자이고 화살은 길이가 3자이기 때문에, 긴 것은 활로

재고, 짧은 것은 화살로 쟀다"라고 합니다.

절장보단(絕長補短, 截長補短)은 긴 것을 잘라서 짧은 것을 보충한다는 뜻으로 장점이나 넉넉한 것으로 단점이나 부족한 것을 보충함을 이릅니다.

R152

돼지 시(豕) 부

갑골	금문	전문	해서

시(豕)는 돼지의 머리, 배, 꼬리 부분의 모양을 본떠 만든 상형자입니다. 『설문』입니다. "시(豕)는 돼지이다. (돼지는 화가 나면) 꼬리를 세우기 때문에 시(豕)라고 한다." 이 설명에 따르면 시(豕)에는 (화가 나면) 꼬리를 세운다는 뜻이 들어 있어야 하는데, 확인할 수 없습니다. 시(豕)가 부수자로 쓰이면서 돼지는 '놈' 자(者)를 붙여 저(猪)를 쓰게 되었습니다. 주석 등을 참고하면 시(豕)는 한 구멍에 털이 세 개 난 새끼 돼지라고 합니다. 지금 쓰고 있는 '돼지' 저(猪)는 '개' 견(犭, 犬) 부에 들어가 있어 돼지가 아니라 개의 무리가 되었는데, 이것은 속자에서 쓰던 글자가 굳어졌기 때문입니다.

돼지를 가리키는 글자는 '수돼지' 가(豭), '돼지' 체(彘)에 돼지 시(豕), '멧돼지' 희(豨), '돼지' 돈(豚), 저자(猪子) 등 여럿 있습니다. 이것은 고대에 지역에 따라 명칭이 달랐던 것으로 보기도 합니다. 대체로 중국의 북방에서는 돼지를 가(豭)라 했고, 서방에서는 체(彘)나 시(豕)라 했으며, 남방에서는 희(豨)라 했고, 새끼 돼지는 돈(豚)이나 저자

(猪子)라고 했다고 합니다.

증외	부수	획수	형자	회자	새김	발음
敢	攴	12	干	又干	굳셀	감

감(敢)은 『설문』에서는 "일을 점점 이루어가는 것이다"라고 합니다만, 고문 분석에서는 가지 친 막대기로 멧돼지를 힘껏 찌르는 것을 나타내는 것으로 봅니다. 그래서 '용기가 있다, 담이 크다, 굳세다'라는 뜻으로 인신되었다고 합니다.

언감생심(焉敢生心)은 어찌 감히 그런 마음을 품을 수 있겠냐는 뜻으로 전혀 그런 마음이 없었음을 이릅니다. 감노이불감언(敢怒而不敢言)은 속으로 화는 나지만 상대방의 위세에 눌려 감히 드러내놓고 말을 하지 못하는 것입니다. 당나라 두목(杜牧, 803~852)의 「아방궁부(阿房宮賦)」에 나옵니다. 이 작품은 진(秦)나라가 아방궁을 지으며 누렸던 사치와 호사 때문에 망했다는 역사적 교훈을 담고 있으며, 그를 통해 당시 당나라 통치자들에게 경고를 하는 의미를 갖는 것으로 알려져 있습니다.

증외	부수	획수	회자	새김	발음
家	宀	10	宀豕	집	가

가(家)는 물론 집입니다. 집안이 화목하면 모든 일이 잘 이루어진다는 것이 가화만사성(家和萬事成)입니다. 집안의 부끄러운 일은 밖으로 드러내지 않는다는 뜻의 가추불가외양(家醜不可外揚)이 있습니다. 필자의 판단으로 이 말은 부끄러운 일을 숨긴다기보다 집안에서 생긴 일은 함부로 말을 내지 말고 집안에서 해결해야 한다는 데에 더 중점이 놓여 있지 않을까 합니다. 백가쟁명(百家爭鳴)은 많은 학자나 문화인 등이 자기의 학설이나 주장을 자유롭게 발표하여 논쟁하고 토론하는 것입니다. 그 결과는 백화제방(百花齊放)이라고 할 수 있습니다. 온갖 꽃이 일제히 핀다는 뜻으로 학문이나 예술, 사상 따위가 함께 성함을 비유적으로 이르는 말이며 중국의 예술 정책으로 한때 고창되던 말입니다.

고교	획수	새김	발음
象	12	코끼리	상

상(象)은 코끼리입니다.『설문』에서는 "상(象)은 코와 이빨이 길고, 남월(南越) 일대에 사는 야수이다. 3년에 한 번 새끼를 낳는데, 귀와 이빨, 네 개의 다리 모양을 본떴다"라고 합니다. 상형자입니다. 코끼리나 상아를 가리키고, 눈에 보이는 물건이나 모양, 형상을 뜻하기도 합니다.『설문』에서는 상형자라서 다른 자소로 나뉘지 않고, 하나의 부수를 이룹니다만,『강희자전』에서 부수를 줄이다보니 아랫부분이 '돼지' 시(豕) 자와 같아 보이는 점에 착안해 '돼지' 시(豕) 부수에 분류된 것이 아닐까 합니다.

상아(象牙)는 코끼리의 엄니입니다. 멸종 위기종 보호 차원에서 현재 대부분 국가에서 상아의 수출입은 금지되어 있습니다. 상저(象箸)는 상아 젓가락입니다. 상아 젓가락은 오래 쓰면 음식물의 색이 배어 쓴 사람의 자취가 남게 됩니다. 그래서 중국인들은 상아 젓가락을 귀하게 여기고 조상들이 쓰던 젓가락을 보관하기도 했다고 합니다. 대만인지, 중국인지 어느 박물관에서 유명한 사람이 쓰던 상아 젓가락을 전시하는 것을 본 기억도 있습니다. 추상적인 개념이나 사물을 구체적인 사물로 나타내거나 또는 그렇게 나타낸 표지(標識)·기호·물건 따위는 상징(象徵)입니다. 상형(象形)은 물건의 형상을 본뜨는 것입니다. 한자에서는 육서의 하나로 물체의 형상을 본떠 글자를 만드는 방법을 말합니다. 상아탑(象牙塔)은 속세를 떠나 오로지 학문이나 예술에만 잠기는 경지를 가리키거나 대학을 비유적으로 이르는 말입니다.『성경』〈아가서(雅歌書)〉에 나오는 '상아탑(ivory tower)'을 기원으로 보는데, 19세기 이후부터 현재와 같은 의미로 쓰이게 되었다고 합니다. 상아탑과 대를 이루는 말로 우골탑(牛骨塔)이 있는데, 가난한 농가에서 소를 팔아 마련한 학생의 등록금으로 세운 건물이라는 뜻으로, '대학'을 속되게 이를 때 씁니다. 천 가지 모습과 만 가지 형상이라는 뜻으로 세상 사물이 한결같지 아니하고 각각 모습·모양이 다른 것을 천태만상(千態萬象)이라고 합니다. 우주에 있는 온갖 사물과 현상은 삼라만상(森羅萬象)입니다. 삼라(森羅)는 식물이 번성해 울창하게 섞여 있는 것을 가리킵니다. 우리말에서는, 벌어진 현상이 숲의 나무처럼 많은 것을 '삼라(森羅)하다'라고 형용사로 씁니다.

고교	획수	형자	새김	발음
豪	14	高省	호걸	호

호(豪)는 『설문』에는 '높을' 고(高) 아래, '돼지' 이(豨)[希의 籒文]를 쓰는 '豪'로 실려 있는데 "호(豪)는 돼지이다. 갈기가 붓대롱같이 거칠다. 남군(현 호북성과 사천성의 경계 지역)에서 난다"라고 설명합니다. 호저(豪猪, porcupine)입니다. 『표준』의 호저에 대한 설명입니다. "쥐목의 호저류에 속하는 포유류를 통틀어 이르는 말. 부드러운 털과 뻣뻣한 가시털이 빽빽이 나 있고 목에는 긴 갈기가 있다. 꼬리 끝의 긴 털은 백색이나 뒷몸의 융기들은 검은색이다. 위험이 닥치면 몸을 밤송이처럼 동그랗게 한다." 대부분의 호저가 60~90cm가량이라고 하니 제법 큽니다. 큰 고슴도치(hedgehog) 정도로 생각하면 됩니다. 긴 털이나 가늘고 긴 털을 가리키기도 하고, 호저가 사납다는 데에서 재능이 있는 사람을 나타내기도 합니다.

지혜와 용기가 뛰어나고 기개와 풍모가 있는 사람을 호걸(豪傑)이라고 합니다. 비슷한 말로 영웅이 있는데 영웅(英雄)은 지혜와 재능이 뛰어나고 용맹하여 보통 사람이 하기 어려운 일을 해내는 사람을 말합니다. 만 명에 한 명 정도로 재능이 뛰어난 사람을 영(英), 천 명에 한 명 정도는 준(俊), 백 명에 한 명 정도로 뛰어난 사람은 호(豪)이고, 열 명에 한 명 나올 정도의 재능을 가진 사람을 걸(杰)이라고 설명하기도 합니다. 호기(豪氣)는 씩씩하고 호방한 기상인데, 꺼드럭거리는 기운을 뜻하기도 해, 이때는 객기(客氣)와 같은 뜻을 나타냅니다. 재력이 많고 세력이 강한 집안을 호족(豪族)이라고 하는데, 우리 역사에서 특정 시기의 인물 집단을 가리키기도 합니다. 사치스럽고 화려한 것은 호화(豪華)하거나 호화스러운 것입니다. 호언장담(豪言壯談)은 호기롭고 자신 있게 말하거나 또는 그 말을 가리킵니다. 중국어와 일본어에서는 호언장어(豪言壯語)로 씁니다.

고교	획수	형자	새김	발음
豫	16	予	미리	예

예(豫)는 『설문』에서 "큰 코끼리이다. 가시중(賈侍中)의 말로는 다른 물체에 해를 끼치지 않는다고 한다"라고 합니다. 가시중(賈侍中)은 허신의 스승입니다. 큰 코끼리라는 뜻

에서 인신되어 '안락하다, 좋아하다, 변하다, 바뀌다, 미리 준비하다' 등의 뜻을 갖습니다.

　앞으로 일어날 일을 미리 짐작하는 것은 예견(豫見), 질병이나 재해 따위가 일어나기 전에 미리 대처하여 막는 일은 예방(豫防), 필요할 때 쓰기 위하여 미리 마련하거나 갖추어놓는 것은 예비(豫備)입니다. 본선에 나갈 선수나 팀을 뽑는 것은 예선(豫選)이고, 미리 헤아려 짐작하는 것은 예측(豫測)입니다. 상해에 강남의 정원을 대표하는 것으로 유명한 예원(豫園)이 있습니다. 명나라 때부터 건설하기 시작한 규모가 아주 큰 정원입니다. 여기서 예(豫)는 '평안(平安)'이나 평안하고 태평하다는 '안태(安泰)'의 뜻을 담고 있다고 합니다. 그래도 왜 하필 예원(豫園)인지 궁금했는데, 현장의 여행 안내원으로부터 지질 시대 그 언젠가 이 지역에는 코끼리가 많이 살았다는 기록이 있어 예원(豫園)이라고 했다는 설명을 들었던 기억이 있습니다. 물론 이것은 공식적으로 인정되는 설명은 아닙니다.

고교	획수	회자	새김	발음
豚	11	肉 豕	돼지, 돼지 새끼	돈

　『설문』에서는 "돈(豚)은 새끼 돼지이다. '판단할' 단(彖)이 생략된 것에서 뜻을 취하며 상형이다. 손에 고기를 든 것에서 뜻을 취해 제사용으로 준다는 것을 나타낸다"라고 합니다. 본뜻은 제사용의 통돼지 새끼로 봅니다.

　다른 사람 앞에서 자기 아들을 낮추어 말할 때는 돈아(豚兒) 혹은 가아(家兒)라고 합니다. 돼지를 먹여 기르는 것이나 그렇게 키운 돼지는 양돈(養豚)입니다.

고외	부수	획수	형자	회자	새김	발음
隊	阜	12	㒸	阜 㒸	무리, 떼/떨어질[墜]/길	대/추/수

　대(隊)는 다음자입니다. 사막이나 초원과 같이 교통이 발달하지 않은 지방에서, 낙타나 말에 짐을 싣고 떼를 지어 먼 곳으로 다니면서 특산물을 교역하는 상인의 집단은 대상(隊商)인데, 대상이라면 우리로서는 중앙아시아를 달려 유럽까지 이어지는 비단길을 떠올리게 됩니다. 편성된 대열은 대오(隊伍)라고 합니다. 대원(隊員)은 부대나 집단의

구성원입니다.

고외	부수	획수	회자	새김	발음
逐	辶	11	辶豕	쫓을	축

축(逐)은 쫓는 것입니다. 축객(逐客)은 손님을 푸대접하여 쫓아내는 것을 이릅니다. 축조(逐條)는 한 조목 한 조목씩 차례로 좇아 해석하거나 검토하는 것입니다. 축자(逐字)는 글자를 하나하나 따르는 것으로 축자의는 글자 한 자 한 자에 비중을 두어 글자 그대로 새기는 것을 말합니다. 본서에서는 가능하면 축자의를 많이 소개하려 하고 있습니다. 축출(逐出)은 쫓아내거나 몰아내는 것입니다.

중원축록(中原逐鹿)이라는 성어가 있습니다. 축자의는 넓은 들판에서 사슴을 쫓는다는 것이지만, 여기서 사슴은 정권을 가리키고 중원은 중국을 가리킵니다. 그래서 군웅이 일어나 정권을 쟁탈하려는 것을 뜻합니다. 축록(逐鹿)만으로 쓰기도 합니다.

R153

갖은돼지시변 부,
발 없는 벌레 치(豸)

갑골	금문	전문	해서
𧰨	𧰨	豸	豸

치(豸)는 등이 길고 발에 꼬리를 모두 갖춘 짐승을 그리고 있는 상형자입니다. 부수 이름이 '발 없는 벌레 치'가 된 것은 『이아(爾雅)』〈석명(釋蟲)〉의 설명에서 비롯된 것으로 보입니다. 『이아』에서 "(벌레로) 발이 있는 것은 충(蟲)이라 하고, 발이 없는 것은 치(豸)라 한다 [有足謂之蟲 無足謂之豸]"라고 설명합니다.

실제 이 부수에 속하는 글자 가운데 발 없는 벌레를 뜻하는 글자는 한 두 자뿐이고, 나머지는 모두 발도 있고 벌레도 아닙니다. 짐승입니다. 짐승을 가리키는 부수로 생각하면 됩니다.

고교	획수	새김	발음
貌	14	모양/모사할	모/막

기초한자로 치(豸) 부수에 속하는 글자는 딱 한 자 '모양' **모(貌)**뿐입니다. 『설문』에는 조금 다른 자형인 '얼굴' 모(皃)로 실려 있습니다. 모(皃)는 용모를 뜻합니다. 그런데 이 글자가 다른 글자와 결합해 자소자로서 자주 쓰이게 됨에 따라 치(豸)를 더한 글자[貌]로 그 뜻을 나타내게 되었습니다. 자칫 '아이' 아(兒)와 혼동하기 쉬운데, 아(兒)는 정수리의 숫구멍이 아직 완전히 채워지지 않는 것으로 아이임을 나타내기 때문에 '절구' 구(臼)의 형태로 위의 가운데가 비어 있습니다.

　모양이나 모습이 달라지거나 바뀌는 것, 또는 그 모양이나 모습은 변모(變貌)입니다. 겉으로 드러나 보이는 모양이 외모(外貌)입니다. 모합신리(貌合神離)는 모합심리(貌合心離)로도 쓰는데, 겉으로는 아주 친밀한 척하지만 마음은 떠나 있는 것을 말합니다. "비둘기는 콩밭에만 마음이 있다"라는 우리 속담과 비슷한 면이 있습니다. 『천자문(千字文)』의 '감모변색(監貌變色)'은 모양(模樣)과 거동(擧動)으로 그 마음속을 분별(分別)할 수 있는 것을 뜻합니다. 한 걸음 더 나아가 상대방의 낯빛이나 표정을 보고 일을 처리하는 것을 나타내기도 합니다.

R154
조개 패(貝) 부

갑골	금문	전문	해서
🐚	🐚	貝	貝

'조개' 패(貝)는 조개의 모양을 본뜬 상형자입니다. 화폐가 나오기 이전 옛날에는 조개가 화폐로 쓰이기도 했기 때문에 재화를 나타내기도 합니다.

『설문』에서는 "패(貝)는 바다에 사는 조개이다. 육지에 사는 것은 표(猋)라 하고, 물속에 사는 것은 함(蛹)이라 한다. 조개의 모양을 본뜬 것이다. 옛날에는 조개껍질을 재부로 삼았으며, 거북의 등딱지는 귀한 보물로 여겼다. 주나라에는 화폐로 (貝도 쓰고) 천(泉)도 있었는데 진나라 때에 이르러 패(貝)는 쓰지 않고 전(錢)이 통행하게 되었다"라고 합니다. 고문에서는 패(貝)와 '솥' 정(鼎)의 자형이 흡사해 칙(則), 정(貞), 원(員), 적(賊) 등의 글자는 본래 정(鼎)을 쓰던 것이 패(貝)로 바뀐 것으로 봅니다.

중학	획수	새김	발음
貝	7	조개	패

패각(貝殼)은 조개의 껍데기입니다. 패석(貝石)은 조가비가 많이 붙어 있는 돌이나 퇴적암 같은 바위 속에 남아 있는 조개의 유해를 말하고, 폐각근(閉殼筋)은 연체동물 부족류의 조개껍데기를 닫기 위한 한 쌍의 근육으로 '조개관자'라고도 합니다. 부족류(斧足類)란 도끼 모양의 발을 한 무리라는 뜻입니다. 패궐주궁(貝闕珠宮)은 조개껍질로 장식한 누대와 진주로 꾸민 궁이라는 뜻으로 화려한 궁전을 말합니다.

중학	획수	형자	새김	발음
財	10	才	재물	재

재(財)는 사람들이 귀하게 여기는 것입니다. 물자나 화폐 모두를 가리킵니다. 그래서 재물, 재료를 가리킵니다. '재단하다'는 뜻에서 '죽이다'의 의미도 갖습니다.

재물(財物)은 돈이나 그 밖의 값나가는 모든 물건입니다. 대체로 유형물만 대상으로 하니, 경제적으로 말하면 재화(財貨)가 됩니다. 경제재에는 용역(用役)까지 포함해 재화와 용역(goods and services)이 되고, 상거래에서는 상품(商品)입니다. 어떤 각도에서 보는가에 따라 많이도 달라지는 것이 말이 아닌가 싶습니다. 재산(財産)은 재화와 자산을 통틀어 이르는데 여기에는 그것이 누구에게 속하는가 하는 귀속의 개념이 연결됩니다. 재원(財源)은 재화나 자금이 나올 원천을 뜻하니, 확보 수단과 연결됩니다. 재정(財政)은 개인, 가계, 기업 따위의 경제 상태나 공공 기관이 자금을 만들어 관리하고 이용하는 경제 활동을 말하니 운용을 가리킨다고 할 수 있습니다. 재갈역진(財竭力盡)은 재물도 떨어지고 기력도 다했다는 뜻으로 어려운 상황에 처해 있음을 나타냅니다. 필자가 아주 어렸을 때 유성기에서 들었던 기억이 있는 노래입니다. 「삼등인생」이라는 노래의 1절과 3절 가사에 '재갈역진'과 딱 맞아떨어지는 내용이 나옵니다. "돈 떨어져 빽이 떨어…… 이것 참 기가 맥혀 맥이 풀리네" 반야월 작사에 김용만이라는 가수의 노래입니다. 노랫말처럼 돈도 떨어지고, 맥도 풀리는 것입니다.

중학	획수	형자	회자	새김	발음
貞	9	貝(鼎)	卜 貝(鼎)	곧을	정

『설문』입니다. "**정(貞)**은 점을 쳐서 묻는 것이다. 복(卜)에서 뜻을 취하며, 패(貝)는 점을 치는 데에 대한 예물이다. 달리, '솥' 정(鼎)이 생략된 것이 소리를 나타낸다고도 한다. 경방(京房)의 설명이다." 여기서 경방(京房)은 서한의 금문(今文) 역학(易學)인 '경씨학(京氏學)'의 창시자로 이씨라고 합니다.

고문 연구에서는 정(貞)의 자형이 정(鼎) 모양을 하고 있다는 점에서 점을 쳐 길상이나 중요한 것에 대해 묻는 것을 본뜻으로 봅니다. 상형자로 취급합니다. 여기에서 '바르다, 바뀌지 않는다'는 뜻으로 인신되고, 정성이나 성의를 나타내게 되었습니다. 계속 인신되어 '정조'도 뜻하게 되었습니다.

여자의 지조나 절개가 곧고 굳은 것은 정렬(貞烈), 여자의 행실이 곧고 마음씨가 맑고 고운 것은 정숙(貞淑)입니다. 이성 관계에서 순결을 지키는 일이 정조(貞操)입니다. 정(貞)은 전통 사회에서 여자에게만 주로 강요되었던 가치이고, 오랜 전통 때문인지 여자 이름에 많습니다.

중학	획수	형자	회자	새김	발음
貧	11	分	分貝	가난할	빈

빈(貧)을 『설문』에서는 "빈(貧)은 재물[貝]이 나뉘어[分] 흩어져 작아지는 것이다"라고 합니다. 상당히 설득력 있는 설명입니다만, 빈(貧)은 처음부터 아예 나눌 재물이 없는 것이죠. 돈이나 재물이 결핍된 상태입니다. 그래서 '부족하다, 결핍되다'라는 뜻을 나타냅니다. 스님이 스스로를 낮춰 부르는 겸사이기도 합니다.

가난하여 살기가 어려운 것은 빈곤(貧困), 가난하고 힘이 없는 것은 빈약(貧弱), 덕(德)이 적다는 뜻으로, 승려나 도사가 자기를 낮추어 이르는 일인칭 대명사는 빈도(貧道) 또는 빈승(貧僧)입니다. 살림이 가난하여 집안이 쓸쓸한 것은 빈한(貧寒)한 것입니다. 빈이무첨(貧而無諂)은 『논어(論語)』〈학이(學而)〉에 나오는 말입니다. 자공이 공자에게 묻습니다.

가난하지만 아첨하지 않고, 부유하지만 교만하지 않다면 어떻습니까?
[貧而無諂 富而無驕 如何]

이에 공자가 말을 한마디를 덧붙입니다.

그럴 수 있다. 하지만 가난하며 (도를) 즐기는 것만 못하고, 부유하며 예를 좋아하는 것만 못하다.
[未若貧而樂 富而好禮者也]

빈천지교(貧賤之交)는 가난하고 천할 때 사귄 사이나 또는 그런 벗을 말합니다.

중학	획수	형자	회자	새김	발음
責	11	朿	朿貝	꾸짖을, 구할, 책임/빚	책/채

책(責)을 『설문』에서는 "요구하는 것"이라고 합니다. 갑골문 분석에서는 뾰족한 것[朿]으로 조갯살을 파먹는 것으로 봅니다. 거기에서 '구하다, 찾아 얻다'라는 뜻이 인신되어 나옵니다. 나아가 '요구하다, 비난하다, 처벌하다'는 뜻으로 확대됩니다.
말아서 해야 할 임무나 의무를 중히 여기는 마음이 책임감(責任感)이고, 책임을 묻는 것은 문책(問責)입니다. '빚' 채(債)와 통용되기 때문에 채(債) 대신 쓰이는 경우도 있습니다.
형성 자소자 자(朿)는 '가시' 자, 또는 '가시나무' 극으로 새깁니다. '임금' 제(帝), '찌를' 자(刺), '꾀' 책(策)에 쓰입니다.

중학	획수	형자	회자	새김	발음
貨	11	貝	化貝	재물	화

화(貨)는 재물입니다. 『설문』에서는 "화(貨)는 재(財)이다"라고 설명합니다. 상품이나 돈을 가리키기도 합니다.
화물(貨物)은 운반할 수 있는 유형(有形)의 재화나 물품을 통틀어 이르는 말이고, 화주(貨主)는 바로 그 화물의 주인을 말합니다. 화폐(貨幣)는 돈입니다.

중학	획수	형자	회자	새김	발음
貴	12	臾	臾貝	귀할	귀

귀(貴)를 『설문』에서는 "물건의 값이 싸지 않은 것이다"라고 합니다. 『설문』에 실린 글자는 패(貝) 자 위에 '잠깐' 유(臾)를 쓰는 자형[貴]입니다. 값이 비싸다가 본뜻입니다. 여기에서 '귀하다, 지위가 높다'는 뜻이 인신되어 나왔습니다.

귀한 손님은 귀빈(貴賓)이고, 귀족(貴族)은 옛날 가문이나 신분 따위가 좋아 정치적·사회적 특권을 가진 계층이나 또는 그런 사람을 이릅니다. 부귀(富貴)와 빈천(貧賤)을 아울러 이르면 귀천(貴賤)입니다. 귀이천목(貴耳賤目)은 귀는 귀하게 여기고 눈은 천하게 여긴다는 뜻으로, 귀로 듣는 소문만 중하게 여기고 눈에 보이는 사실은 믿지 않으려 하는 태도를 이릅니다. 귀인다망(貴人多忘)은 귀한 사람은 자주 잊는다는 뜻인데, 지위가 높은 사람이 다른 사람이나 일에 대해 교만하고 옛정을 생각하지 않는 것을 약간 비아냥대는 투로도 씁니다.

중학	획수	형자	회자	새김	발음
貯	12	宁	貝宁	쌓을	저

저(貯)는 쌓는 것, 모으는 것입니다. '저장하다, 기다리다'라는 뜻이 있습니다.

자소자는 '쌓을' 저(宁)로 갑골문에서는 상형자였는데 그 후 분화된 것으로 봅니다. 『설문』에서는 모아놓은 물체를 구별하는 기구라고 합니다. 『단주』에서는 저(宁)와 저(貯)는 고금자 관계라고 합니다. 하나는 옛글자이고 또 하나는 나중에 생긴 글자라는 설명입니다. 저(宁)에는 옛날 조정에서 천자가 조회를 하던 뜰의 뜻도 있습니다.

저금(貯金), 저수(貯水)는 각각 돈과 물을 모아두는 것입니다. 물건이나 재화 따위를 모아서 간수하는 것은 저장(貯藏)이고, 아껴 모아두는 것은 저축(貯蓄)입니다.

중학	획수	형자	회자	새김	발음
賀	12	加	加貝	하례할	하

하(賀)는 예물을 드리고 축하하는 것입니다. '호궤하다'는 뜻도 있습니다. '호궤(犒饋)하다'는 군사들에게 음식을 주어 위로하는 것을 가리킵니다.

축하하여 예를 차리는 것이 하례(賀禮)입니다. 축하하는 뜻을 나타내기 위하여 베푸는 잔치는 하연(賀宴) 혹은 축하연(祝賀宴)이고, 그런 자리에 축하를 해주기 위해 오는 손님은 하객(賀客)입니다. 남이 한 일에 대하여 고마움이나 칭찬의 뜻을 표시하는 것은 치하(致賀)인데, 주로 윗사람이 아랫사람에게 하는 것을 가리킵니다.

중학	획수	형자	회자	새김	발음
賣	15	買	士買	팔	매

매(賣)는 물품이나 재화를 팔기 위해 내어놓는 것입니다. 물건을 팔고 사는 것은 매매(賣買), 재물이나 권리를 얻으려고 자기의 이름이나 명예를 파는 것은 매명(賣名)이라고 합니다. 매검매우(賣劍買牛)는 칼 팔아서 소 산다는 뜻으로 전쟁이 끝나 농사를 짓는다는 뜻입니다. 매국구영(賣國求榮), 매우구영(賣友求榮), 매주구영(賣主求榮)은 각각 나라를 팔아, 친구를 팔아, 주인을 팔아 부귀를 꾀한다는 뜻입니다. 돈이나 재물을 받고 벼슬을 시키는 것은 매관매직(賣官賣職)입니다.

잠깐, 사고파는 우리말에 대해 생각해보겠습니다. '팔다'에는 '돈을 주고 곡식을 산다'는 뜻이 있습니다. 한쪽에서는 파는 것이고, 상대편으로 보면 사는 것입니다. 파는 것은 물건으로 돈을 사는 것입니다. 비록 방언이긴 하지만 '돈사다'는 말은 판다는 뜻입니다. 그래서 우리말 '사다'에는 '사다(buy)와 팔다(sell)' 두 가지 뜻이 다 들어 있습니다.

우리말에서 '쌀사다'는 하나의 단어입니다. '쌀을 사다'와는 완전히 상반된 뜻을 지니고 있습니다. '쌀사다'는 쌀을 팔아 돈으로 바꾼다, 돈을 산다 즉, 쌀을 파는 것입니다. 거꾸로 '쌀팔다'는 쌀을 돈 주고 사는 것을 가리킵니다. 거래의 매개체가 되는 돈을 넣어 생각하면, 이 단어가 갖는 논리를 이해할 수 있습니다. 쌀사다는 쌀을 팔아 돈을 사는 것입니다. '쌀팔다'는 쌀값에 해당하는 돈을 파는 것으로 그 쌀값만큼 쌀을 사는 것이 됩니다. '쌀파는 것'과 '쌀을 파는 것'은 하늘과 땅만큼의 차이 즉, 천양지차(天壤之差)가 있습니다.

중학	획수	형자	회자	새김	발음
賞	15	尙	尙貝	상 줄	상

상(賞)은 공이 있는 사람에게 장려로 주는 것입니다. 여기에서 상(尙)은 소리를 나타내기도 하지만, 아울러 '숭상하다'라는 뜻도 나타내는 것으로 봅니다. 상으로 주어지는 금품이나 상품 즉, 부상을 가리키기도 합니다. '칭찬하다'는 뜻 외에 손에 놓고 즐겨 구경한다는 뜻도 있습니다.

상으로 주는 돈은 상금(賞金)이고, 상을 주는 뜻을 표하여 주는 증서는 상장(賞狀)입니다. 봄을 즐기는 것은 상춘(賞春)이고, 상탄(賞歎, 賞嘆)은 칭찬하고 감탄하는 것입니다. 상선벌악(賞善罰惡)은 착한 사람에게 상을 주고 악한 사람에게 벌을 주는 일을 말합니다. 역사를 통해 보면 늘 논공행상(論功行賞) 즉, 공을 논하고 상을 주는 것이 문제가 됩니다. 논공행상을 정확히 해 '신상필벌'해야 후환이 없습니다. 신상필벌(信賞必罰)은 공이 있는 자에게는 반드시 상을 주고, 죄가 있는 사람에게는 반드시 벌을 준다는 뜻으로, 상과 벌을 공정하고 엄중하게 하는 일을 이르는 말입니다.

중학	획수	형자	회자	새김	발음
賢	15	臤	臤貝	어질	현

현(賢)은 "재능이 많은 것"이 『설문』의 풀이인데, 고문 분석에서는 재물이 많은 것이라고 합니다. 거기에서 '많다, 넘치다'라는 뜻이 나왔고, 재덕(才德)이 있다는 것을 나타내게 되었습니다. 인신되어 '아름답다, 좋다'라는 의미도 가지고 있습니다.

자소자는 '굳을' 간(臤)인데, 고문에서는 '어질' 현(賢) 대신 쓰기도 해서 '어질' 현(賢)의 뜻도 있습니다. '굳을' 견(堅), '어질' 현(賢), '팽팽할' 긴(緊)에 자소로 쓰이고 있습니다.

어질고 슬기로워 사리에 밝은 것이 현명(賢明)한 것이고, 여자의 마음이 어질고 정숙한 것은 현숙(賢淑)입니다. 실제 여자 이름에서 많이 볼 수도 있는데, 부모님들의 바람이 들어가 있는 이름이 아닐까 합니다. 현모양처(賢母良妻)는 어진 어머니이면서 착한 아내를 이릅니다. 필자는 이 말이 옛날부터 전해 내려오는 것으로 생각했는데, 사정은 그렇지 않아 보입니다. 일본어에서는 앞뒤가 바뀌어 양처현모(良妻賢母)로 쓰는데, 일본어판 『브리태니커』에 따르면 이 말은 명치유신(1868) 이후부터 쓰기 시작해 2차 세계대전 종료 시까지 여성 교육의 기본 이념이었다고 합니다. 중국에서는 이 말을 루쉰(魯迅, 1881~1936)이 처음 썼다고 합니다. 루쉰이 일본에 유학한 적이 있던 것을 고려한다면, 일본에서 처음 쓴 말이 퍼지게 된 것이 아닌가 합니다. 루쉰은 우리와 같은 어순으로 현모양처(賢母良妻)로 썼습니다. 기왕에 말이 나왔으니, 루쉰은 필명이고 그의 본명은 주수인(周樹人)입니다. 동생 주작인(周作人)도 역시 작가로 필명을 날렸습니다.

중학	획수	회자	새김	발음
買	12	貝 网	살	매

　매(買)의 『설문』입니다. "매(買)는 사들이는 것이다. 망(网)과 패(貝)에서 뜻을 취한다[회의]. 『맹자』에 홀로 높은 언덕[壟斷(농단)]에 올라가 시장의 이익을 그물질한다고 한다." 여기에서 농단은 이익이나 권리를 독차지함을 이릅니다. '그물질하다'를 『표준』에서는 "쟁이나 반두 따위의 그물로 고기를 잡다"로만 설명하고 있는데, 한문 해석에서는 그렇게 고기를 잡는 것처럼 거두어들인다는 뜻으로 많이 씁니다. 강제로 거두어들인다든지, 지나치게 많이 받는다든지 하는 등 대체로 부정적인 의미입니다. 고문 분석에서는 그물로 조개를 잡는 것을 본뜻으로 보고, '사다'라는 뜻은 인신된 것으로 봅니다. 즉, 잡는 것에서 '구하다'는 뜻으로 인신되고 더 나아가서 어떤 일을 야기하다, 돈으로 물건과 바꾸다 즉, '사다'라는 뜻을 갖게 됩니다.

　자소로 쓰인 글자는 '그물' 망(网)인데 부수자이니, 해당 부수의 설명을 참고하면 됩니다.

　물건을 사들이는 것이 매수(買收)입니다. 매점매석(買占賣惜)은 물건 값이 오를 것을 예상하여 한꺼번에 샀다가 팔기를 꺼려 쌓아두는 것입니다. 나중에 공급을 독점하여 폭리를 꾀하는 것이죠. 순화한 말은 '사들이기'입니다. 매독환주(賣櫝還珠)는 궤 팔아 진주로 바꾼다는 뜻으로 『한비자』에 나오는 말입니다. 초왕(楚王)과 전구(田鳩)라는 사람이 정사에 대해 논하면서 나온 예의 하나입니다. 초나라 사람이 정(鄭)나라 사람에게 보물을 파는데, 보물을 담는 궤를 아주 좋은 나무로 만들고 향이 스며들게 훈을 하고 보석으로 치장했습니다. 정나라 사람은 이 궤를 사서 거기에 박힌 진주를 뽑아냈습니다. 이것은 궤를 잘 산 것이지 보물을 잘 판 것은 아닙니다. 여기에서 매독환주는 안목이 없는 것이나 근본을 버리고 말단을 좇거나 선택을 잘못하는 것을 이릅니다.

중학	획수	회자	새김	발음
質	15	所貝	바탕	질

질(質)은 재물[貝]을 서로 저당 잡힌다[所]는 뜻입니다. 여기에서 '대등하다'라는 뜻이 나오고, 저당을 잡히는 것에서 인질이나 볼모의 뜻을 갖습니다. 계속 인신되어 물건의 본체나 바탕을 나타내며 '질박하다, 성실하다'의 뜻도 갖습니다.

자소자는 '모탕' 은(所)입니다. 모탕은 나무를 패거나 자를 때에 받쳐 놓는 나무토막을 가리킵니다. 모루는 대장간에서 불린 쇠를 올려놓고 두드릴 때 받침으로 쓰는 쇳덩이입니다.

꾸민 데가 없이 수수한 것은 질박(質朴)한 것입니다. 물체의 고유한 역학적 기본량을 질량(質量)이라고 합니다.

중외	부수	획수	형자	회자	새김	발음
敗	攴	11	貝	貝攴	패할	패

패(敗)는 헐어져 무너지는 것입니다. 갑골문에는 손[又]에 막대기를 들고 조개[貝]나 솥[鼎]을 치는 모양으로 '망가뜨리는 것'을 뜻하는 것으로 봅니다. 거기에서 '파손하다, 황폐화시키다'라는 뜻을 갖습니다. 인신되어 전쟁에서 '패배하다, 지다'라는 뜻을 나타냅니다.

겨루어 지는 것은 패배(敗北)입니다. 이 단어에서는 배(北)의 발음에 주의해야 합니다. 싸움에 진 군대의 병사 가운데 살아남은 병사는 패잔병(敗殘兵)입니다. 패국상가(敗國喪家)는 나라를 망하게 하고, 집안을 기울게 한다는 뜻입니다.『진서(晉書)』〈열녀전(列女傳)〉에 "예로부터 나라를 망하게 하고, 집안을 기울게 하는 것은 여자에게서 비롯되지 않는 것이 없다 [自古敗國喪家 未始不由婦人者也]"라고 나옵니다. 주색에 빠져 나라나 집안을 망하게 하는 것을 경계하라는 뜻으로는 수긍이 가지만, 모든 것을 여자 탓으로 돌리는 것은 남성 위주의 봉건적인 생각이 아닐 수 없습니다. 패군지장(敗軍之將)은 싸움에 진 장수를 말합니다. 『사기(史記)』에 "싸움에 진 장수는 용기에 대해 말할 수 없고, 망한 나라의 대부는 살기를 꾀할 수 없다 [敗軍之將不可以言勇 亡國之大夫不可以圖存]"고 합니다. 패불선종(敗不旋踵)은 발꿈치를 돌리기도 전에 패배했다는 뜻으로 아주 빨리 패배하는 것을 나타내는데 부정적인 의미를 담고 있습니다.

중외	부수	획수	회자	새김	발음
則	刀	9	貝刀	법칙/곧	칙/즉

칙(則)은 물체를 등급별로 나눈 것입니다. 칼과 조개[刀貝(도패)]는 옛날의 화폐였습니다. 가볍고 무거운 등급이 있는 데에서 뜻을 취한 것입니다. 다음자로서 '곧'의 뜻을 가질 때에는 '즉'으로 읽습니다. 연즉(然則)은 '그러면, 그런 즉'의 뜻을 나타냅니다. 고문 분석에서 이 글자는 '조개' 패(貝)가 아니고 '솥' 정(鼎)을 쓰는 글자로 솥의 고기를 칼[刀]로 자른다는 것을 뜻하는 것으로 봅니다. 그래서 등급별로 나눈다는 뜻을 갖게 됩니다. 규율이나 모범의 뜻을 갖고, 법전이라는 뜻도 갖게 됩니다.

꼭 지켜야 하는 규범이 법칙(法則)입니다. 행동이나 절차에 관하여 지켜야 할 사항을 정한 규칙은 수칙(守則)입니다.

고교	획수	형자	새김	발음
貸	12	代	빌릴, 꾸일/틀릴	대, 특/특

대(貸)를 『설문』에서는 "베풀어 주는 것이다"라고 합니다. 고문 분석에서는 두 글자의 뜻이 하나의 글자에 합쳐진 것으로 봅니다. 하나는 대(貸)이고, 또 하나는 '구할' 특(貣)입니다. 특(貣)은 나중에 대(貸)에 통합되어 한 글자로 쓰게 되는데, 그 뜻을 대(貸)에 가져옵니다. 빌려주는 것을 나타내기도 하고, 빌려 받는 것을 나타내기도 합니다. 다음자로 '빌릴' 특으로도 새기는데 대(貸)를 특(貣) 대신 쓰며 생긴 뜻이겠습니다.

빌려주는 것은 꾸이는 것으로 대여(貸與)입니다. '꾸이다'는 남에게 다음에 받기로 하고 돈이나 물건 따위를 빌려주는 것을 말합니다. 금융 기관에서 이자와 기한을 정하고 돈을 빌려주는 것은 대부(貸付)입니다. 물건이나 돈을 나중에 도로 돌려받기로 하고 얼마 동안 내어주는 것은 대여(貸與)입니다. 뜻이 비슷해 쓰임이 서로 넘나들기도 합니다. 빌리는 것은 대출(貸出)인데, 이 단어는 빌려준다는 뜻도 갖고 있습니다. 이것은 빌리는 것이 쌍방 행위이기 때문에 어느 쪽의 관점에서 말하는가에 따라 달라지는 것으로 보입니다. 대출한도(貸出限度)는 은행에 결정권이 있습니다. 빌릴 수 있는 한도도 맞겠지만 빌려준 기관 즉, 대주(貸主)인 은행에서 빌려주는 한도로 생각하는 것이 정상적일 것입니다. 은행에서 돈을 대출(貸出)해주기도 하고, 고객은 은행에서 돈을 대출(貸出)받기도 합니다. 대출 이자는 빌린 사람 즉, 차주(借主)의 의무에 중점이 놓이는 행위입니다. 빌린 돈에 대한 이자입니다.

고교	획수	형자	새김	발음
貿	12	卯	무역할	무

무(貿)는 재물을 교환하는 것입니다. 화폐 중심의 경제가 성립되기 이전 사람들의 상행위는 당연히 물물 교환이었겠습니다. 물건과 물건을 바꾸는 것입니다. 여기에서 '바꾸다'라는 뜻도 나옵니다. '동등하다'는 뜻도 있습니다.

무역(貿易)은 물건을 사고파는 일입니다만, 특히 국가 간에 일어나는 경제 행위를 가리키는 경우가 많습니다.

고교	획수	형자	새김	발음
資	13	次	재물	자

자(資)는 재물을 가리킵니다. 인신되어 양식을 나타내고, '모으다'는 뜻에 밑돈을 나타내기도 합니다. 의지하다, 돈으로 사람을 돕다, 사고팔다, 완비하다 등 여러 가지 뜻이 있습니다.

어떤 일을 하는 데에 필요한 요건이나 능력은 자격(資格)이고, 소득을 축적해놓은 것은 자산(資産)이며, 인간 생활 및 경제 생산에 이용되는 원료를 통틀어 일컫는 말은 자원(資源)입니다.

고교	획수	형자	새김	발음
賦	15	武	부세	부

부(賦)는 (구실을) 거두어들이는 것입니다. '구실'은 예전에, 온갖 세납을 통틀어 이르던 말입니다. 국가에 제공해야 하는 요역이나 병역을 뜻하기도 합니다. 인신되어 '주다'라는 뜻을 나타내고, 하늘로부터 받은 것을 가리키기도 합니다. 문체를 뜻하기도 합니다.

부시(賦詩)는 조금 특별하게 쓰이는 경우인데 시를 읊조리거나 쓰거나 짓는 것을 말합니다. 서주(西周)부터 춘추 시대 중엽까지 부시(賦詩)는 외교 석상에서 중요한 역할을 했습니다. 기왕에 나와 있는 시를 인용해 자기 뜻을 밝히거나, 새로운 시를 지어서 자신을 의향을 넌지시 알리기도 했기 때문입니다. 세금이나 부담금 따위를 매기어 부담하게 하는 것은 부과(賦課)이고, 국가나 공공 단체가 특정한 공익사업을 위하여 보수 없이 국민에게 의무적으로 책임을 지우는 노역은 부역(賦役)입니다. 부역과 비슷하게 쓰는 말에 '비럭질'이 있습니다. 비럭질은 『표준』에 "남에게 구걸하는 짓을 낮잡아 이르는 말"이라고만 설명되어 있습니다만, 일부 방언에서는 부역처럼 대가 없이 하는 일을 가리키기도 합니다. 그래서 "비럭질에 땀 흘리면 삼대가 빌어먹는다"라고도 하는데, 공공선이나 공공의 이익은 전혀 고려하지 않는 아주 이기적인 태도가 아닐까 합니다.

고교	획수	형자	새김	발음
賴	16	貝	의뢰할	뢰

뢰(賴)는 이익을 거두는 것입니다. 인신되어 '의지하다, 기대다'라는 뜻을 갖고, 나중에는 인품이 좋지 않은 사람을 가리키기도 하게 되었습니다. 옛날에 있었던 일을 인정하지 않은 것을 가리키기도 하고, '비난하다, 원한을 품다'라는 뜻도 나타냅니다. '힙입다'라는 새김은 어떤 힘의 도움을 받는다는 뜻입니다.

뇌력(賴力)은 남의 힘을 입는다는 뜻입니다. 굳게 믿고 의지함을 나타내는 신뢰(信賴)는 본뜻이나 처음 인신된 뜻을 나타내고, 남에게 부탁한다는 의뢰(依賴)도 인신의입니다. 불량한 짓을 하며 돌아다니는 사람을 가리키는 무뢰한(無賴漢)은 인품의 문제를 이야기하는 것입니다.

고교	획수	형자		새김	발음
贊	19	兟		도울	찬

　찬(贊)을 『설문』에서는 "나아가 보는 것이다"라고 합니다. 만나는 것입니다. 주석을 보면, "예물을 들고 가 (관련된) 관원이 거들어 도와주는 것이다"라고 합니다. 현대적 잣대로 본다면 뇌물죄에 속할 듯한데, 옛날에는 이런 것을 예의라고 여겼으니 논외의 사항입니다. 고문 분석에서는 손님이 갖고 온 선물[貝]을 받아 들고, 주인과 만날 수 있도록 손님에 앞서 안내하는 것으로 봅니다. 그래서 '인도하다, 찬례(贊禮)하다'의 뜻을 나타냅니다. 찬례(贊禮)는 나라의 제사 때에, 임금을 인도하여 제사를 지내게 하던 일이나 또는 그런 일을 하던 벼슬아치를 말합니다. 계속 인신되어 '보좌하다, 보조하다, 돕다'라는 뜻을 갖습니다.

　'도울' 찬(贊) 자체가 자소자로 쓰여 '기릴' 찬(讚)에 쓰이고, 기초한자 외의 글자입니다만, '끌' 찬(鑽)에도 쓰입니다. 찬(贊)의 자소자는 '나아갈' 신(兟)으로 새기는데, 고문 분석에서는 앞장서서 손님을 인도하는 것으로 봅니다.

　어떤 행동이나 견해, 제안 따위가 옳거나 좋다고 판단하여 수긍하는 것은 찬성(贊成), 찬성하여 칭찬하는 것은 찬송(贊頌), 어떤 일의 뜻에 찬동하여 도와주는 것은 찬조(贊助)입니다.

고교	획수	형자	회자	새김	발음
貢	10	貝	工貝	바칠	공

　공(貢)은 바치는 것입니다. 공(功)을 드리는 것입니다. 노력해서 일을 하는 것입니다. 달리, 천자에게 물품[貝]이나 공들여 만든 것을 바치는 것이라고도 합니다. 옛날 신하나 백성이 임금에게, 또는 속국이 종주국에 바치는 물품이 본뜻으로 여기에서 '바치다'라는 뜻을 갖게 됩니다. 바친 물품의 뜻도 있습니다. 또한 옛날 인재를 선발해 조정에 추천하는 것을 가리키기도 합니다.

　중앙 관서와 궁중의 수요를 충당하기 위하여 여러 군현에 부과하여 상납하게 한 특산물은 공물(貢物)이고, 조선 후기 공물(貢物) 대신 바치던 쌀은 공미(貢米)라고 합니다.

힘을 써서 이바지하는 것은 공헌(貢獻)입니다.

고교	획수	형자	회자	새김	발음
貫	11	毌	毌 貝	꿸/당길	관/만

관(貫)은 돈이나 조개를 꿰는 꿰미입니다. '꿰다'라는 뜻을 갖고, '통하다, 연속하다'라는 뜻도 나타냅니다. 활을 쏘아 명중하는 것, 익숙한 것을 나타내기도 합니다. '당길' 만(彎)과 통용되기도 합니다.

자소자는 '말' 무(毋)로 부수자인데, '꿸' 관(毌)과 자형이 흡사해 혼동하기 쉽습니다.

어떤 일에 대한 상당한 경력으로 생긴 위엄이나 권위는 관록(貫祿), 오랫동안 지켜 내려와 그 사회 성원들이 널리 인정하는 질서나 풍습은 관습(慣習), 어려움을 뚫고 나아가 목적을 이루는 것은 관철(貫徹)이고, 꿰뚫어서 통하는 것은 관통(貫通)입니다.

고교	획수	형자	회자	새김	발음
貪	11	今	今 貝	탐낼	탐

탐(貪)은 재물을 얻고 싶어 하는 것입니다. 재물을 좋아해 수단을 가리지 않고 불법적인 방법으로 그것을 취득한다는 뜻입니다. 만족할 줄 모르고 지나치게 추구하는 것을 가리키기도 합니다. 정도가 지나치게 집착하는 것을 가리키기도 합니다.

백성의 재물을 탐내어 빼앗는 행실이 깨끗하지 못한 관리는 탐관오리(貪官汚吏)입니다. 재물을 탐내는 것은 탐재(貪財)이고, 탐재호색(貪財好色)은 재물을 탐하고 여색을 즐기는 것을 이릅니다. 탐다무득(貪多務得)은 많은 것을 얻으려고 애써 노력하는 것을 말합니다. 본래는 지식을 배우려는 욕망이 아주 큰 것을 가리켜 좋은 뜻을 나타냈습니다. 『표준』에서 "많은 것을 얻으려고 애써 노력함"으로 설명하는 것이 그런 예가 됩니다. 그러나 현재 중국어에서는 탐하는 것이 지나쳐 만족할 줄 모른다는 부정적인 의미로 쓰이고 있습니다. 소탐대실(小貪大失)은 작은 것을 탐하다가 큰 것을 잃는 것을 말하는데, 중국어에서는 탐소실대(貪小失大)라고 합니다. 이것은 아마도 한국인은 주어와 술어가 되풀이되는 구조로 생각하고, 중국인은 술어와 빈어(목적어)가 되풀이되는 구조로 생각하기 때문이 아닐까 합니다.

고교	획수	형자	회자	새김	발음
販	11	反	貝反	팔	판

　판(販)을 『설문』에서는 "싸게 사서 비싸게 파는 것이다"라고 합니다. 그렇게 얻는 이윤을 가리키기도 합니다. '팔아넘기다'라는 의미가 있고, 거기에서 '배반하다'라는 뜻도 나타내게 됩니다.

　상품이 팔리는 방면이나 길은 판로(販路)이고, 상품 따위를 파는 것이 판매(販賣)입니다. 매판(買辦)은 중국 근대사에서 서양인들에게 고용되어 대중 무역을 돕는 상인을 가리키는 말이었습니다. 그런데 이들이 외세에 빌붙어 중국의 이익을 해치는 일이 종종 생겨났기 때문에 제 나라의 이익을 해치는 일이나 또는 그런 일을 하는 사람을 가리키게 되었습니다. 영어에 특별히 중국의 매판을 가리키는 말이 있습니다. 범위가 더 확대되어 중국과 동남아시아에서 그런 일을 하던 사람을 가리킵니다. 포르투갈 말에서 왔다고 하는데 'comprador'입니다. 판부주졸(販夫走卒)에서 주졸(走卒)은 남의 심부름을 하면서 여기저기 바쁘게 돌아다니는 사람을 가리킵니다. 판부(販夫)는 소상인을 말합니다. 그래서 판부주졸은 지위가 낮고 가난하고 어려운 사람을 가리킵니다.

고교	획수	형자	회자	새김	발음
費	12	弗	弗貝	쓸	비

　비(費)를 『설문』에서는 "돈이나 재물을 흩뜨리는 것이다"라고 합니다. 흩어지게 하는 것입니다. 소비하는 것, 소모하는 것입니다. 절약하지 않는 것을 나타내기도 합니다.

　자소자는 흔히 '아닐' 불(弗)로 새깁니다만, 『설문』에서는 "바로잡는 것이다"라고 합니다. 화살을 묶어서 반듯하게 바로잡는 것입니다. 붓을 나타내기도 하고, '아니다'라는 뜻을 갖습니다. '부처' 불(佛), '털' 불(拂)의 자소자로 쓰이고 있습니다.

　사용 빈도가 아주 낮기는 합니다만, 힘들여 마음을 쓰는 것을 비심(費心)이라고도 합니다. 어떤 일을 하는 데에 드는 돈은 비용(費用)입니다.

고교	획수	형자	회자	새김	발음
賃	13	任	任貝	품삯	임

임(賃)은 고용되는 것입니다. 지금은 노동의 형태가 다양해져서 고용되어 제공하는 노동의 형태도 여러 가지입니다. 하지만 단순 육체노동이 대부분이었던 옛날로 치면 품 팔이를 하는 것입니다. 품은 어떤 일에 드는 힘이나 수고 혹은 삯을 받고 하는 일을 가리킵니다. 그런 육체노동의 맞교환을 '품앗이'라고 할 수 있습니다. 빌리는 것, 빌려주는 것을 나타냅니다. 한자에서도 '빌려주다'와 '빌리다'의 뜻이 넘나드는 것은 빌린다는 행위가 쌍무적이기 때문이겠습니다.

노동의 대가로 받는 것은 임금(賃金), 돈을 내고 물건을 빌려 쓰는 것은 임차(賃借)입니다.

고교	획수	형자	회자	새김	발음
賊	13	則	則戈	도둑	적

적(賊)은 해치는 것입니다. 고문 분석에서는 이 글자의 '조개' 패(貝)는 '솥' 정(鼎)으로 봅니다. 손에 창[戈]을 들고 솥을 깨는 것을 나타낸다고 합니다. 그런데 부수자 설명에서 잠깐 이야기했듯이, 고문에서 패(貝)와 정(鼎)이 비슷해 그만 패(貝)로 바뀐 것입니다. 그래서 본뜻은 '훼손하다'로 추정합니다. 여기에서 '다치다, 살상하다'라는 뜻을 갖게 되고, 다른 사람을 해치는 사람 즉, 강도의 뜻도 갖게 됩니다. 더 나아가 '사악하다'든지 '교활하다'는 뜻도 나타냅니다.

도둑은 도적(盜賊)에서 온 말인데, 도(盜)는 물건을 훔치는 것이고, 적(賊)은 해치며 빼앗는 것입니다. 즉, 강도(強盜)이고 죄질로 보면 당연히 적(賊)이 더 나쁩니다.

고교	획수	형자	회자	새김	발음
賜	15	易	貝易	줄	사

사(賜)는 주는 것입니다. 하지만 윗사람이 아랫사람에게 주는 것을 말합니다. 그렇게 준 은혜나 재물을 가리키기도 합니다.

왕족이나 사대부가 죽을죄를 범하였을 때, 임금이 독약을 내리는 것이나 그 독약은 사약(賜藥)입니다. 물론 사약(賜藥)은 먹으면 죽는 사약(死藥)입니다. 임금이 신하에게, 또는 윗사람이 아랫사람에게 물건을 주는 것이 하사(下賜)입니다.

고교	획수	형자	회자	새김	발음
賤	15	戔	貝戔	천할	천

천(賤)을 『설문』에서는 "값이 싼 것이다"라고 합니다. 고문 분석에서는 깨뜨리는 것을 본뜻으로 봅니다. 인신되어 '값이 싸다, 지위가 낮다'는 뜻을 갖습니다.

형성 자소는 '해칠' 잔(戔)입니다. 고문에서 '깨뜨리다'로 설명하는 것도 바로 이 자소 때문이겠습니다. 이 자소가 들어간 글자들을 잠깐 살펴봅니다. '돈' 전(錢), '얕을' 천(淺), '잔인할' 잔(殘), '천할' 천(賤), '밟을' 천(踐)이 있습니다. 금(金)과 만나 '돈' 전, 물[水]을 만나니 '얕을' 천, 뼈만 남게[歹] '해칠' 잔, 재산[貝]이 없어 '천할' 천(賤), 발[足]을 대니 '밟을' 천입니다.

신분이나 일 따위의 귀함과 천함은 귀천(貴賤)입니다. 천첩(賤妾)이라는 말에서 볼 수 있는 것처럼 여자, 특히 부인이 남편에게 자기를 낮추어 이르는 일인칭 대명사에 쓰이기도 합니다.

고교	획수	형자	회자	새김	발음
贈	19	曾	貝曾	줄	증

증(贈)을 『설문』에서는 "즐겨 보고 좋아하는 것을 서로 보내는 것이다"라고 합니다. 『설문』 주석에서는 "보내는 것이 곧 즐겨 보고 좋아하는 것만은 아니다"라고 보충 설명을 하고 있습니다. 대가를 바라지 않고 주는 것입니다. 옛날 조정에서 죽은 사람에게 관직이나 칭호를 주는 것을 가리키기도 합니다.

물품 따위를 선물로 주는 것은 증여(贈與), 어떤 물건 따위를 성의 표시나 축하 인사로 주는 것은 증정(贈呈), 선물이나 기념으로 남에게 물품을 거저 주는 것은 기증(寄贈)입니다.

고교	획수	회자	새김	발음
負	9	人 貝	짊어질	부

　　부(負)의 『설문』입니다. "부(負)는 기대어 의지하는 것이다. 사람[人]이 조개[貝]를 지키는 것에서 뜻을 취해 믿는 바가 있는 것을 나타낸다. 달리, 빌린 것을 갚지 않는 것이라고도 한다." 주석에 "부(負)는 짊어지는 것이다. (짐을) 목이나 등에 놓는다"라고 합니다. 인신되어 '의지하다, 짊어지다'라는 뜻을 갖습니다. '끌어안다, 담당하다, 어떤 일을 당하다' 등의 뜻도 있습니다.

　　의무나 책임을 지는 것은 부담(負擔), 상처 입는 것은 부상(負傷), 아직 갚지 못한 빚은 부채(負債)입니다. 부형청죄(負荊請罪)는 육단부형(肉袒負荊)으로 쓰기도 합니다. 윗옷 한쪽을 벗고 등에 형장을 지고 간다는 뜻으로 형장으로 맞아 사죄하겠다는 뜻을 이르는 말입니다. 자세한 내용은 〈格物 093〉를 참고하기 바랍니다.

格物 093. 완벽귀조, 민지지회, 육단부형, 문경지교

　　완벽귀조에 대해서는 이미 말씀드린 바 있습니다. 『사기(史記)』〈염파인상여열전(廉頗藺相如列傳)〉에 나오는 말입니다. 인상여는 전국 시대 조(趙)나라의 대신으로 내정은 물론 외교 분야에서 아주 뛰어난 역량을 보였습니다. 그와 관련된 고사로 완벽귀조(完璧歸趙), 민지지회(澠池之會), 부형청죄(負荊請罪), 문경지교(刎頸之交)가 있는데, 완벽귀조는 빌린 물건을 정중히 돌려보내준다는 뜻으로 쓰이고, 민지지회는 인상여가 조왕을 완전하게 보호하고 모욕도 받지 않도록 한 역사적 사건을 가리킵니다. 육단부형(肉袒負荊)은 염파가 인상여의 큰 뜻을 안 뒤 윗옷 한쪽을 벗어 어깨를 드러낸 채 형장을 지고 인상여에게 죄를 청했다는 데에서 형장으로 맞아 사죄하겠다는 뜻을 나타냅니다. 가시나무를 지고 죄를 청했다고 해 부형청죄로 쓰기도 합니다. 문경지교는 염파와 인상여 관계의 결론이기도 합니다. 서로를 위해서라면 목이 잘린다 해도 후회하지 않을 정도의 사이라는 뜻으로 염파와 인상여가 생사를 같이할 수 있는 아주 가까운 사이가 된 것을 이릅니다. 지금은 그런 사귐을 가리키는 데에 쓰이고 있습니다.

고교	획수	회자	새김	발음
賓	14	宀 人 止	손	빈

　빈(賓)은 『설문』에서 소중한 손님이라고 합니다. 예물[貝]을 가지고 내 집[宀]에 와서 머무는[止] 사람으로 생각할 수 있습니다. 패(貝)는 금문에 와서 더해진 자소입니다. 손님을 맞고 대접하는 빈례(賓禮)에는 꼭 예물이 있어야 해 패(貝)를 씁니다.

　귀한 손님이 빈객(賓客)입니다. 빈사(賓辭)는 명제에서 주사(主辭)에 결합되어 그것을 규정하는 개념을 말합니다. 중국어에 빈어(賓語)라는 말이 있습니다. 동사와 결합하는 성분으로 간단히 말하면 목적어라고 할 수 있는데, 언어 구조가 달라 우리가 생각하고 알고 있는 목적어와 일치하지는 않습니다. 간단한 예를 들어보겠습니다. "나는 학교에 간다[我去學校]"라는 문장을 우리말이나 영어에서는 〈주어+부사어+술어〉가 연결된 것으로 파악합니다. 그러나 중국어에서는 이것은 〈주어+위어(謂語)+빈어(賓語)〉가 결합된 구조로 이해합니다. 위어(謂語)는 술어를 말하는데, 우리가 이해하고 있는 술어와 큰 차이가 없습니다. 하지만 '학교에'를 빈어 즉, 목적어로 보는 것은 필자의 경험으로는 상당 기간 이해도 되지 않고 어색합니다. 빈객영문(賓客盈門)은 손님이 문앞을 채운다는 뜻으로 손님이 아주 많은 것을 이릅니다. 빈지여귀(賓至如歸)는 손님이 오는 것을 자기 집에 오는 것처럼 여긴다는 뜻으로 손님을 맞는 주인의 생각이 깊고 주도면밀한 것을 이릅니다.

고외	부수	획수	형자	새김	발음
寶	宀	20	缶	보배	보

　보(寶)는 보배입니다. 옥(玉)과 재물[貝]이 집 안[宀]에 있는 것을 나타내며, '장군' 부(缶)는 소리를 나타냅니다.

　썩 드물고 귀한 가치가 있는 보배로운 물건은 보물(寶物)이고, 보배로운 자리 즉 임금의 자리는 보위(寶位)입니다. 보좌(寶座) 또한 임금의 자리인데, 보위는 위계와 연관된 말이고 보좌는 깔개에 중점이 놓인 말입니다. 보마향거(寶馬香車)는 좋은 말과 훌륭한 수레를 이릅니다.

고외	부수	획수	회자	새김	발음
員	口	10	口貝	인원	원

원(員)은 물건의 수량을 뜻합니다. 고문 분석에서는 정(鼎) 위에 동그라미를 한 자형에서 '둥글' 원(圓)의 본자로 봅니다. 수효를 나타내는 것은 인신된 뜻이라고 합니다. '사람'의 뜻도 있습니다.

사람의 수효를 뜻하는 인원수(人員數)는 줄여서 원수(員數)라고도 합니다. 회사에서 일하는 사람은 사원(社員), 공무를 집행하는 일에 종사하는 사람은 공무원(公務員) 등에 쓰입니다. 역사에 더러 나오는 말입니다만 산기상시(散騎常侍)는 궁에 있을 때에는 간언을 하거나 고문을 맡고 궁을 벗어날 때에는 말을 타고 천자를 경호하는 일을 맡아보던 벼슬입니다. 여기에 원외(員外)라는 말이 앞에 붙는 경우가 있습니다. 정원 외의 뜻입니다. 요즈음 말로 치면 상근직이 아니고 임시직이라는 뜻이 되겠습니다.

R155

붉을 적(赤) 부

갑골	금문	전문	해서

'붉을' 적(赤)은 '큰' 대(大)와 '불' 화(火)가 결합된 회의자입니다. 큰불입니다. 『설문』에서는 "남방의 색이다. 대(大)에서 뜻을 취하고, 화(火)에서 뜻을 취한다"라고 합니다. 주석입니다. "남방은 양(陽)이 왕성한 곳으로 그 형상이 밝게 빛나며, 화(火)는 오행에 있어서 (남방을 대표하는 물질로) 색깔로는 붉은 것이다. 붉다는 것은 밝고 아주 빛나는 것이다. 화(火)는 모두 밝게 드러나는 형상을 하기 때문에 미미하면 희미하게 되고, 크면 밝게 빛나게 된다. 그래서 적(赤)은 대(大)와 화(火)에서 뜻을 취하는 회의자이다."

적(赤)은 붉은 색을 가리키고, 사람의 낯빛을 뜻하기도 합니다. 갓 태어난 아이를 가리키기도 하고, 인신되어 백성을 나타냅니다. '순진하다, 충성스럽다'라는 뜻에 '뭐 하나 가진 것 없다, 몸을 그대로 드러낸다'라는 의미도 있습니다. 이것은 한자가 지구의 북반구에서 생겨났기 때문에 나온 해석이겠습니다. 북반구에서는 태양을 보려면 자연 남면(南面)하게 되고, 그쪽에 모든 에너지의 근원이라고 할 수 있는 태양이 자리하기 때문입니다. 남면은 임금이 앉던 자리의 방향이나 임금이 되어 나라를 다스림을 이르는 말이기도 합니다.

'붉을' 적(赤) 부수에 속하는 글자 자체도 많지 않고, 기초한자로는 적(赤) 한 글자뿐입니다.

중학	획수	회자	새김	발음
赤	13	大 火	붉을	적

적각(赤脚)은 감싼 것이 없는 맨다리를 말합니다. 적나라(赤裸裸)는 몸에 아무것도 입지 아니하고 발가벗다가 원뜻으로 있는 그대로 다 드러내어 숨김이 없는 것을 말합니다. 적도(赤道)는 위도의 기준이 되는 선입니다. 몹시 가난한 것은 적빈(赤貧)이라 하고, 적자(赤字)는 갓난아이라는 뜻인데, 임금이 갓난아이처럼 여겨 사랑한다는 뜻으로 '백성'을 이르기도 했습니다. 적빈여세(赤貧如洗)는 마치 물로 씻은 듯이 아무것도 가진 것이 없을 정도로 가난한 것을 말합니다. 적수공권(赤手空拳)은 맨손과 맨주먹이라는 뜻으로 아무것도 가진 것이 없음을 이르는 말입니다. 적승계족(赤繩繫足)은 붉은 끈으로 발을 묶어놓는다는 뜻으로 혼인의 인연을 맺어주는 것을 말합니다. 중국 전설에 나오는 월하노인(月下老人)이 붉은 끈을 가지고 다니다가 인연이 있는 남녀가 있으면 그들이 모르게 그 끈으로 다리를 매어놓는데, 그렇게 되면 어떤 경우라도 반드시 부부가 된다고 합니다. 적심보국(赤心報國)은 마음을 다하여 나라에 충성함을 이릅니다. 적자지심(赤子之心)은 죄악에 물들지 아니하고 순수하며 거짓이 없는 마음을 가리킵니다. 적지천리(赤地千里)를 『표준』에서는 "입춘 뒤의 첫 갑자일(甲子日)에 비가 오면, 그해 봄에 크게 가물어서 천리의 넓은 논밭이 다 적지(赤地)가 된다는 말"로 설명하고 있습니다. 또한, 전란을 치른 뒤 풀싹조차 나지 않는 황량하고 넓은 땅을 가리키기도 합니다. 적지(赤地)는 붉은 빛깔의 흙이라는 뜻과 함께 흉년이 들어 거둘 만한 농작물이 하나도 없게 된 땅을 가리킵니다.

R156

달릴 주(走) 부

갑골	금문	전문	해서

大 㐱 走 走

  '달릴' 주(走)의 고문은 위는 사람이 양팔을 벌리고 달리는 모양이고, 아래는 발의 모양을 그린 회의자입니다. 달리는 것이 본뜻입니다.

  『설문』에서는 "주(走)는 달리는 것이다. '굽힐' 요(夭)와 '그칠' 지(止)에서 뜻을 취하며, 요(夭)와 지(止)의 뜻은 (빨리 달리기 때문에) 구부러진 것을 뜻한다"라고 하고 『단주』에서는 "천천히 가는 것은 보(步), 빨리 가는 것은 추(趨), 빨리 달리는 것을 주(走)라 한다"라고 합니다. '달리다'에서 '달아나다, 떠나다'라는 뜻을 나타냅니다. 현대 중국어에서 주(走)는 '걷다, 가다'의 뜻을 나타내고, '달리다'는 포(跑)를 씁니다. 빨리 달리기를 겨루는 것은 경주(競走)입니다.

중학	획수	형자	회자	새김	발음
起	10	己	走己	일어날	기

『설문』에서 "기(起)는 발을 펴고 일어날 수 있는 것이다. 주(走)는 의부(意符)이고, 사(巳)는 성부(聲符)이다"라고 설명합니다. 주석에서 "옛날 사람들은 땅에 꿇어앉았기 때문에 발을 들고 일어난다"라고 합니다. 본뜻은 누웠다가 또는 앉았다가 일어나는 것입니다. 여기에서 '서다, 발생하다, 만들다, 설치하다, 시작하다' 등의 뜻으로 인신됩니다. 본래 오른쪽 자소는 '뱀' 사(巳)였는데, 나중에 '몸' 기(己)로 바뀌어 현재의 자형이 되었습니다.

손님을 영접하려고 일어서거나, 일정한 곳에서 먹고 자고 하는 따위의 일상적인 생활을 하는 것은 기거(起居), 공사를 착수하는 것은 기공(起工)입니다. 일어나 서는 것은 기립(起立), 땅이 높아졌다 낮아졌다 하는 것은 기복(起伏), 거의 죽을 뻔하다가 도로 살아나는 것은 기사회생(起死回生)입니다. 기승전결(起承轉結)은 글을 짜임새 있게 짓는 형식을 말하는데, 한시에서는 시구를 구성하는 방법으로 '기'는 시를 시작하는 부분, '승'은 그것을 이어받아 전개하는 부분, '전'은 시의를 한 번 돌려 전환하는 부분, '결'은 전체 시의(詩意)를 끝맺는 부분을 뜻합니다. 기승전합(起承轉合)으로 쓰기도 합니다.

중학	획수	회자	새김	발음
走	7	夭 止	달릴	주

주(走)의 자소자는 '일찍 죽을' 요(夭)입니다. '웃을' 소(笑), '다행' 행(幸)에도 쓰입니다. 하지만 여기서는 그런 뜻으로 쓰인 것이 아니고 달리는 사람의 머리와 손발이 구부러진 것을 나타내, 상형적인 요소로 사용된 것입니다. 자의(字義)는 부수자의 설명을 참고하기 바랍니다.

주구(走狗)는 달음질하는 개라는 뜻으로 사냥할 때 부리는 개를 이르는 말인데, '앞잡이'라는 뜻으로 많이 씁니다. 주마간산(走馬看山)은 말을 타고 달리며 산천을 구경한다는 뜻으로 자세히 살피지 아니하고 대충대충 보고 지나감을 뜻합니다. 중국어에서는 주마간화(走馬看花)로 쓰는데, 대충 보고 넘어간다는 뜻으로는 '주마간산'보다 '주마간화'가 더 적절하지 않을까 싶기도 합니다.

고교	획수	형자	새김	발음
赴	9	卜	다다를, 나아갈	부

부(赴)는 달려가는 것입니다. 상황이 안 좋은 곳이나, 긴급할 일이 생긴 곳으로 급히 가는 것을 가리킵니다. '뛰어들다, 나아가다'라는 뜻을 갖고, '상(喪)을 급히 알리다'라는 뜻도 있습니다.

조선 시대에, 다른 지방의 군대가 서북 변경을 방어하기 위하여 파견 근무를 하던 일은 부방(赴防)이라 했습니다. 구원하러 가는 것은 부원(赴援), 임명이나 발령을 받고 임지로 가는 것은 부임(赴任)입니다. 부탕도화(赴湯蹈火)는 끓는 물에 뛰어들고 불을 밟는다는 뜻으로, 위험을 피하지 않음을 비유적으로 이르는 말입니다.

고교	획수	형자	새김	발음
越	12	戉	넘을	월

월(越)은 넘는 것, 건너뛰는 것입니다. 인신되어 '초과하다, 경과하다'라는 뜻을 나타내고, '빼앗다, 격앙하다'라는 의미도 갖고 있습니다.

자소자는 '도끼' 월(戉)입니다.

자기의 권한 밖의 일에 관여하는 것은 월권(越權)이고, 수준이 정도 이상으로 뛰어난 것은 월등(越等)한 것입니다. 옛날 서민들은 겨울나기 즉, 월동(越冬)이 쉽지 않았습니다. 월장(越牆)은 담을 넘는 것입니다. 월담이라고도 합니다. 월조대포(越俎代庖)는 도마를 넘어가서 요리사의 일을 대신한다는 뜻으로 자기에게 주어진 권리를 넘어 남의 직분이나 권한 따위를 침범하는 것을 이릅니다.

고교	획수	형자	새김	발음
超	12	召	뛰어넘을	초

초(超)는 넘는 것, 도약하는 것입니다. 거기에서 '넘다, 이기다'라는 뜻을 나타내고, 기준 이상에 도달한다는 의미가 있습니다. '멀리'라는 뜻도 나타냅니다.

보통 수준보다 훨씬 뛰어나거나, 어떤 현실 속에서 벗어나 그 현실에 아랑곳하지 않고 의젓한 것은 초연(超然)한 것이고, 한계나 표준을 뛰어 넘는 것은 초월(超越) 혹은 초일(超逸)입니다. 자연의 이치로 설명할 수 없는 신비적 존재는 초자연적(超自然的)인 것입니다.

고교	획수	형자	회자	새김	발음
趣	15	取	走取	뜻, 재미	취

취(趣)는 『설문』에서 "빨리 달리는 것이다"라고 합니다. 빨리 걷는 것이라는 설명도 있습니다. '가다'라는 뜻도 나타냅니다. '마음을 두다'라는 의미에 흥미나 흥취를 나타내기도 합니다.

전문적으로 하는 것이 아니라 즐기기 위하여 하는 일은 취미(趣味), 어떤 일의 근본이 되는 목적이나 긴요한 뜻은 취지(趣旨), 하고 싶은 마음이 생기는 방향 또는 그런 경향은 취향(趣向)입니다. 자소자로 쓰이고 있는 '취할' 취(取)는 '가장' 최(最)에도 쓰입니다.

R157

발 족(足) 부

갑골	금문	전문	해서
			足

'발' 족(足)은 위로 무릎, 아래에는 발 모양으로 아랫다리 부분을 나타내는 상형자입니다. 『설문』에서는 "족(足)은 발이다. 인체의 아래 부분에 있다. 지(止)와 口(모양을 나타냄)에서 뜻을 취한다"라고 합니다. 허신은 회의자로 보고 있습니다. 국내 자전에는 지사자로 실려 있는 경우가 많습니다. 최근 중국에서는 상형자로 보는 게 대세인 듯합니다.

족(足)은 사람이나 동물의 다리를 나타내고, 그릇 등에서 사람의 다리처럼 지탱해 주는 역할을 하는 것을 가리키기도 합니다. '할 수 있다'는 뜻 외에 '족하다, 풍부하다'라는 의미도 나타냅니다. 다음자로서 '지날' 주, '보탤' 주의 새김도 있습니다.

중학	획수	형자	새김	발음
路	13	各	길	로

로(路)는 도로입니다. 사람이나 우마차, 수레 등이 다닐 수 있는 수륙의 모든 길을 가리킵니다. 인신되어 '경과하다'는 뜻을 나타내고, '지나온 길'을 뜻하기도 합니다. 규율이나 도리의 뜻을 지니며, 현대적인 의미로는 '차로'를 의미하기도 합니다.

노류(路柳)는 길가 버들을 말하고, 노자(路資)는 먼 길을 떠나 오가는 데 드는 비용입니다. 거쳐 지나가는 길이나 과정은 노정(路程)입니다. 노인개지(路人皆知)는 길거리의 사람들도 모두 안다는 뜻으로 모두가 아는 것을 비유적으로 이르는 말입니다. "노요지마력 일구견인심(路遙知馬力 日久見人心)"은 길이 멀면 말의 힘을 알 수 있고 날이 오래되면 사람의 마음을 볼 수 있다는 뜻으로 사물은 오래 관찰하고 겪어봐야 그 진가를 알 수 있다는 뜻입니다.

중학	획수	회자	새김	발음
足	7	口 止	발/지날	족/주

부수자입니다. 족적(足跡, 足迹)은 발자취입니다. '족(足)하다'는 수량이나 정도 따위가 넉넉한 것을 말합니다. 족불리지(足不履地)는 발이 땅에 닿지 않는다는 뜻으로 몹시 급하게 달아나거나 걸어감을 이르는 말입니다. 족탈불급(足脫不及)은 맨발로 뛰어도 따라가지 못한다는 뜻으로 능력 · 역량 · 재질 따위가 두드러져 도저히 다른 사람이 따라가지 못할 정도임을 비유적으로 이르는 말입니다.

고교	획수	형자	새김	발음
距	12	巨	떨어질	거

거(距)는 며느리발톱입니다. 며느리발톱은 새 수컷의 다리 뒤쪽에 있는 각질의 돌기물을 가리키는데, 말이나 소 따위 짐승의 뒷발에 달린 발톱을 이르기도 합니다. '웅크리다'라는 뜻이 있습니다. 인신되어 시간이나 공간상의 거리를 나타냅니다.

상거(相距)는 서로 떨어졌다는 뜻입니다. 거금(距今)은 지금부터 지나간 어느 때까지 거슬러 올라가서라는 뜻이고, 거리(距離)는 두 개의 물건이나 장소 따위가 공간적으로 떨어진 정도입니다.

고교	획수	형자		새김	발음
跳	13	兆		뛸	도

도(跳)는 뛰는 것(jump), 즉 도약하는 것입니다. 여기에서 '장애 등을 뛰어넘다'라는 뜻으로 인신됩니다. 물체가 튀어 오르는 것도 나타냅니다.

거리낌 없이 함부로 날뛰어 다니는 것은 도량(跳梁)하는 것이며, 몸을 위로 솟구치거나, 더 높은 단계로 발전하는 것을 비유적으로 이르는 말은 도약(跳躍)입니다.

고교	획수	형자	회자	새김	발음
跡	13	亦	足亦	발자취	적

적(跡)은 『설문』에 적(迹)으로 실려 있습니다. "발을 딛는 곳이다"라고 합니다. 발을 디딘 흔적, 즉 발자국입니다. 그래서 자취를 가리킵니다. 선인들이 남긴 것을 가리키기도 합니다.

옛 문화를 보여주는 건물이나 터는 고적(古跡)이고, 종적을 숨기는 것은 잠적(潛跡)입니다.

고교	획수	형자	회자	새김	발음
踏	15	沓	足沓	밟을	답

답(踏)은 힘주어 발을 딛는 것입니다. 인신되어 현장에 가서 조사를 하는 것을 나타냅니다. '가다'라는 뜻에 '신'을 나타내기도 합니다.

자소자는 '유창할' 답(沓)입니다.

제자리걸음은 답보(踏步)라고 합니다. 현장에 가서 직접 보고 조사하는 것은 답사(踏查)이고, 예로부터 해오던 방식이나 수법을 좇아 그대로 행하는 것은 답습(踏襲), 답청(踏靑)은 봄에 파랗게 난 풀을 밟으며 산책하거나 또는 그런 산책을 이릅니다. 생각만 해도 얼마나 산뜻하고 기분 좋은 일입니까! 우리 학생들 봄에는 더러 들판에 나가거나 집 주변의 산이라도 오르며 답청의 기쁨도 한 번 만끽해봐야 하지 않겠습니까! 험한 길이나 먼 길을 끝까지 걸어서 돌파하는 것은 답파(踏破)입니다.

고교	획수	형자	회자	새김	발음
踐	15	戔	足戔	밟을	천

천(踐)은 밟는 것입니다. 인신되어 '이행하다, 실천하다'라는 뜻을 나타냅니다. '오르다, 이어받다'라는 의미도 갖고 있습니다.

발로 짓밟는 것은 천답(踐踏), 실제로 이행하는 것은 천리(踐履), 약속을 지켜 실천하는 것은 천약(踐約), 생각한 바를 실제로 행하는 것은 실천(實踐)입니다.

고교	획수	형자	회자	새김	발음
躍	21	翟	足翟	뛸	약

약(躍)은 빠른 것입니다. 여기에서 인신되어 '뛰다'라는 뜻을 나타냅니다.

자소자는 '꿩' 적(翟)입니다. 다 큰 장끼나 까투리는 말할 것도 없고 꿩은 '꺼병이' 즉, 꿩의 새끼도 달리는 것이 보통 빠르지 않습니다. 정말 발이 보이지 않고, 어른도 쫓아가 잡기가 쉽지 않습니다. 어쩌면 꿩의 발처럼 발걸음이 빠르다고 해 만든 글자가 아닌가 하는 상상을 해보게 됩니다.

뛰어 일어나는 것을 약기(躍起)라 하고, 힘차게 앞으로 뛰어 나아가는 것은 약진(躍進)입니다. 훈련소에서 총검술 훈련을 할 때 마지막 단계가 "약진 앞으롯!"입니다. 그러면 힘찬 구호와 함께 적진(?)을 향해 돌진한 뒤, 허수아비를 총검으로 찌른 뒤에 끝납니다.

고외	부수	획수	형자	새김	발음
捉	手	10	足	잡을	착

착(捉)에는 손, 발이 다 들어 있습니다. 조르는 것입니다. 본뜻은 '쥐다, 잡다(grasp,

hold)'입니다. 여기에서 '잡다(catch, seize)'의 뜻이 인신되어 나왔습니다.

꼭 붙잡는 것이 포착(捕捉)입니다. 착금현주(捉襟見肘)는 『장자(莊子)』에 나오는 말로 옷깃을 여미면 팔꿈치가 드러난다는 뜻으로, 생활이 곤궁함을 이릅니다.

고외	부수	획수	형자	회자	새김	발음
促	人	9	足	人足	재촉할	촉

촉(促)은 급박한 것입니다. '재촉하다'라는 뜻도 있습니다.

촉박하여 매우 급한 것은 촉급(促急)이고, 기한이 바싹 닥쳐와서 가까운 것은 촉박(促迫)입니다. 촉슬담심(促膝談心)은 무릎을 맞대고 속마음을 털어놓고 이야기하는 것입니다.

R158

몸 신(身) 부

갑골	금문	전문	해서

'몸' 신(身)은 사람의 모양을 본떠 만든 상형자입니다. 아이를 가져서 복부가 많이 튀어 나온 여인의 모습을 그린 것인데, 나중에는 사람이나 동물의 몸을 나타내게 되었습니다. 『설문』에서는 "신(身)은 몸이다. 사람의 몸을 본떴다. 인(人)이 의부(意符)이고, '끌' 예(厂)가 성부(聲符)이다"라고 합니다. 주석에서는 "계문(契文)에서 사람의 배가 튀어나온 데에서 뜻을 취하는데, 아이를 가진 모양을 본뜬 것이다"라고 합니다. 몸통 부분만 가리키기도 합니다. 인신되어 '자기 자신'을 나타내고, '자신의 생명'을 뜻하기도 합니다. 자신이 처한 위치, 즉 지위의 뜻도 있습니다. '나'라는 뜻으로 인신되며, '친히'라는 뜻도 나타냅니다.

'몸' 신(身) 부수는 속하는 글자 자체가 많지 않습니다. 기초한자로는 부수자 한 자만 속해 있습니다.

중학	획수	새김	발음
身	7	몸	신

신변(身邊)은 우리 몸과 몸의 주위를 이르는 말입니다. 신분(身分)은 개인의 사회적인 위치나 계급을 가리킵니다. 신세(身世)는 주로 불행한 일과 관련된 일신상의 처지와 형편을 말하는데, 다른 사람에게 도움을 받거나 폐를 끼치는 것을 가리키기도 합니다. 신선사졸(身先士卒)은 전투 시 장수가 사졸에 앞장서 부대를 이끄는 것을 말합니다. 현재는 군중에 앞장서 이끄는 것을 가리키기도 합니다. 신수이처(身首異處)는 몸과 머리가 다른 곳에 있다는 뜻으로 목이 잘려 죽는 것을 말합니다. 신언서판(身言書判)은 인물을 선택하는 데 표준으로 삼던 조건 곧 '신수, 말씨, 문필, 판단력'의 네 가지를 이릅니다. 신재조영심재한(身在曹營心在漢)은 관우(關羽)와 연관되어 나온 말입니다. 관우는 한때 조조에 잡혀 그의 병영에 갇혔습니다. 조조는 관우의 사람됨을 존경해 극진히 대우했지만 관우의 마음속에는 유비만 있다는 것을 잘 압니다. 여기에서 나온 말입니다. 몸은 조조의 병영에 있지만 마음은 한나라에 있다는 뜻으로 지조를 지켜 한 사람에게 충성함을 뜻합니다. "비둘기는 콩밭에만 마음이 있다"라는 우리 속담과 통하는 바가 있습니다. 분골쇄신(粉骨碎身)은 뼈를 가루로 만들고 몸을 부순다는 뜻으로 정성으로 노력함을 이릅니다. 『효경(孝經)』에 "사람의 신체와 터럭과 살갗은 부모에게서 받은 것이니 이것을 손상시키지 않는 것이 효의 시작이다[身體髮膚受之父母 不敢毁傷孝之始也(신체발부수지부모 불감훼상효지시야)]"라고 나옵니다.

중외	부수	획수	회자	새김	발음
射	寸	10	身 寸	쏠/벼슬이름/맞힐/율이름	사/야/석/역

사(射)는 화살을 쏘는 것입니다. 다음자입니다. 여러 새김 가운데 쓰임이 많은 것을 소개하면 십이율 가운데 하나인 무역(無射)이 되겠습니다.

십이율은 황종(黃鐘), 대려(大呂), 태주(太簇), 협종(夾鐘), 고선姑洗), 중려(仲呂), 유빈(蕤賓), 임종(林鐘), 이칙(夷則), 남려(南呂), 무역(無射), 응종(應鐘)인데, 이 가운데 태주, 고선, 유빈, 이칙, 무역은 자칫 잘못 읽기 쉽습니다. 전문적인 용어라서 일부러

외울 필요까지는 없지만, 몇 가지 음은 평상시에 읽는 음과 다르다는 정도는 기억해
둬야 합니다.

R159

수레 거(車, [车]) 부

갑골	금문	전문	해서
		車	車

  '수레' **거(車)**의 갑골문은 수레의 모양을 그대로 보여줍니다만, 현재 우리가 쓰고 있는 '수레' 거(車) 자는 위에서 내려다 본 평면도로 가운데 타는 부분과 그에 연결된 축 그리고 바퀴를 보여줍니다. 갑골문에서 위쪽은 소나 말의 등에 얹는 멍에입니다. 다음에 수레와 연결하는 끌채가 있습니다. 끌채는 차축과 연결이 되고 양쪽 끝에 바퀴가 달려 있습니다. 그 위에 사람이 타거나 짐을 싣는 공간 즉, 차상(車廂)이 설치됩니다. 상형자입니다.

  『설문』에서는 "거(車)는 타는 칸에 바퀴 등 부품이 모여 하나를 이룬 것의 총칭이다. 하후(夏后) 시대에 해중(奚中)이라는 사람이 만들었다. 상형이다"라고 합니다. 수레를 나타냅니다. 인신되면서 전차(戰車)를 나타내고, 그것을 모는 사람이나 수레에 타는 것을 가리키기도 합니다. 쓰임이 아주 드물긴 합니다만 잇몸이라는 뜻도 있습니다. 현재 중국에서는 변에 쓰일 때 '车' 모양으로 쓰고, 획수도 줄어 4획에 들어 있습니다.

음은 '거'와 '차'로 둘입니다. 인력거(人力車)나 자전거(自轉車)처럼—자전차라고도 합니다만—사람이 직접 끄는 경우에는 '거'로 발음하고, 마차(馬車), 자동차(自動車)처럼 다른 동력을 이용하는 경우에는 '차'로 발음하는 듯합니다. 자동차는 동력과 타는 부분이 일체화 되어 있습니다만, 수레는 동력으로 소나 말, 당나귀나 노새 류 등을 이용합니다. 끌채로 사람이나 짐을 싣는 뒷부분과 연결해 힘을 전달합니다. 끌채는 말 그대로 끄는 데에 쓰는 긴 막대기 즉 채입니다.

요즈음 젊은이들은 차에 관심이 많습니다. 차종은 물론 차와 관련된 많은 용어들을 알고 있고, 튜닝이라든가, 자기 마음에 맞게 개조하는 경우도 자주 봅니다. 결따마, 부루말, 오류마, 오총마, 오추마 등은 차종에 해당하는 말의 종류입니다. 그런데 지금은 사어(死語) 수준이 되었습니다. 수레도 마찬가지겠습니다. 종류나 치장 방식 등 거기에 딸린 말도 분명 적지 않았을 텐데 우리가 알고 있는 단어는 고작해야 굴대, 바퀴, 살 정도입니다. 굴대통만 해도 아는 사람이 많지 않지 싶습니다. 지금 이런 이야기를 하는 것은 말도 살아 있는 생명체라서 끊임없이 바뀐다는 것과, 또 하나 그런 결과이겠지만 운반수단이 수레에서 자동차로 바뀌면서 우리가 얼마나 많은 말을 잊었는가 하는 아쉬움 때문입니다.

중학	획수	새김	발음
車	7	수레	거, 차

거마비(車馬費)는 수레와 말을 타는 비용이라는 뜻으로 교통비입니다. 사서에 더러 나오는 말로 거열형(車裂刑)이 있습니다. 죄인의 다리를 두 대의 수레에 한쪽씩 묶어서 몸을 두 갈래로 찢어 죽이던 잔혹한 형벌입니다. 차도(車道), 차량(車輛)에서는 '차'로 읽습니다. 거마영문(車馬盈門)은 수레와 말이 문 앞을 채운다는 뜻으로 오는 손님이 많은 것을 말합니다. 거재두량(車載斗量)은 수레에 싣고 말로 된다는 뜻으로 물건이나 인재 따위가 많아서 그다지 귀하지 않음을 이릅니다. 『표준』에는 '차재두량'의 발음도 허용하고 있습니다. 거도산전필유로(車到山前必有路)는 '수레가 산에 이르기 전에 꼭 길이 있기 마련이다'라는 뜻으로 어려운 상황에서도 해결 방법이 있음을 말합니다. 바로 "하늘이 무너져도 솟아날 구멍이 있다"라는 우리 속담과 같은 내용입니다.

중학	획수	형자	새김	발음
輕	14	巠	가벼울	경

경(輕)은 가벼운 수레[輕車]라고 합니다. 이때는 '경거'로 읽습니다. 경차(輕車)로 읽으면 무게가 가벼운 것이겠는데, 현재 우리가 쓰고 있는 가벼운 차입니다. 경(輕)은 고대에 기동성을 높이기 위해 가볍게 만든 병거로 기병(騎兵) 편제가 제대로 갖춰지기 이전 최대의 전투력을 갖춘 전차였습니다. 여기서 '가볍다'라는 뜻이 인신되어 나왔습니다. 정도가 약한 것, 수량이 적은 것, 능력이 작은 것을 의미하기도 합니다.

자소자는 '지하수' 경(巠)으로 '지날' 경(經)'에도 쓰입니다.

언행이 신중하지 못하고 가벼운 것은 경박(輕薄)한 것이며, 대수롭지 않게 보거나 업신여기는 것은 경시(輕視)하는 것입니다. 경솔하여 생각 없이 망령되게 행동하는 것은 경거망동(輕擧妄動)입니다. 경거숙로(輕車熟路)는 가볍고 빠른 수레를 타고 익숙한 길을 간다는 뜻으로 일에 숙달하여 조금도 막힘이나 머뭇거림이 없음을 이르고, 경낙과신(輕諾寡信)은 승낙을 쉽게 해 미덥지 않은 것을 말합니다. 경재호시(輕財好施)는 재물을 가볍게 여기고 베푸는 것을 좋아한다는 뜻으로 재물을 가볍게 여기며 다른 사람들을 구해주는 것을 이릅니다.

중학	획수	회자	새김	발음
軍	9	勻(包) 車	군사	군

『설문』에서 "군(軍)은 둥그렇게 둘러싸는 것이다. 4천 명이 1군(軍)이 된다"라고 합니다. 설문에 실린 자형은 '軍'으로 수레를 감싸고 있는 모양이 드러납니다. 『단주』에서는 "12,500명을 군(軍)이라고 해야 한다"라고 합니다. 혹 허신이 살았던 2세기 초와 단옥재가 살았던 19세기 후반의 군대 편제가 바뀌었기 때문이 아닐까 하는 짐작을 해보기도 합니다만 확실하지는 않습니다. 옛날 군대가 주둔할 때는 수레로 둥그렇게 둘러싸 일종의 수비 대형을 만들어놓고 그 안에 주둔했다고 합니다. 그런 데에서 나온 말입니다. 인신되어, 진영이나 진지, 무장 부대의 뜻을 갖습니다. 병졸의 뜻도 있고, 군대 편제상 가장 큰 단위이기도 합니다.

자소자는 '고를' 균(勻)인데, '흙' 토 변에 쓰는 글자 역시 '고를' 균(均)입니다.『설문』에서는 물건이 두 개[二]로 나누어지기 때문에 작은 것이라고 합니다.『주석』을 살펴보면 "포(勹)는 '사람' 인(人) 자를 구부린 것"이라고 합니다. 하지만『단주』에서는 균(勻)이 '두루'라든지, '가지런히 바로잡다'라는 뜻을 나타낸다고 설명합니다. 땅[土]을 가지런하게 하는 것, 또는 그렇게 정리가 되어 평평하게 된 것으로 이해할 수 있겠습니다.

군사(軍事)를 정치의 핵심으로 삼고 있는 나라는 군국(軍國)이고, 그런 이념을 앞세우는 것은 군국주의(軍國主義)입니다. 군인의 집단은 군대(軍隊), 지금은 군대 복무를 국방의 의무라고 합니다만, 옛날에는 군역(軍役)이라고 했습니다.

중외	부수	획수	회자	새김	발음
連	辵	11	車 辵	이을	련

련(連)은 이어지는 것입니다.

연결(連結)은 서로 이어지거나 관계를 맺는 것이고, 연락(連絡)은 서로 관련을 갖거나 어떤 사실을 상대편에게 알리는 것, 연행(連行)은 데리고 가는 것입니다. 법률상으로는 강제로 데리고 가는 것을 가리키며 특히 경찰관이 피의자를 체포하여 경찰서로 데리고 가는 일을 이릅니다. 경찰이 영장 없이 동행을 요구할 때는 거절할 수 있습니다. 연지동기(連枝同氣)는 나무의 가지처럼 이어지고 기를 같이 한다는 뜻으로, 형제자매나 또는 그 정도로 친밀한 관계를 이릅니다. 연편누독(連篇累牘)은 쓸데없이 문장이 길고 복잡한 것을 이릅니다.

고교	획수	형자	새김	발음
較	13	交	견줄, 비교할/차이, 차체	교/각

교(較)는 수레 차상(車廂)의 양쪽 판자에 달린 구부러진 구리 고리라고 합니다. 수레 안에 서 있을 때 잡는 손잡이 역할을 하는 것으로 보입니다. 귀 모양으로 생겨서 차이(車耳)라고 하는데, 차이를 나타낼 때 발음은 '교'가 아니라 '각'입니다. 수레의 양쪽이라는 데에서 '비교하다, 계산하다'라는 뜻이 인신되어 나왔습니다. 한자로 차상(車廂)

은 수레에 사람이나 짐을 싣는 부분을 가리키는데, 우리말의 객실(客室)이나 객차(客車)는 사람 전용이고, 짐칸이나 화물칸은 짐 전용이라서 차상과 맞아떨어지지 않습니다. 찻간(車間)이 사람과 화물 모두를 아우를 수 있는 공간이 아닐까 싶은데 『표준』에서는 "기차나 버스 따위에서 사람이 타는 칸"이라고 정의하고 있어 역시 차상과는 다릅니다. '칸'이라는 말이 가장 가까울 듯한데, 이런 의미로 수식어 없이 독립해 쓰면 부자연스럽거나 어법에 맞지 않아 보입니다.

교량(較量)은 비교하여 헤아리는 것입니다. 교단양장(較短量長)은 얼핏 "길고 짧은 것은 대어보아야 안다"라는 우리 속담과 비슷해 보입니다만, 사람의 단점과 장점을 헤아려본다는 것만 나타냅니다.

고교	획수	형자	새김	발음
載	13	㦰	실을	재

재(載)는 수레에 타는 것입니다. 수레나 배 같은 교통 기관을 나타내기도 합니다. '실어 나르다'는 뜻에, 그런 물건을 가리키기도 합니다. 인신되어 '한 해'를 가리키기도 합니다. '일' 대(戴)와 같은 뜻으로 쓰이는 경우도 있습니다.

자소자는 '다칠' 재(㦰)입니다. '어조사' 재, '심을' 재, '마를' 재, '실을' 재에 쓰이는데 여기서는 다친다는 뜻이 아니고, 다른 자소의 내용과 관련된 행위를 하는 것으로 생각해야 합니다. 한 번 써볼 수 있겠습니까? 어조사니 '입' 구(口), 심는 것이야 나무일 테니 목(木), 마르는 것은 옷이니 의(衣), 싣는 것이야 수레이니 수레 거(車)를 써봅니다. '다칠' 재(㦰)의 빈 곳이 왼쪽 아래이니, 거기에 써 넣습니다. 각각 哉, 栽, 裁, 載, 넉 자 OK!

적재(積載)는 물건이나 짐을 선박, 차량 따위의 운송 수단에 싣는 것입니다. 재주복주(載舟覆舟)는 백성은 물과 같아서 배를 받쳐주기도 하지만 뒤집을 수도 있다는 뜻으로, 국가 흥망의 역량이 백성에게 있음을 이릅니다. 천재일우(千載一遇)는 천 년 동안 단 한 번 만난다는 뜻에서, 좀처럼 만나기 어려운 좋은 기회를 이릅니다.

고교	획수	형자	새김	발음
輝	15	軍	빛날	휘

휘(輝)는 『설문』에 '불' 화(火) 변으로 된 자형[煇]으로 올라 있습니다. 눈이 부시게 번쩍거리며 빛나는 것입니다. 여기서 광채를 뜻하게 되고, '비치다, 빛이 찬란하다, 성적이나 결과가 두드러지다' 등의 의미를 나타내게 됩니다.

광채가 나서 눈부시게 번쩍이는 것이 휘황찬란(輝煌燦爛)한 것인데, 우리말의 뜻도 똑같이 인신[파생]됩니다. 행동이 온당하지 못하고 못된 꾀가 많아서 야단스럽기만 하고 믿을 수 없다는 것을 가리키기도 합니다.

고교	획수	형자	회자	새김	발음
軌	9	九	車九	바큇자국	궤

『설문』의 현대 역에서는 궤(軌)를 수레 자국이라고 합니다. 『단주』에서는 수레의 아래 두 바퀴 사이의 빈 공간이라고 합니다. 더 정확히는 수레와 땅에서 떨어진 두 바퀴 사이의 공간이라고 합니다.

수레가 지나간 바큇자국이 난 길은 궤도(軌道)입니다. 그런데 우리말에서도 다른 뜻으로 인신[파생]됩니다. 일이 발전하는 본격적인 방향과 단계를 가리키기도 합니다. 궤범(軌範)은 어떤 일을 판단하거나 행동하는 데에 본보기가 되는 규범이나 법도를 가리킵니다. 조선 성종 24년(1493)에 성현(成俔) 등이 왕명에 따라 펴낸 음악책이 『악학궤범(樂學軌範)』인데 당시 음악의 본보기가 되는 책이라는 뜻이겠습니다. 궤적(軌跡, 軌迹)은 수레바퀴가 지나간 자국이라는 뜻으로 물체가 움직이면서 남긴 움직임을 알 수 있는 자국이나 자취를 이릅니다.

고교	획수	형자	회자	새김	발음
軒	10	干	車干	집, 추녀, 처마	헌

『설문』에서 "헌(軒)은 끌채가 궁륭형으로 굽어 올라오며, 차상(車厢) 뒤에는 가리개가 둘러싸고 있는 수레이다[藩車(번차)]"라고 설명합니다. 궁륭(穹窿)은 활이나 무지개같이 한가운데가 높고 길게 굽은 형상을 가리킵니다. 또는 그렇게 만든 천장을 말합니다. 아치(arch)형이라고 하는 것이 이해하기가 더 쉬울지 모르겠습니다. 차상(車厢)은 수레

의 사람이 타거나 짐을 싣는 공간을 말합니다. 객실이나 짐칸에 해당되겠습니다. 주석을 살펴봅니다. 이런 수레는 대부(大夫) 이상이 타는 수레라고 합니다. 요즈음은 돈만 있으면 국산차이든 외제 호화 차량이든 아무 차나 탈 수 있지만, 옛날에는 이런 것도 신분에 따라 제약을 받았습니다. 끌채는 소나 말의 멍에목에 연결해 수레를 끌게 되는데, 작은 수레의 끌채는 주(輈)라 하고, 큰 수레(의 끌채)는 원(轅)이라고 나옵니다. 번차(藩車)는 지붕이 있는 수레로 좌우에 창이 있고, 뒤에는 가리개가 있는데 그 앞은 비워둔다고 합니다. 자동차의 구조와 비교해 생각하면, 창에 커튼이 달려 있고, 뒤에 다른 것을 실을 수 있는 트렁크가 딸려 있는 구조로 보입니다.

헌(軒)은 수레입니다만 위에서 알 수 있는 것처럼 아무나 타는 수레가 아니고 지체가 있는 귀인들이 타는 수레입니다. 거기에서 '높다, 무겁다, 낮다'라는 뜻이 인신되어 나옵니다. '높다'라는 뜻에서 '추녀'라는 뜻으로 인신되고, 창이 나 있는 긴 복도를 가리키기도 합니다. 밝은 것이 특징인 작은 건축물의 뜻도 있습니다. 이 글자를 '초헌' 헌으로도 새기는데, 초헌(軺軒)은 조선 시대 종이품 이상의 벼슬아치가 타던 수레입니다. 밑으로 외바퀴가 달리고 앉는 데는 의자 비슷하게 되어 있으며 두 개의 긴 채가 달려 있는 것인데, 위의 설명과는 분명 다릅니다. 중국어에서는 경거(輕車) 또는 작은 마차라고 설명합니다. 제도상 규제를 하고 있는 점은 같은데, 우리나라에서 만드는 차와 외국산 차가 다르듯 나라가 다르면 뭐가 달라도 조금 달라지기 마련인 모양입니다.

처마 끝에 다는 등을 헌등(軒燈)이라 하고, 풍채가 좋고 의기가 당당한 것을 헌거(軒擧)하다고 합니다. 한자의 이해를 위해 예로 들기는 했습니다만, 이 단어들은 사용 빈도는 거의 없습니다. 한 번 읽고 지나가면 됩니다.

고교	획수	형자	회자	새김	발음
軟	11	奄(而)	車 奄(而)	연할	연

연(軟)은 『설문』에서 운구용 수레라고 합니다. 시신을 운반하는 수레입니다. 옛날에 시신을 운구할 때에는 바퀴에 애기부들을 대서 시신이 많이 흔들리지 않도록 했다고 합니다. 여기에서 인신되어 '유약하다'라는 뜻을 갖게 되었습니다. 계속 '부드럽다, 온화하다'라는 뜻으로 확대됩니다. 능력이 미치지 못하거나 강경 수단을 사용하지 않는 것을 나타내기도 합니다.

자소자는 '약할' 연(耎)입니다. 사람이 나이가 들어 수염[而]이 길게[大] 늘어진 것을 나타내는 것으로 봅니다. 연(軟)의 본래 자형은 '수레' 거(車) 오른 쪽에 '약할' 연(耎)을 쓰는 '輭'이었습니다.

무르고 약한 것이 연약(軟弱)한 것입니다. 외부와의 접촉을 제한·감시하고 외출을 허락하지 아니하나 일정한 장소 내에서는 신체의 자유를 허락하는, 정도가 비교적 가벼운 감금이 연금(軟禁)입니다.

고교	획수	형자	회자	새김	발음
輪	15	侖	車 侖	바퀴	륜

『설문』에서는 "륜(輪)은 (바퀴)살이 있는 것이고, (바퀴살이) 없는 것은 전(輇)이라 한다"라고 합니다. 지금과 같은 유모차가 없던 예전에는 나무 상자 아래 바퀴를 단 작은 수레를 만들었습니다. 당시에는 일본어를 써서 '구루마'라고 했던 듯합니다. 그 바퀴는 둥그런 통나무를 잘라 가운데 구멍을 뚫고 축에 꿰었는데 그런 것을 전(輇)이라 하는 듯합니다.

자소자 륜(侖)은 '생각하다, 둥글다'라는 뜻을 가지고 있습니다. '논할' 론, '인륜, 바퀴' 륜에 쓰입니다. 어떤 부수와 연결되어야 할지 생각해보기 바랍니다. 논하는 것은 말의 문제이니 언(言)을 붙이고, 인륜은 사람의 문제이니 당연히 사람[人]이 와야 하고, 바퀴는 차의 문제이니 차(車)가 와야 한다고 생각할 수 있으면 만점입니다. 論, 倫, 輪. 빙고(Bingo)!

윤창(輪唱)은 바퀴가 돌아가듯 돌아가는 돌림 노래입니다. 윤전기(輪轉機)는 돌아가며 인쇄하는 윤전(輪轉) 인쇄기(印刷機)입니다.

고교	획수	형자	회자	새김	발음
輩	15	非	非 車	무리	배

배(輩)는 『설문』에서 "군대에서 수레를 100량 내는 것이 일(一) 배(輩)이다"라고 합니다. 주석을 보면 수레당 3명이 탄다고 합니다. 그러니까 300명이 1배(輩)입니다.

수레를 세는 단위 명사로 량(兩)을 쓰는 것은 수레의 바퀴가 두 개이기 때문이라는 설명도 있습니다. 달리, 100량의 전차[車]가 날개 모양[非]으로 양쪽에 늘어선 것을 가리킨다고도 합니다. 여기서 인신되어 등급을 나타내고, 등급이 같은 무리를 뜻하기도 합니다.

인재가 계속하여 나오는 것을 배출(輩出)이라고 합니다. 안에서 밖으로 밀어 내보내는 것은 배출(排出)입니다. 나이가 서로 비슷한 친구는 배항(輩行)이라고 합니다. 같은 분야에서, 지위나 나이·학예(學藝) 따위가 나보다 많거나 앞선 사람은 선배(先輩) 그 반대는 후배(後輩)입니다.

고교	획수	형자	회자	새김	발음
輸	16	俞	車俞	보낼, 실어낼	수

수(輸)는 수레로 옮기는 것입니다. '보내다, 전달하다'의 뜻도 있습니다. 뜻밖에도 '실패하다, 경기에서 지다'라는 뜻도 가지고 있고, 현대 중국어에서는 많이 씁니다. 자소자는 '그러할' 유(俞)입니다.

기차나 자동차, 배, 항공기 따위로 사람이나 물건을 실어 옮기는 것은 수송(輸送), 국내의 상품이나 기술을 외국으로 팔아 내보내는 것은 수출(輸出)입니다.

고교	획수	형자	회자	새김	발음
輿	17	舁	車舁	수레	여

여(輿)는 차상(車廂)이라고 합니다. 차상은 수레에 올린 칸막이 공간으로 사람이 타거나 짐을 싣는 부분입니다. 갑골문 분석에서는 동(東) 자처럼 생긴 물건을 두 사람이 마주 들어올리는 모양으로 봅니다. 그래서 들어올리는 것을 본뜻으로 봅니다. 본래 가마는 들어야 했습니다. 그러다가 나중에 바퀴를 단 수레가 나오면서 밀게 되었습니다. '들어올리다'에서 인신되어 '운반하다'의 뜻을 갖게 되고, 다시 인신되어 '가마'를 뜻하게 된 것으로 추정합니다. 계속 인신되면서 '수레'의 뜻도 갖게 되고, '많다'든지 '많은 사람'을 뜻하게 되었습니다.

자소자는 '마주 들' 여(舁)입니다. 여(舁)의 위는 '절구' 구(臼)인데, 뜻을 나타내는 것이 아니라 모양으로 가져와 두 손을 나타냅니다. 아래의 공(廾) 자도 두 손을 나타내 두 사람이 마주 드는 것을 나타냅니다. 윗부분의 본래 자소자는 '절구' 구(臼)가 아니고 '절구' 구(臼)의 마지막 가로획이 가운데에서 끊긴 '깍지 낄' 국(臼)으로 두 손을 나타내는 글자입니다. '마주 들' 여(舁)는 '더불' 여(與), '일으킬' 흥(興)에 자소자로 쓰이고 있습니다. 더불거나 일을 하려면 두 사람이 손을 맞잡아야 하는 것이 당연한 이치입니다.

많은 사람이 간절히 기대하고 바라는 것은 여망(興望)이고, 사회 대중의 공통된 의견은 여론(興論)입니다. 여지(興地)는 수레처럼 만물을 싣고 있는 땅이라는 뜻으로, 지구나 대지를 이르는 말입니다. 고산자 김정호(金正浩, 1804~ca. 1866)의 대동여지도(大東興地圖)가 있습니다. 필자도 습관이 되어 '대동여 지도'로 읽습니다만, 대동(大東) 즉, '동방의 큰 나라'의 대지를 그린 지도이니 '대동 여지도'로 읽는 것이 맞겠습니다. 이런 것은 학창시절 선생님들이 꼭 주의를 환기시키며 한번 설명해 주셨으면 좋았겠다는 생각을 합니다.

고교	획수	형자	회자	새김	발음
轉	18	專	車專	구를	전

전(轉)은 수레로 운반하는 것이라고 합니다. 『설문』 주석에 "수레로 운반하는 것은 전(轉)이고, 물로 운반하는 것[水運]은 조(漕)라고 한다"라고 설명하고 있습니다. 본뜻은 돌아가는 것으로 봅니다.

근무하는 곳을 옮기는 것은 전근(轉勤)이고, 이리저리 굴러다니거나 옮겨 다니는 것은 전전(轉轉)하는 것입니다. 전안(轉眼)은 눈을 돌리거나 눈을 깜짝거리는 것입니다. 그래서 전안지간(轉眼之間)은 눈 깜짝할 사이 즉, 아주 짧은 시간을 뜻합니다. 전패위승(轉敗爲勝)은 실패를 승리로 바꾸는 것입니다. 누구나 한두 번 실패를 하지 않을 수 없습니다. 문제는 실패를 교훈으로 삼아 다음에는 승리로 바꾸는 것이 관건입니다. 전화위복(轉禍爲福)은 재앙과 근심, 걱정이 바뀌어 오히려 복이 되는 것을 가리킵니다.

고외	부수	획수	형자	새김	발음
範	竹	15	笵	법	범

범(範)은 길을 나설 때 길의 신에게 드리는 제사라고 합니다. 우리 민속에도 정월 초부터 보름까지 거리제를 지내던 풍속이 있는데, 범(範)은 부정기적으로 먼 길을 나설 때마다 드린 제사인 듯합니다. 용범 즉, 거푸집의 뜻이 있고, 거기에서 전형이나 법칙이라는 뜻이 인신되어 나왔습니다.

어떤 것이 미치는 한계가 범위(範圍)입니다.

고외	부수	획수	형자	회자	새김	발음
庫	广	10	車	广車	곳집	고

고(庫)는 갑옷이나 수레, 말을 보관하는 창고입니다. 수레[車] 창고[广]로 기억하면 되겠습니다. 요즈음 말로 군수품 보관 창고, 아니면 차고 정도이겠습니다.

R160

매울 신(辛) 부

갑골	금문	전문	해서

‘매울’ **신**(辛)은 고대에 형을 집행하는 칼 즉, 형도(刑刀)의 모양을 본뜬 상형자로 알려져 있습니다. 포로나 범인의 얼굴에 글자를 써 넣어 표시한 것입니다.

『설문』에는 “신(辛)은 가을이면 만물이 자라서 여문다. 쇠[金]를 나타내며 (쇠는 자질이) 강하고 단단하다. (맛으로는) 매운 것인데, 매우면 아프고 눈물이 난다. 일(一)과 ‘허물’ 건(䇂)이 의부(意符)이며[회의자], 건(䇂)은 죄[辠]이다. (천간으로) 신(辛)은 경(庚)에 이어지며, 넓적다리 모양을 본뜬 것이다”라고 합니다. 오행설에 입각한 설명인데 부연 설명을 해봅니다. 오행에서 경신(庚辛)은 서방이며 ‘가을, 금(金), 매운 맛’을 상징합니다. 허신은 신(辛)이 가을을 나타내는 것으로 보고, 가을에는 만물이 자라 여문다고 하는 것입니다. 신은 금(金)을 나타내기 때문에 강하고 단단하다고 그 속성을 말합니다. 신은 맛으로는 매운 맛을 나타냅니다. 매운 맛을 보게 되면 얼얼하고 아파서 눈물이 납니다. 사람이 죄를 지으면 쇠붙이[金]로 만들어진 형구로 상해를 입게 되어 역시 아파서 눈물이 나게 됩니다. 그래서 신(辛) 자는 일(一)과 건(辛)을 의부(意符)로 한다는 말입니다. 하지만 이 설명은 오류로 지적되고 있습니다. 그런데도 그대로 소개하는 것은 여러분이 오행설을 이해하는 데 도움이 되리라 믿기 때문입니다. 그래서 고대 중국인들의 사고방식을 좀 더 자세히 알았으면 하기 때문입니다.

신(辛)의 본뜻은 앞에서 설명한 대로 형도입니다. 여기에서 범죄를 가리키게 되었고, 얼굴에 글자를 새겨 넣는 데에는 고통이 수반됩니다. 거기에서 아기를 낳는 통증 즉, 산통을 가리키게 됩니다. 매운맛이나 매운맛이 나는 채소를 가리키기도 합니다. 천간으로는 여덟 번째입니다.

중학	획수	새김	발음
辛	7	매울	신

어려운 일을 당하여 몹시 애쓰는 것은 신고(辛苦), 매운맛은 신미(辛味)이며, 신산(辛酸)은 맛이 맵고 시다는 것이 본뜻인데, 세상살이가 힘들고 고생스러운 것을 비유해 말하기도 합니다.

중외	부수	획수	형자	회자	새김	발음
言	言	7	辛	辛口	말씀	언

언(言)은 부수자 해설을 참고하기 바랍니다. 지금 언(言) 자에서는 '매울' 신(辛)을 찾아볼 수 없습니다만, 허신의 『설문』에 실린 소전 자형은 '허물' 건(辛) 아래에 구(口)를 쓰고 있습니다. 『논어(論語)』에 나오는 공자의 말씀입니다. "말재주가 교묘(巧妙)하고 표정을 보기 좋게 꾸미는 사람 중에 어진 사람은 거의 없다[巧言令色鮮矣仁(교언영색선의인)]." 역시 『논어(論語)』에 "말에는 믿음이 있어야 하고, 행동에는 결과가 있어야 한다[言必信行必果]"는 말이 있습니다. 이 말은 '말에는 어김이 없어야 하고 행동은 꼭 이뤄야 한다'고 새길 수도 있습니다.

중외	부수	획수	형자	회자	새김	발음
信	人	9	辛	人言	믿을	신

　신(信)은 성실한 것입니다. 허신은 이 글자를 인(人)과 언(言)의 회의자로 분석합니다. 사람[人]이 하는 말[言]은 진실되어야 한다는 뜻이겠습니다. 달리, 신(辛)을 성부(聲符)로 보아 형성자라는 설명도 있습니다.

　신상필벌(信賞必罰)은 공이 있는 자에게는 반드시 상을 주고, 죄가 있는 사람에게는 반드시 벌을 준다는 뜻으로, 상과 벌을 공정하고 엄중하게 하는 것입니다.

중외	부수	획수	형자	회자	새김	발음
新	斤	13	辛	辛木斤(斧)	새	신

　신(新)은 나무를 베는 것입니다. 신(辛)이 소리를 나타내고, 목(木)과 근(斤)이 뜻을 나타낸다는 『단주』의 설명이 타당해 보입니다. 즉, 도끼[斤]로 나무[木]를 베는 것으로 신(辛)이 발음이라는 뜻입니다. '섶' 신(薪)의 본자로 봅니다. 섶은 땔나무를 통틀어 일컫는 말입니다. 나무를 베면 하얀 속살이 새롭게 드러납니다.

　새롭고 기이한 것은 신기(新奇)한 것이고, 새롭게 설치하는 것은 신설(新設), 단체나 부류에 새로 참가하는 것이나, 거기에 들어오는 사람은 신참(新參)입니다.

중외	부수	획수	형자	회자	새김	발음
音	音	9		言一	소리	음

　음(音)은 부수자입니다. 부수자 설명을 참조하기 바랍니다.

고교	획수	형자	회자	새김	발음
辨	16	辡	辡刀	분별할	변

변(辨)은 판별하는 것입니다. 뭔가를 판별한다는 것은 칼[刀]로 나누는 것[丯]과 같습니다. 갈라서 그 구성 요소를 제대로 파악할 수 있을 때 뭔가를 제대로 판별하고 파악할 수 있습니다. 거기에서 '명확하다, 바꾸다, 다투다'라는 뜻이 인신되어 나옵니다. 총명하다, 지혜롭다는 뜻도 있습니다.

자소자 변(䇂)은 죄인이 서로 송사하는 것을 가리킵니다. 소송에는 원고와 피고가 있습니다. 『설문』의 주석을 보면 옛날에는 원고와 피고를 모두 조(造)라고 했음을 알 수 있습니다. 두 사람이기 때문에 양조(兩造)라고 했습니다. 『표준』에서는 양조(兩造)를 "죄인과 증인, 또는 원고와 피고를 아울러 이르는 말"이라고 정의해, 범위가 더 넓습니다. 시비를 가리려면 말이나 증거를 통해 자기가 옳다는 것을 입증해야 합니다. 그래서 보통 '따질' 변으로 새깁니다.

옳고 그름을 가려 사리를 밝히는 것이 변명(辨明)인데, 지금은 본뜻보다도 주로 파생[인신]된 뜻, 즉 어떤 잘못이나 실수에 대하여 구실을 대며 그 까닭을 말하는 것으로 쓰고 있습니다.

고교	획수	형자	회자	새김	발음
辯	21	䇂	䇂言	말씀	변

신(辛)이 죄나 죄인을 나타내니, 변(辯)은 죄인 두 명이 말[言]로 다투는 것이겠습니다. 옥사(獄事)를 다루는 것입니다. 죄인들이 하는 말을 살펴서 다스리는 것입니다. 여기서 '분석하다'라는 뜻이 나오고, 교묘한 말을 가리키기도 합니다. '총명하다, 구별하다'라는 뜻도 있는데, 판관의 입장에서는 분석하고 구별해야 하며, 죄인들의 입장에서는 교묘하고, 총명해 보이도록 말을 잘 해야 하는 상황입니다.

사리를 밝혀 옳고 그름을 따지는 것이 변론(辯論)인데, 소송에서는 당사자나 변호인이 법정에서 주장하거나 진술하는 것, 그런 주장이나 진술 자체를 가리킵니다. 변재무애(辯才無碍)는 말 재주에 막힘이 없다는 뜻으로 본래는 불교 용어로 보살의 말솜씨가 유창하고 막힘이 없는 것을 가리켰습니다만 지금은 말을 잘 하는 데에 두루 씁니다.

앞서 '분별할' 변(辨)과 뜻이 중첩되는 부분이 많아 구별해 쓰기가 쉽지 않습니다. 변(辨)은 일반적으로 사고를 하는 과정을 나타내는 것으로 보고, 변(辯)은 당사자들이 소송에 처한 상황으로 보면 좀 더 구분을 쉽게 할 수 있지 않을까 합니다.

고교	획수	회자	새김	발음
辭	19	𤔔 辛	말씀	사

『설문』에서 "사(辭)는 송(訟)이다"라고 설명합니다. 현대 역에는 소송 관련 서류라고 설명하는데, 소송으로 보아도 될 듯합니다. 자소자인 란(𤔔)은 다스린다는 뜻을 가진 글자입니다. 그러니까 죄[辛]를 다스리는 것입니다. 인신되어 '밝히다, 설명하다, 구실이나 핑계를 대다' 등의 뜻을 갖습니다. '고하다, 피하다'는 뜻 외에 '말'의 의미도 갖게 됩니다.

자소자인 란(𤔔)이 들어가는 글자로 '어지러울' 란이 있습니다. 부수자가 아니라서 추측하기가 쉽지 않을지 모르겠는데, '숨을' 은(乚)을 오른쪽에 붙이면 됩니다. 亂!

백성이 제출한 소장(訴狀)이나 원서(願書)에 쓰던 관부의 판결이나 지령은 제사(題辭)라고 합니다. 여기서 원서는 지원서가 아니고 청원서를 말합니다. 책머리에 그 책과 관계되는 노래나 시 따위를 적은 글을 가리키기도 하는데 이때에는 제사(題詞)로 쓸 수도 있습니다. 일자리를 그만두고 물러날 뜻은 사의(辭意)이고, 그것을 글로 적은 것은 사표(辭表)입니다. 사구영신(辭舊迎新)에서 사(辭)는 만나서 인사를 하고 헤어진다는 사별(辭別)의 뜻입니다. 그래서 사구영신은 묵은 것과 이별하고 새로운 것을 맞는다는 뜻입니다. 축자의는 송구영신(送舊迎新)과 같습니다만 송구영신은 한 해가 가고 오는 데에 쓰니 사용 범위는 자연 좁습니다.

고외	부수	획수	회자	새김	발음
妾	女	8	女 辛	첩	첩

부수외자로 나온 글자들은 죄[辛] 때문에 여기까지 끌려(?) 나오게 되었습니다. 해당 부수의 설명을 보아서 잘 알고 있겠습니다만 첩(妾)은 죄를 지은 여인입니다. 그런 여자를 데려와 시중을 들도록 한 것입니다. 첩을 가리키는 말로 측실(側室)이 있습니다. 곁방입니다. 본처는 정실(正室)이라고 합니다. 본처는 정실, 쉽게 말해 안방을 쓰지만 첩은 안방은 엄두도 내지 못하고 곁방을 쓴 겁니다. 같은 집이지만 곁방살이를 한 셈입니다. 이렇게 첩을 두는 것을 축첩(蓄妾)이라 하는데, 구습이고 악습입니다.

고외	부수	획수	회자	새김	발음
宰	宀	10	宀 辛	재상	재

재(宰)는 재상을 가리키니 여간 높은 벼슬이 아닙니다. 그러나 원뜻을 살펴보면 사정이 전혀 다릅니다. 죄인[辛]으로 집안[宀]에서 일을 맡아보는 사람입니다. 왕실로 보면 시종(侍從)이고, 일반 사가(私家)로 보면 집사(執事)입니다. 맡은 것도 예삿일이 아닙니다. 희생을 잡아 제사를 준비하는 것으로 추정합니다. 그래서 이 글자에는 '잡다' 즉, '도살하다'라는 뜻이 있습니다. 신분으로 보면 노비인데, 옛날에는 신하도 황제의 노비에 지나지 않았기 때문에 신하를 가리키게 되었습니다. 일단 관리로 신분이 상승된 셈입니다. 여기에서 어떤 일을 '처리하다, 주관하다, 주재하다'라는 뜻을 갖게 됩니다.

재상(宰相)은 임금을 돕고 모든 관원을 지휘하고 감독하는 일을 맡아보던 이품 이상의 벼슬을 말합니다. 주재(主宰)는 어떤 일을 중심이 되어 맡아 처리하는 것입니다.

R161

별 진(辰) 부

갑골	금문	전문	해서
丙	辰	辰	辰

  '별' **진(辰)**은 두 손에 조개껍데기를 들고 있는 모양을 본뜬 상형자입니다. 조개껍데기가 크고 단단하기 때문에 이것을 손에 들고 풀을 베거나, 땅을 파는 데에 농기구로 썼습니다. 『설문』입니다. "진(辰)은 진동하는 것이다. (진은) 3월을 대표하며, 이때에는 양기가 발동해서 벼락이 치고, 백성들이 농사를 시작하는 시기이다. 만물이 모두 자라난다. 을(乙)과 '될' 화(匕)가 의부(意符)로 초목이 구부러져 힘겹게 자라나 까끄라기나 줄기로 바뀌어 뻗어나는 것을 나타낸다. '언덕' 한(厂)은 성부(聲符)이다. 진(辰)은 28수 가운데 방성(房星)으로 (방성이 나타나면) 씨 뿌리는 시기가 왔다는 것을 표시한다. 그래서 '二'를 의부(意符)로 하며, '二'는 고문의 상(上) 자이다."

  주석을 보면 방성은 상성(商星)이라고도 합니다. 방성은 28수 가운데 동방 청룡의 네 번째 별자리인데, 방성이 높이 뜨면 봄이 왔다는 신호라고 합니다. 다음자로 해와 달, 별을 총칭할 때에는 '신'으로 읽습니다.

중학	획수	새김	발음
辰	7	별, 다섯째 지지/날(day)	진/신

진수(辰宿)는 모든 별자리의 별들을 가리킵니다. 이때 '宿'를 '숙'이 아니고 '수'로 읽는 점에 유의해야 합니다. 성수(星宿)라고도 합니다. 진사(辰沙, 辰砂)는 수은으로 이루어진 황화 광물. 육방 정계에 속하며 진한 붉은색을 띠고 다이아몬드 광택이 납니다. 흔히 덩어리 모양으로 점판암, 혈암, 석회암 속에서 나며 수은의 원료, 붉은색 안료(顔料), 약재로 쓰이는데, 실제 진사라는 말을 많이 만나게 되는 것은 조선시대 진사백자가 아닐까 합니다. 붉은 색으로 나타납니다. 진시(辰時)는 오전 7시부터 9시까지입니다.

중학	획수	회자	새김	발음
農	13	林 辰	농사	농

농(農)의 『설문』 자형은 '農'입니다. 논밭을 갈고 씨앗을 뿌리는 것을 나타냅니다. 여기에서 농업이나 농사를 뜻하게 되었습니다. 그런 일에 종사하는 사람 즉, 농민을 가리키기도 하고, '부지런하다'는 의미도 갖고 있습니다.

논밭을 갈아 농사를 짓는 것이 농경(農耕), 농사철은 농기(農期)입니다. 농량(農糧)은 농사짓는 동안 먹을 양식을 말합니다.

고교	획수	회자	새김	발음
辱	10	辰 寸	욕될	욕

『설문』입니다. "**욕(辱)**은 치욕이다. 촌(寸)이 진(辰) 아래에 있는 것이 의부(意符)로 회의이다. 밭 갈 시기를 놓쳐서 봉토(封土)에서 부끄럽고 욕되게 하는 것이다. 진월(辰月, 음력 3월)은 농사를 시작하는 시기이다. 그래서 방성(房星)을 진성(辰星)이라고도 한다. (방성의 출현은) 밭갈이를 시작해야 한다는 징조이다." 고문 분석에서는 밭의 해충을 잡는 것이라고 추정합니다. 농경 위주의 사회에서 그런 시기를 놓치면 명예롭지 못한 일이 됩니

다. 그래서 '부끄럽고 욕되다'라는 뜻을 갖게 됩니다. 치욕을 당하는 것도 가리킵니다.

욕(蓐)의 본자로 보기도 합니다. 욕(蓐)은 묵은 뿌리에서 풀이 다시 돋아나는 것입니다. 요나 깔개의 뜻도 있습니다.

다른 사람이 나를 찾아오는 것을 높여 이를 때에 욕림(辱臨)이라고 합니다. 이렇게 못난 사람을 욕되게 찾아주셨다는 뜻이겠습니다. 왕림(枉臨)이라고도 합니다. 남의 인격을 무시하는 모욕적인 말은 욕설(辱說)입니다.

고외	부수	획수	형자	새김	발음
振	手	10	辰	떨칠	진

진(振)은 떨치는 것입니다.

진비일호(振臂一呼)는 팔을 휘두르며 한 번 외친다는 뜻으로 사기를 진작시키기 위하여 크게 외치는 모습을 이릅니다.

고외	부수	획수	형자	새김	발음
脣	肉	11	辰	입술	순

순(脣)은 입술입니다.

순망치한(脣亡齒寒)이라는 고사성어가 있죠. 입술이 없으면 이가 시리다는 뜻으로, 서로 이해관계가 밀접한 사이에 어느 한쪽이 망하면 다른 한쪽도 그 영향을 받아 온전하기 어려움을 이릅니다. 이와 함께 나온 고사가 보거상의(輔車相依)입니다. 〈格物048〉을 읽어보면서 자세한 내용을 익혀두기 바랍니다.

고외	부수	획수	형자	새김	발음
晨	日	11	辰	새벽	신

신(晨)은 새벽입니다.

신종모고(晨鐘暮鼓)는 옛날 절에서 새벽에는 종을 치고, 해 저물 때에는 북을 쳐서 시간을 알리는 것을 말합니다. 여기서 스님들의 단조롭고 적막한 생활을 가리키기도 합니다.

고외	부수	획수	형자	새김	발음
震	雨	15	辰	우레/임신할	진/신

진(震)은 벼락입니다.

진천동지(震天動地)는 소리 따위가 하늘과 땅을 뒤흔들거나, 위력이나 기세를 천하에 떨침을 비유적으로 이르는 말입니다.

R162

책받침 부, 쉬엄쉬엄 갈 착(辵, 辶)

갑골	금문	전문	해서
秋	䖔	辵	

착(辵)은 갑골문에서 '다닐' 행(行) 속에 발을 나타내는 '그칠' 지(止)가 들어 있는 회의자입니다. 발로 길을 간다는 것을 뜻합니다. 전문에서 일부가 생략되어 현재의 형태가 되었습니다. 『설문』에서는 "잠깐 가다가 잠깐 쉬는 것이다. 척(彳)이 의부(意符)이고, 지(止)가 의부(意符)로서 회의이다"라고 설명합니다. 척(彳)은 행(行)으로 '가다'의 뜻이고, 지(止)는 사람의 왼발로 '길을 가다'는 뜻을 나타내는 것입니다. 『설문』의 영향으로 망설이며 간다는 뜻도 있습니다. 부수 이름으로 책받침이라고 하는데 '辵'은 '갖은 책받침', '辶'은 '책받침', '辶'은 '민책받침'이라고 합니다. 현재 중국에서는 '辶' 형태를 부수로 삼으며 획수는 3획으로 되어 있습니다.

중학	획수	형자	새김	발음
近	8	斤	가까울	근

　근(近)을 『설문』에서는 '부근'이라고 합니다. 가까운 곳입니다. 여기에서 시간이 지금으로부터 멀지 않은 것을 나타냅니다. '접촉하다, 닿다, 추구하다, 희구하다' 등의 뜻이 있습니다. 가까운 사람을 가리키기도 합니다. 뜻이 공간에서 시간으로, 다시 시간에서 추상적으로 확대되어 나가는 것을 알 수 있습니다.

　가까운 이웃은 근린(近隣))이고, 연관성이 가까운 직접적인 원인은 근인(近因)이라고 합니다. 오래되지 않은 가까운 세상은 근세(近世)인데, 역사에서는 중세에 이어 근대가 시작되기 전의 시기로 우리나라에서는 조선 시대를, 유럽에서는 르네상스로부터 현대에 이르기까지의 기간을 가리킵니다. 혈연상 가까운 관계나 매우 친한 관계를 근친(近親)이라고 합니다. 근묵자흑(近墨者黑)은 먹을 가까이하는 사람은 검어진다는 뜻으로, 나쁜 사람과 가까이 지내면 나쁜 버릇에 물들기 쉬움을 비유적으로 이르는 말입니다. 주사를 가까이 하면 붉어지고 먹을 가까이 하면 검어진다는 "근주자적 근묵자흑(近朱者赤 近墨者黑)"의 일부만 취해 쓰는 것입니다. 주사(朱砂)는 붉은색 안료를 가리킵니다. 도장을 찍는 인주의 물감입니다.

중학	획수	형자	새김	발음
逆	10	屰	거스를	역

　역(逆)입니다. 『설문』에서는 "역(逆)은 (사람을) 맞는 것이다. 착(辵)이 의부(意符)이며, 역(屰)이 성부(聲符)이다. 관동(關東)에서는 역(逆)이라 하고, 관서에서는 영(迎)이라 한다"라고 설명합니다. 『단주』를 보면 "지금 사람들이 가차해 (逆을) 순역(順屰)의 역(屰)으로 쓰는데, 역(逆)은 쓰지만, 역(屰)은 쓰지 않는다"라고 합니다. 관동(關東)이면 현재 중국에서 보통 산해관(山海關) 동쪽의 요녕성(遼寧省), 길림성(吉林省)과 흑룡강성(黑龍江省)의 동북3성과 내몽골 일부 지역을 가리킵니다만, 여기서 말하는 관(關)은 진한(秦漢) 시대의 관으로 함곡관(函谷關)입니다. 하남성 영보시(靈寶市) 경내로 삼문협(三門峽) 서쪽 서안(西安)으로 가는 길목의 요새입니다. 함곡관 동쪽으로는 험준한

계곡이 펼쳐지고 서쪽은 고원이며, 남쪽은 진령(秦嶺) 산맥이 가로막고 북으로는 바로 황하(黃河)가 흐르는 천연 요새입니다. 서쪽 만리장성 끝 가욕관(嘉峪關)까지 더한 3개의 관문은 중국 역사에서 자주 나옵니다.

자소자 역시 '거스릴' 역(屰)입니다. 다른 사람의 말을 따르지 않는 것을 가리킵니다. '초하루' 삭에도 들어가는데 어떤 부수가 들어가야 할까요? 그렇습니다. 초하루니까 달[月]이 들어갑니다. 왼쪽, 오른쪽? 달은 오른쪽부터 커지는 것처럼 오른쪽에 넣으면[朔] 됩니다. '물리칠' 척(斥)에도 들어가는 것으로 되어 있는데 이것은 척(斥)의 본자가 '㡿'이기 때문입니다. 지금 자형에서는 알아볼 수 없습니다.

물이 거꾸로 흐르는 것은 역류(逆流)이고, 용의 턱 아래에 거꾸로 난 비늘은 역린(逆鱗)이라고 하는데 이를 건드리면 용이 크게 노하여 건드린 사람을 죽인다고 합니다. 『한비자』에 나옵니다. 임금의 노여움을 이를 때 쓰는데, 지금은 다른 사람의 분노를 일으킬 만한 말이나 행동을 가리키는 데에도 쓰이고 있습니다. '역린하다'는 임금이 분통을 터뜨리는 것인데, 보통은 '역린을 건드리다'의 형태로 씁니다. 특정한 경우에 논리적 모순을 일으키는 논증은 역설(逆說)입니다. 역이충언(逆耳忠言)은 보통 충언역이(忠言逆耳)로 씁니다. 충직한 말은 귀에 거슬린다는 뜻입니다. 역수행주(逆水行舟)는 물을 거슬러 배를 저어간다는 뜻으로 어려운 상황에 처한 것을 이릅니다. 열심히 하지 않으면 바로 후퇴하게 됩니다.

중학	획수	형자	새김	발음
速	11	束	빠를	속

속(速)은 빠른 것입니다. 인신되어 누구를 빨리 오도록 하다라는 뜻이 있습니다. '요청하다'는 뜻 외에 '속도'를 나타내기도 합니다.

자소자는 '묶을' 속(束)인데, '가지런할' 정(整)에서도 자소로 쓰입니다. '묶을' 속(束), '빠를' 속(速), '가지런할' 정(整)으로 확대되어가는 과정을 기억하면 익히기가 쉽습니다. 나무[木]을 묶어서[口] 빨리[速] 정리[整]한다고 기억해도 좋겠습니다. 그러고 보니 '敕'도 궁금할 수 있는데, '조서' 칙입니다.

빨리 결정하거나 빨리 처리하는 것은 속결(速決), 서둘러 판단하는 것은 속단(速斷), 느리고 빠른 정도는 속도(速度)입니다. 싸움을 오래 끌지 않고 빨리 몰아쳐 이기고 짐을 결정하는 것은 속전속결(速戰速決)입니다.

중학	획수	형자	새김	발음
遇	13	禺	만날	우

우(遇)는 만나는 것입니다만 약속을 하지 않고 우연히 만나는 것을 뜻합니다. 인신되어 '기회'를 나타내고, 누구를 '초대하다'라는 뜻도 있습니다.

자소자 우(禺)는 긴꼬리원숭이라고 합니다. 초두[艹]를 붙이면 '일 만' 만(萬), 사람[人]과 만나면 '짝' 우(偶), '마음 심'과 만나면 '어리석을' 우(愚)가 됩니다. '일 만' 만(萬)은 전갈의 모양을 그린 상형자라서 달리 나누어 분석할 대상은 아닙니다만, 현재의 자형을 기준으로 나누어본 것입니다.

이롭지 못한 일을 만나거나 살해를 당하는 것은 우해(遇害)라 하고, 놓여 있는 조건이나 놓이게 된 형편이나 사정은 경우(境遇)입니다. 우난성상(遇難成祥)은 재난을 만났는데 길상이 된다는 뜻으로, 전화위복(轉禍爲福)과 비슷한 의미입니다.

중학	획수	형자	새김	발음
遊	13	斿	놀	유

유(遊)는 노니는 것입니다. 그런데 가는 것이 본뜻이고 놀다는 인신된 뜻이라는 설명도 있습니다. 공부나 벼슬로 객지에 나가 있는 것을 뜻하기도 합니다. 더 인신되어 '방종하다'라는 뜻도 나타냅니다.

유(斿)는 깃발입니다. '모' 방(方) 부수자에서 설명했듯이 '깃발 나부낄' 언(㫃)은 모양 때문에 방(方) 부수에 들어가 있을 뿐 뜻은 방(方)과 전혀 상관이 없고, 깃발과 관련된 뜻을 나타냅니다. 『설문』에서 언(㫃)은 독립된 부수로 기(旗), 려(旅), 선(旋), 시(施), 유(游), 정(旌), 족(族) 등이 들어 있는데, '헤엄칠' 유(游)를 제외하고는 모두 깃발과 연관 지어 생각해볼 수 있습니다. 『강희』에서 부수를 줄여 간편해지긴 했지만, 거꾸로 변별력은 떨어지게 되었습니다.

돌아다니며 구경하는 것은 유람(遊覽), 물과 풀밭을 찾아 옮겨 다니면서 목축을 하여 사는 것은 유목(遊牧), 타향에서 공부하는 것은 유학(遊學), 흥겹게 노는 것은 유흥(遊興)입니다.

중학	획수	형자	새김	발음
遠	14	袁	멀	원

원(遠)은 먼 것입니다. 공간이 먼 것에서 시간이 먼 것 즉, 오래된 것을 나타내기도 하고, 혈연관계가 먼 것을 뜻하기도 합니다. 차이가 심한 것, 뜻이 원대하고 깊다는 의미도 있습니다.

자소자는 '옷 길' 원(袁)입니다. '동산' 원(園)에서도 볼 수 있습니다.

원려(遠慮)는 먼 앞일까지 미리 잘 헤아려 생각하는 것입니다. 원교근공(遠交近攻)은 먼 나라와 친교를 맺고 가까운 나라를 공격하는 것입니다. 마주 대하고 있는 나라와는 늘 경계를 소홀히 할 수 없으니 기본적인 외교 정책으로 볼 수도 있겠습니다. 한 나라의 운명과 관련된 일은 늘 먼 앞의 장래까지 내다보아야 합니다. 원원유장(源遠流長)은 물의 근원은 멀고 물줄기는 길다는 뜻으로 역사가 오래된 것을 비유해 말하는 것입니다. 원친불여근린(遠親不如近隣)은 먼 친척은 가까운 이웃만 못하다는 뜻입니다. "이웃이 사촌보다 낫다"라는 우리 속담과 같은 뜻입니다. 원수불구근화(遠水不救近火)는 먼 데 있는 물로 가까이에서 난 불을 끌 수 없다는 뜻으로 급히 서둘지 않으면 당장 급한 일을 해결할 수 없다는 뜻입니다. 제 발등의 불을 끄고서야 남의 사정도 본다는 것과 비슷한 면이 있습니다.

중학	획수	형자	새김	발음
適	15	商	맞을	적

적(適)은 가는 것입니다. 『단주』를 보면 이 말은 도착하는 것을 이르는 것이라고 합니다. 그 설명까지 감안한다면 '이르다' 정도의 뜻이 되겠습니다. '가다, 이르다'에서 여자가 시집가는 것을 나타내게 됩니다. 인신되어 서로 '어울린다, 알맞다'라는 뜻도 갖습니다.

자소자는 '밑동' 적(啇)입니다. 나무줄기의 뿌리에 가까운 부분입니다. '원수' 적, '딸' 적, '물방울' 적에 쓰입니다. 한 번 어떤 부수와 결합될지 추측해보기 바랍니다. 원수는 치고[攴] 받는 사람입니다. 뭔가를 따려면 손[手]을 써야 합니다. 물방울은 당연히 물[水]로 된 방울입니다. 敵, 摘, 滴입니다. 자소자와 부수의 결합을 설명하고 있는 이 부분을 여러분이 곰곰이 생각하고 익히면 많은 한자를 그래도 비교적 쉽게 익힐 수 있으리라 확신합니다.

적당(適當), 적성(適性), 적응(適應), 적재(適材)는 각각 정도, 성질, 조건이나 환경, 재능에 알맞은 것을 가리킵니다. 적가이지(適可而止)는 적당한 선에서 그치는 것입니다. 옛 어른들은 적당한 데에서 더 나가는 것을 탐하는 것으로 여겨 피했습니다. 물욕이든 명예욕이든 과하면 화를 불러온다고 생각했습니다. 화는 다른 것이 아닙니다. 정도가 지나치면 다른 사람들의 원망을 사게 되고, 그런 것이 결국은 나중에 스스로에게 화가 되어 돌아오는 것으로 여겼고, 그것을 세상 사는 이치라고 생각했습니다. 적재적소(適材適所)는 알맞은 인재를 알맞은 자리에 쓰는 것입니다.

중학	획수	형자	회자	새김	발음
迎	8	卬	卬辵	맞을	영

영(迎)은 (손님을) 만나는 것입니다. 거기서 '만나 접대하다, 마주보다, 자신의 언행을 상대에게 맞추려 하다' 등의 뜻이 인신됩니다.

자소자는 '나' 앙(卬)인데, 『설문』의 자형은 왼쪽을 '비수' 비(匕)로 씁니다. "앙(卬)은 우러러 바라는 것[仰望(앙망)]이다. 바라는 바가 이루어졌으면 하는 것이다. 비(匕)가 의부(意符)이고, 절(卩)도 의부(意符)이다. 『시경(詩經)』에서 높은 산을 우러러 본다고 한다"라고 합니다. 고문 분석에서는 이 두 글자를 모두 사람으로 봅니다. 왼쪽[匕]은 서 있는 사람이고, 오른쪽[卩]은 무릎을 꿇고 앉아 있는 사람입니다. 그래서 꿇어앉아 있는 사람이 머리를 들고 서 있는 사람을 우러러보는 것을 본뜻으로 추정합니다. 거기에서 '기대하다, 경모하다, 들다'의 뜻을 갖게 되고, 이 글자를 빌려서 '나'라는 뜻도 나타냅니다. 자소자로 쓰이는 글자를 살펴보겠습니다. 우리 인간[匕]은 본질적으로 다른 사람이 우러러 보기를[卩] 바라는지도 모릅니다.

'우러를' 앙, '맞을' 영, '누를' 억이 있습니다. 누군가를 우러르는 것은 사람[人]이고,

누군가를 맞으려면 가야합니다[辵], 누르는 것은 손의 동작[手]입니다. 仰, 迎, 抑! 어렵지 않지요!

손님을 맞아서 대접하는 것은 영접(迎接), 달을 맞으니 영월(迎月), 봄을 맞아서 영춘(迎春)입니다. 봄을 맞듯 일찍 피는 꽃, 아니면 봄을 맞으려 나오는 꽃 개나리는 영춘화(迎春花)입니다. 영인이해(迎刃而解)는 대나무에 칼날을 대고 윗부분을 가르면 아래 마디가 한 번에 갈라지듯, 중요한 문제가 해결되면 나머지 문제는 그에 따라 자연히 해결되는 것을 말합니다.

중학	획수	형자	회자	새김	발음
送	10	关	伆辵	보낼	송

송(送)은 보내는 것입니다. 고문 연구에서는 결혼할 때 신부 측에서 신랑을 가마에 태워 자기 집으로 보내는 것이라고 추정합니다. 여기에서 사람이나 물건을 보내는 것을 뜻하게 되었습니다. 사람을 만나 떠나보낸다는 즉, 송별의 뜻도 있습니다. 선물로 보내거나, 선물로 보낸 물품을 가리키기도 합니다.

가는 사람을 보내고 오는 사람을 맞는 것은 송영(送迎)인데, 묵은해를 보내고 새해를 맞는다는 송구영신(送舊迎新)의 뜻으로도 쓰입니다. 돈을 보내는 것은 송금(送金)입니다. 송왕영래(送往迎來)도 가는 것을 보내고 오는 것을 맞는 것이니 송구영신과 비슷해 보입니다. 『예기』에 나옵니다. 예를 다해 가는 이를 보내고 오는 이를 맞는 것을 이릅니다. 오늘날 많이 쓰이는 의미입니다. 같은 말이 『장자(莊子)』에도 나오는데 여기서는 의미가 조금 다릅니다. 세금을 거둬 종을 만드는 데 쓴 방법에 대한 이야기 가운데에 나옵니다. "가는 이를 보내고 오는 이를 맞는데, 오는 이는 막지 않았고, 가는 이를 잡지 않았다 [送往迎來 來者勿禁 往者勿止]." 즉, 그런 사람들의 의견을 받아들이고, 그들이 최선을 다하도록 했다는 이야기입니다.

중학	획수	형자	회자	새김	발음
追	10	𠂤	𠂤辵	쫓을, 따를/갈(grind)	추/퇴

추(追)는 쫓는 것입니다. 고문 분석에서는 활을 들고 적을 쫓는 것을 뜻한다고 합니다. 거기에서 '탐구하다, 조사하다'는 뜻이 인신되어 나옵니다. 현상금을 걸고 쫓는 것을 뜻하기도 합니다.

자소자는 '작은 산' 퇴(自)입니다. '언덕' 부(阜)에서 나온 글자입니다. '벼슬' 관(官), '돌아갈' 귀(歸), '스승' 사(師), '쫓을' 추(追), '장수' 수(帥)에 자소자로 쓰이고 있습니다.

뒤쫓아가며 공격하는 것은 추격(追擊)입니다. 목적을 이룰 때까지 뒤쫓아 구하는 것은 추구(追求)이고, 근본까지 깊이 캐어 들어가 연구하는 것은 추구(追究)입니다. 지나간 일을 돌이켜 생각하거나 또는 그런 생각이나 일은 추억(追憶)입니다. 이미 잘못된 뒤에 아무리 후회하여도 다시 어찌할 수가 없는 것은 후회막급(後悔莫及)인데, 추회막급(追悔莫及)으로 쓰기도 합니다.

중학	획수	형자	회자	새김	발음
逢	11	夆	夆辶	만날	봉

봉(逢)은 만나는 것입니다. 길에서 만나는 것이 본뜻입니다. 만난다는 뜻의 부딪치는 것을 뜻합니다. 이것은 미리 약속이나 계획이 있는 만남이 아니고, 우연히 얼굴이 부딪치는 것을 나타냅니다. 인신되어 '맞아들이다'라는 뜻을 갖습니다.

자소자는 '끌' 봉(夆)입니다. '만나다'는 뜻도 있습니다. 산(山)과 만나면 '봉우리' 봉(峯), 벌레[虫]를 만나면 '벌' 봉(蜂)이 됩니다.

변을 당해서 봉변(逢變)입니다. 근대 소설에서는 '봉변하다'의 형태로도 쓰고 있지만, 현재는 통상 '봉변하다'보다는 '봉변(을)당하다' 꼴로 씁니다. 도적을 만나 봉적(逢賊), 어떤 처지나 상태에 부닥치는 것은 봉착(逢着)입니다.

중학	획수	형자	회자	새김	발음
造	11	告	告辶	지을	조

조(造)는 성취하는 것입니다. 어떤 일을 이뤄내는 것입니다. 본뜻은 방문 오는 것이라고 합니다. 거기에서 '이르다'라는 뜻을 나타내게 됩니다. 계속 인신되어 '성취하다, 이

루다, 만들다, 제작하다' 등의 뜻을 갖습니다.

조성(造成)은 무엇을 만들어서 이루는 것입니다. 조형(造形)은 재료를 이용하여 구체적인 형태나 형상을 만드는 것이고, 동음이의어인 조형(造型)은 형틀 즉, 거푸집을 만드는 것입니다. 부분이나 요소가 어떤 전체를 짜 이루거나 또는 그렇게 이루어진 얼개는 구조(構造)입니다. 조요혹중(造謠惑衆)의 조요(造謠)는 헛소문이나 뜬소문을 내는 것으로 조요혹중은 그런 헛소문을 내어 민중을 미혹시키는 것을 말합니다. 중(衆)을 중(眾)으로 쓰는 경우도 보게 되는데, 이체자로 같은 글자입니다. 혹세무민(惑世誣民)하는 것입니다. 요즈음 말로 유언비어를 날조 · 유포하는 것이 되겠습니다.

중학	획수	형자	회자	새김	발음
通	11	甬	甬 辵	통할	통

통(通)은 도달하는 것입니다. '뚫다, 투철하다'라는 뜻이 있습니다. '오가다, 이어지다, 교류하다' 등의 뜻도 나타냅니다. '이해하다'라는 의미도 갖습니다. '전체의, 통틀어서'라는 뜻도 있습니다.

용(甬)은 솟는다는 뜻입니다. 이 글자가 들어가는 글자들을 한 번 복습해보겠습니다. 착(辵)이 붙은 것은 '통할' 통(通)이었습니다. 힘[力]이 붙어 '날랠' 용(勇), 말[言]이 붙어 '욀' 송(誦), 병질엄[疒]에 '아플' 통(痛)이 됩니다.

어떤 곳이나 때를 거쳐서 지나가는 것은 통과(通過)이고, 근무하러 다니는 것은 통근(通勤)입니다. 처음부터 끝까지 훑어 읽는 것은 통독(通讀)입니다.

중학	획수	형자	회자	새김	발음
過	13	咼	咼 辵	지날	과

과(過)는 지나가는 것입니다. 고문 분석에서는 나무 두 개를 묶어서 컴퍼스처럼 만든 기구를 이용하여 가면서 길이를 재는 것으로 추정합니다. 그래서 길이를 재면서 가는 것을 본뜻으로 봅니다. 여기에서 '가다'라는 뜻이 나오고, 인신되어 '예방하다, 물을 건너다'라는 뜻을 가지면서 계속 인신되어 '과거'나 '죽음'을 뜻하게 됩니다. '비난하다,

착오를 일으키다'에 '죄악'이나 '병'을 뜻하기도 합니다.

자소자는 '입 비뚤어질' 괘(咼)입니다. 안면 신경 마비 증상, 입과 눈이 한쪽으로 틀어지는 병을 구안괘사(口眼咼斜)라고 하는데, 구안와사라고도 합니다. '재앙' 화(禍)의 자소자로도 쓰입니다.

지나가는 나그네는 과객(過客)이고, 과실(過失)은 허물입니다. 과유불급(過猶不及)은 정도를 지나침은 미치지 못함과 같다는 뜻으로 중용(中庸)이 중요함을 말합니다. 과하탁교(過河拆橋)는 내를 건넌 뒤 다리를 부순다는 뜻으로 자기의 목적을 달성한 뒤에 자기를 도와준 사람들을 차버리는 것을 말합니다. 토끼가 죽으면 토끼를 잡던 사냥개도 필요 없게 되어 주인에게 삶아 먹히게 된다는 뜻으로, 필요할 때는 쓰고 필요 없을 때는 야박하게 버리는 경우를 이르는 토사구팽(兎死狗烹)과 비슷한 뜻을 가지고 있습니다.

중학	획수	형자	회자	새김	발음
達	13	羍	大 辵	통달할	달

달(達)을 『설문』에서는 "가는데 만나지 못하는 것이다"라고 설명합니다. 이 부분은 내용이 잘못된 것이라는 지적이 많습니다. 행동이 가볍고 민첩한 것을 가리킨다고 합니다. 여기에서 '경박하다'는 뜻을 갖게 됩니다. 인신되어 '통하다, 이르다, 실현되다'라는 뜻을 갖습니다.

달(羍)의 뜻은 조금 뜻밖입니다. 큰[大] 양[羊]이 아니라 새끼 양입니다. 성부(聲符) 즉, 소리를 나타내는 부분으로 대(大) 자를 써서 자칫 혼동을 일으키기 쉽습니다. 회의 자소에 대(大)가 들어 있는 것은 달(達)을 속간에서 달(达)로도 쓰기 때문인데, 현재 중국 간체자의 자형이기도 합니다.

세속을 벗어난 활달한 식견은 달견(達見), 막히지 않고 말을 하는 것은 달변(達辯), 능숙하게 글씨를 잘 쓰는 것은 달필(達筆), 목적한 것을 이루는 것은 달성(達成)입니다.

중학	획수	형자	회자	새김	발음
道	13	首	首 辵	길	도

도(道)는 사람들이 다니는 길입니다. 인신되어 '노정'을 뜻하고, '경유하거나 경과하다'는 의미를 갖습니다. 옛날에 먼 길을 나설 때 길의 신[路神]에게 드리는 제사를 가리키기도 합니다. 나아가 우주 만물의 본체나 법칙, 도덕, 도리 등을 나타냅니다. 고문에서는 종종 '말하다'라는 뜻을 나타내기도 합니다.

사람이 어떤 입장에서 마땅히 행하여야 할 바른길이 도리(道理)입니다. 도정(道程)은 노정(路程)과 같은 의미로 쓰이는데, 목적지까지의 거리나 거쳐 지나가는 길이나 과정을 말합니다. 도로이목(道路以目)은 길에서 눈짓만 주고받는다는 뜻으로 폭정이 두려워 사람들이 말을 건네지 않는 것입니다. 포악무도한 정치를 가리킵니다. 옛날이야기만이 아닙니다. 우리의 현대사에도 군사독재 시절 유언비어 날조죄라는 게 있었습니다. 도불습유(道不拾遺)는 길에 떨어진 물건을 줍지 않는다는 뜻으로 형벌이 준엄하여 백성이 법을 범하지 아니하거나 민심이 순후함을 비유하여 이릅니다. 도청도설(道聽塗說)은 길에서 듣고 길에서 말한다는 뜻으로 길거리에 퍼져 돌아다니는 뜬소문을 가리킵니다.

중학	획수	형자	회자	새김	발음
運	13	軍	軍 辶	옮길	운

운(運)은 이동하는 것입니다. '운반하다'라는 뜻을 나타내고, 인신되어 '사용하다'를 뜻하고 '운명'을 뜻하기도 합니다.

몸을 단련하거나 건강을 위하여 몸을 움직이는 것은 운동(運動)이고, 인간을 포함한 모든 것을 지배하는 초인간적인 힘이나 또는 그것에 의하여 이미 정하여져 있는 목숨이나 처지를 가리키는 말은 운명(運命)입니다. 사람이나 물건을 실어 나르는 것은 운수(運輸)입니다. 운주결승(運籌決勝)의 운주(運籌)는 주판을 놓듯이 이리저리 궁리하고 계획하는 것을 말합니다. 운주결승은 그렇게 궁리하고 계획해 전투에서 승리를 거두는 것입니다.

중학	획수	형자	회자	새김	발음
選	16	巽	巽 辶	가릴/셀/유순할	선/산/손

선(選)의 『설문』입니다. "선(選)은 보내는 것이다. 착(辵)과 손(巽)이 의부(意符)로, 공손히 보낸다는 뜻이다. 손(巽)은 성부(聲符)이기도 하다. 달리, 선(選)은 선택한다는 뜻이라고도 한다." 여기서 보내는 것은 강제로 데려가는 것을 뜻합니다. 거기서 인신되어 '파견하다, 선발하다'라는 뜻을 갖습니다. 다음자이지만 주로 쓰임은 '가릴' 선입니다.

자소자는 손(巽)으로 '유순하다, 사양하다'라는 뜻을 갖고 있습니다. 『설문』에서는 갖추고 있는 것이라고 합니다. 1급 한자인 '지을' 찬(撰)에도 자소자로 쓰입니다.

많은 가운데서 골라 뽑는 것은 선발(選拔)이고, 어떤 사람을 골라내 직무나 임무를 맡기는 것은 선임(選任)입니다. 여럿 가운데서 필요한 것을 골라 뽑는 것은 선택(選擇)입니다. 선현임능(選賢任能)은 어진 이를 뽑고 능력 있는 사람을 임명하는 것입니다. 사원 선발 청탁, 입시 관련 부정 문제 등이 심심찮게 입에 오르내리는데, '선현임능'의 정신을 잊고 사리에 눈이 어두워서 생기는 일입니다.

중학	획수	형자	회자	새김	발음
遺	16	貴	貴辵	남길	유

유(遺)는 떠도는 것입니다. 본뜻은 (소홀히 해) 잃어버리는 것이라고 합니다. 인신되어 잃어버리는 것을 가리키고, '버리다, 폐기하다'라는 뜻도 나타냅니다. '떠나다, 남기다'라는 뜻도 있는데, 죽은 사람이 남긴 것을 가리키기도 합니다.

죽은 사람의 남은 가족은 유가족(遺家族), 남긴 재산은 유산(遺産), 돈이나 물건 따위를 부주의로 잃어버리는 것은 유실(遺失)입니다. 잃어버린 물건은 유실물(遺失物) 센터에 가면 찾을 수도 있습니다. 유문일사(遺文軼事)의 유문(遺文)은 문집 등에 실리지 않고 흩어져 빠진 글입니다. 일사(軼事)는 기록에 빠지거나 알려지지 아니하여 세상에 드러나지 아니한 사실을 말합니다. 그렇게 빠진 글과 사실이 '유문일사'입니다. 유취만년(遺臭萬年)은 더러운 이름을 후세에 오래도록 남기는 것을 말합니다.

재미삼아 한마디하겠습니다. 꽃다운 이름이 후세에 길이 전한다는 뜻의 유방백세(流芳百世)는 한 세대를 30년으로 치니 축자의로 옮기면 3천 년 가는 것입니다. 그런데 오명은 만 년이 가니[遺臭萬年] 좋은 이름보다는 나쁜 이름이 오래가는 듯합니다. 하기는 도둑의 대명사인 도척(盜跖)이 그의 형이자 현인으로 이름이 있는 유하혜보다 더 널리 알려져 있으니 그럴 수도 있겠다 싶습니다. 유방백세는 아니더라도 적어도 오명을 남기는 일은 없어야겠습니다.

중학	획수	회자	새김	발음
退	10	艮 辶	물러날	퇴

　퇴(退)는 뒤로 물러나는 것입니다. 달리, 가는 걸음걸이가 몹시 더딘 것이라고도 합니다. '뒤로 물러나다'에서 인신되어 '벗어나다'라는 뜻을 나타내고 '취소하다'라는 뜻도 있습니다. 아울러 '사양하다'는 의미로 갖고 있습니다.

　자소자 '어긋날' 간(艮)을 잠깐 살펴보겠습니다. '뿌리' 근, '어질' 량, '눈' 안, '은' 은, '물러날' 퇴, '한할' 한, '한정할' 한에 이 자소자가 들어 있는데 어떤 부수와 연결이 될지 한 번 생각해보기 바랍니다. 뿌리는 나무[木]에서 온 것입니다. 어질 량은 위에 파임[丿]을 붙이면 됩니다. 눈이니 목(目)을 붙이고, 물러나는 것은 오가는 것이니 착(辶), 한하는 것은 마음의 문제이니 마음 심(心), 한정하는 데에는 부(阜)가 붙습니다. 언덕[阜]은 왕래 소통하는 데에 제한이 될 수 있습니다. 根, 良, 眼, 銀, 退, 恨, 限!!!

　퇴각(退却)은 뒤로 물러나거나 금품 따위를 물리치는 것을 말하며, 퇴로(退路)는 뒤로 물러날 길로 문맥에 따라 살 길이 되기도 합니다. 퇴치(退治)는 물리쳐서 아주 없애버리는 것입니다. 퇴사보과(退思補過)는 『좌전(左傳)』에 나오는 말입니다. "입조해서는 충성을 다할 것을 생각하고 퇴조해서는 과실을 보완할 것을 생각한다 [進思盡忠 退思補過]"는 데에서 나왔습니다. 어떤 자리에서 누가 무엇을 하든 필요한 자세입니다.

중학	획수	회자	새김	발음
連	11	車 辶	이을	련

　련(連)은 『설문』에서 "사람이 이어지는 것이다"라고 설명합니다. 『단주』에 좀 더 자세한 설명이 있습니다. "련(連)은 부거(負車)이다." "련(連)은 고문의 '가마' 연(輦) 자이다. … 부거(負車)는 사람이 수레를 끌고 가는 것으로 수레는 짐처럼 뒤에 있게 된다. 이 글자는 착(辶, 辵)과 거(車)에서 뜻을 취하는 회의자이다. 사람과 수레가 끊임없이 이어지기 때문에 인신하여 연속(連續)이라는 글자가 되었다."

서로 이어지거나 관계를 맺는 것은 연결(連結), 어떤 사실을 상대편에게 알리거나, 서로 관련을 갖는 것은 연락(連絡), 끊임없이 이어지는 것은 연속(連續)입니다.

중학	획수	회자	새김	발음
進	12	佳辵	나아갈	진

진(進)입니다. 『설문』에서는 올라가는 것이라고 합니다. 위로 올라가거나 앞으로 나아가는 것입니다. 거기에서 인신되어 밖에서 안으로 '들어오다, 가까워지다, 진보하다, 나아가다' 등의 뜻을 나타내게 됩니다.

적을 치기 위해 나아가는 것은 진격(進擊)이고, 군대를 나아가게 하는 것은 진군(進軍)인데, 진격과 같은 뜻으로 쓰기도 합니다. 진취(進取)는 적극적으로 나아가서 일을 이룩하는 것입니다. 진퇴양난(進退兩難)은 나가는 것과 물러서는 것 두 가지 모두 어렵다는 뜻으로 이러지도 저러지도 못 하는 어려운 처지를 말합니다. 나갈 길도 물러설 길도 없다는 뜻의 진퇴무로(進退無路)로 쓰기도 합니다. 진퇴양난(進退兩難)은 나가는 데에도 물러서는 데에도 험준한 골짜기만 있다는 뜻의 진퇴유곡(進退維谷), 나가는 데에도 물러서는 데에도 문이 없다는 뜻의 진퇴무문(進退無門)과 비슷한 뜻으로 서로 바꾸어 쓸 수도 있습니다.

다음은 부수외자입니다. 다음의 두 글자[徒, 從]에서 착(辵) 자를 알아보기는 쉽지 않습니다. 왼쪽과 오른쪽 아래에 떨어져 있기 때문입니다. 자의(字義)는 해당 부수에서 확인하기 바랍니다.

중외	부수	획수	형자	회자	새김	발음
徒	彳	10	土	辵土	무리	도

'무리' 도(徒)입니다.

도로무공(徒勞無功)은 헛되이 애만 쓰고 아무런 보람이 없는 것을 말합니다. 헛되이 애만 쓰고 아무런 이로움이 없다는 뜻의 도로무익(徒勞無益)도 비슷한 의미입니다. 도

탁공언(徒托空言)은 빈말만 하고 실천하지 않는 것입니다.

중외	부수	획수	형자	회자	새김	발음
從	彳	11	从	辵从	좇을	종

'좇을' **종(從)**입니다.

종정구인(從井救人)은 『논어(論語)』에 나오는 말입니다. 제자 재아(宰我)가 공자에게 "어진 사람은 우물에 사람이 빠졌으면 그를 구하러 들어갑니까?"라고 묻습니다. 그러자 공자는 "어찌 그럴 수가 있겠느냐?"고 합니다. 구한다는 생각은 좋지만 무턱대고 들어가면 구하러 들어간 사람도 목숨을 잃을 수 있습니다. 그래서 좋은 일이긴 하지만 방법이 잘못된 것을 가리켰습니다. 그러나 지금은 위험을 무릅쓰고 다른 사람을 구하는 것을 나타내기도 합니다. 종천이강(從天而降)은 어떤 일이 갑자기 닥쳐 믿기 어려운 것을 뜻합니다. "하늘에서 떨어졌다"라는 글자 그대로의 뜻에서 짐작할 수도 있습니다. 우리말에서도 "하늘에서 떨어지다"를 비슷한 의미로 쓰는 경우가 있습니다. 영어에서도 유사한 표현이 눈에 띕니다. "out of the blue (sky)"인데 sky는 안 쓰기도 합니다. '갑자기, 난데없이'라는 뜻입니다. "out of nowhere"도 비슷한 의미입니다. '난데없이'가 가장 잘 맞아떨어지는 우리말이 아닌가 싶은데, 거기에서 '불쑥'이라든지 '갑자기'라는 뜻도 나타내게 된 것이 아닐까 추측해봅니다. 어쨌든 영어 표현은 일이 터지는 데에 초점이 주어졌다면, 종천이강은 그 결과에 더 비중이 놓인 말이겠습니다. 갑자기, 난데없이 생겨 믿을 수 없는 것입니다.

고교	획수	형자	새김	발음
迫	9	白	핍박할	박

박(迫)은 가까이 다가서는 것입니다. 어떤 일 등이 닥치는 것입니다. 여기에서 '강박하다, 긴급하다, 서둘다' 등의 뜻이 인신되어 나왔고, 더 나아가 '좁다, 군색하다'라는 뜻도 갖습니다. 현대 심리학의 설명에 따르면 다른 동물들처럼 영역을 표시하는 정도는 아니지만 사람에게도 일정한 영역이 있다고 합니다. 누군가 120cm 이내에 들어오면

심리적으로 불편해지고 방어 기제가 생겨난다고 합니다. 누군가 내 코밑에 얼굴을 바싹 들이미는 정도면 분명 감정이 불편합니다. 그래서 가까이 다가서는 것, 뭔가가 닥치는 것은 심리적 압박 요인이 됩니다.

바싹 덤벼들어 마구 몰아치는 것은 박격(迫擊), 보병의 전투 지원에 쓰는 근거리용 곡사포는 박격포(迫擊砲)입니다. 영화 선전에 특히 많이 보는 개봉 박두의 박두(迫頭)는 기일이나 시기가 가까이 닥쳐오는 것입니다. 힘 있게 밀고 나가는 힘은 박력(迫力)입니다. 박부득이(迫不得已)는 일이 매우 급하게 닥쳐와서 어찌할 수 없이라는 뜻입니다.

고교	획수	형자	새김	발음
逃	10	兆	달아날	도

도(逃)는 도망, 도주하는 것 즉, 달아나는 것입니다. '피하다'라는 뜻으로 인신됩니다.

자소자는 '조짐' 조(兆)로 여러분이 잘 알고 있는 기초한자입니다. 여기서는 조(兆)가 자소자로 쓰인 글자들을 확인해보겠습니다. '돋울' 도, '복숭아나무' 도, '뛸' 도, '달아날' 도가 있는데 답을 보기 전에 어떤 부수자와 결합할지 잠깐 생각해보십시오. 힌트를 준다면 '돋울' 도는 본뜻이 '어지럽다, 어지럽히다'가 본뜻입니다. 자, 생각이 정리됐습니까? 어지럽히는 것은 손[手]이 하는 일입니다. 나무는 두말할 것 없이 목[木], 뛰는 것은 발[足], 달아나는 것은 오가는 것이니 착(辵)과 연결되겠지요. 挑, 桃, 跳, 逃! 어렵지 않지요?

도피(逃避)는 도망하여 몸을 피하는 것입니다. 달아난 범인은 도주범(逃走犯), 수용 시설에서 빠져나와 달아난 범죄자는 탈주범(脫走犯)입니다. 도지요요(逃之夭夭)는 종적도 없이 도망가는 것을 말합니다. 쥐도 새도 모르게 도망한다는 말이 딱 맞을 듯싶습니다. 본래 이 성어는 『시경(詩經)』에 나오는 「도지요요(桃之夭夭)」라는 시의 도(桃)와 도(逃)의 발음이 같은 것을 이용해 만들어진 말입니다. 「도지요요(桃之夭夭)」는 결혼을 축하하는 시입니다. 첫 번째 단을 소개합니다.

桃之夭夭 灼灼其華(도지요요 작작기화) 찬란하고 무성한 복숭아나무, 그 꽃이 화사하네
之子于歸 宜其室家(지자우귀 의기실가) 시집가는 이 아가씨, 온 집안을 화목케 하리

다음은 중국어 현대 역을 시상만 살려 의역해본 것입니다.

불같이 붉은 복숭아꽃 만발하길 천만 송이
이 아가씨 시집가니 신랑집에 기쁨 가득

고교	획수	형자	새김	발음
迷	10	米	미혹할	미

미(迷)는 미혹(迷惑)하는 것입니다. 무엇에 홀려서 정신을 차리지 못하거나, 헷갈리어 갈팡질팡하는 것입니다. 본뜻은 길을 잃는 것입니다. 길을 잃으면 갈팡질팡하게 됩니다. 그래서 판단이 명확하지 않은 것을 가리키고 다른 사람을 그렇게 만드는 것도 나타냅니다. '심취하다, 빠지다'라는 뜻도 있습니다.

미로(迷路)는 어지럽게 갈래가 져서, 한 번 들어가면 다시 빠져 나오기 어려운 길입니다. 미신(迷信)은 비과학적이고 종교적으로 망령되다고 판단되는 신앙으로 사람을 갈팡질팡하게 만드는 믿음입니다. 미혼(迷魂)은 저승으로 가지 못하고 미로를 헤매는 망자(亡者)의 영혼입니다. 『표준』에는 실려 있지 않지만, 무협 소설 같은 것을 읽다보면 미혼탕(迷魂湯)이라는 말이 더러 나옵니다. 저승에 가면 마시게 하는 탕인데, 본성을 잃게 한다고 합니다. 그렇게 혼이 미혹된 상태에서 하는 말이나 행동을 가리키기도 합니다.

고교	획수	형자	새김	발음
途	11	余	길	도

도(途)는 도로 즉, 길입니다. 이 글자는 도(涂)와 기원이 같은 것으로 봅니다. 도(涂)는 강의 이름으로 현재 운남성의 우란강(牛欄江)이라고 합니다. 물길 또한 사람이 왕래하는 길이기 때문에 도(涂)에는 길의 의미가 있고, 거기서 뜻을 취해 도(途) 자를 만든 것으로 봅니다.

도상(途上, 道上)은 길 위, 또는 어떤 일이 진행되는 과정이나 도중을 말합니다. 길을 가는 중간이라는 뜻이 도중(途中)인데 도차(途次)라고도 합니다. 일이 계속되고 있는 과정이나 일의 중간이라는 뜻으로도 씁니다.

고교	획수	형자	새김	발음
逝	11	折	갈	서

서(逝)는 가는 것입니다. 간다는 뜻의 글자가 서(逝), 조(徂), 적(適), 왕(往) 등 여러 글자가 있는데 『설문』 주석에서 『방언(方言)』이라는 책을 인용해 서(逝)는 진(秦)나라와 진(晉)나라의 말이고, 조(徂)는 제(齊)나라의 말, 적(適)은 송(宋)나라와 노(魯)나라에서 쓰는 말이라고 밝히고 있습니다. 그러니까 각각 서부, 동쪽 산동성의 북부, 남쪽, 동쪽 산동성의 가운데의 지역에서 쓰는 말이라는 설명입니다. 진(秦)나라와 진(晉)나라를 중국의 서쪽이라고 한 것은 역사상의 이야기이고, 현재 서안을 중심으로 한 섬서성은 지리적인 위치로는 중국의 중앙에 해당됩니다.

서거(逝去)는 '죽어서 세상을 떠나다'라는 사거(死去)의 높임말입니다. 서세(逝世)는 『표준』에서 "별세(別世)의 높임말"이라 하고, 다시 별세는 "윗사람이 세상을 떠남"이라고 설명합니다. 별세를 대부분 높임말로 생각하지 않나 싶은데, 이 설명에 따르면 서세는 높임말의 높임말이 됩니다. 서자여사(逝者如斯)는 가는 것이 이와 같다는 뜻으로 뭔가 더 보충하지 않으면 알아들을 수 없습니다. 『논어(論語)』 〈자한(子罕)〉에 나오는데, 공자가 냇가에서 물을 보며 하는 말입니다. "가는 것이 이와 같구나. 밤낮을 쉬지 않는다[逝者如斯夫 不舍晝夜(서자여사부 불사주야)]." 상황을 고려해 바꿔 말하면 "물이 흐르는 것이 이와 같아 밤낮으로 멈추지 않는다"가 되겠습니다. 여기서 '집' 사(舍)는 '버릴' 사(捨)와 같은 뜻으로 '멈추다'라는 뜻을 나타냅니다. 『천자문(千字文)』에 나오는 천류불식(川流不息)도 물이 쉬지 않고 흐르는 것을 나타내 뜻은 같습니다만, 쓰임이 조금 다릅니다. 서자여사(逝者如斯)는 시간이 물처럼 빨리 흘러 돌아오지 않는 것을 한탄할 때 쓰고, 천류불식(川流不息)을 현대 중국어에서는 사람이나 차량의 행렬이 물이 흐르는 것처럼 끊이지 않고 계속 이어진다는 것을 나타낼 때 씁니다. 우리의 쓰임을 보면 중간이 아닌가 하는 생각이 듭니다. 물이 쉬지 않고 흐르듯 스스로 힘써 몸과 마음을 가다듬어 쉬지 않아야 한다는 자강불식(自强不息)의 뜻으로 쓰는 경우가 많습니다.

고교	획수	형자	새김	발음
透	11	秀	사무칠	투

　투(透)는 뛰는 것, 도약하는 것이 본뜻입니다. '통과하다, 뚫고 지나가다'라는 뜻도 있습니다. 인신되어 달아난다는 뜻과, 다른 사람에게 슬그머니 알리는 것, 정도가 심한 것을 나타내기도 합니다.

　투과(透過)는 물질의 내부를 뚫고 지나가는 것입니다. 물 따위가 속까지 환히 비치도록 맑은 것은 투명(透明)한 것이고, 물체를 환히 꿰뚫어보는 것은 투시(透視)이며, 속속들이 뚜렷하고 철저한 것이 투철(透徹)한 것입니다.

고교	획수	형자	새김	발음
遍	13	扁	두루	편

　편(遍)은 '두루'의 뜻입니다. 두루 미치는 것입니다. '전체적이다, 보편적이다'라는 뜻을 갖습니다. 『강희』에서는 편(徧)과 같은 글자라고 하는데 기초한자의 표준 자형은 편(遍)입니다. 중국에서도 이 글자를 표준으로 삼고 있습니다.

　자소자는 '납작할' 편(扁)으로 방안이나 문 위에 걸어놓는 편액(扁額)이 본뜻입니다. '책' 편, '치우칠' 편, '엮을' 편, '두루' 편에 쓰입니다. 책은 옛날에 죽간으로 만들었으니 대나무[竹]가 들어가고, 치우치는 것은 사람의 심리적인 문제이니 사람[人], 뭔가를 엮으려면 실[糸]이 있어야 하고, 두루 미치는 것은 그 영향력이 여기저기를 가는 것이니 착(辶)과 결합합니다. 篇, 偏, 編, 遍! 발음도 모두 '편'이라 기억하기도 쉽습니다.

　편력(遍歷)은 여기저기 널리 돌아다니는 것입니다. '편만(遍滿)하다'는 널리 그득 차는 것을 나타냅니다. 편재(遍在)는 널리 퍼져 있는 것이고, 편조(遍照)는 널리 비치는 것입니다.

고교	획수	형자	새김	발음
遙	14	䍃	멀	요

요(遙)는 『설문』의 판본에 따라 실리지 않은 경우도 있습니다. 와세다대학(早稻田大学) 소장본에서는 "요(遙)는 소요하는 것이다. 또는 먼 것이다"라고 합니다. '멀다'를 본뜻으로 봅니다. 여기서 시간상으로 오래된 것도 나타내게 됩니다.

자소자는 '질그릇' 요(䍃)입니다. 이 글자는 『설문』에는 요(䍃)로 올라 있는데, 『강희자전』에는 위 자소자가 '손톱' 조(爫, 爪)를 쓰고 있고[䍃], 현재 중국에서는 『강희자전』의 자형을 쓰고 있어 요(䍃)로는 검색되지 않는 경우가 많습니다. 인터넷에서 검색할 때에는 참고하기 바랍니다. '흔들' 요(搖), '멀' 요(遙)의 자소자로 쓰입니다.

요배(遙拜)는 멀리 떨어진 곳에서 절을 하는 것인데, 일본 식민 통치 시절 일본 왕을 위해 하던 절을 생각하면 가슴 아픈 역사가 깃든 단어입니다. 아주 먼 옛날은 요석(遙昔)이라고도 합니다. 매우 멀고 아득한 것은 요요(遙遙)한 것이고, 까마득히 먼 것은 요원(遙遠)한 것입니다.

고교	획수	형자	새김	발음
遞	14	虒	갈마들/두를	체/대

체(遞)는 경질되는 것, 즉 바뀌는 것입니다. 여기에서 인신되어 '전달하다'라든가 역참을 통해 공문을 전달하는 것을 나타냅니다. 역마를 가리키기도 합니다. '갈마들다'는 '서로 번갈아들다'라는 뜻입니다. 교대하거나 교체한다는 뜻입니다. 옛날 역참제에서는 파발마나 파발꾼이 한 역에 이르면 말을 바꿔 탄다든지 다른 파발꾼이 이어 받는다든지 해서 같은 과정이 되풀이되며 우편물이 전달됩니다. 그런 상황을 반영하는 글자입니다. 마치 이어달리기에서 배턴을 주고받듯이 물건을 다른 사람에게 계속 넘겨주면서 전달합니다.

자소자는 치(虒)입니다. 뿔이 달린 호랑이라고 합니다.

등수를 따라서 차례로 덜어나가는 것이 체감(遞減)입니다. 체신(遞信)은 차례로 여러 곳을 거쳐 소식이나 편지를 전하는 일인데, 거기에서 파생되어 우편이나 전신 따위의 통신을 가리키기도 합니다.

고교	획수	형자	새김	발음
遵	16	尊	좇을	준

준(遵)은 쫓는 것, 따르는 것입니다. 인신되어 '의거하다'라는 뜻을 갖습니다.

전례나 명령 따위에 의거하여 따르는 것은 준거(遵據), 전례나 규칙, 명령 따위를 그대로 좇아서 지키는 것은 준수(遵守), 법률이나 규칙을 좇아 지키는 것은 준법(遵法)입니다.

고교	획수	형자	회자	새김	발음
返	8	反	反辵	돌이킬	반

반(返)은 돌아오는 것입니다. '귀환하다'라는 뜻에서 '돌다, 바뀌다, 위반하다'라는 뜻이 인신되어 나왔습니다. 반(返)은 '되돌릴' 반(反)에 편방을 더해 분화되어 나온 글자입니다. 반(反)의 본뜻은 물건을 뒤집는 것입니다. 새김이 같은 두 글자의 경우, 본래의 글자에 부수자나 다른 자소를 더해 그 뜻을 분명히 하는 특징이 있습니다. 따라서 의미는 한정되고, 범위는 보통 줄어들게 됩니다.

도로 돌려주는 것은 반납(返納), 사례의 뜻으로 나타내는 예는 반례(返禮) 또는 회례(回禮)라 하고, 회답하는 편지나 전보 따위의 통신은 반신(返信)입니다. 반신 우표(返信郵票)는 수신인이 답장을 발송하는 데에 쓸 수 있도록 동봉하는 우표입니다. 외국과 연락할 때에는 국제 반신권(IRC, International Reply Coupon)을 이용할 수 있습니다. 우편 발송용에 쓰는 소액환 정도라고 생각하면 됩니다. 반박귀진(返璞歸眞)은 『전국책(戰國策)』에 제(齊)나라 선왕(宣王)이 현사인 안촉(顔斶)에게 스승이 되어달라고 요청하는 데에 대한 답변 가운데 나옵니다.

대저 옥은 산에서 나지만, 만들려면 옥돌을 깨뜨려야 합니다. 분명 귀중한 보물이지만, 옥돌은 완전치 못하게 됩니다.
[夫玉生於山 制則破焉 非弗寶貴矣 然夫璞不完]

안촉은 이 말로 선왕이 내어주는 자리를 뿌리치고 떠납니다. 장식을 떨쳐버리고 소박한 참모습으로 돌아간다는 뜻으로 쓰입니다.

| 述 | 9 | 朮 | 朮辵 | 펼 | 술 |

술(述)은 따르는 것입니다. 옛것을 따른다는 뜻입니다. '서술할' 서(敍)와 비슷한데 술(述)은 기존의 설명이나 학설의 입장을 따르며 설명하는 것이고, 서(敍)는 기존의 것과 상관없이 의견을 밝힌다는 점에서 다릅니다.

자소자는 찰기가 있는 '차조' 출(朮)입니다. 출(秫)이 본자로『설문』에는 '벼' 화(禾) 부에 들어 있는데, 화(禾)를 생략해 쓰기도 하는 것으로 설명합니다. '지을' 술(述), '재주' 술(術)의 자소자입니다.

술어(述語)는 논리의 판단·명제에서 주사(主辭)에 대하여 긍정 또는 부정의 입언(立言)을 하는 개념을 말합니다. 쉽게 말해, "A는 B이다" 또는 "A는 B가 아니다"라는 명제에서 "B이다"나 "B가 아니다"라는 부분을 가리키는 말입니다. 서술어(敍述語)을 줄여 술어라고도 하는데, 한 문장에서 주어의 움직임, 상태, 성질 따위를 서술하는 말을 이릅니다. 술회(述懷)는 마음속에 품고 있는 여러 가지 생각을 말하거나 또는 그런 말을 가리킵니다. 술이부작(述而不作)은 〈格物 094〉를 참고하기 바랍니다.

格物 094. 술이부작(述而不作)

현재 '지을' 술(述)이라고 해 주로 뭔가 쓰거나 만들어낸다는 의미로 알고 있는데 '따르다'라는 설명이 좀 의아할 수 있습니다.『논어(論語)』에 "(옛것에 대해) 설명은 하되 (자신의 글을 따로) 쓰지 않으며, (그것을 믿어) 옛것을 좋아한다[述而不作 信而好古(술이부작 신이호고)]"라는 말이 나옵니다.

옛날 사람들, 특히 성리학자들은 각종 경전의 내용을 거의 절대적인 것으로 받아들였습니다. 그래서 부연 설명 정도는 하지만 다른 의견을 제시하지는 않았습니다. 다른 의견을 제시하면 교리를 어지럽히고 사상에 어긋나는 언행을 하는 사람이라고 하여 사문난적(斯文亂賊)으로 몰렸습니다. 옛것을 존중한다는 점에서는 긍정적인 면도 없지 않지만, 새로운 생각과 사상이 싹트기는 어렵다는 것도 확실합니다.

고교	획수	형자	회자	새김	발음
逮	12	隶	隶 辵	잡을/미칠	체/태

체(逮)는 미치다(reach)입니다. 본뜻은 '쫓아가다, 잡다'입니다. 다음자로 '미칠' 태, '잡을, 단아할' 체로 새깁니다.

자소자는 '미칠' 이(隶)입니다. 부수자이니 설명은 생략하고, 이 글자가 자소로 쓰인 다른 글자들을 살펴보겠습니다. '편안' 강, '종' 례, '잡을' 체입니다. 집[广]에 있어 편안하고, '능금' 내(柰)가 붙은 것이 례이고, 쫓아가야[辵] 잡습니다. 康, 隸, 逮!

사용 빈도는 아주 떨어집니다만 체야(逮夜)는 특히 불교에서 다비 전날 밤 또는 기일(忌日), 법회의 전날 밤을 가리킵니다. 다비(茶毘)는 고대 인도말인 산스크리트어에서 온 말로 '불에 태우다'라는 뜻이라고 하는데, 시체를 화장하는 것을 이릅니다. 불교에서 많이 씁니다. 형법에서 사람의 신체에 대하여 직접적이고 현실적인 구속을 가하여 행동의 자유를 빼앗는 일이 체포(逮捕)입니다.

고교	획수	형자	회자	새김	발음
遂	13	㒸	㒸 辵	드디어	수

수(遂)를 『설문』에서는 도망하는 것이라고 설명합니다. 고문 분석에서는 씨앗을 뿌리는 것으로 봅니다. 거기에서 '나아가다'라는 뜻으로 인신됩니다. 계속해서 '길'이나 '물길'의 뜻으로 확대되고 일을 '이루다'라는 뜻도 갖습니다. 부사로 쓰여 '드디어, 마침내'의 뜻도 나타냅니다.

자소자는 '따를' 수(㒸)입니다. 다른 사람의 말을 듣는 것입니다. '여덟' 팔(八) 부수에 속합니다. '떼' 대(隊), '이룰' 수(遂)의 자소자로 쓰이고 있습니다.

어떤 일을 다 마치어 이루는 것은 수성(遂成)이라고 합니다. 뜻을 이루는 것이 수의(遂意)인데, 발음이 '마음대로 하다'라는 뜻의 수의(隨意)와 같습니다. 똑같이 수행(遂行)은 생각하거나 계획한 대로 일을 해내는 것이고, 수행(隨行)은 어떤 임무를 띠고 가는 사람을 따라가거나, 또는 그런 사람입니다.

고교	획수	형자	회자	새김	발음
違	13	韋	韋辵	어길	위

위(違)는 떠나는 것, 헤어지는 것입니다. 그래서 거리를 나타내기도 합니다. 인신되어 '멀다, 등지다, 따르지 않다' 등의 뜻을 갖습니다.

자소자는 '다룸가죽' 위(韋)로 부수자입니다.

법률, 명령, 약속 따위를 지키지 않고 어기는 것은 위반(違反)으로 위법(違法)과 비슷한 뜻입니다. 조화(調和)가 어그러지는 것은 위화(違和)입니다. 조화되지 아니하는 어설픈 느낌이 위화감(違和感)입니다. 위천역리(違天逆理)는 위천해리(違天害理)와 비슷한 말로 천도에 거슬리고 윤리를 해친다는 뜻으로 하는 짓이 아주 잔인한 경우를 이릅니다.

고교	획수	형자	회자	새김	발음
遣	14	𠳋	𠳋辵	보낼	견

견(遣)은 놓아주는 것, 석방하는 것입니다. 갑골문의 글자는 '𠳋' 형상으로 죽은 이의 활을 구덩이에 넣은 모양이라고 합니다. 옛날 죽은 사람을 장사지내 보내는 의식이라고 합니다. 그래서 부장품을 가리키기도 합니다. 여기서 인신되어 '보내다, 놓아주다'라는 뜻을 갖는 것입니다. 앞에서 한 설명은 『설문』의 내용인데, 설문은 나중의 자형인 소전을 대상으로 삼아 인신의를 소개하고 있는 셈입니다.

자소자는 '작은 흙덩이, 보낼' 견(𠳋)입니다.

格物 095. 견당사와 최치원

견당사(遣唐使)는 옛날 우리나라나 일본에서 당나라에 보냈던 사신, 승려, 유학생 등을 가리킵니다. 당시 당나라의 수도 장안(長安, 현재의 서안)은 어떤 면으로나 세계 최대, 최고의 도시였습니다. 그러니 오늘날 미국 유학과는 비교도 안 되는 수준이었을 것입니다. 고운(孤雲) 최치원(崔致遠, 857~?)도 당나라 유학생이죠.

그는 868년 당나라에 들어가서 불과 6년만인 874년 진사 시험에 급제합니다. 벼슬을 받기는 했습니다만, 외국인이라서인지 한직이었습니다. 884년 국신사(國信使)라는 직함을 가지고 신라로 돌아옵니다. 하지만 끝내 자신의 꿈이나 이상은 펼치지 못했습니다. 그야 어쨌든 필자는 당나라에 들어가 불과 6년 만에 외국인으로서 그 나라의 관리로 선발될 정도의 언어를 구사한 것을 보면 최치원이야말로 외국어의 귀재였다고 믿습니다.

2007년 중국 강소성 양주시(江蘇省 揚州市)에 최치원 기념관이 개관했습니다. 이 기념관 개관에 최씨 종친회에서 재정적인 지원을 많이 했고 한중 우호 교류라는 대의명분도 있었습니다만 중국 외교부가 비준한 유일한 외국인 기념관이라고 하는 것만 봐도 중국에서 최치원의 인지도를 쉽게 짐작할 수 있습니다.

하지만 그의 시문을 보면 늘 외로움 같은 것이 묻어납니다. 어쩌면 시대를 앞서 갔던 사람이 겪어야만 하는 어려움과 아픔이 아니었을까 합니다.

고교	획수	형자	회자	새김	발음
遷	15	䙴	䙴辵	옮길	천

천(遷)은 오르는 것입니다. 고문 분석에서는 물건을 위로 옮기는 것으로 봅니다. 여기에서 '바뀌다'라는 뜻으로 인신되고, '놓다, 쫓아내다, 강등시키다' 등의 의미를 갖습니다.

자소자는 '오를' 선(䙴)입니다.

화를 애매한 다른 사람에게 옮기는 것은 천노(遷怒), 도읍을 옮기는 것은 천도(遷都)입니다. 일이나 날짜 따위를 미루고 지체하는 것은 천연(遷延)이라고 합니다. 지난날의 잘못이나 허물을 고쳐 올바르고 착하게 되는 것을 개과천선(改過遷善)이라고 하는데, 천선개과(遷善改過)로 쓰는 경우도 있습니다.

고교	획수	형자	회자	새김	발음
避	17	辟	辟辵	피할	피

피(避)는 회피하는 것, 피하는 것입니다. 본뜻은 형벌을 피하는 것으로 추정합니다. '피하다'에서 인신되어 '떠나다, 사양하다, 면하다' 등의 뜻을 나타냅니다.

자소자는 벽(辟)입니다. 다른 글자와 통용되기 때문에 다음자입니다. '임금' 벽, '피할' 피, '비유할' 비로 새깁니다. '벽' 벽(壁)에도 자소자로 쓰입니다.

난리를 피하면 피란(避亂), 벼락을 피하는 장치는 피뢰침(避雷針), 몸을 피하는 것은 피신(避身), 더위를 피하면 피서(避暑)입니다. 하지만 겨울은 피하지 않고 집에 웅크리고 있기 때문인지 월동(越冬)입니다. 피인이목(避人耳目)은 다른 사람의 눈과 귀를 피한다는 뜻으로 어떤 일을 남모르게 몰래 진행하는 것입니다.

고교	획수	형자	회자	새김	발음
還	17	瞏	瞏 辵	돌아올/돌	환/선

환(還)은 본래 있던 곳으로 돌아오는 것입니다. 여기에서 '회복하다, 돌다'라는 뜻이 인신되어 나옵니다. '되돌려준다'는 데에서 '앙갚음하다'는 뜻도 나타냅니다.

경(瞏)은 놀라서 보는 것입니다. '고리' 환(環)의 자소자이기도 합니다.

환갑(還甲)은 육십갑자의 갑(甲)이 되돌아온다는 뜻으로, 예순한 살을 이릅니다. 도로 돌려보내는 것은 환송(還送)입니다. 더러 뉴스에 파기환송이라는 말이 나오는데, 파기환송(破棄還送)은 상소심 법원이 종국 판결에서 원심 판결을 파기한 경우에 사건을 다시 심판하도록 원심 법원으로 돌려보내는 것입니다. 떠나는 사람을 기쁜 마음으로 보낸다는 환송(歡送)과 발음이 같습니다. 고향에 돌아오는 것은 환향(還鄕)입니다.

고교	획수	형자	회자	새김	발음
邊	19	臱	臱 辵	가, 가장자리	변

『설문』에서 "**변(邊)**은 가파른 벼랑길을 가는 것이다"라고 합니다. 벼랑 옆으로 난 길을 가는 것입니다. 여기에서 물체의 가장자리를 나타내게 됩니다. 인신되어 국가나 지역 사이의 경계를 나타냅니다. 어떤 방향이나 방면을 나타내기도 하며, 어디에 가까이 가다라는 뜻도 갖고 있습니다.

자소자는 '보이지 않을' 면(宀)입니다. 기초한자에는 변(邊)의 자소로만 쓰입니다.

변방(邊方)은 중심지에서 멀리 떨어진 가장자리 지역이나 국경을 나타내고, 변방(邊防)은 국경 주변 지역을 지키는 일입니다. 변방을 비추는 달을 변월(邊月)이라고 하는데, 시어의 색채가 짙습니다.

고교	획수	회자	새김	발음
逐	11	豕 辶	쫓을	축

축(逐)은 쫓는 것입니다.

의안을 처리할 때 한 조목씩 차례로 모두 심의하는 것은 축조심의(逐條審議)라고 합니다. 글자 하나하나를 따라 번역하는 것은 축자역 또는 축어역(逐語譯)이라고 합니다. 누군가를 그 자리에서 밀어내는 것은 축출(逐出), 서로 이기려고 다투며 덤벼드는 것은 각축(角逐)입니다. 회의 자소자는 부수자이니 해당 부수 설명을 참고하십시오.

고교	획수	회자	새김	발음
逸	12	兔 辶	달아날, 편안할	일

『설문』에서 "일(逸)은 달아나는 것이다. 착(辶)이 의부(意符)이고, 토(兔)가 성부(聲符)이다. 토끼는 성격이 속이고 잘 달아난다"라고 설명합니다. 여기서 '달리다, 놓다, 놓치다' 등의 뜻이 인신되어 나왔습니다. 계속해서 인신되어 '숨다, 잃다, 편안하다' 등의 뜻을 갖습니다.

자소자 '토끼' 토(兔)는 기초한자 가운데에 일(逸)에서만 자소로 쓰이고 있습니다.

학문과 덕행이 있으면서도 세상에 나서지 아니하고 묻혀 지내는 사람은 일민(逸民), 아주 뛰어난 물건은 일품(逸品)인데, 품질 등이 제일가는 것을 가리키는 일품(一品)과 비슷합니다. 일문일사(逸聞軼事)에서 일(逸)과 일(軼)은 흩어져 잃어버림을 나타냅니다. 그래서 일문일사는 사서 등에 기재되지 않은 사적 등을 일컫습니다. 유문일사(遺文軼事)와 비슷합니다. 유문(遺文)은 생전에 남긴 글이고 일사(軼詞, 逸事)는 기록에 빠지거나 알려지지 아니하여 세상에 드러나지 아니한 사실입니다. 유문일사(遺文軼事)는 『표준』에 실려 있지 않습니다. 중국의 〈Baidu〉 온라인 사전에서는 "기록이 보이지 않는 문헌자료"라고 설명하는데, 이 설명은 기록이 보이지 않는 것이 문헌에 남아 있다는 말이니 모순처럼 보입니다. 이것은 공신력이 있는 관방(官方) 자료에는 나타나지 않지만, 민간 등 다른 곳에서 나타나는 자료라는 뜻이겠습니다. 관방(官方)은 "정부기관과 관련된 쪽"의 뜻인데, 『표준』에는 "관리들이 지켜야 할 규율"로만 설명하고 있습니다. 일문일사는 전승 과정에 중점이 놓이고, 유문일사는 기록이라는 데에 중점이 놓인 것으로 보입니다.

고교	부수	획수	회자		새김	발음
遲	辵	16	犀	辵	더딜, 늦을	지

지(遲)는 서서히 가는 것입니다. 여기에서 '느리다'는 뜻이 인신되어 나옵니다. '망설이다, 시간이 늦다, 생각이 굼뜨다' 등의 의미도 갖고 있습니다.

자소자는 '무소' 서(犀)입니다. 코뿔소류의 총칭이 무소인데, 무게가 꽤 나가는 무소[犀]가 가는[辵] 속도는 자연 느릴 수밖에 없습니다. 특징을 기가 막히게 잡아서 만든 글자라는 생각이 듭니다.

정해진 시간에 늦는 것은 지각(遲刻), 일을 미루는 것은 지연(遲延)입니다. 지의(遲疑)는 의심하고 주저하는 것입니다. 지의불결(遲疑不決)은 의심하고 주저해 결정을 내리지 못하는 것입니다. 지지부진(遲遲不進)은 매우 더디어서 일 따위가 잘 진척되지 않는 것을 가리킵니다.

고외	부수	획수	형자	회자		새김	발음
巡	巛	7	巛	巛	辵	돌, 순행할	순

순(巡)은 도는 것입니다. 『설문』에서는 "멀리 가는 모양"이라고 하는데 모양이라는 설명이 좀 이상하게 들립니다. 멀리 가는 것입니다. 먼 길을 가는 것입니다. 『단주』에서는 "보면서(살피면서) 가는 것"이라고 합니다. 본뜻은 오가며 살펴보는 것입니다. 여기에서 '가다, 백성을 위무하다'라는 뜻을 갖게 되었습니다.

순시(巡視)는 돌아다니며 사정을 보살피거나 또는 그런 사람을 가리킵니다. 순수(巡狩)는 임금이 나라 안을 두루 살피며 돌아다니는 것입니다. 보통 사냥을 겸했기 때문에 '사냥' 수(狩)가 쓰이고 있습니다.

고외	부수	획수	형자	회자	새김	발음
隨	阜	16	墮省	墮省辵	따를	수

수(隨)는 따르는 것입니다.

수기응변(隨機應變)은 그때그때의 기회에 따라 일을 적절히 처리하는 것을 가리킵니다. 그때그때 처한 사태에 맞추어 즉각 그 자리에서 결정하거나 처리한다는 뜻의 임기응변(臨機應變)과 비슷해 바꾸어 쓸 수도 있습니다.

R163

고을 읍(邑, 阝) 부

갑골	금문	전문	해서
邑	邑	邑	邑

　갑골문에서 '고을' 읍(邑)은 위는 '에울' 위(口)로 성읍의 범위를 나타내고, 아래에는 무릎을 꿇고 있는 사람의 모양[卩]으로 사람이 사는 곳을 나타냅니다. 『설문』에서는 "읍(邑)은 나라이다. '에울' 위(口)가 의부(意符)로 선왕의 제도에 (공작, 후작 백작, 자작, 남작의) 높고 낮음이 달라 강역(疆域)의 크기도 크고 작은 것이 있기 때문에 절(卩)을 의부(意符)로 삼는다"라고 합니다.

　사람이 모여 사는 곳을 본뜻으로 봅니다. 여기에서 '도시'의 뜻을 갖게 되며 한 나라의 수도를 가리키기도 하고 제후가 받은 영토를 나타내기도 합니다. 다른 글자와 결합될 때에는 '우부방[阝]' 형태가 되어 오른쪽에 붙습니다. '阝'는 왼쪽에 쓰면 좌부변인데, '언덕' 부(阜)가 다른 글자와 결합할 때의 자형입니다.

중학	획수	형자	새김	발음
郡	10	邑	고을	군

　군(郡)은 행정 단위입니다. 『설문』의 설명입니다. "군(郡), 주나라 제도에 천자의 땅은 가로·세로 천 리로, 백 개의 현(縣)으로 나뉘며 각 현에는 네 개의 군(郡)이 있다. 그래서 『춘추좌전』에서 '(적과 싸워 이길 수 있는) 상대부가 군을 (봉토로) 받았다'라고 하며, (여기서 군은) 바로 그런 뜻이다. 진나라 초에 이르러 전국에 36개 군을 설치하고 그 아래에 딸린 현(縣)을 감독했다." 처음에는 현이 더 큰 단위였는데 진나라 군현제가 실시되면서 현(縣)이 군(郡)에 예속된 것을 알 수 있습니다. 바로 진시황의 군현제 실시인데 이로써 중앙 집권화가 강화됩니다. 우리나라에서는 현(縣)은 쓰지 않지만 군(郡)은 오늘날까지도 행정 단위로 이름을 유지하고 있습니다. 중국과 일본에서는 현(縣)은 쓰고 군(郡)은 쓰지 않습니다.

중학	획수	형자	새김	발음
部	11	音	떼	부

　부(部)를 『설문』에서는 "한나라 때 지명으로 천수(天水)의 적부(狄部)이다"라고 설명합니다. 『단주』에서는 "적부(狄部)라는 지명은 없으며, 분명하지 않다"라고 주석을 달고 있습니다. 고대 지방 행정 구역의 하나입니다. 인신되어 부락을 가리키고, '나누다'라는 뜻도 갖게 됩니다. 천수(天水)는 감숙성에 소재한 도시로 서안(西安)에서 하서회랑을 타고 란주(蘭州)로 가는 중간에 있는 곳입니다. 하서회랑은 바로 실크로드가 펼쳐지는 길로 인도의 불교도 이 길을 통해 중국에 들어왔습니다. 천수시에는 맥적산(麥積山) 석굴이 있습니다.

　일정한 규모로 편성된 군대 조직은 부대(部隊)이고, 일이나 사업의 체계에 따라 나뉘어 있는 사무의 각 부문은 부서(部署)입니다. 같은 조상·언어·종교 등을 갖는 원시 사회나 미개 사회의 구성단위가 되는 지역적 생활 공동체는 부족(部族)입니다.

중학	획수	형자	새김	발음
都	12	者	도읍	도

『설문』에서 "도(都)는 선왕의 옛날 종묘가 있는 성읍을 도(都)라고 한다. 읍(邑)이 의부(意符)이며, 자(者)는 성부(聲符)이다. 주나라 예제(禮制)에서는 왕성(王城)에서 5백 리 떨어진 곳을 도(都)라 한다"라고 설명합니다. 주석을 보면 선군(先君)들의 종묘(宗廟)가 있는 곳은 도(都)이고 없는 곳은 읍(邑)이라고 합니다. 결국 왕실이나 황실이 있는 곳이 도(都)라는 설명입니다. '모이다, 모두'의 뜻을 나타내기도 합니다.

모개로 사는 것은 도매(都買), 모개로 파는 것도 도매(都賣)입니다. '모개'는 죄다 한 데 묶은 수효를 이릅니다. 훔친 물건을 파는 것도 도매(盜賣)인데, 요즈음 이 말은 잘 안 쓰고 장물(贓物)의 취급, 양도라는 말을 많이 씁니다. 도읍(都邑)은 수도를 가리키기도 하고, 수도로 정하는 것을 뜻하기도 합니다.

중학	획수	형자	회자	새김	발음
郞	10	良	良邑	사내	랑

랑(郞)은 노나라의 행정 단위인 정(亭)을 가리킵니다.『설문』의 주석을 보면 정(亭)은 향(鄕)보다 작은 행정 단위인데 노나라에는 두 개의 정이 있었다고 합니다. 여기서 말하는 랑(郞)은 지금의 산동성 곡부현 부근, 즉 공자의 고향 주변입니다. 달리, 관청 앞뜰에 복도가 딸린 방이 본뜻이라는 설명도 있습니다. 시위(侍衛)하는 사람들이 머무는 공간입니다. 그래서 시종관을 가리키게 되었다고 합니다. 젊은 남녀의 미칭으로도 쓰이고, 부인이 남편을 부르는 호칭이기도 합니다.

낭관(郞官)은 벼슬자리의 이름이고, 낭군(郞君)는 젊은 여자가 남편이나 연인을 이르는 말입니다. 낭자(郞子)는 예전에 남의 집 총각을 점잖게 이르던 말입니다. 처녀를 높여 이르는 말인 낭자(娘子)가 워낙 익숙하고 널리 사용되어 지금 총각을 이르는 낭자(郞子)는 전혀 사용되지 않는 듯하니 거의 사어에 가깝습니다.

중학	획수	회자	새김	발음
邑	7	口 阝	고을	읍

읍(邑)의 자의(字義)는 부수자의 설명을 확인하기 바랍니다.

읍내(邑內)는 읍의 구역 안을 말하고, 읍장(邑長)은 읍의 행정 책임자입니다.

중학	획수	회자	새김	발음
鄕	13	二 皀	시골	향

『설문』입니다. "향(鄕)은 도성에서 조금 멀리 떨어진 곳으로 백성들이 모이고, 돌아오는 곳이다. (한나라 예제 규정에 따르면) 그들을 색부(嗇夫)가 나누어 관리한다. (주나라 때의 예제 규정에 따르면) 수도 주위를 6개의 향으로 나누고, 육경(六卿)이 나누어 관리한다." 색부(嗇夫)는 소송과 세금 거두는 일을 담당하는 직책입니다. 고문 분석에서는 향(鄕)은 경(卿)과 기원이 같은 것으로 봅니다. 갑골문의 향은 두 사람이 마주앉아 밥을 먹고 있는 형상입니다. 상형으로 볼 수도 있고, '잔치' 향(饗)의 본자로 회의자라고도 합니다. 금문에서도 마찬가지인데 전문의 자형은 두 읍(邑)이 마주하는 형태[鼆]로 잘못 바뀌었습니다. 글자를 알아보기 어려운데 왼편에는 '고을' 읍(邑)을 좌우로 뒤집은 '고을, 동산' 원(邑)을, 가운데는 '향기로울, 낟알' 급(皀)을, 그리고 오른쪽에는 다시 '고을' 읍(邑)을 쓰는 글자입니다. 예서로 바뀌면서 금문에서 이은 글자는 경(卿)이 되고, 전문에서 이어 쓰게 된 글자는 향(鄕)이 되어 두 글자로 나뉘게 되었습니다. 두 사람이 마주앉아 밥을 먹는 것이 본뜻입니다. 여기에서 '술과 음식으로 대접하다'라는 뜻이 나오는데 이 뜻은 나중에 '잔치' 향(饗)으로 쓰게 됩니다. 선사 시대에 이렇게 마주앉아 밥을 먹은 것은 공동생활을 하는 씨족 사회라는 데에서 향(鄕)은 기초 행정 단위를 나타내게 됩니다. 도시 밖의 지역, 즉 농촌을 가리키기도 합니다. 여기서 인신되어 고향을 나타내기도 합니다. 주나라에서는 12,500호(戶)가 1향(鄕)이고, 한나라 때에는 100호가 1리(里), 10리가 1정(亭), 10정(亭)이 1향(鄕)이었으니 10,000호가 1향(鄕)입니다. 당나라 때에는 100호가 1리(里), 5리가 1향으로, 500호가 1향이었습니다.

자소자는 　으로 다음자입니다. 위에서는 간단히 '향기로울' 급으로 썼는데, '향기로울' 핍, 급, 벽, 향 또는 '낟알' 핍, 급, 벽, 향의 새김을 갖습니다. 위의 향(鄕), 경(卿) 외에 '곧' 즉(卽), '이미' 기(旣)에도 쓰입니다.

고향을 그리워하는 마음이나 시름은 향수(鄕愁)이고, 자기가 태어나서 자란 땅, 혹은 시골이나 고장을 가리키는 말은 향토(鄕土)입니다.

고교	획수	형자	새김	발음
邦	7	丰	나라	방

방(邦)은 제후국(諸侯國)입니다. 『단주』를 보면 (제후국으로 봉한 것 중에서) 큰 것은 방(邦)이라 하고, 작은 것은 국(國)이라 합니다. 제후국이라는 뜻에서 국가나 국경을 뜻하게 되었습니다. 큰 도시를 가리키기도 합니다. 고문 분석에서는 방(邦)과 봉(封)의 기원이 같은 것으로 봅니다. 갑골문에서 밭[田]에 나무를 심는 모양으로 나무를 심어 경계를 삼는 것으로 추정합니다. 금문에서 '고을' 읍(邑)을 더해 봉국(封國)의 뜻이 되었다고 합니다.

자소자는 '예쁠, 무성할' 봉(丰)으로 여러 번 설명한 바 있습니다. 지금 설명하는 '나라' 방(邦) 이외에, '받들' 봉(奉), '풍년' 풍(豐)에도 자소자로 쓰입니다.

방국(邦國)은 국가를 가리킵니다. 역사에서는 백성도 얼마 되지 않고 규모도 작은 고대의 방국(邦國)에서 왕국이 되고 드디어는 제국(帝國)으로 발전해 온 것으로 설명합니다. 자치권을 가진 다수의 나라가 공통의 정치 이념 아래에서 연합하여 구성하는 국가는 연방(聯邦)입니다. 연방을 구성하는 나라들은 외교권은 가지고 있지 않습니다.

고교	획수	형자	새김	발음
邪	7	邑	간사할/그런가/나머지/느릴	사/야/여/서

사(邪)에는 여러 가지 발음이 있습니다. 『설문』에서는 "야(邪)는 랑야(郎邪)군이다"라고 합니다. 우선 이때는 '랑야'로 읽습니다. 현재 산동성 동남부의 옛 지명이라고 합니다. 본뜻은 옷깃을 빗겨 매는 것이라고 합니다. 거기에서 '기울다, 반듯하지 않다'라는 뜻이 인신되어 나오고, '사악하다, 기괴하다, 정상이 아니다' 등의 뜻을 갖게 됩니다. 다

음자라서 새김과 발음이 다른 것이 있습니다만 주로 쓰는 것은 '간사할' 사와 관련된 부분입니다.

요사스러운 생각이나 의견은 사견(邪見), 올바르지 못한 그릇된 생각은 사념(邪念)이고, 요사스럽고 간특한 것은 사특(邪慝)한 것입니다. 간특(奸慝)은 간사하고 악독한 것입니다. 사마외도(邪魔外道)는 무협지에 많이 나오는 말이긴 합니다만 본래는 불교 용어입니다. 수행에 방해가 되는 사악한 마귀와 불교 이외의 사교(邪敎)의 무리를 가리키는 말입니다.

고교	획수	형자	회자	새김	발음
那	7	冉	尹邑	어찌	나

나(那)는 『설문』에 '那' 자형으로 실려 있습니다. "서쪽의 오랑캐 국가이다"라고 합니다. 수염[冉, '수염 늘어질' 염]이 많고 긴 사람들이 사는 나라[邑]라는 뜻입니다. 그래서 '많다'는 뜻이 나옵니다. '어찌'라는 뜻으로 의문에 쓰이기도 합니다.

회의 자소자는 '맏' 윤(尹)으로 다스린다는 뜻이 있습니다. '임금' 군(君)에 자소자로 쓰입니다.

나변(那邊)은 '어느 곳' 또는 '어디'를 뜻하기도 하고 '그곳' 또는 '거기'를 뜻하기도 합니다. 중국어에서는 '그곳' '거기'의 뜻입니다. 중국어에서 '어느 곳' '어디'는 나변(哪邊)으로 씁니다. 중국인을 만나 필담이라도 하게 되는 경우 우리와 쓰임이 다르다는 것 정도를 알면 도움이 됩니다.

고교	획수	형자	회자	새김	발음
郊	9	交	交邑	들	교

교(郊)는 도성에서 백 리 떨어진 곳입니다. 그래서 시의 주변 지역을 이릅니다. 고대 천자가 교외에서 하늘과 땅에 지내던 제사를 가리키기도 합니다.

도시의 주변 지역이 교외(郊外)이고, 도시의 가까운 변두리에 있는 마을이나 들은 근교(近郊)라고 합니다.

고교	획수	형자	회자	새김	발음
郭	11	享	享邑	둘레, 외성	곽

『설문』에서 "**곽(郭)**은 제나라에 있는, 이미 멸망한 곽국(郭國)의 폐허이다. 선량한 것을 좋아했지만 뽑아 쓰지 못했고, 추악한 것을 싫어하고 미워했지만 이들을 물리치지 못해서 나라가 망했다"라고 합니다. 여기에서 보는 것처럼 곽(郭)을 나라 이름으로 설명합니다. 고문 연구에서는 외성(外城)을 본뜻으로 추정합니다. 여기에서 물체의 가장자리나 껍질이라는 뜻으로 인신됩니다. '키우다, 확대하다'의 뜻도 있습니다.

어떤 구역의 안과 밖을 각각 곽내(郭內), 곽외(郭外)라고 합니다. 내성과 외성을 통틀어 말할 때는 성곽(城郭)입니다.

고교	획수	회자	새김	발음
郵	11	垂邑	우편	우

우(郵)는 『설문』에서 "국경 안에서 문서를 차례로 전해주는[傳遞] 객사이다"라고 설명합니다. 역참제(驛站制)에서 나온 말입니다. 역참(驛站)은 고대에 공문서나 군사 정보를 차례로 전달하기 위해, 전달하는 사람이나 관원에게 식사나 잠자리를 제공하던 장소입니다. 우리나라 조선 시대의 경우 대개 25리마다 1참을 두고 50리마다 1원을 두어 관련자들에게 편의를 제공했습니다. 관습적으로 '역참' 우로 새겼습니다만 이제는 '우편' 우로 새겨야 하지 않나 하는 생각도 듭니다.

우편(郵便)은 정부의 관할 아래 서신이나 기타 물품을 국내나 전 세계에 보내는 업무입니다. 역참제가 실시되던 옛날에는 조정의 업무나 일부 고위 관리들이 이 제도를 이용했겠습니다만 이제는 누구나 이용하는 서비스가 되었습니다. 하지만 공공 부문에 속하는 일이라서 업무의 관장은 여전히 정부 소관입니다.

고외	부수	획수	형자	회자	새김	발음
耶	耳	9	牙[篆]	耳邑	어조사	야

'어조사' **야(耶)**는 본래 사(邪)와 한 글자였다가 나중에 분화된 것이라고 합니다. '올바르지 않다'라는 뜻입니다. 어조사를 『표준』에서는 "실질적인 뜻이 없이 다른 글자를 보조하는 한문의 토"라고 설명하는데, 사실 어조사는 익히기가 아주 어려운 부분입니다. 구조적으로 말하면 우리말에서 조사나 용언의 활용을 통해 표현되는 부분을 감당하는 요소라고 할 수 있는데, 자주 보아서 익히는 수밖에 없습니다.

R164

닭 유(酉) 부

갑골	금문	전문	해서

'닭' 유(酉)는 본래 술 단지 모양을 본떠 만든 상형자입니다. 술을 담는 그릇이 본뜻입니다. 그런데 열 번째 지지를 나타내는 뜻으로 가차해 쓰면서, 술과 관련된 뜻이 뒤로 밀려나고 '닭 유'로 문패를 달게 된 셈입니다. 셋방살이 하는 사람이 주인집 대문 앞에 자기 문패를 단 꼴입니다.

『설문』을 살펴보겠습니다. "유(酉)는 익는 것이다. (유)는 8월을 나타내며, 이때에는 기장이 여물어서 순주(醇酒)를 담글 수 있다. 고문의 유(酉) 자 모양을 본떴다. 무릇 유(酉)에 속하는 글자는 모두 유(酉)의 뜻을 따른다. '丣'는 고문의 유 자이다. 묘(卯)가 의부(意符)로, 묘(卯)는 봄의 문이 열린 것을 뜻하고 만물이 이미 그 문 안에서 나온 것이다. 유(酉)는 가을의 문이 닫히고, 만물이 이미 그 문 안으로 들어간 것을 나타낸다. 유(酉)의 가로획[一]은 문이 닫힌 것을 상징한다." 여기서 순주(醇酒)는 다른 것이 전혀 섞이지 않은 술로 무회주(無灰酒)라고도 합니다. 옛날 하(夏)나라 달력에서는 8월이 유월

(酉月)입니다.

술 단지가 본뜻으로 여기에서 술을 가리키게 되고 '익다'라는 뜻도 갖습니다. 한 가지, 이 술 단지는 대개 아래가 뾰족해 세워놓기도 불편할 텐데 왜 그렇게 만들까 하는 점이 궁금했는데, 중원 지방의 토양이 황토라서 이런 모양으로 만드는 것이 바닥에 고정하기가 좋다는 설명을 본 기억이 있습니다. 무른 땅에 꽂으면 그대로 설 수 있기 때문입니다. 고대 그리스와 로마에서 쓴 암포라(amphora)라는 그릇도 유(酉)와 마찬가지로 아래가 뾰족한 모양을 하고 있습니다. 암포라는 고대에 로마에서 배에 실어 포도주를 수출하는 데 많이 이용한 것으로 알려져 있습니다. 선박 안의 일정한 틀 안에 고정시키면 안정적이고, 배의 진동을 덜 전달할 수 있어서 우연히 그 모양이 같아진 것이 아닐까 합니다.

중학	획수	새김	발음
酉	7	닭, 열째 지지	유

유년(酉年)은 지지가 유(酉)인 해 즉, 닭의 해입니다.

중학	획수	형자	회자	새김	발음
酒	10	酉	水 酉	술	주

『설문』을 살펴보겠습니다. "주(酒)는 따르는 것으로, 술로 인성의 선하고 악한 것을 따른다. 수(水)가 의부(意符)이고, 유(酉)는 의부(意符)이자 성부(聲符)이기도 하다. 달리, 이루는 것이라고 한다. 좋은 일과 나쁜 일을 이루는 원인이 된다. 옛날 의적(儀狄)이 술을 만들었는데 우왕이 술맛을 보고 좋다고 했으나, 나중에는 의적을 멀리했다. 두강(杜康)은 고량주를 만들었다." 술에서 술을 마시다는 뜻을 갖고, 조상의 사당에 술을 바치며 제사를 지낸다는 뜻도 있습니다.

주기(酒氣)는 술기운입니다. 주독(酒毒)은 술독입니다. 술 중독으로 얼굴에 나타나는 붉은 점이나 빛을 말합니다. 우리 사회가 술에 대해서는 대체로 관대한 편인데 알코올 중독(alcoholic)은 질병입니다. 특히 음주 운전(飮酒運轉, drunk driving)은 다른 사람의 생명과 재산을 위협하는 심각한 범죄입니다. DUI[Driving Under the Influence(of drugs or alcohol)]로 쓰기도 하는데, 이것은 음주는 물론 약물 중독 하에 운전하는 것도 가리키니 범위가 좀 더 넓은 개념이다 싶은데 섞어 쓰기도 합니다. 같은 중독이기는 하겠는데 일중독(workaholic)은 질병으로까지 취급하는 것 같지는 않습니다. 문제는 그로 인해 과로사나 자살의 비율이 높아진다는 점입니다. 무엇이든 중독은 본인은 물론이고 주변 사람들의 마음까지 황폐하게 한다는 점에서 늘 정신과 육체의 건강을 잘 유지하도록 해야 합니다. 주낭반대(酒囊飯袋)는 보통 주대반낭(酒袋飯囊)으로 쓰는데, 술을 담는 부대와 밥을 담는 주머니라는 뜻으로 술과 음식을 축내며 일은 하지 않는 사람을 이르는 말입니다. 밥만 먹고 하는 일 없이 지내는 사람을 비난조로 이르는 식충이(食蟲-)와 비슷한 말입니다. 흔히 "술 주머니 따로 있다"는 말을 하기도 하는데 바로 주유별장(酒有別腸)입니다. 술 마시는 사람은 창자가 따로 있다는 뜻으로 주량(酒量)은 몸집의 크고 작음에 관계가 없음을 이릅니다. 주지육림(酒池肉林)은 술로 연못을 이루고 고기로 숲을 이룬다는 뜻으로 호사스러운 술잔치를 이릅니다. 중국 은나라 주왕이 못을 파 술을 채우고 숲의 나뭇가지에 고기를 걸어 잔치를 즐겼던 일에서 유래한 것으로 알려져 있습니다.

증학	획수	형자	회자	새김	발음
醫	18	殹	殹 酉	의원	의

『설문』의 의(醫) 항입니다. "의(醫)는 병을 고치는 사람이다. 예(殹)는 정상적인 사람의 모습을 벗어난다는 뜻이다. 의사의 성정이 그렇다. 술로 약물의 보조제를 만들기 때문에 유(酉)에서 뜻을 취하는 것이다. 이것은 왕육(王育)의 설명이다. 달리, 예(殹)는 앓는 소리라고도 한다. 술은 병을 치료하는 데에 쓰는 음료이다. 『주례』에 주(酒)라고 하는 음료가 나온다. 옛날 무팽(巫彭)이 의료를 시작했다."

자소자 '앓는 소리' 예(殹)는 아파서 신음 소리를 내는 것입니다. 기초한자 밖입니다만 예(殹) 자 아래에 '무당' 무(巫)를 쓰는 의(毉)도 글자 모양만 의(醫)와 다를 뿐 뜻과 발음이 같습니다. 이것은 옛날에 무당들이 의료 행위도 했기 때문으로 설명합니다. 서양에서는 옛날에 이런 의료 행위를 이발소에서 했다고 합니다. 이발소 앞에는 빨간 줄과 파란 줄이 들어 있는 표지판이 돌아가는데, 이것은 동맥과 정맥을 나타낸다고 합니다.

의술로 병을 고치는 것이 의료(醫療)입니다. 일정한 자격을 가지고 병을 고치는 것을 직업으로 하는 사람은 의사(醫師)이고, 의원(醫院)과 병원(病院)은 똑같이 의료 행위를 하는 곳입니다만, 규모나 시설에 차이가 있습니다.

고교	획수	형자	새김	발음
醜	17	酉	추할	추

추(醜)는 밉살스러운 것입니다. 술[酉] 귀신[鬼]이 보이는 행동이 뭐 하나 마음에 들 리가 없습니다. 오죽하면 우리 속담에서도 "술 먹은 개"라고 하겠습니까? 모양이 '추하다, 좋지 않다, 더럽다'라는 뜻 이외에 '수치'나 '분노'를 가리키기도 합니다. 술에 만취되어 나오는 행동에 대한 평가와 관련된 의미들입니다.

추잡하고 좋지 않은 소문은 추문(醜聞), 더럽고 흉악한 것은 추악(醜惡)한 것입니다. 추태(醜態)는 더럽고 지저분한 태도나 짓을 말합니다. 추태백출(醜態百出)은 지저분한 태도나 행동을 있는 그대로 다 보여주는 것입니다.

고교	획수	형자	회자	새김	발음
配	10	己(妃)	酉 己(妃)	나눌, 짝	배

배(配)는 지금은 짝이라는 뜻으로 쓰고 있는데 본뜻은 술의 색깔을 말합니다. 『설문』주석을 보면 "(한나라 때) 당시에는 술에 푸른색과 검은색이 있었는데, 이 두 가지 술을 합친 색을 배(配)라고 했다"라고 합니다. 요즈음 말로 바꾸면 칵테일(cocktail)의 색을 나타내는 말이겠습니다. 고문 연구에서는 술 단지 앞에 여인이 꿇어앉아 있는 자형에서 혼인을 치르는 것으로 추정합니다. '결혼하다'에서 배우자를 나타내고, '필적하다, 안배하다'라는 의미도 갖습니다.

나누어주는 것은 배급(配給), 부부로서의 짝은 배필(配匹), 부부의 한쪽에서 본 다른 쪽은 배우자(配偶者), 귀양지는 배소(配所)라고 합니다.

고교	획수	형자	회자	새김	발음
酌	10	勺	酉勺	술 부을, 따를	작

작(酌)은 술을 따르는 것입니다. 『설문』에서는 "작(酌)은 술을 잔에 채워 권하는 것이다. 유(酉)가 의부(意符)이고, 작(勺)이 성부(聲符)이다"라고 설명합니다. 회의 겸 형성자라는 설명이기도 합니다. 술 단지나 술동이에 있는 술[酉]을 구기[勺]로 퍼내어 따르는 데에서 '가리다, 참작하다'라는 뜻도 나타내게 됩니다. 구기[勺]는 술을 퍼내는 작은 국자입니다. '맺을' 약(約), '과녁' 적(的)에도 쓰입니다.

수작(酬酌)은 본래 술잔을 서로 주고받는 것을 가리키는 말인데, 요즈음은 본뜻 그대로 쓰는 경우는 거의 없어 보입니다. 남의 말이나 행동, 계획을 낮잡아 이르거나, 특히 여성을 꼬이기 위해 하는 행동을 가리키는 경우가 대부분입니다. 수(酬)는 주인이 손님의 잔을 받아 마신 뒤, 손님에게 잔을 돌려 술을 권하는 것입니다. 작수성례(酌水成禮)는 물 한 그릇만 떠놓고 혼례를 치른다는 뜻으로 가난한 집안의 혼례를 이르는 말입니다. 짐작(斟酌)의 두 글자는 모두 술을 따르는 것을 나타냅니다. 술잔이 차지 않게 따르는 것은 짐(斟)이고 넘치게 따르는 것은 작(酌)인데, 당연히 넘치지도 않고 턱없이 부족하게 따르지도 않아야 합니다. 여기서 어떤 일에 대해 거듭 생각하고 그 가운데 좋은 것으로 정한다는 뜻을 갖게 된 것으로 봅니다. 어림잡아 헤아리는 것입니다.

고교	획수	형자	회자	새김	발음
醉	15	卒	酉卒	취할	취

취(醉)를 『설문』에서는 "주량을 채워 혼란한 지경에 이르지 않는 것이다. 혹은 혼란한 것[潰, '흩어질' 궤]이다"라고 합니다. 적당량이라는 정도를 넘어선 것도, 넘어서지 않은 것도 취(醉)한 것이라는 설명입니다. 주석에서는 "주량을 채우는 것은 취(醉)라 하고, 주량을 넘어서는 것은 '주정할' 후(酗)라고 한다. 주량을 넘어서면 혼란하게 된다"라고 합니다.

술을 적당히 마시면 흥취가 일어납니다. 취흥(醉興)입니다. 이 선을 넘으면 술에 취한 무뢰한이 됩니다. 취한(醉漢)입니다. 주희의 『소학(小學)』에 취생몽사(醉生夢死)라는 말이 나옵니다. 술 취해 꿈을 꾸는 것처럼 흐리멍덩하다는 뜻인데, 한평생을 그렇게 사는 것을 비유적으로 이르는 말이기도 합니다. 주희의『소학(小學)』이라고 했는데 사실은 그의 제자인 유청지(劉淸之, ?~ca. 1190)가 주희의 지시에 따라 편찬했다고 합니다. 국내서에서는 유청지가 대부분 유자징(劉子澄)으로 나오는데, 자징(子澄)은 유청지의 자(字)입니다. 마땅히 이름으로 불러야 하지 않을까 싶습니다.

R165

분별할 변(釆) 부

갑골	금문	전문	해서
釆	釆	釆	釆

변(釆)은 짐승이 땅 위에 남긴 흔적 즉, 발자국을 본떠 만든 상형자입니다. 선사 시대 수렵·어로 생활을 할 때 짐승의 발자국은 살아가는 데에도 아주 유용한 정보가 되었을 것입니다. 발자국이 난 모양을 보고, 어떤 짐승인지, 어디로 갔는지를 알 수 있고, 또 그 것이 마른 정도를 보면 지나간 지가 얼마나 되었는지도 추측할 수 있습니다.

『설문』에서 "변(釆)은 분별하는 것이다. 짐승의 발이 구별되는 형상을 본뜬 것이다" 라고 설명합니다. 본뜻은 짐승의 발자국으로 봅니다. 짐승의 발자국을 한 단어로는 '자귀'라고 하는데 자귀를 가리키는 부수자가 유(内)입니다. 이 글자는 발자국 자체를 가리키고, 변(釆)은 그 발자국을 보고 그 짐승의 정체를 헤아려본다는 점이 다릅니다. '살필' 심(審), '자귀' 번(蹯)의 본자로 봅니다.

증외	부수	획수	형자	회자	새김	발음
番	田	12	釆	釆田	차례/땅이름/날랠	번/반/파

『설문』에서 "번(番)은 짐승의 발이다. 변(釆)이 의부(意符)이고, 전(田)은 발바닥을 본뜬 것이다"라고 설명합니다. 주석에서는 변(釆)과 번(番)은 고금자이며, 번(番)과 '짐승발자 국' 번(蹯)도 고금자이다"라고 합니다. 부수자에서 설명한 바와 같이 이들 글자가 변(釆) 에서 나왔다는 이야기입니다. 번(番)은 차례로 숙직이나 당직을 하는 일을 말합니다.

계획에 들어 있지 않은 것을 번외(番外)라고 합니다. 번휴(番休)는 태평할 때에 나라 에서 번을 쉬게 하던 일입니다.

고교	획수	형자	회자	새김	발음
釋	20	睪	釆睪	풀	석

석(釋)은 실제 변(釆) 부수에 들어 있는 유일한 기초한자입니다. 푸는 것, 즉 해석하는 것입니다. 석(釋)은 보통 형성자로 취급하는데, 형성 자소인 '엿볼' 역(睪)은 성부(聲符) 이기도 하지만 살펴본다는 뜻도 나타내기 때문에 회의 겸 형성자로 보는 것이 정확하 겠습니다. 글자 자체를 분석하면 분별하고[釆], 살펴보는[睪] 뜻을 가지고 있음을 알 수 있습니다. 거기에서 '없애다, 놓아주다, 놓다, 폐기하다' 등의 뜻으로 인신됩니다. 한 가 지 특기할 만한 것이 있습니다.

불교가 중국에 들어오면서 개조인 'Sakyamuni'를 석가모니(釋迦牟尼)로 음역해 소개 하게 됩니다. 그것을 줄여서 석(釋)만으로도 씁니다. 출가한 스님들은 자신을 석씨(釋 氏)로 칭하기도 했습니다. 그래서 석(釋)에는 '석가모니'나 '불가(佛家)' 또는 '중'이라 는 뜻도 담고 있습니다. 『삼국유사(三國遺事)』의 저자인 일연(一然) 스님을 석일연(釋一 然)으로 쓰기도 하는데, 석(釋)을 불문에 의탁해 성으로 삼았다고 볼 수도 있겠지만 속 성은 아닙니다. 속성은 김이고 호는 목암(睦菴)과 무극(無極)입니다. 아니면 '불문에 몸 을 담은, 스님' 일연(一然)으로 생각하는 것이 자연스럽지 않을까 합니다.

사실을 설명하여 내용을 밝히는 것은 석명(釋明), 불가(佛家)는 석문(釋門), 자유롭게 풀어주는 것은 석방(釋放)입니다.

고외	부수	획수	회자	새김	발음
審	宀	15	宀采	살필	심

심(審)의 『설문』 자형은 '宷'입니다. "심(宷)은 다 하는 것이다. 자세하고 꼼꼼하게 이해하는 것이다"라고 합니다. 본뜻은 자세히 살펴보는 것으로 이해한다는 것은 인신의로 봅니다.

자세히 따져 묻는 것은 심문(審問)이고, 자세하게 조사하여 등급이나 당락 따위를 결정하는 것은 심사(審査), 잘잘못을 가려 결정을 내리는 일은 심판(審判)입니다.

R166

마을 리(里) 부

갑골	금문	전문	해서
	里	里	里

'마을' 리(里)는 '밭' 전(田)과 '흙' 토(土)가 결합된 회의자입니다. 사람들이 모여 사는 곳입니다. 『설문』에서는 "(사람들이) 거주하는 곳이다"라고 합니다. 고대에는 다섯 집을 린(隣)이라 하고, 5린(隣)을 리(里)라 했습니다. 즉, 25가구가 하나의 리(里)가 됩니다. 고대에는 길이의 단위로도 쓰여 300보를 가리킵니다. '살다, 이웃이 되다'라는 뜻도 나타냅니다.

중학	획수	형자	회자	새김	발음
重	9	東	人東	무거울	중

중(重)은 무거운 것입니다. 고문 연구에서는 사람[人]이 물건[東]을 짊어지고 있는 자

형에서, 물건이 무겁고 부피가 크다는 것을 나타내는 것으로 봅니다. 그래서 분량을 나타내고, '많다'는 뜻에서 '겹치다'로 인신됩니다. 값이 비싼 것, 정도가 심한 것의 의미가 있고, 언행이 신중한 것이나 '어떤 일을 맡다'라는 뜻도 갖습니다.

여기서 동(東)은 의미를 나타내는 것이 아니고, 위아래에서 묶은 물건의 모양을 나타내는 상형의 기능을 합니다. 그러면 왜 상형자가 아니고, 형성 회의자인지 의문이 생길 수 있습니다. 그것은 중(重)이라는 글자 자체가 어떤 사물이나 그림을 본떠 만든 글자가 아니기 때문입니다. 그런데 나누어 생각해보니 동(東)이 소리를 나타내니 형성자이고, 또 동(東)은 위아래로 묶은 짐 모양 그림으로 인(人)과 결합해 뜻을 만들기 때문에 회의자라고 하는 것입니다. 그래서 동(東)은 방향을 가리키는 뜻을 나타내는 것이 아니라 상형적인 자소 역할을 한다고 설명한 것입니다. 모자이크판에 몇 개 자소를 결합해 글자를 만드는 데, 어떤 것은 소리로 가져오고[형성], 어떤 것은 뜻으로 가져오고[회의], 또 어떤 것은 그림으로 유사해 가져오는 것입니다. 형성자에는 이런 문제가 없지만, 회의자에서는 더러 나타나는 현상입니다. 아니면 고문 연구를 통해서 아직까지도 각 글자의 본뜻이 충분히 밝혀지지 않았기 때문에 생겨나는 현상일 수도 있습니다.

중량(重量)은 무게이고, 중언부언(重言復言)은 한 말을 또 하고 다시 하는 것으로 되풀이하는 것을 뜻합니다. 중의(重義)는 인의를 중하게 여기는 것입니다. 중의경생(重義輕生)과 중의경재(重義輕財)는 인의를 중하게 여겨 각각 생명과 재물을 가볍게 여기는 것을 말합니다.

중학	획수	형자	회자	새김	발음
野	11	予	林土	들	야

야(野)는 교외(郊外)로 '들'을 가리킵니다. 도시 지역의 외곽을 교(郊)라 하고, 교(郊)의 밖을 야(野), 야(野)의 밖을 림(林)이라 합니다. 교(郊)의 밖을 목(牧), 목(牧)의 밖을 야(野)라고 한다는 설명도 있습니다. 변경을 나타내기도 하고, 벼슬을 하지 않는 것을 가리키기도 합니다. 여기에서 '질박하다, 조잡하다'라는 뜻도 갖게 됩니다.

시가지에서 조금 멀리 떨어져 있는 들판은 야외(野外)이고, 자연 또는 본능 그대로의 거친 성질은 야성(野性)입니다. 현재 정권을 잡고 있지 아니한 정당은 야당(野黨)입니다.

중학	획수	회자	새김	발음
里	7	田 土	마을	리

부수자입니다. 주로 도로 상에 어느 곳까지의 거리 및 방향을 알려주는 표지는 이정표(里程標)인데, 어떤 일이나 목적의 기준의 뜻을 나타내기도 합니다. 동리(洞里)는 행정 구역의 최소 단위로는 많이 씁니다만 마을이라는 뜻으로는 현재 거의 쓰이지 않는 듯하고, 비슷한 의미의 '동네'는 자주 씁니다.

중학	획수	회자	새김	발음
量	12	東 口	헤아릴	량

량(量)은 가볍고 무거운 것을 재어보는 것입니다. 고문 연구에서는 양을 잴 수 있는 용기(容器)로 추정하며 상형자로 봅니다. 그래서 받아들일 수 있는 한도를 나타내게 됩니다. 수가 작은 것을 나타내기도 하고, 도량의 뜻도 있습니다.

물건의 높이, 깊이, 넓이, 방향 따위를 재는 것은 측량(測量)이고, 비가 내린 양을 재는 기구라서 측우기(測雨器)입니다. 양력이행(量力而行)은 자신의 힘이나 능력을 헤아려 그에 맞게 행하는 것입니다. 그래서 할 수 있는 일이면 하고 그렇지 않으면 물러나는 것입니다. 하지만 사람이 무엇보다도 자신을 객관적으로 보기는 어려워서 이게 결코 쉬운 일이 아닙니다. 양입계출(量入計出)은 수입을 헤아려서 지출을 계획하는 것입니다. 고문에는 양입위출(量入爲出)로 나오는데 같은 뜻입니다. 양체재의(量體裁衣)도 기억해둘 만한 성어입니다. 몸의 크기를 헤아린 뒤에 옷을 마른다는 뜻으로 실제 상황에 맞춰 일을 처리하는 것을 말합니다.

중외	부수	획수	형자	새김	발음
理	玉	11	里	다스릴	리

리(理)는 다스린다는 뜻입니다. 이치를 나타내기도 합니다.

이소당연(理所當然)은 이치가 마땅히 그러한 것을 가리킵니다. 공리공담(空理空談)은 아무 소용이 없는 헛된 말을 가리킵니다. 이굴사궁(理屈詞窮)은 이치가 닿지 않아 말문이 막힌다는 뜻입니다.

중외	부수	획수	형자	새김	발음
童	立	12	里	아이	동

동(童)은 아이입니다. 어린아이 같은 마음은 동심(童心)이고, 동심을 바탕으로 지은 노래는 동요(童謠), 동심을 바탕으로 지은 이야기는 동화(童話)입니다.

고외	부수	획수	형자	회자	새김	발음
裏	衣	13	里	衣里	속	리

리(裏)는 옷[衣] 속[里], 즉 안입니다. 중국에서는 간체자로 리(里)를 쓰고, 대만에서는 리(裡)로 쓰는 경우가 많습니다.

겉으로 나타나거나 눈에 보이지 않는 부분은 이면(裏面), 안팎은 표리(表裏)입니다. 안팎이 다른 것은 표리부동(表裏不同)입니다. 생각과 행동이 다른 것입니다.

8획 부수자로 넘어갑니다.

R167

쇠 금(金) 부

갑골	금문	전문	해서
金	金	金	金

금문의 '쇠' 금(金) 자 두 개의 점은 야금을 해 나온 쇳덩어리이고, 위아래의 형상은 그로 만든 화살과 도끼로 나타낸다고 합니다. 쇠붙이의 뜻입니다. 상형 겸 회의자였습니다. 전문에서는 땅속에 금(金)이 들어 있는 모양으로 자형이 바뀌고 금(今)이 소리를 나타내는 형성자가 되었습니다.

『설문』에서는 "금(金)은 백(白), 청(靑), 적(赤), 흑(黑), 황(黃) 다섯 가지 색깔을 띤 금속의 총칭이다. 황금이 대표한다. 땅속에 오래 묻혀 있어도 녹이 슬지 않으며 백 번을 불려도 가벼워지지 않는다. 사람의 뜻대로 기물을 만들어도 그 본성을 잃지 않는다. 오행으로는 서방이다. 흙에서 나기 때문에 토(土)를 따르며 좌우 두 개의 점은 금이 땅속에 있는 것을 본뜬 것이다"라고 합니다. 오색 금은 백금(白金), 청금(靑金), 적금(赤金), 흑금(黑金), 황금(黃金)으로 각각 은, 납, 구리, 철, 금을 가리킵니다. 부수로 쓰여 금속과 관련된 내용을 나타냅니다.

기초한자 가운데 '쇠' 금(金) 부에 속하는 글자는 중학 과정 6자, 고교 과정 17자로 모두 23자나 됩니다. 결코 적지 않은 숫자입니다.

중학	획수	형자	새김	발음
針	10	十	바늘	침

침(針) 자를 전문에서는 '대' 죽(竹) 아래에 '다' 함(咸)을 썼습니다[箴]. 쇠붙이가 나오기 이전 침은 대나무를 썼다는 것을 시사해줍니다. 금속이 나오면서 '쇠' 금을 붙인 글자[鍼]가 나오고, 이후 지금 쓰고 있는 침(針) 자는 그 글자의 속자로 알려져 있습니다.

침선(針線)은 바늘과 실을 아울러 이르는 말인데, 바느질을 가리키기도 합니다. 침술(鍼術)은 몸을 바늘로 찔러서 통증이나 병 따위를 고치는 동양 의술입니다. 침소봉대(針小棒大)는 바늘처럼 작은 것을 방망이처럼 크게 만든다는 뜻이니, 작은 일을 크게 불리어 떠벌리는 것을 이릅니다.

중학	획수	형자	새김	발음
銀	14	艮	은	은

'은' 은(銀)에 쓰인 자소는 '머무를' 간(艮)입니다. 『설문』에서는 '백금(白金)'이라고 합니다. 백금이라면 현재 결혼 등에 예물로 쓰는 백금(platinum)으로 생각하기 쉬운데 여기서는 흰색[白] 쇠붙이[金]라는 뜻입니다. 영어는 잘 알고 있듯이 'silver'입니다. 원소 기호는 'Ag'로 쓰는데 '빛나다, 희다'라는 뜻의 라틴어 'argentum'에서 온 것으로 알려져 있습니다. 은(銀)의 가장 큰 속성을 '흰 것'으로 보는 것은 동서양이 일치하는 듯합니다.

格物 096. 눈 덮인 최고봉, 공통된 인식

우리나라에서 가장 높은 산은 말할 것도 없이 백두산(白頭山, 2750m)입니다. 자료에 따라 높이가 몇 십cm씩 차이가 나기도 하는데, 이제는 장비와 기술이 발달해 측량 오차라기보다는 지각 변동에 따라 실제 높이가 해마다 조금씩 달라지기 때문이 아닐까 합니다. 당연히 '눈에 덮여 머리가 희다'는 뜻이겠습니다. 중국에서 쓰는 장백(長白) 또한 '오래, 아니면 늘 흰 것'을 뜻하니 같은 의미입니다. 태백산맥이 남쪽을 향해 달리다 중간쯤에 이르러 우뚝 태백산(太白山, 1,566.7m)을 세워놓습니다. 이 또한 '희다'는 뜻을 나타냅니다. 1920년대 육당 최남선(崔南善, 1890~1957)은 이런 내용을 「불함문화론(不咸文化論)」에서 '밝다'와 연결시켰습니다.

세계에서 가장 높은 산은 에베레스트(Everest, 8,848m)산으로 히말라야 산맥 가운데 있습니다. 에베레스트는 19세기 이 산을 처음 측량한 영국인 측량국장의 이름을 딴 것입니다. 히말라야(Himalaya)는 산스크리트어에서 온 것으로 알려져 있는데, 눈(雪, hima)이 있는 곳, 눈을 간직하고 있는 곳(alaya)이라는 뜻이라고 합니다. 사실 예전에는 어느 봉우리가 최고봉인지 알기도 어려웠겠고 등반 또한 만만치 않아 1953년 5월 29일 뉴질랜드인인 에드먼드 힐러리(Edmund Hillary, 1919~2008)가 세르파 텐징 노르가이와 함께 최초 등정자가 됩니다.

중국에서는 에베레스트를 주목랑마봉(珠穆朗瑪峰)으로 쓰는데, 현지어인 티베트어로는 '구무란마(gu:mulanma)'라 발음하고, 중국어로는 '주무랑마(zhūmùlǎngmǎ)'로 읽습니다. 여기서 주목(珠穆)은 여신(女神)이라는 뜻이고 랑마(朗瑪)는 세 번째라는 뜻으로 '주무랑마'는 '세 번째 여신'이라는 의미가 됩니다. 이것은 '주무랑마' 주변에 네 개의 봉우리가 더 있고 '주무랑마'는 그 가운데 세 번째 봉우리가 된다는 의미입니다. 히말라야 산맥은 눈과 연관이 되지만 그 최고봉은 신(神)과 관련됩니다.

유럽의 최고봉은 몽블랑(Mont Blanc, 4,807m)인데 영어로 옮기면 'White Mountain'이니 우리의 백두나 태백입니다. 신대륙으로 가봅니다. 남북 아메리카에서 가장 높은 산은 아르헨티나의 아콩카과산(Aconcagua, 6,960.8m)으로 남반구에서 가장 높은 산이기도 합니다. 그 이름의 기원에 대해 여러 가지 설이 있습니다. 그중의 하나로 '흰 골짜기'라는 뜻에서 왔다는 설명이 있습니다. 이 말은 감히 그 너머까지는 가보지 못한 것을 나타내는 듯도 합니다. 역시 눈에 덮인 골짜기입니다. 그리고 아콩카과산은 가보지 못한 그 뒤쪽에 눈에 덮여 있는 것입니다.

기왕에 이야기가 나왔으니 다른 산도 알아봅니다. 북미에서 가장 높은 산은 맥킨리(McKinley, 6190m)산입니다. 원주민들이 부른 이름은 '높다, 크다'라는 뜻의 '데날리(Denali)'였는데 1896년 금광을 찾던 사람이 당시 미국의 대통령 후보였던 맥킨리(McKinley)의 이름을 붙이면서 1917년부터 공식적인 이름이 되었습니다. 그나마 다행인 것은 미국 내무부가 지난 2015년 이 산의 공식 명칭을 데날리(Denali)로 되돌린다고 공포한 점입니다. 이제는 데날리산입니다.

아프리카에서 가장 높은 산은 킬리만자로산(Mount Kilimanjaro, 5,895m)입니다. 탄자니아에 있는 휴화산입니다. 이 산 이름의 기원에 대해서도 설명이 구구한데, '위대한 산' 또는 '대상(caravan)의 산'이라고 하는 설명이 있습니다. 주위에서 보면 위대한 산이겠고 주변으로 대상들이 오가는 산이라서 그렇게 불리지 않았을까 추측해봅니다. 구태여 산악인들의 말을 빌리지 않더라도 킬리만자로산은 세계의 다른 높은 산들과는 달리 비교적 쉽게 오를 수 있는 것으로 알려져 있고 그래서 국내 비전문가들의 등정기도 많습니다.

우리 선조들은 산이 험해 쉽게 접근할 수 없는 것을 좋지 않게 여긴 듯합니다. 설악산이 지금은 명산이고 실제 봐도 그렇기는 하지만 그보다도 태백산을 더 중히 여기고 앞세운 것은 누구든 쉽게 오를 수 있다는 점도 무시할 수 없는 요소였던 듯합니다. 이런 점은 백두산도 마찬가지입니다.

장황하게 세계 여러 나라의 산을 소개하는 것은 그런 산의 이름 속에 우리가 생각하는 방법 그래서 이름을 짓는 방법에 공통성 같은 것을 엿볼 수 있는 예가 된다 싶어서입니다.

중학	획수	형자	새김	발음
鐘	20	童	쇠북	종

'쇠북' 종(鐘) 자를 보면 어렸을 때 생각이 납니다. 필자는 도대체 쇠북이 무엇인지 궁금했습니다. 쇠로 만든 북? 아니면 도대체 어떻게 생긴 것을 말하는 것일까? 쇠북은 종의 옛말입니다. 악기입니다. 연주하는 데에 쓰고, 시간을 알릴 때, 아니면 급한 일을 알릴 때에 사용했습니다. 비슷한 자형으로 혼동하기 쉬운 종(鍾)은 술병, 또는 술잔을 가리키는데 기초한자에는 포함되지 않습니다. 종(鍾)을 좀 더 살펴보겠습니다. 『단주』에

서는 "종(鍾)은 대개 술을 담는 그릇이다. 바닥은 크고, 목은 작다. 종(鍾)을 기울여 '술통', 존(尊)에 담는다. 존(尊)에서 구기[勺]로 퍼서 '잔' 치(觶)에 담는다. 그래서 양이 많은 것을 종(鍾)이라고도 한다. 인신의는 모으다가 된다"라고 합니다.

종명정식(鐘鳴鼎食)은 끼니때에 종을 쳐서 식구를 모으고 솥을 늘어놓고 먹는다는 뜻으로 부귀한 집의 생활을 이르는 말입니다. 지금도 사찰에서는 목탁을 쳐서 공양 시간을 알리는데 혹 기원이 비슷한 것이 아닐까 하는 생각이 듭니다. 종명누진(鐘鳴漏盡)은 때를 알리는 종이 울리고 물시계의 물이 다한다는 뜻으로 깊은 밤이 되거나 늙고 병든 늙바탕을 비유적으로 이르는 말입니다. 종영육수(鍾靈毓秀)는 신령한 기운을 모아, 우수한 인재를 길러낸다는 뜻입니다. 흔히 산천의 기운이 빼어나게 아름다워 훌륭한 인물이 나오는 것을 나타낼 때에 씁니다.

중학	획수	형자	새김	발음
鐵	21	戴	쇠	철

'쇠' 철(鐵)은 금(金) 조에서 설명한 바 있습니다. 색이 검어 흑금(黑金)이라고 했습니다.

자소자는 '클' 질, 절(戴)입니다. 『강희』에 실린 자형은 '큰' 대(大)가 '날카로울, 벨' 절(㦸)을 덮고 있습니다[㦸].

쇠로 둘러씌워서 철갑(鐵甲)인데, 우리의 애국가 2절은 "남산 위에 저 소나무 철갑을 두른 듯"으로 시작합니다. 철빈(鐵貧)은 더할 수 없이 가난한 것입니다. 철면피(鐵面皮)는 쇠로 만든 낯가죽이라는 뜻으로 염치가 없고 뻔뻔스러운 사람을 낮잡아 이르는 말이고, 철옹성(鐵甕城)은 쇠로 만든 독처럼 튼튼하게 둘러쌓은 산성이라는 뜻으로 방비나 단결 따위가 견고한 사물이나 상태를 이릅니다. 『표준』에서는 철중쟁쟁(鐵中錚錚)을 "여러 쇠붙이 가운데서도 유난히 맑게 쟁그랑거리는 소리가 난다는 뜻으로, 같은 무리 가운데서도 가장 뛰어남. 또는 그런 사람을 이르는 말"이라고 설명합니다. 중국어 사전에서는 "비교적 뛰어난 사람"이라 하고, 국내 자전 가운데에서도 "보통 사람보다 조금 특출한 사람을 가리킨다[指在平凡之人中才能较为特出]"라고 설명하고 있어 설명이 조금 다릅니다.

출전은 『후한서(後漢書)』〈유현유분자열전(劉玄劉盆子列傳)〉으로 후한의 광무제(光武

帝, BC 5~AD 57)가 농민봉기를 일으켰다가 투항하려는 유분자(劉盆子)에게 하는 말입니다. 이때 농민봉기군은 눈썹에 붉은 칠을 해 피아를 식별했기 때문에 적미(赤眉)라고 했습니다. "황제(광무제)가 말하길 '경들은 쇠로서 쟁쟁하고, 보통 사람 가운데 조금 나은 자들이다[帝曰 卿所謂鐵中錚錚 傭中佼佼者也]'"가 원문입니다. 〈Baidu, 百度〉 사전의 설명을 따른 번역인데, 앞 두 문맥을 봐도 이 뜻이 원문에 더 가깝지 않을까 합니다. 바로 뒤에 적미군이 잘한 점을 세 개 들고 유분자를 용서해줍니다. 용서뿐만 아니라 관직도 주고 나중에 유분자가 양쪽 눈을 모두 실명하자 관전의 조세로 그가 평생 먹고 살 수 있도록 보살펴주기도 했습니다. 이 정도 배포가 있어야 한 나라를 좌지우지할 수 있는 지위에 오르지 않을까 하는 생각도 듭니다. 후한은 동한(東漢)이라고도 하는데, 광무제 유수(劉秀)가 다시 일으켜 세운 나라입니다. 그는 개혁에 힘을 쏟고 국정을 바로잡았으며 폐허 가운데에서 한 왕조를 다시 일으켜 세웠다는 평가를 받습니다.

중학	획수	형자	회자	새김	발음
金	8	今	今 〃 土	쇠	금

부수자입니다. 금과옥조(金科玉條)는 금이나 옥처럼 귀중히 여겨 꼭 지켜야 할 법칙이나 규정입니다. 현재 중국어에서는 주로 금과옥률(金科玉律)로 씁니다. 금구옥언(金口玉言)은 본래 임금이 하는 말을 가리키는 단어였습니다만, 지금은 지위가 높거나 권위가 있는 사람이 하는 고칠 수 없는 말을 가리킵니다. 금란지교(金蘭之交)는 금난지계(金蘭之契)로 쓰기도 합니다. 단단하기가 쇠붙이 같고 향기는 난과 같은 사귐이라는 뜻으로 친구 사이의 매우 두터운 정을 이릅니다. 이 말도 중국에서는 금란지호(金蘭之好)로 많이 씁니다. 금석지교(金石之交)도 같은 뜻을 나타냅니다. 금성옥진(金聲玉振)의 금은 종(鐘, bell)이고, 옥은 경쇠를 말합니다. 시가나 음악의 아름다운 가락을 이릅니다. 팔음(八音)을 합주할 때에 종을 쳐서 시작하고 마지막에 경을 치는 데서 유래해, 사물을 집대성함을 비유적으로 이르기도 합니다. 금성탕지(金城湯池)는 쇠로 만든 성과 그 둘레에 파놓은 뜨거운 물로 가득 찬 못이라는 뜻으로 방어 시설이 잘 되어 있는 성을 이릅니다. 금옥만당(金玉滿堂)은 재부가 방을 가득 채운다는 뜻인데, 금관자나 옥관자를 붙인 높은 벼슬아치들이 방안에 가득함을 이릅니다. 현명한 신하가 조정에 가득함을 뜻하기도 합니다. 금지옥엽(金枝玉葉)은 금으로 된 가지와 옥으로 된 잎이라는 뜻으로 임금

의 가족을 높여 이르는 말인데, 지금은 널리 귀한 자손을 나타냅니다.

중학	획수	형자	회자	새김	발음
錢	16	戔	金戔	돈	전

전(錢)은 농기구인 가래가 원뜻입니다. 이 글자는 가래에서 돈으로 신분이 급상승했는데 거기에는 나름대로 이유가 있습니다. 옛날에 나온 돈 가운데에 바로 가래 모양을 본떠 만든 것이 있기 때문입니다. 그래서 쇠붙이로 돈을 주조하는 것 자체도 전(錢)이라고 했습니다.

기왕에 가래 얘기가 나왔으니 한 마디 더 하겠습니다. 가래는 조금 큰 삽으로 생각하면 됩니다. 보습 양쪽 구멍에 줄을 매고 세 사람이 작업을 합니다. 가운데 자루와 넙죽한 바닥을 통틀어 가랫장부라고 합니다. 그 장부를 잡는 사람이 한 명, 양옆으로 줄을 잡은 사람이 두 명, 해서 모두 세 명이 가래질을 하게 됩니다. 가래와 관련 "가래장부는 동네 존위도 모른다"라는 속담도 있습니다. 존위는 마을 어른이라는 뜻입니다. 위험하니 쓸데없이 장부꾼 뒤에 서 있지 말라는 뜻입니다.

전곡(錢穀)은 돈과 곡식이고, 전주(錢主)는 사업 밑천을 대는 사람입니다. 하지만 요즈음은 투자가(投資家)라는 말로 완전히 대체된 느낌입니다. 전가통신(錢可通神)은 돈이면 귀신도 통한다는 뜻으로 "돈만 있으면 귀신[두억시니]도 부릴 수 있다"라는 우리 속담과 같은 내용입니다. 두억시니는 모질고 사나운 귀신의 하나로 야차(夜叉)라고도 합니다.

고교	획수	형자	새김	발음
鈍	12	屯	둔할	둔

둔(鈍)은 칼이나 검이 예리하지 못하고 무딘 것입니다.

둔기(鈍器)는 날이 무딘 연모나 병기를 말하는데, 사람을 상해하기 위하여 사용하는 몽둥이나 벽돌 따위를 이르는 말이기도 합니다. 재주가 둔한 사람은 둔재(鈍才)이고, 소리가 굵고 거칠며 깊은 것은 둔탁(鈍濁)한 것입니다.

고교	획수	형자	새김	발음
鉛	13	㕣	납	연

　납[鉛]은 앞에서 청금(靑金)이라고 설명한 바 있습니다. 독성이 강한 금속입니다. 서양에서는 기원전 2세기에 납 중독에 의한 복통이나 마비 증세가 보고되고 있으니 보통 오래된 것이 아닙니다. 고대 로마에서는 부유한 사람들이 통풍을 많이 앓았다고 하는데, 이것은 납 성분 포도주 잔을 쓴 것이 원인이었을 것으로 추정합니다.

　자소자는 '수렁' 연(㕣)입니다. 『설문』입니다. "산 사이의 진흙탕으로 된 땅이다. 구(口)와 물로 무너진 모양을 따른다." '물 따라갈' 연(沿)에도 쓰입니다.

　납을 캐는 광산은 연광(鉛鑛)이고, 납독은 연독(鉛毒)이라고도 합니다. 연분(鉛紛)은 여자 분들이 화장을 할 때 얼굴에 바르는 분입니다. 글자 그대로 뜻은 납 가루인데, 납이 인체에 해롭다는 것을 생각하면 무시무시한 단어라는 생각도 듭니다. 납 성분이 들어가는 것은 화장품을 잘 흡수시키기 위한 것이라고 하는데, 소비자 입장에서 안전이 염려되지 않을 수 없습니다. 화장품 회사에서는 일단 안심하고 쓸 수 있는 수준이며, 오늘날 거의 모든 원료가 오염되기 때문에 심지어는 식용수에서도 납 성분이 검출된다는 주장을 합니다. 미국 식품위생국의 보고에 따르면 화장품에서 여전히 기준치 이상의 납 성분이 검출되고 있다고 합니다. 연필(鉛筆)은 '납' 연(鉛)을 써서 여전히 납 성분이 들어간 것으로 생각하는 경우가 많습니다. 심도 납이라는 뜻의 "lead"를 씁니다. 하지만 연필심의 주성분은 흑연(黑鉛, black lead, graphite)으로 거기에 점토를 섞어서 만든다고 합니다. 흑연이 처음 나왔을 때 사람들이 납처럼 보이는데 색이 검다고 해서 흑연(黑鉛)이라 하게 되었고, 거기에서 비롯되어 지속적인 오해를 남기고 있는 셈입니다. 연도일할(鉛刀一割)은 납으로 만든 칼도 한 번은 자를 힘이 있다는 뜻으로 자기의 힘이 없음을 겸손하게 이르는 말입니다.

고교	획수	형자	새김	발음
銅	14	同	구리	동

　동(銅)은 금(金) 조에서 적금(赤金)으로 소개한 바 있습니다.

동기(銅器), 동상(銅像), 동전(銅錢)에서 동(銅)은 재료인 구리를 나타냅니다. 청동(靑銅)은 구리와 주석의 합금입니다. 동근철골(銅筋鐵骨)은 구리 힘줄과 철로 된 뼈라는 뜻으로 신체가 아주 건강하고 튼튼한 것을 말합니다. 동장철벽(銅牆鐵壁)을 『표준』에서는 금성철벽(金城鐵壁)의 북한어라고 설명합니다. 쇠로 만든 성과 철로 만든 벽이라는 뜻으로 방어 시설이 잘 되어 있어서 공격하기 어려운 성을 이릅니다. 동두철액(銅頭鐵額)은 동두철신(銅頭鐵身)과 같은 뜻으로 성질이 모질고 완강하여 거만한 사람을 비유적으로 이르는 말입니다. 중국어에서는 아주 용맹한 사람을 이르기도 합니다.

고교	획수	형자	새김	발음
銃	14	充	총	총

총(銃) 자는 『설문』에는 나오지 않습니다. 다른 문헌을 참고하면 도끼에 자루를 끼워 넣는 구멍, 도끼 구멍이라고 합니다. 명나라 이후에 인신하여 현재 총(銃)의 뜻으로 쓰이게 되었다고 합니다. 허신이 살았을 당시 지금의 총 같은 것이 나왔을 리가 없습니다.

총칼은 총검(銃劍), 총으로 공격해 총격(銃擊), 총에 맞아 생긴 상처는 총상(銃傷)입니다.

고교	획수	형자	새김	발음
銳	15	兌	날카로울	예

예(銳)는 벼나 보리의 깔끄러운 수염인 까끄라기입니다. 풀이긴 하지만 날카로워 손을 베이기도 하고, 잘못하면 눈을 다칠 수도 있습니다.

지폐를 금이나 은과 같은 정화로 바꾸는 것은 태환(兌換)이라고 합니다. 바로 '바꿀' 태(兌)입니다. 본뜻은 '기뻐하다'입니다.

직각보다 작은 각은 예각(銳角)이고, 끝이 뾰족하거나 날이 선 상태에 있는 것은 예리(銳利)한 것입니다.

고교	획수	형자	새김	발음
鋼	16	岡	강철	강

강(鋼)입니다. 강철(鋼鐵)을 나타내며 탄소 성분이 일정량 들어가 강도가 높아진 철입니다. 강철을 만드는 것은 고도로 정제된 야금 방법이니 아주 예전에는 나왔을 리가 없고 나중에 생긴 글자입니다. 중국어가 모국어인 사람은 강(鋼)이라는 글자를 보고 '강(gāng, gàng)'이라는 소리를 들으면, 금속[金]으로 강(gāng, gàng) 소리가 나는 글자가 어떤 것이 있는지 머릿속에 데이터베이스가 막 돌아갈 것입니다. 정확하지는 않더라도 소리와 대체적인 의미를 알고 있기 때문입니다. 이 말은 중국인들에게는 형성(形聲)이 글자를 읽히는 좋은 방법이 될 것이라는 말입니다. 하지만 우리는 그런 정보를 가지고 있지 않습니다. 소리도 뜻도 모두 낯섭니다. 그러니 글자를 익히기가 쉽지 않습니다. 필자의 경험으로 회의자는 파자해 그나마 의미를 짐작해볼 수 있는데, 형성자는 어렴풋이 발음은 예상해도 그 뜻을 짐작하기가 어려워 익히기는 더 어려운 듯합니다.

자소자는 '언덕' 강(岡)입니다. '굳셀' 강(剛), '벼리' 강(綱)에도 쓰입니다.

강선(鋼線)은 강철로 만든 줄로 강철선(鋼鐵線)이라고도 합니다. 강옥(鋼玉)은 산화알루미늄으로 이루어진 산화(酸化) 광물로 육방 정계에 속하며, 굳기가 다이아몬드 다음으로 높습니다. 붉은 것은 루비, 파란 것은 사파이어, 푸른색·누런색·검은색의 것은 에머리(emery)라고 하는데, 보석이나 정밀 기계의 연마재(硏磨材)로 쓰인다고 합니다. 강필(鋼筆)은 오구(烏口)라고도 하는데, 제도할 때에 쓰는 기구의 하나이며 두 갈래로 된 쇠붙이로 끝은 까마귀 부리 모양입니다. 먹물이나 물감을 찍어 줄을 긋는 데에 씁니다. 중국어에서 강필(鋼筆)은 만년필입니다.

고교	획수	형자	새김	발음
錯	16	昔	섞일, 어긋날	착

'섞일' 착(錯)의 본뜻은 금을 입히는 것이라고 합니다. 쇠붙이의 표면을 파내고 거기에 금이나 은 등을 메워 무늬를 만드는 것입니다. 상감입니다. '섞일' 착(遺)과 통용하기도 해 '섞이다, 어지럽다'라는 뜻도 나타냅니다.

착각(錯覺)은 어떤 사물이나 사실을 실제와 다르게 지각하거나 생각하는 것입니다. 어지럽고 어수선한 것은 착란(錯亂), 착오(錯誤)는 착각을 하여 잘못하는 것입니다. 착종(錯綜)은 이것저것이 뒤섞여 엉클어지는 것입니다.

고교	획수	형자	새김	발음
鍊	17	柬	쇠 불릴, 단련할	련

'쇠 불릴' 련(鍊)입니다. 불린다는 것은 쇠를 불에 달구어 단단하게 하는 것입니다.

자소자는 '가릴' 간(柬)인데 바로 앞쪽에서 설명한 바와 같이 골라내는 것입니다. '가릴' 간(柬)은 나무[木] 다발[囗] 즉, 목간을 풀고[八] 그 가운데에서 골라내는 것입니다. 기초한자 가운데 이 '가릴' 간(柬)이 들어간 글자로 '익힐' 련(練)이 있습니다. 련(練)은 생사나 비단을 삶아 희고 깨끗하게 하는 것입니다.

연금(鍊金)은 쇠붙이를 불에 달구어 두드려 단련하는 것이고, 연마(鍊磨)는 학문이나 기술 따위를 힘써 배우고 닦는 것입니다. 야금(冶金)은 금속을 정제하거나 특수 처리를 해 필요한 금속 재료를 만드는 작업입니다. 단련(鍛鍊)은 그렇게 나온 재료를 불에 넣고 달군 뒤 두드려서 단단하게 하는 것입니다.

고교	획수	형자	새김	발음
鎭	18	眞	진압할	진

진(鎭)은 위에서 무거운 물건으로 누르는 것입니다.

진압(鎭壓)은 억눌러 진정시키는 것이며, 진정(鎭靜)은 소란스럽고 어지러운 일을 가라앉히는 것입니다. 통증을 가라앉혀 진통(鎭痛)이고, 난리를 진압하고 나라를 지켜 진호(鎭護)입니다.

고교	획수	형자	새김	발음
鏡	19	竟	거울	경

『설문』에서 "경(鏡)은 (비춰볼 수 있는 신체의) 모양이다"라고 설명합니다. 『육서고(六書故)』라는 책에서는 "경(鏡)은 구리와 주석을 불리고 익혀 주조해 만든 뒤 간다. 그러면 밝아서 사물의 형태를 보여줄 수 있다"라고 합니다.

경대(鏡臺)는 거울을 버티어 세우고 그 아래에 화장품 따위를 넣는 서랍을 갖추어 만든 가구로, 예전에 여자들이 많이 썼는데 이제는 골동이 된 느낌입니다. 경화수월(鏡花水月)은 거울 속의 꽃과 물에 비친 달이라는 뜻인데, 눈으로 볼 수 있으나 잡을 수는 없음을 비유적으로 이르는 말로 시문에서 '느껴지기는 하나 표현할 수 없는 미묘한 정취'를 이릅니다.

고교	획수	형자	새김	발음
鑄	22	壽	쇠 불릴	주

쇠를 녹여 뭔가를 만들어내려면 우선 거푸집을 만듭니다. 한자어로 용범(鎔范) 또는 주형(鑄型)이라고 합니다. 거기에 녹인 쇳물을 부어 넣습니다. **주(鑄)**는 바로 그렇게 쇠를 녹여 거푸집에 넣어 물건을 만들어내는 것입니다. 바로 주조(鑄造)입니다. 금문 자형에 바탕하여 불[火]로 금속을 녹여 거푸집[鬲]에서 기물[皿]을 만드는 것이라는 설명도 있습니다. 이때는 회의자로 봅니다.

주공(鑄工)은 쇠붙이를 주조하는 기술자이고, 주화(鑄貨)는 쇠붙이를 녹여 만든 화폐입니다. 주성대착(鑄成大錯)은 잘못되어도 아주 크게 잘못된 것을 가리킵니다. 여기서 착(錯)은 화폐 이름으로 서한 때 왕위를 찬탈하고 신(新)나라를 세운 왕망(王莽, BC 45~AD 23)이 주조했던 착도(錯刀)를 말합니다. 모양은 꼭 오늘날의 열쇠 같습니다. 동그란 손잡이 부분에는 '일도(一刀)'라는 글자를 음각해 금상감을 하고, 칼날에는 '평오천(平五千)'이라는 글자를 양각했습니다. '이 돈은 5천 수(銖)에 해당한다'라는 뜻으로 수(銖)는 당시 화폐 단위입니다. 착도는 3년간 유통되다 실패로 돌아갔습니다. 액면 가치가 실물 가치를 크게 웃돈 데에도 원인이 있지 않았을까 합니다. 어쨌든 요즈음 말로 치면 화폐 개혁이겠는데 크게 잘못되었다는 뜻을 나타냅니다.

고교	획수	형자		새김	발음
鑛	23	廣		쇳돌	광

'쇳돌' 광(鑛)입니다. 『설문』에서는 광(礦)으로 쓰는데 '쇳돌' 광(鑛)과 같은 글자라고 합니다. 광(鑛)은 구리나 쇠와 같은 금속이 들어 있는 원광석입니다. 『단주』의 설명이 절묘합니다. "구리나 철의 원광석은 돌과 구리나 철 사이에 있는 것으로 구리나 철이 될 수 있지만 아직 그렇게 만들지 않은 것"을 광(鑛)이라고 합니다.

광물(鑛物)을 『표준』에서는 "천연으로 나며 질이 고르고 화학적 조성(組成)이 일정한 물질"이라고 하는데, 쉽게 땅속에 묻혀 있는 결정 상태의 물질 정도로 이해하면 되겠습니다. 광맥(鑛脈)은 암석의 갈라진 틈에 유용 광물이 많이 묻혀 있는 부분인데 고유어로 쇳줄이라고 합니다. 석탄의 경우는 탄맥(炭脈)인데, 이것도 막상 탄광에서는 탄줄이라고 했습니다. '탄줄'은 『표준』에 실려 있지 않습니다.

고교	획수	형자	회자	새김	발음
銘	14	名	金 名	새길	명

명(銘)은 그릇이나 비갈에 글씨를 새기는 것입니다. 비(碑)와 갈(碣)은 모두 비입니다만, 비(碑)는 머리에 지붕 모양을 만들어 얹은 것을 말합니다.

명기(銘記)는 마음에 새기어 기억하여두는 것이고, 명심(銘心) 또한 비슷한 뜻으로 잊지 않도록 마음에 깊이 새겨두는 것을 말합니다. 명문(銘文)은 금석이나 그릇 등에 새긴 글을 가리킵니다. 명심각골(銘心刻骨)은 보통 각골명심(刻骨銘心)으로 쓰는데, 어떤 일을 뼈에 새길 정도로 마음속 깊이 새겨두고 잊지 않는 것입니다.

고교	획수	형자	회자	새김	발음
錦	16	帛	金 帛	비단	금

금(錦)은 여러 가지 색으로 무늬를 짜 넣은 비단입니다. 필자는 왜 비단에 '쇠' 금(金)

이 들어가는지 궁금했는데『단주』에 단서가 나옵니다. 하남성 진류군(陳留郡)에 딸린 현으로 양읍(襄邑)이라는 곳이 있는데 이곳에서 오색실로 해와 달, 꿩을 수놓은 비단이 난다고 합니다. 이렇게 비단을 짜는 것을 금문(錦文)이라고 했는데, 이것을 나라에 바쳐 임금의 옷을 만들었습니다.『예기』를 보면 이런 옷감은 함부로 시장에 내다 팔 수가 없었습니다. 오늘날로 치면 판매 제한 품목입니다. 그러니까 무늬를 넣는 것이 금문(錦文)이고, 무늬가 들어 있는 비단이 금(錦)이 된 것이겠습니다.

금의(錦衣)는 비단옷입니다만 자의(字義)를 생각하면 무늬가 들어간 비단옷이 아닐까 합니다. 실제 중국 사전에는 무늬 등이 들어가 화려한 옷으로 설명합니다. 금상첨화(錦上添花)는 비단 위에 꽃을 더한다는 뜻으로 좋은 일 위에 또 좋은 일이 더하여짐을 비유적으로 이릅니다. 금심수구(錦心繡口)는 비단같이 아름다운 생각과 수놓은 듯이 아름다운 말이라는 뜻으로 글을 짓는 재주가 뛰어난 사람을 칭찬하여 이르는 말입니다. 금의옥식(錦衣玉食)은 비단옷과 흰쌀밥이라는 뜻으로 호화스럽고 사치스러운 생활을 이릅니다.

고교	획수	형자	회자	새김	발음
錄	16	彔	金 彔	기록할	록

'기록할' 록(錄)은 금속의 색깔로 파랑과 노랑 사이의 색이라고 합니다. 두 색을 섞으면 녹색 계열의 색이 나오니 그런 색의 한 종류인 모양입니다. 죄수의 죄상을 살펴 기록하는 것을 나타내기도 합니다.

자소자 '나무에 새길' 록(彔)은 나무에 하나하나 또렷하고 분명하게 새기는 것입니다. 갑골문을 분석한 경우 '나무에 새길' 록(彔)은 나무에 막대기를 대고 비벼 불을 일으키는 것이라고 합니다. 이때 쓰는 나무 막대기를 찬목(鑽木)이라고 합니다. '푸를' 록(綠), '녹, 복' 록(祿)에 쓰입니다.

녹음(錄音)은 소리를 기록하는 것이고, 녹지(錄紙)는 남에게 보이기 위하여 어떤 사실의 대강만을 추려 적은 종이쪽지입니다. 녹취(錄取)는 방송 따위의 내용을 녹음하거나 또는 녹음한 것을 글로 옮겨 기록하는 것을 말하는데 흔히 증거 자료로 많이 쓰입니다.

잠깐, "Better Get Ready When Your Mistress Comes Back" 생각납니까? 그런 글 들은 적도 읽은 적도 없다고요. 이거 큰일 났네. 앞에 앉은 학생 큰 소리로 읽고 해석하세요.

"양이 돌아오기 전에 준비해두는 게 좋을 것이다입니다."

잘했습니다. 하지만 '양'이 뭡니까? Lamb이 돌아옵니까, Lady가 돌아옵니까? 생각이 나지 않으면 〈格物 064〉를 빨리 읽고 돌아옵니다. 제한시간 60초.

"On your marks!"

"Set."

"Fire(of the gun)."

어, 거기 뒤에 학생 왜 안 움직이고 제자리에 있습니까. 국제적인 달리기 시합에 참가하려면 아무리 그래도 이 정도 구령은 알아들어야지요.

고교	획수	형자	회자	새김	발음
鎖	18	貨	金 貨	쇠사슬	쇄

'쇠사슬' 쇄(鎖)는 본래 문을 잠그는 자물쇠입니다.

자갯소리 쇄(貨)는 꿰미에 꿴 작은[小] 조개[貝]가 서로 부딪히며 소리를 내는 것입니다.

조선 후기 쇄국(鎖國)은 다른 것이 아닙니다. 문 닫고 빗장을 건 뒤 아예 자물쇠를 채우는 것입니다. 통상과 교역을 근본적으로 금합니다.

고교	획수	형자	회자	새김	발음
鑑	22	監	金 監	거울	감

앞에 거울을 뜻하는 경(鏡) 자가 있었습니다. 똑같이 '거울'의 뜻으로 감(鑑)이 있습니다. 감(鑑)은 본래 대야 같은 편편하고 넓은 그릇입니다. 거기에 물을 떠놓으면 사람의 모습이 비쳐서 거울처럼 볼 수 있게 됩니다. 그래서 살펴본다는 뜻도 나타냅니다. 경(鏡)은 일부러 만들어낸 거울이고, 감(鑑)은 거울의 기능을 하기 때문에 이런 새김이 붙

인 것이겠습니다.

감별(鑑別)은 보고 식별하는 것입니다. 감상(鑑賞)은 주로 예술 작품을 이해하여 즐기고 평가하는 것이며, 감식(鑑識)은 어떤 사물의 가치나 진위 따위를 알아내는 것인데, 수사에서는 필적, 지문, 핏자국 등을 과학적으로 감정하는 것을 말합니다. 감왕지래(鑑往之來)는 지난 것을 보면 앞일을 알 수 있다는 뜻입니다. 이전 일을 교훈으로 삼으면 앞으로 닥칠 일을 어떻게 처리해야 할지 알 수 있습니다.

자소자 '살필' 감(監)은 '넘칠' 람(濫), '볼' 람(覽), '소금' 염(鹽)에도 쓰이고 있습니다.

R168

긴 장(長) 부

갑골	금문	전문	해서
夭	夭	镸	長

'긴' 장(長)은 긴 머리에 지팡이를 짚은 노인의 모양을 본뜬 상형자입니다. 나이가 많고 머리가 길다는 것이 본뜻이었습니다. 인신되어 '길고 멀다'라는 뜻을 나타냅니다. 부수자로 쓰여 '길다'라는 뜻과 관련된 의미를 나타냅니다. 긴 장(長) 부에 속하는 기초한자는 실제 '긴' 장(長) 딱 한 자뿐입니다.

중학	획수	새김	발음
長	8	긴	장

장구(長久)는 매우 길고 오랜 것을 말합니다. 장상(長上)은 지위가 높거나 나이가 많은 어른을 이릅니다. 장기전(長期戰)은 전쟁이 오랜 기간에 걸쳐 일어나는 것을 말합니다.

장생불로(長生不老)는 보통 불로장생(不老長生)으로 쓰는데, 늙지 않고 오래 사는 것입니다. 장수선무(長袖善舞)는 소매가 길면 춤을 잘 출 수 있다는 뜻으로 재물이 넉넉한 사람은 일을 하거나 성공하기가 쉽다는 말입니다. 의지할 곳이 있어야 무슨 일이든 시작하거나 이룰 수가 있음을 나타내는 "소도 언덕이 있어야 비빈다"라는 우리 속담을 떠올리게 합니다.

고외	부수	획수	형자	새김	발음
張	弓	11	長	베풀	장

장(張)은 활에 시위를 매기는 것입니다. 인신하여 '전개하다, 진설하다, 베풀다'의 뜻을 가지고 있습니다.

장관이대(張冠李戴)는 장(張)가의 모자를 이(李)가가 썼다는 뜻으로 이름과 실상이 일치하지 못함을 이릅니다. 장삼이사(張三李四)를『표준』에서는 "장씨(張氏)의 셋째 아들과 이씨(李氏)의 넷째 아들이라는 뜻으로 이름이나 신분이 특별하지 아니한 평범한 사람"이라고 합니다. 장삼(張三)과 이사(李四)는 우리의 '철수'나 '길동', 영어의 톰(Tom)이나 딕(Dick)처럼 중국에서 흔한 이름을 나타냅니다. 그래서 평범한 사람을 가리키게 된 것이 아닐까 합니다.

고외	부수	획수	형자	회자	새김	발음
帳	巾	11	長	巾長	장막	장

'장막' **장(帳)**은 해당 부수를 참고하기 바랍니다.

장막(帳幕)은 한데에서 볕 또는 비바람을 피할 수 있도록 둘러치는 막이고, 장부(帳簿, 賬簿)는 물건의 출납이나 돈의 수지(收支) 계산을 적어 두는 책입니다. 장적(帳籍)은 호주(戶主)를 중심으로 하여 그 집에 속하는 사람의 본적지, 성명, 생년월일 따위의 신분에 관한 사항을 기록한 공문서인데, 현재는 '가족 관계 등록부'가 이를 대체하고 있습니다.

R169

문 문(門) 부

갑골	금문	전문	해서
𨳇	𨳇	門	門

'문' **문(門)**은 두 짝으로 된 문입니다. 상형자입니다. 이에 비해 지게 호(戶)도 문을 나타내기는 하지만 한쪽만으로 된 외짝 문입니다. 『설문』에서는 "문(門)은 듣는 것이다. 호(戶) 두 개를 따른다"라고 설명합니다. 듣는 것이라고 설명한 것은 문은 안팎에서 일어나는 일을 모두 들을 수 있는 곳이기 때문입니다. 부수로 쓰여 문과 관련된 사항을 나타냅니다.

중학	획수	새김	발음
門	8	문	문

문도(門徒)는 이름난 학자 밑에서 배우는 제자를 말합니다. 문인(門人)도 문하에서 배

우는 제자라는 뜻으로 비슷한 의미인데, 문하생(門下生)으로도 많이 씁니다. 문호(門戶)는 집으로 드나드는 문이 본뜻으로 외부와 교류하기 위한 통로나 수단을 비유해 이르기도 합니다. 문외한(門外漢)은 어떤 일에 직접 관계가 없거나 어떤 분야에 전문 지식이 없는 사람을 가리키는데, 여기서 한(漢)은 남자를 가리키는 말입니다. 문당호대(門當戶對)는 대대로 내려오는 집안의 사회적 신분이나 지위가 서로 상대가 될 만큼 비슷한 것인데, 중국 사극에서 결혼 이야기나 나올 때 많이 듣는 말입니다. 우리도 흔히 결혼할 때, 한쪽으로 너무 기울면 안 되고 집안이 서로 비슷해야 한다는 말을 하는데 같은 의미이겠습니다. 문무잡빈(門無雜賓)은 문 앞에 잡손님이 없다는 뜻으로 사귐이 난잡하지 않다는 뜻을 나타냅니다. 문생고리(門生故吏)에서 문생(門生)은 제자이며 고리(故吏)는 옛날의 부하로, 제자와 부하입니다. '문고리(門故吏)'로도 씁니다. 『표준』에서는 "문생과 이속(吏屬)을 아울러 이르던 말"이라고 설명해 조금 차이가 있습니다. 문전성시(門前成市)는 찾아오는 사람이 많아 집 문 앞이 시장을 이루다시피 함을 이르는 말입니다. 현재 중국에서는 문정약시(門庭若市) 혹은 문정여시(門庭如市)로 많이 쓰는 듯합니다.

중학	획수	형자	회자	새김	발음
關	19	絲	門 絲	빗장, 관계할	관

관(關)은 문(門)에 거는 빗장입니다. 문빗장이 원뜻이고 빗장을 걸으니 '닫는다, 관계하다'라는 뜻이 인신되어 나왔습니다.

자소자는 '꿸' 관(絲)입니다. '잇닿을, 연이을' 련(聯)에도 쓰입니다.

관계(關係)는 둘 이상의 사람, 사물, 현상 따위가 서로 관련을 맺거나 관련이 있음을 나타냅니다. 관문(關門)은 국경이나 요새 따위를 드나들기 위하여 반드시 거쳐야 하는 길목을 가리키는데, 여기에서 어떤 일을 위해 반드시 거쳐야 하는 대목과 같은 뜻이 파생되어 나옵니다. 마음이 끌려 주의를 기울이는 것은 관심(關心)입니다. 관문폐호(關門閉戶)는 짝문이나 외문을 모두 닫는다는 뜻입니다. 가게나 상점이 철시할 때의 모습입니다. 중국의 만리장성은 동쪽의 산해관(山海關)에서 시작해 서쪽의 가욕관(嘉峪關)까지 이어집니다. 함곡관(函谷關)은 만리장성에 이어지는 관문은 아니지만 중원 지역을 지키는 요충이라서 역시 중요한 관문으로 특히 고대사에 많이 나옵니다. 관(關)은 교통의 요지이고 군사상 요충지로 수비에도 유리합니다. 우리나라에는 대관령(大關嶺)이 있습니다. 말 그대로 큰 빗장 역할을 하는 고개입니다. 여기를 막으면 영동과 영서의 교통과 물자 수송이 완전히 막힙니다.

중학	획수	회자	새김	발음
閉	11	門才	닫을	폐

'닫을' 폐(閉)의 회의 자소인 '재주' 재(才)도 빗장을 나타내는 상형자라고 합니다.

폐문(閉門)은 문을 닫거나 일을 보지 않은 것을 이릅니다. 폐쇄(閉鎖)는 문 따위를 닫아걸거나 막아버리는 것이고, 폐회(閉會)는 모임이 끝나는 것입니다. 폐관자수(閉關自守)는 외국과의 조약을 폐지하고 자국의 주장을 고집하는 것이고, 폐구무언(閉口無言)은 입을 다물고 아무 말도 하지 않는다는 뜻으로 할 말이 없거나 할 말은 있는데 감히 꺼낼 수 없는 것을 말합니다.

중학	획수	회자	새김	발음
間	12	門日	사이	간

'사이' 간(間)은 문[門] 틈으로 햇살[日]이 들어오는 것입니다. '사이, 틈'이라는 공간적인 뜻을 나타내고 있습니다.

간식(間食)은 끼니와 끼니 사이에 음식을 먹은 것입니다. 간첩(間諜)은 간인(間人)이라고도 하고, 간접(間接)은 중간에 매개(媒介)가 되는 사람이나 사물 따위를 통하여 맺어지는 관계입니다.

문 사이로 햇살이 들어오나 달빛[月]이 들어오나[閒] 차이가 없을 듯한데 현재 쓰임은 조금 달라서 한(閒)은 마음의 여유를 나타냅니다. 겨를이나 여가가 있다든지 한가함을 나타냅니다. 하기는 낮보다는 휘영청 달이 밝은 밤이 쉬는 데에도 좋고 운치도 분명 더 있기는 합니다.

중학	획수	회자	새김	발음
開	12	門 开	열	개

'열' 개(開)의 자소자는 '평평할' 견(开)으로 '방패' 간(干)을 겹쳐 쓴 글자입니다. 개(开)의 형태로 많이 쓰입니다. 开는 『강희』에 실려 있지 않습니다. 중국에서 간체자를 만들 때 근대에 쓰는 속자를 바탕으로 개(開)의 간체자로 만든 것입니다. 두 손[开]으로 문(門)을 여는 것입니다. '闓'는 개(開)의 고문이라고 하는데, 혹 '빗장'산(閂)과 '드릴' 공(収)이 결합된 것으로 분석해 볼 수 있지 않을까 합니다. 혹이라고 말씀드리는 것은 『설문』이나 『단주』에서 고문을 분석하지 않고 있기 때문입니다. 『설문』에서 공(閨)은 독립된 부수자이며, 공(廾)의 본자로 두 손을 모아 물건을 바치는 것[竦手]입니다. 고문 개(収)는 문의 빗장[閂]을 두 손[廾]으로 만지는 것 즉, 여는 것을 나타내 개(開)보다 더 구체적인 의미를 전해주는 듯합니다. 견(开)은 '열' 개(開), '갈' 연(硏), '형벌' 형(刑), '모양' 형(形)에서도 볼 수 있습니다.

중학	획수	회자	새김	발음
閑	12	門 木	한가할	한

'한가할' 한(閑)은 문 앞에 목책(木柵)을 친 것이라고 합니다. 요즈음 말로 표현하면 진입 금지용 바리케이드(barricade)를 친 것입니다. 자연 한가할 수밖에 없겠습니다.

한산(閑散)한 것은 인적이 드물어 한적하고 쓸쓸한 것이고, 한적(閑寂)한 것은 한가하고 고요한 것입니다. 조직 안에서 중요하지 않은 직위나 직무는 한직(閑職)이라 하고, 심심파적거리로 나누는 이야기는 한담(閑談) 또는 한화(閑話)라고 합니다. 한운야학(閑雲野鶴)은 한가로이 떠도는 구름과 들에 노니는 학이라는 뜻으로 아무 매인 데 없는 한가로운 생활로 유유자적하는 경지를 이릅니다.

앞에서도 한번 말씀을 드렸습니다만, 중국인들은 '입' 구(口)나, '귀' 이(耳) 자가 들어간 것을 보고 원(wèn) 혹은 원(wén) 소리를 들으면 머릿속에서 데이터베이스가 돌아가 어떤 뜻을 나타내는지 짐작할 수 있겠습니다. 하지만 모국어가 아닌 우리에게는 이런 목록이 있을 수 없습니다. 자연 낱자 하나하나를 익혀 조금씩이나마 그런 데이터를 구축해야 합니다. '물을' 문(問)과 '들을' 문(聞)을 보겠습니다.

중외	부수	획수	형자	새김	발음
問	口	11	門	물을	문

문도어맹(問道於盲)은 맹인에게 길을 묻는다는 뜻으로 아무것도 모르는 사람에게 뭔가를 가르쳐달라고 하는 것입니다.

중외	부수	획수	형자	회자	새김	발음
聞	耳	14	門	門耳	들을	문

문일지십(聞一知十)은 하나를 듣고 열 가지를 미루어 아는 것으로 지극히 총명함을 이릅니다.

고교	획수	형자	새김	발음
閱	15	兌	검열할, 볼	열

'검열할' **열(閱)**은 '문 가운데에서 하나하나 세는 것'입니다. 조사하고 계산을 해보는 것입니다.

열람(閱覽)은 책이나 문서 따위를 죽 훑어보거나 조사하면서 보는 것이고, 열력(閱歷)은 여러 가지 일을 겪어 지내오는 것을 말합니다.

고교	획수	형자	회자	새김	발음
閣	14	各	門各	집	각

각(閣)의 본뜻은 의외입니다. '문짝을 고정시키는 데 쓰는 물건'인데 열린 문을 긴 말뚝 모양으로 생긴 것으로 고정시켜 움직이지 않게 하는 것이라고 합니다. 형태가 다를 수는 있겠지만 요즈음 열린 문을 고정시키는 문버팀쇠[door stopper] 역할을 하는 것이겠습니다. 예전 궁중에 현사들이 볼 수 있도록 도서를 비치해놓은 건물을 뜻하기도 하고, 누각의 뜻으로도 쓰입니다. 다락집입니다.

각의(閣議)는 내각회의(內閣會議)를 줄인 말로 내각이 직무를 수행하기 위하여 개최하는 회의를 말합니다. 각하(閣下)는 특정한 고급 관료에 대한 경칭인데, 폐하(陛下), 전하(殿下) 등과 마찬가지입니다. 신분상의 차이로 층계나 건물 아래에서 겨우 말을 주고받을 수 있는 상황을 전해줍니다.

고교	획수	회자	새김	발음
閏	12	門 王	윤달	윤

윤(閏)은 윤달입니다. 문(門) 가운데 임금[王]이 있게 된 데에는 유래가 있습니다. 『설문』의 내용입니다. "윤(閏)은 나누지 않았던 시간과 날짜가 남은 것으로 만들어진 달이다. 오 년에 윤달을 두 번 둔다. 매월 초 고삭(告朔)의 예를 행할 때 묘당에 거한다. 윤달에는 정실의 문 가운데 거한다. 그래서 왕(王) 자가 문(門) 자 가운데에 있는 것이다. 회의이다." 이 부분은 달력의 제정 원리와 관련된 내용으로 이해하기가 좀 어렵습니다. 삭(朔)은 초하루입니다. 천자는 매년 겨울 다음 해에 윤달을 두는지 확정해 역서[달력]를 만들어 제후들에게 나누어줍니다. 그러면 제후는 그것을 받아 사당에 모시고 매달 초하루 사당에 제사를 올리는데 이것을 고삭(告朔)이라고 합니다. 쉽게 말해 조상들에게 "새해입니다. 봄입니다. 새달입니다"라며 제사를 드리는 의식입니다. 우리도 같은 의식을 올렸었습니다. 그리 오래된 일도 아닙니다. 집안에 어른이 돌아가시면 궤연(几筵)을 모시고 아침저녁으로 메를 올립니다. 초하루와 보름에는 제수를 제법 장만하고 읍을 하며 제대로 격식을 갖춘 제를 올립니다. 삭망전(朔望奠)입니다. 부모 가운데 누가 먼저 돌아가셨는가 등등에 따라 상을 입는 기간 즉, 복상기간(服喪期間)이 다르기 때문에 나중 법도에 맞춰 탈상을 합니다.

어디선가 이렇게 초하루와 보름에 제사를 드리는 것은 이승에서 하루가 저승에서는 한 달이기 때문이라고 하는 설명을 본 기억이 있습니다. 그러니까 한 달에 제를 두 번

올리는 것은 저승에서 하루에 두 끼를 올리는 것과 같다는 것입니다. 또 두 끼를 올리는 것은 중국의 경우 아주 옛날 사람들은 하루에 두 끼 식사를 했기 때문이라고 하는데, 한 대(漢代) 이후 하루 세끼의 식사를 하게 되었다고 합니다. 윤날(閏-)과 윤일(閏日)은 2월 29일을 말하고, 윤달(閏-)과 윤월(閏月)은 윤일이 든 해의 2월, 윤월이 든 해는 윤년(閏年)입니다.

R170

언덕 부(阜) 부·좌부변[阝]

갑골	금문	전문	해서
阝		𠂤	阜

갑골문의 '언덕' 부(阜)는 산의 모양을 옆으로 세워 놓은 듯한 모양입니다. 흡사 한 걸을 한 걸음 산을 오르는 계단과도 같습니다. 부(阜)의 본뜻은 "흙으로 된 산"입니다. 왼쪽 편방으로 쓰인 때는 '阝'의 형태로 '좌부변'이라고 합니다. 부(阜) 자가 왼쪽의 변(邊)에 쓰였다는 뜻입니다. 부수로 쓰여 언덕과 관련된 지형이나 상태 등을 나타냅니다. 우리는 '좌부변'이나 똑같은 형태로 오른쪽에 오는 '우부방'을 모두 3획으로 칩니다만, 현재 중국에서는 2획으로 칩니다.

중학	획수	형자	새김	발음
防	7	方	막을	방

'막을' **방(防)**은 제방이나 방죽, 둑이 본뜻입니다. 흐름을 막아 물을 가두어두는 것입니다.

중학	획수	형자	회자	새김	발음
降	9	夅	阜 夅	내릴/항복할	강/항

『설문』에서는 항(夅)을 "항복하다"로 설명하며 '내릴' **강(降)**과 고금자 관계라고 합니다. 금자(今字)는 현재 쓰이는 자형이고, 고자(古字)는 옛 자형을 말합니다. 그러니까 항(夅)은 옛날에 쓰던 글자이고 강(降)은 현재 쓰고 있는 자형이라는 말입니다.

강등(降等)은 직급이나 직위가 낮아지거나 낮추는 것이고, 강복(降福)은 하느님이 인간에게 복을 내리는 것이며, 강신(降神)은 신을 내리게 하는 것입니다. 항복(降伏, 降服)은 적이나 상대편의 힘에 눌리어 굴복하는 것인데, 발음이 '항'입니다.

格物 097. 고금자(古今字)

고금자(古今字)는 하나의 동일한 개념을 나타내는 글자가 시대의 변화에 따라 달라지는 것을 나타내는 말입니다. 이때 예전에 쓰던 글자는 고자(古字), 지금 쓰는 글자는 금자(今字)라고 합니다. 예를 들어 모(莫)의 본뜻은 해가 저무는 것을 나타냅니다. 그래서 '저물다'라든가 '저녁'의 뜻을 갖습니다. 그런데 시간이 지나면서 이 글자를 가차해 "어느 것도 ~않다"라는 부정 대명사나, '아니'의 뜻을 나타내는 부정 부사로 쓰게 됩니다. 자연 혼동이 생기게 되니 이런 점을 피하기 위해 본래의 모(莫) 자에 '날' 일(日)을 덧붙여 '저물' 모(暮)로 쓰게 됩니다. 여기서 모(莫)는 고자(古字), 모(暮)는 금자(今字)입니다. 이 경우에는 나중에 나온 글자 모(暮)의 의미가 더 한정됩니다.

항(夅)과 강(降)을 고금자로 보기도 합니다. '항복하다'는 뜻의 항(夅)을 '내리다'라는 뜻으로도 쓰게 되자, '내리다'라는 뜻은 '언덕' 부(阝, 阜)를 더해 강(降)으로 쓰게 되었다는 것입니다. 그러니 항(夅)은 '내릴' 강의 새김도 갖습니다. 강(降)은 '내리다'라는 의미로 쓰게 되었지만, 본래 항(夅)의 의미도 남아 '항복할' 항(降)으로도 쓰게 됩니다. 새로 만든 글자 강(降)의 의미는 확장됩니다.

고문 분석의 설명은 다릅니다. 본래 갑골문과 금문에서 이 두 글자는 혼용했다고 합니다. 발이 앞[夂]과 뒤[夲]에 있는 모양을 써서 높은 곳에서 내려온다는 뜻을 나타내는 것이라고 합니다. '언덕' 부(阝, 阜)를 붙이는 것은 높은 데에서 내려온다는 의미를 확실하게 하기 위한 것으로 볼 수 있습니다.

허신이 『설문』을 쓴 것이 121년의 일이니 거의 2천 년 전의 일입니다. 이렇게 고금자가 생기게 되는 데에는 여러 가지 이유가 있습니다만, 기왕에 쓴 글자가 자소자로 쓰이는 경우가 적지 않습니다. 항(夅)의 경우 '높을' 륭(隆) 등 다른 글자의 자소로 쓰이게 되자 변별력이 떨어지게 됩니다. 그래서 본 글자에 의미를 나타내는 부분, '언덕' 부(阝, 阜)를 더해 쓰게 된 것으로 생각해볼 수도 있습니다.

몇천 년을 두고 변해온 한자이니 꼭 어느 설명이나 주장이 맞는 것이라고 하기는 어려워 보입니다. 그보다는 여러 가지 설명과 주장을 받아들여 한자에 대한 이해의 폭을 넓히는 것이 오히려 현명한 처사가 아닐까 합니다.

중학	획수	형자	회자	새김	발음
限	9	艮	阜艮	한할, 한정할	한

한(限)은 머리를 뒤로 돌려[艮] 뭔가를 보려고 하는데 언덕[阝]이 시선을 가로막는 것입니다. 인신하여 '범위를 규정하다, 한정하다'는 뜻입니다.

자소자 '어긋날' 간(艮)은 여러 번 나와서 익숙하리라 믿습니다. 본 자형은 '눈' 목(目) 아래 '비수' 비(匕)를 쓰는 '睅'입니다. 눈을 부릅뜨고 노려보며 서로 양보하지 않는 것을 나타냅니다.

한계(限界)는 사물이나 능력, 책임 따위가 실제 작용할 수 있는 범위를 가리킵니다. 한사(限死)는 죽기를 각오하는 것입니다. 그래서 한사코(限死-)는 죽기로 기를 쓰고의 뜻이 됩니다.

중학	획수	형자	회자	새김	발음
除	10	余	阜余	덜	제

제(除)는 궁전의 계단입니다. 인신하여 새로운 관직에 부임하는 것을 가리키고, 또 다시 인신하여 '버리다, 떨치다'의 뜻을 갖게 되었습니다.

제거(除去)는 없애버리는 것이고, 제수(除授)는 추천의 절차를 밟지 않고 임금이 직접 벼슬을 내리던 일을 말합니다. 제구포신(除舊布新)은 옛것을 없애고 새로운 것을 펼치거나 새로운 것으로 바꾸는 것입니다.

중학	획수	형자	회자	새김	발음
陸	11	坴	阜坴	뭍	륙

'흙덩이 클' 륙(坴)은 현재 단독으로 쓰이지는 않고 다른 글자의 편방에 붙어 자소자 역할을 합니다. 기초한자 가운데 '뭍' 륙(陸)과 '화목할' 목(睦) 자에서 볼 수 있습니다.

육로(陸路)는 육상으로 난 길을 말합니다. 육속(陸續)은 끊이지 않고 계속하는 것입니다. 육지(陸地)는 섬에 상대하여 대륙과 연결된 땅을 이릅니다.

중학	획수	형자	회자	새김	발음
陰	11	侌	阜侌	그늘	음
陽	12	昜	阜昜	볕	양

음(侌)은 '그늘' 음(陰)의 고자(古字)이고, 양(昜)은 '볕' 양(陽)의 고자(古字)입니다. 앞에서 말한 바 고금자(古今字)입니다. 고자(古字)인 음(侌)과 양(昜)은 현재 독립된 글자로 쓰이지 않고, 편방에만 쓰입니다.

남에게 알려지지 아니하게 행하는 덕행은 음덕(陰德)이라 하고, 음영(陰影)은 그늘을 말합니다. 음우(陰雨)는 몹시 음산하게 오는 비나 오래 내리는 궂은비를 말합니다.

태양의 빛이나 따뜻한 햇빛은 양광(陽光)이고, 양춘(陽春)은 따뜻한 봄 혹은 음력 정월을 달리 이르는 말입니다. 양춘백설(陽春白雪)은 초나라에서 가장 고상하다고 하던 가곡의 이름으로 훌륭한 사람의 언행은 평범한 사람이 이해하기 어려움을 비유적으로 이르는 말입니다. 양봉음위(陽奉陰違)는 면종복배(面從腹背)와 같은 뜻으로 겉으로는 복종하는 체하면서 내심으로는 배반하는 것을 말합니다.

고교	획수	형자	새김	발음
附	8	付	붙을	부

『설문』에서는 "**부(附)**, 부루(附婁)로 작은 흙산이다. 부(阜)가 의부(意符)이고 루(婁)가 성부(聲符)이다.『춘추좌전』에 부루에는 소나무나 잣나무 같은 (큰) 나무가 없다"라고 풀이합니다. 흙산은 땅에 기대어 의지하고 있기 때문에 '의지하다, 붙다'라는 뜻이 인신 되었습니다.

부속(附屬)은 주된 사물이나 기관에 딸려서 붙거나 또는 그렇게 딸려 붙은 사물입니다. 부착(附着)은 떨어지지 아니하게 붙거나 붙이는 것입니다. 부췌현우(附贅顯疣)에서 부췌는 매달린 군더더기라는 뜻이고, 현우(顯疣)는 매달린 혹의 뜻입니다. 그래서 부췌 현우는 무용지물을 뜻합니다.

고교	획수	형자	새김	발음
院	10	完	집	원

원(院)은 딱딱하다, 견고하다가 본뜻입니다. 가차해 '담' 환(寏)의 뜻으로 썼고, 인신 하여 사방의 담과 집 사이에 있는 모든 부분을 가리키는 뜻으로 쓰게 되었습니다.

원락(院落)은 울안에 본채와 따로 떨어져 있는 정원이나 부속 건물을 뜻하는데, 아주 큰 집을 나타내기도 합니다. 원사(院士)는『표준』에서 "과학 발전에 크게 이바지한 학자 들에게 해당 학계에서 주는 높은 명예 칭호 가운데 하나"라고 설명하고 있는데 북한어 라고 되어 있습니다.

고교	획수	형자	새김	발음
階	12	皆	섬돌	계

계(階)는 섬돌로 새기는데, 섬돌은 집채의 앞뒤에 오르내릴 수 있게 놓은 돌층계를 말합니다. 인신되어 '오르다, 이르다'에 '사다리'나 '근거'를 뜻하기도 하고 등급을 나타내기도 합니다.

계급(階級)은 사회나 일정한 조직 내에서의 지위, 관직 따위의 단계를 이르고, 계층(階層)은 사회적 지위가 비슷한 사람들의 층을 가리킵니다.

고교	획수	형자	새김	발음
隆	12	降	높을	륭

『설문』의 **륭(隆)** 자는 강(降)의 오른쪽 아래에 '날' 생(生)을 쓴 '隆'입니다. 본뜻은 풀이나 나무가 탐스럽고 크게 자라는 것으로 봅니다. 하늘에서 내려오듯[降] 크게 자라는 [生] 것으로 생각하면 기억에 도움이 될 듯한데, 오른쪽 위 자소 항(夅)의 아랫부분을 이제는 가로획[一]으로 써야합니다. 인신되어 '높다, 홍성하다'라는 뜻을 나타내게 됩니다.

융기(隆起)는 지각 변동에 의해 땅이 솟아오르는 것이나 높게 일어나 들뜨는 것을 뜻합니다. 융성(隆盛)은 기운차게 일어나거나 대단히 번성하는 것을 말하고, 융흥(隆興)은 형세가 세차게 일어나는 것입니다. 융체(隆替)는 사용 빈도가 아주 떨어지긴 하지만 성쇠(盛衰)와 같은 뜻으로 성하고 쇠퇴함을 나타냅니다.

고교	획수	형자	새김	발음
障	14	章	막을	장

『설문』에서는 "격(隔)은 **장(障)**이다" 또 "장(障)은 격(隔)이다"라고 정의합니다. 모두 '가로막다, 장애가 된다'라는 뜻입니다. 이렇게 서로 뜻이 비슷한 문자로 풀이하는 것을 '호훈(互訓)'이라고 하는데, 이런 예는 노(老)를 고(考)라고 하고, 고(考)는 노(老)라고 풀이하는 등 다른 곳에서도 눈에 뜨입니다. 현대 언어 논리학의 입장에서 보면 동어반복(tautology)으로서 피해야 할 정의 방법이겠습니다만, 한자를 모국어로 하는 중국인들에게는 그리 큰 어려움은 아니었을 듯합니다.

장벽(障壁)은 가리어 막은 벽입니다. 베를린 장벽(Berlin Wall, Berliner Mauer)은 1989년 붕괴되었습니다만, 남북을 가로막은 우리의 휴전선은 언제나 붕괴될지 안타깝습니다. 장지(障-)는 방과 방 사이 또는 방과 마루 사이에 칸을 막아 끼우는 문인데, 미닫이와 비슷하나 운두가 높고 문지방이 낮은 것을 말합니다. 장자(障子)에서 온 것으로 봅니다. 자(子)는 명사형 접미사이니 장자(障子)의 글자 그대로의 뜻은 '막는 것'이라는 뜻입니다. 문에 미닫이가 있고 미세기가 있는데, 미닫이는 활짝 다 열리는 문이고 미세기는 여닫을 때에 겹쳐서 반만 열리는 문입니다.

고교	획수	형자	새김	발음
際	14	祭	즈음, 가	제

'즈음' 제(際)는 벽이 서로 만나는 곳에 생긴 틈을 메운 곳이라고 합니다. 그래서 봉합한 곳, 경계선을 뜻하게 되고, 관계라는 의미의 '사이'를 나타내기도 합니다.

제우(際遇)는 임금과 신하 사이에 뜻이 잘 맞는 것을 나타냅니다. 제한(際限)은 가장자리로 끝이 되는 부분을 말하는데, 일정한 한도를 정하거나 그 한도를 넘지 못하게 막는다는 뜻의 제한(際限)과 동음이의어입니다. 제회(際會)는 바로 앞의 제우(際遇)와 같은 뜻인데, '좋은 때를 만나다'라는 뜻도 가지고 있습니다.

고교	획수	형자	새김	발음
隣	15	㷠	이웃	린

『설문』에서는 '이웃' 린(隣) 조에서 글자의 기원이 아니라 그 글자에 반영되어 있는 사회 제도를 설명합니다. 현재의 자형과 좌우가 바뀐 모양입니다. "린(鄰), 다섯 집이 (모여) 린(鄰)이 된다." 이것은 주나라의 편제로 다시 린(隣)이 다섯 개 모이면 리(里)가 됩니다. 결국 스물다섯 가구가 하나의 동네[里]가 된다는 뜻입니다. 나중에는 열 집을 린(隣)이라고 했습니다. 조선 시대 오가작통법(五家作統法)이라는 제도가 있었습니다. 범인을 색출하거나 세금 등을 거둬들일 때 다섯 집[五家]을 하나의 통(統)으로 묶어 연대 책임을 물었던 제도입니다. 행정 편의주의의 극치인 셈인데, 다 왕권 시대에나 가능했

던 일입니다.

대한민국 헌법 제13조 3항은 "모든 국민은 자기의 행위가 아닌 친족의 행위로 인하여 불이익한 처우를 받지 아니한다"라고 해 연좌제를 금지하고 있습니다만 공식적으로 폐지된 것은 1981년 3월 25일이니 그리 오래된 일만도 아닙니다. 공식적으로 폐지되었다고는 하지만 공직자들의 청문회 과정을 보면 후보자는 물론 가족이나 형제자매 등의 윤리의식이나 도덕성이 여전히 문제됩니다. 법에 앞서 국민 정서가 연좌 책임을 묻고 있다는 생각이 듭니다. 청문회 정도의 대상이 되는 고위 공직자에게는 높은 도덕성을 요구하기 때문이겠습니다.

인가(隣家)는 이웃집으로 사람이 사는 집이라는 뜻의 인가(人家)와 발음이 같습니다. 인보(隣保)는 『표준』에서 "가까운 이웃집이나 이웃 사람. 중국 당나라 때 한 집의 이웃 네 집을 '인(鄰)'이라 하고, 그 집을 보탠 다섯 집을 '보(保)'라 하는 주민 조직이 있었던 데서 유래한다"라고 설명합니다. 당률(唐律)에 따르면 이것도 연대 책임의 단위였습니다. 강도, 살인 사건 등의 범죄가 발생했는데 신고를 하지 않으면 곤장 60대에 처했고, 서로 돕지 않으면 처벌했습니다.

格物 098. 도깨비불

'도깨비불' 린(燐)의 고자(古字)는 위에 '불꽃' 염(炎)을 쓰는 린(燊)입니다. 도깨비불은 '까닭 없이 저절로 일어나는 불'이나 '밤에 무덤이나 축축한 땅 또는 고목이나 낡고 오래된 집에서 인 따위의 작용으로 저절로 번쩍이는 푸른빛의 불꽃'을 가리킵니다. 두 가지 가운데 저절로 일어나는 불은 귀화(鬼火)라고 합니다. 귀신의 소행으로 여긴 것입니다. 미국 샌프란시스코에 야생 산불(wildfire)이 자주 일어나 피해가 여간 크지 않다는 소식을 자주 접합니다. 대부분은 실화나 방화이지만 자연 발화로 산불이 나는 경우도 있습니다. 린(燊) 아래에 있는 자소는 양발이 반대 방향으로 향한 모양을 본뜬 '어그러질' 천(舛)입니다. 두 글자가 합쳐진 린(燊)은 이쪽이나 저쪽으로 번질 수 있는[舛] 불꽃[炎]을 가리킵니다.

『설문』에서는 "린(燐), 칼 등의 무기로 죽은 사람의 피나 소, 말의 피가 린(燐)이 된다. 린(燐)은 도깨비불이다"라고 설명합니다. 서개(徐鍇)라는 사람의 주석은 더 구체적입니다. "『박물지』에 전투로 사람이 죽은 곳에는 사람이나 말의 피가 여러 해를 지나 린

(燐)이 된다. 린은 땅이나 초목에 붙어 모두 보이지 않는다. 그러나 닿게 되면 사람의 몸에 붙어 갑자기 빛이 난다. 털면 무수히 흩어진다. 또한 콩 볶는 듯한 소리를 낸다." 실제 그런지는 모르겠지만 겨울에 옷을 입거나 벗을 때 정전기 때문에 타닥타닥하는 소리가 나곤 하는데 그런 소리를 가리키는 것이 아닐까 합니다. 좀 으스스한 이야기가 됐습니다만 도깨비불하면 당연히 공동묘지입니다. 시체에서 나온 인이 발화되어 도깨비불이 보인다고 하는데 오래되어 썩은 밤나무에서도 마찬가지 현상이 나타납니다. 전혀 다른 현상이긴 하지만 어두운 밤에 고양이 눈을 보면 파랗게 빛납니다. 이런 현상을 "서기가 난다, 비친다, 보인다"라고 했던 기억이 있는데, 사전에는 서기가 "상서로운 기운"으로만 올라 있습니다. 한밤중에 이런 것을 보는 것은 결코 상서롭지 않고 오히려 등골이 오싹하는 경험입니다.

고교	획수	형자	새김	발음
險	16	僉	험할	험

험(險)은 산[阝]이 높고 험해 힘이 드는 것입니다. 주위가 모두[僉] 언덕[阜]에 막혀 험한 것으로 생각할 수도 있겠습니다.

험구(險口)는 입이 험한 것으로, 남의 흠을 들추어 헐뜯거나 험상궂은 욕을 하는 것입니다. 험난(險難)은 지세가 다니기에 위험하고 어려운 것이고, 험지(險地)는 험난한 땅입니다.

고교	획수	형자	회자	새김	발음
陣	10	陳	阜陳	진칠	진

'진칠' **진(陣)**은 '수레' 거(車)와 '베풀' 진(陳)이 결합된 글자로 수레를 펼쳐놓은 것입니다. 바로 군대의 행렬입니다. 고대 전쟁 시에는 수레[車]를 밖에 세워 방어물로 삼았는데 바로 진(陣)입니다.

진영(陣營)은 군대가 진을 치고 있는 곳이고, 진용(陣容)은 진영의 형편 또는 상태를 말합니다.

고교	획수	형자	회자	새김	발음
陶	11	匋	阜匋	질그릇	도

『설문』의 **도(陶)**에 관한 설명입니다. "도(陶)는 두 층으로 된 언덕이다. 제음에 있다. 부(阜)는 의부(意符)이며, 도(匋)는 성부(聲符)이다. 『하서』에서 '동으로 도구(陶丘)에 이르렀다'고 한다. 도구에는 요 임금의 성이 있다. 일찍이 요 임금이 살았던 곳이기 때문에 요 임금을 도당씨(陶唐氏)라고도 한다." 역문 가운데 성부(聲符)는 형성자에서 소리를 나타내주는 부분을 가리키고, 뜻을 나타내주는 부분은 의부(意符)라고 합니다. 본래는 특정 지역을 가리키는 말이었습니다만, 그 지역에서 질그릇을 많이 만들어 질그릇을 가리킵니다. 가차해 기분이 좋은 것을 나타내기도 합니다. 이 내용에 대해 최근의 구체적인 설명이 있습니다. 두 층의 언덕은 사람이 질그릇을 굽기 위한 가마를 만든 것이고 그것이 도구(陶丘)라는 것입니다. 요구(堯丘)라고도 합니다. 제음(濟陰)은 현재 산동성 서남부의 하택(菏澤)시입니다. 이런 내용을 소개하는 것은 여러분이 앞으로 중국 문학이나 역사, 문화에 대해 공부할 때 아주 기초적인 내용이 되기 때문입니다. 지금 당장 관심이 없으면 어렵다고 생각하지 말고 그냥 넘어가면 됩니다.

자소자 도(匋)도 질그릇을 뜻합니다만, 본뜻은 사람이 몸을 구부리고[勹] 공이[午, 杵]를 손에 잡은 채 그릇[凵]을 만드는 것으로 보는데, 1급 한자의 '일' 도(淘)에도 나옵니다.

도기(陶器)는 붉은 진흙으로 만들어 볕에 말리거나 약간 구운 다음, 오짓물을 입혀 다시 구운 그릇을 말합니다. 오지그릇입니다. 옹기그릇은 오지를 입히지 않은 질그릇과 오지그릇을 아울러 이르는 말입니다. 도공(陶工)은 옹기를 만드는 옹기장이입니다. 도연(陶然)은 술에 취해 거나한 것을 이릅니다. 도취(陶醉)는 술에 거나하게 취한 것이나, 어떤 것에 마음이 쏠려 취하다시피 되는 것을 이릅니다.

格物 99. 도기와 자기

그릇을 분류할 때 도기(陶器)가 있고 자기(瓷器)가 있습니다. 도기는 1,100℃, 자기는 1,300℃가량에서 굽습니다. 그 결과 그릇의 경도가 달라집니다. 도기는 좀 무른데다 둔

탁한 소리를 내고 흡수성이 있지만, 자기는 유리질화되어 더 단단하고, 흡수성이 없으며 금속성의 소리를 냅니다. 이외 사기(沙器, 砂器)라는 말이 있습니다. 자기(瓷器)와 혼용되기도 합니다.

도기는 다시 질그릇과 오지그릇으로 나뉩니다. 이것은 유약 즉, 잿물인 오지를 입혔는가에 따른 것으로 유약을 입혀 구우면 나중에 표면에 윤기가 납니다. 한때 오지그릇에 광명단을 입히는 것이 문제된 적이 있는데 이것은 인체에 해로운 납 성분이 들어간 안료이기 때문입니다. 광명단은 녹스는 것을 방지하기 위해 주로 쇠에 칠합니다.

중국이 China로 알려진 것은 진(秦, Qin)나라의 이름에서 비롯됐다는 것이 정설입니다만, 'china'는 '자기(瓷器)'를 뜻하는 말이기도 합니다. 중국에서는 이미 동한(東漢, 25~220) 시대에 오늘날의 기준상 요구되는 자기를 만들었습니다. 2천 년에 가까운 역사를 가지고 있습니다만, 비단이 그랬던 것처럼 유럽에서는 상당 기간 자기를 도대체 어떻게 만드는지 알 수가 없었습니다. 중국의 자기 제조 방법이 서양에 전해지기 전까지 중국산 자기는 유럽에서 최고위층만 소유할 수 있는 초호화, 사치 상품이었습니다. 가격 또한 엄청났습니다.

유럽에서는 18세기 초에 자기 제조가 궤도에 오르기 시작합니다. 18세기 후반에 이르면 독일의 마이센(Meissen)을 위시해 영국의 본차이나 등이 과학적인 분석과 연구를 통해 중국의 자기를 앞지르기 시작하고 20세기에 들어서는 역수입이 일어납니다.

자기의 원료인 고령토는 영어로 'kaolin'이라고 하는데 고령(高嶺)이라는 지명에서 나왔습니다. 고령(高嶺)은 도자기의 산지로 유명한 중국 강서성 경덕진(景德鎭)에서 동북으로 40km가량 떨어진 곳으로 바로 고령토의 공급지입니다.

고교	획수	형자	회자	새김	발음
陵	11	夌	阜 夌	언덕	릉

릉(陵)은 큰 언덕, 흙으로 된 산입니다. 고문 분석에서는 옛날 사람들이 살던 주거 공간인 움집의 아래에서 올라오는 것이라고 합니다. 거기에서 '넘다, 침범하다'라는 뜻이 인신된 것으로 봅니다. 더 나아가 큰 흙산을 가리키고, 제왕이나 왕후, 제후의 커다란 분묘를 뜻하기도 합니다. 갑골문에서는 릉(夌)을 쓰다가, 전문에 이르러 뜻을 명확히 하기 위해 '언덕' 부(阝, 阜)를 붙인 것으로 설명합니다. 여기서 부(阝)는 언덕이 아니라 발

판으로 삼을 수 있도록 파낸 것을 나타냅니다.

자소자는 '언덕' 릉(夌)입니다.『설문』에서는 록(圥, 坴)을 '높다'라고 풀어 릉(夌)이 '넘는 것'이라고 합니다. 자소자는 '버섯' 록(圥)과 '천천히 걸을' 쇠(夊)입니다. 록(圥)에는 "나아가지 않는다"는 뜻도 있는데, 높아[圥, 坴] 나아가기가 어렵고 걸음걸이가 굼뜬[夊] 것으로 생각해볼 수 있습니다.

능이 있는 곳은 능소(陵所)라 하고, 능침(陵寢)은 임금이나 왕후의 무덤을 말합니다. 능곡변천(陵谷變遷)은 언덕과 골짜기가 변한다는 뜻으로, 변화 많은 세상사를 말합니다.

格物 100. 정조대왕화성능행반차도(正祖大王華城陵幸班次圖)

능행(陵幸)은 임금이 능에 거둥하는 것인데, 조선 시대 정조의 화성능행도(華城陵幸圖)가 있습니다. 갖춘 이름은 정조대왕화성능행반차도(正祖大王華城陵幸班次圖)인데, 1795년 정조가 어머니인 혜경궁 홍씨를 모시고 부친인 사도세자의 묘소인 수원의 현릉원(顯隆園)을 방문한 내용을 소재로 하고 있습니다. 반차도(班次圖)는 나라의 의식에 문무백관이 늘어서는 차례와 행사 장면을 그린 그림을 말합니다. 이 내용은 서울 청계천에 도자 벽화로 전시되어 있습니다. 현재 맞춤법에 맞게 띄어 써보면 '정조대왕 화성 능행 반차도'입니다.

이 행사의 모든 절차와 과정, 소요 인원과 물자에 관한 내용은『원행을묘정리의궤(園幸乙卯整理儀軌)』에 수록되어 있습니다. 임금께서 을묘년 현릉원에 가신 내용을 정리한 의궤라는 뜻입니다. 의궤(儀軌)는 예전에, 나라에서 큰일을 치를 때 후세에 참고하기 위하여 그 일의 처음부터 끝까지의 경과를 자세하게 적은 책입니다.

고교	획수	형자	회자	새김	발음
陳	11	申	阜 木 申	베풀	진

『설문』에서 '베풀' 진(陳)은 "(옛날의 나라였던) 완구(宛丘)이다. 순(舜) 임금 후 규만(嬀滿)이 분봉을 받은 곳이다"라고 설명합니다. 완구(宛丘)는 지명입니다만 그곳의 지

형 특성이 그랬는지 "사방이 높고 가운데가 낮은 산언덕[山丘]"이라고 합니다. 통로라는 뜻에 '배열하다, 보이다' 등의 의미를 나타내기도 합니다. 갑골문 분석에서는 "혈거 입구 쪽에 대바구니를 놓아두는 통로"라고 합니다. 이런 설명만 보면 일종의 분지(basin) 같아 보입니다만 "흙산으로 기복이 심하지 않고 경사도가 완만하여 상대 고도 차이는 200m 미만이며 낮고 작은 산들이 이어지는 구릉 지역"을 산구(山丘)라고 합니다. 높낮이가 고만고만한 산들이 이어지는 지역이니 우리나라의 지형에서 흔히 볼 수 있는 모습이 아닌가 합니다.

진부(陳腐)는 오래 묵어 썩었다는 뜻으로 사상, 표현, 행동 따위가 낡아서 새롭지 못한 것을 가리킵니다. 진사(陳謝)는 까닭을 설명하며 사과의 말을 하는 것이고, 진술(陳述)은 일이나 상황에 대하여 자세하게 이야기하는 것입니다. 진열(陳列)은 여러 사람에게 보이기 위하여 물건을 죽 벌여놓는 것을 이릅니다. 진진상인(陳陳相因)은 진진상잉(陳陳相仍)으로 쓰기도 하는데, 오래된 곡식이 곳집 속에서 묵어 쌓이는 것을 말합니다.

고교	획수	형자	회자	새김	발음
陷	11	臽	阜臽	빠질	함

'빠질' 함(陷)은 새김이 같은 '빠질' 함(臽)에 편방을 더해 분화된 글자로 봅니다. 함(臽)은 사람[人]이 구덩이나 함정[臼]에 빠진 것입니다. 『설문』에서는 함(陷)을 "높은 데에서 아래의 낮은 곳으로 빠지다[臽], 떨어지다"라고 합니다. 여기에서 언덕[阝]은 높은 곳을 나타내는 듯합니다.

함락(陷落)은 땅이 무너져 내려앉는 것인데, 적의 성, 요새, 진지 따위를 공격하여 무너뜨리는 것을 말하기도 합니다. 함입(陷入)은 빠져 들어가는 것이고, 함정(陷穽)은 짐승 따위를 잡기 위하여 땅바닥에 구덩이를 파고 그 위에 약한 너스레를 쳐서 위장한 구덩이입니다.

고교	획수	형자	회자	새김	발음
隊	12	㒸	阜㒸	떼, 대대/통용/길	대/추/수

'떼' **대(隊)**도 본뜻은 높은 곳에서 아래로 '떨어지다, 추락하다'로 함(陷)과 비슷한 면이 있습니다. '떨어질' 타(墮)와 고금자(古今字) 관계로 본 경우인데 이때 발음은 '추'입니다. '떼'로 새기는 것은 가차해 쓰는 것이라고 합니다.

갑골문에서 '따를' 수(㒸)는 '여덟' 팔(八)과 '돼지' 시(豕)를 합친 글자입니다. 팔(八)에는 나눈다는 뜻이 있습니다. 돼지를 잡는 것입니다. 전문에 들어와서 가로획이 생겼는데 이것은 돼지를 잡아 갈라서 긴 막대기[一]에 걸어놓은 것입니다. 푸줏간에서 고기에 고를 내어 긴 막대에 주렁주렁 걸어놓은 모양을 상상하면 쉽게 이해할 수 있습니다. 돼지를 잡아 뼈와 살이 분리되었으니 흙이 땅에 흩어진 형상과 같고, 여기에서 '따르다, 순종하다'라는 뜻이 인신된 것으로 봅니다.

대상(隊商, caravan)은 사막이나 초원과 같이 교통이 발달하지 않은 지방에서, 낙타나 말에 짐을 싣고 떼를 지어 먼 곳으로 다니면서 특산물을 교역하는 상인의 집단을 말합니다. 하지만 이제는 도로, 교통의 발달과, 각 나라의 국경 입출입 통제 및 제한 등으로 사서에서 볼 수 있는 국제적 규모의 대상 행렬은 찾아보기가 어렵게 되었습니다.

고교	획수	형자	회자	새김	발음
隔	13	鬲	阜 鬲	사이 뜰, 막을	격

격(隔)은 가로막아 통하지 못하게 하는 것, 장애가 되는 것입니다. 솥[鬲]의 발이 세 개로 나뉘어 있는 것에서 '분리되다, 떨어지다'의 뜻이 인신되어 나온 것으로 보기도 합니다.

'솥' 력(鬲)은 부수자이니 해당 부수를 참고하면 됩니다.

격년(隔年)은 한 해씩 거르는 것을 말합니다. 격리(隔離)는 다른 것과 통하지 못하게 사이를 막거나 떼어놓는 것이고, 격원(隔遠)한 것은 동떨어지게 먼 것입니다. 격안관화(隔岸觀火)는 건너편 언덕에 난 불을 본다는 뜻으로, 위급한 것을 보기만 하고 돕지는 않은 것을 말합니다. "건넛산 불보기"입니다. 격장유이(隔墻有耳)는 담 넘어 귀가 있다는 뜻으로 "벽에도 귀가 있다"나 "담에도 귀가 달렸다"라는 우리 속담과 같은 내용입니다. 비밀은 없기 때문에 경솔히 말하지 말 것을 비유적으로 이르는 말입니다. 영어에도 똑같은 표현이 있죠, "Walls have ears"인데 이런 말을 볼 때마다, 양의 동서를 떠나 사람이 생각하는 것이 참 비슷하구나 하는 생각을 하게 됩니다. "울타리에 눈이 있고, 벽에는 귀가 있다(Hedges have eyes, and walls have ears)"로 좀 더 확장해 쓰기도 합니다. 격화소양(隔靴搔癢)의 축자의는 '신을 사이에 두고 가려운 곳을 긁는다'로 "신(버선) 신고 발바닥 긁기"라는 우리 속담과 같은 내용입니다. 성에 차지 않거나 철저하지 못한 안타까움을 이릅니다.

고교	획수	형자	회자	새김	발음
隨	16	墮省	墮省辵	따를	수

'따를' 수(隨)의 전문은 '쉬엄쉬엄 갈' 착(辵)에 '무너진 성벽'이라는 뜻의 타(墮)가 생략되어 결합된 글자입니다. 여기서 타(墮)는 성부(聲符)로 소리를 나타냅니다. 따라가는 것입니다. 착(辵)과 '제사고기나머지' 타(隋, '수나라' 수)와 결합된 것으로 보는 것이 기억하기에 나을 듯합니다. 옛날 조정에서 큰 제사를 지내면 신하들에게 이런 고기를 나누어주었습니다.

수감(隨感)은 마음에 일어나는 그대로의 생각이나 느낌을 말합니다. 수상(隨想)은 그때그때 떠오르는 느낌이나 생각인데, 그것을 기록한 것은 수상록(隨想錄)입니다. 수시(隨時)는 그때그때 상황에 따름을 말하고, 수행(隨行)은 일정한 임무를 띠고 가는 사람을 따라가는 것입니다. 수기응변(隨機應變)은 그때그때의 기회에 따라 일을 적절히 처리하는 것을 말하니 임기응변(臨機應變)과 같은 말입니다. 수파축류(隨波逐流)는 물결을 따르고 흐름을 좇는다는 뜻으로 자기의 입장이나 주견이 없이 대세를 좇는 것을 일컫습니다.

고교	획수	형자	회자	새김	발음
隱	17	㥯	阜㥯	숨을	은

'숨길' 은(隱)은 담을 쳐서 가린다는 뜻입니다. 거기에서 '숨다, 숨기다'라는 뜻이 나옵니다.

자소자인 은(㥯)은 '삼가다'라는 뜻입니다만, 인신된 뜻이고 본뜻은 걱정거리가 있어, 두 손[𠬪]에 공이[工]를 들고[爫] 땅을 다지는 것처럼 마음[心]이 콩닥거리는 것입니다. '기댈' 은(㥯)은 위아래로 손을 나타내고, 다시 은(㥯)의 자소자는 '떨어질' 표(爰)인데, 두 개의 손으로 위의 뒤집은 손으로 주고, 아래에서 다른 손이 받는 모양으로 주는 것을 나타냅니다. '떨어질' 표로의 새김도 거기에서 나올 수 있음은 쉽게 짐작할 수 있습니다. 가운데 공(工) 자는 공이 모양의 상형입니다.

숨어 사는 것은 은거(隱居), 숨어 있어서 겉으로 드러나지 않는 것은 은밀(隱密)한 것입니다. 은인(隱忍)은 밖으로 드러내지 않고 마음속에 감추어 참고 견디는 것을 말하며, 은폐(隱蔽)는 덮어 감추거나 가리어 숨기는 것입니다. 은악양선(隱惡佯善)은 악을 숨기고 선으로 가장하는 것입니다. 은악양선(隱惡揚善)은 악은 감추고 선은 드러낸다는 뜻으로 다른 사람의 나쁜 점은 말하지 않고 좋은 점만 말하는 것입니다.

R171

미칠 이(隶) 부

갑골	금문	전문	해서
隶	隶	隶	隶

'미칠' 이(隶)는 손으로 짐승의 꼬리를 잡는 모양을 나타내는 회의자입니다. 금문을 보면 그런 상황이 잘 드러납니다. '대'로도 읽는데 고음(古音)이라고 합니다. 본뜻은 뒤에서 쫓아가 잡는 것, 포획하는 것입니다.

고교	획수	회자	새김	발음
隸	17	柰 隶	종	례

이 부수에 속하는 기초한자는 '종' 례(隸)뿐이고 다른 글자들도 쓰임이 많지 않은 것들입니다. 짐승을 잡아 희생으로 바치는 일은 노복들이나 하는 일입니다. 그래서 례(隸)는 종을 뜻합니다. 어디에 종속한다는 뜻입니다. 『설문』에서는 왼편에 '능금' 내(柰)를

쓰는 레(隸)를 쓰고 '붙다'라고 풀이합니다. 중국에서는 현재 '나무' 목(木)이 들어 있는 레(隸)를 표준 자형으로 삼고, '선비' 사(士)가 들어 있는 레(隸)를 이체자로 규정하고 있습니다만, 우리 기초한자에서는 '선비' 사(士)가 들어간 레(隸)를 표준으로 삼고 있습니다.

예서(隸書)로 서체 이름의 하나이기도 합니다. 예서는 전국 시대 말기 진나라의 속체(俗體)를 바탕으로 당시 공식 문자인 소전(小篆)의 둥그렇게 굴리는 획을 각 지게 꺾은 형태로 발전시킨 서체입니다. 서한(BC 202~AD 8) 시대에 이르러 소전을 대신해 주요 서체로 자리 잡습니다. 당연히 글자도 시간이 흐르면서 오늘날 우리가 쓰는 한자에 가까워집니다. 예속(隸屬)은 남의 지배나 지휘 아래 매이는 것이고, 예신(隸臣)은 신하입니다.

고외	부수	획수	형자	회자	새김	발음
逮	辵	12	隶	隶 辵	잡을/미칠	체/태

금문의 **체(逮)**는 오른손[又]으로 꼬리를 잡고 있는 모양인데, 전문에 이르러 의부(意符)로 착(辵)이 더해졌습니다. 가서[辵] 꼬리를 잡는다[隶]로 생각해보면 미친다는 뜻도 금방 유추해낼 수 있습니다. 이(隶)는 소리도 나타내기 때문에 형성 · 회의자가 됩니다.

R172

새 추(隹) 부

갑골	금문	전문	해서
			隹

갑골문, 금문, 소전 등의 '새' 추(隹) 자는 머리, 몸통, 날개에 발을 두루 갖춘 새의 모양을 본뜨고 있습니다. 상형자입니다. 『설문』에서는 "추(隹), 새로 꼬리가 짧은 것을 통틀는 이름이다"라고 하고 있습니다. 이에 비해 뒤에 나오는 부수자 '새' 조(鳥)는 "꼬리가 긴 새의 총칭이다"라고 해 대비됩니다. 꼬리가 짧은 새라고 했지만, 실제 이 부수에 있는 글자들을 보면 꼭 그렇지만은 않습니다. 부수로 쓰여 날짐승과 관련된 내용을 나타냅니다.

중학	획수	형자	새김	발음
雄	12	厷	수컷	웅

'수컷' 웅(雄)은 '아비 새' 즉, 새의 수컷을 가리킵니다. '아비 새'가 있으니 자연 '어미 새'가 없을 수 없습니다. 바로 '암컷' 자(雌)입니다. 우리가 암컷, 수컷으로 알고 있는 자웅(雌雄)은 새의 암컷과 수컷이 원뜻이니 어의가 확대된 것입니다. "자웅을 겨루다, 자웅을 다투다"의 형태로 결합돼 승부나 우열을 가린다는 의미로 쓰죠.

비슷한 글자가 또 있습니다. 기린(麒麟)이라면 노천명 시인이 "모가지가 길어서 슬픈 짐승이여"라고 노래한 사슴보다도 목이 훨씬 더 긴 동물로만 압니다. 그런데 본래는 기린(麒麟)의 기(麒)는 수컷을, 린(麟)은 암컷을 가리키는 글자였습니다. 봉황(鳳凰)도 마찬가지입니다. 봉(鳳)은 수컷이고, 황(凰)은 암컷입니다. 암수를 가리키는 것은 똑같은데 기린이나 봉황을 그런 의미로 쓰지 않고 유독 자웅만을 쓰는 것은 앞의 두 동물은 상상에 나오는 것이고 자웅은 일상에서 늘 볼 수 있기 때문이겠습니다. 암수의 위치가 바뀌는 것은 우리말에서 암수라고 하는 것이 발음을 하기도 편하고 부드러운 것처럼 중국어에서도 혹시 그런 음성학상의 제약이나 영향이 있기 때문이 아닐까 짐작해봅니다.

자소자는 '팔(arm)' 굉(厷)으로 현재 단독으로 쓰이지 않고, 다른 글자의 자소로만 쓰입니다. '팔뚝' 굉(肱)과 '팔꿈치' 주(肘)의 본자로 봅니다.

웅대(雄大)는 웅장하고 큰 것입니다. 웅변(雄辯)은 조리가 있고 막힘이 없이 당당하게 말하거나 또는 그런 말이나 연설을 가리킵니다. 웅대한 뜻은 웅심(雄心) 또는 웅지(雄志)라 하고, 웅장한 모습은 웅자(雄姿)입니다.

중학	획수	형자	새김	발음
雖	17	唯	비록	수

누군가 불러 뒤로 돌아볼 때 아마 백에 백 아니면 아흔 명 이상은 고개를 왼쪽에서 오른쪽으로 돌리지 않을까 합니다. 따라서 시선은 자연 좌에서 우로 향합니다. 텔레비전 화면에서 영상이 좌에서 우로 움직이는 것은 자연스러워 보이지만 거꾸로 우에서 좌로 움직이면 왠지 부드럽지 못하고 어딘가 걸리는 느낌을 받습니다. 이것이 습관인지 아니면 우리의 인체 구조가 그런 동작에 더 적합하게 배열되어 있는지는 잘 모르겠습니다.

지금 이런 이야기를 하는 것은 한자를 분석해보는 우리의 인식에도 이런 면이 있는 듯해서입니다. 상하, 좌우로는 잘 나눠보는데 중간에서 잘라본다든지 아니면 비스듬히 잘라본다든지, 획을 늘이고 줄이면서 생각해보는 데에는 익숙하지 않습니다. 그래서 다른 사람이 한자를 분해·분석한 것을 보고 '아! 이렇게도 나눌 수 있네'하는 생각이 들기도 합니다.

'비록' 수(雖)도 바로 그런 경우가 아닐까 합니다. 대부분 좌우 결합형으로 생각해 수(虽)와 추(隹)로 나누지, '벌레' 훼(虫)와 '오직' 유(唯)로 나누기는 쉽지 않습니다. 두 개 이상의 독체자[文]를 결합해 새로운 합체자를 만드는 것을 결구[結構]라고 합니다. 맺고 짜맞춰 일정한 얼개를 만드는 것입니다. 현재 한자의 결구 방법에는 두 개로 나누는 '좌우, 상하' 결구 두 가지, 세 개로 나누는 '좌중우, 상중하' 결구 두 가지, 그리고 둘러싸는 것 일곱 가지에 겹치는 것이 한 가지로 모두 12가지가 있습니다. 12가지라고 했지만 꼭 그렇게 정해진 것도 아닙니다. 그보다 적게 나누는 사람도 있고 훨씬 더 많이 나누는 사람도 있습니다. 하지만 고등학교 정도까지의 중등교육에서 제시하는 숫자입니다. 물론 그 명칭이나 숫자를 아는 것이 중요한 것이 아닙니다. 그저 이리저리 나눠보고, 찢어보고, 늘여보고, 줄여보고 그러면서 한자를 익히라는 뜻에서 하는 이야기입니다.

달리 비유해 설명하면 결구는 자소 퍼즐 맞추기 정도로 생각할 수 있습니다. 각 자소를 퍼즐의 한 조각 한 조각처럼 맞춰 모자이크 그림으로 완성하는데, 어떻게 놓아야 하는가에 대한 일종의 약속일 수도 있고, 규칙일 수도 있고, 규칙이니 제약이나 제한으로 생각할 수도 있습니다. 이런 방식으로 결합하다보면 생각보다 뜻밖에, 몇 만을 헤아린다고 하는 한자인데 왜 이런 글자는 만들지 않았을까 하는 쓸 수 없는 글자도 있습니다.

앞에서도 이야기한 바 있습니다만 '시집' 시(媤)는 우리나라에서 만들어진 글자입니다. (출가한) 여자[女]는 친정이 아니라 시집을 생각해야 한다[思]로 뜻을 결합해 만든 회의자이겠습니다. 그러면 같은 논리에서 남자[男]가 생각해야 하는 것[思]을 나타내기 위해 두 글자를 합친 글자도 있어야 할 텐데 없습니다. '사람' 인(人)을 쓰니 남녀를 통틀어 사람[人]이 생각해야 하는 것[思]으로 구성된 글자는 있습니다. '굳셀' 시(偲)입니다. '착한 일을 하도록 서로 권하다'라는 뜻의 '책선할' 시, '똑똑할' 시로도 새깁니다. 『설문』에서는 "강력(彊力)하다"라고 설명하는데, '굳세다'라는 새김은 『설문』에서 나온 것이 아닐까 합니다. 『단주』에서는 『설문』의 설명은 인신의이며 시(偲)의 본뜻은 재주나 재주가 많은 것이라고 합니다. 우리 누구인들 재주나 재주가 많은 것[偲]을 바라지 않겠습니까!

'비록' 수(雖)는 '벌레' 훼(虫)와 '오직' 유(唯)로 나누어야 뜻을 추측할 수 있습니다. 여기서 벌레는 오늘날 우리가 생각하는 곤충만이 아니고 널리 작은 동물을 가리킵니다. 그러니 수(雖)는 일단 작은 동물입니다. 도마뱀[蜥蜴]입니다. 기왕에 나왔으니 석척(蜥

蜴)에 대해 잠깐 설명드리겠습니다. 도마뱀은 잡히면 꼬리를 자르고[析] 도망가는 동물[虫]입니다. 석척(蜥蜴)은 그렇게 속여서[蜴] 목숨을 보존하는 것을 도마뱀의 특징으로 보고 만들어진 단어입니다. 척(蜴)은 물론 도마뱀을 가리킵니다만 속인다는 뜻도 있습니다.

중학	획수	회자	새김	발음
集	12	隹 木	모을	집

현재 '모일' 집(集)에는 나무[木] 위에 새가 한 마리 앉아 있는 형상입니다만, 고자(古字)의 집[鑫]에서는 세 마리입니다. 나무 위에 새가 무리를 지어 모여 있는 것인데, 생략해 쓴 글자입니다.

집약(集約)은 한 데 모아 요약하는 것이고, 집중(集中)은 한 곳을 중심으로 하여 모이거나 모으는 것입니다. 집대성(集大成)은 여러 가지를 모아 하나의 체계를 이루어 완성함을 이릅니다. 집사광익(集思廣益)은 생각을 모아 널리 이롭게 한다는 뜻으로 대중의 의견과 지혜를 모아 한층 더 좋은 효과를 거두는 것을 말합니다. 요즈음 말하는 집단 지성(collective intelligence)을 이용하는 것이 되겠습니다.

중학	획수	회자	새김	발음
難	19	堇 隹	어려울	난

'어려울' 난(難)은 오른쪽에 '새' 조(鳥)를 써서 '鸛'으로도 썼습니다. 새라고만 할 뿐 구체적으로 어떤 새인지에 대해서는 설명이 없습니다. '번거롭다, 처리하기가 만만치 않다, 어렵다'라는 뜻을 나타냅니다.

공격하기 어려워 난공(難攻), 잊기 어려워 난망(難忘), 꺼리거나 어려워하는 낯빛이라서 난색(難色), 어렵고 쉬운 것을 아울러 난이(難易)입니다. 난이도(難易度)는 어렵고 쉬운 정도인데, 흔히 시험의 평가와 관련되어 쓰입니다. 난공불락(難攻不落)은 공격하기가 어려워 쉽사리 함락되지 않는 것을 말합니다. 난형난제(難兄難弟)는 누구를 형이라 하고 누구를 아우라 하기 어렵다는 뜻으로 두 사물이 비슷하여 낫고 못함을 정하기 어려움을 이르는 말입니다. 낫고 못함이 없다는 뜻의 막상막하(莫上莫下)와 비슷하고, 우리말의 '어금버금하다, 어금지금하다'와 같은 뜻입니다. 중국어에서는 난형난제(難兄難弟), 난쓩난띠(nán xiōng nán dì)의 성조를 "nàn xiōng nàn dì"로 달리하면 생사고락을 함께 하거나 같은 어려움에 처한 사람을 가리키기도 합니다. 발음을 우리말로 구별이 되게 설명을 할 수 없어 유감입니다.

난(難)의 새김에 추나(追儺)라는 말이 있습니다. 우리 『표준』에도 올라 있지 않습니다만, 각종 자전에는 자주 나옵니다. 역귀(疫鬼) 즉, 전염병을 일으키는 귀신을 쫓는 것을 가리키는데 구나(驅儺)라고도 했습니다. 구나(驅儺)는 사전에 올라 있습니다. 중국어와 일본어에서도 씁니다. 섣달 그믐날 민간은 물론 궁중에서도 그런 의식을 거행했는데 바로 나례(儺禮)입니다. 난(難)은 그 구나(驅儺)의 나(儺) 자의 초자라고 합니다. 그런데 분간이 안 되자 나중에 '사람' 인(人)을 변에 붙이게 되었습니다. 한중 수교 이후 간판에서 눈에 많이 띄는 추나(推拿)가 있습니다. 『표준』에서는 "안마의 북한말"이라고 설명하고 '마사지'와 같은 말로 취급합니다. 중국에서 추나(推拿)는 단순히 근육의 긴장을 풀고 피로를 회복한다는 차원의 안마보다 침놓는 자리 수혈(腧穴) 부위를 누르고, 밀고 당기고, 문지르며 자극을 주어 치료를 꾀하는 방법입니다. 경계가 애매하기는 하지만 단순한 안마보다 치료라는 의료 행위에 더 가깝다는 말입니다.

자소자는 '진흙' 근(堇)입니다. '진흙'으로 새기는 것은 허신의 『설문』에 나오는 설명입니다. 지금은 '흙' 토(土) 부에 속해 있습니다만 『설문』에서는 근(堇)이 독립된 부수이며, '어려울' 간(艱)과 함께 단 두 글자로 하나의 부수를 이루고 있습니다. 더러 '제비꽃' 근(菫)의 뜻으로도 썼습니다. 이 두 글자는 자형이 워낙 흡사해 혼동하기 쉬운데, '진흙' 근(堇)은 위가 '스물' 입(廿)이고, '제비꽃' 근(菫)은 '초두머리'[艹] 아래 가로획[一]이 하나 있는 것으로 획이 하나 더 많습니다. 최근 연구에서는 근(堇)이 "사람을 태워 바치며 드리는 기우제"라고 설명하기도 합니다. 여기에서 난(難)은 '번거롭다, 처리하기가 만만치 않다, 어렵다'라는 뜻을 갖게 되었다고 합니다.

중외	부수	획수	형자	새김	발음
唯	口	11	隹	오직	유

유(唯)입니다. 유명시종(唯命是從)은 명령만 있으면 즉시 복종한다는 뜻으로 명령에

절대 복종하는 것을 말합니다. 직무상 상관이 내린 명령이 불법일 때는 거절할 명분이 있지만 현실적으로 어려움이 있을 수 있고, 더 심각한 문제는 불합리할 때가 아닐까 합니다. 특히 일반 국민에게 직접적인 영향을 미치는 공무원의 행위가 그럴 수 있는데 책임의 소재가 아예 증발하는 경우도 있습니다. 이런 내용과 관련된 심리학의 고전적인 실험이 있습니다.

格物 101. 밀그램 실험(Mimgram experiment), 권위와 복종

1961년 미국 예일대학교에서 있었던 심리학자 스탠리 밀그램(Stanley Milgram)의 사회 심리학 관련 실험입니다. 전류를 흘려 피실험자에게 고통을 가하는 상황입니다. 한 사람은 스위치를 조작하고, 또 한 사람에게는 전기를 쏘입니다. 전기를 쏘인 사람은 처음에 비명을 질렀습니다. 전압이 높아지면서 욕을 해대기 시작합니다. 그런데 막상 전압이 한계치에 이르렀을 때에는 소리를 지르지 않았다고 합니다.

우선 스위치를 조작하는 사람의 심리 상태입니다. 망설인 경우가 있기는 했지만 스위치를 조작하는 사람은 대부분 명령을 따랐습니다. 권위에 맹종하는 것으로 별다른 죄의식이 없는 것입니다. 시키는 사람의 입장에서는 자기는 말만 했을 뿐이며 스위치를 조작해 고통을 준 것은 다른 사람이라고 합니다. 책임이 증발하는 것입니다. 아니면 최소한 분산될 수도 있습니다.

2차 세계대전에 수많은 유태인이 학살당했지만 책임이 모호해지는 데에는 바로 이런 기제가 숨어 있는 것으로 설명합니다. 여기서 말하는 기제(機制)는 인간의 행동에 영향을 미치는 심리의 작용이나 원리를 말합니다.

사형수를 총살시킬 때 여러 명의 저격수가 총을 쏘게 하는 것은 저격수가 느끼는 심리적 압박감이나 죄책감을 덜어주기 위한 조치로 알려져 있습니다. 저격수는 각자 내 총알에 맞아 죽은 것이 아니라고 생각할 수 있습니다.

사람의 분노가 어떻게 변해가는지도 관심거리입니다. 처음에는 자극에 즉각적인 반응을 보이는 비명을 지르다, 욕설로 변합니다. 그런데 막상 분노가 극에 달한 순간에는 말이 없어집니다. 우리가 서로 다툴 때 상황을 떠올리면 쉽게 이해됩니다. 처음에는 언성을 높이다가, 조금 더 나아가면 서로 욕을 합니다. 그런데 막상 분노가 있는 대로 치밀어 오르고 화가 머리끝까지 나는 순간에는 말이 없어집니다. 여기에 더 심한 자극이

가해지면 이제 폭력이 나오게 됩니다.

짧게 소개했습니다만, 우리 인간이 권위에 어떻게 복종하고 분노는 어떻게 변하는지를 잘 보여줍니다.

한나 아렌트(Hannah Arendt, 1906~1975)의 『예루살렘의 아이히만(Eichmann in Jerusalem)』(1963)이라는 책을 보면 이런 내용을 소상히 정확히 이해할 수 있습니다. 아이히만은 2차 세계대전 때 유태인을 학살한 전범입니다.

화나 분노는 대부분 그 순간을 넘기면 금방 사그라듭니다. 살아가면서 이런 상황이 없으란 법은 없으니, 문제는 그런 때는 한 발짝 물러나 마음을 진정시키며 잘 피하는 것이 현명한 방법입니다. 세상살이 돌이켜보면 그렇게 흥분하고 화를 낼 일이 아니었다는 생각이 들 때가 많습니다.

종외	부수	획수	형자	새김	발음
推	手	11	隹	밀, 옮을/밀	추/퇴

추(推)로 시작하는 사자성어를 살펴보겠습니다. 추기급인(推己及人)은 자기 자신을 되돌아보아 다른 사람을 헤아리는 것입니다. 자기 자신에 비추어 다른 사람을 판단한다는 이기탁인(以己度人)과 가까운 의미입니다. 자기가 하고자 하지 않는 바는 남에게 하지 말라는 『논어(論語)』〈위령공편(衛靈公篇)〉의 "기소불욕 물시어인(己所不欲 勿施於人)"과도 비슷합니다. 이 말은 『성경』〈마태복음〉 7장 12절의 "남에게 대접을 받고자 하는 대로 너희도 남을 대접하라[Therefore all things whatsoever ye would that men should do to you, do ye even so to them]"와도 같은 뜻이 되겠습니다. 영어가 조금 이상해 보이는데, 1611년에 『킹 제임스 성경』에 나오는 내용이기 때문입니다. 제임스 1세가 주도했기 때문에 『흠정역 성서』라고도 하는데, 최초의 영어 번역본이라고 하는 『틴데일(Tyndale) 성경』의 70% 가량을 사용했다고 합니다. 추진출신(推陳出新)은 묵은 것을 버리고 새것으로 바꾼다는 뜻으로 주로 문화면에서 새 기풍을 세우는 것을 말합니다.

종외	부수	획수	형자	새김	발음
誰	言	15	隹	누구	수

'누구' **수(誰)**에서 '새' 추(隹)는 소리를 나타냅니다. '누구'라고 하면 사람만 가리키는 것이겠습니다만, 의문 대명사로서 '무엇'이라는 뜻의 사물도 나타냅니다.

중외	부수	획수	회자	새김	발음
進	辵	12	隹辵	나아갈	진

진(進)은 '새' 추(隹)와 '쉬엄쉬엄 갈' 착(辵)으로 구성되어 있습니다. 새가 날아오르는 것을 나타냅니다. 여기에서 밖에서 안으로 들어오다, 조정에 나가 관리가 되다 등등 여러 가지 뜻이 인신되어 나옵니다.

진퇴양난(進退兩難)은 나아가기도 물러서기도 둘 다 어렵다는 뜻으로 이러지도 저러지도 못하는 어려운 처지를 말하는데, 진퇴무로(進退無路)도 같은 뜻이고, 이러지도 저러지도 못하고 꼼짝할 수 없는 궁지를 뜻하는 진퇴유곡(進退維谷)도 비슷한 의미입니다.

고교	획수	형자	새김	발음
雅	12	牙	맑을	아

설문에서는 "**아(雅)**는 초나라의 까마귀이다. 학(鷽)이라고도 하고 비거(卑居)라고도 한다. 진나라에서도 아(雅)라고 한다"라고 설명합니다. 가차되어 악기를 가리키게 되었고, 더 나아가 악기의 반주에 맞춰 부르는 노래를 가리키게 되었습니다. 아(雅)는 '표준의, 고상한, 아름다운' 등의 뜻도 나타내는데, 음악에서 법도에 맞고 아담하며, 순수하고 올바르다는 뜻의 전아순정(典雅)純正)함을 나타냅니다. 그런 음악이 바로 아악(雅樂)으로, 고대 전통 궁정 음악입니다. 우리나라는 중국의 아악을 받아들였습니다만, 여기에는 중국 고대의 민속 음악도 포함되어 있다고 합니다. 이와 대비해 우리 자신의 음악은 향악(鄉樂)이라고 했으니 이름상 홀대를 받은 것은 아닐까 하는 생각이 듭니다.

아(雅)가 이렇게 계속 다른 뜻으로 쓰게 되자, 본래의 뜻은 '갈까마귀' 아(鴉)로 쓰게 됩니다.

아량(雅量)은 너그럽고 속이 깊은 마음씨이고, 아졸(雅拙)은 성품이 단아하나 융통성이 없는 것을 이릅니다. 아형(雅兄)은 남자 친구 사이에서 상대편을 높여 이르는 이인칭 대명사입니다. 아속공상(雅俗共賞)에서 아(雅)는 교양이나 품위가 있어 고상한 사람 즉, 아인(雅人)을 말하고 속(俗)은 교양 수준이 낮은 속인(俗人)을 말합니다. 그래서 아속공상은 교양 수준이 높은 사람이나 낮은 사람 모두 즐길 수 있는 아름답고 통속적인 문예 작품을 이릅니다.

고교	획수	형자	회자	새김	발음
雁	12	厂	人佳	기러기	안

'기러기' 안(雁)입니다. 기러기는 철새입니다. 『설문』 주석에 보면 "매년 춘분이면 북쪽으로 날아가고, 추분이면 남쪽으로 날아온다"라고 합니다. 이처럼 기러기는 절기를 알고 또 날 때에는 '사람' 인(人) 자형의 대오를 이루는 새[佳]입니다. 엄(厂)은 소리를 나타냅니다.

안서(雁書)는 먼 곳에서 소식을 전하는 편지를 말합니다. 『한서(漢書)』〈소무전(蘇武傳)〉에 나오는 말로, 한 무제 때 한나라의 사신 소무가 흉노에게 붙잡혀 있을 당시 기러기의 다리에 편지를 매어 한나라로 보냈다는 고사에서 나온 것으로 알려져 있습니다. 다른 사람의 형제를 높이 이르는 말로 안항(雁行)이라고 합니다. '行'은 이때 '항'으로 읽습니다. 안탑제명(雁塔題名)에서 안탑(雁塔)은 장안 즉, 현재 서안에 있는 대안탑을 가리킵니다. 당나라 때 진사 시험에 합격하면 보통 대안탑 아래에 이름을 써 붙였다고 합니다. 거기에서 진사 시험에 합격하는 것을 나타내게 되었습니다. 우리나라 고려나 조선 시대에 과거 합격자 명단을 방목(榜目)이라고 했는데, 거기에 오른 것입니다. 목안(木雁)은 전통 혼례에서 쓰는 나무로 깎은 기러기 모양입니다. 혼례에 목안을 쓰는 것에 대해 『한국민족문화대백과사전』에서는 "기러기와 같이 의리를 지키겠다는 서약의 뜻을 지닌다"라고 설명합니다. 목안은 전통 혼례의 여섯 가지 예법인 '납채, 문명, 납길, 납폐, 청기, 친영' 가운데 마지막인 친영에 등장합니다. 친영(親迎)은 신랑이 신부의 집에 가서 신부를 직접 맞이하는 의식입니다. 목안을 쓰는 이유에 대해 중국 측 자료에서는 몇 가지 다른 이유를 제시합니다. 첫째 기러기는 가금이 아니라서 잡으려면 그런 재주나 능력이 있어야 하는데, 기러기를 바치는 것은 바로 그런 능력이 있음을 나타내주는 것이라고 합니다. 둘째 기러기는 양(陽)을 따르는 새라서 아내가 남편을 따르는 것을 나타낸다고 합니다. 셋째 남북으로 오가는 철새로 음양을 따르며 늘 둘이 짝을 이루기 때문에, 남녀가 음양의 조화를 이루고 평생 한 배우자와 정절을 지키며 살기를 바라기 때문이라고 합니다. 요즈음 더러 결혼식에 가면 기러기가 아니라 원앙 같아 보이는 것도 많은데, 원앙 역시 금슬이 좋은 것으로 알려진 새이니, 바라는 바는 마찬가지이겠습니다.

고교	획수	형자	회자	새김	발음
雜	18	集	衣 集	섞일	잡

'섞일' **잡(雜)**은 '옷' 의(衣)와 '모을' 집(集)이 결합된 글자로 각종 색깔을 배합하는 것(그렇게 옷을 만드는 것)이라고 합니다. 이렇게 보면 자소자인 집(集)이 두 부분으로 나뉜 것이 됩니다.

잡다(雜多)한 것은 잡스러운 여러 가지가 뒤섞여 너저분한 것입니다. 잡화(雜貨)는 일상생활에 쓰는 잡다한 물품을 말합니다. 잡란무장(雜亂無章)은 어지럽게 뒤섞여 조리가 없는 것입니다.

고교	획수	형자	회자	새김	발음
離	19	离	离 佳	떠날	리

『설문』에서는 "리(離)는 꾀꼬리이다. 창경(倉庚)이라고도 한다. 이 새가 울 때면 누에가 나온다"라고 합니다. 절기를 알 수 있게 해주는 내용인데 옛날 사람들의 관찰력이 돋보입니다. 고문을 분석한 경우에는 "손잡이가 달린 그물에 새[隹]가 걸려든 모양[离]"을 나타내는 것이라고 합니다. 그래서 (좋지 않은 일을) 당하다, 떠나다 등으로 인신되었다고 합니다.

자소자인 리(离)에 대해『설문』은 "산신으로 짐승의 모양을 본떴다"고 합니다. '산신, 도깨비' 리로 새기는 것은 『설문』을 따른 것입니다.

이간(離間)은 사이가 뜨게 하는 것입니다. 두 사람이나 나라 따위의 사이를 헐뜯어 서로 멀어지게 하는 것을 뜻합니다. 그런 일을 낮잡아 이간질이라고 합니다. 이별(離別)은 서로 갈리어 떨어지는 것입니다. 이농(離農)은 농민이 농사일을 그만두고 농촌을 떠나는 것입니다. 이군삭거(離群索居)는 벗들의 곁을 떠나 홀로 쓸쓸하게 지냄을 말합니다. 우리나라가 산업화, 도시화되는 1970~1980년대에는 시골을 떠나 도시로 향하는 이촌향도(離村向都) 현상이 심각한 사회문제였습니다.

고교	획수	회자	새김	발음
雙	18	雔 又	두, 쌍	쌍

쌍(雙) 자는 손[又]에 새 두 마리[雔, '새 한 쌍' 수]를 잡고 있는 모양으로 바로 쌍을 뜻합니다.

쌍견(雙肩)은 양쪽 어깨입니다. 쌍친(雙親)은 부친과 모친으로 양친(兩親)과 같은 뜻입니다. 쌍숙쌍비(雙宿雙飛)는 함께 자고 함께 날아간다는 뜻으로 남녀 또는 부부가 깊게 관계를 맺어 함께 기거함을 이릅니다. 쌍두마차(雙頭馬車)는 두 필의 말이 끄는 마차인데, 어떤 분야의 주축인 두 사람이나 사물 따위를 비유해 이르기도 합니다.

고외	부수	획수	형자	새김	발음
惟	心	11	隹	생각할	유

'생각할' 유(惟)입니다. 유정유일(惟精惟一)은 정성과 힘을 쏟고, 마음을 한 곳에 집중하는 것입니다.

고외	부수	획수	형자	새김	발음
維	糸	14	隹	벼리	유

유(維)로 시작하는 성어는 확인하기가 어렵습니다. 잠깐 다른 이야기를 하겠습니다. 유엔평화유지군(UN平和維持軍)은 잘 알다시피 국제 연합에서 평화 유지 활동을 맡고 있는 군대입니다. 중국어에서는 연합국 유지화평부대(联合国维持和平部队)로 쓰는데 줄여서 유화부대(維和部隊)로도 씁니다. 화평(和平)은 우리말과 순서가 다른데, 평화입니

다. 이 단어를 예로 드는 것은 우리와 중국인들의 사고방식이 다른 것을 보여주는 것 같아서입니다. 우리는 '평화를 유지하다'로 동사가 뒤에 오는 구조로 생각하거나 아니면 '평화유지'라는 하나의 명사로 생각하는데 비해, 중국인들은 동사가 앞에 와서 '유지한다 평화'의 구조로 나타난다고 볼 수 있기 때문입니다. 우리말의 주술 관계나 '목적어+동사' 구조가 중국어에서는 영어와 마찬가지로 '동사+목적어'의 구조로 나타납니다.

중국도 마찬가지입니다만 우리도 『표준』에서 "국제 연합에서 평화 유지 활동을 맡고 있는 군대"라고 규정해 분명히 군대라고 못을 박고 있습니다. 하지만 막상 국제연합에서는 "UN peacekeepers"라고 해 가능하면 군대라는 용어는 쓰지 않으려고 하는 듯합니다. 국내 치안 유지는 경찰의 임무이고, 외적으로부터 자국을 보호하는 것은 군대의 임무이니 용어 선정에 미묘한 차이가 있을 수 있습니다.

고외	부수	획수	회자	새김	발음
奪	大	14	奞又(寸)	빼앗을	탈

큰 대(大) 부에서 설명한 바 있습니다만, '빼앗을' **탈(奪)**의 자소자는 '날갯짓할' 순(奞)입니다. 손[寸]에 있는 새를 놓치는 것[奞]으로 봅니다.

탈인소호(奪人所好)는 다른 사람이 좋아하는 것을 빼앗는 것입니다. 환골탈태(換骨奪胎)는 뼈대를 바꾸어 끼고 태를 바꾸어 쓴다는 뜻으로 옛사람의 시문의 형식을 바꾸어서 그 짜임새와 수법이 먼저 것보다 잘 되게 함을 이르는 말인데, 한문에서는 더러 탈태환골(奪胎換骨)로 쓰는 경우도 있습니다.

R173

비 우(雨) 부

갑골	금문	전문	해서
雨	雨	雨	雨

'비' 우(雨)는 육서의 상형(象形)을 설명할 때 예로 드는 대표적인 글자입니다. 그야말로 보기만 해도 척으로 하늘에서 비가 떨어지는 모양입니다. 다른 글자와 결합할 때 늘 위에 오며, 기상 현상과 관련된 내용을 나타냅니다. 대자연 속에 나타나는 각종 기상 현상을 만나보겠습니다.

중학	획수	새김	발음
雨	8	비	우

우량(雨量)은 이제 강우량(降雨量)으로 순화하고 있는데 비가 내린 분량입니다. 비가 오는 날씨는 우천(雨天)으로 맑게 갠 하늘을 뜻하는 청천(晴天)과 상대가 됩니다. 우후

죽순(雨後竹筍)은 비가 온 뒤에 여기저기 솟는 죽순이라는 뜻으로 어떤 일이 한때에 많이 생겨남을 비유적으로 이르는 말인데, 중국어에서는 우후춘순(雨後春筍)으로 쓰고 있습니다.

중학	획수	형자	새김	발음
雲	12	云	구름	운

'구름' 운(雲)은 산이나 내에서 올라가는 기운입니다. 지상의 수증기가 올라가 미세한 물방울이나 얼음 결정의 덩어리가 되어 대기 중에 떠 있는 것입니다. 자소자 '이를' 운(云)은 구름이 돌아가는 모양을 상징합니다.

운무(雲霧)는 구름과 안개를 아울러 이르는 말이고, 운집(雲集)은 구름처럼 모인다는 뜻으로 많은 사람이 모여드는 것입니다. 운해(雲海)는 구름에 덮인 바다나, 바다처럼 널리 깔린 구름입니다. 은하수는 운한(雲漢) 또는 은한(銀漢)이라고도 하는데, 여기서 한(漢)은 한수(漢水)로 한수와 닮았다는 뜻이 내포되어 있습니다. 운니지차(雲泥之差)는 구름과 진흙의 차이라는 뜻으로 서로 간의 차이가 매우 심함을 이르는 말입니다. 운소무산(雲消霧散)은 구름이 걷히고 안개가 흩어진다는 뜻으로 사물이나 마음이 깨끗이 걷히는 것을 말합니다. 운행우시(雲行雨施)는 구름이 다니며 비를 뿌리는 것처럼 널리 은혜를 베푸는 것을 말합니다.

중학	획수	형자	새김	발음
霜	17	相	서리	상

『설문』에서는 "상(霜), 만물이 사라지게 하는 것이다. 또한 만물이 완전하게 하는 것이다"라고 설명합니다. 가을에 서리가 내리면 풀이나 나무가 시들고, 봄이 되면 다시 서리가 걷히며 만물이 다시 살아나는 현상에 대한 설명입니다.

상엽(霜葉)은 서리를 맞아 단풍이 든 잎, 상천(霜天)은 서리가 내리는 밤하늘입니다. 무상기간(無霜期間, frost-free period)은 늦은 봄의 마지막 서리가 내린 날부터 초가을 첫서리가 내린 날까지의 기간으로, 이 기간의 길이는 농업에 큰 영향을 미치며 농작물의 종류나 수확량 따위를 제약하기 때문에 농사에 아주 중요합니다.

중학	획수	형자	회자	새김	발음
雪	11	彗	雨彗	눈	설

'눈' 설(雪)은 예서에서 '䨘'로 썼습니다. 빗자루[彗]로 쓸 수 있는 비[雨 , rain]라고 생각한 것인데, 발상이 재미있어 보입니다.

자소자 혜(彗)는 '비' 또는 '살별'로 새깁니다. 전문에서 이 글자의 해석은 두 가지로 갈립니다. 첫째는 윗부분을 '날' 생(生) 두 개가 있는 것[甡, '우물거릴' 신]으로 보는 경우로, 생(生)에 긴 풀이란 뜻이 들어 있다고 합니다. 다음은 대가지나 나뭇가지로 보아 그런 것을 손[크]에 잡고 있는 것인데, 두 가지 모두 청소를 하는 것을 나타낸다는 데에는 의견이 같습니다. 긴 풀 자체는 무용지물입니다. '지혜' 혜(慧)는 그런 무용지물을 묶어서 비[彗]로 만든 것을 마음[心] 속에서 지혜롭거나 슬기롭게 여기는 것이라고 합니다.

중학	획수	형자	회자	새김	발음
電	13	申	雨申	번개	전

전(電)은 비[雨]가 올 때 펼쳐지는 것, 치는 것[申] 즉, 번개입니다.

전격(電擊)은 번개같이 급작스럽게 들이치는 것을 뜻하고, 전광(電光)은 번갯불이나 전등의 불빛을 말합니다. 전광석화(電光石火)는 번갯불이나 부싯돌의 불이 번쩍거리는 것과 같이 매우 짧은 시간이나 매우 재빠른 움직임 따위를 비유적으로 이릅니다.

중학	획수	형자	회자	새김	발음
露	21	路	雨路	이슬	로

'이슬' 로(露)에 대한 설명도 "(만물을) 적셔준다"라고 해 마찬가지 방식으로 설명합니다.

노숙(露宿)은 이슬을 맞으며 자는 것이니 한뎃잠이고, 노출(露出)은 겉으로 드러나거나 드러내는 것을 이릅니다. 『천자문(千字文)』에 "운등치우 노결위상(雲騰致雨 露結爲霜)"이라는 구절이 있습니다. 구름은 하늘에 올라 비를 내리고, 이슬은 맺혀 서리가 된다는 뜻입니다.

고교	획수	형자	새김	발음
零	13	令	떨어질, 비 올	령

'떨어질' 령(零)을 『단주』에서는 "천천히 내리는 비"라고 합니다. 우리말에서 빗방울의 크기로 보면 '안개비, 는개, 이슬비, 가랑비' 순으로 커지는데, 천천히 내린다고 하는 것을 보면 위의 네 종류 비가 아닐까 싶습니다. 비가 내리는 것을 나타내는 데에서 떨어진다는 뜻도 인신되었을 듯합니다. 현대에 들어서는 숫자 '0'을 가리키기도 합니다.

영도(零度)는 온도, 각도, 고도 따위의 도수(度數)를 세는 기점이 되는 자리를 말합니다. 영락(零落)은 초목의 잎이 시들어 떨어지는 것으로 조락(凋落)과 비슷한 말입니다. 영세(零細)는 작고 가늘어 변변하지 못한 것을 가리키는데, 살림이 보잘것없고 몹시 가난한 것을 이르기도 합니다.

고교	획수	형자	새김	발음
雷	13	畾	우레	뢰

『설문』에서 "뢰(靁)는 음기와 양기가 마구 몰아치며 나오는 뇌우(雷雨)이다. 만물이 자라나게 해준다"라고 설명하고 있습니다. 전문의 '우레' 뢰(雷)는 아래에 '밭 사이의 땅' 뢰(畾)를 썼습니다. 이것은 글자 모양 때문에 생긴 일이고 실제는 수레바퀴를 가리키는 것이라고 합니다. 비[雨]가 오며 우레가 칠 때에 여러 대의 수레바퀴[畾]에서 나는 것처럼 소리가 요란한 것을 나타냅니다.

고교	획수	형자		새김	발음
霧	19	務		안개	무

『설문』의 무(霧)에 대한 설명은 재미있습니다. "땅의 기운이 피어나는데 하늘에서 응하지 않는 것"이라고 합니다. 하늘이 반응을 보이지 않는다는 말입니다. 비는 하늘이 반응을 보여 내리는 것입니다. '힘쓸' 무(務)는 성부(聲符)로 소리를 나타냅니다.

무산(霧散)은 안개가 걷히듯 흩어져 없어지는 것을 말합니다. 무적(霧笛)은 안개가 끼었을 때에 선박이 충돌하는 따위를 막기 위하여 등대나 배에서 울리는 고동을 말합니다. 무리간화(霧裏看花)는 원래 안개 속에서 꽃을 본다는 뜻으로 노안이 되어 눈이 침침해지는 것을 가리켰습니다만, 지금은 어떤 상황에 대해서 모호한 인상만 남아 있는 것을 말합니다.

고교	획수	형자	회자	새김	발음
震	15	辰	雨 辰	우레/임신할	진/신

진(震)은 벼락입니다. 한자어 벽력(霹靂)은 바로 벼락이고, 날벼락은 느닷없이 치는 벼락을 이릅니다. '맑은 하늘에서 치는 벼락'은 마른벼락이라고 합니다.

진노(震怒)는 존엄한 존재 보통은 임금이 크게 노여워하는 것을 말합니다. 일상에서 많이 쓰는 성을 내며 노여워한다는 뜻은 진노(瞋怒, 嗔怒)로 한자가 다릅니다. 글자의 뜻을 고려하면 진노(瞋怒)는 눈을 부릅뜨며 성내고 노여워하는 것이 됩니다. 진단(震檀)은 우리나라를 예스럽게 이르는 말인데, 진(震)은 중국의 동쪽을 뜻하고, 단(檀)은 우리나라의 시조인 단군을 뜻하는 말입니다. 물체가 몹시 울리어 흔들리는 것은 진동(震動)입니다. 진천동지(震天動地)는 소리 따위가 하늘과 땅을 뒤흔드는 것을 말합니다. 경천동지(驚天動地)는 하늘을 놀라게 하고 땅을 뒤흔든다는 뜻으로 세상을 몹시 놀라게 함을 비유해 이릅니다. 비슷해 보이기는 하지만 경천동지는 결과에 비중이 놓인다고 할 수 있겠습니다.

고교	획수	형자	회자	새김	발음
靈	24	霝	雨 霝	신령	령

　'신령' **령(靈)**은 무당을 가리킵니다. 옥(玉)으로 귀신을 섬긴다는 설명이 있습니다. 『설문』의 주석에 "초나라 사람들은 무(巫)를 령(靈)이라고 했다"라고 나옵니다. 무당[巫]이 옥으로 신을 불러 비가 내리기를[霝] 비는 것입니다. 거기에서 무당이 가진 것으로 여겨지는 신령한 기운도 뜻하게 됩니다. 무당은 주로 여자들입니다. 남자는 박수라고 합니다. 그런데 박수무당은 박수와 무당이 아니라 박수입니다.

　령(靈)에 '비 내릴' 령(霝)이 들어간 것을 보면 아마도 무당의 가장 큰 임무나 역할은 제 때에 비가 잘 오도록 기우제를 올리는 것이 아니었을까 생각해보게 됩니다. 아래에 있는 자소는 '많은 새' 령(▦)으로 새기는데, 새의 입[口]만 세 개 그린 것입니다. 여기서 령(▦)은 뜻을 나타내는 것이 아니라 상형적인 요소로 빗방울을 나타낸다고 합니다.

　영감(靈感)은 신령스러운 예감이나 느낌을 말하고, 영혼(靈魂)은 죽은 이의 혼을 높여 이르는 말입니다. 영묘(靈妙)한 것은 신령스럽고 기묘한 것을 이릅니다.

고교	획수	회자	새김	발음
需	14	雨 而	쓰일, 쓸, 구할	수

　금문과 전문에서 '쓰일' **수(需)**의 아래 자소는 '큰' 대(大)로 사람을 나타냅니다. 글자는 하나인데 서로 다른 해석이 나옵니다. 『설문』에서는 이(而)가 소리를 나타내는 형성자로 보며, 비를 만나 차질이 생긴 것으로 설명합니다. "수(需), 기다리다. 비를 만나 앞으로 나아가지 못하고 있던 곳에 머물러 기다리다"라고 합니다. 고문 분석에서는 비를 만나는 것처럼 목욕을 하는 것으로 해석하기도 합니다. 의식을 거행하기 전 예를 담당하는 사람이 목욕재계하며 준비를 하는 것으로 봅니다. 구한다는 뜻은 인신의입니다.

　수구(需求)는 필요하여 찾아 구하는 것을 말하고, 수급(需給)은 수요와 공급을 아울러 이릅니다.

R174

푸를 청(青) 부

갑골	금문	전문	해서
𡴝	靑	靑	青

 '푸를' 청(青)은 '날' 생(生)과 '주사' 단(丹)이 결합된 형성·회의자로 분류합니다. 위의 생(生)은 갓 싹을 틔운 초목을 뜻하고, 아래의 단(丹)은 색깔을 말합니다. 생(生)이 성부(聲符)라고 합니다. 『설문』에서는 "청(青)은 동방의 색이다. 생(生)과 단(丹)을 따른다"라고 합니다. 오행으로 색을 풀었습니다. 동(東)은 계절로 봄을 나타내니, 봄에 초목이 싹틀 때의 색깔이라는 설명입니다. 『강희자전』에 실린 자형은 청(青)인데, 중국에서는 아래에 '달' 월(月)을 쓰는 자형[青]을 표준 자형으로 삼고 있으니, 인터넷 검색 시 참고하기 바랍니다.

 녹(綠, green)과 청(青, blue)은 분명 다른 색입니다. 녹색과 파랑이라고 이름이 따로 있으니 우리도 구별해 쓴 것이 분명합니다. 하지만 녹색 신호등을 우리는 여전히 푸른 신호등이라고 하는 경우가 많습니다. 이것은 분명 색의 식별 능력상 문제는 아닙니다. 우리말 '푸르다'에는 '풀의 빛깔과 같이 밝고 선명하다'는 뜻이 있습니다. 그러니 녹색도 푸른색으로 부르는 경우가 생기는 것입니다. 빨주노초파남보 일곱 색깔 무지개를 보며 어디에서 어디까지가 빨강이다라고 구별하는 것은 쉽지 않습니다. 여기에서 초록과 파랑을 나누어보라고 하면 사람마다 어느 정도 차이를 보이지 않을까 합니다. 색이 짙은 데에서 옅은 데로 마치 바림을 한 것처럼 나타나기 때문에 경계 부분에 있는 색은 사람에 따라 차이를 보일 것이라는 말입니다. 어찌됐든 청(靑)은 처음에는 남색을 가리켰습니다만 나중에는 짙은 녹색까지 가리키게 되었습니다.

위에서 말하는 주사(朱沙)는 진사(辰沙)라고도 하는데 짙붉은색의 광물질로 수은의 원료가 됩니다. 붉은색을 내는 염료로 쓰이는데 그릇을 구울 때 가마의 온도에 따라 붉은색 외에 짙은 녹색이나 암흑색이 나오는 것으로 알려져 있습니다.

기왕에 안료 이야기가 나왔으니 하나만 더 이야기를 하겠습니다. 안료 가운데 회청(回靑)이 있습니다. 회회청(回回靑)이 본말로 푸른색을 내어줍니다. 여기서 회(回)는 회족을 가리키는 말로 회청(回靑)은 이슬람 문명권에서 중국을 통해 재수입된 안료입니다. 조선 시대를 대표하는 백자의 하나인 청화 백자의 문양을 만들 때 썼는데 값이 워낙 비싸 조선 왕조에서는 수입을 금하기도 했습니다. 값이 비싸면 자연 대체품이 나오기 마련이고 중국은 물론 우리나라에서도 사정은 마찬가지였습니다. 안료를 국내에서 채취하는 것입니다. 이를 토청(土靑)이라고 했습니다. 토질이 다르니 함유하고 있는 미세 성분이 자연히 달라질 수밖에 없고 그런 미세 성분의 영향으로 나중에 발색이 될 때 색깔상 미묘한 차이를 보이는 것으로 알려져 있습니다.

‘푸를’ 청(靑) 부수에 속하는 글자는 그다지 많고, 기초한자에는 청(靑)과 ‘고요할’ 정(靜) 두 자 뿐입니다.

중학	획수	형자	새김	발음
靜	16	爭	고요할	정

정(靜)은 색깔이 선명한 것이라고 합니다. 인신하여 ‘고요하다, 안정시키다, 소리가 없다, 멈추어 움직이지 않다’ 등의 뜻을 나타냅니다.

정물(靜物)은 정지하여 움직이지 아니하는 무정물로, 그것을 그린 것은 정물화(靜物畫)입니다. 정적(靜寂)은 고요하여 괴괴한 것을 나타내고, 정좌(靜坐)는 마음을 가라앉히고 몸을 바르게 하여 조용히 앉는 것입니다. 정관묵찰(靜觀默察)은 고요히 보고 말없이 관찰한다는 뜻으로, 자세히 살펴보는 것입니다.

중학	획수	형자	회자	새김	발음
靑	8	生	生丹	푸를	청

청사(靑史)는 역사상의 기록을 말하는데, 예전에 종이가 없을 때 푸른 대의 껍질을 불에 구워 푸른빛과 기름기를 없애고 사실(史實)을 기록하던 데서 유래한다고 합니다. 청운(靑雲)은 푸른 빛깔의 구름인데, 높은 지위나 벼슬을 비유적으로 이를 때 많이 씁니다. 청매죽마(靑梅竹馬)는 매실과 죽마 즉, 대마로 어린아이들이 순진무구하게 노는 것을 나타냅니다. 거기에서 그때의 친밀한 정이나 소꿉동무를 뜻하게 됩니다. 하지만 남자아이와 여자아이 사이의 관계입니다. 청산녹수(靑山綠水)는 푸른 산과 푸른 물이라는 뜻으로 산골짜기에 흐르는 맑은 물을 이릅니다. 청천백일(靑天白日)은 하늘이 맑게 갠 대낮입니다. 거기에서 혐의나 원죄(冤罪)가 풀리어 무죄가 된다는 뜻도 나타내게 됩니다. 청출어람(靑出於藍)은 쪽에서 뽑아낸 푸른 물감이 쪽보다 더 푸르다는 뜻으로 제자나 후배가 스승이나 선배보다 나음을 비유적으로 이릅니다.

부수외자를 보겠습니다. 청(靑)은 독립심이 강한 글자인 모양입니다. 제 집[부수]에 사는 것은 드문데 나가서 딴살림 차린 경우는 많습니다. 형성 자소는 모두 청(靑)입니다.

중외	부수	획수	형자	새김	발음
情	心	11	靑	뜻	정

'뜻' 정(情)입니다. 정리난용(情理難容)은 정으로 보나 사리로 보나 용납하거나 용서하기가 어려움을 나타냅니다. 정부자금(情不自禁)은 감정이 격앙되어 스스로 주체할 수 없는 것을 말합니다. 정부자승(情不自勝)은 자신의 감정을 참거나 이길 수 없다는 뜻입니다. 정의투합(情意投合)은 따뜻한 마음과 뜻이 서로 잘 맞아서 합하는 것이나, 남녀 간에 관계가 이루어지는 것을 가리킵니다. 중국어에서는 정(情)과 의(意)을 분리해 정투의합(情投意合)으로 씁니다. 좀 긴 성어도 하나 소개하겠습니다. 정인안리출서시(情

人眼裏 出西施)에서 서시(西施)는 중국 역사에서 꼽는 4대 미녀 가운데 한 명입니다. 사랑하는 사람의 눈에 서시가 나타났다는 뜻으로 사랑하는 사람의 눈에는 상대방의 모든 것이 예뻐 보인다는 뜻입니다. 바로 우리말의 "제 눈에 안경"에 해당하는 표현인데, 한 걸음 더 나아가면 "아내가 귀여우면 처갓집 말뚝 보고도 절한다"가 되겠습니다.

증외	부수	획수	형자	새김	발음
精	米	14	靑	정성, 정할	정

'정성' 정(精)입니다. 정금양옥(精金良玉)은 정금미옥(精金美玉)으로 쓰기도 하는데, 정교하게 다듬은 금과 아름다운 옥이라는 뜻으로 인품이나 시문이 맑고 아름다움을 이릅니다. 정위전해(精衛塡海)는 중국 전설에서 나온 성어입니다. 염제(炎帝)의 딸 여왜(女娃)가 동해 바닷가에 가서 놀다 물에 빠져 죽어 정위조(精衛鳥)라는 새가 되었습니다. 그녀는 매일 서쪽 산에 가서 나뭇가지나 돌을 물어다 동해를 메운다고 합니다. 그래서 목적을 달성하기 위해 어려움을 두려워하지 않는 강인한 의지를 뜻하게 되었습니다. 비슷한 고사가 떠오르지 않습니까? 그렇습니다. 바로 우공이 산을 옮긴다는 우공이산(愚公移山)으로 어떤 일이든 끊임없이 노력하면 반드시 이루어짐을 이릅니다. 우공(愚公)은 하느님이 감동해 산을 옮겨주었다고 합니다만, 여왜는 그리스 신화에서 영원히 무거운 돌을 산으로 옮겨야 하는 벌을 받은 시시포스(Sisyphus)처럼 오늘도 동해를 메우고 있는지 모르겠습니다.

증외	부수	획수	형자	새김	발음
請	言	15	靑	청할	청

'청할' 청(請)입니다. 청군입옹(請君入瓮)은 『자치통감 (資治通鑑)』에 나오는 말입니다. 상대가 사람들을 다루는 바로 그 방식으로 그 사람을 다루는 것을 말합니다. 기억이 안 난다, 모르겠다 싶으면 어떻게 한다? 네, 그렇습니다. 재빨리 관련된 격물 조항을 확인해 봅니다. 〈格物 091〉입니다.

중외	부수	획수	형자	회자	새김	발음
清	水	11	靑	水靑	맑을	청

'맑을' **청(淸)**입니다. 청심과욕(淸心寡慾)은 마음을 깨끗이 하여 욕심을 적게 갖는다는 뜻입니다. 청평세계(淸平世界)는 맑고 태평한 세상이고, 청풍명월(淸風明月)은 맑은 바람과 밝은 달을 말합니다. 비교적 최근이라고 할 수 있는 청나라 때의 성어를 하나 소개하겠습니다. 조설근(曹雪芹, 1715~1763)의『홍루몽(紅樓夢)』에 나옵니다. 청관난단가무사(淸官難斷家務事)인데, 청렴한 관리라도 집안일을 제대로 처리하기가 어렵다는 뜻입니다. 이것은 분명 가족이 운명 공동체이기 때문에 법을 집행하는 것처럼 일률적으로 처리할 수 없는 어려움을 말하는 것이 아닐까 합니다.

중외	부수	획수	형자	회자	새김	발음
晴	日	12	靑	日靑	갤	청

'갤' **청(晴)**입니다. 구름이 걷히고 파란 하늘[靑]에 해[日]가 나는 것이니 개는 것입니다. 청천벽력(靑天霹靂)은 바로 "마른하늘에 날벼락"이라는 우리 속담과 같은 뜻입니다. 중국에서는 청천벽력(晴天霹靂)을 더 많이 쓰는 듯합니다. 같은 의미인데 출전이 달라 두 개의 표현을 쓰게 된 것으로 알려져 있습니다.

R175

아닐 비(非) 부

갑골	금문	전문	해서
犭	非	非	非

갑골문에서 **비(非)**는 새의 날개가 양쪽으로 펼쳐진 모양을 본뜬 것으로 상형자입니다. 『설문』의 "비(飛) 자 아랫부분 날개에 해당되는 부분을 따라 서로 어긋난다는 뜻을 취한다"라는 말도 같은 내용입니다. 서로 '등지다, 어긋나다'라는 뜻입니다. 여기에서 인신되어 '틀리다, 아니다, 그렇지 않다'라는 뜻을 갖습니다. 부수로 쓰여 같은 뜻을 나타냅니다. 명사 앞에 접두사로 쓰여 '~가 아닌'을 뜻하는 단어를 이루기도 합니다. 이 부수에 속하는 글자는 얼마 안 되는데, 자칫 '부추' 구(韭)와 자형이 비슷해 혼동할 수도 있습니다. 기초한자 가운데에는 '아닐' 비(非) 한 자만 속해 있고, 출가외인으로 두 글자가 더 있습니다.

중학	획수	회자	새김	발음
非	8	兩翅	아닐	비

비(非)가 명사 앞에서 '아니'라는 뜻의 접두어로 쓰이는 경우는 일일이 나열할 수 없어 생략합니다. 비단(非但)은 부정하는 말 앞에서 '다만, 오직'의 뜻으로 쓰입니다. 비범(非凡)한 것은 보통 수준보다 훨씬 뛰어난 것이고, 비상(非常)은 평범하지 아니하고 뛰어난 것이나 뜻밖의 긴급한 사태를 말합니다. 비몽사몽(非夢似夢)은 완전히 잠이 들지도 깨지도 않은 어렴풋한 상태를 말하며, 비일비재(非一非再)는 같은 현상이나 일이 한두 번이나 한둘이 아니고 많음을 이릅니다.

중외	부수	획수	형자	회자		새김	발음
悲	心	12	非	心	非	슬플	비

'슬플' 비(悲)입니다. 비분강개(悲憤慷慨)는 슬프고 분하여 의분이 북받치는 것입니다.

중외	부수	획수	형자	회자		새김	발음
罪	网	13	非	网	非	허물	죄

'허물' 죄(罪)의 자소자는 '그물' 망(网)입니다. 본래 물고기를 잡는 데 쓰는 대나무 그물이었습니다. 한자 서적에 나오는 말을 옮기다보니 '대나무 그물'이 되어 어딘가 이상한 느낌이 들지 않을까 합니다. 그물은 실로 되어 있어 유연하게 움직이고 형태도 다양하게 변하는데, 대나무로 된 그물은 그런 유연성도 가변성도 없기 때문입니다. 물고기를 잡는 데에 쓰는 통발로 생각해도 좋을 듯합니다. 통발이 왜 뜬금없이 허물이나 죄를 가리키게 되었는지는 '그물' 망(网) 부수에서 확인하기 바랍니다.
죄해만사(罪該萬死)는 죄가 만 번 죽어 마땅하다, 만 번 죽어도 부족하다는 뜻인데, 중국 사극에서 자주 들을 수 있습니다.

고외	부수	획수	형자	회자		새김	발음
排	手	11	非	手	非	밀칠	배

'밀칠' 배(排)입니다. 배척이기(排斥異己)는 자기와 다른 것을 밀어 내친다는 뜻으로, 의견이 맞지 않거나 이해관계가 다를 때 받아들이지 않는 것을 말합니다. 사실 척화(斥和)나 최근 문제되는 다문화 갈등도 이런 심리에서 비롯된다고 할 수 있습니다. 누구나 낯설고 다른 것을 쉽게 용납하기는 어렵습니다만, 이 수준을 뛰어넘을 수 있어야 큰 사람이 될 수 있지 않을까 합니다. 사회 전체로 보면 그럴 수 있어야 갈등 요인이 사라지게 됩니다. 배난해분(排難解紛)은 어려움을 떨쳐버리고 얽힌 것을 푼다는 말인데, 문제를 해결한다는 뜻을 나타냅니다.

고외	부수	획수	형자	회자	새김	발음
輩	車	15	非	非車	무리	배

'무리' 배(輩)입니다. '무리'나 복수를 표시하는 '들'의 뜻을 나타내기 때문에, 모리배(謀利輩), 정상배(政商輩) 등처럼 대부분 단어의 뒤에 나오는 글자입니다. 앞에서 시작하는 단어로는 인재가 계속하여 나온다는 뜻의 배출(輩出) 정도가 아닐까 합니다.

9획 부수자로 넘어갑니다. 부수로는 아직도 40자 가량이 남았지만, 여기부터는 각 부수에 해당하는 글자도 많지 않으니 한숨 돌리며 내리막길을 여유 있게 갈 수 있습니다.

R176

낯 면(面) 부

갑골	금문	전문	해서

면(面)은 사람의 얼굴 모양을 본뜬 상형자입니다. 갑골문에는 안에 사람의 눈[目]이 들어 있고 금문과 전문에는 머리[首]가 들어 있습니다. '에울' 위(囗)는 얼굴의 윤곽을 나타내는 것으로 이해합니다. 안면과 관련된 뜻을 나타냅니다만, 글자 수는 많지 않고 기초한자로는 '낯' 면(面) 한 글자만 이 부수에 속합니다.

중학	획수	새김	발음
面	9	낯	면

면대(面對)는 대면(對面)으로 쓰기도 하는데, 얼굴을 맞대는 것 즉, 마주 대하는 것입니다. 면모(面目)는 겉모습이나 얼굴의 생김새를 가리킵니다. 우리말에서 "얼굴이 빨개졌다, 귀가 빨개졌다"라고 하면 실제 그런 모습을 가리키기도 하지만 부끄러움이나 감

정이 격앙된 것을 나타내기도 합니다. 면홍이적(面紅耳赤)은 바로 그런 것을 가리킵니다. 면색여토(面色如土)는 면여토색(面如土色)으로 쓰기도 하는데, 몹시 놀라거나 겁에 질려 안색이 흙빛과 같은 것을 말합니다. 우리말에서도 "흙빛으로 질리다"로 씁니다. 비슷한 성어로 면무인색(面無人色)이 있습니다. 몹시 놀라거나 무서움에 질려 얼굴에 핏기가 없는 것을 가리킵니다.

R177

가죽 혁(革) 부

갑골	금문	전문	해서
𩏑	𩏑	革	革

혁(革)은 짐승의 가죽에서 털을 없애 모양을 바꾼 것입니다. '없애다, 제거하다, 바꾸다, 개혁하다'라는 뜻을 나타냅니다. 상형자입니다. 이에 반해 피(皮)는 벗겨내기만 한 가죽으로 털이 아직 붙어 있는 것이고, 위(韋)는 털을 제거한 뒤 부드럽게 가공한 가죽, 즉 다룸가죽입니다.

전통 악기는 쓰인 재료에 따라 분류를 했기 때문에 가죽으로 만든 악기를 혁부(革部) 악기라고 합니다. 북이 혁부의 대표적이 악기입니다. 부수로 쓰여 가죽이나 가죽 제품을 나타냅니다. '가죽' 혁(革) 부수에는 제법 많은 글자가 들어 있습니다만, 기초한자 가운데에는 혁(革) 한 자만 올라 있습니다.

중학	획수	새김	발음
革	9	가죽/중해질	혁/극

혁명(革命)은 왕통을 뒤집고 다른 왕통이 대신하여 통치하는 일을 말합니다. 혁신(革新)은 묵은 풍속, 관습, 조직, 방법 따위를 완전히 바꾸어서 새롭게 하는 것이고, 혁정(革政)은 정치를 개혁하는 것입니다. 혁고정신(革故鼎新)은 묵은 것을 고치고 새로운 것을 취한다는 뜻입니다. 정신(鼎新)은 낡은 것을 새로이 고치는 것입니다.

R178

다룸가죽 위(韋) 부

갑골	금문	전문	해서
ADY	🖐	韋	韋

    앞에서 말한 바와 같이 위(韋)는 다룸가죽입니다. 다룸가죽은 날가죽 즉, 생가죽과 상대가 되는 말로 부드럽게 가공한, 즉 무두질을 한 가죽입니다. 『설문』에서는 "위(韋), 서로 어긋나다. '어그러질' 천(舛)을 따르며 '에울' 위(囗)가 소리를 나타낸다. 짐승의 다룸가죽은 틀어져 어긋난 것을 묶을 수 있기 때문에 가차해 다룸가죽의 뜻으로 쓴다"라고 설명합니다.

    '위편삼절(韋編三絶)'이라는 고사에서 볼 수 있는 뜻입니다. 공자는 만년에 『주역』을 즐겨 읽었는데 하도 여러 번 읽어 죽간을 묶은 가죽 줄이 세 번이나 끊어졌다는 고사에서 나온 성어입니다. 지금이야 책을 보며 가죽 끈이 끊어질 일은 없겠고, 여러분은 엄지 세대이니 '기판삼훼(基板三毁)' 정도는 해야 할 듯합니다. 핸드폰 기판이 세 번 망가질 정도로 모르는 것 많이 찾아보고 읽어봐야 합니다. 기판삼훼는 '위편삼절'에 빗대어 필자가 그냥 만들어본 말입니다.

그런데 이 뜻은 『설문』에서도 밝힌 바와 같이 가차의(假借義)입니다. 고문을 보면 위(韋) 자의 위아래는 발을 나타내는 지(止) 자입니다. 가운데의 위(口)는 성을 나타내 결국 여러 사람이 성 주위의 못[해자]을 둘러싸고 있음을 나타냅니다. '둘러싸다, 포위하다'를 본뜻으로 봅니다.

중학	획수	형자	회자	새김	발음
韓	17	倝	倝韋	한국, 나라	한

이 부수에 속하는 기초한자는 바로 대한민국(大韓民國)에 나오는 '나라' 한(韓)입니다. 형성 자소는 '빛날' 간(倝)으로 소리를 나타내는데 본뜻은 '우물방틀, 우물틀'이라고도 하는 우물귀틀입니다. 우물에 뭐가 빠지거나 들어가지 않도록 만들어 세우는 난간인데, 귀틀은 나무로 '우물' 정(井) 자 모양으로 짠 틀입니다. 산간 지역에서 볼 수 있는 귀틀집은 바로 그렇게 만든 집입니다.

한국(韓國)은 물론 우리나라입니다. 우리나라의 공식 명칭은 대한민국(大韓民國, Republic of Korea)입니다. 영어에 남한이란 뜻으로 'South Korea'도 눈에 띄는데 공식 명칭은 아닙니다. 현대 중국어 자전에서는 '韋' 부수를 따로 세우고 있어서 '나라' 한(韓)은 그 부수에 들어 있습니다. '韋'은 '높을' 탁(卓)과 동자라고는 합니다만, 독립된 글자로 새김이나 발음은 확인해볼 수 없습니다.

중외	부수	획수	형자	새김	발음
偉	人	11	韋	클	위

위(偉)는 보통 사람[人]과 어긋나는 것[韋], 즉 '기이하다, 다르다'가 본뜻입니다.

고외	부수	획수	형자	새김	발음
緯	糸	15	韋	씨줄	위

위(緯)는 씨줄로 씨실이라고도 하며 피륙을 짤 때 가로 방향으로 놓이는 선이고, 날줄 또는 날실은 세로 방향으로 놓이는 실입니다. 각각 위선(緯線), 경선(徑線)과 같은 말인데 지리 공부를 할 때는 이상하게도 좋은 우리말 놓아두고 위선, 경선이라는 용어를 많이 썼던 듯합니다.

위지경천(緯地經天)은 경천위지(經天緯地)로 쓰기도 하는데, 온 천하를 조직적으로 잘 계획하여 다스리는 것을 이릅니다.

고외	부수	획수	형자	회자	새김	발음
圍	□	12	韋	□ 韋	둘레	위

'에워쌀' 위(圍)입니다. 위위구조(圍魏救趙)는 위나라를 둘러싸 조나라를 구한다는 말로, 『사기(史記)』에 나오는데 중국 전국 시대 역사가 배경입니다. 위나라가 조나라를 공격해 수도 한단(邯鄲)을 에워쌌습니다. 그러자 조나라는 제(齊)나라에 도움을 청했고, 손자병법으로 유명한 손자(孫子)의 후손인 손빈(孫臏)이 위나라 수도 대량(大梁, 현재의 개봉시 서북쪽)을 공격하는 전략을 냅니다. 이에 위나라는 철군하게 되어 조나라는 위기에서 벗어납니다. 여기서 적의 후방을 공격해 철군하게 만드는 전술을 뜻합니다.

여기서 자소자 '□'는 '나라' 국이 아니라, '에울' 위로 보아야 합니다.

고외	부수	획수	형자	회자	새김	발음
違	辶	13	韋	韋辶	어길	위

'어길' 위(違)입니다. 위법난기(違法亂紀)는 법을 어기고 기강을 문란하게 하는 것입니다.

고외	부수	획수	형자	회자	새김	발음
衛	行	15	韋	韋形	지킬	위

'지킬' **위(衛)**입니다. 위(衛)와 관련된 고사성어는 찾아보기가 어려워 중간에 들어가는 단어를 소개합니다. 보가위국(保家衛國)입니다. 한 집안을 지켜나가는 동시에 나라를 보위하는 것을 나타내는데, 현대 중국에서 보가(保家)는 모든 국민의 신성한 의무로 위국(衛國)은 군인의 최고 책임으로 강조합니다.

R179

부추 구(韭) 부

갑골	금문	전문	해서
		𤫩	韭

　　땅 위로 무성히 자라나는 부추의 모양을 본뜬 상형자입니다.『설문』에서는 "구(韭)는 채소의 이름이다. 한 번 심으면 오래간다. 그래서 구(韭)라고 한다. 상형으로 (非 모양) 일(一) 위에 있다. 일(一)은 땅이다. 이것[一]은 단(耑) 자에서도 같은 뜻을 갖는다"라고 합니다.

　　부추는 한 번 뜯어 먹어도 계속 자라 올라옵니다.『설문』내용 중 "그래서 구라고 한다"라는 부분을 이해하기는 쉽지 않습니다. '부추' 구(韭)는 '오랠' 구(久)와 발음이 같습니다. 오래 가는[久] 채소라서 발음이 같은 '구(韭)'로 썼다는 뜻입니다. "단(耑) 자에서도 같은 뜻"이라는 말은 '시초' 단(耑)의 위는 막 자라나기 시작하는 초목의 모양이고 아래는 뿌리를 가리키는데 가로획[一]은 똑같이 땅을 나타낸다는 뜻입니다. 이 부수에 속하는 글자 또한 많지 않고 기초한자로는 '부추' 구(韭)를 포함해 한 글자도 들어 있지 않습니다.

필자의 고향에서는 부추를 졸(혹은 줄)이라 했습니다. 나중에 공부하러 대처로 나가니 '정구지'가 됐습니다. 그런데 웬걸, 다시 공부한다고 서울로 올라오니 '부추'입니다.

R180

소리 음(音) 부

갑골	금문	전문	해서

    '소리' 음(音)의 고자(古字)는 '말씀' 언(言)의 아래 네모난 부분에 가로획[一]을 더해 뭔가를 물고 소리 내는 것을 나타낸 것입니다. 악기입니다. 그래서 '소리' 음(音)은 지사자로 분류하기도 하고, 악기나 악기에서 나오는 음악을 가리키는 것으로 봅니다. 가로획이 없는 언(言)은 '말'입니다.

    『설문』에서는 "음(音)은 소리이다. 가슴에서 나와 (입안에서) 조절되어 밖으로 나오는 소리이다. 궁상각치우(宮商角徵羽)는 성(聲)이고, 사죽금석포토혁목(絲竹金石匏土革木)에서 나는 소리는 음(音)이다. 언(言)에 일(一)이 들어간 것에서 뜻을 취한다"라고 합니다. 회의자입니다.

    음(音)은 넓은 개념으로 물체가 진동할 때 나오는 모든 소리를 말하고, 분별해서 말할 때는 '사람이 말할 때 나오는 소리는 성(聲)이고, 악기에서 나오는 소리는 음(音)으로 분간하는 것'으로 이해할 수도 있겠습니다. 우리말에서도 소리는 물체가 진동하며 나오는 파동이 귀청을 울리어 듣게 되는 모든 것을 가리킵니다. 그런데 문제는 사람이 내는 소리를 '목소리'라고 하는 경우도 있지만 대부분은 그냥 '소리'로 써서 물체가 내는 소리와 분명히 나누지 않는다는 점입니다. 정확히 나눈다면 음성과 음향이 되겠습니다. 음(音)은 부수로 쓰여 소리 그 가운데에서도 주로 음향과 관련된 뜻을 나타냅니다.

중학	획수	지자	회자	새김	발음
音	9	一	言 一	소리	음

음신(音信)은 먼 곳에서 전하는 소식이나 편지입니다. 자의(字義)로 본다면 음(音)은 어쩌면 인편을 통해 전해 듣는 말이겠고, 신(信)은 편지가 되겠습니다. 음악(音樂)은 목소리나 악기를 통하여 사상 또는 감정을 나타내는 예술을 말합니다.

중외	부수	획수	형자	새김	발음
暗	日	13	音	어두울	암

암(暗)은 햇빛이 나지 않는 것입니다.

암중모색(暗中摸索)은 줄여서 암색(暗索)으로 쓰기도 하는데, 물건 따위를 어둠 속에서 더듬어 찾는 것을 이릅니다. 추파(秋波)는 가을의 잔잔하고 아름다운 물결이 본뜻입니다. 여기서 이성의 관심을 끌기 위해 은근히 보내는 눈길을 뜻하기도 합니다. 흔히 "추파를 던지다"라고 하는데, 한문에서는 암송(暗送)이라고 합니다. 슬그머니 아니면 남모르게 보낸다는 뜻이겠습니다. 암송추파(暗送秋波)입니다.

중외	부수	획수	형자	회자	새김	발음
意	意	13	音	音 心	뜻	의

『설문』에서 **의(意)**는 지(志)라고 합니다. 또 지(志)는 의(意)라고 합니다. 뜻이 비슷한 말의 경우 이렇게 풀이하는 방식을 '호훈(互訓)'이라고 하는데, 한자를 배우는 사람으

로서는 개념을 이해하기가 쉽지 않은 방식입니다. 생각이나 뜻으로 새길 수 있습니다.

의중인(意中人)은 본래 의기투합할 수 있는 사람을 가리켰습니다만, 나중에는 사모하는 이성을 가리키는 데에 많이 쓰입니다. 우리말로 "마음에 둔 사람" 정도의 표현이겠습니다. 의기투합(意氣投合)은 마음이나 뜻이 서로 맞는 것을 이르는데, 중국에서는 의기상투(意氣相投)로 씁니다. 의재필선(意在筆先)은 서성으로 불리는 왕희지(王羲之)가 한 말로 서예에서 많이 씁니다. 뜻이나 생각이 붓끝[筆先]에 있다는 뜻이 아니고, 붓보다 앞서야 한다는 뜻입니다. 글자를 쓰거나 그림을 그리고 시를 짓거나 문장을 쓸 때 사전에 충분히 생각하고 구상을 한 뒤에 붓을 대야 한다는 뜻입니다.

중외	부수	획수	회자	새김	발음
章	立	11	音十	글	장

음악[音]을 한 곡 마치는 것[十]을 한 장(章)이라고 합니다. 십(十)은 수의 끝이니 여기서 '마치다'라는 뜻을 나타냅니다. 물론 장(章)을 '설' 립(立)과 '이를' 조(早)로 나눠 '일찍 일어나다'라는 뜻을 나타내는 것으로 생각할 수도 있습니다. 그러나 한자가 모국어 표기 수단인 중국인들은 '장(zhāng, 章)'이라는 발음을 듣는 순간 그 소리로 표기되는 글자들, 예를 들어 '張, 章, 彰' 등을 떠올릴 것입니다. 그리고 단서가 더 주어지면 그 가운데 '章'을 선택하게 될 텐데, 비록 어렴풋할지라도 그 말의 뜻도 짐작할 수 있으니 '설' 립(立)과 '이를' 조(早)로 나누는 일은 없지 않을까 합니다. 한자어가 우리말의 일부이긴 합니다만, 모국어가 아닌 우리에게 어려운 이유입니다.

장(章)이 어두(語頭)에 오는 성어를 찾기 어려워 어말(語末)에 오는 단어로 대체합니다. 약법삼장(約法三章)입니다. 중국 한(漢)나라 고조가 진(秦)나라의 가혹한 법을 폐지하고 이를 세 조목으로 줄인 것으로 곧 사람을 살해한 자는 사형에 처하고, 사람을 상해하거나 남의 물건을 훔친 자는 처벌한다는 내용입니다. 물론 한 나라를 이렇게 간단한 서너 가지의 법조문으로 다스릴 수는 없습니다. 하지만 새로운 왕조를 세우겠다는 기치로 내세울 때에는 호소력이 있었던 듯합니다.

고교	획수	형자	새김	발음
韻	19	員	운치	운

운(韻)은 서로 어울려 듣기 좋은 소리입니다. 삼사조, 사사조, 칠오조 등의 시구는 읽기에도 좋고 듣기도 좋습니다. 각 시행의 동일한 위치에 규칙적으로 쓰인, 음조가 비슷한 글자를 뜻하기도 합니다.

운율(韻律)은 음의 강약, 장단, 고저 또는 동음이나 유음의 반복으로 이루어지는 시문(詩文)의 음성적 형식입니다. 쉽게 이야기하면 말을 할 때 비슷한 자음이나 모음, 양성모음이나 음성모음 등이 만나거나 반복되면서 이루어내는 말의 리듬으로 말 자체에 음악적인 아름다움을 더해줍니다. 운치(韻致)는 고상하고 우아한 멋을 말합니다.

고교	획수	형자	회자	새김	발음
響	22	鄕	鄕音	울릴	향

향(響)은 물체에 부딪혀 되돌아오는 소리 즉, 메아리입니다.

향응(響應)은 소리 나는 데에 따라 그 소리와 마주쳐 같이 울리거나, 남의 주창에 따라 그와 같은 행동을 마주 취하는 것을 말합니다. 반향(反響)은 어떤 사건이나 발표 따위가 세상에 영향을 미치어 일어나는 반응입니다.

고외	부수	획수	회자	새김	발음
竟	立	11	音儿	마침내	경

앞에서 음악을 한 곡 마치는 것을 장(章)이고, **경(竟)**은 악곡을 마치는 것이라고 설명한 바 있습니다. 현대 음악 용어를 빌려 설명한다면 소나타나 교향곡에서 하나하나의 악장을 마치는 것은 장(章)이고, 악곡 자체를 마치는 것은 경(竟)으로 설명될 수 있겠습니다.

R181

머리 혈(頁) 부

갑골	금문	전문	해서

갑골문의 혈(頁) 자는 꿇어앉아 있는 사람의 모양인데 머리 부분이 유난히 크고 불거져 보입니다. 현재의 자형을 위의 '머리' 수(百)[首의 본자]와 아래의 '사람' 인(人)으로 나눌 수도 있습니다. 사람의 머리입니다.

'머리' 혈(頁) 외에 똑같이 머리를 나타내는 '머리' 수(首)가 역시 9획으로 잠시 뒤에 나옵니다. 도대체 두 글자의 차이가 뭔지 늘 궁금한데, 혈(頁)은 우리의 몸 전체 가운데 머리를 나타내고, 수(首)는 머리칼이 붙어 있고 그 아래로 눈과 얼굴을 그린 글자라거나 뇌를 가리킨다는 설명 외에 신통한 설명이 없습니다.

요즘 말로 설명하면 머리 부분을 클로즈업(close-up)시킨 글자가 수(首)라는 뜻이 겠습니다. 부수로 쓰여 머리와 관련된 내용을 나타냅니다. 그런데 막상 '머리' 혈(頁)은 기초한자에는 들어 있지 않습니다.

중학	획수	형자	새김	발음
領	14	令	거느릴	령

'거느릴' **령(領)**은 '목'이 본뜻인데, 이 밖에도 목을 가리키는 말로 같은 부수에 '목' 경(頸)이 있습니다.『단주』를 살펴보면 경(頸)은 머리 가까이 줄기 모양을 이루는 목 부위[頭莖(두경)]입니다.

우리 몸의 줄기는 척추입니다. 척추의 가장 위는 고리뼈[環椎骨(환추골), atlas]로 목을 이루는 첫 번째 뼈이기도 합니다. 이 뼈는 우리의 몸과 머리를 연결하며 동시에 머리가 마음대로 움직일 수 있게 해줍니다. '자재 연결, 만능 이음쇠'라는 우리말 역어가 썩 와닿지 않는데 바로 유니버설 조인트(universal joint)입니다. 이 연결 부위를 가리킨다는 것이 필자의 판단입니다. '목덜미' 항(項)은 목의 뒷부분을 가리킵니다. 결론적으로 말해 목 전체를 가리키는 것은 령(領), 뒷부분은 항(項), 경(頸)은 목덜미와 머리의 경계 부분입니다. 목 전체를 감싸기 때문에 '옷깃'이라는 뜻이 있고, 그 밖에 '거느리다, 다스리다'는 뜻을 나타냅니다.

영도(領導)는 앞장서서 이끌고 지도하는 것입니다. 영도자(領導者)는 바로 그런 역할을 하는 사람인데, 마치 무지몽매한 국민을 이끄는 듯한 어감이 있어 필자 개인적으로는 좋아하지 않는 말입니다. 영수(領收, 領受)는 돈이나 물품 따위를 받아들이는 것이고, 영수증(領收證)은 그런 사실을 표시하는 증서입니다.『표준』에서는 영수의 한자로 '領收'와 '領受'의 두 가지를 올리고 있습니다. 그런데 영수증에는 '領收證' 하나만 올리고 있어, 왜 '領受證'은 실리지 않았는지 궁금합니다. 중국어에서는 영수(領受)를 받아들인다는 일반적인 뜻 외에 주로 다른 사람의 호의를 받아들인다는 추상적인 것을 받아들이는 뜻으로 쓴 용례가 있습니다만, 일본어에서는 큰 사전에도 영수(領受)를 찾기가 어렵습니다. 영토(領土)는 한 나라의 통치권이 미치는 구역입니다.

중학	획수	형자	새김	발음
顔	18	彦	낯	안

『설문』에서 **안(顔)**은 양미간 사이라고 합니다. 이 부분을 가리키는 말이 인당(印堂)인

데, 이것이 넓으면 소년등과를 한다고 합니다. 여기서 '이마'를 가리키고, 드디어는 얼굴, 면모나 색깔까지 뜻하게 되었습니다.

자소자인 '선비' 언(彥)의 금문을 분석하는 경우, 위에 '글월' 문(文), 가운데에 '언덕' 한(厂), 아래에 '활' 궁(弓)을 써 문무를 겸한 인재를 나타낸다고 설명하는 경우가 있습니다. 가운데 '언덕' 한(厂)은 소리입니다. 그런데 전문에 들어와서 '활' 궁(弓)이 '터럭' 삼(彡)으로 바뀌었습니다. 여기서 삼(彡)은 문채를 뜻합니다. 글[文]에 문채(文彩)가 나는 사람, 즉 글 솜씨가 훌륭한 사람으로 선비입니다. 본래는 문무를 겸했는데, 문(文) 쪽의 자질만 갖춘 것이 되어 의미가 축소된 경우이겠습니다.

안근(顔筋), 안면(顔面), 안색(顔色)에서 안(顔)은 모두 얼굴을 가리킵니다. 안근유골(顔筋柳骨)은 서예에서 많이 듣는 말입니다. 여기서 안(顔)은 안진경(顔眞卿, 709~784)을, 유(柳)는 유공근(柳公權, 778~865)을 가리키는데, 두 사람 모두 당나라 때의 유명한 서예가입니다. 안진경의 글씨에는 힘줄이 있고, 유공근의 글씨에는 뼈가 있다는 뜻으로 글씨가 힘이 있고 매우 뛰어남을 이릅니다.

중학	획수	형자	새김	발음
願	19	原	원할	원

원(願)의 본뜻은 머리가 큰 것이라고 합니다. 여기서 인신되어 '바라다, 원하다, 희망하다'라는 뜻이나 이루고자 하는 목적을 나타내게 되었습니다.

자소자 원(原)은 앞에서도 설명했듯이 벼랑[厂] 아래에 있는 샘[泉]으로 물이 흘러나오는 수원을 가리킵니다.

원망(願望)은 원하고 바라는 것입니다. 원서(願書)는 지원하거나 청원하는 내용을 적은 서류이니 꼭 취직할 때 작성하는 서류만이 아닌데, 요즈음 원서(願書)를 청원서(請願書)의 뜻으로 쓰는 경우는 드물지 싶습니다. 원인(願人)은 무엇인가를 원하는 사람입니다. 절에서는 무언가 발원하는 사람을 이르기도 합니다.

중학	획수	형자	회자	새김	발음
頂	11	丁	丁 頁	정수리	정

정(頂)은 못대가리[丁]처럼 머리[頁]의 가장 꼭대기로 숫구멍이 있는 부위입니다.

정문(頂門)은 숫구멍이나 정수리를 말합니다. 정상(頂上)은 산 위의 맨 꼭대기를 뜻하는데, 그 이상 더없는 최고의 상태나 한 나라의 최고 수뇌를 뜻하기도 합니다. 정문일침(頂門一鍼)은 정수리에 침을 놓는다는 말로 따끔한 충고나 교훈을 이릅니다.

중학	획수	형자	회자	새김	발음
順	12	頁	巛 頁	순할	순

순(順)의 고문 분석에서는 '내' 천(巛)을 헝클어진 머리의 상형으로 봅니다. 그래서 순(順)은 헝클어진 머리에 빗질을 하는 것을 나타낸다고 합니다. '내' 천(川)을 뜻대로 새겨, 생각이 물 흐르듯 풀리는 것을 가리킨다는 설명도 있습니다. 순하다, 좇다나 차례 등을 나타냅니다.

순경(順境)은 일이 마음먹은 대로 잘 되어가는 경우로 역경(逆境)과 상대가 되는 말입니다. 순로(順路)는 평탄하고 곧은 길이며, 순풍(順風)은 배가 가는 쪽으로 부는 바람을 이릅니다. 순수추주(順水推舟)는 물의 흐름을 따라 배를 몬다는 말로 어떤 추세나 방편을 이용해 일을 처리하는 것을 말합니다.

중학	획수	형자	회자	새김	발음
頭	16	頁	豆 頁	머리	두

두(頭)의 오른쪽 자소자는 '머리' 혈(頁)입니다. 머리를 나타내는 글자로 또 '머리' 수(首)가 있습니다. 앞서 이야기했듯이 본래 수(首)는 머리칼과 눈을 강조해 머리 부분만 가리키는 데에서 나온 글자이고, 혈(頁)은 아래에 인(儿)을 써서 몸의 일부로서 머리를 나타냈다고 합니다. 그런데 혈(頁)이 다른 뜻으로 많이 쓰이게 되자 '콩' 두(豆)를 더해 '머리' 두(頭)가 새로운 글자로 쓰이게 되었습니다. 쉽게 '콩' 두(豆)라고 했습니다만, 조두(俎豆)가 더 정확할지 모르겠습니다. 조두는 각종 제기를 통틀어 이르는 말인데, 조(俎)는 굽이 높은 도마 모양을 하고 있습니다. 적대 혹은 적틀이라고 하며 육류를 담는 그릇이고, 두(豆)는 조금 높은 다리 위에 운두가 깊은 접시가 달린 모양으로 다른 음식

을 놓습니다. 역사책에서 자주 보는 굽다리접시입니다.

두양소근(頭癢搔跟)은 머리가 가려운데 발꿈치를 긁는다는 말로 맹목적이고 무용한 행동을 뜻합니다. 격화소양(隔靴搔癢)도 자의(字義)로 보면 비슷한 의미인데, 성에 차지 않거나 철저하지 못한 안타까움을 이릅니다.

중학	획수	형자	회자	새김	발음
題	18	頁	是頁	제목	제

제(題)의 본뜻은 '이마'라고 합니다. 인신되어 끝, 표제, 글제, 문제 등의 뜻을 나타냅니다.

제사(題辭)는 백성이 제출한 소장(訴狀)이나 원서(願書)에 쓰던 관부의 판결이나 지령을 말하는데 제사(題詞)와 같은 의미로 쓰이기도 해, 책의 첫머리에 그 책과 관계되는 노래나 시 따위를 적은 글을 나타내기도 합니다. 제목(題目)은 작품이나 강연, 보고 따위에서 그것을 대표하거나 내용을 보이기 위하여 붙이는 이름입니다. 제자(題字)는 서적의 머리나 족자, 비석 따위에 쓴 글자를 뜻합니다.

중학	획수	회자	새김	발음
須	12	彡頁	모름지기	수

수(須)는 수염이 본뜻입니다. 얼굴[頁]에 난 털[彡]이라고 풀 수 있습니다. 그런데 이 글자를 계속 '모름지기, 마땅히' 등의 다른 뜻을 나타내는 데 쓰니까[假借(가차)] 적반하장 격으로 수염이 결국 쫓겨나 이사를 하게 됩니다. 새로 이사한 집의 성은 '머리털 늘어질' 표(髟), 이름은 수(須) '표수(髟須)'라고 문패를 크게 답니다. "나, 수염이야", '머리털' 수(鬚)입니다.

수지(須知)는 자신이 소속된 일에 대하여 모름지기 알아야 한다는 뜻입니다.

중외	부수	획수	회자		새김	발음
夏	夂	10	頁 臼(雙手) 夂		여름	하

하(夏)의 갑골문을 보면 한 손에 도끼를 든 위엄이 있는 무사의 형상입니다. 전문은 '夓' 형태로 위에 두 손을 나타내는 '깍지 낄' 국(臼) 가운데에 '머리' 혈(頁)을 쓰고 아래에 '천천히 갈' 쇠(夂)를 쓰고 있습니다. 국(臼)은 자칫 '절구' 구(臼)와 혼동하기 쉬운데 아래 가로획이 하나가 아니고 가운데가 끊어진 두 획입니다. 『설문』에서는 "하(夏), 중국의 사람이다"라고 합니다.

고교		획수	형자	새김	발음
頌		13	公	칭송할, 기릴	송

송(頌)은 용모라고 하는데, 『단주』에 보면 옛날에는 사람의 얼굴 모양을 가리키는 용모(容貌)를 송모(頌貌)라고 했다는 설명이 나옵니다. 용모를 가리키는 데에서 '찬양하다, 축원하다' 등의 뜻이 인신되어 나왔습니다.

송가(頌歌)는 공덕을 기리는 노래라는 뜻입니다. 송축(頌祝)은 경사를 기리고 축하한다는 뜻입니다. 역사 현장에 가면 송덕비(頌德碑)를 심심찮게 보는데 이것은 공덕을 기리기 위하여 세운 비입니다. 송고비금(頌古非今)은 옛것을 찬양하고 현재의 것은 비난하거나 부정한다는 말입니다. 옛것을 되살리는 것은 좋은 일이지만 그렇다고 현재의 것을 일률적으로 부정하는 것은 바람직한 태도는 아니겠습니다.

고교		획수	형자	새김	발음
頗		14	皮	자못	파

파(頗)는 머리[頁]가 한쪽으로 비뚤어지거나 기운[偏] 것입니다. '치우치다, 바르지 않다'라는 뜻이 나오게 됩니다. 여기에서 다시 정도가 심한 것을 나타내는 '자못' 등의 뜻도 생겨났습니다.

파다(頗多)한 것은 아주 많은 것입니다.

고교	획수	형자	새김	발음
額	18	客	이마	액

이마를 뜻하는 글자로는 **액(額)** 외에 상(顙)이 또 있습니다. 『설문』에 실린 자형은 '액(頟)'입니다. 주석서를 보면 중국의 한가운데쯤에 있던 하나라에서는 액(額)이라 하고 동쪽의 제나라에서는 상(顙)이라고 했다는 설명이 있습니다. 땅이 워낙 넓고, 더욱이 옛날에는 여러 나라로 갈려 있어 같은 내용을 가리키는 글자가 여러 개 있어도 이상할 바는 아닙니다. 물체의 머리 부분을 가리키기도 하고, 문에 걸린 편액(扁額)이나 규정된 숫자를 뜻하기도 합니다.

액내(額內)는 일정한 인원수의 안이라는 뜻입니다. 액면(額面)은 편액, 화폐나 유가증권의 앞면을 말합니다. 액수(額數)는 돈의 머릿수이고, 액자(額子)는 그림, 글씨, 사진 따위를 끼우는 틀입니다.

고교	획수	형자	새김	발음
顧	21	雇	돌아볼	고

고(顧)는 머리[頁]를 돌려서 보는 것입니다. 좌고우면(左顧右眄)이라는 단어에서 볼 수 있는데 좌로 보고 우로 본다가 글자 그대의 뜻으로, 이리저리 살펴만 보며 결정을 내리지 못하고 망설이는 것을 가리킵니다. 면(眄)은 곁눈질하다, 흘긴다는 뜻입니다.

자소자 고(雇)는 품을 판다는 뜻입니다. 품은 '어떤 일에 드는 힘이나 수고' 혹은 '삯을 받고 하는 일'입니다. 요즘 경제 용어를 쓴다면 용역으로, 품팔이입니다. 그런데 한자의 본뜻은 상상 밖입니다. 봄이 되어 철새[隹]가 집[戶]으로 돌아오는 것을 가리킨다고 합니다. 『설문』의 내용을 한 번 자세히 살펴보겠습니다. "고(雇)는 (농사에 도움을 주는) 철새로 아홉 종류가 있다. 밭갈이를 하거나 뽕나무를 키워 비단을 짜는 데 도움을 주며, 농민들이 농사철을 놓치지 않도록 해준다. 추(隹)를 따르고 호(戶)가 소리를 나타낸다. 봄 철새는 세가락메추라기[鳻鶞, 鳻盾]이고, 여름 철새는 옅은 검은색, 가을 철새는 옅은 남색, 겨울 철새는 옅은 황색이다. 극고(棘雇)는 옅은 적색, 행고(行雇)는 '지에지에' 소리를 내며 울고, 소고(宵雇)는 '저저'하며 운다. 상고(桑雇)는 옅은 백색이고, 노고(老雇)는 안작(鷃雀)이라고도 한다."

모두 아홉 가지라고 했습니다만 다 열거하지 않았고, 색과 울음소리로 설명해 어떤 새인지 알 수는 없습니다. 상고(桑雇)는 자의(字義)로만 본다면 봄누에를 가리키는 것으로 보여 5월 중하순에 많이 볼 수 있는 철새이고, 노고(老雇)는 안작(鷃雀)이라고도 한다는 점과 보리를 거둘 때 오는 철새라는 다른 문헌의 기록을 볼 때 종다리가 아닌가 싶습니다. 자연 환경이 다르니 이런 내용이 그대로 우리나라에도 들어맞는다고 볼 수 있는지 의심스럽기도 합니다만, 관찰력이 얼마나 치밀한가 합니다. 물론 생활 환경이나 살아가는 방식이 바뀌니 관심의 방향 또한 바뀌기 마련이기는 합니다만, 이런 것을 보면 옛날 사람들은 새 한 마리만 보아도 어느 계절에 어느 때로 또 해야 할 일은 무엇인지를 헤아리지 않았나 싶습니다. 주변의 자연환경을 읽고 해석해내는 능력이 오늘의 우리와는 비교될 바가 아닙니다.

고객(顧客)은 상점 따위에 물건을 사러 오는 손님이나 단골손님을 말합니다. 고념(顧念)은 남의 사정이나 일을 돌보아주는 것을 이르고, 고문(顧問)은 의견을 묻거나 어떤 분야에 대하여 전문적인 지식과 풍부한 경험을 가지고 자문에 응하여 의견을 제시하고 조언을 하는 직책이나 또는 그런 직책에 있는 사람을 말합니다. 고명사의(顧名思義)는 어떤 일을 당하여 자신의 명예를 더럽히는 일이 아닌지 돌이켜보고 또한 의리에 어긋나는 일이 아닌지 생각하는 것입니다.

고교	획수	형자	회자	새김	발음
項	12	工	工 頁	목덜미, 항목	항

항(項)입니다. 목의 뒷부분 즉, 목덜미입니다. 줄여서 덜미라고도 하는데 '덜미 잡히다'고 할 때의 덜미입니다. 인신되어 사물의 종류를 나타내기도 하고, 조항을 뜻하기도 합니다.

항목(項目)은 조목(條目)과 같은 뜻으로 하나의 일을 구성하고 있는 낱낱의 부분이나 갈래를 뜻합니다. 법률이나 규정의 조나 항목을 가리키기도 합니다. 법령을 세분할 때에는 조(條), 항(項), 호(號), 목(目)의 순으로 세분화 됩니다. 조(條) 위로는 절(節), 장

(章), 편(編)의 순으로 묶는 범위가 커집니다. 책의 경우에는 여기에 권(卷)을 더해, 낱권의 크기가 됩니다. 한 가지 조금 명확하지 않은 단위는 관(款)입니다. 조(條) 아래로 되어 있는데, 글 속에서 조(條)가 하나의 주제어로 묶이는 단위라면 관(款)은 조를 이루는 각 문단 정도에 해당되지 않을까 합니다. 항배(項背)는 몸과 등을 아울러 이르는 말입니다. 항배상망(項背相望)은 목과 등이 마주 바라본다는 뜻으로, 왕래가 잦은 것입니다.

고교	획수	형자	회자	새김	발음
類	19	頪	米犬頁	무리/치우칠	류/뢰

　　류(類) 자는 '비슷할' 뢰(頪)와 '개' 견(犬)으로 파자할 수 있습니다. 개를 비슷한 것끼리 무리로 묶는 것입니다. 바로 종류입니다. 『설문』에서 "종류가 서로 비슷한데, 유독 개에서 가장 분명하게 나타난다"라고 설명하는데, 아주 실감이 나고 공감할 수 있는 설명입니다. 다른 어떤 동물보다도 종에 따라 구별해 보기가 쉬운 것이 개입니다.

　　자소자인 '비슷할' 뢰(頪) 또한 마찬가지입니다. 머리[頁]를 숙이고 아무리 꼼꼼하게 쳐다봐도 쌀[米]의 낱알 하나하나를 분간하기는 어렵습니다. 아니 불가능합니다. 본뜻이 "서로 비슷해서 구별하기 어렵다"라는 것입니다. 거기에서 자연스럽게 '비슷하다'는 뜻이 생겨날 수 있습니다.

　　유사(類似)한 것은 서로 비슷한 것이고, 유어(類語)는 유의어(類義語)로 뜻이 비슷한 말입니다. 유유상종(類類相從)은 같은 무리끼리 서로 사귀는 것, 즉 끼리끼리 사귀는 것입니다.

고교	획수	형자	회자	새김	발음
顯	23	頁	㬎頁	나타날	현

　　현(顯) 을 『설문』에서는 빛[㬎]이 나는 머리[頁]장식이라고 합니다. 머리[頁]에서 드러나는 것[㬎], 아니면 매달린 것으로 본 것입니다. 밝다, 드러나다, 나타나다 등의 뜻이 있습니다. 특별히 돌아가신 분들에 대한 경칭으로도 쓰입니다.

　　현고(顯考)는 돌아가신 아버지의 신주나 축문 첫머리에 쓰고, 현비(顯妣)는 어머니의 신주나 축문 머리에 쓰는 말입니다. 현달(顯達)은 벼슬, 명성, 덕망이 높아서 이름이 세상에 드러나는 것입니다. 현저(顯著)한 것은 뚜렷이 드러나 있는 것입니다. 현친양명(顯親揚名)은 부모님을 돋보이게 하고 이름을 드날리는 것으로 『효경(孝經)』에 나오는 말입니다. 그런 것을 극진한 효도로 여겼습니다.

'날' 일(日) 부수에 있는 현(㬎)은 "만물이 작다. 햇빛[日] 아래 실을 보는 것을 따른다. 고문에서는 이 글자를 빌려 현(顯) 자로 썼다. 혹은 입[口]을 여럿 모은 모양이라고도 한다"라고 설명해 이 글자가 현(顯)의 의미를 가지고 있음을 알려줍니다. 금문 등 고문 연구 결과도 비슷합니다. 실을 햇빛에 비춰 분명하게 보는 것이라고 합니다. 어르신들이 바늘귀에 실을 꿸 때 해가 나는 창 쪽으로 들고 비춰보는 모습을 상상하면 쉽게 이해됩니다.

고교	획수	회자	새김	발음
頃	11	匕 頁	이랑, 잠깐/반걸음	경/규

경(頃)을 『설문』에서는 "머리가 똑바르지 않다"라고 설명합니다. 한쪽으로 비뚤어졌다는 뜻입니다. 달리, 고개를 갸우뚱하다는 뜻으로도 쓰이는데, 갸우뚱하는 데에 시간이 얼마 걸리지 않아 '잠깐'이라는 뜻이 나왔다고도 합니다. 밭의 면적을 나타내는 단위로 100묘(畝)가 1경(頃)입니다. 현재 중국에서는 묘(畝)가 2백 평, 경(頃)은 2만 평(66,667㎡)이라고 하는데, 이것은 시대마다 달라서 일률적으로 적용할 수는 없습니다. 우리는 '이랑'으로 새깁니다.

경각(頃刻)은 깜빡할 사이 또는 아주 짧은 시간을 가리킵니다. 경일(頃日)은 지난번의 뜻이고, 경보(頃步)는 반걸음을 말합니다.

고교	획수	회자	새김	발음
頻	16	步 頁	자주	빈

'물가' 빈(瀕)과 '자주' 빈(頻)은 기원이 같은 것으로 봅니다. 『설문』에서는 "빈(瀕)은 물가이다. 사람이 여기에 와서 이맛살을 찌푸리며 앞으로 나아가지 못한다"라고

합니다. 그런 장소가 바로 물가[瀕]이고, 혹시 건널 방법이 없을까 위아래로 여러 번 오가게 됩니다. 그래서 빈(頻)은 '자주'라는 뜻을 갖게 되었다는 설명입니다.

빈도(頻度)는 같은 현상이나 일이 반복되는 도수을 말하고, 빈발(頻發)은 어떤 일이나 현상이 자주 일어나는 것이며, 빈삭(頻數)한 것은 도수가 매우 잦은 것입니다.

고외	부수	획수	회자	새김	발음
煩	火	13	火頁	번거로울	번

부수외자로 '번거로울' **번(煩)**입니다. 머리[頁] 속에 불[火]이 들어 있으니 뜻을 짐작할 만합니다.

번언쇄어(煩言碎語)는 번잡하고 자질구레한 말을 이릅니다.

R182

바람 풍(風, [风]) 부

갑골	금문	전문	해서
丼		鳳	風

갑골문에서 **풍(風)**은 봉황이 춤추는 모양을 본뜬 상형자입니다. 소전에 들어와서 '무릇' 범(凡)과 '벌레' 훼(虫)를 결합시킨 형성자가 되었습니다. 바람이 불면 벌레가 (많이 생겨) 나온다는 뜻을 나타낸다고 합니다. 사실 바람과 같이 보이지 않는 것을 그림으로 나타내기는 쉽지 않았을 것입니다. 봉황이 날면 다른 새들이 모두 따라 날며 이때 바람이 일어날 수 있기 때문에 봉황을 나타내는 글자로 바람을 나타내게 되었을 것이라고 설명을 하기도 합니다만, 이런 내용을 고증할 방법은 없습니다. 『설문』에는 풍(風) 자 자체에 대한 설명은 없고, 각종 바람이 나오는데 혹 인문 사회과학 쪽에 관심이 있으신 분들에게 도움이 되었으면 합니다.

풍(風) 팔방에서 부는 바람이다. 동쪽은 명서풍, 동남은 청명풍, 남쪽은 경풍이라고 한다. 서남은 양풍, 서쪽은 여합풍이라고 한다. 서북은 부조풍이라 한다.

북쪽은 광막풍이라 한다. 동북은 융풍이라 한다. 훼(虫)를 따르며, 범(凡)은 소
리를 나타낸다. 바람이 불면 벌레가 생기는데 벌레는 8일이면 깨어난다.

[八風也 東方曰䏁庶風 東南曰淸䏁風 南方曰景風 西南曰涼風 西方曰閶闔風
西北曰不周風 北方曰廣莫風 東北曰融風 从虫 凡聲 風動蟲生 故蟲八日而匕]

순우리말 바람 이름과 함께 정리하면 아래와 같습니다. '*'를 붙인 말은『표준』에서
'뱃사람들의 은어'라고 설명하고 있습니다.

동풍	동남풍	남풍	남서풍
*샛바람	된마파람	*마파람	갈마바람
명서풍	청명풍	경풍	양풍

서풍	북서풍	북풍	북동풍
하늬바람	*높하늬바람	높바람	높새바람
여합풍	부조풍	광막풍	융풍

중학	획수	형자	새김	발음
風	9	凡	바람	풍

'바람' 풍(風) 부수에 속하는 글자는 한 글자뿐입니다. 풍광(風光)은 경치라는 뜻과 아
울러 사람의 용모와 품격을 나타내기도 합니다. 풍기(風氣)는 풍속이나 풍습에 대한 기
율로 특히 남녀가 교제할 때의 절도를 이릅니다. 풍미(風靡)는 바람에 초목이 쓰러진다
는 말로, 어떤 사회적 현상이나 사조 따위가 널리 사회에 퍼짐을 이르는 말입니다. 풍류
운산(風流雲散)은 바람이 불어 구름을 흩어버린다는 말로, 자취도 없이 사라짐을 비유
적으로 이릅니다. 풍성학려(風聲鶴唳)는 바람 소리와 학의 울음소리라는 뜻인데, 겁을
먹은 사람이 하찮은 일에도 놀람을 이릅니다. 중국 전진 때 진왕 부견(苻堅)이 비수(淝
水)에서 크게 패하고 바람 소리와 학의 울음소리를 듣고 적군이 쫓아오는 것이 아닌가
하고 놀랐다는 데서 유래되었습니다. 풍우동주(風雨同舟)는 바람이 불고 비가 내리는데
한 배에 탔다는 뜻으로 어려움이나 환난을 함께 헤쳐 나가는 것을 말합니다. 풍조우순

(風調雨順)은 우순풍조(雨順風調)로 쓰기도 합니다. 바람이 고르게 불고 비가 때맞추어 알맞게 내린다는 뜻으로 농사에 알맞게 기후가 순조로움을 이릅니다. 풍중지촉(風中之燭)은 "바람 앞의 등불"이라는 뜻인데, 곧 죽게 될 사람이나 없어질 사물을 가리킵니다. 우리 속담은 "매우 위태로운 처지에 놓여 있음"을 비유적으로 이르니, 한자성어는 그 때문에 생길 결과에 비중을 둔 것이고, 우리 속담은 처한 상황에 무게를 두는 듯해 쓰임은 조금 달라 보입니다. 풍찬노숙(風餐露宿)은 바람을 먹고 이슬을 맞으며 잠잔다는 뜻으로 객지에서 많은 고생을 겪음을 이릅니다.

R183

날 비(飛, [飞]) 부

갑골	금문	전문	해서
		飛	飛

고문에서 '날' **비(飛)**는 새가 날개를 펴고 높이 나는 모양입니다. 부수로 쓰여 나는 것과 관련된 내용을 나타냅니다. '아닐' 비(非)는 비(飛)의 아래 날개 부분만 떼어내어 날개가 서로 어긋나는 데에서 뜻을 취한다는 점에서 함께 기억해두면 좋겠습니다.

중학	획수	새김	발음
飛	9	날	비

비금(飛禽)은 날짐승입니다. 상대가 되는 말은 길짐승으로, 날짐승은 발이 둘이고 길짐승은 발이 넷입니다. 비래(飛來)는 날아오는 것입니다. 당연히 '날아오다'라는 우리말을 쓰는 게 좋겠지만, 제목 같은 데에서 줄여 쓸 때에는 '중국발 미세 먼지 비래(飛來)'

로도 쓸 수 있겠습니다. 비약(飛躍)은 나는 듯이 높이 뛰어오르는 것입니다. 비화(飛火)는 튀어 박히는 불똥인데, 주로 어떠한 일의 영향이 직접 관계가 없는 다른 데에까지 번지는 것을 표현하는 데에 많이 씁니다. 비금주수(飛禽走獸)는 날짐승과 길짐승을 통틀어 이릅니다. 비사주석(飛沙走石)은 양사주석(揚沙走石)으로 쓰기도 하는데, 모래가 날리고 돌멩이가 구른다는 뜻으로 바람이 세차게 부른 것을 가리킵니다. 비아투화(飛蛾投火)는 나방이 날아 불에 뛰어든다는 뜻으로 우리말에서 "불나방처럼 뛰어든다"의 뜻입니다. 스스로 죽을 길로 들어서는 것입니다. 비침주선(飛針走線)은 바늘이 날고 실이 달린다는 뜻으로 바느질 솜씨가 아주 좋거나 빠른 것을 이릅니다.

중외	부수	획수	회자	새김	발음
非	非	8	飛下翅	아닐	비

'아닐' 비(非)에 '날' 비(飛) 자가 들어 있지는 않고 별도의 부수자입니다. 부수란에서 설명했듯이 날개를 나타내는 비(飛)의 아랫부분을 떼어서 뜻을 취했기 때문에 함께 묶어본 것입니다.

비동소가(非同小可)에서 소가(小可)는 일반적인 것, 일상적인 것이라는 뜻입니다. 그래서 비동소가(非同小可)는 일상적인 것 일반적인 것과 같지 않다는 뜻으로 상황이 아주 중요하거나 엄중한 것을 뜻합니다.

고교	획수	형자	회자	새김	발음
飜	21	番	番飛	나부낄, 옮길	번

번(飜)은 '차례' 번(番) 옆에 '날' 비(飛)를 쓰는데 여기서 번(番)은 되풀이해 바뀐다는 뜻을 나타낸다고 합니다. 새가 날갯짓을 계속해서 날아가는 것으로 풀이할 수 있습니다. '나부끼다, 날다'라는 뜻입니다. 인신하여 '옮기다, 번역하다'라는 뜻도 나타냅니다. 『설문』 자형은 '번(翻)'으로 번(飜)은 이체자라고 합니다. 현재 중국에서는 『설문』 자형 번(翻)을 표준 자형으로 삼고 있는데 같은 뜻입니다.

번복(飜覆, 翻覆)은 이리저리 뒤집히는 것입니다. 번안(飜案)은 원작의 내용이나 줄거리는 그대로 두고 풍속, 인명, 지명 따위를 시대나 풍토에 맞게 바꾸어 고치는 것을 말하고, 번역(飜譯)은 어떤 언어로 된 글을 다른 언어의 글로 옮기는 것입니다.

R184

밥 식(食, [食, 饣]) 부

	갑골	금문	전문	해서
	食	食	食	食

'밥' 식(食)은 상형자입니다. 고문에는 아래에 낮은 굽이 달린 식기를 그리고 있습니다. 그 가운데에는 음식이 들어 있습니다. 그래서 그릇에 담긴 밥[皀]을 입을 벌리고[스] 먹으려는 것을 본뜻으로 봅니다. 이 경우는 회의자로 보는 것입니다.

『설문』에서는 형성자로 분류합니다. 『설문』에는 "식(食), 쌀을 모은 것이다. 급(皀)을 따르고, 집(스)이 소리를 나타낸다. 달리, 집(스)과 급(皀)으로 된 회의자라고도 한다"라고 나옵니다. 급(皀)은 '향기로울' 핍, 급, 벽, 향으로 새기고 '낟알' 핍, 급, 벽, 향으로도 새기고 읽는 다음 · 다의자고, 집(스)은 모은다는 뜻입니다. 부수로 쓰여 음식물이나 먹는 행위와 관련된 내용을 나타냅니다.

중학	획수	형자	새김	발음
飯	13	反	밥	반

밥[飯]은 당연히 곡물을 삶고 익혀서 만든 음식물입니다. '먹다, 먹이다'의 뜻이 있고, 여문 곡식으로 음식을 만든다는 뜻도 나타냅니다.

반공(飯供)은 조석으로 끼니를 드린다는 뜻이고, 같은 음인 반공(飯工)은 궁중에서 음식 만드는 일을 하던 사람을 말합니다. 밥을 지을 때 쓰는 쌀은 밥쌀인데, 한자어로는 반미(飯米)라 하고, 반비(飯婢)는 예전에 밥 짓는 일을 맡아보던 계집종을 이릅니다. 반낭의가(飯囊衣架)는 '밥주머니에 옷걸이'라는 뜻으로 도움이 되지 않는 사람을 이릅니다. 우리말에서도 '밥주머니'라는 말을 아무 일도 하지 않고 밥이나 축내는 쓸모없는 사람을 낮잡아 이를 때 쓰는데 언어에 상관없이 사람의 발상이 비슷하다는 생각이 듭니다. 반래장구(飯來張口)는 밥이 오면 입을 벌린다는 뜻으로 자기는 힘들이지 않고 앉아서 다른 사람들이 애써 얻은 결과물을 얻어 쓰는 것을 이릅니다. 앞에 옷을 가져오면 손을 뻗친다는 뜻의 의래신수(議來伸手)를 붙여 함께 사용하는 경우가 많습니다. 손만 뻗치고 있으니 옷은 입혀줘야 하고, 입만 벌리고 있으니 밥은 먹여줘야 합니다.

중학	획수	형자	회자	새김	발음
食	9	스	倒口 飯	먹을/밥, 먹이/사람이름	식/사/이

부수자입니다. 식솔(食率)은 한 집안에 딸린 구성원으로 가족, 식구의 뜻입니다. 식언(食言)은 한 번 입 밖에 낸 말을 도로 입 속에 넣는다는 뜻으로 약속한 말대로 지키지 아니함을 이릅니다. 식불감미(食不甘味)는 근심과 걱정으로 음식을 먹어도 맛이 없다는 뜻입니다. 우리도 근심 걱정이 있을 때 "음식을 먹어도 맛을 모르겠다"라고 합니다. 식육침피(食肉寢皮)는 적의 살을 먹고 피부를 벗겨 깔개로 삼겠다는 뜻으로 철천지원수(徹天之怨讐), 불공대천(不共戴天)의 원수를 이릅니다. '식지무미 기지가석(食之無味 棄之可惜)'은 먹으려니 맛이 없고 버리려니 아깝다는 뜻입니다. 『삼국지』〈위서〉에 나오는 말인데, 닭갈비[鷄肋(계륵)]에 대한 이야기입니다. "나 먹기는 싫어도 남 주기는 아깝다"라는 우리 속담과 같습니다. 食이 '밥'의 뜻으로 쓰일 때에는 발음이 '사'입니다. 『논어(論語)』〈술이(述而)〉에 나오는 "반소사음수 곡굉이침지 낙역재기중의(飯疏食飲水 曲肱而枕之 樂亦在其中矣)"가 대표적인 예입니다. "거친 밥을 먹고 물을 마시며 팔을 굽혀 베고 자도 기쁨이 그 가운데 있다"라는 뜻입니다.

중학	획수	형자	회자	새김	발음
飮	13	欠	食欠	마실	음

『설문』에 '마실' **음(飮)**은 자형이 다른 글자[歠]로 올라 있습니다. '마실' 음(飮)의 고자(古字)라고 합니다. 『단주』에는 "물을 흘려 입에 넣는 것을 음(飮)이라고 한다"라고 합니다. '하품' 흠(欠)이 입을 벌린 것을 나타내니 마시는 것인지 먹는 것인지는 모르더라도 글자를 보면 뭔가 입에 넣은 것이라고 짐작할 수는 있습니다.

음료(飮料)는 사람이 마실 수 있도록 만든 액체를 통틀어 이르는 말입니다. 음식(飮食)은 사람이 먹을 수 있도록 만든 밥이나 국 따위의 음식물입니다. 음호(飮豪)는 주호(酒豪)라고도 하는데, 술을 잘 마시는 사람을 이릅니다. 음식남녀(飮食男女)는 식욕과 성욕을 나타내는 말로 이 두 가지가 인간의 본성임을 이릅니다. 음짐지갈(飮鴆止渴)에서 짐(鴆)은 독이 있는 짐새(鴆-)를 나타냅니다. 이 새의 깃을 담근 술을 짐주(鴆酒)라고 하는데 독주입니다. 그래서 음짐지갈(飮鴆止渴)은 독주를 마셔 갈증을 달랜다는 뜻으로 나중에 생길 결과는 생각하지 않고 목전의 어려움을 아주 해롭고 위험한 방법으로 해결하는 것을 나타냅니다. 문제는 어떤 대가를 치르게 될지 뻔히 알면서도 생활에 쫓겨 마지못해 그런 선택을 하는 경우입니다. 이런 경우 누가 어리석다고 비난할 수 있겠습니까?

중학	획수	형자	회자	새김	발음
養	15	羊	羊食	기를	양

갑골문에서 **양(養)**은 손에 채찍이나 막대기[丨]를 들고[又] 양을 방목하는 모양을 그렸습니다. 그런데 전문에 들어와서 양(羊)에게 밥[食]을 주는 모양으로 바뀌었습니다. 『설문』에서는 '기르고 보호하다'라고 설명합니다. 본뜻은 '양을 치다'로 거기에서 '공양하다, 키우다'라는 뜻을 가리키게 되었습니다.

양성(養成)은 가르쳐서 유능한 사람을 길러내는 것이고, 양육(養育)은 아이를 보살펴서 자라게 하는 것입니다. 누에를 길러 양잠(養蠶)이고, 기르고 보호해 양호(養護)입니다. 양아비로(養兒備老)는 아이를 키워 노년에 대비한다는 뜻인데, 그야말로 부모자식 간에도 각자 먹고살기가 바쁘게 사회 구조가 바뀐 지금은 웬만해서는 어려운 상황입니다. 기성세대는 젊은이들에게 짐이 되지 않도록 미리미리 노후를 설계하고 대비해야 하겠습니다. 양호유환(養虎遺患)은 호랑이를 길러 후환이 된다는 뜻으로 나쁜 사람이나 적을 관대하게 대한 결과 나중에 자기 자신을 해치게 되는 것을 말합니다. "알고 보니 호랑이 새끼를 길렀다"라는 말과 같은 뜻입니다. 양병천일 용병일시(養兵千日用兵一時)는 천 일 동안 군대를 양성해서 한때에 쓴다는 뜻으로 장기에 걸친 군대 양성이 일시적인 수요에 대비하기 위한 것이라는 뜻입니다. 외적으로부터 나라를 지키는 것이 군의 임무이니 언제 한 번 있을지 모를 외침에 대배해야 합니다.

중학	획수	형자	회자	새김	발음
餘	16	余	食余	남을	여

여(餘)에는 '풍족하다'라는 설명과 여(余)는 집을 가리키며 집에 먹을 것[食]이 있음을 나타낸다는 설명이 있습니다. 너그럽고 여유가 있는 것이나 풍족하다는 뜻을 나타냅니다.

여백(餘白)은 종이 따위에 글씨를 쓰거나 그림을 그리고 남은 빈자리인데 특히 동양화에서는 채워진 공간만큼 중요한 의미가 있습니다. 일이 없어 남는 시간은 여유(餘裕)이고, 아직 가시지 않고 남아 있는 운치는 여운(餘韻)이며, 넉넉하여 남음이 있는 상태는 여유(餘裕)입니다. 여음요요(餘音裊裊)는 소리가 은근하고 끊이질 않는 것으로 시문의 내용이 심오해 감칠맛이 끝이 없는 것을 이릅니다. 여음요량(餘音繞梁)은 음악이 끝난 뒤에도 귓전에 소리가 들리는 것처럼 남아 있으며, 대들보를 감싸고도는 듯하다는 뜻으로 음악소리가 아름다워 깊은 인상을 남기는 것을 이릅니다.

고교	획수	회자	새김	발음
餓	16	我	주릴	아

'주릴' 아(餓)입니다. 기(飢)와 아(餓)는 똑같이 굶주리는 것인데, 아(餓)는 정도가 훨씬 더 심해 극심한 주림을 뜻한다고 합니다.

아귀(餓鬼)는 먹을 것을 탐하는 사람을 이르는데, 불교에서는 계율을 어기거나 탐욕을 부려 아귀도에 떨어진 귀신으로 몸이 앙상하게 마르고 배가 엄청나게 큰데 목구멍이 바늘구멍 같아서 음식을 먹을 수 없어 늘 굶주림으로 괴로워한다고 합니다. 아사(餓死)는 굶어 죽는 것입니다. 아호기응(餓虎飢鷹)은 굶주린 호랑이와 매라는 뜻으로 흉악하게 탐하는 사람을 이릅니다. 아표편야(餓莩遍野)는 굶어 죽은 시체가 들판에 널렸다, 들판을 덮었다는 뜻으로 『맹자』〈양혜왕(梁惠王)〉에 나옵니다. 맹자가 몽둥이로 사람을 죽이나 칼로 사람을 죽이나 정치를 잘못해 사람을 굶겨 죽이는 것이나 다름이 없다고 양혜왕에게 일갈할 때 한 말입니다.

고교	획수	형자	회자	새김	발음
飢	11	几	食几	주릴	기

배를 곯는 것, 굶주리는 것이 기(飢)입니다. 비슷한 뜻으로 '흉년들' 기(饑)가 있는데, 이 글자는 곡식이 제대로 여물지 않았다는 것이 본뜻입니다. 역시 굶주려야 하니 결과는 마찬가지이고, '주릴' 기로도 씁니다. 그래서 굶주림을 뜻하는 기아는 기아(飢餓)로도 쓰고 기아(饑餓)로도 씁니다.

자소자는 '안석' 궤(几)로 부수자이니, 해당 부수의 설명을 참고하기 바랍니다.

기갈(飢渴)은 배고픔과 목마름을 아울러 이르는 말입니다. 기근(飢饉, 饑饉)은 흉년으로 먹을 양식이 모자라 굶주리는 것입니다. 기(饑)는 곡식이 여물지 않아 흉년이 드는 것이고, 근(饉)은 채소가 제대로 여물지 않는 흉년입니다. 밥거리, 찬거리가 모두 부족해 주리는 것입니다. 기세(飢世, 饑世)는 흉년을 말합니다. 기불택식(飢不擇食)은 주린 자는 먹을 것을 가리지 않는다는 뜻입니다. 당장 배고픔을 달래기가 급급할 뿐 가려먹을 처지가 못 됩니다. 비슷한 표현이 몇 가지 더 있습니다. "추우면 옷을 가리지 않는다[寒不擇衣(한불택의)]", "목마르면 마실 것을 가리지 않는다[渴不擇飲(갈불택음)]", "다급하면 길을 가리지 않는다[慌不擇路(황불택로)]" 등이 있는데, "없는 놈이 찬밥 더운밥을 가리랴"라는 우리 속담과 비슷한 말입니다.

고교	획수	형자	회자	새김	발음
飾	14	食	食人巾	꾸밀	식

'꾸밀' 식(飾)에서 '밥' 식(食)은 소리만 나타내고 뜻은 '사람' 인(人)과 '수건' 건(巾)에 있습니다. 사람[人]이 수건[巾]으로 물건을 씻고 닦는 것입니다. 한 걸음 더 나아가 물건에 광채를 더하게 되면 꾸미는 단계가 됩니다.

단어의 구색을 맞추려다보니 어려운 한자어입니다. 식비(飾非)는 교묘한 말과 수단으로 잘못을 얼버무리는 것이고, 식서(飾緒)는 변폭(邊幅)이라고도 하는데 올이 풀리지 않게 처리한 천이나 천의 가장자리 부분을 말합니다.

고교	획수	형자	회자	새김	발음
飽	14	包	食包	배부를	포

'배부를' 포(飽)입니다. 배불리 먹는다는 데에서 인신하여 '만족하다, 충족하다, 충분하다' 등의 뜻을 나타냅니다.

포문(飽聞)은 싫증이 날 만큼 많이 듣는 것입니다. 포식(飽食)은 배불리 먹는 것이고, 포향(飽享)은 실컷 누리는 것입니다. 포화(飽和)는 더 이상의 양을 수용할 수 없이 가득 찬 것을 말합니다. 포식난의(飽食暖衣)는 배부르게 먹고 따뜻하게 입는다는 뜻으로 의식(衣食)이 넉넉하게 지냄을 이르는 말인데 포난(飽暖)으로 줄여 쓰기도 합니다.

고교	획수	형자	회자	새김	발음
館	17	官	食官	객사	관

관(館)은 여행객을 위한 숙박 시설인 객사입니다. 『주례』에 "오십 리마다 시장이 있고, 시장에는 관사가 있다. 관사에는 양식과 여물을 쌓아놓고 임금을 찾아오거나 문안 차오는 손님을 맞는다"라고 하고 있습니다.

관(館)은 단어의 끝음절에 쓰이는 경우가 대부분입니다. 공관(公館), 대사관(大使館), 박물관(博物館), 여관(旅館), 회관(會館) 등에서 볼 수 있습니다.

R185

머리 수(首) 부

갑골	금문	전문	해서
			首

갑골문의 '머리' **수(首)**는 머리칼이 붙은 머리에 눈이 유난히 돋보이는 모양입니다. 앞의 '머리' 혈(頁) 부에서 설명한 바와 같이 '머리' 혈(頁)은 몸 전체 가운데 머리를 강조한 것이고, '머리' 수(首)는 머리를 완전히 독립적으로 클로즈업(close-up)한 것입니다. 고문 수(首)의 윗부분 巛은 머리칼을 나타냅니다. 부수로 쓰여 머리 부분에 관련된 내용을 나타냅니다. '머리' 수(首) 부에 속하는 글자는 많지 않으며 기초한자로는 '머리' 수(首) 한 글자만 들어가 있습니다.

중학	획수	새김	발음
首	9	머리	수

수급(首級)은 전쟁에서 베어 얻은 적군의 머리를 말합니다. 사서를 보면 머리를 베어낸 경우는 물론이고 전공을 입증하기 위해 귀나 코를 벤 경우도 많이 나옵니다. 이제는 전시든 평화시든 '인류에 대한 범죄(crimes against humanity)'로 국제법상의 처벌을 받는데, 이런 점에서는 인류의 역사가 좀 더 발전적인 방향으로 나아가고 있는 것이 아닌가 합니다. 수뇌(首腦)는 어떤 조직, 단체, 기관의 가장 중요한 자리의 인물을 말하고, 수석(首席)은 등급이나 직위 따위에서 맨 윗자리를 가리킵니다. 수제자(首弟子)는 여러 제자 가운데 배움이 가장 뛰어난 제자입니다. 수미쌍응(首尾雙應)은 머리와 꼬리가 서로 호응한다는 뜻으로, 시문의 구조에 빈틈이 없고 뜻도 앞뒤로 잘 이어지는 것입니다. 수구초심(首丘初心)은 여우가 죽을 때에 머리를 자기가 살던 굴 쪽으로 둔다는 뜻으로 고향을 그리워하는 마음을 이르는데 수구(首丘)로 줄여 쓰기도 합니다.

증외	부수	획수	형자	회자	새김	발음
道	辶	13	首	首辶	길	도

'길' 도(道)는 정말 많이 듣고 보고 쓰는 한자 가운데 하나입니다. 도(道)는 사람[首]이 오가는[辶] 길입니다. 『설문』에서는 "사람이 오가는 길이다. 착(辶)을 따르고 수(首)를 따른다[회의]. 줄곧 먼 길을 가지만 옆으로 벗어나지 않는 것이다"라고 설명합니다. 자세한 내용은 해당 부수에 나오는 설명을 참고하기 바랍니다.

도로이목(道路以目)은 길을 오가는 사람들이 말을 주고받지 못하고 눈짓으로 의사를 표현한다는 뜻입니다. 포악무도한 정치 때문에 혹시라도 말 한마디 잘못해 치도곤을 치르게 될까 두려운 것입니다. 도불습유(道不拾遺)는 길에 떨어진 물건을 주워 가지지 않는다는 뜻으로 형벌이 준엄하여 백성이 법을 범하지 아니하거나 민심이 순후함을 비유하여 이릅니다. 비슷한 표현이 여러 군데 나오는데,『공자가어(孔子家語)』에는 이 말 뒤에 기부조위(器不彫僞)라는 말이 이어집니다. 공자가 중도(中都)의 재상직을 잠깐 맡았을 때 풍속이 좋아졌다는 것을 찬양하는 문구 가운데 나옵니다. 그릇을 가짜로 만들지 않았다 혹은 그릇에 가짜 그림을 그리지 못하게 했다 정도의 뜻을 나타냅니다. 공자가 정사를 펼치며 그런 일이 없어졌다는 것입니다.

R186

향기 향(香) 부

갑골	금문	전문	해서
			香

'향기' 향(香)은 쌀이나 기장밥을 담은 그릇에서 향기가 피어오르는 모양을 그린 글자입니다. 갑골문에 보이는 네 개의 점은 바로 향기가 피어오르는 모양으로 봅니다. 전서에서는 '기장' 서(黍) 아래에 '달' 감(甘)을 썼는데 소전부터 지금처럼 '벼' 화(禾) 아래에 '가로' 왈(曰)을 씁니다. 그 향이 좋다는 데에서 향기를 나타내게 되었고, 부수로 쓰여 역시 향기와 관련된 내용을 나타냅니다. 기초한자 가운데 향(香) 한 자만 이 부수에 속합니다.

중학	획수	회자	새김	발음
香	9	黍甘	향기	향

향료(香料)는 향기를 내는 데 쓰는 물질이나 죽은 사람의 영전에 향을 바치는 대신 놓는 돈을 말합니다. 향신료(香辛料)는 음식에 맵거나 향기로운 맛을 더하는 조미료로 양념입니다. 향화(香火)는 향불 또는 제사를 이릅니다. 향초미인(香草美人)은 자칫 예쁜 여인을 떠올리기 쉬운 성어입니다. 향초(香草)는 원래 어진 신하를 미인(美人)은 임금을 가리켰는데, 나중에는 후에는 충성스럽고 어진 신하의 뜻으로 씁니다.

10획으로 넘어갑니다.

R187

말 마(馬, [马]) 부

갑골	금문	전문	해서
𢒥	𢒥	馬	馬

   현재의 자형에서도 말의 모습이 조금 드러나긴 합니다만, 고문의 '말' **마(馬)**를 보면 누가 보아도 말입니다. 상형자입니다. 머리에서 몸통, 다리와 꼬리가 선연하게 보입니다. 사람을 태우고, 짐을 싣고, 농사에도 썼고, 전쟁에도 필수였습니다. 『설문』에서는 "마(馬), 고개를 처들고 눈을 부릅뜨는 동물이다. 용맹스럽다. 말의 머리와 갈기, 꼬리와 네 발을 본떴다"라고 설명합니다.

   중국의 만리장성은 농경 민족과 유목 민족의 분계선입니다. 장성 이북은 대체로 오늘날 중국의 내몽골 자치주와 그 위로 몽골 지역에 해당됩니다. 그 북방의 유목 민족들은 광활한 초원 위에 말을 타고 다니며 양을 키웠습니다. 이들은 말을 잘 탔고 활을 잘 쐈습니다. 고대 이 지역에는 수많은 민족들이 명멸했습니다. 흉노(匈奴)도 그 가운데 하나인데, 중국은 늘 흉노의 침략에 시달렸습니다. 기병으로 편제된 흉노의 군대를 걸어 다니는 보병 위주의 중국 군대가 도저히 감당할 수가 없었습니다. 조상 대대로 흉노에 시달려온 데에 이를 갈며 속을 썩은[切齒腐心(절치부심)] 사람이 바로 한나라의 무제(武帝, BC 156~87)입니다. 그는 60년에 가까운 재위 기간 동안 40년 이상을 흉노 정벌과 서역 경영에 힘을 쏟았습니다. 이때 한 무제는 서역에서 말을 들여왔고, 군대 편제도 보병 위주에서 기병을 대규모로 보강시킵니다. 흉노와 같은 전술로 맞서 결국은 흉노를 복속시키고 도저히 회복하지 못할 정도로 궤멸시켰습니다. 그 결과 오늘날 중국 국경을 대부분 확정지었고 멀리 로마까지 통하는 실크로드(silk road)가 열리게 됩니다.

중학	획수	새김	발음
馬	10	말	마

　시대의 변화라는 것이 참 무섭습니다. 요즈음 젊은이들은 자동차에 관심이 많습니다. 튜닝이라든가요, 자기의 개성이 드러나도록 엔진의 출력을 조절하기도 하고, 외장도 자기 마음에 들게 바꿉니다. 옛날로 치면 말[馬]과 수레[車]였을 겁니다. 필자는 '말' 마(馬) 자나 '수레' 거(車) 자를 보면 시대의 변화가 얼마나 무상한가 하는 생각을 떨치지 못합니다. 우리가 조선 시대에만 살았더라도 검정색 가라말, 흰색의 부루말, 밤색의 구렁말 등등 지금 차종을 외우는 것처럼 말의 종류를 제법 헤아릴 수 있었을 겁니다. 깜빡이, 백미러, 운전석, 조수석 하는 것처럼 수레의 각종 부위나 부품 이름도 알아야 했을 겁니다. 말과 수레를 쓸고 닦고 조이고 했을 텐데 상황이 바뀌니 세태 또한 달라졌습니다. 실제 '말' 마(馬)나 '수레' 거(車) 부수에 들어 있는 글자는 각각 몇백 자가 넘습니다만 오늘날 쓰고 있는 글자는 많지 않습니다. 자동차나 기차가 생기기 전까지 최고의 운반 수단이자 전투 자원이었던 말[馬]을 살펴봅니다.

　마각(馬脚)은 말의 다리가 본뜻이겠습니다만, 가식하여 숨긴 본성이나 진상을 뜻하기도 합니다. 더 자세한 내용이 궁금하면 〈格物 078〉을 한번 읽어보도록 합니다. 마술(馬術)은 승마술(乘馬術) 즉, 말을 타는 기술이나 말을 타고 부리는 재주입니다. 마치도증(馬齒徒增)입니다. 우선 마치(馬齒)는 말의 이빨입니다. 말의 이빨을 보면 나이를 알 수 있다고 하는 데에서 나이를 가리키는데, 마치(馬齒)는 자기의 나이를 낮추어 겸손하게 이를 때 씁니다. 도증(徒增)은 쓸데없이 늘어났다는 뜻입니다. 그래서 마치도증(馬齒徒增)은 허송세월하며 학문을 제대로 하지도 못하고 쓸데없이 나이만 먹었다는 뜻을 나타냅니다. 자기 자신을 낮추어 겸손하게 할 때 쓰는 말입니다.

중학	획수	형자	새김	발음
驚	23	敬	놀랄	경

'놀랄' 경(驚)의 형성 자소는 '공경' 경(敬)으로 말이 갑작스런 자극을 받고 놀라는 것입니다. 그러면 말이 정신없이 뛰게 됩니다. 말이 놀라 정신없이 뛰는 것이 본뜻이고, 여기서 놀라다, 불안하다, 이상하다, 경계하다 등의 뜻이 나왔습니다.

경기(驚起)는 놀라서 일어나는 것이고, 경기(驚氣)는 어린아이에게 나타나는 증상의 하나로 풍(風)으로 인해 갑자기 의식을 잃고 경련하는 질병입니다. 경도(驚倒)는 몹시 놀라 넘어지는 것입니다. 경심(驚心)은 마음속으로 몹시 놀라는 것이며, 경이(驚異)는 놀랍고 신기하게 여기는 것입니다. 경궁지조(驚弓之鳥)는 상궁지조(傷弓之鳥)로 쓰기도 하는데, 한 번 화살에 맞은 새는 구부러진 나무만 보아도 놀란다는 뜻으로 한 번 혼이 난 일로 늘 의심과 두려운 마음을 품는 것을 이릅니다. "자라 보고 놀란 가슴 소댕[솥뚜껑] 보고 놀란다"라는 우리 속담과 같은 뜻이 되겠습니다. 경천동지(驚天動地)는 하늘을 놀라게 하고 땅을 뒤흔든다는 뜻으로 세상을 몹시 놀라게 함을 비유적으로 이르는 말입니다.

고교	획수	형자	새김	발음
騎	18	奇	말 탈	기

'말 탈' 기(騎)에서 자소인 '기이할' 기(奇)는 소리는 물론 발을 들어올린다는 뜻도 나타냅니다. 말에 올라타는 것을 과(跨)라고 하는데 동작을 나눠보면 발을 벌려 들어올린 뒤, 다른 한쪽 다리는 반대편에 놓고 말 등에 앉는 것입니다.

기마(騎馬)는 말을 타는 것이고, 기병(騎兵)은 말을 타고 싸우는 병사입니다. 기수(騎手)도 말을 타지만 보통은 경마에서 말을 타는 것을 이릅니다. 기마조마(騎馬找馬)는 말 타고서 말을 찾는다는 뜻으로, "바늘 쥐고 바늘 찾기"라는 우리 속담과 같은 뜻입니다. 나이 들면 휴대폰을 손에 들고 한나절은 찾는 경우도 있으니 실감납니다. 기호지세(騎虎之勢)는 호랑이를 타고 달리는 형세라는 뜻으로 이미 시작한 일을 중도에서 그만둘 수 없는 경우를 비유적으로 이릅니다.

고교	획수	형자	새김	발음
騰	20	朕	오를	등

'오를' 등(騰)의 본뜻은 보내는 것, 즉 전송(傳送)하는 것입니다. 달리, 거세한 말[閹馬 (엄마)]을 가리킨다고도 합니다. 전송(傳送)은 직송(直送)과 상대되는 말입니다. 직송은 발송인이 수화인에게 직접 보내는 것입니다. 농산물의 경우 "산지직송(産地直送)"이라 는 광고를 더러 보게 되는데, 생산자가 소비자에게 직접 보냅니다. 이에 반해 전송은 중 간에 여러 사람의 손을 거쳐서 보내는 것입니다. 여기에서 '달리다, 뛰어오르다'라는 뜻 이 인신되어 나왔습니다.

자소자 '나' 짐(朕)은 앞에서도 설명했듯이 일인칭 대명사입니다. 너나없이 쓰는 것 은 아니고 임금이 스스로를 가리킬 때 쓰죠.

등귀(騰貴)는 물건값이 뛰어오르는 것이고, 등락(騰落)은 물가 따위가 오르내리는 것 입니다. 등교기봉(騰蛟起鳳)은 뛰어오르는 교룡(蛟龍)과 날아오르는 봉황이라는 뜻으로 재능이 뛰어남을 비유적으로 이르는 말입니다.

格物 102. 양귀비와 여지(荔枝, lichee, litchi)

전송(傳送)은 역사에 자주 나오는 역참 제도에서 볼 수 있습니다. 역마(驛馬) 또는 역 말(驛말)이라고 해 교통수단인 말을 비치해두고, 숙소로 역원(驛院)이 있습니다. 역참 (驛站)은 관리들에게 여행의 편의를 제공하는 것은 물론이지만 통신수단에도 이용되었 습니다. 역이나 참에서 갈아탈 말을 주고, 말의 여물도 줬습니다. 문서나 긴급 사항을 이 역에서 저 역으로 이어서 보내는 것입니다. 그런 일을 하는 사람이 파발꾼이고 파발 꾼이 타는 말이 파발마입니다. 대개 참은 25리마다, 역은 50리마다 두었다고 합니다. 달리, 계주를 생각하면 좋을 듯합니다. 계주 선수들이 배턴을 이어받듯 한 것입니다. 그 런 식으로 보내는 것이 전송입니다. 오늘날 우편이나 택배는 역참 제도가 아주 발달한 형태로 생각할 수도 있습니다.

아무래도 야사에 속하는 이야기겠습니다만, 당 현종이 총애했던 양귀비는 여지(荔枝) 를 좋아했습니다. 여지는 겉모양은 털을 떼낸 아주까리 같은데, 껍질을 벗기면 하얀 속살이 드러나고 단 과즙이 일품입니다. 영어에서는 'litchi, lichee'라고 하는데 분명 중국어 발음을 옮겨 생겨난 말입니다. 문제는 이 과일이 급히 상한다는 점입니다. 하루가 지나면 색이 변하고, 이틀이 지나면 향이 변하고, 사흘이 지나면 맛이 변하며 나흘이 지나면 버려야 한다고 합니다. 지금은 냉동·냉장 기술에 교통까지 발달해 국내에서도 먹을 수 있습니다만, 쉽게 변질되어 그런지 거의 냉동 상태인 듯합니다.

당나라의 수도는 장안, 현재의 서안인데 천리 이상 떨어진 남쪽에서 이걸 수송해 와야 했으니 여간 큰 문제가 아닙니다. 그래서 어떻게 했느냐? 나무를 송두리째 뽑아 일단 장안 가까이 운반합니다. 그때쯤 여물도록 시간도 잘 조절해야 합니다. 그러고 나면 파발꾼이 여지를 들고 하루 안에 궁으로 배달할 수 있었다는 것입니다. 자기가 좋아하는 여자의 기호 식품 하나 때문에 얼마나 많은 사람들이 고생을 했겠습니까!

이랬으니 나라가 제대로 돌아갈 리가 없습니다. 집권 초기 '개원의 치(改元-治)'라고 해서 태평성대를 구가했던 당나라는 현종 말기에 이르러 각종 민란에 휩싸이고 점차 멸망의 길을 걷게 됩니다. 안녹산의 난 때 압력을 이기지 못한 현종은 결국 자신이 양귀비를 사형에 처하도록 명령을 내립니다.

고교	획수	형자	새김	발음
騷	20	蚤	떠들	소

'떠들' 소(騷)도 일단 쉽게 파자를 해보면 말[馬]이 벼룩[蚤(조)]에 물린 것으로 생각할 수 있습니다. 뛰든지 소리를 지르든지 야단법석이 일어날 것입니다. 실제 내용은 어떤지 살펴보겠습니다. 『설문』입니다. "소(騷)는 소란한 것이다. 달리, 말을 씻는 것이라고도 한다"라고 합니다.

자소인 '벼룩' 조(蚤)를 한 번 살펴보겠습니다. 『설문』의 설명은 "사람을 물고 잘 튀는 벌레"라고 되어 있습니다. 명쾌합니다. 주거 환경이 달라져 요즈음 젊은이들은 이나 벼룩을 잘 모를 것 같기는 합니다만, 1960년대 정도까지 태어난 사람들은 아마도 이 설명만 들으면 바로 "아! 벼룩"하고 나올 겁니다. 『표준』의 설명을 한 번 보겠습니다. "벼룩목에 속하는 곤충을 통틀어 이르는 말. 개벼룩, 괭이벼룩, 꽃벼룩, 일본쥐벼룩 따위가 있다"입니다. 현대의 생물 분류 방법을 이용한 정의이겠습니다만, "벼룩은 벼룩이다"라는 식의 정의입니다. 벼룩목을 한 번 더 찾아봅니다. "벼룩-목(--目) 곤충강의 한

목. 몸은 작고 옆으로 편평하며 날개는 퇴화하여 없다. 간단한 겹눈과 홑눈이 있는 것 또는 눈이 없는 것도 있으며 뒷다리는 도약에 적합하다." 벼룩에 한결 더 가까워지긴 했 지만 이 정의를 읽고 벼룩을 떠올리려면 생물학 쪽의 상당한 지식을 갖춰야 합니다.

물론 그런 사전도 필요합니다. 하지만 더러는 정의보다 설명이나 묘사를 해주는 것이 언어 사용자들이 훨씬 더 쉽게 받아들이고 이해할 수 있는 방법이기도 합니다. 실용성 위주의 좋은 사전들도 많이 나와서 우리말이 더 곱고 아름답게 다듬어졌으면 합니다.

소객(騷客)은 소인(騷人)으로 쓰기도 하는데, 자의(字義)는 시끄러운 사람들입니다. 시인과 문사를 통틀어 이르는 말입니다. 시인과 문사는 다른 사람들보다 감수성이 예민 하고 그래서 걱정도 많은 사람들이니 자연 말이 많아 상황이 소란하고 시끄러워지는 것 이 아닐까 합니다. 소동(騷動)은 사람들이 놀라거나 흥분하여 시끄럽게 법석거리고 떠 들어대는 일입니다. 소란(騷亂)은 시끄럽고 어수선한 것이니 소동이 일어났을 때의 상 황을 묘사하는 말입니다.

고교	획수	형자	새김	발음
驅	21	區	몰	구

구(驅)는 말을 몰고 빨리 달리는 것입니다.

구박(驅迫)은 자의(字義)를 생각하면 말처럼 몰고 핍박한다는 뜻으로 못 견디게 괴롭 히는 것입니다. 구보(驅步)는 달려가는 것입니다. 행군(行軍)과 구보는 군인들의 기본 훈련이자 갖춰야 하는 자질입니다. 그러나 최근 우연히 들으니 현대전에는 시간과 기동 성이 중요해 차량으로 이동하는 경우가 많고 구보나 행군도 많이 줄었다고는 합니다. 구제(驅除)는 해충 따위를 몰아내어 없애는 것이고, 구축(驅逐)은 어떤 세력 따위를 몰 아서 쫓아내는 것입니다.

고교	획수	형자	새김	발음
驗	23	僉	시험할	험

험(驗)을 『설문』에서는 "말의 이름"이라고 하는데, 『단주』에서는 "이것이 어디에서 나

온 것인지 모르겠다"라며 반박합니다. 험(驗)은 사실과 부합하는지 조사하고 따져보는 것입니다. 시험해보는 것입니다.

잘 쓰이지는 않지만, 험산(驗算)은 검산(檢算)과 같은 뜻으로 계산의 결과가 맞는지를 다시 조사하는 일입니다.

첨(僉) 자를 가만히 들여다보십시오. 사람[人]이 둘에 입[口]이 둘입니다. 한자를 조금 더 알면 위가 '모일' 집(스)이라는 것을 알 수 있습니다. 두 입, 두 사람, 아니면 그걸 더해 네 사람이 모인 것이라고 생각할 수도 있습니다. 한자에서 두 개나 세 개를 겹쳐 쓰는 경우 '많다'는 것을 나타내니 사람이 많은 것입니다. 이것은 어디까지나 필자의 분석입니다만, 실제 찾아봐도 마찬가지입니다. 『설문』에서는 그런 자세한 설명이 없이 '다'라고만 하고 있습니다. 그러니 여러분들도 한자를 보면 일단 메스를 여기 저기 대보는 겁니다. 이렇게도 찢어보고 저렇게도 나눠보고 그러면서 훈련이 됩니다.

고교	획수	형자	새김	발음
驛	23	睪	역참	역

'역참' 역(驛)은 바로 위의 격물 등의 설명을 통해 충분히 이해했으리라 믿습니다. 본래는 역참에서 쓰이는 말(horse)이었는데, 말이나 숙소를 제공하는 장소의 의미로도 쓰게 되었습니다. 역참(驛站)의 참(站)은 중국이 원나라 지배를 받을 때 몽골어를 들여와 쓰게 된 것이라고 합니다. 현재 열차가 발착하는 곳을 역(驛)이라고 하는 것도 바로 이런 점에서 유래합니다.

'볼' 역(睪)을 나누려니 우선 위의 자형[罒]이 '눈' 목(目)인지, '그물' 망(网)인지 자신이 없습니다. 그런데 아래를 보니 '다행' 행(幸)입니다. '다행' 행(幸)은 운이 좋아 죽지 않은 것으로 본뜻이 죽음과 관련이 있습니다. 막연히 "죽을지 안 죽을지 살펴보는 것일까?" 정도로 추측할 수 있겠습니다. 『설문』에서는 "역(睪), 눈으로 (살펴) 보는 것이다. 옆으로 눕힌 '눈' 목(目)을 따르고, '놀랠' 녑(㚔)을 따른다. 관리가 밀정을 데리고 가 죄인을 잡도록 하는 것을 말한다"라고 설명합니다. 옛날의 제도나 문화를 모르니 허신처럼은 생각을 할 수도 말을 할 수도 없습니다. 어쨌든 단순히 보는 것이 아닙니다. 죄를 짓지는 않았는지 살피고, 엿보는 것입니다. 필자가 추측했던 '죽을지 안 죽을지 살펴보는 것'도 크게 벗어나지는 않습니다.

역으로 쓰이는 건물은 역사(驛舍)입니다. 역전(驛傳)은 역체(驛遞)라고도 하는데, 역참에서 공문을 주고받던 일을 뜻합니다. 역전(驛傳) 마라톤 대회라는 말을 더러 듣는데, 여기서 역전(驛傳)은 몇 사람의 경기자가 장거리를 몇 개 구간으로 나누어 달릴 때, 맡은 구간을 달려 다음 사람에게 배턴을 전하는 것을 일컫습니다.

고외	부수	획수	형자	새김	발음
篤	竹	16	竹	도타울	독

독(篤)의 새김인 '도탑다'는 '서로의 관계에 사랑이나 인정이 많고 깊은 것'입니다. 독(篤)은 "말이 머리를 땅에 닿을 듯 떨구고 천천히 가는 것"입니다. 인신되어 병세가 깊은 것을 나타내고, 다시 인신하여 '인정이 두텁고 후하다, 깊다'는 뜻을 갖게 되었습니다.

독지호학(篤志好學)은 뜻을 돈독히 하고 배우기를 좋아한다는 말입니다.

R188

뼈 골(骨) 부

갑골	금문	전문	해서
𠛐	𩇡	骨	

　지금의 '뼈' 골(骨) 자는 소전(小篆) 자형을 따른 것입니다. '뼈 바를' 과(冎)와 '고기' 육(肉)이 편방에 쓰일 때의 자형[月]을 결합한 회의자입니다. 살을 발라낸 후 살점이 붙은 뼈가 본뜻이고 널리 뼈를 나타냅니다. 갑골문을 분석해 상형자라고 하는 경우도 있는데 지금 자형과는 차이가 있습니다. 『설문』 주석 가운데에는 "몸에서 뼈[骨]는 밖이 살이고 안의 핵이다. 과일에 씨앗이 있는 것과 같다"라고 풀이합니다. 우리 몸속에 있는 여러 종류의 뼈라든지 뼈로 만든 물건 등을 나타내기 위한 글자가 제법 있습니다만, 기초한자 가운데 이 부수에 속하는 글자는 단 두 자뿐입니다.

　여기서 의문사항이 하나 있습니다. 필자의 쓸데없고 어리석은 질문인지도 모르겠습니다. 위에서 '뼈 바를' 과(冎)라고 할 때 우리말 동사 '바르다'의 쓰임은 조금 애매한 경우가 있습니다. 『표준』에서 바르다의 일차적인 의미는 "껍질을 벗기어 속에 들어 있는 알맹이를 집어내다"입니다. 두 번째로 "뼈다귀에 붙은 살을 걷거나 가시 따위를 추려내다"라고 정의합니다. "생선을 발라 먹는다"는 경우, 살을 걷어내 먹는 것을 떠올릴 수 있습니다. 이때 우리는 먹을 부분인 살을 먼저 들어냅니다. 하지만 먼저 가시 따위를 추려내고 먹을 수도 있습니다. 이때는 먹지 않는 가시를 먼저 거둬내는 것입니다. 『표준』에서 제시하는 두 번째 의미를 엄밀히 적용해 짐승의 큰 뼈에서는 살을 먼저 떼어내는 것이고, 자잘한 가시처럼 되어 있는 생선뼈는 그런 가시를 먼저 제거하는 것으로 생각해볼 수도 있는데, 일상에서 "뼈를 발라 먹어!"라든지 거꾸로 "살만 발라 먹는다"라는 말도 많이 합니다. 그러니 두 번째 정의와도 정확히 부합되지는 않습니다. 자연 뼈를 바르면 뼈가 남는 것인지, 살이 남는 것인지 조금 애매합니다. '뼈바르다'는 말이 있으면 이런 부분이 명확해질 것 같은데, 『표준』에 독립된 표제어로 올라있지 않습니다.

영어에서는 '바르다'의 뜻으로 'bone'이나 'debone'을 쓰는데, 바로 뒤에 대상물이나 대상물의 특정 부위를 나타내는 단어가 옵니다. 단순히 물리적인 분리를 나타내고 싶다면 'remove'를 쓸 수도 있겠는데, 이때는 "remove the bones from"으로 써 뼈를 발라내는 것을 밝힌 뒤 'from' 다음에 대상물을 쓰게 됩니다. 여기에는 '뼈'라는 말이 들어 있으니 우리말 같은 혼동이 일어날 일은 적습니다.

필자의 어리석고 쓸데없는 의문 사항인데 혹 의미론 같은 데에서 이런 것이 연구주제가 될 수 있지도 않을까 하는 엉뚱한 생각도 듭니다.

중학	획수	형자	회자	새김	발음
體	23	豊	骨 豊(豐)	몸	체

'몸' 체(體)의 형성 자소는 '풍년' 풍(豊)입니다. 『설문』에서는 "모두 12개 부분이다"라고만 했을 뿐 12개 부분이 무엇인지는 밝히고 있지 않습니다. 『단주』에서 그 내용을 보충하고 있는데 "머리에 속하는 것이 셋으로 '정수리, 얼굴, 턱'이며, 몸통에 속하는 것이 셋으로 '어깨, 등골, 엉덩이'이고, 손에 속하는 것이 셋으로 '위팔, 아래팔, 손'이고, 발에 속하는 것은 '넓적다리, 정강이, 발'이다"라고 합니다. 머리와 몸통, 팔다리를 각각 세 부분으로 나눈 것입니다. 팔은 손목에서 어깨에 이르는 부위 전체를 가리키고, 팔꿈치를 기준으로 위아래로 나눕니다. 팔뚝은 일부분을 나눠 말하기도 하지만 위, 아래 구분 없이 전체를 말하기도 합니다.

체계(體系)는 일정한 원리에 따라서 낱낱의 부분이 짜임새 있게 조직되어 통일된 전체를 말합니다. 우리의 몸은 소화 기관, 호흡 기관, 분비 기관 등 여러 기관이 이루고 있지만 그런 모든 것들이 유기적으로 통일을 이루고 있습니다. 체열(體熱)은 동물의 몸에서 나는 열이고, 체험(體驗)은 몸으로 직접 겪어보는 것을 말합니다. 체무완부(體無完膚)는 피부가 상처투성이로 완전한 곳이 하나도 없이 만신창이가 되는 것을 나타내는데, 논점이 여지없이 반박당하거나 글을 아주 많이 고친 것을 비유적으로 이릅니다.

중학	획수	회자	새김	발음
骨	10	冎 肉	뼈	골

골간(骨幹)을 『표준』에서 "어떤 사물이나 일에서 계획의 기본이 되는 틀이나 줄거리"라고 설명하는데, 이것도 파생된 의미이겠습니다. 자의(字義)는 뼈가 기둥 역할을 하며 이루는 구조물 즉, 골격입니다. 골육(骨肉)도 자의(字義)는 뼈와 살입니다. 그런데 그런 뼈와 살을 부모에게서 받고, 형제들과는 함께하며, 자식들에게는 물려준다고 생각하기 때문에 부자, 형제 등의 육친(肉親)을 가리키는 것으로 의미가 파생된다고 볼 수 있습니다. 골경지신(骨骾之臣)의 골경(骨骾)은 생선 가시입니다. 생선 가시처럼 걸리는 말을 하는 신하라는 뜻으로 임금이나 권력을 두려워하지 아니하며 바르게 말하고 행동하는 강직한 신하를 이릅니다. 골육단원(骨肉團圓)은 혈육이 모이는 것입니다. 단원(團圓)을 우리말에서는 "둥글둥글하다, 가정이 원만하다"라는 뜻으로만 씁니다만, 여기에는 만난다는 뜻도 있습니다. 중국에서 설이나 추석 같은 명절에 가장 많이 쓰고 듣는 말이 단원(團圓)이 아닐까 합니다. 골육상련(骨肉相戀)은 육친이 서로 그리워하는 것이고, 골육이산(骨肉離散)은 육친이 흩어지는 것이며, 골육상잔(骨肉相殘)은 육친끼리 서로 해치고 죽이는 것입니다. 모두 우리 민족이 겪은 아픔입니다. 골육지친(骨肉之親)은 부모, 형제 등의 육친을 이릅니다. 골육지친(骨肉之親)은 앞에서 설명한 골육(骨肉)과 같은 뜻입니다.

R189

높을 고(高) 부

갑골	금문	전문	해서
髙	髙	高	高

'높을' 고(高)는 누각을 본떠 만든 상형자입니다. 세 부분으로 나누어 상상하면 그 모습을 쉽게 떠올릴 수 있습니다. 윗부분은 누각의 꼭대기입니다. 중간은 사방을 바라볼 수 있는 층으로 누다락입니다. 그 아래로는 사람들이 오갈 수 있는 문이 나 있습니다. 누각은 높습니다. 그래서 누각을 빌려 '높다'는 뜻을 나타냅니다.

누다락은 다락집의 위층이고, 다락집은 마룻바닥이 지면보다 높거나 이 층으로 지은 집으로 사방을 바라볼 수 있도록 높은 기둥 위에 벽이 없이 마루를 놓은 건물을 말합니다.

'높을' 고(高) 부수에 속하는 글자는 많지 않고, 기초한자 가운데에는 두 자뿐입니다.

중학	획수	새김	발음
高	10	높을	고

계급이나 단계가 높아 고급(高級), 하늘이 높아 고공(高空)입니다. 주어와 술어의 관계인 것처럼 설명했습니다만 '높은 단계, 높은 하늘'이라고 하는 것처럼 꾸미고 꾸밈을 받는 '수식-피수식'의 관계로 생각하면 됩니다. 책의 분량 때문에 이런 내용을 일일이 설명하지 않습니다. 고산경행(高山景行)은 높은 산과 큰 길이라는 뜻으로 세상 사람들에게 널리 존경을 받는 사람을 이르는 말입니다. 고담준론(高談峻論)은 뜻이 높고 바르며 엄숙하고 날카로운 말입니다. 고산유수(高山流水)는 높은 산과 흐르는 물을 아울러 이르는 말인데, 풍류의 곡조를 잘 아는 사람이 아니면 알지 못할 미묘한 거문고의 소리를 비유적으로 이르는 말이기도 합니다. 고성심지(高城深池)는 높은 성과 깊은 못이라는 뜻으로 단단히 지키는 것을 말합니다. 고시활보(高視闊步)는 높은 곳을 바라보며 성큼성큼 걷는다는 뜻으로 기개가 매우 뛰어남을 비유적으로 이르는 말입니다. 고족제자(高足弟子)는 학식과 품행이 뛰어난 제자라는 뜻입니다. 여기서 고족(高足)은 학업이나 재주가 뛰어난 것을 뜻합니다. 고창입운(高唱入雲)은 높은 소리가 구름에까지 들어간다는 뜻으로 소리의 가락이 높고 맑음을 이릅니다. 고침단명(高枕短命)은 베개를 높이 베면 오래 살지 못한다는 말인데, 혹시 머리에 피가 잘 통하지 않아서 그럴까 하는 생각을 하게 됩니다. 그런데 베개를 높이 베고 아무런 걱정 없이 편하게 잔다는 뜻의 고침무우(高枕無憂)라는 성어도 있습니다.

고외	부수	획수	형자	회자	새김	발음
稿	禾	15	高	禾 高	원고, 볏짚	고

고(稿)는 볏짚입니다. 볏짚은 아직 가공이 되지 않은 상태를 나타내는 데에서 글의 초고(草稿), 저본(底本)을 나타냅니다. 원고(原稿)입니다. 원고(原稿)는 발표하기 위해 완성된 작품을 나타내기도 하지만, 초고도 원고입니다. 맥고모자(麥藁帽子)에서도 볼 수 있습니다. 맥고(麥藁)는 보리와 볏짚입니다. 쓰인 재료로 모자 이름을 삼은 것인데 맥고모자는 챙이 넓어 햇볕을 잘 가려줍니다. 실제 맥고모자라는 글자 그대로의 의미와 가장 잘 맞아 떨어지는 것은 농사꾼들이 여름 농사를 지을 때 햇볕을 가려주기 위해 쓰는 농립(農笠)이 아닐까 싶은데 맥고모자라고 하기보다 그냥 농립이라는 말을 많이 쓰는 듯합니다. 『표준』에서 농립(農笠)을 찾아보면 농립모(農笠帽)를 표준어로 올리고 있음이 확인되는데, '역전(驛前)앞'처럼 군더더기를 붙인 말은 아닐까 하는 생각을 떨칠 수

없습니다.

　요즈음 맥고모자는 천을 많이 이용하고 신분도 좀 상승해서(?) 연세 드신 분들이 정장 차림에 쓰기도 합니다. 비슷한 형태의 모자로 파나마모자가 있습니다. 여기에는 파나마모자풀이라는 풀이 섬유로 이용됩니다. 챙이 넓은 모자로는 멕시코 사람들이 즐겨 쓰는 솜브레로(sombrero)가 단연 으뜸이겠는데 이것은 '그늘'이라는 뜻으로 햇볕을 가려 그늘을 만들어준다는 데에서 온 명칭입니다. 멕시코는 우리보다 훨씬 더 남쪽으로 태양이 머리 위에서 이글거리니 챙이 넓어질 수밖에 없겠습니다.

터럭발 부, 머리털 드리워질 표(髟)

갑골	금문	전문	해서

髟 髟

'터럭발'은 부수의 이름일 뿐, 이 글자의 새김은 아닙니다. 새김은 '머리털 드리워질' 표입니다. 머리칼[彡]이 아래로 길게[長] 늘어진 모양을 나타내는 회의자입니다. 부수로 쓰여 머리털이나 수염 또는 그와 관련된 내용을 나타냅니다.

'터럭발'이라는 명칭 때문에 자칫 다른 자소와 결합할 때 아랫부분에 오는 것으로 오해하기 쉽습니다. '발'이 붙은 부수 이름으로 '어진사람인발[儿]'이나 '연화발[灬]'이 있는데, 자소로 쓰일 때 모두 다른 글자의 아래에 오며 '발'은 '한자의 아랫부분을 이루는 부수를 통틀어 이르는 말'입니다. 하지만 '터럭발'은 터럭의 뜻을 갖는 발(髮)의 윗부분에 쓰이기 때문에 붙은 명칭이겠습니다. 『표준』에서는 '터럭발(터럭髟)'을 "한자 부수의 하나. 발(髮), 수(鬚) 따위에 쓰인 표(髟)를 이른다"라고 설명하고 있습니다.

고교	획수	형자	새김	발음
髮	15	犮	터럭	발

이 부수에 속하는 기초한자는 위에서 설명한 '터럭' **발(髮)** 한 자뿐입니다.『설문』에는 "발(髮)은 뿌리[根]이다"라는 짤막한 설명밖에 없는데 주석을 찾아보면 "사람의 머리에 털이 있는 것은 초목의 밑동 아래 뿌리가 있는 것과 같다. 사람은 머리를 근본으로 삼고 털은 뿌리이다. 거꾸로 서면 그 모양이 저절로 드러난다"라고 합니다.

한 가지 주의해야 할 것은 형성 자소 '개 달릴' 발(犮)의 자형입니다. 현재 중국에서는 '벗' 우(友)에 점을 찍은 자형[友]을 씁니다만, 원래 자형은 '개' 견(犬)에 삐침[丿]이 붙은 글자입니다. 필순은 '큰' 대(大)를 쓴 뒤 삐침[丿]을 내려 긋고 점[丶]을 찍는 것입니다. 또 한 가지, 발(髮)을 관습적으로 '터럭'으로 새깁니다만, 터럭은 사람과 짐승의 '길고 굵은 털'을 이르는 말입니다.

발부(髮膚)는 머리털과 피부를 아울러 이르는 말인데, 실제 독립해 쓰는 경우는 거의 없습니다. "몸과 털, 피부는 부모님께서 주신 것이니 감히 헐어 상하지 않게 하는 것이 효의 시작이다 [身體髮膚 受之父母 不敢毀傷 孝之始也(신체발부 수지부모 불감훼상 효지시야)]."『효경(孝經)』에 나오는 유명한 문구입니다. 두발(頭髮)은 머리털입니다. 발단심장(髮短心長)은 늙어 머리털은 빠져 짧지만 마음은 길다는 뜻으로 노인이 지혜가 많음을 비유적으로 이르는 말입니다.

R191

싸울 투(鬥) 부

갑골	금문	전문	해서
𣎴		𩰋	鬥

 '싸울' 투(鬥)의 갑골문은 두 사람이 서로 머리를 치고 때리는 모양을 본뜬 상형자입니다. 『설문』에서는 "두 사람이 서로 손으로 상대하는 것이다. 무기가 뒤에 있다"라고 설명합니다. 갑골문을 연구한 사람들은 "무기가 뒤에 있다"라고 한 허신의 설명은 자형을 잘못 파악한 것이라고 반박합니다. 그냥 손으로 싸우는 것이라는 주장입니다. '싸우다, 치다'가 본뜻입니다. 자칫 9획으로 쓰기 쉬운데 획수가 10획이라는 점도 유의해야겠습니다. 글자를 기억하기가 어려우면 '문' 문(門)에서 좌우의 작은 세로획이 가로획을 막지 않고 가운데로 옮겨진 것으로 생각하는 것도 하나의 방법이 되겠습니다. 필순이 헷갈리기 쉬운데, 좌측의 긴 세로획이 첫째 획이고, 우측의 갈고리[亅]가 마지막 획입니다.

 현재 중국의 간체자는 '말' 두(斗)와 같은 글자를 씁니다. 이 부수에 속한 글자는 많지 않습니다. 기초한자로는 부수자 '싸울' 투(鬥)는 빠져 있고, 또 다른 '싸울' 투(鬪) 한

자만 이 부수에 들어 있습니다.

고교	획수	형자	새김	발음
鬪	20	鬥	싸울	투

『설문』에는 '싸울' 투(鬪) 자가 실려 있지 않습니다. 본자인 '鬥' 자로 올라 있습니다. 글자가 작아서 알아보기 어려운데 '문' 문(門) 안에 '깎을' 착(斲)을 쓴 것으로 획수도 많고 쓰기가 쉽지 않습니다. 착(斲)에는 '새기다, 조각하다'의 뜻도 있습니다. 투(鬪)를 『설문』에서는 "만나다, 붙다"라고 짤막하게 설명합니다. 『단주』에는 "세속에서는 모두 투(鬪)를 겨룬다는 뜻으로 쓰고, 투(鬥)는 이제 쓰지 않는다"라고 해 똑같이 싸우는 것을 나타내지만, 투(鬥)는 예전에 썼고 지금(단옥재 생존 시, 1735~1815)은 쓰지 않는 글자가 됐다는 사실을 알려줍니다. 형성 자소는 '세울' 수(尌)입니다.

투쟁(鬪爭)은 어떤 대상을 이기거나 극복하기 위한 싸움이고, 투지(鬪志)는 싸우고자 하는 굳센 마음입니다.

R192

술 창(鬯) 부

갑골	금문	전문	해서

자형을 보면 그릇[凵] 속에 쌀[米]이 들어 있고 아래에는 그것을 뜰 수 있는 숟가락[匕]이 있습니다. 옻기장으로 담근 맛과 향기가 좋은 울금주가 술잔에 가득 찬 모양을 그린 것입니다. 『설문』에서 "창(鬯)은 옻기장주와 울금향초를 섞어 술을 빚어 그 꽃다운 향기가 가득하게 해 신이 내리게 하는 데에 쓴다"라고 설명합니다. "감(凵)을 따르며 감(凵)은 그릇이고 가운데는 쌀[米]을 본떴다. 비(匕)는 뜨는 것이다"라고 합니다.

이 부수에 속하는 글자는 손가락을 꼽을 정도이고, 기초한자로는 한 자도 없습니다. 다음에 소개하는 내용은 글자와 관련된 부수적인 이야기입니다. 그러니 혹 시간이 아까운 사람은 다음 부수로 넘어가면 됩니다. 단 하나 필자가 이런 부수적인 이야기를 하는 것은 여러분이 한자를 이해하고 더 나아가서 중국 문화를 이해하는 데에 도움이 되리라 믿어서입니다.

格物 103. 울금

중국 조선족 동포들은 튤립을 울금(鬱金)이라고 합니다. 『표준』과 북한의 『현대조선말사전』에는 '울금향'을 튤립(tulip)과 같은 말로 올리고 있습니다. 『표준』에서 울금을 찾아보면 '강황(薑黃)'으로 나옵니다. 다시 '강황'을 찾으면 "①생강과의 여러해살이풀. 높이는 1미터 정도이며, 늦봄에 나팔 모양의 담홍색 꽃이 잎겨드랑이에 많이 달린다. 뿌리줄기는 약용한다. 인도가 원산지로 중국 등지에서 재배된다. ≒심황. ②『한의학』'①번항'의 덩이뿌리를 말린 약재. 가을에 덩이뿌리를 캐서 잔뿌리를 다듬고 물에 씻은 뒤 햇볕에 말려 진통제나 지혈제로 쓴다. ≒심황·울금."이라고 합니다.

북한 사전에서는 울금을 "여러해살이풀의 한 가지. 열대 지방에서 심어 가꾼다. 뿌리줄기는 황달약, 열물을 내보내는 약, 열돌증(담석증) 치료약, 오줌내기 약, 피멎춤약 등으로 쓴다. 노란 물감으로도 쓴다. (같은 말) 심황"이라고 정의합니다.

울금주(鬱金酒)를 『표준』에서는 "강황을 넣은 술"이라고 합니다.

울(鬱)은 '울창(鬱蒼)하다'라는 말에서 짐작할 수 있는 것처럼 나무가 무성하게 자라나는 것입니다. 나무로는 '산앵도나무'를 가리키고, 바로 앞에서 말한 심황을 가리키기도 합니다. 또 다른 울로 '울금향' 울(鬱)이 있습니다. 두 글자는 윗부분만 다릅니다.

『설문』의 설명입니다. "울(鬱)은 향초이다. 잎 열 개를 관(貫)이라 하며, 120관을 찧고 끓여서 울(鬱)을 만든다. 구(臼), 경(冂), 부(缶), 창(鬯)을 따르는 회의자이다. 삼(彡)은 울(鬱)을 담는 그릇의 장식품을 나타낸다. 달리, 울(鬱)의 뜻은 울창(鬱鬯)이라고도 한다. 중국의 온갖 약초 가운데 으뜸[華]으로 먼 곳의 울지인(鬱地人)이 바치는 향초이다. 함께 섞어 술을 빚어 신이 내리게 하는 데에 쓴다. 울지(鬱地)는 지금의 울림군(鬱林郡)이다"라고 합니다.

『단주』에서는 관(貫)이 열이라고 하는 것은 틀렸다며, 백이 열 개 모인 천이 관이라고 합니다. 즉, 잎 천 개가 한 관이라는 것입니다. 다른 서적을 확인해보면 울림군은 현재의 광서장족 자치구 계평(桂平)의 서쪽으로 옥림(玉林)이라고 합니다.

위의 설명을 보면 울(鬱)은 향초이기도 하고, 그 향초를 달여 만든 농축액이나 혹은 농도가 아주 짙어지는 경우 분말이나 덩어리가 될 수도 있겠는데 그런 것을 가리키는 말이기도 하다는 것을 알 수 있습니다.

허신과 단옥재는 생몰 연도가 1,700년가량이나 차이가 나니 그동안 울금향이 원산지인 인도에서 들어온 것인지 아니면 중국에도 자생하고 있었는지는 확인할 수 없지만 중국의 그것도 극히 제한된 일부 지역에서만 나오는 향초이고 약재인 것만은 확실해 보입니다.

R193

솥 력(鬲) 부

갑골	금문	전문	해서
𦈼	𓏾	鬲	鬲

'솥' 력(鬲)은 음식물을 삶고 찌는 취사도구를 본뜬 상형자입니다. 솥을 나타내는 글자로 달리 정(鼎)이 있는데 차이점은 력(鬲)은 보통 발이 굽어 있고, 그 속이 비어 있습니다. 취사도구로 썼기 때문에 열효율을 높이기 위한 것이라는 최근의 설명도 있습니다. 그러나 정(鼎)의 발은 반듯하게 내리 뻗습니다. 또 정(鼎)은 나라의 권력을 상징하거나, 제사 등의 의식에 쓰인 점도 차이가 되겠습니다. 력(鬲)은 '막을' 격(隔)의 뜻으로도 통용됩니다. '솥' 격으로 새긴 자전도 있는데, 이것은 이 글자가 '막을' 격으로도 통용되기 때문에 생긴 착오인 듯합니다. 중국어에서도 발음이 거(gé)와 리(lì)로 둘인데, 솥의 뜻으로 쓸 때는 발음이 리(lì)입니다.

『설문』의 내용입니다. "력(鬲)은 정(鼎)의 한 종류이다. 력(鬲)에는 다섯 곡(穀)이 들어간다. 한 말 두 되를 곡(穀)이라 한다. (전문 가운데의 X자 모양) 중간은 배 부분의 교차하는 무늬, (아래는) 발 셋을 본뜬 것이다. 력(鬲)에 속하는 글자는 모두 력(鬲)을 따

른다. 혹 와(瓦)를 따르기도 한다[甌]. 력(䰙)은 한나라 법령상에 나오는 력(鬲) 자로 와
(瓦)를 따르고 력(厤)이 소리를 나타낸다."

고외	부수	획수	형자	회자	새김	발음
隔	阜	13	鬲	阜 鬲	사이 뜰	격
鑄	金	22	壽	雙手 鬲 皿	쇠 불릴	주

격(隔)은 '막다'의 뜻도 있습니다. 솥[鬲]의 발이 세 개로 나뉘어 있듯 '나누다, 분리하
다'라는 뜻이 있습니다.

격안관화(隔岸觀火)는 맞은편 언덕의 불을 본다는 뜻으로 우리말의 "강 건너 불구경"
과 같습니다.

주(鑄)는 갑골문 분석에서는 두 손[雙手]에 쇳물이 들어 있는 솥[鬲]을 들고 틀[皿]에 부
어 기물을 만들어내는 것으로 설명하고 있어, 쇠를 불리는 과정이 잘 들어나 보입니다.

주성대착(鑄成大錯)은 아주 큰 착오를 일으키는 것을 말합니다.

R194

귀신 귀(鬼) 부

갑골	금문	전문	해서

무시무시한 귀신의 머리 모양을 본뜬 글자라고 합니다. 상형자입니다. 『설문』에서는 "사람이 (죽어) 천지로 돌아가 **귀(鬼)**가 된다. 인(人)을 따르며 귀신의 머리 모양을 본떴다. 귀신의 음기는 사람을 해치기 때문에 사(厶)를 따른다"라고 합니다. "귀신의 머리 모양"이라는 것은 귀(鬼) 자의 윗부분[甶]으로 독립된 글자로는 '귀신 머리' 불(甶)이며, 『설문』에서는 독립된 부수자입니다. 부수자를 포함해 '두려울' 외(畏)와 '긴 꼬리 원숭이' 우(禺) 석 자가 이 부수에 들어 있습니다.

『단주』에서 귀(鬼)는 "(사람이 죽으면) 영혼의 기는 하늘로 가고, 형체인 백(魄)은 땅으로 간다"라고 설명합니다. 부수로 쓰여 영혼이나 초자연적인 것을 나타냅니다.

고교	획수	새김	발음
鬼	10	귀신	귀

귀신(鬼神)은 사람이 죽은 뒤에 남는다는 넋이나 사람에게 복과 화를 내려준다는 신령입니다. 귀재(鬼才)는 세상에서 보기 드물게 뛰어난 재능이나 또는 그런 재능을 가진 사람을 말하고, 귀화(鬼火)는 도깨비불입니다. 동음이의어인 귀화(鬼話)는 도깨비에 관한 이야기입니다. 귀부신공(鬼斧神工)은 건축이나 조소, 문학·예술 등의 기교가 사람의 능력으로는 미칠 수 없는 경지에 이르러 아주 뛰어난 것을 말합니다.

고교	획수	형자	회자	새김	발음
魂	14	鬼	云鬼	넋	혼

혼(魂)은 양기(陽氣)입니다. 옛날 사람들은 혼이 양기로서 사람의 몸에 붙으면 살고 혼이 떠나면 죽는 것으로 생각했습니다. 우리의 육체를 떠나 존재하는 정신, 즉 영혼이라고 할 수 있습니다. 물론 육체를 떠나 정신이 따로 독립적으로 존재하는가의 문제는 믿음의 문제이고 토론의 대상은 아닙니다.

혼백(魂魄)은 넋을 이르는 한자어입니다. 옛날 사람들은 혼(魂)은 양기로 우리의 생각이나 지혜를 이루고, 백(魄)은 음기로 우리의 감정을 이루는 것으로 여겼습니다. 발음이 같은 혼백(魂帛)은 신주(神主)를 만들기 전에 임시로 명주나 모시를 접어서 만든 신위(神位)를 말하는데, 초상에만 쓰고 장사 뒤에는 신주를 씁니다. 혼비백산(魂飛魄散)은 혼백이 어지러이 흩어진다는 뜻으로 몹시 놀라 넋을 잃음을 이르는 말인데, 혼이 몸에 붙어 있지 않다는 뜻의 혼불부체(魂不附體)로 쓰기도 합니다.

고외	부수	획수	형자	새김	발음
愧	心	13	鬼	부끄러울	괴

『설문』에는 '부끄러워할' 괴(愧)가 '계집' 녀(女) 변으로 되어 있습니다[媿]. '부끄러워하다'나 사동의 의미로 '부끄럽게 하다'의 뜻을 나타냅니다.

괴구(愧懼)나 괴송(愧悚)은 부끄러워하고 두려워한다는 뜻입니다. 괴치(愧恥)나 괴수(愧羞)는 부끄러운 태도를 나타내는 것이며, 괴한(愧汗)은 부끄러워 땀을 흘리거나 그때 흘리는 땀입니다. "군자는 자기가 잘 할 수 있는 것으로 다른 사람을 아프게 하지 않으며, 다른 사람이 잘 할 수 없는 것으로 그를 부끄럽게 하지 않는다 [君子不以其能者病人 不以人之所不能者愧人]"라는 말이 있는데 새겨둘 만합니다.

고외	부수	획수	형자	새김	발음
醜	酉	17	酉	추할	추

표준어로 올라 있지는 않습니다만 술 귀신은 술을 많이 마시는 사람입니다. 알코올 중독자일 수도 있습니다. 추(醜)는 자형으로 보면 술 귀신입니다. 왼쪽은 술그릇[酉]이고 오른쪽은 귀신[鬼]입니다. 귀신이든 술 귀신이든 추한 모습은 마찬가지입니다. 누구든 싫어합니다. 추문(醜聞)은 추잡하고 좋지 못한 소문이며, 추악(醜惡)은 더럽고 흉악한 것을 이릅니다. 추태(醜態)는 더럽고 지저분한 태도나 짓을 말합니다.

고외	부수	획수	형자	회자	새김	발음
塊	土	13	鬼	土鬼	흙덩이	괴

괴(塊)는 흙덩이로 본자는 '흙덩이' 괴(凷)였습니다. 현재의 자형(塊)은 괴(凷)의 이체자가 계속 쓰이면서 자리를 굳힌 것입니다.

괴석(塊石)은 돌멩이를 말하고, 괴탄(塊炭)은 덩어리로 된 석탄으로 가루 형태인 분탄(粉炭)과 상대가 되는 말입니다.

다음은 11획 부수자입니다.

R195

물고기 어(魚, [鱼]) 부

갑골	금문	전문	해서
魚	魚	魚	魚

'물고기' 어(魚) 자는 물고기의 모양을 그린 상형자라는 이야기는 어쩌면 한문 첫 시간에 듣는 말이 아닐까 합니다. 머리에서 지느러미, 비늘과 꼬리에 이르기까지 그 무엇 하나 빼어놓지 않고 사실적으로 그린 그림으로 세워 놓았을 뿐입니다.

『맹자』에 "물고기와 곰의 발바닥을 한꺼번에 얻을 수는 없다[魚與熊掌不可得兼]"라는 말이 나옵니다. 꼭 말 그대로 두 가지를 동시에 얻을 수 없다는 것을 강조하는 것이 아니고, 선택의 기로에 있을 때에는 무엇을 버릴 것인가가 중요함을 나타냅니다. 요즈음 경제 용어로 바꿔 생각하면 기회비용(opportunity cost)이겠습니다. 누구에게든 시간은 하루 24시간으로 공평하게 주어집니다. 뭔가에 우리가 시간을 투자한 순간, 우리는 달리 뭔가 할 수 있는 많은 선택을 포기해야 합니다. 그것이 경제적으로 얼마의 가치를 가지는가는 사람마다 다르겠지만, 그렇기 때문에 우리는 더더욱 값진 일에 시간을 투자해야 합니다. 그것이 꼭 공부만은 아닙니다. 자기가 좋아하는 일, 하루 이틀이 아니고 오래 평생토록 잘 할 수 있어 경쟁력이 있는 일이면 됩니다. 나아가 다른 사람들에게 도움을 주고 사회에 공헌까지 할 수 있으면 금상첨화(錦上添花)입니다. 여러분, 어떤 일일지 한번 곰곰이 진지하게 생각해보십시오.

중학	획수	새김	발음
魚	11	고기	어

어개(魚介)는 개린(介鱗)으로 쓰기도 하는데, 물고기와 조개를 가리킵니다. 어물(魚物)은 생선이나 생선을 말려 가공한 것을 이릅니다. 어육(魚肉)은 물론 생선의 고기인데, 생선과 짐승의 고기를 아울러 이를 수도 있습니다. 어룡혼잡(魚龍混雜)은 각양각색의 사람들이 뒤섞여 복잡한 것이나, 좋고 나쁜 것을 구별하기가 어려운 것을 일컫습니다. 어유부중(魚遊釜中)은 물고기가 솥 안에서 논다는 뜻으로 지금 살아 있기는 하여도 생명이 얼마 남지 아니하였음을 이르는 말입니다. 우리 속담 "가마솥에 든 고기"와 같은 뜻입니다. 『성경』에는 물고기와 관련된 일들이 여러 가지 나옵니다. 예수님이 떡 두 개와 물고기 다섯 마리로 많은 사람들을 먹인 이병오어(二餠五魚)의 기적이 있고, 어부들을 만나 "내가 너희를 사람을 낚는 어부가 되게 하리라"하며 제자로 삼는 장면도 역시 물고기와 관련됩니다. 사람을 낚는 어부! 우리 모두 큰 꿈을 가져야 합니다.

중학	획수	회자	새김	발음
鮮	17	魚羊	고울	선

'고울' 선(鮮)은 '신선할' 선으로도 새깁니다. 『설문』에서는 "물고기 이름이다. 맥국(貊國)에서 난다"라고 설명합니다. 맥국은 북쪽에 있는 나라라고 하는데, 이 기록이 춘천 지역에 있었다고 하는 고대 국가 맥국을 가리키는지는 확인할 수 없습니다. 훈고학적인 해석은 아니겠습니다만, "우리에서 키우는 양처럼 물을 주어 물고기가 살아 있는 것"을 뜻하며 거기에서 '신선하다'라는 뜻이 나왔다고 설명하는 경우도 볼 수 있습니다. 달리, 중국은 땅이 넓어 동남의 해안 지역에는 물고기[魚]는 풍부하지만 육류는 부족하고, 서북 내륙에는 가축[羊]을 길러 육류는 풍부하지만 물고기 같은 해산물은 드물

기 때문에 '드물다'라는 뜻이 나왔고 아울러 '아름답다, 좋다'라는 뜻도 나오게 되었다는 설명을 들은 적도 있습니다. 학술적인 설명은 아니지만, 중국의 지리적인 특징을 잘 설명해준다 싶어 기억에 남습니다.

선도(鮮度)는 신선한 정도를 말합니다. 선명(鮮明)은 산뜻하고 뚜렷하여 다른 것과 혼동되지 않는 것을 말하며, 선미(鮮美)는 착하고 아름다운 것이고, 선소(鮮少)는 아주 적다는 뜻입니다.

증외	부수	획수	형자	회자	새김	발음
漁	水	14	魚	水魚	고기 잡을	어

어(漁)는 물론 고기를 잡는 것입니다. 부수는 '물' 수(水)입니다.

물고기를 잡아서 어부(漁夫, 漁父), 고기를 잡는 배라서 어선(漁船), 물고기 잡는 것이 직업이면 어업(漁業)입니다. 어획(漁獲)은 수산물을 잡거나 채취하는 것 혹은 그런 수산물을 말합니다. 어부지리(漁父之利)는 두 사람이 이해관계로 서로 싸우는 사이에 엉뚱한 사람이 애쓰지 않고 가로챈 이익을 이르는 말로, 도요새가 무명조개의 속살을 먹으려고 부리를 조가비 안에 넣는 순간 무명조개가 껍데기를 꼭 다물고 부리를 안 놔주자 서로 다투는 틈을 타서 어부가 둘 다 잡아 이익을 얻었다는 데서 유래합니다. 여기에 나오는 도요새와 무명조개의 싸움은 방휼지쟁(蚌鷸之爭)으로 대립하는 두 세력이 다투다가 결국은 구경하는 다른 사람에게 득을 주는 싸움을 비유적으로 이릅니다.

증외	부수	획수	회자	새김	발음
再	冂	6	二魚	두	재

그동안 **재(再)**는 여러 번 나와 설명을 한 바 있습니다. 생각이 나지 않은 경우에는 '멀' 경(冂) 부수 해설을 참고하기 바랍니다.

R196

새 조(鳥, [鸟]) 부

갑골	금문	전문	해서
			鳥

'새' **조(鳥)**도 상형자의 대표적인 예가 되는 글자입니다. 고문을 보면 새의 눈, 날개, 꽁지에 발까지 잘 드러나 보이는 그림입니다. '새' 추(隹) 항목에서 설명했듯이 추(隹)는 꽁지가 짧은 새, 조(鳥)는 꽁지가 긴 새를 가리킨다고 합니다만, 실제 글자를 보면 뒤섞여 있어 명확한 구분이 아니라는 것을 알 수 있습니다. 꽁지는 새의 깃이고, 꼬리는 동물의 몸통 뒤로 좀 튀어나온 부분을 가리키는 말입니다. 현대 중국의 간체자는 5획으로 획수를 대폭 줄인 형태입니다[鸟]. 통칭으로 이른다면 조류는 날짐승, 네 발 달린 동물은 길짐승입니다.

중학	획수	새김	발음
鳥	11	새	조

조감(鳥瞰)은 새가 높은 하늘에서 아래를 내려다보는 것처럼 전체를 한눈으로 관찰하는 것을 이르고, 조감도(鳥瞰圖)는 그런 시각에서 그린 그림이나 지도입니다. 조수(鳥獸)는 날짐승과 길짐승을 아울러 이르는 말입니다. 조적(鳥跡, 鳥迹)은 새의 발자국입니다. 최근 조류독감(鳥類毒感)이 문제되곤 합니다. 조류 인플루엔자(avian influenza)로 많이 쓰는데, 주로 가금(家禽)과 야생 조류에 의해 전파되는 것으로 알려져 있습니다. 치사율이 높아 심각한 문제입니다. 조어화향(鳥語花香)은 새가 지저귀고 꽃이 향기를 품는다는 뜻으로 봄의 아름다운 풍경을 나타낼 때 많이 쓰는 말입니다. 조진궁장(鳥盡弓藏)은 새를 모조리 잡은 후에는 활이 무기고에 들어가게 된다는 뜻으로 천하를 평정한 뒤에 공신들이 버림받음을 비유적으로 이르는 말입니다. 토끼가 죽으면 토끼를 잡던 사냥개도 필요 없게 되어 주인에게 삶아 먹히게 된다는 뜻으로 필요할 때는 쓰고 필요 없을 때는 야박하게 버리는 경우를 이르는 토사구팽(兎死狗烹)과 비슷한 의미입니다.

중학	획수	회자	새김	발음
鷄	21	奚	닭	계

『설문』의 '닭' 계(鷄)는 볏 모양이 뚜렷한 수탉을 그린 것인데 오른쪽에 꽁지가 짧은 것을 나타내는 추(隹)를 씁니다. "계(雞)는 시간을 아는 가축이다"라고 합니다. 알을 낳는 암탉이나 울어 시간을 알리는 수탉 모두 유용한 가축입니다.

계관(鷄冠)은 닭의 볏을 이르는 말입니다. 고사성어로 계륵(鷄肋)이라는 말이 있지요. 닭의 갈비입니다. 『삼국지』에 나오는데 "먹을 것은 없지만 남 주기는 아까운 것"입니다. 춘천의 닭갈비는 비단 내국인뿐만 아니라 중국인 관광객들로 문전성시를 이룹니다. 중국의 동북삼성과 북경 등 대도시에는 곳곳에 '지파이구(鸡排骨)'라는 간판을 건 닭갈비집 또한 적지 않습니다. 이런 추세가 계속된다면 계륵(鷄肋)이 '워낙 맛이 있어 남 주기 아까운 것'으로 뜻이 바뀔지도 모르겠습니다. 계명구도(鷄鳴狗盜)라는 성어도 있습니다. "중국 제나라의 맹상군이 진(秦)나라 소왕(昭王)에게 죽게 되었을 때, 식객(食客) 가운데 개를 가장하여 남의 물건을 잘 훔치는 사람과 닭의 울음소리를 잘 흉내 내는 사람의 도움으로 위기에서 빠져나왔다"는 데에서 나온 말입니다. 비굴하게 남을 속이는 하찮은 재주 또는 그런 재주를 가진 사람을 이릅니다.

格物 104. 샛별

샛별, 이름도 참 예쁜데 금성(金星) 또는 명성(明星)이라고도 합니다.『시경(詩經)』〈소아(小雅)〉에 계명(啓明)과 장경(長庚)이라는 말이 나오는데, 명성(明星)을 동이 틀 때는 계명(啓明)이라 하고, 해가 질 때는 장경(長庚)이라고 한다고 하니 이 또한 명성에 붙은 이름입니다. 또 있습니다. 태백(太白) 또한 샛별에 붙은 명칭인데, 저녁 무렵에 보이는 샛별에 붙은 이름입니다. 이에 해당하는 고유어는 '개밥바라기'입니다. 해바라기 꽃 때문에 무슨 꽃 이름처럼 들리기도 하는데, 여기서 '바라기'는 사기로 된 개의 밥그릇으로 크기는 '보시기'만 한데 아가리가 훨씬 더 벌어졌습니다. 샛별이 밝고 그 크기가 개 밥바라기 정도로 보여 붙은 이름이 아닐까 합니다.

새벽에 볼 수 있다는 새벽별이라는 뜻의 신성(晨星)이나 효성(曉星)도 샛별을 부르는 이름입니다. 샛별에 명칭이 이렇게 많은 것은 이 별이 우선 지구와 가장 가까운 천체로 밝게 보이기 때문에 관측도 쉽고, 생활에 많이 이용되기 때문이 아니었을까 합니다.

영어에서도 마찬가지입니다. 샛별은 'Venus'인데, 저녁에 뜨는 것은 'Vesper'라고 하고, 새벽에 보이는 것은 'Lucifer'라고 합니다. 베스퍼(vesper)는 만과(晩課) 즉, 저녁 기도라는 말에서도 볼 수 있는 것처럼 '서쪽, 저녁(ves)'을 뜻하는 말에서 나왔고, 루시퍼(lucifer)는 '빛(lux)'과 관련되어 나온 말입니다.

그런데 필자는 엉뚱하게도 혹 계명성이 닭이 우는 새벽에 잘 볼 수 있는 별이라서 '계명성(鷄鳴星)'이라고 하게 된 것은 아닐까 하는 생각을 하곤 합니다.

『표준』에 '샛별'에 대한 설명은 금성 항목에 나옵니다. 이러면 자연 사람들이 금성을 많이 찾아보게 되고, 쓰임 또한 그쪽으로 굳어질 우려가 없지 않습니다. '샛별'이라는 아름다운 우리말과 더 친숙해질 수 있도록 샛별 난에서 정의를 했으면 하는 바람입니다.

중학	획수	회자	새김	발음
鳴	14	口鳥	울	명

'울' 명(鳴)은 새가 우는 것입니다.『단주』에서는 "명(鳴), 새소리이다. 인신하여 무릇 소리를 내는 것은 모두 명(鳴)이라고 한다[鳥聲也 引伸之凡出聲皆曰鳴]"라고 설명합니다.

그러니까 처음에는 새소리를 가리켰는데, 나중에는 소리를 내는 모든 것을 가리키게 되었다는 것입니다. 인신은 파생과 비슷한 말입니다.

명관(鳴管)은 곤충이나 새 따위의 발성 기관을 말하는데, '울대'라고도 합니다. 명금(鳴禽)은 고운 소리로 우는 새를 가리키며, 명동(鳴動)은 크게 울리어 흔들리는 것으로, 특히 지진(地震) 따위가 일어났을 때 땅이 진동(震動)함을 이릅니다. 명라개도(鳴鑼開道)는 징을 울려 길을 연다는 뜻으로 옛날 신분이 높은 관리가 행차할 때 앞에서 징을 치며 길을 비키도록 하는 것을 말합니다. 임금이 거둥할 때, 잡인의 출입을 막고 길을 치우는 것을 청도(淸道)라고 합니다. 우리 사극에도 "길을 비켜랏!"이라는 호령을 듣게 되는데 내내 마찬가지입니다. 그렇다고 옛날 일만도 아닙니다. 지금도 요인들이 이동할 때 적지 않은 경찰 모터케이드에 경호 차량이 일반인의 접근을 금지하고 교통을 통제합니다. 본바탕인 생각은 그대로 있고, 겉으로 드러나는 옷만 바뀐 셈입니다.

중외	부수	획수	형자	회자	새김	발음
島	山	10	鳥	山鳥	섬	도

『설문』의 '섬' 도(嶹)는 '새' 조(鳥)를 완전히 갖춰 쓰고 있습니다. "바다 가운데 종종 산이 있어 의지해 머물 수 있는데, 도(嶹)라고 한다"라고 설명합니다. 바다 가운데 있는 산입니다. 현재 쓰고 있는 자형 **도(島)**는 내나 강 가운데 있는 섬으로 하중도(河中島)라고 하는데, 하중도는 『표준』에는 올라 있지 않습니다. 지금 교정을 보며 다시 확인해 보니 그동안 〈우리말샘〉에 표제어로 올라 있습니다. '섬' 도에는 산(山)이 '새' 조(鳥)의 왼쪽에 붙은 것과 위에 붙은 것[嶋, 嶌]도 있는데 모두 '섬' 도입니다. 뜻과 발음은 같지만 글자의 모양이 다른 것을 이체자라고 하는데 그런 이체자의 예가 되겠습니다.

도서(島嶼)는 온갖 섬을 말합니다. 섬나라를 구태여 한자로 표시하면 도국(島國)입니다.

고교	획수	형자	새김	발음
鳳	14	凡	봉새	봉

'무릇' 범(凡) 아래 '새' 조(鳥)를 쓴 **봉(鳳)**은 봉황입니다. 『설문』에서는 형성자로 보는데, 상형자라고 하는 설명도 있습니다. 상상의 동물로 원래는 수컷을 가리키고 암컷은 황(凰)입니다. 기린, 거북, 용과 함께 전설상 신령한 동물을 지칭하는 사령(四靈) 가운데 하나이기도 합니다. 봉황은 상징성이 강한 동물로 문학은 물론 사서에도 많이 등장합니다.

봉관(鳳冠)은 황태후나 황후가 쓰던 관입니다. 봉아(鳳兒)는 봉황의 새끼라는 뜻으로 장차 큰 인물이 될 만한 소년을 비유적으로 이르며, 봉안(鳳眼)은 봉황의 눈이라는 본뜻 외에 봉황의 눈같이 가늘고 길며 눈초리가 위로 째지고 붉은 기운이 있는 눈을 가리키는데, 귀상(貴相)으로 여깁니다. 봉황과 마찬가지로 기린(麒麟)도 원래는 기린의 수놈과 암놈을 가리키고, 자웅(雌雄)은 새의 암놈과 수놈을 가리키는 말이었습니다만 지금은 그렇게 구별해 쓰지는 않습니다.

봉황은 한문에도 심심찮게 나오니 한 번 자세히 알아보겠습니다. 『설문』내용입니다. "봉(鳳)은 신조이다. (황제의 신하였던) 천로는 '봉황의 생김새는 앞은 큰 기러기와 같고, 뒤는 기린과 같다. 뱀과 같은 목에 물고기의 꼬리이다. 황새와 같은 이마에 원앙과 같은 깃을 하고 있다. 용과 같은 무늬에 호랑이의 등을 하고, 제비와 같은 턱에 닭의 부리를 하고 있다. 오색을 모두 갖추고 있다. 동방 군자의 나라에서 나와 사해의 밖을 날아 곤륜산을 넘어 황하의 지주(砥柱)에 이르러 물을 마시고, 약수(弱水)에 깃을 씻고 황혼이 되면 풍혈에서 잔다. 이 새가 나타나면 천하가 아주 안녕하다'고 한다."

여기서 지주(砥柱)는 현재의 하남성 삼문협(三門峽) 동쪽 황하 급류 가운데에 있는 돌기둥을 가리킨다고 합니다. 약수(弱水)는 부력이 약해 배를 띄울 수 없어서 붙은 이름이라고 하는데 『산해경(山海經)』이라는 중국 고대 지리서에 "곤륜 북쪽에 내가 있는데 부력이 약해 겨자풀조차 띄울 수 없다. 그래서 약수라고 한다"라고 나옵니다. 실제 황하 상류의 난주(蘭州)나 서녕(西寧) 등 일부 지역에서는 물살이 급한 데다 수심이 낮아 배를 이용하기가 불편하고, 자연환경이 나무를 얻기도 쉽지 않다 지금도 양가죽에 바람을 넣어 만든 배[皮筏(피벌)]를 써서 물을 건넙니다.

고교	획수	형자	새김	발음
鴻	17	江	큰기러기	홍

홍(鴻)을 우리는 '큰기러기'도 아니고 보통 '기러기'로 많이 새깁니다. '큰기러기'는 기러기와 종이 다른 것으로 되어 있는데, 더러는 '큰 기러기'로 써서 기러기 가운데 큰 놈을 가리키는 것이 되기도 합니다. 그런데 중국 책에는 이 글자를 '천아(天鵝)' 즉, 백조(白鳥)로 설명하는 경우가 많습니다. 백조는 고니이니 당연히 큰기러기나 기러기와는 다를 텐데 관습적으로 굳게 된 새김이 아닐까 합니다.

자소로만 생각하면 강(江)과 조(鳥) 또는 수(水)와 홍(㺃)으로 나누거나, 혹은 한 걸음 더 나아가 수(水), 공(工), 조(鳥)의 석자로 나눌 수 있겠습니다. 홍(㺃)은 별도의 글자로 '새 살찌고 클' 홍, 혹은 '큰기러기' 홍으로 새기는데 이때는 홍(鴻)과 통용합니다. 물과 특별한 연관이 있는 새를 나타내기 위해 수(水)와 홍(㺃)으로 나눌 수는 있겠지만, 그렇지 않으면 새라는 것을 나타내 강(江)과 조(鳥)로 나누고 강(江)이 발음을 나타내도록 하는 것이 효과적으로 보입니다. 강(江)의 발음은 쟝(jiāng)이고, 홍(鴻)의 발음은 홍(hóng)이라서 약간의 차이는 있습니다. 하지만 이것은 현대 발음을 기준으로 생각한 것이고, 고대에는 두 발음에 혹 더 유사성이 있었을지도 모를 일입니다.

홍곡(鴻鵠)은 큰기러기와 고니라는 뜻으로 포부가 원대하고 큰 인물을 이르고, 홍모(鴻毛)는 기러기의 털이라는 뜻으로 매우 가벼운 사물을 이릅니다. 홍업(鴻業)은 나라를 세우는 큰 사업이며, 홍유(鴻儒)는 거유(巨儒)와 같은 뜻으로 뭇사람의 존경을 받는 이름난 유학자입니다. 『사기』나 『삼국지연의』에 관심이 있는 사람은 잘 알 텐데 중국 역사에 '홍문연(鴻門宴)'이 나옵니다. 홍문에서 연 연회로 당시 패권을 다투던 항우와 유방(劉邦 , BC 256~195)이 만납니다. 항우의 참모들은 유방을 죽이라고 하는데, 유방은 위기를 모면합니다. 사가들은 이 사건을 두고 유방이 한나라를 세우는 데 결정적인 역할을 한 것으로 평가합니다. 지금 '홍문연'은 호의적이지 않은 연회를 가리키는 데에 쓰기도 합니다. 홍곡지지(鴻鵠之志)는 크고 높게 품은 뜻을 말합니다. 격물에서 자세한 내용을 소개합니다. 홍모태산(鴻毛泰山)은 경중의 차이가 심한 것으로 사람의 죽음에 큰 차이가 드러남을 말합니다. 사마천의 말로 이 말 뒤에, 그것은 "죽음을 쓰는 방법이 다르기 때문이다"라는 말이 이어집니다. 즉, 어떻게 살다 갔느냐에 따라 다르다는 뜻이 됩니다.

格物 105. 홍곡지지

홍곡지지(鴻鵠之志)는 크고 높게 품은 뜻을 말합니다. "참새나 제비가 어찌 큰기러기와 고니의 뜻을 알겠는가[燕雀安知鴻鵠之志哉(연작안지홍곡지지재)]" 많이 들어 본 말이지요. 사마천의 『사기(史記)』에 나오는 말입니다. 『장자(莊子)』〈소요유(逍遙遊)〉에도 비슷한 이야기가 나오는데 여기에서는 매미, 참새와 곤(鯤) 사이의 이야기로 설정되어 있습니다. 『사기(史記)』〈진섭세가(陳涉世家)〉를 통해 좀 더 자세히 알아봅니다.

> 진섭은 어렸을 때 종종 다른 사람들과 함께 품팔이로 밭을 갈았는데, (어느 날) 밭 가는 것을 멈추고 둔덕에 올라가 오래 슬퍼하고 탄식하며 "우리가 부귀하게 된다면 서로를 잊지 말자"고 했다. 품팔이꾼들이 웃으며 "품팔이로 밭을 가는 사람들이 어찌 부귀해지겠나?"라며 되물었다. 진섭이 탄식하며 "아, 제비와 참새가 어찌 큰기러기와 고니의 뜻을 알겠는가!"라고 했다.
>
> [陳涉少時 嘗與人傭耕 輟耕之壟上 悵恨久之 曰 "苟富貴, 勿相忘" 傭者笑而應曰 "若爲傭耕 何富貴也" 陳涉歎息曰 "嗟乎 燕雀安知鴻鵠之志哉"]

진섭(陳涉)은 좀 생소한 이름인데 진승(陳勝, ?~BC 208)은 어떻습니까? 이제 생각이 났습니까? 그렇습니다. 진나라 말기 농민 반란인 '진승·오광의 난'을 이끈 사람입니다. 섭(涉)은 그의 자(字)이고 이름은 승(勝)입니다.

글 내용으로 보면 이 말은 진승이 한 것이 되는데, 사마천의 인용을 통해 바로 진승 자신에 대한 평가가 되었습니다. '진승·오광의 난'은 바로 평정이 되고 진승은 전투 중 죽습니다.

필자는 진승의 말 가운데 "왕후장상의 씨가 (설마) 따로 있겠는가[王侯將相 寧有種乎(왕후장상 영유종호)]"를 잊지 못합니다. 첫째, 이 말을 상당 기간, 고려 시대 노예 해방 운동을 일으킨 최충헌의 사노 만적(萬積, ?~1198)의 말로만 알았습니다. 이보다 천 년 이상이나 앞서 중국에도 비슷한 운동이 있었고 거기에서 나온 말이라고 귀띔해주지 않은 국사 선생님에 대한 원망도 없지 않았습니다. 둘째, 노예 신분이었던 만적이 이 정도의 글을 읽고 대중을 설득할 수 있었는가 아니면 언변이 아주 좋은 사람이라서 들은 말을 인용한 것인가 하는 점 때문이었습니다.

주로 화제가 되는 것은 여기서 소개한 내용인데, 그 앞에도 의미 있는 말이 있습니다.

"젊은이가 죽지 않으면 그뿐이고, 죽는다면 이름을 크게 날려야 한다 [壯士不死則已 死即擧大名耳]." 필자는 이름을 크게 날린다는 것이 흔히 말하는 출세만은 아니라고 생각합니다. 자기가 처한 위치에서 가까이는 주변 사람들을 위해 더 나아가서는 사회와 국가를 위해 도움되는 일을 한다면 그것이 바로 이름을 날리는 것이라고 여깁니다. 진승이든 만적이든 자유, 정의, 평등과 박애를 위해 목숨을 바치는 것은 존경스럽고 숭고한 일입니다.

그런데 진승이 이렇게 평가를 받게 된 것은 한 고조 유방의 덕분이 아닐까 합니다. 유방은 진승을 은왕(隱王)으로 추봉했습니다. 사마천이 『사기』를 쓴 것은 그로부터 몇십 년밖에 지나지 않은 한 무제(漢武帝 , BC 156~87) 때이니 개국 군주인 유방이 한 일에 대해서는 아무래도 좀 후하게 쓰지 않았을까 합니다.

고교	획수	형자	회자	새김	발음
鶴	21	鳥	隺 鳥	학	학

학(鶴)은 두루미입니다. 단정학(丹頂鶴), 선학(仙鶴)이라는 말도 쓰는데 단정학은 정수리 즉, 볏이 붉은 데에서, 선학은 학이 신선하고 신령함을 나타내는 데에서 나온 말이겠습니다. 흰색을 나타내기도 하고 머리가 희어질 때까지 사는 장수를 나타내기도 하죠. 『설문』에서는 "학(鶴)이 늪에서 우니 그 소리 하늘에서도 들리네"라고 설명합니다. 『시경(詩經)』〈소아(小雅)〉의 「학 울음[鶴鳴]」이라는 시를 인용한 것입니다.

학립(鶴立)은 학망(鶴望)과 같은 뜻입니다. 학처럼 고개를 길게 빼고 바라본다는 뜻으로 어떠한 것을 간절히 바라는 것을 가리킵니다. 학립계군(鶴立鷄群)은 학이 닭 무리 가운데에 서 있다는 뜻으로 사람의 모습이나 재능이 출중함을 이릅니다. 학발동안(鶴髮童顔)은 머리털은 하얗게 세었으나 얼굴은 아이와 같다는 뜻으로 전설 따위에 나오는 신선의 얼굴을 이르는 말입니다. 학수고대(鶴首苦待)는 학처럼 목을 길게 빼고 간절히 기다리는 것입니다.

소금밭 로(鹵, [鹵]) 부

갑골	금문	전문	해서

『설문』을 보겠습니다. "로(鹵)는 서쪽의 짠땅이다. 서(西) 자가 생략된 형을 따르고, [가운데 '쌀' 미(米)를 눕힌 모양은] 소금을 본떴다. 안정(安定)에 노현(鹵縣)이 있다. 동쪽(의 짠땅)은 척(斥)이라 하고, 서쪽은 로(鹵)라고 한다."

역사학자들의 연구 결과, 노현(鹵縣)이 현재 중국 감숙성 일대에 있었다는 기록과 유물은 있으나 동한 시기 이후 기록에서 사라져 정확한 위치는 고증할 수 없다고 합니다. 허신이 서(西) 자의 생략형이라고 하는 부분을, 소금을 만들 때 불순물을 걸러내는 대나무 그릇이라고 하는 설명도 있습니다.

우리는 바닷물을 증발시키거나[天日鹽(천일염)] 끓여서 소금을 만듭니다만, 아주 옛날 바다였던 지역이 융기해 육지가 된 곳에서는 땅에서 소금을 캐내거나[巖鹽(암염)] 소금기가 들어 있는 흙으로 짠물을 만들어 증발시키거나 끓이는 방식으로 소금을 만들었습니다.

중국에서는 자연 암염을 많이 쓰는데, 중국 동포들 말로는 암염으로 김치를 담그면 색깔이 검어져 손님상에 내어놓기가 부끄럽다고 합니다. 요오드 성분이 많이 들어가서 그렇다고 하는데, 암염에는 요오드 성분이 들어 있지 않다는 보고도 있어 합리적인 설명인지는 잘 모르겠습니다.

어쨌든 지금도 막고굴(莫高窟)로 유명한 중국의 돈황(敦煌)에 가다보면 주변 땅에 마치 백태가 낀 것처럼 소금기가 올라온 것을 볼 수 있습니다. 이 지역은 세계에서 바다와 가장 멀리 떨어진 곳으로 소금을 얻는 것이 여간 힘든 일이 아닐 텐데 어디든 살 수 있기 마련이라는 생각도 듭니다.

고교	획수	형자	새김	발음
鹽	24	監	소금	염

염(鹽)은 로(鹵)가 다른 뜻으로 많이 인신되어 전용되자 소금을 나타내기 위해 '살필' 감(監)을 붙여 만들어진 글자입니다. 중국 상고 시대의 전설적인 이야기이긴 합니다만, 숙사(宿沙)라는 사람이 소금물을 끓여 처음으로 소금을 만들었다고 합니다.

기초한자에 속하지는 않지만, '짤' 함(鹹) 자는 익혀두는 게 좋겠습니다. '소금밭' 로(鹵)에 '다' 함(咸)을 결합시킨 글자입니다. 『설문』에서 "함(鹹)은 머금고 맛을 보는 것이다. 북방의 맛이다"라고 설명합니다. 주석을 살펴보면 음식물의 맛이 짠 것은 물의 기운에서 나오는데, 물[水]이 방위로 북쪽이기 때문에 북방의 맛이라고 합니다. 얼핏 이해하기 어려운 설명입니다만 오행설 속에서는 그 나름 체계를 이루고 있습니다.

염기(鹽氣)는 소금기입니다. '염끼'로 읽어야 합니다. 염기(鹽基)는 화학 용어로 산과 반응하여 염을 만드는 물질로 암모니아수, 잿물 따위가 있습니다. 염반(鹽飯)은 '소금엣밥'으로 소금을 반찬으로 차린 밥이라는 뜻입니다. 반찬이 변변하지 못한 밥을 이르는 말입니다.

R198

사슴 록(鹿) 부

갑골	금문	전문	해서
𦥑	𦥑	鹿	鹿

'사슴' 록(鹿)의 고문은 머리 위 뿔에서부터 다리까지 그대로 빼닮은 사슴입니다. 더러 동물에 대한 설명을 읽다보면 우제류(偶蹄類), 기제류(奇蹄類)라는 말이 나오는데 우(偶)는 짝수로 짝을 뜻하고 기(奇)는 홀수로 하나라는 뜻을 나타내며, 제(蹄)는 발굽입니다. 발굽이 홀수로 되어 있는지 아니면 짝수인지를 나타내는 말입니다. 사슴은 우제류에 속합니다.

중외	부수	획수	회자	새김	발음
慶	心	15	心鹿夊	경사	경

경(慶)을 단어 위주로 짧게 살펴봅니다. 보천동경(普天同慶)에서 보천(普天)은 천하(天

下)와 같은 뜻으로 보천동경(普天同慶)은 온누리가 함께 기뻐한다는 뜻입니다. 사람마다 관심이나 생각도 다르고 이해관계도 달라 이렇게 온누리가 기뻐할 일은 흔하지 않습니다. 한글 창제만 해도 보천동경해야 할 일이었지만, 여기에 반대한 학자들이 있었습니다. 그럼에도 불구하고 한글 창제나 3·1독립운동, 8·15광복 등은 보천동경해야 할 자랑스럽고 기쁜 일들입니다. 자소자는 '천천히 걸을' 쇠(夊)로 부수자입니다.

고교	획수	새김	발음
鹿	11	사슴	록

녹각(鹿角)은 사슴의 뿔입니다. 녹용(鹿茸)도 사슴의 뿔입니다만, 새로 돋은 연한 뿔을 말하며 한방의 약재로 쓰입니다. 녹비(鹿皮)는 사슴 가죽인데, '녹비'로 쓰고 '녹삐'로 읽습니다. "녹비(鹿皮)에 가로 왈(曰)"이라는 말이 있습니다. 사슴 가죽에 쓴 가로왈(曰) 자는 가죽을 잡아당기면 일(日) 자도 되고 왈(曰) 자도 된다는 뜻으로, 사람이 일정한 주견이 없이 남의 말을 좇아 이랬다저랬다 함을 비유적으로 이르는 말입니다. 녹사수수(鹿死誰手)에서 녹(鹿)은 사냥의 대상으로 정권을 비유합니다. 천하를 놓고 다투는 쟁탈전에서 정권이 누구의 수중에 들어갈지 모른다는 것으로 누가 최후의 승리를 거두게 될지 모른다는 뜻입니다.

고교	획수	새김	발음
麗	19	고울	려

『설문』에서는 "려(麗), 무리를 이루어 다니는 것이다. 사슴의 특징은 먹을 것이 눈에 띄어 급해져도 꼭 무리를 이뤄 간다"라고 설명합니다. 사슴 두 마리가 나란히 가는 모습에서 '짝, 아름답다' 등의 뜻이 인신되어 나왔습니다.

여구(麗句)는 아름답게 꾸민 글귀입니다. 보통 아름다운 말로 듣기 좋게 꾸민 글귀라는 뜻으로 '미사여구(美辭麗句)'를 많이 씁니다. 미인(美人)을 여인(麗人)이라고도 합니다.

기초한자 범위 밖이기는 하지만 '티끌' 진(塵)은 익혀두면 좋겠습니다. 지금은 '흙' 토(土) 부에 속하는 글자가 됐지만 『설문』에서는 '사슴' 록(鹿) 부에 있습니다. 본자는 '사슴' 록(鹿)이 세 개 있는 '거칠' 추(麤) 아래 '흙' 토(土)를 썼는데[麤] 지금은 자형이 간단해졌습니다. 사슴 무리는 먹이를 찾아 무리를 이루어 이동합니다. 이때 흙먼지 즉, 티끌이 올라오는데 그야말로 하늘을 뒤덮을 정도입니다. 특히 순록이 이동하는 것이 장관으로 먼지가 하늘을 덮습니다. 다큐멘터리를 보면 실감할 수 있습니다. 동물의 생태를 면밀히 살펴보고 난 뒤에야 만들 수 있는 글자입니다.

R199

보리 맥(麥, [麦]) 부

갑골	금문	전문	해서
⫯	⫯	麥	麥

『설문』의 설명부터 보겠습니다. "**맥(麥)**은 까끄라기가 있는 곡식이다. 가을에 심고 깊이 묻기 때문에 맥(麥)이라고 한다. 맥(麥)은 (오행으로) 금(金)에 속한다. 금(金)의 기운이 왕성해지면 자라고, 화(火)의 기운이 왕성해지면 죽는다. 래(來)를 따르는데, 이삭이 나오기 때문이다. 쇠(夊)를 따른다."

"묻기 때문에 맥(麥)이라고 한다"라는 것은 '묻을' 매(薶)와 발음이 같은 맥(麥)을 쓴다는 뜻입니다.

옛날 중국 사람들은 보리[來]를 하늘에서 내려준 것으로 알았다고 합니다. 본래는 '올' 래(來)가 보리를 나타내는 글자였는데, 다른 뜻으로 쓰이게 되자 다른 곳에서 왔다는 뜻으로 '천천히 걸을' 쇠(夊)를 더해 맥(麥) 자를 다시 만들어 쓰게 되었습니다. '올' 래(來) 자 설명을 꼭 함께 읽어보기 바랍니다. 지금 자형으로 보면 맥(麥)은 오고[來] 가는 것[夊]일 뿐, 풀이라든지 곡식이라고 하는 뜻은 전혀 보여주지 않는 글자이기도 합니다.

중학	획수	회자	새김	발음
麥	11	來 夊	보리	맥

　　맥농(麥農)은 보리농사이고, 맥량(麥凉)은 보리나 밀이 익을 무렵의 약간 서늘한 날씨를 말합니다. 맥고모자(麥藁帽子)의 맥고는 자의(字義)만 생각하면 '보리짚'입니다만, 형태나 쓰임의 유사성 때문인지 『표준』에서 "밀짚이나 보리짚"이라고 설명합니다. 맥고모자는 자연 맥고로 만든 모자인데, 주로 밀짚을 쓰는지 '밀짚모자'로 순화하고 있습니다. 결국 보리가 밀에게 제 이름을 내어준 꼴입니다. 맥아(麥芽)는 엿기름입니다. 고두밥[녹말]을 엿기름에 삭혀 짜면 엿물에 찌끼인 엿밥이 나옵니다. 이 엿물을 졸이면 물엿이 됩니다. 물엿의 주성분은 맥아당(麥芽糖)입니다.

R200

삼 마(麻) 부

갑골	금문	전문	해서
屗	麻	麻	

금문의 '삼' 마(麻)는 민엄호[厂] 아래에 썼습니다. 벼랑[厂]이나 집[广] 안에서 삼을 가늘게 쪼개어 걸어놓고 말리는 모양입니다.

삼베와 관련된 글자 가운데 빈(朮)은 '삼 껍질' 또는 '삼베'라는 뜻입니다. 다음어로 '삼 껍질' 또는 '삼' 패로도 새깁니다. 십(十) 자 좌우의 팔(八) 자 모양이 인(儿) 자 모양으로 바뀌었을 뿐 '나무' 목(木)과 아주 흡사합니다. 그런데 이 글자가 주로 다른 글자의 자소로 쓰이게 되자 본래의 뜻은 빈(朮)을 한 번 더 겹쳐 쓴 '삼' 패(朩)로 쓰게 됩니다. 빈(朮)을 겹친 글자인데 '수풀' 림(林)과 같아 보입니다. 혼동스러운 글자가 또 있습니다. '대팻밥' 패(枾)인데 '나무' 목(木) 옆에 빈(朮)을 씁니다.

『강희자전』에서 이 석 자는 모두 '나무' 목(木)에 속합니다다만, 『설문해자』에서는 빈(朮)과 패(朩)는 각자 독립된 부수였습니다. 마(麻) 또한 독립된 부수인데, 『설문』의 540부수를 줄이다보니 빈(朮)과 패(朩)는 '나무' 목(木)에 들어가게 되고, 마(麻)만 부수로 살아남았습니다. 부수가 많으면 변별력은 있지만 분류에 어려움이 있고, 그렇다고 너무 적어지면 변별력이 떨어지니 일장일단이 있습니다.

　삼은 일단 벤 뒤 삼을 찌는 구덩이나 솥인 삼굿에 넣고 찝니다. 그런 뒤 껍질을 벗깁니다. 줄기는 겨릅(대)이라고 합니다. 벗긴 껍질의 거죽 부분을 창칼로 벗겨내면 하얀 속살의 삼 섬유가 나옵니다. 이것을 가늘게 찢어 말린 뒤, 물레를 이용해 긴 섬유로 만들고 베틀로 삼베를 짜내게 됩니다. 자형이 워낙 비슷해 이야기가 나온 김에 한 말이니까 일부러 이런 글자까지 익힐 필요는 없습니다. 한 번 보며 그저 그런 글자도 있구나 하고 혼동하지 않으면 됩니다.

　이 부수에 속하는 기초한자는 '삼' 마(麻) 자뿐이고, 부수외자로 '갈' 마(磨)가 있습니다.

고교	획수	회자	새김	발음
麻	11	广 林	삼	마

　마비(痲痺, 麻痺)는 신경이나 근육이 형태의 변화 없이 기능을 잃어버리는 것으로 감각이 없어지고 힘을 제대로 쓰지 못하게 됩니다. 마약(痲藥)은 마취 작용을 하며, 습관성이 있어서 장복(長服)하면 중독 증상을 나타내는 물질을 통틀어 이르는 말입니다. 삼베를 한자어로 마포(麻布)라고 합니다. 모시는 저포(紵布)입니다. 대마의 잎이나 꽃을 원료로 하여 만든 마약이 마리화나(marijuana, marihuana)인데, 가운데 'j'를 쓰는 스펠링은 이상해 보입니다. 이것은 스페인 사람들이 미국에 처음 들여왔기 때문으로 추측합니다. 정확한 뜻은 몰라도 어렸을 때 동화를 비롯해 마고(麻姑)할미라는 말 많이 들어보았을 겁니다. 마고할미는 전설에 나오는 신선 할미로 새의 발톱같이 긴 손톱을 가지고 있다고 하는데, 줄여서 마고라고도 합니다. 마고소양(麻姑搔痒)은 마고할미가 긴 손톱으로 가려운 데를 긁는다는 뜻으로 바라던 일이 뜻대로 잘됨을 이릅니다. 마고파양(麻姑爬痒)으로 쓰기도 합니다.

고외	부수	획수	형자	회자	새김	발음
磨	石	16	麻	麻石	갈	마

마부작침(磨斧作針)은 마부위침(磨斧爲針)으로 쓰기도 하는데, 도끼를 갈아 바늘을 만든다는 뜻으로 아무리 어려운 일이라도 끊임없이 노력하면 이룰 수 있음을 나타냅니다. 중국어에서는 공이를 갈아 바늘을 만든다는 뜻의 마저성침(磨杵成針)이나 마저작침(磨杵作針)으로 씁니다. 물론 여기서 공이는 쇠로된 공이이겠습니다. 젊음은 무한한 가능성입니다. 어떻게 갈고 닦느냐에 따라 나중에 국가와 민족을 위해 큰 업적을 세우는 사람이 될 수도 있고, 뛰어난 문인이 될 수도 있고, 또 자기가 좋아하는 분야의 최고 장인이 될 수도 있습니다. 늘 자신이 가진 가능성을 완성하기 위해 자르고, 닦고, 쪼고, 가는 절차탁마(切磋琢磨)의 자세가 있어야 합니다.

12획으로 넘어갑니다.

R201

누를 황(黃) 부

갑골	금문	전문	해서
東	東	黃	黄

'누를' 황(黃)의 기원에 대해서는 두어 가지 설명이 있습니다. 그중 하나는 황(黃)은 (허리에) 매는 끈에 드리워진 패옥(佩玉)을 가리킨다고 합니다. 나중에는 이 글자를 빌려 얼굴빛을 나타내는 데에 썼기 때문에 '구슬' 옥(玉)을 붙인 '서옥' 황(璜)이 따로 생겼다고 합니다.

『설문』에서는 "황(黃)은 땅의 색이다. 전(田)을 따르고, 광(炗)[광(光)의 옛글자]을 따른다. 광(炗)은 소리도 나타낸다"라고 합니다. 형성·회의자로 보는 것입니다. 달리, 상형자라는 주장도 있습니다. "전(田)을 따른다"라는 것은 밭의 색깔[光]이 누렇기 때문입니다.

중학	획수	새김	발음
黃	12	누를	황

황락(黃落)은 나뭇잎이 누렇게 되어 떨어지는 것을 말합니다. 황혼(黃昏)은 해가 지고 어스름해질 때인데, 사람의 생애나 나라의 운명 따위가 한창인 고비를 지나 쇠퇴하여 종말에 이른 상태를 비유적으로 이르기도 합니다.

증외	부수	획수	형자	새김	발음
廣	广	15	黃	넓을	광

넓을 **광(廣)**입니다. 광개언로(廣開言路)는 말길을 널리 연다는 뜻입니다. 사서에도 자주 등장해 왕조 시대에도 신하들이 언로를 열어야 한다고 주장하는 것을 볼 수 있습니다. 현명한 군주는 그것을 잘 받아들여 정치를 했습니다. 그런데 이 언로의 문제는 지금도 세계 곳곳에서 여전히 심각하기만 하고, 말 때문에 목숨을 잃는 경우도 비일비재합니다. 우리 인간의 권력욕과 관련된 문제이겠는데, 언로의 개방은 여전히 큰 숙제입니다.

고외	부수	획수	형자	새김	발음
橫	木	16	黃	가로	횡

횡(橫)을 여기서 '빗길(가로지를)' 횡으로 새겼습니다만, '가로'의 뜻으로도 많이 쓰입니다.

횡행천하(橫行天下)는 거리낌 없이 제멋대로 세상을 나돌아다니는 것을 이릅니다.

R202

기장 서(黍) 부

갑골	금문	전문	해서
𥝢	𥝢	黍	黍

'기장' 서(黍)의 갑골문은 기장이 익어 머리를 숙이고 있는, 글씨라기보다 그림입니다. 금문에는 점이 네 개 있는데 이것은 이삭이 잘 여물어 떨어지는 모양이라고 합니다. 『설문』에서는 "서(黍)는 벼의 한 종류로 차지다. 대서(大暑)에 여물기 때문에 서(黍)라고 한다. 화(禾)를 따르고 우(雨)가 생략된 형이 소리를 나타낸다. 공자는 '기장은 술을 담을 수 있다. 그래서 화(禾)가 물[水] 속에 들어간[入] 모양이다'라고 한다"라고 설명합니다.

기장[黍]은 오곡의 하나이고 가뭄을 잘 견뎌 중국 북서부 지역의 중요한 식량이기도 했습니다. 고대에는 길이와 무게의 단위이자 기준이기도 했습니다. 『한서(漢書)』〈율력지(律曆志)〉를 보면, 중간 크기의 기장 한 알의 길이가 한 푼[分]입니다. 열 개면 한 치[寸]이고 백 개면 한 자[尺]가 됩니다. 황종음(黃鐘音)을 내는 피리 구멍 속에 기장을 넣으면 1,200알이 들어간다고 하는데, 그 무게가 1약(龠)입니다. 2약(龠)이 1홉[合]이고 10홉은 한 되입니다.

국내에서 이런 사실을 확인하기 위해 실험을 한 적이 있는데, 황종음을 내는 직경 12mm 관에는 기장이 실제 1,200개 들어가는 것으로 확인되기도 했습니다. 물리학에서 관의 직경이 정해진 경우 특정음을 내는 관의 길이 또한 일정합니다. 그러니 길이의 표준이 될 수 있고 실제 그것을 길이의 단위와 표준은 물론이고 무게의 단위로까지 쓴 것입니다.

증외	부수	획수	회자	새김	발음
香	香	9	禾(黍) 甘(日)	향기	향

기초한자로 '기장' 서(黍) 부에 속하는 글자는 부수자를 포함해 한 자도 없습니다. 부수외자로 '향기' **향(香)**이 있는데 이 글자는 별도의 부수자이니 해당 부수란을 참고하기 바랍니다. 향(香)이 들어 있는 향초미인(香草美人), 향화형제(香火兄弟)는 향(香) 자를 참고하기 바랍니다.

R203

검을 흑(黑) 부

갑골	금문	전문	해서

　'검을' 흑(黑)은 옛날에 사람들이 검댕 같은 것으로 칠한 얼굴 모양이라고 합니다. 인류 발전의 초기 단계에서 사람들은 짐승의 공격을 피하기 위해 무섭게 보이도록 몸에 꾸미개 같은 것을 차고 얼굴에는 검댕 같은 것으로 시커멓게 칠을 했는데 바로 그런 얼굴 모습이라는 것입니다. 잘 보이지 않도록 하는 일종의 보호색이기도 했겠습니다. 이것이 나중에는 문신으로 바뀌고 더 나아가서는 가면이 나오게 되었다고 합니다. 상형자로 보는 것인데 현대 인류학 쪽의 연구 결과를 받아들인 설명으로 보입니다.

　흑(黑) 자는 소전에 들어와 자체(字體)가 바뀌면서 회의자가 됩니다. 위는 '정수리' 신(囟)으로 창(窗)을 나타냅니다. 아주 옛날 움집에서는 창을 지붕 위에 냈습니다. 연기가 빠져나가는 통로이기도 했습니다. 가운데 있는 점은 그을음을 나타냅니다. 아래는 불[火]로 연기가 나는 것을 가리킵니다. 허신은 소전을 분석 대상으로 삼았기 때문에 『설문』의 설명은 "흑(黑)은 불에 그을린 색이다. 불꽃[火]이 창(囧)[창(窗)의 옛글자] 밖으로 나가는 것을 따른 것이다"라로 설명하고 있는데 비슷한 내용입니다.

중학	획수	회자	새김	발음
黑	12	炎 囲(窗)	검을	흑

흑막(黑幕)은 검은 장막이라는 뜻인데, 음흉한 내막을 비유적으로 이르는 데에도 씁니다. 흑자(黑字)는 수입 초과액을 주로 흑색 잉크를 쓰는 데서 유래한 말로 잉여 이익이 생기는 것입니다.

중외	부수	획수	형자	회자	새김	발음
墨	土	15	黑	黑土	먹	묵

지금 '먹'이라면 누구나 벼루에 갈아서 쓰는 물감을 떠올립니다. 하지만 이것은 물감이 어느 정도 개발된 이후의 이야기이고 원래 '먹' **묵(墨)**은 광물에서 나오는 검은색 안료입니다.

갑골문(甲骨文)은 짐승의 뼈에 나타나는 글자이니 '썼다'라기보다는 새겨내는 글자입니다. 정문(鼎文) 역시 쓰는 것이 아니라 쇠를 녹여 주조해내는 자체입니다. 선진(先秦, BC 221 이전) 시기에 나온 과두문자(蝌蚪文字)가 있습니다. 글자 모양이 올챙이를 닮았다고 해 올챙이 문자라고 합니다. 당시 필기도구는 판판하게 만든 나무쪽이나 대나무쪽 즉, 목간과 죽간이었습니다. 여기에 뾰족하게 깎은 나무로 옻을 찍어 글씨를 썼습니다. 나무는 흡수성이 떨어져 물감을 찍으면 처음에는 많이 흘러나오고 나중에는 조금밖에 나오지 않습니다. 글씨를 쓰면 자연 획의 시작 부분은 커지고 아래로 갈수록 가늘어지는 올챙이 모양이 될 수밖에 없습니다. 필자는 올챙이 문자는 필기도구의 제약에서 온 어쩔 수 없는 글자 형태라고 생각합니다.

잠깐 문방사우(文房四友)인 종이, 붓, 먹, 벼루에 대해 좀 알아보겠습니다. 벼루는 물감을 갈아 쓰는 것이니 꼭 붓에 딸려야만 하지는 않습니다. 제대로 된 먹이 나오기 이전에도 다른 광물질의 안료를 잘게 쪼개고 가는 바탕으로 필요했고, 중국의 최근 고고학계에서는 7천 년 가량 이전의 벼루가 보고되기도 했습니다. 먹도 마찬가지입니다. 신석기 시대에도 먹을 사용한 흔적이 나온다고 합니다. 그러나 이것은 검은 물감을 사용한 흔적이고 오늘날과 같이 소나무 검댕에 아교를 섞어 만드는 먹이 나온 것은 전한(前漢, BC 202~AD 8) 시대입니다.

붓은 진나라 때 흉노 정벌의 명장 몽염(蒙恬)이 발명했고, 종이는 한나라 때 환관이었던 채륜이 발명한 것으로 알려져 있지만, 이 두 사람은 기존에 있는 종이와 붓을 획기적으로 개량했다는 것이 정확한 내용이겠습니다. 결국 2세기 초에 이르러서나 비교적 글씨를 쓰기가 수월한 필기도구를 제대로 갖추게 된 셈입니다.

묵객(墨客)은 먹을 가지고 글씨를 쓰거나 그림을 그리는 사람입니다. 묵수(墨守)는 제 의견이나 생각, 또는 옛날 습관 따위를 굳게 지킴을 이르는 말인데 중국 춘추 시대 송나라의 묵자(墨子)가 성을 잘 지켜 초나라의 공격을 아홉 번이나 물리쳤다는 데서 유래한 것으로 알려져 있습니다. 묵적미간(墨迹未乾)은 먹물이 마르지 않았다는 뜻으로 상대방이 협정이나 약속을 하자마자 배신할 때 비난으로 하는 말입니다. 우리도 같은 의미로 "먹물도 안 말랐다, 잉크도 안 말랐다"라는 표현을 씁니다.

고교	획수	형자	새김	발음
默	16	墨	잠잠할	묵

묵(默)은 개[犬]가 몰래, 잠잠히[墨] 사람을 쫓아오는 것입니다. 소리를 내지 않고 사람을 갑자기 공격하는 것이라는 설명도 있습니다. 여기에서 '잠잠하다, 몰래' 같은 뜻이 인신되어 나왔습니다.

잘못을 알고도 모르는 체하고 그대로 넘기는 것은 묵과(默過)하는 것이며, 묵념(默念)은 묵묵히 생각에 잠기거나 말없이 마음속으로 비는 것입니다. 비밀로 하여 말하지 않는 것은 묵비(默秘)하는 것입니다. 묵묵부답(默默不答)은 잠자코 아무 대답도 하지 않는 것을 이릅니다.

고교	획수	형자	새김	발음
點	17	占	점	점

점(點)은 작은 점입니다. 얼굴에 나 있는 점을 가리킨다는 설명도 있습니다. '검사하다'라는 뜻도 나타냅니다. (얼굴을) 차지하고[占] 있는 검은 것[黑]으로 파자하면 기억하기가 쉬울 듯합니다.

점검(點檢)은 낱낱이 검사하는 것이고, 점호(點呼)는 한 사람씩 이름을 불러 인원이 맞는가를 알아보는 것입니다. 점철성금(點鐵成金)은 쇠를 달구어 황금을 만든다는 뜻으로 나쁜 것을 고쳐서 좋은 것을 만듦을 이르는데, 만지는 것마다 금으로 변했다는 그리스 신화의 마이다스(Midas) 왕을 떠올리게 됩니다.

고교	획수	형자	회자	새김	발음
黨	20	尙	尙黑	무리	당

당(黨)을 『설문』에서는 "선명하지 않은 것이다"라고 합니다. 이 설명은 선명하지 않습니다. 당(黨)은 고대 지방의 호적 편제 단위로 5백 가구를 가리켰다고 합니다. 그래서 무리라는 뜻이 나온 것으로 설명하기도 합니다. 달리, 흑(黑)은 몸에 동족임을 나타내기 위한 표시로 친족을 나타내는 것이라는 설명이 설득력이 있어 보입니다. 여기에서 상(尙)이 소리를 나타냅니다.

당론(黨論)은 정당의 의견이나 논의를 말합니다. 당쟁(黨爭)은 당파를 이루어 싸우던 일을 가리킵니다. 당동벌이(黨同伐異)는 일의 옳고 그름은 따지지 않고 뜻이 같은 무리끼리는 서로 돕고 그렇지 않은 무리는 배척하는 것인데, 줄여서 당벌(黨閥)로 쓰기도 합니다. 당벌(黨閥)에는 같은 무리의 사람들이 힘을 합하여 다른 무리의 사람들을 배척할 목적으로 뭉친 당파라는 뜻도 있습니다.

R204

바느질할 치(黹) 부

갑골	금문	전문	해서
乙	黹	黹	黹

치(黹)를 『설문』에서는 "바느질로 꿰맨 옷이다. '해어진 옷' 폐(㡀)를 따르고, '풀 성할' 착(丵)이 생략된 모양을 따른다(회의자)"라고 합니다. 수를 놓은 문양이라고도 합니다.

치(黹)는 가장 홀대받는 부수 가운데 하나가 아닐까 합니다. 제법 큰 자전을 봐도 딸린 식구가 열 손가락을 다 못 꼽습니다. 게다가 실려 있는 글자가 오늘날 많이 쓰이지 않는 것들이고, 앞으로도 마찬가지겠습니다. 부수자를 포함해 기초한자에 들어가는 글자는 한 자도 없습니다. 중국 고전을 읽을 경우 더러 만나게 되는 글자가 두 자 있습니다. '수' 불(黻)과 '수' 보(黼)인데, 고대 예복에 놓은 수입니다. 필요하면 그때 가서 찾아보면 됩니다.

13획으로 넘어갑니다.

R205

맹꽁이 맹(黽)[黾] 부

갑골	금문	전문	해서
𪓉	𪓿	黽	黽

『설문』의 해석입니다. "맹(黽)은 맹꽁이이다. 타(它)를 따른다. 상형이다. (它를 따르는 것은) 맹(黽) 자의 윗부분이 타(它) 자의 윗부분과 비슷하기 때문이다." 청개구리의 한 종류라는 주장도 있습니다. 타(它)는 현대 중국어에서 그것(it)의 뜻으로 쓰입니다만, 옛날에는 뱀을 가리키는 말이었습니다. 주석에 보면 옛날에는 자리로 깔거나 덮을 때 풀을 많이 이용했기 때문에 서로 "뱀은 없어[無它乎]?"라고 물었다고 합니다. 무타(無他, 無它)라는 말은 『맹자』를 비롯해 다른 고대 서적에도 나오는데 '별일 없다, 다른 것 없다, 그것뿐이다' 정도의 뜻을 갖습니다. 오랜 옛날 뱀을 무서워하던 풍습이 남긴 흔적이 아닐까 하는 생각이 듭니다.

맹꽁이는 울 때 배를 불룩하게 하고 힘을 주는 것처럼 보입니다. 그래서 '힘을 쓰다'라는 뜻도 내포하고 있는데 이때는 '힘쓸' 민으로 새깁니다. 부수자를 포함해 이 부수에 속하는 기초한자는 한 글자도 없습니다.

R206

솥 정(鼎) 부

갑골	금문	전문	해서
𣂏	𣂏	鼎	鼎

정(鼎)은 고대 음식을 삶고 끓이는 데 쓴 솥입니다. 세 발에 양쪽으로 귀가 두 개 달렸습니다. 네모난 모양에 발이 네 개 달린 것도 있습니다. 력(鬲)은 발에 구멍이 나 있고, 정(鼎)은 없습니다. 그보다 더 큰 차이점은 정(鼎)은 나라의 큰 의식에 쓰이는 의식용이라는 점입니다. 그래서 신분을 나타내는 물건이기도 했습니다.

정(鼎)은 아무나 소유할 수 없었고 엄격한 규정이 있었습니다. 옛 기록을 보면 천자는 정을 아홉 개, 제후는 일곱 개, 대부는 다섯 개, 일반 선비는 세 개 혹은 한 개의 정을 가질 수 있었습니다. 하나라의 우왕은 당시의 중국 전역인 9주에서 나오는 쇠붙이를 모아 아홉 개의 정을 만들었다고 합니다. 그래서 국가의 상징이었고, 나라가 바뀌면 정(鼎)도 옮겨갔습니다. 『설문』을 살펴봅니다.

"정(鼎)은 발 셋에 귀가 둘로 다섯 가지 맛을 조화시키는 보배로운 그릇이다.

옛날 우 임금은 아홉 목의 쇠붙이를 거둬 형산 아래에서 정(鼎)을 주조했다. (그 덕분에) 산, 숲, 내, 못에 들어가도 도깨비[螭魅]나 요괴[蝄蜽]와 부딪히지 않게 되었다. 정을 주조해 땅을 화합시키고 하늘의 은혜를 받게 되었다.『주역』의 괘상에 나무를 불 속에 넣는다는 것이 정(鼎)이다. 나무를 쪼개 불을 지피는 것을 나타낸다. 주문에서는 정(鼎)을 정(貞) 자 대신 쓴다. 무릇 정(鼎)에 속하는 글자는 모두 정(鼎)을 따른다 [三足兩耳 和五味之寶器也 昔禹收九牧之金 鑄鼎荊山之下 入山林川澤 螭魅蝄蜽 莫能逢之 以協承天休 《易》 卦 巽木於下者爲鼎 象析木以炊也 籀文以鼎爲貞字 凡鼎之屬皆从鼎]."

본문에 나오는 이매(螭魅)와 망량(蝄蜽)은 도깨비들로, 망량은 '魍魎'으로 쓰기도 합니다.
'솥' 정(鼎)에 속하는 기초한자는 없습니다만, 부수자인 '솥' 정(鼎)은 익혀두기 바랍니다.

북 고(鼓) 부

갑골	금문	전문	해서

'북' 고(鼓)는 회의자로 봅니다. 갑골문의 '북' 고(鼓)는 악기 모양을 나타내는 '악기 머리 보일' 주(壴)와 '칠' 복(攴)으로 되어 있습니다. 즉, 북채를 들고 북을 치는 형상입니다.

『설문』에서는 북이 갖는 상징성을 설명합니다. "고(鼓)는 가죽으로 덮은 악기이다. 춘분 때의 음악으로, 껍질에 싸인 만물이 나오기 때문에 고(鼓)라고 한다. 주(壴)를 따르며 복(攴)은 손에 북채를 든 것을 나타낸다. 『주례』의 육고는 뇌고(雷鼓)는 팔면이고, 영고(靈鼓)는 육면, 노고(路鼓)는 사면, 분고(鼖鼓), 고고(皋鼓), 진고(晉鼓)는 모두 양면이다."

고교	획수	회자	새김	발음
鼓	13	壴 攴	북	고

고각(鼓角)은 군중(軍中)에서 호령할 때 쓰던 북과 나발입니다. 고동(鼓動)은 피의 순환을 위하여 뛰는 심장의 운동을 가리키는데, 심장이 북을 치듯 뛰는 것에서 온 말이겠습니다. 고취(鼓吹)는 북을 치고 피리를 분다는 뜻과 의견이나 사상 따위를 주장하여 불어넣는다는 뜻을 가지고 있습니다.

R208

쥐 서(鼠) 부

갑골	금문	전문	해서
𠕁	𦣀	鼠	鼠

동물을 분류하는데 설치류(齧齒類)라는 말을 씁니다. '물' 설(齧)이니 깨무는 동물입니다. 끊임없이 뭔가를 물고 갉고 씁니다. 그런데 쥐의 뾰족한 앞니는 이빨 아래 뿌리 구조가 다른 동물과 달라 적당히 쏠거나 갉아 닳지 않으면 계속 자란다고 하니 생존을 위한 본능에서 나온 행동이긴 하겠습니다.

'쥐' 서(鼠)는 상형자입니다. 고문의 자형은 말할 것도 없고, 지금 자형에서도 쥐의 모양을 어느 정도 그려볼 수 있습니다.

『설문』에서는 "굴속에 사는 짐승의 총칭"이라고 합니다. 십이지지의 첫 번째 자(子)와 결합된 동물입니다. 쥐는 음식을 훔쳐 먹고, 가구를 쏠고, 전염병까지 옮기니 뭐 하나 도움이 되지 않습니다. 이 부수에 들어 있는 글자는 대부분 동물의 이름인데, 기초한자 가운데에는 한 글자도 없습니다. 그래도 서생원(鼠生員) 체면을 봐서라도 '쥐' 서(鼠) 정도는 익혀둬야 하지 않을까 합니다.

다음은 14획 부수자입니다.

R209

코 비(鼻) 부

갑골	금문	전문	해서
		鼻	鼻

"코는 기를 빨아 스스로를 돕는 것이다." 『설문』의 코에 대한 해석입니다. 요즈음 말로 조금 다듬는다면 "공기를 마셔 자기(폐)에게 넘겨주는 곳이다. 아니면 도와주는 곳이다" 정도가 되겠습니다. 코의 본자는 '스스로' 자(自)라고 알려져 있습니다. 그런데 사람들이 이 글자를 자기 자신을 가리키는 데 쓰니까 결국은 그 아래에 '줄' 비(畀)를 더해 '코' 비(鼻)가 다시 생겨난 것입니다.

여러분 한 번 스스로 코가 어떤 기관인지 정의를 해보십시오. 냄새를 맡고 발음에 도움이 되고 하는 정도가 더 나올지도 모르겠지만, 가장 중요한 것은 호흡입니다. 눈이 두 개, 귀가 두 개인 것은 방향 감각 탐지에 쓰이니 이해가 됩니다. 그런데 콧구멍은 왜 두 개일까 궁금한 적이 있습니다. 이유는 똑같았습니다. 해부학적으로 우리의 코는 안에서 격막(septum)이 양쪽으로 완전히 나누어놓기 때문에 실제 코도 두 개인 것과 마찬가지라고 합니다. 냄새를 맡고 방향을 탐지하는 데에 도움이 된다고 합니다. 결국 입만 하나인 셈인데, 입은 둘이면 아무래도 이상할 것 같습니다.

중학	획수	형자	새김	발음
鼻	14	畀	코	비

　비색증(鼻塞症)은 코가 막히어 숨쉬기가 거북하고 냄새를 잘 맡을 수 없는 증상을 말합니다. 비소(鼻笑)는 코웃음을 말합니다. 비조(鼻祖)는 시조라는 뜻입니다. 중국인의 경우이겠습니다만, 자기를 가리킬 때 흔히 코[鼻]를 가리킨다고 합니다. 비조(鼻祖)의 비(鼻)는 자기 자신을 나타내게 되고 조(祖)는 조상입니다. 자기 조상인데 정확히 내 위로 9대조 할아버지를 말합니다. 그 아래는 원조(遠祖), 태조(太祖), 열조(烈祖), 천조(天祖), 고조(高祖), 증조(曾祖), 조부(祖父), 부친(父親), 자기(自己)에 이릅니다. 여기에서 맨 처음이 되는 조상을 가리키거나 어떤 학문이나 기술 따위를 처음으로 연 사람을 가리키게 됩니다.

R210

가지런할 제(齊, [齐]) 부

갑골	금문	전문	해서
✿	✿	齊	齊

'가지런할' 제(齊)는 벼나 보리의 이삭이 팰 때 위가 평평한 모양을 본뜬 상형자라고 합니다. 실제 고문에서는 보리인지 벼인지 세 포기를 나란히 그리고 있기도 합니다.

하지(夏至) 조금 전에 보리밭에 나가보면 실감할 수 있는 말입니다. 보리가 다 고만고만하게 자라서 위로 수평선을 이룹니다. 가을 들판에 나가보면 바람에 일렁대며 황금빛 물결을 이루는 벼도 마찬가지입니다. 가지런한 것은 잘 이해되는데 필자의 경험으로 이상하게 글자는 잘 외워지지 않았습니다. 그나마 중국에서 쓰는 간체자 제(齐)는 기억하기가 쉬운데, 어떻게 하면 이 글자를 잘 외울 수 있을까? 더 생각해봐야겠습니다.

제(齊)는 다음자입니다. '재계할' 재(齋)와 통용되고, 상복(喪服)의 뜻으로 쓰일 때는 '자'로 읽습니다.

고교	획수	새김	발음
齊	14	가지런할/재계할/상복	제/재/자

제가(齊家)는 집안을 잘 다스려 바로잡는 것입니다. 제창(齊唱)은 여러 사람이 다 같이 큰 소리로 외치거나, 같은 가락을 두 사람 이상이 동시에 노래하는 것입니다. 균제(均齊)는 고르고 가지런한 것을 말하며, 일제(一齊)는 여럿이 한꺼번에 하는 것을 나타냅니다.

고외	부수	획수	형자	새김	발음
濟	水	17	齊	건널	제

부수외자는 '건널' 제(濟)가 있습니다. 『설문』에서는 "물 이름이다"라고 해서 내나 강의 이름이라고 설명하고 있습니다. '건너다, 구제하다'라는 뜻을 가지고 있습니다.

제도(濟度)는 불교에서 미혹한 세계에서 생사만을 되풀이하는 중생을 건져내어 생사 없는 열반의 언덕에 이르게 하는 것입니다. 제생(濟生)은 목숨을 구제하는 것입니다. 대중(大衆)을 구제해서 제중(濟衆)이고, 제중원(濟衆院)은 조선 시대에 세워진 최초의 근대식 국립 병원이었습니다. 광혜원(廣惠院)으로 문을 열었는데, 바로 이름을 바꾸었습니다.

R211

이 치(齒, [齿]) 부

갑골	금문	전문	해서

'이' 치(齒)의 고문은 네모난 입모양 안에 위아래로 뻐드렁니처럼 보이는 이를 두 개씩 그려놓아, 보기만 해도 이라는 것을 알 수 있습니다. 고문을 분석할 때는 상형자입니다. 그 뒤로 자형이 조금 바뀌어서 지금은 송곳니 모양이 되었습니다. 『설문』에서는 "잇몸에 있는 뼈이다. 지(止)가 소리를 나타낸다"라고 합니다. 소전을 대상으로 분석한 것입니다. 15획 부수자는 이 한 자뿐입니다.

중학	획수	형자	새김	발음
齒	15	止	이	치

옛날에는 앞니는 치(齒), 어금니는 아(牙)라고 했습니다만 지금은 그냥 치아(齒牙)로

분간하지 않고 씁니다. 이는 나이와 함께 노화하기 때문에 동물, 특히 소나 말의 나이를 판별할 때 많이 씁니다. 치근(齒根)은 잇몸 속에 들어 있는 이의 뿌리입니다. 이촉인데, 일상적으로 이뿌리라고 합니다. 치은(齒齦)은 잇몸입니다. 치백순홍(齒白脣紅)은 주로 순홍치백(脣紅齒白)으로 씁니다. 흰 이빨에 붉은 입술이라는 뜻으로 얼굴이 아름다운 것을 나타냅니다. 뜻은 단순호치(丹脣皓齒)와 같은데, 단순호치는 주로 아름다운 여자를 이르고, 치백순홍은 특별히 남녀를 구별하지 않고 쓰는 용례가 보입니다.

R212

용 룡(龍) 부

갑골	금문	전문	해서
𪚥	𪚥	龍	龍

용(龍) 자는 16획이나 되니 획수가 많습니다. 획수가 많다는 것은 여러분이 쓰기 어렵다는 뜻이기도 하지요. 실제 중국과 일본에서는 현재 이 '용' 룡(龍) 자의 획을 많이 단순화해 사용하고, 중국에서는 '龙'으로 써서 5획이고, 일본에서는 '竜'으로 써 10획이니 획수가 많이 줄었습니다. 우리는 16획 그대로 씁니다.

용은 물론 상상의 동물이죠. 어렸을 때 동화에도 많이 나옵니다. 그런데 신기한 것은 서양에서도 용에 관한 이야기가 많이 나온다는 것입니다. 그런데 용에 대한 생각이 동·서양에서 조금 다른 것 같습니다. 동양에서는 대체로 용의 이미지가 좋고, 서양에서는 그리 좋은 이미지가 아닙니다.

용은 누구를 상징했습니까? 중국에서 황제를 상징했습니다. 앞에 '봉황' 봉(鳳) 자를 설명할 때 잠깐 이야기를 하기도 했습니다만, 용은 황제를, 봉황은 황후를 가리켰습니다. 더러 오조룡이나 사조룡, 삼조룡이라는 말을 하는데 발톱이 몇 개인가에 따른 구분입니다. 각각 다섯 개, 네 개, 세 개인데 왕조 시대에 오조룡 수를 놓은 옷은 황제만 입을 수 있었습니다. 그러니 신분의 상징이었습니다.

단군 신화를 보면 우리 민족의 토템은 곰입니다. 아주 먼 옛날 중국도 여러 소국으로 나뉘어져 있을 때, 용은 한족 그러니까 지금 중국의 여러 민족 가운데 숫자가 가장 많은 민족의 토템이었다고 합니다. 중국에서 용이 바로 그런 상징이기도 했던 겁니다.

룡(龍) 부에 들어 있는 글자는 단 한 자입니다. 고교 과정까지는 '용' 룡(龍) 하나로 새기지만 이 글자는 여러 가지 뜻으로 새기니 다음자라는 사실 정도는 알아두어야 할 것입니다.

고교	획수	새김	발음
龍	16	용/언덕/얼룩/은총	룡/롱/망/총

용등(龍燈)은 바닷속의 인광이 등불처럼 잇따라 나타나는 현상을 가리킵니다. 용안(龍顔)은 임금의 얼굴을 높여 이르는 말입니다. 용구봉추(龍駒鳳雛)는 용의 새끼와 봉황의 새끼라는 뜻으로 영특하고 재주가 있는 소년을 이릅니다. 용두사미(龍頭蛇尾)는 용의 머리와 뱀의 꼬리라는 뜻으로 처음은 왕성하나 끝이 부진한 현상을 이르는 말입니다. 용쟁호투(龍爭虎鬪)는 용과 호랑이가 싸우는 것처럼 치열한 싸움을 말합니다.

기왕에 '용' 룡(龍) 부수를 공부를 하고 있으니 두어 자만 더 살펴보았으면 합니다. 여러분 혹시 감실(龕室)이라는 말 들어봤습니까? 절에 가면 벽면 한쪽이 움푹 파여 있고 그 안에 부처님 상을 모신 곳이 있는데 이것을 감실이라고 합니다. 성당에서도 볼 수 있지요. 성체를 모시는 곳입니다. 사당에서는 신주를 모시는 상자이기도 한데요, 이때 쓰는 글자입니다. 이 '감실' 감(龕)은 '용' 룡(龍) 자 위에 '더할' 합(合)이 붙어 있습니다.

'용' 룡 부가 아니고 '귀' 이(耳) 부에 속하는 글자이긴 하지만 '귀머거리' 롱(聾) 자도 알아두어야 하지 않을까 합니다. '용' 룡(龍) 자 아래에 '귀' 이(耳) 자를 더한 글자입니다. 한자의 뜻을 새기며 배울 때 '귀머거리'라고 합니다만, 요즈음은 낮잡아 보는 말이라고 잘 안 쓰죠. 청각 장애인입니다.

다시 한 번 확인해볼까요. '용' 룡 위에 '더할' 합을 붙이면? 네, '감실' 감(龕), '용' 룡 아래에 '귀' 이를 더하면? 그렇습니다. '귀머거리' 롱(聾)입니다. 농아라는 말도 들어봤죠. 이것은 한자를 어떻게 쓰는가에 따라 뜻이 달라집니다. '귀머거리' 롱(聾)은 같고, '아이' 아(兒)를 붙인 농아(聾兒)는 청각 장애가 있는 어린이이고, '입' 구(口)에 '버금' 아(亞)가 붙은 '벙어리' 아(啞)를 붙이면 농아(聾啞)로 귀머거리에 벙어리를 가리킵니다. 청각 장애와 언어 장애를 함께 겪는 경우입니다. 주변에 이런 장애우들 있으면 말뿐만이 아니라 언제든 그들의 어려움을 조금이라도 도와주고 함께 나눌 수 있어야 합니다.

R213

거북 귀(龜) 부

갑골	금문	전문	해서
		龜	龜

　기초한자에 대표음은 '구'로 올라 있습니다. '거북' 귀, '나라 이름' 구, '틀' 균으로 새기는 것을 고려하면 '거북' 구로 새긴 것으로 보이는데, 과연 적당한 것인가 하는 의문은 듭니다. 18획입니다.

　귀감(龜鑑)은 귀경(龜鏡)으로 쓰기도 하는데, 여기서 감(鑑)은 거울의 뜻이고, 귀(龜)는 거북으로 길흉을 점쳐보는 것을 나타내는 것으로 봅니다. 혹은 귀문을 놓은 귀경(龜鏡)처럼 비춰볼 수 있다는 데에서 옛일을 거울로 삼아 본받을 만한 모범을 말합니다. 거북의 등딱지는 '구갑'이 아닌 '귀갑(龜甲)'으로 귀갑테 안경은 고급 안경입니다. 균열(龜裂)은 거북의 등에 있는 무늬처럼 갈라져 터지는 것을 말합니다. 귀년학수(龜年鶴壽)는 거북이나 학이 장수하는 것처럼 사람이 장수하는 것을 이릅니다. 귀모토각(龜毛兔角)은 자라의 털과 토끼의 뿔이라는 뜻이니 자연 있을 수 없는 일을 이르게 됩니다.

무슨 일이든 시작이 반입니다. 여러분과 함께 중·고등학교 한자 교육 기초한자 1,800자를 공부하기 시작한 것이 얼마 안 된 것 같은데 벌써 마지막 시간입니다. 여러분 그 동안 재미있었습니까? 한자 공부하는 데에 조금이라도 도움되는 게 있었습니까? 여러분에게 유익하고 뭔가 도움이 되었으면 하는 마음에서 출발했는데 그렇지 못했다면 저의 능력이 부족한 것입니다.

오늘 마지막 시간인데요, 여러분 궁금해서라도 마지막 부수자는 어떻게 생겼는지 한 번쯤 확인해봤으리라 믿습니다. 그래 어떤 자였습니까? 네, 그렇습니다. '피리' 약(龠)이죠. 우리 음악에서 악기는 재료에 따라 팔음(八音)으로 분류했습니다. 흙에서 나온 것은 토부 악기, 가죽으로 만든 것은 혁부 악기 하는 식으로 모두 여덟 개로 나누었습니다. 그러면 피리는 어디에 속하겠습니까? 부수자 여섯 획의 첫 글자이기도 합니다. 무슨 자죠? '대나무' 죽(竹)입니다. 피리는 죽부 악기로 분류했습니다. 요즈음 악기 분류에 따르면 관악기인데요, 관악기는 다시 금관 악기와 목관 악기로 나뉘죠. 당연히 목관 악기입니다.

R214

피리 약(龠) 부

갑골	금문	전문	해서
𥬔	龠	龠	龠

우선 '피리' 약(龠) 당사자를 만나서 인사부터 합시다. 약(龠) 자는 자형이 갑골문부터 전서까지는 비슷합니다. 위에는 삼각형 모양이고, 아래로는 뭔가 세 개를 합쳐 묶은 것으로 보이지요. 피리를 여러 개 묶은 것인데 다 그리지 않고 일부 생략했습니다. 요즈음 이런 악기를 뭐라고 합니까? 그렇습니다. 팬 플루트(pan flute)입니다. 관이 짧은 것부터 긴 것까지 일렬로 묶어놓아 낮은 소리부터 높은 소리까지 내게 됩니다.

악기 이름이나 악기를 부는 동작, 악기 소리와 관련된 한자들이 몇 자 있기는 하지만 부수자인 '피리' 약(龠) 하나만 알아두면 됩니다. 17획입니다. 기초한자 속에 '피리' 약(龠) 부수에 속하는 글자는 한 자도 없습니다.

중외	부수	획수	형자	회자	새김	발음
和	口	8	禾	龠禾	화할	화

갑골문이나 금문에서 '화할' 화(和)를 '龢'로 썼기 때문에 옛글자의 자소로 이용된 것을 보여줍니다.

화이부동(和而不同)은 남과 사이좋게 지내기는 하나 무턱대고 어울리지는 않는 것을 이릅니다. 화안열색(和顔悅色)은 온화한 얼굴에 기쁜 낯빛이라는 뜻으로, 태도가 온화하고 친절한 것을 말합니다.

기왕에 약(龠) 자를 배우고 있으니 그래도 잠깐 살펴보겠습니다. 가운데의 ⅢⅢ 모양은 피리를 세 개 묶은 것이겠는데, 위는 영어의 A자처럼 보이기도 하고 삼각형 같아 보이기도 합니다. 앞에서 여러번 말씀드린 것처럼 이것[스]도 별도의 글자입니다. 세 개의 획이 모여서 '삼합' 집(스)이라고도 하고, '모일' 집이라고도 하죠. 현재 '피리' 약(龠)은 그림인 상형자로 보고 있으니까 더 분석해보는 것이 무의미하긴 하지만, 허신은 "죽관을 엮어 만든 악기이다. 구멍이 세 개 있으며 다른 악기의 소리를 조화시킨다. 품(品)과 륜(侖)을 따른다. 륜(侖)은 (악기에) 조리가 있음을 말한다"라고 해 회의자로 설명합니다.

회의자로 생각할 때, 여러 개의 피리[ⅢⅢ]를 책[冊]처럼 묶은 것[스]으로 생각해도 좋을 듯합니다만, 이것은 여러분이 기억하는 데에 도움이 되었으면 해 필자가 임의로 파자해본 것입니다.

'입' 구(口)가 가로로 세 개 있는 글자는 '많은 새' 령(ⅢⅢ)입니다. 여러 마리 새의 입[口]만 그린 것으로 생각할 수 있는데, '많은 소리' 령으로도 새깁니다.

기왕에 피리 이야기가 나왔으니 다른 이야기를 잠깐 하도록 하겠습니다.

피리는 물론 소리를 내는 악기입니다만 이 악기가 길이와 부피, 무게를 재는 기준 역할을 했다는 사실입니다. 도량형의 출발점입니다. 관악기의 소리는 길이에 의해 결정됩니다. 거꾸로 길이가 정해지면 일정한 소리가 나게 됩니다.

여러분 국악 시간에 십이율이라는 말 들어봤지요. 전통 음계인데 그 가운데 황종음은 서양 음악의 도에 가까운 소리입니다. 이 소리를 내는 황종관의 길이는 9치 9푼 그러니까 약 30cm가량입니다. 길이의 단위가 될 수 있습니다. 이 관 속에 기장이 1,200알 들어간다고 합니다. 이것은 부피의 단위가 될 수 있고, 무게의 단위도 될 수 있습니다. 『한서』〈율력지(漢書律曆志)〉에 나오는 내용입니다. 소리로 길이와 무게 나아가서는 부피까지 측정할 수 있다는 것을 중국 사람들은 벌써 몇천 년 전에 안 것입니다.

실제 중국의 옛 기록을 보면 두 약(龠)이 한 홉입니다. 국내 일부 자전에 열 약이 한 홉이라고 나온 경우도 있는데 착오가 있는 듯합니다. 반 홉이 한 약(龠)입니다. 열 홉이

한 되가 되고 다시 열 되가 한 말이 됩니다. 열 말이 한 휘입니다. 약(龠), 홉[合], 되[升], 말[斗], 휘[斛]는 양을 재는 다섯 가지 단위라서 오량(五量)이라고도 합니다. 무게를 나타내는 다섯 가지 단위인 수(銖), 냥(兩), 근(斤), 균(鈞), 석(石)은 오권(五權)입니다. 일상에서 많이 쓰는 한 줌이나 움큼은 손으로 한 번 쥔 분량으로 규격화, 표준화되기는 어려운 분량입니다.

어쨌든 소리가 기준이 되어 길이와 무게와 부피를 잴 수 있다는 생각은 정말 천재적인 발상이었는데 문제는 왜 그런가 하는 원리를 철저히 밝히지 못한 것입니다. 그 원리는 서양의 근대 과학이 발달하면서 설명됩니다. 원리가 밝혀져야 그것을 응용해 새로운 것을 만들어낼 수 있습니다. 그게 서양 근대 과학의 원동력이었고 나아가 그들이 세계를 지배하는 바탕이 되었습니다. 이것이 꼭 한자만의, 또 중국만의 문제는 아닐 것입니다.

이제 마무리를 해야 하겠습니다. 비단 공부뿐만이 아니라 다른 모든 일에 있어서도 "왜 그럴까, 그 원리는 무엇일까" 하고 끊임없이 질문을 던지는 자세는 아주 중요합니다. 그런 질문을 던지고 끊임없이 생각하는 과정에서 문제 해결의 실마리를 찾게 되고 원리를 발견하게 됩니다. 바로 그런 과정이 공부이고, 그래야만 좋은 결과를 얻게 됩니다.

더러 쉬기도 해야 합니다. 피리와 같은 악기를 연주하는 것도 그렇고, 그림을 좋아하면 뭔가 그려보는 것도, 운동을 좋아하면 땀을 뻘뻘 흘리며 뛰어보는 것도 좋습니다. 그러고 나면 머리가 훨씬 더 개운해집니다. 자신이 좋아하는 분야의 책을 읽는 것도 기쁘고 즐거운 일이 아닐 수 없습니다. 여러분 꼭 이 시간에 배우는 한자만 공부할 것은 아닙니다. 악기도 배우고, 좋은 책을 통해 다른 글도 많이 읽기를 부탁드립니다.

이해 안 되는 부분이 있으면 사전이나 자전 등 다른 책도 찾아보며 몇번 되풀이해 읽기 바랍니다. 여러분들에게 조금이라도 더 많은 것을 전달하려고 쓸데없어 보이는 잔소리도 많았습니다. 한자를 쉽게 배울 수 있도록 필자 나름 최선의 노력은 했습니다만, 과연 얼마나 도움이 됐는지는 여러분이 판단할 문제입니다.

모쪼록 필자와 함께한 시간이 여러분의 한자 공부에, 그리고 더 나아가서 공부하는 방법을 익히는 데에 도움이 되었기만 바랍니다. 214 부수를 헤쳐 나오느라 그 동안 수고했습니다. 축하합니다.

색인 가나다순

1. 중학교용 900자

도 度(广)	법도 · 419		려 旅(方)	나그네 · 567
도 都(邑)	도읍 · 1330		력 力(力)	힘 · 172
도 道(辵)	길 · 1308, 1456		력 歷(止)	지나다 · 669
도 徒(彳)	무리 · 273, 449, 1312		련 練(糸)	익히다 · 994
독 獨(犬)	홀로 · 814		련 連(辵)	잇다 · 1281, 1311
독 讀(言)	읽다 · 1198		렬 列(刀)	벌리다 · 157, 682
동 同(口)	한 가지 · 240		렬 烈(火)	맵다 · 778
동 動(力)	움직일 · 176		령 令(人)	하여금 · 91, 206
동 童(立)	아이 · 962, 1348		령 領(頁)	거느리다 · 1433
동 東(木)	동녘 · 588, 630		례 禮(示)	예도 · 927
동 冬(冫)	겨울 · 146, 290		례 例(人)	법식 · 85
동 洞(水)	골 · 718		로 勞(力)	일하다 · 177
두 斗(斗)	말 · 556		로 老(老)	늙다 · 1046
두 豆(豆)	콩 · 1232		로 露(雨)	이슬 · 1406
두 頭(頁)	머리 · 1234, 1435		로 路(足)	길 · 1270
득 得(彳)	얻다 · 449		록 綠(糸)	푸르다 · 991
등 登(癶)	오르다 · 875, 1234		론 論(言)	논하다 · 1204
등 等(竹)	무리 · 971		료 料(斗)	되질하다 · 556, 981
등 燈(火)	등잔 · 780		류 柳(木)	버들 · 617
락 樂(木)	즐기다 · 614		류 流(水)	흐르다 · 738
락 落(艸)	떨어지다 · 1124		류 留(田)	머물다 · 856
란 卵(卩)	알 · 204		륙 陸(阜)	뭍 · 1377
랑 浪(水)	물결 · 729		륙 六(八)	여섯 · 129, 134
랑 郎(邑)	사내 · 1330		륜 倫(人)	인륜 · 87
래 來(人)	오다 · 76		률 律(彳)	법률 · 451, 1063
랭 冷(冫)	차다 · 145		리 利(刀)	이롭다 · 159, 942
량 良(艮)	어질다 · 1114		리 里(里)	마을 · 274, 1347
량 量(里)	헤아리다 · 245, 1347		리 李(木)	오얏 · 329, 623
량 凉(冫)	서늘하다 · 146		리 理(玉)	다스리다 · 831, 1347
량 兩(入)	두 · 40, 127		림 林(木)	수풀 · 631

오 誤(言)	그르치다 · 1195		운 云(二)	이르다 · 64
오 五(二)	다섯 · 66		운 運(辵)	옮기다 · 1309
오 烏(火)	까마귀 · 776		웅 雄(隹)	수컷 · 1392
옥 屋(尸)	집 · 372		원 園(口)	동산 · 258
옥 玉(玉)	구슬 · 829		원 圓(口)	둥글다 · 258
온 溫(水)	따뜻하다 · 736		원 怨(心)	원망하다 · 467
와 臥(臣)	눕다 · 96, 1087		원 原(厂)	근원 · 210
와 瓦(瓦)	기와 · 841		원 元(儿)	으뜸 · 119
완 完(宀)	완전하다 · 334		원 遠(辵)	멀다 · 1303
왈 曰(曰)	가로 · 59, 242, 600		원 願(頁)	원하다 · 1434
왕 王(玉)	임금 · 830		월 月(月)	달 · 606
왕 往(彳)	가다 · 451		위 威(女)	위엄 · 316
외 外(夕)	바깥 · 201, 296		위 偉(人)	크다 · 80, 1423
요 要(襾)	요긴하다 · 317, 1180		위 位(人)	자리 · 93, 965
욕 浴(水)	목욕하다 · 719, 1228		위 危(卩)	위태하다 · 204
욕 欲(欠)	하고자 하다 · 662, 1229		위 爲(爪)	하다 · 790
용 勇(力)	날래다 · 176		유 猶(犬)	오히려 · 813
용 容(宀)	얼굴 · 338, 1229		유 唯(口)	오직 · 233, 1396
용 用(用)	쓰다 · 201, 851		유 柔(木)	부드럽다 · 625, 909
우 右(口)	오른 · 219, 229		유 油(水)	기름 · 714
우 宇(宀)	집 · 333		유 幼(幺)	어리다 · 179, 415
우 憂(心)	근심 · 292, 473		유 有(月)	있다 · 219, 607, 1071
우 尤(尢)	더욱 · 54, 218, 367		유 酉(酉)	닭 · 1337
우 又(又)	또 · 215		유 由(田)	말미암다 · 854
우 友(又)	벗 · 216		유 遊(辵)	놀다 · 1302
우 牛(牛)	소 · 807		유 遺(辵)	남기다 · 1310
우 雨(雨)	비 · 1404		육 肉(肉)	고기 · 1066
우 于(二)	어조사 · 66		육 育(肉)	기르다 · 1070
우 遇(辵)	만나다 · 1302		은 銀(金)	은 · 1114, 1350
운 雲(雨)	구름 · 1405		은 恩(心)	은혜 · 470

을 乙(乙)	새 · 57	인 印(卩)	도장 · 206, 791
음 吟(口)	읊다 · 230	일 一(一)	한 · 36
음 陰(阜)	그늘 · 1377	일 日(日)	날 · 575
음 飮(食)	마시다 · 662, 1451	임 壬(士)	아홉째 천간 · 285
음 音(音)	소리 · 41, 1291, 1429	입 入(入)	들다 · 126
읍 泣(水)	울다 · 727, 965	자 姊(女)	손윗누이 · 313
읍 邑(邑)	고을 · 206, 261, 1331	자 者(老)	놈 · 1047
응 應(心)	응하다 · 474	자 慈(心)	사랑 · 463
의 矣(矢)	어조사 · 911	자 子(子)	아들 · 327
의 意(心)	뜻 · 473, 1429	자 字(子)	글자 · 328, 344
의 義(羊)	옳다 · 1035	자 自(自)	스스로 · 1091
의 議(言)	의논하다 · 1207	작 作(人)	짓다 · 83, 162, 201
의 醫(酉)	의원 · 1338	작 昨(日)	어제 · 576
의 衣(衣)	옷 · 1169	장 章(立)	글 · 198, 963, 1430
의 依(人)	의지하다 · 85, 1171	장 長(長)	길다 · 1365
이 二(二)	두 · 64	장 壯(士)	장하다 · 285, 799
이 已(己)	이미 · 399	장 將(寸)	장수 · 357, 799, 1071
이 而(而)	말 잇다 · 1049	장 場(土)	마당 · 266
이 耳(耳)	귀 · 1054	재 再(冂)	두 · 69, 139, 1487
이 以(人)	써 · 90	재 哉(口)	어조사 · 232
이 異(田)	다르다 · 858	재 材(木)	재목 · 616
이 移(禾)	옮기다 · 938	재 栽(木)	심다 · 619
익 益(皿)	더하다 · 888	재 才(手)	재주 · 508
인 因(口)	인하다 · 259, 303	재 在(土)	있다 · 266
인 引(弓)	끌다 · 47, 438	재 財(貝)	재물 · 1245
인 寅(宀)	동방 · 262, 342, 912	쟁 爭(爪)	다투다 · 55, 220, 789
인 忍(心)	참다 · 464	저 低(人)	낮다 · 83
인 認(言)	알다 · 1196	저 著(艸)	나타나다 · 1129
인 人(人)	사람 · 76	저 貯(貝)	쌓다 · 1248
인 仁(人)	어질다 · 67	적 的(白)	과녁 · 879

청 晴(日)	개다 · 579, 1414		타 打(手)	치다 · 511
청 靑(靑)	푸르다 · 847, 1412		타 他(人)	다르다 · 78
체 體(骨)	몸 · 1468		탈 脫(肉)	벗다 · 1067
초 初(刀)	처음 · 161, 1172		탐 探(手)	찾다 · 515
초 招(手)	부르다 · 513		태 太(大)	크다 · 67, 301
초 草(艸)	풀 · 1126		태 泰(水)	크다 · 302, 731
촌 村(木)	마을 · 359, 624		택 宅(宀)	집 · 336
촌 寸(寸)	마디 · 39, 355		토 土(土)	흙 · 264
최 最(曰)	가장 · 601		통 統(糸)	거느리다 · 991
추 推(手)	밀다 · 510, 1398		통 通(辵)	통하다 · 1307
추 追(辵)	쫓다 · 1305		퇴 退(辵)	물러나다 · 1115, 1311
추 秋(禾)	가을 · 781, 940		투 投(手)	던지다 · 512, 687
축 祝(示)	빌다 · 124, 245, 927		특 特(牛)	특별하다 · 808
축 丑(一)	소 · 35		파 破(石)	깨뜨리다 · 886, 917
춘 春(日)	봄 · 578, 1130		파 波(水)	물결 · 728, 886
출 出(凵)	나다 · 154		판 判(刀)	판단하다 · 158
충 忠(心)	충성 · 460		팔 八(八)	여덟 · 131
충 充(儿)	채우다 · 121		패 敗(攴)	패하다 · 545, 1252
충 蟲(虫)	벌레 · 1152		패 貝(貝)	조개 · 1244
취 吹(口)	불다 · 238, 663		편 便(人)	편하다 · 92
취 就(尤)	나아가다 · 368		편 篇(竹)	책 · 971
취 取(又)	갖다 · 218, 1057		편 片(片)	조각 · 801
치 治(水)	다스리다 · 715		평 平(干)	평평하다 · 136, 411
치 致(至)	이르다 · 548, 1095		폐 閉(門)	닫다 · 1369
치 齒(齒)	이 · 677, 1526		포 布(巾)	펴다 · 403
칙 則(刀)	법칙 · 161, 1253		포 抱(手)	안다 · 513
친 親(見)	친하다 · 1183		폭 暴(勹)	사납다 · 431, 587
칠 七(一)	일곱 · 36		표 表(衣)	겉 · 702, 1170
침 針(金)	바늘 · 197, 1350		품 品(口)	물건 · 239
쾌 快(心)	쾌하다 · 460		풍 豊(豆)	풍년 · 1233

풍 風(風)	바람 · 1152		허 虛(虍)	비다 · 1149
피 彼(彳)	저 · 448, 885		혁 革(革)	가죽 · 1420
피 皮(皮)	가죽 · 201, 219, 885		현 現(玉)	나타나다 · 832, 1185
필 必(心)	반드시 · 135, 436, 463		현 賢(貝)	어질다 · 1250
필 筆(竹)	붓 · 972, 1063		혈 血(血)	피 · 1159
필 匹(匚)	짝 · 190		협 協(十)	화하다 · 193
하 夏(夂)	여름 · 291, 1100, 1437		형 刑(刀)	형벌 · 158
하 河(水)	물 · 716		형 形(彡)	모양 · 444
하 何(人)	어찌 · 84		형 兄(儿)	형 · 121, 244
하 下(一)	아래 · 37		혜 惠(心)	은혜 · 475
하 賀(貝)	하례하다 · 1248		호 呼(口)	부르다 · 231
학 學(子)	배우다 · 140, 327, 1101		호 好(女)	좋다 · 315, 330
한 寒(宀)	차다 · 96, 343		호 乎(丿)	어조사 · 52
한 閑(門)	한가하다 · 635, 1370		호 湖(水)	호수 · 723
한 限(阜)	한하다 · 1115, 1376		호 戶(戶)	지게 · 505
한 漢(水)	한수 · 724		호 虎(虍)	범 · 124, 1149
한 恨(心)	한 · 467, 1115		호 號(虍)	이름 · 1150
한 韓(韋)	한국 · 1423		혹 或(戈)	혹 · 41, 261, 500
합 合(口)	합하다 · 237		혼 婚(女)	혼인하다 · 315
항 恒(心)	항상 · 68, 468, 1109		혼 混(水)	섞다 · 734
해 解(角)	풀다 · 162, 810, 1189		홍 紅(糸)	붉다 · 394, 988
해 亥(亠)	돼지 · 72		화 和(口)	화하다 · 232, 941, 1533
해 害(宀)	해하다 · 243, 338		화 化(匕)	되다 · 94, 184
해 海(水)	바다 · 719		화 話(言)	말하다 · 1103, 1194
행 幸(干)	다행 · 412		화 畵(田)	그림 · 262, 859, 1064
행 行(行)	다니다 · 452, 1165		화 花(艸)	꽃 · 1121
향 向(口)	향하다 · 241, 344		화 華(艸)	빛나다 · 1124
향 鄕(邑)	시골 · 1331		화 貨(貝)	재물 · 1247
향 香(香)	향기 · 843, 1457, 1509		화 火(火)	불 · 776
허 許(言)	허락하다 · 1202		환 患(心)	근심 · 471

환 歡(欠)	기쁘다 · 660		후 後(彳)	뒤 · 293, 416, 451
활 活(水)	살다 · 718, 1103		훈 訓(言)	가르치다 · 388, 1201
황 皇(白)	임금 · 880		휴 休(人)	쉬다 · 92, 632
황 黃(黃)	누렇다 · 1506		흉 凶(凵)	흉하다 · 153
회 回(口)	돌아오다 · 257		흉 胸(肉)	가슴 · 1068
회 會(曰)	모이다 · 603		흑 黑(黑)	검다 · 1511
효 效(攴)	본받다 · 544		흥 興(臼)	일으키다 · 1100
효 孝(子)	효도 · 328		희 希(巾)	바라다 · 406
후 厚(厂)	두텁다 · 209		희 喜(口)	기쁘다 · 240

2. 고등학교용 900자

가 架(木)	시렁 · 636		강 康(广)	편안 · 421
가 暇(日)	겨를 · 590		개 槪(木)	대개 · 640
각 覺(見)	깨닫다 · 1186		개 慨(心)	분개하다 · 478
각 刻(刀)	새기다 · 163		개 介(人)	끼다 · 114
각 閣(門)	집 · 1371		개 蓋(艸)	덮다 · 1141
각 却(卩)	물리치다 · 207		거 拒(手)	막다 · 523
간 幹(干)	줄기 · 413, 658		거 據(尸)	근거 · 529
간 姦(女)	간사하다 · 325		거 距(車)	떨어지다 · 1271
간 刊(刀)	새기다 · 162, 413		건 健(人)	굳세다 · 109
간 懇(心)	간절하다 · 493		건 件(亻)	물건 · 811
간 肝(肉)	간 · 413, 1074		걸 乞(人)	빌다 · 59
간 簡(竹)	대쪽 · 974		걸 傑(刀)	뛰어나다 · 110
감 鑑(金)	거울 · 1363		검 劍(木)	칼 · 164
감 監(皿)	살피다 · 118, 893, 1088		검 檢(人)	검사하다 · 643
강 鋼(金)	강철 · 1358		검 儉(木)	검소하다 · 100
강 剛(刀)	굳세다 · 167		격 格(阜)	격식 · 648
강 綱(糸)	벼리 · 1010		격 隔(手)	사이가 뜨다 · 1387, 1481

격 擊(水) 치다 · 254, 537
격 激(犬) 격하다 · 747
견 絹(牛) 비단 · 1001
견 牽(肉) 끌다 · 144, 810, 826
견 肩(月) 어깨 · 507, 1083
견 遣(土) 보내다 · 1322
결 缺(水) 이지러지다 · 1019
겸 謙(八) 겸손하다 · 1214
겸 兼(金) 겸하다 · 137
경 鏡(亠) 거울 · 1359
경 竟(馬) 마치다 · 125, 966, 1431
경 硬(心) 굳다 · 918
경 警(广) 경계하다 · 1224
경 傾(人) 기울다 · 111
경 卿(卩) 벼슬 · 207
경 徑(彳) 지름길 · 454
경 境(土) 지경 · 280
경 頃(頁) 잠깐 · 187, 1441
계 戒(戈) 경계하다 · 433, 503
계 啓(口) 열다 · 247
계 契(大) 맺다 · 170, 305
계 繫(糸) 매다 · 105, 253, 1006
계 系(糸) 이어 매다 · 1007
계 繼(糸) 잇다 · 1016
계 桂(木) 계수나무 · 636
계 械(木) 기계 · 648
계 階(阜) 섬돌 · 1378
계 係(人) 매다 · 105
고 鼓(鼓) 북 · 1518
고 姑(女) 시어미 · 320

고 枯(木) 마르다 · 646
고 庫(广) 곳집 · 423, 1288
고 孤(子) 외롭다 · 330, 838
고 顧(頁) 돌아보다 · 1438
고 稿(禾) 볏짚 · 952, 1471
곡 哭(口) 울다 · 251, 820
공 攻(攴) 치다 · 396, 549
공 恐(心) 두렵다 · 485
공 恭(心) 공손하다 · 486
공 供(人) 이바지하다 · 104
공 孔(子) 구멍 · 61, 331
공 貢(貝) 바치다 · 396, 1256
과 寡(宀) 적다 · 351
과 誇(言) 풍치다 · 1220
곽 郭(邑) 둘레 · 1334
관 冠(冖) 갓 · 143, 362
관 寬(宀) 너그럽다 · 349
관 館(食) 객사 · 1454
관 慣(心) 익숙하다 · 491
관 管(竹) 대롱 · 973
관 貫(貝) 꿰다 · 696, 1257
광 狂(犬) 미치다 · 817
광 鑛(金) 쇳돌 · 1361
괘 掛(手) 걸다 · 526
괴 愧(心) 부끄럽다 · 477, 1483
괴 怪(心) 괴이하다 · 221, 282, 484
괴 壞(土) 무너지다 · 277
괴 塊(土) 흙덩이 · 279, 1484
교 巧(工) 공교하다 · 395
교 矯(矢) 바로잡다 · 913

교 郊(邑)	들 · 1333		극 克(儿)	이기다 · 124	
교 較(車)	비교하다 · 1281		근 謹(言)	삼가다 · 1223	
구 狗(犬)	개 · 818		근 僅(人)	겨우 · 98	
구 驅(馬)	몰다 · 1464		근 斤(斤)	도끼 · 560	
구 構(木)	얽다 · 650		금 錦(金)	비단 · 1361	
구 拘(手)	잡다 · 531		금 琴(玉)	거문고 · 833	
구 懼(心)	두려워하다 · 494		금 禽(内)	날짐승 · 116, 933	
구 球(玉)	공 · 833		급 級(糸)	등급 · 999	
구 俱(人)	함께 · 107		긍 肯(肉)	즐기다 · 678, 1083	
구 丘(一)	언덕 · 42		기 器(口)	그릇 · 253, 823	
구 苟(艸)	진실로 · 1131		기 奇(大)	기이하다 · 304	
구 具(八)	갖추다 · 135, 433, 905		기 騎(馬)	말 타다 · 1461	
구 區(匸)	구분하다 · 191		기 紀(糸)	벼리 · 401, 1007	
국 局(尸)	판 · 254, 372		기 寄(宀)	부치다 · 348	
국 菊(艸)	국화 · 1134		기 機(木)	틀 · 653	
군 群(羊)	무리 · 1040		기 棄(木)	버리다 · 433, 656	
굴 屈(尸)	굽히다 · 374		기 旗(方)	기 · 570	
궁 宮(宀)	집 · 346		기 飢(食)	주리다 · 152, 1453	
궁 窮(穴)	다하다 · 958		기 忌(心)	꺼리다 · 401, 476	
권 券(刀)	문서 · 165, 208		기 企(人)	꾀하다 · 101, 678	
권 拳(手)	주먹 · 532		기 畿(田)	경기 · 861	
궐 厥(厂)	그 · 210		기 欺(欠)	속이다 · 663	
궤 軌(車)	바큇자국 · 1283		기 祈(示)	빌다 · 563	
귀 鬼(鬼)	귀신 · 1482		기 豈(豆)	어찌 · 386	
귀 龜(龜)	거북 · 1531		긴 緊(糸)	팽팽하다 · 1011	
규 規(見)	법 · 1187		나 那(邑)	어찌 · 1333	
규 叫(口)	부르짖다 · 247		낙 諾(言)	허락하다 · 1222	
규 糾(糸)	얽히다 · 1007		납 納(糸)	들이다 · 1007	
균 菌(艸)	버섯 · 1140		낭 娘(女)	계집 · 322	
극 劇(刀)	심하다 · 169		내 奈(大)	어찌 · 307	

량 諒(言)	살펴 알다 · 1213		루 淚(水)	눈물 · 756	
려 勵(力)	힘쓰다 · 181		루 漏(水)	샐 · 764	
려 麗(鹿)	곱다 · 1499		루 屢(尸)	여러 · 373	
려 慮(心)	생각하다 · 479		류 類(頁)	무리 · 821, 984, 1440	
력 曆(日)	책력 · 594		륜 輪(車)	바퀴 · 1285	
련 鍊(金)	쇠 불리다 · 1359		률 率(玄)	비율 · 825	
련 憐(心)	불쌍히 여기다 · 480		률 栗(木)	밤 · 1209	
련 戀(心)	그리워하다 · 484		륭 隆(阜)	높다 · 849, 1379	
련 聯(耳)	연잇다 · 1059		릉 陵(阜)	언덕 · 1384	
련 蓮(艸)	연꽃 · 1135		리 吏(口)	벼슬아치 · 249	
렬 劣(力)	못하다 · 181		리 梨(木)	배 · 639	
렬 裂(衣)	찢어지다 · 1175		리 履(尸)	밟다 · 290, 375, 456, 1111	
렴 廉(广)	청렴하다 · 424		리 裏(衣)	속 · 1176, 1348	
렵 獵(犬)	사냥하다 · 816		리 離(隹)	떠나다 · 1401	
령 嶺(山)	고개 · 385		린 隣(阜)	이웃 · 1380	
령 零(雨)	떨어지다 · 1407		림 臨(臣)	임하다 · 1088	
령 靈(雨)	신령 · 1409		마 麻(麻)	삼 · 426, 1504	
례 隷(隶)	종 · 1390		마 磨(石)	갈다 · 921, 1504	
로 爐(火)	화로 · 785		막 幕(巾)	장막 · 409	
록 錄(金)	기록하다 · 1362		막 漠(水)	사막 · 764	
록 鹿(鹿)	사슴 · 1499		만 漫(水)	흩어지다 · 745	
록 祿(示)	녹 · 931		만 慢(心)	거만하다 · 479	
롱 弄(廾)	희롱하다 · 432		망 妄(女)	망령되다 · 320	
뢰 雷(雨)	우레 · 1407		망 罔(网)	없다 · 1024	
뢰 賴(貝)	의뢰하다 · 1255		망 茫(艸)	아득하다 · 773, 1139	
료 了(亅)	마치다 · 63		매 媒(女)	중매 · 319	
료 僚(人)	동료 · 112		매 梅(木)	매화나무 · 649	
룡 龍(龍)	용 · 1529		매 埋(土)	묻다 · 278	
루 累(糸)	여러 · 863, 1009		맥 脈(肉)	줄기 · 1080	
루 樓(木)	다락 · 652		맹 猛(犬)	사납다 · 816	

맹 盟(皿)	맹세 · 890	민 憫(心)	민망하다 · 491
맹 盲(目)	소경 · 903	밀 蜜(虫)	꿀 · 1156
맹 孟(子)	맏 · 330, 894	박 拍(手)	치다 · 523, 883
면 綿(糸)	솜 · 1015	박 泊(水)	머무르다 · 743, 883
멸 滅(水)	꺼지다 · 759	박 博(十)	넓다 · 199
명 銘(金)	새기다 · 1361	박 迫(辵)	핍박하다 · 883, 1313
명 冥(冖)	어둡다 · 143, 595	박 薄(艸)	엷다 · 1143
모 冒(冂)	무릅쓰다 · 141, 906	반 盤(皿)	소반 · 891
모 募(力)	모으다 · 180	반 班(玉)	나누다 · 135, 171, 836
모 模(木)	본뜨다 · 641	반 叛(又)	배반하다 · 116, 221
모 某(木)	아무 · 654	반 伴(人)	짝 · 103
모 慕(心)	그리워하다 · 480	반 般(舟)	돌리다 · 692, 1111
모 謨(言)	꾀 · 1213	반 返(辵)	돌이키다 · 1319
모 侮(人)	업신여기다 · 105	발 拔(手)	빼다 · 523
모 貌(豸)	모양 · 1242	발 髮(髟)	터럭 · 1474
목 睦(目)	화목하다 · 903	방 妨(女)	방해하다 · 318, 571
목 牧(牛)	치다 · 552, 810	방 邦(邑)	나라 · 1332
몰 沒(水)	빠지다 · 750	방 傍(人)	곁 · 97
몽 夢(夕)	꿈 · 297	방 倣(人)	본뜨다 · 107
몽 蒙(艸)	어둡다 · 1141	방 芳(艸)	꽃답다 · 571, 1131
묘 廟(广)	사당 · 424	배 排(手)	밀치다 · 533, 1416
묘 苗(艸)	모 · 864, 1145	배 配(酉)	짝 · 1339
묘 墓(土)	무덤 · 279	배 背(肉)	등 · 1079
무 霧(雨)	안개 · 1408	배 倍(人)	곱 · 107
무 貿(貝)	무역하다 · 1254	배 輩(車)	무리 · 1285, 1417
묵 默(黑)	잠잠하다 · 820, 1512	배 培(土)	복돋우다 · 274
미 眉(目)	눈썹 · 902	백 伯(人)	맏 · 103, 883
미 迷(辵)	미혹하다 · 984, 1315	번 繁(糸)	번성하다 · 1013
미 微(彳)	작다 · 455	번 飜(飛)	옮기다 · 1447
민 敏(攴)	민첩하다 · 549	번 煩(火)	번거롭다 · 788, 1442

유 愈(心)	낫다 · 478		잠 潛(水)	잠기다 · 767
유 悠(心)	멀다 · 489		잠 暫(日)	잠깐 · 509
유 誘(言)	꾀다 · 1221		잡 雜(隹)	섞이다 · 1401
유 幽(幺)	그윽하다 · 416		장 張(弓)	베풀다 · 440, 1366
유 乳(乙)	젖 · 60		장 獎(大)	장려하다 · 305, 821
유 裕(衣)	넉넉하다 · 1176, 1231		장 粧(米)	단장하다 · 981
유 儒(人)	선비 · 113		장 障(阜)	막다 · 1379
윤 閏(門)	윤달 · 1372		장 莊(艸)	씩씩하다 · 1140
윤 潤(水)	윤택하다 · 766		장 掌(手)	손바닥 · 527
은 隱(阜)	숨다 · 1388		장 腸(肉)	창자 · 1076
음 淫(水)	음란하다 · 757		장 臟(肉)	오장 · 1082
응 凝(冫)	엉기다 · 149		장 裝(衣)	꾸미다 · 1173
의 宜(宀)	마땅 · 350		장 丈(一)	어른 · 42
의 儀(人)	거동 · 112		장 藏(艸)	감추다 · 1144
의 疑(疋)	의심하다 · 186, 332, 679, 867, 914		장 葬(艸)	장사 지내다 · 43, 1146
이 夷(大)	오랑캐 · 306		장 墻(土)	담 · 282
익 翼(羽)	날개 · 1044		장 帳(巾)	장막 · 408, 1366
인 姻(女)	혼인 · 321		재 宰(宀)	재상 · 351, 1294
일 逸(辵)	편안하다 · 1325		재 裁(衣)	옷을 마르다 · 1175
임 任(人)	맡기다 · 101		재 載(車)	싣다 · 1282
임 賃(貝)	품삯 · 1259		재 災(火)	재앙 · 389, 785
자 姿(女)	모양 · 318		저 抵(手)	막다 · 532
자 刺(刀)	찌르다 · 167		저 底(广)	밑 · 423
자 紫(糸)	자줏빛 · 1001		적 績(糸)	길쌈 · 1005
자 恣(心)	마음대로 · 488		적 寂(宀)	고요하다 · 345
자 資(貝)	재물 · 1254		적 摘(手)	따다 · 529
자 玆(玄)	이 · 825		적 滴(水)	물방울 · 746
작 酌(酉)	술 붓다 · 1340		적 跡(足)	발자취 · 1272
작 爵(爪)	벼슬 · 792		적 籍(竹)	문서 · 977
잔 殘(歹)	잔인하다 · 685		적 賊(貝)	도둑 · 504, 1259

기초한자 인수분해 수업

1판 1쇄 발행   2020년 7월 10일

지은이   조찬식
발행인   윤미소
발행처   (주)달아실출판사

책임편집   박제영
디자인   안수연
마케팅   배상휘
자문변호사   김용진

주소   강원도 춘천시 춘천로 17번길 37, 1층
전화   033-241-7661
팩스   033-241-7662
이메일   dalasilmoongo@naver.com
출판등록   2016년 12월 30일 제494호

ⓒ 조찬식, 2020
ISBN   979-11-88710-71-3   03700